míni CÓDIGO saraiva

NOVO CÓDIGO DE PROCESSO CIVIL

Constituição Federal
e legislação complementar

ATUALIZE SEU CÓDIGO GRATUITAMENTE

www.editorasaraiva.com.br/direito

Esta edição poderá ser atualizada, semanalmente, pela Internet até 31 de outubro de 2017.

CB072504

código
mini
saraiva

NOVO CÓDIGO DE
PROCESSO CIVIL

Constituição Federal
e legislação complementar

ATUALIZE SEU CÓDIGO GRATUITAMENTE
www.editorasaraiva.com.br/direito

Esta edição poderá ser atualizada, gratuitamente,
pela internet até 31 de outubro de 2017.

Visite nossa página
www.editorasaraiva.com.br/direito

LEGISLAÇÃO BRASILEIRA

míni CÓDIGO saraiva

NOVO CPC

Constituição Federal
e legislação complementar

Lei n. 13.105, de 16-3-2015, atualizada pela Lei n. 13.363, de 25-11-2016, acompanhada de Legislação Complementar, Súmulas e Índices.

22.ª edição
2.ª tiragem
2017

saraiva *jur*

ISBN 978-85-472-1220-9

DADOS INTERNACIONAIS DE CATALOGAÇÃO NA PUBLICAÇÃO (CIP)
ANGÉLICA ILACQUA CRB-8/7057

Brasil
  [Leis, etc.]
  Minicódigo Saraiva : novo Código de processo civil e Constituição Federal e legislação complementar / obra coletiva de autoria da Editora Saraiva com a colaboração de Livia Céspedes e Fabiana Dias da Rocha. – 22. ed. – São Paulo : Saraiva, 2017.

  "Lei n. 13.105, de 16-3-2015, acompanhada de Legislação Complementar..."

  1. Brasil - Constituição (1988) 2. Processo civil - Leis e legislação - Brasil I. Céspedes, Livia. II. Rocha, Fabiana Dias da. III. Título.

16-0912
CDU 347.9(81)(094.4)
342.4(81)"1988"

SOMOS | saraiva jur

Av. das Nações Unidas, 7221, 1º andar, Setor B
Pinheiros – São Paulo – SP – CEP 05425-902

SAC 0800-0117875
De 2ª a 6ª, das 8h às 18h
www.editorasaraiva.com.br/contato

Índices para catálogo sistemático:
1. Brasil : Código de processo civil   347.9(81)(094.4)
2. Brasil : Constituição (1988)   342.4(81)"1988"

Presidente	Eduardo Mufarej
Vice-presidente	Claudio Lensing
Diretora editorial	Flávia Alves Bravin
Gerente editorial	Thais de Camargo Rodrigues
Coordenadora editorial	Livia Céspedes
Editora	Fabiana Dias da Rocha
Assistente Editorial	Bruna Gimenez Boani
	Maria Cecilia Coutinho Martins
Estagiário	Daniel Dantas G. de Oliveira
Produção editorial	Clarissa Boraschi Maria (coord.)
	Guilherme H. M. Salvador
	Kelli Priscila Pinto
	Marilia Cordeiro
	Mônica Landi
	Surane Vellenich
	Tatiana dos Santos Romão
	Tiago Dela Rosa
Diagramação e revisão	Maria Izabel B. B. Bressan (coord.)
	Claudirene de Moura S. Silva
	Cecilia Devus
	Daniele Debora de Souza
	Denise Pisaneschi
	Ivani Aparecida Martins Cazarim
	Ivone Rufino Calabria
	Willians C. de Vasconcelos de Melo
Comunicação e MKT	Elaine Cristina da Silva
Capa	IDÉE arte e comunicação
Produção gráfica	Marli Rampim
Impressão e acabamento	EGB-Editora Gráfica Bernardi Ltda

Data de fechamento da edição: 28-11-2016

Dúvidas? Acesse www.editorasaraiva.com.br/direito

Nenhuma parte desta publicação poderá ser reproduzida por qualquer meio ou forma sem a prévia autorização da Editora Saraiva. A violação dos direitos autorais é crime estabelecido na Lei n. 9.610/98 e punido pelo art. 184 do Código Penal.

CL 600224 | CAE 601968

míni CÓDIGO saraiva

NOVO CPC

Lei n. 13.105, de 16-3-2015,
atualizada pela Lei n. 13.363, de 25-11-2016

Constituição Federal
e legislação complementar

22.ª edição
2.ª tiragem

Obra coletiva de autoria da Editora Saraiva com a
colaboração de Livia Céspedes
e Fabiana Dias da Rocha.

mini código
saraiva

NOVO CPC

Lei n. 13.105, de 16-3-2015,
atualizada pela Lei n. 13.363, de 25-11-2016

Constituição Federal
e legislação complementar

22ª edição
2ª tiragem

INDICADOR GERAL

Apresentação dos Códigos Saraiva	IX
Nota dos Organizadores	XI
Abreviaturas	XV
Índice Cronológico da Legislação	XIX
Índice Cronológico da Legislação Alteradora	XXV
Novo Código de Processo Civil (Lei n. 13.105, de 16-3-2015)	13
Legislação Complementar	231
Súmulas do Supremo Tribunal Federal	571
Súmulas Vinculantes	583
Súmulas do Tribunal Federal de Recursos	587
Súmulas do Superior Tribunal de Justiça	595
Súmulas dos Juizados Especiais Federais	611
Enunciados da ENFAM (Novo Código de Processo Civil)	613
Índice Alfabético da Legislação Complementar e das Súmulas	619
Índice Alfabético do Novo Código de Processo Civil	669

Índice Sistemático da Constituição Federal	3
Índice Cronológico das Emendas Constitucionais	7
Índice Cronológico das Emendas Constitucionais Alteradoras	11
Constituição da República Federativa do Brasil	21
Ato das Disposições Constitucionais Transitórias	151
Emendas Constitucionais	185
Índice Alfabético-Remissivo da Constituição Federal	209
Índice Alfabético-Remissivo do Ato das Disposições Constitucionais Transitórias	237

ADENDO ESPECIAL

Índice Sistemático do Código de Processo Civil de 1973	3
Código de Processo Civil de 1973 (Lei n. 5.869, de 11-1-1973)	13
Disposições Mantidas do Código de 1939 (Decreto-lei n. 1.608, de 18-9-1939)	195

APRESENTAÇÃO DOS CÓDIGOS SARAIVA

Pioneira na exemplar técnica desenvolvida de atualização de Códigos e Legislação, como comprova o avançado número de suas edições e versões, a Editora SARAIVA apresenta sua consagrada "Coleção de Códigos", aumentada e atualizada.

Mantivemos, nesta edição, os diferenciais reconhecidos como vantajosos, a saber:

– composição, diagramação e *layout*, que justificam a **portabilidade**;

– texto na íntegra da **Constituição Federal**;

– temas no alto da página indicando o **assunto tratado** naquele trecho do Código e da legislação complementar;

– **tarjas** laterais, que aceleram a pesquisa;

– texto de orelha (parte interna da capa) com **dicas** que facilitam a consulta rápida;

– notas **fundamentais** e índices facilitadores da consulta;

– destaques indicando as alterações legislativas de **2016**;

– **negrito** para ressaltar artigos, títulos, capítulos, seções, súmulas e índices;

– atualização **semanal via internet**.

Organizar o produto ideal sempre constitui um desafio. Muitos perseguem essa meta. Mas, conjugados os esforços de nossa equipe ao parecer valioso de tantos cultores do Direito, acreditamos que esta ferramenta de trabalho e estudo seja diagnosticada como positiva.

Sempre receptivos a sugestões, desejamos a todos bom uso.

NOTA DOS ORGANIZADORES

ATUALIZE SEU CÓDIGO

Este serviço permite a atualização de sua obra através do *site* www.editorasaraiva.com.br/direito, de maneira rápida e prática.

Ao inserir o título da obra no campo *Buscar Produtos* e selecionar o *link* correspondente a ele, o consulente terá disponíveis as atualizações ocorridas. Para isso, basta clicar no item *Atualize seu Código*, localizado logo abaixo da imagem da capa da obra em questão.

As atualizações serão disponibilizadas *online* e para *download* semanalmente, até 31 de outubro de 2017.

O serviço fica disponível no *site* entre os meses de fevereiro e dezembro do ano corrente.

DESTAQUE

▬▬▬ ➞ dispositivos incluídos e/ou alterados em 2016.

ENUNCIADOS

Constam neste volume os Enunciados da ENFAM – Escola Nacional de Formação e Aperfeiçoamento de Magistrados.

Os Enunciados são o resultado de debates entre juristas, professores, especialistas e magistrados sobre a melhor interpretação acerca de pontos controvertidos dos Códigos. Representam uma orientação, um referencial, para os estudiosos, podendo embasar sentenças, pareceres e peças processuais. São, portanto, balizadores, mas não têm força de súmula, produto de reiteradas decisões dos tribunais no mesmo sentido.

Em virtude de eventual proibição do uso de enunciados em concursos, inserimos nesta edição um recuo na parte destinada a eles, para a utilização de grampeador sem prejuízo do conteúdo da obra.

MINISTÉRIOS

Mantivemos a redação original nos textos legais, com a denominação dos Ministérios vigente à época da norma.

A Lei n. 10.683, de 28 de maio de 2003, dispondo sobre a Organização da Presidência da República, enumera em seu art. 25 a denominação atual dos Ministérios.

NORMAS ALTERADORAS

Normas alteradoras são aquelas que não possuem texto próprio, mas apenas alteram outros diplomas, **ou cujo texto não é relevante para a obra.** Para facilitar a consulta, já processamos as alterações no texto da norma alterada (as modificações constam no Índice Cronológico da Legislação Alteradora).

Nota dos Organizadores

Algumas normas, contudo, além de fazerem alterações, possuem texto próprio de interesse para a obra. Neste caso, foram também incluídas.

NOTAS

As notas foram selecionadas de acordo com seu grau de importância, e estão separadas em fundamentais (grafadas com ••) e acessórias (grafadas com •).

NOVO CÓDIGO DE PROCESSO CIVIL

Elaborado por uma comissão de renomados juristas, depois de muita discussão e debate, foi aprovado pelo Senado Federal no final de 2014, e finalmente instituído pela **Lei n. 13.105, de 16 de março de 2015**, um Novo Código de Processo Civil com entrada em vigor após decorrido um ano de sua publicação (*DOU* de 17-3-2015).

A Editora Saraiva, ciente da repercussão que uma mudança desse molde traz e com o objetivo de proporcionar a melhor experiência de conhecimento e estudo do novo Diploma, preparou a edição desta obra totalmente atualizada com o Novo Código de Processo Civil (texto na íntegra, índices sistemático e remissivo).

No decorrer da obra o consulente encontrará diversas notas remissivas ao CPC. Tais referências correspondem ao novo Diploma legal.

Além disso, foi inserido um Adendo Especial ao final da obra com o texto do Código de 1973.

⟶ *VACATIO LEGIS*

No período de *vacatio legis* do Novo CPC, alguns diplomas alterados por ele sofreram outras modificações, com períodos diferentes de vigência. Por se tratar de obra de legislação seca, que não deve alçar a esfera interpretativa e doutrinária, optamos, na atualização desta edição, pelo critério cronológico de entrada em vigor. Desta forma, procedemos às atualizações do Novo CPC, mantendo, porém, logo abaixo, em nota remissiva, a alteração posterior.

PODER JUDICIÁRIO

– Os *Tribunais de Apelação*, a partir da promulgação da Constituição Federal de 1946, passaram a denominar-se *Tribunais de Justiça*.

– O *Tribunal Federal de Recursos* foi extinto pela Constituição Federal de 1988, nos termos do art. 27 do ADCT.

– Os *Tribunais de Alçada* foram extintos pela Emenda Constitucional n. 45, de 8 de dezembro de 2004, passando os seus membros a integrar os Tribunais de Justiça dos respectivos Estados.

SIGLAS

– OTN (OBRIGAÇÃO DO TESSOURO NACIONAL)

A Lei n. 7.730, de 31 de janeiro de 1989, extinguiu a OTN Fiscal e a OTN de que trata o art. 6.º do Decreto-lei n. 2.284, de 10 de março de 1986.

A Lei n. 7.784, de 28 de junho de 1989, diz em seu art. 2.º que "todas as penalidades previstas na legislação em vigor em quantidades de Obrigação do Tessouro Nacional – OTN serão convertidas para Bônus do Tesouro Nacional – BTN, à razão de 1 para 6,92".

Nota dos Organizadores

Com a Lei n. 8.177, de 1.º de março de 1991, ficaram extintos, a partir de 1.º de fevereiro de 1991, o BTN (Bônus do Tesouro Nacional), de que trata o art. 5.º da Lei n. 7.777, de 19 de junho de 1989, o BTN Fiscal, instituído pela Lei n. 7.799, de 10 de julho de 1989, e o MVR (Maior Valor de Referência). A mesma Lei n. 8.177/91 criou a TR (Taxa Referencial) e a TRD (Taxa Referencial Diária), que são divulgadas pelo Banco Central do Brasil. A Lei n. 8.660, de 28 de maio de 1993, estabeleceu novos critérios para a fixação da Taxa Referencial – TR e extinguiu a Taxa Referencial Diária – TRD.

A Lei n. 9.365, de 16 de dezembro de 1996, instituiu a Taxa de Juros de Longo Prazo – TJLP.

– URV (UNIDADE REAL DE VALOR)

Com a Lei n. 8.880, de 27 de maio de 1994, foi instituída a Unidade Real de Valor – URV, para integrar o Sistema Monetário Nacional, sendo extinta pela Lei n. 9.069, de 29 de junho de 1995.

– UFIR (UNIDADE FISCAL DE REFERÊNCIA)

A Lei n. 8.383, de 30 de dezembro de 1991, instituiu a UFIR (Unidade Fiscal de Referência) como medida de valor e parâmetro de atualização monetária de tributos e de valores expressos em cruzeiros na legislação tributária federal, bem como os relativos a multas e penalidades de qualquer natureza.

O art. 43 da Lei n. 9.069, de 29 de junho de 1995, extinguiu, a partir de 1.º de setembro de 1994, a UFIR diária de que trata a Lei n. 8.383, de 30 de dezembro de 1991.

A Lei n. 8.981, de 20 de janeiro de 1995, que altera a legislação tributária, fixa em seu art. 1.º a expressão monetária da Unidade Fiscal de Referência – UFIR.

O art. 6.º da Lei n. 10.192, de 14 de fevereiro de 2001, disciplinou o reajuste semestral da UFIR durante o ano de 1996 e anualmente após 1.º de janeiro de 1997. O § 3.º do art. 29 da Lei n. 10.522, de 19 de julho de 2002, extinguiu a UFIR, estabelecendo a reconversão dos créditos para o Real, para fins de débitos de qualquer natureza com a Fazenda Nacional.

SÚMULAS

Constam deste volume apenas as Súmulas do STF, do TFR, do STJ e dos Juizados Especiais relacionadas à legislação processual civil.

Sendo assim, a inexistência de Súmulas nesta obra não significa que elas tenham sido revogadas ou estejam prejudicadas.

Foram disponibilizadas todas as Súmulas Vinculantes do STF, tendo em vista seu interesse constitucional.

Em virtude de eventual proibição do uso de súmulas em concursos, inserimos nesta edição um recuo na parte destinada a elas, para a utilização de grampeador sem prejuízo do conteúdo da obra.

TEXTOS PARCIAIS

Alguns diplomas da legislação complementar deixam de constar integralmente. Nosso propósito foi o de criar espaço para normas mais utilizadas no dia a dia dos profissionais e acadêmicos. A obra mais ampla atenderá aqueles que, ao longo de tantos anos, vêm prestigiando nossos Códigos.

Nota dos Organizadores

VALORES

São originais todos os valores citados na legislação constante deste Código.

Como muitos valores não comportavam transformação, em face das inúmeras modificações impostas à nossa moeda, entendemos que esta seria a melhor das medidas. Para conhecimento de nossos consulentes, este o histórico de nossa moeda:

a) O Decreto-lei n. 4.791, de 5 de outubro de 1942, instituiu o CRUZEIRO como unidade monetária brasileira, denominada CENTAVO a sua centésima parte. O cruzeiro passava a corresponder a mil-réis.

b) A Lei n. 4.511, de 1.º de dezembro de 1964, manteve o CRUZEIRO, mas determinou a extinção do CENTAVO.

c) O Decreto-lei n. 1, de 13 de novembro de 1965, instituiu o CRUZEIRO NOVO, correspondendo o cruzeiro até então vigente a um milésimo do cruzeiro novo, restabelecido o centavo. Sua vigência foi fixada para a partir de 13 de fevereiro de 1967, conforme Resolução n. 47, de 8 de fevereiro de 1967, do Banco Central da República do Brasil.

d) A Resolução n. 144, de 31 de março de 1970, do Banco Central do Brasil, determinou que a unidade do sistema monetário brasileiro passasse a denominar-se CRUZEIRO.

e) A Lei n. 7.214, de 15 de agosto de 1984, extinguiu o CENTAVO.

f) O Decreto-lei n. 2.284, de 10 de março de 1986, criou o CRUZADO, em substituição ao CRUZEIRO, correspondendo o cruzeiro a um milésimo do cruzado.

g) A Lei n. 7.730, de 31 de janeiro de 1989, instituiu o CRUZADO NOVO em substituição ao CRUZADO e manteve o CENTAVO. O cruzado novo correspondeu a um mil cruzados.

h) Por determinação da Lei n. 8.024, de 12 de abril de 1990, a moeda nacional passou a denominar-se CRUZEIRO, sem outra modificação, mantido o centavo e correspondendo o cruzeiro a um cruzado novo.

i) A Lei n. 8.697, de 27 de agosto de 1993, alterou a moeda nacional, estabelecendo a denominação CRUZEIRO REAL para a unidade do sistema monetário brasileiro. A unidade equivalia a um mil cruzeiros e sua centésima parte denominava-se CENTAVO.

j) A Lei n. 8.880, de 27 de maio de 1994, dispondo sobre o Programa de Estabilização Econômica e o Sistema Monetário Nacional, instituiu a UNIDADE REAL DE VALOR – URV.

k) A unidade do Sistema Monetário Nacional, por determinação da Lei n. 9.069, de 29 de junho de 1995 (art. 1.º), passou a ser o REAL. As importâncias em dinheiro serão grafadas precedidas do símbolo R$ (art. 1.º, § 1.º). A centésima parte do REAL, denominada "centavo", será escrita sob a forma decimal, precedida da vírgula que segue a unidade (art. 1.º, § 2.º).

Organizadores

ABREVIATURAS

ADC	–	Ação Declaratória de Constitucionalidade
ADCT	–	Ato das Disposições Constitucionais Transitórias
ADIn(s)	–	Ação(ões) Direta(s) de Inconstitucionalidade
ADPF	–	Arguição de Descumprimento de Preceito Fundamental
AGU	–	Advocacia-Geral da União
BACEN	–	Banco Central do Brasil
BTN	–	Bônus do Tesouro Nacional
CADE	–	Conselho Administrativo de Defesa Econômica
CBA	–	Código Brasileiro de Aeronáutica
CC	–	Código Civil
c/c	–	combinado com
CCom	–	Código Comercial
CDC	–	Código de Proteção e Defesa do Consumidor
CE	–	Código Eleitoral
CETRAN	–	Conselhos Estaduais de Trânsito
CF	–	Constituição Federal
CGSIM	–	Comitê para Gestão da Rede Nacional para a Simplificação do Registro e da Legalização de Empresas e Negócios
CGSN	–	Comitê Gestor do Simples Nacional
CGU	–	Controladoria-Geral da União
CJF	–	Conselho da Justiça Federal
CLT	–	Consolidação das Leis do Trabalho
CNAP	–	Cadastro Nacional de Aprendizagem Profissional
CNDT	–	Certidão Negativa de Débitos Trabalhistas
CNDU	–	Conselho Nacional de Desenvolvimento Urbano
CNI	–	Conselho Nacional de Imigração
CNJ	–	Conselho Nacional de Justiça
CNMP	–	Conselho Nacional do Ministério Público
CNPCP	–	Conselho Nacional de Política Criminal e Penitenciária
COAF	–	Conselho de Controle de Atividades Financeiras
CONAMA	–	Conselho Nacional do Meio Ambiente
CONANDA	–	Conselho Nacional dos Direitos da Criança e do Adolescente
CONASP	–	Conselho Nacional de Segurança Pública

Abreviaturas

CONTRADIFE	–	Conselho de Trânsito do Distrito Federal
CONTRAN	–	Conselho Nacional de Trânsito
CP	–	Código Penal
CPC	–	Código de Processo Civil
CPP	–	Código de Processo Penal
CRFB	–	Constituição da República Federativa do Brasil
CRPS	–	Conselho de Recursos da Previdência Social
CTB	–	Código de Trânsito Brasileiro
CTN	–	Código Tributário Nacional
CTPS	–	Carteira de Trabalho e Previdência Social
CVM	–	Comissão de Valores Mobiliários
DJE	–	Diário da Justiça Eletrônico
DJU	–	Diário da Justiça da União
DNRC	–	Departamento Nacional de Registro do Comércio
DOU	–	Diário Oficial da União
DPU	–	Defensoria Pública da União
EAOAB	–	Estatuto da Advocacia e da Ordem dos Advogados do Brasil
EC	–	Emenda Constitucional
ECA	–	Estatuto da Criança e do Adolescente
EIRELI	–	Empresa Individual de Responsabilidade Limitada
FCDF	–	Fundo Constitucional do Distrito Federal
FGTS	–	Fundo de Garantia do Tempo de Serviço
INSS	–	Instituto Nacional do Seguro Social
IRDR	–	Incidente de Resolução de Demandas Repetitivas
JARI	–	Juntas Administrativas de Recursos de Infrações
JEFs	–	Juizados Especiais Federais
LCP	–	Lei das Contravenções Penais
LDA	–	Lei de Direitos Autorais
LEF	–	Lei de Execução Fiscal
LEP	–	Lei de Execução Penal
LINDB	–	Lei de Introdução às Normas do Direito Brasileiro
LOMN	–	Lei Orgânica da Magistratura Nacional
LONMP	–	Lei Orgânica Nacional do Ministério Público
LPI	–	Lei de Propriedade Industrial
LRP	–	Lei de Registros Públicos
LSA	–	Lei de Sociedades Anônimas
MTE	–	Ministério do Trabalho e Emprego
MVR	–	Maior Valor de Referência
OIT	–	Organização Internacional do Trabalho

Abreviaturas

OJ(s)	–	Orientação(ões) Jurisprudencial(ais)
OTN	–	Obrigação do Tesouro Nacional
PIA	–	Plano Individual de Atendimento
PNC	–	Plano Nacional de Cultura
PRONAC	–	Programa Nacional de Apoio à Cultura
PRONAICA	–	Programa Nacional de Atenção Integral à Criança e ao Adolescente
PRONASCI	–	Programa Nacional de Segurança Pública com Cidadania
REFER	–	Fundação Rede Ferroviária de Seguridade Social
RENACH	–	Registro Nacional de Carteiras de Habilitação
RENAVAM	–	Registro Nacional de Veículos Automotores
s.	–	seguinte(s)
SDI-1	–	Subseção 1 da Seção Especializada em Dissídios Individuais
SDI-2	–	Subseção 2 da Seção Especializada em Dissídios Individuais
SDC	–	Seção Especializada em Dissídios Coletivos
SENAR	–	Serviço Nacional de Aprendizes Rurais
SINAMOB	–	Sistema Nacional de Mobilização
SINASE	–	Sistema Nacional de Atendimento Socioeducativo
SINESP	–	Sistema Nacional de Informações de Segurança Pública, Prisionais e sobre Drogas
SNDC	–	Sistema Nacional de Defesa do Consumidor
SNIIC	–	Sistema Nacional de Informação e Indicadores Culturais
SNJ	–	Secretaria Nacional de Justiça
STF	–	Supremo Tribunal Federal
STJ	–	Superior Tribunal de Justiça
STM	–	Superior Tribunal Militar
SUDAM	–	Superintendência de Desenvolvimento da Amazônia
SUDECO	–	Superintendência de Desenvolvimento do Centro-Oeste
SUDENE	–	Superintendência de Desenvolvimento do Nordeste
SUFRAMA	–	Superintendência da Zona Franca de Manaus
TCU	–	Tribunal de Contas da União
TFR	–	Tribunal Federal de Recursos
TJLP	–	Taxa de Juros de Longo Prazo
TR	–	Taxa Referencial
TRD	–	Taxa Referencial Diária
TRF	–	Tribunal Regional Federal
TSE	–	Tribunal Superior Eleitoral
TST	–	Tribunal Superior do Trabalho
UFIR	–	Unidade Fiscal de Referência
URV	–	Unidade Real de Valor

OTSC	–	Organizações Turísticas de dedicação a...
OTN	–	Obrigação do Tesouro Nacional
PLA	–	Plano Individual de Atendimento
PNC	–	Plano Nacional de Cultura
PRONAC	–	Programa Nacional de Apoio à Cultura
PRONAICA	–	Programa Nacional de Atenção Integral à Criança e ao Adolescente
PRONASCI	–	Programa Nacional de Segurança Pública com Cidadania
REFER	–	Rede Federal de Fenômeno de Segurança social
RENACH	–	Registro Nacional de Carteiras de Habilitação
RENAVAM	–	Registro Nacional de Veículos Automotores
		sumário
SDI-1	–	Subseção I da Seção Especializada em Dissídios Individuais
SDI-2	–	Subseção 2 da Seção Especializada em Dissídios Individuais
SDC	–	Seção Especializada em Dissídios Coletivos
SENAR	–	Serviço Nacional de Aprendizes Rural
SINAMOB	–	Sistema Nacional de Mobilização
SINASE	–	Sistema Nacional de Atendimento Socioeducativo
SINESP	–	Sistema Nacional de Informações de Segurança Pública, Prisionais e sobre Drogas
SNDC	–	Sistema Nacional de Defesa do Consumidor
SNIIC	–	Sistema Nacional de Informações e Indicadores Culturais
SNJ	–	Secretaria Nacional de Justiça
STF	–	Supremo Tribunal Federal
STJ	–	Superior Tribunal de Justiça
STM	–	Superior Tribunal Militar
SUDAM	–	Superintendência de Desenvolvimento da Amazônia
SUDECO	–	Superintendência de Desenvolvimento do Centro-Oeste
SUDENE	–	Superintendência de Desenvolvimento do Nordeste
SUFRAMA	–	Superintendência da Zona Franca de Manaus
TCU	–	Tribunal de Contas da União
TFR	–	Tribunal Federal de Recursos
TJLP	–	Taxa de Juros de Longo Prazo
TR	–	Taxa Referencial
TRD	–	Taxa Referencial Diária
TRF	–	Tribunal Regional Federal
TSE	–	Tribunal Superior Eleitoral
TST	–	Tribunal Superior do Trabalho
UHR	–	Unidade Fiscal de Referência
UFV	–	Unidade Real de Valor

ÍNDICE CRONOLÓGICO DA LEGISLAÇÃO

DECRETOS:

- **86.649** – de 25-11-1981 (Correção monetária) 284
- **2.626** – de 15-6-1998 (Medidas cautelares) 431
- **4.250** – de 27-5-2002 (Juizados Especiais) 456

DECRETOS-LEIS:

- **1.608** – de 18-9-1939 (CPC/39) (Adendo Especial) 195
- **3.365** – de 21-6-1941 (Desapropriação) 233
- **4.657** – de 4-9-1942 (Lei de Introdução às Normas do Direiro Brasileiro – LINDB) 239
- **856** – de 11-9-1969 (*Diploma alterador*) XXV
- **911** – de 1.º-10-1969 (Alienação fiduciária) 255

ENUNCIADOS:

Da ENFAM – Escola Nacional de Formação e Aperfeiçoamento de Magistrados 613

LEIS:

- **810** – de 6-9-1949 (Ano civil) 242
- **1.060** – de 5-2-1950 (Assistência judiciária) 242
- **1.408** – de 9-8-1951 (Prazos judiciais) 244
- **2.786** – de 21-5-1956 (*Diploma alterador*) XXV
- **3.238** – de 1.º-8-1957 (*Diploma alterador*) XXV
- **4.686** – de 21-6-1965 (*Diploma alterador*) XXV
- **4.717** – de 29-6-1965 (Ação popular) 245
- **4.728** – de 14-7-1965 (Mercado de capitais) 250
- **5.478** – de 25-7-1968 (Alimentos) 251
- **5.621** – de 4-11-1970 (Organização judiciária) 257
- **5.869** – de 11-1-1973 (Código de Processo Civil) .... Adendo Especial
- **6.014** – de 27-12-1973 (*Diploma alterador*) XXV
- **6.015** – de 31-12-1973 (Registros públicos) 258
- **6.071** – de 3-7-1974 (*Diploma alterador*) XXV
- **6.205** – de 29-4-1975 (Correção monetária) 269
- **6.248** – de 8-10-1975 (*Diploma alterador*) XXV

Índice Cronológico da Legislação

6.306 – de 15-12-1975 (*Diploma alterador*)	XXVI
6.423 – de 17-6-1977 (Correção monetária)	270
6.465 – de 14-11-1977 (*Diploma alterador*)	XXVI
6.515 – de 26-12-1977 (Divórcio) ....XXVI,	271
6.822 – de 22-9-1980 (Cobrança executiva)	276
6.830 – de 22-9-1980 (Execução fiscal)	276
6.899 – de 8-4-1981 (Correção monetária)	283
7.115 – de 29-8-1983 (Prova documental)	284
7.347 – de 24-7-1985 (Ação civil pública)	285
7.510 – de 4-7-1986 (*Diploma alterador*)	XXVI
7.871 – de 8-11-1989 (*Diploma alterador*)	XXVI
7.913 – de 7-12-1989 (Ação civil pública)	288
8.009 – de 29-3-1990 (Bem de família)	289
8.038 – de 28-5-1990 (Processos perante o STJ e o STF)	290
8.069 – de 13-7-1990 (Criança e adolescente)	295
8.078 – de 11-9-1990 (Consumidor) ....XXVI,	345
8.245 – de 18-10-1991 (Locação)	351
8.397 – de 6-1-1992 (Medidas cautelares)	368
8.429 – de 2-6-1992 (Improbidade administrativa)	371
8.437 – de 30-6-1992 (Medidas cautelares)	377
8.560 – de 29-12-1992 (Filiação)	379
8.866 – de 11-4-1994 (Depositário infiel)	380
8.906 – de 4-7-1994 (OAB)	381
9.028 – de 12-4-1995 (AGU)	400
9.051 – de 18-5-1995 (Documentos)	406
9.099 – de 26-9-1995 (Juizados Especiais)	407
9.307 – de 23-9-1996 (Arbitragem)	418
9.494 – de 10-9-1997 (Tutela antecipada) ....XXVI,	426
9.507 – de 12-11-1997 (*Habeas data*)	428
9.703 – de 17-11-1998 (Depósitos judiciais)	430
9.756 – de 17-12-1998 (*Diploma alterador*)	XXVI
9.785 – de 29-1-1999 (*Diploma alterador*)	XXVI
9.800 – de 26-5-1999 (Atos processuais)	436
9.839 – de 27-9-1999 (*Diploma alterador*)	XXVI
9.868 – de 10-11-1999 (ADIn e ADC)	436
9.882 – de 3-12-1999 (ADPF)	442
10.001 – de 4-9-2000 (Comissão Parlamentar de Inquérito)	444
10.257 – de 10-7-2001 (Cidade) ....XXVI,	444

Índice Cronológico da Legislação

10.259 – de 12-7-2001 (Juizados Especiais) 451
10.455 – de 13-5-2002 (*Diploma alterador*) XXVII
10.480 – de 2-7-2002 (*Diploma alterador*) XXVII
10.741 – de 1.º-10-2003 (Idoso) 458
10.764 – de 12-11-2003 (*Diploma alterador*) XXVII
10.931 – de 2-8-2004 (*Diploma alterador*) XXVII
11.051 – de 29-12-2004 (*Diploma alterador*) XXVII
11.101 – de 9-2-2005 (Falência e Recuperação de Empresas) 467
11.127 – de 28-6-2005 (*Diploma alterador*) XXVII
11.179 – de 22-9-2005 (*Diploma alterador*) XXVII
11.196 – de 21-11-2005 (*Diploma alterador*) XXVII
11.259 – de 30-12-2005 (*Diploma alterador*) XXVII
11.313 – de 28-6-2006 (*Diploma alterador*) XXVIII
11.340 – de 7-8-2006 (Violência doméstica) 502
11.417 – de 19-12-2006 (Súmula vinculante) 511
11.419 – de 19-12-2006 (Informatização do processo judicial) 512
11.448 – de 15-1-2007 (*Diploma alterador*) XXVIII
11.636 – de 28-12-2007 (Custas judiciais) 516
11.673 – de 8-5-2008 (*Diploma alterador*) XXVIII
11.737 – de 14-7-2008 (*Diploma alterador*) XXVIII
11.767 – de 7-8-2008 (*Diploma alterador*) XXVIII
11.804 – de 5-11-2008 (Alimentos gravídicos) 519
11.902 – de 12-1-2009 (*Diploma alterador*) XXVIII
11.960 – de 29-6-2009 (*Diploma alterador*) XXVIII
11.977 – de 7-7-2009 (*Diploma alterador*) XXVIII
12.004 – de 29-7-2009 (*Diploma alterador*) XXVIII
12.010 – de 3-8-2009 (*Diploma alterador*) XXVIII
12.016 – de 7-8-2009 (Mandado de segurança) 520
12.019 – de 21-8-2009 (*Diploma alterador*) XXVIII
12.036 – de 1.º-10-2009 (*Diploma alterador*) XXVIII
12.058 – de 13-10-2009 (*Diploma alterador*) XXIX
12.063 – de 27-10-2009 (*Diploma alterador*) XXIX
12.099 – de 27-11-2009 (*Diploma alterador*) XXIX
12.100 – de 27-11-2009 (*Diploma alterador*) XXIX
12.112 – de 9-12-2009 (*Diploma alterador*) XXIX
12.120 – de 15-12-2009 (*Diploma alterador*) XXIX
12.126 – de 16-12-2009 (*Diploma alterador*) XXIX
12.137 – de 18-12-2009 (*Diploma alterador*) XXIX

Índice Cronológico da Legislação

12.153 – de 22-12-2009 (Juizados Especiais) 524
12.288 – de 20-7-2010 (*Diploma alterador*) XXIX
12.318 – de 26-8-2010 (Alienação parental) 528
12.376 – de 30-12-2010 (*Diploma alterador*) XXIX
12.415 – de 9-6-2011 (*Diploma alterador*) XXIX
12.424 – de 16-6-2011 (*Diploma alterador*) XXIX
12.461 – de 26-7-2011 (*Diploma alterador*) XXIX
12.562 – de 23-12-2011 (Representação interventiva) 542
12.594 – de 18-1-2012 (*Diploma alterador*) XXIX
12.665 – de 13-6-2012 (*Diploma alterador*) XXX
12.696 – de 25-7-2012 (*Diploma alterador*) XXX
12.726 – de 16-10-2012 (*Diploma alterador*) XXX
12.744 – de 19-12-2012 (*Diploma alterador*) XXX
12.767 – de 27-12-2012 (*Diploma alterador*) XXX
12.836 – de 2-7-2013 (*Diploma alterador*) XXX
12.846 – de 1.º-8-2013 (Responsabilidade civil) 543
12.873 – de 24-10-2013 (*Diploma alterador*) XXX
12.874 – de 29-10-2013 (*Diploma alterador*) XXX
12.955 – de 5-2-2014 (*Diploma alterador*) XXX
12.962 – de 8-4-2014 (*Diploma alterador*) XXX
12.966 – de 24-4-2014 (*Diploma alterador*) XXX
13.004 – de 24-6-2014 (*Diploma alterador*) XXX
13.010 – de 26-6-2014 (*Diploma alterador*) XXX
13.019 – de 31-7-2014 (*Diploma alterador*) XXXI
13.043 – de 13-11-2014 (*Diploma alterador*) XXXI
13.046 – de 1.º-12-2014 (*Diploma alterador*) XXXI
13.105 – de 16-3-2015 (Novo Código de Processo Civil) ....XXXI, 13
13.129 – de 26-5-2015 (*Diploma alterador*) XXXI
13.140 – de 26-6-2015 (Autocomposição e mediação) 550
13.144 – de 6-7-2015 (*Diploma alterador*) XXXI
13.146 – de 6-7-2015 (Estatuto da Pessoa com Deficiência)..........................XXXI, 557
13.170 – de 16-10-2015 (Ação de indisponibilidade de bens, direitos ou valores)...... 563
13.188 – de 11-11-2015 (Direito de resposta) 565
13.245 – de 12-1-2016 (*Diploma alterador*) XXXI
13.247 – de 12-1-2016 (*Diploma alterador*) XXXI
13.256 – de 4-2-2016 (*Diploma alterador*) XXV
13.257 – de 8-3-2016 (*Diploma alterador*) XXXII
13.300 – de 23-6-2016 (Mandado de injunção individual e coletivo) 568

Índice Cronológico da Legislação

13.306 – de 4-7-2016 (*Diploma alterador*) XXXII
13.327 – de 29-7-2016 (*Diploma alterador*) XXXII
13.363 – de 25-11-2016 (*Diploma alterador*) .... XXV, XXXII

LEIS COMPLEMENTARES:
147 – de 7-8-2014 (*Diploma alterador*) XXXI
150 – de 1.º-6-2015 *(Diploma alterador)* XXXI
151 – de 5-8-2015 (Depósitos judiciais) 560

MEDIDAS PROVISÓRIAS:
2.172-32 – de 23-8-2001 (Contratos) 455
2.180-35 – de 24-8-2001 (*Diploma alterador*) XXVI
2.183-56 – de 24-8-2001 (*Diploma alterador*) XXVII
2.216-37 – de 31-8-2001 (*Diploma alterador*) XXVII
2.225-45 – de 4-9-2001 (*Diploma alterador*) XXVII

RESOLUÇÃO:
125 – de 29-11-2010 (Conflitos de interesses no Judiciário) 529

ÍNDICE CRONOLÓGICO DA LEGISLAÇÃO ALTERADORA

I – DO TEXTO DO CÓDIGO:

LEI N. 13.256, DE 4 DE FEVEREIRO DE 2016
Altera os arts. 12, 153, 521, 537, 966, 988, 1.029, 1.030, 1.035, 1.036, 1.037, 1.038, 1.041, 1.042 e 1.043.
Revoga o art. 945, o § 2.º do art. 1.029, o inciso II do § 3.º e o § 10 do art. 1.035, os §§ 2.º e 5.º do art. 1.037, os incisos I a III e o § 1.º do art. 1.042 e os incisos II e IV e o § 5.º do art. 1.043.

LEI N. 13.363, DE 25 DE NOVEMBRO DE 2016
Altera o art. 313.

II – DA LEGISLAÇÃO COMPLEMENTAR:

LEI N. 2.786, DE 21 DE MAIO DE 1956
Altera os arts. 26, 27 e 33 do Decreto-lei n. 3.365/41.

LEI N. 3.238, DE 1.º DE AGOSTO DE 1957
Altera os arts. 6.º, 7.º, 18 e 19 do Decreto-lei n. 4.657/42.

LEI N. 4.686, DE 21 DE JUNHO DE 1965
Altera o art. 26 do Decreto-lei n. 3.365/41.

DECRETO-LEI N. 856, DE 11 DE SETEMBRO DE 1969
Altera o art. 2.º do Decreto-lei n. 3.365/41.

LEI N. 6.014, DE 27 DE DEZEMBRO DE 1973
Altera o art. 19 da Lei n. 4.717/65.
Altera os arts. 5.º, 14 e 19 da Lei n. 5.478/68.

LEI N. 6.071, DE 3 DE JULHO DE 1974
Altera o art. 28 do Decreto-lei n. 3.365/41.
Altera os arts. 4.º e 5.º do Decreto-lei n. 911/69.

LEI N. 6.248, DE 8 DE OUTUBRO DE 1975
Altera o art. 16 da Lei n. 1.060/50.

Índice Cronológico da Legislação Alteradora

LEI N. 6.306, DE 15 DE DEZEMBRO DE 1975
Altera o art. 26 do Decreto-lei n. 3.365/41.

LEI N. 6.465, DE 14 DE NOVEMBRO DE 1977
Altera o art. 14 da Lei n. 1.060/50.

LEI N. 6.515, DE 26 DE DEZEMBRO DE 1977
Altera o art. 7.º do Decreto-lei n. 4.657/42.

LEI N. 7.510, DE 4 DE JULHO DE 1986
Altera os arts. 1.º e 4.º da Lei n. 1.060/50.

LEI N. 7.871, DE 8 DE NOVEMBRO DE 1989
Altera o art. 5.º da Lei n. 1.060/50.

LEI N. 8.078, DE 11 DE SETEMBRO DE 1990
Altera os arts. 1.º, 15, 17, 18, 21, 22 e 23 da Lei n. 7.347/85.

LEI N. 9.494, DE 10 DE SETEMBRO DE 1997
Altera o art. 16 da Lei n. 7.347/85.

LEI N. 9.756, DE 17 DE DEZEMBRO DE 1998
Acrescenta os arts. 41-A e 41-B à Lei n. 8.038/90.

LEI N. 9.785, DE 29 DE JANEIRO DE 1999
Altera o art. 5.º do Decreto-lei n. 3.365/41.

LEI N. 9.839, DE 27 DE SETEMBRO DE 1999
Acrescenta o art. 90-A à Lei n. 9.099/95.

LEI N. 10.257, DE 10 DE JULHO DE 2001
Altera o art. 4.º da Lei n. 7.347/85.

MEDIDA PROVISÓRIA N. 2.180-35, DE 24 DE AGOSTO DE 2001
Acrescenta os arts. 1.º-A a 1.º-F, 2.º-A e 2.º-B à Lei n. 9.494/97.
Altera os arts. 1.º e 2.º da Lei n. 7.347/85.
Altera o art. 17 da Lei n. 8.429/92.
Altera os arts. 1.º e 4.º da Lei n. 8.437/92.
Altera os arts. 3.º, 4.º, 6.º, 19 e 21 e acrescenta os arts. 8.º-A, 8.º-B, 8.º-C, 8.º-D, 8.º-E, 11-A, 11-B, 19-A e 24-A à Lei n. 9.028/95.
Revoga o art. 53 da Lei n. 10.257/01.

Índice Cronológico da Legislação Alteradora

MEDIDA PROVISÓRIA N. 2.183-56, DE 24 DE AGOSTO DE 2001
Altera os arts. 10 e 27 e acrescenta os arts. 15-A e 15-B ao Decreto-lei n. 3.365/41.

MEDIDA PROVISÓRIA N. 2.216-37, DE 31 DE AGOSTO DE 2001
Altera o art. 22 da Lei n. 9.028/95.

MEDIDA PROVISÓRIA N. 2.225-45, DE 4 DE SETEMBRO DE 2001
Altera o art. 17 da Lei n. 8.429/92.

LEI N. 10.455, DE 13 DE MAIO DE 2002
Altera o art. 69 da Lei n. 9.099/95.

LEI N. 10.480, DE 2 DE JULHO DE 2002
Revoga o art. 8.º-A da Lei n. 9.028/95.

LEI N. 10.764, DE 12 DE NOVEMBRO DE 2003
Altera o art. 143 da Lei n. 8.069/90.

LEI N. 10.931, DE 2 DE AGOSTO DE 2004
Acrescenta o art. 66-B à Lei n. 4.728/65.
Altera o art. 3.º e acrescenta art. 8.º-A ao Decreto-lei n. 911/69.
Altera os arts. 212, 213 e 214 da Lei n. 6.015/73.
Altera o art. 32 da Lei n. 8.245/91.
Revoga os arts. 66 e 66-A da Lei n. 4.728/65.

LEI N. 11.051, DE 29 DE DEZEMBRO DE 2004
Altera o art. 40 da Lei n. 6.830/80.

LEI N. 11.127, DE 28 DE JUNHO DE 2005
Altera o art. 192 da Lei n. 11.101/05.

LEI N. 11.179, DE 22 DE SETEMBRO DE 2005
Altera os arts. 53 e 67 da Lei n. 8.906/94.

LEI N. 11.196, DE 21 DE NOVEMBRO DE 2005
Altera os arts. 37 e 40 da Lei n. 8.245/91.

LEI N. 11.259, DE 30 DE DEZEMBRO DE 2005
Altera o art. 208 da Lei n. 8.069/90.

Índice Cronológico da Legislação Alteradora

LEI N. 11.313, DE 28 DE JUNHO DE 2006
Altera os arts. 60 e 61 da Lei n. 9.099/95.
Altera o art. 2.º da Lei n. 10.259/01.

LEI N. 11.448, DE 15 DE JANEIRO DE 2007
Altera o art. 5.º da Lei n. 7.347/85.

LEI N. 11.673, DE 8 DE MAIO DE 2008
Altera o art. 50 da Lei n. 10.257/01.

LEI N. 11.737, DE 14 DE JULHO DE 2008
Altera o art. 13 da Lei n. 10.741/03.

LEI N. 11.767, DE 7 DE AGOSTO DE 2008
Altera o art. 7.º da Lei n. 8.906/94.

LEI N. 11.902, DE 12 DE JANEIRO DE 2009
Acrescenta o art. 25-A à Lei n. 8.906/94.

LEI N. 11.960, DE 29 DE JUNHO DE 2009
Altera o art. 40 da Lei n. 6.830/80.
Altera o art. 1.º-F da Lei n. 9.494/97.

LEI N. 11.977, DE 7 DE JULHO DE 2009
Altera os arts. 15 e 32 do Decreto-lei n. 3.365/41.
Altera o art. 4.º da Lei n. 10.257/01.

LEI N. 12.004, DE 29 DE JULHO DE 2009
Acrescenta o art. 2.º-A à Lei n. 8.560/92.

LEI N. 12.010, DE 3 DE AGOSTO DE 2009
Acrescenta arts. 197-A a 197-E e 199-A a 199-E à Lei n. 8.069/90.
Altera os arts. 42, 47, 152, 153, 161, 163, 166, 167, 170 e 208 da Lei n. 8.069/90.
Altera o art. 2.º da Lei n. 8.560/92.
Revoga os incisos IV a VI do *caput* do art. 198 da Lei n. 8.069/90.

LEI N. 12.019, DE 21 DE AGOSTO DE 2009
Altera o art. 3.º da Lei n. 8.038/90.

LEI N. 12.036, DE 1.º DE OUTUBRO DE 2009
Altera os arts. 1.º, 7.º e 15 do Decreto-lei n. 4.657/42.

Índice Cronológico da Legislação Alteradora

LEI N. 12.058, DE 13 DE OUTUBRO DE 2009
Acrescenta o art. 2.º-A à Lei n. 9.703/98.

LEI N. 12.063, DE 27 DE OUTUBRO DE 2009
Acrescenta os arts. 12-A a 12-H à Lei n. 9.868/99.

LEI N. 12.099, DE 27 DE NOVEMBRO DE 2009
Altera o art. 2.º-A da Lei n. 9.703/09

LEI N. 12.100, DE 27 DE NOVEMBRO DE 2009
Altera o art. 110 da Lei n. 6.015/73.

LEI N. 12.112, DE 9 DE DEZEMBRO DE 2009
Altera os arts. 12, 13, 39, 40, 59, 62, 63, 64, 68, 71 e 74 da Lei n. 8.245/91.

LEI N. 12.120, DE 15 DE DEZEMBRO DE 2009
Altera o art. 12 da Lei n. 8.429/92.

LEI N. 12.126, DE 16 DE DEZEMBRO DE 2009
Altera o art. 8.º da Lei n. 9.099/95.

LEI N. 12.137, DE 18 DE DEZEMBRO DE 2009
Altera o art. 9.º da Lei n. 9.099/95.

LEI N. 12.288, DE 20 DE JULHO DE 2010
Altera o art. 13 da Lei n. 7.347/85.

LEI N. 12.376, DE 30 DE DEZEMBRO DE 2010
Altera a ementa do Decreto-lei n. 4.657/42.

LEI N. 12.415, DE 9 DE JUNHO DE 2011
Altera o art. 130 da Lei n. 8.069/90.

LEI N. 12.424, DE 16 DE JUNHO DE 2011
Altera os arts. 205 e 213 da Lei n. 6.015/73.

LEI N. 12.461, DE 26 DE JULHO DE 2011
Altera o art. 19 da Lei n. 10.741/03.

LEI N. 12.594, DE 18 DE JANEIRO DE 2012
Altera os arts. 90, 121, 122, 198 e 208 da Lei n. 8.069/90.

Índice Cronológico da Legislação Alteradora

LEI N. 12.665, DE 13 DE JUNHO DE 2012
Revoga os §§ 1.º e 2.º do art. 21 da Lei n. 10.259/01.

LEI N. 12.696, DE 25 DE JULHO DE 2012
Altera os arts. 132, 134, 135 e 139 da Lei n. 8.069/90.

LEI N. 12.726, DE 16 DE OUTUBRO DE 2012
Altera o art. 95 da Lei n. 9.099/95.

LEI N. 12.744, DE 19 DE DEZEMBRO DE 2012
Acrescenta o art. 54-A à Lei n. 8.245/91.
Altera o art. 4.º da Lei n. 8.245/91.

LEI N. 12.767, DE 27 DE DEZEMBRO DE 2012
Altera o art. 22 da Lei n. 9.028/95.

LEI N. 12.836, DE 2 DE JULHO DE 2013
Altera os arts. 32 e 33 da Lei n. 10.257/01.

LEI N. 12.873, DE 24 DE OUTUBRO DE 2013
Altera o art. 4.º do Decreto-lei n. 3.365/41.
Altera o art. 48 da Lei n. 11.101/05.

LEI N. 12.874, DE 29 DE OUTUBRO DE 2013
Altera o art. 18 do Decreto-lei n. 4.657/42.

LEI N. 12.955, DE 5 DE FEVEREIRO DE 2014
Altera o art. 47 da Lei n. 8.069/90.

LEI N. 12.962, DE 8 DE ABRIL DE 2014
Altera os arts. 19, 23, 158, 159 e 161 da Lei n. 8.069/90.

LEI N. 12.966, DE 24 DE ABRIL DE 2014
Altera o art. 1.º da Lei n. 7.347/85.

LEI N. 13.004, DE 24 DE JUNHO DE 2014
Altera os arts. 1.º, 4.º e 5.º da Lei n. 7.347/85.

LEI N. 13.010, DE 26 DE JUNHO DE 2014
Altera o art. 13 e acrescenta os arts. 18-A, 18-B e 70-A à Lei n. 8.069/90.

Índice Cronológico da Legislação Alteradora

LEI N. 13.019, DE 31 DE JULHO DE 2014
Altera os arts. 10, 11 e 23 da Lei n. 8.429/92.

LEI COMPLEMENTAR N. 147, DE 7 DE AGOSTO DE 2014
Altera o art. 8.º da Lei n. 9.099/95.
Altera os arts. 24, 26, 41, 45, 48, 68, 71, 72 e 83 da Lei n. 11.101/05.

LEI N. 13.043, DE 13 DE NOVEMBRO DE 2014
Acrescenta os arts. 6.º-A e 7.º-A ao Decreto-lei n. 911/69.
Altera os arts. 7.º, 9.º, 15 e 16 da Lei n. 6.830/80.
Altera os arts. 2.º a 5.º do Decreto-lei n. 911/69.

LEI N. 13.046, DE 1.º DE DEZEMBRO DE 2014
Acrescenta os arts. 70-B e 94-A e altera o art. 136 da Lei n. 8.069/90.

LEI N. 13.105, DE 16 DE MARÇO DE 2015
Acrescenta o art. 216-A à Lei n. 6.015/73.
Altera os arts. 48, 50 e 83 da Lei n. 9.099/95.
Altera o art. 33 da Lei n. 9.307/96.
Revoga os arts. 2.º a 4.º, 6.º e 7.º, 11, 12 e 17 da Lei n. 1.060/50.
Revoga os arts. 16 a 18 da Lei n. 5.478/68.
Revoga os arts. 13 a 18, 26 a 29 e 38 da Lei n. 8.038/90

LEI N. 13.129, DE 26 DE MAIO DE 2015
Acrescenta os arts. 22-A a 22-C à Lei n. 9.307/96.
Altera os arts. 1.º, 2.º, 13, 19, 23, 30, 32, 33, 35 e 39 da Lei n. 9.307/96.
Revoga o § 4.º do art. 32, o art. 25 e o inciso V do art. 32 da Lei n. 9.307/96.

LEI COMPLEMENTAR N. 150, DE 1.º DE JUNHO DE 2015
Revoga o inciso I do art. 3.º da Lei n. 8.009/90.

LEI N. 13.144, DE 6 DE JULHO DE 2015
Altera o art. 3.º da Lei n. 8.009/90.

LEI N. 13.146, DE 6 DE JULHO DE 2015
Altera o art. 11 da Lei n. 8.429/92.

LEI N. 13.245, DE 12 DE JANEIRO DE 2016
Altera o art. 7.º da Lei n. 8.906/94.

LEI N. 13.247, DE 12 DE JANEIRO DE 2016
Altera os arts. 15, 16 e 17 da Lei n. 8.906/94.

Índice Cronológico da Legislação Alteradora

LEI N. 13.257, DE 8 DE MARÇO DE 2016
Altera os arts. 3.º, 8.º, 9.º, 11 a 14, 19, 22, 23, 34, 87, 88, 92, 101, 102 e 129 da Lei n. 8.069/90.

LEI N. 13.306, DE 4 DE JULHO DE 2016
Altera os arts. 54 e 208 da Lei n. 8.069/90.

LEI N. 13.327, DE 29 DE JULHO DE 2016
Altera o art. 38 da Lei n. 13.140/15.

LEI N. 13.363, DE 25 DE NOVEMBRO DE 2016
Acrescenta o art. 7.º-A à Lei n. 8.906/94.

Novo Código de Processo Civil

Novo Código de
Processo Civil

ÍNDICE SISTEMÁTICO DO NOVO CÓDIGO DE PROCESSO CIVIL

(LEI N. 13.105, DE 16-3-2015)

PARTE GERAL

Livro I
DAS NORMAS PROCESSUAIS CIVIS

Título Único
DAS NORMAS FUNDAMENTAIS E DA APLICAÇÃO DAS NORMAS PROCESSUAIS

Capítulo I – Das Normas Fundamentais do Processo Civil – arts. 1.º a 12	13
Capítulo II – Da Aplicação das Normas Processuais – arts. 13 a 15	15

Livro II
DA FUNÇÃO JURISDICIONAL

Título I
DA JURISDIÇÃO E DA AÇÃO

Arts. 16 a 20	16

Título II
DOS LIMITES DA JURISDIÇÃO NACIONAL E DA COOPERAÇÃO INTERNACIONAL

Capítulo I – Dos Limites da Jurisdição Nacional – arts. 21 a 25	16
Capítulo II – Da Cooperação Internacional – arts. 26 a 41	17
Seção I – Disposições Gerais – arts. 26 e 27	17
Seção II – Do Auxílio Direto – arts. 28 a 34	18
Seção III – Da Carta Rogatória – arts. 35 e 36	18
Seção IV – Disposições Comuns às Seções Anteriores – arts. 37 a 41	19

Título III
DA COMPETÊNCIA INTERNA

Capítulo I – Da Competência – arts. 42 a 66	19

Seção I – Disposições Gerais – arts. 42 a 53... 19
Seção II – Da Modificação da Competência – arts. 54 a 63............................... 22
Seção III – Da Incompetência – arts. 64 a 66... 23
Capítulo II – Da Cooperação Nacional – arts. 67 a 69 23

Livro III
DOS SUJEITOS DO PROCESSO

Título I
DAS PARTES E DOS PROCURADORES

Capítulo I – Da Capacidade Processual – arts. 70 a 76 25
Capítulo II – Dos Deveres das Partes e de seus Procuradores – arts. 77 a 102 27
Seção I – Dos Deveres – arts. 77 e 78 27
Seção II – Da Responsabilidade das Partes por Dano Processual – arts. 79 a 81 ... 28
Seção III – Das Despesas, dos Honorários Advocatícios e das Multas – arts. 82 a 97 ... 28
Seção IV – Da Gratuidade da Justiça – arts. 98 a 102 32
Capítulo III – Dos Procuradores – arts. 103 a 107 34
Capítulo IV – Da Sucessão das Partes e dos Procuradores – arts. 108 a 112......... 36

Título II
DO LITISCONSÓRCIO

Arts. 113 a 118... 36

Título III
DA INTERVENÇÃO DE TERCEIROS

Capítulo I – Da Assistência – arts. 119 a 124 37
Seção I – Disposições Comuns – arts. 119 e 120 37
Seção II – Da Assistência Simples – arts. 121 a 123... 38
Seção III – Da Assistência Litisconsorcial – art. 124.. 38
Capítulo II – Da Denunciação da Lide – arts. 125 a 129... 38
Capítulo III – Do Chamamento ao Processo – arts. 130 a 132 39
Capítulo IV – Do Incidente de Desconsideração da Personalidade Jurídica – arts. 133 a 137 ... 39
Capítulo V – Do *Amicus Curiae* – art. 138.. 40

Título IV
DO JUIZ E DOS AUXILIARES DA JUSTIÇA

Capítulo I – Dos Poderes, dos Deveres e da Responsabilidade do Juiz – arts. 139 a 143....... 40
Capítulo II – Dos Impedimentos e da Suspeição – arts. 144 a 148 42
Capítulo III – Dos Auxiliares da Justiça – art. 149.. 44

Seção I – Do Escrivão, do Chefe de Secretaria e do Oficial de Justiça – arts. 150 a 155   44
Seção II – Do Perito – arts. 156 a 158..   45
Seção III – Do Depositário e do Administrador – arts. 159 a 161................................   46
Seção IV – Do Intérprete e do Tradutor – arts. 162 a 164...   46
Seção V – Dos Conciliadores e Mediadores Judiciais – arts. 165 a 175   47

Título V
DO MINISTÉRIO PÚBLICO

Arts. 176 a 181..   49

Título VI
DA ADVOCACIA PÚBLICA

Arts. 182 a 184..   50

Título VII
DA DEFENSORIA PÚBLICA

Arts. 185 a 187..   50

Livro IV
DOS ATOS PROCESSUAIS

Título I
DA FORMA, DO TEMPO E DO LUGAR DOS ATOS PROCESSUAIS

Capítulo I – Da Forma dos Atos Processuais – arts. 188 a 211   52
   Seção I – Dos Atos em Geral – arts. 188 a 192...   52
   Seção II – Da Prática Eletrônica de Atos Processuais – arts. 193 a 199.....................   53
   Seção III – Dos Atos das Partes – arts. 200 a 202   53
   Seção IV – Dos Pronunciamentos do Juiz – arts. 203 a 205.................................   54
   Seção V – Dos Atos do Escrivão ou do Chefe de Secretaria – arts. 206 a 211.............   54
Capítulo II – Do Tempo e do Lugar dos Atos Processuais – arts. 212 a 217   55
   Seção I – Do Tempo – arts. 212 a 216   55
   Seção II – Do Lugar – art. 217   56
Capítulo III – Dos Prazos – arts. 218 a 235   56
   Seção I – Disposições Gerais – arts. 218 a 232...   56
   Seção II – Da Verificação dos Prazos e das Penalidades – arts. 233 a 235   58

Título II
DA COMUNICAÇÃO DOS ATOS PROCESSUAIS

Capítulo I – Disposições Gerais – arts. 236 e 237   59

Capítulo II – Da Citação – arts. 238 a 259... 60
Capítulo III – Das Cartas – arts. 260 a 268... 64
Capítulo IV – Das Intimações – arts. 269 a 275... 66

Título III
DAS NULIDADES

Arts. 276 a 283... 67

Título IV
DA DISTRIBUIÇÃO E DO REGISTRO

Arts. 284 a 290... 68

Título V
DO VALOR DA CAUSA

Arts. 291 a 293... 69

Livro V
DA TUTELA PROVISÓRIA

Título I
DISPOSIÇÕES GERAIS

Arts. 294 a 299... 71

Título II
DA TUTELA DE URGÊNCIA

Capítulo I – Disposições Gerais – arts. 300 a 302 71
Capítulo II – Do Procedimento da Tutela Antecipada Requerida em Caráter Antecedente – arts. 303 e 304 72
Capítulo III – Do Procedimento da Tutela Cautelar Requerida em Caráter Antecedente – arts. 305 a 310 73

Título III
DA TUTELA DA EVIDÊNCIA

Art. 311 74

Livro VI
DA FORMAÇÃO, DA SUSPENSÃO E DA EXTINÇÃO DO PROCESSO

Título I
DA FORMAÇÃO DO PROCESSO

Art. 312 75

Título II
DA SUSPENSÃO DO PROCESSO

Arts. 313 a 315... 75

Título III
DA EXTINÇÃO DO PROCESSO

Arts. 316 e 137... 76

PARTE ESPECIAL

Livro I
DO PROCESSO DE CONHECIMENTO E DO CUMPRIMENTO DE SENTENÇA

Título I
DO PROCEDIMENTO COMUM

Capítulo I – Disposições Gerais – art. 318 77
Capítulo II – Da Petição Inicial – arts. 319 a 331 77
    Seção I – Dos Requisitos da Petição Inicial – arts. 319 a 321 77
    Seção II – Do Pedido – arts. 322 a 329 78
    Seção III – Do Indeferimento da Petição Inicial – arts. 330 e 331 79
Capítulo III – Da Improcedência Liminar do Pedido – art. 332 80
Capítulo IV – Da Conversão da Ação Individual em Ação Coletiva – art. 333 80
Capítulo V – Da Audiência de Conciliação ou de Mediação – art. 334 81
Capítulo VI – Da Contestação – arts. 335 a 342 82
Capítulo VII – Da Reconvenção – art. 343 84
Capítulo VIII – Da Revelia – arts. 344 a 346 84
Capítulo IX – Das Providências Preliminares e do Saneamento – art. 347 84
    Seção I – Da Não Incidência dos Efeitos da Revelia – arts. 348 e 349 84

Índice Sistemático do Novo CPC

Seção II – Do Fato Impeditivo, Modificativo ou Extintivo do Direito do Autor – art. 350.	85
Seção III – Das Alegações do Réu – arts. 351 a 353	85
Capítulo X – Do Julgamento Conforme o Estado do Processo – arts. 354 a 357	85
Seção I – Da Extinção do Processo – art. 354	85
Seção II – Do Julgamento Antecipado do Mérito – art. 355	85
Seção III – Do Julgamento Antecipado Parcial do Mérito – art. 356	85
Seção IV – Do Saneamento e da Organização do Processo – art. 357	86
Capítulo XI – Da Audiência de Instrução e Julgamento – arts. 358 a 368	86
Capítulo XII – Das Provas – arts. 369 a 484	88
Seção I – Disposições Gerais – arts. 369 a 380	88
Seção II – Da Produção Antecipada da Prova – arts. 381 a 383	90
Seção III – Da Ata Notarial – art. 384	90
Seção IV – Do Depoimento Pessoal – arts. 385 a 388	91
Seção V – Da Confissão – arts. 389 a 395	91
Seção VI – Da Exibição de Documento ou Coisa – arts. 396 a 404	92
Seção VII – Da Prova Documental – arts. 405 a 438	93
Subseção I – Da força probante dos documentos – arts. 405 a 429	93
Subseção II – Da arguição de falsidade – arts. 430 a 433	97
Subseção III – Da produção da prova documental – arts. 434 a 438	97
Seção VIII – Dos Documentos Eletrônicos – arts. 439 a 441	98
Seção IX – Da Prova Testemunhal – arts. 442 a 463	98
Subseção I – Da admissibilidade e do valor da prova testemunhal – arts. 442 a 449	98
Subseção II – Da produção da prova testemunhal – arts. 450 a 463	100
Seção X – Da Prova Pericial – arts. 464 a 480	103
Seção XI – Da Inspeção Judicial – arts. 481 a 484	106
Capítulo XIII – Da Sentença e da Coisa Julgada – arts. 485 a 508	107
Seção I – Disposições Gerais – arts. 485 a 488	107
Seção II – Dos Elementos e dos Efeitos da Sentença – arts. 489 a 495	108
Seção III – Da Remessa Necessária – art. 496	110
Seção IV – Do Julgamento das Ações Relativas às Prestações de Fazer, de Não Fazer e de Entregar Coisa – arts. 497 a 501	111
Seção V – Da Coisa Julgada – arts. 502 a 508	111
Capítulo XIV – Da Liquidação de Sentença – arts. 509 a 512	112

Título II
DO CUMPRIMENTO DA SENTENÇA

Capítulo I – Disposições Gerais – arts. 513 a 519	113
Capítulo II – Do Cumprimento Provisório da Sentença que Reconhece a Exigibilidade de Obrigação de Pagar Quantia Certa – arts. 520 a 522	115
Capítulo III – Do Cumprimento Definitivo da Sentença que Reconhece a Exigibilidade de Obrigação de Pagar Quantia Certa – arts. 523 a 527	116
Capítulo IV – Do Cumprimento de Sentença que Reconheça a Exigibilidade de Obrigação de Prestar Alimentos – arts. 528 a 533	118

Capítulo V – Do Cumprimento de Sentença que Reconheça a Exigibilidade de Obrigação de Pagar Quantia Certa pela Fazenda Pública – arts. 534 e 535.................... 120
Capítulo VI – Do Cumprimento de Sentença que Reconheça a Exigibilidade de Obrigação de Fazer, de Não Fazer ou de Entregar Coisa – arts. 536 a 538................... 122
    Seção I – Do Cumprimento de Sentença que Reconheça a Exigibilidade de Obrigação de Fazer ou de Não Fazer – arts. 536 e 537 122
    Seção II – Do Cumprimento de Sentença que Reconheça a Exigibilidade de Obrigação de Entregar Coisa – art. 538................. 122

Título III
DOS PROCEDIMENTOS ESPECIAIS

Capítulo I – Da Ação de Consignação em Pagamento – arts. 539 a 549.................... 123
Capítulo II – Da Ação de Exigir Contas – arts. 550 a 553 124
Capítulo III – Das Ações Possessórias – arts. 554 a 568 125
    Seção I – Disposições Gerais – arts. 554 a 559................................... 125
    Seção II – Da Manutenção e da Reintegração de Posse – arts. 560 a 566............. 126
    Seção III – Do Interdito Proibitório – arts. 567 e 568 127
Capítulo IV – Da Ação de Divisão e da Demarcação de Terras Particulares – arts. 569 a 598 127
    Seção I – Disposições Gerais – arts. 569 a 573................................. 127
    Seção II – Da Demarcação – arts. 574 a 587 128
    Seção III – Da Divisão – arts. 588 a 598 129
Capítulo V – Da Ação de Dissolução Parcial de Sociedade – arts. 599 a 609............. 131
Capítulo VI – Do Inventário e da Partilha – arts. 610 a 673.............................. 133
    Seção I – Disposições Gerais – arts. 610 a 614................................. 133
    Seção II – Da Legitimidade para Requerer o Inventário – arts. 615 e 616.............. 133
    Seção III – Do Inventariante e das Primeiras Declarações – arts. 617 a 625............ 134
    Seção IV – Das Citações e das Impugnações – arts. 626 a 629........................ 136
    Seção V – Da Avaliação e do Cálculo do Imposto – arts. 630 a 638.................... 137
    Seção VI – Das Colações – arts. 639 a 641 138
    Seção VII – Do Pagamento das Dívidas – arts. 642 a 646............................. 139
    Seção VIII – Da Partilha – arts. 647 a 658 140
    Seção IX – Do Arrolamento – arts. 659 a 667 142
    Seção X – Disposições Comuns a Todas as Seções – arts. 668 a 673.................. 143
Capítulo VII – Dos Embargos de Terceiro – arts. 674 a 681 144
Capítulo VIII – Da Oposição – arts. 682 a 686 145
Capítulo IX – Da Habilitação – arts. 687 a 692 146
Capítulo X – Das Ações de Família – arts. 693 a 699 146
Capítulo XI – Da Ação Monitória – arts. 700 a 702 147
Capítulo XII – Da Homologação do Penhor Legal – arts. 703 a 706 148
Capítulo XIII – Da Regulação de Avaria Grossa – arts. 707 a 711 149
Capítulo XIV – Da Restauração de Autos – arts. 712 a 718 150
Capítulo XV – Dos Procedimentos de Jurisdição Voluntária – arts. 719 a 770 151
    Seção I – Disposições Gerais – arts. 719 a 725.................................. 151
    Seção II – Da Notificação e da Interpelação – arts. 726 a 729 151

Seção III – Da Alienação Judicial – art. 730 152
Seção IV – Do Divórcio e da Separação Consensuais, da Extinção Consensual de União Estável e da Alteração do Regime de Bens do Matrimônio – arts. 731 a 734 152
Seção V – Dos Testamentos e dos Codicilos – arts. 735 a 737 153
Seção VI – Da Herança Jacente – arts. 738 a 743 154
Seção VII – Dos Bens dos Ausentes – arts. 744 e 745 156
Seção VIII – Das Coisas Vagas – art. 746 156
Seção IX – Da Interdição – arts. 747 a 758 156
Seção X – Disposições Comuns à Tutela e à Curatela – arts. 759 a 763 158
Seção XI – Da Organização e da Fiscalização das Fundações – arts. 764 e 765 159
Seção XII – Da Ratificação dos Protestos Marítimos e dos Processos Testemunháveis Formados a Bordo – arts. 766 a 770 159

Livro II
DO PROCESSO DE EXECUÇÃO

Título I
DA EXECUÇÃO EM GERAL

Capítulo I – Disposições Gerais – arts. 771 a 777 161
Capítulo II – Das Partes – arts. 778 a 780 162
Capítulo III – Da Competência – arts. 781 e 782 162
Capítulo IV – Dos Requisitos Necessários para Realizar Qualquer Execução – arts. 783 a 788 .. 163
Seção I – Do Título Executivo – arts. 783 a 785 163
Seção II – Da Exigibilidade da Obrigação – arts. 786 a 788 164
Capítulo V – Da Responsabilidade Patrimonial – arts. 789 a 796 164

Título II
DAS DIVERSAS ESPÉCIES DE EXECUÇÃO

Capítulo I – Disposições Gerais – arts. 797 a 805 166
Capítulo II – Da Execução para a Entrega de Coisa – arts. 806 a 813 169
Seção I – Da Entrega de Coisa Certa – arts. 806 a 810 169
Seção II – Da Entrega de Coisa Incerta – arts. 811 a 813 169
Capítulo III – Da Execução das Obrigações de Fazer ou de Não Fazer – arts. 814 a 823 170
Seção I – Disposições Comuns – art. 814 170
Seção II – Da Obrigação de Fazer – arts. 815 a 821 170
Seção III – Da Obrigação de Não Fazer – arts. 822 e 823 171
Capítulo IV – Da Execução por Quantia Certa – arts. 824 a 909 171
Seção I – Disposições Gerais – arts. 824 a 826 171
Seção II – Da Citação do Devedor e do Arresto – arts. 827 a 830 171
Seção III – Da Penhora, do Depósito e da Avaliação – arts. 831 a 875 172
Subseção I – Do objeto da penhora – arts. 831 a 836 172

Índice Sistemático do Novo CPC

    Subseção II – Da documentação da penhora, de seu registro e do depósito – arts. 837 a 844......... 174
    Subseção III – Do lugar de realização da penhora – arts. 845 e 846......... 175
    Subseção IV – Das modificações da penhora – arts. 847 a 853......... 176
    Subseção V – Da penhora de dinheiro em depósito ou em aplicação financeira – art. 854......... 178
    Subseção VI – Da penhora de créditos – arts. 855 a 860......... 178
    Subseção VII – Da penhora das quotas ou das ações de sociedades personificadas – art. 861......... 179
    Subseção VIII – Da penhora de empresa, de outros estabelecimentos e de semoventes – arts. 862 a 865......... 180
    Subseção IX – Da penhora de percentual de faturamento de empresa – art. 866......... 181
    Subseção X – Da penhora de frutos e rendimentos de coisa móvel ou imóvel – arts. 867 a 869......... 181
    Subseção XI – Da avaliação – arts. 870 a 875......... 182
  Seção IV – Da Expropriação de Bens – arts. 876 a 903......... 183
    Subseção I – Da adjudicação – arts. 876 a 878......... 183
    Subseção II – Da alienação – arts. 879 a 903......... 184
  Seção V – Da Satisfação do Crédito – arts. 904 a 909......... 190
Capítulo V – Da Execução contra a Fazenda Pública – art. 910......... 191
Capítulo VI – Da Execução de Alimentos – arts. 911 a 913......... 191

Título III
DOS EMBARGOS À EXECUÇÃO

Arts. 914 a 920......... 192

Título IV
DA SUSPENSÃO E DA EXTINÇÃO DO PROCESSO DE EXECUÇÃO

Capítulo I – Da Suspensão do Processo de Execução – arts. 921 a 923......... 194
Capítulo II – Da Extinção do Processo de Execução – arts. 924 e 925......... 195

Livro III
DOS PROCESSOS NOS TRIBUNAIS E DOS MEIOS DE IMPUGNAÇÃO DAS DECISÕES JUDICIAIS

Título I
DA ORDEM DOS PROCESSOS E DOS PROCESSOS DE COMPETÊNCIA ORIGINÁRIA DOS TRIBUNAIS

Capítulo I – Disposições Gerais – arts. 926 a 928......... 196

Índice Sistemático do Novo CPC

CAPÍTULO II – Da Ordem dos Processos no Tribunal – arts. 929 a 946 196
CAPÍTULO III – Do Incidente de Assunção de Competência – art. 947 200
CAPÍTULO IV – Do Incidente de Arguição de Inconstitucionalidade – arts. 948 a 950 201
CAPÍTULO V – Do Conflito de Competência – arts. 951 a 959 201
CAPÍTULO VI – Da Homologação de Decisão Estrangeira e da Concessão do *Exequatur* à Carta Rogatória – arts. 960 a 965 202
CAPÍTULO VII – Da Ação Rescisória – arts. 966 a 975 204
CAPÍTULO VIII – Do Incidente de Resolução de Demandas Repetitivas – arts. 976 a 987 206
CAPÍTULO IX – Da Reclamação – arts. 988 a 993 208

TÍTULO II
DOS RECURSOS

CAPÍTULO I – Disposições Gerais – arts. 994 a 1.008 209
CAPÍTULO II – Da Apelação – arts. 1.009 a 1.014 212
CAPÍTULO III – Do Agravo de Instrumento – arts. 1.015 a 1.020 213
CAPÍTULO IV – Do Agravo Interno – art. 1.021 215
CAPÍTULO V – Dos Embargos de Declaração – arts. 1.022 a 1.026 216
CAPÍTULO VI – Dos Recursos para o Supremo Tribunal Federal e para o Superior Tribunal de Justiça – arts. 1.027 a 1.044 217
    Seção I – Do Recurso Ordinário – arts. 1.027 e 1.028 217
    Seção II – Do Recurso Extraordinário e do Recurso Especial – arts. 1.029 a 1.041 218
        Subseção I – *Disposições gerais – arts. 1.029 a 1.035*... 218
        Subseção II – *Do julgamento dos recursos extraordinário e especial repetitivos – arts. 1.036 a 1.041* 221
    Seção III – Do Agravo em Recurso Especial e em Recurso Extraordinário – art. 1.042 . 223
    Seção IV – Dos Embargos de Divergência – arts. 1.043 e 1.044 224

LIVRO COMPLEMENTAR
DISPOSIÇÕES FINAIS E TRANSITÓRIAS

Arts. 1.045 a 1.072 226

Novo Código de Processo Civil

LEI N. 13.105, DE 16 DE MARÇO DE 2015 (*)

Código de Processo Civil.

A Presidenta da República

Faço saber que o Congresso Nacional decreta e eu sanciono a seguinte Lei:

PARTE GERAL

Livro I
DAS NORMAS PROCESSUAIS CIVIS

Título Único
DAS NORMAS FUNDAMENTAIS E DA APLICAÇÃO DAS NORMAS PROCESSUAIS

Capítulo I
DAS NORMAS FUNDAMENTAIS DO PROCESSO CIVIL

Art. 1.º O processo civil será ordenado, disciplinado e interpretado conforme os valores e as normas fundamentais estabelecidos na Constituição da República Federativa do Brasil, observando-se as disposições deste Código.

•• *Vide* arts. 14 e 1.046 do CPC.

Art. 2.º O processo começa por iniciativa da parte e se desenvolve por impulso oficial, salvo as exceções previstas em lei.

•• Dispositivo correspondente no CPC de 1973: art. 262.

(*) Publicada no *DOU*, de 17-3-2015.

Art. 3.º Não se excluirá da apreciação jurisdicional ameaça ou lesão a direito.

•• *Vide* art. 5.º, XXXV, da CF.

§ 1.º É permitida a arbitragem, na forma da lei.

• *Vide* Lei n. 9.307, de 23-9-1996.

• *Vide* Súmula 485 do STJ.

§ 2.º O Estado promoverá, sempre que possível, a solução consensual dos conflitos.

§ 3.º A conciliação, a mediação e outros métodos de solução consensual de conflitos deverão ser estimulados por juízes, advogados, defensores públicos e membros do Ministério Público, inclusive no curso do processo judicial.

•• *Vide* Lei n. 13.140, de 26-6-2015, que dispõe sobre a mediação entre particulares como meio de solução de controvérsias e sobre a autocomposição de conflitos no âmbito da Administração Pública.

•• *Vide* Resolução n. 125, de 29-11-2010, que dispõe sobre conflitos de interesses do Judiciário.

Art. 4.º As partes têm o direito de obter em prazo razoável a solução integral do mérito, incluída a atividade satisfativa.

•• *Vide* art. 5.º, LXXVIII, da CF.

Art. 5.º Aquele que de qualquer forma participa do processo deve comportar-se de acordo com a boa-fé.

Art. 6.º Todos os sujeitos do processo devem cooperar entre si para que se obtenha, em tempo razoável, decisão de mérito justa e efetiva.

• *Vide* art. 5.º, LXXVIII, da CF.

Art. 7.º É assegurada às partes paridade de tratamento em relação ao exercício de direitos e faculdades processuais, aos meios de defesa,

Arts. 7.º a 12

aos ônus, aos deveres e à aplicação de sanções processuais, competindo ao juiz zelar pelo efetivo contraditório.

•• *Vide* art. 5.º, LV, da CF.

Art. 8.º Ao aplicar o ordenamento jurídico, o juiz atenderá aos fins sociais e às exigências do bem comum, resguardando e promovendo a dignidade da pessoa humana e observando a proporcionalidade, a razoabilidade, a legalidade, a publicidade e a eficiência.

Art. 9.º Não se proferirá decisão contra uma das partes sem que ela seja previamente ouvida.

•• *Vide* art. 5.º, LV, da CF.

•• *Vide* Enunciado 55 da ENFAM.

Parágrafo único. O disposto no *caput* não se aplica:

I – à tutela provisória de urgência;

•• *Vide* arts. 294 e s. do CPC.

II – às hipóteses de tutela da evidência previstas no art. 311, incisos II e III;

III – à decisão prevista no art. 701.

Art. 10. O juiz não pode decidir, em grau algum de jurisdição, com base em fundamento a respeito do qual não se tenha dado às partes oportunidade de se manifestar, ainda que se trate de matéria sobre a qual deva decidir de ofício.

•• *Vide* art. 5.º, LV, da CF.

•• *Vide* art. 141 do CPC.

•• *Vide* Enunciados 1, 2, 4, 5 e 55 da ENFAM.

Art. 11. Todos os julgamentos dos órgãos do Poder Judiciário serão públicos, e fundamentadas todas as decisões, sob pena de nulidade.

•• Dispositivo correspondente no CPC de 1973: art. 155, *caput*.

•• *Vide* art. 5.º, LX, da CF.

Parágrafo único. Nos casos de segredo de justiça, pode ser autorizada a presença somente das partes, de seus advogados, de defensores públicos ou do Ministério Público.

•• *Vide* art. 93, IX, da CF.

Art. 12. Os juízes e os tribunais atenderão, preferencialmente, à ordem cronológica de conclusão para proferir sentença ou acórdão.

•• *Caput* com redação determinada pela Lei n. 13.256, de 4-2-2016.

•• *Vide* Enunciado 34 da ENFAM.

§ 1.º A lista de processos aptos a julgamento deverá estar permanentemente à disposição para consulta pública em cartório e na rede mundial de computadores.

§ 2.º Estão excluídos da regra do *caput*:

•• *Vide* Enunciado 32 da ENFAM.

I – as sentenças proferidas em audiência, homologatórias de acordo ou de improcedência liminar do pedido;

II – o julgamento de processos em bloco para aplicação de tese jurídica firmada em julgamento de casos repetitivos;

III – o julgamento de recursos repetitivos ou de incidente de resolução de demandas repetitivas;

•• *Vide* arts. 1.036 a 1.041 do CPC.

IV – as decisões proferidas com base nos arts. 485 e 932;

V – o julgamento de embargos de declaração;

•• *Vide* arts. 1.022 a 1.026 do CPC.

VI – o julgamento de agravo interno;

VII – as preferências legais e as metas estabelecidas pelo Conselho Nacional de Justiça;

VIII – os processos criminais, nos órgãos jurisdicionais que tenham competência penal;

IX – a causa que exija urgência no julgamento, assim reconhecida por decisão fundamentada.

•• *Vide* Enunciado 33 da ENFAM.

§ 3.º Após elaboração de lista própria, respeitar-se-á a ordem cronológica das conclusões entre as preferências legais.

§ 4.º Após a inclusão do processo na lista de que trata o § 1.º, o requerimento formulado pela parte não altera a ordem cronológica para a decisão, exceto quando implicar a reabertura da instrução ou a conversão do julgamento em diligência.

§ 5.º Decidido o requerimento previsto no § 4.º, o processo retornará à mesma posição em que anteriormente se encontrava na lista.

Normas Processuais Civis

§ 6.º Ocupará o primeiro lugar na lista prevista no § 1.º ou, conforme o caso, no § 3.º, o processo que:

I – tiver sua sentença ou acórdão anulado, salvo quando houver necessidade de realização de diligência ou de complementação da instrução;

II – se enquadrar na hipótese do art. 1.040, inciso II.

Capítulo II
DA APLICAÇÃO DAS NORMAS PROCESSUAIS

Art. 13. A jurisdição civil será regida pelas normas processuais brasileiras, ressalvadas as disposições específicas previstas em tratados, convenções ou acordos internacionais de que o Brasil seja parte.

Art. 14. A norma processual não retroagirá e será aplicável imediatamente aos processos em curso, respeitados os atos processuais praticados e as situações jurídicas consolidadas sob a vigência da norma revogada.

•• Dispositivo correspondente no CPC de 1973: art. 1.211.
•• Vide art. 1.046 do CPC.

Art. 15. Na ausência de normas que regulem processos eleitorais, trabalhistas ou administrativos, as disposições deste Código lhes serão aplicadas supletiva e subsidiariamente.

Livro II
DA FUNÇÃO JURISDICIONAL

Título I
DA JURISDIÇÃO E DA AÇÃO

Art. 16. A jurisdição civil é exercida pelos juízes e pelos tribunais em todo o território nacional, conforme as disposições deste Código.

•• Dispositivo correspondente no CPC de 1973: art. 1.º.

•• Vide art. 1.046 do CPC.

Art. 17. Para postular em juízo é necessário ter interesse e legitimidade.

•• Dispositivo correspondente no CPC de 1973: art. 3.º.

•• Vide arts. 330, II e III, e 485, VI, do CPC.

Art. 18. Ninguém poderá pleitear direito alheio em nome próprio, salvo quando autorizado pelo ordenamento jurídico.

• Dispositivo correspondente no CPC de 1973: art. 6.º.

•• Vide arts. 108 e s. do CPC.

•• Vide Lei n. 8.906, de 4-7-1994, que dispõe sobre o EAOAB.

•• Vide arts. 81 e 82 do CDC.

Parágrafo único. Havendo substituição processual, o substituído poderá intervir como assistente litisconsorcial.

•• Vide art. 124 do CPC.

Art. 19. O interesse do autor pode limitar-se à declaração:

•• Dispositivo correspondente no CPC de 1973: art. 4.º, caput.

I – da existência, da inexistência ou do modo de ser de uma relação jurídica;

•• Dispositivo correspondente no CPC de 1973: art. 4.º, I.

II – da autenticidade ou da falsidade de documento.

•• Dispositivo correspondente no CPC de 1973: art. 4.º, II.

Art. 20. É admissível a ação meramente declaratória, ainda que tenha ocorrido a violação do direito.

•• Dispositivo correspondente no CPC de 1973: art. 4.º, parágrafo único.

• Vide Súmula 258 do STF.

Título II
DOS LIMITES DA JURISDIÇÃO NACIONAL E DA COOPERAÇÃO INTERNACIONAL

Capítulo I
DOS LIMITES DA JURISDIÇÃO NACIONAL

Art. 21. Compete à autoridade judiciária brasileira processar e julgar as ações em que:

•• Dispositivo correspondente no CPC de 1973: art. 88, caput.

I – o réu, qualquer que seja a sua nacionalidade, estiver domiciliado no Brasil;

•• Vide art. 12 da LINDB (Decreto-lei n. 4.657, de 4-9-1942).

•• Dispositivo correspondente no CPC de 1973: art. 88, I.

II – no Brasil tiver de ser cumprida a obrigação;

•• Dispositivo correspondente no CPC de 1973: art. 88, II.

•• Vide art. 12 da LINDB (Decreto-lei n. 4.657, de 4-9-1942).

III – o fundamento seja fato ocorrido ou ato praticado no Brasil.

•• Dispositivo correspondente no CPC de 1973: art. 88, III.

Parágrafo único. Para o fim do disposto no inciso I, considera-se domiciliada no Brasil a pessoa jurídica estrangeira que nele tiver agência, filial ou sucursal.

•• Dispositivo correspondente no CPC de 1973: art. 88, parágrafo único.

•• Vide art. 75, X e § 3.º, do CPC.

Art. 22. Compete, ainda, à autoridade judiciária brasileira processar e julgar as ações:

I – de alimentos, quando:

•• Vide arts. 911 a 913 do CPC.

•• Vide Lei n. 5.478, de 25-7-1968.

a) o credor tiver domicílio ou residência no Brasil;

Função Jurisdicional — Arts. 22 a 26

b) o réu mantiver vínculos no Brasil, tais como posse ou propriedade de bens, recebimento de renda ou obtenção de benefícios econômicos;

II – decorrentes de relações de consumo, quando o consumidor tiver domicílio ou residência no Brasil;

•• CDC: Lei n. 8.078, de 11-9-1990.

III – em que as partes, expressa ou tacitamente, se submeterem à jurisdição nacional.

Art. 23. Compete à autoridade judiciária brasileira, com exclusão de qualquer outra:

•• Dispositivo correspondente no CPC de 1973: art. 89, *caput*.

I – conhecer de ações relativas a imóveis situados no Brasil;

•• Dispositivo correspondente no CPC de 1973: art. 89, I.

•• *Vide* art. 12, § 1.º, da LINDB (Decreto-lei n. 4.657, de 4-9-1942).

II – em matéria de sucessão hereditária, proceder à confirmação de testamento particular e ao inventário e à partilha de bens situados no Brasil, ainda que o autor da herança seja de nacionalidade estrangeira ou tenha domicílio fora do território nacional;

•• Dispositivo correspondente no CPC de 1973: art. 89, II.

•• *Vide* arts. 10 e 12, § 1.º, da LINDB (Decreto-lei n. 4.657, de 4-9-1942).

III – em divórcio, separação judicial ou dissolução de união estável, proceder à partilha de bens situados no Brasil, ainda que o titular seja de nacionalidade estrangeira ou tenha domicílio fora do território nacional.

•• *Vide* art. 53, I, do CPC.

Art. 24. A ação proposta perante tribunal estrangeiro não induz litispendência e não obsta a que a autoridade judiciária brasileira conheça da mesma causa e das que lhe são conexas, ressalvadas as disposições em contrário de tratados internacionais e acordos bilaterais em vigor no Brasil.

•• Dispositivo correspondente no CPC de 1973: art. 90.

•• *Vide* art. 105, I, *i*, da CF.

•• *Vide* arts. 57 e 337, §§ 1.º a 3.º, do CPC.

Parágrafo único. A pendência de causa perante a jurisdição brasileira não impede a homologação de sentença judicial estrangeira quando exigida para produzir efeitos no Brasil.

•• *Vide* art. 105, I, *i*, da CF.

Art. 25. Não compete à autoridade judiciária brasileira o processamento e o julgamento da ação quando houver cláusula de eleição de foro exclusivo estrangeiro em contrato internacional, arguida pelo réu na contestação.

§ 1.º Não se aplica o disposto no *caput* às hipóteses de competência internacional exclusiva previstas neste Capítulo.

§ 2.º Aplica-se à hipótese do *caput* o art. 63, §§ 1.º a 4.º.

CAPÍTULO II
DA COOPERAÇÃO INTERNACIONAL

Seção I
Disposições Gerais

Art. 26. A cooperação jurídica internacional será regida por tratado de que o Brasil faz parte e observará:

I – o respeito às garantias do devido processo legal no Estado requerente;

•• *Vide* art. 5.º, LIV, da CF.

II – a igualdade de tratamento entre nacionais e estrangeiros, residentes ou não no Brasil, em relação ao acesso à justiça e à tramitação dos processos, assegurando-se assistência judiciária aos necessitados;

•• *Vide* art. 5.º, LXXIV, da CF.

•• *Vide* arts. 98 a 102 do CPC.

III – a publicidade processual, exceto nas hipóteses de sigilo previstas na legislação brasileira ou na do Estado requerente;

•• *Vide* art. 5.º, LX, da CF.

•• *Vide* arts. 11 e 189 do CPC.

IV – a existência de autoridade central para recepção e transmissão dos pedidos de cooperação;

V – a espontaneidade na transmissão de informações a autoridades estrangeiras.

§ 1.º Na ausência de tratado, a cooperação jurídica internacional poderá realizar-se com base em reciprocidade, manifestada por via diplomática.

§ 2.º Não se exigirá a reciprocidade referida no § 1.º para homologação de sentença estrangeira.

•• *Vide* art. 105, I, *I*, da CF.
•• *Vide* arts. 960 a 965 do CPC.

§ 3.º Na cooperação jurídica internacional não será admitida a prática de atos que contrariem ou que produzam resultados incompatíveis com as normas fundamentais que regem o Estado brasileiro.

§ 4.º O Ministério da Justiça exercerá as funções de autoridade central na ausência de designação específica.

Art. 27. A cooperação jurídica internacional terá por objeto:

I – citação, intimação e notificação judicial e extrajudicial;

II – colheita de provas e obtenção de informações;

III – homologação e cumprimento de decisão;

IV – concessão de medida judicial de urgência;

V – assistência jurídica internacional;

VI – qualquer outra medida judicial ou extrajudicial não proibida pela lei brasileira.

Seção II
Do Auxílio Direto

Art. 28. Cabe auxílio direto quando a medida não decorrer diretamente de decisão de autoridade jurisdicional estrangeira a ser submetida a juízo de delibação no Brasil.

Art. 29. A solicitação de auxílio direto será encaminhada pelo órgão estrangeiro interessado à autoridade central, cabendo ao Estado requerente assegurar a autenticidade e a clareza do pedido.

Art. 30. Além dos casos previstos em tratados de que o Brasil faz parte, o auxílio direto terá os seguintes objetos:

I – obtenção e prestação de informações sobre o ordenamento jurídico e sobre processos administrativos ou jurisdicionais findos ou em curso;

II – colheita de provas, salvo se a medida for adotada em processo, em curso no estrangeiro, de competência exclusiva de autoridade judiciária brasileira;

III – qualquer outra medida judicial ou extrajudicial não proibida pela lei brasileira.

Art. 31. A autoridade central brasileira comunicar-se-á diretamente com suas congêneres e, se necessário, com outros órgãos estrangeiros responsáveis pela tramitação e pela execução de pedidos de cooperação enviados e recebidos pelo Estado brasileiro, respeitadas disposições específicas constantes de tratado.

Art. 32. No caso de auxílio direto para a prática de atos que, segundo a lei brasileira, não necessitem de prestação jurisdicional, a autoridade central adotará as providências necessárias para seu cumprimento.

Art. 33. Recebido o pedido de auxílio direto passivo, a autoridade central o encaminhará à Advocacia-Geral da União, que requererá em juízo a medida solicitada.

Parágrafo único. O Ministério Público requererá em juízo a medida solicitada quando for autoridade central.

Art. 34. Compete ao juízo federal do lugar em que deva ser executada a medida apreciar pedido de auxílio direto passivo que demande prestação de atividade jurisdicional.

Seção III
Da Carta Rogatória

Art. 35. (*Vetado*.)

•• O texto vetado dizia: "Art. 35. Dar-se-á por meio de carta rogatória o pedido de cooperação entre órgão jurisdicional brasileiro e órgão jurisdicional estrangeiro para prática de ato de citação, intimação, notificação judicial, colheita de

Função Jurisdicional — Arts. 35 a 44

provas, obtenção de informações e cumprimento de decisão interlocutória, sempre que o ato estrangeiro constituir decisão a ser executada no Brasil". *Razões do veto:* "Consultados o Ministério Público Federal e o Superior Tribunal de Justiça, entendeu-se que o dispositivo impõe que determinados atos sejam praticados exclusivamente por meio de carta rogatória, o que afetaria a celeridade e efetividade da cooperação jurídica internacional que, nesses casos, poderia ser processada pela via do auxílio direto".

Art. 36. O procedimento da carta rogatória perante o Superior Tribunal de Justiça é de jurisdição contenciosa e deve assegurar às partes as garantias do devido processo legal.

•• *Vide* art. 5.º, LIV, da CF.
•• *Vide* art. 105, I, *i*, da CF.

§ 1.º A defesa restringir-se-á à discussão quanto ao atendimento dos requisitos para que o pronunciamento judicial estrangeiro produza efeitos no Brasil.

§ 2.º Em qualquer hipótese, é vedada a revisão do mérito do pronunciamento judicial estrangeiro pela autoridade judiciária brasileira.

Seção IV
Disposições Comuns às Seções Anteriores

Art. 37. O pedido de cooperação jurídica internacional oriundo de autoridade brasileira competente será encaminhado à autoridade central para posterior envio ao Estado requerido para lhe dar andamento.

Art. 38. O pedido de cooperação oriundo de autoridade brasileira competente e os documentos anexos que o instruem serão encaminhados à autoridade central, acompanhados de tradução para a língua oficial do Estado requerido.

Art. 39. O pedido passivo de cooperação jurídica internacional será recusado se configurar manifesta ofensa à ordem pública.

Art. 40. A cooperação jurídica internacional para execução de decisão estrangeira dar-se-á por meio de carta rogatória ou de ação de homologação de sentença estrangeira, de acordo com o art. 960.

•• *Vide* art. 105, I, *i*, da CF.

Art. 41. Considera-se autêntico o documento que instruir pedido de cooperação jurídica internacional, inclusive tradução para a língua portuguesa, quando encaminhado ao Estado brasileiro por meio de autoridade central ou por via diplomática, dispensando-se ajuramentação, autenticação ou qualquer procedimento de legalização.

Parágrafo único. O disposto no *caput* não impede, quando necessária, a aplicação pelo Estado brasileiro do princípio da reciprocidade de tratamento.

Título III
DA COMPETÊNCIA INTERNA

Capítulo I
DA COMPETÊNCIA

Seção I
Disposições Gerais

Art. 42. As causas cíveis serão processadas e decididas pelo juiz nos limites de sua competência, ressalvado às partes o direito de instituir juízo arbitral, na forma da lei.

•• Dispositivo correspondente no CPC de 1973: art. 86.
•• *Vide* Lei n. 9.307, de 23-9-1996.

Art. 43. Determina-se a competência no momento do registro ou da distribuição da petição inicial, sendo irrelevantes as modificações do estado de fato ou de direito ocorridas posteriormente, salvo quando suprimirem órgão judiciário ou alterarem a competência absoluta.

•• Dispositivo correspondente no CPC de 1973: art. 87.
•• *Vide* Súmula 58 do STJ.

Art. 44. Obedecidos os limites estabelecidos pela Constituição Federal, a competência é determinada pelas normas previstas neste Código ou em legislação especial, pelas normas de organização judiciária e, ainda, no que couber, pelas constituições dos Estados.

Arts. 44 a 48 — Função Jurisdicional

- • Dispositivo correspondente no CPC de 1973: art. 91.
- • *Vide* arts. 54, 62 e 63 do CPC.

Art. 45. Tramitando o processo perante outro juízo, os autos serão remetidos ao juízo federal competente se nele intervier a União, suas empresas públicas, entidades autárquicas e fundações, ou conselho de fiscalização de atividade profissional, na qualidade de parte ou de terceiro interveniente, exceto as ações:

- • Dispositivo correspondente no CPC de 1973: art. 99, parágrafo único, *caput*.
- • *Vide* art. 109 da CF.

I – de recuperação judicial, falência, insolvência civil e acidente de trabalho;

- • Dispositivo correspondente no CPC de 1973: art. 99, parágrafo único, I.
- • *Vide* art. 109, I, da CF.

II – sujeitas à justiça eleitoral e à justiça do trabalho.

- • *Vide* arts. 114 e 118 da CF.

§ 1.º Os autos não serão remetidos se houver pedido cuja apreciação seja de competência do juízo perante o qual foi proposta a ação.

§ 2.º Na hipótese do § 1.º, o juiz, ao não admitir a cumulação de pedidos em razão da incompetência para apreciar qualquer deles, não examinará o mérito daquele em que exista interesse da União, de suas entidades autárquicas ou de suas empresas públicas.

§ 3.º O juízo federal restituirá os autos ao juízo estadual sem suscitar conflito se o ente federal cuja presença ensejou a remessa for excluído do processo.

Art. 46. A ação fundada em direito pessoal ou em direito real sobre bens móveis será proposta, em regra, no foro de domicílio do réu.

- • Dispositivo correspondente no CPC de 1973: art. 94, *caput*.
- • *Vide* art. 12 da LINDB (Decreto-lei n. 4.657, de 4-9-1942).

§ 1.º Tendo mais de um domicílio, o réu será demandado no foro de qualquer deles.

- • Dispositivo correspondente no CPC de 1973: art. 94, § 1.º.

§ 2.º Sendo incerto ou desconhecido o domicílio do réu, ele poderá ser demandado onde for encontrado ou no foro de domicílio do autor.

- • Dispositivo correspondente no CPC de 1973: art. 94, § 2.º.

§ 3.º Quando o réu não tiver domicílio ou residência no Brasil, a ação será proposta no foro de domicílio do autor, e, se este também residir fora do Brasil, a ação será proposta em qualquer foro.

- • Dispositivo correspondente no CPC de 1973: art. 94, § 3.º.
- • *Vide* art. 12 da LINDB (Decreto-lei n. 4.657, de 4-9-1942).

§ 4.º Havendo 2 (dois) ou mais réus com diferentes domicílios, serão demandados no foro de qualquer deles, à escolha do autor.

- • Dispositivo correspondente no CPC de 1973: art. 94, § 4.º.

§ 5.º A execução fiscal será proposta no foro de domicílio do réu, no de sua residência ou no do lugar onde for encontrado.

- • *Vide* Lei n. 6.830, de 22-9-1980.

Art. 47. Para as ações fundadas em direito real sobre imóveis é competente o foro de situação da coisa.

- • Dispositivo correspondente no CPC de 1973: art. 95.
- • *Vide* art. 12 da LINDB (Decreto-lei n. 4.657, de 4-9-1942).

§ 1.º O autor pode optar pelo foro de domicílio do réu ou pelo foro de eleição se o litígio não recair sobre direito de propriedade, vizinhança, servidão, divisão e demarcação de terras e de nunciação de obra nova.

- • Dispositivo correspondente no CPC de 1973: art. 95.

§ 2.º A ação possessória imobiliária será proposta no foro de situação da coisa, cujo juízo tem competência absoluta.

Art. 48. O foro de domicílio do autor da herança, no Brasil, é o competente para o inventário, a partilha, a arrecadação, o cumprimento de disposições de última vontade, a impugnação ou anulação de partilha extrajudicial e para todas as ações em que o espólio for réu, ainda que o óbito tenha ocorrido no estrangeiro.

- • Dispositivo correspondente no CPC de 1973: art. 96, *caput*.
- • *Vide* art. 23 do CPC.

Função Jurisdicional

Parágrafo único. Se o autor da herança não possuía domicílio certo, é competente:

•• Dispositivo correspondente no CPC de 1973: art. 96, parágrafo único, *caput*.

I – o foro de situação dos bens imóveis;

•• Dispositivo correspondente no CPC de 1973: art. 96, parágrafo único, I.

II – havendo bens imóveis em foros diferentes, qualquer destes;

•• Dispositivo correspondente no CPC de 1973: art. 96, parágrafo único, II.

III – não havendo bens imóveis, o foro do local de qualquer dos bens do espólio.

Art. 49. A ação em que o ausente for réu será proposta no foro de seu último domicílio, também competente para a arrecadação, o inventário, a partilha e o cumprimento de disposições testamentárias.

•• Dispositivo correspondente no CPC de 1973: art. 97.

•• *Vide* arts. 744 e 745 do CPC.

Art. 50. A ação em que o incapaz for réu será proposta no foro de domicílio de seu representante ou assistente.

•• Dispositivo correspondente no CPC de 1973: art. 98.

Art. 51. É competente o foro de domicílio do réu para as causas em que seja autora a União.

•• Dispositivo correspondente no CPC de 1973: art. 99, I.

•• *Vide* arts. 109 e 110 da CF.

Parágrafo único. Se a União for a demandada, a ação poderá ser proposta no foro de domicílio do autor, no de ocorrência do ato ou fato que originou a demanda, no de situação da coisa ou no Distrito Federal.

•• Dispositivo correspondente no CPC de 1973: art. 99, I.

•• *Vide* arts. 109 e 110 da CF.

Art. 52. É competente o foro de domicílio do réu para as causas em que seja autor Estado ou o Distrito Federal.

Parágrafo único. Se Estado ou o Distrito Federal for o demandado, a ação poderá ser proposta no foro de domicílio do autor, no de ocorrência do ato ou fato que originou a demanda, no de situação da coisa ou na capital do respectivo ente federado.

Art. 53. É competente o foro:

•• Dispositivo correspondente no CPC de 1973: art. 100, *caput*.

•• *Vide* art. 80 da Lei n. 10.741, de 1.º-10-2003 (foro do idoso).

I – para a ação de divórcio, separação, anulação de casamento e reconhecimento ou dissolução de união estável:

•• Dispositivo correspondente no CPC de 1973: art. 100, I.

a) de domicílio do guardião de filho incapaz;

b) do último domicílio do casal, caso não haja filho incapaz;

c) de domicílio do réu, se nenhuma das partes residir no antigo domicílio do casal;

II – de domicílio ou residência do alimentando, para a ação em que se pedem alimentos;

•• Dispositivo correspondente no CPC de 1973: art. 100, II.

•• *Vide* art. 26 da Lei n. 5.478, de 25-7-1968 (ação de alimentos).

III – do lugar:

•• Dispositivo correspondente no CPC de 1973: art. 100, *caput*.

a) onde está a sede, para a ação em que for ré pessoa jurídica;

•• Dispositivo correspondente no CPC de 1973: art. 100, IV, *a*.

b) onde se acha agência ou sucursal, quanto às obrigações que a pessoa jurídica contraiu;

•• Dispositivo correspondente no CPC de 1973: art. 100, IV, *b*.

c) onde exerce suas atividades, para a ação em que for ré sociedade ou associação sem personalidade jurídica;

•• Dispositivo correspondente no CPC de 1973: art. 100, IV, *c*.

•• *Vide* art. 75 do CPC.

d) onde a obrigação deve ser satisfeita, para a ação em que se lhe exigir o cumprimento;

•• Dispositivo correspondente no CPC de 1973: art. 100, IV, *d*.

•• *Vide* art. 540 do CPC.

•• *Vide* Súmula 363 do STF.

e) de residência do idoso, para a causa que verse sobre direito previsto no respectivo estatuto;

Arts. 53 a 63 — Função Jurisdicional

•• *Vide* art. 80 da Lei n. 10.741, de 1.º-10-2003 (Estatuto do Idoso).

f) da sede da serventia notarial ou de registro, para a ação de reparação de dano por ato praticado em razão do ofício;

IV – do lugar do ato ou fato para a ação:

•• Dispositivo correspondente no CPC de 1973: art. 100, V, *caput*.

a) de reparação de dano;

•• Dispositivo correspondente no CPC de 1973: art. 100, V, *a*.

b) em que for réu administrador ou gestor de negócios alheios;

•• Dispositivo correspondente no CPC de 1973: art. 100, V, *b*.

V – de domicílio do autor ou do local do fato, para a ação de reparação de dano sofrido em razão de delito ou acidente de veículos, inclusive aeronaves.

•• Dispositivo correspondente no CPC de 1973: art. 100, parágrafo único.

•• *Vide* Súmula 540 do STJ.

Seção II
Da Modificação da Competência

Art. 54. A competência relativa poderá modificar-se pela conexão ou pela continência, observado o disposto nesta Seção.

•• Dispositivo correspondente no CPC de 1973: art. 102.

•• *Vide* art. 286 do CPC.

Art. 55. Reputam-se conexas 2 (duas) ou mais ações quando lhes for comum o pedido ou a causa de pedir.

•• Dispositivo correspondente no CPC de 1973: art. 103.

§ 1.º Os processos de ações conexas serão reunidos para decisão conjunta, salvo se um deles já houver sido sentenciado.

§ 2.º Aplica-se o disposto no *caput*:

I – à execução de título extrajudicial e à ação de conhecimento relativa ao mesmo ato jurídico;

II – às execuções fundadas no mesmo título executivo.

§ 3.º Serão reunidos para julgamento conjunto os processos que possam gerar risco de prolação de decisões conflitantes ou contraditórias caso decididos separadamente, mesmo sem conexão entre eles.

Art. 56. Dá-se a continência entre 2 (duas) ou mais ações quando houver identidade quanto às partes e à causa de pedir, mas o pedido de uma, por ser mais amplo, abrange o das demais.

•• Dispositivo correspondente no CPC de 1973: art. 104.

Art. 57. Quando houver continência e a ação continente tiver sido proposta anteriormente, no processo relativo à ação contida será proferida sentença sem resolução de mérito, caso contrário, as ações serão necessariamente reunidas.

•• Dispositivo correspondente no CPC de 1973: art. 105.

Art. 58. A reunião das ações propostas em separado far-se-á no juízo prevento, onde serão decididas simultaneamente.

•• Dispositivo correspondente no CPC de 1973: art. 106.

•• *Vide* art. 240 do CPC.

Art. 59. O registro ou a distribuição da petição inicial torna prevento o juízo.

•• Dispositivo correspondente no CPC de 1973: art. 219.

Art. 60. Se o imóvel se achar situado em mais de um Estado, comarca, seção ou subseção judiciária, a competência territorial do juízo prevento estender-se-á sobre a totalidade do imóvel.

•• Dispositivo correspondente no CPC de 1973: art. 107.

Art. 61. A ação acessória será proposta no juízo competente para a ação principal.

•• Dispositivo correspondente no CPC de 1973: art. 108.

•• *Vide* art. 299 do CPC.

Art. 62. A competência determinada em razão da matéria, da pessoa ou da função é inderrogável por convenção das partes.

•• Dispositivo correspondente no CPC de 1973: art. 111, *caput*.

•• *Vide* Súmula 335 do STF.

Art. 63. As partes podem modificar a competência em razão do valor e do território, elegendo foro onde será proposta ação oriunda de direitos e obrigações.

Função Jurisdicional

•• Dispositivo correspondente no CPC de 1973: art. 111, *caput*.
•• *Vide* Súmula 335 do STF.

§ 1.º A eleição de foro só produz efeito quando constar de instrumento escrito e aludir expressamente a determinado negócio jurídico.

•• Dispositivo correspondente no CPC de 1973: art. 111, § 1.º.
•• *Vide* Enunciado 39 da ENFAM.

§ 2.º O foro contratual obriga os herdeiros e sucessores das partes.

•• Dispositivo correspondente no CPC de 1973: art. 111, § 2.º.

§ 3.º Antes da citação, a cláusula de eleição de foro, se abusiva, pode ser reputada ineficaz de ofício pelo juiz, que determinará a remessa dos autos ao juízo do foro de domicílio do réu.

§ 4.º Citado, incumbe ao réu alegar a abusividade da cláusula de eleição de foro na contestação, sob pena de preclusão.

Seção III
Da Incompetência

Art. 64. A incompetência, absoluta ou relativa, será alegada como questão preliminar de contestação.

•• Dispositivo correspondente no CPC de 1973: art. 112, *caput*.
•• *Vide* Súmula 33 do STJ.

§ 1.º A incompetência absoluta pode ser alegada em qualquer tempo e grau de jurisdição e deve ser declarada de ofício.

•• Dispositivo correspondente no CPC de 1973: art. 113, *caput*.
•• *Vide* arts. 957 e 966, II, do CPC.
•• *Vide* Súmula 33 do STJ.

§ 2.º Após manifestação da parte contrária, o juiz decidirá imediatamente a alegação de incompetência.

•• Dispositivo correspondente no CPC de 1973: art. 113, § 2.º.
•• *Vide* Súmula 59 do STJ.

§ 3.º Caso a alegação de incompetência seja acolhida, os autos serão remetidos ao juízo competente.

•• Dispositivo correspondente no CPC de 1973: art. 113, § 2.º.
•• *Vide* Súmula 59 do STJ.

§ 4.º Salvo decisão judicial em sentido contrário, conservar-se-ão os efeitos de decisão proferida pelo juízo incompetente até que outra seja proferida, se for o caso, pelo juízo competente.

Art. 65. Prorrogar-se-á a competência relativa se o réu não alegar a incompetência em preliminar de contestação.

•• Dispositivo correspondente no CPC de 1973: art. 114.
•• *Vide* art. 335 do CPC.

Parágrafo único. A incompetência relativa pode ser alegada pelo Ministério Público nas causas em que atuar.

Art. 66. Há conflito de competência quando:

•• Dispositivo correspondente no CPC de 1973: art. 115, *caput*.

I – 2 (dois) ou mais juízes se declaram competentes;

•• Dispositivo correspondente no CPC de 1973: art. 115, I.

II – 2 (dois) ou mais juízes se consideram incompetentes, atribuindo um ao outro a competência;

•• Dispositivo correspondente no CPC de 1973: art. 115, II.

III – entre 2 (dois) ou mais juízes surge controvérsia acerca da reunião ou separação de processos.

•• Dispositivo correspondente no CPC de 1973: art. 115, III.

Parágrafo único. O juiz que não acolher a competência declinada deverá suscitar o conflito, salvo se a atribuir a outro juízo.

Capítulo II
DA COOPERAÇÃO NACIONAL

Art. 67. Aos órgãos do Poder Judiciário, estadual ou federal, especializado ou comum, em todas as instâncias e graus de jurisdição, inclusive aos tribunais superiores, incumbe o dever de recíproca cooperação, por meio de seus magistrados e servidores.

Art. 68. Os juízos poderão formular entre si pedido de cooperação para prática de qualquer ato processual.

Art. 69. O pedido de cooperação jurisdicional deve ser prontamente atendido, prescinde de forma específica e pode ser executado como:

I – auxílio direto;

II – reunião ou apensamento de processos;

III – prestação de informações;

IV – atos concertados entre os juízes cooperantes.

§ 1.º As cartas de ordem, precatória e arbitral seguirão o regime previsto neste Código.

§ 2.º Os atos concertados entre os juízes cooperantes poderão consistir, além de outros, no estabelecimento de procedimento para:

I – a prática de citação, intimação ou notificação de ato;

II – a obtenção e apresentação de provas e a coleta de depoimentos;

III – a efetivação de tutela provisória;

IV – a efetivação de medidas e providências para recuperação e preservação de empresas;

V – a facilitação de habilitação de créditos na falência e na recuperação judicial;

VI – a centralização de processos repetitivos;

VII – a execução de decisão jurisdicional.

§ 3.º O pedido de cooperação judiciária pode ser realizado entre órgãos jurisdicionais de diferentes ramos do Poder Judiciário.

Livro III
DOS SUJEITOS DO PROCESSO

Título I
DAS PARTES E DOS PROCURADORES

Capítulo I
DA CAPACIDADE PROCESSUAL

Art. 70. Toda pessoa que se encontre no exercício de seus direitos tem capacidade para estar em juízo.

•• Dispositivo correspondente no CPC de 1973: art. 7.º.

•• *Vide* art. 8.º, § 2.º, da Lei n. 9.099, de 26-9-1995 (Lei dos Juizados Especiais).

Art. 71. O incapaz será representado ou assistido por seus pais, por tutor ou por curador, na forma da lei.

•• Dispositivo correspondente no CPC de 1973: art. 8.º.

Art. 72. O juiz nomeará curador especial ao:

•• Dispositivo correspondente no CPC de 1973: art. 9.º, *caput*.

I – incapaz, se não tiver representante legal ou se os interesses deste colidirem com os daquele, enquanto durar a incapacidade;

•• Dispositivo correspondente no CPC de 1973: art. 9.º, I.

II – réu preso revel, bem como ao réu revel citado por edital ou com hora certa, enquanto não for constituído advogado.

•• Dispositivo correspondente no CPC de 1973: art. 9.º, II.

•• *Vide* arts. 245, §§ 4.º e 5.º, e 671 do CPC.

Parágrafo único. A curatela especial será exercida pela Defensoria Pública, nos termos da lei.

•• Dispositivo correspondente no CPC de 1973: art. 9.º, parágrafo único.

Art. 73. O cônjuge necessitará do consentimento do outro para propor ação que verse sobre direito real imobiliário, salvo quando casados sob o regime de separação absoluta de bens.

•• Dispositivo correspondente no CPC de 1973: art. 10, *caput*.

§ 1.º Ambos os cônjuges serão necessariamente citados para a ação:

•• Dispositivo correspondente no CPC de 1973: art. 10, § 1.º, *caput*.

I – que verse sobre direito real imobiliário, salvo quando casados sob o regime de separação absoluta de bens;

•• Dispositivo correspondente no CPC de 1973: art. 10, § 1.º, *caput*.

II – resultante de fato que diga respeito a ambos os cônjuges ou de ato praticado por eles;

•• Dispositivo correspondente no CPC de 1973: art. 10, § 1.º, II.

III – fundada em dívida contraída por um dos cônjuges a bem da família;

•• Dispositivo correspondente no CPC de 1973: art. 10, § 1.º, III.

IV – que tenha por objeto o reconhecimento, a constituição ou a extinção de ônus sobre imóvel de um ou de ambos os cônjuges.

•• Dispositivo correspondente no CPC de 1973: art. 10, § 1.º, IV.

§ 2.º Nas ações possessórias, a participação do cônjuge do autor ou do réu somente é indispensável nas hipóteses de composse ou de ato por ambos praticado.

•• Dispositivo correspondente no CPC de 1973: art. 10, § 2.º.

§ 3.º Aplica-se o disposto neste artigo à união estável comprovada nos autos.

Art. 74. O consentimento previsto no art. 73 pode ser suprido judicialmente quando for negado por um dos cônjuges sem justo motivo, ou quando lhe seja impossível concedê-lo.

•• Dispositivo correspondente no CPC de 1973: art. 11, *caput*.

•• *Vide* art. 226, § 5.º, da CF.

Parágrafo único. A falta de consentimento, quando necessário e não suprido pelo juiz, invalida o processo.

•• Dispositivo correspondente no CPC de 1973: art. 11, parágrafo único.

Arts. 74 a 76 — Sujeitos do Processo

•• *Vide* arts. 485, IV, e 337, IX, do CPC.

•• *Vide* art. 226, § 5.º, da CF.

Art. 75. Serão representados em juízo, ativa e passivamente:

•• Dispositivo correspondente no CPC de 1973: art. 12, *caput*.

I – a União, pela Advocacia-Geral da União, diretamente ou mediante órgão vinculado;

•• Dispositivo correspondente no CPC de 1973: art. 12, I.

II – o Estado e o Distrito Federal, por seus procuradores;

•• Dispositivo correspondente no CPC de 1973: art. 12, I.

III – o Município, por seu prefeito ou procurador;

•• Dispositivo correspondente no CPC de 1973: art. 12, II.

IV – a autarquia e a fundação de direito público, por quem a lei do ente federado designar;

V – a massa falida, pelo administrador judicial;

•• Dispositivo correspondente no CPC de 1973: art. 12, III.

VI – a herança jacente ou vacante, por seu curador;

•• Dispositivo correspondente no CPC de 1973: art. 12, IV.

VII – o espólio, pelo inventariante;

•• Dispositivo correspondente no CPC de 1973: art. 12, V.

VIII – a pessoa jurídica, por quem os respectivos atos constitutivos designarem ou, não havendo essa designação, por seus diretores;

•• Dispositivo correspondente no CPC de 1973: art. 12, VI.

IX – a sociedade e a associação irregulares e outros entes organizados sem personalidade jurídica, pela pessoa a quem couber a administração de seus bens;

•• Dispositivo correspondente no CPC de 1973: art. 12, VII.

X – a pessoa jurídica estrangeira, pelo gerente, representante ou administrador de sua filial, agência ou sucursal aberta ou instalada no Brasil;

•• Dispositivo correspondente no CPC de 1973: art. 12, VIII.

XI – o condomínio, pelo administrador ou síndico.

•• Dispositivo correspondente no CPC de 1973: art. 12, IX.

§ 1.º Quando o inventariante for dativo, os sucessores do falecido serão intimados no processo no qual o espólio seja parte.

•• Dispositivo correspondente no CPC de 1973: art. 12, § 1.º.

•• *Vide* art. 618, I, do CPC.

§ 2.º A sociedade ou associação sem personalidade jurídica não poderá opor a irregularidade de sua constituição quando demandada.

•• Dispositivo correspondente no CPC de 1973: art. 12, § 2.º.

§ 3.º O gerente de filial ou agência presume-se autorizado pela pessoa jurídica estrangeira a receber citação para qualquer processo.

•• Dispositivo correspondente no CPC de 1973: art. 12, § 3.º.

§ 4.º Os Estados e o Distrito Federal poderão ajustar compromisso recíproco para prática de ato processual por seus procuradores em favor de outro ente federado, mediante convênio firmado pelas respectivas procuradorias.

Art. 76. Verificada a incapacidade processual ou a irregularidade da representação da parte, o juiz suspenderá o processo e designará prazo razoável para que seja sanado o vício.

•• Dispositivo correspondente no CPC de 1973: art. 13, *caput*.

§ 1.º Descumprida a determinação, caso o processo esteja na instância originária:

•• Dispositivo correspondente no CPC de 1973: art. 13, *caput*, segunda parte.

I – o processo será extinto, se a providência couber ao autor;

•• Dispositivo correspondente no CPC de 1973: art. 13, I.

II – o réu será considerado revel, se a providência lhe couber;

•• Dispositivo correspondente no CPC de 1973: art. 13, II.

•• *Vide* art. 344 do CPC.

III – o terceiro será considerado revel ou excluído do processo, dependendo do polo em que se encontre.

•• Dispositivo correspondente no CPC de 1973: art. 13, III.

•• *Vide* arts. 313, I, e 485, IV, do CPC.

§ 2.º Descumprida a determinação em fase recursal perante tribunal de justiça, tribunal regional federal ou tribunal superior, o relator:

Sujeitos do Processo

I – não conhecerá do recurso, se a providência couber ao recorrente;

II – determinará o desentranhamento das contrarrazões, se a providência couber ao recorrido.

Capítulo II
DOS DEVERES DAS PARTES E DE SEUS PROCURADORES

Seção I
Dos Deveres

Art. 77. Além de outros previstos neste Código, são deveres das partes, de seus procuradores e de todos aqueles que de qualquer forma participem do processo:

•• Dispositivo correspondente no CPC de 1973: art. 14, *caput*.

I – expor os fatos em juízo conforme a verdade;

•• Dispositivo correspondente no CPC de 1973: art. 14, I.

II – não formular pretensão ou de apresentar defesa quando cientes de que são destituídas de fundamento;

•• Dispositivo correspondente no CPC de 1973: art. 14, III.

III – não produzir provas e não praticar atos inúteis ou desnecessários à declaração ou à defesa do direito;

•• Dispositivo correspondente no CPC de 1973: art. 14, IV.

IV – cumprir com exatidão as decisões jurisdicionais, de natureza provisória ou final, e não criar embaraços à sua efetivação;

•• Dispositivo correspondente no CPC de 1973: art. 14, V.
•• *Vide* arts. 80 e 379 do CPC.

V – declinar, no primeiro momento que lhes couber falar nos autos, o endereço residencial ou profissional onde receberão intimações, atualizando essa informação sempre que ocorrer qualquer modificação temporária ou definitiva;

VI – não praticar inovação ilegal no estado de fato de bem ou direito litigioso.

§ 1.º Nas hipóteses dos incisos IV e VI, o juiz advertirá qualquer das pessoas mencionadas no *caput* de que sua conduta poderá ser punida como ato atentatório à dignidade da justiça.

§ 2.º A violação ao disposto nos incisos IV e VI constitui ato atentatório à dignidade da justiça, devendo o juiz, sem prejuízo das sanções criminais, civis e processuais cabíveis, aplicar ao responsável multa de até vinte por cento do valor da causa, de acordo com a gravidade da conduta.

§ 3.º Não sendo paga no prazo a ser fixado pelo juiz, a multa prevista no § 2.º será inscrita como dívida ativa da União ou do Estado após o trânsito em julgado da decisão que a fixou, e sua execução observará o procedimento da execução fiscal, revertendo-se aos fundos previstos no art. 97.

§ 4.º A multa estabelecida no § 2.º poderá ser fixada independentemente da incidência das previstas nos arts. 523, § 1.º, e 536, § 1.º.

§ 5.º Quando o valor da causa for irrisório ou inestimável, a multa prevista no § 2.º poderá ser fixada em até 10 (dez) vezes o valor do salário mínimo.

§ 6.º Aos advogados públicos ou privados e aos membros da Defensoria Pública e do Ministério Público não se aplica o disposto nos §§ 2.º a 5.º, devendo eventual responsabilidade disciplinar ser apurada pelo respectivo órgão de classe ou corregedoria, ao qual o juiz oficiará.

§ 7.º Reconhecida violação ao disposto no inciso VI, o juiz determinará o restabelecimento do estado anterior, podendo, ainda, proibir a parte de falar nos autos até a purgação do atentado, sem prejuízo da aplicação do § 2.º.

§ 8.º O representante judicial da parte não pode ser compelido a cumprir decisão em seu lugar.

Art. 78. É vedado às partes, a seus procuradores, aos juízes, aos membros do Ministério Público e da Defensoria Pública e a qualquer pessoa que participe do processo empregar expressões ofensivas nos escritos apresentados.

•• Dispositivo correspondente no CPC de 1973: art. 15, *caput*.

Arts. 78 a 82

•• *Vide* art. 360 do CPC.

§ 1.º Quando expressões ou condutas ofensivas forem manifestadas oral ou presencialmente, o juiz advertirá o ofensor de que não as deve usar ou repetir, sob pena de lhe ser cassada a palavra.

•• Dispositivo correspondente no CPC de 1973: art. 15, parágrafo único.

§ 2.º De ofício ou a requerimento do ofendido, o juiz determinará que as expressões ofensivas sejam riscadas e, a requerimento do ofendido, determinará a expedição de certidão com inteiro teor das expressões ofensivas e a colocará à disposição da parte interessada.

Seção II
Da Responsabilidade das Partes
por Dano Processual

Art. 79. Responde por perdas e danos aquele que litigar de má-fé como autor, réu ou interveniente.

•• Dispositivo correspondente no CPC de 1973: art. 16.

•• *Vide* arts. 302 e 776 do CPC.

Art. 80. Considera-se litigante de má-fé aquele que:

•• Dispositivo correspondente no CPC de 1973: art. 17, *caput*.

•• *Vide* arts. 142, 772, II, e 774 do CPC.

I – deduzir pretensão ou defesa contra texto expresso de lei ou fato incontroverso;

•• Dispositivo correspondente no CPC de 1973: art. 17, I.

II – alterar a verdade dos fatos;

•• Dispositivo correspondente no CPC de 1973: art. 17, II.

III – usar do processo para conseguir objetivo ilegal;

•• Dispositivo correspondente no CPC de 1973: art. 17, III.

IV – opuser resistência injustificada ao andamento do processo;

•• Dispositivo correspondente no CPC de 1973: art. 17, IV.

V – proceder de modo temerário em qualquer incidente ou ato do processo;

•• Dispositivo correspondente no CPC de 1973: art. 17, V.

VI – provocar incidente manifestamente infundado;

•• Dispositivo correspondente no CPC de 1973: art. 17, VI.

VII – interpuser recurso com intuito manifestamente protelatório.

•• Dispositivo correspondente no CPC de 1973: art. 17, VII.

Art. 81. De ofício ou a requerimento, o juiz condenará o litigante de má-fé a pagar multa, que deverá ser superior a um por cento e inferior a dez por cento do valor corrigido da causa, a indenizar a parte contrária pelos prejuízos que esta sofreu e a arcar com os honorários advocatícios e com todas as despesas que efetuou.

•• Dispositivo correspondente no CPC de 1973: art. 18, *caput*.

§ 1.º Quando forem 2 (dois) ou mais os litigantes de má-fé, o juiz condenará cada um na proporção de seu respectivo interesse na causa ou solidariamente aqueles que se coligaram para lesar a parte contrária.

•• Dispositivo correspondente no CPC de 1973: art. 18, § 1.º.

§ 2.º Quando o valor da causa for irrisório ou inestimável, a multa poderá ser fixada em até 10 (dez) vezes o valor do salário mínimo.

§ 3.º O valor da indenização será fixado pelo juiz ou, caso não seja possível mensurá-lo, liquidado por arbitramento ou pelo procedimento comum, nos próprios autos.

•• Dispositivo correspondente no CPC de 1973: art. 18, § 2.º.

Seção III
Das Despesas, dos Honorários
Advocatícios e das Multas

Art. 82. Salvo as disposições concernentes à gratuidade da justiça, incumbe às partes prover as despesas dos atos que realizarem ou requererem no processo, antecipando-lhes o pagamento, desde o início até a sentença final ou, na execução, até a plena satisfação do direito reconhecido no título.

•• Dispositivo correspondente no CPC de 1973: art. 19, *caput*.

§ 1.º Incumbe ao autor adiantar as despesas relativas a ato cuja realização o juiz determinar de ofício ou a requerimento do Ministério Público, quando sua intervenção ocorrer como fiscal da ordem jurídica.

Sujeitos do Processo

•• Dispositivo correspondente no CPC de 1973: art. 19, § 2.º.

§ 2.º A sentença condenará o vencido a pagar ao vencedor as despesas que antecipou.

•• Dispositivo correspondente no CPC de 1973: art. 20, *caput*.

•• *Vide* Súmulas 14 e 105 do STJ.

Art. 83. O autor, brasileiro ou estrangeiro, que residir fora do Brasil ou deixar de residir no país ao longo da tramitação de processo prestará caução suficiente ao pagamento das custas e dos honorários de advogado da parte contrária nas ações que propuser, se não tiver no Brasil bens imóveis que lhes assegurem o pagamento.

•• Dispositivo correspondente no CPC de 1973: art. 835.

§ 1.º Não se exigirá a caução de que trata o *caput*:

I – quando houver dispensa prevista em acordo ou tratado internacional de que o Brasil faz parte;

II – na execução fundada em título extrajudicial e no cumprimento de sentença;

III – na reconvenção.

•• *Vide* art. 343 do CPC.

§ 2.º Verificando-se no trâmite do processo que se desfalcou a garantia, poderá o interessado exigir reforço da caução, justificando seu pedido com a indicação da depreciação do bem dado em garantia e a importância do reforço que pretende obter.

Art. 84. As despesas abrangem as custas dos atos do processo, a indenização de viagem, a remuneração do assistente técnico e a diária de testemunha.

•• Dispositivo correspondente no CPC de 1973: art. 20, § 2.º.

•• *Vide* art. 462 do CPC.

Art. 85. A sentença condenará o vencido a pagar honorários ao advogado do vencedor.

•• Dispositivo correspondente no CPC de 1973: art. 20, *caput*.

•• *Vide* Súmulas 14 e 105 do STJ.

§ 1.º São devidos honorários advocatícios na reconvenção, no cumprimento de sentença, provisório ou definitivo, na execução, resistida ou não, e nos recursos interpostos, cumulativamente.

•• Dispositivo correspondente no CPC de 1973: art. 34.

•• *Vide* art. 343 do CPC.

§ 2.º Os honorários serão fixados entre o mínimo de dez e o máximo de vinte por cento sobre o valor da condenação, do proveito econômico obtido ou, não sendo possível mensurá-lo, sobre o valor atualizado da causa, atendidos:

•• Dispositivo correspondente no CPC de 1973: art. 20, § 3.º, *caput*.

•• *Vide* art. 509, § 3.º, do CPC.

•• *Vide* Enunciados 14 e 17 da ENFAM.

I – o grau de zelo do profissional;

•• Dispositivo correspondente no CPC de 1973: art. 20, § 3.º, *a*.

II – o lugar de prestação do serviço;

•• Dispositivo correspondente no CPC de 1973: art. 20, § 3.º, *b*.

III – a natureza e a importância da causa;

•• Dispositivo correspondente no CPC de 1973: art. 20, § 3.º, *c*.

IV – o trabalho realizado pelo advogado e o tempo exigido para o seu serviço.

•• Dispositivo correspondente no CPC de 1973: art. 20, § 3.º, *c*.

§ 3.º Nas causas em que a Fazenda Pública for parte, a fixação dos honorários observará os critérios estabelecidos nos incisos I a IV do § 2.º e os seguintes percentuais:

•• *Vide* Enunciado 15 da ENFAM.

I – mínimo de dez e máximo de vinte por cento sobre o valor da condenação ou do proveito econômico obtido até 200 (duzentos) salários mínimos;

II – mínimo de oito e máximo de dez por cento sobre o valor da condenação ou do proveito econômico obtido acima de 200 (duzentos) salários mínimos até 2.000 (dois mil) salários mínimos;

III – mínimo de cinco e máximo de oito por cento sobre o valor da condenação ou do proveito econômico obtido acima de 2.000 (dois mil) salários mínimos até 20.000 (vinte mil) salários mínimos;

Art. 85

IV – mínimo de três e máximo de cinco por cento sobre o valor da condenação ou do proveito econômico obtido acima de 20.000 (vinte mil) salários mínimos até 100.000 (cem mil) salários mínimos;

V – mínimo de um e máximo de três por cento sobre o valor da condenação ou do proveito econômico obtido acima de 100.000 (cem mil) salários mínimos.

§ 4.º Em qualquer das hipóteses do § 3.º:

I – os percentuais previstos nos incisos I a V devem ser aplicados desde logo, quando for líquida a sentença;

II – não sendo líquida a sentença, a definição do percentual, nos termos previstos nos incisos I a V, somente ocorrerá quando liquidado o julgado;

III – não havendo condenação principal ou não sendo possível mensurar o proveito econômico obtido, a condenação em honorários dar-se-á sobre o valor atualizado da causa;

IV – será considerado o salário mínimo vigente quando prolatada sentença líquida ou o que estiver em vigor na data da decisão de liquidação.

§ 5.º Quando, conforme o caso, a condenação contra a Fazenda Pública ou o benefício econômico obtido pelo vencedor ou o valor da causa for superior ao valor previsto no inciso I do § 3.º, a fixação do percentual de honorários deve observar a faixa inicial e, naquilo que a exceder, a faixa subsequente, e assim sucessivamente.

§ 6.º Os limites e critérios previstos nos §§ 2.º e 3.º aplicam-se independentemente de qual seja o conteúdo da decisão, inclusive aos casos de improcedência ou de sentença sem resolução de mérito.

§ 7.º Não serão devidos honorários no cumprimento de sentença contra a Fazenda Pública que enseje expedição de precatório, desde que não tenha sido impugnada.

§ 8.º Nas causas em que for inestimável ou irrisório o proveito econômico ou, ainda, quando o valor da causa for muito baixo, o juiz fixará o valor dos honorários por apreciação equitativa, observando o disposto nos incisos do § 2.º.

•• Dispositivo correspondente no CPC de 1973: art. 20, § 4.º.
•• Vide Súmulas 153, 201 e 345 do STJ.

§ 9.º Na ação de indenização por ato ilícito contra pessoa, o percentual de honorários incidirá sobre a soma das prestações vencidas acrescida de 12 (doze) prestações vincendas.

•• Dispositivo correspondente no CPC de 1973: art. 20, § 5.º.
•• Vide Súmulas 234, 389 e 512 do STF.
•• Vide Súmula 111 do STJ.

§ 10. Nos casos de perda do objeto, os honorários serão devidos por quem deu causa ao processo.

§ 11. O tribunal, ao julgar recurso, majorará os honorários fixados anteriormente levando em conta o trabalho adicional realizado em grau recursal, observando, conforme o caso, o disposto nos §§ 2.º a 6.º, sendo vedado ao tribunal, no cômputo geral da fixação de honorários devidos ao advogado do vencedor, ultrapassar os respectivos limites estabelecidos nos §§ 2.º e 3.º para a fase de conhecimento.

•• Vide Enunciado 16 da ENFAM.

§ 12. Os honorários referidos no § 11 são cumuláveis com multas e outras sanções processuais, inclusive as previstas no art. 77.

§ 13. As verbas de sucumbência arbitradas em embargos à execução rejeitados ou julgados improcedentes e em fase de cumprimento de sentença serão acrescidas no valor do débito principal, para todos os efeitos legais.

§ 14. Os honorários constituem direito do advogado e têm natureza alimentar, com os mesmos privilégios dos créditos oriundos da legislação do trabalho, sendo vedada a compensação em caso de sucumbência parcial.

§ 15. O advogado pode requerer que o pagamento dos honorários que lhe caibam seja efetuado em favor da sociedade de advogados que integra na qualidade de sócio, aplicando-se à hipótese o disposto no § 14.

Sujeitos do Processo

Arts. 85 a 92

§ 16. Quando os honorários forem fixados em quantia certa, os juros moratórios incidirão a partir da data do trânsito em julgado da decisão.

§ 17. Os honorários serão devidos quando o advogado atuar em causa própria.

§ 18. Caso a decisão transitada em julgado seja omissa quanto ao direito aos honorários ou ao seu valor, é cabível ação autônoma para sua definição e cobrança.

§ 19. Os advogados públicos perceberão honorários de sucumbência, nos termos da lei.

Art. 86. Se cada litigante for, em parte, vencedor e vencido, serão proporcionalmente distribuídas entre eles as despesas.

•• Dispositivo correspondente no CPC de 1973: art. 21, *caput*.

Parágrafo único. Se um litigante sucumbir em parte mínima do pedido, o outro responderá, por inteiro, pelas despesas e pelos honorários.

•• Dispositivo correspondente no CPC de 1973: art. 21, parágrafo único.

Art. 87. Concorrendo diversos autores ou diversos réus, os vencidos respondem proporcionalmente pelas despesas e pelos honorários.

•• Dispositivo correspondente no CPC de 1973: art. 23.

§ 1.º A sentença deverá distribuir entre os litisconsortes, de forma expressa, a responsabilidade proporcional pelo pagamento das verbas previstas no *caput*.

§ 2.º Se a distribuição de que trata o § 1.º não for feita, os vencidos responderão solidariamente pelas despesas e pelos honorários.

Art. 88. Nos procedimentos de jurisdição voluntária, as despesas serão adiantadas pelo requerente e rateadas entre os interessados.

•• Dispositivo correspondente no CPC de 1973: art. 24.

Art. 89. Nos juízos divisórios, não havendo litígio, os interessados pagarão as despesas proporcionalmente a seus quinhões.

•• Dispositivo correspondente no CPC de 1973: art. 25.

Art. 90. Proferida sentença com fundamento em desistência, em renúncia ou em reconhecimento do pedido, as despesas e os honorários serão pagos pela parte que desistiu, renunciou ou reconheceu.

•• Dispositivo correspondente no CPC de 1973: art. 26, *caput*.

•• *Vide* art. 487 do CPC.

§ 1.º Sendo parcial a desistência, a renúncia ou o reconhecimento, a responsabilidade pelas despesas e pelos honorários será proporcional à parcela reconhecida, à qual se renunciou ou da qual se desistiu.

•• Dispositivo correspondente no CPC de 1973: art. 26, § 1.º.

§ 2.º Havendo transação e nada tendo as partes disposto quanto às despesas, estas serão divididas igualmente.

•• Dispositivo correspondente no CPC de 1973: art. 26, § 2.º.

§ 3.º Se a transação ocorrer antes da sentença, as partes ficam dispensadas do pagamento das custas processuais remanescentes, se houver.

§ 4.º Se o réu reconhecer a procedência do pedido e, simultaneamente, cumprir integralmente a prestação reconhecida, os honorários serão reduzidos pela metade.

Art. 91. As despesas dos atos processuais praticados a requerimento da Fazenda Pública, do Ministério Público ou da Defensoria Pública serão pagas ao final pelo vencido.

•• Dispositivo correspondente no CPC de 1973: art. 27.

§ 1.º As perícias requeridas pela Fazenda Pública, pelo Ministério Público ou pela Defensoria Pública poderão ser realizadas por entidade pública ou, havendo previsão orçamentária, ter os valores adiantados por aquele que requerer a prova.

§ 2.º Não havendo previsão orçamentária no exercício financeiro para adiantamento dos honorários periciais, eles serão pagos no exercício seguinte ou ao final, pelo vencido, caso o processo se encerre antes do adiantamento a ser feito pelo ente público.

Art. 92. Quando, a requerimento do réu, o juiz proferir sentença sem resolver o mérito, o autor não poderá propor novamente a ação sem pagar ou depositar em cartório as despesas e os honorários a que foi condenado.

Arts. 92 a 98 — Sujeitos do Processo

•• Dispositivo correspondente no CPC de 1973: art. 28.

Art. 93. As despesas de atos adiados ou cuja repetição for necessária ficarão a cargo da parte, do auxiliar da justiça, do órgão do Ministério Público ou da Defensoria Pública ou do juiz que, sem justo motivo, houver dado causa ao adiamento ou à repetição.

•• Dispositivo correspondente no CPC de 1973: art. 29.

•• Vide arts. 143, 362, § 3.º, 485, § 3.º, e 455, § 5.º, do CPC.

Art. 94. Se o assistido for vencido, o assistente será condenado ao pagamento das custas em proporção à atividade que houver exercido no processo.

•• Dispositivo correspondente no CPC de 1973: art. 32.

Art. 95. Cada parte adiantará a remuneração do assistente técnico que houver indicado, sendo a do perito adiantada pela parte que houver requerido a perícia ou rateada quando a perícia for determinada de ofício ou requerida por ambas as partes.

•• Dispositivo correspondente no CPC de 1973: art. 33, caput.

•• Vide art. 84 do CPC.

§ 1.º O juiz poderá determinar que a parte responsável pelo pagamento dos honorários do perito deposite em juízo o valor correspondente.

•• Dispositivo correspondente no CPC de 1973: art. 33, parágrafo único.

§ 2.º A quantia recolhida em depósito bancário à ordem do juízo será corrigida monetariamente e paga de acordo com o art. 465, § 4.º.

•• Dispositivo correspondente no CPC de 1973: art. 33, parágrafo único.

§ 3.º Quando o pagamento da perícia for de responsabilidade de beneficiário de gratuidade da justiça, ela poderá ser:

I – custeada com recursos alocados no orçamento do ente público e realizada por servidor do Poder Judiciário ou por órgão público conveniado;

II – paga com recursos alocados no orçamento da União, do Estado ou do Distrito Federal, no caso de ser realizada por particular, hipótese em que o valor será fixado conforme tabela do tribunal respectivo ou, em caso de sua omissão, do Conselho Nacional de Justiça.

§ 4.º Na hipótese do § 3.º, o juiz, após o trânsito em julgado da decisão final, oficiará a Fazenda Pública para que promova, contra quem tiver sido condenado ao pagamento das despesas processuais, a execução dos valores gastos com a perícia particular ou com a utilização de servidor público ou da estrutura de órgão público, observando-se, caso o responsável pelo pagamento das despesas seja beneficiário de gratuidade da justiça, o disposto no art. 98, § 2.º.

§ 5.º Para fins de aplicação do § 3.º, é vedada a utilização de recursos do fundo de custeio da Defensoria Pública.

Art. 96. O valor das sanções impostas ao litigante de má-fé reverterá em benefício da parte contrária, e o valor das sanções impostas aos serventuários pertencerão ao Estado ou à União.

•• Dispositivo correspondente no CPC de 1973: art. 35.

•• Vide arts. 81, 202, 234, 258, 468 e 968, II, do CPC.

Art. 97. A União e os Estados podem criar fundos de modernização do Poder Judiciário, aos quais serão revertidos os valores das sanções pecuniárias processuais destinadas à União e aos Estados, e outras verbas previstas em lei.

Seção IV
Da Gratuidade da Justiça

Art. 98. A pessoa natural ou jurídica, brasileira ou estrangeira, com insuficiência de recursos para pagar as custas, as despesas processuais e os honorários advocatícios tem direito à gratuidade da justiça, na forma da lei.

•• Vide art. 5.º, LXXIV, da CF.

•• Vide art. 71, § 3.º, da Lei n. 10.741, de 1.º-10-2003.

§ 1.º A gratuidade da justiça compreende:

I – as taxas ou as custas judiciais;

II – os selos postais;

III – as despesas com publicação na imprensa oficial, dispensando-se a publicação em outros meios;

Sujeitos do Processo
Arts. 98 e 99

IV – a indenização devida à testemunha que, quando empregada, receberá do empregador salário integral, como se em serviço estivesse;

V – as despesas com a realização de exame de código genético – DNA e de outros exames considerados essenciais;

VI – os honorários do advogado e do perito e a remuneração do intérprete ou do tradutor nomeado para apresentação de versão em português de documento redigido em língua estrangeira;

VII – o custo com a elaboração de memória de cálculo, quando exigida para instauração da execução;

VIII – os depósitos previstos em lei para interposição de recurso, para propositura de ação e para a prática de outros atos processuais inerentes ao exercício da ampla defesa e do contraditório;

IX – os emolumentos devidos a notários ou registradores em decorrência da prática de registro, averbação ou qualquer outro ato notarial necessário à efetivação de decisão judicial ou à continuidade de processo judicial no qual o benefício tenha sido concedido.

§ 2.º A concessão de gratuidade não afasta a responsabilidade do beneficiário pelas despesas processuais e pelos honorários advocatícios decorrentes de sua sucumbência.

§ 3.º Vencido o beneficiário, as obrigações decorrentes de sua sucumbência ficarão sob condição suspensiva de exigibilidade e somente poderão ser executadas se, nos 5 (cinco) anos subsequentes ao trânsito em julgado da decisão que as certificou, o credor demonstrar que deixou de existir a situação de insuficiência de recursos que justificou a concessão de gratuidade, extinguindo-se, passado esse prazo, tais obrigações do beneficiário.

§ 4.º A concessão de gratuidade não afasta o dever de o beneficiário pagar, ao final, as multas processuais que lhe sejam impostas.

§ 5.º A gratuidade poderá ser concedida em relação a algum ou a todos os atos processuais, ou consistir na redução percentual de despesas processuais que o beneficiário tiver de adiantar no curso do procedimento.

§ 6.º Conforme o caso, o juiz poderá conceder direito ao parcelamento de despesas processuais que o beneficiário tiver de adiantar no curso do procedimento.

§ 7.º Aplica-se o disposto no art. 95, §§ 3.º a 5.º, ao custeio dos emolumentos previstos no § 1.º, inciso IX, do presente artigo, observada a tabela e as condições da lei estadual ou distrital respectiva.

§ 8.º Na hipótese do § 1.º, inciso IX, havendo dúvida fundada quanto ao preenchimento atual dos pressupostos para a concessão de gratuidade, o notário ou registrador, após praticar o ato, pode requerer, ao juízo competente para decidir questões notariais ou registrais, a revogação total ou parcial do benefício ou a sua substituição pelo parcelamento de que trata o § 6.º deste artigo, caso em que o beneficiário será citado para, em 15 (quinze) dias, manifestar-se sobre esse requerimento.

Art. 99. O pedido de gratuidade da justiça pode ser formulado na petição inicial, na contestação, na petição para ingresso de terceiro no processo ou em recurso.

§ 1.º Se superveniente à primeira manifestação da parte na instância, o pedido poderá ser formulado por petição simples, nos autos do próprio processo, e não suspenderá seu curso.

§ 2.º O juiz somente poderá indeferir o pedido se houver nos autos elementos que evidenciem a falta dos pressupostos legais para a concessão de gratuidade, devendo, antes de indeferir o pedido, determinar à parte a comprovação do preenchimento dos referidos pressupostos.

§ 3.º Presume-se verdadeira a alegação de insuficiência deduzida exclusivamente por pessoa natural.

§ 4.º A assistência do requerente por advogado particular não impede a concessão de gratuidade da justiça.

§ 5.º Na hipótese do § 4.º, o recurso que verse exclusivamente sobre valor de honorários de sucumbência fixados em favor do advogado de beneficiário estará sujeito a preparo, salvo se o próprio advogado demonstrar que tem direito à gratuidade.

§ 6.º O direito à gratuidade da justiça é pessoal, não se estendendo a litisconsorte ou a sucessor do beneficiário, salvo requerimento e deferimento expressos.

§ 7.º Requerida a concessão de gratuidade da justiça em recurso, o recorrente estará dispensado de comprovar o recolhimento do preparo, incumbindo ao relator, neste caso, apreciar o requerimento e, se indeferi-lo, fixar prazo para realização do recolhimento.

Art. 100. Deferido o pedido, a parte contrária poderá oferecer impugnação na contestação, na réplica, nas contrarrazões de recurso ou, nos casos de pedido superveniente ou formulado por terceiro, por meio de petição simples, a ser apresentada no prazo de 15 (quinze) dias, nos autos do próprio processo, sem suspensão de seu curso.

Parágrafo único. Revogado o benefício, a parte arcará com as despesas processuais que tiver deixado de adiantar e pagará, em caso de má-fé, até o décuplo de seu valor a título de multa, que será revertida em benefício da Fazenda Pública estadual ou federal e poderá ser inscrita em dívida ativa.

Art. 101. Contra a decisão que indeferir a gratuidade ou a que acolher pedido de sua revogação caberá agravo de instrumento, exceto quando a questão for resolvida na sentença, contra a qual caberá apelação.

§ 1.º O recorrente estará dispensado do recolhimento de custas até decisão do relator sobre a questão, preliminarmente ao julgamento do recurso.

§ 2.º Confirmada a denegação ou a revogação da gratuidade, o relator ou o órgão colegiado determinará ao recorrente o recolhimento das custas processuais, no prazo de 5 (cinco) dias, sob pena de não conhecimento do recurso.

Art. 102. Sobrevindo o trânsito em julgado de decisão que revoga a gratuidade, a parte deverá efetuar o recolhimento de todas as despesas de cujo adiantamento foi dispensada, inclusive as relativas ao recurso interposto, se houver, no prazo fixado pelo juiz, sem prejuízo de aplicação das sanções previstas em lei.

Parágrafo único. Não efetuado o recolhimento, o processo será extinto sem resolução de mérito, tratando-se do autor, e, nos demais casos, não poderá ser deferida a realização de nenhum ato ou diligência requerida pela parte enquanto não efetuado o depósito.

Capítulo III
DOS PROCURADORES

Art. 103. A parte será representada em juízo por advogado regularmente inscrito na Ordem dos Advogados do Brasil.

•• Dispositivo correspondente no CPC de 1973: art. 36, *caput*.
•• *Vide* art. 133 da CF.
•• *Vide* arts. 111, 287, e 313, § 3.º, do CPC.
•• *Vide* art. 1.º, I, do EAOAB.
•• *Vide* art. 2.º da Lei n. 5.478, de 25-7-1968.

Parágrafo único. É lícito à parte postular em causa própria quando tiver habilitação legal.

•• Dispositivo correspondente no CPC de 1973: art. 36, *caput*.

Art. 104. O advogado não será admitido a postular em juízo sem procuração, salvo para evitar preclusão, decadência ou prescrição, ou para praticar ato considerado urgente.

•• Dispositivo correspondente no CPC de 1973: art. 37, *caput*.
•• *Vide* art. 287, parágrafo único, do CPC.
•• *Vide* Súmula 115 do STJ.

§ 1.º Nas hipóteses previstas no *caput*, o advogado deverá, independentemente de caução, exibir a procuração no prazo de 15 (quinze) dias, prorrogável por igual período por despacho do juiz.

•• Dispositivo correspondente no CPC de 1973: art. 37, *caput*.

Sujeitos do Processo

§ 2.º O ato não ratificado será considerado ineficaz relativamente àquele em cujo nome foi praticado, respondendo o advogado pelas despesas e por perdas e danos.

•• Dispositivo correspondente no CPC de 1973: art. 37, parágrafo único.

Art. 105. A procuração geral para o foro, outorgada por instrumento público ou particular assinado pela parte, habilita o advogado a praticar todos os atos do processo, exceto receber citação, confessar, reconhecer a procedência do pedido, transigir, desistir, renunciar ao direito sobre o qual se funda a ação, receber, dar quitação, firmar compromisso e assinar declaração de hipossuficiência econômica, que devem constar de cláusula específica.

•• Dispositivo correspondente no CPC de 1973: art. 38, *caput*.
•• *Vide* art. 390, § 1.º, do CPC.

§ 1.º A procuração pode ser assinada digitalmente, na forma da lei.

•• Dispositivo correspondente no CPC de 1973: art. 38, parágrafo único.
•• *Vide* Lei n. 11.419, de 19-12-2006, que dispõe sobre a informatização do processo judicial.

§ 2.º A procuração deverá conter o nome do advogado, seu número de inscrição na Ordem dos Advogados do Brasil e endereço completo.

•• *Vide* art. 4.º do EAOAB.

§ 3.º Se o outorgado integrar sociedade de advogados, a procuração também deverá conter o nome dessa, seu número de registro na Ordem dos Advogados do Brasil e endereço completo.

§ 4.º Salvo disposição expressa em sentido contrário constante do próprio instrumento, a procuração outorgada na fase de conhecimento é eficaz para todas as fases do processo, inclusive para o cumprimento de sentença.

Art. 106. Quando postular em causa própria, incumbe ao advogado:

•• Dispositivo correspondente no CPC de 1973: art. 39, *caput*.

I – declarar, na petição inicial ou na contestação, o endereço, seu número de inscrição na Ordem dos Advogados do Brasil e o nome da sociedade de advogados da qual participa, para o recebimento de intimações;

•• Dispositivo correspondente no CPC de 1973: art. 39, I.

II – comunicar ao juízo qualquer mudança de endereço.

•• Dispositivo correspondente no CPC de 1973: art. 39, II.

§ 1.º Se o advogado descumprir o disposto no inciso I, o juiz ordenará que se supra a omissão, no prazo de 5 (cinco) dias, antes de determinar a citação do réu, sob pena de indeferimento da petição.

•• Dispositivo correspondente no CPC de 1973: art. 39, parágrafo único.

§ 2.º Se o advogado infringir o previsto no inciso II, serão consideradas válidas as intimações enviadas por carta registrada ou meio eletrônico ao endereço constante dos autos.

•• Dispositivo correspondente no CPC de 1973: art. 39, parágrafo único.

Art. 107. O advogado tem direito a:

•• Dispositivo correspondente no CPC de 1973: art. 40, *caput*.
•• *Vide* art. 289 do CPC.
•• *Vide* art. 7.º do EAOAB.

I – examinar, em cartório de fórum e secretaria de tribunal, mesmo sem procuração, autos de qualquer processo, independentemente da fase de tramitação, assegurados a obtenção de cópias e o registro de anotações, salvo na hipótese de segredo de justiça, nas quais apenas o advogado constituído terá acesso aos autos;

•• Dispositivo correspondente no CPC de 1973: art. 40, I.
•• *Vide* Súmula Vinculante 14 do STF.

II – requerer, como procurador, vista dos autos de qualquer processo, pelo prazo de 5 (cinco) dias;

•• Dispositivo correspondente no CPC de 1973: art. 40, II.

III – retirar os autos do cartório ou da secretaria, pelo prazo legal, sempre que neles lhe couber falar por determinação do juiz, nos casos previstos em lei.

•• Dispositivo correspondente no CPC de 1973: art. 40, III.

Arts. 107 a 113 — Sujeitos do Processo

§ 1.º Ao receber os autos, o advogado assinará carga em livro ou documento próprio.

•• Dispositivo correspondente no CPC de 1973: art. 40, § 1.º.

§ 2.º Sendo o prazo comum às partes, os procuradores poderão retirar os autos somente em conjunto ou mediante prévio ajuste, por petição nos autos.

•• Dispositivo correspondente no CPC de 1973: art. 40, § 2.º.

§ 3.º Na hipótese do § 2.º, é lícito ao procurador retirar os autos para obtenção de cópias, pelo prazo de 2 (duas) a 6 (seis) horas, independentemente de ajuste e sem prejuízo da continuidade do prazo.

•• Dispositivo correspondente no CPC de 1973: art. 40, § 2.º.

§ 4.º O procurador perderá no mesmo processo o direito a que se refere o § 3.º se não devolver os autos tempestivamente, salvo se o prazo for prorrogado pelo juiz.

Capítulo IV
DA SUCESSÃO DAS PARTES E DOS PROCURADORES

Art. 108. No curso do processo, somente é lícita a sucessão voluntária das partes nos casos expressos em lei.

•• Dispositivo correspondente no CPC de 1973: art. 41.
•• *Vide* art. 778, § 1.º, do CPC.

Art. 109. A alienação da coisa ou do direito litigioso por ato entre vivos, a título particular, não altera a legitimidade das partes.

•• Dispositivo correspondente no CPC de 1973: art. 42, *caput*.
•• *Vide* arts. 59, 240, 778, § 1.º, 790, I, e 808 do CPC.

§ 1.º O adquirente ou cessionário não poderá ingressar em juízo, sucedendo o alienante ou cedente, sem que o consinta a parte contrária.

•• Dispositivo correspondente no CPC de 1973: art. 42, § 1.º.

§ 2.º O adquirente ou cessionário poderá intervir no processo como assistente litisconsorcial do alienante ou cedente.

•• Dispositivo correspondente no CPC de 1973: art. 42, § 2.º.
•• *Vide* arts. 119 a 124 do CPC.

§ 3.º Estendem-se os efeitos da sentença proferida entre as partes originárias ao adquirente ou cessionário.

•• Dispositivo correspondente no CPC de 1973: art. 42, § 3.º.

Art. 110. Ocorrendo a morte de qualquer das partes, dar-se-á a sucessão pelo seu espólio ou pelos seus sucessores, observado o disposto no art. 313, §§ 1.º e 2.º.

•• Dispositivo correspondente no CPC de 1973: art. 43.
•• *Vide* arts. 75, VII, 221 e 618 do CPC.

Art. 111. A parte que revogar o mandato outorgado a seu advogado constituirá, no mesmo ato, outro que assuma o patrocínio da causa.

•• Dispositivo correspondente no CPC de 1973: art. 44.

Parágrafo único. Não sendo constituído novo procurador no prazo de 15 (quinze) dias, observar-se-á o disposto no art. 76.

Art. 112. O advogado poderá renunciar ao mandato a qualquer tempo, provando, na forma prevista neste Código, que comunicou a renúncia ao mandante, a fim de que este nomeie sucessor.

•• Dispositivo correspondente no CPC de 1973: art. 45.

§ 1.º Durante os 10 (dez) dias seguintes, o advogado continuará a representar o mandante, desde que necessário para lhe evitar prejuízo.

•• Dispositivo correspondente no CPC de 1973: art. 45.

§ 2.º Dispensa-se a comunicação referida no *caput* quando a procuração tiver sido outorgada a vários advogados e a parte continuar representada por outro, apesar da renúncia.

Título II
DO LITISCONSÓRCIO

•• *Vide* art. 1.005 do CPC.

Art. 113. Duas ou mais pessoas podem litigar, no mesmo processo, em conjunto, ativa ou passivamente, quando:

•• Dispositivo correspondente no CPC de 1973: art. 46, *caput*.

Sujeitos do Processo

I – entre elas houver comunhão de direitos ou de obrigações relativamente à lide;

•• Dispositivo correspondente no CPC de 1973: art. 46, I.

II – entre as causas houver conexão pelo pedido ou pela causa de pedir;

•• Dispositivo correspondente no CPC de 1973: art. 46, III.
•• *Vide* art. 54 do CPC.

III – ocorrer afinidade de questões por ponto comum de fato ou de direito.

•• Dispositivo correspondente no CPC de 1973: art. 46, IV.

§ 1.º O juiz poderá limitar o litisconsórcio facultativo quanto ao número de litigantes na fase de conhecimento, na liquidação de sentença ou na execução, quando este comprometer a rápida solução do litígio ou dificultar a defesa ou o cumprimento da sentença.

•• Dispositivo correspondente no CPC de 1973: art. 46, parágrafo único.
•• *Vide* art. 139, II e III, do CPC.

§ 2.º O requerimento de limitação interrompe o prazo para manifestação ou resposta, que recomeçará da intimação da decisão que o solucionar.

•• Dispositivo correspondente no CPC de 1973: art. 46, parágrafo único.

Art. 114. O litisconsórcio será necessário por disposição de lei ou quando, pela natureza da relação jurídica controvertida, a eficácia da sentença depender da citação de todos que devam ser litisconsortes.

•• Dispositivo correspondente no CPC de 1973: art. 47, *caput*.
•• *Vide* Súmula 631 do STF.

Art. 115. A sentença de mérito, quando proferida sem a integração do contraditório, será:

I – nula, se a decisão deveria ser uniforme em relação a todos que deveriam ter integrado o processo;

II – ineficaz, nos outros casos, apenas para os que não foram citados.

Parágrafo único. Nos casos de litisconsórcio passivo necessário, o juiz determinará ao autor que requeira a citação de todos que devam ser litisconsortes, dentro do prazo que assinar, sob pena de extinção do processo.

•• Dispositivo correspondente no CPC de 1973: art. 47, parágrafo único.
•• *Vide* art. 94 do CDC.
•• *Vide* art. 485, III, do CPC.

Art. 116. O litisconsórcio será unitário quando, pela natureza da relação jurídica, o juiz tiver de decidir o mérito de modo uniforme para todos os litisconsortes.

•• Dispositivo correspondente no CPC de 1973: art. 47, *caput*.

Art. 117. Os litisconsortes serão considerados, em suas relações com a parte adversa, como litigantes distintos, exceto no litisconsórcio unitário, caso em que os atos e as omissões de um não prejudicarão os outros, mas os poderão beneficiar.

•• Dispositivo correspondente no CPC de 1973: art. 48.
•• *Vide* art. 1.005 do CPC.

Art. 118. Cada litisconsorte tem o direito de promover o andamento do processo, e todos devem ser intimados dos respectivos atos.

•• Dispositivo correspondente no CPC de 1973: art. 49.
•• *Vide* art. 229 do CPC.

Título III
DA INTERVENÇÃO DE TERCEIROS

Capítulo I
DA ASSISTÊNCIA

Seção I
Disposições Comuns

Art. 119. Pendendo causa entre 2 (duas) ou mais pessoas, o terceiro juridicamente interessado em que a sentença seja favorável a uma delas poderá intervir no processo para assisti-la.

•• Dispositivo correspondente no CPC de 1973: art. 50, *caput*.
•• *Vide* art. 364, § 1.º, do CPC.

Arts. 119 a 126

Parágrafo único. A assistência será admitida em qualquer procedimento e em todos os graus de jurisdição, recebendo o assistente o processo no estado em que se encontre.

•• Dispositivo correspondente no CPC de 1973: art. 50, parágrafo único.

Art. 120. Não havendo impugnação no prazo de 15 (quinze) dias, o pedido do assistente será deferido, salvo se for caso de rejeição liminar.

•• Dispositivo correspondente no CPC de 1973: art. 51.

Parágrafo único. Se qualquer parte alegar que falta ao requerente interesse jurídico para intervir, o juiz decidirá o incidente, sem suspensão do processo.

•• Dispositivo correspondente no CPC de 1973: art. 51.

Seção II
Da Assistência Simples

Art. 121. O assistente simples atuará como auxiliar da parte principal, exercerá os mesmos poderes e sujeitar-se-á aos mesmos ônus processuais que o assistido.

•• Dispositivo correspondente no CPC de 1973: art. 52, *caput*.

Parágrafo único. Sendo revel ou, de qualquer outro modo, omisso o assistido, o assistente será considerado seu substituto processual.

•• Dispositivo correspondente no CPC de 1973: art. 52, parágrafo único.

Art. 122. A assistência simples não obsta a que a parte principal reconheça a procedência do pedido, desista da ação, renuncie ao direito sobre o que se funda a ação ou transija sobre direitos controvertidos.

•• Dispositivo correspondente no CPC de 1973: art. 53.

Art. 123. Transitada em julgado a sentença no processo em que interveio o assistente, este não poderá, em processo posterior, discutir a justiça da decisão, salvo se alegar e provar que:

•• Dispositivo correspondente no CPC de 1973: art. 55, *caput*.

I – pelo estado em que recebeu o processo ou pelas declarações e pelos atos do assistido, foi impedido de produzir provas suscetíveis de influir na sentença;

•• Dispositivo correspondente no CPC de 1973: art. 55, I.

II – desconhecia a existência de alegações ou de provas das quais o assistido, por dolo ou culpa, não se valeu.

•• Dispositivo correspondente no CPC de 1973: art. 55, II.

Seção III
Da Assistência Litisconsorcial

Art. 124. Considera-se litisconsorte da parte principal o assistente sempre que a sentença influir na relação jurídica entre ele e o adversário do assistido.

•• Dispositivo correspondente no CPC de 1973: art. 54, *caput*.

Capítulo II
DA DENUNCIAÇÃO DA LIDE

Art. 125. É admissível a denunciação da lide, promovida por qualquer das partes:

•• Dispositivo correspondente no CPC de 1973: art. 70, *caput*.

I – ao alienante imediato, no processo relativo a coisa cujo domínio foi transferido ao denunciante, a fim de que possa exercer os direitos que da evicção lhe resultam;

•• Dispositivo correspondente no CPC de 1973: art. 70, I.
•• *Vide* arts. 447 e s. do CC.

II – àquele que estiver obrigado, por lei ou pelo contrato, a indenizar, em ação regressiva, o prejuízo de quem for vencido no processo.

•• Dispositivo correspondente no CPC de 1973: art. 70, III.

§ 1.º O direito regressivo será exercido por ação autônoma quando a denunciação da lide for indeferida, deixar de ser promovida ou não for permitida.

§ 2.º Admite-se uma única denunciação sucessiva, promovida pelo denunciado, contra seu antecessor imediato na cadeia dominial ou quem seja responsável por indenizá-lo, não podendo o denunciado sucessivo promover nova denunciação, hipótese em que eventual direito de regresso será exercido por ação autônoma.

Art. 126. A citação do denunciado será requerida na petição inicial, se o denunciante for

Sujeitos do Processo

autor, ou na contestação, se o denunciante for réu, devendo ser realizada na forma e nos prazos previstos no art. 131.

•• Dispositivo correspondente no CPC de 1973: art. 71.

Art. 127. Feita a denunciação pelo autor, o denunciado poderá assumir a posição de litisconsorte do denunciante e acrescentar novos argumentos à petição inicial, procedendo-se em seguida à citação do réu.

•• Dispositivo correspondente no CPC de 1973: art. 74.
•• *Vide* arts. 113 a 118 do CPC.

Art. 128. Feita a denunciação pelo réu:

•• Dispositivo correspondente no CPC de 1973: art. 75, *caput*.

I – se o denunciado contestar o pedido formulado pelo autor, o processo prosseguirá tendo, na ação principal, em litisconsórcio, denunciante e denunciado;

•• Dispositivo correspondente no CPC de 1973: art. 75, I.

II – se o denunciado for revel, o denunciante pode deixar de prosseguir com sua defesa, eventualmente oferecida, e abster-se de recorrer, restringindo sua atuação à ação regressiva;

•• Dispositivo correspondente no CPC de 1973: art. 75, II.
•• *Vide* art. 344 do CPC.

III – se o denunciado confessar os fatos alegados pelo autor na ação principal, o denunciante poderá prosseguir com sua defesa ou, aderindo a tal reconhecimento, pedir apenas a procedência da ação de regresso.

•• Dispositivo correspondente no CPC de 1973: art. 75, III.

Parágrafo único. Procedente o pedido da ação principal, pode o autor, se for o caso, requerer o cumprimento da sentença também contra o denunciado, nos limites da condenação deste na ação regressiva.

Art. 129. Se o denunciante for vencido na ação principal, o juiz passará ao julgamento da denunciação da lide.

•• Dispositivo correspondente no CPC de 1973: art. 76.

Parágrafo único. Se o denunciante for vencedor, a ação de denunciação não terá o seu pedido examinado, sem prejuízo da condenação do denunciante ao pagamento das verbas de sucumbência em favor do denunciado.

•• Dispositivo correspondente no CPC de 1973: art. 76.

Capítulo III
DO CHAMAMENTO AO PROCESSO

Art. 130. É admissível o chamamento ao processo, requerido pelo réu:

•• Dispositivo correspondente no CPC de 1973: art. 77, *caput*.

I – do afiançado, na ação em que o fiador for réu;

•• Dispositivo correspondente no CPC de 1973: art. 77, I.

II – dos demais fiadores, na ação proposta contra um ou alguns deles;

•• Dispositivo correspondente no CPC de 1973: art. 77, II.

III – dos demais devedores solidários, quando o credor exigir de um ou de alguns o pagamento da dívida comum.

•• Dispositivo correspondente no CPC de 1973: art. 77, III.

Art. 131. A citação daqueles que devam figurar em litisconsórcio passivo será requerida pelo réu na contestação e deve ser promovida no prazo de 30 (trinta) dias, sob pena de ficar sem efeito o chamamento.

•• Dispositivo correspondente no CPC de 1973: art. 78.

Parágrafo único. Se o chamado residir em outra comarca, seção ou subseção judiciárias, ou em lugar incerto, o prazo será de 2 (dois) meses.

Art. 132. A sentença de procedência valerá como título executivo em favor do réu que satisfizer a dívida, a fim de que possa exigi-la, por inteiro, do devedor principal, ou, de cada um dos codevedores, a sua quota, na proporção que lhes tocar.

•• Dispositivo correspondente no CPC de 1973: art. 80.

Capítulo IV
DO INCIDENTE DE DESCONSIDERAÇÃO DA PERSONALIDADE JURÍDICA

Art. 133. O incidente de desconsideração da personalidade jurídica será instaurado a pedido

Arts. 133 a 139

da parte ou do Ministério Público, quando lhe couber intervir no processo.

•• *Vide* arts. 795 e 1.062 do CPC.
•• *Vide* art. 28 do CDC.
•• *Vide* Enunciado 53 da ENFAM.

§ 1.º O pedido de desconsideração da personalidade jurídica observará os pressupostos previstos em lei.

§ 2.º Aplica-se o disposto neste Capítulo à hipótese de desconsideração inversa da personalidade jurídica.

Art. 134. O incidente de desconsideração é cabível em todas as fases do processo de conhecimento, no cumprimento de sentença e na execução fundada em título executivo extrajudicial.

•• *Vide* art. 790, VII, do CPC.

§ 1.º A instauração do incidente será imediatamente comunicada ao distribuidor para as anotações devidas.

•• *Vide* art. 134, § 1.º, do CPC.

§ 2.º Dispensa-se a instauração do incidente se a desconsideração da personalidade jurídica for requerida na petição inicial, hipótese em que será citado o sócio ou a pessoa jurídica.

§ 3.º A instauração do incidente suspenderá o processo, salvo na hipótese do § 2.º.

§ 4.º O requerimento deve demonstrar o preenchimento dos pressupostos legais específicos para desconsideração da personalidade jurídica.

Art. 135. Instaurado o incidente, o sócio ou a pessoa jurídica será citado para manifestar-se e requerer as provas cabíveis no prazo de 15 (quinze) dias.

•• *Vide* Enunciado 52 da ENFAM.

Art. 136. Concluída a instrução, se necessária, o incidente será resolvido por decisão interlocutória.

Parágrafo único. Se a decisão for proferida pelo relator, cabe agravo interno.

Art. 137. Acolhido o pedido de desconsideração, a alienação ou a oneração de bens, havida em fraude de execução, será ineficaz em relação ao requerente.

Capítulo V
DO *AMICUS CURIAE*

Art. 138. O juiz ou o relator, considerando a relevância da matéria, a especificidade do tema objeto da demanda ou a repercussão social da controvérsia, poderá, por decisão irrecorrível, de ofício ou a requerimento das partes ou de quem pretenda manifestar-se, solicitar ou admitir a participação de pessoa natural ou jurídica, órgão ou entidade especializada, com representatividade adequada, no prazo de 15 (quinze) dias de sua intimação.

§ 1.º A intervenção de que trata o *caput* não implica alteração de competência nem autoriza a interposição de recursos, ressalvadas a oposição de embargos de declaração e a hipótese do § 3.º.

§ 2.º Caberá ao juiz ou ao relator, na decisão que solicitar ou admitir a intervenção, definir os poderes do *amicus curiae*.

§ 3.º O *amicus curiae* pode recorrer da decisão que julgar o incidente de resolução de demandas repetitivas.

Título IV
DO JUIZ E DOS AUXILIARES DA JUSTIÇA

Capítulo I
DOS PODERES, DOS DEVERES E DA RESPONSABILIDADE DO JUIZ

Art. 139. O juiz dirigirá o processo conforme as disposições deste Código, incumbindo-lhe:

•• Dispositivo correspondente no CPC de 1973: art. 125, *caput*.

I – assegurar às partes igualdade de tratamento;

•• Dispositivo correspondente no CPC de 1973: art. 125, I.
•• *Vide* Súmula 121 do STJ.

Sujeitos do Processo

II – velar pela duração razoável do processo;

•• Dispositivo correspondente no CPC de 1973: art. 125, II.

III – prevenir ou reprimir qualquer ato contrário à dignidade da justiça e indeferir postulações meramente protelatórias;

•• Dispositivo correspondente no CPC de 1973: art. 125, III.

•• *Vide* arts. 78, 360, 772, II, e 774 do CPC.

IV – determinar todas as medidas indutivas, coercitivas, mandamentais ou sub-rogatórias necessárias para assegurar o cumprimento de ordem judicial, inclusive nas ações que tenham por objeto prestação pecuniária;

•• *Vide* Enunciado 48 da ENFAM.

V – promover, a qualquer tempo, a autocomposição, preferencialmente com auxílio de conciliadores e mediadores judiciais;

•• Dispositivo correspondente no CPC de 1973: art. 125, IV.

VI – dilatar os prazos processuais e alterar a ordem de produção dos meios de prova, adequando-os às necessidades do conflito de modo a conferir maior efetividade à tutela do direito;

•• *Vide* Enunciado 35 da ENFAM.

VII – exercer o poder de polícia, requisitando, quando necessário, força policial, além da segurança interna dos fóruns e tribunais;

VIII – determinar, a qualquer tempo, o comparecimento pessoal das partes, para inquiri-las sobre os fatos da causa, hipótese em que não incidirá a pena de confesso;

IX – determinar o suprimento de pressupostos processuais e o saneamento de outros vícios processuais;

X – quando se deparar com diversas demandas individuais repetitivas, oficiar o Ministério Público, a Defensoria Pública e, na medida do possível, outros legitimados a que se referem o art. 5.º da Lei n. 7.347, de 24 de julho de 1985, e o art. 82 da Lei n. 8.078, de 11 de setembro de 1990, para, se for o caso, promover a propositura da ação coletiva respectiva.

Parágrafo único. A dilação de prazos prevista no inciso VI somente pode ser determinada antes de encerrado o prazo regular.

Art. 140. O juiz não se exime de decidir sob a alegação de lacuna ou obscuridade do ordenamento jurídico.

•• Dispositivo correspondente no CPC de 1973: art. 126.

•• *Vide* arts. 4.º e 5.º da LINDB (Decreto-lei n. 4.657, de 4-9-1942).

Parágrafo único. O juiz só decidirá por equidade nos casos previstos em lei.

•• Dispositivo correspondente no CPC de 1973: art. 127.

•• *Vide* arts. 4.º e 5.º da LINDB (Decreto-lei n. 4.657, de 4-9-1942).

Art. 141. O juiz decidirá o mérito nos limites propostos pelas partes, sendo-lhe vedado conhecer de questões não suscitadas a cujo respeito a lei exige iniciativa da parte.

•• Dispositivo correspondente no CPC de 1973: art. 128.

Art. 142. Convencendo-se, pelas circunstâncias, de que autor e réu se serviram do processo para praticar ato simulado ou conseguir fim vedado por lei, o juiz proferirá decisão que impeça os objetivos das partes, aplicando, de ofício, as penalidades da litigância de má-fé.

•• Dispositivo correspondente no CPC de 1973: art. 129.

•• *Vide* arts. 79 a 81 e 96 do CPC.

Art. 143. O juiz responderá, civil e regressivamente, por perdas e danos quando:

•• Dispositivo correspondente no CPC de 1973: art. 133, *caput*.

•• *Vide* art. 37, § 6.º, da CF.

I – no exercício de suas funções, proceder com dolo ou fraude;

•• Dispositivo correspondente no CPC de 1973: art. 133, I.

II – recusar, omitir ou retardar, sem justo motivo, providência que deva ordenar de ofício ou a requerimento da parte.

•• Dispositivo correspondente no CPC de 1973: art. 133, II.

Parágrafo único. As hipóteses previstas no inciso II somente serão verificadas depois que a parte requerer ao juiz que determine a providência e o requerimento não for apreciado no prazo de 10 (dez) dias.

•• Dispositivo correspondente no CPC de 1973: art. 133, parágrafo único.

•• *Vide* art. 226 do CPC.

Capítulo II
DOS IMPEDIMENTOS E DA SUSPEIÇÃO

Art. 144. Há impedimento do juiz, sendo-lhe vedado exercer suas funções no processo:

•• Dispositivo correspondente no CPC de 1973: art. 134, *caput*.

•• *Víde* art. 966, II, do CPC.

I – em que interveio como mandatário da parte, oficiou como perito, funcionou como membro do Ministério Público ou prestou depoimento como testemunha;

•• Dispositivo correspondente no CPC de 1973: art. 134, II.

• *Víde* art. 452, I, do CPC.

II – de que conheceu em outro grau de jurisdição, tendo proferido decisão;

•• Dispositivo correspondente no CPC de 1973: art. 134, III.

• *Víde* Súmula 252 do STF.

III – quando nele estiver postulando, como defensor público, advogado ou membro do Ministério Público, seu cônjuge ou companheiro, ou qualquer parente, consanguíneo ou afim, em linha reta ou colateral, até o terceiro grau, inclusive;

•• Dispositivo correspondente no CPC de 1973: art. 134, IV.

IV – quando for parte no processo ele próprio, seu cônjuge ou companheiro, ou parente, consanguíneo ou afim, em linha reta ou colateral, até o terceiro grau, inclusive;

•• Dispositivo correspondente no CPC de 1973: art. 134, V.

V – quando for sócio ou membro de direção ou de administração de pessoa jurídica parte no processo;

•• Dispositivo correspondente no CPC de 1973: art. 134, VI.

VI – quando for herdeiro presuntivo, donatário ou empregador de qualquer das partes;

•• Dispositivo correspondente no CPC de 1973: art. 135, III.

VII – em que figure como parte instituição de ensino com a qual tenha relação de emprego ou decorrente de contrato de prestação de serviços;

VIII – em que figure como parte cliente do escritório de advocacia de seu cônjuge, companheiro ou parente, consanguíneo ou afim, em linha reta ou colateral, até o terceiro grau, inclusive, mesmo que patrocinado por advogado de outro escritório;

IX – quando promover ação contra a parte ou seu advogado.

§ 1.º Na hipótese do inciso III, o impedimento só se verifica quando o defensor público, o advogado ou o membro do Ministério Público já integrava o processo antes do início da atividade judicante do juiz.

•• Dispositivo correspondente no CPC de 1973: art. 134, parágrafo único.

§ 2.º É vedada a criação de fato superveniente a fim de caracterizar impedimento do juiz.

§ 3.º O impedimento previsto no inciso III também se verifica no caso de mandato conferido a membro de escritório de advocacia que tenha em seus quadros advogado que individualmente ostente a condição nele prevista, mesmo que não intervenha diretamente no processo.

Art. 145. Há suspeição do juiz:

•• Dispositivo correspondente no CPC de 1973: art. 135, *caput*.

I – amigo íntimo ou inimigo de qualquer das partes ou de seus advogados;

•• Dispositivo correspondente no CPC de 1973: art. 135, I.

II – que receber presentes de pessoas que tiverem interesse na causa antes ou depois de iniciado o processo, que aconselhar alguma das partes acerca do objeto da causa ou que subministrar meios para atender às despesas do litígio;

•• Dispositivo correspondente no CPC de 1973: art. 135, IV.

III – quando qualquer das partes for sua credora ou devedora, de seu cônjuge ou companheiro ou de parentes destes, em linha reta até o terceiro grau, inclusive;

•• Dispositivo correspondente no CPC de 1973: art. 135, II.

IV – interessado no julgamento do processo em favor de qualquer das partes.

•• Dispositivo correspondente no CPC de 1973: art. 135, V.

•• *Víde* art. 148 do CPC.

Sujeitos do Processo

Arts. 145 a 148

§ 1.º Poderá o juiz declarar-se suspeito por motivo de foro íntimo, sem necessidade de declarar suas razões.

•• Dispositivo correspondente no CPC de 1973: art. 135, parágrafo único.

§ 2.º Será ilegítima a alegação de suspeição quando:

I – houver sido provocada por quem a alega;

II – a parte que a alega houver praticado ato que signifique manifesta aceitação do arguido.

Art. 146. No prazo de 15 (quinze) dias, a contar do conhecimento do fato, a parte alegará o impedimento ou a suspeição, em petição específica dirigida ao juiz do processo, na qual indicará o fundamento da recusa, podendo instruí-la com documentos em que se fundar a alegação e com rol de testemunhas.

•• Dispositivo correspondente no CPC de 1973: art. 312.
•• Vide art. 313, III, do CPC.

§ 1.º Se reconhecer o impedimento ou a suspeição ao receber a petição, o juiz ordenará imediatamente a remessa dos autos a seu substituto legal, caso contrário, determinará a autuação em apartado da petição e, no prazo de 15 (quinze) dias, apresentará suas razões, acompanhadas de documentos e de rol de testemunhas, se houver, ordenando a remessa do incidente ao tribunal.

•• Dispositivo correspondente no CPC de 1973: art. 313.

§ 2.º Distribuído o incidente, o relator deverá declarar os seus efeitos, sendo que, se o incidente for recebido:

I – sem efeito suspensivo, o processo voltará a correr;

II – com efeito suspensivo, o processo permanecerá suspenso até o julgamento do incidente.

§ 3.º Enquanto não for declarado o efeito em que é recebido o incidente ou quando este for recebido com efeito suspensivo, a tutela de urgência será requerida ao substituto legal.

§ 4.º Verificando que a alegação de impedimento ou de suspeição é improcedente, o tribunal rejeitá-la-á.

•• Dispositivo correspondente no CPC de 1973: art. 314.

§ 5.º Acolhida a alegação, tratando-se de impedimento ou de manifesta suspeição, o tribunal condenará o juiz nas custas e remeterá os autos ao seu substituto legal, podendo o juiz recorrer da decisão.

•• Dispositivo correspondente no CPC de 1973: art. 314.

§ 6.º Reconhecido o impedimento ou a suspeição, o tribunal fixará o momento a partir do qual o juiz não poderia ter atuado.

§ 7.º O tribunal decretará a nulidade dos atos do juiz, se praticados quando já presente o motivo de impedimento ou de suspeição.

Art. 147. Quando 2 (dois) ou mais juízes forem parentes, consanguíneos ou afins, em linha reta ou colateral, até o terceiro grau, inclusive, o primeiro que conhecer do processo impede que o outro nele atue, caso em que o segundo se escusará, remetendo os autos ao seu substituto legal.

•• Dispositivo correspondente no CPC de 1973: art. 136.

Art. 148. Aplicam-se os motivos de impedimento e de suspeição:

•• Dispositivo correspondente no CPC de 1973: art. 138, caput.

I – ao membro do Ministério Público;

•• Dispositivo correspondente no CPC de 1973: art. 138, I.

II – aos auxiliares da justiça;

•• Dispositivo correspondente no CPC de 1973: art. 138, II.
•• Vide art. 7.º, § 6.º, da Resolução n. 125, de 29-11-2010.

III – aos demais sujeitos imparciais do processo.

§ 1.º A parte interessada deverá arguir o impedimento ou a suspeição, em petição fundamentada e devidamente instruída, na primeira oportunidade em que lhe couber falar nos autos.

•• Dispositivo correspondente no CPC de 1973: art. 138, § 1.º.

§ 2.º O juiz mandará processar o incidente em separado e sem suspensão do processo, ouvindo o arguido no prazo de 15 (quinze) dias e facultando a produção de prova, quando necessária.

Arts. 148 a 153

•• Dispositivo correspondente no CPC de 1973: art. 138, § 1.º.

§ 3.º Nos tribunais, a arguição a que se refere o § 1.º será disciplinada pelo regimento interno.

•• Dispositivo correspondente no CPC de 1973: art. 138, § 2.º.

§ 4.º O disposto nos §§ 1.º e 2.º não se aplica à arguição de impedimento ou de suspeição de testemunha.

Capítulo III
DOS AUXILIARES DA JUSTIÇA

Art. 149. São auxiliares da Justiça, além de outros cujas atribuições sejam determinadas pelas normas de organização judiciária, o escrivão, o chefe de secretaria, o oficial de justiça, o perito, o depositário, o administrador, o intérprete, o tradutor, o mediador, o conciliador judicial, o partidor, o distribuidor, o contabilista e o regulador de avarias.

•• Dispositivo correspondente no CPC de 1973: art. 139.

Seção I
Do Escrivão, do Chefe de Secretaria
e do Oficial de Justiça

Art. 150. Em cada juízo haverá um ou mais ofícios de justiça, cujas atribuições serão determinadas pelas normas de organização judiciária.

•• Dispositivo correspondente no CPC de 1973: art. 140.

Art. 151. Em cada comarca, seção ou subseção judiciária haverá, no mínimo, tantos oficiais de justiça quantos sejam os juízos.

Art. 152. Incumbe ao escrivão ou ao chefe de secretaria:

•• Dispositivo correspondente no CPC de 1973: art. 141, *caput*.

I – redigir, na forma legal, os ofícios, os mandados, as cartas precatórias e os demais atos que pertençam ao seu ofício;

•• Dispositivo correspondente no CPC de 1973: art. 141, I.

II – efetivar as ordens judiciais, realizar citações e intimações, bem como praticar todos os demais atos que lhe forem atribuídos pelas normas de organização judiciária;

•• Dispositivo correspondente no CPC de 1973: art. 141, II.

III – comparecer às audiências ou, não podendo fazê-lo, designar servidor para substituí-lo;

•• Dispositivo correspondente no CPC de 1973: art. 141, III.

IV – manter sob sua guarda e responsabilidade os autos, não permitindo que saiam do cartório, exceto:

•• Dispositivo correspondente no CPC de 1973: art. 141, IV, *caput*.

a) quando tenham de seguir à conclusão do juiz;

•• Dispositivo correspondente no CPC de 1973: art. 141, IV, *a*.

b) com vista a procurador, à Defensoria Pública, ao Ministério Público ou à Fazenda Pública;

•• Dispositivo correspondente no CPC de 1973: art. 141, IV, *b*.

c) quando devam ser remetidos ao contabilista ou ao partidor;

•• Dispositivo correspondente no CPC de 1973: art. 141, IV, *c*.

d) quando forem remetidos a outro juízo em razão da modificação da competência;

•• Dispositivo correspondente no CPC de 1973: art. 141, IV, *d*.

V – fornecer certidão de qualquer ato ou termo do processo, independentemente de despacho, observadas as disposições referentes ao segredo de justiça;

•• Dispositivo correspondente no CPC de 1973: art. 141, V.

VI – praticar, de ofício, os atos meramente ordinatórios.

§ 1.º O juiz titular editará ato a fim de regulamentar a atribuição prevista no inciso VI.

§ 2.º No impedimento do escrivão ou chefe de secretaria, o juiz convocará substituto e, não o havendo, nomeará pessoa idônea para o ato.

•• Dispositivo correspondente no CPC de 1973: art. 142.

Art. 153. O escrivão ou o chefe de secretaria atenderá, preferencialmente, à ordem cronológica de recebimento para publicação e efetivação dos pronunciamentos judiciais.

•• *Caput* com redação determinada pela Lei n. 13.256, de 4-2-2016.

•• *Vide* Enunciado 34 da ENFAM.

Sujeitos do Processo

Arts. 153 a 156

§ 1.º A lista de processos recebidos deverá ser disponibilizada, de forma permanente, para consulta pública.

§ 2.º Estão excluídos da regra do *caput*:

I – os atos urgentes, assim reconhecidos pelo juiz no pronunciamento judicial a ser efetivado;

II – as preferências legais.

§ 3.º Após elaboração de lista própria, respeitar-se-ão a ordem cronológica de recebimento entre os atos urgentes e as preferências legais.

§ 4.º A parte que se considerar preterida na ordem cronológica poderá reclamar, nos próprios autos, ao juiz do processo, que requisitará informações ao servidor, a serem prestadas no prazo de 2 (dois) dias.

§ 5.º Constatada a preterição, o juiz determinará o imediato cumprimento do ato e a instauração de processo administrativo disciplinar contra o servidor.

Art. 154. Incumbe ao oficial de justiça:

•• Dispositivo correspondente no CPC de 1973: art. 143, *caput*.

I – fazer pessoalmente citações, prisões, penhoras, arrestos e demais diligências próprias do seu ofício, sempre que possível na presença de 2 (duas) testemunhas, certificando no mandado o ocorrido, com menção ao lugar, ao dia e à hora;

•• Dispositivo correspondente no CPC de 1973: art. 143, I.

II – executar as ordens do juiz a que estiver subordinado;

•• Dispositivo correspondente no CPC de 1973: art. 143, II.

III – entregar o mandado em cartório após seu cumprimento;

•• Dispositivo correspondente no CPC de 1973: art. 143, III.

IV – auxiliar o juiz na manutenção da ordem;

•• Dispositivo correspondente no CPC de 1973: art. 143, IV.

V – efetuar avaliações, quando for o caso;

•• Dispositivo correspondente no CPC de 1973: art. 143, V.

VI – certificar, em mandado, proposta de autocomposição apresentada por qualquer das partes, na ocasião de realização de ato de comunicação que lhe couber.

Parágrafo único. Certificada a proposta de autocomposição prevista no inciso VI, o juiz ordenará a intimação da parte contrária para manifestar-se, no prazo de 5 (cinco) dias, sem prejuízo do andamento regular do processo, entendendo-se o silêncio como recusa.

Art. 155. O escrivão, o chefe de secretaria e o oficial de justiça são responsáveis, civil e regressivamente, quando:

•• Dispositivo correspondente no CPC de 1973: art. 144, *caput*.

•• *Vide* art. 37, § 6.º, da CF.

I – sem justo motivo, se recusarem a cumprir no prazo os atos impostos pela lei ou pelo juiz a que estão subordinados;

•• Dispositivo correspondente no CPC de 1973: art. 144, I.

II – praticarem ato nulo com dolo ou culpa.

•• Dispositivo correspondente no CPC de 1973: art. 144, II.

Seção II
Do Perito

Art. 156. O juiz será assistido por perito quando a prova do fato depender de conhecimento técnico ou científico.

•• Dispositivo correspondente no CPC de 1973: art. 145, *caput*.

§ 1.º Os peritos serão nomeados entre os profissionais legalmente habilitados e os órgãos técnicos ou científicos devidamente inscritos em cadastro mantido pelo tribunal ao qual o juiz está vinculado.

•• Dispositivo correspondente no CPC de 1973: art. 145, § 1.º.

§ 2.º Para formação do cadastro, os tribunais devem realizar consulta pública, por meio de divulgação na rede mundial de computadores ou em jornais de grande circulação, além de consulta direta a universidades, a conselhos de classe, ao Ministério Público, à Defensoria Pública e à Ordem dos Advogados do Brasil, para a indicação de profissionais ou de órgãos técnicos interessados.

§ 3.º Os tribunais realizarão avaliações e reavaliações periódicas para manutenção do cadastro, considerando a formação profissional, a atualização do conhecimento e a experiência dos peritos interessados.

§ 4.º Para verificação de eventual impedimento ou motivo de suspeição, nos termos dos arts. 148 e 467, o órgão técnico ou científico nomeado para realização da perícia informará ao juiz os nomes e os dados de qualificação dos profissionais que participarão da atividade.

§ 5.º Na localidade onde não houver inscrito no cadastro disponibilizado pelo tribunal, a nomeação do perito é de livre escolha pelo juiz e deverá recair sobre profissional ou órgão técnico ou científico comprovadamente detentor do conhecimento necessário à realização da perícia.

•• Dispositivo correspondente no CPC de 1973: art. 145, § 3.º.

Art. 157. O perito tem o dever de cumprir o ofício no prazo que lhe designar o juiz, empregando toda sua diligência, podendo escusar-se do encargo alegando motivo legítimo.

•• Dispositivo correspondente no CPC de 1973: art. 146, *caput*.

•• *Vide* art. 466 e 467 do CPC.

§ 1.º A escusa será apresentada no prazo de 15 (quinze) dias, contado da intimação, da suspeição ou do impedimento supervenientes, sob pena de renúncia ao direito a alegá-la.

•• Dispositivo correspondente no CPC de 1973: art. 146, parágrafo único.

§ 2.º Será organizada lista de peritos na vara ou na secretaria, com disponibilização dos documentos exigidos para habilitação à consulta de interessados, para que a nomeação seja distribuída de modo equitativo, observadas a capacidade técnica e a área de conhecimento.

Art. 158. O perito que, por dolo ou culpa, prestar informações inverídicas responderá pelos prejuízos que causar à parte e ficará inabilitado para atuar em outras perícias no prazo de 2 (dois) a 5 (cinco) anos, independentemente das demais sanções previstas em lei, devendo o juiz comunicar o fato ao respectivo órgão de classe para adoção das medidas que entender cabíveis.

•• Dispositivo correspondente no CPC de 1973: art. 147.

Seção III
Do Depositário e do Administrador

Art. 159. A guarda e a conservação de bens penhorados, arrestados, sequestrados ou arrecadados serão confiadas a depositário ou a administrador, não dispondo a lei de outro modo.

•• Dispositivo correspondente no CPC de 1973: art. 148.

•• *Vide* art. 5.º, LXVII, da CF.

Art. 160. Por seu trabalho o depositário ou o administrador perceberá remuneração que o juiz fixará levando em conta a situação dos bens, ao tempo do serviço e às dificuldades de sua execução.

•• Dispositivo correspondente no CPC de 1973: art. 149, *caput*.

Parágrafo único. O juiz poderá nomear um ou mais prepostos por indicação do depositário ou do administrador.

•• Dispositivo correspondente no CPC de 1973: art. 149, parágrafo único.

Art. 161. O depositário ou o administrador responde pelos prejuízos que, por dolo ou culpa, causar à parte, perdendo a remuneração que lhe foi arbitrada, mas tem o direito a haver o que legitimamente despendeu no exercício do encargo.

•• Dispositivo correspondente no CPC de 1973: art. 150.

•• *Vide* art. 553 do CPC.

Parágrafo único. O depositário infiel responde civilmente pelos prejuízos causados, sem prejuízo de sua responsabilidade penal e da imposição de sanção por ato atentatório à dignidade da justiça.

Seção IV
Do Intérprete e do Tradutor

Art. 162. O juiz nomeará intérprete ou tradutor quando necessário para:

•• Dispositivo correspondente no CPC de 1973: art. 151, *caput*.

I – traduzir documento redigido em língua estrangeira;

•• Dispositivo correspondente no CPC de 1973: art. 151, I.

Sujeitos do Processo
Arts. 162 a 166

II – verter para o português as declarações das partes e das testemunhas que não conhecerem o idioma nacional;

•• Dispositivo correspondente no CPC de 1973: art. 151, II.

III – realizar a interpretação simultânea dos depoimentos das partes e testemunhas com deficiência auditiva que se comuniquem por meio da Língua Brasileira de Sinais, ou equivalente, quando assim for solicitado.

•• Dispositivo correspondente no CPC de 1973: art. 151, III.

Art. 163. Não pode ser intérprete ou tradutor quem:

•• Dispositivo correspondente no CPC de 1973: art. 152, caput.

I – não tiver a livre administração de seus bens;

•• Dispositivo correspondente no CPC de 1973: art. 152, I.

II – for arrolado como testemunha ou atuar como perito no processo;

•• Dispositivo correspondente no CPC de 1973: art. 152, II.

III – estiver inabilitado para o exercício da profissão por sentença penal condenatória, enquanto durarem seus efeitos.

•• Dispositivo correspondente no CPC de 1973: art. 152, III.

Art. 164. O intérprete ou tradutor, oficial ou não, é obrigado a desempenhar seu ofício, aplicando-se-lhe o disposto nos arts. 157 e 158.

•• Dispositivo correspondente no CPC de 1973: art. 153.

Seção V
Dos Conciliadores e Mediadores Judiciais

•• Vide Lei n. 13.140, de 26-6-2015, que dispõe sobre a mediação entre particulares como meio de solução de controvérsias e sobre a autocomposição de conflitos no âmbito da Administração Pública.

•• Vide Resolução n. 125, de 29-11-2010, que dispõe sobre conflitos de interesses do Judiciário.

Art. 165. Os tribunais criarão centros judiciários de solução consensual de conflitos, responsáveis pela realização de sessões e audiências de conciliação e mediação e pelo desenvolvimento de programas destinados a auxiliar, orientar e estimular a autocomposição.

•• Vide art. 334 do CPC.

•• Vide art. 8.º da Resolução n. 125, de 29-11-2010.

§ 1.º A composição e a organização dos centros serão definidas pelo respectivo tribunal, observadas as normas do Conselho Nacional de Justiça.

§ 2.º O conciliador, que atuará preferencialmente nos casos em que não houver vínculo anterior entre as partes, poderá sugerir soluções para o litígio, sendo vedada a utilização de qualquer tipo de constrangimento ou intimidação para que as partes conciliem.

§ 3.º O mediador, que atuará preferencialmente nos casos em que houver vínculo anterior entre as partes, auxiliará aos interessados a compreender as questões e os interesses em conflito, de modo que eles possam, pelo restabelecimento da comunicação, identificar, por si próprios, soluções consensuais que gerem benefícios mútuos.

Art. 166. A conciliação e a mediação são informadas pelos princípios da independência, da imparcialidade, da autonomia da vontade, da confidencialidade, da oralidade, da informalidade e da decisão informada.

•• Vide art. 1.º do Anexo III da Resolução n. 125, de 29-11-2010.

§ 1.º A confidencialidade estende-se a todas as informações produzidas no curso do procedimento, cujo teor não poderá ser utilizado para fim diverso daquele previsto por expressa deliberação das partes.

§ 2.º Em razão do dever de sigilo, inerente às suas funções, o conciliador e o mediador, assim como os membros de suas equipes, não poderão divulgar ou depor acerca de fatos ou elementos oriundos da conciliação ou da mediação.

•• Vide art. 2.º do Anexo III da Resolução n. 125, de 29-11-2010.

§ 3.º Admite-se a aplicação de técnicas negociais, com o objetivo de proporcionar ambiente favorável à autocomposição.

§ 4.º A mediação e a conciliação serão regidas conforme a livre autonomia dos interessados, inclusive no que diz respeito à definição das regras procedimentais.

Arts. 167 a 169

Art. 167. Os conciliadores, os mediadores e as câmaras privadas de conciliação e mediação serão inscritos em cadastro nacional e em cadastro de tribunal de justiça ou de tribunal regional federal, que manterá registro de profissionais habilitados, com indicação de sua área profissional.

•• *Vide* art. 12 da Lei n. 13.140, de 26-6-2015.

•• *Vide* arts. 12-C a 12-F da Resolução n. 125, de 29-11-2010.

§ 1.º Preenchendo o requisito da capacitação mínima, por meio de curso realizado por entidade credenciada, conforme parâmetro curricular definido pelo Conselho Nacional de Justiça em conjunto com o Ministério da Justiça, o conciliador ou o mediador, com o respectivo certificado, poderá requerer sua inscrição no cadastro nacional e no cadastro de tribunal de justiça ou de tribunal regional federal.

•• *Vide* art. 11 da Lei n. 13.140, de 26-6-2015.

•• *Vide* Anexo I da Resolução n. 125, de 29-11-2010 (diretrizes curriculares do curso de capacitação básica para conciliadores e mediadores).

•• *Vide* Enunciado 59 da ENFAM.

§ 2.º Efetivado o registro, que poderá ser precedido de concurso público, o tribunal remeterá ao diretor do foro da comarca, seção ou subseção judiciária onde atuará o conciliador ou o mediador os dados necessários para que seu nome passe a constar da respectiva lista, a ser observada na distribuição alternada e aleatória, respeitado o princípio da igualdade dentro da mesma área de atuação profissional.

§ 3.º Do credenciamento das câmaras e do cadastro de conciliadores e mediadores constarão todos os dados relevantes para a sua atuação, tais como o número de processos de que participou, o sucesso ou insucesso da atividade, a matéria sobre a qual versou a controvérsia, bem como outros dados que o tribunal julgar relevantes.

•• *Vide* art. 3.º da Resolução n. 125, de 29-11-2010.

§ 4.º Os dados colhidos na forma do § 3.º serão classificados sistematicamente pelo tribunal, que os publicará, ao menos anualmente, para conhecimento da população e para fins estatísticos e de avaliação da conciliação, da mediação, das câmaras privadas de conciliação e de mediação, dos conciliadores e dos mediadores.

•• *Vide* art. 8.º, § 9.º, da Resolução n. 125, de 29-11-2010.

§ 5.º Os conciliadores e mediadores judiciais cadastrados na forma do *caput*, se advogados, estarão impedidos de exercer a advocacia nos juízos em que desempenhem suas funções.

•• *Vide* Enunciado 60 da ENFAM.

§ 6.º O tribunal poderá optar pela criação de quadro próprio de conciliadores e mediadores, a ser preenchido por concurso público de provas e títulos, observadas as disposições deste Capítulo.

Art. 168. As partes podem escolher, de comum acordo, o conciliador, o mediador ou a câmara privada de conciliação e de mediação.

•• *Vide* art. 8.º, § 10, da Resolução n. 125, de 29-11-2010.

§ 1.º O conciliador ou mediador escolhido pelas partes poderá ou não estar cadastrado no tribunal.

§ 2.º Inexistindo acordo quanto à escolha do mediador ou conciliador, haverá distribuição entre aqueles cadastrados no registro do tribunal, observada a respectiva formação.

§ 3.º Sempre que recomendável, haverá a designação de mais de um mediador ou conciliador.

Art. 169. Ressalvada a hipótese do art. 167, § 6.º, o conciliador e o mediador receberão pelo seu trabalho remuneração prevista em tabela fixada pelo tribunal, conforme parâmetros estabelecidos pelo Conselho Nacional de Justiça.

•• *Vide* art. 13 da Lei n. 13.140, de 26-6-2015.

•• *Vide* art. 7.º, VIII, da Resolução n. 125, de 29-11-2010.

§ 1.º A mediação e a conciliação podem ser realizadas como trabalho voluntário, observada a legislação pertinente e a regulamentação do tribunal.

§ 2.º Os tribunais determinarão o percentual de audiências não remuneradas que deverão ser

Sujeitos do Processo

Arts. 169 a 178

suportadas pelas câmaras privadas de conciliação e mediação, com o fim de atender aos processos em que deferida gratuidade da justiça, como contrapartida de seu credenciamento.

Art. 170. No caso de impedimento, o conciliador ou mediador o comunicará imediatamente, de preferência por meio eletrônico, e devolverá os autos ao juiz do processo ou ao coordenador do centro judiciário de solução de conflitos, devendo este realizar nova distribuição.

•• *Vide* art. 5.º do Anexo III da Resolução n. 125, de 29-11-2010.

Parágrafo único. Se a causa de impedimento for apurada quando já iniciado o procedimento, a atividade será interrompida, lavrando-se ata com relatório do ocorrido e solicitação de distribuição para novo conciliador ou mediador.

Art. 171. No caso de impossibilidade temporária do exercício da função, o conciliador ou mediador informará o fato ao centro, preferencialmente por meio eletrônico, para que, durante o período em que perdurar a impossibilidade, não haja novas distribuições.

•• *Vide* art. 6.º do Anexo III da Resolução n. 125, de 29-11-2010.

Art. 172. O conciliador e o mediador ficam impedidos, pelo prazo de 1 (um) ano, contado do término da última audiência em que atuaram, de assessorar, representar ou patrocinar qualquer das partes.

•• *Vide* Enunciado 60 da ENFAM.

Art. 173. Será excluído do cadastro de conciliadores e mediadores aquele que:

I – agir com dolo ou culpa na condução da conciliação ou da mediação sob sua responsabilidade ou violar qualquer dos deveres decorrentes do art. 166, §§ 1.º e 2.º;

II – atuar em procedimento de mediação ou conciliação, apesar de impedido ou suspeito.

§ 1.º Os casos previstos neste artigo serão apurados em processo administrativo.

§ 2.º O juiz do processo ou o juiz coordenador do centro de conciliação e mediação, se houver, verificando atuação inadequada do mediador ou conciliador, poderá afastá-lo de suas atividades por até 180 (cento e oitenta) dias, por decisão fundamentada, informando o fato imediatamente ao tribunal para instauração do respectivo processo administrativo.

Art. 174. A União, os Estados, o Distrito Federal e os Municípios criarão câmaras de mediação e conciliação, com atribuições relacionadas à solução consensual de conflitos no âmbito administrativo, tais como:

I – dirimir conflitos envolvendo órgãos e entidades da administração pública;

II – avaliar a admissibilidade dos pedidos de resolução de conflitos, por meio de conciliação, no âmbito da administração pública;

III – promover, quando couber, a celebração de termo de ajustamento de conduta.

Art. 175. As disposições desta Seção não excluem outras formas de conciliação e mediação extrajudiciais vinculadas a órgãos institucionais ou realizadas por intermédio de profissionais independentes, que poderão ser regulamentadas por lei específica.

Parágrafo único. Os dispositivos desta Seção aplicam-se, no que couber, às câmaras privadas de conciliação e mediação.

Título V
DO MINISTÉRIO PÚBLICO

•• *Vide* arts. 127 a 130-A da CF.

Art. 176. O Ministério Público atuará na defesa da ordem jurídica, do regime democrático e dos interesses e direitos sociais e individuais indisponíveis.

Art. 177. O Ministério Público exercerá o direito de ação em conformidade com suas atribuições constitucionais.

•• Dispositivo correspondente no CPC de 1973: art. 81.

•• *Vide* arts. 180 e 272 do CPC.

Art. 178. O Ministério Público será intimado para, no prazo de 30 (trinta) dias, intervir como fiscal da ordem jurídica nas hipóteses previstas em lei ou na Constituição Federal e nos processos que envolvam:

•• Dispositivo correspondente no CPC de 1973: art. 82, *caput*.
•• *Vide* art. 279 do CPC.

I – interesse público ou social;

II – interesse de incapaz;

•• Dispositivo correspondente no CPC de 1973: art. 82, I.

III – litígios coletivos pela posse de terra rural ou urbana.

•• Dispositivo correspondente no CPC de 1973: art. 82, III.
•• *Vide* art. 279 do CPC.
•• *Vide* art. 75 da Lei n. 10.741, de 1.º-10-2003 (Estatuto do Idoso).

Parágrafo único. A participação da Fazenda Pública não configura, por si só, hipótese de intervenção do Ministério Público.

Art. 179. Nos casos de intervenção como fiscal da ordem jurídica, o Ministério Público:

•• Dispositivo correspondente no CPC de 1973: art. 83, *caput*.

I – terá vista dos autos depois das partes, sendo intimado de todos os atos do processo;

•• Dispositivo correspondente no CPC de 1973: art. 83, I.
•• *Vide* arts. 234 e 235 do CPC.

II – poderá produzir provas, requerer as medidas processuais pertinentes e recorrer.

•• Dispositivo correspondente no CPC de 1973: art. 83, II.
•• *Vide* arts. 234 e 235 do CPC.

Art. 180. O Ministério Público gozará de prazo em dobro para manifestar-se nos autos, que terá início a partir de sua intimação pessoal, nos termos do art. 183, § 1.º.

•• Dispositivo correspondente no CPC de 1973: art. 188.
•• *Vide* Súmula 116 do STJ.

§ 1.º Findo o prazo para manifestação do Ministério Público sem o oferecimento de parecer, o juiz requisitará os autos e dará andamento ao processo.

§ 2.º Não se aplica o benefício da contagem em dobro quando a lei estabelecer, de forma expressa, prazo próprio para o Ministério Público.

Art. 181. O membro do Ministério Público será civil e regressivamente responsável quando agir com dolo ou fraude no exercício de suas funções.

•• Dispositivo correspondente no CPC de 1973: art. 85.
•• *Vide* art. 37, § 6.º, da CF.
•• *Vide* arts. 186 a 188 e 927 do CC.

TÍTULO VI
DA ADVOCACIA PÚBLICA

•• *Vide* arts. 131 e 132 da CF.

Art. 182. Incumbe à Advocacia Pública, na forma da lei, defender e promover os interesses públicos da União, dos Estados, do Distrito Federal e dos Municípios, por meio da representação judicial, em todos os âmbitos federativos, das pessoas jurídicas de direito público que integram a administração direta e indireta.

•• *Vide* Decreto n. 4.250, de 27-5-2002, que regulamenta a representação judicial da União, autarquias, fundações e empresas públicas federais perante os Juizados Especiais Federais.

Art. 183. A União, os Estados, o Distrito Federal, os Municípios e suas respectivas autarquias e fundações de direito público gozarão de prazo em dobro para todas as suas manifestações processuais, cuja contagem terá início a partir da intimação pessoal.

§ 1.º A intimação pessoal far-se-á por carga, remessa ou meio eletrônico.

§ 2.º Não se aplica o benefício da contagem em dobro quando a lei estabelecer, de forma expressa, prazo próprio para o ente público.

Art. 184. O membro da Advocacia Pública será civil e regressivamente responsável quando agir com dolo ou fraude no exercício de suas funções.

•• *Vide* art. 37, § 6.º, da CF.

TÍTULO VII
DA DEFENSORIA PÚBLICA

•• *Vide* arts. 134 e 135 da CF.

Sujeitos do Processo

Art. 185. A Defensoria Pública exercerá a orientação jurídica, a promoção dos direitos humanos e a defesa dos direitos individuais e coletivos dos necessitados, em todos os graus, de forma integral e gratuita.

•• *Vide* Súmula 421 do STJ.

Art. 186. A Defensoria Pública gozará de prazo em dobro para todas as suas manifestações processuais.

§ 1.º O prazo tem início com a intimação pessoal do defensor público, nos termos do art. 183, § 1.º.

§ 2.º A requerimento da Defensoria Pública, o juiz determinará a intimação pessoal da parte patrocinada quando o ato processual depender de providência ou informação que somente por ela possa ser realizada ou prestada.

§ 3.º O disposto no *caput* aplica-se aos escritórios de prática jurídica das faculdades de Direito reconhecidas na forma da lei e às entidades que prestam assistência jurídica gratuita em razão de convênios firmados com a Defensoria Pública.

•• *Vide* arts. 27 e 28 do Regulamento Geral do EAOAB.

§ 4.º Não se aplica o benefício da contagem em dobro quando a lei estabelecer, de forma expressa, prazo próprio para a Defensoria Pública.

Art. 187. O membro da Defensoria Pública será civil e regressivamente responsável quando agir com dolo ou fraude no exercício de suas funções.

•• *Vide* art. 37, § 6.º, da CF.

Livro IV
DOS ATOS PROCESSUAIS

Título I
DA FORMA, DO TEMPO E DO LUGAR DOS ATOS PROCESSUAIS

Capítulo I
DA FORMA DOS ATOS PROCESSUAIS

Seção I
Dos Atos em Geral

Art. 188. Os atos e os termos processuais independem de forma determinada, salvo quando a lei expressamente a exigir, considerando-se válidos os que, realizados de outro modo, lhe preencham a finalidade essencial.

•• Dispositivo correspondente no CPC de 1973: art. 154, *caput*.

•• *Vide* arts. 276 e 277 do CPC.

•• *Vide* Lei n. 9.800, de 26-5-1999.

Art. 189. Os atos processuais são públicos, todavia tramitam em segredo de justiça os processos:

•• Dispositivo correspondente no CPC de 1973: art. 155, *caput*.

•• *Vide* art. 5.º, LX, da CF.

I – em que o exija o interesse público ou social;

•• Dispositivo correspondente no CPC de 1973: art. 155, I.

II – que versem sobre casamento, separação de corpos, divórcio, separação, união estável, filiação, alimentos e guarda de crianças e adolescentes;

•• Dispositivo correspondente no CPC de 1973: art. 155, II.

III – em que constem dados protegidos pelo direito constitucional à intimidade;

IV – que versem sobre arbitragem, inclusive sobre cumprimento de carta arbitral, desde que a confidencialidade estipulada na arbitragem seja comprovada perante o juízo.

§ 1.º O direito de consultar os autos de processo que tramite em segredo de justiça e de pedir certidões de seus atos é restrito às partes e aos seus procuradores.

•• Dispositivo correspondente no CPC de 1973: art. 155, parágrafo único.

•• *Vide* Lei n. 8.906, de 4-7-1994 (EAOAB).

§ 2.º O terceiro que demonstrar interesse jurídico pode requerer ao juiz certidão do dispositivo da sentença, bem como do inventário e de partilha resultantes de divórcio ou separação.

•• Dispositivo correspondente no CPC de 1973: art. 155, parágrafo único.

Art. 190. Versando o processo sobre direitos que admitam autocomposição, é lícito às partes plenamente capazes estipular mudanças no procedimento para ajustá-lo às especificidades da causa e convencionar sobre os seus ônus, poderes, faculdades e deveres processuais, antes ou durante o processo.

•• *Vide* Enunciados 36 e 38 da ENFAM.

Parágrafo único. De ofício ou a requerimento, o juiz controlará a validade das convenções previstas neste artigo, recusando-lhes aplicação somente nos casos de nulidade ou de inserção abusiva em contrato de adesão ou em que alguma parte se encontre em manifesta situação de vulnerabilidade.

Art. 191. De comum acordo, o juiz e as partes podem fixar calendário para a prática dos atos processuais, quando for o caso.

•• *Vide* Enunciado 38 da ENFAM.

§ 1.º O calendário vincula as partes e o juiz, e os prazos nele previstos somente serão modificados em casos excepcionais, devidamente justificados.

§ 2.º Dispensa-se a intimação das partes para a prática de ato processual ou a realização de audiência cujas datas tiverem sido designadas no calendário.

Art. 192. Em todos os atos e termos do processo é obrigatório o uso da língua portuguesa.

•• Dispositivo correspondente no CPC de 1973: art. 156.

Parágrafo único. O documento redigido em língua estrangeira somente poderá ser juntado

Atos Processuais

aos autos quando acompanhado de versão para a língua portuguesa tramitada por via diplomática ou pela autoridade central, ou firmada por tradutor juramentado.

•• Dispositivo correspondente no CPC de 1973: art. 157.

•• *Vide* Súmula 259 do STF.

Seção II
Da Prática Eletrônica de Atos Processuais

Art. 193. Os atos processuais podem ser total ou parcialmente digitais, de forma a permitir que sejam produzidos, comunicados, armazenados e validados por meio eletrônico, na forma da lei.

•• *Vide* art. 8.º da Lei n. 11.419, de 19-12-2006 (informatização do processo judicial).

Parágrafo único. O disposto nesta Seção aplica-se, no que for cabível, à prática de atos notariais e de registro.

Art. 194. Os sistemas de automação processual respeitarão a publicidade dos atos, o acesso e a participação das partes e de seus procuradores, inclusive nas audiências e sessões de julgamento, observadas as garantias da disponibilidade, independência da plataforma computacional, acessibilidade e interoperabilidade dos sistemas, serviços, dados e informações que o Poder Judiciário administre no exercício de suas funções.

Art. 195. O registro de ato processual eletrônico deverá ser feito em padrões abertos, que atenderá aos requisitos de autenticidade, integridade, temporalidade, não repúdio, conservação e, nos casos que tramitem em segredo de justiça, confidencialidade, observada a infraestrutura de chaves públicas unificada nacionalmente, nos termos da lei.

•• *Vide* art. 14 da Lei n. 11.419, de 19-12-2006 (informatização do processo judicial).

Art. 196. Compete ao Conselho Nacional de Justiça e, supletivamente, aos tribunais, regulamentar a prática e a comunicação oficial de atos processuais por meio eletrônico e velar pela compatibilidade dos sistemas, disciplinando a incorporação progressiva de novos avanços tecnológicos e editando, para esse fim, os atos que forem necessários, respeitadas as normas fundamentais deste Código.

Art. 197. Os tribunais divulgarão as informações constantes de seu sistema de automação em página própria na rede mundial de computadores, gozando a divulgação de presunção de veracidade e confiabilidade.

Parágrafo único. Nos casos de problema técnico do sistema e de erro ou omissão do auxiliar da justiça responsável pelo registro dos andamentos, poderá ser configurada a justa causa prevista no art. 223, *caput* e § 1.º.

•• *Vide* art. 10, § 2.º, da Lei n. 11.419, de 19-12-2006 (informatização do processo judicial).

Art. 198. As unidades do Poder Judiciário deverão manter gratuitamente, à disposição dos interessados, equipamentos necessários à prática de atos processuais e à consulta e ao acesso ao sistema e aos documentos dele constantes.

•• *Vide* art. 10, § 3.º, da Lei n. 11.419, de 19-12-2006 (informatização do processo judicial).

Parágrafo único. Será admitida a prática de atos por meio não eletrônico no local onde não estiverem disponibilizados os equipamentos previstos no *caput*.

Art. 199. As unidades do Poder Judiciário assegurarão às pessoas com deficiência acessibilidade aos seus sítios na rede mundial de computadores, ao meio eletrônico de prática de atos judiciais, à comunicação eletrônica dos atos processuais e à assinatura eletrônica.

Seção III
Dos Atos das Partes

Art. 200. Os atos das partes consistentes em declarações unilaterais ou bilaterais de vontade produzem imediatamente a constituição, modificação ou extinção de direitos processuais.

•• Dispositivo correspondente no CPC de 1973: art. 158, *caput*.

Parágrafo único. A desistência da ação só produzirá efeitos após homologação judicial.

Arts. 200 a 208 — Atos Processuais

•• Dispositivo correspondente no CPC de 1973: art. 158, parágrafo único.

• *Vide* arts. 90, 485, VIII e § 4.º e 343, § 2.º, do CPC.

Art. 201. As partes poderão exigir recibo de petições, arrazoados, papéis e documentos que entregarem em cartório.

•• Dispositivo correspondente no CPC de 1973: art. 160.

Art. 202. É vedado lançar nos autos cotas marginais ou interlineares, as quais o juiz mandará riscar, impondo a quem as escrever multa correspondente à metade do salário mínimo.

•• Dispositivo correspondente no CPC de 1973: art. 161.

Seção IV
Dos Pronunciamentos do Juiz

Art. 203. Os pronunciamentos do juiz consistirão em sentenças, decisões interlocutórias e despachos.

•• Dispositivo correspondente no CPC de 1973: art. 162, *caput*.

§ 1.º Ressalvadas as disposições expressas dos procedimentos especiais, sentença é o pronunciamento por meio do qual o juiz, com fundamento nos arts. 485 e 487, põe fim à fase cognitiva do procedimento comum, bem como extingue a execução.

•• Dispositivo correspondente no CPC de 1973: art. 162, § 1.º.

§ 2.º Decisão interlocutória é todo pronunciamento judicial de natureza decisória que não se enquadre no § 1.º.

•• Dispositivo correspondente no CPC de 1973: art. 162, § 2.º.

§ 3.º São despachos todos os demais pronunciamentos do juiz praticados no processo, de ofício ou a requerimento da parte.

•• Dispositivo correspondente no CPC de 1973: art. 162, § 3.º.

§ 4.º Os atos meramente ordinatórios, como a juntada e a vista obrigatória, independem de despacho, devendo ser praticados de ofício pelo servidor e revistos pelo juiz quando necessário.

•• Dispositivo correspondente no CPC de 1973: art. 162, § 4.º.

Art. 204. Acórdão é o julgamento colegiado proferido pelos tribunais.

•• Dispositivo correspondente no CPC de 1973: art. 163.

Art. 205. Os despachos, as decisões, as sentenças e os acórdãos serão redigidos, datados e assinados pelos juízes.

•• Dispositivo correspondente no CPC de 1973: art. 164, *caput*.

•• *Vide* arts. 152 e 210 do CPC.

§ 1.º Quando os pronunciamentos previstos no *caput* forem proferidos oralmente, o servidor os documentará, submetendo-os aos juízes para revisão e assinatura.

§ 2.º A assinatura dos juízes, em todos os graus de jurisdição, pode ser feita eletronicamente, na forma da lei.

•• Dispositivo correspondente no CPC de 1973: art. 164, parágrafo único.

•• *Vide* art. 11.419, de 19-12-2006, que dispõe sobre a informatização do processo judicial.

§ 3.º Os despachos, as decisões interlocutórias, o dispositivo das sentenças e a ementa dos acórdãos serão publicados no Diário de Justiça Eletrônico.

Seção V
Dos Atos do Escrivão ou do Chefe de Secretaria

Art. 206. Ao receber a petição inicial de processo, o escrivão ou o chefe de secretaria a autuará, mencionando o juízo, a natureza do processo, o número de seu registro, os nomes das partes e a data de seu início, e procederá do mesmo modo em relação aos volumes em formação.

•• Dispositivo correspondente no CPC de 1973: art. 166.

Art. 207. O escrivão ou o chefe de secretaria numerará e rubricará todas as folhas dos autos.

•• Dispositivo correspondente no CPC de 1973: art. 167, *caput*.

Parágrafo único. À parte, ao procurador, ao membro do Ministério Público, ao defensor público e aos auxiliares da justiça é facultado rubricar as folhas correspondentes aos atos em que intervierem.

•• Dispositivo correspondente no CPC de 1973: art. 167, parágrafo único.

Art. 208. Os termos de juntada, vista, conclusão e outros semelhantes constarão de notas datadas e rubricadas pelo escrivão ou pelo chefe de secretaria.

Atos Processuais

•• Dispositivo correspondente no CPC de 1973: art. 168.

Art. 209. Os atos e os termos do processo serão assinados pelas pessoas que neles intervierem, todavia, quando essas não puderem ou não quiserem firmá-los, o escrivão ou o chefe de secretaria certificará a ocorrência.

•• Dispositivo correspondente no CPC de 1973: art. 169, *caput*.

§ 1.º Quando se tratar de processo total ou parcialmente documentado em autos eletrônicos, os atos processuais praticados na presença do juiz poderão ser produzidos e armazenados de modo integralmente digital em arquivo eletrônico inviolável, na forma da lei, mediante registro em termo, que será assinado digitalmente pelo juiz e pelo escrivão ou chefe de secretaria, bem como pelos advogados das partes.

•• Dispositivo correspondente no CPC de 1973: art. 169, § 2.º.

§ 2.º Na hipótese do § 1.º, eventuais contradições na transcrição deverão ser suscitadas oralmente no momento de realização do ato, sob pena de preclusão, devendo o juiz decidir de plano e ordenar o registro, no termo, da alegação e da decisão.

•• Dispositivo correspondente no CPC de 1973: art. 169, § 3.º.

Art. 210. É lícito o uso da taquigrafia, da estenotipia ou de outro método idôneo em qualquer juízo ou tribunal.

•• Dispositivo correspondente no CPC de 1973: art. 170.

Art. 211. Não se admitem nos atos e termos processuais espaços em branco, salvo os que forem inutilizados, assim como entrelinhas, emendas ou rasuras, exceto quando expressamente ressalvadas.

•• Dispositivo correspondente no CPC de 1973: art. 171.

•• *Vide* art. 426 do CPC.

Capítulo II
DO TEMPO E DO LUGAR DOS ATOS PROCESSUAIS

Seção I
Do Tempo

Art. 212. Os atos processuais serão realizados em dias úteis, das 6 (seis) às 20 (vinte) horas.

•• Dispositivo correspondente no CPC de 1973: art. 172, *caput*.

•• *Vide* art. 5.º, XI, da CF.

§ 1.º Serão concluídos após as 20 (vinte) horas os atos iniciados antes, quando o adiamento prejudicar a diligência ou causar grave dano.

•• Dispositivo correspondente no CPC de 1973: art. 172, § 1.º.

§ 2.º Independentemente de autorização judicial, as citações, intimações e penhoras poderão realizar-se no período de férias forenses, onde as houver, e nos feriados ou dias úteis fora do horário estabelecido neste artigo, observado o disposto no art. 5.º, inciso XI, da Constituição Federal.

•• Dispositivo correspondente no CPC de 1973: art. 172, § 2.º.

§ 3.º Quando o ato tiver de ser praticado por meio de petição em autos não eletrônicos, essa deverá ser protocolada no horário de funcionamento do fórum ou tribunal, conforme o disposto na lei de organização judiciária local.

•• Dispositivo correspondente no CPC de 1973: art. 172, § 3.º.

Art. 213. A prática eletrônica de ato processual pode ocorrer em qualquer horário até as 24 (vinte e quatro) horas do último dia do prazo.

Parágrafo único. O horário vigente no juízo perante o qual o ato deve ser praticado será considerado para fins de atendimento do prazo.

•• *Vide* art. 10, § 1.º, da Lei n. 11.419, de 19-12-2006 (informatização do processo judicial).

Art. 214. Durante as férias forenses e nos feriados, não se praticarão atos processuais, excetuando-se:

•• Dispositivo correspondente no CPC de 1973: art. 173, *caput*.

I – os atos previstos no art. 212, § 2.º;

•• Dispositivo correspondente no CPC de 1973: art. 173, II.

II – a tutela de urgência.

Art. 215. Processam-se durante as férias forenses, onde as houver, e não se suspendem pela superveniência delas:

•• Dispositivo correspondente no CPC de 1973: art. 174, *caput*.

Arts. 215 a 222 — Atos Processuais

I – os procedimentos de jurisdição voluntária e os necessários à conservação de direitos, quando puderem ser prejudicados pelo adiamento;

•• Dispositivo correspondente no CPC de 1973: art. 174, I.

II – a ação de alimentos e os processos de nomeação ou remoção de tutor e curador;

•• Dispositivo correspondente no CPC de 1973: art. 174, II.

III – os processos que a lei determinar.

•• Dispositivo correspondente no CPC de 1973: art. 174, III.

Art. 216. Além dos declarados em lei, são feriados, para efeito forense, os sábados, os domingos e os dias em que não haja expediente forense.

•• Dispositivo correspondente no CPC de 1973: art. 175.

Seção II
Do Lugar

Art. 217. Os atos processuais realizar-se-ão ordinariamente na sede do juízo, ou, excepcionalmente, em outro lugar em razão de deferência, de interesse da justiça, da natureza do ato ou de obstáculo arguido pelo interessado e acolhido pelo juiz.

•• Dispositivo correspondente no CPC de 1973: art. 176.

•• Vide arts. 454, 481 e 483 do CPC.

Capítulo III
DOS PRAZOS

Seção I
Disposições Gerais

Art. 218. Os atos processuais serão realizados nos prazos prescritos em lei.

• Dispositivo correspondente no CPC de 1973: art. 177.

§ 1.º Quando a lei for omissa, o juiz determinará os prazos em consideração à complexidade do ato.

•• Dispositivo correspondente no CPC de 1973: art. 177.

§ 2.º Quando a lei ou o juiz não determinar prazo, as intimações somente obrigarão a comparecimento após decorridas 48 (quarenta e oito) horas.

•• Dispositivo correspondente no CPC de 1973: art. 192.

§ 3.º Inexistindo preceito legal ou prazo determinado pelo juiz, será de 5 (cinco) dias o prazo para a prática de ato processual a cargo da parte.

•• Dispositivo correspondente no CPC de 1973: art. 185.

§ 4.º Será considerado tempestivo o ato praticado antes do termo inicial do prazo.

Art. 219. Na contagem de prazo em dias, estabelecido por lei ou pelo juiz, computar-se-ão somente os dias úteis.

•• Dispositivo correspondente no CPC de 1973: art. 184.

•• Vide Enunciado 45 da ENFAM.

Parágrafo único. O disposto neste artigo aplica-se somente aos prazos processuais.

Art. 220. Suspende-se o curso do prazo processual nos dias compreendidos entre 20 de dezembro e 20 de janeiro, inclusive.

•• Dispositivo correspondente no CPC de 1973: art. 179.

§ 1.º Ressalvadas as férias individuais e os feriados instituídos por lei, os juízes, os membros do Ministério Público, da Defensoria Pública e da Advocacia Pública e os auxiliares da Justiça exercerão suas atribuições durante o período previsto no *caput*.

§ 2.º Durante a suspensão do prazo, não se realizarão audiências nem sessões de julgamento.

Art. 221. Suspende-se o curso do prazo por obstáculo criado em detrimento da parte ou ocorrendo qualquer das hipóteses do art. 313, devendo o prazo ser restituído por tempo igual ao que faltava para sua complementação.

•• Dispositivo correspondente no CPC de 1973: art. 180.

Parágrafo único. Suspendem-se os prazos durante a execução de programa instituído pelo Poder Judiciário para promover a autocomposição, incumbindo aos tribunais especificar, com antecedência, a duração dos trabalhos.

Art. 222. Na comarca, seção ou subseção judiciária onde for difícil o transporte, o juiz poderá prorrogar os prazos por até 2 (dois) meses.

Atos Processuais

•• Dispositivo correspondente no CPC de 1973: art. 182, *caput*.

§ 1.º Ao juiz é vedado reduzir prazos peremptórios sem anuência das partes.

•• Dispositivo correspondente no CPC de 1973: art. 182, *caput*.

§ 2.º Havendo calamidade pública, o limite previsto no *caput* para prorrogação de prazos poderá ser excedido.

•• Dispositivo correspondente no CPC de 1973: art. 182, parágrafo único.

Art. 223. Decorrido o prazo, extingue-se o direito de praticar ou de emendar o ato processual, independentemente de declaração judicial, ficando assegurado, porém, à parte provar que não o realizou por justa causa.

•• Dispositivo correspondente no CPC de 1973: art. 183, *caput*.

§ 1.º Considera-se justa causa o evento alheio à vontade da parte e que a impediu de praticar o ato por si ou por mandatário.

•• Dispositivo correspondente no CPC de 1973: art. 183, § 1.º.

§ 2.º Verificada a justa causa, o juiz permitirá à parte a prática do ato no prazo que lhe assinar.

•• Dispositivo correspondente no CPC de 1973: art. 183, § 2.º.

•• *Vide* art. 1.004 do CPC.

Art. 224. Salvo disposição em contrário, os prazos serão contados excluindo o dia do começo e incluindo o dia do vencimento.

•• Dispositivo correspondente no CPC de 1973: art. 184, *caput*.

§ 1.º Os dias do começo e do vencimento do prazo serão protraídos para o primeiro dia útil seguinte, se coincidirem com dia em que o expediente forense for encerrado antes ou iniciado depois da hora normal ou houver indisponibilidade da comunicação eletrônica.

•• Dispositivo correspondente no CPC de 1973: art. 184, § 1.º.

§ 2.º Considera-se como data de publicação o primeiro dia útil seguinte ao da disponibilização da informação no Diário da Justiça eletrônico.

•• *Vide* art. 4.º, § 3.º, da Lei n. 11.419, de 19-12-2006 (informatização do processo judicial).

§ 3.º A contagem do prazo terá início no primeiro dia útil que seguir ao da publicação.

•• Dispositivo correspondente no CPC de 1973: art. 184, § 2.º.

•• *Vide* art. 1.003 do CPC.

•• *Vide* Súmula 117 do STJ.

Art. 225. A parte poderá renunciar ao prazo estabelecido exclusivamente em seu favor, desde que o faça de maneira expressa.

•• Dispositivo correspondente no CPC de 1973: art. 186.

Art. 226. O juiz proferirá:

•• Dispositivo correspondente no CPC de 1973: art. 189, *caput*.

I – os despachos no prazo de 5 (cinco) dias;

•• Dispositivo correspondente no CPC de 1973: art. 189, I.

II – as decisões interlocutórias no prazo de 10 (dez) dias;

•• Dispositivo correspondente no CPC de 1973: art. 189, II.

III – as sentenças no prazo de 30 (trinta) dias.

Art. 227. Em qualquer grau de jurisdição, havendo motivo justificado, pode o juiz exceder, por igual tempo, os prazos a que está submetido.

•• Dispositivo correspondente no CPC de 1973: art. 187.

Art. 228. Incumbirá ao serventuário remeter os autos conclusos no prazo de 1 (um) dia e executar os atos processuais no prazo de 5 (cinco) dias, contado da data em que:

•• Dispositivo correspondente no CPC de 1973: art. 190, *caput*.

•• *Vide* art. 155, I, do CPC.

I – houver concluído o ato processual anterior, se lhe foi imposto pela lei;

•• Dispositivo correspondente no CPC de 1973: art. 190, I.

II – tiver ciência da ordem, quando determinada pelo juiz.

•• Dispositivo correspondente no CPC de 1973: art. 190, II.

§ 1.º Ao receber os autos, o serventuário certificará o dia e a hora em que teve ciência da ordem referida no inciso II.

•• Dispositivo correspondente no CPC de 1973: art. 190, parágrafo único.

§ 2.º Nos processos em autos eletrônicos, a juntada de petições ou de manifestações em geral ocorrerá de forma automática, independentemente de ato de serventuário da justiça.

Arts. 228 a 233 — Atos Processuais

•• *Vide* art. 10, *caput*, da Lei n. 11.419, de 19-12-2006 (informatização do processo judicial).

Art. 229. Os litisconsortes que tiverem diferentes procuradores, de escritórios de advocacia distintos, terão prazos contados em dobro para todas as suas manifestações, em qualquer juízo ou tribunal, independentemente de requerimento.

• Dispositivo correspondente no CPC de 1973: art. 191.

•• *Vide* art. 118 do CPC.

§ 1.º Cessa a contagem do prazo em dobro se, havendo apenas 2 (dois) réus, é oferecida defesa por apenas um deles.

§ 2.º Não se aplica o disposto no *caput* aos processos em autos eletrônicos.

Art. 230. O prazo para a parte, o procurador, a Advocacia Pública, a Defensoria Pública e o Ministério Público será contado da citação, da intimação ou da notificação.

•• Dispositivo correspondente no CPC de 1973: art. 240, *caput*.

Art. 231. Salvo disposição em sentido diverso, considera-se dia do começo do prazo:

• Dispositivo correspondente no CPC de 1973: art. 241, *caput*.

I – a data de juntada aos autos do aviso de recebimento, quando a citação ou a intimação for pelo correio;

•• Dispositivo correspondente no CPC de 1973: art. 241, I.

II – a data de juntada aos autos do mandado cumprido, quando a citação ou a intimação for por oficial de justiça;

•• Dispositivo correspondente no CPC de 1973: art. 241, II.

III – a data de ocorrência da citação ou da intimação, quando ela se der por ato do escrivão ou do chefe de secretaria;

IV – o dia útil seguinte ao fim da dilação assinada pelo juiz, quando a citação ou a intimação for por edital;

•• Dispositivo correspondente no CPC de 1973: art. 241, V.

V – o dia útil seguinte à consulta ao teor da citação ou da intimação ou ao término do prazo para que a consulta se dê, quando a citação ou a intimação for eletrônica;

•• *Vide* art. 5.º da Lei n. 11.419, de 19-12-2006 (informatização do processo judicial).

VI – a data de juntada do comunicado de que trata o art. 232 ou, não havendo esse, a data de juntada da carta aos autos de origem devidamente cumprida, quando a citação ou a intimação se realizar em cumprimento de carta;

•• Dispositivo correspondente no CPC de 1973: art. 241, IV.

VII – a data de publicação, quando a intimação se der pelo Diário da Justiça impresso ou eletrônico;

VIII – o dia da carga, quando a intimação se der por meio da retirada dos autos, em carga, do cartório ou da secretaria.

§ 1.º Quando houver mais de um réu, o dia do começo do prazo para contestar corresponderá à última das datas a que se referem os incisos I a VI do *caput*.

•• Dispositivo correspondente no CPC de 1973: art. 241, III.

§ 2.º Havendo mais de um intimado, o prazo para cada um é contado individualmente.

§ 3.º Quando o ato tiver de ser praticado diretamente pela parte ou por quem, de qualquer forma, participe do processo, sem a intermediação de representante judicial, o dia do começo do prazo para cumprimento da determinação judicial corresponderá à data em que se der a comunicação.

§ 4.º Aplica-se o disposto no inciso II do *caput* à citação com hora certa.

Art. 232. Nos atos de comunicação por carta precatória, rogatória ou de ordem, a realização da citação ou da intimação será imediatamente informada, por meio eletrônico, pelo juiz deprecado ao juiz deprecante.

Seção II
Da Verificação dos Prazos
e das Penalidades

Art. 233. Incumbe ao juiz verificar se o serventuário excedeu, sem motivo legítimo, os prazos estabelecidos em lei.

•• Dispositivo correspondente no CPC de 1973: art. 193.

•• *Vide* art. 228 do CPC.

Atos Processuais — Arts. 233 a 236

§ 1.º Constatada a falta, o juiz ordenará a instauração de processo administrativo, na forma da lei.

•• Dispositivo correspondente no CPC de 1973: art. 194.

§ 2.º Qualquer das partes, o Ministério Público ou a Defensoria Pública poderá representar ao juiz contra o serventuário que injustificadamente exceder os prazos previstos em lei.

Art. 234. Os advogados públicos ou privados, o defensor público e o membro do Ministério Público devem restituir os autos no prazo do ato a ser praticado.

•• Dispositivo correspondente no CPC de 1973: art. 195.

•• *Vide* art. 34, XXII, da Lei n. 8.906, de 4-7-1994 (EAOAB).

§ 1.º É lícito a qualquer interessado exigir os autos do advogado que exceder prazo legal.

•• Dispositivo correspondente no CPC de 1973: art. 196, *caput*.

§ 2.º Se, intimado, o advogado não devolver os autos no prazo de 3 (três) dias, perderá o direito à vista fora de cartório e incorrerá em multa correspondente à metade do salário mínimo.

•• Dispositivo correspondente no CPC de 1973: art. 196, *caput*.

§ 3.º Verificada a falta, o juiz comunicará o fato à seção local da Ordem dos Advogados do Brasil para procedimento disciplinar e imposição de multa.

•• Dispositivo correspondente no CPC de 1973: art. 196, parágrafo único.

•• *Vide* art. 37, I, da Lei n. 8.906, de 4-7-1994 (EAOAB).

§ 4.º Se a situação envolver membro do Ministério Público, da Defensoria Pública ou da Advocacia Pública, a multa, se for o caso, será aplicada ao agente público responsável pelo ato.

•• Dispositivo correspondente no CPC de 1973: art. 197.

§ 5.º Verificada a falta, o juiz comunicará o fato ao órgão competente responsável pela instauração de procedimento disciplinar contra o membro que atuou no feito.

Art. 235. Qualquer parte, o Ministério Público ou a Defensoria Pública poderá representar ao corregedor do tribunal ou ao Conselho Nacional de Justiça contra juiz ou relator que injustificadamente exceder os prazos previstos em lei, regulamento ou regimento interno.

•• Dispositivo correspondente no CPC de 1973: art. 198.

§ 1.º Distribuída a representação ao órgão competente e ouvido previamente o juiz, não sendo caso de arquivamento liminar, será instaurado procedimento para apuração da responsabilidade, com intimação do representado por meio eletrônico para, querendo, apresentar justificativa no prazo de 15 (quinze) dias.

•• Dispositivo correspondente no CPC de 1973: art. 198.

§ 2.º Sem prejuízo das sanções administrativas cabíveis, em até 48 (quarenta e oito) horas após a apresentação ou não da justificativa de que trata o § 1.º, se for o caso, o corregedor do tribunal ou o relator no Conselho Nacional de Justiça determinará a intimação do representado por meio eletrônico para que, em 10 (dez) dias, pratique o ato.

§ 3.º Mantida a inércia, os autos serão remetidos ao substituto legal do juiz ou do relator contra o qual se representou para decisão em 10 (dez) dias.

TÍTULO II
DA COMUNICAÇÃO DOS ATOS PROCESSUAIS

CAPÍTULO I
DISPOSIÇÕES GERAIS

Art. 236. Os atos processuais serão cumpridos por ordem judicial.

•• Dispositivo correspondente no CPC de 1973: art. 200.

•• *Vide* arts. 67 a 69 do CPC.

§ 1.º Será expedida carta para a prática de atos fora dos limites territoriais do tribunal, da comarca, da seção ou da subseção judiciárias, ressalvadas as hipóteses previstas em lei.

§ 2.º O tribunal poderá expedir carta para juízo a ele vinculado, se o ato houver de se

Arts. 236 a 242

realizar fora dos limites territoriais do local de sua sede.

§ 3.º Admite-se a prática de atos processuais por meio de videoconferência ou outro recurso tecnológico de transmissão de sons e imagens em tempo real.

Art. 237. Será expedida carta:

I – de ordem, pelo tribunal, na hipótese do § 2.º do art. 236;

•• Dispositivo correspondente no CPC de 1973: art. 201.

II – rogatória, para que órgão jurisdicional estrangeiro pratique ato de cooperação jurídica internacional, relativo a processo em curso perante órgão jurisdicional brasileiro;

III – precatória, para que órgão jurisdicional brasileiro pratique ou determine o cumprimento, na área de sua competência territorial, de ato relativo a pedido de cooperação judiciária formulado por órgão jurisdicional de competência territorial diversa;

IV – arbitral, para que órgão do Poder Judiciário pratique ou determine o cumprimento, na área de sua competência territorial, de ato objeto de pedido de cooperação judiciária formulado por juízo arbitral, inclusive os que importem efetivação de tutela provisória.

Parágrafo único. Se o ato relativo a processo em curso na justiça federal ou em tribunal superior houver de ser praticado em local onde não haja vara federal, a carta poderá ser dirigida ao juízo estadual da respectiva comarca.

Capítulo II
DA CITAÇÃO

Art. 238. Citação é o ato pelo qual são convocados o réu, o executado ou o interessado para integrar a relação processual.

•• Dispositivo correspondente no CPC de 1973: art. 213.

Art. 239. Para a validade do processo é indispensável a citação do réu ou do executado, ressalvadas as hipóteses de indeferimento da petição inicial ou de improcedência liminar do pedido.

•• Dispositivo correspondente no CPC de 1973: art. 214, caput.

§ 1.º O comparecimento espontâneo do réu ou do executado supre a falta ou a nulidade da citação, fluindo a partir desta data o prazo para apresentação de contestação ou de embargos à execução.

•• Dispositivo correspondente no CPC de 1973: art. 214, § 1.º.

§ 2.º Rejeitada a alegação de nulidade, tratando-se de processo de:

I – conhecimento, o réu será considerado revel;

II – execução, o feito terá seguimento.

Art. 240. A citação válida, ainda quando ordenada por juízo incompetente, induz litispendência, torna litigiosa a coisa e constitui em mora o devedor, ressalvado o disposto nos arts. 397 e 398 da Lei n. 10.406, de 10 de janeiro de 2002 (Código Civil).

•• Dispositivo correspondente no CPC de 1973: art. 219, caput.

§ 1.º A interrupção da prescrição, operada pelo despacho que ordena a citação, ainda que proferido por juízo incompetente, retroagirá à data de propositura da ação.

•• Dispositivo correspondente no CPC de 1973: art. 219, § 1.º.

§ 2.º Incumbe ao autor adotar, no prazo de 10 (dez) dias, as providências necessárias para viabilizar a citação, sob pena de não se aplicar o disposto no § 1.º.

•• Dispositivo correspondente no CPC de 1973: art. 219, § 2.º

§ 3.º A parte não será prejudicada pela demora imputável exclusivamente ao serviço judiciário.

§ 4.º O efeito retroativo a que se refere o § 1.º aplica-se à decadência e aos demais prazos extintivos previstos em lei.

•• Dispositivo correspondente no CPC de 1973: art. 220.

Art. 241. Transitada em julgado a sentença de mérito proferida em favor do réu antes da citação, incumbe ao escrivão ou ao chefe de secretaria comunicar-lhe o resultado do julgamento.

Art. 242. A citação será pessoal, podendo, no entanto, ser feita na pessoa do representan-

Atos Processuais

te legal ou do procurador do réu, do executado ou do interessado.

•• Dispositivo correspondente no CPC de 1973: art. 215, *caput*.

§ 1.º Na ausência do citando, a citação será feita na pessoa de seu mandatário, administrador, preposto ou gerente, quando a ação se originar de atos por eles praticados.

•• Dispositivo correspondente no CPC de 1973: art. 215, § 1.º.

§ 2.º O locador que se ausentar do Brasil sem cientificar o locatário de que deixou, na localidade onde estiver situado o imóvel, procurador com poderes para receber citação será citado na pessoa do administrador do imóvel encarregado do recebimento dos aluguéis, que será considerado habilitado para representar o locador em juízo.

•• Dispositivo correspondente no CPC de 1973: art. 215, § 2.º.

§ 3.º A citação da União, dos Estados, do Distrito Federal, dos Municípios e de suas respectivas autarquias e fundações de direito público será realizada perante o órgão de Advocacia Pública responsável por sua representação judicial.

Art. 243. A citação poderá ser feita em qualquer lugar em que se encontre o réu, o executado ou o interessado.

•• Dispositivo correspondente no CPC de 1973: art. 216, *caput*.

Parágrafo único. O militar em serviço ativo será citado na unidade em que estiver servindo, se não for conhecida sua residência ou nela não for encontrado.

•• Dispositivo correspondente no CPC de 1973: art. 216, parágrafo único.

Art. 244. Não se fará a citação, salvo para evitar o perecimento do direito:

•• Dispositivo correspondente no CPC de 1973: art. 217, *caput*.

I – de quem estiver participando de ato de culto religioso;

•• Dispositivo correspondente no CPC de 1973: art. 217, I.

II – de cônjuge, de companheiro ou de qualquer parente do morto, consanguíneo ou afim, em linha reta ou na linha colateral em segundo grau, no dia do falecimento e nos 7 (sete) dias seguintes;

•• Dispositivo correspondente no CPC de 1973: art. 217, II.

III – de noivos, nos 3 (três) primeiros dias seguintes ao casamento;

•• Dispositivo correspondente no CPC de 1973: art. 217, III.

IV – de doente, enquanto grave o seu estado.

•• Dispositivo correspondente no CPC de 1973: art. 217, IV.

Art. 245. Não se fará citação quando se verificar que o citando é mentalmente incapaz ou está impossibilitado de recebê-la.

•• Dispositivo correspondente no CPC de 1973: art. 218, *caput*.

§ 1.º O oficial de justiça descreverá e certificará minuciosamente a ocorrência.

•• Dispositivo correspondente no CPC de 1973: art. 218, § 1.º.

§ 2.º Para examinar o citando, o juiz nomeará médico, que apresentará laudo no prazo de 5 (cinco) dias.

•• Dispositivo correspondente no CPC de 1973: art. 218, § 1.º.

§ 3.º Dispensa-se a nomeação de que trata o § 2.º se pessoa da família apresentar declaração do médico do citando que ateste a incapacidade deste.

§ 4.º Reconhecida a impossibilidade, o juiz nomeará curador ao citando, observando, quanto à sua escolha, a preferência estabelecida em lei e restringindo a nomeação à causa.

•• Dispositivo correspondente no CPC de 1973: art. 218, § 2.º.

§ 5.º A citação será feita na pessoa do curador, a quem incumbirá a defesa dos interesses do citando.

•• Dispositivo correspondente no CPC de 1973: art. 218, § 3.º.

Art. 246. A citação será feita:

•• Dispositivo correspondente no CPC de 1973: art. 221, *caput*.

I – pelo correio;

•• Dispositivo correspondente no CPC de 1973: art. 221, I.

II – por oficial de justiça;

•• Dispositivo correspondente no CPC de 1973: art. 221, II.

III – pelo escrivão ou chefe de secretaria, se o citando comparecer em cartório;

IV – por edital;

Arts. 246 a 250 — Atos Processuais

•• Dispositivo correspondente no CPC de 1973: art. 221, III.

•• *Vide* art. 18 da Lei n. 9.099, de 26-9-1995 (Juizados Especiais).

V – por meio eletrônico, conforme regulado em lei.

•• Dispositivo correspondente no CPC de 1973: art. 221, IV.

•• *Vide* Lei n. 11.419, de 19-12-2006, que dispõe sobre a informatização do processo judicial.

§ 1.º Com exceção das microempresas e das empresas de pequeno porte, as empresas públicas e privadas são obrigadas a manter cadastro nos sistemas de processo em autos eletrônicos, para efeito de recebimento de citações e intimações, as quais serão efetuadas preferencialmente por esse meio.

•• *Vide* art. 1.051 do CPC.

§ 2.º O disposto no § 1.º aplica-se à União, aos Estados, ao Distrito Federal, aos Municípios e às entidades da administração indireta.

•• *Vide* art. 1.050 do CPC.

§ 3.º Na ação de usucapião de imóvel, os confinantes serão citados pessoalmente, exceto quando tiver por objeto unidade autônoma de prédio em condomínio, caso em que tal citação é dispensada.

Art. 247. A citação será feita por correio para qualquer comarca do país, exceto:

•• Dispositivo correspondente no CPC de 1973: art. 222, *caput*.

I – nas ações de estado, observado o disposto no art. 695, § 3.º;

•• Dispositivo correspondente no CPC de 1973: art. 222, *a*.

II – quando o citando for incapaz;

•• Dispositivo correspondente no CPC de 1973: art. 222, *b*.

III – quando o citando for pessoa de direito público;

•• Dispositivo correspondente no CPC de 1973: art. 222, *c*.

IV – quando o citando residir em local não atendido pela entrega domiciliar de correspondência;

•• Dispositivo correspondente no CPC de 1973: art. 222, *e*.

V – quando o autor, justificadamente, a requerer de outra forma.

•• Dispositivo correspondente no CPC de 1973: art. 222, *f*.

Art. 248. Deferida a citação pelo correio, o escrivão ou o chefe de secretaria remeterá ao citando cópias da petição inicial e do despacho do juiz e comunicará o prazo para resposta, o endereço do juízo e o respectivo cartório.

•• Dispositivo correspondente no CPC de 1973: art. 223, *caput*.

§ 1.º A carta será registrada para entrega ao citando, exigindo-lhe o carteiro, ao fazer a entrega, que assine o recibo.

•• Dispositivo correspondente no CPC de 1973: art. 223, parágrafo único.

§ 2.º Sendo o citando pessoa jurídica, será válida a entrega do mandado a pessoa com poderes de gerência geral ou de administração ou, ainda, a funcionário responsável pelo recebimento de correspondências.

•• Dispositivo correspondente no CPC de 1973: art. 223, parágrafo único.

§ 3.º Da carta de citação no processo de conhecimento constarão os requisitos do art. 250.

§ 4.º Nos condomínios edilícios ou nos loteamentos com controle de acesso, será válida a entrega do mandado a funcionário da portaria responsável pelo recebimento de correspondência, que, entretanto, poderá recusar o recebimento, se declarar, por escrito, sob as penas da lei, que o destinatário da correspondência está ausente.

Art. 249. A citação será feita por meio de oficial de justiça nas hipóteses previstas neste Código ou em lei, ou quando frustrada a citação pelo correio.

•• Dispositivo correspondente no CPC de 1973: art. 224.

Art. 250. O mandado que o oficial de justiça tiver de cumprir conterá:

•• Dispositivo correspondente no CPC de 1973: art. 225, *caput*.

I – os nomes do autor e do citando e seus respectivos domicílios ou residências;

•• Dispositivo correspondente no CPC de 1973: art. 225, I.

II – a finalidade da citação, com todas as especificações constantes da petição inicial, bem como a menção do prazo para contestar, sob pena de revelia, ou para embargar a execução;

Atos Processuais

Arts. 250 a 256

- Dispositivo correspondente no CPC de 1973: art. 225, II.

III – a aplicação de sanção para o caso de descumprimento da ordem, se houver;

- Dispositivo correspondente no CPC de 1973: art. 225, III.

IV – se for o caso, a intimação do citando para comparecer, acompanhado de advogado ou de defensor público, à audiência de conciliação ou de mediação, com a menção do dia, da hora e do lugar do comparecimento;

- Dispositivo correspondente no CPC de 1973: art. 225, IV.

V – a cópia da petição inicial, do despacho ou da decisão que deferir tutela provisória;

- Dispositivo correspondente no CPC de 1973: art. 225, V.

VI – a assinatura do escrivão ou do chefe de secretaria e a declaração de que o subscreve por ordem do juiz.

- Dispositivo correspondente no CPC de 1973: art. 225, VII.

Art. 251. Incumbe ao oficial de justiça procurar o citando e, onde o encontrar, citá-lo:

- Dispositivo correspondente no CPC de 1973: art. 226, *caput*.

I – lendo-lhe o mandado e entregando-lhe a contrafé;

- Dispositivo correspondente no CPC de 1973: art. 226, I.

II – portando por fé se recebeu ou recusou a contrafé;

- Dispositivo correspondente no CPC de 1973: art. 226, II.

III – obtendo a nota de ciente ou certificando que o citando não a apôs no mandado.

- Dispositivo correspondente no CPC de 1973: art. 226, III.

Art. 252. Quando, por 2 (duas) vezes, o oficial de justiça houver procurado o citando em seu domicílio ou residência sem o encontrar, deverá, havendo suspeita de ocultação, intimar qualquer pessoa da família ou, em sua falta, qualquer vizinho de que, no dia útil imediato, voltará a fim de efetuar a citação, na hora que designar.

- Dispositivo correspondente no CPC de 1973: art. 227.

Parágrafo único. Nos condomínios edilícios ou nos loteamentos com controle de acesso, será válida a intimação a que se refere o *caput* feita a funcionário da portaria responsável pelo recebimento de correspondência.

Art. 253. No dia e na hora designados, o oficial de justiça, independentemente de novo despacho, comparecerá ao domicílio ou à residência do citando a fim de realizar a diligência.

- Dispositivo correspondente no CPC de 1973: art. 228, *caput*.

§ 1.º Se o citando não estiver presente, o oficial de justiça procurará informar-se das razões da ausência, dando por feita a citação, ainda que o citando se tenha ocultado em outra comarca, seção ou subseção judiciárias.

- Dispositivo correspondente no CPC de 1973: art. 228, § 1.º.

§ 2.º A citação com hora certa será efetivada mesmo que a pessoa da família ou o vizinho que houver sido intimado esteja ausente, ou se, embora presente, a pessoa da família ou o vizinho se recusar a receber o mandado.

§ 3.º Da certidão da ocorrência, o oficial de justiça deixará contrafé com qualquer pessoa da família ou vizinho, conforme o caso, declarando-lhe o nome.

- Dispositivo correspondente no CPC de 1973: art. 228, § 2.º.

§ 4.º O oficial de justiça fará constar do mandado a advertência de que será nomeado curador especial se houver revelia.

Art. 254. Feita a citação com hora certa, o escrivão ou chefe de secretaria enviará ao réu, executado ou interessado, no prazo de 10 (dez) dias, contado da data da juntada do mandado aos autos, carta, telegrama ou correspondência eletrônica, dando-lhe de tudo ciência.

- Dispositivo correspondente no CPC de 1973: art. 229.

Art. 255. Nas comarcas contíguas de fácil comunicação e nas que se situem na mesma região metropolitana, o oficial de justiça poderá efetuar, em qualquer delas, citações, intimações, notificações, penhoras e quaisquer outros atos executivos.

- Dispositivo correspondente no CPC de 1973: art. 230.

Art. 256. A citação por edital será feita:

- Dispositivo correspondente no CPC de 1973: art. 231, *caput*.

Arts. 256 a 260 — Atos Processuais

I – quando desconhecido ou incerto o citando;

•• Dispositivo correspondente no CPC de 1973: art. 231, I.

II – quando ignorado, incerto ou inacessível o lugar em que se encontrar o citando;

•• Dispositivo correspondente no CPC de 1973: art. 231, II.

III – nos casos expressos em lei.

•• Dispositivo correspondente no CPC de 1973: art. 231, III.

§ 1.º Considera-se inacessível, para efeito de citação por edital, o país que recusar o cumprimento de carta rogatória.

•• Dispositivo correspondente no CPC de 1973: art. 231, § 1.º.

§ 2.º No caso de ser inacessível o lugar em que se encontrar o réu, a notícia de sua citação será divulgada também pelo rádio, se na comarca houver emissora de radiodifusão.

•• Dispositivo correspondente no CPC de 1973: art. 231, § 2.º.

§ 3.º O réu será considerado em local ignorado ou incerto se infrutíferas as tentativas de sua localização, inclusive mediante requisição pelo juízo de informações sobre seu endereço nos cadastros de órgãos públicos ou de concessionárias de serviços públicos.

Art. 257. São requisitos da citação por edital:

•• Dispositivo correspondente no CPC de 1973: art. 232, caput.

I – a afirmação do autor ou a certidão do oficial informando a presença das circunstâncias autorizadoras;

•• Dispositivo correspondente no CPC de 1973: art. 232, I.

II – a publicação do edital na rede mundial de computadores, no sítio do respectivo tribunal e na plataforma de editais do Conselho Nacional de Justiça, que deve ser certificada nos autos;

•• Dispositivo correspondente no CPC de 1973: art. 232, II e III.

III – a determinação, pelo juiz, do prazo, que variará entre 20 (vinte) e 60 (sessenta) dias, fluindo da data da publicação única ou, havendo mais de uma, da primeira;

•• Dispositivo correspondente no CPC de 1973: art. 232, IV.

IV – a advertência de que será nomeado curador especial em caso de revelia.

•• Dispositivo correspondente no CPC de 1973: art. 232, V.

Parágrafo único. O juiz poderá determinar que a publicação do edital seja feita também em jornal local de ampla circulação ou por outros meios, considerando as peculiaridades da comarca, da seção ou da subseção judiciárias.

Art. 258. A parte que requerer a citação por edital, alegando dolosamente a ocorrência das circunstâncias autorizadoras para sua realização, incorrerá em multa de 5 (cinco) vezes o salário mínimo.

•• Dispositivo correspondente no CPC de 1973: art. 233, caput.

Parágrafo único. A multa reverterá em benefício do citando.

•• Dispositivo correspondente no CPC de 1973: art. 233, parágrafo único.

Art. 259. Serão publicados editais:

I – na ação de usucapião de imóvel;

II – na ação de recuperação ou substituição de título ao portador;

III – em qualquer ação em que seja necessária, por determinação legal, a provocação, para participação no processo, de interessados incertos ou desconhecidos.

Capítulo III
DAS CARTAS

Art. 260. São requisitos das cartas de ordem, precatória e rogatória:

•• Dispositivo correspondente no CPC de 1973: art. 202, caput.

I – a indicação dos juízes de origem e de cumprimento do ato;

•• Dispositivo correspondente no CPC de 1973: art. 202, I.

II – o inteiro teor da petição, do despacho judicial e do instrumento do mandato conferido ao advogado;

•• Dispositivo correspondente no CPC de 1973: art. 202, II.

III – a menção do ato processual que lhe constitui o objeto;

•• Dispositivo correspondente no CPC de 1973: art. 202, III.

IV – o encerramento com a assinatura do juiz.

Atos Processuais

•• Dispositivo correspondente no CPC de 1973: art. 202, IV.

§ 1.º O juiz mandará trasladar para a carta quaisquer outras peças, bem como instruí-la com mapa, desenho ou gráfico, sempre que esses documentos devam ser examinados, na diligência, pelas partes, pelos peritos ou pelas testemunhas.

•• Dispositivo correspondente no CPC de 1973: art. 202, § 1.º.

§ 2.º Quando o objeto da carta for exame pericial sobre documento, este será remetido em original, ficando nos autos reprodução fotográfica.

•• Dispositivo correspondente no CPC de 1973: art. 202, § 2.º.

§ 3.º A carta arbitral atenderá, no que couber, aos requisitos a que se refere o *caput* e será instruída com a convenção de arbitragem e com as provas da nomeação do árbitro e de sua aceitação da função.

Art. 261. Em todas as cartas o juiz fixará o prazo para cumprimento, atendendo à facilidade das comunicações e à natureza da diligência.

•• Dispositivo correspondente no CPC de 1973: art. 203.

§ 1.º As partes deverão ser intimadas pelo juiz do ato de expedição da carta.

§ 2.º Expedida a carta, as partes acompanharão o cumprimento da diligência perante o juízo destinatário, ao qual compete a prática dos atos de comunicação.

§ 3.º A parte a quem interessar o cumprimento da diligência cooperará para que o prazo a que se refere o *caput* seja cumprido.

Art. 262. A carta tem caráter itinerante, podendo, antes ou depois de lhe ser ordenado o cumprimento, ser encaminhada a juízo diverso do que dela consta, a fim de se praticar o ato.

•• Dispositivo correspondente no CPC de 1973: art. 204.

Parágrafo único. O encaminhamento da carta a outro juízo será imediatamente comunicado ao órgão expedidor, que intimará as partes.

Art. 263. As cartas deverão, preferencialmente, ser expedidas por meio eletrônico, caso em que a assinatura do juiz deverá ser eletrônica, na forma da lei.

•• Dispositivos correspondentes no CPC de 1973: arts. 202, § 3.º, e 205.

•• *Vide* art. 7.º da Lei n. 11.419, de 19-12-2006 (informatização do processo judicial).

Art. 264. A carta de ordem e a carta precatória por meio eletrônico, por telefone ou por telegrama conterão, em resumo substancial, os requisitos mencionados no art. 250, especialmente no que se refere à aferição da autenticidade.

•• Dispositivo correspondente no CPC de 1973: art. 206.

Art. 265. O secretário do tribunal, o escrivão ou o chefe de secretaria do juízo deprecante transmitirá, por telefone, a carta de ordem ou a carta precatória ao juízo em que houver de se cumprir o ato, por intermédio do escrivão do primeiro ofício da primeira vara, se houver na comarca mais de um ofício ou de uma vara, observando-se, quanto aos requisitos, o disposto no art. 264.

•• Dispositivo correspondente no CPC de 1973: art. 207, *caput*.

§ 1.º O escrivão ou o chefe de secretaria, no mesmo dia ou no dia útil imediato, telefonará ou enviará mensagem eletrônica ao secretário do tribunal, ao escrivão ou ao chefe de secretaria do juízo deprecante, lendo-lhe os termos da carta e solicitando-lhe que os confirme.

•• Dispositivo correspondente no CPC de 1973: art. 207, § 1.º.

§ 2.º Sendo confirmada, o escrivão ou o chefe de secretaria submeterá a carta a despacho.

•• Dispositivo correspondente no CPC de 1973: art. 207, § 2.º.

Art. 266. Serão praticados de ofício os atos requisitados por meio eletrônico e de telegrama, devendo a parte depositar, contudo, na secretaria do tribunal ou no cartório do juízo deprecante, a importância correspondente às despesas que serão feitas no juízo em que houver de praticar-se o ato.

•• Dispositivo correspondente no CPC de 1973: art. 208.

Art. 267. O juiz recusará cumprimento a carta precatória ou arbitral, devolvendo-a com decisão motivada quando:

Arts. 267 a 272

•• Dispositivo correspondente no CPC de 1973: art. 209, *caput*.

I – a carta não estiver revestida dos requisitos legais;

•• Dispositivo correspondente no CPC de 1973: art. 209, I.

II – faltar ao juiz competência em razão da matéria ou da hierarquia;

•• Dispositivo correspondente no CPC de 1973: art. 209, II.

III – o juiz tiver dúvida acerca de sua autenticidade.

•• Dispositivo correspondente no CPC de 1973: art. 209, III.

Parágrafo único. No caso de incompetência em razão da matéria ou da hierarquia, o juiz deprecado, conforme o ato a ser praticado, poderá remeter a carta ao juiz ou ao tribunal competente.

Art. 268. Cumprida a carta, será devolvida ao juízo de origem no prazo de 10 (dez) dias, independentemente de traslado, pagas as custas pela parte.

•• Dispositivo correspondente no CPC de 1973: art. 212.

Capítulo IV
DAS INTIMAÇÕES

•• *Vide* Súmulas 310 e 708 do STF.

Art. 269. Intimação é o ato pelo qual se dá ciência a alguém dos atos e dos termos do processo.

•• Dispositivo correspondente no CPC de 1973: art. 234.

§ 1.º É facultado aos advogados promover a intimação do advogado da outra parte por meio do correio, juntando aos autos, a seguir, cópia do ofício de intimação e do aviso de recebimento.

§ 2.º O ofício de intimação deverá ser instruído com cópia do despacho, da decisão ou da sentença.

§ 3.º A intimação da União, dos Estados, do Distrito Federal, dos Municípios e de suas respectivas autarquias e fundações de direito público será realizada perante o órgão de Advocacia Pública responsável por sua representação judicial.

Art. 270. As intimações realizam-se, sempre que possível, por meio eletrônico, na forma da lei.

•• Dispositivo correspondente no CPC de 1973: art. 237, parágrafo único.
•• *Vide* Lei n. 11.419, de 19-12-2006 (informatização do processo judicial).

Parágrafo único. Aplica-se ao Ministério Público, à Defensoria Pública e à Advocacia Pública o disposto no § 1.º do art. 246.

•• *Vide* art. 1.050 do CPC.

Art. 271. O juiz determinará de ofício as intimações em processos pendentes, salvo disposição em contrário.

•• Dispositivo correspondente no CPC de 1973: art. 235.

Art. 272. Quando não realizadas por meio eletrônico, consideram-se feitas as intimações pela publicação dos atos no órgão oficial.

•• Dispositivo correspondente no CPC de 1973: art. 236, *caput*.

§ 1.º Os advogados poderão requerer que, na intimação a eles dirigida, figure apenas o nome da sociedade a que pertençam, desde que devidamente registrada na Ordem dos Advogados do Brasil.

§ 2.º Sob pena de nulidade, é indispensável que da publicação constem os nomes das partes e de seus advogados, com o respectivo número de inscrição na Ordem dos Advogados do Brasil, ou, se assim requerido, da sociedade de advogados.

•• Dispositivo correspondente no CPC de 1973: art. 236, § 1.º.

§ 3.º A grafia dos nomes das partes não deve conter abreviaturas.

§ 4.º A grafia dos nomes dos advogados deve corresponder ao nome completo e ser a mesma que constar da procuração ou que estiver registrada na Ordem dos Advogados do Brasil.

§ 5.º Constando dos autos pedido expresso para que as comunicações dos atos processuais sejam feitas em nome dos advogados indicados, o seu desatendimento implicará nulidade.

§ 6.º A retirada dos autos do cartório ou da secretaria em carga pelo advogado, por pessoa

Atos Processuais

credenciada a pedido do advogado ou da sociedade de advogados, pela Advocacia Pública, pela Defensoria Pública ou pelo Ministério Público implicará intimação de qualquer decisão contida no processo retirado, ainda que pendente de publicação.

§ 7.º O advogado e a sociedade de advogados deverão requerer o respectivo credenciamento para a retirada de autos por preposto.

§ 8.º A parte arguirá a nulidade da intimação em capítulo preliminar do próprio ato que lhe caiba praticar, o qual será tido por tempestivo se o vício for reconhecido.

§ 9.º Não sendo possível a prática imediata do ato diante da necessidade de acesso prévio aos autos, a parte limitar-se-á a arguir a nulidade da intimação, caso em que o prazo será contado da intimação da decisão que a reconheça.

Art. 273. Se inviável a intimação por meio eletrônico e não houver na localidade publicação em órgão oficial, incumbirá ao escrivão ou chefe de secretaria intimar de todos os atos do processo os advogados das partes:

•• Dispositivo correspondente no CPC de 1973: art. 237, *caput*.

I – pessoalmente, se tiverem domicílio na sede do juízo;

•• Dispositivo correspondente no CPC de 1973: art. 237, I.

II – por carta registrada, com aviso de recebimento, quando forem domiciliados fora do juízo.

•• Dispositivo correspondente no CPC de 1973: art. 237, II.

Art. 274. Não dispondo a lei de outro modo, as intimações serão feitas às partes, aos seus representantes legais, aos advogados e aos demais sujeitos do processo pelo correio ou, se presentes em cartório, diretamente pelo escrivão ou chefe de secretaria.

•• Dispositivo correspondente no CPC de 1973: art. 238, *caput*.

Parágrafo único. Presumem-se válidas as intimações dirigidas ao endereço constante dos autos, ainda que não recebidas pessoalmente pelo interessado, se a modificação temporária ou definitiva não tiver sido devidamente comunicada ao juízo, fluindo os prazos a partir da juntada aos autos do comprovante de entrega da correspondência no primitivo endereço.

•• Dispositivo correspondente no CPC de 1973: art. 238, parágrafo único.

Art. 275. A intimação será feita por oficial de justiça quando frustrada a realização por meio eletrônico ou pelo correio.

•• Dispositivo correspondente no CPC de 1973: art. 239, *caput*.

§ 1.º A certidão de intimação deve conter:

•• Dispositivo correspondente no CPC de 1973: art. 239, parágrafo único, *caput*.

I – a indicação do lugar e a descrição da pessoa intimada, mencionando, quando possível, o número de seu documento de identidade e o órgão que o expediu;

•• Dispositivo correspondente no CPC de 1973: art. 239, parágrafo único, I.

II – a declaração de entrega da contrafé;

•• Dispositivo correspondente no CPC de 1973: art. 239, parágrafo único, II.

III – a nota de ciente ou a certidão de que o interessado não a apôs no mandado.

•• Dispositivo correspondente no CPC de 1973: art. 239, parágrafo único, III.

§ 2.º Caso necessário, a intimação poderá ser efetuada com hora certa ou por edital.

Título III
DAS NULIDADES

Art. 276. Quando a lei prescrever determinada forma sob pena de nulidade, a decretação desta não pode ser requerida pela parte que lhe deu causa.

•• Dispositivo correspondente no CPC de 1973: art. 243.

Art. 277. Quando a lei prescrever determinada forma, o juiz considerará válido o ato se, realizado de outro modo, lhe alcançar a finalidade.

•• Dispositivo correspondente no CPC de 1973: art. 244.

Art. 278. A nulidade dos atos deve ser alegada na primeira oportunidade em que couber à parte falar nos autos, sob pena de preclusão.

•• Dispositivo correspondente no CPC de 1973: art. 245, *caput*.

Parágrafo único. Não se aplica o disposto no *caput* às nulidades que o juiz deva decretar de ofício, nem prevalece a preclusão provando a parte legítimo impedimento.

•• Dispositivo correspondente no CPC de 1973: art. 245, parágrafo único.

Art. 279. É nulo o processo quando o membro do Ministério Público não for intimado a acompanhar o feito em que deva intervir.

•• Dispositivo correspondente no CPC de 1973: art. 246, *caput*.

•• *Vide* art. 178 do CPC.

§ 1.º Se o processo tiver tramitado sem conhecimento do membro do Ministério Público, o juiz invalidará os atos praticados a partir do momento em que ele deveria ter sido intimado.

•• Dispositivo correspondente no CPC de 1973: art. 246, parágrafo único.

§ 2.º A nulidade só pode ser decretada após a intimação do Ministério Público, que se manifestará sobre a existência ou a inexistência de prejuízo.

Art. 280. As citações e as intimações serão nulas quando feitas sem observância das prescrições legais.

•• Dispositivo correspondente no CPC de 1973: art. 247.

Art. 281. Anulado o ato, consideram-se de nenhum efeito todos os subsequentes que dele dependam, todavia, a nulidade de uma parte do ato não prejudicará as outras que dela sejam independentes.

•• Dispositivo correspondente no CPC de 1973: art. 248.

Art. 282. Ao pronunciar a nulidade, o juiz declarará que atos são atingidos e ordenará as providências necessárias a fim de que sejam repetidos ou retificados.

•• Dispositivo correspondente no CPC de 1973: art. 249, *caput*.

•• *Vide* art. 352 do CPC.

§ 1.º O ato não será repetido nem sua falta será suprida quando não prejudicar a parte.

•• Dispositivo correspondente no CPC de 1973: art. 249, § 1.º.

§ 2.º Quando puder decidir o mérito a favor da parte a quem aproveite a decretação da nulidade, o juiz não a pronunciará nem mandará repetir o ato ou suprir-lhe a falta.

•• Dispositivo correspondente no CPC de 1973: art. 249, § 2.º.

Art. 283. O erro de forma do processo acarreta unicamente a anulação dos atos que não possam ser aproveitados, devendo ser praticados os que forem necessários a fim de se observarem as prescrições legais.

•• Dispositivo correspondente no CPC de 1973: art. 250, *caput*.

Parágrafo único. Dar-se-á o aproveitamento dos atos praticados desde que não resulte prejuízo à defesa de qualquer parte.

•• Dispositivo correspondente no CPC de 1973: art. 250, parágrafo único.

TÍTULO IV
DA DISTRIBUIÇÃO E DO REGISTRO

Art. 284. Todos os processos estão sujeitos a registro, devendo ser distribuídos onde houver mais de um juiz.

•• Dispositivo correspondente no CPC de 1973: art. 251.

Art. 285. A distribuição, que poderá ser eletrônica, será alternada e aleatória, obedecendo-se rigorosa igualdade.

•• Dispositivo correspondente no CPC de 1973: art. 252.

Parágrafo único. A lista de distribuição deverá ser publicada no Diário de Justiça.

Art. 286. Serão distribuídas por dependência as causas de qualquer natureza:

•• Dispositivo correspondente no CPC de 1973: art. 253, *caput*.

I – quando se relacionarem, por conexão ou continência, com outra já ajuizada;

•• Dispositivo correspondente no CPC de 1973: art. 253, I.

•• Súmula 235 do STJ.

Atos Processuais

II – quando, tendo sido extinto o processo sem resolução de mérito, for reiterado o pedido, ainda que em litisconsórcio com outros autores ou que sejam parcialmente alterados os réus da demanda;

•• Dispositivo correspondente no CPC de 1973: art. 253, II.

III – quando houver ajuizamento de ações nos termos do art. 55, § 3.º, ao juízo prevento.

•• Dispositivo correspondente no CPC de 1973: art. 253, III.

Parágrafo único. Havendo intervenção de terceiro, reconvenção ou outra hipótese de ampliação objetiva do processo, o juiz, de ofício, mandará proceder à respectiva anotação pelo distribuidor.

•• Dispositivo correspondente no CPC de 1973: art. 253, parágrafo único.

Art. 287. A petição inicial deve vir acompanhada de procuração, que conterá os endereços do advogado, eletrônico e não eletrônico.

•• Dispositivo correspondente no CPC de 1973: art. 254, *caput*.

Parágrafo único. Dispensa-se a juntada da procuração:

I – no caso previsto no art. 104;

•• Dispositivo correspondente no CPC de 1973: art. 254, III.

II – se a parte estiver representada pela Defensoria Pública;

III – se a representação decorrer diretamente de norma prevista na Constituição Federal ou em lei.

Art. 288. O juiz, de ofício ou a requerimento do interessado, corrigirá o erro ou compensará a falta de distribuição.

•• Dispositivo correspondente no CPC de 1973: art. 255.

Art. 289. A distribuição poderá ser fiscalizada pela parte, por seu procurador, pelo Ministério Público e pela Defensoria Pública.

•• Dispositivo correspondente no CPC de 1973: art. 256.

Art. 290. Será cancelada a distribuição do feito se a parte, intimada na pessoa de seu advogado, não realizar o pagamento das custas e despesas de ingresso em 15 (quinze) dias.

•• Dispositivo correspondente no CPC de 1973: art. 257.

TÍTULO V
DO VALOR DA CAUSA

Art. 291. A toda causa será atribuído valor certo, ainda que não tenha conteúdo econômico imediatamente aferível.

•• Dispositivo correspondente no CPC de 1973: art. 258.

Art. 292. O valor da causa constará da petição inicial ou da reconvenção e será:

•• Dispositivo correspondente no CPC de 1973: art. 259, *caput*.

• *Vide* art. 58, III, da Lei n. 8.245, de 18-10-1991 (12 vezes o valor do aluguel mensal).

• *Vide* art. 3.º, I, da Lei n. 9.099, de 26-9-1995 (Juizados Especiais).

• *Vide* art. 2.º da Lei n. 12.153, de 22-12-2009 (Juizados Especiais da Fazenda Pública).

I – na ação de cobrança de dívida, a soma monetariamente corrigida do principal, dos juros de mora vencidos e de outras penalidades, se houver, até a data de propositura da ação;

•• Dispositivo correspondente no CPC de 1973: art. 259, I.

II – na ação que tiver por objeto a existência, a validade, o cumprimento, a modificação, a resolução, a resilição ou a rescisão de ato jurídico, o valor do ato ou o de sua parte controvertida;

•• Dispositivo correspondente no CPC de 1973: art. 259, V.

III – na ação de alimentos, a soma de 12 (doze) prestações mensais pedidas pelo autor;

•• Dispositivo correspondente no CPC de 1973: art. 259, VI.

IV – na ação de divisão, de demarcação e de reivindicação, o valor de avaliação da área ou do bem objeto do pedido;

•• Dispositivo correspondente no CPC de 1973: art. 259, VII.

V – na ação indenizatória, inclusive a fundada em dano moral, o valor pretendido;

VI – na ação em que há cumulação de pedidos, a quantia correspondente à soma dos valores de todos eles;

•• Dispositivo correspondente no CPC de 1973: art. 259, II.

VII – na ação em que os pedidos são alternativos, o de maior valor;

•• Dispositivo correspondente no CPC de 1973: art. 259, III.

VIII – na ação em que houver pedido subsidiário, o valor do pedido principal.

•• Dispositivo correspondente no CPC de 1973: art. 259, IV.

§ 1.º Quando se pedirem prestações vencidas e vincendas, considerar-se-á o valor de umas e outras.

•• Dispositivo correspondente no CPC de 1973: art. 260.

§ 2.º O valor das prestações vincendas será igual a uma prestação anual, se a obrigação for por tempo indeterminado ou por tempo superior a 1 (um) ano, e, se por tempo inferior, será igual à soma das prestações.

•• Dispositivo correspondente no CPC de 1973: art. 260.

§ 3.º O juiz corrigirá, de ofício e por arbitramento, o valor da causa quando verificar que não corresponde ao conteúdo patrimonial em discussão ou ao proveito econômico perseguido pelo autor, caso em que se procederá ao recolhimento das custas correspondentes.

Art. 293. O réu poderá impugnar, em preliminar da contestação, o valor atribuído à causa pelo autor, sob pena de preclusão, e o juiz decidirá a respeito, impondo, se for o caso, a complementação das custas.

•• Dispositivo correspondente no CPC de 1973: art. 261.

Livro V
DA TUTELA PROVISÓRIA

Título I
DISPOSIÇÕES GERAIS

Art. 294. A tutela provisória pode fundamentar-se em urgência ou evidência.

Parágrafo único. A tutela provisória de urgência, cautelar ou antecipada, pode ser concedida em caráter antecedente ou incidental.

• • Dispositivos correspondentes no CPC de 1973: arts. 273 e incisos e 796.

• • Concessão de medidas cautelares contra atos do Poder Público: vide Lei n. 8.437, de 30-6-1992.

• • Vide art. 102, I, p, da CF.

Art. 295. A tutela provisória requerida em caráter incidental independe do pagamento de custas.

Art. 296. A tutela provisória conserva sua eficácia na pendência do processo, mas pode, a qualquer tempo, ser revogada ou modificada.

• • Dispositivo correspondente no CPC de 1973: art. 273, § 4.º.

Parágrafo único. Salvo decisão judicial em contrário, a tutela provisória conservará a eficácia durante o período de suspensão do processo.

• • Vide Enunciado 26 da ENFAM.

Art. 297. O juiz poderá determinar as medidas que considerar adequadas para efetivação da tutela provisória.

• • Dispositivo correspondente no CPC de 1973: art. 798, caput.

Parágrafo único. A efetivação da tutela provisória observará as normas referentes ao cumprimento provisório da sentença, no que couber.

• • Dispositivo correspondente no CPC de 1973: art. 805.

Art. 298. Na decisão que conceder, negar, modificar ou revogar a tutela provisória, o juiz motivará seu convencimento de modo claro e preciso.

• • Dispositivo correspondente no CPC de 1973: art. 273, § 1.º.

Art. 299. A tutela provisória será requerida ao juízo da causa e, quando antecedente, ao juízo competente para conhecer do pedido principal.

• • Dispositivo correspondente no CPC de 1973: art. 800, caput.

Parágrafo único. Ressalvada disposição especial, na ação de competência originária de tribunal e nos recursos a tutela provisória será requerida ao órgão jurisdicional competente para apreciar o mérito.

• Dispositivo correspondente no CPC de 1973: art. 800, parágrafo único.

Título II
DA TUTELA DE URGÊNCIA

Capítulo I
DISPOSIÇÕES GERAIS

• Vide arts. 22-A e 22-B da Lei n. 9.307, de 23-9-1996.

Art. 300. A tutela de urgência será concedida quando houver elementos que evidenciem a probabilidade do direito e o perigo de dano ou o risco ao resultado útil do processo.

• Dispositivo correspondente no CPC de 1973: art. 273, caput e I.

• Vide Lei n. 9.494, de 10-9-1997.

§ 1.º Para a concessão da tutela de urgência, o juiz pode, conforme o caso, exigir caução real ou fidejussória idônea para ressarcir os danos que a outra parte possa vir a sofrer, podendo a caução ser dispensada se a parte economicamente hipossuficiente não puder oferecê-la.

• • Dispositivo correspondente no CPC de 1973: art. 804.

§ 2.º A tutela de urgência pode ser concedida liminarmente ou após justificação prévia.

• • Dispositivo correspondente no CPC de 1973: art. 804.

§ 3.º A tutela de urgência de natureza antecipada não será concedida quando houver perigo de irreversibilidade dos efeitos da decisão.

Arts. 300 a 304 — Tutela Provisória

•• Dispositivo correspondente no CPC de 1973: art. 273, § 2.º.

•• *Vide* Enunciado 25 da ENFAM.

Art. 301. A tutela de urgência de natureza cautelar pode ser efetivada mediante arresto, sequestro, arrolamento de bens, registro de protesto contra alienação de bem e qualquer outra medida idônea para assegurar o direito.

Art. 302. Independentemente da reparação por dano processual, a parte responde pelo prejuízo que a efetivação da tutela de urgência causar à parte adversa, se:

•• Dispositivo correspondente no CPC de 1973: art. 811, *caput*.

I – a sentença lhe for desfavorável;

•• Dispositivo correspondente no CPC de 1973: art. 811, I.

II – obtida liminarmente a tutela em caráter antecedente, não fornecer os meios necessários para a citação do requerido no prazo de 5 (cinco) dias;

•• Dispositivo correspondente no CPC de 1973: art. 811, II.

III – ocorrer a cessação da eficácia da medida em qualquer hipótese legal;

•• Dispositivo correspondente no CPC de 1973: art. 811, III.

IV – o juiz acolher a alegação de decadência ou prescrição da pretensão do autor.

•• Dispositivo correspondente no CPC de 1973: art. 811, IV.

Parágrafo único. A indenização será liquidada nos autos em que a medida tiver sido concedida, sempre que possível.

•• Dispositivo correspondente no CPC de 1973: art. 811, parágrafo único.

Capítulo II
DO PROCEDIMENTO DA TUTELA ANTECIPADA REQUERIDA EM CARÁTER ANTECEDENTE

Art. 303. Nos casos em que a urgência for contemporânea à propositura da ação, a petição inicial pode limitar-se ao requerimento da tutela antecipada e à indicação do pedido de tutela final, com a exposição da lide, do direito que se busca realizar e do perigo de dano ou do risco ao resultado útil do processo.

§ 1.º Concedida a tutela antecipada a que se refere o *caput* deste artigo:

I – o autor deverá aditar a petição inicial, com a complementação de sua argumentação, a juntada de novos documentos e a confirmação do pedido de tutela final, em 15 (quinze) dias ou em outro prazo maior que o juiz fixar;

II – o réu será citado e intimado para a audiência de conciliação ou de mediação na forma do art. 334;

III – não havendo autocomposição, o prazo para contestação será contado na forma do art. 335.

§ 2.º Não realizado o aditamento a que se refere o inciso I do § 1.º deste artigo, o processo será extinto sem resolução do mérito.

§ 3.º O aditamento a que se refere o inciso I do § 1.º deste artigo dar-se-á nos mesmos autos, sem incidência de novas custas processuais.

§ 4.º Na petição inicial a que se refere o *caput* deste artigo, o autor terá de indicar o valor da causa, que deve levar em consideração o pedido de tutela final.

§ 5.º O autor indicará na petição inicial, ainda, que pretende valer-se do benefício previsto no *caput* deste artigo.

§ 6.º Caso entenda que não há elementos para a concessão de tutela antecipada, o órgão jurisdicional determinará a emenda da petição inicial em até 5 (cinco) dias, sob pena de ser indeferida e de o processo ser extinto sem resolução de mérito.

Art. 304. A tutela antecipada, concedida nos termos do art. 303, torna-se estável se da decisão que a conceder não for interposto o respectivo recurso.

•• *Vide* Enunciados 18, 27 e 28 da ENFAM.

§ 1.º No caso previsto no *caput*, o processo será extinto.

§ 2.º Qualquer das partes poderá demandar a outra com o intuito de rever, reformar ou in-

Tutela Provisória

Arts. 304 a 309

validar a tutela antecipada estabilizada nos termos do *caput*.

§ 3.º A tutela antecipada conservará seus efeitos enquanto não revista, reformada ou invalidada por decisão de mérito proferida na ação de que trata o § 2.º.

§ 4.º Qualquer das partes poderá requerer o desarquivamento dos autos em que foi concedida a medida, para instruir a petição inicial da ação a que se refere o § 2.º, prevento o juízo em que a tutela antecipada foi concedida.

§ 5.º O direito de rever, reformar ou invalidar a tutela antecipada, previsto no § 2.º deste artigo, extingue-se após 2 (dois) anos, contados da ciência da decisão que extinguiu o processo, nos termos do § 1.º.

§ 6.º A decisão que concede a tutela não fará coisa julgada, mas a estabilidade dos respectivos efeitos só será afastada por decisão que a revir, reformar ou invalidar, proferida em ação ajuizada por uma das partes, nos termos do § 2.º deste artigo.

Capítulo III
DO PROCEDIMENTO DA TUTELA CAUTELAR REQUERIDA EM CARÁTER ANTECEDENTE

Art. 305. A petição inicial da ação que visa à prestação de tutela cautelar em caráter antecedente indicará a lide e seu fundamento, a exposição sumária do direito que se objetiva assegurar e o perigo de dano ou o risco ao resultado útil do processo.

•• Dispositivo correspondente no CPC de 1973: art. 801 e incisos.

Parágrafo único. Caso entenda que o pedido a que se refere o *caput* tem natureza antecipada, o juiz observará o disposto no art. 303.

•• Dispositivo correspondente no CPC de 1973: art. 273, § 7.º.

Art. 306. O réu será citado para, no prazo de 5 (cinco) dias, contestar o pedido e indicar as provas que pretende produzir.

•• Dispositivo correspondente no CPC de 1973: art. 802, *caput*.

Art. 307. Não sendo contestado o pedido, os fatos alegados pelo autor presumir-se-ão aceitos pelo réu como ocorridos, caso em que o juiz decidirá dentro de 5 (cinco) dias.

•• Dispositivo correspondente no CPC de 1973: art. 803, *caput*.

Parágrafo único. Contestado o pedido no prazo legal, observar-se-á o procedimento comum.

•• Dispositivo correspondente no CPC de 1973: art. 803, parágrafo único.

Art. 308. Efetivada a tutela cautelar, o pedido principal terá de ser formulado pelo autor no prazo de 30 (trinta) dias, caso em que será apresentado nos mesmos autos em que deduzido o pedido de tutela cautelar, não dependendo do adiantamento de novas custas processuais.

•• Dispositivo correspondente no CPC de 1973: art. 806.

§ 1.º O pedido principal pode ser formulado conjuntamente com o pedido de tutela cautelar.

§ 2.º A causa de pedir poderá ser aditada no momento de formulação do pedido principal.

§ 3.º Apresentado o pedido principal, as partes serão intimadas para a audiência de conciliação ou de mediação, na forma do art. 334, por seus advogados ou pessoalmente, sem necessidade de nova citação do réu.

§ 4.º Não havendo autocomposição, o prazo para contestação será contado na forma do art. 335.

Art. 309. Cessa a eficácia da tutela concedida em caráter antecedente, se:

•• Dispositivo correspondente no CPC de 1973: art. 808, *caput*.

I – o autor não deduzir o pedido principal no prazo legal;

•• Dispositivo correspondente no CPC de 1973: art. 808, I.

II – não for efetivada dentro de 30 (trinta) dias;

•• Dispositivo correspondente no CPC de 1973: art. 808, II.

III – o juiz julgar improcedente o pedido principal formulado pelo autor ou extinguir o processo sem resolução de mérito.

•• Dispositivo correspondente no CPC de 1973: art. 808, III.

Arts. 309 a 311 — Tutela Provisória

Parágrafo único. Se por qualquer motivo cessar a eficácia da tutela cautelar, é vedado à parte renovar o pedido, salvo sob novo fundamento.

•• Dispositivo correspondente no CPC de 1973: art. 808, parágrafo único.

Art. 310. O indeferimento da tutela cautelar não obsta a que a parte formule o pedido principal, nem influi no julgamento desse, salvo se o motivo do indeferimento for o reconhecimento de decadência ou de prescrição.

•• Dispositivo correspondente no CPC de 1973: art. 810.

Título III
DA TUTELA DA EVIDÊNCIA

Art. 311. A tutela da evidência será concedida, independentemente da demonstração de perigo de dano ou de risco ao resultado útil do processo, quando:

•• Dispositivo correspondente no CPC de 1973: art. 273, *caput*.

I – ficar caracterizado o abuso do direito de defesa ou o manifesto propósito protelatório da parte;

•• Dispositivo correspondente no CPC de 1973: art. 273, II.

II – as alegações de fato puderem ser comprovadas apenas documentalmente e houver tese firmada em julgamento de casos repetitivos ou em súmula vinculante;

•• *Vide* Enunciados 30 e 31 da ENFAM.

III – se tratar de pedido reipersecutório fundado em prova documental adequada do contrato de depósito, caso em que será decretada a ordem de entrega do objeto custodiado, sob cominação de multa;

•• *Vide* Enunciado 29 da ENFAM.

IV – a petição inicial for instruída com prova documental suficiente dos fatos constitutivos do direito do autor, a que o réu não oponha prova capaz de gerar dúvida razoável.

Parágrafo único. Nas hipóteses dos incisos II e III, o juiz poderá decidir liminarmente.

LIVRO VI
DA FORMAÇÃO, DA SUSPENSÃO E DA EXTINÇÃO DO PROCESSO

Título I
DA FORMAÇÃO DO PROCESSO

Art. 312. Considera-se proposta a ação quando a petição inicial for protocolada, todavia, a propositura da ação só produz quanto ao réu os efeitos mencionados no art. 240 depois que for validamente citado.

•• Dispositivo correspondente no CPC de 1973: art. 263.

Título II
DA SUSPENSÃO DO PROCESSO

Art. 313. Suspende-se o processo:

•• Dispositivo correspondente no CPC de 1973: art. 265, *caput*.

I – pela morte ou pela perda da capacidade processual de qualquer das partes, de seu representante legal ou de seu procurador;

•• Dispositivo correspondente no CPC de 1973: art. 265, I.

II – pela convenção das partes;

•• Dispositivo correspondente no CPC de 1973: art. 265, II.

III – pela arguição de impedimento ou de suspeição;

•• Dispositivo correspondente no CPC de 1973: art. 265, III.

IV – pela admissão de incidente de resolução de demandas repetitivas;

V – quando a sentença de mérito:

•• Dispositivo correspondente no CPC de 1973: art. 265, IV, *caput*.

a) depender do julgamento de outra causa ou da declaração de existência ou de inexistência de relação jurídica que constitua o objeto principal de outro processo pendente;

•• Dispositivo correspondente no CPC de 1973: art. 265, IV, *a*.

b) tiver de ser proferida somente após a verificação de determinado fato ou a produção de certa prova, requisitada a outro juízo;

•• Dispositivo correspondente no CPC de 1973: art. 265, IV, *b*.

VI – por motivo de força maior;

•• Dispositivo correspondente no CPC de 1973: art. 265, V.

VII – quando se discutir em juízo questão decorrente de acidentes e fatos da navegação de competência do Tribunal Marítimo;

VIII – nos demais casos que este Código regula;

•• Dispositivo correspondente no CPC de 1973: art. 265, VI.

IX – pelo parto ou pela concessão de adoção, quando a advogada responsável pelo processo constituir a única patrona da causa;

•• Inciso IX acrescentado pela Lei n. 13.363, de 25-11-2016.

X – quando o advogado responsável pelo processo constituir o único patrono da causa e tornar-se pai.

•• Inciso X acrescentado pela Lei n. 13.363, de 25-11-2016.

§ 1.º Na hipótese do inciso I, o juiz suspenderá o processo, nos termos do art. 689.

•• Dispositivo correspondente no CPC de 1973: art. 265, § 1.º.

§ 2.º Não ajuizada ação de habilitação, ao tomar conhecimento da morte, o juiz determinará a suspensão do processo e observará o seguinte:

I – falecido o réu, ordenará a intimação do autor para que promova a citação do respectivo espólio, de quem for o sucessor ou, se for o caso, dos herdeiros, no prazo que designar, de no mínimo 2 (dois) e no máximo 6 (seis) meses;

II – falecido o autor e sendo transmissível o direito em litígio, determinará a intimação de seu espólio, de quem for o sucessor ou, se for o caso, dos herdeiros, pelos meios de divulgação que reputar mais adequados, para que manifestem interesse na sucessão processual e promovam a respectiva habilitação no prazo designado, sob pena de extinção do processo sem resolução de mérito.

§ 3.º No caso de morte do procurador de qualquer das partes, ainda que iniciada a audiência de instrução e julgamento, o juiz determinará que a parte constitua novo mandatário, no prazo de 15 (quinze) dias, ao final do qual extinguirá o processo sem resolução de mérito, se o autor não nomear novo mandatário, ou ordenará o prosseguimento do processo à revelia do réu, se falecido o procurador deste.

•• Dispositivo correspondente no CPC de 1973: art. 265, § 2.º.

§ 4.º O prazo de suspensão do processo nunca poderá exceder 1 (um) ano nas hipóteses do inciso V e 6 (seis) meses naquela prevista no inciso II.

•• Dispositivo correspondente no CPC de 1973: art. 265, §§ 3.º e 5.º.

§ 5.º O juiz determinará o prosseguimento do processo assim que esgotados os prazos previstos no § 4.º.

•• Dispositivo correspondente no CPC de 1973: art. 265, §§ 3.º e 5.º.

§ 6.º No caso do inciso IX, o período de suspensão será de 30 (trinta) dias, contado a partir da data do parto ou da concessão da adoção, mediante apresentação de certidão de nascimento ou documento similar que comprove a realização do parto, ou de termo judicial que tenha concedido a adoção, desde que haja notificação ao cliente.

•• § 6.º acrescentado pela Lei n. 13.363, de 25-11-2016.

§ 7.º No caso do inciso X, o período de suspensão será de 8 (oito) dias, contado a partir da data do parto ou da concessão da adoção, mediante apresentação de certidão de nascimento ou documento similar que comprove a realização do parto, ou de termo judicial que tenha concedido a adoção, desde que haja notificação ao cliente.

•• § 7.º acrescentado pela Lei n. 13.363, de 25-11-2016.

Art. 314. Durante a suspensão é vedado praticar qualquer ato processual, podendo o juiz, todavia, determinar a realização de atos urgentes a fim de evitar dano irreparável, salvo no caso de arguição de impedimento e de suspeição.

•• Dispositivo correspondente no CPC de 1973: art. 266.

Art. 315. Se o conhecimento do mérito depender de verificação da existência de fato delituoso, o juiz pode determinar a suspensão do processo até que se pronuncie a justiça criminal.

•• Dispositivo correspondente no CPC de 1973: art. 110, caput.

§ 1.º Se a ação penal não for proposta no prazo de 3 (três) meses, contado da intimação do ato de suspensão, cessará o efeito desse, incumbindo ao juiz cível examinar incidentemente a questão prévia.

•• Dispositivo correspondente no CPC de 1973: art. 110, parágrafo único.

§ 2.º Proposta a ação penal, o processo ficará suspenso pelo prazo máximo de 1 (um) ano, ao final do qual aplicar-se-á o disposto na parte final do § 1.º.

Título III
DA EXTINÇÃO DO PROCESSO

Art. 316. A extinção do processo dar-se-á por sentença.

Art. 317. Antes de proferir decisão sem resolução de mérito, o juiz deverá conceder à parte oportunidade para, se possível, corrigir o vício.

PARTE ESPECIAL

Livro I
DO PROCESSO DE CONHECIMENTO E DO CUMPRIMENTO DE SENTENÇA

Título I
DO PROCEDIMENTO COMUM

Capítulo I
DISPOSIÇÕES GERAIS

Art. 318. Aplica-se a todas as causas o procedimento comum, salvo disposição em contrário deste Código ou de lei.

•• Dispositivo correspondente no CPC de 1973: art. 271.

Parágrafo único. O procedimento comum aplica-se subsidiariamente aos demais procedimentos especiais e ao processo de execução.

Capítulo II
DA PETIÇÃO INICIAL

Seção I
Dos Requisitos da Petição Inicial

Art. 319. A petição inicial indicará:

•• Dispositivo correspondente no CPC de 1973: art. 282, *caput*.

I – o juízo a que é dirigida;

•• Dispositivo correspondente no CPC de 1973: art. 282, I.

II – os nomes, os prenomes, o estado civil, a existência de união estável, a profissão, o número de inscrição no Cadastro de Pessoas Físicas ou no Cadastro Nacional da Pessoa Jurídica, o endereço eletrônico, o domicílio e a residência do autor e do réu;

•• Dispositivo correspondente no CPC de 1973: art. 282, II.

III – o fato e os fundamentos jurídicos do pedido;

•• Dispositivo correspondente no CPC de 1973: art. 282, III.

IV – o pedido com as suas especificações;

•• Dispositivo correspondente no CPC de 1973: art. 282, IV.

V – o valor da causa;

•• Dispositivo correspondente no CPC de 1973: art. 282, V.

VI – as provas com que o autor pretende demonstrar a verdade dos fatos alegados;

•• Dispositivo correspondente no CPC de 1973: art. 282, VI.

VII – a opção do autor pela realização ou não de audiência de conciliação ou de mediação.

§ 1.º Caso não disponha das informações previstas no inciso II, poderá o autor, na petição inicial, requerer ao juiz diligências necessárias a sua obtenção.

§ 2.º A petição inicial não será indeferida se, a despeito da falta de informações a que se refere o inciso II, for possível a citação do réu.

§ 3.º A petição inicial não será indeferida pelo não atendimento ao disposto no inciso II deste artigo se a obtenção de tais informações tornar impossível ou excessivamente oneroso o acesso à justiça.

Art. 320. A petição inicial será instruída com os documentos indispensáveis à propositura da ação.

•• Dispositivo correspondente no CPC de 1973: art. 283.

Art. 321. O juiz, ao verificar que a petição inicial não preenche os requisitos dos arts. 319 e 320 ou que apresenta defeitos e irregularidades capazes de dificultar o julgamento de mérito, determinará que o autor, no prazo de 15 (quinze) dias, a emende ou a complete, indicando com precisão o que deve ser corrigido ou completado.

•• Dispositivo correspondente no CPC de 1973: art. 284, *caput*.

Parágrafo único. Se o autor não cumprir a diligência, o juiz indeferirá a petição inicial.

•• Dispositivo correspondente no CPC de 1973: art. 284, parágrafo único.

Seção II
Do Pedido

Art. 322. O pedido deve ser certo.

•• Dispositivo correspondente no CPC de 1973: art. 293.

§ 1.º Compreendem-se no principal os juros legais, a correção monetária e as verbas de sucumbência, inclusive os honorários advocatícios.

•• Dispositivo correspondente no CPC de 1973: art. 293.

§ 2.º A interpretação do pedido considerará o conjunto da postulação e observará o princípio da boa-fé.

Art. 323. Na ação que tiver por objeto cumprimento de obrigação em prestações sucessivas, essas serão consideradas incluídas no pedido, independentemente de declaração expressa do autor, e serão incluídas na condenação, enquanto durar a obrigação, se o devedor, no curso do processo, deixar de pagá-las ou de consigná-las.

•• Dispositivo correspondente no CPC de 1973: art. 290.

Art. 324. O pedido deve ser determinado.

•• Dispositivo correspondente no CPC de 1973: art. 286, *caput*.

§ 1.º É lícito, porém, formular pedido genérico:

I – nas ações universais, se o autor não puder individuar os bens demandados;

•• Dispositivo correspondente no CPC de 1973: art. 286, I.

II – quando não for possível determinar, desde logo, as consequências do ato ou do fato;

•• Dispositivo correspondente no CPC de 1973: art. 286, II.

III – quando a determinação do objeto ou do valor da condenação depender de ato que deva ser praticado pelo réu.

•• Dispositivo correspondente no CPC de 1973: art. 286, III.

§ 2.º O disposto neste artigo aplica-se à reconvenção.

Art. 325. O pedido será alternativo quando, pela natureza da obrigação, o devedor puder cumprir a prestação de mais de um modo.

•• Dispositivo correspondente no CPC de 1973: art. 288, *caput*.

Parágrafo único. Quando, pela lei ou pelo contrato, a escolha couber ao devedor, o juiz lhe assegurará o direito de cumprir a prestação de um ou de outro modo, ainda que o autor não tenha formulado pedido alternativo.

•• Dispositivo correspondente no CPC de 1973: art. 288, parágrafo único.

Art. 326. É lícito formular mais de um pedido em ordem subsidiária, a fim de que o juiz conheça do posterior, quando não acolher o anterior.

•• Dispositivo correspondente no CPC de 1973: art. 289.

Parágrafo único. É lícito formular mais de um pedido, alternativamente, para que o juiz acolha um deles.

Art. 327. É lícita a cumulação, em um único processo, contra o mesmo réu, de vários pedidos, ainda que entre eles não haja conexão.

•• Dispositivo correspondente no CPC de 1973: art. 292, *caput*.

§ 1.º São requisitos de admissibilidade da cumulação que:

•• Dispositivo correspondente no CPC de 1973: art. 292, § 1.º, *caput*.

I – os pedidos sejam compatíveis entre si;

•• Dispositivo correspondente no CPC de 1973: art. 292, § 1.º, I.

II – seja competente para conhecer deles o mesmo juízo;

•• Dispositivo correspondente no CPC de 1973: art. 292, § 1.º, II.

III – seja adequado para todos os pedidos o tipo de procedimento.

•• Dispositivo correspondente no CPC de 1973: art. 292, § 1.º, III.

§ 2.º Quando, para cada pedido, corresponder tipo diverso de procedimento, será admitida a cumulação se o autor empregar o procedimento comum, sem prejuízo do emprego das técnicas processuais diferenciadas previstas nos procedimentos especiais a que se sujeitam um

Processo de Conhecimento — Arts. 327 a 331

ou mais pedidos cumulados, que não forem incompatíveis com as disposições sobre o procedimento comum.

•• Dispositivo correspondente no CPC de 1973: art. 292, § 2.º.

§ 3.º O inciso I do § 1.º não se aplica às cumulações de pedidos de que trata o art. 326.

Art. 328. Na obrigação indivisível com pluralidade de credores, aquele que não participou do processo receberá sua parte, deduzidas as despesas na proporção de seu crédito.

•• Dispositivo correspondente no CPC de 1973: art. 291.

Art. 329. O autor poderá:

•• Dispositivo correspondente no CPC de 1973: art. 294.

I – até a citação, aditar ou alterar o pedido ou a causa de pedir, independentemente de consentimento do réu;

•• Dispositivo correspondente no CPC de 1973: art. 294.

II – até o saneamento do processo, aditar ou alterar o pedido e a causa de pedir, com consentimento do réu, assegurado o contraditório mediante a possibilidade de manifestação deste no prazo mínimo de 15 (quinze) dias, facultado o requerimento de prova suplementar.

Parágrafo único. Aplica-se o disposto neste artigo à reconvenção e à respectiva causa de pedir.

Seção III
Do Indeferimento da Petição Inicial

Art. 330. A petição inicial será indeferida quando:

•• Dispositivo correspondente no CPC de 1973: art. 295, *caput*.

I – for inepta;

•• Dispositivo correspondente no CPC de 1973: art. 295, I.

II – a parte for manifestamente ilegítima;

•• Dispositivo correspondente no CPC de 1973: art. 295, II.

III – o autor carecer de interesse processual;

•• Dispositivo correspondente no CPC de 1973: art. 295, III.

IV – não atendidas as prescrições dos arts. 106 e 321.

•• Dispositivo correspondente no CPC de 1973: art. 295, VI.

§ 1.º Considera-se inepta a petição inicial quando:

•• Dispositivo correspondente no CPC de 1973: art. 295, parágrafo único.

I – lhe faltar pedido ou causa de pedir;

•• Dispositivo correspondente no CPC de 1973: art. 295, parágrafo único, I.

II – o pedido for indeterminado, ressalvadas as hipóteses legais em que se permite o pedido genérico;

III – da narração dos fatos não decorrer logicamente a conclusão;

•• Dispositivo correspondente no CPC de 1973: art. 295, parágrafo único, II.

IV – contiver pedidos incompatíveis entre si.

•• Dispositivo correspondente no CPC de 1973: art. 295, parágrafo único, IV.

§ 2.º Nas ações que tenham por objeto a revisão de obrigação decorrente de empréstimo, de financiamento ou de alienação de bens, o autor terá de, sob pena de inépcia, discriminar na petição inicial, dentre as obrigações contratuais, aquelas que pretende controverter, além de quantificar o valor incontroverso do débito.

§ 3.º Na hipótese do § 2.º, o valor incontroverso deverá continuar a ser pago no tempo e modo contratados.

Art. 331. Indeferida a petição inicial, o autor poderá apelar, facultado ao juiz, no prazo de 5 (cinco) dias, retratar-se.

•• Dispositivo correspondente no CPC de 1973: art. 296, *caput*.

§ 1.º Se não houver retratação, o juiz mandará citar o réu para responder ao recurso.

•• Dispositivo correspondente no CPC de 1973: art. 296, parágrafo único.

§ 2.º Sendo a sentença reformada pelo tribunal, o prazo para a contestação começará a correr da intimação do retorno dos autos, observado o disposto no art. 334.

§ 3.º Não interposta a apelação, o réu será intimado do trânsito em julgado da sentença.

Capítulo III
DA IMPROCEDÊNCIA LIMINAR DO PEDIDO

Art. 332. Nas causas que dispensem a fase instrutória, o juiz, independentemente da citação do réu, julgará liminarmente improcedente o pedido que contrariar:

•• Dispositivo correspondente no CPC de 1973: art. 285-A, *caput*.

•• *Vide* Enunciado 43 da ENFAM.

I – enunciado de súmula do Supremo Tribunal Federal ou do Superior Tribunal de Justiça;

II – acórdão proferido pelo Supremo Tribunal Federal ou pelo Superior Tribunal de Justiça em julgamento de recursos repetitivos;

III – entendimento firmado em incidente de resolução de demandas repetitivas ou de assunção de competência;

IV – enunciado de súmula de tribunal de justiça sobre direito local.

•• *Vide* Enunciado 43 da ENFAM.

§ 1.º O juiz também poderá julgar liminarmente improcedente o pedido se verificar, desde logo, a ocorrência de decadência ou de prescrição.

§ 2.º Não interposta a apelação, o réu será intimado do trânsito em julgado da sentença, nos termos do art. 241.

§ 3.º Interposta a apelação, o juiz poderá retratar-se em 5 (cinco) dias.

•• Dispositivo correspondente no CPC de 1973: art. 285-A, § 1.º.

§ 4.º Se houver retratação, o juiz determinará o prosseguimento do processo, com a citação do réu, e, se não houver retratação, determinará a citação do réu para apresentar contrarrazões, no prazo de 15 (quinze) dias.

•• Dispositivo correspondente no CPC de 1973: art. 285-A, § 2.º.

Capítulo IV
DA CONVERSÃO DA AÇÃO INDIVIDUAL EM AÇÃO COLETIVA

Art. 333. (*Vetado.*)

•• O texto vetado dizia: "Art. 333. Atendidos os pressupostos da relevância social e da dificuldade de formação do litisconsórcio, o juiz, a requerimento do Ministério Público ou da Defensoria Pública, ouvido o autor, poderá converter em coletiva a ação individual que veicule pedido que: I - tenha alcance coletivo, em razão da tutela de bem jurídico difuso ou coletivo, assim entendidos aqueles definidos pelo art. 81, parágrafo único, incisos I e II, da Lei n. 8.078, de 11 de setembro de 1990 (Código de Defesa do Consumidor), e cuja ofensa afete, a um só tempo, as esferas jurídicas do indivíduo e da coletividade; II – tenha por objetivo a solução de conflito de interesse relativo a uma mesma relação jurídica plurilateral, cuja solução, por sua natureza ou por disposição de lei, deva ser necessariamente uniforme, assegurando-se tratamento isonômico para todos os membros do grupo. § 1.º Além do Ministério Público e da Defensoria Pública, podem requerer a conversão os legitimados referidos no art. 5.º da Lei no 7.347, de 24 de julho de 1985, e no art. 82 da Lei n. 8.078, de 11 de setembro de 1990 (Código de Defesa do Consumidor). § 2.º A conversão não pode implicar a formação de processo coletivo para a tutela de direitos individuais homogêneos. § 3.º Não se admite a conversão, ainda, se: I – já iniciada, no processo individual, a audiência de instrução e julgamento; ou II – houver processo coletivo pendente com o mesmo objeto; ou III – o juízo não tiver competência para o processo coletivo que seria formado. § 4.º Determinada a conversão, o juiz intimará o autor do requerimento para que, no prazo fixado, adite ou emende a petição inicial, para adaptá-la à tutela coletiva. § 5.º Havendo aditamento ou emenda da petição inicial, o juiz determinará a intimação do réu para, querendo, manifestar-se no prazo de 15 (quinze) dias. § 6.º O autor originário da ação individual atuará na condição de litisconsorte unitário do legitimado para condução do processo coletivo. § 7.º O autor originário não é responsável por nenhuma despesa processual decorrente da conversão do processo individual em coletivo. § 8.º Após a conversão, observar-se-ão as regras do processo coletivo. § 9.º A conversão poderá ocorrer mesmo que o autor tenha cumulado pedido de natureza estritamente individual, hipótese em que o processamento desse pedido dar-se-á em autos apartados. § 10. O Ministério Público deverá ser ouvido sobre o requerimento previsto no *caput*, salvo quando ele próprio o houver formulado". *Razões do veto:* "Da forma como foi redigido, o dispositivo poderia levar à conversão de ação individual em ação coletiva de maneira pouco criteriosa, inclusive em detrimento do interesse das partes. O tema exige disciplina própria para garantir a plena eficácia do instituto. Além disso, o novo Código já contempla mecanismos para tratar demandas repetitivas. No sentido do veto manifestou-se também a Ordem dos Advogados do Brasil – OAB".

Capítulo V
DA AUDIÊNCIA DE CONCILIAÇÃO OU DE MEDIAÇÃO

•• *Vide* Lei n. 13.140, de 26-6-2015, que dispõe sobre a mediação entre particulares como meio de solução de controvérsias e sobre a autocomposição de conflitos no âmbito da Administração Pública.

Art. 334. Se a petição inicial preencher os requisitos essenciais e não for o caso de improcedência liminar do pedido, o juiz designará audiência de conciliação ou de mediação com antecedência mínima de 30 (trinta) dias, devendo ser citado o réu com pelo menos 20 (vinte) dias de antecedência.

•• Dispositivo correspondente no CPC de 1973: art. 285, *caput*.
•• *Vide* arts. 24 a 29 da Lei n. 13.140, de 26-6-2015 (mediação judicial).
•• *Vide* art. 1.º, parágrafo único, da Resolução n. 125, de 29-11-2010.
•• *Vide* Enunciado 61 da ENFAM.

§ 1.º O conciliador ou mediador, onde houver, atuará necessariamente na audiência de conciliação ou de mediação, observando o disposto neste Código, bem como as disposições da lei de organização judiciária.

•• *Vide* arts. 165 e s. do CPC.

§ 2.º Poderá haver mais de uma sessão destinada à conciliação e à mediação, não podendo exceder a 2 (dois) meses da data de realização da primeira sessão, desde que necessárias à composição das partes.

§ 3.º A intimação do autor para a audiência será feita na pessoa de seu advogado.

§ 4.º A audiência não será realizada:

I – se ambas as partes manifestarem, expressamente, desinteresse na composição consensual;

II – quando não se admitir a autocomposição.

§ 5.º O autor deverá indicar, na petição inicial, seu desinteresse na autocomposição, e o réu deverá fazê-lo, por petição, apresentada com 10 (dez) dias de antecedência, contados da data da audiência.

§ 6.º Havendo litisconsórcio, o desinteresse na realização da audiência deve ser manifestado por todos os litisconsortes.

§ 7.º A audiência de conciliação ou de mediação pode realizar-se por meio eletrônico, nos termos da lei.

§ 8.º O não comparecimento injustificado do autor ou do réu à audiência de conciliação é considerado ato atentatório à dignidade da justiça e será sancionado com multa de até dois por cento da vantagem econômica pretendida ou do valor da causa, revertida em favor da União ou do Estado.

•• *Vide* Enunciado 61 da ENFAM.

§ 9.º As partes devem estar acompanhadas por seus advogados ou defensores públicos.

§ 10. A parte poderá constituir representante, por meio de procuração específica, com poderes para negociar e transigir.

§ 11. A autocomposição obtida será reduzida a termo e homologada por sentença.

§ 12. A pauta das audiências de conciliação ou de mediação será organizada de modo a respeitar o intervalo mínimo de 20 (vinte) minutos entre o início de uma e o início da seguinte.

Capítulo VI
DA CONTESTAÇÃO

Art. 335. O réu poderá oferecer contestação, por petição, no prazo de 15 (quinze) dias, cujo termo inicial será a data:

•• Dispositivo correspondente no CPC de 1973: art. 297.

I – da audiência de conciliação ou de mediação, ou da última sessão de conciliação, quando qualquer parte não comparecer ou, comparecendo, não houver autocomposição;

II – do protocolo do pedido de cancelamento da audiência de conciliação ou de mediação apresentado pelo réu, quando ocorrer a hipótese do art. 334, § 4.º, inciso I;

III – prevista no art. 231, de acordo com o modo como foi feita a citação, nos demais casos.

§ 1.º No caso de litisconsórcio passivo, ocorrendo a hipótese do art. 334, § 6.º, o termo inicial previsto no inciso II será, para cada um dos réus, a data de apresentação de seu respectivo pedido de cancelamento da audiência.

•• Dispositivo correspondente no CPC de 1973: art. 298, *caput*.

§ 2.º Quando ocorrer a hipótese do art. 334, § 4.º, inciso II, havendo litisconsórcio passivo e o autor desistir da ação em relação a réu ainda não citado, o prazo para resposta correrá da data de intimação da decisão que homologar a desistência.

•• Dispositivo correspondente no CPC de 1973: art. 298, parágrafo único.

Art. 336. Incumbe ao réu alegar, na contestação, toda a matéria de defesa, expondo as razões de fato e de direito com que impugna o pedido do autor e especificando as provas que pretende produzir.

•• Dispositivo correspondente no CPC de 1973: art. 300.

Art. 337. Incumbe ao réu, antes de discutir o mérito, alegar:

•• Dispositivo correspondente no CPC de 1973: art. 301, *caput*.

I – inexistência ou nulidade da citação;

•• Dispositivo correspondente no CPC de 1973: art. 301, I.

II – incompetência absoluta e relativa;

•• Dispositivo correspondente no CPC de 1973: art. 301, II.

III – incorreção do valor da causa;

IV – inépcia da petição inicial;

•• Dispositivo correspondente no CPC de 1973: art. 301, III.

V – perempção;

•• Dispositivo correspondente no CPC de 1973: art. 301, IV.

•• *Vide* art. 486, § 3.º, do CPC.

VI – litispendência;

•• Dispositivo correspondente no CPC de 1973: art. 301, V.

VII – coisa julgada;

•• Dispositivo correspondente no CPC de 1973: art. 301, VI.

•• *Vide* art. 5.º, XXXVI, da CF.

VIII – conexão;

•• Dispositivo correspondente no CPC de 1973: art. 301, VII.

IX – incapacidade da parte, defeito de representação ou falta de autorização;

•• Dispositivo correspondente no CPC de 1973: art. 301, VIII.

X – convenção de arbitragem;

XI – ausência de legitimidade ou de interesse processual;

•• Dispositivo correspondente no CPC de 1973: art. 301, X.

XII – falta de caução ou de outra prestação que a lei exige como preliminar;

•• Dispositivo correspondente no CPC de 1973: art. 301, XI.

XIII – indevida concessão do benefício de gratuidade de justiça.

§ 1.º Verifica-se a litispendência ou a coisa julgada quando se reproduz ação anteriormente ajuizada.

•• Dispositivo correspondente no CPC de 1973: art. 301, § 1.º.

•• *Vide* art. 5.º, XXXVI, da CF.

§ 2.º Uma ação é idêntica a outra quando possui as mesmas partes, a mesma causa de pedir e o mesmo pedido.

•• Dispositivo correspondente no CPC de 1973: art. 301, § 2.º.

§ 3.º Há litispendência quando se repete ação que está em curso.

•• Dispositivo correspondente no CPC de 1973: art. 301, § 3.º.

§ 4.º Há coisa julgada quando se repete ação que já foi decidida por decisão transitada em julgado.

•• Dispositivo correspondente no CPC de 1973: art. 301, § 3.º.

§ 5.º Excetuadas a convenção de arbitragem e a incompetência relativa, o juiz conhecerá de ofício das matérias enumeradas neste artigo.

Processo de Conhecimento — Arts. 337 a 342

•• Dispositivo correspondente no CPC de 1973: art. 301, § 4.º.

§ 6.º A ausência de alegação da existência de convenção de arbitragem, na forma prevista neste Capítulo, implica aceitação da jurisdição estatal e renúncia ao juízo arbitral.

Art. 338. Alegando o réu, na contestação, ser parte ilegítima ou não ser o responsável pelo prejuízo invocado, o juiz facultará ao autor, em 15 (quinze) dias, a alteração da petição inicial para substituição do réu.

Parágrafo único. Realizada a substituição, o autor reembolsará as despesas e pagará os honorários ao procurador do réu excluído, que serão fixados entre três e cinco por cento do valor da causa ou, sendo este irrisório, nos termos do art. 85, § 8.º.

Art. 339. Quando alegar sua ilegitimidade, incumbe ao réu indicar o sujeito passivo da relação jurídica discutida sempre que tiver conhecimento, sob pena de arcar com as despesas processuais e de indenizar o autor pelos prejuízos decorrentes da falta de indicação.

§ 1.º O autor, ao aceitar a indicação, procederá, no prazo de 15 (quinze) dias, à alteração da petição inicial para substituição do réu, observando-se, ainda, o parágrafo único do art. 338.

§ 2.º No prazo de 15 (quinze) dias, o autor pode optar por alterar a petição inicial para incluir, como litisconsorte passivo, o sujeito indicado pelo réu.

Art. 340. Havendo alegação de incompetência relativa ou absoluta, a contestação poderá ser protocolada no foro do domicílio do réu, fato que será imediatamente comunicado ao juiz da causa, preferencialmente por meio eletrônico.

§ 1.º A contestação será submetida a livre distribuição ou, se o réu houver sido citado por meio de carta precatória, juntada aos autos dessa carta, seguindo-se a sua imediata remessa para o juízo da causa.

§ 2.º Reconhecida a competência do foro indicado pelo réu, o juízo para o qual for distribuída a contestação ou a carta precatória será considerado prevento.

§ 3.º Alegada a incompetência nos termos do caput, será suspensa a realização da audiência de conciliação ou de mediação, se tiver sido designada.

§ 4.º Definida a competência, o juízo competente designará nova data para a audiência de conciliação ou de mediação.

Art. 341. Incumbe também ao réu manifestar-se precisamente sobre as alegações de fato constantes da petição inicial, presumindo-se verdadeiras as não impugnadas, salvo se:

•• Dispositivo correspondente no CPC de 1973: art. 302, caput.

I – não for admissível, a seu respeito, a confissão;

•• Dispositivo correspondente no CPC de 1973: art. 302, I.

•• Vide arts. 344 e 345 do CPC.

II – a petição inicial não estiver acompanhada de instrumento que a lei considerar da substância do ato;

•• Dispositivo correspondente no CPC de 1973: art. 302, II.

III – estiverem em contradição com a defesa, considerada em seu conjunto.

•• Dispositivo correspondente no CPC de 1973: art. 302, III.

Parágrafo único. O ônus da impugnação especificada dos fatos não se aplica ao defensor público, ao advogado dativo e ao curador especial.

•• Dispositivo correspondente no CPC de 1973: art. 302, parágrafo único.

Art. 342. Depois da contestação, só é lícito ao réu deduzir novas alegações quando:

•• Dispositivo correspondente no CPC de 1973: art. 303, caput.

I – relativas a direito ou a fato superveniente;

•• Dispositivo correspondente no CPC de 1973: art. 303, I.

II – competir ao juiz conhecer delas de ofício;

•• Dispositivo correspondente no CPC de 1973: art. 303, II.

III – por expressa autorização legal, puderem ser formuladas em qualquer tempo e grau de jurisdição.

•• Dispositivo correspondente no CPC de 1973: art. 303, III.

Capítulo VII
DA RECONVENÇÃO

Art. 343. Na contestação, é lícito ao réu propor reconvenção para manifestar pretensão própria, conexa com a ação principal ou com o fundamento da defesa.

•• Dispositivo correspondente no CPC de 1973: art. 315, *caput*.
•• *Vide* art. 16, § 3.º, da LEF.

§ 1.º Proposta a reconvenção, o autor será intimado, na pessoa de seu advogado, para apresentar resposta no prazo de 15 (quinze) dias.

•• Dispositivo correspondente no CPC de 1973: art. 316.

§ 2.º A desistência da ação ou a ocorrência de causa extintiva que impeça o exame de seu mérito não obsta ao prosseguimento do processo quanto à reconvenção.

•• Dispositivo correspondente no CPC de 1973: art. 317.

§ 3.º A reconvenção pode ser proposta contra o autor e terceiro.

§ 4.º A reconvenção pode ser proposta pelo réu em litisconsórcio com terceiro.

§ 5.º Se o autor for substituto processual, o reconvinte deverá afirmar ser titular de direito em face do substituído, e a reconvenção deverá ser proposta em face do autor, também na qualidade de substituto processual.

•• Dispositivo correspondente no CPC de 1973: art. 315, parágrafo único.

§ 6.º O réu pode propor reconvenção independentemente de oferecer contestação.

Capítulo VIII
DA REVELIA

Art. 344. Se o réu não contestar a ação, será considerado revel e presumir-se-ão verdadeiras as alegações de fato formuladas pelo autor.

•• Dispositivo correspondente no CPC de 1973: art. 319.

Art. 345. A revelia não produz o efeito mencionado no art. 344 se:

•• Dispositivo correspondente no CPC de 1973: art. 320, *caput*.

I – havendo pluralidade de réus, algum deles contestar a ação;

•• Dispositivo correspondente no CPC de 1973: art. 320, I.

II – o litígio versar sobre direitos indisponíveis;

•• Dispositivo correspondente no CPC de 1973: art. 320, II.

III – a petição inicial não estiver acompanhada de instrumento que a lei considere indispensável à prova do ato;

•• Dispositivo correspondente no CPC de 1973: art. 320, III.

IV – as alegações de fato formuladas pelo autor forem inverossímeis ou estiverem em contradição com prova constante dos autos.

Art. 346. Os prazos contra o revel que não tenha patrono nos autos fluirão da data de publicação do ato decisório no órgão oficial.

•• Dispositivo correspondente no CPC de 1973: art. 322, *caput*.

Parágrafo único. O revel poderá intervir no processo em qualquer fase, recebendo-o no estado em que se encontrar.

•• Dispositivo correspondente no CPC de 1973: art. 322, parágrafo único.

Capítulo IX
DAS PROVIDÊNCIAS PRELIMINARES E DO SANEAMENTO

Art. 347. Findo o prazo para a contestação, o juiz tomará, conforme o caso, as providências preliminares constantes das seções deste Capítulo.

•• Dispositivo correspondente no CPC de 1973: art. 323.

Seção I
Da Não Incidência dos Efeitos da Revelia

Art. 348. Se o réu não contestar a ação, o juiz, verificando a inocorrência do efeito da revelia previsto no art. 344, ordenará que o autor especifique as provas que pretenda produzir, se ainda não as tiver indicado.

•• Dispositivo correspondente no CPC de 1973: art. 324.

Art. 349. Ao réu revel será lícita a produção de provas, contrapostas às alegações do autor, desde que se faça representar nos autos a

Processo de Conhecimento

tempo de praticar os atos processuais indispensáveis a essa produção.

Seção II
Do Fato Impeditivo, Modificativo ou Extintivo do Direito do Autor

Art. 350. Se o réu alegar fato impeditivo, modificativo ou extintivo do direito do autor, este será ouvido no prazo de 15 (quinze) dias, permitindo-lhe o juiz a produção de prova.

•• Dispositivo correspondente no CPC de 1973: art. 326.

Seção III
Das Alegações do Réu

Art. 351. Se o réu alegar qualquer das matérias enumeradas no art. 337, o juiz determinará a oitiva do autor no prazo de 15 (quinze) dias, permitindo-lhe a produção de prova.

•• Dispositivo correspondente no CPC de 1973: art. 327.

Art. 352. Verificando a existência de irregularidades ou de vícios sanáveis, o juiz determinará sua correção em prazo nunca superior a 30 (trinta) dias.

•• Dispositivo correspondente no CPC de 1973: art. 327.

Art. 353. Cumpridas as providências preliminares ou não havendo necessidade delas, o juiz proferirá julgamento conforme o estado do processo, observando o que dispõe o Capítulo X.

•• Dispositivo correspondente no CPC de 1973: art. 328.

Capítulo X
DO JULGAMENTO CONFORME O ESTADO DO PROCESSO

Seção I
Da Extinção do Processo

Art. 354. Ocorrendo qualquer das hipóteses previstas nos arts. 485 e 487, incisos II e III, o juiz proferirá sentença.

•• Dispositivo correspondente no CPC de 1973: art. 329.

Parágrafo único. A decisão a que se refere o *caput* pode dizer respeito a apenas parcela do processo, caso em que será impugnável por agravo de instrumento.

Seção II
Do Julgamento Antecipado do Mérito

Art. 355. O juiz julgará antecipadamente o pedido, proferindo sentença com resolução de mérito, quando:

•• Dispositivo correspondente no CPC de 1973: art. 330, *caput*.

I – não houver necessidade de produção de outras provas;

•• Dispositivo correspondente no CPC de 1973: art. 330, I.

II – o réu for revel, ocorrer o efeito previsto no art. 344 e não houver requerimento de prova, na forma do art. 349.

•• Dispositivo correspondente no CPC de 1973: art. 330, II.

Seção III
Do Julgamento Antecipado Parcial do Mérito

Art. 356. O juiz decidirá parcialmente o mérito quando um ou mais dos pedidos formulados ou parcela deles:

I – mostrar-se incontroverso;

II – estiver em condições de imediato julgamento, nos termos do art. 355.

§ 1.º A decisão que julgar parcialmente o mérito poderá reconhecer a existência de obrigação líquida ou ilíquida.

§ 2.º A parte poderá liquidar ou executar, desde logo, a obrigação reconhecida na decisão que julgar parcialmente o mérito, independentemente de caução, ainda que haja recurso contra essa interposto.

•• *Vide* Enunciado 49 da ENFAM.

§ 3.º Na hipótese do § 2.º, se houver trânsito em julgado da decisão, a execução será definitiva.

§ 4.º A liquidação e o cumprimento da decisão que julgar parcialmente o mérito poderão ser processados em autos suplementares, a requerimento da parte ou a critério do juiz.

§ 5.º A decisão proferida com base neste artigo é impugnável por agravo de instrumento.

Seção IV
Do Saneamento e da Organização
do Processo

Art. 357. Não ocorrendo nenhuma das hipóteses deste Capítulo, deverá o juiz, em decisão de saneamento e de organização do processo:

•• Dispositivo correspondente no CPC de 1973: art. 331, *caput* e § 2.º.

I – resolver as questões processuais pendentes, se houver;

•• Dispositivo correspondente no CPC de 1973: art. 331, § 2.º.

II – delimitar as questões de fato sobre as quais recairá a atividade probatória, especificando os meios de prova admitidos;

•• Dispositivo correspondente no CPC de 1973: art. 331, § 2.º.

III – definir a distribuição do ônus da prova, observado o art. 373;

IV – delimitar as questões de direito relevantes para a decisão do mérito;

V – designar, se necessário, audiência de instrução e julgamento.

§ 1.º Realizado o saneamento, as partes têm o direito de pedir esclarecimentos ou solicitar ajustes, no prazo comum de 5 (cinco) dias, findo o qual a decisão se torna estável.

§ 2.º As partes podem apresentar ao juiz, para homologação, delimitação consensual das questões de fato e de direito a que se referem os incisos II e IV, a qual, se homologada, vincula as partes e o juiz.

§ 3.º Se a causa apresentar complexidade em matéria de fato ou de direito, deverá o juiz designar audiência para que o saneamento seja feito em cooperação com as partes, oportunidade em que o juiz, se for o caso, convidará as partes a integrar ou esclarecer suas alegações.

§ 4.º Caso tenha sido determinada a produção de prova testemunhal, o juiz fixará prazo comum não superior a 15 (quinze) dias para que as partes apresentem rol de testemunhas.

§ 5.º Na hipótese do § 3.º, as partes devem levar, para a audiência prevista, o respectivo rol de testemunhas.

§ 6.º O número de testemunhas arroladas não pode ser superior a 10 (dez), sendo 3 (três), no máximo, para a prova de cada fato.

§ 7.º O juiz poderá limitar o número de testemunhas levando em conta a complexidade da causa e dos fatos individualmente considerados.

§ 8.º Caso tenha sido determinada a produção de prova pericial, o juiz deve observar o disposto no art. 465 e, se possível, estabelecer, desde logo, calendário para sua realização.

§ 9.º As pautas deverão ser preparadas com intervalo mínimo de 1 (uma) hora entre as audiências.

Capítulo XI
DA AUDIÊNCIA DE INSTRUÇÃO
E JULGAMENTO

Art. 358. No dia e na hora designados, o juiz declarará aberta a audiência de instrução e julgamento e mandará apregoar as partes e os respectivos advogados, bem como outras pessoas que dela devam participar.

•• Dispositivo correspondente no CPC de 1973: art. 450.

Art. 359. Instalada a audiência, o juiz tentará conciliar as partes, independentemente do emprego anterior de outros métodos de solução consensual de conflitos, como a mediação e a arbitragem.

•• Dispositivo correspondente no CPC de 1973: art. 448.

Art. 360. O juiz exerce o poder de polícia, incumbindo-lhe:

•• Dispositivo correspondente no CPC de 1973: art. 445, *caput*.

I – manter a ordem e o decoro na audiência;

•• Dispositivo correspondente no CPC de 1973: art. 445, I.

II – ordenar que se retirem da sala de audiência os que se comportarem inconvenientemente;

•• Dispositivo correspondente no CPC de 1973: art. 445, II.

Processo de Conhecimento — Arts. 360 a 365

III – requisitar, quando necessário, força policial;

•• Dispositivo correspondente no CPC de 1973: art. 445, III.

IV – tratar com urbanidade as partes, os advogados, os membros do Ministério Público e da Defensoria Pública e qualquer pessoa que participe do processo;

V – registrar em ata, com exatidão, todos os requerimentos apresentados em audiência.

Art. 361. As provas orais serão produzidas em audiência, ouvindo-se nesta ordem, preferencialmente:

•• Dispositivo correspondente no CPC de 1973: art. 452, *caput*.

I – o perito e os assistentes técnicos, que responderão aos quesitos de esclarecimentos requeridos no prazo e na forma do art. 477, caso não respondidos anteriormente por escrito;

•• Dispositivo correspondente no CPC de 1973: art. 452, I.

II – o autor e, em seguida, o réu, que prestarão depoimentos pessoais;

•• Dispositivo correspondente no CPC de 1973: art. 452, II.

III – as testemunhas arroladas pelo autor e pelo réu, que serão inquiridas.

•• Dispositivo correspondente no CPC de 1973: art. 452, III.

Parágrafo único. Enquanto depuserem o perito, os assistentes técnicos, as partes e as testemunhas, não poderão os advogados e o Ministério Público intervir ou apartear, sem licença do juiz.

Art. 362. A audiência poderá ser adiada:

•• Dispositivo correspondente no CPC de 1973: art. 453, *caput*.

I – por convenção das partes;

•• Dispositivo correspondente no CPC de 1973: art. 453, I.

II – se não puder comparecer, por motivo justificado, qualquer pessoa que dela deva necessariamente participar;

•• Dispositivo correspondente no CPC de 1973: art. 453, II.

III – por atraso injustificado de seu início em tempo superior a 30 (trinta) minutos do horário marcado.

•• *Vide* art. 7.º, XX, do EAOAB.

§ 1.º O impedimento deverá ser comprovado até a abertura da audiência, e, não o sendo, o juiz procederá à instrução.

•• Dispositivo correspondente no CPC de 1973: art. 453, § 1.º.

§ 2.º O juiz poderá dispensar a produção das provas requeridas pela parte cujo advogado ou defensor público não tenha comparecido à audiência, aplicando-se a mesma regra ao Ministério Público.

•• Dispositivo correspondente no CPC de 1973: art. 453, § 2.º.

§ 3.º Quem der causa ao adiamento responderá pelas despesas acrescidas.

•• Dispositivo correspondente no CPC de 1973: art. 453, § 3.º.

Art. 363. Havendo antecipação ou adiamento da audiência, o juiz, de ofício ou a requerimento da parte, determinará a intimação dos advogados ou da sociedade de advogados para ciência da nova designação.

•• Dispositivo correspondente no CPC de 1973: art. 242, § 2.º.

Art. 364. Finda a instrução, o juiz dará a palavra ao advogado do autor e do réu, bem como ao membro do Ministério Público, se for o caso de sua intervenção, sucessivamente, pelo prazo de 20 (vinte) minutos para cada um, prorrogável por 10 (dez) minutos, a critério do juiz.

•• Dispositivo correspondente no CPC de 1973: art. 454, *caput*.

§ 1.º Havendo litisconsorte ou terceiro interveniente, o prazo, que formará com o da prorrogação um só todo, dividir-se-á entre os do mesmo grupo, se não convencionarem de modo diverso.

•• Dispositivo correspondente no CPC de 1973: art. 454, § 1.º.

§ 2.º Quando a causa apresentar questões complexas de fato ou de direito, o debate oral poderá ser substituído por razões finais escritas, que serão apresentadas pelo autor e pelo réu, bem como pelo Ministério Público, se for o caso de sua intervenção, em prazos sucessivos de 15 (quinze) dias, assegurada vista dos autos.

•• Dispositivo correspondente no CPC de 1973: art. 454, § 3.º.

Art. 365. A audiência é una e contínua, podendo ser excepcional e justificadamente

Arts. 365 a 372

cindida na ausência de perito ou de testemunha, desde que haja concordância das partes.

•• Dispositivo correspondente no CPC de 1973: art. 455.

Parágrafo único. Diante da impossibilidade de realização da instrução, do debate e do julgamento no mesmo dia, o juiz marcará seu prosseguimento para a data mais próxima possível, em pauta preferencial.

•• Dispositivo correspondente no CPC de 1973: art. 455.

Art. 366. Encerrado o debate ou oferecidas as razões finais, o juiz proferirá sentença em audiência ou no prazo de 30 (trinta) dias.

•• Dispositivo correspondente no CPC de 1973: art. 456.

Art. 367. O servidor lavrará, sob ditado do juiz, termo que conterá, em resumo, o ocorrido na audiência, bem como, por extenso, os despachos, as decisões e a sentença, se proferida no ato.

•• Dispositivo correspondente no CPC de 1973: art. 457, *caput*.

§ 1.º Quando o termo não for registrado em meio eletrônico, o juiz rubricar-lhe-á as folhas, que serão encadernadas em volume próprio.

•• Dispositivo correspondente no CPC de 1973: art. 457, § 1.º.

§ 2.º Subscreverão o termo o juiz, os advogados, o membro do Ministério Público e o escrivão ou chefe de secretaria, dispensadas as partes, exceto quando houver ato de disposição para cuja prática os advogados não tenham poderes.

•• Dispositivo correspondente no CPC de 1973: art. 457, § 2.º.

§ 3.º O escrivão ou chefe de secretaria trasladará para os autos cópia autêntica do termo de audiência.

•• Dispositivo correspondente no CPC de 1973: art. 457, § 3.º.

§ 4.º Tratando-se de autos eletrônicos, observar-se-á o disposto neste Código, em legislação específica e nas normas internas dos tribunais.

•• Dispositivo correspondente no CPC de 1973: art. 457, § 4.º.

§ 5.º A audiência poderá ser integralmente gravada em imagem e em áudio, em meio digital ou analógico, desde que assegure o rápido acesso das partes e dos órgãos julgadores, observada a legislação específica.

§ 6.º A gravação a que se refere o § 5.º também pode ser realizada diretamente por qualquer das partes, independentemente de autorização judicial.

Art. 368. A audiência será pública, ressalvadas as exceções legais.

•• Dispositivo correspondente no CPC de 1973: art. 444.
•• *Vide* art. 189 do CPC.
•• *Vide* art. 143 do ECA.

Capítulo XII
DAS PROVAS

Seção I
Disposições Gerais

Art. 369. As partes têm o direito de empregar todos os meios legais, bem como os moralmente legítimos, ainda que não especificados neste Código, para provar a verdade dos fatos em que se funda o pedido ou a defesa e influir eficazmente na convicção do juiz.

•• Dispositivo correspondente no CPC de 1973: art. 332.
•• *Vide* art. 5.º, LVI, da CF.

Art. 370. Caberá ao juiz, de ofício ou a requerimento da parte, determinar as provas necessárias ao julgamento do mérito.

•• Dispositivo correspondente no CPC de 1973: art. 130.

Parágrafo único. O juiz indeferirá, em decisão fundamentada, as diligências inúteis ou meramente protelatórias.

•• Dispositivo correspondente no CPC de 1973: art. 130.

Art. 371. O juiz apreciará a prova constante dos autos, independentemente do sujeito que a tiver promovido, e indicará na decisão as razões da formação de seu convencimento.

•• Dispositivo correspondente no CPC de 1973: art. 131.

Art. 372. O juiz poderá admitir a utilização de prova produzida em outro processo, atribuindo-lhe o valor que considerar adequado, observado o contraditório.

Processo de Conhecimento

Arts. 373 a 379

Art. 373. O ônus da prova incumbe:

•• Dispositivo correspondente no CPC de 1973: art. 333, *caput*.

I – ao autor, quanto ao fato constitutivo de seu direito;

•• Dispositivo correspondente no CPC de 1973: art. 333, I.

II – ao réu, quanto à existência de fato impeditivo, modificativo ou extintivo do direito do autor.

•• Dispositivo correspondente no CPC de 1973: art. 333, II.

§ 1.º Nos casos previstos em lei ou diante de peculiaridades da causa relacionadas à impossibilidade ou à excessiva dificuldade de cumprir o encargo nos termos do *caput* ou à maior facilidade de obtenção da prova do fato contrário, poderá o juiz atribuir o ônus da prova de modo diverso, desde que o faça por decisão fundamentada, caso em que deverá dar à parte a oportunidade de se desincumbir do ônus que lhe foi atribuído.

§ 2.º A decisão prevista no § 1.º deste artigo não pode gerar situação em que a desincumbência do encargo pela parte seja impossível ou excessivamente difícil.

§ 3.º A distribuição diversa do ônus da prova também pode ocorrer por convenção das partes, salvo quando:

•• Dispositivo correspondente no CPC de 1973: art. 333, parágrafo único, *caput*.

I – recair sobre direito indisponível da parte;

•• Dispositivo correspondente no CPC de 1973: art. 333, parágrafo único, I.

II – tornar excessivamente difícil a uma parte o exercício do direito.

•• Dispositivo correspondente no CPC de 1973: art. 333, parágrafo único, II.

§ 4.º A convenção de que trata o § 3.º pode ser celebrada antes ou durante o processo.

Art. 374. Não dependem de prova os fatos:

•• Dispositivo correspondente no CPC de 1973: art. 334, *caput*.

I – notórios;

•• Dispositivo correspondente no CPC de 1973: art. 334, I.

II – afirmados por uma parte e confessados pela parte contrária;

•• Dispositivo correspondente no CPC de 1973: art. 334, II.

III – admitidos no processo como incontroversos;

•• Dispositivo correspondente no CPC de 1973: art. 334, III.

IV – em cujo favor milita presunção legal de existência ou de veracidade.

•• Dispositivo correspondente no CPC de 1973: art. 334, IV.

Art. 375. O juiz aplicará as regras de experiência comum subministradas pela observação do que ordinariamente acontece e, ainda, as regras de experiência técnica, ressalvado, quanto a estas, o exame pericial.

•• Dispositivo correspondente no CPC de 1973: art. 335.

Art. 376. A parte que alegar direito municipal, estadual, estrangeiro ou consuetudinário provar-lhe-á o teor e a vigência, se assim o juiz determinar.

•• Dispositivo correspondente no CPC de 1973: art. 337.

Art. 377. A carta precatória, a carta rogatória e o auxílio direto suspenderão o julgamento da causa no caso previsto no art. 313, inciso V, alínea *b*, quando, tendo sido requeridos antes da decisão de saneamento, a prova neles solicitada for imprescindível.

•• Dispositivo correspondente no CPC de 1973: art. 338, *caput*.

Parágrafo único. A carta precatória e a carta rogatória não devolvidas no prazo ou concedidas sem efeito suspensivo poderão ser juntadas aos autos a qualquer momento.

•• Dispositivo correspondente no CPC de 1973: art. 338, parágrafo único.

Art. 378. Ninguém se exime do dever de colaborar com o Poder Judiciário para o descobrimento da verdade.

•• Dispositivo correspondente no CPC de 1973: art. 339.

Art. 379. Preservado o direito de não produzir prova contra si própria, incumbe à parte:

•• Dispositivo correspondente no CPC de 1973: art. 340, *caput*.

I – comparecer em juízo, respondendo ao que lhe for interrogado;

Arts. 379 a 384

•• Dispositivo correspondente no CPC de 1973: art. 340, I.

II – colaborar com o juízo na realização de inspeção judicial que for considerada necessária;

•• Dispositivo correspondente no CPC de 1973: art. 340, II.

III – praticar o ato que lhe for determinado.

•• Dispositivo correspondente no CPC de 1973: art. 340, III.

• Vide art. 5.º, II, da CF.

Art. 380. Incumbe ao terceiro, em relação a qualquer causa:

I – informar ao juiz os fatos e as circunstâncias de que tenha conhecimento;

•• Vide art. 5.º, XIV, da CF.

II – exibir coisa ou documento que esteja em seu poder.

•• Dispositivo correspondente no CPC de 1973: art. 341.

• Vide arts. 396 e 401 do CPC.

Parágrafo único. Poderá o juiz, em caso de descumprimento, determinar, além da imposição de multa, outras medidas indutivas, coercitivas, mandamentais ou sub-rogatórias.

Seção II
Da Produção Antecipada da Prova

Art. 381. A produção antecipada da prova será admitida nos casos em que:

I – haja fundado receio de que venha a tornar-se impossível ou muito difícil a verificação de certos fatos na pendência da ação;

II – a prova a ser produzida seja suscetível de viabilizar a autocomposição ou outro meio adequado de solução de conflito;

III – o prévio conhecimento dos fatos possa justificar ou evitar o ajuizamento de ação.

§ 1.º O arrolamento de bens observará o disposto nesta Seção quando tiver por finalidade apenas a realização de documentação e não a prática de atos de apreensão.

§ 2.º A produção antecipada da prova é da competência do juízo do foro onde esta deva ser produzida ou do foro de domicílio do réu.

§ 3.º A produção antecipada da prova não previne a competência do juízo para a ação que venha a ser proposta.

§ 4.º O juízo estadual tem competência para produção antecipada de prova requerida em face da União, de entidade autárquica ou de empresa pública federal se, na localidade, não houver vara federal.

§ 5.º Aplica-se o disposto nesta Seção àquele que pretender justificar a existência de algum fato ou relação jurídica para simples documento e sem caráter contencioso, que exporá, em petição circunstanciada, a sua intenção.

Art. 382. Na petição, o requerente apresentará as razões que justificam a necessidade de antecipação da prova e mencionará com precisão os fatos sobre os quais a prova há de recair.

§ 1.º O juiz determinará, de ofício ou a requerimento da parte, a citação de interessados na produção da prova ou no fato a ser provado, salvo se inexistente caráter contencioso.

§ 2.º O juiz não se pronunciará sobre a ocorrência ou a inocorrência do fato, nem sobre as respectivas consequências jurídicas.

§ 3.º Os interessados poderão requerer a produção de qualquer prova no mesmo procedimento, desde que relacionada ao mesmo fato, salvo se a sua produção conjunta acarretar excessiva demora.

§ 4.º Neste procedimento, não se admitirá defesa ou recurso, salvo contra decisão que indeferir totalmente a produção da prova pleiteada pelo requerente originário.

Art. 383. Os autos permanecerão em cartório durante 1 (um) mês para extração de cópias e certidões pelos interessados.

•• Dispositivo correspondente no CPC de 1973: art. 851.

Parágrafo único. Findo o prazo, os autos serão entregues ao promovente da medida.

Seção III
Da Ata Notarial

Art. 384. A existência e o modo de existir de algum fato podem ser atestados ou documentados, a requerimento do interessado, mediante ata lavrada por tabelião.

Processo de Conhecimento

Parágrafo único. Dados representados por imagem ou som gravados em arquivos eletrônicos poderão constar da ata notarial.

Seção IV
Do Depoimento Pessoal

Art. 385. Cabe à parte requerer o depoimento pessoal da outra parte, a fim de que esta seja interrogada na audiência de instrução e julgamento, sem prejuízo do poder do juiz de ordená-lo de ofício.

•• Dispositivo correspondente no CPC de 1973: art. 343, caput.

§ 1.º Se a parte, pessoalmente intimada para prestar depoimento pessoal e advertida da pena de confesso, não comparecer ou, comparecendo, se recusar a depor, o juiz aplicar-lhe-á a pena.

•• Dispositivo correspondente no CPC de 1973: art. 343, §§ 1.º e 2.º.

§ 2.º É vedado a quem ainda não depôs assistir ao interrogatório da outra parte.

•• Dispositivo correspondente no CPC de 1973: art. 344, parágrafo único.

§ 3.º O depoimento pessoal da parte que residir em comarca, seção ou subseção judiciária diversa daquela onde tramita o processo poderá ser colhido por meio de videoconferência ou outro recurso tecnológico de transmissão de sons e imagens em tempo real, o que poderá ocorrer, inclusive, durante a realização da audiência de instrução e julgamento.

Art. 386. Quando a parte, sem motivo justificado, deixar de responder ao que lhe for perguntado ou empregar evasivas, o juiz, apreciando as demais circunstâncias e os elementos de prova, declarará, na sentença, se houve recusa de depor.

•• Dispositivo correspondente no CPC de 1973: art. 345.

Art. 387. A parte responderá pessoalmente sobre os fatos articulados, não podendo servir-se de escritos anteriormente preparados, permitindo-lhe o juiz, todavia, a consulta a notas breves, desde que objetivem completar esclarecimentos.

•• Dispositivo correspondente no CPC de 1973: art. 346.

Art. 388. A parte não é obrigada a depor sobre fatos:

•• Dispositivo correspondente no CPC de 1973: art. 347, caput.

I – criminosos ou torpes que lhe forem imputados;

•• Dispositivo correspondente no CPC de 1973: art. 347, I.

II – a cujo respeito, por estado ou profissão, deva guardar sigilo;

•• Dispositivo correspondente no CPC de 1973: art. 347, II.

III – acerca dos quais não possa responder sem desonra própria, de seu cônjuge, de seu companheiro ou de parente em grau sucessível;

IV – que coloquem em perigo a vida do depoente ou das pessoas referidas no inciso III.

Parágrafo único. Esta disposição não se aplica às ações de estado e de família.

•• Dispositivo correspondente no CPC de 1973: art. 347, parágrafo único.

Seção V
Da Confissão

Art. 389. Há confissão, judicial ou extrajudicial, quando a parte admite a verdade de fato contrário ao seu interesse e favorável ao do adversário.

•• Dispositivo correspondente no CPC de 1973: art. 348.

Art. 390. A confissão judicial pode ser espontânea ou provocada.

•• Dispositivo correspondente no CPC de 1973: art. 349, caput.

§ 1.º A confissão espontânea pode ser feita pela própria parte ou por representante com poder especial.

•• Dispositivo correspondente no CPC de 1973: art. 349, parágrafo único.

§ 2.º A confissão provocada constará do termo de depoimento pessoal.

Art. 391. A confissão judicial faz prova contra o confitente, não prejudicando, todavia, os litisconsortes.

•• Dispositivo correspondente no CPC de 1973: art. 350, caput.

Parágrafo único. Nas ações que versarem sobre bens imóveis ou direitos reais sobre imóveis alheios, a confissão de um cônjuge ou companheiro não valerá sem a do outro, salvo se o regime de casamento for o de separação absoluta de bens.

•• Dispositivo correspondente no CPC de 1973: art. 350, parágrafo único.

Art. 392. Não vale como confissão a admissão, em juízo, de fatos relativos a direitos indisponíveis.

•• Dispositivo correspondente no CPC de 1973: art. 351.

§ 1.º A confissão será ineficaz se feita por quem não for capaz de dispor do direito a que se referem os fatos confessados.

§ 2.º A confissão feita por um representante somente é eficaz nos limites em que este pode vincular o representado.

Art. 393. A confissão é irrevogável, mas pode ser anulada se decorreu de erro de fato ou de coação.

•• Dispositivo correspondente no CPC de 1973: art. 352, *caput* e incisos.

Parágrafo único. A legitimidade para a ação prevista no *caput* é exclusiva do confitente e pode ser transferida a seus herdeiros se ele falecer após a propositura.

•• Dispositivo correspondente no CPC de 1973: art. 352, parágrafo único.

Art. 394. A confissão extrajudicial, quando feita oralmente, só terá eficácia nos casos em que a lei não exija prova literal.

•• Dispositivo correspondente no CPC de 1973: art. 353, parágrafo único.

Art. 395. A confissão é, em regra, indivisível, não podendo a parte que a quiser invocar como prova aceitá-la no tópico que a beneficiar e rejeitá-la no que lhe for desfavorável, porém cindir-se-á quando o confitente a ela aduzir fatos novos, capazes de constituir fundamento de defesa de direito material ou de reconvenção.

•• Dispositivo correspondente no CPC de 1973: art. 354.

Seção VI
Da Exibição de Documento ou Coisa

Art. 396. O juiz pode ordenar que a parte exiba documento ou coisa que se encontre em seu poder.

•• Dispositivo correspondente no CPC de 1973: art. 355.

Art. 397. O pedido formulado pela parte conterá:

•• Dispositivo correspondente no CPC de 1973: art. 356, *caput*.

I – a individuação, tão completa quanto possível, do documento ou da coisa;

•• Dispositivo correspondente no CPC de 1973: art. 356, I.

II – a finalidade da prova, indicando os fatos que se relacionam com o documento ou com a coisa;

•• Dispositivo correspondente no CPC de 1973: art. 356, II.

III – as circunstâncias em que se funda o requerente para afirmar que o documento ou a coisa existe e se acha em poder da parte contrária.

•• Dispositivo correspondente no CPC de 1973: art. 356, III.

Art. 398. O requerido dará sua resposta nos 5 (cinco) dias subsequentes à sua intimação.

•• Dispositivo correspondente no CPC de 1973: art. 357.

Parágrafo único. Se o requerido afirmar que não possui o documento ou a coisa, o juiz permitirá que o requerente prove, por qualquer meio, que a declaração não corresponde à verdade.

•• Dispositivo correspondente no CPC de 1973: art. 357.

Art. 399. O juiz não admitirá a recusa se:

•• Dispositivo correspondente no CPC de 1973: art. 358, *caput*.

I – o requerido tiver obrigação legal de exibir;

•• Dispositivo correspondente no CPC de 1973: art. 358, I.

II – o requerido tiver aludido ao documento ou à coisa, no processo, com o intuito de constituir prova;

•• Dispositivo correspondente no CPC de 1973: art. 358, II.

III – o documento, por seu conteúdo, for comum às partes.

•• Dispositivo correspondente no CPC de 1973: art. 358, III.

Art. 400. Ao decidir o pedido, o juiz admitirá como verdadeiros os fatos que, por meio do documento ou da coisa, a parte pretendia provar se:

Processo de Conhecimento

Arts. 400 a 406

•• Dispositivo correspondente no CPC de 1973: art. 359, *caput*.

I – o requerido não efetuar a exibição nem fizer nenhuma declaração no prazo do art. 398;

•• Dispositivo correspondente no CPC de 1973: art. 359, I.

II – a recusa for havida por ilegítima.

•• Dispositivo correspondente no CPC de 1973: art. 359, II.

Parágrafo único. Sendo necessário, o juiz pode adotar medidas indutivas, coercitivas, mandamentais ou sub-rogatórias para que o documento seja exibido.

Art. 401. Quando o documento ou a coisa estiver em poder de terceiro, o juiz ordenará sua citação para responder no prazo de 15 (quinze) dias.

•• Dispositivo correspondente no CPC de 1973: art. 360.

Art. 402. Se o terceiro negar a obrigação de exibir ou a posse do documento ou da coisa, o juiz designará audiência especial, tomando-lhe o depoimento, bem como o das partes e, se necessário, o de testemunhas, e em seguida proferirá decisão.

•• Dispositivo correspondente no CPC de 1973: art. 361.

Art. 403. Se o terceiro, sem justo motivo, se recusar a efetuar a exibição, o juiz ordenar-lhe--á que proceda ao respectivo depósito em cartório ou em outro lugar designado, no prazo de 5 (cinco) dias, impondo ao requerente que o ressarça pelas despesas que tiver.

•• Dispositivo correspondente no CPC de 1973: art. 362.

Parágrafo único. Se o terceiro descumprir a ordem, o juiz expedirá mandado de apreensão, requisitando, se necessário, força policial, sem prejuízo da responsabilidade por crime de desobediência, pagamento de multa e outras medidas indutivas, coercitivas, mandamentais ou sub-rogatórias necessárias para assegurar a efetivação da decisão.

•• Dispositivo correspondente no CPC de 1973: art. 362.

Art. 404. A parte e o terceiro se escusam de exibir, em juízo, o documento ou a coisa se:

•• Dispositivo correspondente no CPC de 1973: art. 363, *caput*.

I – concernente a negócios da própria vida da família;

•• Dispositivo correspondente no CPC de 1973: art. 363, I.

II – sua apresentação puder violar dever de honra;

•• Dispositivo correspondente no CPC de 1973: art. 363, II.

III – sua publicidade redundar em desonra à parte ou ao terceiro, bem como a seus parentes consanguíneos ou afins até o terceiro grau, ou lhes representar perigo de ação penal;

•• Dispositivo correspondente no CPC de 1973: art. 363, III.

IV – sua exibição acarretar a divulgação de fatos a cujo respeito, por estado ou profissão, devam guardar segredo;

•• Dispositivo correspondente no CPC de 1973: art. 363, IV.

V – subsistirem outros motivos graves que, segundo o prudente arbítrio do juiz, justifiquem a recusa da exibição;

•• Dispositivo correspondente no CPC de 1973: art. 363, V.

VI – houver disposição legal que justifique a recusa da exibição.

Parágrafo único. Se os motivos de que tratam os incisos I a VI do *caput* disserem respeito a apenas uma parcela do documento, a parte ou o terceiro exibirá a outra em cartório, para dela ser extraída cópia reprográfica, de tudo sendo lavrado auto circunstanciado.

•• Dispositivo correspondente no CPC de 1973: art. 363, parágrafo único.

Seção VII
Da Prova Documental

Subseção I
Da Força Probante dos Documentos

Art. 405. O documento público faz prova não só da sua formação, mas também dos fatos que o escrivão, o chefe de secretaria, o tabelião ou o servidor declarar que ocorreram em sua presença.

•• Dispositivo correspondente no CPC de 1973: art. 364.

Art. 406. Quando a lei exigir instrumento público como da substância do ato, nenhuma outra prova, por mais especial que seja, pode suprir-lhe a falta.

Arts. 406 a 413

•• Dispositivo correspondente no CPC de 1973: art. 366.

Art. 407. O documento feito por oficial público incompetente ou sem a observância das formalidades legais, sendo subscrito pelas partes, tem a mesma eficácia probatória do documento particular.

•• Dispositivo correspondente no CPC de 1973: art. 367.

Art. 408. As declarações constantes do documento particular escrito e assinado ou somente assinado presumem-se verdadeiras em relação ao signatário.

•• Dispositivo correspondente no CPC de 1973: art. 368, caput.

Parágrafo único. Quando, todavia, contiver declaração de ciência de determinado fato, o documento particular prova a ciência, mas não o fato em si, incumbindo o ônus de prová-lo ao interessado em sua veracidade.

•• Dispositivo correspondente no CPC de 1973: art. 368, parágrafo único.

Art. 409. A data do documento particular, quando a seu respeito surgir dúvida ou impugnação entre os litigantes, provar-se-á por todos os meios de direito.

•• Dispositivo correspondente no CPC de 1973: art. 370, caput.

Parágrafo único. Em relação a terceiros, considerar-se-á datado o documento particular:

•• Dispositivo correspondente no CPC de 1973: art. 370, caput.

I – no dia em que foi registrado;

•• Dispositivo correspondente no CPC de 1973: art. 370, I.

II – desde a morte de algum dos signatários;

•• Dispositivo correspondente no CPC de 1973: art. 370, II.

III – a partir da impossibilidade física que sobreveio a qualquer dos signatários;

•• Dispositivo correspondente no CPC de 1973: art. 370, III.

IV – da sua apresentação em repartição pública ou em juízo;

•• Dispositivo correspondente no CPC de 1973: art. 370, IV.

V – do ato ou do fato que estabeleça, de modo certo, a anterioridade da formação do documento.

•• Dispositivo correspondente no CPC de 1973: art. 370, V.

Art. 410. Considera-se autor do documento particular:

•• Dispositivo correspondente no CPC de 1973: art. 371, caput.

I – aquele que o fez e o assinou;

•• Dispositivo correspondente no CPC de 1973: art. 371, I.

II – aquele por conta de quem ele foi feito, estando assinado;

•• Dispositivo correspondente no CPC de 1973: art. 371, II.

III – aquele que, mandando compô-lo, não o firmou porque, conforme a experiência comum, não se costuma assinar, como livros empresariais e assentos domésticos.

•• Dispositivo correspondente no CPC de 1973: art. 371, III.

Art. 411. Considera-se autêntico o documento quando:

•• Dispositivo correspondente no CPC de 1973: art. 369.

I – o tabelião reconhecer a firma do signatário;

•• Dispositivo correspondente no CPC de 1973: art. 369.

II – a autoria estiver identificada por qualquer outro meio legal de certificação, inclusive eletrônico, nos termos da lei;

III – não houver impugnação da parte contra quem foi produzido o documento.

Art. 412. O documento particular de cuja autenticidade não se duvida prova que o seu autor fez a declaração que lhe é atribuída.

•• Dispositivo correspondente no CPC de 1973: art. 373, caput.

Parágrafo único. O documento particular admitido expressa ou tacitamente é indivisível, sendo vedado à parte que pretende utilizar-se dele aceitar os fatos que lhe são favoráveis e recusar os que são contrários ao seu interesse, salvo se provar que estes não ocorreram.

•• Dispositivo correspondente no CPC de 1973: art. 373, parágrafo único.

Art. 413. O telegrama, o radiograma ou qualquer outro meio de transmissão tem a mesma força probatória do documento particular se o original constante da estação expedidora tiver sido assinado pelo remetente.

•• Dispositivo correspondente no CPC de 1973: art. 374, caput.

Processo de Conhecimento

Parágrafo único. A firma do remetente poderá ser reconhecida pelo tabelião, declarando-se essa circunstância no original depositado na estação expedidora.

•• Dispositivo correspondente no CPC de 1973: art. 374, parágrafo único.

Art. 414. O telegrama ou o radiograma presume-se conforme com o original, provando as datas de sua expedição e de seu recebimento pelo destinatário.

•• Dispositivo correspondente no CPC de 1973: art. 375.

Art. 415. As cartas e os registros domésticos provam contra quem os escreveu quando:

•• Dispositivo correspondente no CPC de 1973: art. 376, *caput*.

I – enunciam o recebimento de um crédito;

•• Dispositivo correspondente no CPC de 1973: art. 376, I.

II – contêm anotação que visa a suprir a falta de título em favor de quem é apontado como credor;

•• Dispositivo correspondente no CPC de 1973: art. 376, II.

III – expressam conhecimento de fatos para os quais não se exija determinada prova.

•• Dispositivo correspondente no CPC de 1973: art. 376, III.

Art. 416. A nota escrita pelo credor em qualquer parte de documento representativo de obrigação, ainda que não assinada, faz prova em benefício do devedor.

•• Dispositivo correspondente no CPC de 1973: art. 377, *caput*.

Parágrafo único. Aplica-se essa regra tanto para o documento que o credor conservar em seu poder quanto para aquele que se achar em poder do devedor ou de terceiro.

•• Dispositivo correspondente no CPC de 1973: art. 377, parágrafo único.

Art. 417. Os livros empresariais provam contra seu autor, sendo lícito ao empresário, todavia, demonstrar, por todos os meios permitidos em direito, que os lançamentos não correspondem à verdade dos fatos.

•• Dispositivo correspondente no CPC de 1973: art. 378.

Art. 418. Os livros empresariais que preencham os requisitos exigidos por lei provam a favor de seu autor no litígio entre empresários.

•• Dispositivo correspondente no CPC de 1973: art. 379.

Art. 419. A escrituração contábil é indivisível, e, se dos fatos que resultam dos lançamentos, uns são favoráveis ao interesse de seu autor e outros lhe são contrários, ambos serão considerados em conjunto, como unidade.

•• Dispositivo correspondente no CPC de 1973: art. 380.

Art. 420. O juiz pode ordenar, a requerimento da parte, a exibição integral dos livros empresariais e dos documentos do arquivo:

•• Dispositivo correspondente no CPC de 1973: art. 381, *caput*.

I – na liquidação de sociedade;

•• Dispositivo correspondente no CPC de 1973: art. 381, I.

II – na sucessão por morte de sócio;

•• Dispositivo correspondente no CPC de 1973: art. 381, II.

III – quando e como determinar a lei.

•• Dispositivo correspondente no CPC de 1973: art. 381, III.

Art. 421. O juiz pode, de ofício, ordenar à parte a exibição parcial dos livros e dos documentos, extraindo-se deles a suma que interessar ao litígio, bem como reproduções autenticadas.

•• Dispositivo correspondente no CPC de 1973: art. 382.

Art. 422. Qualquer reprodução mecânica, como a fotográfica, a cinematográfica, a fonográfica ou de outra espécie, tem aptidão para fazer prova dos fatos ou das coisas representadas, se a sua conformidade com o documento original não for impugnada por aquele contra quem foi produzida.

•• Dispositivo correspondente no CPC de 1973: art. 383.

§ 1.º As fotografias digitais e as extraídas da rede mundial de computadores fazem prova das imagens que reproduzem, devendo, se impugnadas, ser apresentada a respectiva autenticação eletrônica ou, não sendo possível, realizada perícia.

§ 2.º Se se tratar de fotografia publicada em jornal ou revista, será exigido um exemplar original do periódico, caso impugnada a veracidade pela outra parte.

Arts. 422 a 428

•• Dispositivo correspondente no CPC de 1973: art. 385, § 2.º.

§ 3.º Aplica-se o disposto neste artigo à forma impressa de mensagem eletrônica.

Art. 423. As reproduções dos documentos particulares, fotográficas ou obtidas por outros processos de repetição, valem como certidões sempre que o escrivão ou o chefe de secretaria certificar sua conformidade com o original.

•• Dispositivo correspondente no CPC de 1973: art. 384.

Art. 424. A cópia de documento particular tem o mesmo valor probante que o original, cabendo ao escrivão, intimadas as partes, proceder à conferência e certificar a conformidade entre a cópia e o original.

•• Dispositivo correspondente no CPC de 1973: art. 385, *caput*.

Art. 425. Fazem a mesma prova que os originais:

•• Dispositivo correspondente no CPC de 1973: art. 365, *caput*.

I – as certidões textuais de qualquer peça dos autos, do protocolo das audiências ou de outro livro a cargo do escrivão ou do chefe de secretaria, se extraídas por ele ou sob sua vigilância e por ele subscritas;

•• Dispositivo correspondente no CPC de 1973: art. 365, I.

II – os traslados e as certidões extraídas por oficial público de instrumentos ou documentos lançados em suas notas;

•• Dispositivo correspondente no CPC de 1973: art. 365, II.

III – as reproduções dos documentos públicos, desde que autenticadas por oficial público ou conferidas em cartório com os respectivos originais;

•• Dispositivo correspondente no CPC de 1973: art. 365, III.

IV – as cópias reprográficas de peças do próprio processo judicial declaradas autênticas pelo advogado, sob sua responsabilidade pessoal, se não lhes for impugnada a autenticidade;

•• Dispositivo correspondente no CPC de 1973: art. 365, IV.

V – os extratos digitais de bancos de dados públicos e privados, desde que atestado pelo seu emitente, sob as penas da lei, que as informações conferem com o que consta na origem;

•• Dispositivo correspondente no CPC de 1973: art. 365, V.

VI – as reproduções digitalizadas de qualquer documento público ou particular, quando juntadas aos autos pelos órgãos da justiça e seus auxiliares, pelo Ministério Público e seus auxiliares, pela Defensoria Pública e seus auxiliares, pelas procuradorias, pelas repartições públicas em geral e por advogados, ressalvada a alegação motivada e fundamentada de adulteração.

•• Dispositivo correspondente no CPC de 1973: art. 365, VI.

§ 1.º Os originais dos documentos digitalizados mencionados no inciso VI deverão ser preservados pelo seu detentor até o final do prazo para propositura de ação rescisória.

•• Dispositivo correspondente no CPC de 1973: art. 365, § 1.º.

§ 2.º Tratando-se de cópia digital de título executivo extrajudicial ou de documento relevante à instrução do processo, o juiz poderá determinar seu depósito em cartório ou secretaria.

•• Dispositivo correspondente no CPC de 1973: art. 365, § 2.º.

Art. 426. O juiz apreciará fundamentadamente a fé que deva merecer o documento, quando em ponto substancial e sem ressalva contiver entrelinha, emenda, borrão ou cancelamento.

•• Dispositivo correspondente no CPC de 1973: art. 386.

Art. 427. Cessa a fé do documento público ou particular sendo-lhe declarada judicialmente a falsidade.

•• Dispositivo correspondente no CPC de 1973: art. 387, *caput*.

Parágrafo único. A falsidade consiste em:

•• Dispositivo correspondente no CPC de 1973: art. 387, parágrafo único, *caput*.

I – formar documento não verdadeiro;

•• Dispositivo correspondente no CPC de 1973: art. 387, parágrafo único, I.

II – alterar documento verdadeiro.

•• Dispositivo correspondente no CPC de 1973: art. 387, parágrafo único, II.

Art. 428. Cessa a fé do documento particular quando:

•• Dispositivo correspondente no CPC de 1973: art. 388, *caput*.

Processo de Conhecimento

Arts. 428 a 436

I – for impugnada sua autenticidade e enquanto não se comprovar sua veracidade;

•• Dispositivo correspondente no CPC de 1973: art. 388, I.

II – assinado em branco, for impugnado seu conteúdo, por preenchimento abusivo.

•• Dispositivo correspondente no CPC de 1973: art. 388, II.

Parágrafo único. Dar-se-á abuso quando aquele que recebeu documento assinado com texto não escrito no todo ou em parte formá-lo ou completá-lo por si ou por meio de outrem, violando o pacto feito com o signatário.

•• Dispositivo correspondente no CPC de 1973: art. 388, parágrafo único.

Art. 429. Incumbe o ônus da prova quando:

•• Dispositivo correspondente no CPC de 1973: art. 389, caput.

I – se tratar de falsidade de documento ou de preenchimento abusivo, à parte que a arguir;

•• Dispositivo correspondente no CPC de 1973: art. 389, I.

II – se tratar de impugnação da autenticidade, à parte que produziu o documento.

•• Dispositivo correspondente no CPC de 1973: art. 389, II.

Subseção II
Da Arguição de Falsidade

Art. 430. A falsidade deve ser suscitada na contestação, na réplica ou no prazo de 15 (quinze) dias, contado a partir da intimação da juntada do documento aos autos.

•• Dispositivo correspondente no CPC de 1973: art. 390.

Parágrafo único. Uma vez arguida, a falsidade será resolvida como questão incidental, salvo se a parte requerer que o juiz a decida como questão principal, nos termos do inciso II do art. 19.

Art. 431. A parte arguirá a falsidade expondo os motivos em que funda a sua pretensão e os meios com que provará o alegado.

•• Dispositivo correspondente no CPC de 1973: art. 391.

Art. 432. Depois de ouvida a outra parte no prazo de 15 (quinze) dias, será realizado o exame pericial.

•• Dispositivo correspondente no CPC de 1973: art. 392, caput.

•• Víde art. 478 do CPC.

Parágrafo único. Não se procederá ao exame pericial se a parte que produziu o documento concordar em retirá-lo.

•• Dispositivo correspondente no CPC de 1973: art. 392, parágrafo único.

Art. 433. A declaração sobre a falsidade do documento, quando suscitada como questão principal, constará da parte dispositiva da sentença e sobre ela incidirá também a autoridade da coisa julgada.

•• Dispositivo correspondente no CPC de 1973: art. 395.

Subseção III
Da Produção da Prova Documental

Art. 434. Incumbe à parte instruir a petição inicial ou a contestação com os documentos destinados a provar suas alegações.

•• Dispositivo correspondente no CPC de 1973: art. 396.

Parágrafo único. Quando o documento consistir em reprodução cinematográfica ou fonográfica, a parte deverá trazê-lo nos termos do caput, mas sua exposição será realizada em audiência, intimando-se previamente as partes.

Art. 435. É lícito às partes, em qualquer tempo, juntar aos autos documentos novos, quando destinados a fazer prova de fatos ocorridos depois dos articulados ou para contrapô-los aos que foram produzidos nos autos.

•• Dispositivo correspondente no CPC de 1973: art. 397.

Parágrafo único. Admite-se também a juntada posterior de documentos formados após a petição inicial ou a contestação, bem como dos que se tornaram conhecidos, acessíveis ou disponíveis após esses atos, cabendo à parte que os produzir comprovar o motivo que a impediu de juntá-los anteriormente e incumbindo ao juiz, em qualquer caso, avaliar a conduta da parte de acordo com o art. 5.º.

Art. 436. A parte, intimada a falar sobre documento constante dos autos, poderá:

Arts. 436 a 444

I – impugnar a admissibilidade da prova documental;

II – impugnar sua autenticidade;

III – suscitar sua falsidade, com ou sem deflagração do incidente de arguição de falsidade;

IV – manifestar-se sobre seu conteúdo.

Parágrafo único. Nas hipóteses dos incisos II e III, a impugnação deverá basear-se em argumentação específica, não se admitindo alegação genérica de falsidade.

Art. 437. O réu manifestar-se-á na contestação sobre os documentos anexados à inicial, e o autor manifestar-se-á na réplica sobre os documentos anexados à contestação.

§ 1.º Sempre que uma das partes requerer a juntada de documento aos autos, o juiz ouvirá, a seu respeito, a outra parte, que disporá do prazo de 15 (quinze) dias para adotar qualquer das posturas indicadas no art. 436.

•• Dispositivo correspondente no CPC de 1973: art. 398.

§ 2.º Poderá o juiz, a requerimento da parte, dilatar o prazo para manifestação sobre a prova documental produzida, levando em consideração a quantidade e a complexidade da documentação.

Art. 438. O juiz requisitará às repartições públicas, em qualquer tempo ou grau de jurisdição:

•• Dispositivo correspondente no CPC de 1973: art. 399, caput.

I – as certidões necessárias à prova das alegações das partes;

•• Dispositivo correspondente no CPC de 1973: art. 399, I.

II – os procedimentos administrativos nas causas em que forem interessados a União, os Estados, o Distrito Federal, os Municípios ou entidades da administração indireta.

•• Dispositivo correspondente no CPC de 1973: art. 399, II.

§ 1.º Recebidos os autos, o juiz mandará extrair, no prazo máximo e improrrogável de 1 (um) mês, certidões ou reproduções fotográficas das peças que indicar e das que forem indicadas pelas partes, e, em seguida, devolverá os autos à repartição de origem.

•• Dispositivo correspondente no CPC de 1973: art. 399, § 1.º.

§ 2.º As repartições públicas poderão fornecer todos os documentos em meio eletrônico, conforme disposto em lei, certificando, pelo mesmo meio, que se trata de extrato fiel do que consta em seu banco de dados ou no documento digitalizado.

•• Dispositivo correspondente no CPC de 1973: art. 399, § 2.º.

Seção VIII
Dos Documentos Eletrônicos

Art. 439. A utilização de documentos eletrônicos no processo convencional dependerá de sua conversão à forma impressa e da verificação de sua autenticidade, na forma da lei.

Art. 440. O juiz apreciará o valor probante do documento eletrônico não convertido, assegurado às partes o acesso ao seu teor.

Art. 441. Serão admitidos documentos eletrônicos produzidos e conservados com a observância da legislação específica.

Seção IX
Da Prova Testemunhal

Subseção I
Da Admissibilidade e do Valor da Prova Testemunhal

Art. 442. A prova testemunhal é sempre admissível, não dispondo a lei de modo diverso.

•• Dispositivo correspondente no CPC de 1973: art. 400, caput.

Art. 443. O juiz indeferirá a inquirição de testemunhas sobre fatos:

•• Dispositivo correspondente no CPC de 1973: art. 400, caput.

I – já provados por documento ou confissão da parte;

•• Dispositivo correspondente no CPC de 1973: art. 400, I.

II – que só por documento ou por exame pericial puderem ser provados.

•• Dispositivo correspondente no CPC de 1973: art. 400, II.

Art. 444. Nos casos em que a lei exigir prova escrita da obrigação, é admissível a prova testemunhal quando houver começo de prova por

Processo de Conhecimento

escrito, emanado da parte contra a qual se pretende produzir a prova.

•• Dispositivo correspondente no CPC de 1973: art. 402, *caput* e I.

Art. 445. Também se admite a prova testemunhal quando o credor não pode ou não podia, moral ou materialmente, obter a prova escrita da obrigação, em casos como o de parentesco, de depósito necessário ou de hospedagem em hotel ou em razão das práticas comerciais do local onde contraída a obrigação.

•• Dispositivo correspondente no CPC de 1973: art. 402, II.

Art. 446. É lícito à parte provar com testemunhas:

•• Dispositivo correspondente no CPC de 1973: art. 404, *caput*.

I – nos contratos simulados, a divergência entre a vontade real e a vontade declarada;

•• Dispositivo correspondente no CPC de 1973: art. 404, I.

II – nos contratos em geral, os vícios de consentimento.

•• Dispositivo correspondente no CPC de 1973: art. 404, II.

Art. 447. Podem depor como testemunhas todas as pessoas, exceto as incapazes, impedidas ou suspeitas.

•• Dispositivo correspondente no CPC de 1973: art. 405, *caput*.

§ 1.º São incapazes:

•• Dispositivo correspondente no CPC de 1973: art. 405, § 1.º, *caput*.

I – o interdito por enfermidade ou deficiência mental;

•• Dispositivo correspondente no CPC de 1973: art. 405, § 1.º, I.

II – o que, acometido por enfermidade ou retardamento mental, ao tempo em que ocorreram os fatos, não podia discerni-los, ou, ao tempo em que deve depor, não está habilitado a transmitir as percepções;

•• Dispositivo correspondente no CPC de 1973: art. 405, § 1.º, II.

III – o que tiver menos de 16 (dezesseis) anos;

•• Dispositivo correspondente no CPC de 1973: art. 405, § 1.º, III.

IV – o cego e o surdo, quando a ciência do fato depender dos sentidos que lhes faltam.

•• Dispositivo correspondente no CPC de 1973: art. 405, § 1.º, IV.

§ 2.º São impedidos:

•• Dispositivo correspondente no CPC de 1973: art. 405, § 2.º, *caput*.

I – o cônjuge, o companheiro, o ascendente e o descendente em qualquer grau e o colateral, até o terceiro grau, de alguma das partes, por consanguinidade ou afinidade, salvo se o exigir o interesse público ou, tratando-se de causa relativa ao estado da pessoa, não se puder obter de outro modo a prova que o juiz repute necessária ao julgamento do mérito;

•• Dispositivo correspondente no CPC de 1973: art. 405, § 2.º, I.

II – o que é parte na causa;

•• Dispositivo correspondente no CPC de 1973: art. 405, § 2.º, II.

III – o que intervém em nome de uma parte, como o tutor, o representante legal da pessoa jurídica, o juiz, o advogado e outros que assistam ou tenham assistido as partes.

•• Dispositivo correspondente no CPC de 1973: art. 405, § 2.º, III.

•• *Vide* art. 7.º, XIX, da Lei n. 8.906, de 4-7-1994 (EAOAB).

§ 3.º São suspeitos:

•• Dispositivo correspondente no CPC de 1973: art. 405, § 3.º, *caput*.

I – o inimigo da parte ou o seu amigo íntimo;

•• Dispositivo correspondente no CPC de 1973: art. 405, § 3.º, III.

II – o que tiver interesse no litígio.

•• Dispositivo correspondente no CPC de 1973: art. 405, § 3.º, IV.

§ 4.º Sendo necessário, pode o juiz admitir o depoimento das testemunhas menores, impedidas ou suspeitas.

•• Dispositivo correspondente no CPC de 1973: art. 405, § 4.º.

§ 5.º Os depoimentos referidos no § 4.º serão prestados independentemente de compromisso, e o juiz lhes atribuirá o valor que possam merecer.

•• Dispositivo correspondente no CPC de 1973: art. 405, § 4.º.

Arts. 448 a 454

Art. 448. A testemunha não é obrigada a depor sobre fatos:

•• Dispositivo correspondente no CPC de 1973: art. 406, *caput*.

I – que lhe acarretem grave dano, bem como ao seu cônjuge ou companheiro e aos seus parentes consanguíneos ou afins, em linha reta ou colateral, até o terceiro grau;

•• Dispositivo correspondente no CPC de 1973: art. 406, I.

II – a cujo respeito, por estado ou profissão, deva guardar sigilo.

•• Dispositivo correspondente no CPC de 1973: art. 406, II.

Art. 449. Salvo disposição especial em contrário, as testemunhas devem ser ouvidas na sede do juízo.

•• Dispositivo correspondente no CPC de 1973: art. 336, *caput*.

Parágrafo único. Quando a parte ou a testemunha, por enfermidade ou por outro motivo relevante, estiver impossibilitada de comparecer, mas não de prestar depoimento, o juiz designará, conforme as circunstâncias, dia, hora e lugar para inquiri-la.

•• Dispositivo correspondente no CPC de 1973: art. 336, parágrafo único.

Subseção II
Da Produção da Prova Testemunhal

Art. 450. O rol de testemunhas conterá, sempre que possível, o nome, a profissão, o estado civil, a idade, o número de inscrição no Cadastro de Pessoas Físicas, o número de registro de identidade e o endereço completo da residência e do local de trabalho.

•• Dispositivo correspondente no CPC de 1973: art. 407.

Art. 451. Depois de apresentado o rol de que tratam os §§ 4.º e 5.º do art. 357, a parte só pode substituir a testemunha:

•• Dispositivo correspondente no CPC de 1973: art. 408, *caput*.

I – que falecer;

•• Dispositivo correspondente no CPC de 1973: art. 408, I.

II – que, por enfermidade, não estiver em condições de depor;

•• Dispositivo correspondente no CPC de 1973: art. 408, II.

III – que, tendo mudado de residência ou de local de trabalho, não for encontrada.

•• Dispositivo correspondente no CPC de 1973: art. 408, III.

Art. 452. Quando for arrolado como testemunha, o juiz da causa:

•• Dispositivo correspondente no CPC de 1973: art. 409, *caput*.

I – declarar-se-á impedido, se tiver conhecimento de fatos que possam influir na decisão, caso em que será vedado à parte que o incluiu no rol desistir de seu depoimento;

•• Dispositivo correspondente no CPC de 1973: art. 409, I.

II – se nada souber, mandará excluir o seu nome.

•• Dispositivo correspondente no CPC de 1973: art. 409, II.

Art. 453. As testemunhas depõem, na audiência de instrução e julgamento, perante o juiz da causa, exceto:

•• Dispositivo correspondente no CPC de 1973: art. 410, *caput*.

I – as que prestam depoimento antecipadamente;

•• Dispositivo correspondente no CPC de 1973: art. 410, I.

II – as que são inquiridas por carta.

•• Dispositivo correspondente no CPC de 1973: art. 410, II.

§ 1.º A oitiva de testemunha que residir em comarca, seção ou subseção judiciária diversa daquela onde tramita o processo poderá ser realizada por meio de videoconferência ou outro recurso tecnológico de transmissão e recepção de sons e imagens em tempo real, o que poderá ocorrer, inclusive, durante a audiência de instrução e julgamento.

§ 2.º Os juízos deverão manter equipamento para a transmissão e recepção de sons e imagens a que se refere o § 1.º.

Art. 454. São inquiridos em sua residência ou onde exercem sua função:

•• Dispositivo correspondente no CPC de 1973: art. 411, *caput*.

I – o presidente e o vice-presidente da República;

•• Dispositivo correspondente no CPC de 1973: art. 411, I.

Processo de Conhecimento

Arts. 454 e 455

II – os ministros de Estado;

•• Dispositivo correspondente no CPC de 1973: art. 411, III.

III – os ministros do Supremo Tribunal Federal, os conselheiros do Conselho Nacional de Justiça e os ministros do Superior Tribunal de Justiça, do Superior Tribunal Militar, do Tribunal Superior Eleitoral, do Tribunal Superior do Trabalho e do Tribunal de Contas da União;

•• Dispositivo correspondente no CPC de 1973: art. 411, IV.

IV – o procurador-geral da República e os conselheiros do Conselho Nacional do Ministério Público;

•• Dispositivo correspondente no CPC de 1973: art. 411, V.

V – o advogado-geral da União, o procurador-geral do Estado, o procurador-geral do Município, o defensor público-geral federal e o defensor público-geral do Estado;

VI – os senadores e os deputados federais;

•• Dispositivo correspondente no CPC de 1973: art. 411, VI.

VII – os governadores dos Estados e do Distrito Federal;

•• Dispositivo correspondente no CPC de 1973: art. 411, VII.

VIII – o prefeito;

IX – os deputados estaduais e distritais;

•• Dispositivo correspondente no CPC de 1973: art. 411, VIII.

X – os desembargadores dos Tribunais de Justiça, dos Tribunais Regionais Federais, dos Tribunais Regionais do Trabalho e dos Tribunais Regionais Eleitorais e os conselheiros dos Tribunais de Contas dos Estados e do Distrito Federal;

•• Dispositivo correspondente no CPC de 1973: art. 411, IX.

XI – o procurador-geral de justiça;

XII – o embaixador de país que, por lei ou tratado, concede idêntica prerrogativa a agente diplomático do Brasil.

•• Dispositivo correspondente no CPC de 1973: art. 411, X.

§ 1.º O juiz solicitará à autoridade que indique dia, hora e local a fim de ser inquirida, remetendo-lhe cópia da petição inicial ou da defesa oferecida pela parte que a arrolou como testemunha.

•• Dispositivo correspondente no CPC de 1973: art. 411, parágrafo único.

§ 2.º Passado 1 (um) mês sem manifestação da autoridade, o juiz designará dia, hora e local para o depoimento, preferencialmente na sede do juízo.

§ 3.º O juiz também designará dia, hora e local para o depoimento, quando a autoridade não comparecer, injustificadamente, à sessão agendada para a colheita de seu testemunho no dia, hora e local por ela mesma indicados.

Art. 455. Cabe ao advogado da parte informar ou intimar a testemunha por ele arrolada do dia, da hora e do local da audiência designada, dispensando-se a intimação do juízo.

§ 1.º A intimação deverá ser realizada por carta com aviso de recebimento, cumprindo ao advogado juntar aos autos, com antecedência de pelo menos 3 (três) dias da data da audiência, cópia da correspondência de intimação e do comprovante de recebimento.

•• Dispositivo correspondente no CPC de 1973: art. 412, § 3.º.

§ 2.º A parte pode comprometer-se a levar a testemunha à audiência, independentemente da intimação de que trata o § 1.º, presumindo-se, caso a testemunha não compareça, que a parte desistiu de sua inquirição.

•• Dispositivo correspondente no CPC de 1973: art. 412, § 1.º.

§ 3.º A inércia na realização da intimação a que se refere o § 1.º importa desistência da inquirição da testemunha.

§ 4.º A intimação será feita pela via judicial quando:

I – for frustrada a intimação prevista no § 1.º deste artigo;

II – sua necessidade for devidamente demonstrada pela parte ao juiz;

III – figurar no rol de testemunhas servidor público ou militar, hipótese em que o juiz o requisitará ao chefe da repartição ou ao comando do corpo em que servir;

•• Dispositivo correspondente no CPC de 1973: art. 412, § 2.º.

Arts. 455 a 460

IV – a testemunha houver sido arrolada pelo Ministério Público ou pela Defensoria Pública;

V – a testemunha for uma daquelas previstas no art. 454.

§ 5.º A testemunha que, intimada na forma do § 1.º ou do § 4.º, deixar de comparecer sem motivo justificado será conduzida e responderá pelas despesas do adiamento.

•• Dispositivo correspondente no CPC de 1973: art. 412, caput.

Art. 456. O juiz inquirirá as testemunhas separada e sucessivamente, primeiro as do autor e depois as do réu, e providenciará para que uma não ouça o depoimento das outras.

•• Dispositivo correspondente no CPC de 1973: art. 413.

Parágrafo único. O juiz poderá alterar a ordem estabelecida no caput se as partes concordarem.

Art. 457. Antes de depor, a testemunha será qualificada, declarará ou confirmará seus dados e informará se tem relações de parentesco com a parte ou interesse no objeto do processo.

•• Dispositivo correspondente no CPC de 1973: art. 414, caput.

§ 1.º É lícito à parte contraditar a testemunha, arguindo-lhe a incapacidade, o impedimento ou a suspeição, bem como, caso a testemunha negue os fatos que lhe são imputados, provar a contradita com documentos ou com testemunhas, até 3 (três), apresentadas no ato e inquiridas em separado.

•• Dispositivo correspondente no CPC de 1973: art. 414, § 1.º.

§ 2.º Sendo provados ou confessados os fatos a que se refere o § 1.º, o juiz dispensará a testemunha ou lhe tomará o depoimento como informante.

•• Dispositivo correspondente no CPC de 1973: art. 414, § 1.º.

§ 3.º A testemunha pode requerer ao juiz que a escuse de depor, alegando os motivos previstos neste Código, decidindo o juiz de plano após ouvidas as partes.

•• Dispositivo correspondente no CPC de 1973: art. 414, § 2.º.

Art. 458. Ao início da inquirição, a testemunha prestará o compromisso de dizer a verdade do que souber e lhe for perguntado.

•• Dispositivo correspondente no CPC de 1973: art. 415, caput.

Parágrafo único. O juiz advertirá à testemunha que incorre em sanção penal quem faz afirmação falsa, cala ou oculta a verdade.

•• Dispositivo correspondente no CPC de 1973: art. 415, parágrafo único.

Art. 459. As perguntas serão formuladas pelas partes diretamente à testemunha, começando pela que a arrolou, não admitindo o juiz aquelas que puderem induzir a resposta, não tiverem relação com as questões de fato objeto da atividade probatória ou importarem repetição de outra já respondida.

•• Dispositivo correspondente no CPC de 1973: art. 416, caput.

§ 1.º O juiz poderá inquirir a testemunha tanto antes quanto depois da inquirição feita pelas partes.

§ 2.º As testemunhas devem ser tratadas com urbanidade, não se lhes fazendo perguntas ou considerações impertinentes, capciosas ou vexatórias.

•• Dispositivo correspondente no CPC de 1973: art. 416, § 1.º.

§ 3.º As perguntas que o juiz indeferir serão transcritas no termo, se a parte o requerer.

•• Dispositivo correspondente no CPC de 1973: art. 416, § 2.º.

Art. 460. O depoimento poderá ser documentado por meio de gravação.

•• Dispositivo correspondente no CPC de 1973: art. 417, caput.

§ 1.º Quando digitado ou registrado por taquigrafia, estenotipia ou outro método idôneo de documentação, o depoimento será assinado pelo juiz, pelo depoente e pelos procuradores.

•• Dispositivo correspondente no CPC de 1973: art. 417, caput.

§ 2.º Se houver recurso em processo em autos não eletrônicos, o depoimento somente será digitado quando for impossível o envio de sua documentação eletrônica.

•• Dispositivo correspondente no CPC de 1973: art. 417, § 1.º.

§ 3.º Tratando-se de autos eletrônicos, observar-se-á o disposto neste Código e na legislação específica sobre a prática eletrônica de atos processuais.

Processo de Conhecimento — Arts. 460 a 465

• Dispositivo correspondente no CPC de 1973: art. 417, § 2.º.

Art. 461. O juiz pode ordenar, de ofício ou a requerimento da parte:

•• Dispositivo correspondente no CPC de 1973: art. 418, *caput*.

I – a inquirição de testemunhas referidas nas declarações da parte ou das testemunhas;

•• Dispositivo correspondente no CPC de 1973: art. 418, I.

II – a acareação de 2 (duas) ou mais testemunhas ou de alguma delas com a parte, quando, sobre fato determinado que possa influir na decisão da causa, divergirem as suas declarações.

•• Dispositivo correspondente no CPC de 1973: art. 418, II.

§ 1.º Os acareados serão reperguntados para que expliquem os pontos de divergência, reduzindo-se a termo o ato de acareação.

§ 2.º A acareação pode ser realizada por videoconferência ou por outro recurso tecnológico de transmissão de sons e imagens em tempo real.

Art. 462. A testemunha pode requerer ao juiz o pagamento da despesa que efetuou para comparecimento à audiência, devendo a parte pagá-la logo que arbitrada ou depositá-la em cartório dentro de 3 (três) dias.

•• Dispositivo correspondente no CPC de 1973: art. 419, *caput*.

Art. 463. O depoimento prestado em juízo é considerado serviço público.

•• Dispositivo correspondente no CPC de 1973: art. 419, *caput*.

Parágrafo único. A testemunha, quando sujeita ao regime da legislação trabalhista, não sofre, por comparecer à audiência, perda de salário nem desconto no tempo de serviço.

•• Dispositivo correspondente no CPC de 1973: art. 419, parágrafo único.

Seção X
Da Prova Pericial

Art. 464. A prova pericial consiste em exame, vistoria ou avaliação.

•• Dispositivo correspondente no CPC de 1973: art. 420, *caput*.

§ 1.º O juiz indeferirá a perícia quando:

•• Dispositivo correspondente no CPC de 1973: art. 420, parágrafo único, *caput*.

I – a prova do fato não depender de conhecimento especial de técnico;

•• Dispositivo correspondente no CPC de 1973: art. 420, parágrafo único, I.

II – for desnecessária em vista de outras provas produzidas;

•• Dispositivo correspondente no CPC de 1973: art. 420, parágrafo único, II.

III – a verificação for impraticável.

•• Dispositivo correspondente no CPC de 1973: art. 420, parágrafo único, III.

§ 2.º De ofício ou a requerimento das partes, o juiz poderá, em substituição à perícia, determinar a produção de prova técnica simplificada, quando o ponto controvertido for de menor complexidade.

§ 3.º A prova técnica simplificada consistirá apenas na inquirição de especialista, pelo juiz, sobre ponto controvertido da causa que demande especial conhecimento científico ou técnico.

§ 4.º Durante a arguição, o especialista, que deverá ter formação acadêmica específica na área objeto de seu depoimento, poderá valer-se de qualquer recurso tecnológico de transmissão de sons e imagens com o fim de esclarecer os pontos controvertidos da causa.

Art. 465. O juiz nomeará perito especializado no objeto da perícia e fixará de imediato o prazo para a entrega do laudo.

•• Dispositivo correspondente no CPC de 1973: art. 421, *caput*.

§ 1.º Incumbe às partes, dentro de 15 (quinze) dias contados da intimação do despacho de nomeação do perito:

•• Dispositivo correspondente no CPC de 1973: art. 421, § 1.º, *caput*.

I – arguir o impedimento ou a suspeição do perito, se for o caso;

II – indicar assistente técnico;

•• Dispositivo correspondente no CPC de 1973: art. 421, § 1.º, I.

III – apresentar quesitos.

•• Dispositivo correspondente no CPC de 1973: art. 421, § 1.º, II.

Arts. 465 a 469

§ 2.º Ciente da nomeação, o perito apresentará em 5 (cinco) dias:

I – proposta de honorários;

II – currículo, com comprovação de especialização;

III – contatos profissionais, em especial o endereço eletrônico, para onde serão dirigidas as intimações pessoais.

§ 3.º As partes serão intimadas da proposta de honorários para, querendo, manifestar-se no prazo comum de 5 (cinco) dias, após o que o juiz arbitrará o valor, intimando-se as partes para os fins do art. 95.

§ 4.º O juiz poderá autorizar o pagamento de até cinquenta por cento dos honorários arbitrados a favor do perito no início dos trabalhos, devendo o remanescente ser pago apenas ao final, depois de entregue o laudo e prestados todos os esclarecimentos necessários.

§ 5.º Quando a perícia for inconclusiva ou deficiente, o juiz poderá reduzir a remuneração inicialmente arbitrada para o trabalho.

§ 6.º Quando tiver de realizar-se por carta, poder-se-á proceder à nomeação de perito e à indicação de assistentes técnicos no juízo ao qual se requisitar a perícia.

•• Dispositivo correspondente no CPC de 1973: art. 428.

Art. 466. O perito cumprirá escrupulosamente o encargo que lhe foi cometido, independentemente de termo de compromisso.

•• Dispositivo correspondente no CPC de 1973: art. 422.

§ 1.º Os assistentes técnicos são de confiança da parte e não estão sujeitos a impedimento ou suspeição.

•• Dispositivo correspondente no CPC de 1973: art. 422.

§ 2.º O perito deve assegurar aos assistentes das partes o acesso e o acompanhamento das diligências e dos exames que realizar, com prévia comunicação, comprovada nos autos, com antecedência mínima de 5 (cinco) dias.

Art. 467. O perito pode escusar-se ou ser recusado por impedimento ou suspeição.

•• Dispositivo correspondente no CPC de 1973: art. 423.

Parágrafo único. O juiz, ao aceitar a escusa ou ao julgar procedente a impugnação, nomeará novo perito.

•• Dispositivo correspondente no CPC de 1973: art. 423.

Art. 468. O perito pode ser substituído quando:

•• Dispositivo correspondente no CPC de 1973: art. 424, caput.

I – faltar-lhe conhecimento técnico ou científico;

•• Dispositivo correspondente no CPC de 1973: art. 424, I.

II – sem motivo legítimo, deixar de cumprir o encargo no prazo que lhe foi assinado.

•• Dispositivo correspondente no CPC de 1973: art. 424, II.

§ 1.º No caso previsto no inciso II, o juiz comunicará a ocorrência à corporação profissional respectiva, podendo, ainda, impor multa ao perito, fixada tendo em vista o valor da causa e o possível prejuízo decorrente do atraso no processo.

•• Dispositivo correspondente no CPC de 1973: art. 424, parágrafo único.

§ 2.º O perito substituído restituirá, no prazo de 15 (quinze) dias, os valores recebidos pelo trabalho não realizado, sob pena de ficar impedido de atuar como perito judicial pelo prazo de 5 (cinco) anos.

§ 3.º Não ocorrendo a restituição voluntária de que trata o § 2.º, a parte que tiver realizado o adiantamento dos honorários poderá promover execução contra o perito, na forma dos arts. 513 e seguintes deste Código, com fundamento na decisão que determinar a devolução do numerário.

Art. 469. As partes poderão apresentar quesitos suplementares durante a diligência, que poderão ser respondidos pelo perito previamente ou na audiência de instrução e julgamento.

•• Dispositivo correspondente no CPC de 1973: art. 425.

Parágrafo único. O escrivão dará à parte contrária ciência da juntada dos quesitos aos autos.

•• Dispositivo correspondente no CPC de 1973: art. 425.

Processo de Conhecimento

Art. 470. Incumbe ao juiz:

•• Dispositivo correspondente no CPC de 1973: art. 426, *caput*.

I – indeferir quesitos impertinentes;

•• Dispositivo correspondente no CPC de 1973: art. 426, I.

II – formular os quesitos que entender necessários ao esclarecimento da causa.

•• Dispositivo correspondente no CPC de 1973: art. 426, II.

Art. 471. As partes podem, de comum acordo, escolher o perito, indicando-o mediante requerimento, desde que:

I – sejam plenamente capazes;

II – a causa possa ser resolvida por autocomposição.

§ 1.º As partes, ao escolher o perito, já devem indicar os respectivos assistentes técnicos para acompanhar a realização da perícia, que se realizará em data e local previamente anunciados.

§ 2.º O perito e os assistentes técnicos devem entregar, respectivamente, laudo e pareceres em prazo fixado pelo juiz.

§ 3.º A perícia consensual substitui, para todos os efeitos, a que seria realizada por perito nomeado pelo juiz.

Art. 472. O juiz poderá dispensar prova pericial quando as partes, na inicial e na contestação, apresentarem, sobre as questões de fato, pareceres técnicos ou documentos elucidativos que considerar suficientes.

•• Dispositivo correspondente no CPC de 1973: art. 427.

Art. 473. O laudo pericial deverá conter:

I – a exposição do objeto da perícia;

II – a análise técnica ou científica realizada pelo perito;

III – a indicação do método utilizado, esclarecendo-o e demonstrando ser predominantemente aceito pelos especialistas da área do conhecimento da qual se originou;

IV – resposta conclusiva a todos os quesitos apresentados pelo juiz, pelas partes e pelo órgão do Ministério Público.

§ 1.º No laudo, o perito deve apresentar sua fundamentação em linguagem simples e com coerência lógica, indicando como alcançou suas conclusões.

§ 2.º É vedado ao perito ultrapassar os limites de sua designação, bem como emitir opiniões pessoais que excedam o exame técnico ou científico do objeto da perícia.

§ 3.º Para o desempenho de sua função, o perito e os assistentes técnicos podem valer-se de todos os meios necessários, ouvindo testemunhas, obtendo informações, solicitando documentos que estejam em poder da parte, de terceiros ou em repartições públicas, bem como instruir o laudo com planilhas, mapas, plantas, desenhos, fotografias ou outros elementos necessários ao esclarecimento do objeto da perícia.

•• Dispositivo correspondente no CPC de 1973: art. 429.

Art. 474. As partes terão ciência da data e do local designados pelo juiz ou indicados pelo perito para ter início a produção da prova.

•• Dispositivo correspondente no CPC de 1973: art. 431-A.

Art. 475. Tratando-se de perícia complexa que abranja mais de uma área de conhecimento especializado, o juiz poderá nomear mais de um perito, e a parte, indicar mais de um assistente técnico.

•• Dispositivo correspondente no CPC de 1973: art. 431-B.

Art. 476. Se o perito, por motivo justificado, não puder apresentar o laudo dentro do prazo, o juiz poderá conceder-lhe, por uma vez, prorrogação pela metade do prazo originalmente fixado.

•• Dispositivo correspondente no CPC de 1973: art. 432.

Art. 477. O perito protocolará o laudo em juízo, no prazo fixado pelo juiz, pelo menos 20 (vinte) dias antes da audiência de instrução e julgamento.

•• Dispositivo correspondente no CPC de 1973: art. 433, *caput*.

§ 1.º As partes serão intimadas para, querendo, manifestar-se sobre o laudo do perito do juízo no prazo comum de 15 (quinze) dias, podendo o assistente técnico de cada uma das partes, em igual prazo, apresentar seu respectivo parecer.

•• Dispositivo correspondente no CPC de 1973: art. 433, parágrafo único.

§ 2.º O perito do juízo tem o dever de, no prazo de 15 (quinze) dias, esclarecer ponto:

I – sobre o qual exista divergência ou dúvida de qualquer das partes, do juiz ou do órgão do Ministério Público;

II – divergente apresentado no parecer do assistente técnico da parte.

§ 3.º Se ainda houver necessidade de esclarecimentos, a parte requererá ao juiz que mande intimar o perito ou o assistente técnico a comparecer à audiência de instrução e julgamento, formulando, desde logo, as perguntas, sob forma de quesitos.

•• Dispositivo correspondente no CPC de 1973: art. 435, caput.

•• Vide art. 361, I, do CPC.

§ 4.º O perito ou o assistente técnico será intimado por meio eletrônico, com pelo menos 10 (dez) dias de antecedência da audiência.

•• Dispositivo correspondente no CPC de 1973: art. 435, parágrafo único.

Art. 478. Quando o exame tiver por objeto a autenticidade ou a falsidade de documento ou for de natureza médico-legal, o perito será escolhido, de preferência, entre os técnicos dos estabelecimentos oficiais especializados, a cujos diretores o juiz autorizará a remessa dos autos, bem como do material sujeito a exame.

•• Dispositivo correspondente no CPC de 1973: art. 434, caput.

§ 1.º Nas hipóteses de gratuidade de justiça, os órgãos e as repartições oficiais deverão cumprir a determinação judicial com preferência, no prazo estabelecido.

§ 2.º A prorrogação do prazo referido no § 1.º pode ser requerida motivadamente.

§ 3.º Quando o exame tiver por objeto a autenticidade da letra e da firma, o perito poderá requisitar, para efeito de comparação, documentos existentes em repartições públicas e, na falta destes, poderá requerer ao juiz que a pessoa a quem se atribuir a autoria do documento lance em folha de papel, por cópia ou sob ditado, dizeres diferentes, para fins de comparação.

•• Dispositivo correspondente no CPC de 1973: art. 434, parágrafo único.

Art. 479. O juiz apreciará a prova pericial de acordo com o disposto no art. 371, indicando na sentença os motivos que o levaram a considerar ou a deixar de considerar as conclusões do laudo, levando em conta o método utilizado pelo perito.

•• Dispositivo correspondente no CPC de 1973: art. 436.

Art. 480. O juiz determinará, de ofício ou a requerimento da parte, a realização de nova perícia quando a matéria não estiver suficientemente esclarecida.

•• Dispositivo correspondente no CPC de 1973: art. 437.

§ 1.º A segunda perícia tem por objeto os mesmos fatos sobre os quais recaiu a primeira e destina-se a corrigir eventual omissão ou inexatidão dos resultados a que esta conduziu.

•• Dispositivo correspondente no CPC de 1973: art. 438.

§ 2.º A segunda perícia rege-se pelas disposições estabelecidas para a primeira.

•• Dispositivo correspondente no CPC de 1973: art. 439, caput.

§ 3.º A segunda perícia não substitui a primeira, cabendo ao juiz apreciar o valor de uma e de outra.

•• Dispositivo correspondente no CPC de 1973: art. 439, parágrafo único.

Seção XI
Da Inspeção Judicial

Art. 481. O juiz, de ofício ou a requerimento da parte, pode, em qualquer fase do processo, inspecionar pessoas ou coisas, a fim de se esclarecer sobre fato que interesse à decisão da causa.

•• Dispositivo correspondente no CPC de 1973: art. 440.

•• Vide art. 35, parágrafo único, da Lei n. 9.099, de 26-9-1995 (Juizados Especiais).

Art. 482. Ao realizar a inspeção, o juiz poderá ser assistido por um ou mais peritos.

Processo de Conhecimento

•• Dispositivo correspondente no CPC de 1973: art. 441.

Art. 483. O juiz irá ao local onde se encontre a pessoa ou a coisa quando:

•• Dispositivo correspondente no CPC de 1973: art. 442, *caput*.

I – julgar necessário para a melhor verificação ou interpretação dos fatos que deva observar;

•• Dispositivo correspondente no CPC de 1973: art. 442, I.

II – a coisa não puder ser apresentada em juízo sem consideráveis despesas ou graves dificuldades;

•• Dispositivo correspondente no CPC de 1973: art. 442, II.

III – determinar a reconstituição dos fatos.

•• Dispositivo correspondente no CPC de 1973: art. 442, III.

Parágrafo único. As partes têm sempre direito a assistir à inspeção, prestando esclarecimentos e fazendo observações que considerem de interesse para a causa.

•• Dispositivo correspondente no CPC de 1973: art. 442, parágrafo único.

Art. 484. Concluída a diligência, o juiz mandará lavrar auto circunstanciado, mencionando nele tudo quanto for útil ao julgamento da causa.

•• Dispositivo correspondente no CPC de 1973: art. 443, *caput*.

Parágrafo único. O auto poderá ser instruído com desenho, gráfico ou fotografia.

•• Dispositivo correspondente no CPC de 1973: art. 443, parágrafo único.

Capítulo XIII
DA SENTENÇA E DA COISA JULGADA

Seção I
Disposições Gerais

Art. 485. O juiz não resolverá o mérito quando:

•• Dispositivo correspondente no CPC de 1973: art. 267, *caput*.

•• *Vide* art. 203, § 1.º, do CPC.

I – indeferir a petição inicial;

•• Dispositivo correspondente no CPC de 1973: art. 267, I.

II – o processo ficar parado durante mais de 1 (um) ano por negligência das partes;

•• Dispositivo correspondente no CPC de 1973: art. 267, II.

III – por não promover os atos e as diligências que lhe incumbir, o autor abandonar a causa por mais de 30 (trinta) dias;

•• Dispositivo correspondente no CPC de 1973: art. 267, III.

IV – verificar a ausência de pressupostos de constituição e de desenvolvimento válido e regular do processo;

•• Dispositivo correspondente no CPC de 1973: art. 267, IV.

V – reconhecer a existência de perempção, de litispendência ou de coisa julgada;

•• Dispositivo correspondente no CPC de 1973: art. 267, V.

VI – verificar ausência de legitimidade ou de interesse processual;

•• Dispositivo correspondente no CPC de 1973: art. 267, VI.

VII – acolher a alegação de existência de convenção de arbitragem ou quando o juízo arbitral reconhecer sua competência;

•• Dispositivo correspondente no CPC de 1973: art. 267, VII.

VIII – homologar a desistência da ação;

•• Dispositivo correspondente no CPC de 1973: art. 267, VIII.

IX – em caso de morte da parte, a ação for considerada intransmissível por disposição legal; e

•• Dispositivo correspondente no CPC de 1973: art. 267, IX.

X – nos demais casos prescritos neste Código.

•• Dispositivo correspondente no CPC de 1973: art. 267, XI.

§ 1.º Nas hipóteses descritas nos incisos II e III, a parte será intimada pessoalmente para suprir a falta no prazo de 5 (cinco) dias.

•• Dispositivo correspondente no CPC de 1973: art. 267, § 1.º.

§ 2.º No caso do § 1.º, quanto ao inciso II, as partes pagarão proporcionalmente as custas, e, quanto ao inciso III, o autor será condenado ao pagamento das despesas e dos honorários de advogado.

•• Dispositivo correspondente no CPC de 1973: art. 267, § 2.º.

§ 3.º O juiz conhecerá de ofício da matéria constante dos incisos IV, V, VI e IX, em qualquer tempo e grau de jurisdição, enquanto não ocorrer o trânsito em julgado.

Arts. 485 a 489

•• Dispositivo correspondente no CPC de 1973: art. 267, § 3.º.

§ 4.º Oferecida a contestação, o autor não poderá, sem o consentimento do réu, desistir da ação.

•• Dispositivo correspondente no CPC de 1973: art. 267, § 4.º.

§ 5.º A desistência da ação pode ser apresentada até a sentença.

§ 6.º Oferecida a contestação, a extinção do processo por abandono da causa pelo autor depende de requerimento do réu.

§ 7.º Interposta a apelação em qualquer dos casos de que tratam os incisos deste artigo, o juiz terá 5 (cinco) dias para retratar-se.

Art. 486. O pronunciamento judicial que não resolve o mérito não obsta a que a parte proponha de novo a ação.

•• Dispositivo correspondente no CPC de 1973: art. 268, caput.

§ 1.º No caso de extinção em razão de litispendência e nos casos dos incisos I, IV, VI e VII do art. 485, a propositura da nova ação depende da correção do vício que levou à sentença sem resolução do mérito.

§ 2.º A petição inicial, todavia, não será despachada sem a prova do pagamento ou do depósito das custas e dos honorários de advogado.

•• Dispositivo correspondente no CPC de 1973: art. 268, caput.

§ 3.º Se o autor der causa, por 3 (três) vezes, a sentença fundada em abandono da causa, não poderá propor nova ação contra o réu com o mesmo objeto, ficando-lhe ressalvada, entretanto, a possibilidade de alegar em defesa o seu direito.

•• Dispositivo correspondente no CPC de 1973: art. 268, parágrafo único.

Art. 487. Haverá resolução de mérito quando o juiz:

•• Dispositivo correspondente no CPC de 1973: art. 269, caput.

•• Víde art. 203, § 1.º, do CPC.

I – acolher ou rejeitar o pedido formulado na ação ou na reconvenção;

•• Dispositivo correspondente no CPC de 1973: art. 269, I.

II – decidir, de ofício ou a requerimento, sobre a ocorrência de decadência ou prescrição;

Processo de Conhecimento

•• Dispositivo correspondente no CPC de 1973: art. 269, IV.

III – homologar:

a) o reconhecimento da procedência do pedido formulado na ação ou na reconvenção;

•• Dispositivo correspondente no CPC de 1973: art. 269, II.

b) a transação;

•• Dispositivo correspondente no CPC de 1973: art. 269, III.

c) a renúncia à pretensão formulada na ação ou na reconvenção.

•• Dispositivo correspondente no CPC de 1973: art. 269, V.

Parágrafo único. Ressalvada a hipótese do § 1.º do art. 332, a prescrição e a decadência não serão reconhecidas sem que antes seja dada às partes oportunidade de manifestar-se.

Art. 488. Desde que possível, o juiz resolverá o mérito sempre que a decisão for favorável à parte a quem aproveitaria eventual pronunciamento nos termos do art. 485.

Seção II
Dos Elementos e dos Efeitos da Sentença

Art. 489. São elementos essenciais da sentença:

•• Dispositivo correspondente no CPC de 1973: art. 458, caput.

•• Víde Enunciado 47 da ENFAM.

I – o relatório, que conterá os nomes das partes, a identificação do caso, com a suma do pedido e da contestação, e o registro das principais ocorrências havidas no andamento do processo;

•• Dispositivo correspondente no CPC de 1973: art. 458, I.

II – os fundamentos, em que o juiz analisará as questões de fato e de direito;

•• Dispositivo correspondente no CPC de 1973: art. 458, II.

III – o dispositivo, em que o juiz resolverá as questões principais que as partes lhe submeterem.

•• Dispositivo correspondente no CPC de 1973: art. 458, III.

§ 1.º Não se considera fundamentada qualquer decisão judicial, seja ela interlocutória, sentença ou acórdão, que:

•• Víde art. 140 do CPC.

Processo de Conhecimento

•• *Vide* Enunciado 19 da ENFAM.

I – se limitar à indicação, à reprodução ou à paráfrase de ato normativo, sem explicar sua relação com a causa ou a questão decidida;

II – empregar conceitos jurídicos indeterminados, sem explicar o motivo concreto de sua incidência no caso;

III – invocar motivos que se prestariam a justificar qualquer outra decisão;

IV – não enfrentar todos os argumentos deduzidos no processo capazes de, em tese, infirmar a conclusão adotada pelo julgador;

•• *Vide* Enunciados 11, 12 e 13 da ENFAM.

V – se limitar a invocar precedente ou enunciado de súmula, sem identificar seus fundamentos determinantes nem demonstrar que o caso sob julgamento se ajusta àqueles fundamentos;

•• *Vide* Enunciados 9 e 11 da ENFAM.

VI – deixar de seguir enunciado de súmula, jurisprudência ou precedente invocado pela parte, sem demonstrar a existência de distinção no caso em julgamento ou a superação do entendimento.

•• *Vide* Enunciados 9 e 11 da ENFAM.

§ 2.º No caso de colisão entre normas, o juiz deve justificar o objeto e os critérios gerais da ponderação efetuada, enunciando as razões que autorizam a interferência na norma afastada e as premissas fáticas que fundamentam a conclusão.

§ 3.º A decisão judicial deve ser interpretada a partir da conjugação de todos os seus elementos e em conformidade com o princípio da boa-fé.

Art. 490. O juiz resolverá o mérito acolhendo ou rejeitando, no todo ou em parte, os pedidos formulados pelas partes.

•• Dispositivo correspondente no CPC de 1973: art. 459.

Art. 491. Na ação relativa à obrigação de pagar quantia, ainda que formulado pedido genérico, a decisão definirá desde logo a extensão da obrigação, o índice de correção monetária, a taxa de juros, o termo inicial de ambos e a periodicidade da capitalização dos juros, se for o caso, salvo quando:

I – não for possível determinar, de modo definitivo, o montante devido;

II – a apuração do valor devido depender da produção de prova de realização demorada ou excessivamente dispendiosa, assim reconhecida na sentença.

§ 1.º Nos casos previstos neste artigo, seguir-se-á a apuração do valor devido por liquidação.

§ 2.º O disposto no *caput* também se aplica quando o acórdão alterar a sentença.

Art. 492. É vedado ao juiz proferir decisão de natureza diversa da pedida, bem como condenar a parte em quantidade superior ou em objeto diverso do que lhe foi demandado.

•• Dispositivo correspondente no CPC de 1973: art. 460, *caput*.

Parágrafo único. A decisão deve ser certa, ainda que resolva relação jurídica condicional.

•• Dispositivo correspondente no CPC de 1973: art. 460, parágrafo único.

Art. 493. Se, depois da propositura da ação, algum fato constitutivo, modificativo ou extintivo do direito influir no julgamento do mérito, caberá ao juiz tomá-lo em consideração, de ofício ou a requerimento da parte, no momento de proferir a decisão.

•• Dispositivo correspondente no CPC de 1973: art. 462.

Parágrafo único. Se constatar de ofício o fato novo, o juiz ouvirá as partes sobre ele antes de decidir.

Art. 494. Publicada a sentença, o juiz só poderá alterá-la:

•• Dispositivo correspondente no CPC de 1973: art. 463, *caput*.

I – para corrigir-lhe, de ofício ou a requerimento da parte, inexatidões materiais ou erros de cálculo;

•• Dispositivo correspondente no CPC de 1973: art. 463, I.

II – por meio de embargos de declaração.

•• Dispositivo correspondente no CPC de 1973: art. 463, II.

Art. 495. A decisão que condenar o réu ao pagamento de prestação consistente em dinheiro e a que determinar a conversão de prestação de fazer, de não fazer ou de dar coisa em prestação pecuniária valerão como título constitutivo de hipoteca judiciária.

•• Dispositivo correspondente no CPC de 1973: art. 466, *caput*.

§ 1.º A decisão produz a hipoteca judiciária:

•• Dispositivo correspondente no CPC de 1973: art. 466, parágrafo único, *caput*.

I – embora a condenação seja genérica;

•• Dispositivo correspondente no CPC de 1973: art. 466, parágrafo único, I.

II – ainda que o credor possa promover o cumprimento provisório da sentença ou esteja pendente arresto sobre bem do devedor;

•• Dispositivo correspondente no CPC de 1973: art. 466, parágrafo único, II e III.

III – mesmo que impugnada por recurso dotado de efeito suspensivo.

§ 2.º A hipoteca judiciária poderá ser realizada mediante apresentação de cópia da sentença perante o cartório de registro imobiliário, independentemente de ordem judicial, de declaração expressa do juiz ou de demonstração de urgência.

§ 3.º No prazo de até 15 (quinze) dias da data de realização da hipoteca, a parte informá-la-á ao juízo da causa, que determinará a intimação da outra parte para que tome ciência do ato.

§ 4.º A hipoteca judiciária, uma vez constituída, implicará, para o credor hipotecário, o direito de preferência, quanto ao pagamento, em relação a outros credores, observada a prioridade no registro.

§ 5.º Sobrevindo a reforma ou a invalidação da decisão que impôs o pagamento de quantia, a parte responderá, independentemente de culpa, pelos danos que a outra parte tiver sofrido em razão da constituição da garantia, devendo o valor da indenização ser liquidado e executado nos próprios autos.

Seção III
Da Remessa Necessária

Art. 496. Está sujeita ao duplo grau de jurisdição, não produzindo efeito senão depois de confirmada pelo tribunal, a sentença:

•• Dispositivo correspondente no CPC de 1973: art. 475, *caput*.

I – proferida contra a União, os Estados, o Distrito Federal, os Municípios e suas respectivas autarquias e fundações de direito público;

•• Dispositivo correspondente no CPC de 1973: art. 475, I.

II – que julgar procedentes, no todo ou em parte, os embargos à execução fiscal.

•• Dispositivo correspondente no CPC de 1973: art. 475, II.

§ 1.º Nos casos previstos neste artigo, não interposta a apelação no prazo legal, o juiz ordenará a remessa dos autos ao tribunal, e, se não o fizer, o presidente do respectivo tribunal avocá-los-á.

•• Dispositivo correspondente no CPC de 1973: art. 475, § 1.º.

§ 2.º Em qualquer dos casos referidos no § 1.º, o tribunal julgará a remessa necessária.

•• Dispositivo correspondente no CPC de 1973: art. 475, § 1.º.

§ 3.º Não se aplica o disposto neste artigo quando a condenação ou o proveito econômico obtido na causa for de valor certo e líquido inferior a:

•• Dispositivo correspondente no CPC de 1973: art. 475, § 2.º.

I – 1.000 (mil) salários mínimos para a União e as respectivas autarquias e fundações de direito público;

II – 500 (quinhentos) salários mínimos para os Estados, o Distrito Federal, as respectivas autarquias e fundações de direito público e os Municípios que constituam capitais dos Estados;

III – 100 (cem) salários mínimos para todos os demais Municípios e respectivas autarquias e fundações de direito público.

§ 4.º Também não se aplica o disposto neste artigo quando a sentença estiver fundada em:

•• Dispositivo correspondente no CPC de 1973: art. 475, § 3.º.

I – súmula de tribunal superior;

Processo de Conhecimento

II – acórdão proferido pelo Supremo Tribunal Federal ou pelo Superior Tribunal de Justiça em julgamento de recursos repetitivos;

III – entendimento firmado em incidente de resolução de demandas repetitivas ou de assunção de competência;

IV – entendimento coincidente com orientação vinculante firmada no âmbito administrativo do próprio ente público, consolidada em manifestação, parecer ou súmula administrativa.

Seção IV
Do Julgamento das Ações Relativas às Prestações de Fazer, de Não Fazer e de Entregar Coisa

Art. 497. Na ação que tenha por objeto a prestação de fazer ou de não fazer, o juiz, se procedente o pedido, concederá a tutela específica ou determinará providências que assegurem a obtenção de tutela pelo resultado prático equivalente.

•• Dispositivo correspondente no CPC de 1973: art. 461.

•• *Vide* Lei n. 9.494, de 10-9-1997.

•• *Vide* art. 513 do CPC.

Parágrafo único. Para a concessão da tutela específica destinada a inibir a prática, a reiteração ou a continuação de um ilícito, ou a sua remoção, é irrelevante a demonstração da ocorrência de dano ou da existência de culpa ou dolo.

Art. 498. Na ação que tenha por objeto a entrega de coisa, o juiz, ao conceder a tutela específica, fixará o prazo para o cumprimento da obrigação.

•• Dispositivo correspondente no CPC de 1973: art. 461-A, *caput*.

Parágrafo único. Tratando-se de entrega de coisa determinada pelo gênero e pela quantidade, o autor individualizá-la-á na petição inicial, se lhe couber a escolha, ou, se a escolha couber ao réu, este a entregará individualizada, no prazo fixado pelo juiz.

•• Dispositivo correspondente no CPC de 1973: art. 461-A, § 1.º.

Art. 499. A obrigação somente será convertida em perdas e danos se o autor o requerer ou se impossível a tutela específica ou a obtenção de tutela pelo resultado prático equivalente.

•• Dispositivo correspondente no CPC de 1973: art. 461, § 1.º.

Art. 500. A indenização por perdas e danos dar-se-á sem prejuízo da multa fixada periodicamente para compelir o réu ao cumprimento específico da obrigação.

•• Dispositivo correspondente no CPC de 1973: art. 461, § 2.º.

Art. 501. Na ação que tenha por objeto a emissão de declaração de vontade, a sentença que julgar procedente o pedido, uma vez transitada em julgado, produzirá todos os efeitos da declaração não emitida.

•• Dispositivo correspondente no CPC de 1973: art. 466-A.

Seção V
Da Coisa Julgada

Art. 502. Denomina-se coisa julgada material a autoridade que torna imutável e indiscutível a decisão de mérito não mais sujeita a recurso.

•• Dispositivo correspondente no CPC de 1973: art. 467.

Art. 503. A decisão que julgar total ou parcialmente o mérito tem força de lei nos limites da questão principal expressamente decidida.

•• Dispositivo correspondente no CPC de 1973: art. 468.

§ 1.º O disposto no *caput* aplica-se à resolução de questão prejudicial, decidida expressa e incidentemente no processo, se:

•• *Vide* art. 1.054 do CPC.

I – dessa resolução depender o julgamento do mérito;

II – a seu respeito tiver havido contraditório prévio e efetivo, não se aplicando no caso de revelia;

III – o juízo tiver competência em razão da matéria e da pessoa para resolvê-la como questão principal.

§ 2.º A hipótese do § 1.º não se aplica se no processo houver restrições probatórias ou limitações à cognição que impeçam o aprofundamento da análise da questão prejudicial.

Art. 504. Não fazem coisa julgada:

•• Dispositivo correspondente no CPC de 1973: art. 469, *caput*.

I – os motivos, ainda que importantes para determinar o alcance da parte dispositiva da sentença;

•• Dispositivo correspondente no CPC de 1973: art. 469, I.

II – a verdade dos fatos, estabelecida como fundamento da sentença.

•• Dispositivo correspondente no CPC de 1973: art. 469, II.

Art. 505. Nenhum juiz decidirá novamente as questões já decididas relativas à mesma lide, salvo:

•• Dispositivo correspondente no CPC de 1973: art. 471, *caput*.

I – se, tratando-se de relação jurídica de trato continuado, sobreveio modificação no estado de fato ou de direito, caso em que poderá a parte pedir a revisão do que foi estatuído na sentença;

•• Dispositivo correspondente no CPC de 1973: art. 471, I.
•• *Vide* art. 15 da Lei n. 5.478, de 25-7-1968 (Lei de Alimentos).

II – nos demais casos prescritos em lei.

•• Dispositivo correspondente no CPC de 1973: art. 471, II.

Art. 506. A sentença faz coisa julgada às partes entre as quais é dada, não prejudicando terceiros.

•• Dispositivo correspondente no CPC de 1973: art. 472.

Art. 507. É vedado à parte discutir no curso do processo as questões já decididas a cujo respeito se operou a preclusão.

•• Dispositivo correspondente no CPC de 1973: art. 473.

Art. 508. Transitada em julgado a decisão de mérito, considerar-se-ão deduzidas e repelidas todas as alegações e as defesas que a parte poderia opor tanto ao acolhimento quanto à rejeição do pedido.

•• Dispositivo correspondente no CPC de 1973: art. 474.

Capítulo XIV
DA LIQUIDAÇÃO DE SENTENÇA

Art. 509. Quando a sentença condenar ao pagamento de quantia ilíquida, proceder-se-á à sua liquidação, a requerimento do credor ou do devedor:

•• Dispositivo correspondente no CPC de 1973: art. 475-A, *caput*.

I – por arbitramento, quando determinado pela sentença, convencionado pelas partes ou exigido pela natureza do objeto da liquidação;

•• Dispositivo correspondente no CPC de 1973: art. 475-C, *caput*, I e II.

II – pelo procedimento comum, quando houver necessidade de alegar e provar fato novo.

•• Dispositivo correspondente no CPC de 1973: art. 475-E.

§ 1.º Quando na sentença houver uma parte líquida e outra ilíquida, ao credor é lícito promover simultaneamente a execução daquela e, em autos apartados, a liquidação desta.

•• Dispositivo correspondente no CPC de 1973: art. 475-I, § 2.º.

§ 2.º Quando a apuração do valor depender apenas de cálculo aritmético, o credor poderá promover, desde logo, o cumprimento da sentença.

•• Dispositivo correspondente no CPC de 1973: art. 475-B, *caput*.

§ 3.º O Conselho Nacional de Justiça desenvolverá e colocará à disposição dos interessados programa de atualização financeira.

•• *Vide* Enunciado 17 da ENFAM.

§ 4.º Na liquidação é vedado discutir de novo a lide ou modificar a sentença que a julgou.

•• Dispositivo correspondente no CPC de 1973: art. 475-G.

Art. 510. Na liquidação por arbitramento, o juiz intimará as partes para a apresentação de pareceres ou documentos elucidativos, no prazo que fixar, e, caso não possa decidir de plano, nomeará perito, observando-se, no que couber, o procedimento da prova pericial.

•• Dispositivo correspondente no CPC de 1973: art. 475-D.

Art. 511. Na liquidação pelo procedimento comum, o juiz determinará a intimação do requerido, na pessoa de seu advogado ou da sociedade de advogados a que estiver vinculado, para, querendo, apresentar contestação no prazo de 15 (quinze) dias, observando-se, a seguir, no que couber, o disposto no Livro I da Parte Especial deste Código.

Art. 512. A liquidação poderá ser realizada na pendência de recurso, processando-se em autos apartados no juízo de origem, cumprindo ao liquidante instruir o pedido com cópias das peças processuais pertinentes.

•• Dispositivo correspondente no CPC de 1973: art. 475-A, § 2.º.

TÍTULO II
DO CUMPRIMENTO DA SENTENÇA

CAPÍTULO I
DISPOSIÇÕES GERAIS

Art. 513. O cumprimento da sentença será feito segundo as regras deste Título, observando-se, no que couber e conforme a natureza da obrigação, o disposto no Livro II da Parte Especial deste Código.

•• Dispositivo correspondente no CPC de 1973: art. 475-I, *caput*.

§ 1.º O cumprimento da sentença que reconhece o dever de pagar quantia, provisório ou definitivo, far-se-á a requerimento do exequente.

§ 2.º O devedor será intimado para cumprir a sentença:

I – pelo *Diário da Justiça*, na pessoa de seu advogado constituído nos autos;

II – por carta com aviso de recebimento, quando representado pela Defensoria Pública ou quando não tiver procurador constituído nos autos, ressalvada a hipótese do inciso IV;

III – por meio eletrônico, quando, no caso do § 1.º do art. 246, não tiver procurador constituído nos autos;

IV – por edital, quando, citado na forma do art. 256, tiver sido revel na fase de conhecimento.

§ 3.º Na hipótese do § 2.º, incisos II e III, considera-se realizada a intimação quando o devedor houver mudado de endereço sem prévia comunicação ao juízo, observado o disposto no parágrafo único do art. 274.

§ 4.º Se o requerimento a que alude o § 1.º for formulado após 1 (um) ano do trânsito em julgado da sentença, a intimação será feita na pessoa do devedor, por meio de carta com aviso de recebimento encaminhada ao endereço constante dos autos, observado o disposto no parágrafo único do art. 274 e no § 3.º deste artigo.

§ 5.º O cumprimento da sentença não poderá ser promovido em face do fiador, do coobrigado ou do corresponsável que não tiver participado da fase de conhecimento.

Art. 514. Quando o juiz decidir relação jurídica sujeita a condição ou termo, o cumprimento da sentença dependerá de demonstração de que se realizou a condição ou de que ocorreu o termo.

•• Dispositivo correspondente no CPC de 1973: art. 572.

•• *Vide* arts. 798 e 803, III, do CPC.

Art. 515. São títulos executivos judiciais, cujo cumprimento dar-se-á de acordo com os artigos previstos neste Título:

•• Dispositivo correspondente no CPC de 1973: art. 475-N, *caput*.

I – as decisões proferidas no processo civil que reconheçam a exigibilidade de obrigação de pagar quantia, de fazer, de não fazer ou de entregar coisa;

•• Dispositivo correspondente no CPC de 1973: art. 475-N, I.

II – a decisão homologatória de autocomposição judicial;

•• Dispositivo correspondente no CPC de 1973: art. 475-N, III.

III – a decisão homologatória de autocomposição extrajudicial de qualquer natureza;

•• Dispositivo correspondente no CPC de 1973: art. 475-N, V.

IV – o formal e a certidão de partilha, exclusivamente em relação ao inventariante, aos herdeiros e aos sucessores a título singular ou universal;

•• Dispositivo correspondente no CPC de 1973: art. 475-N, VII.

•• *Vide* art. 655 do CPC.

V – o crédito de auxiliar da justiça, quando as custas, emolumentos ou honorários tiverem sido aprovados por decisão judicial;

VI – a sentença penal condenatória transitada em julgado;

Arts. 515 a 519

•• Dispositivo correspondente no CPC de 1973: art. 475-N, II.

VII – a sentença arbitral;

•• Dispositivo correspondente no CPC de 1973: art. 475-N, IV.

VIII – a sentença estrangeira homologada pelo Superior Tribunal de Justiça;

•• Dispositivo correspondente no CPC de 1973: art. 475-N, VI.

IX – a decisão interlocutória estrangeira, após a concessão do *exequatur* à carta rogatória pelo Superior Tribunal de Justiça;

X – (*Vetado*.)

•• O texto vetado dizia: "X – o acórdão proferido pelo Tribunal Marítimo quando do julgamento de acidentes e fatos da navegação". *Razões do veto*: "Ao atribuir natureza de título executivo judicial às decisões do Tribunal Marítimo, o controle de suas decisões poderia ser afastado do Poder Judiciário, possibilitando a interpretação de que tal colegiado administrativo passaria a dispor de natureza judicial".

§ 1.º Nos casos dos incisos VI a IX, o devedor será citado no juízo cível para o cumprimento da sentença ou para a liquidação no prazo de 15 (quinze) dias.

•• Dispositivo correspondente no CPC de 1973: art. 475-N, parágrafo único.

§ 2.º A autocomposição judicial pode envolver sujeito estranho ao processo e versar sobre relação jurídica que não tenha sido deduzida em juízo.

Art. 516. O cumprimento da sentença efetuar-se-á perante:

•• Dispositivo correspondente no CPC de 1973: art. 475-P, *caput*.

I – os tribunais, nas causas de sua competência originária;

•• Dispositivo correspondente no CPC de 1973: art. 475-P, I.

II – o juízo que decidiu a causa no primeiro grau de jurisdição;

•• Dispositivo correspondente no CPC de 1973: art. 475-P, II.

III – o juízo cível competente, quando se tratar de sentença penal condenatória, de sentença arbitral, de sentença estrangeira ou de acórdão proferido pelo Tribunal Marítimo.

•• Dispositivo correspondente no CPC de 1973: art. 475-P, III.

Parágrafo único. Nas hipóteses dos incisos II e III, o exequente poderá optar pelo juízo do atual domicílio do executado, pelo juízo do local onde se encontrem os bens sujeitos à execução ou pelo juízo do local onde deva ser executada a obrigação de fazer ou de não fazer, casos em que a remessa dos autos do processo será solicitada ao juízo de origem.

•• Dispositivo correspondente no CPC de 1973: art. 475-P, parágrafo único.

Art. 517. A decisão judicial transitada em julgado poderá ser levada a protesto, nos termos da lei, depois de transcorrido o prazo para pagamento voluntário previsto no art. 523.

§ 1.º Para efetivar o protesto, incumbe ao exequente apresentar certidão de teor da decisão.

§ 2.º A certidão de teor da decisão deverá ser fornecida no prazo de 3 (três) dias e indicará o nome e a qualificação do exequente e do executado, o número do processo, o valor da dívida e a data de decurso do prazo para pagamento voluntário.

§ 3.º O executado que tiver proposto ação rescisória para impugnar a decisão exequenda pode requerer, a suas expensas e sob sua responsabilidade, a anotação da propositura da ação à margem do título protestado.

§ 4.º A requerimento do executado, o protesto será cancelado por determinação do juiz, mediante ofício a ser expedido ao cartório, no prazo de 3 (três) dias, contado da data de protocolo do requerimento, desde que comprovada a satisfação integral da obrigação.

Art. 518. Todas as questões relativas à validade do procedimento de cumprimento da sentença e dos atos executivos subsequentes poderão ser arguidas pelo executado nos próprios autos e nestes serão decididas pelo juiz.

Art. 519. Aplicam-se as disposições relativas ao cumprimento da sentença, provisório ou definitivo, e à liquidação, no que couber, às decisões que concederem tutela provisória.

•• Dispositivo correspondente no CPC de 1973: art. 273, § 3.º.

Capítulo II
DO CUMPRIMENTO PROVISÓRIO DA SENTENÇA QUE RECONHECE A EXIGIBILIDADE DE OBRIGAÇÃO DE PAGAR QUANTIA CERTA

Art. 520. O cumprimento provisório da sentença impugnada por recurso desprovido de efeito suspensivo será realizado da mesma forma que o cumprimento definitivo, sujeitando-se ao seguinte regime:

•• Dispositivo correspondente no CPC de 1973: art. 475-O, *caput*.

I – corre por iniciativa e responsabilidade do exequente, que se obriga, se a sentença for reformada, a reparar os danos que o executado haja sofrido;

•• Dispositivo correspondente no CPC de 1973: art. 475-O, I.

II – fica sem efeito, sobrevindo decisão que modifique ou anule a sentença objeto da execução, restituindo-se as partes ao estado anterior e liquidando-se eventuais prejuízos nos mesmos autos;

•• Dispositivo correspondente no CPC de 1973: art. 475-O, II.

III – se a sentença objeto de cumprimento provisório for modificada ou anulada apenas em parte, somente nesta ficará sem efeito a execução;

•• Dispositivo correspondente no CPC de 1973: 475-O, § 1.º.

IV – o levantamento de depósito em dinheiro e a prática de atos que importem transferência de posse ou alienação de propriedade ou de outro direito real, ou dos quais possa resultar grave dano ao executado, dependem de caução suficiente e idônea, arbitrada de plano pelo juiz e prestada nos próprios autos.

•• Dispositivo correspondente no CPC de 1973: art. 475-O, III.
•• *Vide* Enunciado 49 da ENFAM.

§ 1.º No cumprimento provisório da sentença, o executado poderá apresentar impugnação, se quiser, nos termos do art. 525.

§ 2.º A multa e os honorários a que se refere o § 1.º do art. 523 são devidos no cumprimento provisório de sentença condenatória ao pagamento de quantia certa.

§ 3.º Se o executado comparecer tempestivamente e depositar o valor, com a finalidade de isentar-se da multa, o ato não será havido como incompatível com o recurso por ele interposto.

§ 4.º A restituição ao estado anterior a que se refere o inciso II não implica o desfazimento da transferência de posse ou da alienação de propriedade ou de outro direito real eventualmente já realizada, ressalvado, sempre, o direito à reparação dos prejuízos causados ao executado.

§ 5.º Ao cumprimento provisório de sentença que reconheça obrigação de fazer, de não fazer ou de dar coisa aplica-se, no que couber, o disposto neste Capítulo.

Art. 521. A caução prevista no inciso IV do art. 520 poderá ser dispensada nos casos em que:

•• Dispositivo correspondente no CPC de 1973: art. 475-O, § 2.º, *caput*.

I – o crédito for de natureza alimentar, independentemente de sua origem;

•• Dispositivo correspondente no CPC de 1973: art. 475-O, § 2.º, I.

II – o credor demonstrar situação de necessidade;

•• Dispositivo correspondente no CPC de 1973: art. 475-O, § 2.º, I.

III – pender o agravo do art. 1.042;

•• Inciso III com redação determinada pela Lei n. 13.256, de 4-2-2016.

•• Dispositivo correspondente no CPC de 1973: art. 475-O, § 2.º, II.

IV – a sentença a ser provisoriamente cumprida estiver em consonância com súmula da jurisprudência do Supremo Tribunal Federal ou do Superior Tribunal de Justiça ou em conformidade com acórdão proferido no julgamento de casos repetitivos.

Parágrafo único. A exigência de caução será mantida quando da dispensa possa resultar manifesto risco de grave dano de difícil ou incerta reparação.

Art. 522. O cumprimento provisório da sentença será requerido por petição dirigida ao juízo competente.

•• Dispositivo correspondente no CPC de 1973: art. 475-O, § 3.º, *caput*.

Parágrafo único. Não sendo eletrônicos os autos, a petição será acompanhada de cópias das seguintes peças do processo, cuja autenticidade poderá ser certificada pelo próprio advogado, sob sua responsabilidade pessoal:

•• Dispositivo correspondente no CPC de 1973: art. 475-O, § 3.º, *caput*.

I – decisão exequenda;

•• Dispositivo correspondente no CPC de 1973: art. 475-O, § 3.º, I.

II – certidão de interposição do recurso não dotado de efeito suspensivo;

•• Dispositivo correspondente no CPC de 1973: art. 475-O, § 3.º, II.

III – procurações outorgadas pelas partes;

•• Dispositivo correspondente no CPC de 1973: art. 475-O, § 3.º, III.

IV – decisão de habilitação, se for o caso;

•• Dispositivo correspondente no CPC de 1973: art. 475-O, § 3.º, IV.

V – facultativamente, outras peças processuais consideradas necessárias para demonstrar a existência do crédito.

•• Dispositivo correspondente no CPC de 1973: art. 475-O, § 3.º, V.

Capítulo III
DO CUMPRIMENTO DEFINITIVO DA SENTENÇA QUE RECONHECE A EXIGIBILIDADE DE OBRIGAÇÃO DE PAGAR QUANTIA CERTA

Art. 523. No caso de condenação em quantia certa, ou já fixada em liquidação, e no caso de decisão sobre parcela incontroversa, o cumprimento definitivo da sentença far-se-á a requerimento do exequente, sendo o executado intimado para pagar o débito, no prazo de 15 (quinze) dias, acrescido de custas, se houver.

•• Dispositivo correspondente no CPC de 1973: art. 475-J, *caput*.

§ 1.º Não ocorrendo pagamento voluntário no prazo do *caput*, o débito será acrescido de multa de dez por cento e, também, de honorários de advogado de dez por cento.

•• Dispositivo correspondente no CPC de 1973: art. 475-J, *caput*.

§ 2.º Efetuado o pagamento parcial no prazo previsto no *caput*, a multa e os honorários previstos no § 1.º incidirão sobre o restante.

•• Dispositivo correspondente no CPC de 1973: art. 475-J, § 4.º.

§ 3.º Não efetuado tempestivamente o pagamento voluntário, será expedido, desde logo, mandado de penhora e avaliação, seguindo-se os atos de expropriação.

•• Dispositivo correspondente no CPC de 1973: art. 475-J, *caput*.

Art. 524. O requerimento previsto no art. 523 será instruído com demonstrativo discriminado e atualizado do crédito, devendo a petição conter:

•• Dispositivo correspondente no CPC de 1973: art. 475-B, *caput*.

I – o nome completo, o número de inscrição no Cadastro de Pessoas Físicas ou no Cadastro Nacional da Pessoa Jurídica do exequente e do executado, observado o disposto no art. 319, §§ 1.º a 3.º;

II – o índice de correção monetária adotado;

III – os juros aplicados e as respectivas taxas;

IV – o termo inicial e o termo final dos juros e da correção monetária utilizados;

V – a periodicidade da capitalização dos juros, se for o caso;

VI – especificação dos eventuais descontos obrigatórios realizados;

VII – indicação dos bens passíveis de penhora, sempre que possível.

•• Dispositivo correspondente no CPC de 1973: art. 475-J, § 3.º.

§ 1.º Quando o valor apontado no demonstrativo aparentemente exceder os limites da condenação, a execução será iniciada pelo valor pretendido, mas a penhora terá por base a importância que o juiz entender adequada.

Processo de Conhecimento

•• Dispositivo correspondente no CPC de 1973: art. 475-B, §§ 3.º e 4.º.

§ 2.º Para a verificação dos cálculos, o juiz poderá valer-se de contabilista do juízo, que terá o prazo máximo de 30 (trinta) dias para efetuá-la, exceto se outro lhe for determinado.

§ 3.º Quando a elaboração do demonstrativo depender de dados em poder de terceiros ou do executado, o juiz poderá requisitá-los, sob cominação do crime de desobediência.

•• Dispositivo correspondente no CPC de 1973: art. 475-B, § 1.º.

§ 4.º Quando a complementação do demonstrativo depender de dados adicionais em poder do executado, o juiz poderá, a requerimento do exequente, requisitá-los, fixando prazo de até 30 (trinta) dias para o cumprimento da diligência.

•• Dispositivo correspondente no CPC de 1973: art. 475-B, § 1.º.

§ 5.º Se os dados adicionais a que se refere o § 4.º não forem apresentados pelo executado, sem justificativa, no prazo designado, reputar-se-ão corretos os cálculos apresentados pelo exequente apenas com base nos dados de que dispõe.

•• Dispositivo correspondente no CPC de 1973: art. 475-B, § 2.º.

Art. 525. Transcorrido o prazo previsto no art. 523 sem o pagamento voluntário, inicia-se o prazo de 15 (quinze) dias para que o executado, independentemente de penhora ou nova intimação, apresente, nos próprios autos, sua impugnação.

§ 1.º Na impugnação, o executado poderá alegar:

•• Dispositivo correspondente no CPC de 1973: art. 475-L, *caput*.

I – falta ou nulidade da citação se, na fase de conhecimento, o processo correu à revelia;

•• Dispositivo correspondente no CPC de 1973: art. 475-L, I.

II – ilegitimidade de parte;

•• Dispositivo correspondente no CPC de 1973: art. 475-L, IV.

III – inexequibilidade do título ou inexigibilidade da obrigação;

•• Dispositivo correspondente no CPC de 1973: art. 475-L, II.

IV – penhora incorreta ou avaliação errônea;

•• Dispositivo correspondente no CPC de 1973: art. 475-L, III.

V – excesso de execução ou cumulação indevida de execuções;

•• Dispositivo correspondente no CPC de 1973: art. 475-L, V.

Vide art. 917, § 2.º, do CPC.

VI – incompetência absoluta ou relativa do juízo da execução;

VII – qualquer causa modificativa ou extintiva da obrigação, como pagamento, novação, compensação, transação ou prescrição, desde que supervenientes à sentença.

•• Dispositivo correspondente no CPC de 1973: art. 475-L, VI.

§ 2.º A alegação de impedimento ou suspeição observará o disposto nos arts. 146 e 148.

§ 3.º Aplica-se à impugnação o disposto no art. 229.

§ 4.º Quando o executado alegar que o exequente, em excesso de execução, pleiteia quantia superior à resultante da sentença, cumprir-lhe-á declarar de imediato o valor que entende correto, apresentando demonstrativo discriminado e atualizado de seu cálculo.

•• Dispositivo correspondente no CPC de 1973: art. 475-L, § 2.º.

§ 5.º Na hipótese do § 4.º, não apontado o valor correto ou não apresentado o demonstrativo, a impugnação será liminarmente rejeitada, se o excesso de execução for o seu único fundamento, ou, se houver outro, a impugnação será processada, mas o juiz não examinará a alegação de excesso de execução.

•• Dispositivo correspondente no CPC de 1973: art. 475-L, § 2.º.

Vide Enunciado 55 da ENFAM.

§ 6.º A apresentação de impugnação não impede a prática dos atos executivos, inclusive os de expropriação, podendo o juiz, a requerimento do executado e desde que garantido o juízo com penhora, caução ou depósito suficientes, atribuir-lhe efeito suspensivo, se seus fundamentos forem relevantes e se o prosseguimento da execução for manifestamente suscetível de causar ao executado grave dano de difícil ou incerta reparação.

•• Dispositivo correspondente no CPC de 1973: art. 475-M, *caput*.

§ 7.º A concessão de efeito suspensivo a que se refere o § 6.º não impedirá a efetivação dos atos de substituição, de reforço ou de redução da penhora e de avaliação dos bens.

§ 8.º Quando o efeito suspensivo atribuído à impugnação disser respeito apenas a parte do objeto da execução, esta prosseguirá quanto à parte restante.

§ 9.º A concessão de efeito suspensivo à impugnação deduzida por um dos executados não suspenderá a execução contra os que não impugnaram, quando o respectivo fundamento disser respeito exclusivamente ao impugnante.

§ 10. Ainda que atribuído efeito suspensivo à impugnação, é lícito ao exequente requerer o prosseguimento da execução, oferecendo e prestando, nos próprios autos, caução suficiente e idônea a ser arbitrada pelo juiz.

•• Dispositivo correspondente no CPC de 1973: art. 475-M, § 1.º.

§ 11. As questões relativas a fato superveniente ao término do prazo para apresentação da impugnação, assim como aquelas relativas à validade e à adequação da penhora, da avaliação e dos atos executivos subsequentes, podem ser arguidas por simples petição, tendo o executado, em qualquer dos casos, o prazo de 15 (quinze) dias para formular esta arguição, contado da comprovada ciência do fato ou da intimação do ato.

§ 12. Para efeito do disposto no inciso III do § 1.º deste artigo, considera-se também inexigível a obrigação reconhecida em título executivo judicial fundado em lei ou ato normativo considerado inconstitucional pelo Supremo Tribunal Federal, ou fundado em aplicação ou interpretação da lei ou do ato normativo tido pelo Supremo Tribunal Federal como incompatível com a Constituição Federal, em controle de constitucionalidade concentrado ou difuso.

•• Dispositivo correspondente no CPC de 1973: art. 475-L, § 1.º.

§ 13. No caso do § 12, os efeitos da decisão do Supremo Tribunal Federal poderão ser modulados no tempo, em atenção à segurança jurídica.

•• *Vide* art. 27 da Lei n. 9.868, de 10-11-1999.

§ 14. A decisão do Supremo Tribunal Federal referida no § 12 deve ser anterior ao trânsito em julgado da decisão exequenda.

•• *Vide* art. 1.057 do CPC.

§ 15. Se a decisão referida no § 12 for proferida após o trânsito em julgado da decisão exequenda, caberá ação rescisória, cujo prazo será contado do trânsito em julgado da decisão proferida pelo Supremo Tribunal Federal.

•• *Vide* art. 1.057 do CPC.

Art. 526. É lícito ao réu, antes de ser intimado para o cumprimento da sentença, comparecer em juízo e oferecer em pagamento o valor que entender devido, apresentando memória discriminada do cálculo.

§ 1.º O autor será ouvido no prazo de 5 (cinco) dias, podendo impugnar o valor depositado, sem prejuízo do levantamento do depósito a título de parcela incontroversa.

§ 2.º Concluindo o juiz pela insuficiência do depósito, sobre a diferença incidirão multa de dez por cento e honorários advocatícios, também fixados em dez por cento, seguindo-se a execução com penhora e atos subsequentes.

§ 3.º Se o autor não se opuser, o juiz declarará satisfeita a obrigação e extinguirá o processo.

Art. 527. Aplicam-se as disposições deste Capítulo ao cumprimento provisório da sentença, no que couber.

Capítulo IV
DO CUMPRIMENTO DE SENTENÇA QUE RECONHEÇA A EXIGIBILIDADE DE OBRIGAÇÃO DE PRESTAR ALIMENTOS

Art. 528. No cumprimento de sentença que condene ao pagamento de prestação alimentí-

Processo de Conhecimento — Arts. 528 e 529

cia ou de decisão interlocutória que fixe alimentos, o juiz, a requerimento do exequente, mandará intimar o executado pessoalmente para, em 3 (três) dias, pagar o débito, provar que o fez ou justificar a impossibilidade de efetuá-lo.

•• Dispositivo correspondente no CPC de 1973: art. 733, *caput*.
•• *Vide* Lei n. 5.478, de 25-7-1968 (Lei de Alimentos).
•• *Vide* Lei n. 11.804, de 5-11-2008 (alimentos gravídicos).

§ 1.º Caso o executado, no prazo referido no *caput*, não efetue o pagamento, não prove que o efetuou ou não apresente justificativa da impossibilidade de efetuá-lo, o juiz mandará protestar o pronunciamento judicial, aplicando-se, no que couber, o disposto no art. 517.

§ 2.º Somente a comprovação de fato que gere a impossibilidade absoluta de pagar justificará o inadimplemento.

§ 3.º Se o executado não pagar ou se a justificativa apresentada não for aceita, o juiz, além de mandar protestar o pronunciamento judicial na forma do § 1.º, decretar-lhe-á a prisão pelo prazo de 1 (um) a 3 (três) meses.

•• Dispositivo correspondente no CPC de 1973: art. 733, § 1.º.
•• *Vide* CF, art. 5.º, LXVII (prisão civil por dívida de alimento).
•• *Vide* Súmula 309 do STJ.
•• *Vide* art. 19 da Lei n. 5.478, de 25-7-1968 (Lei de Alimentos).

§ 4.º A prisão será cumprida em regime fechado, devendo o preso ficar separado dos presos comuns.

§ 5.º O cumprimento da pena não exime o executado do pagamento das prestações vencidas e vincendas.

•• Dispositivo correspondente no CPC de 1973: art. 733, § 2.º.

§ 6.º Paga a prestação alimentícia, o juiz suspenderá o cumprimento da ordem de prisão.

•• Dispositivo correspondente no CPC de 1973: art. 733, § 3.º.

§ 7.º O débito alimentar que autoriza a prisão civil do alimentante é o que compreende até as 3 (três) prestações anteriores ao ajuizamento da execução e as que se vencerem no curso do processo.

§ 8.º O exequente pode optar por promover o cumprimento da sentença ou decisão desde logo, nos termos do disposto neste Livro, Título II, Capítulo III, caso em que não será admissível a prisão do executado, e, recaindo a penhora em dinheiro, a concessão de efeito suspensivo à impugnação não obsta a que o exequente levante mensalmente a importância da prestação.

•• Dispositivo correspondente no CPC de 1973: art. 732, parágrafo único.

§ 9.º Além das opções previstas no art. 516, parágrafo único, o exequente pode promover o cumprimento da sentença ou decisão que condena ao pagamento de prestação alimentícia no juízo de seu domicílio.

Art. 529. Quando o executado for funcionário público, militar, diretor ou gerente de empresa ou empregado sujeito à legislação do trabalho, o exequente poderá requerer o desconto em folha de pagamento da importância da prestação alimentícia.

•• Dispositivo correspondente no CPC de 1973: art. 734, *caput*.
•• *Vide* art. 833, IV, do CPC.
•• *Vide* art. 22, parágrafo único, da Lei n. 5.478, de 25-7-1998, que pune, de qualquer modo, todo aquele que ajuda o devedor a eximir-se da obrigação alimentar.

§ 1.º Ao proferir a decisão, o juiz oficiará à autoridade, à empresa ou ao empregador, determinando, sob pena de crime de desobediência, o desconto a partir da primeira remuneração posterior do executado, a contar do protocolo do ofício.

•• Dispositivo correspondente no CPC de 1973: art. 734, parágrafo único.

§ 2.º O ofício conterá o nome e o número de inscrição no Cadastro de Pessoas Físicas do exequente e do executado, a importância a ser descontada mensalmente, o tempo de sua duração e a conta na qual deve ser feito o depósito.

•• Dispositivo correspondente no CPC de 1973: art. 734, parágrafo único.

§ 3.º Sem prejuízo do pagamento dos alimentos vincendos, o débito objeto de execução pode ser descontado dos rendimentos ou rendas do executado, de forma parcelada, nos termos do *caput* deste artigo, contanto que, somado à parcela devida, não ultrapasse cinquenta por cento de seus ganhos líquidos.

Art. 530. Não cumprida a obrigação, observar-se-á o disposto nos arts. 831 e seguintes.

Art. 531. O disposto neste Capítulo aplica-se aos alimentos definitivos ou provisórios.

§ 1.º A execução dos alimentos provisórios, bem como a dos alimentos fixados em sentença ainda não transitada em julgado, se processa em autos apartados.

§ 2.º O cumprimento definitivo da obrigação de prestar alimentos será processado nos mesmos autos em que tenha sido proferida a sentença.

Art. 532. Verificada a conduta procrastinatória do executado, o juiz deverá, se for o caso, dar ciência ao Ministério Público dos indícios da prática do crime de abandono material.

Art. 533. Quando a indenização por ato ilícito incluir prestação de alimentos, caberá ao executado, a requerimento do exequente, constituir capital cuja renda assegure o pagamento do valor mensal da pensão.

•• Dispositivo correspondente no CPC de 1973: art. 475-Q, *caput*.

§ 1.º O capital a que se refere o *caput*, representado por imóveis ou por direitos reais sobre imóveis suscetíveis de alienação, títulos da dívida pública ou aplicações financeiras em banco oficial, será inalienável e impenhorável enquanto durar a obrigação do executado, além de constituir-se em patrimônio de afetação.

•• Dispositivo correspondente no CPC de 1973: art. 475-Q, § 1.º.

§ 2.º O juiz poderá substituir a constituição do capital pela inclusão do exequente em folha de pagamento de pessoa jurídica de notória capacidade econômica ou, a requerimento do executado, por fiança bancária ou garantia real, em valor a ser arbitrado de imediato pelo juiz.

•• Dispositivo correspondente no CPC de 1973: art. 475-Q, § 2.º.

§ 3.º Se sobrevier modificação nas condições econômicas, poderá a parte requerer, conforme as circunstâncias, redução ou aumento da prestação.

•• Dispositivo correspondente no CPC de 1973: art. 475-Q, § 3.º.

§ 4.º A prestação alimentícia poderá ser fixada tomando por base o salário mínimo.

•• Dispositivo correspondente no CPC de 1973: art. 475-Q, § 4.º.

§ 5.º Finda a obrigação de prestar alimentos, o juiz mandará liberar o capital, cessar o desconto em folha ou cancelar as garantias prestadas.

•• Dispositivo correspondente no CPC de 1973: art. 475-Q, § 5.º.

Capítulo V
DO CUMPRIMENTO DE SENTENÇA QUE RECONHEÇA A EXIGIBILIDADE DE OBRIGAÇÃO DE PAGAR QUANTIA CERTA PELA FAZENDA PÚBLICA

Art. 534. No cumprimento de sentença que impuser à Fazenda Pública o dever de pagar quantia certa, o exequente apresentará demonstrativo discriminado e atualizado do crédito contendo:

I – o nome completo e o número de inscrição no Cadastro de Pessoas Físicas ou no Cadastro Nacional da Pessoa Jurídica do exequente;

II – o índice de correção monetária adotado;

III – os juros aplicados e as respectivas taxas;

IV – o termo inicial e o termo final dos juros e da correção monetária utilizados;

V – a periodicidade da capitalização dos juros, se for o caso;

VI – a especificação dos eventuais descontos obrigatórios realizados.

§ 1.º Havendo pluralidade de exequentes, cada um deverá apresentar o seu próprio demonstrativo, aplicando-se à hipótese, se for o caso, o disposto nos §§ 1.º e 2.º do art. 113.

Processo de Conhecimento

§ 2.º A multa prevista no § 1.º do art. 523 não se aplica à Fazenda Pública.

Art. 535. A Fazenda Pública será intimada na pessoa de seu representante judicial, por carga, remessa ou meio eletrônico, para, querendo, no prazo de 30 (trinta) dias e nos próprios autos, impugnar a execução, podendo arguir:

• *Dispositivo correspondente no CPC de 1973: art. 741, caput.*

I – falta ou nulidade da citação se, na fase de conhecimento, o processo correu à revelia;

• *Dispositivo correspondente no CPC de 1973: art. 741, I.*

II – ilegitimidade de parte;

• *Dispositivo correspondente no CPC de 1973: art. 741, III.*

III – inexequibilidade do título ou inexigibilidade da obrigação;

• *Dispositivo correspondente no CPC de 1973: art. 741, II.*

IV – excesso de execução ou cumulação indevida de execuções;

• *Dispositivo correspondente no CPC de 1973: art. 741, IV e V.*

V – incompetência absoluta ou relativa do juízo da execução;

• *Dispositivo correspondente no CPC de 1973: art. 741, VII.*

VI – qualquer causa modificativa ou extintiva da obrigação, como pagamento, novação, compensação, transação ou prescrição, desde que supervenientes ao trânsito em julgado da sentença.

• *Dispositivo correspondente no CPC de 1973: art. 741, VI.*

§ 1.º A alegação de impedimento ou suspeição observará o disposto nos arts. 146 e 148.

§ 2.º Quando se alegar que o exequente, em excesso de execução, pleiteia quantia superior à resultante do título, cumprirá à executada declarar de imediato o valor que entende correto, sob pena de não conhecimento da arguição.

• *Vide Enunciado 55 da ENFAM.*

§ 3.º Não impugnada a execução ou rejeitadas as arguições da executada:

I – expedir-se-á, por intermédio do presidente do tribunal competente, precatório em favor do exequente, observando-se o disposto na Constituição Federal;

II – por ordem do juiz, dirigida à autoridade na pessoa de quem o ente público foi citado para o processo, o pagamento de obrigação de pequeno valor será realizado no prazo de 2 (dois) meses contado da entrega da requisição, mediante depósito na agência de banco oficial mais próxima da residência do exequente.

§ 4.º Tratando-se de impugnação parcial, a parte não questionada pela executada será, desde logo, objeto de cumprimento.

§ 5.º Para efeito do disposto no inciso III do *caput* deste artigo, considera-se também inexigível a obrigação reconhecida em título executivo judicial fundado em lei ou ato normativo considerado inconstitucional pelo Supremo Tribunal Federal, ou fundado em aplicação ou interpretação da lei ou do ato normativo tido pelo Supremo Tribunal Federal como incompatível com a Constituição Federal, em controle de constitucionalidade concentrado ou difuso.

• *Dispositivo correspondente no CPC de 1973: art. 741, parágrafo único.*

• *Vide Súmula 487 do STJ.*

§ 6.º No caso do § 5.º, os efeitos da decisão do Supremo Tribunal Federal poderão ser modulados no tempo, de modo a favorecer a segurança jurídica.

• *Vide art. 27 da Lei n. 9.868, de 10-11-1999.*

§ 7.º A decisão do Supremo Tribunal Federal referida no § 5.º deve ter sido proferida antes do trânsito em julgado da decisão exequenda.

• *Vide art. 1.057 do CPC.*

§ 8.º Se a decisão referida no § 5.º for proferida após o trânsito em julgado da decisão exequenda, caberá ação rescisória, cujo prazo será contado do trânsito em julgado da decisão proferida pelo Supremo Tribunal Federal.

• *Vide art. 1.057 do CPC.*

Capítulo VI
DO CUMPRIMENTO DE SENTENÇA QUE RECONHEÇA A EXIGIBILIDADE DE OBRIGAÇÃO DE FAZER, DE NÃO FAZER OU DE ENTREGAR COISA

Seção I
Do Cumprimento de Sentença que Reconheça a Exigibilidade de Obrigação de Fazer ou de Não Fazer

Art. 536. No cumprimento de sentença que reconheça a exigibilidade de obrigação de fazer ou de não fazer, o juiz poderá, de ofício ou a requerimento, para a efetivação da tutela específica ou a obtenção de tutela pelo resultado prático equivalente, determinar as medidas necessárias à satisfação do exequente.

•• Dispositivo correspondente no CPC de 1973: art. 461, *caput*.

§ 1.º Para atender ao disposto no *caput*, o juiz poderá determinar, entre outras medidas, a imposição de multa, a busca e apreensão, a remoção de pessoas e coisas, o desfazimento de obras e o impedimento de atividade nociva, podendo, caso necessário, requisitar o auxílio de força policial.

•• Dispositivo correspondente no CPC de 1973: art. 461, § 5.º.

§ 2.º O mandado de busca e apreensão de pessoas e coisas será cumprido por 2 (dois) oficiais de justiça, observando-se o disposto no art. 846, §§ 1.º a 4.º, se houver necessidade de arrombamento.

§ 3.º O executado incidirá nas penas de litigância de má-fé quando injustificadamente descumprir a ordem judicial, sem prejuízo de sua responsabilização por crime de desobediência.

§ 4.º No cumprimento de sentença que reconheça a exigibilidade de obrigação de fazer ou de não fazer, aplica-se o art. 525, no que couber.

§ 5.º O disposto neste artigo aplica-se, no que couber, ao cumprimento de sentença que reconheça deveres de fazer e de não fazer de natureza não obrigacional.

Art. 537. A multa independe de requerimento da parte e poderá ser aplicada na fase de conhecimento, em tutela provisória ou na sentença, ou na fase de execução, desde que seja suficiente e compatível com a obrigação e que se determine prazo razoável para cumprimento do preceito.

•• Dispositivo correspondente no CPC de 1973: art. 461, § 4.º.

§ 1.º O juiz poderá, de ofício ou a requerimento, modificar o valor ou a periodicidade da multa vincenda ou excluí-la, caso verifique que:

•• Dispositivo correspondente no CPC de 1973: art. 461, § 6.º.

I – se tornou insuficiente ou excessiva;

•• Dispositivo correspondente no CPC de 1973: art. 461, § 6.º.

II – o obrigado demonstrou cumprimento parcial superveniente da obrigação ou justa causa para o descumprimento.

§ 2.º O valor da multa será devido ao exequente.

§ 3.º A decisão que fixa a multa é passível de cumprimento provisório, devendo ser depositada em juízo, permitido o levantamento do valor após o trânsito em julgado da sentença favorável à parte.

•• § 3.º com redação determinada pela Lei n. 13.256, de 4-2-2016.

§ 4.º A multa será devida desde o dia em que se configurar o descumprimento da decisão e incidirá enquanto não for cumprida a decisão que a tiver cominado.

§ 5.º O disposto neste artigo aplica-se, no que couber, ao cumprimento de sentença que reconheça deveres de fazer e de não fazer de natureza não obrigacional.

Seção II
Do Cumprimento de Sentença que Reconheça a Exigibilidade de Obrigação de Entregar Coisa

Art. 538. Não cumprida a obrigação de entregar coisa no prazo estabelecido na sentença, será expedido mandado de busca e apreensão ou de imissão na posse em favor do credor, conforme se tratar de coisa móvel ou imóvel.

•• Dispositivo correspondente no CPC de 1973: art. 461-A, § 2.º.

Processo de Conhecimento

§ 1.º A existência de benfeitorias deve ser alegada na fase de conhecimento, em contestação, de forma discriminada e com atribuição, sempre que possível e justificadamente, do respectivo valor.

§ 2.º O direito de retenção por benfeitorias deve ser exercido na contestação, na fase de conhecimento.

§ 3.º Aplicam-se ao procedimento previsto neste artigo, no que couber, as disposições sobre o cumprimento de obrigação de fazer ou de não fazer.

Título III
DOS PROCEDIMENTOS ESPECIAIS

Capítulo I
DA AÇÃO DE CONSIGNAÇÃO EM PAGAMENTO

Art. 539. Nos casos previstos em lei, poderá o devedor ou terceiro requerer, com efeito de pagamento, a consignação da quantia ou da coisa devida.

•• Dispositivo correspondente no CPC de 1973: art. 890, *caput*.

•• *Vide* art. 67 da Lei n. 8.245, de 18-10-1991 (Lei de Locação de Imóveis Urbanos).

§ 1.º Tratando-se de obrigação em dinheiro, poderá o valor ser depositado em estabelecimento bancário, oficial onde houver, situado no lugar do pagamento, cientificando-se o credor por carta com aviso de recebimento, assinado o prazo de 10 (dez) dias para a manifestação de recusa.

•• Dispositivo correspondente no CPC de 1973: art. 890, § 1.º.

§ 2.º Decorrido o prazo do § 1.º, contado do retorno do aviso de recebimento, sem a manifestação de recusa, considerar-se-á o devedor liberado da obrigação, ficando à disposição do credor a quantia depositada.

•• Dispositivo correspondente no CPC de 1973: art. 890, § 2.º.

§ 3.º Ocorrendo a recusa, manifestada por escrito ao estabelecimento bancário, poderá ser proposta, dentro de 1 (um) mês, a ação de consignação, instruindo-se a inicial com a prova do depósito e da recusa.

•• Dispositivo correspondente no CPC de 1973: art. 890, § 3.º.

•• *Vide* art. 542, I, do CPC.

§ 4.º Não proposta a ação no prazo do § 3.º, ficará sem efeito o depósito, podendo levantá-lo o depositante.

•• Dispositivo correspondente no CPC de 1973: art. 890, § 4.º.

Art. 540. Requerer-se-á a consignação no lugar do pagamento, cessando para o devedor, à data do depósito, os juros e os riscos, salvo se a demanda for julgada improcedente.

•• Dispositivo correspondente no CPC de 1973: art. 891, *caput*.

Art. 541. Tratando-se de prestações sucessivas, consignada uma delas, pode o devedor continuar a depositar, no mesmo processo e sem mais formalidades, as que se forem vencendo, desde que o faça em até 5 (cinco) dias contados da data do respectivo vencimento.

•• Dispositivo correspondente no CPC de 1973: art. 892.

•• *Vide* art. 323 do CPC.

•• *Vide* art. 67, III, da Lei n. 8.245, de 18-10-1991 (Lei de Locação de Imóveis Urbanos).

Art. 542. Na petição inicial, o autor requererá:

•• Dispositivo correspondente no CPC de 1973: art. 893, *caput*.

•• *Vide* art. 292, § 1.º, do CPC.

I – o depósito da quantia ou da coisa devida, a ser efetivado no prazo de 5 (cinco) dias contados do deferimento, ressalvada a hipótese do art. 539, § 3.º;

•• Dispositivo correspondente no CPC de 1973: art. 893, I.

II – a citação do réu para levantar o depósito ou oferecer contestação.

•• Dispositivo correspondente no CPC de 1973: art. 893, II.

Parágrafo único. Não realizado o depósito no prazo do inciso I, o processo será extinto sem resolução do mérito.

Art. 543. Se o objeto da prestação for coisa indeterminada e a escolha couber ao credor, será este citado para exercer o direito dentro de 5 (cinco) dias, se outro prazo não constar de lei ou do contrato, ou para aceitar que o devedor a faça, devendo o juiz, ao despachar a petição inicial, fixar lugar, dia e hora em que se fará a entrega, sob pena de depósito.

•• Dispositivo correspondente no CPC de 1973: art. 894.

Art. 544. Na contestação, o réu poderá alegar que:

•• Dispositivo correspondente no CPC de 1973: art. 896, *caput*.

I – não houve recusa ou mora em receber a quantia ou a coisa devida;

•• Dispositivo correspondente no CPC de 1973: art. 896, I.

II – foi justa a recusa;

•• Dispositivo correspondente no CPC de 1973: art. 896, II.

III – o depósito não se efetuou no prazo ou no lugar do pagamento;

•• Dispositivo correspondente no CPC de 1973: art. 896, III.

IV – o depósito não é integral.

•• Dispositivo correspondente no CPC de 1973: art. 896, IV.

Parágrafo único. No caso do inciso IV, a alegação somente será admissível se o réu indicar o montante que entende devido.

•• Dispositivo correspondente no CPC de 1973: art. 896, parágrafo único.

Art. 545. Alegada a insuficiência do depósito, é lícito ao autor completá-lo, em 10 (dez) dias, salvo se corresponder a prestação cujo inadimplemento acarrete a rescisão do contrato.

•• Dispositivo correspondente no CPC de 1973: art. 899, *caput*.

§ 1.º No caso do *caput*, poderá o réu levantar, desde logo, a quantia ou a coisa depositada, com a consequente liberação parcial do autor, prosseguindo o processo quanto à parcela controvertida.

•• Dispositivo correspondente no CPC de 1973: art. 899, § 1.º.

§ 2.º A sentença que concluir pela insuficiência do depósito determinará, sempre que possível, o montante devido e valerá como título executivo, facultado ao credor promover-lhe o cumprimento nos mesmos autos, após liquidação, se necessária.

•• Dispositivo correspondente no CPC de 1973: art. 899, § 2.º.

Art. 546. Julgado procedente o pedido, o juiz declarará extinta a obrigação e condenará o réu ao pagamento de custas e honorários advocatícios.

•• Dispositivo correspondente no CPC de 1973: art. 897, *caput*.

Parágrafo único. Proceder-se-á do mesmo modo se o credor receber e der quitação.

•• Dispositivo correspondente no CPC de 1973: art. 897, parágrafo único.

Art. 547. Se ocorrer dúvida sobre quem deva legitimamente receber o pagamento, o autor requererá o depósito e a citação dos possíveis titulares do crédito para provarem o seu direito.

•• Dispositivo correspondente no CPC de 1973: art. 895.

Art. 548. No caso do art. 547:

•• Dispositivo correspondente no CPC de 1973: art. 898.

I – não comparecendo pretendente algum, converter-se-á o depósito em arrecadação de coisas vagas;

•• Dispositivo correspondente no CPC de 1973: art. 898.

II – comparecendo apenas um, o juiz decidirá de plano;

•• Dispositivo correspondente no CPC de 1973: art. 898.

III – comparecendo mais de um, o juiz declarará efetuado o depósito e extinta a obrigação, continuando o processo a correr unicamente entre os presuntivos credores, observado o procedimento comum.

•• Dispositivo correspondente no CPC de 1973: art. 898.

Art. 549. Aplica-se o procedimento estabelecido neste Capítulo, no que couber, ao resgate do aforamento.

•• Dispositivo correspondente no CPC de 1973: art. 900.

Capítulo II
DA AÇÃO DE EXIGIR CONTAS

Art. 550. Aquele que afirmar ser titular do direito de exigir contas requererá a citação do réu para que as preste ou ofereça contestação no prazo de 15 (quinze) dias.

•• Dispositivo correspondente no CPC de 1973: art. 915, *caput*.

Processo de Conhecimento

§ 1.º Na petição inicial, o autor especificará, detalhadamente, as razões pelas quais exige as contas, instruindo-a com documentos comprobatórios dessa necessidade, se existirem.

§ 2.º Prestadas as contas, o autor terá 15 (quinze) dias para se manifestar, prosseguindo-se o processo na forma do Capítulo X do Título I deste Livro.

•• Dispositivo correspondente no CPC de 1973: art. 915, § 1.º.

§ 3.º A impugnação das contas apresentadas pelo réu deverá ser fundamentada e específica, com referência expressa ao lançamento questionado.

§ 4.º Se o réu não contestar o pedido, observar-se-á o disposto no art. 355.

§ 5.º A decisão que julgar procedente o pedido condenará o réu a prestar as contas no prazo de 15 (quinze) dias, sob pena de não lhe ser lícito impugnar as que o autor apresentar.

•• Dispositivo correspondente no CPC de 1973: art. 915, § 2.º.

§ 6.º Se o réu apresentar as contas no prazo previsto no § 5.º, seguir-se-á o procedimento do § 2.º, caso contrário, o autor apresentá-las-á no prazo de 15 (quinze) dias, podendo o juiz determinar a realização de exame pericial, se necessário.

•• Dispositivo correspondente no CPC de 1973: art. 915, § 3.º.

Art. 551. As contas do réu serão apresentadas na forma adequada, especificando-se as receitas, a aplicação das despesas e os investimentos, se houver.

•• Dispositivo correspondente no CPC de 1973: art. 917.

§ 1.º Havendo impugnação específica e fundamentada pelo autor, o juiz estabelecerá prazo razoável para que o réu apresente os documentos justificativos dos lançamentos individualmente impugnados.

§ 2.º As contas do autor, para os fins do art. 550, § 5.º, serão apresentadas na forma adequada, já instruídas com os documentos justificativos, especificando-se as receitas, a aplicação das despesas e os investimentos, se houver, bem como o respectivo saldo.

Art. 552. A sentença apurará o saldo e constituirá título executivo judicial.

•• Dispositivo correspondente no CPC de 1973: art. 918.

Art. 553. As contas do inventariante, do tutor, do curador, do depositário e de qualquer outro administrador serão prestadas em apenso aos autos do processo em que tiver sido nomeado.

•• Dispositivo correspondente no CPC de 1973: art. 919.

Parágrafo único. Se qualquer dos referidos no *caput* for condenado a pagar o saldo e não o fizer no prazo legal, o juiz poderá destituí-lo, sequestrar os bens sob sua guarda, glosar o prêmio ou a gratificação a que teria direito e determinar as medidas executivas necessárias à recomposição do prejuízo.

•• Dispositivo correspondente no CPC de 1973: art. 919.

Capítulo III
DAS AÇÕES POSSESSÓRIAS

Seção I
Disposições Gerais

Art. 554. A propositura de uma ação possessória em vez de outra não obstará a que o juiz conheça do pedido e outorgue a proteção legal correspondente àquela cujos pressupostos estejam provados.

•• Dispositivo correspondente no CPC de 1973: art. 920.

•• *Vide* arts. 47, § 1.º, e 73, § 2.º, do CPC.

•• *Vide* Súmula 14 do TFR.

§ 1.º No caso de ação possessória em que figure no polo passivo grande número de pessoas, serão feitas a citação pessoal dos ocupantes que forem encontrados no local e a citação por edital dos demais, determinando-se, ainda, a intimação do Ministério Público e, se envolver pessoas em situação de hipossuficiência econômica, da Defensoria Pública.

§ 2.º Para fim da citação pessoal prevista no § 1.º, o oficial de justiça procurará os ocupantes no local por uma vez, citando-se por edital os que não forem encontrados.

Arts. 554 a 562

§ 3.º O juiz deverá determinar que se dê ampla publicidade da existência da ação prevista no § 1.º e dos respectivos prazos processuais, podendo, para tanto, valer-se de anúncios em jornal ou rádio locais, da publicação de cartazes na região do conflito e de outros meios.

Art. 555. É lícito ao autor cumular ao pedido possessório o de:

•• Dispositivo correspondente no CPC de 1973: art. 921, *caput*.

I – condenação em perdas e danos;

•• Dispositivo correspondente no CPC de 1973: art. 921, I.

II – indenização dos frutos.

Parágrafo único. Pode o autor requerer, ainda, imposição de medida necessária e adequada para:

I – evitar nova turbação ou esbulho;

•• Dispositivo correspondente no CPC de 1973: art. 921, II.

II – cumprir-se a tutela provisória ou final.

Art. 556. É lícito ao réu, na contestação, alegando que foi o ofendido em sua posse, demandar a proteção possessória e a indenização pelos prejuízos resultantes da turbação ou do esbulho cometido pelo autor.

•• Dispositivo correspondente no CPC de 1973: art. 922.

Art. 557. Na pendência de ação possessória é vedado, tanto ao autor quanto ao réu, propor ação de reconhecimento do domínio, exceto se a pretensão for deduzida em face de terceira pessoa.

•• Dispositivo correspondente no CPC de 1973: art. 923.

•• *Vide* Súmula 487 do STF.

Parágrafo único. Não obsta à manutenção ou à reintegração de posse a alegação de propriedade ou de outro direito sobre a coisa.

Art. 558. Regem o procedimento de manutenção e de reintegração de posse as normas da *Seção* II deste Capítulo quando a ação for proposta dentro de ano e dia da turbação ou do esbulho afirmado na petição inicial.

•• Dispositivo correspondente no CPC de 1973: art. 924.

Parágrafo único. Passado o prazo referido no *caput*, será comum o procedimento, não perdendo, contudo, o caráter possessório.

•• Dispositivo correspondente no CPC de 1973: art. 924.

Art. 559. Se o réu provar, em qualquer tempo, que o autor provisoriamente mantido ou reintegrado na posse carece de idoneidade financeira para, no caso de sucumbência, responder por perdas e danos, o juiz designar-lhe-á o prazo de 5 (cinco) dias para requerer caução, real ou fidejussória, sob pena de ser depositada a coisa litigiosa, ressalvada a impossibilidade da parte economicamente hipossuficiente.

•• Dispositivo correspondente no CPC de 1973: art. 925.

Seção II
Da Manutenção e da
Reintegração de Posse

Art. 560. O possuidor tem direito a ser mantido na posse em caso de turbação e reintegrado em caso de esbulho.

•• Dispositivo correspondente no CPC de 1973: art. 926.

•• *Vide* arts. 47 e 73 do CPC.

Art. 561. Incumbe ao autor provar:

•• Dispositivo correspondente no CPC de 1973: art. 927, *caput*.

I – a sua posse;

•• Dispositivo correspondente no CPC de 1973: art. 927, I.

II – a turbação ou o esbulho praticado pelo réu;

•• Dispositivo correspondente no CPC de 1973: art. 927, II.

III – a data da turbação ou do esbulho;

•• Dispositivo correspondente no CPC de 1973: art. 927, III.

IV – a continuação da posse, embora turbada, na ação de manutenção, ou a perda da posse, na ação de reintegração.

•• Dispositivo correspondente no CPC de 1973: art. 927, IV.

Art. 562. Estando a petição inicial devidamente instruída, o juiz deferirá, sem ouvir o réu, a expedição do mandado liminar de manutenção ou de reintegração, caso contrário, determinará que o autor justifique previamente o alegado, citando-se o réu para comparecer à audiência que for designada.

•• Dispositivo correspondente no CPC de 1973: art. 928, *caput*.

Parágrafo único. Contra as pessoas jurídicas de direito público não será deferida a manutenção ou a reintegração liminar sem prévia audiência dos respectivos representantes judiciais.

•• Dispositivo correspondente no CPC de 1973: art. 928, parágrafo único.

Art. 563. Considerada suficiente a justificação, o juiz fará logo expedir mandado de manutenção ou de reintegração.

•• Dispositivo correspondente no CPC de 1973: art. 929.

Art. 564. Concedido ou não o mandado liminar de manutenção ou de reintegração, o autor promoverá, nos 5 (cinco) dias subsequentes, a citação do réu para, querendo, contestar a ação no prazo de 15 (quinze) dias.

•• Dispositivo correspondente no CPC de 1973: art. 930, caput.

Parágrafo único. Quando for ordenada a justificação prévia, o prazo para contestar será contado da intimação da decisão que deferir ou não a medida liminar.

•• Dispositivo correspondente no CPC de 1973: art. 930, parágrafo único.

Art. 565. No litígio coletivo pela posse de imóvel, quando o esbulho ou a turbação afirmado na petição inicial houver ocorrido há mais de ano e dia, o juiz, antes de apreciar o pedido de concessão da medida liminar, deverá designar audiência de mediação, a realizar-se em até 30 (trinta) dias, que observará o disposto nos §§ 2.º e 4.º.

§ 1.º Concedida a liminar, se essa não for executada no prazo de 1 (um) ano, a contar da data de distribuição, caberá ao juiz designar audiência de mediação, nos termos dos §§ 2.º a 4.º deste artigo.

§ 2.º O Ministério Público será intimado para comparecer à audiência, e a Defensoria Pública será intimada sempre que houver parte beneficiária de gratuidade da justiça.

§ 3.º O juiz poderá comparecer à área objeto do litígio quando sua presença se fizer necessária à efetivação da tutela jurisdicional.

§ 4.º Os órgãos responsáveis pela política agrária e pela política urbana da União, de Estado ou do Distrito Federal e de Município onde se situe a área objeto do litígio poderão ser intimados para a audiência, a fim de se manifestarem sobre seu interesse no processo e sobre a existência de possibilidade de solução para o conflito possessório.

§ 5.º Aplica-se o disposto neste artigo ao litígio sobre propriedade de imóvel.

Art. 566. Aplica-se, quanto ao mais, o procedimento comum.

•• Dispositivo correspondente no CPC de 1973: art. 931.

Seção III
Do Interdito Proibitório

Art. 567. O possuidor direto ou indireto que tenha justo receio de ser molestado na posse poderá requerer ao juiz que o segure da turbação ou esbulho iminente, mediante mandado proibitório em que se comine ao réu determinada pena pecuniária caso transgrida o preceito.

•• Dispositivo correspondente no CPC de 1973: art. 932.

• Vide arts. 47 e 73 do CPC.

Art. 568. Aplica-se ao interdito proibitório o disposto na Seção II deste Capítulo.

•• Dispositivo correspondente no CPC de 1973: art. 933.

Capítulo IV
DA AÇÃO DE DIVISÃO E DA DEMARCAÇÃO DE TERRAS PARTICULARES

Seção I
Disposições Gerais

Art. 569. Cabe:

•• Dispositivo correspondente no CPC de 1973: art. 946, caput.

I – ao proprietário a ação de demarcação, para obrigar o seu confinante a estremar os respectivos prédios, fixando-se novos limites entre eles ou aviventando-se os já apagados;

•• Dispositivo correspondente no CPC de 1973: art. 946, I.

II – ao condômino a ação de divisão, para obrigar os demais consortes a estremar os quinhões.

Arts. 569 a 581

•• Dispositivo correspondente no CPC de 1973: art. 946, II.

•• *Vide* arts. 47 e 73 do CPC.

Art. 570. É lícita a cumulação dessas ações, caso em que deverá processar-se primeiramente a demarcação total ou parcial da coisa comum, citando-se os confinantes e os condôminos.

•• Dispositivo correspondente no CPC de 1973: art. 947.

Art. 571. A demarcação e a divisão poderão ser realizadas por escritura pública, desde que maiores, capazes e concordes todos os interessados, observando-se, no que couber, os dispositivos deste Capítulo.

Art. 572. Fixados os marcos da linha de demarcação, os confinantes considerar-se-ão terceiros quanto ao processo divisório, ficando-lhes, porém, ressalvado o direito de vindicar os terrenos de que se julguem despojados por invasão das linhas limítrofes constitutivas do perímetro ou de reclamar indenização correspondente ao seu valor.

•• Dispositivo correspondente no CPC de 1973: art. 948.

§ 1.º No caso do *caput*, serão citados para a ação todos os condôminos, se a sentença homologatória da divisão ainda não houver transitado em julgado, e todos os quinhoeiros dos terrenos vindicados, se a ação for proposta posteriormente.

•• Dispositivo correspondente no CPC de 1973: art. 949, *caput*.

§ 2.º Neste último caso, a sentença que julga procedente a ação, condenando a restituir os terrenos ou a pagar a indenização, valerá como título executivo em favor dos quinhoeiros para haverem dos outros condôminos que forem parte na divisão ou de seus sucessores a título universal, na proporção que lhes tocar, a composição pecuniária do desfalque sofrido.

•• Dispositivo correspondente no CPC de 1973: art. 949, parágrafo único.

Art. 573. Tratando-se de imóvel georreferenciado, com averbação no registro de imóveis, pode o juiz dispensar a realização de prova pericial.

Processo de Conhecimento

Seção II
Da Demarcação

Art. 574. Na petição inicial, instruída com os títulos da propriedade, designar-se-á o imóvel pela situação e pela denominação, descrever-se-ão os limites por constituir, aviventar ou renovar e nomear-se-ão todos os confinantes da linha demarcanda.

•• Dispositivo correspondente no CPC de 1973: art. 950.

•• *Vide* arts. 47 e 73 do CPC.

Art. 575. Qualquer condômino é parte legítima para promover a demarcação do imóvel comum, requerendo a intimação dos demais para, querendo, intervir no processo.

•• Dispositivo correspondente no CPC de 1973: art. 952.

Art. 576. A citação dos réus será feita por correio, observado o disposto no art. 247.

•• Dispositivo correspondente no CPC de 1973: art. 953.

Parágrafo único. Será publicado edital, nos termos do inciso III do art. 259.

Art. 577. Feitas as citações, terão os réus o prazo comum de 15 (quinze) dias para contestar.

•• Dispositivo correspondente no CPC de 1973: art. 954.

Art. 578. Após o prazo de resposta do réu, observar-se-á o procedimento comum.

•• Dispositivo correspondente no CPC de 1973: art. 955.

Art. 579. Antes de proferir a sentença, o juiz nomeará um ou mais peritos para levantar o traçado da linha demarcanda.

•• Dispositivo correspondente no CPC de 1973: art. 956.

Art. 580. Concluídos os estudos, os peritos apresentarão minucioso laudo sobre o traçado da linha demarcanda, considerando os títulos, os marcos, os rumos, a fama da vizinhança, as informações de antigos moradores do lugar e outros elementos que coligirem.

•• Dispositivo correspondente no CPC de 1973: art. 957, *caput*.

Art. 581. A sentença que julgar procedente o pedido determinará o traçado da linha demarcanda.

•• Dispositivo correspondente no CPC de 1973: art. 958.

Processo de Conhecimento

Parágrafo único. A sentença proferida na ação demarcatória determinará a restituição da área invadida, se houver, declarando o domínio ou a posse do prejudicado, ou ambos.

Art. 582. Transitada em julgado a sentença, o perito efetuará a demarcação e colocará os marcos necessários.

•• Dispositivo correspondente no CPC de 1973: art. 959.

Parágrafo único. Todas as operações serão consignadas em planta e memorial descritivo com as referências convenientes para a identificação, em qualquer tempo, dos pontos assinalados, observada a legislação especial que dispõe sobre a identificação do imóvel rural.

•• Dispositivo correspondente no CPC de 1973: art. 959.

Art. 583. As plantas serão acompanhadas das cadernetas de operações de campo e do memorial descritivo, que conterá:

•• Dispositivo correspondente no CPC de 1973: art. 962, *caput*.

I – o ponto de partida, os rumos seguidos e a aviventação dos antigos com os respectivos cálculos;

•• Dispositivo correspondente no CPC de 1973: art. 962, I.

II – os acidentes encontrados, as cercas, os valos, os marcos antigos, os córregos, os rios, as lagoas e outros;

•• Dispositivo correspondente no CPC de 1973: art. 962, II.

III – a indicação minuciosa dos novos marcos cravados, dos antigos aproveitados, das culturas existentes e da sua produção anual;

•• Dispositivo correspondente no CPC de 1973: art. 962, III.

IV – a composição geológica dos terrenos, bem como a qualidade e a extensão dos campos, das matas e das capoeiras;

•• Dispositivo correspondente no CPC de 1973: art. 962, IV.

V – as vias de comunicação;

•• Dispositivo correspondente no CPC de 1973: art. 962, V.

VI – as distâncias a pontos de referência, tais como rodovias federais e estaduais, ferrovias, portos, aglomerações urbanas e polos comerciais;

•• Dispositivo correspondente no CPC de 1973: art. 962, VI.

VII – a indicação de tudo o mais que for útil para o levantamento da linha ou para a identificação da linha já levantada.

•• Dispositivo correspondente no CPC de 1973: art. 962, VII.

Art. 584. É obrigatória a colocação de marcos tanto na estação inicial, dita marco primordial, quanto nos vértices dos ângulos, salvo se algum desses últimos pontos for assinalado por acidentes naturais de difícil remoção ou destruição.

•• Dispositivo correspondente no CPC de 1973: art. 963.

•• *Vide* art. 596 do CPC.

Art. 585. A linha será percorrida pelos peritos, que examinarão os marcos e os rumos, consignando em relatório escrito a exatidão do memorial e da planta apresentados pelo agrimensor ou as divergências porventura encontradas.

•• Dispositivo correspondente no CPC de 1973: art. 964.

Art. 586. Juntado aos autos o relatório dos peritos, o juiz determinará que as partes se manifestem sobre ele no prazo comum de 15 (quinze) dias.

•• Dispositivo correspondente no CPC de 1973: art. 965.

Parágrafo único. Executadas as correções e as retificações que o juiz determinar, lavrar-se-á, em seguida, o auto de demarcação em que os limites demarcandos serão minuciosamente descritos de acordo com o memorial e a planta.

•• Dispositivo correspondente no CPC de 1973: art. 965.

Art. 587. Assinado o auto pelo juiz e pelos peritos, será proferida a sentença homologatória da demarcação.

•• Dispositivo correspondente no CPC de 1973: art. 966.

Seção III
Da Divisão

Art. 588. A petição inicial será instruída com os títulos de domínio do promovente e conterá:

•• Dispositivo correspondente no CPC de 1973: art. 967, *caput*.

•• *Vide* arts. 47, 73 e 1.320 a 1.332 do CPC.

I – a indicação da origem da comunhão e a denominação, a situação, os limites e as características do imóvel;

Arts. 588 a 596

•• Dispositivo correspondente no CPC de 1973: art. 967, I.

II – o nome, o estado civil, a profissão e a residência de todos os condôminos, especificando-se os estabelecidos no imóvel com benfeitorias e culturas;

•• Dispositivo correspondente no CPC de 1973: art. 967, II.

III – as benfeitorias comuns.

•• Dispositivo correspondente no CPC de 1973: art. 967, III.

Art. 589. Feitas as citações como preceitua o art. 576, prosseguir-se-á na forma dos arts. 577 e 578.

•• Dispositivo correspondente no CPC de 1973: art. 968.

Art. 590. O juiz nomeará um ou mais peritos para promover a medição do imóvel e as operações de divisão, observada a legislação especial que dispõe sobre a identificação do imóvel rural.

•• Dispositivo correspondente no CPC de 1973: art. 969.

Parágrafo único. O perito deverá indicar as vias de comunicação existentes, as construções e as benfeitorias, com a indicação dos seus valores e dos respectivos proprietários e ocupantes, as águas principais que banham o imóvel e quaisquer outras informações que possam concorrer para facilitar a partilha.

Art. 591. Todos os condôminos serão intimados a apresentar, dentro de 10 (dez) dias, os seus títulos, se ainda não o tiverem feito, e a formular os seus pedidos sobre a constituição dos quinhões.

•• Dispositivo correspondente no CPC de 1973: art. 970.

Art. 592. O juiz ouvirá as partes no prazo comum de 15 (quinze) dias.

•• Dispositivo correspondente no CPC de 1973: art. 971, caput.

§ 1.º Não havendo impugnação, o juiz determinará a divisão geodésica do imóvel.

•• Dispositivo correspondente no CPC de 1973: art. 971, parágrafo único.

§ 2.º Havendo impugnação, o juiz proferirá, no prazo de 10 (dez) dias, decisão sobre os pedidos e os títulos que devam ser atendidos na formação dos quinhões.

•• Dispositivo correspondente no CPC de 1973: art. 971, parágrafo único.

Processo de Conhecimento

Art. 593. Se qualquer linha do perímetro atingir benfeitorias permanentes dos confinantes feitas há mais de 1 (um) ano, serão elas respeitadas, bem como os terrenos onde estiverem, os quais não se computarão na área dividenda.

•• Dispositivo correspondente no CPC de 1973: art. 973, caput.

Art. 594. Os confinantes do imóvel dividendo podem demandar a restituição dos terrenos que lhes tenham sido usurpados.

•• Dispositivo correspondente no CPC de 1973: art. 974, caput.

§ 1.º Serão citados para a ação todos os condôminos, se a sentença homologatória da divisão ainda não houver transitado em julgado, e todos os quinhoeiros dos terrenos vindicados, se a ação for proposta posteriormente.

•• Dispositivo correspondente no CPC de 1973: art. 974, § 1.º.

§ 2.º Nesse último caso terão os quinhoeiros o direito, pela mesma sentença que os obrigar à restituição, a haver dos outros condôminos do processo divisório ou de seus sucessores a título universal a composição pecuniária proporcional ao desfalque sofrido.

•• Dispositivo correspondente no CPC de 1973: art. 974, § 2.º.

Art. 595. Os peritos proporão, em laudo fundamentado, a forma da divisão, devendo consultar, quanto possível, a comodidade das partes, respeitar, para adjudicação a cada condômino, a preferência dos terrenos contíguos às suas residências e benfeitorias e evitar o retalhamento dos quinhões em glebas separadas.

•• Dispositivo correspondente no CPC de 1973: art. 978, caput.

Art. 596. Ouvidas as partes, no prazo comum de 15 (quinze) dias, sobre o cálculo e o plano da divisão, o juiz deliberará a partilha.

•• Dispositivo correspondente no CPC de 1973: art. 979, caput.

Parágrafo único. Em cumprimento dessa decisão, o perito procederá à demarcação dos quinhões, observando, além do disposto nos arts. 584 e 585, as seguintes regras:

•• Dispositivo correspondente no CPC de 1973: art. 979, caput.

I – as benfeitorias comuns que não comportarem divisão cômoda serão adjudicadas a um dos condôminos mediante compensação;

Processo de Conhecimento

•• Dispositivo correspondente no CPC de 1973: art. 979, I.

II – instituir-se-ão as servidões que forem indispensáveis em favor de uns quinhões sobre os outros, incluindo o respectivo valor no orçamento para que, não se tratando de servidões naturais, seja compensado o condômino aquinhoado com o prédio serviente;

•• Dispositivo correspondente no CPC de 1973: art. 979, II.

III – as benfeitorias particulares dos condôminos que excederem à área a que têm direito serão adjudicadas ao quinhoeiro vizinho mediante reposição;

•• Dispositivo correspondente no CPC de 1973: art. 979, III.

IV – se outra coisa não acordarem as partes, as compensações e as reposições serão feitas em dinheiro.

•• Dispositivo correspondente no CPC de 1973: art. 979, IV.

Art. 597. Terminados os trabalhos e desenhados na planta os quinhões e as servidões aparentes, o perito organizará o memorial descritivo.

•• Dispositivo correspondente no CPC de 1973: art. 980, caput.

§ 1.º Cumprido o disposto no art. 586, o escrivão, em seguida, lavrará o auto de divisão, acompanhado de uma folha de pagamento para cada condômino.

•• Dispositivo correspondente no CPC de 1973: art. 980, caput.

§ 2.º Assinado o auto pelo juiz e pelo perito, será proferida sentença homologatória da divisão.

•• Dispositivo correspondente no CPC de 1973: art. 980, caput.

§ 3.º O auto conterá:

•• Dispositivo correspondente no CPC de 1973: art. 980, § 1.º, caput.

I – a confinação e a extensão superficial do imóvel;

•• Dispositivo correspondente no CPC de 1973: art. 980, § 1.º, I.

II – a classificação das terras com o cálculo das áreas de cada consorte e com a respectiva avaliação ou, quando a homogeneidade das terras não determinar diversidade de valores, a avaliação do imóvel na sua integridade;

•• Dispositivo correspondente no CPC de 1973: art. 980, § 1.º, II.

III – o valor e a quantidade geométrica que couber a cada condômino, declarando-se as reduções e as compensações resultantes da diversidade de valores das glebas componentes de cada quinhão.

•• Dispositivo correspondente no CPC de 1973: art. 980, § 1.º, III.

§ 4.º Cada folha de pagamento conterá:

•• Dispositivo correspondente no CPC de 1973: art. 980, § 2.º, caput.

I – a descrição das linhas divisórias do quinhão, mencionadas as confinantes;

•• Dispositivo correspondente no CPC de 1973: art. 980, § 2.º, I.

II – a relação das benfeitorias e das culturas do próprio quinhoeiro e das que lhe foram adjudicadas por serem comuns ou mediante compensação;

•• Dispositivo correspondente no CPC de 1973: art. 980, § 2.º, II.

III – a declaração das servidões instituídas, especificados os lugares, a extensão e o modo de exercício.

•• Dispositivo correspondente no CPC de 1973: art. 980, § 2.º, III.

Art. 598. Aplica-se às divisões o disposto nos arts. 575 a 578.

•• Dispositivo correspondente no CPC de 1973: art. 981.

Capítulo V
DA AÇÃO DE DISSOLUÇÃO PARCIAL DE SOCIEDADE

Art. 599. A ação de dissolução parcial de sociedade pode ter por objeto:

I – a resolução da sociedade empresária contratual ou simples em relação ao sócio falecido, excluído ou que exerceu o direito de retirada ou recesso; e

II – a apuração dos haveres do sócio falecido, excluído ou que exerceu o direito de retirada ou recesso; ou

III – somente a resolução ou a apuração de haveres.

§ 1.º A petição inicial será necessariamente instruída com o contrato social consolidado.

§ 2.º A ação de dissolução parcial de sociedade pode ter também por objeto a sociedade anônima de capital fechado quando demonstrado, por acionista ou acionistas que representem cinco por cento ou mais do capital social, que não pode preencher o seu fim.

Art. 600. A ação pode ser proposta:

I – pelo espólio do sócio falecido, quando a totalidade dos sucessores não ingressar na sociedade;

II – pelos sucessores, após concluída a partilha do sócio falecido;

III – pela sociedade, se os sócios sobreviventes não admitirem o ingresso do espólio ou dos sucessores do falecido na sociedade, quando esse direito decorrer do contrato social;

IV – pelo sócio que exerceu o direito de retirada ou recesso, se não tiver sido providenciada, pelos demais sócios, a alteração contratual consensual formalizando o desligamento, depois de transcorridos 10 (dez) dias do exercício do direito;

V – pela sociedade, nos casos em que a lei não autoriza a exclusão extrajudicial; ou

VI – pelo sócio excluído.

Parágrafo único. O cônjuge ou companheiro do sócio cujo casamento, união estável ou convivência terminou poderá requerer a apuração de seus haveres na sociedade, que serão pagos à conta da quota social titulada por este sócio.

Art. 601. Os sócios e a sociedade serão citados para, no prazo de 15 (quinze) dias, concordar com o pedido ou apresentar contestação.

Parágrafo único. A sociedade não será citada se todos os seus sócios o forem, mas ficará sujeita aos efeitos da decisão e à coisa julgada.

Art. 602. A sociedade poderá formular pedido de indenização compensável com o valor dos haveres a apurar.

Art. 603. Havendo manifestação expressa e unânime pela concordância da dissolução, o juiz a decretará, passando-se imediatamente à fase de liquidação.

§ 1.º Na hipótese prevista no *caput*, não haverá condenação em honorários advocatícios de nenhuma das partes, e as custas serão rateadas segundo a participação das partes no capital social.

§ 2.º Havendo contestação, observar-se-á o procedimento comum, mas a liquidação da sentença seguirá o disposto neste Capítulo.

Art. 604. Para apuração dos haveres, o juiz:

I – fixará a data da resolução da sociedade;

II – definirá o critério de apuração dos haveres à vista do disposto no contrato social; e

III – nomeará o perito.

§ 1.º O juiz determinará à sociedade ou aos sócios que nela permanecerem que depositem em juízo a parte incontroversa dos haveres devidos.

§ 2.º O depósito poderá ser, desde logo, levantado pelo ex-sócio, pelo espólio ou pelos sucessores.

§ 3.º Se o contrato social estabelecer o pagamento dos haveres, será observado o que nele se dispõe no depósito judicial da parte incontroversa.

Art. 605. A data da resolução da sociedade será:

I – no caso de falecimento do sócio, a do óbito;

II – na retirada imotivada, o sexagésimo dia seguinte ao do recebimento, pela sociedade, da notificação do sócio retirante;

III – no recesso, o dia do recebimento, pela sociedade, da notificação do sócio dissidente;

IV – na retirada por justa causa de sociedade por prazo determinado e na exclusão judicial de sócio, a do trânsito em julgado da decisão que dissolver a sociedade; e

V – na exclusão extrajudicial, a data da assembleia ou da reunião de sócios que a tiver deliberado.

Processo de Conhecimento

Art. 606. Em caso de omissão do contrato social, o juiz definirá, como critério de apuração de haveres, o valor patrimonial apurado em balanço de determinação, tomando-se por referência a data da resolução e avaliando-se bens e direitos do ativo, tangíveis e intangíveis, a preço de saída, além do passivo também a ser apurado de igual forma.

Parágrafo único. Em todos os casos em que seja necessária a realização de perícia, a nomeação do perito recairá preferencialmente sobre especialista em avaliação de sociedades.

Art. 607. A data da resolução e o critério de apuração de haveres podem ser revistos pelo juiz, a pedido da parte, a qualquer tempo antes do início da perícia.

Art. 608. Até a data da resolução, integram o valor devido ao ex-sócio, ao espólio ou aos sucessores a participação nos lucros ou os juros sobre o capital próprio declarados pela sociedade e, se for o caso, a remuneração como administrador.

Parágrafo único. Após a data da resolução, o ex-sócio, o espólio ou os sucessores terão direito apenas à correção monetária dos valores apurados e aos juros contratuais ou legais.

Art. 609. Uma vez apurados, os haveres do sócio retirante serão pagos conforme disciplinar o contrato social e, no silêncio deste, nos termos do § 2.º do art. 1.031 da Lei n. 10.406, de 10 de janeiro de 2002 (Código Civil).

Capítulo VI
DO INVENTÁRIO E DA PARTILHA

Seção I
Disposições Gerais

Art. 610. Havendo testamento ou interessado incapaz, proceder-se-á ao inventário judicial.

•• Dispositivo correspondente no CPC de 1973: art. 982, *caput*.

§ 1.º Se todos forem capazes e concordes, o inventário e a partilha poderão ser feitos por escritura pública, a qual constituirá documento hábil para qualquer ato de registro, bem como para levantamento de importância depositada em instituições financeiras.

•• Dispositivo correspondente no CPC de 1973: art. 982, *caput*.

§ 2.º O tabelião somente lavrará a escritura pública se todas as partes interessadas estiverem assistidas por advogado ou por defensor público, cuja qualificação e assinatura constarão do ato notarial.

•• Dispositivo correspondente no CPC de 1973: art. 982, § 1.º.

Art. 611. O processo de inventário e de partilha deve ser instaurado dentro de 2 (dois) meses, a contar da abertura da sucessão, ultimando-se nos 12 (doze) meses subsequentes, podendo o juiz prorrogar esses prazos, de ofício ou a requerimento de parte.

•• Dispositivo correspondente no CPC de 1973: art. 983, *caput*.

Art. 612. O juiz decidirá todas as questões de direito desde que os fatos relevantes estejam provados por documento, só remetendo para as vias ordinárias as questões que dependerem de outras provas.

•• Dispositivo correspondente no CPC de 1973: art. 984.

Art. 613. Até que o inventariante preste compromisso, continuará o espólio na posse do administrador provisório.

•• Dispositivo correspondente no CPC de 1973: art. 985.

Art. 614. O administrador provisório representa ativa e passivamente o espólio, é obrigado a trazer ao acervo os frutos que desde a abertura da sucessão percebeu, tem direito ao reembolso das despesas necessárias e úteis que fez e responde pelo dano a que, por dolo ou culpa, der causa.

•• Dispositivo correspondente no CPC de 1973: art. 986.

Seção II
Da Legitimidade para Requerer o Inventário

Art. 615. O requerimento de inventário e de partilha incumbe a quem estiver na posse e na administração do espólio, no prazo estabelecido no art. 611.

•• Dispositivo correspondente no CPC de 1973: art. 987, *caput*.

Arts. 615 a 618

Parágrafo único. O requerimento será instruído com a certidão de óbito do autor da herança.

•• Dispositivo correspondente no CPC de 1973: art. 987, parágrafo único.

Art. 616. Têm, contudo, legitimidade concorrente:

•• Dispositivo correspondente no CPC de 1973: art. 988, *caput.*

I – o cônjuge ou companheiro supérstite;

•• Dispositivo correspondente no CPC de 1973: art. 988, I.

II – o herdeiro;

•• Dispositivo correspondente no CPC de 1973: art. 988, II.

III – o legatário;

•• Dispositivo correspondente no CPC de 1973: art. 988, III.

IV – o testamenteiro;

•• Dispositivo correspondente no CPC de 1973: art. 988, IV.

V – o cessionário do herdeiro ou do legatário;

•• Dispositivo correspondente no CPC de 1973: art. 988, V.

VI – o credor do herdeiro, do legatário ou do autor da herança;

•• Dispositivo correspondente no CPC de 1973: art. 988, VI.

VII – o Ministério Público, havendo herdeiros incapazes;

•• Dispositivo correspondente no CPC de 1973: art. 988, VIII.

VIII – a Fazenda Pública, quando tiver interesse;

•• Dispositivo correspondente no CPC de 1973: art. 988, IX.

IX – o administrador judicial da falência do herdeiro, do legatário, do autor da herança ou do cônjuge ou companheiro supérstite.

•• Dispositivo correspondente no CPC de 1973: art. 988, VII.

Seção III
Do Inventariante e das Primeiras Declarações

Art. 617. O juiz nomeará inventariante na seguinte ordem:

•• Dispositivo correspondente no CPC de 1973: art. 990, *caput.*

I – o cônjuge ou companheiro sobrevivente, desde que estivesse convivendo com o outro ao tempo da morte deste;

•• Dispositivo correspondente no CPC de 1973: art. 990, I.

II – o herdeiro que se achar na posse e na administração do espólio, se não houver cônjuge ou companheiro sobrevivente ou se estes não puderem ser nomeados;

•• Dispositivo correspondente no CPC de 1973: art. 990, II.

III – qualquer herdeiro, quando nenhum deles estiver na posse e na administração do espólio;

•• Dispositivo correspondente no CPC de 1973: art. 990, III.

IV – o herdeiro menor, por seu representante legal;

V – o testamenteiro, se lhe tiver sido confiada a administração do espólio ou se toda a herança estiver distribuída em legados;

•• Dispositivo correspondente no CPC de 1973: art. 990, IV.

VI – o cessionário do herdeiro ou do legatário;

VII – o inventariante judicial, se houver;

•• Dispositivo correspondente no CPC de 1973: art. 990, V.

VIII – pessoa estranha idônea, quando não houver inventariante judicial.

•• Dispositivo correspondente no CPC de 1973: art. 990, VI.

Parágrafo único. O inventariante, intimado da nomeação, prestará, dentro de 5 (cinco) dias, o compromisso de bem e fielmente desempenhar a função.

•• Dispositivo correspondente no CPC de 1973: art. 990, parágrafo único.

Art. 618. Incumbe ao inventariante:

•• Dispositivo correspondente no CPC de 1973: art. 991, *caput.*

I – representar o espólio ativa e passivamente, em juízo ou fora dele, observando-se, quanto ao dativo, o disposto no art. 75, § 1.º;

•• Dispositivo correspondente no CPC de 1973: art. 991, I.

II – administrar o espólio, velando-lhe os bens com a mesma diligência que teria se seus fossem;

•• Dispositivo correspondente no CPC de 1973: art. 991, II.

III – prestar as primeiras e as últimas declarações pessoalmente ou por procurador com poderes especiais;

•• Dispositivo correspondente no CPC de 1973: art. 991, III.

IV – exibir em cartório, a qualquer tempo, para exame das partes, os documentos relativos ao espólio;

Processo de Conhecimento

Arts. 618 a 620

•• Dispositivo correspondente no CPC de 1973: art. 991, IV.

V – juntar aos autos certidão do testamento, se houver;

•• Dispositivo correspondente no CPC de 1973: art. 991, V.

VI – trazer à colação os bens recebidos pelo herdeiro ausente, renunciante ou excluído;

•• Dispositivo correspondente no CPC de 1973: art. 991, VI.

VII – prestar contas de sua gestão ao deixar o cargo ou sempre que o juiz lhe determinar;

•• Dispositivo correspondente no CPC de 1973: art. 991, VII.

•• Vide art. 622, V, do CPC.

VIII – requerer a declaração de insolvência.

•• Dispositivo correspondente no CPC de 1973: art. 991, VIII.

Art. 619. Incumbe ainda ao inventariante, ouvidos os interessados e com autorização do juiz:

•• Dispositivo correspondente no CPC de 1973: art. 992, caput.

I – alienar bens de qualquer espécie;

•• Dispositivo correspondente no CPC de 1973: art. 992, I.

II – transigir em juízo ou fora dele;

•• Dispositivo correspondente no CPC de 1973: art. 992, II.

III – pagar dívidas do espólio;

•• Dispositivo correspondente no CPC de 1973: art. 992, III.

IV – fazer as despesas necessárias para a conservação e o melhoramento dos bens do espólio.

•• Dispositivo correspondente no CPC de 1973: art. 992, IV.

Art. 620. Dentro de 20 (vinte) dias contados da data em que prestou o compromisso, o inventariante fará as primeiras declarações, das quais se lavrará termo circunstanciado, assinado pelo juiz, pelo escrivão e pelo inventariante, no qual serão exarados:

•• Dispositivo correspondente no CPC de 1973: art. 993, caput.

I – o nome, o estado, a idade e o domicílio do autor da herança, o dia e o lugar em que faleceu e se deixou testamento;

•• Dispositivo correspondente no CPC de 1973: art. 993, I.

II – o nome, o estado, a idade, o endereço eletrônico e a residência dos herdeiros e, havendo cônjuge ou companheiro supérstite, além dos respectivos dados pessoais, o regime de bens do casamento ou da união estável;

•• Dispositivo correspondente no CPC de 1973: art. 993, II.

III – a qualidade dos herdeiros e o grau de parentesco com o inventariado;

•• Dispositivo correspondente no CPC de 1973: art. 993, III.

IV – a relação completa e individualizada de todos os bens do espólio, inclusive aqueles que devem ser conferidos à colação, e dos bens alheios que nele forem encontrados, descrevendo-se:

•• Dispositivo correspondente no CPC de 1973: art. 993, IV, caput.

a) os imóveis, com as suas especificações, nomeadamente local em que se encontram, extensão da área, limites, confrontações, benfeitorias, origem dos títulos, números das matrículas e ônus que os gravam;

•• Dispositivo correspondente no CPC de 1973: art. 993, IV, a.

b) os móveis, com os sinais característicos;

•• Dispositivo correspondente no CPC de 1973: art. 993, IV, b.

c) os semoventes, seu número, suas espécies, suas marcas e seus sinais distintivos;

•• Dispositivo correspondente no CPC de 1973: art. 993, IV, c.

d) o dinheiro, as joias, os objetos de ouro e prata e as pedras preciosas, declarando-se-lhes especificadamente a qualidade, o peso e a importância;

•• Dispositivo correspondente no CPC de 1973: art. 993, IV, d.

e) os títulos da dívida pública, bem como as ações, as quotas e os títulos de sociedade, mencionando-se-lhes o número, o valor e a data;

•• Dispositivo correspondente no CPC de 1973: art. 993, IV, e.

f) as dívidas ativas e passivas, indicando-se-lhes as datas, os títulos, a origem da obrigação e os nomes dos credores e dos devedores;

•• Dispositivo correspondente no CPC de 1973: art. 993, IV, f.

g) direitos e ações;

•• Dispositivo correspondente no CPC de 1973: art. 993, IV, g.

h) o valor corrente de cada um dos bens do espólio.

Arts. 620 a 626

•• Dispositivo correspondente no CPC de 1973: art. 993, IV, *h*.

§ 1.º O juiz determinará que se proceda:

•• Dispositivo correspondente no CPC de 1973: art. 993, parágrafo único, *caput*.

• *Vide* art. 1.003, parágrafo único, do CPC.

I – ao balanço do estabelecimento, se o autor da herança era empresário individual;

•• Dispositivo correspondente no CPC de 1973: art. 993, parágrafo único, I.

II – à apuração de haveres, se o autor da herança era sócio de sociedade que não anônima.

•• Dispositivo correspondente no CPC de 1973: art. 993, parágrafo único, II.

§ 2.º As declarações podem ser prestadas mediante petição, firmada por procurador com poderes especiais, à qual o termo se reportará.

Art. 621. Só se pode arguir sonegação ao inventariante depois de encerrada a descrição dos bens, com a declaração, por ele feita, de não existirem outros por inventariar.

•• Dispositivo correspondente no CPC de 1973: art. 994.

Art. 622. O inventariante será removido de ofício ou a requerimento:

•• Dispositivo correspondente no CPC de 1973: art. 995, *caput*.

I – se não prestar, no prazo legal, as primeiras ou as últimas declarações;

•• Dispositivo correspondente no CPC de 1973: art. 995, I.

II – se não der ao inventário andamento regular, se suscitar dúvidas infundadas ou se praticar atos meramente protelatórios;

•• Dispositivo correspondente no CPC de 1973: art. 995, II.

III – se, por culpa sua, bens do espólio se deteriorarem, forem dilapidados ou sofrerem dano;

•• Dispositivo correspondente no CPC de 1973: art. 995, III.

IV – se não defender o espólio nas ações em que for citado, se deixar de cobrar dívidas ativas ou se não promover as medidas necessárias para evitar o perecimento de direitos;

•• Dispositivo correspondente no CPC de 1973: art. 995, IV.

Processo de Conhecimento

V – se não prestar contas ou se as que prestar não forem julgadas boas;

•• Dispositivo correspondente no CPC de 1973: art. 995, V.

•• *Vide* art. 553 do CPC.

VI – se sonegar, ocultar ou desviar bens do espólio.

•• Dispositivo correspondente no CPC de 1973: art. 995, VI.

Art. 623. Requerida a remoção com fundamento em qualquer dos incisos do art. 622, será intimado o inventariante para, no prazo de 15 (quinze) dias, defender-se e produzir provas.

•• Dispositivo correspondente no CPC de 1973: art. 996, *caput*.

Parágrafo único. O incidente da remoção correrá em apenso aos autos do inventário.

•• Dispositivo correspondente no CPC de 1973: art. 996, parágrafo único.

Art. 624. Decorrido o prazo, com a defesa do inventariante ou sem ela, o juiz decidirá.

•• Dispositivo correspondente no CPC de 1973: art. 997.

Parágrafo único. Se remover o inventariante, o juiz nomeará outro, observada a ordem estabelecida no art. 617.

•• Dispositivo correspondente no CPC de 1973: art. 997.

Art. 625. O inventariante removido entregará imediatamente ao substituto os bens do espólio e, caso deixe de fazê-lo, será compelido mediante mandado de busca e apreensão ou de imissão na posse, conforme se tratar de bem móvel ou imóvel, sem prejuízo da multa a ser fixada pelo juiz em montante não superior a três por cento do valor dos bens inventariados.

•• Dispositivo correspondente no CPC de 1973: art. 998.

Seção IV
Das Citações e das Impugnações

Art. 626. Feitas as primeiras declarações, o juiz mandará citar, para os termos do inventário e da partilha, o cônjuge, o companheiro, os herdeiros e os legatários e intimar a Fazenda Pública, o Ministério Público, se houver herdeiro incapaz ou ausente, e o testamenteiro, se houver testamento.

Processo de Conhecimento

Arts. 626 a 630

- Dispositivo correspondente no CPC de 1973: art. 999, *caput*.

§ 1.º O cônjuge ou o companheiro, os herdeiros e os legatários serão citados pelo correio, observado o disposto no art. 247, sendo, ainda, publicado edital, nos termos do inciso III do art. 259.

- Dispositivo correspondente no CPC de 1973: art. 999, § 1.º.

§ 2.º Das primeiras declarações extrair-se-ão tantas cópias quantas forem as partes.

- Dispositivo correspondente no CPC de 1973: art. 999, § 2.º.

§ 3.º A citação será acompanhada de cópia das primeiras declarações.

- Dispositivo correspondente no CPC de 1973: art. 999, § 3.º.

§ 4.º Incumbe ao escrivão remeter cópias à Fazenda Pública, ao Ministério Público, ao testamenteiro, se houver, e ao advogado, se a parte já estiver representada nos autos.

- Dispositivo correspondente no CPC de 1973: art. 999, § 4.º.

Art. 627. Concluídas as citações, abrir-se-á vista às partes, em cartório e pelo prazo comum de 15 (quinze) dias, para que se manifestem sobre as primeiras declarações, incumbindo às partes:

- Dispositivo correspondente no CPC de 1973: art. 1.000, *caput*.

I – arguir erros, omissões e sonegação de bens;

- Dispositivo correspondente no CPC de 1973: art. 1.000, I.

II – reclamar contra a nomeação de inventariante;

- Dispositivo correspondente no CPC de 1973: art. 1.000, II.

III – contestar a qualidade de quem foi incluído no título de herdeiro.

- Dispositivo correspondente no CPC de 1973: art. 1.000, III.

§ 1.º Julgando procedente a impugnação referida no inciso I, o juiz mandará retificar as primeiras declarações.

- Dispositivo correspondente no CPC de 1973: art. 1.000, parágrafo único.

§ 2.º Se acolher o pedido de que trata o inciso II, o juiz nomeará outro inventariante, observada a preferência legal.

- Dispositivo correspondente no CPC de 1973: art. 1.000, parágrafo único.

§ 3.º Verificando que a disputa sobre a qualidade de herdeiro a que alude o inciso III demanda produção de provas que não a documental, o juiz remeterá a parte às vias ordinárias e sobrestará, até o julgamento da ação, a entrega do quinhão que na partilha couber ao herdeiro admitido.

- Dispositivo correspondente no CPC de 1973: art. 1.000, parágrafo único.

Art. 628. Aquele que se julgar preterido poderá demandar sua admissão no inventário, requerendo-a antes da partilha.

- Dispositivo correspondente no CPC de 1973: art. 1.001.

§ 1.º Ouvidas as partes no prazo de 15 (quinze) dias, o juiz decidirá.

- Dispositivo correspondente no CPC de 1973: art. 1.001.

§ 2.º Se para solução da questão for necessária a produção de provas que não a documental, o juiz remeterá o requerente às vias ordinárias, mandando reservar, em poder do inventariante, o quinhão do herdeiro excluído até que se decida o litígio.

- Dispositivo correspondente no CPC de 1973: art. 1.001.

Art. 629. A Fazenda Pública, no prazo de 15 (quinze) dias, após a vista de que trata o art. 627, informará ao juízo, de acordo com os dados que constam de seu cadastro imobiliário, o valor dos bens de raiz descritos nas primeiras declarações.

- Dispositivo correspondente no CPC de 1973: art. 1.002.

Seção V
Da Avaliação e do Cálculo do Imposto

Art. 630. Findo o prazo previsto no art. 627 sem impugnação ou decidida a impugnação que houver sido oposta, o juiz nomeará, se for o caso, perito para avaliar os bens do espólio, se não houver na comarca avaliador judicial.

- Dispositivo correspondente no CPC de 1973: art. 1.003, *caput*.

Parágrafo único. Na hipótese prevista no art. 620, § 1.º, o juiz nomeará perito para avaliação das quotas sociais ou apuração dos haveres.

•• Dispositivo correspondente no CPC de 1973: art. 1.003, parágrafo único.

Art. 631. Ao avaliar os bens do espólio, o perito observará, no que for aplicável, o disposto nos arts. 872 e 873.

•• Dispositivo correspondente no CPC de 1973: art. 1.004.

Art. 632. Não se expedirá carta precatória para a avaliação de bens situados fora da comarca onde corre o inventário se eles forem de pequeno valor ou perfeitamente conhecidos do perito nomeado.

•• Dispositivo correspondente no CPC de 1973: art. 1.006.

Art. 633. Sendo capazes todas as partes, não se procederá à avaliação se a Fazenda Pública, intimada pessoalmente, concordar de forma expressa com o valor atribuído, nas primeiras declarações, aos bens do espólio.

•• Dispositivo correspondente no CPC de 1973: art. 1.007.

Art. 634. Se os herdeiros concordarem com o valor dos bens declarados pela Fazenda Pública, a avaliação cingir-se-á aos demais.

•• Dispositivo correspondente no CPC de 1973: art. 1.008.

Art. 635. Entregue o laudo de avaliação, o juiz mandará que as partes se manifestem no prazo de 15 (quinze) dias, que correrá em cartório.

•• Dispositivo correspondente no CPC de 1973: art. 1.009, *caput*.

§ 1.º Versando a impugnação sobre o valor dado pelo perito, o juiz a decidirá de plano, à vista do que constar dos autos.

•• Dispositivo correspondente no CPC de 1973: art. 1.009, § 1.º.

§ 2.º Julgando procedente a impugnação, o juiz determinará que o perito retifique a avaliação, observando os fundamentos da decisão.

•• Dispositivo correspondente no CPC de 1973: art. 1.009, § 2.º.

Art. 636. Aceito o laudo ou resolvidas as impugnações suscitadas a seu respeito, lavrar-se-á em seguida o termo de últimas declarações, no qual o inventariante poderá emendar, aditar ou completar as primeiras.

•• Dispositivo correspondente no CPC de 1973: art. 1.011.

Art. 637. Ouvidas as partes sobre as últimas declarações no prazo comum de 15 (quinze) dias, proceder-se-á ao cálculo do tributo.

•• Dispositivo correspondente no CPC de 1973: art. 1.012.

•• *Vide* Súmulas 112, 113, 114, 115 e 116 do STF.

Art. 638. Feito o cálculo, sobre ele serão ouvidas todas as partes no prazo comum de 5 (cinco) dias, que correrá em cartório, e, em seguida, a Fazenda Pública.

•• Dispositivo correspondente no CPC de 1973: art. 1.013, *caput*.

§ 1.º Se acolher eventual impugnação, o juiz ordenará nova remessa dos autos ao contabilista, determinando as alterações que devam ser feitas no cálculo.

•• Dispositivo correspondente no CPC de 1973: art. 1.013, § 1.º.

§ 2.º Cumprido o despacho, o juiz julgará o cálculo do tributo.

•• Dispositivo correspondente no CPC de 1973: art. 1.013, § 2.º.

Seção VI
Das Colações

Art. 639. No prazo estabelecido no art. 627, o herdeiro obrigado à colação conferirá por termo nos autos ou por petição à qual o termo se reportará os bens que recebeu ou, se já não os possui, trar-lhes-á o valor.

•• Dispositivo correspondente no CPC de 1973: art. 1.014, *caput*.

Parágrafo único. Os bens a serem conferidos na partilha, assim como as acessões e as benfeitorias que o donatário fez, calcular-se-ão pelo valor que tiverem ao tempo da abertura da sucessão.

•• Dispositivo correspondente no CPC de 1973: art. 1.014, parágrafo único.

Art. 640. O herdeiro que renunciou à herança ou o que dela foi excluído não se exime, pelo fato da renúncia ou da exclusão, de conferir, para o efeito de repor a parte inoficiosa, as liberalidades que obteve do doador.

•• Dispositivo correspondente no CPC de 1973: art. 1.015, *caput*.

§ 1.º É lícito ao donatário escolher, dentre os bens doados, tantos quantos bastem para perfazer a legítima e a metade disponível, entrando na partilha o excedente para ser dividido entre os demais herdeiros.

•• Dispositivo correspondente no CPC de 1973: art. 1.015, § 1.º.

§ 2.º Se a parte inoficiosa da doação recair sobre bem imóvel que não comporte divisão cômoda, o juiz determinará que sobre ela se proceda a licitação entre os herdeiros.

•• Dispositivo correspondente no CPC de 1973: art. 1.015, § 2.º.

§ 3.º O donatário poderá concorrer na licitação referida no § 2.º e, em igualdade de condições, terá preferência sobre os herdeiros.

•• Dispositivo correspondente no CPC de 1973: art. 1.015, § 2.º.

Art. 641. Se o herdeiro negar o recebimento dos bens ou a obrigação de os conferir, o juiz, ouvidas as partes no prazo comum de 15 (quinze) dias, decidirá à vista das alegações e das provas produzidas.

•• Dispositivo correspondente no CPC de 1973: art. 1.016, *caput.*

§ 1.º Declarada improcedente a oposição, se o herdeiro, no prazo improrrogável de 15 (quinze) dias, não proceder à conferência, o juiz mandará sequestrar-lhe, para serem inventariados e partilhados, os bens sujeitos a colação ou imputar ao seu quinhão hereditário o valor deles, se já não os possuir.

•• Dispositivo correspondente no CPC de 1973: art. 1.016, § 1.º.

§ 2.º Se a matéria exigir dilação probatória diversa da documental, o juiz remeterá as partes às vias ordinárias, não podendo o herdeiro receber o seu quinhão hereditário, enquanto pender a demanda, sem prestar caução correspondente ao valor dos bens sobre os quais versar a conferência.

•• Dispositivo correspondente no CPC de 1973: art. 1.016, § 2.º.

Seção VII
Do Pagamento das Dívidas

Art. 642. Antes da partilha, poderão os credores do espólio requerer ao juízo do inventário o pagamento das dívidas vencidas e exigíveis.

•• Dispositivo correspondente no CPC de 1973: art. 1.017, *caput.*

•• *Vide* art. 4.º da Lei n. 6.830, de 22-9-1980, sobre cobrança judicial da dívida ativa da Fazenda Pública.

§ 1.º A petição, acompanhada de prova literal da dívida, será distribuída por dependência e autuada em apenso aos autos do processo de inventário.

•• Dispositivo correspondente no CPC de 1973: art. 1.017, § 1.º.

§ 2.º Concordando as partes com o pedido, o juiz, ao declarar habilitado o credor, mandará que se faça a separação de dinheiro ou, em sua falta, de bens suficientes para o pagamento.

•• Dispositivo correspondente no CPC de 1973: art. 1.017, § 2.º.

§ 3.º Separados os bens, tantos quantos forem necessários para o pagamento dos credores habilitados, o juiz mandará aliená-los, observando-se as disposições deste Código relativas à expropriação.

•• Dispositivo correspondente no CPC de 1973: art. 1.017, § 3.º.

§ 4.º Se o credor requerer que, em vez de dinheiro, lhe sejam adjudicados, para o seu pagamento, os bens já reservados, o juiz deferir-lhe-á o pedido, concordando todas as partes.

•• Dispositivo correspondente no CPC de 1973: art. 1.017, § 4.º.

§ 5.º Os donatários serão chamados a pronunciar-se sobre a aprovação das dívidas, sempre que haja possibilidade de resultar delas a redução das liberalidades.

Art. 643. Não havendo concordância de todas as partes sobre o pedido de pagamento feito pelo credor, será o pedido remetido às vias ordinárias.

•• Dispositivo correspondente no CPC de 1973: art. 1.018, *caput.*

Parágrafo único. O juiz mandará, porém, reservar, em poder do inventariante, bens suficientes para pagar o credor quando a dívida constar de documento que comprove suficientemente a obrigação e a impugnação não se fundar em quitação.

•• Dispositivo correspondente no CPC de 1973: art. 1.018, parágrafo único.

Art. 644. O credor de dívida líquida e certa, ainda não vencida, pode requerer habilitação no inventário.

•• Dispositivo correspondente no CPC de 1973: art. 1.019.

Arts. 644 a 653

Parágrafo único. Concordando as partes com o pedido referido no *caput*, o juiz, ao julgar habilitado o crédito, mandará que se faça separação de bens para o futuro pagamento.

•• Dispositivo correspondente no CPC de 1973: art. 1.019.

Art. 645. O legatário é parte legítima para manifestar-se sobre as dívidas do espólio:

•• Dispositivo correspondente no CPC de 1973: art. 1.020, *caput*.

I – quando toda a herança for dividida em legados;

•• Dispositivo correspondente no CPC de 1973: art. 1.020, I.

II – quando o reconhecimento das dívidas importar redução dos legados.

•• Dispositivo correspondente no CPC de 1973: art. 1.020, II.

Art. 646. Sem prejuízo do disposto no art. 860, é lícito aos herdeiros, ao separarem bens para o pagamento de dívidas, autorizar que o inventariante os indique à penhora no processo em que o espólio for executado.

•• Dispositivo correspondente no CPC de 1973: art. 1.021.

Seção VIII
Da Partilha

Art. 647. Cumprido o disposto no art. 642, § 3.º, o juiz facultará às partes que, no prazo comum de 15 (quinze) dias, formulem o pedido de quinhão e, em seguida, proferirá a decisão de deliberação da partilha, resolvendo os pedidos das partes e designando os bens que devam constituir quinhão de cada herdeiro e legatário.

•• Dispositivo correspondente no CPC de 1973: art. 1.022.

Parágrafo único. O juiz poderá, em decisão fundamentada, deferir antecipadamente a qualquer dos herdeiros o exercício dos direitos de usar e de fruir de determinado bem, com a condição de que, ao término do inventário, tal bem integre a cota desse herdeiro, cabendo a este, desde o deferimento, todos os ônus e bônus decorrentes do exercício daqueles direitos.

Art. 648. Na partilha, serão observadas as seguintes regras:

I – a máxima igualdade possível quanto ao valor, à natureza e à qualidade dos bens;

II – a prevenção de litígios futuros;

III – a máxima comodidade dos coerdeiros, do cônjuge ou do companheiro, se for o caso.

Art. 649. Os bens insuscetíveis de divisão cômoda que não couberem na parte do cônjuge ou companheiro supérstite ou no quinhão de um só herdeiro serão licitados entre os interessados ou vendidos judicialmente, partilhando-se o valor apurado, salvo se houver acordo para que sejam adjudicados a todos.

Art. 650. Se um dos interessados for nascituro, o quinhão que lhe caberá será reservado em poder do inventariante até o seu nascimento.

Art. 651. O partidor organizará o esboço da partilha de acordo com a decisão judicial, observando nos pagamentos a seguinte ordem:

•• Dispositivo correspondente no CPC de 1973: art. 1.023, *caput*.

I – dívidas atendidas;

•• Dispositivo correspondente no CPC de 1973: art. 1.023, I.

II – meação do cônjuge;

•• Dispositivo correspondente no CPC de 1973: art. 1.023, II.

III – meação disponível;

•• Dispositivo correspondente no CPC de 1973: art. 1.023, III.

IV – quinhões hereditários, a começar pelo coerdeiro mais velho.

•• Dispositivo correspondente no CPC de 1973: art. 1.023, IV.

Art. 652. Feito o esboço, as partes manifestar-se-ão sobre esse no prazo comum de 15 (quinze) dias, e, resolvidas as reclamações, a partilha será lançada nos autos.

•• Dispositivo correspondente no CPC de 1973: art. 1.024.

Art. 653. A partilha constará:

•• Dispositivo correspondente no CPC de 1973: art. 1.025, *caput*.

I – de auto de orçamento, que mencionará:

•• Dispositivo correspondente no CPC de 1973: art. 1.025, I, *caput*.

a) os nomes do autor da herança, do inventariante, do cônjuge ou companheiro supérstite, dos herdeiros, dos legatários e dos credores admitidos;

•• Dispositivo correspondente no CPC de 1973: art. 1.025, I, *a*.

Processo de Conhecimento

b) o ativo, o passivo e o líquido partível, com as necessárias especificações;

•• Dispositivo correspondente no CPC de 1973: art. 1.025, I, b.

c) o valor de cada quinhão;

•• Dispositivo correspondente no CPC de 1973: art. 1.025, I, c.

II – de folha de pagamento para cada parte, declarando a quota a pagar-lhe, a razão do pagamento e a relação dos bens que lhe compõem o quinhão, as características que os individualizam e os ônus que os gravam.

•• Dispositivo correspondente no CPC de 1973: art. 1.025, II.

Parágrafo único. O auto e cada uma das folhas serão assinados pelo juiz e pelo escrivão.

•• Dispositivo correspondente no CPC de 1973: art. 1.025, parágrafo único.

Art. 654. Pago o imposto de transmissão a título de morte e juntada aos autos certidão ou informação negativa de dívida para com a Fazenda Pública, o juiz julgará por sentença a partilha.

•• Dispositivo correspondente no CPC de 1973: art. 1.026.

Parágrafo único. A existência de dívida para com a Fazenda Pública não impedirá o julgamento da partilha, desde que o seu pagamento esteja devidamente garantido.

Art. 655. Transitada em julgado a sentença mencionada no art. 654, receberá o herdeiro os bens que lhe tocarem e um formal de partilha, do qual constarão as seguintes peças:

•• Dispositivo correspondente no CPC de 1973: art. 1.027, caput.

I – termo de inventariante e título de herdeiros;

•• Dispositivo correspondente no CPC de 1973: art. 1.027, I.

II – avaliação dos bens que constituíram o quinhão do herdeiro;

•• Dispositivo correspondente no CPC de 1973: art. 1.027, II.

III – pagamento do quinhão hereditário;

•• Dispositivo correspondente no CPC de 1973: art. 1.027, III.

IV – quitação dos impostos;

•• Dispositivo correspondente no CPC de 1973: art. 1.027, IV.

V – sentença.

•• Dispositivo correspondente no CPC de 1973: art. 1.027, V.

Parágrafo único. O formal de partilha poderá ser substituído por certidão de pagamento do quinhão hereditário quando esse não exceder a 5 (cinco) vezes o salário mínimo, caso em que se transcreverá nela a sentença de partilha transitada em julgado.

•• Dispositivo correspondente no CPC de 1973: art. 1.027, parágrafo único.

Art. 656. A partilha, mesmo depois de transitada em julgado a sentença, pode ser emendada nos mesmos autos do inventário, convindo todas as partes, quando tenha havido erro de fato na descrição dos bens, podendo o juiz, de ofício ou a requerimento da parte, a qualquer tempo, corrigir-lhe as inexatidões materiais.

•• Dispositivo correspondente no CPC de 1973: art. 1.028.

Art. 657. A partilha amigável, lavrada em instrumento público, reduzida a termo nos autos do inventário ou constante de escrito particular homologado pelo juiz, pode ser anulada por dolo, coação, erro essencial ou intervenção de incapaz, observado o disposto no § 4.º do art. 966.

•• Dispositivo correspondente no CPC de 1973: art. 1.029, caput.

Parágrafo único. O direito à anulação de partilha amigável extingue-se em 1 (um) ano, contado esse prazo:

•• Dispositivo correspondente no CPC de 1973: art. 1.029, parágrafo único, caput.

I – no caso de coação, do dia em que ela cessou;

•• Dispositivo correspondente no CPC de 1973: art. 1.029, parágrafo único, I.

II – no caso de erro ou dolo, do dia em que se realizou o ato;

•• Dispositivo correspondente no CPC de 1973: art. 1.029, parágrafo único, II.

III – quanto ao incapaz, do dia em que cessar a incapacidade.

•• Dispositivo correspondente no CPC de 1973: art. 1.029, parágrafo único, III.

Art. 658. É rescindível a partilha julgada por sentença:

Arts. 658 a 663

Processo de Conhecimento

•• Dispositivo correspondente no CPC de 1973: art. 1.030, caput.

I – nos casos mencionados no art. 657;

•• Dispositivo correspondente no CPC de 1973: art. 1.030, I.

II – se feita com preterição de formalidades legais;

•• Dispositivo correspondente no CPC de 1973: art. 1.030, II.

III – se preteriu herdeiro ou incluiu quem não o seja.

•• Dispositivo correspondente no CPC de 1973: art. 1.030, III.

Seção IX
Do Arrolamento

Art. 659. A partilha amigável, celebrada entre partes capazes, nos termos da lei, será homologada de plano pelo juiz, com observância dos arts. 660 a 663.

•• Dispositivo correspondente no CPC de 1973: art. 1.031, caput.

§ 1.º O disposto neste artigo aplica-se, também, ao pedido de adjudicação, quando houver herdeiro único.

•• Dispositivo correspondente no CPC de 1973: art. 1.031, § 1.º.

§ 2.º Transitada em julgado a sentença de homologação de partilha ou de adjudicação, será lavrado o formal de partilha ou elaborada a carta de adjudicação e, em seguida, serão expedidos os alvarás referentes aos bens e às rendas por ele abrangidos, intimando-se o fisco para lançamento administrativo do imposto de transmissão e de outros tributos porventura incidentes, conforme dispuser a legislação tributária, nos termos do § 2.º do art. 662.

•• Dispositivo correspondente no CPC de 1973: art. 1.031, § 2.º.

Art. 660. Na petição de inventário, que se processará na forma de arrolamento sumário, independentemente da lavratura de termos de qualquer espécie, os herdeiros:

•• Dispositivo correspondente no CPC de 1973: art. 1.032, caput.

I – requererão ao juiz a nomeação do inventariante que designarem;

•• Dispositivo correspondente no CPC de 1973: art. 1.032, I.

II – declararão os títulos dos herdeiros e os bens do espólio, observado o disposto no art. 630;

•• Dispositivo correspondente no CPC de 1973: art. 1.032, II.

III – atribuirão valor aos bens do espólio, para fins de partilha.

•• Dispositivo correspondente no CPC de 1973: art. 1.032, III.

Art. 661. Ressalvada a hipótese prevista no parágrafo único do art. 663, não se procederá à avaliação dos bens do espólio para nenhuma finalidade.

•• Dispositivo correspondente no CPC de 1973: art. 1.033.

Art. 662. No arrolamento, não serão conhecidas ou apreciadas questões relativas ao lançamento, ao pagamento ou à quitação de taxas judiciárias e de tributos incidentes sobre a transmissão da propriedade dos bens do espólio.

•• Dispositivo correspondente no CPC de 1973: art. 1.034, caput.

•• Vide art. 659, § 2.º, do CPC.

§ 1.º A taxa judiciária, se devida, será calculada com base no valor atribuído pelos herdeiros, cabendo ao fisco, se apurar em processo administrativo valor diverso do estimado, exigir a eventual diferença pelos meios adequados ao lançamento de créditos tributários em geral.

•• Dispositivo correspondente no CPC de 1973: art. 1.034, § 1.º.

§ 2.º O imposto de transmissão será objeto de lançamento administrativo, conforme dispuser a legislação tributária, não ficando as autoridades fazendárias adstritas aos valores dos bens do espólio atribuídos pelos herdeiros.

•• Dispositivo correspondente no CPC de 1973: art. 1.034, § 2.º.

Art. 663. A existência de credores do espólio não impedirá a homologação da partilha ou da adjudicação, se forem reservados bens suficientes para o pagamento da dívida.

•• Dispositivo correspondente no CPC de 1973: art. 1.035, caput.

Parágrafo único. A reserva de bens será realizada pelo valor estimado pelas partes, salvo se o credor, regularmente notificado, impugnar a estimativa, caso em que se promoverá a avaliação dos bens a serem reservados.

•• Dispositivo correspondente no CPC de 1973: art. 1.035, parágrafo único.

Processo de Conhecimento

Art. 664. Quando o valor dos bens do espólio for igual ou inferior a 1.000 (mil) salários mínimos, o inventário processar-se-á na forma de arrolamento, cabendo ao inventariante nomeado, independentemente de assinatura de termo de compromisso, apresentar, com suas declarações, a atribuição de valor aos bens do espólio e o plano da partilha.

•• Dispositivo correspondente no CPC de 1973: art. 1.036, caput.

§ 1.º Se qualquer das partes ou o Ministério Público impugnar a estimativa, o juiz nomeará avaliador, que oferecerá laudo em 10 (dez) dias.

•• Dispositivo correspondente no CPC de 1973: art. 1.036, § 1.º.

§ 2.º Apresentado o laudo, o juiz, em audiência que designar, deliberará sobre a partilha, decidindo de plano todas as reclamações e mandando pagar as dívidas não impugnadas.

•• Dispositivo correspondente no CPC de 1973: art. 1.036, § 2.º.

§ 3.º Lavrar-se-á de tudo um só termo, assinado pelo juiz, pelo inventariante e pelas partes presentes ou por seus advogados.

•• Dispositivo correspondente no CPC de 1973: art. 1.036, § 3.º.

§ 4.º Aplicam-se a essa espécie de arrolamento, no que couber, as disposições do art. 672, relativamente ao lançamento, ao pagamento e à quitação da taxa judiciária e do imposto sobre a transmissão da propriedade dos bens do espólio.

•• Dispositivo correspondente no CPC de 1973: art. 1.036, § 4.º.

§ 5.º Provada a quitação dos tributos relativos aos bens do espólio e às suas rendas, o juiz julgará a partilha.

•• Dispositivo correspondente no CPC de 1973: art. 1.036, § 5.º.

Art. 665. O inventário processar-se-á também na forma do art. 664, ainda que haja interessado incapaz, desde que concordem todas as partes e o Ministério Público.

Art. 666. Independerá de inventário ou de arrolamento o pagamento dos valores previstos na Lei n. 6.858, de 24 de novembro de 1980.

•• Dispositivo correspondente no CPC de 1973: art. 1.037.

Art. 667. Aplicam-se subsidiariamente a esta Seção as disposições das Seções VII e VIII deste Capítulo.

•• Dispositivo correspondente no CPC de 1973: art. 1.038.

Seção X
Disposições Comuns
a Todas as Seções

Art. 668. Cessa a eficácia da tutela provisória prevista nas Seções deste Capítulo:

•• Dispositivo correspondente no CPC de 1973: art. 1.039, caput.

I – se a ação não for proposta em 30 (trinta) dias contados da data em que da decisão foi intimado o impugnante, o herdeiro excluído ou o credor não admitido;

•• Dispositivo correspondente no CPC de 1973: art. 1.039, I.

II – se o juiz extinguir o processo de inventário com ou sem resolução de mérito.

•• Dispositivo correspondente no CPC de 1973: art. 1.039, II.

Art. 669. São sujeitos à sobrepartilha os bens:

•• Dispositivo correspondente no CPC de 1973: art. 1.040, caput.

I – sonegados;

•• Dispositivo correspondente no CPC de 1973: art. 1.040, I.

II – da herança descobertos após a partilha;

•• Dispositivo correspondente no CPC de 1973: art. 1.040, II.

III – litigiosos, assim como os de liquidação difícil ou morosa;

•• Dispositivo correspondente no CPC de 1973: art. 1.040, III.

IV – situados em lugar remoto da sede do juízo onde se processa o inventário.

•• Dispositivo correspondente no CPC de 1973: art. 1.040, IV.

Parágrafo único. Os bens mencionados nos incisos III e IV serão reservados à sobrepartilha sob a guarda e a administração do mesmo ou de diverso inventariante, a consentimento da maioria dos herdeiros.

•• Dispositivo correspondente no CPC de 1973: art. 1.040, parágrafo único.

Art. 670. Na sobrepartilha dos bens, observar-se-á o processo de inventário e de partilha.

•• Dispositivo correspondente no CPC de 1973: art. 1.041, caput.

Arts. 670 a 676

Parágrafo único. A sobrepartilha correrá nos autos do inventário do autor da herança.

•• Dispositivo correspondente no CPC de 1973: art. 1.041, parágrafo único.

Art. 671. O juiz nomeará curador especial:

•• Dispositivo correspondente no CPC de 1973: art. 1.042, *caput*.

I – ao ausente, se não o tiver;

•• Dispositivo correspondente no CPC de 1973: art. 1.042, I.

II – ao incapaz, se concorrer na partilha com o seu representante, desde que exista colisão de interesses.

•• Dispositivo correspondente no CPC de 1973: art. 1.042, II.

•• *Vide* art. 72 do CPC.

Art. 672. É lícita a cumulação de inventários para a partilha de heranças de pessoas diversas quando houver:

I – identidade de pessoas entre as quais devam ser repartidos os bens;

II – heranças deixadas pelos dois cônjuges ou companheiros;

III – dependência de uma das partilhas em relação à outra.

Parágrafo único. No caso previsto no inciso III, se a dependência for parcial, por haver outros bens, o juiz pode ordenar a tramitação separada, se melhor convier ao interesse das partes ou à celeridade processual.

Art. 673. No caso previsto no art. 672, inciso II, prevalecerão as primeiras declarações, assim como o laudo de avaliação, salvo se alterado o valor dos bens.

•• Dispositivo correspondente no CPC de 1973: art. 1.045, *caput*.

Capítulo VII
DOS EMBARGOS DE TERCEIRO

Art. 674. Quem, não sendo parte no processo, sofrer constrição ou ameaça de constrição sobre bens que possua ou sobre os quais tenha direito incompatível com o ato constritivo, poderá requerer seu desfazimento ou sua inibição por meio de embargos de terceiro.

•• Dispositivo correspondente no CPC de 1973: art. 1.046, *caput*.

•• *Vide Súmula 184 do TFR.*

§ 1.º Os embargos podem ser de terceiro proprietário, inclusive fiduciário, ou possuidor.

•• Dispositivo correspondente no CPC de 1973: art. 1.046, § 1.º.

•• *Vide* Súmulas 84 e 134 do STJ.

§ 2.º Considera-se terceiro, para ajuizamento dos embargos:

•• Dispositivo correspondente no CPC de 1973: art. 1.046, § 2.º.

I – o cônjuge ou companheiro, quando defende a posse de bens próprios ou de sua meação, ressalvado o disposto no art. 843;

•• Dispositivo correspondente no CPC de 1973: art. 1.046, § 3.º.

II – o adquirente de bens cuja constrição decorreu de decisão que declara a ineficácia da alienação realizada em fraude à execução;

III – quem sofre constrição judicial de seus bens por força de desconsideração da personalidade jurídica, de cujo incidente não fez parte;

IV – o credor com garantia real para obstar expropriação judicial do objeto de direito real de garantia, caso não tenha sido intimado, nos termos legais dos atos expropriatórios respectivos.

•• Dispositivo correspondente no CPC de 1973: art. 1.047, II.

Art. 675. Os embargos podem ser opostos a qualquer tempo no processo de conhecimento enquanto não transitada em julgado a sentença e, no cumprimento de sentença ou no processo de execução, até 5 (cinco) dias depois da adjudicação, da alienação por iniciativa particular ou da arrematação, mas sempre antes da assinatura da respectiva carta.

•• Dispositivo correspondente no CPC de 1973: art. 1.048.

•• *Vide* Enunciado 54 da ENFAM.

Parágrafo único. Caso identifique a existência de terceiro titular de interesse em embargar o ato, o juiz mandará intimá-lo pessoalmente.

Art. 676. Os embargos serão distribuídos por dependência ao juízo que ordenou a constrição e autuados em apartado.

Processo de Conhecimento

- • Dispositivo correspondente no CPC de 1973: art. 1.049.
- •• *Vide* art. 914, § 2.º, do CPC.
- •• *Vide* Súmulas 32 e 33 do TFR.

Parágrafo único. Nos casos de ato de constrição realizado por carta, os embargos serão oferecidos no juízo deprecado, salvo se indicado pelo juízo deprecante o bem constrito ou se já devolvida a carta.

Art. 677. Na petição inicial, o embargante fará a prova sumária de sua posse ou de seu domínio e da qualidade de terceiro, oferecendo documentos e rol de testemunhas.

- •• Dispositivo correspondente no CPC de 1973: art. 1.050, *caput*.

§ 1.º É facultada a prova da posse em audiência preliminar designada pelo juiz.

- •• Dispositivo correspondente no CPC de 1973: art. 1.050, § 1.º.

§ 2.º O possuidor direto pode alegar, além de sua posse, o domínio alheio.

- •• Dispositivo correspondente no CPC de 1973: art. 1.050, § 2.º.

§ 3.º A citação será pessoal, se o embargado não tiver procurador constituído nos autos da ação principal.

- •• Dispositivo correspondente no CPC de 1973: art. 1.050, § 3.º.

§ 4.º Será legitimado passivo o sujeito a quem o ato de constrição aproveita, assim como o será seu adversário no processo principal quando for sua a indicação do bem para a constrição judicial.

Art. 678. A decisão que reconhecer suficientemente provado o domínio ou a posse determinará a suspensão das medidas constritivas sobre os bens litigiosos objeto dos embargos, bem como a manutenção ou a reintegração provisória da posse, se o embargante a houver requerido.

- •• Dispositivo correspondente no CPC de 1973: art. 1.051.

Parágrafo único. O juiz poderá condicionar a ordem de manutenção ou de reintegração provisória de posse à prestação de caução pelo requerente, ressalvada a impossibilidade da parte economicamente hipossuficiente.

- •• Dispositivo correspondente no CPC de 1973: art. 1.051.

Art. 679. Os embargos poderão ser contestados no prazo de 15 (quinze) dias, findo o qual se seguirá o procedimento comum.

- •• Dispositivo correspondente no CPC de 1973: art. 1.053.

Art. 680. Contra os embargos do credor com garantia real, o embargado somente poderá alegar que:

- •• Dispositivo correspondente no CPC de 1973: art. 1.054, *caput*.

I – o devedor comum é insolvente;

- •• Dispositivo correspondente no CPC de 1973: art. 1.054, I.

II – o título é nulo ou não obriga a terceiro;

- •• Dispositivo correspondente no CPC de 1973: art. 1.054, II.

III – outra é a coisa dada em garantia.

- •• Dispositivo correspondente no CPC de 1973: art. 1.054, III.

Art. 681. Acolhido o pedido inicial, o ato de constrição judicial indevida será cancelado, com o reconhecimento do domínio, da manutenção da posse ou da reintegração definitiva do bem ou do direito ao embargante.

Capítulo VIII
DA OPOSIÇÃO

Art. 682. Quem pretender, no todo ou em parte, a coisa ou o direito sobre que controvertem autor e réu poderá, até ser proferida a sentença, oferecer oposição contra ambos.

- •• Dispositivo correspondente no CPC de 1973: art. 56.

Art. 683. O oponente deduzirá o pedido em observação aos requisitos exigidos para propositura da ação.

- •• Dispositivo correspondente no CPC de 1973: art. 57, *caput*.

Parágrafo único. Distribuída a oposição por dependência, serão os opostos citados, na pessoa de seus respectivos advogados, para contestar o pedido no prazo comum de 15 (quinze) dias.

- •• Dispositivo correspondente no CPC de 1973: art. 57, *caput*.

Art. 684. Se um dos opostos reconhecer a procedência do pedido, contra o outro prosseguirá o oponente.

- •• Dispositivo correspondente no CPC de 1973: art. 58.

Art. 685. Admitido o processamento, a oposição será apensada aos autos e tramitará simultaneamente à ação originária, sendo ambas julgadas pela mesma sentença.

•• Dispositivo correspondente no CPC de 1973: art. 59.

Parágrafo único. Se a oposição for proposta após o início da audiência de instrução, o juiz suspenderá o curso do processo ao fim da produção das provas, salvo se concluir que a unidade da instrução atende melhor ao princípio da duração razoável do processo.

•• Dispositivo correspondente no CPC de 1973: art. 60.

Art. 686. Cabendo ao juiz decidir simultaneamente a ação originária e a oposição, desta conhecerá em primeiro lugar.

•• Dispositivo correspondente no CPC de 1973: art. 61.

Capítulo IX
DA HABILITAÇÃO

Art. 687. A habilitação ocorre quando, por falecimento de qualquer das partes, os interessados houverem de suceder-lhe no processo.

•• Dispositivo correspondente no CPC de 1973: art. 1.055.

Art. 688. A habilitação pode ser requerida:

•• Dispositivo correspondente no CPC de 1973: art. 1.056, *caput*.

I – pela parte, em relação aos sucessores do falecido;

•• Dispositivo correspondente no CPC de 1973: art. 1.056, I.

II – pelos sucessores do falecido, em relação à parte.

•• Dispositivo correspondente no CPC de 1973: art. 1.056, II.

Art. 689. Proceder-se-á à habilitação nos autos do processo principal, na instância em que estiver, suspendendo-se, a partir de então, o processo.

•• Dispositivo correspondente no CPC de 1973: art. 1.060.

Art. 690. Recebida a petição, o juiz ordenará a citação dos requeridos para se pronunciarem no prazo de 5 (cinco) dias.

•• Dispositivo correspondente no CPC de 1973: art. 1.057, *caput*.

Parágrafo único. A citação será pessoal, se a parte não tiver procurador constituído nos autos.

•• Dispositivo correspondente no CPC de 1973: art. 1.057, parágrafo único.

Art. 691. O juiz decidirá o pedido de habilitação imediatamente, salvo se este for impugnado e houver necessidade de dilação probatória diversa da documental, caso em que determinará que o pedido seja autuado em apartado e disporá sobre a instrução.

Art. 692. Transitada em julgado a sentença de habilitação, o processo principal retomará o seu curso, e cópia da sentença será juntada aos autos respectivos.

•• Dispositivo correspondente no CPC de 1973: art. 1.062.

Capítulo X
DAS AÇÕES DE FAMÍLIA

Art. 693. As normas deste Capítulo aplicam-se aos processos contenciosos de divórcio, separação, reconhecimento e extinção de união estável, guarda, visitação e filiação.

•• A Emenda Constitucional n. 66, de 13-7-2010, instituiu o divórcio direto.

Parágrafo único. A ação de alimentos e a que versar sobre interesse de criança ou de adolescente observarão o procedimento previsto em legislação específica, aplicando-se, no que couber, as disposições deste Capítulo.

Art. 694. Nas ações de família, todos os esforços serão empreendidos para a solução consensual da controvérsia, devendo o juiz dispor do auxílio de profissionais de outras áreas de conhecimento para a mediação e conciliação.

Parágrafo único. A requerimento das partes, o juiz pode determinar a suspensão do processo enquanto os litigantes se submetem a mediação extrajudicial ou a atendimento multidisciplinar.

Art. 695. Recebida a petição inicial e, se for o caso, tomadas as providências referentes à tutela provisória, o juiz ordenará a citação do

Processo de Conhecimento

réu para comparecer à audiência de mediação e conciliação, observado o disposto no art. 694.

§ 1.º O mandado de citação conterá apenas os dados necessários à audiência e deverá estar desacompanhado de cópia da petição inicial, assegurado ao réu o direito de examinar seu conteúdo a qualquer tempo.

§ 2.º A citação ocorrerá com antecedência mínima de 15 (quinze) dias da data designada para a audiência.

§ 3.º A citação será feita na pessoa do réu.

§ 4.º Na audiência, as partes deverão estar acompanhadas de seus advogados ou de defensores públicos.

Art. 696. A audiência de mediação e conciliação poderá dividir-se em tantas sessões quantas sejam necessárias para viabilizar a solução consensual, sem prejuízo de providências jurisdicionais para evitar o perecimento do direito.

Art. 697. Não realizado o acordo, passarão a incidir, a partir de então, as normas do procedimento comum, observado o art. 335.

Art. 698. Nas ações de família, o Ministério Público somente intervirá quando houver interesse de incapaz e deverá ser ouvido previamente à homologação de acordo.

Art. 699. Quando o processo envolver discussão sobre fato relacionado a abuso ou a alienação parental, o juiz, ao tomar o depoimento do incapaz, deverá estar acompanhado por especialista.

Capítulo XI
DA AÇÃO MONITÓRIA

Art. 700. A ação monitória pode ser proposta por aquele que afirmar, com base em prova escrita sem eficácia de título executivo, ter direito de exigir do devedor capaz:

•• Dispositivo correspondente no CPC de 1973: art. 1.102-A.

I – o pagamento de quantia em dinheiro;

•• Dispositivo correspondente no CPC de 1973: art. 1.102-A.

II – a entrega de coisa fungível ou infungível ou de bem móvel ou imóvel;

•• Dispositivo correspondente no CPC de 1973: art. 1.102-A.

III – o adimplemento de obrigação de fazer ou de não fazer.

§ 1.º A prova escrita pode consistir em prova oral documentada, produzida antecipadamente nos termos do art. 381.

§ 2.º Na petição inicial, incumbe ao autor explicitar, conforme o caso:

I – a importância devida, instruindo-a com memória de cálculo;

II – o valor atual da coisa reclamada;

III – o conteúdo patrimonial em discussão ou o proveito econômico perseguido.

§ 3.º O valor da causa deverá corresponder à importância prevista no § 2.º, incisos I a III.

§ 4.º Além das hipóteses do art. 330, a petição inicial será indeferida quando não atendido o disposto no § 2.º deste artigo.

§ 5.º Havendo dúvida quanto à idoneidade de prova documental apresentada pelo autor, o juiz intimá-lo-á para, querendo, emendar a petição inicial, adaptando-a ao procedimento comum.

§ 6.º É admissível ação monitória em face da Fazenda Pública.

§ 7.º Na ação monitória, admite-se citação por qualquer dos meios permitidos para o procedimento comum.

Art. 701. Sendo evidente o direito do autor, o juiz deferirá a expedição de mandado de pagamento, de entrega de coisa ou para execução de obrigação de fazer ou de não fazer, concedendo ao réu prazo de 15 (quinze) dias para o cumprimento e o pagamento de honorários advocatícios de cinco por cento do valor atribuído à causa.

•• Dispositivo correspondente no CPC de 1973: art. 1.102-B.

•• *Vide* Enunciado 18 da ENFAM.

§ 1.º O réu será isento do pagamento de custas processuais se cumprir o mandado no prazo.

•• Dispositivo correspondente no CPC de 1973: art. 1.102-C, § 1.º.

§ 2.º Constituir-se-á de pleno direito o título executivo judicial, independentemente de qualquer formalidade, se não realizado o pagamento e não apresentados os embargos previstos no art. 702, observando-se, no que couber, o Título II do Livro I da Parte Especial.

§ 3.º É cabível ação rescisória da decisão prevista no *caput* quando ocorrer a hipótese do § 2.º.

§ 4.º Sendo a ré Fazenda Pública, não apresentados os embargos previstos no art. 702, aplicar-se-á o disposto no art. 496, observando-se, a seguir, no que couber, o Título II do Livro I da Parte Especial.

§ 5.º Aplica-se à ação monitória, no que couber, o art. 916.

Art. 702. Independentemente de prévia segurança do juízo, o réu poderá opor, nos próprios autos, no prazo previsto no art. 701, embargos à ação monitória.

•• Dispositivo correspondente no CPC de 1973: art. 1.102-C, *caput* e § 2.º.

§ 1.º Os embargos podem se fundar em matéria passível de alegação como defesa no procedimento comum.

§ 2.º Quando o réu alegar que o autor pleiteia quantia superior à devida, cumprir-lhe-á declarar de imediato o valor que entende correto, apresentando demonstrativo discriminado e atualizado da dívida.

§ 3.º Não apontado o valor correto ou não apresentado o demonstrativo, os embargos serão liminarmente rejeitados, se esse for o seu único fundamento, e, se houver outro fundamento, os embargos serão processados, mas o juiz deixará de examinar a alegação de excesso.

§ 4.º A oposição dos embargos suspende a eficácia da decisão referida no *caput* do art. 701 até o julgamento em primeiro grau.

§ 5.º O autor será intimado para responder aos embargos no prazo de 15 (quinze) dias.

§ 6.º Na ação monitória admite-se a reconvenção, sendo vedado o oferecimento de reconvenção à reconvenção.

§ 7.º A critério do juiz, os embargos serão autuados em apartado, se parciais, constituindo-se de pleno direito o título executivo judicial em relação à parcela incontroversa.

§ 8.º Rejeitados os embargos, constituir-se-á de pleno direito o título executivo judicial, prosseguindo-se o processo em observância ao disposto no Título II do Livro I da Parte Especial, no que for cabível.

•• Dispositivo correspondente no CPC de 1973: art. 1.102-C, § 3.º.

§ 9.º Cabe apelação contra a sentença que acolhe ou rejeita os embargos.

§ 10. O juiz condenará o autor de ação monitória proposta indevidamente e de má-fé ao pagamento, em favor do réu, de multa de até dez por cento sobre o valor da causa.

§ 11. O juiz condenará o réu que de má-fé opuser embargos à ação monitória ao pagamento de multa de até dez por cento sobre o valor atribuído à causa, em favor do autor.

Capítulo XII
DA HOMOLOGAÇÃO DO PENHOR LEGAL

Art. 703. Tomado o penhor legal nos casos previstos em lei, requererá o credor, ato contínuo, a homologação.

•• Dispositivo correspondente no CPC de 1973: art. 874, *caput*.

§ 1.º Na petição inicial, instruída com o contrato de locação ou a conta pormenorizada das despesas, a tabela dos preços e a relação dos objetos retidos, o credor pedirá a citação do devedor para pagar ou contestar na audiência preliminar que for designada.

•• Dispositivo correspondente no CPC de 1973: art. 874, *caput*.

§ 2.º A homologação do penhor legal poderá ser promovida pela via extrajudicial mediante requerimento, que conterá os requisitos previstos no § 1.º deste artigo, do credor a notário de sua livre escolha.

§ 3.º Recebido o requerimento, o notário promoverá a notificação extrajudicial do devedor

Processo de Conhecimento

Arts. 703 a 710

para, no prazo de 5 (cinco) dias, pagar o débito ou impugnar sua cobrança, alegando por escrito uma das causas previstas no art. 704, hipótese em que o procedimento será encaminhado ao juízo competente para decisão.

§ 4.º Transcorrido o prazo sem manifestação do devedor, o notário formalizará a homologação do penhor legal por escritura pública.

Art. 704. A defesa só pode consistir em:

•• Dispositivo correspondente no CPC de 1973: art. 875, *caput*.

I – nulidade do processo;

•• Dispositivo correspondente no CPC de 1973: art. 875, I.

II – extinção da obrigação;

•• Dispositivo correspondente no CPC de 1973: art. 875, II.

III – não estar a dívida compreendida entre as previstas em lei ou não estarem os bens sujeitos a penhor legal;

•• Dispositivo correspondente no CPC de 1973: art. 875, III.

IV – alegação de haver sido ofertada caução idônea, rejeitada pelo credor.

Art. 705. A partir da audiência preliminar, observar-se-á o procedimento comum.

Art. 706. Homologado judicialmente o penhor legal, consolidar-se-á a posse do autor sobre o objeto.

•• Dispositivo correspondente no CPC de 1973: art. 876.

§ 1.º Negada a homologação, o objeto será entregue ao réu, ressalvado ao autor o direito de cobrar a dívida pelo procedimento comum, salvo se acolhida a alegação de extinção da obrigação.

•• Dispositivo correspondente no CPC de 1973: art. 876.

§ 2.º Contra a sentença caberá apelação, e, na pendência de recurso, poderá o relator ordenar que a coisa permaneça depositada ou em poder do autor.

Capítulo XIII
DA REGULAÇÃO DE AVARIA GROSSA

Art. 707. Quando inexistir consenso acerca da nomeação de um regulador de avarias, o juiz de direito da comarca do primeiro porto onde o navio houver chegado, provocado por qualquer parte interessada, nomeará um de notório conhecimento.

Art. 708. O regulador declarará justificadamente se os danos são passíveis de rateio na forma de avaria grossa e exigirá das partes envolvidas a apresentação de garantias idôneas para que possam ser liberadas as cargas aos consignatários.

§ 1.º A parte que não concordar com o regulador quanto à declaração de abertura da avaria grossa deverá justificar suas razões ao juiz, que decidirá no prazo de 10 (dez) dias.

§ 2.º Se o consignatário não apresentar garantia idônea a critério do regulador, este fixará o valor da contribuição provisória com base nos fatos narrados e nos documentos que instruírem a petição inicial, que deverá ser caucionado sob a forma de depósito judicial ou de garantia bancária.

§ 3.º Recusando-se o consignatário a prestar caução, o regulador requererá ao juiz a alienação judicial de sua carga na forma dos arts. 879 a 903.

§ 4.º É permitido o levantamento, por alvará, das quantias necessárias ao pagamento das despesas da alienação a serem arcadas pelo consignatário, mantendo-se o saldo remanescente em depósito judicial até o encerramento da regulação.

Art. 709. As partes deverão apresentar nos autos os documentos necessários à regulação da avaria grossa em prazo razoável a ser fixado pelo regulador.

Art. 710. O regulador apresentará o regulamento da avaria grossa no prazo de até 12 (doze) meses, contado da data da entrega dos documentos nos autos pelas partes, podendo o prazo ser estendido a critério do juiz.

§ 1.º Oferecido o regulamento da avaria grossa, dele terão vista as partes pelo prazo comum de 15 (quinze) dias, e, não havendo impugnação, o regulamento será homologado por sentença.

Arts. 710 a 717

§ 2.º Havendo impugnação ao regulamento, o juiz decidirá no prazo de 10 (dez) dias, após a oitiva do regulador.

Art. 711. Aplicam-se ao regulador de avarias os arts. 156 a 158, no que couber.

Capítulo XIV
DA RESTAURAÇÃO DE AUTOS

Art. 712. Verificado o desaparecimento dos autos, eletrônicos ou não, pode o juiz, de ofício, qualquer das partes ou o Ministério Público, se for o caso, promover-lhes a restauração.

•• Dispositivo correspondente no CPC de 1973: art. 1.063, caput.

Parágrafo único. Havendo autos suplementares, nesses prosseguirá o processo.

•• Dispositivo correspondente no CPC de 1973: art. 1.063, parágrafo único.

Art. 713. Na petição inicial, declarará a parte o estado do processo ao tempo do desaparecimento dos autos, oferecendo:

•• Dispositivo correspondente no CPC de 1973: art. 1.064, caput.

I – certidões dos atos constantes do protocolo de audiências do cartório por onde haja corrido o processo;

•• Dispositivo correspondente no CPC de 1973: art. 1.064, I.

II – cópia das peças que tenha em seu poder;

•• Dispositivo correspondente no CPC de 1973: art. 1.064, II.

III – qualquer outro documento que facilite a restauração.

•• Dispositivo correspondente no CPC de 1973: art. 1.064, III.

Art. 714. A parte contrária será citada para contestar o pedido no prazo de 5 (cinco) dias, cabendo-lhe exibir as cópias, as contrafés e as reproduções dos atos e dos documentos que estiverem em seu poder.

•• Dispositivo correspondente no CPC de 1973: art. 1.065, caput.

§ 1.º Se a parte concordar com a restauração, lavrar-se-á o auto que, assinado pelas partes e homologado pelo juiz, suprirá o processo desaparecido.

•• Dispositivo correspondente no CPC de 1973: art. 1.065, § 1.º.

§ 2.º Se a parte não contestar ou se a concordância for parcial, observar-se-á o procedimento comum.

•• Dispositivo correspondente no CPC de 1973: art. 1.065, § 2.º.

Art. 715. Se a perda dos autos tiver ocorrido depois da produção das provas em audiência, o juiz, se necessário, mandará repeti-las.

•• Dispositivo correspondente no CPC de 1973: art. 1.066, caput.

§ 1.º Serão reinquiridas as mesmas testemunhas, que, em caso de impossibilidade, poderão ser substituídas de ofício ou a requerimento.

•• Dispositivo correspondente no CPC de 1973: art. 1.066, § 1.º.

§ 2.º Não havendo certidão ou cópia do laudo, far-se-á nova perícia, sempre que possível pelo mesmo perito.

•• Dispositivo correspondente no CPC de 1973: art. 1.066, § 2.º.

§ 3.º Não havendo certidão de documentos, esses serão reconstituídos mediante cópias ou, na falta dessas, pelos meios ordinários de prova.

•• Dispositivo correspondente no CPC de 1973: art. 1.066, § 3.º.

§ 4.º Os serventuários e os auxiliares da justiça não podem eximir-se de depor como testemunhas a respeito de atos que tenham praticado ou assistido.

•• Dispositivo correspondente no CPC de 1973: art. 1.066, § 4.º.

§ 5.º Se o juiz houver proferido sentença da qual ele próprio ou o escrivão possua cópia, esta será juntada aos autos e terá a mesma autoridade da original.

•• Dispositivo correspondente no CPC de 1973: art. 1.066, § 5.º.

Art. 716. Julgada a restauração, seguirá o processo os seus termos.

•• Dispositivo correspondente no CPC de 1973: art. 1.067, caput.

Parágrafo único. Aparecendo os autos originais, neles se prosseguirá, sendo-lhes apensados os autos da restauração.

•• Dispositivo correspondente no CPC de 1973: art. 1.067, § 1.º.

Art. 717. Se o desaparecimento dos autos tiver ocorrido no tribunal, o processo de restauração será distribuído, sempre que possível, ao relator do processo.

•• Dispositivo correspondente no CPC de 1973: art. 1.068, caput.

Processo de Conhecimento

§ 1.º A restauração far-se-á no juízo de origem quanto aos atos nele realizados.

•• Dispositivo correspondente no CPC de 1973: art. 1.068, § 1.º.

§ 2.º Remetidos os autos ao tribunal, nele completar-se-á a restauração e proceder-se-á ao julgamento.

•• Dispositivo correspondente no CPC de 1973: art. 1.068, § 2.º.

Art. 718. Quem houver dado causa ao desaparecimento dos autos responderá pelas custas da restauração e pelos honorários de advogado, sem prejuízo da responsabilidade civil ou penal em que incorrer.

•• Dispositivo correspondente no CPC de 1973: art. 1.069.

CAPÍTULO XV
DOS PROCEDIMENTOS DE JURISDIÇÃO VOLUNTÁRIA

Seção I
Disposições Gerais

Art. 719. Quando este Código não estabelecer procedimento especial, regem os procedimentos de jurisdição voluntária as disposições constantes desta *Seção*.

•• Dispositivo correspondente no CPC de 1973: art. 1.103.
•• *Vide* art. 215, I, do CPC.

Art. 720. O procedimento terá início por provocação do interessado, do Ministério Público ou da Defensoria Pública, cabendo-lhes formular o pedido devidamente instruído com os documentos necessários e com a indicação da providência judicial.

•• Dispositivo correspondente no CPC de 1973: art. 1.104.

Art. 721. Serão citados todos os interessados, bem como intimado o Ministério Público, nos casos do art. 178, para que se manifestem, querendo, no prazo de 15 (quinze) dias.

•• Dispositivo correspondente no CPC de 1973: art. 1.105.
•• *Vide* art. 279, § 1.º, do CPC.

Art. 722. A Fazenda Pública será sempre ouvida nos casos em que tiver interesse.

•• Dispositivo correspondente no CPC de 1973: art. 1.108.

Art. 723. O juiz decidirá o pedido no prazo de 10 (dez) dias.

•• Dispositivo correspondente no CPC de 1973: art. 1.109.

Parágrafo único. O juiz não é obrigado a observar critério de legalidade estrita, podendo adotar em cada caso a solução que considerar mais conveniente ou oportuna.

•• Dispositivo correspondente no CPC de 1973: art. 1.109.

Art. 724. Da sentença caberá apelação.

•• Dispositivo correspondente no CPC de 1973: art. 1.110.

Art. 725. Processar-se-á na forma estabelecida nesta Seção o pedido de:

•• Dispositivo correspondente no CPC de 1973: art. 1.112, *caput*.

I – emancipação;

•• Dispositivo correspondente no CPC de 1973: art. 1.112, I.

II – sub-rogação;

•• Dispositivo correspondente no CPC de 1973: art. 1.112, II.

III – alienação, arrendamento ou oneração de bens de crianças ou adolescentes, de órfãos e de interditos;

•• Dispositivo correspondente no CPC de 1973: art. 1.112, III.

IV – alienação, locação e administração da coisa comum;

•• Dispositivo correspondente no CPC de 1973: art. 1.112, IV.

V – alienação de quinhão em coisa comum;

•• Dispositivo correspondente no CPC de 1973: art. 1.112, V.

VI – extinção de usufruto, quando não decorrer da morte do usufrutuário, do termo da sua duração ou da consolidação, e de fideicomisso, quando decorrer de renúncia ou quando ocorrer antes do evento que caracterizar a condição resolutória;

•• Dispositivo correspondente no CPC de 1973: art. 1.112, VI.

VII – expedição de alvará judicial;

VIII – homologação de autocomposição extrajudicial, de qualquer natureza ou valor.

Parágrafo único. As normas desta Seção aplicam-se, no que couber, aos procedimentos regulados nas seções seguintes.

Arts. 726 a 733 — Processo de Conhecimento

Seção II
Da Notificação e da Interpelação

Art. 726. Quem tiver interesse em manifestar formalmente sua vontade a outrem sobre assunto juridicamente relevante poderá notificar pessoas participantes da mesma relação jurídica para dar-lhes ciência de seu propósito.

•• Dispositivo correspondente no CPC de 1973: art. 867.

§ 1.º Se a pretensão for a de dar conhecimento geral ao público, mediante edital, o juiz só a deferirá se a tiver por fundada e necessária ao resguardo de direito.

§ 2.º Aplica-se o disposto nesta Seção, no que couber, ao protesto judicial.

Art. 727. Também poderá o interessado interpelar o requerido, no caso do art. 726, para que faça ou deixe de fazer o que o requerente entenda ser de seu direito.

Art. 728. O requerido será previamente ouvido antes do deferimento da notificação ou do respectivo edital:

I – se houver suspeita de que o requerente, por meio da notificação ou do edital, pretende alcançar fim ilícito;

II – se tiver sido requerida a averbação da notificação em registro público.

Art. 729. Deferida e realizada a notificação ou interpelação, os autos serão entregues ao requerente.

•• Dispositivo correspondente no CPC de 1973: art. 872.

Seção III
Da Alienação Judicial

Art. 730. Nos casos expressos em lei, não havendo acordo entre os interessados sobre o modo como se deve realizar a alienação do bem, o juiz, de ofício ou a requerimento dos interessados ou do depositário, mandará aliená-lo em leilão, observando-se o disposto na Seção I deste Capítulo e, no que couber, o disposto nos arts. 879 a 903.

•• Dispositivo correspondente no CPC de 1973: art. 1.113, *caput*.

Seção IV
Do Divórcio e da Separação Consensuais, da Extinção Consensual de União Estável e da Alteração do Regime de Bens do Matrimônio

Art. 731. A homologação do divórcio ou da separação consensuais, observados os requisitos legais, poderá ser requerida em petição assinada por ambos os cônjuges, da qual constarão:

•• Dispositivo correspondente no CPC de 1973: art. 1.120, *caput*.
•• A Emenda Constitucional n. 66, de 13-7-2010, instituiu o divórcio direto.

I – as disposições relativas à descrição e à partilha dos bens comuns;

•• Dispositivo correspondente no CPC de 1973: art. 1.121, I.

II – as disposições relativas à pensão alimentícia entre os cônjuges;

•• Dispositivo correspondente no CPC de 1973: art. 1.121, IV.
•• *Vide* art. 5.º, I, da CF.

III – o acordo relativo à guarda dos filhos incapazes e ao regime de visitas; e

•• Dispositivo correspondente no CPC de 1973: art. 1.121, II.
•• *Vide* art. 15 da Lei n. 6.515, de 26-12-1977 (Lei do Divórcio).

IV – o valor da contribuição para criar e educar os filhos.

•• Dispositivo correspondente no CPC de 1973: art. 1.121, III.
•• *Vide* art. 20 da Lei n. 6.515, de 26-12-1977 (Lei do Divórcio).

Parágrafo único. Se os cônjuges não acordarem sobre a partilha dos bens, far-se-á esta depois de homologado o divórcio, na forma estabelecida nos arts. 647 a 658.

•• Dispositivo correspondente no CPC de 1973: art. 1.121, § 1.º.

Art. 732. As disposições relativas ao processo de homologação judicial de divórcio ou de separação consensuais aplicam-se, no que couber, ao processo de homologação da extinção consensual de união estável.

Art. 733. O divórcio consensual, a separação consensual e a extinção consensual de união estável, não havendo nascituro ou filhos incapazes e observados os requisitos legais, poderão ser realizados por escritura pública, da qual constarão as disposições de que trata o art. 731.

Processo de Conhecimento

Arts. 733 a 737

•• Dispositivo correspondente no CPC de 1973: art. 1.124-A, *caput.*

•• A Emenda Constitucional n. 66, de 13-7-2010, instituiu o divórcio direto.

§ 1.º A escritura não depende de homologação judicial e constitui título hábil para qualquer ato de registro, bem como para levantamento de importância depositada em instituições financeiras.

•• Dispositivo correspondente no CPC de 1973: art. 1.124-A, § 1.º.

§ 2.º O tabelião somente lavrará a escritura se os interessados estiverem assistidos por advogado ou por defensor público, cuja qualificação e assinatura constarão do ato notarial.

•• Dispositivo correspondente no CPC de 1973: art. 1.124-A, § 2.º.

Art. 734. A alteração do regime de bens do casamento, observados os requisitos legais, poderá ser requerida, motivadamente, em petição assinada por ambos os cônjuges, na qual serão expostas as razões que justificam a alteração, ressalvados os direitos de terceiros.

§ 1.º Ao receber a petição inicial, o juiz determinará a intimação do Ministério Público e a publicação de edital que divulgue a pretendida alteração de bens, somente podendo decidir depois de decorrido o prazo de 30 (trinta) dias da publicação do edital.

§ 2.º Os cônjuges, na petição inicial ou em petição avulsa, podem propor ao juiz meio alternativo de divulgação da alteração do regime de bens, a fim de resguardar direitos de terceiros.

§ 3.º Após o trânsito em julgado da sentença, serão expedidos mandados de averbação aos cartórios de registro civil e de imóveis e, caso qualquer dos cônjuges seja empresário, ao Registro Público de Empresas Mercantis e Atividades Afins.

Seção V
Dos Testamentos e dos Codicilos

Art. 735. Recebendo testamento cerrado, o juiz, se não achar vício externo que o torne suspeito de nulidade ou falsidade, o abrirá e mandará que o escrivão o leia em presença do apresentante.

•• Dispositivo correspondente no CPC de 1973: art. 1.125, *caput.*

•• *Vide* art. 214, I, do CPC.

§ 1.º Do termo de abertura constarão o nome do apresentante e como ele obteve o testamento, a data e o lugar do falecimento do testador, com as respectivas provas, e qualquer circunstância digna de nota.

•• Dispositivo correspondente no CPC de 1973: art. 1.125, parágrafo único.

§ 2.º Depois de ouvido o Ministério Público, não havendo dúvidas a serem esclarecidas, o juiz mandará registrar, arquivar e cumprir o testamento.

•• Dispositivo correspondente no CPC de 1973: art. 1.126.

§ 3.º Feito o registro, será intimado o testamenteiro para assinar o termo da testamentária.

•• Dispositivo correspondente no CPC de 1973: art. 1.127.

§ 4.º Se não houver testamenteiro nomeado ou se ele estiver ausente ou não aceitar o encargo, o juiz nomeará testamenteiro dativo, observando-se a preferência legal.

§ 5.º O testamenteiro deverá cumprir as disposições testamentárias e prestar contas em juízo do que recebeu e despendeu, observando-se o disposto em lei.

Art. 736. Qualquer interessado, exibindo o traslado ou a certidão de testamento público, poderá requerer ao juiz que ordene o seu cumprimento, observando-se, no que couber, o disposto nos parágrafos do art. 735.

•• Dispositivo correspondente no CPC de 1973: art. 1.128.

Art. 737. A publicação do testamento particular poderá ser requerida, depois da morte do testador, pelo herdeiro, pelo legatário ou pelo testamenteiro, bem como pelo terceiro detentor do testamento, se impossibilitado de entregá-lo a algum dos outros legitimados para requerê-la.

•• Dispositivo correspondente no CPC de 1973: art. 1.130, *caput.*

§ 1.º Serão intimados os herdeiros que não tiverem requerido a publicação do testamento.

Arts. 737 a 740

§ 2.º Verificando a presença dos requisitos da lei, ouvido o Ministério Público, o juiz confirmará o testamento.

§ 3.º Aplica-se o disposto neste artigo ao codicilo e aos testamentos marítimo, aeronáutico, militar e nuncupativo.

§ 4.º Observar-se-á, no cumprimento do testamento, o disposto nos parágrafos do art. 735.

Seção VI
Da Herança Jacente

Art. 738. Nos casos em que a lei considere jacente a herança, o juiz em cuja comarca tiver domicílio o falecido procederá imediatamente à arrecadação dos respectivos bens.

•• Dispositivo correspondente no CPC de 1973: art. 1.142.

Art. 739. A herança jacente ficará sob a guarda, a conservação e a administração de um curador até a respectiva entrega ao sucessor legalmente habilitado ou até a declaração de vacância.

•• Dispositivo correspondente no CPC de 1973: art. 1.143.

•• Vide art. 75, VI, do CPC.

§ 1.º Incumbe ao curador:

•• Dispositivo correspondente no CPC de 1973: art. 1.144, caput.

•• Vide art. 739 do CPC.

I – representar a herança em juízo ou fora dele, com intervenção do Ministério Público;

•• Dispositivo correspondente no CPC de 1973: art. 1.144, I.

•• Vide art. 75, VI, do CPC.

II – ter em boa guarda e conservação os bens arrecadados e promover a arrecadação de outros porventura existentes;

•• Dispositivo correspondente no CPC de 1973: art. 1.144, II.

III – executar as medidas conservatórias dos direitos da herança;

•• Dispositivo correspondente no CPC de 1973: art. 1.144, III.

IV – apresentar mensalmente ao juiz balancete da receita e da despesa;

•• Dispositivo correspondente no CPC de 1973: art. 1.144, IV.

V – prestar contas ao final de sua gestão.

•• Dispositivo correspondente no CPC de 1973: art. 1.144, V.

§ 2.º Aplica-se ao curador o disposto nos arts. 159 a 161.

•• Dispositivo correspondente no CPC de 1973: art. 1.144, parágrafo único.

Art. 740. O juiz ordenará que o oficial de justiça, acompanhado do escrivão ou do chefe de secretaria e do curador, arrole os bens e descreva-os em auto circunstanciado.

•• Dispositivo correspondente no CPC de 1973: art. 1.145, caput.

§ 1.º Não podendo comparecer ao local, o juiz requisitará à autoridade policial que proceda à arrecadação e ao arrolamento dos bens, com 2 (duas) testemunhas, que assistirão às diligências.

•• Dispositivo correspondente no CPC de 1973: art. 1.148.

§ 2.º Não estando ainda nomeado o curador, o juiz designará depositário e lhe entregará os bens, mediante simples termo nos autos, depois de compromissado.

•• Dispositivo correspondente no CPC de 1973: art. 1.145, § 1.º.

§ 3.º Durante a arrecadação, o juiz ou a autoridade policial inquirirá os moradores da casa e da vizinhança sobre a qualificação do falecido, o paradeiro de seus sucessores e a existência de outros bens, lavrando-se de tudo auto de inquirição e informação.

•• Dispositivo correspondente no CPC de 1973: art. 1.150.

§ 4.º O juiz examinará reservadamente os papéis, as cartas missivas e os livros domésticos e, verificando que não apresentam interesse, mandará empacotá-los e lacrá-los para serem assim entregues aos sucessores do falecido ou queimados quando os bens forem declarados vacantes.

•• Dispositivo correspondente no CPC de 1973: art. 1.147.

§ 5.º Se constar ao juiz a existência de bens em outra comarca, mandará expedir carta precatória a fim de serem arrecadados.

•• Dispositivo correspondente no CPC de 1973: art. 1.149.

§ 6.º Não se fará a arrecadação, ou essa será suspensa, quando, iniciada, apresentarem-se

Processo de Conhecimento

para reclamar os bens o cônjuge ou companheiro, o herdeiro ou o testamenteiro notoriamente reconhecido e não houver oposição motivada do curador, de qualquer interessado, do Ministério Público ou do representante da Fazenda Pública.

•• Dispositivo correspondente no CPC de 1973: art. 1.151.

Art. 741. Ultimada a arrecadação, o juiz mandará expedir edital, que será publicado na rede mundial de computadores, no sítio do tribunal a que estiver vinculado o juízo e na plataforma de editais do Conselho Nacional de Justiça, onde permanecerá por 3 (três) meses, ou, não havendo sítio, no órgão oficial e na imprensa da comarca, por 3 (três) vezes com intervalos de 1 (um) mês, para que os sucessores do falecido venham a habilitar-se no prazo de 6 (seis) meses contado da primeira publicação.

•• Dispositivo correspondente no CPC de 1973: art. 1.152, caput.

§ 1.º Verificada a existência de sucessor ou de testamenteiro em lugar certo, far-se-á a sua citação, sem prejuízo do edital.

•• Dispositivo correspondente no CPC de 1973: art. 1.152, § 1.º.

§ 2.º Quando o falecido for estrangeiro, será também comunicado o fato à autoridade consular.

•• Dispositivo correspondente no CPC de 1973: art. 1.152, § 2.º.

§ 3.º Julgada a habilitação do herdeiro, reconhecida a qualidade do testamenteiro ou provada a identidade do cônjuge ou companheiro, a arrecadação converter-se-á em inventário.

•• Dispositivo correspondente no CPC de 1973: art. 1.153.

§ 4.º Os credores da herança poderão habilitar-se como nos inventários ou propor a ação de cobrança.

•• Dispositivo correspondente no CPC de 1973: art. 1.154.

Art. 742. O juiz poderá autorizar a alienação:

•• Dispositivo correspondente no CPC de 1973: art. 1.155, caput.

I – de bens móveis, se forem de conservação difícil ou dispendiosa;

•• Dispositivo correspondente no CPC de 1973: art. 1.155, I.

II – de semoventes, quando não empregados na exploração de alguma indústria;

•• Dispositivo correspondente no CPC de 1973: art. 1.155, II.

III – de títulos e papéis de crédito, havendo fundado receio de depreciação;

•• Dispositivo correspondente no CPC de 1973: art. 1.155, III.

IV – de ações de sociedade quando, reclamada a integralização, não dispuser a herança de dinheiro para o pagamento;

•• Dispositivo correspondente no CPC de 1973: art. 1.155, IV.

V – de bens imóveis:

•• Dispositivo correspondente no CPC de 1973: art. 1.155, V, caput.

a) se ameaçarem ruína, não convindo a reparação;

•• Dispositivo correspondente no CPC de 1973: art. 1.155, V, a.

b) se estiverem hipotecados e vencer-se a dívida, não havendo dinheiro para o pagamento.

•• Dispositivo correspondente no CPC de 1973: art. 1.155, V, b.

§ 1.º Não se procederá, entretanto, à venda se a Fazenda Pública ou o habilitando adiantar a importância para as despesas.

•• Dispositivo correspondente no CPC de 1973: art. 1.155, parágrafo único.

§ 2.º Os bens com valor de afeição, como retratos, objetos de uso pessoal, livros e obras de arte, só serão alienados depois de declarada a vacância da herança.

•• Dispositivo correspondente no CPC de 1973: art. 1.156.

Art. 743. Passado 1 (um) ano da primeira publicação do edital e não havendo herdeiro habilitado nem habilitação pendente, será a herança declarada vacante.

•• Dispositivo correspondente no CPC de 1973: art. 1.157, caput.

§ 1.º Pendendo habilitação, a vacância será declarada pela mesma sentença que a julgar improcedente, aguardando-se, no caso de serem diversas as habilitações, o julgamento da última.

•• Dispositivo correspondente no CPC de 1973: art. 1.157, parágrafo único.

§ 2.º Transitada em julgado a sentença que declarou a vacância, o cônjuge, o companheiro, os herdeiros e os credores só poderão reclamar o seu direito por ação direta.

Arts. 743 a 747

•• Dispositivo correspondente no CPC de 1973: art. 1.158.

Seção VII
Dos Bens dos Ausentes

Art. 744. Declarada a ausência nos casos previstos em lei, o juiz mandará arrecadar os bens do ausente e nomear-lhes-á curador na forma estabelecida na Seção VI, observando-se o disposto em lei.

•• Dispositivos correspondentes no CPC de 1973: arts. 1.159 e 1.160.

•• *Vide* art. 71 do CPC.

Art. 745. Feita a arrecadação, o juiz mandará publicar editais na rede mundial de computadores, no sítio do tribunal a que estiver vinculado e na plataforma de editais do Conselho Nacional de Justiça, onde permanecerá por 1 (um) ano, ou, não havendo sítio, no órgão oficial e na imprensa da comarca, durante 1 (um) ano, reproduzida de 2 (dois) em 2 (dois) meses, anunciando a arrecadação e chamando o ausente a entrar na posse de seus bens.

•• Dispositivo correspondente no CPC de 1973: art. 1.161.

§ 1.º Findo o prazo previsto no edital, poderão os interessados requerer a abertura da sucessão provisória, observando-se o disposto em lei.

•• Dispositivo correspondente no CPC de 1973: art. 1.163, *caput.*

§ 2.º O interessado, ao requerer a abertura da sucessão provisória, pedirá a citação pessoal dos herdeiros presentes e do curador e, por editais, a dos ausentes para requererem habilitação, na forma dos arts. 689 a 692.

•• Dispositivo correspondente no CPC de 1973: art. 1.164, *caput.*

§ 3.º Presentes os requisitos legais, poderá ser requerida a conversão da sucessão provisória em definitiva.

•• Dispositivo correspondente no CPC de 1973: art. 1.167, *caput.*

§ 4.º Regressando o ausente ou algum de seus descendentes ou ascendentes para requerer a entrega de bens, serão citados para contestar o pedido os sucessores provisórios ou definitivos, o Ministério Público e o representante da Fazenda Pública, seguindo-se o procedimento comum.

•• Dispositivo correspondente no CPC de 1973: art. 1.168.

Seção VIII
Das Coisas Vagas

Art. 746. Recebendo do descobridor coisa alheia perdida, o juiz mandará lavrar o respectivo auto, do qual constará a descrição do bem e as declarações do descobridor.

•• Dispositivo correspondente no CPC de 1973: art. 1.170, *caput.*

§ 1.º Recebida a coisa por autoridade policial, esta a remeterá em seguida ao juízo competente.

•• Dispositivo correspondente no CPC de 1973: art. 1.170, parágrafo único.

§ 2.º Depositada a coisa, o juiz mandará publicar edital na rede mundial de computadores, no sítio do tribunal a que estiver vinculado e na plataforma de editais do Conselho Nacional de Justiça ou, não havendo sítio, no órgão oficial e na imprensa da comarca, para que o dono ou o legítimo possuidor a reclame, salvo se se tratar de coisa de pequeno valor e não for possível a publicação no sítio do tribunal, caso em que o edital será apenas afixado no átrio do edifício do fórum.

•• Dispositivo correspondente no CPC de 1973: art. 1.171, *caput* e § 2.º.

§ 3.º Observar-se-á, quanto ao mais, o disposto em lei.

Seção IX
Da Interdição

Art. 747. A interdição pode ser promovida:

•• Dispositivo correspondente no CPC de 1973: art. 1.177, *caput.*

I – pelo cônjuge ou companheiro;

•• Dispositivo correspondente no CPC de 1973: art. 1.177, II.

II – pelos parentes ou tutores;

•• Dispositivo correspondente no CPC de 1973: art. 1.177, I.

III – pelo representante da entidade em que se encontra abrigado o interditando;

IV – pelo Ministério Público.

•• Dispositivo correspondente no CPC de 1973: art. 1.177, III.

Processo de Conhecimento

Parágrafo único. A legitimidade deverá ser comprovada por documentação que acompanhe a petição inicial.

Art. 748. O Ministério Público só promoverá interdição em caso de doença mental grave:

•• Dispositivo correspondente no CPC de 1973: art. 1.178, *caput*.

I – se as pessoas designadas nos incisos I, II e III do art. 747 não existirem ou não promoverem a interdição;

•• Dispositivo correspondente no CPC de 1973: art. 1.178, II.

II – se, existindo, forem incapazes as pessoas mencionadas nos incisos I e II do art. 747.

•• Dispositivo correspondente no CPC de 1973: art. 1.178, III.

Art. 749. Incumbe ao autor, na petição inicial, especificar os fatos que demonstram a incapacidade do interditando para administrar seus bens e, se for o caso, para praticar atos da vida civil, bem como o momento em que a incapacidade se revelou.

•• Dispositivo correspondente no CPC de 1973: art. 1.180.

Parágrafo único. Justificada a urgência, o juiz pode nomear curador provisório ao interditando para a prática de determinados atos.

•• *Vide* art. 87 da Lei n. 13.146, de 6-7-2015 (Estatuto da Pessoa com Deficiência).

Art. 750. O requerente deverá juntar laudo médico para fazer prova de suas alegações ou informar a impossibilidade de fazê-lo.

Art. 751. O interditando será citado para, em dia designado, comparecer perante o juiz, que o entrevistará minuciosamente acerca de sua vida, negócios, bens, vontades, preferências e laços familiares e afetivos e sobre o que mais lhe parecer necessário para convencimento quanto à sua capacidade para praticar atos da vida civil, devendo ser reduzidas a termo as perguntas e respostas.

•• Dispositivo correspondente no CPC de 1973: art. 1.181.

§ 1.º Não podendo o interditando deslocar-se, o juiz o ouvirá no local onde estiver.

§ 2.º A entrevista poderá ser acompanhada por especialista.

§ 3.º Durante a entrevista, é assegurado o emprego de recursos tecnológicos capazes de permitir ou de auxiliar o interditando a expressar suas vontades e preferências e a responder às perguntas formuladas.

§ 4.º A critério do juiz, poderá ser requisitada a oitiva de parentes e de pessoas próximas.

Art. 752. Dentro do prazo de 15 (quinze) dias contado da entrevista, o interditando poderá impugnar o pedido.

•• Dispositivo correspondente no CPC de 1973: art. 1.182, *caput*.

§ 1.º O Ministério Público intervirá como fiscal da ordem jurídica.

•• Dispositivo correspondente no CPC de 1973: art. 1.182, § 1.º.

§ 2.º O interditando poderá constituir advogado, e, caso não o faça, deverá ser nomeado curador especial.

•• Dispositivo correspondente no CPC de 1973: art. 1.182, § 2.º.

§ 3.º Caso o interditando não constitua advogado, o seu cônjuge, companheiro ou qualquer parente sucessível poderá intervir como assistente.

•• Dispositivo correspondente no CPC de 1973: art. 1.182, § 3.º.

Art. 753. Decorrido o prazo previsto no art. 752, o juiz determinará a produção de prova pericial para avaliação da capacidade do interditando para praticar atos da vida civil.

•• Dispositivo correspondente no CPC de 1973: art. 1.183, *caput*.

§ 1.º A perícia pode ser realizada por equipe composta por expertos com formação multidisciplinar.

§ 2.º O laudo pericial indicará especificadamente, se for o caso, os atos para os quais haverá necessidade de curatela.

Art. 754. Apresentado o laudo, produzidas as demais provas e ouvidos os interessados, o juiz proferirá sentença.

•• *Vide* art. 85, § 2.º, da Lei n. 13.146, de 6-7-2015 (Estatuto da Pessoa com Deficiência).

Art. 755. Na sentença que decretar a interdição, o juiz:

•• Dispositivo correspondente no CPC de 1973: art. 1.183, parágrafo único.

I – nomeará curador, que poderá ser o requerente da interdição, e fixará os limites da curatela, segundo o estado e o desenvolvimento mental do interdito;

•• Dispositivo correspondente no CPC de 1973: art. 1.183, parágrafo único.

II – considerará as características pessoais do interdito, observando suas potencialidades, habilidades, vontades e preferências.

§ 1.º A curatela deve ser atribuída a quem melhor possa atender aos interesses do curatelado.

§ 2.º Havendo, ao tempo da interdição, pessoa incapaz sob a guarda e a responsabilidade do interdito, o juiz atribuirá a curatela a quem melhor puder atender aos interesses do interdito e do incapaz.

•• *Vide* art. 6.º, VI, da Lei n. 13.146, de 6-7-2015 (Estatuto da Pessoa com Deficiência).

§ 3.º A sentença de interdição será inscrita no registro de pessoas naturais e imediatamente publicada na rede mundial de computadores, no sítio do tribunal a que estiver vinculado o juízo e na plataforma de editais do Conselho Nacional de Justiça, onde permanecerá por 6 (seis) meses, na imprensa local, 1 (uma) vez, e no órgão oficial, por 3 (três) vezes, com intervalo de 10 (dez) dias, constando do edital os nomes do interdito e do curador, a causa da interdição, os limites da curatela e, não sendo total a interdição, os atos que o interdito poderá praticar autonomamente.

•• Dispositivo correspondente no CPC de 1973: art. 1.184.

Art. 756. Levantar-se-á a curatela quando cessar a causa que a determinou.

•• Dispositivo correspondente no CPC de 1973: art. 1.186, *caput*.

§ 1.º O pedido de levantamento da curatela poderá ser feito pelo interdito, pelo curador ou pelo Ministério Público e será apensado aos autos da interdição.

•• Dispositivo correspondente no CPC de 1973: art. 1.186, § 1.º.

§ 2.º O juiz nomeará perito ou equipe multidisciplinar para proceder ao exame do interdito e designará audiência de instrução e julgamento após a apresentação do laudo.

§ 3.º Acolhido o pedido, o juiz decretará o levantamento da interdição e determinará a publicação da sentença, após o trânsito em julgado, na forma do art. 755, § 3.º, ou, não sendo possível, na imprensa local e no órgão oficial, por 3 (três) vezes, com intervalo de 10 (dez) dias, seguindo-se a averbação no registro de pessoas naturais.

•• Dispositivo correspondente no CPC de 1973: art. 1.186, § 2.º.

§ 4.º A interdição poderá ser levantada parcialmente quando demonstrada a capacidade do interdito para praticar alguns atos da vida civil.

Art. 757. A autoridade do curador estende-se à pessoa e aos bens do incapaz que se encontrar sob a guarda e a responsabilidade do curatelado ao tempo da interdição, salvo se o juiz considerar outra solução como mais conveniente aos interesses do incapaz.

•• *Vide* art. 6.º, VI, da Lei n. 13.146, de 6-7-2015 (Estatuto da Pessoa com Deficiência).

Art. 758. O curador deverá buscar tratamento e apoio apropriados à conquista da autonomia pelo interdito.

Seção X
Disposições Comuns à Tutela e à Curatela

Art. 759. O tutor ou o curador será intimado a prestar compromisso no prazo de 5 (cinco) dias contado da:

•• Dispositivo correspondente no CPC de 1973: art. 1.187, *caput*.

I – nomeação feita em conformidade com a lei;

•• Dispositivo correspondente no CPC de 1973: art. 1.187, I.

II – intimação do despacho que mandar cumprir o testamento ou o instrumento público que o houver instituído.

•• Dispositivo correspondente no CPC de 1973: art. 1.187, II.

§ 1.º O tutor ou o curador prestará o compromisso por termo em livro rubricado pelo juiz.

•• Dispositivo correspondente no CPC de 1973: art. 1.188, *caput*.

§ 2.º Prestado o compromisso, o tutor ou o

Processo de Conhecimento

curador assume a administração dos bens do tutelado ou do interditado.

•• Dispositivo correspondente no CPC de 1973: art. 1.188, *caput*.

Art. 760. O tutor ou o curador poderá eximir-se do encargo apresentando escusa ao juiz no prazo de 5 (cinco) dias contado:

•• Dispositivo correspondente no CPC de 1973: art. 1.192, *caput*.

I – antes de aceitar o encargo, da intimação para prestar compromisso;

•• Dispositivo correspondente no CPC de 1973: art. 1.192, I.

II – depois de entrar em exercício, do dia em que sobrevier o motivo da escusa.

•• Dispositivo correspondente no CPC de 1973: art. 1.192, II.

§ 1.º Não sendo requerida a escusa no prazo estabelecido neste artigo, considerar-se-á renunciado o direito de alegá-la.

•• Dispositivo correspondente no CPC de 1973: art. 1.192, parágrafo único.

§ 2.º O juiz decidirá de plano o pedido de escusa, e, se o não admitido, exercerá o nomeado a tutela ou a curatela enquanto não for dispensado por sentença transitada em julgado.

•• Dispositivo correspondente no CPC de 1973: art. 1.193.

Art. 761. Incumbe ao Ministério Público ou a quem tenha legítimo interesse requerer, nos casos previstos em lei, a remoção do tutor ou do curador.

•• Dispositivo correspondente no CPC de 1973: art. 1.194.

Parágrafo único. O tutor ou o curador será citado para contestar a arguição no prazo de 5 (cinco) dias, findo o qual observar-se-á o procedimento comum.

•• Dispositivos correspondentes no CPC de 1973: arts. 1.195 e 1.196.

Art. 762. Em caso de extrema gravidade, o juiz poderá suspender o tutor ou o curador do exercício de suas funções, nomeando substituto interino.

•• Dispositivo correspondente no CPC de 1973: art. 1.197.

Art. 763. Cessando as funções do tutor ou do curador pelo decurso do prazo em que era obrigado a servir, ser-lhe-á lícito requerer a exoneração do encargo.

•• Dispositivo correspondente no CPC de 1973: art. 1.198.

§ 1.º Caso o tutor ou o curador não requeira a exoneração do encargo dentro dos 10 (dez) dias seguintes à expiração do termo, entender-se-á reconduzido, salvo se o juiz o dispensar.

•• Dispositivo correspondente no CPC de 1973: art. 1.198.

§ 2.º Cessada a tutela ou a curatela, é indispensável a prestação de contas pelo tutor ou pelo curador, na forma da lei civil.

Seção XI
Da Organização e da Fiscalização das Fundações

Art. 764. O juiz decidirá sobre a aprovação do estatuto das fundações e de suas alterações sempre que o requeira o interessado, quando:

I – ela for negada previamente pelo Ministério Público ou por este forem exigidas modificações com as quais o interessado não concorde;

II – o interessado discordar do estatuto elaborado pelo Ministério Público.

§ 1.º O estatuto das fundações deve observar o disposto na Lei n. 10.406, de 10 de janeiro de 2002 (Código Civil).

§ 2.º Antes de suprir a aprovação, o juiz poderá mandar fazer no estatuto modificações a fim de adaptá-lo ao objetivo do instituidor.

•• Dispositivo correspondente no CPC de 1973: art. 1.201, § 2.º.

Art. 765. Qualquer interessado ou o Ministério Público promoverá em juízo a extinção da fundação quando:

•• Dispositivo correspondente no CPC de 1973: art. 1.204, *caput*.

I – se tornar ilícito o seu objeto;

•• Dispositivo correspondente no CPC de 1973: art. 1.204, I.

II – for impossível a sua manutenção;

•• Dispositivo correspondente no CPC de 1973: art. 1.204, II.

III – vencer o prazo de sua existência.

•• Dispositivo correspondente no CPC de 1973: art. 1.204, III.

Seção XII
Da Ratificação dos Protestos Marítimos e dos Processos Testemunháveis Formados a Bordo

Art. 766. Todos os protestos e os processos testemunháveis formados a bordo e lançados no livro Diário da Navegação deverão ser apresentados pelo comandante ao juiz de direito do primeiro porto, nas primeiras 24 (vinte e quatro) horas de chegada da embarcação, para sua ratificação judicial.

•• Dispositivo correspondente no CPC de 1939: art. 727.

Art. 767. A petição inicial conterá a transcrição dos termos lançados no livro Diário da Navegação e deverá ser instruída com cópias das páginas que contenham os termos que serão ratificados, dos documentos de identificação do comandante e das testemunhas arroladas, do rol de tripulantes, do documento de registro da embarcação e, quando for o caso, do manifesto das cargas sinistradas e a qualificação de seus consignatários, traduzidos, quando for o caso, de forma livre para o português.

Art. 768. A petição inicial deverá ser distribuída com urgência e encaminhada ao juiz, que ouvirá, sob compromisso a ser prestado no mesmo dia, o comandante e as testemunhas em número mínimo de 2 (duas) e máximo de 4 (quatro), que deverão comparecer ao ato independentemente de intimação.

§ 1.º Tratando-se de estrangeiros que não dominem a língua portuguesa, o autor deverá fazer-se acompanhar por tradutor, que prestará compromisso em audiência.

§ 2.º Caso o autor não se faça acompanhar por tradutor, o juiz deverá nomear outro que preste compromisso em audiência.

Art. 769. Aberta a audiência, o juiz mandará apregoar os consignatários das cargas indicados na petição inicial e outros eventuais interessados, nomeando para os ausentes curador para o ato.

•• Dispositivo correspondente no CPC de 1939: art. 728.

Art. 770. Inquiridos o comandante e as testemunhas, o juiz, convencido da veracidade dos termos lançados no Diário da Navegação, em audiência, ratificará por sentença o protesto ou o processo testemunhável lavrado a bordo, dispensado o relatório.

•• Dispositivo correspondente no CPC de 1939: art. 729.

Parágrafo único. Independentemente do trânsito em julgado, o juiz determinará a entrega dos autos ao autor ou ao seu advogado, mediante a apresentação de traslado.

Livro II
DO PROCESSO DE EXECUÇÃO

Título I
DA EXECUÇÃO EM GERAL

Capítulo I
DISPOSIÇÕES GERAIS

Art. 771. Este Livro regula o procedimento da execução fundada em título extrajudicial, e suas disposições aplicam-se, também, no que couber, aos procedimentos especiais de execução, aos atos executivos realizados no procedimento de cumprimento de sentença, bem como aos efeitos de atos ou fatos processuais a que a lei atribuir força executiva.

•• *Vide* arts. 783 a 785 do CPC.

Parágrafo único. Aplicam-se subsidiariamente à execução as disposições do Livro I da Parte Especial.

• Dispositivo correspondente no CPC de 1973: art. 598.

Art. 772. O juiz pode, em qualquer momento do processo:

•• Dispositivo correspondente no CPC de 1973: art. 599, *caput*.

I – ordenar o comparecimento das partes;

II – advertir o executado de que seu procedimento constitui ato atentatório à dignidade da justiça;

•• Dispositivo correspondente no CPC de 1973: art. 599, II.

III – determinar que sujeitos indicados pelo exequente forneçam informações em geral relacionadas ao objeto da execução, tais como documentos e dados que tenham em seu poder, assinando-lhes prazo razoável.

Art. 773. O juiz poderá, de ofício ou a requerimento, determinar as medidas necessárias ao cumprimento da ordem de entrega de documentos e dados.

Parágrafo único. Quando, em decorrência do disposto neste artigo, o juízo receber dados sigilosos para os fins da execução, o juiz adotará as medidas necessárias para assegurar a confidencialidade.

Art. 774. Considera-se atentatória à dignidade da justiça a conduta comissiva ou omissiva do executado que:

•• Dispositivo correspondente no CPC de 1973: art. 600, *caput*.

I – fraudar a execução;

•• Dispositivo correspondente no CPC de 1973: art. 600, I.

II – se opõe maliciosamente à execução, empregando ardis e meios artificiosos;

•• Dispositivo correspondente no CPC de 1973: art. 600, II.

III – dificulta ou embaraça a realização da penhora;

IV – resiste injustificadamente às ordens judiciais;

•• Dispositivo correspondente no CPC de 1973: art. 600, III.

V – intimado, não indica ao juiz quais são e onde estão os bens sujeitos à penhora e os respectivos valores, nem exibe prova de sua propriedade e, se for o caso, certidão negativa de ônus.

•• Dispositivo correspondente no CPC de 1973: art. 600, IV.

Parágrafo único. Nos casos previstos neste artigo, o juiz fixará multa em montante não superior a vinte por cento do valor atualizado do débito em execução, a qual será revertida em proveito do exequente, exigível nos próprios autos do processo, sem prejuízo de outras sanções de natureza processual ou material.

•• Dispositivo correspondente no CPC de 1973: art. 601, *caput*.

•• *Vide* Enunciado 50 da ENFAM.

Art. 775. O exequente tem o direito de desistir de toda a execução ou de apenas alguma medida executiva.

•• Dispositivo correspondente no CPC de 1973: art. 569, *caput*.

•• *Vide* art. 200, parágrafo único, do CPC.

Parágrafo único. Na desistência da execução, observar-se-á o seguinte:

•• Dispositivo correspondente no CPC de 1973: art. 569, parágrafo único, *caput*.

I – serão extintos a impugnação e os embargos que versarem apenas sobre questões processuais, pagando o exequente as custas processuais e os honorários advocatícios;

•• Dispositivo correspondente no CPC de 1973: art. 569, parágrafo único, a.

II – nos demais casos, a extinção dependerá da concordância do impugnante ou do embargante.

•• Dispositivo correspondente no CPC de 1973: art. 569, parágrafo único, b.

Art. 776. O exequente ressarcirá ao executado os danos que este sofreu, quando a sentença, transitada em julgado, declarar inexistente, no todo ou em parte, a obrigação que ensejou a execução.

•• Dispositivo correspondente no CPC de 1973: art. 574.

Art. 777. A cobrança de multas ou de indenizações decorrentes de litigância de má-fé ou de prática de ato atentatório à dignidade da justiça será promovida nos próprios autos do processo.

Capítulo II
DAS PARTES

Art. 778. Pode promover a execução forçada o credor a quem a lei confere título executivo.

•• Dispositivo correspondente no CPC de 1973: art. 566, I.
•• Vide arts. 783 a 785 do CPC.

§ 1.º Podem promover a execução forçada ou nela prosseguir, em sucessão ao exequente originário:

I – o Ministério Público, nos casos previstos em lei;

•• Dispositivo correspondente no CPC de 1973: art. 566, II.

II – o espólio, os herdeiros ou os sucessores do credor, sempre que, por morte deste, lhes for transmitido o direito resultante do título executivo;

•• Dispositivo correspondente no CPC de 1973: art. 567, I.

III – o cessionário, quando o direito resultante do título executivo lhe for transferido por ato entre vivos;

•• Dispositivo correspondente no CPC de 1973: art. 567, II.
•• Vide art. 109, § 1.º, do CPC.

IV – o sub-rogado, nos casos de sub-rogação legal ou convencional.

•• Dispositivo correspondente no CPC de 1973: art. 567, III.
•• Vide art. 857 do CPC.

§ 2.º A sucessão prevista no § 1.º independe de consentimento do executado.

Art. 779. A execução pode ser promovida contra:

•• Dispositivo correspondente no CPC de 1973: art. 568, caput.

I – o devedor, reconhecido como tal no título executivo;

•• Dispositivo correspondente no CPC de 1973: art. 568, I.

II – o espólio, os herdeiros ou os sucessores do devedor;

•• Dispositivo correspondente no CPC de 1973: art. 568, II.

III – o novo devedor que assumiu, com o consentimento do credor, a obrigação resultante do título executivo;

•• Dispositivo correspondente no CPC de 1973: art. 568, III.
•• Vide art. 109, § 1.º, do CPC.

IV – o fiador do débito constante em título extrajudicial;

•• Dispositivo correspondente no CPC de 1973: art. 568, IV.
•• Vide art. 794, caput e § 1.º, do CPC.

V – o responsável titular do bem vinculado por garantia real ao pagamento do débito;

VI – o responsável tributário, assim definido em lei.

•• Dispositivo correspondente no CPC de 1973: art. 568, V.

Art. 780. O exequente pode cumular várias execuções, ainda que fundadas em títulos diferentes, quando o executado for o mesmo e desde que para todas elas seja competente o mesmo juízo e idêntico o procedimento.

•• Dispositivo correspondente no CPC de 1973: art. 573.

Capítulo III
DA COMPETÊNCIA

Art. 781. A execução fundada em título ex-

Processo de Execução

Arts. 781 a 784

trajudicial será processada perante o juízo competente, observando-se o seguinte:

•• Dispositivo correspondente no CPC de 1973: art. 576.

I – a execução poderá ser proposta no foro de domicílio do executado, de eleição constante do título ou, ainda, de situação dos bens a ela sujeitos;

II – tendo mais de um domicílio, o executado poderá ser demandado no foro de qualquer deles;

III – sendo incerto ou desconhecido o domicílio do executado, a execução poderá ser proposta no lugar onde for encontrado ou no foro de domicílio do exequente;

IV – havendo mais de um devedor, com diferentes domicílios, a execução será proposta no foro de qualquer deles, à escolha do exequente;

V – a execução poderá ser proposta no foro do lugar em que se praticou o ato ou em que ocorreu o fato que deu origem ao título, mesmo que nele não mais resida o executado.

Art. 782. Não dispondo a lei de modo diverso, o juiz determinará os atos executivos, e o oficial de justiça os cumprirá.

•• Dispositivo correspondente no CPC de 1973: art. 577.

§ 1.º O oficial de justiça poderá cumprir os atos executivos determinados pelo juiz também nas comarcas contíguas, de fácil comunicação, e nas que se situem na mesma região metropolitana.

§ 2.º Sempre que, para efetivar a execução, for necessário o emprego de força policial, o juiz a requisitará.

•• Dispositivo correspondente no CPC de 1973: art. 579.

§ 3.º A requerimento da parte, o juiz pode determinar a inclusão do nome do executado em cadastros de inadimplentes.

§ 4.º A inscrição será cancelada imediatamente se for efetuado o pagamento, se for garantida a execução ou se a execução for extinta por qualquer outro motivo.

§ 5.º O disposto nos §§ 3.º e 4.º aplica-se à execução definitiva de título judicial.

Capítulo IV
DOS REQUISITOS NECESSÁRIOS PARA REALIZAR QUALQUER EXECUÇÃO

Seção I
Do Título Executivo

Art. 783. A execução para cobrança de crédito fundar-se-á sempre em título de obrigação certa, líquida e exigível.

•• Dispositivo correspondente no CPC de 1973: art. 586, *caput*.

Art. 784. São títulos executivos extrajudiciais:

•• Dispositivo correspondente no CPC de 1973: art. 585, *caput*.

I – a letra de câmbio, a nota promissória, a duplicata, a debênture e o cheque;

•• Dispositivo correspondente no CPC de 1973: art. 585, I.

II – a escritura pública ou outro documento público assinado pelo devedor;

•• Dispositivo correspondente no CPC de 1973: art. 585, II.

III – o documento particular assinado pelo devedor e por 2 (duas) testemunhas;

•• Dispositivo correspondente no CPC de 1973: art. 585, II.

IV – o instrumento de transação referendado pelo Ministério Público, pela Defensoria Pública, pela Advocacia Pública, pelos advogados dos transatores ou por conciliador ou mediador credenciado por tribunal;

•• Dispositivo correspondente no CPC de 1973: art. 585, II.

•• *Vide* art. 57, parágrafo único, da Lei n. 9.099, de 26-9-1995 (Juizados Especiais).

V – o contrato garantido por hipoteca, penhor, anticrese ou outro direito real de garantia e aquele garantido por caução;

•• Dispositivo correspondente no CPC de 1973: art. 585, III.

VI – o contrato de seguro de vida em caso de morte;

•• Dispositivo correspondente no CPC de 1973: art. 585, III.

VII – o crédito decorrente de foro e laudêmio;

•• Dispositivo correspondente no CPC de 1973: art. 585, IV.

VIII – o crédito, documentalmente comprovado, decorrente de aluguel de imóvel, bem como de encargos acessórios, tais como taxas e despesas de condomínio;

•• Dispositivo correspondente no CPC de 1973: art. 585, V.

IX – a certidão de dívida ativa da Fazenda Pública da União, dos Estados, do Distrito Federal e dos Municípios, correspondente aos créditos inscritos na forma da lei;

•• Dispositivo correspondente no CPC de 1973: art. 585, VII.

X – o crédito referente às contribuições ordinárias ou extraordinárias de condomínio edilício, previstas na respectiva convenção ou aprovadas em assembleia geral, desde que documentalmente comprovadas;

XI – a certidão expedida por serventia notarial ou de registro relativa a valores de emolumentos e demais despesas devidas pelos atos por ela praticados, fixados nas tabelas estabelecidas em lei;

XII – todos os demais títulos aos quais, por disposição expressa, a lei atribuir força executiva.

•• Dispositivo correspondente no CPC de 1973: art. 585, VIII.
•• Vide art. 24 da Lei n. 8.906, de 4-7-1994 (EAOAB).
•• Vide art. 211 da Lei n. 8.069, de 13-7-1990 (ECA).

§ 1.º A propositura de qualquer ação relativa a débito constante de título executivo não inibe o credor de promover-lhe a execução.

•• Dispositivo correspondente no CPC de 1973: art. 585, § 1.º.

§ 2.º Os títulos executivos extrajudiciais oriundos de país estrangeiro não dependem de homologação para serem executados.

•• Dispositivo correspondente no CPC de 1973: art. 585, § 2.º.

§ 3.º O título estrangeiro só terá eficácia executiva quando satisfeitos os requisitos de formação exigidos pela lei do lugar de sua celebração e quando o Brasil for indicado como o lugar de cumprimento da obrigação.

•• Dispositivo correspondente no CPC de 1973: art. 585, § 2.º.

Art. 785. A existência de título executivo extrajudicial não impede a parte de optar pelo processo de conhecimento, a fim de obter título executivo judicial.

Seção II
Da Exigibilidade da Obrigação

Art. 786. A execução pode ser instaurada caso o devedor não satisfaça a obrigação certa, líquida e exigível consubstanciada em título executivo.

•• Dispositivo correspondente no CPC de 1973: art. 580, caput.

Parágrafo único. A necessidade de simples operações aritméticas para apurar o crédito exequendo não retira a liquidez da obrigação constante do título.

Art. 787. Se o devedor não for obrigado a satisfazer sua prestação senão mediante a contraprestação do credor, este deverá provar que a adimpliu ao requerer a execução, sob pena de extinção do processo.

•• Dispositivo correspondente no CPC de 1973: art. 582, caput.
•• Vide arts. 799 e 917, § 2.º, IV, do CPC.

Parágrafo único. O executado poderá exigir-se da obrigação, depositando em juízo a prestação ou a coisa, caso em que o juiz não permitirá que o credor a receba sem cumprir a contraprestação que lhe tocar.

•• Dispositivo correspondente no CPC de 1973: art. 582, parágrafo único.

Art. 788. O credor não poderá iniciar a execução ou nela prosseguir se o devedor cumprir a obrigação, mas poderá recusar o recebimento da prestação se ela não corresponder ao direito ou à obrigação estabelecidos no título executivo, caso em que poderá requerer a execução forçada, ressalvado ao devedor o direito de embargá-la.

•• Dispositivo correspondente no CPC de 1973: art. 581.

CAPÍTULO V
DA RESPONSABILIDADE PATRIMONIAL

Art. 789. O devedor responde com todos os seus bens presentes e futuros para o cumprimento de suas obrigações, salvo as restrições estabelecidas em lei.

•• Dispositivo correspondente no CPC de 1973: art. 591.

Processo de Execução

Art. 790. São sujeitos à execução os bens:

•• Dispositivo correspondente no CPC de 1973: art. 592, *caput.*

I – do sucessor a título singular, tratando-se de execução fundada em direito real ou obrigação reipersecutória;

•• Dispositivo correspondente no CPC de 1973: art. 592, I.

II – do sócio, nos termos da lei;

•• Dispositivo correspondente no CPC de 1973: art. 592, II.

III – do devedor, ainda que em poder de terceiros;

•• Dispositivo correspondente no CPC de 1973: art. 592, III.

IV – do cônjuge ou companheiro, nos casos em que seus bens próprios ou de sua meação respondem pela dívida;

•• Dispositivo correspondente no CPC de 1973: art. 592, IV.

V – alienados ou gravados com ônus real em fraude à execução;

•• Dispositivo correspondente no CPC de 1973: art. 592, V.

VI – cuja alienação ou gravação com ônus real tenha sido anulada em razão do reconhecimento, em ação autônoma, de fraude contra credores;

VII – do responsável, nos casos de desconsideração da personalidade jurídica.

Art. 791. Se a execução tiver por objeto obrigação de que seja sujeito passivo o proprietário de terreno submetido ao regime do direito de superfície, ou o superficiário, responderá pela dívida, exclusivamente, o direito real do qual é titular o executado, recaindo a penhora ou outros atos de constrição exclusivamente sobre o terreno, no primeiro caso, ou sobre a construção ou a plantação, no segundo caso.

§ 1.º Os atos de constrição a que se refere o *caput* serão averbados separadamente na matrícula do imóvel, com a identificação do executado, do valor do crédito e do objeto sobre o qual recai o gravame, devendo o oficial destacar o bem que responde pela dívida, se o terreno, a construção ou a plantação, de modo a assegurar a publicidade da responsabilidade patrimonial de cada um deles pelas dívidas e pelas obrigações que a eles estão vinculadas.

§ 2.º Aplica-se, no que couber, o disposto neste artigo à enfiteuse, à concessão de uso especial para fins de moradia e à concessão de direito real de uso.

Art. 792. A alienação ou a oneração de bem é considerada fraude à execução:

•• Dispositivo correspondente no CPC de 1973: art. 593, *caput.*

•• *Vide* arts. 828, § 4.º, e 856, § 3.º, do CPC.

I – quando sobre o bem pender ação fundada em direito real ou com pretensão reipersecutória, desde que a pendência do processo tenha sido averbada no respectivo registro público, se houver;

•• Dispositivo correspondente no CPC de 1973: art. 593, I.

II – quando tiver sido averbada, no registro do bem, a pendência do processo de execução, na forma do art. 828;

III – quando tiver sido averbado, no registro do bem, hipoteca judiciária ou outro ato de constrição judicial originário do processo onde foi arguida a fraude;

IV – quando, ao tempo da alienação ou da oneração, tramitava contra o devedor ação capaz de reduzi-lo à insolvência;

•• Dispositivo correspondente no CPC de 1973: art. 593, II.

V – nos demais casos expressos em lei.

•• Dispositivo correspondente no CPC de 1973: art. 593, III.

•• *Vide* arts. 774, I, 828, § 4.º, e 856, § 3.º, do CPC.

§ 1.º A alienação em fraude à execução é ineficaz em relação ao exequente.

§ 2.º No caso de aquisição de bem não sujeito a registro, o terceiro adquirente tem o ônus de provar que adotou as cautelas necessárias para a aquisição, mediante a exibição das certidões pertinentes, obtidas no domicílio do vendedor e no local onde se encontra o bem.

§ 3.º Nos casos de desconsideração da personalidade jurídica, a fraude à execução verifica-se a partir da citação da parte cuja personalidade se pretende desconsiderar.

Arts. 792 a 798

•• *Vide* arts. 133 a 137 do CPC.

•• *Vide* Enunciado 52 da ENFAM.

§ 4.º Antes de declarar a fraude à execução, o juiz deverá intimar o terceiro adquirente, que, se quiser, poderá opor embargos de terceiro, no prazo de 15 (quinze) dias.

•• *Vide* Enunciado 54 da ENFAM.

Art. 793. O exequente que estiver, por direito de retenção, na posse de coisa pertencente ao devedor não poderá promover a execução sobre outros bens senão depois de excutida a coisa que se achar em seu poder.

•• Dispositivo correspondente no CPC de 1973: art. 594.

Art. 794. O fiador, quando executado, tem o direito de exigir que primeiro sejam executados os bens do devedor situados na mesma comarca, livres e desembargados, indicando-os pormenorizadamente à penhora.

•• Dispositivo correspondente no CPC de 1973: art. 595, *caput*.

§ 1.º Os bens do fiador ficarão sujeitos à execução se os do devedor, situados na mesma comarca que os seus, forem insuficientes à satisfação do direito do credor.

•• Dispositivo correspondente no CPC de 1973: art. 595, *caput*.

§ 2.º O fiador que pagar a dívida poderá executar o afiançado nos autos do mesmo processo.

•• Dispositivo correspondente no CPC de 1973: art. 595, parágrafo único.

§ 3.º O disposto no *caput* não se aplica se o fiador houver renunciado ao benefício de ordem.

Art. 795. Os bens particulares dos sócios não respondem pelas dívidas da sociedade, senão nos casos previstos em lei.

•• Dispositivo correspondente no CPC de 1973: art. 596, *caput*.

§ 1.º O sócio réu, quando responsável pelo pagamento da dívida da sociedade, tem o direito de exigir que primeiro sejam excutidos os bens da sociedade.

•• Dispositivo correspondente no CPC de 1973: art. 596, *caput*.

§ 2.º Incumbe ao sócio que alegar o benefício do § 1.º nomear quantos bens da sociedade situados na mesma comarca, livres e desembargados, bastem para pagar o débito.

•• Dispositivo correspondente no CPC de 1973: art. 596, § 1.º.

§ 3.º O sócio que pagar a dívida poderá executar a sociedade nos autos do mesmo processo.

•• Dispositivo correspondente no CPC de 1973: art. 596, § 2.º.

§ 4.º Para a desconsideração da personalidade jurídica é obrigatória a observância do incidente previsto neste Código.

•• *Vide* arts. 133 a 137 do CPC.

Art. 796. O espólio responde pelas dívidas do falecido, mas, feita a partilha, cada herdeiro responde por elas dentro das forças da herança e na proporção da parte que lhe coube.

•• Dispositivo correspondente no CPC de 1973: art. 597.

Título II
DAS DIVERSAS ESPÉCIES DE EXECUÇÃO

Capítulo I
DISPOSIÇÕES GERAIS

Art. 797. Ressalvado o caso de insolvência do devedor, em que tem lugar o concurso universal, realiza-se a execução no interesse do exequente que adquire, pela penhora, o direito de preferência sobre os bens penhorados.

•• Dispositivo correspondente no CPC de 1973: art. 612.

Parágrafo único. Recaindo mais de uma penhora sobre o mesmo bem, cada exequente conservará o seu título de preferência.

•• Dispositivo correspondente no CPC de 1973: art. 613.

•• *Vide* arts. 908 e 909 do CPC.

Art. 798. Ao propor a execução, incumbe ao exequente:

•• Dispositivo correspondente no CPC de 1973: art. 614, *caput*.

I – instruir a petição inicial com:

•• Dispositivo correspondente no CPC de 1973: art. 614, *caput*.

a) o título executivo extrajudicial;

Processo de Execução

•• Dispositivo correspondente no CPC de 1973: art. 614, I.

b) o demonstrativo do débito atualizado até a data de propositura da ação, quando se tratar de execução por quantia certa;

•• Dispositivo correspondente no CPC de 1973: art. 614, II.

c) a prova de que se verificou a condição ou ocorreu o termo, se for o caso;

•• Dispositivo correspondente no CPC de 1973: art. 614, III.

•• Vide art. 917, § 2.º, V, do CPC.

d) a prova, se for o caso, de que adimpliu a contraprestação que lhe corresponde ou que lhe assegura o cumprimento, se o executado não for obrigado a satisfazer a sua prestação senão mediante a contraprestação do exequente;

•• Dispositivo correspondente no CPC de 1973: art. 615, IV.

•• Vide art. 787 do CPC.

II – indicar:

a) a espécie de execução de sua preferência, quando por mais de um modo puder ser realizada;

•• Dispositivo correspondente no CPC de 1973: art. 615, I.

•• Vide art. 805 do CPC.

b) os nomes completos do exequente e do executado e seus números de inscrição no Cadastro de Pessoas Físicas ou no Cadastro Nacional da Pessoa Jurídica;

c) os bens suscetíveis de penhora, sempre que possível.

Parágrafo único. O demonstrativo do débito deverá conter:

I – o índice de correção monetária adotado;

II – a taxa de juros aplicada;

III – os termos inicial e final de incidência do índice de correção monetária e da taxa de juros utilizados;

IV – a periodicidade da capitalização dos juros, se for o caso;

V – a especificação de desconto obrigatório realizado.

Art. 799. Incumbe ainda ao exequente:

•• Dispositivo correspondente no CPC de 1973: art. 615, caput.

I – requerer a intimação do credor pignoratício, hipotecário, anticrético ou fiduciário, quando a penhora recair sobre bens gravados por penhor, hipoteca, anticrese ou alienação fiduciária;

•• Dispositivo correspondente no CPC de 1973: art. 615, II.

•• Vide art. 804 do CPC.

II – requerer a intimação do titular de usufruto, uso ou habitação, quando a penhora recair sobre bem gravado por usufruto, uso ou habitação;

III – requerer a intimação do promitente comprador, quando a penhora recair sobre bem em relação ao qual haja promessa de compra e venda registrada;

IV – requerer a intimação do promitente vendedor, quando a penhora recair sobre direito aquisitivo derivado de promessa de compra e venda registrada;

V – requerer a intimação do superficiário, enfiteuta ou concessionário, em caso de direito de superfície, enfiteuse, concessão de uso especial para fins de moradia ou concessão de direito real de uso, quando a penhora recair sobre imóvel submetido ao regime do direito de superfície, enfiteuse ou concessão;

VI – requerer a intimação do proprietário de terreno com regime de direito de superfície, enfiteuse, concessão de uso especial para fins de moradia ou concessão de direito real de uso, quando a penhora recair sobre direitos do superficiário, do enfiteuta ou do concessionário;

VII – requerer a intimação da sociedade, no caso de penhora de quota social ou de ação de sociedade anônima fechada, para o fim previsto no art. 876, § 7.º;

VIII – pleitear, se for o caso, medidas urgentes;

•• Dispositivo correspondente no CPC de 1973: art. 615, III.

IX – proceder à averbação em registro público do ato de propositura da execução e dos atos de constrição realizados, para conhecimento de terceiros.

Art. 800. Nas obrigações alternativas, quando a escolha couber ao devedor, esse será citado para exercer a opção e realizar a prestação dentro de 10 (dez) dias, se outro prazo não lhe foi determinado em lei ou em contrato.

•• Dispositivo correspondente no CPC de 1973: art. 571, *caput*.

§ 1.º Devolver-se-á ao credor a opção, se o devedor não a exercer no prazo determinado.

•• Dispositivo correspondente no CPC de 1973: art. 571, § 1.º.

§ 2.º A escolha será indicada na petição inicial da execução quando couber ao credor exercê-la.

•• Dispositivo correspondente no CPC de 1973: art. 571, § 2.º.

Art. 801. Verificando que a petição inicial está incompleta ou que não está acompanhada dos documentos indispensáveis à propositura da execução, o juiz determinará que o exequente a corrija, no prazo de 15 (quinze) dias, sob pena de indeferimento.

•• Dispositivo correspondente no CPC de 1973: art. 616.

Art. 802. Na execução, o despacho que ordena a citação, desde que realizada em observância ao disposto no § 2.º do art. 240, interrompe a prescrição, ainda que proferido por juízo incompetente.

•• Dispositivo correspondente no CPC de 1973: art. 617.

•• *Vide* Súmula 150 do STF.

Parágrafo único. A interrupção da prescrição retroagirá à data de propositura da ação.

Art. 803. É nula a execução se:

•• Dispositivo correspondente no CPC de 1973: art. 618, *caput*.

I – o título executivo extrajudicial não corresponder a obrigação certa, líquida e exigível;

•• Dispositivo correspondente no CPC de 1973: art. 618, I.

II – o executado não for regularmente citado;

•• Dispositivo correspondente no CPC de 1973: art. 618, II.

III – for instaurada antes de se verificar a condição ou de ocorrer o termo.

•• Dispositivo correspondente no CPC de 1973: art. 618, III.

Parágrafo único. A nulidade de que cuida este artigo será pronunciada pelo juiz, de ofício ou a requerimento da parte, independentemente de embargos à execução.

Art. 804. A alienação de bem gravado por penhor, hipoteca ou anticrese será ineficaz em relação ao credor pignoratício, hipotecário ou anticrético não intimado.

•• Dispositivo correspondente no CPC de 1973: art. 619.

§ 1.º A alienação de bem objeto de promessa de compra e venda ou de cessão registrada será ineficaz em relação ao promitente comprador ou ao cessionário não intimado.

§ 2.º A alienação de bem sobre o qual tenha sido instituído direito de superfície, seja do solo, da plantação ou da construção, será ineficaz em relação ao concedente ou ao concessionário não intimado.

§ 3.º A alienação de direito aquisitivo de bem objeto de promessa de venda, de promessa de cessão ou de alienação fiduciária será ineficaz em relação ao promitente vendedor, ao promitente cedente ou ao proprietário fiduciário não intimado.

§ 4.º A alienação de imóvel sobre o qual tenha sido instituída enfiteuse, concessão de uso especial para fins de moradia ou concessão de direito real de uso será ineficaz em relação ao enfiteuta ou ao concessionário não intimado.

§ 5.º A alienação de direitos do enfiteuta, do concessionário de direito real de uso ou do concessionário de uso especial para fins de moradia será ineficaz em relação ao proprietário do respectivo imóvel não intimado.

§ 6.º A alienação de bem sobre o qual tenha sido instituído usufruto, uso ou habitação será ineficaz em relação ao titular desses direitos reais não intimado.

Art. 805. Quando por vários meios o exequente puder promover a execução, o juiz mandará que se faça pelo modo menos gravoso para o executado.

•• Dispositivo correspondente no CPC de 1973: art. 620.

•• *Vide* arts. 798, II, *a*, 847 e 867 do CPC.

Parágrafo único. Ao executado que alegar ser a medida executiva mais gravosa incumbe indicar outros meios mais eficazes e menos

Processo de Execução

onerosos, sob pena de manutenção dos atos executivos já determinados.

Capítulo II
DA EXECUÇÃO PARA A ENTREGA DE COISA

Seção I
Da Entrega de Coisa Certa

Art. 806. O devedor de obrigação de entrega de coisa certa, constante de título executivo extrajudicial, será citado para, em 15 (quinze) dias, satisfazer a obrigação.

•• Dispositivo correspondente no CPC de 1973: art. 621, *caput*.

§ 1.º Ao despachar a inicial, o juiz poderá fixar multa por dia de atraso no cumprimento da obrigação, ficando o respectivo valor sujeito a alteração, caso se revele insuficiente ou excessivo.

•• Dispositivo correspondente no CPC de 1973: art. 621, parágrafo único.

§ 2.º Do mandado de citação constará ordem para imissão na posse ou busca e apreensão, conforme se tratar de bem imóvel ou móvel, cujo cumprimento se dará de imediato, se o executado não satisfizer a obrigação no prazo que lhe foi designado.

Art. 807. Se o executado entregar a coisa, será lavrado o termo respectivo e considerada satisfeita a obrigação, prosseguindo-se a execução para o pagamento de frutos ou o ressarcimento de prejuízos, se houver.

•• Dispositivo correspondente no CPC de 1973: art. 624.

Art. 808. Alienada a coisa quando já litigiosa, será expedido mandado contra o terceiro adquirente, que somente será ouvido após depositá-la.

•• Dispositivo correspondente no CPC de 1973: art. 626.

Art. 809. O exequente tem direito a receber, além de perdas e danos, o valor da coisa, quando essa se deteriorar, não lhe for entregue, não for encontrada ou não for reclamada do poder de terceiro adquirente.

•• Dispositivo correspondente no CPC de 1973: art. 627, *caput*.

§ 1.º Não constando do título o valor da coisa e sendo impossível sua avaliação, o exequente apresentará estimativa, sujeitando-a ao arbitramento judicial.

•• Dispositivo correspondente no CPC de 1973: art. 627, § 1.º.

§ 2.º Serão apurados em liquidação o valor da coisa e os prejuízos.

•• Dispositivo correspondente no CPC de 1973: art. 627, § 2.º.

Art. 810. Havendo benfeitorias indenizáveis feitas na coisa pelo executado ou por terceiros de cujo poder ela houver sido tirada, a liquidação prévia é obrigatória.

•• Dispositivo correspondente no CPC de 1973: art. 628.

Parágrafo único. Havendo saldo:

•• Dispositivo correspondente no CPC de 1973: art. 628.

I – em favor do executado ou de terceiros, o exequente o depositará ao requerer a entrega da coisa;

•• Dispositivo correspondente no CPC de 1973: art. 628.

II – em favor do exequente, esse poderá cobrá-lo nos autos do mesmo processo.

•• Dispositivo correspondente no CPC de 1973: art. 628.

Seção II
Da Entrega de Coisa Incerta

Art. 811. Quando a execução recair sobre coisa determinada pelo gênero e pela quantidade, o executado será citado para entregá-la individualizada, se lhe couber a escolha.

•• Dispositivo correspondente no CPC de 1973: art. 629.

Parágrafo único. Se a escolha couber ao exequente, esse deverá indicá-la na petição inicial.

•• Dispositivo correspondente no CPC de 1973: art. 629.

Art. 812. Qualquer das partes poderá, no prazo de 15 (quinze) dias, impugnar a escolha feita pela outra, e o juiz decidirá de plano ou, se necessário, ouvindo perito de sua nomeação.

•• Dispositivo correspondente no CPC de 1973: art. 630.

Art. 813. Aplicar-se-ão à execução para entrega de coisa incerta, no que couber, as disposições da Seção I deste Capítulo.

•• Dispositivo correspondente no CPC de 1973: art. 631.

Capítulo III
DA EXECUÇÃO DAS OBRIGAÇÕES DE FAZER OU DE NÃO FAZER

Seção I
Disposições Comuns

Art. 814. Na execução de obrigação de fazer ou de não fazer fundada em título extrajudicial, ao despachar a inicial, o juiz fixará multa por período de atraso no cumprimento da obrigação e a data a partir da qual será devida.

•• Dispositivo correspondente no CPC de 1973: art. 645, caput.

Parágrafo único. Se o valor da multa estiver previsto no título e for excessivo, o juiz poderá reduzi-lo.

•• Dispositivo correspondente no CPC de 1973: art. 645, parágrafo único.

Seção II
Da Obrigação de Fazer

Art. 815. Quando o objeto da execução for obrigação de fazer, o executado será citado para satisfazê-la no prazo que o juiz lhe designar, se outro não estiver determinado no título executivo.

•• Dispositivo correspondente no CPC de 1973: art. 632.

Art. 816. Se o executado não satisfizer a obrigação no prazo designado, é lícito ao exequente, nos próprios autos do processo, requerer a satisfação da obrigação à custa do executado ou perdas e danos, hipótese em que se converterá em indenização.

•• Dispositivo correspondente no CPC de 1973: art. 633, caput.

Parágrafo único. O valor das perdas e danos será apurado em liquidação, seguindo-se a execução para cobrança de quantia certa.

•• Dispositivo correspondente no CPC de 1973: art. 633, parágrafo único.

Art. 817. Se a obrigação puder ser satisfeita por terceiro, é lícito ao juiz autorizar, a requerimento do exequente, que aquele a satisfaça à custa do executado.

•• Dispositivo correspondente no CPC de 1973: art. 634, caput.

Parágrafo único. O exequente adiantará as quantias previstas na proposta que, ouvidas as partes, o juiz houver aprovado.

•• Dispositivo correspondente no CPC de 1973: art. 634, parágrafo único.

Art. 818. Realizada a prestação, o juiz ouvirá as partes no prazo de 10 (dez) dias e, não havendo impugnação, considerará satisfeita a obrigação.

•• Dispositivo correspondente no CPC de 1973: art. 635.

Parágrafo único. Caso haja impugnação, o juiz a decidirá.

•• Dispositivo correspondente no CPC de 1973: art. 635.

Art. 819. Se o terceiro contratado não realizar a prestação no prazo ou se o fizer de modo incompleto ou defeituoso, poderá o exequente requerer ao juiz, no prazo de 15 (quinze) dias, que o autorize a concluí-la ou a repará-la à custa do contratante.

•• Dispositivo correspondente no CPC de 1973: art. 636, caput.

Parágrafo único. Ouvido o contratante no prazo de 15 (quinze) dias, o juiz mandará avaliar o custo das despesas necessárias e o condenará a pagá-lo.

•• Dispositivo correspondente no CPC de 1973: art. 636, parágrafo único.

Art. 820. Se o exequente quiser executar ou mandar executar, sob sua direção e vigilância, as obras e os trabalhos necessários à realização da prestação, terá preferência, em igualdade de condições de oferta, em relação ao terceiro.

•• Dispositivo correspondente no CPC de 1973: art. 637, caput.

Parágrafo único. O direito de preferência deverá ser exercido no prazo de 5 (cinco) dias, após aprovada a proposta do terceiro.

•• Dispositivo correspondente no CPC de 1973: art. 637, parágrafo único.

Art. 821. Na obrigação de fazer, quando se convencionar que o executado a satisfaça pessoalmente, o exequente poderá requerer ao juiz que lhe assine prazo para cumpri-la.

•• Dispositivo correspondente no CPC de 1973: art. 638, caput.

Processo de Execução

Parágrafo único. Havendo recusa ou mora do executado, sua obrigação pessoal será convertida em perdas e danos, caso em que se observará o procedimento de execução por quantia certa.

•• Dispositivo correspondente no CPC de 1973: art. 638, parágrafo único.

Seção III
Da Obrigação de Não Fazer

Art. 822. Se o executado praticou ato a cuja abstenção estava obrigado por lei ou por contrato, o exequente requererá ao juiz que assine prazo ao executado para desfazê-lo.

•• Dispositivo correspondente no CPC de 1973: art. 642.

Art. 823. Havendo recusa ou mora do executado, o exequente requererá ao juiz que mande desfazer o ato à custa daquele, que responderá por perdas e danos.

•• Dispositivo correspondente no CPC de 1973: art. 643, *caput*.

Parágrafo único. Não sendo possível desfazer-se o ato, a obrigação resolve-se em perdas e danos, caso em que, após a liquidação, se observará o procedimento de execução por quantia certa.

•• Dispositivo correspondente no CPC de 1973: art. 643, parágrafo único.

CAPÍTULO IV
DA EXECUÇÃO POR QUANTIA CERTA

Seção I
Disposições Gerais

Art. 824. A execução por quantia certa realiza-se pela expropriação de bens do executado, ressalvadas as execuções especiais.

•• Dispositivo correspondente no CPC de 1973: art. 646.

Art. 825. A expropriação consiste em:

•• Dispositivo correspondente no CPC de 1973: art. 647, *caput*.

I – adjudicação;

•• Dispositivo correspondente no CPC de 1973: art. 647, I.

II – alienação;

•• Dispositivo correspondente no CPC de 1973: art. 647, II e III.

III – apropriação de frutos e rendimentos de empresa ou de estabelecimentos e de outros bens.

•• Dispositivo correspondente no CPC de 1973: art. 647, IV.

Art. 826. Antes de adjudicados ou alienados os bens, o executado pode, a todo tempo, remir a execução, pagando ou consignando a importância atualizada da dívida, acrescida de juros, custas e honorários advocatícios.

•• Dispositivo correspondente no CPC de 1973: art. 651.

Seção II
Da Citação do Devedor e do Arresto

Art. 827. Ao despachar a inicial, o juiz fixará, de plano, os honorários advocatícios de dez por cento, a serem pagos pelo executado.

•• Dispositivo correspondente no CPC de 1973: art. 652-A, *caput*.

§ 1.º No caso de integral pagamento no prazo de 3 (três) dias, o valor dos honorários advocatícios será reduzido pela metade.

•• Dispositivo correspondente no CPC de 1973: art. 652-A, parágrafo único.

§ 2.º O valor dos honorários poderá ser elevado até vinte por cento, quando rejeitados os embargos à execução, podendo a majoração, caso não opostos os embargos, ocorrer ao final do procedimento executivo, levando-se em conta o trabalho realizado pelo advogado do exequente.

•• *Vide* Enunciado 52 da ENFAM.

Art. 828. O exequente poderá obter certidão de que a execução foi admitida pelo juiz, com identificação das partes e do valor da causa, para fins de averbação no registro de imóveis, de veículos ou de outros bens sujeitos a penhora, arresto ou indisponibilidade.

•• Dispositivo correspondente no CPC de 1973: art. 615-A, *caput*.

§ 1.º No prazo de 10 (dez) dias de sua concretização, o exequente deverá comunicar ao juízo as averbações efetivadas.

•• Dispositivo correspondente no CPC de 1973: art. 615-A, § 1.º.

Arts. 828 a 833

§ 2.º Formalizada penhora sobre bens suficientes para cobrir o valor da dívida, o exequente providenciará, no prazo de 10 (dez) dias, o cancelamento das averbações relativas àqueles não penhorados.

•• Dispositivo correspondente no CPC de 1973: art. 615-A, § 2.º.

§ 3.º O juiz determinará o cancelamento das averbações, de ofício ou a requerimento, caso o exequente não o faça no prazo.

§ 4.º Presume-se em fraude à execução a alienação ou a oneração de bens efetuada após a averbação.

•• Dispositivo correspondente no CPC de 1973: art. 615-A, § 3.º.

§ 5.º O exequente que promover averbação manifestamente indevida ou não cancelar as averbações nos termos do § 2.º indenizará a parte contrária, processando-se o incidente em autos apartados.

•• Dispositivo correspondente no CPC de 1973: art. 615-A, § 4.º.

Art. 829. O executado será citado para pagar a dívida no prazo de 3 (três) dias, contado da citação.

•• Dispositivo correspondente no CPC de 1973: art. 652, caput.

§ 1.º Do mandado de citação constarão, também, a ordem de penhora e a avaliação a serem cumpridas pelo oficial de justiça tão logo verificado o não pagamento no prazo assinalado, de tudo lavrando-se auto, com intimação do executado.

•• Dispositivo correspondente no CPC de 1973: art. 652, § 1.º.

§ 2.º A penhora recairá sobre os bens indicados pelo exequente, salvo se outros forem indicados pelo executado e aceitos pelo juiz, mediante demonstração de que a constrição proposta lhe será menos onerosa e não trará prejuízo ao exequente.

•• Dispositivo correspondente no CPC de 1973: art. 652, § 3.º.

Art. 830. Se o oficial de justiça não encontrar o executado, arrestar-lhe-á tantos bens quantos bastem para garantir a execução.

•• Dispositivo correspondente no CPC de 1973: art. 653, caput.

§ 1.º Nos 10 (dez) dias seguintes à efetivação do arresto, o oficial de justiça procurará o executado 2 (duas) vezes em dias distintos e, havendo suspeita de ocultação, realizará a citação com hora certa, certificando pormenorizadamente o ocorrido.

•• Dispositivo correspondente no CPC de 1973: art. 653, parágrafo único.

§ 2.º Incumbe ao exequente requerer a citação por edital, uma vez frustradas a pessoal e a com hora certa.

•• Dispositivo correspondente no CPC de 1973: art. 654.

§ 3.º Aperfeiçoada a citação e transcorrido o prazo de pagamento, o arresto converter-se-á em penhora, independentemente de termo.

•• Dispositivo correspondente no CPC de 1973: art. 654.

Seção III
Da Penhora, do Depósito e da Avaliação

Subseção I
Do Objeto da Penhora

Art. 831. A penhora deverá recair sobre tantos bens quantos bastem para o pagamento do principal atualizado, dos juros, das custas e dos honorários advocatícios.

•• Dispositivo correspondente no CPC de 1973: art. 659, caput.

Art. 832. Não estão sujeitos à execução os bens que a lei considera impenhoráveis ou inalienáveis.

•• Dispositivo correspondente no CPC de 1973: art. 648.

Art. 833. São impenhoráveis:

•• Dispositivo correspondente no CPC de 1973: art. 649, caput.

• Vide art. 4.º da Lei n. 8.009, de 29-3-1990.

I – os bens inalienáveis e os declarados, por ato voluntário, não sujeitos à execução;

•• Dispositivo correspondente no CPC de 1973: art. 649, I.

II – os móveis, os pertences e as utilidades domésticas que guarneçam a residência do executado, salvo os de elevado valor ou os que ultrapassem as necessidades comuns correspondentes a um médio padrão de vida;

•• Dispositivo correspondente no CPC de 1973: art. 649, II.

III – os vestuários, bem como os pertences de uso pessoal do executado, salvo se de elevado valor;

Processo de Execução

•• Dispositivo correspondente no CPC de 1973: art. 649, III.

IV – os vencimentos, os subsídios, os soldos, os salários, as remunerações, os proventos de aposentadoria, as pensões, os pecúlios e os montepios, bem como as quantias recebidas por liberalidade de terceiro e destinadas ao sustento do devedor e de sua família, os ganhos de trabalhador autônomo e os honorários de profissional liberal, ressalvado o § 2.º;

•• Dispositivo correspondente no CPC de 1973: art. 649, IV.

V – os livros, as máquinas, as ferramentas, os utensílios, os instrumentos ou outros bens móveis necessários ou úteis ao exercício da profissão do executado;

•• Dispositivo correspondente no CPC de 1973: art. 649, V.

VI – o seguro de vida;

•• Dispositivo correspondente no CPC de 1973: art. 649, VI.

•• Víde art. 5.º, parágrafo único, do Decreto-lei n. 911, de 1.º-10-1969.

VII – os materiais necessários para obras em andamento, salvo se essas forem penhoradas;

•• Dispositivo correspondente no CPC de 1973: art. 649, VII.

VIII – a pequena propriedade rural, assim definida em lei, desde que trabalhada pela família;

•• Dispositivo correspondente no CPC de 1973: art. 649, VIII.

IX – os recursos públicos recebidos por instituições privadas para aplicação compulsória em educação, saúde ou assistência social;

•• Dispositivo correspondente no CPC de 1973: art. 649, IX.

X – a quantia depositada em caderneta de poupança, até o limite de 40 (quarenta) salários mínimos;

•• Dispositivo correspondente no CPC de 1973: art. 649, X.

XI – os recursos públicos do fundo partidário recebidos por partido político, nos termos da lei;

•• Dispositivo correspondente no CPC de 1973: art. 649, XI.

XII – os créditos oriundos de alienação de unidades imobiliárias, sob regime de incorporação imobiliária, vinculados à execução da obra.

§ 1.º A impenhorabilidade não é oponível à execução de dívida relativa ao próprio bem, inclusive àquela contraída para sua aquisição.

•• Dispositivo correspondente no CPC de 1973: art. 649, § 1.º.

§ 2.º O disposto nos incisos IV e X do *caput* não se aplica à hipótese de penhora para pagamento de prestação alimentícia, independentemente de sua origem, bem como às importâncias excedentes a 50 (cinquenta) salários mínimos mensais, devendo a constrição observar o disposto no art. 528, § 8.º, e no art. 529, § 3.º.

•• Dispositivo correspondente no CPC de 1973: art. 649, § 2.º.

§ 3.º Incluem-se na impenhorabilidade prevista no inciso V do *caput* os equipamentos, implementos e as máquinas agrícolas pertencentes a pessoa física ou a empresa individual produtora rural, exceto quando tais bens tenham sido objeto de financiamento e estejam vinculados em garantia a negócio jurídico ou quando respondam por dívida de natureza alimentar, trabalhista ou previdenciária.

Art. 834. Podem ser penhorados, à falta de outros bens, os frutos e os rendimentos dos bens inalienáveis.

•• Dispositivo correspondente no CPC de 1973: art. 650, *caput*.

Art. 835. A penhora observará, preferencialmente, a seguinte ordem:

•• Dispositivo correspondente no CPC de 1973: art. 655, *caput*.

I – dinheiro, em espécie ou em depósito ou aplicação em instituição financeira;

•• Dispositivo correspondente no CPC de 1973: art. 655, I.

II – títulos da dívida pública da União, dos Estados e do Distrito Federal com cotação em mercado;

•• Dispositivo correspondente no CPC de 1973: art. 655, IX.

III – títulos e valores mobiliários com cotação em mercado;

•• Dispositivo correspondente no CPC de 1973: art. 655, X.

IV – veículos de via terrestre;

•• Dispositivo correspondente no CPC de 1973: art. 655, II.

V – bens imóveis;

•• Dispositivo correspondente no CPC de 1973: art. 655, IV.

Arts. 835 a 840

VI – bens móveis em geral;

•• Dispositivo correspondente no CPC de 1973: art. 655, III.

VII – semoventes;

VIII – navios e aeronaves;

•• Dispositivo correspondente no CPC de 1973: art. 655, V.

IX – ações e quotas de sociedades simples e empresárias;

•• Dispositivo correspondente no CPC de 1973: art. 655, VI.

X – percentual do faturamento de empresa devedora;

•• Dispositivo correspondente no CPC de 1973: art. 655, VII.

XI – pedras e metais preciosos;

•• Dispositivo correspondente no CPC de 1973: art. 655, VIII.

XII – direitos aquisitivos derivados de promessa de compra e venda e de alienação fiduciária em garantia;

XIII – outros direitos.

•• Dispositivo correspondente no CPC de 1973: art. 655, XI.

§ 1.º É prioritária a penhora em dinheiro, podendo o juiz, nas demais hipóteses, alterar a ordem prevista no *caput* de acordo com as circunstâncias do caso concreto.

§ 2.º Para fins de substituição da penhora, equiparam-se a dinheiro a fiança bancária e o seguro garantia judicial, desde que em valor não inferior ao do débito constante da inicial, acrescido de trinta por cento.

§ 3.º Na execução de crédito com garantia real, a penhora recairá sobre a coisa dada em garantia, e, se a coisa pertencer a terceiro garantidor, este também será intimado da penhora.

•• Dispositivo correspondente no CPC de 1973: art. 655, § 1.º.

Art. 836. Não se levará a efeito a penhora quando ficar evidente que o produto da execução dos bens encontrados será totalmente absorvido pelo pagamento das custas da execução.

•• Dispositivo correspondente no CPC de 1973: art. 659, § 2.º.

§ 1.º Quando não encontrar bens penhoráveis, independentemente de determinação judicial expressa, o oficial de justiça descreverá na certidão os bens que guarnecem a residência ou o estabelecimento do executado, quando este for pessoa jurídica.

§ 2.º Elaborada a lista, o executado ou seu representante legal será nomeado depositário provisório de tais bens até ulterior determinação do juiz.

Subseção II
Da Documentação da Penhora, de seu Registro e do Depósito

Art. 837. Obedecidas as normas de segurança instituídas sob critérios uniformes pelo Conselho Nacional de Justiça, a penhora de dinheiro e as averbações de penhoras de bens imóveis e móveis podem ser realizadas por meio eletrônico.

•• Dispositivo correspondente no CPC de 1973: art. 659, § 6.º

Art. 838. A penhora será realizada mediante auto ou termo, que conterá:

•• Dispositivo correspondente no CPC de 1973: art. 665, *caput*.

I – a indicação do dia, do mês, do ano e do lugar em que foi feita;

•• Dispositivo correspondente no CPC de 1973: art. 665, I.

II – os nomes do exequente e do executado;

•• Dispositivo correspondente no CPC de 1973: art. 665, II.

III – a descrição dos bens penhorados, com as suas características;

•• Dispositivo correspondente no CPC de 1973: art. 665, III.

IV – a nomeação do depositário dos bens.

•• Dispositivo correspondente no CPC de 1973: art. 665, IV.

Art. 839. Considerar-se-á feita a penhora mediante a apreensão e o depósito dos bens, lavrando-se um só auto se as diligências forem concluídas no mesmo dia.

•• Dispositivo correspondente no CPC de 1973: art. 664, *caput*.

Parágrafo único. Havendo mais de uma penhora, serão lavrados autos individuais.

•• Dispositivo correspondente no CPC de 1973: art. 664, parágrafo único.

Art. 840. Serão preferencialmente depositados:

Processo de Execução

•• Dispositivo correspondente no CPC de 1973: art. 666, caput.

I – as quantias em dinheiro, os papéis de crédito e as pedras e os metais preciosos, no Banco do Brasil, na Caixa Econômica Federal ou em banco do qual o Estado ou o Distrito Federal possua mais da metade do capital social integralizado, ou, na falta desses estabelecimentos, em qualquer instituição de crédito designada pelo juiz;

•• Dispositivo correspondente no CPC de 1973: art. 666, I.

•• Vide art. 1.058 do CPC.

II – os móveis, os semoventes, os imóveis urbanos e os direitos aquisitivos sobre imóveis urbanos, em poder do depositário judicial;

•• Dispositivo correspondente no CPC de 1973: art. 666, II e III.

III – os imóveis rurais, os direitos aquisitivos sobre imóveis rurais, as máquinas, os utensílios e os instrumentos necessários ou úteis à atividade agrícola, mediante caução idônea, em poder do executado.

§ 1.º No caso do inciso II do caput, se não houver depositário judicial, os bens ficarão em poder do exequente.

§ 2.º Os bens poderão ser depositados em poder do executado nos casos de difícil remoção ou quando anuir o exequente.

•• Dispositivo correspondente no CPC de 1973: art. 666, § 1.º.

§ 3.º As joias, as pedras e os objetos preciosos deverão ser depositados com registro do valor estimado de resgate.

•• Dispositivo correspondente no CPC de 1973: art. 666, § 2.º.

Art. 841. Formalizada a penhora por qualquer dos meios legais, dela será imediatamente intimado o executado.

§ 1.º A intimação da penhora será feita ao advogado do executado ou à sociedade de advogados a que aquele pertença.

•• Dispositivo correspondente no CPC de 1973: art. 652, § 4.º.

§ 2.º Se não houver constituído advogado nos autos, o executado será intimado pessoalmente, de preferência por via postal.

§ 3.º O disposto no § 1.º não se aplica aos casos de penhora realizada na presença do executado, que se reputa intimado.

§ 4.º Considera-se realizada a intimação a que se refere o § 2.º quando o executado houver mudado de endereço sem prévia comunicação ao juízo, observado o disposto no parágrafo único do art. 274.

Art. 842. Recaindo a penhora sobre bem imóvel ou direito real sobre imóvel, será intimado também o cônjuge do executado, salvo se forem casados em regime de separação absoluta de bens.

•• Dispositivo correspondente no CPC de 1973: art. 655, § 2.º.

Art. 843. Tratando-se de penhora de bem indivisível, o equivalente à quota-parte do coproprietário ou do cônjuge alheio à execução recairá sobre o produto da alienação do bem.

•• Dispositivo correspondente no CPC de 1973: art. 655-B.

§ 1.º É reservada ao coproprietário ou ao cônjuge não executado a preferência na arrematação do bem em igualdade de condições.

§ 2.º Não será levada a efeito expropriação por preço inferior ao da avaliação na qual o valor auferido seja incapaz de garantir, ao coproprietário ou ao cônjuge alheio à execução, o correspondente à sua quota-parte calculado sobre o valor da avaliação.

Art. 844. Para presunção absoluta de conhecimento por terceiros, cabe ao exequente providenciar a averbação do arresto ou da penhora no registro competente, mediante apresentação de cópia do auto ou do termo, independentemente de mandado judicial.

•• Dispositivo correspondente no CPC de 1973: art. 659, § 4.º.

Subseção III
Do Lugar de Realização da Penhora

Art. 845. Efetuar-se-á a penhora onde se encontrem os bens, ainda que sob a posse, a detenção ou a guarda de terceiros.

•• Dispositivo correspondente no CPC de 1973: art. 659, § 1.º.

Arts. 845 a 847

§ 1.º A penhora de imóveis, independentemente de onde se localizem, quando apresentada certidão da respectiva matrícula, e a penhora de veículos automotores, quando apresentada certidão que ateste a sua existência, serão realizadas por termo nos autos.

•• Dispositivo correspondente no CPC de 1973: art. 659, § 5.º.

§ 2.º Se o executado não tiver bens no foro do processo, não sendo possível a realização da penhora nos termos do § 1.º, a execução será feita por carta, penhorando-se, avaliando-se e alienando-se os bens no foro da situação.

•• Dispositivo correspondente no CPC de 1973: art. 658.

Art. 846. Se o executado fechar as portas da casa a fim de obstar a penhora dos bens, o oficial de justiça comunicará o fato ao juiz, solicitando-lhe ordem de arrombamento.

•• Dispositivo correspondente no CPC de 1973: art. 660.
•• Vide art. 5.º, XI, da CF.
•• Vide arts. 212 a 216 do CPC.

§ 1.º Deferido o pedido, 2 (dois) oficiais de justiça cumprirão o mandado, arrombando cômodos e móveis em que se presuma estarem os bens, e lavrarão de tudo auto circunstanciado, que será assinado por 2 (duas) testemunhas presentes à diligência.

•• Dispositivo correspondente no CPC de 1973: art. 661.

§ 2.º Sempre que necessário, o juiz requisitará força policial, a fim de auxiliar os oficiais de justiça na penhora dos bens.

•• Dispositivo correspondente no CPC de 1973: art. 662.

§ 3.º Os oficiais de justiça lavrarão em duplicata o auto da ocorrência, entregando uma via ao escrivão ou ao chefe de secretaria, para ser juntada aos autos, e a outra à autoridade policial a quem couber a apuração criminal dos eventuais delitos de desobediência ou de resistência.

•• Dispositivo correspondente no CPC de 1973: art. 663, caput.

§ 4.º Do auto da ocorrência constará o rol de testemunhas, com a respectiva qualificação.

•• Dispositivo correspondente no CPC de 1973: art. 663, parágrafo único.

Subseção IV
Das Modificações da Penhora

Art. 847. O executado pode, no prazo de 10 (dez) dias contado da intimação da penhora, requerer a substituição do bem penhorado, desde que comprove que lhe será menos onerosa e não trará prejuízo ao exequente.

•• Dispositivo correspondente no CPC de 1973: art. 668, caput.

§ 1.º O juiz só autorizará a substituição se o executado:

•• Dispositivo correspondente no CPC de 1973: art. 668, parágrafo único, caput.

I – comprovar as respectivas matrículas e os registros por certidão do correspondente ofício, quanto aos bens imóveis;

•• Dispositivo correspondente no CPC de 1973: art. 668, parágrafo único, I.

II – descrever os bens móveis, com todas as suas propriedades e características, bem como o estado deles e o lugar onde se encontram;

•• Dispositivo correspondente no CPC de 1973: art. 668, parágrafo único, II.

III – descrever os semoventes, com indicação de espécie, de número, de marca ou sinal e do local onde se encontram;

•• Dispositivo correspondente no CPC de 1973: art. 668, parágrafo único, III.

IV – identificar os créditos, indicando quem seja o devedor, qual a origem da dívida, o título que a representa e a data do vencimento; e

•• Dispositivo correspondente no CPC de 1973: art. 668, parágrafo único, IV.

V – atribuir, em qualquer caso, valor aos bens indicados à penhora, além de especificar os ônus e os encargos a que estejam sujeitos.

•• Dispositivo correspondente no CPC de 1973: art. 668, parágrafo único, V.

§ 2.º Requerida a substituição do bem penhorado, o executado deve indicar onde se encontram os bens sujeitos à execução, exibir a prova de sua propriedade e a certidão negativa ou positiva de ônus, bem como abster-se de

Processo de Execução

Arts. 847 a 853

qualquer atitude que dificulte ou embarace a realização da penhora.

•• Dispositivo correspondente no CPC de 1973: art. 656, § 1.º.

§ 3.º O executado somente poderá oferecer bem imóvel em substituição caso o requeira com a expressa anuência do cônjuge, salvo se o regime for o de separação absoluta de bens.

•• Dispositivo correspondente no CPC de 1973: art. 656, § 3.º.

§ 4.º O juiz intimará o exequente para manifestar-se sobre o requerimento de substituição do bem penhorado.

Art. 848. As partes poderão requerer a substituição da penhora se:

•• Dispositivo correspondente no CPC de 1973: art. 656, caput.
•• Vide art.15 da LEF.

I – ela não obedecer à ordem legal;

•• Dispositivo correspondente no CPC de 1973: art. 656, I.

II – ela não incidir sobre os bens designados em lei, contrato ou ato judicial para o pagamento;

•• Dispositivo correspondente no CPC de 1973: art. 656, II.

III – havendo bens no foro da execução, outros tiverem sido penhorados;

•• Dispositivo correspondente no CPC de 1973: art. 656, III.

IV – havendo bens livres, ela tiver recaído sobre bens já penhorados ou objeto de gravame;

•• Dispositivo correspondente no CPC de 1973: art. 656, IV.

V – ela incidir sobre bens de baixa liquidez;

•• Dispositivo correspondente no CPC de 1973: art. 656, V.

VI – fracassar a tentativa de alienação judicial do bem; ou

•• Dispositivo correspondente no CPC de 1973: art. 656, VI.

VII – o executado não indicar o valor dos bens ou omitir qualquer das indicações previstas em lei.

•• Dispositivo correspondente no CPC de 1973: art. 656, VII.

Parágrafo único. A penhora pode ser substituída por fiança bancária ou por seguro garantia judicial, em valor não inferior ao do débito constante da inicial, acrescido de trinta por cento.

•• Dispositivo correspondente no CPC de 1973: art. 656, § 2.º.

Art. 849. Sempre que ocorrer a substituição dos bens inicialmente penhorados, será lavrado novo termo.

•• Dispositivo correspondente no CPC de 1973: art. 657, caput.

Art. 850. Será admitida a redução ou a ampliação da penhora, bem como sua transferência para outros bens, se, no curso do processo, o valor de mercado dos bens penhorados sofrer alteração significativa.

Art. 851. Não se procede à segunda penhora, salvo se:

•• Dispositivo correspondente no CPC de 1973: art. 667, caput.

I – a primeira for anulada;

•• Dispositivo correspondente no CPC de 1973: art. 667, I.

II – executados os bens, o produto da alienação não bastar para o pagamento do exequente;

•• Dispositivo correspondente no CPC de 1973: art. 667, II.

III – o exequente desistir da primeira penhora, por serem litigiosos os bens ou por estarem submetidos à constrição judicial.

•• Dispositivo correspondente no CPC de 1973: art. 667, III.

Art. 852. O juiz determinará a alienação antecipada dos bens penhorados quando:

•• Dispositivo correspondente no CPC de 1973: art. 670, caput.

I – se tratar de veículos automotores, de pedras e metais preciosos e de outros bens móveis sujeitos à depreciação ou à deterioração;

•• Dispositivo correspondente no CPC de 1973: art. 670, I.

II – houver manifesta vantagem.

•• Dispositivo correspondente no CPC de 1973: art. 670, II.

Art. 853. Quando uma das partes requerer alguma das medidas previstas nesta Subseção, o juiz ouvirá sempre a outra, no prazo de 3 (três) dias, antes de decidir.

•• Dispositivo correspondente no CPC de 1973: art. 670, parágrafo único.

Parágrafo único. O juiz decidirá de plano qualquer questão suscitada.

Arts. 854 e 855

Subseção V
Da Penhora de Dinheiro em Depósito ou em Aplicação Financeira

Art. 854. Para possibilitar a penhora de dinheiro em depósito ou em aplicação financeira, o juiz, a requerimento do exequente, sem dar ciência prévia do ato ao executado, determinará às instituições financeiras, por meio de sistema eletrônico gerido pela autoridade supervisora do sistema financeiro nacional, que torne indisponíveis ativos financeiros existentes em nome do executado, limitando-se a indisponibilidade ao valor indicado na execução.

•• Dispositivo correspondente no CPC de 1973: art. 655-A, caput.

§ 1.º No prazo de 24 (vinte e quatro) horas a contar da resposta, de ofício, o juiz determinará o cancelamento de eventual indisponibilidade excessiva, o que deverá ser cumprido pela instituição financeira em igual prazo.

§ 2.º Tornados indisponíveis os ativos financeiros do executado, este será intimado na pessoa de seu advogado ou, não o tendo, pessoalmente.

§ 3.º Incumbe ao executado, no prazo de 5 (cinco) dias, comprovar que:

•• Dispositivo correspondente no CPC de 1973: art. 655-A, § 2.º.

I – as quantias tornadas indisponíveis são impenhoráveis;

•• Dispositivo correspondente no CPC de 1973: art. 655-A, § 2.º.

II – ainda remanesce indisponibilidade excessiva de ativos financeiros.

§ 4.º Acolhida qualquer das arguições dos incisos I e II do § 3.º, o juiz determinará o cancelamento de eventual indisponibilidade irregular ou excessiva, a ser cumprido pela instituição financeira em 24 (vinte e quatro) horas.

§ 5.º Rejeitada ou não apresentada a manifestação do executado, converter-se-á a indisponibilidade em penhora, sem necessidade de lavratura de termo, devendo o juiz da execução determinar à instituição financeira depositária que, no prazo de 24 (vinte e quatro) horas, transfira o montante indisponível para conta vinculada ao juízo da execução.

§ 6.º Realizado o pagamento da dívida por outro meio, o juiz determinará, imediatamente, por sistema eletrônico gerido pela autoridade supervisora do sistema financeiro nacional, a notificação da instituição financeira para que, em até 24 (vinte e quatro) horas, cancele a indisponibilidade.

§ 7.º As transmissões das ordens de indisponibilidade, de seu cancelamento e de determinação de penhora previstas neste artigo far-se-ão por meio de sistema eletrônico gerido pela autoridade supervisora do sistema financeiro nacional.

§ 8.º A instituição financeira será responsável pelos prejuízos causados ao executado em decorrência da indisponibilidade de ativos financeiros em valor superior ao indicado na execução ou pelo juiz, bem como na hipótese de não cancelamento da indisponibilidade no prazo de 24 (vinte e quatro) horas, quando assim determinar o juiz.

§ 9.º Quando se tratar de execução contra partido político, o juiz, a requerimento do exequente, determinará às instituições financeiras, por meio de sistema eletrônico gerido por autoridade supervisora do sistema bancário, que tornem indisponíveis ativos financeiros somente em nome do órgão partidário que tenha contraído a dívida executada ou que tenha dado causa à violação de direito ou ao dano, ao qual cabe exclusivamente a responsabilidade pelos atos praticados, na forma da lei.

•• Dispositivo correspondente no CPC de 1973: art. 655-A, § 4.º.

Subseção VI
Da Penhora de Créditos

Art. 855. Quando recair em crédito do executado, enquanto não ocorrer a hipótese prevista no art. 856, considerar-se-á feita a penhora pela intimação:

Processo de Execução

•• Dispositivo correspondente no CPC de 1973: art. 671, *caput*.

I – ao terceiro devedor para que não pague ao executado, seu credor;

•• Dispositivo correspondente no CPC de 1973: art. 671, I.

II – ao executado, credor do terceiro, para que não pratique ato de disposição do crédito.

•• Dispositivo correspondente no CPC de 1973: art. 671, II.

Art. 856. A penhora de crédito representado por letra de câmbio, nota promissória, duplicata, cheque ou outros títulos far-se-á pela apreensão do documento, esteja ou não este em poder do executado.

•• Dispositivo correspondente no CPC de 1973: art. 672, *caput*.

§ 1.º Se o título não for apreendido, mas o terceiro confessar a dívida, será este tido como depositário da importância.

•• Dispositivo correspondente no CPC de 1973: art. 672, § 1.º.

§ 2.º O terceiro só se exonerará da obrigação depositando em juízo a importância da dívida.

•• Dispositivo correspondente no CPC de 1973: art. 672, § 2.º.

§ 3.º Se o terceiro negar o débito em conluio com o executado, a quitação que este lhe der caracterizará fraude à execução.

•• Dispositivo correspondente no CPC de 1973: art. 672, § 3.º.

§ 4.º A requerimento do exequente, o juiz determinará o comparecimento, em audiência especialmente designada, do executado e do terceiro, a fim de lhes tomar os depoimentos.

•• Dispositivo correspondente no CPC de 1973: art. 672, § 4.º.

Art. 857. Feita a penhora em direito e ação do executado, e não tendo ele oferecido embargos ou sendo estes rejeitados, o exequente ficará sub-rogado nos direitos do executado até a concorrência de seu crédito.

•• Dispositivo correspondente no CPC de 1973: art. 673, *caput*.

§ 1.º O exequente pode preferir, em vez da sub-rogação, a alienação judicial do direito penhorado, caso em que declarará sua vontade no prazo de 10 (dez) dias contado da realização da penhora.

•• Dispositivo correspondente no CPC de 1973: art. 673, § 1.º.

§ 2.º A sub-rogação não impede o sub-rogado, se não receber o crédito do executado, de prosseguir na execução, nos mesmos autos, penhorando outros bens.

•• Dispositivo correspondente no CPC de 1973: art. 673, § 2.º.

Art. 858. Quando a penhora recair sobre dívidas de dinheiro a juros, de direito a rendas ou de prestações periódicas, o exequente poderá levantar os juros, os rendimentos ou as prestações à medida que forem sendo depositados, abatendo-se do crédito as importâncias recebidas, conforme as regras de imputação do pagamento.

•• Dispositivo correspondente no CPC de 1973: art. 675.

Art. 859. Recaindo a penhora sobre direito a prestação ou a restituição de coisa determinada, o executado será intimado para, no vencimento, depositá-la, correndo sobre ela a execução.

•• Dispositivo correspondente no CPC de 1973: art. 676.

Art. 860. Quando o direito estiver sendo pleiteado em juízo, a penhora que recair sobre ele será averbada, com destaque, nos autos pertinentes ao direito e na ação correspondente à penhora, a fim de que esta seja efetivada nos bens que forem adjudicados ou que vierem a caber ao executado.

•• Dispositivo correspondente no CPC de 1973: art. 674.

Subseção VII
Da Penhora das Quotas ou das Ações de Sociedades Personificadas

Art. 861. Penhoradas as quotas ou as ações de sócio em sociedade simples ou empresária, o juiz assinará prazo razoável, não superior a 3 (três) meses, para que a sociedade:

I – apresente balanço especial, na forma da lei;

II – ofereça as quotas ou as ações aos demais sócios, observado o direito de preferência legal ou contratual;

III – não havendo interesse dos sócios na aquisição das ações, proceda à liquidação das

Arts. 861 a 864

Processo de Execução

quotas ou das ações, depositando em juízo o valor apurado, em dinheiro.

§ 1.º Para evitar a liquidação das quotas ou das ações, a sociedade poderá adquiri-las sem redução do capital social e com utilização de reservas, para manutenção em tesouraria.

§ 2.º O disposto no caput e no § 1.º não se aplica à sociedade anônima de capital aberto, cujas ações serão adjudicadas ao exequente ou alienadas em bolsa de valores, conforme o caso.

§ 3.º Para os fins da liquidação de que trata o inciso III do caput, o juiz poderá, a requerimento do exequente ou da sociedade, nomear administrador, que deverá submeter à aprovação judicial a forma de liquidação.

§ 4.º O prazo previsto no caput poderá ser ampliado pelo juiz, se o pagamento das quotas ou das ações liquidadas:

I – superar o valor do saldo de lucros ou reservas, exceto a legal, e sem diminuição do capital social, ou por doação; ou

II – colocar em risco a estabilidade financeira da sociedade simples ou empresária.

§ 5.º Caso não haja interesse dos demais sócios no exercício de direito de preferência, não ocorra a aquisição das quotas ou das ações pela sociedade e a liquidação do inciso III do caput seja excessivamente onerosa para a sociedade, o juiz poderá determinar o leilão judicial das quotas ou das ações.

Subseção VIII
Da Penhora de Empresa, de Outros Estabelecimentos e de Semoventes

Art. 862. Quando a penhora recair em estabelecimento comercial, industrial ou agrícola, bem como em semoventes, plantações ou edifícios em construção, o juiz nomeará administrador-depositário, determinando-lhe que apresente em 10 (dez) dias o plano de administração.

•• Dispositivo correspondente no CPC de 1973: art. 677, caput.

§ 1.º Ouvidas as partes, o juiz decidirá.

•• Dispositivo correspondente no CPC de 1973: art. 677, § 1.º.

§ 2.º É lícito às partes ajustar a forma de administração e escolher o depositário, hipótese em que o juiz homologará por despacho a indicação.

•• Dispositivo correspondente no CPC de 1973: art. 677, § 2.º.

§ 3.º Em relação aos edifícios em construção sob regime de incorporação imobiliária, a penhora somente poderá recair sobre as unidades imobiliárias ainda não comercializadas pelo incorporador.

§ 4.º Sendo necessário afastar o incorporador da administração da incorporação, será ela exercida pela comissão de representantes dos adquirentes ou, se se tratar de construção financiada, por empresa ou profissional indicado pela instituição fornecedora dos recursos para a obra, devendo ser ouvida, neste último caso, a comissão de representantes dos adquirentes.

Art. 863. A penhora de empresa que funcione mediante concessão ou autorização far-se-á, conforme o valor do crédito, sobre a renda, sobre determinados bens ou sobre todo o patrimônio, e o juiz nomeará como depositário, de preferência, um de seus diretores.

•• Dispositivo correspondente no CPC de 1973: art. 678, caput.

§ 1.º Quando a penhora recair sobre a renda ou sobre determinados bens, o administrador-depositário apresentará a forma de administração e o esquema de pagamento, observando-se, quanto ao mais, o disposto em relação ao regime de penhora de frutos e rendimentos de coisa móvel e imóvel.

•• Dispositivo correspondente no CPC de 1973: art. 678, parágrafo único.

§ 2.º Recaindo a penhora sobre todo o patrimônio, prosseguirá a execução em seus ulteriores termos, ouvindo-se, antes da arrematação ou da adjudicação, o ente público que houver outorgado a concessão.

•• Dispositivo correspondente no CPC de 1973: art. 678, parágrafo único.

Art. 864. A penhora de navio ou de aeronave não obsta que continuem navegando ou

Processo de Execução

operando até a alienação, mas o juiz, ao conceder a autorização para tanto, não permitirá que saiam do porto ou do aeroporto antes que o executado faça o seguro usual contra riscos.

•• Dispositivo correspondente no CPC de 1973: art. 679.

Art. 865. A penhora de que trata esta Subseção somente será determinada se não houver outro meio eficaz para a efetivação do crédito.

Subseção IX
Da Penhora de Percentual de Faturamento de Empresa

Art. 866. Se o executado não tiver outros bens penhoráveis ou se, tendo-os, esses forem de difícil alienação ou insuficientes para saldar o crédito executado, o juiz poderá ordenar a penhora de percentual de faturamento de empresa.

§ 1.º O juiz fixará percentual que propicie a satisfação do crédito exequendo em tempo razoável, mas que não torne inviável o exercício da atividade empresarial.

§ 2.º O juiz nomeará administrador-depositário, o qual submeterá à aprovação judicial a forma de sua atuação e prestará contas mensalmente, entregando em juízo as quantias recebidas, com os respectivos balancetes mensais, a fim de serem imputadas no pagamento da dívida.

•• Dispositivo correspondente no CPC de 1973: art. 655-A, 3.º.

§ 3.º Na penhora de percentual de faturamento de empresa, observar-se-á, no que couber, o disposto quanto ao regime de penhora de frutos e rendimentos de coisa móvel e imóvel.

Subseção X
Da Penhora de Frutos e Rendimentos de Coisa Móvel ou Imóvel

Art. 867. O juiz pode ordenar a penhora de frutos e rendimentos de coisa móvel ou imóvel quando a considerar mais eficiente para o recebimento do crédito e menos gravosa ao executado.

•• Dispositivo correspondente no CPC de 1973: art. 716.

Art. 868. Ordenada a penhora de frutos e rendimentos, o juiz nomeará administrador-depositário, que será investido de todos os poderes que concernem à administração do bem e à fruição de seus frutos e utilidades, perdendo o executado o direito de gozo do bem, até que o exequente seja pago do principal, dos juros, das custas e dos honorários advocatícios.

•• Dispositivo correspondente no CPC de 1973: art. 717.

§ 1.º A medida terá eficácia em relação a terceiros a partir da publicação da decisão que a conceda ou de sua averbação no ofício imobiliário, em caso de imóveis.

•• Dispositivo correspondente no CPC de 1973: art. 718.

§ 2.º O exequente providenciará a averbação no ofício imobiliário mediante a apresentação de certidão de inteiro teor do ato, independentemente de mandado judicial.

Art. 869. O juiz poderá nomear administrador-depositário o exequente ou o executado, ouvida a parte contrária, e, não havendo acordo, nomeará profissional qualificado para o desempenho da função.

•• Dispositivo correspondente no CPC de 1973: art. 719.

§ 1.º O administrador submeterá à aprovação judicial a forma de administração e a de prestar contas periodicamente.

§ 2.º Havendo discordância entre as partes ou entre essas e o administrador, o juiz decidirá a melhor forma de administração do bem.

•• Dispositivo correspondente no CPC de 1973: art. 724, parágrafo único.

§ 3.º Se o imóvel estiver arrendado, o inquilino pagará o aluguel diretamente ao exequente, salvo se houver administrador.

•• Dispositivo correspondente no CPC de 1973: art. 723.

§ 4.º O exequente ou o administrador poderá celebrar locação do móvel ou do imóvel, ouvido o executado.

Arts. 869 a 873

•• Dispositivo correspondente no CPC de 1973: art. 724, caput.

§ 5.º As quantias recebidas pelo administrador serão entregues ao exequente, a fim de serem imputadas ao pagamento da dívida.

§ 6.º O exequente dará ao executado, por termo nos autos, quitação das quantias recebidas.

Subseção XI
Da Avaliação

Art. 870. A avaliação será feita pelo oficial de justiça.

•• Dispositivo correspondente no CPC de 1973: art. 680.

Parágrafo único. Se forem necessários conhecimentos especializados e o valor da execução o comportar, o juiz nomeará avaliador, fixando-lhe prazo não superior a 10 (dez) dias para entrega do laudo.

•• Dispositivo correspondente no CPC de 1973: art. 680.

Art. 871. Não se procederá à avaliação quando:

•• Dispositivo correspondente no CPC de 1973: art. 684, caput.

I – uma das partes aceitar a estimativa feita pela outra;

•• Dispositivo correspondente no CPC de 1973: art. 684, I.

II – se tratar de títulos ou de mercadorias que tenham cotação em bolsa, comprovada por certidão ou publicação no órgão oficial;

•• Dispositivo correspondente no CPC de 1973: art. 684, II.

III – se tratar de títulos da dívida pública, de ações de sociedades e de títulos de crédito negociáveis em bolsa, cujo valor será o da cotação oficial do dia, comprovada por certidão ou publicação no órgão oficial;

•• Dispositivo correspondente no CPC de 1973: art. 682.

IV – se tratar de veículos automotores ou de outros bens cujo preço médio de mercado possa ser conhecido por meio de pesquisas realizadas por órgãos oficiais ou de anúncios de venda divulgados em meios de comunicação, caso em que caberá a quem fizer a nomeação o encargo de comprovar a cotação de mercado.

Parágrafo único. Ocorrendo a hipótese do inciso I deste artigo, a avaliação poderá ser realizada quando houver fundada dúvida do juiz quanto ao real valor do bem.

Art. 872. A avaliação realizada pelo oficial de justiça constará de vistoria e de laudo anexados ao auto de penhora ou, em caso de perícia realizada por avaliador, de laudo apresentado no prazo fixado pelo juiz, devendo-se, em qualquer hipótese, especificar:

•• Dispositivo correspondente no CPC de 1973: art. 681, caput.

I – os bens, com as suas características, e o estado em que se encontram;

•• Dispositivo correspondente no CPC de 1973: art. 681, I.

II – o valor dos bens.

•• Dispositivo correspondente no CPC de 1973: art. 681, II.

§ 1.º Quando o imóvel for suscetível de cômoda divisão, a avaliação, tendo em conta o crédito reclamado, será realizada em partes, sugerindo-se, com a apresentação de memorial descritivo, os possíveis desmembramentos para alienação.

•• Dispositivo correspondente no CPC de 1973: art. 681, parágrafo único.

§ 2.º Realizada a avaliação e, sendo o caso, apresentada a proposta de desmembramento, as partes serão ouvidas no prazo de 5 (cinco) dias.

Art. 873. É admitida nova avaliação quando:

•• Dispositivo correspondente no CPC de 1973: art. 683, caput.

I – qualquer das partes arguir, fundamentadamente, a ocorrência de erro na avaliação ou dolo do avaliador;

•• Dispositivo correspondente no CPC de 1973: art. 683, I.

II – se verificar, posteriormente à avaliação, que houve majoração ou diminuição no valor do bem;

•• Dispositivo correspondente no CPC de 1973: art. 683, II.

III – o juiz tiver fundada dúvida sobre o valor atribuído ao bem na primeira avaliação.

•• Dispositivo correspondente no CPC de 1973: art. 683, III.

Processo de Execução

Parágrafo único. Aplica-se o art. 480 à nova avaliação prevista no inciso III do *caput* deste artigo.

Art. 874. Após a avaliação, o juiz poderá, a requerimento do interessado e ouvida a parte contrária, mandar:

•• Dispositivo correspondente no CPC de 1973: art. 685, *caput*.

I – reduzir a penhora aos bens suficientes ou transferi-la para outros, se o valor dos bens penhorados for consideravelmente superior ao crédito do exequente e dos acessórios;

•• Dispositivo correspondente no CPC de 1973: art. 685, I.

II – ampliar a penhora ou transferi-la para outros bens mais valiosos, se o valor dos bens penhorados for inferior ao crédito do exequente.

•• Dispositivo correspondente no CPC de 1973: art. 685, II.

Art. 875. Realizadas a penhora e a avaliação, o juiz dará início aos atos de expropriação do bem.

•• Dispositivo correspondente no CPC de 1973: art. 685, parágrafo único.

Seção IV
Da Expropriação de Bens

Subseção I
Da Adjudicação

Art. 876. É lícito ao exequente, oferecendo preço não inferior ao da avaliação, requerer que lhe sejam adjudicados os bens penhorados.

•• Dispositivo correspondente no CPC de 1973: art. 685-A, *caput*.

§ 1.º Requerida a adjudicação, o executado será intimado do pedido:

I – pelo Diário da Justiça, na pessoa de seu advogado constituído nos autos;

II – por carta com aviso de recebimento, quando representado pela Defensoria Pública ou quando não tiver procurador constituído nos autos;

III – por meio eletrônico, quando, sendo o caso do § 1.º do art. 246, não tiver procurador constituído nos autos.

§ 2.º Considera-se realizada a intimação quando o executado houver mudado de endereço sem prévia comunicação ao juízo, observado o disposto no art. 274, parágrafo único.

§ 3.º Se o executado, citado por edital, não tiver procurador constituído nos autos, é dispensável a intimação prevista no § 1.º.

§ 4.º Se o valor do crédito for:

•• Dispositivo correspondente no CPC de 1973: art. 685-A, § 1.º.

I – inferior ao dos bens, o requerente da adjudicação depositará de imediato a diferença, que ficará à disposição do executado;

•• Dispositivo correspondente no CPC de 1973: art. 685-A, § 1.º.

II – superior ao dos bens, a execução prosseguirá pelo saldo remanescente.

•• Dispositivo correspondente no CPC de 1973: art. 685-A, § 2.º.

§ 5.º Idêntico direito pode ser exercido por aqueles indicados no art. 889, incisos II a VIII, pelos credores concorrentes que hajam penhorado o mesmo bem, pelo cônjuge, pelo companheiro, pelos descendentes ou pelos ascendentes do executado.

•• Dispositivo correspondente no CPC de 1973: art. 685-A, § 2.º.

§ 6.º Se houver mais de um pretendente, proceder-se-á a licitação entre eles, tendo preferência, em caso de igualdade de oferta, o cônjuge, o companheiro, o descendente ou o ascendente, nessa ordem.

•• Dispositivo correspondente no CPC de 1973: art. 685-A, § 3.º.

§ 7.º No caso de penhora de quota social ou de ação de sociedade anônima fechada realizada em favor de exequente alheio à sociedade, esta será intimada, ficando responsável por informar aos sócios a ocorrência da penhora, assegurando-se a estes a preferência.

•• Dispositivo correspondente no CPC de 1973: art. 685-A, § 4.º.

Art. 877. Transcorrido o prazo de 5 (cinco) dias, contado da última intimação, e decididas eventuais questões, o juiz ordenará a lavratura do auto de adjudicação.

•• Dispositivo correspondente no CPC de 1973: art. 685-A, § 5.º.

Arts. 877 a 880

§ 1.º Considera-se perfeita e acabada a adjudicação com a lavratura e a assinatura do auto pelo juiz, pelo adjudicatário, pelo escrivão ou chefe de secretaria, e, se estiver presente, pelo executado, expedindo-se:

•• Dispositivo correspondente no CPC de 1973: art. 685-B, *caput*.

I – a carta de adjudicação e o mandado de imissão na posse, quando se tratar de bem imóvel;

•• Dispositivo correspondente no CPC de 1973: art. 685-B, *caput*.

II – a ordem de entrega ao adjudicatário, quando se tratar de bem móvel.

•• Dispositivo correspondente no CPC de 1973: art. 685-B, *caput*.

§ 2.º A carta de adjudicação conterá a descrição do imóvel, com remissão à sua matrícula e aos seus registros, a cópia do auto de adjudicação e a prova de quitação do imposto de transmissão.

•• Dispositivo correspondente no CPC de 1973: art. 685-B, parágrafo único.

§ 3.º No caso de penhora de bem hipotecado, o executado poderá remi-lo até a assinatura do auto de adjudicação, oferecendo preço igual ao da avaliação, se não tiver havido licitantes, ou ao do maior lance oferecido.

§ 4.º Na hipótese de falência ou de insolvência do devedor hipotecário, o direito de remição previsto no § 3.º será deferido à massa ou aos credores em concurso, não podendo o exequente recusar o preço da avaliação do imóvel.

Art. 878. Frustradas as tentativas de alienação do bem, será reaberta oportunidade para requerimento de adjudicação, caso em que também se poderá pleitear a realização de nova avaliação.

Subseção II
Da Alienação

Art. 879. A alienação far-se-á:

I – por iniciativa particular;

•• Dispositivo correspondente no CPC de 1973: art. 647, II.

II – em leilão judicial eletrônico ou presencial.

•• Dispositivo correspondente no CPC de 1973: art. 647, III.

Art. 880. Não efetivada a adjudicação, o exequente poderá requerer a alienação por sua própria iniciativa ou por intermédio de corretor ou leiloeiro público credenciado perante o órgão judiciário.

•• Dispositivo correspondente no CPC de 1973: art. 685-C, *caput*.

§ 1.º O juiz fixará o prazo em que a alienação deve ser efetivada, a forma de publicidade, o preço mínimo, as condições de pagamento, as garantias e, se for o caso, a comissão de corretagem.

•• Dispositivo correspondente no CPC de 1973: art. 685-C, § 1.º.

§ 2.º A alienação será formalizada por termo nos autos, com a assinatura do juiz, do exequente, do adquirente e, se estiver presente, do executado, expedindo-se:

•• Dispositivo correspondente no CPC de 1973: art. 685-C, § 2.º.

I – a carta de alienação e o mandado de imissão na posse, quando se tratar de bem imóvel;

•• Dispositivo correspondente no CPC de 1973: art. 685-C, § 2.º.

II – a ordem de entrega ao adquirente, quando se tratar de bem móvel.

•• Dispositivo correspondente no CPC de 1973: art. 685-C, § 2.º.

§ 3.º Os tribunais poderão editar disposições complementares sobre o procedimento da alienação prevista neste artigo, admitindo, quando for o caso, o concurso de meios eletrônicos, e dispor sobre o credenciamento dos corretores e leiloeiros públicos, os quais deverão estar em exercício profissional por não menos que 3 (três) anos.

•• Dispositivo correspondente no CPC de 1973: art. 685-C, § 3.º.

§ 4.º Nas localidades em que não houver corretor ou leiloeiro público credenciado nos termos do § 3.º, a indicação será de livre escolha do exequente.

Processo de Execução

Art. 881. A alienação far-se-á em leilão judicial se não efetivada a adjudicação ou a alienação por iniciativa particular.

•• Dispositivo correspondente no CPC de 1973: art. 686, *caput.*

§ 1.º O leilão do bem penhorado será realizado por leiloeiro público.

§ 2.º Ressalvados os casos de alienação a cargo de corretores de bolsa de valores, todos os demais bens serão alienados em leilão público.

•• Dispositivo correspondente no CPC de 1973: art. 704.

Art. 882. Não sendo possível a sua realização por meio eletrônico, o leilão será presencial.

§ 1.º A alienação judicial por meio eletrônico será realizada, observando-se as garantias processuais das partes, de acordo com regulamentação específica do Conselho Nacional de Justiça.

•• A Resolução n. 236, de 13-7-2016, do CNJ, regulamenta, no âmbito do Poder Judiciário, procedimentos relativos à alienação judicial por meio eletrônico, na forma deste § 1.º.

§ 2.º A alienação judicial por meio eletrônico deverá atender aos requisitos de ampla publicidade, autenticidade e segurança, com observância das regras estabelecidas na legislação sobre certificação digital.

§ 3.º O leilão presencial será realizado no local designado pelo juiz.

Art. 883. Caberá ao juiz a designação do leiloeiro público, que poderá ser indicado pelo exequente.

•• Dispositivo correspondente no CPC de 1973: art. 706.

Art. 884. Incumbe ao leiloeiro público:

•• Dispositivo correspondente no CPC de 1973: art. 705, *caput.*

I – publicar o edital, anunciando a alienação;

•• Dispositivo correspondente no CPC de 1973: art. 705, I.

II – realizar o leilão onde se encontrem os bens ou no lugar designado pelo juiz;

•• Dispositivo correspondente no CPC de 1973: art. 705, II.

III – expor aos pretendentes os bens ou as amostras das mercadorias;

•• Dispositivo correspondente no CPC de 1973: art. 705, III.

IV – receber e depositar, dentro de 1 (um) dia, à ordem do juiz, o produto da alienação;

•• Dispositivo correspondente no CPC de 1973: art. 705, V.

V – prestar contas nos 2 (dois) dias subsequentes ao depósito.

•• Dispositivo correspondente no CPC de 1973: art. 705, VI.

Parágrafo único. O leiloeiro tem o direito de receber do arrematante a comissão estabelecida em lei ou arbitrada pelo juiz.

Art. 885. O juiz da execução estabelecerá o preço mínimo, as condições de pagamento e as garantias que poderão ser prestadas pelo arrematante.

Art. 886. O leilão será precedido de publicação de edital, que conterá:

•• Dispositivo correspondente no CPC de 1973: art. 686, *caput.*

I – a descrição do bem penhorado, com suas características, e, tratando-se de imóvel, sua situação e suas divisas, com remissão à matrícula e aos registros;

•• Dispositivo correspondente no CPC de 1973: art. 686, I.

II – o valor pelo qual o bem foi avaliado, o preço mínimo pelo qual poderá ser alienado, as condições de pagamento e, se for o caso, a comissão do leiloeiro designado;

•• Dispositivo correspondente no CPC de 1973: art. 686, II.

III – o lugar onde estiverem os móveis, os veículos e os semoventes e, tratando-se de créditos ou direitos, a identificação dos autos do processo em que foram penhorados;

•• Dispositivo correspondente no CPC de 1973: art. 686, III.

IV – o sítio, na rede mundial de computadores, e o período em que se realizará o leilão, salvo se este se der de modo presencial, hipótese em que serão indicados o local, o dia e a hora de sua realização;

•• Dispositivo correspondente no CPC de 1973: art. 686, IV.

V – a indicação de local, dia e hora de segundo leilão presencial, para a hipótese de não haver interessado no primeiro;

VI – menção da existência de ônus, recurso ou processo pendente sobre os bens a serem leiloados.

Arts. 886 a 889

•• Dispositivo correspondente no CPC de 1973: art. 686, V.

Parágrafo único. No caso de títulos da dívida pública e de títulos negociados em bolsa, constará do edital o valor da última cotação.

•• Dispositivo correspondente no CPC de 1973: art. 686, § 1.º.

Art. 887. O leiloeiro público designado adotará providências para a ampla divulgação da alienação.

§ 1.º A publicação do edital deverá ocorrer pelo menos 5 (cinco) dias antes da data marcada para o leilão.

•• Dispositivo correspondente no CPC de 1973: art. 687, caput.

§ 2.º O edital será publicado na rede mundial de computadores, em sítio designado pelo juízo da execução, e conterá descrição detalhada e, sempre que possível, ilustrada dos bens, informando expressamente se o leilão se realizará de forma eletrônica ou presencial.

§ 3.º Não sendo possível a publicação na rede mundial de computadores ou considerando o juiz, em atenção às condições da sede do juízo, que esse modo de divulgação é insuficiente ou inadequado, o edital será afixado em local de costume e publicado, em resumo, pelo menos uma vez em jornal de ampla circulação local.

•• Dispositivo correspondente no CPC de 1973: art. 687, caput.

§ 4.º Atendendo ao valor dos bens e às condições da sede do juízo, o juiz poderá alterar a forma e a frequência da publicidade na imprensa, mandar publicar o edital em local de ampla circulação de pessoas e divulgar avisos em emissora de rádio ou televisão local, bem como em sítios distintos do indicado no § 2.º.

•• Dispositivo correspondente no CPC de 1973: art. 687, § 2.º.

§ 5.º Os editais de leilão de imóveis e de veículos automotores serão publicados pela imprensa ou por outros meios de divulgação, preferencialmente na seção ou no local reservados à publicidade dos respectivos negócios.

•• Dispositivo correspondente no CPC de 1973: art. 687, § 3.º.

§ 6.º O juiz poderá determinar a reunião de publicações em listas referentes a mais de uma execução.

•• Dispositivo correspondente no CPC de 1973: art. 687, § 4.º.

Art. 888. Não se realizando o leilão por qualquer motivo, o juiz mandará publicar a transferência, observando-se o disposto no art. 887.

•• Dispositivo correspondente no CPC de 1973: art. 688, caput.

Parágrafo único. O escrivão, o chefe de secretaria ou o leiloeiro que culposamente der causa à transferência responde pelas despesas da nova publicação, podendo o juiz aplicar-lhe a pena de suspensão por 5 (cinco) dias a 3 (três) meses, em procedimento administrativo regular.

•• Dispositivo correspondente no CPC de 1973: art. 688, parágrafo único.

Art. 889. Serão cientificados da alienação judicial, com pelo menos 5 (cinco) dias de antecedência:

I – o executado, por meio de seu advogado ou, se não tiver procurador constituído nos autos, por carta registrada, mandado, edital ou outro meio idôneo;

•• Dispositivo correspondente no CPC de 1973: art. 687, § 5.º.

II – o coproprietário de bem indivisível do qual tenha sido penhorada fração ideal;

III – o titular de usufruto, uso, habitação, enfiteuse, direito de superfície, concessão de uso especial para fins de moradia ou concessão de direito real de uso, quando a penhora recair sobre bem gravado com tais direitos reais;

IV – o proprietário do terreno submetido ao regime de direito de superfície, enfiteuse, concessão de uso especial para fins de moradia ou concessão de direito real de uso, quando a penhora recair sobre tais direitos reais;

V – o credor pignoratício, hipotecário, anticrético, fiduciário ou com penhora anteriormente averbada, quando a penhora recair sobre bens com tais gravames, caso não seja o credor, de qualquer modo, parte na execução;

•• Dispositivo correspondente no CPC de 1973: art. 698.

VI – o promitente comprador, quando a penhora recair sobre bem em relação ao qual haja promessa de compra e venda registrada;

Processo de Execução

VII – o promitente vendedor, quando a penhora recair sobre direito aquisitivo derivado de promessa de compra e venda registrada;

VIII – a União, o Estado e o Município, no caso de alienação de bem tombado.

Parágrafo único. Se o executado for revel e não tiver advogado constituído, não constando dos autos seu endereço atual ou, ainda, não sendo ele encontrado no endereço constante do processo, a intimação considerar-se-á feita por meio do próprio edital de leilão.

Art. 890. Pode oferecer lance quem estiver na livre administração de seus bens, com exceção:

•• Dispositivo correspondente no CPC de 1973: art. 690-A, *caput.*

I – dos tutores, dos curadores, dos testamenteiros, dos administradores ou dos liquidantes, quanto aos bens confiados à sua guarda e à sua responsabilidade;

•• Dispositivo correspondente no CPC de 1973: art. 690-A, I.

II – dos mandatários, quanto aos bens de cuja administração ou alienação estejam encarregados;

•• Dispositivo correspondente no CPC de 1973: art. 690-A, II.

III – do juiz, do membro do Ministério Público e da Defensoria Pública, do escrivão, do chefe de secretaria e dos demais servidores e auxiliares da justiça, em relação aos bens e direitos objeto de alienação na localidade onde servirem ou a que se estender a sua autoridade;

•• Dispositivo correspondente no CPC de 1973: art. 690-A, III.

IV – dos servidores públicos em geral, quanto aos bens ou aos direitos da pessoa jurídica a que servirem ou que estejam sob sua administração direta ou indireta;

V – dos leiloeiros e seus prepostos, quanto aos bens de cuja venda estejam encarregados;

VI – dos advogados de qualquer das partes.

Art. 891. Não será aceito lance que ofereça preço vil.

•• Dispositivo correspondente no CPC de 1973: art. 692, *caput.*

Parágrafo único. Considera-se vil o preço inferior ao mínimo estipulado pelo juiz e constante do edital, e, não tendo sido fixado preço mínimo, considera-se vil o preço inferior a cinquenta por cento do valor da avaliação.

Art. 892. Salvo pronunciamento judicial em sentido diverso, o pagamento deverá ser realizado de imediato pelo arrematante, por depósito judicial ou por meio eletrônico.

§ 1.º Se o exequente arrematar os bens e for o único credor, não estará obrigado a exibir o preço, mas, se o valor dos bens exceder ao seu crédito, depositará, dentro de 3 (três) dias, a diferença, sob pena de tornar-se sem efeito a arrematação, e, nesse caso, realizar-se-á novo leilão, à custa do exequente.

•• Dispositivo correspondente no CPC de 1973: art. 690-A, parágrafo único.

§ 2.º Se houver mais de um pretendente, proceder-se-á entre eles à licitação, e, no caso de igualdade de oferta, terá preferência o cônjuge, o companheiro, o descendente ou o ascendente do executado, nessa ordem.

§ 3.º No caso de leilão de bem tombado, a União, os Estados e os Municípios terão, nessa ordem, o direito de preferência na arrematação, em igualdade de oferta.

Art. 893. Se o leilão for de diversos bens e houver mais de um lançador, terá preferência aquele que se propuser a arrematá-los todos, em conjunto, oferecendo, para os bens que não tiverem lance, preço igual ao da avaliação e, para os demais, preço igual ao do maior lance que, na tentativa de arrematação individualizada, tenha sido oferecido para eles.

•• Dispositivo correspondente no CPC de 1973: art. 691.

Art. 894. Quando o imóvel admitir cômoda divisão, o juiz, a requerimento do executado, ordenará a alienação judicial de parte dele, desde que suficiente para o pagamento do exequente e para a satisfação das despesas da execução.

•• Dispositivo correspondente no CPC de 1973: art. 702, *caput.*

§ 1.º Não havendo lançador, far-se-á a alienação do imóvel em sua integridade.

Arts. 894 a 896

- Dispositivo correspondente no CPC de 1973: art. 702, parágrafo único.

§ 2.º A alienação por partes deverá ser requerida a tempo de permitir a avaliação das glebas destacadas e sua inclusão no edital, e, nesse caso, caberá ao executado instruir o requerimento com planta e memorial descritivo subscritos por profissional habilitado.

Art. 895. O interessado em adquirir o bem penhorado em prestações poderá apresentar, por escrito:

- Dispositivo correspondente no CPC de 1973: art. 690, § 1.º.

I – até o início do primeiro leilão, proposta de aquisição do bem por valor não inferior ao da avaliação;

- Dispositivo correspondente no CPC de 1973: art. 690, § 1.º.

II – até o início do segundo leilão, proposta de aquisição do bem por valor que não seja considerado vil.

- Dispositivo correspondente no CPC de 1973: art. 690, § 1.º.

§ 1.º A proposta conterá, em qualquer hipótese, oferta de pagamento de pelo menos vinte e cinco por cento do valor do lance à vista e o restante parcelado em até 30 (trinta) meses, garantido por caução idônea, quando se tratar de móveis, e por hipoteca do próprio bem, quando se tratar de imóveis.

§ 2.º As propostas para aquisição em prestações indicarão o prazo, a modalidade, o indexador de correção monetária e as condições de pagamento do saldo.

- Dispositivo correspondente no CPC de 1973: art. 690, § 2.º.

§ 3.º (Vetado.)

- O texto vetado dizia: "§ 3.º As prestações, que poderão ser pagas por meio eletrônico, serão corrigidas mensalmente pelo índice oficial de atualização financeira, a ser informado, se for o caso, para a operadora do cartão de crédito". *Razões do veto*: "O dispositivo institui correção monetária mensal por um índice oficial de preços, o que caracteriza indexação. Sua introdução potencializaria a memória inflacionária, culminando em uma indesejada inflação inercial".

§ 4.º No caso de atraso no pagamento de qualquer das prestações, incidirá multa de dez por cento sobre a soma da parcela inadimplida com as parcelas vincendas.

§ 5.º O inadimplemento autoriza o exequente a pedir a resolução da arrematação ou promover, em face do arrematante, a execução do valor devido, devendo ambos os pedidos ser formulados nos autos da execução em que se deu a arrematação.

§ 6.º A apresentação da proposta prevista neste artigo não suspende o leilão.

§ 7.º A proposta de pagamento do lance à vista sempre prevalecerá sobre as propostas de pagamento parcelado.

§ 8.º Havendo mais de uma proposta de pagamento parcelado:

I – em diferentes condições, o juiz decidirá pela mais vantajosa, assim compreendida, sempre, a de maior valor;

II – em iguais condições, o juiz decidirá pela formulada em primeiro lugar.

§ 9.º No caso de arrematação a prazo, os pagamentos feitos pelo arrematante pertencerão ao exequente até o limite de seu crédito, e os subsequentes, ao executado.

- Dispositivo correspondente no CPC de 1973: art. 690, § 4.º.

Art. 896. Quando o imóvel de incapaz não alcançar em leilão pelo menos oitenta por cento do valor da avaliação, o juiz o confiará à guarda e à administração de depositário idôneo, adiando a alienação por prazo não superior a 1 (um) ano.

- Dispositivo correspondente no CPC de 1973: art. 701, *caput*.

§ 1.º Se, durante o adiamento, algum pretendente assegurar, mediante caução idônea, o preço da avaliação, o juiz ordenará a alienação em leilão.

- Dispositivo correspondente no CPC de 1973: art. 701, § 1.º.

§ 2.º Se o pretendente à arrematação se arrepender, o juiz impor-lhe-á multa de vinte por cento sobre o valor da avaliação, em benefício do incapaz, valendo a decisão como título executivo.

- Dispositivo correspondente no CPC de 1973: art. 701, § 2.º.

Processo de Execução

§ 3.º Sem prejuízo do disposto nos §§ 1.º e 2.º, o juiz poderá autorizar a locação do imóvel no prazo do adiamento.

•• Dispositivo correspondente no CPC de 1973: art. 701, § 3.º.

§ 4.º Findo o prazo do adiamento, o imóvel será submetido a novo leilão.

•• Dispositivo correspondente no CPC de 1973: art. 701, § 4.º.

Art. 897. Se o arrematante ou seu fiador não pagar o preço no prazo estabelecido, o juiz impor-lhe-á, em favor do exequente, a perda da caução, voltando os bens a novo leilão, do qual não serão admitidos a participar o arrematante e o fiador remissos.

•• Dispositivo correspondente no CPC de 1973: art. 695.

Art. 898. O fiador do arrematante que pagar o valor do lance e a multa poderá requerer que a arrematação lhe seja transferida.

•• Dispositivo correspondente no CPC de 1973: art. 696.

Art. 899. Será suspensa a arrematação logo que o produto da alienação dos bens for suficiente para o pagamento do credor e para a satisfação das despesas da execução.

•• Dispositivo correspondente no CPC de 1973: art. 692, parágrafo único.

Art. 900. O leilão prosseguirá no dia útil imediato, à mesma hora em que teve início, independentemente de novo edital, se for ultrapassado o horário de expediente forense.

•• Dispositivo correspondente no CPC de 1973: art. 689.

Art. 901. A arrematação constará de auto que será lavrado de imediato e poderá abranger bens penhorados em mais de uma execução, nele mencionadas as condições nas quais foi alienado o bem.

•• Dispositivo correspondente no CPC de 1973: art. 693, *caput*.

§ 1.º A ordem de entrega do bem móvel ou a carta de arrematação do bem imóvel, com o respectivo mandado de imissão na posse, será expedida depois de efetuado o depósito ou prestadas as garantias pelo arrematante, bem como realizado o pagamento da comissão do leiloeiro e das demais despesas da execução.

•• Dispositivo correspondente no CPC de 1973: art. 693, parágrafo único.

§ 2.º A carta de arrematação conterá a descrição do imóvel, com remissão à sua matrícula ou individuação e aos seus registros, a cópia do auto de arrematação e a prova de pagamento do imposto de transmissão, além da indicação da existência de eventual ônus real ou gravame.

•• Dispositivo correspondente no CPC de 1973: art. 703.

Art. 902. No caso de leilão de bem hipotecado, o executado poderá remi-lo até a assinatura do auto de arrematação, oferecendo preço igual ao do maior lance oferecido.

Parágrafo único. No caso de falência ou insolvência do devedor hipotecário, o direito de remição previsto no *caput* defere-se à massa ou aos credores em concurso, não podendo o exequente recusar o preço da avaliação do imóvel.

Art. 903. Qualquer que seja a modalidade de leilão, assinado o auto pelo juiz, pelo arrematante e pelo leiloeiro, a arrematação será considerada perfeita, acabada e irretratável, ainda que venham a ser julgados procedentes os embargos do executado ou a ação autônoma de que trata o § 4.º deste artigo, assegurada a possibilidade de reparação pelos prejuízos sofridos.

•• Dispositivo correspondente no CPC de 1973: art. 694, *caput*.

§ 1.º Ressalvadas outras situações previstas neste Código, a arrematação poderá, no entanto, ser:

•• Dispositivo correspondente no CPC de 1973: art. 694, § 1.º, *caput*.

I – invalidada, quando realizada por preço vil ou com outro vício;

•• Dispositivo correspondente no CPC de 1973: art. 694, § 1.º, I.

II – considerada ineficaz, se não observado o disposto no art. 804;

III – resolvida, se não for pago o preço ou se não for prestada a caução.

•• Dispositivo correspondente no CPC de 1973: art. 694, § 1.º, II.

§ 2.º O juiz decidirá acerca das situações referidas no § 1.º, se for provocado em até 10 (dez) dias após o aperfeiçoamento da arrematação.

§ 3.º Passado o prazo previsto no § 2.º sem que tenha havido alegação de qualquer das situações previstas no § 1.º, será expedida a carta de arrematação e, conforme o caso, a ordem de entrega ou mandado de imissão na posse.

§ 4.º Após a expedição da carta de arrematação ou da ordem de entrega, a invalidação da arrematação poderá ser pleiteada por ação autônoma, em cujo processo o arrematante figurará como litisconsorte necessário.

§ 5.º O arrematante poderá desistir da arrematação, sendo-lhe imediatamente devolvido o depósito que tiver feito:

I – se provar, nos 10 (dez) dias seguintes, a existência de ônus real ou gravame não mencionado no edital;

II – se, antes de expedida a carta de arrematação ou a ordem de entrega, o executado alegar alguma das situações previstas no § 1.º;

III – uma vez citado para responder a ação autônoma de que trata o § 4.º deste artigo, desde que apresente a desistência no prazo de que dispõe para responder a essa ação.

§ 6.º Considera-se ato atentatório à dignidade da justiça a suscitação infundada de vício com o objetivo de ensejar a desistência do arrematante, devendo o suscitante ser condenado, sem prejuízo da responsabilidade por perdas e danos, ao pagamento de multa, a ser fixada pelo juiz e devida ao exequente, em montante não superior a vinte por cento do valor atualizado do bem.

Seção V
Da Satisfação do Crédito

Art. 904. A satisfação do crédito exequendo far-se-á:

•• Dispositivo correspondente no CPC de 1973: art. 708, *caput*.

I – pela entrega do dinheiro;

•• Dispositivo correspondente no CPC de 1973: art. 708, I.

II – pela adjudicação dos bens penhorados.

•• Dispositivo correspondente no CPC de 1973: art. 708, II.

Art. 905. O juiz autorizará que o exequente levante, até a satisfação integral de seu crédito, o dinheiro depositado para segurar o juízo ou o produto dos bens alienados, bem como do faturamento de empresa ou de outros frutos e rendimentos de coisas ou empresas penhoradas, quando:

•• Dispositivo correspondente no CPC de 1973: art. 709, *caput*.

I – a execução for movida só a benefício do exequente singular, a quem, por força da penhora, cabe o direito de preferência sobre os bens penhorados e alienados;

•• Dispositivo correspondente no CPC de 1973: art. 709, I.

II – não houver sobre os bens alienados outros privilégios ou preferências instituídos anteriormente à penhora.

•• Dispositivo correspondente no CPC de 1973: art. 709, II.

Parágrafo único. Durante o plantão judiciário, veda-se a concessão de pedidos de levantamento de importância em dinheiro ou valores ou de liberação de bens apreendidos.

Art. 906. Ao receber o mandado de levantamento, o exequente dará ao executado, por termo nos autos, quitação da quantia paga.

•• Dispositivo correspondente no CPC de 1973: art. 709, parágrafo único.

Parágrafo único. A expedição de mandado de levantamento poderá ser substituída pela transferência eletrônica do valor depositado em conta vinculada ao juízo para outra indicada pelo exequente.

Art. 907. Pago ao exequente o principal, os juros, as custas e os honorários, a importância que sobrar será restituída ao executado.

•• Dispositivo correspondente no CPC de 1973: art. 710.

Art. 908. Havendo pluralidade de credores ou exequentes, o dinheiro lhes será distribuído e entregue consoante a ordem das respectivas preferências.

Processo de Execução

•• Dispositivo correspondente no CPC de 1973: art. 711.

§ 1.º No caso de adjudicação ou alienação, os créditos que recaem sobre o bem, inclusive os de natureza *propter rem*, sub-rogam-se sobre o respectivo preço, observada a ordem de preferência.

•• Dispositivo correspondente no CPC de 1973: art. 711.

§ 2.º Não havendo título legal à preferência, o dinheiro será distribuído entre os concorrentes, observando-se a anterioridade de cada penhora.

•• Dispositivo correspondente no CPC de 1973: art. 711.

Art. 909. Os exequentes formularão as suas pretensões, que versarão unicamente sobre o direito de preferência e a anterioridade da penhora, e, apresentadas as razões, o juiz decidirá.

•• Dispositivo correspondente no CPC de 1973: art. 712.

Capítulo V
DA EXECUÇÃO CONTRA A FAZENDA PÚBLICA

Art. 910. Na execução fundada em título extrajudicial, a Fazenda Pública será citada para opor embargos em 30 (trinta) dias.

•• Dispositivo correspondente no CPC de 1973: art. 730, *caput*.

§ 1.º Não opostos embargos ou transitada em julgado a decisão que os rejeitar, expedir-se-á precatório ou requisição de pequeno valor em favor do exequente, observando-se o disposto no art. 100 da Constituição Federal.

•• Dispositivo correspondente no CPC de 1973: art. 730, I e II.

§ 2.º Nos embargos, a Fazenda Pública poderá alegar qualquer matéria que lhe seria lícito deduzir como defesa no processo de conhecimento.

§ 3.º Aplica-se a este Capítulo, no que couber, o disposto nos artigos 534 e 535.

Capítulo VI
DA EXECUÇÃO DE ALIMENTOS

•• A Lei n. 5.478, de 27-7-1968, regula a ação de alimentos.
•• *Vide* art. 5.º, LXVII, da CF (prisão civil por dívida de alimentos).

Art. 911. Na execução fundada em título executivo extrajudicial que contenha obrigação alimentar, o juiz mandará citar o executado para, em 3 (três) dias, efetuar o pagamento das parcelas anteriores ao início da execução e das que se vencerem no seu curso, provar que o fez ou justificar a impossibilidade de fazê-lo.

•• Dispositivo correspondente no CPC de 1973: art. 733, *caput*.

Parágrafo único. Aplicam-se, no que couber, os §§ 2.º a 7.º do art. 528.

•• Dispositivo correspondente no CPC de 1973: art. 733, §§ 1.º a 3.º.

Art. 912. Quando o executado for funcionário público, militar, diretor ou gerente de empresa, bem como empregado sujeito à legislação do trabalho, o exequente poderá requerer o desconto em folha de pagamento de pessoal da importância da prestação alimentícia.

•• Dispositivo correspondente no CPC de 1973: art. 734, *caput*.

§ 1.º Ao despachar a inicial, o juiz oficiará à autoridade, à empresa ou ao empregador, determinando, sob pena de crime de desobediência, o desconto a partir da primeira remuneração posterior do executado, a contar do protocolo do ofício.

§ 2.º O ofício conterá os nomes e o número de inscrição no Cadastro de Pessoas Físicas do exequente e do executado, a importância a ser descontada mensalmente, a conta na qual deve ser feito o depósito e, se for o caso, o tempo de sua duração.

•• Dispositivo correspondente no CPC de 1973: art. 734, parágrafo único.

Art. 913. Não requerida a execução nos termos deste Capítulo, observar-se-á o disposto no art. 824 e seguintes, com a ressalva de que, recaindo a penhora em dinheiro, a concessão de efeito suspensivo aos embargos à execução não obsta a que o exequente levante mensalmente a importância da prestação.

•• Dispositivo correspondente no CPC de 1973: art. 732, parágrafo único.

Título III
DOS EMBARGOS À EXECUÇÃO

Art. 914. O executado, independentemente de penhora, depósito ou caução, poderá se opor à execução por meio de embargos.

•• Dispositivo correspondente no CPC de 1973: art. 736, *caput*.

§ 1.º Os embargos à execução serão distribuídos por dependência, autuados em apartado e instruídos com cópias das peças processuais relevantes, que poderão ser declaradas autênticas pelo próprio advogado, sob sua responsabilidade pessoal.

•• Dispositivo correspondente no CPC de 1973: art. 736, parágrafo único.

§ 2.º Na execução por carta, os embargos serão oferecidos no juízo deprecante ou no juízo deprecado, mas a competência para julgá-los é do juízo deprecante, salvo se versarem unicamente sobre vícios ou defeitos da penhora, da avaliação ou da alienação dos bens efetuadas no juízo deprecado.

•• Dispositivo correspondente no CPC de 1973: art. 747.

Art. 915. Os embargos serão oferecidos no prazo de 15 (quinze) dias, contado, conforme o caso, na forma do art. 231.

•• Dispositivo correspondente no CPC de 1973: art. 738, *caput*.

§ 1.º Quando houver mais de um executado, o prazo para cada um deles embargar conta-se a partir da juntada do respectivo comprovante da citação, salvo no caso de cônjuges ou de companheiros, quando será contado a partir da juntada do último.

•• Dispositivo correspondente no CPC de 1973: art. 738, § 1.º.

§ 2.º Nas execuções por carta, o prazo para embargos será contado:

•• Dispositivo correspondente no CPC de 1973: art. 738, § 2.º.

I – da juntada, na carta, da certificação da citação, quando versarem unicamente sobre vícios ou defeitos da penhora, da avaliação ou da alienação dos bens;

•• Dispositivo correspondente no CPC de 1973: art. 738, § 2.º.

II – da juntada, nos autos de origem, do comunicado de que trata o § 4.º deste artigo ou, não havendo este, da juntada da carta devidamente cumprida, quando versarem sobre questões diversas da prevista no inciso I deste parágrafo.

•• Dispositivo correspondente no CPC de 1973: art. 738, § 2.º.

§ 3.º Em relação ao prazo para oferecimento dos embargos à execução, não se aplica o disposto no art. 229.

§ 4.º Nos atos de comunicação por carta precatória, rogatória ou de ordem, a realização da citação será imediatamente informada, por meio eletrônico, pelo juiz deprecado ao juiz deprecante.

Art. 916. No prazo para embargos, reconhecendo o crédito do exequente e comprovando o depósito de trinta por cento do valor em execução, acrescido de custas e de honorários de advogado, o executado poderá requerer que lhe seja permitido pagar o restante em até 6 (seis) parcelas mensais, acrescidas de correção monetária e de juros de um por cento ao mês.

•• Dispositivo correspondente no CPC de 1973: art. 745-A, *caput*.

§ 1.º O exequente será intimado para manifestar-se sobre o preenchimento dos pressupostos do *caput*, e o juiz decidirá o requerimento em 5 (cinco) dias.

§ 2.º Enquanto não apreciado o requerimento, o executado terá de depositar as parcelas vincendas, facultado ao exequente seu levantamento.

§ 3.º Deferida a proposta, o exequente levantará a quantia depositada, e serão suspensos os atos executivos.

•• Dispositivo correspondente no CPC de 1973: art. 745-A, § 1.º.

§ 4.º Indeferida a proposta, seguir-se-ão os atos executivos, mantido o depósito, que será convertido em penhora.

•• Dispositivo correspondente no CPC de 1973: art. 745-A, § 1.º.

§ 5.º O não pagamento de qualquer das prestações acarretará cumulativamente:

Processo de Execução

•• Dispositivo correspondente no CPC de 1973: art. 745-A, § 2.º.

I – o vencimento das prestações subsequentes e o prosseguimento do processo, com o imediato reinício dos atos executivos;

•• Dispositivo correspondente no CPC de 1973: art. 745-A, § 2.º.

II – a imposição ao executado de multa de dez por cento sobre o valor das prestações não pagas.

•• Dispositivo correspondente no CPC de 1973: art. 745-A, § 2.º.

§ 6.º A opção pelo parcelamento de que trata este artigo importa renúncia ao direito de opor embargos.

•• Dispositivo correspondente no CPC de 1973: art. 745-A, § 2.º.

§ 7.º O disposto neste artigo não se aplica ao cumprimento da sentença.

Art. 917. Nos embargos à execução, o executado poderá alegar:

•• Dispositivo correspondente no CPC de 1973: art. 745, *caput*.

•• *Vide* Enunciado 55 da ENFAM.

I – inexequibilidade do título ou inexigibilidade da obrigação;

•• Dispositivo correspondente no CPC de 1973: art. 745, I.

II – penhora incorreta ou avaliação errônea;

•• Dispositivo correspondente no CPC de 1973: art. 745, II.

III – excesso de execução ou cumulação indevida de execuções;

•• Dispositivo correspondente no CPC de 1973: art. 745, III.

IV – retenção por benfeitorias necessárias ou úteis, nos casos de execução para entrega de coisa certa;

•• Dispositivo correspondente no CPC de 1973: art. 745, IV.

V – incompetência absoluta ou relativa do juízo da execução;

VI – qualquer matéria que lhe seria lícito deduzir como defesa em processo de conhecimento.

•• Dispositivo correspondente no CPC de 1973: art. 745, V.

§ 1.º A incorreção da penhora ou da avaliação poderá ser impugnada por simples petição, no prazo de 15 (quinze) dias, contado da ciência do ato.

§ 2.º Há excesso de execução quando:

•• Dispositivo correspondente no CPC de 1973: art. 743, *caput*.

I – o exequente pleiteia quantia superior à do título;

•• Dispositivo correspondente no CPC de 1973: art. 743, I.

II – ela recai sobre coisa diversa daquela declarada no título;

•• Dispositivo correspondente no CPC de 1973: art. 743, II.

III – ela se processa de modo diferente do que foi determinado no título;

•• Dispositivo correspondente no CPC de 1973: art. 743, III.

IV – o exequente, sem cumprir a prestação que lhe corresponde, exige o adimplemento da prestação do executado;

•• Dispositivo correspondente no CPC de 1973: art. 743, IV.

V – o exequente não prova que a condição se realizou.

•• Dispositivo correspondente no CPC de 1973: art. 743, V.

§ 3.º Quando alegar que o exequente, em excesso de execução, pleiteia quantia superior à do título, o embargante declarará na petição inicial o valor que entende correto, apresentando demonstrativo discriminado e atualizado de seu cálculo.

•• Dispositivo correspondente no CPC de 1973: art. 739-A, § 5.º.

§ 4.º Não apontado o valor correto ou não apresentado o demonstrativo, os embargos à execução:

•• Dispositivo correspondente no CPC de 1973: art. 739-A, § 5.º.

I – serão liminarmente rejeitados, sem resolução de mérito, se o excesso de execução for o seu único fundamento;

•• Dispositivo correspondente no CPC de 1973: art. 739-A, § 5.º.

II – serão processados, se houver outro fundamento, mas o juiz não examinará a alegação de excesso de execução.

•• Dispositivo correspondente no CPC de 1973: art. 739-A, § 5.º.

§ 5.º Nos embargos de retenção por benfeitorias, o exequente poderá requerer a compensação de seu valor com o dos frutos ou dos danos considerados devidos pelo executado, cumprindo ao juiz, para a apuração dos respectivos valores, nomear perito, observando-se, então, o art. 464.

•• Dispositivo correspondente no CPC de 1973: art. 745, § 1.º.

§ 6.º O exequente poderá a qualquer tempo ser imitido na posse da coisa, prestando caução ou depositando o valor devido pelas benfeitorias ou resultante da compensação.

•• Dispositivo correspondente no CPC de 1973: art. 745, § 2.º.

§ 7.º A arguição de impedimento e suspeição observará o disposto nos arts. 146 e 148.

Art. 918. O juiz rejeitará liminarmente os embargos:

•• Dispositivo correspondente no CPC de 1973: art. 739, *caput*.

I – quando intempestivos;

•• Dispositivo correspondente no CPC de 1973: art. 739, I.

II – nos casos de indeferimento da petição inicial e de improcedência liminar do pedido;

•• Dispositivo correspondente no CPC de 1973: art. 739, II.

III – manifestamente protelatórios.

•• Dispositivo correspondente no CPC de 1973: art. 739, III.

•• *Vide* Enunciado 50 da ENFAM.

Parágrafo único. Considera-se conduta atentatória à dignidade da justiça o oferecimento de embargos manifestamente protelatórios.

•• *Vide* Enunciado 50 da ENFAM.

Art. 919. Os embargos à execução não terão efeito suspensivo.

•• Dispositivo correspondente no CPC de 1973: art. 739-A, *caput*.

§ 1.º O juiz poderá, a requerimento do embargante, atribuir efeito suspensivo aos embargos quando verificados os requisitos para a concessão da tutela provisória e desde que a execução já esteja garantida por penhora, depósito ou caução suficientes.

•• Dispositivo correspondente no CPC de 1973: art. 739-A, § 1.º.

§ 2.º Cessando as circunstâncias que a motivaram, a decisão relativa aos efeitos dos embargos poderá, a requerimento da parte, ser modificada ou revogada a qualquer tempo, em decisão fundamentada.

•• Dispositivo correspondente no CPC de 1973: art. 739-A, § 2.º.

§ 3.º Quando o efeito suspensivo atribuído aos embargos disser respeito apenas a parte do objeto da execução, esta prosseguirá quanto à parte restante.

•• Dispositivo correspondente no CPC de 1973: art. 739-A, § 3.º.

§ 4.º A concessão de efeito suspensivo aos embargos oferecidos por um dos executados não suspenderá a execução contra os que não embargaram quando o respectivo fundamento disser respeito exclusivamente ao embargante.

•• Dispositivo correspondente no CPC de 1973: art. 739-A, § 4.º.

§ 5.º A concessão de efeito suspensivo não impedirá a efetivação dos atos de substituição, de reforço ou de redução da penhora e de avaliação dos bens.

•• Dispositivo correspondente no CPC de 1973: art. 739-A, § 6.º.

Art. 920. Recebidos os embargos:

•• Dispositivo correspondente no CPC de 1973: art. 740, *caput*.

I – o exequente será ouvido no prazo de 15 (quinze) dias;

•• Dispositivo correspondente no CPC de 1973: art. 740, *caput*.

II – a seguir, o juiz julgará imediatamente o pedido ou designará audiência;

•• Dispositivo correspondente no CPC de 1973: art. 740, *caput*.

III – encerrada a instrução, o juiz proferirá sentença.

•• Dispositivo correspondente no CPC de 1973: art. 740, *caput*.

Título IV
DA SUSPENSÃO E DA EXTINÇÃO DO PROCESSO DE EXECUÇÃO

Capítulo I
DA SUSPENSÃO DO PROCESSO DE EXECUÇÃO

Art. 921. Suspende-se a execução:

•• Dispositivo correspondente no CPC de 1973: art. 791, *caput*.

Processo de Execução

Arts. 921 a 925

I – nas hipóteses dos arts. 313 e 315, no que couber;

•• Dispositivo correspondente no CPC de 1973: art. 791, II.

II – no todo ou em parte, quando recebidos com efeito suspensivo os embargos à execução;

•• Dispositivo correspondente no CPC de 1973: art. 791, I.

III – quando o executado não possuir bens penhoráveis;

•• Dispositivo correspondente no CPC de 1973: art. 791, III.

IV – se a alienação dos bens penhorados não se realizar por falta de licitantes e o exequente, em 15 (quinze) dias, não requerer a adjudicação nem indicar outros bens penhoráveis;

V – quando concedido o parcelamento de que trata o art. 916.

§ 1.º Na hipótese do inciso III, o juiz suspenderá a execução pelo prazo de 1 (um) ano, durante o qual se suspenderá a prescrição.

§ 2.º Decorrido o prazo máximo de 1 (um) ano sem que seja localizado o executado ou que sejam encontrados bens penhoráveis, o juiz ordenará o arquivamento dos autos.

§ 3.º Os autos serão desarquivados para prosseguimento da execução se a qualquer tempo forem encontrados bens penhoráveis.

§ 4.º Decorrido o prazo de que trata o § 1.º sem manifestação do exequente, começa a correr o prazo de prescrição intercorrente.

§ 5.º O juiz, depois de ouvidas as partes, no prazo de 15 (quinze) dias, poderá, de ofício, reconhecer a prescrição de que trata o § 4.º e extinguir o processo.

Art. 922. Convindo as partes, o juiz declarará suspensa a execução durante o prazo concedido pelo exequente para que o executado cumpra voluntariamente a obrigação.

•• Dispositivo correspondente no CPC de 1973: art. 792, caput.

Parágrafo único. Findo o prazo sem cumprimento da obrigação, o processo retomará o seu curso.

•• Dispositivo correspondente no CPC de 1973: art. 792, parágrafo único.

Art. 923. Suspensa a execução, não serão praticados atos processuais, podendo o juiz, entretanto, salvo no caso de arguição de impedimento ou de suspeição, ordenar providências urgentes.

•• Dispositivo correspondente no CPC de 1973: art. 793.

Capítulo II
DA EXTINÇÃO DO PROCESSO DE EXECUÇÃO

Art. 924. Extingue-se a execução quando:

•• Dispositivo correspondente no CPC de 1973: art. 794, caput.

I – a petição inicial for indeferida;

II – a obrigação for satisfeita;

•• Dispositivo correspondente no CPC de 1973: art. 794, I.

III – o executado obtiver, por qualquer outro meio, a extinção total da dívida;

•• Dispositivo correspondente no CPC de 1973: art. 794, II.

IV – o exequente renunciar ao crédito;

•• Dispositivo correspondente no CPC de 1973: art. 794, III.

V – ocorrer a prescrição intercorrente.

• Vide art. 1.056 do CPC.

Art. 925. A extinção só produz efeito quando declarada por sentença.

•• Dispositivo correspondente no CPC de 1973: art. 795.

Livro III
DOS PROCESSOS NOS TRIBUNAIS E DOS MEIOS DE IMPUGNAÇÃO DAS DECISÕES JUDICIAIS

Título I
DA ORDEM DOS PROCESSOS E DOS PROCESSOS DE COMPETÊNCIA ORIGINÁRIA DOS TRIBUNAIS

Capítulo I
DISPOSIÇÕES GERAIS

Art. 926. Os tribunais devem uniformizar sua jurisprudência e mantê-la estável, íntegra e coerente.

§ 1.º Na forma estabelecida e segundo os pressupostos fixados no regimento interno, os tribunais editarão enunciados de súmula correspondentes a sua jurisprudência dominante.

§ 2.º Ao editar enunciados de súmula, os tribunais devem ater-se às circunstâncias fáticas dos precedentes que motivaram sua criação.

Art. 927. Os juízes e os tribunais observarão:

I – as decisões do Supremo Tribunal Federal em controle concentrado de constitucionalidade;

II – os enunciados de súmula vinculante;

•• *Vide* art. 103-A da CF.

III – os acórdãos em incidente de assunção de competência ou de resolução de demandas repetitivas e em julgamento de recursos extraordinário e especial repetitivos;

IV – os enunciados das súmulas do Supremo Tribunal Federal em matéria constitucional e do Superior Tribunal de Justiça em matéria infraconstitucional;

V – a orientação do plenário ou do órgão especial aos quais estiverem vinculados.

§ 1.º Os juízes e os tribunais observarão o disposto no art. 10 e no art. 489, § 1.º, quando decidirem com fundamento neste artigo.

§ 2.º A alteração de tese jurídica adotada em enunciado de súmula ou em julgamento de casos repetitivos poderá ser precedida de audiências públicas e da participação de pessoas, órgãos ou entidades que possam contribuir para a rediscussão da tese.

§ 3.º Na hipótese de alteração de jurisprudência dominante do Supremo Tribunal Federal e dos tribunais superiores ou daquela oriunda de julgamento de casos repetitivos, pode haver modulação dos efeitos da alteração no interesse social e no da segurança jurídica.

§ 4.º A modificação de enunciado de súmula, de jurisprudência pacificada ou de tese adotada em julgamento de casos repetitivos observará a necessidade de fundamentação adequada e específica, considerando os princípios da segurança jurídica, da proteção da confiança e da isonomia.

§ 5.º Os tribunais darão publicidade a seus precedentes, organizando-os por questão jurídica decidida e divulgando-os, preferencialmente, na rede mundial de computadores.

Art. 928. Para os fins deste Código, considera-se julgamento de casos repetitivos a decisão proferida em:

I – incidente de resolução de demandas repetitivas;

II – recursos especial e extraordinário repetitivos.

Parágrafo único. O julgamento de casos repetitivos tem por objeto questão de direito material ou processual.

Capítulo II
DA ORDEM DOS PROCESSOS NO TRIBUNAL

Art. 929. Os autos serão registrados no protocolo do tribunal no dia de sua entrada,

Processo nos Tribunais

Arts. 929 a 933

cabendo à secretaria ordená-los, com imediata distribuição.

•• Dispositivo correspondente no CPC de 1973: art. 547, *caput*.

Parágrafo único. A critério do tribunal, os serviços de protocolo poderão ser descentralizados, mediante delegação a ofícios de justiça de primeiro grau.

•• Dispositivo correspondente no CPC de 1973: art. 547, parágrafo único.

Art. 930. Far-se-á a distribuição de acordo com o regimento interno do tribunal, observando-se a alternatividade, o sorteio eletrônico e a publicidade.

•• Dispositivo correspondente no CPC de 1973: art. 548.

Parágrafo único. O primeiro recurso protocolado no tribunal tornará prevento o relator para eventual recurso subsequente interposto no mesmo processo ou em processo conexo.

Art. 931. Distribuídos, os autos serão imediatamente conclusos ao relator, que, em 30 (trinta) dias, depois de elaborar o voto, restituí-los-á, com relatório, à secretaria.

•• Dispositivo correspondente no CPC de 1973: art. 549.

Art. 932. Incumbe ao relator:

I – dirigir e ordenar o processo no tribunal, inclusive em relação à produção de prova, bem como, quando for o caso, homologar autocomposição das partes;

II – apreciar o pedido de tutela provisória nos recursos e nos processos de competência originária do tribunal;

III – não conhecer de recurso inadmissível, prejudicado ou que não tenha impugnado especificamente os fundamentos da decisão recorrida;

•• Dispositivo correspondente no CPC de 1973: art. 557, *caput*.

IV – negar provimento a recurso que for contrário a:

•• Dispositivo correspondente no CPC de 1973: art. 557, *caput*.

a) súmula do Supremo Tribunal Federal, do Superior Tribunal de Justiça ou do próprio tribunal;

•• Dispositivo correspondente no CPC de 1973: art. 557, *caput*.

b) acórdão proferido pelo Supremo Tribunal Federal ou pelo Superior Tribunal de Justiça em julgamento de recursos repetitivos;

c) entendimento firmado em incidente de resolução de demandas repetitivas ou de assunção de competência;

V – depois de facultada a apresentação de contrarrazões, dar provimento ao recurso se a decisão recorrida for contrária a:

•• Dispositivo correspondente no CPC de 1973: art. 557, § 1.º-A.

a) súmula do Supremo Tribunal Federal, do Superior Tribunal de Justiça ou do próprio tribunal;

•• Dispositivo correspondente no CPC de 1973: art. 557, § 1.º-A.

b) acórdão proferido pelo Supremo Tribunal Federal ou pelo Superior Tribunal de Justiça em julgamento de recursos repetitivos;

c) entendimento firmado em incidente de resolução de demandas repetitivas ou de assunção de competência;

VI – decidir o incidente de desconsideração da personalidade jurídica, quando este for instaurado originariamente perante o tribunal;

VII – determinar a intimação do Ministério Público, quando for o caso;

VIII – exercer outras atribuições estabelecidas no regimento interno do tribunal.

Parágrafo único. Antes de considerar inadmissível o recurso, o relator concederá o prazo de 5 (cinco) dias ao recorrente para que seja sanado vício ou complementada a documentação exigível.

Art. 933. Se o relator constatar a ocorrência de fato superveniente à decisão recorrida ou a existência de questão apreciável de ofício ainda não examinada que devam ser consideradas no julgamento do recurso, intimará as partes para que se manifestem no prazo de 5 (cinco) dias.

§ 1.º Se a constatação ocorrer durante a sessão de julgamento, esse será imediatamente

Arts. 933 a 937 — Processo nos Tribunais

suspenso a fim de que as partes se manifestem especificamente.

§ 2.º Se a constatação se der em vista dos autos, deverá o juiz que a solicitou encaminhá-los ao relator, que tomará as providências previstas no *caput* e, em seguida, solicitará a inclusão do feito em pauta para prosseguimento do julgamento, com submissão integral da nova questão aos julgadores.

Art. 934. Em seguida, os autos serão apresentados ao presidente, que designará dia para julgamento, ordenando, em todas as hipóteses previstas neste Livro, a publicação da pauta no órgão oficial.

•• Dispositivo correspondente no CPC de 1973: art. 552, *caput*.

Art. 935. Entre a data de publicação da pauta e a da sessão de julgamento decorrerá, pelo menos, o prazo de 5 (cinco) dias, incluindo-se em nova pauta os processos que não tenham sido julgados, salvo aqueles cujo julgamento tiver sido expressamente adiado para a primeira sessão seguinte.

•• Dispositivo correspondente no CPC de 1973: art. 552, § 1.º.

§ 1.º Às partes será permitida vista dos autos em cartório após a publicação da pauta de julgamento.

§ 2.º Afixar-se-á a pauta na entrada da sala em que se realizar a sessão de julgamento.

•• Dispositivo correspondente no CPC de 1973: art. 552, § 2.º.

Art. 936. Ressalvadas as preferências legais e regimentais, os recursos, a remessa necessária e os processos de competência originária serão julgados na seguinte ordem:

I – aqueles nos quais houver sustentação oral, observada a ordem dos requerimentos;

II – os requerimentos de preferência apresentados até o início da sessão de julgamento;

III – aqueles cujo julgamento tenha iniciado em sessão anterior; e

•• Dispositivo correspondente no CPC de 1973: art. 562.

IV – os demais casos.

Art. 937. Na sessão de julgamento, depois da exposição da causa pelo relator, o presidente dará a palavra, sucessivamente, ao recorrente, ao recorrido e, nos casos de sua intervenção, ao membro do Ministério Público, pelo prazo improrrogável de 15 (quinze) minutos para cada um, a fim de sustentarem suas razões, nas seguintes hipóteses, nos termos da parte final do *caput* do art. 1.021:

•• Dispositivo correspondente no CPC de 1973: art. 554.

I – no recurso de apelação;

II – no recurso ordinário;

III – no recurso especial;

IV – no recurso extraordinário;

V – nos embargos de divergência;

VI – na ação rescisória, no mandado de segurança e na reclamação;

VII – (*Vetado*.)

•• O texto vetado dizia: "VII - no agravo interno originário de recurso de apelação, de recurso ordinário, de recurso especial ou de recurso extraordinário;". *Razões do veto*: "A previsão de sustentação oral para todos os casos de agravo interno resultaria em perda de celeridade processual, princípio norteador do novo Código, provocando ainda sobrecarga nos Tribunais".

VIII – no agravo de instrumento interposto contra decisões interlocutórias que versem sobre tutelas provisórias de urgência ou da evidência;

IX – em outras hipóteses previstas em lei ou no regimento interno do tribunal.

§ 1.º A sustentação oral no incidente de resolução de demandas repetitivas observará o disposto no art. 984, no que couber.

§ 2.º O procurador que desejar proferir sustentação oral poderá requerer, até o início da sessão, que o processo seja julgado em primeiro lugar, sem prejuízo das preferências legais.

•• Dispositivo correspondente no CPC de 1973: art. 565, *caput*.

§ 3.º Nos processos de competência originária previstos no inciso VI, caberá sustentação oral no agravo interno interposto contra decisão de relator que o extinga.

§ 4.º É permitido ao advogado com domicílio profissional em cidade diversa daquela onde está sediado o tribunal realizar sustentação oral por

Processo nos Tribunais

Arts. 937 a 942

meio de videoconferência ou outro recurso tecnológico de transmissão de sons e imagens em tempo real, desde que o requeira até o dia anterior ao da sessão.

Art. 938. A questão preliminar suscitada no julgamento será decidida antes do mérito, deste não se conhecendo caso seja incompatível com a decisão.

•• Dispositivo correspondente no CPC de 1973: art. 560, *caput*.

§ 1.º Constatada a ocorrência de vício sanável, inclusive aquele que possa ser conhecido de ofício, o relator determinará a realização ou a renovação do ato processual, no próprio tribunal ou em primeiro grau de jurisdição, intimadas as partes.

•• Dispositivo correspondente no CPC de 1973: art. 560, parágrafo único.

§ 2.º Cumprida a diligência de que trata o § 1.º, o relator, sempre que possível, prosseguirá no julgamento do recurso.

§ 3.º Reconhecida a necessidade de produção de prova, o relator converterá o julgamento em diligência, que se realizará no tribunal ou em primeiro grau de jurisdição, decidindo-se o recurso após a conclusão da instrução.

§ 4.º Quando não determinadas pelo relator, as providências indicadas nos §§ 1.º e 3.º poderão ser determinadas pelo órgão competente para julgamento do recurso.

Art. 939. Se a preliminar for rejeitada ou se a apreciação do mérito for com ela compatível, seguir-se-ão a discussão e o julgamento da matéria principal, sobre a qual deverão se pronunciar os juízes vencidos na preliminar.

•• Dispositivo correspondente no CPC de 1973: art. 561.

Art. 940. O relator ou outro juiz que não se considerar habilitado a proferir imediatamente seu voto poderá solicitar vista pelo prazo máximo de 10 (dez) dias, após o qual o recurso será reincluído em pauta para julgamento na sessão seguinte à data da devolução.

•• Dispositivo correspondente no CPC de 1973: art. 555, § 2.º.

§ 1.º Se os autos não forem devolvidos tempestivamente ou se não for solicitada pelo juiz prorrogação de prazo de no máximo mais 10 (dez) dias, o presidente do órgão fracionário os requisitará para julgamento do recurso na sessão ordinária subsequente, com publicação da pauta em que for incluído.

•• Dispositivo correspondente no CPC de 1973: art. 555, § 3.º.

§ 2.º Quando requisitar os autos na forma do § 1.º, se aquele que fez o pedido de vista ainda não se sentir habilitado a votar, o presidente convocará substituto para proferir voto, na forma estabelecida no regimento interno do tribunal.

Art. 941. Proferidos os votos, o presidente anunciará o resultado do julgamento, designando para redigir o acórdão o relator ou, se vencido este, o autor do primeiro voto vencedor.

•• Dispositivo correspondente no CPC de 1973: art. 556, *caput*.

§ 1.º O voto poderá ser alterado até o momento da proclamação do resultado pelo presidente, salvo aquele já proferido por juiz afastado ou substituído.

§ 2.º No julgamento de apelação ou de agravo de instrumento, a decisão será tomada, no órgão colegiado, pelo voto de 3 (três) juízes.

•• Dispositivo correspondente no CPC de 1973: art. 555, *caput*.

§ 3.º O voto vencido será necessariamente declarado e considerado parte integrante do acórdão para todos os fins legais, inclusive de prequestionamento.

Art. 942. Quando o resultado da apelação for não unânime, o julgamento terá prosseguimento em sessão a ser designada com a presença de outros julgadores, que serão convocados nos termos previamente definidos no regimento interno, em número suficiente para garantir a possibilidade de inversão do resultado inicial, assegurado às partes e a eventuais terceiros o direito de sustentar oralmente suas razões perante os novos julgadores.

§ 1.º Sendo possível, o prosseguimento do julgamento dar-se-á na mesma sessão, colhendo-se os votos de outros julgadores que porventura componham o órgão colegiado.

Arts. 942 a 947

§ 2.º Os julgadores que já tiverem votado poderão rever seus votos por ocasião do prosseguimento do julgamento.

§ 3.º A técnica de julgamento prevista neste artigo aplica-se, igualmente, ao julgamento não unânime proferido em:

I – ação rescisória, quando o resultado for a rescisão da sentença, devendo, nesse caso, seu prosseguimento ocorrer em órgão de maior composição previsto no regimento interno;

II – agravo de instrumento, quando houver reforma da decisão que julgar parcialmente o mérito.

§ 4.º Não se aplica o disposto neste artigo ao julgamento:

I – do incidente de assunção de competência e ao de resolução de demandas repetitivas;

II – da remessa necessária;

III – não unânime proferido, nos tribunais, pelo plenário ou pela corte especial.

Art. 943. Os votos, os acórdãos e os demais atos processuais podem ser registrados em documento eletrônico inviolável e assinados eletronicamente, na forma da lei, devendo ser impressos para juntada aos autos do processo quando este não for eletrônico.

•• Dispositivo correspondente no CPC de 1973: art. 556, parágrafo único.

•• Vide Lei n. 11.419, de 19-12-2006, que dispõe sobre a informatização do processo judicial.

§ 1.º Todo acórdão conterá ementa.

•• Dispositivo correspondente no CPC de 1973: art. 563.

§ 2.º Lavrado o acórdão, sua ementa será publicada no órgão oficial no prazo de 10 (dez) dias.

•• Dispositivo correspondente no CPC de 1973: art. 564.

Art. 944. Não publicado o acórdão no prazo de 30 (trinta) dias, contado da data da sessão de julgamento, as notas taquigráficas o substituirão, para todos os fins legais, independentemente de revisão.

Processo nos Tribunais

Parágrafo único. No caso do caput, o presidente do tribunal lavrará, de imediato, as conclusões e a ementa e mandará publicar o acórdão.

Art. 945. (Revogado pela Lei n. 13.256, de 4-2-2016.)

Art. 946. O agravo de instrumento será julgado antes da apelação interposta no mesmo processo.

•• Dispositivo correspondente no CPC de 1973: art. 559, caput.

Parágrafo único. Se ambos os recursos de que trata o caput houverem de ser julgados na mesma sessão, terá precedência o agravo de instrumento.

•• Dispositivo correspondente no CPC de 1973: art. 559, parágrafo único.

Capítulo III
DO INCIDENTE DE ASSUNÇÃO DE COMPETÊNCIA

Art. 947. É admissível a assunção de competência quando o julgamento de recurso, de remessa necessária ou de processo de competência originária envolver relevante questão de direito, com grande repercussão social, sem repetição em múltiplos processos.

§ 1.º Ocorrendo a hipótese de assunção de competência, o relator proporá, de ofício ou a requerimento da parte, do Ministério Público ou da Defensoria Pública, que seja o recurso, a remessa necessária ou o processo de competência originária julgado pelo órgão colegiado que o regimento indicar.

•• Dispositivo correspondente no CPC de 1973: art. 555, § 1.º.

§ 2.º O órgão colegiado julgará o recurso, a remessa necessária ou o processo de competência originária se reconhecer interesse público na assunção de competência.

§ 3.º O acórdão proferido em assunção de competência vinculará todos os juízes e órgãos fracionários, exceto se houver revisão de tese.

Processo nos Tribunais

Arts. 947 a 953

§ 4.º Aplica-se o disposto neste artigo quando ocorrer relevante questão de direito a respeito da qual seja conveniente a prevenção ou a composição de divergência entre câmaras ou turmas do tribunal.

Capítulo IV
DO INCIDENTE DE ARGUIÇÃO DE INCONSTITUCIONALIDADE

Art. 948. Arguida, em controle difuso, a inconstitucionalidade de lei ou de ato normativo do poder público, o relator, após ouvir o Ministério Público e as partes, submeterá a questão à turma ou à câmara à qual competir o conhecimento do processo.

•• Dispositivo correspondente no CPC de 1973: art. 480.

Art. 949. Se a arguição for:

•• Dispositivo correspondente no CPC de 1973: art. 481, *caput.*

I – rejeitada, prosseguirá o julgamento;

•• Dispositivo correspondente no CPC de 1973: art. 481, *caput.*

II – acolhida, a questão será submetida ao plenário do tribunal ou ao seu órgão especial, onde houver.

•• Dispositivo correspondente no CPC de 1973: art. 481, *caput.*

Parágrafo único. Os órgãos fracionários dos tribunais não submeterão ao plenário ou ao órgão especial a arguição de inconstitucionalidade quando já houver pronunciamento destes ou do plenário do Supremo Tribunal Federal sobre a questão.

•• Dispositivo correspondente no CPC de 1973: art. 481, parágrafo único.

Art. 950. Remetida cópia do acórdão a todos os juízes, o presidente do tribunal designará a sessão de julgamento.

•• Dispositivo correspondente no CPC de 1973: art. 482, *caput.*

§ 1.º As pessoas jurídicas de direito público responsáveis pela edição do ato questionado poderão manifestar-se no incidente de inconstitucionalidade se assim o requererem, observados os prazos e as condições previstos no regimento interno do tribunal.

•• Dispositivo correspondente no CPC de 1973: art. 482, § 1.º.

§ 2.º A parte legitimada à propositura das ações previstas no art. 103 da Constituição Federal poderá manifestar-se, por escrito, sobre a questão constitucional objeto de apreciação, no prazo previsto pelo regimento interno, sendo-lhe assegurado o direito de apresentar memoriais ou de requerer a juntada de documentos.

•• Dispositivo correspondente no CPC de 1973: art. 482, § 2.º.

§ 3.º Considerando a relevância da matéria e a representatividade dos postulantes, o relator poderá admitir, por despacho irrecorrível, a manifestação de outros órgãos ou entidades.

•• Dispositivo correspondente no CPC de 1973: art. 482, § 3.º.

Capítulo V
DO CONFLITO DE COMPETÊNCIA

Art. 951. O conflito de competência pode ser suscitado por qualquer das partes, pelo Ministério Público ou pelo juiz.

•• Dispositivo correspondente no CPC de 1973: art. 116, *caput.*

Parágrafo único. O Ministério Público somente será ouvido nos conflitos de competência relativos aos processos previstos no art. 178, mas terá qualidade de parte nos conflitos que suscitar.

•• Dispositivo correspondente no CPC de 1973: art. 116, parágrafo único.

Art. 952. Não pode suscitar conflito a parte que, no processo, arguiu incompetência relativa.

•• Dispositivo correspondente no CPC de 1973: art. 117, *caput.*

Parágrafo único. O conflito de competência não obsta, porém, a que a parte que não o arguiu suscite a incompetência.

•• Dispositivo correspondente no CPC de 1973: art. 117, parágrafo único.

Art. 953. O conflito será suscitado ao tribunal:

•• Dispositivo correspondente no CPC de 1973: art. 118, *caput.*

Arts. 953 a 960

I – pelo juiz, por ofício;

•• Dispositivo correspondente no CPC de 1973: art. 118, I.

II – pela parte e pelo Ministério Público, por petição.

•• Dispositivo correspondente no CPC de 1973: art. 118, II.

Parágrafo único. O ofício e a petição serão instruídos com os documentos necessários à prova do conflito.

•• Dispositivo correspondente no CPC de 1973: art. 118, parágrafo único.

Art. 954. Após a distribuição, o relator determinará a oitiva dos juízes em conflito ou, se um deles for suscitante, apenas do suscitado.

•• Dispositivo correspondente no CPC de 1973: art. 119.

Parágrafo único. No prazo designado pelo relator, incumbirá ao juiz ou aos juízes prestar as informações.

•• Dispositivo correspondente no CPC de 1973: art. 119.

Art. 955. O relator poderá, de ofício ou a requerimento de qualquer das partes, determinar, quando o conflito for positivo, o sobrestamento do processo e, nesse caso, bem como no de conflito negativo, designará um dos juízes para resolver, em caráter provisório, as medidas urgentes.

•• Dispositivo correspondente no CPC de 1973: art. 120, caput.

Parágrafo único. O relator poderá julgar de plano o conflito de competência quando sua decisão se fundar em:

•• Dispositivo correspondente no CPC de 1973: art. 120, parágrafo único.

I – súmula do Supremo Tribunal Federal, do Superior Tribunal de Justiça ou do próprio tribunal;

•• Dispositivo correspondente no CPC de 1973: art. 120, parágrafo único.

II – tese firmada em julgamento de casos repetitivos ou em incidente de assunção de competência.

•• Dispositivo correspondente no CPC de 1973: art. 120, parágrafo único.

Art. 956. Decorrido o prazo designado pelo relator, será ouvido o Ministério Público, no prazo de 5 (cinco) dias, ainda que as informações não tenham sido prestadas, e, em seguida, o conflito irá a julgamento.

•• Dispositivo correspondente no CPC de 1973: art. 121.

Art. 957. Ao decidir o conflito, o tribunal declarará qual o juízo competente, pronunciando-se também sobre a validade dos atos do juízo incompetente.

•• Dispositivo correspondente no CPC de 1973: art. 122, caput.

Parágrafo único. Os autos do processo em que se manifestou o conflito serão remetidos ao juiz declarado competente.

•• Dispositivo correspondente no CPC de 1973: art. 122, parágrafo único.

Art. 958. No conflito que envolva órgãos fracionários dos tribunais, desembargadores e juízes em exercício no tribunal, observar-se-á o que dispuser o regimento interno do tribunal.

•• Dispositivo correspondente no CPC de 1973: art. 123.

Art. 959. O regimento interno do tribunal regulará o processo e o julgamento do conflito de atribuições entre autoridade judiciária e autoridade administrativa.

•• Dispositivo correspondente no CPC de 1973: art. 124.

Capítulo VI
DA HOMOLOGAÇÃO DE DECISÃO ESTRANGEIRA E DA CONCESSÃO DO *EXEQUATUR* À CARTA ROGATÓRIA

Art. 960. A homologação de decisão estrangeira será requerida por ação de homologação de decisão estrangeira, salvo disposição especial em sentido contrário prevista em tratado.

§ 1.º A decisão interlocutória estrangeira poderá ser executada no Brasil por meio de carta rogatória.

§ 2.º A homologação obedecerá ao que dispuserem os tratados em vigor no Brasil e o Regimento Interno do Superior Tribunal de Justiça.

Processo nos Tribunais

•• Dispositivo correspondente no CPC de 1973: art. 483, parágrafo único.

•• A homologação de sentenças estrangeiras passou a ser do STJ após o advento da EC n. 45, de 8-12-2004, que alterou o art. 105, I, *i*, da CF.

§ 3.º A homologação de decisão arbitral estrangeira obedecerá ao disposto em tratado e em lei, aplicando-se, subsidiariamente, as disposições deste Capítulo.

Art. 961. A decisão estrangeira somente terá eficácia no Brasil após a homologação de sentença estrangeira ou a concessão do *exequatur* às cartas rogatórias, salvo disposição em sentido contrário de lei ou tratado.

•• Dispositivo correspondente no CPC de 1973: art. 483, *caput*.

§ 1.º É passível de homologação a decisão judicial definitiva, bem como a decisão não judicial que, pela lei brasileira, teria natureza jurisdicional.

§ 2.º A decisão estrangeira poderá ser homologada parcialmente.

§ 3.º A autoridade judiciária brasileira poderá deferir pedidos de urgência e realizar atos de execução provisória no processo de homologação de decisão estrangeira.

§ 4.º Haverá homologação de decisão estrangeira para fins de execução fiscal quando prevista em tratado ou em promessa de reciprocidade apresentada à autoridade brasileira.

§ 5.º A sentença estrangeira de divórcio consensual produz efeitos no Brasil, independentemente de homologação pelo Superior Tribunal de Justiça.

§ 6.º Na hipótese do § 5.º, competirá a qualquer juiz examinar a validade da decisão, em caráter principal ou incidental, quando essa questão for suscitada em processo de sua competência.

Art. 962. É passível de execução a decisão estrangeira concessiva de medida de urgência.

§ 1.º A execução no Brasil de decisão interlocutória estrangeira concessiva de medida de urgência dar-se-á por carta rogatória.

§ 2.º A medida de urgência concedida sem audiência do réu poderá ser executada, desde que garantido o contraditório em momento posterior.

§ 3.º O juízo sobre a urgência da medida compete exclusivamente à autoridade jurisdicional prolatora da decisão estrangeira.

§ 4.º Quando dispensada a homologação para que a sentença estrangeira produza efeitos no Brasil, a decisão concessiva de medida de urgência dependerá, para produzir efeitos, de ter sua validade expressamente reconhecida pelo juiz competente para dar-lhe cumprimento, dispensada a homologação pelo Superior Tribunal de Justiça.

Art. 963. Constituem requisitos indispensáveis à homologação da decisão:

I – ser proferida por autoridade competente;

•• *Vide* art. 15, *a*, da LINDB.

II – ser precedida de citação regular, ainda que verificada a revelia;

•• *Vide* art. 15, *b*, da LINDB.

III – ser eficaz no país em que foi proferida;

•• *Vide* art. 15, *c*, da LINDB.

IV – não ofender a coisa julgada brasileira;

V – estar acompanhada de tradução oficial, salvo disposição que a dispense prevista em tratado;

•• *Vide* art. 15, *d*, da LINDB.

VI – não conter manifesta ofensa à ordem pública.

•• *Vide* art. 17 da LINDB.

Parágrafo único. Para a concessão do *exequatur* às cartas rogatórias, observar-se-ão os pressupostos previstos no *caput* deste artigo e no art. 962, § 2.º.

Art. 964. Não será homologada a decisão estrangeira na hipótese de competência exclusiva da autoridade judiciária brasileira.

Parágrafo único. O dispositivo também se aplica à concessão do *exequatur* à carta rogatória.

Arts. 965 e 966

Art. 965. O cumprimento de decisão estrangeira far-se-á perante o juízo federal competente, a requerimento da parte, conforme as normas estabelecidas para o cumprimento de decisão nacional.

•• Dispositivo correspondente no CPC de 1973: art. 484.
•• *Vide* art. 109, X, da CF.
•• *Vide* art. 221, III, da LRP.

Parágrafo único. O pedido de execução deverá ser instruído com cópia autenticada da decisão homologatória ou do *exequatur*, conforme o caso.

Capítulo VII
DA AÇÃO RESCISÓRIA

•• *Vide* CF, arts. 102, I, *j* (competência do STF para processar e julgar, originariamente, a revisão criminal e a ação rescisória de seus julgados), 105, I, *e* (competência do STJ para processar e julgar, originariamente, as revisões criminais e as ações rescisórias criminais e as ações rescisórias de seus julgados), 108, I, *b* (competência dos TRFs para processar e julgar, originariamente, as revisões criminais e as ações rescisórias de julgados seus ou dos juízes federais da região).

Art. 966. A decisão de mérito, transitada em julgado, pode ser rescindida quando:

•• Dispositivo correspondente no CPC de 1973: art. 485, *caput*.

I – se verificar que foi proferida por força de prevaricação, concussão ou corrupção do juiz;

•• Dispositivo correspondente no CPC de 1973: art. 485, I.

II – for proferida por juiz impedido ou por juízo absolutamente incompetente;

•• Dispositivo correspondente no CPC de 1973: art. 485, II.

III – resultar de dolo ou coação da parte vencedora em detrimento da parte vencida ou, ainda, de simulação ou colusão entre as partes, a fim de fraudar a lei;

•• Dispositivo correspondente no CPC de 1973: art. 485, III.

IV – ofender a coisa julgada;

•• Dispositivo correspondente no CPC de 1973: art. 485, IV.

V – violar manifestamente norma jurídica;

•• Dispositivo correspondente no CPC de 1973: art. 485, V.

VI – for fundada em prova cuja falsidade tenha sido apurada em processo criminal ou venha a ser demonstrada na própria ação rescisória;

•• Dispositivo correspondente no CPC de 1973: art. 485, VI.

VII – obtiver o autor, posteriormente ao trânsito em julgado, prova nova cuja existência ignorava ou de que não pôde fazer uso, capaz, por si só, de lhe assegurar pronunciamento favorável;

•• Dispositivo correspondente no CPC de 1973: art. 485, VII.

VIII – for fundada em erro de fato verificável do exame dos autos.

•• Dispositivo correspondente no CPC de 1973: art. 485, IX.

§ 1.º Há erro de fato quando a decisão rescindenda admitir fato inexistente ou quando considerar inexistente fato efetivamente ocorrido, sendo indispensável, em ambos os casos, que o fato não represente ponto controvertido sobre o qual o juiz deveria ter se pronunciado.

•• Dispositivo correspondente no CPC de 1973: art. 485, §§ 1.º e 2.º.

§ 2.º Nas hipóteses previstas nos incisos do *caput*, será rescindível a decisão transitada em julgado que, embora não seja de mérito, impeça:

I – nova propositura da demanda; ou

II – admissibilidade do recurso correspondente.

§ 3.º A ação rescisória pode ter por objeto apenas 1 (um) capítulo da decisão.

§ 4.º Os atos de disposição de direitos, praticados pelas partes ou por outros participantes do processo e homologados pelo juízo, bem como os atos homologatórios praticados no curso da execução, estão sujeitos à anulação, nos termos da lei.

•• Dispositivo correspondente no CPC de 1973: art. 486.

§ 5.º Cabe ação rescisória, com fundamento no inciso V do *caput* deste artigo, contra decisão baseada em enunciado de súmula ou acórdão proferido em julgamento de casos repetitivos

Processo nos Tribunais — Arts. 966 a 969

que não tenha considerado a existência de distinção entre a questão discutida no processo e o padrão decisório que lhe deu fundamento.

•• § 5.º acrescentado pela Lei n. 13.256, de 4-2-2016.

§ 6.º Quando a ação rescisória fundar-se na hipótese do § 5.º deste artigo, caberá ao autor, sob pena de inépcia, demonstrar, fundamentadamente, tratar-se de situação particularizada por hipótese fática distinta ou de questão jurídica não examinada, a impor outra solução jurídica.

•• § 6.º acrescentado pela Lei n. 13.256, de 4-2-2016.

Art. 967. Têm legitimidade para propor a ação rescisória:

•• Dispositivo correspondente no CPC de 1973: art. 487, caput.

I – quem foi parte no processo ou o seu sucessor a título universal ou singular;

•• Dispositivo correspondente no CPC de 1973: art. 487, I.

II – o terceiro juridicamente interessado;

•• Dispositivo correspondente no CPC de 1973: art. 487, II.

III – o Ministério Público:

•• Dispositivo correspondente no CPC de 1973: art. 487, III, caput.

a) se não foi ouvido no processo em que lhe era obrigatória a intervenção;

•• Dispositivo correspondente no CPC de 1973: art. 487, III, a.

b) quando a decisão rescindenda é o efeito de simulação ou de colusão das partes, a fim de fraudar a lei;

•• Dispositivo correspondente no CPC de 1973: art. 487, III, b.

c) em outros casos em que se imponha sua atuação;

IV – aquele que não foi ouvido no processo em que lhe era obrigatória a intervenção.

Parágrafo único. Nas hipóteses do art. 178, o Ministério Público será intimado para intervir como fiscal da ordem jurídica quando não for parte.

Art. 968. A petição inicial será elaborada com observância dos requisitos essenciais do art. 319, devendo o autor:

•• Dispositivo correspondente no CPC de 1973: art. 488, caput.

I – cumular ao pedido de rescisão, se for o caso, o de novo julgamento do processo;

•• Dispositivo correspondente no CPC de 1973: art. 488, I.

II – depositar a importância de cinco por cento sobre o valor da causa, que se converterá em multa caso a ação seja, por unanimidade de votos, declarada inadmissível ou improcedente.

•• Dispositivo correspondente no CPC de 1973: art. 488, II.

§ 1.º Não se aplica o disposto no inciso II à União, aos Estados, ao Distrito Federal, aos Municípios, às suas respectivas autarquias e fundações de direito público, ao Ministério Público, à Defensoria Pública e aos que tenham obtido o benefício de gratuidade da justiça.

•• Dispositivo correspondente no CPC de 1973: art. 488, parágrafo único.

§ 2.º O depósito previsto no inciso II do caput deste artigo não será superior a 1.000 (mil) salários mínimos.

§ 3.º Além dos casos previstos no art. 330, a petição inicial será indeferida quando não efetuado o depósito exigido pelo inciso II do caput deste artigo.

•• Dispositivo correspondente no CPC de 1973: art. 490.

§ 4.º Aplica-se à ação rescisória o disposto no art. 332.

§ 5.º Reconhecida a incompetência do tribunal para julgar a ação rescisória, o autor será intimado para emendar a petição inicial, a fim de adequar o objeto da ação rescisória, quando a decisão apontada como rescindenda:

I – não tiver apreciado o mérito e não se enquadrar na situação prevista no § 2.º do art. 966;

II – tiver sido substituída por decisão posterior.

§ 6.º Na hipótese do § 5.º, após a emenda da petição inicial, será permitido ao réu complementar os fundamentos de defesa, e, em seguida, os autos serão remetidos ao tribunal competente.

Art. 969. A propositura da ação rescisória não impede o cumprimento da decisão rescindenda, ressalvada a concessão de tutela provisória.

Arts. 969 a 976

•• Dispositivo correspondente no CPC de 1973: art. 489.

Art. 970. O relator ordenará a citação do réu, designando-lhe prazo nunca inferior a 15 (quinze) dias nem superior a 30 (trinta) dias para, querendo, apresentar resposta, ao fim do qual, com ou sem contestação, observar-se-á, no que couber, o procedimento comum.

•• Dispositivo correspondente no CPC de 1973: art. 491.

Art. 971. Na ação rescisória, devolvidos os autos pelo relator, a secretaria do tribunal expedirá cópias do relatório e as distribuirá entre os juízes que compuserem o órgão competente para o julgamento.

•• Dispositivo correspondente no CPC de 1973: art. 553.

Parágrafo único. A escolha de relator recairá, sempre que possível, em juiz que não haja participado do julgamento rescindendo.

Art. 972. Se os fatos alegados pelas partes dependerem de prova, o relator poderá delegar a competência ao órgão que proferiu a decisão rescindenda, fixando prazo de 1 (um) a 3 (três) meses para a devolução dos autos.

•• Dispositivo correspondente no CPC de 1973: art. 492.

Art. 973. Concluída a instrução, será aberta vista ao autor e ao réu para razões finais, sucessivamente, pelo prazo de 10 (dez) dias.

•• Dispositivo correspondente no CPC de 1973: art. 493.

Parágrafo único. Em seguida, os autos serão conclusos ao relator, procedendo-se ao julgamento pelo órgão competente.

•• Dispositivo correspondente no CPC de 1973: art. 493.

Art. 974. Julgando procedente o pedido, o tribunal rescindirá a decisão, proferirá, se for o caso, novo julgamento e determinará a restituição do depósito a que se refere o inciso II do art. 968.

•• Dispositivo correspondente no CPC de 1973: art. 494.

Parágrafo único. Considerando, por unanimidade, inadmissível ou improcedente o pedido, o tribunal determinará a reversão, em favor do réu, da importância do depósito, sem prejuízo do disposto no § 2.º do art. 82.

•• Dispositivo correspondente no CPC de 1973: art. 494.

Art. 975. O direito à rescisão se extingue em 2 (dois) anos contados do trânsito em julgado da última decisão proferida no processo.

•• Dispositivo correspondente no CPC de 1973: art. 495.

§ 1.º Prorroga-se até o primeiro dia útil imediatamente subsequente o prazo a que se refere o caput, quando expirar durante férias forenses, recesso, feriados ou em dia em que não houver expediente forense.

§ 2.º Se fundada a ação no inciso VII do art. 966, o termo inicial do prazo será a data de descoberta da prova nova, observado o prazo máximo de 5 (cinco) anos, contado do trânsito em julgado da última decisão proferida no processo.

§ 3.º Nas hipóteses de simulação ou de colusão das partes, o prazo começa a contar, para o terceiro prejudicado e para o Ministério Público, que não interveio no processo, a partir do momento em que têm ciência da simulação ou da colusão.

Capítulo VIII
DO INCIDENTE DE RESOLUÇÃO DE DEMANDAS REPETITIVAS

Art. 976. É cabível a instauração do incidente de resolução de demandas repetitivas quando houver, simultaneamente:

I – efetiva repetição de processos que contenham controvérsia sobre a mesma questão unicamente de direito;

II – risco de ofensa à isonomia e à segurança jurídica.

§ 1.º A desistência ou o abandono do processo não impede o exame de mérito do incidente.

§ 2.º Se não for o requerente, o Ministério Público intervirá obrigatoriamente no incidente e deverá assumir sua titularidade em caso de desistência ou de abandono.

§ 3.º A inadmissão do incidente de resolução de demandas repetitivas por ausência de qualquer de seus pressupostos de admissibilidade não impede que, uma vez satisfeito o requisito, seja o incidente novamente suscitado.

Processo nos Tribunais
Arts. 976 a 982

§ 4.º É incabível o incidente de resolução de demandas repetitivas quando um dos tribunais superiores, no âmbito de sua respectiva competência, já tiver afetado recurso para definição de tese sobre questão de direito material ou processual repetitiva.

§ 5.º Não serão exigidas custas processuais no incidente de resolução de demandas repetitivas.

Art. 977. O pedido de instauração do incidente será dirigido ao presidente de tribunal:

I – pelo juiz ou relator, por ofício;

II – pelas partes, por petição;

III – pelo Ministério Público ou pela Defensoria Pública, por petição.

Parágrafo único. O ofício ou a petição será instruído com os documentos necessários à demonstração do preenchimento dos pressupostos para a instauração do incidente.

Art. 978. O julgamento do incidente caberá ao órgão indicado pelo regimento interno dentre aqueles responsáveis pela uniformização de jurisprudência do tribunal.

Parágrafo único. O órgão colegiado incumbido de julgar o incidente e de fixar a tese jurídica julgará igualmente o recurso, a remessa necessária ou o processo de competência originária de onde se originou o incidente.

Art. 979. A instauração e o julgamento do incidente serão sucedidos da mais ampla e específica divulgação e publicidade, por meio de registro eletrônico no Conselho Nacional de Justiça.

§ 1.º Os tribunais manterão banco eletrônico de dados atualizados com informações específicas sobre questões de direito submetidas ao incidente, comunicando-o imediatamente ao Conselho Nacional de Justiça para inclusão no cadastro.

§ 2.º Para possibilitar a identificação dos processos abrangidos pela decisão do incidente, o registro eletrônico das teses jurídicas constantes do cadastro conterá, no mínimo, os fundamentos determinantes da decisão e os dispositivos normativos a ela relacionados.

§ 3.º Aplica-se o disposto neste artigo ao julgamento de recursos repetitivos e da repercussão geral em recurso extraordinário.

Art. 980. O incidente será julgado no prazo de 1 (um) ano e terá preferência sobre os demais feitos, ressalvados os que envolvam réu preso e os pedidos de *habeas corpus*.

Parágrafo único. Superado o prazo previsto no *caput*, cessa a suspensão dos processos prevista no art. 982, salvo decisão fundamentada do relator em sentido contrário.

Art. 981. Após a distribuição, o órgão colegiado competente para julgar o incidente procederá ao seu juízo de admissibilidade, considerando a presença dos pressupostos do art. 976.

Art. 982. Admitido o incidente, o relator:

I – suspenderá os processos pendentes, individuais ou coletivos, que tramitam no Estado ou na região, conforme o caso;

II – poderá requisitar informações a órgãos em cujo juízo tramita processo no qual se discute o objeto do incidente, que as prestarão no prazo de 15 (quinze) dias;

III – intimará o Ministério Público para, querendo, manifestar-se no prazo de 15 (quinze) dias.

§ 1.º A suspensão será comunicada aos órgãos jurisdicionais competentes.

§ 2.º Durante a suspensão, o pedido de tutela de urgência deverá ser dirigido ao juízo onde tramita o processo suspenso.

§ 3.º Visando à garantia da segurança jurídica, qualquer legitimado mencionado no art. 977, incisos II e III, poderá requerer, ao tribunal competente para conhecer do recurso extraordinário ou especial, a suspensão de todos os processos individuais ou coletivos em curso no território nacional que versem sobre a questão objeto do incidente já instaurado.

§ 4.º Independentemente dos limites da competência territorial, a parte no processo em curso no qual se discuta a mesma questão objeto do incidente é legitimada para requerer a providência prevista no § 3.º deste artigo.

§ 5.º Cessa a suspensão a que se refere o inciso I do caput deste artigo se não for interposto recurso especial ou recurso extraordinário contra a decisão proferida no incidente.

Art. 983. O relator ouvirá as partes e os demais interessados, inclusive pessoas, órgãos e entidades com interesse na controvérsia, que, no prazo comum de 15 (quinze) dias, poderão requerer a juntada de documentos, bem como as diligências necessárias para a elucidação da questão de direito controvertida, e, em seguida, manifestar-se-á o Ministério Público, no mesmo prazo.

§ 1.º Para instruir o incidente, o relator poderá designar data para, em audiência pública, ouvir depoimentos de pessoas com experiência e conhecimento na matéria.

§ 2.º Concluídas as diligências, o relator solicitará dia para o julgamento do incidente.

Art. 984. No julgamento do incidente, observar-se-á a seguinte ordem:

I – o relator fará a exposição do objeto do incidente;

II – poderão sustentar suas razões, sucessivamente:

a) o autor e o réu do processo originário e o Ministério Público, pelo prazo de 30 (trinta) minutos;

b) os demais interessados, no prazo de 30 (trinta) minutos, divididos entre todos, sendo exigida inscrição com 2 (dois) dias de antecedência.

§ 1.º Considerando o número de inscritos, o prazo poderá ser ampliado.

§ 2.º O conteúdo do acórdão abrangerá a análise de todos os fundamentos suscitados concernentes à tese jurídica discutida, sejam favoráveis ou contrários.

Art. 985. Julgado o incidente, a tese jurídica será aplicada:

I – a todos os processos individuais ou coletivos que versem sobre idêntica questão de direito e que tramitem na área de jurisdição do respectivo tribunal, inclusive àqueles que tramitem nos juizados especiais do respectivo Estado ou região;

II – aos casos futuros que versem idêntica questão de direito e que venham a tramitar no território de competência do tribunal, salvo revisão na forma do art. 986.

§ 1.º Não observada a tese adotada no incidente, caberá reclamação.

§ 2.º Se o incidente tiver por objeto questão relativa a prestação de serviço concedido, permitido ou autorizado, o resultado do julgamento será comunicado ao órgão, ao ente ou à agência reguladora competente para fiscalização da efetiva aplicação, por parte dos entes sujeitos a regulação, da tese adotada.

Art. 986. A revisão da tese jurídica firmada no incidente far-se-á pelo mesmo tribunal, de ofício ou mediante requerimento dos legitimados mencionados no art. 977, inciso III.

Art. 987. Do julgamento do mérito do incidente caberá recurso extraordinário ou especial, conforme o caso.

§ 1.º O recurso tem efeito suspensivo, presumindo-se a repercussão geral de questão constitucional eventualmente discutida.

§ 2.º Apreciado o mérito do recurso, a tese jurídica adotada pelo Supremo Tribunal Federal ou pelo Superior Tribunal de Justiça será aplicada no território nacional a todos os processos individuais ou coletivos que versem sobre idêntica questão de direito.

Capítulo IX
DA RECLAMAÇÃO

Art. 988. Caberá reclamação da parte interessada ou do Ministério Público para:

I – preservar a competência do tribunal;

II – garantir a autoridade das decisões do tribunal;

III – garantir a observância de enunciado de súmula vinculante e de decisão do Supremo Tribunal Federal em controle concentrado de constitucionalidade;

•• Inciso III com redação determinada pela Lei n. 13.256, de 4-2-2016.

Processo nos Tribunais

IV – garantir a observância de acórdão proferido em julgamento de incidente de resolução de demandas repetitivas ou de incidente de assunção de competência;

•• Inciso IV com redação determinada pela Lei n. 13.256, de 4-2-2016.

§ 1.º A reclamação pode ser proposta perante qualquer tribunal, e seu julgamento compete ao órgão jurisdicional cuja competência se busca preservar ou cuja autoridade se pretenda garantir.

§ 2.º A reclamação deverá ser instruída com prova documental e dirigida ao presidente do tribunal.

§ 3.º Assim que recebida, a reclamação será autuada e distribuída ao relator do processo principal, sempre que possível.

§ 4.º As hipóteses dos incisos III e IV compreendem a aplicação indevida da tese jurídica e sua não aplicação aos casos que a ela correspondam.

§ 5.º É inadmissível a reclamação:

•• § 5.º, *caput*, com redação determinada pela Lei n. 13.256, de 4-2-2016.

I – proposta após o trânsito em julgado da decisão reclamada;

•• Inciso I acrescentado pela Lei n. 13.256, de 4-2-2016.

II – proposta para garantir a observância de acórdão de recurso extraordinário com repercussão geral reconhecida ou de acórdão proferido em julgamento de recursos extraordinário ou especial repetitivos, quando não esgotadas as instâncias ordinárias.

•• Inciso II acrescentado pela Lei n. 13.256, de 4-2-2016.

§ 6.º A inadmissibilidade ou o julgamento do recurso interposto contra a decisão proferida pelo órgão reclamado não prejudica a reclamação.

Art. 989. Ao despachar a reclamação, o relator:

I – requisitará informações da autoridade a quem for imputada a prática do ato impugnado, que as prestará no prazo de 10 (dez) dias;

II – se necessário, ordenará a suspensão do processo ou do ato impugnado para evitar dano irreparável;

III – determinará a citação do beneficiário da decisão impugnada, que terá prazo de 15 (quinze) dias para apresentar a sua contestação.

Art. 990. Qualquer interessado poderá impugnar o pedido do reclamante.

Art. 991. Na reclamação que não houver formulado, o Ministério Público terá vista do processo por 5 (cinco) dias, após o decurso do prazo para informações e para o oferecimento da contestação pelo beneficiário do ato impugnado.

Art. 992. Julgando procedente a reclamação, o tribunal cassará a decisão exorbitante de seu julgado ou determinará medida adequada à solução da controvérsia.

Art. 993. O presidente do tribunal determinará o imediato cumprimento da decisão, lavrando-se o acórdão posteriormente.

Título II
DOS RECURSOS

Capítulo I
DISPOSIÇÕES GERAIS

Art. 994. São cabíveis os seguintes recursos:

•• Dispositivo correspondente no CPC de 1973: art. 496, *caput*.

I – apelação;

•• Dispositivo correspondente no CPC de 1973: art. 496, I.

II – agravo de instrumento;

•• Dispositivo correspondente no CPC de 1973: art. 496, II.

III – agravo interno;

•• Dispositivo correspondente no CPC de 1973: art. 496, II.

IV – embargos de declaração;

•• Dispositivo correspondente no CPC de 1973: art. 496, IV.

V – recurso ordinário;

Arts. 994 a 1.002

- Dispositivo correspondente no CPC de 1973: art. 496, V.

  VI – recurso especial;

- Dispositivo correspondente no CPC de 1973: art. 496, VI.

- *Vide* art. 105, III, da CF.

  VII – recurso extraordinário;

- Dispositivo correspondente no CPC de 1973: art. 496, VII.

  VIII – agravo em recurso especial ou extraordinário;

  IX – embargos de divergência.

- Dispositivo correspondente no CPC de 1973: art. 496, VIII.

Art. 995. Os recursos não impedem a eficácia da decisão, salvo disposição legal ou decisão judicial em sentido diverso.

- Dispositivo correspondente no CPC de 1973: art. 497.

Parágrafo único. A eficácia da decisão recorrida poderá ser suspensa por decisão do relator, se da imediata produção de seus efeitos houver risco de dano grave, de difícil ou impossível reparação, e ficar demonstrada a probabilidade de provimento do recurso.

Art. 996. O recurso pode ser interposto pela parte vencida, pelo terceiro prejudicado e pelo Ministério Público, como parte ou como fiscal da ordem jurídica.

- Dispositivo correspondente no CPC de 1973: art. 499, *caput*.

Parágrafo único. Cumpre ao terceiro demonstrar a possibilidade de a decisão sobre a relação jurídica submetida à apreciação judicial atingir direito de que se afirme titular ou que possa discutir em juízo como substituto processual.

- Dispositivo correspondente no CPC de 1973: art. 499, § 1.º.

Art. 997. Cada parte interporá o recurso independentemente, no prazo e com observância das exigências legais.

- Dispositivo correspondente no CPC de 1973: art. 500, *caput*.

§ 1.º Sendo vencidos autor e réu, ao recurso interposto por qualquer deles poderá aderir o outro.

- Dispositivo correspondente no CPC de 1973: art. 500, *caput*.

§ 2.º O recurso adesivo fica subordinado ao recurso independente, sendo-lhe aplicáveis as mesmas regras deste quanto aos requisitos de admissibilidade e julgamento no tribunal, salvo disposição legal diversa, observado, ainda, o seguinte:

- Dispositivo correspondente no CPC de 1973: art. 500, *caput* e parágrafo único.

I – será dirigido ao órgão perante o qual o recurso independente fora interposto, no prazo de que a parte dispõe para responder;

- Dispositivo correspondente no CPC de 1973: art. 500, I.

II – será admissível na apelação, no recurso extraordinário e no recurso especial;

- Dispositivo correspondente no CPC de 1973: art. 500, II.

III – não será conhecido, se houver desistência do recurso principal ou se for ele considerado inadmissível.

- Dispositivo correspondente no CPC de 1973: art. 500, III.

Art. 998. O recorrente poderá, a qualquer tempo, sem a anuência do recorrido ou dos litisconsortes, desistir do recurso.

- Dispositivo correspondente no CPC de 1973: art. 501.

Parágrafo único. A desistência do recurso não impede a análise de questão cuja repercussão geral já tenha sido reconhecida e daquela objeto de julgamento de recursos extraordinários ou especiais repetitivos.

Art. 999. A renúncia ao direito de recorrer independe da aceitação da outra parte.

- Dispositivo correspondente no CPC de 1973: art. 502.

Art. 1.000. A parte que aceitar expressa ou tacitamente a decisão não poderá recorrer.

- Dispositivo correspondente no CPC de 1973: art. 503, *caput*.

Parágrafo único. Considera-se aceitação tácita a prática, sem nenhuma reserva, de ato incompatível com a vontade de recorrer.

- Dispositivo correspondente no CPC de 1973: art. 503, parágrafo único.

Art. 1.001. Dos despachos não cabe recurso.

- Dispositivo correspondente no CPC de 1973: art. 504.

Art. 1.002. A decisão pode ser impugnada no todo ou em parte.

Processo nos Tribunais

Arts. 1.002 a 1.007

•• Dispositivo correspondente no CPC de 1973: art. 505.

Art. 1.003. O prazo para interposição de recurso conta-se da data em que os advogados, a sociedade de advogados, a Advocacia Pública, a Defensoria Pública ou o Ministério Público são intimados da decisão.

•• Dispositivos correspondentes no CPC de 1973: arts. 242, *caput*, e 506, I, II e III.

§ 1.º Os sujeitos previstos no *caput* considerar-se-ão intimados em audiência quando nesta for proferida a decisão.

•• Dispositivo correspondente no CPC de 1973: art. 242, § 1.º.

§ 2.º Aplica-se o disposto no art. 231, incisos I a VI, ao prazo de interposição de recurso pelo réu contra decisão proferida anteriormente à citação.

§ 3.º No prazo para interposição de recurso, a petição será protocolada em cartório ou conforme as normas de organização judiciária, ressalvado o disposto em regra especial.

•• Dispositivo correspondente no CPC de 1973: art. 506, parágrafo único.

§ 4.º Para aferição da tempestividade do recurso remetido pelo correio, será considerada como data de interposição a data de postagem.

§ 5.º Excetuados os embargos de declaração, o prazo para interpor os recursos e para responder-lhes é de 15 (quinze) dias.

•• Dispositivo correspondente no CPC de 1973: art. 508.

•• *Vide* Enunciado 46 da ENFAM.

§ 6.º O recorrente comprovará a ocorrência de feriado local no ato de interposição do recurso.

Art. 1.004. Se, durante o prazo para a interposição do recurso, sobrevier o falecimento da parte ou de seu advogado ou ocorrer motivo de força maior que suspenda o curso do processo, será tal prazo restituído em proveito da parte, do herdeiro ou do sucessor, contra quem começará a correr novamente depois da intimação.

•• Dispositivo correspondente no CPC de 1973: art. 507.

Art. 1.005. O recurso interposto por um dos litisconsortes a todos aproveita, salvo se distintos ou opostos os seus interesses.

•• Dispositivo correspondente no CPC de 1973: art. 509, *caput*.

Parágrafo único. Havendo solidariedade passiva, o recurso interposto por um devedor aproveitará aos outros quando as defesas opostas ao credor lhes forem comuns.

•• Dispositivo correspondente no CPC de 1973: art. 509, parágrafo único.

Art. 1.006. Certificado o trânsito em julgado, com menção expressa da data de sua ocorrência, o escrivão ou o chefe de secretaria, independentemente de despacho, providenciará a baixa dos autos ao juízo de origem, no prazo de 5 (cinco) dias.

•• Dispositivo correspondente no CPC de 1973: art. 510.

Art. 1.007. No ato de interposição do recurso, o recorrente comprovará, quando exigido pela legislação pertinente, o respectivo preparo, inclusive porte de remessa e de retorno, sob pena de deserção.

•• Dispositivo correspondente no CPC de 1973: art. 511, *caput*.

§ 1.º São dispensados de preparo, inclusive porte de remessa e de retorno, os recursos interpostos pelo Ministério Público, pela União, pelo Distrito Federal, pelos Estados, pelos Municípios, e respectivas autarquias, e pelos que gozam de isenção legal.

•• Dispositivo correspondente no CPC de 1973: art. 511, § 1.º.

§ 2.º A insuficiência no valor do preparo, inclusive porte de remessa e de retorno, implicará deserção se o recorrente, intimado na pessoa de seu advogado, não vier a supri-lo no prazo de 5 (cinco) dias.

•• Dispositivo correspondente no CPC de 1973: art. 511, § 2.º.

§ 3.º É dispensado o recolhimento do porte de remessa e de retorno no processo em autos eletrônicos.

§ 4.º O recorrente que não comprovar, no ato de interposição do recurso, o recolhimento do preparo, inclusive porte de remessa e de retorno, será intimado, na pessoa de seu advogado, para realizar o recolhimento em dobro, sob pena de deserção.

Arts. 1.007 a 1.012

§ 5.º É vedada a complementação se houver insuficiência parcial do preparo, inclusive porte de remessa e de retorno, no recolhimento realizado na forma do § 4.º.

§ 6.º Provando o recorrente justo impedimento, o relator relevará a pena de deserção, por decisão irrecorrível, fixando-lhe prazo de 5 (cinco) dias para efetuar o preparo.

•• Dispositivo correspondente no CPC de 1973: art. 519.

§ 7.º O equívoco no preenchimento da guia de custas não implicará a aplicação da pena de deserção, cabendo ao relator, na hipótese de dúvida quanto ao recolhimento, intimar o recorrente para sanar o vício no prazo de 5 (cinco) dias.

Art. 1.008. O julgamento proferido pelo tribunal substituirá a decisão impugnada no que tiver sido objeto de recurso.

•• Dispositivo correspondente no CPC de 1973: art. 512.

Capítulo II
DA APELAÇÃO

Art. 1.009. Da sentença cabe apelação.

•• Dispositivo correspondente no CPC de 1973: art. 513.

§ 1.º As questões resolvidas na fase de conhecimento, se a decisão a seu respeito não comportar agravo de instrumento, não são cobertas pela preclusão e devem ser suscitadas em preliminar de apelação, eventualmente interposta contra a decisão final, ou nas contrarrazões.

§ 2.º Se as questões referidas no § 1.º forem suscitadas em contrarrazões, o recorrente será intimado para, em 15 (quinze) dias, manifestar-se a respeito delas.

§ 3.º O disposto no caput deste artigo aplica-se mesmo quando as questões mencionadas no art. 1.015 integrarem capítulo da sentença.

Art. 1.010. A apelação, interposta por petição dirigida ao juízo de primeiro grau, conterá:

•• Dispositivo correspondente no CPC de 1973: art. 514, caput.

I – os nomes e a qualificação das partes;

•• Dispositivo correspondente no CPC de 1973: art. 514, I.

II – a exposição do fato e do direito;

•• Dispositivo correspondente no CPC de 1973: art. 514, II.

III – as razões do pedido de reforma ou de decretação de nulidade;

IV – o pedido de nova decisão.

•• Dispositivo correspondente no CPC de 1973: art. 514, III.

§ 1.º O apelado será intimado para apresentar contrarrazões no prazo de 15 (quinze) dias.

•• Dispositivo correspondente no CPC de 1973: art. 518, caput.

§ 2.º Se o apelado interpuser apelação adesiva, o juiz intimará o apelante para apresentar contrarrazões.

§ 3.º Após as formalidades previstas nos §§ 1.º e 2.º, os autos serão remetidos ao tribunal pelo juiz, independentemente de juízo de admissibilidade.

•• Dispositivo correspondente no CPC de 1973: art. 518, § 2.º.

Art. 1.011. Recebido o recurso de apelação no tribunal e distribuído imediatamente, o relator:

I – decidi-lo-á monocraticamente apenas nas hipóteses do art. 932, incisos III a V;

II – se não for o caso de decisão monocrática, elaborará seu voto para julgamento do recurso pelo órgão colegiado.

Art. 1.012. A apelação terá efeito suspensivo.

•• Dispositivo correspondente no CPC de 1973: art. 520, caput.

§ 1.º Além de outras hipóteses previstas em lei, começa a produzir efeitos imediatamente após a sua publicação a sentença que:

•• Dispositivo correspondente no CPC de 1973: art. 520, caput.

I – homologa divisão ou demarcação de terras;

•• Dispositivo correspondente no CPC de 1973: art. 520, I.

II – condena a pagar alimentos;

•• Dispositivo correspondente no CPC de 1973: art. 520, II.

III – extingue sem resolução do mérito ou julga improcedentes os embargos do executado;

•• Dispositivo correspondente no CPC de 1973: art. 520, V.

IV – julga procedente o pedido de instituição de arbitragem;

Processo nos Tribunais

•• Dispositivo correspondente no CPC de 1973: art. 520, VI.

V – confirma, concede ou revoga tutela provisória;

•• Dispositivo correspondente no CPC de 1973: art. 520, VII.

VI – decreta a interdição.

§ 2.º Nos casos do § 1.º, o apelado poderá promover o pedido de cumprimento provisório depois de publicada a sentença.

•• Dispositivo correspondente no CPC de 1973: art. 521.

§ 3.º O pedido de concessão de efeito suspensivo nas hipóteses do § 1.º poderá ser formulado por requerimento dirigido ao:

I – tribunal, no período compreendido entre a interposição da apelação e sua distribuição, ficando o relator designado para seu exame prevento para julgá-la;

II – relator, se já distribuída a apelação.

§ 4.º Nas hipóteses do § 1.º, a eficácia da sentença poderá ser suspensa pelo relator se o apelante demonstrar a probabilidade de provimento do recurso ou se, sendo relevante a fundamentação, houver risco de dano grave ou de difícil reparação.

•• Dispositivo correspondente no CPC de 1973: art. 558.

Art. 1.013. A apelação devolverá ao tribunal o conhecimento da matéria impugnada.

•• Dispositivo correspondente no CPC de 1973: art. 515, caput.

§ 1.º Serão, porém, objeto de apreciação e julgamento pelo tribunal todas as questões suscitadas e discutidas no processo, ainda que não tenham sido solucionadas, desde que relativas ao capítulo impugnado.

•• Dispositivo correspondente no CPC de 1973: art. 515, § 1.º.

§ 2.º Quando o pedido ou a defesa tiver mais de um fundamento e o juiz acolher apenas um deles, a apelação devolverá ao tribunal o conhecimento dos demais.

•• Dispositivo correspondente no CPC de 1973: art. 515, § 2.º.

§ 3.º Se o processo estiver em condições de imediato julgamento, o tribunal deve decidir desde logo o mérito quando:

•• Dispositivo correspondente no CPC de 1973: art. 515, § 3.º.

I – reformar sentença fundada no art. 485;

II – decretar a nulidade da sentença por não ser ela congruente com os limites do pedido ou da causa de pedir;

III – constatar a omissão no exame de um dos pedidos, hipótese em que poderá julgá-lo;

IV – decretar a nulidade de sentença por falta de fundamentação.

§ 4.º Quando reformar sentença que reconheça a decadência ou a prescrição, o tribunal, se possível, julgará o mérito, examinando as demais questões, sem determinar o retorno do processo ao juízo de primeiro grau.

§ 5.º O capítulo da sentença que confirma, concede ou revoga a tutela provisória é impugnável na apelação.

Art. 1.014. As questões de fato não propostas no juízo inferior poderão ser suscitadas na apelação, se a parte provar que deixou de fazê-lo por motivo de força maior.

•• Dispositivo correspondente no CPC de 1973: art. 517.

Capítulo III
DO AGRAVO DE INSTRUMENTO

Art. 1.015. Cabe agravo de instrumento contra as decisões interlocutórias que versarem sobre:

•• Dispositivo correspondente no CPC de 1973: art. 522, caput.

I – tutelas provisórias;

II – mérito do processo;

III – rejeição da alegação de convenção de arbitragem;

IV – incidente de desconsideração da personalidade jurídica;

V – rejeição do pedido de gratuidade da justiça ou acolhimento do pedido de sua revogação;

VI – exibição ou posse de documento ou coisa;

VII – exclusão de litisconsorte;

VIII – rejeição do pedido de limitação do litisconsórcio;

IX – admissão ou inadmissão de intervenção de terceiros;

Arts. 1.015 a 1.018

X – concessão, modificação ou revogação do efeito suspensivo aos embargos à execução;

XI – redistribuição do ônus da prova nos termos do art. 373, § 1.º;

XII – (*Vetado.*)

•• O texto vetado dizia: "XII - conversão da ação individual em ação coletiva;". *Razões do veto:* "Da forma como foi redigido, o dispositivo poderia levar à conversão de ação individual em ação coletiva de maneira pouco criteriosa, inclusive em detrimento do interesse das partes. O tema exige disciplina própria para garantir a plena eficácia do instituto. Além disso, o novo Código já contempla mecanismos para tratar demandas repetitivas. No sentido do veto manifestou-se também a Ordem dos Advogados do Brasil - OAB".

XIII – outros casos expressamente referidos em lei.

Parágrafo único. Também caberá agravo de instrumento contra decisões interlocutórias proferidas na fase de liquidação de sentença ou de cumprimento de sentença, no processo de execução e no processo de inventário.

Art. 1.016. O agravo de instrumento será dirigido diretamente ao tribunal competente, por meio de petição com os seguintes requisitos:

•• Dispositivo correspondente no CPC de 1973: art. 524, *caput*.

I – os nomes das partes;

II – a exposição do fato e do direito;

•• Dispositivo correspondente no CPC de 1973: art. 524, I.

III – as razões do pedido de reforma ou de invalidação da decisão e o próprio pedido;

•• Dispositivo correspondente no CPC de 1973: art. 524, II.

IV – o nome e o endereço completo dos advogados constantes do processo.

•• Dispositivo correspondente no CPC de 1973: art. 524, III.

Art. 1.017. A petição de agravo de instrumento será instruída:

•• Dispositivo correspondente no CPC de 1973: art. 525, *caput*.

I – obrigatoriamente, com cópias da petição inicial, da contestação, da petição que ensejou a decisão agravada, da própria decisão agravada, da certidão da respectiva intimação ou outro documento oficial que comprove a tempestividade e das procurações outorgadas aos advogados do agravante e do agravado;

•• Dispositivo correspondente no CPC de 1973: art. 525, I.

II – com declaração de inexistência de qualquer dos documentos referidos no inciso I, feita pelo advogado do agravante, sob pena de sua responsabilidade pessoal;

III – facultativamente, com outras peças que o agravante reputar úteis.

•• Dispositivo correspondente no CPC de 1973: art. 525, II.

§ 1.º Acompanhará a petição o comprovante do pagamento das respectivas custas e do porte de retorno, quando devidos, conforme tabela publicada pelos tribunais.

•• Dispositivo correspondente no CPC de 1973: art. 525, § 1.º.

§ 2.º No prazo do recurso, o agravo será interposto por:

I – protocolo realizado diretamente no tribunal competente para julgá-lo;

II – protocolo realizado na própria comarca, seção ou subseção judiciárias;

III – postagem, sob registro, com aviso de recebimento;

IV – transmissão de dados tipo fac-símile, nos termos da lei;

V – outra forma prevista em lei.

•• Dispositivo correspondente no CPC de 1973: art. 525, § 2.º.

§ 3.º Na falta da cópia de qualquer peça ou no caso de algum outro vício que comprometa a admissibilidade do agravo de instrumento, deve o relator aplicar o disposto no art. 932, parágrafo único.

§ 4.º Se o recurso for interposto por sistema de transmissão de dados tipo fac-símile ou similar, as peças devem ser juntadas no momento do protocolo da petição original.

§ 5.º Sendo eletrônicos os autos do processo, dispensam-se as peças referidas nos incisos I e II do *caput*, facultando-se ao agravante anexar outros documentos que entender úteis para a compreensão da controvérsia.

Art. 1.018. O agravante poderá requerer a juntada, aos autos do processo, de cópia da petição do agravo de instrumento, do compro-

Processo nos Tribunais

Arts. 1.018 a 1.021

vante de sua interposição e da relação dos documentos que instruíram o recurso.

•• Dispositivo correspondente no CPC de 1973: art. 526, *caput*.

§ 1.º Se o juiz comunicar que reformou inteiramente a decisão, o relator considerará prejudicado o agravo de instrumento.

•• Dispositivo correspondente no CPC de 1973: art. 529.

§ 2.º Não sendo eletrônicos os autos, o agravante tomará a providência prevista no *caput*, no prazo de 3 (três) dias a contar da interposição do agravo de instrumento.

§ 3.º O descumprimento da exigência de que trata o § 2.º, desde que arguido e provado pelo agravado, importa inadmissibilidade do agravo de instrumento.

•• Dispositivo correspondente no CPC de 1973: art. 526, parágrafo único.

Art. 1.019. Recebido o agravo de instrumento no tribunal e distribuído imediatamente, se não for o caso de aplicação do art. 932, incisos III e IV, o relator, no prazo de 5 (cinco) dias:

•• Dispositivo correspondente no CPC de 1973: art. 527, *caput*.

I – poderá atribuir efeito suspensivo ao recurso ou deferir, em antecipação de tutela, total ou parcialmente, a pretensão recursal, comunicando ao juiz sua decisão;

•• Dispositivo correspondente no CPC de 1973: art. 527, III.

II – ordenará a intimação do agravado pessoalmente, por carta com aviso de recebimento, quando não tiver procurador constituído, ou pelo Diário da Justiça ou por carta com aviso de recebimento dirigida ao seu advogado, para que responda no prazo de 15 (quinze) dias, facultando-lhe juntar a documentação que entender necessária ao julgamento do recurso;

•• Dispositivo correspondente no CPC de 1973: art. 527, V.

III – determinará a intimação do Ministério Público, preferencialmente por meio eletrônico, quando for o caso de sua intervenção, para que se manifeste no prazo de 15 (quinze) dias.

•• Dispositivo correspondente no CPC de 1973: art. 527, VI.

Art. 1.020. O relator solicitará dia para julgamento em prazo não superior a 1 (um) mês da intimação do agravado.

•• Dispositivo correspondente no CPC de 1973: art. 528.

Capítulo IV
DO AGRAVO INTERNO

Art. 1.021. Contra decisão proferida pelo relator caberá agravo interno para o respectivo órgão colegiado, observadas, quanto ao processamento, as regras do regimento interno do tribunal.

•• Dispositivo correspondente no CPC de 1973: art. 545.

•• A Resolução n. 450, de 3-12-2010, do STF, criou a classe processual "Recurso Extraordinário com Agravo – ARE", para o processamento de agravo interposto contra decisão que não admite recurso extraordinário ao STF, em razão da alteração feita pela Lei n 12.322, de 9-9-2010, que extinguiu o Agravo de Instrumento (AI) aplicado nesses casos.

•• A Resolução n. 451, de 3-12-2010, do STF, dispõe sobre a aplicação da Lei n. 12.322, de 9-9-2010, para os Recursos Extraordinários e Agravos sobre matéria penal e processual penal.

•• A Resolução n. 7, de 9-12-2010, do STJ, criou a classe processual de "Agravo em Recurso Especial – AREsp", para o processamento de agravo interposto contra decisão que inadmite recurso especial.

§ 1.º Na petição de agravo interno, o recorrente impugnará especificadamente os fundamentos da decisão agravada.

§ 2.º O agravo será dirigido ao relator, que intimará o agravado para manifestar-se sobre o recurso no prazo de 15 (quinze) dias, ao final do qual, não havendo retratação, o relator levá-lo-á a julgamento pelo órgão colegiado, com inclusão em pauta.

•• Dispositivo correspondente no CPC de 1973: art. 557, § 1.º.

§ 3.º É vedado ao relator limitar-se à reprodução dos fundamentos da decisão agravada para julgar improcedente o agravo interno.

§ 4.º Quando o agravo interno for declarado manifestamente inadmissível ou improcedente em votação unânime, o órgão colegiado, em decisão fundamentada, condenará o agravante a pagar ao agravado multa fixada entre um e cinco por cento do valor atualizado da causa.

•• Dispositivo correspondente no CPC de 1973: art. 557, § 2.º.

§ 5.º A interposição de qualquer outro recurso está condicionada ao depósito prévio do valor da multa prevista no § 4.º, à exceção da Fazenda Pública e do beneficiário de gratuidade da justiça, que farão o pagamento ao final.

Capítulo V
DOS EMBARGOS DE DECLARAÇÃO

Art. 1.022. Cabem embargos de declaração contra qualquer decisão judicial para:

•• Dispositivo correspondente no CPC de 1973: art. 535, *caput*.

I – esclarecer obscuridade ou eliminar contradição;

•• Dispositivo correspondente no CPC de 1973: art. 535, I.

II – suprir omissão de ponto ou questão sobre o qual devia se pronunciar o juiz de ofício ou a requerimento;

•• Dispositivo correspondente no CPC de 1973: art. 535, II.

III – corrigir erro material.

Parágrafo único. Considera-se omissa a decisão que:

I – deixe de se manifestar sobre tese firmada em julgamento de casos repetitivos ou em incidente de assunção de competência aplicável ao caso sob julgamento;

II – incorra em qualquer das condutas descritas no art. 489, § 1.º.

Art. 1.023. Os embargos serão opostos, no prazo de 5 (cinco) dias, em petição dirigida ao juiz, com indicação do erro, obscuridade, contradição ou omissão, e não se sujeitam a preparo.

•• Dispositivo correspondente no CPC de 1973: art. 536.

§ 1.º Aplica-se aos embargos de declaração o art. 229.

§ 2.º O juiz intimará o embargado para, querendo, manifestar-se, no prazo de 5 (cinco) dias, sobre os embargos opostos, caso seu eventual acolhimento implique a modificação da decisão embargada.

Art. 1.024. O juiz julgará os embargos em 5 (cinco) dias.

•• Dispositivo correspondente no CPC de 1973: art. 537.

§ 1.º Nos tribunais, o relator apresentará os embargos em mesa na sessão subsequente, proferindo voto, e, não havendo julgamento nessa sessão, será o recurso incluído em pauta automaticamente.

•• Dispositivo correspondente no CPC de 1973: art. 537.

§ 2.º Quando os embargos de declaração forem opostos contra decisão de relator ou outra decisão unipessoal proferida em tribunal, o órgão prolator da decisão embargada decidi-los-á monocraticamente.

§ 3.º O órgão julgador conhecerá dos embargos de declaração como agravo interno se entender ser este o recurso cabível, desde que determine previamente a intimação do recorrente para, no prazo de 5 (cinco) dias, complementar as razões recursais, de modo a ajustá-las às exigências do art. 1.021, § 1.º.

§ 4.º Caso o acolhimento dos embargos de declaração implique modificação da decisão embargada, o embargado que já tiver interposto outro recurso contra a decisão originária tem o direito de complementar ou alterar suas razões, nos exatos limites da modificação, no prazo de 15 (quinze) dias, contado da intimação da decisão dos embargos de declaração.

§ 5.º Se os embargos de declaração forem rejeitados ou não alterarem a conclusão do julgamento anterior, o recurso interposto pela outra parte antes da publicação do julgamento dos embargos de declaração será processado e julgado independentemente de ratificação.

•• *Vide* Súmula 579 do STJ.

Art. 1.025. Consideram-se incluídos no acórdão os elementos que o embargante suscitou, para fins de prequestionamento, ainda que os embargos de declaração sejam inadmitidos ou rejeitados, caso o tribunal superior considere existentes erro, omissão, contradição ou obscuridade.

Art. 1.026. Os embargos de declaração não possuem efeito suspensivo e interrompem o prazo para a interposição de recurso.

Processo nos Tribunais

Arts. 1.026 a 1.028

•• Dispositivo correspondente no CPC de 1973: art. 538, *caput*.

§ 1.º A eficácia da decisão monocrática ou colegiada poderá ser suspensa pelo respectivo juiz ou relator se demonstrada a probabilidade de provimento do recurso ou, sendo relevante a fundamentação, se houver risco de dano grave ou de difícil reparação.

§ 2.º Quando manifestamente protelatórios os embargos de declaração, o juiz ou o tribunal, em decisão fundamentada, condenará o embargante a pagar ao embargado multa não excedente a dois por cento sobre o valor atualizado da causa.

•• Dispositivo correspondente no CPC de 1973: art. 538, parágrafo único.

§ 3.º Na reiteração de embargos de declaração manifestamente protelatórios, a multa será elevada a até dez por cento sobre o valor atualizado da causa, e a interposição de qualquer recurso ficará condicionada ao depósito prévio do valor da multa, à exceção da Fazenda Pública e do beneficiário de gratuidade da justiça, que a recolherão ao final.

§ 4.º Não serão admitidos novos embargos de declaração se os 2 (dois) anteriores houverem sido considerados protelatórios.

Capítulo VI
DOS RECURSOS PARA O SUPREMO TRIBUNAL FEDERAL E PARA O SUPERIOR TRIBUNAL DE JUSTIÇA

•• *Vide* CF, arts. 101 a 105, sobre a composição e competência do STF e STJ.

Seção I
Do Recurso Ordinário

Art. 1.027. Serão julgados em recurso ordinário:

•• Dispositivo correspondente no CPC de 1973: art. 539, *caput*.

I – pelo Supremo Tribunal Federal, os mandados de segurança, os *habeas data* e os mandados de injunção decididos em única instância pelos tribunais superiores, quando denegatória a decisão;

•• Dispositivo correspondente no CPC de 1973: art. 539, I.

•• *Vide* art. 102, II, da CF.

II – pelo Superior Tribunal de Justiça:

•• Dispositivo correspondente no CPC de 1973: art. 539, II, *caput*.

a) os mandados de segurança decididos em única instância pelos tribunais regionais federais ou pelos tribunais de justiça dos Estados e do Distrito Federal e Territórios, quando denegatória a decisão;

•• Dispositivo correspondente no CPC de 1973: art. 539, II, *a*.

•• *Vide* art. 105, II, da CF.

b) os processos em que forem partes, de um lado, Estado estrangeiro ou organismo internacional e, de outro, Município ou pessoa residente ou domiciliada no País.

§ 1.º Nos processos referidos no inciso II, alínea "b", contra as decisões interlocutórias caberá agravo de instrumento dirigido ao Superior Tribunal de Justiça, nas hipóteses do art. 1.015.

•• Dispositivo correspondente no CPC de 1973: art. 539, parágrafo único.

§ 2.º Aplica-se ao recurso ordinário o disposto nos arts. 1.013, § 3.º, e 1.029, § 5.º.

Art. 1.028. Ao recurso mencionado no art. 1.027, inciso II, alínea "b", aplicam-se, quanto aos requisitos de admissibilidade e ao procedimento, as disposições relativas à apelação e o Regimento Interno do Superior Tribunal de Justiça.

•• Dispositivo correspondente no CPC de 1973: art. 540.

§ 1.º Na hipótese do art. 1.027, § 1.º, aplicam-se as disposições relativas ao agravo de instrumento e o Regimento Interno do Superior Tribunal de Justiça.

•• Dispositivo correspondente no CPC de 1973: art. 540.

§ 2.º O recurso previsto no art. 1.027, incisos I e II, alínea "a", deve ser interposto perante o tribunal de origem, cabendo ao seu presidente ou vice-presidente determinar a intimação do recorrido para, em 15 (quinze) dias, apresentar as contrarrazões.

§ 3.º Findo o prazo referido no § 2.º, os autos serão remetidos ao respectivo tribunal superior, independentemente de juízo de admissibilidade.

Seção II
Do Recurso Extraordinário e
do Recurso Especial

Subseção I
Disposições Gerais

Art. 1.029. O recurso extraordinário e o recurso especial, nos casos previstos na Constituição Federal, serão interpostos perante o presidente ou o vice-presidente do tribunal recorrido, em petições distintas que conterão:

•• Dispositivo correspondente no CPC de 1973: art. 541, *caput*.

•• *Vide* arts. 102, III, e § 3.º, e 105, III, da CF.

I – a exposição do fato e do direito;

•• Dispositivo correspondente no CPC de 1973: art. 541, I.

II – a demonstração do cabimento do recurso interposto;

•• Dispositivo correspondente no CPC de 1973: art. 541, II.

III – as razões do pedido de reforma ou de invalidação da decisão recorrida.

•• Dispositivo correspondente no CPC de 1973: art. 541, III.

§ 1.º Quando o recurso fundar-se em dissídio jurisprudencial, o recorrente fará a prova da divergência com a certidão, cópia ou citação do repositório de jurisprudência, oficial ou credenciado, inclusive em mídia eletrônica, em que houver sido publicado o acórdão divergente, ou ainda com a reprodução de julgado disponível na rede mundial de computadores, com indicação da respectiva fonte, devendo-se, em qualquer caso, mencionar as circunstâncias que identifiquem ou assemelhem os casos confrontados.

•• Dispositivo correspondente no CPC de 1973: art. 541, parágrafo único.

§ 2.º (*Revogado pela Lei n. 13.256, de 4-2-2016.*)

§ 3.º O Supremo Tribunal Federal ou o Superior Tribunal de Justiça poderá desconsiderar vício formal de recurso tempestivo ou determinar sua correção, desde que não o repute grave.

§ 4.º Quando, por ocasião do processamento do incidente de resolução de demandas repetitivas, o presidente do Supremo Tribunal Federal ou do Superior Tribunal de Justiça receber requerimento de suspensão de processos em que se discuta questão federal constitucional ou infraconstitucional, poderá, considerando razões de segurança jurídica ou de excepcional interesse social, estender a suspensão a todo o território nacional, até ulterior decisão do recurso extraordinário ou do recurso especial a ser interposto.

§ 5.º O pedido de concessão de efeito suspensivo a recurso extraordinário ou a recurso especial poderá ser formulado por requerimento dirigido:

I – ao tribunal superior respectivo, no período compreendido entre a publicação da decisão de admissão do recurso e sua distribuição, ficando o relator designado para seu exame preventopara julgá-lo;

•• Inciso I com redação determinada pela Lei n. 13.256, de 4-2-2016.

II – ao relator, se já distribuído o recurso;

III – ao presidente ou ao vice-presidente do tribunal recorrido, no período compreendido entre a interposição do recurso e a publicação da decisão de admissão do recurso, assim como no caso de o recurso ter sido sobrestado, nos termos do art. 1.037.

•• Inciso III com redação determinada pela Lei n. 13.256, de 4-2-2016.

Art. 1.030. Recebida a petição do recurso pela secretaria do tribunal, o recorrido será intimado para apresentar contrarrazões no prazo de 15 (quinze) dias, findo o qual os autos serão conclusos ao presidente ou ao vice-presidente do tribunal recorrido, que deverá:

•• *Caput* com redação determinada pela Lei n. 13.256, de 4-2-2016.

•• Dispositivo correspondente no CPC de 1973: art. 542, *caput*.

I – negar seguimento:

•• Inciso I, *caput*, acrescentado pela Lei n. 13.256, de 4-2-2016.

a) a recurso extraordinário que discuta questão constitucional à qual o Supremo Tribunal Fe-

Processo nos Tribunais — Arts. 1.030 a 1.032

deral não tenha reconhecido a existência de repercussão geral ou a recurso extraordinário interposto contra acórdão que esteja em conformidade com entendimento do Supremo Tribunal Federal exarado no regime de repercussão geral;

•• Alínea *a* acrescentada pela Lei n. 13.256, de 4-2-2016.

b) a recurso extraordinário ou a recurso especial interposto contra acórdão que esteja em conformidade com entendimento do Supremo Tribunal Federal ou do Superior Tribunal de Justiça, respectivamente, exarado no regime de julgamento de recursos repetitivos;

•• Alínea *b* acrescentada pela Lei n. 13.256, de 4-2-2016.

II – encaminhar o processo ao órgão julgador para realização do juízo de retratação, se o acórdão recorrido divergir do entendimento do Supremo Tribunal Federal ou do Superior Tribunal de Justiça exarado, conforme o caso, nos regimes de repercussão geral ou de recursos repetitivos;

•• Inciso II acrescentado pela Lei n. 13.256, de 4-2-2016.

III – sobrestar o recurso que versar sobre controvérsia de caráter repetitivo ainda não decidida pelo Supremo Tribunal Federal ou pelo Superior Tribunal de Justiça, conforme se trate de matéria constitucional ou infraconstitucional;

•• Inciso III acrescentado pela Lei n. 13.256, de 4-2-2016.

IV – selecionar o recurso como representativo de controvérsia constitucional ou infraconstitucional, nos termos do § 6.º do art. 1.036;

•• Inciso IV acrescentado pela Lei n. 13.256, de 4-2-2016.

V – realizar o juízo de admissibilidade e, se positivo, remeter o feito ao Supremo Tribunal Federal ou ao Superior Tribunal de Justiça, desde que:

•• Inciso V, *caput*, acrescentado pela Lei n. 13.256, de 4-2-2016.

a) o recurso ainda não tenha sido submetido ao regime de repercussão geral ou de julgamento de recursos repetitivos;

•• Alínea *a* acrescentada pela Lei n. 13.256, de 4-2-2016.

b) o recurso tenha sido selecionado como representativo da controvérsia; ou

•• Alínea *b* acrescentada pela Lei n. 13.256, de 4-2-2016.

c) o tribunal recorrido tenha refutado o juízo de retratação.

•• Alínea *c* acrescentada pela Lei n. 13.256, de 4-2-2016.

§ 1.º Da decisão de inadmissibilidade proferida com fundamento no inciso V caberá agravo ao tribunal superior, nos termos do art. 1.042.

•• § 1.º acrescentado pela Lei n. 13.256, de 4-2-2016.

§ 2.º Da decisão proferida com fundamento nos incisos I e III caberá agravo interno, nos termos do art. 1.021.

•• § 2.º acrescentado pela Lei n. 13.256, de 4-2-2016.

Art. 1.031. Na hipótese de interposição conjunta de recurso extraordinário e recurso especial, os autos serão remetidos ao Superior Tribunal de Justiça.

•• Dispositivo correspondente no CPC de 1973: art. 543, *caput*.

§ 1.º Concluído o julgamento do recurso especial, os autos serão remetidos ao Supremo Tribunal Federal para apreciação do recurso extraordinário, se este não estiver prejudicado.

•• Dispositivo correspondente no CPC de 1973: art. 543, § 1.º.

§ 2.º Se o relator do recurso especial considerar prejudicial o recurso extraordinário, em decisão irrecorrível, sobrestará o julgamento e remeterá os autos ao Supremo Tribunal Federal.

•• Dispositivo correspondente no CPC de 1973: art. 543, § 2.º.

§ 3.º Na hipótese do § 2.º, se o relator do recurso extraordinário, em decisão irrecorrível, rejeitar a prejudicialidade, devolverá os autos ao Superior Tribunal de Justiça para o julgamento do recurso especial.

•• Dispositivo correspondente no CPC de 1973: art. 543, § 3.º.

Art. 1.032. Se o relator, no Superior Tribunal de Justiça, entender que o recurso especial versa sobre questão constitucional, deverá conceder prazo de 15 (quinze) dias para que o recorrente demonstre a existência de repercussão geral e se manifeste sobre a questão constitucional.

Parágrafo único. Cumprida a diligência de que trata o *caput*, o relator remeterá o recurso ao Supremo Tribunal Federal, que, em juízo de admissibilidade, poderá devolvê-lo ao Superior Tribunal de Justiça.

Art. 1.033. Se o Supremo Tribunal Federal considerar como reflexa a ofensa à Constituição afirmada no recurso extraordinário, por pressupor a revisão da interpretação de lei federal ou de tratado, remetê-lo-á ao Superior Tribunal de Justiça para julgamento como recurso especial.

Art. 1.034. Admitido o recurso extraordinário ou o recurso especial, o Supremo Tribunal Federal ou o Superior Tribunal de Justiça julgará o processo, aplicando o direito.

Parágrafo único. Admitido o recurso extraordinário ou o recurso especial por um fundamento, devolve-se ao tribunal superior o conhecimento dos demais fundamentos para a solução do capítulo impugnado.

Art. 1.035. O Supremo Tribunal Federal, em decisão irrecorrível, não conhecerá do recurso extraordinário quando a questão constitucional nele versada não tiver repercussão geral, nos termos deste artigo.

•• Dispositivo correspondente no CPC de 1973: art. 543-A, *caput*.

§ 1.º Para efeito de repercussão geral, será considerada a existência ou não de questões relevantes do ponto de vista econômico, político, social ou jurídico que ultrapassem os interesses subjetivos do processo.

•• Dispositivo correspondente no CPC de 1973: art. 543-A, § 1.º.

§ 2.º O recorrente deverá demonstrar a existência de repercussão geral para apreciação exclusiva pelo Supremo Tribunal Federal.

•• Dispositivo correspondente no CPC de 1973: art. 543-A, § 2.º.

§ 3.º Haverá repercussão geral sempre que o recurso impugnar acórdão que:

•• Dispositivo correspondente no CPC de 1973: art. 543-A, § 3.º.

I – contrarie súmula ou jurisprudência dominante do Supremo Tribunal Federal;

•• Dispositivo correspondente no CPC de 1973: art. 543-A, § 3.º.

II – (*Revogado pela Lei n. 13.256, de 4-2-2016.*)

III – tenha reconhecido a inconstitucionalidade de tratado ou de lei federal, nos termos do art. 97 da Constituição Federal.

§ 4.º O relator poderá admitir, na análise da repercussão geral, a manifestação de terceiros, subscrita por procurador habilitado, nos termos do Regimento Interno do Supremo Tribunal Federal.

•• Dispositivo correspondente no CPC de 1973: art. 543-A, § 6.º.

§ 5.º Reconhecida a repercussão geral, o relator no Supremo Tribunal Federal determinará a suspensão do processamento de todos os processos pendentes, individuais ou coletivos, que versem sobre a questão e tramitem no território nacional.

§ 6.º O interessado pode requerer, ao presidente ou ao vice-presidente do tribunal de origem, que exclua da decisão de sobrestamento e inadmita o recurso extraordinário que tenha sido interposto intempestivamente, tendo o recorrente o prazo de 5 (cinco) dias para manifestar-se sobre esse requerimento.

§ 7.º Da decisão que indeferir o requerimento referido no § 6.º ou que aplicar entendimento firmado em regime de repercussão geral ou em julgamento de recursos repetitivos caberá agravo interno.

•• § 7.º com redação determinada pela Lei n. 13.256, de 4-2-2016.

§ 8.º Negada a repercussão geral, o presidente ou o vice-presidente do tribunal de origem negará seguimento aos recursos extraordinários sobrestados na origem que versem sobre matéria idêntica.

•• Dispositivos correspondentes no CPC de 1973: arts. 543-A, § 5.º, e 543-B, § 2.º.

§ 9.º O recurso que tiver a repercussão geral reconhecida deverá ser julgado no prazo de 1 (um) ano e terá preferência sobre os demais feitos, ressalvados os que envolvam réu preso e os pedidos de *habeas corpus*.

§ 10. (*Revogado pela Lei n. 13.256, de 4-2-2016.*)

Processo nos Tribunais

§ 11. A súmula da decisão sobre a repercussão geral constará de ata, que será publicada no diário oficial e valerá como acórdão.

•• Dispositivo correspondente no CPC de 1973: art. 543-A, § 7.º.

Subseção II
Do Julgamento dos Recursos Extraordinário e Especial Repetitivos

Art. 1.036. Sempre que houver multiplicidade de recursos extraordinários ou especiais com fundamento em idêntica questão de direito, haverá afetação para julgamento de acordo com as disposições desta Subseção, observado o disposto no Regimento Interno do Supremo Tribunal Federal e no do Superior Tribunal de Justiça.

•• Dispositivo correspondente no CPC de 1973: arts. 543-B, *caput*, e 543-C, *caput*.

§ 1.º O presidente ou o vice-presidente de tribunal de justiça ou de tribunal regional federal selecionará 2 (dois) ou mais recursos representativos da controvérsia, que serão encaminhados ao Supremo Tribunal Federal ou ao Superior Tribunal de Justiça para fins de afetação, determinando a suspensão do trâmite de todos os processos pendentes, individuais ou coletivos, que tramitem no Estado ou na região, conforme o caso.

•• Dispositivos correspondentes no CPC de 1973: arts. 543-B, § 1.º, e 543-C, § 1.º.

•• *Vide* Enunciado 23 da ENFAM.

§ 2.º O interessado pode requerer, ao presidente ou ao vice-presidente, que exclua da decisão de sobrestamento e inadmita o recurso especial ou o recurso extraordinário que tenha sido interposto intempestivamente, tendo o recorrente o prazo de 5 (cinco) dias para manifestar-se sobre esse requerimento.

§ 3.º Da decisão que indeferir o requerimento referido no § 2.º caberá apenas agravo interno.

•• § 3.º com redação determinada pela Lei n. 13.256, de 4-2-2016.

§ 4.º A escolha feita pelo presidente ou vice-presidente do tribunal de justiça ou do tribunal regional federal não vinculará o relator no tribunal superior, que poderá selecionar outros recursos representativos da controvérsia.

§ 5.º O relator em tribunal superior também poderá selecionar 2 (dois) ou mais recursos representativos da controvérsia para julgamento da questão de direito independentemente da iniciativa do presidente ou do vice-presidente do tribunal de origem.

§ 6.º Somente podem ser selecionados recursos admissíveis que contenham abrangente argumentação e discussão a respeito da questão a ser decidida.

Art. 1.037. Selecionados os recursos, o relator, no tribunal superior, constatando a presença do pressuposto do *caput* do art. 1.036, proferirá decisão de afetação, na qual:

•• *Vide* Enunciados 23 e 24 da ENFAM.

I – identificará com precisão a questão a ser submetida a julgamento;

II – determinará a suspensão do processamento de todos os processos pendentes, individuais ou coletivos, que versem sobre a questão e tramitem no território nacional;

III – poderá requisitar aos presidentes ou vice-presidentes dos tribunais de justiça ou dos tribunais regionais federais a remessa de um recurso representativo da controvérsia.

§ 1.º Se, após receber os recursos selecionados pelo presidente ou pelo vice-presidente de tribunal de justiça ou de tribunal regional federal, não se proceder à afetação, o relator, no tribunal superior, comunicará o fato ao presidente ou ao vice-presidente que os houver enviado, para que seja revogada a decisão de suspensão referida no art. 1.036, § 1.º.

§ 2.º (*Revogado pela Lei n. 13.256, de 4-2-2016.*)

§ 3.º Havendo mais de uma afetação, será prevento o relator que primeiro tiver proferido a decisão a que se refere o inciso I do *caput*.

Arts. 1.037 e 1.038

§ 4.º Os recursos afetados deverão ser julgados no prazo de 1 (um) ano e terão preferência sobre os demais feitos, ressalvados os que envolvam réu preso e os pedidos de *habeas corpus*.

§ 5.º *(Revogado pela Lei n. 13.256, de 4-2-2016.)*

§ 6.º Ocorrendo a hipótese do § 5.º, é permitido a outro relator do respectivo tribunal superior afetar 2 (dois) ou mais recursos representativos da controvérsia na forma do art. 1.036.

§ 7.º Quando os recursos requisitados na forma do inciso III do *caput* contiverem outras questões além daquela que é objeto da afetação, caberá ao tribunal decidir esta em primeiro lugar e depois as demais, em acórdão específico para cada processo.

§ 8.º As partes deverão ser intimadas da decisão de suspensão de seu processo, a ser proferida pelo respectivo juiz ou relator quando informado da decisão a que se refere o inciso II do *caput*.

§ 9.º Demonstrando distinção entre a questão a ser decidida no processo e aquela a ser julgada no recurso especial ou extraordinário afetado, a parte poderá requerer o prosseguimento do seu processo.

§ 10. O requerimento a que se refere o § 9.º será dirigido:

I – ao juiz, se o processo sobrestado estiver em primeiro grau;

II – ao relator, se o processo sobrestado estiver no tribunal de origem;

III – ao relator do acórdão recorrido, se for sobrestado recurso especial ou recurso extraordinário no tribunal de origem;

IV – ao relator, no tribunal superior, de recurso especial ou de recurso extraordinário cujo processamento houver sido sobrestado.

§ 11. A outra parte deverá ser ouvida sobre o requerimento a que se refere o § 9.º, no prazo de 5 (cinco) dias.

§ 12. Reconhecida a distinção no caso:

I – dos incisos I, II e IV do § 10, o próprio juiz ou relator dará prosseguimento ao processo;

II – do inciso III do § 10, o relator comunicará a decisão ao presidente ou ao vice-presidente que houver determinado o sobrestamento, para que o recurso especial ou o recurso extraordinário seja encaminhado ao respectivo tribunal superior, na forma do art. 1.030, parágrafo único.

§ 13. Da decisão que resolver o requerimento a que se refere o § 9.º caberá:

I – agravo de instrumento, se o processo estiver em primeiro grau;

II – agravo interno, se a decisão for de relator.

Art. 1.038. O relator poderá:

I – solicitar ou admitir manifestação de pessoas, órgãos ou entidades com interesse na controvérsia, considerando a relevância da matéria e consoante dispuser o regimento interno;

•• Dispositivo correspondente no CPC de 1973: art. 543-C, § 4.º.

•• *Vide* art. 138 do CPC.

II – fixar data para, em audiência pública, ouvir depoimentos de pessoas com experiência e conhecimento na matéria, com a finalidade de instruir o procedimento;

III – requisitar informações aos tribunais inferiores a respeito da controvérsia e, cumprida a diligência, intimará o Ministério Público para manifestar-se.

•• Dispositivo correspondente no CPC de 1973: art. 543-C, §§ 3.º e 5.º.

§ 1.º No caso do inciso III, os prazos respectivos são de 15 (quinze) dias, e os atos serão praticados, sempre que possível, por meio eletrônico.

§ 2.º Transcorrido o prazo para o Ministério Público e remetida cópia do relatório aos demais ministros, haverá inclusão em pauta, devendo ocorrer o julgamento com preferência sobre os demais feitos, ressalvados os que envolvam réu preso e os pedidos de *habeas corpus*.

Processo nos Tribunais

Arts. 1.038 a 1.042

•• Dispositivo correspondente no CPC de 1973: art. 543-C, § 6.º.

§ 3.º O conteúdo do acórdão abrangerá a análise dos fundamentos relevantes da tese jurídica discutida.

•• § 3.º com redação determinada pela Lei n. 13.256, de 4-2-2016.

Art. 1.039. Decididos os recursos afetados, os órgãos colegiados declararão prejudicados os demais recursos versando sobre idêntica controvérsia ou os decidirão aplicando a tese firmada.

•• Dispositivo correspondente no CPC de 1973: art. 543-B, § 3.º.

Parágrafo único. Negada a existência de repercussão geral no recurso extraordinário afetado, serão considerados automaticamente inadmitidos os recursos extraordinários cujo processamento tenha sido sobrestado.

•• Dispositivo correspondente no CPC de 1973: art. 543-B, § 2.º.

Art. 1.040. Publicado o acórdão paradigma:

•• Dispositivo correspondente no CPC de 1973: art. 543-C, § 7.º, *caput*.

I – o presidente ou o vice-presidente do tribunal de origem negará seguimento aos recursos especiais ou extraordinários sobrestados na origem, se o acórdão recorrido coincidir com a orientação do tribunal superior;

•• Dispositivo correspondente no CPC de 1973: art. 543-C, § 7.º, I.

II – o órgão que proferiu o acórdão recorrido, na origem, reexaminará o processo de competência originária, a remessa necessária ou o recurso anteriormente julgado, se o acórdão recorrido contrariar a orientação do tribunal superior;

•• Dispositivo correspondente no CPC de 1973: art. 543-C, § 7.º, II.

III – os processos suspensos em primeiro e segundo graus de jurisdição retomarão o curso para julgamento e aplicação da tese firmada pelo tribunal superior;

IV – se os recursos versarem sobre questão relativa a prestação de serviço público objeto de concessão, permissão ou autorização, o resultado do julgamento será comunicado ao órgão, ao ente ou à agência reguladora competente para fiscalização da efetiva aplicação, por parte dos entes sujeitos a regulação, da tese adotada.

§ 1.º A parte poderá desistir da ação em curso no primeiro grau de jurisdição, antes de proferida a sentença, se a questão nela discutida for idêntica à resolvida pelo recurso representativo da controvérsia.

§ 2.º Se a desistência ocorrer antes de oferecida contestação, a parte ficará isenta do pagamento de custas e de honorários de sucumbência.

§ 3.º A desistência apresentada nos termos do § 1.º independe de consentimento do réu, ainda que apresentada contestação.

Art. 1.041. Mantido o acórdão divergente pelo tribunal de origem, o recurso especial ou extraordinário será remetido ao respectivo tribunal superior, na forma do art. 1.036, § 1.º.

•• Dispositivo correspondente no CPC de 1973: art. 543-C, § 8.º.

§ 1.º Realizado o juízo de retratação, com alteração do acórdão divergente, o tribunal de origem, se for o caso, decidirá as demais questões ainda não decididas cujo enfrentamento se tornou necessário em decorrência da alteração.

§ 2.º Quando ocorrer a hipótese do inciso II do *caput* do art. 1.040 e o recurso versar sobre outras questões, caberá ao presidente ou ao vice-presidente do tribunal recorrido, depois do reexame pelo órgão de origem e independentemente de ratificação do recurso, sendo positivo o juízo de admissibilidade, determinar a remessa do recurso ao tribunal superior para julgamento das demais questões.

•• § 2.º com redação determinada pela Lei n. 13.256, de 4-2-2016.

Seção III
Do Agravo em Recurso Especial e em Recurso Extraordinário

Art. 1.042. Cabe agravo contra decisão do presidente ou do vice-presidente do tribunal recorrido que inadmitir recurso extraordinário ou recurso especial, salvo quando fundada na

Arts. 1.042 e 1.043

Processo nos Tribunais

aplicação de entendimento firmado em regime de repercussão geral ou em julgamento de recursos repetitivos.

•• *Caput* com redação determinada pela Lei n. 13.256, de 4-2-2016.

•• Dispositivo correspondente no CPC de 1973: art. 544, *caput*.

•• A Resolução n. 450, de 3-12-2010, do STF, criou a classe processual "Recurso Extraordinário com Agravo – ARE", para o processamento de agravo interposto contra decisão que não admite recurso extraordinário ao STF, em razão da alteração feita pela Lei n. 12.322, de 9-9-2010, que extinguiu o Agravo de Instrumento (AI) aplicado nestes casos.

•• A Resolução n. 451, de 3-12-2010, do STF, dispõe sobre a aplicação da Lei n. 12.322, de 9-9-2010, para os Recursos Extraordinários e Agravos sobre matéria penal e processual penal.

•• A Resolução n. 7, de 9-12-2010, do STJ, criou a classe processual "Agravo em Recurso Especial – AREsp", para o processamento de agravo interposto contra decisão que inadmite recurso especial.

I a III – (*Revogados pela Lei n. 13.256, de 4-2-2016.*)

§ 1.º (*Revogado pela Lei n. 13.256, de 4-2-2016.*)

§ 2.º A petição de agravo será dirigida ao presidente ou ao vice-presidente do tribunal de origem e independe do pagamento de custas e despesas postais, aplicando-se a ela o regime de repercussão geral e de recursos repetitivos, inclusive quanto a possibilidade de sobrestamento e do juízo de retratação.

•• § 2.º com redação determinada pela Lei n. 13.256, de 4-2-2016.

•• Dispositivo correspondente no CPC de 1973: art. 544, § 2.º.

§ 3.º O agravado será intimado, de imediato, para oferecer resposta no prazo de 15 (quinze) dias.

•• Dispositivo correspondente no CPC de 1973: art. 544, § 3.º.

§ 4.º Após o prazo de resposta, não havendo retratação, o agravo será remetido ao tribunal superior competente.

•• Dispositivo correspondente no CPC de 1973: art. 544, § 3.º.

§ 5.º O agravo poderá ser julgado, conforme o caso, conjuntamente com o recurso especial ou extraordinário, assegurada, neste caso, sustentação oral, observando-se, ainda, o disposto no regimento interno do tribunal respectivo.

§ 6.º Na hipótese de interposição conjunta de recursos extraordinário e especial, o agravante deverá interpor um agravo para cada recurso não admitido.

•• Dispositivo correspondente no CPC de 1973: art. 544, § 1.º.

§ 7.º Havendo apenas um agravo, o recurso será remetido ao tribunal competente, e, havendo interposição conjunta, os autos serão remetidos ao Superior Tribunal de Justiça.

§ 8.º Concluído o julgamento do agravo pelo Superior Tribunal de Justiça e, se for o caso, do recurso especial, independentemente de pedido, os autos serão remetidos ao Supremo Tribunal Federal para apreciação do agravo a ele dirigido, salvo se estiver prejudicado.

Seção IV
Dos Embargos de Divergência

Art. 1.043. É embargável o acórdão de órgão fracionário que:

•• Dispositivo correspondente no CPC de 1973: art. 546, *caput*.

I – em recurso extraordinário ou em recurso especial, divergir do julgamento de qualquer outro órgão do mesmo tribunal, sendo os acórdãos, embargado e paradigma, de mérito;

•• Dispositivo correspondente no CPC de 1973: art. 546, I e II.

II – (*Revogado pela Lei n. 13.256, de 4-2-2016.*)

III – em recurso extraordinário ou em recurso especial, divergir do julgamento de qualquer outro órgão do mesmo tribunal, sendo um acórdão de mérito e outro que não tenha conhecido do recurso, embora tenha apreciado a controvérsia;

•• Dispositivo correspondente no CPC de 1973: art. 546, I e II.

IV – (*Revogado pela Lei n. 13.256, de 4-2-2016.*)

§ 1.º Poderão ser confrontadas teses jurídicas contidas em julgamentos de recursos e de ações de competência originária.

§ 2.º A divergência que autoriza a interposição de embargos de divergência pode verificar-se na aplicação do direito material ou do direito processual.

§ 3.º Cabem embargos de divergência quando o acórdão paradigma for da mesma turma que proferiu a decisão embargada, desde que sua composição tenha sofrido alteração em mais da metade de seus membros.

§ 4.º O recorrente provará a divergência com certidão, cópia ou citação de repositório oficial ou credenciado de jurisprudência, inclusive em mídia eletrônica, onde foi publicado o acórdão divergente, ou com a reprodução de julgado disponível na rede mundial de computadores, indicando a respectiva fonte, e mencionará as circunstâncias que identificam ou assemelham os casos confrontados.

§ 5.º (*Revogado pela Lei n. 13.256, de 4-2-2016.*)

Art. 1.044. No recurso de embargos de divergência, será observado o procedimento estabelecido no regimento interno do respectivo tribunal superior.

•• Dispositivo correspondente no CPC de 1973: art. 546, parágrafo único.

§ 1.º A interposição de embargos de divergência no Superior Tribunal de Justiça interrompe o prazo para interposição de recurso extraordinário por qualquer das partes.

§ 2.º Se os embargos de divergência forem desprovidos ou não alterarem a conclusão do julgamento anterior, o recurso extraordinário interposto pela outra parte antes da publicação do julgamento dos embargos de divergência será processado e julgado independentemente de ratificação.

Livro Complementar
DISPOSIÇÕES FINAIS E TRANSITÓRIAS

Art. 1.045. Este Código entra em vigor após decorrido 1 (um) ano da data de sua publicação oficial.

•• Dispositivo correspondente no CPC de 1973: art. 1.220.

Art. 1.046. Ao entrar em vigor este Código, suas disposições se aplicarão desde logo aos processos pendentes, ficando revogada a Lei n. 5.869, de 11 de janeiro de 1973.

•• Dispositivo correspondente no CPC de 1973: art. 1.211.

§ 1.º As disposições da Lei n. 5.869, de 11 de janeiro de 1973, relativas ao procedimento sumário e aos procedimentos especiais que forem revogadas aplicar-se-ão às ações propostas e não sentenciadas até o início da vigência deste Código.

§ 2.º Permanecem em vigor as disposições especiais dos procedimentos regulados em outras leis, aos quais se aplicará supletivamente este Código.

§ 3.º Os processos mencionados no art. 1.218 da Lei n. 5.869, de 11 de janeiro de 1973, cujo procedimento ainda não tenha sido incorporado por lei submetem-se ao procedimento comum previsto neste Código.

§ 4.º As remissões a disposições do Código de Processo Civil revogado, existentes em outras leis, passam a referir-se às que lhes são correspondentes neste Código.

§ 5.º A primeira lista de processos para julgamento em ordem cronológica observará a antiguidade da distribuição entre os já conclusos na data da entrada em vigor deste Código.

Art. 1.047. As disposições de direito probatório adotadas neste Código aplicam-se apenas às provas requeridas ou determinadas de ofício a partir da data de início de sua vigência.

Art. 1.048. Terão prioridade de tramitação, em qualquer juízo ou tribunal, os procedimentos judiciais:

•• Dispositivo correspondente no CPC de 1973: art. 1.211-A, caput.

I – em que figure como parte ou interessado pessoa com idade igual ou superior a 60 (sessenta) anos ou portadora de doença grave, assim compreendida qualquer das enumeradas no art. 6.º, inciso XIV, da Lei n. 7.713, de 22 de dezembro de 1988;

•• Dispositivo correspondente no CPC de 1973: art. 1.211-A, caput.

II – regulados pela Lei n. 8.069, de 13 de julho de 1990 (Estatuto da Criança e do Adolescente).

§ 1.º A pessoa interessada na obtenção do benefício, juntando prova de sua condição, deverá requerê-lo à autoridade judiciária competente para decidir o feito, que determinará ao cartório do juízo as providências a serem cumpridas.

•• Dispositivo correspondente no CPC de 1973: art. 1.211-B, caput.

§ 2.º Deferida a prioridade, os autos receberão identificação própria que evidencie o regime de tramitação prioritária.

•• Dispositivo correspondente no CPC de 1973: art. 1.211-B, § 1.º.

§ 3.º Concedida a prioridade, essa não cessará com a morte do beneficiado, estendendo-se em favor do cônjuge supérstite ou do companheiro em união estável.

•• Dispositivo correspondente no CPC de 1973: art. 1.211-C.

§ 4.º A tramitação prioritária independe de deferimento pelo órgão jurisdicional e deverá ser imediatamente concedida diante da prova da condição de beneficiário.

Art. 1.049. Sempre que a lei remeter a procedimento previsto na lei processual sem especificá-lo, será observado o procedimento comum previsto neste Código.

Parágrafo único. Na hipótese de a lei remeter ao procedimento sumário, será observado o procedimento comum previsto neste Código, com as modificações previstas na própria lei especial, se houver.

Disposições Finais e Transitórias — Arts. 1.050 a 1.061

Art. 1.050. A União, os Estados, o Distrito Federal, os Municípios, suas respectivas entidades da administração indireta, o Ministério Público, a Defensoria Pública e a Advocacia Pública, no prazo de 30 (trinta) dias a contar da data da entrada em vigor deste Código, deverão se cadastrar perante a administração do tribunal no qual atuem para cumprimento do disposto nos arts. 246, § 2.º, e 270, parágrafo único.

Art. 1.051. As empresas públicas e privadas devem cumprir o disposto no art. 246, § 1.º, no prazo de 30 (trinta) dias, a contar da data de inscrição do ato constitutivo da pessoa jurídica, perante o juízo onde tenham sede ou filial.

Parágrafo único. O disposto no *caput* não se aplica às microempresas e às empresas de pequeno porte.

Art. 1.052. Até a edição de lei específica, as execuções contra devedor insolvente, em curso ou que venham a ser propostas, permanecem reguladas pelo Livro II, Título IV, da Lei n. 5.869, de 11 de janeiro de 1973.

Art. 1.053. Os atos processuais praticados por meio eletrônico até a transição definitiva para certificação digital ficam convalidados, ainda que não tenham observado os requisitos mínimos estabelecidos por este Código, desde que tenham atingido sua finalidade e não tenha havido prejuízo à defesa de qualquer das partes.

Art. 1.054. O disposto no art. 503, § 1.º, somente se aplica aos processos iniciados após a vigência deste Código, aplicando-se aos anteriores o disposto nos arts. 5.º, 325 e 470 da Lei n. 5.869, de 11 de janeiro de 1973.

Art. 1.055. (*Vetado*.)

•• O texto vetado dizia: "Art. 1.055. O devedor ou arrendatário não se exime da obrigação de pagamento dos tributos, das multas e das taxas incidentes sobre os bens vinculados e de outros encargos previstos em contrato, exceto se a obrigação de pagar não for de sua responsabilidade, conforme contrato, ou for objeto de suspensão em tutela provisória". *Razões do veto*: "Ao converter em artigo autônomo o § 2.º do art. 285-B do Código de Processo Civil de 1973, as hipóteses de sua aplicação, hoje restritas, ficariam imprecisas e ensejariam interpretações equivocadas, tais como possibilitar a transferência de responsabilidade tributária por meio de contrato".

•• Dispositivo correspondente no CPC de 1973: art. 285-B, § 2.º.

Art. 1.056. Considerar-se-á como termo inicial do prazo da prescrição prevista no art. 924, inciso V, inclusive para as execuções em curso, a data de vigência deste Código.

Art. 1.057. O disposto no art. 525, §§ 14 e 15, e no art. 535, §§ 7.º e 8.º, aplica-se às decisões transitadas em julgado após a entrada em vigor deste Código, e, às decisões transitadas em julgado anteriormente, aplica-se o disposto no art. 475-L, § 1.º, e no art. 741, parágrafo único, da Lei n. 5.869, de 11 de janeiro de 1973.

Art. 1.058. Em todos os casos em que houver recolhimento de importância em dinheiro, esta será depositada em nome da parte ou do interessado, em conta especial movimentada por ordem do juiz, nos termos do art. 840, inciso I.

•• Dispositivo correspondente no CPC de 1973: art. 1.219.

Art. 1.059. À tutela provisória requerida contra a Fazenda Pública aplica-se o disposto nos arts. 1.º a 4.º da Lei n. 8.437, de 30 de junho de 1992, e no art. 7.º, § 2.º, da Lei n. 12.016, de 7 de agosto de 2009.

Art. 1.060. O inciso II do art. 14 da Lei n. 9.289, de 4 de julho de 1996, passa a vigorar com a seguinte redação:

"Art. 14. ....

....

II – aquele que recorrer da sentença adiantará a outra metade das custas, comprovando o adiantamento no ato de interposição do recurso, sob pena de deserção, observado o disposto nos §§ 1.º a 7.º do art. 1.007 do Código de Processo Civil;

.... ".

Art. 1.061. O § 3.º do art. 33 da Lei n. 9.307, de 23 de setembro de 1996 (Lei de Arbitragem), passa a vigorar com a seguinte redação:

Arts. 1.061 a 1.071 — Disposições Finais e Transitórias

•• Alteração já processada no diploma modificado.

Art. 1.062. O incidente de desconsideração da personalidade jurídica aplica-se ao processo de competência dos juizados especiais.

•• *Vide* arts. 133 a 137 do CPC.

Art. 1.063. Até a edição de lei específica, os juizados especiais cíveis previstos na Lei n. 9.099, de 26 de setembro de 1995, continuam competentes para o processamento e julgamento das causas previstas no art. 275, inciso II, da Lei n. 5.869, de 11 de janeiro de 1973.

Art. 1.064. O *caput* do art. 48 da Lei n. 9.099, de 26 de setembro de 1995, passa a vigorar com a seguinte redação:

•• Alteração já processada no diploma modificado.

Art. 1.065. O art. 50 da Lei n. 9.099, de 26 de setembro de 1995, passa a vigorar com a seguinte redação:

•• Alteração já processada no diploma modificado.

Art. 1.066. O art. 83 da Lei n. 9.099, de 26 de setembro de 1995, passa a vigorar com a seguinte redação:

•• Alteração já processada no diploma modificado.

Art. 1.067. O art. 275 da Lei n. 4.737, de 15 de julho de 1965 (Código Eleitoral), passa a vigorar com a seguinte redação:

"Art. 275. São admissíveis embargos de declaração nas hipóteses previstas no Código de Processo Civil.

§ 1.º Os embargos de declaração serão opostos no prazo de 3 (três) dias, contado da data de publicação da decisão embargada, em petição dirigida ao juiz ou relator, com a indicação do ponto que lhes deu causa.

§ 2.º Os embargos de declaração não estão sujeitos a preparo.

§ 3.º O juiz julgará os embargos em 5 (cinco) dias.

§ 4.º Nos tribunais:

I – o relator apresentará os embargos em mesa na sessão subsequente, proferindo voto;

II – não havendo julgamento na sessão referida no inciso I, será o recurso incluído em pauta;

III – vencido o relator, outro será designado para lavrar o acórdão.

§ 5.º Os embargos de declaração interrompem o prazo para a interposição de recurso.

§ 6.º Quando manifestamente protelatórios os embargos de declaração, o juiz ou o tribunal, em decisão fundamentada, condenará o embargante a pagar ao embargado multa não excedente a 2 (dois) salários mínimos.

§ 7.º Na reiteração de embargos de declaração manifestamente protelatórios, a multa será elevada a até 10 (dez) salários mínimos".

Art. 1.068. O art. 274 e o *caput* do art. 2.027 da Lei n. 10.406, de 10 de janeiro de 2002 (Código Civil), passam a vigorar com a seguinte redação:

"Art. 274. O julgamento contrário a um dos credores solidários não atinge os demais, mas o julgamento favorável aproveita-lhes, sem prejuízo de exceção pessoal que o devedor tenha direito de invocar em relação a qualquer deles".

Art. 2.027. A partilha é anulável pelos vícios e defeitos que invalidam, em geral, os negócios jurídicos.
...."

Art. 1.069. O Conselho Nacional de Justiça promoverá, periodicamente, pesquisas estatísticas para avaliação da efetividade das normas previstas neste Código.

Art. 1.070. É de 15 (quinze) dias o prazo para a interposição de qualquer agravo, previsto em lei ou em regimento interno de tribunal, contra decisão de relator ou outra decisão unipessoal proferida em tribunal.

Art. 1.071. O Capítulo III do Título V da Lei n. 6.015, de 31 de dezembro de 1973 (Lei de Registros Públicos), passa a vigorar acrescida do seguinte art. 216-A:

Disposições Finais e Transitórias

•• Alteração já processada no diploma modificado.

Art. 1.072. Revogam-se:

I – o art. 22 do Decreto-lei n. 25, de 30 de novembro de 1937;

II – os arts. 227, *caput*, 229, 230, 456, 1.482, 1.483 e 1.768 a 1.773 da Lei n. 10.406, de 10 de janeiro de 2002 (Código Civil);

III – os arts. 2.º, 3.º, 4.º, 6.º, 7.º, 11, 12 e 17 da Lei n. 1.060, de 5 de fevereiro de 1950;

IV – os arts. 13 a 18, 26 a 29 e 38 da Lei n. 8.038, de 28 de maio de 1990;

V – os arts. 16 a 18 da Lei n. 5.478, de 25 de julho de 1968; e

VI – o art. 98, § 4.º, da Lei n. 12.529, de 30 de novembro de 2011.

Brasília, 16 de março de 2015; 194.º da Independência e 127.º da República.

DILMA ROUSSEFF

Legislação Complementar

Legislação Complementar

DECRETO-LEI N. 3.365, DE 21 DE JUNHO DE 1941 (*)

Dispõe sobre desapropriações por utilidade pública.

O Presidente da República, usando da atribuição que lhe confere o art. 180 da Constituição, decreta:

DISPOSIÇÕES PRELIMINARES

Art. 1.º A desapropriação por utilidade pública regular-se-á por esta Lei, em todo o território nacional.

Art. 2.º Mediante declaração de utilidade pública, todos os bens poderão ser desapropriados, pela União, pelos Estados, Municípios, Distrito Federal e Territórios.

§ 1.º A desapropriação do espaço aéreo ou do subsolo só se tornará necessária, quando de sua utilização resultar prejuízo patrimonial do proprietário do solo.

§ 2.º Os bens do domínio dos Estados, Municípios, Distrito Federal e Territórios poderão ser desapropriados pela União, e os dos Municípios pelos Estados, mas, em qualquer caso, ao ato deverá preceder autorização legislativa.

§ 3.º É vedada a desapropriação, pelos Estados, Distrito Federal, Territórios e Municípios, de ações, cotas e direitos representativos do capital de instituições e empresas cujo funcionamento dependa de autorização do Governo Federal e se subordine à sua fiscalização, salvo mediante prévia autorização, por decreto do Presidente da República.

_____
(*) Publicado no *DOU*, de 18-7-1941.

•• § 3.º acrescentado pelo Decreto-lei n. 856, de 11-9-1969.

Art. 3.º Os concessionários de serviços públicos e os estabelecimentos de carater público ou que exerçam funções delegadas de poder público poderão promover desapropriações mediante autorização expressa, constante de lei ou contrato.

Art. 4.º A desapropriação poderá abranger a área contígua necessária ao desenvolvimento da obra a que se destina, e as zonas que se valorizarem extraordinariamente, em consequência da realização do serviço. Em qualquer caso, a declaração de utilidade pública deverá compreendê-las, mencionando-se quais as indispensáveis à continuação da obra e as que se destinam à revenda.

Parágrafo único. Quando a desapropriação destinar-se à urbanização ou à reurbanização realizada mediante concessão ou parceria público-privada, o edital de licitação poderá prever que a receita decorrente da revenda ou utilização imobiliária integre projeto associado por conta e risco do concessionário, garantido ao poder concedente no mínimo o ressarcimento dos desembolsos com indenizações, quando estas ficarem sob sua responsabilidade.

•• Parágrafo único acrescentado pela Lei n. 12.873, de 24-10-2013.

Art. 5.º Consideram-se casos de utilidade pública:

a) a segurança nacional;

b) a defesa do Estado;

c) o socorro público em caso de calamidade;

d) a salubridade pública;

e) a criação e melhoramento de centros de população, seu abastecimento regular de meios de subsistência;

Decreto-lei n. 3.365, de 21-6-1941 — Desapropriação

f) o aproveitamento industrial das minas e das jazidas minerais, das águas e da energia hidráulica;

g) a assistência pública, as obras de higiene e decoração, casas de saúde, clínicas, estações de clima e fontes medicinais;

h) a exploração e a conservação dos serviços públicos;

i) a abertura, conservação e melhoramento de vias ou logradouros públicos; a execução de planos de urbanização; o parcelamento do solo, com ou sem edificação, para sua melhor utilização econômica, higiênica ou estética; a construção ou ampliação de distritos industriais;

•• Alínea *i* com redação determinada pela Lei n. 9.785, de 29-1-1999.

j) o funcionamento dos meios de transporte coletivo;

k) a preservação e conservação dos monumentos históricos e artísticos, isolados ou integrados em conjuntos urbanos ou rurais, bem como as medidas necessárias a manter-lhes e realçar-lhes os aspectos mais valiosos ou característicos e, ainda, a proteção de paisagens e locais particularmente dotados pela natureza;

l) a preservação e a conservação adequada de arquivos, documentos e outros bens móveis de valor histórico ou artístico;

m) a construção de edifícios públicos, monumentos comemorativos e cemitérios;

n) a criação de estádios, aeródromos ou campos de pouso para aeronaves;

o) a reedição ou divulgação de obra ou invento de natureza científica, artística ou literária;

p) os demais casos previstos por leis especiais.

§ 1.º A construção ou ampliação de distritos industriais, de que trata a alínea *i* do *caput* deste artigo, inclui o loteamento das áreas necessárias à instalação de indústrias e atividades correlatas, bem como a revenda ou locação dos respectivos lotes a empresas previamente qualificadas.

•• § 1.º acrescentado pela Lei n. 6.602, de 7-12-1978.

§ 2.º A efetivação da desapropriação para fins de criação ou ampliação de distritos industriais depende de aprovação, prévia e expressa, pelo Poder Público competente, do respectivo projeto de implantação.

•• § 2.º acrescentado pela Lei n. 6.602, de 7-12-1978.

§ 3.º Ao imóvel desapropriado para implantação de parcelamento popular, destinado às classes de menor renda, não se dará outra utilização nem haverá retrocessão.

•• § 3.º acrescentado pela Lei n. 9.785, de 29-1-1999.

Art. 6.º A declaração de utilidade pública far-se-á por decreto do Presidente da República, governador, interventor ou prefeito.

Art. 7.º Declarada a utilidade pública, ficam as autoridades administrativas autorizadas a penetrar nos prédios compreendidos na declaração, podendo recorrer, em caso de oposição, ao auxílio de força policial. Àquele que for molestado por excesso ou abuso de poder, cabe indenização por perdas e danos, sem prejuízo da ação penal.

Art. 8.º O Poder Legislativo poderá tomar a iniciativa da desapropriação, cumprindo, neste caso, ao Executivo, praticar os atos necessários à sua efetivação.

Art. 9.º Ao Poder Judiciário é vedado, no processo de desapropriação, decidir se se verificam ou não os casos de utilidade pública.

Art. 10. A desapropriação deverá efetivar-se mediante acordo ou intentar-se judicialmente dentro de 5 (cinco) anos, contados da data da expedição do respectivo decreto e findos os quais este caducará.

Neste caso, somente decorrido 1 (um) ano, poderá ser o mesmo bem objeto de nova declaração.

Parágrafo único. Extingue-se em 5 (cinco) anos o direito de propor ação que vise a indenização por restrições decorrentes de atos do Poder Público.

•• Parágrafo único acrescentado pela Medida Provisória n. 2.183-56, de 24-8-2001.

Desapropriação

Decreto-lei n. 3.365, de 21-6-1941

DO PROCESSO JUDICIAL

Art. 11. A ação, quando a União for autora, será proposta no Distrito Federal ou no foro da Capital do Estado onde for domiciliado o réu, perante o juízo privativo, se houver; sendo outro o autor, no foro da situação dos bens.

Art. 12. Somente os juízes que tiverem garantia da vitaliciedade, inamovibilidade e irredutibilidade de vencimentos poderão conhecer dos processos de desapropriação.

Art. 13. A petição inicial, além dos requisitos previstos no Código de Processo Civil, conterá a oferta do preço e será instruída com um exemplar do contrato, ou do jornal oficial que houver publicado o decreto de desapropriação, ou cópia autenticada dos mesmos, e a planta ou descrição dos bens e suas confrontações.

Parágrafo único. Sendo o valor da causa igual ou inferior a dois contos de réis, dispensam-se os autos suplementares.

Art. 14. Ao despachar a inicial, o juiz designará um perito de sua livre escolha, sempre que possível, técnico, para proceder à avaliação dos bens.

Parágrafo único. O autor e o réu poderão indicar assistente técnico do perito.

Art. 15. Se o expropriante alegar urgência e depositar quantia arbitrada de conformidade com o art. 685 do Código de Processo Civil, o juiz mandará imiti-lo provisoriamente na posse dos bens.

•• A referência é feita a dispositivos do CPC de 1939. A matéria era tratada nos arts. 826 a 838 do CPC de 1973. Sem correspondência no CPC de 2015.

§ 1.º A imissão provisória poderá ser feita, independentemente da citação do réu, mediante o depósito:

a) do preço oferecido, se este for superior a 20 (vinte) vezes o valor locativo, caso o imóvel esteja sujeito ao imposto predial;

b) da quantia correspondente a 20 (vinte) vezes o valor locativo, estando o imóvel sujeito ao imposto predial e sendo menor o preço oferecido;

c) do valor cadastral do imóvel, para fins de lançamento do imposto territorial, urbano ou rural, caso o referido valor tenha sido atualizado no ano fiscal imediatamente anterior;

d) não tendo havido a atualização a que se refere o inciso c, o juiz fixará, independentemente de avaliação, a importância do depósito, tendo em vista a época em que houver sido fixado originariamente o valor cadastral e a valorização ou desvalorização posterior do imóvel.

•• § 1.º com redação determinada pela Lei n. 2.786, de 21-5-1956.

• Vide Súmula 652 do STF.

§ 2.º A alegação de urgência, que não poderá ser renovada, obrigará o expropriante a requerer a imissão provisória dentro do prazo improrrogável de 120 (cento e vinte) dias.

•• § 2.º com redação determinada pela Lei n. 2.786, de 21-5-1956.

§ 3.º Excedido o prazo fixado no parágrafo anterior não será concedida a imissão provisória.

•• § 3.º com redação determinada pela Lei n. 2.786, de 21-5-1956.

§ 4.º A imissão provisória na posse será registrada no registro de imóveis competente.

•• § 4.º acrescentado pela Lei n. 11.977, de 7-7-2009.

Art. 15-A. No caso de imissão prévia na posse, na desapropriação por necessidade ou utilidade pública e interesse social, inclusive para fins de reforma agrária, havendo divergência entre o preço ofertado em juízo e o valor do bem, fixado na sentença, expressos em termos reais, incidirão juros compensatórios de até seis por cento ao ano sobre o valor da diferença eventualmente apurada, a contar da imissão na posse, vedado o cálculo de juros compostos.

•• *Caput* acrescentado pela Medida Provisória n. 2.183-56, de 24-8-2001.

• O STF, em liminar concedida em 5-9-2001, na ADIn n. 2.332-2, decidiu suspender a eficácia da expressão "de até seis por cento ao ano", dando ao final deste *caput* interpretação conforme a Constituição "de que a base de cálculo dos juros compensatórios será a diferença eventualmente apurada entre 80% do preço".

Decreto-lei n. 3.365, de 21-6-1941

§ 1.º Os juros compensatórios destinam-se, apenas, a compensar a perda de renda comprovadamente sofrida pelo proprietário.

•• § 1.º acrescentado pela Medida Provisória n. 2.183-56, de 24-8-2001.

• O STF, em liminar concedida em 5-9-2001, na ADIn n. 2.332-2, suspendeu a eficácia deste § 1.º.

§ 2.º Não serão devidos juros compensatórios quando o imóvel possuir graus de utilização da terra e de eficiência na exploração iguais a zero.

•• § 2.º acrescentado pela Medida Provisória n. 2.183-56, de 24-8-2001.

• O STF, em liminar concedida em 5-9-2001, na ADIn n. 2.332-2, suspendeu a eficácia deste § 2.º.

§ 3.º O disposto no *caput* deste artigo aplica-se também às ações ordinárias de indenização por apossamento administrativo ou desapropriação indireta, bem assim às ações que visem a indenização por restrições decorrentes de atos do Poder Público, em especial aqueles destinados à proteção ambiental, incidindo os juros sobre o valor fixado na sentença.

•• § 3.º acrescentado pela Medida Provisória n. 2.183-56, de 24-8-2001.

Art. 15-B. Nas ações a que se refere o art. 15-A, os juros moratórios destinam-se a recompor a perda decorrente do atraso no efetivo pagamento da indenização fixada na decisão final de mérito, e somente serão devidos à razão de até 6% (seis por cento) ao ano, a partir de 1.º de janeiro do exercício seguinte àquele em que o pagamento deveria ser feito, nos termos do art. 100 da Constituição.

•• Artigo acrescentado pela Medida Provisória n. 2.183-56, de 24-8-2001.

Art. 16. A citação far-se-á por mandado na pessoa do proprietário dos bens; a do marido dispensa a da mulher; a de um sócio, ou administrador, a dos demais, quando o bem pertencer a sociedade; a do administrador da coisa, no caso de condomínio, exceto o de edifício de apartamento constituindo cada um propriedade autônoma, a dos demais condôminos e a do inventariante, e, se não houver, a do cônjuge, herdeiro, ou legatário, detentor da herança, a dos demais interessados, quando o bem pertencer a espólio.

Parágrafo único. Quando não encontrar o citando, mas ciente de que se encontra no território da jurisdição do juiz, o oficial portador do mandado marcará desde logo hora certa para a citação, ao fim de 48 (quarenta e oito) horas, independentemente de nova diligência ou despacho.

Art. 17. Quando a ação não for proposta no foro do domicílio ou da residência do réu, a citação far-se-á por precatória, se o mesmo estiver em lugar certo, fora do território da jurisdição do juiz.

Art. 18. A citação far-se-á por edital se o citando não for conhecido, ou estiver em lugar ignorado, incerto ou inacessível, ou, ainda, no estrangeiro, o que dois oficiais do juízo certificarão.

Art. 19. Feita a citação, a causa seguirá com o rito ordinário.

Art. 20. A contestação só poderá versar sobre vício do processo judicial ou impugnação do preço; qualquer outra questão deverá ser decidida por ação direta.

Art. 21. A instância não se interrompe. No caso de falecimento do réu, ou perda de sua capacidade civil, o juiz, logo que disso tenha conhecimento, nomeará curador à lide, até que se habilite o interessado.

Parágrafo único. Os atos praticados da data do falecimento ou perda da capacidade à investidura do curador à lide poderão ser ratificados ou impugnados por ele, ou pelo representante do espólio ou do incapaz.

Art. 22. Havendo concordância sobre o preço, o juiz o homologará por sentença no despacho saneador.

Art. 23. Findo o prazo para a contestação e não havendo concordância expressa quanto ao preço, o perito apresentará o laudo em cartório

Desapropriação

Decreto-lei n. 3.365, de 21-6-1941

até 5 (cinco) dias, pelo menos, antes da audiência de instrução e julgamento.

§ 1.º O perito poderá requisitar das autoridades públicas os esclarecimentos ou documentos que se tornarem necessários à elaboração do laudo, e deverá indicar nele, entre outras circunstâncias atendíveis para a fixação da indenização, as enumeradas no art. 27.

Ser-lhe-ão abonadas, como custas, as despesas com certidões e, a arbítrio do juiz, as de outros documentos que juntar ao laudo.

§ 2.º Antes de proferido o despacho saneador, poderá o perito solicitar prazo especial para apresentação do laudo.

Art. 24. Na audiência de instrução e julgamento proceder-se-á na conformidade do Código de Processo Civil. Encerrado o debate, o juiz proferirá sentença fixando o preço da indenização.

Parágrafo único. Se não se julgar habilitado a decidir, o juiz designará desde logo outra audiência que se realizará dentro de 10 (dez) dias, a fim de publicar a sentença.

Art. 25. O principal e os acessórios serão computados em parcelas autônomas.

Parágrafo único. O juiz poderá arbitrar quantia módica para desmonte e transporte de maquinismos instalados e em funcionamento.

Art. 26. No valor da indenização que será contemporâneo da avaliação não se incluirão direitos de terceiros contra o expropriado.

•• *Caput* com redação determinada pela Lei n. 2.786, de 21-5-1956.

§ 1.º Serão atendidas as benfeitorias necessárias feitas após a desapropriação; as úteis, quando feitas com autorização do expropriante.

•• § 1.º com redação determinada pela Lei n. 4.686, de 21-6-1965.

§ 2.º Decorrido prazo superior a 1 (um) ano a partir da avaliação, o juiz ou o tribunal, antes da decisão final, determinará a correção monetária do valor apurado, conforme índice que será fixado, trimestralmente, pela Secretaria de Planejamento da Presidência da República.

•• § 2.º com redação determinada pela Lei n. 6.306, de 15-12-1975.

Art. 27. O juiz indicará na sentença os fatos que motivaram o seu convencimento e deverá atender, especialmente, à estimação dos bens para efeitos fiscais; ao preço de aquisição e interesse que deles aufere o proprietário; à sua situação, estado de conservação e segurança; ao valor venal dos da mesma espécie, nos últimos 5 (cinco) anos, à valorização ou depreciação de área remanescente, pertencente ao réu.

§ 1.º A sentença que fixar o valor da indenização quando este for superior ao preço oferecido condenará o desapropriante a pagar honorários do advogado, que serão fixados entre 0,5 (meio) e 5% (cinco por cento) do valor da diferença, observado o disposto no § 4.º do art. 20 do Código de Processo Civil, não podendo os honorários ultrapassar R$ 151.000,00 (cento e cinquenta e um mil reais).

•• § 1.º com redação determinada pela Medida Provisória n. 2.183-56, de 24-8-2001.

•• O STF, em liminar concedida em 5-9-2001, na ADIn n. 2.332-2, suspendeu a eficácia da expressão "não podendo os honorários ultrapassar R$ 151.000,00", constante deste § 1.º.

§ 2.º A transmissão da propriedade decorrente de desapropriação amigável ou judicial, não ficará sujeita ao Imposto de Lucro Imobiliário.

•• § 2.º acrescentado pela Lei n. 2.786, de 21-5-1956.

§ 3.º O disposto no § 1.º deste artigo se aplica:

I – ao procedimento contraditório especial, de rito sumário, para o processo de desapropriação de imóvel rural, por interesse social, para fins de reforma agrária;

II – às ações de indenização por apossamento administrativo ou desapropriação indireta.

•• § 3.º acrescentado pela Medida Provisória n. 2.183-56, de 24-8-2001.

§ 4.º O valor a que se refere o § 1.º será atualizado, a partir de maio de 2000, no dia 1.º de janeiro de cada ano, com base na variação acumulada do Índice de Preços ao Consumidor Amplo – IPCA do respectivo período.

§ 4.º acrescentado pela Medida Provisória n. 2.183-56, de 24-8-2001.

Art. 28. Da sentença que fixar o preço da indenização caberá apelação com efeito simplesmente devolutivo, quando interposta pelo expropriado, e com ambos os efeitos, quando o for pelo expropriante.

§ 1.º A sentença que condenar a Fazenda Pública em quantia superior ao dobro da oferecida fica sujeita ao duplo grau de jurisdição.

§ 1.º com redação determinada pela Lei n. 6.071, de 3-7-1974.

§ 2.º Nas causas de valor igual ou inferior a dois contos de réis observar-se-á o disposto no art. 839 do Código de Processo Civil.

A referência é feita a dispositivos do CPC de 1939, e foi prejudicada com o advento do CPC de 1973.

Art. 29. Efetuando o pagamento ou a consignação, expedir-se-á, em favor do expropriante, mandado de imissão de posse valendo a sentença como título hábil para a transcrição no Registro de Imóveis.

Art. 30. As custas serão pagas pelo autor se o réu aceitar o preço oferecido; em caso contrário, pelo vencido, ou em proporção, na forma da lei.

DISPOSIÇÕES FINAIS

Art. 31. Ficam sub-rogados no preço quaisquer ônus ou direitos que recaiam sobre o bem expropriado.

Art. 32. O pagamento do preço será prévio e em dinheiro.

Caput com redação determinada pela Lei n. 2.786, de 21-5-1956.

§ 1.º As dívidas fiscais serão deduzidas dos valores depositados, quando inscritas e ajuizadas.

§ 1.º acrescentado pela Lei n. 11.977, de 7-7-2009.

§ 2.º Incluem-se na disposição prevista no § 1.º as multas decorrentes de inadimplemento e de obrigações fiscais.

§ 2.º acrescentado pela Lei n. 11.977, de 7-7-2009.

§ 3.º A discussão acerca dos valores inscritos ou executados será realizada em ação própria.

§ 3.º acrescentado pela Lei n. 11.977, de 7-7-2009.

Art. 33. O depósito do preço fixado por sentença, à disposição do juiz da causa, é considerado pagamento prévio da indenização.

§ 1.º O depósito far-se-á no Banco do Brasil ou, onde este não tiver agência, em estabelecimento bancário acreditado, a critério do juiz.

Anterior parágrafo único, passado a § 1.º pela Lei n. 2.786, de 21-5-1956.

§ 2.º O desapropriado, ainda que discorde do preço oferecido, do arbitrado ou do fixado pela sentença, poderá levantar até 80% (oitenta por cento) do depósito feito para o fim previsto neste e no art. 15, observado o processo estabelecido no art. 34.

§ 2.º acrescentado pela Lei n. 2.786, de 21-5-1956.

Art. 34. O levantamento do preço será deferido mediante prova de propriedade, de quitação de dívidas fiscais que recaiam sobre o bem expropriado, e publicação de editais, com o prazo de 10 (dez) dias, para conhecimento de terceiros.

Parágrafo único. Se o juiz verificar que há dúvida fundada sobre o domínio, o preço ficará em depósito, ressalvada aos interessados a ação própria para disputá-lo.

Art. 35. Os bens expropriados, uma vez incorporados à Fazenda Pública, não podem ser objeto de reivindicação, ainda que fundada em nulidade do processo de desapropriação. Qualquer ação, julgada procedente, resolver-se-á em perdas e danos.

Art. 36. É permitida a ocupação temporária, que será indenizada, a final, por ação própria, de terrenos não edificados, vizinhos às obras e necessários à sua realização.

O expropriante prestará caução, quando exigida.

Art. 37. Aquele cujo bem for prejudicado extraordinariamente em sua destinação econômica pela desapropriação de áreas contíguas terá direito a reclamar perdas e danos do expropriante.

Art. 38. O réu responderá perante terceiros, e por ação própria, pela omissão ou sonegação

LINDB

de quaisquer informações que possam interessar à marcha do processo ou ao recebimento da indenização.

Art. 39. A ação de desapropriação pode ser proposta durante as férias forenses, e não se interrompe pela superveniência destas.

Art. 40. O expropriante poderá constituir servidões, mediante indenização na forma desta Lei.

Art. 41. As disposições desta Lei aplicam-se aos processos de desapropriação em curso, não se permitindo depois de sua vigência outros termos e atos além dos por ela admitidos, nem o seu processamento por forma diversa da que por ela é regulada.

Art. 42. No que esta Lei for omissa aplica-se o Código de Processo Civil.

Art. 43. Esta Lei entrará em vigor 10 (dez) dias depois de publicada, no Distrito Federal, e 30 (trinta) dias nos Estados e Território do Acre; revogadas as disposições em contrário.

Rio de Janeiro, em 21 de junho de 1941; 120.º da Independência e 53.º da República.

Getúlio Vargas

DECRETO-LEI N. 4.657, DE 4 DE SETEMBRO DE 1942 (*)

Lei de Introdução às Normas do Direito Brasileiro.

•• Ementa com redação determinada pela Lei n. 12.376, de 30-12-2010.

(*) Publicado no *DOU*, de 9-9-1942. Retificado em 8-10-1942 e em 17-6-1943. Entrou em vigor no dia 24-10-1942, por força do disposto no Decreto-lei n. 4.707, de 17-9-1942.

Decreto-lei n. 4.657, de 4-9-1942

O Presidente da República, usando da atribuição que lhe confere o art. 180 da Constituição, decreta:

Art. 1.º Salvo disposição contrária, a lei começa a vigorar em todo o País 45 (quarenta e cinco) dias depois de oficialmente publicada.

•• *Vide* art. 62, §§ 3.º, 4.º, 6.º e 7.º, da CF.

§ 1.º Nos Estados estrangeiros, a obrigatoriedade da lei brasileira, quando admitida, se inicia 3 (três) meses depois de oficialmente publicada.

§ 2.º *(Revogado pela Lei n. 12.036, de 1.º-10-2009.)*

§ 3.º Se, antes de entrar a lei em vigor, ocorrer nova publicação de seu texto, destinada a correção, o prazo deste artigo e dos parágrafos anteriores começará a correr da nova publicação.

§ 4.º As correções a texto de lei já em vigor consideram-se lei nova.

Art. 2.º Não se destinando à vigência temporária, a lei terá vigor até que outra a modifique ou revogue.

§ 1.º A lei posterior revoga a anterior quando expressamente o declare, quando seja com ela incompatível ou quando regule inteiramente a matéria de que tratava a lei anterior.

§ 2.º A lei nova, que estabeleça disposições gerais ou especiais a par das já existentes, não revoga nem modifica a lei anterior.

§ 3.º Salvo disposição em contrário, a lei revogada não se restaura por ter a lei revogadora perdido a vigência.

Art. 3.º Ninguém se escusa de cumprir a lei, alegando que não a conhece.

Art. 4.º Quando a lei for omissa, o juiz decidirá o caso de acordo com a analogia, os costumes e os princípios gerais de direito.

Art. 5.º Na aplicação da lei, o juiz atenderá aos fins sociais a que ela se dirige e às exigências do bem comum.

Art. 6.º A Lei em vigor terá efeito imediato e geral, respeitados o ato jurídico perfeito, o direito adquirido e a coisa julgada.

Decreto-lei n. 4.657, de 4-9-1942 — LINDB

•• *Vide* art. 5.º, XXXVI, da CF.

§ 1.º Reputa-se ato jurídico perfeito o já consumado segundo a lei vigente ao tempo em que se efetuou.

§ 2.º Consideram-se adquiridos assim os direitos que o seu titular, ou alguém por ele, possa exercer, como aqueles cujo começo do exercício tenha termo pré-fixo, ou condição preestabelecida inalterável, a arbítrio de outrem.

§ 3.º Chama-se coisa julgada ou caso julgado a decisão judicial de que já não caiba recurso.

•• § 3.º com redação determinada pela Lei n. 3.238, de 1.º-8-1957.

Art. 7.º A lei do país em que for domiciliada a pessoa determina as regras sobre o começo e o fim da personalidade, o nome, a capacidade e os direitos de família.

§ 1.º Realizando-se o casamento no Brasil, será aplicada a lei brasileira quanto aos impedimentos dirimentes e às formalidades da celebração.

§ 2.º O casamento de estrangeiros poderá celebrar-se perante autoridades diplomáticas ou consulares do país de ambos os nubentes.

•• § 2.º com redação determinada pela Lei n. 3.238, de 1.º-8-1957.

§ 3.º Tendo os nubentes domicílio diverso, regerá os casos de invalidade do matrimônio a lei do primeiro domicílio conjugal.

§ 4.º O regime de bens, legal ou convencional, obedece à lei do país em que tiverem os nubentes domicílio, e, se este for diverso, à do primeiro domicílio conjugal.

§ 5.º O estrangeiro casado, que se naturalizar brasileiro, pode, mediante expressa anuência de seu cônjuge, requerer ao juiz, no ato de entrega do decreto de naturalização, se apostile ao mesmo a adoção do regime de comunhão parcial de bens, respeitados os direitos de terceiros e dada esta adoção ao competente registro.

•• § 5.º com redação determinada pela Lei n. 6.515, de 26-12-1977.

§ 6.º O divórcio realizado no estrangeiro, se um ou ambos os cônjuges forem brasileiros, só será reconhecido no Brasil depois de 1 (um) ano da data da sentença, salvo se houver sido antecedida de separação judicial por igual prazo, caso em que a homologação produzirá efeito imediato, obedecidas as condições estabelecidas para a eficácia das sentenças estrangeiras no país. O Superior Tribunal de Justiça, na forma de seu regimento interno, poderá reexaminar, a requerimento do interessado, decisões já proferidas em pedidos de homologação de sentenças estrangeiras de divórcio de brasileiros, a fim de que passem a produzir todos os efeitos legais.

•• § 6.º com redação determinada pela Lei n. 12.036, de 1.º-10-2009.

§ 7.º Salvo o caso de abandono, o domicílio do chefe da família estende-se ao outro cônjuge e aos filhos não emancipados, e o do tutor ou curador aos incapazes sob sua guarda.

§ 8.º Quando a pessoa não tiver domicílio, considerar-se-á domiciliada no lugar de sua residência ou naquele em que se encontre.

Art. 8.º Para qualificar os bens e regular as relações a eles concernentes, aplicar-se-á a lei do país em que estiverem situados.

§ 1.º Aplicar-se-á a lei do país em que for domiciliado o proprietário, quanto aos bens móveis que ele trouxer ou se destinarem a transporte para outros lugares.

§ 2.º O penhor regula-se pela lei do domicílio que tiver a pessoa, em cuja posse se encontre a coisa apenhada.

Art. 9.º Para qualificar e reger as obrigações, aplicar-se-á a lei do país em que se constituírem.

§ 1.º Destinando-se a obrigação a ser executada no Brasil e dependendo de forma essencial, será esta observada, admitidas as peculiaridades da lei estrangeira quanto aos requisitos extrínsecos do ato.

§ 2.º A obrigação resultante do contrato reputa-se constituída no lugar em que residir o proponente.

Art. 10. A sucessão por morte ou por ausência obedece à lei do país em que era domiciliado o defunto ou o desaparecido, qualquer que seja a natureza e a situação dos bens.

LINDB
Decreto-lei n. 4.657, de 4-9-1942

§ 1.º A sucessão de bens de estrangeiros, situados no País, será regulada pela lei brasileira em benefício do cônjuge ou dos filhos brasileiros, ou de quem os represente, sempre que não lhes seja mais favorável a lei pessoal do *de cujus*.

•• § 1.º com redação determinada pela Lei n. 9.047, de 18-5-1995.

§ 2.º A lei do domicílio do herdeiro ou legatário regula a capacidade para suceder.

Art. 11. As organizações destinadas a fins de interesse coletivo, como as sociedades e as fundações, obedecem à lei do Estado em que se constituírem.

§ 1.º Não poderão, entretanto, ter no Brasil filiais, agências ou estabelecimentos antes de serem os atos constitutivos aprovados pelo Governo brasileiro, ficando sujeitas à lei brasileira.

§ 2.º Os governos estrangeiros, bem como as organizações de qualquer natureza, que eles tenham constituído, dirijam ou hajam investido de funções públicas, não poderão adquirir no Brasil bens imóveis ou suscetíveis de desapropriação.

§ 3.º Os governos estrangeiros podem adquirir a propriedade dos prédios necessários à sede dos representantes diplomáticos ou dos agentes consulares.

Art. 12. É competente a autoridade judiciária brasileira, quando for o réu domiciliado no Brasil ou aqui tiver de ser cumprida a obrigação.

§ 1.º Só à autoridade judiciária brasileira compete conhecer das ações relativas a imóveis situados no Brasil.

§ 2.º A autoridade judiciária brasileira cumprirá, concedido o *exequatur* e segundo a forma estabelecida pela lei brasileira, as diligências deprecadas por autoridade estrangeira competente, observando a lei desta, quanto ao objeto das diligências.

Art. 13. A prova dos fatos ocorridos em país estrangeiro rege-se pela lei que nele vigorar, quanto ao ônus e aos meios de produzir-se, não admitindo os tribunais brasileiros provas que a lei brasileira desconheça.

Art. 14. Não conhecendo a lei estrangeira, poderá o juiz exigir de quem a invoca prova do texto e da vigência.

Art. 15. Será executada no Brasil a sentença proferida no estrangeiro, que reúna os seguintes requisitos:

a) haver sido proferida por juiz competente;

b) terem sido as partes citadas ou haver-se legalmente verificado a revelia;

c) ter passado em julgado e estar revestida das formalidades necessárias para a execução no lugar em que foi proferida;

d) estar traduzida por intérprete autorizado;

e) ter sido homologada pelo Supremo Tribunal Federal.

•• Com o advento da Emenda Constitucional n. 45, de 8-12-2004, que alterou o art. 105, I, *i*, da CF, a competência para homologar sentenças estrangeiras passou a ser do STJ.

Parágrafo único. (*Revogado pela Lei n. 12.036, de 1.º-10-2009.*)

Art. 16. Quando, nos termos dos artigos precedentes, se houver de aplicar a lei estrangeira, ter-se-á em vista a disposição desta, sem considerar-se qualquer remissão por ela feita a outra lei.

Art. 17. As leis, atos e sentenças de outro país, bem como quaisquer declarações de vontade, não terão eficácia no Brasil, quando ofenderem a soberania nacional, a ordem pública e os bons costumes.

Art. 18. Tratando-se de brasileiros, são competentes as autoridades consulares brasileiras para lhes celebrar o casamento e os mais atos de Registro Civil e de tabelionato, inclusive o registro de nascimento e de óbito dos filhos de brasileiro ou brasileira nascidos no país da sede do Consulado.

• Artigo com redação determinada pela Lei n. 3.238, de 1.º-8-1957.

§ 1.º As autoridades consulares brasileiras também poderão celebrar a separação consensual e o divórcio consensual de brasileiros, não havendo filhos menores ou incapazes do casal e observados os requisitos legais quanto aos prazos, devendo constar da respectiva escritura pública

Lei n. 810, de 6-9-1949

as disposições relativas à descrição e à partilha dos bens comuns e à pensão alimentícia e, ainda, ao acordo quanto à retomada pelo cônjuge de seu nome de solteiro ou à manutenção do nome adotado quando se deu o casamento.

•• § 1.º acrescentado pela Lei n. 12.874, de 29-10-2013 (DOU de 30-10-2013) – em vigor 120 dias após a publicação.

§ 2.º É indispensável a assistência de advogado, devidamente constituído, que se dará mediante a subscrição de petição, juntamente com ambas as partes, ou com apenas uma delas, caso a outra constitua advogado próprio, não se fazendo necessário que a assinatura do advogado conste da escritura pública.

•• § 2.º acrescentado pela Lei n. 12.874, de 29-10-2013 (DOU de 30-10-2013) – em vigor 120 dias após a publicação.

Art. 19. Reputam-se válidos todos os atos indicados no artigo anterior e celebrados pelos cônsules brasileiros na vigência do Decreto-lei n. 4.657, de 4 de setembro de 1942, desde que satisfaçam todos os requisitos legais.

•• Caput acrescentado pela Lei n. 3.238, de 1.º-8-1957.

Parágrafo único. No caso em que a celebração desses atos tiver sido recusada pelas autoridades consulares, com fundamento no art. 18 do mesmo Decreto-lei, ao interessado é facultado renovar o pedido dentre em 90 (noventa) dias contados da data da publicação desta Lei.

•• Parágrafo único acrescentado pela Lei n. 3.238, de 1.º-8-1957.

Rio de Janeiro, 4 de setembro de 1942; 121.º da Independência e 54.º da República.

Getúlio Vargas

LEI N. 810, DE 6 DE SETEMBRO DE 1949 (*)

Define o ano civil.

(*) Publicada no DOU, de 16-9-1949.

O Presidente da República:

Faço saber que o Congresso Nacional decreta e eu sanciono a seguinte Lei:

Art. 1.º Considera-se ano o período de 12 (doze) meses contado do dia do início ao dia e mês correspondentes do ano seguinte.

Art. 2.º Considera-se mês o período de tempo contado do dia do início ao dia correspondente do mês seguinte.

Art. 3.º Quando no ano ou mês do vencimento não houver o dia correspondente ao do início do prazo, este findará no primeiro dia subsequente.

Art. 4.º Revogam-se as disposições em contrário.

Rio de Janeiro, 6 de setembro de 1949; 128.º da Independência e 61.º da República.

Eurico G. Dutra

LEI N. 1.060, DE 5 DE FEVEREIRO DE 1950 (**)

Estabelece normas para a concessão de assistência judiciária aos necessitados.

O Presidente da República:

Faço saber que o Congresso Nacional decreta e eu sanciono a seguinte Lei:

Art. 1.º Os poderes públicos federal e estadual, independentemente da colaboração que possam receber dos municípios e da Ordem dos Advogados do Brasil – OAB, concederão assistência judiciária aos necessitados, nos termos desta Lei (Vetado).

•• Artigo com redação determinada pela Lei n. 7.510, de 4-7-1986.

(**) Publicada no DOU, de 13-2-1950, e republicada em Suplemento de 8-4-1974.

Assistência Judiciária

Lei n. 1.060, de 5-2-1950

Arts. 2.º a 4.º *(Revogados pela Lei n. 13.105, de 16-3-2015.)*

Art. 5.º O juiz, se não tiver fundadas razões para indeferir o pedido, deverá julgá-lo de plano, motivando ou não o deferimento, dentro do prazo de 72 (setenta e duas) horas.

§ 1.º Deferido o pedido, o juiz determinará que o serviço de assistência judiciária, organizado e mantido pelo Estado, onde houver, indique, no prazo de 2 (dois) dias úteis, o advogado que patrocinará a causa do necessitado.

§ 2.º Se no Estado não houver serviço de assistência judiciária, por ele mantido, caberá a indicação à Ordem dos Advogados, por suas seções estaduais, ou subseções municipais.

§ 3.º Nos municípios em que não existem subseções da Ordem dos Advogados do Brasil, o próprio juiz fará a nomeação do advogado que patrocinará a causa do necessitado.

§ 4.º Será preferido para a defesa da causa o advogado que o interessado indicar e que declare aceitar o encargo.

§ 5.º Nos Estados onde a Assistência Judiciária seja organizada e por eles mantida, o Defensor Público, ou quem exerça cargo equivalente, será intimado pessoalmente de todos os atos do processo, em ambas as Instâncias, contando-se-lhes em dobro todos os prazos.

•• § 5.º acrescentado pela Lei n. 7.871, de 8-11-1989.

Arts. 6.º e 7.º *(Revogados pela Lei n. 13.105, de 16-3-2015.)*

Art. 8.º Ocorrendo as circunstâncias mencionadas no artigo anterior, poderá o juiz, *ex officio*, decretar a revogação dos benefícios, ouvida a parte interessada dentro de 48 (quarenta e oito) horas improrrogáveis.

Art. 9.º Os benefícios da assistência judiciária compreendem todos os atos do processo até a decisão final do litígio, em todas as instâncias.

Art. 10. São individuais e concedidos em cada caso ocorrente os benefícios de assistência judiciária, que se não transmitem ao cessionário de direito e se extinguem pela morte do beneficiário, podendo, entretanto, ser concedidos aos herdeiros que continuarem a demanda, e que necessitarem de tais favores na forma estabelecida nesta Lei.

Arts. 11 e 12. *(Revogados pela Lei n. 13.105, de 16-3-2015.)*

Art. 13. Se o assistido puder atender, em parte, às despesas do processo, o juiz mandará pagar as custas, que serão rateadas entre os que tiverem direito ao seu recebimento.

Art. 14. Os profissionais liberais designados para o desempenho do encargo de defensor ou de perito, conforme o caso, salvo justo motivo previsto em lei ou, na sua omissão, a critério da autoridade judiciária competente, são obrigados ao respectivo cumprimento, sob pena de multa de mil cruzeiros a dez mil cruzeiros, sujeita ao reajustamento estabelecido na Lei n. 6.205, de 29 de abril de 1975, sem prejuízo da sanção disciplinar cabível.

•• *Caput* com redação determinada pela Lei n. 6.465, de 14-11-1977.

§ 1.º Na falta de indicação pela assistência ou pela própria parte, o juiz solicitará a do órgão de classe respectivo.

•• § 1.º com redação determinada pela Lei n. 6.465, de 14-11-1977.

§ 2.º A multa prevista neste artigo reverterá em benefício do profissional que assumir o encargo na causa.

•• § 2.º com redação determinada pela Lei n. 6.465, de 14-11-1977.

Art. 15. São motivos para a recusa do mandato pelo advogado designado ou nomeado:

1.º) estar impedido de exercer a advocacia;

2.º) ser procurador constituído pela parte contrária ou ter com ela relações profissionais de interesse atual;

3.º) ter necessidade de se ausentar da sede do juízo para atender a outro mandato anteriormente outorgado ou para defender interesses próprios inadiáveis;

4.º) já haver manifestado, por escrito, sua opinião contrária ao direito que o necessitado pretende pleitear;

5.º) haver dado à parte contrária parecer escrito sobre a contenda.

Parágrafo único. A recusa será solicitada ao juiz, que, de plano, a concederá, temporária ou definitivamente, ou a denegará.

Art. 16. Se o advogado, ao comparecer em juízo, não exibir o instrumento de mandato outorgado pelo assistido, o juiz determinará que se exarem na ata da audiência os termos da referida outorga.

Parágrafo único. O instrumento de mandato não será exigido, quando a parte for representada em juízo por advogado integrante de entidade de direito público incumbido, na forma da lei, de prestação de assistência judiciária gratuita, ressalvados:

a) os atos previstos no art. 38 do Código de Processo Civil;

b) o requerimento de abertura de inquérito por crime de ação privada, a proposição de ação penal privada ou o oferecimento de representação por crime de ação pública condicionada.

•• Parágrafo único acrescentado pela Lei n. 6.248, de 8-10-1975.

Art. 17. *(Revogado pela Lei n. 13.105, de 16-3-2015.)*

Art. 18. Os acadêmicos de direito, a partir da 4.ª série, poderão ser indicados pela assistência judiciária, ou nomeados pelo juiz para auxiliar o patrocínio das causas dos necessitados, ficando sujeitos às mesmas obrigações impostas por esta Lei aos advogados.

Art. 19. Esta Lei entrará em vigor 30 (trinta) dias depois de sua publicação no *Diário Oficial da União*, revogadas as disposições em contrário.

Rio de Janeiro, 5 de fevereiro de 1950; 129.º da Independência e 62.º da República.

EURICO G. DUTRA

LEI N. 1.408, DE 9 DE AGOSTO DE 1951 (*)

Prorroga vencimentos de prazos judiciais e dá outras providências.

O Presidente da República:

Faço saber que o Congresso Nacional decreta e eu sanciono a seguinte Lei:

Art. 1.º Sempre que, por motivo de ordem pública, se fizer necessário o fechamento do Foro, de edifícios anexos ou de quaisquer dependências do serviço judiciário ou o respectivo expediente tiver de ser encerrado antes da hora legal, observar-se-á o seguinte:

a) os prazos serão restituídos aos interessados na medida em que houverem sido atingidos pela providência tomada;

b) as audiências, que ficarem prejudicadas, serão realizadas em outro dia mediante designação da autoridade competente.

Art. 2.º O fechamento extraordinário do Foro e dos edifícios anexos e as demais medidas, a que se refere o art. 1.º, poderão ser determinados pelo presidente dos Tribunais de Justiça, nas comarcas onde esses tribunais tiverem a sede e pelos juízes de direito nas respectivas comarcas.

Art. 3.º Os prazos judiciais que se iniciarem ou vencerem aos sábados, serão prorrogados por um dia útil.

•• Artigo com redação determinada pela Lei n. 4.674, de 15-6-1965.

Art. 4.º Se o jornal, que divulgar o expediente oficial do Foro, se publicar à tarde, serão dilatados de 1 (um) dia os prazos que devam correr de sua inserção nessa folha e feitas, na véspera da realização do ato oficial, as publicações que devam ser efetuadas no dia fixado para esse ato.

Art. 5.º Não haverá expediente do Foro e nos ofícios de justiça, no "Dia da Justiça", nos feriados nacionais, na terça-feira de Carnaval, na

(*) Publicada no *DOU*, de 13-8-1951.

Ação Popular

Sexta-feira Santa, e nos dias que a lei estadual designar.

Parágrafo único. Os casamentos e atos de registro civil serão realizados em qualquer dia.

Art. 6.º Esta Lei entrará em vigor na data de sua publicação, revogadas as disposições em contrário.

Rio de Janeiro, 9 de agosto de 1951; 130.º da Independência e 63.º da República.

GETÚLIO VARGAS

LEI N. 4.717, DE 29 DE JUNHO DE 1965 (*)

Regula a ação popular.

O Presidente da República:

Faço saber que o Congresso Nacional decreta e eu sanciono a seguinte Lei:

DA AÇÃO POPULAR

Art. 1.º Qualquer cidadão será parte legítima para pleitear a anulação ou a declaração de nulidade de atos lesivos ao patrimônio da União, do Distrito Federal, dos Estados e dos Municípios, de entidades autárquicas, de sociedades de economia mista (Constituição, art. 141, § 38), de sociedades mútuas de seguro nas quais a União represente os segurados ausentes, de empresas públicas, de serviços sociais autônomos, de instituições ou fundações para cuja criação ou custeio o tesouro público haja concorrido ou concorra com mais de 50% (cinquenta por cento) do patrimônio ou da receita ânua de empresas incorporadas ao patrimônio da União, do Distrito Federal, dos Estados e dos Municípios e de quaisquer pessoas jurídicas ou entidades subvencionadas pelos cofres públicos.

§ 1.º Consideram-se patrimônio público para os fins referidos neste artigo, os bens e direitos de valor econômico, artístico, estético, histórico ou turístico.

•• § 1.º com redação determinada pela Lei n. 6.513, de 20-12-1977.

§ 2.º Em se tratando de instituições ou fundações, para cuja criação ou custeio o tesouro público concorra com menos de 50% (cinquenta por cento) do patrimônio ou da receita ânua, bem como de pessoas jurídicas ou entidades subvencionadas, as consequências patrimoniais da invalidez dos atos lesivos terão por limite a repercussão deles sobre a contribuição dos cofres públicos.

§ 3.º A prova da cidadania, para ingresso em juízo, será feita com o título eleitoral, ou com documento que a ele corresponda.

§ 4.º Para instruir a inicial, o cidadão poderá requerer às entidades a que se refere este artigo, as certidões e informações que julgar necessárias, bastando para isso indicar a finalidade das mesmas.

§ 5.º As certidões e informações, a que se refere o parágrafo anterior, deverão ser fornecidas dentro de 15 (quinze) dias da entrega, sob recibo, dos respectivos requerimentos, e só poderão ser utilizadas para a instrução de ação popular.

§ 6.º Somente nos casos em que o interesse público, devidamente justificado, impuser sigilo, poderá ser negada certidão ou informação.

§ 7.º Ocorrendo a hipótese do parágrafo anterior, a ação poderá ser proposta desacompanhada das certidões ou informações negadas, cabendo ao juiz, após apreciar os motivos do indeferimento e salvo em se tratando de razão de segurança nacional, requisitar umas e outras; feita a requisição, o processo correrá em segredo de justiça, que cessará com o trânsito em julgado de sentença condenatória.

Art. 2.º São nulos os atos lesivos ao patrimônio das entidades mencionadas no artigo anterior, nos casos de:

a) incompetência;

(*) Publicada no *DOU*, de 5-7-1965. Republicada em 8-4-1974, por determinação do art. 20 da Lei n. 6.014, de 27-12-1973.

b) vício de forma;

c) ilegalidade do objeto;

d) inexistência dos motivos;

e) desvio de finalidade.

Parágrafo único. Para a conceituação dos casos de nulidade observar-se-ão as seguintes normas:

a) a incompetência fica caracterizada quando o ato não se incluir nas atribuições legais do agente que o praticou;

b) o vício de forma consiste na omissão ou na observância incompleta ou irregular de formalidades indispensáveis à existência ou seriedade do ato;

c) a ilegalidade do objeto ocorre quando o resultado do ato importa em violação de lei, regulamento ou outro ato normativo;

d) a inexistência dos motivos se verifica quando a matéria de fato ou de direito, em que se fundamenta o ato, é materialmente inexistente ou juridicamente inadequada ao resultado obtido;

e) o desvio da finalidade se verifica quando o agente pratica o ato visando a fim diverso daquele previsto, explícita ou implicitamente, na regra de competência.

Art. 3.º Os atos lesivos ao patrimônio das pessoas de direito público ou privado, ou das entidades mencionadas no art. 1.º, cujos vícios não se compreendam nas especificações do artigo anterior, serão anuláveis, segundo as prescrições legais, enquanto compatíveis com a natureza deles.

Art. 4.º São também nulos os seguintes atos ou contratos, praticados ou celebrados por quaisquer das pessoas ou entidades referidas no art. 1.º:

I – a admissão ao serviço público remunerado, com desobediência, quanto às condições de habilitação das normas legais, regulamentares ou constantes de instruções gerais;

II – a operação bancária ou de crédito real, quando:

a) for realizada com desobediência a normas legais, regulamentares, estatutárias, regimentais ou internas;

b) o valor real do bem dado em hipoteca ou penhor for inferior ao constante de escritura, contrato ou avaliação;

III – a empreitada, a tarefa e a concessão do serviço público, quando:

a) o respectivo contrato houver sido celebrado sem prévia concorrência pública ou administrativa, sem que essa condição seja estabelecida em lei, regulamento ou norma geral;

b) no edital de concorrência forem incluídas cláusulas ou condições, que comprometam o seu caráter competitivo;

c) a concorrência administrativa for processada em condições que impliquem na limitação das possibilidades normais de competição;

IV – as modificações ou vantagens, inclusive prorrogações que forem admitidas, em favor do adjudicatário, durante a execução dos contratos de empreitada, tarefa e concessão de serviço público, sem que estejam previstas em lei ou nos respectivos instrumentos;

V – a compra e venda de bens móveis ou imóveis, nos casos em que não for cabível concorrência pública ou administrativa, quando:

a) for realizada com desobediência a normas legais regulamentares, ou constantes de instruções gerais;

b) o preço de compra dos bens for superior ao corrente no mercado, na época da operação;

c) o preço de venda dos bens for inferior ao corrente no mercado, na época da operação;

VI – a concessão de licença de exportação ou importação, qualquer que seja a sua modalidade, quando:

a) houver sido praticada com violação das normas legais e regulamentares ou de instruções e ordens de serviço;

b) resulta em exceção ou privilégio, em favor de exportador ou importador;

VII – a operação de redesconto quando, sob qualquer aspecto, inclusive o limite de valor, desobedecer a normas legais, regulamentares ou constantes de instruções gerais;

Ação Popular

VIII – o empréstimo concedido pelo Banco Central da República, quando:

a) concedido com desobediência de quaisquer normas legais, regulamentares, regimentais ou constantes de instruções gerais;

b) o valor dos bens dados em garantia, na época da operação, for inferior ao da avaliação;

IX – a emissão quando efetuada sem observância das normas constitucionais, legais e regulamentadoras que regem a espécie.

DA COMPETÊNCIA

Art. 5.º Conforme a origem do ato impugnado, é competente para conhecer da ação, processá-la e julgá-la, o juiz que, de acordo com a organização judiciária de cada Estado, o for para as causas que interessem à União, ao Distrito Federal, ao Estado ou ao Município.

§ 1.º Para fins de competência, equiparam-se a atos da União, do Distrito Federal, do Estado ou dos Municípios os atos das pessoas criadas ou mantidas por essas pessoas jurídicas de direito público, bem como os atos das sociedades de que elas sejam acionistas e os das pessoas ou entidades por elas subvencionadas ou em relação às quais tenham interesse patrimonial.

§ 2.º Quando o pleito interessar simultaneamente à União e a qualquer outra pessoa ou entidade, será competente o juiz das causas da União, se houver; quando interessar simultaneamente ao Estado e ao Município, será competente o juiz das causas do Estado, se houver.

§ 3.º A propositura da ação prevenirá a jurisdição do juízo para todas as ações, que forem posteriormente intentadas contra as mesmas partes e sob os mesmos fundamentos.

§ 4.º Na defesa do patrimônio público caberá a suspensão liminar do ato lesivo impugnado.

•• § 4.º acrescentado pela Lei n. 6.513, de 20-12-1977.

DOS SUJEITOS PASSIVOS DA AÇÃO E DOS ASSISTENTES

Art. 6.º A ação será proposta contra as pessoas públicas ou privadas e as entidades referidas no art. 1.º, contra as autoridades, funcionários ou administradores que houverem autorizado, aprovado, ratificado ou praticado o ato impugnado, ou que, por omissão, tiverem dado oportunidade à lesão, e contra os beneficiários diretos do mesmo.

§ 1.º Se não houver beneficiário direto do ato lesivo, ou se for ele indeterminado ou desconhecido, a ação será proposta somente contra as outras pessoas indicadas neste artigo.

§ 2.º No caso de que trata o inciso II, b, do art. 4.º, quando o valor do bem for inferior ao da avaliação, citar-se-ão como réus, além das pessoas públicas ou privadas e entidades referidas no art. 1.º, apenas os responsáveis pela avaliação inexata e os beneficiários da mesma.

§ 3.º A pessoa jurídica de direito público ou de direito privado, cujo ato seja objeto de impugnação, poderá abster-se de contestar o pedido, ou poderá atuar ao lado do autor, desde que isso se afigure útil ao interesse público, a juízo do respectivo representante legal ou dirigente.

§ 4.º O Ministério Público acompanhará a ação, cabendo-lhe apressar a produção da prova e promover a responsabilidade, civil ou criminal, dos que nela incidirem, sendo-lhe vedado, em qualquer hipótese, assumir a defesa do ato impugnado ou dos seus autores.

§ 5.º É facultado a qualquer cidadão habilitar-se como litisconsorte ou assistente do autor da ação popular.

DO PROCESSO

Art. 7.º A ação obedecerá o procedimento ordinário, previsto no Código de Processo Civil, observadas as seguintes normas modificativas:

I – Ao despachar a inicial o juiz ordenará:

a) além da citação dos réus, a intimação do representante do Ministério Público;

b) a requisição às entidades indicadas na petição inicial, dos documentos que tiverem sido referidos pelo autor (art. 1.º, § 6.º), bem como a de outros que se lhe afigurem necessários ao esclarecimento dos fatos, fixando o prazo de 15 (quinze) a 30 (trinta) dias para o atendimento.

§ 1.º O representante do Ministério Público providenciará para que as requisições, a que se refere o inciso anterior, sejam atendidas dentro dos prazos fixados pelo juiz.

§ 2.º Se os documentos e informações não puderem ser oferecidos nos prazos assinalados, o juiz poderá autorizar prorrogação dos mesmos, por prazo razoável.

II – Quando o autor o preferir, a citação dos beneficiários far-se-á por edital com o prazo de 30 (trinta) dias, afixado na sede do juízo e publicado três vezes no jornal oficial do Distrito Federal, ou da Capital do Estado ou Território em que seja ajuizada a ação. A publicação será gratuita e deverá iniciar-se no máximo 3 (três) dias após a entrega, na repartição competente, sob protocolo, de uma via autenticada do mandado.

III – Qualquer pessoa, beneficiada ou responsável pelo ato impugnado, cuja existência ou identidade se torne conhecida no curso do processo e antes de proferida a sentença final de primeira instância, deverá ser citada para a integração do contraditório, sendo-lhe restituído o prazo para contestação e produção de provas. Salvo quanto a beneficiário, se a citação se houver feito na forma do inciso anterior.

IV – O prazo de contestação é de 20 (vinte) dias prorrogáveis por mais 20 (vinte), a requerimento do interessado, se particularmente difícil a produção de prova documental, e será comum a todos os interessados, correndo da entrega em cartório do mandado cumprido, ou, quando for o caso, do decurso do prazo assinado em edital.

V – Caso não requerida, até o despacho saneador, a produção de prova testemunhal ou pericial, o juiz ordenará vista às partes por 10 (dez) dias, para alegações, sendo-lhe os autos conclusos, para sentença, 48 (quarenta e oito) horas após a expiração desse prazo; havendo requerimento de prova, o processo tomará o rito ordinário.

VI – A sentença, quando não prolatada em audiência de instrução e julgamento, deverá ser proferida dentro de 15 (quinze) dias do recebimento dos autos pelo juiz.

Parágrafo único. O proferimento da sentença além do prazo estabelecido privará o juiz da inclusão em lista de merecimento para promoção, durante 2 (dois) anos, e acarretará a perda, para efeito de promoção por antiguidade, de tantos dias, quantos forem os do retardamento; salvo motivo justo, declinado nos autos e comprovado perante o órgão disciplinar competente.

Art. 8.º Ficará sujeita à pena de desobediência, salvo motivo justo devidamente comprovado, a autoridade, o administrador ou o dirigente, que deixar de fornecer, no prazo fixado no art. 1.º, § 5.º, ou naquele que tiver sido estipulado pelo juiz (art. 7.º, I, b), informações e certidão ou fotocópia de documentos necessários à instrução da causa.

Parágrafo único. O prazo contar-se-á do dia em que entregue, sob recibo, o requerimento do interessado ou o ofício de requisição (art. 1.º, § 5.º, e art. 7.º, I, b).

Art. 9.º Se o autor desistir da ação ou der motivo à absolvição da instância, serão publicados editais nos prazos e condições previstos no art. 7.º, II, ficando assegurado a qualquer cidadão bem como ao representante do Ministério Público, dentro do prazo de 90 (noventa) dias da última publicação feita, promover o prosseguimento da ação.

Art. 10. As partes só pagarão custas e preparo a final.

•• *Vide* art. 5.º, LXXIII, da CF (isenção de custas).

Art. 11. A sentença que julgando procedente a ação popular decretar a invalidade do ato impugnado, condenará ao pagamento de perdas e danos os responsáveis pela sua prática e os beneficiários dele, ressalvada a ação regressiva contra os funcionários causadores de dano, quando incorrerem em culpa.

Art. 12. A sentença incluirá sempre na condenação dos réus, o pagamento, ao autor, das custas e demais despesas, judiciais e extrajudiciais, diretamente relacionadas com a ação e

Ação Popular
Lei n. 4.717, de 29-6-1965

comprovadas, bem como o dos honorários de advogado.

Art. 13. A sentença que, apreciando o fundamento de direito do pedido, julgar a lide manifestamente temerária, condenará o autor ao pagamento do décuplo das custas.

Art. 14. Se o valor da lesão ficar provado no curso da causa, será indicado na sentença; se depender da avaliação ou perícia, será apurado na execução.

§ 1.º Quando a lesão resultar da falta ou isenção de qualquer pagamento, a condenação imporá o pagamento devido, com acréscimo de juros de mora e multa legal ou contratual, se houver.

§ 2.º Quando a lesão resultar da execução fraudulenta, simulada ou irreal de contratos, a condenação versará sobre a reposição do débito, com juros de mora.

§ 3.º Quando o réu condenado perceber dos cofres públicos, a execução far-se-á por desconto em folha até o integral ressarcimento de dano causado, se assim mais convier ao interesse público.

§ 4.º A parte condenada a restituir bens ou valores ficará sujeita a sequestro e penhora, desde a prolação da sentença condenatória.

Art. 15. Se, no curso da ação, ficar provada a infringência da lei penal ou a prática de falta disciplinar a que a lei comine a pena de demissão, ou a de rescisão de contrato de trabalho, o juiz, *ex officio*, determinará a remessa de cópia autenticada das peças necessárias às autoridades ou aos administradores a quem competir aplicar a sanção.

Art. 16. Caso decorridos 60 (sessenta) dias de publicação da sentença condenatória de segunda instância, sem que o autor ou terceiro promova a respectiva execução, o representante do Ministério Público a promoverá nos 30 (trinta) dias seguintes, sob pena de falta grave.

Art. 17. É sempre permitido às pessoas ou entidades referidas no art. 1.º, ainda que hajam contestado a ação, promover, em qualquer tempo, e no que as beneficiar, a execução da sentença contra os demais réus.

Art. 18. A sentença terá eficácia de coisa julgada oponível *erga omnes*, exceto no caso de haver sido a ação julgada improcedente por deficiência de prova; neste caso, qualquer cidadão poderá intentar outra ação com idêntico fundamento, valendo-se de nova prova.

Art. 19. A sentença que concluir pela carência ou pela improcedência da ação está sujeita ao duplo grau de jurisdição, não produzindo efeito senão depois de confirmada pelo tribunal; da que julgar a ação procedente, caberá apelação, com efeito suspensivo.

•• *Caput* com redação determinada pela Lei n. 6.014, de 27-12-1973.

§ 1.º Das decisões interlocutórias cabe agravo de instrumento.

•• § 1.º com redação determinada pela Lei n. 6.014, de 27-12-1973.

§ 2.º Das sentenças e decisões proferidas contra o autor da ação e suscetíveis de recurso, poderá recorrer qualquer cidadão e também o Ministério Público.

•• § 2.º com redação determinada pela Lei n. 6.014, de 27-12-1973.

DISPOSIÇÕES GERAIS

Art. 20. Para os fins desta Lei, consideram-se entidades autárquicas:

a) o serviço estatal descentralizado com personalidade jurídica, custeado mediante orçamento próprio, independente do orçamento geral;

b) as pessoas jurídicas especialmente instituídas por lei, para a execução de serviços de interesse público ou social, custeados por tributos de qualquer natureza ou por outros recursos oriundos do Tesouro Público;

c) as entidades de direito público ou privado a que a lei tiver atribuído competência para receber e aplicar contribuições parafiscais.

Art. 21. A ação prevista nesta Lei prescreve em 5 (cinco) anos.

Art. 22. Aplicam-se à ação popular as regras do Código de Processo Civil, naquilo em que não contrariem os dispositivos desta Lei, nem à natureza específica da ação.

Brasília, 29 de junho de 1965; 144.º da Independência e 77.º da República.

H. Castello Branco

LEI N. 4.728, DE 14 DE JULHO DE 1965 (*)

Disciplina o mercado de capitais e estabelece medidas para o seu desenvolvimento.

O Presidente da República:

Faço saber que o Congresso Nacional decreta e eu sanciono a seguinte Lei:

....

Seção XIV
Alienação Fiduciária em Garantia no Âmbito do Mercado Financeiro e de Capitais

•• Seção XIV com denominação determinada pela Lei n. 10.931, de 2-8-2004.

Art. 66. *(Revogado pela Lei n. 10.931, de 2-8-2004.)*

Art. 66-A. *(Revogado pela Lei n. 10.931, de 2-8-2004.)*

Art. 66-B. O contrato de alienação fiduciária celebrado no âmbito do mercado financeiro e de capitais, bem como em garantia de créditos fiscais e previdenciários, deverá conter, além dos requisitos definidos na Lei n. 10.406, de 10 de janeiro de 2002 – Código Civil, a taxa de juros, a cláusula penal, o índice de atualização monetária, se houver, e as demais comissões e encargos.

•• *Caput* acrescentado pela Lei n. 10.931, de 2-8-2004.

§ 1.º Se a coisa objeto de propriedade fiduciária não se identifica por números, marcas e sinais no contrato de alienação fiduciária, cabe ao proprietário fiduciário o ônus da prova, contra terceiros, da identificação dos bens do seu domínio que se encontram em poder do devedor.

•• § 1.º acrescentado pela Lei n. 10.931, de 2-8-2004.

§ 2.º O devedor que alienar, ou der em garantia a terceiros, coisa que já alienara fiduciariamente em garantia, ficará sujeito à pena prevista no art. 171, § 2.º, I, do Código Penal.

•• § 2.º acrescentado pela Lei n. 10.931, de 2-8-2004.

§ 3.º É admitida a alienação fiduciária de coisa fungível e a cessão fiduciária de direitos sobre coisas móveis, bem como de títulos de crédito, hipóteses em que, salvo disposição em contrário, a posse direta e indireta do bem objeto da propriedade fiduciária ou do título representativo do direito ou do crédito é atribuída ao credor, que, em caso de inadimplemento ou mora da obrigação garantida, poderá vender a terceiros o bem objeto da propriedade fiduciária independente de leilão, hasta pública ou qualquer outra medida judicial ou extrajudicial, devendo aplicar o preço da venda no pagamento do seu crédito e das despesas decorrentes da realização da garantia, entregando ao devedor o saldo, se houver, acompanhado do demonstrativo da operação realizada.

•• § 3.º acrescentado pela Lei n. 10.931, de 2-8-2004.

§ 4.º No tocante à cessão fiduciária de direitos sobre coisas móveis ou sobre títulos de crédito aplica-se, também, o disposto nos arts. 18 a 20 da Lei n. 9.514, de 20 de novembro de 1997.

•• § 4.º acrescentado pela Lei n. 10.931, de 2-8-2004.

§ 5.º Aplicam-se à alienação fiduciária e à cessão fiduciária de que trata esta Lei os arts. 1.421, 1.425, 1.426, 1.435 e 1.436 da Lei n. 10.406, de 10 de janeiro de 2002.

•• § 5.º acrescentado pela Lei n. 10.931, de 2-8-2004.

§ 6.º Não se aplica à alienação fiduciária e à cessão fiduciária de que trata esta Lei o disposto no art. 644 da Lei n. 10.406, de 10 de janeiro de 2002.

(*) Publicada no *DOU*, de 16-7-1965. Retificada em 16-8-1965.

Alimentos

•• § 6.º acrescentado pela Lei n. 10.931, de 2-8-2004.

Seção XV
Disposições Diversas

Art. 75. O contrato de câmbio, desde que protestado por oficial competente para o protesto de títulos, constitui instrumento bastante para requerer a ação executiva.

§ 1.º Por esta via, o credor haverá a diferença entre a taxa de câmbio do contrato e a data em que se efetuar o pagamento, conforme cotação fornecida pelo Banco Central, acrescida dos juros de mora.

§ 2.º Pelo mesmo rito, serão processadas as ações para cobrança dos adiantamentos feitos pelas instituições financeiras aos exportadores, por conta do valor do contrato de câmbio, desde que as importâncias correspondentes estejam averbadas no contrato, com anuência do vendedor.

• *Vide* Súmula 36 do STJ.

§ 3.º No caso de falência ou concordata, o credor poderá pedir a restituição das importâncias adiantadas, a que se refere o parágrafo anterior.

•• *Vide* Súmulas 36 e 133 do STJ.

§ 4.º As importâncias adiantadas na forma do § 2.º deste artigo serão destinadas na hipótese de falência, liquidação extrajudicial ou intervenção em instituição financeira, ao pagamento das linhas de crédito comercial que lhes deram origem, nos termos e condições estabelecidos pelo Banco Central do Brasil.

•• § 4.º acrescentado pela Lei n. 9.450, de 14-3-1997.

Art. 83. A presente Lei entra em vigor na data de sua publicação.

Art. 84. Revogam-se as disposições em contrário.

Brasília, 14 de julho de 1965; 144.º da Independência e 77.º da República.

H. Castello Branco

LEI N. 5.478, DE 25 DE JULHO DE 1968 (*)

Dispõe sobre ação de alimentos e dá outras providências.

O Presidente da República:

Faço saber que o Congresso Nacional decreta e eu sanciono a seguinte Lei:

Art. 1.º A ação de alimentos é de rito especial, independe de prévia distribuição e de anterior concessão do benefício de gratuidade.

§ 1.º A distribuição será determinada posteriormente por ofício do juízo, inclusive para o fim de registro do feito.

§ 2.º A parte que não estiver em condições de pagar as custas do processo, sem prejuízo do sustento próprio ou de sua família, gozará do benefício da gratuidade, por simples afirmativa dessas condições perante o juiz, sob pena de pagamento até o décuplo das custas judiciais.

§ 3.º Presume-se pobre, até prova em contrário, quem afirmar essa condição, nos termos desta Lei.

§ 4.º A impugnação do direito à gratuidade não suspende o curso do processo de alimentos e será feita em autos apartados.

Art. 2.º O credor, pessoalmente ou por intermédio de advogado, dirigir-se-á ao juiz competente, qualificando-se, e exporá suas necessidades, provando, apenas, o parentesco ou a obrigação de alimentar do devedor, indicando seu nome e sobrenome, residência ou local de trabalho, profissão e naturalidade, quanto ganha aproximadamente ou os recursos de que dispõe.

§ 1.º Dispensar-se-á a produção inicial de documentos probatórios:

(*) Publicada no *DOU*, de 26-7-1968. Republicada em 8-4-1974, por determinação do art. 20 da Lei n. 6.014, de 27-12-1973. *Vide* Lei n. 11.804, de 5-11-2008, que dispõe sobre alimentos gravídicos.

Lei n. 5.478, de 25-7-1968

I – quando existente em notas, registros, repartições ou estabelecimentos públicos e ocorrer impedimento ou demora em extrair certidões;

II – quando estiverem em poder do obrigado as prestações alimentícias ou de terceiro residente em lugar incerto ou não sabido.

§ 2.º Os documentos públicos ficam isentos de reconhecimento de firma.

§ 3.º Se o credor comparecer pessoalmente e não indicar profissional que haja concordado em assisti-lo, o juiz designará desde logo quem o deva fazer.

Art. 3.º O pedido será apresentado por escrito, em três vias, e deverá conter a indicação do juiz a quem for dirigido, os elementos referidos no artigo anterior e um histórico sumário dos fatos.

§ 1.º Se houver sido designado pelo juiz defensor para assistir o solicitante, na forma prevista no art. 2.º, formulará o designado, dentro de 24 (vinte e quatro) horas da nomeação, o pedido, por escrito, podendo, se achar conveniente, indicar seja a solicitação verbal reduzida a termo.

§ 2.º O termo previsto no parágrafo anterior será em três vias, datadas e assinadas pelo escrivão, observado, no que couber, o disposto no *caput* do presente artigo.

Art. 4.º Ao despachar o pedido, o juiz fixará desde logo alimentos provisórios a serem pagos pelo devedor, salvo se o credor expressamente declarar que deles não necessita.

Parágrafo único. Se se tratar de alimentos provisórios pedidos pelo cônjuge, casado pelo regime da comunhão universal de bens, o juiz determinará igualmente que seja entregue ao credor, mensalmente, parte da renda líquida dos bens comuns, administrados pelo devedor.

Art. 5.º O escrivão, dentro de 48 (quarenta e oito) horas, remeterá ao devedor a segunda via da petição ou do termo, juntamente com a cópia do despacho do juiz, e a comunicação do dia e hora da realização da audiência de conciliação e julgamento.

§ 1.º Na designação da audiência, o juiz fixará o prazo razoável que possibilite ao réu a contestação da ação proposta e a eventualidade de citação por edital.

§ 2.º A comunicação, que será feita mediante registro postal isento de taxas e com aviso de recebimento, importa em citação, para todos os efeitos legais.

§ 3.º Se o réu criar embaraços ao recebimento da citação, ou não for encontrado, repetir-se-á a diligência por intermédio do oficial de justiça, servindo de mandado a terceira via da petição ou do termo.

§ 4.º Impossibilitada a citação do réu por qualquer dos modos acima previstos, será ele citado por edital afixado na sede do juízo e publicado três vezes consecutivas no órgão oficial do Estado, correndo a despesa por conta do vencido, a final, sendo previamente a conta juntada aos autos.

§ 5.º O edital deverá conter um resumo do pedido inicial, a íntegra do despacho nele exarado, a data e a hora da audiência.

§ 6.º O autor será notificado da data e hora da audiência no ato de recebimento da petição, ou da lavratura do termo.

§ 7.º O juiz, ao marcar a audiência, oficiará ao empregador do réu, ou, se o mesmo for funcionário público, ao responsável por sua repartição, solicitando o envio, no máximo até a data marcada para a audiência, de informações sobre o salário ou os vencimentos do devedor, sob as penas previstas no art. 22 desta Lei.

§ 8.º A citação do réu, mesmo no caso dos arts. 200 e 201 do Código de Processo Civil, far-se-á na forma do § 2.º do art. 5.º desta Lei.

•• § 8.º com redação determinada pela Lei n. 6.014, de 27-12-1973.

Art. 6.º Na audiência de conciliação e julgamento deverão estar presentes autor e réu, independentemente de intimação e de comparecimento de seus representantes.

Art. 7.º O não comparecimento do autor determina o arquivamento do pedido, e a ausência do réu importa em revelia, além de confissão quanto à matéria de fato.

Alimentos

Lei n. 5.478, de 25-7-1968

Art. 8.º Autor e réu comparecerão à audiência acompanhados de suas testemunhas, três no máximo, apresentando, nessa ocasião, as demais provas.

Art. 9.º Aberta a audiência, lida a petição, ou o termo, e a resposta, se houver, ou dispensada a leitura, o juiz ouvirá as partes litigantes e o representante do Ministério Público, propondo conciliação.

•• *Caput* com redação determinada pela Lei n. 6.014, de 27-12-1973.

§ 1.º Se houver acordo, lavrar-se-á o respectivo termo, que será assinado pelo juiz, escrivão, partes e representantes do Ministério Público.

§ 2.º Não havendo acordo, o juiz tomará o depoimento pessoal das partes e das testemunhas, ouvidos os peritos se houver, podendo julgar o efeito sem a mencionada produção de provas, se as partes concordarem.

Art. 10. A audiência de julgamento será contínua; mas, se não for possível por motivo de força maior concluí-la no mesmo dia, o juiz marcará a sua continuação para o primeiro dia desimpedido independentemente de novas intimações.

Art. 11. Terminada a instrução poderão as partes e o Ministério Público aduzir alegações finais, em prazo não excedente de 10 (dez) minutos para cada um.

Parágrafo único. Em seguida, o juiz renovará a proposta de conciliação e, não sendo aceita, ditará sua sentença, que conterá sucinto relatório do ocorrido na audiência.

Art. 12. Da sentença serão as partes intimadas, pessoalmente ou através de seus representantes, na própria audiência, ainda quando ausentes, desde que intimadas de sua realização.

Art. 13. O disposto nesta Lei aplica-se igualmente, no que couber, às ações ordinárias de desquite, nulidade e anulação de casamento, à revisão de sentenças proferidas em pedidos de alimentos e respectivas execuções.

§ 1.º Os alimentos provisórios fixados na inicial poderão ser revistos a qualquer tempo, se houver modificação na situação financeira das partes, mas o pedido será sempre processado em apartado.

§ 2.º Em qualquer caso, os alimentos fixados retroagem à data da citação.

§ 3.º Os alimentos provisórios serão devidos até a decisão final, inclusive o julgamento do recurso extraordinário.

Art. 14. Da sentença caberá apelação no efeito devolutivo.

•• Artigo com redação determinada pela Lei n. 6.014, de 27-12-1973.

Art. 15. A decisão judicial sobre alimentos não transita em julgado e pode a qualquer tempo ser revista em face da modificação da situação financeira dos interessados.

Arts. 16 a 18. *(Revogados pela Lei n. 13.105, de 16-3-2015.)*

Art. 19. O juiz, para instrução da causa, ou na execução da sentença ou do acordo, poderá tomar todas as providências necessárias para seu esclarecimento ou para o cumprimento do julgado ou do acordo, inclusive a decretação de prisão do devedor até 60 (sessenta) dias.

§ 1.º O cumprimento integral da pena de prisão não eximirá o devedor do pagamento das prestações alimentícias, vincendas ou vencidas e não pagas.

•• § 1.º com redação determinada pela Lei n. 6.014, de 27-12-1973.

§ 2.º Da decisão que decretar a prisão do devedor, caberá agravo de instrumento.

•• § 2.º com redação determinada pela Lei n. 6.014, de 27-12-1973.

§ 3.º A interposição do agravo não suspende a execução da ordem de prisão.

•• § 3.º com redação determinada pela Lei n. 6.014, de 27-12-1973.

Art. 20. As repartições públicas, civis ou militares, inclusive do Imposto de Renda, darão todas as informações necessárias à instrução dos processos previstos nesta Lei e à execução do que for decidido ou acordado em juízo.

Lei n. 5.478, de 25-7-1968

Art. 21. O art. 244 do Código Penal passa a vigorar com a seguinte redação:

"Art. 244. Deixar, sem justa causa, de prover a subsistência do cônjuge, ou de filho menor de 18 (dezoito) anos ou inapto para o trabalho ou de ascendente inválido ou valetudinário, não lhes proporcionando os recursos necessários ou faltando ao pagamento de pensão alimentícia judicialmente acordada, fixada ou majorada, deixar, sem justa causa, de socorrer descendente ou ascendente gravemente enfermo:

Pena – Detenção de 1 (um) a 4 (quatro) anos e multa, de 1 (uma) a 10 (dez) vezes o maior salário mínimo vigente no País.

Parágrafo único. Nas mesmas penas incide quem, sendo solvente, frustra ou ilide, de qualquer modo, inclusive por abandono injustificado de emprego ou função, o pagamento de pensão alimentícia judicialmente acordada, fixada ou majorada".

•• O *caput* do art. 244 do CP foi alterado pela Lei n. 10.741, de 1.º-10-2003 (Estatuto do Idoso).

Art. 22. Constitui crime contra a administração da Justiça deixar o empregador ou funcionário público de prestar ao juízo competente as informações necessárias à instrução de processo ou execução de sentença ou acordo que fixe pensão alimentícia:

Pena – Detenção de 6 (seis) meses a 1 (um) ano, sem prejuízo da pena acessória de suspensão do emprego de 30 (trinta) a 90 (noventa) dias.

Parágrafo único. Nas mesmas penas incide quem, de qualquer modo, ajuda o devedor a eximir-se ao pagamento de pensão alimentícia judicialmente acordada, fixada ou majorada, ou se recusa, ou procrastina a executar ordem de descontos em folhas de pagamento, expedida pelo juiz competente.

Art. 23. A prescrição quinquenal referida no art. 178, § 10, I, do Código Civil só alcança as prestações mensais e não o direito a alimentos, que, embora irrenunciável, pode ser provisoriamente dispensado.

•• A referência é feita ao CC de 1916. *Vide* art. 206, § 2.º, do Código vigente (Lei n. 10.406, de 10-1-2002).

Art. 24. A parte responsável pelo sustento da família, e que deixar a residência comum por motivo, que não necessitará declarar, poderá tomar a iniciativa de comunicar ao juízo os rendimentos de que dispõe e de pedir a citação do credor, para comparecer à audiência de conciliação e julgamento destinada à fixação dos alimentos a que está obrigada.

Art. 25. A prestação não pecuniária estabelecida no art. 403 do Código Civil só pode ser autorizada pelo juiz se a ela anuir o alimentando capaz.

•• A referência é feita a dispositivos do CC de 1916. *Vide* arts. 1.700 e 1.997 do Código vigente (Lei n. 10.406, de 10-1-2002).

Art. 26. É competente para as ações de alimentos decorrentes da aplicação do Decreto Legislativo n. 10, de 13 de novembro de 1958, e Decreto n. 56.826, de 2 de setembro de 1965, o juízo federal da capital da Unidade Federativa Brasileira em que reside o devedor, sendo considerada instituição intermediária, para os fins dos referidos decretos, a Procuradoria-Geral da República.

Parágrafo único. Nos termos do inciso III, art. 2.º, da Convenção Internacional sobre Ações de Alimentos, o Governo Brasileiro comunicará, sem demora, ao secretário-geral das Nações Unidas, o disposto neste artigo.

Art. 27. Aplicam-se supletivamente nos processos regulados por esta Lei as disposições do Código de Processo Civil.

Art. 28. Esta Lei entrará em vigor 30 (trinta) dias depois de sua publicação.

Art. 29. Revogam-se as disposições em contrário.

Brasília, 25 de julho de 1968; 147.º da Independência e 80.º da República.

A. Costa e Silva

DECRETO-LEI N. 911, DE 1.º DE OUTUBRO DE 1969 (*)

Altera a redação do art. 66 da Lei n. 4.728, de 14 de julho de 1965, estabelece normas de processo sobre alienação fiduciária, e dá outras providências.

Os Ministros da Marinha de Guerra, do Exército e da Aeronáutica Militar, usando das atribuições que lhes confere o art. 1.º do Ato Institucional n. 12, de 31 de agosto de 1969, combinado com o § 1.º do Ato Institucional n. 5, de 13 de dezembro de 1968, decretam:

Art. 1.º O art. 66, da Lei n. 4.728, de 14 de julho de 1965, passa a ter a seguinte redação:

•• Alteração prejudicada em face da revogação do mencionado artigo pela Lei n. 10.931, de 2-8-2004.

Art. 2.º No caso de inadimplemento ou mora nas obrigações contratuais garantidas mediante alienação fiduciária, o proprietário fiduciário ou credor poderá vender a coisa a terceiros, independentemente de leilão, hasta pública, avaliação prévia ou qualquer outra medida judicial ou extrajudicial, salvo disposição expressa em contrário prevista no contrato, devendo aplicar o preço da venda no pagamento de seu crédito e das despesas decorrentes e entregar ao devedor o saldo apurado, se houver, com a devida prestação de contas.

•• *Caput* com redação determinada pela Lei n. 13.043, de 13-11-2014.

§ 1.º O crédito a que se refere o presente artigo abrange o principal, juros e comissões, além das taxas, cláusulas, pena e correção monetária, quando expressamente convencionados pelas partes.

§ 2.º A mora decorrerá do simples vencimento do prazo para pagamento e poderá ser comprovada por carta registrada com aviso de recebimento, não se exigindo que a assinatura constante do referido aviso seja a do próprio destinatário.

•• § 2.º com redação determinada pela Lei n. 13.043, de 13-11-2014.

§ 3.º A mora e o inadimplemento de obrigações contratuais garantidas por alienação fiduciária, ou a ocorrência legal ou convencional de algum dos casos de antecipação de vencimento da dívida, facultarão ao credor considerar, de pleno direito, vencidas todas as obrigações contratuais, independentemente de aviso ou notificação judicial ou extrajudicial.

§ 4.º Os procedimentos previstos no *caput* e no seu § 2.º aplicam-se às operações de arrendamento mercantil previstas na forma da Lei n. 6.099, de 12 de setembro de 1974.

•• § 4.º acrescentado pela Lei n. 13.043, de 13-11-2014.

Art. 3.º O proprietário fiduciário ou credor poderá, desde que comprovada a mora, na forma estabelecida pelo § 2.º do art. 2.º, ou o inadimplemento, requerer contra o devedor ou terceiro a busca e apreensão do bem alienado fiduciariamente, a qual será concedida liminarmente, podendo ser apreciada em plantão judicial.

•• *Caput* com redação determinada pela Lei n. 13.043, de 13-11-2014.
•• *Vide* Súmula 284 do STJ.

§ 1.º Cinco dias após executada a liminar mencionada no *caput*, consolidar-se-ão a propriedade e a posse plena e exclusiva do bem no patrimônio do credor fiduciário, cabendo às repartições competentes, quando for o caso, expedir novo certificado de registro de propriedade em nome do credor, ou de terceiro por ele indicado, livre do ônus da propriedade fiduciária.

•• § 1.º com redação determinada pela Lei n. 10.931, de 2-8-2004.

§ 2.º No prazo do § 1.º, o devedor fiduciante poderá pagar a integralidade da dívida pendente, segundo os valores apresentados pelo credor fiduciário na inicial, hipótese na qual o bem lhe será restituído livre do ônus.

•• § 2.º com redação determinada pela Lei n. 10.931, de 2-8-2004.

§ 3.º O devedor fiduciante apresentará resposta no prazo de quinze dias da execução da liminar.

(*) Publicado no *DOU*, de 3-10-1969.

Decreto-lei n. 911, de 1.º-10-1969 — Alienação Fiduciária

•• § 3.º com redação determinada pela Lei n. 10.931, de 2-8-2004.

§ 4.º A resposta poderá ser apresentada ainda que o devedor tenha se utilizado da faculdade do § 2.º, caso entenda ter havido pagamento a maior e desejar restituição.

•• § 4.º com redação determinada pela Lei n. 10.931, de 2-8-2004.

§ 5.º Da sentença cabe apelação apenas no efeito devolutivo.

•• § 5.º com redação determinada pela Lei n. 10.931, de 2-8-2004.

§ 6.º Na sentença que decretar a improcedência da ação de busca e apreensão, o juiz condenará o credor fiduciário ao pagamento de multa, em favor do devedor fiduciante, equivalente a cinquenta por cento do valor originalmente financiado, devidamente atualizado, caso o bem já tenha sido alienado.

•• § 6.º com redação determinada pela Lei n. 10.931, de 2-8-2004.

§ 7.º A multa mencionada no § 6.º não exclui a responsabilidade do credor fiduciário por perdas e danos.

•• § 7.º acrescentado pela Lei n. 10.931, de 2-8-2004.

§ 8.º A busca e apreensão prevista no presente artigo constitui processo autônomo e independente de qualquer procedimento posterior.

•• § 8.º acrescentado pela Lei n. 10.931, de 2-8-2004.

§ 9.º Ao decretar a busca e apreensão de veículo, o juiz, caso tenha acesso à base de dados do Registro Nacional de Veículos Automotores – RENAVAM, inserirá diretamente a restrição judicial na base de dados do Renavam, bem como retirará tal restrição após a apreensão.

•• § 9.º acrescentado pela Lei n. 13.043, de 13-11-2014.

§ 10. Caso o juiz não tenha acesso à base de dados prevista no § 9.º, deverá oficiar ao departamento de trânsito competente para que:

•• § 10, *caput*, acrescentado pela Lei n. 13.043, de 13-11-2014.

I – registre o gravame referente à decretação da busca e apreensão do veículo; e

•• Inciso I acrescentado pela Lei n. 13.043, de 13-11-2014.

II – retire o gravame após a apreensão do veículo.

•• Inciso II acrescentado pela Lei n. 13.043, de 13-11-2014.

§ 11. O juiz também determinará a inserção do mandado a que se refere o § 9.º em banco próprio de mandados.

•• § 11 acrescentado pela Lei n. 13.043, de 13-11-2014.

§ 12. A parte interessada poderá requerer diretamente ao juízo da comarca onde foi localizado o veículo com vistas à sua apreensão, sempre que o bem estiver em comarca distinta daquela da tramitação da ação, bastando que em tal requerimento conste a cópia da petição inicial da ação e, quando for o caso, a cópia do despacho que concedeu a busca e apreensão do veículo.

•• § 12 acrescentado pela Lei n. 13.043, de 13-11-2014.

§ 13. A apreensão do veículo será imediatamente comunicada ao juízo, que intimará a instituição financeira para retirar o veículo do local depositado no prazo máximo de 48 (quarenta e oito) horas.

•• § 13 acrescentado pela Lei n. 13.043, de 13-11-2014.

§ 14. O devedor, por ocasião do cumprimento do mandado de busca e apreensão, deverá entregar o bem e seus respectivos documentos.

•• § 14 acrescentado pela Lei n. 13.043, de 13-11-2014.

§ 15. As disposições deste artigo aplicam-se no caso de reintegração de posse de veículos referente às operações de arrendamento mercantil previstas na Lei n. 6.099, de 12 de setembro de 1974.

•• § 15 acrescentado pela Lei n. 13.043, de 13-11-2014.

Art. 4.º Se o bem alienado fiduciariamente não for encontrado ou não se achar na posse do devedor, fica facultado ao credor requerer, nos mesmos autos, a conversão do pedido de busca e apreensão em ação executiva, na forma prevista no Capítulo II do Livro II da Lei n. 5.869, de 11 de janeiro de 1973 – Código de Processo Civil.

•• Artigo com redação determinada pela Lei n. 13.043, de 13-11-2014.

Art. 5.º Se o credor preferir recorrer à ação executiva, direta ou a convertida na forma do art. 4.º, ou, se for o caso ao executivo fiscal, serão penhorados, a critério do autor da ação, bens do devedor quantos bastem para assegurar a execução.

Organização Judiciária

•• Artigo com redação determinada pela Lei n. 13.043, de 13-11-2014.

Parágrafo único. Não se aplica à alienação fiduciária o disposto nos incisos VI e VIII do art. 649 do Código de Processo Civil.

• Parágrafo único com redação determinada pela Lei n. 6.071, de 3-7-1974.

Art. 6.º O avalista, fiador ou terceiro interessado que pagar a dívida do alienante ou devedor, se sub-rogará, de pleno direito, no crédito e na garantia constituída pela alienação fiduciária.

Art. 6.º-A. O pedido de recuperação judicial ou extrajudicial pelo devedor nos termos da Lei n. 11.101, de 9 de fevereiro de 2005, não impede a distribuição e a busca e apreensão do bem.

•• Artigo acrescentado pela Lei n. 13.043, de 13-11-2014.

Art. 7.º Na falência do devedor alienante, fica assegurado ao credor ou proprietário fiduciário o direito de pedir, na forma prevista na lei, a restituição do bem alienado fiduciariamente.

Parágrafo único. Efetivada a restituição, o proprietário fiduciário agirá na forma prevista neste Decreto-lei.

Art. 7.º-A. Não será aceito bloqueio judicial de bens constituídos por alienação fiduciária nos termos deste Decreto-Lei, sendo que, qualquer discussão sobre concursos de preferências deverá ser resolvida pelo valor da venda do bem, nos termos do art. 2.º.

•• Artigo acrescentado pela Lei n. 13.043, de 13-11-2014.

Art. 8.º O Conselho Nacional de Trânsito, no prazo máximo de 60 (sessenta) dias, a contar da vigência do presente Decreto-lei, expedirá normas regulamentares relativas à alienação fiduciária de veículos automotores.

Art. 8.º-A. O procedimento judicial disposto neste Decreto-lei aplica-se exclusivamente às hipóteses da seção XIV da Lei n. 4.728, de 14 de julho de 1965, ou quando o ônus da propriedade fiduciária tiver sido constituído para fins de garantia de débito fiscal ou previdenciário.

•• Artigo acrescentado pela Lei n. 10.931, de 2-8-2004.

Art. 9.º O presente Decreto-lei entrará em vigor na data de sua publicação, aplicando-se, desde logo, aos processos em curso, revogadas as disposições em contrário.

Brasília, 1.º de outubro de 1969; 148.º da Independência e 81.º da República.

Augusto Hamann Rademaker Grünewald
Aurélio de Lyra Tavares
Márcio de Souza e Mello

LEI N. 5.621, DE 4 DE NOVEMBRO DE 1970 (*)

Regulamenta o art. 144, § 5.º, da Constituição e dá outras providências.

O Presidente da República:

Faço saber que o Congresso Nacional decreta e eu sanciono a seguinte Lei:

Art. 1.º Caberá aos Tribunais de Justiça dos Estados dispor, em resolução aprovada pela maioria absoluta de seus membros, sobre a divisão e organização judiciárias.

Art. 2.º As alterações na divisão e organização judiciárias dos Estados somente poderão ser feitas de cinco em cinco anos, contados da vigência da primeira modificação posterior a esta Lei.

Art. 3.º As alterações a que alude o artigo antecedente entrarão em vigor a 1.º de janeiro do ano inicial de cada quinquênio.

§ 1.º A alteração imediatamente subsequente a esta Lei vigorará a partir de 1.º de janeiro do ano seguinte ao de sua promulgação.

§ 2.º Se no quinquênio posterior ao da última alteração não for adotada modificação na divisão e organização judiciárias do Estado, esta poderá ser realizada a qualquer tempo, vigendo a 1.º de janeiro do ano seguinte, quando se iniciará a contagem do novo quinquênio.

(*) Publicada no *DOU*, de 5-11-1970. Refere-se à CF de 1969. *Vide* art. 96 da CF.

Art. 4.º Ressalvado o disposto na Constituição (arts. 115, II, e 144, § 6.º), deverão ser enviadas ao Governador do Estado, para a iniciativa do processo legislativo, as resoluções dos Tribunais de Justiça que implicarem em:

I – criação de cargos, funções ou empregos públicos;

II – aumento de vencimentos ou da despesa pública;

III – disciplina do regime jurídico dos servidores;

IV – forma e condições de provimento de cargos;

V – condições para aquisição de estabilidade.

Art. 5.º A divisão judiciária compreende a criação, a alteração e a extinção das seções, circunscrições, comarcas, termos e distritos judiciários, bem como a sua classificação.

Parágrafo único. Para a criação, a alteração, a extinção ou a classificação das comarcas e outras divisões judiciárias, os Estados observarão critérios uniformes com base em:

I – extensão territorial;

II – número de habitantes;

III – número de eleitores;

IV – receita tributária;

V – movimento forense.

Art. 6.º Respeitada a legislação federal, a organização judiciária compreende:

I – constituição, estrutura, atribuições e competência dos tribunais, bem como de seus órgãos de direção e fiscalização;

II – constituição, classificação, atribuições e competência dos juízes e varas;

III – organização e disciplina da carreira dos magistrados;

IV – organização, classificação, disciplina e atribuições dos serviços auxiliares da justiça, inclusive tabelionatos e ofícios de registros públicos.

§ 1.º Não se incluem na organização judiciária:

•• Na publicação oficial constou § 1.º em vez de parágrafo único.

I – a organização e disciplina da carreira do Ministério Público;

II – a elaboração dos regimentos internos dos tribunais.

Art. 7.º Esta Lei entra em vigor na data de sua publicação, revogadas as disposições em contrário.

Brasília, 4 de novembro de 1970; 149.º da Independência e 82.º da República.

EMÍLIO G. MÉDICI

LEI N. 6.015, DE 31 DE DEZEMBRO DE 1973 (*)

Dispõe sobre os registros públicos e dá outras providências.

O Presidente da República:

Faço saber que o Congresso Nacional decreta e eu sanciono a seguinte Lei:

Título II
DO REGISTRO DAS PESSOAS NATURAIS

Capítulo V
DA HABILITAÇÃO PARA O CASAMENTO

• A Resolução n. 175, de 14-5-2013, do CNJ dispõe sobre a habitação, celebração de casamento civil, ou de conversão de união estável em casamento, entre pessoas de mesmo sexo.

Art. 67. Na habilitação para o casamento, os interessados, apresentando os documentos exigidos pela lei civil, requererão ao oficial do registro do distrito de residência de um dos

---

(*) Publicada no *DOU*, de 31-12-1973. Republicada em 16-9-1975 e retificada em 30-10-1975.

Registros Públicos

nubentes, que lhes expeça certidão de que se acham habilitados para se casarem.

§ 1.º Autuada a petição com os documentos, o oficial mandará afixar proclamas de casamento em lugar ostensivo de seu cartório e fará publicá-los na imprensa local, se houver. Em seguida abrirá vista dos autos ao órgão do Ministério Público, para manifestar-se sobre o pedido e requerer o que for necessário à sua regularidade, podendo exigir a apresentação de atestado de residência firmado por autoridade policial, ou qualquer outro elemento de convicção admitido em direito.

§ 2.º Se o órgão do Ministério Público impugnar o pedido ou a documentação, os autos serão encaminhados ao juiz, que decidirá sem recurso.

§ 3.º Decorrido o prazo de 15 (quinze) dias a contar da afixação do edital em cartório, se não aparecer quem oponha impedimento nem constar algum dos que de ofício deva declarar, ou se tiver sido rejeitada a impugnação do órgão do Ministério Público, o oficial do registro certificará a circunstância nos autos e entregará aos nubentes certidão de que estão habilitados para se casar dentro do prazo previsto em lei.

§ 4.º Se os nubentes residirem em diferentes distritos do Registro Civil, em um e em outro se publicará e se registrará o edital.

§ 5.º Se houver apresentação de impedimento, o oficial dará ciência do fato aos nubentes, para que indiquem em 3 (três) dias prova que pretendam produzir, e remeterá os autos a juízo; produzidas as provas pelo oponente e pelos nubentes, no prazo de 10 (dez) dias, com ciência do Ministério Público, e ouvidos os interessados e o órgão do Ministério Público em 5 (cinco) dias, decidirá o juiz em igual prazo.

§ 6.º Quando o casamento se der em circunscrição diferente daquela da habilitação, o oficial do registro comunicará ao da habilitação esse fato, com os elementos necessários às anotações nos respectivos autos.

Art. 68. Se o interessado quiser justificar fato necessário à habilitação para o casamento, deduzirá sua intenção perante o juiz competente, em petição circunstanciada, indicando testemunhas e apresentando documentos que comprovem as alegações.

§ 1.º Ouvidas as testemunhas, se houver, dentro do prazo de 5 (cinco) dias, com a ciência do órgão do Ministério Público, este terá o prazo de 24 (vinte e quatro) horas para manifestar-se, decidindo o juiz em igual prazo, sem recurso.

§ 2.º Os autos da justificação serão encaminhados ao oficial do registro para serem anexados ao processo da habilitação matrimonial.

Art. 69. Para a dispensa de proclamas, nos casos previstos em lei, os contraentes, em petição dirigida ao juiz, deduzirão os motivos de urgência do casamento, provando-a, desde logo, com documentos ou indicando outras provas para demonstração do alegado.

§ 1.º Quando o pedido se fundar em crime contra os costumes, a dispensa de proclamas será precedida da audiência dos contraentes, separadamente e em segredo de justiça.

§ 2.º Produzidas as provas dentro de 5 (cinco) dias, com a ciência do órgão do Ministério Público, que poderá manifestar-se, a seguir, em 24 (vinte e quatro) horas, o juiz decidirá, em igual prazo, sem recurso, remetendo os autos para serem anexados ao processo de habilitação matrimonial.

....

Capítulo XII
DA AVERBAÇÃO

Art. 97. A averbação será feita pelo oficial do cartório em que constar o assento à vista da carta de sentença, de mandado ou de petição acompanhada de certidão ou documento legal e autêntico, com audiência do Ministério Público.

Art. 98. A averbação será feita à margem do assento e, quando não houver espaço, no livro corrente, com as notas e remissões recíprocas, que facilitem a busca.

Art. 99. A averbação será feita mediante a indicação minuciosa da sentença ou ato que a determinar.

Art. 100. No livro de casamento, será feita averbação da sentença de nulidade e anulação de casamento, bem como de desquite, declarando-se a data em que o juiz a proferiu, a sua conclusão, os nomes das partes e o trânsito em julgado.

§ 1.º Antes da averbação, as sentenças não produzirão efeito contra terceiros.

§ 2.º As sentenças de nulidade ou anulação de casamento não serão averbadas enquanto sujeitas a recurso, qualquer que seja o seu efeito.

§ 3.º A averbação a que se refere o parágrafo anterior será feita à vista da carta de sentença, subscrita pelo presidente ou outro juiz do tribunal que julgar a ação em grau de recurso, da qual constem os requisitos mencionados neste artigo e, ainda, certidão do trânsito em julgado do acórdão.

§ 4.º O oficial do registro comunicará, dentro de 48 (quarenta e oito) horas, o lançamento da averbação respectiva ao juiz que houver subscrito a carta de sentença mediante ofício sob registro postal.

§ 5.º Ao oficial, que deixar de cumprir as obrigações consignadas nos parágrafos anteriores, será imposta a multa de 5 (cinco) salários mínimos da região e a suspensão do cargo até 6 (seis) meses; em caso de reincidência ser-lhe--á aplicada, em dobro, a pena pecuniária, ficando sujeito à perda do cargo.

Art. 101. Será também averbado, com as mesmas indicações e efeitos, o ato de restabelecimento de sociedade conjugal.

Art. 102. No livro de nascimento, serão averbados:

1.º) as sentenças que julgarem ilegítimos os filhos concebidos na constância do casamento;

2.º) as sentenças que declararem legítima a filiação;

3.º) as escrituras de adoção e os atos que a dissolverem;

4.º) o reconhecimento judicial ou voluntário dos filhos ilegítimos;

5.º) a perda de nacionalidade brasileira, quando comunicada pelo Ministério da Justiça;

6.º) a perda e a suspensão do pátrio poder.

•• Item acrescentado pela Lei n. 8.069, de 13-7-1990.

Art. 103. Será feita, ainda de ofício, diretamente quando no mesmo cartório, ou por comunicação do oficial que registrar o casamento, a averbação da legitimação dos filhos por subsequente matrimônio dos pais, quando tal circunstância constar do assento de casamento.

Art. 104. No livro de emancipação, interdições e ausências, será feita a averbação das sentenças que puserem termo à interdição, das substituições dos curadores de interditos ou ausentes, das alterações dos limites de curatela, da cessação ou mudança de internação, bem como da cessação de ausência pelo aparecimento do ausente, de acordo com o disposto nos artigos anteriores.

Parágrafo único. Averbar-se-á, também no assento de ausência, a sentença de abertura de sucessão provisória, após o trânsito em julgado, com referência especial ao testamento do ausente se houver e indicação de seus herdeiros habilitados.

Art. 105. Para a averbação de escritura de adoção de pessoa cujo registro de nascimento haja sido feito fora do País, será trasladado, sem ônus para os interessados, no livro "A" do cartório do 1.º ofício ou da 1.ª subdivisão judiciária da comarca em que for domiciliado o adotante, aquele registro legalmente traduzido, se for o caso, para que se faça, à margem dele, a competente averbação.

Capítulo XIII
DAS ANOTAÇÕES

Art. 106. Sempre que o oficial fizer algum registro ou averbação deverá, no prazo de 5 (cinco) dias, anotá-lo nos atos anteriores, com remissões recíprocas, se lançados em seu cartório, ou fará comunicação, com resumo do assento, ao oficial em cujo cartório estiverem os registros primitivos, obedecendo-se sempre à forma prescrita no art. 98.

Parágrafo único. As comunicações serão feitas mediante cartas relacionadas em protocolo, anotando-se à margem ou sob o ato comunicado o número do protocolo e ficarão arquivadas no cartório que as receber.

Art. 107. O óbito deverá ser anotado, com as remissões recíprocas, nos assentos de casamento e nascimento, e o casamento no deste.

§ 1.º A emancipação, a interdição e a ausência serão anotadas pela mesma forma, nos assentos de nascimento e casamento, bem como a mudança do nome da mulher, em virtude de casamento, ou sua dissolução, anulação ou desquite.

§ 2.º A dissolução e a anulação do casamento e o restabelecimento da sociedade conjugal serão, também, anotados nos assentos de nascimento dos cônjuges.

Art. 108. Os oficiais, além das penas disciplinares em que incorrerem, são responsáveis civil e criminalmente pela omissão ou atraso na remessa de comunicações a outros cartórios.

Capítulo XIV
DAS RETIFICAÇÕES, RESTAURAÇÕES E SUPRIMENTOS

Art. 109. Quem pretender que se restaure, supra ou retifique assentamento no Registro Civil, requererá, em petição fundamentada e instruída com documentos ou com indicação de testemunhas, que o juiz o ordene, ouvido o órgão do Ministério Público e os interessados, no prazo de 5 (cinco) dias, que correrá em cartório.

§ 1.º Se qualquer interessado ou o órgão do Ministério Público impugnar o pedido, o juiz determinará a produção da prova, dentro do prazo de 10 (dez) dias e ouvidos, sucessivamente, em 3 (três) dias, os interessados e o órgão do Ministério Público, decidirá em 5 (cinco) dias.

§ 2.º Se não houver impugnação ou necessidade de mais provas, o juiz decidirá no prazo de 5 (cinco) dias.

§ 3.º Da decisão do juiz, caberá o recurso de apelação com ambos os efeitos.

§ 4.º Julgado procedente o pedido, o juiz ordenará que se expeça mandado para que seja lavrado, restaurado ou retificado o assentamento, indicando, com precisão, os fatos ou circunstâncias que devam ser retificados, e em que sentido, ou os que devam ser objeto do novo assentamento.

§ 5.º Se houver de ser cumprido em jurisdição diversa, o mandado será remetido, por ofício, ao juiz sob cuja jurisdição estiver o cartório do Registro Civil e, com o seu "cumpra-se", executar-se-á.

§ 6.º As retificações serão feitas à margem do registro, com as indicações necessárias, ou, quando for o caso, com a trasladação do mandado, que ficará arquivado. Se não houver espaço, far-se-á o transporte do assento, com as remissões à margem do registro original.

Art. 110. Os erros que não exijam qualquer indagação para a constatação imediata de necessidade de sua correção poderão ser corrigidos de ofício pelo oficial de registro no próprio cartório onde se encontrar o assentamento, mediante petição assinada pelo interessado, representante legal ou procurador, independentemente de pagamento de selos e taxas, após manifestação conclusiva do Ministério Público.

•• *Caput* com redação determinada pela Lei n. 12.100, de 27-11-2009.

§ 1.º Recebido o requerimento instruído com os documentos que comprovem o erro, o oficial submetê-lo-á ao órgão do Ministério Público que o despachará em 5 (cinco) dias.

•• § 1.º com redação determinada pela Lei n. 12.100, de 27-11-2009.

§ 2.º Quando a prova depender de dados existentes no próprio cartório, poderá o oficial certificá-lo nos autos.

•• § 2.º com redação mantida pela Lei n. 12.100, de 27-11-2009.

§ 3.º Entendendo o órgão do Ministério Público que o pedido exige maior indagação, requererá ao juiz a distribuição dos autos a um dos cartórios da circunscrição, caso em que se processará a retificação, com assistência de advogado, observado o rito sumaríssimo.

•• § 3.º com redação determinada pela Lei n. 12.100, de 27-11-2009.

§ 4.º Deferido o pedido, o edital averbará a retificação à margem do registro, mencionando o número do protocolo e a data da sentença e seu trânsito em julgado, quando for o caso.

•• § 4.º com redação determinada pela Lei n. 12.100, de 27-11-2009.

Art. 111. Nenhuma justificação em matéria de registro civil, para retificação, restauração ou abertura de assento, será entregue à parte.

Art. 112. Em qualquer tempo, poderá ser apreciado o valor probante da justificação, em original ou por traslado, pela autoridade judiciária competente ao conhecer de ações que se relacionem com os fatos justificados.

Art. 113. As questões de filiação legítima ou ilegítima serão decididas em processo contencioso para anulação ou reforma de assento.

Título IV
DO REGISTRO DE TÍTULOS E DOCUMENTOS

Capítulo I
DAS ATRIBUIÇÕES

Art. 129. Estão sujeitos a registro, no Registro de Títulos e Documentos, para surtir efeitos em relação a terceiros:

1.º) os contratos de locação de prédios, sem prejuízo do disposto no art. 167, I, 3;

2.º) os documentos decorrentes de depósitos, ou de cauções feitos em garantia de cumprimento de obrigações contratuais, ainda que em separado dos respectivos instrumentos;

3.º) as cartas de fiança, em geral, feitas por instrumento particular, seja qual for a natureza do compromisso por elas abonado;

4.º) os contratos de locação de serviços não atribuídos a outras repartições;

5.º) os contratos de compra e venda em prestações, com reserva de domínio ou não, qualquer que seja a forma de que se revistam, os de alienação ou de promessas de venda referentes a bens móveis e os de alienação fiduciária;

6.º) todos os documentos de procedência estrangeira, acompanhados das respectivas traduções, para produzirem efeitos em repartições da União, dos Estados, do Distrito Federal, dos Territórios e dos Municípios ou em qualquer instância, juízo ou tribunal;

7.º) as quitações, recibos e contratos de compra e venda de automóveis, bem como o penhor destes, qualquer que seja a forma que revistam;

8.º) os atos administrativos expedidos para cumprimento de decisões judiciais, sem trânsito em julgado, pelas quais for determinada a entrega, pelas alfândegas e mesas de renda, de bens e mercadorias procedentes do Exterior;

9.º) os instrumentos de cessão de direitos e de créditos, de sub-rogação e de dação em pagamento.

Título V
DO REGISTRO DE IMÓVEIS

Capítulo III
DO PROCESSO DO REGISTRO

....

Art. 198. Havendo exigência a ser satisfeita, o oficial indicá-la-á por escrito. Não se conformando o apresentante com a exigência do oficial, ou não a podendo satisfazer, será o título, a seu requerimento e com a declaração de dúvida, remetido ao juízo competente para dirimi-la, obedecendo-se ao seguinte:

I – no Protocolo, adotará o oficial, à margem da prenotação, a ocorrência da dúvida;

II – após certificar, no título, a prenotação e a suscitação da dúvida rubricará o oficial todas as suas folhas;

III – em seguida, o oficial dará ciência dos termos da dúvida ao apresentante, fornecendo-lhe cópia da suscitação e notificando-o para impugná-la, perante o juízo competente, no prazo de 15 (quinze) dias;

IV – certificado o cumprimento do disposto no item anterior, remeter-se-ão ao juízo competente, mediante carga, as razões da dúvida, acompanhadas do título.

Art. 199. Se o interessado não impugnar a dúvida no prazo referido no item III do artigo anterior, será ela, ainda assim, julgada por sentença.

Art. 200. Impugnada a dúvida com os documentos que o interessado apresentar, será ouvido o Ministério Público, no prazo de 10 (dez) dias.

Art. 201. Se não forem requeridas diligências, o juiz proferirá decisão no prazo de 15 (quinze) dias, com base nos elementos constantes dos autos.

Art. 202. Da sentença, poderão interpor apelação, com os efeitos devolutivo e suspensivo, o interessado, o Ministério Público e o terceiro prejudicado.

Art. 203. Transitada em julgado a decisão da dúvida, proceder-se-á do seguinte modo:

I – se for julgada procedente, os documentos serão restituídos à parte, independentemente de traslado, dando-se ciência da decisão ao oficial, para que a consigne no Protocolo e cancele a prenotação;

II – se for julgada improcedente, o interessado apresentará, de novo, os seus documentos, com o respectivo mandado, ou certidão da sentença, que ficarão arquivados, para que, desde logo, se proceda ao registro, declarando o oficial o fato na coluna de anotações do Protocolo.

Art. 204. A decisão da dúvida tem natureza administrativa e não impede o uso do processo contencioso competente.

Art. 205. Cessarão automaticamente os efeitos da prenotação se, decorridos 30 (trinta) dias do seu lançamento no Protocolo, o título não tiver sido registrado por omissão do interessado em atender às exigências legais.

Parágrafo único. Nos procedimentos de regularização fundiária de interesse social, os efeitos da prenotação cessarão decorridos 60 (sessenta) dias de seu lançamento no protocolo.

•• Parágrafo único acrescentado pela Lei n. 12.424, de 16-6-2011.

Art. 206. Se o documento, uma vez prenotado, não puder ser registrado, ou o apresentante desistir do seu registro, a importância relativa às despesas previstas no art. 14 será restituída, deduzida a quantia correspondente às buscas e à prenotação.

Art. 207. No processo de dúvida, somente serão devidas custas, a serem pagas pelo interessado, quando a dúvida for julgada procedente.

Art. 208. O registro começado dentro das horas fixadas não será interrompido, salvo motivo de força maior declarado, prorrogando-se o expediente até ser concluído.

Art. 209. Durante a prorrogação nenhuma nova apresentação será admitida, lavrando o termo de encerramento no Protocolo.

Art. 210. Todos os atos serão assinados e encerrados pelo oficial, por seu substituto legal, ou por escrevente expressamente designado pelo oficial ou por seu substituto legal e autorizado pelo juiz competente ainda que os primeiros não estejam nem afastados nem impedidos.

Art. 211. Nas vias dos títulos restituídas aos apresentantes, serão declarados resumidamente, por carimbo, os atos praticados.

Art. 212. Se o registro ou a averbação for omissa, imprecisa ou não exprimir a verdade, a retificação será feita pelo Oficial do Registro de Imóveis competente, a requerimento do interessado, por meio do procedimento administrativo previsto no art. 213, facultado ao interessado requerer a retificação por meio de procedimento judicial.

•• *Caput* com redação determinada pela Lei n. 10.931, de 2-8-2004.

Parágrafo único. A opção pelo procedimento administrativo previsto no art. 213 não exclui a prestação jurisdicional, a requerimento da parte prejudicada.

•• Parágrafo único acrescentado pela Lei n. 10.931, de 2-8-2004.

Art. 213. O oficial retificará o registro ou a averbação:

•• *Caput* com redação determinada pela Lei n. 10.931, de 2-8-2004.

I – de ofício ou a requerimento do interessado nos casos de:

a) omissão ou erro cometido na transposição de qualquer elemento do título;

b) indicação ou atualização de confrontação;

c) alteração de denominação de logradouro público, comprovada por documento oficial;

d) retificação que vise a indicação de rumos, ângulos de deflexão ou inserção de coordenadas georreferenciadas, em que não haja alteração das medidas perimetrais;

e) alteração ou inserção que resulte de mero cálculo matemático feito a partir das medidas perimetrais constantes do registro;

f) reprodução de descrição de linha divisória de imóvel confrontante que já tenha sido objeto de retificação;

g) inserção ou modificação dos dados de qualificação pessoal das partes, comprovada por documentos oficiais, ou mediante despacho judicial quando houver necessidade de produção de outras provas;

•• Inciso I acrescentado pela Lei n. 10.931, de 2-8-2004.

II – a requerimento do interessado, no caso de inserção ou alteração de medida perimetral de que resulte, ou não, alteração de área, instruído com planta e memorial descritivo assinado por profissional legalmente habilitado, com prova de anotação de responsabilidade técnica no competente Conselho Regional de Engenharia e Arquitetura – CREA, bem assim pelos confrontantes.

•• Inciso II acrescentado pela Lei n. 10.931, de 2-8-2004.

§ 1.º Uma vez atendidos os requisitos de que trata o *caput* do art. 225, o oficial averbará a retificação.

•• § 1.º com redação determinada pela Lei n. 10.931, de 2-8-2004.

§ 2.º Se a planta não contiver a assinatura de algum confrontante, este será notificado pelo Oficial de Registro de Imóveis competente, a requerimento do interessado, para se manifestar em quinze dias, promovendo-se a notificação pessoalmente ou pelo correio, com aviso de recebimento, ou, ainda, por solicitação do Oficial de Registro de Imóveis, pelo Oficial de Registro de Títulos e Documentos da comarca da situação do imóvel ou do domicílio de quem deva recebê-la.

•• § 2.º com redação determinada pela Lei n. 10.931, de 2-8-2004.

§ 3.º A notificação será dirigida ao endereço do confrontante constante do Registro de Imóveis, podendo ser dirigida ao próprio imóvel contíguo ou àquele fornecido pelo requerente; não sendo encontrado o confrontante ou estando em lugar incerto e não sabido, tal fato será certificado pelo oficial encarregado da diligência, promovendo-se a notificação do confrontante mediante edital, com o mesmo prazo fixado no § 2.º, publicado por duas vezes em jornal local de grande circulação.

Registros Públicos

Lei n. 6.015, de 31-12-1973

•• § 3.º com redação determinada pela Lei n. 10.931, de 2-8-2004.

§ 4.º Presumir-se-á a anuência do confrontante que deixar de apresentar impugnação no prazo da notificação.

•• § 4.º com redação determinada pela Lei n. 10.931, de 2-8-2004.

§ 5.º Findo o prazo sem impugnação, o oficial averbará a retificação requerida; se houver impugnação fundamentada por parte de algum confrontante, o oficial intimará o requerente e o profissional que houver assinado a planta e o memorial a fim de que, no prazo de cinco dias, se manifestem sobre a impugnação.

•• § 5.º com redação determinada pela Lei n. 10.931, de 2-8-2004.

§ 6.º Havendo impugnação e se as partes não tiverem formalizado transação amigável para solucioná-la, o oficial remeterá o processo ao juiz competente, que decidirá de plano ou após instrução sumária, salvo se a controvérsia versar sobre o direito de propriedade de alguma das partes, hipótese em que remeterá o interessado para as vias ordinárias.

•• § 6.º acrescentado pela Lei n. 10.931, de 2-8-2004.

§ 7.º Pelo mesmo procedimento previsto neste artigo poderão ser apurados os remanescentes de áreas parcialmente alienadas, caso em que serão considerados como confrontantes tão somente os confinantes das áreas remanescentes.

•• § 7.º acrescentado pela Lei n. 10.931, de 2-8-2004.

§ 8.º As áreas públicas poderão ser demarcadas ou ter seus registros retificados pelo mesmo procedimento previsto neste artigo, desde que constem do registro ou sejam logradouros devidamente averbados.

•• § 8.º acrescentado pela Lei n. 10.931, de 2-8-2004.

§ 9.º Independentemente de retificação, dois ou mais confrontantes poderão, por meio de escritura pública, alterar ou estabelecer as divisas entre si e, se houver transferência de área, com o recolhimento do devido imposto de transmissão e desde que preservadas, se rural o imóvel, a fração mínima de parcelamento e, quando urbano, a legislação urbanística.

•• § 9.º acrescentado pela Lei n. 10.931, de 2-8-2004.

§ 10. Entendem-se como confrontantes não só os proprietários dos imóveis contíguos, mas, também, seus eventuais ocupantes; o condomínio geral, de que tratam os arts. 1.314 e seguintes do CC, será representado por qualquer dos condôminos e o condomínio edilício, de que tratam os arts. 1.331 e seguintes do CC, será representado, conforme o caso, pelo síndico ou pela Comissão de Representantes.

•• § 10 acrescentado pela Lei n. 10.931, de 2-8-2004.

§ 11. Independe de retificação:

I – a regularização fundiária de interesse social realizada em Zonas Especiais de Interesse Social, promovida por Município ou pelo Distrito Federal, quando os lotes já estiverem cadastrados individualmente ou com lançamento fiscal há mais de 10 (dez) anos;

•• Inciso I com redação determinada pela Lei n. 12.424, de 16-6-2011.

II – a adequação da descrição de imóvel rural às exigências dos arts. 176, §§ 3.º e 4.º, e 225, § 3.º, desta Lei;

•• § 11 acrescentado pela Lei n. 10.931, de 2-8-2004.

III – a adequação da descrição de imóvel urbano decorrente de transformação de coordenadas geodésicas entre os sistemas de georreferenciamento oficiais;

•• Inciso III acrescentado pela Lei n. 12.424, de 16-6-2011.

IV – a averbação do auto de demarcação urbanística e o registro do parcelamento decorrente de projeto de regularização fundiária de interesse social de que trata a Lei n. 11.977, de 7 de julho de 2009; e

•• Inciso IV acrescentado pela Lei n. 12.424, de 16-6-2011.

V – o registro do parcelamento de glebas para fins urbanos anterior a 19 de dezembro de 1979, que esteja implantado e integrado à cidade, nos termos do art. 71 da Lei n. 11.977, de 7 de julho de 2009.

•• Inciso V acrescentado pela Lei n. 12.424, de 16-6-2011.

Lei n. 6.015, de 31-12-1973

§ 12. Poderá o oficial realizar diligências no imóvel para a constatação de sua situação em face dos confrontantes e localização na quadra.

•• § 12 acrescentado pela Lei n. 10.931, de 2-8-2004.

§ 13. Não havendo dúvida quanto à identificação do imóvel, o título anterior à retificação poderá ser levado a registro desde que requerido pelo adquirente, promovendo-se o registro em conformidade com a nova descrição.

•• § 13 acrescentado pela Lei n. 10.931, de 2-8-2004.

§ 14. Verificado a qualquer tempo não serem verdadeiros os fatos constantes do memorial descritivo, responderão os requerentes e o profissional que o elaborou pelos prejuízos causados, independentemente das sanções disciplinares e penais.

•• § 14 acrescentado pela Lei n. 10.931, de 2-8-2004.

§ 15. Não são devidos custas ou emolumentos notariais ou de registro decorrentes de regularização fundiária de interesse social a cargo da administração pública.

•• § 15 acrescentado pela Lei n. 10.931, de 2-8-2004.

§ 16. Na retificação de que trata o inciso II do caput, serão considerados confrontantes somente os confinantes de divisas que forem alcançadas pela inserção ou alteração de medidas perimetrais.

•• § 16 acrescentado pela Lei n. 12.424, de 16-6-2011.

Art. 214. As nulidades de pleno direito do registro, uma vez aprovadas, invalidam-no, independentemente de ação direta.

§ 1.º A nulidade será decretada depois de ouvidos os atingidos.

•• § 1.º acrescentado pela Lei n. 10.931, de 2-8-2004.

§ 2.º Da decisão tomada no caso do § 1.º caberá apelação ou agravo conforme o caso.

•• § 2.º acrescentado pela Lei n. 10.931, de 2-8-2004.

§ 3.º Se o juiz entender que a superveniência de novos registros poderá causar danos de difícil reparação poderá determinar de ofício, a qualquer momento, ainda que sem oitiva das partes, o bloqueio da matrícula do imóvel.

•• § 3.º acrescentado pela Lei n. 10.931, de 2-8-2004.

§ 4.º Bloqueada a matrícula, o oficial não poderá mais nela praticar qualquer ato, salvo com autorização judicial, permitindo-se, todavia, aos interessados a prenotação de seus títulos, que ficarão com o prazo prorrogado até a solução do bloqueio.

•• § 4.º acrescentado pela Lei n. 10.931, de 2-8-2004.

§ 5.º A nulidade não será decretada se atingir terceiro de boa-fé que já tiver preenchido as condições de usucapião do imóvel.

•• § 5.º acrescentado pela Lei n. 10.931, de 2-8-2004.

Art. 215. São nulos os registros efetuados após sentença de abertura de falência, ou do termo legal nele fixado, salvo se a apresentação tiver sido feita anteriormente.

Art. 216. O registro poderá também ser retificado ou anulado por sentença em processo contencioso, ou por efeito do julgado em ação de anulação ou de declaração de nulidade de ato jurídico, ou de julgado sobre fraude à execução.

Art. 216-A. Sem prejuízo da via jurisdicional, é admitido o pedido de reconhecimento extrajudicial de usucapião, que será processado diretamente perante o cartório do registro de imóveis da comarca em que estiver situado o imóvel usucapiendo, a requerimento do interessado, representado por advogado, instruído com:

•• Caput acrescentado pela Lei n. 13.105, de 16-3-2015.

I – ata notarial lavrada pelo tabelião, atestando o tempo de posse do requerente e seus antecessores, conforme o caso e suas circunstâncias;

•• Inciso I acrescentado pela Lei n. 13.105, de 16-3-2015.

II – planta e memorial descritivo assinado por profissional legalmente habilitado, com prova de anotação de responsabilidade técnica no respectivo conselho de fiscalização profissional, e pelos titulares de direitos reais e de outros direitos registrados ou averbados na matrícula do imóvel usucapiendo e na matrícula dos imóveis confinantes;

•• Inciso II acrescentado pela Lei n. 13.105, de 16-3-2015.

III – certidões negativas dos distribuidores da comarca da situação do imóvel e do domicílio do requerente;

•• Inciso III acrescentado pela Lei n. 13.105, de 16-3-2015.

IV – justo título ou quaisquer outros documentos que demonstrem a origem, a continuidade, a natureza e o tempo da posse, tais como o pagamento dos impostos e das taxas que incidirem sobre o imóvel.

•• Inciso IV acrescentado pela Lei n. 13.105, de 16-3-2015.

§ 1.º O pedido será autuado pelo registrador, prorrogando-se o prazo da prenotação até o acolhimento ou a rejeição do pedido.

•• § 1.º acrescentado pela Lei n. 13.105, de 16-3-2015.

§ 2.º Se a planta não contiver a assinatura de qualquer um dos titulares de direitos reais e de outros direitos registrados ou averbados na matrícula do imóvel usucapiendo e na matrícula dos imóveis confinantes, esse será notificado pelo registrador competente, pessoalmente ou pelo correio com aviso de recebimento, para manifestar seu consentimento expresso em 15 (quinze) dias, interpretado o seu silêncio como discordância.

•• § 2.º acrescentado pela Lei n. 13.105, de 16-3-2015.

§ 3.º O oficial de registro de imóveis dará ciência à União, ao Estado, ao Distrito Federal e ao Município, pessoalmente, por intermédio do oficial de registro de títulos e documentos, ou pelo correio com aviso de recebimento, para que se manifestem, em 15 (quinze) dias, sobre o pedido.

•• § 3.º acrescentado pela Lei n. 13.105, de 16-3-2015.

§ 4.º O oficial de registro de imóveis promoverá a publicação de edital em jornal de grande circulação, onde houver, para a ciência de terceiros eventualmente interessados, que poderão se manifestar em 15 (quinze) dias.

•• § 4.º acrescentado pela Lei n. 13.105, de 16-3-2015.

§ 5.º Para a elucidação de qualquer ponto de dúvida, poderão ser solicitadas ou realizadas diligências pelo oficial de registro de imóveis.

•• § 5.º acrescentado pela Lei n. 13.105, de 16-3-2015.

§ 6.º Transcorrido o prazo de que trata o § 4.º deste artigo, sem pendência de diligências na forma do § 5.º deste artigo e achando-se em ordem a documentação, com inclusão da concordância expressa dos titulares de direitos reais e de outros direitos registrados ou averbados na matrícula do imóvel usucapiendo e na matrícula dos imóveis confinantes, o oficial de registro de imóveis registrará a aquisição do imóvel com as descrições apresentadas, sendo permitida a abertura de matrícula, se for o caso.

•• § 6.º acrescentado pela Lei n. 13.105, de 16-3-2015.

§ 7.º Em qualquer caso, é lícito ao interessado suscitar o procedimento de dúvida, nos termos desta Lei.

•• § 7.º acrescentado pela Lei n. 13.105, de 16-3-2015.

§ 8.º Ao final das diligências, se a documentação não estiver em ordem, o oficial de registro de imóveis rejeitará o pedido.

•• § 8.º acrescentado pela Lei n. 13.105, de 16-3-2015.

§ 9.º A rejeição do pedido extrajudicial não impede o ajuizamento de ação de usucapião.

•• § 9.º acrescentado pela Lei n. 13.105, de 16-3-2015.

§ 10. Em caso de impugnação do pedido de reconhecimento extrajudicial de usucapião, apresentada por qualquer um dos titulares de direito reais e de outros direitos registrados ou averbados na matrícula do imóvel usucapiendo e na matrícula dos imóveis confinantes, por algum dos entes públicos ou por algum terceiro interessado, o oficial de registro de imóveis remeterá os autos ao juízo competente da comarca da situação do imóvel, cabendo ao requerente emendar a petição inicial para adequá-la ao procedimento comum.

•• § 10 acrescentado pela Lei n. 13.105, de 16-3-2015.

Capítulo IX
DO BEM DE FAMÍLIA

Art. 260. A instituição do bem de família far-se-á por escritura pública, declarando o instituidor que determinado prédio se destina a domicílio de sua família e ficará isento de execução por dívida.

Art. 261. Para a inscrição do bem de família, o instituidor apresentará ao oficial do registro a escritura pública de instituição, para que mande publicá-la na imprensa local e, à falta, na da capital do Estado ou do Território.

Art. 262. Se não ocorrer razão para dúvida, o oficial fará a publicação, em forma de edital, do qual constará:

I – o resumo da escritura, nome, naturalidade e profissão do instituidor, data do instrumento e nome do tabelião que o fez, situação e características do prédio;

II – o aviso de que, se alguém se julgar prejudicado, deverá, dentro em 30 (trinta) dias, contados da data da publicação, reclamar contra a instituição por escrito e perante o oficial.

Art. 263. Findo o prazo do n. II do artigo anterior, sem que tenha havido reclamação, o oficial transcreverá a escritura, integralmente, no Livro n. 3 e fará a inscrição na competente matrícula, arquivando um exemplar do jornal em que a publicação houver sido feita e restituindo o instrumento ao apresentante, com a nota da inscrição.

Art. 264. Se for apresentada reclamação, dela fornecerá o oficial, ao instituidor, cópia autêntica e lhe restituirá a escritura, com a declaração de haver sido suspenso o registro, cancelando a prenotação.

§ 1.º O instituidor poderá requerer ao juiz que ordene o registro, sem embargo da reclamação.

§ 2.º Se o juiz determinar que se proceda ao registro, ressalvará ao reclamante o direito de recorrer à ação competente para anular a instituição ou de fazer execução sobre o prédio instituído, na hipótese de tratar-se de dívida anterior e cuja solução se tornou inexequível em virtude do ato da instituição.

§ 3.º O despacho do juiz será irrecorrível e, se deferir o pedido, será transcrito integralmente, juntamente com o instrumento.

Art. 265. Quando o bem de família for instituído juntamente com a transmissão da propriedade (Decreto-lei n. 3.200, de 14-4-1941, art. 8.º, § 5.º), a inscrição far-se-á imediatamente após o registro da transmissão ou, se for o caso, com a matrícula.

Capítulo XI
DO REGISTRO TORRENS

Art. 277. Requerida a inscrição de imóvel rural no Registro Torrens, o oficial protocolizará e autuará o requerimento e documentos que o instruírem e verificará se o pedido se acha em termos de ser despachado.

Art. 278. O requerimento será instruído com:

I – os documentos comprobatórios do domínio do requerente;

II – a prova de quaisquer atos que modifiquem ou limitem a sua propriedade;

III – o memorial de que constem os encargos do imóvel, os nomes dos ocupantes, confrontantes, quaisquer interessados, e a indicação das respectivas residências;

IV – a planta do imóvel, cuja escala poderá variar entre os limites: 1:500m (1/500) e 1:5.000m (1/5.000).

§ 1.º O levantamento da planta obedecerá às seguintes regras:

a) empregar-se-ão goniômetros ou outros instrumentos de maior precisão;

b) a planta será orientada segundo o mediano do lugar, determinada a declinação magnética;

c) fixação dos pontos de referência necessários a verificações ulteriores e de marcos especiais, ligados a pontos certos e estáveis nas sedes das propriedades, de maneira que a planta possa incorporar-se à carta geral cadastral.

§ 2.º Às plantas serão anexados o memorial e as cadernetas das operações de campo, autenticadas pelo agrimensor.

Art. 279. O imóvel sujeito a hipoteca ou ônus real não será admitido a registro sem consentimento expresso do credor hipotecário ou da pessoa em favor de quem se tenha instituído o ônus.

Art. 280. Se o oficial considerar irregular o pedido ou a documentação, poderá conceder o prazo de 30 (trinta) dias para que o interessado os regularize. Se o requerente não estiver de acordo com a exigência do oficial, este suscitará dúvida.

Art. 281. Se o oficial considerar em termos o pedido, remetê-lo-á a juízo para ser despachado.

Art. 282. O juiz, distribuído o pedido a um dos cartórios judiciais se entender que os documentos justificam a propriedade do requerente, mandará expedir edital que será afixado no lugar de costume e publicado uma vez no órgão oficial do Estado e três vezes na imprensa local, se houver, marcando prazo não menor de 2 (dois) meses, nem maior de 4 (quatro) meses para que se ofereça oposição.

Art. 283. O juiz ordenará, de ofício ou a requerimento da parte, que, à custa do peticionário, se notifiquem do requerimento as pessoas nele indicadas.

Art. 284. Em qualquer hipótese, será ouvido o órgão do Ministério Público, que poderá impugnar o registro por falta de prova completa do domínio ou preterição de outra formalidade legal.

Art. 285. Feita a publicação do edital, a pessoa que se julgar com direito sobre o imóvel, no todo ou em parte, poderá contestar o pedido no prazo de 15 (quinze) dias.

§ 1.º A contestação mencionará o nome e a residência do réu, fará a descrição exata do imóvel e indicará os direitos reclamados e os títulos em que se fundarem.

§ 2.º Se não houver contestação, e se o Ministério Público não impugnar o pedido, o juiz ordenará que se inscreva o imóvel, que ficará, assim, submetido aos efeitos do Registro Torrens.

Art. 286. Se houver contestação ou impugnação, o procedimento será ordinário, cancelando-se, mediante mandado, a prenotação.

Art. 287. Da sentença que deferir, ou não, o pedido, cabe o recurso de apelação, com ambos os efeitos.

Art. 288. Transitada em julgado a sentença que deferir o pedido, o oficial inscreverá, na matrícula, o julgado que determinou a submissão do imóvel aos efeitos do Registro Torrens, arquivando em cartório a documentação autuada.

....

Brasília, 31 de dezembro de 1973; 152.º da Independência e 85.º da República.

Emílio G. Médici

LEI N. 6.205, DE 29 DE ABRIL DE 1975 (*)

Estabelece a descaracterização do salário mínimo como fator de correção monetária e acrescenta parágrafo único ao art. 1.º da Lei n. 6.147, de 29 de novembro de 1974.

O Presidente da República:

Faço saber que o Congresso Nacional decreta e eu sanciono a seguinte Lei:

Art. 1.º Os valores monetários fixados com base no salário mínimo não serão considerados para quaisquer fins de direito.

§ 1.º Fica excluída da restrição de que trata o *caput* deste artigo a fixação de quaisquer valores salariais, bem como os seguintes valores ligados à legislação da previdência social, que continuam vinculados ao salário mínimo:

I – os benefícios mínimos estabelecidos no art. 3.º da Lei n. 5.890, de 8 de junho de 1973;

(*) Publicada no *DOU*, de 30-4-1975.

Lei n. 6.423, de 17-6-1977

•• A Lei n. 5.890, de 8-6-1973, altera a legislação de Previdência Social. A Lei n. 8.213, de 24-7-1991, dispõe sobre os Planos de Benefícios da Previdência Social.

II – a cota do salário-família a que se refere o art. 2.º da Lei n. 4.266, de 3 de outubro de 1963;

III – os benefícios do PRORURAL (Leis Complementares ns. 11, de 25 de maio de 1971, e 16, de 30 de outubro de 1973), pagos pelo FUNRURAL;

IV – o salário-base e os benefícios da Lei n. 5.859, de 11 de dezembro de 1972;

V – o benefício instituído pela Lei n. 6.179, de 11 de dezembro de 1974;

VI – (Vetado.)

§ 2.º (Vetado.)

§ 3.º Para os efeitos do disposto no art. 5.º da Lei n. 5.890, de 8 de junho de 1973, os montantes atualmente correspondentes a 10 (dez) e 20 (vinte) vezes o maior salário mínimo vigente serão corrigidos de acordo com o Índice Nacional de Preços ao Consumidor.

•• § 3.º com redação determinada pela Lei n. 6.708, de 30-10-1979.

§ 4.º Aos contratos com prazo determinado, vigentes na data da publicação desta Lei, inclusive os de locação, não se aplicarão, até o respectivo término, as disposições deste artigo.

Art. 2.º Em substituição à correção pelo salário mínimo, o Poder Executivo estabelecerá sistema especial de atualização monetária.

Parágrafo único. O coeficiente de atualização monetária, segundo o disposto neste artigo, será baseado no fator de reajustamento salarial a que se referem os arts. 1.º e 2.º da Lei n. 6.147, de 29 de novembro de 1974, excluído o coeficiente de aumento de produtividade. Poderá estabelecer-se como limite, para a variação do coeficiente, a variação da Obrigação do Tesouro Nacional – OTN.

•• A Lei n. 6.147, de 29-11-1974, foi revogada pela Lei n. 6.708, de 30-10-1979.

•• Sobre OTN vide Nota dos Organizadores.

Art. 3.º O art. 1.º da Lei n. 6.147, de 29 de novembro de 1974, fica acrescido de parágrafo único, com a seguinte redação:

•• A Lei n. 6.147, de 29-11-1974, foi revogada pela Lei n. 6.708, de 30-10-1979.

Art. 4.º Esta Lei entra em vigor na data de sua publicação, revogadas as disposições em contrário.

Brasília, 29 de abril de 1965; 154.º da Independência e 87.º da República.

Ernesto Geisel

LEI N. 6.423, DE 17 DE JUNHO DE 1977 (*)

Estabelece base para correção monetária e dá outras providências.

O Presidente da República:

Faço saber que o Congresso Nacional decreta e eu sanciono a seguinte Lei:

Art. 1.º A correção, em virtude de disposição legal ou estipulação de negócio jurídico, da expressão monetária de obrigação pecuniária somente poderá ter por base a variação nominal da Obrigação do Tesouro Nacional – OTN.

•• Extinção da OTN: vide Nota dos Organizadores (Siglas).

§ 1.º O disposto neste artigo não se aplica:

a) aos reajustamentos salariais de que trata a Lei n. 6.147, de 29 de novembro de 1974;

•• A Lei n. 6.147, de 29-11-1974, foi revogada pela Lei n. 6.708, de 30-10-1979.

b) ao reajustamento dos benefícios da Previdência Social, a que se refere o § 1.º do art. 1.º da Lei n. 6.205, de 29 de abril de 1975; e

c) às correções contratualmente prefixadas nas operações de instituições financeiras.

(*) Publicada no DOU, de 21-6-1977.

Divórcio

§ 2.º Respeitadas as exceções indicadas no parágrafo anterior, quaisquer outros índices ou critérios de correção monetária previstos nas leis em vigor ficam substituídos pela variação nominal da OTN.

•• *Vide* nota ao *caput* deste artigo.

§ 3.º Considerar-se-á de nenhum efeito a estipulação, na vigência desta Lei, de correção monetária com base em índice diverso da variação nominal da OTN.

•• *Vide* nota ao *caput* deste artigo.

Art. 2.º O disposto nesta Lei não se aplica aos contratos pelos quais a empresa se obrigue a vender bens para entrega futura ou a prestar ou fornecer serviços a serem produzidos, cujo preço poderá reajustar-se em função do custo de produção ou da variação no preço de insumos utilizados.

Art. 3.º Esta Lei entrará em vigor na data de sua publicação.

Art. 4.º Revogam-se as disposições em contrário.

Ernesto Geisel

LEI N. 6.515, DE 26 DE DEZEMBRO DE 1977 (*)

Regula os casos de dissolução da sociedade conjugal e do casamento, seus efeitos e respectivos processos, e dá outras providências.

O Presidente da República:

Faço saber que o Congresso Nacional decreta e eu sanciono a seguinte Lei:

Art. 1.º A separação judicial, a dissolução do casamento, ou a cessação de seus efeitos civis, de que trata a Emenda Constitucional n. 9, de 28 de junho de 1977, ocorrerão nos casos e segundo a forma que esta Lei regula.

(*) Publicada no *DOU*, de 27-12-1977. Retificada em 11-4-1978.

•• *Vide* Emenda Constitucional n. 66, de 13-7-2010, que institui o divórcio direto.

Capítulo I
DA DISSOLUÇÃO DA SOCIEDADE CONJUGAL

•• *Vide* Emenda Constitucional n. 66, de 13-7-2010, que institui o divórcio direto.

Art. 2.º A sociedade conjugal termina:

I – pela morte de um dos cônjuges;

II – pela nulidade ou anulação do casamento;

III – pela separação judicial;

IV – pelo divórcio.

Parágrafo único. O casamento válido somente se dissolve pela morte de um dos cônjuges ou pelo divórcio.

Seção I
Dos Casos e Efeitos da Separação Judicial

Art. 3.º A separação judicial põe termo aos deveres de coabitação, fidelidade recíproca e ao regime matrimonial de bens, como se o casamento fosse dissolvido.

§ 1.º O procedimento judicial da separação caberá somente aos cônjuges, e, no caso de incapacidade, serão representados por curador, ascendente ou irmão.

§ 2.º O juiz deverá promover todos os meios para que as partes se reconciliem ou transijam, ouvindo pessoal e separadamente cada uma delas e, a seguir, reunindo-as em sua presença, se assim considerar necessário.

§ 3.º Após a fase prevista no parágrafo anterior, se os cônjuges pedirem, os advogados deverão ser chamados a assistir aos entendimentos e deles participar.

Art. 4.º Dar-se-á a separação judicial por mútuo consentimento dos cônjuges, se forem casados, há mais de 2 (dois) anos, manifestado perante o juiz e devidamente homologado.

Art. 5.º A separação judicial pode ser pedida por um só dos cônjuges quando imputar ao outro conduta desonrosa ou qualquer ato que

Lei n. 6.515, de 26-12-1977 — Divórcio

importe em grave violação dos deveres do casamento e torne insuportável a vida em comum.

§ 1.º A separação judicial pode, também, ser pedida se um dos cônjuges provar a ruptura da vida em comum há mais de 1 (um) ano consecutivo, e a impossibilidade de sua reconstituição.

•• § 1.º com redação determinada pela Lei n. 8.408, de 13-2-1992.

§ 2.º O cônjuge pode ainda pedir a separação judicial quando o outro estiver acometido de grave doença mental, manifestada após o casamento, que torne impossível a continuação da vida em comum, desde que, após uma duração de 5 (cinco) anos, a enfermidade tenha sido reconhecida de cura improvável.

§ 3.º Nos casos dos parágrafos anteriores, reverterão, ao cônjuge que não houver pedido a separação judicial, os remanescentes dos bens que levou para o casamento, e, se o regime de bens adotado o permitir, também a meação nos adquiridos na constância da sociedade conjugal.

Art. 6.º Nos casos dos §§ 1.º e 2.º do artigo anterior, a separação judicial poderá ser negada, se constituir, respectivamente, causa de agravamento das condições pessoais ou da doença do outro cônjuge, ou determinar, em qualquer caso, consequências morais de excepcional gravidade para os filhos menores.

Art. 7.º A separação judicial importará na separação de corpos e na partilha de bens.

§ 1.º A separação de corpos poderá ser determinada como medida cautelar (art. 796 do Código de Processo Civil).

§ 2.º A partilha de bens poderá ser feita mediante proposta dos cônjuges e homologada pelo juiz ou por este decidida.

Art. 8.º A sentença que julgar a separação judicial produz seus efeitos à data de seu trânsito em julgado, ou à da decisão que tiver concedido separação cautelar.

Seção II
Da Proteção da Pessoa dos Filhos

Art. 9.º No caso de dissolução da sociedade conjugal pela separação judicial consensual (art. 4.º), observar-se-á o que os cônjuges acordarem sobre a guarda dos filhos.

Art. 10. Na separação judicial fundada no *caput* do art. 5.º, os filhos menores ficarão com o cônjuge que a ela não houver dado causa.

§ 1.º Se pela separação judicial forem responsáveis ambos os cônjuges, os filhos menores ficarão em poder da mãe, salvo se o juiz verificar que de tal solução possa advir prejuízo de ordem moral para eles.

§ 2.º Verificado que não devem os filhos permanecer em poder da mãe nem do pai, deferirá o juiz a sua guarda a pessoa notoriamente idônea da família de qualquer dos cônjuges.

Art. 11. Quando a separação judicial ocorrer com fundamento no § 1.º do art. 5.º, os filhos ficarão em poder do cônjuge em cuja companhia estavam durante o tempo de ruptura da vida em comum.

Art. 12. Na separação judicial fundada no § 2.º do art. 5.º, o juiz deferirá a entrega dos filhos ao cônjuge que estiver em condições de assumir, normalmente, a responsabilidade de sua guarda e educação.

Art. 13. Se houver motivos graves, poderá o juiz, em qualquer caso, a bem dos filhos, regular por maneira diferente da estabelecida nos artigos anteriores a situação deles com os pais.

Art. 14. No caso de anulação do casamento, havendo filhos comuns, observar-se-á o disposto nos arts. 10 e 13.

Parágrafo único. Ainda que nenhum dos cônjuges esteja de boa-fé ao contrair o casamento, seus efeitos civis aproveitarão aos filhos comuns.

Art. 15. Os pais, em cuja guarda não estejam os filhos, poderão visitá-los e tê-los em sua companhia, segundo fixar o juiz, bem como fiscalizar sua manutenção e educação.

Art. 16. As disposições relativas à guarda e à prestação de alimentos aos filhos menores estendem-se aos filhos maiores inválidos.

Divórcio

Lei n. 6.515, de 26-12-1977

Seção III
Do Uso do Nome

Art. 17. Vencida na ação de separação judicial (art. 5.º, *caput*), voltará a mulher a usar o nome de solteira.

§ 1.º Aplica-se, ainda, o disposto neste artigo, quando é da mulher a iniciativa da separação judicial com fundamento nos §§ 1.º e 2.º do art. 5.º.

§ 2.º Nos demais casos, caberá à mulher a opção pela conservação do nome de casada.

Art. 18. Vencedora na ação de separação judicial (art. 5.º, *caput*), poderá a mulher renunciar, a qualquer momento, ao direito de usar o nome do marido.

Seção IV
Dos Alimentos

Art. 19. O cônjuge responsável pela separação judicial prestará ao outro, se dela necessitar, a pensão que o juiz fixar.

Art. 20. Para manutenção dos filhos, os cônjuges, separados judicialmente, contribuirão na proporção de seus recursos.

Art. 21. Para assegurar o pagamento da pensão alimentícia, o juiz poderá determinar a constituição de garantia real ou fidejussória.

§ 1.º Se o cônjuge credor preferir, o juiz poderá determinar que a pensão consista no usufruto de determinados bens do cônjuge devedor.

§ 2.º Aplica-se, também, o disposto no parágrafo anterior, se o cônjuge credor justificar a possibilidade do não recebimento regular da pensão.

Art. 22. Salvo decisão judicial, as prestações alimentícias, de qualquer natureza, serão corrigidas, monetariamente, na forma dos índices de atualização das Obrigação do Tesouro Nacional – OTN.

•• Extinção da OTN: *vide* Nota dos Organizadores (SIGLAS).

Parágrafo único. No caso do não pagamento das referidas prestações no vencimento, o devedor responderá, ainda, por custas e honorários de advogado apurados simultaneamente

Art. 23. A obrigação de prestar alimentos transmite-se aos herdeiros do devedor, na forma do art. 1.796 do Código Civil.

•• A referência é feita a dispositivo do CC de 1916. Correspondem aos arts. 1.700 e 1.997 do Código vigente.

Capítulo II
DO DIVÓRCIO

•• *Vide* Emenda Constitucional n. 66, de 13-7-2010, que instituí o divórcio direto.

Art. 24. O divórcio põe termo ao casamento e aos efeitos civis do matrimônio religioso.

Parágrafo único. O pedido somente competirá aos cônjuges, podendo, contudo, ser exercido, em caso de incapacidade, por curador, ascendente ou irmão.

Art. 25. A conversão em divórcio da separação judicial dos cônjuges existente há mais de 1 (um) ano, contada da data da decisão ou da que concedeu a medida cautelar correspondente (art. 8.º), será decretada por sentença, da qual não constará referência à causa que a determinou.

•• *Caput* com redação determinada pela Lei n. 8.408, de 13-2-1992.

Parágrafo único. A sentença de conversão determinará que a mulher volte a usar o nome que tinha antes de contrair matrimônio, só conservando o nome de família do ex-marido se a alteração prevista neste artigo acarretar:

•• Parágrafo único, *caput*, com redação determinada pela Lei n. 8.408, de 13-2-1992.

I – evidente prejuízo para a sua identificação;

•• Inciso I com redação determinada pela Lei n. 8.408, de 13-2-1992.

II – manifesta distinção entre o seu nome de família e o dos filhos havidos da união dissolvida;

•• Inciso II com redação determinada pela Lei n. 8.408, de 13-2-1992.

III – dano grave reconhecido em decisão judicial.

•• Inciso III com redação determinada pela Lei n. 8.408, de 13-2-1992.

Lei n. 6.515, de 26-12-1977 — Divórcio

•• *Vide* art. 226, § 5.º, da CF.

Art. 26. No caso de divórcio resultante da separação prevista nos §§ 1.º e 2.º do art. 5.º, o cônjuge que teve a iniciativa da separação continuará com o dever de assistência ao outro (Código Civil, art. 231, III).

•• O art. 231, III, do CC de 1916 corresponde ao art. 1.566, III, do CC (Lei n. 10.406, de 10-1-2002).

Art. 27. O divórcio não modificará os direitos e deveres dos pais em relação aos filhos.

Parágrafo único. O novo casamento de qualquer dos pais ou de ambos também não importará restrição a esses direitos e deveres.

Art. 28. Os alimentos devidos pelos pais e fixados na sentença de separação poderão ser alterados a qualquer tempo.

Art. 29. O novo casamento do cônjuge credor da pensão extinguirá a obrigação do cônjuge devedor.

Art. 30. Se o cônjuge devedor da pensão vier a casar-se, o novo casamento não alterará sua obrigação.

Art. 31. Não se decretará o divórcio se ainda não houver sentença definitiva de separação judicial, ou se esta não tiver decidido sobre a partilha dos bens.

•• *Vide* Emenda Constitucional n. 66, de 13-7-2010, sobre divórcio.

Art. 32. A sentença definitiva do divórcio produzirá efeitos depois de registrada no Registro Público competente.

Art. 33. Se os cônjuges divorciados quiserem restabelecer a união conjugal só poderão fazê-lo mediante novo casamento.

Capítulo III
DO PROCESSO

Art. 34. A separação judicial consensual se fará pelo procedimento previsto nos arts. 1.120 e 1.124 do Código de Processo Civil, e as demais pelo procedimento ordinário.

•• *Vide* também art. 733 do CPC.

§ 1.º A petição será também assinada pelos advogados das partes ou pelo advogado escolhido de comum acordo.

§ 2.º O juiz pode recusar a homologação e não decretar a separação judicial, se comprovar que a convenção não preserva suficientemente os interesses dos filhos ou de um dos cônjuges.

§ 3.º Se os cônjuges não puderem ou não souberem assinar, é lícito que outrem o faça a rogo deles.

§ 4.º As assinaturas, quando não lançadas na presença do juiz, serão, obrigatoriamente, reconhecidas por tabelião.

Art. 35. A conversão da separação judicial em divórcio será feita mediante pedido de qualquer dos cônjuges.

Parágrafo único. O pedido será apensado aos autos da separação judicial (art. 46).

Art. 36. Do pedido referido no artigo anterior, será citado o outro cônjuge, em cuja resposta não caberá reconvenção.

Parágrafo único. A contestação só pode fundar-se em:

I – falta de decurso do prazo de 1 (um) ano de separação judicial;

•• Inciso I com redação determinada pela Lei n. 7.841, de 17-10-1989.

II – descumprimento das obrigações assumidas pelo requerente na separação.

Art. 37. O juiz conhecerá diretamente do pedido, quando não houver contestação ou necessidade de produzir prova em audiência, e proferirá sentença dentro em 10 (dez) dias.

§ 1.º A sentença limitar-se-á à conversão da separação em divórcio, que não poderá ser negada, salvo se provada qualquer das hipóteses previstas no parágrafo único do artigo anterior.

§ 2.º A improcedência do pedido de conversão não impede que o mesmo cônjuge o renove, desde que satisfeita a condição anteriormente descumprida.

Art. 38. (*Revogado pela Lei n. 7.841, de 17-10-1989.*)

Divórcio

Lei n. 6.515, de 26-12-1977

Art. 39. No Capítulo III do Título II do Livro IV do Código de Processo Civil, as expressões "desquite por mútuo consentimento", "desquite" e "desquite litigioso" são substituídas por "separação consensual" e "separação judicial".

Capítulo IV
DAS DISPOSIÇÕES FINAIS E TRANSITÓRIAS

Art. 40. No caso de separação de fato, e desde que completados 2 (dois) anos consecutivos, poderá ser promovida ação de divórcio, na qual deverá ser comprovado decurso do tempo da separação.

•• *Caput com redação determinada pela Lei n. 7.841, de 17-10-1989.*

§ 1.º (*Revogado pela Lei n. 7.841, de 17-10-1989.*)

§ 2.º No divórcio consensual, o procedimento adotado será o previsto nos arts. 1.120 e 1.124 do Código de Processo Civil, observadas, ainda, as seguintes normas:

I – a petição conterá a indicação dos meios probatórios da separação de fato, e será instruída com a prova documental já existente;

II – a petição fixará o valor da pensão do cônjuge que dela necessitar para sua manutenção, e indicará as garantias para o cumprimento da obrigação assumida;

III – se houver prova testemunhal, ela será traduzida na audiência de ratificação do pedido de divórcio, a qual será obrigatoriamente realizada;

IV – a partilha dos bens deverá ser homologada pela sentença do divórcio.

§ 3.º Nos demais casos, adotar-se-á o procedimento ordinário.

Art. 41. As causas de desquite em curso na data da vigência desta Lei, tanto as que se processam pelo procedimento especial quanto as de procedimento ordinário, passam automaticamente a visar à separação judicial.

Art. 42. As sentenças já proferidas em causas de desquite são equiparadas, para os efeitos desta Lei, às de separação judicial.

Art. 43. Se, na sentença do desquite, não tiver sido homologada ou decidida a partilha dos bens, ou quando esta não tenha sido feita posteriormente, a decisão de conversão disporá sobre ela.

Art. 44. Contar-se-á o prazo de separação judicial a partir da data em que, por decisão judicial proferida em qualquer processo, mesmo nos de jurisdição voluntária, for determinada ou presumida a separação dos cônjuges.

Art. 45. Quando o casamento se seguir a uma comunhão de vida entre os nubentes, existente antes de 28 de junho de 1977, que haja perdurado por 10 (dez) anos consecutivos ou da qual tenha resultado filhos, o regime matrimonial de bens será estabelecido livremente, não se lhe aplicando o disposto no art. 258, parágrafo único, II, do Código Civil.

•• O art. 258, parágrafo único, II, do CC de 1916 corresponde ao art. 1.641, II, do CC (Lei n. 10.406, de 10-1-2002).

Art. 46. Seja qual for a causa da separação judicial, e o modo como esta se faça, é permitido aos cônjuges restabelecer a todo tempo a sociedade conjugal, nos termos em que fora constituída, contanto que o façam mediante requerimento nos autos da ação de separação.

Parágrafo único. A reconciliação em nada prejudicará os direitos de terceiros, adquiridos antes e durante a separação, seja qual for o regime de bens.

Art. 47. Se os autos do desquite ou os da separação judicial tiverem sido extraviados, ou se encontrarem em outra circunscrição judiciária, o pedido de conversão em divórcio será instruído com a certidão da sentença, ou da sua averbação no assento de casamento.

Art. 48. Aplica-se o disposto no artigo anterior quando a mulher desquitada tiver domicílio diverso daquele em que se julgou o desquite.

•• *Vide* art. 5.º, I, da CF.

Art. 49. Os §§ 5.º e 6.º do art. 7.º da Lei de Introdução ao Código Civil passam a vigorar com a seguinte redação:

•• Alteração já processada no diploma modificado.

Lei n. 6.822, de 22-9-1980 — Cobrança Executiva

•• Alteração parcialmente prejudicada pela Lei n. 12.036, de 1.º-10-2009, que deu nova redação ao § 6.º.

•• A ementa da Lei de Introdução ao CC foi alterada pela Lei n. 12.376, de 30-12-2010, para LINDB.

Art. 52. O n. I do art. 100, o n. II do art. 155 e o § 2.º do art. 733 do Código de Processo Civil passam a vigorar com a seguinte redação:

•• Alterações já processadas no diploma modificado.

Art. 53. A presente Lei entra em vigor na data de sua publicação.

Art. 54. Revogam-se os arts. 315 a 328 e o § 1.º do art. 1.605 do Código Civil e as demais disposições em contrário.

•• Estas alterações deixam de vigorar em função da revogação do CC de 1916 pela Lei n. 10.406, de 10-1-2002.

Brasília, em 26 de dezembro de 1977; 156.º da Independência e 89.º da República.

ERNESTO GEISEL

LEI N. 6.822, DE 22 DE SETEMBRO DE 1980 (*)

Dispõe sobre a cobrança executiva dos débitos fixados em acórdãos do Tribunal de Contas da União, e dá outras providências.

O Presidente da República:

Faço saber que o Congresso Nacional decreta e eu sanciono a seguinte Lei:

Art. 1.º As decisões do Tribunal de Contas da União condenatórias de responsáveis em débito para com a Fazenda Pública tornam a dívida líquida e certa e têm força executiva, cumprindo ao Ministério Público federal, ou, nos Estados e Municípios, a quem dele as vezes fizer, ou aos procuradores das entidades da administração indireta, promover a sua cobrança executiva, independentemente de quaisquer outras formalidades, na forma do disposto na alínea c do art. 50 do Decreto-lei n. 199, de 25 de fevereiro de 1967.

•• O Decreto-lei n. 199/67 foi revogado pela Lei n. 8.443, de 16-7-1992.

Art. 2.º Incluem-se entre os responsáveis mencionados no artigo anterior os da administração indireta, os das fundações instituídas ou mantidas pela União, e os abrangidos pelos arts. 31, X, e 43 do Decreto-lei n. 199, de 25 de fevereiro de 1967, e pelo art. 183 do Decreto-lei n. 200, de 25 de fevereiro de 1967, bem como os administradores de quaisquer recursos originários de transferências federais.

Art. 3.º As multas impostas pelo Tribunal de Contas da União, nos casos previstos no art. 53 do Decreto-lei n. 199, de 25 de fevereiro de 1967, após fixadas em decisão definitiva, serão, também, objeto de cobrança executiva, na forma estabelecida no artigo anterior.

Art. 4.º Esta Lei entrará em vigor na data de sua publicação, revogadas as disposições em contrário.

Brasília, em 22 de setembro de 1980; 159.º da Independência e 92.º da República.

JOÃO FIGUEIREDO

LEI N. 6.830, DE 22 DE SETEMBRO DE 1980 (**)

Dispõe sobre a cobrança judicial da Dívida Ativa da Fazenda Pública e dá outras providências.

(*) Publicada no *DOU*, de 23, e retificada em 29-9-1980.

(**) Publicada no *DOU*, de 24-9-1980.

Execução Fiscal

Lei n. 6.830, de 22-9-1980

O Presidente da República:

Faço saber que o Congresso Nacional decreta e eu sanciono a seguinte Lei:

Art. 1.º A execução judicial para cobrança da Dívida Ativa da União, dos Estados, do Distrito Federal, dos Municípios e respectivas autarquias será regida por esta Lei e, subsidiariamente, pelo Código de Processo Civil.

Art. 2.º Constitui Dívida Ativa da Fazenda Pública aquela definida como tributária ou não tributária na Lei n. 4.320, de 17 de março de 1964, com as alterações posteriores, que estatui normas gerais de direito financeiro para elaboração e controle dos orçamentos e balanços da União, dos Estados, dos Municípios e do Distrito Federal.

§ 1.º Qualquer valor, cuja cobrança seja atribuída por lei às entidades de que trata o art. 1.º, será considerado Dívida Ativa da Fazenda Pública.

§ 2.º A Dívida Ativa da Fazenda Pública, compreendendo a tributária e a não tributária, abrange atualização monetária, juros e multa de mora e demais encargos previstos em lei ou contrato.

§ 3.º A inscrição, que se constitui no ato de controle administrativo da legalidade, será feita pelo órgão competente para apurar a liquidez e certeza do crédito e suspenderá a prescrição, para todos os efeitos de direito, por 180 (cento e oitenta) dias ou até à distribuição da execução fiscal, se esta ocorrer antes de findo aquele prazo.

§ 4.º A Dívida Ativa da União será apurada e inscrita na Procuradoria da Fazenda Nacional.

§ 5.º O Termo de Inscrição de Dívida Ativa deverá conter:

I – o nome do devedor, dos corresponsáveis e, sempre que conhecido, o domicílio ou residência de um e de outros;

II – o valor originário da dívida, bem como o termo inicial e a forma de calcular os juros de mora e demais encargos previstos em lei ou contrato;

III – a origem, a natureza e o fundamento legal ou contratual da dívida;

IV – a indicação, se for o caso, de estar a dívida sujeita à atualização monetária, bem como o respectivo fundamento legal e o termo inicial para o cálculo;

V – a data e o número da inscrição, no Registro de Dívida Ativa; e

VI – o número do processo administrativo ou do auto de infração, se neles estiver apurado o valor da dívida.

§ 6.º A Certidão de Dívida Ativa conterá os mesmos elementos do Termo de Inscrição e será autenticada pela autoridade competente.

§ 7.º O Termo de Inscrição e a Certidão de Dívida Ativa poderão ser preparados e numerados por processo manual, mecânico ou eletrônico.

§ 8.º Até a decisão de primeira instância, a Certidão de Dívida Ativa poderá ser emendada ou substituída, assegurada ao executado a devolução do prazo para embargos.

§ 9.º O prazo para a cobrança das contribuições previdenciárias continua a ser o estabelecido no art. 144 da Lei n. 3.807, de 26 de agosto de 1960.

Art. 3.º A Dívida Ativa regularmente inscrita goza da presunção de certeza e liquidez.

Parágrafo único. A presunção a que se refere este artigo é relativa e pode ser ilidida por prova inequívoca, a cargo do executado ou de terceiro, a quem aproveite.

Art. 4.º A execução fiscal poderá ser promovida contra:

I – o devedor;

II – o fiador;

III – o espólio;

IV – a massa;

V – o responsável, nos termos da lei, por dívidas, tributárias ou não, de pessoas físicas ou pessoas jurídicas de direito privado; e

VI – os sucessores a qualquer título.

Lei n. 6.830, de 22-9-1980 — Execução Fiscal

§ 1.º Ressalvado o disposto no art. 31, o síndico, o comissário, o liquidante, o inventariante e o administrador, nos casos de falência, concordata, liquidação, inventário, insolvência ou concurso de credores, se, antes de garantidos os créditos da Fazenda Pública, alienarem ou derem em garantia quaisquer dos bens administrados, respondem, solidariamente, pelo valor desses bens.

§ 2.º À Dívida Ativa da Fazenda Pública, de qualquer natureza, aplicam-se as normas relativas à responsabilidade prevista na legislação tributária, civil e comercial.

§ 3.º Os responsáveis, inclusive as pessoas indicadas no § 1.º deste artigo, poderão nomear bens livres e desembaraçados do devedor, tantos quantos bastem para pagar a dívida. Os bens dos responsáveis ficarão, porém, sujeitos à execução, se os do devedor forem insuficientes à satisfação da dívida.

§ 4.º Aplica-se à Dívida Ativa da Fazenda Pública de natureza não tributária o disposto nos arts. 186 e 188 a 192 do Código Tributário Nacional.

Art. 5.º A competência para processar e julgar a execução da Dívida Ativa da Fazenda Pública exclui a de qualquer outro juízo, inclusive o da falência, da concordata, da liquidação, da insolvência ou do inventário.

Art. 6.º A petição inicial indicará apenas:

•• *Vide* Súmulas 558 e 559 do STJ.

I – o juiz a quem é dirigida;

II – o pedido; e

III – o requerimento para a citação.

§ 1.º A petição inicial será instruída com a Certidão da Dívida Ativa, que dela fará parte integrante, como se estivesse transcrita.

§ 2.º A petição inicial e a Certidão de Dívida Ativa poderão constituir um único documento, preparado inclusive por processo eletrônico.

§ 3.º A produção de provas pela Fazenda Pública independe de requerimento na petição inicial.

§ 4.º O valor da causa será o da dívida constante da certidão, com os encargos legais.

Art. 7.º O despacho do juiz que deferir a inicial importa em ordem para:

I – citação, pelas sucessivas modalidades previstas no art. 8.º;

II – penhora, se não for paga a dívida, nem garantida a execução, por meio de depósito, fiança ou seguro garantia;

•• Inciso II com redação determinada pela Lei n. 13.043, de 13-11-2014.

III – arresto, se o executado não tiver domicílio ou dele se ocultar;

IV – registro da penhora ou do arresto, independentemente do pagamento de custas ou outras despesas, observado o disposto no art. 14; e

V – avaliação dos bens penhorados ou arrestados.

Art. 8.º O executado será citado para, no prazo de 5 (cinco) dias, pagar a dívida com os juros e multa de mora e encargos indicados na Certidão de Dívida Ativa, ou garantir a execução, observadas as seguintes normas:

I – a citação será feita pelo correio, com aviso de recepção, se a Fazenda Pública não a requerer por outra forma;

II – a citação pelo correio considera-se feita na data da entrega da carta no endereço do executado; ou, se a data for omitida, no aviso de recepção, 10 (dez) dias após a entrega da carta à agência postal;

III – se o aviso de recepção não retornar no prazo de 15 (quinze) dias da entrega da carta à agência postal, a citação será feita por oficial de justiça ou por edital;

IV – o edital de citação será afixado na sede do juízo, publicado uma só vez no órgão oficial, gratuitamente, como expediente judiciário, com o prazo de 30 (trinta) dias, e conterá, apenas, a indicação da exequente, o nome do devedor e dos corresponsáveis, a quantia devida, a natureza da dívida, a data e o número da inscrição no Registro da Dívida Ativa, o prazo e o endereço da sede do juízo.

§ 1.º O executado ausente do País será citado por edital, com prazo de 60 (sessenta) dias.

Execução Fiscal

§ 2.º O despacho do juiz, que ordenar a citação, interrompe a prescrição.

Art. 9.º Em garantia da execução, pelo valor da dívida, juros e multa de mora e encargos indicados na Certidão da Dívida Ativa, o executado poderá:

I – efetuar depósito em dinheiro, à ordem do juízo em estabelecimento oficial de crédito, que assegure atualização monetária;

II – oferecer fiança bancária ou seguro garantia;

•• Inciso II com redação determinada pela Lei n. 13.043, de 13-11-2014.

III – nomear bens à penhora, observada a ordem do art. 11; ou

IV – indicar à penhora bens oferecidos por terceiros e aceitos pela Fazenda Pública.

§ 1.º O executado só poderá indicar e o terceiro oferecer bem imóvel à penhora com o consentimento expresso do respectivo cônjuge.

§ 2.º Juntar-se-á aos autos a prova do depósito, da fiança bancária, do seguro garantia ou da penhora dos bens do executado ou de terceiros.

•• § 2.º com redação determinada pela Lei n. 13.043, de 13-11-2014.

§ 3.º A garantia da execução, por meio de depósito em dinheiro, fiança bancária ou seguro garantia, produz os mesmos efeitos da penhora.

•• § 3.º com redação determinada pela Lei n. 13.043, de 13-11-2014.

§ 4.º Somente o depósito em dinheiro, na forma do art. 32, faz cessar a responsabilidade pela atualização monetária e juros de mora.

§ 5.º A fiança bancária prevista no inciso II obedecerá às condições preestabelecidas pelo Conselho Monetário Nacional.

§ 6.º O executado poderá pagar parcela da dívida, que julgar incontroversa, e garantir a execução do saldo devedor.

Art. 10. Não ocorrendo o pagamento, nem a garantia da execução de que trata o art. 9.º, a penhora poderá recair em qualquer bem do executado, exceto os que a lei declare absolutamente impenhoráveis.

Art. 11. A penhora ou arresto de bens obedecerá à seguinte ordem:

I – dinheiro;

II – título da dívida pública, bem como título de crédito, que tenham cotação em bolsa;

III – pedras e metais preciosos;

IV – imóveis;

V – navios e aeronaves;

VI – veículos;

VII – móveis ou semoventes; e

VIII – direitos e ações.

§ 1.º Excepcionalmente, a penhora poderá recair sobre estabelecimento comercial, industrial ou agrícola, bem como em plantações ou edifícios em construção.

§ 2.º A penhora efetuada em dinheiro será convertida no depósito de que trata o inciso I do art. 9.º.

§ 3.º O juiz ordenará a remoção do bem penhorado para depósito judicial, particular ou da Fazenda Pública exequente, sempre que esta o requerer, em qualquer fase do processo.

Art. 12. Na execução fiscal, far-se-á a intimação da penhora ao executado, mediante publicação, no órgão oficial, do ato de juntada do termo ou do auto de penhora.

§ 1.º Nas comarcas do interior dos Estados, a intimação poderá ser feita pela remessa de cópia do termo ou do auto de penhora, pelo correio, na forma estabelecida no art. 8.º, I e II, para a citação.

§ 2.º Se a penhora recair sobre imóvel, far-se-á a intimação ao cônjuge, observadas as normas previstas para a citação.

§ 3.º Far-se-á a intimação da penhora pessoalmente ao executado se, na citação feita pelo correio, o aviso de recepção não contiver a assinatura do próprio executado, ou de seu representante legal.

Art. 13. O termo ou auto de penhora conterá, também, a avaliação dos bens penhorados, efetuada por quem o lavrar.

§ 1.º Impugnada a avaliação, pelo executado, ou pela Fazenda Pública, antes de publicado o edital de leilão, o juiz, ouvida a outra parte, nomeará avaliador oficial para proceder a nova avaliação dos bens penhorados.

§ 2.º Se não houver, na comarca, avaliador oficial ou este não puder apresentar o laudo de avaliação no prazo de 15 (quinze) dias, será nomeada pessoa ou entidade habilitada, a critério do juiz.

§ 3.º Apresentado o laudo, o juiz decidirá de plano sobre a avaliação.

Art. 14. O oficial de justiça entregará contrafé e cópia do termo ou do auto de penhora ou arresto, com a ordem de registro de que trata o art. 7.º, IV:

I – no Ofício próprio, se o bem for imóvel ou a ele equiparado;

II – na repartição competente para emissão de certificado de registro, se for veículo;

III – na Junta Comercial, na Bolsa de Valores, e na sociedade comercial, se forem ações, debênture, parte beneficiária, cota ou qualquer outro título, crédito ou direito societário nominativo.

Art. 15. Em qualquer fase do processo, será deferida pelo juiz:

I – ao executado, a substituição da penhora por depósito em dinheiro, fiança bancária ou seguro garantia; e

•• Inciso I com redação determinada pela Lei n. 13.043, de 13-11-2014.

II – à Fazenda Pública, a substituição dos bens penhorados por outros, independentemente da ordem enumerada no art. 11, bem como o reforço da penhora insuficiente.

Art. 16. O executado oferecerá embargos, no prazo de 30 (trinta) dias, contados:

I – do depósito;

II – da juntada da prova da fiança bancária ou do seguro garantia;

•• Inciso II com redação determinada pela Lei n. 13.043, de 13-11-2014.

III – da intimação da penhora.

§ 1.º Não são admissíveis embargos do executado antes de garantida a execução.

§ 2.º No prazo dos embargos, o executado deverá alegar toda matéria útil à defesa, requerer provas e juntar aos autos os documentos e rol de testemunhas, até três, ou, a critério do juiz, até o dobro desse limite.

§ 3.º Não será admitida reconvenção, nem compensação, e as exceções, salvo as de suspeição, incompetência e impedimentos, serão arguidas como matéria preliminar e serão processadas e julgadas com os embargos.

Art. 17. Recebidos os embargos, o juiz mandará intimar a Fazenda, para impugná-los no prazo de 30 (trinta) dias, designando, em seguida, audiência de instrução e julgamento.

Parágrafo único. Não se realizará audiência, se os embargos versarem sobre matéria de direito ou, sendo de direito e de fato, a prova for exclusivamente documental, caso em que o juiz proferirá a sentença no prazo de 30 (trinta) dias.

Art. 18. Caso não sejam oferecidos os embargos, a Fazenda Pública manifestar-se-á sobre a garantia da execução.

Art. 19. Não sendo embargada a execução ou sendo rejeitados os embargos, no caso de garantia prestada por terceiro, será este intimado, sob pena de contra ele prosseguir a execução nos próprios autos, para, no prazo de 15 (quinze) dias:

I – remir o bem, se a garantia for real; ou

II – pagar o valor da dívida, juros e multa de mora e demais encargos, indicados na Certidão de Dívida Ativa, pelos quais se obrigou, se a garantia for fidejussória.

Art. 20. Na execução por carta, os embargos do executado serão oferecidos no juízo deprecado, que os remeterá ao juízo deprecante, para instrução e julgamento.

Parágrafo único. Quando os embargos tiverem por objeto vícios ou irregularidades de atos do próprio juízo deprecado, caber-lhe-á unicamente o julgamento dessa matéria.

Art. 21. Na hipótese de alienação antecipada dos bens penhorados, o produto será depositado em garantia da execução, nos termos previstos no art. 9.º, I.

Art. 22. A arrematação será precedida de edital, afixado no local do costume, na sede do juízo, e publicado, em resumo, uma só vez, gratuitamente, como expediente judiciário, no órgão oficial.

§ 1.º O prazo entre as datas de publicação do edital e do leilão não poderá ser superior a 30 (trinta), nem inferior a 10 (dez) dias.

§ 2.º O representante judicial da Fazenda Pública será intimado, pessoalmente, da realização do leilão, com a antecedência prevista no parágrafo anterior.

Art. 23. A alienação de quaisquer bens penhorados será feita em leilão público, no lugar designado pelo juiz.

§ 1.º A Fazenda Pública e o executado poderão requerer que os bens sejam leiloados englobadamente ou em lotes que indicarem.

§ 2.º Cabe ao arrematante o pagamento da comissão do leiloeiro e demais despesas indicadas no edital.

Art. 24. A Fazenda Pública poderá adjudicar os bens penhorados:

I – antes do leilão, pelo preço da avaliação, se a execução não for embargada ou se rejeitados os embargos;

II – findo o leilão:

a) se não houver licitante, pelo preço da avaliação;

b) havendo licitantes, com preferência, em igualdade de condições com a melhor oferta, no prazo de 30 (trinta) dias.

Parágrafo único. Se o preço da avaliação ou o valor da melhor oferta for superior ao dos créditos da Fazenda Pública, a adjudicação somente será deferida pelo juiz, se a diferença for depositada, pela exequente, à ordem do juízo, no prazo de 30 (trinta) dias.

Art. 25. Na execução fiscal, qualquer intimação ao representante judicial da Fazenda Pública será feita pessoalmente.

Parágrafo único. A intimação de que trata este artigo poderá ser feita mediante vista dos autos, com imediata remessa ao representante judicial da Fazenda Pública, pelo cartório ou secretaria.

Art. 26. Se, antes da decisão de primeira instância, a inscrição de Dívida Ativa for, a qualquer título, cancelada, a execução fiscal será extinta, sem qualquer ônus para as partes.

Art. 27. As publicações de atos processuais poderão ser feitas resumidamente ou reunir num só texto os de diferentes processos.

Parágrafo único. As publicações farão sempre referência ao número do processo no respectivo juízo e ao número da correspondente inscrição de Dívida Ativa, bem como ao nome das partes e de seus advogados, suficientes para a sua identificação.

Art. 28. O juiz, a requerimento das partes, poderá, por conveniência da unidade da garantia da execução, ordenar a reunião de processos contra o mesmo devedor.

Parágrafo único. Na hipótese deste artigo, os processos serão redistribuídos ao juízo da primeira distribuição.

Art. 29. A cobrança judicial da Dívida Ativa da Fazenda Pública não é sujeita a concurso de credores ou habilitação em falência, concordata, liquidação, inventário ou arrolamento.

Parágrafo único. O concurso de preferência somente se verifica entre pessoas jurídicas de direito público, na seguinte ordem:

I – União e suas autarquias;

II – Estados, Distrito Federal e Territórios e suas autarquias, conjuntamente e *pro rata*;

III – Municípios e suas autarquias, conjuntamente e *pro rata*.

Art. 30. Sem prejuízo dos privilégios especiais sobre determinados bens, que sejam previstos em lei, responde pelo pagamento da Dívida Ativa da Fazenda Pública a totalidade dos bens e das rendas, de qualquer origem ou natureza, do sujeito passivo, seu espólio ou sua massa, inclusive os gravados por ônus real ou cláusula de inalienabilidade ou impenhorabilidade, seja qual for a data da constituição do ônus ou da cláusula, excetuados unicamente os bens e rendas que a lei declara absolutamente impenhoráveis.

Art. 31. Nos processos de falência, concordata, liquidação, inventário, arrolamento ou concurso de credores, nenhuma alienação será judicialmente autorizada sem a prova de quitação da Dívida Ativa ou a concordância da Fazenda Pública.

Art. 32. Os depósitos judiciais em dinheiro serão obrigatoriamente feitos:

I – na Caixa Econômica Federal, de acordo com o Decreto-lei n. 1.737, de 20 de dezembro de 1979, quando relacionados com a execução fiscal proposta pela União ou suas autarquias;

II – na Caixa Econômica ou no banco oficial da unidade federativa ou, à sua falta, na Caixa Econômica Federal, quando relacionados com execução fiscal proposta pelo Estado, Distrito Federal, Municípios e suas autarquias.

§ 1.º Os depósitos de que trata este artigo estão sujeitos à atualização monetária, segundo os índices estabelecidos para os débitos tributários federais.

§ 2.º Após o trânsito em julgado da decisão, o depósito, monetariamente atualizado, será devolvido ao depositante ou entregue à Fazenda Pública, mediante ordem do juízo competente.

Art. 33. O juízo, do Ofício, comunicará à repartição competente da Fazenda Pública, para fins de averbação no Registro da Dívida Ativa, a decisão final, transitada em julgado, que der por improcedente a execução, total ou parcialmente.

Art. 34. Das sentenças de primeira instância proferidas em execuções de valor igual ou inferior a 50 (cinquenta) Obrigação do Tesouro Nacional – OTN, só se admitirão embargos infringentes e de declaração.

•• Extinção da OTN: Lei n. 7.730, de 31-1-1989.

§ 1.º Para os efeitos deste artigo, considerar-se-á o valor da dívida monetariamente atualizado e acrescido de multa e juros de mora e demais encargos legais, na data da distribuição.

§ 2.º Os embargos infringentes, instruídos, ou não, com documentos novos, serão deduzidos, no prazo de 10 (dez) dias perante o mesmo juízo, em petição fundamentada.

§ 3.º Ouvido o embargado, no prazo de 10 (dez) dias, serão os autos conclusos ao juiz, que, dentro de 20 (vinte) dias, os rejeitará ou reformará a sentença.

Art. 35. Nos processos regulados por esta Lei, poderá ser dispensada a audiência de revisor, no julgamento das apelações.

Art. 36. Compete à Fazenda Pública baixar normas sobre o recolhimento da Dívida Ativa respectiva, em juízo ou fora dele, e aprovar, inclusive, os modelos de documentos de arrecadação.

Art. 37. O auxiliar de justiça que, por ação ou omissão, culposa ou dolosa, prejudicar a execução, será responsabilizado, civil, penal e administrativamente.

Parágrafo único. O oficial de justiça deverá efetuar, em 10 (dez) dias, as diligências que lhe forem ordenadas, salvo motivo de força maior devidamente justificado perante o juízo.

Art. 38. A discussão judicial da Dívida Ativa da Fazenda Pública só é admissível em execução, na forma desta Lei, salvo as hipóteses de mandado de segurança, ação de repetição do indébito ou ação anulatória do ato declarativo da dívida, esta precedida do depósito preparatório do valor do débito, monetariamente corrigido e acrescido dos juros e multa de mora e demais encargos.

Parágrafo único. A propositura, pelo contribuinte, da ação prevista neste artigo importa em renúncia ao poder de recorrer na esfera administrativa e desistência do recurso acaso interposto.

Art. 39. A Fazenda Pública não está sujeita ao pagamento de custas e emolumentos. A prática dos atos judiciais de seu interesse independerá de preparo ou de prévio depósito.

Parágrafo único. Se vencida, a Fazenda Pública ressarcirá o valor das despesas feitas pela parte contrária.

Art. 40. O juiz suspenderá o curso da execução, enquanto não for localizado o devedor ou encontrados bens sobre os quais possa recair a penhora, e, nesses casos, não correrá o prazo de prescrição.

Correção Monetária

§ 1.º Suspenso o curso da execução, será aberta vista dos autos ao representante judicial da Fazenda Pública.

§ 2.º Decorrido o prazo máximo de 1 (um) ano, sem que seja localizado o devedor ou encontrados bens penhoráveis, o juiz ordenará o arquivamento dos autos.

§ 3.º Encontrados que sejam, a qualquer tempo, o devedor ou os bens, serão desarquivados os autos para prosseguimento da execução.

§ 4.º Se da decisão que ordenar o arquivamento tiver decorrido o prazo prescricional, o juiz, depois de ouvida a Fazenda Pública, poderá, de ofício, reconhecer a prescrição intercorrente e decretá-la de imediato.

•• § 4.º acrescentado pela Lei n. 11.051, de 29-12-2004.

§ 5.º A manifestação prévia da Fazenda Pública prevista no § 4.º deste artigo será dispensada no caso de cobranças judiciais cujo valor seja inferior ao mínimo fixado por ato do Ministro de Estado da Fazenda.

•• § 5.º acrescentado pela Lei n. 11.960, de 29-6-2009.
•• Vide Súmula 61 do JEF.

Art. 41. O processo administrativo correspondente à inscrição de Dívida Ativa, à execução fiscal ou à ação proposta contra a Fazenda Pública será mantido na repartição competente, dele se extraindo as cópias autenticadas ou certidões, que forem requeridas pelas partes ou requisitadas pelo juiz ou pelo Ministério Público.

Parágrafo único. Mediante requisição do juiz à repartição competente, com dia e hora previamente marcados, poderá o processo administrativo ser exibido na sede do juízo, pelo funcionário para esse fim designado, lavrando o serventuário termo da ocorrência, com indicação, se for o caso, das peças a serem trasladadas.

Art. 42. Revogadas as disposições em contrário, esta Lei entrará em vigor 90 (noventa) dias após a data de sua publicação.

Brasília, em 22 de setembro de 1980; 159.º da Independência e 92.º da República.

João Figueiredo

LEI N. 6.899, DE 8 DE ABRIL DE 1981 (*)

Determina a aplicação da correção monetária nos débitos oriundos de decisão judicial e dá outras providências.

O Presidente da República:

Faço saber que o Congresso Nacional decreta e eu sanciono a seguinte Lei:

Art. 1.º A correção monetária incide sobre qualquer débito resultante de decisão judicial, inclusive sobre custas e honorários advocatícios.

§ 1.º Nas execuções de títulos de dívida líquida e certa, a correção será calculada a contar do respectivo vencimento.

§ 2.º Nos demais casos, o cálculo far-se-á a partir do ajuizamento da ação.

Art. 2.º O Poder Executivo, no prazo de 60 (sessenta) dias, regulamentará a forma pela qual será efetuado o cálculo da correção monetária.

Art. 3.º O disposto nesta Lei aplica-se a todas as causas pendentes de julgamento.

Art. 4.º Esta Lei entrará em vigor na data de sua publicação.

Art. 5.º Revogam-se as disposições em contrário.

Brasília, em 8 de abril de 1981; 160.º da Independência e 93.º da República.

João Figueiredo

(*) Publicada no *DOU*, de 9-4-1981. Regulamentada pelo Decreto n. 86.649, de 25-11-1981.

DECRETO N. 86.649, DE 25 DE NOVEMBRO DE 1981 (*)

Regulamenta a Lei n. 6.899, de 8 de abril de 1981, que determina a aplicação de correção monetária nos débitos oriundos de decisão judicial.

O Presidente da República, no uso da atribuição que lhe confere o art. 81, III, da Constituição, e tendo em vista o disposto no art. 2.º da Lei n. 6.899, de 8 de abril de 1981, combinado com o art. 2.º da Lei n. 6.423, de 17 de junho de 1977, decreta:

Art. 1.º Quando se tratar de dívida líquida e certa, a correção monetária a que se refere o art. 1.º da Lei n. 6.899, de 8 de abril de 1981, será calculada multiplicando-se o valor do débito pelo coeficiente obtido mediante a divisão do valor nominal reajustado de uma Obrigação do Tesouro Nacional (OTN) no mês em que se efetivar o pagamento (dividendo) pelo valor da OTN no mês do vencimento do título (divisor), com abandono dos algarismos a partir da quinta casa decimal, inclusive.

Parágrafo único. Nos demais casos, o divisor será o valor da OTN no mês do ajuizamento da ação.

•• Extinção da OTN: Lei n. 7.730, de 31-1-1989.

Art. 2.º A correção monetária das custas a serem reembolsadas à parte vencedora será calculada a partir do mês do respectivo pagamento.

Art. 3.º Nas causas pendentes de julgamento à data da entrada em vigor da Lei n. 6.899/81 e nas ações de execução de títulos de dívida líquida e certa vencidos antes do advento da mesma Lei, mas ajuizadas a partir do início de sua vigência, o cálculo a que se refere o art. 1.º se fará a partir de 9 de abril de 1981.

Art. 4.º Nos débitos para com a Fazenda Pública objeto de cobrança executiva ou decorrentes de decisão judicial, a correção monetária continuará a ser calculada em obediência à legislação especial pertinente.

Art. 5.º Este Decreto entra em vigor na data de sua publicação.

Brasília, 25 de novembro de 1981; 160.º da Independência e 93.º da República.

João Figueiredo

LEI N. 7.115, DE 29 DE AGOSTO DE 1983 (**)

Dispõe sobre prova documental nos casos que indica e dá outras providências.

O Presidente da República:

Faço saber que o Congresso Nacional decreta e eu sanciono a seguinte Lei:

Art. 1.º A declaração destinada a fazer prova de vida, residência, pobreza, dependência econômica, homonímia ou bons antecedentes, quando firmada pelo próprio interessado ou por procurador bastante, e sob as penas da lei, presume-se verdadeira.

Parágrafo único. O disposto neste artigo não se aplica para fins de prova em processo penal.

Art. 2.º Se comprovadamente falsa a declaração, sujeitar-se-á o declarante às sanções civis, administrativas e criminais previstas na legislação aplicável.

(*) Publicado no *DOU*, de 26-11-1981.

(**) Publicada no *DOU*, de 30-8-1983.

Ação Civil Pública

Art. 3.º A declaração mencionará expressamente a responsabilidade do declarante.

Art. 4.º Esta Lei entra em vigor na data de sua publicação.

Art. 5.º Revogam-se as disposições em contrário.

Brasília, em 29 de agosto de 1983; 162.º da Independência e 95.º da República.

João Figueiredo

LEI N. 7.347, DE 24 DE JULHO DE 1985 (*)

Disciplina a ação civil pública de responsabilidade por danos causados ao meio ambiente, ao consumidor, a bens e direitos de valor artístico, estético, histórico, turístico e paisagístico (Vetado) e dá outras providências.

O Presidente da República:

Faço saber que o Congresso Nacional decreta e eu sanciono a seguinte Lei:

Art. 1.º Regem-se pelas disposições desta Lei, sem prejuízo da ação popular, as ações de responsabilidade por danos morais e patrimoniais causados:

•• *Caput* com redação determinada pela Lei n. 12.529, de 30-11-2011.

I – ao meio ambiente;

II – ao consumidor;

III – a bens e direitos de valor artístico, estético, histórico, turístico e paisagístico;

•• A Lei n. 10.257, de 10-7-2001, em seu art. 53, acrescentou novo inciso III a este artigo, renumerando os primitivos incisos III a V. Posteriormente, a Medida Provisória n. 2.180-35, de 24-8-2001, revogou tal determinação, prevalecendo sua redação original.

(*) Publicada no *DOU*, de 25-7-1985.

IV – a qualquer outro interesse difuso ou coletivo;

•• Inciso IV acrescentado pela Lei n. 8.078, de 11-9-1990.

V – por infração da ordem econômica;

•• Inciso V com redação determinada pela Lei n. 12.529, de 30-11-2011.

VI – à ordem urbanística;

•• Inciso VI acrescentado pela Medida Provisória n. 2.180-35, de 24-8-2001.

VII – à honra e à dignidade de grupos raciais, étnicos ou religiosos;

•• Inciso VII acrescentado pela Lei n. 12.966, de 24-4-2014.

VIII – ao patrimônio público e social.

•• Inciso VIII acrescentado pela Lei n. 13.004, de 24-6-2014.

Parágrafo único. Não será cabível ação civil pública para veicular pretensões que envolvam tributos, contribuições previdenciárias, o Fundo de Garantia do Tempo de Serviço – FGTS ou outros fundos de natureza institucional cujos beneficiários podem ser individualmente determinados.

•• Parágrafo único acrescentado pela Medida Provisória n. 2.180-35, de 24-8-2001.

Art. 2.º As ações previstas nesta Lei serão propostas no foro do local onde ocorrer o dano, cujo juízo terá competência funcional para processar e julgar a causa.

Parágrafo único. A propositura da ação prevenirá a jurisdição do juízo para todas as ações posteriormente intentadas que possuam a mesma causa de pedir ou o mesmo objeto.

•• Parágrafo único acrescentado pela Medida Provisória n. 2.180-35, de 24-8-2001.

Art. 3.º A ação civil poderá ter por objeto a condenação em dinheiro ou o cumprimento de obrigação de fazer ou não fazer.

Art. 4.º Poderá ser ajuizada ação cautelar para os fins desta Lei, objetivando, inclusive, evitar dano ao patrimônio público e social, ao meio ambiente, ao consumidor, à honra e à dignidade de grupos raciais, étnicos ou religiosos, à ordem urbanística ou aos bens e direitos

Lei n. 7.347, de 24-7-1985 — Ação Civil Pública

de valor artístico, estético, histórico, turístico e paisagístico.

** Artigo com redação determinada pela Lei n. 13.004, de 24-6-2014.

Art. 5.º Têm legitimidade para propor a ação principal e a ação cautelar:

** *Caput* com redação determinada pela Lei n. 11.448, de 15-1-2007.

I – o Ministério Público;

** Inciso I com redação determinada pela Lei n. 11.448, de 15-1-2007.

II – a Defensoria Pública;

** Inciso II com redação determinada pela Lei n. 11.448, de 15-1-2007.

III – a União, os Estados, o Distrito Federal e os Municípios;

** Inciso III acrescentado pela Lei n. 11.448, de 15-1-2007.

IV – a autarquia, empresa pública, fundação ou sociedade de economia mista;

** Inciso IV acrescentado pela Lei n. 11.448, de 15-1-2007.

V – a associação que, concomitantemente:

** Inciso V, *caput*, acrescentado pela Lei n. 11.448, de 15-1-2007.

a) esteja constituída há pelo menos 1 (um) ano nos termos da lei civil;

** Alínea *a* acrescentada pela Lei n. 11.448, de 15-1-2007.

b) inclua, entre suas finalidades institucionais, a proteção ao patrimônio público e social, ao meio ambiente, ao consumidor, à ordem econômica, à livre concorrência, aos direitos de grupos raciais, étnicos ou religiosos ou ao patrimônio artístico, estético, histórico, turístico e paisagístico.

** Alínea *b* com redação determinada pela Lei n. 13.004, de 24-6-2014.

§ 1.º O Ministério Público, se não intervier no processo como parte, atuará obrigatoriamente como fiscal da lei.

§ 2.º Fica facultado ao Poder Público e a outras associações legitimadas nos termos deste artigo habilitar-se como litisconsortes de qualquer das partes.

§ 3.º Em caso de desistência infundada ou abandono da ação por associação legitimada, o Ministério Público ou outro legitimado assumirá a titularidade ativa.

** § 3.º com redação determinada pela Lei n. 8.078, de 11-9-1990.

§ 4.º O requisito da pré-constituição poderá ser dispensado pelo juiz, quando haja manifesto interesse social evidenciado pela dimensão ou característica do dano, ou pela relevância do bem jurídico a ser protegido.

** § 4.º acrescentado pela Lei n. 8.078, de 11-9-1990.

§ 5.º Admitir-se-á o litisconsórcio facultativo entre os Ministérios Públicos da União, do Distrito Federal e dos Estados na defesa dos interesses e direitos de que cuida esta Lei.

** § 5.º acrescentado pela Lei n. 8.078, de 11-9-1990.

§ 6.º Os órgãos públicos legitimados poderão tomar dos interessados compromisso de ajustamento de sua conduta às exigências legais, mediante cominações, que terá eficácia de título executivo extrajudicial.

** § 6.º acrescentado pela Lei n. 8.078, de 11-9-1990.

Art. 6.º Qualquer pessoa poderá e o servidor público deverá provocar a iniciativa do Ministério Público, ministrando-lhe informações sobre fatos que constituam objeto da ação civil e indicando-lhe os elementos de convicção.

Art. 7.º Se, no exercício de suas funções, os juízes e tribunais tiverem conhecimento de fatos que possam ensejar a propositura da ação civil, remeterão peças ao Ministério Público para as providências cabíveis.

Art. 8.º Para instruir a inicial, o interessado poderá requerer às autoridades competentes as certidões e informações que julgar necessárias, a serem fornecidas no prazo de 15 (quinze) dias.

§ 1.º O Ministério Público poderá instaurar, sob sua presidência, inquérito civil, ou requisitar, de qualquer organismo público ou particular, certidões, informações, exames ou perícias, no prazo que assinalar, o qual não poderá ser inferior a 10 (dez) dias úteis.

Ação Civil Pública

Lei n. 7.347, de 24-7-1985

•• A Resolução n. 87, de 3-8-2006, do Conselho Superior do Ministério Público Federal, regulamenta a instauração e tramitação do inquérito civil.

§ 2.º Somente nos casos em que a lei impuser sigilo, poderá ser negada certidão ou informação, hipótese em que a ação poderá ser proposta desacompanhada daqueles documentos, cabendo ao juiz requisitá-los.

Art. 9.º Se o órgão do Ministério Público, esgotadas todas as diligências, se convencer da inexistência de fundamento para a propositura da ação civil, promoverá o arquivamento dos autos do inquérito civil ou das peças informativas, fazendo-o fundamentadamente.

§ 1.º Os autos do inquérito civil ou das peças de informação arquivadas serão remetidos, sob pena de se incorrer em falta grave, no prazo de 3 (três) dias, ao Conselho Superior do Ministério Público.

§ 2.º Até que, em sessão do Conselho Superior do Ministério Público, seja homologada ou rejeitada a promoção de arquivamento, poderão as associações legitimadas apresentar razões escritas ou documentos, que serão juntados aos autos do inquérito ou anexados às peças de informação.

§ 3.º A promoção de arquivamento será submetida a exame e deliberação do Conselho Superior do Ministério Público, conforme dispuser o seu Regimento.

§ 4.º Deixando o Conselho Superior de homologar a promoção de arquivamento, designará, desde logo, outro órgão do Ministério Público para o ajuizamento da ação.

Art. 10. Constitui crime, punido com pena de reclusão de 1 (um) a 3 (três) anos, mais multa de 10 (dez) a 1.000 (mil) Obrigação do Tesouro Nacional – OTN, a recusa, o retardamento ou a omissão de dados técnicos indispensáveis à propositura da ação civil, quando requisitados pelo Ministério Público.

Art. 11. Na ação que tenha por objeto o cumprimento de obrigação de fazer ou não fazer, o juiz determinará o cumprimento da prestação da atividade devida ou a cessação da atividade nociva, sob pena de execução específica, ou de cominação de multa diária, se esta for suficiente ou compatível, independentemente de requerimento do autor.

Art. 12. Poderá o juiz conceder mandado liminar, com ou sem justificação prévia, em decisão sujeita a agravo.

§ 1.º A requerimento de pessoa jurídica de direito público interessada, e para evitar grave lesão à ordem, à saúde, à segurança e à economia pública, poderá o Presidente do Tribunal a que competir o conhecimento do respectivo recurso suspender a execução da liminar, em decisão fundamentada, da qual caberá agravo para uma das turmas julgadoras, no prazo de 5 (cinco) dias a partir da publicação do ato.

§ 2.º A multa cominada liminarmente só será exigível do réu após o trânsito em julgado da decisão favorável ao autor, mas será devida desde o dia em que se houver configurado o descumprimento.

Art. 13. Havendo condenação em dinheiro, a indenização pelo dano causado reverterá a um fundo gerido por um Conselho Federal ou por Conselhos Estaduais de que participarão necessariamente o Ministério Público e representantes da comunidade, sendo seus recursos destinados à reconstituição dos bens lesados.

§ 1.º Enquanto o fundo não for regulamentado, o dinheiro ficará depositado em estabelecimento oficial de crédito, em conta com correção monetária.

•• Primitivo parágrafo único renumerado pela Lei n. 12.288, de 20-7-2010.

§ 2.º Havendo acordo ou condenação com fundamento em dano causado por ato de discriminação étnica nos termos do disposto no art. 1.º desta Lei, a prestação em dinheiro reverterá diretamente ao fundo de que trata o *caput* e será utilizada para ações de promoção da igualdade étnica, conforme definição do Conselho Nacional de Promoção da Igualdade Racial, na hipótese de extensão nacional, ou dos

Conselhos de Promoção de Igualdade Racial estaduais ou locais, nas hipóteses de danos com extensão regional ou local, respectivamente.

•• § 2.º acrescentado pela Lei n. 12.288, de 20-7-2010.

Art. 14. O juiz poderá conferir efeito suspensivo aos recursos, para evitar dano irreparável à parte.

Art. 15. Decorridos 60 (sessenta) dias do trânsito em julgado da sentença condenatória, sem que a associação autora lhe promova a execução, deverá fazê-lo o Ministério Público, facultada igual iniciativa aos demais legitimados.

•• Artigo com redação determinada pela Lei n. 8.078, de 11-9-1990.

Art. 16. A sentença civil fará coisa julgada *erga omnes*, nos limites da competência territorial do órgão prolator, exceto se o pedido for julgado improcedente por insuficiência de provas, hipótese em que qualquer legitimado poderá intentar outra ação com idêntico fundamento, valendo-se de nova prova.

•• Artigo com redação determinada pela Lei n. 9.494, de 10-9-1997.

Art. 17. Em caso de litigância de má-fé, a associação autora e os diretores responsáveis pela propositura da ação serão solidariamente condenados em honorários advocatícios e ao décuplo das custas, sem prejuízo da responsabilidade por perdas e danos.

•• Artigo com redação determinada pela Lei n. 8.078, de 11-9-1990.

Art. 18. Nas ações de que trata esta Lei, não haverá adiantamento de custas, emolumentos, honorários periciais e quaisquer outras despesas, nem condenação da associação autora, salvo comprovada má-fé, em honorários de advogado, custas e despesas processuais.

•• Artigo com redação determinada pela Lei n. 8.078, de 11-9-1990.

Art. 19. Aplica-se à ação civil pública, prevista nesta Lei, o Código de Processo Civil, aprovado pela Lei n. 5.869, de 11 de janeiro de 1973, naquilo em que não contrarie suas disposições.

Art. 20. O fundo de que trata o art. 13 desta Lei será regulamentado pelo Poder Executivo no prazo de 90 (noventa) dias.

Art. 21. Aplicam-se à defesa dos direitos e interesses difusos, coletivos e individuais, no que for cabível, os dispositivos do Título III da Lei que instituiu o Código de Defesa do Consumidor.

•• Artigo acrescentado pela Lei n. 8.078, de 11-9-1990.

Art. 22. Esta Lei entra em vigor na data de sua publicação.

•• Artigo renumerado pela Lei n. 8.078, de 11-9-1990.

Art. 23. Revogam-se as disposições em contrário.

•• Artigo renumerado pela Lei n. 8.078, de 11-9-1990.

Brasília, em 24 de julho de 1985; 164.º da Independência e 97.º da República.

JOSÉ SARNEY

LEI N. 7.913, DE 7 DE DEZEMBRO DE 1989 (*)

Dispõe sobre a ação civil pública de responsabilidade por danos causados aos investidores no mercado de valores mobiliários.

O Presidente da República:

Faço saber que o Congresso Nacional decreta e eu sanciono a seguinte Lei:

Art. 1.º Sem prejuízo da ação de indenização do prejudicado, o Ministério Público, de ofício ou por solicitação da Comissão de Valores Mobiliários – CVM, adotará as medidas judiciais necessárias para evitar prejuízos ou obter ressarcimento de danos causados aos titulares de valores mobiliários e aos investidores do mercado, especialmente quando decorrerem de:

(*) Publicada no *DOU*, de 11 e republicada em 12-12-1989.

Bem de Família

I – operação fraudulenta, prática não equitativa, manipulação de preços ou criação de condições artificiais de procura, oferta ou preço de valores mobiliários;

II – compra ou venda de valores mobiliários, por parte dos administradores e acionistas controladores de companhia aberta, utilizando-se de informação relevante, ainda não divulgada para conhecimento do mercado ou a mesma operação realizada por quem a detenha em razão de sua profissão ou função, ou por quem quer que a tenha obtido por intermédio dessas pessoas;

III – omissão de informação relevante por parte de quem estava obrigado a divulgá-la, bem como sua prestação de forma incompleta, falsa ou tendenciosa.

Art. 2.º As importâncias decorrentes da condenação, na ação de que trata esta Lei, reverterão aos investidores lesados, na proporção de seu prejuízo.

§ 1.º As importâncias a que se refere este artigo ficarão depositadas em conta remunerada, à disposição do juízo, até que o investidor, convocado mediante edital, habilite-se ao recebimento da parcela que lhe couber.

§ 2.º Deixará do direito à habilitação o investidor que não o exercer no prazo de 2 (dois) anos, contado da data da publicação do edital a que alude o parágrafo anterior, devendo a quantia correspondente ser recolhida ao Fundo a que se refere o art. 13 da Lei n. 7.347, de 24 de julho de 1985.

•• § 2.º com redação determinada pela Lei n. 9.008, de 21-3-1995.

Art. 3.º À ação de que trata esta Lei aplica-se, no que couber, o disposto na Lei n. 7.347, de 24 de julho de 1985.

Art. 4.º Esta Lei entra em vigor na data de sua publicação.

Art. 5.º Revogam-se as disposições em contrário.

Brasília, em 7 de dezembro de 1989; 168.º da Independência e 101.º da República.

José Sarney

LEI N. 8.009, DE 29 DE MARÇO DE 1990 (*)

Dispõe sobre a impenhorabilidade do bem de família.

Faço saber que o Presidente da República adotou a Medida Provisória n. 143, de 1990, que o Congresso Nacional aprovou, e eu, Nelson Carneiro, Presidente do Senado Federal, para os efeitos do disposto no parágrafo único do art. 62 da Constituição Federal, promulgo a seguinte lei:

Art. 1.º O imóvel residencial próprio do casal, ou da entidade familiar, é impenhorável e não responderá por qualquer tipo de dívida civil, comercial, fiscal, previdenciária ou de outra natureza, contraída pelos cônjuges ou pelos pais ou filhos que sejam seus proprietários e nele residam, salvo nas hipóteses previstas nesta Lei.

•• *Vide* Súmulas 364 e 449 do STJ.

Parágrafo único. A impenhorabilidade compreende o imóvel sobre o qual se assentam a construção, as plantações, as benfeitorias de qualquer natureza e todos os equipamentos, inclusive os de uso profissional, ou móveis que guarneçam a casa, desde que quitados.

Art. 2.º Excluem-se da impenhorabilidade os veículos de transporte, obras de arte e adornos suntuosos.

Parágrafo único. No caso de imóvel locado, a impenhorabilidade aplica-se aos bens móveis quitados que guarneçam a residência e que sejam de propriedade do locatário, observado o disposto neste artigo.

Art. 3.º A impenhorabilidade é oponível em qualquer processo de execução civil, fiscal, previdenciária, trabalhista ou de outra natureza, salvo se movido:

(*) Publicada no *DOU*, de 30-3-1990.

Lei n. 8.038, de 28-5-1990

I – (*Revogado pela Lei Complementar n. 150, de 1.º-6-2015.*)

II – pelo titular do crédito decorrente do financiamento destinado à construção ou à aquisição do imóvel, no limite dos créditos e acréscimos constituídos em função do respectivo contrato;

III – pelo credor da pensão alimentícia, resguardados os direitos, sobre o bem, do seu coproprietário que, com o devedor, integre união estável ou conjugal, observadas as hipóteses em que ambos responderão pela dívida;

•• Inciso III com redação determinada pela Lei n. 13.144, de 6-7-2015.

IV – para cobrança de impostos, predial ou territorial, taxas e contribuições devidas em função do imóvel familiar;

V – para execução de hipoteca sobre o imóvel oferecido como garantia real pelo casal ou pela entidade familiar;

VI – por ter sido adquirido com produto de crime ou para execução de sentença penal condenatória a ressarcimento, indenização ou perdimento de bens;

VII – por obrigação decorrente de fiança concedida em contrato de locação.

•• Inciso VII acrescentado pela Lei n. 8.245, de 18-10-1991.

•• *Vide* Súmula 549 do STJ.

Art. 4.º Não se beneficiará do disposto nesta Lei aquele que, sabendo-se insolvente, adquire de má-fé imóvel mais valioso para transferir a residência familiar, desfazendo-se ou não da moradia antiga.

§ 1.º Neste caso poderá o juiz, na respectiva ação do credor, transferir a impenhorabilidade para a moradia familiar anterior, ou anular-lhe a venda, liberando a mais valiosa para execução ou concurso, conforme a hipótese.

§ 2.º Quando a residência familiar constituir-se em imóvel rural, a impenhorabilidade restringir-se-á à sede de moradia, com os respectivos bens móveis, e, nos casos do art. 5.º, inciso XXVI, da Constituição, à área limitada como pequena propriedade rural.

Art. 5.º Para os efeitos de impenhorabilidade, de que trata esta Lei, considera-se residência um único imóvel utilizado pelo casal ou pela entidade familiar para moradia permanente.

Parágrafo único. Na hipótese de o casal, ou entidade familiar, ser possuidor de vários imóveis utilizados como residência, a impenhorabilidade recairá sobre o de menor valor, salvo se outro tiver sido registrado, para esse fim, no Registro de Imóveis e na forma do art. 70 do Código Civil.

•• O art. 70 do CC de 1916 corresponde aos arts. 1.711, *caput*, 1.715, *caput*, e 1.716 do CC (Lei n. 10.406, de 10-1-2002).

Art. 6.º São canceladas as execuções suspensas pela Medida Provisória n. 143, de 8 de março de 1990, que deu origem a esta Lei.

Art. 7.º Esta Lei entra em vigor na data de sua publicação.

Art. 8.º Revogam-se as disposições em contrário.

Senado Federal, em 29 de março de 1990; 169.º da Independência e 102.º da República.

Nelson Carneiro

LEI N. 8.038, DE 28 DE MAIO DE 1990 (*)

Institui normas procedimentais para os processos que especifica, perante o STJ e o Supremo Tribunal Federal.

O Presidente da República:

Faço saber que o Congresso Nacional decreta e eu sanciono a seguinte Lei:

TÍTULO I
PROCESSOS DE COMPETÊNCIA ORIGINÁRIA

(*) Publicada no *DOU*, de 29-5-1990.

Capítulo I
AÇÃO PENAL ORIGINÁRIA

Art. 1.º Nos crimes de ação penal pública, o Ministério Público terá o prazo de 15 (quinze) dias para oferecer denúncia ou pedir arquivamento do inquérito ou das peças informativas.

§ 1.º Diligências complementares poderão ser deferidas pelo relator, com interrupção do prazo deste artigo.

§ 2.º Se o indiciado estiver preso:

a) o prazo para oferecimento da denúncia será de 5 (cinco) dias;

b) as diligências complementares não interromperão o prazo, salvo se o relator, ao deferi-las, determinar o relaxamento da prisão.

Art. 2.º O relator, escolhido na forma regimental, será o juiz da instrução, que se realizará segundo o disposto neste capítulo, no Código de Processo Penal, no que for aplicável, e no Regimento Interno do Tribunal.

Parágrafo único. O relator terá as atribuições que a legislação processual confere aos juízes singulares.

Art. 3.º Compete ao relator:

I – determinar o arquivamento do inquérito ou de peças informativas, quando o requerer o Ministério Público, ou submeter o requerimento à decisão competente do Tribunal;

II – decretar a extinção da punibilidade, nos casos previstos em lei;

III – convocar desembargadores de Turmas Criminais dos Tribunais de Justiça ou dos Tribunais Regionais Federais, bem como juízes de varas criminais da Justiça dos Estados e da Justiça Federal, pelo prazo de 6 (seis) meses, prorrogável por igual período, até o máximo de 2 (dois) anos, para a realização do interrogatório e de outros atos da instrução, na sede do tribunal ou no local onde se deva produzir o ato.

•• Inciso III acrescentado pela Lei n. 12.019, de 21-8-2009.

•• A Emenda Regimental n. 36, de 2-12-2009, regulamenta a aplicação no âmbito do STF, do disposto neste inciso.

•• A Resolução n. 3, de 21-2-2014, do STJ, regulamenta a aplicação do disposto neste inciso no âmbito do Superior Tribunal de Justiça.

Art. 4.º Apresentada a denúncia ou a queixa ao Tribunal, far-se-á a notificação do acusado para oferecer resposta no prazo de 15 (quinze) dias.

§ 1.º Com a notificação, serão entregues ao acusado cópia da denúncia ou da queixa, do despacho do relator e dos documentos por este indicados.

§ 2.º Se desconhecido o paradeiro do acusado, ou se este criar dificuldades para que o oficial cumpra a diligência, proceder-se-á a sua notificação por edital, contendo o teor resumido da acusação, para que compareça ao Tribunal, em 5 (cinco) dias, onde terá vista dos autos pelo prazo de 15 (quinze) dias, a fim de apresentar a resposta prevista neste artigo.

Art. 5.º Se, com a resposta, forem apresentados novos documentos, será intimada a parte contrária para sobre eles se manifestar, no prazo de 5 (cinco) dias.

Parágrafo único. Na ação penal de iniciativa privada, será ouvido, em igual prazo, o Ministério Público.

Art. 6.º A seguir, o relator pedirá dia para que o Tribunal delibere sobre o recebimento, a rejeição da denúncia ou da queixa, ou a improcedência da acusação, se a decisão não depender de outras provas.

§ 1.º No julgamento de que trata este artigo, será facultada sustentação oral pelo prazo de 15 (quinze) minutos, primeiro à acusação, depois à defesa.

§ 2.º Encerrados os debates, o Tribunal passará a deliberar, determinando o Presidente as pessoas que poderão permanecer no recinto, observado o disposto no inciso II do art. 12 desta Lei.

Art. 7.º Recebida a denúncia ou a queixa, o relator designará dia e hora para o interrogatório, mandando citar o acusado ou querelado e intimar o órgão do Ministério Público, bem como o querelante ou o assistente, se for o caso.

Art. 8.º O prazo para defesa prévia será de 5 (cinco) dias, contado do interrogatório ou da intimação do defensor dativo.

Art. 9.º A instrução obedecerá, no que couber, ao procedimento comum do Código de Processo Penal.

§ 1.º O relator poderá delegar a realização do interrogatório ou de outro ato da instrução ao juiz ou membro de tribunal com competência territorial no local de cumprimento da carta de ordem.

§ 2.º Por expressa determinação do relator, as intimações poderão ser feitas por carta registrada com aviso de recebimento.

Art. 10. Concluída a inquirição de testemunhas, serão intimadas a acusação e a defesa, para requerimento de diligências no prazo de 5 (cinco) dias.

Art. 11. Realizadas as diligências, ou não sendo estas requeridas nem determinadas pelo relator, serão intimadas a acusação e a defesa para, sucessivamente, apresentarem, no prazo de 15 (quinze) dias, alegações escritas.

§ 1.º Será comum o prazo do acusador e do assistente, bem como o dos corréus.

§ 2.º Na ação penal de iniciativa privada, o Ministério Público terá vista, por igual prazo, após as alegações das partes.

§ 3.º O relator poderá, após as alegações escritas, determinar de ofício a realização de provas reputadas imprescindíveis para o julgamento da causa.

Art. 12. Finda a instrução, o Tribunal procederá ao julgamento, na forma determinada pelo regimento interno, observando-se o seguinte:

I – a acusação e a defesa terão, sucessivamente, nessa ordem, prazo de uma hora para sustentação oral, assegurado ao assistente um quarto do tempo da acusação;

II – encerrados os debates, o Tribunal passará a proferir o julgamento, podendo o Presidente limitar a presença no recinto às partes e seus advogados, ou somente a estes, se o interesse público exigir.

Capítulo II
RECLAMAÇÃO

Arts. 13 a 18. (*Revogados pela Lei n. 13.105, de 16-3-2015.*)

Capítulo III
INTERVENÇÃO FEDERAL

Art. 19. A requisição de intervenção federal prevista nos incisos II e IV do art. 36 da Constituição Federal será promovida:

I – de ofício, ou mediante pedido de Presidente de Tribunal de Justiça do Estado, ou de Presidente de Tribunal Federal, quando se tratar de prover a execução de ordem ou decisão judicial, com ressalva, conforme a matéria, da competência do Supremo Tribunal Federal ou do Tribunal Superior Eleitoral;

II – de ofício, ou mediante pedido da parte interessada, quando se tratar de prover a execução de ordem ou decisão do Superior Tribunal de Justiça;

III – mediante representação do Procurador-Geral da República, quando se tratar de prover a execução de lei federal.

Art. 20. O Presidente, ao receber o pedido:

I – tomará as providências que lhe parecerem adequadas para remover, administrativamente, a causa do pedido;

II – mandará arquivá-lo, se for manifestamente infundado, cabendo do seu despacho agravo regimental.

Art. 21. Realizada a gestão prevista no inciso I do artigo anterior, solicitadas informações à autoridade estadual e ouvido o Procurador-Geral, o pedido será distribuído a um relator.

Parágrafo único. Tendo em vista o interesse público, poderá ser permitida a presença no recinto às partes e seus advogados, ou somente a estes.

Art. 22. Julgado procedente o pedido, o Presidente do Superior Tribunal de Justiça comunicará, imediatamente, a decisão aos órgãos do poder público interessados e requisitará a intervenção ao Presidente da República.

Capítulo IV
HABEAS CORPUS

Art. 23. Aplicam-se ao *Habeas Corpus* perante o Superior Tribunal de Justiça as normas do Livro III, Título II, Capítulo X, do Código de Processo Penal.

Capítulo V
OUTROS PROCEDIMENTOS

Art. 24. Na ação rescisória, nos conflitos de competência, de jurisdição e de atribuições, na revisão criminal e no mandado de segurança, será aplicada a legislação processual em vigor.

Parágrafo único. No mandado de injunção e no *habeas data*, serão observadas, no que couber, as normas do mandado de segurança, enquanto não editada legislação específica.

•• *Vide* Lei n. 13.300, de 23-6-2016, que disciplina o processo e o julgamento dos mandados de injunção individual e coletivo.

Art. 25. Salvo quando a causa tiver por fundamento matéria constitucional, compete ao Presidente do Superior Tribunal de Justiça, a requerimento do Procurador-Geral da República ou da pessoa jurídica de direito público interessada, e para evitar grave lesão à ordem, à saúde, à segurança e à economia pública, suspender, em despacho fundamentado, a execução de liminar ou de decisão concessiva de mandado de segurança, proferida, em única ou última instância, pelos tribunais regionais federais ou pelos Tribunais dos Estados e do Distrito Federal.

§ 1.º O Presidente pode ouvir o impetrante, em 5 (cinco) dias, e o Procurador-Geral quando não for o requerente, em igual prazo.

§ 2.º Do despacho que conceder a suspensão caberá agravo regimental.

§ 3.º A suspensão de segurança vigorará enquanto pender o recurso, ficando sem efeito, se a decisão concessiva for mantida pelo Superior Tribunal de Justiça ou transitar em julgado.

Título II
RECURSOS

Capítulo I
RECURSO EXTRAORDINÁRIO E RECURSO ESPECIAL

Arts. 26 a 29. (*Revogados pela Lei n. 13.105, de 16-3-2015.*)

Capítulo II
RECURSO ORDINÁRIO EM HABEAS CORPUS

Art. 30. O recurso ordinário para o Superior Tribunal de Justiça, das decisões denegatórias de *Habeas Corpus*, proferidas pelos tribunais regionais federais ou pelos Tribunais dos Estados e do Distrito Federal, será interposto no prazo de 5 (cinco) dias, com as razões do pedido de reforma.

Art. 31. Distribuído o recurso, a Secretaria, imediatamente, fará os autos com vista ao Ministério Público, pelo prazo de 2 (dois) dias.

Parágrafo único. Conclusos os autos ao relator, este submeterá o feito a julgamento independentemente de pauta.

Art. 32. Será aplicado, no que couber, ao processo e julgamento do recurso, o disposto com relação ao pedido originário de *Habeas Corpus*.

Capítulo III
RECURSO ORDINÁRIO EM MANDADO DE SEGURANÇA

Art. 33. O recurso ordinário para o Superior Tribunal de Justiça, das decisões denegatórias de mandado de segurança, proferidas em única instância pelos tribunais regionais federais ou pelos Tribunais de Estados e do Distrito Federal, será interposto no prazo de 15 (quinze) dias, com as razões do pedido de reforma.

Art. 34. Serão aplicadas, quanto aos requisitos de admissibilidade e ao procedimento no Tribunal recorrido, as regras do Código de Processo Civil relativas à apelação.

Art. 35. Distribuído o recurso, a Secretaria, imediatamente, fará os autos com vista ao Ministério Público, pelo prazo de 5 (cinco) dias.

Parágrafo único. Conclusos os autos ao relator, este pedirá dia para julgamento.

Capítulo IV
APELAÇÃO CÍVEL E AGRAVO DE INSTRUMENTO

Art. 36. Nas causas em que forem partes, de um lado, Estado estrangeiro ou organismo internacional e, de outro, município ou pessoa domiciliada ou residente no País, caberá:

I – apelação da sentença;

II – agravo de instrumento, das decisões interlocutórias.

Art. 37. Os recursos mencionados no artigo anterior serão interpostos para o Superior Tribunal de Justiça, aplicando-se-lhes, quanto aos requisitos de admissibilidade ao procedimento, o disposto no Código de Processo Civil.

Título III
DISPOSIÇÕES GERAIS

Art. 38. (*Revogado pela Lei n. 13.105, de 16-3-2015.*)

Art. 39. Da decisão do Presidente do Tribunal, de Seção, de Turma ou de Relator que causar gravame à parte, caberá agravo para o órgão especial, Seção ou Turma, conforme o caso, no prazo de 5 (cinco) dias.

Art. 40. Haverá revisão, no Superior Tribunal de Justiça, nos seguintes processos:

I – ação rescisória;

II – ação penal originária;

III – revisão criminal.

Art. 41. Em caso de vaga ou afastamento de Ministro do Superior Tribunal de Justiça, por prazo superior a 30 (trinta) dias, poderá ser convocado Juiz de Tribunal Federal de Recursos ou Desembargador, para substituição, pelo voto da maioria absoluta dos seus membros.

Art. 41-A. A decisão de Turma, no Superior Tribunal de Justiça, será tomada pelo voto da maioria absoluta de seus membros.

•• *Caput* acrescentado pela Lei n. 9.756, de 17-12-1998.

Parágrafo único. Em *habeas corpus* originário ou recursal, havendo empate, prevalecerá a decisão mais favorável ao paciente.

•• Parágrafo único acrescentado pela Lei n. 9.756, de 17-12-1998.

Art. 41-B. As despesas do porte de remessa e retorno dos autos serão recolhidas mediante documento de arrecadação, de conformidade com instruções e tabela expedidas pelo Supremo Tribunal Federal e pelo Superior Tribunal de Justiça.

•• *Caput* acrescentado pela Lei n. 9.756, de 17-12-1998.

Parágrafo único. A secretaria do tribunal local zelará pelo recolhimento das despesas postais.

•• Parágrafo único acrescentado pela Lei n. 9.756, de 17-12-1998.

Art. 42. Os arts. 496, 497, 498, inciso II do art. 500, e 508 da Lei n. 5.869, de 11 de janeiro de 1973 – Código de Processo Civil, passam a vigorar com a seguinte redação:

•• Alterações já processadas no texto da referida Lei. Algumas alterações aqui determinadas ficaram prejudicadas por posterior modificação.

Art. 43. Esta Lei entra em vigor na data de sua publicação.

Art. 44. Revogam-se as disposições em contrário, especialmente os arts. 541 a 546 do Código de Processo Civil e a Lei n. 3.396, de 2 de junho de 1958.

Brasília, em 28 de maio de 1990; 169.º da Independência e 102.º da República.

Fernando Collor

LEI N. 8.069, DE 13 DE JULHO DE 1990 (*)

Dispõe sobre o Estatuto da Criança e do Adolescente, e dá outras providências.

O Presidente da República

Faço saber que o Congresso Nacional decreta e eu sanciono a seguinte Lei:

Livro I
PARTE GERAL

Título I
DAS DISPOSIÇÕES PRELIMINARES

Art. 1.º Esta Lei dispõe sobre a proteção integral à criança e ao adolescente.

Art. 2.º Considera-se criança, para os efeitos desta Lei, a pessoa até 12 (doze) anos de idade incompletos, e adolescente aquela entre 12 (doze) e 18 (dezoito) anos de idade.

Parágrafo único. Nos casos expressos em lei, aplica-se excepcionalmente este Estatuto às pessoas entre 18 (dezoito) e 21 (vinte e um) anos de idade.

Art. 3.º A criança e o adolescente gozam de todos os direitos fundamentais inerentes à pessoa humana, sem prejuízo da proteção integral de que trata esta Lei, assegurando-se-lhes, por lei ou por outros meios, todas as oportunidades e facilidades, a fim de lhes facultar o desenvolvimento físico, mental, moral, espiritual e social, em condições de liberdade e de dignidade.

Parágrafo único. Os direitos enunciados nesta Lei aplicam-se a todas as crianças e adolescentes, sem discriminação de nascimento, situação familiar, idade, sexo, raça, etnia ou cor, religião ou crença, deficiência, condição pessoal de desenvolvimento e aprendizagem, condição econômica, ambiente social, região e local de moradia ou outra condição que diferencie as pessoas, as famílias ou a comunidade em que vivem.

•• Parágrafo único acrescentado pela Lei n. 13.257, de 8-3-2016.

Art. 4.º É dever da família, da comunidade, da sociedade em geral e do Poder Público assegurar, com absoluta prioridade, a efetivação dos direitos referentes à vida, à saúde, à alimentação, à educação, ao esporte, ao lazer, à profissionalização, à cultura, à dignidade, ao respeito, à liberdade e à convivência familiar e comunitária.

Parágrafo único. A garantia de prioridade compreende:

a) primazia de receber proteção e socorro em quaisquer circunstâncias;

b) precedência de atendimento nos serviços públicos ou de relevância pública;

c) preferência na formulação e na execução das políticas sociais públicas;

d) destinação privilegiada de recursos públicos nas áreas relacionadas com a proteção à infância e à juventude.

Art. 5.º Nenhuma criança ou adolescente será objeto de qualquer forma de negligência, discriminação, exploração, violência, crueldade e opressão, punido na forma da lei qualquer atentado, por ação ou omissão, aos seus direitos fundamentais.

Art. 6.º Na interpretação desta Lei levar-se-ão em conta os fins sociais a que ela se dirige, as exigências do bem comum, os direitos e deveres individuais e coletivos, e a condição peculiar da criança e do adolescente como pessoas em desenvolvimento.

(*) Publicada no *DOU*, de 16-7-1990, e retificada em 27-9-1990. A Lei n. 12.010, de 3-8-2009, em seu art. 3.º, determinou a substituição da expressão "pátrio poder", constante no ECA, por "poder familiar".

Título II
DOS DIREITOS FUNDAMENTAIS

Capítulo I
DO DIREITO À VIDA E À SAÚDE

Art. 7.º A criança e o adolescente têm direito a proteção à vida e à saúde, mediante a efetivação de políticas sociais públicas que permitam o nascimento e o desenvolvimento sadio e harmonioso, em condições dignas de existência.

Art. 8.º É assegurado a todas as mulheres o acesso aos programas e às políticas de saúde da mulher e de planejamento reprodutivo e, às gestantes, nutrição adequada, atenção humanizada à gravidez, ao parto e ao puerpério e atendimento pré-natal, perinatal e pós-natal integral no âmbito do Sistema Único de Saúde.

•• *Caput* com redação determinada pela Lei n. 13.257, de 8-3-2016.

§ 1.º O atendimento pré-natal será realizado por profissionais da atenção primária.

•• § 1.º com redação determinada pela Lei n. 13.257, de 8-3-2016.

§ 2.º Os profissionais de saúde de referência da gestante garantirão sua vinculação, no último trimestre da gestação, ao estabelecimento em que será realizado o parto, garantido o direito de opção da mulher.

•• § 2.º com redação determinada pela Lei n. 13.257, de 8-3-2016.

§ 3.º Os serviços de saúde onde o parto for realizado assegurarão às mulheres e aos seus filhos recém-nascidos alta hospitalar responsável e contrarreferência na atenção primária, bem como o acesso a outros serviços e a grupos de apoio à amamentação.

•• § 3.º com redação determinada pela Lei n. 13.257, de 8-3-2016.

§ 4.º Incumbe ao Poder Público proporcionar assistência psicológica à gestante e à mãe, no período pré e pós-natal, inclusive como forma de prevenir ou minorar as consequências do estado puerperal.

•• § 4.º acrescentado pela Lei n. 12.010, de 3-8-2009.

§ 5.º A assistência referida no § 4.º deste artigo deverá ser prestada também a gestantes e mães que manifestem interesse em entregar seus filhos para adoção, bem como a gestantes e mães que se encontrem em situação de privação de liberdade.

•• § 5.º com redação determinada pela Lei n. 13.257, de 8-3-2016.

§ 6.º A gestante e a parturiente têm direito a 1 (um) acompanhante de sua preferência durante o período do pré-natal, do trabalho de parto e do pós-parto imediato.

•• § 6.º acrescentado pela Lei n. 13.257, de 8-3-2016.

§ 7.º A gestante deverá receber orientação sobre aleitamento materno, alimentação complementar saudável e crescimento e desenvolvimento infantil, bem como sobre formas de favorecer a criação de vínculos afetivos e de estimular o desenvolvimento integral da criança.

•• § 7.º acrescentado pela Lei n. 13.257, de 8-3-2016.

§ 8.º A gestante tem direito a acompanhamento saudável durante toda a gestação e a parto natural cuidadoso, estabelecendo-se a aplicação de cesariana e outras intervenções cirúrgicas por motivos médicos.

•• § 8.º acrescentado pela Lei n. 13.257, de 8-3-2016.

§ 9.º A atenção primária à saúde fará a busca ativa da gestante que não iniciar ou que abandonar as consultas de pré-natal, bem como da puérpera que não comparecer às consultas pós-parto.

•• § 9.º acrescentado pela Lei n. 13.257, de 8-3-2016.

§ 10. Incumbe ao poder público garantir, à gestante e à mulher com filho na primeira infância que se encontrem sob custódia em unidade de privação de liberdade, ambiência que atenda às normas sanitárias e assistenciais do Sistema Único de Saúde para o acolhimento do filho, em articulação com o sistema de ensino competente, visando ao desenvolvimento integral da criança.

•• § 10 acrescentado pela Lei n. 13.257, de 8-3-2016.

Art. 9.º O Poder Público, as instituições e os empregadores propiciarão condições ade-

Estatuto da Criança e do Adolescente — Lei n. 8.069, de 13-7-1990

quadas ao aleitamento materno, inclusive aos filhos de mães submetidas a medida privativa de liberdade.

§ 1.º Os profissionais das unidades primárias de saúde desenvolverão ações sistemáticas, individuais ou coletivas, visando ao planejamento, à implementação e à avaliação de ações de promoção, proteção e apoio ao aleitamento materno e à alimentação complementar saudável, de forma contínua.

•• § 1.º acrescentado pela Lei n. 13.257, de 8-3-2016.

§ 2.º Os serviços de unidades de terapia intensiva neonatal deverão dispor de banco de leite humano ou unidade de coleta de leite humano.

•• § 2.º acrescentado pela Lei n. 13.257, de 8-3-2016.

Art. 10. Os hospitais e demais estabelecimentos de atenção à saúde de gestantes, públicos e particulares, são obrigados a:

I – manter registro das atividades desenvolvidas, através de prontuários individuais, pelo prazo de dezoito anos;

II – identificar o recém-nascido mediante o registro de sua impressão plantar e digital e da impressão digital da mãe, sem prejuízo de outras formas normatizadas pela autoridade administrativa competente;

III – proceder a exames visando ao diagnóstico e terapêutica de anormalidades no metabolismo do recém-nascido, bem como prestar orientação aos pais;

IV – fornecer declaração de nascimento onde constem necessariamente as intercorrências do parto e do desenvolvimento do neonato;

V – manter alojamento conjunto, possibilitando ao neonato a permanência junto à mãe.

Art. 11. É assegurado acesso integral às linhas de cuidado voltadas à saúde da criança e do adolescente, por intermédio do Sistema Único de Saúde, observado o princípio da equidade no acesso a ações e serviços para promoção, proteção e recuperação da saúde.

•• *Caput* com redação determinada pela Lei n. 13.257, de 8-3-2016.

§ 1.º A criança e o adolescente com deficiência serão atendidos, sem discriminação ou segregação, em suas necessidades gerais de saúde e específicas de habilitação e reabilitação.

•• § 1.º com redação determinada pela Lei n. 13.257, de 8-3-2016.

§ 2.º Incumbe ao poder público fornecer gratuitamente, àqueles que necessitarem, medicamentos, órteses, próteses e outras tecnologias assistivas relativas ao tratamento, habilitação ou reabilitação para crianças e adolescentes, de acordo com as linhas de cuidado voltadas às suas necessidades específicas.

•• § 2.º com redação determinada pela Lei n. 13.257, de 8-3-2016.

§ 3.º Os profissionais que atuam no cuidado diário ou frequente de crianças na primeira infância receberão formação específica e permanente para a detecção de sinais de risco para o desenvolvimento psíquico, bem como para o acompanhamento que se fizer necessário.

•• § 3.º acrescentado pela Lei n. 13.257, de 8-3-2016.

Art. 12. Os estabelecimentos de atendimento à saúde, inclusive as unidades neonatais, de terapia intensiva e de cuidados intermediários, deverão proporcionar condições para a permanência em tempo integral de um dos pais ou responsável, nos casos de internação de criança ou adolescente.

•• Artigo com redação determinada pela Lei n. 13.257, de 8-3-2016.

Art. 13. Os casos de suspeita ou confirmação de castigo físico, de tratamento cruel ou degradante e de maus-tratos contra criança ou adolescente serão obrigatoriamente comunicados ao Conselho Tutelar da respectiva localidade, sem prejuízo de outras providências legais.

•• *Caput* com redação determinada pela Lei n. 13.010, de 26-6-2014.

§ 1.º As gestantes ou mães que manifestem interesse em entregar seus filhos para adoção serão obrigatoriamente encaminhadas, sem

Lei n. 8.069, de 13-7-1990

constrangimento, à Justiça da Infância e da Juventude.

•• § 1.º renumerado pela Lei n. 13.257, de 8-3-2016.

§ 2.º Os serviços de saúde em suas diferentes portas de entrada, os serviços de assistência social em seu componente especializado, o Centro de Referência Especializado de Assistência Social (Creas) e os demais órgãos do Sistema de Garantia de Direitos da Criança e do Adolescente deverão conferir máxima prioridade ao atendimento das crianças na faixa etária da primeira infância com suspeita ou confirmação de violência de qualquer natureza, formulando projeto terapêutico singular que inclua intervenção em rede e, se necessário, acompanhamento domiciliar.

•• § 2.º acrescentado pela Lei n. 13.257, de 8-3-2016.

Art. 14. O Sistema Único de Saúde promoverá programas de assistência médica e odontológica para a prevenção das enfermidades que ordinariamente afetam a população infantil, e campanhas de educação sanitária para pais, educadores e alunos.

§ 1.º É obrigatória a vacinação das crianças nos casos recomendados pelas autoridades sanitárias.

•• § 1.º renumerado pela Lei n. 13.257, de 8-3-2016.

§ 2.º O Sistema Único de Saúde promoverá a atenção à saúde bucal das crianças e das gestantes, de forma transversal, integral e intersetorial com as demais linhas de cuidado direcionadas à mulher e à criança.

•• § 2.º acrescentado pela Lei n. 13.257, de 8-3-2016.

§ 3.º A atenção odontológica à criança terá função educativa protetiva e será prestada, inicialmente, antes de o bebê nascer, por meio de aconselhamento pré-natal, e, posteriormente, no sexto e no décimo segundo anos de vida, com orientações sobre saúde bucal.

•• § 3.º acrescentado pela Lei n. 13.257, de 8-3-2016.

§ 4.º A criança com necessidade de cuidados odontológicos especiais será atendida pelo Sistema Único de Saúde.

•• § 4.º acrescentado pela Lei n. 13.257, de 8-3-2016.

Capítulo II
DO DIREITO À LIBERDADE, AO RESPEITO E À DIGNIDADE

Art. 15. A criança e o adolescente têm direito à liberdade, ao respeito e à dignidade como pessoas humanas em processo de desenvolvimento e como sujeitos de direitos civis, humanos e sociais garantidos na Constituição e nas leis.

Art. 16. O direito à liberdade compreende os seguintes aspectos:

I – ir, vir e estar nos logradouros públicos e espaços comunitários, ressalvadas as restrições legais;

II – opinião e expressão;

III – crença e culto religioso;

IV – brincar, praticar esportes e divertir-se;

V – participar da vida familiar e comunitária, sem discriminação;

VI – participar da vida política, na forma da lei;

VII – buscar refúgio, auxílio e orientação.

Art. 17. O direito ao respeito consiste na inviolabilidade da integridade física, psíquica e moral da criança e do adolescente, abrangendo a preservação da imagem, da identidade, da autonomia, dos valores, ideias e crenças, dos espaços e objetos pessoais.

Art. 18. É dever de todos velar pela dignidade da criança e do adolescente, pondo-os a salvo de qualquer tratamento desumano, violento, aterrorizante, vexatório ou constrangedor.

•• A Lei n. 13.185, de 6-11-2015, institui o Programa de Combate à Intimidação Sistemática (*Bullying*).

Art. 18-A. A criança e o adolescente têm o direito de ser educados e cuidados sem o uso de castigo físico ou de tratamento cruel ou degradante, como formas de correção, disciplina, educação ou qualquer outro pretexto, pelos pais, pelos integrantes da família ampliada, pelos responsáveis, pelos agentes públicos executores de medidas socioeducativas ou por qualquer pessoa encarregada de cuidar deles, tratá-los, educá-los ou protegê-los.

•• *Caput* acrescentado pela Lei n. 13.010, de 26-6-2014.

Parágrafo único. Para os fins desta Lei, considera-se:

•• Parágrafo único, *caput*, acrescentado pela Lei n. 13.010, de 26-6-2014.

I – castigo físico: ação de natureza disciplinar ou punitiva aplicada com o uso da força física sobre a criança ou o adolescente que resulte em:

•• Inciso I acrescentado pela Lei n. 13.010, de 26-6-2014.

a) sofrimento físico; ou

•• Alínea *a* acrescentada pela Lei n. 13.010, de 26-6-2014.

b) lesão;

•• Alínea *b* acrescentada pela Lei n. 13.010, de 26-6-2014.

II – tratamento cruel ou degradante: conduta ou forma cruel de tratamento em relação à criança ou ao adolescente que:

•• Inciso II acrescentado pela Lei n. 13.010, de 26-6-2014.

a) humilhe; ou

•• Alínea *a* acrescentada pela Lei n. 13.010, de 26-6-2014.

b) ameace gravemente; ou

•• Alínea *b* acrescentada pela Lei n. 13.010, de 26-6-2014.

c) ridicularize.

•• Alínea *c* acrescentada pela Lei n. 13.010, de 26-6-2014.

Art. 18-B. Os pais, os integrantes da família ampliada, os responsáveis, os agentes públicos executores de medidas socioeducativas ou qualquer pessoa encarregada de cuidar de crianças e de adolescentes, tratá-los, educá-los ou protegê-los que utilizarem castigo físico ou tratamento cruel ou degradante como formas de correção, disciplina, educação ou qualquer outro pretexto estarão sujeitos, sem prejuízo de outras sanções cabíveis, às seguintes medidas, que serão aplicadas de acordo com a gravidade do caso:

•• *Caput* acrescentado pela Lei n. 13.010, de 26-6-2014.

I – encaminhamento a programa oficial ou comunitário de proteção à família;

•• Inciso I acrescentado pela Lei n. 13.010, de 26-6-2014.

II – encaminhamento a tratamento psicológico ou psiquiátrico;

•• Inciso II acrescentado pela Lei n. 13.010, de 26-6-2014.

III – encaminhamento a cursos ou programas de orientação;

•• Inciso III acrescentado pela Lei n. 13.010, de 26-6-2014.

IV – obrigação de encaminhar a criança a tratamento especializado;

•• Inciso IV acrescentado pela Lei n. 13.010, de 26-6-2014.

V – advertência.

•• Inciso V acrescentado pela Lei n. 13.010, de 26-6-2014.

Parágrafo único. As medidas previstas neste artigo serão aplicadas pelo Conselho Tutelar, sem prejuízo de outras providências legais.

•• Parágrafo único acrescentado pela Lei n. 13.010, de 26-6-2014.

Capítulo III
DO DIREITO À CONVIVÊNCIA FAMILIAR E COMUNITÁRIA

Seção I
Disposições Gerais

Art. 19. É direito da criança e do adolescente ser criado e educado no seio de sua família e, excepcionalmente, em família substituta, assegurada a convivência familiar e comunitária, em ambiente que garanta seu desenvolvimento integral.

•• *Caput* com redação determinada pela Lei n. 13.257, de 8-3-2016.

§ 1.º Toda criança ou adolescente que estiver inserido em programa de acolhimento familiar ou institucional terá sua situação reavaliada, no máximo, a cada 6 (seis) meses, devendo a autoridade judiciária competente, com base em relatório elaborado por equipe interprofissional ou multidisciplinar, decidir de forma fundamentada pela possibilidade de reintegração familiar ou colocação em família substituta, em quaisquer das modalidades previstas no art. 28 desta Lei.

•• § 1.º acrescentado pela Lei n. 12.010, de 3-8-2009.

§ 2.º A permanência da criança e do adolescente em programa de acolhimento institucional não se prolongará por mais de 2 (dois) anos, salvo comprovada necessidade que atenda ao seu superior interesse, devidamente fundamentada pela autoridade judiciária.

•• § 2.º acrescentado pela Lei n. 12.010, de 3-8-2009.

§ 3.º A manutenção ou a reintegração de criança ou adolescente à sua família terá preferência em relação a qualquer outra providência, caso em que será esta incluída em serviços e programas de proteção, apoio e promoção, nos termos do § 1.º do art. 23, dos incisos I e IV do *caput* do art. 101 e dos incisos I a IV do *caput* do art. 129 desta Lei.

•• § 3.º com redação determinada pela Lei n. 13.257, de 8-3-2016.

§ 4.º Será garantida a convivência da criança e do adolescente com a mãe ou o pai privado de liberdade, por meio de visitas periódicas promovidas pelo responsável ou, nas hipóteses de acolhimento institucional, pela entidade responsável, independentemente de autorização judicial.

•• § 4.º acrescentado pela Lei n. 12.962, de 8-4-2014.

Art. 20. Os filhos, havidos ou não da relação do casamento, ou por adoção, terão os mesmos direitos e qualificações, proibidas quaisquer designações discriminatórias relativas à filiação.

Art. 21. O poder familiar será exercido, em igualdade de condições, pelo pai e pela mãe, na forma do que dispuser a legislação civil, assegurado a qualquer deles o direito de, em caso de discordância, recorrer à autoridade judiciária competente para a solução da divergência.

Art. 22. Aos pais incumbe o dever de sustento, guarda e educação dos filhos menores, cabendo-lhes ainda, no interesse destes, a obrigação de cumprir e fazer cumprir as determinações judiciais.

Parágrafo único. A mãe e o pai, ou os responsáveis, têm direitos iguais e deveres e responsabilidades compartilhados no cuidado e na educação da criança, devendo ser resguardado o direito de transmissão familiar de suas crenças e culturas, assegurados os direitos da criança estabelecidos nesta Lei.

•• Parágrafo único acrescentado pela Lei n. 13.257, de 8-3-2016.

Art. 23. A falta ou a carência de recursos materiais não constitui motivo suficiente para a perda ou a suspensão do poder familiar.

§ 1.º Não existindo outro motivo que por si só autorize a decretação da medida, a criança ou o adolescente será mantido em sua família de origem, a qual deverá obrigatoriamente ser incluída em serviços e programas oficiais de proteção, apoio e promoção.

•• § 1.º com redação determinada pela Lei n. 13.257, de 8-3-2016.

§ 2.º A condenação criminal do pai ou da mãe não implicará a destituição do poder familiar, exceto na hipótese de condenação por crime doloso, sujeito à pena de reclusão, contra o próprio filho ou filha.

•• § 2.º acrescentado pela Lei n. 12.962, de 8-4-2014.

Art. 24. A perda e a suspensão do poder familiar serão decretadas judicialmente, em procedimento contraditório, nos casos previstos na legislação civil, bem como na hipótese de descumprimento injustificado dos deveres e obrigações a que alude o art. 22.

Seção II
Da Família Natural

Art. 25. Entende-se por família natural a comunidade formada pelos pais ou qualquer deles e seus descendentes.

Parágrafo único. Entende-se por família extensa ou ampliada aquela que se estende para além da unidade pais e filhos ou da unidade do casal, formada por parentes próximos com os quais a criança ou adolescente convive e mantém vínculos de afinidade e afetividade.

•• Parágrafo único acrescentado pela Lei n. 12.010, de 3-8-2009.

Art. 26. Os filhos havidos fora do casamento poderão ser reconhecidos pelos pais, conjunta ou separadamente, no próprio termo de nascimento, por testamento, mediante escritura ou outro documento público, qualquer que seja a origem da filiação.

Parágrafo único. O reconhecimento pode preceder o nascimento do filho ou suceder-lhe ao falecimento, se deixar descendentes.

Art. 27. O reconhecimento do estado de filiação é direito personalíssimo, indisponível e imprescritível, podendo ser exercitado contra os pais ou seus herdeiros, sem qualquer restrição, observado o segredo de Justiça.

Seção III
Da Família Substituta

Subseção I
Disposições Gerais

Art. 28. A colocação em família substituta far-se-á mediante guarda, tutela ou adoção, independentemente da situação jurídica da criança ou adolescente, nos termos desta Lei.

§ 1.º Sempre que possível, a criança ou o adolescente será previamente ouvido por equipe interprofissional, respeitado seu estágio de desenvolvimento e grau de compreensão sobre as implicações da medida, e terá sua opinião devidamente considerada.

•• § 1.º com redação determinada pela Lei n. 12.010, de 3-8-2009.

§ 2.º Tratando-se de maior de 12 (doze) anos de idade, será necessário seu consentimento, colhido em audiência.

•• § 2.º com redação determinada pela Lei n. 12.010, de 3-8-2009.

§ 3.º Na apreciação do pedido levar-se-á em conta o grau de parentesco e a relação de afinidade ou de afetividade, a fim de evitar ou minorar as consequências decorrentes da medida.

•• § 3.º acrescentado pela Lei n. 12.010, de 3-8-2009.

§ 4.º Os grupos de irmãos serão colocados sob adoção, tutela ou guarda da mesma família substituta, ressalvada a comprovada existência de risco de abuso ou outra situação que justifique plenamente a excepcionalidade de solução diversa, procurando-se, em qualquer caso, evitar o rompimento definitivo dos vínculos fraternais.

•• § 4.º acrescentado pela Lei n. 12.010, de 3-8-2009.

§ 5.º A colocação da criança ou adolescente em família substituta será precedida de sua preparação gradativa e acompanhamento posterior, realizados pela equipe interprofissional a serviço da Justiça da Infância e da Juventude, preferencialmente com o apoio dos técnicos responsáveis pela execução da política municipal de garantia do direito à convivência familiar.

•• § 5.º acrescentado pela Lei n. 12.010, de 3-8-2009.

§ 6.º Em se tratando de criança ou adolescente indígena ou proveniente de comunidade remanescente de quilombo, é ainda obrigatório:

•• § 6.º, *caput*, acrescentado pela Lei n. 12.010, de 3-8-2009.

I – que sejam consideradas e respeitadas sua identidade social e cultural, os seus costumes e tradições, bem como suas instituições, desde que não sejam incompatíveis com os direitos fundamentais reconhecidos por esta Lei e pela Constituição Federal;

•• Inciso I acrescentado pela Lei n. 12.010, de 3-8-2009.

II – que a colocação familiar ocorra prioritariamente no seio de sua comunidade ou junto a membros da mesma etnia;

•• Inciso II acrescentado pela Lei n. 12.010, de 3-8-2009.

III – a intervenção e oitiva de representantes do órgão federal responsável pela política indigenista, no caso de crianças e adolescentes indígenas, e de antropólogos, perante a equipe interprofissional ou multidisciplinar que irá acompanhar o caso.

•• Inciso III acrescentado pela Lei n. 12.010, de 3-8-2009.

Art. 29. Não se deferirá colocação em família substituta a pessoa que revele, por qualquer modo, incompatibilidade com a natureza da medida ou não ofereça ambiente familiar adequado.

Art. 30. A colocação em família substituta não admitirá transferência da criança ou adolescente a terceiros ou a entidades governamentais ou não governamentais, sem autorização judicial.

Art. 31. A colocação em família substituta estrangeira constitui medida excepcional, somente admissível na modalidade de adoção.

Art. 32. Ao assumir a guarda ou a tutela, o responsável prestará compromisso de bem e fielmente desempenhar o encargo, mediante termo nos autos.

Subseção II
Da Guarda

Art. 33. A guarda obriga a prestação de assistência material, moral e educacional à criança ou adolescente, conferindo a seu detentor o direito de opor-se a terceiros, inclusive aos pais.

§ 1.º A guarda destina-se a regularizar a posse de fato, podendo ser deferida, liminar ou incidentalmente, nos procedimentos de tutela e adoção, exceto no de adoção por estrangeiros.

§ 2.º Excepcionalmente, deferir-se-á a guarda, fora dos casos de tutela e adoção, para atender a situações peculiares ou suprir a falta eventual dos pais ou responsável, podendo ser deferido o direito de representação para a prática de atos determinados.

§ 3.º A guarda confere à criança ou adolescente a condição de dependente, para todos os fins e efeitos de direito, inclusive previdenciários.

§ 4.º Salvo expressa e fundamentada determinação em contrário, da autoridade judiciária competente, ou quando a medida for aplicada em preparação para adoção, o deferimento da guarda de criança ou adolescente a terceiros não impede o exercício do direito de visitas pelos pais, assim como o dever de prestar alimentos, que serão objeto de regulamentação específica, a pedido do interessado ou do Ministério Público.

•• § 4.º acrescentado pela Lei n. 12.010, de 3-8-2009.

Art. 34. O poder público estimulará, por meio de assistência jurídica, incentivos fiscais e subsídios, o acolhimento, sob a forma de guarda, de criança ou adolescente afastado do convívio familiar.

•• *Caput* com redação determinada pela Lei n. 12.010, de 3-8-2009.

§ 1.º A inclusão da criança ou adolescente em programas de acolhimento familiar terá preferência a seu acolhimento institucional, observado, em qualquer caso, o caráter temporário e excepcional da medida, nos termos desta Lei.

•• § 1.º acrescentado pela Lei n. 12.010, de 3-8-2009.

§ 2.º Na hipótese do § 1.º deste artigo a pessoa ou casal cadastrado no programa de acolhimento familiar poderá receber a criança ou adolescente mediante guarda, observado o disposto nos arts. 28 a 33 desta Lei.

•• § 2.º acrescentado pela Lei n. 12.010, de 3-8-2009.

§ 3.º A União apoiará a implementação de serviços de acolhimento em família acolhedora como política pública, os quais deverão dispor de equipe que organize o acolhimento temporário de crianças e de adolescentes em residências de famílias selecionadas, capacitadas e acompanhadas que não estejam no cadastro de adoção.

•• § 3.º acrescentado pela Lei n. 13.257, de 8-3-2016.

§ 4.º Poderão ser utilizados recursos federais, estaduais, distritais e municipais para a manutenção dos serviços de acolhimento em família acolhedora, facultando-se o repasse de recursos para a própria família acolhedora.

•• § 4.º acrescentado pela Lei n. 13.257, de 8-3-2016.

Art. 35. A guarda poderá ser revogada a qualquer tempo, mediante ato judicial fundamentado, ouvido o Ministério Público.

Subseção III
Da Tutela

Art. 36. A tutela será deferida, nos termos da lei civil, a pessoa de até 18 (dezoito) anos incompletos.

•• *Caput* com redação determinada pela Lei n. 12.010, de 3-8-2009.

Parágrafo único. O deferimento da tutela pressupõe a prévia decretação da perda ou suspensão do poder familiar e implica necessariamente o dever de guarda.

Estatuto da Criança e do Adolescente
Lei n. 8.069, de 13-7-1990

Art. 37. O tutor nomeado por testamento ou qualquer documento autêntico, conforme previsto no parágrafo único do art. 1.729 da Lei n. 10.406, de 10 de janeiro de 2002 – Código Civil, deverá, no prazo de 30 (trinta) dias após a abertura da sucessão, ingressar com pedido destinado ao controle judicial do ato, observando o procedimento previsto nos arts. 165 a 170 desta Lei.

•• *Caput* com redação determinada pela Lei n. 12.010, de 3-8-2009.

Parágrafo único. Na apreciação do pedido, serão observados os requisitos previstos nos arts. 28 e 29 desta Lei, somente sendo deferida a tutela à pessoa indicada na disposição de última vontade, se restar comprovado que a medida é vantajosa ao tutelando e que não existe outra pessoa em melhores condições de assumi-la.

•• Parágrafo único com redação determinada pela Lei n. 12.010, de 3-8-2009.

Art. 38. Aplica-se à destituição da tutela o disposto no art. 24.

Subseção IV
Da Adoção

Art. 39. A adoção de criança e de adolescente reger-se-á segundo o disposto nesta Lei.

§ 1.º A adoção é medida excepcional e irrevogável, à qual se deve recorrer apenas quando esgotados os recursos de manutenção da criança ou adolescente na família natural ou extensa, na forma do parágrafo único do art. 25 desta Lei.

•• § 1.º acrescentado pela Lei n. 12.010, de 3-8-2009.

§ 2.º É vedada a adoção por procuração.

•• § 2.º acrescentado pela Lei n. 12.010, de 3-8-2009.

Art. 40. O adotando deve contar com, no máximo, dezoito anos à data do pedido, salvo se já estiver sob a guarda ou tutela dos adotantes.

Art. 41. A adoção atribui a condição de filho ao adotado, com os mesmos direitos e deveres, inclusive sucessórios, desligando-o de qualquer vínculo com pais e parentes, salvo os impedimentos matrimoniais.

§ 1.º Se um dos cônjuges ou concubinos adota o filho do outro, mantêm-se os vínculos de filiação entre o adotado e o cônjuge ou concubino do adotante e os respectivos parentes.

§ 2.º É recíproco o direito sucessório entre o adotado, seus descendentes, o adotante, seus ascendentes, descendentes e colaterais até o 4.º grau, observada a ordem de vocação hereditária.

Art. 42. Podem adotar os maiores de 18 (dezoito) anos, independentemente do estado civil.

•• *Caput* com redação determinada pela Lei n. 12.010, de 3-8-2009.

§ 1.º Não podem adotar os ascendentes e os irmãos do adotando.

§ 2.º Para adoção conjunta, é indispensável que os adotantes sejam casados civilmente ou mantenham união estável, comprovada a estabilidade da família.

•• § 2.º com redação determinada pela Lei n. 12.010, de 3-8-2009.

§ 3.º O adotante há de ser, pelo menos, 16 (dezesseis) anos mais velho do que o adotando.

§ 4.º Os divorciados, os judicialmente separados e os ex-companheiros podem adotar conjuntamente, contanto que acordem sobre a guarda e o regime de visitas e desde que o estágio de convivência tenha sido iniciado na constância do período de convivência e que seja comprovada a existência de vínculos de afinidade e afetividade com aquele não detentor da guarda, que justifiquem a excepcionalidade da concessão.

•• § 4.º com redação determinada pela Lei n. 12.010, de 3-8-2009.

§ 5.º Nos casos do § 4.º deste artigo, desde que demonstrado efetivo benefício ao adotando, será assegurada a guarda compartilhada, conforme previsto no art. 1.584 da Lei n. 10.406, de 10 de janeiro de 2002 – Código Civil.

•• § 5.º com redação determinada pela Lei n. 12.010, de 3-8-2009.

§ 6.º A adoção poderá ser deferida ao adotante que, após inequívoca manifestação de vontade, vier a falecer no curso do procedimento, antes de prolatada a sentença.

Lei n. 8.069, de 13-7-1990 — Estatuto da Criança e do Adolescente

•• § 6.º acrescentado pela Lei n. 12.010, de 3-8-2009.

Art. 43. A adoção será deferida quando apresentar reais vantagens para o adotando e fundar-se em motivos legítimos.

Art. 44. Enquanto não der conta de sua administração e saldar o seu alcance, não pode o tutor ou o curador adotar o pupilo ou o curatelado.

Art. 45. A adoção depende do consentimento dos pais ou do representante legal do adotando.

§ 1.º O consentimento será dispensado em relação à criança ou adolescente cujos pais sejam desconhecidos ou tenham sido destituídos do poder familiar.

§ 2.º Em se tratando de adotando maior de doze anos de idade, será também necessário o seu consentimento.

Art. 46. A adoção será precedida de estágio de convivência com a criança ou adolescente, pelo prazo que a autoridade judiciária fixar, observadas as peculiaridades do caso.

§ 1.º O estágio de convivência poderá ser dispensado se o adotando já estiver sob a tutela ou guarda legal do adotante durante tempo suficiente para que seja possível avaliar a conveniência da constituição do vínculo.

•• § 1.º com redação determinada pela Lei n. 12.010, de 3-8-2009.

§ 2.º A simples guarda de fato não autoriza, por si só, a dispensa da realização do estágio de convivência.

•• § 2.º com redação determinada pela Lei n. 12.010, de 3-8-2009.

§ 3.º Em caso de adoção por pessoa ou casal residente ou domiciliado fora do País, o estágio de convivência, cumprido no território nacional, será de, no mínimo, 30 (trinta) dias.

•• § 3.º acrescentado pela Lei n. 12.010, de 3-8-2009.

§ 4.º O estágio de convivência será acompanhado pela equipe interprofissional a serviço da Justiça da Infância e da Juventude, preferencialmente com apoio dos técnicos responsáveis pela execução da política de garantia do direito à convivência familiar, que apresentarão relatório minucioso acerca da conveniência do deferimento da medida.

•• § 4.º acrescentado pela Lei n. 12.010, de 3-8-2009.

Art. 47. O vínculo da adoção constitui-se por sentença judicial, que será inscrita no registro civil mediante mandado do qual não se fornecerá certidão.

§ 1.º A inscrição consignará o nome dos adotantes como pais, bem como o nome de seus ascendentes.

§ 2.º O mandado judicial, que será arquivado, cancelará o registro original do adotado.

§ 3.º A pedido do adotante, o novo registro poderá ser lavrado no Cartório do Registro Civil do Município de sua residência.

•• § 3.º com redação determinada pela Lei n. 12.010, de 3-8-2009.

§ 4.º Nenhuma observação sobre a origem do ato poderá constar nas certidões do registro.

•• § 4.º com redação determinada pela Lei n. 12.010, de 3-8-2009.

§ 5.º A sentença conferirá ao adotado o nome do adotante e, a pedido de qualquer deles, poderá determinar a modificação do prenome.

•• § 5.º com redação determinada pela Lei n. 12.010, de 3-8-2009.

§ 6.º Caso a modificação de prenome seja requerida pelo adotante, é obrigatória a oitiva do adotando, observado o disposto nos §§ 1.º e 2.º do art. 28 desta Lei.

•• § 6.º com redação determinada pela Lei n. 12.010, de 3-8-2009.

§ 7.º A adoção produz seus efeitos a partir do trânsito em julgado da sentença constitutiva, exceto na hipótese prevista no § 6.º do art. 42 desta Lei, caso em que terá força retroativa à data do óbito.

•• § 7.º acrescentado pela Lei n. 12.010, de 3-8-2009.

§ 8.º O processo relativo à adoção assim como outros a ele relacionados serão mantidos em arquivo, admitindo-se seu armazenamento em microfilme ou por outros meios, garantida a sua conservação para consulta a qualquer tempo.

•• § 8.º acrescentado pela Lei n. 12.010, de 3-8-2009.

§ 9.º Terão prioridade de tramitação os processos de adoção em que o adotando for criança ou adolescente com deficiência ou com doença crônica.

•• § 9.º acrescentado pela Lei n. 12.955, de 5-2-2014.

Art. 48. O adotado tem direito de conhecer sua origem biológica, bem como de obter acesso irrestrito ao processo no qual a medida foi aplicada e seus eventuais incidentes, após completar 18 (dezoito) anos.

•• *Caput* com redação determinada pela Lei n. 12.010, de 3-8-2009.

Parágrafo único. O acesso ao processo de adoção poderá ser também deferido ao adotando menor de 18 (dezoito) anos, a seu pedido, assegurada orientação e assistência jurídica e psicológica.

•• Parágrafo único acrescentado pela Lei n. 12.010, de 3-8-2009.

Art. 49. A morte dos adotantes não restabelece o poder familiar dos pais naturais.

Art. 50. A autoridade judiciária manterá, em cada comarca ou foro regional, um registro de crianças e adolescentes em condições de serem adotados e outro de pessoas interessadas na adoção.

§ 1.º O deferimento da inscrição dar-se-á após prévia consulta aos órgãos técnicos do Juizado, ouvido o Ministério Público.

§ 2.º Não será deferida a inscrição se o interessado não satisfizer os requisitos legais, ou verificada qualquer das hipóteses previstas no art. 29.

§ 3.º A inscrição de postulantes à adoção será precedida de um período de preparação psicossocial e jurídica, orientado pela equipe técnica da Justiça da Infância e da Juventude, preferencialmente com apoio dos técnicos responsáveis pela execução da política municipal de garantia do direito à convivência familiar.

•• § 3.º acrescentado pela Lei n. 12.010, de 3-8-2009.

§ 4.º Sempre que possível e recomendável, a preparação referida no § 3.º deste artigo inclui rá o contato com crianças e adolescentes em acolhimento familiar ou institucional em condições de serem adotados, a ser realizado sob a orientação, supervisão e avaliação da equipe técnica da Justiça da Infância e da Juventude, com apoio dos técnicos responsáveis pelo programa de acolhimento e pela execução da política municipal de garantia do direito à convivência familiar.

•• § 4.º acrescentado pela Lei n. 12.010, de 3-8-2009.

§ 5.º Serão criados e implementados cadastros estaduais e nacional de crianças e adolescentes em condições de serem adotados e de pessoas ou casais habilitados à adoção.

•• § 5.º acrescentado pela Lei n. 12.010, de 3-8-2009.

§ 6.º Haverá cadastros distintos para pessoas ou casais residentes fora do País, que somente serão consultados na inexistência de postulantes nacionais habilitados nos cadastros mencionados no § 5.º deste artigo.

•• § 6.º acrescentado pela Lei n. 12.010, de 3-8-2009.

§ 7.º As autoridades estaduais e federais em matéria de adoção terão acesso integral aos cadastros, incumbindo-lhes a troca de informações e a cooperação mútua, para melhoria do sistema.

•• § 7.º acrescentado pela Lei n. 12.010, de 3-8-2009.

§ 8.º A autoridade judiciária providenciará, no prazo de 48 (quarenta e oito) horas, a inscrição das crianças e adolescentes em condições de serem adotados que não tiveram colocação familiar na comarca de origem, e das pessoas ou casais que tiveram deferida sua habilitação à adoção nos cadastros estadual e nacional referidos no § 5.º deste artigo, sob pena de responsabilidade.

•• § 8.º acrescentado pela Lei n. 12.010, de 3-8-2009.

§ 9.º Compete à Autoridade Central Estadual zelar pela manutenção e correta alimentação dos cadastros, com posterior comunicação à Autoridade Central Federal Brasileira.

•• § 9.º acrescentado pela Lei n. 12.010, de 3-8-2009.

§ 10. A adoção internacional somente será deferida se, após consulta ao cadastro de pessoas ou casais habilitados à adoção, mantido pela Justiça da Infância e da Juventude na comarca, bem como aos cadastros estadual e nacional referidos no § 5.º deste artigo, não for encontrado interessado com residência permanente no Brasil.

•• § 10 acrescentado pela Lei n. 12.010, de 3-8-2009.

§ 11. Enquanto não localizada pessoa ou casal interessado em sua adoção, a criança ou o adolescente, sempre que possível e recomendável, será colocado sob guarda de família cadastrada em programa de acolhimento familiar.

•• § 11 acrescentado pela Lei n. 12.010, de 3-8-2009.

§ 12. A alimentação do cadastro e a convocação criteriosa dos postulantes à adoção serão fiscalizadas pelo Ministério Público.

•• § 12 acrescentado pela Lei n. 12.010, de 3-8-2009.

§ 13. Somente poderá ser deferida adoção em favor de candidato domiciliado no Brasil não cadastrado previamente nos termos desta Lei quando:

•• § 13, caput, acrescentado pela Lei n. 12.010, de 3-8-2009.

I – se tratar de pedido de adoção unilateral;

•• Inciso I acrescentado pela Lei n. 12.010, de 3-8-2009.

II – for formulada por parente com o qual a criança ou adolescente mantenha vínculos de afinidade e afetividade;

•• Inciso II acrescentado pela Lei n. 12.010, de 3-8-2009.

III – oriundo o pedido de quem detém a tutela ou guarda legal de criança maior de 3 (três) anos ou adolescente, desde que o lapso de tempo de convivência comprove a fixação de laços de afinidade e afetividade, e não seja constatada a ocorrência de má-fé ou qualquer das situações previstas nos arts. 237 ou 238 desta Lei.

•• Inciso III acrescentado pela Lei n. 12.010, de 3-8-2009.

§ 14. Nas hipóteses previstas no § 13 deste artigo, o candidato deverá comprovar, no curso do procedimento, que preenche os requisitos necessários à adoção, conforme previsto nesta Lei.

•• § 14 acrescentado pela Lei n. 12.010, de 3-8-2009.

Art. 51. Considera-se adoção internacional aquela na qual a pessoa ou casal postulante é residente ou domiciliado fora do Brasil, conforme previsto no art. 2.º da Convenção de Haia, de 29 de maio de 1993, Relativa à Proteção das Crianças e à Cooperação em Matéria de Adoção Internacional, aprovada pelo Decreto Legislativo n. 1, de 14 de janeiro de 1999, e promulgada pelo Decreto n. 3.087, de 21 de junho de 1999.

•• Caput com redação determinada pela Lei n. 12.010, de 3-8-2009.

§ 1.º A adoção internacional de criança ou adolescente brasileiro ou domiciliado no Brasil somente terá lugar quando restar comprovado:

•• § 1.º, caput, com redação determinada pela Lei n. 12.010, de 3-8-2009.

I – que a colocação em família substituta é a solução adequada ao caso concreto;

•• Inciso I acrescentado pela Lei n. 12.010, de 3-8-2009.

II – que foram esgotadas todas as possibilidades de colocação da criança ou adolescente em família substituta brasileira, após consulta aos cadastros mencionados no art. 50 desta Lei;

•• Inciso II acrescentado pela Lei n. 12.010, de 3-8-2009.

III – que, em se tratando de adoção de adolescente, este foi consultado, por meios adequados ao seu estágio de desenvolvimento, e que se encontra preparado para a medida, mediante parecer elaborado por equipe interprofissional, observado o disposto nos §§ 1.º e 2.º do art. 28 desta Lei.

•• Inciso III acrescentado pela Lei n. 12.010, de 3-8-2009.

§ 2.º Os brasileiros residentes no exterior terão preferência aos estrangeiros, nos casos de adoção internacional de criança ou adolescente brasileiro.

•• § 2.º com redação determinada pela Lei n. 12.010, de 3-8-2009.

§ 3.º A adoção internacional pressupõe a intervenção das Autoridades Centrais Estaduais e Federal em matéria de adoção internacional.

•• § 3.º com redação determinada pela Lei n. 12.010, de 3-8-2009.

Estatuto da Criança e do Adolescente

Lei n. 8.069, de 13-7-1990

§ 4.º (*Revogado pela Lei n. 12.010, de 3-8-2009.*)

Art. 52. A adoção internacional observará o procedimento previsto nos arts. 165 a 170 desta Lei, com as seguintes adaptações:

•• *Caput* com redação determinada pela Lei n. 12.010, de 3-8-2009.

I – a pessoa ou casal estrangeiro, interessado em adotar criança ou adolescente brasileiro, deverá formular pedido de habilitação à adoção perante a Autoridade Central em matéria de adoção internacional no país de acolhida, assim entendido aquele onde está situada sua residência habitual;

•• Inciso I acrescentado pela Lei n. 12.010, de 3-8-2009.

II – se a Autoridade Central do país de acolhida considerar que os solicitantes estão habilitados e aptos para adotar, emitirá um relatório que contenha informações sobre a identidade, a capacidade jurídica e adequação dos solicitantes para adotar, sua situação pessoal, familiar e médica, seu meio social, os motivos que os animam e sua aptidão para assumir uma adoção internacional;

•• Inciso II acrescentado pela Lei n. 12.010, de 3-8-2009.

III – a Autoridade Central do país de acolhida enviará o relatório à Autoridade Central Estadual, com cópia para a Autoridade Central Federal Brasileira;

•• Inciso III acrescentado pela Lei n. 12.010, de 3-8-2009.

IV – o relatório será instruído com toda a documentação necessária, incluindo estudo psicossocial elaborado por equipe interprofissional habilitada e cópia autenticada da legislação pertinente, acompanhada da respectiva prova de vigência;

•• Inciso IV acrescentado pela Lei n. 12.010, de 3-8-2009.

V – os documentos em língua estrangeira serão devidamente autenticados pela autoridade consular, observados os tratados e convenções internacionais, e acompanhados da respectiva tradução, por tradutor público juramentado;

•• Inciso V acrescentado pela Lei n. 12.010, de 3-8-2009.

VI – a Autoridade Central Estadual poderá fazer exigências e solicitar complementação sobre o estudo psicossocial do postulante estrangeiro à adoção, já realizado no país de acolhida;

•• Inciso VI acrescentado pela Lei n. 12.010, de 3-8-2009.

VII – verificada, após estudo realizado pela Autoridade Central Estadual, a compatibilidade da legislação estrangeira com a nacional, além do preenchimento por parte dos postulantes à medida dos requisitos objetivos e subjetivos necessários ao seu deferimento, tanto à luz do que dispõe esta Lei como da legislação do país de acolhida, será expedido laudo de habilitação à adoção internacional, que terá validade por, no máximo, 1 (um) ano;

•• Inciso VII acrescentado pela Lei n. 12.010, de 3-8-2009.

VIII – de posse do laudo de habilitação, o interessado será autorizado a formalizar pedido de adoção perante o Juízo da Infância e da Juventude do local em que se encontra a criança ou adolescente, conforme indicação efetuada pela Autoridade Central Estadual.

•• Inciso VIII acrescentado pela Lei n. 12.010, de 3-8-2009.

§ 1.º Se a legislação do país de acolhida assim o autorizar, admite-se que os pedidos de habilitação à adoção internacional sejam intermediados por organismos credenciados.

•• § 1.º acrescentado pela Lei n. 12.010, de 3-8-2009.

§ 2.º Incumbe à Autoridade Central Federal Brasileira o credenciamento de organismos nacionais e estrangeiros encarregados de intermediar pedidos de habilitação à adoção internacional, com posterior comunicação às Autoridades Centrais Estaduais e publicação nos órgãos oficiais de imprensa e em sítio próprio da internet.

•• § 2.º acrescentado pela Lei n. 12.010, de 3-8-2009.

§ 3.º Somente será admissível o credenciamento de organismos que:

Lei n. 8.069, de 13-7-1990 — Estatuto da Criança e do Adolescente

•• § 3.º, *caput*, acrescentado pela Lei n. 12.010, de 3-8-2009.

I – sejam oriundos de países que ratificaram a Convenção de Haia e estejam devidamente credenciados pela Autoridade Central do país onde estiverem sediados e no país de acolhida do adotando para atuar em adoção internacional no Brasil;

•• Inciso I acrescentado pela Lei n. 12.010, de 3-8-2009.

II – satisfizerem as condições de integridade moral, competência profissional, experiência e responsabilidade exigidas pelos países respectivos e pela Autoridade Central Federal Brasileira;

•• Inciso II acrescentado pela Lei n. 12.010, de 3-8-2009.

III – forem qualificados por seus padrões éticos e sua formação e experiência para atuar na área de adoção internacional;

•• Inciso III acrescentado pela Lei n. 12.010, de 3-8-2009.

IV – cumprirem os requisitos exigidos pelo ordenamento jurídico brasileiro e pelas normas estabelecidas pela Autoridade Central Federal Brasileira.

•• Inciso IV acrescentado pela Lei n. 12.010, de 3-8-2009.

§ 4.º Os organismos credenciados deverão ainda:

•• § 4.º, *caput*, acrescentado pela Lei n. 12.010, de 3-8-2009.

I – perseguir unicamente fins não lucrativos, nas condições e dentro dos limites fixados pelas autoridades competentes do país onde estiverem sediados, do país de acolhida e pela Autoridade Central Federal Brasileira;

•• Inciso I acrescentado pela Lei n. 12.010, de 3-8-2009.

II – ser dirigidos e administrados por pessoas qualificadas e de reconhecida idoneidade moral, com comprovada formação ou experiência para atuar na área de adoção internacional, cadastradas pelo Departamento de Polícia Federal e aprovadas pela Autoridade Central Federal Brasileira, mediante publicação de portaria do órgão federal competente;

•• Inciso II acrescentado pela Lei n. 12.010, de 3-8-2009.

III – estar submetidos à supervisão das autoridades competentes do país onde estiverem sediados e no país de acolhida, inclusive quanto à sua composição, funcionamento e situação financeira;

•• Inciso III acrescentado pela Lei n. 12.010, de 3-8-2009.

IV – apresentar à Autoridade Central Federal Brasileira, a cada ano, relatório geral das atividades desenvolvidas, bem como relatório de acompanhamento das adoções internacionais efetuadas no período, cuja cópia será encaminhada ao Departamento de Polícia Federal;

•• Inciso IV acrescentado pela Lei n. 12.010, de 3-8-2009.

V – enviar relatório pós-adotivo semestral para a Autoridade Central Estadual, com cópia para a Autoridade Central Federal Brasileira, pelo período mínimo de 2 (dois) anos. O envio do relatório será mantido até a juntada de cópia autenticada do registro civil, estabelecendo a cidadania do país de acolhida para o adotado;

•• Inciso V acrescentado pela Lei n. 12.010, de 3-8-2009.

VI – tomar as medidas necessárias para garantir que os adotantes encaminhem à Autoridade Central Federal Brasileira cópia da certidão de registro de nascimento estrangeira e do certificado de nacionalidade tão logo lhes sejam concedidos.

•• Inciso VI acrescentado pela Lei n. 12.010, de 3-8-2009.

§ 5.º A não apresentação dos relatórios referidos no § 4.º deste artigo pelo organismo credenciado poderá acarretar a suspensão de seu credenciamento.

•• § 5.º acrescentado pela Lei n. 12.010, de 3-8-2009.

§ 6.º O credenciamento de organismo nacional ou estrangeiro encarregado de intermediar pedidos de adoção internacional terá validade de 2 (dois) anos.

•• § 6.º acrescentado pela Lei n. 12.010, de 3-8-2009.

§ 7.º A renovação do credenciamento poderá ser concedida mediante requerimento protocolado na Autoridade Central Federal Brasileira nos 60 (sessenta) dias anteriores ao término do respectivo prazo de validade.

Estatuto da Criança e do Adolescente

Lei n. 8.069, de 13-7-1990

•• § 7.º acrescentado pela Lei n. 12.010, de 3-8-2009.

§ 8.º Antes de transitada em julgado a decisão que concedeu a adoção internacional, não será permitida a saída do adotando do território nacional.

•• § 8.º acrescentado pela Lei n. 12.010, de 3-8-2009.

§ 9.º Transitada em julgado a decisão, a autoridade judiciária determinará a expedição de alvará com autorização de viagem, bem como para obtenção de passaporte, constando, obrigatoriamente, as características da criança ou adolescente adotado, como idade, cor, sexo, eventuais sinais ou traços peculiares, assim como foto recente e a aposição da impressão digital do seu polegar direito, instruindo o documento com cópia autenticada da decisão e certidão de trânsito em julgado.

•• § 9.º acrescentado pela Lei n. 12.010, de 3-8-2009.

§ 10. A Autoridade Central Federal Brasileira poderá, a qualquer momento, solicitar informações sobre a situação das crianças e adolescentes adotados.

•• § 10 acrescentado pela Lei n. 12.010, de 3-8-2009.

§ 11. A cobrança de valores por parte dos organismos credenciados, que sejam considerados abusivos pela Autoridade Central Federal Brasileira e que não estejam devidamente comprovados, é causa de seu descredenciamento.

•• § 11 acrescentado pela Lei n. 12.010, de 3-8-2009.

§ 12. Uma mesma pessoa ou seu cônjuge não podem ser representados por mais de uma entidade credenciada para atuar na cooperação em adoção internacional.

•• § 12 acrescentado pela Lei n. 12.010, de 3-8-2009.

§ 13. A habilitação de postulante estrangeiro ou domiciliado fora do Brasil terá validade máxima de 1 (um) ano, podendo ser renovada.

•• § 13 acrescentado pela Lei n. 12.010, de 3-8-2009.

§ 14. É vedado o contato direto de representantes de organismos de adoção, nacionais ou estrangeiros, com dirigentes de programas de acolhimento institucional ou familiar, assim como com crianças e adolescentes em condições de serem adotados, sem a devida autorização judicial.

•• § 14 acrescentado pela Lei n. 12.010, de 3-8-2009.

§ 15. A Autoridade Central Federal Brasileira poderá limitar ou suspender a concessão de novos credenciamentos sempre que julgar necessário, mediante ato administrativo fundamentado.

•• § 15 acrescentado pela Lei n. 12.010, de 3-8-2009.

Art. 52-A. É vedado, sob pena de responsabilidade e descredenciamento, o repasse de recursos provenientes de organismos estrangeiros encarregados de intermediar pedidos de adoção internacional a organismos nacionais ou a pessoas físicas.

•• *Caput* acrescentado pela Lei n. 12.010, de 3-8-2009.

Parágrafo único. Eventuais repasses somente poderão ser efetuados via Fundo dos Direitos da Criança e do Adolescente e estarão sujeitos às deliberações do respectivo Conselho de Direitos da Criança e do Adolescente.

•• Parágrafo único acrescentado pela Lei n. 12.010, de 3-8-2009.

Art. 52-B. A adoção por brasileiro residente no exterior em país ratificante da Convenção de Haia, cujo processo de adoção tenha sido processado em conformidade com a legislação vigente no país de residência e atendido o disposto na alínea c do art. 17 da referida Convenção, será automaticamente recepcionada com o reingresso no Brasil.

•• *Caput* acrescentado pela Lei n. 12.010, de 3-8-2009.

§ 1.º Caso não tenha sido atendido o disposto na alínea c do art. 17 da Convenção de Haia, deverá a sentença ser homologada pelo Superior Tribunal de Justiça.

•• § 1.º acrescentado pela Lei n. 12.010, de 3-8-2009.

§ 2.º O pretendente brasileiro residente no exterior em país não ratificante da Convenção de Haia, uma vez reingressado no Brasil, deverá requerer a homologação da sentença estrangeira pelo Superior Tribunal de Justiça.

•• § 2.º acrescentado pela Lei n. 12.010, de 3-8-2009.

Art. 52-C. Nas adoções internacionais, quando o Brasil for o país de acolhida, a decisão da autoridade competente do país de origem da criança ou do adolescente será conhecida pela Autoridade Central Estadual que tiver processado o pedido de habilitação dos pais adotivos, que comunicará o fato à Autoridade Central Federal e determinará as providências necessárias à expedição do Certificado de Naturalização Provisório.

•• *Caput* acrescentado pela Lei n. 12.010, de 3-8-2009.

§ 1.º A Autoridade Central Estadual, ouvido o Ministério Público, somente deixará de reconhecer os efeitos daquela decisão se restar demonstrado que a adoção é manifestamente contrária à ordem pública ou não atende ao interesse superior da criança ou do adolescente.

•• § 1.º acrescentado pela Lei n. 12.010, de 3-8-2009.

§ 2.º Na hipótese de não reconhecimento da adoção, prevista no § 1.º deste artigo, o Ministério Público deverá imediatamente requerer o que for de direito para resguardar os interesses da criança ou do adolescente, comunicando-se as providências à Autoridade Central Estadual, que fará a comunicação à Autoridade Central Federal Brasileira e à Autoridade Central do país de origem.

•• § 2.º acrescentado pela Lei n. 12.010, de 3-8-2009.

Art. 52-D. Nas adoções internacionais, quando o Brasil for o país de acolhida e a adoção não tenha sido deferida no país de origem porque a sua legislação a delega ao país de acolhida, ou, ainda, na hipótese de, mesmo com decisão, a criança ou o adolescente ser oriundo de país que não tenha aderido à Convenção referida, o processo de adoção seguirá as regras da adoção nacional.

•• Artigo acrescentado pela Lei n. 12.010, de 3-8-2009.

Capítulo IV
DO DIREITO À EDUCAÇÃO, À CULTURA, AO ESPORTE E AO LAZER

Art. 53. A criança e o adolescente têm direito à educação, visando ao pleno desenvolvimento de sua pessoa, preparo para o exercício da cidadania e qualificação para o trabalho, assegurando-se-lhes:

I – igualdade de condições para o acesso e permanência na escola;

II – direito de ser respeitado por seus educadores;

III – direito de contestar critérios avaliativos, podendo recorrer às instâncias escolares superiores;

IV – direito de organização e participação em entidades estudantis;

V – acesso a escola pública e gratuita próxima de sua residência.

Parágrafo único. É direito dos pais ou responsáveis ter ciência do processo pedagógico, bem como participar da definição das propostas educacionais.

Art. 54. É dever do Estado assegurar à criança e ao adolescente:

I – ensino fundamental, obrigatório e gratuito, inclusive para os que a ele não tiveram acesso na idade própria;

II – progressiva extensão da obrigatoriedade e gratuidade ao ensino médio;

III – atendimento educacional especializado aos portadores de deficiência, preferencialmente na rede regular de ensino;

IV – atendimento em creche e pré-escola às crianças de zero a cinco anos de idade;

•• Inciso IV com redação determinada pela Lei n. 13.306, de 4-7-2016.

V – acesso aos níveis mais elevados do ensino, da pesquisa e da criação artística, segundo a capacidade de cada um;

VI – oferta de ensino noturno regular, adequado às condições do adolescente trabalhador;

VII – atendimento no ensino fundamental, através de programas suplementares de material didático-escolar, transporte, alimentação e assistência à saúde.

§ 1.º O acesso ao ensino obrigatório e gratuito é direito público subjetivo.

Estatuto da Criança e do Adolescente — Lei n. 8.069, de 13-7-1990

§ 2.º O não oferecimento do ensino obrigatório pelo Poder Público ou sua oferta irregular importa responsabilidade da autoridade competente.

§ 3.º Compete ao Poder Público recensear os educandos no ensino fundamental, fazer-lhes a chamada e zelar, junto aos pais ou responsável, pela frequência à escola.

Art. 55. Os pais ou responsável têm a obrigação de matricular seus filhos ou pupilos na rede regular de ensino.

Art. 56. Os dirigentes de estabelecimentos de ensino fundamental comunicarão ao Conselho Tutelar os casos de:

I – maus-tratos envolvendo seus alunos;

II – reiteração de faltas injustificadas e de evasão escolar, esgotados os recursos escolares;

III – elevados níveis de repetência.

Art. 57. O Poder Público estimulará pesquisas, experiências e novas propostas relativas a calendário, seriação, currículo, metodologia, didática e avaliação, com vistas à inserção de crianças e adolescentes excluídos do ensino fundamental obrigatório.

Art. 58. No processo educacional respeitar-se-ão os valores culturais, artísticos e históricos próprios do contexto social da criança e do adolescente, garantindo-se a estes a liberdade de criação e o acesso às fontes de cultura.

Art. 59. Os Municípios, com apoio dos Estados e da União, estimularão e facilitarão a destinação de recursos e espaços para programações culturais, esportivas e de lazer voltadas para a infância e a juventude.

Capítulo V
DO DIREITO
À PROFISSIONALIZAÇÃO E
À PROTEÇÃO NO TRABALHO

Art. 60. É proibido qualquer trabalho a menores de quatorze anos de idade, salvo na condição de aprendiz.

•• *Vide* art. 7.º, XXXIII, da CF, com redação determinada pela Emenda Constitucional n. 20, de 15-12-1998.

Art. 61. A proteção ao trabalho dos adolescentes é regulada por legislação especial, sem prejuízo do disposto nesta Lei.

Art. 62. Considera-se aprendizagem a formação técnico-profissional ministrada segundo as diretrizes e bases da legislação de educação em vigor.

Art. 63. A formação técnico-profissional obedecerá aos seguintes princípios:

I – garantia de acesso e frequência obrigatória ao ensino regular;

II – atividade compatível com o desenvolvimento do adolescente;

III – horário especial para o exercício das atividades.

Art. 64. Ao adolescente até quatorze anos de idade é assegurada bolsa de aprendizagem.

Art. 65. Ao adolescente aprendiz, maior de quatorze anos, são assegurados os direitos trabalhistas e previdenciários.

Art. 66. Ao adolescente portador de deficiência é assegurado trabalho protegido.

Art. 67. Ao adolescente empregado, aprendiz, em regime familiar de trabalho, aluno de escola técnica, assistido em entidade governamental ou não governamental, é vedado trabalho:

I – noturno, realizado entre as vinte e duas horas de um dia e as cinco horas do dia seguinte;

II – perigoso, insalubre ou penoso;

III – realizado em locais prejudiciais à sua formação e ao seu desenvolvimento físico, psíquico, moral e social;

IV – realizado em horários e locais que não permitam a frequência à escola.

Art. 68. O programa social que tenha por base o trabalho educativo, sob responsabilidade de entidade governamental ou não governamental sem fins lucrativos, deverá assegurar ao adolescente que dele participe condições de capacitação para o exercício de atividade regular remunerada.

§ 1.º Entende-se por trabalho educativo a atividade laboral em que as exigências pedagógicas relativas ao desenvolvimento pessoal e social do educando prevalecem sobre o aspecto produtivo.

§ 2.º A remuneração que o adolescente recebe pelo trabalho efetuado ou a participação na venda dos produtos de seu trabalho não desfigura o caráter educativo.

Art. 69. O adolescente tem direito à profissionalização e à proteção no trabalho, observados os seguintes aspectos, entre outros:

I – respeito à condição peculiar de pessoa em desenvolvimento;

II – capacitação profissional adequada ao mercado de trabalho.

Título III
DA PREVENÇÃO

Capítulo I
DISPOSIÇÕES GERAIS

Art. 70. É dever de todos prevenir a ocorrência de ameaça ou violação dos direitos da criança e do adolescente.

Art. 70-A. A União, os Estados, o Distrito Federal e os Municípios deverão atuar de forma articulada na elaboração de políticas públicas e na execução de ações destinadas a coibir o uso de castigo físico ou de tratamento cruel ou degradante e difundir formas não violentas de educação de crianças e de adolescentes, tendo como principais ações:

•• Caput acrescentado pela Lei n. 13.010, de 26-6-2014.

I – a promoção de campanhas educativas permanentes para a divulgação do direito da criança e do adolescente de serem educados e cuidados sem o uso de castigo físico ou de tratamento cruel ou degradante e dos instrumentos de proteção aos direitos humanos;

•• Inciso I acrescentado pela Lei n. 13.010, de 26-6-2014.

II – a integração com os órgãos do Poder Judiciário, do Ministério Público e da Defensoria Pública, com o Conselho Tutelar, com os Conselhos de Direitos da Criança e do Adolescente e com as entidades não governamentais que atuam na promoção, proteção e defesa dos direitos da criança e do adolescente;

•• Inciso II acrescentado pela Lei n. 13.010, de 26-6-2014.

III – a formação continuada e a capacitação dos profissionais de saúde, educação e assistência social e dos demais agentes que atuam na promoção, proteção e defesa dos direitos da criança e do adolescente para o desenvolvimento das competências necessárias à prevenção, à identificação de evidências, ao diagnóstico e ao enfrentamento de todas as formas de violência contra a criança e o adolescente;

•• Inciso III acrescentado pela Lei n. 13.010, de 26-6-2014.

IV – o apoio e o incentivo às práticas de resolução pacífica de conflitos que envolvam violência contra a criança e o adolescente;

•• Inciso IV acrescentado pela Lei n. 13.010, de 26-6-2014.

V – a inclusão, nas políticas públicas, de ações que visem a garantir os direitos da criança e do adolescente, desde a atenção pré-natal, e de atividades junto aos pais e responsáveis com o objetivo de promover a informação, a reflexão, o debate e a orientação sobre alternativas ao uso de castigo físico ou de tratamento cruel ou degradante no processo educativo;

•• Inciso V acrescentado pela Lei n. 13.010, de 26-6-2014.

VI – a promoção de espaços intersetoriais locais para a articulação de ações e a elaboração de planos de atuação conjunta focados nas famílias em situação de violência, com participação de profissionais de saúde, de assistência social e de educação e de órgãos de promoção, proteção e defesa dos direitos da criança e do adolescente.

•• Inciso VI acrescentado pela Lei n. 13.010, de 26-6-2014.

Parágrafo único. As famílias com crianças e adolescentes com deficiência terão prioridade de atendimento nas ações e políticas públicas de prevenção e proteção.

•• Parágrafo único acrescentado pela Lei n. 13.010, de 26-6-2014.

Estatuto da Criança e do Adolescente

Art. 70-B. As entidades, públicas e privadas, que atuem nas áreas a que se refere o art. 71, dentre outras, devem contar, em seus quadros, com pessoas capacitadas a reconhecer e comunicar ao Conselho Tutelar suspeitas ou casos de maus-tratos praticados contra crianças e adolescentes.

•• *Caput acrescentado pela Lei n. 13.046, de 1.º-12-2014.*

Parágrafo único. São igualmente responsáveis pela comunicação de que trata este artigo, as pessoas encarregadas, por razão de cargo, função, ofício, ministério, profissão ou ocupação, do cuidado, assistência ou guarda de crianças e adolescentes, punível, na forma deste Estatuto, o injustificado retardamento ou omissão, culposos ou dolosos.

•• *Parágrafo único acrescentado pela Lei n. 13.046, de 1.º-12-2014.*

Art. 71. A criança e o adolescente têm direito à informação, cultura, lazer, esportes, diversões, espetáculos e produtos e serviços que respeitem sua condição peculiar de pessoa em desenvolvimento.

Art. 72. As obrigações previstas nesta Lei não excluem da prevenção especial outras decorrentes dos princípios por ela adotados.

Art. 73. A inobservância das normas de prevenção importará em responsabilidade da pessoa física ou jurídica, nos termos desta Lei.

Capítulo II
DA PREVENÇÃO ESPECIAL

Seção I
Da Informação, Cultura, Lazer, Esportes, Diversões e Espetáculos

Art. 74. O Poder Público, através do órgão competente, regulará as diversões e espetáculos públicos, informando sobre a natureza deles, as faixas etárias a que não se recomendem, locais e horários em que sua apresentação se mostre inadequada.

Parágrafo único. Os responsáveis pelas diversões e espetáculos públicos deverão afixar, em lugar visível e de fácil acesso, à entrada do local de exibição, informação destacada sobre a natureza do espetáculo e a faixa etária especificada no certificado de classificação.

Art. 75. Toda criança ou adolescente terá acesso às diversões e espetáculos públicos classificados como adequados à sua faixa etária.

Parágrafo único. As crianças menores de dez anos somente poderão ingressar e permanecer nos locais de apresentação ou exibição quando acompanhadas dos pais ou responsável.

Art. 76. As emissoras de rádio e televisão somente exibirão, no horário recomendado para o público infantojuvenil, programas com finalidades educativas, artísticas, culturais e informativas.

Parágrafo único. Nenhum espetáculo será apresentado ou anunciado sem aviso de sua classificação, antes de sua transmissão, apresentação ou exibição.

Art. 77. Os proprietários, diretores, gerentes e funcionários de empresas que explorem a venda ou aluguel de fitas de programação em vídeo cuidarão para que não haja venda ou locação em desacordo com a classificação atribuída pelo órgão competente.

Parágrafo único. As fitas a que alude este artigo deverão exibir, no invólucro, informação sobre a natureza da obra e a faixa etária a que se destinam.

Art. 78. As revistas e publicações contendo material impróprio ou inadequado a crianças e adolescentes deverão ser comercializadas em embalagem lacrada, com a advertência de seu conteúdo.

Parágrafo único. As editoras cuidarão para que as capas que contenham mensagens pornográficas ou obscenas sejam protegidas com embalagem opaca.

Art. 79. As revistas e publicações destinadas ao público infantojuvenil não poderão conter ilustrações, fotografias, legendas, crônicas ou anúncios de bebidas alcoólicas, tabaco, armas e munições, e deverão respeitar os valores éticos e sociais da pessoa e da família.

Art. 80. Os responsáveis por estabelecimentos que explorem comercialmente bilhar, sinuca ou congênere ou por casas de jogos, assim entendidas as que realizem apostas, ainda que eventualmente, cuidarão para que não seja permitida a entrada e a permanência de crianças e adolescentes no local, afixando aviso para orientação do público.

Seção II
Dos Produtos e Serviços

Art. 81. É proibida a venda à criança ou ao adolescente de:

I – armas, munições e explosivos;

II – bebidas alcoólicas;

III – produtos cujos componentes possam causar dependência física ou psíquica ainda que por utilização indevida;

IV – fogos de estampido e de artifício, exceto aqueles que pelo seu reduzido potencial sejam incapazes de provocar qualquer dano físico em caso de utilização indevida;

V – revistas e publicações a que alude o art. 78;

VI – bilhetes lotéricos e equivalentes.

Art. 82. É proibida a hospedagem de criança ou adolescente em hotel, motel, pensão ou estabelecimento congênere, salvo se autorizado ou acompanhado pelos pais ou responsável.

Seção III
Da Autorização para Viajar

Art. 83. Nenhuma criança poderá viajar para fora da comarca onde reside, desacompanhada dos pais ou responsável, sem expressa autorização judicial.

§ 1.º A autorização não será exigida quando:

a) tratar-se de comarca contígua à da residência da criança, se na mesma unidade da Federação, ou incluída na mesma região metropolitana;

b) a criança estiver acompanhada:

1) de ascendente ou colateral maior, até o terceiro grau, comprovado documentalmente o parentesco;

2) de pessoa maior, expressamente autorizada pelo pai, mãe ou responsável.

§ 2.º A autoridade judiciária poderá, a pedido dos pais ou responsável, conceder autorização válida por dois anos.

Art. 84. Quando se tratar de viagem ao exterior, a autorização é dispensável, se a criança ou adolescente:

I – estiver acompanhado de ambos os pais ou responsável;

II – viajar na companhia de um dos pais, autorizado expressamente pelo outro através de documento com firma reconhecida.

Art. 85. Sem prévia e expressa autorização judicial, nenhuma criança ou adolescente nascido em território nacional poderá sair do País em companhia de estrangeiro residente ou domiciliado no exterior.

Livro II
PARTE ESPECIAL

Título I
DA POLÍTICA DE ATENDIMENTO

Capítulo I
DISPOSIÇÕES GERAIS

Art. 86. A política de atendimento dos direitos da criança e do adolescente far-se-á através de um conjunto articulado de ações governamentais e não governamentais, da União, dos Estados, do Distrito Federal e dos Municípios.

Art. 87. São linhas de ação da política de atendimento:

I – políticas sociais básicas;

II – serviços, programas, projetos e benefícios de assistência social de garantia de proteção

Estatuto da Criança e do Adolescente — Lei n. 8.069, de 13-7-1990

social e de prevenção e redução de violações de direitos, seus agravamentos ou reincidências;

** Inciso II com redação determinada pela Lei n. 13.257, de 8-3-2016.

III – serviços especiais de prevenção e atendimento médico e psicossocial às vítimas de negligência, maus-tratos, exploração, abuso, crueldade e opressão;

IV – serviço de identificação e localização de pais, responsável, crianças e adolescentes desaparecidos;

V – proteção jurídico-social por entidades de defesa dos direitos da criança e do adolescente;

VI – políticas e programas destinados a prevenir ou abreviar o período de afastamento do convívio familiar e a garantir o efetivo exercício do direito à convivência familiar de crianças e adolescentes;

** Inciso VI acrescentado pela Lei n. 12.010, de 3-8-2009.

VII – campanhas de estímulo ao acolhimento sob forma de guarda de crianças e adolescentes afastados do convívio familiar e à adoção, especificamente inter-racial, de crianças maiores ou de adolescentes, com necessidades específicas de saúde ou com deficiências e de grupos de irmãos.

** Inciso VII acrescentado pela Lei n. 12.010, de 3-8-2009.

Art. 88. São diretrizes da política de atendimento:

I – municipalização do atendimento;

II – criação de conselhos municipais, estaduais e nacional dos direitos da criança e do adolescente, órgãos deliberativos e controladores das ações em todos os níveis, assegurada a participação popular paritária por meio de organizações representativas, segundo leis federal, estaduais e municipais;

III – criação e manutenção de programas específicos, observada a descentralização político-administrativa;

IV – manutenção de fundos nacional, estaduais e municipais vinculados aos respectivos conselhos dos direitos da criança e do adolescente;

V – integração operacional de órgãos do Judiciário, Ministério Público, Defensoria, Segurança Pública e Assistência Social, preferencialmente em um mesmo local, para efeito de agilização do atendimento inicial a adolescente a quem se atribua autoria de ato infracional;

VI – integração operacional de órgãos do Judiciário, Ministério Público, Defensoria, Conselho Tutelar e encarregados da execução das políticas sociais básicas e de assistência social, para efeito de agilização do atendimento de crianças e de adolescentes inseridos em programas de acolhimento familiar ou institucional, com vista na sua rápida reintegração à família de origem ou, se tal solução se mostrar comprovadamente inviável, sua colocação em família substituta, em quaisquer das modalidades previstas no art. 28 desta Lei;

** Inciso VI com redação determinada pela Lei n. 12.010, de 3-8-2009.

VII – mobilização da opinião pública para a indispensável participação dos diversos segmentos da sociedade;

** Inciso VII acrescentado pela Lei n. 12.010, de 3-8-2009.

VIII – especialização e formação continuada dos profissionais que trabalham nas diferentes áreas da atenção à primeira infância, incluindo os conhecimentos sobre direitos da criança e sobre desenvolvimento infantil;

** Inciso VIII acrescentado pela Lei n. 13.257, de 8-3-2016.

IX – formação profissional com abrangência dos diversos direitos da criança e do adolescente que favoreça a intersetorialidade no atendimento da criança e do adolescente e seu desenvolvimento integral;

** Inciso IX acrescentado pela Lei n. 13.257, de 8-3-2016.

X – realização e divulgação de pesquisas sobre desenvolvimento infantil e sobre prevenção da violência.

** Inciso X acrescentado pela Lei n. 13.257, de 8-3-2016.

Art. 89. A função de membro do Conselho Nacional e dos conselhos estaduais e municipais dos direitos da criança e do adolescente é considerada de interesse público relevante e não será remunerada.

CAPÍTULO II
DAS ENTIDADES DE ATENDIMENTO

Seção I
Disposições Gerais

Art. 90. As entidades de atendimento são responsáveis pela manutenção das próprias unidades, assim como pelo planejamento e execução de programas de proteção e socioeducativos destinados a crianças e adolescentes, em regime de:

I – orientação e apoio sociofamiliar;

II – apoio socioeducativo em meio aberto;

III – colocação familiar;

IV – acolhimento institucional;

•• Inciso IV com redação determinada pela Lei n. 12.010, de 3-8-2009.

V – prestação de serviços à comunidade;

•• Inciso V com redação determinada pela Lei n. 12.594, de 18-1-2012.

VI – liberdade assistida;

•• Inciso VI com redação determinada pela Lei n. 12.594, de 18-1-2012.

VII – semiliberdade; e

•• Inciso VII com redação determinada pela Lei n. 12.594, de 18-1-2012.

VIII – internação.

•• Inciso VIII acrescentado pela Lei n. 12.594, de 18-1-2012.

§ 1.º As entidades governamentais e não governamentais deverão proceder à inscrição de seus programas, especificando os regimes de atendimento, na forma definida neste artigo, no Conselho Municipal dos Direitos da Criança e do Adolescente, o qual manterá registro das inscrições e de suas alterações, do que fará comunicação ao Conselho Tutelar e à autoridade judiciária.

•• § 1.º acrescentado pela Lei n. 12.010, de 3-8-2009.

§ 2.º Os recursos destinados à implementação e manutenção dos programas relacionados neste artigo serão previstos nas dotações orçamentárias dos órgãos públicos encarregados das áreas de Educação, Saúde e Assistência Social, dentre outros, observando-se o princípio da prioridade absoluta à criança e ao adolescente preconizado pelo *caput* do art. 227 da Constituição Federal e pelo *caput* e parágrafo único do art. 4.º desta Lei.

•• § 2.º acrescentado pela Lei n. 12.010, de 3-8-2009.

§ 3.º Os programas em execução serão reavaliados pelo Conselho Municipal dos Direitos da Criança e do Adolescente, no máximo, a cada 2 (dois) anos, constituindo-se critérios para renovação da autorização de funcionamento:

•• § 3.º, *caput*, acrescentado pela Lei n. 12.010, de 3-8-2009.

I – o efetivo respeito às regras e princípios desta Lei, bem como às resoluções relativas à modalidade de atendimento prestado expedidas pelos Conselhos de Direitos da Criança e do Adolescente, em todos os níveis;

•• Inciso I acrescentado pela Lei n. 12.010, de 3-8-2009.

II – a qualidade e eficiência do trabalho desenvolvido, atestadas pelo Conselho Tutelar, pelo Ministério Público e pela Justiça da Infância e da Juventude;

•• Inciso II acrescentado pela Lei n. 12.010, de 3-8-2009.

III – em se tratando de programas de acolhimento institucional ou familiar, serão considerados os índices de sucesso na reintegração familiar ou de adaptação à família substituta, conforme o caso.

•• Inciso III acrescentado pela Lei n. 12.010, de 3-8-2009.

Art. 91. As entidades não governamentais somente poderão funcionar depois de registradas no Conselho Municipal dos Direitos da Criança e do Adolescente, o qual comunicará o registro ao Conselho Tutelar e à autoridade judiciária da respectiva localidade.

§ 1.º Será negado o registro à entidade que:

•• Primitivo parágrafo único renumerado pela Lei n. 12.010, de 3-8-2009.

Estatuto da Criança e do Adolescente

a) não ofereça instalações físicas em condições adequadas de habitabilidade, higiene, salubridade e segurança;

b) não apresente plano de trabalho compatível com os princípios desta Lei;

c) esteja irregularmente constituída;

d) tenha em seus quadros pessoas inidôneas.

e) não se adequar ou deixar de cumprir as resoluções e deliberações relativas à modalidade de atendimento prestado expedidas pelos Conselhos de Direitos da Criança e do Adolescente, em todos os níveis.

•• Alínea e acrescentada pela Lei n. 12.010, de 3-8-2009.

§ 2.º O registro terá validade máxima de 4 (quatro) anos, cabendo ao Conselho Municipal dos Direitos da Criança e do Adolescente, periodicamente, reavaliar o cabimento de sua renovação, observado o disposto no § 1.º deste artigo.

•• § 2.º acrescentado pela Lei n. 12.010, de 3-8-2009.

Art. 92. As entidades que desenvolvam programas de acolhimento familiar ou institucional deverão adotar os seguintes princípios:

•• *Caput* com redação determinada pela Lei n. 12.010, de 3-8-2009.

I – preservação dos vínculos familiares e promoção da reintegração familiar;

•• Inciso I com redação determinada pela Lei n. 12.010, de 3-8-2009.

II – integração em família substituta, quando esgotados os recursos de manutenção na família natural ou extensa;

•• Inciso II com redação determinada pela Lei n. 12.010, de 3-8-2009.

III – atendimento personalizado e em pequenos grupos;

IV – desenvolvimento de atividades em regime de coeducação;

V – não desmembramento de grupos de irmãos;

VI – evitar, sempre que possível, a transferência para outras entidades de crianças e adolescentes abrigados;

Lei n. 8.069, de 13-7-1990

VII – participação na vida da comunidade local;

VIII – preparação gradativa para o desligamento;

IX – participação de pessoas da comunidade no processo educativo.

§ 1.º O dirigente de entidade que desenvolve programa de acolhimento institucional é equiparado ao guardião, para todos os efeitos de direito.

•• § 1.º acrescentado pela Lei n. 12.010, de 3-8-2009.

§ 2.º Os dirigentes de entidades que desenvolvem programas de acolhimento familiar ou institucional remeterão à autoridade judiciária, no máximo a cada 6 (seis) meses, relatório circunstanciado acerca da situação de cada criança ou adolescente acolhido e sua família, para fins da reavaliação prevista no § 1.º do art. 19 desta Lei.

•• § 2.º acrescentado pela Lei n. 12.010, de 3-8-2009.

§ 3.º Os entes federados, por intermédio dos Poderes Executivo e Judiciário, promoverão conjuntamente a permanente qualificação dos profissionais que atuam direta ou indiretamente em programas de acolhimento institucional e destinados à colocação familiar de crianças e adolescentes, incluindo membros do Poder Judiciário, Ministério Público e Conselho Tutelar.

•• § 3.º acrescentado pela Lei n. 12.010, de 3-8-2009.

§ 4.º Salvo determinação em contrário da autoridade judiciária competente, as entidades que desenvolvem programas de acolhimento familiar ou institucional, se necessário com o auxílio do Conselho Tutelar e dos órgãos de assistência social, estimularão o contato da criança ou adolescente com seus pais e parentes, em cumprimento ao disposto nos incisos I e VIII do *caput* deste artigo.

•• § 4.º acrescentado pela Lei n. 12.010, de 3-8-2009.

§ 5.º As entidades que desenvolvem programas de acolhimento familiar ou institucional somente poderão receber recursos públicos se comprovado o atendimento dos princípios, exigências e finalidades desta Lei.

•• § 5.º acrescentado pela Lei n. 12.010, de 3-8-2009.

§ 6.º O descumprimento das disposições desta Lei pelo dirigente de entidade que desenvolva programas de acolhimento familiar ou institucional é causa de sua destituição, sem prejuízo da apuração de sua responsabilidade administrativa, civil e criminal.

•• § 6.º acrescentado pela Lei n. 12.010, de 3-8-2009.

§ 7.º Quando se tratar de criança de 0 (zero) a 3 (três) anos em acolhimento institucional, dar-se-á especial atenção à atuação de educadores de referência estáveis e qualitativamente significativos, às rotinas específicas e ao atendimento das necessidades básicas, incluindo as de afeto como prioritárias.

•• § 7.º acrescentado pela Lei n. 13.257, de 8-3-2016.

Art. 93. As entidades que mantenham programa de acolhimento institucional poderão, em caráter excepcional e de urgência, acolher crianças e adolescentes sem prévia determinação da autoridade competente, fazendo comunicação do fato em até 24 (vinte e quatro) horas ao Juiz da Infância e da Juventude, sob pena de responsabilidade.

•• Caput com redação determinada pela Lei n. 12.010, de 3-8-2009.

Parágrafo único. Recebida a comunicação, a autoridade judiciária, ouvido o Ministério Público e se necessário com o apoio do Conselho Tutelar local, tomará as medidas necessárias para promover a imediata reintegração familiar da criança ou do adolescente ou, se por qualquer razão não for isso possível ou recomendável, para seu encaminhamento a programa de acolhimento familiar, institucional ou a família substituta, observado o disposto no § 2.º do art. 101 desta Lei.

•• Parágrafo único acrescentado pela Lei n. 12.010, de 3-8-2009.

Art. 94. As entidades que desenvolvem programas de internação têm as seguintes obrigações, entre outras:

I – observar os direitos e garantias de que são titulares os adolescentes;

II – não restringir nenhum direito que não tenha sido objeto de restrição na decisão de internação;

III – oferecer atendimento personalizado, em pequenas unidades e grupos reduzidos;

IV – preservar a identidade e oferecer ambiente de respeito e dignidade ao adolescente;

V – diligenciar no sentido do restabelecimento e da preservação dos vínculos familiares;

VI – comunicar à autoridade judiciária, periodicamente, os casos em que se mostre inviável ou impossível o reatamento dos vínculos familiares;

VII – oferecer instalações físicas em condições adequadas de habitabilidade, higiene, salubridade e segurança e os objetos necessários à higiene pessoal;

VIII – oferecer vestuário e alimentação suficientes e adequados à faixa etária dos adolescentes atendidos;

IX – oferecer cuidados médicos, psicológicos, odontológicos e farmacêuticos;

X – propiciar escolarização e profissionalização;

XI – propiciar atividades culturais, esportivas e de lazer;

XII – propiciar assistência religiosa àqueles que desejarem, de acordo com suas crenças;

XIII – proceder a estudo social e pessoal de cada caso;

XIV – reavaliar periodicamente cada caso, com intervalo máximo de seis meses, dando ciência dos resultados à autoridade competente;

XV – informar, periodicamente, o adolescente internado sobre sua situação processual;

XVI – comunicar às autoridades competentes todos os casos de adolescentes portadores de moléstias infectocontagiosas;

XVII – fornecer comprovante de depósito dos pertences dos adolescentes;

XVIII – manter programas destinados ao apoio e acompanhamento de egressos;

Estatuto da Criança e do Adolescente
Lei n. 8.069, de 13-7-1990

XIX – providenciar os documentos necessários ao exercício da cidadania àqueles que não os tiverem;

XX – manter arquivo de anotações onde constem data e circunstâncias do atendimento, nome do adolescente, seus pais ou responsável, parentes, endereços, sexo, idade, acompanhamento da sua formação, relação de seus pertences e demais dados que possibilitem sua identificação e a individualização do atendimento.

§ 1.º Aplicam-se, no que couber, as obrigações constantes deste artigo às entidades que mantêm programas de acolhimento institucional e familiar.

•• § 1.º com redação determinada pela Lei n. 12.010, de 3-8-2009.

§ 2.º No cumprimento das obrigações a que alude este artigo as entidades utilizarão preferencialmente os recursos da comunidade.

Art. 94-A. As entidades, públicas ou privadas, que abriguem ou recepcionem crianças e adolescentes, ainda que em caráter temporário, devem ter, em seus quadros, profissionais capacitados a reconhecer e reportar ao Conselho Tutelar suspeitas ou ocorrências de maus-tratos.

•• Artigo acrescentado pela Lei n. 13.046, de 1.º-12-2014.

Seção II
Da Fiscalização das Entidades

Art. 95. As entidades governamentais e não governamentais referidas no art. 90 serão fiscalizadas pelo Judiciário, pelo Ministério Público e pelos Conselhos Tutelares.

Art. 96. Os planos de aplicação e as prestações de contas serão apresentados ao Estado ou ao Município, conforme a origem das dotações orçamentárias.

Art. 97. São medidas aplicáveis às entidades de atendimento que descumprirem obrigação constante do art. 94, sem prejuízo da responsabilidade civil e criminal de seus dirigentes ou prepostos:

•• A Lei n. 12.594, de 18-1-2012, propôs nova redação ao *caput* deste artigo, porém o texto foi vetado.

I – às entidades governamentais:

a) advertência;

b) afastamento provisório de seus dirigentes;

c) afastamento definitivo de seus dirigentes;

d) fechamento de unidade ou interdição de programa.

II – às entidades não governamentais:

a) advertência;

b) suspensão total ou parcial do repasse de verbas públicas;

c) interdição de unidades ou suspensão de programa;

d) cassação do registro.

§ 1.º Em caso de reiteradas infrações cometidas por entidades de atendimento, que coloquem em risco os direitos assegurados nesta Lei, deverá ser o fato comunicado ao Ministério Público ou representado perante autoridade judiciária competente para as providências cabíveis, inclusive suspensão das atividades ou dissolução da entidade.

•• Primitivo parágrafo único renumerado pela Lei n. 12.010, de 3-8-2009.

§ 2.º As pessoas jurídicas de direito público e as organizações não governamentais responderão pelos danos que seus agentes causarem às crianças e aos adolescentes, caracterizado o descumprimento dos princípios norteadores das atividades de proteção específica.

•• § 2.º acrescentado pela Lei n. 12.010, de 3-8-2009.

TÍTULO II
DAS MEDIDAS DE PROTEÇÃO

CAPÍTULO I
DISPOSIÇÕES GERAIS

Art. 98. As medidas de proteção à criança e ao adolescente são aplicáveis sempre que os direitos reconhecidos nesta Lei forem ameaçados ou violados:

I – por ação ou omissão da sociedade ou do Estado;

II – por falta, omissão ou abuso dos pais ou responsável;

III – em razão de sua conduta.

Capítulo II
DAS MEDIDAS ESPECÍFICAS DE PROTEÇÃO

Art. 99. As medidas previstas neste Capítulo poderão ser aplicadas isolada ou cumulativamente, bem como substituídas a qualquer tempo.

Art. 100. Na aplicação das medidas levar-se-ão em conta as necessidades pedagógicas, preferindo-se aquelas que visem ao fortalecimento dos vínculos familiares e comunitários.

Parágrafo único. São também princípios que regem a aplicação das medidas:

•• Parágrafo único, *caput*, acrescentado pela Lei n. 12.010, de 3-8-2009.

I – condição da criança e do adolescente como sujeitos de direitos: crianças e adolescentes são os titulares dos direitos previstos nesta e em outras Leis, bem como na Constituição Federal;

•• Inciso I acrescentado pela Lei n. 12.010, de 3-8-2009.

II – proteção integral e prioritária: a interpretação e aplicação de toda e qualquer norma contida nesta Lei deve ser voltada à proteção integral e prioritária dos direitos de que crianças e adolescentes são titulares;

•• Inciso II acrescentado pela Lei n. 12.010, de 3-8-2009.

III – responsabilidade primária e solidária do poder público: a plena efetivação dos direitos assegurados a crianças e a adolescentes por esta Lei e pela Constituição Federal, salvo nos casos por esta expressamente ressalvados, é de responsabilidade primária e solidária das 3 (três) esferas de governo, sem prejuízo da municipalização do atendimento e da possibilidade da execução de programas por entidades não governamentais;

•• Inciso III acrescentado pela Lei n. 12.010, de 3-8-2009.

IV – interesse superior da criança e do adolescente: a intervenção deve atender prioritariamente aos interesses e direitos da criança e do adolescente, sem prejuízo da consideração que for devida a outros interesses legítimos no âmbito da pluralidade dos interesses presentes no caso concreto;

•• Inciso IV acrescentado pela Lei n. 12.010, de 3-8-2009.

V – privacidade: a promoção dos direitos e proteção da criança e do adolescente deve ser efetuada no respeito pela intimidade, direito à imagem e reserva da sua vida privada;

•• Inciso V acrescentado pela Lei n. 12.010, de 3-8-2009.

VI – intervenção precoce: a intervenção das autoridades competentes deve ser efetuada logo que a situação de perigo seja conhecida;

•• Inciso VI acrescentado pela Lei n. 12.010, de 3-8-2009.

VII – intervenção mínima: a intervenção deve ser exercida exclusivamente pelas autoridades e instituições cuja ação seja indispensável à efetiva promoção dos direitos e à proteção da criança e do adolescente;

•• Inciso VII acrescentado pela Lei n. 12.010, de 3-8-2009.

VIII – proporcionalidade e atualidade: a intervenção deve ser a necessária e adequada à situação de perigo em que a criança ou o adolescente se encontram no momento em que a decisão é tomada;

•• Inciso VIII acrescentado pela Lei n. 12.010, de 3-8-2009.

IX – responsabilidade parental: a intervenção deve ser efetuada de modo que os pais assumam os seus deveres para com a criança e o adolescente;

•• Inciso IX acrescentado pela Lei n. 12.010, de 3-8-2009.

X – prevalência da família: na promoção de direitos e na proteção da criança e do adolescente deve ser dada prevalência às medidas que os mantenham ou reintegrem na sua família natural ou extensa ou, se isto não for possível, que promovam a sua integração em família substituta;

Estatuto da Criança e do Adolescente

Lei n. 8.069, de 13-7-1990

•• Inciso X acrescentado pela Lei n. 12.010, de 3-8-2009.

XI – obrigatoriedade da informação: a criança e o adolescente, respeitado seu estágio de desenvolvimento e capacidade de compreensão, seus pais ou responsável devem ser informados dos seus direitos, dos motivos que determinaram a intervenção e da forma como esta se processa;

•• Inciso XI acrescentado pela Lei n. 12.010, de 3-8-2009.

XII – oitiva obrigatória e participação: a criança e o adolescente, em separado ou na companhia dos pais, de responsável ou de pessoa por si indicada, bem como os seus pais ou responsável, têm direito a ser ouvidos e a participar nos atos e na definição da medida de promoção dos direitos e de proteção, sendo sua opinião devidamente considerada pela autoridade judiciária competente, observado o disposto nos §§ 1.º e 2.º do art. 28 desta Lei.

•• Inciso XII acrescentado pela Lei n. 12.010, de 3-8-2009.

Art. 101. Verificada qualquer das hipóteses previstas no art. 98, a autoridade competente poderá determinar, dentre outras, as seguintes medidas:

I – encaminhamento aos pais ou responsável, mediante termo de responsabilidade;

II – orientação, apoio e acompanhamento temporários;

III – matrícula e frequência obrigatórias em estabelecimento oficial de ensino fundamental;

IV – inclusão em serviços e programas oficiais ou comunitários de proteção, apoio e promoção da família, da criança e do adolescente;

•• Inciso IV com redação determinada pela Lei n. 13.257, de 8-3-2016.

V – requisição de tratamento médico, psicológico ou psiquiátrico, em regime hospitalar ou ambulatorial;

VI – inclusão em programa oficial ou comunitário de auxílio, orientação e tratamento a alcoólatras e toxicômanos;

VII – acolhimento institucional;

•• Inciso VII com redação determinada pela Lei n. 12.010, de 3-8-2009.

VIII – inclusão em programa de acolhimento familiar;

•• Inciso VIII com redação determinada pela Lei n. 12.010, de 3-8-2009.

IX – colocação em família substituta.

•• Inciso IX acrescentado pela Lei n. 12.010, de 3-8-2009.

§ 1.º O acolhimento institucional e o acolhimento familiar são medidas provisórias e excepcionais, utilizáveis como forma de transição para reintegração familiar ou, não sendo esta possível, para colocação em família substituta, não implicando privação de liberdade.

•• § 1.º acrescentado pela Lei n. 12.010, de 3-8-2009.

§ 2.º Sem prejuízo da tomada de medidas emergenciais para proteção de vítimas de violência ou abuso sexual e das providências a que alude o art. 130 desta Lei, o afastamento da criança ou adolescente do convívio familiar é de competência exclusiva da autoridade judiciária e importará na deflagração, a pedido do Ministério Público ou de quem tenha legítimo interesse, de procedimento judicial contencioso, no qual se garanta aos pais ou ao responsável legal o exercício do contraditório e da ampla defesa.

•• § 2.º acrescentado pela Lei n. 12.010, de 3-8-2009.

§ 3.º Crianças e adolescentes somente poderão ser encaminhados às instituições que executam programas de acolhimento institucional, governamentais ou não, por meio de uma Guia de Acolhimento, expedida pela autoridade judiciária, na qual obrigatoriamente constará, dentre outros:

I – sua identificação e a qualificação completa de seus pais ou de seu responsável, se conhecidos;

II – o endereço de residência dos pais ou do responsável, com pontos de referência;

III – os nomes de parentes ou de terceiros interessados em tê-los sob sua guarda;

IV – os motivos da retirada ou da não reintegração ao convívio familiar.

•• § 3.º acrescentado pela Lei n. 12.010, de 3-8-2009.

§ 4.º Imediatamente após o acolhimento da criança ou do adolescente, a entidade responsável pelo programa de acolhimento institucional ou familiar elaborará um plano individual de atendimento, visando à reintegração familiar, ressalvada a existência de ordem escrita e fundamentada em contrário de autoridade judiciária competente, caso em que também deverá contemplar sua colocação em família substituta, observadas as regras e princípios desta Lei.

•• § 4.º acrescentado pela Lei n. 12.010, de 3-8-2009.

§ 5.º O plano individual será elaborado sob a responsabilidade da equipe técnica do respectivo programa de atendimento e levará em consideração a opinião da criança ou do adolescente e a oitiva dos pais ou do responsável.

•• § 5.º acrescentado pela Lei n. 12.010, de 3-8-2009.

§ 6.º Constarão do plano individual, dentre outros:

I – os resultados da avaliação interdisciplinar;

II – os compromissos assumidos pelos pais ou responsável; e

III – a previsão das atividades a serem desenvolvidas com a criança ou com o adolescente acolhido e seus pais ou responsável, com vista na reintegração familiar ou, caso seja esta vedada por expressa e fundamentada determinação judicial, as providências a serem tomadas para sua colocação em família substituta, sob direta supervisão da autoridade judiciária.

•• § 6.º acrescentado pela Lei n. 12.010, de 3-8-2009.

§ 7.º O acolhimento familiar ou institucional ocorrerá no local mais próximo à residência dos pais ou do responsável e, como parte do processo de reintegração familiar, sempre que identificada a necessidade, a família de origem será incluída em programas oficiais de orientação, de apoio e de promoção social, sendo facilitado e estimulado o contato com a criança ou com o adolescente acolhido.

•• § 7.º acrescentado pela Lei n. 12.010, de 3-8-2009.

§ 8.º Verificada a possibilidade de reintegração familiar, o responsável pelo programa de acolhimento familiar ou institucional fará imediata comunicação à autoridade judiciária, que dará vista ao Ministério Público, pelo prazo de 5 (cinco) dias, decidindo em igual prazo.

•• § 8.º acrescentado pela Lei n. 12.010, de 3-8-2009.

§ 9.º Em sendo constatada a impossibilidade de reintegração da criança ou do adolescente à família de origem, após seu encaminhamento a programas oficiais ou comunitários de orientação, apoio e promoção social, será enviado relatório fundamentado ao Ministério Público, no qual conste a descrição pormenorizada das providências tomadas e a expressa recomendação, subscrita pelos técnicos da entidade ou responsáveis pela execução da política municipal de garantia do direito à convivência familiar, para a destituição do poder familiar, ou destituição de tutela ou guarda.

•• § 9.º acrescentado pela Lei n. 12.010, de 3-8-2009.

§ 10. Recebido o relatório, o Ministério Público terá o prazo de 30 (trinta) dias para o ingresso com a ação de destituição do poder familiar, salvo se entender necessária a realização de estudos complementares ou outras providências que entender indispensáveis ao ajuizamento da demanda.

•• § 10 acrescentado pela Lei n. 12.010, de 3-8-2009.

§ 11. A autoridade judiciária manterá, em cada comarca ou foro regional, um cadastro contendo informações atualizadas sobre as crianças e adolescentes em regime de acolhimento familiar e institucional sob sua responsabilidade, com informações pormenorizadas sobre a situação jurídica de cada um, bem como as providências tomadas para sua reintegração familiar ou colocação em família substituta, em qualquer das modalidades previstas no art. 28 desta Lei.

•• § 11 acrescentado pela Lei n. 12.010, de 3-8-2009.

§ 12. Terão acesso ao cadastro o Ministério Público, o Conselho Tutelar, o órgão gestor da

Estatuto da Criança e do Adolescente

Assistência Social e os Conselhos Municipais dos Direitos da Criança e do Adolescente e da Assistência Social, aos quais incumbe deliberar sobre a implementação de políticas públicas que permitam reduzir o número de crianças e adolescentes afastados do convívio familiar e abreviar o período de permanência em programa de acolhimento.

•• § 12 acrescentado pela Lei n. 12.010, de 3-8-2009.

Art. 102. As medidas de proteção de que trata este Capítulo serão acompanhadas da regularização do registro civil.

§ 1.º Verificada a inexistência de registro anterior, o assento de nascimento da criança ou adolescente será feito à vista dos elementos disponíveis, mediante requisição da autoridade judiciária.

§ 2.º Os registros e certidões necessários à regularização de que trata este artigo são isentos de multas, custas e emolumentos, gozando de absoluta prioridade.

§ 3.º Caso ainda não definida a paternidade, será deflagrado procedimento específico destinado à sua averiguação, conforme previsto pela Lei n. 8.560, de 29 de dezembro de 1992.

•• § 3.º acrescentado pela Lei n. 12.010, de 3-8-2009.

§ 4.º Nas hipóteses previstas no § 3.º deste artigo, é dispensável o ajuizamento de ação de investigação de paternidade pelo Ministério Público se, após o não comparecimento ou a recusa do suposto pai em assumir a paternidade a ele atribuída, a criança for encaminhada para adoção.

•• § 4.º acrescentado pela Lei n. 12.010, de 3-8-2009.

§ 5.º Os registros e certidões necessários à inclusão, a qualquer tempo, do nome do pai no assento de nascimento são isentos de multas, custas e emolumentos, gozando de absoluta prioridade.

•• § 5.º acrescentado pela Lei n. 13.257, de 8-3-2016.

§ 6.º São gratuitas, a qualquer tempo, a averbação requerida do reconhecimento de paternidade no assento de nascimento e a certidão correspondente.

•• § 6.º acrescentado pela Lei n. 13.257, de 8-3-2016.

TÍTULO III
DA PRÁTICA DE ATO INFRACIONAL

Capítulo I
DISPOSIÇÕES GERAIS

Art. 103. Considera-se ato infracional a conduta descrita como crime ou contravenção penal.

Art. 104. São penalmente inimputáveis os menores de dezoito anos, sujeitos às medidas previstas nesta Lei.

Parágrafo único. Para os efeitos desta Lei, deve ser considerada a idade do adolescente à data do fato.

Art. 105. Ao ato infracional praticado por criança corresponderão as medidas previstas no art. 101.

Capítulo II
DOS DIREITOS INDIVIDUAIS

Art. 106. Nenhum adolescente será privado de sua liberdade senão em flagrante de ato infracional ou por ordem escrita e fundamentada da autoridade judiciária competente.

Parágrafo único. O adolescente tem direito à identificação dos responsáveis pela sua apreensão, devendo ser informado acerca de seus direitos.

Art. 107. A apreensão de qualquer adolescente e o local onde se encontra recolhido serão *incontinenti* comunicados à autoridade judiciária competente e à família do apreendido ou à pessoa por ele indicada.

Parágrafo único. Examinar-se-á, desde logo e sob pena de responsabilidade, a possibilidade de liberação imediata.

Art. 108. A internação, antes da sentença, pode ser determinada pelo prazo máximo de quarenta e cinco dias.

Parágrafo único. A decisão deverá ser fundamentada e basear-se em indícios suficientes de autoria e materialidade, demonstrada a necessidade imperiosa da medida.

Art. 109. O adolescente civilmente identificado não será submetido a identificação compulsória pelos órgãos policiais, de proteção e judiciais, salvo para efeito de confrontação, havendo dúvida fundada.

Capítulo III
DAS GARANTIAS PROCESSUAIS

Art. 110. Nenhum adolescente será privado de sua liberdade sem o devido processo legal.

Art. 111. São asseguradas ao adolescente, entre outras, as seguintes garantias:

I – pleno e formal conhecimento da atribuição de ato infracional, mediante citação ou meio equivalente;

II – igualdade na relação processual, podendo confrontar-se com vítimas e testemunhas e produzir todas as provas necessárias à sua defesa;

III – defesa técnica por advogado;

IV – assistência judiciária gratuita e integral aos necessitados, na forma da lei;

V – direito de ser ouvido pessoalmente pela autoridade competente;

VI – direito de solicitar a presença de seus pais ou responsável em qualquer fase do procedimento.

Capítulo IV
DAS MEDIDAS SOCIOEDUCATIVAS

Seção I
Disposições Gerais

Art. 112. Verificada a prática de ato infracional, a autoridade competente poderá aplicar ao adolescente as seguintes medidas:

I – advertência;

II – obrigação de reparar o dano;

III – prestação de serviços à comunidade;

IV – liberdade assistida;

V – inserção em regime de semiliberdade;

VI – internação em estabelecimento educacional;

VII – qualquer uma das previstas no art. 101, I a VI.

§ 1.º A medida aplicada ao adolescente levará em conta a sua capacidade de cumpri-la, as circunstâncias e a gravidade da infração.

§ 2.º Em hipótese alguma e sob pretexto algum, será admitida a prestação de trabalho forçado.

§ 3.º Os adolescentes portadores de doença ou deficiência mental receberão tratamento individual e especializado, em local adequado às suas condições.

Art. 113. Aplica-se a este Capítulo o disposto nos arts. 99 e 100.

Art. 114. A imposição das medidas previstas nos incisos II a VI do art. 112 pressupõe a existência de provas suficientes da autoria e da materialidade da infração, ressalvada a hipótese de remissão, nos termos do art. 127.

Parágrafo único. A advertência poderá ser aplicada sempre que houver prova da materialidade e indícios suficientes da autoria.

Seção II
Da Advertência

Art. 115. A advertência consistirá em admoestação verbal, que será reduzida a termo e assinada.

Seção III
Da Obrigação de Reparar o Dano

Art. 116. Em se tratando de ato infracional com reflexos patrimoniais, a autoridade poderá determinar, se for o caso, que o adolescente restitua a coisa, promova o ressarcimento do dano, ou, por outra forma, compense o prejuízo da vítima.

Parágrafo único. Havendo manifesta impossibilidade, a medida poderá ser substituída por outra adequada.

Estatuto da Criança e do Adolescente　　　　　　**Lei n. 8.069, de 13-7-1990**

Seção IV
Da Prestação de Serviços
à Comunidade

Art. 117. A prestação de serviços comunitários consiste na realização de tarefas gratuitas de interesse geral, por período não excedente a seis meses, junto a entidades assistenciais, hospitais, escolas e outros estabelecimentos congêneres, bem como em programas comunitários ou governamentais.

Parágrafo único. As tarefas serão atribuídas conforme as aptidões do adolescente, devendo ser cumpridas durante jornada máxima de oito horas semanais, aos sábados, domingos e feriados ou em dias úteis, de modo a não prejudicar a frequência à escola ou à jornada normal de trabalho.

Seção V
Da Liberdade Assistida

Art. 118. A liberdade assistida será adotada sempre que se afigurar a medida mais adequada para o fim de acompanhar, auxiliar e orientar o adolescente.

§ 1.º A autoridade designará pessoa capacitada para acompanhar o caso, a qual poderá ser recomendada por entidade ou programa de atendimento.

§ 2.º A liberdade assistida será fixada pelo prazo mínimo de seis meses, podendo a qualquer tempo ser prorrogada, revogada ou substituída por outra medida, ouvido o orientador, o Ministério Público e o defensor.

Art. 119. Incumbe ao orientador, com o apoio e a supervisão da autoridade competente, a realização dos seguintes encargos, entre outros:

I – promover socialmente o adolescente e sua família, fornecendo-lhes orientação e inserindo-os, se necessário, em programa oficial ou comunitário de auxílio e assistência social;

II – supervisionar a frequência e o aproveitamento escolar do adolescente, promovendo, inclusive, sua matrícula;

III – diligenciar no sentido da profissionalização do adolescente e de sua inserção no mercado de trabalho;

IV – apresentar relatório do caso.

Seção VI
Do Regime de Semiliberdade

Art. 120. O regime de semiliberdade pode ser determinado desde o início, ou como forma de transição para o meio aberto, possibilitada a realização de atividades externas, independentemente de autorização judicial.

§ 1.º É obrigatória a escolarização e a profissionalização, devendo, sempre que possível, ser utilizados os recursos existentes na comunidade.

§ 2.º A medida não comporta prazo determinado, aplicando-se, no que couber, as disposições relativas à internação.

Seção VII
Da Internação

Art. 121. A internação constitui medida privativa da liberdade, sujeita aos princípios de brevidade, excepcionalidade e respeito à condição peculiar de pessoa em desenvolvimento.

§ 1.º Será permitida a realização de atividades externas, a critério da equipe técnica da entidade, salvo expressa determinação judicial em contrário.

§ 2.º A medida não comporta prazo determinado, devendo sua manutenção ser reavaliada, mediante decisão fundamentada, no máximo a cada seis meses.

§ 3.º Em nenhuma hipótese o período máximo de internação excederá à três anos.

§ 4.º Atingido o limite estabelecido no parágrafo anterior, o adolescente deverá ser liberado, colocado em regime de semiliberdade ou de liberdade assistida.

§ 5.º A liberação será compulsória aos vinte e um anos de idade.

§ 6.º Em qualquer hipótese a desinternação será precedida de autorização judicial, ouvido o Ministério Público.

§ 7.º A determinação judicial mencionada no § 1.º poderá ser revista a qualquer tempo pela autoridade judiciária.

•• § 7.º acrescentado pela Lei n. 12.594, de 18-1-2012.

Art. 122. A medida de internação só poderá ser aplicada quando:

I – tratar-se de ato infracional cometido mediante grave ameaça ou violência a pessoa;

II – por reiteração no cometimento de outras infrações graves;

III – por descumprimento reiterado e injustificável da medida anteriormente imposta.

§ 1.º O prazo de internação na hipótese do inciso III deste artigo não poderá ser superior a 3 (três) meses, devendo ser decretada judicialmente após o devido processo legal.

•• § 1.º com redação determinada pela Lei n. 12.594, de 18-1-2012.

§ 2.º Em nenhuma hipótese será aplicada a internação, havendo outra medida adequada.

Art. 123. A internação deverá ser cumprida em entidade exclusiva para adolescentes, em local distinto daquele destinado ao abrigo, obedecida rigorosa separação por critérios de idade, compleição física e gravidade da infração.

Parágrafo único. Durante o período de internação, inclusive provisória, serão obrigatórias atividades pedagógicas.

Art. 124. São direitos do adolescente privado de liberdade, entre outros, os seguintes:

I – entrevistar-se pessoalmente com o representante do Ministério Público;

II – peticionar diretamente a qualquer autoridade;

III – avistar-se reservadamente com seu defensor;

IV – ser informado de sua situação processual, sempre que solicitada;

V – ser tratado com respeito e dignidade;

VI – permanecer internado na mesma localidade ou naquela mais próxima ao domicílio de seus pais ou responsável;

VII – receber visitas, ao menos semanalmente;

VIII – corresponder-se com seus familiares e amigos;

IX – ter acesso aos objetos necessários à higiene e asseio pessoal;

X – habitar alojamento em condições adequadas de higiene e salubridade;

XI – receber escolarização e profissionalização;

XII – realizar atividades culturais, esportivas e de lazer;

XIII – ter acesso aos meios de comunicação social;

XIV – receber assistência religiosa, segundo a sua crença, e desde que assim o deseje;

XV – manter a posse de seus objetos pessoais e dispor de local seguro para guardá-los, recebendo comprovante daqueles porventura depositados em poder da entidade;

XVI – receber, quando de sua desinternação, os documentos pessoais indispensáveis à vida em sociedade.

§ 1.º Em nenhum caso haverá incomunicabilidade.

§ 2.º A autoridade judiciária poderá suspender temporariamente a visita, inclusive de pais ou responsável, se existirem motivos sérios e fundados de sua prejudicialidade aos interesses do adolescente.

Art. 125. É dever do Estado zelar pela integridade física e mental dos internos, cabendo-lhe adotar as medidas adequadas de contenção e segurança.

Capítulo V
DA REMISSÃO

Art. 126. Antes de iniciado o procedimento judicial para apuração de ato infracional, o representante do Ministério Público poderá conceder a remissão, como forma de exclusão do processo, atendendo às circunstâncias e consequências do fato, ao contexto social, bem como à personalidade do adolescente e sua maior ou menor participação no ato infracional.

Parágrafo único. Iniciado o procedimento, a concessão da remissão pela autoridade judiciária importará na suspensão ou extinção do processo.

Art. 127. A remissão não implica necessariamente o reconhecimento ou comprovação da responsabilidade, nem prevalece para efeito de antecedentes, podendo incluir eventualmente a aplicação de qualquer das medidas previstas em lei, exceto a colocação em regime de semiliberdade e a internação.

Art. 128. A medida aplicada por força da remissão poderá ser revista judicialmente, a qualquer tempo, mediante pedido expresso do adolescente ou de seu representante legal, ou do Ministério Público.

Título IV
DAS MEDIDAS PERTINENTES AOS PAIS OU RESPONSÁVEL

Art. 129. São medidas aplicáveis aos pais ou responsável:

I – encaminhamento a serviços e programas oficiais ou comunitários de proteção, apoio e promoção da família;

•• Inciso I com redação determinada pela Lei n. 13.257, de 8-3-2016.

II – inclusão em programa oficial ou comunitário de auxílio, orientação e tratamento a alcoólatras e toxicômanos;

III – encaminhamento a tratamento psicológico ou psiquiátrico;

IV – encaminhamento a cursos ou programas de orientação;

V – obrigação de matricular o filho ou pupilo e acompanhar sua frequência e aproveitamento escolar;

VI – obrigação de encaminhar a criança ou adolescente a tratamento especializado;

VII – advertência;

VIII – perda da guarda;

IX – destituição da tutela;

X – suspensão ou destituição do poder familiar.

Parágrafo único. Na aplicação das medidas previstas nos incisos IX e X deste artigo, observar-se-á o disposto nos arts. 23 e 24.

Art. 130. Verificada a hipótese de maus-tratos, opressão ou abuso sexual impostos pelos pais ou responsável, a autoridade judiciária poderá determinar, como medida cautelar, o afastamento do agressor da moradia comum.

Parágrafo único. Da medida cautelar constará, ainda, a fixação provisória dos alimentos de que necessitem a criança ou o adolescente dependentes do agressor.

•• Parágrafo único acrescentado pela Lei n. 12.415, de 9-6-2011.

Título V
DO CONSELHO TUTELAR

Capítulo I
DISPOSIÇÕES GERAIS

Art. 131. O Conselho Tutelar é órgão permanente e autônomo, não jurisdicional, encarregado pela sociedade de zelar pelo cumprimento dos direitos da criança e do adolescente, definidos nesta Lei.

Art. 132. Em cada Município e em cada Região Administrativa do Distrito Federal haverá, no mínimo, 1 (um) Conselho Tutelar como órgão integrante da administração pública local, composto de 5 (cinco) membros, escolhidos pela população local para mandato de 4 (quatro) anos, permitida 1 (uma) recondução, mediante novo processo de escolha.

•• Artigo com redação determinada pela Lei n. 12.696, de 25-7-2012.

Art. 133. Para a candidatura a membro do Conselho Tutelar, serão exigidos os seguintes requisitos:

I – reconhecida idoneidade moral;

II – idade superior a vinte e um anos;

III – residir no município.

Art. 134. Lei municipal ou distrital disporá sobre o local, dia e horário de funcionamento do Conselho Tutelar, inclusive quanto à remuneração dos respectivos membros, aos quais é assegurado o direito a:

•• *Caput* com redação determinada pela Lei n. 12.696, de 25-7-2012.

I – cobertura previdenciária;

•• Inciso I acrescentado pela Lei n. 12.696, de 25-7-2012.

II – gozo de férias anuais remuneradas, acrescidas de 1/3 (um terço) do valor da remuneração mensal;

•• Inciso II acrescentado pela Lei n. 12.696, de 25-7-2012.

III – licença-maternidade;

•• Inciso III acrescentado pela Lei n. 12.696, de 25-7-2012.

IV – licença-paternidade;

•• Inciso IV acrescentado pela Lei n. 12.696, de 25-7-2012.

V – gratificação natalina.

•• Inciso V acrescentado pela Lei n. 12.696, de 25-7-2012.

Parágrafo único. Constará da lei orçamentária municipal e da do Distrito Federal previsão dos recursos necessários ao funcionamento do Conselho Tutelar e à remuneração e formação continuada dos conselheiros tutelares.

•• Parágrafo único com redação determinada pela Lei n. 12.696, de 25-7-2012.

Art. 135. O exercício efetivo da função de conselheiro constituirá serviço público relevante e estabelecerá presunção de idoneidade moral.

•• Artigo com redação determinada pela Lei n. 12.696, de 25-7-2012.

Capítulo II
DAS ATRIBUIÇÕES DO CONSELHO

Art. 136. São atribuições do Conselho Tutelar:

I – atender as crianças e adolescentes nas hipóteses previstas nos arts. 98 e 105, aplicando as medidas previstas no art. 101, I a VII;

II – atender e aconselhar os pais ou responsável, aplicando as medidas previstas no art. 129, I a VII;

III – promover a execução de suas decisões, podendo para tanto:

a) requisitar serviços públicos nas áreas de saúde, educação, serviço social, previdência, trabalho e segurança;

b) representar junto à autoridade judiciária nos casos de descumprimento injustificado de suas deliberações;

IV – encaminhar ao Ministério Público notícia de fato que constitua infração administrativa ou penal contra os direitos da criança ou adolescente;

V – encaminhar à autoridade judiciária os casos de sua competência;

VI – providenciar a medida estabelecida pela autoridade judiciária, dentre as previstas no art. 101, de I a VI, para o adolescente autor de ato infracional;

VII – expedir notificações;

VIII – requisitar certidões de nascimento e de óbito de criança ou adolescente quando necessário;

IX – assessorar o Poder Executivo local na elaboração da proposta orçamentária para planos e programas de atendimento dos direitos da criança e do adolescente;

X – representar, em nome da pessoa e da família, contra a violação dos direitos previstos no art. 220, § 3º, Inciso II, da Constituição Federal;

XI – representar ao Ministério Público para efeito das ações de perda ou suspensão do poder familiar, após esgotadas as possibilidades de manutenção da criança ou do adolescente junto à família natural;

•• Inciso XI com redação determinada pela Lei n. 12.010, de 3-8-2009.

XII – promover e incentivar, na comunidade e nos grupos profissionais, ações de divulgação

Estatuto da Criança e do Adolescente — Lei n. 8.069, de 13-7-1990

e treinamento para o reconhecimento de sintomas de maus-tratos em crianças e adolescentes.

•• Inciso XII acrescentado pela Lei n. 13.046, de 1.º-12-2014.

Parágrafo único. Se, no exercício de suas atribuições, o Conselho Tutelar entender necessário o afastamento do convívio familiar, comunicará incontinenti o fato ao Ministério Público, prestando-lhe informações sobre os motivos de tal entendimento e as providências tomadas para a orientação, o apoio e a promoção social da família.

•• Parágrafo único acrescentado pela Lei n. 12.010, de 3-8-2009.

Art. 137. As decisões do Conselho Tutelar somente poderão ser revistas pela autoridade judiciária a pedido de quem tenha legítimo interesse.

Capítulo III
DA COMPETÊNCIA

Art. 138. Aplica-se ao Conselho Tutelar a regra de competência constante do art. 147.

Capítulo IV
DA ESCOLHA DOS CONSELHEIROS

Art. 139. O processo para a escolha dos membros do Conselho Tutelar será estabelecido em lei municipal e realizado sob a responsabilidade do Conselho Municipal dos Direitos da Criança e do Adolescente, e a fiscalização do Ministério Público.

•• Artigo com redação determinada pela Lei n. 8.242, de 12-10-1991.

§ 1.º O processo de escolha dos membros do Conselho Tutelar ocorrerá em data unificada em todo o território nacional a cada 4 (quatro) anos, no primeiro domingo do mês de outubro do ano subsequente ao da eleição presidencial.

•• § 1.º acrescentado pela Lei n. 12.696, de 25-7-2012.

§ 2.º A posse dos conselheiros tutelares ocorrerá no dia 10 de janeiro do ano subsequente ao processo de escolha.

•• § 2.º acrescentado pela Lei n. 12.696, de 25-7-2012.

§ 3.º No processo de escolha dos membros do Conselho Tutelar, é vedado ao candidato doar, oferecer, prometer ou entregar ao eleitor bem ou vantagem pessoal de qualquer natureza, inclusive brindes de pequeno valor.

•• § 3.º acrescentado pela Lei n. 12.696, de 25-7-2012.

Capítulo V
DOS IMPEDIMENTOS

Art. 140. São impedidos de servir no mesmo Conselho marido e mulher, ascendentes e descendentes, sogro e genro ou nora, irmãos, cunhados, durante o cunhadio, tio e sobrinho, padrasto ou madrasta e enteado.

Parágrafo único. Estende-se o impedimento do conselheiro, na forma deste artigo, em relação à autoridade judiciária e ao representante do Ministério Público com atuação na Justiça da Infância e da Juventude, em exercício na Comarca, Foro Regional ou Distrital.

Título VI
DO ACESSO À JUSTIÇA

Capítulo I
DISPOSIÇÕES GERAIS

Art. 141. É garantido o acesso de toda criança ou adolescente à Defensoria Pública, ao Ministério Público e ao Poder Judiciário, por qualquer de seus órgãos.

§ 1.º A assistência judiciária gratuita será prestada aos que dela necessitarem, através de defensor público ou advogado nomeado.

§ 2.º As ações judiciais da competência da Justiça da Infância e da Juventude são isentas de custas e emolumentos, ressalvada a hipótese de litigância de má-fé.

Art. 142. Os menores de dezesseis anos serão representados e os maiores de dezesseis e menores de vinte e um anos assistidos por seus pais, tutores ou curadores, na forma da legislação civil ou processual.

Parágrafo único. A autoridade judiciária dará curador especial à criança ou adolescente, sempre que os interesses destes colidirem com os de seus pais ou responsável, ou quando carecer de representação ou assistência legal ainda que eventual.

Art. 143. É vedada a divulgação de atos judiciais, policiais e administrativos que digam respeito a crianças e adolescentes a que se atribua autoria de ato infracional.

Parágrafo único. Qualquer notícia a respeito do fato não poderá identificar a criança ou adolescente, vedando-se fotografia, referência a nome, apelido, filiação, parentesco, residência e, inclusive, iniciais do nome e sobrenome.

•• Parágrafo único com redação determinada pela Lei n. 10.764, de 12-11-2003.

Art. 144. A expedição de cópia ou certidão de atos a que se refere o artigo anterior somente será deferida pela autoridade judiciária competente, se demonstrado o interesse e justificada a finalidade.

Capítulo II
DA JUSTIÇA DA INFÂNCIA E DA JUVENTUDE

Seção I
Disposições Gerais

Art. 145. Os Estados e o Distrito Federal poderão criar varas especializadas e exclusivas da infância e da juventude, cabendo ao Poder Judiciário estabelecer sua proporcionalidade por número de habitantes, dotá-las de infraestrutura e dispor sobre o atendimento, inclusive em plantões.

• O Provimento n. 36, de 24-4-2014, do CNJ, dispõe sobre a estrutura e procedimentos das Varas da Infância e Juventude.

Seção II
Do Juiz

Art. 146. A autoridade a que se refere esta Lei é o Juiz da Infância e da Juventude, ou o Juiz que exerce essa função, na forma da Lei de Organização Judiciária local.

Art. 147. A competência será determinada:

I – pelo domicílio dos pais ou responsável;

II – pelo lugar onde se encontre a criança ou adolescente, à falta dos pais ou responsável.

§ 1.º Nos casos de ato infracional, será competente a autoridade do lugar da ação ou omissão, observadas as regras de conexão, continência e prevenção.

§ 2.º A execução das medidas poderá ser delegada à autoridade competente da residência dos pais ou responsável, ou do local onde sediar-se a entidade que abrigar a criança ou adolescente.

§ 3.º Em caso de infração cometida através de transmissão simultânea de rádio ou televisão, que atinja mais de uma comarca, será competente, para aplicação da penalidade, a autoridade judiciária do local da sede estadual da emissora ou rede, tendo a sentença eficácia para todas as transmissoras ou retransmissoras do respectivo Estado.

Art. 148. A Justiça da Infância e da Juventude é competente para:

I – conhecer de representações promovidas pelo Ministério Público, para apuração de ato infracional atribuído a adolescente, aplicando as medidas cabíveis;

II – conceder a remissão, como forma de suspensão ou extinção do processo;

III – conhecer de pedidos de adoção e seus incidentes;

IV – conhecer de ações civis fundadas em interesses individuais, difusos ou coletivos afetos à criança e ao adolescente, observado o disposto no art. 209;

V – conhecer de ações decorrentes de irregularidades em entidades de atendimento, aplicando as medidas cabíveis;

VI – aplicar penalidades administrativas nos casos de infrações contra norma de proteção a criança ou adolescentes;

Estatuto da Criança e do Adolescente

Lei n. 8.069, de 13-7-1990

VII – conhecer de casos encaminhados pelo Conselho Tutelar, aplicando as medidas cabíveis.

Parágrafo único. Quando se tratar de criança ou adolescente nas hipóteses do art. 98, é também competente a Justiça da Infância e da Juventude para o fim de:

a) conhecer de pedidos de guarda e tutela;

b) conhecer de ações de destituição do poder familiar, perda ou modificação da tutela ou guarda;

c) suprir a capacidade ou o consentimento para o casamento;

d) conhecer de pedidos baseados em discordância paterna ou materna, em relação ao exercício do poder familiar;

e) conceder a emancipação, nos termos da lei civil, quando faltarem os pais;

f) designar curador especial em casos de apresentação de queixa ou representação, ou de outros procedimentos judiciais ou extrajudiciais em que haja interesses de criança ou adolescente;

g) conhecer de ações de alimentos;

h) determinar o cancelamento, a retificação e o suprimento dos registros de nascimento e óbito.

Art. 149. Compete à autoridade judiciária disciplinar, através de portaria, ou autorizar, mediante alvará:

I – a entrada e permanência de criança ou adolescente, desacompanhado dos pais ou responsável, em:

a) estádio, ginásio e campo desportivo;

b) bailes ou promoções dançantes;

c) boate ou congêneres;

d) casa que explore comercialmente diversões eletrônicas;

e) estúdios cinematográficos, de teatro, rádio e televisão;

II – a participação de criança e adolescente em:

a) espetáculos públicos e seus ensaios;

b) certames de beleza.

§ 1.º Para os fins do disposto neste artigo, a autoridade judiciária levará em conta, dentre outros fatores:

a) os princípios desta Lei;

b) as peculiaridades locais;

c) a existência de instalações adequadas;

d) o tipo de frequência habitual ao local;

e) a adequação do ambiente a eventual participação ou frequência de crianças e adolescentes;

f) a natureza do espetáculo.

§ 2.º As medidas adotadas na conformidade deste artigo deverão ser fundamentadas, caso a caso, vedadas as determinações de caráter geral.

Seção III
Dos Serviços Auxiliares

Art. 150. Cabe ao Poder Judiciário, na elaboração de sua proposta orçamentária, prever recursos para manutenção de equipe interprofissional, destinada a assessorar a Justiça da Infância e da Juventude.

Art. 151. Compete à equipe interprofissional, dentre outras atribuições que lhe forem reservadas pela legislação local, fornecer subsídios por escrito, mediante laudos, ou verbalmente, na audiência, e bem assim desenvolver trabalhos de aconselhamento, orientação, encaminhamento, prevenção e outros, tudo sob a imediata subordinação à autoridade judiciária, assegurada a livre manifestação do ponto de vista técnico.

Capítulo III
DOS PROCEDIMENTOS

Seção I
Disposições Gerais

Art. 152. Aos procedimentos regulados nesta Lei aplicam-se subsidiariamente as normas gerais previstas na legislação processual pertinente.

Parágrafo único. É assegurada, sob pena de responsabilidade, prioridade absoluta na tramitação dos processos e procedimentos previstos nesta Lei, assim como na execução dos atos e diligências judiciais a eles referentes.

•• Parágrafo único acrescentado pela Lei n. 12.010, de 3-8-2009.

Art. 153. Se a medida judicial a ser adotada não corresponder a procedimento previsto nesta ou em outra lei, a autoridade judiciária poderá investigar os fatos e ordenar de ofício as providências necessárias, ouvido o Ministério Público.

Parágrafo único. O disposto neste artigo não se aplica para o fim de afastamento da criança ou do adolescente de sua família de origem e em outros procedimentos necessariamente contenciosos.

•• Parágrafo único acrescentado pela Lei n. 12.010, de 3-8-2009.

Art. 154. Aplica-se às multas o disposto no art. 214.

Seção II
Da Perda e da Suspensão do Pátrio Poder

Art. 155. O procedimento para a perda ou a suspensão do poder familiar terá início por provocação do Ministério Público ou de quem tenha legítimo interesse.

Art. 156. A petição inicial indicará:

I – a autoridade judiciária a que for dirigida;

II – o nome, o estado civil, a profissão e a residência do requerente e do requerido, dispensada a qualificação em se tratando de pedido formulado por representante do Ministério Público;

III – a exposição sumária do fato e o pedido;

IV – as provas que serão produzidas, oferecendo, desde logo, o rol de testemunhas e documentos.

Art. 157. Havendo motivo grave, poderá a autoridade judiciária, ouvido o Ministério Público, decretar a suspensão do poder familiar, liminar ou incidentalmente, até o julgamento definitivo da causa, ficando a criança ou adolescente confiado a pessoa idônea, mediante termo de responsabilidade.

Art. 158. O requerido será citado para, no prazo de 10 (dez) dias, oferecer resposta escrita, indicando as provas a serem produzidas e oferecendo desde logo o rol de testemunhas e documentos.

§ 1.º A citação será pessoal, salvo se esgotados todos os meios para sua realização.

•• § 1.º acrescentado pela Lei n. 12.962, de 8-4-2014.

§ 2.º O requerido privado de liberdade deverá ser citado pessoalmente.

•• § 2.º acrescentado pela Lei n. 12.962, de 8-4-2014.

Art. 159. Se o requerido não tiver possibilidade de constituir advogado, sem prejuízo do próprio sustento e de sua família, poderá requerer, em cartório, que lhe seja nomeado dativo, ao qual incumbirá a apresentação de resposta, contando-se o prazo a partir da intimação do despacho de nomeação.

Parágrafo único. Na hipótese de requerido privado de liberdade, o oficial de justiça deverá perguntar, no momento da citação pessoal, se deseja que lhe seja nomeado defensor.

•• Parágrafo único acrescentado pela Lei n. 12.962, de 8-4-2014.

Art. 160. Sendo necessário, a autoridade judiciária requisitará a qualquer repartição ou órgão público a apresentação de documento que interesse à causa, de ofício ou a requerimento das partes ou do Ministério Público.

Art. 161. Não sendo contestado o pedido, a autoridade judiciária dará vista dos autos ao Ministério Público, por 5 (cinco) dias, salvo quando este for o requerente, decidindo em igual prazo.

§ 1.º A autoridade judiciária, de ofício ou a requerimento das partes ou do Ministério Público, determinará a realização de estudo social ou perícia por equipe interprofissional ou multidisciplinar, bem como a oitiva de testemunhas que comprovem a presença de uma das causas de suspensão ou destituição do poder familiar previstas nos arts. 1.637 e 1.638 da Lei n. 10.406, de 10 de janeiro de 2002 – Código Civil, ou no art. 24 desta Lei.

•• § 1.º com redação determinada pela Lei n. 12.010, de 3-8-2009.

Estatuto da Criança e do Adolescente
Lei n. 8.069, de 13-7-1990

§ 2.º Em sendo os pais oriundos de comunidades indígenas, é ainda obrigatória a intervenção, junto à equipe profissional ou multidisciplinar referida no § 1.º deste artigo, de representantes do órgão federal responsável pela política indigenista, observado o disposto no § 6.º do art. 28 desta Lei.

•• § 2.º com redação determinada pela Lei n. 12.010, de 3-8-2009.

§ 3.º Se o pedido importar em modificação de guarda, será obrigatória, desde que possível e razoável, a oitiva da criança ou adolescente, respeitado seu estágio de desenvolvimento e grau de compreensão sobre as implicações da medida.

•• § 3.º acrescentado pela Lei n. 12.010, de 3-8-2009.

§ 4.º É obrigatória a oitiva dos pais sempre que esses forem identificados e estiverem em local conhecido.

•• § 4.º acrescentado pela Lei n. 12.010, de 3-8-2009.

§ 5.º Se o pai ou a mãe estiverem privados de liberdade, a autoridade judicial requisitará sua apresentação para a oitiva.

•• § 5.º acrescentado pela Lei n. 12.962, de 8-4-2014.

Art. 162. Apresentada a resposta, a autoridade judiciária dará vista dos autos ao Ministério Público, por 5 (cinco) dias, salvo quando este for o requerente, designando, desde logo, audiência de instrução e julgamento.

§ 1.º A requerimento de qualquer das partes, do Ministério Público, ou de ofício, a autoridade judiciária poderá determinar a realização de estudo social ou, se possível, de perícia por equipe interprofissional.

§ 2.º Na audiência, presentes as partes e o Ministério Público, serão ouvidas as testemunhas, colhendo-se oralmente o parecer técnico, salvo quando apresentado por escrito, manifestando-se sucessivamente o requerente, o requerido e o Ministério Público, pelo tempo de 20 (vinte) minutos cada um, prorrogável por mais 10 (dez). A decisão será proferida na audiência, podendo a autoridade judiciária, excepcionalmente, designar data para sua leitura no prazo máximo de 5 (cinco) dias.

Art. 163. O prazo máximo para conclusão do procedimento será de 120 (cento e vinte) dias.

•• *Caput* com redação determinada pela Lei n. 12.010, de 3-8-2009.

Parágrafo único. A sentença que decretar a perda ou a suspensão do poder familiar será averbada à margem do registro de nascimento da criança ou do adolescente.

•• Parágrafo único acrescentado pela Lei n. 12.010, de 3-8-2009.

Seção III
Da Destituição da Tutela

Art. 164. Na destituição da tutela, observar-se-á o procedimento para a remoção de tutor previsto na lei processual civil e, no que couber, o disposto na seção anterior.

Seção IV
Da Colocação em Família Substituta

Art. 165. São requisitos para a concessão de pedidos de colocação em família substituta:

I – qualificação completa do requerente e de seu eventual cônjuge, ou companheiro, com expressa anuência deste;

II – indicação de eventual parentesco do requerente e de seu cônjuge, ou companheiro, com a criança ou adolescente, especificando se tem ou não parente vivo;

III – qualificação completa da criança ou adolescente e de seus pais, se conhecidos;

IV – indicação do cartório onde foi inscrito nascimento, anexando, se possível, uma cópia da respectiva certidão;

V – declaração sobre a existência de bens, direitos ou rendimentos relativos à criança ou ao adolescente.

Parágrafo único. Em se tratando de adoção, observar-se-ão também os requisitos específicos.

Art. 166. Se os pais forem falecidos, tiverem sido destituídos ou suspensos do poder familiar, ou houverem aderido expressamente ao pedido de colocação em família substituta, este poderá ser formulado diretamente em cartório, em petição assinada pelos próprios requerentes, dispensada a assistência de advogado.

•• *Caput* com redação determinada pela Lei n. 12.010, de 3-8-2009.

§ 1.º Na hipótese de concordância dos pais, esses serão ouvidos pela autoridade judiciária e pelo representante do Ministério Público, tomando-se por termo as declarações.

•• § 1.º acrescentado pela Lei n. 12.010, de 3-8-2009.

§ 2.º O consentimento dos titulares do poder familiar será precedido de orientações e esclarecimentos prestados pela equipe interprofissional da Justiça da Infância e da Juventude, em especial, no caso de adoção, sobre a irrevogabilidade da medida.

•• § 2.º acrescentado pela Lei n. 12.010, de 3-8-2009.

§ 3.º O consentimento dos titulares do poder familiar será colhido pela autoridade judiciária competente em audiência, presente o Ministério Público, garantida a livre manifestação de vontade e esgotados os esforços para manutenção da criança ou do adolescente na família natural ou extensa.

•• § 3.º acrescentado pela Lei n. 12.010, de 3-8-2009.

§ 4.º O consentimento prestado por escrito não terá validade se não for ratificado na audiência a que se refere o § 3.º deste artigo.

•• § 4.º acrescentado pela Lei n. 12.010, de 3-8-2009.

§ 5.º O consentimento é retratável até a data da publicação da sentença constitutiva da adoção.

•• § 5.º acrescentado pela Lei n. 12.010, de 3-8-2009.

§ 6.º O consentimento somente terá valor se for dado após o nascimento da criança.

•• § 6.º acrescentado pela Lei n. 12.010, de 3-8-2009.

§ 7.º A família substituta receberá a devida orientação por intermédio de equipe técnica interprofissional a serviço do Poder Judiciário, preferencialmente com apoio dos técnicos responsáveis pela execução da política municipal de garantia do direito à convivência familiar.

•• § 7.º acrescentado pela Lei n. 12.010, de 3-8-2009.

Art. 167. A autoridade judiciária, de ofício ou a requerimento das partes ou do Ministério Público, determinará a realização de estudo social ou, se possível, perícia por equipe interprofissional, decidindo sobre a concessão de guarda provisória, bem como, no caso de adoção, sobre o estágio de convivência.

Parágrafo único. Deferida a concessão da guarda provisória ou do estágio de convivência, a criança ou o adolescente será entregue ao interessado, mediante termo de responsabilidade.

•• Parágrafo único acrescentado pela Lei n. 12.010, de 3-8-2009.

Art. 168. Apresentado o relatório social ou o laudo pericial, e ouvida, sempre que possível, a criança ou o adolescente, dar-se-á vista dos autos ao Ministério Público, pelo prazo de 5 (cinco) dias, decidindo a autoridade judiciária em igual prazo.

Art. 169. Nas hipóteses em que a destituição da tutela, a perda ou a suspensão do poder familiar constituir pressuposto lógico da medida principal de colocação em família substituta, será observado o procedimento contraditório previsto nas seções II e III deste Capítulo.

Parágrafo único. A perda ou a modificação da guarda poderá ser decretada nos mesmos autos do procedimento, observado o disposto no art. 35.

Art. 170. Concedida a guarda ou a tutela, observar-se-á o disposto no art. 32, e, quanto à adoção, o contido no art. 47.

Parágrafo único. A colocação de criança ou adolescente sob a guarda de pessoa inscrita em programa de acolhimento familiar será comunicada pela autoridade judiciária à entidade por este responsável no prazo máximo de 5 (cinco) dias.

•• Parágrafo único acrescentado pela Lei n. 12.010, de 3-8-2009.

Seção V
Da Apuração de Ato Infracional
Atribuído a Adolescente

Art. 171. O adolescente apreendido por

Estatuto da Criança e do Adolescente
Lei n. 8.069, de 13-7-1990

força de ordem judicial será, desde logo, encaminhado à autoridade judiciária.

Art. 172. O adolescente apreendido em flagrante de ato infracional será, desde logo, encaminhado à autoridade policial competente.

Parágrafo único. Havendo repartição policial especializada para atendimento de adolescente e em se tratando de ato infracional praticado em coautoria com maior, prevalecerá a atribuição da repartição especializada, que, após as providências necessárias e conforme o caso, encaminhará o adulto à repartição policial própria.

Art. 173. Em caso de flagrante de ato infracional cometido mediante violência ou grave ameaça a pessoa, a autoridade policial, sem prejuízo do disposto nos arts. 106, parágrafo único, e 107, deverá:

I – lavrar auto de apreensão, ouvidos as testemunhas e o adolescente;

II – apreender o produto e os instrumentos da infração;

III – requisitar os exames ou perícias necessários à comprovação da materialidade e autoria da infração.

Parágrafo único. Nas demais hipóteses de flagrante, a lavratura do auto poderá ser substituída por boletim de ocorrência circunstanciada.

Art. 174. Comparecendo qualquer dos pais ou responsável, o adolescente será prontamente liberado pela autoridade policial, sob termo de compromisso e responsabilidade de sua apresentação ao representante do Ministério Público, no mesmo dia ou, sendo impossível, no primeiro dia útil imediato, exceto quando, pela gravidade do ato infracional e sua repercussão social, deva o adolescente permanecer sob internação para garantia de sua segurança pessoal ou manutenção da ordem pública.

Art. 175. Em caso de não liberação, a autoridade policial encaminhará, desde logo, o adolescente ao representante do Ministério Público, juntamente com cópia do auto de apreensão ou boletim de ocorrência.

§ 1.º Sendo impossível a apresentação imediata, a autoridade policial encaminhará o adolescente a entidade de atendimento, que fará a apresentação ao representante do Ministério Público no prazo de 24 (vinte e quatro) horas.

§ 2.º Nas localidades onde não houver entidade de atendimento, a apresentação far-se-á pela autoridade policial. À falta de repartição policial especializada, o adolescente aguardará a apresentação em dependência separada da destinada a maiores, não podendo, em qualquer hipótese, exceder o prazo referido no parágrafo anterior.

Art. 176. Sendo o adolescente liberado, a autoridade policial encaminhará imediatamente ao representante do Ministério Público cópia do auto de apreensão ou boletim de ocorrência.

Art. 177. Se, afastada a hipótese de flagrante, houver indícios de participação de adolescente na prática de ato infracional, a autoridade policial encaminhará ao representante do Ministério Público relatório das investigações e demais documentos.

Art. 178. O adolescente a quem se atribua autoria de ato infracional não poderá ser conduzido ou transportado em compartimento fechado de veículo policial, em condições atentatórias à sua dignidade, ou que impliquem risco à sua integridade física ou mental, sob pena de responsabilidade.

Art. 179. Apresentado o adolescente, o representante do Ministério Público, no mesmo dia e à vista do auto de apreensão, boletim de ocorrência ou relatório policial, devidamente autuados pelo cartório judicial e com informação sobre os antecedentes do adolescente, procederá imediata e informalmente à sua oitiva e, em sendo possível, de seus pais ou responsável, vítima e testemunhas.

Parágrafo único. Em caso de não apresentação, o representante do Ministério Público notificará os pais ou responsável para apresentação do adolescente, podendo requisitar o concurso das Polícias Civil e Militar.

Art. 180. Adotadas as providências a que alude o artigo anterior, o representante do Ministério Público poderá:

I – promover o arquivamento dos autos;

II – conceder a remissão;

III – representar à autoridade judiciária para aplicação de medida socioeducativa.

Art. 181. Promovido o arquivamento dos autos ou concedida a remissão pelo representante do Ministério Público, mediante termo fundamentado, que conterá o resumo dos fatos, os autos serão conclusos à autoridade judiciária para homologação.

§ 1.º Homologado o arquivamento ou a remissão, a autoridade judiciária determinará, conforme o caso, o cumprimento da medida.

§ 2.º Discordando, a autoridade judiciária fará remessa dos autos ao Procurador-Geral de Justiça, mediante despacho fundamentado, e este oferecerá representação, designará outro membro do Ministério Público para apresentá-la, ou ratificará o arquivamento ou a remissão, que só então estará a autoridade judiciária obrigada a homologar.

Art. 182. Se, por qualquer razão, o representante do Ministério Público não promover o arquivamento ou conceder a remissão, oferecerá representação à autoridade judiciária, propondo a instauração de procedimento para aplicação da medida socioeducativa que se afigurar a mais adequada.

§ 1.º A representação será oferecida por petição, que conterá o breve resumo dos fatos e a classificação do ato infracional e, quando necessário, o rol de testemunhas, podendo ser deduzida oralmente, em sessão diária instalada pela autoridade judiciária.

§ 2.º A representação independe de prova pré-constituída da autoria e materialidade.

Art. 183. O prazo máximo e improrrogável para a conclusão do procedimento, estando o adolescente internado provisoriamente, será de 45 (quarenta e cinco) dias.

Art. 184. Oferecida a representação, a autoridade judiciária designará audiência de apresentação do adolescente, decidindo, desde logo, sobre a decretação ou manutenção da internação, observado o disposto no art. 108 e parágrafo.

§ 1.º O adolescente e seus pais ou responsável serão cientificados do teor da representação, e notificados a comparecer à audiência, acompanhados de advogado.

§ 2.º Se os pais ou responsável não forem localizados, a autoridade judiciária dará curador especial ao adolescente.

§ 3.º Não sendo localizado o adolescente, a autoridade judiciária expedirá mandado de busca e apreensão, determinando o sobrestamento do feito, até a efetiva apresentação.

§ 4.º Estando o adolescente internado, será requisitada a sua apresentação, sem prejuízo da notificação dos pais ou responsável.

Art. 185. A internação, decretada ou mantida pela autoridade judiciária, não poderá ser cumprida em estabelecimento prisional.

§ 1.º Inexistindo na comarca entidade com as características definidas no art. 123, o adolescente deverá ser imediatamente transferido para a localidade mais próxima.

§ 2.º Sendo impossível a pronta transferência, o adolescente aguardará sua remoção em repartição policial, desde que em seção isolada dos adultos e com instalações apropriadas, não podendo ultrapassar o prazo máximo de 5 (cinco) dias, sob pena de responsabilidade.

Art. 186. Comparecendo o adolescente, seus pais ou responsável, a autoridade judiciária procederá à oitiva dos mesmos, podendo solicitar opinião de profissional qualificado.

§ 1.º Se a autoridade judiciária entender adequada a remissão, ouvirá o representante do Ministério Público, proferindo decisão.

§ 2.º Sendo o fato grave, passível de aplicação de medida de internação ou colocação em regime de semiliberdade, a autoridade judiciária, verificando que o adolescente não possui advo-

Estatuto da Criança e do Adolescente — Lei n. 8.069, de 13-7-1990

gado constituído, nomeará defensor, designando, desde logo, audiência em continuação, podendo determinar a realização de diligências e estudo do caso.

§ 3.º O advogado constituído ou o defensor nomeado, no prazo de 3 (três) dias contado da audiência de apresentação, oferecerá defesa prévia e rol de testemunhas.

§ 4.º Na audiência em continuação, ouvidas as testemunhas arroladas na representação e na defesa prévia, cumpridas as diligências e juntado o relatório da equipe interprofissional, será dada a palavra ao representante do Ministério Público e ao defensor, sucessivamente, pelo tempo de 20 (vinte) minutos para cada um, prorrogável por mais 10 (dez), a critério da autoridade judiciária, que em seguida proferirá decisão.

Art. 187. Se o adolescente, devidamente notificado, não comparecer, injustificadamente, à audiência de apresentação, a autoridade judiciária designará nova data, determinando sua condução coercitiva.

Art. 188. A remissão, como forma de extinção ou suspensão do processo, poderá ser aplicada em qualquer fase do procedimento, antes da sentença.

Art. 189. A autoridade judiciária não aplicará qualquer medida, desde que reconheça na sentença:

I – estar provada a inexistência do fato;

II – não haver prova da existência do fato;

III – não constituir o fato ato infracional;

IV – não existir prova de ter o adolescente concorrido para o ato infracional.

Parágrafo único. Na hipótese deste artigo, estando o adolescente internado, será imediatamente colocado em liberdade.

Art. 190. A intimação da sentença que aplicar medida de internação ou regime de semiliberdade será feita:

I – ao adolescente e ao seu defensor;

II – quando não for encontrado o adolescente, a seus pais ou responsável, sem prejuízo do defensor.

§ 1.º Sendo outra a medida aplicada, a intimação far-se-á unicamente na pessoa do defensor.

§ 2.º Recaindo a intimação na pessoa do adolescente, deverá este manifestar se deseja ou não recorrer da sentença.

Seção VI
Da Apuração de Irregularidades em Entidade de Atendimento

Art. 191. O procedimento de apuração de irregularidades em entidade governamental e não governamental terá início mediante portaria da autoridade judiciária ou representação do Ministério Público ou do Conselho Tutelar, onde conste, necessariamente, resumo dos fatos.

Parágrafo único. Havendo motivo grave, poderá a autoridade judiciária, ouvido o Ministério Público, decretar liminarmente o afastamento provisório do dirigente da entidade, mediante decisão fundamentada.

Art. 192. O dirigente da entidade será citado para, no prazo de 10 (dez) dias, oferecer resposta escrita, podendo juntar documentos e indicar as provas a produzir.

Art. 193. Apresentada ou não a resposta, e sendo necessário, a autoridade judiciária designará audiência de instrução e julgamento, intimando as partes.

§ 1.º Salvo manifestação em audiência, as partes e o Ministério Público terão 5 (cinco) dias para oferecer alegações finais, decidindo a autoridade judiciária em igual prazo.

§ 2.º Em se tratando de afastamento provisório ou definitivo de dirigente de entidade governamental, a autoridade judiciária oficiará à autoridade administrativa imediatamente superior ao afastado, marcando prazo para a substituição.

§ 3.º Antes de aplicar qualquer das medidas, a autoridade judiciária poderá fixar prazo para a remoção das irregularidades verificadas. Satisfeitas as exigências, o processo será extinto, sem julgamento de mérito.

Lei n. 8.069, de 13-7-1990 — Estatuto da Criança e do Adolescente

§ 4.º A multa e a advertência serão impostas ao dirigente da entidade ou programa de atendimento.

Seção VII
Da Apuração de Infração Administrativa às Normas de Proteção à Criança e ao Adolescente

Art. 194. O procedimento para imposição de penalidade administrativa por infração às normas de proteção à criança e ao adolescente terá início por representação do Ministério Público, ou do Conselho Tutelar, ou auto de infração elaborado por servidor efetivo ou voluntário credenciado, e assinado por duas testemunhas, se possível.

§ 1.º No procedimento iniciado com o auto de infração, poderão ser usadas fórmulas impressas, especificando-se a natureza e as circunstâncias da infração.

§ 2.º Sempre que possível, à verificação da infração seguir-se-á a lavratura do auto, certificando-se, em caso contrário, dos motivos do retardamento.

Art. 195. O requerido terá prazo de 10 (dez) dias para apresentação de defesa, contado da data da intimação, que será feita:

I – pelo autuante, no próprio auto, quando este for lavrado na presença do requerido;

II – por oficial de justiça ou funcionário legalmente habilitado, que entregará cópia do auto ou da representação ao requerido, ou a seu representante legal, lavrando certidão;

III – por via postal, com aviso de recebimento, se não for encontrado o requerido ou seu representante legal;

IV – por edital, com prazo de 30 (trinta) dias, se incerto ou não sabido o paradeiro do requerido ou de seu representante legal.

Art. 196. Não sendo apresentada a defesa no prazo legal, a autoridade judiciária dará vista dos autos ao Ministério Público, por 5 (cinco) dias, decidindo em igual prazo.

Art. 197. Apresentada a defesa, a autoridade judiciária procederá na conformidade do artigo anterior, ou, sendo necessário, designará audiência de instrução e julgamento.

Parágrafo único. Colhida a prova oral, manifestar-se-ão sucessivamente o Ministério Público e o procurador do requerido, pelo tempo de 20 (vinte) minutos para cada um, prorrogável por mais 10 (dez), a critério da autoridade judiciária, que em seguida proferirá sentença.

Seção VIII
Da Habilitação de Pretendentes à Adoção

•• Seção VIII acrescentada pela Lei n. 12.010, de 3-8-2009.

Art. 197-A. Os postulantes à adoção, domiciliados no Brasil, apresentarão petição inicial na qual conste:

I – qualificação completa;

II – dados familiares;

III – cópias autenticadas de certidão de nascimento ou casamento, ou declaração relativa ao período de união estável;

IV – cópias da cédula de identidade e inscrição no Cadastro de Pessoas Físicas;

V – comprovante de renda e domicílio;

VI – atestados de sanidade física e mental;

VII – certidão de antecedentes criminais;

VIII – certidão negativa de distribuição cível.

•• Artigo acrescentado pela Lei n. 12.010, de 3-8-2009.

Art. 197-B. A autoridade judiciária, no prazo de 48 (quarenta e oito) horas, dará vista dos autos ao Ministério Público, que no prazo de 5 (cinco) dias poderá:

I – apresentar quesitos a serem respondidos pela equipe interprofissional encarregada de elaborar o estudo técnico a que se refere o art. 197-C desta Lei;

II – requerer a designação de audiência para oitiva dos postulantes em juízo e testemunhas;

III – requerer a juntada de documentos complementares e a realização de outras diligências que entender necessárias.

•• Artigo acrescentado pela Lei n. 12.010, de 3-8-2009.

Estatuto da Criança e do Adolescente

Lei n. 8.069, de 13-7-1990

Art. 197-C. Intervirá no feito, obrigatoriamente, equipe interprofissional a serviço da Justiça da Infância e da Juventude, que deverá elaborar estudo psicossocial, que conterá subsídios que permitam aferir a capacidade e o preparo dos postulantes para o exercício de uma paternidade ou maternidade responsável, à luz dos requisitos e princípios desta Lei.

•• *Caput* acrescentado pela Lei n. 12.010, de 3-8-2009.

§ 1.º É obrigatória a participação dos postulantes em programa oferecido pela Justiça da Infância e da Juventude preferencialmente com apoio dos técnicos responsáveis pela execução da política municipal de garantia do direito à convivência familiar, que inclua preparação psicológica, orientação e estímulo à adoção inter-racial, de crianças maiores ou de adolescentes, com necessidades específicas de saúde ou com deficiências e de grupos de irmãos.

•• § 1.º acrescentado pela Lei n. 12.010, de 3-8-2009.

§ 2.º Sempre que possível e recomendável, a etapa obrigatória da preparação referida no § 1.º deste artigo incluirá o contato com crianças e adolescentes em regime de acolhimento familiar ou institucional em condições de serem adotados, a ser realizado sob a orientação, supervisão e avaliação da equipe técnica da Justiça da Infância e da Juventude, com o apoio dos técnicos responsáveis pelo programa de acolhimento familiar ou institucional e pela execução da política municipal de garantia do direito à convivência familiar.

•• § 2.º acrescentado pela Lei n. 12.010, de 3-8-2009.

Art. 197-D. Certificada nos autos a conclusão da participação no programa referido no art. 197-C desta Lei, a autoridade judiciária, no prazo de 48 (quarenta e oito) horas, decidirá acerca das diligências requeridas pelo Ministério Público e determinará a juntada do estudo psicossocial, designando, conforme o caso, audiência de instrução e julgamento.

•• *Caput* acrescentado pela Lei n. 12.010, de 3-8-2009.

Parágrafo único. Caso não sejam requeridas diligências, ou sendo essas indeferidas, a autoridade judiciária determinará a juntada do estudo psicossocial, abrindo a seguir vista dos autos ao Ministério Público, por 5 (cinco) dias, decidindo em igual prazo.

•• Parágrafo único acrescentado pela Lei n. 12.010, de 3-8-2009.

Art. 197-E. Deferida a habilitação, o postulante será inscrito nos cadastros referidos no art. 50 desta Lei, sendo a sua convocação para a adoção feita de acordo com ordem cronológica de habilitação e conforme a disponibilidade de crianças ou adolescentes adotáveis.

•• *Caput* acrescentado pela Lei n. 12.010, de 3-8-2009.

§ 1.º A ordem cronológica das habilitações somente poderá deixar de ser observada pela autoridade judiciária nas hipóteses previstas no § 13 do art. 50 desta Lei, quando comprovado ser essa a melhor solução no interesse do adotando.

•• § 1.º acrescentado pela Lei n. 12.010, de 3-8-2009.

§ 2.º A recusa sistemática na adoção das crianças ou adolescentes indicados importará na reavaliação da habilitação concedida.

•• § 2.º acrescentado pela Lei n. 12.010, de 3-8-2009.

Capítulo IV
DOS RECURSOS

Art. 198. Nos procedimentos afetos à Justiça da Infância e da Juventude, inclusive os relativos à execução das medidas socioeducativas, adotar-se-á o sistema recursal da Lei n. 5.869, de 11 de janeiro de 1973 (Código de Processo Civil), com as seguintes adaptações:

•• *Caput* com redação determinada pela Lei n. 12.594, de 18-1-2012.

I – os recursos serão interpostos independentemente de preparo;

II – em todos os recursos, salvo nos embargos de declaração, o prazo para o Ministério Público e para a defesa será sempre de 10 (dez) dias;

•• Inciso II com redação determinada pela Lei n. 12.594, de 18-1-2012.

III – os recursos terão preferência de julgamento e dispensarão revisor;

IV – *(Revogado pela Lei n. 12.010, de 3-8-2009.)*

V – *(Revogado pela Lei n. 12.010, de 3-8-2009.)*

VI – *(Revogado pela Lei n. 12.010, de 3-8-2009.)*

VII – antes de determinar a remessa dos autos à superior instância, no caso de apelação, ou do instrumento, no caso de agravo, a autoridade judiciária proferirá despacho fundamentado, mantendo ou reformando a decisão, no prazo de 5 (cinco) dias;

VIII – mantida a decisão apelada ou agravada, o escrivão remeterá os autos ou o instrumento à superior instância dentro de 24 (vinte e quatro) horas, independentemente de novo pedido do recorrente; se a reformar, a remessa dos autos dependerá de pedido expresso da parte interessada ou do Ministério Público, no prazo de 5 (cinco) dias, contados da intimação.

Art. 199. Contra as decisões proferidas com base no art. 149 caberá recurso de apelação.

Art. 199-A. A sentença que deferir a adoção produz efeito desde logo, embora sujeita a apelação, que será recebida exclusivamente no efeito devolutivo, salvo se se tratar de adoção internacional ou se houver perigo de dano irreparável ou de difícil reparação ao adotando.

•• Artigo acrescentado pela Lei n. 12.010, de 3-8-2009.

Art. 199-B. A sentença que destituir ambos ou qualquer dos genitores do poder familiar fica sujeita a apelação, que deverá ser recebida apenas no efeito devolutivo.

•• Artigo acrescentado pela Lei n. 12.010, de 3-8-2009.

Art. 199-C. Os recursos nos procedimentos de adoção e de destituição de poder familiar, em face da relevância das questões, serão processados com prioridade absoluta, devendo ser imediatamente distribuídos, ficando vedado que aguardem, em qualquer situação, oportuna distribuição, e serão colocados em mesa para julgamento sem revisão e com parecer urgente do Ministério Público.

•• Artigo acrescentado pela Lei n. 12.010, de 3-8-2009.

Art. 199-D. O relator deverá colocar o processo em mesa para julgamento no prazo máximo de 60 (sessenta) dias, contado da sua conclusão.

•• *Caput* acrescentado pela Lei n. 12.010, de 3-8-2009.

Parágrafo único. O Ministério Público será intimado da data do julgamento e poderá na sessão, se entender necessário, apresentar oralmente seu parecer.

•• Parágrafo único acrescentado pela Lei n. 12.010, de 3-8-2009.

Art. 199-E. O Ministério Público poderá requerer a instauração de procedimento para apuração de responsabilidades se constatar o descumprimento das providências e do prazo previstos nos artigos anteriores.

•• Artigo acrescentado pela Lei n. 12.010, de 3-8-2009.

Capítulo V
DO MINISTÉRIO PÚBLICO

Art. 200. As funções do Ministério Público, previstas nesta Lei, serão exercidas nos termos da respectiva Lei Orgânica.

Art. 201. Compete ao Ministério Público:

I – conceder a remissão como forma de exclusão do processo;

II – promover e acompanhar os procedimentos relativos às infrações atribuídas a adolescentes;

III – promover e acompanhar as ações de alimentos e os procedimentos de suspensão e destituição do poder familiar, nomeação e remoção de tutores, curadores e guardiães, bem como oficiar em todos os demais procedimentos da competência da Justiça da Infância e da Juventude;

IV – promover, de ofício ou por solicitação dos interessados, a especialização e a inscrição de hipoteca legal e a prestação de contas dos tutores, curadores e quaisquer administradores

Estatuto da Criança e do Adolescente

Lei n. 8.069, de 13-7-1990

de bens de crianças e adolescentes nas hipóteses do art. 98;

V – promover o inquérito civil e a ação civil pública para a proteção dos interesses individuais, difusos ou coletivos relativos à infância e à adolescência, inclusive os definidos no art. 220, § 3.º, inciso II, da Constituição Federal;

VI – instaurar procedimentos administrativos e, para instruí-los:

a) expedir notificações para colher depoimentos ou esclarecimentos e, em caso de não comparecimento injustificado, requisitar condução coercitiva, inclusive pela polícia civil ou militar;

b) requisitar informações, exames, perícias e documentos de autoridades municipais, estaduais e federais, da administração direta ou indireta, bem como promover inspeções e diligências investigatórias;

c) requisitar informações e documentos a particulares e instituições privadas;

VII – instaurar sindicâncias, requisitar diligências investigatórias e determinar a instauração de inquérito policial, para apuração de ilícitos ou infrações às normas de proteção à infância e à juventude;

VIII – zelar pelo efetivo respeito aos direitos e garantias legais assegurados às crianças e adolescentes, promovendo as medidas judiciais e extrajudiciais cabíveis;

IX – impetrar mandado de segurança, de injunção e *habeas corpus*, em qualquer juízo, instância ou tribunal, na defesa dos interesses sociais e individuais indisponíveis afetos à criança e ao adolescente;

X – representar ao juízo visando à aplicação de penalidade por infrações cometidas contra as normas de proteção à infância e à juventude, sem prejuízo da promoção da responsabilidade civil e penal do infrator, quando cabível;

XI – inspecionar as entidades públicas e particulares de atendimento e os programas de que trata esta Lei, adotando de pronto as medidas administrativas ou judiciais necessárias à remoção de irregularidades porventura verificadas;

XII – requisitar força policial, bem como a colaboração dos serviços médicos, hospitalares, educacionais e de assistência social, públicos ou privados, para o desempenho de suas atribuições.

§ 1.º A legitimação do Ministério Público para as ações cíveis previstas neste artigo não impede a de terceiros, nas mesmas hipóteses, segundo dispuserem a Constituição e esta Lei.

§ 2.º As atribuições constantes deste artigo não excluem outras, desde que compatíveis com a finalidade do Ministério Público.

§ 3.º O representante do Ministério Público, no exercício de suas funções, terá livre acesso a todo local onde se encontre criança ou adolescente.

§ 4.º O representante do Ministério Público será responsável pelo uso indevido das informações e documentos que requisitar, nas hipóteses legais de sigilo.

§ 5.º Para o exercício da atribuição de que trata o inciso VIII deste artigo, poderá o representante do Ministério Público:

a) reduzir a termo as declarações do reclamante, instaurando o competente procedimento, sob sua presidência;

b) entender-se diretamente com a pessoa ou autoridade reclamada, em dia, local e horário previamente notificados ou acertados;

c) efetuar recomendações visando à melhoria dos serviços públicos e de relevância pública afetos à criança e ao adolescente, fixando prazo razoável para sua perfeita adequação.

Art. 202. Nos processos e procedimentos em que não for parte, atuará obrigatoriamente o Ministério Público na defesa dos direitos e interesses de que cuida esta Lei, hipótese em que terá vista dos autos depois das partes, podendo juntar documentos e requerer diligências, usando os recursos cabíveis.

Art. 203. A intimação do Ministério Público, em qualquer caso, será feita pessoalmente.

Art. 204. A falta de intervenção do Ministério Público acarreta a nulidade do feito, que será declarada de ofício pelo juiz ou a requerimento de qualquer interessado.

Art. 205. As manifestações processuais do representante do Ministério Público deverão ser fundamentadas.

Capítulo VI
DO ADVOGADO

Art. 206. A criança ou o adolescente, seus pais ou responsável, e qualquer pessoa que tenha legítimo interesse na solução da lide poderão intervir nos procedimentos de que trata esta Lei, através de advogado, o qual será intimado para todos os atos, pessoalmente ou por publicação oficial, respeitado o segredo de justiça.

Parágrafo único. Será prestada assistência judiciária integral e gratuita àqueles que dela necessitarem.

Art. 207. Nenhum adolescente a quem se atribua a prática de ato infracional, ainda que ausente ou foragido, será processado sem defensor.

§ 1.º Se o adolescente não tiver defensor, ser-lhe-á nomeado pelo juiz, ressalvado o direito de, a todo tempo, constituir outro de sua preferência.

§ 2.º A ausência do defensor não determinará o adiamento de nenhum ato do processo, devendo o juiz nomear substituto, ainda que provisoriamente, ou para o só efeito do ato.

§ 3.º Será dispensada a outorga de mandato, quando se tratar de defensor nomeado ou, sendo constituído, tiver sido indicado por ocasião de ato formal com a presença da autoridade judiciária.

Capítulo VII
DA PROTEÇÃO JUDICIAL DOS INTERESSES INDIVIDUAIS, DIFUSOS E COLETIVOS

Art. 208. Regem-se pelas disposições desta Lei as ações de responsabilidade por ofensa aos direitos assegurados à criança e ao adolescente, referentes ao não oferecimento ou oferta irregular:

I – do ensino obrigatório;

II – de atendimento educacional especializado aos portadores de deficiência;

III – de atendimento em creche e pré-escola às crianças de zero a cinco anos de idade;

•• Inciso III com redação determinada pela Lei n. 13.306, de 4-7-2016.

IV – de ensino noturno regular, adequado às condições do educando;

V – de programas suplementares de oferta de material didático-escolar, transporte e assistência à saúde do educando do ensino fundamental;

VI – de serviço de assistência social visando à proteção à família, à maternidade, à infância e à adolescência, bem como ao amparo às crianças e adolescentes que dele necessitem;

VII – de acesso às ações e serviços de saúde;

VIII – de escolarização e profissionalização dos adolescentes privados de liberdade;

IX – de ações, serviços e programas de orientação, apoio e promoção social de famílias e destinados ao pleno exercício do direito à convivência familiar por crianças e adolescentes;

•• Inciso IX acrescentado pela Lei n. 12.010, de 3-8-2009.

X – de programas de atendimento para a execução das medidas socioeducativas e aplicação de medidas de proteção.

•• Inciso X acrescentado pela Lei n. 12.594, de 18-1-2012.

§ 1.º As hipóteses previstas neste artigo não excluem da proteção judicial outros interesses individuais, difusos ou coletivos, próprios da infância e da adolescência, protegidos pela Constituição e pela Lei.

•• Primitivo parágrafo único transformado em § 1.º pela Lei n. 11.259, de 30-12-2005.

§ 2.º A investigação do desaparecimento de crianças ou adolescentes será realizada imediatamente após notificação aos órgãos competentes, que deverão comunicar o fato aos portos, aeroportos, Polícia Rodoviária e companhias de transporte interestaduais e internacionais, fornecendo-lhes todos os dados necessários à identificação do desaparecido.

•• § 2.º acrescentado pela Lei n. 11.259, de 30-12-2005.

Art. 209. As ações previstas neste Capítulo serão propostas no foro do local onde ocorreu ou deva ocorrer a ação ou omissão, cujo juízo terá competência absoluta para processar a causa, ressalvadas a competência da Justiça Federal e a competência originária dos Tribunais Superiores.

Art. 210. Para as ações cíveis fundadas em interesses coletivos ou difusos, consideram-se legitimados concorrentemente:

I – o Ministério Público;

II – a União, os Estados, os Municípios, o Distrito Federal e os Territórios;

III – as associações legalmente constituídas há pelo menos 1 (um) ano e que incluam entre seus fins institucionais a defesa dos interesses e direitos protegidos por esta Lei, dispensada a autorização da Assembleia, se houver prévia autorização estatutária.

§ 1.º Admitir-se-á litisconsórcio facultativo entre os Ministérios Públicos da União e dos Estados na defesa dos interesses e direitos de que cuida esta Lei.

§ 2.º Em caso de desistência ou abandono da ação por associação legitimada, o Ministério Público ou outro legitimado poderá assumir a titularidade ativa.

Art. 211. Os órgãos públicos legitimados poderão tomar dos interessados compromisso de ajustamento de sua conduta às exigências legais, o qual terá eficácia de título executivo extrajudicial.

Art. 212. Para defesa dos direitos e interesses protegidos por esta Lei, são admissíveis todas as espécies de ações pertinentes.

§ 1.º Aplicam-se às ações previstas neste Capítulo as normas do Código de Processo Civil.

§ 2.º Contra atos ilegais ou abusivos de autoridade pública ou agente de pessoa jurídica no exercício de atribuições do Poder Público, que lesem direito líquido e certo previsto nesta Lei, caberá ação mandamental, que se regerá pelas normas da lei do mandado de segurança.

Art. 213. Na ação que tenha por objeto o cumprimento de obrigação de fazer ou não fazer, o juiz concederá a tutela específica da obrigação ou determinará providências que assegurem o resultado prático equivalente ao do adimplemento.

§ 1.º Sendo relevante o fundamento da demanda e havendo justificado receio de ineficácia do provimento final, é lícito ao juiz conceder a tutela liminarmente ou após justificação prévia, citando o réu.

§ 2.º O juiz poderá, na hipótese do parágrafo anterior ou na sentença, impor multa diária ao réu, independentemente de pedido do autor, se for suficiente ou compatível com a obrigação, fixando prazo razoável para o cumprimento do preceito.

§ 3.º A multa só será exigível do réu após o trânsito em julgado da sentença favorável ao autor, mas será devida desde o dia em que se houver configurado o descumprimento.

Art. 214. Os valores das multas reverterão ao fundo gerido pelo Conselho dos Direitos da Criança e do Adolescente do respectivo município.

§ 1.º As multas não recolhidas até 30 (trinta) dias após o trânsito em julgado da decisão serão exigidas através de execução promovida pelo Ministério Público, nos mesmos autos, facultada igual iniciativa aos demais legitimados.

§ 2.º Enquanto o fundo não for regulamentado, o dinheiro ficará depositado em estabelecimento oficial de crédito, em conta com correção monetária.

Art. 215. O juiz poderá conferir efeito suspensivo aos recursos, para evitar dano irreparável à parte.

Art. 216. Transitada em julgado a sentença que impuser condenação ao Poder Público, o juiz determinará a remessa de peças à autoridade competente, para apuração da responsabilidade civil e administrativa do agente a que se atribua a ação ou omissão.

Art. 217. Decorridos 60 (sessenta) dias do trânsito em julgado da sentença condenatória sem que a associação autora lhe promova a execução, deverá fazê-lo o Ministério Público, facultada igual iniciativa aos demais legitimados.

Art. 218. O juiz condenará a associação autora a pagar ao réu os honorários advocatícios arbitrados na conformidade do § 4.º do art. 20 da Lei n. 5.869, de 11 de janeiro de 1973 – Código de Processo Civil, quando reconhecer que a pretensão é manifestamente infundada.

Parágrafo único. Em caso de litigância de má-fé, a associação autora e os diretores responsáveis pela propositura da ação serão solidariamente condenados ao décuplo das custas, sem prejuízo de responsabilidade por perdas e danos.

Art. 219. Nas ações de que trata este Capítulo, não haverá adiantamento de custas, emolumentos, honorários periciais e quaisquer outras despesas.

Art. 220. Qualquer pessoa poderá e o servidor público deverá provocar a iniciativa do Ministério Público, prestando-lhe informações sobre fatos que constituam objeto de ação civil, e indicando-lhe os elementos de convicção.

Art. 221. Se, no exercício de suas funções, os juízes e tribunais tiverem conhecimento de fatos que possam ensejar a propositura de ação civil, remeterão peças ao Ministério Público para as providências cabíveis.

Art. 222. Para instruir a petição inicial, o interessado poderá requerer às autoridades competentes as certidões e informações que julgar necessárias, que serão fornecidas no prazo de 15 (quinze) dias.

Art. 223. O Ministério Público poderá instaurar, sob sua presidência, inquérito civil, ou requisitar, de qualquer pessoa, organismo público ou particular, certidões, informações, exames ou perícias, no prazo que assinalar, o qual não poderá ser inferior a 10 (dez) dias úteis.

§ 1.º Se o órgão do Ministério Público, esgotadas todas as diligências, se convencer da inexistência de fundamento para a propositura da ação cível, promoverá o arquivamento dos autos do inquérito civil ou das peças informativas, fazendo-o fundamentadamente.

§ 2.º Os autos do inquérito civil ou as peças de informação arquivados serão remetidos, sob pena de se incorrer em falta grave, no prazo de 3 (três) dias, ao Conselho Superior do Ministério Público.

§ 3.º Até que seja homologada ou rejeitada a promoção de arquivamento, em sessão do Conselho Superior do Ministério Público, poderão as associações legitimadas apresentar razões escritas ou documentos, que serão juntados aos autos do inquérito ou anexados às peças de informação.

§ 4.º A promoção de arquivamento será submetida a exame e deliberação do Conselho Superior do Ministério Público, conforme dispuser o seu Regimento.

§ 5.º Deixando o Conselho Superior de homologar a promoção de arquivamento, designará, desde logo, outro órgão do Ministério Público para o ajuizamento da ação.

Art. 224. Aplicam-se subsidiariamente, no que couber, as disposições da Lei n. 7.347, de 24 de julho de 1985.

TÍTULO VII
DOS CRIMES E DAS INFRAÇÕES ADMINISTRATIVAS

Art. 266. Esta Lei entra em vigor 90 (noventa) dias após sua publicação.

Parágrafo único. Durante o período de vacância deverão ser promovidas atividades e campanhas de divulgação e esclarecimentos acerca do disposto nesta Lei.

Art. 267. Revogam-se as Leis n. 4.513, de 1964, e 6.697, de 10 de outubro de 1979 (Código de Menores), e as demais disposições em contrário.

Brasília, em 13 de julho de 1990; 169.º da Independência e 102.º da República.

Fernando Collor

LEI N. 8.078, DE 11 DE SETEMBRO DE 1990 (*)

Dispõe sobre a proteção do consumidor e dá outras providências.

O Presidente da República

Faço saber que o Congresso Nacional decreta e eu sanciono a seguinte lei:

Título I
DOS DIREITOS DO CONSUMIDOR

Capítulo I
DISPOSIÇÕES GERAIS

Art. 1.º O presente Código estabelece normas de proteção e defesa do consumidor, de ordem pública e interesse social, nos termos dos arts.

(*) Publicada no *DOU*, de 12-9-1990, Suplemento. Retificada no *DOU*, de 10-1-2007. O Decreto n. 6.523, de 31-7-2008, regulamenta esta Lei para fixar normas gerais sobre o Serviço de Atendimento ao Consumidor – SAC. O Decreto n. 7.962, de 15-3-2013, regulamenta esta Lei para dispor sobre a contratação no comércio eletrônico.

5.º, inciso XXXII, 170, inciso V, da Constituição Federal e art. 48 de suas Disposições Transitórias.

Art. 2.º Consumidor é toda pessoa física ou jurídica que adquire ou utiliza produto ou serviço como destinatário final.

Parágrafo único. Equipara-se a consumidor a coletividade de pessoas, ainda que indetermináveis, que haja intervindo nas relações de consumo.

Art. 3.º Fornecedor é toda pessoa física ou jurídica, pública ou privada, nacional ou estrangeira, bem como os entes despersonalizados, que desenvolvem atividades de produção, montagem, criação, construção, transformação, importação, exportação, distribuição ou comercialização de produtos ou prestação de serviços.

Capítulo III
DOS DIREITOS BÁSICOS DO CONSUMIDOR

Art. 6.º São direitos básicos do consumidor:

VIII – a facilitação da defesa de seus direitos, inclusive com a inversão do ônus da prova, a seu favor, no processo civil, quando, a critério do juiz, for verossímil a alegação ou quando for ele hipossuficiente, segundo as regras ordinárias de experiências;

Capítulo IV
DA QUALIDADE DE PRODUTOS E SERVIÇOS, DA PREVENÇÃO E DA REPARAÇÃO DOS DANOS

Seção III
Da Responsabilidade por Vício do Produto e do Serviço

Art. 18. Os fornecedores de produtos de consumo duráveis ou não duráveis respondem solidariamente pelos vícios de qualidade ou quantidade que os tornem impróprios ou inadequados ao consumo a que se destinam ou lhes diminuam o valor, assim como por aqueles decorrentes da disparidade, com as indicações constantes do recipiente, da embalagem, rotulagem ou mensagem publicitária, respeitadas as variações decorrentes de sua natureza, podendo o consumidor exigir a substituição das partes viciadas.

§ 1.º Não sendo o vício sanado no prazo máximo de 30 (trinta) dias, pode o consumidor exigir, alternativamente e à sua escolha:

I – a substituição do produto por outro da mesma espécie, em perfeitas condições de uso;

II – a restituição imediata da quantia paga, monetariamente atualizada, sem prejuízo de eventuais perdas e danos;

III – o abatimento proporcional do preço.

§ 2.º Poderão as partes convencionar a redução ou ampliação do prazo previsto no parágrafo anterior, não podendo ser inferior a 7 (sete) nem superior a 180 (cento e oitenta) dias. Nos contratos de adesão, a cláusula de prazo deverá ser convencionada em separado, por meio de manifestação expressa do consumidor.

§ 3.º O consumidor poderá fazer uso imediato das alternativas do § 1.º deste artigo, sempre que, em razão da extensão do vício, a substituição das partes viciadas puder comprometer a qualidade ou características do produto, diminuir-lhe o valor ou se tratar de produto essencial.

§ 4.º Tendo o consumidor optado pela alternativa do inciso I do § 1.º deste artigo, e não sendo possível a substituição do bem, poderá haver substituição por outro de espécie, marca ou modelo diversos, mediante complementação ou restituição de eventual diferença de preço, sem prejuízo do disposto nos incisos II e III do § 1.º deste artigo.

§ 5.º No caso de fornecimento de produtos *in natura*, será responsável perante o consumidor o fornecedor imediato, exceto quando identificado claramente seu produtor.

§ 6.º São impróprios ao uso e consumo:

I – os produtos cujos prazos de validade estejam vencidos;

II – os produtos deteriorados, alterados, adulterados, avariados, falsificados, corrompidos, fraudados, nocivos à vida ou à saúde, perigosos ou, ainda, aqueles em desacordo com as normas regulamentares de fabricação, distribuição ou apresentação;

III – os produtos que, por qualquer motivo, se revelem inadequados ao fim a que se destinam.

Seção IV
Da Decadência e da Prescrição

Art. 26. O direito de reclamar pelos vícios aparentes ou de fácil constatação caduca em:

I – trinta dias, tratando-se de fornecimento de serviço e de produto não duráveis;

II – noventa dias, tratando-se de fornecimento de serviço e de produto duráveis.

§ 1.º Inicia-se a contagem do prazo decadencial a partir da entrega efetiva do produto ou do término da execução dos serviços.

§ 2.º Obstam a decadência:

I – a reclamação comprovadamente formulada pelo consumidor perante o fornecedor de produtos e serviços até a resposta negativa correspondente, que deve ser transmitida de forma inequívoca;

II – (*Vetado.*)

III – a instauração de inquérito civil, até seu encerramento.

§ 3.º Tratando-se de vício oculto, o prazo decadencial inicia-se no momento em que ficar evidenciado o defeito.

Art. 27. Prescreve em cinco anos a pretensão à reparação pelos danos causados por fato do produto ou do serviço prevista na Seção II deste

Capítulo, iniciando-se a contagem do prazo a partir do conhecimento do dano e de sua autoria.

Parágrafo único. (*Vetado.*)

Capítulo VI
DA PROTEÇÃO CONTRATUAL

Seção II
Das Cláusulas Abusivas

Art. 51. São nulas de pleno direito, entre outras, as cláusulas contratuais relativas ao fornecimento de produtos e serviços que:

I – impossibilitem, exonerem ou atenuem a responsabilidade do fornecedor por vícios de qualquer natureza dos produtos e serviços ou impliquem renúncia ou disposição de direitos. Nas relações de consumo entre o fornecedor e o consumidor-pessoa jurídica, a indenização poderá ser limitada, em situações justificáveis;

II – subtraiam ao consumidor a opção de reembolso da quantia já paga, nos casos previstos neste Código;

•• *Vide* Súmula 543 do STJ.

III – transfiram responsabilidades a terceiros;

IV – estabeleçam obrigações consideradas iníquas, abusivas, que coloquem o consumidor em desvantagem exagerada, ou sejam incompatíveis com a boa-fé ou a equidade;

•• *Vide* Súmula 543 do STJ.

V – (*Vetado.*)

VI – estabeleçam inversão do ônus da prova em prejuízo do consumidor;

VII – determinem a utilização compulsória de arbitragem;

VIII – imponham representante para concluir ou realizar outro negócio jurídico pelo consumidor;

IX – deixem ao fornecedor a opção de concluir ou não o contrato, embora obrigando o consumidor;

X – permitam ao fornecedor, direta ou indiretamente, variação do preço de maneira unilateral;

XI – autorizem o fornecedor a cancelar o contrato unilateralmente, sem que igual direito seja conferido ao consumidor;

XII – obriguem o consumidor a ressarcir os custos de cobrança de sua obrigação, sem que igual direito lhe seja conferido contra o fornecedor;

XIII – autorizem o fornecedor a modificar unilateralmente o conteúdo ou a qualidade do contrato, após sua celebração;

XIV – infrinjam ou possibilitem a violação de normas ambientais;

XV – estejam em desacordo com o sistema de proteção ao consumidor;

XVI – possibilitem a renúncia do direito de indenização por benfeitorias necessárias.

§ 1.º Presume-se exagerada, entre outros casos, a vantagem que:

I – ofende os princípios fundamentais do sistema jurídico a que pertence;

II – restringe direitos ou obrigações fundamentais inerentes à natureza do contrato, de tal modo a ameaçar seu objeto ou o equilíbrio contratual;

III – se mostra excessivamente onerosa para o consumidor, considerando-se a natureza e conteúdo do contrato, o interesse das partes e outras circunstâncias peculiares ao caso.

§ 2.º A nulidade de uma cláusula contratual abusiva não invalida o contrato, exceto quando de sua ausência, apesar dos esforços de integração, decorrer ônus excessivo a qualquer das partes.

§ 3.º (*Vetado.*)

§ 4.º É facultado a qualquer consumidor ou entidade que o represente requerer ao Ministério Público que ajuíze a competente ação para ser declarada a nulidade de cláusula contratual que contrarie o disposto neste Código ou de

Lei n. 8.078, de 11-9-1990 Código do Consumidor

qualquer forma não assegure o justo equilíbrio entre direitos e obrigações das partes.

Capítulo VII
DAS SANÇÕES ADMINISTRATIVAS

Art. 59. As penas de cassação de alvará de licença, de interdição e de suspensão temporária da atividade, bem como a de intervenção administrativa serão aplicadas mediante procedimento administrativo, assegurada ampla defesa, quando o fornecedor reincidir na prática das infrações de maior gravidade previstas neste Código e na legislação de consumo.

§ 3.º Pendendo ação judicial na qual se discuta a imposição de penalidade administrativa, não haverá reincidência até o trânsito em julgado da sentença.

Título III
DA DEFESA DO CONSUMIDOR EM JUÍZO

•• O Decreto n. 8.573, de 19-11-2015, dispõe sobre o consumidor.gov.br, sistema alternativo de solução de conflitos de consumo, e dá outras providências.

Capítulo I
DISPOSIÇÕES GERAIS

Art. 81. A defesa dos interesses e direitos dos consumidores e das vítimas poderá ser exercida em juízo individualmente, ou a título coletivo.

Parágrafo único. A defesa coletiva será exercida quando se tratar de:

I – interesses ou direitos difusos, assim entendidos, para efeitos deste Código, os transindividuais, de natureza indivisível, de que sejam titulares pessoas indeterminadas e ligadas por circunstâncias de fato;

II – interesses ou direitos coletivos, assim entendidos, para efeitos deste Código, os transindividuais de natureza indivisível de que seja titular grupo, categoria ou classe de pessoas ligadas entre si ou com a parte contrária por uma relação jurídica base;

III – interesses ou direitos individuais homogêneos, assim entendidos os decorrentes de origem comum.

Art. 82. Para os fins do art. 81, parágrafo único, são legitimados concorrentemente:

•• *Caput* com redação determinada pela Lei n. 9.008, de 21-3-1995.

•• O art. 47 da Lei n. 12.529, de 30-11-2011, estabelece que os prejudicados, por si ou pelos legitimados referidos neste artigo, poderão ingressar em juízo para obter a cessação de práticas que constituam infração da ordem econômica, bem como o recebimento de indenização por perdas e danos sofridos, independentemente do inquérito ou do processo administrativo, que não será suspenso em virtude do ajuizamento de ação.

I – o Ministério Público;

II – a União, os Estados, os Municípios e o Distrito Federal;

III – as entidades e órgãos da administração pública, direta ou indireta, ainda que sem personalidade jurídica, especificamente destinados à defesa dos interesses e direitos protegidos por este Código;

IV – as associações legalmente constituídas há pelo menos um ano e que incluam entre seus fins institucionais a defesa dos interesses e direitos protegidos por este Código, dispensada a autorização assemblear.

§ 1.º O requisito da pré-constituição pode ser dispensado pelo juiz, nas ações previstas no art. 91 e seguintes, quando haja manifesto interesse social evidenciado pela dimensão ou característica do dano, ou pela relevância do bem jurídico a ser protegido.

§ 2.º (*Vetado*.)

§ 3.º (*Vetado*.)

Art. 83. Para a defesa dos direitos e interesses protegidos por este Código são admissíveis todas as espécies de ações capazes de propiciar sua adequada e efetiva tutela.

Parágrafo único. (*Vetado.*)

Art. 84. Na ação que tenha por objeto o cumprimento da obrigação de fazer ou não fazer, o juiz concederá a tutela específica da obrigação ou determinará providências que assegurem o resultado prático equivalente ao do adimplemento.

§ 1.º A conversão da obrigação em perdas e danos somente será admissível se por elas optar o autor ou se impossível a tutela específica ou a obtenção do resultado prático correspondente.

§ 2.º A indenização por perdas e danos se fará sem prejuízo da multa (art. 287 do Código de Processo Civil).

§ 3.º Sendo relevante o fundamento da demanda e havendo justificado receio de ineficácia do provimento final, é lícito ao juiz conceder a tutela liminarmente ou após justificação prévia, citado o réu.

§ 4.º O juiz poderá, na hipótese do § 3.º ou na sentença, impor multa diária ao réu, independentemente de pedido do autor, se for suficiente ou compatível com a obrigação, fixando prazo razoável para o cumprimento do preceito.

§ 5.º Para a tutela específica ou para a obtenção do resultado prático equivalente, poderá o juiz determinar as medidas necessárias, tais como busca e apreensão, remoção de coisas e pessoas, desfazimento de obra, impedimento de atividade nociva, além de requisição de força policial.

Art. 85. (*Vetado.*)

Art. 86. (*Vetado.*)

Art. 87. Nas ações coletivas de que trata este Código não haverá adiantamento de custas, emolumentos, honorários periciais e quaisquer outras despesas, nem condenação da associação autora, salvo comprovada má-fé, em honorários de advogados, custas e despesas processuais.

Parágrafo único. Em caso de litigância de má-fé, a associação autora e os diretores responsáveis pela propositura da ação serão solidariamente condenados em honorários advocatícios e ao décuplo das custas, sem prejuízo da responsabilidade por perdas e danos.

Art. 88. Na hipótese do art. 13, parágrafo único, deste Código, a ação de regresso poderá ser ajuizada em processo autônomo, facultada a possibilidade de prosseguir-se nos mesmos autos, vedada a denunciação da lide.

Art. 89. (*Vetado.*)

Art. 90. Aplicam-se às ações previstas neste Título as normas do Código de Processo Civil e da Lei n. 7.347, de 24 de julho de 1985, inclusive no que respeita ao inquérito civil, naquilo que não contrariar suas disposições.

Capítulo II
DAS AÇÕES COLETIVAS PARA A DEFESA DE INTERESSES INDIVIDUAIS HOMOGÊNEOS

Art. 91. Os legitimados de que trata o art. 82 poderão propor, em nome próprio e no interesse das vítimas ou seus sucessores, ação civil coletiva de responsabilidade pelos danos individualmente sofridos, de acordo com o disposto nos artigos seguintes.

•• Artigo com redação determinada pela Lei n. 9.008, de 21-3-1995.

Art. 92. O Ministério Público, se não ajuizar a ação, atuará sempre como fiscal da lei.

Parágrafo único. (*Vetado.*)

Art. 93. Ressalvada a competência da justiça federal, é competente para a causa a justiça local:

I – no foro do lugar onde ocorreu ou deva ocorrer o dano, quando de âmbito local;

II – no foro da Capital do Estado ou no do Distrito Federal, para os danos de âmbito nacional ou regional, aplicando-se as regras do Código de Processo Civil aos casos de competência concorrente.

Art. 94. Proposta a ação, será publicado edital no órgão oficial, a fim de que os interessados possam intervir no processo como litisconsortes, sem prejuízo de ampla divulgação pelos meios de comunicação social por parte dos órgãos de defesa do consumidor.

Art. 95. Em caso de procedência do pedido, a condenação será genérica, fixando a responsabilidade do réu pelos danos causados.

Art. 96. (*Vetado*.)

Art. 97. A liquidação e a execução de sentença poderão ser promovidas pela vítima e seus sucessores, assim como pelos legitimados de que trata o art. 82.

Parágrafo único. (*Vetado*.)

Art. 98. A execução poderá ser coletiva, sendo promovida pelos legitimados de que trata o art. 82, abrangendo as vítimas cujas indenizações já tiverem sido fixadas em sentença de liquidação, sem prejuízo do ajuizamento de outras execuções.

•• *Caput* com redação determinada pela Lei n. 9.008, de 21-3-1995.

§ 1.º A execução coletiva far-se-á com base em certidão das sentenças de liquidação, da qual deverá constar a ocorrência ou não do trânsito em julgado.

§ 2.º É competente para a execução o juízo:

I – da liquidação da sentença ou da ação condenatória, no caso de execução individual;

II – da ação condenatória, quando coletiva a execução.

Art. 99. Em caso de concurso de créditos decorrentes de condenação prevista na Lei n. 7.347, de 24 de julho de 1985, e de indenizações pelos prejuízos individuais resultantes do mesmo evento danoso, estas terão preferência no pagamento.

Parágrafo único. Para efeito do disposto neste artigo, a destinação da importância recolhida ao Fundo criado pela Lei n. 7.347, de 24 de julho de 1985, ficará sustada enquanto pendentes de decisão de segundo grau as ações de indenização pelos danos individuais, salvo na hipótese de o patrimônio do devedor ser manifestamente suficiente para responder pela integralidade das dívidas.

Art. 100. Decorrido o prazo de um ano sem habilitação de interessados em número compatível com a gravidade do dano, poderão os legitimados do art. 82 promover a liquidação e execução da indenização devida.

Parágrafo único. O produto da indenização devida reverterá para o Fundo criado pela Lei n. 7.347, de 24 de julho de 1985.

Capítulo III
DAS AÇÕES DE RESPONSABILIDADE DO FORNECEDOR DE PRODUTOS E SERVIÇOS

Art. 101. Na ação de responsabilidade civil do fornecedor de produtos e serviços, sem prejuízo do disposto nos Capítulos I e II deste Título, serão observadas as seguintes normas:

I – a ação pode ser proposta no domicílio do autor;

II – o réu que houver contratado seguro de responsabilidade poderá chamar ao processo o segurador, vedada a integração do contraditório pelo Instituto de Resseguros do Brasil. Nesta hipótese, a sentença que julgar procedente o pedido condenará o réu nos termos do art. 80 do Código de Processo Civil. Se o réu houver sido declarado falido, o síndico será intimado a informar a existência de seguro de responsabilidade facultando-se, em caso afirmativo, o ajuizamento de ação de indenização diretamente contra o segurador, vedada a denunciação da lide ao Instituto de Resseguros do Brasil e dispensado o litisconsórcio obrigatório com este.

Art. 102. Os legitimados a agir na forma deste Código poderão propor ação visando compelir o Poder Público competente a proibir, em todo o território nacional, a produção, divulgação, distribuição ou venda, ou a determinar alteração na composição, estrutura, fórmula ou acondicionamento de produto, cujo uso ou consumo regular se revele nocivo ou perigoso à saúde pública e à incolumidade pessoal.

§ 1.º (*Vetado*.)

§ 2.º (*Vetado*.)

Capítulo IV
DA COISA JULGADA

Art. 103. Nas ações coletivas de que trata este Código, a sentença fará coisa julgada:

I – *erga omnes*, exceto se o pedido for julgado improcedente por insuficiência de provas, hipótese em que qualquer legitimado poderá intentar outra ação, com idêntico fundamento, valendo-se de nova prova, na hipótese do inciso I do parágrafo único do art. 81;

II – *ultra partes*, mas limitadamente ao grupo, categoria ou classe, salvo improcedência por insuficiência de provas, nos termos do inciso anterior, quando se tratar da hipótese prevista no inciso II do parágrafo único do art. 81;

III – *erga omnes*, apenas no caso de procedência do pedido, para beneficiar todas as vítimas e seus sucessores, na hipótese do inciso III do parágrafo único do art. 81.

§ 1.º Os efeitos da coisa julgada previstos nos incisos I e II não prejudicarão interesses e direitos individuais dos integrantes da coletividade, do grupo, categoria ou classe.

§ 2.º Na hipótese prevista no inciso III, em caso de improcedência do pedido, os interessados que não tiverem intervindo no processo como litisconsortes poderão propor ação de indenização a título individual.

§ 3.º Os efeitos da coisa julgada de que cuida o art. 16, combinado com o art. 13 da Lei n. 7.347, de 24 de julho de 1985, não prejudicarão as ações de indenização por danos pessoalmente sofridos, propostas individualmente ou na forma prevista neste Código, mas, se procedente o pedido, beneficiarão as vítimas e seus sucessores, que poderão proceder à liquidação e à execução, nos termos dos arts. 96 a 99.

§ 4.º Aplica-se o disposto no parágrafo anterior à sentença penal condenatória.

Art. 104. As ações coletivas, previstas nos incisos I e II do parágrafo único do art. 81, não induzem litispendência para as ações individuais, mas os efeitos da coisa julgada *erga omnes* ou *ultra partes* a que aludem os incisos II e III do artigo anterior não beneficiarão os autores das ações individuais, se não for requerida sua suspensão no prazo de trinta dias, a contar da ciência nos autos do ajuizamento da ação coletiva.

•• Acreditamos que remissão certa seria II e III do parágrafo único do art. 81.

Título VI
DISPOSIÇÕES FINAIS

Art. 118. Este Código entrará em vigor dentro de cento e oitenta dias a contar de sua publicação.

Art. 119. Revogam-se as disposições em contrário.

Brasília, em 11 de setembro de 1990; 169.º da Independência e 102.º da República.

Fernando Collor

LEI N. 8.245, DE 18 DE OUTUBRO DE 1991 (*)

Dispõe sobre as locações dos imóveis urbanos e os procedimentos a elas pertinentes.

(*) Publicada no *DOU*, de 21-10-1991.

Lei n. 8.245, de 18-10-1991

O Presidente da República:

Faço saber que o Congresso Nacional decreta e eu sanciono a seguinte Lei:

TÍTULO I
DA LOCAÇÃO

CAPÍTULO I
DISPOSIÇÕES GERAIS

Seção I
Da Locação em Geral

Art. 1.º A locação de imóvel urbano regula-se pelo disposto nesta Lei.

Parágrafo único. Continuam regulados pelo Código Civil e pelas leis especiais:

•• A referência é feita ao CC de 1916. *Vide* arts. 565 a 578 e 2.036 do Código vigente.

a) as locações:

1. de imóveis de propriedade da União, dos Estados e dos Municípios, de suas autarquias e fundações públicas;

2. de vagas autônomas de garagem ou de espaços para estacionamento de veículos;

3. de espaços destinados à publicidade;

4. em apart-hotéis, hotéis-residência ou equiparados, assim considerados aqueles que prestam serviços regulares a seus usuários e como tais sejam autorizados a funcionar;

b) o arrendamento mercantil, em qualquer de suas modalidades.

Art. 2.º Havendo mais de um locador ou mais de um locatário, entende-se que são solidários se o contrário não se estipulou.

Parágrafo único. Os ocupantes de habitações coletivas multifamiliares presumem-se locatários ou sublocatários.

Art. 3.º O contrato de locação pode ser ajustado por qualquer prazo, dependendo de vênia conjugal, se igual ou superior a dez anos.

Parágrafo único. Ausente a vênia conjugal, o cônjuge não estará obrigado a observar o prazo excedente.

Art. 4.º Durante o prazo estipulado para a duração do contrato, não poderá o locador reaver o imóvel alugado. Com exceção ao que estipula o § 2.º do art. 54-A, o locatário, todavia, poderá devolvê-lo, pagando a multa pactuada, proporcional ao período de cumprimento do contrato, ou, na sua falta, a que for judicialmente estipulada.

•• *Caput* com redação determinada pela Lei n. 12.744, de 19-12-2012.

Parágrafo único. O locatário ficará dispensado da multa se a devolução do imóvel decorrer de transferência, pelo seu empregador, privado ou público, para prestar serviços em localidades diversas daquela do início do contrato, e se notificar, por escrito, o locador com prazo de, no mínimo, trinta dias de antecedência.

Art. 5.º Seja qual for o fundamento do término da locação, a ação do locador para reaver o imóvel é a de despejo.

Parágrafo único. O disposto neste artigo não se aplica se a locação termina em decorrência de desapropriação, com a imissão do expropriante na posse do imóvel.

Art. 6.º O locatário poderá denunciar a locação por prazo indeterminado mediante aviso por escrito ao locador, com antecedência mínima de trinta dias.

Parágrafo único. Na ausência do aviso, o locador poderá exigir quantia correspondente a um mês de aluguel e encargos, vigentes quando da resilição.

Art. 7.º Nos casos de extinção de usufruto ou de fideicomisso, a locação celebrada pelo usufrutuário ou fiduciário poderá ser denunciada, com o prazo de trinta dias para a desocupação, salvo se tiver havido aquiescência escrita do nu-proprietário ou do fideicomissário, ou se a propriedade estiver consolidada em mãos do usufrutuário ou do fiduciário.

Parágrafo único. A denúncia deverá ser exercitada no prazo de noventa dias contados da extinção do fideicomisso ou da averbação da extinção do usufruto, presumindo-se, após esse prazo, a concordância na manutenção da locação.

Art. 8.º Se o imóvel for alienado durante a locação, o adquirente poderá denunciar o contrato, com o prazo de noventa dias para a desocupação, salvo se a locação for por tempo determinado e o contrato contiver cláusula de vigência em caso de alienação e estiver averbado junto à matrícula do imóvel.

§ 1.º Idêntico direito terá o promissário comprador e o promissário cessionário, em caráter irrevogável, com imissão na posse do imóvel e título registrado junto à matrícula do mesmo.

§ 2.º A denúncia deverá ser exercitada no prazo de noventa dias contados do registro da venda ou do compromisso, presumindo-se, após esse prazo, a concordância na manutenção da locação.

Art. 9.º A locação também poderá ser desfeita:

I – por mútuo acordo;

II – em decorrência da prática de infração legal ou contratual;

III – em decorrência da falta de pagamento do aluguel e demais encargos;

IV – para a realização de reparações urgentes determinadas pelo Poder Público, que não possam ser normalmente executadas com a permanência do locatário no imóvel ou, podendo, ele se recuse a consenti-las.

Art. 10. Morrendo o locador, a locação transmite-se aos herdeiros.

Art. 11. Morrendo o locatário, ficarão sub-rogados nos seus direitos e obrigações:

I – nas locações com finalidade residencial, o cônjuge sobrevivente ou o companheiro e, sucessivamente, os herdeiros necessários e as pessoas que viviam na dependência econômica do *de cujus*, desde que residentes no imóvel;

II – nas locações com finalidade não residencial, o espólio e, se for o caso, seu sucessor no negócio.

Art. 12. Em casos de separação de fato, separação judicial, divórcio ou dissolução da união estável, a locação residencial prosseguirá automaticamente com o cônjuge ou companheiro que permanecer no imóvel.

•• *Caput* com redação determinada pela Lei n. 12.112, de 9-12-2009.

§ 1.º Nas hipóteses previstas neste artigo e no art. 11, a sub-rogação será comunicada por escrito ao locador e ao fiador, se esta for a modalidade de garantia locatícia.

•• § 1.º acrescentado pela Lei n. 12.112, de 9-12-2009.

§ 2.º O fiador poderá exonerar-se das suas responsabilidades no prazo de 30 (trinta) dias contado do recebimento da comunicação oferecida pelo sub-rogado, ficando responsável pelos efeitos da fiança durante 120 (cento e vinte) dias após a notificação ao locador.

•• § 2.º acrescentado pela Lei n. 12.112, de 9-12-2009.

Art. 13. A cessão da locação, a sublocação e o empréstimo do imóvel, total ou parcialmente, dependem do consentimento prévio e escrito do locador.

§ 1.º Não se presume o consentimento pela simples demora do locador em manifestar formalmente a sua oposição.

§ 2.º Desde que notificado por escrito pelo locatário, de ocorrência de uma das hipóteses deste artigo, o locador terá o prazo de trinta dias para manifestar formalmente a sua oposição.

§ 3.º (*Vetado*.)

•• 3.º acrescentado pela Lei n. 12.112, de 9-12-2009.

Seção II
Das Sublocações

Art. 14. Aplicam-se às sublocações, no que couber, as disposições relativas às locações.

Art. 15. Rescindida ou finda a locação, qualquer que seja sua causa, resolvem-se as sublocações, assegurado o direito de indenização do sublocatário contra o sublocador.

Art. 16. O sublocatário responde subsidiariamente ao locador pela importância que dever ao sublocador, quando este for demandado e, ainda, pelos aluguéis que se vencerem durante a lide.

Seção III
Do Aluguel

Art. 17. É livre a convenção do aluguel, vedada a sua estipulação em moeda estrangeira e a sua vinculação à variação cambial ou ao salário mínimo.

Parágrafo único. Nas locações residenciais serão observados os critérios de reajustes previstos na legislação específica.

Art. 18. É lícito às partes fixar, de comum acordo, novo valor para o aluguel, bem como inserir ou modificar cláusula de reajuste.

Art. 19. Não havendo acordo, o locador ou o locatário, após três anos de vigência do contrato ou do acordo anteriormente realizado, poderão pedir revisão judicial do aluguel, a fim de ajustá-lo ao preço de mercado.

Art. 20. Salvo as hipóteses do art. 42 e da locação para temporada, o locador não poderá exigir o pagamento antecipado do aluguel.

Art. 21. O aluguel da sublocação não poderá exceder o da locação; nas habitações coletivas multifamiliares, a soma dos aluguéis não poderá ser superior ao dobro do valor da locação.

Parágrafo único. O descumprimento deste artigo autoriza o sublocatário a reduzir o aluguel até os limites nele estabelecidos.

Seção IV
Dos Deveres do Locador e do Locatário

Art. 22. O locador é obrigado a:

I – entregar ao locatário o imóvel alugado em estado de servir ao uso a que se destina;

II – garantir, durante o tempo da locação, o uso pacífico do imóvel locado;

III – manter, durante a locação, a forma e o destino do imóvel;

IV – responder pelos vícios ou defeitos anteriores à locação;

V – fornecer ao locatário, caso este solicite, descrição minuciosa do estado do imóvel, quando da sua entrega, com expressa referência aos eventuais defeitos existentes;

VI – fornecer ao locatário recibo discriminado das importâncias por este pagas, vedada a quitação genérica;

VII – pagar as taxas de administração imobiliária, se houver, e de intermediações, nestas compreendidas as despesas necessárias à aferição da idoneidade do pretendente ou de seu fiador;

VIII – pagar os impostos e taxas, e ainda o prêmio de seguro complementar contra fogo, que incidam ou venham a incidir sobre o imóvel, salvo disposição expressa em contrário no contrato;

IX – exibir ao locatário, quando solicitado, os comprovantes relativos às parcelas que estejam sendo exigidas;

X – pagar as despesas extraordinárias de condomínio.

Parágrafo único. Por despesas extraordinárias de condomínio se entendem aquelas que não se refiram aos gastos rotineiros de manutenção do edifício, especialmente:

a) obras de reformas ou acréscimos que interessem à estrutura integral do imóvel;

b) pintura das fachadas, empenas, poços de aeração e iluminação, bem como das esquadrias externas;

c) obras destinadas a repor as condições de habitabilidade do edifício;

d) indenizações trabalhistas e previdenciárias pela dispensa de empregados, ocorridas em data anterior ao início da locação;

e) instalação de equipamentos de segurança e de incêndio, de telefonia, de intercomunicação, de esporte e de lazer;

f) despesas de decoração e paisagismo nas partes de uso comum;

Locações
Lei n. 8.245, de 18-10-1991

g) constituição de fundo de reserva.

Art. 23. O locatário é obrigado a:

I – pagar pontualmente o aluguel e os encargos da locação, legal ou contratualmente exigíveis, no prazo estipulado ou, em sua falta, até o sexto dia útil do mês seguinte ao vencido, no imóvel locado, quando outro local não tiver sido indicado no contrato;

II – servir-se do imóvel para o uso convencionado ou presumido, compatível com a natureza deste e com o fim a que se destina, devendo tratá-lo com o mesmo cuidado como se fosse seu;

III – restituir o imóvel, finda a locação, no estado em que o recebeu, salvo as deteriorações decorrentes do seu uso normal;

IV – levar imediatamente ao conhecimento do locador o surgimento de qualquer dano ou defeito cuja reparação a este incumba, bem como as eventuais turbações de terceiros;

V – realizar a imediata reparação dos danos verificados no imóvel, ou nas suas instalações, provocados por si, seus dependentes, familiares, visitantes ou prepostos;

VI – não modificar a forma interna ou externa do imóvel sem o consentimento prévio e por escrito do locador;

VII – entregar imediatamente ao locador os documentos de cobrança de tributos e encargos condominiais, bem como qualquer intimação, multa ou exigência de autoridade pública, ainda que dirigida a ele, locatário;

VIII – pagar as despesas de telefone e de consumo de força, luz e gás, água e esgoto;

IX – permitir a vistoria do imóvel pelo locador ou por seu mandatário, mediante combinação prévia de dia e hora, bem admitir que seja o mesmo visitado e examinado por terceiros, na hipótese prevista no art. 27;

X – cumprir integralmente a convenção de condomínio e os regulamentos internos;

XI – pagar o prêmio do seguro de fiança;

XII – pagar as despesas ordinárias de condomínio.

§ 1.º Por despesas ordinárias de condomínio se entendem as necessárias à administração respectiva, especialmente:

a) salários, encargos trabalhistas, contribuições previdenciárias e sociais dos empregados do condomínio;

b) consumo de água e esgoto, gás, luz e força das áreas de uso comum;

c) limpeza, conservação e pintura das instalações e dependências de uso comum;

d) manutenção e conservação das instalações e equipamentos hidráulicos, elétricos, mecânicos e de segurança, de uso comum;

e) manutenção e conservação das instalações e equipamentos de uso comum destinados à prática de esportes e lazer;

f) manutenção e conservação de elevadores, porteiro eletrônico e antenas coletivas;

g) pequenos reparos nas dependências e instalações elétricas e hidráulicas de uso comum;

h) rateios de saldo devedor, salvo se referentes a período anterior ao início da locação;

i) reposição do fundo de reserva, total ou parcialmente utilizado no custeio ou complementação das despesas referidas nas alíneas anteriores, salvo se referentes a período anterior ao início da locação.

§ 2.º O locatário fica obrigado ao pagamento das despesas referidas no parágrafo anterior, desde que comprovadas a previsão orçamentária e o rateio mensal, podendo exigir a qualquer tempo a comprovação das mesmas.

§ 3.º No edifício constituído por unidades imobiliárias autônomas, de propriedade da mesma pessoa, os locatários ficam obrigados ao pagamento das despesas referidas no § 1.º deste artigo, desde que comprovadas.

Art. 24. Nos imóveis utilizados como habitação coletiva multifamiliar, os locatários ou sublocatários poderão depositar judicialmente o aluguel e encargos se a construção for considerada em condições precárias pelo Poder Público.

§ 1.º O levantamento dos depósitos somente será deferido com a comunicação, pela autoridade pública, da regularização do imóvel.

§ 2.º Os locatários ou sublocatários que deixarem o imóvel estarão desobrigados do aluguel durante a execução das obras necessárias à regularização.

§ 3.º Os depósitos efetuados em juízo pelos locatários e sublocatários poderão ser levantados, mediante ordem judicial, para realização das obras ou serviços necessários à regularização do imóvel.

Art. 25. Atribuída ao locatário a responsabilidade pelo pagamento dos tributos, encargos e despesas ordinárias de condomínio, o locador poderá cobrar tais verbas juntamente com o aluguel do mês a que se refiram.

Parágrafo único. Se o locador antecipar os pagamentos, a ele pertencerão as vantagens daí advindas, salvo se o locatário reembolsá-lo integralmente.

Art. 26. Necessitando o imóvel de reparos urgentes, cuja realização incumba ao locador, o locatário é obrigado a consenti-los.

Parágrafo único. Se os reparos durarem mais de dez dias, o locatário terá direito ao abatimento do aluguel, proporcional ao período excedente; se mais de trinta dias, poderá resilir o contrato.

Seção V
Do Direito de Preferência

Art. 27. No caso de venda, promessa de venda, cessão ou promessa de cessão de direitos ou dação em pagamento, o locatário tem preferência para adquirir o imóvel locado, em igualdade de condições com terceiros, devendo o locador dar-lhe conhecimento do negócio mediante notificação judicial, extrajudicial ou outro meio de ciência inequívoca.

Parágrafo único. A comunicação deverá conter todas as condições do negócio e, em especial, o preço, a forma de pagamento, a existência de ônus reais, bem como o local e horário em que pode ser examinada a documentação pertinente.

Art. 28. O direito de preferência do locatário caducará se não manifestada, de maneira inequívoca, sua aceitação integral à proposta, no prazo de trinta dias.

Art. 29. Ocorrendo aceitação da proposta, pelo locatário, a posterior desistência do negócio pelo locador acarreta, a este, responsabilidade pelos prejuízos ocasionados, inclusive lucros cessantes.

Art. 30. Estando o imóvel sublocado em sua totalidade, caberá a preferência ao sublocatário e, em seguida, ao locatário. Se forem vários os sublocatários, a preferência caberá a todos, em comum, ou a qualquer deles, se um só for o interessado.

Parágrafo único. Havendo pluralidade de pretendentes, caberá a preferência ao locatário mais antigo, e, se da mesma data, ao mais idoso.

Art. 31. Em se tratando de alienação de mais de uma unidade imobiliária, o direito de preferência incidirá sobre a totalidade dos bens objeto da alienação.

Art. 32. O direito de preferência não alcança os casos de perda da propriedade ou venda por decisão judicial, permuta, doação, integralização de capital, cisão, fusão e incorporação.

Parágrafo único. Nos contratos firmados a partir de 1.º de outubro de 2001, o direito de preferência de que trata este artigo não alcançará também os casos de constituição da propriedade fiduciária e de perda da propriedade ou venda por quaisquer formas de realização de garantia, inclusive mediante leilão extrajudicial, devendo essa condição constar expressamente em cláusula contratual específica, destacando-se das demais por sua apresentação gráfica.

•• Parágrafo único acrescentado pela Lei n. 10.931, de 2-8-2004.

Art. 33. O locatário preterido no seu direito de preferência poderá reclamar do alienante as perdas e danos ou, depositando o preço e demais despesas do ato de transferência, haver para si o imóvel locado, se o requerer no prazo de seis meses, a contar do registro do ato no Cartório de Imóveis, desde que o contrato de locação esteja averbado pelo menos trinta dias antes da alienação junto à matrícula do imóvel.

Parágrafo único. A averbação far-se-á à vista de qualquer das vias do contrato de locação, desde que subscrito também por duas testemunhas.

Art. 34. Havendo condomínio no imóvel, a preferência do condômino terá prioridade sobre a do locatário.

Seção VI
Das Benfeitorias

Art. 35. Salvo expressa disposição contratual em contrário, as benfeitorias necessárias introduzidas pelo locatário, ainda que não autorizadas pelo locador, bem como as úteis, desde que autorizadas, serão indenizáveis e permitem o exercício do direito de retenção.

Art. 36. As benfeitorias voluptuárias não serão indenizáveis, podendo ser levantadas pelo locatário, finda a locação, desde que sua retirada não afete a estrutura e a substância do imóvel.

Seção VII
Das Garantias Locatícias

Art. 37. No contrato de locação, pode o locador exigir do locatário as seguintes modalidades de garantia:

I – caução;

II – fiança;

III – seguro de fiança locatícia;

IV – cessão fiduciária de quotas de fundo de investimento.

•• Inciso IV acrescentado pela Lei n. 11.196, de 21-11-2005.

Parágrafo único. É vedada, sob pena de nulidade, mais de uma das modalidades de garantia num mesmo contrato de locação.

Art. 38. A caução poderá ser em bens móveis ou imóveis.

§ 1.º A caução em bens móveis deverá ser registrada em Cartório de Títulos e Documentos; a em bens imóveis deverá ser averbada à margem da respectiva matrícula.

§ 2.º A caução em dinheiro, que não poderá exceder o equivalente a três meses de aluguel, será depositada em caderneta de poupança, autorizada pelo Poder Público e por ele regulamentada, revertendo em benefício do locatário todas as vantagens dela decorrentes por ocasião do levantamento da soma respectiva.

§ 3.º A caução em títulos e ações deverá ser substituída, no prazo de trinta dias, em caso de concordata, falência ou liquidação das sociedades emissoras.

Art. 39. Salvo disposição contratual em contrário, qualquer das garantias da locação se estende até a efetiva devolução do imóvel, ainda que prorrogada a locação por prazo indeterminado, por força desta Lei.

•• Artigo com redação determinada pela Lei n. 12.112, de 9-12-2009.

Art. 40. O locador poderá exigir novo fiador ou a substituição da modalidade de garantia, nos seguintes casos:

I – morte do fiador;

II – ausência, interdição, recuperação judicial, falência ou insolvência do fiador, declaradas judicialmente;

•• Inciso II com redação determinada pela Lei n. 12.112, de 9-12-2009.

III – alienação ou gravação de todos os bens imóveis do fiador ou sua mudança de residência sem comunicação ao locador;

IV – exoneração do fiador;

V – prorrogação da locação por prazo indeterminado, sendo a fiança ajustada por prazo certo;

VI – desaparecimento dos bens móveis;

VII – desapropriação ou alienação do imóvel;

VIII – exoneração de garantia constituída por quotas de fundo de investimento;

Lei n. 8.245, de 18-10-1991

•• Inciso VIII acrescentado pela Lei n. 11.196, de 21-11-2005.

IX – liquidação ou encerramento do fundo de investimento de que trata o inciso IV do art. 37 desta Lei;

•• Inciso IX acrescentado pela Lei n. 11.196, de 21-11-2005.

X – prorrogação da locação por prazo indeterminado uma vez notificado o locador pelo fiador de sua intenção de desoneração, ficando obrigado por todos os efeitos da fiança, durante 120 (cento e vinte) dias após a notificação ao locador.

•• Inciso X acrescentado pela Lei n. 12.112, de 9-12-2009.

Parágrafo único. O locador poderá notificar o locatário para apresentar nova garantia locatícia no prazo de 30 (trinta) dias, sob pena de desfazimento da locação.

•• Parágrafo único acrescentado pela Lei n. 12.112, de 9-12-2009.

Art. 41. O seguro de fiança locatícia abrangerá a totalidade das obrigações do locatário.

Art. 42. Não estando a locação garantida por qualquer das modalidades, o locador poderá exigir do locatário o pagamento do aluguel e encargos até o sexto dia útil do mês vincendo.

Seção VIII
Das Penalidades Criminais e Civis

Art. 43. Constitui contravenção penal, punível com prisão simples de cinco dias a seis meses ou multa de três a doze meses do valor do último aluguel atualizado, revertida em favor do locatário:

I – exigir, por motivo de locação ou sublocação, quantia ou valor além do aluguel e encargos permitidos;

II – exigir, por motivo de locação ou sublocação, mais de uma modalidade de garantia num mesmo contrato de locação;

III – cobrar antecipadamente o aluguel, salvo a hipótese do art. 42 e da locação para temporada.

Art. 44. Constitui crime de ação pública, punível com detenção de três meses a um ano, que poderá ser substituída pela prestação de serviços à comunidade:

I – recusar-se o locador ou sublocador, nas habitações coletivas multifamiliares, a fornecer recibo discriminado do aluguel e encargos;

II – deixar o retomante, dentro de cento e oitenta dias após a entrega do imóvel, no caso do inciso III do art. 47, de usá-lo para o fim declarado ou, usando-o, não o fizer pelo prazo mínimo de um ano;

III – não iniciar o proprietário, promissário comprador ou promissário cessionário, nos casos do inciso IV do art. 9.º, inciso IV do art. 47, inciso I do art. 52 e inciso II do art. 53, a demolição ou a reparação do imóvel, dentro de sessenta dias contados de sua entrega;

IV – executar o despejo com inobservância do disposto no § 2.º do art. 65.

Parágrafo único. Ocorrendo qualquer das hipóteses previstas neste artigo, poderá o prejudicado reclamar, em processo próprio, multa equivalente a um mínimo de doze e um máximo de vinte e quatro meses do valor do último aluguel atualizado ou do que esteja sendo cobrado do novo locatário, se realugado o imóvel.

Seção IX
Das Nulidades

Art. 45. São nulas de pleno direito as cláusulas do contrato de locação que visem a elidir os objetivos da presente Lei, notadamente as que proíbam a prorrogação prevista no art. 47, ou que afastem o direito à renovação, na hipótese do art. 51, ou que imponham obrigações pecuniárias para tanto.

Capítulo II
DAS DISPOSIÇÕES ESPECIAIS
Seção I
Da Locação Residencial

Art. 46. Nas locações ajustadas por escrito e por prazo igual ou superior a trinta meses, a resolução do contrato ocorrerá findo o prazo estipulado, independentemente de notificação ou aviso.

§ 1.º Findo o prazo ajustado, se o locatário continuar na posse do imóvel alugado por mais de trinta dias sem oposição do locador, presumir-se-á prorrogada a locação por prazo indeterminado, mantidas as demais cláusulas e condições do contrato.

§ 2.º Ocorrendo a prorrogação, o locador poderá denunciar o contrato a qualquer tempo, concedido o prazo de trinta dias para desocupação.

Art. 47. Quando ajustada verbalmente ou por escrito e com prazo inferior a trinta meses, findo o prazo estabelecido, a locação prorroga-se automaticamente, por prazo indeterminado, somente podendo ser retomado o imóvel:

I – nos casos do art. 9.º;

II – em decorrência de extinção do contrato de trabalho, se a ocupação do imóvel pelo locatário estiver relacionada com o seu emprego;

III – se for pedido para uso próprio, de seu cônjuge ou companheiro, ou para uso residencial de ascendente ou descendente que não disponha, assim como seu cônjuge ou companheiro, de imóvel residencial próprio;

IV – se for pedido para demolição e edificação licenciada ou para a realização de obras aprovadas pelo Poder Público, que aumentem a área construída em, no mínimo, vinte por cento ou, se o imóvel for destinado a exploração de hotel ou pensão, em cinquenta por cento;

V – se a vigência ininterrupta da locação ultrapassar cinco anos.

§ 1.º Na hipótese do inciso III, a necessidade deverá ser judicialmente demonstrada, se:

a) o retomante, alegando necessidade de usar o imóvel, estiver ocupando, com a mesma finalidade, outro de sua propriedade situado na mesma localidade ou, residindo ou utilizando imóvel alheio, já tiver retomado o imóvel anteriormente;

b) o ascendente ou descendente, beneficiário da retomada, residir em imóvel próprio.

§ 2.º Nas hipóteses dos incisos III e IV, o retomante deverá comprovar ser proprietário, promissário comprador ou promissário cessionário, em caráter irrevogável, com imissão na posse do imóvel e título registrado junto à matrícula do mesmo.

Seção II
Da Locação para Temporada

Art. 48. Considera-se locação para temporada aquela destinada à residência temporária do locatário, para prática de lazer, realização de cursos, tratamento de saúde, feitura de obras em seu imóvel, e outros fatos que decorram tão somente de determinado tempo, e contratada por prazo não superior a noventa dias, esteja ou não mobiliado o imóvel.

Parágrafo único. No caso de a locação envolver imóvel mobiliado, constará do contrato, obrigatoriamente, a descrição dos móveis e utensílios que o guarnecem, bem como o estado em que se encontram.

Art. 49. O locador poderá receber de uma só vez e antecipadamente os aluguéis e encargos, bem como exigir qualquer das modalidades de garantia previstas no art. 37 para atender as demais obrigações do contrato.

Art. 50. Findo o prazo ajustado, se o locatário permanecer no imóvel sem oposição do locador por mais de trinta dias, presumir-se-á prorrogada a locação por tempo indeterminado, não mais sendo exigível o pagamento antecipado do aluguel e dos encargos.

Parágrafo único. Ocorrendo a prorrogação, o locador somente poderá denunciar o contrato após trinta meses de seu início ou nas hipóteses do art. 47.

Seção III
Da Locação não Residencial

Art. 51. Nas locações de imóveis destinados ao comércio, o locatário terá direito a renovação do contrato, por igual prazo, desde que, cumulativamente:

I – o contrato a renovar tenha sido celebrado por escrito e com prazo determinado;

II – o prazo mínimo do contrato a renovar ou a soma dos prazos ininterruptos dos contratos escritos seja de cinco anos;

III – o locatário esteja explorando seu comércio, no mesmo ramo, pelo prazo mínimo e ininterrupto de três anos.

§ 1.º O direito assegurado neste artigo poderá ser exercido pelos cessionários ou sucessores da locação; no caso de sublocação total do imóvel, o direito a renovação somente poderá ser exercido pelo sublocatário.

§ 2.º Quando o contrato autorizar que o locatário utilize o imóvel para as atividades de sociedade de que faça parte e que a esta passe a pertencer o fundo de comércio, o direito a renovação poderá ser exercido pelo locatário ou pela sociedade.

§ 3.º Dissolvida a sociedade comercial por morte de um dos sócios, o sócio sobrevivente fica sub-rogado no direito a renovação, desde que continue no mesmo ramo.

§ 4.º O direito a renovação do contrato estende-se às locações celebradas por indústrias e sociedades civis com fim lucrativo, regularmente constituídas, desde que ocorrentes os pressupostos previstos neste artigo.

§ 5.º Do direito a renovação decai aquele que não propuser a ação no interregno de um ano, no máximo, até seis meses, no mínimo, anteriores à data da finalização do prazo do contrato em vigor.

Art. 52. O locador não estará obrigado a renovar o contrato se:

I – por determinação do Poder Público, tiver que realizar no imóvel obras que importarem na sua radical transformação; ou para fazer modificação de tal natureza que aumente o valor do negócio ou da propriedade;

II – o imóvel vier a ser utilizado por ele próprio ou para transferência de fundo de comércio existente há mais de um ano, sendo detentor da maioria do capital o locador, seu cônjuge, ascendente ou descendente.

§ 1.º Na hipótese do inciso II, o imóvel não poderá ser destinado ao uso do mesmo ramo do locatário, salvo se a locação também envolvia o fundo de comércio, com as instalações e pertences.

§ 2.º Nas locações de espaço em *shopping centers*, o locador não poderá recusar a renovação do contrato com fundamento no inciso II deste artigo.

§ 3.º O locatário terá direito a indenização para ressarcimento dos prejuízos e dos lucros cessantes que tiver que arcar com a mudança, perda do lugar e desvalorização do fundo de comércio, se a renovação não ocorrer em razão de proposta de terceiro, em melhores condições, ou se o locador, no prazo de três meses da entrega do imóvel, não der o destino alegado ou não iniciar as obras determinadas pelo Poder Público ou que declarou pretender realizar.

•• A Lei n. 12.112, de 9-12-2009, propôs nova redação para este § 3.º, porém teve seu texto vetado.

Art. 53. Nas locações de imóveis utilizados por hospitais, unidades sanitárias oficiais, asilos, estabelecimentos de saúde e de ensino autorizados e fiscalizados pelo Poder Público, bem como por entidades religiosas devidamente registradas, o contrato somente poderá ser rescindido:

•• *Caput* com redação determinada pela Lei n. 9.256, de 9-1-1996.

I – nas hipóteses do art. 9.º;

II – se o proprietário, promissário comprador ou promissário cessionário, em caráter irrevogável e imitido na posse, com título registrado, que haja quitado o preço da promessa ou que, não o tendo feito, seja autorizado pelo proprietário, pedir o imóvel para demolição, edificação licenciada ou reforma que venha a resultar em aumento mínimo de cinquenta por cento da área útil.

Art. 54. Nas relações entre lojistas e empreendedores de *shopping center*, prevalecerão as condições livremente pactuadas nos contratos de locação respectivos e as disposições procedimentais previstas nesta Lei.

§ 1.º O empreendedor não poderá cobrar do locatário em *shopping center*:

a) as despesas referidas nas alíneas *a, b* e *d* do parágrafo único do art. 22; e

b) as despesas com obras ou substituições de equipamentos, que impliquem modificar o projeto ou o memorial descritivo da data do habite-se e obras de paisagismo nas partes de uso comum.

§ 2.º As despesas cobradas do locatário devem ser previstas em orçamento, salvo casos de urgência ou força maior, devidamente demonstradas, podendo o locatário, a cada sessenta dias, por si ou entidade de classe exigir a comprovação das mesmas.

Art. 54-A. Na locação não residencial de imóvel urbano na qual o locador procede à prévia aquisição, construção ou substancial reforma, por si mesmo ou por terceiros, do imóvel então especificado pelo pretendente à locação, a fim de que seja a este locado por prazo determinado, prevalecerão as condições livremente pactuadas no contrato respectivo e as disposições procedimentais previstas nesta Lei.

•• *Caput* acrescentado pela Lei n. 12.744, de 19-12-2012.

§ 1.º Poderá ser convencionada a renúncia ao direito de revisão do valor dos aluguéis durante o prazo de vigência do contrato de locação.

•• § 1.º acrescentado pela Lei n. 12.744, de 19-12-2012.

§ 2.º Em caso de denúncia antecipada do vínculo locatício pelo locatário, compromete-se este a cumprir a multa convencionada, que não excederá, porém, a soma dos valores dos aluguéis a receber até o termo final da locação.

•• § 2.º acrescentado pela Lei n. 12.744, de 19-12-2012.

§ 3.º (*Vetado*.)

•• § 3.º acrescentado pela Lei n. 12.744, de 19-12-2012.

Art. 55. Considera-se locação não residencial quando o locatário for pessoa jurídica e o imóvel destinar-se ao uso de seus titulares, diretores, sócios, gerentes, executivos ou empregados.

Art. 56. Nos demais casos de locação não residencial, o contrato por prazo determinado cessa, de pleno direito, findo o prazo estipulado, independentemente de notificação ou aviso.

Parágrafo único. Findo o prazo estipulado, se o locatário permanecer no imóvel por mais de trinta dias sem oposição do locador, presumir-se-á prorrogada a locação nas condições ajustadas, mas sem prazo determinado.

Art. 57. O contrato de locação por prazo indeterminado pode ser denunciado por escrito, pelo locador, concedidos ao locatário trinta dias para a desocupação.

Título II
DOS PROCEDIMENTOS
Capítulo I
DAS DISPOSIÇÕES GERAIS

Art. 58. Ressalvados os casos previstos no parágrafo único do art. 1.º, nas ações de despejo, consignação em pagamento de aluguel e acessório da locação, revisionais de aluguel e renovatórias de locação, observar-se-á o seguinte:

I – os processos tramitam durante as férias forenses e não se suspendem pela superveniência delas;

II – é competente para conhecer e julgar tais ações o foro do lugar da situação do imóvel, salvo se outro houver sido eleito no contrato;

III – o valor da causa corresponderá a doze meses de aluguel, ou, na hipótese do inciso II do art. 47, a três salários vigentes por ocasião do ajuizamento;

IV – desde que autorizado no contrato, a citação, intimação ou notificação far-se-á mediante correspondência com aviso de recebimento, ou, tratando-se de pessoa jurídica ou firma individual, também mediante telex ou fac-símile, ou, ainda, sendo necessário, pelas demais formas previstas no Código de Processo Civil;

V – os recursos interpostos contra as sentenças terão efeito somente devolutivo.

Capítulo II
DAS AÇÕES DE DESPEJO

Art. 59. Com as modificações constantes deste Capítulo, as ações de despejo terão o rito ordinário.

§ 1.º Conceder-se-á liminar para desocupação em quinze dias, independentemente da audiência da parte contrária e desde que prestada a caução no valor equivalente a três meses de aluguel, nas ações que tiverem por fundamento exclusivo:

I – o descumprimento do mútuo acordo (art. 9.º, inciso I), celebrado por escrito e assinado pelas partes e por duas testemunhas, no qual tenha sido ajustado o prazo mínimo de seis meses para desocupação, contado da assinatura do instrumento;

II – o disposto no inciso II do art. 47, havendo prova escrita da rescisão do contrato de trabalho ou sendo ela demonstrada em audiência prévia;

III – o término do prazo da locação para temporada, tendo sido proposta a ação de despejo em até trinta dias após o vencimento do contrato;

IV – a morte do locatário sem deixar sucessor legítimo na locação, de acordo com o referido no inciso I do art. 11, permanecendo no imóvel pessoas não autorizadas por lei;

V – a permanência do sublocatário no imóvel, extinta a locação, celebrada com o locatário;

VI – o disposto no inciso IV do art. 9.º, havendo a necessidade de se produzir reparações urgentes no imóvel, determinadas pelo poder público, que não possam ser normalmente executadas com a permanência do locatário, ou, podendo, ele se recuse a consenti-las;

•• Inciso VI acrescentado pela Lei n. 12.112, de 9-12-2009.

VII – o término do prazo notificatório previsto no parágrafo único do art. 40, sem apresentação de nova garantia apta a manter a segurança inaugural do contrato;

•• Inciso VII acrescentado pela Lei n. 12.112, de 9-12-2009.

VIII – o término do prazo da locação não residencial, tendo sido proposta a ação em até 30 (trinta) dias do termo ou do cumprimento de notificação comunicando o intento de retomada;

•• Inciso VIII acrescentado pela Lei n. 12.112, de 9-12-2009.

IX – a falta de pagamento de aluguel e acessórios da locação no vencimento, estando o contrato desprovido de qualquer das garantias previstas no art. 37, por não ter sido contratada ou em caso de extinção ou pedido de exoneração dela, independentemente de motivo.

•• Inciso IX acrescentado pela Lei n. 12.112, de 9-12-2009.

§ 2.º Qualquer que seja o fundamento da ação dar-se-á ciência do pedido aos sublocatários, que poderão intervir no processo como assistentes.

§ 3.º No caso do inciso IX do § 1.º deste artigo, poderá o locatário evitar a rescisão da locação e elidir a liminar de desocupação se, dentro dos 15 (quinze) dias concedidos para a desocupação do imóvel e independentemente de cálculo, efetuar depósito judicial que contemple a totalidade dos valores devidos, na forma prevista no inciso II do art. 62.

•• § 3.º acrescentado pela Lei n. 12.112, de 9-12-2009.

Art. 60. Nas ações de despejo fundadas no inciso IV do art. 9.º, inciso IV do art. 47 e inciso II do art. 53, a petição inicial deverá ser instruída com prova da propriedade do imóvel ou do compromisso registrado.

Art. 61. Nas ações fundadas no § 2.º do art. 46 e nos incisos III e IV do art. 47, se o

Locações

Lei n. 8.245, de 18-10-1991

locatário, no prazo da contestação, manifestar sua concordância com a desocupação do imóvel, o juiz acolherá o pedido fixando prazo de seis meses para a desocupação, contados da citação, impondo ao vencido a responsabilidade pelas custas e honorários advocatícios de vinte por cento sobre o valor dado à causa. Se a desocupação ocorrer dentro do prazo fixado, o réu ficará isento dessa responsabilidade; caso contrário, será expedido mandado de despejo.

Art. 62. Nas ações de despejo fundadas na falta de pagamento de aluguel e acessórios da locação, de aluguel provisório, de diferenças de aluguéis, ou somente de quaisquer dos acessórios da locação, observar-se-á o seguinte:

•• *Caput* com redação determinada pela Lei n. 12.112, de 9-12-2009.

I – o pedido de rescisão da locação poderá ser cumulado com o pedido de cobrança dos aluguéis e acessórios da locação; nesta hipótese, citar-se-á o locatário para responder ao pedido de rescisão e o locatário e os fiadores para responderem ao pedido de cobrança, devendo ser apresentado, com a inicial, cálculo discriminado do valor do débito;

•• Inciso I com redação determinada pela Lei n. 12.112, de 9-12-2009.

II – o locatário e o fiador poderão evitar a rescisão da locação efetuando, no prazo de 15 (quinze) dias, contado da citação, o pagamento do débito atualizado, independentemente de cálculo e mediante depósito judicial, incluídos:

•• Inciso II, *caput*, com redação determinada pela Lei n. 12.112, de 9-12-2009.

a) os aluguéis e acessórios da locação que vencerem até a sua efetivação;

b) as multas ou penalidades contratuais, quando exigíveis;

c) os juros de mora;

d) as custas e os honorários do advogado do locador, fixados em dez por cento sobre o montante devido, se do contrato não constar disposição diversa;

III – efetuada a purga da mora, se o locador alegar que a oferta não é integral, justificando a diferença, o locatário poderá complementar o depósito no prazo de 10 (dez) dias, contado da intimação, que poderá ser dirigida ao locatário ou diretamente ao patrono deste, por carta ou publicação no órgão oficial, a requerimento do locador;

•• Inciso III com redação determinada pela Lei n. 12.112, de 9-12-2009.

IV – não sendo integralmente complementado o depósito, o pedido de rescisão prosseguirá pela diferença, podendo o locador levantar a quantia depositada;

•• Inciso IV com redação determinada pela Lei n. 12.112, de 9-12-2009.

V – os aluguéis que forem vencendo até a sentença deverão ser depositados à disposição do juízo, nos respectivos vencimentos, podendo o locador levantá-los desde que incontroversos;

VI – havendo cumulação dos pedidos de rescisão da locação e cobrança dos aluguéis, a execução desta pode ter início antes da desocupação do imóvel, caso ambos tenham sido acolhidos.

Parágrafo único. Não se admitirá a emenda da mora se o locatário já houver utilizado essa faculdade nos 24 (vinte e quatro) meses imediatamente anteriores à propositura da ação.

•• Parágrafo único com redação determinada pela Lei n. 12.112, de 9-12-2009.

Art. 63. Julgada procedente a ação de despejo, o juiz determinará a expedição de mandado de despejo, que conterá o prazo de 30 (trinta) dias para a desocupação voluntária, ressalvado o disposto nos parágrafos seguintes.

•• *Caput* com redação determinada pela Lei n. 12.112, de 9-12-2009.

§ 1.º O prazo será de quinze dias se:

a) entre a citação e a sentença de primeira instância houverem decorrido mais de quatro meses; ou

Lei n. 8.245, de 18-10-1991

b) o despejo houver sido decretado com fundamento no art. 9.º ou no § 2.º do art. 46.

•• Alínea *b* com redação determinada pela Lei n. 12.112, de 9-12-2009.

§ 2.º Tratando-se de estabelecimento de ensino autorizado e fiscalizado pelo Poder Público, respeitado o prazo mínimo de seis meses e o máximo de um ano, o juiz disporá de modo que a desocupação coincida com o período de férias escolares.

§ 3.º Tratando-se de hospitais, repartições públicas, unidades sanitárias oficiais, asilos, estabelecimentos de saúde e de ensino autorizados, e fiscalizados pelo Poder Público, bem como por entidades religiosas devidamente registradas, e o despejo for decretado com fundamento no inciso IV do art. 9.º ou no inciso II do art. 53, o prazo será de um ano, exceto no caso em que entre a citação e a sentença de primeira instância houver decorrido mais de um ano, hipótese em que o prazo será de seis meses.

•• § 3.º com redação determinada pela Lei n. 9.256, de 9-1-1996.

§ 4.º A sentença que decretar o despejo fixará o valor da caução para o caso de ser executada provisoriamente.

Art. 64. Salvo nas hipóteses das ações fundadas no art. 9.º, a execução provisória do despejo dependerá de caução não inferior a 6 (seis) meses nem superior a 12 (doze) meses do aluguel, atualizado até a data da prestação da caução.

•• *Caput* com redação determinada pela Lei n. 12.112, de 9-12-2009.

§ 1.º A caução poderá ser real ou fidejussória e será prestada nos autos da execução provisória.

§ 2.º Ocorrendo a reforma da sentença ou da decisão que concedeu liminarmente o despejo, o valor da caução reverterá em favor do réu, como indenização mínima das perdas e danos, podendo este reclamar, em ação própria, a diferença pelo que a exceder.

Art. 65. Findo o prazo assinado para a desocupação, contado da data da notificação, será efetuado o despejo, se necessário com emprego de força, inclusive arrombamento.

§ 1.º Os móveis e utensílios serão entregues à guarda de depositário, se não os quiser retirar o despejado.

§ 2.º O despejo não poderá ser executado até o trigésimo dia seguinte ao do falecimento do cônjuge, ascendente, descendente ou irmão de qualquer das pessoas que habitem o imóvel.

Art. 66. Quando o imóvel for abandonado após ajuizada a ação, o locador poderá imitir-se na posse do imóvel.

Capítulo III
DA AÇÃO DE CONSIGNAÇÃO DE
ALUGUEL E ACESSÓRIOS DA LOCAÇÃO

Art. 67. Na ação que objetivar o pagamento dos aluguéis e acessórios da locação mediante consignação, será observado o seguinte:

I – a petição inicial, além dos requisitos exigidos pelo art. 282 do Código de Processo Civil, deverá especificar os aluguéis e acessórios da locação com indicação dos respectivos valores;

II – determinada a citação do réu, o autor será intimado a, no prazo de vinte e quatro horas, efetuar o depósito judicial da importância indicada na petição inicial, sob pena de ser extinto o processo;

III – o pedido envolverá a quitação das obrigações que vencerem durante a tramitação do feito e até ser prolatada a sentença de primeira instância, devendo o autor promover os depósitos nos respectivos vencimentos;

IV – não sendo oferecida a contestação, ou se o locador receber os valores depositados, o juiz acolherá o pedido, declarando quitadas as obrigações, condenando o réu ao pagamento das custas e honorários de vinte por cento do valor dos depósitos;

Locações
Lei n. 8.245, de 18-10-1991

V – a contestação do locador, além da defesa de direito que possa caber, ficará adstrita, quanto à matéria de fato, a:

a) não ter havido recusa ou mora em receber a quantia devida;

b) ter sido justa a recusa;

c) não ter sido efetuado o depósito no prazo ou no lugar do pagamento;

d) não ter sido o depósito integral;

VI – além de contestar, o réu poderá, em reconvenção, pedir o despejo e a cobrança dos valores objeto da consignatória ou da diferença do depósito inicial, na hipótese de ter sido alegado não ser o mesmo integral;

VII – o autor poderá complementar o depósito inicial, no prazo de cinco dias contados da ciência do oferecimento da resposta, com acréscimo de dez por cento sobre o valor da diferença. Se tal ocorrer, o juiz declarará quitadas as obrigações, elidindo a rescisão da locação, mas imporá ao autor-reconvindo a responsabilidade pelas custas e honorários advocatícios de vinte por cento sobre o valor dos depósitos;

VIII – havendo, na reconvenção, cumulação dos pedidos de rescisão da locação e cobrança dos valores objeto da consignatória, a execução desta somente poderá ter início após obtida a desocupação do imóvel, caso ambos tenham sido acolhidos.

Parágrafo único. O réu poderá levantar a qualquer momento as importâncias depositadas sobre as quais não penda controvérsia.

Capítulo IV
DA AÇÃO REVISIONAL DE ALUGUEL

Art. 68. Na ação revisional de aluguel, que terá o rito sumário, observar-se-á o seguinte:

•• *Caput* com redação determinada pela Lei n. 12.112, de 9-12-2009.

I – além dos requisitos exigidos pelos arts. 276 e 282 do Código de Processo Civil, a petição inicial deverá indicar o valor do aluguel cuja fixação é pretendida;

II – ao designar a audiência de conciliação, o juiz, se houver pedido e com base nos elementos fornecidos tanto pelo locador como pelo locatário, ou nos que indicar, fixará aluguel provisório, que será devido desde a citação, nos seguintes moldes:

•• Inciso II, *caput*, com redação determinada pela Lei n. 12.112, de 9-12-2009.

a) em ação proposta pelo locador, o aluguel provisório não poderá ser excedente a 80% (oitenta por cento) do pedido;

•• Alínea *a* acrescentada pela Lei n. 12.112, de 9-12-2009.

b) em ação proposta pelo locatário, o aluguel provisório não poderá ser inferior a 80% (oitenta por cento) do aluguel vigente;

•• Alínea *b* acrescentada pela Lei n. 12.112, de 9-12-2009.

III – sem prejuízo da contestação e até a audiência, o réu poderá pedir seja revisto o aluguel provisório, fornecendo os elementos para tanto;

IV – na audiência de conciliação, apresentada a contestação, que deverá conter contraproposta se houver discordância quanto ao valor pretendido, o juiz tentará a conciliação e, não sendo esta possível, determinará a realização de perícia, se necessária, designando, desde logo, audiência de instrução e julgamento;

•• Inciso IV com redação determinada pela Lei n. 12.112, de 9-12-2009.

V – o pedido de revisão previsto no inciso III deste artigo interrompe o prazo para interposição de recurso contra a decisão que fixar o aluguel provisório.

•• Inciso V acrescentado pela Lei n. 12.112, de 9-12-2009.

§ 1.º Não caberá ação revisional na pendência de prazo para desocupação do imóvel (arts. 46, § 2.º, e 57), ou quando tenha sido este estipulado amigável ou judicialmente.

Lei n. 8.245, de 18-10-1991

§ 2.º No curso da ação de revisão, o aluguel provisório será reajustado na periodicidade pactuada ou na fixada em lei.

Art. 69. O aluguel fixado na sentença retroage à citação, e as diferenças devidas durante a ação de revisão, descontados os alugueres provisórios satisfeitos, serão pagas corrigidas, exigíveis a partir do trânsito em julgado da decisão que fixar o novo aluguel.

§ 1.º Se pedido pelo locador, ou sublocador, a sentença poderá estabelecer periodicidade de reajustamento do aluguel diversa daquela prevista no contrato revisando, bem como adotar outro indexador para reajustamento do aluguel.

§ 2.º A execução das diferenças será feita nos autos da ação de revisão.

Art. 70. Na ação de revisão do aluguel, o juiz poderá homologar acordo de desocupação, que será executado mediante expedição de mandado de despejo.

Capítulo V
DA AÇÃO RENOVATÓRIA

Art. 71. Além dos demais requisitos exigidos no art. 282 do Código de Processo Civil, a petição inicial da ação renovatória deverá ser instruída com:

I – prova do preenchimento dos requisitos dos incisos I, II e III do art. 51;

II – prova do exato cumprimento do contrato em curso;

III – prova da quitação dos impostos e taxas que incidiram sobre o imóvel e cujo pagamento lhe incumbia;

IV – indicação clara e precisa das condições oferecidas para a renovação da locação;

V – indicação do fiador quando houver no contrato a renovar e, quando não for o mesmo, com indicação do nome ou denominação completa, número de sua inscrição no Ministério da Fazenda, endereço e, tratando-se de pessoa natural, a nacionalidade, o estado civil, a profissão e o número da carteira de identidade, comprovando, desde logo, mesmo que não haja alteração do fiador, a atual idoneidade financeira;

•• Inciso V com redação determinada pela Lei n. 12.112, de 9-12-2009.

VI – prova de que o fiador do contrato ou o que o substituir na renovação aceita os encargos da fiança, autorizado por seu cônjuge, se casado for;

VII – prova, quando for o caso, de ser cessionário ou sucessor, em virtude de título oponível ao proprietário.

Parágrafo único. Proposta a ação pelo sublocatário do imóvel ou de parte dele, serão citados o sublocador e o locador, como litisconsortes, salvo se, em virtude de locação originária ou renovada, o sublocador dispuser de prazo que admita renovar a sublocação; na primeira hipótese, procedente a ação, o proprietário ficará diretamente obrigado à renovação.

Art. 72. A contestação do locador, além da defesa de direito que possa caber, ficará adstrita, quanto à matéria de fato, ao seguinte:

I – não preencher o autor os requisitos estabelecidos nesta Lei;

II – não atender, a proposta do locatário, o valor locativo real do imóvel na época da renovação, excluída a valorização trazida por aquele ao ponto ou lugar;

III – ter proposta de terceiro para a locação, em condições melhores;

IV – não estar obrigado a renovar a locação (incisos I e II do art. 52).

§ 1.º No caso do inciso II, o locador deverá apresentar, em contraproposta, as condições de locação que repute compatíveis com o valor locativo real e atual do imóvel.

§ 2.º No caso do inciso III, o locador deverá juntar prova documental da proposta do terceiro, subscrita por este e por duas testemunhas, com clara indicação do ramo a ser explorado, que não poderá ser o mesmo do locatário. Nessa hipótese, o locatário poderá, em réplica, aceitar tais condições para obter a renovação pretendida.

§ 3.º No caso do inciso I do art. 52, a contestação deverá trazer prova da determinação do Poder Público ou relatório pormenorizado das obras a serem realizadas e da estimativa de valorização que sofrerá o imóvel, assinado por engenheiro devidamente habilitado.

§ 4.º Na contestação, o locador, ou sublocador, poderá pedir, ainda, a fixação de aluguel provisório, para vigorar a partir do primeiro mês do prazo do contrato a ser renovado, não excedente a oitenta por cento do pedido, desde que apresentados elementos hábeis para aferição do justo valor do aluguel.

§ 5.º Se pedido pelo locador, ou sublocador, a sentença poderá estabelecer periodicidade de reajustamento do aluguel diversa daquela prevista no contrato renovado, bem como adotar outro indexador para reajustamento do aluguel.

Art. 73. Renovada a locação, as diferenças dos aluguéis vencidos serão executadas nos próprios autos da ação e pagas de uma só vez.

Art. 74. Não sendo renovada a locação, o juiz determinará a expedição de mandado de despejo, que conterá o prazo de 30 (trinta) dias para a desocupação voluntária, se houver pedido na contestação.

•• *Caput* com redação determinada pela Lei n. 12.112, de 9-12-2009.

§ 1.º (*Vetado*.)

•• 1.º acrescentado pela Lei n. 12.112, de 9-12-2009.

§ 2.º (*Vetado*.)

•• 2.º acrescentado pela Lei n. 12.112, de 9-12-2009.

§ 3.º (*Vetado*.)

•• 3.º acrescentado pela Lei n. 12.112, de 9-12-2009.

Art. 75. Na hipótese do inciso III do art. 72, a sentença fixará desde logo a indenização devida ao locatário em consequência da não prorrogação da locação, solidariamente devida pelo locador e o proponente.

•• A Lei n. 12.112, de 9-12-2009, propôs nova redação para este artigo, porém teve seu texto vetado.

Título III
DAS DISPOSIÇÕES FINAIS E TRANSITÓRIAS

Art. 76. Não se aplicam as disposições desta Lei aos processos em curso.

Art. 77. Todas as locações residenciais que tenham sido celebradas anteriormente à vigência desta Lei serão automaticamente prorrogadas por tempo indeterminado, ao término do prazo ajustado no contrato.

Art. 78. As locações residenciais que tenham sido celebradas anteriormente à vigência desta Lei e que já vigorem ou venham a vigorar por prazo indeterminado, poderão ser denunciadas pelo locador, concedido o prazo de doze meses para a desocupação.

Parágrafo único. Na hipótese de ter havido revisão judicial ou amigável do aluguel, atingindo o preço do mercado, a denúncia somente poderá ser exercitada após vinte e quatro meses da data da revisão, se esta ocorreu nos doze meses anteriores à data da vigência desta Lei.

Art. 79. No que for omissa esta Lei aplicam-se as normas do Código Civil e do Código de Processo Civil.

Art. 80. Para os fins do inciso I do art. 98 da Constituição Federal, as ações de despejo poderão ser consideradas como causas cíveis de menor complexidade.

Art. 81. O inciso II do art. 167 e o art. 169 da Lei n. 6.015, de 31 de dezembro de 1973, passam a vigorar com as seguintes alterações:

"Art. 167. ....

II – ....

16) do contrato de locação, para os fins de exercício de direito de preferência".

"Art. 169. ....

....

III – o registro previsto no n. 3 do inciso I do art. 167, e a averbação prevista no n. 16 do inciso II do art. 167 serão efetuados no Cartório onde o imóvel esteja matriculado mediante apresentação de qualquer das vias do contrato, assinado pelas partes e subscrito por duas testemunhas, bastando a coincidência entre o nome de um dos proprietários e o locador."

Art. 82. O art. 3.º da Lei n. 8.009, de 29 de março de 1990, passa a vigorar acrescido do seguinte inciso VII:

•• Alteração já processada no texto da referida Lei.

Art. 83. Ao art. 24 da Lei n. 4.591, de 16 de dezembro de 1964, fica acrescido o seguinte § 4.º:

•• Alteração prejudicada pela nova redação dada ao dispositivo pela Lei n. 9.267, de 25-3-1996.

Art. 84. Reputam-se válidos os registros dos contratos de locação de imóveis, realizados até a data da vigência desta Lei.

Art. 85. Nas locações residenciais, é livre a convenção do aluguel quanto a preço, periodicidade e indexador de reajustamento, vedada a vinculação à variação do salário mínimo, variação cambial e moeda estrangeira:

I – dos imóveis novos, com habite-se concedido a partir da entrada em vigor desta Lei;

II – dos demais imóveis não enquadrados no inciso anterior, em relação aos contratos celebrados, após cinco anos de entrada em vigor desta Lei.

....

Art. 89. Esta Lei entrará em vigor sessenta dias após a sua publicação.

Art. 90. Revogam-se as disposições em contrário, especialmente:

I – o Decreto n. 24.150, de 20 de abril de 1934;
II – a Lei n. 6.239, de 19 de setembro de 1975;
III – a Lei n. 6.649, de 16 de maio de 1979;
IV – a Lei n. 6.698, de 15 de outubro de 1979;
V – a Lei n. 7.355, de 31 de agosto de 1985;
VI – a Lei n. 7.538, de 24 de setembro de 1986;
VII – a Lei n. 7.612, de 9 de julho de 1987; e
VIII – a Lei n. 8.157, de 3 de janeiro de 1991.

Brasília, em 18 de outubro de 1991; 170.º da Independência e 103.º da República.

FERNANDO COLLOR

LEI N. 8.397, DE 6 DE JANEIRO DE 1992 (*)

Institui medida cautelar fiscal e dá outras providências.

O Presidente da República:

Faço saber que o Congresso Nacional decreta e eu sanciono a seguinte Lei:

Art. 1.º O procedimento cautelar fiscal poderá ser instaurado após a constituição do crédito, inclusive no curso da execução judicial da Dívida Ativa da União, dos Estados, do Distrito Federal, dos Municípios e respectivas autarquias.

•• *Caput* com redação determinada pela Lei n. 9.532, de 10-12-1997.

Parágrafo único. O requerimento da medida cautelar, na hipótese dos incisos V, alínea *b*, e VII, do art. 2.º, independe da prévia constituição do crédito tributário.

•• Parágrafo único acrescentado pela Lei n. 9.532, de 10-12-1997.

Art. 2.º A medida cautelar fiscal poderá ser requerida contra o sujeito passivo de crédito tributário ou não tributário, quando o devedor:

•• *Caput* com redação determinada pela Lei n. 9.532, de 10-12-1997.

I – sem domicílio certo, intenta ausentar-se ou alienar bens que possui ou deixa de pagar a obrigação no prazo fixado;

II – tendo domicílio certo, ausenta-se ou tenta se ausentar, visando a elidir o adimplemento da obrigação;

(*) Publicada no *DOU*, de 7-1-1992, e retificada em 16-1-1992.

Medida Cautelar Fiscal — Lei n. 8.397, de 6-1-1992

III – caindo em insolvência, aliena ou tenta alienar bens;

•• Inciso III com redação determinada pela Lei n. 9.532, de 10-12-1997.

IV – contrai ou tenta contrair dívidas que comprometam a liquidez do seu patrimônio;

•• Inciso IV com redação determinada pela Lei n. 9.532, de 10-12-1997.

V – notificado pela Fazenda Pública para que proceda ao recolhimento do crédito fiscal:

a) deixa de pagá-lo no prazo legal, salvo se suspensa sua exigibilidade;

b) põe ou tenta pôr seus bens em nome de terceiros;

•• Inciso V com redação determinada pela Lei n. 9.532, de 10-12-1997.

VI – possui débitos, inscritos ou não em Dívida Ativa, que somados ultrapassem 30% (trinta por cento) do seu patrimônio conhecido;

•• Inciso VI acrescentado pela Lei n. 9.532, de 10-12-1997.

VII – aliena bens ou direitos sem proceder à devida comunicação ao órgão da Fazenda Pública competente, quando exigível em virtude de lei;

•• Inciso VII acrescentado pela Lei n. 9.532, de 10-12-1997.

VIII – tem sua inscrição no cadastro de contribuintes declarada inapta, pelo órgão fazendário;

•• Inciso VIII acrescentado pela Lei n. 9.532, de 10-12-1997.

IX – pratica outros atos que dificultem ou impeçam a satisfação do crédito.

•• Inciso IX acrescentado pela Lei n. 9.532, de 10-12-1997.

Art. 3.º Para a concessão da medida cautelar fiscal é essencial:

I – prova literal da constituição do crédito fiscal;

II – prova documental de algum dos casos mencionados no artigo antecedente.

Art. 4.º A decretação da medida cautelar fiscal produzirá, de imediato, a indisponibilidade dos bens do requerido, até o limite da satisfação da obrigação.

§ 1.º Na hipótese de pessoa jurídica, a indisponibilidade recairá somente sobre os bens do ativo permanente, podendo, ainda, ser estendida aos bens do acionista controlador e aos dos que em razão do contrato social ou estatuto tenham poderes para fazer a empresa cumprir suas obrigações fiscais, ao tempo:

a) do fato gerador, nos casos de lançamento de ofício;

b) do inadimplemento da obrigação fiscal, nos demais casos.

§ 2.º A indisponibilidade patrimonial poderá ser estendida em relação aos bens adquiridos a qualquer título do requerido ou daqueles que estejam ou tenham estado na função de administrador (§ 1.º), desde que seja capaz de frustrar a pretensão da Fazenda Pública.

§ 3.º Decretada a medida cautelar fiscal, será comunicada imediatamente ao registro público de imóveis, ao Banco Central do Brasil, à Comissão de Valores Mobiliários e às demais repartições que processem registros de transferência de bens, a fim de que, no âmbito de suas atribuições, façam cumprir a constrição judicial.

Art. 5.º A medida cautelar fiscal será requerida ao juiz competente para a execução judicial da Dívida Ativa da Fazenda Pública.

Parágrafo único. Se a execução judicial estiver em Tribunal, será competente o relator do recurso.

Art. 6.º A Fazenda Pública pleiteará a medida cautelar fiscal em petição devidamente fundamentada, que indicará:

I – o juiz a quem é dirigida;

II – a qualificação e o endereço, se conhecido, do requerido;

III – as provas que serão produzidas;

IV – o requerimento para citação.

Art. 7.º O juiz concederá liminarmente a medida cautelar fiscal, dispensada a Fazenda Pública de justificação prévia e de prestação de caução.

Parágrafo único. Do despacho que conceder liminarmente a medida cautelar caberá agravo de instrumento.

Lei n. 8.397, de 6-1-1992 — Medida Cautelar Fiscal

Art. 8.º O requerido será citado para, no prazo de 15 (quinze) dias, contestar o pedido, indicando as provas que pretenda produzir.

Parágrafo único. Conta-se o prazo da juntada aos autos do mandado:

a) de citação, devidamente cumprido;

b) da execução da medida cautelar fiscal, quando concedida liminarmente.

Art. 9.º Não sendo contestado o pedido, presumir-se-ão aceitos pelo requerido, como verdadeiros, os fatos alegados pela Fazenda Pública, caso em que o juiz decidirá em 10 (dez) dias.

Parágrafo único. Se o requerido contestar no prazo legal, o juiz designará audiência de instrução e julgamento, havendo prova a ser nela produzida.

Art. 10. A medida cautelar fiscal decretada poderá ser substituída, a qualquer tempo, pela prestação de garantia correspondente ao valor da pretensão da Fazenda Pública, na forma do art. 9.º da Lei n. 6.830, de 22 de setembro de 1980.

Parágrafo único. A Fazenda Pública será ouvida necessariamente sobre o pedido de substituição, no prazo de 5 (cinco) dias, presumindo-se da omissão a sua aquiescência.

Art. 11. Quando a medida cautelar fiscal for concedida em procedimento preparatório, deverá a Fazenda Pública propor a execução judicial da Dívida Ativa no prazo de 60 (sessenta) dias, contados da data em que a exigência se tornar irrecorrível na esfera administrativa.

Art. 12. A medida cautelar fiscal conserva a sua eficácia no prazo do artigo antecedente e na pendência do processo de execução judicial da Dívida Ativa, mas pode, a qualquer tempo, ser revogada ou modificada.

Parágrafo único. Salvo decisão em contrário, a medida cautelar fiscal conservará sua eficácia durante o período de suspensão do crédito tributário ou não tributário.

Art. 13. Cessa a eficácia da medida cautelar fiscal:

I – se a Fazenda Pública não propuser a execução judicial da Dívida Ativa no prazo fixado no art. 11 desta Lei;

II – se não for executada dentro de 30 (trinta) dias;

III – se for julgada extinta a execução judicial da Dívida Ativa da Fazenda Pública;

IV – se o requerido promover a quitação do débito que está sendo executado.

Parágrafo único. Se, por qualquer motivo, cessar a eficácia da medida, é defeso à Fazenda Pública repetir o pedido pelo mesmo fundamento.

Art. 14. Os autos do procedimento cautelar fiscal serão apensados aos do processo de execução judicial da Dívida Ativa da Fazenda Pública.

Art. 15. O indeferimento da medida cautelar fiscal não obsta a que a Fazenda Pública intente a execução judicial da Dívida Ativa, nem influi no julgamento desta, salvo se o juiz, no procedimento cautelar fiscal, acolher alegação de pagamento, de compensação, de transação, de remissão, de prescrição ou decadência, de conversão do depósito em renda, ou qualquer outra modalidade de extinção da pretensão deduzida.

Art. 16. Ressalvado o disposto no art. 15, a sentença proferida na medida cautelar fiscal não faz coisa julgada, relativamente à execução judicial da Dívida Ativa da Fazenda Pública.

Art. 17. Da sentença que decretar a medida cautelar fiscal caberá apelação, sem efeito suspensivo, salvo se o requerido oferecer garantia na forma do art. 10 desta Lei.

Art. 18. As disposições desta Lei aplicam-se, também, ao crédito proveniente das contribuições sociais previstas no art. 195 da Constituição Federal.

Art. 19. Esta Lei entra em vigor na data de sua publicação.

Art. 20. Revogam-se as disposições em contrário.

Brasília, 6 de janeiro de 1992; 171.º da Independência e 104.º da República.

FERNANDO COLLOR

Improbidade Administrativa

LEI N. 8.429, DE 2 DE JUNHO DE 1992 (*)

Dispõe sobre as sanções aplicáveis aos agentes públicos nos casos de enriquecimento ilícito no exercício de mandato, cargo, emprego ou função na administração pública direta, indireta ou fundacional e dá outras providências.

O Presidente da República

Faço saber que o Congresso Nacional decreta e eu sanciono a seguinte Lei:

Capítulo I
DAS DISPOSIÇÕES GERAIS

Art. 1.º Os atos de improbidade praticados por qualquer agente público, servidor ou não, contra a administração direta, indireta ou fundacional de qualquer dos Poderes da União, dos Estados, do Distrito Federal, dos Municípios, de Território, de empresa incorporada ao patrimônio público ou de entidade para cuja criação ou custeio o erário haja concorrido ou concorra com mais de cinquenta por cento do patrimônio ou da receita anual, serão punidos na forma desta Lei.

•• *Vide* art. 52 da Lei n. 10.257, de 10-7-2001 (Estatuto da Cidade).

Parágrafo único. Estão também sujeitos às penalidades desta Lei os atos de improbidade praticados contra o patrimônio de entidade que receba subvenção, benefício ou incentivo, fiscal ou creditício, de órgão público bem como daquelas para cuja criação ou custeio o erário haja concorrido ou concorra com menos de cinquenta por cento do patrimônio ou da receita anual, limitando-se, nestes casos, a sanção patrimonial à repercussão do ilícito sobre a contribuição dos cofres públicos.

(*) Publicada no *DOU*, de 3-6-1992.

Art. 2.º Reputa-se agente público, para os efeitos desta Lei, todo aquele que exerce, ainda que transitoriamente ou sem remuneração, por eleição, nomeação, designação, contratação ou qualquer outra forma de investidura ou vínculo, mandato, cargo, emprego ou função nas entidades mencionadas no artigo anterior.

•• A Lei n. 1.079, de 10-4-1950, define os crimes de responsabilidade cometidos por agentes políticos e regula o respectivo processo de julgamento.

Art. 3.º As disposições desta Lei são aplicáveis, no que couber, àquele que, mesmo não sendo agente público, induza ou concorra para a prática do ato de improbidade ou dele se beneficie sob qualquer forma direta ou indireta.

Art. 4.º Os agentes públicos de qualquer nível ou hierarquia são obrigados a velar pela estrita observância dos princípios de legalidade, impessoalidade, moralidade e publicidade no trato dos assuntos que lhes são afetos.

Art. 5.º Ocorrendo lesão ao patrimônio público por ação ou omissão, dolosa ou culposa, do agente ou de terceiro, dar-se-á o integral ressarcimento do dano.

Art. 6.º No caso de enriquecimento ilícito, perderá o agente público ou terceiro beneficiário os bens ou valores acrescidos ao seu patrimônio.

Art. 7.º Quando o ato de improbidade causar lesão ao patrimônio público ou ensejar enriquecimento ilícito, caberá à autoridade administrativa responsável pelo inquérito representar ao Ministério Público, para a indisponibilidade dos bens do indiciado.

Parágrafo único. A indisponibilidade a que se refere o *caput* deste artigo recairá sobre bens que assegurem o integral ressarcimento do dano, ou sobre o acréscimo patrimonial resultante do enriquecimento ilícito.

Art. 8.º O sucessor daquele que causar lesão ao patrimônio público ou se enriquecer ilicitamente está sujeito às cominações desta Lei até o limite do valor da herança.

Capítulo II
DOS ATOS DE IMPROBIDADE ADMINISTRATIVA

•• *Vide* Lei n. 4.717, de 29-6-1965.
•• *Vide* art. 52 da Lei n. 10.257, de 10-7-2001 (Estatuto da Cidade).

Seção I
Dos Atos de Improbidade Administrativa que Importam Enriquecimento Ilícito

Art. 9.º Constitui ato de improbidade administrativa importando enriquecimento ilícito auferir qualquer tipo de vantagem patrimonial indevida em razão do exercício de cargo, mandato, função, emprego ou atividade nas entidades mencionadas no art. 1.º desta Lei, e notadamente:

I – receber, para si ou para outrem, dinheiro, bem móvel ou imóvel, ou qualquer outra vantagem econômica, direta ou indireta, a título de comissão, percentagem, gratificação ou presente de quem tenha interesse, direto ou indireto, que possa ser atingido ou amparado por ação ou omissão decorrente das atribuições do agente público;

II – perceber vantagem econômica, direta ou indireta, para facilitar a aquisição, permuta ou locação de bem móvel ou imóvel, ou a contratação de serviços pelas entidades referidas no art. 1.º por preço superior ao valor de mercado;

III – perceber vantagem econômica, direta ou indireta, para facilitar a alienação, permuta ou locação de bem público ou o fornecimento de serviço por ente estatal por preço inferior ao valor de mercado;

IV – utilizar, em obra ou serviço particular, veículos, máquinas, equipamentos ou material de qualquer natureza, de propriedade ou à disposição de qualquer das entidades mencionadas no art. 1.º desta Lei, bem como o trabalho de servidores públicos, empregados ou terceiros contratados por essas entidades;

V – receber vantagem econômica de qualquer natureza, direta ou indireta, para tolerar a exploração ou a prática de jogos de azar, de lenocínio, de narcotráfico, de contrabando, de usura ou de qualquer outra atividade ilícita, ou aceitar promessa de tal vantagem;

VI – receber vantagem econômica de qualquer natureza, direta ou indireta, para fazer declaração falsa sobre medição ou avaliação em obras públicas ou qualquer outro serviço, ou sobre quantidade, peso, medida, qualidade ou característica de mercadorias ou bens fornecidos a qualquer das entidades mencionadas no art. 1.º desta Lei;

VII – adquirir, para si ou para outrem, no exercício de mandato, cargo, emprego ou função pública, bens de qualquer natureza cujo valor seja desproporcional à evolução do patrimônio ou à renda do agente público;

VIII – aceitar emprego, comissão ou exercer atividade de consultoria ou assessoramento para pessoa física ou jurídica que tenha interesse suscetível de ser atingido ou amparado por ação ou omissão decorrente das atribuições do agente público, durante a atividade;

IX – perceber vantagem econômica para intermediar a liberação ou aplicação de verba pública de qualquer natureza;

X – receber vantagem econômica de qualquer natureza, direta ou indiretamente, para omitir ato de ofício, providência ou declaração a que esteja obrigado;

XI – incorporar, por qualquer forma, ao seu patrimônio bens, rendas, verbas ou valores integrantes do acervo patrimonial das entidades mencionadas no art. 1.º desta Lei;

XII – usar, em proveito próprio, bens, rendas, verbas ou valores integrantes do acervo patrimonial das entidades mencionadas no art. 1.º desta Lei.

Seção II
Dos Atos de Improbidade Administrativa que Causam Prejuízo ao Erário

Art. 10. Constitui ato de improbidade administrativa que causa lesão ao erário, qualquer ação ou omissão, dolosa ou culposa, que enseje perda patrimonial, desvio, apropriação, malbaratamento ou dilapidação dos bens ou haveres das entidades referidas no art. 1.º desta Lei, e notadamente:

I – facilitar ou concorrer por qualquer forma para a incorporação ao patrimônio particular, de pessoa física ou jurídica, de bens, rendas, verbas ou valores integrantes do acervo patrimonial das entidades mencionadas no art. 1.º desta Lei;

II – permitir ou concorrer para que pessoa física ou jurídica privada utilize bens, rendas, verbas ou valores integrantes do acervo patrimonial das entidades mencionadas no art. 1.º desta Lei, sem a observância das formalidades legais ou regulamentares aplicáveis à espécie;

III – doar à pessoa física ou jurídica bem como ao ente despersonalizado, ainda que de fins educativos ou assistenciais, bens, rendas, verbas ou valores do patrimônio de qualquer das entidades mencionadas no art. 1.º desta Lei, sem observância das formalidades legais e regulamentares aplicáveis à espécie;

IV – permitir ou facilitar a alienação, permuta ou locação de bem integrante do patrimônio de qualquer das entidades referidas no art. 1.º desta Lei, ou ainda a prestação de serviço por parte delas, por preço inferior ao de mercado;

V – permitir ou facilitar a aquisição, permuta ou locação de bem ou serviço por preço superior ao de mercado;

VI – realizar operação financeira sem observância das normas legais e regulamentares ou aceitar garantia insuficiente ou inidônea;

VII – conceder benefício administrativo ou fiscal sem a observância das formalidades legais ou regulamentares aplicáveis à espécie;

VIII – frustrar a licitude de processo licitatório ou de processo seletivo para celebração de parcerias com entidades sem fins lucrativos, ou dispensá-los indevidamente;

•• Inciso VIII com redação determinada pela Lei n. 13.019, de 31-7-2014.

•• O art. 88 da Lei n. 13.019, de 31-7-2014, dispõe:

"Art. 88. Esta Lei entra em vigor após decorridos quinhentos e quarenta dias de sua publicação oficial, observado o disposto nos §§ 1.º e 2.º deste artigo.

§ 1.º Para os Municípios, esta Lei entra em vigor a partir de 1.º de janeiro de 2017.

§ 2.º Por ato administrativo local, o disposto nesta Lei poderá ser implantado nos Municípios a partir da data decorrente do disposto no *caput*".

IX – ordenar ou permitir a realização de despesas não autorizadas em lei ou regulamento;

X – agir negligentemente na arrecadação de tributo ou renda, bem como no que diz respeito à conservação do patrimônio público;

XI – liberar verba pública sem a estrita observância das normas pertinentes ou influir de qualquer forma para a sua aplicação irregular;

XII – permitir, facilitar ou concorrer para que terceiro se enriqueça ilicitamente;

XIII – permitir que se utilize, em obra ou serviço particular, veículos, máquinas, equipamentos ou material de qualquer natureza, de propriedade ou à disposição de qualquer das entidades mencionadas no art. 1.º desta Lei, bem como o trabalho de servidor público, empregados ou terceiros contratados por essas entidades;

XIV – celebrar contrato ou outro instrumento que tenha por objeto a prestação de serviços públicos por meio da gestão associada sem observar as formalidades previstas na lei;

•• Inciso XIV acrescentado pela Lei n. 11.107, de 6-4-2005.

XV – celebrar contrato de rateio de consórcio público sem suficiente e prévia dotação orçamentária, ou sem observar as formalidades previstas na lei.

•• Inciso XV acrescentado pela Lei n. 11.107, de 6-4-2005.

XVI – facilitar ou concorrer, por qualquer forma, para a incorporação, ao patrimônio particular de pessoa física ou jurídica, de bens, rendas, verbas ou valores públicos transferidos pela administração pública a entidades privadas mediante celebração de parcerias, sem a observância das formalidades legais ou regulamentares aplicáveis à espécie;

•• Inciso XVI acrescentado pela Lei n. 13.019, de 31-7-2014.

XVII – permitir ou concorrer para que pessoa física ou jurídica privada utilize bens, rendas,

Lei n. 8.429, de 2-6-1992 — Improbidade Administrativa

verbas ou valores públicos transferidos pela administração pública a entidade privada mediante celebração de parcerias, sem a observância das formalidades legais ou regulamentares aplicáveis à espécie;

•• Inciso XVII acrescentado pela Lei n. 13.019, de 31-7-2014.

XVIII – celebrar parcerias da administração pública com entidades privadas sem a observância das formalidades legais ou regulamentares aplicáveis à espécie;

•• Inciso XVIII acrescentado pela Lei n. 13.019, de 31-7-2014,.

XIX – agir negligentemente na celebração, fiscalização e análise das prestações de contas de parcerias firmadas pela administração pública com entidades privadas;

•• Inciso XIX acrescentado pela Lei n. 13.019, de 31-7-2014.

•• Sobre vigência, vide 2.ª nota ao art. 10, VIII, desta Lei.

XX – liberar recursos de parcerias firmadas pela administração pública com entidades privadas sem a estrita observância das normas pertinentes ou influir de qualquer forma para a sua aplicação irregular;

•• Inciso XX acrescentado pela Lei n. 13.019, de 31-7-2014.

•• Sobre vigência, vide 2.ª nota ao art. 10, VIII, desta Lei.

XXI – liberar recursos de parcerias firmadas pela administração pública com entidades privadas sem a estrita observância das normas pertinentes ou influir de qualquer forma para a sua aplicação irregular.

•• Inciso XXI acrescentado pela Lei n. 13.019, de 31-7-2014.

•• Sobre vigência, vide 2.ª nota ao art. 10, VIII, desta Lei.

•• Redação conforme publicação oficial.

Seção III
Dos Atos de Improbidade Administrativa que Atentam contra os Princípios da Administração Pública

Art. 11. Constitui ato de improbidade administrativa que atenta contra os princípios da administração pública qualquer ação ou omissão que viole os deveres de honestidade, imparcialidade, legalidade, e lealdade às instituições, e notadamente:

I – praticar ato visando fim proibido em lei ou regulamento ou diverso daquele previsto na regra de competência;

II – retardar ou deixar de praticar, indevidamente, ato de ofício;

III – revelar fato ou circunstância de que tem ciência em razão das atribuições e que deva permanecer em segredo;

IV – negar publicidade aos atos oficiais;

V – frustrar a licitude de concurso público;

VI – deixar de prestar contas quando esteja obrigado a fazê-lo;

VII – revelar ou permitir que chegue ao conhecimento de terceiro, antes da respectiva divulgação oficial, teor de medida política ou econômica capaz de afetar o preço de mercadoria, bem ou serviço;

VIII – descumprir as normas relativas à celebração, fiscalização e aprovação de contas de parcerias firmadas pela administração pública com entidades privadas;

•• Inciso VIII acrescentado pela Lei n. 13.019, de 31-7-2014.

•• Sobre vigência, vide 2.ª nota ao art. 10, VIII, desta Lei.

IX – deixar de cumprir a exigência de requisitos de acessibilidade previstos na legislação.

•• Inciso IX acrescentado pela Lei n. 13.146, de 6-7-2015.

Capítulo III
DAS PENAS

Art. 12. Independentemente das sanções penais, civis e administrativas previstas na legislação específica, está o responsável pelo ato de improbidade sujeito às seguintes cominações, que podem ser aplicadas isolada ou cumulativamente, de acordo com a gravidade do fato:

•• Caput com redação determinada pela Lei n. 12.120, de 15-12-2009.

I – na hipótese do art. 9.º, perda dos bens ou valores acrescidos ilicitamente ao patrimônio, ressarcimento integral do dano, quando houver, perda da função pública, suspensão dos direitos

Improbidade Administrativa

Lei n. 8.429, de 2-6-1992

políticos de 8 (oito) a 10 (dez) anos, pagamento de multa civil de até 3 (três) vezes o valor do acréscimo patrimonial e proibição de contratar com o Poder Público ou receber benefícios ou incentivos fiscais ou creditícios, direta ou indiretamente, ainda que por intermédio de pessoa jurídica da qual seja sócio majoritário, pelo prazo de 10 (dez) anos;

II – na hipótese do art. 10, ressarcimento integral do dano, perda dos bens ou valores acrescidos ilicitamente ao patrimônio, se concorrer esta circunstância, perda da função pública, suspensão dos direitos políticos de 5 (cinco) a 8 (oito) anos, pagamento de multa civil de até duas vezes o valor do dano e proibição de contratar com o Poder Público ou receber benefícios ou incentivos fiscais ou creditícios, direta ou indiretamente, ainda que por intermédio de pessoa jurídica da qual seja sócio majoritário, pelo prazo de 5 (cinco) anos;

III – na hipótese do art. 11, ressarcimento integral do dano, se houver, perda da função pública, suspensão dos direitos políticos de 3 (três) a 5 (cinco) anos, pagamento de multa civil de até 100 (cem) vezes o valor da remuneração percebida pelo agente e proibição de contratar com o Poder Público ou receber benefícios ou incentivos fiscais ou creditícios, direta ou indiretamente, ainda que por intermédio de pessoa jurídica da qual seja sócio majoritário, pelo prazo de 3 (três) anos.

Parágrafo único. Na fixação das penas previstas nesta Lei o juiz levará em conta a extensão do dano causado, assim como o proveito patrimonial obtido pelo agente.

Capítulo IV
DA DECLARAÇÃO DE BENS

Art. 13. A posse e o exercício de agente público ficam condicionados à apresentação de declaração dos bens e valores que compõem o seu patrimônio privado, a fim de ser arquivada no Serviço de Pessoal competente.

•• Artigo regulamentado pelo Decreto n. 5.483, de 30-6-2005.

§ 1.º A declaração compreenderá imóveis, móveis, semoventes, dinheiro, títulos, ações, e qualquer outra espécie de bens e valores patrimoniais, localizados no País ou no exterior, e, quando for o caso, abrangerá os bens e valores patrimoniais do cônjuge ou companheiro, dos filhos e de outras pessoas que vivam sob a dependência econômica do declarante, excluídos apenas os objetos e utensílios de uso doméstico.

§ 2.º A declaração de bens será anualmente atualizada e na data em que o agente público deixar o exercício do mandato, cargo, emprego ou função.

§ 3.º Será punido com a pena de demissão, a bem do serviço público, sem prejuízo de outras sanções cabíveis, o agente público que se recusar a prestar declaração dos bens, dentro do prazo determinado, ou que a prestar falsa.

§ 4.º O declarante, a seu critério, poderá entregar cópia da declaração anual de bens apresentada à Delegacia da Receita Federal na conformidade da legislação do Imposto sobre a Renda e proventos de qualquer natureza, com as necessárias atualizações, para suprir a exigência contida no *caput* e no § 2.º deste artigo.

Capítulo V
DO PROCEDIMENTO ADMINISTRATIVO E DO PROCESSO JUDICIAL

Art. 14. Qualquer pessoa poderá representar à autoridade administrativa competente para que seja instaurada investigação destinada a apurar a prática de ato de improbidade.

§ 1.º A representação, que será escrita ou reduzida a termo e assinada, conterá a qualificação do representante, as informações sobre o fato e sua autoria e a indicação das provas de que tenha conhecimento.

§ 2.º A autoridade administrativa rejeitará a representação, em despacho fundamentado, se esta não contiver as formalidades estabelecidas no § 1.º deste artigo. A rejeição não impede a representação ao Ministério Público, nos termos do art. 22 desta Lei.

§ 3.º Atendidos os requisitos da representação, a autoridade determinará a imediata apuração dos fatos que, em se tratando de servidores federais, será processada na forma prevista nos arts. 148 a 182 da Lei n. 8.112, de 11 de dezembro de 1990, e, em se tratando de servidor militar, de acordo com os respectivos regulamentos disciplinares.

Art. 15. A comissão processante dará conhecimento ao Ministério Público e ao Tribunal ou Conselho de Contas da existência de procedimento administrativo para apurar a prática de ato de improbidade.

Parágrafo único. O Ministério Público ou Tribunal ou Conselho de Contas poderá, a requerimento, designar representante para acompanhar o procedimento administrativo.

Art. 16. Havendo fundados indícios de responsabilidade, a comissão representará ao Ministério Público ou à procuradoria do órgão para que requeira ao juízo competente a decretação do sequestro dos bens do agente ou terceiro que tenha enriquecido ilicitamente ou causado dano ao patrimônio público.

§ 1.º O pedido de sequestro será processado de acordo com o disposto nos arts. 822 e 825 do Código de Processo Civil.

§ 2.º Quando for o caso, o pedido incluirá a investigação, o exame e o bloqueio de bens, contas bancárias e aplicações financeiras mantidas pelo indiciado no exterior, nos termos da lei e dos tratados internacionais.

Art. 17. A ação principal, que terá o rito ordinário, será proposta pelo Ministério Público ou pela pessoa jurídica interessada, dentro de 30 (trinta) dias da efetivação da medida cautelar.

§ 1.º É vedada a transação, acordo ou conciliação nas ações de que trata o *caput*.

§ 2.º A Fazenda Pública, quando for o caso, promoverá as ações necessárias à complementação do ressarcimento do patrimônio público.

§ 3.º No caso de a ação principal ter sido proposta pelo Ministério Público, aplica-se, no que couber, o disposto no § 3.º do art. 6.º da Lei n. 4.717, de 29 de junho de 1965.

•• § 3.º com redação determinada pela Lei n. 9.366, de 16-12-1996.

§ 4.º O Ministério Público, se não intervier no processo como parte, atuará, obrigatoriamente, como fiscal da lei, sob pena de nulidade.

§ 5.º A propositura da ação prevenirá a jurisdição do juízo para todas as ações posteriormente intentadas que possuam a mesma causa de pedir ou o mesmo objeto.

•• § 5.º acrescentado pela Medida Provisória n. 2.180-35, de 24-8-2001.

§ 6.º A ação será instruída com documentos ou justificação que contenham indícios suficientes da existência do ato de improbidade ou com razões fundamentadas da impossibilidade de apresentação de qualquer dessas provas, observada a legislação vigente, inclusive as disposições inscritas nos arts. 16 a 18 do Código de Processo Civil.

•• § 6.º acrescentado pela Medida Provisória n. 2.225-45, de 4-9-2001.

§ 7.º Estando a inicial em devida forma, o juiz mandará autuá-la e ordenará a notificação do requerido, para oferecer manifestação por escrito, que poderá ser instruída com documentos e justificações, dentro do prazo de 15 (quinze) dias.

•• § 7.º acrescentado pela Medida Provisória n. 2.225-45, de 4-9-2001.

§ 8.º Recebida a manifestação, o juiz, no prazo de 30 (trinta) dias, em decisão fundamentada, rejeitará a ação, se convencido da inexistência do ato de improbidade, da improcedência da ação ou da inadequação da via eleita.

•• § 8.º acrescentado pela Medida Provisória n. 2.225-45, de 4-9-2001.

§ 9.º Recebida a petição inicial, será o réu citado para apresentar contestação.

•• § 9.º acrescentado pela Medida Provisória n. 2.225-45, de 4-9-2001.

§ 10. Da decisão que receber a petição inicial, caberá agravo de instrumento.

Medidas Cautelares

•• § 10 acrescentado pela Medida Provisória n. 2.225-45, de 4-9-2001.

§ 11. Em qualquer fase do processo, reconhecida a inadequação da ação de improbidade, o juiz extinguirá o processo sem julgamento do mérito.

•• § 11 acrescentado pela Medida Provisória n. 2.225-45, de 4-9-2001.

§ 12. Aplica-se aos depoimentos ou inquirições realizadas nos processos regidos por esta Lei o disposto no art. 221, caput e § 1.º, do Código de Processo Penal.

•• § 12 acrescentado pela Medida Provisória n. 2.225-45, de 4-9-2001.

Art. 18. A sentença que julgar procedente ação civil de reparação de dano ou decretar a perda dos bens havidos ilicitamente determinará o pagamento ou a reversão dos bens, conforme o caso, em favor da pessoa jurídica prejudicada pelo ilícito.

Capítulo VII
DA PRESCRIÇÃO

Art. 23. As ações destinadas a levar a efeito as sanções previstas nesta Lei podem ser propostas:

I – até 5 (cinco) anos após o término do exercício de mandato, de cargo em comissão ou de função de confiança;

II – dentro do prazo prescricional previsto em lei específica para faltas disciplinares puníveis com demissão a bem do serviço público, nos casos de exercício de cargo efetivo ou emprego;

III – até 5 (cinco) anos da data da apresentação à administração pública da prestação de contas final pelas entidades referidas no parágrafo único do art. 1.º desta Lei.

•• Inciso III acrescentado pela Lei n. 13.019, de 31-7-2014.

Capítulo VIII
DAS DISPOSIÇÕES FINAIS

Art. 24. Esta Lei entra em vigor na data de sua publicação.

Art. 25. Ficam revogadas as Leis n. 3.164, de 1.º de junho de 1957, e 3.502, de 21 de dezembro de 1958, e demais disposições em contrário.

Rio de Janeiro, 2 de junho de 1992; 171.º da Independência e 104.º da República.

Fernando Collor

LEI N. 8.437, DE 30 DE JUNHO DE 1992 (*)

Dispõe sobre a concessão de medidas cautelares contra atos do Poder Público e dá outras providências.

O Presidente da República

Faço saber que o Congresso Nacional decreta e eu sanciono a seguinte Lei:

Art. 1.º Não será cabível medida liminar contra atos do Poder Público, no procedimento cautelar ou em quaisquer outras ações de natureza cautelar ou preventiva, toda vez que providência semelhante não puder ser concedida em ações de mandado de segurança, em virtude de vedação legal.

§ 1.º Não será cabível, no juízo de primeiro grau, medida cautelar inominada ou a sua liminar, quando impugnado ato de autoridade sujeita, na via de mandado de segurança, à competência originária de tribunal.

§ 2.º O disposto no parágrafo anterior não se aplica aos processos de ação popular e de ação civil pública.

§ 3.º Não será cabível medida liminar que esgote, no todo ou em parte, o objeto da ação.

§ 4.º Nos casos em que cabível medida liminar, sem prejuízo da comunicação ao dirigente do órgão ou entidade, o respectivo representante judicial dela será imediatamente intimado.

(*) Publicada no DOU, de 1.º-7-1992.

Lei n. 8.437, de 30-6-1992

•• § 4.º acrescentado pela Medida Provisória n. 2.180-35, de 24-8-2001.

§ 5.º Não será cabível medida liminar que defira compensação de créditos tributários ou previdenciários.

•• § 5.º acrescentado pela Medida Provisória n. 2.180-35, de 24-8-2001.

Art. 2.º No mandado de segurança coletivo e na ação civil pública, a liminar será concedida, quando cabível, após a audiência do representante judicial da pessoa jurídica de direito público, que deverá se pronunciar no prazo de 72 (setenta e duas) horas.

Art. 3.º O recurso voluntário ou *ex officio*, interposto contra sentença em processo cautelar, proferida contra pessoa jurídica de direito público ou seus agentes, que importe em outorga ou adição de vencimentos ou de reclassificação funcional, terá efeito suspensivo.

Art. 4.º Compete ao presidente do tribunal, ao qual couber o conhecimento do respectivo recurso, suspender, em despacho fundamentado, a execução da liminar nas ações movidas contra o Poder Público ou seus agentes, a requerimento do Ministério Público ou da pessoa jurídica de direito público interessada, em caso de manifesto interesse público ou de flagrante ilegitimidade, e para evitar grave lesão à ordem, à saúde, à segurança e à economia públicas.

§ 1.º Aplica-se o disposto neste artigo à sentença proferida em processo de ação cautelar inominada, no processo de ação popular e na ação civil pública, enquanto não transitada em julgado.

§ 2.º O presidente do tribunal poderá ouvir o autor e o Ministério Público, em 72 (setenta e duas) horas.

•• § 2.º com redação determinada pela Medida Provisória n. 2.180-35, de 24-8-2001.

§ 3.º Do despacho que conceder ou negar a suspensão, caberá agravo, no prazo de 5 (cinco) dias, que será levado a julgamento na sessão seguinte a sua interposição.

•• § 3.º com redação determinada pela Medida Provisória n. 2.180-35, de 24-8-2001.

§ 4.º Se do julgamento do agravo de que trata o § 3.º resultar a manutenção ou o restabelecimento da decisão que se pretende suspender, caberá novo pedido de suspensão ao Presidente do Tribunal competente para conhecer de eventual recurso especial ou extraordinário.

•• § 4.º acrescentado pela Medida Provisória n. 2.180-35, de 24-8-2001.

§ 5.º É cabível também o pedido de suspensão a que se refere o § 4.º, quando negado provimento a agravo de instrumento interposto contra a liminar a que se refere este artigo.

•• § 5.º acrescentado pela Medida Provisória n. 2.180-35, de 24-8-2001.

§ 6.º A interposição do agravo de instrumento contra liminar concedida nas ações movidas contra o Poder Público e seus agentes não prejudica nem condiciona o julgamento do pedido de suspensão a que se refere este artigo.

•• § 6.º acrescentado pela Medida Provisória n. 2.180-35, de 24-8-2001.

§ 7.º O presidente do tribunal poderá conferir ao pedido efeito suspensivo liminar, se constatar, em juízo prévio, a plausibilidade do direito invocado e a urgência na concessão da medida.

•• § 7.º acrescentado pela Medida Provisória n. 2.180-35, de 24-8-2001.

§ 8.º As liminares cujo objeto seja idêntico poderão ser suspensas em uma única decisão, podendo o presidente do tribunal estender os efeitos da suspensão a liminares supervenientes, mediante simples aditamento do pedido original.

•• § 8.º acrescentado pela Medida Provisória n. 2.180-35, de 24-8-2001.

§ 9.º A suspensão deferida pelo Presidente do Tribunal vigorará até o trânsito em julgado da decisão de mérito na ação principal.

•• § 9.º acrescentado pela Medida Provisória n. 2.180-35, de 24-8-2001.

Art. 5.º Esta Lei entra em vigor na data de sua publicação.

Investigação de Paternidade

Art. 6.º Revogam-se as disposições em contrário.

Brasília, 30 de junho de 1992; 171.º da Independência e 104.º da República.

Fernando Collor

LEI N. 8.560, DE 29 DE DEZEMBRO DE 1992 (*)

Regula a investigação de paternidade dos filhos havidos fora do casamento e dá outras providências.

O Presidente da República:

Faço saber que o Congresso Nacional decreta e eu sanciono a seguinte Lei:

Art. 1.º O reconhecimento dos filhos havidos fora do casamento é irrevogável e será feito:

I – no registro de nascimento;

II – por escritura pública ou escrito particular, a ser arquivado em cartório;

III – por testamento, ainda que incidentalmente manifestado;

IV – por manifestação expressa e direta perante o juiz, ainda que o reconhecimento não haja sido o objeto único e principal do ato que o contém.

•• O Provimento n. 19, de 29-8-2012, do CNJ, assegura aos comprovadamente pobres a gratuidade da averbação do reconhecimento de paternidade e da respectiva certidão.

Art. 2.º Em registro de nascimento de menor apenas com a maternidade estabelecida, o oficial remeterá ao juiz certidão integral do registro e o nome e prenome, profissão, identidade e residência do suposto pai, a fim de ser averiguada oficiosamente a procedência da alegação.

§ 1.º O juiz, sempre que possível, ouvirá a mãe sobre a paternidade alegada e mandará, em qualquer caso, notificar o suposto pai, independente de seu estado civil, para que se manifeste sobre a paternidade que lhe é atribuída.

§ 2.º O juiz, quando entender necessário, determinará que a diligência seja realizada em segredo de justiça.

§ 3.º No caso do suposto pai confirmar expressamente a paternidade, será lavrado termo de reconhecimento e remetida certidão ao oficial do registro, para a devida averbação.

§ 4.º Se o suposto pai não atender no prazo de 30 (trinta) dias a notificação judicial, ou negar a alegada paternidade, o juiz remeterá os autos ao representante do Ministério Público para que intente, havendo elementos suficientes, a ação de investigação de paternidade.

§ 5.º Nas hipóteses previstas no § 4.º deste artigo, é dispensável o ajuizamento de ação de investigação de paternidade pelo Ministério Público se, após o não comparecimento ou a recusa do suposto pai em assumir a paternidade a ele atribuída, a criança for encaminhada para adoção.

•• § 5.º com redação determinada pela Lei n. 12.010, de 3-8-2009.

§ 6.º A iniciativa conferida ao Ministério Público não impede a quem tenha legítimo interesse de intentar investigação, visando a obter o pretendido reconhecimento da paternidade.

•• Primitivo § 5.º renumerado pela Lei n. 12.010, de 3-8-2009.

Art. 2.º-A. Na ação de investigação de paternidade, todos os meios legais, bem como os moralmente legítimos, serão hábeis para provar a verdade dos fatos.

•• *Caput* acrescentado pela Lei n. 12.004, de 29-7-2009.

Parágrafo único. A recusa do réu em se submeter ao exame de código genético – DNA gerará a presunção da paternidade, a ser apreciada em conjunto com o contexto probatório.

•• Parágrafo único acrescentado pela Lei n. 12.004, de 29-7-2009.

Art. 3.º É vedado legitimar e reconhecer filho na ata do casamento.

Parágrafo único. É ressalvado o direito de averbar alteração do patronímico materno, em decorrência do casamento, no termo de nascimento do filho.

(*) Publicada no *DOU*, de 30-12-1992.

Art. 4.º O filho maior não pode ser reconhecido sem o seu consentimento.

Art. 5.º No registro de nascimento não se fará qualquer referência à natureza da filiação, à sua ordem em relação a outros irmãos do mesmo prenome, exceto gêmeos, ao lugar e cartório do casamento dos pais e ao estado civil destes.

Art. 6.º Das certidões de nascimento não constarão indícios de a concepção haver sido decorrente de relação extraconjugal.

§ 1.º Não deverá constar, em qualquer caso, o estado civil dos pais e a natureza da filiação, bem como o lugar e cartório do casamento, proibida referência à presente Lei.

§ 2.º São ressalvadas autorizações ou requisições judiciais de certidões de inteiro teor, mediante decisão fundamentada, assegurados os direitos, as garantias e interesses relevantes do registrado.

Art. 7.º Sempre que na sentença de primeiro grau se reconhecer a paternidade, nela se fixarão os alimentos provisionais ou definitivos do reconhecido que deles necessite.

Art. 8.º Os registros de nascimento, anteriores à data da presente Lei, poderão ser retificados por decisão judicial, ouvido o Ministério Público.

Art. 9.º Esta Lei entra em vigor na data de sua publicação.

Art. 10. São revogados os arts. 332, 337 e 347 do Código Civil e demais disposições em contrário.

•• Refere-se ao CC de 1916, revogado pela Lei n. 10.406, de 10-1-2002.

Brasília, 29 de dezembro de 1992; 171.º da Independência e 104.º da República.

ITAMAR FRANCO

LEI N. 8.866, DE 11 DE ABRIL DE 1994 (*)

Dispõe sobre o depositário infiel

(*) Publicada no *DOU*, de 13-4-1994.

de valor pertencente à Fazenda Pública e dá outras providências.

Faço saber que o Presidente da República adotou a Medida Provisória n. 449, de 1994, que o Congresso Nacional aprovou, e eu, Humberto Lucena, Presidente do Senado Federal, para os efeitos do disposto no parágrafo único do art. 62 da Constituição Federal, promulgo a seguinte Lei:

Art. 1.º É depositário da Fazenda Pública, observado o disposto nos arts. 1.282, I, e 1.283 do Código Civil, a pessoa a que a legislação tributária ou previdenciária imponha a obrigação de reter ou receber de terceiro, e recolher aos cofres públicos, impostos, taxas e contribuições, inclusive à Seguridade Social.

•• Os arts. 1.282, I, e 1.283 do CC de 1916 correspondem aos arts. 647, I, e 648 do CC (Lei n. 10.406, de 10-1-2002).

§ 1.º Aperfeiçoa-se o depósito na data da retenção ou recebimento do valor a que esteja obrigada a pessoa física ou jurídica.

§ 2.º É depositário infiel aquele que não entrega à Fazenda Pública o valor referido neste artigo, no termo e forma fixados na legislação tributária ou previdenciária.

Art. 2.º Constituem prova literal para se caracterizar a situação de depositário infiel, dentre outras:

I – a declaração feita pela pessoa física ou jurídica, do valor descontado ou recebido de terceiro, constante em folha de pagamento ou em qualquer outro documento fixado na legislação tributária ou previdenciária, e não recolhido aos cofres públicos;

II – o processo administrativo findo mediante o qual se tenha constituído crédito tributário ou previdenciário, decorrente de valor descontado ou recebido de terceiro e não recolhido aos cofres públicos;

III – a certidão do crédito tributário ou previdenciário decorrente dos valores descontados ou recebidos, inscritos na dívida ativa.

Art. 3.º Caracterizada a situação de depositário infiel, o Secretário da Receita Federal comunicará ao representante judicial da Fazenda Nacional para que ajuíze ação civil a fim de exigir o recolhimento do valor do imposto, taxa ou contribuição descontado, com os correspondentes acréscimos legais.

Parágrafo único. A comunicação de que trata este artigo, no âmbito dos Estados e do Distrito Federal, caberá às autoridades definidas na legislação específica dessas unidades federadas, feita aos respectivos representantes judiciais competentes; no caso do Instituto Nacional de Seguridade Social – INSS, a iniciativa caberá ao seu presidente, competindo ao representante judicial da autarquia a providência processual de que trata este artigo.

Art. 4.º Na petição inicial, instruída com a cópia autenticada, pela repartição, da prova literal do depósito de que trata o art. 2.º, o representante judicial da Fazenda Nacional ou, conforme o caso, o representante judicial dos Estados, Distrito Federal ou do INSS requererá ao juízo a citação do depositário para, em dez dias:

I – recolher ou depositar a importância correspondente ao valor do imposto, taxa ou contribuição descontado ou o recebido de terceiro, com os respectivos acréscimos legais;

II – contestar a ação.

§ 1.º Do pedido constará, ainda, a cominação da pena de prisão.

•• *Vide* art. 5.º, LXVII, da CF.

•• O Decreto n. 592, de 6-7-1992 (Pacto Internacional sobre Direitos Civis e Políticos), dispõe em seu art. 11 que "ninguém poderá ser preso apenas não poder cumprir com uma obrigação contratual".

•• O Decreto n. 678, de 6-11-1992 (Pacto de São José da Costa Rica), dispõe em seu art. 7.º, item 7, que ninguém deve ser detido por dívida, exceto no caso de inadimplemento de obrigação alimentar".

•• *Vide* Súmula Vinculante 25 e Súmula 419 do STJ.

§ 2.º Não recolhida nem depositada a importância, nos termos deste artigo, o juiz, nos quinze dias seguintes à citação, decretará a prisão do depositário infiel, por período não superior a noventa dias.

§ 3.º A contestação deverá ser acompanhada do comprovante de depósito judicial do valor integral devido à Fazenda Pública, sob pena de o réu sofrer os efeitos da revelia.

§ 4.º Contestada a ação, observar-se-á o procedimento ordinário.

Art. 5.º O juiz poderá julgar antecipadamente a ação, se verificados os efeitos da revelia.

Art. 6.º Julgada procedente a ação, ordenará o juiz a conversão do depósito judicial em renda ou, na sua falta, a expedição de mandado para entrega, em 24 horas, do valor exigido.

Art. 7.º Quando o depositário infiel for pessoa jurídica, a prisão referida no § 2.º do art. 4.º será decretada contra seus diretores, administradores, gerentes ou empregados que movimentem recursos financeiros isolada ou conjuntamente.

Parágrafo único. Tratando-se de empresa estrangeira, a prisão recairá sobre seus representantes, dirigentes e empregados no Brasil que revistam a condição mencionada neste artigo.

Art. 8.º Cessará a prisão com o recolhimento do valor exigido.

Art. 9.º Não se aplica ao depósito referido nesta Lei o art. 1.280 do Código Civil.

Art. 10. Ficam convalidados os atos praticados com base na Medida Provisória n. 427, de 11 de fevereiro de 1994.

Art. 11. Esta Lei entra em vigor na data de sua publicação.

Art. 12. Revogam-se as disposições em contrário.

Senado Federal, em 11 de abril de 1994; 173.º da Independência e 106.º da República.

Humberto Lucena

LEI N. 8.906, DE 4 DE JULHO DE 1994 (*)

Dispõe sobre o Estatuto da Advo-

(*) Publicada no *DOU*, de 5-7-1994.

cacia e a Ordem dos Advogados do Brasil – OAB.

O Presidente da República:
Faço saber que o Congresso Nacional decreta e eu sanciono a seguinte Lei:

TÍTULO I
DA ADVOCACIA

CAPÍTULO I
DA ATIVIDADE DE ADVOCACIA

Art. 1.º São atividades privativas de advocacia:

I – a postulação a qualquer órgão do Poder Judiciário e aos juizados especiais;

•• O STF, na ADIN n. 1.127-8 (*DOU* de 26-5-2006), declarou a inconstitucionalidade da expressão "qualquer" constante deste inciso.

II – as atividades de consultoria, assessoria e direção jurídicas.

§ 1.º Não se inclui na atividade privativa de advocacia a impetração de *habeas corpus* em qualquer instância ou tribunal.

§ 2.º Os atos e contratos constitutivos de pessoas jurídicas, sob pena de nulidade, só podem ser admitidos a registro, nos órgãos competentes, quando visados por advogados.

•• De acordo com o art. 9.º, § 2.º, da Lei Complementar n. 123, de 14-12-2006, não se aplica às microempresas e empresas de pequeno porte o disposto neste parágrafo.

§ 3.º É vedada a divulgação de advocacia em conjunto com outra atividade.

Art. 2.º O advogado é indispensável à administração da justiça.

§ 1.º No seu ministério privado, o advogado presta serviço público e exerce função social.

§ 2.º No processo judicial, o advogado contribui, na postulação de decisão favorável ao seu constituinte, ao convencimento do julgador, e seus atos constituem múnus público.

§ 3.º No exercício da profissão, o advogado é inviolável por seus atos e manifestações, nos limites desta Lei.

Art. 3.º O exercício da atividade de advocacia no território brasileiro e a denominação de advogado são privativos dos inscritos na Ordem dos Advogados do Brasil – OAB.

§ 1.º Exercem atividade de advocacia, sujeitando-se ao regime desta Lei, além do regime próprio a que se subordinem, os integrantes da AGU, da Procuradoria da Fazenda Nacional, da Defensoria Pública e das Procuradorias e Consultorias Jurídicas dos Estados, do Distrito Federal, dos Municípios e das respectivas entidades de administração indireta e fundacional.

§ 2.º O estagiário de advocacia, regularmente inscrito, pode praticar os atos previstos no art. 1.º, na forma do Regulamento Geral, em conjunto com advogado e sob responsabilidade deste.

Art. 4.º São nulos os atos privativos de advogado praticados por pessoa não inscrita na OAB, sem prejuízo das sanções civis, penais e administrativas.

Parágrafo único. São também nulos os atos praticados por advogado impedido – no âmbito do impedimento – suspenso, licenciado ou que passar a exercer atividade incompatível com a advocacia.

Art. 5.º O advogado postula, em juízo ou fora dele, fazendo prova do mandato.

§ 1.º O advogado, afirmando urgência, pode atuar sem procuração, obrigando-se a apresentá-la no prazo de quinze dias, prorrogável por igual período.

§ 2.º A procuração para o foro em geral habilita o advogado a praticar todos os atos judiciais, em qualquer juízo ou instância, salvo os que exijam poderes especiais.

§ 3.º O advogado que renunciar ao mandato continuará, durante os dez dias seguintes à notificação da renúncia, a representar o mandante, salvo se for substituído antes do término desse prazo.

CAPÍTULO II
DOS DIREITOS DO ADVOGADO

Art. 6.º Não há hierarquia nem subordinação entre advogados, magistrados e membros do

OAB
Lei n. 8.906, de 4-7-1994

Ministério Público, devendo todos tratar-se com consideração e respeito recíprocos.

Parágrafo único. As autoridades, os servidores públicos e os serventuários da justiça devem dispensar ao advogado, no exercício da profissão, tratamento compatível com a dignidade da advocacia e condições adequadas a seu desempenho.

Art. 7.º São direitos do advogado:

I – exercer, com liberdade, a profissão em todo o território nacional;

II – a inviolabilidade de seu escritório ou local de trabalho, bem como de seus instrumentos de trabalho, de sua correspondência escrita, eletrônica, telefônica e telemática, desde que realtivas ao exercício da advocacia;

•• Inciso II com redação determinada pela Lei n. 11.767, de 7-8-2008.

•• O Provimento OAB n. 127, de 7-12-2008, dispõe sobre a participação da OAB no cumprimento da decisão judicial que determinar a quebra da inviolabilidade de que trata este inciso.

III – comunicar-se com seus clientes, pessoal e reservadamente, mesmo sem procuração, quando estes se acharem presos, detidos ou recolhidos em estabelecimentos civis ou militares, ainda que considerados incomunicáveis;

IV – ter a presença de representante da OAB, quando preso em flagrante, por motivo ligado ao exercício da advocacia, para lavratura do auto respectivo, sob pena de nulidade e, nos demais casos, a comunicação expressa à seccional da OAB;

V – não ser recolhido preso, antes de sentença transitada em julgado, senão em sala de Estado Maior, com instalações e comodidades condignas, assim reconhecidas pela OAB, e, na sua falta, em prisão domiciliar;

•• O STF, na ADIN n. 1.127-8, declarou a inconstitucionalidade da expressão "assim reconhecidas pela OAB" constante deste inciso.

VI – ingressar livremente:

a) nas salas de sessões dos tribunais, mesmo além dos cancelos que separam a parte reservada aos magistrados;

b) nas salas e dependências de audiência, secretarias, cartórios, ofícios de justiça, serviços notariais e de registro, e, no caso de delegacias e prisões, mesmo fora da hora de expediente e independentemente da presença de seus titulares;

c) em qualquer edifício ou recinto em que funcione repartição judicial ou outro serviço público onde o advogado deva praticar ato ou colher prova ou informação útil ao exercício da atividade profissional, dentro do expediente ou fora dele, e ser atendido, desde que se ache presente qualquer servidor ou empregado;

d) em qualquer Assembleia ou reunião de que participe ou possa participar o seu cliente, ou perante a qual este deva comparecer, desde que munido de poderes especiais;

VII – permanecer sentado ou em pé e retirar-se de quaisquer locais indicados no inciso anterior, independentemente de licença;

VIII – dirigir-se diretamente aos magistrados nas salas e gabinetes de trabalho, independentemente de horário previamente marcado ou outra condição, observando-se a ordem de chegada;

IX – sustentar oralmente as razões de qualquer recurso ou processo, nas sessões de julgamento, após o voto do relator, em instância judicial ou administrativa, pelo prazo de quinze minutos, salvo se prazo maior for concedido;

•• O STF, nas ADINs n. 1.105-7 e 1.127-8, de 17-5-2006, declarou a inconstitucionalidade deste inciso.

X – usar da palavra, pela ordem, em qualquer juízo ou tribunal, mediante intervenção sumária, para esclarecer equívoco ou dúvida surgida em relação a fatos, documentos ou afirmações que influam no julgamento, bem como para replicar acusação ou censura que lhe forem feitas;

XI – reclamar, verbalmente ou por escrito, perante qualquer juízo, tribunal ou autoridade, contra a inobservância de preceito de lei, regulamento ou regimento;

XII – falar, sentado ou em pé, em juízo, tribunal ou órgão de deliberação coletiva da Administração Pública ou do Poder Legislativo;

XIII – examinar, em qualquer órgão dos Poderes Judiciário e Legislativo, ou da Administração Pública em geral, autos de processos findos ou em andamento, mesmo sem procuração, quando não estejam sujeitos a sigilo, assegurada a obtenção de cópias, podendo tomar apontamentos;

XIV – examinar, em qualquer instituição responsável por conduzir investigação, mesmo sem procuração, autos de flagrante e de investigações de qualquer natureza, findos ou em andamento, ainda que conclusos à autoridade, podendo copiar peças e tomar apontamentos, em meio físico ou digital;

•• Inciso XIV com redação determinada pela Lei n. 13.245, de 12-1-2016.

XV – ter vista dos processos judiciais ou administrativos de qualquer natureza, em cartório ou na repartição competente, ou retirá-los pelos prazos legais;

XVI – retirar autos de processos findos, mesmo sem procuração, pelo prazo de dez dias;

XVII – ser publicamente desagravado, quando ofendido no exercício da profissão ou em razão dela;

XVIII – usar os símbolos privativos da profissão de advogado;

XIX – recusar-se a depor como testemunha em processo no qual funcionou ou deva funcionar, ou sobre fato relacionado com pessoa de quem seja ou foi advogado, mesmo quando autorizado ou solicitado pelo constituinte, bem como sobre fato que constitua sigilo profissional;

XX – retirar-se do recinto onde se encontre aguardando pregão para ato judicial, após trinta minutos do horário designado e ao qual ainda não tenha comparecido a autoridade que deva presidir a ele, mediante comunicação protocolizada em juízo;

XXI – assistir a seus clientes investigados durante a apuração de infrações, sob pena de nulidade absoluta do respectivo interrogatório ou depoimento e, subsequentemente, de todos os elementos investigatórios e probatórios dele decorrentes ou derivados, direta ou indiretamente, podendo, inclusive, no curso da respectiva apuração:

•• Inciso XXI acrescentado pela Lei n. 13.245, de 12-1-2016.

a) apresentar razões e quesitos;

•• Alínea *a* acrescentada pela Lei n. 13.245, de 12-1-2016.

b) (*Vetada*.)

•• Alínea *b* acrescentada pela Lei n. 13.245, de 12-1-2016.

§ 1.º Não se aplica o disposto nos incisos XV e XVI:

1) aos processos sob regime de segredo de justiça;

2) quando existirem nos autos documentos originais de difícil restauração ou ocorrer circunstância relevante que justifique a permanência dos autos no cartório, secretaria ou repartição, reconhecida pela autoridade em despacho motivado, proferido de ofício, mediante representação ou a requerimento da parte interessada;

3) até o encerramento do processo, ao advogado que houver deixado de devolver os respectivos autos no prazo legal, e só o fizer depois de intimado.

§ 2.º O advogado tem imunidade profissional, não constituindo injúria, difamação ou desacato puníveis qualquer manifestação de sua parte, no exercício de sua atividade, em juízo ou fora dele, sem prejuízo das sanções disciplinares perante a OAB, pelos excessos que cometer.

•• O STF, na ADIN n. 1.127-8, declarou a inconstitucionalidade da expressão "ou desacato" constante deste parágrafo.

§ 3.º O advogado somente poderá ser preso em flagrante, por motivo de exercício da profissão, em caso de crime inafiançável, observado o disposto no inciso IV deste artigo.

§ 4.º O Poder Judiciário e o Poder Executivo devem instalar, em todos os juizados, fóruns, tribunais, delegacias de polícia e presídios, salas especiais permanentes para os advogados, com uso e controle assegurados à OAB.

•• O STF, na ADIN n. 1.127-8, declarou a inconstitucionalidade da expressão "e controle" constante deste parágrafo.

§ 5.º No caso de ofensa a inscrito na OAB, no exercício da profissão ou de cargo ou função de órgão da OAB, o conselho competente deve promover o desagravo público do ofendido, sem prejuízo da responsabilidade criminal em que incorrer o infrator.

•• A Lei n. 11.767, de 7-8-2008, propôs nova redação para este § 5.º, mas teve seu texto vetado.

§ 6.º Presentes indícios de autoria e materialidade da prática de crime por parte de advogado, a autoridade judiciária competente poderá decretar a quebra da inviolabilidade de que trata o inciso II do *caput* deste artigo, em decisão motivada, expedindo mandado de busca e apreensão, específico e pormenorizado, a ser cumprido na presença de representante da OAB, sendo, em qualquer hipótese, vedada a utilização dos documentos, das mídias e dos objetos pertencentes a clientes do advogado averiguado, bem como dos demais instrumentos de trabalho que contenham informações sobre clientes.

•• § 6.º acrescentado pela Lei n. 11.767, de 7-8-2008.

§ 7.º A ressalva constante do § 6.º deste artigo não se estende a clientes do advogado averiguado que estejam sendo formalmente investigados como seus partícipes ou coautores pela prática do mesmo crime que deu causa à quebra da inviolabilidade.

•• § 7.º acrescentado pela Lei n. 11.767, de 7-8-2008.

§ 8.º (*Vetado*.)

•• § 8.º acrescentado pela Lei n. 11.767, de 7-8-2008.

§ 9.º (*Vetado*.)

•• § 9.º acrescentado pela Lei n. 11.767, de 7-8-2008.

§ 10. Nos autos sujeitos a sigilo, deve o advogado apresentar procuração para o exercício dos direitos de que trata o inciso XIV.

•• § 10 acrescentado pela Lei n. 13.245, de 12-1-2016.

§ 11. No caso previsto no inciso XIV, a autoridade competente poderá delimitar o acesso do advogado aos elementos de prova relacionados a diligências em andamento e ainda não documentados nos autos, quando houver risco de comprometimento da eficiência, da eficácia ou da finalidade das diligências.

•• § 11 acrescentado pela Lei n. 13.245, de 12-1-2016.

§ 12. A inobservância aos direitos estabelecidos no inciso XIV, o fornecimento incompleto de autos ou o fornecimento de autos em que houve a retirada de peças já incluídas no caderno investigativo implicará responsabilização criminal e funcional por abuso de autoridade do responsável que impedir o acesso do advogado com o intuito de prejudicar o exercício da defesa, sem prejuízo do direito subjetivo do advogado de requerer acesso aos autos ao juiz competente.

•• § 12 acrescentado pela Lei n. 13.245, de 12-1-2016.

Art. 7.º-A. São direitos da advogada:

•• *Caput* acrescentado pela Lei n. 13.363, de 25-11-2016.

I – gestante:

•• Inciso I, *caput*, acrescentado pela Lei n. 13.363, de 25-11-2016.

a) entrada em tribunais sem ser submetida a detectores de metais e aparelhos de raios X;

•• Alínea *a* acrescentada pela Lei n. 13.363, de 25-11-2016.

b) reserva de vaga em garagens dos fóruns dos tribunais;

•• Alínea *b* acrescentada pela Lei n. 13.363, de 25-11-2016.

II – lactante, adotante ou que der à luz, acesso a creche, onde houver, ou a local adequado ao atendimento das necessidades do bebê;

•• Inciso II acrescentado pela Lei n. 13.363, de 25-11-2016.

III – gestante, lactante, adotante ou que der à luz, preferência na ordem das sustentações orais e das audiências a serem realizadas a cada dia, mediante comprovação de sua condição;

•• Inciso III acrescentado pela Lei n. 13.363, de 25-11-2016.

IV – adotante ou que der à luz, suspensão de prazos processuais quando for a única patrona da causa, desde que haja notificação por escrito ao cliente.

•• Inciso IV acrescentado pela Lei n. 13.363, de 25-11-2016.

§ 1.º Os direitos previstos à advogada gestante ou lactante aplicam-se enquanto perdurar, respectivamente, o estado gravídico ou o período de amamentação.

•• § 1.º acrescentado pela Lei n. 13.363, de 25-11-2016.

§ 2.º Os direitos assegurados nos incisos II e III deste artigo à advogada adotante ou que der

Lei n. 8.906, de 4-7-1994

à luz serão concedidos pelo prazo previsto no art. 392 do Decreto-lei n. 5.452, de 1.º de maio de 1943 (Consolidação das Leis do Trabalho).

•• § 2.º acrescentado pela Lei n. 13.363, de 25-11-2016.

•• Dispõe o art. 392, *caput*, da CLT: "A empregada gestante tem direito à licença-maternidade de 120 (cento e vinte) dias, sem prejuízo do emprego e do salário".

§ 3.º O direito assegurado no inciso IV deste artigo à advogada adotante ou que der à luz será concedido pelo prazo previsto no § 6.º do art. 313 da Lei n. 13.105, de 16 de março de 2015 (Código de Processo Civil).

•• § 3.º acrescentado pela Lei n. 13.363, de 25-11-2016.

Capítulo III
DA INSCRIÇÃO

Art. 8.º Para inscrição como advogado é necessário:

I – capacidade civil;

II – diploma ou certidão de graduação em direito, obtido em instituição de ensino oficialmente autorizada e credenciada;

III – título de eleitor e quitação do serviço militar, se brasileiro;

IV – aprovação em Exame de Ordem;

V – não exercer atividade incompatível com a advocacia;

VI – idoneidade moral;

VII – prestar compromisso perante o Conselho.

§ 1.º O Exame de Ordem é regulamentado em provimento do Conselho Federal da OAB.

§ 2.º O estrangeiro ou brasileiro, quando não graduado em direito no Brasil, deve fazer prova do título de graduação, obtido em instituição estrangeira, devidamente revalidado, além de atender aos demais requisitos previstos neste artigo.

§ 3.º A inidoneidade moral, suscitada por qualquer pessoa, deve ser declarada mediante decisão que obtenha no mínimo dois terços dos votos de todos os membros do conselho competente, em procedimento que observe os termos do processo disciplinar.

§ 4.º Não atende ao requisito de idoneidade moral aquele que tiver sido condenado por crime infamante, salvo reabilitação judicial.

Art. 9.º Para inscrição como estagiário é necessário:

I – preencher os requisitos mencionados nos incisos I, III, V, VI e VII do art. 8.º;

II – ter sido admitido em estágio profissional de advocacia.

§ 1.º O estágio profissional de advocacia, com duração de dois anos, realizado nos últimos anos do curso jurídico, pode ser mantido pelas respectivas instituições de ensino superior, pelos Conselhos da OAB, ou por setores, órgãos jurídicos e escritórios de advocacia credenciados pela OAB, sendo obrigatório o estudo deste Estatuto e do Código de Ética e Disciplina.

§ 2.º A inscrição do estagiário é feita no Conselho Seccional em cujo território se localize seu curso jurídico.

§ 3.º O aluno de curso jurídico que exerça atividade incompatível com a advocacia pode frequentar o estágio ministrado pela respectiva instituição de ensino superior, para fins de aprendizagem, vedada a inscrição na OAB.

§ 4.º O estágio profissional poderá ser cumprido por bacharel em Direito que queira se inscrever na Ordem.

Art. 10. A inscrição principal do advogado deve ser feita no Conselho Seccional em cujo território pretende estabelecer o seu domicílio profissional, na forma do Regulamento Geral.

§ 1.º Considera-se domicílio profissional a sede principal da atividade de advocacia, prevalecendo, na dúvida, o domicílio da pessoa física do advogado.

§ 2.º Além da principal, o advogado deve promover a inscrição suplementar nos Conselhos Seccionais em cujos territórios passar a exercer habitualmente a profissão, considerando-se habitualidade a intervenção judicial que exceder de cinco causas por ano.

§ 3.º No caso de mudança efetiva de domicílio profissional para outra unidade federativa, deve o advogado requerer a transferência de sua inscrição para o Conselho Seccional correspondente.

§ 4.º O Conselho Seccional deve suspender o pedido de transferência ou de inscrição suplementar, ao verificar a existência de vício ou ilegalidade na inscrição principal, contra ela representando ao Conselho Federal.

Art. 11. Cancela-se a inscrição do profissional que:

I – assim o requerer;

II – sofrer penalidade de exclusão;

III – falecer;

IV – passar a exercer, em caráter definitivo, atividade incompatível com a advocacia;

V – perder qualquer um dos requisitos necessários para inscrição.

§ 1.º Ocorrendo uma das hipóteses dos incisos II, III e IV, o cancelamento deve ser promovido, de ofício, pelo Conselho competente ou em virtude de comunicação por qualquer pessoa.

§ 2.º Na hipótese de novo pedido de inscrição – que não restaura o número de inscrição anterior – deve o interessado fazer prova dos requisitos dos incisos I, V, VI e VII do art. 8.º.

§ 3.º Na hipótese do inciso II deste artigo, o novo pedido de inscrição também deve ser acompanhado de provas de reabilitação.

Art. 12. Licencia-se o profissional que:

I – assim o requerer, por motivo justificado;

II – passar a exercer, em caráter temporário, atividade incompatível com o exercício da advocacia;

III – sofrer doença mental considerada curável.

Art. 13. O documento de identidade profissional, na forma prevista no Regulamento Geral, é de uso obrigatório no exercício da atividade de advogado ou de estagiário e constitui prova de identidade civil para todos os fins legais.

Art. 14. É obrigatória a indicação do nome e do número de inscrição em todos os documentos assinados pelo advogado, no exercício de sua atividade.

Parágrafo único. É vedado anunciar ou divulgar qualquer atividade relacionada com o exercício da advocacia ou o uso da expressão "escritório de advocacia", sem indicação expressa do nome e do número de inscrição dos advogados que o integrem ou o número de registro da sociedade de advogados na OAB.

Capítulo IV
DA SOCIEDADE DE ADVOGADOS

Art. 15. Os advogados podem reunir-se em sociedade simples de prestação de serviços de advocacia ou constituir sociedade unipessoal de advocacia, na forma disciplinada nesta Lei e no regulamento geral.

•• *Caput* com redação determinada pela Lei n. 13.247, de 12-1-2016.

§ 1.º A sociedade de advogados e a sociedade unipessoal de advocacia adquirem personalidade jurídica com o registro aprovado dos seus atos constitutivos no Conselho Seccional da OAB em cuja base territorial tiver sede.

•• § 1.º com redação determinada pela Lei n. 13.247, de 12-1-2016.

§ 2.º Aplica-se à sociedade de advogados e à sociedade unipessoal de advocacia o Código de Ética e Disciplina, no que couber.

•• § 2.º com redação determinada pela Lei n. 13.247, de 12-1-2016.

§ 3.º As procurações devem ser outorgadas individualmente aos advogados e indicar a sociedade de que façam parte.

§ 4.º Nenhum advogado pode integrar mais de uma sociedade de advogados, constituir mais de uma sociedade unipessoal de advocacia, ou integrar, simultaneamente, uma sociedade de advogados e uma sociedade unipessoal de advocacia, com sede ou filial na mesma área territorial do respectivo Conselho Seccional.

•• § 4.º com redação determinada pela Lei n. 13.247, de 12-1-2016.

§ 5.º O ato de constituição de filial deve ser averbado no registro da sociedade e arquivado no Conselho Seccional onde se instalar, ficando os sócios, inclusive o titular da sociedade unipessoal de advocacia, obrigados à inscrição suplementar.

Lei n. 8.906, de 4-7-1994

•• § 5.º com redação determinada pela Lei n. 13.247, de 12-1-2016.

§ 6.º Os advogados sócios de uma mesma sociedade profissional não podem representar em juízo clientes de interesses opostos.

§ 7.º A sociedade unipessoal de advocacia pode resultar da concentração por um advogado das quotas de uma sociedade de advogados, independentemente das razões que motivaram tal concentração.

•• § 7.º acrescentado pela Lei n. 13.247, de 12-1-2016.

Art. 16. Não são admitidas a registro nem podem funcionar todas as espécies de sociedades de advogados que apresentem forma ou características de sociedade empresária, que adotem denominação de fantasia, que realizem atividades estranhas à advocacia, que incluam como sócio ou titular de sociedade unipessoal de advocacia pessoa não inscrita como advogado ou totalmente proibida de advogar.

•• *Caput* com redação determinada pela Lei n. 13.247, de 12-1-2016.

§ 1.º A razão social deve ter, obrigatoriamente, o nome de, pelo menos, um advogado responsável pela sociedade, podendo permanecer o de sócio falecido, desde que prevista tal possibilidade no ato constitutivo.

§ 2.º O licenciamento do sócio para exercer atividade incompatível com a advocacia em caráter temporário deve ser averbado no registro da sociedade, não alterando sua constituição.

§ 3.º É proibido o registro, nos cartórios de registro civil de pessoas jurídicas e nas juntas comerciais, de sociedade que inclua, entre outras finalidades, a atividade de advocacia.

§ 4.º A denominação da sociedade unipessoal de advocacia deve ser obrigatoriamente formada pelo nome do seu titular, completo ou parcial, com a expressão "Sociedade Individual de Advocacia".

•• § 4.º acrescentado pela Lei n. 13.247, de 12-1-2016.

Art. 17. Além da sociedade, o sócio e o titular da sociedade individual de advocacia respondem subsidiária e ilimitadamente pelos danos causados aos clientes por ação ou omissão no exercício da advocacia, sem prejuízo da responsabilidade disciplinar em que possam incorrer.

•• Artigo com redação determinada pela Lei n. 13.247, de 12-1-2016.

Capítulo V
DO ADVOGADO EMPREGADO

Art. 18. A relação de emprego, na qualidade de advogado, não retira a isenção técnica nem reduz a independência profissional inerentes à advocacia.

Parágrafo único. O advogado empregado não está obrigado à prestação de serviços profissionais de interesse pessoal dos empregadores, fora da relação de emprego.

Art. 19. O salário mínimo profissional do advogado será fixado em sentença normativa, salvo se ajustado em acordo ou convenção coletiva de trabalho.

Art. 20. A jornada de trabalho do advogado empregado, no exercício da profissão, não poderá exceder a duração diária de quatro horas contínuas e a de vinte horas semanais, salvo acordo ou convenção coletiva ou em caso de dedicação exclusiva.

§ 1.º Para efeitos deste artigo, considera-se como período de trabalho o tempo em que o advogado estiver à disposição do empregador, aguardando ou executando ordens, no seu escritório ou em atividades externas, sendo-lhe reembolsadas as despesas feitas com transporte, hospedagem e alimentação.

§ 2.º As horas trabalhadas que excederem a jornada normal são remuneradas por um adicional não inferior a cem por cento sobre o valor da hora normal, mesmo havendo contrato escrito.

§ 3.º As horas trabalhadas no período das vinte horas de um dia até as cinco horas do dia seguinte são remuneradas como noturnas, acrescidas do adicional de vinte e cinco por cento.

Art. 21. Nas causas em que for parte o empregador, ou pessoa por este representada, os honorários de sucumbência são devidos aos advogados empregados.

OAB

Lei n. 8.906, de 4-7-1994

•• O STF julgou parcialmente procedente, em 20-5-2009, a ADIN n. 1.194-4, para dar interpretação conforme a CF, estabelecendo que os honorários de sucumbência podem ser tanto do advogado, quanto da sociedade de advogados ou de ambos, dependendo de disposição contratual.

Parágrafo único. Os honorários de sucumbência, percebidos por advogado empregado de sociedade de advogados são partilhados entre ele e a empregadora, na forma estabelecida em acordo.

Capítulo VI
DOS HONORÁRIOS ADVOCATÍCIOS

Art. 22. A prestação de serviço profissional assegura aos inscritos na OAB o direito aos honorários convencionados, aos fixados por arbitramento judicial e aos de sucumbência.

§ 1.º O advogado, quando indicado para patrocinar causa de juridicamente necessitado, no caso de impossibilidade da Defensoria Pública no local da prestação de serviço, tem direito aos honorários fixados pelo juiz, segundo tabela organizada pelo Conselho Seccional da OAB, e pagos pelo Estado.

§ 2.º Na falta de estipulação ou de acordo, os honorários são fixados por arbitramento judicial, em remuneração compatível com o trabalho e o valor econômico da questão, não podendo ser inferiores aos estabelecidos na tabela organizada pelo Conselho Seccional da OAB.

§ 3.º Salvo estipulação em contrário, 1/3 (um terço) dos honorários é devido no início do serviço, outro terço até a decisão de primeira instância e o restante no final.

§ 4.º Se o advogado fizer juntar aos autos o seu contrato de honorários antes de expedir-se o mandado de levantamento ou precatório, o juiz deve determinar que lhe sejam pagos diretamente, por dedução da quantia a ser recebida pelo constituinte, salvo se este provar que já os pagou.

§ 5.º O disposto neste artigo não se aplica quando se tratar de mandato outorgado por advogado para defesa em processo oriundo de ato ou omissão praticada no exercício da profissão.

Art. 23. Os honorários incluídos na condenação, por arbitramento ou sucumbência, pertencem ao advogado, tendo este direito autônomo para executar a sentença nesta parte, podendo requerer que o precatório, quando necessário, seja expedido em seu favor.

Art. 24. A decisão judicial que fixar ou arbitrar honorários e o contrato escrito que os estipular são títulos executivos e constituem crédito privilegiado na falência, concordata, concurso de credores, insolvência civil e liquidação extrajudicial.

§ 1.º A execução dos honorários pode ser promovida nos mesmos autos da ação em que tenha atuado o advogado, se assim lhe convier.

§ 2.º Na hipótese de falecimento ou incapacidade civil do advogado, os honorários de sucumbência, proporcionais ao trabalho realizado, são recebidos por seus sucessores ou representantes legais.

§ 3.º É nula qualquer disposição, cláusula, regulamento ou convenção individual ou coletiva que retire do advogado o direito ao recebimento dos honorários de sucumbência.

•• O STF, em 20-5-2009, na ADIN n. 1.194-4, declarou a inconstitucionalidade deste parágrafo.

§ 4.º O acordo feito pelo cliente do advogado e a parte contrária, salvo aquiescência do profissional, não lhe prejudica os honorários, quer os convencionados, quer os concedidos por sentença.

Art. 25. Prescreve em 5 (cinco) anos a ação de cobrança de honorários de advogado, contado o prazo:

I – do vencimento do contrato, se houver;

II – do trânsito em julgado da decisão que os fixar;

III – da ultimação do serviço extrajudicial;

IV – da desistência ou transação;

V – da renúncia ou revogação do mandato.

Art. 25-A. Prescreve em cinco anos a ação de prestação de contas pelas quantias recebidas pelo advogado de seu cliente, ou de terceiros por conta dele (art. 34, XXI).

•• Artigo acrescentado pela Lei n. 11.902, de 12-1-2009.

Art. 26. O advogado substabelecido, com reserva de poderes, não pode cobrar honorários sem a intervenção daquele que lhe conferiu o substabelecimento.

Capítulo VII
DAS INCOMPATIBILIDADES E IMPEDIMENTOS

Art. 27. A incompatibilidade determina a proibição total, e o impedimento, a proibição parcial do exercício da advocacia.

Art. 28. A advocacia é incompatível, mesmo em causa própria, com as seguintes atividades:

I – chefe do Poder Executivo e membros da Mesa do Poder Legislativo e seus substitutos legais;

II – membros de órgãos do Poder Judiciário, do Ministério Público, dos tribunais e conselhos de contas, dos juizados especiais, da justiça de paz, juízes classistas, bem como de todos os que exerçam função de julgamento em órgãos de deliberação coletiva da administração pública direta ou indireta;

•• O STF, na ADIN n. 1.127-8, determina que sejam excluídos da abrangência deste inciso os juízes eleitorais e seus suplentes.

III – ocupantes de cargos ou funções de direção em órgãos da Administração Pública direta ou indireta, em suas fundações e em suas empresas controladas ou concessionárias de serviço público;

IV – ocupantes de cargos ou funções vinculados direta ou indiretamente a qualquer órgão do Poder Judiciário e os que exercem serviços notariais e de registro;

V – ocupantes de cargos ou funções vinculados direta ou indiretamente a atividade policial de qualquer natureza;

VI – militares de qualquer natureza, na ativa;

VII – ocupantes de cargos ou funções que tenham competência de lançamento, arrecadação ou fiscalização de tributos e contribuições parafiscais;

VIII – ocupantes de funções de direção e gerência em instituições financeiras, inclusive privadas.

§ 1.º A incompatibilidade permanece mesmo que o ocupante do cargo ou função deixe de exercê-lo temporariamente.

§ 2.º Não se incluem nas hipóteses do inciso III os que não detenham poder de decisão relevante sobre interesses de terceiro, a juízo do Conselho competente da OAB, bem como a administração acadêmica diretamente relacionada ao magistério jurídico.

Art. 29. Os Procuradores Gerais, Advogados Gerais, Defensores Gerais e dirigentes de órgãos jurídicos da Administração Pública direta, indireta e fundacional são exclusivamente legitimados para o exercício da advocacia vinculada à função que exerçam, durante o período da investidura.

Art. 30. São impedidos de exercer a advocacia:

I – os servidores da administração direta, indireta e fundacional, contra a Fazenda Pública que os remunere ou à qual seja vinculada a entidade empregadora;

II – os membros do Poder Legislativo, em seus diferentes níveis, contra ou a favor das pessoas jurídicas de direito público, empresas públicas, sociedades de economia mista, fundações públicas, entidades paraestatais ou empresas concessionárias ou permissionárias de serviço público.

Parágrafo único. Não se incluem nas hipóteses do inciso I os docentes dos cursos jurídicos.

Capítulo VIII
DA ÉTICA DO ADVOGADO

Art. 31. O advogado deve proceder de forma que o torne merecedor de respeito e que contribua para o prestígio da classe e da advocacia.

§ 1.º O advogado, no exercício da profissão, deve manter independência em qualquer circunstância.

§ 2.º Nenhum receio de desagradar a magistrado ou a qualquer autoridade, nem de incorrer em impopularidade, deve deter o advogado no exercício da profissão.

Art. 32. O advogado é responsável pelos atos que, no exercício profissional, praticar com dolo ou culpa.

Parágrafo único. Em caso de lide temerária, o advogado será solidariamente responsável com seu cliente, desde que coligado com este para lesar a parte contrária, o que será apurado em ação própria.

Art. 33. O advogado obriga-se a cumprir rigorosamente os deveres consignados no Código de Ética e Disciplina.

Parágrafo único. O Código de Ética e Disciplina regula os deveres do advogado para com a comunidade, o cliente, o outro profissional e, ainda, a publicidade, a recusa do patrocínio, o dever de assistência jurídica, o dever geral de urbanidade e os respectivos procedimentos disciplinares.

Capítulo IX
DAS INFRAÇÕES E SANÇÕES DISCIPLINARES

Art. 34. Constitui infração disciplinar:

I – exercer a profissão, quando impedido de fazê-lo, ou facilitar, por qualquer meio, o seu exercício aos não inscritos, proibidos ou impedidos;

II – manter sociedade profissional fora das normas e preceitos estabelecidos nesta Lei;

III – valer-se de agenciador de causas, mediante participação nos honorários a receber;

IV – angariar ou captar causas, com ou sem a intervenção de terceiros;

V – assinar qualquer escrito destinado a processo judicial ou para fim extrajudicial que não tenha feito, ou em que não tenha colaborado;

VI – advogar contra literal disposição de lei, presumindo-se de boa-fé quando fundamentado na inconstitucionalidade, na injustiça da lei ou em pronunciamento judicial anterior;

VII – violar, sem justa causa, sigilo profissional;

VIII – estabelecer entendimento com a parte adversa sem autorização do cliente ou ciência do advogado contrário;

IX – prejudicar, por culpa grave, interesse confiado ao seu patrocínio;

X – acarretar, conscientemente, por ato próprio, a anulação ou a nulidade do processo em que funcione;

XI – abandonar a causa sem justo motivo ou antes de decorridos 10 (dez) dias da comunicação da renúncia;

XII – recusar-se a prestar, sem justo motivo, assistência jurídica, quando nomeado em virtude de impossibilidade da Defensoria Pública;

XIII – fazer publicar na imprensa, desnecessária e habitualmente, alegações forenses ou relativas a causas pendentes;

XIV – deturpar o teor de dispositivo de lei, de citação doutrinária ou de julgado, bem como de depoimentos, documentos e alegações da parte contrária, para confundir o adversário ou iludir o juiz da causa;

XV – fazer, em nome do constituinte, sem autorização escrita deste, imputação a terceiro de fato definido como crime;

XVI – deixar de cumprir, no prazo estabelecido, determinação emanada do órgão ou autoridade da Ordem, em matéria da competência desta, depois de regularmente notificado;

XVII – prestar concurso a clientes ou a terceiros para realização de ato contrário à lei ou destinado a fraudá-la;

XVIII – solicitar ou receber de constituinte qualquer importância para aplicação ilícita ou desonesta;

XIX – receber valores, da parte contrária ou de terceiro, relacionados com o objeto do mandato, sem expressa autorização do constituinte;

XX – locupletar-se, por qualquer forma, à custa do cliente ou da parte adversa, por si ou interposta pessoa;

XXI – recusar-se, injustificadamente, a prestar contas ao cliente de quantias recebidas dele ou de terceiros por conta dele;

XXII – reter, abusivamente, ou extraviar autos recebidos com vista ou em confiança;

XXIII – deixar de pagar as contribuições, multas e preços de serviços devidos à OAB, depois de regularmente notificado a fazê-lo;

XXIV – incidir em erros reiterados que evidenciem inépcia profissional;

XXV – manter conduta incompatível com a advocacia;

XXVI – fazer falsa prova de qualquer dos requisitos para inscrição na OAB;

XXVII – tornar-se moralmente inidôneo para o exercício da advocacia;

Lei n. 8.906, de 4-7-1994

XXVIII – praticar crime infamante;

XXIX – praticar, o estagiário, ato excedente de sua habilitação.

Parágrafo único. Inclui-se na conduta incompatível:

a) prática reiterada de jogo de azar, não autorizado por lei;

b) incontinência pública e escandalosa;

c) embriaguez ou toxicomania habituais.

Art. 35. As sanções disciplinares consistem em:

I – censura;

II – suspensão;

III – exclusão;

IV – multa.

Parágrafo único. As sanções devem constar dos assentamentos do inscrito, após o trânsito em julgado da decisão, não podendo ser objeto de publicidade a de censura.

Art. 36. A censura é aplicável nos casos de:

I – infrações definidas nos incisos I a XVI e XXIX do art. 34;

II – violação a preceito do Código de Ética e Disciplina;

III – violação a preceito desta Lei, quando para a infração não se tenha estabelecido sanção mais grave.

Parágrafo único. A censura pode ser convertida em advertência, em ofício reservado, sem registro nos assentamentos do inscrito, quando presente circunstância atenuante.

Art. 37. A suspensão é aplicável nos casos de:

I – infrações definidas nos incisos XVII a XXV do art. 34;

II – reincidência em infração disciplinar.

§ 1.º A suspensão acarreta ao infrator a interdição do exercício profissional, em todo o território nacional, pelo prazo de trinta dias a doze meses, de acordo com os critérios de individualização previstos neste capítulo.

§ 2.º Nas hipóteses dos incisos XXI e XXIII do art. 34, a suspensão perdura até que satisfaça integralmente a dívida, inclusive com correção monetária.

§ 3.º Na hipótese do inciso XXIV do art. 34, a suspensão perdura até que preste novas provas de habilitação.

Art. 38. A exclusão é aplicável nos casos de:

I – aplicação, por três vezes, de suspensão;

II – infrações definidas nos incisos XXVI a XXVIII do art. 34.

Parágrafo único. Para a aplicação da sanção disciplinar de exclusão é necessária a manifestação favorável de dois terços dos membros do Conselho Seccional competente.

Art. 39. A multa, variável entre o mínimo correspondente ao valor de uma anuidade e o máximo de seu décuplo, é aplicável cumulativamente com a censura ou suspensão, em havendo circunstâncias agravantes.

Art. 40. Na aplicação das sanções disciplinares são consideradas, para fins de atenuação, as seguintes circunstâncias, entre outras:

I – falta cometida na defesa de prerrogativa profissional;

II – ausência de punição disciplinar anterior;

III – exercício assíduo e proficiente de mandato ou cargo em qualquer órgão da OAB;

IV – prestação de relevantes serviços à advocacia ou à causa pública.

Parágrafo único. Os antecedentes profissionais do inscrito, as atenuantes, o grau de culpa por ele revelada, as circunstâncias e as consequências da infração são considerados para o fim de decidir:

a) sobre a conveniência da aplicação cumulativa da multa e de outra sanção disciplinar;

b) sobre o tempo de suspensão e o valor da multa aplicáveis.

Art. 41. É permitido ao que tenha sofrido qualquer sanção disciplinar requerer, um ano após seu cumprimento, a reabilitação, em face de provas efetivas de bom comportamento.

Parágrafo único. Quando a sanção disciplinar resultar da prática de crime, o pedido de reabilitação depende também da correspondente reabilitação criminal.

Art. 42. Fica impedido de exercer o mandato o profissional a quem forem aplicadas as sanções disciplinares de suspensão ou exclusão.

Art. 43. A pretensão à punibilidade das infrações disciplinares prescreve em cinco anos, contados da data da constatação oficial do fato.

§ 1.º Aplica-se a prescrição a todo processo disciplinar paralisado por mais de três anos, pendente de despacho ou julgamento, devendo ser arquivado de ofício, ou a requerimento da parte interessada, sem prejuízo de serem apuradas as responsabilidades pela paralisação.

§ 2.º A prescrição interrompe-se:

I – pela instauração de processo disciplinar ou pela notificação válida feita diretamente ao representado;

II – pela decisão condenatória recorrível de qualquer órgão julgador da OAB.

Título II
DA ORDEM DOS ADVOGADOS DO BRASIL

Capítulo I
DOS FINS E DA ORGANIZAÇÃO

Art. 44. A Ordem dos Advogados do Brasil – OAB, serviço público, dotada de personalidade jurídica e forma federativa, tem por finalidade:

I – defender a Constituição, a ordem jurídica do Estado democrático de direito, os direitos humanos, a justiça social, e pugnar pela boa aplicação das leis, pela rápida administração da justiça e pelo aperfeiçoamento da cultura e das instituições jurídicas;

II – promover, com exclusividade, a representação, a defesa, a seleção e a disciplina dos advogados em toda a República Federativa do Brasil.

§ 1.º A OAB não mantém com órgãos da Administração Pública qualquer vínculo funcional ou hierárquico.

§ 2.º O uso da sigla "OAB" é privativo da Ordem dos Advogados do Brasil.

Art. 45. São órgãos da OAB:

I – o Conselho Federal;

II – os Conselhos Seccionais;

III – as Subseções;

IV – as Caixas de Assistência dos Advogados.

§ 1.º O Conselho Federal, dotado de personalidade jurídica própria, com sede na capital da República, é o órgão supremo da OAB.

§ 2.º Os Conselhos Seccionais, dotados de personalidade jurídica própria, têm jurisdição sobre os respectivos territórios dos Estados-membros, do Distrito Federal e dos Territórios.

§ 3.º As Subseções são partes autônomas do Conselho Seccional, na forma desta Lei e de seu ato constitutivo.

§ 4.º As Caixas de Assistência dos Advogados, dotadas de personalidade jurídica própria, são criadas pelos Conselhos Seccionais, quando estes contarem com mais de mil e quinhentos inscritos.

§ 5.º A OAB, por constituir serviço público, goza de imunidade tributária total em relação a seus bens, rendas e serviços.

§ 6.º Os atos conclusivos dos órgãos da OAB, salvo quando reservados ou de administração interna, devem ser publicados na imprensa oficial ou afixados no fórum, na íntegra ou em resumo.

Art. 46. Compete à OAB fixar e cobrar, de seus inscritos, contribuições, preços de serviços e multas.

Parágrafo único. Constitui título executivo extrajudicial a certidão passada pela diretoria do Conselho competente, relativa a crédito previsto neste artigo.

Art. 47. O pagamento da contribuição anual à OAB isenta os inscritos nos seus quadros do pagamento obrigatório da contribuição sindical.

Art. 48. O cargo de conselheiro ou de membro de diretoria de órgão da OAB é de exercício gratuito e obrigatório, considerado serviço público relevante, inclusive para fins de disponibilidade e aposentadoria.

Art. 49. Os Presidentes dos Conselhos e das Subseções da OAB têm legitimidade para agir, judicial e extrajudicialmente, contra qualquer pessoa que infringir as disposições ou os fins desta Lei.

Parágrafo único. As autoridades mencionadas no *caput* deste artigo têm, ainda, legitimidade para intervir, inclusive como assistentes, nos inquéritos e processos em que sejam indiciados, acusados ou ofendidos os inscritos na OAB.

Art. 50. Para os fins desta Lei, os Presidentes dos Conselhos da OAB e das Subseções podem requisitar cópias de peças de autos e documentos a qualquer tribunal, magistrado, cartório e órgão da Administração Pública direta, indireta e fundacional.

•• O STF, na ADIN n. 1.127-8, dá interpretação a este artigo, sem redução de texto, nos seguintes termos: "de modo a fazer compreender a palavra 'requisitar' como dependente de motivação, compatibilização com as finalidades da lei e atendimento de custos desta requisição. Ficam ressalvados, desde já, os documentos cobertos por sigilo".

Capítulo II
DO CONSELHO FEDERAL

Art. 51. O Conselho Federal compõe-se:

I – dos conselheiros federais, integrantes das delegações de cada unidade federativa;

II – dos seus ex-presidentes, na qualidade de membros honorários vitalícios.

§ 1.º Cada delegação é formada por três conselheiros federais.

§ 2.º Os ex-presidentes têm direito apenas a voz nas sessões.

Art. 52. Os presidentes dos Conselhos Seccionais, nas sessões do Conselho Federal, têm lugar reservado junto à delegação respectiva e direito somente a voz.

Art. 53. O Conselho Federal tem sua estrutura e funcionamento definidos no Regulamento Geral da OAB.

§ 1.º O Presidente, nas deliberações do Conselho, tem apenas o voto de qualidade.

§ 2.º O voto é tomado por delegação, e não pode ser exercido nas matérias de interesse da unidade que represente.

§ 3.º Na eleição para a escolha da Diretoria do Conselho Federal, cada membro da delegação terá direito a 1 (um) voto, vedado aos membros honorários vitalícios.

•• § 3.º acrescentado pela Lei n. 11.179, de 22-9-2005.

Art. 54. Compete ao Conselho Federal:

I – dar cumprimento efetivo às finalidades da OAB;

II – representar, em juízo ou fora dele, os interesses coletivos ou individuais dos advogados;

III – velar pela dignidade, independência, prerrogativas e valorização da advocacia;

IV – representar, com exclusividade, os advogados brasileiros nos órgãos e eventos internacionais da advocacia;

V – editar e alterar o Regulamento Geral, o Código de Ética e Disciplina, e os Provimentos que julgar necessários;

VI – adotar medidas para assegurar o regular funcionamento dos Conselhos Seccionais;

VII – intervir nos Conselhos Seccionais, onde e quando constatar grave violação desta Lei ou do Regulamento Geral;

VIII – cassar ou modificar, de ofício ou mediante representação, qualquer ato, de órgão ou autoridade da OAB, contrário a esta Lei, ao Regulamento Geral, ao Código de Ética e Disciplina, e aos Provimentos, ouvida a autoridade ou o órgão em causa;

IX – julgar, em grau de recurso, as questões decididas pelos Conselhos Seccionais, nos casos previstos neste Estatuto e no Regulamento Geral;

X – dispor sobre a identificação dos inscritos na OAB e sobre os respectivos símbolos privativos;

XI – apreciar o relatório anual e deliberar sobre o balanço e as contas de sua diretoria;

XII – homologar ou mandar suprir relatório anual, o balanço e as contas dos Conselhos Seccionais;

XIII – elaborar as listas constitucionalmente previstas, para o preenchimento dos cargos nos tribunais judiciários de âmbito nacional ou interestadual, com advogados que estejam em pleno exercício da profissão, vedada a inclusão de nome de membro do próprio Conselho ou de outro órgão da OAB;

XIV – ajuizar ação direta de inconstitucionalidade de normas legais e atos normativos, ação civil pública, mandado de segurança coletivo, mandado de injunção e demais ações cuja legitimação lhe seja outorgada por lei;

XV – colaborar com o aperfeiçoamento dos cursos jurídicos, e opinar, previamente, nos pedidos apresentados aos órgãos competentes para criação, reconhecimento ou credenciamento desses cursos;

XVI – autorizar, pela maioria absoluta das delegações, a oneração ou alienação de seus bens imóveis;

XVII – participar de concursos públicos, nos casos previstos na Constituição e na lei, em todas as suas fases, quando tiverem abrangência nacional ou interestadual;

XVIII – resolver os casos omissos neste Estatuto.

Parágrafo único. A intervenção referida no inciso VII deste artigo depende de prévia aprovação por dois terços das delegações, garantido o amplo direito de defesa do Conselho Seccional respectivo, nomeando-se diretoria provisória para o prazo que se fixar.

Art. 55. A diretoria do Conselho Federal é composta de um Presidente, de um Vice-Presidente, de um Secretário-Geral, de um Secretário-Geral Adjunto e de um Tesoureiro.

§ 1.º O Presidente exerce a representação nacional e internacional da OAB, competindo-lhe convocar o Conselho Federal, presidi-lo, representá-lo ativa e passivamente, em juízo ou fora dele, promover-lhe a administração patrimonial e dar execução às suas decisões.

§ 2.º O Regulamento Geral define as atribuições dos membros da Diretoria e a ordem de substituição em caso de vacância, licença, falta ou impedimento.

§ 3.º Nas deliberações do Conselho Federal, os membros da diretoria votam como membros de suas delegações, cabendo ao Presidente, apenas, o voto de qualidade e o direito de embargar a decisão, se esta não for unânime.

Capítulo III
DO CONSELHO SECCIONAL

Art. 56. O Conselho Seccional compõe-se de conselheiros em número proporcional ao de seus inscritos, segundo critérios estabelecidos no Regulamento Geral.

§ 1.º São membros honorários vitalícios os seus ex-presidentes, somente com direito a voz em suas sessões.

§ 2.º O Presidente do Instituto dos Advogados local é membro honorário, somente com direito a voz nas sessões do Conselho.

§ 3.º Quando presentes às sessões do Conselho Seccional, o Presidente do Conselho Federal, os Conselheiros Federais integrantes da respectiva delegação, o Presidente da Caixa de Assistência dos Advogados e os Presidentes das Subseções, têm direito a voz.

Art. 57. O Conselho Seccional exerce e observa, no respectivo território, as competências, vedações e funções atribuídas ao Conselho Federal, no que couber e no âmbito de sua competência material e territorial, e as normas gerais estabelecidas nesta Lei, no Regulamento Geral, no Código de Ética e Disciplina, e nos Provimentos.

Art. 58. Compete privativamente ao Conselho Seccional:

I – editar seu Regimento Interno e Resoluções;

II – criar as Subseções e a Caixa de Assistência dos Advogados;

III – julgar, em grau de recurso, as questões decididas por seu Presidente, por sua diretoria, pelo Tribunal de Ética e Disciplina, pelas diretorias das Subseções e da Caixa de Assistência dos Advogados;

IV – fiscalizar a aplicação da receita, apreciar o relatório anual e deliberar sobre o balanço e as contas de sua diretoria, das diretorias das Subseções e da Caixa de Assistência dos Advogados;

V – fixar a tabela de honorários, válida para todo o território estadual;

VI – realizar o Exame de Ordem;

VII – decidir os pedidos de inscrição nos quadros de advogados e estagiários;

VIII – manter cadastro de seus inscritos;

IX – fixar, alterar e receber contribuições obrigatórias, preços de serviços e multas;

X – participar da elaboração dos concursos públicos, em todas as suas fases, nos casos previstos na Constituição e nas leis, no âmbito do seu território;

XI – determinar, com exclusividade, critérios para o traje dos advogados, no exercício profissional;

XII – aprovar e modificar seu orçamento anual;

XIII – definir a composição e o funcionamento do Tribunal de Ética e Disciplina, e escolher seus membros;

XIV – eleger as listas, constitucionalmente previstas, para preenchimento dos cargos nos tribunais judiciários, no âmbito de sua competência e na forma do Provimento do Conselho Federal, vedada a inclusão de membros do próprio Conselho e de qualquer órgão da OAB;

XV – intervir nas Subseções e na Caixa de Assistência dos Advogados;

XVI – desempenhar outras atribuições previstas no Regulamento Geral.

Art. 59. A diretoria do Conselho Seccional tem composição idêntica e atribuições equivalentes às do Conselho Federal, na forma do Regimento Interno daquele.

Capítulo IV
DA SUBSEÇÃO

Art. 60. A Subseção pode ser criada pelo Conselho Seccional, que fixa sua área territorial e seus limites de competência e autonomia.

§ 1.º A área territorial da Subseção pode abranger um ou mais municípios, ou parte de município, inclusive da capital do Estado, contando com um mínimo de quinze advogados, nela profissionalmente domiciliados.

§ 2.º A Subseção é administrada por uma diretoria, com atribuições e composição equivalentes às da diretoria do Conselho Seccional.

§ 3.º Havendo mais de cem advogados, a Subseção pode ser integrada, também, por um Conselho em número de membros fixado pelo Conselho Seccional.

§ 4.º Os quantitativos referidos nos parágrafos primeiro e terceiro deste artigo podem ser ampliados, na forma do Regimento Interno do Conselho Seccional.

§ 5.º Cabe ao Conselho Seccional fixar, em seu orçamento, dotações específicas destinadas à manutenção das Subseções.

§ 6.º O Conselho Seccional, mediante o voto de dois terços de seus membros, pode intervir nas Subseções, onde constatar grave violação desta Lei ou do Regimento Interno daquele.

Art. 61. Compete à Subseção, no âmbito de seu território:

I – dar cumprimento efetivo às finalidades da OAB;

II – velar pela dignidade, independência e valorização da advocacia, e fazer valer as prerrogativas do advogado;

III – representar a OAB perante os poderes constituídos;

IV – desempenhar as atribuições previstas no Regulamento Geral ou por delegação de competência do Conselho Seccional.

Parágrafo único. Ao Conselho da Subseção, quando houver, compete exercer as funções e atribuições do Conselho Seccional, na forma do Regimento Interno deste, e ainda:

a) editar seu Regimento Interno, a ser referendado pelo Conselho Seccional;

b) editar resoluções, no âmbito de sua competência;

c) instaurar e instruir processos disciplinares, para julgamento pelo Tribunal de Ética e Disciplina;

d) receber pedido de inscrição nos quadros de advogado e estagiário, instruindo e emitindo parecer prévio, para decisão do Conselho Seccional.

Capítulo V
DA CAIXA DE ASSISTÊNCIA
DOS ADVOGADOS

Art. 62. A Caixa de Assistência dos Advogados, com personalidade jurídica própria, destina-

-se a prestar assistência aos inscritos no Conselho Seccional a que se vincule.

§ 1.º A Caixa é criada e adquire personalidade jurídica com a aprovação e registro de seu Estatuto pelo respectivo Conselho Seccional da OAB, na forma do Regulamento Geral.

§ 2.º A Caixa pode, em benefício dos advogados, promover a seguridade complementar.

§ 3.º Compete ao Conselho Seccional fixar contribuição obrigatória devida por seus inscritos, destinada à manutenção do disposto no parágrafo anterior, incidente sobre atos decorrentes do efetivo exercício da advocacia.

§ 4.º A diretoria da Caixa é composta de cinco membros, com atribuições definidas no seu Regimento Interno.

§ 5.º Cabe à Caixa a metade da receita das anuidades recebidas pelo Conselho Seccional, considerado o valor resultante após as deduções regulamentares obrigatórias.

§ 6.º Em caso de extinção ou desativação da Caixa, seu patrimônio se incorpora ao do Conselho Seccional respectivo.

§ 7.º O Conselho Seccional, mediante voto de dois terços de seus membros, pode intervir na Caixa de Assistência dos Advogados, no caso de descumprimento de suas finalidades, designando diretoria provisória, enquanto durar a intervenção.

Capítulo VI
DAS ELEIÇÕES E DOS MANDATOS

Art. 63. A eleição dos membros de todos os órgãos da OAB será realizada na segunda quinzena do mês de novembro, do último ano do mandato, mediante cédula única e votação direta dos advogados regularmente inscritos.

§ 1.º A eleição, na forma e segundo os critérios e procedimentos estabelecidos no Regulamento Geral, é de comparecimento obrigatório para todos os advogados inscritos na OAB.

§ 2.º O candidato deve comprovar situação regular junto à OAB, não ocupar cargo exonerável *ad nutum*, não ter sido condenado por infração disciplinar, salvo reabilitação, e exercer efetivamente a profissão há mais de cinco anos.

Art. 64. Consideram-se eleitos os candidatos integrantes da chapa que obtiver a maioria dos votos válidos.

§ 1.º A chapa para o Conselho Seccional deve ser composta dos candidatos ao Conselho e à sua Diretoria e, ainda, à delegação ao Conselho Federal e à Diretoria da Caixa de Assistência dos Advogados para eleição conjunta.

§ 2.º A chapa para a Subseção deve ser composta com os candidatos à diretoria, e de seu Conselho quando houver.

Art. 65. O mandato em qualquer órgão da OAB é de três anos, iniciando-se em primeiro de janeiro do ano seguinte ao da eleição, salvo o Conselho Federal.

Parágrafo único. Os conselheiros federais eleitos iniciam seus mandatos em primeiro de fevereiro do ano seguinte ao da eleição.

Art. 66. Extingue-se o mandato automaticamente, antes do seu término, quando:

I – ocorrer qualquer hipótese de cancelamento de inscrição ou de licenciamento do profissional;

II – o titular sofrer condenação disciplinar;

III – o titular faltar, sem motivo justificado, a três reuniões ordinárias consecutivas de cada órgão deliberativo do Conselho ou da diretoria da Subseção ou da Caixa de Assistência dos Advogados, não podendo ser reconduzido no mesmo período de mandato.

Parágrafo único. Extinto qualquer mandato, nas hipóteses deste artigo, cabe ao Conselho Seccional escolher o substituto, caso não haja suplente.

Art. 67. A eleição da Diretoria do Conselho Federal, que tomará posse no dia 1.º de fevereiro, obedecerá às seguintes regras:

I – será admitido registro, junto ao Conselho Federal, de candidatura à presidência, desde seis meses até um mês antes da eleição;

II – o requerimento de registro deverá vir acompanhado do apoiamento de, no mínimo, seis Conselhos Seccionais;

III – até um mês antes das eleições, deverá ser requerido o registro da chapa completa, sob pena de cancelamento da candidatura respectiva;

IV – no dia 31 de janeiro do ano seguinte ao da eleição, o Conselho Federal elegerá, em reunião presidida pelo conselheiro mais antigo, por voto secreto e para mandato de 3 (três) anos, sua diretoria, que tomará posse no dia seguinte;

•• Inciso IV com redação determinada pela Lei n. 11.179, de 22-9-2005.

V – será considerada eleita a chapa que obtiver maioria simples dos votos dos Conselheiros Federais, presente a metade mais 1 (um) de seus membros.

•• Inciso V com redação determinada pela Lei n. 11.179, de 22-9-2005.

Parágrafo único. Com exceção do candidato a Presidente, os demais integrantes da chapa deverão ser conselheiros federais eleitos.

Título III
DO PROCESSO NA OAB

Capítulo I
DISPOSIÇÕES GERAIS

Art. 68. Salvo disposição em contrário, aplicam-se subsidiariamente ao processo disciplinar as regras da legislação processual penal comum e, aos demais processos, as regras gerais do procedimento administrativo comum e da legislação processual civil, nessa ordem.

Art. 69. Todos os prazos necessários à manifestação de advogados, estagiários e terceiros, nos processos em geral da OAB, são de quinze dias, inclusive para interposição de recursos.

§ 1.º Nos casos de comunicação por ofício reservado, ou de notificação pessoal, o prazo se conta a partir do dia útil imediato ao da notificação do recebimento.

§ 2.º Nos casos de publicação na imprensa oficial do ato ou da decisão, o prazo inicia-se no primeiro dia útil seguinte.

Capítulo II
DO PROCESSO DISCIPLINAR

Art. 70. O poder de punir disciplinarmente os inscritos na OAB compete exclusivamente ao Conselho Seccional em cuja base territorial tenha ocorrido a infração, salvo se a falta for cometida perante o Conselho Federal.

§ 1.º Cabe ao Tribunal de Ética e Disciplina, do Conselho Seccional competente, julgar os processos disciplinares, instruídos pelas Subseções ou por relatores do próprio Conselho.

§ 2.º A decisão condenatória irrecorrível deve ser imediatamente comunicada ao Conselho Seccional onde o representado tenha inscrição principal, para constar dos respectivos assentamentos.

§ 3.º O Tribunal de Ética e Disciplina do Conselho onde o acusado tenha inscrição principal pode suspendê-lo preventivamente, em caso de repercussão prejudicial à dignidade da advocacia, depois de ouvi-lo em sessão especial para a qual deve ser notificado a comparecer, salvo se não atender à notificação. Neste caso, o processo disciplinar deve ser concluído no prazo máximo de noventa dias.

Art. 71. A jurisdição disciplinar não exclui a comum e, quando o fato constituir crime ou contravenção, deve ser comunicado às autoridades competentes.

Art. 72. O processo disciplinar instaura-se de ofício ou mediante representação de qualquer autoridade ou pessoa interessada.

§ 1.º O Código de Ética e Disciplina estabelece os critérios de admissibilidade da representação e os procedimentos disciplinares.

§ 2.º O processo disciplinar tramita em sigilo, até o seu término, só tendo acesso às suas informações as partes, seus defensores e a autoridade judiciária competente.

Art. 73. Recebida a representação, o Presidente deve designar relator, a quem compete a instrução do processo e o oferecimento de parecer preliminar a ser submetido ao Tribunal de Ética e Disciplina.

§ 1.º Ao representado deve ser assegurado amplo direito de defesa, podendo acompanhar o processo em todos os termos, pessoalmente ou por intermédio de procurador, oferecendo defesa prévia após ser notificado, razões finais após a instrução e defesa oral perante o Tribunal de Ética e Disciplina, por ocasião do julgamento.

§ 2.º Se, após a defesa prévia, o relator se manifestar pelo indeferimento liminar da representação, este deve ser decidido pelo Presidente do Conselho Seccional, para determinar seu arquivamento.

§ 3.º O prazo para defesa prévia pode ser prorrogado por motivo relevante, a juízo do relator.

§ 4.º Se o representado não for encontrado, ou for revel, o Presidente do Conselho ou da Subseção deve designar-lhe defensor dativo.

§ 5.º É também permitida a revisão do processo disciplinar, por erro de julgamento ou por condenação baseada em falsa prova.

Art. 74. O Conselho Seccional pode adotar as medidas administrativas e judiciais pertinentes, objetivando a que o profissional suspenso ou excluído devolva os documentos de identificação.

Capítulo III
DOS RECURSOS

Art. 75. Cabe recurso ao Conselho Federal de todas as decisões definitivas proferidas pelo Conselho Seccional, quando não tenham sido unânimes ou, sendo unânimes, contrariem esta Lei, decisão do Conselho Federal ou de outro Conselho Seccional e, ainda, o Regulamento Geral, o Código de Ética e Disciplina e os Provimentos.

Parágrafo único. Além dos interessados, o Presidente do Conselho Seccional é legitimado a interpor o recurso referido neste artigo.

Art. 76. Cabe recurso ao Conselho Seccional de todas as decisões proferidas por seu Presidente, pelo Tribunal de Ética e Disciplina, ou pela diretoria da Subseção ou da Caixa de Assistência dos Advogados.

Art. 77. Todos os recursos têm efeito suspensivo, exceto quando tratarem de eleições (arts. 63 e seguintes), de suspensão preventiva decidida pelo Tribunal de Ética e Disciplina, e de cancelamento da inscrição obtida com falsa prova.

Parágrafo único. O Regulamento Geral disciplina o cabimento de recursos específicos, no âmbito de cada órgão julgador.

Título IV
DAS DISPOSIÇÕES GERAIS E TRANSITÓRIAS

Art. 78. Cabe ao Conselho Federal da OAB, por deliberação de dois terços, pelo menos, das delegações, editar o Regulamento Geral deste Estatuto, no prazo de seis meses, contados da publicação desta Lei.

Art. 79. Aos servidores da OAB, aplica-se o regime trabalhista.

§ 1.º Aos servidores da OAB, sujeitos ao regime da Lei n. 8.112, de 11 de dezembro de 1990, é concedido o direito de opção pelo regime trabalhista, no prazo de noventa dias a partir da vigência desta Lei, sendo assegurado aos optantes o pagamento de indenização, quando da aposentadoria, correspondente a cinco vezes o valor da última remuneração.

§ 2.º Os servidores que não optarem pelo regime trabalhista serão posicionados no quadro em extinção, assegurado o direito adquirido ao regime legal anterior.

Art. 80. Os Conselhos Federal e Seccionais devem promover trienalmente as respectivas Conferências, em data não coincidente com o ano eleitoral, e, periodicamente, reunião do colégio de presidentes a eles vinculados, com finalidade consultiva.

Art. 81. Não se aplicam aos que tenham assumido originariamente o cargo de Presidente do Conselho Federal ou dos Conselhos Seccionais, até a data da publicação desta Lei, as normas contidas no Título II, acerca da composição desses Conselhos, ficando assegurado o pleno direito de voz e voto em suas sessões.

Art. 82. Aplicam-se as alterações previstas nesta Lei, quanto a mandatos, eleições, composição e atribuições dos órgãos da OAB, a partir do término do mandato dos atuais membros, devendo os Conselhos Federal e Seccionais disciplinarem os respectivos procedimentos de adaptação.

Parágrafo único. Os mandatos dos membros dos órgãos da OAB, eleitos na primeira eleição sob a vigência desta Lei, e na forma do Capítulo VI do Título II, terão início no dia seguinte ao término dos atuais mandatos, encerrando-se em 31 de dezembro do terceiro ano do mandato e em 31 de janeiro do terceiro ano do mandato, neste caso com relação ao Conselho Federal.

Art. 83. Não se aplica o disposto no art. 28, inciso II, desta Lei, aos membros do Ministério Público que, na data de promulgação da Constituição, se incluam na previsão do art. 29, § 3.º, do seu Ato das Disposições Constitucionais Transitórias.

Art. 84. O estagiário, inscrito no respectivo quadro, fica dispensado do Exame de Ordem, desde que comprove, em até dois anos da promulgação desta Lei, o exercício e resultado do estágio profissional ou a conclusão, com aproveitamento, do estágio de "Prática Forense e Organização Judiciária", realizado junto à respectiva faculdade, na forma da legislação em vigor.

Art. 85. O Instituto dos Advogados Brasileiros e as instituições a ele filiadas têm qualidade para promover perante a OAB o que julgarem do interesse dos advogados em geral ou de qualquer dos seus membros.

Art. 86. Esta Lei entra em vigor na data de sua publicação.

Art. 87. Revogam-se as disposições em contrário, especialmente a Lei n. 4.215, de 27 de abril de 1963, a Lei n. 5.390, de 23 de fevereiro de 1968, o Decreto-lei n. 505, de 18 de março de 1969, a Lei n. 5.681, de 20 de julho de 1971, a Lei n. 5.842, de 6 de dezembro de 1972, a Lei n. 5.960, de 10 de dezembro de 1973, a Lei n. 6.743, de 5 de dezembro de 1979, a Lei n. 6.884, de 9 de dezembro de 1980, a Lei n. 6.994, de 26 de maio de 1982, mantidos os efeitos da Lei n. 7.346, de 22 de julho de 1985.

Brasília, 4 de julho de 1994; 173.º da Independência e 106.º da República.

ITAMAR FRANCO

LEI N. 9.028, DE 12 DE ABRIL DE 1995 (*)

Dispõe sobre o exercício das atribuições institucionais da Advocacia-Geral da União, em caráter emergencial e provisório, e dá outras providências.

O Presidente da República.

Faço saber que o Congresso Nacional decreta e eu sanciono a seguinte Lei:

Art. 1.º O exercício das atribuições institucionais previstas na Lei Complementar n. 73, de 10 de fevereiro de 1993, dar-se-á, em caráter emergencial e provisório, até a criação e implantação da estrutura administrativa da Advocacia-Geral da União – AGU, nos termos e condições previstos nesta Lei.

Art. 2.º O Poder Público, por seus órgãos, entes e instituições, poderá, mediante termo, convênio ou ajuste outro, fornecer à AGU, gratuitamente, bens e serviços necessários à sua implantação e funcionamento.

Art. 3.º Os Procuradores Regionais da União exercerão a coordenação das atividades das Procuradorias da União localizadas em sua área de atuação.

•• *Caput* com redação determinada pela Medida Provisória n. 2.180-35, de 24-8-2001.

§ 1.º O Advogado-Geral da União, com o objetivo de racionalizar os serviços, poderá desativar Procuradoria da União situada em Capital de Unidade da Federação onde esteja instalada Procuradoria Regional, hipótese em que esta absorverá as atribuições daquela.

•• § 1.º com redação determinada pela Medida Provisória n. 2.180-35, de 24-8-2001.

§ 2.º Ocorrendo a hipótese de que trata o § 1.º, incumbirá ao Advogado-Geral da União dispor sobre a reestruturação da Procuradoria

---

(*) Publicada no *DOU*, de 13, retificada em 17 e 19-4-1995.

Advocacia-Geral da União

Lei n. 9.028, de 12-4-1995

Regional, podendo remanejar cargos e servidores da Procuradoria desativada.

•• § 2.º acrescentado pela Medida Provisória n. 2.180-35, de 24-8-2001.

§ 3.º A reestruturação e o remanejamento de que trata o § 2.º serão possíveis inclusive na hipótese de coexistência das duas Procuradorias, se conveniente a utilização de estrutura de apoio única para atender a ambas.

•• § 3.º acrescentado pela Medida Provisória n. 2.180-35, de 24-8-2001.

§ 4.º Com a mesma finalidade de racionalização de serviços, fica o Advogado-Geral da União igualmente autorizado a desativar ou deixar de instalar Procuradoria Seccional da União, aplicando-se à hipótese, no que couber, o disposto na parte final do § 1.º e no § 2.º deste artigo.

•• § 4.º acrescentado pela Medida Provisória n. 2.180-35, de 24-8-2001.

Art. 4.º Na defesa dos direitos ou interesses da União, os órgãos ou entidades da Administração Federal fornecerão os elementos de fato, de direito e outros necessários à atuação dos membros da AGU, inclusive nas hipóteses de mandado de segurança, *habeas data* e *habeas corpus* impetrados contra ato ou omissão de autoridade federal.

§ 1.º As requisições objeto deste artigo terão tratamento preferencial e serão atendidas no prazo nelas assinalado.

§ 2.º A responsabilidade pela inobservância do disposto neste artigo será apurada na forma da Lei n. 8.112, de 11 de dezembro de 1990.

§ 3.º O disposto neste artigo aplica-se às requisições feitas pelos representantes judiciais da União designados na forma do art. 69 da Lei Complementar n. 73/93.

§ 4.º Mediante requisição do Advogado-Geral da União ou do dirigente de Procuradoria da Advocacia-Geral da União, e para os fins previstos no *caput*, os órgãos e entidades da Administração Federal designarão servidores para que atuem como peritos ou assistentes técnicos em feitos específicos, aplicáveis a esta requisição as disposições dos §§ 1.º e 2.º do presente artigo.

•• § 4.º acrescentado pela Medida Provisória n. 2.180-35, de 24-8-2001.

Art. 5.º Nas audiências de reclamações trabalhistas em que a União seja parte, será obrigatório o comparecimento de preposto que tenha completo conhecimento do fato objeto da reclamação, o qual, na ausência do representante judicial da União, entregará a contestação subscrita pelo mesmo.

Art. 6.º A intimação de membro da Advocacia-Geral da União, em qualquer caso, será feita pessoalmente.

§ 1.º O disposto neste artigo se aplica aos representantes judiciais da União designados na forma do art. 69 da Lei Complementar n. 73/93.

•• Anterior parágrafo único transformado em § 1.º pela Medida Provisória n. 2.180-35, de 24-8-2001.

§ 2.º As intimações a serem concretizadas fora da sede do juízo serão feitas, necessariamente, na forma prevista no art. 237, II, do Código de Processo Civil.

•• § 2.º acrescentado pela Medida Provisória n. 2.180-35, de 24-8-2001.

....

Art. 8.º-A. (*Revogado pela Lei n. 10.480, de 2-7-2002.*)

Art. 8.º-B. São instituídas na Advocacia-Geral da União, com funções de integração e coordenação, a Câmara de Atividades de Contencioso e a Câmara de Atividades de Consultoria.

•• *Caput* acrescentado pela Medida Provisória n. 2.180-35, de 24-8-2001.

Parágrafo único. As Câmaras objeto do *caput* terão disciplinamento em ato do Advogado-Geral da União.

•• Parágrafo único acrescentado pela Medida Provisória n. 2.180-35, de 24-8-2001.

Art. 8.º-C. O Advogado-Geral da União, na defesa dos interesses desta e em hipóteses as quais possam trazer reflexos de natureza econômica, ainda que indiretos, ao erário federal, poderá avocar, ou integrar e coordenar, os trabalhos a cargo de órgão jurídico de empresa pública ou sociedade de economia mista, a se desenvolverem em sede judicial ou extrajudicial.

•• *Caput* acrescentado pela Medida Provisória n. 2.180-35, de 24-8-2001.

Parágrafo único. Poderão ser cometidas, à Câmara competente da Advocacia-Geral da União, as funções de executar a integração e a coordenação previstas neste artigo.

•• Parágrafo único acrescentado pela Medida Provisória n. 2.180-35, de 24-8-2001.

Art. 8.º-D. É criado o Departamento de Cálculos e Perícias da Advocacia-Geral da União, integrante da estrutura organizacional da Procuradoria-Geral da União e ao titular desta imediatamente subordinado.

•• *Caput* acrescentado pela Medida Provisória n. 2.180-35, de 24-8-2001.

§ 1.º Ao Departamento de Cálculos e Perícias compete, especialmente:

I – supervisionar, coordenar, realizar, rever e acompanhar os trabalhos técnicos, de cálculo e periciais, referentes aos feitos de interesse da União, de suas autarquias e fundações públicas, às liquidações de sentença e aos processos de execução; e

II – examinar os cálculos constantes dos precatórios judiciários de responsabilidade da União, das autarquias e fundações públicas federais, antes do pagamento dos respectivos débitos.

•• § 1.º acrescentado pela Medida Provisória n. 2.180-35, de 24-8-2001.

§ 2.º O Departamento de Cálculos e Perícias participará, nos aspectos de sua competência, do acompanhamento, controle e centralização de precatórios, de interesse da Administração Federal direta e indireta, atribuídos à Advocacia-Geral da União pela Lei n. 9.995, de 25 de julho de 2000.

•• § 2.º acrescentado pela Medida Provisória n. 2.180-35, de 24-8-2001.

§ 3.º As unidades, das autarquias e fundações públicas, que tenham a seu cargo as matérias de competência do Departamento de Cálculos e Perícias, da Advocacia-Geral da União, atuarão sob a supervisão técnica deste.

•• § 3.º acrescentado pela Medida Provisória n. 2.180-35, de 24-8-2001.

§ 4.º Os órgãos e entidades da Administração Federal prestarão, ao Departamento de Cálculos e Perícias, o apoio que se faça necessário ao desempenho de suas atividades, inclusive colocando à sua disposição pessoal especializado.

•• § 4.º acrescentado pela Medida Provisória n. 2.180-35, de 24-8-2001.

§ 5.º O Advogado-Geral da União disporá, nos termos do art. 45 da Lei Complementar n. 73, de 1993, sobre o Departamento de Cálculos e Perícias e editará os demais atos necessários ao cumprimento do disposto neste artigo.

•• § 5.º acrescentado pela Medida Provisória n. 2.180-35, de 24-8-2001.

Art. 8.º-E. É criada, na Procuradoria-Geral da União, a Coordenadoria de Ações de Recomposição do Patrimônio da União, com a finalidade de recuperar perdas patrimoniais sofridas pela União, à qual incumbe também a execução de títulos judiciais e extrajudiciais, inclusive os expedidos pelo Tribunal de Contas da União.

•• *Caput* acrescentado pela Medida Provisória n. 2.180-35, de 24-8-2001.

Parágrafo único. As demais Procuradorias da União poderão ter unidades com semelhantes atribuições, conforme dispuser ato do Advogado-Geral da União.

•• Parágrafo único acrescentado pela Medida Provisória n. 2.180-35, de 24-8-2001.

....

Art. 10. As Procuradorias da União têm sede nas capitais dos Estados e as Procuradorias Seccionais da União, nas cidades onde estejam instaladas varas da Justiça Federal.

Art. 11. A União poderá, perante Tribunal situado fora da sede de Procuradoria Regional, ser representada por seu Procurador-Chefe.

Art. 11-A. Fica autorizada a Advocacia-Geral da União a assumir, por suas Procuradorias, temporária e excepcionalmente, a representação judicial de autarquias ou fundações públicas nas seguintes hipóteses:

I – ausência de procurador ou advogado;

Advocacia-Geral da União

Lei n. 9.028, de 12-4-1995

II – impedimento dos integrantes do órgão jurídico.

•• *Caput* e incisos acrescentados pela Medida Provisória n. 2.180-35, de 24-8-2001.

§ 1.º A representação judicial extraordinária prevista neste artigo poderá ocorrer por solicitação do dirigente da entidade ou por iniciativa do Advogado-Geral da União.

•• § 1.º acrescentado pela Medida Provisória n. 2.180-35, de 24-8-2001.

§ 2.º A inexistência de órgão jurídico integrante da respectiva Procuradoria ou Departamento Jurídico, em cidade sede de Órgão judiciário perante o qual corra feito de interesse de autarquia ou fundação da União, configura a hipótese de ausência prevista no inciso I deste artigo.

•• § 2.º acrescentado pela Medida Provisória n. 2.180-35, de 24-8-2001.

§ 3.º O Advogado-Geral da União, com a finalidade de suprir deficiências ocasionais de Órgãos Vinculados à Advocacia-Geral da União, poderá designar para prestar-lhes colaboração temporária membros efetivos da Advocacia-Geral da União, Procuradores Autárquicos, Assistentes Jurídicos e Advogados de outras entidades, seja em atividades de representação judicial ou de consultoria e assessoramento jurídicos, estando, enquanto durar a colaboração temporária, investidos dos mesmos poderes conferidos aos integrantes do respectivo Órgão Vinculado.

•• § 3.º acrescentado pela Medida Provisória n. 2.180-35, de 24-8-2001.

Art. 11-B. A representação judicial da União, quanto aos assuntos confiados às autarquias e fundações federais relacionadas no Anexo V a esta Lei, passa a ser feita diretamente pelos órgãos próprios da Advocacia-Geral da União, permanecendo os Órgãos Jurídicos daquelas entidades responsáveis pelas respectivas atividades de consultoria e assessoramento jurídicos.

•• *Caput* acrescentado pela Medida Provisória n. 2.180-35, de 24-8-2001.

•• O Anexo V, mencionado neste artigo, relaciona as entidades vinculadas a vários Ministérios. Deixamos de publicá-lo por não atender ao espírito desta obra.

§ 1.º Os Procuradores Autárquicos, Assistentes Jurídicos e Advogados integrantes dos quadros das entidades de que trata o *caput* neles permanecerão, até que lei disponha sobre a nova forma de representação judicial, direta e indireta, da União, consideradas as suas entidades autárquicas e fundacionais, bem como sobre a prestação de consultoria e assessoramento jurídicos a essas entidades.

•• § 1.º acrescentado pela Medida Provisória n. 2.180-35, de 24-8-2001.

§ 2.º Os órgãos jurídicos das entidades relacionadas no Anexo V desta Lei continuarão, até 7 de julho de 2000, como corresponsáveis pela representação judicial quanto aos assuntos de competência da respectiva autarquia ou fundação.

•• § 2.º acrescentado pela Medida Provisória n. 2.180-35, de 24-8-2001.

§ 3.º As citações, intimações e notificações das autarquias e fundações relacionadas no Anexo V desta Lei, bem como nas hipóteses de que trata o art. 11-A, serão feitas às respectivas Procuradorias da Advocacia-Geral da União, asseguradas aos seus membros, no exercício da representação judicial de que trata o art. 11-A e este artigo, as prerrogativas processuais previstas em lei.

•• § 3.º acrescentado pela Medida Provisória n. 2.180-35, de 24-8-2001.

§ 4.º Os Órgãos Jurídicos das entidades de que trata o *caput*, juntamente com os respectivos Órgãos da Advocacia-Geral da União, no prazo de 60 (sessenta) dias, farão o levantamento dos processos judiciais em andamento, indicando a fase em que se encontram.

•• § 4.º acrescentado pela Medida Provisória n. 2.180-35, de 24-8-2001.

§ 5.º Até o advento da Lei referida no § 1.º deste artigo, o Advogado-Geral da União, de ofício ou mediante proposta de dirigente de Procuradoria da União, poderá designar Procuradores Autárquicos, Advogados e Assistentes Jurídicos das entidades relacionadas no Anexo V desta Lei para terem exercício nas Procuradorias da Advocacia-Geral da União.

•• § 5.º acrescentado pela Medida Provisória n. 2.180-35, de 24-8-2001.

Lei n. 9.028, de 12-4-1995

§ 6.º A Procuradoria-Geral da Fundação Nacional do Índio permanece responsável pelas atividades judiciais que, de interesse individual ou coletivo dos índios, não se confundam com a representação judicial da União.

•• § 6.º acrescentado pela Medida Provisória n. 2.180-35, de 24-8-2001.

§ 7.º Na hipótese de coexistirem, em determinada ação, interesses da União e de índios, a Procuradoria-Geral da Fundação Nacional do Índio ingressará no feito juntamente com a Procuradoria da Advocacia-Geral da União.

•• § 7.º acrescentado pela Medida Provisória n. 2.180-35, de 24-8-2001.

Art. 15. Fica o Ministério da Fazenda com a responsabilidade de prestar o apoio necessário à instalação e ao funcionamento da Procuradoria-Geral da União, em todo o Território Nacional.

Parágrafo único. O apoio de que trata este artigo compreende o fornecimento de recursos materiais e financeiros, e será especificado pelo Advogado-Geral da União.

Art. 16. A Secretaria de Controle Interno da Presidência da República fica responsável pelas atividades de controle interno da AGU, até a criação do órgão próprio da Instituição.

Art. 19. São transpostos para as carreiras da Advocacia-Geral da União os atuais cargos efetivos de Subprocurador-Geral da Fazenda Nacional e Procurador da Fazenda Nacional, como os de Assistente Jurídico da Administração Federal direta, os quais:

I – tenham titulares cuja investidura haja observado as pertinentes normas constitucionais e ordinárias, anteriores a 5 de outubro de 1988, e, se posterior a essa data, tenha decorrido de aprovação em concurso público ou da incidência do § 3.º do art. 41 da Constituição;

II – estejam vagos.

§ 1.º Nas hipóteses previstas no inciso I, a transposição objeto deste artigo abrange os cargos e seus titulares.

§ 2.º A transposição deve observar a correlação estabelecida no Anexo IV.

§ 3.º À Advocacia-Geral da União incumbe examinar, caso a caso, a licitude da investidura nos cargos a que se refere este artigo.

§ 4.º Verificada a ocorrência de investidura ilegítima, ao Advogado-Geral da União compete adotar, ou propor, as providências cabíveis.

§ 5.º As transposições efetivadas por este artigo alcançaram tão somente servidores estáveis no serviço público, mencionados no item I do *caput*.

•• § 5.º acrescentado pela Medida Provisória n. 2.180-35, de 24-8-2001.

Art. 19-A. São transpostos, para a Carreira de Assistente Jurídico da Advocacia-Geral da União, os atuais cargos efetivos da Administração Federal direta, privativos de bacharel em Direito, cujas atribuições, fixadas em ato normativo hábil, tenham conteúdo eminentemente jurídico e correspondam àquelas de assistência fixadas aos cargos da referida Carreira, ou as abranjam, e os quais:

I – estejam vagos; ou

II – tenham como titulares servidores, estáveis no serviço público, que:

a) anteriormente a 5 de outubro de 1988 já detinham cargo efetivo, ou emprego permanente, privativo de bacharel em Direito, de conteúdo eminentemente jurídico, nos termos do *caput*, na Administração Federal direta, autárquica ou fundacional, conforme as normas constitucionais e legais então aplicáveis;

b) investidos após 5 de outubro de 1988, o tenham sido em decorrência de aprovação em concurso público ou da aplicação do § 3.º do art. 41 da Constituição.

•• *Caput* e incisos acrescentados pela Medida Provisória n. 2.180-35, de 24-8-2001.

§ 1.º Nas situações previstas no inciso II, a transposição objeto deste artigo abrange os cargos e seus titulares.

•• § 1.º acrescentado pela Medida Provisória n. 2.180-35, de 24-8-2001.

§ 2.º A transposição de servidor egresso de autarquia ou fundação pública federal, prevista no inciso II, alíneas *a* e *b*, alcança tão somente aquele que passou a integrar a Administração

Advocacia-Geral da União — Lei n. 9.028, de 12-4-1995

direta em decorrência da extinção ou da alteração da natureza jurídica da entidade à qual pertencia, e desde que as atribuições da respectiva entidade e o seu quadro de pessoal tenham sido, por lei, absorvidos por órgãos da Administração direta.

•• § 2.º acrescentado pela Medida Provisória n. 2.180-35, de 24-8-2001.

§ 3.º Às transposições disciplinadas neste artigo aplicam-se, também, a correlação e os procedimentos constantes do art. 19 desta Lei (§§ 2.º, 3.º e 4.º).

•• § 3.º acrescentado pela Medida Provisória n. 2.180-35, de 24-8-2001.

§ 4.º As transposições de que trata este artigo serão formalizadas em ato declaratório do Advogado-Geral da União.

•• § 4.º acrescentado pela Medida Provisória n. 2.180-35, de 24-8-2001.

§ 5.º Os eventuais efeitos financeiros, das transposições em referência, somente serão devidos, aos seus beneficiários, a partir da data em que publicado o ato declaratório, objeto do § 4.º.

•• § 5.º acrescentado pela Medida Provisória n. 2.180-35, de 24-8-2001.

§ 6.º Os titulares máximos dos órgãos da Administração Federal direta, nos quais existam cargos na situação descrita no *caput* e inciso I, deverão indicá-los à Advocacia-Geral da União, por intermédio do Ministério do Planejamento, Orçamento e Gestão, explicitando, relativamente a cada cargo vago, sua origem, evolução, atribuições e regência normativa.

•• § 6.º acrescentado pela Medida Provisória n. 2.180-35, de 24-8-2001.

§ 7.º Cada caso deverá ser instruído pelo órgão de recursos humanos do respectivo Ministério ou Secretaria de Estado, com a documentação necessária a comprovar que o servidor atende ao disposto neste artigo, após o que deverá ser encaminhado ao Advogado-Geral da União, na forma por ele regulamentada, acompanhado de manifestação conclusiva do respectivo órgão de assessoramento jurídico.

•• § 7.º acrescentado pela Medida Provisória n. 2.180-35, de 24-8-2001.

Art. 20. Passam a ser de trinta e seis meses os prazos fixados nos arts. 66 e 69, parágrafo único, da Lei Complementar n. 73/93.

•• A Lei n. 9.366, de 16-12-1996, prorroga por mais 24 (vinte e quatro) meses, a partir de seu término, os prazos fixados neste artigo. A Lei n. 9.651, de 27-5-1998, em seu art. 26, prorrogou os prazos constantes no art. 6.º da Lei n. 9.366/96 para 11-2-1999. A Medida Provisória n. 2.180-35, de 24-8-2001, prorrogou os prazos do art. 26 da Lei n. 9.651/98 por 48 meses a partir do seu término.

Art. 21. Aos titulares dos cargos de Advogado da União, de Procurador da Fazenda Nacional e de Assistente Jurídico das respectivas carreiras da Advocacia-Geral da União incumbe representá-la judicial e extrajudicialmente, bem como executar as atividades de assessoramento jurídico do Poder Executivo, conforme dispuser ato normativo do Advogado-Geral da União.

•• Artigo com redação determinada pela Medida Provisória n. 2.180-35, de 24-8-2001.

Art. 22. A Advocacia-Geral da União e os seus órgãos vinculados, nas respectivas áreas de atuação, ficam autorizados a representar judicialmente os titulares e os membros dos Poderes da República, das Instituições Federais referidas no Título IV, Capítulo IV, da Constituição, bem como os titulares dos Ministérios e demais órgãos da Presidência da República, de autarquias e fundações públicas federais, e de cargos de natureza especial, de direção e assessoramento superiores e daqueles efetivos, inclusive promovendo ação penal privada ou representando perante o Ministério Público, quando vítimas de crime, quanto a atos praticados no exercício de suas atribuições constitucionais, legais ou regulamentares, no interesse público, especialmente da União, suas respectivas autarquias e fundações, ou das Instituições mencionadas, podendo, ainda, quanto aos mesmos atos, impetrar *habeas corpus* e mandado de segurança em defesa dos agentes públicos de que trata este artigo.

•• *Caput* com redação determinada pela Medida Provisória n. 2.216-37, de 31-8-2001.

§ 1.º O disposto neste artigo aplica-se aos ex-titulares dos cargos ou funções referidos no *caput*, e ainda:

•• § 1.º, *caput*, com redação determinada pela Medida Provisória n. 2.216-37, de 31-8-2001.

I – aos designados para a execução dos regimes especiais previstos na Lei n. 6.024, de 13 de março de 1974, e nos Decretos-Leis n. 73, de 21 de novembro de 1966, e 2.321, de 25 de fevereiro de 1987, e para a intervenção na concessão de serviço público de energia elétrica;

•• Inciso I com redação determinada pela Lei n. 12.767, de 27-12-2012.

II – aos militares das Forças Armadas e aos integrantes do órgão de segurança do Gabinete de Segurança Institucional da Presidência da República, quando, em decorrência do cumprimento de dever constitucional, legal ou regulamentar, responderem a inquérito policial ou a processo judicial.

•• Inciso II com redação determinada pela Medida Provisória n. 2.216-37, de 31-8-2001.

§ 2.º O Advogado-Geral da União, em ato próprio, poderá disciplinar a representação autorizada por este artigo.

•• § 2.º acrescentado pela Medida Provisória n. 2.216-37, de 31-8-2001.

Art. 23. O Advogado-Geral da União editará os atos necessários ao cumprimento do disposto nesta Lei.

Art. 24. As despesas decorrentes desta Lei correrão à conta das dotações orçamentárias próprias.

Art. 24-A. A União, suas autarquias e fundações, são isentas de custas e emolumentos e demais taxas judiciárias, bem como de depósito prévio e multa em ação rescisória, em quaisquer foros e instâncias.

•• *Caput* acrescentado pela Medida Provisória n. 2.180-35, de 24-8-2001.

Parágrafo único. Aplica-se o disposto neste artigo a todos os processos administrativos e judiciais em que for parte o Fundo de Garantia do Tempo de Serviço – FGTS, seja no polo ativo ou passivo, extensiva a isenção à pessoa jurídica que o representar em Juízo ou fora dele.

•• Parágrafo único acrescentado pela Medida Provisória n. 2.180-35, de 24-8-2001.

Art. 25. Esta Lei entra em vigor na data de sua publicação.

Art. 26. Revogam-se as disposições em contrário.

Brasília, 12 de abril de 1995; 174.º da Independência e 107.º da República.

Fernando Henrique Cardoso

LEI N. 9.051, DE 18 DE MAIO DE 1995 (*)

Dispõe sobre a expedição de certidões para a defesa de direitos e esclarecimentos de situações.

O Presidente da República

Faço saber que o Congresso Nacional decreta e eu sanciono a seguinte Lei:

Art. 1.º As certidões para a defesa de direitos e esclarecimentos de situações, requeridas aos órgãos da administração centralizada ou autárquica, às empresas públicas, às sociedades de economia mista e às fundações públicas da União, dos Estados, do Distrito Federal e dos Municípios, deverão ser expedidas no prazo improrrogável de 15 (quinze) dias, contado do registro do pedido no órgão expedidor.

Art. 2.º Nos requerimentos que objetivam a obtenção das certidões a que se refere esta Lei, deverão os interessados fazer constar esclarecimentos relativos aos fins e razões do pedido.

Art. 3.º (*Vetado*.)

Art. 4.º Esta Lei entra em vigor na data de sua publicação.

Art. 5.º Revogam-se as disposições em contrário.

(*) Publicada no *DOU*, de 19-5-1995.

Brasília, 18 de maio de 1995; 174.º da Independência e 107.º da República.

FERNANDO HENRIQUE CARDOSO

LEI N. 9.099, DE 26 DE SETEMBRO DE 1995 (*)

Dispõe sobre os Juizados Especiais Cíveis e Criminais e dá outras providências.

O Presidente da República

Faço saber que o Congresso Nacional decreta e eu sanciono a seguinte Lei:

CAPÍTULO I
DISPOSIÇÕES GERAIS

Art. 1.º Os Juizados Especiais Cíveis e Criminais, órgãos da Justiça Ordinária, serão criados pela União, no Distrito Federal e nos Territórios, e pelos Estados, para conciliação, processo, julgamento e execução, nas causas de sua competência.

Art. 2.º O processo orientar-se-á pelos critérios da oralidade, simplicidade, informalidade, economia processual e celeridade, buscando, sempre que possível, a conciliação ou a transação.

CAPÍTULO II
DOS JUIZADOS ESPECIAIS CÍVEIS

Seção I
Da Competência

Art. 3.º O Juizado Especial Cível tem competência para conciliação, processo e julgamento das causas cíveis de menor complexidade, assim consideradas:

I – as causas cujo valor não exceda a 40 (quarenta) vezes o salário mínimo;

- O Decreto n. 8.618, de 29-12-2015, estabelece que a partir de 1.º-1-2016 o salário mínimo será de R$ 880,00 (oitocentos e oitenta reais).

II – as enumeradas no art. 275, inciso II, do Código de Processo Civil;

III – a ação de despejo para uso próprio;

IV – as ações possessórias sobre bens imóveis de valor não excedente ao fixado no inciso I deste artigo.

§ 1.º Compete ao Juizado Especial promover a execução:

I – dos seus julgados;

II – dos títulos executivos extrajudiciais, no valor de até 40 (quarenta) vezes o salário mínimo, observado o disposto no § 1.º do art. 8.º desta Lei.

§ 2.º Ficam excluídas da competência do Juizado Especial as causas de natureza alimentar, falimentar, fiscal e de interesse da Fazenda Pública, e também as relativas a acidentes de trabalho, a resíduos e ao estado e capacidade das pessoas, ainda que de cunho patrimonial.

•• *Vide* Lei n. 12.153, de 22-12-2009, que dispõe sobre os Juizados Especiais da Fazenda Pública.

§ 3.º A opção pelo procedimento previsto nesta Lei importará em renúncia ao crédito excedente ao limite estabelecido neste artigo, excetuada a hipótese de conciliação.

Art. 4.º É competente, para as causas previstas nesta Lei, o Juizado do foro:

I – do domicílio do réu ou, a critério do autor, do local onde aquele exerça atividades profissionais ou econômicas ou mantenha estabelecimento, filial, agência, sucursal ou escritório;

II – do lugar onde a obrigação deva ser satisfeita;

III – do domicílio do autor ou do local do ato ou fato, nas ações para reparação de dano de qualquer natureza.

Parágrafo único. Em qualquer hipótese, poderá a ação ser proposta no foro previsto no inciso I deste artigo.

Seção II
Do Juiz, dos Conciliadores e dos Juízes Leigos

Art. 5.º O juiz dirigirá o processo com liber-

(*) Publicada no *DOU*, de 27-9-1995.

dade para determinar as provas a serem produzidas, para apreciá-las e para dar especial valor às regras de experiência comum ou técnica.

Art. 6.º O juiz adotará em cada caso a decisão que reputar mais justa e equânime, atendendo aos fins sociais da lei e às exigências do bem comum.

Art. 7.º Os conciliadores e juízes leigos são auxiliares da Justiça, recrutados, os primeiros, preferentemente, entre os bacharéis em Direito, e os segundos, entre advogados com mais de 5 (cinco) anos de experiência.

Parágrafo único. Os juízes leigos ficarão impedidos de exercer a advocacia perante os Juizados Especiais, enquanto no desempenho de suas funções.

Seção III
Das Partes

Art. 8.º Não poderão ser partes, no processo instituído por esta Lei, o incapaz, o preso, as pessoas jurídicas de direito público, as empresas públicas da União, a massa falida e o insolvente civil.

§ 1.º Somente serão admitidas a propor ação perante o Juizado Especial:

•• *Caput* com redação determinada pela Lei n. 12.126, de 16-12-2009.

I – as pessoas físicas capazes, excluídos os cessionários de direito de pessoas jurídicas;

•• Inciso I acrescentado pela Lei n. 12.126, de 16-12-2009.

II – as pessoas enquadradas como microempreendedores individuais, microempresas e empresas de pequeno porte na forma da Lei Complementar n. 123, de 14 de dezembro de 2006;

•• Inciso II com redação determinada pela Lei Complementar n. 147, de 7-8-2014.

•• A Lei n. 9.841, de 5-10-1999, foi revogada pela Lei Complementar n. 123, de 14-12-2006, atual Estatuto Nacional da Microempresa e da Empresa de Pequeno Porte.

III – as pessoas jurídicas qualificadas como Organização da Sociedade Civil de Interesse Público, nos termos da Lei n. 9.790, de 23 de março de 1999;

•• Inciso III acrescentado pela Lei n. 12.126, de 16-12-2009.

IV – as sociedades de crédito ao microempreendedor, nos termos do art. 1.º da Lei n. 10.194, de 14 de fevereiro de 2001.

•• Inciso IV acrescentado pela Lei n. 12.126, de 16-12-2009.

§ 2.º O maior de 18 (dezoito) anos poderá ser autor, independentemente de assistência, inclusive para fins de conciliação.

Art. 9.º Nas causas de valor até 20 (vinte) salários mínimos, as partes comparecerão pessoalmente, podendo ser assistidas por advogado; nas de valor superior, a assistência é obrigatória.

§ 1.º Sendo facultativa a assistência, se uma das partes comparecer assistida por advogado, ou se o réu for pessoa jurídica ou firma individual, terá a outra parte, se quiser, assistência judiciária prestada por órgão instituído junto ao Juizado Especial, na forma da lei local.

§ 2.º O juiz alertará as partes da conveniência do patrocínio por advogado, quando a causa o recomendar.

§ 3.º O mandato ao advogado poderá ser verbal, salvo quanto aos poderes especiais.

§ 4.º O réu, sendo pessoa jurídica ou titular de firma individual, poderá ser representado por preposto credenciado, munido de carta de preposição com poderes para transigir, sem haver necessidade de vínculo empregatício.

•• § 4.º com redação determinada pela Lei n. 12.137, de 18-12-2009.

Art. 10. Não se admitirá, no processo, qualquer forma de intervenção de terceiro nem de assistência. Admitir-se-á o litisconsórcio.

Art. 11. O Ministério Público intervirá nos casos previstos em lei.

Seção IV
Dos Atos Processuais

Art. 12. Os atos processuais serão públicos e poderão realizar-se em horário noturno, conforme dispuserem as normas de organização judiciária.

Juizados Especiais

Art. 13. Os atos processuais serão válidos sempre que preencherem as finalidades para as quais forem realizados, atendidos os critérios indicados no art. 2.º desta Lei.

§ 1.º Não se pronunciará qualquer nulidade sem que tenha havido prejuízo.

§ 2.º A prática de atos processuais em outras comarcas poderá ser solicitada por qualquer meio idôneo de comunicação.

§ 3.º Apenas os atos considerados essenciais serão registrados resumidamente, em notas manuscritas, datilografadas, taquigrafadas ou estenotipadas. Os demais atos poderão ser gravados em fita magnética ou equivalente, que será inutilizada após o trânsito em julgado da decisão.

§ 4.º As normas locais disporão sobre a conservação das peças do processo e demais documentos que o instruem.

Seção V
Do Pedido

Art. 14. O processo instaurar-se-á com a apresentação do pedido, escrito ou oral, à Secretaria do Juizado.

§ 1.º Do pedido constarão, de forma simples e em linguagem acessível:

I – o nome, a qualificação e o endereço das partes;

II – os fatos e os fundamentos, de forma sucinta;

III – o objeto e seu valor.

§ 2.º É lícito formular pedido genérico quando não for possível determinar, desde logo, a extensão da obrigação.

§ 3.º O pedido oral será reduzido a escrito pela Secretaria do Juizado, podendo ser utilizado o sistema de fichas ou formulários impressos.

Art. 15. Os pedidos mencionados no art. 3.º desta Lei poderão ser alternativos ou cumulados; nesta última hipótese, desde que conexos e a soma não ultrapasse o limite fixado naquele dispositivo.

Art. 16. Registrado o pedido, independentemente de distribuição e autuação, a Secretaria do Juizado designará a sessão de conciliação, a realizar-se no prazo de 15 (quinze) dias.

Art. 17. Comparecendo inicialmente ambas as partes, instaurar-se-á, desde logo, a sessão de conciliação, dispensados o registro prévio de pedido e a citação.

Parágrafo único. Havendo pedidos contrapostos, poderá ser dispensada a contestação formal e ambos serão apreciados na mesma sentença.

Seção VI
Das Citações e Intimações

Art. 18. A citação far-se-á:

I – por correspondência, com aviso de recebimento em mão própria;

II – tratando-se de pessoa jurídica ou firma individual, mediante entrega ao encarregado da recepção, que será obrigatoriamente identificado;

III – sendo necessário, por oficial de justiça, independentemente de mandado ou carta precatória.

§ 1.º A citação conterá cópia do pedido inicial, dia e hora para comparecimento do citando e advertência de que, não comparecendo este, considerar-se-ão verdadeiras as alegações iniciais, e será proferido julgamento, de plano.

§ 2.º Não se fará citação por edital.

§ 3.º O comparecimento espontâneo suprirá a falta ou nulidade da citação.

Art. 19. As intimações serão feitas na forma prevista para citação, ou por qualquer outro meio idôneo de comunicação.

§ 1.º Dos atos praticados na audiência, considerar-se-ão desde logo cientes as partes.

§ 2.º As partes comunicarão ao juízo as mudanças de endereço ocorridas no curso do processo, reputando-se eficazes as intimações enviadas ao local anteriormente indicado, na ausência da comunicação.

Seção VII
Da Revelia

Art. 20. Não comparecendo o demandado à sessão de conciliação ou à audiência de instrução e julgamento, reputar-se-ão verdadeiros os fatos alegados no pedido inicial, salvo se o contrário resultar da convicção do juiz.

Seção VIII
Da Conciliação e do Juízo Arbitral

Art. 21. Aberta a sessão, o juiz togado ou leigo esclarecerá as partes presentes sobre as vantagens da conciliação, mostrando-lhes os riscos e as consequências do litígio, especialmente quanto ao disposto no § 3.º do art. 3.º desta Lei.

Art. 22. A conciliação será conduzida pelo juiz togado ou leigo ou por conciliador sob sua orientação.

Parágrafo único. Obtida a conciliação, esta será reduzida a escrito e homologada pelo juiz togado, mediante sentença com eficácia de título executivo.

Art. 23. Não comparecendo o demandado, o juiz togado proferirá sentença.

Art. 24. Não obtida a conciliação, as partes poderão optar, de comum acordo, pelo juízo arbitral, na forma prevista nesta Lei.

§ 1.º O juízo arbitral considerar-se-á instaurado, independentemente de termo de compromisso, com a escolha do árbitro pelas partes. Se este não estiver presente, o juiz convocá-lo-á e designará, de imediato, a data para a audiência de instrução.

§ 2.º O árbitro será escolhido dentre os juízes leigos.

Art. 25. O árbitro conduzirá o processo com os mesmos critérios do juiz, na forma dos arts. 5.º e 6.º desta Lei, podendo decidir por equidade.

Art. 26. Ao término da instrução, ou nos 5 (cinco) dias subsequentes, o árbitro apresentará o laudo ao juiz togado para homologação por sentença irrecorrível.

Seção IX
Da Instrução e Julgamento

Art. 27. Não instituído o juízo arbitral, proceder-se-á imediatamente à audiência de instrução e julgamento, desde que não resulte prejuízo para a defesa.

Parágrafo único. Não sendo possível sua realização imediata, será a audiência designada para um dos 15 (quinze) dias subsequentes, cientes, desde logo, as partes e testemunhas eventualmente presentes.

Art. 28. Na audiência de instrução e julgamento serão ouvidas as partes, colhida a prova e, em seguida, proferida a sentença.

Art. 29. Serão decididos de plano todos os incidentes que possam interferir no regular prosseguimento da audiência. As demais questões serão decididas na sentença.

Parágrafo único. Sobre os documentos apresentados por uma das partes, manifestar-se-á imediatamente a parte contrária, sem interrupção da audiência.

Seção X
Da Resposta do Réu

Art. 30. A contestação, que será oral ou escrita, conterá toda matéria de defesa, exceto arguição de suspeição ou impedimento do juiz, que se processará na forma da legislação em vigor.

Art. 31. Não se admitirá a reconvenção. É lícito ao réu, na contestação, formular pedido em seu favor, nos limites do art. 3.º desta Lei, desde que fundado nos mesmos fatos que constituem objeto da controvérsia.

Parágrafo único. O autor poderá responder ao pedido do réu na própria audiência ou requerer a designação da nova data, que será desde logo fixada, cientes todos os presentes.

Seção XI
Das Provas

Art. 32. Todos os meios de prova moralmente legítimos, ainda que não especificados em lei, são hábeis para provar a veracidade dos fatos alegados pelas partes.

Art. 33. Todas as provas serão produzidas na audiência de instrução e julgamento, ainda que não requeridas previamente, podendo o juiz limitar ou excluir as que considerar excessivas, impertinentes ou protelatórias.

Art. 34. As testemunhas, até o máximo de 3 (três) para cada parte, comparecerão à audiência de instrução e julgamento levadas pela parte que as tenha arrolado, independentemente de intimação, ou mediante esta, se assim for requerido.

§ 1.º O requerimento para intimação das testemunhas será apresentado à Secretaria no mínimo 5 (cinco) dias antes da audiência de instrução e julgamento.

§ 2.º Não comparecendo a testemunha intimada, o juiz poderá determinar sua imediata condução, valendo-se, se necessário, do concurso da força pública.

Art. 35. Quando a prova do fato exigir, o juiz poderá inquirir técnicos de sua confiança, permitida às partes a apresentação de parecer técnico.

Parágrafo único. No curso da audiência, poderá o juiz, de ofício ou a requerimento das partes, realizar inspeção em pessoas ou coisas, ou determinar que o faça pessoa de sua confiança, que lhe relatará informalmente o verificado.

Art. 36. A prova oral não será reduzida a escrito, devendo a sentença referir, no essencial, os informes trazidos nos depoimentos.

Art. 37. A instrução poderá ser dirigida por juiz leigo, sob a supervisão de juiz togado.

Seção XII
Da Sentença

Art. 38. A sentença mencionará os elementos de convicção do juiz, com breve resumo dos fatos relevantes ocorridos em audiência, dispensado o relatório.

Parágrafo único. Não se admitirá sentença condenatória por quantia ilíquida, ainda que genérico o pedido.

Art. 39. É ineficaz a sentença condenatória na parte que exceder a alçada estabelecida nesta Lei.

Art. 40. O juiz leigo que tiver dirigido a instrução proferirá sua decisão e imediatamente a submeterá ao juiz togado, que poderá homologá-la, proferir outra em substituição ou, antes de se manifestar, determinar a realização de atos probatórios indispensáveis.

Art. 41. Da sentença, excetuada a homologatória de conciliação ou laudo arbitral, caberá recurso para o próprio Juizado.

§ 1.º O recurso será julgado por uma turma composta por 3 (três) juízes togados, em exercício no primeiro grau de jurisdição, reunidos na sede do Juizado.

§ 2.º No recurso, as partes serão obrigatoriamente representadas por advogado.

Art. 42. O recurso será interposto no prazo de 10 (dez) dias, contados da ciência da sentença, por petição escrita, da qual constarão as razões e o pedido do recorrente.

§ 1.º O preparo será feito, independentemente de intimação, nas 48 (quarenta e oito) horas seguintes à interposição, sob pena de deserção.

§ 2.º Após o preparo, a Secretaria intimará o recorrido para oferecer resposta escrita no prazo de 10 (dez) dias.

Art. 43. O recurso terá somente efeito devolutivo, podendo o juiz dar-lhe efeito suspensivo, para evitar dano irreparável para a parte.

Art. 44. As partes poderão requerer a transcrição da gravação da fita magnética a que alude o 3.º do art. 13 desta Lei, correndo por conta do requerente as despesas respectivas.

Art. 45. As partes serão intimadas da data da sessão de julgamento.

Art. 46. O julgamento em segunda instância constará apenas da ata, com a indicação suficiente do processo, fundamentação sucinta e parte dispositiva. Se a sentença for confirmada pelos próprios fundamentos, a súmula do julgamento servirá de acórdão.

Art. 47. (*Vetado.*)

Seção XIII
Dos Embargos de Declaração

Art. 48. Caberão embargos de declaração contra sentença ou acórdão nos casos previstos no Código de Processo Civil.

•• *Caput* com redação determinada pela Lei n. 13.105, de 16-3-2015.

Parágrafo único. Os erros materiais podem ser corrigidos de ofício.

Art. 49. Os embargos de declaração serão interpostos por escrito ou oralmente, no prazo de 5 (cinco) dias, contados da ciência da decisão.

Art. 50. Os embargos de declaração interrompem o prazo para a interposição de recurso.

•• Artigo com redação determinada pela Lei n. 13.105, de 16-3-2015.

Seção XIV
Da Extinção do Processo sem Julgamento do Mérito

Art. 51. Extingue-se o processo, além dos casos previstos em Lei:

I – quando o autor deixar de comparecer a qualquer das audiências do processo;

II – quando inadmissível o procedimento instituído por esta Lei ou seu prosseguimento, após a conciliação;

III – quando for reconhecida a incompetência territorial;

IV – quando sobrevier qualquer dos impedimentos previstos no art. 8.º desta Lei;

V – quando, falecido o autor, a habilitação depender de sentença ou não se der no prazo de 30 (trinta) dias;

VI – quando, falecido o réu, o autor não promover a citação dos sucessores no prazo de 30 (trinta) dias da ciência do fato.

§ 1.º A extinção do processo independerá, em qualquer hipótese, de prévia intimação pessoal das partes.

§ 2.º No caso do inciso I deste artigo, quando comprovar que a ausência decorre de força maior, a parte poderá ser isentada, pelo juiz, do pagamento de custas.

Seção XV
Da Execução

Art. 52. A execução da sentença processar-se-á no próprio Juizado, aplicando-se, no que couber, o disposto no Código de Processo Civil, com as seguintes alterações:

I – as sentenças serão necessariamente líquidas, contendo a conversão em Bônus do Tesouro Nacional – BTN ou índice equivalente;

II – os cálculos de conversão de índices, de honorários, de juros e de outras parcelas serão efetuados por servidor judicial;

III – a intimação da sentença será feita, sempre que possível, na própria audiência em que for proferida. Nessa intimação, o vencido será instado a cumprir a sentença tão logo ocorra seu trânsito em julgado, e advertido dos efeitos do seu descumprimento (inc. V);

IV – não cumprida voluntariamente a sentença transitada em julgado, e tendo havido solicitação do interessado, que poderá ser verbal, proceder-se-á desde logo à execução, dispensada nova citação;

V – nos casos de obrigação de entregar, de fazer, ou de não fazer, o juiz, na sentença ou na fase de execução, cominará multa diária, arbitrada de acordo com as condições econômicas do devedor, para a hipótese de inadimplemento. Não cumprida a obrigação, o credor poderá requerer a elevação da multa ou a transformação da condenação em perdas e danos, que o juiz de imediato arbitrará, seguindo-se a execução por quantia certa, incluída a multa vencida de obrigação de dar, quando evidenciada a malícia do devedor na execução do julgado;

VI – na obrigação de fazer, o juiz pode determinar o cumprimento por outrem, fixado o valor que o devedor deve depositar para as despesas, sob pena de multa diária;

VII – na alienação forçada dos bens, o juiz poderá autorizar o devedor, o credor ou a terceira pessoa idônea a tratar da alienação do bem penhorado, a qual se aperfeiçoará em juízo até

Juizados Especiais

Lei n. 9.099, de 26-9-1995

a data fixada para a praça ou leilão. Sendo o preço inferior ao da avaliação, as partes serão ouvidas. Se o pagamento não for à vista, será oferecida caução idônea, nos casos de alienação de bem móvel, ou hipotecado o imóvel;

VIII – é dispensada a publicação de editais em jornais, quando se tratar de alienação de bens de pequeno valor;

IX – o devedor poderá oferecer embargos, nos autos da execução, versando sobre:

a) falta ou nulidade da citação no processo, se ele correu à revelia;

b) manifesto excesso de execução;

c) erro de cálculo;

d) causa impeditiva, modificativa ou extintiva da obrigação, superveniente à sentença.

Art. 53. A execução de título executivo extrajudicial, no valor de até 40 (quarenta) salários mínimos, obedecerá ao disposto no Código de Processo Civil, com as modificações introduzidas por esta Lei.

§ 1.º Efetuada a penhora, o devedor será intimado a comparecer à audiência de conciliação, quando poderá oferecer embargos (art. 52, IX), por escrito ou verbalmente.

§ 2.º Na audiência, será buscado o meio mais rápido e eficaz para a solução do litígio, se possível com dispensa da alienação judicial, devendo o conciliador propor, entre outras medidas cabíveis, o pagamento do débito a prazo ou a prestação, a dação em pagamento ou a imediata adjudicação do bem penhorado.

§ 3.º Não apresentados os embargos em audiência, ou julgados improcedentes, qualquer das partes poderá requerer ao juiz a adoção de uma das alternativas do parágrafo anterior.

§ 4.º Não encontrado o devedor ou inexistindo bens penhoráveis, o processo será imediatamente extinto, devolvendo-se os documentos ao autor.

Seção XVI
Das Despesas

Art. 54. O acesso ao Juizado Especial independerá, em primeiro grau de jurisdição, do pagamento de custas, taxas ou despesas.

Parágrafo único. O preparo do recurso, na forma do § 1.º do art. 42 desta Lei, compreenderá todas as despesas processuais, inclusive aquelas dispensadas em primeiro grau de jurisdição, ressalvada a hipótese de assistência judiciária gratuita.

Art. 55. A sentença de primeiro grau não condenará o vencido em custas e honorários de advogado, ressalvados os casos de litigância de má-fé. Em segundo grau, o recorrente, vencido, pagará as custas e honorários de advogado, que serão fixados entre 10% (dez por cento) e 20% (vinte por cento) do valor da condenação ou, não havendo condenação, do valor corrigido da causa.

Parágrafo único. Na execução não serão contadas custas, salvo quando:

I – reconhecida a litigância de má-fé;

II – improcedentes os embargos do devedor;

III – tratar-se de execução de sentença que tenha sido objeto de recurso improvido do devedor.

Seção XVII
Disposições Finais

Art. 56. Instituído o Juizado Especial, serão implantadas as curadorias necessárias e o serviço de assistência judiciária.

Art. 57. O acordo extrajudicial, de qualquer natureza ou valor, poderá ser homologado, no juízo competente, independentemente de termo, valendo a sentença como título executivo judicial.

Parágrafo único. Valerá como título extrajudicial o acordo celebrado pelas partes, por instrumento escrito, referendado pelo órgão competente do Ministério Público.

Art. 58. As normas de organização judiciária local poderão estender a conciliação prevista nos arts. 22 e 23 a causas não abrangidas por esta Lei.

Art. 59. Não se admitirá ação rescisória nas causas sujeitas ao procedimento instituído por esta Lei.

Capítulo III
DOS JUIZADOS ESPECIAIS CRIMINAIS

DISPOSIÇÕES GERAIS

Art. 60. O Juizado Especial Criminal, provido por juízes togados ou togados e leigos, tem competência para a conciliação, o julgamento e a execução das infrações penais de menor potencial ofensivo, respeitadas as regras de conexão e continência.

•• *Caput* com redação determinada pela Lei n. 11.313, de 28-6-2006.

Parágrafo único. Na reunião de processos, perante o juízo comum ou o tribunal do júri, decorrentes da aplicação das regras de conexão e continência, observar-se-ão os institutos da transação penal e da composição dos danos civis.

•• Parágrafo único acrescentado pela Lei n. 11.313, de 28-6-2006.

Art. 61. Consideram-se infrações penais de menor potencial ofensivo, para os efeitos desta Lei, as contravenções penais e os crimes a que a lei comine pena máxima não superior a 2 (dois) anos, cumulada ou não com multa.

•• Artigo com redação determinada pela Lei n. 11.313, de 28-6-2006.

Art. 62. O processo perante o Juizado Especial orientar-se-á pelos critérios da oralidade, informalidade, economia processual e celeridade, objetivando, sempre que possível, a reparação dos danos sofridos pela vítima e a aplicação de pena não privativa de liberdade.

Seção I
Da Competência e dos Atos Processuais

Art. 63. A competência do Juizado será determinada pelo lugar em que foi praticada a infração penal.

Art. 64. Os atos processuais serão públicos e poderão realizar-se em horário noturno e em qualquer dia da semana, conforme dispuserem as normas de organização judiciária.

Art. 65. Os atos processuais serão válidos sempre que preencherem as finalidades para as quais foram realizados, atendidos os critérios indicados no art. 62 desta Lei.

§ 1.º Não se pronunciará qualquer nulidade sem que tenha havido prejuízo.

§ 2.º A prática de atos processuais em outras comarcas poderá ser solicitada por qualquer meio hábil de comunicação.

§ 3.º Serão objeto de registro escrito exclusivamente os atos havidos por essenciais. Os atos realizados em audiência de instrução e julgamento poderão ser gravados em fita magnética ou equivalente.

Art. 66. A citação será pessoal e far-se-á no próprio Juizado, sempre que possível, ou por mandado.

Parágrafo único. Não encontrado o acusado para ser citado, o juiz encaminhará as peças existentes ao juízo comum para adoção do procedimento previsto em lei.

Art. 67. A intimação far-se-á por correspondência, com aviso de recebimento pessoal ou, tratando-se de pessoa jurídica ou firma individual, mediante entrega ao encarregado da recepção, que será obrigatoriamente identificado, ou, sendo necessário, por oficial de justiça, independentemente de mandado ou carta precatória, ou ainda por qualquer meio idôneo de comunicação.

Parágrafo único. Dos atos praticados em audiência considerar-se-ão desde logo cientes as partes, os interessados e defensores.

Art. 68. Do ato de intimação do autor do fato e do mandado de citação do acusado, constará a necessidade de seu comparecimento acompanhado de advogado, com a advertência de que, na sua falta, ser-lhe-á designado defensor público.

Seção II
Da Fase Preliminar

Art. 69. A autoridade policial que tomar conhecimento da ocorrência lavrará termo circunstanciado e o encaminhará imediatamente

Juizados Especiais

Lei n. 9.099, de 26-9-1995

ao Juizado, com o autor do fato e a vítima, providenciando-se as requisições dos exames periciais necessários.

Parágrafo único. Ao autor do fato que, após a lavratura do termo, for imediatamente encaminhado ao juizado ou assumir o compromisso de a ele comparecer, não se imporá prisão em flagrante, nem se exigirá fiança. Em caso de violência doméstica, o juiz poderá determinar, como medida de cautela, seu afastamento do lar, domicílio ou local de convivência com a vítima.

•• Parágrafo único com redação determinada pela Lei n. 10.455, de 13-5-2002.

•• *Vide* art. 41 da Lei n. 11.340, de 7-8-2006.

Art. 70. Comparecendo o autor do fato e a vítima, e não sendo possível a realização imediata da audiência preliminar, será designada data próxima, da qual ambos sairão cientes.

Art. 71. Na falta do comparecimento de qualquer dos envolvidos, a Secretaria providenciará sua intimação e, se for o caso, a do responsável civil, na forma dos arts. 67 e 68 desta Lei.

Art. 72. Na audiência preliminar, presente o representante do Ministério Público, o autor do fato e a vítima e, se possível, o responsável civil, acompanhados por seus advogados, o juiz esclarecerá sobre a possibilidade da composição dos danos e da aceitação da proposta de aplicação imediata de pena não privativa de liberdade.

Art. 73. A conciliação será conduzida pelo juiz ou por conciliador sob sua orientação.

Parágrafo único. Os conciliadores são auxiliares da Justiça, recrutados, na forma da lei local, preferencialmente entre bacharéis em Direito, excluídos os que exerçam funções na administração da Justiça Criminal.

Art. 74. A composição dos danos civis será reduzida a escrito e, homologada pelo juiz mediante sentença irrecorrível, terá eficácia de título a ser executado no juízo civil competente.

Parágrafo único. Tratando-se de ação penal de iniciativa privada ou de ação penal pública condicionada à representação, o acordo homologado acarreta a renúncia ao direito de queixa ou representação.

Art. 75. Não obtida a composição dos danos civis, será dada imediatamente ao ofendido a oportunidade de exercer o direito de representação verbal, que será reduzida a termo.

Parágrafo único. O não oferecimento da representação na audiência preliminar não implica decadência do direito, que poderá ser exercido no prazo previsto em lei.

Art. 76. Havendo representação ou tratando-se de crime de ação penal pública incondicionada, não sendo caso de arquivamento, o Ministério Público poderá propor a aplicação imediata de pena restritiva de direitos ou multas, a ser especificada na proposta.

§ 1.º Nas hipóteses de ser a pena de multa a única aplicável, o juiz poderá reduzi-la até a metade.

§ 2.º Não se admitirá a proposta se ficar comprovado:

I – ter sido o autor da infração condenado, pela prática de crime, à pena privativa de liberdade, por sentença definitiva;

II – ter sido o agente beneficiado anteriormente, no prazo de 5 (cinco) anos, pela aplicação de pena restritiva ou multa, nos termos deste artigo;

III – não indicarem os antecedentes, a conduta social e a personalidade do agente, bem como os motivos e as circunstâncias, ser necessária e suficiente a adoção da medida.

§ 3.º Aceita a proposta pelo autor da infração e seu defensor, será submetida à apreciação do juiz.

§ 4.º Acolhendo a proposta do Ministério Público aceita pelo autor da infração, o juiz aplicará a pena restritiva de direitos ou multa, que não importará em reincidência, sendo registrada apenas para impedir novamente o mesmo benefício no prazo de 5 (cinco) anos.

§ 5.º Da sentença prevista no parágrafo anterior caberá a apelação referida no art. 82 desta Lei.

Lei n. 9.099, de 26-9-1995

§ 6.º A imposição da sanção de que trata o § 4.º deste artigo não constará de certidão de antecedentes criminais, salvo para os fins previstos no mesmo dispositivo, e não terá efeitos civis, cabendo aos interessados propor ação cabível no juízo cível.

Seção III
Do Procedimento Sumaríssimo

Art. 77. Na ação penal de iniciativa pública, quando não houver aplicação de pena, pela ausência do autor do fato, ou pela não ocorrência da hipótese prevista no art. 76 desta Lei, o Ministério Público oferecerá ao juiz, de imediato, denúncia oral, se não houver necessidade de diligências imprescindíveis.

§ 1.º Para o oferecimento da denúncia, que será elaborada com base no termo de ocorrência referido no art. 69 desta Lei, com dispensa do inquérito policial, prescindir-se-á do exame do corpo de delito quando a materialidade do crime estiver aferida por boletim médico ou prova equivalente.

§ 2.º Se a complexidade ou circunstâncias do caso não permitirem a formulação da denúncia, o Ministério Público poderá requerer ao juiz o encaminhamento das peças existentes, na forma do parágrafo único do art. 66 desta Lei.

§ 3.º Na ação penal de iniciativa do ofendido poderá ser oferecida queixa oral, cabendo ao juiz verificar se a complexidade e as circunstâncias do caso determinam a adoção das providências previstas no parágrafo único do art. 66 desta Lei.

Art. 78. Oferecida a denúncia ou queixa, será reduzida a termo, entregando-se cópia ao acusado, que com ela ficará citado e imediatamente cientificado da designação de dia e hora para a audiência de instrução e julgamento, da qual também tomarão ciência o Ministério Público, o ofendido, o responsável civil e seus advogados.

§ 1.º Se o acusado não estiver presente, será citado na forma dos arts. 66 e 68 desta Lei e cientificado da data da audiência de instrução e julgamento, devendo a ela trazer suas testemunhas ou apresentar requerimento para intimação, no mínimo 5 (cinco) dias antes de sua realização.

§ 2.º Não estando presentes o ofendido e o responsável civil, serão intimados nos termos do art. 67 desta Lei para comparecerem à audiência de instrução e julgamento.

§ 3.º As testemunhas arroladas serão intimadas na forma prevista no art. 67 desta Lei.

Art. 79. No dia e hora designados para a audiência de instrução e julgamento, se na fase preliminar não tiver havido possibilidade de tentativa de conciliação e de oferecimento de proposta pelo Ministério Público, proceder-se-á nos termos dos arts. 72, 73, 74 e 75 desta Lei.

Art. 80. Nenhum ato será adiado, determinando o juiz, quando imprescindível, a condução coercitiva de quem deva comparecer.

Art. 81. Aberta a audiência, será dada a palavra ao defensor para responder à acusação, após o que o juiz receberá, ou não, a denúncia ou queixa; havendo recebimento, serão ouvidas a vítima e as testemunhas de acusação e defesa, interrogando-se a seguir o acusado, se presente, passando-se imediatamente aos debates orais e à prolação da sentença.

§ 1.º Todas as provas serão produzidas na audiência de instrução e julgamento, podendo o juiz limitar ou excluir as que considerar excessivas, impertinentes ou protelatórias.

§ 2.º De todo o ocorrido na audiência será lavrado termo, assinado pelo juiz e pelas partes, contendo breve resumo dos fatos relevantes ocorridos em audiência e a sentença.

§ 3.º A sentença, dispensado o relatório, mencionará os elementos de convicção do juiz.

Art. 82. Da decisão de rejeição da denúncia ou queixa e da sentença caberá apelação, que poderá ser julgada por turma composta de 3 (três) juízes em exercício no primeiro grau de jurisdição, reunidos na sede do Juizado.

§ 1.º A apelação será interposta no prazo de 10 (dez) dias, contados da ciência da sentença

Juizados Especiais

pelo Ministério Público, pelo réu e seu defensor, por petição escrita, da qual constarão as razões e o pedido do recorrente.

§ 2.º O recorrido será intimado para oferecer resposta escrita no prazo de 10 (dez) dias.

§ 3.º As partes poderão requerer a transcrição da gravação da fita magnética a que alude o § 3.º do art. 65 desta Lei.

§ 4.º As partes serão intimadas da data da sessão de julgamento pela imprensa.

§ 5.º Se a sentença for confirmada pelos próprios fundamentos, a súmula do julgamento servirá de acórdão.

Art. 83. Cabem embargos de declaração quando, em sentença ou acórdão, houver obscuridade, contradição ou omissão.

•• *Caput com redação determinada pela Lei n. 13.105, de 16-3-2015.*

§ 1.º Os embargos de declaração serão opostos por escrito ou oralmente, no prazo de 5 (cinco) dias, contados da ciência da decisão.

§ 2.º Os embargos de declaração interrompem o prazo para a interposição de recurso.

•• *§ 2.º com redação determinada pela Lei n. 13.105, de 16-3-2015.*

§ 3.º Os erros materiais podem ser corrigidos de ofício.

Seção IV
Da Execução

Art. 84. Aplicada exclusivamente pena de multa, seu cumprimento far-se-á mediante pagamento na Secretaria do Juizado.

Parágrafo único. Efetuado o pagamento, o juiz declarará extinta a punibilidade, determinando que a condenação não fique constando dos registros criminais, exceto para fins de requisição judicial.

Art. 85. Não efetuado o pagamento de multa, será feita a conversão em pena privativa de liberdade, ou restritiva de direitos, nos termos previstos em lei.

Art. 86. A execução das penas privativas de liberdade e restritivas de direitos, ou de multa cumulada com estas, será processada perante o órgão competente, nos termos da lei.

Seção V
Das Despesas Processuais

Art. 87. Nos casos de homologação do acordo civil e aplicação de pena restritiva de direitos ou multa (arts. 74 e 76, § 4.º), as despesas processuais serão reduzidas, conforme dispuser lei estadual.

Seção VI
Disposições Finais

Art. 88. Além das hipóteses do Código Penal e da legislação especial, dependerá de representação a ação penal relativa aos crimes de lesões corporais leves e lesões culposas.

Art. 89. Nos crimes em que a pena mínima cominada for igual ou inferior a 1 (um) ano, abrangidas ou não por esta Lei, o Ministério Público, ao oferecer a denúncia, poderá propor a suspensão do processo, por 2 (dois) a 4 (quatro) anos, desde que o acusado não esteja sendo processado ou não tenha sido condenado por outro crime, presentes os demais requisitos que autorizariam a suspensão condicional da pena (art. 77 do Código Penal).

§ 1.º Aceita a proposta pelo acusado e seu defensor, na presença do juiz, este, recebendo a denúncia, poderá suspender o processo, submetendo o acusado a período de prova, sob as seguintes condições:

I – reparação do dano, salvo impossibilidade de fazê-lo;

II – proibição de frequentar determinados lugares;

III – proibição de ausentar-se da comarca onde reside, sem autorização do juiz;

IV – comparecimento pessoal e obrigatório a juízo, mensalmente, para informar e justificar suas atividades.

§ 2.º O juiz poderá especificar outras condições a que fica subordinada a suspensão, desde

Lei n. 9.307, de 23-9-1996

que adequadas ao fato e à situação pessoal do acusado.

§ 3.º A suspensão será revogada se, no curso do prazo, o beneficiário vier a ser processado por outro crime ou não efetuar, sem motivo justificado, a reparação do dano.

§ 4.º A suspensão poderá ser revogada se o acusado vier a ser processado, no curso do prazo, por contravenção, ou descumprir qualquer outra condição imposta.

§ 5.º Expirado o prazo sem revogação, o juiz declarará extinta a punibilidade.

§ 6.º Não correrá a prescrição durante o prazo de suspensão do processo.

§ 7.º Se o acusado não aceitar a proposta prevista neste artigo, o processo prosseguirá em seus ulteriores termos.

Art. 90. As disposições desta Lei não se aplicam aos processos penais cuja instrução já estiver iniciada.

•• O STF, na ADIn n. 1.719-9, de 18-6-2007, exclui da abrangência deste artigo as normas de direito penal mais favoráveis ao réu, contidas nesta Lei.

Art. 90-A. As disposições desta Lei não se aplicam no âmbito da Justiça Militar.

•• Artigo acrescentado pela Lei n. 9.839, de 27-9-1999.

Art. 91. Nos casos em que esta Lei passa a exigir representação para a propositura da ação penal pública, o ofendido ou seu representante legal será intimado para oferecê-la no prazo de 30 (trinta) dias, sob pena de decadência.

Art. 92. Aplicam-se subsidiariamente as disposições dos Códigos Penal e de Processo Penal, no que não forem incompatíveis com esta Lei.

Capítulo IV
DISPOSIÇÕES FINAIS COMUNS

Art. 93. Lei Estadual disporá sobre o Sistema de Juizados Especiais Cíveis e Criminais, sua organização, composição e competência.

Art. 94. Os serviços de cartório poderão ser prestados, e as audiências realizadas fora da sede da Comarca, em bairros ou cidades a ela pertencentes, ocupando instalações de prédios públicos, de acordo com audiências previamente anunciadas.

Art. 95. Os Estados, Distrito Federal e Territórios criarão e instalarão os Juizados Especiais no prazo de 6 (seis) meses, a contar da vigência desta Lei.

Parágrafo único. No prazo de 6 (seis) meses, contado da publicação desta Lei, serão criados e instalados os Juizados Especiais Itinerantes, que deverão dirimir, prioritariamente, os conflitos existentes nas áreas rurais ou nos locais de menor concentração populacional.

•• Parágrafo único acrescentado pela Lei n. 12.726, de 16-10-2012.

Art. 96. Esta Lei entra em vigor no prazo de 60 (sessenta) dias após a sua publicação.

Art. 97. Ficam revogadas a Lei n. 4.611, de 2 de abril de 1965, e a Lei n. 7.244, de 7 de novembro de 1984.

Brasília, 26 de setembro de 1995; 174.º da Independência e 107.º da República.

Fernando Henrique Cardoso

LEI N. 9.307, DE 23 DE SETEMBRO DE 1996 (*)

Dispõe sobre a arbitragem.

O Presidente da República

Faço saber que o Congresso Nacional decreta e eu sanciono a seguinte Lei:

Capítulo I
DISPOSIÇÕES GERAIS

•• *Vide* Súmula 485 do STJ.

Art. 1.º As pessoas capazes de contratar

(*) Publicada no *DOU*, de 24-9-1996.

Arbitragem

Lei n. 9.307, de 23-9-1996

poderão valer-se da arbitragem para dirimir litígios relativos a direitos patrimoniais disponíveis.

§ 1.º A administração pública direta e indireta poderá utilizar-se da arbitragem para dirimir conflitos relativos a direitos patrimoniais disponíveis.

•• § 1.º acrescentado pela Lei n. 13.129, de 26-5-2015.

§ 2.º A autoridade ou o órgão competente da administração pública direta para a celebração de convenção de arbitragem é a mesma para a realização de acordos ou transações.

•• § 2.º acrescentado pela Lei n. 13.129, de 26-5-2015.

Art. 2.º A arbitragem poderá ser de direito ou de equidade, a critério das partes.

§ 1.º Poderão as partes escolher, livremente, as regras de direito que serão aplicadas na arbitragem, desde que não haja violação aos bons costumes e à ordem pública.

§ 2.º Poderão, também, as partes convencionar que a arbitragem se realize com base nos princípios gerais de direito, nos usos e costumes e nas regras internacionais de comércio.

§ 3.º A arbitragem que envolva a administração pública será sempre de direito e respeitará o princípio da publicidade.

•• § 3.º acrescentado pela Lei n. 13.129, de 26-5-2015.

Capítulo II
DA CONVENÇÃO DE ARBITRAGEM E SEUS EFEITOS

Art. 3.º As partes interessadas podem submeter a solução de seus litígios ao juízo arbitral mediante convenção de arbitragem, assim entendida a cláusula compromissória e o compromisso arbitral.

Art. 4.º A cláusula compromissória é a convenção através da qual as partes em um contrato comprometem-se a submeter à arbitragem os litígios que possam vir a surgir, relativamente a tal contrato.

§ 1.º A cláusula compromissória deve ser estipulada por escrito, podendo estar inserta no próprio contrato ou em documento apartado que a ele se refira.

•• *Vide* Enunciado 39 da ENFAM.

§ 2.º Nos contratos de adesão, a cláusula compromissória só terá eficácia se o aderente tomar a iniciativa de instituir a arbitragem ou concordar, expressamente, com a sua instituição, desde que por escrito em documento anexo ou em negrito, com a assinatura ou visto especialmente para essa cláusula.

•• A Lei n. 13.129, de 26-5-2015, propôs nova redação para esse § 2.º, bem como o acréscimo dos §§ 3.º e 4.º para este artigo, todavia teve seu texto vetado.

Os textos vetados diziam: "§ 2.º Nos contratos de adesão, a cláusula compromissória só terá eficácia se for redigida em negrito ou em documento apartado. § 3.º Na relação de consumo estabelecida por meio de contrato de adesão, a cláusula compromissória só terá eficácia se o aderente tomar a iniciativa de instituir a arbitragem ou concordar expressamente com a sua instituição. § 4.º Desde que o empregado ocupe ou venha a ocupar cargo ou função de administrador ou de diretor estatutário, nos contratos individuais de trabalho poderá ser pactuada cláusula compromissória, que só terá eficácia se o empregado tomar a iniciativa de instituir a arbitragem ou se concordar expressamente com a sua instituição".

Art. 5.º Reportando-se as partes, na cláusula compromissória, às regras de algum órgão arbitral institucional ou entidade especializada, a arbitragem será instituída e processada de acordo com tais regras, podendo, igualmente, as partes estabelecer na própria cláusula, ou em outro documento, a forma convencionada para a instituição da arbitragem.

Art. 6.º Não havendo acordo prévio sobre a forma de instituir a arbitragem, a parte interessada manifestará à outra parte sua intenção de dar início à arbitragem, por via postal ou por outro meio qualquer de comunicação, mediante comprovação de recebimento, convocando-a para, em dia, hora e local certos, firmar o compromisso arbitral.

Parágrafo único. Não comparecendo a parte convocada ou, comparecendo, recusar-se a firmar o compromisso arbitral, poderá a outra parte propor a demanda de que trata o art. 7.º

Lei n. 9.307, de 23-9-1996 — Arbitragem

desta Lei, perante o órgão do Poder Judiciário a que, originariamente, tocaria o julgamento da causa.

Art. 7.º Existindo cláusula compromissória e havendo resistência quanto à instituição da arbitragem, poderá a parte interessada requerer a citação da outra parte para comparecer em juízo a fim de lavrar-se o compromisso, designando o juiz audiência especial para tal fim.

§ 1.º O autor indicará, com precisão, o objeto da arbitragem, instruindo o pedido com o documento que contiver a cláusula compromissória.

§ 2.º Comparecendo as partes à audiência, o juiz tentará, previamente, a conciliação acerca do litígio. Não obtendo sucesso, tentará o juiz conduzir as partes à celebração, de comum acordo, do compromisso arbitral.

§ 3.º Não concordando as partes sobre os termos do compromisso, decidirá o juiz, após ouvir o réu, sobre seu conteúdo, na própria audiência ou no prazo de 10 (dez) dias, respeitadas as disposições da cláusula compromissória e atendendo ao disposto nos arts. 10 e 21, § 2.º, desta Lei.

§ 4.º Se a cláusula compromissória nada dispuser sobre a nomeação de árbitros, caberá ao juiz, ouvidas as partes, estatuir a respeito, podendo nomear árbitro único para a solução do litígio.

§ 5.º A ausência do autor, sem justo motivo, à audiência designada para a lavratura do compromisso arbitral, importará a extinção do processo sem julgamento de mérito.

§ 6.º Não comparecendo o réu à audiência, caberá ao juiz, ouvido o autor, estatuir a respeito do conteúdo do compromisso, nomeando árbitro único.

§ 7.º A sentença que julgar procedente o pedido valerá como compromisso arbitral.

Art. 8.º A cláusula compromissória é autônoma em relação ao contrato em que estiver inserta, de tal sorte que a nulidade deste não implica, necessariamente, a nulidade da cláusula compromissória.

Parágrafo único. Caberá ao árbitro decidir de ofício, ou por provocação das partes, as questões acerca da existência, validade e eficácia da convenção de arbitragem e do contrato que contenha a cláusula compromissória.

Art. 9.º O compromisso arbitral é a convenção através da qual as partes submetem um litígio à arbitragem de uma ou mais pessoas, podendo ser judicial ou extrajudicial.

§ 1.º O compromisso arbitral judicial celebrar-se-á por tempo nos autos, perante o juízo ou tribunal, onde tem curso a demanda.

§ 2.º O compromisso arbitral extrajudicial será celebrado por escrito particular, assinado por duas testemunhas, ou por instrumento público.

Art. 10. Constará, obrigatoriamente, do compromisso arbitral:

I – o nome, profissão, estado civil e domicílio das partes;

II – o nome, profissão e domicílio do árbitro, ou dos árbitros, ou, se for o caso, a identificação da entidade à qual as partes delegaram a indicação de árbitros;

III – a matéria que será objeto da arbitragem; e

IV – o lugar em que será proferida a sentença arbitral.

Art. 11. Poderá, ainda, o compromisso arbitral conter:

I – local, ou locais, onde se desenvolverá a arbitragem;

II – a autorização para que o árbitro ou os árbitros julguem por equidade, se assim for convencionado pelas partes;

III – o prazo para apresentação da sentença arbitral;

IV – a indicação da lei nacional ou das regras corporativas aplicáveis à arbitragem, quando assim convencionarem as partes;

V – a declaração da responsabilidade pelo pagamento dos honorários e das despesas com a arbitragem; e

Arbitragem
Lei n. 9.307, de 23-9-1996

VI – a fixação dos honorários do árbitro, ou dos árbitros.

Parágrafo único. Fixando as partes os honorários do árbitro, ou dos árbitros, no compromisso arbitral, este constituirá título executivo extrajudicial; não havendo tal estipulação, o árbitro requererá ao órgão do Poder Judiciário que seria competente para julgar, originariamente, a causa que os fixe por sentença.

Art. 12. Extingue-se o compromisso arbitral:

I – escusando-se qualquer dos árbitros, antes de aceitar a nomeação, desde que as partes tenham declarado, expressamente, não aceitar substituto;

II – falecendo ou ficando impossibilitado de dar seu voto algum dos árbitros, desde que as partes declarem, expressamente, não aceitar substituto; e

III – tendo expirado o prazo a que se refere o art. 11, inciso III, desde que a parte interessada tenha notificado o árbitro, ou o presidente do tribunal arbitral, concedendo-lhe o prazo de 10 (dez) dias para a prolação e apresentação da sentença arbitral.

Capítulo III
DOS ÁRBITROS

Art. 13. Pode ser árbitro qualquer pessoa capaz e que tenha a confiança das partes.

§ 1.º As partes nomearão um ou mais árbitros, sempre em número ímpar, podendo nomear, também, os respectivos suplentes.

§ 2.º Quando as partes nomearem árbitros em número par, estes estão autorizados, desde logo, a nomear mais um árbitro. Não havendo acordo, requererão as partes ao órgão do Poder Judiciário a que tocaria, originariamente, o julgamento da causa a nomeação do árbitro, aplicável, no que couber, o procedimento previsto no art. 7.º desta Lei.

§ 3.º As partes poderão, de comum acordo, estabelecer o processo de escolha dos árbitros, ou adotar as regras de um órgão arbitral institucional ou entidade especializada.

§ 4.º As partes, de comum acordo, poderão afastar a aplicação de dispositivo do regulamento do órgão arbitral institucional ou entidade especializada que limite a escolha do árbitro único, coárbitro ou presidente do tribunal à respectiva lista de árbitros, autorizado o controle da escolha pelos órgãos competentes da instituição, sendo que, nos casos de impasse e arbitragem multiparte, deverá ser observado o que dispuser o regulamento aplicável.

•• § 4.º com redação determinada pela Lei n. 13.129, de 26-5-2015.

§ 5.º O árbitro ou o presidente do tribunal designará, se julgar conveniente, um secretário, que poderá ser um dos árbitros.

§ 6.º No desempenho de sua função, o árbitro deverá proceder com imparcialidade, independência, competência, diligência e discrição.

§ 7.º Poderá o árbitro ou o tribunal arbitral determinar às partes o adiantamento de verbas para despesas e diligências que julgar necessárias.

Art. 14. Estão impedidos de funcionar como árbitros as pessoas que tenham, com as partes ou com o litígio que lhes for submetido, algumas das relações que caracterizam os casos de impedimento ou suspeição de juízes, aplicando-se-lhes, no que couber, os mesmos deveres e responsabilidades, conforme previsto no Código de Processo Civil.

§ 1.º As pessoas indicadas para funcionar como árbitro têm o dever de revelar, antes da aceitação da função, qualquer fato que denote dúvida justificada quanto à sua imparcialidade e independência.

§ 2.º O árbitro somente poderá ser recusado por motivo ocorrido após sua nomeação. Poderá, entretanto, ser recusado por motivo anterior à sua nomeação, quando:

a) não for nomeado, diretamente, pela parte; ou

b) o motivo para a recusa do árbitro for conhecido posteriormente à sua nomeação.

Art. 15. A parte interessada em arguir a recusa do árbitro apresentará, nos termos do art. 20, a respectiva exceção, diretamente ao árbitro ou ao presidente do tribunal arbitral, deduzindo suas razões e apresentando as provas pertinentes.

Parágrafo único. Acolhida a exceção, será afastado o árbitro suspeito ou impedido, que será substituído, na forma do art. 16 desta Lei.

Art. 16. Se o árbitro escusar-se antes da aceitação da nomeação, ou, após a aceitação, vier a falecer, tornar-se impossibilitado para o exercício da função, ou for recusado, assumirá seu lugar o substituto indicado no compromisso, se houver.

§ 1.º Não havendo substituto indicado para o árbitro, aplicar-se-ão as regras do órgão arbitral institucional ou entidade especializada, se as partes as tiverem invocado na convenção de arbitragem.

§ 2.º Nada dispondo a convenção de arbitragem e não chegando as partes a um acordo sobre a nomeação do árbitro a ser substituído, procederá a parte interessada na forma prevista no art. 7.º desta Lei, a menos que as partes tenham declarado, expressamente, na convenção de arbitragem, não aceitar substituto.

Art. 17. Os árbitros, quando no exercício de suas funções ou em razão delas, ficam equiparados aos funcionários públicos, para os efeitos da legislação penal.

Art. 18. O árbitro é juiz de fato e de direito, e a sentença que proferir não fica sujeita a recurso ou a homologação pelo Poder Judiciário.

Capítulo IV
DO PROCEDIMENTO ARBITRAL

Art. 19. Considera-se instituída a arbitragem quando aceita a nomeação pelo árbitro, se for único, ou por todos, se forem vários.

§ 1.º Instituída a arbitragem e entendendo o árbitro ou o tribunal arbitral que há necessidade de explicitar questão disposta na convenção de arbitragem, será elaborado, juntamente com as partes, adendo firmado por todos, que passará a fazer parte integrante da convenção de arbitragem.

•• Parágrafo único renumerado pela Lei n. 13.129, de 26-5-2015.

§ 2.º A instituição da arbitragem interrompe a prescrição, retroagindo à data do requerimento de sua instauração, ainda que extinta a arbitragem por ausência de jurisdição.

•• § 2.º acrescentado pela Lei n. 13.129, de 26-5-2015.

Art. 20. A parte que pretender arguir questões relativas à competência, suspeição ou impedimento do árbitro ou dos árbitros, bem como nulidade, invalidade ou ineficácia da convenção de arbitragem, deverá fazê-lo na primeira oportunidade que tiver de se manifestar, após a instituição da arbitragem.

§ 1.º Acolhida a arguição de suspeição ou impedimento, será o árbitro substituído nos termos do art. 16 desta Lei, reconhecida a incompetência do árbitro ou do tribunal arbitral, bem como a nulidade, invalidade ou ineficácia da convenção de arbitragem, serão as partes remetidas ao órgão do Poder Judiciário competente para julgar a causa.

§ 2.º Não sendo acolhida a arguição, terá normal prosseguimento a arbitragem, sem prejuízo de vir a ser examinada a decisão pelo órgão do Poder Judiciário competente, quando da eventual propositura da demanda de que trata o art. 33 desta Lei.

Art. 21. A arbitragem obedecerá ao procedimento estabelecido pelas partes na convenção de arbitragem, que poderá reportar-se às regras de um órgão arbitral institucional ou entidade especializada, facultando-se, ainda, às partes delegar ao próprio árbitro, ou ao tribunal arbitral, regular o procedimento.

§ 1.º Não havendo estipulação acerca do procedimento, caberá ao árbitro ou ao tribunal arbitral disciplina-lo.

§ 2.º Serão, sempre, respeitados no procedimento arbitral os princípios do contraditório, da igualdade das partes, da imparcialidade do árbitro e de seu livre convencimento.

Arbitragem

§ 3.º As partes poderão postular por intermédio de advogado, respeitada, sempre, a faculdade de designar quem as represente ou assista no procedimento arbitral.

§ 4.º Competirá ao árbitro ou ao tribunal arbitral, no início do procedimento, tentar a conciliação das partes, aplicando-se, no que couber, o art. 28 desta Lei.

Art. 22. Poderá o árbitro ou o tribunal arbitral tomar o depoimento das partes, ouvir testemunhas e determinar a realização de perícias ou outras provas que julgar necessárias, mediante requerimento das partes ou de ofício.

§ 1.º O depoimento das partes e das testemunhas será tomado em local, dia e hora previamente comunicados, por escrito, e reduzido a termo, assinado pelo depoente, ou a seu rogo, e pelos árbitros.

§ 2.º Em caso de desatendimento, sem justa causa, da convocação para prestar depoimento pessoal, o árbitro ou o tribunal arbitral levará em consideração o comportamento da parte faltosa, ao proferir sua sentença; se a ausência for de testemunha, nas mesmas circunstâncias, poderá o árbitro ou o presidente do tribunal arbitral requerer à autoridade judiciária que conduza a testemunha renitente, comprovando a existência da convenção de arbitragem.

§ 3.º A revelia da parte não impedirá que seja proferida a sentença arbitral.

§ 4.º *(Revogado pela Lei n. 13.129, de 26-5-2015.)*

§ 5.º Se, durante o procedimento arbitral, um árbitro vier a ser substituído fica a critério do substituto repetir as provas já produzidas.

Capítulo IV-A
DAS TUTELAS CAUTELARES E DE URGÊNCIA

•• Capítulo IV-A acrescentado pela Lei n. 13.129, de 26-5-2015.

Art. 22-A. Antes de instituída a arbitragem, as partes poderão recorrer ao Poder Judiciário para a concessão de medida cautelar ou de urgência.

• *Caput* acrescentado pela Lei n. 13.129, de 26-5-2015.

Parágrafo único. Cessa a eficácia da medida cautelar ou de urgência se a parte interessada não requerer a instituição da arbitragem no prazo de 30 (trinta) dias, contado da data de efetivação da respectiva decisão.

• Parágrafo único acrescentado pela Lei n. 13.129, de 26-5-2015.

Art. 22-B. Instituída a arbitragem, caberá aos árbitros manter, modificar ou revogar a medida cautelar ou de urgência concedida pelo Poder Judiciário.

•• *Caput* acrescentado pela Lei n. 13.129, de 26-5-2015.

Parágrafo único. Estando já instituída a arbitragem, a medida cautelar ou de urgência será requerida diretamente aos árbitros.

•• Parágrafo único acrescentado pela Lei n. 13.129, de 26-5-2015.

Capítulo IV-B
DA CARTA ARBITRAL

•• Capítulo IV-B acrescentado pela Lei n. 13.129, de 26-5-2015.

Art. 22-C. O árbitro ou o tribunal arbitral poderá expedir carta arbitral para que o órgão jurisdicional nacional pratique ou determine o cumprimento, na área de sua competência territorial, de ato solicitado pelo árbitro.

•• *Caput* acrescentado pela Lei n. 13.129, de 26-5-2015.

Parágrafo único. No cumprimento da carta arbitral será observado o segredo de justiça, desde que comprovada a confidencialidade estipulada na arbitragem.

•• Parágrafo único acrescentado pela Lei n. 13.129, de 26-5-2015.

Capítulo V
DA SENTENÇA ARBITRAL

Art. 23. A sentença arbitral será proferida no prazo estipulado pelas partes. Nada tendo sido convencionado, o prazo para a apresentação da sentença é de 6 (seis) meses, contado da instituição da arbitragem ou da substituição do árbitro.

§ 1.º Os árbitros poderão proferir sentenças parciais.

Lei n. 9.307, de 23-9-1996

•• § 1.º acrescentado pela Lei n. 13.129, de 26-5-2015.

§ 2.º As partes e os árbitros, de comum acordo, poderão prorrogar o prazo para proferir a sentença final.

•• Parágrafo único renumerado pela Lei n. 13.129, de 26-5-2015.

Art. 24. A decisão do árbitro ou dos árbitros será expressa em documento escrito.

§ 1.º Quando forem vários os árbitros, a decisão será tomada por maioria. Se não houver acordo majoritário, prevalecerá o voto do presidente do tribunal arbitral.

§ 2.º O árbitro que divergir da maioria poderá, querendo, declarar seu voto em separado.

Art. 25. (*Revogado pela Lei n. 13.129, de 26-5-2015.*)

Art. 26. São requisitos obrigatórios da sentença arbitral:

I – o relatório, que conterá os nomes das partes e um resumo do litígio;

II – os fundamentos da decisão, onde serão analisadas as questões de fato e de direito, mencionando-se, expressamente, se os árbitros julgaram por equidade;

III – o dispositivo, em que os árbitros resolverão as questões que lhes forem submetidas e estabelecerão o prazo para o cumprimento da decisão, se for o caso; e

IV – a data e o lugar em que foi proferida.

Parágrafo único. A sentença arbitral será assinada pelo árbitro ou por todos os árbitros. Caberá ao presidente do tribunal arbitral, na hipótese de um ou alguns dos árbitros não poder ou não querer assinar a sentença, certificar tal fato.

Art. 27. A sentença arbitral decidirá sobre a responsabilidade das partes acerca das custas e despesas com a arbitragem, bem como sobre verba decorrente de litigância de má-fé, se for o caso, respeitadas as disposições da convenção de arbitragem, se houver.

Art. 28. Se, no decurso da arbitragem, as partes chegarem a acordo quanto ao litígio, o árbitro ou tribunal arbitral poderá, a pedido das partes, declarar tal fato mediante sentença arbitral, que conterá os requisitos do art. 26 desta Lei.

Art. 29. Proferida a sentença arbitral, dá-se por finda a arbitragem, devendo o árbitro, ou o presidente do tribunal arbitral, enviar cópia da decisão às partes, por via postal ou por outro meio qualquer de comunicação, mediante comprovação de recebimento, ou, ainda, entregando-a diretamente às partes, mediante recibo.

Art. 30. No prazo de 5 (cinco) dias, a contar do recebimento da notificação ou da ciência pessoal da sentença arbitral, salvo se outro prazo for acordado entre as partes, a parte interessada, mediante comunicação à outra parte, poderá solicitar ao árbitro ou ao tribunal arbitral que:

•• *Caput* com redação determinada pela Lei n. 13.129, de 26-5-2015.

I – corrija qualquer erro material da sentença arbitral;

II – esclareça alguma obscuridade, dúvida ou contradição da sentença arbitral, ou se pronuncie sobre ponto omitido a respeito do qual devia manifestar-se a decisão.

Parágrafo único. O árbitro ou o tribunal arbitral decidirá no prazo de 10 (dez) dias ou em prazo acordado com as partes, aditará a sentença arbitral e notificará as partes na forma do art. 29.

•• Parágrafo único com redação determinada pela Lei n. 13.129, de 26-5-2015.

Art. 31. A sentença arbitral produz, entre as partes e seus sucessores, os mesmos efeitos da sentença proferida pelos órgãos do Poder Judiciário e, sendo condenatória, constitui título executivo.

Art. 32. É nula a sentença arbitral se:

I – for nula a convenção de arbitragem;

•• Inciso I com redação determinada pela Lei n. 13.129, de 26-5-2015.

II – emanou de quem não podia ser árbitro;

III – não contiver os requisitos do art. 26 desta Lei;

IV – for proferida fora dos limites da convenção de arbitragem;

V – (*Revogado pela Lei n. 13.129, de 26-5-2015.*)

VI – comprovado que foi proferida por prevaricação, concussão ou corrupção passiva;

VII – proferida fora do prazo, respeitado o disposto no art. 12, inciso III, desta Lei; e

VIII – forem desrespeitados os princípios de que trata o art. 21, § 2.º, desta Lei.

Art. 33. A parte interessada poderá pleitear ao órgão do Poder Judiciário competente a declaração de nulidade da sentença arbitral, nos casos previstos nesta Lei.

•• *Caput* com redação determinada pela Lei n. 13.129, de 26-5-2015.

§ 1.º A demanda para a declaração de nulidade da sentença arbitral, parcial ou final, seguirá as regras do procedimento comum, previstas na Lei n. 5.869, de 11 de janeiro de 1973 (Código de Processo Civil), e deverá ser proposta no prazo de até 90 (noventa) dias após o recebimento da notificação da respectiva sentença, parcial ou final, ou da decisão do pedido de esclarecimentos.

•• § 1.º com redação determinada pela Lei n. 13.129, de 26-5-2015.

•• Novo CPC: Lei n. 13.105, de 16-3-2015.

§ 2.º A sentença que julgar procedente o pedido declarará a nulidade da sentença arbitral, nos casos do art. 32, e determinará, se for o caso, que o árbitro ou o tribunal profira nova sentença arbitral.

•• § 2.º com redação determinada pela Lei n. 13.129, de 26-5-2015.

§ 3.º A decretação da nulidade da sentença arbitral também poderá ser requerida na impugnação ao cumprimento da sentença, nos termos dos arts. 525 e seguintes do Código de Processo Civil, se houver execução judicial.

•• § 3.º com redação determinada pela Lei n. 13.105, de 16-3-2015, em vigor um ano após sua publicação (*DOU* de 17-3-2015).

•• A Lei n. 13.129, de 26-5-2015, em vigor 60 dias após a publicação (*DOU* de 7-7-2015), alterou a redação deste artigo:

"§ 3.º A declaração de nulidade da sentença arbitral também poderá ser arguida mediante impugnação, conforme o art. 475-L e seguintes da Lei n. 5.869, de 11 de janeiro de 1973 (Código de Processo Civil), se houver execução judicial".

§ 4.º A parte interessada poderá ingressar em juízo para requerer a prolação de sentença arbitral complementar, se o árbitro não decidir todos os pedidos submetidos à arbitragem.

•• § 4.º acrescentado pela Lei n. 13.129, de 26-5-2015.

Capítulo VI
DO RECONHECIMENTO E EXECUÇÃO DE SENTENÇAS ARBITRAIS ESTRANGEIRAS

Art. 34. A sentença arbitral estrangeira será reconhecida ou executada no Brasil de conformidade com os tratados internacionais com eficácia no ordenamento interno e, na sua ausência, estritamente de acordo com os termos desta Lei.

Parágrafo único. Considera-se sentença arbitral estrangeira a que tenha sido proferida fora do território nacional.

Art. 35. Para ser reconhecida ou executada no Brasil, a sentença arbitral estrangeira está sujeita, unicamente, à homologação do Superior Tribunal de Justiça.

•• Artigo com redação determinada pela Lei n. 13.129, de 26-5-2015.

•• Com o advento da Emenda Constitucional n. 45, de 8-12-2004, que alterou o art. 105, I, *i*, da CF, a competência para homologar sentenças estrangeiras passou a ser do STJ.

Art. 36. Aplica-se à homologação para reconhecimento ou execução de sentença arbitral estrangeira, no que couber, o disposto nos arts. 483 e 484 do Código de Processo Civil.

Art. 37. A homologação de sentença arbitral estrangeira será requerida pela parte interessada, devendo a petição inicial conter as indicações da lei processual, conforme o art. 282 do Código de Processo Civil, e ser instruída, necessariamente, com:

I – o original da sentença arbitral ou uma cópia devidamente certificada, autenticada pelo consulado brasileiro e acompanhada de tradução oficial;

II – o original da convenção de arbitragem ou cópia devidamente certificada, acompanhada de tradução oficial.

Art. 38. Somente poderá ser negada a homologação para o reconhecimento ou execução de sentença arbitral estrangeira, quando o réu demonstrar que:

I – as partes na convenção de arbitragem eram incapazes;

II – a convenção de arbitragem não era válida segundo a lei à qual as partes a submeteram, ou, na falta de indicação, em virtude da lei do país onde a sentença arbitral foi proferida;

III – não foi notificado da designação do árbitro ou do procedimento de arbitragem, ou tenha sido violado o princípio do contraditório, impossibilitando a ampla defesa;

IV – a sentença arbitral foi proferida fora dos limites da convenção de arbitragem, e não foi possível separar a parte excedente daquela submetida à arbitragem;

V – a instituição da arbitragem não está de acordo com o compromisso arbitral ou cláusula compromissória;

VI – a sentença arbitral não se tenha, ainda, tornado obrigatória para as partes, tenha sido anulada, ou, ainda, tenha sido suspensa por órgão judicial do país onde a sentença arbitral for prolatada.

Art. 39. A homologação para o reconhecimento ou a execução da sentença arbitral estrangeira também será denegada se o Superior Tribunal de Justiça constatar que:

•• *Caput* com redação determinada pela Lei n. 13.129, de 26-5-2015.

I – segundo a lei brasileira, o objeto do litígio não é suscetível de ser resolvido por arbitragem;

II – a decisão ofende a ordem pública nacional.

Parágrafo único. Não será considerada ofensa à ordem pública nacional a efetivação da citação da parte residente ou domiciliada no Brasil, nos moldes da convenção de arbitragem ou da lei processual do país onde se realizou a arbitragem, admitindo-se, inclusive, a citação postal como prova inequívoca de recebimento, desde que assegure à parte brasileira tempo hábil para o exercício do direito de defesa.

Art. 40. A denegação da homologação para reconhecimento ou execução de sentença arbitral estrangeira por vícios formais, não obsta que a parte interessada renove o pedido, uma vez sanados os vícios apresentados.

Capítulo VII
DISPOSIÇÕES FINAIS

Art. 41. Os arts. 267, inciso VII; 301, inciso IX; e 584, inciso III, do Código de Processo Civil passam a ter a seguinte redação:

•• Alterações já processadas no diploma modificado.

Art. 42. O art. 520 do Código de Processo Civil passa a ter mais um inciso, com a seguinte redação:

•• Alterações já processadas no diploma modificado.

Art. 43. Esta Lei entrará em vigor sessenta dias após a data de sua publicação.

•• *Vide* Súmula 485 do STJ.

Art. 44. Ficam revogados os arts. 1.037 a 1.048 da Lei n. 3.071, de 1.º de janeiro de 1916, Código Civil Brasileiro; os arts. 101 e 1.072 a 1.102 da Lei n. 5.869, de 11 de janeiro de 1973, Código de Processo Civil; e demais disposições em contrário.

•• As alterações na Lei n. 3.071, de 1.º-1-1916, deixam de vigorar, em função da revogação desta pela Lei n. 10.406, de 10-1-2002.

Brasília, 23 de setembro de 1996; 175.º da Independência e 108.º da República.

Fernando Henrique Cardoso

LEI N. 9.494, DE 10 DE SETEMBRO DE 1997 (*)

(*) Publicada no *DOU*, de 11-9-1997.

Tutela Antecipada
Lei n. 9.494, de 10-9-1997

Disciplina a aplicação da tutela antecipada contra a Fazenda Pública, altera a Lei n. 7.347, de 24 de julho de 1985, e dá outras providências.

Faço saber que o Presidente da República adotou a Medida Provisória n. 1.570-5, de 1997, que o Congresso Nacional aprovou, e eu, Antonio Carlos Magalhães, Presidente, para os efeitos do disposto no parágrafo único do art. 62 da Constituição Federal, promulgo a seguinte Lei:

Art. 1.º Aplica-se à tutela antecipada prevista nos arts. 273 e 461 do Código de Processo Civil o disposto nos arts. 5.º e seu parágrafo único e 7.º da Lei n. 4.348, de 26 de junho de 1964, no art. 1.º e seu § 4.º da Lei n. 5.021, de 9 de junho de 1966, e nos arts. 1.º, 3.º e 4.º da Lei n. 8.437, de 30 de junho de 1992.

•• O STF, em 30-10-2014, julgou procedente a ADC n. 4, para confirmar, com efeito vinculante, eficácia geral e *ex tunc*, a inteira validade jurídico-constitucional deste artigo.

Art. 1.º-A. Estão dispensadas de depósito prévio, para interposição de recurso, as pessoas jurídicas de direito público federais, estaduais, distritais e municipais.

•• Artigo acrescentado pela Medida Provisória n. 2.180-35, de 24-8-2001.

Art. 1.º-B. O prazo a que se refere o *caput* dos arts. 730 do Código de Processo Civil, e 884 da Consolidação das Leis do Trabalho, aprovada pelo Decreto-lei n. 5.452, de 1.º de maio de 1943, passa a ser de 30 (trinta) dias.

•• Artigo acrescentado pela Medida Provisória n. 2.180-35, de 24-8-2001.

Art. 1.º-C. Prescreverá em 5 (cinco) anos o direito de obter indenização dos danos causados por agentes de pessoas jurídicas de direito público e de pessoas jurídicas de direito privado prestadoras de serviços públicos.

•• Artigo acrescentado pela Medida Provisória n. 2.180-35, de 24-8-2001.

Art. 1.º-D. Não serão devidos honorários advocatícios pela Fazenda Pública nas execuções não embargadas.

•• Artigo acrescentado pela Medida Provisória n. 2.180-35, de 24-8-2001.

•• *Vide* Súmula 345 do STJ.

Art. 1.º-E. São passíveis de revisão, pelo Presidente do Tribunal, de ofício ou a requerimento das partes, as contas elaboradas para aferir o valor dos precatórios antes de seu pagamento ao credor.

•• Artigo acrescentado pela Medida Provisória n. 2.180-35, de 24-8-2001.

Art. 1.º-F. Nas condenações impostas à Fazenda Pública, independentemente de sua natureza e para fins de atualização monetária, remuneração do capital e compensação da mora, haverá a incidência uma única vez, até o efetivo pagamento, dos índices oficiais de remuneração básica e juros aplicados à caderneta de poupança.

•• Artigo com redação determinada pela Lei n. 11.960, de 29-6-2009.

•• *Vide* Súmula 61 do JEF.

Art. 2.º O art. 16 da Lei n. 7.347, de 24 de julho de 1985, passa a vigorar com a seguinte redação:

•• Alteração já processada no texto do diploma modificado.

Art. 2.º-A. A sentença civil prolatada em ação de caráter coletivo proposta por entidade associativa, na defesa dos interesses e direitos dos seus associados, abrangerá apenas os substituídos que tenham na data da propositura da ação, domicílio no âmbito da competência territorial do órgão prolator.

•• *Caput* acrescentado pela Medida Provisória n. 2.180-35, de 24-8-2001.

Parágrafo único. Nas ações coletivas propostas contra a União, os Estados, o Distrito Federal, os Municípios e suas autarquias e fundações, a petição inicial deverá obrigatoriamente estar instruída com a ata da Assembleia da entidade associativa que a autorizou, acompanhada da relação nominal dos seus associados e indicação dos respectivos endereços.

•• Parágrafo único acrescentado pela Medida Provisória n. 2.180-35, de 24-8-2001.

Art. 2.º-B. A sentença que tenha por objeto a liberação de recurso, inclusão em folha de pagamento, reclassificação, equiparação, concessão de aumento ou extensão de vantagens a servidores da União, dos Estados, do Distrito Federal e dos Municípios, inclusive de suas autarquias e fundações, somente poderá ser executada após seu trânsito em julgado.

•• Artigo acrescentado pela Medida Provisória n. 2.180-35, de 24-8-2001.

Art. 3.º Ficam convalidados os atos praticados com base na Medida Provisória n. 1.570-4, de 22 de julho de 1997.

Art. 4.º Esta Lei entra em vigor na data de sua publicação.

Congresso Nacional, em 10 de setembro de 1997; 176.º da Independência e 109.º da República.

Antonio Carlos Magalhães

LEI N. 9.507, DE 12 DE NOVEMBRO DE 1997 (*)

Regula o direito de acesso a informações e disciplina o rito processual do habeas data.

O Presidente da República

Faço saber que o Congresso Nacional decreta e eu sanciono a seguinte Lei:

Art. 1.º (*Vetado.*)

Parágrafo único. Considera-se de caráter público todo registro ou banco de dados contendo informações que sejam ou que possam ser transmitidas a terceiros ou que não sejam de uso privativo do órgão ou entidade produtora ou depositária das informações.

Art. 2.º O requerimento será apresentado ao órgão ou entidade depositária do registro ou banco de dados e será deferido ou indeferido no prazo de 48 (quarenta e oito) horas.

Parágrafo único. A decisão será comunicada ao requerente em 24 (vinte e quatro) horas.

Art. 3.º Ao deferir o pedido, o depositário do registro ou do banco de dados marcará dia e hora para que o requerente tome conhecimento das informações.

Parágrafo único. (*Vetado.*)

Art. 4.º Constatada a inexatidão de qualquer dado a seu respeito, o interessado, em petição acompanhada de documentos comprobatórios, poderá requerer sua retificação.

§ 1.º Feita a retificação em, no máximo, 10 (dez) dias após a entrada do requerimento, a entidade ou órgão depositário do registro ou da informação dará ciência ao interessado.

§ 2.º Ainda que não se constate a inexatidão do dado, se o interessado apresentar explicação ou contestação sobre o mesmo, justificando possível pendência sobre o fato objeto do dado, tal explicação será anotada no cadastro do interessado.

Art. 5.º (*Vetado.*)

Art. 6.º (*Vetado.*)

Art. 7.º Conceder-se-á *habeas data*:

I – para assegurar o conhecimento de informações relativas à pessoa do impetrante, constantes de registro ou banco de dados de entidades governamentais ou de caráter público;

II – para a retificação de dados, quando não se prefira fazê-lo por processo sigiloso, judicial ou administrativo;

III – para a anotação nos assentamentos do interessado, de contestação ou explicação sobre dado verdadeiro mas justificável e que esteja sob pendência judicial ou amigável.

(*) Publicada no *DOU*, de 13-11-1997. *Vide* art. 5.º, XXXIII e LXXVII, da CF. A Lei n. 12.527, de 18-11-2011, regula o acesso a informações previsto nos arts. 5.º, XXXIII, 37, § 3.º, II, e 216, § 2.º, da CF.

Habeas Data

Art. 8.º A petição inicial, que deverá preencher os requisitos dos arts. 282 a 285 do Código de Processo Civil, será apresentada em 2 (duas) vias, e os documentos que instruírem a primeira serão reproduzidos por cópia na segunda.

Parágrafo único. A petição inicial deverá ser instruída com prova:

I – da recusa ao acesso às informações ou do decurso de mais de 10 (dez) dias sem decisão;

II – da recusa em fazer-se a retificação ou do decurso de mais de 15 (quinze) dias, sem decisão; ou

III – da recusa em fazer-se a anotação a que se refere o § 2.º do art. 4.º ou do decurso de mais de 15 (quinze) dias sem decisão.

Art. 9.º Ao despachar a inicial, o juiz ordenará que se notifique o coator do conteúdo da petição, entregando-lhe a segunda via apresentada pelo impetrante, com as cópias dos documentos, a fim de que, no prazo de 10 (dez) dias, preste as informações que julgar necessárias.

Art. 10. A inicial será desde logo indeferida, quando não for o caso de *habeas data*, ou se lhe faltar algum dos requisitos previstos nesta Lei.

Parágrafo único. Do despacho de indeferimento caberá recurso previsto no art. 15.

Art. 11. Feita a notificação, o serventuário em cujo cartório corra o feito, juntará aos autos cópia autêntica do ofício endereçado ao coator, bem como a prova da sua entrega a este ou da recusa, seja de recebê-lo, seja de dar recibo.

Art. 12. Findo o prazo a que se refere o art. 9.º, e ouvido o representante do Ministério Público dentro de 5 (cinco) dias, os autos serão conclusos ao juiz para decisão a ser proferida em 5 (cinco) dias.

Art. 13. Na decisão, se julgar procedente o pedido, o juiz marcará data e horário para que o coator:

I – apresente ao impetrante as informações a seu respeito, constantes de registros ou bancos de dados; ou

II – apresente em juízo a prova da retificação ou da anotação feita nos assentamentos do impetrante.

Art. 14. A decisão será comunicada ao coator, por correio, com aviso de recebimento, ou por telegrama, radiograma ou telefonema, conforme o requerer o impetrante.

Parágrafo único. Os originais, no caso de transmissão telegráfica, radiofônica ou telefônica deverão ser apresentados à agência expedidora, com a firma do juiz devidamente reconhecida.

Art. 15. Da sentença que conceder ou negar o *habeas data* cabe apelação.

Parágrafo único. Quando a sentença conceder o *habeas data*, o recurso terá efeito meramente devolutivo.

Art. 16. Quando o *habeas data* for concedido e o Presidente do Tribunal ao qual competir o conhecimento do recurso ordenar ao juiz a suspensão da execução da sentença, desse seu ato caberá agravo para o Tribunal a que presida.

Art. 17. Nos casos de competência do Supremo Tribunal Federal e dos demais Tribunais caberá ao relator a instrução do processo.

Art. 18. O pedido de *habeas data* poderá ser renovado se a decisão denegatória não lhe houver apreciado o mérito.

Art. 19. Os processos de *habeas data* terão prioridade sobre todos os atos judiciais, exceto *habeas corpus* e mandado de segurança. Na instância superior, deverão ser levados a julgamento na primeira sessão que se seguir à data em que, feita a distribuição, forem conclusos ao relator.

Parágrafo único. O prazo para a conclusão não poderá exceder de 24 (vinte e quatro) horas, a contar da distribuição.

Art. 20. O julgamento do *habeas data* compete:

I – originariamente:

a) ao Supremo Tribunal Federal, contra atos do Presidente da República, das Mesas da Câmara dos Deputados e do Senado Federal, do

Tribunal de Contas da União, do Procurador-Geral da República e do próprio Supremo Tribunal Federal;

b) ao Superior Tribunal de Justiça, contra atos de Ministro de Estado ou do próprio Tribunal;

c) aos Tribunais Regionais Federais contra atos do próprio Tribunal ou de juiz federal;

d) a juiz federal, contra ato de autoridade federal, excetuados os casos de competência dos tribunais federais;

e) a tribunais estaduais, segundo o disposto na Constituição do Estado;

f) a juiz estadual, nos demais casos;

II – em grau de recurso:

a) ao Supremo Tribunal Federal, quando a decisão denegatória for proferida em única instância pelos Tribunais Superiores;

b) ao Superior Tribunal de Justiça, quando a decisão for proferida em única instância pelos Tribunais Regionais Federais;

c) aos Tribunais Regionais Federais, quando a decisão for proferida por juiz federal;

d) aos Tribunais Estaduais e ao do Distrito Federal e Territórios, conforme dispuserem a respectiva Constituição e a lei que organizar a Justiça do Distrito Federal;

III – mediante recurso extraordinário ao Supremo Tribunal Federal, nos casos previstos na Constituição.

Art. 21. São gratuitos o procedimento administrativo para acesso a informações e retificação de dados e para anotação de justificação, bem como a ação de *habeas data*.

Art. 22. Esta Lei entra em vigor na data de sua publicação.

Art. 23. Revogam-se as disposições em contrário.

Brasília, 12 de novembro de 1997; 176.º da Independência e 109.º da República.

FERNANDO HENRIQUE CARDOSO

LEI N. 9.703, DE 17 DE NOVEMBRO DE 1998 (*)

Dispõe sobre os depósitos judiciais e extrajudiciais de tributos e contribuições federais.

Faço saber que o Presidente da República adotou a Medida Provisória n. 1.721, de 1998, que o Congresso Nacional aprovou, e eu, Antonio Carlos Magalhães, Presidente, para os efeitos do disposto no parágrafo único do art. 62 da Constituição Federal, promulgo a seguinte Lei:

Art. 1.º Os depósitos judiciais e extrajudiciais, em dinheiro, de valores referentes a tributos e contribuições federais, inclusive seus acessórios, administrados pela Secretaria da Receita Federal do Ministério da Fazenda, serão efetuados na Caixa Econômica Federal, mediante Documento de Arrecadação de Receitas Federais – DARF, específico para essa finalidade.

∗∗ A Secretaria da Receita Federal passa a denominar-se Secretaria da Receita Federal do Brasil, por força da Lei n. 11.457, de 16-3-2007.

§ 1.º O disposto neste artigo aplica-se, inclusive, aos débitos provenientes de tributos e contribuições inscritos em Dívida Ativa da União.

§ 2.º Os depósitos serão repassados pela Caixa Econômica Federal para a Conta Única do Tesouro Nacional, independentemente de qualquer formalidade, no mesmo prazo fixado para recolhimento dos tributos e das contribuições federais.

§ 3.º Mediante ordem da autoridade judicial ou, no caso de depósito extrajudicial, da autoridade administrativa competente, o valor do depósito, após o encerramento da lide ou do processo litigioso, será:

(*) Publicada no *DOU*, de 18-11-1998. *Vide* Lei Complementar n. 151, de 5-8-2015.

Medidas Cautelares – MERCOSUL

I – devolvido ao depositante pela Caixa Econômica Federal, no prazo máximo de 24 (vinte e quatro) horas, quando a sentença lhe for favorável ou na proporção em que o for, acrescido de juros, na forma estabelecida pelo § 4.º do art. 39 da Lei n. 9.250, de 26 de dezembro de 1995, e alterações posteriores; ou

II – transformado em pagamento definitivo, proporcionalmente à exigência do correspondente tributo ou contribuição, inclusive seus acessórios, quando se tratar de sentença ou decisão favorável à Fazenda Nacional.

§ 4.º Os valores devolvidos pela Caixa Econômica Federal serão debitados à Conta Única do Tesouro Nacional, em subconta de restituição.

§ 5.º A Caixa Econômica Federal manterá controle dos valores depositados ou devolvidos.

Art. 2.º Observada a legislação própria, o disposto nesta Lei aplica-se aos depósitos judiciais e extrajudiciais referentes às contribuições administradas pelo Instituto Nacional de Seguridade Social.

Art. 2.º-A. Aos depósitos efetuados antes de 1.º de dezembro de 1998 será aplicada a sistemática prevista nesta Lei de acordo com um cronograma fixado por ato do Ministério da Fazenda, sendo obrigatória a sua transferência à conta única do Tesouro Nacional.

•• *Caput* acrescentado pela Lei n. 12.058, de 13-10-2009.

§ 1.º Os juros dos depósitos referidos no *caput* serão calculados à taxa originalmente devida até a data da transferência à conta única do Tesouro Nacional.

•• § 1.º acrescentado pela Lei n. 12.099, de 27-11-2009.

§ 2.º Após a transferência à conta única do Tesouro Nacional, os juros dos depósitos referidos no *caput* serão calculados na forma estabelecida pelo § 4.º do art. 39 da Lei n. 9.250, de 26 de dezembro de 1995.

•• § 2.º acrescentado pela Lei n. 12.099, de 27-11-2009.

§ 3.º A inobservância da transferência obrigatória de que trata o *caput* sujeita os recursos depositados à remuneração na forma estabelecida pelo § 4.º do art. 39 da Lei n. 9.250, de 26 de dezembro de 1995, desde a inobservância, e os administradores das instituições financeiras às penalidades previstas na Lei n. 4.595, de 31 de dezembro de 1964.

•• § 3.º acrescentado pela Lei n. 12.099, de 27-11-2009.

§ 4.º (*Vetado*.)

•• § 4.º acrescentado pela Lei n. 12.099, de 27-11-2009.

Art. 3.º Os procedimentos para execução desta Lei serão disciplinados em regulamento.

Art. 4.º Esta Lei entra em vigor na data de sua publicação, aplicando-se aos depósitos efetuados a partir de 1.º de dezembro de 1998.

Congresso Nacional, 17 de novembro de 1998; 177.º da Independência e 110.º da República.

Antonio Carlos Magalhães

DECRETO N. 2.626, DE 15 DE JUNHO DE 1998 (*)

Promulga o Protocolo de Medidas Cautelares, concluído em Ouro Preto, em 16 de dezembro de 1994.

O Presidente da República, no uso das atribuições que lhe confere o art. 84, VIII, da Constituição Federal,

Considerando que o Protocolo de Medidas Cautelares foi concluído em Ouro Preto, em 16 de dezembro de 1994;

Considerando que o Congresso Nacional aprovou o ato multilateral em epígrafe por meio do Decreto Legislativo n. 192, de 15 de dezembro de 1995;

(*) Publicado no *DOU*, de 16-6-1998.

Decreto n. 2.626, de 15-6-1998

Considerando que o Governo brasileiro depositou o Instrumento de Ratificação do Protocolo em 18 de março de 1997, passando o mesmo a vigorar para o Brasil em 18 de abril de 1997; decreta:

Art. 1.º O Protocolo de Medidas Cautelares, concluído em Ouro Preto, em 16 de dezembro de 1994, será executado e cumprido tão inteiramente como nele se contém.

Art. 2.º Este Decreto entra em vigor na data de sua publicação.

Brasília, em 15 de junho de 1998; 177.º da Independência e 110.º da República.

FERNANDO HENRIQUE CARDOSO

ANEXO AO DECRETO QUE PROMULGA O PROTOCOLO DE MEDIDAS CAUTELARES/MRE

Protocolo de Medidas Cautelares

Os Governos da República Argentina, da República Federativa do Brasil, da República do Paraguai e da República Oriental do Uruguai, doravante denominados Estados Partes;

Considerando que o Tratado de Assunção, firmado em 26 de março de 1991, estabelece o compromisso dos Estados Partes de harmonizar suas legislações nas áreas pertinentes;

Reafirmando a vontade dos Estados Partes de acordar soluções jurídicas comuns para o fortalecimento do processo de integração;

Convencidos da importância e da necessidade de oferecer ao setor privado dos Estados Partes, um quadro de segurança jurídica que garanta soluções justas às controvérsias privadas e torne viável a cooperação cautelar entre os Estados Partes do Tratado de Assunção,

Acordam

Medidas Cautelares – MERCOSUL

Objeto do Protocolo
Artigo 1.º

O presente Protocolo tem objetivo regulamentar entre os Estados Partes do Tratado de Assunção o cumprimento de medidas cautelares destinadas a impedir a irreparabilidade de um dano em relação às pessoas, bens e obrigações de dar, de fazer ou de não fazer.

Artigo 2.º

A medida cautelar poderá ser solicitada em processos ordinários, de execução, especiais ou extraordinários, de natureza civil, comercial, trabalhista e em processos penais, quanto à reparação civil.

Artigo 3.º

Admitir-se-ão medidas cautelares preparatórias, incidentais de uma ação principal e as que garantam a execução de uma sentença.

Âmbito de Aplicação
Artigo 4.º

As autoridades jurisdicionais dos Estados Partes do Tratado de Assunção darão cumprimento às medidas cautelares decretadas por Juízes ou Tribunais de outros Estados Partes, competentes na esfera internacional, adotando as providências necessárias, de acordo com a lei do lugar onde sejam situados os bens ou residam as pessoas objeto da medida.

Lei Aplicável
Artigo 5.º

A admissibilidade da medida cautelar será regulada pelas leis e julgada pelos Juízes ou Tribunais do Estado requerente.

Artigo 6.º

A execução da medida cautelar e sua contracautela ou respectiva garantia serão processadas pelos Juízes ou Tribunais do Estado requerido, segundo suas leis.

Medidas Cautelares — MERCOSUL

Artigo 7.º

Serão também regidas pelas leis e julgadas pelos Juízes ou Tribunais do Estado requerido:

a) as modificações que no curso do processo se justificarem para o seu correto cumprimento e, se for o caso, sua redução ou sua substituição;

b) as sanções em decorrência de litigância de má-fé; e

c) as questões relativas a domínio e demais direitos reais.

Artigo 8.º

O Juiz ou Tribunal do Estado requerido poderá recusar cumprimento ou, se for o caso, determinar o levantamento da medida, quando verificada sua absoluta improcedência, nos termos deste Protocolo.

Oposição
Artigo 9.º

O presumido devedor da obrigação ou terceiros interessados que se considerarem prejudicados poderão opor-se à medida perante a autoridade judicial requerida. Sem prejuízo da manutenção da medida cautelar, dita autoridade restituirá o procedimento ao Juiz ou Tribunal de origem, para que decida sobre a oposição segundo suas leis, com exceção do disposto na alínea c do artigo 7.º.

Autonomia da Cooperação Cautelar
Artigo 10

O cumprimento de uma medida cautelar pela autoridade jurisdicional requerida não implica o compromisso de reconhecimento ou execução da sentença definitiva estrangeira proferida no processo principal.

Cooperação Cautelar na Execução da Sentença
Artigo 11

O Juiz ou Tribunal, a quem for solicitado o cumprimento de uma sentença estrangeira, poderá determinar as medidas cautelares garantidoras da execução, de conformidade com as suas leis.

Medidas Cautelares em Matéria de Menores
Artigo 12

Quando a medida cautelar se referir à custódia de menores, o Juiz ou Tribunal do Estado requerido poderá limitar o alcance da medida exclusivamente ao seu território, à espera da decisão definitiva do Juiz ou Tribunal do processo principal.

Interposição da Demanda no Processo Principal
Artigo 13

A interposição da demanda no processo principal, fora do prazo previsto na legislação do Estado requerente, produzirá a plena ineficácia da medida preparatória concedida.

Obrigação de Informar
Artigo 14

O Juiz ou Tribunal do Estado requerente comunicará ao do Estado requerido:

a) ao transmitir a rogatória, o prazo — contado a partir da efetivação da medida cautelar — dentro do qual o pedido da ação principal deverá ser apresentado ou interposto;

b) o mais breve possível, a data da apresentação, ou a não apresentação da demanda no processo principal.

Artigo 15

O Juiz ou Tribunal do Estado requerido comunicará, imediatamente, ao Estado requerente, a data em que foi dado cumprimento à medida cautelar solicitada, ou as razões pelas quais deixou de ser cumprida.

Decreto n. 2.626, de 15-6-1998

Cooperação Interna

Artigo 16

Se a autoridade jurisdicional requerida se julgar incompetente para proceder o trâmite da carta rogatória, transmitirá de ofício os documentos e antecedentes do caso à autoridade jurisdicional competente de seu Estado.

Ordem Pública

Artigo 17

A autoridade jurisdicional do Estado requerido poderá recusar o cumprimento de uma carta rogatória referente a medidas cautelares, quando estas sejam manifestamente contrárias a sua ordem pública.

Meio Empregado para Formulação do Pedido

Artigo 18

A solicitação de medidas cautelares será formulada através de "exhortos" ou cartas rogatórias, termos equivalentes para os fins do presente Protocolo.

Transmissão e Diligenciamento

Artigo 19

A carta rogatória relativa ao cumprimento de uma medida cautelar será transmitida pela via diplomática ou consular, por intermédio da respectiva Autoridade Central ou das partes interessadas.

Quando a transmissão for efetuada pela via diplomática ou consular, ou por intermédio das autoridades centrais, não se exigirá o requisito da legalização.

Quando a carta rogatória for encaminhada por intermédio da parte interessada, deverá ser legalizada perante os agentes diplomáticos ou consulares do Estado requerido, salvo se, entre os Estados requerente e requerido, haja sido suprimido o requisito da legalização ou substituído por outra formalidade.

Medidas Cautelares — MERCOSUL

Os Juízes ou Tribunais das zonas fronteiriças dos Estados Partes poderão transmitir-se, de forma direta, os "exhortos" ou cartas rogatórias previstos neste Protocolo, sem necessidade de legalização.

Não será aplicado no cumprimento das medidas cautelares o procedimento homologatório das sentenças estrangeiras.

Autoridade Central

Artigo 20

Cada Estado Parte designará uma Autoridade Central encarregada de receber e transmitir as solicitações de cooperação cautelar.

Documentos e Informações

Artigo 21

As cartas rogatórias conterão:

a) a identificação e o domicílio do juiz ou tribunal que determinou a ordem;

b) cópia autenticada da petição da medida cautelar, e da demanda principal, se houver;

c) documentos que fundamentem a petição;

d) ordem fundamentada que determine a medida cautelar;

e) informação acerca das normas que estabeleçam algum procedimento especial que a autoridade jurisdicional requeira ou solicite que se observe; e

f) indicação da pessoa que no Estado requerido deverá arcar com os gastos e custas judiciais devidas, salvo as exceções previstas no artigo 25. Será facultativa à autoridade do Estado requerido dar tramitação à carta rogatória que careça de indicação acerca da pessoa que deva atender às despesas e custas, quando ocorrerem.

As cartas rogatórias e os documentos que as acompanham deverão estar revestidos das formalidades externas necessárias para serem considerados autênticos no Estado de onde procedem.

Medidas Cautelares – MERCOSUL

A medida cautelar será cumprida, a não ser que lhe faltem requisitos, documentos ou informações consideradas fundamentais, que tornem inadmissível sua procedência. Nesta hipótese, o Juiz ou Tribunal requerido comunicar-se-á imediatamente com o requerente, para que, com urgência, sejam sanados os referidos defeitos.

Artigo 22

Quando as circunstâncias do caso o justifiquem, de acordo com a apreciação do Juiz ou Tribunal requerente, a rogatória informará acerca da existência e do domicílio das defensorias de ofício competentes.

Tradução

Artigo 23

As cartas rogatórias e os documentos que as acompanham deverão ser redigidos no idioma do Estado requerente e serão acompanhados de uma tradução no idioma do Estado requerido.

Custas e Despesas

Artigo 24

As custas judiciais e demais despesas serão de responsabilidade da parte solicitante da medida cautelar.

Artigo 25

Ficam excetuadas das obrigações estabelecidas no artigo anterior as medidas cautelares requeridas em matéria de alimentos provisionais, localização e restituição de menores e aquelas que solicitem as pessoas que, no Estado requerente, tenham obtido o benefício da justiça gratuita.

Disposições Finais

Artigo 26

Este Protocolo não restringirá a aplicação de disposições mais favoráveis para a cooperação contidas em outras Convenções sobre medidas cautelares que estejam em vigor com caráter bilateral ou multilateral entre os Estados Partes.

Artigo 27

As controvérsias que surgirem entre os Estados Partes em decorrência da aplicação, interpretação ou descumprimento das disposições contidas no presente Protocolo serão resolvidas mediante negociações diplomáticas diretas.

Se, mediante tais negociações, não se alcançar acordo ou se a controvérsia só for solucionada parcialmente, aplicar-se-ão os procedimentos previstos no Sistema de Solução de Controvérsias vigente entre os Estados Partes do Tratado de Assunção.

Artigo 28

Os Estados Partes ao depositar o instrumento de ratificação ao presente Protocolo comunicarão a designação da Autoridade Central ao Governo depositário, o qual dará conhecimento aos demais Estados Partes.

Artigo 29

O presente Protocolo, parte integrante do Tratado de Assunção, será submetido aos procedimentos constitucionais de aprovação de cada Estado Parte e entrará em vigor 30 (trinta) dias após o depósito do segundo instrumento de ratificação, com relação aos 2 (dois) primeiros Estados Partes que o ratifiquem.

Para os demais signatários, entrará em vigor no 30.º (trigésimo) dia posterior ao depósito do respectivo instrumento de ratificação.

Artigo 30

A adesão por parte de um Estado ao Tratado de Assunção implicará de pleno direito a adesão ao presente Protocolo.

Artigo 31

O Governo da República do Paraguai será o depositário do presente Protocolo e dos instrumentos de ratificação e enviará cópias devidamente autenticadas dos mesmos aos Governos dos demais Estados Partes.

Outrossim, o Governo da República do Paraguai notificará aos Governos dos demais Estados Partes da data de entrada em vigor do presente Protocolo e a data do depósito dos instrumentos de ratificação.

Feito em Ouro Preto, aos 16 dias do mês de dezembro de 1994, em um original nos idiomas português e espanhol, sendo ambos os mesmos textos igualmente autênticos.

LEI N. 9.800, DE 26 DE MAIO DE 1999 (*)

Permite às partes a utilização de sistema de transmissão de dados para a prática de atos processuais.

O Presidente da República

Faço saber que o Congresso Nacional decreta e eu sanciono a seguinte Lei:

Art. 1.º É permitida às partes a utilização de sistema de transmissão de dados e imagens tipo fac-símile ou outro similar, para a prática de atos processuais que dependam de petição escrita.

Art. 2.º A utilização de sistema de transmissão de dados e imagens não prejudica o cumprimento dos prazos, devendo os originais ser entregues em juízo, necessariamente, até 5 (cinco) dias da data de seu término.

Parágrafo único. Nos atos não sujeitos a prazo, os originais deverão ser entregues, necessariamente, até 5 (cinco) dias da data da recepção do material.

Art. 3.º Os juízes poderão praticar atos de sua competência à vista de transmissões efetuadas na forma desta Lei, sem prejuízo do disposto no artigo anterior.

Art. 4.º Quem fizer uso de sistema de transmissão torna-se responsável pela qualidade e fidelidade do material transmitido, e por sua entrega ao órgão judiciário.

Parágrafo único. Sem prejuízo de outras sanções, o usuário do sistema será considerado litigante de má-fé se não houver perfeita concordância entre o original remetido pelo fac-símile e o original entregue em juízo.

Art. 5.º O disposto nesta Lei não obriga a que os órgãos judiciários disponham de equipamentos para recepção.

Art. 6.º Esta Lei entra em vigor 30 (trinta) dias após a data de sua publicação.

Brasília, 26 de maio de 1999; 178.º da Independência e 111.º da República.

Fernando Henrique Cardoso

LEI N. 9.868, DE 10 DE NOVEMBRO DE 1999 (**)

Dispõe sobre o processo e julgamento da ação direta de inconstitucionalidade e da ação declaratória de constitucionalidade perante o Supremo Tribunal Federal.

O Presidente da República

Faço saber que o Congresso Nacional decreta e eu sanciono a seguinte Lei:

(*) Publicada no *DOU*, de 27-5-1999. *Vide* Lei n. 11.419, de 19-12-2006, que dispõe sobre a informatização do processo judicial.

(**)Publicada no *DOU*, de 11-11-1999. *Vide* arts. 102 e 103 da CF.

ADIn e ADC

Lei n. 9.868, de 10-11-1999

Capítulo I
DA AÇÃO DIRETA DE INCONSTITUCIONALIDADE E DA AÇÃO DECLARATÓRIA DE CONSTITUCIONALIDADE

Art. 1.º Esta Lei dispõe sobre o processo e julgamento da ação direta de inconstitucionalidade e da ação declaratória de constitucionalidade perante o Supremo Tribunal Federal.

Capítulo II
DA AÇÃO DIRETA DE INCONSTITUCIONALIDADE

Seção I
Da Admissibilidade e do Procedimento da ADIN

Art. 2.º Podem propor a ação direta de inconstitucionalidade:

•• *Vide* art. 103 da CF.
• *Vide* arts. 12-A e 13 desta Lei.

I – o Presidente da República;

II – a Mesa do Senado Federal;

III – a Mesa da Câmara dos Deputados;

IV – a Mesa de Assembleia Legislativa ou a Mesa da Câmara Legislativa do Distrito Federal;

V – o Governador de Estado ou o Governador do Distrito Federal;

VI – o Procurador-Geral da República;

VII – o Conselho Federal da Ordem dos Advogados do Brasil;

VIII – partido político com representação no Congresso Nacional;

IX – confederação sindical ou entidade de classe de âmbito nacional.

Parágrafo único. (*Vetado.*)

Art. 3.º A petição indicará:

I – o dispositivo da lei ou do ato normativo impugnado e os fundamentos jurídicos do pedido em relação a cada uma das impugnações;

II – o pedido, com suas especificações.

Parágrafo único. A petição inicial, acompanhada de instrumento de procuração, quando subscrita por advogado, será apresentada em duas vias, devendo conter cópias da lei ou do ato normativo impugnado e dos documentos necessários para comprovar a impugnação.

Art. 4.º A petição inicial inepta, não fundamentada e a manifestamente improcedente serão liminarmente indeferidas pelo relator.

Parágrafo único. Cabe agravo da decisão que indeferir a petição inicial.

Art. 5.º Proposta a ação direta, não se admitirá desistência.

Parágrafo único. (*Vetado.*)

Art. 6.º O relator pedirá informações aos órgãos ou às autoridades das quais emanou a lei ou o ato normativo impugnado.

Parágrafo único. As informações serão prestadas no prazo de 30 (trinta) dias contado do recebimento do pedido.

Art. 7.º Não se admitirá intervenção de terceiros no processo de ação direta de inconstitucionalidade.

§ 1.º (*Vetado.*)

§ 2.º O relator, considerando a relevância da matéria e a representatividade dos postulantes, poderá, por despacho irrecorrível, admitir, observado o prazo fixado no parágrafo anterior, a manifestação de outros órgãos ou entidades.

Art. 8.º Decorrido o prazo das informações, serão ouvidos, sucessivamente, o Advogado-Geral da União e o Procurador-Geral da República, que deverão manifestar-se, cada qual, no prazo de 15 (quinze) dias.

Art. 9.º Vencidos os prazos do artigo anterior, o relator lançará o relatório, com cópia a todos os Ministros, e pedirá dia para julgamento.

§ 1.º Em caso de necessidade de esclarecimento de matéria ou circunstância de fato ou de notória insuficiência das informações existentes nos autos, poderá o relator requisitar

Lei n. 9.868, de 10-11-1999

informações adicionais, designar perito ou comissão de peritos para que emita parecer sobre a questão, ou fixar data para, em audiência pública, ouvir depoimentos de pessoas com experiência e autoridade na matéria.

§ 2.º O relator poderá, ainda, solicitar informações aos Tribunais Superiores, aos Tribunais federais e aos Tribunais estaduais acerca da aplicação da norma impugnada no âmbito de sua jurisdição.

§ 3.º As informações, perícias e audiências a que se referem os parágrafos anteriores serão realizadas no prazo de 30 (trinta) dias, contado da solicitação do relator.

Seção II
Da Medida Cautelar em Ação Direta de Inconstitucionalidade

• *Vide* art. 102, I, *p*, da CF.

Art. 10. Salvo no período de recesso, a medida cautelar na ação direta será concedida por decisão da maioria absoluta dos membros do Tribunal, observado o disposto no art. 22, após a audiência dos órgãos ou autoridades dos quais emanou a lei ou o ato normativo impugnado, que deverão pronunciar-se no prazo de 5 (cinco) dias.

§ 1.º O relator, julgando indispensável, ouvirá o Advogado-Geral da União e o Procurador-Geral da República, no prazo de 3 (três) dias.

§ 2.º No julgamento do pedido de medida cautelar, será facultada sustentação oral aos representantes judiciais do requerente e das autoridades ou órgãos responsáveis pela expedição do ato, na forma estabelecida no Regimento do Tribunal.

§ 3.º Em caso de excepcional urgência, o Tribunal poderá deferir a medida cautelar sem a audiência dos órgãos ou das autoridades das quais emanou a lei ou o ato normativo impugnado.

Art. 11. Concedida a medida cautelar, o Supremo Tribunal Federal fará publicar em seção especial do *Diário Oficial da União* e do *Diário da Justiça da União* a parte dispositiva da decisão, no prazo de 10 (dez) dias, devendo solicitar as informações à autoridade da qual tiver emanado o ato, observando-se, no que couber, o procedimento estabelecido na Seção I deste Capítulo.

§ 1.º A medida cautelar, dotada de eficácia contra todos, será concedida com efeito *ex nunc*, salvo se o Tribunal entender que deva conceder-lhe eficácia retroativa.

§ 2.º A concessão da medida cautelar torna aplicável a legislação anterior acaso existente, salvo expressa manifestação em sentido contrário.

Art. 12. Havendo pedido de medida cautelar, o relator, em face da relevância da matéria e de seu especial significado para a ordem social e a segurança jurídica, poderá, após a prestação das informações, no prazo de 10 (dez) dias, e a manifestação do Advogado-Geral da União e do Procurador-Geral da República, sucessivamente, no prazo de 5 (cinco) dias, submeter o processo diretamente ao Tribunal, que terá a faculdade de julgar definitivamente a ação.

Capítulo II-A
DA AÇÃO DIRETA DE INCONSTITUCIONALIDADE POR OMISSÃO

•• Capítulo II-A acrescentado pela Lei n. 12.063, de 27-10-2009.

Seção I
Da Admissibilidade e do Procedimento da ADIN por Omissão

•• Seção I acrescentada pela Lei n. 12.063, de 27-10-2009.

Art. 12-A. Podem propor a ação direta de inconstitucionalidade por omissão os legitimados à propositura da ação direta de inconstitucionalidade e da ação declaratória de constitucionalidade.

•• Artigo acrescentado pela Lei n. 12.063, de 27-10-2009.

Art. 12-B. A petição indicará:

•• *Caput* acrescentado pela Lei n. 12.063, de 27-10-2009.

ADIn e ADC

Lei n. 9.868, de 10-11-1999

I – a omissão inconstitucional total ou parcial quanto ao cumprimento de dever constitucional de legislar ou quanto à adoção de providência de índole administrativa;

•• Inciso I acrescentado pela Lei n. 12.063, de 27-10-2009.

II – o pedido, com suas especificações.

•• Inciso II acrescentado pela Lei n. 12.063, de 27-10-2009.

Parágrafo único. A petição inicial, acompanhada de instrumento de procuração, se for o caso, será apresentada em 2 (duas) vias, devendo conter cópias dos documentos necessários para comprovar a alegação de omissão.

•• Parágrafo único acrescentado pela Lei n. 12.063, de 27-10-2009.

Art. 12-C. A petição inicial inepta, não fundamentada, e a manifestamente improcedente serão liminarmente indeferidas pelo relator.

•• *Caput* acrescentado pela Lei n. 12.063, de 27-10-2009.

Parágrafo único. Cabe agravo da decisão que indeferir a petição inicial.

•• Parágrafo único acrescentado pela Lei n. 12.063, de 27-10-2009.

Art. 12-D. Proposta a ação direta de inconstitucionalidade por omissão, não se admitirá desistência.

•• Artigo acrescentado pela Lei n. 12.063, de 27-10-2009.

Art. 12-E. Aplicam-se ao procedimento da ação direta de inconstitucionalidade por omissão, no que couber, as disposições constantes da Seção I do Capítulo II desta Lei.

•• *Caput* acrescentado pela Lei n. 12.063, de 27-10-2009.

§ 1.º Os demais titulares referidos no art. 2.º desta Lei poderão manifestar-se, por escrito, sobre o objeto da ação e pedir a juntada de documentos reputados úteis para o exame da matéria, no prazo das informações, bem como apresentar memoriais.

•• § 1.º acrescentado pela Lei n. 12.063, de 27-10-2009.

§ 2.º O relator poderá solicitar a manifestação do Advogado-Geral da União, que deverá ser encaminhada no prazo de 15 (quinze) dias.

•• § 2.º acrescentado pela Lei n. 12.063, de 27-10-2009.

§ 3.º O Procurador-Geral da República, nas ações em que não for autor, terá vista do processo, por 15 (quinze) dias, após o decurso do prazo para informações.

•• § 3.º acrescentado pela Lei n. 12.063, de 27-10-2009.

Seção II
Da Medida Cautelar em Ação Direta
de Inconstitucionalidade por Omissão

•• Seção II acrescentada pela Lei n. 12.063, de 27-10-2009.

Art. 12-F. Em caso de excepcional urgência e relevância da matéria, o Tribunal, por decisão da maioria absoluta de seus membros, observado o disposto no art. 22, poderá conceder medida cautelar, após a audiência dos órgãos ou autoridades responsáveis pela omissão inconstitucional, que deverão pronunciar-se no prazo de 5 (cinco) dias.

•• *Caput* acrescentado pela Lei n. 12.063, de 27-10-2009.

§ 1.º A medida cautelar poderá consistir na suspensão da aplicação da lei ou do ato normativo questionado, no caso de omissão parcial, bem como na suspensão de processos judiciais ou de procedimentos administrativos, ou ainda em outra providência a ser fixada pelo Tribunal.

•• § 1.º acrescentado pela Lei n. 12.063, de 27-10-2009.

§ 2.º O relator, julgando indispensável, ouvirá o Procurador-Geral da República, no prazo de 3 (três) dias.

•• § 2.º acrescentado pela Lei n. 12.063, de 27-10-2009.

§ 3.º No julgamento do pedido de medida cautelar, será facultada sustentação oral aos representantes judiciais do requerente e das autoridades ou órgãos responsáveis pela omissão inconstitucional, na forma estabelecida no Regimento do Tribunal.

•• § 3.º acrescentado pela Lei n. 12.063, de 27-10-2009.

Art. 12-G. Concedida a medida cautelar, o Supremo Tribunal Federal fará publicar, em seção especial do *Diário Oficial da União* e do *Diário da Justiça da União*, a parte dispositiva da decisão no prazo de 10 (dez) dias, devendo solicitar

Lei n. 9.868, de 10-11-1999

as informações à autoridade ou ao órgão responsável pela omissão inconstitucional, observando-se, no que couber, o procedimento estabelecido na Seção I do Capítulo II desta Lei.

•• Artigo acrescentado pela Lei n. 12.063, de 27-10-2009.

Seção III
Da Decisão na Ação Direta de Inconstitucionalidade por Omissão

•• Seção III acrescentada pela Lei n. 12.063, de 27-10-2009.

Art. 12-H. Declarada a inconstitucionalidade por omissão, com observância do disposto no art. 22, será dada ciência ao Poder competente para a adoção das providências necessárias.

•• *Caput* acrescentado pela Lei n. 12.063, de 27-10-2009.

§ 1.º Em caso de omissão imputável a órgão administrativo, as providências deverão ser adotadas no prazo de 30 (trinta) dias, ou em prazo razoável a ser estipulado excepcionalmente pelo Tribunal, tendo em vista as circunstâncias específicas do caso e o interesse público envolvido.

•• § 1.º acrescentado pela Lei n. 12.063, de 27-10-2009.

§ 2.º Aplica-se à decisão da ação direta de inconstitucionalidade por omissão, no que couber, o disposto no Capítulo IV desta Lei.

•• § 2.º acrescentado pela Lei n. 12.063, de 27-10-2009.

Capítulo III
DA AÇÃO DECLARATÓRIA DE CONSTITUCIONALIDADE

Seção I
Da Admissibilidade e do Procedimento da Ação Declaratória de Constitucionalidade

Art. 13. Podem propor a ação declaratória de constitucionalidade de lei ou ato normativo federal:

•• *Vide* art. 103, da CF, que determina o rol dos legitimados para propor ADIN ou ADC.

I – o Presidente da República;

II – a Mesa da Câmara dos Deputados;

III – a Mesa do Senado Federal;

IV – o Procurador-Geral da República.

Art. 14. A petição inicial indicará:

I – o dispositivo da lei ou do ato normativo questionado e os fundamentos jurídicos do pedido;

II – o pedido, com suas especificações;

III – a existência de controvérsia judicial relevante sobre a aplicação da disposição objeto da ação declaratória.

Parágrafo único. A petição inicial, acompanhada de instrumento de procuração, quando subscrita por advogado, será apresentada em duas vias, devendo conter cópias do ato normativo questionado e dos documentos necessários para comprovar a procedência do pedido de declaração de constitucionalidade.

Art. 15. A petição inicial inepta, não fundamentada e a manifestamente improcedente serão liminarmente indeferidas pelo relator.

Parágrafo único. Cabe agravo da decisão que indeferir a petição inicial.

Art. 16. Proposta a ação declaratória, não se admitirá desistência.

Art. 17. (*Vetado.*)

Art. 18. Não se admitirá intervenção de terceiros no processo de ação declaratória de constitucionalidade.

§ 1.º (*Vetado.*)

§ 2.º (*Vetado.*)

Art. 19. Decorrido o prazo do artigo anterior, será aberta vista ao Procurador-Geral da República, que deverá pronunciar-se no prazo de 15 (quinze) dias.

Art. 20. Vencido o prazo do artigo anterior, o relator lançará o relatório, com cópia a todos os Ministros, e pedirá dia para julgamento.

§ 1.º Em caso de necessidade de esclarecimento de matéria ou circunstância de fato ou de notória insuficiência das informações existentes nos autos, poderá o relator requisitar informações adicionais, designar perito ou comissão de peritos para que emita parecer sobre

ADIn e ADC — **Lei n. 9.868, de 10-11-1999**

a questão ou fixar data para, em audiência pública, ouvir depoimentos de pessoas com experiência e autoridade na matéria.

§ 2.º O relator poderá solicitar, ainda, informações aos Tribunais Superiores, aos Tribunais federais e aos Tribunais estaduais acerca da aplicação da norma questionada no âmbito de sua jurisdição.

§ 3.º As informações, perícias e audiências a que se referem os parágrafos anteriores serão realizadas no prazo de 30 (trinta) dias, contado da solicitação do relator.

Seção II
Da Medida Cautelar em Ação Declaratória de Constitucionalidade

Art. 21. O Supremo Tribunal Federal, por decisão da maioria absoluta de seus membros, poderá deferir pedido de medida cautelar na ação declaratória de constitucionalidade, consistente na determinação de que os juízes e os Tribunais suspendam o julgamento dos processos que envolvam a aplicação da lei ou do ato normativo objeto da ação até seu julgamento definitivo.

Parágrafo único. Concedida a medida cautelar, o Supremo Tribunal Federal fará publicar em seção especial do *Diário Oficial da União* a parte dispositiva da decisão, no prazo de 10 (dez) dias, devendo o Tribunal proceder ao julgamento da ação no prazo de 180 (cento e oitenta) dias, sob pena de perda de sua eficácia.

Capítulo IV
DA DECISÃO NA AÇÃO DIRETA DE INCONSTITUCIONALIDADE E NA AÇÃO DECLARATÓRIA DE CONSTITUCIONALIDADE

Art. 22. A decisão sobre a constitucionalidade ou a inconstitucionalidade da lei ou do ato normativo somente será tomada se presentes na sessão pelo menos oito Ministros.

Art. 23. Efetuado o julgamento, proclamar-se-á a constitucionalidade ou a inconstitucionalidade da disposição ou da norma impugnada se num ou noutro sentido se tiverem manifestado pelo menos seis Ministros, quer se trate de ação direta de inconstitucionalidade ou de ação declaratória de constitucionalidade.

Parágrafo único. Se não for alcançada a maioria necessária à declaração de constitucionalidade ou de inconstitucionalidade, estando ausentes Ministros em número que possa influir no julgamento, este será suspenso a fim de aguardar-se o comparecimento dos Ministros ausentes, até que se atinja o número necessário para prolação da decisão num ou noutro sentido.

Art. 24. Proclamada a constitucionalidade, julgar-se-á improcedente a ação direta ou procedente eventual ação declaratória; e, proclamada a inconstitucionalidade, julgar-se-á procedente a ação direta ou improcedente eventual ação declaratória.

Art. 25. Julgada a ação, far-se-á a comunicação à autoridade ou ao órgão responsável pela expedição do ato.

Art. 26. A decisão que declara a constitucionalidade ou a inconstitucionalidade da lei ou do ato normativo em ação direta ou em ação declaratória é irrecorrível, ressalvada a interposição de embargos declaratórios, não podendo, igualmente, ser objeto de ação rescisória.

Art. 27. Ao declarar a inconstitucionalidade de lei ou ato normativo, e tendo em vista razões de segurança jurídica ou de excepcional interesse social, poderá o Supremo Tribunal Federal, por maioria de dois terços de seus membros, restringir os efeitos daquela declaração ou decidir que ela só tenha eficácia a partir de seu trânsito em julgado ou de outro momento que venha a ser fixado.

Art. 28. Dentro do prazo de 10 (dez) dias após o trânsito em julgado da decisão, o Supremo Tribunal Federal fará publicar em seção especial do *Diário da Justiça* e do *Diário Oficial da União* a parte dispositiva do acórdão.

Parágrafo único. A declaração de constitucionalidade ou de inconstitucionalidade, inclusive a interpretação conforme a Constituição e a declaração parcial de inconstitucionalidade sem redução de texto, têm eficácia contra todos e efeito vinculante em relação aos órgãos do Poder Judiciário e à Administração Pública federal, estadual e municipal.

Capítulo V
DAS DISPOSIÇÕES GERAIS E FINAIS

Art. 29. O art. 482 do Código de Processo Civil fica acrescido dos seguintes parágrafos:

•• Alteração já processada no diploma modificado.

Art. 30. O art. 8.º da Lei n. 8.185, de 14 de maio de 1991, passa a vigorar acrescido dos seguintes dispositivos:

•• A Lei n. 8.185, de 14-5-1991, foi revogada pela Lei n. 11.697, de 13-6-2008.

Art. 31. Esta Lei entra em vigor na data de sua publicação.

Brasília, 10 de novembro de 1999; 178.º da Independência e 111.º da República.

Fernando Henrique Cardoso

LEI N. 9.882, DE 3 DE DEZEMBRO DE 1999 (*)

Dispõe sobre o processo e julgamento da arguição de descumprimento de preceito fundamental, nos termos do § 1.º do art. 102 da Constituição Federal.

O Presidente da República

Faço saber que o Congresso Nacional decreta e eu sanciono a seguinte Lei:

Art. 1.º A arguição prevista no § 1.º do art. 102 da Constituição Federal será proposta perante o Supremo Tribunal Federal, e terá por objeto evitar ou reparar lesão a preceito fundamental, resultante de ato do Poder Público.

Parágrafo único. Caberá também arguição de descumprimento de preceito fundamental:

I – quando for relevante o fundamento da controvérsia constitucional sobre lei ou ato normativo federal, estadual ou municipal, incluídos os anteriores à Constituição;

II – (*Vetado.*)

Art. 2.º Podem propor arguição de descumprimento de preceito fundamental:

I – os legitimados para a ação direta de inconstitucionalidade;

II – (*Vetado.*)

§ 1.º Na hipótese do inciso II, faculta-se ao interessado, mediante representação, solicitar a propositura de arguição de descumprimento de preceito fundamental ao Procurador-Geral da República, que, examinando os fundamentos jurídicos do pedido, decidirá do cabimento do seu ingresso em juízo.

§ 2.º (*Vetado.*)

Art. 3.º A petição inicial deverá conter:

I – a indicação do preceito fundamental que se considera violado;

II – a indicação do ato questionado;

III – a prova da violação do preceito fundamental;

IV – o pedido, com suas especificações;

V – se for o caso, a comprovação da existência de controvérsia judicial relevante sobre a aplicação do preceito fundamental que se considera violado.

(*) Publicada no *DOU*, de 6-12-1999. A Portaria n. 411, de 13-9-2012, da AGU, dispõe sobre a intervenção da União, das autarquias e fundações públicas federais, na qualidade de *amicus curiae*, nas ações judiciais de controle concentrado e em recurso extraordinário com repercussão geral reconhecida em trâmite no STF.

ADPF — Lei n. 9.882, de 3-12-1999

Parágrafo único. A petição inicial, acompanhada de instrumento de mandato, se for o caso, será apresentada em duas vias, devendo conter cópias do ato questionado e dos documentos necessários para comprovar a impugnação.

Art. 4.º A petição inicial será indeferida liminarmente, pelo relator, quando não for o caso de arguição de descumprimento de preceito fundamental, faltar algum dos requisitos prescritos nesta Lei ou for inepta.

§ 1.º Não será admitida arguição de descumprimento de preceito fundamental quando houver qualquer outro meio eficaz de sanar a lesividade.

§ 2.º Da decisão de indeferimento da petição inicial caberá agravo, no prazo de 5 (cinco) dias.

Art. 5.º O Supremo Tribunal Federal, por decisão da maioria absoluta de seus membros, poderá deferir pedido de medida liminar na arguição de descumprimento de preceito fundamental.

§ 1.º Em caso de extrema urgência ou perigo de lesão grave, ou ainda, em período de recesso, poderá o relator conceder a liminar, *ad referendum* do Tribunal Pleno.

§ 2.º O relator poderá ouvir os órgãos ou autoridades responsáveis pelo ato questionado, bem como o Advogado-Geral da União ou o Procurador-Geral da República, no prazo comum de 5 (cinco) dias.

§ 3.º A liminar poderá consistir na determinação de que juízes e tribunais suspendam o andamento de processo ou os efeitos de decisões judiciais, ou de qualquer outra medida que apresente relação com a matéria objeto da arguição de descumprimento de preceito fundamental, salvo se decorrentes da coisa julgada.

•• O STF, em liminar concedida aos 5-12-2001, na ADIn n. 2.231-8, suspendeu a eficácia deste parágrafo.

§ 4.º (*Vetado.*)

Art. 6.º Apreciado o pedido de liminar, o relator solicitará as informações às autoridades responsáveis pela prática do ato questionado, no prazo de 10 (dez) dias.

§ 1.º Se entender necessário, poderá o relator ouvir as partes nos processos que ensejaram a arguição, requisitar informações adicionais, designar perito ou comissão de peritos para que emita parecer sobre a questão, ou ainda, fixar data para declarações, em audiência pública, de pessoas com experiência e autoridade na matéria.

§ 2.º Poderão ser autorizadas, a critério do relator, sustentação oral e juntada de memoriais, por requerimento dos interessados no processo.

Art. 7.º Decorrido o prazo das informações, o relator lançará o relatório, com cópia a todos os ministros, e pedirá dia para julgamento.

Parágrafo único. O Ministério Público, nas arguições que não houver formulado, terá vista do processo, por 5 (cinco) dias, após o decurso do prazo para informações.

Art. 8.º A decisão sobre a arguição de descumprimento de preceito fundamental somente será tomada se presentes na sessão pelo menos 2/3 (dois terços) dos Ministros.

§§ 1.º e 2.º (*Vetados.*)

Art. 9.º (*Vetado.*)

Art. 10. Julgada a ação, far-se-á comunicação às autoridades ou órgãos responsáveis pela prática dos atos questionados, fixando-se as condições e o modo de interpretação e aplicação do preceito fundamental.

§ 1.º O presidente do Tribunal determinará o imediato cumprimento da decisão, lavrando-se o acórdão posteriormente.

§ 2.º Dentro do prazo de 10 (dez) dias contado a partir do trânsito em julgado da decisão, sua parte dispositiva será publicada em seção especial do *Diário da Justiça* e do *Diário Oficial da União*.

§ 3.º A decisão terá eficácia contra todos e efeito vinculante relativamente aos demais órgãos do Poder Público.

Art. 11. Ao declarar a inconstitucionalidade de lei ou ato normativo, no processo de arguição de descumprimento de preceito fundamental, e tendo em vista razões de segurança jurídica ou de excepcional interesse social, poderá o Supremo Tribunal Federal, por maioria de 2/3 (dois terços) de seus membros, restringir os efeitos daquela declaração ou decidir que ela só tenha eficácia a partir de seu trânsito em julgado ou de outro momento que venha a ser fixado.

Art. 12. A decisão que julgar procedente ou improcedente o pedido em arguição de descumprimento de preceito fundamental é irrecorrível, não podendo ser objeto de ação rescisória.

Art. 13. Caberá reclamação contra o descumprimento da decisão proferida pelo Supremo Tribunal Federal, na forma do seu Regimento Interno.

Art. 14. Esta Lei entra em vigor na data de sua publicação.

Brasília, 3 de dezembro de 1999; 178.º da Independência e 111.º da República.

FERNANDO HENRIQUE CARDOSO

LEI N. 10.001, DE 4 DE SETEMBRO DE 2000 (*)

Dispõe sobre a prioridade nos procedimentos a serem adotados pelo Ministério Público e por outros órgãos a respeito das conclusões das Comissões Parlamentares de Inquérito.

O Presidente da República

(*) Publicada no *DOU*, de 5-9-2000.

Faço saber que o Congresso Nacional decreta e eu sanciono a seguinte Lei:

Art. 1.º Os Presidentes da Câmara dos Deputados, do Senado Federal ou do Congresso Nacional encaminharão o relatório da Comissão Parlamentar de Inquérito respectiva, e a resolução que o aprovar, aos chefes do Ministério Público da União ou dos Estados, ou ainda às autoridades administrativas ou judiciais com poder de decisão, conforme o caso, para a prática de atos de sua competência.

Art. 2.º A autoridade a quem for encaminhada a resolução informará ao remetente, no prazo de 30 (trinta) dias, as providências adotadas ou a justificativa pela omissão.

Parágrafo único. A autoridade que presidir processo ou procedimento, administrativo ou judicial, instaurado em decorrência de conclusões de Comissão Parlamentar de Inquérito, comunicará, semestralmente, a fase em que se encontra, até a sua conclusão.

Art. 3.º O processo ou procedimento referido no art. 2.º terá prioridade sobre qualquer outro, exceto sobre aquele relativo a pedido de *habeas corpus*, *habeas data* e mandado de segurança.

Art. 4.º O descumprimento das normas desta Lei sujeita a autoridade a sanções administrativas, civis e penais.

Art. 5.º Esta Lei entra em vigor na data de sua publicação.

Brasília, 4 de setembro de 2000; 179.º da Independência e 112.º da República.

FERNANDO HENRIQUE CARDOSO

LEI N. 10.257, DE 10 DE JULHO DE 2001 (**)

Regulamenta os arts. 182 e 183 da

(**)Publicada no *DOU*, de 11-7-2001. Retificada em 17-7-2001.

Estatuto da Cidade

Constituição Federal, estabelece diretrizes gerais da política urbana e dá outras providências.

O Presidente da República

Faço saber que o Congresso Nacional decreta e eu sanciono a seguinte Lei:

Capítulo I
DIRETRIZES GERAIS

Art. 1.º Na execução da política urbana, de que tratam os arts. 182 e 183 da Constituição Federal, será aplicado o previsto nesta Lei.

Parágrafo único. Para todos os efeitos, esta Lei, denominada Estatuto da Cidade, estabelece normas de ordem pública e interesse social que regulam o uso da propriedade urbana em prol do bem coletivo, da segurança e do bem-estar dos cidadãos, bem como do equilíbrio ambiental.

•• A Lei n. 13.089, de 12-1-2015, instituiu o Estatuto da Metrópole.

Capítulo II
DOS INSTRUMENTOS DA POLÍTICA URBANA

Seção I
Dos Instrumentos em Geral

Art. 4.º Para os fins desta Lei, serão utilizados, entre outros instrumentos:

III – planejamento municipal, em especial:

a) plano diretor;

b) disciplina do parcelamento, do uso e da ocupação do solo;

IV – institutos tributários e financeiros:

a) imposto sobre a propriedade predial e territorial urbana – IPTU;

V – institutos jurídicos e políticos:

a) desapropriação;

b) servidão administrativa;

c) limitações administrativas;

d) tombamento de imóveis ou de mobiliário urbano;

e) instituição de unidades de conservação;

f) instituição de zonas especiais de interesse social;

g) concessão de direito real de uso;

h) concessão de uso especial para fins de moradia;

i) parcelamento, edificação ou utilização compulsórios;

j) usucapião especial de imóvel urbano;

l) direito de superfície;

m) direito de preempção;

n) outorga onerosa do direito de construir e de alteração de uso;

o) transferência do direito de construir;

p) operações urbanas consorciadas;

q) regularização fundiária;

r) assistência técnica e jurídica gratuita para as comunidades e grupos sociais menos favorecidos;

s) referendo popular e plebiscito;

t) demarcação urbanística para fins de regularização fundiária;

•• Alínea *t* acrescentada pela Lei n. 11.977, de 7-7-2009.

u) legitimação de posse.

•• Alínea *u* acrescentada pela Lei n. 11.977, de 7-7-2009.

Seção II
Do Parcelamento, Edificação ou Utilização Compulsórios

Art. 5.º Lei municipal específica para área incluída no plano diretor poderá determinar o parcelamento, a edificação ou a utilização compulsórios do solo urbano não edificado, subutilizado ou não utilizado, devendo fixar as condições e os prazos para implementação da referida obrigação.

§ 1.º Considera-se subutilizado o imóvel:

I – cujo aproveitamento seja inferior ao mínimo definido no plano diretor ou em legislação dele decorrente;

II – (*Vetado.*)

§ 2.º O proprietário será notificado pelo Poder Executivo municipal para o cumprimento da obrigação, devendo a notificação ser averbada no cartório de registro de imóveis.

§ 3.º A notificação far-se-á:

I – por funcionário do órgão competente do Poder Público municipal, ao proprietário do imóvel ou, no caso de este ser pessoa jurídica, a quem tenha poderes de gerência geral ou administração;

II – por edital quando frustrada, por 3 (três) vezes, a tentativa de notificação na forma prevista pelo inciso I.

§ 4.º Os prazos a que se refere o *caput* não poderão ser inferiores a:

I – 1 (um) ano, a partir da notificação, para que seja protocolado o projeto no órgão municipal competente;

II – 2 (dois) anos, a partir da aprovação do projeto, para iniciar as obras do empreendimento.

§ 5.º Em empreendimentos de grande porte, em caráter excepcional, a lei municipal específica a que se refere o *caput* poderá prever a conclusão em etapas, assegurando-se que o projeto aprovado compreenda o empreendimento como um todo.

Art. 6.º A transmissão do imóvel, por ato *inter vivos* ou *causa mortis*, posterior à data da notificação, transfere as obrigações de parcelamento, edificação ou utilização previstas no art. 5.º desta Lei, sem interrupção de quaisquer prazos.

Seção III
Do IPTU Progressivo no Tempo

Art. 7.º Em caso de descumprimento das condições e dos prazos previstos na forma do *caput* do art. 5.º desta Lei, ou não sendo cumpridas as etapas previstas no § 5.º do art. 5.º desta Lei, o Município procederá à aplicação do imposto sobre a propriedade predial e territorial urbana (IPTU) progressivo no tempo, mediante a majoração da alíquota pelo prazo de 5 (cinco) anos consecutivos.

Seção IV
Da Desapropriação com Pagamento em Títulos

Art. 8.º Decorridos 5 (cinco) anos de cobrança do IPTU progressivo sem que o proprietário tenha cumprido a obrigação de parcelamento, edificação ou utilização, o Município poderá proceder à desapropriação do imóvel, com pagamento em títulos da dívida pública.

§ 1.º Os títulos da dívida pública terão prévia aprovação pelo Senado Federal e serão resgatados no prazo de até 10 (dez) anos, em prestações anuais, iguais e sucessivas, assegurados o valor real da indenização e os juros legais de 6% (seis por cento) ao ano.

§ 2.º O valor real da indenização:

I – refletirá o valor da base de cálculo do IPTU, descontado o montante incorporado em função de obras realizadas pelo Poder Público na área onde o mesmo se localiza após a notificação de que trata o § 2.º do art. 5.º desta Lei;

II – não computará expectativas de ganhos, lucros cessantes e juros compensatórios.

§ 3.º Os títulos de que trata este artigo não terão poder liberatório para pagamento de tributos.

§ 4.º O Município procederá ao adequado aproveitamento do imóvel no prazo máximo de 5 (cinco) anos, contado a partir da sua incorporação ao patrimônio público.

§ 5.º O aproveitamento do imóvel poderá ser efetivado diretamente pelo Poder Público ou por meio de alienação ou concessão a terceiros,

Estatuto da Cidade

Lei n. 10.257, de 10-7-2001

observando-se, nesses casos, o devido procedimento licitatório.

§ 6.º Ficam mantidas para o adquirente de imóvel nos termos do § 5.º as mesmas obrigações de parcelamento, edificação ou utilização previstas no art. 5.º desta Lei.

Seção V
Da Usucapião Especial de Imóvel Urbano

•• *Vide* arts. 183 e 191 da CF.

Art. 9.º Aquele que possuir como sua área ou edificação urbana de até 250 m² (duzentos e cinquenta metros quadrados), por 5 (cinco) anos, ininterruptamente e sem oposição, utilizando-a para sua moradia ou de sua família, adquirir-lhe-á o domínio, desde que não seja proprietário de outro imóvel urbano ou rural.

§ 1.º O título de domínio será conferido ao homem ou à mulher, ou a ambos, independentemente do estado civil.

§ 2.º O direito de que trata este artigo não será reconhecido ao mesmo possuidor mais de uma vez.

§ 3.º Para os efeitos deste artigo, o herdeiro legítimo continua, de pleno direito, a posse de seu antecessor, desde que já resida no imóvel por ocasião da abertura da sucessão.

Art. 10. As áreas urbanas com mais de 250 m² (duzentos e cinquenta metros quadrados), ocupadas por população de baixa renda para sua moradia, por 5 (cinco) anos, ininterruptamente e sem oposição, onde não for possível identificar os terrenos ocupados por cada possuidor, são susceptíveis de serem usucapidas coletivamente, desde que os possuidores não sejam proprietários de outro imóvel urbano ou rural.

§ 1.º O possuidor pode, para o fim de contar o prazo exigido por este artigo, acrescentar sua posse à de seu antecessor, contanto que ambas sejam contínuas.

§ 2.º A usucapião especial coletiva de imóvel urbano será declarada pelo juiz, mediante sentença, a qual servirá de título para registro no cartório de registro de imóveis.

§ 3.º Na sentença, o juiz atribuirá igual fração ideal de terreno a cada possuidor, independentemente da dimensão do terreno que cada um ocupe, salvo hipótese de acordo escrito entre os condôminos, estabelecendo frações ideais diferenciadas.

§ 4.º O condomínio especial constituído é indivisível, não sendo passível de extinção, salvo deliberação favorável tomada por, no mínimo, 2/3 (dois terços) dos condôminos, no caso de execução de urbanização posterior à constituição do condomínio.

§ 5.º As deliberações relativas à administração do condomínio especial serão tomadas por maioria de votos dos condôminos presentes, obrigando também os demais, discordantes ou ausentes.

Art. 11. Na pendência da ação de usucapião especial urbana, ficarão sobrestadas quaisquer outras ações, petitórias ou possessórias, que venham a ser propostas relativamente ao imóvel usucapiendo.

Art. 12. São partes legítimas para a propositura da ação de usucapião especial urbana:

I – o possuidor, isoladamente ou em litisconsórcio originário ou superveniente;

II – os possuidores, em estado de composse;

III – como substituto processual, a associação de moradores da comunidade, regularmente constituída, com personalidade jurídica, desde que explicitamente autorizada pelos representados.

§ 1.º Na ação de usucapião especial urbana é obrigatória a intervenção do Ministério Público.

§ 2.º O autor terá os benefícios da justiça e da assistência judiciária gratuita, inclusive perante o cartório de registro de imóveis.

Art. 13. A usucapião especial de imóvel urbano poderá ser invocada como matéria de defesa, valendo a sentença que a reconhecer como título para registro no cartório de registro de imóveis.

Art. 14. Na ação judicial de usucapião especial de imóvel urbano, o rito processual a ser observado é o sumário.

Seção VII
Do Direito de Superfície

Art. 21. O proprietário urbano poderá conceder a outrem o direito de superfície do seu terreno, por tempo determinado ou indeterminado, mediante escritura pública registrada no cartório de registro de imóveis.

§ 1.º O direito de superfície abrange o direito de utilizar o solo, o subsolo ou o espaço aéreo relativo ao terreno, na forma estabelecida no contrato respectivo, atendida a legislação urbanística.

Seção VIII
Do Direito de Preempção

Art. 25. O direito de preempção confere ao Poder Público municipal preferência para aquisição de imóvel urbano objeto de alienação onerosa entre particulares.

§ 1.º Lei municipal, baseada no plano diretor, delimitará as áreas em que incidirá o direito de preempção e fixará prazo de vigência, não superior a 5 (cinco) anos, renovável a partir de 1 (um) ano após o decurso do prazo inicial de vigência.

§ 2.º O direito de preempção fica assegurado durante o prazo de vigência fixado na forma do § 1.º, independentemente do número de alienações referentes ao mesmo imóvel.

Art. 26. O direito de preempção será exercido sempre que o Poder Público necessitar de áreas para:

I – regularização fundiária;

II – execução de programas e projetos habitacionais de interesse social;

III – constituição de reserva fundiária;

IV – ordenamento e direcionamento da expansão urbana;

V – implantação de equipamentos urbanos e comunitários;

VI – criação de espaços públicos de lazer e áreas verdes;

VII – criação de unidades de conservação ou proteção de outras áreas de interesse ambiental;

VIII – proteção de áreas de interesse histórico, cultural ou paisagístico;

IX – (*Vetado.*)

Parágrafo único. A lei municipal prevista no § 1.º do art. 25 desta Lei deverá enquadrar cada área em que incidirá o direito de preempção em uma ou mais das finalidades enumeradas por este artigo.

Art. 27. O proprietário deverá notificar sua intenção de alienar o imóvel, para que o Município, no prazo máximo de 30 (trinta) dias, manifeste por escrito seu interesse em comprá-lo.

§ 1.º À notificação mencionada no *caput* será anexada proposta de compra assinada por terceiro interessado na aquisição do imóvel, da qual constarão preço, condições de pagamento e prazo de validade.

§ 2.º O Município fará publicar, em órgão oficial e em pelo menos um jornal local ou regional de grande circulação, edital de aviso da notificação recebida nos termos do *caput* e da intenção de aquisição do imóvel nas condições da proposta apresentada.

§ 3.º Transcorrido o prazo mencionado no *caput* sem manifestação, fica o proprietário autorizado a realizar a alienação para terceiros, nas condições da proposta apresentada.

§ 4.º Concretizada a venda a terceiro, o proprietário fica obrigado a apresentar ao Município, no prazo de 30 (trinta) dias, cópia do instrumento público de alienação do imóvel.

§ 5.º A alienação processada em condições diversas da proposta apresentada é nula de pleno direito.

§ 6.º Ocorrida a hipótese prevista no § 5.º o Município poderá adquirir o imóvel pelo valor da base de cálculo do IPTU ou pelo valor indicado na proposta apresentada, se este for inferior àquele.

Estatuto da Cidade

Seção IX
Da Outorga Onerosa do Direito de Construir

Art. 28. O plano diretor poderá fixar áreas nas quais o direito de construir poderá ser exercido acima do coeficiente de aproveitamento básico adotado, mediante contrapartida a ser prestada pelo beneficiário.

§ 1.º Para os efeitos desta Lei, coeficiente de aproveitamento é a relação entre a área edificável e a área do terreno.

....

Art. 31. Os recursos auferidos com a adoção da outorga onerosa do direito de construir e de alteração de uso serão aplicados com as finalidades previstas nos incisos I a IX do art. 26 desta Lei.

Seção X
Das Operações Urbanas Consorciadas

Art. 32. Lei municipal específica, baseada no plano diretor, poderá delimitar área para aplicação de operações consorciadas.

§ 1.º Considera-se operação urbana consorciada o conjunto de intervenções e medidas coordenadas pelo Poder Público municipal, com a participação dos proprietários, moradores, usuários permanentes e investidores privados, com o objetivo de alcançar em uma área transformações urbanísticas estruturais, melhorias sociais e a valorização ambiental.

§ 2.º Poderão ser previstas nas operações urbanas consorciadas, entre outras medidas:

I – a modificação de índices e características de parcelamento, uso e ocupação do solo e subsolo, bem como alterações das normas edilícias, considerado o impacto ambiental delas decorrente;

II – a regularização de construções, reformas ou ampliações executadas em desacordo com a legislação vigente;

III – a concessão de incentivos a operações urbanas que utilizam tecnologias visando a redução de impactos ambientais, e que comprovem a utilização, nas construções e uso de edificações urbanas, de tecnologias que reduzam os impactos ambientais e economizem recursos naturais, especificadas as modalidades de *design* e de obras a serem contempladas.

•• Inciso III acrescentado pela Lei n. 12.836, de 2-7-2013.

Art. 33. Da lei específica que aprovar a operação urbana consorciada constará o plano de operação urbana consorciada, contendo, no mínimo:

I – definição da área a ser atingida;

II – programa básico de ocupação da área;

III – programa de atendimento econômico e social para a população diretamente afetada pela operação;

IV – finalidades da operação;

V – estudo prévio de impacto de vizinhança;

VI – contrapartida a ser exigida dos proprietários, usuários permanentes e investidores privados em função da utilização dos benefícios previstos nos incisos I, II e III do § 2.º do art. 32 desta Lei;

•• Inciso VI com redação determinada pela Lei n. 12.836, de 2-7-2013.

VII – forma de controle da operação, obrigatoriamente compartilhado com representação da sociedade civil;

VIII – natureza dos incentivos a serem concedidos aos proprietários, usuários permanentes e investidores privados, uma vez atendido o disposto no inciso III do § 2.º do art. 32 desta Lei.

•• Inciso VIII acrescentado pela Lei n. 12.836, de 2-7-2013.

§ 1.º Os recursos obtidos pelo Poder Público municipal na forma do inciso VI deste artigo serão aplicados exclusivamente na própria operação urbana consorciada.

....

Seção XI
Da Transferência do Direito de Construir

Art. 35. Lei municipal, baseada no plano diretor, poderá autorizar o proprietário de imóvel urbano, privado ou público, a exercer em outro local, ou alienar, mediante escritura pública, o direito de construir previsto no plano diretor ou em legislação urbanística dele decorrente, quando o referido imóvel for considerado necessário para fins de:

I – implantação de equipamentos urbanos e comunitários;

II – preservação, quando o imóvel for considerado de interesse histórico, ambiental, paisagístico, social ou cultural;

III – servir a programas de regularização fundiária, urbanização de áreas ocupadas por população de baixa renda e habitação de interesse social.

§ 1.º A mesma faculdade poderá ser concedida ao proprietário que doar ao Poder Público seu imóvel, ou parte dele, para os fins previstos nos incisos I a III do *caput*.

§ 2.º A lei municipal referida no *caput* estabelecerá as condições relativas à aplicação da transferência do direito de construir.

Capítulo III
DO PLANO DIRETOR

Art. 39. A propriedade urbana cumpre sua função social quando atende às exigências fundamentais de ordenação da cidade expressas no plano diretor, assegurando o atendimento das necessidades dos cidadãos quanto à qualidade de vida, à justiça social e ao desenvolvimento das atividades econômicas, respeitadas as diretrizes previstas no art. 2.º desta Lei.

Art. 40. O plano diretor, aprovado por lei municipal, é o instrumento básico da política de desenvolvimento e expansão urbana.

§ 3.º A lei que instituir o plano diretor deverá ser revista, pelo menos, a cada 10 (dez) anos.

§ 4.º No processo de elaboração do plano diretor e na fiscalização de sua implementação, os Poderes Legislativo e Executivo municipais garantirão:

I – a promoção de audiências públicas e debates com a participação da população e de associações representativas dos vários segmentos da comunidade;

II – a publicidade quanto aos documentos e informações produzidos;

III – o acesso de qualquer interessado aos documentos e informações produzidos.

§ 5.º (*Vetado*.)

Art. 41. O plano diretor é obrigatório para cidades:

I – com mais de 20.000 (vinte mil) habitantes;

II – integrantes de regiões metropolitanas e aglomerações urbanas;

III – onde o Poder Público municipal pretenda utilizar os instrumentos previstos no § 4.º do art. 182 da Constituição Federal;

Capítulo V
DISPOSIÇÕES GERAIS

Art. 46. O Poder Público municipal poderá facultar ao proprietário de área atingida pela obrigação de que trata o *caput* do art. 5.º desta Lei, a requerimento deste, o estabelecimento de consórcio imobiliário como forma de viabilização financeira do aproveitamento do imóvel.

§ 1.º Considera-se consórcio imobiliário a forma de viabilização de planos de urbanização ou edificação por meio da qual o proprietário transfere ao Poder Público municipal seu imóvel e, após a realização das obras, recebe, como pagamento, unidades imobiliárias devidamente urbanizadas ou edificadas.

Art. 50. Os Municípios que estejam enquadrados na obrigação prevista nos incisos I e II do *caput* do art. 41 desta Lei e que não tenham plano diretor aprovado na data de entrada em vigor desta Lei deverão aprová-lo até 30 de junho de 2008.

•• Artigo com redação determinada pela Lei n. 11.673, de 8-5-2008.

Art. 51. Para os efeitos desta Lei, aplicam-se ao Distrito Federal e ao Governador do Distrito Federal as disposições relativas, respectivamente, a Município e a Prefeito.

Art. 52. Sem prejuízo da punição de outros agentes públicos envolvidos e da aplicação de outras sanções cabíveis, o Prefeito incorre em improbidade administrativa, nos termos da Lei n. 8.429, de 2 de junho de 1992, quando:

I – (*Vetado*);

II – deixar de proceder, no prazo de 5 (cinco) anos, o adequado aproveitamento do imóvel incorporado ao patrimônio público, conforme o disposto no § 4.º do art. 8.º desta Lei;

III – utilizar áreas obtidas por meio do direito de preempção em desacordo com o disposto no art. 26 desta Lei;

IV – aplicar os recursos auferidos com a outorga onerosa do direito de construir e de alteração de uso em desacordo com o previsto no art. 31 desta Lei;

V – aplicar os recursos auferidos com operações consorciadas em desacordo com o previsto no § 1.º do art. 33 desta Lei;

VI – impedir ou deixar de garantir os requisitos contidos nos incisos I a III do § 4.º do art. 40 desta Lei;

VII – deixar de tomar as providências necessárias para garantir a observância do disposto no § 3.º do art. 40 e no art. 50 desta Lei;

VIII – adquirir imóvel objeto de direito de preempção, nos termos dos arts. 25 a 27 desta Lei, pelo valor da proposta apresentada, se este for, comprovadamente, superior ao de mercado.

Art. 53. (*Revogado pela Medida Provisória n. 2.180-35, de 24-8-2001.*)

Art. 54. O art. 4.º da Lei n. 7.347, de 1985, passa a vigorar com a seguinte redação:

•• Alteração já processada no texto modificado.

Art. 58. Esta Lei entra em vigor após decorridos 90 (noventa) dias de sua publicação.

Brasília, 10 de julho de 2001; 180.º da Independência e 113.º da República.

FERNANDO HENRIQUE CARDOSO

LEI N. 10.259, DE 12 DE JULHO DE 2001 (*)

Dispõe sobre a instituição dos Juizados Especiais Cíveis e Criminais no âmbito da Justiça Federal.

O Presidente da República:

Faço saber que o Congresso Nacional decreta e eu sanciono a seguinte Lei:

Art. 1.º São instituídos os Juizados Especiais Cíveis e Criminais da Justiça Federal, aos quais se aplica, no que não conflitar com esta Lei, o disposto na Lei n. 9.099, de 26 de setembro de 1995.

Art. 2.º Compete ao Juizado Especial Federal Criminal processar e julgar os feitos de competência da Justiça Federal relativos às infrações de menor potencial ofensivo, respeitadas as regras de conexão e continência.

•• *Caput* com redação determinada pela Lei n. 11.313, de 28-6-2006.

•• *Vide* art. 61 da Lei n. 9.099, de 26-9-1995.

Parágrafo único. Na reunião de processos, perante o juízo comum ou o tribunal do júri, decorrente da aplicação das regras de conexão e continência, observar-se-ão os institutos da transação penal e da composição dos danos civis.

(*) Publicada no *DOU*, de 13-7-2001.

•• Parágrafo único com redação determinada pela Lei n. 11.313, de 28-6-2006.

Art. 3.º Compete ao Juizado Especial Federal Cível processar, conciliar e julgar causas de competência da Justiça Federal até o valor de 60 (sessenta) salários mínimos, bem como executar as suas sentenças.

• O Decreto n. 8.618, de 29-12-2015, estabelece que a partir de 1.º-1-2016 o salário mínimo será de R$ 880,00 (oitocentos e oitenta reais).

§ 1.º Não se incluem na competência do Juizado Especial Cível as causas:

I – referidas no art. 109, incisos II, III e XI, da Constituição Federal, as ações de mandado de segurança, de desapropriação, de divisão e demarcação, populares, execuções fiscais e por improbidade administrativa e as demandas sobre direitos ou interesses difusos, coletivos ou individuais homogêneos;

II – sobre bens imóveis da União, autarquias e fundações públicas federais;

III – para a anulação ou cancelamento de ato administrativo federal, salvo o de natureza previdenciária e o de lançamento fiscal;

IV – que tenham como objeto a impugnação da pena de demissão imposta a servidores públicos civis ou de sanções disciplinares aplicadas a militares.

§ 2.º Quando a pretensão versar sobre obrigações vincendas, para fins de competência do Juizado Especial, a soma de 12 (doze) parcelas não poderá exceder o valor referido no art. 3.º, *caput*.

§ 3.º No foro onde estiver instalada Vara do Juizado Especial, a sua competência é absoluta.

Art. 4.º O Juiz poderá, de ofício ou a requerimento das partes, deferir medidas cautelares no curso do processo, para evitar dano de difícil reparação.

Art. 5.º Exceto nos casos do art. 4.º, somente será admitido recurso de sentença definitiva.

Art. 6.º Podem ser partes no Juizado Especial Federal Cível:

I – como autores, as pessoas físicas e as microempresas e empresas de pequeno porte, assim definidas na Lei n. 9.317, de 5 de dezembro de 1996;

•• A Lei n. 9.317, de 5-12-1996, foi revogada pela Lei Complementar n. 123, de 14-12-2006, que instituiu em seu art. 12 o Regime Especial Unificado de Arrecadação de Tributos e Contribuições devidos pelas Microempresas e Empresas de Pequeno Porte – Simples Nacional.

II – como réus, a União, autarquias, fundações e empresas públicas federais.

Art. 7.º As citações e intimações da União serão feitas na forma prevista nos arts. 35 a 38 da Lei Complementar n. 73, de 10 de fevereiro de 1993.

Parágrafo único. A citação das autarquias, fundações e empresas públicas será feita na pessoa do representante máximo da entidade, no local onde proposta a causa, quando ali instalado seu escritório ou representação; se não, na sede da entidade.

Art. 8.º As partes serão intimadas da sentença, quando não proferida esta na audiência em que estiver presente seu representante, por ARMP (aviso de recebimento em mão própria).

§ 1.º As demais intimações das partes serão feitas na pessoa dos advogados ou dos Procuradores que oficiem nos respectivos autos, pessoalmente ou por via postal.

§ 2.º Os tribunais poderão organizar serviço de intimação das partes e de recepção de petições por meio eletrônico.

Art. 9.º Não haverá prazo diferenciado para a prática de qualquer ato processual pelas pessoas jurídicas de direito público, inclusive a interposição de recursos, devendo a citação para audiência de conciliação ser efetuada com antecedência mínima de 30 (trinta) dias.

Art. 10. As partes poderão designar, por escrito, representantes para a causa, advogado ou não.

•• O STF, na ADIn n. 3.168-6, afasta a inconstitucionalidade deste dispositivo, desde que excluídos os feitos criminais e

Juizados Especiais

respeitado o teto estabelecido no art. 3.º desta Lei, sem prejuízo da aplicação subsidiária integral dos parágrafos do art. 9.º da Lei n. 9.099, de 26-9-1995.

Parágrafo único. Os representantes judiciais da União, autarquias, fundações e empresas públicas federais, bem como os indicados na forma do *caput*, ficam autorizados a conciliar, transigir ou desistir, nos processos da competência dos Juizados Especiais Federais.

•• Artigo regulamentado pelo Decreto n. 4.250, de 27-5-2002, constante deste volume.

Art. 11. A entidade pública ré deverá fornecer ao Juizado a documentação de que disponha para o esclarecimento da causa, apresentando-a até a instalação da audiência de conciliação.

Parágrafo único. Para a audiência de composição dos danos resultantes de ilícito criminal (arts. 71, 72 e 74 da Lei n. 9.099, de 26 de setembro de 1995), o representante da entidade que comparecer terá poderes para acordar, desistir ou transigir, na forma do art. 10.

Art. 12. Para efetuar o exame técnico necessário à conciliação ou ao julgamento da causa, o Juiz nomeará pessoa habilitada, que apresentará o laudo até 5 (cinco) dias antes da audiência, independentemente de intimação das partes.

§ 1.º Os honorários do técnico serão antecipados à conta de verba orçamentária do respectivo Tribunal e, quando vencida na causa a entidade pública, seu valor será incluído na ordem de pagamento a ser feita em favor do Tribunal.

§ 2.º Nas ações previdenciárias e relativas à assistência social, havendo designação de exame, serão as partes intimadas para, em 10 (dez) dias, apresentar quesitos e indicar assistentes.

Art. 13. Nas causas de que trata esta Lei, não haverá reexame necessário.

Art. 14. Caberá pedido de uniformização de interpretação de lei federal quando houver divergência entre decisões sobre questões de direito material proferidas por Turmas Recursais na interpretação da lei.

§ 1.º O pedido fundado em divergência entre Turmas da mesma Região será julgado em reunião conjunta das Turmas em conflito, sob a presidência do Juiz Coordenador.

§ 2.º O pedido fundado em divergência entre decisões de turmas de diferentes regiões ou da proferida em contrariedade a súmula ou jurisprudência dominante do Superior Tribunal de Justiça será julgado por Turma de Uniformização, integrada por juízes de Turmas Recursais, sob a presidência do Coordenador da Justiça Federal.

§ 3.º A reunião de juízes domiciliados em cidades diversas será feita pela via eletrônica.

§ 4.º Quando a orientação acolhida pela Turma de Uniformização, em questões de direito material, contrariar súmula ou jurisprudência dominante no Superior Tribunal de Justiça – STJ, a parte interessada poderá provocar a manifestação deste, que dirimirá a divergência.

§ 5.º No caso do § 4.º, presente a plausibilidade do direito invocado e havendo fundado receio de dano de difícil reparação, poderá o relator conceder, de ofício ou a requerimento do interessado, medida liminar determinando a suspensão dos processos nos quais a controvérsia esteja estabelecida.

§ 6.º Eventuais pedidos de uniformização idênticos, recebidos subsequentemente em quaisquer Turmas Recursais, ficarão retidos nos autos, aguardando-se pronunciamento do Superior Tribunal de Justiça.

§ 7.º Se necessário, o relator pedirá informações ao Presidente da Turma Recursal ou Coordenador da Turma de Uniformização e ouvirá o Ministério Público, no prazo de 5 (cinco) dias. Eventuais interessados, ainda que não sejam partes no processo, poderão se manifestar, no prazo de 30 (trinta) dias.

§ 8.º Decorridos os prazos referidos no § 7.º, o relator incluirá o pedido em pauta na Seção, com preferência sobre todos os demais feitos, ressalvados os processos com réus presos, os *habeas corpus* e os mandados de segurança.

§ 9.º Publicado o acórdão respectivo, os pedidos retidos referidos no § 6.º serão apreciados pelas Turmas Recursais, que poderão exercer juízo de retratação ou declará-los prejudicados, se veicularem tese não acolhida pelo Superior Tribunal de Justiça.

§ 10. Os Tribunais Regionais, o Superior Tribunal de Justiça e o Supremo Tribunal Federal, no âmbito de suas competências, expedirão normas regulamentando a composição dos órgãos e os procedimentos a serem adotados para o processamento e o julgamento do pedido de uniformização e do recurso extraordinário.

Art. 15. O recurso extraordinário, para os efeitos desta Lei, será processado e julgado segundo o estabelecido nos §§ 4.º a 9.º do art. 14, além da observância das normas do Regimento.

Art. 16. O cumprimento do acordo ou da sentença, com trânsito em julgado, que imponham obrigação de fazer, não fazer ou entrega de coisa certa, será efetuado mediante ofício do Juiz à autoridade citada para a causa, com cópia da sentença ou do acordo.

Art. 17. Tratando-se de obrigação de pagar quantia certa, após o trânsito em julgado da decisão, o pagamento será efetuado no prazo de 60 (sessenta) dias, contados da entrega da requisição, por ordem do Juiz, à autoridade citada para a causa, na agência mais próxima da Caixa Econômica Federal ou do Banco do Brasil, independentemente de precatório.

§ 1.º Para os efeitos do § 3.º do art. 100 da Constituição Federal, as obrigações ali definidas como de pequeno valor, a serem pagas independentemente de precatório, terão como limite o mesmo valor estabelecido nesta Lei para a competência do Juizado Especial Federal Cível (art. 3.º, *caput*).

§ 2.º Desatendida a requisição judicial, o Juiz determinará o sequestro do numerário suficiente ao cumprimento da decisão.

§ 3.º São vedados o fracionamento, repartição ou quebra do valor da execução, de modo que o pagamento se faça, em parte, na forma estabelecida no § 1.º deste artigo, e, em parte, mediante expedição do precatório, e a expedição de precatório complementar ou suplementar do valor pago.

§ 4.º Se o valor da execução ultrapassar o estabelecido no § 1.º, o pagamento far-se-á, sempre, por meio do precatório, sendo facultado à parte exequente a renúncia ao crédito do valor excedente, para que possa optar pelo pagamento do saldo sem o precatório, da forma lá prevista.

Art. 18. Os Juizados Especiais serão instalados por decisão do Tribunal Regional Federal. O Juiz presidente do Juizado designará os conciliadores pelo período de 2 (dois) anos, admitida a recondução. O exercício dessas funções será gratuito, assegurados os direitos e prerrogativas do jurado (art. 437 do Código de Processo Penal).

•• Com o advento da Reforma do CPP pela Lei n. 11.689, de 9-6-2008, o disposto no art. 437 passou a ser tratado no art. 439, atualmente com a seguinte redação: "O exercício efetivo da função de jurado constituirá serviço público relevante e estabelecerá presunção de idoneidade moral".

•• A Resolução n. 32, de 13-11-2008, do STJ, regulamenta a atividade de conciliador nos JEFs.

Parágrafo único. Serão instalados Juizados Especiais Adjuntos nas localidades cujo movimento forense não justifique a existência de Juizado Especial, cabendo ao Tribunal designar a Vara onde funcionará.

Art. 19. No prazo de 6 (seis) meses, a contar da publicação desta Lei, deverão ser instalados os Juizados Especiais nas capitais dos Estados e no Distrito Federal.

Parágrafo único. Na capital dos Estados, no Distrito Federal e em outras cidades onde for necessário, neste último caso, por decisão do Tribunal Regional Federal, serão instalados Juizados com competência exclusiva para ações previdenciárias.

Art. 20. Onde não houver Vara Federal, a causa poderá ser proposta no Juizado Especial Federal mais próximo do foro definido no art. 4.º da Lei n. 9.099, de 26 de setembro de 1995, vedada a aplicação desta Lei no juízo estadual.

Inversão do Ônus da Prova

Art. 21. As Turmas Recursais serão instituídas por decisão do Tribunal Regional Federal, que definirá sua composição e área de competência, podendo abranger mais de uma seção.

§ 1.º *(Revogado pela Lei n. 12.665, de 13-6-2012.)*

§ 2.º *(Revogado pela Lei n. 12.665, de 13-6-2012.)*

Art. 22. Os Juizados Especiais serão coordenados por Juiz do respectivo Tribunal Regional, escolhido por seus pares, com mandato de 2 (dois) anos.

Parágrafo único. O Juiz Federal, quando o exigirem as circunstâncias, poderá determinar o funcionamento do Juizado Especial em caráter itinerante, mediante autorização prévia do Tribunal Regional Federal, com antecedência de 10 (dez) dias.

Art. 23. O Conselho da Justiça Federal poderá limitar, por até 3 (três) anos, contados a partir da publicação desta Lei, a competência dos Juizados Especiais Cíveis, atendendo à necessidade da organização dos serviços judiciários ou administrativos.

Art. 24. O Centro de Estudos Judiciários do Conselho da Justiça Federal e as Escolas de Magistratura dos Tribunais Regionais Federais criarão programas de informática necessários para subsidiar a instrução das causas submetidas aos Juizados e promoverão cursos de aperfeiçoamento destinados aos seus magistrados e servidores.

Art. 25. Não serão remetidas aos Juizados Especiais as demandas ajuizadas até a data de sua instalação.

Art. 26. Competirá aos Tribunais Regionais Federais prestar o suporte administrativo necessário ao funcionamento dos Juizados Especiais.

Art. 27. Esta Lei entra em vigor 6 (seis) meses após a data de sua publicação.

Brasília, 12 de julho de 2001; 180.º da Independência e 113.º da República.

FERNANDO HENRIQUE CARDOSO

Medida Provisória n. 2.172-32, de 23-8-2001

MEDIDA PROVISÓRIA N. 2.172-32, DE 23 DE AGOSTO DE 2001 (*)

Estabelece a nulidade das disposições contratuais que menciona e inverte, nas hipóteses que prevê, o ônus da prova nas ações intentadas para sua declaração.

O Presidente da República, no uso da atribuição que lhe confere o art. 62 da Constituição, adota a seguinte Medida Provisória, com força de lei:

Art. 1.º São nulas de pleno direito as estipulações usurárias, assim consideradas as que estabeleçam:

I – nos contratos civis de mútuo, taxas de juros superiores às legalmente permitidas, caso em que deverá o juiz, se requerido, ajustá-las à medida legal ou, na hipótese de já terem sido cumpridas, ordenar a restituição, em dobro, da quantia paga em excesso, com juros legais a contar da data do pagamento indevido;

II – nos negócios jurídicos não disciplinados pelas legislações comercial e de defesa do consumidor, lucros ou vantagens patrimoniais excessivos, estipulados em situação de vulnerabilidade da parte, caso em que deverá o juiz, se requerido, restabelecer o equilíbrio da relação contratual, ajustando-os ao valor corrente, ou, na hipótese de cumprimento da obrigação, ordenar a restituição, em dobro, da quantia recebida em excesso, com juros legais a contar da data do pagamento indevido.

Parágrafo único. Para a configuração do lucro ou vantagem excessivos, considerar-se-ão a vontade das partes, as circunstâncias da celebração do contrato, o seu conteúdo e natureza, a origem das correspondentes obri-

(*) Publicada no *DOU*, de 24-8-2001.

gações, as práticas de mercado e as taxas de juros legalmente permitidas.

Art. 2.º São igualmente nulas de pleno direito as disposições contratuais que, com o pretexto de conferir ou transmitir direitos, são celebradas para garantir, direta ou indiretamente, contratos civis de mútuo com estipulações usurárias.

Art. 3.º Nas ações que visem à declaração de nulidade de estipulações com amparo no disposto nesta Medida Provisória, incumbirá ao credor ou beneficiário do negócio o ônus de provar a regularidade jurídica das correspondentes obrigações, sempre que demonstrada pelo prejudicado, ou pelas circunstâncias do caso, a verossimilhança da alegação.

Art. 4.º As disposições desta Medida Provisória não se aplicam:

I – às instituições financeiras e demais instituições autorizadas a funcionar pelo Banco Central do Brasil, bem como às operações realizadas nos mercados financeiro, de capitais e de valores mobiliários, que continuam regidas pelas normas legais e regulamentares que lhes são aplicáveis;

II – às sociedades de crédito que tenham por objeto social exclusivo a concessão de financiamentos ao microempreendedor;

III – às organizações da sociedade civil de interesse público de que trata a Lei n. 9.790, de 23 de março de 1999, devidamente registradas no Ministério da Justiça, que se dedicam a sistemas alternativos de crédito e não têm qualquer tipo de vinculação com o Sistema Financeiro Nacional.

Parágrafo único. Poderão também ser excluídas das disposições desta Medida Provisória, mediante deliberação do Conselho Monetário Nacional, outras modalidades de operações e negócios de natureza subsidiária, complementar ou acessória das atividades exercidas no âmbito dos mercados financeiro, de capitais e de valores mobiliários.

Art. 5.º Ficam convalidados os atos praticados com base na Medida Provisória n. 2.172-31, de 26 de julho de 2001.

Art. 6.º Esta Medida Provisória entra em vigor na data de sua publicação.

Art. 7.º Fica revogado o § 3.º do art. 4.º da Lei n. 1.521, de 26 de dezembro de 1951.

Brasília, 23 de agosto de 2001; 180.º da Independência e 113.º da República.

FERNANDO HENRIQUE CARDOSO

DECRETO N. 4.250, DE 27 DE MAIO DE 2002 (*)

Regulamenta a representação judicial da União, autarquias, fundações e empresas públicas federais perante os Juizados Especiais Federais, instituídos pela Lei n. 10.259, de 12 de julho de 2001.

O Presidente da República, no uso da atribuição que lhe confere o art. 84, IV, da Constituição, e tendo em vista o disposto na Lei n. 10.259, de 12 de julho de 2001, decreta:

Art. 1.º Nas causas de competência dos Juizados Especiais Federais, a União será representada pelas Procuradorias da União e, nas causas previstas no inciso V e parágrafo único do art. 12 da Lei Complementar n. 73, de 10 de fevereiro de 1993, pelas Procuradorias da Fazenda Nacional, e as autarquias, fundações e empresas públicas federais, pelas respectivas procuradorias e departamentos jurídicos, ressalvada a representação extraordinária prevista nos arts. 11-A e 11-B da Lei n. 9.028, de 12 de abril de 1995.

§ 1.º O Procurador-Geral da União, o Procurador-Geral da Fazenda Nacional, os Procuradores-Gerais, os Chefes de procuradorias ou de departamentos jurídicos de autarquias e fundações federais e os dirigentes das empresas públicas poderão designar servidores não integrantes

---

(*) Publicado no *DOU*, de 28-5-2002.

de carreiras jurídicas, que tenham completo conhecimento do caso, como auxiliares da representação das respectivas entidades, na forma do art. 10 da Lei n. 10.259, de 12 de julho de 2001.

§ 2.º O ato de designação deverá conter, quando pertinentes, poderes expressos para conciliar, transigir e desistir, inclusive de recurso, se interposto.

Art. 2.º Compete ao Advogado-Geral da União expedir instruções referentes à atuação da Advocacia-Geral da União e dos órgãos jurídicos das autarquias e fundações nas causas de competência dos Juizados Especiais Federais, bem como fixar as diretrizes básicas para conciliação, transação, desistência do pedido e do recurso, se interposto.

§ 1.º Respeitadas as instruções e diretrizes fixadas pelo Advogado-Geral da União, os Procuradores-Gerais da União, da Fazenda Nacional e do Instituto Nacional do Seguro Social poderão expedir instruções específicas para as respectivas procuradorias.

§ 2.º As empresas públicas da União observarão as instruções e diretrizes fixadas pelo Advogado-Geral da União para atuação nos Juizados Especiais Federais, podendo propor a este normas específicas e adaptada s a seus estatutos e à sua natureza jurídica.

Art. 3.º Os Ministérios, autarquias e fundações federais deverão prestar todo o suporte técnico e administrativo necessário à atuação da Advocacia-Geral da União, e de seus órgãos vinculados, na defesa judicial das ações de competência dos Juizados Especiais Federais.

Art. 4.º O Advogado-Geral da União poderá requisitar servidores da Administração Pública Federal para examinar e emitir pareceres técnicos e participar das respectivas audiências nos processos em trâmite nos Juizados Especiais Federais.

Parágrafo único. O Procurador-Geral da União, o Procurador-Geral da Fazenda Nacional, no âmbito do Ministério da Fazenda, os Procuradores-Gerais, os Chefes de procuradorias ou de departamentos jurídicos, no âmbito das respectivas autarquias e fundações, e os dirigentes das empresas públicas poderão designar servidores para exercer as atividades previstas no *caput*, conforme dispuser ato editado pelo titular do Ministério ou entidade envolvida.

Art. 5.º Aplica-se o disposto no art. 4.º da Lei n. 9.028, de 1995, às solicitações das procuradorias e departamentos jurídicos das autarquias e fundações, inclusive às destinadas a fornecer informações técnicas nos processos em trâmite nos Juizados Especiais Federais.

Parágrafo único. O órgão da Administração Pública Federal que receber pedido de subsídios para a defesa da União, de suas autarquias ou fundações, nos termos do art. 4.º da Lei n. 9.028, de 1995, além de atendê-lo no prazo assinalado:

I – verificando a plausibilidade da pretensão deduzida em juízo e a possibilidade de solução administrativa, converterá o pedido em processo administrativo, nos termos do art. 5.º da Lei n. 9.784, de 29 de janeiro de 1999, para exame no prazo improrrogável de 30 (trinta) dias;

II – comunicará ao órgão solicitante a providência adotada no inciso I; e

III – providenciará a verificação da existência de requerimentos administrativos semelhantes, com a finalidade de dar tratamento isonômico.

Art. 6.º O Procurador-Geral da União, o Procurador-Geral da Fazenda Nacional, os Procuradores-Gerais, os Chefes de procuradorias ou de departamentos jurídicos de autarquias e fundações e os dirigentes das empresas públicas poderão delegar as competências previstas no § 1.º do art. 1.º e do parágrafo único do art. 4.º, vedada a subdelegação.

Art. 7.º O Ministério da Fazenda, o Ministério da Previdência e Assistência Social, o Ministério do Planejamento, Orçamento e Gestão e a Advocacia-Geral da União poderão manter núcleos de atendimento junto aos Juizados Especiais Federais para prestar informações aos órgãos do Poder Judiciário, quando solicitados por estes.

Art. 8.º A Procuradoria-Geral da União, a Procuradoria-Geral da Fazenda Nacional e as procuradorias ou departamentos jurídicos de autarquias e fundações federais poderão organizar jornada de trabalho compensatória para atender aos processos em trâmite nos Juizados Especiais Federais.

Art. 9.º A Advocacia-Geral da União promoverá cursos especiais destinados à capacitação e ao treinamento de servidores designados para atuar nos Juizados Especiais Federais.

Parágrafo único. Os órgãos da Administração Pública Federal fornecerão pessoal para ministrar os cursos previstos no *caput*, prestando o apoio necessário à sua realização.

Art. 10. Este Decreto entra em vigor na data de sua publicação.

Brasília, 27 de maio de 2002; 181.º da Independência e 114.º da República.

FERNANDO HENRIQUE CARDOSO

LEI N. 10.741, DE 1.º DE OUTUBRO DE 2003 (*)

Dispõe sobre o Estatuto do Idoso e dá outras providências.

O Presidente da República

Faço saber que o Congresso Nacional decreta e eu sanciono a seguinte Lei:

Título I
DISPOSIÇÕES PRELIMINARES

Art. 1.º É instituído o Estatuto do Idoso, destinado a regular os direitos assegurados às pessoas com idade igual ou superior a 60 (sessenta) anos.

(*) Publicada no *DOU*, de 3-10-2003.

Art. 4.º Nenhum idoso será objeto de qualquer tipo de negligência, discriminação, violência, crueldade ou opressão, e todo atentado aos seus direitos, por ação ou omissão, será punido na forma da lei.

§ 1.º É dever de todos prevenir a ameaça ou violação aos direitos do idoso.

§ 2.º As obrigações previstas nesta Lei não excluem da prevenção outras decorrentes dos princípios por ela adotados.

Art. 5.º A inobservância das normas de prevenção importará em responsabilidade à pessoa física ou jurídica nos termos da lei.

Art. 6.º Todo cidadão tem o dever de comunicar à autoridade competente qualquer forma de violação a esta Lei que tenha testemunhado ou de que tenha conhecimento.

Título II
DOS DIREITOS FUNDAMENTAIS

Capítulo III
DOS ALIMENTOS

Art. 11. Os alimentos serão prestados ao idoso na forma da lei civil.

Art. 12. A obrigação alimentar é solidária, podendo o idoso optar entre os prestadores.

Art. 13. As transações relativas a alimentos poderão ser celebradas perante o Promotor de Justiça ou Defensor Público, que as referendará, e passarão a ter efeito de título executivo extrajudicial nos termos da lei processual civil.

•• Artigo com redação determinada pela Lei n. 11.737, de 14-7-2008.

Art. 14. Se o idoso ou seus familiares não possuírem condições econômicas de prover o seu sustento, impõe-se ao Poder Público esse provimento, no âmbito da assistência social.

Estatuto do Idoso

Lei n. 10.741, de 1.º-10-2003

Capítulo IV
DO DIREITO À SAÚDE

Art. 17. Ao idoso que esteja no domínio de suas faculdades mentais é assegurado o direito de optar pelo tratamento de saúde que lhe for reputado mais favorável.

Parágrafo único. Não estando o idoso em condições de proceder à opção, esta será feita:

I – pelo curador, quando o idoso for interditado;

II – pelos familiares, quando o idoso não tiver curador ou este não puder ser contactado em tempo hábil;

III – pelo médico, quando ocorrer iminente risco de vida e não houver tempo hábil para consulta a curador ou familiar;

IV – pelo próprio médico, quando não houver curador ou familiar conhecido, caso em que deverá comunicar o fato ao Ministério Público.

Art. 19. Os casos de suspeita ou confirmação de violência praticada contra idosos serão objeto de notificação compulsória pelos serviços de saúde públicos e privados à autoridade sanitária, bem como serão obrigatoriamente comunicados por eles a quaisquer dos seguintes órgãos:

•• *Caput* com redação determinada pela Lei n. 12.461, de 26-7-2011.

I – autoridade policial;

II – Ministério Público;

III – Conselho Municipal do Idoso;

IV – Conselho Estadual do Idoso;

V – Conselho Nacional do Idoso.

•• A Lei n. 10.683, de 28-5-2003, que dispõe sobre a organização da Presidência da República e dos Ministérios, fala em "Conselho Nacional dos Direitos do Idoso – CNDI".

§ 1.º Para os efeitos desta Lei, considera-se violência contra o idoso qualquer ação ou omissão praticada em local público ou privado que lhe cause morte, dano ou sofrimento físico ou psicológico.

•• § 1.º acrescentado pela Lei n. 12.461, de 26-7-2011.

§ 2.º Aplica-se, no que couber, à notificação compulsória prevista no *caput* deste artigo, o disposto na Lei n. 6.259, de 30 de outubro de 1975.

•• § 2.º acrescentado pela Lei n. 12.461, de 26-7-2011.

Capítulo VI
DA PROFISSIONALIZAÇÃO E DO TRABALHO

Art. 26. O idoso tem direito ao exercício de atividade profissional, respeitadas suas condições físicas, intelectuais e psíquicas.

Art. 27. Na admissão do idoso em qualquer trabalho ou emprego, é vedada a discriminação e a fixação de limite máximo de idade, inclusive para concursos, ressalvados os casos em que a natureza do cargo o exigir.

Parágrafo único. O primeiro critério de desempate em concurso público será a idade, dando-se preferência ao de idade mais elevada.

Capítulo VIII
DA ASSISTÊNCIA SOCIAL

Art. 36. O acolhimento de idosos em situação de risco social, por adulto ou núcleo familiar, caracteriza a dependência econômica, para os efeitos legais.

•• Vigência deste artigo: 1.º-1-2004, conforme o disposto no art. 118 desta Lei.

Título III
DAS MEDIDAS DE PROTEÇÃO

Capítulo I
DAS DISPOSIÇÕES GERAIS

Art. 43. As medidas de proteção ao idoso

são aplicáveis sempre que os direitos reconhecidos nesta Lei forem ameaçados ou violados:

I – por ação ou omissão da sociedade ou do Estado;

II – por falta, omissão ou abuso da família, curador ou entidade de atendimento;

III – em razão de sua condição pessoal.

Capítulo II
DAS MEDIDAS ESPECÍFICAS DE PROTEÇÃO

Art. 44. As medidas de proteção ao idoso previstas nesta Lei poderão ser aplicadas, isolada ou cumulativamente, e levarão em conta os fins sociais a que se destinam e o fortalecimento dos vínculos familiares e comunitários.

Art. 45. Verificada qualquer das hipóteses previstas no art. 43, o Ministério Público ou o Poder Judiciário, a requerimento daquele, poderá determinar, dentre outras, as seguintes medidas:

I – encaminhamento à família ou curador, mediante termo de responsabilidade;

II – orientação, apoio e acompanhamento temporários;

III – requisição para tratamento de sua saúde, em regime ambulatorial, hospitalar ou domiciliar;

IV – inclusão em programa oficial ou comunitário de auxílio, orientação e tratamento a usuários dependentes de drogas lícitas ou ilícitas, ao próprio idoso ou à pessoa de sua convivência que lhe cause perturbação;

V – abrigo em entidade;

VI – abrigo temporário.

Título IV
DA POLÍTICA DE ATENDIMENTO AO IDOSO

Capítulo I
DISPOSIÇÕES GERAIS

Art. 46. A política de atendimento ao idoso far-se-á por meio do conjunto articulado de ações governamentais e não governamentais da União, dos Estados, do Distrito Federal e dos Municípios.

Art. 47. São linhas de ação da política de atendimento:

I – políticas sociais básicas, previstas na Lei n. 8.842, de 4 de janeiro de 1994;

II – políticas e programas de assistência social, em caráter supletivo, para aqueles que necessitarem;

III – serviços especiais de prevenção e atendimento às vítimas de negligência, maus-tratos, exploração, abuso, crueldade e opressão;

IV – serviço de identificação e localização de parentes ou responsáveis por idosos abandonados em hospitais e instituições de longa permanência;

V – proteção jurídico-social por entidades de defesa dos direitos dos idosos;

VI – mobilização da opinião pública no sentido da participação dos diversos segmentos da sociedade no atendimento do idoso.

Capítulo II
DAS ENTIDADES DE ATENDIMENTO AO IDOSO

Art. 49. As entidades que desenvolvam programas de institucionalização de longa permanência adotarão os seguintes princípios:

I – preservação dos vínculos familiares;

II – atendimento personalizado e em pequenos grupos;

III – manutenção do idoso na mesma instituição, salvo em caso de força maior;

IV – participação do idoso nas atividades comunitárias, de caráter interno e externo;

V – observância dos direitos e garantias dos idosos;

Estatuto do Idoso

VI – preservação da identidade do idoso e oferecimento de ambiente de respeito e dignidade.

Parágrafo único. O dirigente de instituição prestadora de atendimento ao idoso responderá civil e criminalmente pelos atos que praticar em detrimento do idoso, sem prejuízo das sanções administrativas.

Art. 50. Constituem obrigações das entidades de atendimento:

....

XIII – providenciar ou solicitar que o Ministério Público requisite os documentos necessários ao exercício da cidadania àqueles que não os tiverem, na forma da lei;

....

XVI – comunicar ao Ministério Público, para as providências cabíveis, a situação de abandono moral ou material por parte dos familiares;

....

Art. 51. As instituições filantrópicas ou sem fins lucrativos prestadoras de serviço ao idoso terão direito à assistência judiciária gratuita.

Capítulo III
DA FISCALIZAÇÃO DAS ENTIDADES DE ATENDIMENTO

Art. 52. As entidades governamentais e não governamentais de atendimento ao idoso serão fiscalizadas pelos Conselhos do Idoso, Ministério Público, Vigilância Sanitária e outros previstos em lei.

....

Art. 55. As entidades de atendimento que descumprirem as determinações desta Lei ficarão sujeitas, sem prejuízo da responsabilidade civil e criminal de seus dirigentes ou prepostos, às seguintes penalidades, observado o devido processo legal:

I – as entidades governamentais:

a) advertência;

b) afastamento provisório de seus dirigentes;

c) afastamento definitivo de seus dirigentes;

d) fechamento de unidade ou interdição de programa;

II – as entidades não governamentais:

a) advertência;

b) multa;

c) suspensão parcial ou total do repasse de verbas públicas;

d) interdição de unidade ou suspensão de programa;

e) proibição de atendimento a idosos a bem do interesse público.

§ 1.º Havendo danos aos idosos abrigados ou qualquer tipo de fraude em relação ao programa, caberá o afastamento provisório dos dirigentes ou a interdição da unidade e a suspensão do programa.

§ 2.º A suspensão parcial ou total do repasse de verbas públicas ocorrerá quando verificada a má aplicação ou desvio de finalidade dos recursos.

§ 3.º Na ocorrência de infração por entidade de atendimento, que coloque em risco os direitos assegurados nesta Lei, será o fato comunicado ao Ministério Público, para as providências cabíveis, inclusive para promover a suspensão das atividades ou dissolução da entidade, com a proibição de atendimento a idosos a bem do interesse público, sem prejuízo das providências a serem tomadas pela Vigilância Sanitária.

§ 4.º Na aplicação das penalidades, serão consideradas a natureza e a gravidade da infração cometida, os danos que dela provierem para o idoso, as circunstâncias agravantes ou atenuantes e os antecedentes da entidade.

Capítulo IV
DAS INFRAÇÕES ADMINISTRATIVAS

Art. 56. Deixar a entidade de atendimento de cumprir as determinações do art. 50 desta Lei:

Pena – multa de R$ 500,00 (quinhentos reais) a R$ 3.000,00 (três mil reais), se o fato não for caracterizado como crime, podendo haver a interdição do estabelecimento até que sejam cumpridas as exigências legais.

Parágrafo único. No caso de interdição do estabelecimento de longa permanência, os idosos abrigados serão transferidos para outra instituição, a expensas do estabelecimento interditado, enquanto durar a interdição.

Art. 57. Deixar o profissional de saúde ou o responsável por estabelecimento de saúde ou instituição de longa permanência de comunicar à autoridade competente os casos de crimes contra idoso de que tiver conhecimento:

Pena – multa de R$ 500,00 (quinhentos reais) a R$ 3.000,00 (três mil reais), aplicada em dobro no caso de reincidência.

Art. 58. Deixar de cumprir as determinações desta Lei sobre a prioridade no atendimento ao idoso:

Pena – multa de R$ 500,00 (quinhentos reais) a R$ 1.000,00 (um mil reais) e multa civil a ser estipulada pelo juiz, conforme o dano sofrido pelo idoso.

Capítulo V
DA APURAÇÃO ADMINISTRATIVA DE INFRAÇÃO ÀS NORMAS DE PROTEÇÃO AO IDOSO

Art. 59. Os valores monetários expressos no Capítulo IV serão atualizados anualmente, na forma da lei.

Art. 60. O procedimento para a imposição de penalidade administrativa por infração às normas de proteção ao idoso terá início com requisição do Ministério Público ou auto de infração elaborado por servidor efetivo e assinado, se possível, por duas testemunhas.

§ 1.º No procedimento iniciado com o auto de infração poderão ser usadas fórmulas impressas, especificando-se a natureza e as circunstâncias da infração.

§ 2.º Sempre que possível, à verificação da infração seguir-se-á a lavratura do auto, ou este será lavrado dentro de 24 (vinte e quatro) horas, por motivo justificado.

Art. 61. O autuado terá prazo de 10 (dez) dias para a apresentação da defesa, contado da data da intimação, que será feita:

I – pelo autuante, no instrumento de autuação, quando for lavrado na presença do infrator;

II – por via postal, com aviso de recebimento.

Art. 62. Havendo risco para a vida ou à saúde do idoso, a autoridade competente aplicará à entidade de atendimento as sanções regulamentares, sem prejuízo da iniciativa e das providências que vierem a ser adotadas pelo Ministério Público ou pelas demais instituições legitimadas para a fiscalização.

Art. 63. Nos casos em que não houver risco para a vida ou a saúde da pessoa idosa abrigada, a autoridade competente aplicará à entidade de atendimento as sanções regulamentares, sem prejuízo da iniciativa e das providências que vierem a ser adotadas pelo Ministério Público ou pelas demais instituições legitimadas para a fiscalização.

Capítulo VI
DA APURAÇÃO JUDICIAL DE IRREGULARIDADES EM ENTIDADE DE ATENDIMENTO

Art. 64. Aplicam-se, subsidiariamente, ao procedimento administrativo de que trata este Capítulo as disposições das Leis n. 6.437, de 20 de agosto de 1977, e 9.784, de 29 de janeiro de 1999.

Art. 65. O procedimento de apuração de irregularidade em entidade governamental e não governamental de atendimento ao idoso terá início mediante petição fundamentada de pessoa interessada ou iniciativa do Ministério Público.

Art. 66. Havendo motivo grave, poderá a autoridade judiciária, ouvido o Ministério Público, decretar liminarmente o afastamento provisório do dirigente da entidade ou outras medidas que julgar adequadas, para evitar lesão aos direitos do idoso, mediante decisão fundamentada.

Art. 67. O dirigente da entidade será citado para, no prazo de 10 (dez) dias, oferecer resposta escrita, podendo juntar documentos e indicar as provas a produzir.

Art. 68. Apresentada a defesa, o juiz procederá na conformidade do art. 69 ou, se necessário, designará audiência de instrução e julgamento, deliberando sobre a necessidade de produção de outras provas.

§ 1.º Salvo manifestação em audiência, as partes e o Ministério Público terão 5 (cinco) dias para oferecer alegações finais, decidindo a autoridade judiciária em igual prazo.

§ 2.º Em se tratando de afastamento provisório ou definitivo de dirigente de entidade governamental, a autoridade judiciária oficiará a autoridade administrativa imediatamente superior ao afastado, fixando-lhe prazo de 24 (vinte e quatro) horas para proceder à substituição.

§ 3.º Antes de aplicar qualquer das medidas, a autoridade judiciária poderá fixar prazo para a remoção das irregularidades verificadas. Satisfeitas as exigências, o processo será extinto, sem julgamento do mérito.

§ 4.º A multa e a advertência serão impostas ao dirigente da entidade ou ao responsável pelo programa de atendimento.

Título V
DO ACESSO À JUSTIÇA

Capítulo I
DISPOSIÇÕES GERAIS

Art. 69. Aplica-se, subsidiariamente, às disposições deste Capítulo, o procedimento sumário previsto no Código de Processo Civil, naquilo que não contrarie os prazos previstos nesta Lei.

Art. 70. O Poder Público poderá criar varas especializadas e exclusivas do idoso.

Art. 71. É assegurada prioridade na tramitação dos processos e procedimentos e na execução dos atos e diligências judiciais em que figure como parte ou o interveniente pessoa com idade igual ou superior a 60 (sessenta) anos, em qualquer instância.

§ 1.º O interessado na obtenção da prioridade a que alude este artigo, fazendo prova de sua idade, requererá o benefício à autoridade judiciária competente para decidir o feito, que determinará as providências a serem cumpridas, anotando-se essa circunstância em local visível nos autos do processo.

§ 2.º A prioridade não cessará com a morte do beneficiado, estendendo-se em favor do cônjuge supérstite, companheiro ou companheira, com união estável, maior de 60 (sessenta) anos.

§ 3.º A prioridade se estende aos processos e procedimentos na Administração Pública, empresas prestadoras de serviços públicos e instituições financeiras, ao atendimento preferencial junto à Defensoria Pública da União, dos Estados e do Distrito Federal em relação aos Serviços de Assistência Judiciária.

§ 4.º Para o atendimento prioritário será garantido ao idoso o fácil acesso aos assentos e caixas, identificados com a destinação a idosos em local visível e caracteres legíveis.

Capítulo II
DO MINISTÉRIO PÚBLICO

Art. 72. (*Vetado.*)

Art. 73. As funções do Ministério Público, previstas nesta Lei, serão exercidas nos termos da respectiva Lei Orgânica.

Art. 74. Compete ao Ministério Público:

I – instaurar o inquérito civil e a ação civil pública para a proteção dos direitos e interesses difusos ou coletivos, individuais indisponíveis e individuais homogêneos do idoso;

II – promover e acompanhar as ações de alimentos, de interdição total ou parcial, de designação de curador especial, em circunstâncias que justifiquem a medida e oficiar em todos os feitos em que se discutam os direitos de idosos em condições de risco;

III – atuar como substituto processual do idoso em situação de risco, conforme o disposto no art. 43 desta Lei;

IV – promover a revogação de instrumento procuratório do idoso, nas hipóteses previstas no art. 43 desta Lei, quando necessário ou o interesse público justificar;

V – instaurar procedimento administrativo e, para instruí-lo:

a) expedir notificações, colher depoimentos ou esclarecimentos e, em caso de não comparecimento injustificado da pessoa notificada, requisitar condução coercitiva, inclusive pela Polícia Civil ou Militar;

b) requisitar informações, exames, perícias e documentos de autoridades municipais, estaduais e federais, da administração direta e indireta, bem como promover inspeções e diligências investigatórias;

c) requisitar informações e documentos particulares de instituições privadas;

VI – instaurar sindicâncias, requisitar diligências investigatórias e a instauração de inquérito policial, para a apuração de ilícitos ou infrações às normas de proteção ao idoso;

VII – zelar pelo efetivo respeito aos direitos e garantias legais assegurados ao idoso, promovendo as medidas judiciais e extrajudiciais cabíveis;

VIII – inspecionar as entidades públicas e particulares de atendimento e os programas de que trata esta Lei, adotando de pronto as medidas administrativas ou judiciais necessárias à remoção de irregularidades porventura verificadas;

IX – requisitar força policial, bem como a colaboração dos serviços de saúde, educacionais e de assistência social, públicos, para o desempenho de suas atribuições;

X – referendar transações envolvendo interesses e direitos dos idosos previstos nesta Lei.

§ 1.º A legitimação do Ministério Público para as ações cíveis previstas neste artigo não impede a de terceiros, nas mesmas hipóteses, segundo dispuser a lei.

§ 2.º As atribuições constantes deste artigo não excluem outras, desde que compatíveis com a finalidade e atribuições do Ministério Público.

§ 3.º O representante do Ministério Público, no exercício de suas funções, terá livre acesso a toda entidade de atendimento ao idoso.

Art. 75. Nos processos e procedimentos em que não for parte, atuará obrigatoriamente o Ministério Público na defesa dos direitos e interesses de que cuida esta Lei, hipóteses em que terá vista dos autos depois das partes, podendo juntar documentos, requerer diligências e produção de outras provas, usando os recursos cabíveis.

Art. 76. A intimação do Ministério Público, em qualquer caso, será feita pessoalmente.

Art. 77. A falta de intervenção do Ministério Público acarreta a nulidade do feito, que será declarada de ofício pelo juiz ou a requerimento de qualquer interessado.

Capítulo III
DA PROTEÇÃO JUDICIAL DOS INTERESSES DIFUSOS, COLETIVOS E INDIVIDUAIS INDISPONÍVEIS OU HOMOGÊNEOS

•• A Lei n. 10.259, de 12-7-2001, que instituiu os Juizados Especiais Cíveis e Criminais no âmbito da Justiça Federal, dispõe em seu art. 3.º, § 1.º, I, que não se incluem na competência desses Juizados as demandas sobre direitos ou interesses difusos, coletivos ou individuais homogêneos.

Art. 78. As manifestações processuais do representante do Ministério Público deverão ser fundamentadas.

Art. 79. Regem-se pelas disposições desta Lei as ações de responsabilidade por ofensa aos direitos assegurados ao idoso, referentes à omissão ou ao oferecimento insatisfatório de:

Estatuto do Idoso

I – acesso às ações e serviços de saúde;

II – atendimento especializado ao idoso portador de deficiência ou com limitação incapacitante;

III – atendimento especializado ao idoso portador de doença infectocontagiosa;

IV – serviço de assistência social visando ao amparo do idoso.

Parágrafo único. As hipóteses previstas neste artigo não excluem da proteção judicial outros interesses difusos, coletivos, individuais indisponíveis ou homogêneos, próprios do idoso, protegidos em lei.

Art. 80. As ações previstas neste Capítulo serão propostas no foro do domicílio do idoso, cujo juízo terá competência absoluta para processar a causa, ressalvadas as competências da Justiça Federal e a competência originária dos Tribunais Superiores.

Art. 81. Para as ações cíveis fundadas em interesses difusos, coletivos, individuais indisponíveis ou homogêneos, consideram-se legitimados, concorrentemente:

I – o Ministério Público;

II – a União, os Estados, o Distrito Federal e os Municípios;

III – a Ordem dos Advogados do Brasil;

IV – as associações legalmente constituídas há pelo menos 1 (um) ano e que incluam entre os fins institucionais a defesa dos interesses e direitos da pessoa idosa, dispensada a autorização da Assembleia, se houver prévia autorização estatutária.

§ 1.º Admitir-se-á litisconsórcio facultativo entre os Ministérios Públicos da União e dos Estados na defesa dos interesses e direitos de que cuida esta Lei.

§ 2.º Em caso de desistência ou abandono da ação por associação legitimada, o Ministério Público ou outro legitimado deverá assumir a titularidade ativa.

Art. 82. Para defesa dos interesses e direitos protegidos por esta Lei, são admissíveis todas as espécies de ação pertinentes.

Parágrafo único. Contra atos ilegais ou abusivos de autoridade pública ou agente de pessoa jurídica no exercício de atribuições de Poder Público, que lesem direito líquido e certo previsto nesta Lei, caberá ação mandamental, que se regerá pelas normas da lei do mandado de segurança.

Art. 83. Na ação que tenha por objeto o cumprimento de obrigação de fazer ou não fazer, o juiz concederá a tutela específica da obrigação ou determinará providências que assegurem o resultado prático equivalente ao adimplemento.

§ 1.º Sendo relevante o fundamento da demanda e havendo justificado receio de ineficácia do provimento final, é lícito ao juiz conceder a tutela liminarmente ou após justificação prévia, na forma do art. 273 do Código de Processo Civil.

§ 2.º O juiz poderá, na hipótese do § 1.º ou na sentença, impor multa diária ao réu, independentemente do pedido do autor, se for suficiente ou compatível com a obrigação, fixando prazo razoável para o cumprimento do preceito.

§ 3.º A multa só será exigível do réu após o trânsito em julgado da sentença favorável ao autor, mas será devida desde o dia em que se houver configurado.

Art. 84. Os valores das multas previstas nesta Lei reverterão ao Fundo do Idoso, onde houver, ou na falta deste, ao Fundo Municipal de Assistência Social, ficando vinculados ao atendimento ao idoso.

Parágrafo único. As multas não recolhidas até 30 (trinta) dias após o trânsito em julgado da decisão serão exigidas por meio de execução promovida pelo Ministério Público, nos mesmos autos, facultada igual iniciativa aos demais legitimados em caso de inércia daquele.

Art. 85. O juiz poderá conferir efeito suspensivo aos recursos, para evitar dano irreparável à parte.

Art. 86. Transitada em julgado a sentença que impuser condenação ao Poder Público, o juiz determinará a remessa de peças à autoridade competente, para apuração da responsabilidade civil e administrativa do agente a que se atribua a ação ou omissão.

Art. 87. Decorridos 60 (sessenta) dias do trânsito em julgado da sentença condenatória favorável ao idoso sem que o autor lhe promova a execução, deverá fazê-lo o Ministério Público, facultada, igual iniciativa aos demais legitimados, como assistentes ou assumindo o polo ativo, em caso de inércia desse órgão.

Art. 88. Nas ações de que trata este Capítulo, não haverá adiantamento de custas, emolumentos, honorários periciais e quaisquer outras despesas.

Parágrafo único. Não se imporá sucumbência ao Ministério Público.

Art. 89. Qualquer pessoa poderá, e o servidor deverá, provocar a iniciativa do Ministério Público, prestando-lhe informações sobre os fatos que constituam objeto de ação civil e indicando-lhe os elementos de convicção.

Art. 90. Os agentes públicos em geral, os juízes e tribunais, no exercício de suas funções, quando tiverem conhecimento de fatos que possam configurar crime de ação pública contra idoso ou ensejar a propositura de ação para sua defesa, devem encaminhar as peças pertinentes ao Ministério Público, para as providências cabíveis.

Art. 91. Para instruir a petição inicial, o interessado poderá requerer às autoridades competentes as certidões e informações que julgar necessárias, que serão fornecidas no prazo de 10 (dez) dias.

Art. 92. O Ministério Público poderá instaurar sob sua presidência, inquérito civil, ou requisitar, de qualquer pessoa, organismo público ou particular, certidões, informações, exames ou perícias, no prazo que assinalar, o qual não poderá ser inferior a 10 (dez) dias.

§ 1.º Se o órgão do Ministério Público, esgotadas todas as diligências, se convencer da inexistência de fundamento para a propositura da ação civil ou de peças informativas, determinará o seu arquivamento, fazendo-o fundamentadamente.

§ 2.º Os autos do inquérito civil ou as peças de informação arquivados serão remetidos, sob pena de se incorrer em falta grave, no prazo de 3 (três) dias, ao Conselho Superior do Ministério Público ou à Câmara de Coordenação e Revisão do Ministério Público.

§ 3.º Até que seja homologado ou rejeitado o arquivamento, pelo Conselho Superior do Ministério Público ou por Câmara de Coordenação e Revisão do Ministério Público, as associações legitimadas poderão apresentar razões escritas ou documentos, que serão juntados ou anexados às peças de informação.

§ 4.º Deixando o Conselho Superior ou a Câmara de Coordenação e Revisão do Ministério Público de homologar a promoção de arquivamento, será designado outro membro do Ministério Público para o ajuizamento da ação.

Título VI
DOS CRIMES

Capítulo I
DISPOSIÇÕES GERAIS

Art. 93. Aplicam-se subsidiariamente, no que couber, as disposições da Lei n. 7.347, de 24 de julho de 1985.

Art. 94. Aos crimes previstos nesta Lei, cuja pena máxima privativa de liberdade não ultrapasse 4 (quatro) anos, aplica-se o procedimento previsto na Lei n. 9.099, de 26 de setembro de 1995, e, subsidiariamente, no que couber, as disposições do Código Penal e do Código de Processo Penal.

** O STF, em sessão realizada em 16-6-2010, julgou parcialmente procedente a ADIn n. 3.096, para dar interpretação conforme a CF, no sentido de aplicar-se apenas o procedimento sumaríssimo previsto na Lei n. 9.099/95, e não outros benefícios ali previstos.

Título VII
DISPOSIÇÕES FINAIS E TRANSITÓRIAS

Art. 109. Impedir ou embaraçar ato do representante do Ministério Público ou de qualquer outro agente fiscalizador:

....

Art. 118. Esta Lei entra em vigor decorridos 90 (noventa) dias da sua publicação, ressalvado o disposto no *caput* do art. 36, que vigorará a partir de 1.º de janeiro de 2004.

Brasília, 1.º de outubro de 2003; 182.º da Independência e 115.º da República.

Luiz Inácio Lula da Silva

LEI N. 11.101, DE 9 DE FEVEREIRO DE 2005 (*)

Regula a recuperação judicial, a extrajudicial e a falência do empresário e da sociedade empresária.

O Presidente da República

Faço saber que o Congresso Nacional decreta e eu sanciono a seguinte Lei:

Capítulo I
DISPOSIÇÕES PRELIMINARES

Art. 1.º Esta Lei disciplina a recuperação judicial, a recuperação extrajudicial e a falência do empresário e da sociedade empresária, doravante referidos simplesmente como devedor.

(*) Publicada no *DOU*, de 9-2-2005 – Edição Extra.

Art. 2.º Esta Lei não se aplica a:

I – empresa pública e sociedade de economia mista;

II – instituição financeira pública ou privada, cooperativa de crédito, consórcio, entidade de previdência complementar, sociedade operadora de plano de assistência à saúde, sociedade seguradora, sociedade de capitalização e outras entidades legalmente equiparadas às anteriores.

Art. 3.º É competente para homologar o plano de recuperação extrajudicial, deferir a recuperação judicial ou decretar a falência o juízo do local do principal estabelecimento do devedor ou da filial de empresa que tenha sede fora do Brasil.

Art. 4.º (*Vetado.*)

Capítulo II
DISPOSIÇÕES COMUNS À RECUPERAÇÃO JUDICIAL E À FALÊNCIA

Seção I
Disposições Gerais

Art. 5.º Não são exigíveis do devedor, na recuperação judicial ou na falência:

I – as obrigações a título gratuito;

II – as despesas que os credores fizerem para tomar parte na recuperação judicial ou na falência, salvo as custas judiciais decorrentes de litígio com o devedor.

Art. 6.º A decretação da falência ou o deferimento do processamento da recuperação judicial suspende o curso da prescrição e de todas as ações e execuções em face do devedor, inclusive aquelas dos credores particulares do sócio solidário.

§ 1.º Terá prosseguimento no juízo no qual estiver se processando a ação que demandar quantia ilíquida.

§ 2.º É permitido pleitear, perante o administrador judicial, habilitação, exclusão ou modificação de créditos derivados da relação de trabalho, mas as ações de natureza trabalhista, inclusive as impugnações a que se refere o art. 8.º desta Lei, serão processadas perante a justiça especializada até a apuração do respectivo crédito, que será inscrito no quadro-geral de credores pelo valor determinado em sentença.

§ 3.º O juiz competente para as ações referidas nos §§ 1.º e 2.º deste artigo poderá determinar a reserva da importância que estimar devida na recuperação judicial ou na falência, e, uma vez reconhecido líquido o direito, será o crédito incluído na classe própria.

§ 4.º Na recuperação judicial, a suspensão de que trata o *caput* deste artigo em hipótese nenhuma excederá o prazo improrrogável de 180 (cento e oitenta) dias contado do deferimento do processamento da recuperação, restabelecendo-se, após o decurso do prazo, o direito dos credores de iniciar ou continuar suas ações e execuções, independentemente de pronunciamento judicial.

§ 5.º Aplica-se o disposto no § 2.º deste artigo à recuperação judicial durante o período de suspensão de que trata o § 4.º deste artigo, mas, após o fim da suspensão, as execuções trabalhistas poderão ser normalmente concluídas, ainda que o crédito já esteja inscrito no quadro-geral de credores.

§ 6.º Independentemente da verificação periódica perante os cartórios de distribuição, as ações que venham a ser propostas contra o devedor deverão ser comunicadas ao juízo da falência ou da recuperação judicial:

I – pelo juiz competente, quando do recebimento da petição inicial;

II – pelo devedor, imediatamente após a citação.

§ 7.º As execuções de natureza fiscal não são suspensas pelo deferimento da recuperação judicial, ressalvada a concessão de parcelamento nos termos do Código Tributário Nacional e da legislação ordinária específica.

§ 8.º A distribuição do pedido de falência ou de recuperação judicial previne a jurisdição para qualquer outro pedido de recuperação judicial ou de falência, relativo ao mesmo devedor.

Seção II
Da Verificação e da Habilitação de Créditos

Art. 7.º A verificação dos créditos será realizada pelo administrador judicial, com base nos livros contábeis e documentos comerciais e fiscais do devedor e nos documentos que lhe forem apresentados pelos credores, podendo contar com o auxílio de profissionais ou empresas especializadas.

§ 1.º Publicado o edital previsto no art. 52, § 1.º, ou no parágrafo único do art. 99 desta Lei, os credores terão o prazo de 15 (quinze) dias para apresentar ao administrador judicial suas habilitações ou suas divergências quanto aos créditos relacionados.

§ 2.º O administrador judicial, com base nas informações e documentos colhidos na forma do *caput* e do § 1.º deste artigo, fará publicar edital contendo a relação de credores no prazo de 45 (quarenta e cinco) dias, contado do fim do prazo do § 1.º deste artigo, devendo indicar o local, o horário e o prazo comum em que as pessoas indicadas no art. 8.º desta Lei terão acesso aos documentos que fundamentaram a elaboração dessa relação.

Art. 8.º No prazo de 10 (dez) dias, contado da publicação da relação referida no art. 7.º, § 2.º, desta Lei, o Comitê, qualquer credor, o devedor ou seus sócios ou o Ministério Público podem apresentar ao juiz impugnação contra a relação de credores, apontando a ausência de qualquer crédito ou manifestando-se contra a legitimidade, importância ou classificação de crédito relacionado.

Parágrafo único. Autuada em separado, a impugnação será processada nos termos dos arts. 13 a 15 desta Lei.

Falência e Recuperação de Empresas

Art. 9.º A habilitação de crédito realizada pelo credor nos termos do art. 7.º, § 1.º, desta Lei deverá conter:

I – o nome, o endereço do credor e o endereço em que receberá comunicação de qualquer ato do processo;

II – o valor do crédito, atualizado até a data da decretação da falência ou do pedido de recuperação judicial, sua origem e classificação;

III – os documentos comprobatórios do crédito e a indicação das demais provas a serem produzidas;

IV – a indicação da garantia prestada pelo devedor, se houver, e o respectivo instrumento;

V – a especificação do objeto da garantia que estiver na posse do credor.

Parágrafo único. Os títulos e documentos que legitimam os créditos deverão ser exibidos no original ou por cópias autenticadas se estiverem juntados em outro processo.

Art. 10. Não observado o prazo estipulado no art. 7.º, § 1.º, desta Lei, as habilitações de crédito serão recebidas como retardatárias.

§ 1.º Na recuperação judicial, os titulares de créditos retardatários, excetuados os titulares de créditos derivados da relação de trabalho, não terão direito a voto nas deliberações da assembleia geral de credores.

§ 2.º Aplica-se o disposto no § 1.º deste artigo ao processo de falência, salvo se, na data da realização da assembleia geral, já houver sido homologado o quadro-geral de credores contendo o crédito retardatário.

§ 3.º Na falência, os créditos retardatários perderão o direito a rateios eventualmente realizados e ficarão sujeitos ao pagamento de custas, não se computando os acessórios compreendidos entre o término do prazo e a data do pedido de habilitação.

§ 4.º Na hipótese prevista no § 3.º deste artigo, o credor poderá requerer a reserva de valor para satisfação de seu crédito.

§ 5.º As habilitações de crédito retardatárias, se apresentadas antes da homologação do quadro-geral de credores, serão recebidas como impugnação e processadas na forma dos arts. 13 a 15 desta Lei.

§ 6.º Após a homologação do quadro-geral de credores, aqueles que não habilitaram seu crédito poderão, observado, no que couber, o procedimento ordinário previsto no Código de Processo Civil, requerer ao juízo da falência ou da recuperação judicial a retificação do quadro-geral para inclusão do respectivo crédito.

Art. 11. Os credores cujos créditos forem impugnados serão intimados para contestar a impugnação, no prazo de 5 (cinco) dias, juntando os documentos que tiverem e indicando outras provas que reputem necessárias.

Art. 12. Transcorrido o prazo do art. 11 desta Lei, o devedor e o Comitê, se houver, serão intimados pelo juiz para se manifestar sobre ela no prazo comum de 5 (cinco) dias.

Parágrafo único. Findo o prazo a que se refere o *caput* deste artigo, o administrador judicial será intimado pelo juiz para emitir parecer no prazo de 5 (cinco) dias, devendo juntar à sua manifestação o laudo elaborado pelo profissional ou empresa especializada, se for o caso, e todas as informações existentes nos livros fiscais e demais documentos do devedor acerca do crédito, constante ou não da relação de credores, objeto da impugnação.

Art. 13. A impugnação será dirigida ao juiz por meio de petição, instruída com os documentos que tiver o impugnante, o qual indicará as provas consideradas necessárias.

Parágrafo único. Cada impugnação será autuada em separado, com os documentos a ela relativos, mas terão uma só autuação as diversas impugnações versando sobre o mesmo crédito.

Art. 14. Caso não haja impugnações, o juiz homologará, como quadro-geral de credores, a relação dos credores constante do edital de que trata o art. 7.º, § 2.º, desta Lei, dispensada a publicação de que trata o art. 18 desta Lei.

Art. 15. Transcorridos os prazos previstos nos arts. 11 e 12 desta Lei, os autos de impugnação serão conclusos ao juiz, que:

I – determinará a inclusão no quadro-geral de credores das habilitações de créditos não impugnadas, no valor constante da relação referida no § 2.º do art. 7.º desta Lei;

II – julgará as impugnações que entender suficientemente esclarecidas pelas alegações e provas apresentadas pelas partes, mencionando, de cada crédito, o valor e a classificação;

III – fixará, em cada uma das restantes impugnações, os aspectos controvertidos e decidirá as questões processuais pendentes;

IV – determinará as provas a serem produzidas, designando audiência de instrução e julgamento, se necessário.

Art. 16. O juiz determinará, para fins de rateio, a reserva de valor para satisfação do crédito impugnado.

Parágrafo único. Sendo parcial, a impugnação não impedirá o pagamento da parte incontroversa.

Art. 17. Da decisão judicial sobre a impugnação caberá agravo.

Parágrafo único. Recebido o agravo, o relator poderá conceder efeito suspensivo à decisão que reconhece o crédito ou determinar a inscrição ou modificação do seu valor ou classificação no quadro-geral de credores, para fins de exercício de direito de voto em assembleia geral.

Art. 18. O administrador judicial será responsável pela consolidação do quadro-geral de credores, a ser homologado pelo juiz, com base na relação dos credores a que se refere o art. 7.º, § 2.º, desta Lei e nas decisões proferidas nas impugnações oferecidas.

Parágrafo único. O quadro-geral, assinado pelo juiz e pelo administrador judicial, mencionará a importância e a classificação de cada crédito na data do requerimento da recuperação judicial ou da decretação da falência, será juntado aos autos e publicado no órgão oficial, no prazo de 5 (cinco) dias, contado da data da sentença que houver julgado as impugnações.

Art. 19. O administrador judicial, o Comitê, qualquer credor ou o representante do Ministério Público poderá, até o encerramento da recuperação judicial ou da falência, observado, no que couber, o procedimento ordinário previsto no Código de Processo Civil, pedir a exclusão, outra classificação ou a retificação de qualquer crédito, nos casos de descoberta de falsidade, dolo, simulação, fraude, erro essencial ou, ainda, documentos ignorados na época do julgamento do crédito ou da inclusão no quadro-geral de credores.

§ 1.º A ação prevista neste artigo será proposta exclusivamente perante o juízo da recuperação judicial ou da falência ou, nas hipóteses previstas no art. 6.º, §§ 1.º e 2.º, desta Lei, perante o juízo que tenha originariamente reconhecido o crédito.

§ 2.º Proposta a ação de que trata este artigo, o pagamento ao titular do crédito por ela atingido somente poderá ser realizado mediante a prestação de caução no mesmo valor do crédito questionado.

Art. 20. As habilitações dos credores particulares do sócio ilimitadamente responsável processar-se-ão de acordo com as disposições desta Seção.

Seção III
Do Administrador Judicial e do
Comitê de Credores

Art. 21. O administrador judicial será profissional idôneo, preferencialmente advogado, economista, administrador de empresas ou contador, ou pessoa jurídica especializada.

Parágrafo único. Se o administrador judicial nomeado for pessoa jurídica, declarar-se-á, no termo de que trata o art. 33 desta Lei, o nome de profissional responsável pela condução do processo de falência ou de recuperação judicial, que não poderá ser substituído sem autorização do juiz.

Art. 22. Ao administrador judicial compete, sob a fiscalização do juiz e do Comitê, além de outros deveres que esta Lei lhe impõe:

I – na recuperação judicial e na falência:

a) enviar correspondência aos credores constantes na relação de que trata o inciso III do *caput* do art. 51, o inciso III do *caput* do art. 99 ou o inciso II do *caput* do art. 105 desta Lei, comunicando a data do pedido de recuperação judicial ou da decretação da falência, a natureza, o valor e a classificação dada ao crédito;

b) fornecer, com presteza, todas as informações pedidas pelos credores interessados;

c) dar extratos dos livros do devedor, que merecerão fé de ofício, a fim de servirem de fundamento nas habilitações e impugnações de créditos;

d) exigir dos credores, do devedor ou seus administradores quaisquer informações;

e) elaborar a relação de credores de que trata o § 2.º do art. 7.º desta Lei;

f) consolidar o quadro-geral de credores nos termos do art. 18 desta Lei;

g) requerer ao juiz convocação da assembleia geral de credores nos casos previstos nesta Lei ou quando entender necessária sua ouvida para a tomada de decisões;

h) contratar, mediante autorização judicial, profissionais ou empresas especializadas para, quando necessário, auxiliá-lo no exercício de suas funções;

i) manifestar-se nos casos previstos nesta Lei;

II – na recuperação judicial:

a) fiscalizar as atividades do devedor e o cumprimento do plano de recuperação judicial;

b) requerer a falência no caso de descumprimento de obrigação assumida no plano de recuperação;

c) apresentar ao juiz, para juntada aos autos, relatório mensal das atividades do devedor;

d) apresentar o relatório sobre a execução do plano de recuperação, de que trata o inciso III do *caput* do art. 63 desta Lei;

III – na falência:

a) avisar, pelo órgão oficial, o lugar e hora em que, diariamente, os credores terão à sua disposição os livros e documentos do falido;

b) examinar a escrituração do devedor;

c) relacionar os processos e assumir a representação judicial da massa falida;

d) receber e abrir a correspondência dirigida ao devedor, entregando a ele o que não for assunto de interesse da massa;

e) apresentar, no prazo de 40 (quarenta) dias, contado da assinatura do termo de compromisso, prorrogável por igual período, relatório sobre as causas e circunstâncias que conduziram à situação de falência, no qual apontará a responsabilidade civil e penal dos envolvidos, observado o disposto no art. 186 desta Lei;

f) arrecadar os bens e documentos do devedor e elaborar o auto de arrecadação, nos termos dos arts. 108 e 110 desta Lei;

g) avaliar os bens arrecadados;

h) contratar avaliadores, de preferência oficiais, mediante autorização judicial, para a avaliação dos bens caso entenda não ter condições técnicas para a tarefa;

i) praticar os atos necessários à realização do ativo e ao pagamento dos credores;

j) requerer ao juiz a venda antecipada de bens perecíveis, deterioráveis ou sujeitos a considerável desvalorização ou de conservação arriscada ou dispendiosa, nos termos do art. 113 desta Lei;

l) praticar todos os atos conservatórios de direitos e ações, diligenciar a cobrança de dívidas e dar a respectiva quitação;

m) remir, em benefício da massa e mediante autorização judicial, bens apenhados, penhorados ou legalmente retidos;

n) representar a massa falida em juízo, contratando, se necessário, advogado, cujos honorários serão previamente ajustados e aprovados pelo Comitê de Credores;

o) requerer todas as medidas e diligências que forem necessárias para o cumprimento desta Lei, a proteção da massa ou a eficiência da administração;

p) apresentar ao juiz para juntada aos autos, até o 10.º (décimo) dia do mês seguinte ao vencido, conta demonstrativa da administração, que especifique com clareza a receita e a despesa;

q) entregar ao seu substituto todos os bens e documentos da massa em seu poder, sob pena de responsabilidade;

r) prestar contas ao final do processo, quando for substituído, destituído ou renunciar ao cargo.

§ 1.º As remunerações dos auxiliares do administrador judicial serão fixadas pelo juiz, que considerará a complexidade dos trabalhos a serem executados e os valores praticados no mercado para o desempenho de atividades semelhantes.

§ 2.º Na hipótese da alínea *d* do inciso I do *caput* deste artigo, se houver recusa, o juiz, a requerimento do administrador judicial, intimará aquelas pessoas para que compareçam à sede do juízo, sob pena de desobediência, oportunidade em que as interrogará na presença do administrador judicial, tomando seus depoimentos por escrito.

§ 3.º Na falência, o administrador judicial não poderá, sem autorização judicial, após ouvidos o Comitê e o devedor no prazo comum de 2 (dois) dias, transigir sobre obrigações e direitos da massa falida e conceder abatimento de dívidas, ainda que sejam consideradas de difícil recebimento.

§ 4.º Se o relatório de que trata a alínea *e* do inciso III do *caput* deste artigo apontar responsabilidade penal de qualquer dos envolvidos, o Ministério Público será intimado para tomar conhecimento de seu teor.

Art. 23. O administrador judicial que não apresentar, no prazo estabelecido, suas contas ou qualquer dos relatórios previstos nesta Lei será intimado pessoalmente a fazê-lo no prazo de 5 (cinco) dias, sob pena de desobediência.

Parágrafo único. Decorrido o prazo do *caput* deste artigo, o juiz destituirá o administrador judicial e nomeará substituto para elaborar relatórios ou organizar as contas, explicitando as responsabilidades de seu antecessor.

Art. 24. O juiz fixará o valor e a forma de pagamento da remuneração do administrador judicial, observados a capacidade de pagamento do devedor, o grau de complexidade do trabalho e os valores praticados no mercado para o desempenho de atividades semelhantes.

§ 1.º Em qualquer hipótese, o total pago ao administrador judicial não excederá 5% (cinco por cento) do valor devido aos credores submetidos à recuperação judicial ou do valor de venda dos bens na falência.

§ 2.º Será reservado 40% (quarenta por cento) do montante devido ao administrador judicial para pagamento após atendimento do previsto nos arts. 154 e 155 desta Lei.

§ 3.º O administrador judicial substituído será remunerado proporcionalmente ao trabalho realizado, salvo se renunciar sem relevante razão ou for destituído de suas funções por desídia, culpa, dolo ou descumprimento das obrigações fixadas nesta Lei, hipóteses em que não terá direito à remuneração.

§ 4.º Também não terá direito a remuneração o administrador que tiver suas contas desaprovadas.

§ 5.º A remuneração do administrador judicial fica reduzida ao limite de 2% (dois por cento), no caso de microempresas e empresas de pequeno porte.

Falência e Recuperação de Empresas

•• § 5.º acrescentado pela Lei Complementar n. 147, de 7-8-2014.

Art. 25. Caberá ao devedor ou à massa falida arcar com as despesas relativas à remuneração do administrador judicial e das pessoas eventualmente contratadas para auxiliá-lo.

Art. 26. O Comitê de Credores será constituído por deliberação de qualquer das classes de credores na assembleia geral e terá a seguinte composição:

I – 1 (um) representante indicado pela classe de credores trabalhistas, com 2 (dois) suplentes;

II – 1 (um) representante indicado pela classe de credores com direitos reais de garantia ou privilégios especiais, com 2 (dois) suplentes;

III – 1 (um) representante indicado pela classe de credores quirografários e com privilégios gerais, com 2 (dois) suplentes.

IV – 1 (um) representante indicado pela classe de credores representantes de microempresas e empresas de pequeno porte, com 2 (dois) suplentes.

•• Inciso IV acrescentado pela Lei Complementar n. 147, de 7-8-2014.

§ 1.º A falta de indicação de representante por quaisquer das classes não prejudicará a constituição do Comitê, que poderá funcionar com número inferior ao previsto no *caput* deste artigo.

§ 2.º O juiz determinará, mediante requerimento subscrito por credores que representem a maioria dos créditos de uma classe, independentemente da realização de assembleia:

I – a nomeação do representante e dos suplentes da respectiva classe ainda não representada no Comitê; ou

II – a substituição do representante ou dos suplentes da respectiva classe.

§ 3.º Caberá aos próprios membros do Comitê indicar, entre eles, quem irá presidi-lo.

Art. 27. O Comitê de Credores terá as seguintes atribuições, além de outras previstas nesta Lei:

I – na recuperação judicial e na falência:

a) fiscalizar as atividades e examinar as contas do administrador judicial;

b) zelar pelo bom andamento do processo e pelo cumprimento da lei;

c) comunicar ao juiz, caso detecte violação dos direitos ou prejuízo aos interesses dos credores;

d) apurar e emitir parecer sobre quaisquer reclamações dos interessados;

e) requerer ao juiz a convocação da assembleia geral de credores;

f) manifestar-se nas hipóteses previstas nesta Lei;

II – na recuperação judicial:

a) fiscalizar a administração das atividades do devedor, apresentando, a cada 30 (trinta) dias, relatório de sua situação;

b) fiscalizar a execução do plano de recuperação judicial;

c) submeter à autorização do juiz, quando ocorrer o afastamento do devedor nas hipóteses previstas nesta Lei, a alienação de bens do ativo permanente, a constituição de ônus reais e outras garantias, bem como atos de endividamento necessários à continuação da atividade empresarial durante o período que antecede a aprovação do plano de recuperação judicial.

§ 1.º As decisões do Comitê, tomadas por maioria, serão consignadas em livro de atas, rubricado pelo juízo, que ficará à disposição do administrador judicial, dos credores e do devedor.

§ 2.º Caso não seja possível a obtenção de maioria em deliberação do Comitê, o impasse será resolvido pelo administrador judicial ou, na incompatibilidade deste, pelo juiz.

Art. 28. Não havendo Comitê de Credores, caberá ao administrador judicial ou, na incompatibilidade deste, ao juiz exercer suas atribuições.

Art. 29. Os membros do Comitê não terão sua remuneração custeada pelo devedor ou pela massa falida, mas as despesas realizadas para a realização de ato previsto nesta Lei, se devidamente comprovadas e com a autorização do juiz, serão ressarcidas atendendo às disponibilidades de caixa.

Art. 30. Não poderá integrar o Comitê ou exercer as funções de administrador judicial quem, nos últimos 5 (cinco) anos, no exercício do cargo de administrador judicial ou de membro do Comitê em falência ou recuperação judicial anterior, foi destituído, deixou de prestar contas dentro dos prazos legais ou teve a prestação de contas desaprovada.

§ 1.º Ficará também impedido de integrar o Comitê ou exercer a função de administrador judicial quem tiver relação de parentesco ou afinidade até o 3.º (terceiro) grau com o devedor, seus administradores, controladores ou representantes legais ou deles for amigo, inimigo ou dependente.

§ 2.º O devedor, qualquer credor ou o Ministério Público poderá requerer ao juiz a substituição do administrador judicial ou dos membros do Comitê nomeados em desobediência aos preceitos desta Lei.

§ 3.º O juiz decidirá, no prazo de 24 (vinte e quatro) horas, sobre o requerimento do § 2.º deste artigo.

Art. 31. O juiz, de ofício ou a requerimento fundamentado de qualquer interessado, poderá determinar a destituição do administrador judicial ou de quaisquer dos membros do Comitê de Credores quando verificar desobediência aos preceitos desta Lei, descumprimento de deveres, omissão, negligência ou prática de ato lesivo às atividades do devedor ou a terceiros.

§ 1.º No ato de destituição, o juiz nomeará novo administrador judicial ou convocará os suplentes para recompor o Comitê.

§ 2.º Na falência, o administrador judicial substituído prestará contas no prazo de 10 (dez) dias, nos termos dos §§ 1.º a 6.º do art. 154 desta Lei.

Art. 32. O administrador judicial e os membros do Comitê responderão pelos prejuízos causados à massa falida, ao devedor ou aos credores por dolo ou culpa, devendo o dissidente em deliberação do Comitê consignar sua discordância em ata para eximir-se da responsabilidade.

Art. 33. O administrador judicial e os membros do Comitê de Credores, logo que nomeados, serão intimados pessoalmente para, em 48 (quarenta e oito) horas, assinar, na sede do juízo, o termo de compromisso de bem e fielmente desempenhar o cargo e assumir todas as responsabilidades a ele inerentes.

Art. 34. Não assinado o termo de compromisso no prazo previsto no art. 33 desta Lei, o juiz nomeará outro administrador judicial.

Seção IV
Da Assembleia Geral de Credores

Art. 35. A assembleia geral de credores terá por atribuições deliberar sobre:

I – na recuperação judicial:

a) aprovação, rejeição ou modificação do plano de recuperação judicial apresentado pelo devedor;

b) a constituição do Comitê de Credores, a escolha de seus membros e sua substituição;

c) (Vetado.)

d) o pedido de desistência do devedor, nos termos do § 4.º do art. 52 desta Lei;

e) o nome do gestor judicial, quando do afastamento do devedor;

f) qualquer outra matéria que possa afetar os interesses dos credores;

II – na falência:

a) (Vetado.)

b) a constituição do Comitê de Credores, a escolha de seus membros e sua substituição;

c) a adoção de outras modalidades de realização do ativo, na forma do art. 145 desta Lei;

d) qualquer outra matéria que possa afetar os interesses dos credores.

Art. 36. A assembleia geral de credores será convocada pelo juiz por edital publicado no órgão oficial e em jornais de grande circulação nas localidades da sede e filiais, com antecedência mínima de 15 (quinze) dias, o qual conterá:

I – local, data e hora da assembleia em 1.ª (primeira) e em 2.ª (segunda) convocação, não podendo esta ser realizada menos de 5 (cinco) dias depois da 1.ª (primeira);

II – a ordem do dia;

III – local onde os credores poderão, se for o caso, obter cópia do plano de recuperação judicial a ser submetido à deliberação da assembleia.

§ 1.º Cópia do aviso de convocação da assembleia deverá ser afixada de forma ostensiva na sede e filiais do devedor.

§ 2.º Além dos casos expressamente previstos nesta Lei, credores que representem no mínimo 25% (vinte e cinco por cento) do valor total dos créditos de uma determinada classe poderão requerer ao juiz a convocação de assembleia geral.

§ 3.º As despesas com a convocação e a realização da assembleia geral correm por conta do devedor ou da massa falida, salvo se convocada em virtude de requerimento do Comitê de Credores ou na hipótese do § 2.º deste artigo.

Art. 37. A assembleia será presidida pelo administrador judicial, que designará 1 (um) secretário dentre os credores presentes.

§ 1.º Nas deliberações sobre o afastamento do administrador judicial ou em outras em que haja incompatibilidade deste, a assembleia será presidida pelo credor presente que seja titular do maior crédito.

§ 2.º A assembleia instalar-se-á, em 1.ª (primeira) convocação, com a presença de credores titulares de mais da metade dos créditos de cada classe, computados pelo valor, e, em 2.ª (segunda) convocação, com qualquer número.

§ 3.º Para participar da assembleia, cada credor deverá assinar a lista de presença, que será encerrada no momento da instalação.

§ 4.º O credor poderá ser representado na assembleia geral por mandatário ou representante legal, desde que entregue ao administrador judicial, até 24 (vinte e quatro) horas antes da data prevista no aviso de convocação, documento hábil que comprove seus poderes ou a indicação das folhas dos autos do processo em que se encontre o documento.

§ 5.º Os sindicatos de trabalhadores poderão representar seus associados titulares de créditos derivados da legislação do trabalho ou decorrentes de acidente de trabalho que não comparecerem, pessoalmente ou por procurador, à assembleia.

§ 6.º Para exercer a prerrogativa prevista no § 5.º deste artigo, o sindicato deverá:

I – apresentar ao administrador judicial, até 10 (dez) dias antes da assembleia, a relação dos associados que pretende representar, e o trabalhador que conste da relação de mais de um sindicato deverá esclarecer, até 24 (vinte e quatro) horas antes da assembleia, qual sindicato o representa, sob pena de não ser representado em assembleia por nenhum deles; e

II – (Vetado.)

§ 7.º Do ocorrido na assembleia, lavrar-se-á ata que conterá o nome dos presentes e as assinaturas do presidente, do devedor e de 2 (dois) membros de cada uma das classes votantes, e que será entregue ao juiz, juntamente com a lista de presença, no prazo de 48 (quarenta e oito) horas.

Art. 38. O voto do credor será proporcional ao valor de seu crédito, ressalvado, nas deliberações sobre o plano de recuperação judicial, o disposto no § 2.º do art. 45 desta Lei.

Parágrafo único. Na recuperação judicial, para fins exclusivos de votação em assembleia geral, o crédito em moeda estrangeira será convertido para moeda nacional pelo câmbio da véspera da data de realização da assembleia.

Art. 39. Terão direito a voto na assembleia geral as pessoas arroladas no quadro-geral de credores ou, na sua falta, na relação de credores apresentada pelo administrador judicial na forma do art. 7.º, § 2.º, desta Lei, ou, ainda, na falta desta, na relação apresentada pelo próprio devedor nos termos dos arts. 51, incisos III e IV do *caput*, 99, inciso III do *caput*, ou 105, inciso II do *caput*, desta Lei, acrescidas, em qualquer caso, das que estejam habilitadas na data da realização da assembleia ou que tenham créditos admitidos ou alterados por decisão judicial, inclusive as que tenham obtido reserva de importâncias, observado o disposto nos §§ 1.º e 2.º do art. 10 desta Lei.

§ 1.º Não terão direito a voto e não serão considerados para fins de verificação do *quorum* de instalação e de deliberação os titulares de créditos exceptuados na forma dos §§ 3.º e 4.º do art. 49 desta Lei.

§ 2.º As deliberações da assembleia geral não serão invalidadas em razão de posterior decisão judicial acerca da existência, quantificação ou classificação de créditos.

§ 3.º No caso de posterior invalidação de deliberação da assembleia, ficam resguardados os direitos de terceiros de boa-fé, respondendo os credores que aprovaram a deliberação pelos prejuízos comprovados causados por dolo ou culpa.

Art. 40. Não será deferido provimento liminar, de caráter cautelar ou antecipatório dos efeitos da tutela, para a suspensão ou adiamento da assembleia geral de credores em razão de pendência de discussão acerca da existência, da quantificação ou da classificação de créditos.

Art. 41. A assembleia geral será composta pelas seguintes classes de credores:

I – titulares de créditos derivados da legislação do trabalho ou decorrentes de acidentes de trabalho;

II – titulares de créditos com garantia real;

III – titulares de créditos quirografários, com privilégio especial, com privilégio geral ou subordinados.

IV – titulares de créditos enquadrados como microempresa ou empresa de pequeno porte.

•• Inciso IV acrescentado pela Lei Complementar n. 147, de 7-8-2014.

§ 1.º Os titulares de créditos derivados da legislação do trabalho votam com a classe prevista no inciso I do *caput* deste artigo com o total de seu crédito, independentemente do valor.

§ 2.º Os titulares de créditos com garantia real votam com a classe prevista no inciso II do *caput* deste artigo até o limite do valor do bem gravado e com a classe prevista no inciso III do *caput* deste artigo pelo restante do valor de seu crédito.

Art. 42. Considerar-se-á aprovada a proposta que obtiver votos favoráveis de credores que representem mais da metade do valor total dos créditos presentes à assembleia geral, exceto nas deliberações sobre o plano de recuperação judicial nos termos da alínea *a* do inciso I do *caput* do art. 35 desta Lei, a composição do Comitê de Credores ou forma alternativa de realização do ativo nos termos do art. 145 desta Lei.

Art. 43. Os sócios do devedor, bem como as sociedades coligadas, controladoras, controladas ou as que tenham sócio ou acionista com participação superior a 10% (dez por cento) do capital social do devedor ou em que o devedor ou algum de seus sócios detenham participação superior a 10% (dez por cento) do capital social, poderão participar da assembleia geral de credores, sem ter direito a voto e não serão considerados para fins de verificação do *quorum* de instalação e de deliberação.

Parágrafo único. O disposto neste artigo também se aplica ao cônjuge ou parente, consanguíneo ou afim, colateral até o 2.º (segundo) grau, ascendente ou descendente do devedor, de administrador, do sócio controlador, de membro dos conselhos consultivo, fiscal ou semelhantes da sociedade devedora e à sociedade em que quaisquer dessas pessoas exerçam essas funções.

Art. 44. Na escolha dos representantes de cada classe no Comitê de Credores, somente os respectivos membros poderão votar.

Art. 45. Nas deliberações sobre o plano de recuperação judicial, todas as classes de credores referidas no art. 41 desta Lei deverão aprovar a proposta.

Falência e Recuperação de Empresas

§ 1.º Em cada uma das classes referidas nos incisos II e III do art. 41 desta Lei, a proposta deverá ser aprovada por credores que representem mais da metade do valor total dos créditos presentes à Assembleia e, cumulativamente, pela maioria simples dos credores presentes.

§ 2.º Nas classes previstas nos incisos I e IV do art. 41 desta Lei, a proposta deverá ser aprovada pela maioria simples dos credores presentes, independentemente do valor de seu crédito.

•• § 2.º com redação determinada pela Lei Complementar n. 147, de 7-8-2014.

§ 3.º O credor não terá direito a voto e não será considerado para fins de verificação de quorum de deliberação se o plano de recuperação judicial não alterar o valor ou as condições originais de pagamento de seu crédito.

Art. 46. A aprovação de forma alternativa de realização do ativo na falência, prevista no art. 145 desta Lei, dependerá do voto favorável de credores que representem 2/3 (dois terços) dos créditos presentes à Assembleia.

Capítulo III
DA RECUPERAÇÃO JUDICIAL

Seção I
Disposições Gerais

Art. 47. A recuperação judicial tem por objetivo viabilizar a superação da situação de crise econômico-financeira do devedor, a fim de permitir a manutenção da fonte produtora, do emprego dos trabalhadores e dos interesses dos credores, promovendo, assim, a preservação da empresa, sua função social e o estímulo à atividade econômica.

Art. 48. Poderá requerer recuperação judicial o devedor que, no momento do pedido, exerça regularmente suas atividades há mais de 2 (dois) anos e que atenda aos seguintes requisitos, cumulativamente:

I – não ser falido e, se o foi, estejam declaradas extintas, por sentença transitada em julgado, as responsabilidades daí decorrentes;

II – não ter, há menos de 5 (cinco) anos, obtido concessão de recuperação judicial;

III – não ter, há menos de 5 (cinco) anos, obtido concessão de recuperação judicial com base no plano especial de que trata a Seção V deste Capítulo;

•• Inciso III com redação determinada pela Lei Complementar n. 147, de 7-8-2014.

IV – não ter sido condenado ou não ter, como administrador ou sócio controlador, pessoa condenada por qualquer dos crimes previstos nesta Lei.

§ 1.º A recuperação judicial também poderá ser requerida pelo cônjuge sobrevivente, herdeiros do devedor, inventariante ou sócio remanescente.

•• § 1.º renumerado pela Lei n. 12.873, de 24-10-2013.

§ 2.º Tratando-se de exercício de atividade rural por pessoa jurídica, admite-se a comprovação do prazo estabelecido no *caput* deste artigo por meio da Declaração de Informações Econômico-fiscais da Pessoa Jurídica – DIPJ que tenha sido entregue tempestivamente.

•• § 2.º acrescentado pela Lei n. 12.873, de 24-10-2013.

Art. 49. Estão sujeitos à recuperação judicial todos os créditos existentes na data do pedido, ainda que não vencidos.

§ 1.º Os credores do devedor em recuperação judicial conservam seus direitos e privilégios contra os coobrigados, fiadores e obrigados de regresso.

§ 2.º As obrigações anteriores à recuperação judicial observarão as condições originalmente contratadas ou definidas em lei, inclusive no que diz respeito aos encargos, salvo se de modo diverso ficar estabelecido no plano de recuperação judicial.

§ 3.º Tratando-se de credor titular da posição de proprietário fiduciário de bens móveis ou imóveis, de arrendador mercantil, de proprietário ou promitente vendedor de imóvel cujos respectivos contratos contenham cláusula de irrevogabilidade ou irretratabilidade, inclusive em incorporações imobiliárias, ou de proprietário em contrato de venda com reserva de domínio, seu crédito não se submeterá aos efeitos da recuperação judicial e prevalecerão os direitos de propriedade sobre a coisa e as condições contratuais, observada a legislação respectiva, não se permitindo, contudo, durante o prazo de suspensão a que se refere o § 4.º do art. 6.º desta Lei, a venda ou a retirada do estabelecimento do devedor dos bens de capital essenciais a sua atividade empresarial.

§ 4.º Não se sujeitará aos efeitos da recuperação judicial a importância a que se refere o inciso II do art. 86 desta Lei.

§ 5.º Tratando-se de crédito garantido por penhor sobre títulos de crédito, direitos creditórios, aplicações financeiras ou valores mobiliários, poderão ser substituídas ou renovadas as garantias liquidadas ou vencidas durante a recuperação judicial e, enquanto não renovadas ou substituídas, o valor eventualmente recebido em pagamento das garantias permanecerá em conta vinculada durante o período de suspensão de que trata o § 4.º do art. 6.º desta Lei.

Art. 50. Constituem meios de recuperação judicial, observada a legislação pertinente a cada caso, dentre outros:

I – concessão de prazos e condições especiais para pagamento das obrigações vencidas ou vincendas;

II – cisão, incorporação, fusão ou transformação de sociedade, constituição de subsidiária integral, ou cessão de cotas ou ações, respeitados os direitos dos sócios, nos termos da legislação vigente;

III – alteração do controle societário;

IV – substituição total ou parcial dos administradores do devedor ou modificação de seus órgãos administrativos;

V – concessão aos credores de direito de eleição em separado de administradores e de poder de veto em relação às matérias que o plano especificar;

VI – aumento de capital social;

VII – trespasse ou arrendamento de estabelecimento, inclusive à sociedade constituída pelos próprios empregados;

VIII – redução salarial, compensação de horários e redução da jornada, mediante acordo ou convenção coletiva;

IX – dação em pagamento ou novação de dívidas do passivo, com ou sem constituição de garantia própria ou de terceiro;

X – constituição de sociedade de credores;

XI – venda parcial dos bens;

XII – equalização de encargos financeiros relativos a débitos de qualquer natureza, tendo como termo inicial a data da distribuição do pedido de recuperação judicial, aplicando-se inclusive aos contratos de crédito rural, sem prejuízo do disposto em legislação específica;

XIII – usufruto da empresa;

XIV – administração compartilhada;

XV – emissão de valores mobiliários;

XVI – constituição de sociedade de propósito específico para adjudicar, em pagamento dos créditos, os ativos do devedor.

§ 1.º Na alienação de bem objeto de garantia real, a supressão da garantia ou sua substituição somente serão admitidas mediante aprovação expressa do credor titular da respectiva garantia.

§ 2.º Nos créditos em moeda estrangeira, a variação cambial será conservada como parâmetro de indexação da correspondente obrigação e só poderá ser afastada se o credor titular do respectivo crédito aprovar expressamente previsão diversa no plano de recuperação judicial.

Seção II
Do Pedido e do Processamento da
Recuperação Judicial

Art. 51. A petição inicial de recuperação judicial será instruída com:

I – a exposição das causas concretas da situação patrimonial do devedor e das razões da crise econômico-financeira;

II – as demonstrações contábeis relativas aos 3 (três) últimos exercícios sociais e as levantadas especialmente para instruir o pedido, confeccionadas com estrita observância da legislação societária aplicável e compostas obrigatoriamente de:

a) balanço patrimonial;

b) demonstração de resultados acumulados;

c) demonstração do resultado desde o último exercício social;

d) relatório gerencial de fluxo de caixa e de sua projeção;

III – a relação nominal completa dos credores, inclusive aqueles por obrigação de fazer ou de dar, com a indicação do endereço de cada um, a natureza, a classificação e o valor atualizado do crédito, discriminando sua origem, o regime dos respectivos vencimentos e a indicação dos registros contábeis de cada transação pendente;

IV – a relação integral dos empregados, em que constem as respectivas funções, salários, indenizações e outras parcelas a que têm direito, com o correspondente mês de competência, e a discriminação dos valores pendentes de pagamento;

V – certidão de regularidade do devedor no Registro Público de Empresas, o ato constitutivo atualizado e as atas de nomeação dos atuais administradores;

VI – a relação dos bens particulares dos sócios controladores e dos administradores do devedor;

VII – os extratos atualizados das contas bancárias do devedor e de suas eventuais aplicações financeiras de qualquer modalidade, inclusive em fundos de investimento ou em bolsas de valores, emitidos pelas respectivas instituições financeiras;

VIII – certidões dos cartórios de protestos situados na comarca do domicílio ou sede do devedor e naquelas onde possui filial;

IX – a relação, subscrita pelo devedor, de todas as ações judiciais em que este figure como parte, inclusive as de natureza trabalhista, com a estimativa dos respectivos valores demandados.

§ 1.º Os documentos de escrituração contábil e demais relatórios auxiliares, na forma e no suporte previstos em lei, permanecerão à disposição do juízo, do administrador judicial e, mediante autorização judicial, de qualquer interessado.

§ 2.º Com relação à exigência prevista no inciso II do *caput* deste artigo, as microempresas e empresas de pequeno porte poderão apresentar livros e escrituração contábil simplificados nos termos da legislação específica.

§ 3.º O juiz poderá determinar o depósito em cartório dos documentos a que se referem os §§ 1.º e 2.º deste artigo ou de cópia destes.

Art. 52. Estando em termos a documentação exigida no art. 51 desta Lei, o juiz deferirá o processamento da recuperação judicial e, no mesmo ato:

I – nomeará o administrador judicial, observado o disposto no art. 21 desta Lei;

II – determinará a dispensa da apresentação de certidões negativas para que o devedor exerça suas atividades, exceto para contratação com o Poder Público ou para recebimento de benefícios ou incentivos fiscais ou creditícios, observando o disposto no art. 69 desta Lei;

III – ordenará a suspensão de todas as ações ou execuções contra o devedor, na forma do art. 6.º desta Lei, permanecendo os respectivos autos no juízo onde se processam, ressalvadas as ações previstas nos §§ 1.º, 2.º e 7.º do art. 6.º desta Lei e as relativas a créditos exceptuados na forma dos §§ 3.º e 4.º do art. 49 desta Lei;

IV – determinará ao devedor a apresentação de contas demonstrativas mensais enquanto perdurar a recuperação judicial, sob pena de destituição de seus administradores;

V – ordenará a intimação do Ministério Público e a comunicação por carta às Fazendas Públicas Federal e de todos os Estados e Municípios em que o devedor tiver estabelecimento.

§ 1.º O juiz ordenará a expedição de edital, para publicação no órgão oficial, que conterá:

I – o resumo do pedido do devedor e da decisão que defere o processamento da recuperação judicial;

II – a relação nominal de credores, em que se

discrimine o valor atualizado e a classificação de cada crédito;

III – a advertência acerca dos prazos para habilitação dos créditos, na forma do art. 7.º, § 1.º, desta Lei, e para que os credores apresentem objeção ao plano de recuperação judicial apresentado pelo devedor nos termos do art. 55 desta Lei.

§ 2.º Deferido o processamento da recuperação judicial, os credores poderão, a qualquer tempo, requerer a convocação de assembleia geral para a constituição do Comitê de Credores ou substituição de seus membros, observado o disposto no § 2.º do art. 36 desta Lei.

§ 3.º No caso do inciso III do *caput* deste artigo, caberá ao devedor comunicar a suspensão aos juízos competentes.

§ 4.º O devedor não poderá desistir do pedido de recuperação judicial após o deferimento de seu processamento, salvo se obtiver aprovação da desistência na assembleia geral de credores.

Seção III
Do Plano de Recuperação Judicial

Art. 53. O plano de recuperação será apresentado pelo devedor em juízo no prazo improrrogável de 60 (sessenta) dias da publicação da decisão que deferir o processamento da recuperação judicial, sob pena de convolação em falência, e deverá conter:

I – discriminação pormenorizada dos meios de recuperação a ser empregados, conforme o art. 50 desta Lei, e seu resumo;

II – demonstração de sua viabilidade econômica; e

III – laudo econômico-financeiro e de avaliação dos bens e ativos do devedor, subscrito por profissional legalmente habilitado ou empresa especializada.

Parágrafo único. O juiz ordenará a publicação de edital contendo aviso aos credores sobre o recebimento do plano de recuperação e fixando o prazo para a manifestação de eventuais objeções, observado o art. 55 desta Lei.

Art. 54. O plano de recuperação judicial não poderá prever prazo superior a 1 (um) ano para pagamento dos créditos derivados da legislação do trabalho ou decorrentes de acidentes de trabalho vencidos até a data do pedido de recuperação judicial.

Parágrafo único. O plano não poderá, ainda, prever prazo superior a 30 (trinta) dias para o pagamento, até o limite de 5 (cinco) salários mínimos por trabalhador, dos créditos de natureza estritamente salarial vencidos nos 3 (três) meses anteriores ao pedido de recuperação judicial.

Seção IV
Do Procedimento de Recuperação Judicial

Art. 55. Qualquer credor poderá manifestar ao juiz sua objeção ao plano de recuperação judicial no prazo de 30 (trinta) dias contado da publicação da relação de credores de que trata o § 2.º do art. 7.º desta Lei.

Parágrafo único. Caso, na data da publicação da relação de que trata o *caput* deste artigo, não tenha sido publicado o aviso previsto no art. 53, parágrafo único, desta Lei, contar-se-á da publicação deste o prazo para as objeções.

Art. 56. Havendo objeção de qualquer credor ao plano de recuperação judicial, o juiz convocará a assembleia geral de credores para deliberar sobre o plano de recuperação.

§ 1.º A data designada para a realização da assembleia geral não excederá 150 (cento e cinquenta) dias contados do deferimento do processamento da recuperação judicial.

§ 2.º A assembleia geral que aprovar o plano de recuperação judicial poderá indicar os membros do Comitê de Credores, na forma do art. 26 desta Lei, se já não estiver constituído.

§ 3.º O plano de recuperação judicial poderá sofrer alterações na Assembleia geral, desde que haja expressa concordância do devedor e em termos que não impliquem diminuição dos direitos exclusivamente dos credores ausentes.

Falência e Recuperação de Empresas

§ 4.º Rejeitado o plano de recuperação pela assembleia geral de credores, o juiz decretará a falência do devedor.

Art. 57. Após a juntada aos autos do plano aprovado pela assembleia geral de credores ou decorrido o prazo previsto no art. 55 desta Lei sem objeção de credores, o devedor apresentará certidões negativas de débitos tributários nos termos dos arts. 151, 205, 206 da Lei n. 5.172, de 25 de outubro de 1966 – Código Tributário Nacional.

Art. 58. Cumpridas as exigências desta Lei, o juiz concederá a recuperação judicial do devedor cujo plano não tenha sofrido objeção de credor nos termos do art. 55 desta Lei ou tenha sido aprovado pela assembleia geral de credores na forma do art. 45 desta Lei.

§ 1.º O juiz poderá conceder a recuperação judicial com base em plano que não obteve aprovação na forma do art. 45 desta Lei, desde que, na mesma assembleia, tenha obtido, de forma cumulativa:

I – o voto favorável de credores que representem mais da metade do valor de todos os créditos presentes à assembleia, independentemente de classes;

II – a aprovação de 2 (duas) das classes de credores nos termos do art. 45 desta Lei ou, caso haja somente 2 (duas) classes com credores votantes, a aprovação de pelo menos 1 (uma) delas;

III – na classe que o houver rejeitado, o voto favorável de mais de 1/3 (um terço) dos credores, computados na forma dos §§ 1.º e 2.º do art. 45 desta Lei.

§ 2.º A recuperação judicial somente poderá ser concedida com base no § 1.º deste artigo se o plano não implicar tratamento diferenciado entre os credores da classe que o houver rejeitado.

Art. 59. O plano de recuperação judicial implica novação dos créditos anteriores ao pedido, e obriga o devedor e todos os credores a ele sujeitos, sem prejuízo das garantias, observado o disposto no § 1.º do art. 50 desta Lei.

§ 1.º A decisão judicial que conceder a recuperação judicial constituirá título executivo judicial, nos termos do art. 584, inciso III, do *caput* da Lei n. 5.869, de 11 de janeiro de 1973 – Código de Processo Civil.

§ 2.º Contra a decisão que conceder a recuperação judicial caberá agravo, que poderá ser interposto por qualquer credor e pelo Ministério Público.

Art. 60. Se o plano de recuperação judicial aprovado envolver alienação judicial de filiais ou de unidades produtivas isoladas do devedor, o juiz ordenará a sua realização, observado o disposto no art. 142 desta Lei.

Parágrafo único. O objeto da alienação estará livre de qualquer ônus e não haverá sucessão do arrematante nas obrigações do devedor, inclusive as de natureza tributária, observado o disposto no § 1.º do art. 141 desta Lei.

Art. 61. Proferida a decisão prevista no art. 58 desta Lei, o devedor permanecerá em recuperação judicial até que se cumpram todas as obrigações previstas no plano que se vencerem até 2 (dois) anos depois da concessão da recuperação judicial.

§ 1.º Durante o período estabelecido no *caput* deste artigo, o descumprimento de qualquer obrigação prevista no plano acarretará a convolação da recuperação em falência, nos termos do art. 73 desta Lei.

§ 2.º Decretada a falência, os credores terão reconstituídos seus direitos e garantias nas condições originariamente contratadas, deduzidos os valores eventualmente pagos e ressalvados os atos validamente praticados no âmbito da recuperação judicial.

Art. 62. Após o período previsto no art. 61 desta Lei, no caso de descumprimento de qualquer obrigação prevista no plano de recuperação judicial, qualquer credor poderá requerer a execução específica ou a falência com base no art. 94 desta Lei.

Art. 63. Cumpridas as obrigações vencidas no prazo previsto no *caput* do art. 61 desta Lei, o juiz decretará por sentença o encerramento da recuperação judicial e determinará:

I – o pagamento do saldo de honorários ao administrador judicial, somente podendo efetuar a quitação dessas obrigações mediante prestação de contas, no prazo de 30 (trinta) dias, e aprovação do relatório previsto no inciso III do *caput* deste artigo;

II – a apuração do saldo das custas judiciais a serem recolhidas;

III – a apresentação de relatório circunstanciado do administrador judicial, no prazo máximo de 15 (quinze) dias, versando sobre a execução do plano de recuperação pelo devedor;

IV – a dissolução do Comitê de Credores e a exoneração do administrador judicial;

V – a comunicação ao Registro Público de Empresas para as providências cabíveis.

Art. 64. Durante o procedimento de recuperação judicial, o devedor ou seus administradores serão mantidos na condução da atividade empresarial, sob fiscalização do Comitê, se houver, e do administrador judicial, salvo se qualquer deles:

I – houver sido condenado em sentença penal transitada em julgado por crime cometido em recuperação judicial ou falência anteriores ou por crime contra o patrimônio, a economia popular ou a ordem econômica previstos na legislação vigente;

II – houver indícios veementes de ter cometido crime previsto nesta Lei;

III – houver agido com dolo, simulação ou fraude contra os interesses de seus credores;

IV – houver praticado qualquer das seguintes condutas:

a) efetuar gastos pessoais manifestamente excessivos em relação a sua situação patrimonial;

b) efetuar despesas injustificáveis por sua natureza ou vulto, em relação ao capital ou gênero do negócio, ao movimento das operações e a outras circunstâncias análogas;

c) descapitalizar injustificadamente a empresa ou realizar operações prejudiciais ao seu funcionamento regular;

d) simular ou omitir créditos ao apresentar a relação de que trata o inciso III do *caput* do art. 51 desta Lei, sem relevante razão de direito ou amparo de decisão judicial;

V – negar-se a prestar informações solicitadas pelo administrador judicial ou pelos demais membros do Comitê;

VI – tiver seu afastamento previsto no plano de recuperação judicial.

Parágrafo único. Verificada qualquer das hipóteses previstas no *caput* deste artigo, o juiz destituirá o administrador, que será substituído na forma prevista nos atos constitutivos do devedor ou do plano de recuperação judicial.

Art. 65. Quando do afastamento do devedor, nas hipóteses previstas no art. 64 desta Lei, o juiz convocará a assembleia geral de credores para deliberar sobre o nome do gestor judicial que assumirá a administração das atividades do devedor, aplicando-se-lhe, no que couber, todas as normas sobre deveres, impedimentos e remuneração do administrador judicial.

§ 1.º O administrador judicial exercerá as funções de gestor enquanto a assembleia geral não deliberar sobre a escolha deste.

§ 2.º Na hipótese de o gestor indicado pela assembleia geral de credores recusar ou estar impedido de aceitar o encargo para gerir os negócios do devedor, o juiz convocará, no prazo de 72 (setenta e duas) horas, contado da recusa ou da declaração do impedimento nos autos, nova assembleia geral, aplicado o disposto no § 1.º deste artigo.

Art. 66. Após a distribuição do pedido de recuperação judicial, o devedor não poderá alienar ou onerar bens ou direitos de seu ativo permanente, salvo evidente utilidade reconhecida pelo juiz, depois de ouvido o Comitê, com exceção daqueles previamente relacionados no plano de recuperação judicial.

Art. 67. Os créditos decorrentes de obrigações contraídas pelo devedor durante a recuperação judicial, inclusive aqueles relativos a despesas com fornecedores de bens ou serviços e contratos de mútuo, serão considerados extraconcursais, em caso de decretação de falência, respeitada, no que couber, a ordem estabelecida no art. 83 desta Lei.

Parágrafo único. Os créditos quirografários sujeitos à recuperação judicial pertencentes a fornecedores de bens ou serviços que continuarem a provê-los normalmente após o pedido de recuperação judicial terão privilégio geral de recebimento em caso de decretação de falência, no limite do valor dos bens ou serviços fornecidos durante o período da recuperação.

Art. 68. As Fazendas Públicas e o Instituto Nacional do Seguro Social – INSS poderão deferir, nos termos da legislação específica, parcelamento de seus créditos, em sede de recuperação judicial, de acordo com os parâmetros estabelecidos na Lei n. 5.172, de 25 de outubro de 1966 – Código Tributário Nacional.

Parágrafo único. As microempresas e empresas de pequeno porte farão jus a prazos 20% (vinte por cento) superiores àqueles regularmente concedidos às demais empresas.

•• Parágrafo único acrescentado pela Lei Complementar n. 147, de 7-8-2014.

Art. 69. Em todos os atos, contratos e documentos firmados pelo devedor sujeito ao procedimento de recuperação judicial deverá ser acrescida, após o nome empresarial, a expressão "em Recuperação Judicial".

Parágrafo único. O juiz determinará ao Registro Público de Empresas a anotação da recuperação judicial no registro correspondente.

Seção V
Do Plano de Recuperação Judicial para Microempresas e Empresas de Pequeno Porte

Art. 70. As pessoas de que trata o art. 1.º desta Lei e que se incluam nos conceitos de microempresa ou empresa de pequeno porte, nos termos da legislação vigente, sujeitam-se às normas deste Capítulo.

§ 1.º As microempresas e as empresas de pequeno porte, conforme definidas em lei, poderão apresentar plano especial de recuperação judicial, desde que afirmem sua intenção de fazê-lo na petição inicial de que trata o art. 51 desta Lei.

§ 2.º Os credores não atingidos pelo plano especial não terão seus créditos habilitados na recuperação judicial.

Art. 71. O plano especial de recuperação judicial será apresentado no prazo previsto no art. 53 desta Lei e limitar-se-á às seguintes condições:

I – abrangerá todos os créditos existentes na data do pedido, ainda que não vencidos, excetuados os decorrentes de repasse de recursos oficiais, os fiscais e os previstos nos §§ 3.º e 4.º do art. 49;

•• Inciso I com redação determinada pela Lei Complementar n. 147, de 7-8-2014.

II – preverá parcelamento em até 36 (trinta e seis) parcelas mensais, iguais e sucessivas, acrescidas de juros equivalentes à taxa Sistema Especial de Liquidação e de Custódia – SELIC, podendo conter ainda a proposta de abatimento do valor das dívidas;

•• Inciso II com redação determinada pela Lei Complementar n. 147, de 7-8-2014.

III – preverá o pagamento da 1.ª (primeira) parcela no prazo máximo de 180 (cento e oitenta) dias, contado da distribuição do pedido de recuperação judicial;

IV – estabelecerá a necessidade de autorização do juiz, após ouvido o administrador judicial e o Comitê de Credores, para o devedor aumentar despesas ou contratar empregados.

Parágrafo único. O pedido de recuperação judicial com base em plano especial não acarreta a suspensão do curso da prescrição nem das ações e execuções por créditos não abrangidos pelo plano.

Art. 72. Caso o devedor de que trata o art. 70 desta Lei opte pelo pedido de recuperação judicial com base no plano especial disciplinado nesta Seção, não será convocada assembleia geral de credores para deliberar sobre o plano, e o juiz concederá a recuperação judicial se atendidas as demais exigências desta Lei.

Parágrafo único. O juiz também julgará improcedente o pedido de recuperação judicial e

Lei n. 11.101, de 9-2-2005

decretará a falência do devedor se houver objeções, nos termos do art. 55, de credores titulares de mais de metade de qualquer uma das classes de créditos previstos no art. 83, computados na forma do art. 45, todos desta Lei.

•• Parágrafo único com redação determinada pela Lei Complementar n. 147, de 7-8-2014.

Capítulo IV
DA CONVOLAÇÃO DA RECUPERAÇÃO JUDICIAL EM FALÊNCIA

Art. 73. O juiz decretará a falência durante o processo de recuperação judicial:

I – por deliberação da assembleia geral de credores, na forma do art. 42 desta Lei;

II – pela não apresentação, pelo devedor, do plano de recuperação no prazo do art. 53 desta Lei;

III – quando houver sido rejeitado o plano de recuperação, nos termos do § 4.º do art. 56 desta Lei;

IV – por descumprimento de qualquer obrigação assumida no plano de recuperação, na forma do § 1.º do art. 61 desta Lei.

Parágrafo único. O disposto neste artigo não impede a decretação da falência por inadimplemento de obrigação não sujeita à recuperação judicial, nos termos dos incisos I ou II do *caput* do art. 94 desta Lei, ou por prática de ato previsto no inciso III do *caput* do art. 94 desta Lei.

Art. 74. Na convolação da recuperação em falência, os atos de administração, endividamento, oneração ou alienação praticados durante a recuperação judicial presumem-se válidos, desde que realizados na forma desta Lei.

Capítulo V
DA FALÊNCIA

Seção I
Disposições Gerais

Art. 75. A falência, ao promover o afastamento do devedor de suas atividades, visa a preservar e otimizar a utilização produtiva dos bens, ativos e recursos produtivos, inclusive os intangíveis, da empresa.

Parágrafo único. O processo de falência atenderá aos princípios da celeridade e da economia processual.

Art. 76. O juízo da falência é indivisível e competente para conhecer todas as ações sobre bens, interesses e negócios do falido, ressalvadas as causas trabalhistas, fiscais e aquelas não reguladas nesta Lei em que o falido figurar como autor ou litisconsorte ativo.

Parágrafo único. Todas as ações, inclusive as excetuadas no *caput* deste artigo, terão prosseguimento com o administrador judicial, que deverá ser intimado para representar a massa falida, sob pena de nulidade do processo.

Art. 77. A decretação da falência determina o vencimento antecipado das dívidas do devedor e dos sócios ilimitada e solidariamente responsáveis, com o abatimento proporcional dos juros, e converte todos os créditos em moeda estrangeira para a moeda do País, pelo câmbio do dia da decisão judicial, para todos os efeitos desta Lei.

Art. 78. Os pedidos de falência estão sujeitos a distribuição obrigatória, respeitada a ordem de apresentação.

Parágrafo único. As ações que devam ser propostas no juízo da falência estão sujeitas a distribuição por dependência.

Art. 79. Os processos de falência e os seus incidentes preferem a todos os outros na ordem dos feitos, em qualquer instância.

Art. 80. Considerar-se-ão habilitados os créditos remanescentes da recuperação judicial, quando definitivamente incluídos no quadro-geral de credores, tendo prosseguimento as habilitações que estejam em curso.

Art. 81. A decisão que decreta a falência da sociedade com sócios ilimitadamente responsáveis também acarreta a falência destes, que ficam sujeitos aos mesmos efeitos jurídicos produzidos em relação à sociedade falida e, por isso, deverão ser citados para apresentar contestação, se assim o desejarem.

§ 1.º O disposto no *caput* deste artigo aplica-se ao sócio que tenha se retirado voluntariamente ou que tenha sido excluído da sociedade, há menos de 2 (dois) anos, quanto às dívidas existentes na data do arquivamento da alteração do contrato, no caso de não terem sido solvidas até a data da decretação da falência.

§ 2.º As sociedades falidas serão representadas na falência por seus administradores ou liquidantes, os quais terão os mesmos direitos e, sob as mesmas penas, ficarão sujeitos às obrigações que cabem ao falido.

Art. 82. A responsabilidade pessoal dos sócios de responsabilidade limitada, dos controladores e dos administradores da sociedade falida, estabelecida nas respectivas leis, será apurada no próprio juízo da falência, independentemente da realização do ativo e da prova da sua insuficiência para cobrir o passivo, observado o procedimento ordinário previsto no Código de Processo Civil.

§ 1.º Prescreverá em 2 (dois) anos, contados do trânsito em julgado da sentença de encerramento da falência, a ação de responsabilização prevista no *caput* deste artigo.

§ 2.º O juiz poderá, de ofício ou mediante requerimento das partes interessadas, ordenar a indisponibilidade de bens particulares dos réus, em quantidade compatível com o dano provocado, até o julgamento da ação de responsabilização.

Seção II
Da Classificação dos Créditos

Art. 83. A classificação dos créditos na falência obedece à seguinte ordem:

I – os créditos derivados da legislação do trabalho, limitados a 150 (cento e cinquenta) salários mínimos por credor, e os decorrentes de acidentes de trabalho;

II – créditos com garantia real até o limite do valor do bem gravado;

III – créditos tributários, independentemente da sua natureza e tempo de constituição, excetuadas as multas tributárias;

IV – créditos com privilégio especial, a saber:

a) os previstos no art. 964 da Lei n. 10.406, de 10 de janeiro de 2002;

b) os assim definidos em outras leis civis e comerciais, salvo disposição contrária desta Lei;

c) aqueles a cujos titulares a lei confira o direito de retenção sobre a coisa dada em garantia;

d) aqueles em favor dos microempreendedores individuais e das microempresas e empresas de pequeno porte de que trata a Lei Complementar n. 123, de 14 de dezembro de 2006;

• Alínea *d* acrescentada pela Lei Complementar n. 147, de 7-8-2014.

V – créditos com privilégio geral, a saber:

a) os previstos no art. 965 da Lei n. 10.406, de 10 de janeiro de 2002;

b) os previstos no parágrafo único do art. 67 desta Lei;

c) os assim definidos em outras leis civis e comerciais, salvo disposição contrária desta Lei;

VI – créditos quirografários, a saber:

a) aqueles não previstos nos demais incisos deste artigo;

b) os saldos dos créditos não cobertos pelo produto da alienação dos bens vinculados ao seu pagamento;

c) os saldos dos créditos derivados da legislação do trabalho que excederem o limite estabelecido no inciso I do *caput* deste artigo;

VII – as multas contratuais e as penas pecuniárias por infração das leis penais ou administrativas, inclusive as multas tributárias;

VIII – créditos subordinados, a saber:

a) os assim previstos em lei ou em contrato;

b) os créditos dos sócios e dos administradores sem vínculo empregatício.

§ 1.º Para os fins do inciso II do *caput* deste artigo, será considerado como valor do bem objeto de garantia real a importância efetivamente arrecadada com sua venda, ou, no caso de alienação em bloco, o valor de avaliação do bem individualmente considerado.

§ 2.º Não são oponíveis à massa os valores decorrentes de direito de sócio ao recebimento de sua parcela do capital social na liquidação da sociedade.

§ 3.º As cláusulas penais dos contratos unilaterais não serão atendidas se as obrigações neles estipuladas se vencerem em virtude da falência.

§ 4.º Os créditos trabalhistas cedidos a terceiros serão considerados quirografários.

Art. 84. Serão considerados créditos extraconcursais e serão pagos com precedência sobre os mencionados no art. 83 desta Lei, na ordem a seguir, os relativos a:

I – remunerações devidas ao administrador judicial e seus auxiliares, e créditos derivados da legislação do trabalho ou decorrentes de acidentes de trabalho relativos a serviços prestados após a decretação da falência;

II – quantias fornecidas à massa pelos credores;

III – despesas com arrecadação, administração, realização do ativo e distribuição do seu produto, bem como custas do processo de falência;

IV – custas judiciais relativas às ações e execuções em que a massa falida tenha sido vencida;

V – obrigações resultantes de atos jurídicos válidos praticados durante a recuperação judicial, nos termos do art. 67 desta Lei, ou após a decretação da falência, e tributos relativos a fatos geradores ocorridos após a decretação da falência, respeitada a ordem estabelecida no art. 83 desta Lei.

Seção III
Do Pedido de Restituição

Art. 85. O proprietário de bem arrecadado no processo de falência ou que se encontre em poder do devedor na data da decretação da falência poderá pedir sua restituição.

Parágrafo único. Também pode ser pedida a restituição de coisa vendida a crédito e entregue ao devedor nos 15 (quinze) dias anteriores ao requerimento de sua falência, se ainda não alienada.

Art. 86. Proceder-se-á à restituição em dinheiro:

I – se a coisa não mais existir ao tempo do pedido de restituição, hipótese em que o requerente receberá o valor da avaliação do bem, ou, no caso de ter ocorrido sua venda, o respectivo preço, em ambos os casos no valor atualizado;

II – da importância entregue ao devedor, em moeda corrente nacional, decorrente de adiantamento a contrato de câmbio para exportação, na forma do art. 75, §§ 3.º e 4.º, da Lei n. 4.728, de 14 de julho de 1965, desde que o prazo total da operação, inclusive eventuais prorrogações, não exceda o previsto nas normas específicas da autoridade competente;

III – dos valores entregues ao devedor pelo contratante de boa-fé na hipótese de revogação ou ineficácia do contrato, conforme disposto no art. 136 desta Lei.

Parágrafo único. As restituições de que trata este artigo somente serão efetuadas após o pagamento previsto no art. 151 desta Lei.

Art. 87. O pedido de restituição deverá ser fundamentado e descreverá a coisa reclamada.

§ 1.º O juiz mandará autuar em separado o requerimento com os documentos que o instruírem e determinará a intimação do falido, do Comitê, dos credores e do administrador judicial para que, no prazo sucessivo de 5 (cinco) dias, se manifestem, valendo como contestação a manifestação contrária à restituição.

§ 2.º Contestado o pedido e deferidas as provas porventura requeridas, o juiz designará audiência de instrução e julgamento, se necessária.

§ 3.º Não havendo provas a realizar, os autos serão conclusos para sentença.

Art. 88. A sentença que reconhecer o direito do requerente determinará a entrega da coisa no prazo de 48 (quarenta e oito) horas.

Parágrafo único. Caso não haja contestação, a massa não será condenada ao pagamento de honorários advocatícios.

Art. 89. A sentença que negar a restituição, quando for o caso, incluirá o requerente no quadro-geral de credores, na classificação que lhe couber, na forma desta Lei.

Art. 90. Da sentença que julgar o pedido de restituição caberá apelação sem efeito suspensivo.

Parágrafo único. O autor do pedido de restituição que pretender receber o bem ou a quantia reclamada antes do trânsito em julgado da sentença prestará caução.

Art. 91. O pedido de restituição suspende a disponibilidade da coisa até o trânsito em julgado.

Parágrafo único. Quando diversos requerentes houverem de ser satisfeitos em dinheiro e não existir saldo suficiente para o pagamento integral, far-se-á rateio proporcional entre eles.

Art. 92. O requerente que tiver obtido êxito no seu pedido ressarcirá a massa falida ou a quem tiver suportado as despesas de conservação da coisa reclamada.

Art. 93. Nos casos em que não couber pedido de restituição, fica resguardado o direito dos credores de propor embargos de terceiros, observada a legislação processual civil.

Seção IV
Do Procedimento para a Decretação da Falência

Art. 94. Será decretada a falência do devedor que:

I – sem relevante razão de direito, não paga, no vencimento, obrigação líquida materializada em título ou títulos executivos protestados cuja soma ultrapasse o equivalente a 40 (quarenta) salários mínimos na data do pedido de falência;

II – executado por qualquer quantia líquida, não paga, não deposita e não nomeia à penhora bens suficientes dentro do prazo legal;

III – pratica qualquer dos seguintes atos, exceto se fizer parte de plano de recuperação judicial:

a) procede à liquidação precipitada de seus ativos ou lança mão de meio ruinoso ou fraudulento para realizar pagamentos;

b) realiza ou, por atos inequívocos, tenta realizar, com o objetivo de retardar pagamentos ou fraudar credores, negócio simulado ou alienação de parte ou da totalidade de seu ativo a terceiro, credor ou não;

c) transfere estabelecimento a terceiro, credor ou não, sem o consentimento de todos os credores e sem ficar com bens suficientes para solver seu passivo;

d) simula a transferência de seu principal estabelecimento com o objetivo de burlar a legislação ou a fiscalização ou para prejudicar credor;

e) dá ou reforça garantia a credor por dívida contraída anteriormente sem ficar com bens livres e desembaraçados suficientes para saldar seu passivo;

f) ausenta-se sem deixar representante habilitado e com recursos suficientes para pagar os credores, abandona estabelecimento ou tenta ocultar-se de seu domicílio, do local de sua sede ou de seu principal estabelecimento;

g) deixa de cumprir, no prazo estabelecido, obrigação assumida no plano de recuperação judicial.

§ 1.º Credores podem reunir-se em litisconsórcio a fim de perfazer o limite mínimo para o pedido de falência com base no inciso I do *caput* deste artigo.

§ 2.º Ainda que líquidos, não legitimam o pedido de falência os créditos que nela não se possam reclamar.

§ 3.º Na hipótese do inciso I do *caput* deste artigo, o pedido de falência será instruído com os títulos executivos na forma do parágrafo único do art. 9.º desta Lei, acompanhados, em qualquer caso, dos respectivos instrumentos de protesto para fim falimentar nos termos da legislação específica.

§ 4.º Na hipótese do inciso II do *caput* deste artigo, o pedido de falência será instruído com certidão expedida pelo juízo em que se processa a execução.

§ 5.º Na hipótese do inciso III do *caput* deste artigo, o pedido de falência descreverá os fatos que a caracterizam, juntando-se as provas que houver e especificando-se as que serão produzidas.

Art. 95. Dentro do prazo de contestação, o devedor poderá pleitear sua recuperação judicial.

Art. 96. A falência requerida com base no art. 94, inciso I do *caput*, desta Lei, não será decretada se o requerido provar:

I – falsidade de título;

II – prescrição;

III – nulidade de obrigação ou de título;

IV – pagamento da dívida;

V – qualquer outro fato que extinga ou suspenda obrigação ou não legitime a cobrança de título;

VI – vício em protesto ou em seu instrumento;

VII – apresentação de pedido de recuperação judicial no prazo da contestação, observados os requisitos do art. 51 desta Lei;

VIII – cessação das atividades empresariais mais de 2 (dois) anos antes do pedido de falência, comprovada por documento hábil do Registro Público de Empresas, o qual não prevalecerá contra prova de exercício posterior ao ato registrado.

§ 1.º Não será decretada a falência de sociedade anônima após liquidado e partilhado seu ativo nem do espólio após 1 (um) ano da morte do devedor.

§ 2.º As defesas previstas nos incisos I a VI do *caput* deste artigo não obstam a decretação de falência se, ao final, restarem obrigações não atingidas pelas defesas em montante que supere o limite previsto naquele dispositivo.

Art. 97. Podem requerer a falência do devedor:

I – o próprio devedor, na forma do disposto nos arts. 105 a 107 desta Lei;

II – o cônjuge sobrevivente, qualquer herdeiro do devedor ou o inventariante;

III – o cotista ou o acionista do devedor na forma da lei ou do ato constitutivo da sociedade;

IV – qualquer credor.

§ 1.º O credor empresário apresentará certidão do Registro Público de Empresas que comprove a regularidade de suas atividades.

§ 2.º O credor que não tiver domicílio no Brasil deverá prestar caução relativa às custas e ao pagamento da indenização de que trata o art. 101 desta Lei.

Art. 98. Citado, o devedor poderá apresentar contestação no prazo de 10 (dez) dias.

Parágrafo único. Nos pedidos baseados nos incisos I e II do *caput* do art. 94 desta Lei, o devedor poderá, no prazo da contestação, depositar o valor correspondente ao total do crédito, acrescido de correção monetária, juros e honorários advocatícios, hipótese em que a falência não será decretada e, caso julgado procedente o pedido de falência, o juiz ordenará o levantamento do valor pelo autor.

Art. 99. A sentença que decretar a falência do devedor, dentre outras determinações:

I – conterá a síntese do pedido, a identificação do falido e os nomes dos que forem a esse tempo seus administradores;

II – fixará o termo legal da falência, sem poder retrotraí-lo por mais de 90 (noventa) dias contados do pedido de falência, do pedido de recuperação judicial ou do 1.º (primeiro) protesto por falta de pagamento, excluindo-se, para esta finalidade, os protestos que tenham sido cancelados;

III – ordenará ao falido que apresente, no prazo máximo de 5 (cinco) dias, relação nominal dos credores, indicando endereço, importância, natureza e classificação dos respectivos créditos, se esta já não se encontrar nos autos, sob pena de desobediência;

IV – explicitará o prazo para as habilitações de crédito, observado o disposto no § 1.º do art. 7.º desta Lei;

V – ordenará a suspensão de todas as ações ou execuções contra o falido, ressalvadas as hipóteses previstas nos §§ 1.º e 2.º do art. 6.º desta Lei;

VI – proibirá a prática de qualquer ato de disposição ou oneração de bens do falido, submetendo-os preliminarmente à autorização judicial e do Comitê, se houver, ressalvados os bens cuja venda faça parte das atividades normais do devedor se autorizada a continuação provisória nos termos do inciso XI do *caput* deste artigo;

VII – determinará as diligências necessárias para salvaguardar os interesses das partes envolvidas, podendo ordenar a prisão preventiva do falido ou de seus administradores quando requerida com fundamento em provas da prática de crime definido nesta Lei;

VIII – ordenará ao Registro Público de Empresas que proceda à anotação da falência no registro do devedor, para que conste a expressão "Falido", a data da decretação da falência e a inabilitação de que trata o art. 102 desta Lei;

IX – nomeará o administrador judicial, que desempenhará suas funções na forma do inciso III do *caput* do art. 22 desta Lei sem prejuízo do disposto na alínea a do inciso II do *caput* do art. 35 desta Lei;

X – determinará a expedição de ofícios aos órgãos e repartições públicas e outras entidades para que informem a existência de bens e direitos do falido;

XI – pronunciar-se-á a respeito da continuação provisória das atividades do falido com o administrador judicial ou da lacração dos estabelecimentos, observado o disposto no art. 109 desta Lei;

XII – determinará, quando entender conveniente, a convocação da assembleia geral de credores para a constituição de Comitê de Credores, podendo ainda autorizar a manutenção do Comitê eventualmente em funcionamento na recuperação judicial quando da decretação da falência;

XIII – ordenará a intimação do Ministério Público e a comunicação por carta às Fazendas Públicas Federal e de todos os Estados e Municípios em que o devedor tiver estabelecimento, para que tomem conhecimento da falência.

Parágrafo único. O juiz ordenará a publicação de edital contendo a íntegra da decisão que decreta a falência e a relação de credores.

Art. 100. Da decisão que decreta a falência cabe agravo, e da sentença que julga a improcedência do pedido cabe apelação.

Art. 101. Quem por dolo requerer a falência de outrem será condenado, na sentença que julgar improcedente o pedido, a indenizar o devedor, apurando-se as perdas e danos em liquidação de sentença.

§ 1.º Havendo mais de 1 (um) autor do pedido de falência, serão solidariamente responsáveis aqueles que se conduziram na forma prevista no *caput* deste artigo.

§ 2.º Por ação própria, o terceiro prejudicado também pode reclamar indenização dos responsáveis.

Seção V
Da Inabilitação Empresarial, dos Direitos e Deveres do Falido

Art. 102. O falido fica inabilitado para exercer qualquer atividade empresarial a partir da decretação da falência e até a sentença que extingue suas obrigações, respeitado o disposto no § 1.º do art. 181 desta Lei.

Parágrafo único. Findo o período de inabilitação, o falido poderá requerer ao juiz da falência que proceda à respectiva anotação em seu registro.

Art. 103. Desde a decretação da falência ou do sequestro, o devedor perde o direito de administrar os seus bens ou deles dispor.

Parágrafo único. O falido poderá, contudo, fiscalizar a administração da falência, requerer as providências necessárias para a conservação de seus direitos ou dos bens arrecadados e intervir nos processos em que a massa falida seja parte ou interessada, requerendo o que for de direito e interpondo os recursos cabíveis.

Art. 104. A decretação da falência impõe ao falido os seguintes deveres:

I – assinar nos autos, desde que intimado da decisão, termo de comparecimento, com a indicação do nome, nacionalidade, estado civil, endereço completo do domicílio, devendo ainda declarar, para constar do dito termo:

a) as causas determinantes da sua falência, quando requerida pelos credores;

b) tratando-se de sociedade, os nomes e endereços de todos os sócios, acionistas controladores, diretores ou administradores, apresentando o contrato ou estatuto social e a prova do respectivo registro, bem como suas alterações;

c) o nome do contador encarregado da escrituração dos livros obrigatórios;

d) os mandatos que porventura tenha outorgado, indicando seu objeto, nome e endereço do mandatário;

e) seus bens imóveis e os móveis que não se encontram no estabelecimento;

f) se faz parte de outras sociedades, exibindo respectivo contrato;

g) suas contas bancárias, aplicações, títulos em cobrança e processos em andamento em que for autor ou réu;

II – depositar em cartório, no ato de assinatura do termo de comparecimento, os seus livros obrigatórios, a fim de serem entregues ao administrador judicial, depois de encerrados por termos assinados pelo juiz;

III – não se ausentar do lugar onde se processa a falência sem motivo justo e comunicação expressa ao juiz, e sem deixar procurador bastante, sob as penas cominadas na lei;

IV – comparecer a todos os atos da falência, podendo ser representado por procurador, quando não for indispensável sua presença;

V – entregar, sem demora, todos os bens, livros, papéis e documentos ao administrador judicial, indicando-lhe, para serem arrecadados, os bens que porventura tenha em poder de terceiros;

VI – prestar as informações reclamadas pelo juiz, administrador judicial, credor ou Ministério Público sobre circunstâncias e fatos que interessem à falência;

VII – auxiliar o administrador judicial com zelo e presteza;

VIII – examinar as habilitações de crédito apresentadas;

IX – assistir ao levantamento, à verificação do balanço e ao exame dos livros;

X – manifestar-se sempre que for determinado pelo juiz;

XI – apresentar, no prazo fixado pelo juiz, a relação de seus credores;

XII – examinar e dar parecer sobre as contas do administrador judicial.

Parágrafo único. Faltando ao cumprimento de quaisquer dos deveres que esta Lei lhe impõe, após intimado pelo juiz a fazê-lo, responderá o falido por crime de desobediência.

Seção VI
Da Falência Requerida pelo Próprio Devedor

Art. 105. O devedor em crise econômico-financeira que julgue não atender aos requisitos para pleitear sua recuperação judicial deverá requerer ao juízo sua falência, expondo as razões da impossibilidade de prosseguimento da atividade empresarial, acompanhadas dos seguintes documentos:

I – demonstrações contábeis referentes aos 3 (três) últimos exercícios sociais e as levantadas especialmente para instruir o pedido, confeccionadas com estrita observância da legislação societária aplicável e compostas obrigatoriamente de:

a) balanço patrimonial;

b) demonstração de resultados acumulados;

c) demonstração do resultado desde o último exercício social;

d) relatório do fluxo de caixa;

II – relação nominal dos credores, indicando endereço, importância, natureza e classificação dos respectivos créditos;

III – relação dos bens e direitos que compõem o ativo, com a respectiva estimativa de valor e documentos comprobatórios de propriedade;

IV – prova da condição de empresário, contrato social ou estatuto em vigor ou, se não houver, a indicação de todos os sócios, seus endereços e a relação de seus bens pessoais;

V – os livros obrigatórios e documentos contábeis que lhe forem exigidos por lei;

VI – relação de seus administradores nos últimos 5 (cinco) anos, com os respectivos endereços, suas funções e participação societária.

Art. 106. Não estando o pedido regularmente instruído, o juiz determinará que seja emendado.

Art. 107. A sentença que decretar a falência do devedor observará a forma do art. 99 desta Lei.

Parágrafo único. Decretada a falência, aplicam-se integralmente os dispositivos relativos à falência requerida pelas pessoas referidas nos incisos II a IV do *caput* do art. 97 desta Lei.

Seção VII
Da Arrecadação e da Custódia dos Bens

Art. 108. Ato contínuo à assinatura do termo de compromisso, o administrador judicial efetuará a arrecadação dos bens e documentos e a avaliação dos bens, separadamente ou em bloco, no local em que se encontrem, requerendo ao juiz, para esses fins, as medidas necessárias.

§ 1.º Os bens arrecadados ficarão sob a guarda do administrador judicial ou de pessoa por ele escolhida, sob responsabilidade daquele, podendo o falido ou qualquer de seus representantes ser nomeado depositário dos bens.

§ 2.º O falido poderá acompanhar a arrecadação e a avaliação.

§ 3.º O produto dos bens penhorados ou por outra forma apreendidos entrará para a massa, cumprindo ao juiz deprecar, a requerimento do administrador judicial, às autoridades competentes, determinando sua entrega.

§ 4.º Não serão arrecadados os bens absolutamente impenhoráveis.

§ 5.º Ainda que haja avaliação em bloco, o bem objeto de garantia real será também avaliado separadamente, para os fins do § 1.º do art. 83 desta Lei.

Art. 109. O estabelecimento será lacrado sempre que houver risco para a execução da etapa de arrecadação ou para a preservação dos bens da massa falida ou dos interesses dos credores.

Art. 110. O auto de arrecadação, composto pelo inventário e pelo respectivo laudo de avaliação dos bens, será assinado pelo administrador judicial, pelo falido ou seus representantes e por outras pessoas que auxiliarem ou presenciarem o ato.

§ 1.º Não sendo possível a avaliação dos bens no ato da arrecadação, o administrador judicial requererá ao juiz a concessão de prazo para apresentação do laudo de avaliação, que não poderá exceder 30 (trinta) dias, contados da apresentação do auto de arrecadação.

§ 2.º Serão referidos no inventário:

I – os livros obrigatórios e os auxiliares ou facultativos do devedor, designando-se o estado em que se acham, número e denominação de cada um, páginas escrituradas, data do início da escrituração e do último lançamento, e se os livros obrigatórios estão revestidos das formalidades legais;

II – dinheiro, papéis, títulos de crédito, documentos e outros bens da massa falida;

III – os bens da massa falida em poder de terceiro, a título de guarda, depósito, penhor ou retenção;

IV – os bens indicados como propriedade de terceiros ou reclamados por estes, mencionando-se essa circunstância.

§ 3.º Quando possível, os bens referidos no § 2.º deste artigo serão individualizados.

§ 4.º Em relação aos bens imóveis, o administrador judicial, no prazo de 15 (quinze) dias após a sua arrecadação, exibirá as certidões de registro, extraídas posteriormente à decretação da falência, com todas as indicações que nele constarem.

Art. 111. O juiz poderá autorizar os credores, de forma individual ou coletiva, em razão dos custos e no interesse da massa falida, a adquirir ou adjudicar, de imediato, os bens arrecadados, pelo valor da avaliação, atendida a regra de classificação e preferência entre eles, ouvido o Comitê.

Art. 112. Os bens arrecadados poderão ser removidos, desde que haja necessidade de sua melhor guarda e conservação, hipótese em que permanecerão em depósito sob responsabilidade do administrador judicial, mediante compromisso.

Art. 113. Os bens perecíveis, deterioráveis, sujeitos à considerável desvalorização ou que sejam de conservação arriscada ou dispendiosa, poderão ser vendidos antecipadamente, após a arrecadação e a avaliação, mediante autorização judicial, ouvidos o Comitê e o falido no prazo de 48 (quarenta e oito) horas.

Art. 114. O administrador judicial poderá alugar ou celebrar outro contrato referente aos bens da massa falida, com o objetivo de produzir renda para a massa falida, mediante autorização do Comitê.

§ 1.º O contrato disposto no *caput* deste artigo não gera direito de preferência na compra e não pode importar disposição total ou parcial dos bens.

§ 2.º O bem objeto da contratação poderá ser alienado a qualquer tempo, independentemente do prazo contratado, rescindindo-se, sem direito a multa, o contrato realizado, salvo se houver anuência do adquirente.

Seção VIII
Dos Efeitos da Decretação da Falência sobre as Obrigações do Devedor

Art. 115. A decretação da falência sujeita todos os credores, que somente poderão exercer os seus direitos sobre os bens do falido e do sócio ilimitadamente responsável na forma que esta Lei prescrever.

Art. 116. A decretação da falência suspende:

I – o exercício do direito de retenção sobre os bens sujeitos à arrecadação, os quais deverão ser entregues ao administrador judicial;

II – o exercício do direito de retirada ou de recebimento do valor de suas quotas ou ações, por parte dos sócios da sociedade falida.

Art. 117. Os contratos bilaterais não se resolvem pela falência e podem ser cumpridos pelo administrador judicial se o cumprimento reduzir ou evitar o aumento do passivo da massa falida ou for necessário à manutenção e preservação de seus ativos, mediante autorização do Comitê.

§ 1.º O contratante pode interpelar o administrador judicial, no prazo de até 90 (noventa) dias, contado da assinatura do termo de sua nomeação, para que, dentro de 10 (dez) dias, declare se cumpre ou não o contrato.

§ 2.º A declaração negativa ou o silêncio do administrador judicial confere ao contraente o direito à indenização, cujo valor, apurado em processo ordinário, constituirá crédito quirografário.

Art. 118. O administrador judicial, mediante autorização do Comitê, poderá dar cumprimento a contrato unilateral se esse fato reduzir ou evitar o aumento do passivo da massa falida ou for necessário à manutenção e preservação de seus ativos, realizando o pagamento da prestação pela qual está obrigada.

Art. 119. Nas relações contratuais a seguir mencionadas prevalecerão as seguintes regras:

I – o vendedor não pode obstar a entrega das coisas expedidas ao devedor e ainda em trânsito, se o comprador, antes do requerimento da falência, as tiver revendido, sem fraude, à vista das faturas e conhecimentos de transporte, entregues ou remetidos pelo vendedor;

II – se o devedor vendeu coisas compostas e o administrador judicial resolver não continuar a execução do contrato, poderá o comprador pôr à disposição da massa falida as coisas já recebidas, pedindo perdas e danos;

III – não tendo o devedor entregue coisa móvel ou prestado serviço que vendera ou contratara a prestações, e resolvendo o administrador judicial não executar o contrato, o crédito relativo ao valor pago será habilitado na classe própria;

IV – o administrador judicial, ouvido o Comitê, restituirá a coisa móvel comprada pelo devedor com reserva de domínio do vendedor se resolver não continuar a execução do contrato, exigindo a devolução, nos termos do contrato, dos valores pagos;

Falência e Recuperação de Empresas — Lei n. 11.101, de 9-2-2005

V – tratando-se de coisas vendidas a termo, que tenham cotação em bolsa ou mercado, e não se executando o contrato pela efetiva entrega daquelas e pagamento do preço, prestar-se-á a diferença entre a cotação do dia do contrato e a da época da liquidação em bolsa ou mercado;

VI – na promessa de compra e venda de imóveis, aplicar-se-á a legislação respectiva;

VII – a falência do locador não resolve o contrato de locação e, na falência do locatário, o administrador judicial pode, a qualquer tempo, denunciar o contrato;

VIII – caso haja acordo para compensação e liquidação de obrigações no âmbito do sistema financeiro nacional, nos termos da legislação vigente, a parte não falida poderá considerar o contrato vencido antecipadamente, hipótese em que será liquidado na forma estabelecida em regulamento, admitindo-se a compensação de eventual crédito que venha a ser apurado em favor do falido com créditos detidos pelo contratante;

IX – os patrimônios de afetação, constituídos para cumprimento de destinação específica, obedecerão ao disposto na legislação respectiva, permanecendo seus bens, direitos e obrigações separados dos do falido até o advento do respectivo termo ou até o cumprimento de sua finalidade, ocasião em que o administrador judicial arrecadará o saldo a favor da massa falida ou inscreverá na classe própria o crédito que contra ela remanescer.

Art. 120. O mandato conferido pelo devedor, antes da falência, para a realização de negócios, cessará seus efeitos com a decretação da falência, cabendo ao mandatário prestar contas de sua gestão.

§ 1.º O mandato conferido para representação judicial do devedor continua em vigor até que seja expressamente revogado pelo administrador judicial.

§ 2.º Para o falido, cessa o mandato ou comissão que houver recebido antes da falência, salvo os que versem sobre matéria estranha à atividade empresarial.

Art. 121. As contas correntes com o devedor consideram-se encerradas no momento de decretação da falência, verificando-se o respectivo saldo.

Art. 122. Compensam-se, com preferência sobre todos os demais credores, as dívidas do devedor vencidas até o dia da decretação da falência, provenha o vencimento da sentença de falência ou não, obedecidos os requisitos da legislação civil.

Parágrafo único. Não se compensam:

I – os créditos transferidos após a decretação da falência, salvo em caso de sucessão por fusão, incorporação, cisão ou morte; ou

II – os créditos, ainda que vencidos anteriormente, transferidos quando já conhecido o estado de crise econômico-financeira do devedor ou cuja transferência se operou com fraude ou dolo.

Art. 123. Se o falido fizer parte de alguma sociedade como sócio comanditário ou cotista, para a massa falida entrarão somente os haveres que na sociedade ele possuir e forem apurados na forma estabelecida no contrato ou estatuto social.

§ 1.º Se o contrato ou o estatuto social nada disciplinar a respeito, a apuração far-se-á judicialmente, salvo se, por lei, pelo contrato ou estatuto, a sociedade tiver de liquidar-se, caso em que os haveres do falido, somente após o pagamento de todo o passivo da sociedade, entrarão para a massa falida.

§ 2.º Nos casos de condomínio indivisível de que participe o falido, o bem será vendido e deduzir-se-á do valor arrecadado o que for devido aos demais condôminos, facultada a estes a compra da quota-parte do falido nos termos da melhor proposta obtida.

Art. 124. Contra a massa falida não são exigíveis juros vencidos após a decretação da falência, previstos em lei ou em contrato, se o ativo apurado não bastar para o pagamento dos credores subordinados.

Parágrafo único. Excetuam-se desta disposição os juros das debêntures e dos créditos com garantia real, mas por eles responde, exclusivamente, o produto dos bens que constituem a garantia.

Art. 125. Na falência do espólio, ficará suspenso o processo de inventário, cabendo ao administrador judicial a realização de atos pendentes em relação aos direitos e obrigações da massa falida.

Art. 126. Nas relações patrimoniais não reguladas expressamente nesta Lei, o juiz decidirá o caso atendendo à unidade, à universalidade do concurso e à igualdade de tratamento dos credores, observado o disposto no art. 75 desta Lei.

Art. 127. O credor de coobrigados solidários cujas falências sejam decretadas tem o direito de concorrer, em cada uma delas, pela totalidade do seu crédito, até recebê-lo por inteiro, quando então comunicará ao juízo.

§ 1.º O disposto no *caput* deste artigo não se aplica ao falido cujas obrigações tenham sido extintas por sentença, na forma do art. 159 desta Lei.

§ 2.º Se o credor ficar integralmente pago por uma ou por diversas massas coobrigadas, as que pagarem terão direito regressivo contra as demais, em proporção à parte que pagaram e àquela que cada uma tinha a seu cargo.

§ 3.º Se a soma dos valores pagos ao credor em todas as massas coobrigadas exceder o total do crédito, o valor será devolvido às massas na proporção estabelecida no § 2.º deste artigo.

§ 4.º Se os coobrigados eram garantes uns dos outros, o excesso de que trata o § 3.º deste artigo pertencerá, conforme a ordem das obrigações, às massas dos coobrigados que tiverem o direito de ser garantidas.

Art. 128. Os coobrigados solventes e os garantes do devedor ou dos sócios ilimitadamente responsáveis podem habilitar o crédito correspondente às quantias pagas ou devidas, se o credor não se habilitar no prazo legal.

Seção IX
Da Ineficácia e da Revogação de Atos
Praticados antes da Falência

Art. 129. São ineficazes em relação à massa falida, tenha ou não o contratante conhecimento do estado de crise econômico-financeira do devedor, seja ou não intenção deste fraudar credores:

I – o pagamento de dívidas não vencidas realizado pelo devedor dentro do termo legal, por qualquer meio extintivo do direito de crédito, ainda que pelo desconto do próprio título;

II – o pagamento de dívidas vencidas e exigíveis realizado dentro do termo legal, por qualquer forma que não seja a prevista pelo contrato;

III – a constituição de direito real de garantia, inclusive a retenção, dentro do termo legal, tratando-se de dívida contraída anteriormente; se os bens dados em hipoteca forem objeto de outras posteriores, a massa falida receberá a parte que devia caber ao credor da hipoteca revogada;

IV – a prática de atos a título gratuito, desde 2 (dois) anos antes da decretação da falência;

V – a renúncia à herança ou a legado, até 2 (dois) anos antes da decretação da falência;

VI – a venda ou transferência de estabelecimento feita sem o consentimento expresso ou o pagamento de todos os credores, a esse tempo existentes, não tendo restado ao devedor bens suficientes para solver o seu passivo, salvo se, no prazo de 30 (trinta) dias, não houver oposição dos credores, após serem devidamente notificados, judicialmente ou pelo oficial do registro de títulos e documentos;

VII – os registros de direitos reais e de transferência de propriedade entre vivos, por título oneroso ou gratuito, ou a averbação relativa a imóveis realizados após a decretação da falência, salvo se tiver havido prenotação anterior.

Parágrafo único. A ineficácia poderá ser declarada de ofício pelo juiz, alegada em defesa ou pleiteada mediante ação própria ou incidentalmente no curso do processo.

Art. 130. São revogáveis os atos praticados com a intenção de prejudicar credores, provando-se o conluio fraudulento entre o devedor e o terceiro que com ele contratar e o efetivo prejuízo sofrido pela massa falida.

Art. 131. Nenhum dos atos referidos nos incisos I a III e VI do art. 129 desta Lei que tenham sido previstos e realizados na forma definida no plano de recuperação judicial será declarado ineficaz ou revogado.

Art. 132. A ação revocatória, de que trata o art. 130 desta Lei, deverá ser proposta pelo administrador judicial, por qualquer credor ou pelo Ministério Público no prazo de 3 (três) anos contado da decretação da falência.

Art. 133. A ação revocatória pode ser promovida:

I – contra todos os que figuraram no ato ou que por efeito dele foram pagos, garantidos ou beneficiados;

II – contra os terceiros adquirentes, se tiveram conhecimento, ao se criar o direito, da intenção do devedor de prejudicar os credores;

III – contra os herdeiros ou legatários das pessoas indicadas nos incisos I e II do *caput* deste artigo.

Art. 134. A ação revocatória correrá perante o juízo da falência e obedecerá ao procedimento ordinário previsto na Lei n. 5.869, de 11 de janeiro de 1973 - Código de Processo Civil.

Art. 135. A sentença que julgar procedente a ação revocatória determinará o retorno dos bens à massa falida em espécie, com todos os acessórios, ou o valor de mercado, acrescidos das perdas e danos.

Parágrafo único. Da sentença cabe apelação.

Art. 136. Reconhecida a ineficácia ou julgada procedente a ação revocatória, as partes retornarão ao estado anterior, e o contratante de boa-fé terá direito à restituição dos bens ou valores entregues ao devedor.

§ 1.º Na hipótese de securitização de créditos do devedor, não será declarada a ineficácia ou revogado o ato de cessão em prejuízo dos direitos dos portadores de valores mobiliários emitidos pelo securitizador.

§ 2.º É garantido ao terceiro de boa-fé, a qualquer tempo, propor ação por perdas e danos contra o devedor ou seus garantes.

Art. 137. O juiz poderá, a requerimento do autor da ação revocatória, ordenar, como medida preventiva, na forma da lei processual civil, o sequestro dos bens retirados do patrimônio do devedor que estejam em poder de terceiros.

Art. 138. O ato pode ser declarado ineficaz ou revogado, ainda que praticado com base em decisão judicial, observado o disposto no art. 131 desta Lei.

Parágrafo único. Revogado o ato ou declarada sua ineficácia, ficará rescindida a sentença que o motivou.

Seção X
Da Realização do Ativo

Art. 139. Logo após a arrecadação dos bens, com a juntada do respectivo auto ao processo de falência, será iniciada a realização do ativo.

Art. 140. A alienação dos bens será realizada de uma das seguintes formas, observada a seguinte ordem de preferência:

I – alienação da empresa, com a venda de seus estabelecimentos em bloco;

II – alienação da empresa, com a venda de suas filiais ou unidades produtivas isoladamente;

III – alienação em bloco dos bens que integram cada um dos estabelecimentos do devedor;

IV – alienação dos bens individualmente considerados.

§ 1.º Se convier à realização do ativo, ou em razão de oportunidade, podem ser adotadas mais de uma forma de alienação.

§ 2.º A realização do ativo terá início independentemente da formação do quadro-geral de credores.

§ 3.º A alienação da empresa terá por objeto o conjunto de determinados bens necessários à operação rentável da unidade de produção, que poderá compreender a transferência de contratos específicos.

§ 4.º Nas transmissões de bens alienados na forma deste artigo que dependam de registro público, a este servirá como título aquisitivo suficiente o mandado judicial respectivo.

Art. 141. Na alienação conjunta ou separada de ativos, inclusive da empresa ou de suas filiais, promovida sob qualquer das modalidades de que trata este artigo:

I – todos os credores, observada a ordem de preferência definida no art. 83 desta Lei, sub-rogam-se no produto da realização do ativo;

II – o objeto da alienação estará livre de qualquer ônus e não haverá sucessão do arrematante nas obrigações do devedor, inclusive as de natureza tributária, as derivadas da legislação do trabalho e as decorrentes de acidentes de trabalho.

§ 1.º O disposto no inciso II do *caput* deste artigo não se aplica quando o arrematante for:

I – sócio da sociedade falida, ou sociedade controlada pelo falido;

II – parente, em linha reta ou colateral até o 4.º (quarto) grau, consanguíneo ou afim, do falido ou de sócio da sociedade falida; ou

III – identificado como agente do falido com o objetivo de fraudar a sucessão.

§ 2.º Empregados do devedor contratados pelo arrematante serão admitidos mediante novos contratos de trabalho e o arrematante não responde por obrigações decorrentes do contrato anterior.

Art. 142. O juiz, ouvido o administrador judicial e atendendo à orientação do Comitê, se houver, ordenará que se proceda à alienação do ativo em uma das seguintes modalidades:

I – leilão, por lances orais;

II – propostas fechadas;

III – pregão.

§ 1.º A realização da alienação em quaisquer das modalidades de que trata este artigo será antecidida por publicação de anúncio em jornal de ampla circulação, com 15 (quinze) dias de antecedência, em se tratando de bens móveis, e com 30 (trinta) dias na alienação da empresa ou de bens imóveis, facultada a divulgação por outros meios que contribuam para o amplo conhecimento da venda.

§ 2.º A alienação dar-se-á pelo maior valor oferecido, ainda que seja inferior ao valor de avaliação.

§ 3.º No leilão por lances orais, aplicam-se, no que couber, as regras da Lei n. 5.869, de 11 de janeiro de 1973 – Código de Processo Civil.

§ 4.º A alienação por propostas fechadas ocorrerá mediante a entrega, em cartório e sob recibo, de envelopes lacrados, a serem abertos pelo juiz, no dia, hora e local designados no edital, lavrando o escrivão o auto respectivo, assinado pelos presentes, e juntando as propostas aos autos da falência.

§ 5.º A venda por pregão constitui modalidade híbrida das anteriores, comportando 2 (duas) fases:

I – recebimento de propostas, na forma do § 3.º deste artigo;

II – leilão por lances orais, de que participarão somente aqueles que apresentarem propostas não inferiores a 90% (noventa por cento) da maior proposta ofertada, na forma do § 2.º deste artigo.

§ 6.º A venda por pregão respeitará as seguintes regras:

I – recebidas e abertas as propostas na forma do § 5.º deste artigo, o juiz ordenará a notificação dos ofertantes, cujas propostas atendam ao requisito de seu inciso II, para comparecer ao leilão;

II – o valor de abertura do leilão será o da proposta recebida do maior ofertante presente, considerando-se esse valor como lance, ao qual ele fica obrigado;

III – caso não compareça ao leilão o ofertante da maior proposta e não seja dado lance igual ou superior ao valor por ele ofertado, fica obrigado a prestar a diferença verificada, constituindo a respectiva certidão do juízo título executivo para a cobrança dos valores pelo administrador judicial.

§ 7.º Em qualquer modalidade de alienação, o Ministério Público será intimado pessoalmente, sob pena de nulidade.

Art. 143. Em qualquer das modalidades de alienação referidas no art. 142 desta Lei, poderão ser apresentadas impugnações por quaisquer credores, pelo devedor ou pelo Ministério Público, no prazo de 48 (quarenta e oito) horas da arrematação, hipótese em que os autos serão conclusos ao juiz, que, no prazo de 5 (cinco) dias, decidirá sobre as impugnações e, julgando-as improcedentes, ordenará a entrega dos bens ao arrematante, respeitadas as condições estabelecidas no edital.

Art. 144. Havendo motivos justificados, o juiz poderá autorizar, mediante requerimento fundamentado do administrador judicial ou do Comitê, modalidades de alienação judicial diversas das previstas no art. 142 desta Lei.

Art. 145. O juiz homologará qualquer outra modalidade de realização do ativo, desde que aprovada pela assembleia geral de credores, inclusive com a constituição de sociedade de credores ou dos empregados do próprio devedor, com a participação, se necessária, dos atuais sócios ou de terceiros.

§ 1.º Aplica-se à sociedade mencionada neste artigo o disposto no art. 141 desta Lei.

§ 2.º No caso de constituição de sociedade formada por empregados do próprio devedor, estes poderão utilizar créditos derivados da legislação do trabalho para a aquisição ou arrendamento da empresa.

§ 3.º Não sendo aprovada pela assembleia geral a proposta alternativa para a realização do ativo, caberá ao juiz decidir a forma que será adotada, levando em conta a manifestação do administrador judicial e do Comitê.

Art. 146. Em qualquer modalidade de realização do ativo adotada, fica a massa falida dispensada da apresentação de certidões negativas.

Art. 147. As quantias recebidas a qualquer título serão imediatamente depositadas em conta remunerada de instituição financeira, atendidos os requisitos da lei ou das normas de organização judiciária.

Art. 148. O administrador judicial fará constar do relatório de que trata a alínea *p* do inciso III do art. 22 os valores eventualmente recebidos no mês vencido, explicitando a forma de distribuição dos recursos entre os credores, observado o disposto no art. 149 desta Lei.

Seção XI
Do Pagamento aos Credores

Art. 149. Realizadas as restituições, pagos os créditos extraconcursais, na forma do art. 84 desta Lei, e consolidado o quadro-geral de credores, as importâncias recebidas com a realização do ativo serão destinadas ao pagamento dos credores, atendendo à classificação prevista no art. 83 desta Lei, respeitados os demais dispositivos desta Lei e as decisões judiciais que determinam reserva de importâncias.

§ 1.º Havendo reserva de importâncias, os valores a ela relativos ficarão depositados até o julgamento definitivo do crédito e, no caso de não ser este finalmente reconhecido, no todo ou em parte, os recursos depositados serão objeto de rateio suplementar entre os credores remanescentes.

§ 2.º Os credores que não procederem, no prazo fixado pelo juiz, ao levantamento dos valores que lhes couberam em rateio serão intimados a fazê-lo no prazo de 60 (sessenta) dias, após o qual os recursos serão objeto de rateio suplementar entre os credores remanescentes.

Art. 150. As despesas cujo pagamento antecipado seja indispensável à administração da falência, inclusive na hipótese de continuação provisória das atividades previstas no inciso XI do *caput* do art. 99 desta Lei, serão pagas pelo administrador judicial com os recursos disponíveis em caixa.

Art. 151. Os créditos trabalhistas de natureza estritamente salarial vencidos nos 3 (três) meses anteriores à decretação da falência, até o limite de 5 (cinco) salários mínimos por trabalhador, serão pagos tão logo haja disponibilidade em caixa.

Art. 152. Os credores restituirão em dobro as quantias recebidas, acrescidas dos juros legais, se ficar evidenciado dolo ou má-fé na constituição do crédito ou da garantia.

Art. 153. Pagos todos os credores, o saldo, se houver, será entregue ao falido.

Seção XII
Do Encerramento da Falência e da Extinção das Obrigações do Falido

Art. 154. Concluída a realização de todo o ativo, e distribuído o produto entre os credores, o administrador judicial apresentará suas contas ao juiz no prazo de 30 (trinta) dias.

§ 1.º As contas, acompanhadas dos documentos comprobatórios, serão prestadas em autos apartados que, ao final, serão apensados aos autos da falência.

§ 2.º O juiz ordenará a publicação de aviso de que as contas foram entregues e se encontram à disposição dos interessados, que poderão impugná-las no prazo de 10 (dez) dias.

§ 3.º Decorrido o prazo do aviso e realizadas as diligências necessárias à apuração dos fatos, o juiz intimará o Ministério Público para manifestar-se no prazo de 5 (cinco) dias, findo o qual o administrador judicial será ouvido se houver impugnação ou parecer contrário do Ministério Público.

§ 4.º Cumpridas as providências previstas nos §§ 2.º e 3.º deste artigo, o juiz julgará as contas por sentença.

§ 5.º A sentença que rejeitar as contas do administrador judicial fixará suas responsabilidades, poderá determinar a indisponibilidade ou o sequestro de bens e servirá como título executivo para indenização da massa.

§ 6.º Da sentença cabe apelação.

Art. 155. Julgadas as contas do administrador judicial, ele apresentará o relatório final da falência no prazo de 10 (dez) dias, indicando o valor do ativo e o do produto de sua realização, o valor do passivo e o dos pagamentos feitos aos credores, e especificará justificadamente as responsabilidades com que continuará o falido.

Art. 156. Apresentado o relatório final, o juiz encerrará a falência por sentença.

Parágrafo único. A sentença de encerramento será publicada por edital e dela caberá apelação.

Art. 157. O prazo prescricional relativo às obrigações do falido recomeça a correr a partir do dia em que transitar em julgado a sentença do encerramento da falência.

Art. 158. Extingue as obrigações do falido:

I – o pagamento de todos os créditos;

II – o pagamento, depois de realizado todo o ativo, de mais de 50% (cinquenta por cento) dos créditos quirografários, sendo facultado ao falido o depósito da quantia necessária para atingir essa porcentagem se para tanto não bastou a integral liquidação do ativo;

III – o decurso do prazo de 5 (cinco) anos, contado do encerramento da falência, se o falido não tiver sido condenado por prática de crime previsto nesta Lei;

IV – o decurso do prazo de 10 (dez) anos, contado do encerramento da falência, se o falido tiver sido condenado por prática de crime previsto nesta Lei.

Art. 159. Configurada qualquer das hipóteses do art. 158 desta Lei, o falido poderá requerer ao juízo da falência que suas obrigações sejam declaradas extintas por sentença.

§ 1.º O requerimento será autuado em apartado com os respectivos documentos e publicado por edital no órgão oficial e em jornal de grande circulação.

Falência e Recuperação de Empresas

Lei n. 11.101, de 9-2-2005

§ 2.º No prazo de 30 (trinta) dias contado da publicação do edital, qualquer credor pode opor-se ao pedido do falido.

§ 3.º Findo o prazo, o juiz, em 5 (cinco) dias, proferirá sentença e, se o requerimento for anterior ao encerramento da falência, declarará extintas as obrigações na sentença de encerramento.

§ 4.º A sentença que declarar extintas as obrigações será comunicada a todas as pessoas e entidades informadas da decretação da falência.

§ 5.º Da sentença cabe apelação.

§ 6.º Após o trânsito em julgado, os autos serão apensados aos da falência.

Art. 160. Verificada a prescrição ou extintas as obrigações nos termos desta Lei, o sócio de responsabilidade ilimitada também poderá requerer que seja declarada por sentença a extinção de suas obrigações na falência.

Capítulo VI
DA RECUPERAÇÃO EXTRAJUDICIAL

Art. 161. O devedor que preencher os requisitos do art. 48 desta Lei poderá propor e negociar com credores plano de recuperação extrajudicial.

§ 1.º Não se aplica o disposto neste Capítulo a titulares de créditos de natureza tributária, derivados da legislação do trabalho ou decorrentes de acidente de trabalho, assim como àqueles previstos nos arts. 49, § 3.º, e 86, inciso II do *caput*, desta Lei.

§ 2.º O plano não poderá contemplar o pagamento antecipado de dívidas nem tratamento desfavorável aos credores que a ele não estejam sujeitos.

§ 3.º O devedor não poderá requerer a homologação de plano extrajudicial, se estiver pendente pedido de recuperação judicial ou se houver obtido recuperação judicial ou homologação de outro plano de recuperação extrajudicial há menos de 2 (dois) anos.

§ 4.º O pedido de homologação do plano de recuperação extrajudicial não acarretará suspensão de direitos, ações ou execuções, nem a impossibilidade do pedido de decretação de falência pelos credores não sujeitos ao plano de recuperação extrajudicial.

§ 5.º Após a distribuição do pedido de homologação, os credores não poderão desistir da adesão ao plano, salvo com a anuência expressa dos demais signatários.

§ 6.º A sentença de homologação do plano de recuperação extrajudicial constituirá título executivo judicial, nos termos do art. 584, inciso III do *caput*, da Lei n. 5.869, de 11 de janeiro de 1973 – Código de Processo Civil.

Art. 162. O devedor poderá requerer a homologação em juízo do plano de recuperação extrajudicial, juntando sua justificativa e o documento que contenha seus termos e condições, com as assinaturas dos credores que a ele aderiram.

Art. 163. O devedor poderá, também, requerer a homologação de plano de recuperação extrajudicial que obriga a todos os credores por ele abrangidos, desde que assinado por credores que representem mais de 3/5 (três quintos) de todos os créditos de cada espécie por ele abrangidos.

§ 1.º O plano poderá abranger a totalidade de uma ou mais espécies de créditos previstos no art. 83, incisos II, IV, V, VI e VIII do *caput*, desta Lei, ou grupo de credores de mesma natureza e sujeito a semelhantes condições de pagamento, e, uma vez homologado, obriga a todos os credores das espécies por ele abrangidas, exclusivamente em relação aos créditos constituídos até a data do pedido de homologação.

§ 2.º Não serão considerados para fins de apuração do percentual previsto no *caput* deste artigo os créditos não incluídos no plano de recuperação extrajudicial, os quais não poderão ter seu valor ou condições originais de pagamento alteradas.

§ 3.º Para fins exclusivos de apuração do percentual previsto no *caput* deste artigo:

I – o crédito em moeda estrangeira será convertido para moeda nacional pelo câmbio da véspera da data de assinatura do plano; e

II – não serão computados os créditos detidos pelas pessoas relacionadas no art. 43 deste artigo.

•• Mantivemos a redação conforme publicação oficial. Entendemos que o correto seria "art. 43 desta Lei".

§ 4.º Na alienação de bem objeto de garantia real, a supressão da garantia ou sua substituição somente serão admitidas mediante a aprovação expressa do credor titular da respectiva garantia.

§ 5.º Nos créditos em moeda estrangeira, a variação cambial só poderá ser afastada se o credor titular do respectivo crédito aprovar expressamente previsão diversa no plano de recuperação extrajudicial.

§ 6.º Para a homologação do plano de que trata este artigo, além dos documentos previstos no *caput* do art. 162 desta Lei, o devedor deverá juntar:

I – exposição da situação patrimonial do devedor;

II – as demonstrações contábeis relativas ao último exercício social e as levantadas especialmente para instruir o pedido, na forma do inciso II do *caput* do art. 51 desta Lei; e

III – os documentos que comprovem os poderes dos subscritores para novar ou transigir, relação nominal completa dos credores, com a indicação do endereço de cada um, a natureza, a classificação e o valor atualizado do crédito, discriminando sua origem, o regime dos respectivos vencimentos e a indicação dos registros contábeis de cada transação pendente.

Art. 164. Recebido o pedido de homologação do plano de recuperação extrajudicial previsto nos arts. 162 e 163 desta Lei, o juiz ordenará a publicação de edital no órgão oficial e em jornal de grande circulação nacional ou das localidades da sede e das filiais do devedor, convocando todos os credores do devedor para apresentação de suas impugnações ao plano de recuperação extrajudicial, observado o § 3.º deste artigo.

§ 1.º No prazo do edital, deverá o devedor comprovar o envio de carta a todos os credores sujeitos ao plano, domiciliados ou sediados no país, informando a distribuição do pedido, as condições do plano e prazo para impugnação.

§ 2.º Os credores terão prazo de 30 (trinta) dias, contado da publicação do edital, para impugnarem o plano, juntando a prova de seu crédito.

§ 3.º Para opor-se, em sua manifestação, à homologação do plano, os credores somente poderão alegar:

I – não preenchimento do percentual mínimo previsto no *caput* do art. 163 desta Lei;

II – prática de qualquer dos atos previstos no inciso III do art. 94 ou do art. 130 desta Lei, ou descumprimento de requisito previsto nesta Lei;

III – descumprimento de qualquer outra exigência legal.

§ 4.º Sendo apresentada impugnação, será aberto prazo de 5 (cinco) dias para que o devedor sobre ela se manifeste.

§ 5.º Decorrido o prazo do § 4.º deste artigo, os autos serão conclusos imediatamente ao juiz para apreciação de eventuais impugnações e decidirá, no prazo de 5 (cinco) dias, acerca do plano de recuperação extrajudicial, homologando-o por sentença se entender que não implica prática de atos previstos no art. 130 desta Lei e que não há outras irregularidades que recomendem sua rejeição.

§ 6.º Havendo prova de simulação de créditos ou vício de representação dos credores que subscreverem o plano, a sua homologação será indeferida.

§ 7.º Da sentença cabe apelação sem efeito suspensivo.

§ 8.º Na hipótese de não homologação do plano o devedor poderá, cumpridas as formalidades, apresentar novo pedido de homologação de plano de recuperação extrajudicial.

Falência e Recuperação de Empresas
Lei n. 11.101, de 9-2-2005

Art. 165. O plano de recuperação extrajudicial produz efeitos após sua homologação judicial.

§ 1.º É lícito, contudo, que o plano estabeleça a produção de efeitos anteriores à homologação, desde que exclusivamente em relação à modificação do valor ou da forma de pagamento dos credores signatários.

§ 2.º Na hipótese do § 1.º deste artigo, caso o plano seja posteriormente rejeitado pelo juiz, devolve-se aos credores signatários o direito de exigir seus créditos nas condições originais, deduzidos os valores efetivamente pagos.

Art. 166. Se o plano de recuperação extrajudicial homologado envolver alienação judicial de filiais ou de unidades produtivas isoladas do devedor, o juiz ordenará a sua realização, observado, no que couber, o disposto no art. 142 desta Lei.

Art. 167. O disposto neste Capítulo não implica impossibilidade de realização de outras modalidades de acordo privado entre o devedor e seus credores.

Capítulo VII
DISPOSIÇÕES PENAIS

Seção III
Do Procedimento Penal

Art. 186. No relatório previsto na alínea *e* do inciso III do *caput* do art. 22 desta Lei, o administrador judicial apresentará ao juiz da falência exposição circunstanciada, considerando as causas da falência, o procedimento do devedor, antes e depois da sentença, e outras informações detalhadas a respeito da conduta do devedor e de outros responsáveis, se houver, por atos que possam constituir crime relacionado com a recuperação judicial ou com a falência, ou outro delito conexo a estes.

Parágrafo único. A exposição circunstanciada será instruída com laudo do contador encarregado do exame da escrituração do devedor.

Capítulo VIII
DISPOSIÇÕES FINAIS E TRANSITÓRIAS

Art. 189. Aplica-se a Lei n. 5.869, de 11 de janeiro de 1973 – Código de Processo Civil, no que couber, aos procedimentos previstos nesta Lei.

Art. 190. Todas as vezes que esta Lei se referir a devedor ou falido, compreender-se-á que a disposição também se aplica aos sócios ilimitadamente responsáveis.

Art. 191. Ressalvadas as disposições específicas desta Lei, as publicações ordenadas serão feitas preferencialmente na imprensa oficial e, se o devedor ou a massa falida comportar, em jornal ou revista de circulação regional ou nacional, bem como em quaisquer outros periódicos que circulem em todo o país.

Parágrafo único. As publicações ordenadas nesta Lei conterão a epígrafe "recuperação judicial de", "recuperação extrajudicial de" ou "falência de".

Art. 192. Esta Lei não se aplica aos processos de falência ou de concordata ajuizados anteriormente ao início de sua vigência, que serão concluídos nos termos do Decreto-lei n. 7.661, de 21 de junho de 1945.

•• *Vide* art. 200 desta Lei, que revoga o Decreto-lei n. 7.661, de 21-6-1945.

§ 1.º Fica vedada a concessão de concordata suspensiva nos processos de falência em curso, podendo ser promovida a alienação dos bens da massa falida assim que concluída sua arrecadação, independentemente da formação do quadro-geral de credores e da conclusão do inquérito judicial.

§ 2.º A existência de pedido de concordata anterior à vigência desta Lei não obsta o pedido de recuperação judicial pelo devedor que não houver descumprido obrigação no âmbito da concordata, vedado, contudo, o pedido baseado no plano especial de recuperação judicial para microempresas e empresas de pequeno porte a que se refere a Seção V do Capítulo III desta Lei.

§ 3.º No caso do § 2.º deste artigo, se deferido o processamento da recuperação judicial, o processo de concordata será extinto e os créditos submetidos à concordata serão inscritos por seu valor original na recuperação judicial, deduzidas as parcelas pagas pelo concordatário.

§ 4.º Esta Lei aplica-se às falências decretadas em sua vigência resultantes de convolação de concordatas ou de pedidos de falência anteriores, às quais se aplica, até a decretação, o Decreto-lei n. 7.661, de 21 de junho de 1945, observado, na decisão que decretar a falência, o disposto no art. 99 desta Lei.

§ 5.º O juiz poderá autorizar a locação ou arrendamento de bens imóveis ou móveis a fim de evitar a sua deterioração, cujos resultados reverterão em favor da massa.

•• § 5.º acrescentado pela Lei n. 11.127, de 28-6-2005.

Art. 198. Os devedores proibidos de requerer concordata nos termos da legislação específica em vigor na data da publicação desta Lei ficam proibidos de requerer recuperação judicial ou extrajudicial nos termos desta Lei.

Art. 200. Ressalvado o disposto no art. 192 desta Lei, ficam revogados o Decreto-lei n. 7.661, de 21 de junho de 1945, e os arts. 503 a 512 do Decreto-lei n. 3.689, de 3 de outubro de 1941 – Código de Processo Penal.

Art. 201. Esta Lei entra em vigor 120 (cento e vinte) dias após sua publicação.

Brasília, 9 de fevereiro de 2005; 184.º da Independência e 117.º da República.

Luiz Inácio Lula da Silva

LEI N. 11.340, DE 7 DE AGOSTO DE 2006 (*)

Cria mecanismos para coibir a violência doméstica e familiar contra a mulher, nos termos do § 8.º do art. 226 da Constituição Federal, da Convenção sobre a Eliminação de Todas as Formas de Discriminação contra as Mulheres e da Convenção Interamericana para Prevenir, Punir e Erradicar a Violência contra a Mulher; dispõe sobre a criação dos Juizados de Violência Doméstica e Familiar contra a Mulher; altera o Código de Processo Penal, o Código Penal e a Lei de Execução Penal; e dá outras providências.

O Presidente da República

Faço saber que o Congresso Nacional decreta e eu sanciono a seguinte Lei:

TÍTULO I
DISPOSIÇÕES PRELIMINARES

Art. 1.º Esta Lei cria mecanismos para coibir e prevenir a violência doméstica e familiar contra a mulher, nos termos do § 8.º do art. 226 da Constituição Federal, da Convenção sobre a Eliminação de Todas as Formas de Violência contra a Mulher, da Convenção Interamericana para Prevenir, Punir e Erradicar a Violência contra a Mulher e de outros tratados internacionais ratificados pela República Federativa do Brasil; dispõe sobre a criação dos Juizados de Violência Doméstica e Familiar contra a Mulher; e estabelece medidas de assistência e proteção às mulheres em situação de violência doméstica e familiar.

•• O STF, na ADC n. 19, de 9-2-2012, declarou a constitucionalidade deste artigo.

_____
(*) Publicada no *DOU*, de 8-8-2006.

Violência Doméstica — Lei n. 11.340, de 7-8-2006

Art. 2.º Toda mulher, independentemente de classe, raça, etnia, orientação sexual, renda, cultura, nível educacional, idade e religião, goza dos direitos fundamentais inerentes à pessoa humana, sendo-lhe asseguradas as oportunidades e facilidades para viver sem violência, preservar sua saúde física e mental e seu aperfeiçoamento moral, intelectual e social.

Art. 3.º Serão asseguradas às mulheres as condições para o exercício efetivo dos direitos à vida, à segurança, à saúde, à alimentação, à educação, à cultura, à moradia, ao acesso à justiça, ao esporte, ao lazer, ao trabalho, à cidadania, à liberdade, à dignidade, ao respeito e à convivência familiar e comunitária.

§ 1.º O poder público desenvolverá políticas que visem garantir os direitos humanos das mulheres no âmbito das relações domésticas e familiares no sentido de resguardá-las de toda forma de negligência, discriminação, exploração, violência, crueldade e opressão.

§ 2.º Cabe à família, à sociedade e ao poder público criar as condições necessárias para o efetivo exercício dos direitos enunciados no *caput*.

Art. 4.º Na interpretação desta Lei, serão considerados os fins sociais a que ela se destina e, especialmente, as condições peculiares das mulheres em situação de violência doméstica e familiar.

Título II
DA VIOLÊNCIA DOMÉSTICA E FAMILIAR CONTRA A MULHER

Capítulo I
DISPOSIÇÕES GERAIS

Art. 5.º Para os efeitos desta Lei, configura violência doméstica e familiar contra a mulher qualquer ação ou omissão baseada no gênero que lhe cause morte, lesão, sofrimento físico, sexual ou psicológico e dano moral ou patrimonial:

I – no âmbito da unidade doméstica, compreendida como o espaço de convívio permanente de pessoas, com ou sem vínculo familiar, inclusive as esporadicamente agregadas;

II – no âmbito da família, compreendida como a comunidade formada por indivíduos que são ou se consideram aparentados, unidos por laços naturais, por afinidade ou por vontade expressa;

III – em qualquer relação íntima de afeto, na qual o agressor conviva ou tenha convivido com a ofendida, independentemente de coabitação.

Parágrafo único. As relações pessoais enunciadas neste artigo independem de orientação sexual.

Art. 6.º A violência doméstica e familiar contra a mulher constitui uma das formas de violação dos direitos humanos.

Capítulo II
DAS FORMAS DE VIOLÊNCIA DOMÉSTICA E FAMILIAR CONTRA A MULHER

Art. 7.º São formas de violência doméstica e familiar contra a mulher, entre outras:

I – a violência física, entendida como qualquer conduta que ofenda sua integridade ou saúde corporal;

II – a violência psicológica, entendida como qualquer conduta que lhe cause dano emocional e diminuição da autoestima ou que lhe prejudique e perturbe o pleno desenvolvimento ou que vise degradar ou controlar suas ações, comportamentos, crenças e decisões, mediante ameaça, constrangimento, humilhação, manipulação, isolamento, vigilância constante, perseguição contumaz, insulto, chantagem, ridicularização, exploração e limitação do direito de ir e vir ou qualquer outro meio que lhe cause prejuízo à saúde psicológica e à autodeterminação;

III – a violência sexual, entendida como qualquer conduta que a constranja a presenciar, a manter ou a participar de relação sexual não desejada, mediante intimidação, ameaça, coação ou uso da força; que a induza a comercializar ou a utilizar, de qualquer modo, a sua sexualidade, que a impeça de usar qualquer método contraceptivo ou que a force ao matrimônio, à gravidez, ao aborto ou à prostituição, mediante coação, chantagem, suborno ou manipulação; ou que limite ou anule o exercício de seus direitos sexuais e reprodutivos;

IV – a violência patrimonial, entendida como qualquer conduta que configure retenção, subtração, destruição parcial ou total de seus objetos, instrumentos de trabalho, documentos pessoais, bens, valores e direitos ou recursos econômicos, incluindo os destinados a satisfazer suas necessidades;

V – a violência moral, entendida como qualquer conduta que configure calúnia, difamação ou injúria.

Título III
DA ASSISTÊNCIA À MULHER EM SITUAÇÃO DE VIOLÊNCIA DOMÉSTICA E FAMILIAR

Capítulo I
DAS MEDIDAS INTEGRADAS DE PREVENÇÃO

Art. 8.º A política pública que visa coibir a violência doméstica e familiar contra a mulher far-se-á por meio de um conjunto articulado de ações da União, dos Estados, do Distrito Federal e dos Municípios e de ações não governamentais, tendo por diretrizes:

I – a integração operacional do Poder Judiciário, do Ministério Público e da Defensoria Pública com as áreas de segurança pública, assistência social, saúde, educação, trabalho e habitação;

II – a promoção de estudos e pesquisas, estatísticas e outras informações relevantes, com a perspectiva de gênero e de raça ou etnia, concernentes às causas, às consequências e à frequência da violência doméstica e familiar contra a mulher, para a sistematização de dados, a serem unificados nacionalmente, e a avaliação periódica dos resultados das medidas adotadas;

III – o respeito, nos meios de comunicação social, dos valores éticos e sociais da pessoa e da família, de forma a coibir os papéis estereotipados que legitimem ou exacerbem a violência doméstica e familiar, de acordo com o estabelecido no inciso III do art. 1.º, no inciso IV do art. 3.º e no inciso IV do art. 221 da Constituição Federal;

IV – a implementação de atendimento policial especializado para as mulheres, em particular nas Delegacias de Atendimento à Mulher;

V – a promoção e a realização de campanhas educativas de prevenção da violência doméstica e familiar contra a mulher, voltadas ao público escolar e à sociedade em geral, e a difusão desta Lei e dos instrumentos de proteção aos direitos humanos das mulheres;

VI – a celebração de convênios, protocolos, ajustes, termos ou outros instrumentos de promoção de parceria entre órgãos governamentais ou entre estes e entidades não governamentais, tendo por objetivo a implementação de programas de erradicação da violência doméstica e familiar contra a mulher;

VII – a capacitação permanente das Polícias Civil e Militar, da Guarda Municipal, do Corpo de Bombeiros e dos profissionais pertencentes aos órgãos e às áreas enunciados no inciso I quanto às questões de gênero e de raça ou etnia;

VIII – a promoção de programas educacionais que disseminem valores éticos de irrestrito respeito à dignidade da pessoa humana com a perspectiva de gênero e de raça ou etnia;

IX – o destaque, nos currículos escolares de todos os níveis de ensino, para os conteúdos relativos aos direitos humanos, à equidade de gênero e de raça ou etnia e ao problema da violência doméstica e familiar contra a mulher.

Capítulo II
DA ASSISTÊNCIA À MULHER EM SITUAÇÃO DE VIOLÊNCIA DOMÉSTICA E FAMILIAR

Art. 9.º A assistência à mulher em situação de violência doméstica e familiar será prestada de forma articulada e conforme os princípios e as diretrizes previstos na Lei Orgânica da Assistência Social, no Sistema Único de Saúde, no Sistema Único de Segurança Pública, entre outras normas e políticas públicas de proteção, e emergencialmente quando for o caso.

§ 1.º O juiz determinará, por prazo certo, a inclusão da mulher em situação de violência doméstica e familiar no cadastro de programas assistenciais do governo federal, estadual e municipal.

§ 2.º O juiz assegurará à mulher em situação de violência doméstica e familiar, para preservar sua integridade física e psicológica:

I – acesso prioritário à remoção quando servidora pública, integrante da administração direta ou indireta;

II – manutenção do vínculo trabalhista, quando necessário o afastamento do local de trabalho, por até seis meses.

§ 3.º A assistência à mulher em situação de violência doméstica e familiar compreenderá o acesso aos benefícios decorrentes do desenvolvimento científico e tecnológico, incluindo os serviços de contracepção de emergência, a profilaxia das Doenças Sexualmente Transmissíveis (DST) e da Síndrome da Imunodeficiência Adquirida (AIDS) e outros procedimentos médicos necessários e cabíveis nos casos de violência sexual.

Capítulo III
DO ATENDIMENTO PELA AUTORIDADE POLICIAL

Art. 10. Na hipótese da iminência ou da prática de violência doméstica e familiar contra a mulher, a autoridade policial que tomar conhecimento da ocorrência adotará, de imediato, as providências legais cabíveis.

Parágrafo único. Aplica-se o disposto no *caput* deste artigo ao descumprimento de medida protetiva de urgência deferida.

Art. 11. No atendimento à mulher em situação de violência doméstica e familiar, a autoridade policial deverá, entre outras providências:

I – garantir proteção policial, quando necessário, comunicando de imediato ao Ministério Público e ao Poder Judiciário;

II – encaminhar a ofendida ao hospital ou posto de saúde e ao Instituto Médico Legal;

III – fornecer transporte para a ofendida e seus dependentes para abrigo ou local seguro, quando houver risco de vida;

IV – se necessário, acompanhar a ofendida para assegurar a retirada de seus pertences do local da ocorrência ou do domicílio familiar;

V – informar à ofendida os direitos a ela conferidos nesta Lei e os serviços disponíveis.

Art. 12. Em todos os casos de violência doméstica e familiar contra a mulher, feito o registro da ocorrência, deverá a autoridade policial adotar, de imediato, os seguintes procedimentos, sem prejuízo daqueles previstos no Código de Processo Penal:

I – ouvir a ofendida, lavrar o boletim de ocorrência e tomar a representação a termo, se apresentada;

•• O STF julgou procedente a ADIn n. 4.424, de 9-2-2012, para, dando interpretação conforme a este inciso, assentar a natureza incondicionada da ação penal em caso de crime de lesão, pouco importando a extensão desta, praticado contra a mulher no ambiente doméstico.

II – colher todas as provas que servirem para o esclarecimento do fato e de suas circunstâncias;

III – remeter, no prazo de 48 (quarenta e oito) horas, expediente apartado ao juiz com o pedido da ofendida, para a concessão de medidas protetivas de urgência;

IV – determinar que se proceda ao exame de corpo de delito da ofendida e requisitar outros exames periciais necessários;

V – ouvir o agressor e as testemunhas;

VI – ordenar a identificação do agressor e fazer juntar aos autos sua folha de antecedentes criminais, indicando a existência de mandado de prisão ou o registro de outras ocorrências policiais contra ele;

VII – remeter, no prazo legal, os autos do inquérito policial ao juiz e ao Ministério Público.

§ 1.º O pedido da ofendida será tomado a termo pela autoridade policial e deverá conter:

I – qualificação da ofendida e do agressor;

II – nome e idade dos dependentes;

III – descrição sucinta do fato e das medidas protetivas solicitadas pela ofendida.

§ 2.º A autoridade policial deverá anexar ao documento referido no § 1.º o boletim de ocorrência e cópia de todos os documentos disponíveis em posse da ofendida.

§ 3.º Serão admitidos como meios de prova os laudos ou prontuários médicos fornecidos por hospitais e postos de saúde.

TÍTULO IV
DOS PROCEDIMENTOS

CAPÍTULO I
DISPOSIÇÕES GERAIS

Art. 13. Ao processo, ao julgamento e à execução das causas cíveis e criminais decorrentes da prática de violência doméstica e familiar contra a mulher aplicar-se-ão as normas dos Códigos de Processo Penal e Processo Civil e da legislação específica relativa à criança, ao adolescente e ao idoso que não conflitarem com o estabelecido nesta Lei.

Art. 14. Os Juizados de Violência Doméstica e Familiar contra a Mulher, órgãos da Justiça Ordinária com competência cível e criminal, poderão ser criados pela União, no Distrito Federal e nos Territórios, e pelos Estados, para o processo, o julgamento e a execução das causas decorrentes da prática de violência doméstica e familiar contra a mulher.

Parágrafo único. Os atos processuais poderão realizar-se em horário noturno, conforme dispuserem as normas de organização judiciária.

Art. 15. É competente, por opção da ofendida, para os processos cíveis regidos por esta Lei, o Juizado:

I – do seu domicílio ou de sua residência;

II – do lugar do fato em que se baseou a demanda;

III – do domicílio do agressor.

Art. 16. Nas ações penais públicas condicionadas à representação da ofendida de que trata esta Lei, só será admitida a renúncia à representação perante o juiz, em audiência especialmente designada com tal finalidade, antes do recebimento da denúncia e ouvido o Ministério Público.

•• O STF julgou procedente a ADIn n. 4.424, de 9-2-2012, para, dando interpretação conforme a este artigo, assentar a natureza incondicionada da ação penal em caso de crime de lesão, pouco importando a extensão desta, praticado contra a mulher no ambiente doméstico.

•• *Vide* Súmula 542 do STJ.

Art. 17. É vedada a aplicação, nos casos de violência doméstica e familiar contra a mulher, de penas de cesta básica ou outras de prestação pecuniária, bem como a substituição de pena que implique o pagamento isolado de multa.

CAPÍTULO II
DAS MEDIDAS PROTETIVAS DE URGÊNCIA

Seção I
Disposições Gerais

Art. 18. Recebido o expediente com o pedido da ofendida, caberá ao juiz, no prazo de 48 (quarenta e oito) horas:

I – conhecer do expediente e do pedido e decidir sobre as medidas protetivas de urgência;

Violência Doméstica

Lei n. 11.340, de 7-8-2006

II – determinar o encaminhamento da ofendida ao órgão de assistência judiciária, quando for o caso;

III – comunicar ao Ministério Público para que adote as providências cabíveis.

Art. 19. As medidas protetivas de urgência poderão ser concedidas pelo juiz, a requerimento do Ministério Público ou a pedido da ofendida.

§ 1.º As medidas protetivas de urgência poderão ser concedidas de imediato, independentemente de audiência das partes e de manifestação do Ministério Público, devendo este ser prontamente comunicado.

§ 2.º As medidas protetivas de urgência serão aplicadas isolada ou cumulativamente, e poderão ser substituídas a qualquer tempo por outras de maior eficácia, sempre que os direitos reconhecidos nesta Lei forem ameaçados ou violados.

§ 3.º Poderá o juiz, a requerimento do Ministério Público ou a pedido da ofendida, conceder novas medidas protetivas de urgência ou rever aquelas já concedidas, se entender necessário à proteção da ofendida, de seus familiares e de seu patrimônio, ouvido o Ministério Público.

Art. 20. Em qualquer fase do inquérito policial ou da instrução criminal, caberá a prisão preventiva do agressor, decretada pelo juiz, de ofício, a requerimento do Ministério Público ou mediante representação da autoridade policial.

Parágrafo único. O juiz poderá revogar a prisão preventiva se, no curso do processo, verificar a falta de motivo para que subsista, bem como de novo decretá-la, se sobrevierem razões que a justifiquem.

Art. 21. A ofendida deverá ser notificada dos atos processuais relativos ao agressor, especialmente dos pertinentes ao ingresso e à saída da prisão, sem prejuízo da intimação do advogado constituído ou do defensor público.

Parágrafo único. A ofendida não poderá entregar intimação ou notificação ao agressor.

Seção II
Das Medidas Protetivas de Urgência que Obrigam o Agressor

Art. 22. Constatada a prática de violência doméstica e familiar contra a mulher, nos termos desta Lei, o juiz poderá aplicar, de imediato, ao agressor, em conjunto ou separadamente, as seguintes medidas protetivas de urgência, entre outras:

I – suspensão da posse ou restrição do porte de armas, com comunicação ao órgão competente, nos termos da Lei n. 10.826, de 22 de dezembro de 2003;

II – afastamento do lar, domicílio ou local de convivência com a ofendida;

III – proibição de determinadas condutas, entre as quais:

a) aproximação da ofendida, de seus familiares e das testemunhas, fixando o limite mínimo de distância entre estes e o agressor;

b) contato com a ofendida, seus familiares e testemunhas por qualquer meio de comunicação;

c) frequentação de determinados lugares a fim de preservar a integridade física e psicológica da ofendida;

IV – restrição ou suspensão de visitas aos dependentes menores, ouvida a equipe de atendimento multidisciplinar ou serviço similar;

V – prestação de alimentos provisionais ou provisórios.

§ 1.º As medidas referidas neste artigo não impedem a aplicação de outras previstas na legislação em vigor, sempre que a segurança da ofendida ou as circunstâncias o exigirem, devendo a providência ser comunicada ao Ministério Público.

§ 2.º Na hipótese de aplicação do inciso I, encontrando-se o agressor nas condições mencionadas no *caput* e incisos do art. 6.º da Lei n. 10.826, de 22 de dezembro de 2003, o juiz comunicará ao respectivo órgão, corporação ou instituição as medidas protetivas de urgência concedidas e determinará a restrição do porte de armas, ficando o superior imediato do agressor responsável pelo cumprimento da determinação judicial, sob pena de incorrer nos crimes de prevaricação ou de desobediência, conforme o caso.

§ 3.º Para garantir a efetividade das medidas protetivas de urgência, poderá o juiz requisitar, a qualquer momento, auxílio da força policial.

§ 4.º Aplica-se às hipóteses previstas neste artigo, no que couber, o disposto no *caput* e nos §§ 5.º e 6.º do art. 461 da Lei n. 5.869, de 11 de janeiro de 1973 (Código de Processo Civil).

Seção III
Das Medidas Protetivas de
Urgência à Ofendida

Art. 23. Poderá o juiz, quando necessário, sem prejuízo de outras medidas:

I – encaminhar a ofendida e seus dependentes a programa oficial ou comunitário de proteção ou de atendimento;

II – determinar a recondução da ofendida e a de seus dependentes ao respectivo domicílio, após afastamento do agressor;

III – determinar o afastamento da ofendida do lar, sem prejuízo dos direitos relativos a bens, guarda dos filhos e alimentos;

IV – determinar a separação de corpos.

Art. 24. Para a proteção patrimonial dos bens da sociedade conjugal ou daqueles de propriedade particular da mulher, o juiz poderá determinar, liminarmente, as seguintes medidas, entre outras:

I – restituição de bens indevidamente subtraídos pelo agressor à ofendida;

II – proibição temporária para a celebração de atos e contratos de compra, venda e locação de propriedade em comum, salvo expressa autorização judicial;

III – suspensão das procurações conferidas pela ofendida ao agressor;

IV – prestação de caução provisória, mediante depósito judicial, por perdas e danos materiais decorrentes da prática de violência doméstica e familiar contra a ofendida.

Parágrafo único. Deverá o juiz oficiar ao cartório competente para os fins previstos nos incisos II e III deste artigo.

Capítulo III
DA ATUAÇÃO DO MINISTÉRIO PÚBLICO

Art. 25. O Ministério Público intervirá, quando não for parte, nas causas cíveis e criminais decorrentes da violência doméstica e familiar contra a mulher.

Art. 26. Caberá ao Ministério Público, sem prejuízo de outras atribuições, nos casos de violência doméstica e familiar contra a mulher, quando necessário:

I – requisitar força policial e serviços públicos de saúde, de educação, de assistência social e de segurança, entre outros;

II – fiscalizar os estabelecimentos públicos e particulares de atendimento à mulher em situação de violência doméstica e familiar, e adotar, de imediato, as medidas administrativas ou judiciais cabíveis no tocante a quaisquer irregularidades constatadas;

III – cadastrar os casos de violência doméstica e familiar contra a mulher.

Capítulo IV
DA ASSISTÊNCIA JUDICIÁRIA

Art. 27. Em todos os atos processuais, cíveis e criminais, a mulher em situação de violência doméstica e familiar deverá estar acompanhada de advogado, ressalvado o previsto no art. 19 desta Lei.

Art. 28. É garantido a toda mulher em situação de violência doméstica e familiar o acesso aos serviços de Defensoria Pública ou de Assistência Judiciária Gratuita, nos termos da lei, em

Violência Doméstica

Lei n. 11.340, de 7-8-2006

sede policial e judicial, mediante atendimento específico e humanizado.

TÍTULO V
DA EQUIPE DE ATENDIMENTO MULTIDISCIPLINAR

Art. 29. Os Juizados de Violência Doméstica e Familiar contra a Mulher que vierem a ser criados poderão contar com uma equipe de atendimento multidisciplinar, a ser integrada por profissionais especializados nas áreas psicossocial, jurídica e de saúde.

Art. 30. Compete à equipe de atendimento multidisciplinar, entre outras atribuições que lhe forem reservadas pela legislação local, fornecer subsídios por escrito ao juiz, ao Ministério Público e à Defensoria Pública, mediante laudos ou verbalmente em audiência, e desenvolver trabalhos de orientação, encaminhamento, prevenção e outras medidas, voltados para a ofendida, o agressor e os familiares, com especial atenção às crianças e aos adolescentes.

Art. 31. Quando a complexidade do caso exigir avaliação mais aprofundada, o juiz poderá determinar a manifestação de profissional especializado, mediante a indicação da equipe de atendimento multidisciplinar.

Art. 32. O Poder Judiciário, na elaboração de sua proposta orçamentária, poderá prever recursos para a criação e manutenção da equipe de atendimento multidisciplinar, nos termos da Lei de Diretrizes Orçamentárias.

TÍTULO VI
DISPOSIÇÕES TRANSITÓRIAS

Art. 33. Enquanto não estruturados os Juizados de Violência Doméstica e Familiar contra a Mulher, as varas criminais acumularão as competências cível e criminal para conhecer e julgar as causas decorrentes da prática de violência doméstica e familiar contra a mulher, observadas as previsões do Título IV desta Lei, subsidiada pela legislação processual pertinente.

•• O STF, na ADC n. 19, de 9-2-2012, declarou a constitucionalidade deste artigo.

Parágrafo único. Será garantido o direito de preferência, nas varas criminais, para o processo e o julgamento das causas referidas no *caput*.

TÍTULO VII
DISPOSIÇÕES FINAIS

Art. 34. A instituição dos Juizados de Violência Doméstica e Familiar contra a Mulher poderá ser acompanhada pela implantação das curadorias necessárias e do serviço de assistência judiciária.

Art. 35. A União, o Distrito Federal, os Estados e os Municípios poderão criar e promover, no limite das respectivas competências:

I – centros de atendimento integral e multidisciplinar para mulheres e respectivos dependentes em situação de violência doméstica e familiar;

II – casas-abrigos para mulheres e respectivos dependentes menores em situação de violência doméstica e familiar;

III – delegacias, núcleos de defensoria pública, serviços de saúde e centros de perícia médico-legal especializados no atendimento à mulher em situação de violência doméstica e familiar;

IV – programas e campanhas de enfrentamento da violência doméstica e familiar;

V – centros de educação e de reabilitação para os agressores.

Art. 36. A União, os Estados, o Distrito Federal e os Municípios promoverão a adaptação de seus órgãos e de seus programas às diretrizes e aos princípios desta Lei.

Art. 37. A defesa dos interesses e direitos transindividuais previstos nesta Lei poderá ser exercida, concorrentemente, pelo Ministério

Público e por associação de atuação na área, regularmente constituída há pelo menos um ano, nos termos da legislação civil.

Parágrafo único. O requisito da pré-constituição poderá ser dispensado pelo juiz quando entender que não há outra entidade com representatividade adequada para o ajuizamento da demanda coletiva.

Art. 38. As estatísticas sobre a violência doméstica e familiar contra a mulher serão incluídas nas bases de dados dos órgãos oficiais do Sistema de Justiça e Segurança a fim de subsidiar o sistema nacional de dados e informações relativo às mulheres.

Parágrafo único. As Secretarias de Segurança Pública dos Estados e do Distrito Federal poderão remeter suas informações criminais para a base de dados do Ministério da Justiça.

Art. 39. A União, os Estados, o Distrito Federal e os Municípios, no limite de suas competências e nos termos das respectivas leis de diretrizes orçamentárias, poderão estabelecer dotações orçamentárias específicas, em cada exercício financeiro, para a implementação das medidas estabelecidas nesta Lei.

Art. 40. As obrigações previstas nesta Lei não excluem outras decorrentes dos princípios por ela adotados.

Art. 41. Aos crimes praticados com violência doméstica e familiar contra a mulher, independentemente da pena prevista, não se aplica a Lei n. 9.099, de 26 de setembro de 1995.

•• O STF, na ADC n. 19, de 9-2-2012, declarou a constitucionalidade deste artigo.

Art. 42. O art. 313 do Decreto-lei n. 3.689, de 3 de outubro de 1941 (Código de Processo Penal), passa a vigorar acrescido do seguinte inciso IV:

•• O inciso IV do art. 313 do CPP foi revogado pela Lei n. 12.403, de 4-5-2011.

Art. 43. A alínea *f* do inciso II do art. 61 do Decreto-lei n. 2.848, de 7 de dezembro de 1940 (Código Penal), passa a vigorar com a seguinte redação:

"Art. 61. ....

....

II – ....

....

f) com abuso de autoridade ou prevalecendo-se de relações domésticas, de coabitação ou de hospitalidade, ou com violência contra a mulher na forma da lei específica;

....".

Art. 44. O art. 129 do Decreto-lei n. 2.848, de 7 de dezembro de 1940 (Código Penal), passa a vigorar com as seguintes alterações:

"Art. 129. ....

....

§ 9.º Se a lesão for praticada contra ascendente, descendente, irmão, cônjuge ou companheiro, ou com quem conviva ou tenha convivido, ou, ainda, prevalecendo-se o agente das relações domésticas, de coabitação ou de hospitalidade:

Pena – detenção, de 3 (três) meses a 3 (três) anos.

....

§ 11. Na hipótese do § 9.º deste artigo, a pena será aumentada de um terço se o crime for cometido contra pessoa portadora de deficiência".

Art. 45. O art. 152 da Lei n. 7.210, de 11 de julho de 1984 (LEP), passa a vigorar com a seguinte redação:

"Art. 152. ....

Parágrafo único. Nos casos de violência doméstica contra a mulher, o juiz poderá determinar o comparecimento obrigatório do agressor a programas de recuperação e reeducação".

Súmula Vinculante

Art. 46. Esta Lei entra em vigor 45 (quarenta e cinco) dias após sua publicação.

Brasília, 7 de agosto de 2006; 185.º da Independência e 118.º da República.

Luiz Inácio Lula da Silva

LEI N. 11.417, DE 19 DE DEZEMBRO DE 2006 (*)

> *Regulamenta o art. 103-A da Constituição Federal e altera a Lei n. 9.784, de 29 de janeiro de 1999, disciplinando a edição, a revisão e o cancelamento de enunciado de súmula vinculante pelo Supremo Tribunal Federal, e dá outras providências.*

O Presidente da República

Faço saber que o Congresso Nacional decreta e eu sanciono a seguinte Lei:

Art. 1.º Esta Lei disciplina a edição, a revisão e o cancelamento de enunciado de súmula vinculante pelo Supremo Tribunal Federal e dá outras providências.

Art. 2.º O Supremo Tribunal Federal poderá, de ofício ou por provocação, após reiteradas decisões sobre matéria constitucional, editar enunciado de súmula que, a partir de sua publicação na imprensa oficial, terá efeito vinculante em relação aos demais órgãos do Poder Judiciário e à administração pública direta e indireta, nas esferas federal, estadual e municipal, bem como proceder à sua revisão ou cancelamento, na forma prevista nesta Lei.

§ 1.º O enunciado da súmula terá por objeto a validade, a interpretação e a eficácia de normas determinadas, acerca das quais haja, entre órgãos judiciários ou entre esses e a administração pública, controvérsia atual que acarrete grave insegurança jurídica e relevante multiplicação de processos sobre idêntica questão.

§ 2.º O Procurador-Geral da República, nas propostas que não houver formulado, manifestar-se-á previamente à edição, revisão ou cancelamento de enunciado de súmula vinculante.

§ 3.º A edição, a revisão e o cancelamento de enunciado de súmula com efeito vinculante dependerão de decisão tomada por 2/3 (dois terços) dos membros do Supremo Tribunal Federal, em sessão plenária.

§ 4.º No prazo de 10 (dez) dias após a sessão em que editar, rever ou cancelar enunciado de súmula com efeito vinculante, o Supremo Tribunal Federal fará publicar, em seção especial do *Diário da Justiça* e do *DOU*, o enunciado respectivo.

Art. 3.º São legitimados a propor a edição, a revisão ou o cancelamento de enunciado de súmula vinculante:

I – o Presidente da República;

II – a Mesa do Senado Federal;

III – a Mesa da Câmara dos Deputados;

IV – o Procurador-Geral da República;

V – o Conselho Federal da Ordem dos Advogados do Brasil;

VI – o Defensor Público-Geral da União;

VII – partido político com representação no Congresso Nacional;

VIII – confederação sindical ou entidade de classe de âmbito nacional;

IX – a Mesa de Assembleia Legislativa ou da Câmara Legislativa do Distrito Federal;

X – o Governador de Estado ou do Distrito Federal;

XI – os Tribunais Superiores, os Tribunais de Justiça de Estados ou do Distrito Federal e Ter-

---

(*) Publicada no *DOU*, de 20-12-2006.

ritórios, os Tribunais Regionais Federais, os Tribunais Regionais do Trabalho, os Tribunais Regionais Eleitorais e os Tribunais Militares.

§ 1.º O Município poderá propor, incidentalmente ao curso de processo em que seja parte, a edição, a revisão ou o cancelamento de enunciado de súmula vinculante, o que não autoriza a suspensão do processo.

§ 2.º No procedimento de edição, revisão ou cancelamento de enunciado da súmula vinculante, o relator poderá admitir, por decisão irrecorrível, a manifestação de terceiros na questão, nos termos do Regimento Interno do Supremo Tribunal Federal.

Art. 4.º A súmula com efeito vinculante tem eficácia imediata, mas o Supremo Tribunal Federal, por decisão de 2/3 (dois terços) dos seus membros, poderá restringir os efeitos vinculantes ou decidir que só tenha eficácia a partir de outro momento, tendo em vista razões de segurança jurídica ou de excepcional interesse público.

Art. 5.º Revogada ou modificada a lei em que se fundou a edição de enunciado de súmula vinculante, o Supremo Tribunal Federal, de ofício ou por provocação, procederá à sua revisão ou cancelamento, conforme o caso.

Art. 6.º A proposta de edição, revisão ou cancelamento de enunciado de súmula vinculante não autoriza a suspensão dos processos em que se discuta a mesma questão.

Art. 7.º Da decisão judicial ou do ato administrativo que contrariar enunciado de súmula vinculante, negar-lhe vigência ou aplicá-lo indevidamente caberá reclamação ao Supremo Tribunal Federal, sem prejuízo dos recursos ou outros meios admissíveis de impugnação.

§ 1.º Contra omissão ou ato da administração pública, o uso da reclamação só será admitido após esgotamento das vias administrativas.

§ 2.º Ao julgar procedente a reclamação, o Supremo Tribunal Federal anulará o ato administrativo ou cassará a decisão judicial impugnada, determinando que outra seja proferida com ou sem aplicação da súmula, conforme o caso.

....

Art. 10. O procedimento de edição, revisão ou cancelamento de enunciado de súmula com efeito vinculante obedecerá, subsidiariamente, ao disposto no Regimento Interno do Supremo Tribunal Federal.

Art. 11. Esta Lei entra em vigor 3 (três) meses após a sua publicação.

Brasília, 19 de dezembro de 2006; 185.º da Independência e 118.º da República.

Luiz Inácio Lula da Silva

LEI N. 11.419, DE 19 DE DEZEMBRO DE 2006 (*)

Dispõe sobre a informatização do processo judicial; altera a Lei n. 5.869, de 11 de janeiro de 1973 – Código de Processo Civil; e dá outras providências.

O Presidente da República

Faço saber que o Congresso Nacional decreta e eu sanciono a seguinte Lei:

Capítulo I
DA INFORMATIZAÇÃO DO PROCESSO JUDICIAL

Art. 1.º O uso de meio eletrônico na tramitação de processos judiciais, comunicação de atos e transmissão de peças processuais será admitido nos termos desta Lei.

(*) Publicada no *DOU*, de 20-12-2006. A Resolução n. 202, de 29-8-2012, dispõe sobre a implantação do Sistema Processo Judicial Eletrônico – Pje no âmbito do CJF de primeiro e segundo graus.

Informatização do Processo Judicial — Lei n. 11.419, de 19-12-2006

§ 1.º Aplica-se o disposto nesta Lei, indistintamente, aos processos civil, penal e trabalhista, bem como aos juizados especiais, em qualquer grau de jurisdição.

§ 2.º Para o disposto nesta Lei, considera-se:

I – meio eletrônico qualquer forma de armazenamento ou tráfego de documentos e arquivos digitais;

II – transmissão eletrônica toda forma de comunicação a distância com a utilização de redes de comunicação, preferencialmente a rede mundial de computadores;

III – assinatura eletrônica as seguintes formas de identificação inequívoca do signatário:

a) assinatura digital baseada em certificado digital emitido por Autoridade Certificadora credenciada, na forma de lei específica;

b) mediante cadastro de usuário no Poder Judiciário, conforme disciplinado pelos órgãos respectivos.

Art. 2.º O envio de petições, de recursos e a prática de atos processuais em geral por meio eletrônico serão admitidos mediante uso de assinatura eletrônica, na forma do art. 1.º desta Lei, sendo obrigatório o credenciamento prévio no Poder Judiciário, conforme disciplinado pelos órgãos respectivos.

§ 1.º O credenciamento no Poder Judiciário será realizado mediante procedimento no qual esteja assegurada a adequada identificação presencial do interessado.

§ 2.º Ao credenciado será atribuído registro e meio de acesso ao sistema, de modo a preservar o sigilo, a identificação e a autenticidade de suas comunicações.

§ 3.º Os órgãos do Poder Judiciário poderão criar um cadastro único para o credenciamento previsto neste artigo.

Art. 3.º Consideram-se realizados os atos processuais por meio eletrônico no dia e hora do seu envio ao sistema do Poder Judiciário, do que deverá ser fornecido protocolo eletrônico.

Parágrafo único. Quando a petição eletrônica for enviada para atender prazo processual, serão consideradas tempestivas as transmitidas até as 24 (vinte e quatro) horas do seu último dia.

Capítulo II
DA COMUNICAÇÃO ELETRÔNICA DOS ATOS PROCESSUAIS

Art. 4.º Os tribunais poderão criar *Diário da Justiça* eletrônico, disponibilizado em sítio da rede mundial de computadores, para publicação de atos judiciais e administrativos próprios e dos órgãos a eles subordinados, bem como comunicações em geral.

§ 1.º O sítio e o conteúdo das publicações de que trata este artigo deverão ser assinados digitalmente com base em certificado emitido por Autoridade Certificadora credenciada na forma da lei específica.

§ 2.º A publicação eletrônica na forma deste artigo substitui qualquer outro meio e publicação oficial, para quaisquer efeitos legais, à exceção dos casos que, por lei, exigem intimação ou vista pessoal.

§ 3.º Considera-se como data da publicação o primeiro dia útil seguinte ao da disponibilização da informação no *Diário da Justiça* eletrônico.

§ 4.º Os prazos processuais terão início no primeiro dia útil que seguir ao considerado como data da publicação.

§ 5.º A criação do *Diário da Justiça* eletrônico deverá ser acompanhada de ampla divulgação, e o ato administrativo correspondente será publicado durante 30 (trinta) dias no *Diário Oficial* em uso.

Art. 5.º As intimações serão feitas por meio eletrônico em portal próprio aos que se cadastrarem na forma do art. 2.º desta Lei, dispensando-se a publicação no órgão oficial, inclusive eletrônico.

§ 1.º Considerar-se-á realizada a intimação no dia em que o intimando efetivar a consulta eletrônica ao teor da intimação, certificando-se nos autos a sua realização.

§ 2.º Na hipótese do § 1.º deste artigo, nos casos em que a consulta se dê em dia não útil, a intimação será considerada como realizada no primeiro dia útil seguinte.

§ 3.º A consulta referida nos §§ 1.º e 2.º deste artigo deverá ser feita em até 10 (dez) dias corridos contados da data do envio da intimação, sob pena de considerar-se a intimação automaticamente realizada na data do término desse prazo.

§ 4.º Em caráter informativo, poderá ser efetivada remessa de correspondência eletrônica, comunicando o envio da intimação e a abertura automática do prazo processual nos termos do § 3.º deste artigo, aos que manifestarem interesse por esse serviço.

§ 5.º Nos casos urgentes em que a intimação feita na forma deste artigo possa causar prejuízo a quaisquer das partes ou nos casos em que for evidenciada qualquer tentativa de burla ao sistema, o ato processual deverá ser realizado por outro meio que atinja a sua finalidade, conforme determinado pelo juiz.

§ 6.º As intimações feitas na forma deste artigo, inclusive da Fazenda Pública, serão consideradas pessoais para todos os efeitos legais.

Art. 6.º Observadas as formas e as cautelas do art. 5.º desta Lei, as citações, inclusive da Fazenda Pública, excetuadas as dos Direitos Processuais Criminal e Infracional, poderão ser feitas por meio eletrônico, desde que a íntegra dos autos seja acessível ao citando.

Art. 7.º As cartas precatórias, rogatórias, de ordem e, de um modo geral, todas as comunicações oficiais que transitem entre órgãos do Poder Judiciário, bem como entre os deste e os dos demais Poderes, serão feitas preferentemente por meio eletrônico.

Capítulo III
DO PROCESSO ELETRÔNICO

Art. 8.º Os órgãos do Poder Judiciário poderão desenvolver sistemas eletrônicos de processamento de ações judiciais por meio de autos total ou parcialmente digitais, utilizando, preferencialmente, a rede mundial de computadores e acesso por meio de redes internas e externas.

Parágrafo único. Todos os atos processuais do processo eletrônico serão assinados eletronicamente na forma estabelecida nesta Lei.

Art. 9.º No processo eletrônico, todas as citações, intimações e notificações, inclusive da Fazenda Pública, serão feitas por meio eletrônico, na forma desta Lei.

§ 1.º As citações, intimações, notificações e remessas que viabilizem o acesso à íntegra do processo correspondente serão consideradas vista pessoal do interessado para todos os efeitos legais.

§ 2.º Quando, por motivo técnico, for inviável o uso do meio eletrônico para a realização de citação, intimação ou notificação, esses atos processuais poderão ser praticados segundo as regras ordinárias, digitalizando-se o documento físico, que deverá ser posteriormente destruído.

Art. 10. A distribuição da petição inicial e a juntada da contestação, dos recursos e das petições em geral, todos em formato digital, nos autos de processo eletrônico, podem ser feitas diretamente pelos advogados públicos e privados, sem necessidade da intervenção do cartório ou secretaria judicial, situação em que a autuação deverá se dar de forma automática, fornecendo-se recibo eletrônico de protocolo.

§ 1.º Quando o ato processual tiver que ser praticado em determinado prazo, por meio de petição eletrônica, serão considerados tempestivos os efetivados até as 24 (vinte e quatro) horas do último dia.

§ 2.º No caso do § 1.º deste artigo, se o Sistema do Poder Judiciário se tornar indisponível por motivo técnico, o prazo fica automati-

Informatização do Processo Judicial

Lei n. 11.419, de 19-12-2006

camente prorrogado para o primeiro dia útil seguinte à resolução do problema.

§ 3.º Os órgãos do Poder Judiciário deverão manter equipamentos de digitalização e de acesso à rede mundial de computadores à disposição dos interessados para distribuição de peças processuais.

Art. 11. Os documentos produzidos eletronicamente e juntados aos processos eletrônicos com garantia da origem e de seu signatário, na forma estabelecida nesta Lei, serão considerados originais para todos os efeitos legais.

§ 1.º Os extratos digitais e os documentos digitalizados e juntados aos autos pelos órgãos da Justiça e seus auxiliares, pelo Ministério Público e seus auxiliares, pelas procuradorias, pelas autoridades policiais, pelas repartições públicas em geral e por advogados públicos e privados têm a mesma força probante dos originais, ressalvada a alegação motivada e fundamentada de adulteração antes ou durante o processo de digitalização.

§ 2.º A arguição de falsidade do documento original será processada eletronicamente na forma da lei processual em vigor.

§ 3.º Os originais dos documentos digitalizados, mencionados no § 2.º deste artigo, deverão ser preservados pelo seu detentor até o trânsito em julgado da sentença ou, quando admitida, até o final do prazo para interposição de ação rescisória.

§ 4.º (*Vetado*.)

§ 5.º Os documentos cuja digitalização seja tecnicamente inviável devido ao grande volume ou por motivo de ilegibilidade deverão ser apresentados ao cartório ou secretaria no prazo de 10 (dez) dias contados do envio de petição eletrônica comunicando o fato, os quais serão devolvidos à parte após o trânsito em julgado.

§ 6.º Os documentos digitalizados juntados em processo eletrônico somente estarão disponíveis para acesso por meio da rede externa para suas respectivas partes processuais e para o Ministério Público, respeitado o disposto em lei para as situações de sigilo e de segredo de justiça.

Art. 12. A conservação dos autos do processo poderá ser efetuada total ou parcialmente por meio eletrônico.

§ 1.º Os autos dos processos eletrônicos deverão ser protegidos por meio de sistemas de segurança de acesso e armazenados em meio que garanta a preservação e integridade dos dados, sendo dispensada a formação de autos suplementares.

§ 2.º Os autos de processos eletrônicos que tiverem de ser remetidos a outro juízo ou instância superior que não disponham de sistema compatível deverão ser impressos em papel, autuados na forma dos arts. 166 a 168 da Lei n. 5.869, de 11 de janeiro de 1973 – Código de Processo Civil, ainda que de natureza criminal ou trabalhista, ou pertinentes a juizado especial.

§ 3.º No caso do § 2.º deste artigo, o escrivão ou o chefe de secretaria certificará os autores ou a origem dos documentos produzidos nos autos, acrescentando, ressalvada a hipótese de existir segredo de justiça, a forma pela qual o banco de dados poderá ser acessado para aferir a autenticidade das peças e das respectivas assinaturas digitais.

§ 4.º Feita a autuação na forma estabelecida no § 2.º deste artigo, o processo seguirá a tramitação legalmente estabelecida para os processos físicos.

§ 5.º A digitalização de autos em mídia não digital, em tramitação ou já arquivados, será precedida de publicação de editais de intimações ou da intimação pessoal das partes e de seus procuradores, para que, no prazo preclusivo de 30 (trinta) dias, se manifestem sobre o desejo de manterem pessoalmente a guarda de algum dos documentos originais.

Art. 13. O magistrado poderá determinar que sejam realizados por meio eletrônico a exibição e o envio de dados e de documentos necessários à instrução do processo.

Lei n. 11.636, de 28-12-2007

§ 1.º Consideram-se cadastros públicos, para os efeitos deste artigo, dentre outros existentes ou que venham a ser criados, ainda que mantidos por concessionárias de serviço público ou empresas privadas, os que contenham informações indispensáveis ao exercício da função judicante.

§ 2.º O acesso de que trata este artigo dar-se-á por qualquer meio tecnológico disponível, preferentemente o de menor custo, considerada sua eficiência.

§ 3.º (Vetado.)

Capítulo IV
DISPOSIÇÕES GERAIS E FINAIS

Art. 14. Os sistemas a serem desenvolvidos pelos órgãos do Poder Judiciário deverão usar, preferencialmente, programas com código aberto, acessíveis ininterruptamente por meio da rede mundial de computadores, priorizando-se a sua padronização.

Parágrafo único. Os sistemas devem buscar identificar os casos de ocorrência de prevenção, litispendência e coisa julgada.

Art. 15. Salvo impossibilidade que comprometa o acesso à justiça, a parte deverá informar, ao distribuir a petição inicial de qualquer ação judicial, o número no cadastro de pessoas físicas ou jurídicas, conforme o caso, perante a Secretaria da Receita Federal.

Parágrafo único. Da mesma forma, as peças de acusação criminais deverão ser instruídas pelos membros do Ministério Público ou pelas autoridades policiais com os números de registros dos acusados no Instituto Nacional de Identificação do Ministério da Justiça, se houver.

Art. 16. Os livros cartorários e demais repositórios dos órgãos do Poder Judiciário poderão ser gerados e armazenados em meio totalmente eletrônico.

Art. 17. (Vetado.)

Art. 18. Os órgãos do Poder Judiciário regulamentarão esta Lei, no que couber, no âmbito de suas respectivas competências.

Art. 19. Ficam convalidados os atos processuais praticados por meio eletrônico até a data de publicação desta Lei, desde que tenham atingido sua finalidade e não tenha havido prejuízo para as partes.

Art. 20. A Lei n. 5.869, de 11 de janeiro de 1973 – Código de Processo Civil, passa a vigorar com as seguintes alterações:

•• Alterações já processadas no diploma modificado.

Art. 21. (Vetado.)

Art. 22. Esta Lei entra em vigor 90 (noventa) dias depois de sua publicação.

Brasília, 19 de dezembro de 2006; 185.º da Independência e 118.º da República.

Luiz Inácio Lula da Silva

LEI N. 11.636, DE 28 DE DEZEMBRO DE 2007 (*)

Dispõe sobre as custas judiciais devidas no âmbito do Superior Tribunal de Justiça.

O Presidente da República

Faço saber que o Congresso Nacional decreta e eu sanciono a seguinte Lei:

Art. 1.º Esta Lei dispõe sobre a incidência e a cobrança das custas devidas à União que tenham como fato gerador a prestação de serviços públicos de natureza forense, no âmbito do Superior Tribunal de Justiça, nos processos de competência originária ou recursal.

Art. 2.º Os valores e as hipóteses de incidência das custas são os constantes do Anexo desta Lei.

Parágrafo único. Os valores das custas judiciais do Superior Tribunal de Justiça constantes das Tabelas do Anexo desta Lei serão corrigidos

---
(*) Publicada no DOU, de 28-12-2007, edição extra.

Custas Judiciais — Lei n. 11.636, de 28-12-2007

anualmente pela variação do Índice Nacional de Preços ao Consumidor Amplo – IPCA, do IBGE, observado o disposto no art. 15 desta Lei.

Art. 3.º As custas previstas nesta Lei não excluem as despesas estabelecidas em legislação processual específica, inclusive o porte de remessa e retorno dos autos.

Art. 4.º O pagamento das custas deverá ser feito em bancos oficiais, mediante preenchimento de guia de recolhimento de receita da União, de conformidade com as normas estabelecidas pela Secretaria da Receita Federal do Ministério da Fazenda e por resolução do presidente do Superior Tribunal de Justiça.

•• A Resolução n. 4, de 1.º-2-2013, dispõe sobre o pagamento de custas judiciais e porte de remessa e retorno de autos no âmbito do STJ.

Art. 5.º Exceto em caso de isenção legal, nenhum feito será distribuído sem o respectivo preparo, nem se praticarão nele atos processuais, salvo os que forem ordenados de ofício pelo relator.

Parágrafo único. O preparo compreende todos os atos do processo, inclusive a baixa dos autos.

Art. 6.º Quando autor e réu recorrerem, cada recurso estará sujeito a preparo integral e distinto, composto de custas e porte de remessa e retorno.

§ 1.º Se houver litisconsortes necessários, bastará que um dos recursos seja preparado para que todos sejam julgados, ainda que não coincidam suas pretensões.

§ 2.º Para efeito do disposto no § 1.º deste artigo, o assistente é equiparado ao litisconsorte.

§ 3.º O terceiro prejudicado que recorrer fará o preparo do seu recurso, independentemente do preparo dos recursos que, porventura, tenham sido interpostos pelo autor ou pelo réu.

Art. 7.º Não são devidas custas nos processos de *habeas data*, *habeas corpus* e recursos em *habeas corpus*, e nos demais processos criminais, salvo a ação penal privada.

Art. 8.º Não haverá restituição das custas quando se declinar da competência do Superior Tribunal de Justiça para outros órgãos jurisdicionais.

Art. 9.º Quando se tratar de feitos de competência originária, o comprovante do recolhimento das custas deverá ser apresentado na unidade competente do Superior Tribunal de Justiça, no ato de protocolo.

Art. 10. Quando se tratar de recurso, o recolhimento do preparo, composto de custas e porte de remessa e retorno, será feito no tribunal de origem, perante as suas secretarias e no prazo da sua interposição.

Parágrafo único. Nenhum recurso subirá ao Superior Tribunal de Justiça, salvo caso de isenção, sem a juntada aos autos do comprovante de recolhimento do preparo.

Art. 11. O abandono ou desistência do feito, ou a existência de transação que lhe ponha termo, em qualquer fase do processo, não dispensa a parte do pagamento das custas nem lhe dá o direito à restituição.

Art. 12. Extinto o processo, se a parte responsável pelo pagamento das custas ou porte de remessa e retorno, devidamente intimada, não o fizer dentro de 15 (quinze) dias, o responsável pela unidade administrativa competente do órgão julgador a que estiver afeto o processo encaminhará os elementos necessários ao relator e este à Procuradoria-Geral da Fazenda Nacional, para sua inscrição como dívida ativa da União.

Art. 13. A assistência judiciária, perante o Superior Tribunal de Justiça, será requerida ao presidente antes da distribuição, e, nos demais casos, ao relator.

Parágrafo único. Prevalecerá no Superior Tribunal de Justiça a assistência judiciária já concedida em outra instância.

Art. 14. O regimento interno do Superior Tribunal de Justiça disporá sobre os atos complementares necessários ao cumprimento desta Lei.

Lei n. 11.636, de 28-12-2007

Art. 15. Esta Lei entra em vigor na data de sua publicação, produzindo efeitos respeitando-se o disposto nas alíneas *b* e *c* do inciso III do *caput* do art. 150 da Constituição Federal.

Brasília, 28 de dezembro de 2007; 186.º da Independência e 119.º da República.

Luiz Inácio Lula da Silva

ANEXO
TABELA DE CUSTAS JUDICIAIS DO SUPERIOR TRIBUNAL DE JUSTIÇA

TABELA A
RECURSOS INTERPOSTOS EM INSTÂNCIA INFERIOR

RECURSO	VALOR (em R$)
I – Recurso em Mandado de Segurança	100,00
II – Recurso Especial	100,00
III – Apelação Cível (art. 105, inciso II, alínea "c", da Constituição Federal)	200,00

TABELA B
FEITOS DE COMPETÊNCIA ORIGINÁRIA

FEITO	VALOR (em R$)
I – Ação Penal	100,00
II – Ação Rescisória	200,00
III – Comunicação	50,00
IV – Conflito de Competência	50,00
V – Conflito de Atribuições	50,00
VI – Exceção de Impedimento	50,00
VII – Exceção de Suspeição	50,00
VIII – Exceção da Verdade	50,00
IX – Inquérito	50,00
X – Interpelação Judicial	50,00
XI – Intervenção Federal	50,00
XII – Mandado de Injunção	50,00
XIII – Mandado de Segurança:	
a) um impetrante	100,00
b) mais de um impetrante (cada excedente)	50,00

Alimentos Gravídicos

XIV – Medida Cautelar	200,00
XV – Petição	200,00
XVI – Reclamação	50,00
XVII – Representação	50,00
XVIII – Revisão Criminal	200,00
XIX – Suspensão de Liminar e de Sentença	200,00
XX – Suspensão de Segurança	100,00
XXI – Embargos de Divergência	50,00
XXII – Ação de Improbidade Administrativa	50,00
XXIII – Homologação de Sentença Estrangeira	100,00

LEI N. 11.804, DE 5 DE NOVEMBRO DE 2008 (*)

Disciplina o direito a alimentos gravídicos e a forma como ele será exercido e dá outras providências.

O Presidente da República

Faço saber que o Congresso Nacional decreta e eu sanciono a seguinte Lei:

Art. 1.º Esta Lei disciplina o direito de alimentos da mulher gestante e a forma como será exercido.

Art. 2.º Os alimentos de que trata esta Lei compreenderão os valores suficientes para cobrir as despesas adicionais do período de gravidez e que sejam dela decorrentes, da concepção ao parto, inclusive as referentes a alimentação especial, assistência médica e psicológica, exames complementares, internações, parto, medicamentos e demais prescrições preventivas e terapêuticas indispensáveis, a juízo do médico, além de outras que o juiz considere pertinentes.

(*) Publicada no *DOU*, de 6-11-2008.

Parágrafo único. Os alimentos de que trata este artigo referem-se à parte das despesas que deverá ser custeada pelo futuro pai, considerando-se a contribuição que também deverá ser dada pela mulher grávida, na proporção dos recursos de ambos.

Art. 3.º (*Vetado.*)

Art. 4.º (*Vetado.*)

Art. 5.º (*Vetado.*)

Art. 6.º Convencido da existência de indícios da paternidade, o juiz fixará alimentos gravídicos que perdurarão até o nascimento da criança, sopesando as necessidades da parte autora e as possibilidades da parte ré.

Parágrafo único. Após o nascimento com vida, os alimentos gravídicos ficam convertidos em pensão alimentícia em favor do menor até que uma das partes solicite a sua revisão.

Art. 7.º O réu será citado para apresentar resposta em 5 (cinco) dias.

Art. 8.º (*Vetado.*)

Art. 9.º (*Vetado.*)

Art. 10. (*Vetado.*)

Art. 11. Aplicam-se supletivamente nos processos regulados por esta Lei as disposições das Leis n. 5.478, de 25 de julho de 1968, e 5.869, de 11 de janeiro de 1973 – Código de Processo Civil.

Art. 12. Esta Lei entra em vigor na data de sua publicação.

Brasília, 5 de novembro de 2008; 187.º da Independência e 120.º da República.

Luiz Inácio Lula da Silva

LEI N. 12.016, DE 7 DE AGOSTO DE 2009 (*)

Disciplina o mandado de segurança individual e coletivo e dá outras providências.

O Presidente da República

Faço saber que o Congresso Nacional decreta e eu sanciono a seguinte Lei:

Art. 1.º Conceder-se-á mandado de segurança para proteger direito líquido e certo, não amparado por *habeas corpus* ou *habeas data*, sempre que, ilegalmente ou com abuso de poder, qualquer pessoa física ou jurídica sofrer violação ou houver justo receio de sofrê-la por parte de autoridade, seja de que categoria for e sejam quais forem as funções que exerça.

§ 1.º Equiparam-se às autoridades, para os efeitos desta Lei, os representantes ou órgãos de partidos políticos e os administradores de entidades autárquicas, bem como os dirigentes de pessoas jurídicas ou as pessoas naturais no exercício de atribuições do poder público, somente no que disser respeito a essas atribuições.

§ 2.º Não cabe mandado de segurança contra os atos de gestão comercial praticados pelos administradores de empresas públicas, de sociedade de economia mista e de concessionárias de serviço público.

§ 3.º Quando o direito ameaçado ou violado couber a várias pessoas, qualquer delas poderá requerer o mandado de segurança.

Art. 2.º Considerar-se-á federal a autoridade coatora se as consequências de ordem patrimonial do ato contra o qual se requer o mandado houverem de ser suportadas pela União ou entidade por ela controlada.

Art. 3.º O titular de direito líquido e certo decorrente, em condições idênticas, de terceiro poderá impetrar mandado de segurança a favor do direito originário, se o seu titular não o fizer, no prazo de 30 (trinta) dias, quando notificado judicialmente.

Parágrafo único. O exercício do direito previsto no *caput* deste artigo submete-se ao prazo fixado no art. 23 desta Lei, contado da notificação.

Art. 4.º Em caso de urgência, é permitido, observados os requisitos legais, impetrar mandado de segurança por telegrama, radiograma, fax ou outro meio eletrônico de autenticidade comprovada.

§ 1.º Poderá o juiz, em caso de urgência, notificar a autoridade por telegrama, radiograma ou outro meio que assegure a autenticidade do documento e a imediata ciência pela autoridade.

§ 2.º O texto original da petição deverá ser apresentado nos 5 (cinco) dias úteis seguintes.

§ 3.º Para os fins deste artigo, em se tratando de documento eletrônico, serão observadas as regras da Infraestrutura de Chaves Públicas Brasileira – ICP-Brasil.

Art. 5.º Não se concederá mandado de segurança quando se tratar:

I – de ato do qual caiba recurso administrativo com efeito suspensivo, independentemente de caução;

II – de decisão judicial da qual caiba recurso com efeito suspensivo;

(*) Publicada no *DOU*, de 10-8-2009.

III – de decisão judicial transitada em julgado.

Parágrafo único. (*Vetado.*)

Art. 6.º A petição inicial, que deverá preencher os requisitos estabelecidos pela lei processual, será apresentada em 2 (duas) vias com os documentos que instruírem a primeira reproduzidos na segunda e indicará, além da autoridade coatora, a pessoa jurídica que esta integra, à qual se acha vinculada ou da qual exerce atribuições.

§ 1.º No caso em que o documento necessário à prova do alegado se ache em repartição ou estabelecimento público ou em poder de autoridade que se recuse a fornecê-lo por certidão ou de terceiro, o juiz ordenará, preliminarmente, por ofício, a exibição desse documento em original ou em cópia autêntica e marcará, para o cumprimento da ordem, o prazo de 10 (dez) dias. O escrivão extrairá cópias do documento para juntá-las à segunda via da petição.

§ 2.º Se a autoridade que tiver procedido dessa maneira for a própria coatora, a ordem far-se-á no próprio instrumento da notificação.

§ 3.º Considera-se autoridade coatora aquela que tenha praticado o ato impugnado ou da qual emane a ordem para a sua prática.

§ 4.º (*Vetado.*)

§ 5.º Denega-se o mandado de segurança nos casos previstos pelo art. 267 da Lei n. 5.869, de 11 de janeiro de 1973 – Código de Processo Civil.

§ 6.º O pedido de mandado de segurança poderá ser renovado dentro do prazo decadencial, se a decisão denegatória não lhe houver apreciado o mérito.

Art. 7.º Ao despachar a inicial, o juiz ordenará:

I – que se notifique o coator do conteúdo da petição inicial, enviando-lhe a segunda via apresentada com as cópias dos documentos, a fim de que, no prazo de 10 (dez) dias, preste as informações;

II – que se dê ciência do feito ao órgão de representação judicial da pessoa jurídica interessada, enviando-lhe cópia da inicial sem documentos, para que, querendo, ingresse no feito;

III – que se suspenda o ato que deu motivo ao pedido, quando houver fundamento relevante e do ato impugnado puder resultar a ineficácia da medida, caso seja finalmente deferida, sendo facultado exigir do impetrante caução, fiança ou depósito, com o objetivo de assegurar o ressarcimento à pessoa jurídica.

§ 1.º Da decisão do juiz de primeiro grau que conceder ou denegar a liminar caberá agravo de instrumento, observado o disposto na Lei n. 5.869, de 11 de janeiro de 1973 – Código de Processo Civil.

§ 2.º Não será concedida medida liminar que tenha por objeto a compensação de créditos tributários, a entrega de mercadorias e bens provenientes do exterior, a reclassificação ou equiparação de servidores públicos e a concessão de aumento ou a extensão de vantagens ou pagamento de qualquer natureza.

§ 3.º Os efeitos da medida liminar, salvo se revogada ou cassada, persistirão até a prolação da sentença.

§ 4.º Deferida a medida liminar, o processo terá prioridade para julgamento.

§ 5.º As vedações relacionadas com a concessão de liminares previstas neste artigo se estendem à tutela antecipada a que se referem os arts. 273 e 461 da Lei n. 5.869, de 11 de janeiro de 1973 – Código de Processo Civil.

Art. 8.º Será decretada a peremção ou caducidade da medida liminar *ex officio* ou a requerimento do Ministério Público quando, concedida a medida, o impetrante criar obstáculo ao normal andamento do processo ou deixar de promover, por mais de 3 (três) dias úteis, os atos e as diligências que lhe cumprirem.

Art. 9.º As autoridades administrativas, no prazo de 48 (quarenta e oito) horas da notificação da medida liminar, remeterão ao Ministério ou órgão a que se acham subordinadas e ao Advogado-Geral da União ou a quem tiver a representação judicial da União, do Estado, do

Município ou da entidade apontada como coatora cópia autenticada do mandado notificatório, assim como indicações e elementos outros necessários às providências a serem tomadas para a eventual suspensão da medida e defesa do ato apontado como ilegal ou abusivo de poder.

Art. 10. A inicial será desde logo indeferida, por decisão motivada, quando não for o caso de mandado de segurança ou lhe faltar algum dos requisitos legais ou quando decorrido o prazo legal para a impetração.

§ 1.º Do indeferimento da inicial pelo juiz de primeiro grau caberá apelação e, quando a competência para o julgamento do mandado de segurança couber originariamente a um dos tribunais, do ato do relator caberá agravo para o órgão competente do tribunal que integre.

§ 2.º O ingresso de litisconsorte ativo não será admitido após o despacho da petição inicial.

Art. 11. Feitas as notificações, o serventuário em cujo cartório corra o feito juntará aos autos cópia autêntica dos ofícios endereçados ao coator e ao órgão de representação judicial da pessoa jurídica interessada, bem como a prova da entrega a estes ou da sua recusa em aceitá-los ou dar recibo e, no caso do art. 4.º desta Lei, a comprovação da remessa.

Art. 12. Findo o prazo a que se refere o inciso I do *caput* do art. 7.º desta Lei, o juiz ouvirá o representante do Ministério Público, que opinará, dentro do prazo improrrogável de 10 (dez) dias.

Parágrafo único. Com ou sem o parecer do Ministério Público, os autos serão conclusos ao juiz, para a decisão, a qual deverá ser necessariamente proferida em 30 (trinta) dias.

Art. 13. Concedido o mandado, o juiz transmitirá em ofício, por intermédio do oficial do juízo, ou pelo correio, mediante correspondência com aviso de recebimento, o inteiro teor da sentença à autoridade coatora e à pessoa jurídica interessada.

Parágrafo único. Em caso de urgência, poderá o juiz observar o disposto no art. 4.º desta Lei.

Art. 14. Da sentença, denegando ou concedendo o mandado, cabe apelação.

§ 1.º Concedida a segurança, a sentença estará sujeita obrigatoriamente ao duplo grau de jurisdição.

§ 2.º Estende-se à autoridade coatora o direito de recorrer.

§ 3.º A sentença que conceder o mandado de segurança pode ser executada provisoriamente, salvo nos casos em que for vedada a concessão da medida liminar.

§ 4.º O pagamento de vencimentos e vantagens pecuniárias assegurados em sentença concessiva de mandado de segurança a servidor público da administração direta ou autárquica federal, estadual e municipal somente será efetuado relativamente às prestações que se vencerem a contar da data do ajuizamento da inicial.

Art. 15. Quando, a requerimento de pessoa jurídica de direito público interessada ou do Ministério Público e para evitar grave lesão à ordem, à saúde, à segurança e à economia públicas, o presidente do tribunal ao qual couber o conhecimento do respectivo recurso suspender, em decisão fundamentada, a execução da liminar e da sentença, dessa decisão caberá agravo, sem efeito suspensivo, no prazo de 5 (cinco) dias, que será levado a julgamento na sessão seguinte à sua interposição.

§ 1.º Indeferido o pedido de suspensão ou provido o agravo a que se refere o *caput* deste artigo, caberá novo pedido de suspensão ao presidente do tribunal competente para conhecer de eventual recurso especial ou extraordinário.

§ 2.º É cabível também o pedido de suspensão a que se refere o § 1.º deste artigo, quando negado provimento a agravo de instrumento interposto contra a liminar a que se refere este artigo.

Mandado de Segurança

Lei n. 12.016, de 7-8-2009

§ 3.º A interposição de agravo de instrumento contra liminar concedida nas ações movidas contra o poder público e seus agentes não prejudica nem condiciona o julgamento do pedido de suspensão a que se refere este artigo.

§ 4.º O presidente do tribunal poderá conferir ao pedido efeito suspensivo liminar se constatar, em juízo prévio, a plausibilidade do direito invocado e a urgência na concessão da medida.

§ 5.º As liminares cujo objeto seja idêntico poderão ser suspensas em uma única decisão, podendo o presidente do tribunal estender os efeitos da suspensão a liminares supervenientes, mediante simples aditamento do pedido original.

Art. 16. Nos casos de competência originária dos tribunais, caberá ao relator a instrução do processo, sendo assegurada a defesa oral na sessão do julgamento.

Parágrafo único. Da decisão do relator que conceder ou denegar a medida liminar caberá agravo ao órgão competente do tribunal que integre.

Art. 17. Nas decisões proferidas em mandado de segurança e nos respectivos recursos, quando não publicado, no prazo de 30 (trinta) dias, contado da data do julgamento, o acórdão será substituído pelas respectivas notas taquigráficas, independentemente de revisão.

Art. 18. Das decisões em mandado de segurança proferidas em única instância pelos tribunais cabe recurso especial e extraordinário, nos casos legalmente previstos, e recurso ordinário, quando a ordem for denegada.

Art. 19. A sentença ou o acórdão que denegar mandado de segurança, sem decidir o mérito, não impedirá que o requerente, por ação própria, pleiteie os seus direitos e os respectivos efeitos patrimoniais.

Art. 20. Os processos de mandado de segurança e os respectivos recursos terão prioridade sobre todos os atos judiciais, salvo *habeas corpus*.

§ 1.º Na instância superior, deverão ser levados a julgamento na primeira sessão que se seguir à data em que forem conclusos ao relator.

§ 2.º O prazo para a conclusão dos autos não poderá exceder de 5 (cinco) dias.

Art. 21. O mandado de segurança coletivo pode ser impetrado por partido político com representação no Congresso Nacional, na defesa de seus interesses legítimos relativos a seus integrantes ou à finalidade partidária, ou por organização sindical, entidade de classe ou associação legalmente constituída e em funcionamento há, pelo menos, 1 (um) ano, em defesa de direitos líquidos e certos da totalidade, ou de parte, dos seus membros ou associados, na forma dos seus estatutos e desde que pertinentes às suas finalidades, dispensada, para tanto, autorização especial.

Parágrafo único. Os direitos protegidos pelo mandado de segurança coletivo podem ser:

I – coletivos, assim entendidos, para efeito desta Lei, os transindividuais, de natureza indivisível, de que seja titular grupo ou categoria de pessoas ligadas entre si ou com a parte contrária por uma relação jurídica básica;

II – individuais homogêneos, assim entendidos, para efeito desta Lei, os decorrentes de origem comum e da atividade ou situação específica da totalidade ou de parte dos associados ou membros do impetrante.

Art. 22. No mandado de segurança coletivo, a sentença fará coisa julgada limitadamente aos membros do grupo ou categoria substituídos pelo impetrante.

§ 1.º O mandado de segurança coletivo não induz litispendência para as ações individuais, mas os efeitos da coisa julgada não beneficiarão o impetrante a título individual se não requerer a desistência de seu mandado de segurança no prazo de 30 (trinta) dias a contar da ciência comprovada da impetração da segurança coletiva.

§ 2.º No mandado de segurança coletivo, a liminar só poderá ser concedida após a audiência do representante judicial da pessoa jurídica de direito público, que deverá se pronunciar no prazo de 72 (setenta e duas) horas.

Art. 23. O direito de requerer mandado de segurança extinguir-se-á decorridos 120 (cento e vinte) dias, contados da ciência, pelo interessado, do ato impugnado.

Art. 24. Aplicam-se ao mandado de segurança os arts. 46 a 49 da Lei n. 5.869, de 11 de janeiro de 1973 – Código de Processo Civil.

Art. 25. Não cabem, no processo de mandado de segurança, a interposição de embargos infringentes e a condenação ao pagamento dos honorários advocatícios, sem prejuízo da aplicação de sanções no caso de litigância de má-fé.

Art. 26. Constitui crime de desobediência, nos termos do art. 330 do Decreto-lei n. 2.848, de 7 de dezembro de 1940, o não cumprimento das decisões proferidas em mandado de segurança, sem prejuízo das sanções administrativas e da aplicação da Lei n. 1.079, de 10 de abril de 1950, quando cabíveis.

Art. 27. Os regimentos dos tribunais e, no que couber, as leis de organização judiciária deverão ser adaptados às disposições desta Lei no prazo de 180 (cento e oitenta) dias, contado da sua publicação.

Art. 28. Esta Lei entra em vigor na data de sua publicação.

Art. 29. Revogam-se as Leis n. 1.533, de 31 de dezembro de 1951, 4.166, de 4 de dezembro de 1962, 4.348, de 26 de junho de 1964, 5.021, de 9 de junho de 1966; o art. 3.º da Lei n. 6.014, de 27 de dezembro de 1973, o art. 1.º da Lei n. 6.071, de 3 de julho de 1974, o art. 12 da Lei n. 6.978, de 19 de janeiro de 1982, e o art. 2.º da Lei n. 9.259, de 9 de janeiro de 1996.

Brasília, 7 de agosto de 2009; 188.º da Independência e 121.º da República.

Luiz Inácio Lula da Silva

LEI N. 12.153, DE 22 DE DEZEMBRO DE 2009 (*)

Dispõe sobre os Juizados Especiais da Fazenda Pública no âmbito dos Estados, do Distrito Federal, dos Territórios e dos Municípios.

O Presidente da República

Faço saber que o Congresso Nacional decreta e eu sanciono a seguinte Lei:

Art. 1.º Os Juizados Especiais da Fazenda Pública, órgãos da justiça comum e integrantes do Sistema dos Juizados Especiais, serão criados pela União, no Distrito Federal e nos Territórios, e pelos Estados, para conciliação, processo, julgamento e execução, nas causas de sua competência.

Parágrafo único. O sistema dos Juizados Especiais dos Estados e do Distrito Federal é formado pelos Juizados Especiais Cíveis, Juizados Especiais Criminais e Juizados Especiais da Fazenda Pública.

Art. 2.º É de competência dos Juizados Especiais da Fazenda Pública processar, conciliar e julgar causas cíveis de interesse dos Estados, do Distrito Federal, dos Territórios e dos Municípios, até o valor de 60 (sessenta) salários mínimos.

• O Decreto n. 8.618, de 29-12-2015, estabelece que a partir de 1.º-1-2016 o salário mínimo será de R$ 880,00 (oitocentos e oitenta reais).

§ 1.º Não se incluem na competência do Juizado Especial da Fazenda Pública:

(*) Publicada no *DOU*, de 23-12-2009.

Juizados Especiais da Fazenda Pública — Lei n. 12.153, de 22-12-2009

I – as ações de mandado de segurança, de desapropriação, de divisão e demarcação, populares, por improbidade administrativa, execuções fiscais e as demandas sobre direitos ou interesses difusos e coletivos;

II – as causas sobre bens imóveis dos Estados, Distrito Federal, Territórios e Municípios, autarquias e fundações públicas a eles vinculadas;

III – as causas que tenham como objeto a impugnação da pena de demissão imposta a servidores públicos civis ou sanções disciplinares aplicadas a militares.

§ 2.º Quando a pretensão versar sobre obrigações vincendas, para fins de competência do Juizado Especial, a soma de 12 (doze) parcelas vincendas e de eventuais parcelas vencidas não poderá exceder o valor referido no caput deste artigo.

§ 3.º (Vetado.)

§ 4.º No foro onde estiver instalado Juizado Especial da Fazenda Pública, a sua competência é absoluta.

Art. 3.º O juiz poderá, de ofício ou a requerimento das partes, deferir quaisquer providências cautelares e antecipatórias no curso do processo, para evitar dano de difícil ou de incerta reparação.

Art. 4.º Exceto nos casos do art. 3.º, somente será admitido recurso contra a sentença.

Art. 5.º Podem ser partes no Juizado Especial da Fazenda Pública:

I – como autores, as pessoas físicas e as microempresas e empresas de pequeno porte, assim definidas na Lei Complementar n. 123, de 14 de dezembro de 2006;

II – como réus, os Estados, o Distrito Federal, os Territórios e os Municípios, bem como autarquias, fundações e empresas públicas a eles vinculadas.

Art. 6.º Quanto às citações e intimações, aplicam-se as disposições contidas na Lei n. 5.869, de 11 de janeiro de 1973 – Código de Processo Civil.

Art. 7.º Não haverá prazo diferenciado para a prática de qualquer ato processual pelas pessoas jurídicas de direito público, inclusive a interposição de recursos, devendo a citação para a audiência de conciliação ser efetuada com antecedência mínima de 30 (trinta) dias.

Art. 8.º Os representantes judiciais dos réus presentes à audiência poderão conciliar, transigir ou desistir nos processos da competência dos Juizados Especiais, nos termos e nas hipóteses previstas na lei do respectivo ente da Federação.

Art. 9.º A entidade ré deverá fornecer ao Juizado a documentação de que disponha para o esclarecimento da causa, apresentando-a até a instalação da audiência de conciliação.

Art. 10. Para efetuar o exame técnico necessário à conciliação ou ao julgamento da causa, o juiz nomeará pessoa habilitada, que apresentará o laudo até 5 (cinco) dias antes da audiência.

Art. 11. Nas causas de que trata esta Lei, não haverá reexame necessário.

Art. 12. O cumprimento do acordo ou da sentença, com trânsito em julgado, que imponham obrigação de fazer, não fazer ou entrega de coisa certa, será efetuado mediante ofício do juiz à autoridade citada para a causa, com cópia da sentença ou do acordo.

Art. 13. Tratando-se de obrigação de pagar quantia certa, após o trânsito em julgado da decisão, o pagamento será efetuado:

I – no prazo máximo de 60 (sessenta) dias, contado da entrega da requisição do juiz à autoridade citada para a causa, independentemente de precatório, na hipótese do § 3.º do art. 100 da Constituição Federal; ou

II – mediante precatório, caso o montante da condenação exceda o valor definido como obrigação de pequeno valor.

§ 1.º Desatendida a requisição judicial, o juiz, imediatamente, determinará o sequestro do numerário suficiente ao cumprimento da decisão, dispensada a audiência da Fazenda Pública.

§ 2.º As obrigações definidas como de pequeno valor a serem pagas independentemente de precatório terão como limite o que for estabelecido na lei do respectivo ente da Federação.

§ 3.º Até que se dê a publicação das leis de que trata o § 2.º, os valores serão:

I – 40 (quarenta) salários mínimos, quanto aos Estados e ao Distrito Federal;

II – 30 (trinta) salários mínimos, quanto aos Municípios.

§ 4.º São vedados o fracionamento, a repartição ou a quebra do valor da execução, de modo que o pagamento se faça, em parte, na forma estabelecida no inciso I do *caput* e, em parte, mediante expedição de precatório, bem como a expedição de precatório complementar ou suplementar do valor pago.

§ 5.º Se o valor da execução ultrapassar o estabelecido para pagamento independentemente do precatório, o pagamento far-se-á, sempre, por meio do precatório, sendo facultada à parte exequente a renúncia ao crédito do valor excedente, para que possa optar pelo pagamento do saldo sem o precatório.

§ 6.º O saque do valor depositado poderá ser feito pela parte autora, pessoalmente, em qualquer agência do banco depositário, independentemente de alvará.

§ 7.º O saque por meio de procurador somente poderá ser feito na agência destinatária do depósito, mediante procuração específica, com firma reconhecida, da qual constem o valor originalmente depositado e sua procedência.

Art. 14. Os Juizados Especiais da Fazenda Pública serão instalados pelos Tribunais de Justiça dos Estados e do Distrito Federal.

Parágrafo único. Poderão ser instalados Juizados Especiais Adjuntos, cabendo ao Tribunal designar a Vara onde funcionará.

Art. 15. Serão designados, na forma da legislação dos Estados e do Distrito Federal, conciliadores e juízes leigos dos Juizados Especiais da Fazenda Pública, observadas as atribuições previstas nos arts. 22, 37 e 40 da Lei n. 9.099, de 26 de setembro de 1995.

§ 1.º Os conciliadores e juízes leigos são auxiliares da Justiça, recrutados, os primeiros, preferentemente, entre os bacharéis em Direito, e os segundos, entre advogados com mais de 2 (dois) anos de experiência.

§ 2.º Os juízes leigos ficarão impedidos de exercer a advocacia perante todos os Juizados Especiais da Fazenda Pública instalados em território nacional, enquanto no desempenho de suas funções.

Art. 16. Cabe ao conciliador, sob a supervisão do juiz, conduzir a audiência de conciliação.

§ 1.º Poderá o conciliador, para fins de encaminhamento da composição amigável, ouvir as partes e testemunhas sobre os contornos fáticos da controvérsia.

§ 2.º Não obtida a conciliação, caberá ao juiz presidir a instrução do processo, podendo dispensar novos depoimentos, se entender suficientes para o julgamento da causa os esclarecimentos já constantes dos autos, e não houver impugnação das partes.

Art. 17. As Turmas Recursais do Sistema dos Juizados Especiais são compostas por juízes em exercício no primeiro grau de jurisdição, na forma da legislação dos Estados e do Distrito Federal, com mandato de 2 (dois) anos, e integradas, preferencialmente, por juízes do Sistema dos Juizados Especiais.

§ 1.º A designação dos juízes das Turmas Recursais obedecerá aos critérios de antiguidade e merecimento.

§ 2.º Não será permitida a recondução, salvo quando não houver outro juiz na sede da Turma Recursal.

Art. 18. Caberá pedido de uniformização de interpretação de lei quando houver divergência entre decisões proferidas por Turmas Recursais sobre questões de direito material.

§ 1.º O pedido fundado em divergência entre Turmas do mesmo Estado será julgado em

Juizados Especiais da Fazenda Pública — Lei n. 12.153, de 22-12-2009

reunião conjunta das Turmas em conflito, sob a presidência de desembargador indicado pelo Tribunal de Justiça.

§ 2.º No caso do § 1.º, a reunião de juízes domiciliados em cidades diversas poderá ser feita por meio eletrônico.

§ 3.º Quando as Turmas de diferentes Estados derem a lei federal interpretações divergentes, ou quando a decisão proferida estiver em contrariedade com súmula do Superior Tribunal de Justiça, o pedido será por este julgado.

Art. 19. Quando a orientação acolhida pelas Turmas de Uniformização de que trata o § 1.º do art. 18 contrariar súmula do Superior Tribunal de Justiça, a parte interessada poderá provocar a manifestação deste, que dirimirá a divergência.

§ 1.º Eventuais pedidos de uniformização fundados em questões idênticas e recebidos subsequentemente em quaisquer das Turmas Recursais ficarão retidos nos autos, aguardando pronunciamento do Superior Tribunal de Justiça.

§ 2.º Nos casos do *caput* deste artigo e do § 3.º do art. 18, presente a plausibilidade do direito invocado e havendo fundado receio de dano de difícil reparação, poderá o relator conceder, de ofício ou a requerimento do interessado, medida liminar determinando a suspensão dos processos nos quais a controvérsia esteja estabelecida.

§ 3.º Se necessário, o relator pedirá informações ao Presidente da Turma Recursal ou Presidente da Turma de Uniformização e, nos casos previstos em lei, ouvirá o Ministério Público, no prazo de 5 (cinco) dias.

§ 4.º (*Vetado.*)

§ 5.º Decorridos os prazos referidos nos §§ 3.º e 4.º, o relator incluirá o pedido em pauta na sessão, com preferência sobre todos os demais feitos, ressalvados os processos com réus presos, os *habeas corpus* e os mandados de segurança.

§ 6.º Publicado o acórdão respectivo, os pedidos retidos referidos no § 1.º serão apreciados pelas Turmas Recursais, que poderão exercer juízo de retratação ou os declararão prejudicados, se veicularem tese não acolhida pelo Superior Tribunal de Justiça.

Art. 20. Os Tribunais de Justiça, o Superior Tribunal de Justiça e o Supremo Tribunal Federal, no âmbito de suas competências, expedirão normas regulamentando os procedimentos a serem adotados para o processamento e o julgamento do pedido de uniformização e do recurso extraordinário.

Art. 21. O recurso extraordinário, para os efeitos desta Lei, será processado e julgado segundo o estabelecido no art. 19, além da observância das normas do Regimento.

Art. 22. Os Juizados Especiais da Fazenda Pública serão instalados no prazo de até 2 (dois) anos da vigência desta Lei, podendo haver o aproveitamento total ou parcial das estruturas das atuais Varas da Fazenda Pública.

Art. 23. Os Tribunais de Justiça poderão limitar, por até 5 (cinco) anos, a partir da entrada em vigor desta Lei, a competência dos Juizados Especiais da Fazenda Pública, atendendo à necessidade da organização dos serviços judiciários e administrativos.

Art. 24. Não serão remetidas aos Juizados Especiais da Fazenda Pública as demandas ajuizadas até a data de sua instalação, assim como as ajuizadas fora do Juizado Especial por força do disposto no art. 23.

Art. 25. Competirá aos Tribunais de Justiça prestar o suporte administrativo necessário ao funcionamento dos Juizados Especiais.

Art. 26. O disposto no art. 16 aplica-se aos Juizados Especiais Federais instituídos pela Lei n. 10.259, de 12 de julho de 2001.

Art. 27. Aplica-se subsidiariamente o disposto nas Leis n. 5.869, de 11 de janeiro de 1973 – Código de Processo Civil, 9.099, de 26 de setembro de 1995, e 10.259, de 12 de julho de 2001.

Art. 28. Esta Lei entra em vigor após decorridos 6 (seis) meses de sua publicação oficial.

Brasília, 22 de dezembro de 2009; 188.º da Independência e 121.º da República.

Luiz Inácio Lula da Silva

LEI N. 12.318, DE 26 DE AGOSTO DE 2010 (*)

Dispõe sobre a alienação parental e altera o art. 236 da Lei n. 8.069, de 13 de julho de 1990.

O Presidente da República

Faço saber que o Congresso Nacional decreta e eu sanciono a seguinte Lei:

Art. 1.º Esta Lei dispõe sobre a alienação parental.

Art. 2.º Considera-se ato de alienação parental a interferência na formação psicológica da criança ou do adolescente promovida ou induzida por um dos genitores, pelos avós ou pelos que tenham a criança ou adolescente sob a sua autoridade, guarda ou vigilância para que repudie genitor ou que cause prejuízo ao estabelecimento ou à manutenção de vínculos com este.

Parágrafo único. São formas exemplificativas de alienação parental, além dos atos assim declarados pelo juiz ou constatados por perícia, praticados diretamente ou com auxílio de terceiros:

I – realizar campanha de desqualificação da conduta do genitor no exercício da paternidade ou maternidade;

II – dificultar o exercício da autoridade parental;

III – dificultar contato de criança ou adolescente com genitor;

IV – dificultar o exercício do direito regulamentado de convivência familiar;

V – omitir deliberadamente a genitor informações pessoais relevantes sobre a criança ou adolescente, inclusive escolares, médicas e alterações de endereço;

VI – apresentar falsa denúncia contra genitor, contra familiares deste ou contra avós, para obstar ou dificultar a convivência deles com a criança ou adolescente;

VII – mudar o domicílio para local distante, sem justificativa, visando a dificultar a convivência da criança ou adolescente com o outro genitor, com familiares deste ou com avós.

Art. 3.º A prática de ato de alienação parental fere direito fundamental da criança ou do adolescente de convivência familiar saudável, prejudica a realização de afeto nas relações com genitor e com o grupo familiar, constitui abuso moral contra a criança ou o adolescente e descumprimento dos deveres inerentes à autoridade parental ou decorrentes de tutela ou guarda.

Art. 4.º Declarado indício de ato de alienação parental, a requerimento ou de ofício, em qualquer momento processual, em ação autônoma ou incidentalmente, o processo terá tramitação prioritária, e o juiz determinará, com urgência, ouvido o Ministério Público, as medidas provisórias necessárias para preservação da integridade psicológica da criança ou do adolescente, inclusive para assegurar sua convivência com genitor ou viabilizar a efetiva reaproximação entre ambos, se for o caso.

Parágrafo único. Assegurar-se-á à criança ou adolescente e ao genitor garantia mínima de visitação assistida, ressalvados os casos em que há iminente risco de prejuízo à integridade física ou psicológica da criança ou do adolescente, atestado por profissional eventualmente designado pelo juiz para acompanhamento das visitas.

Art. 5.º Havendo indício da prática de ato de alienação parental, em ação autônoma ou incidental, o juiz, se necessário, determinará perícia psicológica ou biopsicossocial.

§ 1.º O laudo pericial terá base em ampla avaliação psicológica ou biopsicossocial, confor-

---

(*) Publicada no *DOU*, de 27-8-2010.

me o caso, compreendendo, inclusive, entrevista pessoal com as partes, exame de documentos dos autos, histórico do relacionamento do casal e da separação, cronologia de incidentes, avaliação da personalidade dos envolvidos e exame da forma como a criança ou adolescente se manifesta acerca de eventual acusação contra genitor.

§ 2.º A perícia será realizada por profissional ou equipe multidisciplinar habilitados, exigido, em qualquer caso, aptidão comprovada por histórico profissional ou acadêmico para diagnosticar atos de alienação parental.

§ 3.º O perito ou equipe multidisciplinar designada para verificar a ocorrência de alienação parental terá prazo de 90 (noventa) dias para apresentação do laudo, prorrogável exclusivamente por autorização judicial baseada em justificativa circunstanciada.

Art. 6.º Caracterizados atos típicos de alienação parental ou qualquer conduta que dificulte a convivência de criança ou adolescente com genitor, em ação autônoma ou incidental, o juiz poderá, cumulativamente ou não, sem prejuízo da decorrente responsabilidade civil ou criminal e da ampla utilização de instrumentos processuais aptos a inibir ou atenuar seus efeitos, segundo a gravidade do caso:

I – declarar a ocorrência de alienação parental e advertir o alienador;

II – ampliar o regime de convivência familiar em favor do genitor alienado;

III – estipular multa ao alienador;

IV – determinar acompanhamento psicológico e/ou biopsicossocial;

V – determinar a alteração da guarda para guarda compartilhada ou sua inversão;

VI – determinar a fixação cautelar do domicílio da criança ou adolescente;

VII – declarar a suspensão da autoridade parental.

Parágrafo único. Caracterizado mudança abusiva de endereço, inviabilização ou obstrução à convivência familiar, o juiz também poderá inverter a obrigação de levar para ou retirar a criança ou adolescente da residência do genitor, por ocasião das alternâncias dos períodos de convivência familiar.

Art. 7.º A atribuição ou alteração da guarda dar-se-á por preferência ao genitor que viabiliza a efetiva convivência da criança ou adolescente com o outro genitor nas hipóteses em que seja inviável a guarda compartilhada.

Art. 8.º A alteração de domicílio da criança ou adolescente é irrelevante para a determinação da competência relacionada às ações fundadas em direito de convivência familiar, salvo se decorrente de consenso entre os genitores ou de decisão judicial.

Art. 9.º (Vetado.)

Art. 10. (Vetado.)

Art. 11. Esta Lei entra em vigor na data de sua publicação.

Brasília, 26 de agosto de 2010; 189.º da Independência e 122.º da República.

Luiz Inácio Lula da Silva

RESOLUÇÃO N. 125, DE 29 DE NOVEMBRO DE 2010 (*)

Dispõe sobre a Política Judiciária Nacional de tratamento adequado dos conflitos de interesses no âmbito do Poder Judiciário e dá outras providências.

O Presidente do Conselho Nacional de Justiça, no uso de suas atribuições constitucionais e regimentais,

Considerando que compete ao Conselho Nacional de Justiça o controle da atuação admi-

---

(*) Publicada no DJE, de 1.º-12-2010. Vide Lei n. 13.140, de 26-6-2015, que dispõe sobre a mediação entre particulares como meio de solução de controvérsias.

Resolução n. 125, de 29-11-2010

nistrativa e financeira do Poder Judiciário, bem como zelar pela observância do art. 37 da Constituição da República; considerando que a eficiência operacional, o acesso ao sistema de Justiça e a responsabilidade social são objetivos estratégicos do Poder Judiciário, nos termos da Resolução/CNJ n. 70, de 18 de março de 2009; considerando que o direito de acesso à Justiça, previsto no art. 5.º, XXXV, da Constituição Federal além da vertente formal perante os órgãos judiciários, implica acesso à ordem jurídica justa; considerando que, por isso, cabe ao Judiciário estabelecer política pública de tratamento adequado dos problemas jurídicos e dos conflitos de interesses, que ocorrem em larga e crescente escala na sociedade, de forma a organizar, em âmbito nacional, não somente os serviços prestados nos processos judiciais, como também os que possam sê-lo mediante outros mecanismos de solução de conflitos, em especial dos consensuais, como a mediação e a conciliação; considerando a necessidade de se consolidar uma política pública permanente de incentivo e aperfeiçoamento dos mecanismos consensuais de solução de litígios; considerando que a conciliação e a mediação são instrumentos efetivos de pacificação social, solução e prevenção de litígios, e que a sua apropriada disciplina em programas já implementados no país tem reduzido a excessiva judicialização dos conflitos de interesses, a quantidade de recursos e de execução de sentenças; considerando ser imprescindível estimular, apoiar e difundir a sistematização e o aprimoramento das práticas já adotadas pelos tribunais; considerando a relevância e a necessidade de organizar e uniformizar os serviços de conciliação, mediação e outros métodos consensuais de solução de conflitos, para lhes evitar disparidades de orientação e práticas, bem como para assegurar a boa execução da política pública, respeitadas as especificidades de cada segmento da Justiça; considerando que a organização dos serviços de conciliação, mediação e outros métodos consensuais de solução de conflitos deve servir de princípio e base para a criação de Juízos de resolução alternativa de conflitos, verdadeiros órgãos judiciais especializados na matéria; considerando o deliberado pelo Plenário do Conselho Nacional de Justiça na sua 117.ª Sessão Ordinária, realizada em 23 de novembro de 2010, nos autos do procedimento do Ato 0006059-82.2010.2.00.0000; resolve:

Capítulo I
DA POLÍTICA PÚBLICA DE TRATAMENTO ADEQUADO DOS CONFLITOS DE INTERESSES

Art. 1.º Fica instituída a Política Judiciária Nacional de tratamento dos conflitos de interesses, tendente a assegurar a todos o direito à solução dos conflitos por meios adequados à sua natureza e peculiaridade.

Parágrafo único. Aos órgãos judiciários incumbe, nos termos do art. 334 do Novo Código de Processo Civil combinado com o art. 27 da Lei de Mediação, antes da solução adjudicada mediante sentença, oferecer outros mecanismos de soluções de controvérsias, em especial os chamados meios consensuais, como a mediação e a conciliação, bem assim prestar atendimento e orientação ao cidadão.

•• Parágrafo único com redação determinada pela Emenda n. 2, de 8-3-2016.

•• Lei de Mediação: *vide* Lei n. 13.140, de 26-6-2015.

Art. 2.º Na implementação da Política Judiciária Nacional, com vista à boa qualidade dos serviços e à disseminação da cultura de pacificação social, serão observados:

•• *Caput* com redação determinada pela Emenda n. 1, de 31-1-2013.

I – centralização das estruturas judiciárias;

•• Inciso I acrescentado pela Emenda n. 1, de 31-1-2013.

II – adequada formação e treinamento de servidores, conciliadores e mediadores;

•• Inciso II acrescentado pela Emenda n. 1, de 31-1-2013.

III – acompanhamento estatístico específico.

•• Inciso III acrescentado pela Emenda n. 1, de 31-1-2013.

Art. 3.º O CNJ auxiliará os tribunais na organização dos serviços mencionados no art. 1.º, podendo ser firmadas parcerias com entidades públicas e privadas, em especial quanto à capacitação de mediadores e conciliadores, seu credenciamento, nos termos do art. 167, § 3.º, do Novo Código de Processo Civil, e à realização de mediações e conciliações, na forma do art. 334, dessa lei.

•• Artigo com redação determinada pela Emenda n. 2, de 8-3-2016.

Capítulo II
DAS ATRIBUIÇÕES DO CONSELHO NACIONAL DE JUSTIÇA

Art. 4.º Compete ao Conselho Nacional de Justiça organizar programa com o objetivo de promover ações de incentivo à autocomposição de litígios e à pacificação social por meio da conciliação e da mediação.

Art. 5.º O programa será implementado com a participação de rede constituída por todos os órgãos do Poder Judiciário e por entidades públicas e privadas parceiras, inclusive universidades e instituições de ensino.

Art. 6.º Para desenvolvimento dessa rede, caberá ao CNJ:

I – estabelecer diretrizes para implementação da política pública de tratamento adequado de conflitos a serem observadas pelos Tribunais;

II – desenvolver parâmetro curricular e ações voltadas à capacitação em métodos consensuais de solução de conflitos para servidores, mediadores, conciliadores e demais facilitadores da solução consensual de controvérsias, nos termos do art. 167, § 1.º, do Novo Código de Processo Civil;

•• Inciso II com redação determinada pela Emenda n. 2, de 8-3-2016.

III – providenciar que as atividades relacionadas à conciliação, mediação e outros métodos consensuais de solução de conflitos sejam consideradas nas promoções e remoções de magistrados pelo critério do merecimento;

IV – regulamentar, em código de ética, a atuação dos conciliadores, mediadores e demais facilitadores da solução consensual de controvérsias;

V – buscar a cooperação dos órgãos públicos competentes e das instituições públicas e privadas da área de ensino, para a criação de disciplinas que propiciem o surgimento da cultura da solução pacífica dos conflitos, bem como que, nas Escolas de Magistratura, haja módulo voltado aos métodos consensuais de solução de conflitos, no curso de iniciação funcional e no curso de aperfeiçoamento;

•• Inciso V com redação determinada pela Emenda n. 1, de 31-1-2013.

VI – estabelecer interlocução com a Ordem dos Advogados do Brasil, Defensorias Públicas, Procuradorias e Ministério Público, estimulando sua participação nos Centros Judiciários de Solução de Conflitos e Cidadania e valorizando a atuação na prevenção dos litígios;

VII – realizar gestão junto às empresas, públicas e privadas, bem como junto às agências reguladoras de serviços públicos, a fim de implementar práticas autocompositivas e desenvolver acompanhamento estatístico, com a instituição de banco de dados para visualização de resultados, conferindo selo de qualidade;

•• Inciso VII com redação determinada pela Emenda n. 1, de 31-1-2013.

VIII – atuar junto aos entes públicos de modo a estimular a conciliação, em especial nas demandas que envolvam matérias sedimentadas pela jurisprudência;

•• Inciso VIII com redação determinada pela Emenda n. 2, de 8-3-2016.

IX – criar Cadastro Nacional de Mediadores Judiciais e Conciliadores visando interligar os cadastros dos Tribunais de Justiça e dos Tribunais Regionais Federais, nos termos do art. 167 do Novo Código de Processo Civil combinado com o art. 12, § 1.º, da Lei de Mediação;

Resolução n. 125, de 29-11-2010

•• Inciso IX acrescentado pela Emenda n. 2, de 8-3-2016.

X – criar Sistema de Mediação e Conciliação Digital ou a distância para atuação pré-processual de conflitos e, havendo adesão formal de cada Tribunal de Justiça ou Tribunal Regional Federal, para atuação em demandas em curso, nos termos do art. 334, § 7.º, do Novo Código de Processo Civil e do art. 46 da Lei de Mediação;

•• Inciso X acrescentado pela Emenda n. 2, de 8-3-2016.

XI – criar parâmetros de remuneração de mediadores, nos termos do art. 169 do Novo Código de Processo Civil;

•• Inciso XI acrescentado pela Emenda n. 2, de 8-3-2016.

XII – monitorar, inclusive por meio do Departamento de Pesquisas Judiciárias, a instalação dos Centros Judiciários de Solução de Conflitos e Cidadania, o seu adequado funcionamento, a avaliação da capacitação e treinamento dos mediadores/conciliadores, orientando e dando apoio às localidades que estiverem enfrentando dificuldades na efetivação da política judiciária nacional instituída por esta Resolução.

•• Inciso XII acrescentado pela Emenda n. 2, de 8-3-2016.

Capítulo III
DAS ATRIBUIÇÕES DOS TRIBUNAIS

Seção I
Dos Núcleos Permanentes de Métodos Consensuais de Solução de Conflitos

Art. 7.º Os tribunais deverão criar, no prazo de 30 dias, Núcleos Permanentes de Métodos Consensuais de Solução de Conflitos (Núcleos), coordenados por magistrados e compostos por magistrados da ativa ou aposentados e servidores, preferencialmente atuantes na área, com as seguintes atribuições, entre outras:

•• *Caput* com redação determinada pela Emenda n. 2, de 8-3-2016.

I – desenvolver a Política Judiciária de tratamento adequado dos conflitos de interesses, estabelecida nesta Resolução;

II – planejar, implementar, manter e aperfeiçoar as ações voltadas ao cumprimento da política e suas metas;

III – atuar na interlocução com outros Tribunais e com os órgãos integrantes da rede mencionada nos arts. 5.º e 6.º;

IV – instalar Centros Judiciários de Solução de Conflitos e Cidadania que concentrarão a realização das sessões de conciliação e mediação que estejam a cargo de conciliadores e mediadores, dos órgãos por eles abrangidos;

V – incentivar ou promover capacitação, treinamento e atualização permanente de magistrados, servidores, conciliadores e mediadores nos métodos consensuais de solução de conflitos;

•• Inciso V com redação determinada pela Emenda n. 1, de 31-1-2013.

VI – propor ao Tribunal a realização de convênios e parcerias com entes públicos e privados para atender aos fins desta Resolução;

•• Inciso VI com redação determinada pela Emenda n. 1, de 31-1-2013.

VII – criar e manter cadastro de mediadores e conciliadores, de forma a regulamentar o processo de inscrição e de desligamento;

•• Inciso VII acrescentado pela Emenda n. 2, de 8-3-2016.

VIII – regulamentar, se for o caso, a remuneração de conciliadores e mediadores, nos termos do art. 169 do Novo Código de Processo Civil combinado com o art. 13 da Lei de Mediação.

•• Inciso VIII acrescentado pela Emenda n. 2, de 8-3-2016.

§ 1.º A criação dos Núcleos e sua composição deverão ser informadas ao Conselho Nacional de Justiça.

•• § 1.º acrescentado pela Emenda n. 1, de 31-1-2013.

§ 2.º Os Núcleos poderão estimular programas de mediação comunitária, desde que esses centros comunitários não se confundam com os Centros de conciliação e mediação judicial, previstos no Capítulo III, Seção II.

•• § 2.º acrescentado pela Emenda n. 1, de 31-1-2013.

Conflitos de Interesses do Judiciário

Resolução n. 125, de 29-11-2010

§ 3.º Na hipótese de conciliadores, mediadores e Câmaras Privadas de Conciliação e Mediação credenciadas perante o Poder Judiciário, os tribunais deverão criar e manter cadastro ou aderir ao Cadastro Nacional de Mediadores Judiciais e Conciliadores, de forma a regulamentar o processo de inscrição e de desligamento desses facilitadores.

•• § 3.º com redação determinada pela Emenda n. 2, de 8-3-2016.

§ 4.º Os tribunais poderão, nos termos do art. 167, § 6.º, do Novo Código de Processo Civil, excepcionalmente e desde que inexistente quadro suficiente de conciliadores e mediadores judiciais atuando como auxiliares da justiça, optar por formar quadro de conciliadores e mediadores admitidos mediante concurso público de provas e títulos.

•• § 4.º com redação determinada pela Emenda n. 2, de 8-3-2016.

§ 5.º Nos termos do art. 169, § 1.º, do Novo Código de Processo Civil, a Mediação e a Conciliação poderão ser realizadas como trabalho voluntário.

•• § 5.º acrescentado pela Emenda n. 2, de 8-3-2016.

§ 6.º Aos mediadores e conciliadores, inclusive membros das Câmaras Privadas de Conciliação, aplicam-se as regras de impedimento e suspeição, nos termos do disposto no art. 134, IV, do Código de Processo Civil de 1973; no art. 148, II, do Código de Processo Civil de 2015 e na Resolução CNJ 200/2015.

•• § 6.º acrescentado pela Emenda n. 2, de 8-3-2016.

§ 7.º Nos termos do art. 172 do Código de Processo Civil de 2015, o conciliador e o mediador ficam impedidos, pelo prazo de 1 (um) ano, contado do término da última audiência em que atuaram, de assessorar, representar ou patrocinar qualquer das partes.

•• § 7.º acrescentado pela Emenda n. 2, de 8-3-2016.

Seção II
Dos Centros Judiciários de Solução de Conflitos e Cidadania

Art. 8.º Os tribunais deverão criar os Centros Judiciários de Solução de Conflitos e Cidadania (Centros ou Cejuscs), unidades do Poder Judiciário, preferencialmente, responsáveis pela realização ou gestão das sessões e audiências de conciliação e mediação que estejam a cargo de conciliadores e mediadores, bem como pelo atendimento e orientação ao cidadão.

•• *Caput* com redação determinada pela Emenda n. 2, de 8-3-2016.

§ 1.º As sessões de conciliação e mediação pré-processuais deverão ser realizadas nos Centros, podendo, as sessões de conciliação e mediação judiciais, excepcionalmente, serem realizadas nos próprios Juízos, Juizados ou Varas designadas, desde que o sejam por conciliadores e mediadores cadastrados pelo tribunal (inciso VII do art. 7.º) e supervisionados pelo Juiz Coordenador do Centro (art. 9.º).

•• § 1.º com redação determinada pela Emenda n. 2, de 8-3-2016.

§ 2.º Nos tribunais de Justiça, os Centros deverão ser instalados nos locais onde existam 2 (dois) Juízos, Juizados ou Varas com competência para realizar audiência, nos termos do art. 334 do Novo Código de Processo Civil.

•• § 2.º com redação determinada pela Emenda n. 2, de 8-3-2016.

§ 3.º Os tribunais poderão, enquanto não instalados os Centros nas Comarcas, Regiões, Subseções Judiciárias e nos Juízos do interior dos estados, implantar o procedimento de Conciliação e Mediação itinerante, utilizando-se de Conciliadores e Mediadores cadastrados.

•• § 3.º com redação determinada pela Emenda n. 2, de 8-3-2016.

§ 4.º Nos Tribunais Regionais Federais e Tribunais de Justiça, é facultativa a implantação de Centros onde exista um Juízo, Juizado, Vara ou Subseção desde que atendidos por centro regional ou itinerante, nos termos do parágrafo anterior.

•• § 4.º com redação determinada pela Emenda n. 2, de 8-3-2016.

§ 5.º Nas Comarcas das Capitais dos Estados bem como nas Comarcas do interior, Subseções e Regiões Judiciárias, o prazo para a instalação dos Centros será concomitante à entrada em vigor do Novo Código de Processo Civil.

•• § 5.º com redação determinada pela Emenda n. 2, de 8-3-2016.

§ 6.º Os tribunais poderão, excepcionalmente, estender os serviços do Centro a unidades ou órgãos situados em outros prédios, desde que próximos daqueles referidos no § 2.º, podendo, ainda, instalar Centros Regionais, enquanto não instalados Centros nos termos referidos no § 2.º, observada a organização judiciária local.

•• § 6.º com redação determinada pela Emenda n. 2, de 8-3-2016.

§ 7.º O coordenador do Centro Judiciário de Solução de Conflitos e Cidadania poderá solicitar feitos de outras unidades judiciais com o intuito de organizar pautas concentradas ou mutirões, podendo, para tanto, fixar prazo.

•• § 7.º acrescentado pela Emenda n. 1, de 31-1-2013.

§ 8.º Para efeito de estatística de produtividade, as sentenças homologatórias prolatadas em processos encaminhados de ofício ou por solicitação ao Centro Judiciário de Conflitos e Cidadania reverterão ao juízo de origem, e as sentenças decorrentes da atuação pré-processual ao coordenador do Centro.

•• § 8.º com redação determinada pela Emenda n. 2, de 8-3-2016.

§ 9.º Para efeito de estatística referida no art. 167, § 4.º, do Novo Código de Processo Civil, os tribunais disponibilizarão às partes a opção de avaliar Câmaras, conciliadores e mediadores, segundo parâmetros estabelecidos pelo Comitê Gestor da Conciliação.

•• § 9.º acrescentado pela Emenda n. 2, de 8-3-2016.

§ 10. O Cadastro Nacional de Mediadores Judiciais e Conciliadores conterá informações referentes à avaliação prevista no parágrafo anterior para facilitar a escolha de mediadores, nos termos do art. 168, *caput*, do Novo Código de Processo Civil combinado com o art. 25 da Lei de Mediação.

•• § 10 acrescentado pela Emenda n. 2, de 8-3-2016.

Art. 9.º Os Centros contarão com 1 (um) juiz coordenador e, se necessário, com 1 (um) adjunto, aos quais caberão a sua administração e a homologação de acordos, bem como a supervisão do serviço de conciliadores e mediadores. Salvo disposição diversa em regramento local, os magistrados da Justiça Estadual e da Justiça Federal serão designados pelo Presidente de cada tribunal dentre aqueles que realizaram treinamento segundo o modelo estabelecido pelo CNJ, conforme Anexo I desta Resolução.

•• *Caput* com redação determinada pela Emenda n. 2, de 8-3-2016.

§ 1.º Caso o Centro atenda a grande número de Juízos, Juizados, Varas ou Região, o respectivo juiz coordenador poderá ficar designado exclusivamente para sua administração.

•• § 1.º com redação determinada pela Emenda n. 2, de 8-3-2016.

§ 2.º Os Tribunais de Justiça e os Tribunais Regionais Federais deverão assegurar que nos Centros atue ao menos 1 (um) servidor com dedicação exclusiva, capacitado em métodos consensuais de solução de conflitos, para a triagem e encaminhamento adequado de casos.

•• § 2.º com redação determinada pela Emenda n. 2, de 8-3-2016.

§ 3.º O treinamento dos servidores referidos no parágrafo anterior deverá observar as diretrizes estabelecidas pelo CNJ conforme Anexo I desta Resolução.

Art. 10. Cada unidade dos Centros Judiciários de Solução de Conflitos e Cidadania deverá obrigatoriamente abranger setor de solução de conflitos pré-processual, de solução de conflitos processual e de cidadania.

•• Artigo com redação determinada pela Emenda n. 2, de 8-3-2016.

Art. 11. Nos Centros poderão atuar membros do Ministério Público, defensores públicos, procuradores e/ou advogados.

Seção III
Dos Conciliadores e Mediadores

Art. 12. Nos Centros, bem como em todos os demais órgãos judiciários nos quais se realizem sessões de conciliação e mediação, somente serão admitidos mediadores e conciliadores capacitados na forma deste ato (Anexo I), cabendo aos Tribunais, antes de sua instalação, realizar o curso de capacitação, podendo fazê-lo por meio de parcerias.

§ 1.º Os tribunais que já realizaram a capacitação referida no *caput* poderão dispensar os atuais mediadores e conciliadores da exigência do certificado de conclusão do curso de capacitação, mas deverão disponibilizar cursos de treinamento e aperfeiçoamento, na forma do Anexo I, como condição prévia de atuação nos Centros.

•• § 1.º com redação determinada pela Emenda n. 2, de 8-3-2016.

§ 2.º Todos os conciliadores, mediadores e outros especialistas em métodos consensuais de solução de conflitos deverão submeter-se a aperfeiçoamento permanente e a avaliação do usuário.

•• § 2.º com redação determinada pela Emenda n. 2, de 8-3-2016.

§ 3.º Os cursos de capacitação, treinamento e aperfeiçoamento de mediadores e conciliadores deverão observar as diretrizes curriculares estabelecidas pelo CNJ (Anexo I) e deverão ser compostos necessariamente de estágio supervisionado. Somente deverão ser certificados mediadores e conciliadores que tiverem concluído o respectivo estágio supervisionado.

•• § 3.º com redação determinada pela Emenda n. 2, de 8-3-2016.

§ 4.º Os mediadores, conciliadores e demais facilitadores de diálogo entre as partes ficarão sujeitos ao código de ética estabelecido nesta Resolução (Anexo III).

•• § 4.º com redação determinada pela Emenda n. 2, de 8-3-2016.

§ 5.º Ressalvada a hipótese do art. 167, § 6.º, do Novo Código de Processo Civil, o conciliador e o mediador receberão, pelo seu trabalho, remuneração prevista em tabela fixada pelo tribunal, conforme parâmetros estabelecidos pela Comissão Permanente de Acesso à Justiça e Cidadania *ad referendum* do plenário.

•• § 5.º acrescentado pela Emenda n. 2, de 8-3-2016.

Seção III-A
Dos Fóruns de Coordenadores de Núcleos

•• Seção III-A acrescentada pela Emenda n. 2, de 8-3-2016.

Art. 12-A. Os Presidentes de Tribunais de Justiça e de Tribunais Regionais Federais deverão indicar um magistrado para coordenar o respectivo Núcleo e representar o tribunal no respectivo Fórum de Coordenadores de Núcleos.

•• *Caput* acrescentado pela Emenda n. 2, de 8-3-2016.

§ 1.º Os Fóruns de Coordenadores de Núcleos deverão se reunir de acordo com o segmento da justiça.

•• § 1.º acrescentado pela Emenda n. 2, de 8-3-2016.

§ 2.º Os enunciados dos Fóruns da Justiça Estadual e da Justiça Federal terão aplicabilidade restrita ao respectivo segmento da justiça e, uma vez aprovados pela Comissão Permanente de Acesso à Justiça e Cidadania *ad referendum* do Plenário, integrarão, para fins de vinculatividade, esta Resolução.

•• § 2.º acrescentado pela Emenda n. 2, de 8-3-2016.

§ 3.º O Fórum da Justiça Federal será organizado pelo Conselho da Justiça Federal, podendo contemplar em seus objetivos outras matérias.

•• § 3.º acrescentado pela Emenda n. 2, de 8-3-2016.

Art. 12-B. Os Fóruns de Coordenadores de Núcleos poderão estabelecer diretrizes específicas aos seus segmentos, entre outras:

•• *Caput* acrescentado pela Emenda n. 2, de 8-3-2016.

I – o âmbito de atuação de conciliadores face ao Novo Código de Processo Civil;

•• Inciso I acrescentado pela Emenda n. 2, de 8-3-2016.

II – a estrutura necessária dos Centros Judiciários de Solução de Conflitos e Cidadania para cada segmento da justiça;

•• Inciso II acrescentado pela Emenda n. 2, de 8-3-2016.

III – o estabelecimento de conteúdos programáticos para cursos de conciliação e mediação próprios para a atuação em áreas específicas, como previdenciária, desapropriação, sistema financeiro de habitação entre outras, respeitadas as diretrizes curriculares estabelecidas no Anexo I.

•• Inciso III acrescentado pela Emenda n. 2, de 8-3-2016.

Seção III-B
Das Câmaras Privadas de
Conciliação e Mediação

•• Seção III-B acrescentada pela Emenda n. 2, de 8-3-2016.

Art. 12-C. As Câmaras Privadas de Conciliação e Mediação ou órgãos semelhantes, bem como seus mediadores e conciliadores, para que possam realizar sessões de mediação ou conciliação incidentes a processo judicial, devem ser cadastradas no tribunal respectivo (art.167 do Novo Código de Processo Civil) ou no Cadastro Nacional de Mediadores Judiciais e Conciliadores, ficando sujeitas aos termos desta Resolução.

•• *Caput* acrescentado pela Emenda n. 2, de 8-3-2016.

Parágrafo único. O cadastramento é facultativo para realização de sessões de mediação ou conciliação pré-processuais.

•• Parágrafo único acrescentado pela Emenda n. 2, de 8-3-2016.

Art. 12-D. Os tribunais determinarão o percentual de audiências não remuneradas que deverão ser suportadas pelas Câmaras Privadas de Conciliação e Mediação, com o fim de atender aos processos em que foi deferida a gratuidade da justiça, como contrapartida de seu credenciamento (art. 169, § 2.º, do Novo Código de Processo Civil), respeitados os parâmetros definidos pela Comissão Permanente de Acesso à Justiça e Cidadania *ad referendum* do plenário.

•• Artigo acrescentado pela Emenda n. 2, de 8-3-2016.

Art. 12-E. As Câmaras Privadas de Mediação e Conciliação e os demais órgãos cadastrados ficam sujeitos à avaliação prevista no art. 8.º, § 9.º, desta Resolução.

•• *Caput* acrescentado pela Emenda n. 2, de 8-3-2016.

Parágrafo único. A avaliação deverá refletir a média aritmética de todos os mediadores e conciliadores avaliados, inclusive daqueles que atuaram voluntariamente, nos termos do art. 169, § 2.º, do Novo Código de Processo Civil.

•• Parágrafo único acrescentado pela Emenda n. 2, de 8-3-2016.

Art. 12-F. Fica vedado o uso de brasão e demais signos da República Federativa do Brasil pelos órgãos referidos nesta Seção, bem como a denominação de "tribunal" ou expressão semelhante para a entidade e a de "Juiz" ou equivalente para seus membros.

•• Artigo acrescentado pela Emenda n. 2, de 8-3-2016.

Seção IV
Dos Dados Estatísticos

Art. 13. Os tribunais deverão criar e manter banco de dados sobre as atividades de cada Centro, nos termos de Resolução própria do CNJ.

•• Artigo com redação determinada pela Emenda n. 2, de 8-3-2016.

Art. 14. Caberá ao CNJ compilar informações sobre os serviços públicos de solução consensual das controvérsias existentes no país e sobre o desempenho de cada um deles, por meio do Departamento de Pesquisas Judiciárias (DPJ), mantendo permanentemente atualizado o banco de dados.

•• Artigo com redação determinada pela Emenda n. 2, de 8-3-2016.

Capítulo IV
DO PORTAL DA CONCILIAÇÃO

Art. 15. Fica criado o Portal da Conciliação, a ser disponibilizado no sítio do CNJ na rede mundial de computadores, com as seguintes funcionalidades, entre outras:

I – publicação das diretrizes da capacitação de conciliadores e mediadores e de seu código de ética;

II – relatório gerencial do programa, por tribunal, detalhado por unidade judicial e por Centro, com base nas informações referidas no art. 13;

•• Inciso II com redação determinada pela Emenda n. 2, de 8-3-2016.

III – compartilhamento de boas práticas, projetos, ações, artigos, pesquisas e outros estudos;

IV – fórum permanente de discussão, facultada a participação da sociedade civil;

V – divulgação de notícias relacionadas ao tema;

VI – relatórios de atividades da "Semana da Conciliação".

Parágrafo único. A implementação do Portal será gradativa, observadas as possibilidades técnicas, sob a responsabilidade do CNJ.

DISPOSIÇÕES FINAIS

Art. 16. O disposto na presente Resolução não prejudica a continuidade de programas similares já em funcionamento, cabendo aos Tribunais, se necessário, adaptá-los aos termos deste ato.

Parágrafo único. Em relação aos Núcleos e Centros, os Tribunais poderão utilizar siglas e denominações distintas das referidas nesta Resolução, desde que mantidas as suas atribuições previstas no Capítulo III.

•• Parágrafo único acrescentado pela Emenda n. 1, de 31-1-2013.

Art. 17. Compete à Presidência do Conselho Nacional de Justiça, com o apoio da Comissão de Acesso ao Sistema de Justiça e Responsabilidade Social, coordenar as atividades da Política Judiciária Nacional de tratamento adequado dos conflitos de interesses, cabendo-lhe instituir, regulamentar e presidir o Comitê Gestor da Conciliação, que será responsável pela implementação e acompanhamento das medidas previstas neste ato.

Art. 18. Os Anexos integram esta Resolução e possuem caráter vinculante.

•• Artigo com redação determinada pela Emenda n. 1, de 31-1-2013.

Art. 18-A. O Sistema de Mediação Digital ou a distância e o Cadastro Nacional de Mediadores Judiciais e Conciliadores deverão estar disponíveis ao público no início de vigência da Lei de Mediação.

•• Artigo acrescentado pela Emenda n. 2, de 8-3-2016.

Art. 18-B. O CNJ editará resolução específica dispondo sobre a Política Judiciária de tratamento adequado dos conflitos de interesses da Justiça do Trabalho.

•• Artigo acrescentado pela Emenda n. 2, de 8-3-2016.

Art. 18-C. Os tribunais encaminharão ao CNJ, no prazo de 30 dias, plano de implantação desta Resolução, inclusive quanto à implantação de centros.

•• Artigo acrescentado pela Emenda n. 2, de 8-3-2016.

Art. 19. Esta Resolução entra em vigor na data de sua publicação, ressalvados os dispositivos regulamentados pelo Novo Código de Processo Civil, que seguem sua vigência.

•• Artigo com redação determinada pela Emenda n. 2, de 8-3-2016.

Ministro Cezar Peluso

ANEXO I
DIRETRIZES CURRICULARES

•• Anexo I com redação determinada pela Emenda n. 2, de 8-3-2016.

(Aprovadas pelo Grupo de Trabalho estabelecido nos termos do art. 167, § 1.º, do Novo Código de Processo Civil por intermédio da Portaria CNJ 64/2015)

O curso de capacitação básica dos terceiros facilitadores (conciliadores e mediadores) tem por objetivo transmitir informações teóricas gerais sobre a conciliação e a mediação, bem como vivência prática para aquisição do mínimo de conhecimento que torne o corpo discente apto ao exercício da conciliação e da mediação judicial. Esse curso, dividido em 2 (duas) etapas (teórica e prática), tem como parte essencial os exercícios simulados e o estágio supervisionado de 60 (sessenta) e 100 (cem) horas.

I – Desenvolvimento do Curso

O curso é dividido em duas etapas: 1) Módulo Teórico e 2) Módulo Prático (Estágio Supervisionado).

Resolução n. 125, de 29-11-2010

1. Módulo Teórico

No módulo teórico, serão desenvolvidos determinados temas (a seguir elencados) pelos professores e indicada a leitura obrigatória de obras de natureza introdutória (livros-texto) ligados às principais linhas técnico-metodológicas para a conciliação e mediação, com a realização de simulações pelos alunos.

1.1. Conteúdo Programático

No módulo teórico deverão ser desenvolvidos os seguintes temas:

a) Panorama histórico dos métodos consensuais de solução de conflitos.

Legislação brasileira. Projetos de lei. Lei dos Juizados Especiais. Resolução CNJ 125/2010. Novo Código de Processo Civil, Lei de Mediação.

b) A Política Judiciária Nacional de tratamento adequado de conflitos.

Objetivos: acesso à justiça, mudança de mentalidade, qualidade do serviço de conciliadores e mediadores. Estruturação – CNJ, Núcleo Permanente de Métodos Consensuais de Solução de Conflitos e Cejusc. A audiência de conciliação e mediação do novo Código de Processo Civil. Capacitação e remuneração de conciliadores e mediadores.

c) Cultura da Paz e Métodos de Solução de Conflitos

Panorama nacional e internacional. Autocomposição e Heterocomposição. Prisma (ou espectro) de processos de resolução de disputas: negociação, conciliação, mediação, arbitragem, processo judicial, processos híbridos.

d) Teoria da Comunicação/Teoria dos Jogos

Axiomas da comunicação. Comunicação verbal e não verbal. Escuta ativa. Comunicação nas pautas de interação e no estudo do inter-relacionamento humano: aspectos sociológicos e aspectos psicológicos. Premissas conceituais da autocomposição.

e) Moderna Teoria do Conflito

Conceito e estrutura. Aspectos objetivos e subjetivos.

f) Negociação

Conceito: Integração e distribuição do valor das negociações. Técnicas básicas de negociação (a barganha de posições; a separação de pessoas de problemas; concentração em interesses; desenvolvimento de opções de ganho mútuo; critérios objetivos; melhor alternativa para acordos negociados).

Técnicas intermediárias de negociação (estratégias de estabelecimento de *rapport*; transformação de adversários em parceiros; comunicação efetiva).

g) Conciliação

Conceito e filosofia. Conciliação judicial e extrajudicial. Técnicas (recontextualização, identificação das propostas implícitas, afago, escuta ativa, espelhamento, produção de opção, acondicionamento das questões e interesses das partes, teste de realidade). Finalização da conciliação. Formalização do acordo. Dados essenciais do termo de conciliação (qualificação das partes, número de identificação, natureza do conflito...). Redação do acordo: requisitos mínimos e exequibilidade. Encaminhamentos e estatística.

Etapas (planejamento da sessão, apresentação ou abertura, esclarecimentos ou investigação das propostas das partes, criação de opções, escolha da opção, lavratura do acordo).

h) Mediação

Definição e conceitualização. Conceito e filosofia. Mediação judicial e extrajudicial, prévia e incidental; Etapas – Pré-mediação e Mediação propriamente dita (acolhida, declaração inicial das partes, planejamento, esclarecimentos dos interesses ocultos e negociação do acordo). Técnicas ou ferramentas (comediação, recontextualização, identificação das propostas implícitas, formas de perguntas, escuta ativa, produção de opção, acondicionamento das questões e interesses das partes, teste de realidade ou reflexão).

Conflitos de Interesses do Judiciário

Resolução n. 125, de 29-11-2010

i) Áreas de utilização da conciliação/ mediação

Empresarial, familiar, civil (consumeirista, trabalhista, previdenciária etc.), penal e justiça restaurativa; o envolvimento com outras áreas do conhecimento.

j) Interdisciplinaridade da mediação

Conceitos das diferentes áreas do conhecimento que sustentam a prática: sociologia, psicologia, antropologia e direito.

k) O papel do conciliador/mediador e sua relação com os envolvidos (ou agentes) na conciliação e na mediação

Os operadores do direito (o magistrado, o promotor, o advogado, o defensor público etc.) e a conciliação/mediação. Técnicas para estimular advogados a atuarem de forma eficiente na conciliação/ mediação. Contornando as dificuldades: situações de desequilíbrio, descontrole emocional, embriaguez, desrespeito.

l) Ética de conciliadores e mediadores

O terceiro facilitador: funções, postura, atribuições, limites de atuação. Código de Ética – Resolução CNJ 125/2010 (anexo).

1.2. Material Didático do Módulo Teórico

O material utilizado será composto por apostilas, obras de natureza introdutória (manuais, livros-textos etc.) e obras ligadas às abordagens de mediação adotadas.

1.3. Carga Horária do Módulo Teórico

A carga horária deve ser de, no mínimo, 40 (quarenta) horas/aula e, necessariamente, complementada pelo Módulo Prático (estágio supervisionado) de 60 (sessenta) a 100 (cem) horas.

1.4. Frequência e Certificação

A frequência mínima exigida para a aprovação no Módulo Teórico é de 100% (cem por cento) e, para a avaliação do aproveitamento, o aluno entregará relatório ao final do módulo.

Assim, cumpridos os 2 (dois) requisitos – frequência mínima e apresentação de relatório – será emitida declaração de conclusão do Módulo Teórico, que habilitará o aluno a iniciar o Módulo Prático (estágio supervisionado).

2. Módulo Prático – Estágio Supervisionado

Nesse módulo, o aluno aplicará o aprendizado teórico em casos reais, acompanhado por 1 (um) membro da equipe docente (supervisor), desempenhando, necessariamente, 3 (três) funções: a) observador, b) cococonciliador ou comediador, e c) conciliador ou mediador.

Ao final de cada sessão, apresentará relatório do trabalho realizado, nele lançando suas impressões e comentários relativos à utilização das técnicas aprendidas e aplicadas, de modo que esse relatório não deve limitar-se a descrever o caso atendido, como em um estágio de Faculdade de Direito, mas haverá de observar as técnicas utilizadas e a facilidade ou dificuldade de lidar com o caso real. Permite-se, a critério do Nupemec, estágio autossupervisionado quando não houver equipe docente suficiente para acompanhar todas as etapas do Módulo Prático.

Essa etapa é imprescindível para a obtenção do certificado de conclusão do curso, que habilita o mediador ou conciliador a atuar perante o Poder Judiciário.

2.1. Carga Horária

O mínimo exigido para esse módulo é de 60 (sessenta) horas de atendimento de casos reais, podendo a periodicidade ser definida pelos coordenadores dos cursos.

2.2. Certificação

Após a entrega dos relatórios referentes a todas as sessões das quais o aluno participou e, cumprido o número mínimo de horas estabelecido no item 2.1 acima, será emitido certificado de conclusão do curso básico de capacitação, que é o necessário para o cadastramento como mediador junto ao tribunal no qual pretende atuar.

2.3. Flexibilidade dos treinamentos

Os treinamentos de quaisquer práticas consensuais serão conduzidos de modo a respeitar as linhas distintas de atuação em mediação e conciliação (e.g. transformativa, narrativa, facilitadora, entre outras). Dessa forma, o conteúdo programático apresentado acima poderá ser livremente flexibilizado para atender às especificidades da mediação adotada pelo instrutor, inclusive quanto à ordem dos temas. Quaisquer materiais pedagógicos disponibilizados pelo CNJ (vídeos, exercícios simulados, manuais) são meramente exemplificativos.

De acordo com as especificidades locais ou regionais, poderá ser dada ênfase a uma ou mais áreas de utilização de conciliação/mediação.

II – Facultativo

1. Instrutores

Os conciliadores/mediadores capacitados nos termos dos parâmetros acima indicados poderão se inscrever no curso de capacitação de instrutores, desde que preencham, cumulativamente, os seguintes requisitos:

– Experiência de atendimento em conciliação ou mediação por 2 (dois) anos.

– Idade mínima de 21 anos e comprovação de conclusão de curso superior.

ANEXO II
SETORES DE SOLUÇÃO DE CONFLITOS E CIDADANIA
(*Revogado pela Emenda n. 1, de 31-1-2013.*)

ANEXO III
CÓDIGO DE ÉTICA DE CONCILIADORES E MEDIADORES JUDICIAIS

•• Anexo III com redação determinada pela Emenda n. 1, de 31-1-2013.

Introdução

O Conselho Nacional de Justiça, a fim de assegurar o desenvolvimento da Política Pública de tratamento adequado dos conflitos e a qualidade dos serviços de conciliação e mediação enquanto instrumentos efetivos de pacificação social e de prevenção de litígios, institui o Código de Ética, norteado por princípios que formam a consciência dos terceiros facilitadores, como profissionais, e representam imperativos de sua conduta.

Dos princípios e garantias da conciliação e mediação judiciais

•• *Vide* art. 2.º da Lei n. 13.140, de 26-6-2015, que dispõe sobre os princípios da mediação.

Art. 1.º São princípios fundamentais que regem a atuação de conciliadores e mediadores judiciais: confidencialidade, decisão informada, competência, imparcialidade, independência e autonomia, respeito à ordem pública e às leis vigentes, empoderamento e validação.

I – Confidencialidade – dever de manter sigilo sobre todas as informações obtidas na sessão, salvo autorização expressa das partes, violação à ordem pública ou às leis vigentes, não podendo ser testemunha do caso, nem atuar como advogado dos envolvidos, em qualquer hipótese;

II – Decisão informada – dever de manter o jurisdicionado plenamente informado quanto aos seus direitos e ao contexto fático no qual está inserido;

III – Competência – dever de possuir qualificação que o habilite à atuação judicial, com capacitação na forma desta Resolução, observada a reciclagem periódica obrigatória para formação continuada;

IV – Imparcialidade – dever de agir sem ausência de favoritismo, preferência ou preconceito, assegurando que valores e conceitos pessoais não interfiram no resultado do trabalho, compreendendo a realidade dos envolvidos no conflito e jamais aceitando qualquer espécie de favor ou presente;

V – Independência e autonomia – dever de atuar com liberdade, sem sofrer qualquer pressão interna ou externa, sendo permitido recusar, suspender ou interromper a sessão se ausentes as condições necessárias para seu bom desenvolvimento, tampouco havendo dever de redigir acordo ilegal ou inexequível;

VI – Respeito à ordem pública e às leis vigentes – dever de velar para que eventual acordo entre os envolvidos não viole a ordem pública, nem contrarie as leis vigentes;

VII – Empoderamento – dever de estimular os interessados a aprenderem a melhor resolverem seus conflitos futuros em função da experiência de justiça vivenciada na autocomposição;

VIII – Validação – dever de estimular os interessados perceberem-se reciprocamente como serem humanos merecedores de atenção e respeito.

Das regras que regem o procedimento de conciliação/mediação

Art. 2.º As regras que regem o procedimento da conciliação/mediação são normas de conduta a serem observadas pelos conciliadores/mediadores para o bom desenvolvimento daquele, permitindo que haja o engajamento dos envolvidos, com vistas à sua pacificação e ao comprometimento com eventual acordo obtido, sendo elas:

I – Informação – dever de esclarecer os envolvidos sobre o método de trabalho a ser empregado, apresentando-o de forma completa, clara e precisa, informando sobre os princípios deontológicos referidos no Capítulo I, as regras de conduta e as etapas do processo;

II – Autonomia da vontade – dever de respeitar os diferentes pontos de vista dos envolvidos, assegurando-lhes que cheguem a uma decisão voluntária e não coercitiva, com liberdade para tomar as próprias decisões durante ou ao final do processo e de interrompê-lo a qualquer momento;

III – Ausência de obrigação de resultado – dever de não forçar um acordo e de não tomar decisões pelos envolvidos, podendo, quando muito, no caso da conciliação, criar opções, que podem ou não ser acolhidas por eles;

IV – Desvinculação da profissão de origem – dever de esclarecer aos envolvidos que atuam desvinculados de sua profissão de origem, informando que, caso seja necessária orientação ou aconselhamento afetos a qualquer área do conhecimento poderá ser convocado para a sessão o profissional respectivo, desde que com o consentimento de todos;

V – Compreensão quanto à conciliação e à mediação – Dever de assegurar que os envolvidos, ao chegarem a um acordo, compreendam perfeitamente suas disposições, que devem ser exequíveis, gerando o comprometimento com seu cumprimento.

Das responsabilidades e sanções do conciliador/mediador

Art. 3.º Apenas poderão exercer suas funções perante o Poder Judiciário conciliadores e mediadores devidamente capacitados e cadastrados pelos Tribunais, aos quais competirá regulamentar o processo de inclusão e exclusão no cadastro.

Art. 4.º O conciliador/mediador deve exercer sua função com lisura, respeitar os princípios e regras deste Código, assinar, para tanto, no início do exercício, termo de compromisso e submeter-se às orientações do Juiz Coordenador da unidade a que esteja vinculado.

Parágrafo único. O mediador/conciliador deve, preferencialmente no início da sessão inicial de mediação/conciliação, proporcionar ambiente adequado para que advogados atendam o disposto no art. 48, § 5.º, do Novo Código de Ética e Disciplina da Ordem dos Advogados do Brasil.

•• Parágrafo único acrescentado pela Emenda n. 2, de 8-3-2016.

Art. 5.º Aplicam-se aos conciliadores/mediadores os motivos de impedimento e suspeição dos juízes, devendo, quando constatados, serem informados aos envolvidos, com a interrupção da sessão e a substituição daqueles.

Art. 6.º No caso de impossibilidade temporária do exercício da função, o conciliador ou mediador deverá informar com antecedência ao responsável para que seja providenciada sua substituição.

Art. 7.º O conciliador ou mediador fica absolutamente impedido de prestar serviços profissionais, de qualquer natureza, aos envolvidos em processo de conciliação/mediação sob sua condução.

Art. 8.º O descumprimento dos princípios e regras estabelecidos neste Código, bem como a condenação definitiva em processo criminal, resultará na exclusão do conciliador/mediador do respectivo cadastro e no impedimento para atuar nesta função em qualquer outro órgão do Poder Judiciário nacional.

Parágrafo único. Qualquer pessoa que venha a ter conhecimento de conduta inadequada por parte do conciliador/ mediador poderá representar ao Juiz Coordenador a fim de que sejam adotadas as providências cabíveis.

ANEXO IV
DADOS ESTATÍSTICOS
(Revogado pela Emenda n. 1, de 31-1-2013).

LEI N. 12.562, DE 23 DE DEZEMBRO DE 2011 (*)

Regulamenta o inciso III do art. 36 da Constituição Federal, para dispor sobre o processo e julgamento da representação interventiva perante o Supremo Tribunal Federal.

A Presidenta da República

Faço saber que o Congresso Nacional decreta e eu sanciono a seguinte Lei:

Art. 1.º Esta Lei dispõe sobre o processo e julgamento da representação interventiva prevista no inciso III do art. 36 da Constituição Federal.

(*) Publicada no *DOU* de 26-12-2011.

Art. 2.º A representação será proposta pelo Procurador-Geral da República, em caso de violação aos princípios referidos no inciso VII do art. 34 da Constituição Federal, ou de recusa, por parte de Estado-Membro, à execução de lei federal.

Art. 3.º A petição inicial deverá conter:

I – a indicação do princípio constitucional que se considera violado ou, se for o caso de recusa à aplicação de lei federal, das disposições questionadas;

II – a indicação do ato normativo, do ato administrativo, do ato concreto ou da omissão questionados;

III – a prova da violação do princípio constitucional ou da recusa de execução de lei federal;

IV – o pedido, com suas especificações.

Parágrafo único. A petição inicial será apresentada em 2 (duas) vias, devendo conter, se for o caso, cópia do ato questionado e dos documentos necessários para comprovar a impugnação.

Art. 4.º A petição inicial será indeferida liminarmente pelo relator, quando não for o caso de representação interventiva, faltar algum dos requisitos estabelecidos nesta Lei ou for inepta.

Parágrafo único. Da decisão de indeferimento da petição inicial caberá agravo, no prazo de 5 (cinco) dias.

Art. 5.º O Supremo Tribunal Federal, por decisão da maioria absoluta de seus membros, poderá deferir pedido de medida liminar na representação interventiva.

§ 1.º O relator poderá ouvir os órgãos ou autoridades responsáveis pelo ato questionado, bem como o Advogado-Geral da União ou o Procurador-Geral da República, no prazo comum de 5 (cinco) dias.

§ 2.º A liminar poderá consistir na determinação de que se suspenda o andamento de processo ou os efeitos de decisões judiciais ou administrativas ou de qualquer outra medida que apresente relação com a matéria objeto da representação interventiva.

Art. 6.º Apreciado o pedido de liminar ou, logo após recebida a petição inicial, se não

Responsabilidade Administrativa e Civil

houver pedido de liminar, o relator solicitará as informações às autoridades responsáveis pela prática do ato questionado, que as prestarão em até 10 (dez) dias.

§ 1.º Decorrido o prazo para prestação das informações, serão ouvidos, sucessivamente, o Advogado-Geral da União e o Procurador-Geral da República, que deverão manifestar-se, cada qual, no prazo de 10 (dez) dias.

§ 2.º Recebida a inicial, o relator deverá tentar dirimir o conflito que dá causa ao pedido, utilizando-se dos meios que julgar necessários, na forma do regimento interno.

Art. 7.º Se entender necessário, poderá o relator requisitar informações adicionais, designar perito ou comissão de peritos para que elabore laudo sobre a questão ou, ainda, fixar data para declarações, em audiência pública, de pessoas com experiência e autoridade na matéria.

Parágrafo único. Poderão ser autorizadas, a critério do relator, a manifestação e a juntada de documentos por parte de interessados no processo.

Art. 8.º Vencidos os prazos previstos no art. 6.º ou, se for o caso, realizadas as diligências de que trata o art. 7.º, o relator lançará o relatório, com cópia para todos os Ministros, e pedirá dia para julgamento.

Art. 9.º A decisão sobre a representação interventiva somente será tomada se presentes na sessão pelo menos 8 (oito) Ministros.

Art. 10. Realizado o julgamento, proclamar-se-á a procedência ou improcedência do pedido formulado na representação interventiva se num ou noutro sentido se tiverem manifestado pelo menos 6 (seis) Ministros.

Parágrafo único. Estando ausentes Ministros em número que possa influir na decisão sobre a representação interventiva, o julgamento será suspenso, a fim de se aguardar o comparecimento dos Ministros ausentes, até que se atinja o número necessário para a prolação da decisão.

Art. 11. Julgada a ação, far-se-á a comunicação às autoridades ou aos órgãos responsáveis pela prática dos atos questionados, e, se a decisão final for pela procedência do pedido formulado na representação interventiva, o Presidente do Supremo Tribunal Federal, publicado o acórdão, levá-lo-á ao conhecimento do Presidente da República para, no prazo improrrogável de até 15 (quinze) dias, dar cumprimento aos §§ 1.º e 3.º do art. 36 da Constituição Federal.

Parágrafo único. Dentro do prazo de 10 (dez) dias, contado a partir do trânsito em julgado da decisão, a parte dispositiva será publicada em seção especial do *Diário da Justiça* e do *Diário Oficial da União*.

Art. 12. A decisão que julgar procedente ou improcedente o pedido da representação interventiva é irrecorrível, sendo insuscetível de impugnação por ação rescisória.

Art. 13. Esta Lei entra em vigor na data de sua publicação.

Brasília, 23 de dezembro de 2011; 190.º da Independência e 123.º da República.

DILMA ROUSSEFF

LEI N. 12.846, DE 1.º DE AGOSTO DE 2013 (*)

Dispõe sobre a responsabilização administrativa e civil de pessoas jurídicas pela prática de atos contra a administração pública, nacional ou estrangeira, e dá outras providências.

A Presidenta da República

Faço saber que o Congresso Nacional decreta e eu sanciono a seguinte Lei:

(*) Publicada no *DOU* de 2-8-2013. Em vigor 180 dias após a publicação. Regulamentada pelo Decreto n. 8.420, de 18-3-2015. A Portaria n. 910, de 7-4-2015, da CGU, define os procedimentos para apuração da responsabilidade administrativa e para celebração do acordo de leniência de que trata esta Lei.

Lei n. 12.846, de 1.º-8-2013

CAPÍTULO I
DISPOSIÇÕES GERAIS

Art. 1.º Esta Lei dispõe sobre a responsabilização objetiva administrativa e civil de pessoas jurídicas pela prática de atos contra a administração pública, nacional ou estrangeira.

• Responsabilidade Civil: arts. 927 e s. do CC.

• Ação Civil Pública: *vide* Leis n. 7.347, de 24-7-1985, e n. 7.913, de 7-12-1989.

Parágrafo único. Aplica-se o disposto nesta Lei às sociedades empresárias e às sociedades simples, personificadas ou não, independentemente da forma de organização ou modelo societário adotado, bem como a quaisquer fundações, associações de entidades ou pessoas, ou sociedades estrangeiras, que tenham sede, filial ou representação no território brasileiro, constituídas de fato ou de direito, ainda que temporariamente.

• *Vide* art. 5.º, *caput*, desta Lei.

Art. 2.º As pessoas jurídicas serão responsabilizadas objetivamente, nos âmbitos administrativo e civil, pelos atos lesivos previstos nesta Lei praticados em seu interesse ou benefício, exclusivo ou não.

• Improbidade administrativa: *vide* Lei n. 8.429, de 2-6-1992.

Art. 3.º A responsabilização da pessoa jurídica não exclui a responsabilidade individual de seus dirigentes ou administradores ou de qualquer pessoa natural, autora, coautora ou partícipe do ato ilícito.

§ 1.º A pessoa jurídica será responsabilizada independentemente da responsabilização individual das pessoas naturais referidas no *caput*.

§ 2.º Os dirigentes ou administradores somente serão responsabilizados por atos ilícitos na medida da sua culpabilidade.

Art. 4.º Subsiste a responsabilidade da pessoa jurídica na hipótese de alteração contratual, transformação, incorporação, fusão ou cisão societária.

§ 1.º Nas hipóteses de fusão e incorporação, a responsabilidade da sucessora será restrita à obrigação de pagamento de multa e reparação integral do dano causado, até o limite do patrimônio transferido, não lhe sendo aplicáveis as demais sanções previstas nesta Lei decorrentes de atos e fatos ocorridos antes da data da fusão ou incorporação, exceto no caso de simulação ou evidente intuito de fraude, devidamente comprovados.

•• Transformação, incorporação, fusão e cisão das sociedades: arts. 1.113 e s. do CC e 220 e s. da Lei n. 6.404, de 15-12-1976.

§ 2.º As sociedades controladoras, controladas, coligadas ou, no âmbito do respectivo contrato, as consorciadas serão solidariamente responsáveis pela prática dos atos previstos nesta Lei, restringindo-se tal responsabilidade à obrigação de pagamento de multa e reparação integral do dano causado.

CAPÍTULO II
DOS ATOS LESIVOS À ADMINISTRAÇÃO PÚBLICA NACIONAL OU ESTRANGEIRA

Art. 5.º Constituem atos lesivos à administração pública, nacional ou estrangeira, para os fins desta Lei, todos aqueles praticados pelas pessoas jurídicas mencionadas no parágrafo único do art. 1.º, que atentem contra o patrimônio público nacional ou estrangeiro, contra princípios da administração pública ou contra os compromissos internacionais assumidos pelo Brasil, assim definidos:

I – prometer, oferecer ou dar, direta ou indiretamente, vantagem indevida a agente público, ou a terceira pessoa a ele relacionada;

II – comprovadamente, financiar, custear, patrocinar ou de qualquer modo subvencionar a prática dos atos ilícitos previstos nesta Lei;

III – comprovadamente, utilizar-se de interposta pessoa física ou jurídica para ocultar ou dissimular seus reais interesses ou a identidade dos beneficiários dos atos praticados;

IV – no tocante a licitações e contratos:

a) frustrar ou fraudar, mediante ajuste, combinação ou qualquer outro expediente, o caráter competitivo de procedimento licitatório público;

b) impedir, perturbar ou fraudar a realização de qualquer ato de procedimento licitatório público;

c) afastar ou procurar afastar licitante, por meio de fraude ou oferecimento de vantagem de qualquer tipo;

d) fraudar licitação pública ou contrato dela decorrente;

e) criar, de modo fraudulento ou irregular, pessoa jurídica para participar de licitação pública ou celebrar contrato administrativo;

f) obter vantagem ou benefício indevido, de modo fraudulento, de modificações ou prorrogações de contratos celebrados com a administração pública, sem autorização em lei, no ato convocatório da licitação pública ou nos respectivos instrumentos contratuais; ou

g) manipular ou fraudar o equilíbrio econômico-financeiro dos contratos celebrados com a administração pública;

V – dificultar atividade de investigação ou fiscalização de órgãos, entidades ou agentes públicos, ou intervir em sua atuação, inclusive no âmbito das agências reguladoras e dos órgãos de fiscalização do sistema financeiro nacional.

§ 1.º Considera-se administração pública estrangeira os órgãos e entidades estatais ou representações diplomáticas de país estrangeiro, de qualquer nível ou esfera de governo, bem como as pessoas jurídicas controladas, direta ou indiretamente, pelo poder público de país estrangeiro.

§ 2.º Para os efeitos desta Lei, equiparam-se à administração pública estrangeira as organizações públicas internacionais.

§ 3.º Considera-se agente público estrangeiro, para os fins desta Lei, quem, ainda que transitoriamente ou sem remuneração, exerça cargo, emprego ou função pública em órgãos, entidades estatais ou em representações diplomáticas de país estrangeiro, assim como em pessoas jurídicas controladas, direta ou indiretamente, pelo poder público de país estrangeiro ou em organizações públicas internacionais.

Capítulo III
DA RESPONSABILIZAÇÃO
ADMINISTRATIVA

Art. 6.º Na esfera administrativa, serão aplicadas às pessoas jurídicas consideradas responsáveis pelos atos lesivos previstos nesta Lei as seguintes sanções:

I – multa, no valor de 0,1% (um décimo por cento) a 20% (vinte por cento) do faturamento bruto do último exercício anterior ao da instauração do processo administrativo, excluídos os tributos, a qual nunca será inferior à vantagem auferida, quando for possível sua estimação; e

II – publicação extraordinária da decisão condenatória.

§ 1.º As sanções serão aplicadas fundamentadamente, isolada ou cumulativamente, de acordo com as peculiaridades do caso concreto e com a gravidade e natureza das infrações.

§ 2.º A aplicação das sanções previstas neste artigo será precedida da manifestação jurídica elaborada pela Advocacia Pública ou pelo órgão de assistência jurídica, ou equivalente, do ente público.

§ 3.º A aplicação das sanções previstas neste artigo não exclui, em qualquer hipótese, a obrigação da reparação integral do dano causado.

§ 4.º Na hipótese do inciso I do *caput*, caso não seja possível utilizar o critério do valor do faturamento bruto da pessoa jurídica, a multa será de R$ 6.000,00 (seis mil reais) a R$ 60.000.000,00 (sessenta milhões de reais).

§ 5.º A publicação extraordinária da decisão condenatória ocorrerá na forma de extrato de sentença, a expensas da pessoa jurídica, em meios de comunicação de grande circulação na área da prática da infração e de atuação da pessoa jurídica ou, na sua falta, em publicação de circulação nacional, bem como por meio de afixação de edital, pelo prazo mínimo de 30 (trinta) dias, no próprio estabelecimento ou no local de exercício da atividade, de modo visível ao público, e no sítio eletrônico na rede mundial de computadores.

§ 6.º (*Vetado*.)

Art. 7.º Serão levados em consideração na aplicação das sanções:

I – a gravidade da infração;

II – a vantagem auferida ou pretendida pelo infrator;

III – a consumação ou não da infração;

IV – o grau de lesão ou perigo de lesão;

V – o efeito negativo produzido pela infração;

VI – a situação econômica do infrator;

VII – a cooperação da pessoa jurídica para a apuração das infrações;

VIII – a existência de mecanismos e procedimentos internos de integridade, auditoria e incentivo à denúncia de irregularidades e a aplicação efetiva de códigos de ética e de conduta no âmbito da pessoa jurídica;

IX – o valor dos contratos mantidos pela pessoa jurídica com o órgão ou entidade pública lesados; e

X – (*Vetado*.)

Parágrafo único. Os parâmetros de avaliação de mecanismos e procedimentos previstos no inciso VIII do *caput* serão estabelecidos em regulamento do Poder Executivo federal.

Capítulo IV
DO PROCESSO ADMINISTRATIVO DE RESPONSABILIZAÇÃO

Art. 8.º A instauração e o julgamento de processo administrativo para apuração da responsabilidade de pessoa jurídica cabem à autoridade máxima de cada órgão ou entidade dos Poderes Executivo, Legislativo e Judiciário, que agirá de ofício ou mediante provocação, observados o contraditório e a ampla defesa.

§ 1.º A competência para a instauração e o julgamento do processo administrativo de apuração de responsabilidade da pessoa jurídica poderá ser delegada, vedada a subdelegação.

§ 2.º No âmbito do Poder Executivo federal, a Controladoria-Geral da União – CGU terá competência concorrente para instaurar processos administrativos de responsabilização de pessoas jurídicas ou para avocar os processos instaurados com fundamento nesta Lei, para exame de sua regularidade ou para corrigir-lhes o andamento.

Art. 9.º Competem à Controladoria-Geral da União – CGU a apuração, o processo e o julgamento dos atos ilícitos previstos nesta Lei, praticados contra a administração pública estrangeira, observado o disposto no Artigo 4 da Convenção sobre o Combate da Corrupção de Funcionários Públicos Estrangeiros em Transações Comerciais Internacionais, promulgada pelo Decreto n. 3.678, de 30 de novembro de 2000.

Art. 10. O processo administrativo para apuração da responsabilidade de pessoa jurídica será conduzido por comissão designada pela autoridade instauradora e composta por 2 (dois) ou mais servidores estáveis.

§ 1.º O ente público, por meio do seu órgão de representação judicial, ou equivalente, a pedido da comissão a que se refere o *caput*, poderá requerer as medidas judiciais necessárias para a investigação e o processamento das infrações, inclusive de busca e apreensão.

§ 2.º A comissão poderá, cautelarmente, propor à autoridade instauradora que suspenda os efeitos do ato ou processo objeto da investigação.

§ 3.º A comissão deverá concluir o processo no prazo de 180 (cento e oitenta) dias contados da data da publicação do ato que a instituir e, ao final, apresentar relatórios sobre os fatos apurados e eventual responsabilidade da pessoa jurídica, sugerindo de forma motivada as sanções a serem aplicadas.

§ 4.º O prazo previsto no § 3.º poderá ser prorrogado, mediante ato fundamentado da autoridade instauradora.

Art. 11. No processo administrativo para apuração de responsabilidade, será concedido à pessoa jurídica prazo de 30 (trinta) dias para defesa, contados a partir da intimação.

Art. 12. O processo administrativo, com o relatório da comissão, será remetido à autoridade instauradora, na forma do art. 10, para julgamento.

Art. 13. A instauração de processo administrativo específico de reparação integral do dano não prejudica a aplicação imediata das sanções estabelecidas nesta Lei.

Parágrafo único. Concluído o processo e não havendo pagamento, o crédito apurado será inscrito em dívida ativa da fazenda pública.

Art. 14. A personalidade jurídica poderá ser desconsiderada sempre que utilizada com abuso do direito para facilitar, encobrir ou dissimular a prática dos atos ilícitos previstos nesta Lei ou para provocar confusão patrimonial, sendo estendidos todos os efeitos das sanções aplicadas à pessoa jurídica aos seus administradores e sócios com poderes de administração, observados o contraditório e a ampla defesa.

Art. 15. A comissão designada para apuração da responsabilidade de pessoa jurídica, após a conclusão do procedimento administrativo, dará conhecimento ao Ministério Público de sua existência, para apuração de eventuais delitos.

Capítulo V
DO ACORDO DE LENIÊNCIA

Art. 16. A autoridade máxima de cada órgão ou entidade pública poderá celebrar acordo de leniência com as pessoas jurídicas responsáveis pela prática dos atos previstos nesta Lei que colaborem efetivamente com as investigações e o processo administrativo, sendo que dessa colaboração resulte:

I – a identificação dos demais envolvidos na infração, quando couber; e

II – a obtenção célere de informações e documentos que comprovem o ilícito sob apuração.

§ 1.º O acordo de que trata o *caput* somente poderá ser celebrado se preenchidos, cumulativamente, os seguintes requisitos:

I – a pessoa jurídica seja a primeira a se manifestar sobre seu interesse em cooperar para a apuração do ato ilícito;

II – a pessoa jurídica cesse completamente seu envolvimento na infração investigada a partir da data de propositura do acordo;

III – a pessoa jurídica admita sua participação no ilícito e coopere plena e permanentemente com as investigações e o processo administrativo, comparecendo, sob suas expensas, sempre que solicitada, a todos os atos processuais, até seu encerramento.

§ 2.º A celebração do acordo de leniência isentará a pessoa jurídica das sanções previstas no inciso II do art. 6.º e no inciso IV do art. 19 e reduzirá em até 2/3 (dois terços) o valor da multa aplicável.

§ 3.º O acordo de leniência não exime a pessoa jurídica da obrigação de reparar integralmente o dano causado.

§ 4.º O acordo de leniência estipulará as condições necessárias para assegurar a efetividade da colaboração e o resultado útil do processo.

§ 5.º Os efeitos do acordo de leniência serão estendidos às pessoas jurídicas que integram o mesmo grupo econômico, de fato e de direito, desde que firmem o acordo em conjunto, respeitadas as condições nele estabelecidas.

§ 6.º A proposta de acordo de leniência somente se tornará pública após a efetivação do respectivo acordo, salvo no interesse das investigações e do processo administrativo.

§ 7.º Não importará em reconhecimento da prática do ato ilícito investigado a proposta de acordo de leniência rejeitada.

§ 8.º Em caso de descumprimento do acordo de leniência, a pessoa jurídica ficará impedida de celebrar novo acordo pelo prazo de 3 (três) anos contados do conhecimento pela administração pública do referido descumprimento.

§ 9.º A celebração do acordo de leniência interrompe o prazo prescricional dos atos ilícitos previstos nesta Lei.

§ 10. A Controladoria-Geral da União – CGU é o órgão competente para celebrar os acordos de leniência no âmbito do Poder Executivo federal, bem como no caso de atos lesivos praticados contra a administração pública estrangeira.

Art. 17. A administração pública poderá também celebrar acordo de leniência com a pessoa jurídica responsável pela prática de ilícitos previstos na Lei n. 8.666, de 21 de junho de 1993, com vistas à isenção ou atenuação das sanções administrativas estabelecidas em seus arts. 86 a 88.

Capítulo VI
DA RESPONSABILIZAÇÃO JUDICIAL

Art. 18. Na esfera administrativa, a responsabilidade da pessoa jurídica não afasta a possibilidade de sua responsabilização na esfera judicial.

Art. 19. Em razão da prática de atos previstos no art. 5.º desta Lei, a União, os Estados, o Distrito Federal e os Municípios, por meio das respectivas Advocacias Públicas ou órgãos de representação judicial, ou equivalentes, e o Ministério Público, poderão ajuizar ação com vistas à aplicação das seguintes sanções às pessoas jurídicas infratoras:

I – perdimento dos bens, direitos ou valores que representem vantagem ou proveito direta ou indiretamente obtidos da infração, ressalvado o direito do lesado ou de terceiro de boa-fé;

II – suspensão ou interdição parcial de suas atividades;

III – dissolução compulsória da pessoa jurídica;

IV – proibição de receber incentivos, subsídios, subvenções, doações ou empréstimos de órgãos ou entidades públicas e de instituições financeiras públicas ou controladas pelo poder público, pelo prazo mínimo de 1 (um) e máximo de 5 (cinco) anos.

§ 1.º A dissolução compulsória da pessoa jurídica será determinada quando comprovado:

I – ter sido a personalidade jurídica utilizada de forma habitual para facilitar ou promover a prática de atos ilícitos; ou

II – ter sido constituída para ocultar ou dissimular interesses ilícitos ou a identidade dos beneficiários dos atos praticados.

§ 2.º (*Vetado*.)

§ 3.º As sanções poderão ser aplicadas de forma isolada ou cumulativa.

§ 4.º O Ministério Público ou a Advocacia Pública ou órgão de representação judicial, ou equivalente, do ente público poderá requerer a indisponibilidade de bens, direitos ou valores necessários à garantia do pagamento da multa ou da reparação integral do dano causado, conforme previsto no art. 7.º, ressalvado o direito do terceiro de boa-fé.

Art. 20. Nas ações ajuizadas pelo Ministério Público, poderão ser aplicadas as sanções previstas no art. 6.º, sem prejuízo daquelas previstas neste Capítulo, desde que constatada a omissão das autoridades competentes para promover a responsabilização administrativa.

Art. 21. Nas ações de responsabilização judicial, será adotado o rito previsto na Lei n. 7.347, de 24 de julho de 1985.

Parágrafo único. A condenação torna certa a obrigação de reparar, integralmente, o dano causado pelo ilícito, cujo valor será apurado em posterior liquidação, se não constar expressamente da sentença.

Capítulo VII
DISPOSIÇÕES FINAIS

Art. 22. Fica criado no âmbito do Poder Executivo federal o Cadastro Nacional de Empresas Punidas – CNEP, que reunirá e dará publicidade às sanções aplicadas pelos órgãos ou entidades dos Poderes Executivo, Legislativo e

Responsabilidade Administrativa e Civil — Lei n. 12.846, de 1.º-8-2013

Judiciário de todas as esferas de governo com base nesta Lei.

§ 1.º Os órgãos e entidades referidos no *caput* deverão informar e manter atualizados, no Cnep, os dados relativos às sanções por eles aplicadas.

§ 2.º O Cnep conterá, entre outras, as seguintes informações acerca das sanções aplicadas:

I – razão social e número de inscrição da pessoa jurídica ou entidade no Cadastro Nacional da Pessoa Jurídica – CNPJ;

II – tipo de sanção; e

III – data de aplicação e data final da vigência do efeito limitador ou impeditivo da sanção, quando for o caso.

§ 3.º As autoridades competentes, para celebrarem acordos de leniência previstos nesta Lei, também deverão prestar e manter atualizadas no Cnep, após a efetivação do respectivo acordo, as informações acerca do acordo de leniência celebrado, salvo se esse procedimento vier a causar prejuízo às investigações e ao processo administrativo.

§ 4.º Caso a pessoa jurídica não cumpra os termos do acordo de leniência, além das informações previstas no § 3.º, deverá ser incluída no Cnep referência ao respectivo descumprimento.

§ 5.º Os registros das sanções e acordos de leniência serão excluídos depois de decorrido o prazo previamente estabelecido no ato sancionador ou do cumprimento integral do acordo de leniência e da reparação do eventual dano causado, mediante solicitação do órgão ou entidade sancionadora.

Art. 23. Os órgãos ou entidades dos Poderes Executivo, Legislativo e Judiciário de todas as esferas de governo deverão informar e manter atualizados, para fins de publicidade, no Cadastro Nacional de Empresas Inidôneas e Suspensas – CEIS, de caráter público, instituído no âmbito do Poder Executivo federal, os dados relativos às sanções por eles aplicadas, nos termos do disposto nos arts. 87 e 88 da Lei no 8.666, de 21 de junho de 1993.

Art. 24. A multa e o perdimento de bens, direitos ou valores aplicados com fundamento nesta Lei serão destinados preferencialmente aos órgãos ou entidades públicas lesadas.

Art. 25. Prescrevem em 5 (cinco) anos as infrações previstas nesta Lei, contados da data da ciência da infração ou, no caso de infração permanente ou continuada, do dia em que tiver cessado.

Parágrafo único. Na esfera administrativa ou judicial, a prescrição será interrompida com a instauração de processo que tenha por objeto a apuração da infração.

Art. 26. A pessoa jurídica será representada no processo administrativo na forma do seu estatuto ou contrato social.

§ 1.º As sociedades sem personalidade jurídica serão representadas pela pessoa a quem couber a administração de seus bens.

§ 2.º A pessoa jurídica estrangeira será representada pelo gerente, representante ou administrador de sua filial, agência ou sucursal aberta ou instalada no Brasil.

Art. 27. A autoridade competente que, tendo conhecimento das infrações previstas nesta Lei, não adotar providências para a apuração dos fatos será responsabilizada penal, civil e administrativamente nos termos da legislação específica aplicável.

Art. 28. Esta Lei aplica-se aos atos lesivos praticados por pessoa jurídica brasileira contra a administração pública estrangeira, ainda que cometidos no exterior.

Art. 29. O disposto nesta Lei não exclui as competências do Conselho Administrativo de Defesa Econômica, do Ministério da Justiça e do Ministério da Fazenda para processar e julgar fato que constitua infração à ordem econômica.

Art. 30. A aplicação das sanções previstas nesta Lei não afeta os processos de responsabilização e aplicação de penalidades decorrentes de:

I – ato de improbidade administrativa nos termos da Lei n. 8.429, de 2 de junho de 1992; e

II – atos ilícitos alcançados pela Lei n. 8.666, de 21 de junho de 1993, ou outras normas de licitações e contratos da administração pública, inclusive no tocante ao Regime Diferenciado de Contratações Públicas – RDC instituído pela Lei n. 12.462, de 4 de agosto de 2011.

Art. 31. Esta Lei entra em vigor 180 (cento e oitenta) dias após a data de sua publicação.

Brasília, 1.º de agosto de 2013; 192.º da Independência e 125.º da República.

DILMA ROUSSEFF

LEI N. 13.140, DE 26 DE JUNHO DE 2015 (*)

Dispõe sobre a mediação entre particulares como meio de solução de controvérsias e sobre a autocomposição de conflitos no âmbito da administração pública; altera a Lei n. 9.469, de 10 de julho de 1997, e o Decreto n. 70.235, de 6 de março de 1972; e revoga o § 2.º do art. 6.º da Lei n. 9.469, de 10 de julho de 1997.

A Presidenta da República

Faço saber que o Congresso Nacional decreta e eu sanciono a seguinte Lei:

Art. 1.º Esta Lei dispõe sobre a mediação como meio de solução de controvérsias entre particulares e sobre a autocomposição de conflitos no âmbito da administração pública.

•• *Vide* arts. 165 a 175 e 334 do CPC.

•• *Vide* Resolução n. 125, de 29-11-2010.

Parágrafo único. Considera-se mediação a atividade técnica exercida por terceiro imparcial sem poder decisório, que, escolhido ou aceito pelas partes, as auxilia e estimula a identificar ou desenvolver soluções consensuais para a controvérsia.

CAPÍTULO I
DA MEDIAÇÃO

Seção I
Disposições Gerais

Art. 2.º A mediação será orientada pelos seguintes princípios:

•• *Vide* art. 166 do CPC.

I – imparcialidade do mediador;

II – isonomia entre as partes;

III – oralidade;

IV – informalidade;

V – autonomia da vontade das partes;

VI – busca do consenso;

VII – confidencialidade;

VIII – boa-fé.

§ 1.º Na hipótese de existir previsão contratual de cláusula de mediação, as partes deverão comparecer à primeira reunião de mediação.

§ 2.º Ninguém será obrigado a permanecer em procedimento de mediação.

Art. 3.º Pode ser objeto de mediação o conflito que verse sobre direitos disponíveis ou sobre direitos indisponíveis que admitam transação.

§ 1.º A mediação pode versar sobre todo o conflito ou parte dele.

§ 2.º O consenso das partes envolvendo direitos indisponíveis, mas transigíveis, deve ser homologado em juízo, exigida a oitiva do Ministério Público.

Seção II
Dos Mediadores

Subseção I
Disposições Comuns

Art. 4.º O mediador será designado pelo tribunal ou escolhido pelas partes.

(*) Publicada no *DOU*, de 29-6-2015. A Resolução n. 125, de 29-11-2010, do CNJ, dispõe sobre conflitos de interesses do Judiciário.

Autocomposição e Mediação

•• Mediadores judiciais: *vide* arts. 165 e s. do CPC.

§ 1.º O mediador conduzirá o procedimento de comunicação entre as partes, buscando o entendimento e o consenso e facilitando a resolução do conflito.

§ 2.º Aos necessitados será assegurada a gratuidade da mediação.

Art. 5.º Aplicam-se ao mediador as mesmas hipóteses legais de impedimento e suspeição do juiz.

•• *Vide* arts. 144 a 148 do CPC.

Parágrafo único. A pessoa designada para atuar como mediador tem o dever de revelar às partes, antes da aceitação da função, qualquer fato ou circunstância que possa suscitar dúvida justificada em relação à sua imparcialidade para mediar o conflito, oportunidade em que poderá ser recusado por qualquer delas.

Art. 6.º O mediador fica impedido, pelo prazo de um ano, contado do término da última audiência em que atuou, de assessorar, representar ou patrocinar qualquer das partes.

Art. 7.º O mediador não poderá atuar como árbitro nem funcionar como testemunha em processos judiciais ou arbitrais pertinentes a conflito em que tenha atuado como mediador.

Art. 8.º O mediador e todos aqueles que o assessoram no procedimento de mediação, quando no exercício de suas funções ou em razão delas, são equiparados a servidor público, para os efeitos da legislação penal.

Subseção II
Dos Mediadores Extrajudiciais

Art. 9.º Poderá funcionar como mediador extrajudicial qualquer pessoa capaz que tenha a confiança das partes e seja capacitada para fazer mediação, independentemente de integrar qualquer tipo de conselho, entidade de classe ou associação, ou nele inscrever-se.

Art. 10. As partes poderão ser assistidas por advogados ou defensores públicos.

Parágrafo único. Comparecendo uma das partes acompanhada de advogado ou defensor público, o mediador suspenderá o procedimento, até que todas estejam devidamente assistidas.

Subseção III
Dos Mediadores Judiciais

Art. 11. Poderá atuar como mediador judicial a pessoa capaz, graduada há pelo menos dois anos em curso de ensino superior de instituição reconhecida pelo Ministério da Educação e que tenha obtido capacitação em escola ou instituição de formação de mediadores, reconhecida pela Escola Nacional de Formação e Aperfeiçoamento de Magistrados – ENFAM ou pelos tribunais, observados os requisitos mínimos estabelecidos pelo Conselho Nacional de Justiça em conjunto com o Ministério da Justiça.

•• *Vide* art. 167, § 1.º, do CPC.
•• *Vide* Anexo I da Resolução n. 125, de 29-11-2010 (diretrizes curriculares do curso de capacitação básica para conciliadores e mediadores).

Art. 12. Os tribunais criarão e manterão cadastros atualizados dos mediadores habilitados e autorizados a atuar em mediação judicial.

•• *Vide* art. 167, *caput*, do CPC.

§ 1.º A inscrição no cadastro de mediadores judiciais será requerida pelo interessado ao tribunal com jurisdição na área em que pretenda exercer a mediação.

§ 2.º Os tribunais regulamentarão o processo de inscrição e desligamento de seus mediadores.

Art. 13. A remuneração devida aos mediadores judiciais será fixada pelos tribunais e custeada pelas partes, observado o disposto no § 2.º do art. 4.º desta Lei.

•• *Vide* art. 169 do CPC.

Seção III
Do Procedimento de Mediação

Subseção I
Disposições Comuns

Art. 14. No início da primeira reunião de

mediação, e sempre que julgar necessário, o mediador deverá alertar as partes acerca das regras de confidencialidade aplicáveis ao procedimento.

Art. 15. A requerimento das partes ou do mediador, e com anuência daquelas, poderão ser admitidos outros mediadores para funcionarem no mesmo procedimento, quando isso for recomendável em razão da natureza e da complexidade do conflito.

Art. 16. Ainda que haja processo arbitral ou judicial em curso, as partes poderão submeter-se à mediação, hipótese em que requererão ao juiz ou árbitro a suspensão do processo por prazo suficiente para a solução consensual do litígio.

§ 1.º É irrecorrível a decisão que suspende o processo nos termos requeridos de comum acordo pelas partes.

§ 2.º A suspensão do processo não obsta a concessão de medidas de urgência pelo juiz ou pelo árbitro.

Art. 17. Considera-se instituída a mediação na data para a qual for marcada a primeira reunião de mediação.

Parágrafo único. Enquanto transcorrer o procedimento de mediação, ficará suspenso o prazo prescricional.

Art. 18. Iniciada a mediação, as reuniões posteriores com a presença das partes somente poderão ser marcadas com a sua anuência.

Art. 19. No desempenho de sua função, o mediador poderá reunir-se com as partes, em conjunto ou separadamente, bem como solicitar das partes as informações que entender necessárias para facilitar o entendimento entre aquelas.

Art. 20. O procedimento de mediação será encerrado com a lavratura do seu termo final, quando for celebrado acordo ou quando não se justificarem novos esforços para a obtenção de consenso, seja por declaração do mediador nesse sentido ou por manifestação de qualquer das partes.

Parágrafo único. O termo final de mediação, na hipótese de celebração de acordo, constitui título executivo extrajudicial e, quando homologado judicialmente, título executivo judicial.

Subseção II
Da Mediação Extrajudicial

Art. 21. O convite para iniciar o procedimento de mediação extrajudicial poderá ser feito por qualquer meio de comunicação e deverá estipular o escopo proposto para a negociação, a data e o local da primeira reunião.

Parágrafo único. O convite formulado por uma parte à outra considerar-se-á rejeitado se não for respondido em até trinta dias da data de seu recebimento.

Art. 22. A previsão contratual de mediação deverá conter, no mínimo:

I – prazo mínimo e máximo para a realização da primeira reunião de mediação, contado a partir da data de recebimento do convite;

II – local da primeira reunião de mediação;

III – critérios de escolha do mediador ou equipe de mediação;

IV – penalidade em caso de não comparecimento da parte convidada à primeira reunião de mediação.

§ 1.º A previsão contratual pode substituir a especificação dos itens acima enumerados pela indicação de regulamento, publicado por instituição idônea prestadora de serviços de mediação, no qual constem critérios claros para a escolha do mediador e realização da primeira reunião de mediação.

§ 2.º Não havendo previsão contratual completa, deverão ser observados os seguintes critérios para a realização da primeira reunião de mediação:

I – prazo mínimo de dez dias úteis e prazo máximo de três meses, contados a partir do recebimento do convite;

II – local adequado a uma reunião que possa envolver informações confidenciais;

III – lista de cinco nomes, informações de contato e referências profissionais de mediadores capacitados; a parte convidada poderá escolher, expressamente, qualquer um dos cinco mediadores e, caso a parte convidada não se manifeste, considerar-se-á aceito o primeiro nome da lista;

IV – o não comparecimento da parte convidada à primeira reunião de mediação acarretará a assunção por parte desta de cinquenta por cento das custas e honorários sucumbenciais caso venha a ser vencedora em procedimento arbitral ou judicial posterior, que envolva o escopo da mediação para a qual foi convidada.

§ 3.º Nos litígios decorrentes de contratos comerciais ou societários que não contenham cláusula de mediação, o mediador extrajudicial somente cobrará por seus serviços caso as partes decidam assinar o termo inicial de mediação e permanecer, voluntariamente, no procedimento de mediação.

Art. 23. Se, em previsão contratual de cláusula de mediação, as partes se comprometerem a não iniciar procedimento arbitral ou processo judicial durante certo prazo ou até o implemento de determinada condição, o árbitro ou o juiz suspenderá o curso da arbitragem ou da ação pelo prazo previamente acordado ou até o implemento dessa condição.

Parágrafo único. O disposto no *caput* não se aplica às medidas de urgência em que o acesso ao Poder Judiciário seja necessário para evitar o perecimento de direito.

Subseção III
Da Mediação Judicial

Art. 24. Os tribunais criarão centros judiciários de solução consensual de conflitos, responsáveis pela realização de sessões e audiências de conciliação e mediação, pré-processuais e processuais, e pelo desenvolvimento de programas destinados a auxiliar, orientar e estimular a autocomposição.

•• *Vide* arts. 165 a 175 e 334 do CPC.

•• *Vide* art. 8.º da Resolução n. 125, de 29-11-2010.

Parágrafo único. A composição e a organização do centro serão definidas pelo respectivo tribunal, observadas as normas do Conselho Nacional de Justiça.

Art. 25. Na mediação judicial, os mediadores não estarão sujeitos à prévia aceitação das partes, observado o disposto no art. 5.º desta Lei.

Art. 26. As partes deverão ser assistidas por advogados ou defensores públicos, ressalvadas as hipóteses previstas nas Leis n. 9.099, de 26 de setembro de 1995, e 10.259, de 12 de julho de 2001.

Parágrafo único. Aos que comprovarem insuficiência de recursos será assegurada assistência pela Defensoria Pública.

Art. 27. Se a petição inicial preencher os requisitos essenciais e não for o caso de improcedência liminar do pedido, o juiz designará audiência de mediação.

•• *Vide* art. 334, *caput*, do CPC.

Art. 28. O procedimento de mediação judicial deverá ser concluído em até sessenta dias, contados da primeira sessão, salvo quando as partes, de comum acordo, requererem sua prorrogação.

•• *Vide* art. 334, § 2.º, do CPC.

Parágrafo único. Se houver acordo, os autos serão encaminhados ao juiz, que determinará o arquivamento do processo e, desde que requerido pelas partes, homologará o acordo, por sentença, e o termo final da mediação e determinará o arquivamento do processo.

Art. 29. Solucionado o conflito pela mediação antes da citação do réu, não serão devidas custas judiciais finais.

Seção IV
Da Confidencialidade
e suas Exceções

Art. 30. Toda e qualquer informação relativa ao procedimento de mediação será confidencial em relação a terceiros, não podendo ser revelada sequer em processo arbitral ou judicial salvo se as partes expressamente decidirem de forma diversa ou quando sua divulgação for exigida por lei ou necessária para cumprimento de acordo obtido pela mediação.

§ 1.º O dever de confidencialidade aplica-se ao mediador, às partes, a seus prepostos, advogados, assessores técnicos e a outras pessoas de sua confiança que tenham, direta ou indiretamente, participado do procedimento de mediação, alcançando:

I – declaração, opinião, sugestão, promessa ou proposta formulada por uma parte à outra na busca de entendimento para o conflito;

II – reconhecimento de fato por qualquer das partes no curso do procedimento de mediação;

III – manifestação de aceitação de proposta de acordo apresentada pelo mediador;

IV – documento preparado unicamente para os fins do procedimento de mediação.

§ 2.º A prova apresentada em desacordo com o disposto neste artigo não será admitida em processo arbitral ou judicial.

§ 3.º Não está abrigada pela regra de confidencialidade a informação relativa à ocorrência de crime de ação pública.

§ 4.º A regra da confidencialidade não afasta o dever de as pessoas discriminadas no *caput* prestarem informações à administração tributária após o termo final da mediação, aplicando-se aos seus servidores a obrigação de manterem sigilo das informações compartilhadas nos termos do art. 198 da Lei n. 5.172, de 25 de outubro de 1966 – Código Tributário Nacional.

• Dispõe o *caput* do art. 198 do CTN: "Sem prejuízo do disposto na legislação criminal, é vedada a divulgação, por parte da Fazenda Pública ou de seus servidores, de informação obtida em razão do ofício sobre a situação econômica ou financeira do sujeito passivo ou de terceiros e sobre a natureza e o estado de seus negócios ou atividades".

Art. 31. Será confidencial a informação prestada por uma parte em sessão privada, não podendo o mediador revelá-la às demais, exceto se expressamente autorizado.

Capítulo II
DA AUTOCOMPOSIÇÃO DE CONFLITOS EM QUE FOR PARTE PESSOA JURÍDICA DE DIREITO PÚBLICO

Seção I
Disposições Comuns

Art. 32. A União, os Estados, o Distrito Federal e os Municípios poderão criar câmaras de prevenção e resolução administrativa de conflitos, no âmbito dos respectivos órgãos da Advocacia Pública, onde houver, com competência para:

I – dirimir conflitos entre órgãos e entidades da administração pública;

II – avaliar a admissibilidade dos pedidos de resolução de conflitos, por meio de composição, no caso de controvérsia entre particular e pessoa jurídica de direito público;

III – promover, quando couber, a celebração de termo de ajustamento de conduta.

§ 1.º O modo de composição e funcionamento das câmaras de que trata o *caput* será estabelecido em regulamento de cada ente federado.

§ 2.º A submissão do conflito às câmaras de que trata o *caput* é facultativa e será cabível apenas nos casos previstos no regulamento do respectivo ente federado.

§ 3.º Se houver consenso entre as partes, o acordo será reduzido a termo e constituirá título executivo extrajudicial.

§ 4.º Não se incluem na competência dos órgãos mencionados no *caput* deste artigo as controvérsias que somente possam ser resolvidas por atos ou concessão de direitos sujeitos a autorização do Poder Legislativo.

§ 5.º Compreendem-se na competência das câmaras de que trata o *caput* a prevenção e a resolução de conflitos que envolvam equilíbrio econômico-financeiro de contratos celebrados pela administração com particulares.

Art. 33. Enquanto não forem criadas as câmaras de mediação, os conflitos poderão ser dirimidos nos termos do procedimento de mediação previsto na Subseção I da Seção III do Capítulo I desta Lei.

Parágrafo único. A Advocacia Pública da União, dos Estados, do Distrito Federal e dos Municípios, onde houver, poderá instaurar, de ofício ou mediante provocação, procedimento de mediação coletiva de conflitos relacionados à prestação de serviços públicos.

Art. 34. A instauração de procedimento administrativo para a resolução consensual de conflito no âmbito da administração pública suspende a prescrição.

§ 1.º Considera-se instaurado o procedimento quando o órgão ou entidade pública emitir juízo de admissibilidade, retroagindo a suspensão da prescrição à data de formalização do pedido de resolução consensual do conflito.

§ 2.º Em se tratando de matéria tributária, a suspensão da prescrição deverá observar o disposto na Lei n. 5.172, de 25 de outubro de 1966 – Código Tributário Nacional.

Seção II
Dos Conflitos Envolvendo a Administração Pública Federal Direta, suas Autarquias e Fundações

Art. 35. As controvérsias jurídicas que envolvam a administração pública federal direta, suas autarquias e fundações poderão ser objeto de transação por adesão, com fundamento em:

I – autorização do Advogado-Geral da União, com base na jurisprudência pacífica do Supremo Tribunal Federal ou de tribunais superiores; ou

II – parecer do Advogado-Geral da União, aprovado pelo Presidente da República.

§ 1.º Os requisitos e as condições da transação por adesão serão definidos em resolução administrativa própria.

§ 2.º Ao fazer o pedido de adesão, o interessado deverá juntar prova de atendimento aos requisitos e às condições estabelecidos na resolução administrativa.

§ 3.º A resolução administrativa terá efeitos gerais e será aplicada aos casos idênticos, tempestivamente habilitados mediante pedido de adesão, ainda que solucione apenas parte da controvérsia.

§ 4.º A adesão implicará renúncia do interessado ao direito sobre o qual se fundamenta a ação ou o recurso, eventualmente pendentes, de natureza administrativa ou judicial, no que tange aos pontos compreendidos pelo objeto da resolução administrativa.

§ 5.º Se o interessado for parte em processo judicial inaugurado por ação coletiva, a renúncia ao direito sobre o qual se fundamenta a ação deverá ser expressa, mediante petição dirigida ao juiz da causa.

§ 6.º A formalização de resolução administrativa destinada à transação por adesão não implica a renúncia tácita à prescrição nem sua interrupção ou suspensão.

Art. 36. No caso de conflitos que envolvam controvérsia jurídica entre órgãos ou entidades de direito público que integram a administração pública federal, a Advocacia-Geral da União deverá realizar composição extrajudicial do conflito, observados os procedimentos previstos em ato do Advogado-Geral da União.

§ 1.º Na hipótese do *caput*, se não houver acordo quanto à controvérsia jurídica, caberá ao Advogado-Geral da União dirimi-la, com fundamento na legislação afeta.

§ 2.º Nos casos em que a resolução da controvérsia implicar o reconhecimento da existência de créditos da União, de suas autarquias e fundações em face de pessoas jurídicas de direito público federais, a Advocacia-Geral da União poderá solicitar ao Ministério do Planejamento, Orçamento e Gestão a adequação orçamentária para quitação das dívidas reconhecidas como legítimas.

§ 3.º A composição extrajudicial do conflito não afasta a apuração de responsabilidade do agente público que deu causa à dívida, sempre que se verificar que sua ação ou omissão constitui, em tese, infração disciplinar.

§ 4.º Nas hipóteses em que a matéria objeto do litígio esteja sendo discutida em ação de improbidade administrativa ou sobre ela haja decisão do Tribunal de Contas da União, a conciliação de que trata o *caput* dependerá da anuência expressa do juiz da causa ou do Ministro Relator.

Art. 37. É facultado aos Estados, ao Distrito Federal e aos Municípios, suas autarquias e fundações públicas, bem como às empresas públicas e sociedades de economia mista federais, submeter seus litígios com órgãos ou entidades da administração pública federal à Advocacia-Geral da União, para fins de composição extrajudicial do conflito.

Art. 38. Nos casos em que a controvérsia jurídica seja relativa a tributos administrados pela Secretaria da Receita Federal do Brasil ou a créditos inscritos em dívida ativa da União:

I – não se aplicam as disposições dos incisos II e III do *caput* do art. 32;

II – as empresas públicas, sociedades de economia mista e suas subsidiárias que explorem atividade econômica de produção ou comercialização de bens ou de prestação de serviços em regime de concorrência não poderão exercer a faculdade prevista no art. 37;

III – quando forem partes as pessoas a que alude o *caput* do art. 36:

a) a submissão do conflito à composição extrajudicial pela Advocacia-Geral da União implica renúncia do direito de recorrer ao Conselho Administrativo de Recursos Fiscais;

b) a redução ou o cancelamento do crédito dependerá de manifestação conjunta do Advogado-Geral da União e do Ministro de Estado da Fazenda.

Parágrafo único. O disposto neste artigo não afasta a competência do Advogado-Geral da União prevista nos incisos VI, X e XI do art. 4.º da Lei Complementar n. 73, de 10 de fevereiro de 1993, e na Lei n. 9.469, de 10 de julho de 1997.

•• Parágrafo único com redação determinada pela Lei n. 13.327, de 29-7-2016.

Art. 39. A propositura de ação judicial em que figurem concomitantemente nos polos ativo e passivo órgãos ou entidades de direito público que integrem a administração pública federal deverá ser previamente autorizada pelo Advogado-Geral da União.

Art. 40. Os servidores e empregados públicos que participarem do processo de composição extrajudicial do conflito, somente poderão ser responsabilizados civil, administrativa ou criminalmente quando, mediante dolo ou fraude, receberem qualquer vantagem patrimonial indevida, permitirem ou facilitarem sua recepção por terceiro, ou para tal concorrerem.

Capítulo III
DISPOSIÇÕES FINAIS

Art. 41. A Escola Nacional de Mediação e Conciliação, no âmbito do Ministério da Justiça, poderá criar banco de dados sobre boas práticas em mediação, bem como manter relação de mediadores e de instituições de mediação.

Art. 42. Aplica-se esta Lei, no que couber, às outras formas consensuais de resolução de conflitos, tais como mediações comunitárias e escolares, e àquelas levadas a efeito nas serventias extrajudiciais, desde que no âmbito de suas competências.

Parágrafo único. A mediação nas relações de trabalho será regulada por lei própria.

Art. 43. Os órgãos e entidades da administração pública poderão criar câmaras para a resolução de conflitos entre particulares, que versem sobre atividades por eles reguladas ou supervisionadas.

Art. 46. A mediação poderá ser feita pela internet ou por outro meio de comunicação que permita a transação à distância, desde que as partes estejam de acordo.

Parágrafo único. É facultado à parte domiciliada no exterior submeter-se à mediação segundo as regras estabelecidas nesta Lei.

Estatuto da Pessoa com Deficiência

Art. 47. Esta Lei entra em vigor após decorridos cento e oitenta dias de sua publicação oficial.

Art. 48. Revoga-se o § 2.º do art. 6.º da Lei n. 9.469, de 10 de julho de 1997.

Brasília, 26 de junho de 2015; 194.º da Independência e 127.º da República.

Dilma Rousseff

LEI N. 13.146, DE 6 DE JULHO DE 2015 (*)

Institui a Lei Brasileira de Inclusão da Pessoa com Deficiência (Estatuto da Pessoa com Deficiência).

A Presidenta da República

Faço saber que o Congresso Nacional decreta e eu sanciono a seguinte Lei:

Livro I
PARTE GERAL

Título I
DISPOSIÇÕES PRELIMINARES

Capítulo I
DISPOSIÇÕES GERAIS

Art. 1.º É instituída a Lei Brasileira de Inclusão da Pessoa com Deficiência (Estatuto da Pessoa com Deficiência), destinada a assegurar e a promover, em condições de igualdade, o exercício dos direitos e das liberdades fundamentais por pessoa com deficiência, visando à sua inclusão social e cidadania.

(*) Publicada no *DOU*, de 7-7-2015. A Lei n. 7.853, de 24-10-1989, regulamentada pelo Decreto n. 3.298, de 20-12-1999, dispõe sobre apoio às pessoas portadoras de deficiência.

Art. 2.º Considera-se pessoa com deficiência aquela que tem impedimento de longo prazo de natureza física, mental, intelectual ou sensorial, o qual, em interação com uma ou mais barreiras, pode obstruir sua participação plena e efetiva na sociedade em igualdade de condições com as demais pessoas.

Capítulo II
DA IGUALDADE E DA NÃO DISCRIMINAÇÃO

•• A Lei n. 7.853, de 24-10-1989, dispõe sobre as penalidades aplicadas aos crimes praticados contra os portadores de deficiência.

Art. 4.º Toda pessoa com deficiência tem direito à igualdade de oportunidades com as demais pessoas e não sofrerá nenhuma espécie de discriminação.

§ 1.º Considera-se discriminação em razão da deficiência toda forma de distinção, restrição ou exclusão, por ação ou omissão, que tenha o propósito ou o efeito de prejudicar, impedir ou anular o reconhecimento ou o exercício dos direitos e das liberdades fundamentais de pessoa com deficiência, incluindo a recusa de adaptações razoáveis e de fornecimento de tecnologias assistivas.

§ 2.º A pessoa com deficiência não está obrigada à fruição de benefícios decorrentes de ação afirmativa.

Art. 5.º A pessoa com deficiência será protegida de toda forma de negligência, discriminação, exploração, violência, tortura, crueldade, opressão e tratamento desumano ou degradante.

Parágrafo único. Para os fins da proteção mencionada no *caput* deste artigo, são considerados especialmente vulneráveis a criança, o adolescente, a mulher e o idoso, com deficiência.

Art. 6.º A deficiência não afeta a plena capacidade civil da pessoa, inclusive para:

I – casar-se e constituir união estável;

II – exercer direitos sexuais e reprodutivos;

III – exercer o direito de decidir sobre o número de filhos e de ter acesso a informações adequadas sobre reprodução e planejamento familiar;

IV – conservar sua fertilidade, sendo vedada a esterilização compulsória;

V – exercer o direito à família e à convivência familiar e comunitária; e

VI – exercer o direito à guarda, à tutela, à curatela e à adoção, como adotante ou adotando, em igualdade de oportunidades com as demais pessoas.

•• *Vide* arts. 755, § 2.º, e 757 do CPC.

Art. 7.º É dever de todos comunicar à autoridade competente qualquer forma de ameaça ou de violação aos direitos da pessoa com deficiência.

Parágrafo único. Se, no exercício de suas funções, os juízes e os tribunais tiverem conhecimento de fatos que caracterizem as violações previstas nesta Lei, devem remeter peças ao Ministério Público para as providências cabíveis.

Seção Única
Do Atendimento Prioritário

Art. 9.º A pessoa com deficiência tem direito a receber atendimento prioritário, sobretudo com a finalidade de:

I – proteção e socorro em quaisquer circunstâncias;

II – atendimento em todas as instituições e serviços de atendimento ao público;

III – disponibilização de recursos, tanto humanos quanto tecnológicos, que garantam atendimento em igualdade de condições com as demais pessoas;

IV – disponibilização de pontos de parada, estações e terminais acessíveis de transporte coletivo de passageiros e garantia de segurança no embarque e no desembarque;

V – acesso a informações e disponibilização de recursos de comunicação acessíveis;

VI – recebimento de restituição de imposto de renda;

VII – tramitação processual e procedimentos judiciais e administrativos em que for parte ou interessada, em todos os atos e diligências.

§ 1.º Os direitos previstos neste artigo são extensivos ao acompanhante da pessoa com deficiência ou ao seu atendente pessoal, exceto quanto ao disposto nos incisos VI e VII deste artigo.

§ 2.º Nos serviços de emergência públicos e privados, a prioridade conferida por esta Lei é condicionada aos protocolos de atendimento médico.

Livro II
PARTE ESPECIAL

Título I
DO ACESSO À JUSTIÇA

Capítulo I
DISPOSIÇÕES GERAIS

Art. 79. O poder público deve assegurar o acesso da pessoa com deficiência à justiça, em igualdade de oportunidades com as demais pessoas, garantindo, sempre que requeridos, adaptações e recursos de tecnologia assistiva.

§ 1.º A fim de garantir a atuação da pessoa com deficiência em todo o processo judicial, o poder público deve capacitar os membros e os servidores que atuam no Poder Judiciário, no Ministério Público, na Defensoria Pública, nos órgãos de segurança pública e no sistema penitenciário quanto aos direitos da pessoa com deficiência.

§ 2.º Devem ser assegurados à pessoa com deficiência submetida a medida restritiva de liberdade todos os direitos e garantias a que fa-

Estatuto da Pessoa com Deficiência

zem jus os apenados sem deficiência, garantida a acessibilidade.

§ 3.º A Defensoria Pública e o Ministério Público tomarão as medidas necessárias à garantia dos direitos previstos nesta Lei.

Art. 80. Devem ser oferecidos todos os recursos de tecnologia assistiva disponíveis para que a pessoa com deficiência tenha garantido o acesso à justiça, sempre que figure em um dos polos da ação ou atue como testemunha, partícipe da lide posta em juízo, advogado, defensor público, magistrado ou membro do Ministério Público.

Parágrafo único. A pessoa com deficiência tem garantido o acesso ao conteúdo de todos os atos processuais de seu interesse, inclusive no exercício da advocacia.

Art. 81. Os direitos da pessoa com deficiência serão garantidos por ocasião da aplicação de sanções penais.

Art. 82. (*Vetado.*)

Art. 83. Os serviços notariais e de registro não podem negar ou criar óbices ou condições diferenciadas à prestação de seus serviços em razão de deficiência do solicitante, devendo reconhecer sua capacidade legal plena, garantida a acessibilidade.

Parágrafo único. O descumprimento do disposto no *caput* deste artigo constitui discriminação em razão de deficiência.

Capítulo II
DO RECONHECIMENTO IGUAL PERANTE A LEI

Art. 84. A pessoa com deficiência tem assegurado o direito ao exercício de sua capacidade legal em igualdade de condições com as demais pessoas.

§ 1.º Quando necessário, a pessoa com deficiência será submetida à curatela, conforme a lei.

§ 2.º É facultado à pessoa com deficiência a adoção de processo de tomada de decisão apoiada.

§ 3.º A definição de curatela de pessoa com deficiência constitui medida protetiva extraordinária, proporcional às necessidades e às circunstâncias de cada caso, e durará o menor tempo possível.

§ 4.º Os curadores são obrigados a prestar, anualmente, contas de sua administração ao juiz, apresentando o balanço do respectivo ano.

Art. 85. A curatela afetará tão somente os atos relacionados aos direitos de natureza patrimonial e negocial.

§ 1.º A definição da curatela não alcança o direito ao próprio corpo, à sexualidade, ao matrimônio, à privacidade, à educação, à saúde, ao trabalho e ao voto.

§ 2.º A curatela constitui medida extraordinária, devendo constar da sentença as razões e motivações de sua definição, preservados os interesses do curatelado.

§ 3.º No caso de pessoa em situação de institucionalização, ao nomear curador, o juiz deve dar preferência a pessoa que tenha vínculo de natureza familiar, afetiva ou comunitária com o curatelado.

Art. 86. Para emissão de documentos oficiais, não será exigida a situação de curatela da pessoa com deficiência.

Art. 87. Em casos de relevância e urgência e a fim de proteger os interesses da pessoa com deficiência em situação de curatela, será lícito ao juiz, ouvido o Ministério Público, de ofício ou a requerimento do interessado, nomear, desde logo, curador provisório, o qual estará sujeito, no que couber, às disposições do Código de Processo Civil.

•• *Vide* art. 749 do CPC.

Título III
DISPOSIÇÕES FINAIS E TRANSITÓRIAS

Art. 95. É vedado exigir o comparecimento de pessoa com deficiência perante os órgãos públicos quando seu deslocamento, em razão de sua limitação funcional e de condições de acessibilidade, imponha-lhe ônus desproporcional e indevido, hipótese na qual serão observados os seguintes procedimentos:

I – quando for de interesse do poder público, o agente promoverá o contato necessário com a pessoa com deficiência em sua residência;

II – quando for de interesse da pessoa com deficiência, ela apresentará solicitação de atendimento domiciliar ou fará representar-se por procurador constituído para essa finalidade.

Parágrafo único. É assegurado à pessoa com deficiência atendimento domiciliar pela perícia médica e social do Instituto Nacional do Seguro Social (INSS), pelo serviço público de saúde ou pelo serviço privado de saúde, contratado ou conveniado, que integre o SUS e pelas entidades da rede socioassistencial integrantes do Suas, quando seu deslocamento, em razão de sua limitação funcional e de condições de acessibilidade, imponha-lhe ônus desproporcional e indevido.

....

Art. 127. Esta Lei entra em vigor após decorridos 180 (cento e oitenta) dias de sua publicação oficial.

Brasília, 6 de julho de 2015; 194.º da Independência e 127.º da República.

Dilma Rousseff

LEI COMPLEMENTAR N. 151, DE 5 DE AGOSTO DE 2015 (*)

Altera a Lei Complementar n. 148, de 25 de novembro de 2014; revoga as Leis n. 10.819, de 16 de dezembro de 2003, e 11.429, de 26 de dezembro de 2006; e dá outras providências.

A Presidenta da República

Faço saber que o Congresso Nacional decreta e eu sanciono a seguinte Lei Complementar:

Art. 1.º A Lei Complementar n. 148, de 25 de novembro de 2014, passa a vigorar com as seguintes alterações:

....

Art. 2.º Os depósitos judiciais e administrativos em dinheiro referentes a processos judiciais ou administrativos, tributários ou não tributários, nos quais o Estado, o Distrito Federal ou os Municípios sejam parte, deverão ser efetuados em instituição financeira oficial federal, estadual ou distrital.

Art. 3.º A instituição financeira oficial transferirá para a conta única do Tesouro do Estado, do Distrito Federal ou do Município 70% (setenta por cento) do valor atualizado dos depósitos referentes aos processos judiciais e administrativos de que trata o art. 2.º, bem como os respectivos acessórios.

§ 1.º Para implantação do disposto no *caput* deste artigo, deverá ser instituído fundo de reserva destinado a garantir a restituição da parcela transferida ao Tesouro, observados os demais termos desta Lei Complementar.

§ 2.º A instituição financeira oficial tratará de forma segregada os depósitos judiciais e os depósitos administrativos.

§ 3.º O montante dos depósitos judiciais e administrativos não repassado ao Tesouro constituirá o fundo de reserva referido no § 1.º deste artigo, cujo saldo não poderá ser inferior a 30% (trinta por cento) do total dos depósitos de que trata o art. 2.º desta Lei Complementar, acrescidos da remuneração que lhes foi atribuída.

§ 4.º (*Vetado*.)

§ 5.º Os valores recolhidos ao fundo de reserva terão remuneração equivalente à taxa

---

(*) Publicada no *DOU*, de 6-8-2015.

Depósitos Judiciais

Lei Complementar n. 151, de 5-8-2015

referencial do Sistema Especial de Liquidação e de Custódia – SELIC para títulos federais.

§ 6.º Compete à instituição financeira gestora do fundo de reserva de que trata este artigo manter escrituração individualizada para cada depósito efetuado na forma do art. 2.º, discriminando:

I – o valor total do depósito, acrescido da remuneração que lhe foi originalmente atribuída; e

II – o valor da parcela do depósito mantido na instituição financeira, nos termos do § 3.º deste artigo, a remuneração que lhe foi originalmente atribuída e os rendimentos decorrentes do disposto no § 5.º deste artigo.

Art. 4.º A habilitação do ente federado ao recebimento das transferências referidas no art. 3.º é condicionada à apresentação ao órgão jurisdicional responsável pelo julgamento dos litígios aos quais se refiram os depósitos de termo de compromisso firmado pelo chefe do Poder Executivo que preveja:

I – a manutenção do fundo de reserva na instituição financeira responsável pelo repasse das parcelas ao Tesouro, observado o disposto no § 3.º do art. 3.º desta Lei Complementar;

II – a destinação automática ao fundo de reserva do valor correspondente à parcela dos depósitos judiciais mantida na instituição financeira nos termos do § 3.º do art. 3.º, condição esta a ser observada a cada transferência recebida na forma do art. 3.º desta Lei Complementar;

III – a autorização para a movimentação do fundo de reserva para os fins do disposto nos arts. 5.º e 7.º desta Lei Complementar; e

IV – a recomposição do fundo de reserva pelo ente federado, em até quarenta e oito horas, após comunicação da instituição financeira, sempre que o seu saldo estiver abaixo dos limites estabelecidos no § 3.º do art. 3.º desta Lei Complementar.

Art. 5.º A constituição do fundo de reserva e a transferência da parcela dos depósitos judiciais e administrativos acumulados até a data de publicação desta Lei Complementar, conforme dispõe o art. 3.º, serão realizadas pela instituição financeira em até quinze dias após a apresentação de cópia do termo de compromisso de que trata o art. 4.º.

§ 1.º Para identificação dos depósitos, cabe ao ente federado manter atualizada na instituição financeira a relação de inscrições no Cadastro Nacional da Pessoa Jurídica – CNPJ dos órgãos que integram a sua administração pública direta e indireta.

§ 2.º Realizada a transferência de que trata o *caput*, os repasses subsequentes serão efetuados em até dez dias após a data de cada depósito.

§ 3.º Em caso de descumprimento dos prazos estabelecidos no *caput* e no § 2.º deste artigo, a instituição financeira deverá transferir a parcela do depósito acrescida da taxa referencial do Selic para títulos federais mais multa de 0,33% (trinta e três centésimos por cento) por dia de atraso.

Art. 6.º São vedadas quaisquer exigências por parte do órgão jurisdicional ou da instituição financeira além daquelas estabelecidas nesta Lei Complementar.

Art. 7.º Os recursos repassados na forma desta Lei Complementar ao Estado, ao Distrito Federal ou ao Município, ressalvados os destinados ao fundo de reserva de que trata o § 3.º do art. 3.º, serão aplicados, exclusivamente, no pagamento de:

I – precatórios judiciais de qualquer natureza;

II – dívida pública fundada, caso a lei orçamentária do ente federativo preveja dotações suficientes para o pagamento da totalidade dos precatórios judiciais exigíveis no exercício e não remanesçam precatórios não pagos referentes aos exercícios anteriores;

III – despesas de capital, caso a lei orçamentária do ente federativo preveja dotações suficientes para o pagamento da totalidade dos precatórios judiciais exigíveis no exercício, não remanesçam precatórios não pagos referentes aos exercícios anteriores e o ente federado não conte com compromissos classificados como dívida pública fundada;

IV – recomposição dos fluxos de pagamento e do equilíbrio atuarial dos fundos de previdência referentes aos regimes próprios de cada ente federado, nas mesmas hipóteses do inciso III.

Parágrafo único. Independentemente das prioridades de pagamento estabelecidas no *caput* deste artigo, poderá o Estado, o Distrito Federal ou o Município utilizar até 10% (dez por cento) da parcela que lhe for transferida nos termos do *caput* do art. 3.º para constituição de Fundo Garantidor de PPPs ou de outros mecanismos de garantia previstos em lei, dedicados exclusivamente a investimentos de infraestrutura.

Art. 8.º Encerrado o processo litigioso com ganho de causa para o depositante, mediante ordem judicial ou administrativa, o valor do depósito efetuado nos termos desta Lei Complementar acrescido da remuneração que lhe foi originariamente atribuída será colocado à disposição do depositante pela instituição financeira responsável, no prazo de 3 (três) dias úteis, observada a seguinte composição:

I – a parcela que foi mantida na instituição financeira nos termos do § 3.º do art. 3.º acrescida da remuneração que lhe foi originalmente atribuída será de responsabilidade direta e imediata da instituição depositária; e

II – a diferença entre o valor referido no inciso I e o total devido ao depositante nos termos do *caput* será debitada do saldo existente no fundo de reserva de que trata o § 3.º do art. 3.º.

§ 1.º Na hipótese de o saldo do fundo de reserva após o débito referido no inciso II ser inferior ao valor mínimo estabelecido no § 3.º do art. 3.º, o ente federado será notificado para recompô-lo na forma do inciso IV do art. 4.º.

§ 2.º Na hipótese de insuficiência de saldo no fundo de reserva para o débito do montante devido nos termos do inciso II, a instituição financeira restituirá ao depositante o valor disponível no fundo acrescido do valor referido no inciso I.

§ 3.º Na hipótese referida no § 2.º deste artigo, a instituição financeira notificará a autoridade expedidora da ordem de liberação do depósito, informando a composição detalhada dos valores liberados, sua atualização monetária, a parcela efetivamente disponibilizada em favor do depositante e o saldo a ser pago depois de efetuada a recomposição prevista no § 1.º deste artigo.

Art. 9.º Nos casos em que o ente federado não recompuser o fundo de reserva até o saldo mínimo referido no § 3.º do art. 3.º, será suspenso o repasse das parcelas referentes a novos depósitos até a regularização do saldo.

Parágrafo único. Sem prejuízo do disposto no *caput*, na hipótese de descumprimento por três vezes da obrigação referida no inciso IV do art. 4.º, será o ente federado excluído da sistemática de que trata esta Lei Complementar.

Art. 10. Encerrado o processo litigioso com ganho de causa para o ente federado, ser-lhe-á transferida a parcela do depósito mantida na instituição financeira nos termos do § 3.º do art. 3.º acrescida da remuneração que lhe foi originalmente atribuída.

§ 1.º O saque da parcela de que trata o *caput* deste artigo somente poderá ser realizado até o limite máximo do qual não resulte saldo inferior ao mínimo exigido no § 3.º do art. 3.º.

§ 2.º Na situação prevista no *caput*, serão transformados em pagamento definitivo, total ou parcial, proporcionalmente à exigência tributária ou não tributária, conforme o caso, inclusive seus acessórios, os valores depositados na forma do *caput* do art. 2.º acrescidos da remuneração que lhes foi originariamente atribuída.

Art. 11. O Poder Executivo de cada ente federado estabelecerá regras de procedimentos, inclusive orçamentários, para a execução do disposto nesta Lei Complementar.

Art. 12. Esta Lei Complementar entra em

Ação de Indisponibilidade de Bens — Lei n. 13.170, de 16-10-2015

vigor na data de sua publicação.

Art. 13. Ficam revogadas as Leis n. 10.819, de 16 de dezembro de 2003, e 11.429, de 26 de dezembro de 2006.

Brasília, 5 de agosto de 2015; 194.º da Independência e 127.º da República.

DILMA ROUSSEFF

LEI N. 13.170, DE 16 DE OUTUBRO DE 2015 (*)

Disciplina a ação de indisponibilidade de bens, direitos ou valores em decorrência de resolução do Conselho de Segurança das Nações Unidas – CSNU.

A Presidenta da República

Faço saber que o Congresso Nacional decreta e eu sanciono a seguinte Lei:

Capítulo I
DISPOSIÇÕES GERAIS

Art. 1.º Esta Lei dispõe sobre a ação de indisponibilidade de bens, valores e direitos de posse ou propriedade e de todos os demais direitos, reais ou pessoais, de titularidade, direta ou indireta, das pessoas físicas ou jurídicas submetidas a esse tipo de sanção por resoluções do Conselho de Segurança das Nações Unidas – CSNU.

§ 1.º A ação de que trata esta Lei decorre do ato que incorporar ao ordenamento jurídico nacional a resolução do CSNU.

§ 2.º A declaração de indisponibilidade de bens, valores e direitos implicará a nulidade de quaisquer atos de disposição, ressalvados os direitos de terceiro de boa-fé.

§ 3.º Os recursos declarados indisponíveis poderão ser parcialmente liberados para o pagamento de despesas pessoais necessárias à subsistência do interessado e de sua família, para a garantia dos direitos individuais assegurados pela Constituição Federal ou para o cumprimento de disposições previstas em resoluções do CSNU.

§ 4.º As disposições desta Lei poderão ser usadas para atender a demandas de cooperação jurídica internacional advindas de outras jurisdições, em conformidade com a legislação nacional vigente.

Art. 2.º Os órgãos e as entidades fiscalizadores ou reguladores adotarão imediatamente as providências necessárias ao cumprimento das ordens judiciais relativas à indisponibilidade de bens, valores e direitos de que trata esta Lei perante as instituições e pessoas físicas sujeitas à sua regulação e à sua supervisão.

§ 1.º Para efeito do disposto neste artigo, consideram-se instituições sujeitas à regulação e à supervisão as instituições a que se refere o art. 9.º da Lei n. 9.613, de 3 de março de 1998.

•• A Lei n. 9.613, de 3-3-1998, dispõe sobre os crimes de "lavagem" ou ocultação de bens, direitos e valores.

§ 2.º As medidas previstas neste artigo também deverão ser adotadas, no que couber, pelas Corregedorias de Justiça dos Estados e do Distrito Federal, pela Agência Nacional de Aviação Civil – ANAC, pelo Departamento Nacional de Trânsito – DENATRAN, pelas Capitanias dos Portos, pela Agência Nacional de Telecomunicações – ANATEL e por outros órgãos de registro público competentes.

§ 3.º Os órgãos e as entidades fiscalizadores ou reguladores a que se refere o *caput* poderão, no âmbito das suas competências, editar as normas necessárias ao cumprimento das disposições desta Lei.

Art. 3.º O Ministério da Justiça comunicará ao Ministério das Relações Exteriores as providências adotadas no território nacional para cumprimento das sanções impostas por resoluções do CSNU.

(*) Publicada no *DOU*, de 19-10-2015.

Parágrafo único. O Ministério das Relações Exteriores comunicará ao CSNU as providências adotadas para o cumprimento das sanções a que se refere o *caput*.

Capítulo II
DO PROCEDIMENTO E DA ADMINISTRAÇÃO DO BLOQUEIO

Art. 4.º Incorporada a resolução do CSNU, o Ministério da Justiça comunicará à Advocacia-Geral da União que proporá, no prazo de vinte e quatro horas, ação de indisponibilidade de bens, valores e direitos.

Parágrafo único. Proposta a ação, que tramitará sob segredo de justiça, a Advocacia-Geral da União comunicará ao Ministério da Justiça.

Art. 5.º Recebida a petição inicial, o juiz decidirá a tutela provisória no prazo de vinte e quatro horas.

§ 1.º Executadas as medidas, o juiz determinará a intimação do interessado para, em dez dias, apresentar razões de fato e de direito que possam levar ao convencimento de que o bloqueio foi efetivado irregularmente.

§ 2.º O juiz comunicará imediatamente a todas as entidades previstas no art. 2.º, sem prejuízo de outras indicadas pelo autor, para que procedam ao imediato bloqueio dos bens, valores e direitos por elas identificados.

§ 3.º Efetivado o bloqueio, as instituições e pessoas físicas responsáveis deverão comunicar o fato, de imediato, ao órgão ou entidade fiscalizador ou regulador da sua atividade, ao juiz que determinou a medida, à Advocacia-Geral da União e ao Ministério da Justiça.

Art. 6.º Será procedida a alienação antecipada dos bens declarados indisponíveis para preservação do seu valor sempre que estes estiverem sujeitos a qualquer grau de deterioração ou depreciação ou quando houver dificuldade para sua manutenção.

§ 1.º O interessado será intimado da avaliação dos bens para, querendo, manifestar-se no prazo de dez dias.

§ 2.º Feita a avaliação e dirimidas eventuais divergências sobre o valor atribuído aos bens, será determinada a sua alienação em leilão ou pregão, preferencialmente eletrônico, por valor não inferior a 75% (setenta e cinco por cento) do valor atribuído pela avaliação.

§ 3.º Realizado o leilão ou pregão, a quantia apurada será depositada em conta bancária remunerada.

§ 4.º Serão deduzidos da quantia apurada no leilão ou pregão os tributos e multas incidentes sobre o bem alienado.

Art. 7.º Será designada pessoa qualificada para a administração, guarda ou custódia dos bens, valores e direitos bloqueados, quando necessário.

§ 1.º Aplicam-se à pessoa designada, no que couber, as disposições legais relativas ao administrador judicial.

§ 2.º Tratando-se de ativos financeiros, a sua administração caberá às instituições em que se encontrem, incidindo o bloqueio também dos juros e quaisquer outros frutos civis e rendimentos decorrentes do contrato.

Art. 8.º Será decretado o perdimento definitivo dos bens, valores e direitos em virtude de decisão condenatória transitada em julgado, em processo nacional ou estrangeiro.

Parágrafo único. A decisão transitada em julgado em processo estrangeiro que decretar o perdimento definitivo de bens ficará sujeita à homologação pelo Superior Tribunal de Justiça, nos termos da alínea *i* do inciso I do art. 105 da Constituição Federal.

Art. 9.º Em caso de expiração ou revogação da sanção pelo CSNU, a União solicitará imediatamente ao juiz o levantamento dos bens, valores ou direitos.

§ 1.º Para efeitos do disposto neste artigo, considera-se também como revogação da sanção a comunicação oficial emitida pelo Ministério das Relações Exteriores de que o nome de pessoa física ou jurídica foi excluído das resoluções do CSNU.

Direito de Resposta

§ 2.º A efetivação do desbloqueio dos bens, valores ou direitos será comunicada imediatamente à autoridade judicial competente pelas instituições e pessoas físicas responsáveis.

Capítulo III
DAS DESIGNAÇÕES NACIONAIS

Art. 10. O juiz providenciará a imediata intimação da União quanto ao cumprimento do disposto nos arts. 5.º, 7.º, 8.º e 9.º desta Lei, bem como de sentenças condenatórias relacionadas à prática de atos terroristas.

Parágrafo único. O Ministério da Justiça transmitirá o rol das informações de que trata o *caput* ao Ministério das Relações Exteriores, para que sejam encaminhadas ao CSNU, quando necessário.

Capítulo IV
DISPOSIÇÕES FINAIS

Art. 11. Aplicam-se ao disposto nesta Lei, subsidiariamente, as normas do Código de Processo Civil.

Art. 12. Esta Lei entra em vigor após decorridos noventa dias de sua publicação oficial.

Brasília, 16 de outubro de 2015; 194.º da Independência e 127.º da República.

DILMA ROUSSEFF

LEI N. 13.188, DE 11 DE NOVEMBRO DE 2015 (*)

Dispõe sobre o direito de resposta ou retificação do ofendido em matéria divulgada, publicada ou transmitida por veículo de comunicação social.

(*) Publicada no *DOU*, de 12-11-2015.

Lei n. 13.188, de 11-11-2015

A Presidenta da República

Faço saber que o Congresso Nacional decreta e eu sanciono a seguinte Lei:

Art. 1.º Esta Lei disciplina o exercício do direito de resposta ou retificação do ofendido em matéria divulgada, publicada ou transmitida por veículo de comunicação social.

•• *Vide* art. 5.º, V, IX e X, da CF.

Art. 2.º Ao ofendido em matéria divulgada, publicada ou transmitida por veículo de comunicação social é assegurado o direito de resposta ou retificação, gratuito e proporcional ao agravo.

•• *Vide* art. 5.º, V, IX e X, da CF.

§ 1.º Para os efeitos desta Lei, considera-se matéria qualquer reportagem, nota ou notícia divulgada por veículo de comunicação social, independentemente do meio ou da plataforma de distribuição, publicação ou transmissão que utilize, cujo conteúdo atente, ainda que por equívoco de informação, contra a honra, a intimidade, a reputação, o conceito, o nome, a marca ou a imagem de pessoa física ou jurídica identificada ou passível de identificação.

§ 2.º São excluídos da definição de matéria estabelecida no § 1.º deste artigo os comentários realizados por usuários da internet nas páginas eletrônicas dos veículos de comunicação social.

§ 3.º A retratação ou retificação espontânea, ainda que a elas sejam conferidos os mesmos destaque, publicidade, periodicidade e dimensão do agravo, não impedem o exercício do direito de resposta pelo ofendido nem prejudicam a ação de reparação por dano moral.

Art. 3.º O direito de resposta ou retificação deve ser exercido no prazo decadencial de 60 (sessenta) dias, contado da data de cada divulgação, publicação ou transmissão da matéria ofensiva, mediante correspondência com aviso de recebimento encaminhada diretamente ao veículo de comunicação social ou, inexistindo pessoa jurídica constituída, a quem por ele responda, independentemente de quem seja o responsável intelectual pelo agravo.

§ 1.º O direito de resposta ou retificação poderá ser exercido, de forma individualizada, em face de todos os veículos de comunicação social que tenham divulgado, publicado, republicado, transmitido ou retransmitido o agravo original.

§ 2.º O direito de resposta ou retificação poderá ser exercido, também, conforme o caso:

I – pelo representante legal do ofendido incapaz ou da pessoa jurídica;

II – pelo cônjuge, descendente, ascendente ou irmão do ofendido que esteja ausente do País ou tenha falecido depois do agravo, mas antes de decorrido o prazo de decadência do direito de resposta ou retificação.

§ 3.º No caso de divulgação, publicação ou transmissão continuada e ininterrupta da mesma matéria ofensiva, o prazo será contado da data em que se iniciou o agravo.

Art. 4.º A resposta ou retificação atenderá, quanto à forma e à duração, ao seguinte:

I – praticado o agravo em mídia escrita ou na internet, terá a resposta ou retificação o destaque, a publicidade, a periodicidade e a dimensão da matéria que a ensejou;

II – praticado o agravo em mídia televisiva, terá a resposta ou retificação o destaque, a publicidade, a periodicidade e a duração da matéria que a ensejou;

III – praticado o agravo em mídia radiofônica, terá a resposta ou retificação o destaque, a publicidade, a periodicidade e a duração da matéria que a ensejou.

§ 1.º Se o agravo tiver sido divulgado, publicado, republicado, transmitido ou retransmitido em mídia escrita ou em cadeia de rádio ou televisão para mais de um Município ou Estado, será conferido proporcional alcance à divulgação da resposta ou retificação.

§ 2.º O ofendido poderá requerer que a resposta ou retificação seja divulgada, publicada ou transmitida nos mesmos espaço, dia da semana e horário do agravo.

§ 3.º A resposta ou retificação cuja divulgação, publicação ou transmissão não obedeça ao disposto nesta Lei é considerada inexistente.

§ 4.º Na delimitação do agravo, deverá ser considerado o contexto da informação ou matéria que gerou a ofensa.

Art. 5.º Se o veículo de comunicação social ou quem por ele responda não divulgar, publicar ou transmitir a resposta ou retificação no prazo de 7 (sete) dias, contado do recebimento do respectivo pedido, na forma do art. 3.º, restará caracterizado o interesse jurídico para a propositura de ação judicial.

§ 1.º É competente para conhecer do feito o juízo do domicílio do ofendido ou, se este assim o preferir, aquele do lugar onde o agravo tenha apresentado maior repercussão.

§ 2.º A ação de rito especial de que trata esta Lei será instruída com as provas do agravo e do pedido de resposta ou retificação não atendido, bem como com o texto da resposta ou retificação a ser divulgado, publicado ou transmitido, sob pena de inépcia da inicial, e processada no prazo máximo de 30 (trinta) dias, vedados:

I – a cumulação de pedidos;

II – a reconvenção;

III – o litisconsórcio, a assistência e a intervenção de terceiros.

§ 3.º (*Vetado.*)

Art. 6.º Recebido o pedido de resposta ou retificação, o juiz, dentro de 24 (vinte e quatro) horas, mandará citar o responsável pelo veículo de comunicação social para que:

I – em igual prazo, apresente as razões pelas quais não o divulgou, publicou ou transmitiu;

II – no prazo de 3 (três) dias, ofereça contestação.

Parágrafo único. O agravo consistente em injúria não admitirá a prova da verdade.

Art. 7.º O juiz, nas 24 (vinte e quatro) horas seguintes à citação, tenha ou não se manifestado o responsável pelo veículo de comunicação,

Direito de Resposta

Lei n. 13.188, de 11-11-2015

conhecerá do pedido e, havendo prova capaz de convencer sobre a verossimilhança da alegação ou justificado receio de ineficácia do provimento final, fixará desde logo as condições e a data para a veiculação, em prazo não superior a 10 (dez) dias, da resposta ou retificação.

§ 1.º Se o agravo tiver sido divulgado ou publicado por veículo de mídia impressa cuja circulação seja periódica, a resposta ou retificação será divulgada na edição seguinte à da ofensa ou, ainda, excepcionalmente, em edição extraordinária, apenas nos casos em que o prazo entre a ofensa e a próxima edição indique desproporcionalidade entre a ofensa e a resposta ou retificação.

§ 2.º A medida antecipatória a que se refere o *caput* deste artigo poderá ser reconsiderada ou modificada a qualquer momento, em decisão fundamentada.

§ 3.º O juiz poderá, a qualquer tempo, impor multa diária ao réu, independentemente de pedido do autor, bem como modificar-lhe o valor ou a periodicidade, caso verifique que se tornou insuficiente ou excessiva.

§ 4.º Para a efetivação da tutela específica de que trata esta Lei, poderá o juiz, de ofício ou mediante requerimento, adotar as medidas cabíveis para o cumprimento da decisão.

Art. 8.º Não será admitida a divulgação, publicação ou transmissão de resposta ou retificação que não tenha relação com as informações contidas na matéria a que pretende responder nem se enquadre no § 1.º do art. 2.º desta Lei.

Art. 9.º O juiz prolatará a sentença no prazo máximo de 30 (trinta) dias, contado do ajuizamento da ação, salvo na hipótese de conversão do pedido em reparação por perdas e danos.

Parágrafo único. As ações judiciais destinadas a garantir a efetividade do direito de resposta ou retificação previsto nesta Lei processam-se durante as férias forenses e não se suspendem pela superveniência delas.

Art. 10. Das decisões proferidas nos processos submetidos ao rito especial estabelecido nesta Lei, poderá ser concedido efeito suspensivo pelo tribunal competente, desde que constatadas, em juízo colegiado prévio, a plausibilidade do direito invocado e a urgência na concessão da medida.

Art. 11. A gratuidade da resposta ou retificação divulgada pelo veículo de comunicação, em caso de ação temerária, não abrange as custas processuais nem exime o autor do ônus da sucumbência.

Parágrafo único. Incluem-se entre os ônus da sucumbência os custos com a divulgação, publicação ou transmissão da resposta ou retificação, caso a decisão judicial favorável ao autor seja reformada em definitivo.

Art. 12. Os pedidos de reparação ou indenização por danos morais, materiais ou à imagem serão deduzidos em ação própria, salvo se o autor, desistindo expressamente da tutela específica de que trata esta Lei, os requerer, caso em que o processo seguirá pelo rito ordinário.

§ 1.º O ajuizamento de ação cível ou penal contra o veículo de comunicação ou seu responsável com fundamento na divulgação, publicação ou transmissão ofensiva não prejudica o exercício administrativo ou judicial do direito de resposta ou retificação previsto nesta Lei.

§ 2.º A reparação ou indenização dar-se-á sem prejuízo da multa a que se refere o § 3.º do art. 7.º.

Art. 14. Esta Lei entra em vigor na data de sua publicação.

Brasília, 11 de novembro de 2015; 194.º da Independência e 127.º da República.

Dilma Rousseff

LEI N. 13.300, DE 23 DE JUNHO DE 2016 (*)

Disciplina o processo e o julgamento dos mandados de injunção individual e coletivo e dá outras providências.

O Vice-Presidente da República, no exercício do cargo de Presidente da República

Faço saber que o Congresso Nacional decreta e eu sanciono a seguinte Lei:

Art. 1.º Esta Lei disciplina o processo e o julgamento dos mandados de injunção individual e coletivo, nos termos do inciso LXXI do art. 5.º da Constituição Federal.

Art. 2.º Conceder-se-á mandado de injunção sempre que a falta total ou parcial de norma regulamentadora torne inviável o exercício dos direitos e liberdades constitucionais e das prerrogativas inerentes à nacionalidade, à soberania e à cidadania.

Parágrafo único. Considera-se parcial a regulamentação quando forem insuficientes as normas editadas pelo órgão legislador competente.

Art. 3.º São legitimados para o mandado de injunção, como impetrantes, as pessoas naturais ou jurídicas que se afirmam titulares dos direitos, das liberdades ou das prerrogativas referidos no art. 2.º e, como impetrado, o Poder, o órgão ou a autoridade com atribuição para editar a norma regulamentadora.

Art. 4.º A petição inicial deverá preencher os requisitos estabelecidos pela lei processual e indicará, além do órgão impetrado, a pessoa jurídica que ele integra ou aquela a que está vinculado.

•• *Vide* arts. 319 a 331 do CPC, que dispõem sobre petição inicial.

(*) Publicada no *DOU*, de 24-6-2016.

§ 1.º Quando não for transmitida por meio eletrônico, a petição inicial e os documentos que a instruem serão acompanhados de tantas vias quantos forem os impetrados.

§ 2.º Quando o documento necessário à prova do alegado encontrar-se em repartição ou estabelecimento público, em poder de autoridade ou de terceiro, havendo recusa em fornecê-lo por certidão, no original, ou em cópia autêntica, será ordenada, a pedido do impetrante, a exibição do documento no prazo de 10 (dez) dias, devendo, nesse caso, ser juntada cópia à segunda via da petição.

§ 3.º Se a recusa em fornecer o documento for do impetrado, a ordem será feita no próprio instrumento da notificação.

Art. 5.º Recebida a petição inicial, será ordenada:

I – a notificação do impetrado sobre o conteúdo da petição inicial, devendo-lhe ser enviada a segunda via apresentada com as cópias dos documentos, a fim de que, no prazo de 10 (dez) dias, preste informações;

II – a ciência do ajuizamento da ação ao órgão de representação judicial da pessoa jurídica interessada, devendo-lhe ser enviada cópia da petição inicial, para que, querendo, ingresse no feito.

Art. 6.º A petição inicial será desde logo indeferida quando a impetração for manifestamente incabível ou manifestamente improcedente.

•• *Vide* arts. 330 e 331 do CPC, que tratam sobre o indeferimento da petição inicial.

Parágrafo único. Da decisão de relator que indeferir a petição inicial, caberá agravo, em 5 (cinco) dias, para o órgão colegiado competente para o julgamento da impetração.

Art. 7.º Findo o prazo para apresentação das informações, será ouvido o Ministério Público, que opinará em 10 (dez) dias, após o que, com ou sem parecer, os autos serão conclusos para decisão.

Mandado de Injunção
Lei n. 13.300, de 23-6-2016

Art. 8.º Reconhecido o estado de mora legislativa, será deferida a injunção para:

I – determinar prazo razoável para que o impetrado promova a edição da norma regulamentadora;

II – estabelecer as condições em que se dará o exercício dos direitos, das liberdades ou das prerrogativas reclamados ou, se for o caso, as condições em que poderá o interessado promover ação própria visando a exercê-los, caso não seja suprida a mora legislativa no prazo determinado.

Parágrafo único. Será dispensada a determinação a que se refere o inciso I do *caput* quando comprovado que o impetrado deixou de atender, em mandado de injunção anterior, ao prazo estabelecido para a edição da norma.

Art. 9.º A decisão terá eficácia subjetiva limitada às partes e produzirá efeitos até o advento da norma regulamentadora.

§ 1.º Poderá ser conferida eficácia *ultra partes* ou *erga omnes* à decisão, quando isso for inerente ou indispensável ao exercício do direito, da liberdade ou da prerrogativa objeto da impetração.

•• *Vide* art. 13, caput, desta Lei.

§ 2.º Transitada em julgado a decisão, seus efeitos poderão ser estendidos aos casos análogos por decisão monocrática do relator.

§ 3.º O indeferimento do pedido por insuficiência de prova não impede a renovação da impetração fundada em outros elementos probatórios.

•• *Vide* arts. 369 a 484 do CPC, que dispõem sobre provas.

Art. 10. Sem prejuízo dos efeitos já produzidos, a decisão poderá ser revista, a pedido de qualquer interessado, quando sobrevierem relevantes modificações das circunstâncias de fato ou de direito.

Parágrafo único. A ação de revisão observará, no que couber, o procedimento estabelecido nesta Lei.

Art. 11. A norma regulamentadora superveniente produzirá efeitos *ex nunc* em relação aos beneficiados por decisão transitada em julgado, salvo se a aplicação da norma editada lhes for mais favorável.

Parágrafo único. Estará prejudicada a impetração se a norma regulamentadora for editada antes da decisão, caso em que o processo será extinto sem resolução de mérito.

Art. 12. O mandado de injunção coletivo pode ser promovido:

I – pelo Ministério Público, quando a tutela requerida for especialmente relevante para a defesa da ordem jurídica, do regime democrático ou dos interesses sociais ou individuais indisponíveis;

•• *Vide* art. 129 da CF.

II – por partido político com representação no Congresso Nacional, para assegurar o exercício de direitos, liberdades e prerrogativas de seus integrantes ou relacionados com a finalidade partidária;

III – por organização sindical, entidade de classe ou associação legalmente constituída e em funcionamento há pelo menos 1 (um) ano, para assegurar o exercício de direitos, liberdades e prerrogativas em favor da totalidade ou de parte de seus membros ou associados, na forma de seus estatutos e desde que pertinentes a suas finalidades, dispensada, para tanto, autorização especial;

•• Das Organizações Sindicais na CLT: arts. 511 a 610.

IV – pela Defensoria Pública, quando a tutela requerida for especialmente relevante para a promoção dos direitos humanos e a defesa dos direitos individuais e coletivos dos necessitados, na forma do inciso LXXIV do art. 5.º da Constituição Federal.

•• Defensoria Pública: *vide* Lei Complementar n. 80, de 12-1-1994.

Parágrafo único. Os direitos, as liberdades e as prerrogativas protegidos por mandado de injunção coletivo são os pertencentes, indistintamente, a uma coletividade indeterminada de pessoas ou determinada por grupo, classe ou categoria.

Art. 13. No mandado de injunção coletivo, a sentença fará coisa julgada limitadamente às pessoas integrantes da coletividade, do grupo, da classe ou da categoria substituídos pelo impetrante, sem prejuízo do disposto nos §§ 1.º e 2.º do art. 9.º.

Parágrafo único. O mandado de injunção coletivo não induz litispendência em relação aos individuais, mas os efeitos da coisa julgada não beneficiarão o impetrante que não requerer a desistência da demanda individual no prazo de 30 (trinta) dias a contar da ciência comprovada da impetração coletiva.

Art. 14. Aplicam-se subsidiariamente ao mandado de injunção as normas do mandado de segurança, disciplinado pela Lei n. 12.016, de 7 de agosto de 2009, e do Código de Processo Civil, instituído pela Lei n. 5.869, de 11 de janeiro de 1973, e pela Lei n. 13.105, de 16 de março de 2015, observado o disposto em seus arts. 1.045 e 1.046.

Art. 15. Esta Lei entra em vigor na data de sua publicação.

Brasília, 23 de junho de 2016; 195.º da Independência e 128.º da República.

Michel Temer

Súmulas do Supremo Tribunal Federal (*)

•• *As Súmulas aqui constantes (até a de n. 620) foram promulgadas antes da CF, que mudou a competência do STF.*

23. Verificados os pressupostos legais para o licenciamento da obra, não o impede a declaração de utilidade pública para desapropriação do imóvel, mas o valor da obra não se incluirá na indenização quando a desapropriação for efetivada.(*)

35. Em caso de acidente do trabalho ou de transporte, a concubina tem direito de ser indenizada pela morte do amásio, se entre eles não havia impedimento para o matrimônio.

40. A elevação da entrância da comarca não promove automaticamente o juiz, mas não interrompe o exercício de suas funções na mesma comarca.

41. Juízes preparadores ou substitutos não têm direito aos vencimentos da atividade fora dos períodos de exercício.

42. É legítima a equiparação de juízes do Tribunal de Contas, em direitos e garantias, aos membros do Poder Judiciário.

72. No julgamento de questão constitucional, vinculada a decisão do Tribunal Superior Eleitoral, não estão impedidos os ministros do Supremo Tribunal Federal que ali tenham funcionado no mesmo processo ou no processo originário.

80. Para a retomada de prédio situado fora do domicílio do locador, exige-se a prova da necessidade.

101. O mandado de segurança não substitui a ação popular.

112. O imposto de transmissão *causa mortis* é devido pela alíquota vigente ao tempo da abertura da sucessão.

113. O imposto de transmissão *causa mortis* é calculado sobre o valor dos bens na data da avaliação.

114. O imposto de transmissão *causa mortis* não é exigível antes da homologação do cálculo.

115. Sobre os honorários do advogado contratado pelo inventariante, com a homologação do juiz, não incide o imposto de transmissão *causa mortis*.

116. Em desquite ou inventário, é legítima a cobrança do chamado imposto de reposição quando houver desigualdade nos valores partilhados.

147. A prescrição de crime falimentar começa a correr da data em que deveria estar encerrada a falência, ou do trânsito em julgado da sentença que a encerrar ou que julgar cumprida a concordata.

(*) De acordo com o art. 8.º da Emenda Constitucional n. 45, de 8-12-2004 (Reforma do Judiciário), as atuais súmulas do STF somente produzirão efeito vinculante após sua confirmação por dois terços de seus integrantes e publicação na imprensa oficial. A Resolução n. 388, de 5-12-2008, disciplina o processamento de proposta de edição, revisão e cancelamento de súmulas.

Súmulas do STF

149. É imprescritível a ação de investigação de paternidade, mas não o é a de petição de herança.

150. Prescreve a execução no mesmo prazo de prescrição da ação.

151. Prescreve em 1 (um) ano a ação do segurador sub-rogado para haver indenização por extravio ou perda de carga transportada por navio.

153. Simples protesto cambiário não interrompe a prescrição.

> •• O art. 202, III, do CC estabelece: "Art. 202. A interrupção da prescrição, que somente poderá ocorrer uma vez, dar-se-á: ... III – por protesto cambial...".

154. Simples vistoria não interrompe a prescrição.

157. É necessária prévia autorização do Presidente da República para desapropriação, pelos Estados, de empresa de energia elétrica.

158. Salvo estipulação contratual averbada no Registro Imobiliário, não responde o adquirente pelas benfeitorias do locatário.

164. No processo de desapropriação, são devidos juros compensatórios desde a antecipada imissão de posse ordenada pelo juiz por motivo de urgência.

166. É inadmissível o arrependimento no compromisso de compra e venda sujeito ao regime do Decreto-lei n. 58, de 10 de dezembro de 1937.

167. Não se aplica o regime do Decreto-lei n. 58, de 10 de dezembro de 1937, ao compromisso de compra e venda não inscrito no Registro Imobiliário, salvo se o promitente vendedor se obrigou a efetuar o registro.

168. Para os efeitos do Decreto-lei n. 58, de 10 de dezembro de 1937, admite-se a inscrição imobiliária do compromisso de compra e venda no curso da ação.

173. Em caso de obstáculo judicial admite-se a purga da mora, pelo locatário, além do prazo legal.

174. Para a retomada do imóvel alugado, não é necessária a comprovação dos requisitos legais na notificação prévia.

175. Admite-se a retomada de imóvel alugado, para uso de filho que vai contrair matrimônio.

177. O cessionário do promitente comprador, nas mesmas condições deste, pode retomar o imóvel locado.

185. Em processo de reajustamento pecuário, não responde a União pelos honorários do advogado do credor ou do devedor.

188. O segurador tem ação regressiva contra o causador do dano, pelo que efetivamente pagou, até o limite previsto no contrato de seguro.

193. Para a restituição prevista no art. 76, § 2.º, da Lei de Falências, conta-se o prazo de 15 (quinze) dias da entrega da coisa e não da sua remessa.

> •• Vide art. 85, parágrafo único, da Lei n. 11.101, de 9-2-2005 (Lei de Falências e Recuperação de Empresas).

227. A concordata do empregador não impede a execução de crédito nem a reclamação de empregado na Justiça do Trabalho.

229. A indenização acidentária não exclui a do direito comum, em caso de dolo ou culpa grave do empregador.

231. O revel, em processo cível, pode produzir provas desde que compareça em tempo oportuno.

233. Salvo em caso de divergência qualificada (Lei n. 623, de 1949), não cabe recurso de embargos contra decisão que nega provimento a agravo ou não conhece de recurso extraordinário, ainda que por maioria de votos.

Súmulas do STF

234. São devidos honorários de advogado em ação de acidente do trabalho julgada procedente.

236. Em ação de acidente do trabalho, a autarquia seguradora não tem isenção de custas.

237. O usucapião pode ser arguido em defesa.

239. Decisão que declara indevida a cobrança do imposto em determinado exercício não faz coisa julgada em relação aos posteriores.

247. O relator não admitirá os embargos da Lei n. 623, de 19 de fevereiro de 1949, nem deles conhecerá o Supremo Tribunal Federal, quando houver jurisprudência firme do plenário no mesmo sentido da decisão embargada.

248. É competente originariamente o Supremo Tribunal Federal, para mandado de segurança contra ato do Tribunal de Contas da União.

249. É competente o Supremo Tribunal Federal para a ação rescisória quando, embora não tendo conhecido do recurso extraordinário, ou havendo negado provimento a agravo, tiver apreciado a questão federal controvertida.

251. Responde a Rede Ferroviária Federal S.A. perante o foro comum e não perante o juízo especial da Fazenda Nacional, a menos que a União intervenha na causa.

252. Na ação rescisória, não estão impedidos juízes que participaram do julgamento rescindendo.

253. Nos embargos da Lei n. 623, de 19 de fevereiro de 1949, no Supremo Tribunal Federal a divergência somente será acolhida se tiver sido indicada na petição de recurso extraordinário.

254. Incluem-se os juros moratórios na liquidação, embora omisso o pedido inicial ou a condenação.

256. É dispensável pedido expresso para condenação do réu em honorários, com fundamento nos arts. 63 ou 64 do Código de Processo Civil.
•• *Vide* o atual CPC, art. 20.

258. É admissível reconvenção em ação declaratória.

259. Para produzir efeito em juízo não é necessária a inscrição, no Registro Público, de documentos de procedência estrangeira, autenticados por via consular.

260. O exame de livros comerciais, em ação judicial, fica limitado às transações entre os litigantes.

261. Para a ação de indenização, em caso de avaria, é dispensável que a vistoria se faça judicialmente.

262. Não cabe medida possessória liminar para liberação alfandegária de automóvel.

263. O possuidor deve ser citado pessoalmente para a ação de usucapião.

264. Verifica-se a prescrição intercorrente pela paralisação da ação rescisória por mais de 5 (cinco) anos.

265. Na apuração de haveres, não prevalece o balanço não aprovado pelo sócio falecido, excluído ou que se retirou.

266. Não cabe mandado de segurança contra lei em tese.

267. Não cabe mandado de segurança contra ato judicial passível de recurso ou correição.

268. Não cabe mandado de segurança contra decisão judicial com trânsito em julgado.

269. O mandado de segurança não é substitutivo de ação de cobrança.

270. Não cabe mandado de segurança para impugnar enquadramento da Lei n. 3.780, de 12 de julho de 1960, que envolva exame de prova ou de situação funcional complexa.

Súmulas do STF

271. Concessão de mandado de segurança não produz efeitos patrimoniais em relação a período pretérito, os quais devem ser reclamados administrativamente ou pela via judicial própria.

272. Não se admite como ordinário recurso extraordinário de decisão denegatória de mandado de segurança.

273. Nos embargos da Lei n. 623, de 19 de fevereiro de 1949, a divergência sobre questão prejudicial ou preliminar, suscitada após a interposição do recurso extraordinário, ou do agravo, somente será acolhida se o acórdão-padrão for anterior à decisão embargada.

279. Para simples reexame de prova não cabe recurso extraordinário.

280. Por ofensa a direito local não cabe recurso extraordinário.

281. É inadmissível o recurso extraordinário quando couber, na justiça de origem, recurso ordinário da decisão impugnada.

282. É inadmissível o recurso extraordinário quando não ventilada, na decisão recorrida, a questão federal suscitada.

283. É inadmissível o recurso extraordinário quando a decisão recorrida assenta em mais de um fundamento suficiente e o recurso não abrange todos eles.

284. É inadmissível o recurso extraordinário, quando a deficiência na sua fundamentação não permitir a exata compreensão da controvérsia.

285. Não sendo razoável a arguição de inconstitucionalidade, não se conhece do recurso extraordinário fundado na letra c do art. 101, III, da Constituição Federal.

286. Não se conhece do recurso extraordinário fundado em divergência jurisprudencial, quando a orientação do plenário do Supremo Tribunal Federal já se firmou no mesmo sentido da decisão recorrida.

287. Nega-se provimento ao agravo quando a deficiência na sua fundamentação, ou na do recurso extraordinário, não permitir a exata compreensão da controvérsia.

288. Nega-se provimento a agravo para subida de recurso extraordinário, quando faltar no traslado o despacho agravado, a decisão recorrida, a petição de recurso extraordinário ou qualquer peça essencial à compreensão da controvérsia.

289. O provimento do agravo por uma das turmas do Supremo Tribunal Federal, ainda que sem ressalva, não prejudica a questão do cabimento do recurso extraordinário.

293. São inadmissíveis embargos infringentes contra decisão em matéria constitucional submetida ao plenário dos tribunais.

294. São inadmissíveis embargos infringentes contra decisão do Supremo Tribunal Federal em mandado de segurança.

295. São inadmissíveis embargos infringentes contra decisão unânime do Supremo Tribunal Federal em ação rescisória.

296. São inadmissíveis embargos infringentes sobre matéria não ventilada pela turma no julgamento do recurso extraordinário.

299. O recurso ordinário e o extraordinário interpostos no mesmo processo de mandado de segurança, ou de *habeas corpus*, serão julgados conjuntamente pelo Tribunal Pleno.

300. São incabíveis os embargos da Lei n. 623, de 19 de fevereiro de 1949, contra provimento de agravo para subida de recurso extraordinário.

304. Decisão denegatória de mandado de segurança, não fazendo coisa julgada

Súmulas do STF

contra o impetrante, não impede o uso da ação própria.

310. Quando a intimação tiver lugar na sexta-feira, ou a publicação com efeito de intimação for feita nesse dia, o prazo judicial terá início na segunda-feira imediata, salvo se não houver expediente, caso em que começará no primeiro dia útil que se seguir.

315. Indispensável o traslado das razões da revista para julgamento, pelo Tribunal Superior do Trabalho, do agravo para sua admissão.

317. São improcedentes os embargos declaratórios, quando não pedida a declaração do julgado anterior em que se verificou a omissão.

319. O prazo do recurso ordinário para o STF, em *habeas corpus* ou mandado de segurança, é de cinco dias.

320. A apelação despachada pelo juiz no prazo legal, não fica prejudicada pela demora da juntada por culpa do cartório.

322. Não terá seguimento pedido ou recurso dirigido ao Supremo Tribunal Federal, quando manifestamente incabível, ou apresentado fora do prazo, ou quando for evidente a incompetência do tribunal.

325. As emendas ao Regimento Interno do Supremo Tribunal Federal, sobre julgamento de questão constitucional, aplicam-se aos pedidos ajuizados e aos recursos interpostos anteriormente à sua aprovação.

330. O Supremo Tribunal Federal não é competente para conhecer de mandado de segurança contra atos dos Tribunais de Justiça dos Estados.

335. É válida a cláusula de eleição do foro para os processos oriundos do contrato.

340. Desde a vigência do CC, os bens dominicais, como os demais bens públicos, não podem ser adquiridos por usucapião.

343. Não cabe ação rescisória por ofensa a literal disposição de lei, quando a decisão rescindenda se tiver baseado em texto legal de interpretação controvertida nos tribunais.

346. A Administração Pública pode declarar a nulidade dos seus próprios atos.

353. São incabíveis os embargos da Lei n. 623, de 19 de fevereiro de 1949, com fundamento em divergência entre decisões da mesma turma do Supremo Tribunal Federal.

354. Em caso de embargos infringentes parciais, é definitiva a parte da decisão embargada em que não houve divergência na votação.

355. Em caso de embargos infringentes parciais, é tardio o recurso extraordinário interposto após o julgamento dos embargos, quanto à parte da decisão embargada que não fora por eles abrangida.

356. O ponto omisso da decisão, sobre o qual não foram opostos embargos declaratórios, não pode ser objeto de recurso extraordinário, por faltar o requisito do prequestionamento.

360. Não há prazo de decadência para a representação de inconstitucionalidade prevista no art. 8.º, parágrafo único, da Constituição Federal.

•• Refere-se à CF de 1946. *Vide* art. 34, V e VII, da CF.

363. A pessoa jurídica de direito privado pode ser demandada no domicílio da agência ou estabelecimento em que se praticou o ato.

365. Pessoa jurídica não tem legitimidade para propor ação popular.

368. Não há embargos infringentes no processo de reclamação.

Súmulas do STF

374. Na retomada para construção mais útil, não é necessário que a obra tenha sido ordenada pela autoridade pública.

378. Na indenização por desapropriação incluem-se honorários do advogado do expropriado.

380. Comprovada a existência de sociedade de fato entre os concubinos, é cabível sua dissolução judicial com a partilha do patrimônio adquirido pelo esforço comum.

381. Não se homologa sentença de divórcio obtida por procuração, em país de que os cônjuges não eram nacionais.

383. A prescrição em favor da Fazenda Pública recomeça a correr, por dois anos e meio, a partir do ato interruptivo, mas não fica reduzida aquém de 5 (cinco) anos, embora o titular do direito a interrompa durante a primeira metade do prazo.

389. Salvo limite legal, a fixação de honorários de advogado, em complemento da condenação, depende das circunstâncias da causa, não dando lugar a recurso extraordinário.

390. A exibição judicial de livros comerciais pode ser requerida como medida preventiva.

391. O confinante certo deve ser citado pessoalmente para a ação de usucapião.

392. O prazo para recorrer de acórdão concessivo de segurança conta-se da publicação oficial de suas conclusões, e não da anterior ciência à autoridade para cumprimento da decisão.

399. Não cabe recurso extraordinário por violação de lei federal, quando a ofensa alegada for a regimento de tribunal.

400. Decisão que deu razoável interpretação à lei, ainda que não seja a melhor, não autoriza recurso extraordinário pela letra *a* do art. 101, III, da Constituição Federal.

405. Denegado o mandado de segurança pela sentença, ou no julgamento do agravo dela interposto, fica sem efeito a liminar concedida, retroagindo os efeitos da decisão contrária.

409. Ao retomante que tenha mais de um prédio alugado, cabe optar entre eles, salvo abuso de direito.

410. Se o locador, utilizando prédio próprio para residência ou atividade comercial, pede o imóvel para uso próprio, diverso do que tem o por ele ocupado, não está obrigado a provar a necessidade, que se presume.

411. O locatário autorizado a ceder a locação pode sublocar o imóvel.

412. No compromisso de compra e venda com cláusula de arrependimento, a devolução do sinal por quem o deu, ou a sua restituição em dobro por quem a recebeu, exclui indenização maior a título de perdas e danos, salvo os juros moratórios e os encargos do processo.

413. O compromisso de compra e venda de imóveis, ainda que não loteados, dá direito à execução compulsória quando reunidos os requisitos legais.

417. Pode ser objeto de restituição, na falência, dinheiro em poder do falido, recebido em nome de outrem, ou do qual, por lei ou contrato, não tivesse ele a disponibilidade.

420. Não se homologa sentença proferida no estrangeiro, sem prova do trânsito em julgado.

423. Não transita em julgado a sentença por haver omitido o recurso *ex officio*, que se considera interposto *ex lege*.

424. Transita em julgado o despacho saneador de que não houve recurso, excluídas as questões deixadas explícita ou implicitamente para a sentença.

Súmulas do STF

425. O agravo despachado no prazo legal não fica prejudicado pela demora da juntada, por culpa do cartório; nem o agravo entregue em cartório no prazo legal, embora despachado tardiamente.

429. A existência de recurso administrativo com efeito suspensivo não impede o uso do mandado de segurança contra omissão da autoridade.

430. Pedido de reconsideração na via administrativa não interrompe o prazo para o mandado de segurança.

433. É competente o Tribunal Regional do Trabalho para julgar mandado de segurança contra ato de seu presidente, em execução de sentença trabalhista.

442. A inscrição do contrato de locação no Registro de Imóveis, para a validade da cláusula de vigência contra o adquirente do imóvel, ou perante terceiros, dispensa a transcrição no Registro de Títulos e Documentos.

443. A prescrição das prestações anteriores ao período previsto em lei não ocorre quando não tiver sido negado, antes daquele prazo, o próprio direito reclamado ou a situação jurídica de que ele resulta.

449. O valor da causa na consignatória de aluguel corresponde a uma anuidade.

450. São devidos honorários de advogado sempre que vencedor o beneficiário de Justiça gratuita.

455. Da decisão que se seguir ao julgamento de constitucionalidade pelo tribunal pleno, são inadmissíveis embargos infringentes quanto à matéria constitucional.

456. O Supremo Tribunal Federal, conhecendo do recurso extraordinário, julgará a causa aplicando o direito à espécie.

473. A administração pode anular seus próprios atos quando eivados de vícios que os tornam ilegais, porque deles não se originam direitos; ou revogá-los, por motivo de conveniência ou oportunidade, respeitados os direitos adquiridos e ressalvada, em todos os casos, a apreciação judicial.

474. Não há direito líquido e certo amparado pelo mandado de segurança, quando se escuda em lei cujos efeitos foram anulados por outra, declarada constitucional pelo Supremo Tribunal Federal.

475. A Lei n. 4.686, de 21 de junho de 1965, tem aplicação imediata aos processos em curso, inclusive em grau de recurso extraordinário.

476. Desapropriadas as ações de uma sociedade, o poder desapropriante imitido na posse pode exercer, desde logo, todos os direitos inerentes aos respectivos títulos.

479. As margens dos rios navegáveis são de domínio público, insuscetíveis de expropriação e, por isso mesmo, excluídas de indenização.

483. É dispensável a prova da necessidade, na retomada de prédio situado em localidade para onde o proprietário pretende transferir residência, salvo se mantiver, também, a anterior, quando dita prova será exigida.

486. Admite-se a retomada para sociedade da qual o locador, ou seu cônjuge, seja sócio com participação predominante no capital social.

487. Será deferida a posse a quem evidentemente tiver o domínio, se com base neste for disputada.

490. A pensão correspondente à indenização oriunda de responsabilidade civil deve ser calculada com base no salário mínimo vigente ao tempo da sentença e ajustar-se-á às variações ulteriores.

Súmulas do STF

492. A empresa locadora de veículos responde, civil e solidariamente com o locatário, pelos danos por este causados a terceiros, no uso do carro locado.

494. A ação para anular venda de ascendente a descendente, sem consentimento dos demais, prescreve em 20 (vinte) anos, contados da data do ato, revogada a Súmula n. 152.

495. A restituição em dinheiro da coisa vendida a crédito, entregue nos 15 (quinze) dias anteriores ao pedido de falência ou de concordata, cabe, quando, ainda que consumida ou transformada, não faça o devedor prova de haver sido alienada a terceiro.

500. Não cabe a ação cominatória para compelir-se o réu a cumprir obrigações de dar.

502. Na aplicação do art. 839 do Código de Processo Civil, com a redação da Lei n. 4.290, de 5-12-1963, a relação valor da causa e salário mínimo vigente na capital do Estado, ou do Território, para o efeito de alçada, deve ser considerada na data do ajuizamento do pedido.
•• Refere-se ao CPC de 1939.

503. A dúvida suscitada por particular, sobre o direito de tributar manifestado por dois Estados, não configura litígio da competência originária do Supremo Tribunal Federal.

505. Salvo quando contrariarem a Constituição, não cabe recurso para o Supremo Tribunal Federal de quaisquer decisões da Justiça do Trabalho, inclusive dos presidentes de seus tribunais.

508. Compete à Justiça Estadual, em ambas as instâncias, processar e julgar as causas em que for parte o Banco do Brasil S.A.

510. Praticado o ato por autoridade no exercício de competência delegada, contra ela cabe o mandado de segurança ou a medida judicial.

512. Não cabe condenação em honorários de advogado na ação de mandado de segurança.

513. A decisão que enseja a interposição de recurso ordinário ou extraordinário, não é a do plenário que resolve o incidente de inconstitucionalidade, mas a do órgão (câmaras, grupos ou turmas) que completa o julgamento do feito.

514. Admite-se ação rescisória contra sentença transitada em julgado, ainda que contra ela não se tenham esgotados todos os recursos.

515. A competência para a ação rescisória não é do Supremo Tribunal Federal quando a questão federal, apreciada no recurso extraordinário ou no agravo de instrumento, seja diversa da que foi suscitada no pedido rescisório.

516. O Serviço Social da Indústria — SESI — está sujeito à jurisdição da Justiça Estadual.

517. As sociedades de economia mista só têm foro na Justiça Federal quando a União intervém como assistente ou oponente.

518. A intervenção da União, em feito já julgado pela segunda instância e pendente de embargos, não desloca o processo para o Tribunal Federal de Recursos.

528. Se a decisão contiver partes autônomas, a admissão parcial, pelo presidente do tribunal *a quo*, de recurso extraordinário que sobre qualquer delas se manifestar, não limitará a apreciação de todas pelo Supremo Tribunal Federal, independentemente de interposição de agravo de instrumento.

542. Não é inconstitucional a multa instituída pelo Estado-Membro, como sanção pelo retardamento do início ou da ultimação do inventário.

Súmulas do STF

556. É competente a Justiça comum para julgar as causas em que é parte sociedade de economia mista.

557. É competente a Justiça Federal para julgar as causas em que são partes a COBAL e a CIBRAZEM.

561. Em desapropriação, é devida a correção monetária até a data do efetivo pagamento da indenização, devendo proceder-se à atualização do cálculo ainda que por mais de uma vez.

562. Na indenização de danos materiais decorrentes de ato ilícito cabe a atualização de seu valor, utilizando-se, para esse fim, dentre outros critérios, os índices de correção monetária.

563. O concurso de preferência a que se refere o parágrafo único do art. 187 do Código Tributário Nacional é compatível com o disposto no art. 9.º, I, da Constituição Federal.

•• Refere-se à CF de 1967, com as alterações procedidas pela Emenda Constitucional n. 1, de 17-10-1969. *Vide* art. 19, III, da CF.

597. Não cabem embargos infringentes de acórdão que, em mandado de segurança, decidiu por maioria de votos a apelação.

598. Nos embargos de divergência não servem como padrão de discordância os mesmos paradigmas invocados para demonstrá-la, mas repelidos como não dissidentes no julgamento do recurso extraordinário.

600. Cabe ação executiva contra o emitente e seus avalistas, ainda que não apresentado o cheque ao sacado no prazo legal, desde que não prescrita a ação cambiária.

616. É permitida a cumulação da multa contratual com os honorários de advogado, após o advento do Código de Processo Civil vigente.

617. A base de cálculo dos honorários de advogado em desapropriação é a diferença entre a oferta e a indenização, corrigidas ambas monetariamente.

620. A sentença proferida contra autarquias não está sujeita a reexame necessário, salvo quando sucumbente em execução de dívida ativa.

(*) 622. Não cabe agravo regimental contra decisão do relator que concede ou indefere liminar em mandado de segurança.

623. Não gera por si só a competência originária do Supremo Tribunal Federal para conhecer do mandado de segurança com base no art. 102, I, *n*, da Constituição, dirigir-se o pedido contra deliberação administrativa do tribunal de origem, da qual haja participado a maioria ou a totalidade de seus membros.

624. Não compete ao Supremo Tribunal Federal conhecer originariamente de mandado de segurança contra atos de outros tribunais.

625. Controvérsia sobre matéria de direito não impede concessão de mandado de segurança.

626. A suspensão da liminar em mandado de segurança, salvo determinação em contrário da decisão que a deferir, vigorará até o trânsito em julgado da decisão definitiva de concessão da segurança ou, havendo recurso, até a sua manutenção pelo Supremo Tribunal Federal, desde que o objeto da liminar deferida coincida, total ou parcialmente, com o da impetração.

627. No mandado de segurança contra a nomeação de magistrado da compe-

---

(*) As Súmulas seguintes foram promulgadas após a CF.

tência do Presidente da República, este é considerado autoridade coatora, ainda que o fundamento da impetração seja nulidade ocorrida em fase anterior do procedimento.

628. Integrante da lista de candidatos a determinada vaga da composição de tribunal é parte legítima para impugnar a validade da nomeação concorrente.

629. A impetração de mandado de segurança coletivo por entidade de classe em favor dos associados independe da autorização destes.

630. A entidade de classe tem legitimação para o mandado de segurança ainda quando a pretensão veiculada interesse apenas a uma parte da respectiva categoria.

631. Extingue-se o processo de mandado de segurança se o impetrante não promove, no prazo assinado, a citação do litisconsorte passivo necessário.

632. É constitucional lei que fixa o prazo de decadência para a impetração de mandado de segurança.

633. É incabível a condenação em verba honorária nos recursos extraordinários interpostos em processo trabalhista, exceto nas hipóteses previstas na Lei n. 5.584/70.

634. Não compete ao Supremo Tribunal Federal conceder medida cautelar para dar efeito suspensivo a recurso extraordinário que ainda não foi objeto de juízo de admissibilidade na origem.

635. Cabe ao Presidente do Tribunal de origem decidir o pedido de medida cautelar em recurso extraordinário ainda pendente do seu juízo de admissibilidade.

636. Não cabe recurso extraordinário por contrariedade ao princípio constitucional da legalidade, quando a sua verificação pressuponha rever a interpretação dada a normas infraconstitucionais pela decisão recorrida.

637. Não cabe recurso extraordinário contra acórdão de Tribunal de Justiça que defere pedido de intervenção estadual em Município.

638. A controvérsia sobre a incidência ou não, de correção monetária em operações de crédito rural é de natureza infraconstitucional, não viabilizando recursos extraordinários.

639. Aplica-se a Súmula 288 quando não constarem do traslado do agravo de instrumento as cópias das peças necessárias à verificação da tempestividade do recurso extraordinário não admitido pela decisão agravada.

640. É cabível recurso extraordinário contra decisão proferida por juiz de primeiro grau nas causas de alçada, ou por turma recursal de juizado especial cível e criminal.

641. Não se conta em dobro o prazo para recorrer, quando só um dos litisconsortes haja sucumbido.

642. Não cabe ação direta de inconstitucionalidade de lei do Distrito Federal derivada da sua competência legislativa municipal.

643. O Ministério Público tem legitimidade para promover ação civil pública cujo fundamento seja a ilegalidade de reajuste de mensalidades escolares.

644. Ao titular do cargo de procurador de autarquia não se exige a apresentação de instrumento de mandato para representá-la em juízo.

•• Súmula alterada pelo Tribunal Pleno, em sessão de 26-11-2003 (*DJU* de 9-12-2003).

645. É competente o Município para fixar o horário de funcionamento de estabelecimento comercial.

652. Não contraria a Constituição o art. 15, § 1.º, do Decreto-lei n. 3.365/41 (Lei da Desapropriação por utilidade pública).

Súmulas do STF

653. No Tribunal de Contas estadual, composto por sete conselheiros, quatro devem ser escolhidos pela Assembleia Legislativa e três pelo Chefe do Poder Executivo estadual, cabendo a este indicar um dentre auditores e outro dentre membros do Ministério Público, e um terceiro à sua livre escolha.

654. A garantia da irretroatividade da lei, prevista no art. 5.º, XXXVI, da Constituição da República, não é intocável pela entidade estatal que a tenha editado.

655. A exceção prevista no art. 100, *caput*, da Constituição, em favor dos créditos de natureza alimentícia, não dispensa a expedição de precatório, limitando-se a isentá-los da observância da ordem cronológica dos precatórios decorrentes de condenações de outra natureza.

667. Viola a garantia constitucional de acesso à jurisdição a taxa judiciária calculada sem limite sobre o valor da causa.

668. É inconstitucional a lei municipal que tenha estabelecido, antes da Emenda Constitucional n. 29/2000, alíquotas progressivas para o IPTU, salvo se destinada a assegurar o cumprimento da função social da propriedade urbana.

689. O segurado pode ajuizar ação contra instituição previdenciária perante o juízo federal do seu domicílio ou nas varas federais da Capital do Estado-Membro.

691. Não compete ao Supremo Tribunal Federal conhecer de *habeas corpus* impetrado contra decisão do Relator que, em *habeas corpus* requerido a tribunal superior, indefere a liminar.

692. Não se conhece de *habeas corpus* contra omissão de relator de extradição, se fundado em fato ou direito estrangeiro cuja prova não constava dos autos, nem foi ele provocado a respeito.

693. Não cabe *habeas corpus* contra decisão condenatória a pena de multa, ou relativo a processo em curso por infração penal a que a pena pecuniária seja a única cominada.

694. Não cabe *habeas corpus* contra a imposição da pena de exclusão de militar ou de perda de patente ou de função pública.

695. Não cabe *habeas corpus* quando já extinta a pena privativa de liberdade.

696. Reunidos os pressupostos legais permissivos da suspensão condicional do processo, mas se recusando o Promotor de Justiça a propô-la, o Juiz, dissentindo, remeterá a questão ao Procurador-Geral, aplicando-se por analogia o art. 28 do Código de Processo Penal.

699. O prazo para interposição de agravo, em processo penal, é de cinco dias, de acordo com a Lei n. 8.038/90, não se aplicando o disposto a respeito nas alterações da Lei n. 8.950/94 ao Código de Processo Civil.

701. No mandado de segurança impetrado pelo Ministério Público contra decisão proferida em processo penal, é obrigatória a citação do réu como litisconsorte passivo.

704. Não viola as garantias do juiz natural, da ampla defesa e do devido processo legal a atração por continência ou conexão do processo do corréu ao foro por prerrogativa de função de um dos denunciados.

705. A renúncia do réu ao direito de apelação, manifestada sem a assistência do defensor, não impede o conhecimento da apelação por este interposta.

707. Constitui nulidade a falta de intimação do denunciado para oferecer contrarrazões ao recurso interposto da rejeição da denúncia, não a suprindo a nomeação de defensor dativo.

Súmulas do STF

708. É nulo o julgamento da apelação se, após a manifestação nos autos da renúncia do único defensor, o réu não foi previamente intimado para constituir outro.

709. Salvo quando nula a decisão de primeiro grau, o acórdão que provê o recurso contra a rejeição da denúncia vale, desde logo, pelo recebimento dela.

713. O efeito devolutivo da apelação contra decisões do Júri é adstrito aos fundamentos da sua interposição.

723. Não se admite a suspensão condicional do processo por crime continuado, se a soma da pena mínima da infração mais grave com o aumento mínimo de um sexto for superior a um ano.

727. Não pode o magistrado deixar de encaminhar ao Supremo Tribunal Federal o agravo de instrumento interposto da decisão que não admite recurso extraordinário, ainda que referente a causa instaurada no âmbito dos juizados especiais.

728. É de três dias o prazo para a interposição de recurso extraordinário contra decisão do Tribunal Superior Eleitoral, contado, quando for o caso, a partir da publicação do acórdão, na própria sessão de julgamento, nos termos do art. 12 da Lei n. 6.055/74, que não foi revogado pela Lei n. 8.950/94.

729. A decisão na ADC-4 não se aplica à antecipação de tutela em causa de natureza previdenciária.

731. Para fim da competência originária do Supremo Tribunal Federal, é de interesse geral da magistratura a questão de saber se, em face da LOMAN, os juízes têm direito à licença-prêmio.

733. Não cabe recurso extraordinário contra decisão proferida no processamento de precatórios.

734. Não cabe reclamação quando já houver transitado em julgado o ato judicial que se alega tenha desrespeitado decisão do Supremo Tribunal Federal.

735. Não cabe recurso extraordinário contra acórdão que defere medida liminar.

Súmulas Vinculantes (*)

1. Ofende a garantia constitucional do ato jurídico perfeito a decisão que, sem ponderar as circunstâncias do caso concreto, desconsidera a validez e a eficácia de acordo constante de termo de adesão instituído pela Lei Complementar n. 110/2001.

2. É inconstitucional a lei ou ato normativo estadual ou distrital que disponha sobre sistemas de consórcios e sorteios, inclusive bingos e loterias.

3. Nos processos perante o Tribunal de Contas da União asseguram-se o contraditório e a ampla defesa quando da decisão puder resultar anulação ou revogação de ato administrativo que beneficie o interessado, excetuada a apreciação da legalidade do ato de concessão inicial de aposentadoria, reforma e pensão.

4. Salvo nos casos previstos na Constituição, o salário mínimo não pode ser usado como indexador de base de cálculo de vantagem de servidor público ou de empregado, nem ser substituído por decisão judicial.

5. A falta de defesa técnica por advogado no processo administrativo disciplinar não ofende a Constituição.

6. Não viola a Constituição o estabelecimento de remuneração inferior ao salário mínimo para as praças prestadoras de serviço militar inicial.

7. A norma do § 3.º do art. 192 da Constituição, revogada pela Emenda Constitucional n. 40/2003, que limitava a taxa de juros reais a 12% ao ano, tinha sua aplicação condicionada à edição de lei complementar.

8. São inconstitucionais o parágrafo único do art. 5.º do Decreto-lei n. 1.569/1977 e os arts. 45 e 46 da Lei n. 8.212/1991, que tratam de prescrição e decadência de crédito tributário.

9. O disposto no art. 127 da Lei n. 7.210/1984 (LEP) foi recebido pela ordem constitucional vigente, e não se lhe aplica o limite temporal previsto no *caput* do art. 58.

10. Viola a cláusula de reserva de plenário (CF, art. 97) a decisão de órgão fracionário de Tribunal que, embora não declare expressamente a inconstitucionalidade de lei ou ato normativo do poder público, afasta sua incidência, no todo ou em parte.

11. Só é lícito o uso de algemas em casos de resistência e de fundado receio de fuga ou de perigo à integridade física própria ou alheia, por parte do preso ou de terceiros, justificada a excepcionalidade por escrito, sob pena de responsabilidade disciplinar, civil e penal do agente ou da autoridade e de nulidade da prisão ou do ato processual a que se refere, sem prejuízo da responsabilidade civil do Estado.

12. A cobrança de taxa de matrícula nas universidades públicas viola o disposto no art. 206, IV, da Constituição Federal.

13. A nomeação de cônjuge, companheiro ou parente em linha reta, colateral ou por afinidade, até o terceiro grau, inclusive, da autoridade nomeante ou de servidor da mesma pessoa jurídica investido em cargo de direção, chefia ou

---

(*) As súmulas vinculantes estão previstas no art. 103-A da CF, acrescentado pela Emenda Constitucional n. 45, de 2004 (Reforma do Judiciário), e regulamentado pela Lei n. 11.417, de 19-12-2006.

assessoramento, para o exercício de cargo em comissão ou de confiança ou, ainda, de função gratificada na administração pública direta e indireta em qualquer dos Poderes da União, dos Estados, do Distrito Federal e dos Municípios, compreendido o ajuste mediante designações recíprocas, viola a Constituição Federal.

14. É direito do defensor, no interesse do representado, ter acesso amplo aos elementos de prova que, já documentados em procedimento investigatório realizado por órgão com competência de polícia judiciária, digam respeito ao exercício do direito de defesa.

15. O cálculo de gratificações e outras vantagens do servidor público não incide sobre o abono utilizado para se atingir o salário mínimo.

16. Os arts. 7.º, IV, e 39, § 3.º (redação da Emenda Constitucional n. 19/98), da Constituição, referem-se ao total da remuneração percebida pelo servidor público.

17. Durante o período previsto no § 1.º do art. 100 da Constituição, não incidem juros de mora sobre os precatórios que nele sejam pagos.

18. A dissolução da sociedade ou do vínculo conjugal, no curso do mandato, não afasta a inelegibilidade prevista no § 7.º do art. 14 da Constituição Federal.

19. A taxa cobrada exclusivamente em razão dos serviços públicos de coleta, remoção e tratamento ou destinação de lixo ou resíduos provenientes de imóveis, não viola o art. 145, II, da Constituição Federal.

20. A Gratificação de Desempenho de Atividade Técnico-Administrativa – GDATA, instituída pela Lei n. 10.404/2002, deve ser deferida aos inativos nos valores correspondentes a 37,5 (trinta e sete vírgula cinco) pontos no período de fevereiro a maio de 2002 e, nos termos do art. 5.º, parágrafo único, da Lei n. 10.404/2002, no período de junho de 2002 até a conclusão dos efeitos do último ciclo de avaliação a que se refere o art. 1.º da Medida Provisória n. 198/2004, a partir da qual passa a ser de 60 (sessenta) pontos.

21. É inconstitucional a exigência de depósito ou arrolamento prévios de dinheiro ou bens para admissibilidade de recurso administrativo.

22. A Justiça do Trabalho é competente para processar e julgar as ações de indenização por danos morais e patrimoniais decorrentes de acidente de trabalho propostas por empregado contra empregador, inclusive aquelas que ainda não possuíam sentença de mérito em primeiro grau quando da promulgação da Emenda Constitucional n. 45/2004.

23. A Justiça do Trabalho é competente para processar e julgar ação possessória ajuizada em decorrência do exercício do direito de greve pelos trabalhadores da iniciativa privada.

24. Não se tipifica crime material contra a ordem tributária, previsto no art. 1.º, incisos I a IV, da Lei n. 8.137/90, antes do lançamento definitivo do tributo.

25. É ilícita a prisão civil de depositário infiel, qualquer que seja a modalidade do depósito.
•• *Vide* art. 5.º, LXVII e § 2.º, da CF.
•• *Vide* art. 4.º, § 1.º, da Lei n. 8.866, de 11-4-1994.

26. Para efeito de progressão de regime no cumprimento de pena por crime hediondo, ou equiparado, o juízo da execução observará a inconstitucionalidade do art. 2.º da Lei n. 8.072, de 25 de julho de 1990, sem prejuízo de avaliar se o condenado preenche, ou não, os requisitos objetivos e subjetivos

Súmulas Vinculantes

do benefício, podendo determinar, para tal fim, de modo fundamentado, a realização de exame criminológico.

27. Compete à Justiça estadual julgar causas entre consumidor e concessionária de serviço público de telefonia, quando a ANATEL não seja litisconsorte passiva necessária, assistente, nem oponente.

28. É inconstitucional a exigência de depósito prévio como requisito de admissibilidade de ação judicial na qual se pretenda discutir a exigibilidade de crédito tributário.

29. É constitucional a adoção, no cálculo do valor de taxa, de um ou mais elementos da base de cálculo própria de determinado imposto, desde que não haja integral identidade entre uma base e outra.

 •• Até a data de fechamento desta edição o STF mantinha suspensa a publicação da Súmula Vinculante 30.

31. É inconstitucional a incidência do Imposto sobre Serviços de Qualquer Natureza – ISS sobre operações de locação de bens móveis.

32. O ICMS não incide sobre alienação de salvados de sinistro pelas seguradoras.

33. Aplicam-se ao servidor público, no que couber, as regras do regime geral da previdência social sobre aposentadoria especial de que trata o art. 40, § 4.º, inciso III, da Constituição Federal, até a edição de lei complementar específica.

34. A Gratificação de Desempenho de Atividade de Segurança Social e do Trabalho – GDASST, instituída pela Lei 10.483/2002, deve ser estendida aos inativos no valor correspondente a 60 (sessenta) pontos, desde o advento da Medida Provisória 198/2004, convertida na Lei 10.971/2004, quando tais inativos façam jus à paridade constitucional (EC 20/1998, 41/2003 e 47/2005).

35. A homologação da transação penal prevista no artigo 76 da Lei 9.099/1995 não faz coisa julgada material e, descumpridas suas cláusulas, retoma-se a situação anterior, possibilitando-se ao Ministério Público a continuidade da persecução penal mediante oferecimento de denúncia ou requisição de inquérito policial.

36. Compete à Justiça Federal comum processar e julgar civil denunciado pelos crimes de falsificação e de uso de documento falso quando se tratar de falsificação da Caderneta de Inscrição e Registro (CIR) ou de Carteira de Habilitação de Amador (CHA), ainda que expedidas pela Marinha do Brasil.

37. Não cabe ao Poder Judiciário, que não tem função legislativa, aumentar vencimentos de servidores públicos sob o fundamento de isonomia.

38. É competente o Município para fixar o horário de funcionamento de estabelecimento comercial.

39. Compete privativamente à União legislar sobre vencimentos dos membros das polícias civil e militar e do corpo de bombeiros militar do Distrito Federal.

40. A contribuição confederativa de que trata o art. 8.º, IV, da Constituição Federal, só é exigível dos filiados ao sindicato respectivo.

41. O serviço de iluminação pública não pode ser remunerado mediante taxa.

42. É inconstitucional a vinculação do reajuste de vencimentos de servidores estaduais ou municipais a índices federais de correção monetária.

43. É inconstitucional toda modalidade de provimento que propicie ao servidor investir-se, sem prévia aprovação em concurso público destinado ao seu provimento, em cargo que não integra a carreira na qual anteriormente investido.

44. Só por lei se pode sujeitar a exame psicotécnico a habilitação de candidato a cargo público.

45. A competência constitucional do Tribunal do Júri prevalece sobre o foro por prerrogativa de função estabelecido exclusivamente pela constituição estadual.

46. A definição dos crimes de responsabilidade e o estabelecimento das respectivas normas de processo e julgamento são da competência legislativa privativa da União.

47. Os honorários advocatícios incluídos na condenação ou destacados do montante principal devido ao credor consubstanciam verba de natureza alimentar cuja satisfação ocorrerá com a expedição de precatório ou requisição de pequeno valor, observada ordem especial restrita aos créditos dessa natureza.

•• *Vide* art. 100, § 1.º, da CF.

48. Na entrada de mercadoria importada do exterior, é legítima a cobrança do ICMS por ocasião do desembaraço aduaneiro.

•• *Vide* art. 155, § 2.º, IX, *a*, da CF.

49. Ofende o princípio da livre concorrência lei municipal que impede a instalação de estabelecimentos comerciais do mesmo ramo em determinada área.

50. Norma legal que altera o prazo de recolhimento de obrigação tributária não se sujeita ao princípio da anterioridade.

51. O reajuste de 28,86%, concedido aos servidores militares pelas Leis 8.622/1993 e 8.627/1993, estende-se aos servidores civis do poder executivo, observadas as eventuais compensações decorrentes dos reajustes diferenciados concedidos pelos mesmos diplomas legais.

52. Ainda quando alugado a terceiros, permanece imune ao IPTU o imóvel pertencente a qualquer das entidades referidas pelo art. 150, VI, c, da Constituição Federal, desde que o valor dos aluguéis seja aplicado nas atividades para as quais tais entidades foram constituídas.

53. A competência da Justiça do Trabalho prevista no art. 114, VIII, da Constituição Federal alcança a execução de ofício das contribuições previdenciárias relativas ao objeto da condenação constante das sentenças que proferir e acordos por ela homologados.

54. A medida provisória não apreciada pelo Congresso Nacional podia, até a Emenda Constitucional 32/2001, ser reeditada dentro do seu prazo de eficácia de trinta dias, mantidos os efeitos de lei desde a primeira edição.

55. O direito ao auxílio-alimentação não se estende aos servidores inativos.

56. A falta de estabelecimento penal adequado não autoriza a manutenção do condenado em regime prisional mais gravoso, devendo-se observar, nessa hipótese, os parâmetros fixados no RE 641.320/RS.

Súmulas do Tribunal Federal de Recursos

•• *As Súmulas aqui constantes foram promulgadas antes da CF, que extinguiu o TFR.*

13. A Justiça Federal é competente para o processo e julgamento da ação de usucapião, desde que o bem usucapiendo confronte com imóvel da União, autarquias ou empresas públicas federais.

14. O processo e julgamento de ação possessória relativa a terreno do domínio da União, autarquias e empresas públicas federais, somente são da competência da Justiça Federal, quando dela participar qualquer dessas entidades, como autora, ré, assistente ou oponente.

15. Compete à Justiça Federal julgar mandado de segurança contra ato que diga respeito ao ensino superior, praticado por dirigente de estabelecimento particular.

16. Compete à Justiça Estadual julgar mandado de segurança contra ato referente ao ensino de 1.º e 2.º graus e exames supletivos (Lei n. 5.692, de 1971), salvo se praticado por autoridade federal.

19. Compete ao Tribunal Federal de Recursos julgar conflito de jurisdição entre auditor militar e juiz de direito dos Estados em que haja Tribunal Militar Estadual (Constituição Federal, art. 192).

21. Após a Emenda Constitucional n. 7, de 1977, a competência para o processo e julgamento das ações de indenização, por danos ocorridos em mercadorias, no transporte aéreo, é da Justiça comum estadual, ainda quando se discuta a aplicação da Convenção de Varsóvia relativamente ao limite da responsabilidade do transportador.

24. A avaliação da indenização devida ao proprietário do solo, em razão de alvará de pesquisa mineral, é processada no juízo estadual da situação do imóvel.

25. É aplicável a correção monetária, em razão da mora no pagamento de indenização decorrente de seguro obrigatório.

32. Na execução por carta (Código de Processo Civil, art. 747 c/c art. 658), os embargos do devedor serão decididos no juízo deprecante, salvo se versarem unicamente vícios ou defeitos da penhora, avaliação ou alienação dos bens.
  •• Refere-se ao CPC de 1939. *Vide* art. 914, § 2.º, do CPC de 2015.

33. O juízo deprecado, na execução por carta, é o competente para julgar os embargos de terceiro, salvo se o bem apreendido foi indicado pelo juízo deprecante.

34. O duplo grau de jurisdição (Código de Processo Civil, art. 475, II) é aplicável quando se trata de sentença proferida contra a União, o Estado e o Município, só incidindo, em relação às autarquias, quando estas forem sucumbentes na execução da dívida ativa (Código de Processo Civil, art. 475, III).

•• Com a alteração determinada pela Lei n. 10.352, de 26-12-2001, a referência deve ser feita ao art. 475, I e II, do CPC de 1973. *Vide* art. 496, I e II, do CPC de 2015.

39. Não está sujeita ao Imposto de Renda a indenização recebida por pessoa jurídica, em decorrência de desapropriação amigável ou judicial.

40. A execução fiscal da Fazenda Pública federal será proposta perante o juiz de direito da comarca do domicílio do devedor, desde que não seja ela sede de vara da Justiça Federal.

42. Salvo convenção das partes, o processo expropriatório não se suspende por motivo de dúvida fundada sobre o domínio.

44. Ajuizada a execução fiscal anteriormente à falência, com penhora realizada antes desta, não ficam os bens penhorados sujeitos à arrecadação do juízo falimentar; proposta a execução fiscal contra a massa falida, a penhora far-se-á no rosto dos autos do processo da quebra, citando-se o síndico.

45. As multas fiscais, sejam moratórias ou punitivas, estão sujeitas à correção monetária.

46. Nos casos de devolução do depósito efetuado em garantia de instância e de repetição do indébito tributário, a correção monetária é calculada desde a data do depósito ou do pagamento indevido e incide até o efetivo recebimento da importância reclamada.

47. Cancelado o débito fiscal, a correção monetária relativa à restituição da importância depositada em garantia de instância, incide a partir da data da efetivação do depósito.

48. Não cabem embargos infringentes a acórdão proferido em agravo de petição, em execução fiscal, após a vigência do Código de Processo Civil de 1973.

49. Compete à Justiça Estadual processar e julgar as causas em que são partes instituições financeiras em regime de liquidação extrajudicial, salvo se a União Federal, suas entidades autárquicas e empresas públicas forem interessadas na condição de autoras, rés, assistentes ou oponentes.

51. Compete à Justiça Estadual decidir pedido de brasileira naturalizada para adicionar patronímico de companheiro brasileiro nato.

53. Compete à Justiça Estadual processar e julgar questões pertinentes ao Direito de Família, ainda que estas objetivem reivindicação de benefícios previdenciários.

58. Não é absoluta a competência definida no art. 96, do Código de Processo Civil, relativamente à abertura de inventário, ainda que existente interesse de menor, podendo a ação ser ajuizada em foro diverso do domicílio do inventariado.

59. A autoridade fiscal de primeiro grau que expede a notificação para pagamento do tributo está legitimada passivamente para a ação de segurança, ainda que sobre a controvérsia haja decisão, em grau de recurso, de conselho de contribuintes.

60. Compete à Justiça Federal decidir da admissibilidade de mandado de segurança impetrado contra atos de dirigentes de pessoas jurídicas privadas, ao argumento de estarem agindo por delegação do poder público federal.

61. Para configurar a competência da Justiça Federal, é necessário que a União, entidade autárquica ou empresa pública federal, ao intervir como assistente, demonstre legítimo interes-

Súmulas do TFR

se jurídico no deslinde da demanda, não bastando a simples alegação de interesse na causa.

62. Compete à Justiça Federal processar e julgar ação de desapropriação promovida por concessionária de energia elétrica, se a União intervém como assistente.

64. A mulher que dispensou, no acordo de desquite, a prestação de alimentos, conserva, não obstante, o direito à pensão decorrente do óbito do marido, desde que comprovada a necessidade do benefício.

66. Compete à Justiça do Trabalho processar e julgar os litígios decorrentes das relações de trabalho entre os municípios de território federal e seus empregados.

67. Compete à Justiça Federal processar e julgar os litígios decorrentes das relações de trabalho entre os territórios federais e seus empregados.

68. A correção monetária não incide nas aquisições de unidades residenciais do INPS, quando a opção de compra tiver sido anterior à vigência do Decreto-lei n. 19, de 1966, sendo irrelevantes, em face da Lei n. 5.049, de 1966, o valor ou a área do imóvel.

69. Incumbe ao expropriante pagar o salário do assistente técnico do expropriado.

70. Os juros moratórios, na desapropriação, fluem a partir do trânsito em julgado da sentença que fixa a indenização.

71. A correção monetária incide sobre as prestações de benefícios previdenciários em atraso, observado o critério do salário mínimo vigente na época da liquidação da obrigação.

72. Compete à Justiça do Trabalho processar e julgar os litígios decorrentes das relações de trabalho entre as fundações instituídas por lei federal e seus empregados.

74. Os juros compensatórios, na desapropriação, incidem a partir da imissão na posse e são calculados, até a data do laudo, sobre o valor simples da indenização e, desde então, sobre referido valor corrigido monetariamente.

75. Na desapropriação, a correção monetária prevista no § 2.º do art. 26 do Decreto-lei n. 3.365, de 1941, incide a partir da data do laudo de avaliação, observando-se a Lei n. 5.670, de 1971.

77. Cabem embargos infringentes a acórdão não unânime proferido em remessa *ex officio* (Código de Processo Civil, art. 475).

78. Proposta a ação no prazo fixado para o seu exercício, a demora na citação, por motivos inerentes ao mecanismo da Justiça, não justifica o acolhimento da arguição de prescrição.

82. Compete à Justiça do Trabalho processar e julgar as reclamações pertinentes ao cadastramento no Plano de Integração Social (PIS) ou indenização compensatória pela falta deste, desde que não envolvam relações de trabalho dos servidores da União, suas autarquias e empresas públicas.

83. Compete à Justiça Federal processar e julgar reclamação trabalhista movida contra representação diplomática de país estrangeiro, inclusive para decidir sobre a preliminar de imunidade de jurisdição.

87. Compete à Justiça comum estadual o processo e julgamento da ação de cobrança de contribuições sindicais.

88. Compete à Justiça do Trabalho o processo e julgamento de reclamação ajuizada contra a Rede Ferroviária Federal S.A., por servidor cedido pela União Federal.

Súmulas do TFR

89. Compete à Junta de Conciliação e Julgamento, sediada em comarca do interior, cumprir carta precatória expedida por juiz federal, em matéria trabalhista.

99. A Fazenda Pública, nas execuções fiscais, não está sujeita a prévio depósito para custear despesas do avaliador.

102. A regra inscrita no art. 205 da Constituição, com a redação da Emenda Constitucional n. 7, de 1977, não é de aplicabilidade imediata, porque dependente de lei regulamentadora.

103. Compete ao Tribunal Federal de Recursos processar e julgar, originariamente, mandado de segurança impetrado contra ato de órgão colegiado presidido por ministro de Estado.

105. Aos prazos em curso no período compreendido entre 20 de dezembro e 6 de janeiro, na Justiça Federal, aplica-se a regra do art. 179 do Código de Processo Civil.

107. A ação de cobrança do crédito previdenciário contra a Fazenda Pública está sujeita à prescrição quinquenal estabelecida no Decreto n. 20.910, de 1932.

108. A constituição do crédito previdenciário está sujeita ao prazo de decadência de 5 (cinco) anos.

109. A desapropriação iniciada segundo o procedimento previsto no Decreto-lei n. 512, de 1969, prosseguirá na forma da Lei das Desapropriações por Utilidade Pública, no caso de manifesta discordância do expropriado com o preço oferecido.

110. Os juros compensatórios, na desapropriação, são calculados à taxa de 12% (doze por cento) ao ano.

111. Os embargos do devedor devem ser previamente preparados no prazo de 30 (trinta) dias, contado da intimação do despacho que determinar o seu pagamento.

112. Em execução fiscal, a responsabilidade pessoal do sócio-gerente de sociedade por quotas, decorrentes de violação da lei ou excesso de mandato, não atinge a meação de sua mulher.

114. Compete à Justiça comum estadual processar e julgar as causas entre os sindicatos e seus associados.

117. A regra do art. 236, § 2.º, do Código de Processo Civil, não incide quando o procurador da República funciona como advogado da União Federal, ressalvada a disposição inscrita no art. 25 da Lei n. 6.830, de 1980.

118. Na ação expropriatória, a revelia do expropriado não implica em aceitação do valor da oferta e, por isso, não autoriza a dispensa da avaliação.

119. A partir da vigência do Código de Processo Civil de 1973, é cabível a cumulação da multa contratual com honorários advocatícios na execução hipotecária, regida pela Lei n. 5.741, de 1971.

120. A decisão proferida em processo de retificação do registro civil, a fim de fazer prova junto à administração militar, não faz coisa julgada relativamente à União Federal, se esta não houver sido citada para o feito.

121. Não cabe mandado de segurança contra ato ou decisão, de natureza jurisdicional, emanado de relator ou presidente de turma.

122. A companheira, atendidos os requisitos legais, faz jus à pensão do segurado falecido, quer em concorrência com os filhos do casal, quer em sucessão a estes, não constituindo obstáculo a ocorrência do óbito antes da vigência do Decreto-lei n. 66, de 1966.

Súmulas do TFR

124. Prescreve em 20 (vinte) anos a ação do beneficiário, ou do terceiro sub-rogado nos direitos deste, fundada no seguro obrigatório de responsabilidade civil.

126. Na cobrança de crédito previdenciário, proveniente da execução de contrato de construção de obra, o proprietário, dono da obra ou condômino de unidade imobiliária, somente será acionado quando não for possível lograr do construtor, através de execução contra ele intentada, a respectiva liquidação.

129. É exigível das autarquias o depósito previsto no art. 488, II, do Código de Processo Civil, para efeito de processamento da ação rescisória.

133. Compete à Justiça comum estadual processar e julgar prefeito municipal acusado de desvio de verba recebida em razão de convênio firmado com a União Federal.

134. Não cabe ação rescisória por violação de literal disposição de lei se, ao tempo em que foi prolatada a sentença rescindenda, a interpretação era controvertida nos tribunais, embora posteriormente se tenha fixado favoravelmente à pretensão do autor.

136. A correção monetária, na desapropriação, deve ser calculada com base na variação nominal das Obrigações do Tesouro Nacional (OTN).

137. A sentença que, em execução fiscal promovida por autarquia, julga extinto o processo, sem decidir o mérito (Código de Processo Civil, art. 267), não está sujeita ao duplo grau de jurisdição obrigatório.

141. Nas ações de desapropriação, computam-se, no cálculo da verba advocatícia, as parcelas relativas aos juros compensatórios e moratórios, devidamente corrigidas.

142. A limitação administrativa "*Non Aedificandi*" imposta aos terrenos marginais das estradas de rodagem, em zona rural, não afeta o domínio do proprietário, nem obriga a qualquer indenização.

145. Extingue-se o processo de mandado de segurança, se o autor não promover, no prazo assinado, a citação do litisconsorte necessário.

147. É indispensável a instauração do procedimento administrativo, a que alude o art. 27 do Decreto-lei n. 1.455, de 1976, para aplicação da pena de perdimento de mercadorias importadas, cujo prazo de permanência em recintos alfandegados tenha-se expirado.

148. É competente a Justiça comum estadual para processar e julgar ação cível proposta contra o Escritório Central de Arrecadação e Distribuição – ECAD.

154. A Fazenda Pública, nas execuções fiscais, não está sujeita a prévio depósito para custear despesas do oficial de justiça.

163. Nas relações jurídicas de trato sucessivo, em que a Fazenda Pública figure como devedora, somente prescrevem as prestações vencidas antes do quinquênio anterior à propositura da ação.

168. O encargo de 20%, do Decreto-lei n. 1.025, de 1969, é sempre devido nas execuções fiscais da União e substitui, nos embargos, a condenação do devedor em honorários advocatícios.

169. Na Comarca em que não foi criada Junta de Conciliação e Julgamento, é competente o juiz de direito para processar e julgar litígios de natureza trabalhista.

183. Compete ao Juiz Federal do Distrito Federal processar e julgar mandado de segurança contra ato do Presidente do BNH.

Súmulas do TFR

184. Em execução movida contra sociedade por quotas, o sócio-gerente, citado em nome próprio, não tem legitimidade para opor embargos de terceiro, visando livrar da constrição judicial seus bens particulares.

188. Na liquidação por cálculo do contador, a apelação da sentença homologatória ressente-se do pressuposto de admissibilidade, quando o apelante não tenha oferecido oportuna impugnação.

189. Proposta a execução fiscal, a posterior mudança de domicílio do executado não desloca a competência já fixada.

190. A intimação pessoal da penhora ao executado torna dispensável a publicação de que trata o art. 12 da Lei das Execuções Fiscais.

195. O mandado de segurança não é meio processual idôneo para dirimir litígios trabalhistas.

203. O procedimento sumário previsto na Lei n. 1.508, de 1951, compreende também a iniciativa do Ministério Público para a ação penal, nas contravenções referentes à caça, conforme remissão feita pelo art. 34 da Lei n. 5.197, de 1967.

204. O fato de a Lei n. 6.439, de 1977, que instituiu o SINPAS, dizer que as entidades da Previdência Social têm sede e foro no Distrito Federal podendo, provisoriamente, funcionar no Rio de Janeiro, não importa em que as ações contra elas interpostas devam ser necessariamente ajuizadas nesta última cidade.

207. Nas ações executivas regidas pela Lei n. 5.741, de 1971, o praceamento do imóvel penhorado independe de avaliação.

209. Nas execuções fiscais da Fazenda Nacional, é legítima a cobrança cumulativa de juros de mora e multa moratória.

210. Na execução fiscal, não sendo encontrado o devedor, nem bens arrestáveis, é cabível a citação editalícia.

213. O exaurimento da via administrativa não é condição para a propositura de ação de natureza previdenciária.

216. Compete à Justiça Federal processar e julgar mandado de segurança impetrado contra ato de autoridade previdenciária, ainda que localizada em Comarca do interior.

217. No âmbito da Justiça Federal, aplica-se aos feitos trabalhistas o princípio da identidade física do juiz.

218. A sentença, proferida em ação expropriatória à qual se tenha atribuído valor igual ou inferior a 50 (cinquenta) OTNs, não está sujeita ao duplo grau obrigatório, nem enseja recurso de apelação.

219. Não havendo antecipação de pagamento, o direito de constituir o crédito previdenciário extingue-se decorridos 5 (cinco) anos do primeiro dia do exercício seguintes àquele em que ocorreu o fato gerador.

224. O fato de não serem adjudicados bens que, levados a leilão, deixaram de ser arrematados, não acarreta a extinção do processo de execução.

234. Não cabe medida cautelar em ação rescisória para obstar os efeitos da coisa julgada.

235. A falta de peças de traslado obrigatório será suprida com a conversão do agravo de instrumento em diligência.

240. A intimação do representante judicial da Fazenda Pública, nos embargos à execução fiscal, será feita pessoalmente.

Súmulas do TFR

242. O bem alienado fiduciariamente não pode ser objeto de penhora nas execuções ajuizadas contra o devedor fiduciário.

244. A intervenção da União, suas autarquias e empresas públicas em concurso de credores ou de preferência não desloca a competência para a Justiça Federal.

247. Não constitui pressuposto da ação anulatória do débito fiscal o depósito de que cuida o art. 38 da Lei n. 6.830, de 1980.

248. O prazo da prescrição interrompido pela confissão e parcelamento da dívida fiscal recomeça a fluir no dia em que o devedor deixa de cumprir o acordo celebrado.

252. O § 3.º do art. 125 da Constituição Federal institui hipótese de competência relativa, pelo que não elide a competência concorrente da Justiça Federal.

•• Refere-se à CF de 1969.

256. A falta de impugnação dos embargos do devedor não produz, em relação à Fazenda Pública, os efeitos de revelia.

257. Não rendem juros os depósitos judiciais na Caixa Econômica Federal a que se referem o Decreto-lei n. 759, de 12-8-1969, art. 16, e o Decreto-lei n. 1.737, de 20-12-1979, art. 3.º.

261. No litisconsórcio ativo voluntário, determina-se o valor da causa, para efeito de alçada recursal, dividindo-se o valor global pelo número de litisconsortes.

262. Não se vincula ao processo o juiz que não colheu prova em audiência.

263. A produção antecipada de prova, por si só, não previne a competência da ação principal.

Súmulas do Superior Tribunal de Justiça

1. O foro do domicílio ou da residência do alimentando é o competente para a ação de investigação de paternidade, quando cumulada com a de alimentos.
2. Não cabe o *habeas data* (CF, art. 5.º, LXXII, a) se não houve recusa de informações por parte da autoridade administrativa.
3. Compete ao Tribunal Regional Federal dirimir conflito de competência verificado, na respectiva Região, entre Juiz Federal e Juiz Estadual investido de jurisdição federal.
5. A simples interpretação de cláusula contratual não enseja recurso especial.
7. A pretensão de simples reexame de prova não enseja recurso especial.
8. Aplica-se a correção monetária aos créditos habilitados em concordata preventiva, salvo durante o período compreendido entre as datas de vigência da Lei n. 7.274, de 10 de dezembro de 1984, e do Decreto-lei n. 2.283, de 27 de fevereiro de 1986.
   •• A Lei n. 11.101, de 9-2-2005, substitui a concordata pela recuperação judicial e extrajudicial do empresário e da sociedade empresária.
11. A presença da União ou de qualquer de seus entes, na ação de usucapião especial, não afasta a competência do foro da situação do imóvel.
13. A divergência entre julgados do mesmo Tribunal não enseja recurso especial.
14. Arbitrados os honorários advocatícios em percentual sobre o valor da causa, a correção monetária incide a partir do respectivo ajuizamento.
22. Não há conflito de competência entre o Tribunal de Justiça e Tribunal de Alçada do mesmo Estado-Membro.
    •• O art. 4.º da Emenda Constitucional n. 45, de 8-12-2004, estabelece a extinção dos Tribunais de Alçada passando seus membros a integrar os Tribunais de Justiça dos respectivos Estados.
25. Nas ações da Lei de Falências o prazo para a interposição de recurso conta-se da intimação da parte.
    •• *Vide* Lei n. 11.101, de 9-2-2005 (Lei de Falências e Recuperação de Empresas).
26. O avalista do título de crédito vinculado a contrato de mútuo também responde pelas obrigações pactuadas, quando no contrato figurar como devedor solidário.
27. Pode a execução fundar-se em mais de um título extrajudicial relativos ao mesmo negócio.
28. O contrato de alienação fiduciária em garantia pode ter por objeto bem que já integrava o patrimônio do devedor.
29. No pagamento em juízo para elidir falência, são devidos correção monetária, juros e honorários de advogado.
30. A comissão de permanência e a correção monetária são inacumuláveis.
31. A aquisição, pelo segurado, de mais de um imóvel financiado pelo Sistema Financeiro da Habitação, situados na mesma localidade, não exime a seguradora da obrigação de pagamento dos seguros.
32. Compete à Justiça Federal processar justificações judiciais destinadas a instruir pedidos perante entidades que nela têm exclusividade de foro, ressalvada a

Súmulas do STJ

aplicação do art. 15, II, da Lei n. 5.010/66.

33. A incompetência relativa não pode ser declarada de ofício.

34. Compete à Justiça Estadual processar e julgar causa relativa a mensalidade escolar, cobrada por estabelecimento particular de ensino.

35. Incide correção monetária sobre as prestações pagas, quando de sua restituição, em virtude da retirada ou exclusão do participante de plano de consórcio.

36. A correção monetária integra o valor da restituição, em caso de adiantamento de câmbio, requerida em concordata ou falência.

37. São cumuláveis as indenizações por dano material e dano moral oriundos do mesmo fato.

39. Prescreve em vinte anos a ação para haver indenização, por responsabilidade civil, de sociedade de economia mista.

41. O Superior Tribunal de Justiça não tem competência para processar e julgar, originariamente, mandado de segurança contra ato de outros tribunais ou dos respectivos órgãos.

42. Compete à Justiça Comum Estadual processar e julgar as causas cíveis em que é parte sociedade de economia mista e os crimes praticados em seu detrimento.

44. A definição, em ato regulamentar, de grau mínimo de disacusia, não exclui, por si só, a concessão do benefício previdenciário.

45. No reexame necessário, é defeso, ao Tribunal, agravar a condenação imposta à Fazenda Pública.

46. Na execução por carta, os embargos do devedor serão decididos no juízo deprecante, salvo se versarem unicamente vícios ou defeitos da penhora, avaliação ou alienação dos bens.

54. Os juros moratórios fluem a partir do evento danoso, em caso de responsabilidade extracontratual.

55. Tribunal Regional Federal não é competente para julgar recurso de decisão proferida por juiz estadual não investido de jurisdição federal.

56. Na desapropriação para instituir servidão administrativa são devidos os juros compensatórios pela limitação de uso da propriedade.

58. Proposta a execução fiscal, a posterior mudança de domicílio do executado não desloca a competência já fixada.

59. Não há conflito de competência se já existe sentença com trânsito em julgado, proferida por um dos juízos conflitantes.

66. Compete à Justiça Federal processar e julgar execução fiscal promovida por Conselho de fiscalização profissional.

67. Na desapropriação, cabe a atualização monetária, ainda que por mais de uma vez, independente do decurso de prazo superior a um ano entre o cálculo e o efetivo pagamento da indenização.

69. Na desapropriação direta, os juros compensatórios são devidos desde a antecipada imissão na posse e, na desapropriação indireta, a partir da efetiva ocupação do imóvel.

70. Os juros moratórios, na desapropriação direta ou indireta, contam-se desde o trânsito em julgado da sentença.

72. A comprovação da mora é imprescindível à busca e apreensão do bem alienado fiduciariamente.

73. A utilização de papel-moeda grosseiramente falsificado configura, em tese, o crime de estelionato, da competência da Justiça Estadual.

Súmulas do STJ

76. A falta de registro do compromisso de compra e venda de imóvel não dispensa a prévia interpelação para constituir em mora o devedor.

82. Compete à Justiça Federal, excluídas as reclamações trabalhistas, processar e julgar os feitos relativos a movimentação do FGTS.

83. Não se conhece do recurso especial pela divergência, quando a orientação do Tribunal se firmou no mesmo sentido da decisão recorrida.

84. É admissível a oposição de embargos de terceiro fundados em alegação de posse advinda do compromisso de compra e venda de imóvel, ainda que desprovido do registro.

85. Nas relações jurídicas de trato sucessivo em que a Fazenda Pública figure como devedora, quando não tiver sido negado o próprio direito reclamado, a prescrição atinge apenas as prestações vencidas antes do quinquênio anterior à propositura da ação.

86. Cabe recurso especial contra acórdão proferido no julgamento de agravo de instrumento.

88. São admissíveis embargos infringentes em processo falimentar.

89. A ação acidentária prescinde do exaurimento da via administrativa.

92. A terceiro de boa-fé não é oponível a alienação fiduciária não anotada no Certificado de Registro do veículo automotor.

98. Embargos de declaração manifestados com notório propósito de prequestionamento não têm caráter protelatório.

99. O Ministério Público tem legitimidade para recorrer no processo em que oficiou como fiscal da lei, ainda que não haja recurso da parte.

101. A ação de indenização do segurado em grupo contra a seguradora prescreve em um ano.

102. A incidência dos juros moratórios sobre os compensatórios, nas ações expropriatórias, não constitui anatocismo vedado em lei.

105. Na ação de mandado de segurança não se admite condenação em honorários advocatícios.

106. Proposta a ação no prazo fixado para o seu exercício, a demora na citação, por motivos inerentes ao mecanismo da Justiça, não justifica o acolhimento da arguição de prescrição ou decadência.

108. A aplicação de medidas socioeducativas ao adolescente, pela prática de ato infracional, é da competência exclusiva do juiz.

109. O reconhecimento do direito a indenização, por falta de mercadoria transportada via marítima, independe de vistoria.

110. A isenção do pagamento de honorários advocatícios, nas ações acidentárias, é restrita ao segurado.

111. Os honorários advocatícios, nas ações previdenciárias, não incidem sobre as prestações vencidas após a sentença.
•• Súmula com redação determinada pela Terceira Seção, em sessão ordinária de 27-9-2006.

112. O depósito somente suspende a exigibilidade do crédito tributário se for integral e em dinheiro.

113. Os juros compensatórios, na desapropriação direta, incidem a partir da imissão na posse, calculados sobre o valor da indenização, corrigido monetariamente.

114. Os juros compensatórios, na desapropriação indireta, incidem a partir da ocupação, calculados sobre o valor da indenização, corrigido monetariamente.

Súmulas do STJ

115. Na instância especial é inexistente recurso interposto por advogado sem procuração nos autos.

116. A Fazenda Pública e o Ministério Público têm prazo em dobro para interpor agravo regimental no Superior Tribunal de Justiça.

117. A inobservância do prazo de 48 (quarenta e oito) horas, entre a publicação de pauta e o julgamento sem a presença das partes, acarreta nulidade.

118. O agravo de instrumento é o recurso cabível da decisão que homologa a atualização do cálculo da liquidação.

119. A ação de desapropriação indireta prescreve em 20 (vinte) anos.

121. Na execução fiscal o devedor deverá ser intimado, pessoalmente, do dia e hora da realização do leilão.

123. A decisão que admite, ou não, o recurso especial deve ser fundamentada, com o exame dos seus pressupostos gerais e constitucionais.

126. É inadmissível recurso especial, quando o acórdão recorrido assenta em fundamentos constitucional e infraconstitucional, qualquer deles suficiente, por si só, para mantê-lo, e a parte vencida não manifesta recurso extraordinário.

128. Na execução fiscal haverá segundo leilão, se no primeiro não houver lanço superior à avaliação.

131. Nas ações de desapropriação incluem-se no cálculo da verba advocatícia as parcelas relativas aos juros compensatórios e moratórios, devidamente corrigidas.

133. A restituição da importância adiantada, à conta de contrato de câmbio, independe de ter sido a antecipação efetuada nos 15 (quinze) dias anteriores ao requerimento da concordata.

•• A Lei n. 11.101, de 9-2-2005, substitui a concordata pela recuperação judicial e extrajudicial do empresário e da sociedade empresária.

134. Embora intimado da penhora em imóvel do casal, o cônjuge do executado pode opor embargos de terceiro para defesa de sua meação.

137. Compete à Justiça Comum Estadual processar e julgar ação de servidor público municipal, pleiteando direitos relativos ao vínculo estatutário.

139. Cabe à Procuradoria da Fazenda Nacional propor execução fiscal para cobrança de crédito relativo ao ITR.

141. Os honorários de advogado em desapropriação direta são calculados sobre a diferença entre a indenização e a oferta, corrigidas monetariamente.

143. Prescreve em 5 (cinco) anos a ação de perdas e danos pelo uso de marca comercial.

144. Os créditos de natureza alimentícia gozam de preferência, desvinculados os precatórios da ordem cronológica dos créditos de natureza diversa.

150. Compete à Justiça Federal decidir sobre a existência de interesse jurídico que justifique a presença, no processo, da União, suas autarquias ou empresas públicas.

153. A desistência da execução fiscal, após o oferecimento dos embargos, não exime o exequente dos encargos da sucumbência.

158. Não se presta a justificar embargos de divergência o dissídio com acórdão de Turma ou Seção que não mais tenha competência para a matéria neles versada.

168. Não cabem embargos de divergência, quando a jurisprudência do Tribunal se firmou no mesmo sentido do acórdão embargado.

Súmulas do STJ

169. São inadmissíveis embargos infringentes no processo de mandado de segurança.

170. Compete ao juízo onde primeiro for intentada a ação envolvendo acumulação de pedidos, trabalhista e estatutário, decidi-la nos limites da sua jurisdição, sem prejuízo do ajuizamento de nova causa, com o pedido remanescente, no juízo próprio.

173. Compete à Justiça Federal processar e julgar o pedido de reintegração em cargo público federal, ainda que o servidor tenha sido dispensado antes da instituição do Regime Jurídico Único.

175. Descabe o depósito prévio nas ações rescisórias propostas pelo INSS.

176. É nula a cláusula contratual que sujeita o devedor à taxa de juros divulgada pela ANBID/CETIP.

177. O Superior Tribunal de Justiça é incompetente para processar e julgar, originariamente, mandado de segurança contra ato de órgão colegiado presidido por Ministro de Estado.

178. O INSS não goza de isenção do pagamento de custas e emolumentos, nas ações acidentárias e de benefícios propostas na Justiça Estadual.

179. O estabelecimento de crédito que recebe dinheiro, em depósito judicial, responde pelo pagamento da correção monetária relativa aos valores recolhidos.

181. É admissível ação declaratória, visando a obter certeza quanto à exata interpretação de cláusula contratual.

182. É inviável o agravo do art. 545 do Código de Processo Civil que deixa de atacar especificamente os fundamentos da decisão agravada.

185. Nos depósitos judiciais, não incide o Imposto sobre Operações Financeiras.

186. Nas indenizações por ato ilícito, os juros compostos somente são devidos por aquele que praticou o crime.

187. É deserto o recurso interposto para o Superior Tribunal de Justiça, quando o recorrente não recolhe, na origem, a importância das despesas de remessa e retorno dos autos.

188. Os juros moratórios, na repetição do indébito tributário, são devidos a partir do trânsito em julgado da sentença.

189. É desnecessária a intervenção do Ministério Público nas execuções fiscais.

190. Na execução fiscal, processada perante a Justiça Estadual, cumpre à Fazenda Pública antecipar o numerário destinado ao custeio das despesas com o transporte dos oficiais de justiça.

193. O direito de uso de linha telefônica pode ser adquirido por usucapião.

194. Prescreve em 20 (vinte) anos a ação para obter, do construtor, indenização por defeitos da obra.

195. Em embargos de terceiro não se anula ato jurídico, por fraude contra credores.

196. Ao executado que, citado por edital ou por hora certa, permanecer revel, será nomeado curador especial, com legitimidade para apresentação de embargos.

197. O divórcio direto pode ser concedido sem que haja prévia partilha dos bens.

199. Na excecução hipotecária de crédito vinculado ao Sistema Financeiro da Habitação, nos termos da Lei n. 5.741/71, a petição inicial deve ser instruída com, pelo menos, 2 (dois) avisos de cobrança.

201. Os honorários advocatícios não podem ser fixados em salários mínimos.

202. A impetração de segurança por terceiro, contra ato judicial, não se condiciona à interposição de recurso.

Súmulas do STJ

203. Não cabe recurso especial contra decisão proferida por órgão de segundo grau dos Juizados Especiais.
   •• Súmula com redação determinada pela Corte Especial do STJ, em sessão extraordinária de 23-5-2002 (*DJU* de 3-6-2002).

205. A Lei n. 8.009, de 29 de março de 1990, aplica-se à penhora realizada antes de sua vigência.

206. A existência da vara privativa, instituída por lei estadual, não altera a competência territorial resultante das leis de processo.

207. É inadmissível recurso especial quando cabíveis embargos infringentes contra o acórdão proferido no tribunal de origem.

208. Compete à Justiça Federal processar e julgar prefeito municipal por desvio de verba sujeita a prestação de contas perante órgão federal.

209. Compete à Justiça Estadual processar e julgar prefeito por desvio de verba transferida e incorporada ao patrimônio municipal.

210. A ação de cobrança das contribuições para o FGTS prescreve em 30 (trinta) anos.

211. Inadmissível recurso especial quanto à questão que, a despeito da oposição de embargos declaratórios, não foi apreciada pelo tribunal *a quo*.

212. A compensação de créditos tributários não pode ser deferida em ação cautelar ou por medida liminar cautelar ou antecipatória.
   •• Súmula com redação determinada pela Primeira Seção, em sessão ordinária de 11-5-2005 (*DJU* de 23-5-2005).

213. O mandado de segurança constitui ação adequada para a declaração do direito à compensação tributária.

214. O fiador na locação não responde por obrigações resultantes de aditamento ao qual não anuiu.

216. A tempestividade de recurso interposto no Superior Tribunal de Justiça é aferida pelo registro no protocolo da Secretaria e não pela data da entrega na agência do correio.

218. Compete à Justiça dos Estados processar e julgar ação de servidor estadual decorrente de direitos e vantagens estatutárias no exercício de cargo em comissão.

219. Os créditos decorrentes de serviços prestados à massa falida, inclusive a remuneração do síndico, gozam dos privilégios próprios dos trabalhistas.

220. A reincidência não influi no prazo da prescrição da pretensão punitiva.

221. São civilmente responsáveis pelo ressarcimento de dano, decorrente de publicação pela imprensa, tanto o autor do escrito quanto o proprietário do veículo de divulgação.

223. A certidão de intimação do acórdão recorrido constitui peça obrigatória do instrumento de agravo.

224. Excluído do feito o ente federal, cuja presença levara o Juiz Estadual a declinar da competência, deve o Juiz Federal restituir os autos e não suscitar conflito.

226. O Ministério Público tem legitimidade para recorrer na ação de acidente do trabalho, ainda que o segurado esteja assistido por advogado.

227. A pessoa jurídica pode sofrer dano moral.

228. É inadmissível o interdito proibitório para proteção do direito autoral.

229. O pedido do pagamento de indenização à seguradora suspende o prazo de prescrição até que o segurado tenha ciência da decisão.

232. A Fazenda Pública, quando parte no processo, fica sujeita à exigência do depósito prévio dos honorários do perito.

Súmulas do STJ

233. O contrato de abertura de crédito, ainda que acompanhado de extrato da conta corrente, não é título executivo.

235. A conexão não determina a reunião dos processos, se um deles já foi julgado.

236. Não compete ao Superior Tribunal de Justiça dirimir conflitos de competência entre juízos trabalhistas vinculados a Tribunais Regionais do Trabalho diversos.

238. A avaliação da indenização devida ao proprietário do solo, em razão de alvará de pesquisa mineral, é processada no Juízo Estadual da situação do imóvel.

239. O direito à adjudicação compulsória não se condiciona ao registro do compromisso de compra e venda no cartório de imóveis.

240. A extinção do processo, por abandono de causa pelo autor, depende de requerimento do réu.

242. Cabe ação declaratória para reconhecimento de tempo de serviço para fins previdenciários.

245. A notificação destinada a comprovar a mora nas dívidas garantidas por alienação fiduciária dispensa a indicação do valor do débito.

246. O valor do seguro obrigatório deve ser deduzido da indenização judicialmente fixada.

247. O contrato de abertura de crédito em conta corrente, acompanhado do demonstrativo de débito, constitui documento hábil para o ajuizamento de ação monitória.

248. Comprovada a prestação dos serviços, a duplicata não aceita, mas protestada, é título hábil para instruir pedido de falência.

249. A Caixa Econômica Federal tem legitimidade passiva para integrar processo em que se discute correção monetária do FGTS.

250. É legítima a cobrança de multa fiscal de empresa em regime de concordata.
•• A Lei n. 11.101, de 9-2-2005, substitui a concordata pela recuperação judicial e extrajudicial do empresário e da sociedade empresária.

251. A meação só responde pelo ato ilícito quando o credor, na execução fiscal, provar que o enriquecimento dele resultante aproveitou ao casal.

253. O art. 557 do Código de Processo Civil, que autoriza o relator a decidir o recurso, alcança o reexame necessário.

254. A decisão do Juízo Federal que exclui da relação processual ente federal não pode ser reexaminada no Juízo Estadual.

255. Cabem embargos infringentes contra acórdão, proferido por maioria, em agravo retido, quando se tratar de matéria de mérito.

257. A falta de pagamento do prêmio do seguro obrigatório de Danos Pessoais Causados por Veículos Automotores de Vias Terrestres (DPVAT) não é motivo para a recusa do pagamento da indenização.

258. A nota promissória vinculada a contrato de abertura de crédito não goza de autonomia em razão da iliquidez do título que a originou.

259. A ação de prestação de contas pode ser proposta pelo titular de conta corrente bancária.

261. A cobrança de direitos autorais pela retransmissão radiofônica de músicas, em estabelecimentos hoteleiros, deve ser feita conforme a taxa média de utilização do equipamento, apurada em liquidação.

264. É irrecorrível o ato judicial que apenas manda processar a concordata preventiva.

Súmulas do STJ

- •• A Lei n. 11.101, de 9-2-2005, substitui a concordata pela recuperação judicial e extrajudicial do empresário e da sociedade empresária.

268. O fiador que não integrou a relação processual na ação de despejo não responde pela execução do julgado.

270. O protesto pela preferência de crédito, apresentado por ente federal em execução que tramita na Justiça Estadual, não desloca a competência para a Justiça Federal.

271. A correção monetária dos depósitos judiciais independe de ação específica contra o banco depositário.

273. Intimada a defesa da expedição da carta precatória, torna-se desnecessária intimação da data da audiência no juízo deprecado.

277. Julgada procedente a investigação de paternidade, os alimentos são devidos a partir da citação.

278. O termo inicial do prazo prescricional, na ação de indenização, é a data em que o segurado teve ciência inequívoca da incapacidade laboral.

279. É cabível execução por título extrajudicial contra a Fazenda Pública.

280. O art. 35 do Decreto-lei n. 7.661, de 1945, que estabelece a prisão administrativa, foi revogado pelos incisos LXI e LXVII do art. 5.º da Constituição Federal.

- •• O Decreto-lei n. 7.661, de 21-6-1945, foi revogado pela Lei n. 11.101, de 9-2-2005 (Lei de Falências e Recuperação de Empresas).

282. Cabe a citação por edital em ação monitória.

283. As empresas administradoras de cartão de crédito são instituições financeiras e, por isso, os juros remuneratórios por elas cobrados não sofrem as limitações da Lei de Usura.

284. A purga da mora, nos contratos de alienação fiduciária, só é permitida quando já pagos pelo menos 40% (quarenta por cento) do valor financiado.

- •• Vide art. 3.º do Decreto-lei n. 911, de 1.º-10-1969.

285. Nos contratos bancários posteriores ao Código de Defesa do Consumidor incide a multa moratória nele prevista.

286. A renegociação de contrato bancário ou a confissão da dívida não impede a possibilidade de discussão sobre eventuais ilegalidades dos contratos anteriores.

287. A Taxa Básica Financeira (TBF) não pode ser utilizada como indexador de correção monetária nos contratos bancários.

288. A Taxa de Juros de Longo Prazo (TJLP) pode ser utilizada como indexador de correção monetária nos contratos bancários.

291. A ação de cobrança de parcelas de complementação de aposentadoria pela previdência privada prescreve em cinco anos.

292. A reconvenção é cabível na ação monitória, após a conversão do procedimento em ordinário.

293. A cobrança antecipada do valor residual garantido (VRG) não descaracteriza o contrato de arrendamento mercantil.

294. Não é potestativa a cláusula contratual que prevê a comissão de permanência, calculada pela taxa média de mercado apurada pelo Banco Central do Brasil, limitada à taxa de contrato.

295. A Taxa Referencial (TR) é indexador válido para contratos posteriores à Lei n. 8.177/91, desde que pactuada.

296. Os juros remuneratórios, não cumuláveis com a comissão de permanência, são devidos no período de inadimplência, à taxa média de mercado estipulada pelo Banco Central do Brasil, limitada ao percentual contratado.

Súmulas do STJ

297. O Código de Defesa do Consumidor é aplicável às instituições financeiras.

298. O alongamento de dívida originada de crédito rural não constitui faculdade da instituição financeira, mas, direito do devedor nos termos da lei.

299. É admissível a ação monitória fundada em cheque prescrito.

300. O instrumento de confissão de dívida, ainda que originário de contrato de abertura de crédito, constitui título executivo extrajudicial.

301. Em ação investigatória, a recusa do suposto pai a submeter-se ao exame de DNA induz presunção *juris tantum* de paternidade.

302. É abusiva a cláusula contratual de plano de saúde que limita no tempo a internação hospitalar do segurado.

303. Em embargos de terceiro, quem deu causa à constrição indevida deve arcar com os honorários advocatícios.

304. É ilegal a decretação da prisão civil daquele que não assume expressamente o encargo de depositário judicial.

305. É descabida a prisão civil do depositário quando, decretada a falência da empresa, sobrevém a arrecadação do bem pelo síndico.

306. Os honorários advocatícios devem ser compensados quando houver sucumbência recíproca, assegurado o direito autônomo do advogado à execução do saldo sem excluir a legitimidade da própria parte.

307. A restituição de adiantamento de contrato de câmbio na falência deve ser atendida antes de qualquer crédito.

308. A hipoteca firmada entre o construtora e o agente financeiro, anterior ou posterior à celebração da promessa de compra e venda, não tem eficácia perante os adquirentes do imóvel.

309. O débito alimentar que autoriza prisão civil do alimentante é o que compreende as três prestações anteriores ao ajuizamento da execução e as que vencerem no curso do processo.

•• Súmula com redação determinada pela Segunda Seção, na sessão ordinária de 22-3-2006.

311. Os atos do presidente do tribunal que disponham sobre processamento e pagamento de precatório não têm caráter jurisdicional.

313. Em ação de indenização, procedente o pedido, é necessária a constituição de capital ou caução fidejussória para a garantia de pagamento de pensão, independentemente da situação financeira do demandado.

314. Em execução fiscal, não localizados bens penhoráveis, suspende-se o processo por um ano, findo o qual se inicia o prazo da prescrição quinquenal intercorrente.

315. Não cabem embargos de divergência no âmbito do agravo de instrumento que não admite recurso especial.

316. Cabem embargos de divergência contra acórdão que, em agravo regimental, decide recurso especial.

317. É definitiva a execução de título extrajudicial, ainda que pendente apelação contra sentença que julgue improcedentes os embargos.

318. Formulado pedido certo e determinado, somente o autor tem interesse recursal em arguir o vício da sentença ilíquida.

319. O encargo de depositário de bens penhorados pode ser expressamente recusado.

320. A questão federal somente ventilada no voto vencido não atende ao requisito do prequestionamento.

322. Para a repetição de indébito, nos contratos de abertura de crédito em conta corrente, não se exige a prova do erro.

Súmulas do STJ

323. A inscrição do nome do devedor pode ser mantida nos serviços de proteção ao crédito até o prazo máximo de cinco anos, independentemente da prescrição da execução.
    •• Súmula com redação determinada pela Segunda Seção, na sessão ordinária de 25-11-2009.

324. Compete à Justiça Federal processar e julgar ações de que participa a Fundação Habitacional do Exército, equiparada à entidade autárquica federal, supervisionada pelo Ministério do Exército.

325. A remessa oficial devolve ao Tribunal o reexame de todas as parcelas da condenação suportadas pela Fazenda Pública, inclusive dos honorários de advogado.

326. Na ação de indenização por dano moral, a condenação em montante inferior ao postulado na inicial não implica sucumbência recíproca.

327. Nas ações referentes ao Sistema Financeiro da Habitação, a Caixa Econômica Federal tem legitimidade como sucessora do Banco Nacional da Habitação.

328. Na execução contra instituição financeira, é penhorável o numerário disponível, excluídas as reservas bancárias mantidas no Banco Central.

329. O Ministério Público tem legitimidade para propor ação civil pública em defesa do patrimônio público.

331. A apelação interposta contra sentença que julga embargos à arrematação tem efeito meramente devolutivo.

332. A fiança prestada sem autorização de um dos cônjuges implica a ineficácia total da garantia.

333. Cabe mandado de segurança contra ato praticado em licitação promovida por sociedade de economia mista ou empresa pública.

335. Nos contratos de locação, é válida a cláusula de renúncia à indenização das benfeitorias e ao direito de retenção.

336. A mulher que renunciou aos alimentos na separação judicial tem direito à pensão previdenciária por morte do ex-marido, comprovada necessidade econômica superveniente.

339. É cabível ação monitória contra a Fazenda Pública.

343. É obrigatória a presença de advogado em todas as fases do processo administrativo disciplinar.

344. A liquidação por forma diversa da estabelecida na sentença não ofende a coisa julgada.

345. São devidos honorários advocatícios pela Fazenda Pública nas execuções individuais de sentença proferida em ações coletivas, ainda que não embargadas.

348. (*Cancelada pela Corte Especial, na sessão de 17-3-2010.*)

349. Compete à Justiça Federal ou aos juízes com competência delegada o julgamento das execuções fiscais de contribuições devidas pelo empregador ao FGTS.

354. A invasão do imóvel é causa de suspensão do processo expropriatório para fins de reforma agrária.

356. É legítima a cobrança da tarifa básica pelo uso dos serviços de telefonia fixa.

358. O cancelamento de pensão alimentícia de filho que atingiu a maioridade está sujeito à decisão judicial, mediante contraditório, ainda que nos próprios autos.

359. Cabe ao órgão mantenedor do Cadastro de Proteção ao Crédito a notificação do devedor antes de proceder à inscrição.

361. A notificação do protesto, para requerimento de falência de empresa devedora, exige a identificação da pessoa que a recebeu.

362. A correção monetária do valor da indenização do dano moral incide desde a data do arbitramento.

363. Compete à Justiça estadual processar e julgar a ação de cobrança ajuizada por profissional liberal contra cliente.

364. O conceito de impenhorabilidade de bem de família abrange também o imóvel pertencente a pessoas solteiras, separadas e viúvas.

365. A intervenção da União como sucessora da Rede Ferroviária Federal S/A (RFFSA) desloca a competência para a Justiça Federal ainda que a sentença tenha sido proferida por Juízo estadual.
•• *Vide* Súmula 505 do STJ.

367. A competência estabelecida pela Emenda Constitucional n. 45/2004 não alcança os processos já sentenciados.

368. Compete à Justiça comum estadual processar e julgar os pedidos de retificação de dados cadastrais da Justiça Eleitoral.

369. No contrato de arrendamento mercantil (*leasing*), ainda que haja cláusula resolutiva expressa, é necessária a notificação prévia do arrendatário para constituí-lo em mora.

371. Nos contratos de participação financeira para a aquisição de linha telefônica, o Valor Patrimonial da Ação (VPA) é apurado com base no balancete do mês da integralização.

372. Na ação de exibição de documentos, não cabe a aplicação de multa cominatória.

373. É ilegítima a exigência de depósito prévio para a admissibilidade de recurso administrativo.

374. Compete à Justiça Eleitoral processar e julgar a ação para anular débito decorrente de multa eleitoral.

375. O reconhecimento da fraude à execução depende do registro da penhora do bem alienado ou da prova de má-fé do terceiro adquirente.

376. Compete a turma recursal processar e julgar o mandado de segurança contra ato de juizado especial.

379. Nos contratos bancários não regidos por legislação específica, os juros moratórios poderão ser convencionados até o limite de 1% ao mês.

380. A simples propositura da ação de revisão de contrato não inibe a caracterização da mora do autor.

381. Nos contratos bancários, é vedado ao julgador conhecer, de ofício, da abusividade das cláusulas.

382. A estipulação de juros remuneratórios superior a 12% ao ano, por si só, não indica abusividade.

383. A competência para processar e julgar as ações conexas de interesse de menor é, em princípio, do foro do domicílio do detentor de sua guarda.

384. Cabe ação monitória para haver saldo remanescente oriundo de venda extrajudicial de bem alienado fiduciariamente em garantia.

385. Da anotação irregular em cadastro de proteção ao crédito, não cabe indenização por dano moral, quando preexistente legítima inscrição, ressalvado o direito ao cancelamento.

387. É lícita a cumulação das indenizações de dano estético e dano moral.

388. A simples devolução indevida de cheque caracteriza dano moral.

389. A comprovação do pagamento do "custo do serviço" referente ao fornecimento de certidão de assentamentos

Súmulas do STJ

constantes dos livros da companhia é requisito de procedibilidade da ação de exibição de documentos ajuizada em face da sociedade anônima.

390. Nas decisões por maioria, em reexame necessário, não se admitem embargos infringentes.

392. A Fazenda Pública pode substituir a certidão de dívida ativa (CDA) até a prolação da sentença de embargos, quando se tratar de correção de erro material ou formal, vedada a modificação do sujeito passivo da execução.

393. A exceção de pré-executividade é admissível na execução fiscal relativamente às matérias conhecíveis de ofício que não demandem dilação probatória.

394. É admissível, em embargos à execução fiscal, compensar os valores de imposto de renda retidos indevidamente na fonte com os valores restituídos apurados na declaração anual.

400. O encargo de 20% previsto no Decreto-lei n. 1.025/1969 é exigível na execução fiscal proposta contra a massa falida.

401. O prazo decadencial da ação rescisória só se inicia quando não for cabível qualquer recurso do último pronunciamento judicial.

403. Independe de prova do prejuízo a indenização pela publicação não autorizada de imagem de pessoa com fins econômicos ou comerciais.

404. É dispensável o aviso de recebimento (AR) na carta de comunicação ao consumidor sobre a negativação de seu nome em bancos de dados e cadastros.

406. A Fazenda Pública pode recusar a substituição do bem penhorado por precatório.

407. É legítima a cobrança da tarifa de água fixada de acordo com as categorias de usuários e as faixas de consumo.

408. Nas ações de desapropriação, os juros compensatórios incidentes após a Medida Provisória n. 1.577, de 11/06/1997, devem ser fixados em 6% ao ano até 13/09/2001 e, a partir de então, em 12% ao ano, na forma da Súmula n. 618 do Supremo Tribunal Federal.

409. Em execução fiscal, a prescrição ocorrida antes da propositura da ação pode ser decretada de ofício (art. 219, § 5.º, do Código de Processo Civil).

410. A prévia intimação pessoal do devedor constitui condição necessária para a cobrança de multa pelo descumprimento de obrigação de fazer ou não fazer.

414. A citação por edital na execução fiscal é cabível quando frustradas as demais modalidades.

417. Na execução civil, a penhora de dinheiro na ordem de nomeação de bens não tem caráter absoluto.

419. Descabe a prisão civil do depositário judicial infiel.

420. Incabível, em embargos de divergência, discutir o valor de indenização por danos morais.

421. Os honorários advocatícios não são devidos à Defensoria Pública quando ela atua contra a pessoa jurídica de direito público à qual pertença.

426. Os juros de mora na indenização do seguro DPVAT fluem a partir da citação.

427. A ação de cobrança de diferenças de valores de complementação de aposentadoria prescreve em cinco anos contados da data do pagamento.

428. Compete ao Tribunal Regional Federal decidir os conflitos de competência entre juizado especial federal e juízo federal da mesma seção judiciária.

Súmulas do STJ

429. A citação postal, quando autorizada por lei, exige o aviso de recebimento.

449. A vaga de garagem que possui matrícula própria no registro de imóveis não constitui bem de família para efeito de penhora.

451. É legítima a penhora da sede do estabelecimento comercial.

452. A extinção das ações de pequeno valor é faculdade da Administração Federal, vedada a atuação judicial de ofício.

453. Os honorários sucumbenciais, quando omitidos em decisão transitada em julgado, não podem ser cobrados em execução ou em ação própria.

460. É incabível o mandado de segurança para convalidar a compensação tributária realizada pelo contribuinte.

461. O contribuinte pode optar por receber, por meio de precatório ou por compensação, o indébito tributário certificado por sentença declaratória transitada em julgado.

462. Nas ações em que representa o FGTS, a CEF, quando sucumbente, não está isenta de reembolsar as custas antecipadas pela parte vencedora.

472. A cobrança de comissão de permanência – cujo valor não pode ultrapassar a soma dos encargos remuneratórios e moratórios previstos no contrato – exclui a exigibilidade dos juros remuneratórios, moratórios e da multa contratual.

473. O mutuário do SFH não pode ser compelido a contratar o seguro habitacional obrigatório com a instituição financeira mutuante ou com a seguradora por ela indicada.

474. A indenização do seguro DPVAT, em caso de invalidez parcial do beneficiário, será paga de forma proporcional ao grau da invalidez.

475. Responde pelos danos decorrentes de protesto indevido o endossatário que recebe por endosso translativo título de crédito contendo vício formal extrínseco ou intrínseco, ficando ressalvado seu direito de regresso contra os endossantes e avalistas.

476. O endossatário de título de crédito por endosso-mandato só responde por danos decorrentes de protesto indevido se extrapolar os poderes de mandatário.

477. A decadência do art. 26 do Código de Proteção e Defesa do Consumidor não é aplicável à prestação de contas para obter esclarecimentos sobre cobrança de taxas, tarifas e encargos bancários.

478. Na execução de crédito relativo a cotas condominiais, este tem preferência sobre o hipotecário.

480. O juízo da recuperação judicial não é competente para decidir sobre a constrição de bens não abrangidos pelo plano de recuperação da empresa.

481. Faz jus ao benefício da justiça gratuita a pessoa jurídica com ou sem fins lucrativos que demonstrar sua impossibilidade de arcar com os encargos processuais.

482. A falta de ajuizamento da ação principal no prazo do art. 806 do Código de Processo Civil acarreta a perda da eficácia da liminar deferida e a extinção do processo cautelar.

483. O INSS não está obrigado a efetuar depósito prévio do preparo por gozar das prerrogativas e privilégios da Fazenda Pública.

484. Admite-se que o preparo seja efetuado no primeiro dia útil subsequente, quando a interposição do recurso ocorrer após o encerramento do expediente bancário.

Súmulas do STJ

485. A Lei de Arbitragem aplica-se aos contratos que contenham cláusula arbitral, ainda que celebrados antes da sua edição.

486. É impenhorável o único imóvel residencial do devedor que esteja locado a terceiros, desde que a renda obtida com a locação seja revertida para a subsistência ou a moradia da sua família.

487. O parágrafo único do art. 741 do Código de Processo Civil não se aplica às sentenças transitadas em julgado em data anterior à da sua vigência.

488. O § 2.º do art. 6.º da Lei n. 9.469/1997, que obriga à repartição dos honorários advocatícios, é inaplicável a acordos ou transações celebrados em data anterior à sua vigência.

489. Reconhecida a continência, devem ser reunidas na Justiça Federal as ações civis públicas propostas nesta e na Justiça estadual.

490. A dispensa de reexame necessário, quando o valor da condenação ou do direito controvertido for inferior a sessenta salários mínimos, não se aplica a sentenças ilíquidas.

497. Os créditos das autarquias federais preferem aos créditos da Fazenda estadual desde que coexistam penhoras sobre o mesmo bem.

503. O prazo para ajuizamento de ação monitória em face do emitente de cheque sem força executiva é quinquenal, a contar do dia seguinte à data de emissão estampada na cártula.

504. O prazo para ajuizamento de ação monitória em face do emitente de nota promissória sem força executiva é quinquenal, a contar do dia seguinte ao vencimento do título.

505. A competência para processar e julgar as demandas que têm por objeto obrigações decorrentes dos contratos de planos de previdência privada firmados com a Fundação Rede Ferroviária de Seguridade Social – REFER é da Justiça estadual.

506. A Anatel não é parte legítima nas demandas entre a concessionária e o usuário de telefonia decorrentes de relação contratual.

515. A reunião de execuções fiscais contra o mesmo devedor constitui faculdade do Juiz.

517. São devidos honorários advocatícios no cumprimento de sentença, haja ou não impugnação, depois de escoado o prazo para pagamento voluntário, que se inicia após a intimação do advogado da parte executada.

518. Para fins do art. 105, III, a, da Constituição Federal, não é cabível recurso especial fundado em alegada violação de enunciado de súmula.

519. Na hipótese de rejeição da impugnação ao cumprimento de sentença, não são cabíveis honorários advocatícios.

521. A legitimidade para a execução fiscal de multa pendente de pagamento imposta em sentença condenatória é exclusiva da Procuradoria da Fazenda Pública.

523. A taxa de juros de mora incidente na repetição de indébito de tributos estaduais deve corresponder à utilizada para cobrança do tributo pago em atraso, sendo legítima a incidência da taxa Selic, em ambas as hipóteses, quando prevista na legislação local, vedada sua cumulação com quaisquer outros índices.

525. A Câmara de Vereadores não possui personalidade jurídica, apenas personalidade judiciária, somente podendo demandar em juízo para defender os seus direitos institucionais.

Súmulas do STJ

529. No seguro de responsabilidade civil facultativo, não cabe o ajuizamento de ação pelo terceiro prejudicado direta e exclusivamente em face da seguradora do apontado causador do dano.
•• *Vide* art. 787 do CC.

530. Nos contratos bancários, na impossibilidade de comprovar a taxa de juros efetivamente contratada – por ausência de pactuação ou pela falta de juntada do instrumento aos autos –, aplica-se a taxa média de mercado, divulgada pelo Bacen, praticada nas operações da mesma espécie, salvo se a taxa cobrada for mais vantajosa para o devedor.
•• *Vide* arts. 112, 122, 170, 406 e 591 do CC.

531. Em ação monitória fundada em cheque prescrito ajuizada contra o emitente, é dispensável a menção ao negócio jurídico subjacente à emissão da cártula.

532. Constitui prática comercial abusiva o envio de cartão de crédito sem prévia e expressa solicitação do consumidor, configurando-se ato ilícito indenizável e sujeito à aplicação de multa administrativa.
•• *Vide* art. 39, III, do CDC.

536. A suspensão condicional do processo e a transação penal não se aplicam na hipótese de delitos sujeitos ao rito da Lei Maria da Penha.

537. Em ação de reparação de danos, a seguradora denunciada, se aceitar a denunciação ou contestar o pedido do autor, pode ser condenada, direta e solidariamente junto com o segurado, ao pagamento da indenização devida à vítima, nos limites contratados na apólice.

538. As administradoras de consórcio têm liberdade para estabelecer a respectiva taxa de administração, ainda que fixada em percentual superior a dez por cento.

539. É permitida a capitalização de juros com periodicidade inferior à anual em contratos celebrados com instituições integrantes do Sistema Financeiro Nacional a partir de 31/3/2000 (MP n. 1.963-17/2000, reeditada como MP n. 2.170-36/2001), desde que expressamente pactuada.

540. Na ação de cobrança do seguro DPVAT, constitui faculdade do autor escolher entre os foros do seu domicílio, do local do acidente ou ainda do domicílio do réu.

541. A previsão no contrato bancário de taxa de juros anual superior ao duodécuplo da mensal é suficiente para permitir a cobrança da taxa efetiva anual contratada.

542. A ação penal relativa ao crime de lesão corporal resultante de violência doméstica contra a mulher é pública incondicionada.
•• *Vide* art. 16 da Lei n. 11.340, de 7-8-2006.

543. Na hipótese de resolução de contrato de promessa de compra e venda de imóvel submetido ao Código de Defesa do Consumidor, deve ocorrer a imediata restituição das parcelas pagas pelo promitente comprador – integralmente, em caso de culpa exclusiva do promitente vendedor/construtor, ou parcialmente, caso tenha sido o comprador quem deu causa ao desfazimento.
•• *Vide* art. 51, II e IV, do CDC.

549. É válida a penhora de bem de família pertencente a fiador de contrato de locação.

553. Nos casos de empréstimo compulsório sobre o consumo de energia elétrica, é competente a Justiça estadual para o julgamento de demanda proposta exclusivamente contra a Eletrobrás. Requerida a intervenção da União no feito após a prolação de sentença pelo juízo estadual, os autos devem ser remetidos ao Tribunal Regional Federal competente para o julgamento da apelação se deferida a intervenção.

558. Em ações de execução fiscal, a petição inicial não pode ser indeferida sob o argumento da falta de indicação do CPF e/ou RG ou CNPJ da parte executada.

559. Em ações de execução fiscal, é desnecessária a instrução da petição inicial com o demonstrativo de cálculo do débito, por tratar-se de requisito não previsto no art. 6.º da Lei n. 6.830/1980.

563. O Código de Defesa do Consumidor é aplicável às entidades abertas de previdência complementar, não incidindo nos contratos previdenciários celebrados com entidades fechadas.

564. No caso de reintegração de posse em arrendamento mercantil financeiro, quando a soma da importância antecipada a título de valor residual garantido (VRG) com o valor da venda do bem ultrapassar o total do VRG previsto contratualmente, o arrendatário terá direito de receber a respectiva diferença, cabendo, porém, se estipulado no contrato, o prévio desconto de outras despesas ou encargos pactuados.

568. O relator, monocraticamente e no Superior Tribunal de Justiça, poderá dar ou negar provimento ao recurso quando houver entendimento dominante acerca do tema.

570. Compete à Justiça Federal o processo e julgamento de demanda em que se discute a ausência de ou o obstáculo ao credenciamento de instituição particular de ensino superior no Ministério da Educação como condição de expedição de diploma de ensino a distância aos estudantes.

572. O Banco do Brasil, na condição de gestor do Cadastro de Emitentes de Cheques sem Fundos (CCF), não tem a responsabilidade de notificar previamente o devedor acerca da sua inscrição no aludido cadastro, tampouco legitimidade passiva para as ações de reparação de danos fundadas na ausência de prévia comunicação.

576. Ausente requerimento administrativo no INSS, o termo inicial para a implantação da aposentadoria por invalidez concedida judicialmente será a data da citação válida.

579. Não é necessário ratificar o recurso especial interposto na pendência do julgamento dos embargos de declaração, quando inalterado o resultado anterior.
• • *Vide* arts. 218, § 4.º, e 1.024, § 5.º, do CPC.

581. A recuperação judicial do devedor principal não impede o prosseguimento das ações e execuções ajuizadas contra terceiros devedores solidários ou coobrigados em geral, por garantia cambial, real ou fidejussória.
• *Vide* arts. 6.º e 52, III, da Lei n. 11.101, de 9-2-2005.

Súmulas dos Juizados Especiais Federais

7. Descabe incidente de uniformização versando sobre honorários advocatícios por se tratar de questão de direito processual.
17. Não há renúncia tácita no Juizado Especial Federal, para fins de competência.
22. Se a prova pericial realizada em juízo dá conta de que a incapacidade já existia na data do requerimento administrativo, esta é o termo inicial do benefício assistencial.
51. Os valores recebidos por força de antecipação dos efeitos de tutela, posteriormente revogada em demanda previdenciária, são irrepetíveis em razão da natureza alimentar e da boa-fé no seu recebimento.
63. A comprovação de união estável para efeito de concessão de pensão por morte prescinde de início de prova material.
74. O prazo de prescrição fica suspenso pela formulação de requerimento administrativo e volta a correr pelo saldo remanescente após a ciência da decisão administrativa final.
77. O julgador não é obrigado a analisar as condições pessoais e sociais quando não reconhecer a incapacidade do requerente para a sua atividade habitual.
78. Comprovado que o requerente de benefício é portador do vírus HIV, cabe ao julgador verificar as condições pessoais, sociais, econômicas e culturais, de forma a analisar a incapacidade em sentido amplo, em face da elevada estigmatização social da doença.
79. Nas ações em que se postula benefício assistencial, é necessária a comprovação das condições socioeconômicas do autor por laudo de assistente social, por auto de constatação lavrado por oficial de justiça ou, sendo inviabilizados os referidos meios, por prova testemunhal.
80. Nos pedidos de benefício de prestação continuada (LOAS), tendo em vista o advento da Lei n. 12.470/11, para adequada valoração dos fatores ambientais, sociais, econômicos e pessoais que impactam na participação da pessoa com deficiência na sociedade, é necessária a realização de avaliação social por assistente social ou outras providências aptas a revelar a efetiva condição vivida no meio social pelo requerente.

Enunciados da ENFAM (*)

1. Entende-se por "fundamento" referido no art. 10 do CPC/2015 o substrato fático que orienta o pedido, e não o enquadramento jurídico atribuído pelas partes.

2. Não ofende a regra do contraditório do art. 10 do CPC/2015, o pronunciamento jurisdicional que invoca princípio, quando a regra jurídica aplicada já debatida no curso do processo é emanação daquele princípio.

3. É desnecessário ouvir as partes quando a manifestação não puder influenciar na solução da causa.

4. Na declaração de incompetência absoluta não se aplica o disposto no art. 10, parte final, do CPC/2015.

5. Não viola o art. 10 do CPC/2015 a decisão com base em elementos de fato documentados nos autos sob o contraditório.

6. Não constitui julgamento surpresa o lastreado em fundamentos jurídicos, ainda que diversos dos apresentados pelas partes, desde que embasados em provas submetidas ao contraditório.

7. O acórdão, cujos fundamentos não tenham sido explicitamente adotados como razões de decidir, não constitui precedente vinculante.

8. Os enunciados das súmulas devem reproduzir os fundamentos determinantes do precedente.

9. É ônus da parte, para os fins do disposto no art. 489, § 1.º, V e VI, do CPC/2015, identificar os fundamentos determinantes ou demonstrar a existência de distinção no caso em julgamento ou a superação do entendimento, sempre que invocar jurisprudência, precedente ou enunciado de súmula.

10. A fundamentação sucinta não se confunde com a ausência de fundamentação e não acarreta a nulidade da decisão se forem enfrentadas todas as questões cuja resolução, em tese, influencie a decisão da causa.

11. Os precedentes a que se referem os incisos V e VI do § 1.º do art. 489 do CPC/2015 são apenas os mencionados no art. 927 e no inciso IV do art. 332.

12. Não ofende a norma extraível do inciso IV do § 1.º do art. 489 do CPC/2015 a decisão que deixar de apreciar questões cujo exame tenha ficado prejudicado em razão da análise anterior de questão subordinante.

13. O art. 489, § 1.º, IV, do CPC/2015 não obriga o juiz a enfrentar os fundamentos jurídicos invocados pela parte, quando já tenham sido enfrentados na formação dos precedentes obrigatórios.

14. Em caso de sucumbência recíproca, deverá ser considerada proveito econômico do réu, para fins do art. 85, § 2.º, do CPC/2015, a diferença entre o que foi pleiteado pelo autor e o que foi concedido, inclusive no que se refere às condenações por danos morais.

15. Nas execuções fiscais ou naquelas fundadas em título extrajudicial promovidas contra a Fazenda Pública, a fixação dos honorários deverá observar

---

(*) Enunciados extraídos do *site* www.enfam.jus.br.

os parâmetros do art. 85, § 3.º, do CPC/2015.

16. Não é possível majorar os honorários na hipótese de interposição de recurso no mesmo grau de jurisdição (art. 85, § 11, do CPC/2015).

17. Para apuração do "valor atualizado da causa" a que se refere o art. 85, § 2.º, do CPC/2015, deverão ser utilizados os índices previstos no programa de atualização financeira do CNJ a que faz referência o art. 509, § 3.º.

18. Na estabilização da tutela antecipada, o réu ficará isento do pagamento das custas e os honorários deverão ser fixados no percentual de 5% sobre o valor da causa (art. 304, caput, c/c o art. 701, caput, do CPC/2015).

19. A decisão que aplica a tese jurídica firmada em julgamento de casos repetitivos não precisa enfrentar os fundamentos já analisados na decisão paradigma, sendo suficiente, para fins de atendimento das exigências constantes no art. 489, § 1.º, do CPC/2015, a correlação fática e jurídica entre o caso concreto e aquele apreciado no incidente de solução concentrada.

20. O pedido fundado em tese aprovada em IRDR deverá ser julgado procedente, respeitados o contraditório e a ampla defesa, salvo se for o caso de distinção ou se houver superação do entendimento pelo tribunal competente.

21. O IRDR pode ser suscitado com base em demandas repetitivas em curso nos juizados especiais.

22. A instauração do IRDR não pressupõe a existência de processo pendente no respectivo tribunal.

23. É obrigatória a determinação de suspensão dos processos pendentes, individuais e coletivos, em trâmite nos Estados ou regiões, nos termos do § 1.º do art. 1.036 do CPC/2015, bem como nos termos do art. 1.037 do mesmo Código.

24. O prazo de um ano previsto no art. 1.037 do CPC/2015 deverá ser aplicado aos processos já afetados antes da vigência dessa norma, com o seu cômputo integral a partir da entrada em vigor do novo estatuto processual.

25. A vedação da concessão de tutela de urgência cujos efeitos possam ser irreversíveis (art. 300, § 3.º, do CPC/2015) pode ser afastada no caso concreto com base na garantia do acesso à Justiça (art. 5.º, XXXV, da CRFB).

26. Caso a demanda destinada a rever, reformar ou invalidar a tutela antecipada estabilizada seja ajuizada tempestivamente, poderá ser deferida em caráter liminar a antecipação dos efeitos da revisão, reforma ou invalidação pretendida, na forma do art. 296, parágrafo único, do CPC/2015, desde que demonstrada a existência de outros elementos que ilidam os fundamentos da decisão anterior.

27. Não é cabível ação rescisória contra decisão estabilizada na forma do art. 304 do CPC/2015.

28. Admitido o recurso interposto na forma do art. 304 do CPC/2015, converte-se o rito antecedente em principal para apreciação definitiva do mérito da causa, independentemente do provimento ou não do referido recurso.

29. Para a concessão da tutela de evidência prevista no art. 311, III, do CPC/2015, o pedido reipersecutório deve ser fundado em prova documental do contrato de depósito e também da mora.

30. É possível a concessão da tutela de evidência prevista no art. 311, II, do CPC/2015 quando a pretensão autoral

Enunciados da ENFAM – Novo CPC

estiver de acordo com orientação firmada pelo Supremo Tribunal Federal em sede de controle abstrato de constitucionalidade ou com tese prevista em súmula dos tribunais, independentemente de caráter vinculante.

31. A concessão da tutela de evidência prevista no art. 311, II, do CPC/2015 independe do trânsito em julgado da decisão paradigma.

32. O rol do art. 12, § 2.º, do CPC/2015 é exemplificativo, de modo que o juiz poderá, fundamentadamente, proferir sentença ou acórdão fora da ordem cronológica de conclusão, desde que preservadas a moralidade, a publicidade, a impessoalidade e a eficiência na gestão da unidade judiciária.

33. A urgência referida no art. 12, § 2.º, IX, do CPC/2015 é diversa da necessária para a concessão de tutelas provisórias de urgência, estando autorizada, portanto, a prolação de sentenças e acórdãos fora da ordem cronológica de conclusão, em virtude de particularidades gerenciais da unidade judicial, em decisão devidamente fundamentada.

34. A violação das regras dos arts. 12 e 153 do CPC/2015 não é causa de nulidade dos atos praticados no processo decidido/cumprido fora da ordem cronológica, tampouco caracteriza, por si só, parcialidade do julgador ou do serventuário.

35. Além das situações em que a flexibilização do procedimento é autorizada pelo art. 139, VI, do CPC/2015, pode o juiz, de ofício, preservada a previsibilidade do rito, adaptá-lo às especificidades da causa, observadas as garantias fundamentais do processo.

36. A regra do art. 190 do CPC/2015 não autoriza às partes a celebração de negócios jurídicos processuais atípicos que afetem poderes e deveres do juiz, tais como os que: *a)* limitem seus poderes de instrução ou de sanção à litigância ímproba; *b)* subtraiam do Estado/juiz o controle da legitimidade das partes ou do ingresso de *amicus curiae*; *c)* introduzam novas hipóteses de recorribilidade, de rescisória ou de sustentação oral não previstas em lei; *d)* estipulem o julgamento do conflito com base em lei diversa da nacional vigente; e *e)* estabeleçam prioridade de julgamento não prevista em lei.

37. São nulas, por ilicitude do objeto, as convenções processuais que violem as garantias constitucionais do processo, tais como as que: *a)* autorizem o uso de prova ilícita; *b)* limitem a publicidade do processo para além das hipóteses expressamente previstas em lei; *c)* modifiquem o regime de competência absoluta; e *d)* dispensem o dever de motivação.

38. Somente partes absolutamente capazes podem celebrar convenção pré-processual atípica (arts. 190 e 191 do CPC/2015).

39. Não é válida convenção pré-processual oral (arts. 4.º, § 1.º, da Lei n. 9.307/1996 e 63, § 1.º, do CPC/2015).

40. Incumbe ao recorrente demonstrar que o argumento reputado omitido é capaz de infirmar a conclusão adotada pelo órgão julgador.

41. Por compor a estrutura do julgamento, a ampliação do prazo de sustentação oral não pode ser objeto de negócio jurídico entre as partes.

42. Não será declarada a nulidade sem que tenha sido demonstrado o efetivo prejuízo por ausência de análise de argumento deduzido pela parte.

Enunciados da ENFAM – Novo CPC

43. O art. 332 do CPC/2015 se aplica ao sistema de juizados especiais e o inciso IV também abrange os enunciados e súmulas dos seus órgãos colegiados competentes.

44. Admite-se o IRDR nos juizados especiais, que deverá ser julgado por órgão colegiado de uniformização do próprio sistema.

45. A contagem dos prazos em dias úteis (art. 219 do CPC/2015) aplica-se ao sistema de juizados especiais.

46. O § 5.º do art. 1.003 do CPC/2015 (prazo recursal de 15 dias) não se aplica ao sistema de juizados especiais.

47. O art. 489 do CPC/2015 não se aplica ao sistema de juizados especiais.

48. O art. 139, IV, do CPC/2015 traduz um poder geral de efetivação, permitindo a aplicação de medidas atípicas para garantir o cumprimento de qualquer ordem judicial, inclusive no âmbito do cumprimento de sentença e no processo de execução baseado em títulos extrajudiciais.

49. No julgamento antecipado parcial de mérito, o cumprimento provisório da decisão inicia-se independentemente de caução (art. 356, § 2.º, do CPC/2015), sendo aplicável, todavia, a regra do art. 520, IV.

50. O oferecimento de impugnação manifestamente protelatória ao cumprimento de sentença será considerado conduta atentatória à dignidade da Justiça (art. 918, III, parágrafo único, do CPC/2015), ensejando a aplicação da multa prevista no art. 774, parágrafo único.

51. A majoração de honorários advocatícios prevista no art. 827, § 2.º, do CPC/2015 não é aplicável à impugnação ao cumprimento de sentença.

52. A citação a que se refere o art. 792, § 3.º, do CPC/2015 (fraude à execução) é a do executado originário, e não aquela prevista para o incidente de desconsideração da personalidade jurídica (art. 135 do CPC/2015).

53. O redirecionamento da execução fiscal para o sócio-gerente prescinde do incidente de desconsideração da personalidade jurídica previsto no art. 133 do CPC/2015.

54. A ausência de oposição de embargos de terceiro no prazo de 15 (quinze) dias prevista no art. 792, § 4.º, do CPC/2015 implica preclusão para fins do art. 675, *caput*, do mesmo código.

55. Às hipóteses de rejeição liminar a que se referem os arts. 525, § 5.º, 535, § 2.º, e 917 do CPC/2015 (excesso de execução) não se aplicam os arts. 9.º e 10 desse código.

56. Nas atas das sessões de conciliação e mediação, somente serão registradas as informações expressamente autorizadas por todas as partes.

57. O cadastro dos conciliadores, mediadores e câmaras privadas deve ser realizado nos núcleos estaduais ou regionais de conciliação (Núcleos Permanentes de Métodos Consensuais de Solução de Conflitos – NUPEMEC), que atuarão como órgãos de gestão do sistema de autocomposição.

58. As escolas judiciais e da magistratura têm autonomia para formação de conciliadores e mediadores, observados os requisitos mínimos estabelecidos pelo CNJ.

59. O conciliador ou mediador não cadastrado no tribunal, escolhido na forma do § 1.º do art. 168 do CPC/2015, deverá preencher o requisito de capacitação mínima previsto no § 1.º do art. 167.

60. À sociedade de advogados a que pertença o conciliador ou mediador

aplicam-se os impedimentos de que tratam os arts. 167, § 5.º, e 172 do CPC/2015.

61. Somente a recusa expressa de ambas as partes impedirá a realização da audiência de conciliação ou mediação prevista no art. 334 do CPC/2015, não sendo a manifestação de desinteresse externada por uma das partes justificativa para afastar a multa de que trata o art. 334, § 8.º.

62. O conciliador e o mediador deverão advertir os presentes, no início da sessão ou audiência, da extensão do princípio da confidencialidade a todos os participantes do ato.

ÍNDICE ALFABÉTICO DA LEGISLAÇÃO COMPLEMENTAR E DAS SÚMULAS

ABANDONO DE CAUSA

– pelo autor; extinção do processo; requerimento do réu: Súmula 240/STJ 601

ABUSO DE DIREITO

– na retomada: Súmula 409/STF.. 576

AÇÃO CAMBIÁRIA

– não prescrita; ação executiva: Súmula 600/STF 579

AÇÃO CIVIL PÚBLICA

– concessão de liminar: Lei n. 8.437, de 30-6-1992... 377
– continência; justiça competente: Súmula 489/STJ 608
– de responsabilidade por danos causados: Lei n. 7.347, de 24-7-1985............................. 285
– de responsabilidade por danos causados aos investidores no mercado de valores mobiliários: Lei n. 7.913, de 7-12-1989 288
– em defesa do patrimônio público; legitimidade do Ministério Público para propô-la: Súmula 329/STJ 604
– reajuste de mensalidades escolares; legitimidade do Ministério Público: Súmula 643/STF 580
– responsabilidade por danos causados; infração da ordem econômica e da economia popular: Medida Provisória n. 2.172-32, de 23-8-2001 455

AÇÃO DE ACIDENTE DO TRABALHO

– *Vide* ACIDENTE DO TRABALHO

AÇÃO DE ALIMENTOS

– *Vide* também ALIMENTOS
– cumulada com ação de investigação de paternidade; foro competente: Súmula 1/STJ ... 595
– Lei n. 5.478, de 25-7-1968 251

AÇÃO DECLARATÓRIA

– de constitucionalidade; processo e julgamento: Lei n. 9.868, de 10-11-1999................ 436
– interpretação de cláusula contratual; admissibilidade: Súmula 181/STJ......................... 599
– para reconhecimento de tempo de serviço; fins previdenciários: Súmula 242/STJ 601
– reconvenção em: Súmula 258/STF 573

AÇÃO DE COBRANÇA

– competência; profissional liberal contra cliente: Súmula 363/STJ.................................... 605
– contribuições para o FGTS; prescrição: Súmula 210/STJ 600

Índice Alfabético da Legislação

- crédito previdenciário contra a Fazenda Pública; prescrição: Súmula 107/TFR 590
- de contribuições sindicais: Súmula 87/TFR 589
- diferenças; expurgos inflacionários: Súmula 427/STJ 606
- seguro DPVAT; escolha do foro facultada ao autor: Súmula 540/STJ 609
- substituição por mandado de segurança: Súmula 269/STF 573

AÇÃO DE CONSIGNAÇÃO DE ALUGUEL E ACESSÓRIOS DA LOCAÇÃO
- Lei n. 8.245, de 18-10-1991, art. 67 364

AÇÃO DE DESAPROPRIAÇÃO
- *Víde* também DESAPROPRIAÇÃO
- juros compensatórios: Súmula 408/STJ 606

AÇÃO DE DESPEJO
- *Víde* também DESPEJO
- Lei n. 8.245, de 18-10-1991, arts. 59 a 66 362
- Decreto-lei n. 1.608, de 18-9-1939 (Adendo Especial) 195
- nas locações de imóveis urbanos: Lei n. 8.245, de 18-10-1991 351
- relação processual; fiador não integrado não responde pela execução do julgado na: Súmula 268/STJ 602

AÇÃO DE INDENIZAÇÃO
- necessidade da constituição de capital ou caução fidejussória: Súmula 313/STJ 603
- por incapacidade laboral; prazo prescricional; termo inicial: Súmula 278/STJ 602
- prescrição, responsabilidade civil: Súmula 39/STJ 596

AÇÃO DE INDISPONIBILIDADE DE BENS
- direitos ou valores: Lei n. 13.170, de 16-10-2015 563

AÇÃO DE INVESTIGAÇÃO DE PATERNIDADE
- alimentos; devidos a partir da citação: Súmula 277/STJ 602
- cumulada com ação de alimentos; foro competente: Súmula 1/STJ 595
- imprescritibilidade: Súmula 149/STF 572
- recusa do suposto pai; presunção *juris tantum* de paternidade: Súmula 301/STJ 603

AÇÃO DE MANDADO DE SEGURANÇA
- *Víde* MANDADO DE SEGURANÇA

AÇÃO DE PRESTAÇÃO DE CONTAS
- propositura pelo titular da conta corrente: Súmula 259/STJ 601

AÇÃO DE REPARAÇÃO DE DANOS
- condenação direta e solidária da seguradora denunciada; aceitação de denunciação ou contestação do pedido do autor: Súmula 537/STJ 609

AÇÃO DE REVISÃO
- de contrato; mora do autor: Súmula 380/STJ 605

Índice Alfabético da Legislação

AÇÃO DE USUCAPIÃO

- citação do possuidor: Súmula 263/STF 573
- competência da Justiça Federal: Súmula 13/TFR... 587
- especial; competência: Súmula 11/STJ.. 595
- especial de imóvel urbano: Lei n. 10.257, de 10-7-2001.. 444

AÇÃO DIRETA DE INCONSTITUCIONALIDADE

- lei do Distrito Federal; não cabimento: Súmula 642/STF.. 580
- processo e julgamento: Lei n. 9.868, de 10-11-1999... 436

AÇÃO EXPROPRIATÓRIA

- sentença; valor igual ou inferior a 50 OTNs: Súmula 218/TFR.................................... 592

AÇÃO MONITÓRIA

- ajuizamento: Súmula 247/STJ... 601
- cheque sem força executiva; prazo para ajuizamento da: Súmula 503/STJ 608
- citação por edital; cabimento: Súmula 282/STJ 602
- contra a Fazenda Pública: Súmula 339/STJ.. 604
- fundada em cheque prescrito; admissibilidade: Súmula 299/STJ................................ 603
- fundada em cheque prescrito ajuizada contra o emitente: Súmula 531/STJ................ 609
- nota promissória sem força executiva; prazo para ajuizamento da: Súmula 504/STJ... 608
- reconvenção; cabimento: Súmula 292/STJ... 602

AÇÃO PENAL

- contravenções referentes à caça; procedimento sumário; iniciativa do Ministério Público: Súmula 203/TFR... 592

AÇÃO PENAL PÚBLICA E PRIVADA

- normas procedimentais para os processos perante o Superior Tribunal de Justiça e o Supremo Tribunal Federal: Lei n. 8.038, de 28-5-1990... 290

AÇÃO POPULAR

- e mandado de segurança: Súmula 101/STF 571
- Lei n. 4.717, de 29-6-1965 245
- proposição: Súmula 365/STF 575

AÇÃO POSSESSÓRIA

- competência da Justiça Federal: Súmula 14/TFR... 587
- Súmula 262/STF 573

AÇÃO PREVIDENCIÁRIA

- exaurimento da via administrativa; não é condição para propositura de: Súmula 213/TFR 592
- honorários advocatícios; incidência; prestações vincendas: Súmula 111/STJ 597

AÇÃO RENOVATÓRIA

- Decreto-lei n. 1.608, de 18-9-1939 (Adendo Especial)... 195

Índice Alfabético da Legislação

- Lei n. 8.245, de 18-10-1991, arts. 71 a 75.. 366

AÇÃO RESCISÓRIA

- autarquias; depósito exigível: Súmula 129/TFR.. 591
- competência do STF: Súmula 249/STF.. 573
- competência para a: Súmula 515/STF... 578
- contra sentença transitada em julgado: Súmula 514/STF... 578
- decisão unânime do STF em; embargos infringentes: Súmula 295/STF.......................... 574
- depósito prévio; descabimento: Súmula 175/STJ.. 599
- descabimento de medida cautelar: Súmula 234/TFR.. 592
- juízes do julgamento rescindendo: Súmula 252/STF.. 573
- por ofensa a literal disposição de lei: Súmula 343/STF.. 575
- prazo decadencial; início: Súmula 401/STJ... 606
- prescrição intercorrente: Súmula 264/STF.. 573
- violação literal de lei; não cabimento de ação rescisória; caso: Súmula 134/TFR 591

AÇÃO REVISIONAL DE ALUGUEL

- Lei n. 8.245, de 18-10-1991, arts. 68 a 70.. 365
- na Lei de locação de imóveis urbanos: Lei n. 8.245, de 18-10-1991 351

ACIDENTE DO TRABALHO

- ação: Súmula 89/STJ.. 597
- ação e honorário advocatício: Súmula 234/STF... 573
- ações; isenção do pagamento de honorários advocatícios: Súmula 110/STJ.................. 597
- indenização: Súmula 229/STF.. 572
- isenção de custas: Súmula 236/STF... 573
- Ministério Público; legitimidade para recorrer na ação de: Súmula 226/STJ 600

AÇÕES

- contra a previdência social; competência: Súmula 204/TFR... 592

AÇÕES DE INDENIZAÇÃO

- competência da Justiça comum estadual: Súmula 21/TFR.. 587
- contra construtor por defeitos da obra; prazo; prescrição: Súmula 194/STJ................... 599

AÇÕES EXECUTIVAS

- praceamento do imóvel penhorado: Súmula 207/TFR.. 592

AÇÕES JUDICIAIS

- demora na citação; arguição de prescrição ou decadência: Súmula 106/STJ.................. 597

ADJUDICAÇÃO COMPULSÓRIA

- direito à; registro de compromisso de compra e venda de imóveis: Súmula 239/STJ.. 601

ADMINISTRAÇÃO PÚBLICA

- anulação ou revogação de atos próprios: Súmula 473/STF.. 577
- atos praticados contra; responsabilidade objetiva: Lei n. 12.846, de 1.º-8-2013............ 543
- atos lesivos à: Lei n. 12.846, de 1.º-8-2013... 543
- declaração de nulidade dos seus próprios atos: Súmula 346/STF.................................. 575

Índice Alfabético da Legislação

- faculdade; extinção das ações de pequeno valor: Súmula 452/STJ 607

ADOLESCENTE
- *Vide* ESTATUTO DA CRIANÇA E DO ADOLESCENTE

ADVOCACIA-GERAL DA UNIÃO
- exercício das atribuições institucionais, em caráter emergencial e provisório: Lei n. 9.028, de 12-4-1995 399

ADVOGADO(S)
- estatuto: Lei n. 8.906, de 4-7-1994.. 381
- presença obrigatória no processo administrativo disciplinar: Súmula 343/STJ 604
- sem procuração nos autos; instância especial; recurso interposto; inexistência: Súmula 115/STJ... 598

AGRAVO
- certidão de intimação do acórdão recorrido; peça obrigatória: Súmula 223/STJ 600
- decisão que nega provimento: Súmula 233/STF.. 572
- despachado no prazo legal; demora da juntada: Súmula 425/STF................................. 577
- inviabilidade: Súmula 182/STJ 599
- prazo para interposição: Súmula 699/STF 581
- questão prejudicial ou preliminar, suscitada após interposição de: Súmula 273/STF 574
- seu provimento por uma das turmas; recurso extraordinário: Súmula 289/STF 574

AGRAVO DE INSTRUMENTO
- acórdão proferido no julgamento de; recurso especial: Súmula 86/STJ......................... 597
- admissão parcial do recurso extraordinário; interposição de: Súmula 528/STF 578
- conversão em diligência por falta de peças de traslado obrigatório: Súmula 235/TFR 592
- decisão que homologa a atualização do cálculo da liquidação; recurso cabível: Súmula 118/STJ... 598
- decisão que não admite recurso extraordinário; âmbito dos juizados especiais: Súmula 727/STF 582
- falta de peças de traslado obrigatório; conversão em diligência: Súmula 235/TFR 592
- não cabimento; liminar em mandado de segurança: Súmula 622/STF 579
- normas procedimentais para processos perante o Superior Tribunal de Justiça e o Supremo Tribunal Federal: Lei n. 8.038, de 28-5-1990.. 290
- questão federal apreciada no; ação rescisória e competência: Súmula 515/STF 578

AGRAVO REGIMENTAL
- liminar em mandado de segurança; não cabimento: Súmula 622/STF 579
- no Superior Tribunal de Justiça; interposição; Fazenda Pública e Ministério Público; prazo em dobro: Súmula 116/STJ 598

ALIENAÇÃO DE BENS
- Súmula 32/TFR... 587

ALIENAÇÃO FIDUCIÁRIA
- Decreto-lei n. 911, de 1.º-10-1969... 255
- não anotada no Certificado de Registro de veículo; terceiro de boa-fé: Súmula 92/STJ.. 597

Índice Alfabético da Legislação

- no âmbito do mercado financeiro e de capitais: Lei n. 4.728, de 14-7-1965, art. 66-B... 250
- notificação para comprovação da mora: Súmula 245/STJ 601
- objeto: Súmula 28/STJ 595
- purga da mora nos contratos de: Súmula 284/STJ 602
- saldo remanescente; ação monitória: Súmula 384/STJ 605

ALIENAÇÃO PARENTAL

- dispositivos: Lei n. 12.318, de 26-8-2010 528

ALIMENTOS

- cancelamento; filho que atingiu a maioridade: Súmula 358/STJ 604
- devidos desde a inicial: Súmula 277/STJ 602
- dispensa e direito: Súmula 64/TFR 589
- foro competente; ação de investigação de paternidade cumulada com a ação de: Súmula 1/STJ 595
- gravídicos: Lei n. 11.804, de 5-11-2008 519
- investigação de paternidade; devidos a partir da citação: Súmula 277/STJ 602
- Lei n. 5.478, de 25-7-1968 251
- prisão civil do alimentante: Súmula 309/STJ 603
- renúncia; direito à pensão previdenciária por morte do ex-marido: Súmula 336/STJ 604

ALUGUEL

- ação de consignação e acessórios da locação: Lei n. 8.245, de 18-10-1991, art. 67 364
- ação revisional: Lei n. 8.245, de 18-10-1991, arts. 68 a 70 365
- Lei n. 8.245, de 18-10-1991, arts. 17 a 21 354

ANO CIVIL

- definição: Lei n. 810, de 6-9-1949 242

APELAÇÃO

- contra decisões do Júri: Súmula 713/STF 582
- da sentença homologatória; liquidação por cálculo do contador: Súmula 188/TFR 592
- demora da juntada; prejuízo: Súmula 320/STF 575
- de sentença; normas procedimentais para processos perante o Superior Tribunal de Justiça e o Supremo Tribunal Federal: Lei n. 8.038, de 28-5-1990 290
- interposta contra sentença que julga embargos à arrematação: Súmula 331/STJ 604
- renúncia do réu; ausência do defensor: Súmula 705/STF 581
- renúncia do único defensor; falta de intimação do réu para constituir outro; nulidade: Súmula 708/STF 582
- sentença; ação expropriatória; valor igual ou inferior a 50 OTNs; não enseja recurso de: Súmula 218/TFR 592

APREENSÃO DE EMBARCAÇÕES

- Decreto-lei n. 1.608, de 18-9-1939 (Adendo Especial) 195

APURAÇÃO DE HAVERES

- aprovação de balanço; sócio falecido: Súmula 265/STF 573

ARBITRAGEM

- árbitros: Lei n. 9.307, de 23-9-1996, arts. 13 a 18 420

Índice Alfabético da Legislação

- convenção de arbitragem e seus efeitos: Lei n. 9.307, de 23-9-1996, arts. 3.º a 12 418
- disposições: Lei n. 9.307, de 23-9-1996 418
- Lei da; aplicação: Súmula 485/STJ 608
- procedimento arbitral: Lei n. 9.307, de 23-9-1996, arts. 19 a 22 421
- reconhecimento e execução de sentenças arbitrais estrangeiras: Lei n. 9.307, de 23-9-1996, arts. 34 a 40 425
- sentença arbitral: Lei n. 9.307, de 23-9-1996, arts. 23 a 33 423

ÁRBITROS

- Lei n. 9.307, de 23-9-1996, arts. 13 a 18 420

ARGUIÇÃO DE DESCUMPRIMENTO DE PRECEITO FUNDAMENTAL – ADPF

- processo e julgamento; disposições: Lei n. 9.882, de 3-12-1999 441

ARRENDAMENTO MERCANTIL

- cláusula resolutiva expressa: Súmula 369/STJ 605
- reintegração de posse: Súmula 564/STJ 610
- valor residual garantido (VRG); cobrança antecipada: Súmula 293/STJ 602

ARRIBADAS FORÇADAS

- Decreto-lei n. 1.608, de 18-9-1939 (Adendo Especial) 195

ASCENDENTE

- venda a descendente; ação anulatória: Súmula 494/STF 578

ASSISTÊNCIA JUDICIÁRIA GRATUITA

- Lei n. 1.060, de 5-2-1950 242
- para pessoa jurídica: Súmula 481/STJ 607

ATOS PROCESSUAIS

- sistema de transmissão de dados para a prática de: Lei n. 9.800, de 26-5-1999 435

AUTARQUIAS

- questões; inaplicabilidade do art. 205 da Constituição Federal: Súmula 102/TFR 590
- sentença contrária; reexame necessário: Súmula 620/STF 579
- titular do cargo de procurador; não exigibilidade da apresentação de instrumento de mandato: Súmula 644/STF 580

AUTOCOMPOSIÇÃO E MEDIAÇÃO

- Lei n. 13.140, de 26-6-2015 550
- Resolução n. 125, de 29-11-2010 529

AUTORIDADE FISCAL

- legitimidade; notificação para pagamento de tributo: Súmula 59/TFR 588

AVALIAÇÃO

- ações executivas; praceamento do imóvel penhorado: Súmula 207/TFR 592
- execução fiscal; segundo leilão: Súmula 128/STJ 598
- Súmula 32/TFR 587

AVALISTA

- ação executiva: Súmula 600/STF 579

– título de crédito vinculado a contrato de mútuo; obrigações pactuadas: Súmula 26/STJ 595

AVARIA(S)
– ação de indenização; vistoria: Súmula 261/STF 573
– Decreto-lei n. 1.608, de 18-9-1939 (Adendo Especial) 195

AVARIA A CARGO DO SEGURADOR
– Decreto-lei n. 1.608, de 18-9-1939 (Adendo Especial) 195

AVERBAÇÕES OU RETIFICAÇÕES DO REGISTRO CIVIL
– Decreto-lei n. 1.608, de 18-9-1939 (Adendo Especial) 195

BANCO DO BRASIL
– competência para processo e julgamento: Súmula 508/STF 578

BEM DE FAMÍLIA
– Decreto-lei n. 1.608, de 18-9-1939 (Adendo Especial) 195
– impenhorabilidade: Lei n. 8.009, de 29-3-1990 289
– impenhorabilidade; aplicação: Súmula 205/STJ 600
– pessoas solteiras, separadas e viúvas: Súmula 364/STJ 605
– vaga de garagem: Súmula 449/STJ 607

BENEFÍCIOS PREVIDENCIÁRIOS
– prestações em atraso; correção monetária: Súmula 71/TFR 589
– questões pertinentes ao direito de família; competência da Justiça Estadual: Súmula 53/TFR 588

BENFEITORIAS
– Lei n. 8.245, de 18-10-1991, arts. 35 e 36 357
– locações: Súmula 158/STF 572

BENS
– não arrematados; processo de execução: Súmula 224/TFR 592

BENS DOMINICAIS
– usucapião: Súmula 340/STF 575

BENS PÚBLICOS
– usucapião: Súmula 340/STF 575

CAÇA
– iniciativa do Ministério Público; ação penal nas contravenções referentes à: Súmula 203/TFR 592

CADASTRO DE PROTEÇÃO AO CRÉDITO
– inscrição; notificação do devedor: Súmula 359/STJ 604
– negativação do nome do consumidor; comunicação: Súmula 404/STJ 606

CAIXAS ECONÔMICAS FEDERAIS
– legitimidade passiva; correção monetária do FGTS: Súmula 249/STJ 601

Índice Alfabético da Legislação

CARTA PRECATÓRIA
– expedida por juiz federal, em matéria trabalhista; competência de Junta de Conciliação e Julgamento de comarca de interior: Súmula 89/TFR 590
– intimação da defesa; desnecessidade de intimação da data da audiência no juízo deprecado: Súmula 273/STJ 602

CARTÃO DE CRÉDITO
– empresas administradoras; não aplicabilidade da Lei de Usura: Súmula 283/STJ............ 602

CERTIDÕES
– para a defesa de direitos e esclarecimentos de situações: Lei n. 9.051, de 18-5-1995 406

CHEQUE
– ação executiva: Súmula 600/STF.. 579
– devolução indevida; dano moral: Súmula 388/STJ.. 605
– inscrição no CCF; Banco do Brasil; ausência de notificação ao devedor; ação de reparação de danos; falta de legitimidade passiva: Súmula 572/STJ.. 610
– sem força executiva; prazo para ajuizamento da ação monitória: Súmula 503/STJ.......... 608

CIBRAZEM
– competência da Justiça Federal em que é parte a: Súmula 557/STF.. 579

CITAÇÃO
– aposentadoria por invalidez concedida judicialmente; termo inicial: Súmula 576/STJ...... 610
– de confinante; usucapião: Súmula 391/STF.. 576
– demora; efeitos: Súmula 78/TFR.. 589
– demora na; motivos inerentes ao mecanismo da Justiça: Súmula 106/STJ 597
– editalícia na execução fiscal: Súmula 210/TFR.. 592
– postal: Súmula 429/STJ 607

CLÁUSULA CONTRATUAL
– abusiva; plano de saúde que limita no tempo a internação hospitalar: Súmula 302/STJ.. 603
– de comissão de permanência; não é potestativa: Súmula 294/STJ.. 602
– interpretação; ação declaratória; admissibilidade: Súmula 181/STJ.. 599
– interpretação; recurso especial: Súmula 5/STJ.. 595

COBAL
– competência da Justiça Federal em que é parte a: Súmula 557/STF.. 579

COBRANÇA EXECUTIVA
– de débitos fixados em acórdãos do Tribunal de Contas da União: Lei n. 6.822, de 22-9-1980 276

CÓDIGO DE PROCESSO CIVIL
– aplicação do art. 179: Súmula 105/TFR 590
– incidência do art. 236, § 2.º: Súmula 117/TFR 590

Índice Alfabético da Legislação

CÓDIGO DE PROTEÇÃO E DEFESA DO CONSUMIDOR

- aplicação às entidades abertas de previdência complementar: Súmula 563/STJ 610
- contratos bancários; incidência da multa moratória prevista no: Súmula 285/STJ 602
- encargos bancários; prestação de contas; decadência: Súmula 477/STJ 607
- Lei n. 8.078, de 11-9-1990 345

CÓDIGO TRIBUTÁRIO NACIONAL

- concurso de preferência: Súmula 563/STF 579

COMISSÃO DE PERMANÊNCIA

- cobrança; exclusão de juros remuneratórios, moratórios e multa contratual: Súmula 472/STJ 607
- e correção monetária; não cumulação: Súmula 30/STJ 595
- juros remuneratórios não cumuláveis com a: Súmula 296/STJ 602
- prevista em cláusula contratual: Súmula 294/STJ 602

COMISSÕES PARLAMENTARES DE INQUÉRITO

- procedimentos a serem adotados pelo Ministério Público; disposições: Lei n. 10.001, de 4-9-2000 444

COMPANHEIRA

- direito à pensão do segurado falecido: Súmula 122/TFR 590

COMPENSAÇÃO

- *Vide* JUROS COMPENSATÓRIOS

COMPETÊNCIA

- ação cível contra o ECAD; processo e julgamento: Súmula 148/TFR 591
- ação de servidor estadual: Súmula 218/STJ.. 600
- ação de servidor público municipal; vínculo estatutário: Súmula 137/STJ 598
- ação de usucapião especial: Súmula 11/STJ 595
- ação envolvendo acumulação de pedidos; trabalhista e estatutária: Súmula 170/STJ...... 599
- alvará de pesquisa mineral; avaliação da indenização devida ao proprietário do solo; competência; Justiça Estadual: Súmula 238/STJ 601
- conflito de: Súmula 59/STJ 596
- conflitos de; decisão do TRF: Súmula 428/STJ... 606
- conflito entre juízos trabalhistas vinculados a Tribunais Regionais do Trabalho diversos; ausência de competência pelo STJ: Súmula 236/STJ 601
- da Justiça Federal; justificações judiciais; disposições: Súmula 32/STJ 595
- da Justiça Federal; presença da União, suas autarquias e empresas públicas no processo: Súmula 150/STJ 598
- estabelecida pela EC n. 45/2004; processos já sentenciados; alcance: Súmula 367/STJ... 605
- excluído do feito o ente federal: Súmula 224/STJ.. 600
- execução fiscal; Conselho de fiscalização profissional: Súmula 66/STJ 596
- execução fiscal; mudança de domicílio do executado: Súmulas 189/TFR e 58/STJ.... 592, 596

Índice Alfabético da Legislação

- execução; contribuições do FGTS: Súmula 349/STJ... 604
- foro do domicílio ou da residência do alimentando; ação de investigação de paternidade cumulada com a de alimentos: Súmula 1/STJ.. 595
- interposição de ações contra a Previdência Social: Súmula 204/TFR........................... 592
- juiz de direito; Comarca em que não foi criada a Junta de Conciliação e Julgamento: Súmula 169/TFR.. 591
- Justiça Estadual; prefeito; processo e julgamento; desvio de verba: Súmula 209/STJ....... 600
- Justiça Federal; mandado de segurança impetrado contra ato de autoridade previdenciária; Comarca do interior: Súmula 216/TFR.. 592
- Justiça Federal; prefeito; desvio de verba: Súmula 208/STJ... 600
- mandado de segurança contra ato do presidente do BNH: Súmula 183/TFR............... 591
- normas procedimentais para os processos perante o Superior Tribunal de Justiça e o Supremo Tribunal Federal: Lei n. 8.038, de 28-5-1990.. 290
- recurso; decisão proferida por juiz estadual não investido de jurisdição federal: Súmula 55/STJ.. 596
- territorial; existência de vara privativa: Súmula 206/STJ... 600
- Tribunal de Justiça e Tribunal de Alçada do mesmo Estado-Membro; não há conflito de: Súmula 22/STJ... 595
- TRF; conflito de: Súmula 3/STJ... 595

COMPRA E VENDA

- compromisso com cláusula de arrependimento; sinal: Súmula 412/STF...................... 576
- compromisso e arrependimento: Súmula 166/STF.. 572
- compromisso; execução compulsória: Súmula 413/STF... 576
- compromisso não inscrito no Registro Imobiliário: Súmulas 167 e 168/STF............... 572

COMPROMISSO DE COMPRA E VENDA

- *Vide* COMPRA E VENDA
- submetido ao CDC; resolução; restituição de parcelas pagas: Súmula 543/STJ.............. 609

CONCILIAÇÃO

- conflitos de interesse no âmbito do Poder Judiciário: Resolução n. 125, de 29-11-2010.... 529

CONCORDATA

- *Vide* também FALÊNCIA(S)
- execução do crédito trabalhista: Súmula 227/STF.. 572
- integração da correção monetária ao valor da restituição, em caso de adiantamento de câmbio, requerida em: Súmula 36/STJ.. 596
- multa fiscal; cobrança legítima: Súmula 250/STJ... 601
- restituição de coisa vendida a crédito: Súmula 495/STF... 578
- restituição de importância adiantada à conta de contrato de câmbio anterior ao requerimento da: Súmula 133/STJ.. 598

CONCORDATA PREVENTIVA

- ato judicial que apenas manda processar; irrecorribilidade: Súmula 264/STJ............... 601
- créditos habilitados; correção monetária; aplicação: Súmula 8/STJ............................. 595

Índice Alfabético da Legislação

CONCUBINA
– direito em caso de acidente do trabalho ou transporte: Súmula 35/STF......................... 571

CONCUBINATO
– existência comprovada da sociedade: Súmula 380/STF 576

CONCURSO DE CREDORES
– intervenção da União, suas autarquias e empresas públicas: Súmula 244/TFR 593

CONCURSO DE PREFERÊNCIA
– art. 187, parágrafo único, do CTN: Súmula 563/STF 579
– intervenção da União, suas autarquias e empresas públicas: Súmula 244/TFR 593

CONEXÃO
– e reunião de processos: Súmula 235/STJ.. 601
– ou continência; atração do processo do corréu: Súmula 704/STF 581

CONFLITO DE JURISDIÇÃO
– competência do TFR: Súmula 19/TFR... 587
– entre juiz federal e juiz estadual investido de jurisdição federal: Súmula 3/STJ.............. 595

CONFLITOS DE INTERESSE DO JUDICIÁRIO
– política judiciária nacional de tratamento adequado dos: Resolução n. 125, de 29-11-2010 529

CONSÓRCIOS
– administradora de; estabelecimento de taxa de administração: Súmula 538/STJ............ 609
– correção monetária de prestações pagas: Súmula 35/STJ 596

CONSTITUCIONALIDADE
– *Vide* também INCONSTITUCIONALIDADE
– recurso extraordinário; embargos infringentes: Súmula 455/STF 577

CONSTITUIÇÃO FEDERAL
– art. 8.º, parágrafo único: Súmula 360/STF... 575
– art. 9.º, I: Súmula 563/STF... 579
– art. 101, III: Súmula 400/STF... 576
– art. 101, III, c: Súmula 285/STF... 574
– art. 125, § 3.º; competência: Súmula 252/TFR... 593

CONSUMIDOR
– Código de Proteção e Defesa do: Lei n. 8.078, de 11-9-1990 345
– Código de Proteção e Defesa do; aplicação às instituições financeiras: Súmula 297/STJ . 603
– tarifa de água; cobrança individual e por consumo: Súmula 407/STJ............................. 606

CONTRATO DE CÂMBIO
– restituição de importância adiantada; na falência; prioridade: Súmula 307/STJ............. 603
– restituição de importância adiantada; prazo; disposições: Súmula 133/STJ 598

Índice Alfabético da Legislação

CONTRATO DE LOCAÇÃO

- destinado a fins comerciais; ação renovatória: Decreto-lei n. 1.608, de 18-9-1939 (Adendo Especial) 195
- fiador; penhora de bem de família: Súmula 549/STJ 609

CONTRATOS

- bancários; impossibilidade de comprovação de contratação de taxa de juros: Súmula 530/STJ 609
- cláusulas com estipulações usurárias; nulidade: Medida Provisória n. 2.172-32, de 23-8-2001 455
- de abertura de crédito; não configura título executivo: Súmula 233/STJ 601
- de abertura de crédito; nota promissória vinculada: Súmula 258/STJ 601
- de mútuo; avalista de título de crédito vinculado a: Súmula 26/STJ 595
- de participação financeira; aquisição de linha telefônica: Súmula 371/STJ 605

CONTRATOS BANCÁRIOS

- abusividade das cláusulas: Súmula 381/STJ 605
- correção monetária; aplicabilidade da Taxa de Juros de Longo Prazo (TJLP): Súmula 288/STJ 602
- correção monetária; não aplicabilidade da Taxa Básica Financeira (TBF): Súmula 287/STJ ... 602
- ilegalidades; discussão independente de renegociação ou confissão: Súmula 286/STJ 602
- incidência da multa moratória prevista no CDC: Súmula 285/STJ 602

CONTRIBUIÇÕES SINDICAIS

- cobrança; competência: Súmula 87/TFR 589

CORREÇÃO MONETÁRIA

- aplicação nos débitos oriundos de decisão judicial: Lei n. 6.899, de 8-4-1981 283
- aplicação nos débitos oriundos de decisão judicial; regulamento: Decreto n. 86.649, de 25-11-1981 284
- base: Lei n. 6.423, de 17-6-1977 270
- cálculo; devolução do depósito efetuado em garantia de instância e de repetição do indébito tributário: Súmula 46/TFR 588
- cancelamento de débito fiscal: Súmula 47/TFR 588
- créditos habilitados em concordata preventiva; aplicação: Súmula 8/STJ 595
- descaracterização do salário mínimo como fator de: Lei n. 6.205, de 29-4-1975 269
- dos depósitos judiciais; independe de ação específica: Súmula 271/STJ 602
- e comissão de permanência; inacumulabilidade: Súmula 30/STJ 595
- em desapropriação: Súmulas 561/STF e 75/TFR 579, 589
- em operações de crédito rural: Súmula 638/STF 580
- incidência nas multas fiscais: Súmula 45/TFR 588
- incidência sobre prestações pagas em consórcios: Súmula 35/STJ 596
- incidência; valor da causa; honorários advocatícios: Súmula 14/STJ 595
- indenização de danos materiais: Súmula 562/STF 579
- integração ao valor de restituição, em caso de adiantamento de câmbio, requerida em concordata e falência: Súmula 36/STJ 596
- FGTS; legitimidade passiva da Caixa Econômica Federal: Súmula 249/STJ 601

Índice Alfabético da Legislação

- Lei n. 6.899, de 8-4-1981 283
- mora no pagamento da indenização: Súmula 25/TFR 587
- na desapropriação; base de cálculo: Súmula 136/TFR 591
- não incidência nas aquisições de unidades residenciais do INPS: Súmula 68/TFR 589
- no pagamento em juízo para elidir falência: Súmula 29/STJ 595
- prestações de benefícios previdenciários em atraso; incidência: Súmula 71/TFR 589

CORREIÇÃO
- mandado de segurança contra ato judicial passível de: Súmula 267/STF 573

CRÉDITO ALIMENTÍCIO
- expedição de precatório: Súmula 655/STF 581
- preferência: Súmula 144/STJ 598

CRÉDITO HIPOTECÁRIO
- execução; petição inicial; instrução; requisito: Súmula 199/STJ 599

CRÉDITO PREVIDENCIÁRIO
- cobrança; execução de contrato de construção de obra: Súmula 126/TFR 591
- constituição e prazo de decadência: Súmula 108/TFR 590
- direito; extinção; prazo: Súmula 219/TFR 592

CRÉDITO RURAL
- alongamento de dívida originada de; direito do devedor: Súmula 298/STJ 603

CRÉDITO TRABALHISTA
- concordata e execução do: Súmula 227/STF 572

CRÉDITO TRIBUTÁRIO
- compensação: Súmula 212/STJ 600

CRIANÇA E ADOLESCENTE
- *Vide* ESTATUTO DA CRIANÇA E DO ADOLESCENTE

CUSTAS
- e emolumentos; ações acidentárias e de benefícios; INSS; pagamento: Súmula 178/STJ. 599
- isenção e seguro de acidente do trabalho: Súmula 236/STF 573
- judiciais; âmbito do STJ: Lei n. 11.636, de 28-12-2007 516
- reembolso: Súmula 462/STJ 607

DANO(S)
- ação regressiva contra o causador: Súmula 188/STF 572
- causados ao meio ambiente, ao consumidor, a bens e direitos de valor artístico, estético, histórico, turístico e paisagístico: Lei n. 7.347, de 24-7-1985 285
- causados aos investidores no mercado de valores mobiliários; ação civil pública de responsabilidade por: Lei n. 7.913, de 7-12-1989 288
- causados a terceiros em transporte: Súmula 492/STF 578
- responsabilidade civil; do autor do escrito e do proprietário do veículo de divulgação: Súmula 221/STJ 600

Índice Alfabético da Legislação

DANO MATERIAL
– cumulação de indenizações por dano material e dano moral oriundos do mesmo fato: Súmula 37/STJ 596

DANO MORAL
– ação de indenização; condenação em montante inferior ao postulado; não implicação de sucumbência recíproca: Súmula 326/STJ 604
– anotação irregular em cadastro de proteção ao crédito: Súmula 385/STJ 605
– cheque; devolução indevida: Súmula 388/STJ 605
– cumulação de indenização por dano material e dano moral oriundos do mesmo fato: Súmula 37/STJ 596
– e dano estético; cumulação das indenizações: Súmula 387/STJ 605
– indenização; correção monetária: Súmula 362/STJ 605
– pessoa jurídica: Súmula 227/STJ 600

DÉBITO FISCAL
– cancelado; correção monetária: Súmula 47/TFR 588

DÉBITOS
– cobrança executiva: Lei n. 6.822, de 22-9-1980 276

DECADÊNCIA
– prazo para representação de inconstitucionalidade: Súmula 360/STF 575

DECISÃO JUDICIAL
– com trânsito em julgado; mandado de segurança: Súmula 268/STF 573

DECRETO-LEI N. 19, DE 30-8-1966
– correção monetária: Súmula 68/TFR 589

DECRETO-LEI N. 58, DE 10-12-1937
– Súmulas 166, 167 e 168/STF 572

DECRETO-LEI N. 759, DE 12-8-1969
– não rendem juros os depósitos a que se refere o: Súmula 257/TFR 593

DECRETO-LEI N. 1.737, DE 20-12-1979
– não rendem juros os depósitos a que se refere o: Súmula 257/TFR 593

DEFESA DO CONSUMIDOR
– e proteção; código: Lei n. 8.078, de 11-9-1990 345

DEMANDA
– contra pessoa jurídica de direito privado: Súmula 363/STF 575

DENÚNCIA
– rejeição da; nulidade da decisão de primeiro grau; recurso contra: Súmula 709/STF 582

DEPOSITÁRIO INFIEL
– de valor pertencente à Fazenda Pública: Lei n. 8.866, de 11-4-1994 380

DEPOSITÁRIO JUDICIAL

- bens penhorados; encargo pode ser recusado: Súmula 319/STJ 603

DEPÓSITO PRÉVIO

- exigência de; recurso administrativo: Súmula 373/STJ 605
- INSS; não exigência de: Súmula 483/STJ 607

DEPÓSITOS JUDICIAIS

- Lei Complementar n. 151, de 5-8-2015 559
- correção monetária; independe de ação específica: Súmula 271/STJ 602
- de tributos e contribuições federais: Lei n. 9.703, de 17-11-1998 430
- em dinheiro; pagamento de correção monetária: Súmula 179/STJ 599
- Imposto sobre Operações Financeiras; não incidência: Súmula 185/STJ 599
- não rendem juros na Caixa Econômica Federal: Súmula 257/TFR 593

DESAPROPRIAÇÃO

- amigável ou judicial; não incidência do Imposto de Renda: Súmula 39/TFR 588
- autorização do Presidente da República: Súmula 157/STF 572
- cálculo da correção monetária; base: Súmula 136/TFR 591
- cálculo da verba advocatícia; juros compensatórios e moratórios; aplicação: Súmula 131/STJ 598
- com pagamento em títulos da dívida pública: Lei n. 10.257, de 10-7-2001, art. 8.º 446
- concessionária de energia elétrica: Súmula 62/TFR 589
- conformidade com a CF/1988: Súmula 652/STF 580
- correção monetária: Súmulas 561/STF e 75/TFR 579, 589
- declaração de utilidade pública; impedimento: Súmula 23/STF 571
- Decreto-lei n. 512/69; discordância do preço oferecido; prosseguimento: Súmula 109/TFR 590
- Decreto-lei n. 3.365, de 21-6-1941 233
- direta; honorários de advogado; cálculo: Súmula 141/STJ 598
- direta; juros compensatórios; incidência: Súmula 113/STJ 597
- honorários de advogado; base de cálculo: Súmula 617/STF 579
- honorários de advogado; cálculo: Súmula 141/TFR 591
- indenização por; incluem-se honorários do advogado do expropriado: Súmula 378/STF 576
- indireta; juros compensatórios; incidência: Súmula 114/STJ 597
- indireta; prescrição: Súmula 119/STJ 598
- juros compensatórios: Súmulas 164/STF e 74/TFR 572, 589
- margens de rios navegáveis: Súmula 479/STF 577
- pagamento de salário pelo expropriante: Súmula 69/TFR 589
- revelia do expropriado e valor da oferta: Súmula 118/TFR 590
- suspensão do processo expropriatório: Súmula 42/TFR 588
- taxa anual dos juros compensatórios: Súmula 110/TFR 590

DESPACHO SANEADOR

- trânsito em julgado: Súmula 424/STF 576

DESPEJO

- ação de: Decreto-lei n. 1.608, de 18-9-1939 (Adendo Especial) 195

Índice Alfabético da Legislação

– ações de: Lei n. 8.245, de 18-10-1991, arts. 59 a 66...	362
– relação processual; fiador não integrado não responde pela execução do julgado na ação de: Súmula 268/STJ	602

DILIGÊNCIA

– falta de peças de traslado obrigatório; conversão do agravo de instrumento em: Súmula 235/TFR...	592

DINHEIRO A RISCO

– Decreto-lei n. 1.608, de 18-9-1939 (Adendo Especial)...	195

DIREITO DE PREFERÊNCIA

– Lei n. 8.245, de 18-10-1991, arts. 27 a 34..	356
– Lei n. 10.257, de 10-7-2001, art. 25...	447

DIREITO DE RESPOSTA

– ou retificação do ofendido em matéria divulgada, publicada ou transmitida por veículo de comunicação social: Lei n. 13.188, de 11-11-2015...	565

DIREITO LOCAL

– ofensa ao; recurso extraordinário: Súmula 280/STF...	574

DIREITOS AUTORAIS

– ação cível contra o ECAD; processo e julgamento; competência: Súmula 148/TFR	591
– interdito proibitório; inadmissibilidade: Súmula 228/STJ..	600
– retransmissão radiofônica de música; estabelecimentos hoteleiros: Súmula 261/STJ......	601

DISSÍDIO JURISPRUDENCIAL

– *Vide* DIVERGÊNCIA JURISPRUDENCIAL

DISSOLUÇÃO E LIQUIDAÇÃO DAS SOCIEDADES

– Decreto-lei n. 1.608, de 18-9-1939 (Adendo Especial)...	195

DISTRITO FEDERAL

– questões; inaplicabilidade do art. 205 da Constituição Federal: Súmula 102/TFR............	590

DIVERGÊNCIA JURISPRUDENCIAL

– recurso extraordinário: Súmula 286/STF..	574

DÍVIDA ATIVA

– certidão de; correção de erro material ou formal; substituição: Súmula 392/STJ.............	606
– execução: Súmula 34/TFR...	587
– Lei n. 6.830, de 22-9-1980	276

DIVÓRCIO

– direto; partilha dos bens; concessão: Súmula 197/STJ...	599
– homologação: Súmula 381/STF	576
– Lei n. 6.515, de 26-12-1977	271

DOCUMENTOS

– ação de exibição de; multa cominatória: Súmula 372/STJ	605

Índice Alfabético da Legislação

- ação de exibição de; requisito de procedibilidade: Súmula 389/STJ 605
- certidões para defesa de direitos e esclarecimento de situações: Lei n. 9.051, de 18-5-1995 406
- dispensa, para produzir efeito em juízo, de inscrição: Súmula 259/STF 573

DOMICÍLIO
- da pessoa jurídica de direito privado; demanda: Súmula 363/STF 575
- facultada escolha pelo autor; ação de cobrança do seguro DPVAT: Súmula 540/STJ 609
- ou residência do alimentando; ação de investigação de paternidade cumulada com a de alimentos; competência do foro do: Súmula 1/STJ 595

DOMÍNIO
- deferimento da posse: Súmula 487/STF 577

DUPLICATAS
- instrução do pedido de falência: Súmula 248/STJ 601

DUPLO GRAU DE JURISDIÇÃO
- aplicação: Súmula 34/TFR 587

ELEIÇÃO
- débitos decorrentes de multa eleitoral: Súmula 374/STJ 605

ELEIÇÃO DO FORO
- validade da cláusula: Súmula 335/STF 575

EMBARCAÇÕES
- apreensão: Decreto-lei n. 1.608, de 18-9-1939 (Adendo Especial) 195

EMBARGOS
- da Lei n. 623/49: Súmula 353/STF 575
- da Lei n. 623/49; inadmissibilidade: Súmula 247/STF 573
- recurso extraordinário: Súmula 233/STF 572

EMBARGOS À EXECUÇÃO FISCAL
- intimação do representante da Fazenda Pública: Súmula 240/TFR 592

EMBARGOS DECLARATÓRIOS
- improcedência, não pedida a declaração do julgado anterior: Súmula 317/STF 575
- prequestionamento; caráter protelatório: Súmula 98/STJ 597
- prequestionamento e recurso extraordinário: Súmula 356/STF 575

EMBARGOS DE DIVERGÊNCIA
- cabimento; âmbito do agravo regimental: Súmula 316/STJ 603
- descabimento: Súmula 168/STJ 598
- descabimento de danos morais: Súmula 420/STJ 606
- justificação; dissídio com acórdão de Turma ou Seção que já não tenha competência para a matéria: Súmula 158/STJ 598
- não cabimento; âmbito do agravo de instrumento: Súmula 315/STJ 603

– paradigmas invocados para demonstrar a divergência: Súmula 598/STF......................... 579

EMBARGOS DE TERCEIRO

– admissível a oposição de; posse; compromisso de compra e venda: Súmula 84/STJ....... 597
– execução por carta: Súmula 33/TFR.. 587
– execução; sócio-gerente; sociedade por quotas; constrição judicial de bens particulares; ilegitimidade: Súmula 184/TFR 592
– fraude contra credores; ato jurídico; anulabilidade: Súmula 195/STJ 599
– honorários advocatícios: Súmula 303/STJ 603
– penhora em imóvel do casal; cônjuge do executado; defesa da meação através de: Súmula 134/STJ 598

EMBARGOS DO DEVEDOR

– decisão no juízo deprecante, no caso de execução por carta: Súmula 46/STJ 596
– execução por carta: Súmula 32/TFR.. 587
– falta de impugnação; efeitos: Súmula 256/TFR... 593
– prazo de preparo; contagem: Súmula 111/TFR... 590

EMBARGOS INFRINGENTES

– ação; via administrativa: Súmula 89/STJ.. 597
– admissão; processo falimentar: Súmula 88/STJ 597
– cabimento: Súmula 77/TFR.. 589
– contra acórdão, proferido por maioria, em agravo retido; quando cabem: Súmula 255/STJ... 601
– contra decisão do STF em mandado de segurança: Súmula 294/STF........................... 574
– contra decisão em matéria constitucional: Súmula 293/STF 574
– contra decisão unânime do STF em ação rescisória: Súmula 295/STF.......................... 574
– de acórdão que decidiu por maioria de votos a apelação: Súmula 597/STF 579
– em agravo de petição: Súmula 48/TFR.. 588
– inadmissibilidade; mandado de segurança: Súmula 169/STJ.. 599
– julgamento de constitucionalidade; inadmissibilidade: Súmula 455/STF 577
– no processo de reclamação: Súmula 368/STF.. 575
– parciais; recurso extraordinário: Súmula 355/STF 575
– parciais: Súmula 354/STF... 575
– sobre matéria não ventilada pela turma no julgamento do recurso extraordinário: Súmula 296/STF.. 574

EMITENTE

– de cheque; ação executiva contra: Súmula 600/STF 579

EMPRESA DE ENERGIA ELÉTRICA

– desapropriação: Súmula 157/STF.. 572

EMPRESAS PÚBLICAS

– questões; inaplicabilidade do art. 205 da Constituição Federal: Súmula 102/TFR............ 590

ENRIQUECIMENTO ILÍCITO

– sanções: Lei n. 8.429, de 2-6-1992 371

Índice Alfabético da Legislação

ENUNCIADOS DA ENFAM
– enunciados aprovados; Novo CPC 613

ENUNCIADOS DO NOVO CPC
– aprovados pela ENFAM 613

ESTATUTO DA ADVOCACIA E DA ORDEM DOS ADVOGADOS DO BRASIL – OAB
– Lei n. 8.906, de 4-7-1994 381
– advogado empregado: Lei n. 8.906, de 4-7-1994, arts. 18 a 21 388
– atividade de: Lei n. 8.906, de 4-7-1994, arts. 1.º a 5.º................................... 382
– cargo de conselheiro ou membro de diretoria; exercício gratuito e obrigatório: Lei n. 8.906, de 4-7-1994, art. 48 393
– competência para fixar e cobrar dos inscritos contribuições, preços de serviços e multas: Lei n. 8.906, de 4-7-1994, art. 46 393
– contribuição anual; isenção de contribuição sindical: Lei n. 8.906, de 4-7-1994, art. 47 393
– da caixa de assistência dos advogados: Lei n. 8.906, de 4-7-1994, art. 62 ... 396
– das eleições e dos mandatos: Lei n. 8.906, de 4-7-1994, arts. 63 a 67 397
– direitos do advogado: Lei n. 8.906, de 4-7-1994, arts. 6.º e 7.º..................... 382
– disposições gerais e transitórias: Lei n. 8.906, de 4-7-1994, arts. 78 a 87 399
– do Conselho Federal: Lei n. 8.906, de 4-7-1994, arts. 51 a 55...................... 394
– do Conselho Seccional: Lei n. 8.906, de 4-7-1994, arts. 56 a 59 395
– do processo: Lei n. 8.906, de 4-7-1994, arts. 68 a 77 398
– dos fins e da organização: Lei n. 8.906, de 4-7-1994, arts. 44 a 50 393
– ética do advogado: Lei n. 8.906, de 4-7-1994, arts. 31 a 33 390
– exercício; infrações disciplinares: Lei n. 8.906, de 4-7-1994, art. 34 391
– exercício; sanções disciplinares: Lei n. 8.906, de 4-7-1994, arts. 35 a 42..... 392
– honorários advocatícios: Lei n. 8.906, de 4-7-1994, arts. 22 a 26 389
– impedimentos; proibição parcial do exercício da: Lei n. 8.906, de 4-7-1994, art. 27...... 390
– incompatibilidades e impedimentos: Lei n. 8.906, de 4-7-1994, arts. 27 a 30 390
– incompatibilidades; proibição total do exercício da: Lei n. 8.906, de 4-7-1994, art. 27... 390
– infrações e sanções disciplinares: Lei n. 8.906, de 4-7-1994, arts. 34 a 43 ... 391
– inscrição: Lei n. 8.906, de 4-7-1994, arts. 8.º a 14 386
– processo disciplinar: Lei n. 8.906, de 4-7-1994, arts. 70 a 74 398
– recursos: Lei n. 8.906, de 4-7-1994, arts. 75 a 77 399
– requisição de cópias de autos e documentos; órgãos; disposições: Lei n. 8.906, de 4-7-1994, art. 50 394
– servidores; regime trabalhista: Lei n. 8.906, de 4-7-1994, art. 79................. 399
– Subseção; disposições: Lei n. 8.906, de 4-7-1994, arts. 60 e 61 395

ESTATUTO DA CIDADE
– Lei n. 10.257, de 10-7-2001 444

ESTATUTO DA CRIANÇA E DO ADOLESCENTE
– acesso à justiça; apuração de ato infracional atribuído a adolescente: Lei n. 8.069, de 13-7-1990, arts. 171 a 190 334
– acesso à justiça; apuração de infração administrativa às normas de proteção à criança e ao adolescente: Lei n. 8.069, de 13-7-1990, arts. 194 a 197 338

Índice Alfabético da Legislação

- acesso à justiça; apuração de irregularidades em entidade de atendimento: Lei n. 8.069, de 13-7-1990, arts. 191 a 193 337
- acesso à justiça; colocação em família substituta: Lei n. 8.069, de 13-7-1990, arts. 165 a 170 333
- acesso à justiça; da perda e da suspensão do poder familiar: Lei n. 8.069, de 13-7-1990, arts. 155 a 163 332
- acesso à justiça; destituição da tutela: Lei n. 8.069, de 13-7-1990, art. 164 333
- acesso à justiça; disposições gerais: Lei n. 8.069, de 13-7-1990, arts. 141 a 144 329
- acesso à justiça; do advogado: Lei n. 8.069, de 13-7-1990, arts. 206 e 207 342
- acesso à justiça; do juiz: Lei n. 8.069, de 13-7-1990, arts. 146 a 149 330
- acesso à justiça; do Ministério Público: Lei n. 8.069, de 13-7-1990, arts. 200 a 205 340
- acesso à justiça; dos procedimentos: Lei n. 8.069, de 13-7-1990, arts. 152 a 197-E 331
- acesso à justiça; dos recursos: Lei n. 8.069, de 13-7-1990, arts. 198 e 199-E 339
- acesso à justiça; dos serviços auxiliares: Lei n. 8.069, de 13-7-1990, arts. 150 e 151 331
- acesso à justiça; infância e juventude: Lei n. 8.069, de 13-7-1990, arts. 145 a 151 330
- acesso à justiça; proteção judicial dos interesses individuais, difusos e coletivos: Lei n. 8.069, de 13-7-1990, arts. 208 a 224 342
- ações conexas; domicílio do detentor da guarda: Súmula 383/STJ 605
- adoção: Lei n. 8.069, de 13-7-1990, arts. 39 a 52-D 303
- adoção; habilitação de pretendentes: Lei n. 8.069, de 13-7-1990, arts. 197-A a 197-E ... 338
- alimentos; fixação na cautelar; maus-tratos, opressão ou abuso sexual: Lei n. 8.069, de 13-7-1990, art. 130, parágrafo único 327
- conselho tutelar; atribuições: Lei n. 8.069, de 13-7-1990, arts. 136 e 137 328
- conselho tutelar; competência: Lei n. 8.069, de 13-7-1990, art. 138 329
- conselho tutelar; disposições gerais: Lei n. 8.069, de 13-7-1990, arts. 131 a 135 327
- conselho tutelar; escolha dos conselheiros: Lei n. 8.069, de 13-7-1990, art. 139 329
- conselho tutelar; impedimentos: Lei n. 8.069, de 13-7-1990, art. 140 329
- direitos fundamentais; convivência familiar e comunitária; disposições gerais: Lei n. 8.069, de 13-7-1990, arts. 19 a 24 299
- direitos fundamentais; convivência familiar e comunitária; família natural: Lei n. 8.069, de 13-7-1990, arts. 25 a 27 300
- direitos fundamentais; convivência familiar e comunitária; família substituta: Lei n. 8.069, de 13-7-1990, arts. 28 a 52-D 301
- direitos fundamentais; direito à convivência familiar e comunitária: Lei n. 8.069, de 13-7-1990, arts. 19 a 52-D 299
- direitos fundamentais; direito à liberdade, ao respeito e à dignidade: Lei n. 8.069, de 13-7-1990, arts. 15 a 18-B 298
- direitos fundamentais; direito à vida e à saúde: Lei n. 8.069, de 13-7-1990, arts. 7.º a 14... 296
- direitos fundamentais; do direito à educação, à cultura, ao esporte e ao lazer: Lei n. 8.069, de 13-7-1990, arts. 53 a 59 310
- direitos fundamentais; do direito à profissionalização e à proteção no trabalho: Lei n. 8.069, de 13-7-1990, arts. 60 a 69 311
- disposições preliminares: Lei n. 8.069, de 13-7-1990, arts. 1.º a 6.º 295
- família substituta; da adoção: Lei n. 8.069, de 13-7-1990, arts. 39 a 52-D 303
- família substituta; da guarda: Lei n. 8.069, de 13-7-1990, arts. 33 a 35 302

Índice Alfabético da Legislação

- família substituta; da tutela: Lei n. 8.069, de 13-7-1990, arts. 36 a 38 302
- medidas de proteção; disposições gerais: Lei n. 8.069, de 13-7-1990, art. 98 319
- medidas específicas de proteção: Lei n. 8.069, de 13-7-1990, arts. 99 a 102 320
- medidas pertinentes aos pais ou responsável: Lei n. 8.069, de 13-7-1990, arts. 129 e 130 327
- política de atendimento; disposições gerais: Lei n. 8.069, de 13-7-1990, arts. 86 a 89... 314
- política de atendimento; entidades de atendimento: Lei n. 8.069, de 13-7-1990, arts. 90 a 94 316
- política de atendimento; entidades; fiscalização: Lei n. 8.069, de 13-7-1990, arts. 95 a 97 319
- prática de ato infracional; advertência: Lei n. 8.069, de 13-7-1990, art. 115 324
- prática de ato infracional; das garantias processuais: Lei n. 8.069, de 13-7-1990, arts. 110 e 111 324
- prática de ato infracional; das medidas socioeducativas: Lei n. 8.069, de 13-7-1990, arts. 112 a 125 324
- prática de ato infracional; disposições gerais: Lei n. 8.069, de 13-7-1990, arts. 103 a 105 323
- prática de ato infracional; dos direitos individuais: Lei n. 8.069, de 13-7-1990, arts. 106 a 109 323
- prática de ato infracional; internação: Lei n. 8.069, de 13-7-1990, arts. 121 a 125........ 325
- prática de ato infracional; liberdade assistida: Lei n. 8.069, de 13-7-1990, arts. 118 e 119 325
- prática de ato infracional; obrigação de reparar dano: Lei n. 8.069, de 13-7-1990, art. 116 324
- prática de ato infracional; prestação de serviços à comunidade: Lei n. 8.069, de 13-7-1990, art. 117 325
- prática de ato infracional; regime de semiliberdade: Lei n. 8.069, de 13-7-1990, art. 120 325
- prática de ato infracional; remissão: Lei n. 8.069, de 13-7-1990, arts. 126 a 128 326
- prevenção; disposições gerais: Lei n. 8.069, de 13-7-1990, arts. 70 a 73 312
- prevenção especial: Lei n. 8.069, de 13-7-1990, arts. 74 a 85 313
- prevenção especial; da autorização para viajar: Lei n. 8.069, de 13-7-1990, arts. 83 a 85 314
- prevenção especial; dos produtos e serviços: Lei n. 8.069, de 13-7-1990, arts. 81 e 82... 314
- prevenção especial; informação; cultura, lazer, esportes, diversões e espetáculos: Lei n. 8.069, de 13-7-1990, arts. 74 a 80 313

ESTATUTO DO IDOSO

- acesso à justiça: Lei n. 10.741, de 1.º-10-2003, arts. 69 a 71 463
- alimentos: Lei n. 10.741, de 1.º-10-2003, arts. 11 a 14 458
- direito à saúde: Lei n. 10.741, de 1.º-10-2003, arts. 17 e 19 459
- entidades de atendimento ao idoso: Lei n. 10.741, de 1.º-10-2003, arts. 49 a 51 460
- entidades de atendimento ao idoso; apuração judicial de irregularidades em: Lei n. 10.741, de 1.º-10-2003, arts. 64 a 68 462
- entidades de atendimento ao idoso; fiscalização das: Lei n. 10.741, de 1.º-10-2003, arts. 52 e 55 461
- infrações administrativas ao: Lei n. 10.741, de 1.º-10-2003, arts. 56 a 63 461
- instituição: Lei n. 10.741, de 1.º-10-2003, art. 1.º 458

Índice Alfabético da Legislação

- interesses difusos, coletivos e individuais indisponíveis ou homogêneos; proteção judicial: Lei n. 10.741, de 1.º-10-2003, arts. 78 a 92.. 464
- medidas de proteção: Lei n. 10.741, de 1.º-10-2003, arts. 43 a 45................................ 459
- Ministério Público; competência nas ações pertinentes ao: Lei n. 10.741, de 1.º-10-2003, arts. 72 a 77 463
- política de atendimento ao idoso: Lei n. 10.741, de 1.º-10-2003, arts. 46 e 47 459
- profissionalização e trabalho: Lei n. 10.741, de 1.º-10-2003, arts. 26 e 27 459

EXECUÇÃO

- contra instituição financeira; numerário penhorável: Súmula 328/STJ 604
- contra sociedade por quotas; sócio-gerente; ilegitimidade; embargos de terceiro, visando livrar da constrição judicial de bens particulares: Súmula 184/TFR 592
- crédito relativo a cotas condominiais: Súmula 478/STJ 607
- fiador não integrante da ação de despejo; não responde pela: Súmula 268/STJ 602
- fraude à; terceiro adquirente: Súmula 375/STJ 605
- fundada em mais de um título extrajudicial: Súmula 27/STJ 595
- hipotecária de crédito vinculado ao SFH; petição inicial; instrução; requisito: Súmula 199/STJ.. 599
- prescrição: Súmula 150/STF.. 572
- protesto pela preferência de crédito apresentado por ente federal; competência: Súmula 270/STJ.. 602
- revel; nomeação de curador especial: Súmula 196/STJ.. 599

EXECUÇÃO DA DÍVIDA ATIVA

- Súmula 34/TFR.. 587

EXECUÇÃO FISCAL

- *Vide* também EXECUÇÃO DA DÍVIDA ATIVA, DÍVIDA ATIVA e LEI N. 6.830/80
- agravo de petição e embargos infringentes: Súmula 48/TFR 588
- ajuizada antes da falência: Súmula 44/TFR 588
- art. 25 da Lei n. 6.830, de 1980: Súmula 117/TFR.. 590
- citação editalícia: Súmulas 210/TFR e 414/STJ 592, 606
- cobrança cumulativa de juros de mora e multa moratória: Súmula 209/TFR 592
- contra a massa falida: Súmula 400/STJ 606
- contra o mesmo devedor: Súmula 515/STJ 608
- da Fazenda Pública; propositura: Súmula 40/TFR 588
- da União; encargo de 20%, do Decreto-lei n. 1.025, de 1969: Súmula 168/TFR 591
- demonstrativo de cálculo: Súmula 559/STJ 610
- desistência; seu alcance: Súmula 153/STJ 598
- exceção de pré-executividade; admissibilidade: Súmula 393/STJ 606
- Fazenda Pública; desnecessidade de prévio depósito: Súmula 99/TFR....................... 590
- Fazenda Pública; despesas do oficial de justiça; desnecessidade de prévio depósito: Súmula 154/TFR... 591
- intervenção do Ministério Público: Súmula 189/STJ... 599
- intimação pessoal da penhora ao executado; dispensa de publicação: Súmula 190/TFR . 592
- intimação pessoal do devedor; realização do leilão: Súmula 121/STJ.......................... 598

Índice Alfabético da Legislação

- legitimidade; multa pendente de pagamento; exclusividade da Procuradoria da Fazenda Pública: Súmula 521/STJ 608
- leilão; lanço inferior à avaliação: Súmula 128/STJ 598
- Lei n. 6.830, de 22-9-1980 276
- meação; quando responde pelo ato ilícito: Súmula 251/STJ 601
- mudança de domicílio do executado; competência: Súmulas 189/TFR e 58/STJ 592, 596
- não indeferimento; petição inicial: Súmula 558/STJ 610
- não localizados bens penhoráveis; suspensão do processo; início da prescrição quinquenal intercorrente: Súmula 314/STJ 603
- para cobrança de crédito relativo ao ITR; competência: Súmula 139/STJ 598
- prescrição decretada de ofício: Súmula 409/STJ 606
- processada perante a Justiça Estadual; antecipação de numerário destinado ao custeio de despesas dos oficiais de justiça; competência: Súmula 190/STJ 599
- promovida por autarquia; sujeição ao duplo grau de jurisdição: Súmula 137/TFR ... 591
- responsabilidade pessoal do sócio-gerente: Súmula 112/TFR 590

EXECUÇÃO POR CARTA
- decisão dos embargos do devedor: Súmula 46/STJ 596
- embargos de terceiro: Súmula 33/TFR 587
- embargos do devedor: Súmula 32/TFR 587

EXIBIÇÃO JUDICIAL
- livros comerciais: Súmula 390/STF 576

EXPROPRIAÇÃO
- *Vide*, também, DESAPROPRIAÇÃO
- de margens de rios navegáveis: Súmula 479/STF 577

EXTINÇÃO DE PROCESSO
- abandono de causa pelo autor; requerimento do réu: Súmula 240/STJ 601

EXTRAVIO OU PERDA DE CARGO
- indenização e prescrição: Súmula 151/STF 572

FALÊNCIA(S)
- *Vide* também CONCORDATA e LEI DE FALÊNCIAS
- ajuizamento da execução fiscal antes da: Súmula 44/TFR 588
- art. 76, § 2.º; contagem de prazo: Súmulas 193 e 417/STF 572, 576
- créditos decorrentes de serviços prestados à massa falida; privilégios: Súmula 219/STJ ... 600
- instrução; duplicata não aceita e protestada: Súmula 248/STJ 601
- Lei n. 11.101, de 9-2-2005 467
- no pagamento em juízo; débitos: Súmula 29/STJ 595
- prescrição de crime falimentar: Súmula 147/STF 571
- restituição de adiantamento de contrato de câmbio: Súmula 307/STJ 603
- restituição de coisa vendida a crédito: Súmula 495/STF 578
- restituição de dinheiro: Súmula 417/STF 576

Índice Alfabético da Legislação

FAZENDA PÚBLICA

- ação de cobrança de crédito previdenciário contra a: Súmula 107/TFR 590
- acordo ou transação envolvendo a: Súmula 488/STJ 608
- antecipação de numerário destinado ao custeio de despesas dos oficiais de justiça; execução fiscal; competência: Súmula 190/STJ 599
- aplicação da tutela antecipada contra a: Lei n. 9.494, de 10-9-1997 426
- desnecessidade de prévio depósito nas execuções fiscais: Súmula 99/TFR 590
- despesas do oficial de justiça nas execuções fiscais; desnecessidade de prévio depósito: Súmula 154/TFR 591
- devedora; relações jurídicas de trato sucessivo; prescrição: Súmulas 163/TFR e 85/STJ .. 591, 597
- é defeso, ao Tribunal, agravar a condenação imposta à: Súmula 45/STJ 596
- execução contra a; embargos: Súmula 487/STJ 608
- execução fiscal da: Súmula 40/TFR 588
- execução por título extrajudicial; cabimento: Súmula 279/STJ 602
- honorários advocatícios nas execuções individuais de sentença proferida em ações coletivas: Súmula 345/STJ 604
- honorários de perito; exigência de depósito prévio quando parte: Súmula 232/STJ 600
- impugnação dos embargos do devedor; efeitos em relação à: Súmula 256/TFR 593
- interposição de agravo regimental no STJ; prazo: Súmula 116/STJ 598
- intimação de representante: Súmula 240/TFR 592
- juizados especiais da: Lei n. 12.153, de 22-12-2009 524
- prescrição em favor da; prazo: Súmula 383/STF 576
- remessa oficial; reexame de todas as parcelas da condenação suportadas pela: Súmula 325/STJ 604

FAZENDAS AVARIADAS

- vistoria: Decreto-lei n. 1.608, de 18-9-1939 (Adendo Especial) 195

FIANÇA

- fiador não integrante; não responde pela execução na ação de despejo: Súmula 268/STJ . 602
- sem a autorização do cônjuge; ineficácia: Súmula 332/STJ 604

FILIAÇÃO

- investigação de paternidade: Lei n. 8.560, de 29-12-1992 379

FORO

- competente para ação de investigação de paternidade quando cumulada com a de alimentos: Súmula 1/STJ 595
- eleição; validade de cláusula: Súmula 335/STF 575
- faculdade do autor; ação de cobrança do seguro DPVAT: Súmula 540/STJ 609

FUNDAÇÕES

- instituídas por lei federal; litígios com seus empregados; competência para processo e julgamento: Súmula 72/TFR 589

FUNDO DE GARANTIA DO TEMPO DE SERVIÇO

- correção monetária; legitimidade passiva da Caixa Econômica Federal: Súmula 249/STJ . 601

Índice Alfabético da Legislação

GARANTIAS LOCATÍCIAS
- Lei n. 8.245, de 18-10-1991, arts. 37 a 42 357

HABEAS CORPUS
- competência; Supremo Tribunal Federal; contra decisão do Relator: Súmula 691/STF 581
- contra decisão condenatória; não cabimento; pena pecuniária: Súmula 693/STF............ 581
- contra a imposição da pena de exclusão de militar ou de perda de patente ou de função pública; não cabimento: Súmula 694/STF... 581
- normas procedimentais para processos perante o Superior Tribunal de Justiça e o Supremo Tribunal Federal: Lei n. 8.038, de 28-5-1990... 290
- omissão de relator de extradição; prova não constante dos autos: Súmula 692/STF 581
- pena privativa de liberdade; extinção; não cabimento: Súmula 695/STF 581

HABEAS DATA
- descabimento: Súmula 2/STJ.. 595
- rito processual: Lei n. 9.507, de 12-11-1997 428

HABITAÇÃO
- Sistema Financeiro da; ações referentes ao; legitimidade da Caixa Econômica Federal: Súmula 327/STJ 604

HERANÇA
- petição; imprescritibilidade: Súmula 149/STF... 572

HIPOTECA
- firmada entre a construtora e o agente financeiro; ineficácia: Súmula 308/STJ............. 603

HONORÁRIOS DE ADVOGADO
- ação de acidente do trabalho: Súmula 234/STF 573
- ação de desapropriação; cálculo: Súmulas 141/TFR e 141/STJ 591, 598
- ações acidentárias; isenção de pagamento: Súmula 110/STJ 597
- ações de desapropriação; cálculo; juros compensatórios e moratórios: Súmula 131/STJ.. 598
- ações previdenciárias; incidência; prestações vincendas: Súmula 111/STJ 597
- arbitrados em percentual sobre o valor da causa; correção monetária: Súmula 14/STJ.... 595
- cumulação com multa contratual: Súmulas 616/STF e 119/TFR 579, 590
- dispensa de pedido expresso: Súmula 256/STF 573
- em ação de mandado de segurança: Súmulas 512/STF e 105/STJ 578, 597
- em desapropriação; base de cálculo: Súmula 617/STF.. 579
- fixação: Súmulas 389/STF e 201/STJ 576, 599
- incidência do Imposto de Transmissão *causa mortis*: Súmula 115/STF 571
- justiça gratuita: Súmula 450/STF 577
- não cabimento; Defensoria Pública: Súmula 421/STJ 606
- não cabimento; hipótese de rejeição de impugnação ao cumprimento da sentença: Súmula 519/STJ 608
- no pagamento em juízo para elidir falência; incidência: Súmula 29/STJ...................... 595
- omitidos em decisão transitada em julgado: Súmula 453/STJ.................................... 607
- sucumbência recíproca: Súmula 306/STJ.. 603

Índice Alfabético da Legislação

IDOSO

– *Vide* ESTATUTO DO IDOSO

IMISSÃO DE POSSE

– desapropriação e juros compensatórios: Súmula 164/STF.. 572

IMÓVEL

– destinado a fins comerciais; ação renovatória de contrato de locação: Decreto-lei n. 1.608, de 18-9-1939 (Adendo Especial) 195
– invasão; suspensão do processo expropriatório para fins de reforma agrária: Súmula 354/STJ... 604
– loteamento e venda a prestações: Decreto-lei n. 1.608, de 18-9-1939 (Adendo Especial).. 195
– pedido para uso próprio: Súmula 410/STF 576
– penhorado; praceamento; avaliação: Súmula 207/TFR 592
– retomada para construção mais útil: Súmula 374/STF 576
– retomada; retomante com mais de um prédio; opção: Súmula 409/STF 576

IMPENHORABILIDADE

– bem de família: Lei n. 8.009, de 29-3-1990 289
– bem de família; aplicação: Súmula 205/STJ... 600

IMPOSTO(S)

– cobrança indevida num exercício não faz coisa julgada em exercícios posteriores: Súmula 239/STF... 573

IMPOSTO DE RENDA

– não incidência em decorrência de desapropriação amigável ou judicial: Súmula 39/TFR . 588
– valores retidos indevidamente na fonte; compensação em embargos à execução: Súmula 394/STJ 606

IMPOSTO DE REPOSIÇÃO

– cobrança: Súmula 116/STF 571

IMPOSTO DE TRANSMISSÃO *CAUSA MORTIS*

– antes da homologação do cálculo: Súmula 114/STF.. 571
– a partir de quando é devido: Súmula 112/STF... 571
– cálculo: Súmula 113/STF 571
– honorários de advogado: Súmula 115/STF.. 571

IMPOSTO SOBRE A PROPRIEDADE TERRITORIAL RURAL – ITR

– execução fiscal; competência; Procuradoria da Fazenda Nacional: Súmula 139/STJ 598

IMPOSTO SOBRE OPERAÇÕES FINANCEIRAS – IOF

– depósitos judiciais; não incidência: Súmula 185/STJ... 599

IMPOSTO SOBRE PROPRIEDADE TERRITORIAL URBANA

– alíquotas progressivas: Súmula 668/STF.. 581

IMPROBIDADE ADMINISTRATIVA

– Lei n. 8.429, de 2-6-1992 371

Índice Alfabético da Legislação

INCAPACIDADE
- do requerente; análise do julgador: Súmulas 77 e 78/JEFs... 611

INCOMPETÊNCIA
- relativa; declaração: Súmula 33/STJ 596

INCONSTITUCIONALIDADE
- ação direta de: Lei n. 9.868, de 10-11-1999 436
- arguição: Súmula 285/STF... 574
- arguição de descumprimento de preceito fundamental: Lei n. 9.882, de 3-12-1999 442
- interposição de recurso ordinário ou extraordinário: Súmula 513/STF............................ 578
- prazo de decadência para representação: Súmula 360/STF 575

INDENIZAÇÃO
- *Vide* também DANO MORAL
- ação de; competência da Justiça comum estadual: Súmula 21/TFR 587
- avaliação; processamento no juízo estadual: Súmula 24/TFR 587
- correção monetária em razão da mora: Súmula 25/TFR 587
- em caso de avaria; vistoria: Súmula 261/STF 573
- por ato ilícito; juros compostos: Súmula 186/STJ 599
- por falta de mercadoria transportada via marítima; vistoria; reconhecimento do direito a: Súmula 109/STJ 597
- publicação não autorizada de imagem de pessoa; prova do prejuízo: Súmula 403/STJ ... 606

INFORMATIZAÇÃO
- do processo judicial: Lei n. 11.419, de 19-12-2006 512

INTERDITO PROIBITÓRIA
- para proteção de direito autoral; inadmissibilidade: Súmula 228/STJ 600

INTERPRETAÇÃO DE LEI
- recurso extraordinário: Súmula 400/STF... 576

INTERVENÇÃO DA UNIÃO
- feito pendente de embargos: Súmula 518/STF... 578
- normas procedimentais para os processos perante o Superior Tribunal de Justiça e o Supremo Tribunal Federal: Lei n. 8.038, de 28-5-1990 290

INTIMAÇÃO
- da data da audiência no juízo deprecado; desnecessidade: Súmula 273/STJ.................. 602
- do devedor; pessoal; execução fiscal; realização de leilão: Súmula 121/STJ 598
- na sexta-feira; início do prazo judicial: Súmula 310/STF 575
- pessoal da penhora ao executado; dispensa de publicação: Súmula 190/TFR 592

INVENTÁRIO
- competência definida no art. 96 do CPC: Súmula 58/TFR 588
- imposto de reposição: Súmula 116/STF 571
- multa; constitucionalidade: Súmula 542/STF 578

INVESTIGAÇÃO DE PATERNIDADE
- disposições processuais: Lei n. 8.560, de 29-12-1992... 379

Índice Alfabético da Legislação

JUIZADOS DE VIOLÊNCIA DOMÉSTICA E FAMILIAR CONTRA A MULHER
– criação: Lei n. 11.340, de 7-8-2006 502

JUIZADOS ESPECIAIS CÍVEIS E CRIMINAIS
– criação e funcionamento: Lei n. 9.099, de 26-9-1995 407

JUIZADOS ESPECIAIS CÍVEIS E CRIMINAIS – JUSTIÇA FEDERAL
– criação e funcionamento: Lei n. 10.259, de 12-7-2001 451
– representação judicial da União, autarquias, fundações e empresas públicas federais perante os: Decreto n. 4.250, de 27-5-2002 456
– súmulas dos 611

JUIZADOS ESPECIAIS DA FAZENDA PÚBLICA
– criação e funcionamento: Lei n. 12.153, de 22-12-2009 524

JUIZ DE DIREITO
– competência; Comarca em que não foi criada a Junta de Conciliação e Julgamento: Súmula 169/TFR... 591
– vinculação ao processo: Súmula 262/TFR.. 593

JUÍZO ARBITRAL
– arbitragem: Lei n. 9.307, de 23-9-1996 418

JULGADOS
– do mesmo Tribunal; divergência entre: Súmula 13/STJ................................ 595

JUNTA DE CONCILIAÇÃO E JULGAMENTO
– competência do juiz de direito na Comarca em que não foi criada a: Súmula 169/TFR... 591
– competência quanto ao cumprimento de carta precatória, expedida por juiz federal, em matéria trabalhista: Súmula 89/TFR 590

JURISDIÇÃO
– acesso à; taxa judiciária: Súmula 667/STF 581

JURISPRUDÊNCIA
– *Vide* DIVERGÊNCIA JURISPRUDENCIAL

JUROS
– remuneratórios; devidos no período de inadimplência: Súmula 296/STJ........ 602
– remuneratórios; não abusividade: Súmula 382/STJ 605

JUROS COMPENSATÓRIOS
– desapropriação; cálculo da verba advocatícia; inclusão de: Súmula 131/STJ 598
– desapropriação direta; incidência: Súmula 113/STJ 597
– desapropriação indireta; incidência: Súmula 114/STJ 597
– nas desapropriações; taxa: Súmula 110/TFR.. 590
– Súmula 74/TFR... 589

JUROS MORATÓRIOS
– ações expropriatórias: Súmula 102/STJ 597

Índice Alfabético da Legislação

- condenação contra a Fazenda Pública: Súmula 61/JEF 611
- desapropriação; cálculo da verba advocatícia; inclusão de: Súmula 131/STJ 598
- execuções fiscais; cobrança cumulativa de multa e: Súmula 209/TFR 592
- na indenização do seguro DPVAT: Súmula 426/STJ 606
- na liquidação: Súmula 254/STF.. 573
- na repetição do indébito; devidos a partir do trânsito em julgado da sentença: Súmula 188/STJ.. 599
- no pagamento em juízo para elidir falência: Súmula 29/STJ... 595
- nos contratos bancários: Súmula 379/STJ.. 605
- responsabilidade extracontratual: Súmula 54/STJ... 596
- Súmula 70/TFR.. 589

JUSTIÇA COMUM ESTADUAL

- causa relativa a mensalidade escolar; competência para processar e julgar: Súmula 34/STJ... 596
- competência; ação de servidor público municipal: Súmula 137/STJ 598
- competência para julgar as causas cíveis em que é parte sociedade de economia mista e os crimes praticados em seu detrimento: Súmula 42/STJ................................. 596
- competência para processar e julgar as causas entre os sindicatos e seus associados: Súmula 114/TFR... 590
- competência; pedidos de retificação de dados da Justiça Eleitoral: Súmula 368/STJ........ 605
- previdência privada; contratos; competência: Súmula 505/STJ..................................... 608

JUSTIÇA DO TRABALHO

- competência para o processo e julgamento de reclamações referentes ao PIS: Súmula 82/TFR.. 589
- conflito entre juízos trabalhistas vinculados a Tribunais Regionais do Trabalho diversos; ausência de competência ao Superior Tribunal de Justiça para julgamento: Súmula 236/STJ... 601
- decisões da; recurso para o STF: Súmula 505/STF 578
- litígios decorrentes das relações de trabalho entre as fundações instituídas por lei federal e seus empregados; competência para processo e julgamento: Súmula 72/TFR 589
- litígios decorrentes das relações de trabalho entre Municípios de Território Federal e seus empregados; competência: Súmula 66/TFR 589
- reclamações ajuizadas contra Rede Ferroviária Federal, por servidor cedido pela União; competência: Súmula 88/TFR 589

JUSTIÇA ESTADUAL

- competência; ação de servidor público: Súmula 218/STJ.. 600
- competência; empréstimo compulsório: Súmula 553/STJ 609
- competência; prefeito; processo e julgamento; desvio de verba: Súmula 209/STJ........... 600

JUSTIÇA FEDERAL

- cargo público federal; reintegração; competência: Súmula 173/STJ............................... 599
- competência; Fundação Habitacional do Exército: Súmula 324/STJ 604

Índice Alfabético da Legislação

- competência; mandado de segurança impetrado contra ato da autoridade previdenciária; Comarca do interior: Súmula 216/TFR 592
- competência; prefeito; desvio de verba: Súmula 208/STJ 600
- configuração de competência: Súmula 61/TFR.. 588
- decisão que exclui ente federal da relação processual; impossibilidade de reexame na Justiça Estadual: Súmula 254/STJ 601
- expedição de diploma de ensino a distância; competência para julgar demandas: Súmula 570/STJ 610
- feitos trabalhistas; princípio da identidade física do juiz: Súmula 217/TFR 592
- juizados especiais cíveis e criminais no âmbito da: Lei n. 10.259, de 12-7-2001 451
- justificações judiciais; competência: Súmula 32/STJ 595
- presença da União, suas autarquias ou empresas públicas no processo; decisão: Súmula 150/STJ... 598
- processo e julgamento de litígios decorrentes das relações de trabalho entre os territórios federais e seus empregados; competência: Súmula 67/TFR 589

LEI

- irretroatividade da; quando não é invocável: Súmula 654/STF 581

LEI DE FALÊNCIAS

- *Vide* também FALÊNCIA(S)
- ações; prazo para interposição de recurso: Súmula 25/STJ 595
- Decreto-lei n. 7.661, de 21-6-1945, art. 35; prisão administrativa; revogação: Súmula 280/STJ 602

LEI DO DIVÓRCIO

- Lei n. 6.515, de 26-12-1977 271

LEI FEDERAL

- violação: Súmula 399/STF 576

LEILÃO

- bens não arrematados; processo de execução: Súmula 224/TFR..................................... 592
- execução fiscal; intimação do devedor; realização de: Súmula 121/STJ......................... 598
- execução fiscal; lance inferior à avaliação: Súmula 128/STJ... 598

LEI N. 623, DE 19-2-1949

- descabimento de embargos: Súmulas 300 e 353/STF..574, 575
- divergência qualificada: Súmula 233/STF 572
- embargos: Súmulas 253 e 273/STF..573, 574
- inadmissibilidade de embargos: Súmula 247/STF 573

LEI N. 3.780, DE 12-7-1960

- Súmula 270/STF 573

LEI N. 4.686, DE 21-6-1965

- aplicação: Súmula 475/STF 577

LEI N. 5.049, DE 29-6-1966

- correção monetária: Súmula 68/TFR 589

Índice Alfabético da Legislação

LEI N. 6.830, DE 22-9-1980

– art. 38; pressuposto da ação anulatória do débito fiscal: Súmula 247/TFR 593

LEI N. 8.069, DE 13-7-1990

– ECA 295

LETRA DE CÂMBIO

– protesto; interrupção da prescrição: Súmula 153/STF 572

LIQUIDAÇÃO

– homologação do cálculo; recurso cabível: Súmula 118/STJ 598
– juros moratórios: Súmula 254/STF 573
– por cálculo do contador; apelação da sentença homologatória: Súmula 188/TFR 592
– por forma diversa da estabelecida na sentença: Súmula 344/STJ 604

LIQUIDAÇÃO DAS SOCIEDADES

– Decreto-lei n. 1.608, de 18-9-1939 (Adendo Especial) 195

LIQUIDAÇÃO EXTRAJUDICIAL

– competência da Justiça Estadual: Súmula 49/TFR 588

LITISCONSÓRCIO ATIVO

– valor da causa: Súmula 261/TFR 593

LITISCONSORTE NECESSÁRIO

– mandado de segurança; falta de citação; extinção do processo: Súmula 145/TFR 591

LIVROS COMERCIAIS

– exame em ação judicial: Súmula 260/STF 573
– exibição judicial: Súmula 390/STF 576

LOCAÇÃO

– ação de consignação de aluguel e acessórios da locação: Lei n. 8.245, de 18-10-1991, art. 67 364
– ação renovatória: Lei n. 8.245, de 18-10-1991, arts. 71 a 75 366
– ação revisional de aluguel: Lei n. 8.245, de 18-10-1991, arts. 68 a 70 365
– ações de despejo: Lei n. 8.245, de 18-10-1991, arts. 59 a 66 362
– aluguel: Lei n. 8.245, de 18-10-1991, arts. 17 a 21 354
– benfeitorias: Lei n. 8.245, de 18-10-1991, arts. 35 e 36 357
– benfeitorias; cláusula de renúncia à indenização: Súmula 335/STJ 604
– de imóveis urbanos: Lei n. 8.245, de 18-10-1991 351
– deveres do locador e do locatário: Lei n. 8.245, de 18-10-1991, arts. 22 a 26 354
– direito de preferência: Lei n. 8.245, de 18-10-1991, arts. 27 a 34 356
– fiador; obrigações resultantes de aditamento: Súmula 214/STJ 600
– garantias locatícias: Lei n. 8.245, de 18-10-1991, arts. 37 a 42 357
– imóveis destinados a fins comerciais; ação renovatória de contrato: Decreto-lei n. 1.608, de 18-9-1939 (Adendo Especial) 195
– locação em geral: Lei n. 8.245, de 18-10-1991, arts. 1.º a 13 352
– locação não residencial: Lei n. 8.245, de 18-10-1991, arts. 51 a 57 359

Índice Alfabético da Legislação

- locação para temporada: Lei n. 8.245, de 18-10-1991, arts. 48 a 50 359
- locação residencial: Lei n. 8.245, de 18-10-1991, arts. 46 e 47 358
- pedido do imóvel para uso próprio: Súmula 410/STF 576
- penalidades criminais e civis: Lei n. 8.245, de 18-10-1991, arts. 43 e 44 358
- procedimentos: Lei n. 8.245, de 18-10-1991, arts. 58 a 75 361
- purgação da mora: Súmula 173/STF 572
- registro do contrato no Registro de Imóveis; inscrição: Súmula 442/STF 577
- retomada para construção mais útil: Súmula 374/STF 576
- retomada; retomante com mais de um prédio; opção: Súmula 409/STF 576
- sublocação autorizada: Súmula 411/STF 576
- sublocações: Lei n. 8.245, de 18-10-1991, arts. 14 a 16 353

LOCAÇÃO DE VEÍCULOS

- responsabilidade por danos: Súmula 492/STF 578

LOCAÇÃO NÃO RESIDENCIAL

- Lei n. 8.245, de 18-10-1991, arts. 51 a 57 359

LOCAÇÃO PARA TEMPORADA

- Lei n. 8.245, de 18-10-1991, arts. 48 a 50 359

LOCAÇÃO RESIDENCIAL

- Lei n. 8.245, de 18-10-1991, arts. 46 e 47 358
- retomada: Súmula 483/STF 577

LOCADOR

- deveres: Lei n. 8.245, de 18-10-1991, arts. 22 a 26 354

LOCATÁRIO

- deveres: Lei n. 8.245, de 18-10-1991, arts. 22 a 26 354

LOTEAMENTO E VENDA DE IMÓVEIS A PRESTAÇÕES

- Decreto-lei n. 1.608, de 18-9-1939 (Adendo Especial) 195

MANDADO DE INJUNÇÃO

- individual e coletivo: Lei n. 13.300, de 23-6-2016 567

MANDADO DE SEGURANÇA

- Lei n. 12.016, de 7-8-2009 520
- autoridade coatora; Presidente da República: Súmula 627/STF 579
- cabimento contra autoridade no exercício de competência delegada: Súmula 510/STF .. 578
- competência da Justiça Estadual: Súmula 16/TFR 587
- competência da Justiça Federal: Súmulas 15, 60 e 216/TFR 587, 588, 592
- competência do TFR; impetrado contra ato de órgão colegiado presidido por ministro de Estado: Súmula 103/TFR 590
- competência originária do Supremo Tribunal Federal: Súmula 623/STF 579
- competência originária do Supremo Tribunal Federal; atos de outros tribunais: Súmula 624/STF 579
- concessão; controvérsia sobre matéria de direito: Súmula 625/STF 579

Índice Alfabético da Legislação

- contra ato de juizado especial: Súmula 376/STJ 605
- contra ato de órgão colegiado presidido por Ministro de Estado: Súmula 177/STJ 599
- contra ato de outro Tribunal; processo e julgamento; não tem competência do STJ: Súmula 41/STJ 596
- contra ato de presidente do TRT: Súmula 433/STF 577
- contra ato do presidente do BNH; competência: Súmula 183/TFR 591
- contra ato do TCU; competência: Súmula 248/STF 573
- contra ato judicial: Súmula 202/STJ 599
- contra ato judicial passível de recurso ou correição: Súmula 267/STF 573
- contra ato ou decisão, de natureza jurisdicional, emanado de relator ou presidente de turma: Súmula 121/TFR 590
- contra ato praticado em licitação: Súmula 333/STJ 604
- contra atos dos Tribunais de Justiça dos Estados; incompetência do STF: Súmula 330/STF. 575
- contra decisão judicial com trânsito em julgado: Súmula 268/STF 573
- contra lei em tese: Súmula 266/STF 573
- contra nomeação de candidato concorrente a vaga de composição de Tribunal; legitimidade: Súmula 628/STF 580
- decisão denegatória; uso de ação própria: Súmula 304/STF 574
- decisão do STF em; embargos infringentes: Súmula 294/STF 574
- decisão por maioria de votos da apelação; cabimento de embargos infringentes: Súmula 597/STF 579
- declaração do direito à compensação tributária: Súmula 213/STJ 600
- direito líquido e certo: Súmula 474/STF 577
- e ação popular: Súmula 101/STF 571
- efeito da liminar concedida; denegação do: Súmula 405/STF 576
- entidade de classe; legitimação: Súmula 630/STF 580
- existência de recurso administrativo: Súmula 429/STF 577
- extinção do processo; falta de citação do litisconsorte necessário: Súmula 145/TFR 591
- extinção do processo de: Súmula 631/STF 580
- honorários de advogado: Súmulas 512/STF e 105/STJ 578, 597
- impugnação de enquadramento legal: Súmula 270/STF 573
- litígios trabalhistas: Súmula 195/TFR 592
- litisconsórcio passivo: Súmula 701/STF 581
- não cabimento: Súmula 460/STJ 607
- não é substitutivo de ação de cobrança: Súmula 269/STF 573
- prazo de decadência: Súmula 632/STF 580
- prazo e interrupção: Súmula 430/STF 577
- prazo para recurso contra acórdão concessivo de: Súmula 392/STF 576
- produção de efeitos patrimoniais: Súmula 271/STF 574
- suspensão da liminar em: Súmula 626/STF 579

MANDADO DE SEGURANÇA COLETIVO

- Lei n. 12.016, de 7-8-2009 520
- autorização: Súmula 629/STF 580
- concessão de liminar: Lei n. 8.437, de 30-6-1992, art. 4.º 378

Índice Alfabético da Legislação

MARCA COMERCIAL
– prescrição; ação de perdas e danos pelo uso de: Súmula 143/STJ 598

MEDIAÇÃO E AUTOCOMPOSIÇÃO
– Lei n. 13.140, de 26-6-2015 550
– Resolução n. 125, de 29-11-2010 529

MEDIDA(S) CAUTELAR(ES)
– contra atos do Poder Público; concessão: Lei n. 8.437, de 30-6-1992 377
– descabimento em ação rescisória: Súmula 234/TFR 592
– fiscais; instituição: Lei n. 8.397, de 6-1-1992 368
– perda da eficácia: Súmula 482/STJ 607
– protocolo concluído em Ouro Preto: Decreto n. 2.626, de 15-6-1998 431

MEDIDA POSSESSÓRIA LIMINAR
– liberação alfandegária: Súmula 262/STF 573

MENSALIDADE ESCOLAR
– causa relativa a; processo e julgamento: Súmula 34/STJ 596

MERCADO DE CAPITAIS
– medidas para o seu desenvolvimento: Lei n. 4.728, de 14-7-1965 250

MERCADORIAS IMPORTADAS
– pena de perdimento; aplicação; procedimento administrativo: Súmula 147/TFR 591

MINISTÉRIO PÚBLICO
– ação penal nas contravenções referentes à caça; procedimento sumário; iniciativa: Súmula 203/TFR 592
– comissões parlamentares de inquérito; procedimentos: Lei n. 10.001, de 4-9-2000 444
– fiscal da lei; recurso; legitimidade: Súmula 99/STJ 597
– interposição de agravo regimental no Superior Tribunal de Justiça; prazo: Súmula 116/STJ 598
– legitimidade para recorrer na ação de acidente do trabalho: Súmula 226/STJ 600
– nas execuções fiscais; desnecessária intervenção do: Súmula 189/STJ 599

MINISTROS DO STF
– questão constitucional; impedimento: Súmula 72/STF 571

MORA
– *Vide* também JUROS MORATÓRIOS
– comprovação; busca e apreensão; bem alienado fiduciariamente: Súmula 72/STJ 596
– na locação; purgação: Súmula 173/STF 572

MULHER
– Juizados de Violência Doméstica e Familiar contra a; criação: Lei n. 11.340, de 7-8-2006 .. 502

MULTA
– contratual; cumulação com honorários advocatícios: Súmula 119/TFR 590
– contratual; cumulação com honorários de advogado: Súmula 616/STF 579

Índice Alfabético da Legislação

- instituição e constitucionalidade; inventário: Súmula 542/STF 578
- moratória; execuções fiscais; cobrança cumulativa de juros moratórios e: Súmula 209/TFR . 592
- por descumprimento de obrigação de fazer ou não fazer; prévia intimação penal do devedor: Súmula 410/STJ.. 606

MULTA FISCAL
- incidência da correção monetária: Súmula 45/TFR 588

MUNICÍPIOS
- competência para fixar horário de funcionamento de estabelecimento comercial: Súmula 645/STF 580
- questões; inaplicabilidade do art. 205 da Constituição Federal: Súmula 102/TFR............ 590

NATURALIZAÇÃO
- adição de patronímico: Súmula 51/TFR... 588

NOTA PROMISSÓRIA
- sem força executiva; prazo para ajuizamento da ação monitória: Súmula 504/STJ.......... 608
- vinculada a contrato de abertura de crédito: Súmula 258/STJ 601

NULIDADE
- Administração Pública; declaração de: Súmula 346/STF 575
- cláusula contratual; taxa de juros: Súmula 176/STJ 599
- em caso de locação: Lei n. 8.245, de 18-10-1991, art. 45 358
- falta de intimação; contrarrazões; nomeação de defensor dativo: Súmula 707/STF 581

OMISSÃO DE AUTORIDADE
- mandado de segurança: Súmula 429/STF.. 577

ORDEM DOS ADVOGADOS DO BRASIL – OAB
- Estatuto da: Lei n. 8.906, de 4-7-1994 381

ORGANIZAÇÃO JUDICIÁRIA
- competência dos Tribunais de Justiça dos Estados para dispor sobre: Lei n. 5.621, de 4-11-1970 257

PARTILHA
- concubinato: Súmula 380/STF 576
- dos bens; divórcio direto: Súmula 197/STJ 599
- imposto de reposição: Súmula 116/STF 571

PATRONÍMICO
- competência da Justiça Estadual; adição: Súmula 51/TFR.. 588

PENALIDADES CIVIS E CRIMINAIS
- em caso de locação: Lei n. 8.245, de 18-10-1991, arts. 43 e 44 358

PENHORA
- arrecadação no juízo falimentar: Súmula 44/TFR... 588
- bem alienado fiduciariamente: Súmula 242/TFR 593
- de dinheiro; na execução civil: Súmula 417/STJ... 606

Índice Alfabético da Legislação

- em imóvel do casal; cônjuge do executado; defesa da meação; embargos de terceiro: Súmula 134/STJ 598
- estabelecimento comercial: Súmula 451/STJ 607
- substituição do bem penhorado por precatório: Súmula 406/STJ 606
- Súmula 32/TFR 587

PENSÃO
- cálculo; responsabilidade civil: Súmula 490/STF 577

PESSOA COM DEFICIÊNCIA
- Estatuto da: Lei n. 13.146, de 6-7-2015 557

PESSOA JURÍDICA
- atos contra a administração pública; responsabilidade objetiva: Lei n. 12.846, de 1.º-8-2013 543
- dano moral: Súmula 227/STJ 600
- proposição de ação popular: Súmula 365/STF 575

PESSOA JURÍDICA DE DIREITO PRIVADO
- domicílio; demanda: Súmula 363/STF 575

PETIÇÃO DE HERANÇA
- imprescritibilidade: Súmula 149/STF 572

PLANO DE INTEGRAÇÃO SOCIAL (PIS)
- reclamações quanto ao cadastramento; competência para processo e julgamento das reclamações: Súmula 82/TFR 589

POLÍTICA URBANA
- diretrizes gerais: Lei n. 10.257, de 10-7-2001 444

POSSE
- citação do possuidor em ação de usucapião: Súmula 263/STF 573
- deferimento a quem tiver o domínio: Súmula 487/STF 577

PRAZO(S)
- ação de cobrança; contribuições para o FGTS; prescrição: Súmula 210/STJ 600
- aplicação do art. 179 do CPC: Súmula 105/TFR 590
- contagem em dobro; sucumbência do litisconsorte: Súmula 641/STF 580
- da prescrição da pretensão punitiva; na reincidência: Súmula 220/STJ 600
- de decadência; inconstitucionalidade; representação: Súmula 360/STF 575
- de preparo dos embargos do devedor: Súmula 111/TFR 590
- de prescrição; seguradora; suspensão: Súmula 229/STJ 600
- de prescrição; suspensão; decisão administrativa final: Súmula 74/JEFs 611
- direito de constituir o crédito previdenciário; extinção: Súmula 219/TFR 592
- Fazenda Pública e Ministério Público; interposição de agravo regimental no Superior Tribunal de Justiça: Súmula 116/STJ 598
- interrompido pela confissão e parcelamento da dívida fiscal; recontagem: Súmula 248/TFR 593

Índice Alfabético da Legislação

- judicial; início: Súmula 310/STF 575
- normas procedimentais para processos perante o Superior Tribunal de Justiça e o Supremo Tribunal Federal: Lei n. 8.038, de 28-5-1990 290
- nulidade; inobservância de: Súmula 117/STJ 598
- para interposição de recurso; lei de falências; ações: Súmula 25/STJ 595
- recurso contra acórdão concessivo de segurança; contagem: Súmula 392/STF 576

PRAZOS JUDICIAIS

- *Vide* também PRAZO(S)
- prorrogação de vencimento: Lei n. 1.408, de 9-8-1951 244

PRECATÓRIO

- processamento e pagamento de; não tem caráter jurisdicional: Súmula 311/STJ 603

PREFEITO MUNICIPAL

- desvio de verba; processo e julgamento; competência: Súmula 133/TFR 591
- desvio de verba; processo e julgamento; competência: Súmula 208/STJ 600
- desvio de verba transferida e incorporada ao patrimônio municipal; processo e julgamento; competência: Súmula 209/STJ 600

PREQUESTIONAMENTO

- questão federal; não atendimento ao: Súmula 320/STJ 603

PRESCRIÇÃO

- ação de cobrança; contribuições para o FGTS: Súmula 210/STJ 600
- ação de cobrança de crédito previdenciário contra a Fazenda Pública: Súmula 107/TFR . 590
- ação; demora na citação: Súmula 106/STJ 597
- ação de desapropriação indireta: Súmula 119/STJ 598
- ação de indenização do segurado em grupo contra a seguradora: Súmula 101/STJ 597
- ação de indenização por incapacidade laboral; início da contagem do prazo: Súmula 278/STJ 602
- ação de investigação de paternidade: Súmula 149/STF 572
- ação indenizatória contra construtor; defeitos da obra; prazo: Súmula 194/STJ 599
- ação para anular venda de ascendente a descendente: Súmula 494/STF 578
- ação para exigir perdas e danos pelo uso de marca comercial: Súmula 143/STJ 598
- arguição por demora na citação: Súmula 78/TFR 589
- da execução: Súmula 150/STF 572
- de prestações anteriores: Súmula 443/STF 577
- em favor da Fazenda Pública; prazo: Súmula 383/STF 576
- paralisação da ação rescisória: Súmula 264/STF 573
- prazo interrompido; recontagem: Súmula 248/TFR 593
- prazo suspenso; decisão administrativa final: Súmula 74/JEFs 611
- pretensão punitiva; reincidência; prazo: Súmula 220/STJ 600
- protesto cambiário e: Súmula 153/STF 572
- relações jurídicas de trato sucessivo; Fazenda Pública como devedora: Súmulas 163/TFR e 85/STJ 591, 597
- responsabilidade civil; ação de indenização: Súmula 39/STJ 596

Índice Alfabético da Legislação

- seguradora; suspensão do prazo de: Súmula 229/STJ 600
- vistoria e interrupção da: Súmula 154/STF 572

PREVIDÊNCIA PRIVADA

- ação de cobrança de parcelas; prescrição: Súmula 291/STJ 602

PREVIDÊNCIA SOCIAL

- ação declaratória; tempo de serviço; fins previdenciários: Súmula 242/STJ 601
- constituição de crédito previdenciário e prazo de decadência: Súmula 108/TFR 590
- sede e foro; competência; interposição de ações contra a: Súmula 204/TFR 592
- servidor público; aposentadoria especial; regras do regime geral da: Súmula Vinculante 33 ... 585

PRISÃO

- administrativa estabelecida pelo art. 35 do Decreto-lei n. 7.661, de 21-6-1945 (Lei de Falências); revogação pela Constituição Federal: Súmula 280/STJ 602
- civil do alimentante: Súmula 309/STJ 603
- do depositário; descabimento: Súmula 305/STJ 603
- do depositário; descabimento: Súmula 419/STJ 606
- do depositário judicial; ilegalidade: Súmula 304/STJ 603

PROCEDIMENTO ADMINISTRATIVO

- extinção; mandado de segurança; falta de citação do litisconsorte necessário: Súmula 145/TFR 591
- mercadorias importadas; pena de perdimento; aplicação: Súmula 147/TFR 591

PROCEDIMENTO ARBITRAL

- Lei n. 9.307, de 23-9-1996, arts. 19 a 22 422

PROCESSO DE EXECUÇÃO

- bens não arrematados: Súmula 224/TFR 592

PROCESSO DO REGISTRO TORRENS

- Decreto-lei n. 1.608, de 18-9-1939 (Adendo Especial) 195

PROCESSO EXPROPRIATÓRIO

- *Vide* DESAPROPRIAÇÃO

PROCESSO JUDICIAL

- informatização: Lei n. 11.419, de 19-12-2006 512

PROCESSOS PERANTE STJ E STF

- normas procedimentais: Lei n. 8.038, de 28-5-1990 290

PROCURAÇÃO

- instância especial; recurso interposto por advogado sem instrumento de: Súmula 115/STJ .. 598
- não exigível; procurador autárquico: Súmula 644/STF 580

PROCURADORIA DA FAZENDA NACIONAL

- execução fiscal; competência; cobrança de crédito relativo ao ITR: Súmula 139/STJ ... 598

PROTESTO DE TÍTULOS

- indevido; responsabilidade do endossatário por endosso-mandato: Súmula 476/STJ 607

Índice Alfabético da Legislação

- indevido; responsabilidade por danos decorrentes: Súmula 475/STJ 607
- prescrição; interrupção: Súmula 153/STF 572

PROTESTOS FORMADOS A BORDO

- Decreto-lei n. 1.608, de 18-9-1939 (Adendo Especial) 195

PROVA(S)

- documental: Lei n. 7.115, de 29-8-1983 284
- exame; mandado de segurança para impugnar enquadramento: Súmula 270/STF 573
- produção antecipada: Súmula 263/TFR 593
- produção pelo revel: Súmula 231/STF 572
- reexame; cabimento: Súmula 279/STF 574
- reexame; simples pretensão: Súmula 7/STJ 595

PUBLICAÇÃO

- com efeito de intimação; início do prazo judicial: Súmula 310/STF 575
- inobservância de prazo; nulidade: Súmula 117/STJ 598

RAZÕES DE REVISTA

- indispensável o traslado: Súmula 315/STF 575

RECLAMAÇÃO

- normas procedimentais para os processos perante o Superior Tribunal de Justiça e o Supremo Tribunal Federal: Lei n. 8.038, de 28-5-1990 290
- processo de; embargos infringentes: Súmula 368/STF 575
- trabalhista contra representação diplomática; competência: Súmula 83/TFR 589
- trânsito em julgado; não cabimento: Súmula 734/STF 582

RECONVENÇÃO

- em ação declaratória: Súmula 258/STF 573

RECUPERAÇÃO JUDICIAL

- constrição de bens não abrangidos na; juízo competente: Súmula 480/STJ 607
- do devedor principal contra terceiros; prosseguimento das ações e execuções: Súmula 581/STJ 610

RECURSO(S)

- ações; Lei de Falências; prazo para interposição de: Súmula 25/STJ 595
- dirigido ao STF; seguimento: Súmula 322/STF 575
- especial; divergência entre julgados do mesmo Tribunal: Súmula 13/STJ 595
- especial; não conhecimento: Súmula 83/STJ 597
- especial; simples interpretação de cláusula contratual; não enseja: Súmula 5/STJ 595
- instância especial; advogado sem procuração nos autos; inexistência: Súmula 115/STJ 598
- interposição após o encerramento do expediente bancário; preparo: Súmula 484/STJ 607
- interposto para o Superior Tribunal de Justiça; despesas de remessa e retorno dos autos; não recolhimento: Súmula 187/STJ 599
- mandado de segurança contra ato judicial passível de: Súmula 267/STF 573

Índice Alfabético da Legislação

- normas procedimentais para processos perante o Superior Tribunal de Justiça e o Supremo Tribunal Federal: Lei n. 8.038, de 28-5-1990 290
- tempestividade: Súmula 216/STJ 600

RECURSO DE APELAÇÃO

- demora da juntada por culpa do cartório: Súmula 320/STF... 575

RECURSO ESPECIAL

- contra acórdão proferido no tribunal de origem; inadmissibilidade: Súmula 207/STJ 600
- decisão fundamentada; pressupostos gerais e constitucionais: Súmula 123/STJ.............. 598
- entendimento dominante do tema; possibilidade do relator: Súmula 568/STJ 610
- inadmissibilidade: Súmulas 126, 203 e 211/STJ 598, 600
- interposto na pendência do julgamento dos embargos de declaração: Súmula 579/STJ 610
- não cabimento; alegação de violação de enunciado de súmula: Súmula 518/STJ 608
- normas procedimentais para processos perante o Superior Tribunal de Justiça e o Supremo Tribunal Federal: Lei n. 8.038, de 28-5-1990... 290

RECURSO *EX OFFICIO*

- trânsito em julgado de sentença: Súmula 423/STF.. 576

RECURSO EXTRAORDINÁRIO

- admissão parcial: Súmula 528/STF 578
- aplicação do direito pelo STF: Súmula 456/STF 577
- arguição de inconstitucionalidade: Súmula 285/STF.. 574
- cabimento; causas de alçada ou juizado especial cível ou criminal: Súmula 640/STF....... 580
- cabimento de recurso ordinário e inadmissibilidade de: Súmula 281/STF................... 574
- decisão recorrida; inadmissibilidade de: Súmula 283/STF 574
- deficiência na fundamentação: Súmula 284/STF 574
- deficiência para compreensão da controvérsia: Súmula 287/STF 574
- embargos da Lei n. 623/49: Súmula 300/STF.. 574
- em caso de embargos infringentes parciais: Súmula 355/STF 575
- em processo trabalhista; condenação em verba honorária: Súmula 633/STF................ 580
- falta do despacho agravado; a decisão recorrida e peça essencial à compreensão da controvérsia: Súmula 288/STF 574
- fundado em divergência jurisprudencial: Súmula 286/STF....................................... 574
- honorários de advogado: Súmula 389/STF 576
- inconstitucionalidade; interposição do: Súmula 513/STF 578
- interpretação de lei: Súmula 400/STF.. 576
- Lei n. 4.686, de 21-6-1965: Súmula 475/STF... 577
- matéria não ventilada pela turma no julgamento de; embargos infringentes: Súmula 296/STF 574
- medida cautelar; efeito suspensivo: Súmula 634/STF 580
- medida cautelar; juízo de admissibilidade: Súmula 635/STF 580
- não cabimento; acórdão que defere medida liminar: Súmula 735/STF......................... 582
- não cabimento; contrariedade ao princípio constitucional da legalidade: Súmula 636/STF... 580
- não cabimento; intervenção estadual em Município: Súmula 637/STF......................... 580

- normas procedimentais para processos perante o Superior Tribunal de Justiça e o Supremo Tribunal Federal: Lei n. 8.038, de 28-5-1990. 290
- ofensa a direito local: Súmula 280/STF 574
- prazo para interposição contra decisão do TSE: Súmula 728/STF... 582
- processamento de precatórios; não cabimento de: Súmula 733/STF... 582
- provimento do agravo por uma das turmas: Súmula 289/STF... 574
- questão federal apreciada no; ação rescisória e competência: Súmula 515/STF 578
- questão federal; inadmissibilidade de: Súmula 282/STF... 574
- questão prejudicial ou preliminar, suscitada após interposição de: Súmula 273/STF 574
- recurso de embargos: Súmula 233/STF 572
- reexame de prova; cabimento: Súmula 279/STF... 574
- tempestividade; cópias necessárias: Súmula 639/STF 580
- violação de lei federal: Súmula 399/STF 576

RECURSO ORDINÁRIO

- em *habeas corpus* e em mandado de segurança; normas procedimentais para processos perante o Superior Tribunal de Justiça e o Supremo Tribunal Federal: Lei n. 8.038, de 28-5-1990 290
- inconstitucionalidade; interposição do: Súmula 513/STF 578
- normas procedimentais para processo perante o Superior Tribunal de Justiça e o Supremo Tribunal Federal: Lei n. 8.038, de 28-5-1990 290
- seu cabimento e descabimento do extraordinário: Súmula 281/STF 574

REDE FERROVIÁRIA FEDERAL

- reclamações de servidor cedido pela União; competência para processo e julgamento: Súmula 88/TFR... 589
- resposta perante o foro comum: Súmula 251/STF... 573

REEXAME NECESSÁRIO

- alcance: Súmula 253/STJ 601
- decisões por maioria; não admissão de embargos infringentes: Súmula 390/STJ............. 606
- dispensa de: Súmula 490/STJ 608
- sentença proferida contra autarquias: Súmula 620/STF... 579

REGIMENTO INTERNO DO STF

- emendas; questão constitucional: Súmula 325/STF... 575

REGISTRO CIVIL

- averbações ou retificações: Decreto-lei n. 1.608, de 18-9-1939 (Adendo Especial)......... 195
- retificação; prova junto à administração militar: Súmula 120/TFR... 590

REGISTROS PÚBLICOS

- Lei n. 6.015, de 31-12-1973 258

REGISTRO TORRENS

- processo: Decreto-lei n. 1.608, de 18-9-1939 (Adendo Especial)... 195

REPETIÇÃO DE INDÉBITO

- juros moratórios; trânsito em julgado da sentença: Súmula 188/STJ... 599

Índice Alfabético da Legislação

- nos contratos de abertura de crédito em conta corrente: Súmula 322/STJ 603

REPRESENTAÇÃO INTERVENTIVA
- processo e julgamento: Lei n. 12.562, de 23-12-2011 542

RESPONSABILIDADE CIVIL
- ação civil pública: Lei n. 7.347, de 24-7-1985 285
- do autor do escrito e do proprietário do veículo de divulgação: Súmula 221/STJ 600
- e administrativa das pessoas jurídicas por atos contra a Administração Pública: Lei n. 12.846, de 1.º-8-2013 543
- pensão e cálculo: Súmula 490/STF 577
- por dano causado a terceiro em transporte: Súmula 492/STF 578
- prescrição da ação de indenização: Súmula 39/STJ 596

RETIFICAÇÕES DO REGISTRO CIVIL
- Decreto-lei n. 1.608, de 18-9-1939 (Adendo Especial) 195
- prova junto à administração militar: Súmula 120/TFR 590

RETOMADA
- de imóvel alugado; dispensa de comprovação de requisitos legais: Súmula 174/STF 572
- dispensa da prova de necessidade: Súmula 483/STF 577
- filho que vai contrair matrimônio: Súmula 175/STF 572
- para construção mais útil: Súmula 374/STF 576
- para sociedade da qual o locador seja sócio prioritário; admissibilidade: Súmula 486/STF .. 577
- pelo cessionário do promitente comprador: Súmula 177/STF 572
- prédio situado fora do domicílio do locador; prova de necessidade: Súmula 80/STF 571
- retomante com mais de um prédio; opção: Súmula 409/STF 576

RÉU
- extinção de processo; abandono de causa pelo autor; requerimento do: Súmula 240/STJ . 601

REVEL
- produção de provas: Súmula 231/STF 572

RIOS NAVEGÁVEIS
- desapropriação das margens: Súmula 479/STF 577

SALÁRIO MÍNIMO
- descaracterização como fator de correção monetária: Lei n. 6.205, de 29-4-1975 269

SEGURADOR
- ação regressiva contra o causador do dano: Súmula 188/STF 572

SEGURO
- ação contra instituição previdenciária; juízo competente: Súmula 689/STF 581
- ação de cobrança; DPVAT; escolha do foro facultada ao autor: Súmula 540/STJ 609
- obrigatório de danos pessoais causados por veículos automotores de vias terrestres; falta de pagamento do prêmio; indenização cabível: Súmula 257/STJ 601
- obrigatório de danos pessoais causados por veículos automotores de vias terrestres; invalidez parcial do beneficiário: Súmula 474/STJ 607

Índice Alfabético da Legislação

- obrigatório habitacional: Súmula 473/STJ 607
- responsabilidade civil facultativa; ajuizamento da ação por terceiro prejudicado: Súmula 529/STJ 609

SEGURO OBRIGATÓRIO DE RESPONSABILIDADE CIVIL
- ação do beneficiário; prescrição: Súmula 124/TFR 591
- valor; deduzido da indenização: Súmula 246/STJ 601

SENTENÇA
- ação expropriatória; valor igual ou inferior a cinquenta OTNs: Súmula 218/TFR 592
- liquidação por forma diversa da estabelecida na: Súmula 344/STJ 604
- omissão do recurso *ex officio*: Súmula 423/STF 576
- sem prova de trânsito em julgado; homologação: Súmula 420/STF 576

SENTENÇA ARBITRAL
- estrangeira: Lei n. 9.307, de 23-9-1996, arts. 34 a 40 425
- Lei n. 9.307, de 23-9-1996, arts. 23 a 33 423

SENTENÇA ILÍQUIDA
- interesse recursal em arguir o vício da: Súmula 318/STJ 603
- reexame necessário; dispensa; não aplicação: Súmula 490/STJ 608

SENTENÇA TRANSITADA EM JULGADO
- ação rescisória contra: Súmula 514/STF 578
- conflito de competência: Súmula 59/STJ 596
- indébito tributário: Súmula 461/STJ 607

SENTENÇAS ARBITRAIS ESTRANGEIRAS
- Lei n. 9.307, de 23-9-1996, arts. 34 a 40 425

SEPARAÇÃO JUDICIAL
- *Vide* DIVÓRCIO

SEQUESTRO
- nos casos de enriquecimento ilícito: Lei n. 8.429, de 2-6-1992 371

SERVIÇO DE PROTEÇÃO AO CRÉDITO
- período de permanência da inscrição do inadimplente: Súmula 323/STJ 604

SERVIÇO DE TELEFONIA
- fixa; cobrança de tarifa básica: Súmula 356/STJ 604

SERVIÇO SOCIAL DA INDÚSTRIA (SESI)
- jurisdição a que está sujeito: Súmula 516/STF 578

SERVIDOR PÚBLICO
- Estadual; ação pleiteando direitos e vantagens; competência: Súmula 218/STJ 600
- Municipal; ação pleiteando direitos relativos ao vínculo estatutário; competência: Súmula 137/STJ 598

SESI
- jurisdição a que está sujeito: Súmula 516/STF 578

Índice Alfabético da Legislação

SINAL
- devolução; compromisso de compra e venda: Súmula 412/STF 576

SINDICATOS
- causas com seus associados; competência para julgamento: Súmula 114/TFR 590

SOCIEDADE
- desapropriação de ações; exercício de direitos: Súmula 476/STF 577
- dissolução e liquidação: Decreto-lei n. 1.608, de 18-9-1939 (Adendo Especial) 195

SOCIEDADE DE ECONOMIA MISTA
- competência da Justiça comum: Súmula 556/STF 579
- competência da Justiça Comum Estadual para julgar as causas cíveis em que é parte: Súmula 42/STJ 596
- foro: Súmula 517/STF 578
- questões; inaplicabilidade do art. 205 da Constituição Federal: Súmula 102/TFR 590

SOCIEDADES POR QUOTAS
- execução; sócio-gerente; ilegitimidade; embargos de terceiro, visando livrar da constrição judicial de bens particulares: Súmula 184/TFR 592

SUBLOCAÇÃO
- autorizada: Súmula 411/STF 576
- Lei n. 8.245, de 18-10-1991, arts. 14 a 16 353

SUCUMBÊNCIA
- desistência da execução fiscal, após oferecimento de embargos: Súmula 153/STJ 598

SÚMULAS VINCULANTES
- ação possessória; direito de greve; competência: 23 584
- acidente de trabalho; ações de indenização por danos morais e patrimoniais; competência: 22 584
- algemas: 11 583
- auxílio-alimentação; não se estende aos servidores inativos: 55 586
- cargo público; habilitação sujeita a exame psicotécnico: 44 586
- cargo público; investidura de servidor sem aprovação em concurso público destinado ao seu provimento: 43 585
- causas entre consumidor e concessionária de telefonia; competência: 27 585
- cláusula de reserva de plenário; violação: 10 583
- condenado punido por falta grave; remição da pena: 9 583
- contribuição confederativa: 40 585
- crédito tributário; exigibilidade; depósito prévio: 28 585
- crédito tributário; inconstitucionalidade: 8 583
- crime contra a ordem tributária: 24 584
- crimes de responsabilidade; definição, normas e competência: 46 586
- direito de defesa; acesso aos elementos de prova; polícia judiciária: 14 584
- estabelecimento comercial; horário de funcionamento; competência: 38 585

Índice Alfabético da Legislação

- falsificação e uso de documento falso; processo e julgamento; competência: 36 585
- falta de estabelecimento penal adequado; manutenção do condenado em regime prisional mais gravoso; proibição: 56.. 586
- Gratificação de Desempenho de Atividade de Seguridade Social e do Trabalho – GDASST; inativos: 34.. 585
- Gratificação de Desempenho de Atividade Técnico-Administrativa – GDATA; inativos: 20 584
- homologação; transação penal; Lei n. 9.099/95: 35 585
- honorários advocatícios: 47.. 586
- ICMS; desembaraço aduaneiro: 48... 586
- iluminação pública; taxa: 41... 585
- ICMS; não incidência; alienação de salvados de sinistro: 32 585
- Imposto sobre Serviços de Qualquer Natureza – ISS; locação de bens móveis: 31 585
- inelegibilidade; dissolução da sociedade ou do vínculo conjugal: 18 584
- IPTU; imunidade; imóvel pertencente à entidade referida pelo art. 150, VI, c, da CF; aluguel a terceiros: 52.. 586
- Justiça do Trabalho; competência: 22, 23 e 53 ....584, 586
- Lei Complementar n. 110/2001; garantia constitucional do ato jurídico perfeito; ofensa: 1 583
- medida provisória; até a Emenda Constitucional n. 32/01: 54.................................... 586
- nepotismo: 13 583
- polícia civil e militar e corpo de bombeiros do Distrito Federal; vencimentos; competência: 39 585
- precatórios: 17... 584
- princípio da anterioridade; norma que altera o prazo de recolhimento de obrigação tributária: 50 586
- princípio da livre concorrência; lei municipal; impedimento de instalação de estabelecimentos comerciais do mesmo ramo em determinada área: 49 586
- processo administrativo; falta de defesa técnica por advogado: 5.............................. 583
- progressão de regime; crimes hediondos: 26 584
- recurso administrativo; exigências: 21 584
- salário mínimo; praças prestadoras de serviço militar inicial: 6 583
- salário mínimo; proibição do uso como indexador: 4... 583
- salário mínimo; servidor público: 15 584
- seguros; alienação de salvados de sinistro: 32 585
- servidor público; aposentadoria especial; regras do regime geral da previdência social: 33 585
- servidor público; aumento de vencimentos pelo Poder Judiciário: 37 585
- servidor público; remuneração: 16 584
- servidores estaduais ou municipais; vencimentos vinculados a índices federais: 42 585
- servidores militares; reajuste; extensão a servidores civis do poder executivo: 51 586
- sistemas de consórcios e sorteios; inconstitucionalidade de lei estadual ou distrital: 2 ... 583
- taxa; cálculo do valor: 29 585
- taxa de juros: 7 583
- taxa de lixo: 19 584
- taxa de matrícula; universidades públicas: 12 583
- TCU; processos; aplicação do contraditório e da ampla defesa: 3............................... 583

Índice Alfabético da Legislação

- transação penal; homologação: 35 585
- Tribunal do Júri; competência constitucional: 45 586

SUPERIOR TRIBUNAL DE JUSTIÇA

- não tem competência para julgar conflito de competência entre juízos trabalhistas vinculados a Tribunais Regionais do Trabalho diversos: Súmula 236/STJ 601
- não tem competência para processar e julgar, originariamente, mandado de segurança contra ato de outros Tribunais: Súmula 41/STJ 596
- normas procedimentais para os processos: Lei n. 8.038, de 28-5-1990 290
- tempestividade de recurso interposto: Súmula 216/STJ 600

SUPREMO TRIBUNAL FEDERAL

- ação rescisória: Súmula 249/STF 573
- competência originária: Súmulas 623 e 731/STF 579, 582
- competência quanto a mandado de segurança contra o TCU: Súmula 248/STF 573
- normas procedimentais para os processos: Lei n. 8.038, de 28-5-1990 290
- processo e julgamento da arguição de descumprimento de preceito fundamental: Lei n. 9.882, de 3-12-1999 442

SUSPENSÃO DO PROCESSO

- crime continuado; não admissibilidade da: Súmula 723/STF 582
- recusa do promotor de justiça a propô-la: Súmula 696/STF 581

TAXA REFERENCIAL

- indexador válido para contratos posteriores à Lei n. 8.177/91: Súmula 295/STJ 602

TELEFONIA

- contratos; parte legítima: Súmula 506/STJ 608

TERRENOS MARGINAIS

- estradas de rodagem; limitação administrativa: Súmula 142/TFR 591

TERRITÓRIO FEDERAL

- litígios com seus empregados; competência da Justiça Federal para processo e julgamento: Súmula 67/TFR 589
- litígios entre Municípios e seus empregados; competência da Justiça do Trabalho: Súmula 66/TFR 589

TÍTULO DE CRÉDITO

- vinculado a contrato de mútuo; avalista; obrigações: Súmula 26/STJ 595

TÍTULO EXTRAJUDICIAL

- contrato de abertura de crédito; não configura: Súmula 233/STJ 601
- execução com fundamento em mais de um: Súmula 27/STJ 595
- execução contra a Fazenda Pública: Súmula 279/STJ 602
- execução definitiva; apelação pendente: Súmula 317/STJ 603
- instrumento de confissão de dívida; configura: Súmula 300/STJ 603

TRANSAÇÃO PENAL

- Lei n. 9.099, de 26-9-1995, art. 76 415

Índice Alfabético da Legislação

TRANSPORTE
- marítimo; falta de mercadoria; reconhecimento do direito a indenização: Súmula 109/STJ — 597
- responsabilidade por danos: Súmula 492/STF — 578

TRIBUNAIS DE JUSTIÇA
- competência para dispor sobre divisão e organização judiciárias: Lei n. 5.621, de 4-11-1970 — 257
- conflito de competência: Súmula 22/STJ — 595

TRIBUNAL DE ALÇADA
- conflito de competência: Súmula 22/STJ — 595

TRIBUNAL DE CONTAS DA UNIÃO
- cobrança executiva dos débitos fixados em seus acórdãos: Lei n. 6.822, de 22-9-1980 — 276
- mandado de segurança contra ato do: Súmula 248/STF — 573

TRIBUNAL DE CONTAS ESTADUAL
- composição; escolha dos membros: Súmula 653/STF — 581

TRIBUNAL FEDERAL DE RECURSOS
- competência; mandado de segurança impetrado contra ato de órgão colegiado, presidido por ministro de Estado: Súmula 103/TFR — 590

TRIBUNAL REGIONAL DO TRABALHO
- mandado de segurança contra o presidente do: Súmula 433/STF — 577

TRIBUNAL REGIONAL FEDERAL
- competência: Súmula 3/STJ — 595

TRIBUTAÇÃO
- competência: Súmula 503/STF — 578

TRIBUTO
- expedição da notificação para pagamento; autoridade fiscal; legitimidade: Súmula 59/TFR — 588

TUTELA
- antecipada contra a Fazenda Pública; aplicação: Lei n. 9.494, de 10-9-1997 — 426
- antecipada em causa de natureza previdenciária: Súmula 729/STF — 582
- antecipada e posteriormente revogada em demanda previdenciária: Súmula 51/JEF — 611

UNIÃO
- questões; inaplicabilidade do art. 205 da Constituição Federal: Súmula 102/TFR — 590

USUCAPIÃO
- ação de; citação do possuidor: Súmula 263/STF — 573
- ação de; competência da Justiça Federal: Súmula 13/TFR — 587
- arguição em defesa: Súmula 237/STF — 573
- citação pessoal do confinante: Súmula 391/STF — 576
- de bens públicos: Súmula 340/STF — 575

– direito ao uso de linha telefônica; aquisição: Súmula 193/STJ 599
– especial; competência; ação de: Súmula 11/STJ 595
– especial de imóvel urbano: Lei n. 10.257, de 10-7-2001, arts. 9.º a 14 447

USURA
– disposições contratuais; nulidade: Medida Provisória n. 2.172-32, de 23-8-2001 455

VALOR DA CAUSA
– correção monetária; honorários advocatícios arbitrados em percentual sobre o: Súmula 14/STJ 595
– na consignatória de aluguel: Súmula 449/STF 577
– no litisconsórcio ativo: Súmula 261/TFR 593

VENDA DE ASCENDENTE A DESCENDENTE
– ação para anular; prescrição: Súmula 494/STF 578

VEREADORES
– Câmara; legitimidade para demandar em juízo: Súmula 525/STJ 608

VIOLÊNCIA DOMÉSTICA
– contra a mulher; mecanismos para coibir e prevenir: Lei n. 11.340, de 7-8-2006 502
– lesão corporal; ação penal: Súmula 542/STJ 609

VISTORIA
– interrupção da prescrição: Súmula 154/STF 572
– reconhecimento do direito a indenização; falta de mercadoria transportada via marítima: Súmula 109/STJ 597

VISTORIA DE FAZENDAS AVARIADAS
– Decreto-lei n. 1.608, de 18-9-1939 (Adendo Especial) 195

VISTORIA JUDICIAL
– em caso de avaria: Súmula 261/STF 573

ZONA RURAL
– limitação administrativa imposta aos terrenos marginais das estradas de rodagem em: Súmula 142/TFR 591

ÍNDICE ALFABÉTICO DO NOVO CÓDIGO DE PROCESSO CIVIL

(LEI N. 13.105, DE 16-3-2015)

ABUSO DO DIREITO DE DEFESA
- tutela da evidência: art. 311, I

AÇÃO
- legitimidade: art. 17
- meramente declaratória; admissibilidade: art. 20
- propositura: art. 312
- sobre direito real imobiliário; consentimento do cônjuge: arts. 73 e 74
- substituição processual: art. 18, parágrafo único
- valor: arts. 291 a 293

AÇÃO ACESSÓRIA
- juízo competente: art. 61

AÇÃO ANULATÓRIA
- partilha: art. 657, parágrafo único

AÇÃO DE ALIMENTOS
- desconto em folha: art. 912
- foro competente: art. 53, II
- sentença condenatória, efeito suspensivo: 1.012, § 1.º, II

AÇÃO DE CONSIGNAÇÃO EM PAGAMENTO
- arts. 539 a 549
- contestação; alegação do réu: art. 544
- conversão do depósito em arrecadação de coisas vagas: art. 548, I
- de coisa indeterminada com escolha do credor: art. 543
- depósito incompleto: art. 545
- depósito, seus efeitos: art. 540
- fundada em dúvida sobre quem deva receber: art. 547
- fundada em dúvida sobre quem deva receber, decisão: art. 548
- insuficiência de depósito: art. 545
- julgamento sumário: art. 546
- onde requerer: art. 540
- o que será requerido na petição inicial: art. 542
- prazo para completar o depósito: art. 545
- prestações periódicas: art. 541
- recebimento pelo credor: art. 546, parágrafo único
- resgate de aforamento: art. 549

AÇÃO DE DEMARCAÇÃO
- auto de demarcação, lavratura e homologação: arts. 586, parágrafo único, e 587
- citação: arts. 576 e 577
- colocação dos marcos: arts. 582 e 584
- cumulação com divisão: art. 570
- laudo; elaboração: art. 580
- legitimidade ativa: arts. 569, I, e 575
- peritos: art. 579
- petição inicial: art. 574
- planta, acompanhamento: art. 583
- procedimento comum: art. 578
- sentença: art. 581
- sentença com efeito meramente devolutivo: art. 1.012, § 1.º, I

AÇÃO DE DISSOLUÇÃO PARCIAL DE SOCIEDADE
- arts. 599 a 609
- apuração dos haveres: art. 604
- citação: art. 601
- concordância da dissolução; manifestação expressa e unânime: art. 603, *caput*, e § 1.º

Índice Alfabético do Novo CPC

- contestação; procedimento comum: art. 603, § 2.º
- indenização: art. 602
- legitimidade ativa: art. 600
- objeto: art. 599
- omissão do contrato social: art. 606
- resolução da sociedade: art. 605

AÇÃO DE DIVISÃO

- auto de divisão: art. 597
- benfeitorias de confinantes, respeito: art. 593
- citações: arts. 576 e 589
- condôminos, apresentação dos títulos e pedidos de quinhões: art. 591
- confinantes, demanda de restituição de terreno usurpado: art. 594
- cumulação com demarcação: art. 570
- decisão sobre títulos e pedidos: art. 592
- deliberação da partilha: art. 596
- demarcação dos quinhões: art. 596, parágrafo único
- dispensa da realização de prova pericial: art. 573
- laudo fundamentado: art. 595
- peritos: art. 590
- petição inicial: art. 588

AÇÃO DE EXIGIR CONTAS

- apuração de sentença, saldo credor, constituição de título executivo judicial: art. 552
- contas do réu, forma adequada: art. 551
- para exigi-las, procedimento: art. 550

AÇÃO DE REPARAÇÃO DE DANO

- competência do lugar: art. 53, IV, *a*, e V

AÇÃO DE USUCAPIÃO

- citação: art. 246, § 3.º
- edital: art. 259, I

AÇÃO MONITÓRIA

- arts. 700 a 702
- a quem compete: art. 700
- citação: art. 700, § 7.º
- embargos: art. 702
- expedição do mandado de pagamento ou entrega da coisa; prazo: art. 701
- isenção de custas e honorários advocatícios; disposições: art. 701, § 1.º

AÇÃO PAULIANA

- embargos de terceiro: arts. 674 a 681
- fraude contra credores: art. 792

AÇÃO REGRESSIVA

- do fiador: art. 794, § 2.º
- do sócio: art. 795, § 3.º

AÇÃO RESCISÓRIA

- casos de admissão: art. 966
- decadência: art. 975
- de partilha julgada por sentença: art. 658
- legitimidade ativa: art. 967
- não tem efeito suspensivo da sentença rescindenda; exceções: art. 969
- petição inicial, indeferimento: art. 968, § 3.º
- petição inicial, requisitos: art. 968
- provas, delegação de competência a juiz de direito: art. 972
- razões finais: art. 973
- relatório, cópia aos juízes: art. 971

ACAREAÇÃO

- de testemunhas: art. 461, II

AÇÕES DE FAMÍLIA

- arts. 693 a 699
- abuso ou alienação parental: art. 699
- citação do réu: art. 695
- depoimento do incapaz: art. 699
- divórcio, processos contenciosos: art. 693
- guarda: art. 693
- mediação e conciliação: art. 694, *caput*
- mediação extrajudicial: art. 694, parágrafo único

Índice Alfabético do Novo CPC

- Ministério Público: art. 698
- reconhecimento e extinção de união estável: art. 693
- solução consensual da controvérsia: art. 694
- suspensão do processo, requerimento das partes: art. 694, parágrafo único
- visitação e filiação: art. 693

AÇÕES DE MANUTENÇÃO E REINTEGRAÇÃO DE POSSE

- citação do réu: art. 564
- contra pessoas jurídicas de direito público: art. 562, parágrafo único
- cumulação de pedido: art. 555
- direito do possuidor: art. 560
- esbulho: arts. 555, parágrafo único, I, 556, 558, 560 e 561
- exceção de domínio: art. 557
- indenização dos frutos: art. 555, II
- litígio coletivo pela posse de imóvel: art. 565
- mandado liminar: arts. 562 a 564
- natureza dúplice: art. 556
- perdas e danos: art. 555, I
- procedimento comum: art. 566
- provas que incumbem ao autor para o mandado liminar: art. 561
- turbação: arts. 555, parágrafo único, I, 556, 558, 560 e 561
- tutela provisória: art. 555, parágrafo único, II

AÇÕES IMOBILIÁRIAS

- competência do juiz brasileiro: art. 23

AÇÕES POSSESSÓRIAS

- com rito comum: art. 558, parágrafo único
- contestação, alegação de que é sua a posse ofendida: art. 556
- manutenção provisória, idoneidade financeira do autor: art. 559
- prazo de ano e dia: art. 558
- propositura de uma por outra: art. 554
- reconvenção: art. 556
- reintegração provisória, idoneidade financeira do autor: art. 559

ACÓRDÃO(S)

- definição: art. 204
- embargos declaratórios: art. 1.022
- registrado em arquivo eletrônico: art. 943

ADJUDICAÇÃO

- de bens do devedor, em execução: art. 825, I
- de bens penhorados, pagamento ao credor: art. 904, II
- lavratura do auto de: art. 877
- processamento: art. 876
- requerimento de: art. 878

ADMINISTRADOR

- guarda e conservação de bens: art. 159
- de imóvel ou empresa em usufruto concedido em execução: art. 869
- do espólio: arts. 613 e 614
- prestação de contas, procedimento: art. 553

ADVOCACIA PÚBLICA

- arts. 182 a 184

ADVOGADO

- direitos: art. 107
- falecimento, restituição de prazo para recurso: art. 1.004
- postulação em causa própria: art. 106
- procuração: art. 104
- procuração geral para o foro: art. 105
- público; restituição dos autos; prazo: art. 234
- renúncia de mandato: art. 112
- representação em juízo: art. 103
- sustentação de recurso perante tribunal: art. 937

Índice Alfabético do Novo CPC

AERONAVE
- ação de reparação de dano, foro competente: art. 53, V
- penhora, efeitos: art. 835, VIII

AFORAMENTO
- resgate: art. 549

AGRAVO
- cabimento: art. 1.042

AGRAVO DE INSTRUMENTO
- a quem será dirigido: art. 1.016
- cabimento: arts. 994, II, e 1.015
- custas; comprovante de pagamento: art. 1.017, § 1.º
- das decisões interlocutórias; quando é cabível: art. 1.015
- decisão do relator: arts. 1.019 e 932, III
- juntada da cópia de petição; prazo: art. 1.018 e § 2.º
- peças facultativas: art. 1.017, III
- peças obrigatórias: arts. 1.016 e 1.017, I e II
- petição; instrução: art. 1.017
- petição; será protocolada ou postada: art. 1.017, § 2.º
- prejudicado: art. 1.018, § 1.º
- recebido; manifestação do relator: art. 1.019
- requisitos: art. 1.016
- resposta; contrarrazões: art. 1.019, II

AGRAVO INTERNO
- cabimento: art. 994, III
- prazo: art. 1.021, § 2.º

ALIENAÇÕES JUDICIAIS
- leilão: art. 730

ALIMENTOS
- execução: art. 911

AMICUS CURIAE
- art. 138

ANTICRESE
- ineficácia da alienação em execução, relativamente ao credor não intimado: art. 804
- título executivo: art. 784, V

APELAÇÃO
- admite recurso adesivo: art. 997, § 2.º, II, e 1.010, § 2.º
- de sentença: art. 1.009
- efeito devolutivo: art. 1.013
- efeito suspensivo: art. 1.012
- interposição, requisitos da petição: art. 1.010
- intimação do apelado para contrarrazoar: art. 1.010, § 1.º
- qualificação das partes: art. 1.010, I
- questão de fato não proposta no juízo inferior: art. 1.014
- recebimento: art. 1.011
- resultado não unânime: art. 942

APRECIAÇÃO JURISDICIONAL
- art. 3.º

ARRECADAÇÃO DE BENS
- ausentes: arts. 744 e 745
- coisa vaga: art. 746
- herança jacente: arts. 738 a 743

ARREMATAÇÃO
- auto de arrematação: arts. 901 a 903
- desfazimento; casos: art. 903, § 1.º
- edital de leilão; que deve conter: art. 886
- falta de pagamento, por parte do arrematante e seu fiador, efeitos: art. 897
- lance; preço vil: art. 891
- pagamento; imediato ou mediante caução: art. 895, § 1.º
- preferência ao arrematante da totalidade dos bens: art. 893
- publicidade na imprensa: art. 887, § 4.º

Índice Alfabético do Novo CPC

- quando pode desfazer-se: art. 903, § 1.º
- suspensão; momento: art. 899

ARREMATANTE
- remisso, sanções: art. 897

ARRESTO
- arts. 827 a 830

ARROLAMENTO
- arts. 659 a 667
- avaliação dos bens do espólio: art. 661
- credores do espólio e homologação da partilha ou da adjudicação: art. 663
- imposto de transmissão; lançamento: art. 662, § 2.º
- partilha amigável entre capazes; homologação: art. 659, § 2.º
- pedido de adjudicação: art. 659 e § 1.º
- petição de inventário; elementos: art. 660
- taxas judiciárias e tributos: art. 662

ASSISTÊNCIA
- arts. 119 a 124
- admissibilidade: art. 119, parágrafo único
- em litisconsórcio: art. 124
- simples: arts. 121 a 123
- trânsito em julgado da sentença: art. 123

ASTREINTES – PENA PECUNIÁRIA
- casos: art. 806, § 1.º

ATOS ATENTATÓRIOS
- à dignidade da justiça: arts. 772, II, e 774

ATOS DO ESCRIVÃO
- como são procedidos: arts. 206 a 211

ATOS EXECUTIVOS
- determinação judicial, cumprimento pelos oficiais de justiça: art. 782

ATOS PROCESSUAIS
- arts. 188 a 293
- comunicação: arts. 236 a 275
- fixação de calendário: art. 191
- lugar: art. 217

- prática eletrônica: arts. 193 a 199
- prazos: arts. 218 a 235
- prioridade na tramitação: art. 1.048
- publicidade: arts. 11 e 189
- tempo: arts. 212 a 216

AUDIÊNCIA
- de conciliação ou mediação: art. 334
- de instrução e julgamento: arts. 358 a 368
- será pública, salvo casos especiais: art. 368
- termo: art. 367
- una e contínua: art. 365

AUTENTICAÇÃO
- de reprodução de documentos: art. 423

AUTORIDADE ADMINISTRATIVA
- conflito de competência com autoridade judiciária: art. 959

AUTOS
- desaparecimento, restauração: art. 718

AUXILIARES DA JUSTIÇA
- arts. 149 a 175

AVALIAÇÃO
- de bens penhorados: arts. 870 a 875
- por oficial de justiça; ressalva: art. 870

AVARIA GROSSA
- arts. 707 a 711
- declaração justificada, danos passíveis de rateio: art. 708
- documentos necessários à regulação de: art. 709
- nomeação de regulador de avarias, inexistência: art. 707
- regulamento da avaria grossa, prazo: art. 710

BENFEITORIAS
- em coisa certa, objeto de execução: art. 810
- indenização: art. 810

BENS
- sujeitos à execução: arts. 789 e 790

Índice Alfabético do Novo CPC

BENS DE AUSENTES
- declaração de ausência: art. 744
- regresso do ausente: art. 745, § 4.º
- sucessão definitiva: art. 745, § 3.º
- sucessão provisória; quem pode requerer: art. 745, § 1.º

BENS IMÓVEIS
- divisíveis, arrematação parcial: art. 894

BENS IMPENHORÁVEIS
- enumeração: arts. 833 e 834

BENS INALIENÁVEIS
- frutos, quando são penhoráveis: art. 834
- são impenhoráveis: art. 833, I

BUSCA E APREENSÃO
- mandado, obrigação de entregar coisa no prazo estabelecido na sentença: art. 538
- mandado, entrega de coisa certa: art. 806, § 2.º

CAPACIDADE
- para postular: art. 70

CARTA
- arbitral: art. 237, IV
- de ordem: art. 237, I
- precatória: art. 237, III
- recusa no cumprimento; precatória ou arbitral: art. 267
- requisitos; de ordem, precatória e rogatória: art. 260
- rogatória: art. 237, II
- rogatória; procedimento perante o STJ: art. 36

CARTA PRECATÓRIA
- art. 237, III
- para arrecadação de bens de herança jacente: art. 740, § 5.º
- requisitos: art. 260

CARTA ROGATÓRIA
- art. 36
- requisitos: art. 260

CASAMENTO
- regime de bens, alteração: art. 734

CAUÇÃO
- arrematação: art. 895
- mandado liminar em embargos de terceiro: art. 678

CHAMAMENTO AO PROCESSO
- arts. 130 a 132

CHEQUE
- penhora sobre: art. 856 e parágrafos

CITAÇÃO
- arts. 238 a 259
- de devedor de obrigação de entrega de coisa certa; prazo para apresentar embargos: art. 806
- de opostos: art. 683, parágrafo único
- execução por quantia certa: art. 829
- meios: arts. 246 a 249
- na pessoa do procurador ou representante: art. 242
- por edital: arts. 256 a 259
- por edital, execução por quantia certa: art. 830, § 2.º
- procedimento de jurisdição voluntária: art. 721
- vedações: arts. 244 e 245

COAÇÃO
- confissão: art. 393
- partilha: art. 657

COISA CERTA
- execução para entrega: arts. 806 a 810

COISA INCERTA
- execução para entrega: arts. 811 a 813

COISA JULGADA
- arts. 502 a 508
- ação rescisória: art. 966, IV
- acolhimento da alegação: art. 485, V
- em relação a terceiros: art. 506

Índice Alfabético do Novo CPC

- homologação de decisão estrangeira: art. 963, IV
- na tutela antecipada; não faz: art. 304, § 6.º
- quando ocorre: art. 337, §§ 1.º e 4.º

COISAS VAGAS
- edital de chamamento do dono: art. 746, § 2.º
- recebimento por autoridade policial: art. 746, § 1.º

COMPETÊNCIA
- arts. 42 a 66
- ação acessória: art. 61
- ação sobre bens imóveis: art. 47
- ação sobre bens móveis: art. 46
- ações de inventário e partilha: art. 48
- ações em que a União é autora: art. 51
- ações em que o Estado ou Distrito Federal são autores: art. 52
- conflito: art. 66
- continência: art. 56
- determinação: arts. 43 e 44
- em razão da matéria; inderrogabilidade: art. 62
- execução: arts. 781 e 782
- incompetência absoluta ou relativa; alegação: art. 64
- modificação: arts. 54 a 63
- perante a Justiça Federal: art. 45
- prorrogação: art. 65
- relativa; modificação por conexão ou continência: art. 54
- relativa; prorrogação: art. 65
- segundo o foro: art. 53

CONCILIAÇÃO
- e mediadores judiciais: arts. 165 a 175
- impedimento: art. 170 e 172
- princípios: art. 166
- *vide* também AUXILIARES DA JUSTIÇA

CONCURSO DE CREDORES
- execução por quantia certa: art. 908

CONEXÃO
- distribuição por dependência: art. 286, I
- litisconsórcio: art. 113, II
- modificação da competência: art. 54

CONFISSÃO
- arts. 389 a 395
- de dívida, título executivo: art. 784, II

CONFLITO DE COMPETÊNCIA
- autoridade judiciária e autoridade administrativa: art. 959
- dirigido ao presidente do tribunal: art. 953
- entre desembargadores e juízes em exercício no tribunal: art. 958
- incompetência relativa: art. 952
- Ministério Público, prazo: art. 956
- procedimento: arts. 954 a 957
- quem pode suscitar: art. 951
- remessa dos autos ao juiz competente: art. 957, parágrafo único
- sobrestamento do processo: art. 955

CÔNJUGES
- necessidade de consentimento para propor ação: arts. 73 e 74
- quando seus bens respondem por dívida: art. 790, IV

CONTESTAÇÃO
- arts. 335 a 342
- alegação de toda a matéria de defesa: art. 336
- novas alegações: art. 342
- prazo para oferecê-lo: art. 335
- preliminares: art. 337
- presume-se verdadeiros os fatos não impugnados: art. 341
- réu, parte ilegítima: arts. 338 e 339

CONTINÊNCIA
- ação continente proposta anteriormente: art. 57

- distribuição por dependência: art. 286, I
- modificação da competência: art. 54
- quando ocorre: art. 56

COOPERAÇÃO JURÍDICA INTERNACIONAL
- arts. 26 a 41
- auxílio direto: arts. 28 a 34
- carta rogatória: art. 36

COOPERAÇÃO JURÍDICA NACIONAL
- arts. 67 a 69

CREDORES
- a execução se faz no seu interesse: art. 797
- com direito de retenção: art. 793
- com garantia real, intimação de penhora: art. 799, I
- com título executivo, legitimidade para a execução: art. 778, § 1.º, II e III
- execução, medidas acautelatórias: art. 799, VIII
- inadimplente, excesso de execução: art. 917, § 2.º, IV
- preferência sobre bens penhorados: art. 797
- sujeito a contraprestação, prova de adimplemento: art. 798, I, d
- vide EXEQUENTE

CUMULAÇÃO DE PEDIDOS
- incompetência: art. 45, § 2.º
- valor da causa: art. 292, VI

CURADOR
- contestação do pedido de remoção e dispensa de tutor ou curador: art. 761, parágrafo único
- escusa do encargo: art. 760
- especial; nomeação: art. 72
- nomeação, compromisso: art. 759
- prestação de contas, procedimento: art. 553
- remoção, quem requer: art. 761
- requerimento de exoneração: art. 763
- suspensão, substituto interino: art. 762

CURATELA
- disposições comuns com a tutela: arts. 759 a 763

CURATELA DE INTERDITOS
- arts. 747 a 758
- citação do interditando: art. 751
- impugnação da pretensão: art. 752
- legitimidade para propor: art. 747
- perícia médica: art. 753

DECADÊNCIA
- de ação rescisória: art. 975

DECISÃO
- sem oitiva das partes: art. 9.º
- sem oportunidade de manifestação das partes: art. 10

DECISÃO INTERLOCUTÓRIA
- agravo de instrumento: art. 1.015
- conceito: art. 203, § 2.º
- tutela de urgência: art. 300

DECLARAÇÃO DE INCONSTITUCIONALIDADE
- questão admitida, submissão ao tribunal pleno: art. 949
- questão rejeitada; prosseguimento do julgamento: art. 949
- submissão da questão à turma ou câmara, pelo relator: art. 948

DEFENSORIA PÚBLICA
- arts. 185 a 187
- conceito: art. 185
- dispensa de procuração com a petição inicial: art. 287, parágrafo único, II
- representação contra juiz ou relator; excesso de prazo: art. 235
- restituição dos autos; prazo: art. 234

DENUNCIAÇÃO DA LIDE
- arts. 125 a 129

- citação do denunciado: art. 126
- pelo autor; litisconsorte do denunciado: art. 127
- pelo réu; efeitos: art. 128

DEPOSITÁRIO
- arts. 159 a 161
- guarda e conservação de bens penhorados, arrestados, sequestrados ou arrecadados: art. 159
- prepostos: art. 160, parágrafo único
- prestação de contas: art. 553
- remuneração: art. 160
- responsabilidade por danos: art. 161
- *vide* também AUXILIARES DA JUSTIÇA

DEPÓSITO
- da coisa litigiosa, em ação possessória: art. 559
- da prestação, em execução dependente de contraprestação: art. 787
- de bens penhorados: arts. 838, I, 839 e 840
- de empresa penhorada: art. 851

DESISTÊNCIA
- da ação, extinção do processo: art. 485, VIII
- da ação, não pode ocorrer sem consentimento do réu, oferecida contestação: art. 485, § 4.º
- de ação, a assistência não a impede: art. 122
- de ação, contra réu não citado: art. 335, § 2.º
- de execução, faculdade do credor: art. 775
- de recurso: art. 998
- só produz efeito após homologação judicial: art. 200, parágrafo único

DESPACHO
- conceito: art. 203, § 3.º
- embargos de declaração: art. 1.022
- irrecorribilidade: art. 1.001

DESPESAS JUDICIAIS
- atos adiados ou repetidos, encargo daquele que deu causa: art. 93
- atos processuais praticados a requerimento da Fazenda Pública, do Ministério Público ou da Defensoria Pública: art. 91
- cartas precatórias, de ordem e rogatórias: arts. 266 e 268
- condenação em sentença: art. 82, § 2.º
- distribuição proporcional: art. 86
- em caso de extinção do processo: art. 485, § 2.º
- encargos das partes: art. 82
- honorários de advogado: art. 85, §§ 2.º e 8.º
- juízo divisório. Rateio: art. 89
- justiça gratuita: art. 82
- pagamento, para renovar a ação: art. 486, § 2.º
- procedimentos de jurisdição voluntária, rateio: art. 88
- proporcionalidade entre diversos autores ou diversos réus vencidos: art. 87
- processuais: arts. 82 a 102
- reconvenção: art. 85, § 1.º
- remuneração de perito e de assistente técnico: art. 95
- responsabilidade das partes por danos processuais: arts. 79 a 81
- responsabilidade de advogado que não exibe procuração: art. 104

DEVEDOR
- citação do; obrigação de fazer: art. 815
- cumprimento da obrigação obsta a execução: art. 788
- embargos: art. 914
- insolvente: art. 680, I
- intimação pessoal da realização de praça ou leilão: art. 886
- responde com seus bens pelas obrigações: art. 789

- sucessores, legitimidade passiva em execução: art. 779

DIREITO DE RETENÇÃO
- impede execução sobre outros bens do devedor: art. 793

DISSÍDIO JURISPRUDENCIAL
- prova da divergência: art. 1.029, § 1.º

DISTRIBUIÇÃO
- anotação de intervenção de terceiro, reconvenção ou outra hipótese de ampliação objetiva do processo: art. 286, parágrafo único
- cancelamento de feito não preparado: art. 290
- considera-se proposta a ação: art. 312
- de oposição, por dependência: art. 683, parágrafo único
- de processo no tribunal: art. 930
- de processos, onde houver mais de um juiz: art. 284
- erro, compensação: art. 288
- fiscalização pela parte, advogado, Ministério Público e Defensoria Pública: art. 289
- petição desacompanhada de procuração: art. 287, parágrafo único
- por dependência: art. 286

DÍVIDA ATIVA
- da Fazenda Pública, certidão, título executivo: art. 784, IX

DIVÓRCIO CONSENSUAL
- realizado por escritura pública: art. 733

DOCUMENTO
- autenticidade; exame: art. 478, *caput*
- autêntico, quando se reputa: art. 411
- certidão textual, força probante: art. 425, I
- cópias reprográficas de peças do processo; força probante: art. 425, IV
- declaração de autenticidade ou falsidade: art. 19, II
- dever de exibição, compete a terceiros: art. 380, II
- em língua estrangeira, nomeação de intérprete ou tradutor: art. 162
- em língua estrangeira, só poderá ser juntado com tradução: art. 192, parágrafo único
- entregue em cartório, recibo: art. 201
- entrelinha, emenda, borrão ou cancelamento: art. 426
- falsidade, cessa a fé: art. 427
- falsidade, perícia: arts. 430 e 432
- feito por oficial incompetente ou sem observância de formalidade, eficácia: art. 407
- força probante do documento público: art. 405
- indispensável, instrui a petição inicial: art. 320
- instrução da petição inicial e da resposta: art. 434
- instrumento público exigido por lei: art. 406
- juntada, deve ser ouvida a parte contrária: art. 437
- novo, juntada em qualquer tempo: art. 435
- obtenção após a sentença; ação rescisória: art. 966, VII
- particular, assinado em branco: art. 428, parágrafo único
- particular, autêntico, prova a declaração: art. 412
- particular, autoria: art. 410
- particular, declaração de ciência de determinado fato: art. 408, parágrafo único
- particular, declarações presumidas verdadeiras em relação ao signatário: art. 408
- particular, nota escrita pelo credor no título da obrigação: art. 416 e parágrafo único

Índice Alfabético do Novo CPC

- particular, prova da data: art. 409
- particular, cessa a fé: art. 428
- particular, telegrama e radiograma, presumem-se conforme o original: art. 414
- particular, telegrama, radiograma: art. 413 e parágrafo único
- particular, título executivo extrajudicial: art. 784, II
- produção de prova documental: arts. 434 a 438
- reprodução autenticada: art. 425, III
- reprodução fotográfica, autenticada por escrivão: art. 423
- reprodução mecânica, cinematográfica e fonográfica: arts. 422 e 423
- reproduções digitalizadas; força probante: art. 425, VI
- traslado, força probante: art. 425, II

DOLO
- das partes, ação rescisória: art. 966, III
- de órgão do Ministério Público: art. 181
- por parte do juiz, responsabilidade civil: art. 143
- prova testemunhal: art. 446

DOMICÍLIO
- da mulher, competência para separação e conversão em divórcio, e anulação de casamento: art. 53, I
- do autor da herança, competência territorial: art. 48
- do autor, quando o réu não tiver domicílio no Brasil: art. 46, § 3.º
- do réu, competência territorial: art. 46 e parágrafos
- inviolabilidade: art. 212, § 2.º

DUPLO GRAU
- de jurisdição; casos sujeitos: art. 496

EDITAL(AIS)
- arrematação; prazo para afixação: art. 887
- de citação: arts. 256 e 257

EDITAL DE LEILÃO
- que deve conter: art. 886

ELEIÇÃO DE FORO
- conceito: arts. 62 e 63

EMANCIPAÇÃO
- procedimento de jurisdição voluntária: art. 725, I

EMBARGOS
- devedor de obrigação de entrega de coisa certa; prazo para: art. 806
- na execução por carta; competência: art. 914, § 2.º
- recurso de; procedimento: art. 1.044

EMBARGOS À EXECUÇÃO DE SENTENÇA
- contra a Fazenda Pública; matéria alegável: art. 535
- fundada em título extrajudicial; embargos, matéria alegável: art. 917
- sentença que rejeita, apelação meramente devolutiva: art. 1.012, § 1.º, III

EMBARGOS DE DECLARAÇÃO
- cabimento: art. 1.022
- esclarecer obscuridade ou eliminar contradição: art. 1.022, I
- interrupção para interposição de outros recursos: art. 1.026 e § 2.º
- julgamento pelo juiz; prazo: art. 1.024
- manifestamente protelatórios; condenação do embargante: art. 1.026, § 2.º
- prazo em que serão opostos: art. 1.023
- recurso cabível: art. 994, IV

EMBARGOS DE DIVERGÊNCIA
- arts. 1.043 e 1.044
- prazo para interpor e para responder: art. 1.003, § 5.º

EMBARGOS DE TERCEIRO(S)
- arts. 674 a 681

- contestação: arts. 679 e 680
- constrição judicial indevida: art. 681
- distribuição por dependência: art. 676
- do possuidor direto, alegação de domínio alheio: art. 677, § 2.º
- mandado liminar de manutenção na reintegração: art. 678
- não contestado: art. 679
- procedimento: art. 677
- processamento em autos distintos: art. 676
- quando podem ser opostos: art. 675
- quem pode oferecer: art. 674

EMBARGOS DO DEVEDOR
- distribuídos por dependência: art. 914, § 1.º
- efeito suspensivo: art. 919
- prazo para oferecimento: art. 915
- procedimento: art. 920
- rejeição: art. 918, *caput*

ENFITEUSE
- execução, alienação ineficaz em relação ao credor pignoratício não intimado: art. 804

EQUIDADE
- decisão nos casos previstos: art. 140, parágrafo único

ERRO
- prova testemunhal: art. 446
- sentença fundada em erro, ação rescisória: art. 966, II e § 1.º

ESBULHO
- ação de reintegração de posse: arts. 560 a 566

ESCRITURA PÚBLICA
- divórcio, separação, inventário e partilha realizados por via administrativa: arts. 610, 659 e 733
- título executivo extrajudicial: art. 784, II

ESCRIVÃO
- *ad hoc*, nomeado pelo juiz: art. 152, § 2.º
- atribuições legais: art. 152
- autuação: art. 206
- certidões de atos e termos de processo: art. 152, V
- como são procedidos os seus atos: arts. 206 a 211
- distribuição alternada de processos: art. 285
- impedimento, substituição: art. 152, § 2.º
- juntada, vista e conclusão: art. 208
- numeração e rubrica das folhas: art. 207
- responsabilidade civil: art. 155
- responsabilidade pela guarda dos autos: art. 152, IV
- *vide* também AUXILIARES DA JUSTIÇA

ESPÓLIO
- representação pelo inventariante: art. 75, VII e § 1.º, e art. 618, I
- responde pelas dívidas do falecido: art. 796
- réu, competência territorial: art. 48
- substitui o morto nas ações em que for parte: art. 110

EXCESSO DE EXECUÇÃO
- quando ocorre: art. 917, § 2.º

EXECUÇÃO (ÕES)
- atos atentatórios à dignidade da justiça: art. 774
- base em obrigação líquida, certa e exigível: art. 783
- bens que ficam sujeitos: arts. 789 e 790
- certidão comprobatória do ajuizamento da: art. 828
- citação, interrompe a prescrição: art. 802
- citação irregular, nulidade: art. 803, II
- condição não verificada, nulidade: art. 803, III
- contra a Fazenda Pública: art. 535

Índice Alfabético do Novo CPC

- credor com título executivo: art. 778
- cumulação, condições exigidas: art. 780
- da decisão interlocutória estrangeira; carta rogatória: art. 960, § 1.º
- de dívida antes de cumprida a obrigação do credor: art. 787
- de obrigação alternativa, exercício da opção e realização da prestação: art. 800
- de prestação do devedor, antes de adimplida a prestação do credor: art. 917, § 2.º, IV
- de saldo apurado em prestação de contas: art. 552
- depósito de 30% do valor; restante pago em até seis vezes: art. 916
- desistência; o que deve ser observado: art. 775, parágrafo único
- de título extrajudicial: art. 781
- escolha de modo, quando por mais de um pode efetuar-se: art. 798, II, *a*
- excesso, quando ocorre: art. 917, § 2.º
- extinção, casos, declaração por sentença: arts. 924 e 925
- extinção; efeitos: art. 925
- finda; entrega da coisa certa; termo: art. 807
- instauração; requisitos da obrigação: art. 786
- interesse do credor: art. 797
- intimação do credor pignoratício, hipotecário, anticrético, ou do usufrutuário, quando a penhora recair em bem gravado: art. 799, I
- menos gravosa: arts. 805 e 867
- Ministério Público, legitimação ativa: art. 778, § 1.º, I
- multa: art. 774, parágrafo único
- nulidade, quando ocorre: art. 803
- o cumprimento da obrigação obsta a execução: art. 788
- para entrega de coisa certa; benfeitorias indenizáveis: art. 810
- para entrega de coisa certa; citação para satisfazer o julgado: art. 806
- para entrega de coisa certa; mandado contra terceiro adquirente: art. 808
- para entrega de coisa certa; responsabilidade por danos quando a coisa não for encontrada ou não for reclamada do terceiro adquirente: art. 809
- para entrega de coisa incerta: arts. 811 a 813
- partes: arts. 778 e 779
- petição inicial, documentos que instruem: art. 798, I
- petição inicial, indeferimento: art. 801
- processo, aplicação das disposições do processo de conhecimento: art. 771, parágrafo único
- requisição de força policial: art. 782, § 2.º
- suspensão, casos: arts. 921 e 922
- termo não ocorrido, nulidade: art. 803, III
- vários meios, escolha do menos gravoso: art. 805

EXECUÇÃO DE OBRIGAÇÃO DE FAZER

- citação do executado para satisfazê-lo no prazo: art. 815
- conversão em perdas e danos: art. 816
- embargos do executado: arts. 914 a 920
- exequível por terceiro, realização à custa do devedor: arts. 817, 818 e 820
- obrigação a ser realizada pessoalmente pelo devedor, inadimplemento, perdas e danos: art. 821, parágrafo único
- obrigação executada à custa do devedor: art. 816

EXECUÇÃO DE OBRIGAÇÃO DE NÃO FAZER

- desfazimento à custa do executado: art. 823
- desfazimento impossível, conversão em perdas e danos: art. 823, parágrafo único
- prazo para desfazimento: art. 822

EXECUÇÃO DE SENTENÇA
- carta precatória, embargos: art. 914, § 2.º

EXECUÇÃO POR QUANTIA CERTA
- adjudicação de bens penhorados: art. 904, II
- arresto de bens do devedor: art. 830
- citação do executado: art. 829
- concurso de credores: arts. 908 e 909
- contra a Fazenda Pública: art. 910
- dinheiro que sobrar: art. 907
- embargos do devedor: arts. 914 a 920
- em que consiste: art. 824
- entrega de dinheiro ao credor, autorização do juiz: art. 905
- expropriação de bens, em que consiste: art. 825
- pagamento ao credor, como é feito: art. 904
- penhora de tantos bens quantos bastem: art. 831
- rateio do dinheiro entre os vários credores: art. 908
- remição de execução: art. 826
- usufruto de imóvel ou empresa: art. 867

EXEQUENTE
- a execução se faz no seu interesse: art. 797
- com direito de retenção: art. 793
- execução, medidas urgentes: art. 799, VIII
- inadimplente, excesso de execução: art. 917, § 2.º, IV
- preferência sobre bens penhorados: art. 797
- sujeito a contraprestação, prova de adimplemento: art. 798, I, d
- *Vide* CREDORES

EXIBIÇÃO DE DOCUMENTO OU COISA
- arts. 396 a 404
- causas justificativas de recusa: art. 404
- determinação judicial: art. 396
- dever de terceiros: art. 380, II
- negativa de terceiro, audiência para depoimentos: art. 402
- negativa de terceiro, ausência de justo motivo, providências judiciais: art. 365
- parcial, se outra parte não puder ser exibida: art. 404, parágrafo único
- por terceiro, prazo para resposta: art. 401
- recusa, efeitos processuais: art. 400
- recusa, quando não será admitida: art. 399
- requisitos do pedido: art. 397

EXTINÇÃO DO PROCESSO
- arts. 316 e 317
- em razão de litispendência: art. 486, § 1.º
- falta de citação do litisconsorte passivo necessário: art. 115, parágrafo único
- sem julgamento de mérito, casos: art. 485

FAC-SÍMILE
- interposição de apelação: art. 1.010
- oposição de embargos: art. 1.022

FAZENDA PÚBLICA
- ato processual efetuado a seu requerimento, despesas processuais: art. 91
- dispensa de preparo de recurso: art. 1.007, § 1.º
- execução contra, processamento: art. 910
- manifestação em inventário e partilha: art. 616, VIII
- ouvida em processo de jurisdição voluntária: art. 722

FERIADOS
- não se aplicam atos processuais: art. 214
- quais são: art. 216

FÉRIAS
- atos que correm em férias: art. 215
- não se praticam atos processuais: art. 214
- suspensão de prazos: art. 220

Índice Alfabético do Novo CPC

FIADOR
- chamamento ao processo, do credor e de outros fiadores: art. 130, I e II
- nomeação à penhora de bens do devedor: art. 794
- que paga a dívida; ação regressiva nos mesmos autos: art. 794, § 2.º
- seus bens ficam sujeitos à execução: art. 794, § 1.º

FIADOR JUDICIAL
- legitimidade passiva em execução: art. 779, IV

FIDEICOMISSO
- extinção, procedimento de jurisdição voluntária: art. 725, VI

FORMA
- erro de forma do processo, efeito: art. 283
- os atos e termos não dependem de forma especial senão quando a lei exigir: art. 188
- prescrita em lei, nulidade processual: art. 276
- validade de ato que por outra forma alcançou sua finalidade: art. 277
- validade quando o ato preencha a finalidade essencial: art. 188

FORMAL DE PARTILHA
- instrumento: art. 655
- título executivo judicial: art. 515, IV

FORO DE ELEIÇÃO
- permissibilidade e efeitos: arts. 62 e 63

FOTOGRAFIA
- admissível como prova: arts. 422 e 423
- eficácia probatória: arts. 423 e 424
- publicada em jornal ou revista: art. 422, § 2.º

FRAUDE
- de órgão do Ministério Público: art. 181
- por parte do juiz, responsabilidade civil: art. 143, I

FRAUDE À EXECUÇÃO
- ato atentatório à dignidade da justiça: art. 774, I
- quando ocorre: art. 792
- terceiro que nega a existência de débito em conluio com o devedor: art. 856, § 3.º

FRUTOS
- de bens inalienáveis, penhora: art. 834

FUNDAÇÕES
- arts. 764 e 765
- aprovação do estatuto: art. 764
- extinção, quem e por que promove: art. 765
- Ministério Público, participa de sua instituição e vida social: art. 765

FUNGIBILIDADE
- possessórias: art. 554
- recursos: art. 994

GRATUIDADE DA JUSTIÇA
- arts. 98 a 102

HABILITAÇÃO
- arts. 687 a 692
- de sucessores, no processo: art. 687
- impugnado, pedido de habilitação: art. 691
- incidente nos autos principais e independentemente de sentença: art. 689
- quando tem lugar: art. 687
- quem pode requerer: art. 688
- processamento: art. 690

HERANÇA JACENTE
- alienação de bens: art. 742 e § 1.º
- arrecadação, como se processa: art. 740
- arrecadação, pela autoridade policial: art. 740, § 1.º
- arrecadação por carta precatória: art. 740, § 5.º
- arrecadação suspensa se aparecer cônjuge, herdeiro ou testamenteiro: art. 740, § 6.º

Índice Alfabético do Novo CPC

- conversão em inventário: art. 741, § 3.º
- credores, habilitação de cobrança: art. 741, § 4.º
- curador, atos que lhe incumbem: art. 739, § 1.º
- curador para guarda, conservação e administração: art. 739
- declaração de vacância, efeitos: art. 743, § 2.º
- expedição de edital de convocação de sucessores: art. 741
- inquirição sobre qualificação do falecido, paradeiro dos sucessores e existência de bens: art. 740, § 3.º
- papéis, cartas e livros arrecadados: art. 740, § 4.º

HIPOTECA

- cientificação do credor: art. 889, V
- ineficácia de alienação em execução relativamente ao credor não intimado: art. 804
- título executivo: art. 784, V

HOMOLOGAÇÃO DE PENHOR LEGAL

- arts. 703 a 706
- audiência preliminar: art. 705
- defesa: art. 704
- efeitos: art. 706
- negada: art. 706, § 1.º
- requerimento: art. 703

HOMOLOGAÇÃO DE SENTENÇA ESTRANGEIRA

- competência exclusiva da autoridade judiciária brasileira: art. 964
- eficácia, no Brasil, de sentença estrangeira: arts. 960 e 961
- medida de urgência; execução: art. 962
- requisitos: art. 963

HONORÁRIOS

- na execução: art. 827
- pagamento em processo sem resolução do mérito: art. 92
- pagamento por desistência, renúncia ou reconhecimento do pedido: art. 90
- sentença condenatória: art. 85

IMÓVEL

- rural; pequena propriedade; definição legal; caso de impenhorabilidade absoluta: art. 833, VIII

IMPEDIMENTO

- do juiz: art. 144

IMPENHORABILIDADE

- absoluta: art. 833
- relativa: art. 834

IMPULSO OFICIAL

- no desenvolvimento do processo: art. 2.º

INCAPACIDADE

- processual; suspensão do processo: art. 76

INCAPAZ

- representação ou assistência: art. 71

INCIDENTE DE RESOLUÇÃO DE DEMANDAS REPETITIVAS

- arts. 976 a 987
- amicus curiae; recurso contra decisão: art. 138, § 3.º
- cabimento: art. 976
- divulgação e publicidade do: art. 979
- improcedência liminar do pedido: art. 332, III
- pedido de instauração: art. 977
- prazo para julgamento: art. 980
- recurso cabível contra: art. 987
- relator; depoimento dos interessados: art. 983
- requisitos a serem observados no julgamento do: art. 984
- suspensão do processo: art. 313, IV
- tese jurídica; revisão: art. 986

INCOMPETÊNCIA

- conflitos de competência: arts. 951 a 959

Índice Alfabético do Novo CPC

INÉPCIA
- da petição inicial: art. 330, § 1.º

INSOLVÊNCIA
- concurso universal: art. 797
- do devedor hipotecário: arts. 877, § 4.º, e 902, parágrafo único
- requerida pelo inventariante: art. 618, VIII

INSPEÇÃO JUDICIAL
- arts. 481 a 484

INSTRUMENTO PÚBLICO
- exigido por lei: art. 406

INTERDIÇÃO
- advogado para defesa do interditando: art. 752, §§ 2.º e 3.º
- curador, autoridade: art. 757
- exame pessoal do interditando: art. 751
- impugnação do pedido pelo interditando: art. 752
- intervenção do Ministério Público: art. 752, § 1.º
- levantamento, providências: art. 756
- petição inicial: art. 749
- produção de prova pericial: art. 753
- quem pode promovê-la: arts. 747 e 748
- sentença: arts. 754 e 755

INTERDITO PROIBITÓRIO
- procedimento: arts. 567 e 568

INTERESSE
- do autor; limitação à declaração: art. 19
- em postular; pressuposto: art. 17

INTÉRPRETE
- arts. 162 a 164
- vide também AUXILIARES DA JUSTIÇA

INTERVENÇÃO DE TERCEIROS
- arts. 119 a 138

INTIMAÇÃO
- arts. 269 a 275
- prazo para interposição de recurso a partir da: art. 1.003

INVENTARIANTE
- prestação de contas em autos apensados: art. 553

INVENTÁRIO
- adjudicação de bens para pagamento de dívida: art. 642, § 4.º
- administrador provisório: arts. 613 e 614
- admissão de sucessor preterido: art. 628
- auto de orçamento da partilha: art. 653, I
- avaliação dos bens: arts. 630 a 636
- bens fora da comarca: art. 632
- cálculo dos impostos: arts. 637 e 638
- colação, conferência por termo: art. 639
- colação, oposição de herdeiros: art. 641
- colação pelo herdeiro renunciante ou excluído: art. 640
- credor de dívida certa, mas não vencida: art. 644
- cumulação de inventários para partilha: arts. 672 e 673
- curador especial: art. 671
- declaração de insolvência: art. 618, VIII
- de comerciante: arts. 620, § 1.º, e 630, parágrafo único
- dívida impugnada, reserva de bens para pagamento: art. 643, parágrafo único
- emenda da partilha: art. 656
- esboço de partilha: art. 651
- escritura pública; interessados capazes e concordes: art. 610
- herdeiro ausente, curadoria: art. 671, I
- incapaz, colisão de interesses com o representante; curador especial: art. 671, II
- incidente de negativa de colação: art. 641
- incidente de remoção de inventariante: arts. 622 a 625
- inventariante, atribuições: arts. 618 e 619
- inventariante dativo: arts. 75, § 1.º, 617, VIII, e 618, I

Índice Alfabético do Novo CPC

- inventariante, nomeação: art. 617
- inventariante, sonegação; quando pode ser arguida: art. 621
- julgamento da partilha: art. 654
- lançamento da partilha: art. 652
- laudo de avaliação, impugnações: art. 635
- legitimidade para requerer: art. 615
- nomeação de bens à penhora: art. 646
- pagamento das dívidas: art. 642
- pagamento de dívida, interesse de legatário: art. 645
- partilha amigável: art. 657
- partilha, deliberação: art. 647
- partilha, folha de pagamento: art. 653, II
- prazo para requerimento e conclusão: art. 611
- primeiras declarações: art. 620
- procedimento judicial: art. 610
- questões que dependam de outras provas: art. 612
- sobrepartilha: arts. 669 e 670
- sonegação: art. 621
- tutela provisória; cessação da eficácia: art. 668
- últimas declarações: art. 637
- valor dos bens, informação da Fazenda Pública: art. 629

IRRETROATIVIDADE
- da norma processual: art. 14

JUIZ
- apreciação da prova pericial: art. 479
- autorizado a deixar a legalidade estrita pela solução oportuna, em procedimento de jurisdição voluntária: art. 723
- decisões de mérito; limites: art. 141
- decisões em caso de litigância de má-fé: art. 142
- determinação de atos executivos: art. 782
- exercício da jurisdição: art. 16
- exercício do poder de polícia: art. 360
- extinção do processo sem resolução do mérito: art. 92
- impedimentos e suspeição: arts. 144 a 148
- incumbências: art. 139
- nomeação de curador: art. 72
- obrigatoriedade de decisão: art. 140
- prazos: art. 226
- prazos excedidos; possibilidade: art. 227
- pronunciamentos: arts. 203 a 205
- responsabilidade: art. 143
- sentenças; ordem cronológica de conclusão: art. 12

JULGAMENTO
- antecipado do mérito: arts. 355 e 356
- audiência de instrução e julgamento: arts. 358 a 368

JULGAMENTO ANTECIPADO
- do mérito: art. 355
- parcial do mérito: art. 356

JUROS LEGAIS
- implícitos no pedido: art. 322, § 1.º

JURISDIÇÃO
- civil; regulamentação: art. 13
- exercício: art. 16
- nacional; limites: arts. 21 a 25

JURISDIÇÃO VOLUNTÁRIA
- citação de todos os interessados: art. 721
- decisão pela solução mais conveniente ou oportuna: art. 723, parágrafo único
- decisão, prazo: art. 723
- disposições gerais: arts. 719 a 725
- iniciativa do procedimento: art. 720
- sentença, recurso de apelação: art. 724

JURISPRUDÊNCIA
- uniformização: art. 926

LEGITIMIDADE
- ativa, para execução: art. 778, § 1.º
- para postular; pressuposto: art. 17

Índice Alfabético do Novo CPC

- passiva, para a execução: art. 779

LEILÃO
- adiamento: art. 888
- atribuições do leiloeiro: art. 884
- de bem hipotecado: art. 902
- de bem penhorado: art. 881, § 1.º
- diversos bens; preferência do lançador que arrematar englobadamente: art. 893
- edital: art. 886
- eletrônico: art. 882
- quem não pode lançar: art. 890
- sobrevindo a noite; prosseguimento no dia imediato: art. 900
- transferência culposa; sanção contra o responsável: art. 888, parágrafo único

LIQUIDAÇÃO DE SENTENÇA
- arts. 509 a 512

LITIGÂNCIA DE MÁ-FÉ
- art. 80
- condenação: art. 81
- responsabilidade por perdas e danos: art. 79
- valor das sanções impostas: art. 96

LITISCONSÓRCIO
- arts. 113 a 118
- admissibilidade de assistência: art. 124
- litisconsortes com procuradores diferentes: art. 229
- recurso interposto por litisconsorte aproveita a todos: art. 1.005
- substituição processual: art. 18, parágrafo único

LITISCONSORTE
- legitimidade ativa em ação demarcatória: art. 575

LITISPENDÊNCIA
- acolhimento; extinção do processo: art. 485, V
- conhecimento de ofício: art. 485, § 3.º
- efeito da citação válida: art. 240
- não a induz a ação intentada no estrangeiro: art. 24
- quando ocorre: art. 337, §§ 1.º a 3.º

LUGAR
- dos atos processuais: art. 217

MANDADO
- citação; requisitos: art. 250

MANDADOS DE INJUNÇÃO
- julgamento pelo Supremo Tribunal Federal: art. 1.027, I

MANDADOS DE SEGURANÇA
- julgamento pelo Superior Tribunal de Justiça: art. 1.027, II
- julgamento pelo Supremo Tribunal Federal: art. 1.027, I

MANDATO
- renúncia do advogado: art. 112

MEMORIAIS – ALEGAÇÕES FINAIS
- debate de questões complexas: art. 950, § 2.º

MINISTÉRIO PÚBLICO
- arts. 176 a 181
- conflito de competência: art. 951
- contagem de prazo; início: art. 230
- dispensa de preparo de recurso: art. 1.007, § 1.º
- iniciativa de procedimento de jurisdição voluntária: art. 720
- interesses de incapaz, ações de família: art. 698
- intimação: art. 178
- intimação; ausência; nulidade do processo: art. 279
- inventário, citação: art. 626
- inventário, interessado incapaz: art. 665
- legitimidade ativa para ação rescisória: art. 967, III
- legitimidade para recorrer: art. 996

Índice Alfabético do Novo CPC

- legitimidade para requerer inventário e partilha: art. 616, VII
- ouvido em conflito de competência: art. 956
- representação contra juiz ou relator; excesso de prazo: art. 235
- requerimento de interdição: arts. 747, IV, e 748
- requerimento de remoção de tutor ou curador: art. 761
- restituição dos autos; prazo: art. 234

MORA
- ação de consignação em pagamento, depósito e seus efeitos: art. 540

MORTE
- de parte, suspensão do processo: arts. 313, I, e 1.004

MULTA
- ação rescisória inadmissível ou improcedente: art. 968, II
- ao arrematante que não paga o preço da arrematação: art. 897
- arrematação de bem imóvel de incapaz; arrependimento: art. 896, § 2.º
- embargos manifestamente protelatórios: art. 1.026, § 2.º
- insuficiente ou excessiva; alteração: art. 537, § 1.º, I
- limite para fixação pelo juiz em caso de atentado à dignidade da justiça: art. 774, parágrafo único

NAVIO
- nomeação de bens: art. 835, VIII
- penhora, efeitos: art. 864

NORMA PROCESSUAL
- irretroatividade: art. 14

NOTIFICAÇÃO E INTERPELAÇÃO
- arts. 726 a 729

NULIDADE
- arts. 276 a 283

- de arrematação: art. 903, § 1.º, I
- vício sanável: art. 938, § 1.º

OBRIGAÇÃO
- de fazer, não fazer e de entregar coisa: arts. 497 a 501
- de pagar quantia certa; cumprimento provisório da sentença: arts. 520 a 522

OBRIGAÇÃO ALTERNATIVA
- exercício da opção e realização da prestação: art. 800

OFICIAL DE JUSTIÇA
- art. 151
- citação: art. 249
- cumprimento de mandado executivo: art. 782
- incumbências: art. 154
- incumbências; citação: arts. 251 a 254
- realização de intimação: art. 275
- realização de penhora: art. 846
- *vide* também AUXILIARES DA JUSTIÇA

ÔNUS DA PROVA
- em matéria de falsidade de documento: art. 429
- incumbência: art. 373

OPOSIÇÃO
- arts. 682 a 686
- distribuição, citação, contestação: art. 683, parágrafo único
- oferecida após o início da audiência: art. 685, parágrafo único
- quem pode oferecer: art. 682
- reconhecimento da procedência por um só dos opostos: art. 684
- seu julgamento prefere o de ação originária: art. 686
- tramitação simultânea com a ação originária: art. 685

PAGAMENTO AO CREDOR
- na execução: art. 904

Índice Alfabético do Novo CPC

PARTE
- atos da: arts. 200 a 202
- comparecimento ordenado pelo juiz, na execução: art. 772, I
- da execução: art. 778
- igualdade de tratamento: art. 7.º
- decisão sem oitiva: art. 9.º
- deveres: art. 77
- falecimento, restituição de prazo para recurso: art. 1.004
- morte; sucessão pelo espólio: art. 110
- prioridade na tramitação de procedimentos judiciais: art. 1.048
- sucessão de procuradores e partes: arts. 108 a 112
- vencida, interposição de recurso: art. 996

PARTILHA
- amigável: art. 657
- auto de orçamento: art. 653, I
- bens insuscetíveis de divisão cômoda: art. 649
- esboço, elaboração: art. 651
- escritura pública; interessados capazes e concordes: art. 610
- folha de pagamento: art. 653, II
- julgamento por sentença: art. 654
- nascituro; quinhão do: art. 650
- pedidos de quinhões e deliberação da: art. 647
- regras a serem observadas: art. 648
- rescisão: art. 658

PEDIDO
- arts. 322 a 329
- improcedência liminar: art. 332

PENHORA
- alienação antecipada dos bens penhorados: arts. 852 e 853
- alienação dos bens penhorados em leilão judicial: art. 881
- alienação dos bens penhorados por iniciativa particular: art. 880
- ampliação ou transferência por outros bens: art. 874, II
- arrematação: art. 895
- auto em conjunto com o auto de depósito: art. 839
- auto, o que conterá: art. 838
- avaliação de imóvel divisível: art. 872, § 1.º
- avaliação, oficial de justiça: art. 870
- avaliação, prazo e conteúdo do laudo: art. 872
- avaliação, quando não se procede à: art. 871
- avaliação, quando pode ser repetida: art. 873
- averbada nos autos: art. 860
- de ações de sociedades: art. 861
- de aplicação financeira: art. 854
- de bem indivisível: art. 843
- de créditos: arts. 855 a 860
- de créditos, depoimentos do devedor e de terceiro: art. 856, § 4.º
- de dinheiro em depósito: art. 854
- de direito real sobre imóvel: art. 842
- de empresa concessionária: art. 863
- de estabelecimento: art. 862
- de frutos e rendimentos de coisa móvel ou imóvel: arts. 867 a 869
- de letra de câmbio: art. 856
- de percentual de faturamento de empresa: art. 866
- depositário, quem deve ser: art. 840
- depósito: art. 839
- em bens gravados, intimação do credor pignoratício, hipotecário ou anticrético, e do usufrutuário: art. 799, I
- em direito e ação, sub-rogação do credor: art. 857
- execução, alienação ineficaz em relação ao credor não intimado: art. 804

Índice Alfabético do Novo CPC

- incidência: art. 831
- lavratura de novo termo; substituição dos bens: art. 849
- lugar de realização: arts. 845 e 846
- mais de uma, vários credores, concurso de preferência: art. 908
- modificações: arts. 847 a 853
- nomeação de bens pelo inventariante: art. 646
- objeto: art. 831
- ordem a ser obedecida: art. 835
- ordem de arrombamento: art. 846
- por meios eletrônicos: art. 837
- por meios legais, intimação imediata do executado: art. 841
- preferência do credor pelo bem penhorado: art. 797
- quando se considera feita: art. 839
- quotas ou as ações de sócio em sociedade simples ou empresária: art. 861
- redução aos bens suficientes: art. 874, I
- redução ou ampliação: art. 850
- resistência, auto: art. 846, §§ 3.º e 4.º
- resistência, requisição de força: art. 846, § 2.º
- segunda penhora, quando se procede: art. 851
- sobre aeronave: art. 864
- sobre direito que tenha por objeto prestação ou restituição de coisa determinada: art. 859
- sobre dívida de dinheiro a juros: art. 858
- sobre navio: art. 864
- substituição; hipótese: arts. 847, §§ 2.º e 3.º, e 848
- substituição por fiança bancária ou seguro garantia judicial: art. 835, § 2.º
- título executivo extrajudicial: art. 784

PERDAS E DANOS

- litigância de má-fé; responsabilidade: arts. 79 a 81
- obrigação; conversão em: art. 499
- responsabilidade do juiz: art. 143

PEREMPÇÃO

- alegação; réu: art. 337, V
- conhecimento de ofício: art. 485, V e § 3.º

PERITO

- arts. 156 a 158
- nomeação: art. 465
- substituição: art. 468
- *vide* também AUXILIARES DA JUSTIÇA

PESSOAS JURÍDICAS DE DIREITO PÚBLICO

- ações possessórias: art. 562, parágrafo único

PETIÇÃO INICIAL

- ação de consignação em pagamento: art. 542
- ação de divisão: art. 588
- apresentada com a procuração: art. 287
- de ação demarcatória: art. 574
- de ação rescisória: art. 968
- de execução, indeferimento: art. 801
- de interdição: art. 749
- embargos de terceiro: art. 677
- em execução, documentos que instruem: art. 798, I
- indeferimento: arts. 330 e 331
- oposição, requisitos: art. 683
- protocolo; início da ação: art. 312
- requisitos: arts. 319 a 321
- requerimento de execução, pedido de citação do devedor; instrução da: art. 798
- restauração de autos: art. 713

POSTULAÇÃO EM JUÍZO

- atuação em causa própria: art. 106
- de direito alheio em nome próprio: art. 18
- interesse e legitimidade: art. 17

PRÁTICA ELETRÔNICA

- dos atos processuais: arts. 193 a 199

Índice Alfabético do Novo CPC

PRAZO
- agravo das decisões interlocutórias: arts. 1.019 e 1.020
- contagem: art. 219
- de recursos: art. 1.003
- dia do começo: art. 231
- dos atos processuais: arts. 218 a 235
- excedidos pelo juiz; possibilidade: art. 227
- início e vencimento: art. 224
- para afixação do edital em caso de arrematação: art. 887
- para apresentação de contrarrazões em caso de recurso extraordinário ou especial recebidos: art. 1.030, parágrafo único
- para o agravante requerer juntada, aos autos do processo, de cópia da petição do agravo de instrumento e do comprovante da interposição: art. 1.018
- para oferecimento de embargos à execução: art. 915
- para o juiz: art. 226
- para os litisconsortes: art. 229
- para proposição da ação de consignação: art. 539, §§ 3.º e 4.º
- renúncia: art. 225
- suspensão; férias: art. 220
- suspensão; obstáculo criado em detrimento da parte: art. 221

PRECATÓRIO
- execução contra a Fazenda Pública: art. 910, § 1.º

PRECLUSÃO
- consumativa: art. 1.007

PREPARO
- dispensa em favor da Fazenda Pública e autarquias: art. 1.007, § 1.º

PRESCRIÇÃO
- interrupção, citação para execução: art. 802

PRESTAÇÃO ALIMENTÍCIA
- desconto em folha de pagamento: art. 912
- levantamento mensal, penhora recaindo em dinheiro: art. 913

PREVENÇÃO
- do foro; imóvel situado em mais de uma comarca: art. 60
- quando ocorre: arts. 58 e 59

PRINCÍPIOS
- aplicação ao ordenamento jurídico: art. 8.º

PRISÃO
- devedor de prestação alimentícia: art. 528, § 3.º

PROCESSO
- prioridade na tramitação: art. 1.048

PROCESSO CIVIL
- distribuição e registro: arts. 284 a 290
- extinção: arts. 316 e 317
- início: art. 2.º
- normas fundamentais: arts. 1.º a 12
- ordenação, disciplina e interpretação: art. 1.º
- suspensão: arts. 313 a 315

PROCESSO NOS TRIBUNAIS
- acórdão não publicado, prazo: art. 944
- concluso ao relator: art. 931
- dia para julgamento: art. 934
- distribuição, alternatividade, sorteio e publicidade: art. 930
- julgamento, anúncio do resultado: art. 941
- julgamento do mérito: arts. 938 e 939
- ordem de julgamento: art. 936
- pauta de julgamento: arts. 934 e 935
- protocolo e registro: art. 929
- questão preliminar, decisão antes do mérito: art. 938
- relatório: art. 931
- sustentação do recurso: art. 937
- sustentação oral, requerimento de preferência: art. 937, § 2.º

- uniformização da jurisprudência: art. 926

PROCURAÇÃO
- obrigatoriedade para postular: art. 104

PROCURADORES
- arts. 103 a 107
- sucessão de procuradores e partes: arts. 108 a 112

PROTESTO MARÍTIMO
- arts. 766 a 770
- diário da navegação: arts. 766 e s.
- distribuição com urgência, petição inicial: art. 768
- petição inicial: art. 767
- ratificação judicial, prazo: art. 766

PROVAS
- arts. 369 a 484
- documental: arts. 405 a 438
- documentos eletrônicos: arts. 439 a 441
- ônus: art. 373
- pericial: arts. 464 a 480
- produção antecipada: arts. 381 a 383
- produção de prova documental: arts. 434 a 438
- repetição, em restauração de autos: art. 715
- testemunhal: arts. 442 a 463

PUBLICAÇÃO
- edital de leilão: art. 887

PUBLICIDADE
- dos atos processuais: art. 10
- dos julgamentos: art. 11

QUITAÇÃO
- levantamento de dinheiro em execução, termos nos autos: art. 906

RATEIO
- execução por quantia certa, vários credores: art. 908

RECLAMAÇÃO
- arts. 988 a 993
- cabimento: art. 988
- cumprimento da decisão: art. 993
- da parte interessada: art. 988
- despacho: art. 989
- do Ministério Público: art. 988
- impugnação: art. 990
- lavratura do acórdão: art. 993
- Ministério Público, vista do processo: art. 991
- procedência da: art. 992

RECONHECIMENTO DO PEDIDO
- em oposição: art. 684

RECONVENÇÃO
- art. 343
- causa de pedir: art. 329
- honorários: art. 85, § 1.º
- na ação monitória: art. 702, § 6.º
- pedido: art. 324
- valor da causa: art. 292

RECURSO(S)
- adesivo, subordina-se ao principal: art. 997, § 2.º
- adiamento, preferência no julgamento: art. 936, III
- baixa dos autos ao juízo de origem: art. 1.006
- desistência a qualquer tempo: art. 998
- dispensa de preparo, casos: art. 1.007, § 1.º
- especial: arts. 1.029 a 1.042
- extraordinário: arts. 1.029 a 1.042
- impugnação da sentença no todo ou em parte: art. 1.002
- legitimidade para interposição: art. 996
- litisconsorte, aproveita aos demais: art. 1.005
- ordinário: arts. 1.027 e 1.028
- prazo, quando se restitui: art. 1.004
- quais os cabíveis: art. 994

Índice Alfabético do Novo CPC

- renúncia do direito de recorrer: art. 999
- seguimento prejudicado; casos: art. 932, III
- solidariedade passiva, interposição por um devedor aproveita aos demais: art. 1.005, parágrafo único
- sustentação perante tribunal: art. 937

RECURSO ESPECIAL
- art. 994, VI
- agravo em: art. 1.042
- admite recurso adesivo: art. 997, § 2.º, II
- conclusão; remessa dos autos ao STF: art. 1.031, § 1.º
- decisão de instância superior durante suspensão do processo: art. 1.041
- disposições gerais: arts. 1.029 a 1.035
- embargos de divergência: art. 1.043
- interposição: art. 1.029
- interposição conjunta de recurso extraordinário: art. 1.031
- julgamento de mérito, incidente de resolução: art. 987
- multiplicidade com fundamento em idêntica questão de direito: art. 1.036
- não impede a eficácia da decisão: art. 995
- prazo para interpor e para responder: art. 1.002, § 5.º
- publicação de acórdão paradigma: art. 1.040
- questão constitucional, prazo: art. 1.032
- recebido; prazo para apresentação de contrarrazões: art. 1.030
- recebimento pelo Tribunal e intimação do recorrido: art. 1.030
- repercussão geral: art. 1.032
- repetitivo; julgamento: arts. 1.036 a 1.041
- requisição de informações aos tribunais inferiores: art. 1.038

RECURSO EXTRAORDINÁRIO
- art. 994, VII
- admite recurso adesivo: art. 997, § 2.º, II
- agravo em: art. 1.042
- apreciação em caso de conclusão do julgamento do recurso especial: art. 1.031, § 1.º
- decisão de instância superior durante suspensão do processo: art. 1.041
- disposições gerais: arts. 1.029 a 1.035
- embargos de divergência: art. 1.043
- interposição: art. 1.029
- interposição conjunta de recurso especial: art. 1.031
- julgamento de mérito, incidente de resolução: art. 987
- não impede a eficácia da sentença: art. 995
- prazo para interpor e para responder: art. 1.003, § 5.º
- prejudicial ao recurso especial; cessação do julgamento e remessa dos autos ao STF: art. 1.031, §§ 2.º e 3.º
- publicação de acórdão paradigma: art. 1.040
- questão constitucional; prazo: art. 1.032
- recebido; prazo para apresentação de contrarrazões: art. 1.030
- recebimento pelo Tribunal e intimação do recorrido: art. 1.030
- repercussão geral: art. 1.035
- repetitivo; julgamento: arts. 1.036 a 1.041
- requisição de informações aos tribunais inferiores: art. 1.038
- questão constitucional, prazo: art. 1.032

RECURSO ORDINÁRIO
- julgamento pelo STJ: art. 1.027, II
- julgamento pelo STF: art. 1.027, I
- prazo para interpor e para responder: art. 1.003, § 5.º

RECURSOS REPETITIVOS
- especial e extraordinário; julgamento: arts. 1.036 a 1.041

REGIME DE BENS
– do casamento; alteração: art. 734

REGIMENTOS INTERNOS DOS TRIBUNAIS
– conflito de competência entre autoridade judiciária e autoridade administrativa: art. 959
– conflito de competência nos tribunais: art. 958
– disposição sobre distribuição de processos: art. 930
– incidente de resolução de demandas repetitivas; julgamento: art. 982

RELATOR
– redação de acórdão: art. 941
– restauração de autos desaparecidos: art. 717

REMIÇÃO
– ação rescisória: art. 966, § 4.º
– antes de adjudicados ou alienados os bens: art. 826

REMISSÃO
– da dívida, extinção da execução: art. 924

RENÚNCIA
– do direito de recorrer: art. 999

REPERCUSSÃO GERAL
– julgamento dos recursos extraordinário e especial repetitivos: arts. 1.036 a 1.041
– multiplicidade de recursos; análise da; procedimento: art. 1.036

RESTAURAÇÃO DE AUTOS
– aparecimento dos autos originais: art. 716, parágrafo único
– cópia de sentença: art. 715, § 5.º
– desaparecimento de autos: art. 712
– havendo autos suplementares: art. 712, parágrafo único
– inquirição de serventuários e auxiliares da justiça: art. 715, § 4.º
– manifestação da parte contrária: art. 714
– nos tribunais: art. 717
– petição inicial: art. 713
– repetição das provas: art. 715

RÉU
– alegações: arts. 351 a 353

REVELIA
– arts. 344 a 346
– não incidência: arts. 348 e 349

SANEAMENTO DO PROCESSO
– arts. 347 a 353

SATISFAÇÃO DO CRÉDITO
– arts. 904 a 909

SEGREDO DE JUSTIÇA
– tramitação: art. 189

SENTENÇA
– arts. 485 a 501
– aceitação tácita ou expressa: art. 1.000
– condenação ao pagamento de honorários: art. 85
– cumprimento: arts. 513 a 519
– cumprimento; prestação de alimentos; reconhecimento da exigibilidade de obrigação: arts. 528 a 533
– cumprimento; reconhecimento da exigibilidade de obrigação de fazer e de não fazer: arts. 536 e 537
– cumprimento; reconhecimento da exigibilidade de obrigação de pagar quantia certa pela Fazenda Pública: arts. 534 e 535
– cumprimento definitivo; obrigação de pagar quantia certa: arts. 523 a 527
– cumprimento provisório; obrigação de pagar quantia certa: arts. 520 a 522
– de extinção de execução: art. 925
– em ação demarcatória: art. 581
– entrega da coisa; descumprimento do prazo da obrigação: art. 538
– estrangeira; eficácia: art. 961

- intimação; prazo para interposição de recurso: art. 1.003
- liquidação: arts. 509 a 512
- obedecimento à ordem cronológica de conclusão: art. 12
- procedimento de jurisdição voluntária; prazo: art. 723
- trânsito em julgado; assistência: art. 123

SEPARAÇÃO CONSENSUAL
- arts. 731 a 733

SEQUESTRO
- da coisa litigiosa em ações possessórias: art. 559
- de bem confiado a guarda, quando não aprovadas as contas do administrador: art. 553

SOCIEDADE
- execução sobre bens dos sócios: art. 795

SÓCIO
- bens sujeitos à execução: art. 790, II

SOLDO
- impenhorabilidade: art. 833, IV

SOLIDARIEDADE
- passiva, interposição de recurso por um dos devedores, efeito: art. 1.005, parágrafo único

SUB-ROGAÇÃO
- penhora em direito e ação do devedor: art. 797
- procedimento de jurisdição voluntária: art. 725, II

SUCESSOR
- bens sujeitos à execução: art. 790, I

SÚMULA
- recurso contrário a: art. 932, IV

SUPERIOR TRIBUNAL DE JUSTIÇA
- dos recursos para o: arts. 1.027 a 1.044

SUPREMO TRIBUNAL FEDERAL
- recursos para o: arts. 1.027 a 1.044

SUSPEIÇÃO
- a quem se aplica: art. 148
- do juiz: art. 145
- do juiz; alegação: art. 146

SUSPENSÃO
- da execução: arts. 921 a 923
- do processo; prazo para sanar o vício: art. 76

SUBSIDIARIEDADE
- de normas: art. 15

SUJEITOS PROCESSUAIS
- arts. 70 a 76

TEMPO
- dos atos processuais: arts. 212 a 216

TERCEIRO INTERESSADO
- legitimidade ativa para ação rescisória: art. 967, II

TERCEIRO PREJUDICADO
- interposição de recurso: art. 996

TERCEIROS
- bens do devedor em poder de: art. 790, III
- mandado executivo contra terceiro adquirente de coisa litigiosa: art. 808
- penhora de crédito: art. 856

TERMO
- não ocorrido, nulidade de execução: art. 803, III
- prova de que ocorreu, para o início da execução: art. 798, I

TESTAMENTO
- arts. 735 a 737
- testamento particular, publicação: art. 737
- testamento público, certidão de: art. 736
- traslado: art. 736

TÍTULO
- de crédito, penhora sobre: art. 856
- de obrigação certa, líquida e exigível; base da execução: art. 783

- executivo por força da lei: art. 784, XII

TÍTULO EXECUTIVO
- decisão que aplica multa em arrematação: art. 896, § 2.º
- legitimidade do credor para a execução: art. 778
- legitimidade dos sucessores do credor para a execução: art. 778, § 1.º

TÍTULO EXECUTIVO EXTRAJUDICIAL
- de obrigação certa, líquida e exigível; não correspondência; nulidade da execução: art. 803, I
- enumeração: art. 784
- execução: art. 781

TRADUTOR
- arts. 162 a 164
- *vide* também AUXILIARES DA JUSTIÇA

TRANSAÇÃO
- por inventariante: art. 619, II

TRASLADOS
- agravo de instrumento: art. 1.016

TUTELA
- antecipada; procedimento: arts. 303 e 304
- cautelar: arts. 305 a 310
- da evidência: art. 311
- da urgência: arts. 300 a 302
- disposições comuns com a curatela: arts. 759 a 763
- provisória: arts. 294 a 311

TUTOR
- prestação de contas, procedimento: art. 553

USUFRUTO
- alienação do bem; ineficácia: art. 804, § 6.º
- eficácia: art. 868, § 1.º
- extinção, procedimento de jurisdição voluntária: art. 725, VI

USUFRUTUÁRIO
- ciência da alienação judicial; prazo: art. 889, III
- não intimado para a execução, ineficácia de alienação: art. 804, § 6.º

VALOR DA CAUSA
- arts. 291 a 293
- impugnação: art. 293

VENCIMENTOS
- impenhorabilidade: art. 833, IV

Constituição Federal

ÍNDICE SISTEMÁTICO DA CONSTITUIÇÃO FEDERAL

PREÂMBULO 21

Título I

DOS PRINCÍPIOS FUNDAMENTAIS (arts. 1.º a 4.º) 21

Título II

DOS DIREITOS E GARANTIAS FUNDAMENTAIS (arts. 5.º a 17) 22
Capítulo I – Dos direitos e deveres individuais e coletivos (art. 5.º) 22
Capítulo II – Dos direitos sociais (arts. 6.º a 11) 28
Capítulo III – Da nacionalidade (arts. 12 e 13) 31
Capítulo IV – Dos direitos políticos (arts. 14 a 16) 33
Capítulo V – Dos partidos políticos (art. 17) 34

Título III

DA ORGANIZAÇÃO DO ESTADO (arts. 18 a 43) 34
Capítulo I – Da organização político-administrativa (arts. 18 e 19) 34
Capítulo II – Da União (arts. 20 a 24) 35
Capítulo III – Dos Estados federados (arts. 25 a 28) 41
Capítulo IV – Dos Municípios (arts. 29 a 31) 42
Capítulo V – Do Distrito Federal e dos Territórios (arts. 32 e 33) 47
    Seção I – Do Distrito Federal (art. 32) 47
    Seção II – Dos Territórios (art. 33) 47
Capítulo VI – Da intervenção (arts. 34 a 36) 47
Capítulo VII – Da administração pública (arts. 37 a 43) 49
    Seção I – Disposições gerais (arts. 37 e 38) 49
    Seção II – Dos servidores públicos (arts. 39 a 41) 53
    Seção III – Dos militares dos Estados, do Distrito Federal e dos Territórios (art. 42) . 58
    Seção IV – Das regiões (art. 43) 58

Título IV

DA ORGANIZAÇÃO DOS PODERES (arts. 44 a 135) 58
Capítulo I – Do Poder Legislativo (arts. 44 a 75) 58

Índice Sistemático da Constituição Federal

Seção I – Do Congresso Nacional (arts. 44 a 47) 58
Seção II – Das atribuições do Congresso Nacional (arts. 48 a 50) 59
Seção III – Da Câmara dos Deputados (art. 51) 61
Seção IV – Do Senado Federal (art. 52) 61
Seção V – Dos Deputados e dos Senadores (arts. 53 a 56) 62
Seção VI – Das reuniões (art. 57) 64
Seção VII – Das comissões (art. 58) 65
Seção VIII – Do processo legislativo (arts. 59 a 69) 65
    Subseção I – Disposição geral (art. 59) 65
    Subseção II – Da emenda à Constituição (art. 60) 66
    Subseção III – Das leis (arts. 61 a 69) 66
Seção IX – Da fiscalização contábil, financeira e orçamentária (arts. 70 a 75) 69
Capítulo II – Do Poder Executivo (arts. 76 a 91) 72
Seção I – Do Presidente e do Vice-Presidente da República (arts. 76 a 83) 72
Seção II – Das atribuições do Presidente da República (art. 84) 72
Seção III – Da responsabilidade do Presidente da República (arts. 85 e 86) 74
Seção IV – Dos Ministros de Estado (arts. 87 e 88) 74
Seção V – Do Conselho da República e do Conselho de Defesa Nacional (arts. 89 a 91) ... 75
    Subseção I – Do Conselho da República (arts. 89 e 90) 75
    Subseção II – Do Conselho de Defesa Nacional (art. 91) 75
Capítulo III – Do Poder Judiciário (arts. 92 a 126) 76
Seção I – Disposições gerais (arts. 92 a 100) 76
Seção II – Do Supremo Tribunal Federal (arts. 101 a 103-B) 82
Seção III – Do Superior Tribunal de Justiça (arts. 104 e 105) 87
Seção IV – Dos Tribunais Regionais Federais e dos Juízes Federais (arts. 106 a 110) ... 88
Seção V – Do Tribunal Superior do Trabalho, dos Tribunais Regionais do Trabalho e dos Juízes do Trabalho (arts. 111 a 117) 90
Seção VI – Dos Tribunais e Juízes Eleitorais (arts. 118 a 121) 93
Seção VII – Dos Tribunais e Juízes Militares (arts. 122 a 124) 93
Seção VIII – Dos Tribunais e Juízes dos Estados (arts. 125 e 126) 94
Capítulo IV – Das funções essenciais à Justiça (arts. 127 a 135) 95
Seção I – Do Ministério Público (arts. 127 a 130-A) 95
Seção II – Da Advocacia Pública (arts. 131 e 132) 99
Seção III – Da Advocacia (art. 133) 99
Seção IV – Da Defensoria Pública (arts. 134 e 135) 99

Título V

DA DEFESA DO ESTADO E DAS INSTITUIÇÕES DEMOCRÁTICAS (arts. 136 a 144) 100
Capítulo I – Do estado de defesa e do estado de sítio (arts. 136 a 141) 100
Seção I – Do estado de defesa (art. 136) 100
Seção II – Do estado de sítio (arts. 137 a 139) 101
Seção III – Disposições gerais (arts. 140 e 141) 101

Índice Sistemático da Constituição Federal

Capítulo II – Das Forças Armadas (arts. 142 e 143)... 102
Capítulo III – Da segurança pública (art. 144) 103

Título VI

DA TRIBUTAÇÃO E DO ORÇAMENTO (arts. 145 a 169).. 104
Capítulo I – Do sistema tributário nacional (arts. 145 a 162) 104
   Seção I – Dos princípios gerais (arts. 145 a 149-A)... 104
   Seção II – Das limitações do poder de tributar (arts. 150 a 152) 106
   Seção III – Dos impostos da União (arts. 153 e 154)... 108
   Seção IV – Dos impostos dos Estados e do Distrito Federal (art. 155).................. 109
   Seção V – Dos impostos dos Municípios (art. 156) 112
   Seção VI – Da repartição das receitas tributárias (arts. 157 a 162)....................... 113
Capítulo II – Das finanças públicas (arts. 163 a 169).. 115
   Seção I – Normas gerais (arts. 163 e 164) 115
   Seção II – Dos orçamentos (arts. 165 a 169)... 116

Título VII

DA ORDEM ECONÔMICA E FINANCEIRA (arts. 170 a 192).. 121
Capítulo I – Dos princípios gerais da atividade econômica (arts. 170 a 181).............. 121
Capítulo II – Da política urbana (arts. 182 e 183)... 125
Capítulo III – Da política agrícola e fundiária e da reforma agrária (arts. 184 a 191) .. 125
Capítulo IV – Do sistema financeiro nacional (art. 192)... 127

Título VIII

DA ORDEM SOCIAL (arts. 193 a 232).. 127
Capítulo I – Disposição geral (art. 193)... 127
Capítulo II – Da seguridade social (arts. 194 a 204) 127
   Seção I – Disposições gerais (arts. 194 e 195).. 127
   Seção II – Da saúde (arts. 196 a 200) 129
   Seção III – Da previdência social (arts. 201 e 202) 131
   Seção IV – Da assistência social (arts. 203 e 204) 134
Capítulo III – Da educação, da cultura e do desporto (arts. 205 a 217) 135
   Seção I – Da educação (arts. 205 a 214) 135
   Seção II – Da cultura (arts. 215 a 216-A) 138
   Seção III – Do desporto (art. 217) 140
Capítulo IV – Da ciência, tecnologia e inovação (arts. 218 a 219-B)............................ 140
Capítulo V – Da comunicação social (arts. 220 a 224) 141
Capítulo VI – Do meio ambiente (art. 225)... 143
Capítulo VII – Da família, da criança, do adolescente, do jovem e do idoso (arts. 226 a 230) 144
Capítulo VIII – Dos índios (arts. 231 e 232) 147

Título IX

DAS DISPOSIÇÕES CONSTITUCIONAIS GERAIS (arts. 233 a 250).................................. 147

ATO DAS DISPOSIÇÕES CONSTITUCIONAIS TRANSITÓRIAS

(arts. 1.º a 100)... 151

ÍNDICE CRONOLÓGICO DAS EMENDAS CONSTITUCIONAIS

EMENDAS CONSTITUCIONAIS:

1, de 31-3-1992 (*Diploma alterador*)	11
2, de 25-8-1992 (Plebiscito)	185
3, de 17-3-1993 (Impostos)	185
4, de 14-9-1993 (*Diploma alterador*)	11
5, de 15-8-1995 (*Diploma alterador*)	11
6, de 15-8-1995 (*Diploma alterador*)	11
7, de 15-8-1995 (*Diploma alterador*)	12
8, de 15-8-1995 (*Diploma alterador*)	12
9, de 9-11-1995 (*Diploma alterador*)	12
10, de 4-3-1996 (*Diploma alterador*)	12
11, de 30-4-1996 (*Diploma alterador*)	12
12, de 15-8-1996 (*Diploma alterador*)	12
13, de 21-8-1996 (*Diploma alterador*)	12
14, de 12-9-1996 (*Diploma alterador*)	12
15, de 12-9-1996 (*Diploma alterador*)	12
16, de 4-6-1997 (*Diploma alterador*)	12
17, de 22-11-1997 (Fundo Social de Emergência)	186
18, de 5-2-1998 (*Diploma alterador*)	12
19, de 4-6-1998 (Administração pública)	187
20, de 15-12-1998 (Sistema de Previdência Social)	190
21, de 18-3-1999 (*Diploma alterador*)	13
22, de 18-3-1999 (*Diploma alterador*)	13
23, de 2-9-1999 (*Diploma alterador*)	13
24, de 9-12-1999 (Justiça do Trabalho)	192
25, de 14-2-2000 (*Diploma alterador*)	13
26, de 14-2-2000 (*Diploma alterador*)	13
27, de 21-3-2000 (*Diploma alterador*)	13
28, de 25-5-2000 (*Diploma alterador*)	13
29, de 13-9-2000 (*Diploma alterador*)	14
30, de 13-9-2000 (*Diploma alterador*)	14
31, de 14-12-2000 (*Diploma alterador*)	14
32, de 11-9-2001 (Medidas provisórias)	193
33, de 11-12-2001 (Impostos e monopólio da União)	193
34, de 13-12-2001 (*Diploma alterador*)	14
35, de 20-12-2001 (*Diploma alterador*)	14
36, de 28-5-2002 (*Diploma alterador*)	14
37, de 12-6-2002 (*Diploma alterador*)	14

Índice Cronológico das Emendas Constitucionais

38, de 12-6-2002 (*Diploma alterador*) 14
39, de 19-12-2002 (*Diploma alterador*) 14
40, de 29-5-2003 (*Diploma alterador*) 15
41, de 19-12-2003 (Administração pública) 194
42, de 19-12-2003 (Sistema Tributário Nacional) 197
43, de 15-4-2004 (*Diploma alterador*) 15
44, de 30-6-2004 (*Diploma alterador*) 15
45, de 8-12-2004 (Reforma do Judiciário) 198
46, de 5-5-2005 (*Diploma alterador*) 15
47, de 5-7-2005 (Reforma da Previdência Social) 199
48, de 10-8-2005 (*Diploma alterador*) 15
49, de 8-2-2006 (*Diploma alterador*) 15
50, de 14-2-2006 (*Diploma alterador*) 15
51, de 14-2-2006 (Assistência à saúde) 200
52, de 8-3-2006 (*Diploma alterador*) 16
53, de 19-12-2006 (FUNDEB) 201
54, de 20-9-2007 (*Diploma alterador*) 16
55, de 20-9-2007 (Fundo de Participação dos Municípios) 201
56, de 20-12-2007 (*Diploma alterador*) 16
57, de 18-12-2008 (*Diploma alterador*) 16
58, de 23-9-2009 (*Diploma alterador*) 16
59, de 11-11-2009 (*Diploma alterador*) 16
60, de 11-11-2009 (*Diploma alterador*) 16
61, de 11-11-2009 (*Diploma alterador*) 16
62, de 9-12-2009 (Precatórios) 202
63, de 4-2-2010 (*Diploma alterador*) 16
64, de 4-2-2010 (*Diploma alterador*) 17
65, de 13-7-2010 (*Diploma alterador*) 17
66, de 13-7-2010 (*Diploma alterador*) 17
67, de 22-12-2010 (Fundo de Combate e Erradicação da Pobreza) 203
68, de 21-12-2011 (*Diploma alterador*) 17
69, de 29-3-2012 (Defensoria Pública) 203
70, de 29-3-2012 (Aposentadoria por invalidez) 204
71, de 29-11-2012 (*Diploma alterador*) 17
72, de 2-4-2013 (*Diploma alterador*) 17
73, de 6-6-2013 (TRFs da 6.ª, 7.ª, 8.ª e 9.ª Regiões) 204
74, de 6-8-2013 (*Diploma alterador*) 17
75, de 15-10-2013 (*Diploma alterador*) 17
76, de 28-11-2013 (*Diploma alterador*) 17
77, de 11-2-2014 (*Diploma alterador*) 17
78, de 14-5-2014 (Seringueiros) 205
79, de 27-5-2014 (Servidores dos ex-Territórios do Amapá, Rondônia e Roraima) 205
80, de 4-6-2014 (*Diploma alterador*) 18
81, de 5-6-2014 (*Diploma alterador*) 18
82, de 16-7-2014 (*Diploma alterador*) 18

Índice Cronológico das Emendas Constitucionais

83, de 5-8-2014 (*Diploma alterador*)... 18
84, de 2-12-2014 (Fundo de Participação dos Municípios)........................ 207
85, de 26-2-2015 (*Diploma alterador*)... 18
86, de 17-3-2015 (Orçamento Impositivo)... 207
87, de 16-4-2015 (*Diploma alterador*)... 18
88, de 7-5-2015 (*Diploma alterador*)... 18
89, de 15-9-2015 (*Diploma alterador*)... 18
90, de 15-9-2015 (*Diploma alterador*)... 19
91, de 18-2-2016 (Desfiliação partidária).. 208
92, de 12-7-2016 (*Diploma alterador*)... 19
93, de 8-9-2016 (*Diploma alterador*).. 19

EMENDAS CONSTITUCIONAIS DE REVISÃO:

1, de 1.º-3-1994 (*Diploma alterador*)... 11
2, de 7-6-1994 (*Diploma alterador*)... 11
3, de 7-6-1994 (*Diploma alterador*)... 11
4, de 7-6-1994 (*Diploma alterador*)... 11
5, de 7-6-1994 (*Diploma alterador*)... 11
6, de 7-6-1994 (*Diploma alterador*)... 11

ÍNDICE CRONOLÓGICO DAS EMENDAS CONSTITUCIONAIS ALTERADORAS

EMENDA CONSTITUCIONAL N. 1, DE 31 DE MARÇO DE 1992
Altera os arts. 27 e 29.
•• *Vide* Emendas Constitucionais n. 19, de 4-6-1998, e n. 25, de 14-2-2000.

EMENDA CONSTITUCIONAL N. 3, DE 17 DE MARÇO DE 1993
Altera os arts. 40, 42, 102, 103, 150, 155, 156, 160 e 167.
Revoga o inciso IV e o § 4.º do art. 156.
•• *Vide* Emendas Constitucionais n. 18, de 5-2-1998, n. 20, de 15-12-1998, n. 29, de 13-9-2000, n. 33, de 11-12-2001, n. 37, de 12-6-2002, e n. 45, de 8-12-2004.

EMENDA CONSTITUCIONAL N. 4, DE 14 DE SETEMBRO DE 1993
Altera o art. 16.

EMENDA CONSTITUCIONAL DE REVISÃO N. 1, DE 1.º DE MARÇO DE 1994
Acrescenta os arts. 71, 72 e 73 ao ADCT.
•• *Vide* Emendas Constitucionais n. 10, de 4-3-1996, e n. 17, de 22-11-1997.

EMENDA CONSTITUCIONAL DE REVISÃO N. 2, DE 7 DE JUNHO DE 1994
Altera o art. 50.

EMENDA CONSTITUCIONAL DE REVISÃO N. 3, DE 7 DE JUNHO DE 1994
Altera o art. 12.
•• *Vide* Emenda Constitucional n. 54, de 20-9-2007.

EMENDA CONSTITUCIONAL DE REVISÃO N. 4, DE 7 DE JUNHO DE 1994
Altera o art. 14.

EMENDA CONSTITUCIONAL DE REVISÃO N. 5, DE 7 DE JUNHO DE 1994
Altera o art. 82.
•• *Vide* Emenda Constitucional n. 16, de 4-6-1997.

EMENDA CONSTITUCIONAL DE REVISÃO N. 6, DE 7 DE JUNHO DE 1994
Altera o art. 55.

EMENDA CONSTITUCIONAL N. 5, DE 15 DE AGOSTO DE 1995
Altera o art. 25.

EMENDA CONSTITUCIONAL N. 6, DE 15 DE AGOSTO DE 1995
Acrescenta o art. 246.

Índice Cronológico das Emendas Constitucionais Alteradoras

Altera os arts. 170 e 176.
Revoga o art. 171.
•• *Vide* Emendas Constitucionais n. 7, de 15-8-1995, e n. 32, de 11-9-2001.

EMENDA CONSTITUCIONAL N. 7, DE 15 DE AGOSTO DE 1995
Acrescenta o art. 246.
Altera o art. 178.
•• *Vide* Emenda Constitucional n. 32, de 11-9-2001.

EMENDA CONSTITUCIONAL N. 8, DE 15 DE AGOSTO DE 1995
Altera o art. 21.

EMENDA CONSTITUCIONAL N. 9, DE 9 DE NOVEMBRO DE 1995
Altera o art. 177.

EMENDA CONSTITUCIONAL N. 10, DE 4 DE MARÇO DE 1996
Altera os arts. 71 e 72 do ADCT.
•• *Vide* Emenda Constitucional n. 17, de 22-11-1997.

EMENDA CONSTITUCIONAL N. 11, DE 30 DE ABRIL DE 1996
Altera o art. 207.

EMENDA CONSTITUCIONAL N. 12, DE 15 DE AGOSTO DE 1996
Acrescenta o art. 74 ao ADCT.

EMENDA CONSTITUCIONAL N. 13, DE 21 DE AGOSTO DE 1996
Altera o art. 192.
•• *Vide* Emenda Constitucional n. 40, de 29-5-2003.

EMENDA CONSTITUCIONAL N. 14, DE 12 DE SETEMBRO DE 1996
Altera os arts. 34, 208, 211 e 212 da CF, e 60 do ADCT.
•• *Vide* Emendas Constitucionais n. 29, de 13-9-2000, n. 53, de 19-12-2006, e n. 59, de 11-11-2009.

EMENDA CONSTITUCIONAL N. 15, DE 12 DE SETEMBRO DE 1996
Altera o art. 18.

EMENDA CONSTITUCIONAL N. 16, DE 4 DE JUNHO DE 1997
Altera os arts. 14, 28, 29, 77 e 82.

EMENDA CONSTITUCIONAL N. 17, DE 22 DE NOVEMBRO DE 1997
Altera os arts. 71 e 72 do ADCT.

EMENDA CONSTITUCIONAL N. 18, DE 5 DE FEVEREIRO DE 1998
Altera os arts. 37, 42, 61 e 142.
•• *Vide* Emendas Constitucionais n. 19, de 4-6-1998, n. 20, de 15-9-1998, n. 41, de 19-12-2003, e n. 77, de 11-2-2014.

Índice Cronológico das Emendas Constitucionais Alteradoras

EMENDA CONSTITUCIONAL N. 19, DE 4 DE JUNHO DE 1998
Acrescenta o art. 247.
Altera os arts. 21, 22, 27, 28, 29, 37, 38, 39, 41, 48, 49, 51, 52, 57, 70, 93, 95, 96, 127, 128, 132, 135, 144, 167, 169, 173, 206 e 241.
•• *Vide* Emendas Constitucionais n. 25, de 14-2-2000, n. 32, de 11-9-2001, n. 34, de 13-12-2001, n. 41, de 19-12-2003, n. 50, de 14-2-2006, e n. 53, de 19-12-2006.

EMENDA CONSTITUCIONAL N. 20, DE 15 DE DEZEMBRO DE 1998
Acrescenta os arts. 248, 249 e 250.
Altera os arts. 7.º, 37, 40, 42, 73, 93, 100, 114, 142, 167, 194, 195, 201 e 202.
Revoga o inciso II do § 2.º do art. 153.
•• *Vide* Emendas Constitucionais n. 30, de 13-9-2000, n. 41, de 19-12-2003, n. 45, de 8-12-2004, n. 47, de 5-7-2005, n. 62, de 9-12-2009, e n. 88, de 7-5-2015.

EMENDA CONSTITUCIONAL N. 21, DE 18 DE MARÇO DE 1999
Acrescenta o art. 75 ao ADCT.

EMENDA CONSTITUCIONAL N. 22, DE 18 DE MARÇO DE 1999
Altera os arts. 98, 102 e 105.
•• *Vide* Emendas Constitucionais n. 23, de 2-9-1999, e n. 45, de 8-12-2004.

EMENDA CONSTITUCIONAL N. 23, DE 2 DE SETEMBRO DE 1999
Altera os arts. 12, 52, 84, 91, 102 e 105.

EMENDA CONSTITUCIONAL N. 24, DE 9 DE DEZEMBRO DE 1999
Altera os arts. 111, 112, 113, 115 e 116.
Revoga o art. 117.
•• *Vide* Emenda Constitucional n. 45, de 8-12-2004.

EMENDA CONSTITUCIONAL N. 25, DE 14 DE FEVEREIRO DE 2000
Altera os arts. 29 e 29-A.
•• *Vide* Emenda Constitucional n. 58, de 23-9-2009.

EMENDA CONSTITUCIONAL N. 26, DE 14 DE FEVEREIRO DE 2000
Altera o art. 6.º.
•• *Vide* Emenda Constitucional n. 64, de 4-2-2010.

EMENDA CONSTITUCIONAL N. 27, DE 21 DE MARÇO DE 2000
Acrescenta o art. 76 ao ADCT.
•• *Vide* Emendas Constitucionais n. 42, de 19-12-2003, n. 56, de 20-12-2007, e n. 68, de 21-12-2011.

EMENDA CONSTITUCIONAL N. 28, DE 25 DE MAIO DE 2000
Altera o art. 7.º.
Revoga o art. 233.

Índice Cronológico das Emendas Constitucionais Alteradoras

EMENDA CONSTITUCIONAL N. 29, DE 13 DE SETEMBRO DE 2000
Acrescenta o art. 77 do ADCT.
Altera os arts. 34, 35, 156, 160, 167 e 198.
•• *Vide* Emendas Constitucionais n. 42, de 19-12-2003, e n. 86, de 17-3-2015.

EMENDA CONSTITUCIONAL N. 30, DE 13 DE SETEMBRO DE 2000
Acrescenta o art. 78 ao ADCT.
Altera o art. 100.
•• *Vide* Emendas Constitucionais n. 37, de 12-7-2002, e n. 62, de 9-12-2009.

EMENDA CONSTITUCIONAL N. 31, DE 14 DE DEZEMBRO DE 2000
Acrescenta os arts. 79, 80, 81, 82 e 83 ao ADCT.
•• *Vide* Emenda Constitucional n. 42, de 19-12-2003.

EMENDA CONSTITUCIONAL N. 32, DE 11 DE SETEMBRO DE 2001
Altera os arts. 48, 57, 61, 62, 64, 66, 84, 88 e 246.
•• *Vide* Emenda Constitucional n. 50, de 14-2-2006.

EMENDA CONSTITUCIONAL N. 33, DE 11 DE DEZEMBRO DE 2001
Altera os arts. 149, 155 e 177.
•• *Vide* Emendas Constitucionais n. 41, de 19-12-2003, e n. 42, de 19-12-2003.

EMENDA CONSTITUCIONAL N. 34, DE 13 DE DEZEMBRO DE 2001
Altera o art. 37.

EMENDA CONSTITUCIONAL N. 35, DE 20 DE DEZEMBRO DE 2001
Altera o art. 53.

EMENDA CONSTITUCIONAL N. 36, DE 28 DE MAIO DE 2002
Altera o art. 222.

EMENDA CONSTITUCIONAL N. 37, DE 12 DE JUNHO DE 2002
Acrescenta os arts. 84, 85, 86, 87 e 88 ao ADCT.
Altera os arts. 100 e 156.
•• *Vide* Emendas Constitucionais n. 42, de 19-12-2003, e n. 62, de 9-12-2009.

EMENDA CONSTITUCIONAL N. 38, DE 12 DE JUNHO DE 2002
Acrescenta o art. 89 ao ADCT.
•• *Vide* Emenda Constitucional n. 60, de 11-11-2009.

EMENDA CONSTITUCIONAL N. 39, DE 19 DE DEZEMBRO DE 2002
Acrescenta o art. 149-A.

Índice Cronológico das Emendas Constitucionais Alteradoras

EMENDA CONSTITUCIONAL N. 40, DE 29 DE MAIO DE 2003
Altera os arts. 163 e 192 da CF, e 52 do ADCT.

EMENDA CONSTITUCIONAL N. 41, DE 19 DE DEZEMBRO DE 2003
Altera os arts. 37, 40, 42, 48, 96, 149 e 201.
Revoga o inciso IX do § 3.º do art. 142.
•• *Vide* Emenda Constitucional n. 47, de 5-7-2005.

EMENDA CONSTITUCIONAL N. 42, DE 19 DE DEZEMBRO DE 2003
Acrescenta os arts. 146-A à CF, e 90 a 94 ao ADCT.
Altera os arts. 37, 52, 146, 149, 150, 153, 155, 158, 159, 167, 170, 195, 204 e 216 da CF e 76, 82 e 83 do ADCT.
Revoga o inciso II do § 3.º do art. 84 do ADCT.
•• *Vide* Emendas Constitucionais n. 44, de 30-6-2004, e n. 68, de 21-12-2011.

EMENDA CONSTITUCIONAL N. 43, DE 15 DE ABRIL DE 2004
Altera o art. 42 do ADCT.
•• *Vide* Emenda Constitucional n. 89, de 15-9-2015.

EMENDA CONSTITUCIONAL N. 44, DE 30 DE JUNHO DE 2004
Altera o art. 159.

EMENDA CONSTITUCIONAL N. 45, DE 8 DE DEZEMBRO DE 2004
Acrescenta os arts. 103-A, 103-B, 111-A e 130-A.
Altera os arts. 5.º, 36, 52, 92, 93, 95, 98, 99, 102, 103, 104, 105, 107, 109, 111, 112, 114, 115, 125, 126, 127, 128, 129, 134 e 168.
Revoga o inciso IV do art. 36, a alínea *h* do inciso I do art. 102, o § 4.º do art. 103 e os §§ 1.º a 3.º do art. 111.
•• *Vide* Emenda Constitucional n. 61, de 11-11-2009.

EMENDA CONSTITUCIONAL N. 46, DE 5 DE MAIO DE 2005
Altera o art. 20.

EMENDA CONSTITUCIONAL N. 47, DE 5 DE JULHO DE 2005
Altera os arts. 37, 40, 195 e 201.

EMENDA CONSTITUCIONAL N. 48, DE 10 DE AGOSTO DE 2005
Altera o art. 215.

EMENDA CONSTITUCIONAL N. 49, DE 8 DE FEVEREIRO DE 2006
Altera os arts. 21 e 177.

EMENDA CONSTITUCIONAL N. 50, DE 14 DE FEVEREIRO DE 2006
Altera o art. 57.

Índice Cronológico das Emendas Constitucionais Alteradoras

EMENDA CONSTITUCIONAL N. 51, DE 14 DE FEVEREIRO DE 2006
Altera o art. 198.
•• *Vide* Emenda Constitucional n. 63, de 4-2-2010.

EMENDA CONSTITUCIONAL N. 52, DE 8 DE MARÇO DE 2006
Altera o art. 17.

EMENDA CONSTITUCIONAL N. 53, DE 19 DE DEZEMBRO DE 2006
Altera os arts. 7.º, 23, 30, 206, 208, 211 e 212 da CF e 60 do ADCT.

EMENDA CONSTITUCIONAL N. 54, DE 20 DE SETEMBRO DE 2007
Acrescenta o art. 95 ao ADCT.
Altera o art. 12.

EMENDA CONSTITUCIONAL N. 55, DE 20 DE SETEMBRO DE 2007
Altera o art. 159.
•• *Vide* Emenda Constitucional n. 84, de 2-12-2014.

EMENDA CONSTITUCIONAL N. 56, DE 20 DE DEZEMBRO DE 2007
Altera o art. 76 do ADCT.
•• *Vide* Emenda Constitucional n. 68, de 21-12-2011.

EMENDA CONSTITUCIONAL N. 57, DE 18 DE DEZEMBRO DE 2008
Acrescenta o art. 96 ao ADCT.

EMENDA CONSTITUCIONAL N. 58, DE 23 DE SETEMBRO DE 2009
Altera os arts. 29 e 29-A.

EMENDA CONSTITUCIONAL N. 59, DE 11 DE NOVEMBRO DE 2009
Altera os arts. 208, 211, 212 e 214 da CF, e 76 do ADCT.
•• *Vide* Emenda Constitucional n. 68, de 21-12-2011.

EMENDA CONSTITUCIONAL N. 60, DE 11 DE NOVEMBRO DE 2009
Altera o art. 89 do ADCT.

EMENDA CONSTITUCIONAL N. 61, DE 11 DE NOVEMBRO DE 2009
Altera o art. 103-B.

EMENDA CONSTITUCIONAL N. 62, DE 9 DE DEZEMBRO DE 2009
Acrescenta o art. 97 ao ADCT.
Altera o art. 100.

EMENDA CONSTITUCIONAL N. 63, DE 4 DE FEVEREIRO DE 2010
Altera o art. 198.

Índice Cronológico das Emendas Constitucionais Alteradoras

EMENDA CONSTITUCIONAL N. 64, DE 4 DE FEVEREIRO DE 2010
Altera o art. 6.º.
•• *Vide* Emenda Constitucional n. 90, de 15-9-2015.

EMENDA CONSTITUCIONAL N. 65, DE 13 DE JULHO DE 2010
Altera o art. 227.

EMENDA CONSTITUCIONAL N. 66, DE 13 DE JULHO DE 2010
Altera o art. 226.

EMENDA CONSTITUCIONAL N. 68, DE 21 DE DEZEMBRO DE 2011
Altera o art. 76 do ADCT.
•• *Vide* Emenda Constitucional n. 93, de 8-9-2016.

EMENDA CONSTITUCIONAL N. 69, DE 29 DE MARÇO DE 2012
Altera os arts. 21, 22 e 48.

EMENDA CONSTITUCIONAL N. 70, DE 29 DE MARÇO DE 2012
Acrescenta o art. 6.º-A à Emenda Constitucional n. 41, de 19-12-2003.

EMENDA CONSTITUCIONAL N. 71, DE 29 DE NOVEMBRO DE 2012
Acrescenta o art. 216-A.

EMENDA CONSTITUCIONAL N. 72, DE 2 DE ABRIL DE 2013
Altera o art. 7.º.

EMENDA CONSTITUCIONAL N. 73, DE 6 DE JUNHO DE 2013
Altera o art. 27 do ADCT.

EMENDA CONSTITUCIONAL N. 74, DE 6 DE AGOSTO DE 2013
Altera o art. 134.

EMENDA CONSTITUCIONAL N. 75, DE 15 DE OUTUBRO DE 2013
Altera o art. 150.

EMENDA CONSTITUCIONAL N. 76, DE 28 DE NOVEMBRO DE 2013
Altera os arts. 55 e 66.

EMENDA CONSTITUCIONAL N. 77, DE 11 DE FEVEREIRO DE 2014
Altera o art. 142.

Índice Cronológico das Emendas Constitucionais Alteradoras

EMENDA CONSTITUCIONAL N. 78, DE 14 DE MAIO DE 2014
Acrescenta o art. 54-A ao ADCT.

EMENDA CONSTITUCIONAL N. 79, DE 27 DE MAIO DE 2014
Altera o art. 31 da Emenda Constitucional n. 19, de 4-6-1998.

EMENDA CONSTITUCIONAL N. 80, DE 4 DE JUNHO DE 2014
Acrescenta o art. 98 ao ADCT.
Altera o Capítulo IV e o art. 134.

EMENDA CONSTITUCIONAL N. 81, DE 5 DE JUNHO DE 2014
Altera o art. 243.

EMENDA CONSTITUCIONAL N. 82, DE 16 DE JULHO DE 2014
Altera o art. 144.

EMENDA CONSTITUCIONAL N. 83, DE 5 DE AGOSTO DE 2014
Acrescenta o art. 92-A ao ADCT.

EMENDA CONSTITUCIONAL N. 84, DE 2 DE DEZEMBRO DE 2014
Altera o art. 159.

EMENDA CONSTITUCIONAL N. 85, DE 26 DE FEVEREIRO DE 2015
Acrescenta os arts. 219-A e 219-B.
Altera o Capítulo IV e os arts. 23, 24, 167, 200, 213, 218 e 219.

EMENDA CONSTITUCIONAL N. 86, DE 17 DE MARÇO DE 2015
Altera os arts. 165, 166 e 198.
Revoga o inciso IV do § 3.º do art. 198.

EMENDA CONSTITUCIONAL N. 87, DE 16 DE ABRIL DE 2015
Acrescenta o art. 99 ao ADCT.
Altera o art. 155.

EMENDA CONSTITUCIONAL N. 88, DE 7 DE MAIO DE 2015
Acrescenta o art. 100 ao ADCT.
Altera o art. 40.

EMENDA CONSTITUCIONAL N. 89, DE 15 DE SETEMBRO DE 2015
Altera o art. 42 do ADCT.

Índice Cronológico das Emendas Constitucionais Alteradoras

EMENDA CONSTITUCIONAL N. 90, DE 15 DE SETEMBRO DE 2015
Altera o art. 6.º.

EMENDA CONSTITUCIONAL N. 92, DE 12 DE JULHO DE 2016
Altera os arts. 92 e 111-A.

EMENDA CONSTITUCIONAL N. 93, DE 8 DE SETEMBRO DE 2016
Acrescenta os arts. 76-A e 76-B ao ADCT.
Altera o art. 76 do ADCT.
Revoga os §§ 1.º e 3.º do art. 76 do ADCT.

Constituição da República Federativa do Brasil (*)

PREÂMBULO

Nós, representantes do povo brasileiro, reunidos em Assembleia Nacional Constituinte para instituir um Estado Democrático, destinado a assegurar o exercício dos direitos sociais e individuais, a liberdade, a segurança, o bem-estar, o desenvolvimento, a igualdade e a justiça como valores supremos de uma sociedade fraterna, pluralista e sem preconceitos, fundada na harmonia social e comprometida, na ordem interna e internacional, com a solução pacífica das controvérsias, promulgamos, sob a proteção de Deus, a seguinte CONSTITUIÇÃO DA REPÚBLICA FEDERATIVA DO BRASIL.(*)

Título I
DOS PRINCÍPIOS FUNDAMENTAIS

Art. 1.º A República Federativa do Brasil, formada pela união indissolúvel dos Estados e Municípios e do Distrito Federal, constitui-se em Estado Democrático de Direito e tem como fundamentos:

- *Vide* arts. 18, *caput*, e 60, § 4.º, I e II, da CF.

I – a soberania;

- *Vide* arts. 20, VI, 21, I e II, 49, II, 84, VII, VIII e XIX, da CF.

II – a cidadania;

- *Vide* arts. 5.º, XXXIV, LIV, LXXI, LXXIII e LXXVII, e 60, § 4.º, da CF.
- A Lei n. 10.835, de 8-1-2004, institui a renda básica da cidadania.

III – a dignidade da pessoa humana;

- *Vide* arts. 5.º, 34, VII, *b*, 226, § 7.º, 227 e 230 da CF.
- A Lei n. 11.340, de 7-8-2006, cria mecanismos para coibir a violência doméstica e familiar contra a mulher.
- *Vide* Súmulas Vinculantes 6, 11 e 14 do STF.

IV – os valores sociais do trabalho e da livre iniciativa;

- *Vide* arts. 6.º a 11 da CF.

V – o pluralismo político.

- *Vide* art. 17 da CF.
- A Lei n. 9.096, de 19-9-1995, dispõe sobre os partidos políticos.

Parágrafo único. Todo o poder emana do povo, que o exerce por meio de representantes eleitos ou diretamente, nos termos desta Constituição.

- *Vide* arts. 14 e 60, § 4.º, III, da CF.
- A Lei n. 9.709, de 18-11-1998, estabelece em seu art. 1.º que a soberania popular é exercida por sufrágio universal e pelo voto direto e secreto, com igual valor para todos.

Art. 2.º São Poderes da União, independentes e harmônicos entre si, o Legislativo, o Executivo e o Judiciário.

- *Vide* art. 60, § 4.º, III, da CF.

Art. 3.º Constituem objetivos fundamentais da República Federativa do Brasil:

I – construir uma sociedade livre, justa e solidária;

II – garantir o desenvolvimento nacional;

- *Vide* arts. 23, parágrafo único, e 174, § 1.º, da CF.

III – erradicar a pobreza e a marginalização e reduzir as desigualdades sociais e regionais;

- *Vide* art. 23, X, da CF.
- *Vide* arts. 79 a 82 do ADCT.

IV – promover o bem de todos, sem preconceitos de origem, raça, sexo, cor, idade e quaisquer outras formas de discriminação.

(*) Publicada no *Diário Oficial da União* n. 191-A, de 5-10-1988.

Arts. 3.º a 5.º — Direitos e Garantias Fundamentais

- Crimes resultantes de preconceito de raça ou de cor: Lei n. 7.716, de 5-1-1989, e Lei n. 9.459, de 13-5-1997.
- A Lei n. 12.288, de 20-7-2010, institui o Estatuto da Igualdade Racial.

Art. 4.º A República Federativa do Brasil rege-se nas suas relações internacionais pelos seguintes princípios:

- *Vide* arts. 21, I, e 84, VII e VIII, da CF.

I – independência nacional;

- *Vide* arts. 78 e 91, § 1.º, IV, da CF.

II – prevalência dos direitos humanos;
III – autodeterminação dos povos;
IV – não intervenção;
V – igualdade entre os Estados;
VI – defesa da paz;
VII – solução pacífica dos conflitos;
VIII – repúdio ao terrorismo e ao racismo;

- *Vide* art. 5.º, XLII e XLIII, da CF.
- A Lei n. 7.716, de 5-1-1989, define os crimes resultantes de preconceito de raça ou de cor.
- A Lei n. 12.288, de 20-7-2010, institui o Estatuto da Igualdade Racial.
- O Decreto n. 5.639, de 26-12-2005, promulga a Convenção Interamericana contra o Terrorismo.

IX – cooperação entre os povos para o progresso da humanidade;
X – concessão de asilo político.

- A Lei n. 9.474, de 22-7-1997, estabelece o Estatuto dos Refugiados.

Parágrafo único. A República Federativa do Brasil buscará a integração econômica, política, social e cultural dos povos da América Latina, visando à formação de uma comunidade latino-americana de nações.

Título II
DOS DIREITOS E GARANTIAS FUNDAMENTAIS

Capítulo I
DOS DIREITOS E DEVERES INDIVIDUAIS E COLETIVOS

Art. 5.º Todos são iguais perante a lei, sem distinção de qualquer natureza, garantindo-se aos brasileiros e aos estrangeiros residentes no País a inviolabilidade do direito à vida, à liberdade, à igualdade, à segurança e à propriedade, nos termos seguintes:

- *Vide* art. 60, § 4.º, IV, da CF.

I – homens e mulheres são iguais em direitos e obrigações, nos termos desta Constituição;

- *Vide* arts. 143, § 2.º, e 226, § 5.º, da CF.
- Os arts. 372 e segs. da CLT dispõem sobre a duração, condições do trabalho e da discriminação contra a mulher.

II – ninguém será obrigado a fazer ou deixar de fazer alguma coisa senão em virtude de lei;

- *Vide* arts. 14, § 1.º, I, e 143 da CF.
- *Vide* Súmula Vinculante 44 do STF.

III – ninguém será submetido a tortura nem a tratamento desumano ou degradante;

- A Lei n. 9.455, de 7-4-1997, define os crimes de tortura.
- A Lei n. 12.847, de 2-8-2013, institui o Sistema Nacional de Prevenção e Combate à Tortura.

IV – é livre a manifestação do pensamento, sendo vedado o anonimato;

- *Vide* arts. 220 e segs. da CF.

V – é assegurado o direito de resposta, proporcional ao agravo, além da indenização por dano material, moral ou à imagem;

- A Lei n. 13.188, de 11-11-2015, dispõe sobre o direito de resposta ou retificação do ofendido em matéria divulgada, publicada ou transmitida por veículo de comunicação social.

VI – é inviolável a liberdade de consciência e de crença, sendo assegurado o livre exercício dos cultos religiosos e garantida, na forma da lei, a proteção aos locais de culto e a suas liturgias;

- Crimes contra o sentimento religioso e contra o respeito aos mortos: arts. 208 a 212 do CP.

VII – é assegurada, nos termos da lei, a prestação de assistência religiosa nas entidades civis e militares de internação coletiva;

VIII – ninguém será privado de direitos por motivo de crença religiosa ou de convicção filosófica ou política, salvo se as invocar para eximir-se

Direitos e Garantias Fundamentais

Art. 5.º

de obrigação legal a todos imposta e recusar-se a cumprir prestação alternativa, fixada em lei;

- *Vide* art. 143 da CF.

IX – é livre a expressão da atividade intelectual, artística, científica e de comunicação, independentemente de censura ou licença;

X – são invioláveis a intimidade, a vida privada, a honra e a imagem das pessoas, assegurado o direito a indenização pelo dano material ou moral decorrente de sua violação;

- *Vide* art. 114, VI, da CF.

XI – a casa é asilo inviolável do indivíduo, ninguém nela podendo penetrar sem consentimento do morador, salvo em caso de flagrante delito ou desastre, ou para prestar socorro, ou, durante o dia, por determinação judicial;

- Violação de domicílio no CP: art. 150, §§ 1.º a 5.º.
- Inviolabilidade do domicílio no CPP: art. 283.
- Do tempo e do lugar dos atos processuais no CPC: arts. 212 a 217.

XII – é inviolável o sigilo da correspondência e das comunicações telegráficas, de dados e das comunicações telefônicas, salvo, no último caso, por ordem judicial, nas hipóteses e na forma que a lei estabelecer para fins de investigação criminal ou instrução processual penal;

- •• A Lei n. 9.296, de 24-7-1996, regulamenta este inciso no tocante às comunicações telefônicas (Lei da Escuta Telefônica).
- *Vide* arts. 136, § 1.º, *b* e *c*, e 139, III, da CF.
- Violação de correspondência no CP: arts. 151 e 152.
- Serviços postais: Lei n. 6.538, de 22-6-1978.

XIII – é livre o exercício de qualquer trabalho, ofício ou profissão, atendidas as qualificações profissionais que a lei estabelecer;

- *Vide* art. 170 da CF.

XIV – é assegurado a todos o acesso à informação e resguardado o sigilo da fonte, quando necessário ao exercício profissional;

- O art. 154 do CP dispõe sobre violação do segredo profissional.

XV – é livre a locomoção no território nacional em tempo de paz, podendo qualquer pessoa, nos termos da lei, nele entrar, permanecer ou dele sair com seus bens;

- *Vide* art. 139 da CF.

XVI – todos podem reunir-se pacificamente, sem armas, em locais abertos ao público, independentemente de autorização, desde que não frustrem outra reunião anteriormente convocada para o mesmo local, sendo apenas exigido prévio aviso à autoridade competente;

- *Vide* art. 139 da CF.

XVII – é plena a liberdade de associação para fins lícitos, vedada a de caráter paramilitar;

XVIII – a criação de associações e, na forma da lei, a de cooperativas independem de autorização, sendo vedada a interferência estatal em seu funcionamento;

- A Lei n. 5.764, de 16-12-1971, dispõe sobre o regime jurídico das cooperativas.
- A Lei n. 9.867, de 10-11-1999, dispõe sobre a criação e o funcionamento de Cooperativas Sociais, visando à integração social dos cidadãos.

XIX – as associações só poderão ser compulsoriamente dissolvidas ou ter suas atividades suspensas por decisão judicial, exigindo-se, no primeiro caso, o trânsito em julgado;

XX – ninguém poderá ser compelido a associar-se ou a permanecer associado;

XXI – as entidades associativas, quando expressamente autorizadas, têm legitimidade para representar seus filiados judicial ou extrajudicialmente;

- A Lei n. 7.347, de 24-7-1985, disciplina a ação civil pública.

XXII – é garantido o direito de propriedade;

- *Vide* art. 243 da CF.
- Propriedade no CC (Lei n. 10.406, de 10-1-2002): arts. 1.228 a 1.368.

XXIII – a propriedade atenderá a sua função social;

- *Vide* arts. 156, § 1.º, 170, III, 182, § 2.º, e 186 da CF.
- A Lei n. 4.504, de 30-11-1964, estabelece o Estatuto da Terra.

XXIV – a lei estabelecerá o procedimento para desapropriação por necessidade ou utilidade

Art. 5.º
Direitos e Garantias Fundamentais

pública, ou por interesse social, mediante justa e prévia indenização em dinheiro, ressalvados os casos previstos nesta Constituição;

- Desapropriação: Decreto-lei n. 3.365, de 21-6-1941, Lei n. 4.132, de 10-9-1962, Lei n. 6.602, de 7-12-1978, Decreto-lei n. 1.075, de 22-1-1970, Lei n. 8.629, de 25-2-1993, Lei Complementar n. 76, de 6-7-1993, Lei n. 9.785, de 29-1-1999, e Lei n. 10.406, de 10-1-2002, art. 1.228, § 3.º.

XXV – no caso de iminente perigo público, a autoridade competente poderá usar de propriedade particular, assegurada ao proprietário indenização ulterior, se houver dano;

XXVI – a pequena propriedade rural, assim definida em lei, desde que trabalhada pela família, não será objeto de penhora para pagamento de débitos decorrentes de sua atividade produtiva, dispondo a lei sobre os meios de financiar o seu desenvolvimento;

- Estatuto da Terra: Lei n. 4.504, de 30-11-1964.
- O art. 4.º da Lei n. 8.629, de 25-2-1993, dispõe sobre a pequena propriedade rural.

XXVII – aos autores pertence o direito exclusivo de utilização, publicação ou reprodução de suas obras, transmissível aos herdeiros pelo tempo que a lei fixar;

- LDA: Lei n. 5.988, de 14-12-1973, e Lei n. 9.610, de 19-2-1998.
- Lei de Proteção de Cultivares: Lei n. 9.456, de 25-4-1997, e Decreto n. 2.366, de 5-11-1997.
- Lei de Proteção da Propriedade Intelectual do Programa de Computador e sua comercialização no país: Lei n. 9.609, de 19-2-1998, e Decreto n. 2.556, de 20-4-1998.

XXVIII – são assegurados, nos termos da lei:

a) a proteção às participações individuais em obras coletivas e à reprodução da imagem e voz humanas, inclusive nas atividades desportivas;

b) o direito de fiscalização do aproveitamento econômico das obras que criarem ou de que participarem aos criadores, aos intérpretes e às respectivas representações sindicais e associativas;

XXIX – a lei assegurará aos autores de inventos industriais privilégio temporário para sua utilização, bem como proteção às criações industriais, à propriedade das marcas, aos nomes de empresas e a outros signos distintivos, tendo em vista o interesse social e o desenvolvimento tecnológico e econômico do País;

- Propriedade Industrial: Lei n. 9.279, de 14-5-1996, e Decreto n. 2.553, de 16-4-1998.

XXX – é garantido o direito de herança;

- CC: direito das sucessões: arts. 1.784 e segs.; aceitação e renúncia da herança: arts. 1.804 e segs.; e herança jacente: arts. 1.819 e segs.
- Direitos dos companheiros a alimentos e à sucessão: Lei n. 8.971, de 29-12-1994, e CC, art. 1.790.

XXXI – a sucessão de bens de estrangeiros situados no País será regulada pela lei brasileira em benefício do cônjuge ou dos filhos brasileiros, sempre que não lhes seja mais favorável a lei pessoal do *de cujus*;

- LINDB (Decreto-lei n. 4.657, de 4-9-1942): art. 10, §§ 1.º e 2.º.

XXXII – o Estado promoverá, na forma da lei, a defesa do consumidor;

- Prevenção e repressão às infrações contra a ordem econômica: Lei n. 12.529, de 30-11-2011.
- A Lei n. 8.078, de 11-9-1990, dispõe sobre a proteção do consumidor (CDC), e o Decreto n. 2.181, de 20-3-1997, dispõe sobre a organização do Sistema Nacional de Defesa do Consumidor – SNDC, e estabelece normas gerais de aplicação das sanções administrativas previstas na Lei n. 8.078, de 1990.

XXXIII – todos têm direito a receber dos órgãos públicos informações de seu interesse particular, ou de interesse coletivo ou geral, que serão prestadas no prazo da lei, sob pena de responsabilidade, ressalvadas aquelas cujo sigilo seja imprescindível à segurança da sociedade e do Estado;

•• A Lei n. 12.527, de 18-11-2011, regulamentada pelo Decreto n. 7.724, de 16-5-2012, regula o acesso a informações previsto neste inciso.

- O Decreto n. 8.777, de 11-5-2016, institui a Política de Dados Abertos do Poder Executivo federal.
- *Vide* incisos LXXII e LXXVII deste artigo.

XXXIV – são a todos assegurados, independentemente do pagamento de taxas:

a) o direito de petição aos Poderes Públicos em defesa de direitos ou contra ilegalidade ou abuso de poder;

Direitos e Garantias Fundamentais

Art. 5.º

- *Vide* Súmula Vinculante 21 do STF.

b) a obtenção de certidões em repartições públicas, para defesa de direitos e esclarecimento de situações de interesse pessoal;

- A Lei n. 9.051, de 18-5-1995, dispõe sobre a expedição de certidões para a defesa de direitos e esclarecimentos de situações.

XXXV – a lei não excluirá da apreciação do Poder Judiciário lesão ou ameaça a direito;

- *Vide* Súmula Vinculante 28 do STF.

XXXVI – a lei não prejudicará o direito adquirido, o ato jurídico perfeito e a coisa julgada;

- LINDB (Decreto-lei n. 4.657, de 4-9-1942): art. 6.º.

XXXVII – não haverá juízo ou tribunal de exceção;

XXXVIII – é reconhecida a instituição do júri, com a organização que lhe der a lei, assegurados:

- Do processo dos crimes da competência do júri: arts. 406 e segs. do CPP.
- A Lei n. 11.697, de 13-6-2008, dispõe sobre a Organização Judiciária do Distrito Federal e dos Territórios. Sobre o Tribunal do Júri: arts. 18 e 19.
- *Vide* Súmula Vinculante 45 do STF.

a) a plenitude de defesa;

b) o sigilo das votações;

c) a soberania dos veredictos;

d) a competência para o julgamento dos crimes dolosos contra a vida;

XXXIX – não há crime sem lei anterior que o defina, nem pena sem prévia cominação legal;

- CP: art. 1.º.

XL – a lei penal não retroagirá, salvo para beneficiar o réu;

- CP: art. 2.º, parágrafo único.
- *Vide* Súmula Vinculante 26 do STF.

XLI – a lei punirá qualquer discriminação atentatória dos direitos e liberdades fundamentais;

- Crimes resultantes de preconceito de raça ou de cor: Lei n. 7.716, de 5-1-1989, e Lei n. 9.459, de 13-5-1997.
- A Lei n. 8.081, de 21-9-1990, estabelece os crimes e as penas aplicáveis aos atos discriminatórios ou de preconceito de raça, cor, religião, etnia ou procedência nacional, praticados pelos meios de comunicação ou por publicação de qualquer natureza.

XLII – a prática do racismo constitui crime inafiançável e imprescritível, sujeito à pena de reclusão, nos termos da lei;

- Estatuto da Igualdade Racial: Lei n. 12.288, de 20-7-2010.

XLIII – a lei considerará crimes inafiançáveis e insuscetíveis de graça ou anistia a prática da tortura, o tráfico ilícito de entorpecentes e drogas afins, o terrorismo e os definidos como crimes hediondos, por eles respondendo os mandantes, os executores e os que, podendo evitá-los, se omitirem;

- Inciso regulamentado pela Lei n. 13.260, de 16-3-2016, que disciplina o terrorismo, trata de disposições investigatórias e processuais e reformula o conceito de organização terrorista.
- A Lei n. 9.455, de 7-4-1997, define os crimes de tortura.
- O Decreto n. 5.639, de 26-12-2005, promulga a Convenção Interamericana contra o Terrorismo.
- Drogas: Lei n. 11.343, de 23-8-2006.

XLIV – constitui crime inafiançável e imprescritível a ação de grupos armados, civis ou militares, contra a ordem constitucional e o Estado Democrático;

- Organizações criminosas: Lei n. 12.850, de 2-8-2013.
- O Decreto n. 5.015, de 12-3-2004, promulga a Convenção das Nações Unidas contra o Crime Organizado Transnacional.

XLV – nenhuma pena passará da pessoa do condenado, podendo a obrigação de reparar o dano e a decretação do perdimento de bens ser, nos termos da lei, estendidas aos sucessores e contra eles executadas, até o limite do valor do patrimônio transferido;

- Das penas no CP: arts. 32 e segs.
- CC: arts. 932 e 935.

XLVI – a lei regulará a individualização da pena e adotará, entre outras, as seguintes:

- Das penas no CP: arts. 32 e segs.

a) privação ou restrição da liberdade;

- CP: arts. 33 e segs.

b) perda de bens;

Art. 5.º

- CP: art. 43, II.

  c) multa;

- CP: art. 49.

  d) prestação social alternativa;

- CP: arts. 44 e 46.

  e) suspensão ou interdição de direitos;

- CP: art. 47.

  XLVII – não haverá penas:

- Das penas no CP: arts. 32 e segs.

  a) de morte, salvo em caso de guerra declarada, nos termos do art. 84, XIX;

- O CP Militar (Decreto-lei n. 1.001, de 21-10-1969) dispõe sobre pena de morte nos arts. 55 a 57.

  b) de caráter perpétuo;

  c) de trabalhos forçados;

  d) de banimento;

  e) cruéis;

  XLVIII – a pena será cumprida em estabelecimentos distintos, de acordo com a natureza do delito, a idade e o sexo do apenado;

- Das penas no CP: arts. 32 e segs.
- Dos estabelecimentos penais: Lei n. 7.210, de 11-7-1984, arts. 82 a 104.
- A Lei n. 10.792, de 1.º-12-2003, instituiu o regime disciplinar diferenciado, facultando à União, aos Estados, ao Distrito Federal e aos Territórios a construção de Penitenciárias destinadas aos presos sujeitos a este regime.

  XLIX – é assegurado aos presos o respeito à integridade física e moral;

- CP: art. 38.
- Vide Súmula Vinculante 11 do STF.

  L – às presidiárias serão asseguradas condições para que possam permanecer com seus filhos durante o período de amamentação;

- Da penitenciária de mulheres: Lei n. 7.210, de 11-7-1984, art. 89.
- A Lei n. 11.942, de 28-5-2009, altera a LEP (Lei n. 7.210, de 11-7-1984), para assegurar às mães presas e aos recém-nascidos condições mínimas de assistência.

  LI – nenhum brasileiro será extraditado, salvo o naturalizado, em caso de crime comum, praticado antes da naturalização, ou de comprovado envolvimento em tráfico ilícito de entorpecentes e drogas afins, na forma da lei;

- Vide art. 12, II, da CF.

  LII – não será concedida extradição de estrangeiro por crime político ou de opinião;

- Extradição: arts. 76 a 94 da Lei n. 6.815, de 19-8-1980, e art. 110 do Decreto n. 86.715, de 10-12-1981.
- O Decreto n. 98.961, de 15-2-1990, dispõe sobre a expulsão do estrangeiro condenado por tráfico de entorpecente e drogas afins.

  LIII – ninguém será processado nem sentenciado senão pela autoridade competente;

  LIV – ninguém será privado da liberdade ou de seus bens sem o devido processo legal;

  LV – aos litigantes, em processo judicial ou administrativo, e aos acusados em geral são assegurados o contraditório e ampla defesa, com os meios e recursos a ela inerentes;

- Vide Súmulas Vinculantes 5, 14 e 28 do STF.

  LVI – são inadmissíveis, no processo, as provas obtidas por meios ilícitos;

- Das provas no CPP: arts. 155 e segs. Das provas no CPC: arts. 369 e segs.

  LVII – ninguém será considerado culpado até o trânsito em julgado de sentença penal condenatória;

  LVIII – o civilmente identificado não será submetido a identificação criminal, salvo nas hipóteses previstas em lei;

- Inciso regulamentado pela Lei n. 12.037, de 1.º-10-2009.

  LIX – será admitida ação privada nos crimes de ação pública, se esta não for intentada no prazo legal;

- Da ação penal privada subsidiária da pública: art. 100, § 3.º, do CP, e art. 29 do CPP.

  LX – a lei só poderá restringir a publicidade dos atos processuais quando a defesa da intimidade ou o interesse social o exigirem;

- Do sigilo no inquérito policial: CPP, art. 20.
- Segredo de Justiça: CPC, art. 189.
- Sistema de transmissão de dados para a prática de atos processuais: Lei n. 9.800, de 26-5-1999.

Direitos e Garantias Fundamentais

Art. 5.º

LXI – ninguém será preso senão em flagrante delito ou por ordem escrita e fundamentada de autoridade judiciária competente, salvo nos casos de transgressão militar ou crime propriamente militar, definidos em lei;

- Vide inciso LVII deste artigo.
- O Decreto-lei n. 1.001, de 21-10-1969, estabelece o CP Militar.

LXII – a prisão de qualquer pessoa e o local onde se encontre serão comunicados imediatamente ao juiz competente e à família do preso ou à pessoa por ele indicada;

LXIII – o preso será informado de seus direitos, entre os quais o de permanecer calado, sendo-lhe assegurada a assistência da família e de advogado;

- Vide art. 136, § 3.º, IV, da CF.
- Vide Súmula Vinculante 14 do STF.

LXIV – o preso tem direito à identificação dos responsáveis por sua prisão ou por seu interrogatório policial;

LXV – a prisão ilegal será imediatamente relaxada pela autoridade judiciária;

LXVI – ninguém será levado à prisão ou nela mantido, quando a lei admitir a liberdade provisória, com ou sem fiança;

- Os arts. 321 e segs. do CPP dispõem sobre liberdade provisória.

LXVII – não haverá prisão civil por dívida, salvo a do responsável pelo inadimplemento voluntário e inescusável de obrigação alimentícia e a do depositário infiel;

- • O Decreto n. 592, de 6-7-1992 (Pacto Internacional sobre Direitos Civis e Políticos), dispõe em seu art. 11 que "ninguém poderá ser preso apenas por não poder cumprir com uma obrigação contratual".
- • O Decreto n. 678, de 6-11-1992 (Pacto de São José da Costa Rica), dispõe em seu art. 7.º, item 7, que ninguém deve ser detido por dívida, exceto no caso de inadimplemento de obrigação alimentar.
- Pensão alimentícia: art. 19 da Lei n. 5.478, de 25-7-1968.
- Vide Súmula Vinculante 25 do STF.

LXVIII – conceder-se-á *habeas corpus* sempre que alguém sofrer ou se achar ameaçado de sofrer violência ou coação em sua liberdade de locomoção, por ilegalidade ou abuso de poder;

- Vide art. 142, § 2.º, da CF.
- Habeas corpus e seu processo: arts. 647 e segs. do CPP.

LXIX – conceder-se-á mandado de segurança para proteger direito líquido e certo, não amparado por *habeas corpus* ou *habeas data*, quando o responsável pela ilegalidade ou abuso de poder for autoridade pública ou agente de pessoa jurídica no exercício de atribuições do Poder Público;

- Mandado de segurança: Lei n. 12.016, de 7-8-2009.
- Habeas data: Lei n. 9.507, de 12-11-1997.

LXX – o mandado de segurança coletivo pode ser impetrado por:

- Mandado de segurança coletivo: Lei n. 12.016, de 7-8-2009.

a) partido político com representação no Congresso Nacional;

b) organização sindical, entidade de classe ou associação legalmente constituída e em funcionamento há pelo menos um ano, em defesa dos interesses de seus membros ou associados;

LXXI – conceder-se-á mandado de injunção sempre que a falta de norma regulamentadora torne inviável o exercício dos direitos e liberdades constitucionais e das prerrogativas inerentes à nacionalidade, à soberania e à cidadania;

- •• Mandado de Injunção individual e coletivo: Lei n. 13.300, de 23-6-2016.

LXXII – conceder-se-á *habeas data*:

- Habeas data: Lei n. 9.507, de 12-11-1997.

a) para assegurar o conhecimento de informações relativas à pessoa do impetrante, constantes de registros ou bancos de dados de entidades governamentais ou de caráter público;

b) para a retificação de dados, quando não se prefira fazê-lo por processo sigiloso, judicial ou administrativo;

LXXIII – qualquer cidadão é parte legítima para propor ação popular que vise a anular ato lesivo ao patrimônio público ou de entidade de que o Estado participe, à moralidade adminis-

Arts. 5.º a 7.º

Direitos e Garantias Fundamentais

trativa, ao meio ambiente e ao patrimônio histórico e cultural, ficando o autor, salvo comprovada má-fé, isento de custas judiciais e do ônus da sucumbência;

• Lei de Ação Popular: Lei n. 4.717, de 29-6-1965.

LXXIV – o Estado prestará assistência jurídica integral e gratuita aos que comprovarem insuficiência de recursos;

• Assistência judiciária: Lei n. 1.060, de 5-2-1950.
• Defensoria Pública: Lei Complementar n. 80, de 12-1-1994.

LXXV – o Estado indenizará o condenado por erro judiciário, assim como o que ficar preso além do tempo fixado na sentença;

LXXVI – são gratuitos para os reconhecidamente pobres, na forma da lei:

•• Inciso regulamentado pela Lei n. 9.265, de 12-2-1996.
• Lei n. 6.015, de 31-12-1973, art. 30 e parágrafos.
• Gratuidade dos atos necessários ao exercício da cidadania: Lei n. 9.534, de 10-12-1997.

a) o registro civil de nascimento;
b) a certidão de óbito;

LXXVII – são gratuitas as ações de *habeas corpus* e *habeas data*, e, na forma da lei, os atos necessários ao exercício da cidadania.

•• Inciso regulamentado pela Lei n. 9.265, de 12-2-1996.

LXXVIII – a todos, no âmbito judicial e administrativo, são assegurados a razoável duração do processo e os meios que garantam a celeridade de sua tramitação.

•• Inciso LXXVIII acrescentado pela Emenda Constitucional n. 45, de 8-12-2004.

§ 1.º As normas definidoras dos direitos e garantias fundamentais têm aplicação imediata.

§ 2.º Os direitos e garantias expressos nesta Constituição não excluem outros decorrentes do regime e dos princípios por ela adotados, ou dos tratados internacionais em que a República Federativa do Brasil seja parte.

•• *Vide* Súmula Vinculante 25 do STF.

§ 3.º Os tratados e convenções internacionais sobre direitos humanos que forem aprovados,

em cada Casa do Congresso Nacional, em dois turnos, por três quintos dos votos dos respectivos membros, serão equivalentes às emendas constitucionais.

•• § 3.º acrescentado pela Emenda Constitucional n. 45, de 8-12-2004.

§ 4.º O Brasil se submete à jurisdição de Tribunal Penal Internacional a cuja criação tenha manifestado adesão.

•• § 4.º acrescentado pela Emenda Constitucional n. 45, de 8-12-2004.

• O Decreto n. 4.388, de 25-9-2002, dispõe sobre o Tribunal Penal Internacional.

Capítulo II
DOS DIREITOS SOCIAIS

Art. 6.º São direitos sociais a educação, a saúde, a alimentação, o trabalho, a moradia, o transporte, o lazer, a segurança, a previdência social, a proteção à maternidade e à infância, a assistência aos desamparados, na forma desta Constituição.

•• Artigo com redação determinada pela Emenda Constitucional n. 90, de 15-9-2015.

Art. 7.º São direitos dos trabalhadores urbanos e rurais, além de outros que visem à melhoria de sua condição social:

I – relação de emprego protegida contra despedida arbitrária ou sem justa causa, nos termos de lei complementar, que preverá indenização compensatória, dentre outros direitos;

II – seguro-desemprego, em caso de desemprego involuntário;

•• A Lei n. 7.998, de 11-1-1990, regulamenta o Programa do Seguro-Desemprego.

• Dispõem ainda sobre a matéria: Lei n. 8.019, de 11-4-1990, Lei n. 10.779, de 25-11-2003, e Lei Complementar n. 150, de 1.º-6-2015.

III – fundo de garantia do tempo de serviço;

• FGTS: Lei n. 8.036, de 11-5-1990 (disposições), regulamentada pelo Decreto n. 99.684, de 8-11-1990, Lei n. 8.844, de 20-1-1994 (fiscalização, apuração e cobrança judicial das contribuições e multas), Lei Complementar n. 150, de 1.º-6-2015 (empregado doméstico).

Direitos e Garantias Fundamentais
Art. 7.º

IV – salário mínimo, fixado em lei, nacionalmente unificado, capaz de atender a suas necessidades vitais básicas e às de sua família com moradia, alimentação, educação, saúde, lazer, vestuário, higiene, transporte e previdência social, com reajustes periódicos que lhe preservem o poder aquisitivo, sendo vedada sua vinculação para qualquer fim;

•• O Decreto n. 8.618, de 29-12-2015, estabelece que, a partir de 1.º-1-2016, o salário mínimo será de R$ 880,00 (oitocentos e oitenta reais).

• *Vide* Súmulas Vinculantes 4, 5 e 16 do STF.

V – piso salarial proporcional à extensão e à complexidade do trabalho;

•• A Lei Complementar n. 103, de 14-7-2000, autoriza os Estados e o Distrito Federal a instituir o piso salarial a que se refere este inciso.

VI – irredutibilidade do salário, salvo o disposto em convenção ou acordo coletivo;

VII – garantia de salário, nunca inferior ao mínimo, para os que percebem remuneração variável;

VIII – décimo terceiro salário com base na remuneração integral ou no valor da aposentadoria;

• Décimo terceiro salário: Lei n. 4.090, de 13-7-1962; Lei n. 4.749, de 12-8-1965; Decreto n. 57.155, de 3-11-1965, e Decreto n. 63.912, de 26-12-1968.

IX – remuneração do trabalho noturno superior à do diurno;

• Trabalho noturno na CLT: art. 73 e §§ 1.º a 5.º.

X – proteção do salário na forma da lei, constituindo crime sua retenção dolosa;

XI – participação nos lucros, ou resultados, desvinculada da remuneração, e, excepcionalmente, participação na gestão da empresa, conforme definido em lei;

•• Regulamento: Lei n. 10.101, de 19-12-2000.

XII – salário-família pago em razão do dependente do trabalhador de baixa renda nos termos da lei;

•• Inciso XII com redação determinada pela Emenda Constitucional n. 20, de 15-12-1998.

• Salário-família: Lei n. 4.266, de 3-10-1963, Decreto n. 53.153, de 10-12-1963, Lei n. 8.213, de 24-7-1991, e Decreto n. 3.048, de 6-5-1999.

XIII – duração do trabalho normal não superior a oito horas diárias e quarenta e quatro semanais, facultada a compensação de horários e a redução da jornada, mediante acordo ou convenção coletiva de trabalho;

• Duração do trabalho na CLT: arts. 57 e segs. e 224 e segs.

XIV – jornada de seis horas para o trabalho realizado em turnos ininterruptos de revezamento, salvo negociação coletiva;

XV – repouso semanal remunerado, preferencialmente aos domingos;

• Repouso semanal: Lei n. 605, de 5-1-1949; Decreto n. 27.048, de 12-8-1949, e art. 67 da CLT.

XVI – remuneração do serviço extraordinário superior, no mínimo, em cinquenta por cento à do normal;

• Remuneração do serviço extraordinário na CLT: arts. 61, 142 e 227.

• A Lei n. 10.244, de 27-6-2001, revogando o art. 376 da CLT, passa a permitir a realização de horas extras por mulheres.

XVII – gozo de férias anuais remuneradas com, pelo menos, um terço a mais do que o salário normal;

• Férias na CLT: arts. 129 e segs.

XVIII – licença à gestante, sem prejuízo do emprego e do salário, com a duração de cento e vinte dias;

•• A Lei n. 11.770, de 9-9-2008, instituiu o Programa Empresa Cidadã, destinado a facultar a prorrogação por 60 dias da licença-maternidade, prevista neste inciso. Regulamentada pelo Decreto n. 7.052, de 23-12-2009.

• *Vide* art. 10, II, *b*, do ADCT.

• Salário-maternidade: arts. 71 a 73 da Lei n. 8.213, de 24-7-1991.

XIX – licença-paternidade, nos termos fixados em lei;

• *Vide* art. 10, § 1.º, do ADCT.

•• A Lei n. 11.770, de 9-9-2008, (Programa Empresa Cidadã), alterada pela Lei n. 13.257, de 8-3-2016, faculta a prorrogação por 15 dias da licença-paternidade, mediante concessão de incentivo fiscal.

Art. 7.º Direitos e Garantias Fundamentais

XX – proteção do mercado de trabalho da mulher, mediante incentivos específicos, nos termos da lei;

- Proteção ao trabalho da mulher na CLT: arts. 372 e segs.
- Convenção sobre a eliminação de todas as formas de discriminação contra a mulher: Decreto n. 4.377, de 13-9-2002.

XXI – aviso prévio proporcional ao tempo de serviço, sendo no mínimo de trinta dias, nos termos da lei;

•• Regulamenta: Lei n. 12.506, de 11-10-2011.
• Aviso prévio na CLT: arts. 487 e segs.

XXII – redução dos riscos inerentes ao trabalho, por meio de normas de saúde, higiene e segurança;

- Segurança e medicina do trabalho: arts. 154 e segs. da CLT.

XXIII – adicional de remuneração para as atividades penosas, insalubres ou perigosas, na forma da lei;

- Atividades insalubres e perigosas na CLT: arts. 189 e segs.

XXIV – aposentadoria;

- A Lei n. 8.213, de 24-7-1991, nos arts. 42 e segs., trata de aposentadoria.
- O Decreto n. 3.048, de 6-5-1999, aprova o regulamento da Previdência Social.

XXV – assistência gratuita aos filhos e dependentes desde o nascimento até 5 (cinco) anos de idade em creches e pré-escolas;

•• Inciso XXV com redação determinada pela Emenda Constitucional n. 53, de 19-12-2006.

XXVI – reconhecimento das convenções e acordos coletivos de trabalho;

- Convenções coletivas de trabalho na CLT: arts. 611 e segs.

XXVII – proteção em face da automação, na forma da lei;

XXVIII – seguro contra acidentes de trabalho, a cargo do empregador, sem excluir a indenização a que este está obrigado, quando incorrer em dolo ou culpa;

- Acidente do trabalho: Lei n. 6.338, de 7-6-1976; Lei n. 8.212, de 24-7-1991; Lei n. 8.213, de 24-7-1991; e Decreto n. 3.048, de 6-5-1999.

XXIX – ação, quanto aos créditos resultantes das relações de trabalho, com prazo prescricional de cinco anos para os trabalhadores urbanos e rurais, até o limite de dois anos após a extinção do contrato de trabalho;

•• Inciso XXIX com redação determinada pela Emenda Constitucional n. 28, de 25-5-2000.

a) e *b)* (*Revogadas pela Emenda Constitucional n. 28, de 25-5-2000.*)

XXX – proibição de diferença de salários, de exercício de funções e de critério de admissão por motivo de sexo, idade, cor ou estado civil;

XXXI – proibição de qualquer discriminação no tocante a salário e critérios de admissão do trabalhador portador de deficiência;

- O Decreto n. 3.298, de 20-12-1999, consolida as normas de proteção à pessoa portadora de deficiência.

XXXII – proibição de distinção entre trabalho manual, técnico e intelectual ou entre os profissionais respectivos;

XXXIII – proibição de trabalho noturno, perigoso ou insalubre a menores de 18 (dezoito) e de qualquer trabalho a menores de 16 (dezesseis) anos, salvo na condição de aprendiz, a partir de 14 (quatorze) anos;

•• Inciso XXXIII com redação determinada pela Emenda Constitucional n. 20, de 15-12-1998.
• Proteção ao trabalho do menor na CLT: arts. 402 e segs.
• Do direito à profissionalização e à proteção do trabalho: arts. 60 a 69 da Lei n. 8.069, de 13-7-1990 (ECA).

XXXIV – igualdade de direitos entre o trabalhador com vínculo empregatício permanente e o trabalhador avulso.

Parágrafo único. São assegurados à categoria dos trabalhadores domésticos os direitos previstos nos incisos IV, VI, VII, VIII, X, XIII, XV, XVI, XVII, XVIII, XIX, XXI, XXII, XXIV, XXVI, XXX, XXXI e XXXIII e, atendidas as condições estabelecidas em lei e observada a simplificação do cumprimento das obrigações tributárias, principais e acessórias, decorrentes da relação de trabalho e suas peculiaridades, os previstos nos incisos I, II, III, IX, XII, XXV e XXVIII, bem como a sua integração à previdência social.

Direitos e Garantias Fundamentais

Arts. 7.º a 12

•• Parágrafo único com redação determinada pela Emenda Constitucional n. 72, de 2-4-2013.
• Empregado doméstico, FGTS e seguro-desemprego: Lei n. 7.195, de 12-6-1984, e Lei Complementar n. 150, de 1.º-6-2015.
• Salário-maternidade: arts. 93 a 103 do Decreto n. 3.048, de 6-5-1999.

Art. 8.º É livre a associação profissional ou sindical, observado o seguinte:

• Organização sindical na CLT: arts. 511 e segs.

I – a lei não poderá exigir autorização do Estado para a fundação de sindicato, ressalvado o registro no órgão competente, vedadas ao Poder Público a interferência e a intervenção na organização sindical;

II – é vedada a criação de mais de uma organização sindical, em qualquer grau, representativa de categoria profissional ou econômica, na mesma base territorial, que será definida pelos trabalhadores ou empregadores interessados, não podendo ser inferior à área de um Município;

III – ao sindicato cabe a defesa dos direitos e interesses coletivos ou individuais da categoria, inclusive em questões judiciais ou administrativas;

IV – a assembleia geral fixará a contribuição que, em se tratando de categoria profissional, será descontada em folha, para custeio do sistema confederativo da representação sindical respectiva, independentemente da contribuição prevista em lei;

•• *Vide* Súmula Vinculante 40 do STF.

V – ninguém será obrigado a filiar-se ou a manter-se filiado a sindicato;

• Atentado contra a liberdade de associação: art. 199 do CP.
• O Precedente Normativo n. 119, de 13-8-1998, publicado no *DJU*, de 20-8-1998, do TST, dispõe sobre contribuições sindicais.

VI – é obrigatória a participação dos sindicatos nas negociações coletivas de trabalho;

VII – o aposentado filiado tem direito a votar e ser votado nas organizações sindicais;

VIII – é vedada a dispensa do empregado sindicalizado a partir do registro da candidatura a cargo de direção ou representação sindical e, se eleito, ainda que suplente, até um ano após o final do mandato, salvo se cometer falta grave nos termos da lei.

Parágrafo único. As disposições deste artigo aplicam-se à organização de sindicatos rurais e de colônias de pescadores, atendidas as condições que a lei estabelecer.

•• Parágrafo regulamentado pela Lei n. 11.699, de 13-6-2008, que estabelece que as Colônias de Pescadores, as Federações Estaduais e a Confederação Nacional dos Pescadores ficam reconhecidas como órgãos de classe dos trabalhadores do setor artesanal da pesca, com forma e natureza jurídica próprias, obedecendo ao princípio da livre organização previsto neste artigo.

Art. 9.º É assegurado o direito de greve, competindo aos trabalhadores decidir sobre a oportunidade de exercê-lo e sobre os interesses que devam por meio dele defender.

• *Vide* arts. 37, VII, 114, II, e 142, § 3.º, IV, da CF.
• Greve: Lei n. 7.783, de 28-6-1989.

§ 1.º A lei definirá os serviços ou atividades essenciais e disporá sobre o atendimento das necessidades inadiáveis da comunidade.

§ 2.º Os abusos cometidos sujeitam os responsáveis às penas da lei.

Art. 10. É assegurada a participação dos trabalhadores e empregadores nos colegiados dos órgãos públicos em que seus interesses profissionais ou previdenciários sejam objeto de discussão e deliberação.

Art. 11. Nas empresas de mais de duzentos empregados, é assegurada a eleição de um representante destes com a finalidade exclusiva de promover-lhes o entendimento direto com os empregadores.

Capítulo III
DA NACIONALIDADE

Art. 12. São brasileiros:

I – natos:

a) os nascidos na República Federativa do Brasil, ainda que de pais estrangeiros, desde que estes não estejam a serviço de seu país;

Arts. 12 e 13 — Direitos e Garantias Fundamentais

b) os nascidos no estrangeiro, de pai brasileiro ou mãe brasileira, desde que qualquer deles esteja a serviço da República Federativa do Brasil;

c) os nascidos no estrangeiro de pai brasileiro ou de mãe brasileira, desde que sejam registrados em repartição brasileira competente ou venham a residir na República Federativa do Brasil e optem, em qualquer tempo, depois de atingida a maioridade, pela nacionalidade brasileira;

•• Alínea c com redação determinada pela Emenda Constitucional n. 54, de 20-9-2007.

II – naturalizados:

a) os que, na forma da lei, adquiram a nacionalidade brasileira, exigidas aos originários de países de língua portuguesa apenas residência por um ano ininterrupto e idoneidade moral;

b) os estrangeiros de qualquer nacionalidade residentes na República Federativa do Brasil há mais de quinze anos ininterruptos e sem condenação penal, desde que requeiram a nacionalidade brasileira.

•• Alínea b com redação determinada pela Emenda Constitucional de Revisão n. 3, de 7-6-1994.

§ 1.º Aos portugueses com residência permanente no País, se houver reciprocidade em favor de brasileiros, serão atribuídos os direitos inerentes ao brasileiro, salvo os casos previstos nesta Constituição.

•• § 1.º com redação determinada pela Emenda Constitucional de Revisão n. 3, de 7-6-1994.

§ 2.º A lei não poderá estabelecer distinção entre brasileiros natos e naturalizados, salvo nos casos previstos nesta Constituição.

• O Decreto n. 3.927, de 19-9-2001, promulga o Tratado de Amizade, Cooperação e Consulta, entre a República Federativa do Brasil e a República Portuguesa.

§ 3.º São privativos de brasileiro nato os cargos:

I – de Presidente e Vice-Presidente da República;

II – de Presidente da Câmara dos Deputados;

III – de Presidente do Senado Federal;

IV – de Ministro do Supremo Tribunal Federal;

V – da carreira diplomática;

VI – de oficial das Forças Armadas;

VII – de Ministro de Estado da Defesa.

•• Inciso VII acrescentado pela Emenda Constitucional n. 23, de 2-9-1999.

§ 4.º Será declarada a perda da nacionalidade do brasileiro que:

•• O Decreto n. 3.453, de 9-5-2000, delega competência ao Ministro de Estado da Justiça para declarar a perda e a reaquisição da nacionalidade brasileira, na forma deste artigo.

I – tiver cancelada sua naturalização, por sentença judicial, em virtude de atividade nociva ao interesse nacional;

II – adquirir outra nacionalidade, salvo nos casos:

•• Inciso II, caput, acrescentado pela Emenda Constitucional de Revisão n. 3, de 7-6-1994.

a) de reconhecimento de nacionalidade originária pela lei estrangeira;

•• Alínea a acrescentada pela Emenda Constitucional de Revisão n. 3, de 7-6-1994.

b) de imposição de naturalização, pela norma estrangeira, ao brasileiro residente em Estado estrangeiro, como condição para permanência em seu território ou para o exercício de direitos civis.

•• Alínea b acrescentada pela Emenda Constitucional de Revisão n. 3, de 7-6-1994.

• A Lei n. 818, de 18-9-1949, regula a aquisição, a perda e a reaquisição da nacionalidade, bem como a perda dos direitos políticos.

Art. 13. A língua portuguesa é o idioma oficial da República Federativa do Brasil.

• O Decreto n. 6.583, de 29-9-2008, promulga o Acordo Ortográfico da Língua Portuguesa.

§ 1.º São símbolos da República Federativa do Brasil a bandeira, o hino, as armas e o selo nacionais.

• Apresentação e forma dos símbolos nacionais: Lei n. 5.700, de 1.º-9-1971.

§ 2.º Os Estados, o Distrito Federal e os Municípios poderão ter símbolos próprios.

Direitos e Garantias Fundamentais

Capítulo IV
DOS DIREITOS POLÍTICOS

Art. 14. A soberania popular será exercida pelo sufrágio universal e pelo voto direto e secreto, com valor igual para todos, e, nos termos da lei, mediante:

I – plebiscito;

•• Regulamento: Lei n. 9.709, de 18-11-1998.

II – referendo;

•• Regulamento: Lei n. 9.709, de 18-11-1998.

III – iniciativa popular.

•• Regulamento: Lei n. 9.709, de 18-11-1998.

§ 1.º O alistamento eleitoral e o voto são:

• Alistamento no CE (Lei n. 4.737, de 15-7-1965): arts. 42 e segs.

I – obrigatórios para os maiores de dezoito anos;

II – facultativos para:

a) os analfabetos;

b) os maiores de setenta anos;

c) os maiores de dezesseis e menores de dezoito anos.

§ 2.º Não podem alistar-se como eleitores os estrangeiros e, durante o período do serviço militar obrigatório, os conscritos.

§ 3.º São condições de elegibilidade, na forma da lei:

I – a nacionalidade brasileira;

II – o pleno exercício dos direitos políticos;

III – o alistamento eleitoral;

IV – o domicílio eleitoral na circunscrição;

V – a filiação partidária;

•• Regulamento: Lei n. 9.096, de 19-9-1995.

VI – a idade mínima de:

a) trinta e cinco anos para Presidente e Vice-Presidente da República e Senador;

b) trinta anos para Governador e Vice-Governador de Estado e do Distrito Federal;

c) vinte e um anos para Deputado Federal, Deputado Estadual ou Distrital, Prefeito, Vice-Prefeito e juiz de paz;

• Responsabilidade dos Prefeitos: Decreto-lei n. 201, de 27-2-1967.

d) dezoito anos para Vereador.

• Responsabilidade dos Vereadores: Decreto-lei n. 201, de 27-2-1967.

§ 4.º São inelegíveis os inalistáveis e os analfabetos.

§ 5.º O Presidente da República, os Governadores de Estado e do Distrito Federal, os Prefeitos e quem os houver sucedido ou substituído no curso dos mandatos poderão ser reeleitos para um único período subsequente.

•• § 5.º com redação determinada pela Emenda Constitucional n. 16, de 4-6-1997.

§ 6.º Para concorrerem a outros cargos, o Presidente da República, os Governadores de Estado e do Distrito Federal e os Prefeitos devem renunciar aos respectivos mandatos até seis meses antes do pleito.

§ 7.º São inelegíveis, no território de jurisdição do titular, o cônjuge e os parentes consanguíneos ou afins, até o segundo grau ou por adoção, do Presidente da República, de Governador de Estado ou Território, do Distrito Federal, de Prefeito ou de quem os haja substituído dentro dos seis meses anteriores ao pleito, salvo se já titular de mandato eletivo e candidato à reeleição.

• Vide Súmula Vinculante 18 do STF.

§ 8.º O militar alistável é elegível, atendidas as seguintes condições:

I – se contar menos de dez anos de serviço, deverá afastar-se da atividade;

II – se contar mais de dez anos de serviço, será agregado pela autoridade superior e, se eleito, passará automaticamente, no ato da diplomação, para a inatividade.

• Vide art. 42 da CF.

§ 9.º Lei complementar estabelecerá outros casos de inelegibilidade e os prazos de sua cessação, a fim de proteger a probidade administrativa, a moralidade para o exercício do mandato, considerada a vida pregressa do candidato, e a normalidade e legitimidade das eleições contra a influência do poder econômico ou o abuso do exercício de função, cargo ou emprego na administração direta ou indireta.

Arts. 14 a 18

•• § 9.º com redação determinada pela Emenda Constitucional de Revisão n. 4, de 7-6-1994.

• Casos de inelegibilidade: Lei Complementar n. 64, de 18-5-1990.

§ 10. O mandato eletivo poderá ser impugnado ante a Justiça Eleitoral no prazo de quinze dias contados da diplomação, instruída a ação com provas de abuso do poder econômico, corrupção ou fraude.

§ 11. A ação de impugnação de mandato tramitará em segredo de justiça, respondendo o autor, na forma da lei, se temerária ou de manifesta má-fé.

Art. 15. É vedada a cassação de direitos políticos, cuja perda ou suspensão só se dará nos casos de:

• Lei Orgânica dos Partidos Políticos: Lei n. 9.096, de 19-9-1995.

I – cancelamento da naturalização por sentença transitada em julgado;

II – incapacidade civil absoluta;

III – condenação criminal transitada em julgado, enquanto durarem seus efeitos;

IV – recusa de cumprir obrigação a todos imposta ou prestação alternativa, nos termos do art. 5.º, VIII;

V – improbidade administrativa, nos termos do art. 37, § 4.º.

Art. 16. A lei que alterar o processo eleitoral entrará em vigor na data de sua publicação, não se aplicando à eleição que ocorra até 1 (um) ano da data de sua vigência.

•• Artigo com redação determinada pela Emenda Constitucional n. 4, de 14-9-1993.

Capítulo V
DOS PARTIDOS POLÍTICOS

Art. 17. É livre a criação, fusão, incorporação e extinção de partidos políticos, resguardados a soberania nacional, o regime democrático, o pluripartidarismo, os direitos fundamentais da pessoa humana e observados os seguintes preceitos:

•• Artigo regulamentado pela Lei n. 9.096, de 19-9-1995.

Organização do Estado

•• *Vide* Emenda Constitucional n. 91, de 18-2-2016, que dispõe sobre desfiliação partidária.

I – caráter nacional;

II – proibição de recebimento de recursos financeiros de entidade ou governo estrangeiros ou de subordinação a estes;

III – prestação de contas à Justiça Eleitoral;

IV – funcionamento parlamentar de acordo com a lei.

§ 1.º É assegurada aos partidos políticos autonomia para definir sua estrutura interna, organização e funcionamento e para adotar os critérios de escolha e o regime de suas coligações eleitorais, sem obrigatoriedade de vinculação entre as candidaturas em âmbito nacional, estadual, distrital ou municipal, devendo seus estatutos estabelecer normas de disciplina e fidelidade partidária.

•• § 1.º com redação determinada pela Emenda Constitucional n. 52, de 8-3-2006.

•• O STF julgou procedente a ADIn n. 3.685-8, para fixar que a inovação trazida por este parágrafo, com a redação determinada pela Emenda Constitucional n. 52, de 8-3-2006, somente seja aplicada após decorrido um ano da data de sua vigência.

§ 2.º Os partidos políticos, após adquirirem personalidade jurídica, na forma da lei civil, registrarão seus estatutos no Tribunal Superior Eleitoral.

§ 3.º Os partidos políticos têm direito a recursos do fundo partidário e acesso gratuito ao rádio e à televisão, na forma da lei.

• Os arts. 240 e segs. do CE dispõem sobre a propaganda partidária.

§ 4.º É vedada a utilização pelos partidos políticos de organização paramilitar.

Título III
DA ORGANIZAÇÃO DO ESTADO

Capítulo I
DA ORGANIZAÇÃO POLÍTICO--ADMINISTRATIVA

Art. 18. A organização político-administrati-

Organização do Estado

Arts. 18 a 20

va da República Federativa do Brasil compreende a União, os Estados, o Distrito Federal e os Municípios, todos autônomos, nos termos desta Constituição.

§ 1.º Brasília é a Capital Federal.

§ 2.º Os Territórios Federais integram a União, e sua criação, transformação em Estado ou reintegração ao Estado de origem serão reguladas em lei complementar.

§ 3.º Os Estados podem incorporar-se entre si, subdividir-se ou desmembrar-se para se anexarem a outros, ou formarem novos Estados ou Territórios Federais, mediante aprovação da população diretamente interessada, através de plebiscito, e do Congresso Nacional, por lei complementar.

§ 4.º A criação, a incorporação, a fusão e o desmembramento de Municípios far-se-ão por lei estadual, dentro do período determinado por lei complementar federal, e dependerão de consulta prévia, mediante plebiscito, às populações dos Municípios envolvidos, após divulgação dos Estudos de Viabilidade Municipal, apresentados e publicados na forma da lei.

•• § 4.º com redação determinada pela Emenda Constitucional n. 15, de 12-9-1996.

Art. 19. É vedado à União, aos Estados, ao Distrito Federal e aos Municípios:

I – estabelecer cultos religiosos ou igrejas, subvencioná-los, embaraçar-lhes o funcionamento ou manter com eles ou seus representantes relações de dependência ou aliança, ressalvada, na forma da lei, a colaboração de interesse público;

II – recusar fé aos documentos públicos;

III – criar distinções entre brasileiros ou preferências entre si.

Capítulo II
DA UNIÃO

Art. 20. São bens da União:

I – os que atualmente lhe pertencem e os que lhe vierem a ser atribuídos;

II – as terras devolutas indispensáveis à defesa das fronteiras, das fortificações e construções militares, das vias federais de comunicação e à preservação ambiental, definidas em lei;

III – os lagos, rios e quaisquer correntes de água em terrenos de seu domínio, ou que banhem mais de um Estado, sirvam de limites com outros países, ou se estendam a território estrangeiro ou dele provenham, bem como os terrenos marginais e as praias fluviais;

IV – as ilhas fluviais e lacustres nas zonas limítrofes com outros países; as praias marítimas; as ilhas oceânicas e as costeiras, excluídas, destas, as que contenham a sede de Municípios, exceto aquelas áreas afetadas ao serviço público e a unidade ambiental federal, e as referidas no art. 26, II;

•• Inciso IV com redação determinada pela Emenda Constitucional n. 46, de 5-5-2005.

V – os recursos naturais da plataforma continental e da zona econômica exclusiva;

• A Lei n. 8.617, de 4-1-1993, dispõe sobre o mar territorial, a zona contígua, a zona econômica exclusiva e a plataforma continental brasileira.

VI – o mar territorial;

VII – os terrenos de marinha e seus acrescidos;

VIII – os potenciais de energia hidráulica;

IX – os recursos minerais, inclusive os do subsolo;

X – as cavidades naturais subterrâneas e os sítios arqueológicos e pré-históricos;

XI – as terras tradicionalmente ocupadas pelos índios.

§ 1.º É assegurada, nos termos da lei, aos Estados, ao Distrito Federal e aos Municípios, bem como a órgãos da administração direta da União, participação no resultado da exploração de petróleo ou gás natural, de recursos hídricos para fins de geração de energia elétrica e de outros recursos minerais no respectivo território, plataforma continental, mar territorial ou zona

Arts. 20 e 21 — Organização do Estado

econômica exclusiva, ou compensação financeira por essa exploração.

•• *Vide* art. 3.º da Emenda Constitucional n. 86, de 17-3-2015.
•• *Vide* art. 198, § 2.º, I, da CF.

§ 2.º A faixa de até cento e cinquenta quilômetros de largura, ao longo das fronteiras terrestres, designada como faixa de fronteira, é considerada fundamental para defesa do território nacional, e sua ocupação e utilização serão reguladas em lei.

• A Lei n. 6.634, de 2-5-1979, dispõe sobre Faixa de Fronteira.

Art. 21. Compete à União:

I – manter relações com Estados estrangeiros e participar de organizações internacionais;

II – declarar a guerra e celebrar a paz;

III – assegurar a defesa nacional;

IV – permitir, nos casos previstos em lei complementar, que forças estrangeiras transitem pelo território nacional ou nele permaneçam temporariamente;

•• Regulamento: Lei Complementar n. 90, de 1.º-10-1997.

V – decretar o estado de sítio, o estado de defesa e a intervenção federal;

VI – autorizar e fiscalizar a produção e o comércio de material bélico;

VII – emitir moeda;

VIII – administrar as reservas cambiais do País e fiscalizar as operações de natureza financeira, especialmente as de crédito, câmbio e capitalização, bem como as de seguros e de previdência privada;

• A Lei n. 4.595, de 31-12-1964, dispõe sobre a política e as instituições monetárias, bancárias e creditícias e cria o Conselho Monetário Nacional.
• A Lei n. 4.728, de 14-7-1965, disciplina o mercado de capitais e estabelece medidas para o seu desenvolvimento.
• O Decreto-lei n. 73, de 21-11-1966, regulamentado pelo Decreto n. 60.459, de 13-3-1967, dispõe sobre o sistema nacional de seguros privados e regula as operações de seguros e resseguros.
• A Lei Complementar n. 108, de 29-5-2001, dispõe sobre a relação entre a União, os Estados, o Distrito Federal e os Municípios, suas autarquias, fundações, sociedades de economia mista e outras entidades públicas e suas respectivas entidades fechadas de previdência complementar, e dá outras providências.
• A Lei Complementar n. 109, de 29-5-2001, dispõe sobre o regime de previdência complementar e dá outras providências.

IX – elaborar e executar planos nacionais e regionais de ordenação do território e de desenvolvimento econômico e social;

X – manter o serviço postal e o correio aéreo nacional;

• Serviço postal: Lei n. 6.538, de 22-6-1978.

XI – explorar, diretamente ou mediante autorização, concessão ou permissão, os serviços de telecomunicações, nos termos da lei, que disporá sobre a organização dos serviços, a criação de um órgão regulador e outros aspectos institucionais;

•• Inciso XI com redação determinada pela Emenda Constitucional n. 8, de 15-8-1995.

XII – explorar, diretamente ou mediante autorização, concessão ou permissão:

a) os serviços de radiodifusão sonora e de sons e imagens;

•• Alínea *a* com redação determinada pela Emenda Constitucional n. 8, de 15-8-1995.

b) os serviços e instalações de energia elétrica e o aproveitamento energético dos cursos de água, em articulação com os Estados onde se situam os potenciais hidroenergéticos;

c) a navegação aérea, aeroespacial e a infraestrutura aeroportuária;

• A Lei n. 12.379, de 6-1-2011, dispõe sobre o Sistema Nacional de Viação – SNV, que é composto pelo Subsistema Aeroviário Federal.

d) os serviços de transporte ferroviário e aquaviário entre portos brasileiros e fronteiras nacionais, ou que transponham os limites de Estado ou Território;

• A Lei n. 12.379, de 6-1-2011, dispõe sobre o Sistema Nacional de Viação – SNV, que é composto pelos Subsistemas Ferroviário e Aquaviários Federais.

e) os serviços de transporte rodoviário interestadual e internacional de passageiros;

Organização do Estado

Art. 21

- A Lei n. 12.379, de 6-1-2011, dispõe sobre o Sistema Nacional de Viação – SNV, que é composto pelo Subsistema Rodoviário Federal.

f) os portos marítimos, fluviais e lacustres;

XIII – organizar e manter o Poder Judiciário, o Ministério Público do Distrito Federal e dos Territórios e a Defensoria Pública dos Territórios;

•• Inciso XIII com redação determinada pela Emenda Constitucional n. 69, de 29-3-2012.

XIV – organizar e manter a polícia civil, a polícia militar e o corpo de bombeiros militar do Distrito Federal, bem como prestar assistência financeira ao Distrito Federal para a execução de serviços públicos, por meio de fundo próprio;

•• Inciso XIV com redação determinada pela Emenda Constitucional n. 19, de 4-6-1998.

- Vide art. 25 da Emenda Constitucional n. 19, de 4-6-1998.

- A Lei n. 10.633, de 27-12-2002, instituiu o Fundo Constitucional do Distrito Federal – FCDF, para atender o disposto neste inciso.

- Vide Súmula Vinculante 39 do STF.

XV – organizar e manter os serviços oficiais de estatística, geografia, geologia e cartografia de âmbito nacional;

XVI – exercer a classificação, para efeito indicativo, de diversões públicas e de programas de rádio e televisão;

XVII – conceder anistia;

XVIII – planejar e promover a defesa permanente contra as calamidades públicas, especialmente as secas e as inundações;

XIX – instituir sistema nacional de gerenciamento de recursos hídricos e definir critérios de outorga de direitos de seu uso;

•• Regulamento: Lei n. 9.433, de 8-1-1997.

XX – instituir diretrizes para o desenvolvimento urbano, inclusive habitação, saneamento básico e transportes urbanos;

- A Lei n. 11.445, de 5-1-2007, estabelece diretrizes nacionais para o saneamento básico.

XXI – estabelecer princípios e diretrizes para o sistema nacional de viação;

- A Lei n. 12.379, de 6-1-2011, dispõe sobre o Sistema Nacional de Viação – SNV.

XXII – executar os serviços de polícia marítima, aeroportuária e de fronteiras;

•• Inciso XXII com redação determinada pela Emenda Constitucional n. 19, de 4-6-1998.

XXIII – explorar os serviços e instalações nucleares de qualquer natureza e exercer monopólio estatal sobre a pesquisa, a lavra, o enriquecimento e reprocessamento, a industrialização e o comércio de minérios nucleares e seus derivados, atendidos os seguintes princípios e condições:

a) toda atividade nuclear em território nacional somente será admitida para fins pacíficos e mediante aprovação do Congresso Nacional;

b) sob regime de permissão, são autorizadas a comercialização e a utilização de radioisótopos para a pesquisa e usos médicos, agrícolas e industriais;

•• Alínea b com redação determinada pela Emenda Constitucional n. 49, de 8-2-2006.

c) sob regime de permissão, são autorizadas a produção, comercialização e utilização de radioisótopos de meia-vida igual ou inferior a duas horas;

•• Alínea c acrescentada pela Emenda Constitucional n. 49, de 8-2-2006.

d) a responsabilidade civil por danos nucleares independe da existência de culpa;

•• Primitiva alínea c renumerada pela Emenda Constitucional n. 49, de 8-2-2006.

- Responsabilidade civil por danos nucleares e responsabilidade criminal por atos relacionados com atividades nucleares: Lei n. 6.453, de 17-10-1977.

XXIV – organizar, manter e executar a inspeção do trabalho;

XXV – estabelecer as áreas e as condições para o exercício da atividade de garimpagem, em forma associativa.

- A Lei n. 7.805, de 18-7-1989, regulamentada pelo Decreto n. 98.812, de 9-1-1990, disciplina o regime de permissão de lavra garimpeira.

Art. 22

Art. 22. Compete privativamente à União legislar sobre:

I – direito civil, comercial, penal, processual, eleitoral, agrário, marítimo, aeronáutico, espacial e do trabalho;

- CC: Lei n. 10.406, de 10-1-2002, CCom: Lei n. 556, de 25-6-1850, CP: Decreto-lei n. 2.848, de 7-12-1940, CPC: Lei n. 13.105, de 16-3-2015, CPP: Decreto-lei n. 3.689, de 3-10-1941, CE: Lei n. 4.737, de 15-7-1965, CBA: Lei n. 7.565, de 19-12-1986, e CLT: Decreto-lei n. 5.452, de 1.º-5-1943.
- Vide Súmula Vinculante 46 do STF.

II – desapropriação;

- Desapropriação: Decreto-lei n. 3.365, de 21-6-1941, Lei n. 4.132, de 10-9-1962, Lei n. 6.602, de 7-12-1978, Decreto-lei n. 1.075, de 22-1-1970, Lei Complementar n. 76, de 6-7-1993, Lei n. 9.785, de 29-1-1999, e Lei n. 10.406, de 10-1-2002, art. 1.228, § 3.º.

III – requisições civis e militares, em caso de iminente perigo e em tempo de guerra;

IV – águas, energia, informática, telecomunicações e radiodifusão;

- Código Brasileiro de Telecomunicações: Lei n. 4.117, de 27-8-1962.
- A Lei n. 9.295, de 19-7-1996, dispõe sobre os serviços de telecomunicações e sua organização e órgão regulador.
- Organização dos Serviços de Telecomunicações: Lei n. 9.472, de 16-7-1997.

V – serviço postal;

- Serviço Postal: Lei n. 6.538, de 22-6-1978.

VI – sistema monetário e de medidas, títulos e garantias dos metais;

- Real: Lei n. 9.069, de 29-6-1995, e Lei n. 10.192, de 14-2-2001.

VII – política de crédito, câmbio, seguros e transferência de valores;

- Vide Súmula Vinculante 32 do STF.

VIII – comércio exterior e interestadual;

IX – diretrizes da política nacional de transportes;

X – regime dos portos, navegação lacustre, fluvial, marítima, aérea e aeroespacial;

- A Lei n. 9.277, de 10-5-1996, autoriza a União a delegar aos Municípios, Estados e a Federação e ao Distrito Federal, a administração e exploração de rodovias e portos federais.

Organização do Estado

- A Lei n. 12.815, de 5-6-2013, dispõe sobre a exploração direta e indireta pela união de portos e instalações portuárias.

XI – trânsito e transporte;

- CTB: Lei n. 9.503, de 23-9-1997.

XII – jazidas, minas, outros recursos minerais e metalurgia;

- Código de Mineração: Decreto-lei n. 227, de 28-2-1967.

XIII – nacionalidade, cidadania e naturalização;

- Situação jurídica do estrangeiro no Brasil: Lei n. 6.815, de 19-8-1980, regulamentada pelo Decreto n. 86.715, de 10-12-1981.
- Vide art. 12 da CF.

XIV – populações indígenas;

- Estatuto do Índio: Lei n. 6.001, de 19-12-1973.

XV – emigração e imigração, entrada, extradição e expulsão de estrangeiros;

- Estatuto dos Estrangeiros: Lei n. 6.815, de 19-8-1980, e Decreto n. 86.715, de 10-12-1981.
- Estatuto dos Refugiados de 1951 (implementação): Lei n. 9.474, de 22-7-1997.

XVI – organização do sistema nacional de emprego e condições para o exercício de profissões;

XVII – organização judiciária, do Ministério Público do Distrito Federal e dos Territórios e da Defensoria Pública dos Territórios, bem como organização administrativa destes;

- •• Inciso XVII com redação determinada pela Emenda Constitucional n. 69, de 29-3-2012, produzindo efeitos 120 dias após a publicação (DOU de 30-3-2012).
- Organização, atribuições e Estatuto do Ministério Público da União: Lei Complementar n. 75, de 20-5-1993.
- Organização da DPU, do Distrito Federal e dos Territórios, com normas gerais para os Estados: Lei Complementar n. 80, de 12-1-1994.

XVIII – sistema estatístico, sistema cartográfico e de geologia nacionais;

XIX – sistemas de poupança, captação e garantia da poupança popular;

- Poupança: Decreto-lei n. 70, de 21-11-1966.

XX – sistemas de consórcios e sorteios;

- Sistema de Consórcio: Lei n. 11.795, de 8-10-2008.

Organização do Estado

Arts. 22 e 23

• *Vide* Súmula Vinculante 2 do STF.

XXI – normas gerais de organização, efetivos, material bélico, garantias, convocação e mobilização das polícias militares e corpos de bombeiros militares;

XXII – competência da polícia federal e das polícias rodoviária e ferroviária federais;

• Policial Rodoviário Federal: Lei n. 9.654, de 2-6-1998.

XXIII – seguridade social;

• Lei Orgânica da Seguridade Social: Lei n. 8.212, de 24-7-1991, regulamentada pelo Decreto n. 3.048, de 6-5-1999.

XXIV – diretrizes e bases da educação nacional;

• Lei de Diretrizes e Bases da Educação Nacional: Lei n. 9.394, de 20-12-1996.

XXV – registros públicos;

• LRP: Lei n. 6.015, de 31-12-1973.

XXVI – atividades nucleares de qualquer natureza;

XXVII – normas gerais de licitação e contratação, em todas as modalidades, para as administrações públicas diretas, autárquicas e fundacionais da União, Estados, Distrito Federal e Municípios, obedecido o disposto no art. 37, XXI, e para as empresas públicas e sociedades de economia mista, nos termos do art. 173, § 1.º, III;

•• Inciso XXVII com redação determinada pela Emenda Constitucional n. 19, de 4-6-1998.

• Estatuto Jurídico das Licitações e Contratos: Lei n. 8.666, de 21-6-1993.

• A Lei n. 10.520, de 17-7-2002, institui modalidade de licitação denominada pregão, para aquisição de bens e serviços comuns. Regulamento: Decreto n. 3.555, de 8-8-2000.

XXVIII – defesa territorial, defesa aeroespacial, defesa marítima, defesa civil e mobilização nacional;

• Sistema Nacional de Defesa Civil – SINDEC: Decreto n. 7.257, de 4-8-2010.

• A Lei n. 12.608, de 10-4-2012, institui a Política Nacional de Proteção e Defesa Civil – PNPDEC, dispõe sobre o Sistema Nacional de Proteção e Defesa Civil – SINPDEC e o Conselho Nacional de Proteção e Defesa Civil – CONPDEC e autoriza a criação de sistema de informações e monitoramento de desastres.

XXIX – propaganda comercial.

• Código de Proteção ao Consumidor: Lei n. 8.078, de 11-9-1990.

Parágrafo único. Lei complementar poderá autorizar os Estados a legislar sobre questões específicas das matérias relacionadas neste artigo.

Art. 23. É competência comum da União, dos Estados, do Distrito Federal e dos Municípios:

I – zelar pela guarda da Constituição, das leis e das instituições democráticas e conservar o patrimônio público;

II – cuidar da saúde e assistência pública, da proteção e garantia das pessoas portadoras de deficiência;

• Da proteção à pessoa portadora de deficiência: Lei n. 7.853, de 24-10-1989, regulamentada pelo Decreto n. 3.298, de 20-12-1999.

III – proteger os documentos, as obras e outros bens de valor histórico, artístico e cultural, os monumentos, as paisagens naturais notáveis e os sítios arqueológicos;

•• *Vide* nota ao parágrafo único deste artigo.

IV – impedir a evasão, a destruição e a descaracterização de obras de arte e de outros bens de valor histórico, artístico ou cultural;

V – proporcionar os meios de acesso à cultura, à educação, à ciência, à tecnologia, à pesquisa e à inovação;

•• Inciso V com redação determinada pela Emenda Constitucional n. 85, de 26-2-2015.

• *Vide* art. 212 da CF.

VI – proteger o meio ambiente e combater a poluição em qualquer de suas formas;

•• *Vide* nota ao parágrafo único deste artigo.

• Política nacional do meio ambiente, seus fins e mecanismos de formulação e aplicação: Lei n. 6.938, de 31-8-1981.

• Sanções penais e administrativas derivadas de condutas e atividades lesivas ao meio ambiente: Lei n. 9.605, de 12-2-1998. O Decreto n. 6.514, de 22-7-2008, dispõe as infrações e sanções administrativas ao meio ambiente, estabelece o processo administrativo federal para apuração destas infrações.

• O Decreto n. 5.445, de 12-5-2005, promulga o Protocolo de Quioto.

Arts. 23 e 24 — Organização do Estado

VII – preservar as florestas, a fauna e a flora;

•• *Vide* nota ao parágrafo único deste artigo.

• Código de Caça: Lei n. 5.197, de 3-1-1967.
• Código Florestal: Lei n. 12.651, de 25-5-2012.

VIII – fomentar a produção agropecuária e organizar o abastecimento alimentar;

IX – promover programas de construção de moradias e a melhoria das condições habitacionais e de saneamento básico;

• A Lei n. 11.445, de 5-1-2007, estabelece diretrizes nacionais para o Saneamento Básico.

X – combater as causas da pobreza e os fatores de marginalização, promovendo a integração social dos setores desfavorecidos;

• A Lei Complementar n. 111, de 6-7-2001, dispõe sobre o Fundo de Combate e Erradicação da Pobreza, na forma prevista nos arts. 79, 80 e 81 do ADCT.

XI – registrar, acompanhar e fiscalizar as concessões de direitos de pesquisa e exploração de recursos hídricos e minerais em seus territórios;

• A Lei n. 9.433, de 8-1-1997, institui a Política Nacional de Recursos Hídricos, e cria o Sistema Nacional de Gerenciamento de Recursos Hídricos.

XII – estabelecer e implantar política de educação para a segurança do trânsito.

• A Lei n. 9.503, de 23-9-1997, institui o CTB.

Parágrafo único. Leis complementares fixarão normas para a cooperação entre a União e os Estados, o Distrito Federal e os Municípios, tendo em vista o equilíbrio do desenvolvimento e do bem-estar em âmbito nacional.

•• Parágrafo único com redação determinada pela Emenda Constitucional n. 53, de 19-12-2006.

•• A Lei Complementar n. 140, de 8-12-2011, fixa normas, nos termos deste parágrafo único e dos incisos III, VI e VII do *caput* deste artigo, para a cooperação entre a União, os Estados, o Distrito Federal e os Municípios nas ações administrativas decorrentes do exercício da competência comum relativas à proteção das paisagens naturais notáveis, à proteção do meio ambiente, ao combate à poluição em qualquer de suas formas e à preservação das florestas, da fauna e da flora.

Art. 24. Compete à União, aos Estados e ao Distrito Federal legislar concorrentemente sobre:

I – direito tributário, financeiro, penitenciário, econômico e urbanístico;

• CTN: Lei n. 5.172, de 25-10-1966. Normas gerais de Direito Financeiro: Lei n. 4.320, de 17-3-1964. LEP: Lei n. 7.210, de 11-7-1984. LEF: Lei n. 6.830, de 22-9-1980.

II – orçamento;

III – juntas comerciais;

• Registro do Comércio e Juntas Comerciais: Lei n. 8.934, de 18-11-1994, e Decreto n. 1.800, de 30-1-1996.

IV – custas dos serviços forenses;

• A Lei n. 9.289, de 4-7-1996, dispõe sobre custas devidas na Justiça Federal.

V – produção e consumo;

VI – florestas, caça, pesca, fauna, conservação da natureza, defesa do solo e dos recursos naturais, proteção do meio ambiente e controle da poluição;

• O Decreto n. 6.514, de 22-7-2008, dispõe sobre as infrações e sanções administrativas ao meio ambiente, e estabelece processo administrativo para apuração destas infrações.

VII – proteção ao patrimônio histórico, cultural, artístico, turístico e paisagístico;

VIII – responsabilidade por dano ao meio ambiente, ao consumidor, a bens e direitos de valor artístico, estético, histórico, turístico e paisagístico;

• Lei de Crimes Ambientais: Lei n. 9.605, de 12-2-1998.

• Ação civil pública de responsabilidade por danos causados ao meio ambiente, ao consumidor, a bens e direitos de valor artístico, estético, histórico, turístico e paisagístico: Lei n. 7.347, de 24-7-1985, e Decreto n. 1.306, de 9-11-1994.

• Ministério Público: Lei n. 8.625, de 12-2-1993, e Lei Complementar n. 75, de 20-5-1993.

• Sistema Nacional de Defesa do Consumidor – SNDC: Decreto n. 2.181, de 20-3-1997.

IX – educação, cultura, ensino, desporto, ciência, tecnologia, pesquisa, desenvolvimento e inovação;

•• Inciso IX com redação determinada pela Emenda Constitucional n. 85, de 26-2-2015.

Organização do Estado

Arts. 24 a 27

- Normas gerais sobre desportos: Lei n. 9.615, de 24-3-1998.
- Diretrizes e Bases da Educação Nacional (*Lei Darcy Ribeiro*): Lei n. 9.394, de 20-12-1996.

X – criação, funcionamento e processo do juizado de pequenas causas;

- Juizados Especiais Cíveis e Criminais no âmbito da Justiça Estadual: Lei n. 9.099, de 26-9-1995.
- Juizados Especiais Cíveis e Criminais no âmbito da Justiça Federal: Lei n. 10.259, de 12-7-2001.
- Juizados de Violência Doméstica e Familiar contra a Mulher: Lei n. 11.340, de 7-8-2006.

XI – procedimentos em matéria processual;

XII – previdência social, proteção e defesa da saúde;

- Proteção e defesa da saúde: Leis n. 8.080, de 19-9-1990, e n. 8.142, de 28-12-1990.
- Planos de Benefícios da Previdência Social: Lei n. 8.213, de 24-7-1991, regulamentada pelo Decreto n. 3.048, de 6-5-1999.

XIII – assistência jurídica e defensoria pública;

- Assistência judiciária: Lei n. 1.060, de 5-2-1950.
- Defensoria Pública: Lei Complementar n. 80, de 12-1-1994.

XIV – proteção e integração social das pessoas portadoras de deficiência;

- A Lei n. 7.853, de 24-10-1989, regulamentada pelo Decreto n. 3.298, de 20-12-1999, dispõe sobre o apoio às pessoas portadoras de deficiência.

XV – proteção à infância e à juventude;

- ECA: Lei n. 8.069, de 13-7-1990.
- A Lei n. 13.257, de 8-3-2016, dispõe sobre as políticas públicas para a primeira infância.

XVI – organização, garantias, direitos e deveres das polícias civis.

§ 1.º No âmbito da legislação concorrente, a competência da União limitar-se-á a estabelecer normas gerais.

§ 2.º A competência da União para legislar sobre normas gerais não exclui a competência suplementar dos Estados.

§ 3.º Inexistindo lei federal sobre normas gerais, os Estados exercerão a competência legislativa plena, para atender a suas peculiaridades.

§ 4.º A superveniência de lei federal sobre normas gerais suspende a eficácia da lei estadual, no que lhe for contrário.

Capítulo III
DOS ESTADOS FEDERADOS

Art. 25. Os Estados organizam-se e regem-se pelas Constituições e leis que adotarem, observados os princípios desta Constituição.

§ 1.º São reservadas aos Estados as competências que não lhes sejam vedadas por esta Constituição.

§ 2.º Cabe aos Estados explorar diretamente, ou mediante concessão, os serviços locais de gás canalizado, na forma da lei, vedada a edição de medida provisória para a sua regulamentação.

•• § 2.º com redação determinada pela Emenda Constitucional n. 5, de 15-8-1995.

§ 3.º Os Estados poderão, mediante lei complementar, instituir regiões metropolitanas, aglomerações urbanas e microrregiões, constituídas por agrupamentos de Municípios limítrofes, para integrar a organização, o planejamento e a execução de funções públicas de interesse comum.

Art. 26. Incluem-se entre os bens dos Estados:

I – as águas superficiais ou subterrâneas, fluentes, emergentes e em depósito, ressalvadas, neste caso, na forma da lei, as decorrentes de obras da União;

II – as áreas, nas ilhas oceânicas e costeiras, que estiverem no seu domínio, excluídas aquelas sob domínio da União, Municípios ou terceiros;

III – as ilhas fluviais e lacustres não pertencentes à União;

IV – as terras devolutas não compreendidas entre as da União.

Art. 27. O número de Deputados à Assembleia Legislativa corresponderá ao triplo da representação do Estado na Câmara dos Deputados e, atingido o número de trinta e seis, será

Arts. 27 a 29

acrescido de tantos quantos forem os Deputados Federais acima de doze.

§ 1.º Será de quatro anos o mandato dos Deputados Estaduais, aplicando-se-lhes as regras desta Constituição sobre sistema eleitoral, inviolabilidade, imunidades, remuneração, perda de mandato, licença, impedimentos e incorporação às Forças Armadas.

§ 2.º O subsídio dos Deputados Estaduais será fixado por lei de iniciativa da Assembleia Legislativa, na razão de, no máximo, 75% (setenta e cinco por cento) daquele estabelecido, em espécie, para os Deputados Federais, observado o que dispõem os arts. 39, § 4.º, 57, § 7.º, 150, II, 153, III, e 153, § 2.º, I.

•• § 2.º com redação determinada pela Emenda Constitucional n. 19, de 4-6-1998.

§ 3.º Compete às Assembleias Legislativas dispor sobre seu regimento interno, polícia e serviços administrativos de sua secretaria, e prover os respectivos cargos.

§ 4.º A lei disporá sobre a iniciativa popular no processo legislativo estadual.

Art. 28. A eleição do Governador e do Vice-Governador de Estado, para mandato de 4 (quatro) anos, realizar-se-á no primeiro domingo de outubro, em primeiro turno, e no último domingo de outubro, em segundo turno, se houver, do ano anterior ao do término do mandato de seus antecessores, e a posse ocorrerá em primeiro de janeiro do ano subsequente, observado, quanto ao mais, o disposto no art. 77.

• *Caput* com redação determinada pela Emenda Constitucional n. 16, de 4-6-1997.

• Normas para as eleições: Lei n. 9.504, de 30-9-1997.

§ 1.º Perderá o mandato o Governador que assumir outro cargo ou função na administração pública direta ou indireta, ressalvada a posse em virtude de concurso público e observado o disposto no art. 38, I, IV e V.

•• Anterior parágrafo único transformado em § 1.º pela Emenda Constitucional n. 19, de 4-6-1998.

§ 2.º Os subsídios do Governador, do Vice-Governador e dos Secretários de Estado serão fixados por lei de iniciativa da Assembleia Legislativa, observado o que dispõem os arts. 37, XI, 39, § 4.º, 150, II, 153, III, e 153, § 2.º, I.

•• § 2.º acrescentado pela Emenda Constitucional n. 19, de 4-6-1998.

Capítulo IV
DOS MUNICÍPIOS

Art. 29. O Município reger-se-á por lei orgânica, votada em dois turnos, com o interstício mínimo de dez dias, e aprovada por dois terços dos membros da Câmara Municipal, que a promulgará, atendidos os princípios estabelecidos nesta Constituição, na Constituição do respectivo Estado e os seguintes preceitos:

• *Vide* Súmula Vinculante 42 do STF.

I – eleição do Prefeito, do Vice-Prefeito e dos Vereadores, para mandato de quatro anos, mediante pleito direto e simultâneo realizado em todo o País;

• Normas para as eleições: Lei n. 9.504, de 30-9-1997.

II – eleição do Prefeito e do Vice-Prefeito realizada no primeiro domingo de outubro do ano anterior ao término do mandato dos que devam suceder, aplicadas as regras do art. 77 no caso de Municípios com mais de duzentos mil eleitores;

•• Inciso II com redação determinada pela Emenda Constitucional n. 16, de 4-6-1997.

III – posse do Prefeito e do Vice-Prefeito no dia 1.º de janeiro do ano subsequente ao da eleição;

IV – para a composição das Câmaras Municipais, será observado o limite máximo de:

•• Inciso IV, *caput*, com redação determinada pela Emenda Constitucional n. 58, de 23-9-2009.

•• O STF, na ADIn n. 4.307, de 11-4-2013, declarou a inconstitucionalidade do inciso I do art. 3.º da Emenda Constitucional n. 58, de 23-9-2009, que determinava que as alterações feitas neste art. 29 produziriam efeitos a partir do processo eleitoral de 2008.

a) 9 (nove) Vereadores, nos Municípios de até 15.000 (quinze mil) habitantes;

•• Alínea *a* com redação determinada pela Emenda Constitucional n. 58, de 23-9-2009.

Organização do Estado — Art. 29

b) 11 (onze) Vereadores, nos Municípios de mais de 15.000 (quinze mil) habitantes e de até 30.000 (trinta mil) habitantes;

•• Alínea b com redação determinada pela Emenda Constitucional n. 58, de 23-9-2009.

c) 13 (treze) Vereadores, nos Municípios com mais de 30.000 (trinta mil) habitantes e de até 50.000 (cinquenta mil) habitantes;

•• Alínea c com redação determinada pela Emenda Constitucional n. 58, de 23-9-2009.

d) 15 (quinze) Vereadores, nos Municípios de mais de 50.000 (cinquenta mil) habitantes e de até 80.000 (oitenta mil) habitantes;

•• Alínea d acrescentada pela Emenda Constitucional n. 58, de 23-9-2009.

e) 17 (dezessete) Vereadores, nos Municípios de mais de 80.000 (oitenta mil) habitantes e de até 120.000 (cento e vinte mil) habitantes;

•• Alínea e acrescentada pela Emenda Constitucional n. 58, de 23-9-2009.

f) 19 (dezenove) Vereadores, nos Municípios de mais de 120.000 (cento e vinte mil) habitantes e de até 160.000 (cento e sessenta mil) habitantes;

•• Alínea f acrescentada pela Emenda Constitucional n. 58, de 23-9-2009.

g) 21 (vinte e um) Vereadores, nos Municípios de mais de 160.000 (cento e sessenta mil) habitantes e de até 300.000 (trezentos mil) habitantes;

•• Alínea g acrescentada pela Emenda Constitucional n. 58, de 23-9-2009.

h) 23 (vinte e três) Vereadores, nos Municípios de mais de 300.000 (trezentos mil) habitantes e de até 450.000 (quatrocentos e cinquenta mil) habitantes;

•• Alínea h acrescentada pela Emenda Constitucional n. 58, de 23-9-2009.

i) 25 (vinte e cinco) Vereadores, nos Municípios de mais de 450.000 (quatrocentos e cinquenta mil) habitantes e de até 600.000 (seiscentos mil) habitantes;

•• Alínea i acrescentada pela Emenda Constitucional n. 58, de 23-9-2009.

j) 27 (vinte e sete) Vereadores, nos Municípios de mais de 600.000 (seiscentos mil) habitantes e de até 750.000 (setecentos e cinquenta mil) habitantes;

•• Alínea j acrescentada pela Emenda Constitucional n. 58, de 23-9-2009.

k) 29 (vinte e nove) Vereadores, nos Municípios de mais de 750.000 (setecentos e cinquenta mil) habitantes e de até 900.000 (novecentos mil) habitantes;

•• Alínea k acrescentada pela Emenda Constitucional n. 58, de 23-9-2009.

l) 31 (trinta e um) Vereadores, nos Municípios de mais de 900.000 (novecentos mil) habitantes e de até 1.050.000 (um milhão e cinquenta mil) habitantes;

•• Alínea l acrescentada pela Emenda Constitucional n. 58, de 23-9-2009.

m) 33 (trinta e três) Vereadores, nos Municípios de mais de 1.050.000 (um milhão e cinquenta mil) habitantes e de até 1.200.000 (um milhão e duzentos mil) habitantes;

•• Alínea m acrescentada pela Emenda Constitucional n. 58, de 23-9-2009.

n) 35 (trinta e cinco) Vereadores, nos Municípios de mais de 1.200.000 (um milhão e duzentos mil) habitantes e de até 1.350.000 (um milhão e trezentos e cinquenta mil) habitantes;

•• Alínea n acrescentada pela Emenda Constitucional n. 58, de 23-9-2009.

o) 37 (trinta e sete) Vereadores, nos Municípios de 1.350.000 (um milhão e trezentos e cinquenta mil) habitantes e de até 1.500.000 (um milhão e quinhentos mil) habitantes;

•• Alínea o acrescentada pela Emenda Constitucional n. 58, de 23-9-2009.

p) 39 (trinta e nove) Vereadores, nos Municípios de mais de 1.500.000 (um milhão e quinhentos mil) habitantes e de até 1.800.000 (um milhão e oitocentos mil) habitantes;

•• Alínea p acrescentada pela Emenda Constitucional n. 58, de 23-9-2009.

q) 41 (quarenta e um) Vereadores, nos Municípios de mais de 1.800.000 (um milhão e oitocentos mil) habitantes e de até 2.400.000 (dois milhões e quatrocentos mil) habitantes;

•• Alínea q acrescentada pela Emenda Constitucional n. 58, de 23-9-2009.

r) 43 (quarenta e três) Vereadores, nos Municípios de mais de 2.400.000 (dois milhões e quatrocentos mil) habitantes e de até 3.000.000 (três milhões) de habitantes;

•• Alínea r acrescentada pela Emenda Constitucional n. 58, de 23-9-2009.

s) 45 (quarenta e cinco) Vereadores, nos Municípios de mais de 3.000.000 (três milhões) de habitantes e de até 4.000.000 (quatro milhões) de habitantes;

•• Alínea s acrescentada pela Emenda Constitucional n. 58, de 23-9-2009.

t) 47 (quarenta e sete) Vereadores, nos Municípios de mais de 4.000.000 (quatro milhões) de habitantes e de até 5.000.000 (cinco milhões) de habitantes;

•• Alínea t acrescentada pela Emenda Constitucional n. 58, de 23-9-2009.

u) 49 (quarenta e nove) Vereadores, nos Municípios de mais de 5.000.000 (cinco milhões) de habitantes e de até 6.000.000 (seis milhões) de habitantes;

•• Alínea u acrescentada pela Emenda Constitucional n. 58, de 23-9-2009.

v) 51 (cinquenta e um) Vereadores, nos Municípios de mais de 6.000.000 (seis milhões) de habitantes e de até 7.000.000 (sete milhões) de habitantes;

•• Alínea v acrescentada pela Emenda Constitucional n. 58, de 23-9-2009.

w) 53 (cinquenta e três) Vereadores, nos Municípios de mais de 7.000.000 (sete milhões) de habitantes e de até 8.000.000 (oito milhões) de habitantes; e

•• Alínea w acrescentada pela Emenda Constitucional n. 58, de 23-9-2009.

x) 55 (cinquenta e cinco) Vereadores, nos Municípios de mais de 8.000.000 (oito milhões) de habitantes;

•• Alínea x acrescentada pela Emenda Constitucional n. 58, de 23-9-2009.

V – subsídios do Prefeito, do Vice-Prefeito e dos Secretários Municipais fixados por lei de iniciativa da Câmara Municipal, observado o que dispõem os arts. 37, XI, 39, § 4.º, 150, II, 153, III, e 153, § 2.º, I;

•• Inciso V com redação determinada pela Emenda Constitucional n. 19, de 4-6-1998.

VI – o subsídio dos Vereadores será fixado pelas respectivas Câmaras Municipais em cada legislatura para a subsequente, observado o que dispõe esta Constituição, observados os critérios estabelecidos na respectiva Lei Orgânica e os seguintes limites máximos:

•• Inciso VI, *caput*, com redação determinada pela Emenda Constitucional n. 25, de 14-2-2000.

a) em Municípios de até 10.000 (dez mil) habitantes, o subsídio máximo dos Vereadores corresponderá a 20% (vinte por cento) do subsídio dos Deputados Estaduais;

•• Alínea a acrescentada pela Emenda Constitucional n. 25, de 14-2-2000.

b) em Municípios de 10.001 (dez mil e um) a 50.000 (cinquenta mil) habitantes, o subsídio máximo dos Vereadores corresponderá a 30% (trinta por cento) do subsídio dos Deputados Estaduais;

•• Alínea b acrescentada pela Emenda Constitucional n. 25, de 14-2-2000.

c) em Municípios de 50.001 (cinquenta mil e um) a 100.000 (cem mil) habitantes, o subsídio máximo dos Vereadores corresponderá a 40% (quarenta por cento) do subsídio dos Deputados Estaduais;

•• Alínea c acrescentada pela Emenda Constitucional n. 25, de 14-2-2000.

d) em Municípios de 100.001 (cem mil e um) a 300.000 (trezentos mil) habitantes, o subsídio máximo dos Vereadores corresponderá a 50%

Organização do Estado — Arts. 29 e 29-A

(cinquenta por cento) do subsídio dos Deputados Estaduais;

•• Alínea *d* acrescentada pela Emenda Constitucional n. 25, de 14-2-2000.

e) em Municípios de 300.001 (trezentos mil e um) a 500.000 (quinhentos mil) habitantes, o subsídio máximo dos Vereadores corresponderá a 60% (sessenta por cento) do subsídio dos Deputados Estaduais;

•• Alínea *e* acrescentada pela Emenda Constitucional n. 25, de 14-2-2000.

f) em Municípios de mais de 500.000 (quinhentos mil) habitantes, o subsídio máximo dos Vereadores corresponderá a 75% (setenta e cinco por cento) do subsídio dos Deputados Estaduais;

•• Alínea *f* acrescentada pela Emenda Constitucional n. 25, de 14-2-2000.

VII – o total da despesa com a remuneração dos Vereadores não poderá ultrapassar o montante de 5% (cinco por cento) da receita do município;

•• Inciso VII acrescentado pela Emenda Constitucional n. 1, de 31-3-1992.

VIII – inviolabilidade dos Vereadores por suas opiniões, palavras e votos no exercício do mandato e na circunscrição do Município;

•• Inciso renumerado pela Emenda Constitucional n. 1, de 31-3-1992.

IX – proibições e incompatibilidades, no exercício da vereança, similares, no que couber, ao disposto nesta Constituição para os membros do Congresso Nacional e, na Constituição do respectivo Estado, para os membros da Assembleia Legislativa;

•• Inciso renumerado pela Emenda Constitucional n. 1, de 31-3-1992.

X – julgamento do Prefeito perante o Tribunal de Justiça;

•• Inciso renumerado pela Emenda Constitucional n. 1, de 31-3-1992.

• Responsabilidade de prefeitos e vereadores: Decreto-lei n. 201, de 27-2-1967.

XI – organização das funções legislativas e fiscalizadoras da Câmara Municipal;

•• Inciso renumerado pela Emenda Constitucional n. 1, de 31-3-1992.

XII – cooperação das associações representativas no planejamento municipal;

•• Inciso renumerado pela Emenda Constitucional n. 1, de 31-3-1992.

XIII – iniciativa popular de projetos de lei de interesse específico do Município, da cidade ou de bairros, através de manifestação de, pelo menos, cinco por cento do eleitorado;

•• Inciso renumerado pela Emenda Constitucional n. 1, de 31-3-1992.

XIV – perda do mandato do Prefeito, nos termos do art. 28, parágrafo único.

•• Inciso renumerado pela Emenda Constitucional n. 1, de 31-3-1992.

•• De acordo com a Emenda Constitucional n. 19, de 4-6-1998, a referência é ao art. 28, § 1.º.

Art. 29-A. O total da despesa do Poder Legislativo Municipal, incluídos os subsídios dos Vereadores e excluídos os gastos com inativos, não poderá ultrapassar os seguintes percentuais, relativos ao somatório da receita tributária e das transferências previstas no § 5.º do art. 153 e nos arts. 158 e 159, efetivamente realizado no exercício anterior:

•• *Caput* acrescentado pela Emenda Constitucional n. 25, de 14-2-2000.

I – 7% (sete por cento) para Municípios com população de até 100.000 (cem mil) habitantes;

•• Inciso I com redação determinada pela Emenda Constitucional n. 58, de 23-9-2009.

•• Sobre produção de efeitos deste inciso, *vide* nota ao inciso IV do art. 29 desta Constituição Federal.

II – 6% (seis por cento) para Municípios com população entre 100.000 (cem mil) e 300.000 (trezentos mil) habitantes;

•• Inciso II com redação determinada pela Emenda Constitucional n. 58, de 23-9-2009.

•• Sobre produção de efeitos deste inciso, *vide* nota ao inciso IV do art. 29 desta Constituição Federal.

III – 5% (cinco por cento) para Municípios com população entre 300.001 (trezentos mil e um) e 500.000 (quinhentos mil) habitantes;

•• Inciso III com redação determinada pela Emenda Constitucional n. 58, de 23-9-2009.

•• Sobre produção de efeitos deste inciso, *vide* nota ao inciso IV do art. 29 desta Constituição Federal.

IV – 4,5% (quatro inteiros e cinco décimos por cento) para Municípios com população entre 500.001 (quinhentos mil e um) e 3.000.000 (três milhões) de habitantes;

•• Inciso IV com redação determinada pela Emenda Constitucional n. 58, de 23-9-2009.

•• Sobre produção de efeitos deste inciso, *vide* nota ao inciso IV do art. 29 desta Constituição Federal.

V – 4% (quatro por cento) para Municípios com população entre 3.000.001 (três milhões e um) e 8.000.000 (oito milhões) de habitantes;

•• Inciso V acrescentado pela Emenda Constitucional n. 58, de 23-9-2009.

•• Sobre produção de efeitos deste inciso, *vide* nota ao inciso IV do art. 29 desta Constituição Federal.

VI – 3,5% (três inteiros e cinco décimos por cento) para Municípios com população acima de 8.000.001 (oito milhões e um) habitantes.

•• Inciso VI acrescentado pela Emenda Constitucional n. 58, de 23-9-2009.

•• Sobre produção de efeitos deste inciso, *vide* nota ao inciso IV do art. 29 desta Constituição Federal.

§ 1.º A Câmara Municipal não gastará mais de 70% (setenta por cento) de sua receita com folha de pagamento, incluído o gasto com o subsídio de seus Vereadores.

•• § 1.º acrescentado pela Emenda Constitucional n. 25, de 14-2-2000.

§ 2.º Constitui crime de responsabilidade do Prefeito Municipal:

•• § 2.º, *caput*, acrescentado pela Emenda Constitucional n. 25, de 14-2-2000.

I – efetuar repasse que supere os limites definidos neste artigo;

•• Inciso I acrescentado pela Emenda Constitucional n. 25, de 14-2-2000.

II – não enviar o repasse até o dia 20 (vinte) de cada mês; ou

•• Inciso II acrescentado pela Emenda Constitucional n. 25, de 14-2-2000.

III – enviá-lo a menor em relação à proporção fixada na Lei Orçamentária.

•• Inciso III acrescentado pela Emenda Constitucional n. 25, de 14-2-2000.

• A Lei Complementar n. 101, de 4-5-2000, dispõe sobre a responsabilidade fiscal. A Lei n. 10.028, de 19-10-2000, estabelece os crimes contra as finanças públicas.

§ 3.º Constitui crime de responsabilidade do Presidente da Câmara Municipal o desrespeito ao § 1.º deste artigo.

•• § 3.º acrescentado pela Emenda Constitucional n. 25, de 14-2-2000.

Art. 30. Compete aos Municípios:

I – legislar sobre assuntos de interesse local;

• *Vide* Súmulas Vinculantes 38 e 42 do STF.

II – suplementar a legislação federal e a estadual no que couber;

III – instituir e arrecadar os tributos de sua competência, bem como aplicar suas rendas, sem prejuízo da obrigatoriedade de prestar contas e publicar balancetes nos prazos fixados em lei;

IV – criar, organizar e suprimir distritos, observada a legislação estadual;

V – organizar e prestar, diretamente ou sob regime de concessão ou permissão, os serviços públicos de interesse local, incluído o de transporte coletivo, que tem caráter essencial;

• *Vide* art. 175 da CF.

VI – manter, com a cooperação técnica e financeira da União e do Estado, programas de educação infantil e de ensino fundamental;

•• Inciso VI com redação determinada pela Emenda Constitucional n. 53, de 19-12-2006.

VII – prestar, com a cooperação técnica e financeira da União e do Estado, serviços de atendimento à saúde da população;

VIII – promover, no que couber, adequado ordenamento territorial, mediante planejamento e controle do uso, do parcelamento e da ocupação do solo urbano;

IX – promover a proteção do patrimônio histórico-cultural local, observada a legislação e a ação fiscalizadora federal e estadual.

Art. 31. A fiscalização do Município será exercida pelo Poder Legislativo Municipal, mediante controle externo, e pelos sistemas de controle interno do Poder Executivo Municipal, na forma da lei.

§ 1.º O controle externo da Câmara Municipal será exercido com o auxílio dos Tribunais de Contas dos Estados ou do Município ou dos Conselhos ou Tribunais de Contas dos Municípios, onde houver.

§ 2.º O parecer prévio, emitido pelo órgão competente sobre as contas que o Prefeito deve anualmente prestar, só deixará de prevalecer por decisão de dois terços dos membros da Câmara Municipal.

§ 3.º As contas dos Municípios ficarão, durante 60 (sessenta) dias, anualmente, à disposição de qualquer contribuinte, para exame e apreciação, o qual poderá questionar-lhes a legitimidade, nos termos da lei.

§ 4.º É vedada a criação de Tribunais, Conselhos ou órgãos de Contas Municipais.

Capítulo V
DO DISTRITO FEDERAL E DOS TERRITÓRIOS

Seção I
Do Distrito Federal

Art. 32. O Distrito Federal, vedada sua divisão em Municípios, reger-se-á por lei orgânica, votada em dois turnos com interstício mínimo de dez dias, e aprovada por dois terços da Câmara Legislativa, que a promulgará, atendidos os princípios estabelecidos nesta Constituição.

§ 1.º Ao Distrito Federal são atribuídas as competências legislativas reservadas aos Estados e Municípios.

§ 2.º A eleição do Governador e do Vice-Governador, observadas as regras do art. 77, e dos Deputados Distritais coincidirá com a dos Governadores e Deputados Estaduais, para mandato de igual duração.

§ 3.º Aos Deputados Distritais e à Câmara Legislativa aplica-se o disposto no art. 27.

§ 4.º Lei federal disporá sobre a utilização, pelo Governo do Distrito Federal, das polícias civil e militar e do corpo de bombeiros militar.

Seção II
Dos Territórios

Art. 33. A lei disporá sobre a organização administrativa e judiciária dos Territórios.

§ 1.º Os Territórios poderão ser divididos em Municípios, aos quais se aplicará, no que couber, o disposto no Capítulo IV deste Título.

§ 2.º As contas do Governo do Território serão submetidas ao Congresso Nacional, com parecer prévio do Tribunal de Contas da União.

§ 3.º Nos Territórios Federais com mais de cem mil habitantes, além do Governador nomeado na forma desta Constituição, haverá órgãos judiciários de primeira e segunda instância, membros do Ministério Público e defensores públicos federais; a lei disporá sobre as eleições para a Câmara Territorial e sua competência deliberativa.

Capítulo VI
DA INTERVENÇÃO

Art. 34. A União não intervirá nos Estados nem no Distrito Federal, exceto para:

I – manter a integridade nacional;

II – repelir invasão estrangeira ou de uma unidade da Federação em outra;

III – pôr termo a grave comprometimento da ordem pública;

IV – garantir o livre exercício de qualquer dos Poderes nas unidades da Federação;

V – reorganizar as finanças da unidade da Federação que:

a) suspender o pagamento da dívida fundada por mais de dois anos consecutivos, salvo motivo de força maior;

b) deixar de entregar aos Municípios receitas tributárias fixadas nesta Constituição, dentro dos prazos estabelecidos em lei;

VI – prover a execução de lei federal, ordem ou decisão judicial;

VII – assegurar a observância dos seguintes princípios constitucionais:

a) forma republicana, sistema representativo e regime democrático;

b) direitos da pessoa humana;

c) autonomia municipal;

d) prestação de contas da administração pública, direta e indireta;

e) aplicação do mínimo exigido da receita resultante de impostos estaduais, compreendida a proveniente de transferências, na manutenção e desenvolvimento do ensino e nas ações e serviços públicos de saúde.

•• Alínea *e* com redação determinada pela Emenda Constitucional n. 29, de 13-9-2000.

• *Vide* art. 212 da CF.

Art. 35. O Estado não intervirá em seus Municípios, nem a União nos Municípios localizados em Território Federal, exceto quando:

I – deixar de ser paga, sem motivo de força maior, por dois anos consecutivos, a dívida fundada;

II – não forem prestadas contas devidas, na forma da lei;

III – não tiver sido aplicado o mínimo exigido da receita municipal na manutenção e desenvolvimento do ensino e nas ações e serviços públicos de saúde;

•• Inciso III com redação determinada pela Emenda Constitucional n. 29, de 13-9-2000.

• *Vide* art. 212 da CF.

IV – o Tribunal de Justiça der provimento a representação para assegurar a observância de princípios indicados na Constituição Estadual, ou para prover a execução de lei, de ordem ou de decisão judicial.

Art. 36. A decretação da intervenção dependerá:

I – no caso do art. 34, IV, de solicitação do Poder Legislativo ou do Poder Executivo coacto ou impedido, ou de requisição do Supremo Tribunal Federal, se a coação for exercida contra o Poder Judiciário;

II – no caso de desobediência a ordem ou decisão judiciária, de requisição do Supremo Tribunal Federal, do Superior Tribunal de Justiça ou do Tribunal Superior Eleitoral;

III – de provimento, pelo Supremo Tribunal Federal, de representação do Procurador-Geral da República, na hipótese do art. 34, VII, e no caso de recusa à execução de lei federal;

•• Inciso III com redação determinada pela Emenda Constitucional n. 45, de 8-12-2004.

•• Inciso III regulamentado pela Lei n. 12.562, de 23-12-2011.

IV – (*Revogado pela Emenda Constitucional n. 45, de 8-12-2004.*)

§ 1.º O decreto de intervenção, que especificará a amplitude, o prazo e as condições de execução e que, se couber, nomeará o interventor, será submetido à apreciação do Congresso Nacional ou da Assembleia Legislativa do Estado, no prazo de vinte e quatro horas.

§ 2.º Se não estiver funcionando o Congresso Nacional ou a Assembleia Legislativa, far-se-á convocação extraordinária, no mesmo prazo de vinte e quatro horas.

§ 3.º Nos casos do art. 34, VI e VII, ou do art. 35, IV, dispensada a apreciação pelo Congresso Nacional ou pela Assembleia Legislativa, o decreto limitar-se-á a suspender a execução do ato impugnado, se essa medida bastar ao restabelecimento da normalidade.

§ 4.º Cessados os motivos da intervenção, as autoridades afastadas de seus cargos a estes voltarão, salvo impedimento legal.

Organização do Estado

Capítulo VII
DA ADMINISTRAÇÃO PÚBLICA

• A Lei n. 9.784, de 29-1-1999, regula o processo administrativo no âmbito da Administração Pública Federal.

Seção I
Disposições Gerais

Art. 37. A administração pública direta e indireta de qualquer dos Poderes da União, dos Estados, do Distrito Federal e dos Municípios obedecerá aos princípios de legalidade, impessoalidade, moralidade, publicidade e eficiência e, também, ao seguinte:

•• *Caput* com redação determinada pela Emenda Constitucional n. 19, de 4-6-1998.

• *Vide* Súmula Vinculante 13 do STF.

I – os cargos, empregos e funções públicas são acessíveis aos brasileiros que preencham os requisitos estabelecidos em lei, assim como aos estrangeiros, na forma da lei;

•• Inciso I com redação determinada pela Emenda Constitucional n. 19, de 4-6-1998.

• *Vide* Súmula Vinculante 44 do STF.

II – a investidura em cargo ou emprego público depende de aprovação prévia em concurso público de provas ou de provas e títulos, de acordo com a natureza e a complexidade do cargo ou emprego, na forma prevista em lei, ressalvadas as nomeações para cargo em comissão declarado em lei de livre nomeação e exoneração;

•• Inciso II com redação determinada pela Emenda Constitucional n. 19, de 4-6-1998.

• *Vide* Súmula Vinculante 43 do STF.

III – o prazo de validade do concurso público será de até dois anos, prorrogável uma vez, por igual período;

IV – durante o prazo improrrogável previsto no edital de convocação, aquele aprovado em concurso público de provas ou de provas e títulos será convocado com prioridade sobre novos concursados para assumir cargo ou emprego, na carreira;

V – as funções de confiança, exercidas exclusivamente por servidores ocupantes de cargo efetivo, e os cargos em comissão, a serem preenchidos por servidores de carreira nos casos, condições e percentuais mínimos previstos em lei, destinam-se apenas às atribuições de direção, chefia e assessoramento;

•• Inciso V com redação determinada pela Emenda Constitucional n. 19, de 4-6-1998.

VI – é garantido ao servidor público civil o direito à livre associação sindical;

VII – o direito de greve será exercido nos termos e nos limites definidos em lei específica;

•• Inciso VII com redação determinada pela Emenda Constitucional n. 19, de 4-6-1998.

• Paralisações dos serviços públicos federais: Decreto n. 1.480, de 3-5-1995.

VIII – a lei reservará percentual dos cargos e empregos públicos para as pessoas portadoras de deficiência e definirá os critérios de sua admissão;

IX – a lei estabelecerá os casos de contratação por tempo determinado para atender a necessidade temporária de excepcional interesse público;

• A Lei n. 8.745, de 9-12-1993, dispõe sobre a contratação por tempo determinado para atender a necessidade temporária de excepcional interesse público.

X – a remuneração dos servidores públicos e o subsídio de que trata o § 4.º do art. 39 somente poderão ser fixados ou alterados por lei específica, observada a iniciativa privativa em cada caso, assegurada revisão geral anual, sempre na mesma data e sem distinção de índices;

•• Inciso X com redação determinada pela Emenda Constitucional n. 19, de 4-6-1998.

•• A Lei n. 10.331, de 18-12-2001, regulamenta este inciso.

• *Vide* Súmulas Vinculantes 37 e 51 do STF.

XI – a remuneração e o subsídio dos ocupantes de cargos, funções e empregos públicos da administração direta, autárquica e fundacional, dos membros de qualquer dos Poderes da União, dos Estados, do Distrito Federal e dos Municípios, dos detentores de mandato eletivo e dos demais agentes políticos e os proventos, pensões ou outra espécie remuneratória, percebidos cumulativamente ou não, incluídas as vantagens pessoais ou de qualquer outra natureza, não pode-

Art. 37

rão exceder o subsídio mensal, em espécie, dos Ministros do Supremo Tribunal Federal, aplicando-se como limite, nos Municípios, o subsídio do Prefeito, e nos Estados e no Distrito Federal, o subsídio mensal do Governador no âmbito do Poder Executivo, o subsídio dos Deputados Estaduais e Distritais no âmbito do Poder Legislativo e o subsídio dos Desembargadores do Tribunal de Justiça, limitado a noventa inteiros e vinte e cinco centésimos por cento do subsídio mensal, em espécie, dos Ministros do Supremo Tribunal Federal, no âmbito do Poder Judiciário, aplicável este limite aos membros do Ministério Público, aos Procuradores e aos Defensores Públicos;

•• Inciso XI com redação determinada pela Emenda Constitucional n. 41, de 19-12-2003.

•• Inciso regulamentado pela Lei n. 8.448, de 21-7-1992.

• A Lei n. 8.852, de 4-2-1994, dispõe sobre a aplicação deste inciso.

•• O STF, em liminar concedida em 28-2-2007, na ADIn n. 3.854-1, exclui a submissão dos membros da magistratura estadual ao subteto de remuneração, de que trata este inciso.

• A Portaria n. 693, de 22-12-2015, define os parâmetros de conversão da retribuição no exterior em moeda nacional, para fins de verificação do limite remuneratório de que trata este inciso.

• *Vide* §§ 11 e 12 deste artigo e art. 4.º da Emenda Constitucional n. 47, de 5-7-2005.

• A Lei n. 13.092, de 12-1-2015, dispõe sobre o subsídio do Procurador-Geral da República, referido neste inciso.

XII – os vencimentos dos cargos do Poder Legislativo e do Poder Judiciário não poderão ser superiores aos pagos pelo Poder Executivo;

•• A Lei n. 8.852, de 4-2-1994, dispõe sobre a aplicação deste inciso.

XIII – é vedada a vinculação ou equiparação de quaisquer espécies remuneratórias para o efeito de remuneração de pessoal do serviço público;

•• Inciso XIII com redação determinada pela Emenda Constitucional n. 19, de 4-6-1998.

• *Vide* Súmula Vinculante 42 do STF.

XIV – os acréscimos pecuniários percebidos por servidor público não serão computados nem acumulados para fim de concessão de acréscimos ulteriores;

•• Inciso XIV com redação determinada pela Emenda Constitucional n. 19, de 4-6-1998.

XV – o subsídio e os vencimentos dos ocupantes de cargos e empregos públicos são irredutíveis, ressalvado o disposto nos incisos XI e XIV deste artigo e nos arts. 39, § 4.º, 150, II, 153, III, e 153, § 2.º, I;

•• Inciso XV com redação determinada pela Emenda Constitucional n. 19, de 4-6-1998.

XVI – é vedada a acumulação remunerada de cargos públicos, exceto, quando houver compatibilidade de horários, observado em qualquer caso o disposto no inciso XI:

•• Inciso XVI, *caput*, com redação determinada pela Emenda Constitucional n. 19, de 4-6-1998.

a) a de dois cargos de professor;

•• Alínea *a* com redação determinada pela Emenda Constitucional n. 19, de 4-6-1998.

b) a de um cargo de professor com outro, técnico ou científico;

•• Alínea *b* com redação determinada pela Emenda Constitucional n. 19, de 4-6-1998.

c) a de dois cargos ou empregos privativos de profissionais de saúde, com profissões regulamentadas;

•• Alínea *c* com redação determinada pela Emenda Constitucional n. 34, de 13-12-2001.

XVII – a proibição de acumular estende-se a empregos e funções e abrange autarquias, fundações, empresas públicas, sociedades de economia mista, suas subsidiárias, e sociedades controladas, direta ou indiretamente, pelo poder público;

•• Inciso XVII com redação determinada pela Emenda Constitucional n. 19, de 4-6-1998.

XVIII – a administração fazendária e seus servidores fiscais terão, dentro de suas áreas de competência e jurisdição, precedência sobre os demais setores administrativos, na forma da lei;

XIX – somente por lei específica poderá ser criada autarquia e autorizada a instituição de empresa pública, de sociedade de economia

Organização do Estado — Art. 37

mista e de fundação, cabendo à lei complementar, neste último caso, definir as áreas de sua atuação;

•• Inciso XIX com redação determinada pela Emenda Constitucional n. 19, de 4-6-1998.

XX – depende de autorização legislativa, em cada caso, a criação de subsidiárias das entidades mencionadas no inciso anterior, assim como a participação de qualquer delas em empresa privada;

•• A Lei n. 13.303, de 30-6-2016, institui o Estatuto Jurídico das Empresas Públicas.

XXI – ressalvados os casos especificados na legislação, as obras, serviços, compras e alienações serão contratados mediante processo de licitação pública que assegure igualdade de condições a todos os concorrentes, com cláusulas que estabeleçam obrigações de pagamento, mantidas as condições efetivas da proposta, nos termos da lei, o qual somente permitirá as exigências de qualificação técnica e econômica indispensáveis à garantia do cumprimento das obrigações;

•• Regulamento: Lei n. 8.666, de 21-6-1993.

• A Lei n. 10.520, de 17-7-2002, institui modalidade de licitação denominada pregão, para aquisição de bens e serviços comuns, e dá outras providências. Regulamento: Decreto n. 3.555, de 8-8-2000.

XXII – as administrações tributárias da União, dos Estados, do Distrito Federal e dos Municípios, atividades essenciais ao funcionamento do Estado, exercidas por servidores de carreiras específicas, terão recursos prioritários para a realização de suas atividades e atuarão de forma integrada, inclusive com o compartilhamento de cadastros e de informações fiscais, na forma da lei ou convênio.

•• Inciso XXII acrescentado pela Emenda Constitucional n. 42, de 19-12-2003.

§ 1.º A publicidade dos atos, programas, obras, serviços e campanhas dos órgãos públicos deverá ter caráter educativo, informativo ou de orientação social, dela não podendo constar nomes, símbolos ou imagens que caracterizem promoção pessoal de autoridades ou servidores públicos.

• Vide art. 224 da CF.

• O Decreto n. 6.555, de 8-9-2008, dispõe sobre as ações de comunicação do Poder Executivo Federal.

§ 2.º A não observância do disposto nos incisos II e III implicará a nulidade do ato e a punição da autoridade responsável, nos termos da lei.

§ 3.º A lei disciplinará as formas de participação do usuário na administração pública direta e indireta, regulando especialmente:

•• § 3.º, *caput*, com redação determinada pela Emenda Constitucional n. 19, de 4-6-1998.

•• A Lei n. 12.527, de 18-11-2011, regula o acesso a informações previsto neste parágrafo.

I – as reclamações relativas à prestação dos serviços públicos em geral, asseguradas a manutenção de serviço de atendimento ao usuário e a avaliação periódica, externa e interna, da qualidade dos serviços;

•• Inciso I acrescentado pela Emenda Constitucional n. 19, de 4-6-1998.

II – o acesso dos usuários a registros administrativos e a informações sobre atos de governo, observado o disposto no art. 5.º, X e XXXIII;

•• Inciso II acrescentado pela Emenda Constitucional n. 19, de 4-6-1998.

•• A Lei n. 12.527, de 18-11-2011, regulamentada pelo Decreto n. 7.724, de 16-5-2012, regula o acesso a informações previsto neste inciso.

•• O Decreto n. 8.777, de 11-5-2016, institui a Política de Dados Abertos do Poder Executivo federal.

III – a disciplina da representação contra o exercício negligente ou abusivo de cargo, emprego ou função na administração pública.

•• Inciso III acrescentado pela Emenda Constitucional n. 19, de 4-6-1998.

§ 4.º Os atos de improbidade administrativa importarão a suspensão dos direitos políticos, a perda da função pública, a indisponibilidade dos bens e o ressarcimento ao erário, na forma e gradação previstas em lei, sem prejuízo da ação penal cabível.

• Improbidade administrativa: Lei n. 8.429, de 2-6-1992.

- Os arts. 312 e segs. do CP dispõem sobre os crimes praticados por funcionário público contra a administração em geral.
- A Lei n. 8.026, de 12-4-1990, dispõe sobre a aplicação da pena de demissão a funcionário público.
- A Lei n. 8.027, de 12-4-1990, dispõe sobre normas de conduta dos servidores públicos civis da União, autarquias e fundações públicas.

§ 5.º A lei estabelecerá os prazos de prescrição para ilícitos praticados por qualquer agente, servidor ou não, que causem prejuízos ao erário, ressalvadas as respectivas ações de ressarcimento.

§ 6.º As pessoas jurídicas de direito público e as de direito privado prestadoras de serviços públicos responderão pelos danos que seus agentes, nessa qualidade, causarem a terceiros, assegurado o direito de regresso contra o responsável nos casos de dolo ou culpa.

§ 7.º A lei disporá sobre os requisitos e as restrições ao ocupante de cargo ou emprego da administração direta e indireta que possibilite o acesso a informações privilegiadas.

•• § 7.º acrescentado pela Emenda Constitucional n. 19, de 4-6-1998.

§ 8.º A autonomia gerencial, orçamentária e financeira dos órgãos e entidades da administração direta e indireta poderá ser ampliada mediante contrato, a ser firmado entre seus administradores e o poder público, que tenha por objeto a fixação de metas de desempenho para o órgão ou entidade, cabendo à lei dispor sobre:

•• § 8.º, caput, acrescentado pela Emenda Constitucional n. 19, de 4-6-1998.

I – o prazo de duração do contrato;

•• Inciso I acrescentado pela Emenda Constitucional n. 19, de 4-6-1998.

II – os controles e critérios de avaliação de desempenho, direitos, obrigações e responsabilidade dos dirigentes;

•• Inciso II acrescentado pela Emenda Constitucional n. 19, de 4-6-1998.

III – a remuneração do pessoal.

•• Inciso III acrescentado pela Emenda Constitucional n. 19, de 4-6-1998.

§ 9.º O disposto no inciso XI aplica-se às empresas públicas e às sociedades de economia mista, e suas subsidiárias, que receberem recursos da União, dos Estados, do Distrito Federal ou dos Municípios para pagamento de despesas de pessoal ou de custeio em geral.

•• § 9.º acrescentado pela Emenda Constitucional n. 19, de 4-6-1998.

§ 10. É vedada a percepção simultânea de proventos de aposentadoria decorrentes do art. 40 ou dos arts. 42 e 142 com a remuneração de cargo, emprego ou função pública, ressalvados os cargos acumuláveis na forma desta Constituição, os cargos eletivos e os cargos em comissão declarados em lei de livre nomeação e exoneração.

•• § 10 acrescentado pela Emenda Constitucional n. 20, de 15-12-1998.
• Vide art. 11 da Emenda Constitucional n. 20, de 15-12-1998.

§ 11. Não serão computadas, para efeito dos limites remuneratórios de que trata o inciso XI do caput deste artigo, as parcelas de caráter indenizatório previstas em lei.

•• § 11 acrescentado pela Emenda Constitucional n. 47, de 5-7-2005, em vigor na data de sua publicação, com efeitos retroativos à data de vigência da Emenda Constitucional n. 41, de 19-12-2003.

§ 12. Para os fins do disposto no inciso XI do caput deste artigo, fica facultado aos Estados e ao Distrito Federal fixar, em seu âmbito, mediante emenda às respectivas Constituições e Lei Orgânica, como limite único, o subsídio mensal dos Desembargadores do respectivo Tribunal de Justiça, limitado a noventa inteiros e vinte e cinco centésimos por cento do subsídio mensal dos Ministros do Supremo Tribunal Federal, não se aplicando o disposto neste parágrafo aos subsídios dos Deputados Estaduais e Distritais e dos Vereadores.

•• § 12 acrescentado pela Emenda Constitucional n. 47, de 5-7-2005, em vigor na data de sua publicação, com efeitos retroativos à data de vigência da Emenda Constitucional n. 41, de 19-12-2003.
•• O STF, em liminar concedida em 28-2-2007, na ADIn n. 3.854-1, exclui a submissão dos membros da magistratura

Organização do Estado

Arts. 37 a 39

estadual ao subteto de remuneração, de que trata este parágrafo.

Art. 38. Ao servidor público da administração direta, autárquica e fundacional, no exercício de mandato eletivo, aplicam-se as seguintes disposições:

•• *Caput* com redação determinada pela Emenda Constitucional n. 19, de 4-6-1998.

I – tratando-se de mandato eletivo federal, estadual ou distrital, ficará afastado de seu cargo, emprego ou função;

II – investido no mandato de Prefeito, será afastado do cargo, emprego ou função, sendo-lhe facultado optar pela sua remuneração;

III – investido no mandato de Vereador, havendo compatibilidade de horários, perceberá as vantagens de seu cargo, emprego ou função, sem prejuízo da remuneração do cargo eletivo, e, não havendo compatibilidade, será aplicada a norma do inciso anterior;

IV – em qualquer caso que exija o afastamento para o exercício de mandato eletivo, seu tempo de serviço será contado para todos os efeitos legais, exceto para promoção por merecimento;

V – para efeito de benefício previdenciário, no caso de afastamento, os valores serão determinados como se no exercício estivesse.

Seção II
Dos Servidores Públicos

•• Seção II com denominação determinada pela Emenda Constitucional n. 18, de 5-2-1998.

• Regime jurídico dos servidores públicos civis da União, das Autarquias e das Fundações Públicas Federais: Lei n. 8.112, de 11-12-1990.

Art. 39. A União, os Estados, o Distrito Federal e os Municípios instituirão conselho de política de administração e remuneração de pessoal, integrado por servidores designados pelos respectivos Poderes.

•• *Caput* com redação determinada pela Emenda Constitucional n. 19, de 4-6-1998.

•• O STF, em liminar parcialmente concedida em 2-8-2007, na ADIn n. 2.135-4, suspende a eficácia do *caput* deste artigo.

Com a decisão volta a vigorar a redação anterior: "A União, os Estados, o Distrito Federal e os Municípios instituirão, no âmbito de sua competência, regime jurídico único e planos de carreira para os servidores da administração pública direta, das autarquias e das fundações públicas".

§ 1.º A fixação dos padrões de vencimento e dos demais componentes do sistema remuneratório observará:

•• § 1.º, *caput*, com redação determinada pela Emenda Constitucional n. 19, de 4-6-1998.

•• § 1.º regulamentado pela Lei n. 8.448, de 21-7-1992.

•• A Lei n. 8.852, de 4-2-1994, dispõe sobre a aplicação deste parágrafo.

I – a natureza, o grau de responsabilidade e a complexidade dos cargos componentes de cada carreira;

•• Inciso I acrescentado pela Emenda Constitucional n. 19, de 4-6-1998.

II – os requisitos para a investidura;

•• Inciso II acrescentado pela Emenda Constitucional n. 19, de 4-6-1998.

III – as peculiaridades dos cargos.

•• Inciso III acrescentado pela Emenda Constitucional n. 19, de 4-6-1998.

§ 2.º A União, os Estados e o Distrito Federal manterão escolas de governo para a formação e o aperfeiçoamento dos servidores públicos, constituindo-se a participação nos cursos um dos requisitos para a promoção na carreira, facultada, para isso, a celebração de convênios ou contratos entre os entes federados.

•• § 2.º com redação determinada pela Emenda Constitucional n. 19, de 4-6-1998.

§ 3.º Aplica-se aos servidores ocupantes de cargo público o disposto no art. 7.º, IV, VII, VIII, IX, XII, XIII, XV, XVI, XVII, XVIII, XIX, XX, XXII e XXX, podendo a lei estabelecer requisitos diferenciados de admissão quando a natureza do cargo o exigir.

•• § 3.º acrescentado pela Emenda Constitucional n. 19, de 4-6-1998.

§ 4.º O membro de Poder, o detentor de mandato eletivo, os Ministros de Estado e os Secretários Estaduais e Municipais serão remu-

Arts. 39 e 40

Organização do Estado

nerados exclusivamente por subsídio fixado em parcela única, vedado o acréscimo de qualquer gratificação, adicional, abono, prêmio, verba de representação ou outra espécie remuneratória, obedecido, em qualquer caso, o disposto no art. 37, X e XI.

•• § 4.º acrescentado pela Emenda Constitucional n. 19, de 4-6-1998.

• A Lei n. 13.092, de 12-1-2015, dispõe sobre o subsídio do Procurador-Geral da República, referido neste inciso.

§ 5.º Lei da União, dos Estados, do Distrito Federal e dos Municípios poderá estabelecer a relação entre a maior e a menor remuneração dos servidores públicos, obedecido, em qualquer caso, o disposto no art. 37, XI.

•• § 5.º acrescentado pela Emenda Constitucional n. 19, de 4-6-1998.

§ 6.º Os Poderes Executivo, Legislativo e Judiciário publicarão anualmente os valores do subsídio e da remuneração dos cargos e empregos públicos.

•• § 6.º acrescentado pela Emenda Constitucional n. 19, de 4-6-1998.

§ 7.º Lei da União, dos Estados, do Distrito Federal e dos Municípios disciplinará a aplicação de recursos orçamentários provenientes da economia com despesas correntes em cada órgão, autarquia e fundação, para aplicação no desenvolvimento de programas de qualidade e produtividade, treinamento e desenvolvimento, modernização, reaparelhamento e racionalização do serviço público, inclusive sob a forma de adicional ou prêmio de produtividade.

•• § 7.º acrescentado pela Emenda Constitucional n. 19, de 4-6-1998.

§ 8.º A remuneração dos servidores públicos organizados em carreira poderá ser fixada nos termos do § 4.º.

•• § 8.º acrescentado pela Emenda Constitucional n. 19, de 4-6-1998.

Art. 40. Aos servidores titulares de cargos efetivos da União, dos Estados, do Distrito Federal e dos Municípios, incluídas suas autarquias e fundações, é assegurado regime de previdência de caráter contributivo e solidário, mediante contribuição do respectivo ente público, dos servidores ativos e inativos e dos pensionistas, observados critérios que preservem o equilíbrio financeiro e atuarial e o disposto neste artigo.

•• *Caput* com redação determinada pela Emenda Constitucional n. 41, de 19-12-2003.

• *Vide* art. 3.º da Emenda Constitucional n. 47, de 5-7-2005.

§ 1.º Os servidores abrangidos pelo regime de previdência de que trata este artigo serão aposentados, calculados os seus proventos a partir dos valores fixados na forma dos §§ 3.º e 17:

•• § 1.º, *caput*, com redação determinada pela Emenda Constitucional n. 41, de 19-12-2003.

I – por invalidez permanente, sendo os proventos proporcionais ao tempo de contribuição, exceto se decorrente de acidente em serviço, moléstia profissional ou doença grave, contagiosa ou incurável, na forma da lei;

•• Inciso I com redação determinada pela Emenda Constitucional n. 41, de 19-12-2003.

• *Vide* art. 6.º-A da Emenda Constitucional n. 41, de 19-12-2003.

II – compulsoriamente, com proventos proporcionais ao tempo de contribuição, aos 70 (setenta) anos de idade, ou aos 75 (setenta e cinco) anos de idade, na forma de lei complementar;

•• Inciso II com redação determinada pela Emenda Constitucional n. 88, de 7-5-2015.

•• *Vide* art. 100 do ADCT.

•• A Lei Complementar n. 152, de 3-12-2015, dispõe sobre a aposentadoria compulsória por idade, com proventos proporcionais, nos termos deste inciso.

III – voluntariamente, desde que cumprido tempo mínimo de dez anos de efetivo exercício no serviço público e cinco anos no cargo efetivo em que se dará a aposentadoria, observadas as seguintes condições:

•• Inciso III, *caput*, acrescentado pela Emenda Constitucional n. 20, de 15-12-1998.

• *Vide* art. 2.º da Emenda Constitucional n. 41, de 19-12-2003, que dispõe sobre aposentadoria voluntária.

a) sessenta anos de idade e trinta e cinco de contribuição, se homem, e cinquenta e cinco anos de idade e trinta de contribuição, se mulher;

Organização do Estado

Art. 40

•• Alínea *a* acrescentada pela Emenda Constitucional n. 20, de 15-12-1998.
• *Vide* art. 3.º, III, da Emenda Constitucional n. 47, de 5-7-2005.

b) sessenta e cinco anos de idade, se homem, e sessenta anos de idade, se mulher, com proventos proporcionais ao tempo de contribuição.

•• Alínea *b* acrescentada pela Emenda Constitucional n. 20, de 15-12-1998.

§ 2.º Os proventos de aposentadoria e as pensões, por ocasião de sua concessão, não poderão exceder a remuneração do respectivo servidor, no cargo efetivo em que se deu a aposentadoria ou que serviu de referência para a concessão da pensão.

•• § 2.º com redação determinada pela Emenda Constitucional n. 20, de 15-12-1998.

§ 3.º Para o cálculo dos proventos de aposentadoria, por ocasião da sua concessão, serão consideradas as remunerações utilizadas como base para as contribuições do servidor aos regimes de previdência de que tratam este artigo e o art. 201, na forma da lei.

•• § 3.º com redação determinada pela Emenda Constitucional n. 41, de 19-12-2003.
• A Lei n. 10.887, de 18-6-2004, dispõe sobre o cálculo dos proventos de aposentadoria dos servidores titulares de cargo efetivo de qualquer dos poderes, previsto neste parágrafo.

§ 4.º É vedada a adoção de requisitos e critérios diferenciados para a concessão de aposentadoria aos abrangidos pelo regime de que trata este artigo, ressalvados, nos termos definidos em leis complementares, os casos de servidores:

•• § 4.º, *caput*, com redação determinada pela Emenda Constitucional n. 47, de 5-7-2005, em vigor na data de sua publicação, com efeitos retroativos à data de vigência da Emenda Constitucional n. 41, de 19-12-2003.

I – portadores de deficiência;

•• Inciso I acrescentado pela Emenda Constitucional n. 47, de 5-7-2005, em vigor na data de sua publicação, com efeitos retroativos à data de vigência da Emenda Constitucional n. 41, de 19-12-2003.

II – que exerçam atividades de risco;

•• Inciso II acrescentado pela Emenda Constitucional n. 47, de 5-7-2005, em vigor na data de sua publicação, com efeitos retroativos à data de vigência da Emenda Constitucional n. 41, de 19-12-2003.

III – cujas atividades sejam exercidas sob condições especiais que prejudiquem a saúde ou a integridade física.

•• Inciso III acrescentado pela Emenda Constitucional n. 47, de 5-7-2005, em vigor na data de sua publicação, com efeitos retroativos à data de vigência da Emenda Constitucional n. 41, de 19-12-2003.

§ 5.º Os requisitos de idade e de tempo de contribuição serão reduzidos em 5 (cinco) anos, em relação ao disposto no § 1.º, III, *a*, para o professor que comprove exclusivamente tempo de efetivo exercício das funções de magistério na educação infantil e no ensino fundamental e médio.

•• § 5.º com redação determinada pela Emenda Constitucional n. 20, de 15-12-1998.
• *Vide* arts. 2.º, § 1.º, e 6.º, *caput*, da Emenda Constitucional n. 41, de 19-12-2003.

§ 6.º Ressalvadas as aposentadorias decorrentes dos cargos acumuláveis na forma desta Constituição, é vedada a percepção de mais de uma aposentadoria à conta do regime de previdência previsto neste artigo.

•• § 6.º com redação determinada pela Emenda Constitucional n. 20, de 15-12-1998.

§ 7.º Lei disporá sobre a concessão do benefício de pensão por morte, que será igual:

•• § 7.º, *caput*, com redação determinada pela Emenda Constitucional n. 41, de 19-12-2003.

I – ao valor da totalidade dos proventos do servidor falecido, até o limite máximo estabelecido para os benefícios do regime geral de previdência social de que trata o art. 201, acrescido de setenta por cento da parcela excedente a este limite, caso aposentado à data do óbito; ou

•• Inciso I acrescentado pela Emenda Constitucional n. 41, de 19-12-2003.

II – ao valor da totalidade da remuneração do servidor no cargo efetivo em que se deu o falecimento, até o limite máximo estabelecido para os benefícios do regime geral de previdência social de que trata o art. 201, acrescido de setenta por cento da parcela excedente a este limite, caso em atividade na data do óbito.

•• Inciso II acrescentado pela Emenda Constitucional n. 41, de 19-12-2003.

§ 8.º É assegurado o reajustamento dos benefícios para preservar-lhes, em caráter permanente, o valor real, conforme critérios estabelecidos em lei.

•• § 8.º com redação determinada pela Emenda Constitucional n. 41, de 19-12-2003.
• Vide Súmula Vinculante 20 do STF.

§ 9.º O tempo de contribuição federal, estadual ou municipal será contado para efeito de aposentadoria e o tempo de serviço correspondente para efeito de disponibilidade.

•• § 9.º acrescentado pela Emenda Constitucional n. 20, de 15-12-1998.

§ 10. A lei não poderá estabelecer qualquer forma de contagem de tempo de contribuição fictício.

•• § 10 acrescentado pela Emenda Constitucional n. 20, de 15-12-1998.
• Vide art. 4.º da Emenda Constitucional n. 20, de 15-12-1998.

§ 11. Aplica-se o limite fixado no art. 37, XI, à soma total dos proventos de inatividade, inclusive quando decorrentes da acumulação de cargos ou empregos públicos, bem como de outras atividades sujeitas a contribuição para o regime geral de previdência social, e ao montante resultante da adição de proventos de inatividade com remuneração de cargo acumulável na forma desta Constituição, cargo em comissão declarado em lei de livre nomeação e exoneração, e de cargo eletivo.

•• § 11 acrescentado pela Emenda Constitucional n. 20, de 15-12-1998.

§ 12. Além do disposto neste artigo, o regime de previdência dos servidores públicos titulares de cargo efetivo observará, no que couber, os requisitos e critérios fixados para o regime geral de previdência social.

•• § 12 acrescentado pela Emenda Constitucional n. 20, de 15-12-1998.

§ 13. Ao servidor ocupante, exclusivamente, de cargo em comissão declarado em lei de livre nomeação e exoneração bem como de outro cargo temporário ou de emprego público, aplica-se o regime geral de previdência social.

•• § 13 acrescentado pela Emenda Constitucional n. 20, de 15-12-1998.

§ 14. A União, os Estados, o Distrito Federal e os Municípios, desde que instituam regime de previdência complementar para os seus respectivos servidores titulares de cargo efetivo, poderão fixar, para o valor das aposentadorias e pensões a serem concedidas pelo regime de que trata este artigo, o limite máximo estabelecido para os benefícios do regime geral de previdência social de que trata o art. 201.

•• § 14 acrescentado pela Emenda Constitucional n. 20, de 15-12-1998.
•• A Lei n. 12.618, de 30-4-2012, institui o regime de previdência complementar para os servidores públicos federais titulares de cargo efetivo a que se refere este parágrafo.
• Previdência Complementar: Leis Complementares n. 108, de 29-5-2001, e 109, de 29-5-2001.

§ 15. O regime de previdência complementar de que trata o § 14 será instituído por lei de iniciativa do respectivo Poder Executivo, observado o disposto no art. 202 e seus parágrafos, no que couber, por intermédio de entidades fechadas de previdência complementar, de natureza pública, que oferecerão aos respectivos participantes planos de benefícios somente na modalidade de contribuição definida.

•• § 15 com redação determinada pela Emenda Constitucional n. 41, de 19-12-2003.
•• A Lei n. 12.618, de 30-4-2012, institui o regime de previdência complementar para os servidores públicos federais titulares de cargo efetivo a que se refere este parágrafo.

§ 16. Somente mediante sua prévia e expressa opção, o disposto nos §§ 14 e 15 poderá ser aplicado ao servidor que tiver ingressado no serviço público até a data da publicação do ato de instituição do correspondente regime de previdência complementar.

Organização do Estado

•• § 16 acrescentado pela Emenda Constitucional n. 20, de 15-12-1998.

•• A Lei n. 12.618, de 30-4-2012, instituiu o regime de previdência complementar para os servidores públicos federais titulares de cargo efetivo a que se refere este parágrafo.

§ 17. Todos os valores de remuneração considerados para o cálculo do benefício previsto no § 3.º serão devidamente atualizados, na forma da lei.

•• § 17 acrescentado pela Emenda Constitucional n. 41, de 19-12-2003.

• *Vide* art. 2.º da Emenda Constitucional n. 41, de 19-12-2003.

§ 18. Incidirá contribuição sobre os proventos de aposentadorias e pensões concedidas pelo regime de que trata este artigo que superem o limite máximo estabelecido para os benefícios do regime geral de previdência social de que trata o art. 201, com percentual igual ao estabelecido para os servidores titulares de cargos efetivos.

•• § 18 acrescentado pela Emenda Constitucional n. 41, de 19-12-2003.

§ 19. O servidor de que trata este artigo que tenha completado as exigências para aposentadoria voluntária estabelecidas no § 1.º, III, *a*, e que opte por permanecer em atividade fará jus a um abono de permanência equivalente ao valor da sua contribuição previdenciária até completar as exigências para aposentadoria compulsória contidas no § 1.º, II.

•• § 19 acrescentado pela Emenda Constitucional n. 41, de 19-12-2003.

§ 20. Fica vedada a existência de mais de um regime próprio de previdência social para os servidores titulares de cargos efetivos, e de mais de uma unidade gestora do respectivo regime em cada ente estatal, ressalvado o disposto no art. 142, § 3.º, X.

•• § 20 acrescentado pela Emenda Constitucional n. 41, de 19-12-2003.

§ 21. A contribuição prevista no § 18 deste artigo incidirá apenas sobre as parcelas de proventos de aposentadoria e de pensão que superem o dobro do limite máximo estabelecido para os benefícios do regime geral de previdência social de que trata o art. 201 desta Constituição, quando o beneficiário, na forma da lei, for portador de doença incapacitante.

•• § 21 acrescentado pela Emenda Constitucional n. 47, de 5-7-2005, em vigor na data de sua publicação, com efeitos retroativos à data de vigência da Emenda Constitucional n. 41, de 19-12-2003.

Art. 41. São estáveis após 3 (três) anos de efetivo exercício os servidores nomeados para cargo de provimento efetivo em virtude de concurso público.

•• *Caput* com redação determinada pela Emenda Constitucional n. 19, de 4-6-1998.

§ 1.º O servidor público estável só perderá o cargo:

•• § 1.º, *caput*, com redação determinada pela Emenda Constitucional n. 19, de 4-6-1998.

I – em virtude de sentença judicial transitada em julgado;

•• Inciso I acrescentado pela Emenda Constitucional n. 19, de 4-6-1998.

II – mediante processo administrativo em que lhe seja assegurada ampla defesa;

•• Inciso II acrescentado pela Emenda Constitucional n. 19, de 4-6-1998.

III – mediante procedimento de avaliação periódica de desempenho, na forma de lei complementar, assegurada ampla defesa.

•• Inciso III acrescentado pela Emenda Constitucional n. 19, de 4-6-1998.

•• *Vide* arts. 198, § 6.º, e 247 da CF.

§ 2.º Invalidada por sentença judicial a demissão do servidor estável, será ele reintegrado, e o eventual ocupante da vaga, se estável, reconduzido ao cargo de origem, sem direito a indenização, aproveitado em outro cargo ou posto em disponibilidade com remuneração proporcional ao tempo de serviço.

•• § 2.º com redação determinada pela Emenda Constitucional n. 19, de 4-6-1998.

§ 3.º Extinto o cargo ou declarada sua desnecessidade, o servidor estável ficará em disponibilidade, com remuneração proporcional ao tempo de serviço, até seu adequado aproveitamento em outro cargo.

•• § 3.º com redação determinada pela Emenda Constitucional n. 19, de 4-6-1998.

§ 4.º Como condição para a aquisição da estabilidade, é obrigatória a avaliação especial de desempenho por comissão instituída para essa finalidade.

•• § 4.º acrescentado pela Emenda Constitucional n. 19, de 4-6-1998.
• Vide art. 28 da Emenda Constitucional n. 19, de 4-6-1998.

Seção III
Dos Militares dos Estados, do Distrito Federal e dos Territórios

•• Seção III com denominação determinada pela Emenda Constitucional n. 18, de 5-2-1998.

Art. 42. Os membros das Polícias Militares e Corpos de Bombeiros Militares, instituições organizadas com base na hierarquia e disciplina, são militares dos Estados, do Distrito Federal e dos Territórios.

•• Caput com redação determinada pela Emenda Constitucional n. 18, de 5-2-1998.
• Vide art. 89 do ADCT.

§ 1.º Aplicam-se aos militares dos Estados, do Distrito Federal e dos Territórios, além do que vier a ser fixado em lei, as disposições do art. 14, § 8.º; do art. 40, § 9.º; e do art. 142, §§ 2.º e 3.º, cabendo a lei estadual específica dispor sobre as matérias do art. 142, § 3.º, X, sendo as patentes dos oficiais conferidas pelos respectivos governadores.

•• § 1.º com redação determinada pela Emenda Constitucional n. 20, de 15-12-1998.

§ 2.º Aos pensionistas dos militares dos Estados, do Distrito Federal e dos Territórios aplica-se o que for fixado em lei específica do respectivo ente estatal.

•• § 2.º com redação determinada pela Emenda Constitucional n. 41, de 19-12-2003.

Seção IV
Das Regiões

Art. 43. Para efeitos administrativos, a União poderá articular sua ação em um mesmo complexo geoeconômico e social, visando a seu desenvolvimento e à redução das desigualdades regionais.

§ 1.º Lei complementar disporá sobre:

I – as condições para integração de regiões em desenvolvimento;

II – a composição dos organismos regionais que executarão, na forma da lei, os planos regionais, integrantes dos planos nacionais de desenvolvimento econômico e social, aprovados juntamente com estes.

§ 2.º Os incentivos regionais compreenderão, além de outros, na forma da lei:

I – igualdade de tarifas, fretes, seguros e outros itens de custos e preços de responsabilidade do Poder Público;

II – juros favorecidos para financiamento de atividades prioritárias;

III – isenções, reduções ou diferimento temporário de tributos federais devidos por pessoas físicas ou jurídicas;

IV – prioridade para o aproveitamento econômico e social dos rios e das massas de água represadas ou represáveis nas regiões de baixa renda, sujeitas a secas periódicas.

§ 3.º Nas áreas a que se refere o § 2.º, IV, a União incentivará a recuperação de terras áridas e cooperará com os pequenos e médios proprietários rurais para o estabelecimento, em suas glebas, de fontes de água e de pequena irrigação.

Título IV
DA ORGANIZAÇÃO DOS PODERES

Capítulo I
DO PODER LEGISLATIVO

Seção I
Do Congresso Nacional

Art. 44. O Poder Legislativo é exercido pelo

Organização dos Poderes   Arts. 44 a 48

Congresso Nacional, que se compõe da Câmara dos Deputados e do Senado Federal.

Parágrafo único. Cada legislatura terá a duração de quatro anos.

Art. 45. A Câmara dos Deputados compõe-se de representantes do povo, eleitos, pelo sistema proporcional, em cada Estado, em cada Território e no Distrito Federal.

§ 1.º O número total de Deputados, bem como a representação por Estado e pelo Distrito Federal, será estabelecido por lei complementar, proporcionalmente à população, procedendo-se aos ajustes necessários, no ano anterior às eleições, para que nenhuma daquelas unidades da Federação tenha menos de oito ou mais de setenta Deputados.

- A Lei Complementar n. 78, de 30-12-1993, fixa o número de deputados.

§ 2.º Cada Território elegerá quatro Deputados.

Art. 46. O Senado Federal compõe-se de representantes dos Estados e do Distrito Federal, eleitos segundo o princípio majoritário.

§ 1.º Cada Estado e o Distrito Federal elegerão três Senadores, com mandato de oito anos.

§ 2.º A representação de cada Estado e do Distrito Federal será renovada de quatro em quatro anos, alternadamente, por um e dois terços.

§ 3.º Cada Senador será eleito com dois suplentes.

Art. 47. Salvo disposição constitucional em contrário, as deliberações de cada Casa e de suas Comissões serão tomadas por maioria dos votos, presente a maioria absoluta de seus membros.

Seção II
Das Atribuições do Congresso Nacional

Art. 48. Cabe ao Congresso Nacional, com a sanção do Presidente da República, não exigida esta para o especificado nos arts. 49, 51 e 52, dispor sobre todas as matérias de competência da União, especialmente sobre:

I – sistema tributário, arrecadação e distribuição de rendas;

II – plano plurianual, diretrizes orçamentárias, orçamento anual, operações de crédito, dívida pública e emissões de curso forçado;

III – fixação e modificação do efetivo das Forças Armadas;

IV – planos e programas nacionais, regionais e setoriais de desenvolvimento;

V – limites do território nacional, espaço aéreo e marítimo e bens do domínio da União;

VI – incorporação, subdivisão ou desmembramento de áreas de Territórios ou Estados, ouvidas as respectivas Assembleias Legislativas;

VII – transferência temporária da sede do Governo Federal;

VIII – concessão de anistia;

IX – organização administrativa, judiciária, do Ministério Público e da Defensoria Pública da União e dos Territórios e organização judiciária e do Ministério Público do Distrito Federal;

•• Inciso IX com redação determinada pela Emenda Constitucional n. 69, de 29-3-2012.

X – criação, transformação e extinção de cargos, empregos e funções públicas, observado o que estabelece o art. 84, VI, *b*;

•• Inciso X com redação determinada pela Emenda Constitucional n. 32, de 11-9-2001.

XI – criação e extinção de Ministérios e órgãos da administração pública;

•• Inciso XI com redação determinada pela Emenda Constitucional n. 32, de 11-9-2001.

XII – telecomunicações e radiodifusão;

- A Lei n. 9.295, de 19-7-1996, dispõe sobre os serviços de telecomunicações e sua organização.

XIII – matéria financeira, cambial e monetária, instituições financeiras e suas operações;

XIV – moeda, seus limites de emissão, e montante da dívida mobiliária federal;

XV – fixação do subsídio dos Ministros do Supremo Tribunal Federal, observado o que dispõem os arts. 39, § 4.º; 150, II; 153, III; e 153, § 2.º, I.

•• Inciso XV com redação determinada pela Emenda Constitucional n. 41, de 19-12-2003.

- A Lei n. 12.041, de 8-10-2009, dispõe sobre a revisão do subsídio de Ministro do STF, referido neste artigo.
- A Lei n. 13.091, de 12-1-2015, dispõe sobre a revisão do subsídio de Ministro do STF, referido neste artigo.

Art. 49. É da competência exclusiva do Congresso Nacional:

I – resolver definitivamente sobre tratados, acordos ou atos internacionais que acarretem encargos ou compromissos gravosos ao patrimônio nacional;

II – autorizar o Presidente da República a declarar guerra, a celebrar a paz, a permitir que forças estrangeiras transitem pelo território nacional ou nele permaneçam temporariamente, ressalvados os casos previstos em lei complementar;

III – autorizar o Presidente e o Vice-Presidente da República a se ausentarem do País, quando a ausência exceder a quinze dias;

IV – aprovar o estado de defesa e a intervenção federal, autorizar o estado de sítio, ou suspender qualquer uma dessas medidas;

V – sustar os atos normativos do Poder Executivo que exorbitem do poder regulamentar ou dos limites de delegação legislativa;

VI – mudar temporariamente sua sede;

VII – fixar idêntico subsídio para os Deputados Federais e os Senadores, observado o que dispõem os arts. 37, XI, 39, § 4.º, 150, II, 153, III, e 153, § 2.º, I;

•• Inciso VII com redação determinada pela Emenda Constitucional n. 19, de 4-6-1998.

VIII – fixar os subsídios do Presidente e do Vice-Presidente da República e dos Ministros de Estado, observado o que dispõem os arts. 37, XI, 39, § 4.º, 150, II, 153, III, e 153, § 2.º, I;

•• Inciso VIII com redação determinada pela Emenda Constitucional n. 19, de 4-6-1998.

IX – julgar anualmente as contas prestadas pelo Presidente da República e apreciar os relatórios sobre a execução dos planos de governo;

X – fiscalizar e controlar, diretamente, ou por qualquer de suas Casas, os atos do Poder Executivo, incluídos os da administração indireta;

XI – zelar pela preservação de sua competência legislativa em face da atribuição normativa dos outros Poderes;

XII – apreciar os atos de concessão e renovação de concessão de emissoras de rádio e televisão;

XIII – escolher dois terços dos membros do Tribunal de Contas da União;

XIV – aprovar iniciativas do Poder Executivo referentes a atividades nucleares;

XV – autorizar referendo e convocar plebiscito;

XVI – autorizar, em terras indígenas, a exploração e o aproveitamento de recursos hídricos e a pesquisa e lavra de riquezas minerais;

XVII – aprovar, previamente, a alienação ou concessão de terras públicas com área superior a dois mil e quinhentos hectares.

Art. 50. A Câmara dos Deputados e o Senado Federal, ou qualquer de suas Comissões, poderão convocar Ministro de Estado ou quaisquer titulares de órgãos diretamente subordinados à Presidência da República para prestarem, pessoalmente, informações sobre assunto previamente determinado, importando em crime de responsabilidade a ausência sem justificação adequada.

•• *Caput* com redação determinada pela Emenda Constitucional de Revisão n. 2, de 7-6-1994.

§ 1.º Os Ministros de Estado poderão comparecer ao Senado Federal, à Câmara dos Deputados, ou a qualquer de suas Comissões, por sua iniciativa e mediante entendimentos com a Mesa respectiva, para expor assunto de relevância de seu Ministério.

§ 2.º As Mesas da Câmara dos Deputados e do Senado Federal poderão encaminhar pedidos escritos de informação a Ministros de Estado ou a qualquer das pessoas referidas no *caput* deste artigo, importando em crime de responsabilidade a recusa, ou o não atendimento, no prazo de trinta dias, bem como a prestação de informações falsas.

Organização dos Poderes

Arts. 50 a 52

•• § 2.º com redação determinada pela Emenda Constitucional de Revisão n. 2, de 7-6-1994.

Seção III
Da Câmara dos Deputados

Art. 51. Compete privativamente à Câmara dos Deputados:

I – autorizar, por dois terços de seus membros, a instauração de processo contra o Presidente e o Vice-Presidente da República e os Ministros de Estado;

II – proceder à tomada de contas do Presidente da República, quando não apresentadas ao Congresso Nacional dentro de sessenta dias após a abertura da sessão legislativa;

III – elaborar seu regimento interno;

IV – dispor sobre sua organização, funcionamento, polícia, criação, transformação ou extinção dos cargos, empregos e funções de seus serviços, e a iniciativa de lei para fixação da respectiva remuneração, observados os parâmetros estabelecidos na lei de diretrizes orçamentárias;

•• Inciso IV com redação determinada pela Emenda Constitucional n. 19, de 4-6-1998.

V – eleger membros do Conselho da República, nos termos do art. 89, VII.

Seção IV
Do Senado Federal

Art. 52. Compete privativamente ao Senado Federal:

I – processar e julgar o Presidente e o Vice-Presidente da República nos crimes de responsabilidade, bem como os Ministros de Estado e os Comandantes da Marinha, do Exército e da Aeronáutica nos crimes da mesma natureza conexos com aqueles;

•• Inciso I com redação determinada pela Emenda Constitucional n. 23, de 2-9-1999.

• A Lei n. 1.079, de 10-4-1950, define os crimes de responsabilidade e regula o respectivo processo de julgamento.

II – processar e julgar os Ministros do Supremo Tribunal Federal, os membros do Conselho Nacional de Justiça e do Conselho Nacional do Ministério Público, o Procurador-Geral da República e o Advogado-Geral da União nos crimes de responsabilidade;

•• Inciso II com redação determinada pela Emenda Constitucional n. 45, de 8-12-2004.

•• *Vide* Seção II do Capítulo IV do Título IV da CF, que passou a denominar-se "Da Advocacia Pública" (arts. 131 e 132).

III – aprovar previamente, por voto secreto, após arguição pública, a escolha de:

a) magistrados, nos casos estabelecidos nesta Constituição;

b) Ministros do Tribunal de Contas da União indicados pelo Presidente da República;

c) Governador de Território;

d) presidente e diretores do banco central;

e) Procurador-Geral da República;

f) titulares de outros cargos que a lei determinar;

IV – aprovar previamente, por voto secreto, após arguição em sessão secreta, a escolha dos chefes de missão diplomática de caráter permanente;

V – autorizar operações externas de natureza financeira, de interesse da União, dos Estados, do Distrito Federal, dos Territórios e dos Municípios;

•• A Resolução n. 48, de 21-12-2007, do Senado Federal dispõe sobre as operações externas de natureza financeira, de que trata este artigo.

VI – fixar, por proposta do Presidente da República, limites globais para o montante da dívida consolidada da União, dos Estados, do Distrito Federal e dos Municípios;

•• A Resolução n. 40, de 20-12-2001, do Senado Federal, dispõe sobre os limites globais para o montante da dívida pública consolidada e da dívida mobiliária dos Estados, do Distrito Federal, conforme fixado neste inciso e no inciso IX.

VII – dispor sobre limites globais e condições para as operações de crédito externo e interno da União, dos Estados, do Distrito Federal e dos Municípios, de suas autarquias e demais entidades controladas pelo Poder Público federal;

•• A Resolução n. 43, de 21-12-2001, do Senado Federal, dispõe sobre as operações de crédito interno e externo dos Estados,

Arts. 52 e 53 — Organização dos Poderes

do Distrito Federal e dos Municípios, inclusive concessão de garantias, seus limites e condições de autorização, e dá outras providências.

VIII – dispor sobre limites e condições para a concessão de garantia da União em operações de crédito externo e interno;

IX – estabelecer limites globais e condições para o montante da dívida mobiliária dos Estados, do Distrito Federal e dos Municípios;

•• *Vide* nota ao inciso VI deste artigo.

X – suspender a execução, no todo ou em parte, de lei declarada inconstitucional por decisão definitiva do Supremo Tribunal Federal;

XI – aprovar, por maioria absoluta e por voto secreto, a exoneração, de ofício, do Procurador-Geral da República antes do término de seu mandato;

XII – elaborar seu regimento interno;

XIII – dispor sobre sua organização, funcionamento, polícia, criação, transformação ou extinção dos cargos, empregos e funções de seus serviços, e a iniciativa de lei para fixação da respectiva remuneração, observados os parâmetros estabelecidos na lei de diretrizes orçamentárias;

•• Inciso XIII com redação determinada pela Emenda Constitucional n. 19, de 4-6-1998.

XIV – eleger membros do Conselho da República, nos termos do art. 89, VII;

XV – avaliar periodicamente a funcionalidade do Sistema Tributário Nacional, em sua estrutura e seus componentes, e o desempenho das administrações tributárias da União, dos Estados e do Distrito Federal e dos Municípios.

•• Inciso XV acrescentado pela Emenda Constitucional n. 42, de 19-12-2003.

Parágrafo único. Nos casos previstos nos incisos I e II, funcionará como Presidente o do Supremo Tribunal Federal, limitando-se a condenação, que somente será proferida por dois terços dos votos do Senado Federal, à perda do cargo, com inabilitação, por oito anos, para o exercício de função pública, sem prejuízo das demais sanções judiciais cabíveis.

Seção V
Dos Deputados e dos Senadores

• Eleição: Lei n. 9.504, de 30-9-1997.

Art. 53. Os Deputados e Senadores são invioláveis, civil e penalmente, por quaisquer de suas opiniões, palavras e votos.

•• *Caput* com redação determinada pela Emenda Constitucional n. 35, de 20-12-2001.

§ 1.º Os Deputados e Senadores, desde a expedição do diploma, serão submetidos a julgamento perante o Supremo Tribunal Federal.

•• § 1.º com redação determinada pela Emenda Constitucional n. 35, de 20-12-2001.

§ 2.º Desde a expedição do diploma, os membros do Congresso Nacional não poderão ser presos, salvo em flagrante de crime inafiançável. Nesse caso, os autos serão remetidos dentro de vinte e quatro horas à Casa respectiva, para que, pelo voto da maioria de seus membros, resolva sobre a prisão.

•• § 2.º com redação determinada pela Emenda Constitucional n. 35, de 20-12-2001.

§ 3.º Recebida a denúncia contra o Senador ou Deputado, por crime ocorrido após a diplomação, o Supremo Tribunal Federal dará ciência à Casa respectiva, que, por iniciativa de partido político nela representado e pelo voto da maioria de seus membros, poderá, até a decisão final, sustar o andamento da ação.

•• § 3.º com redação determinada pela Emenda Constitucional n. 35, de 20-12-2001.

§ 4.º O pedido de sustação será apreciado pela Casa respectiva no prazo improrrogável de quarenta e cinco dias do seu recebimento pela Mesa Diretora.

•• § 4.º com redação determinada pela Emenda Constitucional n. 35, de 20-12-2001.

§ 5.º A sustação do processo suspende a prescrição, enquanto durar o mandato.

•• § 5.º com redação determinada pela Emenda Constitucional n. 35, de 20-12-2001.

§ 6.º Os Deputados e Senadores não serão obrigados a testemunhar sobre informações

Organização dos Poderes

Arts. 53 a 55

recebidas ou prestadas em razão do exercício do mandato, nem sobre as pessoas que lhes confiaram ou deles receberam informações.

•• § 6.º com redação determinada pela Emenda Constitucional n. 35, de 20-12-2001.

§ 7.º A incorporação às Forças Armadas de Deputados e Senadores, embora militares e ainda que em tempo de guerra, dependerá de prévia licença da Casa respectiva.

•• § 7.º com redação determinada pela Emenda Constitucional n. 35, de 20-12-2001.

§ 8.º As imunidades de Deputados ou Senadores subsistirão durante o estado de sítio, só podendo ser suspensas mediante o voto de dois terços dos membros da Casa respectiva, nos casos de atos praticados fora do recinto do Congresso Nacional, que sejam incompatíveis com a execução da medida.

•• § 8.º acrescentado pela Emenda Constitucional n. 35, de 20-12-2001.

Art. 54. Os Deputados e Senadores não poderão:

I – desde a expedição do diploma:

a) firmar ou manter contrato com pessoa jurídica de direito público, autarquia, empresa pública, sociedade de economia mista ou empresa concessionária de serviço público, salvo quando o contrato obedecer a cláusulas uniformes;

b) aceitar ou exercer cargo, função ou emprego remunerado, inclusive os de que sejam demissíveis *ad nutum*, nas entidades constantes da alínea anterior;

II – desde a posse:

a) ser proprietários, controladores ou diretores de empresa que goze de favor decorrente de contrato com pessoa jurídica de direito público, ou nela exercer função remunerada;

b) ocupar cargo ou função de que sejam demissíveis *ad nutum*, nas entidades referidas no inciso I, a;

c) patrocinar causa em que seja interessada qualquer das entidades a que se refere o inciso I, a;

d) ser titulares de mais de um cargo ou mandato público eletivo.

Art. 55. Perderá o mandato o Deputado ou Senador:

I – que infringir qualquer das proibições estabelecidas no artigo anterior;

II – cujo procedimento for declarado incompatível com o decoro parlamentar;

III – que deixar de comparecer, em cada sessão legislativa, à terça parte das sessões ordinárias da Casa a que pertencer, salvo licença ou missão por esta autorizada;

IV – que perder ou tiver suspensos os direitos políticos;

V – quando o decretar a Justiça Eleitoral, nos casos previstos nesta Constituição;

VI – que sofrer condenação criminal em sentença transitada em julgado.

§ 1.º É incompatível com o decoro parlamentar, além dos casos definidos no regimento interno, o abuso das prerrogativas asseguradas a membro do Congresso Nacional ou a percepção de vantagens indevidas.

§ 2.º Nos casos dos incisos I, II e VI, a perda do mandato será decidida pela Câmara dos Deputados ou pelo Senado Federal, por maioria absoluta, mediante provocação da respectiva Mesa ou de partido político representado no Congresso Nacional, assegurada ampla defesa.

•• § 2.º com redação determinada pela Emenda Constitucional n. 76, de 28-11-2013.

§ 3.º Nos casos previstos nos incisos III a V, a perda será declarada pela Mesa da Casa respectiva, de ofício ou mediante provocação de qualquer de seus membros, ou de partido político representado no Congresso Nacional, assegurada ampla defesa.

§ 4.º A renúncia de parlamentar submetido a processo que vise ou possa levar à perda do mandato, nos termos deste artigo, terá seus efeitos suspensos até as deliberações finais de que tratam os §§ 2.º e 3.º.

•• § 4.º acrescentado pela Emenda Constitucional de Revisão n. 6, de 7-6-1994.

Art. 56. Não perderá o mandato o Deputado ou Senador:

I – investido no cargo de Ministro de Estado, Governador de Território, Secretário de Estado, do Distrito Federal, de Território, de Prefeitura de Capital ou chefe de missão diplomática temporária;

II – licenciado pela respectiva Casa por motivo de doença, ou para tratar, sem remuneração, de interesse particular, desde que, neste caso, o afastamento não ultrapasse cento e vinte dias por sessão legislativa.

§ 1.º O suplente será convocado nos casos de vaga, de investidura em funções previstas neste artigo ou de licença superior a cento e vinte dias.

§ 2.º Ocorrendo vaga e não havendo suplente, far-se-á eleição para preenchê-la se faltarem mais de quinze meses para o término do mandato.

§ 3.º Na hipótese do inciso I, o Deputado ou Senador poderá optar pela remuneração do mandato.

Seção VI
Das Reuniões

Art. 57. O Congresso Nacional reunir-se-á, anualmente, na Capital Federal, de 2 de fevereiro a 17 de julho e de 1.º de agosto a 22 de dezembro.

•• *Caput* com redação determinada pela Emenda Constitucional n. 50, de 14-2-2006.

§ 1.º As reuniões marcadas para essas datas serão transferidas para o primeiro dia útil subsequente, quando recaírem em sábados, domingos ou feriados.

§ 2.º A sessão legislativa não será interrompida sem a aprovação do projeto de lei de diretrizes orçamentárias.

§ 3.º Além de outros casos previstos nesta Constituição, a Câmara dos Deputados e o Senado Federal reunir-se-ão em sessão conjunta para:

I – inaugurar a sessão legislativa;

II – elaborar o regimento comum e regular a criação de serviços comuns às duas Casas;

III – receber o compromisso do Presidente e do Vice-Presidente da República;

IV – conhecer do veto e sobre ele deliberar.

§ 4.º Cada uma das Casas reunir-se-á em sessões preparatórias, a partir de 1.º de fevereiro, no primeiro ano da legislatura, para a posse de seus membros e eleição das respectivas Mesas, para mandato de 2 (dois) anos, vedada a recondução para o mesmo cargo na eleição imediatamente subsequente.

•• § 4.º com redação determinada pela Emenda Constitucional n. 50, de 14-2-2006.

§ 5.º A Mesa do Congresso Nacional será presidida pelo Presidente do Senado Federal, e os demais cargos serão exercidos, alternadamente, pelos ocupantes de cargos equivalentes na Câmara dos Deputados e no Senado Federal.

§ 6.º A convocação extraordinária do Congresso Nacional far-se-á:

I – pelo Presidente do Senado Federal, em caso de decretação de estado de defesa ou de intervenção federal, de pedido de autorização para a decretação de estado de sítio e para o compromisso e a posse do Presidente e do Vice-Presidente da República;

II – pelo Presidente da República, pelos Presidentes da Câmara dos Deputados e do Senado Federal ou a requerimento da maioria dos membros de ambas as Casas, em caso de urgência ou interesse público relevante, em todas as hipóteses deste inciso com a aprovação da maioria absoluta de cada uma das Casas do Congresso Nacional.

•• Inciso II com redação determinada pela Emenda Constitucional n. 50, de 14-2-2006.

§ 7.º Na sessão legislativa extraordinária, o Congresso Nacional somente deliberará sobre a matéria para a qual foi convocado, ressalvada a hipótese do § 8.º deste artigo, vedado o pagamento de parcela indenizatória, em razão da convocação.

Organização dos Poderes

•• § 7.º com redação determinada pela Emenda Constitucional n. 50, de 14-2-2006.

§ 8.º Havendo medidas provisórias em vigor na data de convocação extraordinária do Congresso Nacional, serão elas automaticamente incluídas na pauta da convocação.

•• § 8.º acrescentado pela Emenda Constitucional n. 32, de 11-9-2001.

Seção VII
Das Comissões

Art. 58. O Congresso Nacional e suas Casas terão comissões permanentes e temporárias, constituídas na forma e com as atribuições previstas no respectivo regimento ou no ato de que resultar sua criação.

§ 1.º Na constituição das Mesas e de cada Comissão, é assegurada, tanto quanto possível, a representação proporcional dos partidos ou dos blocos parlamentares que participam da respectiva Casa.

§ 2.º Às comissões, em razão da matéria de sua competência, cabe:

I – discutir e votar projeto de lei que dispensar, na forma do regimento, a competência do Plenário, salvo se houver recurso de um décimo dos membros da Casa;

II – realizar audiências públicas com entidades da sociedade civil;

III – convocar Ministros de Estado para prestar informações sobre assuntos inerentes a suas atribuições;

IV – receber petições, reclamações, representações ou queixas de qualquer pessoa contra atos ou omissões das autoridades ou entidades públicas;

V – solicitar depoimento de qualquer autoridade ou cidadão;

VI – apreciar programas de obras, planos nacionais, regionais e setoriais de desenvolvimento e sobre eles emitir parecer.

§ 3.º As comissões parlamentares de inquérito, que terão poderes de investigação próprios das autoridades judiciais, além de outros previstos nos regimentos das respectivas Casas, serão criadas pela Câmara dos Deputados e pelo Senado Federal, em conjunto ou separadamente, mediante requerimento de um terço de seus membros, para a apuração de fato determinado e por prazo certo, sendo suas conclusões, se for o caso, encaminhadas ao Ministério Público, para que promova a responsabilidade civil ou criminal dos infratores.

• A Lei n. 1.579, de 18-3-1952, dispõe sobre as Comissões Parlamentares de Inquérito.

• A Lei n. 10.001, de 4-9-2000, dispõe sobre a prioridade nos procedimentos a serem adotados pelo Ministério Público e por outros órgãos a respeito das conclusões das Comissões Parlamentares de Inquérito.

§ 4.º Durante o recesso, haverá uma Comissão representativa do Congresso Nacional, eleita por suas Casas na última sessão ordinária do período legislativo, com atribuições definidas no regimento comum, cuja composição reproduzirá, quanto possível, a proporcionalidade da representação partidária.

Seção VIII
Do Processo Legislativo

Subseção I
Disposição geral

Art. 59. O processo legislativo compreende a elaboração de:

I – emendas à Constituição;

II – leis complementares;

III – leis ordinárias;

IV – leis delegadas;

V – medidas provisórias;

•• Vide art. 73 do ADCT.

VI – decretos legislativos;

VII – resoluções.

Parágrafo único. Lei complementar disporá sobre a elaboração, redação, alteração e consolidação das leis.

• A Lei Complementar n. 95, de 26-2-1998, regulamentada pelo Decreto n. 4.176, de 28-3-2002, dispõe sobre a elaboração, a redação, a alteração e a consolidação das leis, conforme determina este parágrafo único, e estabelece normas para a consolidação dos atos normativos.

Subseção II
Da emenda à Constituição

Art. 60. A Constituição poderá ser emendada mediante proposta:

I – de um terço, no mínimo, dos membros da Câmara dos Deputados ou do Senado Federal;

II – do Presidente da República;

III – de mais da metade das Assembleias Legislativas das unidades da Federação, manifestando-se, cada uma delas, pela maioria relativa de seus membros.

§ 1.º A Constituição não poderá ser emendada na vigência de intervenção federal, de estado de defesa ou de estado de sítio.

§ 2.º A proposta será discutida e votada em cada Casa do Congresso Nacional, em dois turnos, considerando-se aprovada se obtiver, em ambos, três quintos dos votos dos respectivos membros.

§ 3.º A emenda à Constituição será promulgada pelas Mesas da Câmara dos Deputados e do Senado Federal, com o respectivo número de ordem.

§ 4.º Não será objeto de deliberação a proposta de emenda tendente a abolir:

I – a forma federativa de Estado;

II – o voto direto, secreto, universal e periódico;

III – a separação dos Poderes;

IV – os direitos e garantias individuais.

§ 5.º A matéria constante de proposta de emenda rejeitada ou havida por prejudicada não pode ser objeto de nova proposta na mesma sessão legislativa.

Subseção III
Das leis

Art. 61. A iniciativa das leis complementares e ordinárias cabe a qualquer membro ou Comissão da Câmara dos Deputados, do Senado Federal ou do Congresso Nacional, ao Presidente da República, ao Supremo Tribunal Federal, aos Tribunais Superiores, ao Procurador-Geral da República e aos cidadãos, na forma e nos casos previstos nesta Constituição.

§ 1.º São de iniciativa privativa do Presidente da República as leis que:

I – fixem ou modifiquem os efetivos das Forças Armadas;

II – disponham sobre:

a) criação de cargos, funções ou empregos públicos na administração direta e autárquica ou aumento de sua remuneração;

b) organização administrativa e judiciária, matéria tributária e orçamentária, serviços públicos e pessoal da administração dos Territórios;

c) servidores públicos da União e Territórios, seu regime jurídico, provimento de cargos, estabilidade e aposentadoria;

•• Alínea c com redação determinada pela Emenda Constitucional n. 18, de 5-2-1998.

d) organização do Ministério Público e da Defensoria Pública da União, bem como normas gerais para a organização do Ministério Público e da Defensoria Pública dos Estados, do Distrito Federal e dos Territórios;

e) criação e extinção de Ministérios e órgãos da administração pública, observado o disposto no art. 84, VI;

•• Alínea e com redação determinada pela Emenda Constitucional n. 32, de 11-9-2001.

f) militares das Forças Armadas, seu regime jurídico, provimento de cargos, promoções, estabilidade, remuneração, reforma e transferência para a reserva.

•• Alínea f acrescentada pela Emenda Constitucional n. 18, de 5-2-1998.

§ 2.º A iniciativa popular pode ser exercida pela apresentação à Câmara dos Deputados de projeto de lei subscrito por, no mínimo, um por cento do eleitorado nacional, distribuído pelo menos por cinco Estados, com não menos de

Organização dos Poderes

Arts. 61 e 62

três décimos por cento dos eleitores de cada um deles.

Art. 62. Em caso de relevância e urgência, o Presidente da República poderá adotar medidas provisórias, com força de lei, devendo submetê-las de imediato ao Congresso Nacional.

•• *Caput* com redação determinada pela Emenda Constitucional n. 32, de 11-9-2001.

• *Vide* art. 2.º da Emenda Constitucional n. 32, de 11-9-2001.

§ 1.º É vedada a edição de medidas provisórias sobre matéria:

•• § 1.º, *caput*, acrescentado pela Emenda Constitucional n. 32, de 11-9-2001.

I – relativa a:

•• Inciso I, *caput*, acrescentado pela Emenda Constitucional n. 32, de 11-9-2001.

a) nacionalidade, cidadania, direitos políticos, partidos políticos e direito eleitoral;

•• Alínea *a* acrescentada pela Emenda Constitucional n. 32, de 11-9-2001.

b) direito penal, processual penal e processual civil;

•• Alínea *b* acrescentada pela Emenda Constitucional n. 32, de 11-9-2001.

c) organização do Poder Judiciário e do Ministério Público, a carreira e a garantia de seus membros;

•• Alínea *c* acrescentada pela Emenda Constitucional n. 32, de 11-9-2001.

d) planos plurianuais, diretrizes orçamentárias, orçamento e créditos adicionais e suplementares, ressalvado o previsto no art. 167, § 3.º;

•• Alínea *d* acrescentada pela Emenda Constitucional n. 32, de 11-9-2001.

II – que vise a detenção ou sequestro de bens, de poupança popular ou qualquer outro ativo financeiro;

•• Inciso II acrescentado pela Emenda Constitucional n. 32, de 11-9-2001.

III – reservada a lei complementar;

•• Inciso III acrescentado pela Emenda Constitucional n. 32, de 11-9-2001.

IV – já disciplinada em projeto de lei aprovado pelo Congresso Nacional e pendente de sanção ou veto do Presidente da República.

•• Inciso IV acrescentado pela Emenda Constitucional n. 32, de 11-9-2001.

§ 2.º Medida provisória que implique instituição ou majoração de impostos, exceto os previstos nos arts. 153, I, II, IV, V, e 154, II, só produzirá efeitos no exercício financeiro seguinte se houver sido convertida em lei até o último dia daquele em que foi editada.

•• § 2.º acrescentado pela Emenda Constitucional n. 32, de 11-9-2001.

§ 3.º As medidas provisórias, ressalvado o disposto nos §§ 11 e 12 perderão eficácia, desde a edição, se não forem convertidas em lei no prazo de sessenta dias, prorrogável, nos termos do § 7.º, uma vez por igual período, devendo o Congresso Nacional disciplinar, por decreto legislativo, as relações jurídicas delas decorrentes.

•• § 3.º acrescentado pela Emenda Constitucional n. 32, de 11-9-2001.

•• *Vide* Súmula Vinculante 54 do STF.

§ 4.º O prazo a que se refere o § 3.º contar-se-á da publicação da medida provisória, suspendendo-se durante os períodos de recesso do Congresso Nacional.

•• § 4.º acrescentado pela Emenda Constitucional n. 32, de 11-9-2001.

§ 5.º A deliberação de cada uma das Casas do Congresso Nacional sobre o mérito das medidas provisórias dependerá de juízo prévio sobre o atendimento de seus pressupostos constitucionais.

•• § 5.º acrescentado pela Emenda Constitucional n. 32, de 11-9-2001.

§ 6.º Se a medida provisória não for apreciada em até quarenta e cinco dias contados de sua publicação, entrará em regime de urgência, subsequentemente, em cada uma das Casas do Congresso Nacional, ficando sobrestadas, até que se ultime a votação, todas as demais deliberações legislativas da Casa em que estiver tramitando.

Arts. 62 a 66

•• § 6.º acrescentado pela Emenda Constitucional n. 32, de 11-9-2001.

§ 7.º Prorrogar-se-á uma única vez por igual período a vigência de medida provisória que, no prazo de sessenta dias, contado de sua publicação, não tiver a sua votação encerrada nas duas Casas do Congresso Nacional.

•• § 7.º acrescentado pela Emenda Constitucional n. 32, de 11-9-2001.

§ 8.º As medidas provisórias terão sua votação iniciada na Câmara dos Deputados.

•• § 8.º acrescentado pela Emenda Constitucional n. 32, de 11-9-2001.

§ 9.º Caberá à comissão mista de Deputados e Senadores examinar as medidas provisórias e sobre elas emitir parecer, antes de serem apreciadas, em sessão separada, pelo plenário de cada uma das Casas do Congresso Nacional.

•• § 9.º acrescentado pela Emenda Constitucional n. 32, de 11-9-2001.

§ 10. É vedada a reedição, na mesma sessão legislativa, de medida provisória que tenha sido rejeitada ou que tenha perdido sua eficácia por decurso de prazo.

•• § 10 acrescentado pela Emenda Constitucional n. 32, de 11-9-2001.

§ 11. Não editado o decreto legislativo a que se refere o § 3.º até sessenta dias após a rejeição ou perda de eficácia de medida provisória, as relações jurídicas constituídas e decorrentes de atos praticados durante sua vigência conservar-se-ão por ela regidas.

•• § 11 acrescentado pela Emenda Constitucional n. 32, de 11-9-2001.

§ 12. Aprovado projeto de lei de conversão alterando o texto original da medida provisória, esta manter-se-á integralmente em vigor até que seja sancionado ou vetado o projeto.

•• § 12 acrescentado pela Emenda Constitucional n. 32, de 11-9-2001.

Art. 63. Não será admitido aumento da despesa prevista:

I – nos projetos de iniciativa exclusiva do Presidente da República, ressalvado o disposto no art. 166, §§ 3.º e 4.º;

II – nos projetos sobre organização dos serviços administrativos da Câmara dos Deputados, do Senado Federal, dos Tribunais Federais e do Ministério Público.

Art. 64. A discussão e votação dos projetos de lei de iniciativa do Presidente da República, do Supremo Tribunal Federal e dos Tribunais Superiores terão início na Câmara dos Deputados.

§ 1.º O Presidente da República poderá solicitar urgência para apreciação de projetos de sua iniciativa.

§ 2.º Se, no caso do § 1.º, a Câmara dos Deputados e o Senado Federal não se manifestarem sobre a proposição, cada qual sucessivamente, em até quarenta e cinco dias, sobrestar-se-ão todas as demais deliberações legislativas da respectiva Casa, com exceção das que tenham prazo constitucional determinado, até que se ultime a votação.

•• § 2.º com redação determinada pela Emenda Constitucional n. 32, de 11-9-2001.

§ 3.º A apreciação das emendas do Senado Federal pela Câmara dos Deputados far-se-á no prazo de dez dias, observado quanto ao mais o disposto no parágrafo anterior.

§ 4.º Os prazos do § 2.º não correm nos períodos de recesso do Congresso Nacional, nem se aplicam aos projetos de código.

Art. 65. O projeto de lei aprovado por uma Casa será revisto pela outra, em um só turno de discussão e votação, e enviado à sanção ou promulgação, se a Casa revisora o aprovar, ou arquivado, se o rejeitar.

Parágrafo único. Sendo o projeto emendado, voltará à Casa iniciadora.

Art. 66. A Casa na qual tenha sido concluída a votação enviará o projeto de lei ao Presidente da República, que, aquiescendo, o sancionará.

§ 1.º Se o Presidente da República considerar o projeto, no todo ou em parte, inconstitucional

Organização dos Poderes

Arts. 66 a 71

ou contrário ao interesse público, vetá-lo-á total ou parcialmente, no prazo de quinze dias úteis, contados da data do recebimento, e comunicará, dentro de quarenta e oito horas, ao Presidente do Senado Federal os motivos do veto.

§ 2.º O veto parcial somente abrangerá texto integral de artigo, de parágrafo, de inciso ou de alínea.

§ 3.º Decorrido o prazo de quinze dias, o silêncio do Presidente da República importará sanção.

§ 4.º O veto será apreciado em sessão conjunta, dentro de trinta dias a contar de seu recebimento, só podendo ser rejeitado pelo voto da maioria absoluta dos Deputados e Senadores.

•• § 4.º com redação determinada pela Emenda Constitucional n. 76, de 28-11-2013.

§ 5.º Se o veto não for mantido, será o projeto enviado, para promulgação, ao Presidente da República.

§ 6.º Esgotado sem deliberação o prazo estabelecido no § 4.º, o veto será colocado na ordem do dia da sessão imediata, sobrestadas as demais proposições, até sua votação final.

•• § 6.º com redação determinada pela Emenda Constitucional n. 32, de 11-9-2001.

§ 7.º Se a lei não for promulgada dentro de quarenta e oito horas pelo Presidente da República, nos casos dos §§ 3.º e 5.º, o Presidente do Senado a promulgará, e, se este não o fizer em igual prazo, caberá ao Vice-Presidente do Senado fazê-lo.

Art. 67. A matéria constante de projeto de lei rejeitado somente poderá constituir objeto de novo projeto, na mesma sessão legislativa, mediante proposta da maioria absoluta dos membros de qualquer das Casas do Congresso Nacional.

Art. 68. As leis delegadas serão elaboradas pelo Presidente da República, que deverá solicitar a delegação ao Congresso Nacional.

§ 1.º Não serão objeto de delegação os atos de competência exclusiva do Congresso Nacional, os de competência privativa da Câmara dos Deputados ou do Senado Federal, a matéria reservada à lei complementar, nem a legislação sobre:

I – organização do Poder Judiciário e do Ministério Público, a carreira e a garantia de seus membros;

II – nacionalidade, cidadania, direitos individuais, políticos e eleitorais;

III – planos plurianuais, diretrizes orçamentárias e orçamentos.

§ 2.º A delegação ao Presidente da República terá a forma de resolução do Congresso Nacional, que especificará seu conteúdo e os termos de seu exercício.

§ 3.º Se a resolução determinar a apreciação do projeto pelo Congresso Nacional, este a fará em votação única, vedada qualquer emenda.

Art. 69. As leis complementares serão aprovadas por maioria absoluta.

Seção IX
Da Fiscalização Contábil, Financeira e Orçamentária

Art. 70. A fiscalização contábil, financeira, orçamentária, operacional e patrimonial da União e das entidades da administração direta e indireta, quanto à legalidade, legitimidade, economicidade, aplicação das subvenções e renúncia de receitas, será exercida pelo Congresso Nacional, mediante controle externo, e pelo sistema de controle interno de cada Poder.

Parágrafo único. Prestará contas qualquer pessoa física ou jurídica, pública ou privada, que utilize, arrecade, guarde, gerencie ou administre dinheiros, bens e valores públicos ou pelos quais a União responda, ou que, em nome desta, assuma obrigações de natureza pecuniária.

•• Parágrafo único com redação determinada pela Emenda Constitucional n. 19, de 4-6-1998.

Art. 71. O controle externo, a cargo do Congresso Nacional, será exercido com o auxílio do Tribunal de Contas da União, ao qual compete:

• A Lei n. 8.443, de 16-7-1992, dispõe sobre a Lei Orgânica do TCU.

Arts. 71 e 72

I – apreciar as contas prestadas anualmente pelo Presidente da República, mediante parecer prévio que deverá ser elaborado em sessenta dias a contar de seu recebimento;

II – julgar as contas dos administradores e demais responsáveis por dinheiros, bens e valores públicos da administração direta e indireta, incluidas as fundações e sociedades instituídas e mantidas pelo Poder Público federal, e as contas daqueles que derem causa a perda, extravio ou outra irregularidade de que resulte prejuízo ao erário público;

III – apreciar, para fins de registro, a legalidade dos atos de admissão de pessoal, a qualquer título, na administração direta e indireta, incluídas as fundações instituídas e mantidas pelo Poder Público, excetuadas as nomeações para cargo de provimento em comissão, bem como a das concessões de aposentadorias, reformas e pensões, ressalvadas as melhorias posteriores que não alterem o fundamento legal do ato concessório;

• Vide Súmula Vinculante 3 do STF.

IV – realizar, por iniciativa própria, da Câmara dos Deputados, do Senado Federal, de Comissão técnica ou de inquérito, inspeções e auditorias de natureza contábil, financeira, orçamentária, operacional e patrimonial, nas unidades administrativas dos Poderes Legislativo, Executivo e Judiciário, e demais entidades referidas no inciso II;

V – fiscalizar as contas nacionais das empresas supranacionais de cujo capital social a União participe, de forma direta ou indireta, nos termos do tratado constitutivo;

VI – fiscalizar a aplicação de quaisquer recursos repassados pela União mediante convênio, acordo, ajuste ou outros instrumentos congêneres, a Estado, ao Distrito Federal ou a Município;

VII – prestar as informações solicitadas pelo Congresso Nacional, por qualquer de suas Casas, ou por qualquer das respectivas Comissões, sobre a fiscalização contábil, financeira, orça-

mentária, operacional e patrimonial e sobre resultados de auditorias e inspeções realizadas;

VIII – aplicar aos responsáveis, em caso de ilegalidade de despesa ou irregularidade de contas, as sanções previstas em lei, que estabelecerá, entre outras cominações, multa proporcional ao dano causado ao erário;

IX – assinar prazo para que o órgão ou entidade adote as providências necessárias ao exato cumprimento da lei, se verificada ilegalidade;

X – sustar, se não atendido, a execução do ato impugnado, comunicando a decisão à Câmara dos Deputados e ao Senado Federal;

XI – representar ao Poder competente sobre irregularidades ou abusos apurados.

§ 1.º No caso de contrato, o ato de sustação será adotado diretamente pelo Congresso Nacional, que solicitará, de imediato, ao Poder Executivo as medidas cabíveis.

§ 2.º Se o Congresso Nacional ou o Poder Executivo, no prazo de noventa dias, não efetivar as medidas previstas no parágrafo anterior, o Tribunal decidirá a respeito.

§ 3.º As decisões do Tribunal de que resulte imputação de débito ou multa terão eficácia de título executivo.

§ 4.º O Tribunal encaminhará ao Congresso Nacional, trimestral e anualmente, relatório de suas atividades.

Art. 72. A Comissão mista permanente a que se refere o art. 166, § 1.º, diante de indícios de despesas não autorizadas, ainda que sob a forma de investimentos não programados ou de subsídios não aprovados, poderá solicitar à autoridade governamental responsável que, no prazo de cinco dias, preste os esclarecimentos necessários.

• Vide art. 16, § 2.º, do ADCT.

§ 1.º Não prestados os esclarecimentos, ou considerados estes insuficientes, a Comissão solicitará ao Tribunal pronunciamento conclusivo sobre a matéria, no prazo de trinta dias.

Organização dos Poderes

§ 2.º Entendendo o Tribunal irregular a despesa, a Comissão, se julgar que o gasto possa causar dano irreparável ou grave lesão à economia pública, proporá ao Congresso Nacional sua sustação.

Art. 73. O Tribunal de Contas da União, integrado por nove Ministros, tem sede no Distrito Federal, quadro próprio de pessoal e jurisdição em todo o território nacional, exercendo, no que couber, as atribuições previstas no art. 96.

- A Lei n. 8.443, de 16-7-1992, dispõe sobre a Lei Orgânica do TCU.

§ 1.º Os Ministros do Tribunal de Contas da União serão nomeados dentre brasileiros que satisfaçam os seguintes requisitos:

I – mais de trinta e cinco e menos de sessenta e cinco anos de idade;

II – idoneidade moral e reputação ilibada;

III – notórios conhecimentos jurídicos, contábeis, econômicos e financeiros ou de administração pública;

IV – mais de dez anos de exercício de função ou de efetiva atividade profissional que exija os conhecimentos mencionados no inciso anterior.

- Escolha de Ministros do TCU: Decreto Legislativo n. 6, de 22-4-1993.

§ 2.º Os Ministros do Tribunal de Contas da União serão escolhidos:

I – um terço pelo Presidente da República, com aprovação do Senado Federal, sendo dois alternadamente dentre auditores e membros do Ministério Público junto ao Tribunal, indicados em lista tríplice pelo Tribunal, segundo os critérios de antiguidade e merecimento;

II – dois terços pelo Congresso Nacional.

§ 3.º Os Ministros do Tribunal de Contas da União terão as mesmas garantias, prerrogativas, impedimentos, vencimentos e vantagens dos Ministros do Superior Tribunal de Justiça, aplicando-se-lhes, quanto à aposentadoria e pensão, as normas constantes do art. 40.

•• § 3.º com redação determinada pela Emenda Constitucional n. 20, de 15-12-1998.

§ 4.º O auditor, quando em substituição a Ministro, terá as mesmas garantias e impedimentos do titular e, quando no exercício das demais atribuições da judicatura, as de juiz de Tribunal Regional Federal.

Art. 74. Os Poderes Legislativo, Executivo e Judiciário manterão, de forma integrada, sistema de controle interno com a finalidade de:

I – avaliar o cumprimento das metas previstas no plano plurianual, a execução dos programas de governo e dos orçamentos da União;

II – comprovar a legalidade e avaliar os resultados, quanto à eficácia e eficiência, da gestão orçamentária, financeira e patrimonial nos órgãos e entidades da administração federal, bem como da aplicação de recursos públicos por entidades de direito privado;

III – exercer o controle das operações de crédito, avais e garantias, bem como dos direitos e haveres da União;

IV – apoiar o controle externo no exercício de sua missão institucional.

§ 1.º Os responsáveis pelo controle interno, ao tomarem conhecimento de qualquer irregularidade ou ilegalidade, dela darão ciência ao Tribunal de Contas da União, sob pena de responsabilidade solidária.

§ 2.º Qualquer cidadão, partido político, associação ou sindicato é parte legítima para, na forma da lei, denunciar irregularidades ou ilegalidades perante o Tribunal de Contas da União.

Art. 75. As normas estabelecidas nesta seção aplicam-se, no que couber, à organização, composição e fiscalização dos Tribunais de Contas dos Estados e do Distrito Federal, bem como dos Tribunais e Conselhos de Contas dos Municípios.

- Vide art. 31, § 4.º, da CF.

Parágrafo único. As Constituições estaduais disporão sobre os Tribunais de Contas respectivos, que serão integrados por sete Conselheiros.

CAPÍTULO II
DO PODER EXECUTIVO

Seção I
Do Presidente e do Vice-Presidente
da República

Art. 76. O Poder Executivo é exercido pelo Presidente da República, auxiliado pelos Ministros de Estado.

Art. 77. A eleição do Presidente e do Vice-Presidente da República realizar-se-á, simultaneamente, no primeiro domingo de outubro, em primeiro turno, e no último domingo de outubro, em segundo turno, se houver, do ano anterior ao do término do mandato presidencial vigente.

•• *Caput* com redação determinada pela Emenda Constitucional n. 16, de 4-6-1997.
• Normas para as eleições: Lei n. 9.504, de 30-9-1997.

§ 1.º A eleição do Presidente da República importará a do Vice-Presidente com ele registrado.

§ 2.º Será considerado eleito Presidente o candidato que, registrado por partido político, obtiver a maioria absoluta de votos, não computados os em branco e os nulos.

§ 3.º Se nenhum candidato alcançar maioria absoluta na primeira votação, far-se-á nova eleição em até vinte dias após a proclamação do resultado, concorrendo os dois candidatos mais votados e considerando-se eleito aquele que obtiver a maioria dos votos válidos.

§ 4.º Se, antes de realizado o segundo turno, ocorrer morte, desistência ou impedimento legal de candidato, convocar-se-á, dentre os remanescentes, o de maior votação.

§ 5.º Se, na hipótese dos parágrafos anteriores, remanescer, em segundo lugar, mais de um candidato com a mesma votação, qualificar-se-á o mais idoso.

Art. 78. O Presidente e o Vice-Presidente da República tomarão posse em sessão do Congresso Nacional, prestando o compromisso de manter, defender e cumprir a Constituição, observar as leis, promover o bem geral do povo brasileiro, sustentar a união, a integridade e a independência do Brasil.

Parágrafo único. Se, decorridos dez dias da data fixada para a posse, o Presidente ou o Vice-Presidente, salvo motivo de força maior, não tiver assumido o cargo, este será declarado vago.

Art. 79. Substituirá o Presidente, no caso de impedimento, e suceder-lhe-á, no de vaga, o Vice-Presidente.

Parágrafo único. O Vice-Presidente da República, além de outras atribuições que lhe forem conferidas por lei complementar, auxiliará o Presidente, sempre que por ele convocado para missões especiais.

Art. 80. Em caso de impedimento do Presidente e do Vice-Presidente, ou vacância dos respectivos cargos, serão sucessivamente chamados ao exercício da Presidência o Presidente da Câmara dos Deputados, o do Senado Federal e o do Supremo Tribunal Federal.

Art. 81. Vagando os cargos de Presidente e Vice-Presidente da República, far-se-á eleição noventa dias depois de aberta a última vaga.

§ 1.º Ocorrendo a vacância nos últimos dois anos do período presidencial, a eleição para ambos os cargos será feita trinta dias depois da última vaga, pelo Congresso Nacional, na forma da lei.

§ 2.º Em qualquer dos casos, os eleitos deverão completar o período de seus antecessores.

Art. 82. O mandato do Presidente da República é de 4 (quatro) anos e terá início em primeiro de janeiro do ano seguinte ao da sua eleição.

•• Artigo com redação determinada pela Emenda Constitucional n. 16, de 4-6-1997.

Art. 83. O Presidente e o Vice-Presidente da República não poderão, sem licença do Congresso Nacional, ausentar-se do País por período superior a quinze dias, sob pena de perda do cargo.

Seção II
Das Atribuições do Presidente da República

Art. 84. Compete privativamente ao Presidente da República:

Organização dos Poderes — Art. 84

I – nomear e exonerar os Ministros de Estado;

II – exercer, com o auxílio dos Ministros de Estado, a direção superior da administração federal;

III – iniciar o processo legislativo, na forma e nos casos previstos nesta Constituição;

IV – sancionar, promulgar e fazer publicar as leis, bem como expedir decretos e regulamentos para sua fiel execução;

V – vetar projetos de lei, total ou parcialmente;

VI – dispor, mediante decreto, sobre:

•• Inciso VI, *caput*, com redação determinada pela Emenda Constitucional n. 32, de 11-9-2001.

• *Vide* art. 61, § 1.º, II, e.

a) organização e funcionamento da administração federal, quando não implicar aumento de despesa nem criação ou extinção de órgãos públicos;

•• Alínea *a* acrescentada pela Emenda Constitucional n. 32, de 11-9-2001.

b) extinção de funções ou cargos públicos, quando vagos;

•• Alínea *b* acrescentada pela Emenda Constitucional n. 32, de 11-9-2001.

• *Vide* art. 48, X.

VII – manter relações com Estados estrangeiros e acreditar seus representantes diplomáticos;

VIII – celebrar tratados, convenções e atos internacionais, sujeitos a referendo do Congresso Nacional;

IX – decretar o estado de defesa e o estado de sítio;

X – decretar e executar a intervenção federal;

XI – remeter mensagem e plano de governo ao Congresso Nacional por ocasião da abertura da sessão legislativa, expondo a situação do País e solicitando as providências que julgar necessárias;

XII – conceder indulto e comutar penas, com audiência, se necessário, dos órgãos instituídos em lei;

XIII – exercer o comando supremo das Forças Armadas, nomear os Comandantes da Marinha, do Exército e da Aeronáutica, promover seus oficiais-generais e nomeá-los para os cargos que lhes são privativos;

•• Inciso XIII com redação determinada pela Emenda Constitucional n. 23, de 2-9-1999.

• A Lei Complementar n. 97, de 9-6-1999, dispõe sobre as normas gerais para a organização, o preparo e o emprego das Forças Armadas.

XIV – nomear, após aprovação pelo Senado Federal, os Ministros do Supremo Tribunal Federal e dos Tribunais Superiores, os Governadores de Territórios, o Procurador-Geral da República, o presidente e os diretores do banco central e outros servidores, quando determinado em lei;

XV – nomear, observado o disposto no art. 73, os Ministros do Tribunal de Contas da União;

XVI – nomear os magistrados, nos casos previstos nesta Constituição, e o Advogado-Geral da União;

•• *Vide* Seção II do Capítulo IV do Título IV da CF, que passou a denominar-se "Da Advocacia Pública" (arts. 131 e 132).

XVII – nomear membros do Conselho da República, nos termos do art. 89, VII;

XVIII – convocar e presidir o Conselho da República e o Conselho de Defesa Nacional;

XIX – declarar guerra, no caso de agressão estrangeira, autorizado pelo Congresso Nacional ou referendado por ele, quando ocorrida no intervalo das sessões legislativas, e, nas mesmas condições, decretar, total ou parcialmente, a mobilização nacional;

•• A Lei n. 11.631, de 27-12-2007, regulamentada pelo Decreto n. 6.592, de 2-10-2008, dispõe sobre a mobilização nacional e cria o Sistema Nacional de Mobilização – SINAMOB.

XX – celebrar a paz, autorizado ou com o referendo do Congresso Nacional;

XXI – conferir condecorações e distinções honoríficas;

XXII – permitir, nos casos previstos em lei complementar, que forças estrangeiras transitem pelo território nacional ou nele permaneçam temporariamente;

•• Regulamento: Lei Complementar n. 90, de 1.º-10-1997.

XXIII – enviar ao Congresso Nacional o plano plurianual, o projeto de lei de diretrizes orçamentárias e as propostas de orçamento previstos nesta Constituição;

XXIV – prestar, anualmente, ao Congresso Nacional, dentro de sessenta dias após a abertura da sessão legislativa, as contas referentes ao exercício anterior;

XXV – prover e extinguir os cargos públicos federais, na forma da lei;

XXVI – editar medidas provisórias com força de lei, nos termos do art. 62;

XXVII – exercer outras atribuições previstas nesta Constituição.

Parágrafo único. O Presidente da República poderá delegar as atribuições mencionadas nos incisos VI, XII e XXV, primeira parte, aos Ministros de Estado, ao Procurador-Geral da República ou ao Advogado-Geral da União, que observarão os limites traçados nas respectivas delegações.

Seção III
Da Responsabilidade do
Presidente da República

Art. 85. São crimes de responsabilidade os atos do Presidente da República que atentem contra a Constituição Federal e, especialmente, contra:

• A Lei n. 1.079, de 10-4-1950, define os crimes de responsabilidade e regula o respectivo processo de julgamento.

• A Lei n. 8.429, de 2-6-1992, dispõe sobre as sanções aplicáveis aos agentes públicos nos casos de enriquecimento ilícito no exercício de mandato, cargo, emprego ou função na administração pública direta, indireta ou fundacional e dá outras providências.

I – a existência da União;

II – o livre exercício do Poder Legislativo, do Poder Judiciário, do Ministério Público e dos Poderes constitucionais das unidades da Federação;

III – o exercício dos direitos políticos, individuais e sociais;

IV – a segurança interna do País;

• A Lei Complementar n. 90, de 1.º-10-1997, determina os casos em que forças estrangeiras possam transitar pelo território nacional ou nele permanecer temporariamente.

V – a probidade na administração;

VI – a lei orçamentária;

VII – o cumprimento das leis e das decisões judiciais.

Parágrafo único. Esses crimes serão definidos em lei especial, que estabelecerá as normas de processo e julgamento.

• *Vide* Súmula Vinculante 46 do STF.

Art. 86. Admitida a acusação contra o Presidente da República, por dois terços da Câmara dos Deputados, será ele submetido a julgamento perante o Supremo Tribunal Federal, nas infrações penais comuns, ou perante o Senado Federal, nos crimes de responsabilidade.

§ 1.º O Presidente ficará suspenso de suas funções:

I – nas infrações penais comuns, se recebida a denúncia ou queixa-crime pelo Supremo Tribunal Federal;

II – nos crimes de responsabilidade, após a instauração do processo pelo Senado Federal.

§ 2.º Se, decorrido o prazo de cento e oitenta dias, o julgamento não estiver concluído, cessará o afastamento do Presidente, sem prejuízo do regular prosseguimento do processo.

§ 3.º Enquanto não sobrevier sentença condenatória, nas infrações comuns, o Presidente da República não estará sujeito a prisão.

§ 4.º O Presidente da República, na vigência de seu mandato, não pode ser responsabilizado por atos estranhos ao exercício de suas funções.

Seção IV
Dos Ministros de Estado

Art. 87. Os Ministros de Estado serão escolhidos dentre brasileiros maiores de vinte e um anos e no exercício dos direitos políticos.

Parágrafo único. Compete ao Ministro de Estado, além de outras atribuições estabelecidas nesta Constituição e na lei:

Organização dos Poderes

I – exercer a orientação, coordenação e supervisão dos órgãos e entidades da administração federal na área de sua competência e referendar os atos e decretos assinados pelo Presidente da República;

II – expedir instruções para a execução das leis, decretos e regulamentos;

III – apresentar ao Presidente da República relatório anual de sua gestão no Ministério;

IV – praticar os atos pertinentes às atribuições que lhe forem outorgadas ou delegadas pelo Presidente da República.

Art. 88. A lei disporá sobre a criação e extinção de Ministérios e órgãos da administração pública.

•• Artigo com redação determinada pela Emenda Constitucional n. 32, de 11-9-2001.

Seção V
Do Conselho da República e do
Conselho de Defesa Nacional

Subseção I
Do Conselho da República

Art. 89. O Conselho da República é órgão superior de consulta do Presidente da República, e dele participam:

I – o Vice-Presidente da República;

II – o Presidente da Câmara dos Deputados;

III – o Presidente do Senado Federal;

IV – os líderes da maioria e da minoria na Câmara dos Deputados;

V – os líderes da maioria e da minoria no Senado Federal;

• *Vide* arts. 51, V, 52, XIV, e 84, XIV, da CF.

VI – o Ministro da Justiça;

VII – seis cidadãos brasileiros natos, com mais de trinta e cinco anos de idade, sendo dois nomeados pelo Presidente da República, dois eleitos pelo Senado Federal e dois eleitos pela Câmara dos Deputados, todos com mandato de três anos, vedada a recondução.

Art. 90. Compete ao Conselho da República pronunciar-se sobre:

I – intervenção federal, estado de defesa e estado de sítio;

II – as questões relevantes para a estabilidade das instituições democráticas.

§ 1.º O Presidente da República poderá convocar Ministro de Estado para participar da reunião do Conselho, quando constar da pauta questão relacionada com o respectivo Ministério.

§ 2.º A lei regulará a organização e o funcionamento do Conselho da República.

• A Lei n. 8.041, de 5-6-1990, dispõe sobre a organização e o funcionamento do Conselho da República.

Subseção II
Do Conselho de Defesa Nacional

Art. 91. O Conselho de Defesa Nacional é órgão de consulta do Presidente da República nos assuntos relacionados com a soberania nacional e a defesa do Estado democrático, e dele participam como membros natos:

I – o Vice-Presidente da República;

II – o Presidente da Câmara dos Deputados;

III – o Presidente do Senado Federal;

IV – o Ministro da Justiça;

V – o Ministro de Estado da Defesa;

•• Inciso V com redação determinada pela Emenda Constitucional n. 23, de 2-9-1999.

VI – o Ministro das Relações Exteriores;

VII – o Ministro do Planejamento;

VIII – os Comandantes da Marinha, do Exército e da Aeronáutica.

•• Inciso VIII acrescentado pela Emenda Constitucional n. 23, de 2-9-1999.

§ 1.º Compete ao Conselho de Defesa Nacional:

I – opinar nas hipóteses de declaração de guerra e de celebração da paz, nos termos desta Constituição;

II – opinar sobre a decretação do estado de defesa, do estado de sítio e da intervenção federal;

III – propor os critérios e condições de utilização de áreas indispensáveis à segurança do território nacional e opinar sobre seu efetivo uso, especialmente na faixa de fronteira e nas relacionadas com a preservação e a exploração dos recursos naturais de qualquer tipo;

IV – estudar, propor e acompanhar o desenvolvimento de iniciativas necessárias a garantir a independência nacional e a defesa do Estado democrático.

§ 2.º A lei regulará a organização e o funcionamento do Conselho de Defesa Nacional.

Capítulo III
DO PODER JUDICIÁRIO

Seção I
Disposições Gerais

Art. 92. São órgãos do Poder Judiciário:

I – o Supremo Tribunal Federal;

I-A – o Conselho Nacional de Justiça;

•• Inciso I-A acrescentado pela Emenda Constitucional n. 45, de 8-12-2004.

• Vide art. 5.º da Emenda Constitucional n. 45, de 8-12-2004.

II – o Superior Tribunal de Justiça;

II-A – o Tribunal Superior do Trabalho;

•• Inciso II-A acrescentado pela Emenda Constitucional n. 92, de 12-7-2016.

III – os Tribunais Regionais Federais e Juízes Federais;

IV – os Tribunais e Juízes do Trabalho;

V – os Tribunais e Juízes Eleitorais;

VI – os Tribunais e Juízes Militares;

VII – os Tribunais e Juízes dos Estados e do Distrito Federal e Territórios.

§ 1.º O Supremo Tribunal Federal, o Conselho Nacional de Justiça e os Tribunais Superiores têm sede na Capital Federal.

•• § 1.º acrescentado pela Emenda Constitucional n. 45, de 8-12-2004.

§ 2.º O Supremo Tribunal Federal e os Tribunais Superiores têm jurisdição em todo o território nacional.

•• § 2.º acrescentado pela Emenda Constitucional n. 45, de 8-12-2004.

Art. 93. Lei complementar, de iniciativa do Supremo Tribunal Federal, disporá sobre o Estatuto da Magistratura, observados os seguintes princípios:

• A Lei Complementar n. 35, de 14-3-1979, promulgada sob a vigência da ordem constitucional anterior, disporá sobre a Magistratura Nacional até o advento da norma prevista no *caput* deste artigo.

I – ingresso na carreira, cujo cargo inicial será o de juiz substituto, mediante concurso público de provas e títulos, com a participação da Ordem dos Advogados do Brasil em todas as fases, exigindo-se do bacharel em direito, no mínimo, três anos de atividade jurídica e obedecendo-se, nas nomeações, à ordem de classificação;

•• Inciso I com redação determinada pela Emenda Constitucional n. 45, de 8-12-2004.

II – promoção de entrância para entrância, alternadamente, por antiguidade e merecimento, atendidas as seguintes normas:

a) é obrigatória a promoção do juiz que figure por três vezes consecutivas ou cinco alternadas em lista de merecimento;

b) a promoção por merecimento pressupõe dois anos de exercício na respectiva entrância e integrar o juiz a primeira quinta parte da lista de antiguidade desta, salvo se não houver com tais requisitos quem aceite o lugar vago;

c) aferição do merecimento conforme o desempenho e pelos critérios objetivos de produtividade e presteza no exercício da jurisdição e pela frequência e aproveitamento em cursos oficiais ou reconhecidos de aperfeiçoamento;

•• Alínea *c* com redação determinada pela Emenda Constitucional n. 45, de 8-12-2004.

d) na apuração de antiguidade, o tribunal somente poderá recusar o juiz mais antigo pelo voto fundamentado de dois terços de seus membros, conforme procedimento próprio, e assegurada ampla defesa, repetindo-se a votação até fixar-se a indicação;

Organização dos Poderes — Art. 93

•• Alínea d com redação determinada pela Emenda Constitucional n. 45, de 8-12-2004.

e) não será promovido o juiz que, injustificadamente, retiver autos em seu poder além do prazo legal, não podendo devolvê-los ao cartório sem o devido despacho ou decisão;

•• Alínea e acrescentada pela Emenda Constitucional n. 45, de 8-12-2004.

III – o acesso aos tribunais de segundo grau far-se-á por antiguidade e merecimento, alternadamente, apurados na última ou única entrância;

•• Inciso III com redação determinada pela Emenda Constitucional n. 45, de 8-12-2004.

IV – previsão de cursos oficiais de preparação, aperfeiçoamento e promoção de magistrados, constituindo etapa obrigatória do processo de vitaliciamento a participação em curso oficial ou reconhecido por escola nacional de formação e aperfeiçoamento de magistrados;

•• Inciso IV com redação determinada pela Emenda Constitucional n. 45, de 8-12-2004.

V – o subsídio dos Ministros dos Tribunais Superiores corresponderá a 95% (noventa e cinco por cento) do subsídio mensal fixado para os Ministros do Supremo Tribunal Federal e os subsídios dos demais magistrados serão fixados em lei e escalonados, em nível federal e estadual, conforme as respectivas categorias da estrutura judiciária nacional, não podendo a diferença entre uma e outra ser superior a 10% (dez por cento) ou inferior a 5% (cinco por cento), nem exceder a 95% (noventa e cinco por cento) do subsídio mensal dos Ministros dos Tribunais Superiores, obedecido, em qualquer caso, o disposto nos arts. 37, XI, e 39, § 4.º;

•• Inciso V com redação determinada pela Emenda Constitucional n. 19, de 4-6-1998.

VI – a aposentadoria dos magistrados e a pensão de seus dependentes observarão o disposto no art. 40;

•• Inciso VI com redação determinada pela Emenda Constitucional n. 20, de 15-12-1998.

VII – o juiz titular residirá na respectiva comarca, salvo autorização do tribunal;

•• Inciso VII com redação determinada pela Emenda Constitucional n. 45, de 8-12-2004.

VIII – o ato de remoção, disponibilidade e aposentadoria do magistrado, por interesse público, fundar-se-á em decisão por voto da maioria absoluta do respectivo tribunal ou do Conselho Nacional de Justiça, assegurada ampla defesa;

•• Inciso VIII com redação determinada pela Emenda Constitucional n. 45, de 8-12-2004.

VIII-A – a remoção a pedido ou a permuta de magistrados de comarca de igual entrância atenderá, no que couber, ao disposto nas alíneas a, b, c e e do inciso II;

•• Inciso VIII-A acrescentado pela Emenda Constitucional n. 45, de 8-12-2004.

IX – todos os julgamentos dos órgãos do Poder Judiciário serão públicos, e fundamentadas todas as decisões, sob pena de nulidade, podendo a lei limitar a presença, em determinados atos, às próprias partes e a seus advogados, ou somente a estes, em casos nos quais a preservação do direito à intimidade do interessado no sigilo não prejudique o interesse público à informação;

•• Inciso IX com redação determinada pela Emenda Constitucional n. 45, de 8-12-2004.

X – as decisões administrativas dos tribunais serão motivadas e em sessão pública, sendo as disciplinares tomadas pelo voto da maioria absoluta de seus membros;

•• Inciso X com redação determinada pela Emenda Constitucional n. 45, de 8-12-2004.

XI – nos tribunais com número superior a vinte e cinco julgadores, poderá ser constituído órgão especial, com o mínimo de onze e o máximo de vinte e cinco membros, para o exercício das atribuições administrativas e jurisdicionais delegadas da competência do tribunal pleno, provendo-se metade das vagas por antiguidade e a outra metade por eleição pelo tribunal pleno;

Arts. 93 a 96 — Organização dos Poderes

•• Inciso XI com redação determinada pela Emenda Constitucional n. 45, de 8-12-2004.

XII – a atividade jurisdicional será ininterrupta, sendo vedado férias coletivas nos juízos e tribunais de segundo grau, funcionando, nos dias em que não houver expediente forense normal, juízes em plantão permanente;

•• Inciso XII acrescentado pela Emenda Constitucional n. 45, de 8-12-2004.

XIII – o número de juízes na unidade jurisdicional será proporcional à efetiva demanda judicial e à respectiva população;

•• Inciso XIII acrescentado pela Emenda Constitucional n. 45, de 8-12-2004.

XIV – os servidores receberão delegação para a prática de atos de administração e atos de mero expediente sem caráter decisório;

•• Inciso XIV acrescentado pela Emenda Constitucional n. 45, de 8-12-2004.

XV – a distribuição de processos será imediata, em todos os graus de jurisdição.

•• Inciso XV acrescentado pela Emenda Constitucional n. 45, de 8-12-2004.

Art. 94. Um quinto dos lugares dos Tribunais Regionais Federais, dos Tribunais dos Estados, e do Distrito Federal e Territórios será composto de membros, do Ministério Público, com mais de dez anos de carreira, e de advogados de notório saber jurídico e de reputação ilibada, com mais de dez anos de efetiva atividade profissional, indicados em lista sêxtupla pelos órgãos de representação das respectivas classes.

Parágrafo único. Recebidas as indicações, o tribunal formará lista tríplice, enviando-a ao Poder Executivo, que, nos vinte dias subsequentes, escolherá um de seus integrantes para nomeação.

Art. 95. Os juízes gozam das seguintes garantias:

I – vitaliciedade, que, no primeiro grau, só será adquirida após dois anos de exercício, dependendo a perda do cargo, nesse período, de deliberação do tribunal a que o juiz estiver vinculado, e, nos demais casos, de sentença judicial transitada em julgado;

II – inamovibilidade, salvo por motivo de interesse público, na forma do art. 93, VIII;

III – irredutibilidade de subsídio, ressalvado o disposto nos arts. 37, X e XI, 39, § 4.º, 150, II, 153, III, e 153, § 2.º, I.

•• Inciso III com redação determinada pela Emenda Constitucional n. 19, de 4-6-1998.

Parágrafo único. Aos juízes é vedado:

I – exercer, ainda que em disponibilidade, outro cargo ou função, salvo uma de magistério;

II – receber, a qualquer título ou pretexto, custas ou participação em processo;

III – dedicar-se à atividade político-partidária;

IV – receber, a qualquer título ou pretexto, auxílios ou contribuições de pessoas físicas, entidades públicas ou privadas, ressalvadas as exceções previstas em lei;

•• Inciso IV acrescentado pela Emenda Constitucional n. 45, de 8-12-2004.

V – exercer a advocacia no juízo ou tribunal do qual se afastou, antes de decorridos três anos do afastamento do cargo por aposentadoria ou exoneração.

•• Inciso V acrescentado pela Emenda Constitucional n. 45, de 8-12-2004.

Art. 96. Compete privativamente:

I – aos tribunais:

a) eleger seus órgãos diretivos e elaborar seus regimentos internos, com observância das normas de processo e das garantias processuais das partes, dispondo sobre a competência e o funcionamento dos respectivos órgãos jurisdicionais e administrativos;

b) organizar suas secretarias e serviços auxiliares e os dos juízos que lhes forem vinculados, velando pelo exercício da atividade correicional respectiva;

c) prover, na forma prevista nesta Constituição, os cargos de juiz de carreira da respectiva jurisdição;

Organização dos Poderes

Arts. 96 a 99

d) propor a criação de novas varas judiciárias;

e) prover, por concurso público de provas, ou de provas e títulos, obedecido o disposto no art. 169, parágrafo único, os cargos necessários à administração da Justiça, exceto os de confiança assim definidos em lei;

•• De acordo com alteração processada pela Emenda Constitucional n. 19, de 4-6-1998, a referência passa a ser ao art. 169, § 1.º.

f) conceder licença, férias e outros afastamentos a seus membros e aos juízes e servidores que lhes forem imediatamente vinculados;

II – ao Supremo Tribunal Federal, aos Tribunais Superiores e aos Tribunais de Justiça propor ao Poder Legislativo respectivo, observado o disposto no art. 169:

a) a alteração do número de membros dos tribunais inferiores;

b) a criação e a extinção de cargos e a remuneração dos seus serviços auxiliares e dos juízos que lhes forem vinculados, bem como a fixação do subsídio de seus membros e dos juízes, inclusive dos tribunais inferiores, onde houver;

•• Alínea *b* com redação determinada pela Emenda Constitucional n. 41, de 19-12-2003.

c) a criação ou extinção dos tribunais inferiores;

d) a alteração da organização e da divisão judiciárias;

III – aos Tribunais de Justiça julgar os juízes estaduais e do Distrito Federal e Territórios, bem como os membros do Ministério Público, nos crimes comuns e de responsabilidade, ressalvada a competência da Justiça Eleitoral.

Art. 97. Somente pelo voto da maioria absoluta de seus membros ou dos membros do respectivo órgão especial poderão os tribunais declarar a inconstitucionalidade de lei ou ato normativo do Poder Público.

• *Vide* Súmula Vinculante 10 do STF.

Art. 98. A União, no Distrito Federal e nos Territórios, e os Estados criarão:

I – juizados especiais, providos por juízes togados, ou togados e leigos, competentes para a conciliação, o julgamento e a execução de causas cíveis de menor complexidade e infrações penais de menor potencial ofensivo, mediante os procedimentos oral e sumaríssimo, permitidos, nas hipóteses previstas em lei, a transação e o julgamento de recursos por turmas de juízes de primeiro grau;

• Juizados Especiais Cíveis e Criminais: Lei n. 9.099, de 26-9-1995.

• Juizados de Violência Doméstica e Familiar contra a Mulher: Lei n. 11.340, de 7-8-2006.

II – justiça de paz, remunerada, composta de cidadãos eleitos pelo voto direto, universal e secreto, com mandato de quatro anos e competência para, na forma da lei, celebrar casamentos, verificar, de ofício ou em face de impugnação apresentada, o processo de habilitação e exercer atribuições conciliatórias, sem caráter jurisdicional, além de outras previstas na legislação.

§ 1.º Lei federal disporá sobre a criação de juizados especiais no âmbito da Justiça Federal.

•• Anterior parágrafo único transformado em § 1.º pela Emenda Constitucional n. 45, de 8-12-2004.

• A Lei n. 10.259, de 12-7-2001, dispõe sobre a instituição dos Juizados Especiais Cíveis e Criminais no âmbito da Justiça Federal.

§ 2.º As custas e emolumentos serão destinados exclusivamente ao custeio dos serviços afetos às atividades específicas da Justiça.

•• § 2.º acrescentado pela Emenda Constitucional n. 45, de 8-12-2004.

Art. 99. Ao Poder Judiciário é assegurada autonomia administrativa e financeira.

§ 1.º Os tribunais elaborarão suas propostas orçamentárias dentro dos limites estipulados conjuntamente com os demais Poderes na lei de diretrizes orçamentárias.

§ 2.º O encaminhamento da proposta, ouvidos os outros tribunais interessados, compete:

I – no âmbito da União, aos Presidentes do Supremo Tribunal Federal e dos Tribunais

Arts. 99 e 100

Superiores, com a aprovação dos respectivos tribunais;

II – no âmbito dos Estados e no do Distrito Federal e Territórios, aos Presidentes dos Tribunais de Justiça, com a aprovação dos respectivos tribunais.

§ 3.º Se os órgãos referidos no § 2.º não encaminharem as respectivas propostas orçamentárias dentro do prazo estabelecido na lei de diretrizes orçamentárias, o Poder Executivo considerará, para fins de consolidação da proposta orçamentária anual, os valores aprovados na lei orçamentária vigente, ajustados de acordo com os limites estipulados na forma do § 1.º deste artigo.

•• § 3.º acrescentado pela Emenda Constitucional n. 45, de 8-12-2004.

§ 4.º Se as propostas orçamentárias de que trata este artigo forem encaminhadas em desacordo com os limites estipulados na forma do § 1.º, o Poder Executivo procederá aos ajustes necessários para fins de consolidação da proposta orçamentária anual.

•• § 4.º acrescentado pela Emenda Constitucional n. 45, de 8-12-2004.

§ 5.º Durante a execução orçamentária do exercício, não poderá haver a realização de despesas ou a assunção de obrigações que extrapolem os limites estabelecidos na lei de diretrizes orçamentárias, exceto se previamente autorizadas, mediante a abertura de créditos suplementares ou especiais.

•• § 5.º acrescentado pela Emenda Constitucional n. 45, de 8-12-2004.

Art. 100. Os pagamentos devidos pelas Fazendas Públicas Federal, Estaduais, Distrital e Municipais, em virtude de sentença judiciária, far-se-ão exclusivamente na ordem cronológica de apresentação dos precatórios e à conta dos créditos respectivos, proibida a designação de casos ou de pessoas nas dotações orçamentárias e nos créditos adicionais abertos para este fim.

•• *Caput* com redação determinada pela Emenda Constitucional n. 62, de 9-12-2009.

•• *Vide* art. 4.º da Emenda Constitucional n. 62, de 9-12-2009.

• A Resolução n. 115, de 29-6-2010, do CNJ, dispõe sobre a Gestão de Precatórios no âmbito do Poder Judiciário.

§ 1.º Os débitos de natureza alimentícia compreendem aqueles decorrentes de salários, vencimentos, proventos, pensões e suas complementações, benefícios previdenciários e indenizações por morte ou por invalidez, fundadas em responsabilidade civil, em virtude de sentença judicial transitada em julgado, e serão pagos com preferência sobre todos os demais débitos, exceto sobre aqueles referidos no § 2.º deste artigo.

•• § 1.º com redação determinada pela Emenda Constitucional n. 62, de 9-12-2009.

• *Vide* Súmula Vinculante 47 do STF.

§ 2.º Os débitos de natureza alimentícia cujos titulares tenham 60 (sessenta) anos de idade ou mais na data de expedição do precatório, ou sejam portadores de doença grave, definidos na forma da lei, serão pagos com preferência sobre todos os demais débitos, até o valor equivalente ao triplo do fixado em lei para os fins do disposto no § 3.º deste artigo, admitido o fracionamento para essa finalidade, sendo que o restante será pago na ordem cronológica de apresentação do precatório.

•• § 2.º com redação determinada pela Emenda Constitucional n. 62, de 9-12-2009.

•• *Vide* art. 97, § 17, do ADCT.

§ 3.º O disposto no *caput* deste artigo relativamente à expedição de precatórios não se aplica aos pagamentos de obrigações definidas em leis como de pequeno valor que as Fazendas referidas devam fazer em virtude de sentença judicial transitada em julgado.

•• § 3.º com redação determinada pela Emenda Constitucional n. 62, de 9-12-2009.

§ 4.º Para os fins do disposto no § 3.º, poderão ser fixados, por leis próprias, valores distintos às entidades de direito público, segundo as diferentes capacidades econômicas, sendo o mínimo igual ao valor do maior benefício do regime geral de previdência social.

Organização dos Poderes

Art. 100

•• § 4.º com redação determinada pela Emenda Constitucional n. 62, de 9-12-2009.

•• Vide art. 97, § 12, do ADCT.

§ 5.º É obrigatória a inclusão, no orçamento das entidades de direito público, de verba necessária ao pagamento de seus débitos, oriundos de sentenças transitadas em julgado, constantes de precatórios judiciários apresentados até 1.º de julho, fazendo-se o pagamento até o final do exercício seguinte, quando terão seus valores atualizados monetariamente.

•• § 5.º com redação determinada pela Emenda Constitucional n. 62, de 9-12-2009.

§ 6.º As dotações orçamentárias e os créditos abertos serão consignados diretamente ao Poder Judiciário, cabendo ao Presidente do Tribunal que proferir a decisão exequenda determinar o pagamento integral e autorizar, a requerimento do credor e exclusivamente para os casos de preterimento de seu direito de precedência ou de não alocação orçamentária do valor necessário à satisfação do seu débito, o sequestro da quantia respectiva.

•• § 6.º com redação determinada pela Emenda Constitucional n. 62, de 9-12-2009.

§ 7.º O Presidente do Tribunal competente que, por ato comissivo ou omissivo, retardar ou tentar frustrar a liquidação regular de precatórios incorrerá em crime de responsabilidade e responderá, também, perante o Conselho Nacional de Justiça.

•• § 7.º acrescentado pela Emenda Constitucional n. 62, de 9-12-2009.

• Crimes de responsabilidade: Lei n. 1.079, de 10-4-1950.

§ 8.º É vedada a expedição de precatórios complementares ou suplementares de valor pago, bem como o fracionamento, repartição ou quebra do valor da execução para fins de enquadramento de parcela do total ao que dispõe o § 3.º deste artigo.

•• § 8.º acrescentado pela Emenda Constitucional n. 62, de 9-12-2009.

§ 9.º No momento da expedição dos precatórios, independentemente de regulamentação, deles deverá ser abatido, a título de compensação, valor correspondente aos débitos líquidos e certos, inscritos ou não em dívida ativa e constituídos contra o credor original pela Fazenda Pública devedora, incluídas parcelas vincendas de parcelamentos, ressalvados aqueles cuja execução esteja suspensa em virtude de contestação administrativa ou judicial.

•• § 9.º acrescentado pela Emenda Constitucional n. 62, de 9-12-2009.

• A Orientação Normativa n. 4, de 8-6-2010, do STJ, estabelece regra de transição para os procedimentos de compensação previstos nos §§ 9.º e 10 deste artigo.

§ 10. Antes da expedição dos precatórios, o Tribunal solicitará à Fazenda Pública devedora, para resposta em até 30 (trinta) dias, sob pena de perda do direito de abatimento, informação sobre os débitos que preencham as condições estabelecidas no § 9.º, para os fins nele previstos.

•• § 10 acrescentado pela Emenda Constitucional n. 62, de 9-12-2009.

• A Orientação Normativa n. 4, de 8-6-2010, do STJ, estabelece regra de transição para os procedimentos de compensação previstos nos §§ 9.º e 10 deste artigo.

§ 11. É facultada ao credor, conforme estabelecido em lei da entidade federativa devedora, a entrega de créditos em precatórios para compra de imóveis públicos do respectivo ente federado.

•• § 11 acrescentado pela Emenda Constitucional n. 62, de 9-12-2009.

§ 12. A partir da promulgação desta Emenda Constitucional, a atualização de valores de requisitórios, após sua expedição, até o efetivo pagamento, independentemente de sua natureza, será feita pelo índice oficial de remuneração básica da caderneta de poupança, e, para fins de compensação da mora, incidirão juros simples no mesmo percentual de juros incidentes sobre a caderneta de poupança, ficando excluída a incidência de juros compensatórios.

•• § 12 acrescentado pela Emenda Constitucional n. 62, de 9-12-2009.

Arts. 100 a 102

§ 13. O credor poderá ceder, total ou parcialmente, seus créditos em precatórios a terceiros, independentemente da concordância do devedor, não se aplicando ao cessionário o disposto nos §§ 2.º e 3.º.

•• § 13 acrescentado pela Emenda Constitucional n. 62, de 9-12-2009.

§ 14. A cessão de precatórios somente produzirá efeitos após comunicação, por meio de petição protocolizada, ao tribunal de origem e à entidade devedora.

•• § 14 acrescentado pela Emenda Constitucional n. 62, de 9-12-2009.

§ 15. Sem prejuízo do disposto neste artigo, lei complementar a esta Constituição Federal poderá estabelecer regime especial para pagamento de crédito de precatórios de Estados, Distrito Federal e Municípios, dispondo sobre vinculações à receita corrente líquida e forma e prazo de liquidação.

•• § 15 acrescentado pela Emenda Constitucional n. 62, de 9-12-2009.

•• *Vide* art. 97 do ADCT.

§ 16. A seu critério exclusivo e na forma de lei, a União poderá assumir débitos, oriundos de precatórios, de Estados, Distrito Federal e Municípios, refinanciando-os diretamente.

•• § 16 acrescentado pela Emenda Constitucional n. 62, de 9-12-2009.

Seção II
Do Supremo Tribunal Federal

Art. 101. O Supremo Tribunal Federal compõe-se de onze Ministros, escolhidos dentre cidadãos com mais de trinta e cinco e menos de sessenta e cinco anos de idade, de notável saber jurídico e reputação ilibada.

Parágrafo único. Os Ministros do Supremo Tribunal Federal serão nomeados pelo Presidente da República, depois de aprovada a escolha pela maioria absoluta do Senado Federal.

Art. 102. Compete ao Supremo Tribunal Federal, precipuamente, a guarda da Constituição, cabendo-lhe:

I – processar e julgar, originariamente:

a) a ação direta de inconstitucionalidade de lei ou ato normativo federal ou estadual e a ação declaratória de constitucionalidade de lei ou ato normativo federal;

•• Alínea *a* com redação determinada pela Emenda Constitucional n. 3, de 17-3-1993.

• A Lei n. 9.868, de 10-11-1999, dispõe sobre o processo e julgamento na ADIn e ADC perante o STF.

b) nas infrações penais comuns, o Presidente da República, o Vice-Presidente, os membros do Congresso Nacional, seus próprios Ministros e o Procurador-Geral da República;

c) nas infrações penais comuns e nos crimes de responsabilidade, os Ministros de Estado e os Comandantes da Marinha, do Exército e da Aeronáutica, ressalvado o disposto no art. 52, I, os membros dos Tribunais Superiores, os do Tribunal de Contas da União e os chefes de missão diplomática de caráter permanente;

•• Alínea *c* com redação determinada pela Emenda Constitucional n. 23, de 2-9-1999.

• A Lei n. 1.079, de 10-4-1950, define os crimes de responsabilidade e regula o respectivo processo de julgamento.

d) o *habeas corpus*, sendo paciente qualquer das pessoas referidas nas alíneas anteriores; o mandado de segurança e o *habeas data* contra atos do Presidente da República, das Mesas da Câmara dos Deputados e do Senado Federal, do Tribunal de Contas da União, do Procurador-Geral da República e do próprio Supremo Tribunal Federal;

e) o litígio entre Estado estrangeiro ou organismo internacional e a União, o Estado, o Distrito Federal ou o Território;

f) as causas e os conflitos entre a União e os Estados, a União e o Distrito Federal, ou entre uns e outros, inclusive as respectivas entidades da administração indireta;

g) a extradição solicitada por Estado estrangeiro;

h) (*Revogada pela Emenda Constitucional n. 45, de 8-12-2004.*)

Organização dos Poderes   Art. 102

i) o *habeas corpus,* quando o coator for Tribunal Superior ou quando o coator ou o paciente for autoridade ou funcionário cujos atos estejam sujeitos diretamente à jurisdição do Supremo Tribunal Federal, ou se trate de crime sujeito à mesma jurisdição em uma única instância;

•• Alínea *i* com redação determinada pela Emenda Constitucional n. 22, de 18-3-1999.

j) a revisão criminal e a ação rescisória de seus julgados;

• Da revisão criminal: arts. 621 e segs. do CPP.
• Da ação rescisória: arts. 966 e segs. do CPC.

l) a reclamação para a preservação de sua competência e garantia da autoridade de suas decisões;

m) a execução de sentença nas causas de sua competência originária, facultada a delegação de atribuições para a prática de atos processuais;

n) a ação em que todos os membros da magistratura sejam direta ou indiretamente interessados, e aquela em que mais da metade dos membros do tribunal de origem estejam impedidos ou sejam direta ou indiretamente interessados;

o) os conflitos de competência entre o Superior Tribunal de Justiça e quaisquer tribunais, entre Tribunais Superiores, ou entre estes e qualquer outro tribunal;

• *Vide* arts. 105, I, *d,* 108, I, e, e 114, V.

p) o pedido de medida cautelar das ações diretas de inconstitucionalidade;

q) o mandado de injunção, quando a elaboração da norma regulamentadora for atribuição do Presidente da República, do Congresso Nacional, da Câmara dos Deputados, do Senado Federal, das Mesas de uma dessas Casas Legislativas, do Tribunal de Contas da União, de um dos Tribunais Superiores, ou do próprio Supremo Tribunal Federal;

r) as ações contra o Conselho Nacional de Justiça e contra o Conselho Nacional do Ministério Público;

•• Alínea *r* acrescentada pela Emenda Constitucional n. 45, de 8-12-2004.

II – julgar, em recurso ordinário:

a) o *habeas corpus,* o mandado de segurança, o *habeas data* e o mandado de injunção decididos em única instância pelos Tribunais Superiores, se denegatória a decisão;

b) o crime político;

III – julgar, mediante recurso extraordinário, as causas decididas em única ou última instância, quando a decisão recorrida:

a) contrariar dispositivo desta Constituição;

b) declarar a inconstitucionalidade de tratado ou lei federal;

c) julgar válida lei ou ato de governo local contestado em face desta Constituição;

d) julgar válida lei local contestada em face de lei federal.

•• Alínea *d* acrescentada pela Emenda Constitucional n. 45, de 8-12-2004.

§ 1.º A arguição de descumprimento de preceito fundamental, decorrente desta Constituição, será apreciada pelo Supremo Tribunal Federal, na forma da lei.

•• § 1.º com redação determinada pela Emenda Constitucional n. 3, de 17-3-1993.

• A Lei n. 9.882, de 3-12-1999, dispõe sobre o processo e julgamento da arguição de descumprimento de preceito fundamental, de que trata este parágrafo.

§ 2.º As decisões definitivas de mérito, proferidas pelo Supremo Tribunal Federal, nas ações diretas de inconstitucionalidade e nas ações declaratórias de constitucionalidade produzirão eficácia contra todos e efeito vinculante, relativamente aos demais órgãos do Poder Judiciário e à administração pública direta e indireta, nas esferas federal, estadual e municipal.

•• § 2.º com redação determinada pela Emenda Constitucional n. 45, de 8-12-2004.

§ 3.º No recurso extraordinário o recorrente deverá demonstrar a repercussão geral das questões constitucionais discutidas no caso, nos termos da lei, a fim de que o Tribunal examine a admissão do recurso, somente podendo recusá-lo pela manifestação de dois terços de seus membros.

•• § 3.º acrescentado pela Emenda Constitucional n. 45, de 8-12-2004.

•• § 3.º regulamentado pela Lei n. 11.418, de 19-12-2006.

Art. 103. Podem propor a ação direta de inconstitucionalidade e a ação declaratória de constitucionalidade:

•• *Caput* com redação determinada pela Emenda Constitucional n. 45, de 8-12-2004.

I – o Presidente da República;

II – a Mesa do Senado Federal;

III – a Mesa da Câmara dos Deputados;

IV – a Mesa de Assembleia Legislativa ou da Câmara Legislativa do Distrito Federal;

•• Inciso IV com redação determinada pela Emenda Constitucional n. 45, de 8-12-2004.

V – o Governador de Estado ou do Distrito Federal;

•• Inciso V com redação determinada pela Emenda Constitucional n. 45, de 8-12-2004.

VI – o Procurador-Geral da República;

VII – o Conselho Federal da Ordem dos Advogados do Brasil;

VIII – partido político com representação no Congresso Nacional;

IX – confederação sindical ou entidade de classe de âmbito nacional.

§ 1.º O Procurador-Geral da República deverá ser previamente ouvido nas ações de inconstitucionalidade e em todos os processos de competência do Supremo Tribunal Federal.

§ 2.º Declarada a inconstitucionalidade por omissão de medida para tornar efetiva norma constitucional, será dada ciência ao Poder competente para a adoção das providências necessárias e, em se tratando de órgão administrativo, para fazê-lo em trinta dias.

§ 3.º Quando o Supremo Tribunal Federal apreciar a inconstitucionalidade, em tese, de norma legal ou ato normativo, citará, previamente, o Advogado-Geral da União, que defenderá o ato ou texto impugnado.

§ 4.º (*Revogado pela Emenda Constitucional n. 45, de 8-12-2004.*)

Art. 103-A. O Supremo Tribunal Federal poderá, de ofício ou por provocação, mediante decisão de dois terços dos seus membros, após reiteradas decisões sobre matéria constitucional, aprovar súmula que, a partir de sua publicação na imprensa oficial, terá efeito vinculante em relação aos demais órgãos do Poder Judiciário e à administração pública direta e indireta, nas esferas federal, estadual e municipal, bem como proceder à sua revisão ou cancelamento, na forma estabelecida em lei.

•• *Caput* acrescentado pela Emenda Constitucional n. 45, de 8-12-2004.

•• Artigo regulamentado pela Lei n. 11.417, de 19-12-2006.

§ 1.º A súmula terá por objetivo a validade, a interpretação e a eficácia de normas determinadas, acerca das quais haja controvérsia atual entre órgãos judiciários ou entre esses e a administração pública que acarrete grave insegurança jurídica e relevante multiplicação de processos sobre questão idêntica.

•• § 1.º acrescentado pela Emenda Constitucional n. 45, de 8-12-2004.

§ 2.º Sem prejuízo do que vier a ser estabelecido em lei, a aprovação, revisão ou cancelamento de súmula poderá ser provocada por aqueles que podem propor a ação direta de inconstitucionalidade.

•• § 2.º acrescentado pela Emenda Constitucional n. 45, de 8-12-2004.

§ 3.º Do ato administrativo ou decisão judicial que contrariar a súmula aplicável ou que indevidamente a aplicar, caberá reclamação ao Supremo Tribunal Federal que, julgando-a procedente, anulará o ato administrativo ou cassará a decisão judicial reclamada, e determinará que outra seja proferida com ou sem a aplicação da súmula, conforme o caso.

•• § 3.º acrescentado pela Emenda Constitucional n. 45, de 8-12-2004.

Organização dos Poderes

Art. 103-B. O Conselho Nacional de Justiça compõe-se de 15 (quinze) membros com mandato de 2 (dois) anos, admitida 1 (uma) recondução, sendo:

•• *Caput* com redação determinada pela Emenda Constitucional n. 61, de 11-11-2009.

• A Portaria n. 55, de 19-4-2012, dispõe sobre a estrutura orgânica do CNJ.

I – o Presidente do Supremo Tribunal Federal;

•• Inciso I com redação determinada pela Emenda Constitucional n. 61, de 11-11-2009.

II – um Ministro do Superior Tribunal de Justiça, indicado pelo respectivo tribunal;

•• Inciso II acrescentado pela Emenda Constitucional n. 45, de 8-12-2004.

III – um Ministro do Tribunal Superior do Trabalho, indicado pelo respectivo tribunal;

•• Inciso III acrescentado pela Emenda Constitucional n. 45, de 8-12-2004.

IV – um desembargador de Tribunal de Justiça, indicado pelo Supremo Tribunal Federal;

•• Inciso IV acrescentado pela Emenda Constitucional n. 45, de 8-12-2004.

V – um juiz estadual, indicado pelo Supremo Tribunal Federal;

•• Inciso V acrescentado pela Emenda Constitucional n. 45, de 8-12-2004.

VI – um juiz de Tribunal Regional Federal, indicado pelo Superior Tribunal de Justiça;

•• Inciso VI acrescentado pela Emenda Constitucional n. 45, de 8-12-2004.

VII – um juiz federal, indicado pelo Superior Tribunal de Justiça;

•• Inciso VII acrescentado pela Emenda Constitucional n. 45, de 8-12-2004.

VIII – um juiz de Tribunal Regional do Trabalho, indicado pelo Tribunal Superior do Trabalho;

•• Inciso VIII acrescentado pela Emenda Constitucional n. 45, de 8-12-2004.

IX – um juiz do trabalho, indicado pelo Tribunal Superior do Trabalho;

•• Inciso IX acrescentado pela Emenda Constitucional n. 45, de 8-12-2004.

X – um membro do Ministério Público da União, indicado pelo Procurador-Geral da República;

•• Inciso X acrescentado pela Emenda Constitucional n. 45, de 8-12-2004.

XI – um membro do Ministério Público estadual, escolhido pelo Procurador-Geral da República dentre os nomes indicados pelo órgão competente de cada instituição estadual;

•• Inciso XI acrescentado pela Emenda Constitucional n. 45, de 8-12-2004.

XII – dois advogados, indicados pelo Conselho Federal da Ordem dos Advogados do Brasil;

•• Inciso XII acrescentado pela Emenda Constitucional n. 45, de 8-12-2004.

XIII – dois cidadãos, de notável saber jurídico e reputação ilibada, indicados um pela Câmara dos Deputados e outro pelo Senado Federal.

•• Inciso XIII acrescentado pela Emenda Constitucional n. 45, de 8-12-2004.

§ 1.º O Conselho será presidido pelo Presidente do Supremo Tribunal Federal e, nas suas ausências e impedimentos, pelo Vice-Presidente do Supremo Tribunal Federal.

•• § 1.º com redação determinada pela Emenda Constitucional n. 61, de 11-11-2009.

§ 2.º Os demais membros do Conselho serão nomeados pelo Presidente da República, depois de aprovada a escolha pela maioria absoluta do Senado Federal.

•• § 2.º com redação determinada pela Emenda Constitucional n. 61, de 11-11-2009.

§ 3.º Não efetuadas, no prazo legal, as indicações previstas neste artigo, caberá a escolha ao Supremo Tribunal Federal.

•• § 3.º acrescentado pela Emenda Constitucional n. 45, de 8-12-2004.

§ 4.º Compete ao Conselho o controle da atuação administrativa e financeira do Poder Judiciário e do cumprimento dos deveres funcionais dos juízes, cabendo-lhe, além de outras atribuições que lhe forem conferidas pelo Estatuto da Magistratura:

Art. 103-B

•• § 4.º, *caput*, acrescentado pela Emenda Constitucional n. 45, de 8-12-2004.

I – zelar pela autonomia do Poder Judiciário e pelo cumprimento do Estatuto da Magistratura, podendo expedir atos regulamentares, no âmbito de sua competência, ou recomendar providências;

•• Inciso I acrescentado pela Emenda Constitucional n. 45, de 8-12-2004.

II – zelar pela observância do art. 37 e apreciar, de ofício ou mediante provocação, a legalidade dos atos administrativos praticados por membros ou órgãos do Poder Judiciário, podendo desconstituí-los, revê-los ou fixar prazo para que se adotem as providências necessárias ao exato cumprimento da lei, sem prejuízo da competência do Tribunal de Contas da União;

•• Inciso II acrescentado pela Emenda Constitucional n. 45, de 8-12-2004.

III – receber e conhecer das reclamações contra membros ou órgãos do Poder Judiciário, inclusive contra seus serviços auxiliares, serventias e órgãos prestadores de serviços notariais e de registro que atuem por delegação do poder público ou oficializados, sem prejuízo da competência disciplinar e correicional dos tribunais, podendo avocar processos disciplinares em curso e determinar a remoção, a disponibilidade ou a aposentadoria com subsídios ou proventos proporcionais ao tempo de serviço e aplicar outras sanções administrativas, assegurada ampla defesa;

•• Inciso III acrescentado pela Emenda Constitucional n. 45, de 8-12-2004.

IV – representar ao Ministério Público, no caso de crime contra a administração pública ou de abuso de autoridade;

•• Inciso IV acrescentado pela Emenda Constitucional n. 45, de 8-12-2004.

V – rever, de ofício ou mediante provocação, os processos disciplinares de juízes e membros de tribunais julgados há menos de um ano;

•• Inciso V acrescentado pela Emenda Constitucional n. 45, de 8-12-2004.

VI – elaborar semestralmente relatório estatístico sobre processos e sentenças prolatadas, por unidade da Federação, nos diferentes órgãos do Poder Judiciário;

•• Inciso VI acrescentado pela Emenda Constitucional n. 45, de 8-12-2004.

VII – elaborar relatório anual, propondo as providências que julgar necessárias, sobre a situação do Poder Judiciário no País e as atividades do Conselho, o qual deve integrar mensagem do Presidente do Supremo Tribunal Federal a ser remetida ao Congresso Nacional, por ocasião da abertura da sessão legislativa.

•• Inciso VII acrescentado pela Emenda Constitucional n. 45, de 8-12-2004.

§ 5.º O Ministro do Superior Tribunal de Justiça exercerá a função de Ministro-Corregedor e ficará excluído da distribuição de processos no Tribunal, competindo-lhe, além das atribuições que lhe forem conferidas pelo Estatuto da Magistratura, as seguintes:

•• § 5.º, *caput*, acrescentado pela Emenda Constitucional n. 45, de 8-12-2004.

I – receber as reclamações e denúncias, de qualquer interessado, relativas aos magistrados e aos serviços judiciários;

•• Inciso I acrescentado pela Emenda Constitucional n. 45, de 8-12-2004.

II – exercer funções executivas do Conselho, de inspeção e de correição geral;

•• Inciso II acrescentado pela Emenda Constitucional n. 45, de 8-12-2004.

III – requisitar e designar magistrados, delegando-lhes atribuições, e requisitar servidores de juízos ou tribunais, inclusive nos Estados, Distrito Federal e Territórios.

•• Inciso III acrescentado pela Emenda Constitucional n. 45, de 8-12-2004.

§ 6.º Junto ao Conselho oficiarão o Procurador-Geral da República e o Presidente do Conselho Federal da Ordem dos Advogados do Brasil.

•• § 6.º acrescentado pela Emenda Constitucional n. 45, de 8-12-2004.

Organização dos Poderes

Arts. 103-B a 105

§ 7.º A União, inclusive no Distrito Federal e nos Territórios, criará ouvidorias de justiça, competentes para receber reclamações e denúncias de qualquer interessado contra membros ou órgãos do Poder Judiciário, ou contra seus serviços auxiliares, representando diretamente ao Conselho Nacional de Justiça.

•• § 7.º acrescentado pela Emenda Constitucional n. 45, de 8-12-2004.

Seção III
Do Superior Tribunal de Justiça

Art. 104. O Superior Tribunal de Justiça compõe-se de, no mínimo, trinta e três Ministros.

Parágrafo único. Os Ministros do Superior Tribunal de Justiça serão nomeados pelo Presidente da República, dentre brasileiros com mais de trinta e cinco e menos de sessenta e cinco anos, de notável saber jurídico e reputação ilibada, depois de aprovada a escolha pela maioria absoluta do Senado Federal, sendo:

•• Parágrafo único, caput, com redação determinada pela Emenda Constitucional n. 45, de 8-12-2004.

I – um terço dentre juízes dos Tribunais Regionais Federais e um terço dentre desembargadores dos Tribunais de Justiça, indicados em lista tríplice elaborada pelo próprio Tribunal;

II – um terço, em partes iguais, dentre advogados e membros do Ministério Público Federal, Estadual, do Distrito Federal e Territórios, alternadamente, indicados na forma do art. 94.

Art. 105. Compete ao Superior Tribunal de Justiça:

I – processar e julgar, originariamente:

a) nos crimes comuns, os Governadores dos Estados e do Distrito Federal, e, nestes e nos de responsabilidade, os desembargadores dos Tribunais de Justiça dos Estados e do Distrito Federal, os membros dos Tribunais de Contas dos Estados e do Distrito Federal, os dos Tribunais Regionais Federais, dos Tribunais Regionais Eleitorais e do Trabalho, os membros dos Conselhos ou Tribunais de Contas dos Municípios e os do Ministério Público da União que oficiem perante tribunais;

b) os mandados de segurança e os *habeas data* contra ato de Ministro de Estado, dos Comandantes da Marinha, do Exército e da Aeronáutica ou do próprio Tribunal;

•• Alínea b com redação determinada pela Emenda Constitucional n. 23, de 2-9-1999.

c) os *habeas corpus*, quando o coator ou paciente for qualquer das pessoas mencionadas na alínea a, ou quando o coator for tribunal sujeito à sua jurisdição, Ministro de Estado ou Comandante da Marinha, do Exército ou da Aeronáutica, ressalvada a competência da Justiça Eleitoral;

•• Alínea c com redação determinada pela Emenda Constitucional n. 23, de 2-9-1999.

d) os conflitos de competência entre quaisquer tribunais, ressalvado o disposto no art. 102, I, o, bem como entre tribunal e juízes a ele não vinculados e entre juízes vinculados a tribunais diversos;

e) as revisões criminais e as ações rescisórias de seus julgados;

• Da revisão criminal: arts. 621 e segs. do CPP.

• Da ação rescisória: arts. 966 e segs. do CPC.

f) a reclamação para a preservação de sua competência e garantia da autoridade de suas decisões;

g) os conflitos de atribuições entre autoridades administrativas e judiciárias da União, ou entre autoridades judiciárias de um Estado e administrativas de outro ou do Distrito Federal, ou entre as deste e da União;

h) o mandado de injunção, quando a elaboração da norma regulamentadora for atribuição de órgão, entidade ou autoridade federal, da administração direta ou indireta, excetuados os casos de competência do Supremo Tribunal Federal e dos órgãos da Justiça Militar, da Justiça Eleitoral, da Justiça do Trabalho e da Justiça Federal;

i) a homologação de sentenças estrangeiras e a concessão de *exequatur* às cartas rogatórias;

•• Alínea i acrescentada pela Emenda Constitucional n. 45, de 8-12-2004.

Arts. 105 a 107 — Organização dos Poderes

II – julgar, em recurso ordinário:

a) os *habeas corpus* decididos em única ou última instância pelos Tribunais Regionais Federais ou pelos tribunais dos Estados, do Distrito Federal e Territórios, quando a decisão for denegatória;

b) os mandados de segurança decididos em única instância pelos Tribunais Regionais Federais ou pelos tribunais dos Estados, do Distrito Federal e Territórios, quando denegatória a decisão;

c) as causas em que forem partes Estado estrangeiro ou organismo internacional, de um lado, e, do outro, Município ou pessoa residente ou domiciliada no País;

III – julgar, em recurso especial, as causas decididas, em única ou última instância, pelos Tribunais Regionais Federais ou pelos tribunais dos Estados, do Distrito Federal e Territórios, quando a decisão recorrida:

a) contrariar tratado ou lei federal, ou negar-lhes vigência;

b) julgar válido ato de governo local contestado em face de lei federal;

•• Alínea *b* com redação determinada pela Emenda Constitucional n. 45, de 8-12-2004.

c) der a lei federal interpretação divergente da que lhe haja atribuído outro tribunal.

Parágrafo único. Funcionarão junto ao Superior Tribunal de Justiça:

•• Parágrafo único, *caput*, com redação determinada pela Emenda Constitucional n. 45, de 8-12-2004.

I – a Escola Nacional de Formação e Aperfeiçoamento de Magistrados, cabendo-lhe, dentre outras funções, regulamentar os cursos oficiais para o ingresso e promoção na carreira;

•• Inciso I acrescentado pela Emenda Constitucional n. 45, de 8-12-2004.

II – o Conselho da Justiça Federal, cabendo-lhe exercer, na forma da lei, a supervisão administrativa e orçamentária da Justiça Federal de primeiro e segundo graus, como órgão central do sistema e com poderes correicionais, cujas decisões terão caráter vinculante.

•• Inciso II acrescentado pela Emenda Constitucional n. 45, de 8-12-2004.

•• A Lei n. 11.798, de 29-10-2008, dispõe sobre a composição e a competência do CJF.

Seção IV
Dos Tribunais Regionais Federais e
dos Juízes Federais

Art. 106. São órgãos da Justiça Federal:

I – os Tribunais Regionais Federais;

II – os Juízes Federais.

Art. 107. Os Tribunais Regionais Federais compõem-se de, no mínimo, sete juízes, recrutados, quando possível, na respectiva região e nomeados pelo Presidente da República dentre brasileiros com mais de trinta e menos de sessenta e cinco anos, sendo:

I – um quinto dentre advogados com mais de dez anos de efetiva atividade profissional e membros do Ministério Público Federal com mais de dez anos de carreira;

II – os demais, mediante promoção de juízes federais com mais de cinco anos de exercício, por antiguidade e merecimento, alternadamente.

§ 1.º A lei disciplinará a remoção ou a permuta de juízes dos Tribunais Regionais Federais e determinará sua jurisdição e sede.

•• Primitivo parágrafo único renumerado pela Emenda Constitucional n. 45, de 8-12-2004.

§ 2.º Os Tribunais Regionais Federais instalarão a justiça itinerante, com a realização de audiências e demais funções da atividade jurisdicional, nos limites territoriais da respectiva jurisdição, servindo-se de equipamentos públicos e comunitários.

•• § 2.º acrescentado pela Emenda Constitucional n. 45, de 8-12-2004.

§ 3.º Os Tribunais Regionais Federais poderão funcionar descentralizadamente, constituindo Câmaras regionais, a fim de assegurar o pleno acesso do jurisdicionado à justiça em todas as fases do processo.

Organização dos Poderes

•• § 3.º acrescentado pela Emenda Constitucional n. 45, de 8-12-2004.

Art. 108. Compete aos Tribunais Regionais Federais:

I – processar e julgar, originariamente:

a) os juízes federais da área de sua jurisdição, incluídos os da Justiça Militar e da Justiça do Trabalho, nos crimes comuns e de responsabilidade, e os membros do Ministério Público da União, ressalvada a competência da Justiça Eleitoral;

b) as revisões criminais e as ações rescisórias de julgados seus ou dos juízes federais da região;

• Da revisão criminal: arts. 621 e segs. do CPP.

• Da ação rescisória: arts. 966 e segs. do CPC.

c) os mandados de segurança e os *habeas data* contra ato do próprio Tribunal ou de juiz federal;

d) os *habeas corpus*, quando a autoridade coatora for juiz federal;

e) os conflitos de competência entre juízes federais vinculados ao Tribunal;

II – julgar, em grau de recurso, as causas decididas pelos juízes federais e pelos juízes estaduais no exercício da competência federal da área de sua jurisdição.

Art. 109. Aos juízes federais compete processar e julgar:

I – as causas em que a União, entidade autárquica ou empresa pública federal forem interessadas na condição de autoras, rés, assistentes ou oponentes, exceto as de falência, as de acidentes de trabalho e as sujeitas à Justiça Eleitoral e à Justiça do Trabalho;

• *Vide* Súmulas Vinculantes 22 e 27 do STF.

II – as causas entre Estado estrangeiro ou organismo internacional e Município ou pessoa domiciliada ou residente no País;

III – as causas fundadas em tratado ou contrato da União com Estado estrangeiro ou organismo internacional;

IV – os crimes políticos e as infrações penais praticadas em detrimento de bens, serviços ou interesse da União ou de suas entidades autárquicas ou empresas públicas, excluídas as contravenções e ressalvada a competência da Justiça Militar e da Justiça Eleitoral;

V – os crimes previstos em tratado ou convenção internacional, quando, iniciada a execução no País, o resultado tenha ou devesse ter ocorrido no estrangeiro, ou reciprocamente;

V-A – as causas relativas a direitos humanos a que se refere o § 5.º deste artigo;

•• Inciso V-A acrescentado pela Emenda Constitucional n. 45, de 8-12-2004.

VI – os crimes contra a organização do trabalho e, nos casos determinados por lei, contra o sistema financeiro e a ordem econômico-financeira;

• Dos crimes contra a organização do trabalho: arts. 197 a 207 do CP.

• Dos crimes contra o sistema financeiro: Lei n. 7.492, de 16-6-1986.

• Dos crimes contra a ordem econômica: Leis n. 8.137, de 27-12-1990, e n. 8.176, de 8-2-1991.

VII – os *habeas corpus*, em matéria criminal de sua competência ou quando o constrangimento provier de autoridade cujos atos não estejam diretamente sujeitos a outra jurisdição;

VIII – os mandados de segurança e os *habeas data* contra ato de autoridade federal, excetuados os casos de competência dos tribunais federais;

• Mandado de segurança: Lei n. 12.016, de 7-8-2009.

• *Habeas data*: Lei n. 9.507, de 12-11-1997.

IX – os crimes cometidos a bordo de navios ou aeronaves, ressalvada a competência da Justiça Militar;

X – os crimes de ingresso ou permanência irregular de estrangeiro, a execução de carta rogatória, após o *exequatur*, e de sentença estrangeira, após a homologação, as causas referentes à nacionalidade, inclusive a respectiva opção, e à naturalização;

Arts. 109 a 111-A

XI – a disputa sobre direitos indígenas.

§ 1.º As causas em que a União for autora serão aforadas na seção judiciária onde tiver domicílio a outra parte.

§ 2.º As causas intentadas contra a União poderão ser aforadas na seção judiciária em que for domiciliado o autor, naquela onde houver ocorrido o ato ou fato que deu origem à demanda ou onde esteja situada a coisa, ou ainda, no Distrito Federal.

§ 3.º Serão processadas e julgadas na justiça estadual, no foro do domicílio dos segurados ou beneficiários, as causas em que forem parte instituição de previdência social e segurado, sempre que a comarca não seja sede de vara do juízo federal, e, se verificada essa condição, a lei poderá permitir que outras causas sejam também processadas e julgadas pela justiça estadual.

§ 4.º Na hipótese do parágrafo anterior, o recurso cabível será sempre para o Tribunal Regional Federal na área de jurisdição do juiz de primeiro grau.

§ 5.º Nas hipóteses de grave violação de direitos humanos, o Procurador-Geral da República, com a finalidade de assegurar o cumprimento de obrigações decorrentes de tratados internacionais de direitos humanos dos quais o Brasil seja parte, poderá suscitar, perante o Superior Tribunal de Justiça, em qualquer fase do inquérito ou processo, incidente de deslocamento de competência para a Justiça Federal.

•• § 5.º acrescentado pela Emenda Constitucional n. 45, de 8-12-2004.

Art. 110. Cada Estado, bem como o Distrito Federal, constituirá uma seção judiciária que terá por sede a respectiva Capital, e varas localizadas segundo o estabelecido em lei.

Parágrafo único. Nos Territórios Federais, a jurisdição e as atribuições cometidas aos juízes federais caberão aos juízes da justiça local, na forma da lei.

Seção V
Do Tribunal Superior do Trabalho, dos Tribunais Regionais do Trabalho e dos Juízes do Trabalho

•• Seção V com denominação determinada pela Emenda Constitucional n. 92, de 12-7-2016.

Art. 111. São órgãos da Justiça do Trabalho:

I – o Tribunal Superior do Trabalho;

II – os Tribunais Regionais do Trabalho;

III – Juízes do Trabalho.

•• Inciso III com redação determinada pela Emenda Constitucional n. 24, de 9-12-1999.

§§ 1.º a 3.º (*Revogados pela Emenda Constitucional n. 45, de 8-12-2004.*)

Art. 111-A. O Tribunal Superior do Trabalho compor-se-á de vinte e sete Ministros, escolhidos dentre brasileiros com mais de trinta e cinco anos e menos de sessenta e cinco anos, de notável saber jurídico e reputação ilibada, nomeados pelo Presidente da República após aprovação pela maioria absoluta do Senado Federal, sendo:

•• *Caput* com redação determinada pela Emenda Constitucional n. 92, de 12-7-2016.

I – um quinto dentre advogados com mais de dez anos de efetiva atividade profissional e membros do Ministério Público do Trabalho com mais de dez anos de efetivo exercício, observado o disposto no art. 94;

•• Inciso I acrescentado pela Emenda Constitucional n. 45, de 8-12-2004.

II – os demais dentre juízes dos Tribunais Regionais do Trabalho, oriundos da magistratura da carreira, indicados pelo próprio Tribunal Superior.

•• Inciso II acrescentado pela Emenda Constitucional n. 45, de 8-12-2004.

§ 1.º A lei disporá sobre a competência do Tribunal Superior do Trabalho.

•• § 1.º acrescentado pela Emenda Constitucional n. 45, de 8-12-2004.

§ 2.º Funcionarão junto ao Tribunal Superior do Trabalho:

Organização dos Poderes

Arts. 111-A a 114

•• § 2.º, *caput*, acrescentado pela Emenda Constitucional n. 45, de 8-12-2004.

I – a Escola Nacional de Formação e Aperfeiçoamento de Magistrados do Trabalho, cabendo-lhe, dentre outras funções, regulamentar os cursos oficiais para o ingresso e promoção na carreira;

•• Inciso I acrescentado pela Emenda Constitucional n. 45, de 8-12-2004.

II – o Conselho Superior da Justiça do Trabalho, cabendo-lhe exercer, na forma da lei, a supervisão administrativa, orçamentária, financeira e patrimonial da Justiça do Trabalho de primeiro e segundo graus, como órgão central do sistema, cujas decisões terão efeito vinculante.

•• Inciso II acrescentado pela Emenda Constitucional n. 45, de 8-12-2004.

• *Vide* art. 6.º da Emenda Constitucional n. 45, de 8-12-2004.

§ 3.º Compete ao Tribunal Superior do Trabalho processar e julgar, originariamente, a reclamação para a preservação de sua competência e garantia da autoridade de suas decisões.

•• § 3.º acrescentado pela Emenda Constitucional n. 92, de 12-7-2016.

Art. 112. A lei criará varas da Justiça do Trabalho, podendo, nas comarcas não abrangidas por sua jurisdição, atribuí-la aos juízes de direito, com recurso para o respectivo Tribunal Regional do Trabalho.

•• Artigo com redação determinada pela Emenda Constitucional n. 45, de 8-12-2004.

Art. 113. A lei disporá sobre a constituição, investidura, jurisdição, competência, garantias e condições de exercício dos órgãos da Justiça do Trabalho.

•• Artigo com redação determinada pela Emenda Constitucional n. 24, de 9-12-1999.

Art. 114. Compete à Justiça do Trabalho processar e julgar:

•• *Caput* com redação determinada pela Emenda Constitucional n. 45, de 8-12-2004.

I – as ações oriundas da relação de trabalho, abrangidos os entes de direito público externo e da administração pública direta e indireta da União, dos Estados, do Distrito Federal e dos Municípios;

•• Inciso I acrescentado pela Emenda Constitucional n. 45, de 8-12-2004.

• Foi concedida liminar, com efeito *ex tunc*, na ADIn n. 3.395-6, em 27-1-2005, e dada interpretação conforme a este inciso, nos seguintes termos:

"Suspendo, *ad referendum*, toda e qualquer interpretação dada ao inciso I do art. 114 da CF, na redação dada pela EC/45, que inclua, na competência da justiça do trabalho, a '... apreciação ... de causas que ... sejam instauradas entre o Poder Público e seus servidores, a ele vinculados por típica relação de ordem estatutária ou de caráter jurídico-administrativo'".

•• O STF, em 1.º-2-2007, concedeu liminar, com efeito *ex tunc*, na ADIn n. 3.684-0, para atribuir interpretação conforme a CF a este inciso, declarando que, no âmbito de jurisdição da Justiça do Trabalho, não entra competência para processar e julgar ações penais.

II – as ações que envolvam exercício do direito de greve;

•• Inciso II acrescentado pela Emenda Constitucional n. 45, de 8-12-2004.

• A Lei n. 7.783, de 28-6-1989, dispõe sobre exercício do direito de greve.

III – as ações sobre representação sindical, entre sindicatos, entre sindicatos e trabalhadores, e entre sindicatos e empregadores;

•• Inciso III acrescentado pela Emenda Constitucional n. 45, de 8-12-2004.

IV – os mandados de segurança, *habeas corpus* e *habeas data*, quando o ato questionado envolver matéria sujeita à sua jurisdição;

•• Inciso IV acrescentado pela Emenda Constitucional n. 45, de 8-12-2004.

•• O STF, em 1.º-2-2007, concedeu liminar, com efeito *ex tunc*, na ADIn n. 3.684-0, para atribuir interpretação conforme a CF a este inciso, declarando que, no âmbito de jurisdição da Justiça do Trabalho, não entra competência para processar e julgar ações penais.

V – os conflitos de competência entre órgãos com jurisdição trabalhista, ressalvado o disposto no art. 102, I, *o*;

•• Inciso V acrescentado pela Emenda Constitucional n. 45, de 8-12-2004.

Arts. 114 a 116

VI – as ações de indenização por dano moral ou patrimonial, decorrentes da relação de trabalho;

•• Inciso VI acrescentado pela Emenda Constitucional n. 45, de 8-12-2004.

• *Vide* art. 5.º, X, da CF.

VII – as ações relativas às penalidades administrativas impostas aos empregadores pelos órgãos de fiscalização das relações de trabalho;

•• Inciso VII acrescentado pela Emenda Constitucional n. 45, de 8-12-2004.

VIII – a execução, de ofício, das contribuições sociais previstas no art. 195, I, *a*, e II, e seus acréscimos legais, decorrentes das sentenças que proferir;

•• Inciso VIII acrescentado pela Emenda Constitucional n. 45, de 8-12-2004.

•• *Vide* Súmula Vinculante 53 do STF.

IX – outras controvérsias decorrentes da relação de trabalho, na forma da lei.

•• Inciso IX acrescentado pela Emenda Constitucional n. 45, de 8-12-2004.

•• O STF, em 1.º-2-2007, concedeu liminar, com efeito *ex tunc*, na ADIn n. 3.684-0, para atribuir interpretação conforme a CF a este inciso, declarando que, no âmbito de jurisdição da Justiça do Trabalho, não entra competência para processar e julgar ações penais.

§ 1.º Frustrada a negociação coletiva, as partes poderão eleger árbitros.

§ 2.º Recusando-se qualquer das partes à negociação coletiva ou à arbitragem, é facultado às mesmas, de comum acordo, ajuizar dissídio coletivo de natureza econômica, podendo a Justiça do Trabalho decidir o conflito, respeitadas as disposições mínimas legais de proteção ao trabalho, bem como as convencionadas anteriormente.

•• § 2.º com redação determinada pela Emenda Constitucional n. 45, de 8-12-2004.

§ 3.º Em caso de greve em atividade essencial, com possibilidade de lesão do interesse público, o Ministério Público do Trabalho poderá ajuizar dissídio coletivo, competindo à Justiça do Trabalho decidir o conflito.

•• § 3.º com redação determinada pela Emenda Constitucional n. 45, de 8-12-2004.

Art. 115. Os Tribunais Regionais do Trabalho compõem-se de, no mínimo, sete juízes, recrutados, quando possível, na respectiva região, e nomeados pelo Presidente da República dentre brasileiros com mais de trinta e menos de sessenta e cinco anos, sendo:

•• *Caput* com redação determinada pela Emenda Constitucional n. 45, de 8-12-2004.

I – um quinto dentre advogados com mais de dez anos de efetiva atividade profissional e membros do Ministério Público do Trabalho com mais de dez anos de efetivo exercício, observado o disposto no art. 94;

•• Inciso I acrescentado pela Emenda Constitucional n. 45, de 8-12-2004.

II – os demais, mediante promoção de juízes do trabalho por antiguidade e merecimento, alternadamente.

•• Inciso II acrescentado pela Emenda Constitucional n. 45, de 8-12-2004.

§ 1.º Os Tribunais Regionais do Trabalho instalarão a justiça itinerante, com a realização de audiências e demais funções de atividade jurisdicional, nos limites territoriais da respectiva jurisdição, servindo-se de equipamentos públicos e comunitários.

•• § 1.º acrescentado pela Emenda Constitucional n. 45, de 8-12-2004.

§ 2.º Os Tribunais Regionais do Trabalho poderão funcionar descentralizadamente, constituindo Câmaras regionais, a fim de assegurar o pleno acesso do jurisdicionado à justiça em todas as fases do processo.

•• § 2.º acrescentado pela Emenda Constitucional n. 45, de 8-12-2004.

Art. 116. Nas Varas do Trabalho, a jurisdição será exercida por um juiz singular.

•• *Caput* com redação determinada pela Emenda Constitucional n. 24, de 9-12-1999.

Parágrafo único. (*Revogado pela Emenda Constitucional n. 24, de 9-12-1999.*)

Organização dos Poderes

Art. 117. *(Revogado pela Emenda Constitucional n. 24, de 9-12-1999.)*

Seção VI
Dos Tribunais e Juízes Eleitorais

Art. 118. São órgãos da Justiça Eleitoral:

I – o Tribunal Superior Eleitoral;

II – os Tribunais Regionais Eleitorais;

III – os Juízes Eleitorais;

IV – as Juntas Eleitorais.

Art. 119. O Tribunal Superior Eleitoral compor-se-á, no mínimo, de sete membros, escolhidos:

I – mediante eleição, pelo voto secreto:

a) três juízes dentre os Ministros do Supremo Tribunal Federal;

b) dois juízes dentre os Ministros do Superior Tribunal de Justiça;

II – por nomeação do Presidente da República, dois juízes dentre seis advogados de notável saber jurídico e idoneidade moral, indicados pelo Supremo Tribunal Federal.

Parágrafo único. O Tribunal Superior Eleitoral elegerá seu Presidente e o Vice-Presidente dentre os Ministros do Supremo Tribunal Federal, e o Corregedor Eleitoral dentre os Ministros do Superior Tribunal de Justiça.

Art. 120. Haverá um Tribunal Regional Eleitoral na Capital de cada Estado e no Distrito Federal.

§ 1.º Os Tribunais Regionais Eleitorais compor-se-ão:

I – mediante eleição, pelo voto secreto:

a) de dois juízes dentre os desembargadores do Tribunal de Justiça;

b) de dois juízes, dentre juízes de direito, escolhidos pelo Tribunal de Justiça;

II – de um juiz do Tribunal Regional Federal com sede na Capital do Estado ou no Distrito Federal, ou, não havendo, de juiz federal, escolhido, em qualquer caso, pelo Tribunal Regional Federal respectivo;

III – por nomeação, pelo Presidente da República, de dois juízes dentre seis advogados de notável saber jurídico e idoneidade moral, indicados pelo Tribunal de Justiça.

§ 2.º O Tribunal Regional Eleitoral elegerá seu Presidente e o Vice-Presidente dentre os desembargadores.

Art. 121. Lei complementar disporá sobre a organização e competência dos tribunais, dos juízes de direito e das juntas eleitorais.

§ 1.º Os membros dos tribunais, os juízes de direito e os integrantes das juntas eleitorais, no exercício de suas funções, e no que lhes for aplicável, gozarão de plenas garantias e serão inamovíveis.

§ 2.º Os juízes dos tribunais eleitorais, salvo motivo justificado, servirão por dois anos, no mínimo, e nunca por mais de dois biênios consecutivos, sendo os substitutos escolhidos na mesma ocasião e pelo mesmo processo, em número igual para cada categoria.

§ 3.º São irrecorríveis as decisões do Tribunal Superior Eleitoral, salvo as que contrariarem esta Constituição e as denegatórias de *habeas corpus* ou mandado de segurança.

§ 4.º Das decisões dos Tribunais Regionais Eleitorais somente caberá recurso quando:

I – forem proferidas contra disposição expressa desta Constituição ou de lei;

II – ocorrer divergência na interpretação de lei entre dois ou mais tribunais eleitorais;

III – versarem sobre inelegibilidade ou expedição de diplomas nas eleições federais ou estaduais;

IV – anularem diplomas ou decretarem a perda de mandatos eletivos federais ou estaduais;

V – denegarem *habeas corpus*, mandado de segurança, *habeas data* ou mandado de injunção.

Seção VII
Dos Tribunais e Juízes Militares

Art. 122. São órgãos da Justiça Militar:

I – o Superior Tribunal Militar;

II – os Tribunais e Juízes Militares instituídos por lei.

Art. 123. O Superior Tribunal Militar compor-se-á de quinze Ministros vitalícios, nomeados pelo Presidente da República, depois de aprovada a indicação pelo Senado Federal, sendo três dentre oficiais-generais da Marinha, quatro dentre oficiais-generais do Exército, três dentre oficiais-generais da Aeronáutica, todos da ativa e do posto mais elevado da carreira, e cinco dentre civis.

Parágrafo único. Os Ministros civis serão escolhidos pelo Presidente da República dentre brasileiros maiores de trinta e cinco anos, sendo:

I – três dentre advogados de notório saber jurídico e conduta ilibada, com mais de dez anos de efetiva atividade profissional;

II – dois, por escolha paritária, dentre juízes auditores e membros do Ministério Público da Justiça Militar.

Art. 124. À Justiça Militar compete processar e julgar os crimes militares definidos em lei.

Parágrafo único. A lei disporá sobre a organização, o funcionamento e a competência, da Justiça Militar.

Seção VIII
Dos Tribunais e Juízes dos Estados

Art. 125. Os Estados organizarão sua Justiça, observados os princípios estabelecidos nesta Constituição.

§ 1.º A competência dos tribunais será definida na Constituição do Estado, sendo a lei de organização judiciária de iniciativa do Tribunal de Justiça.

•• *Vide* art. 70 do ADCT.
• *Vide* Súmula Vinculante 45 do STF.

§ 2.º Cabe aos Estados a instituição de representação de inconstitucionalidade de leis ou atos normativos estaduais ou municipais em face da Constituição Estadual, vedada a atribuição da legitimação para agir a um único órgão.

§ 3.º A lei estadual poderá criar, mediante proposta do Tribunal de Justiça, a Justiça Militar estadual, constituída, em primeiro grau, pelos juízes de direito e pelos Conselhos de Justiça e, em segundo grau, pelo próprio Tribunal de Justiça, ou por Tribunal de Justiça Militar nos Estados em que o efetivo militar seja superior a vinte mil integrantes.

•• § 3.º com redação determinada pela Emenda Constitucional n. 45, de 8-12-2004.

§ 4.º Compete à Justiça Militar estadual processar e julgar os militares dos Estados, nos crimes militares definidos em lei e as ações judiciais contra atos disciplinares militares, ressalvada a competência do júri quando a vítima for civil, cabendo ao tribunal competente decidir sobre a perda do posto e da patente dos oficiais e da graduação das praças.

•• § 4.º com redação determinada pela Emenda Constitucional n. 45, de 8-12-2004.

§ 5.º Compete aos juízes de direito do juízo militar processar e julgar, singularmente, os crimes militares cometidos contra civis e as ações judiciais contra atos disciplinares militares, cabendo ao Conselho de Justiça, sob a presidência de juiz de direito, processar e julgar os demais crimes militares.

•• § 5.º acrescentado pela Emenda Constitucional n. 45, de 8-12-2004.

§ 6.º O Tribunal de Justiça poderá funcionar descentralizadamente, constituindo Câmaras regionais, a fim de assegurar o pleno acesso do jurisdicionado à justiça em todas as fases do processo.

•• § 6.º acrescentado pela Emenda Constitucional n. 45, de 8-12-2004.

§ 7.º O Tribunal de Justiça instalará a justiça itinerante, com a realização de audiências e demais funções da atividade jurisdicional, nos limites territoriais da respectiva jurisdição, servindo-se de equipamentos públicos e comunitários.

•• § 7º acrescentado pela Emenda Constitucional n. 45, de 8-12-2004.

Art. 126. Para dirimir conflitos fundiários, o Tribunal de Justiça proporá a criação de varas especializadas, com competência exclusiva para questões agrárias.

Organização dos Poderes

•• *Caput* com redação determinada pela Emenda Constitucional n. 45, de 8-12-2004.

Parágrafo único. Sempre que necessário à eficiente prestação jurisdicional, o juiz far-se-á presente no local do litígio.

CAPÍTULO IV
DAS FUNÇÕES ESSENCIAIS À JUSTIÇA

Seção I
Do Ministério Público

Art. 127. O Ministério Público é instituição permanente, essencial à função jurisdicional do Estado, incumbindo-lhe a defesa da ordem jurídica, do regime democrático e dos interesses sociais e individuais indisponíveis.

§ 1.º São princípios institucionais do Ministério Público a unidade, a indivisibilidade e a independência funcional.

§ 2.º Ao Ministério Público é assegurada autonomia funcional e administrativa, podendo, observado o disposto no art. 169, propor ao Poder Legislativo a criação e extinção de seus cargos e serviços auxiliares, provendo-os por concurso público de provas ou de provas e títulos, a política remuneratória e os planos de carreira; a lei disporá sobre sua organização e funcionamento.

•• § 2.º com redação determinada pela Emenda Constitucional n. 19, de 4-6-1998.

§ 3.º O Ministério Público elaborará sua proposta orçamentária dentro dos limites estabelecidos na lei de diretrizes orçamentárias.

§ 4.º Se o Ministério Público não encaminhar a respectiva proposta orçamentária dentro do prazo estabelecido na lei de diretrizes orçamentárias, o Poder Executivo considerará, para fins de consolidação da proposta orçamentária anual, os valores aprovados na lei orçamentária vigente, ajustados de acordo com os limites estipulados na forma do § 3.º.

•• § 4.º acrescentado pela Emenda Constitucional n. 45, de 8-12-2004.

§ 5.º Se a proposta orçamentária de que trata este artigo for encaminhada em desacordo com os limites estipulados na forma do § 3.º, o Poder Executivo procederá aos ajustes necessários para fins de consolidação da proposta orçamentária anual.

•• § 5.º acrescentado pela Emenda Constitucional n. 45, de 8-12-2004.

§ 6.º Durante a execução orçamentária do exercício, não poderá haver a realização de despesas ou a assunção de obrigações que extrapolem os limites estabelecidos na lei de diretrizes orçamentárias, exceto se previamente autorizadas, mediante a abertura de créditos suplementares ou especiais.

•• § 6.º acrescentado pela Emenda Constitucional n. 45, de 8-12-2004.

Art. 128. O Ministério Público abrange:

I – o Ministério Público da União, que compreende:

a) o Ministério Público Federal;

b) o Ministério Público do Trabalho;

c) o Ministério Público Militar;

d) o Ministério Público do Distrito Federal e Territórios;

II – os Ministérios Públicos dos Estados.

§ 1.º O Ministério Público da União tem por chefe o Procurador-Geral da República, nomeado pelo Presidente da República dentre integrantes da carreira, maiores de trinta e cinco anos, após a aprovação de seu nome pela maioria absoluta dos membros do Senado Federal, para mandato de dois anos, permitida a recondução.

§ 2.º A destituição do Procurador-Geral da República, por iniciativa do Presidente da República, deverá ser precedida de autorização da maioria absoluta do Senado Federal.

§ 3.º Os Ministérios Públicos dos Estados e o do Distrito Federal e Territórios formarão lista tríplice dentre integrantes da carreira, na forma da lei respectiva, para escolha de seu Procurador--Geral, que será nomeado pelo Chefe do Poder

Arts. 128 e 129

Executivo, para mandato de dois anos, permitida uma recondução.

§ 4.º Os Procuradores-Gerais nos Estados e no Distrito Federal e Territórios poderão ser destituídos por deliberação da maioria absoluta do Poder Legislativo, na forma da lei complementar respectiva.

§ 5.º Leis complementares da União e dos Estados, cuja iniciativa é facultada aos respectivos Procuradores-Gerais, estabelecerão a organização, as atribuições e o estatuto de cada Ministério Público, observadas, relativamente a seus membros:

I – as seguintes garantias:

a) vitaliciedade, após dois anos de exercício, não podendo perder o cargo senão por sentença judicial transitada em julgado;

b) inamovibilidade, salvo por motivo de interesse público, mediante decisão do órgão colegiado competente do Ministério Público, pelo voto da maioria absoluta de seus membros, assegurada ampla defesa;

•• Alínea b com redação determinada pela Emenda Constitucional n. 45, de 8-12-2004.

c) irredutibilidade de subsídio, fixado na forma do art. 39, § 4.º, e ressalvado o disposto nos arts. 37, X e XI, 150, II, 153, III, 153, § 2.º, I;

•• Alínea c com redação determinada pela Emenda Constitucional n. 19, de 4-6-1998.

II – as seguintes vedações:

a) receber, a qualquer título e sob qualquer pretexto, honorários, percentagens ou custas processuais;

b) exercer a advocacia;

c) participar de sociedade comercial, na forma da lei;

d) exercer, ainda que em disponibilidade, qualquer outra função pública, salvo uma de magistério;

e) exercer atividade político-partidária;

•• Alínea e com redação determinada pela Emenda Constitucional n. 45, de 8-12-2004.

f) receber, a qualquer título ou pretexto, auxílios ou contribuições de pessoas físicas, entidades públicas ou privadas, ressalvadas as exceções previstas em lei.

•• Alínea f acrescentada pela Emenda Constitucional n. 45, de 8-12-2004.

§ 6.º Aplica-se aos membros do Ministério Público o disposto no art. 95, parágrafo único, V.

•• § 6.º acrescentado pela Emenda Constitucional n. 45, de 8-12-2004.

Art. 129. São funções institucionais do Ministério Público:

I – promover, privativamente, a ação penal pública, na forma da lei;

• O art. 100 do CP estabelece que a ação penal é pública, salvo quando a lei expressamente a declara privativa do ofendido.

II – zelar pelo efetivo respeito dos Poderes Públicos e dos serviços de relevância pública aos direitos assegurados nesta Constituição, promovendo as medidas necessárias a sua garantia;

III – promover o inquérito civil e a ação civil pública, para a proteção do patrimônio público e social, do meio ambiente e de outros interesses difusos e coletivos;

• A Lei n. 7.347, de 24-7-1985, disciplina a ação civil pública de responsabilidade por danos causados ao meio ambiente, ao consumidor, a bens e direitos de valor artístico, estético, histórico, turístico e paisagístico.

IV – promover a ação de inconstitucionalidade ou representação para fins de intervenção da União e dos Estados, nos casos previstos nesta Constituição;

V – defender judicialmente os direitos e interesses das populações indígenas;

VI – expedir notificações nos procedimentos administrativos de sua competência, requisitando informações e documentos para instruí-los, na forma da lei complementar respectiva;

VII – exercer o controle externo da atividade policial, na forma da lei complementar mencionada no artigo anterior;

VIII – requisitar diligências investigatórias e a instauração de inquérito policial, indicados os

Organização dos Poderes

fundamentos jurídicos de suas manifestações processuais;

IX – exercer outras funções que lhe forem conferidas, desde que compatíveis com sua finalidade, sendo-lhe vedada a representação judicial e a consultoria jurídica de entidades públicas.

§ 1.º A legitimação do Ministério Público para as ações civis previstas neste artigo não impede a de terceiros, nas mesmas hipóteses, segundo o disposto nesta Constituição e na lei.

§ 2.º As funções do Ministério Público só podem ser exercidas por integrantes da carreira, que deverão residir na comarca da respectiva lotação, salvo autorização do chefe da instituição.

•• § 2.º com redação determinada pela Emenda Constitucional n. 45, de 8-12-2004.

§ 3.º O ingresso na carreira do Ministério Público far-se-á mediante concurso público de provas e títulos, assegurada a participação da Ordem dos Advogados do Brasil em sua realização, exigindo-se do bacharel em direito, no mínimo, três anos de atividade jurídica e observando-se, nas nomeações, a ordem de classificação.

•• § 3.º com redação determinada pela Emenda Constitucional n. 45, de 8-12-2004.

•• A Resolução n. 40, de 26-5-2009, do CNMP, regulamenta o conceito de atividade jurídica citado neste parágrafo.

§ 4.º Aplica-se ao Ministério Público, no que couber, o disposto no art. 93.

•• § 4.º com redação determinada pela Emenda Constitucional n. 45, de 8-12-2004.

§ 5.º A distribuição de processos no Ministério Público será imediata.

•• § 5.º acrescentado pela Emenda Constitucional n. 45, de 8-12-2004.

Art. 130. Aos membros do Ministério Público junto aos Tribunais de Contas aplicam-se as disposições desta seção pertinentes a direitos, vedações e forma de investidura.

Art. 130-A. O Conselho Nacional do Ministério Público compõe-se de quatorze membros nomeados pelo Presidente da República, depois de aprovada a escolha pela maioria absoluta do Senado Federal, para um mandato de dois anos, admitida uma recondução, sendo:

•• *Caput* acrescentado pela Emenda Constitucional n. 45, de 8-12-2004.

I – o Procurador-Geral da República, que o preside;

•• Inciso I acrescentado pela Emenda Constitucional n. 45, de 8-12-2004.

II – quatro membros do Ministério Público da União, assegurada a representação de cada uma de suas carreiras;

•• Inciso II acrescentado pela Emenda Constitucional n. 45, de 8-12-2004.

III – três membros do Ministério Público dos Estados;

•• Inciso III acrescentado pela Emenda Constitucional n. 45, de 8-12-2004.

IV – dois juízes, indicados um pelo Supremo Tribunal Federal e outro pelo Superior Tribunal de Justiça;

•• Inciso IV acrescentado pela Emenda Constitucional n. 45, de 8-12-2004.

V – dois advogados, indicados pelo Conselho Federal da Ordem dos Advogados do Brasil;

•• Inciso V acrescentado pela Emenda Constitucional n. 45, de 8-12-2004.

VI – dois cidadãos de notável saber jurídico e reputação ilibada, indicados um pela Câmara dos Deputados e outro pelo Senado Federal.

•• Inciso VI acrescentado pela Emenda Constitucional n. 45, de 8-12-2004.

§ 1.º Os membros do Conselho oriundos do Ministério Público serão indicados pelos respectivos Ministérios Públicos, na forma da lei.

•• § 1.º acrescentado pela Emenda Constitucional n. 45, de 8-12-2004.

•• § 1.º regulamentado pela Lei n. 11.372, de 28-11-2006.

Art. 130-A

§ 2.º Compete ao Conselho Nacional do Ministério Público o controle da atuação administrativa e financeira do Ministério Público e do cumprimento dos deveres funcionais de seus membros, cabendo-lhe:

•• § 2.º, *caput*, acrescentado pela Emenda Constitucional n. 45, de 8-12-2004.

I – zelar pela autonomia funcional e administrativa do Ministério Público, podendo expedir atos regulamentares, no âmbito de sua competência, ou recomendar providências;

•• Inciso I acrescentado pela Emenda Constitucional n. 45, de 8-12-2004.

II – zelar pela observância do art. 37 e apreciar, de ofício ou mediante provocação, a legalidade dos atos administrativos praticados por membros ou órgãos do Ministério Público da União e dos Estados, podendo desconstituí-los, revê-los ou fixar prazo para que se adotem as providências necessárias ao exato cumprimento da lei, sem prejuízo da competência dos Tribunais de Contas;

•• Inciso II acrescentado pela Emenda Constitucional n. 45, de 8-12-2004.

III – receber e conhecer das reclamações contra membros ou órgãos do Ministério Público da União ou dos Estados, inclusive contra seus serviços auxiliares, sem prejuízo da competência disciplinar e correicional da instituição, podendo avocar processos disciplinares em curso, determinar a remoção, a disponibilidade ou a aposentadoria com subsídios ou proventos proporcionais ao tempo de serviço e aplicar outras sanções administrativas, assegurada ampla defesa;

•• Inciso III acrescentado pela Emenda Constitucional n. 45, de 8-12-2004.

IV – rever, de ofício ou mediante provocação, os processos disciplinares de membros do Ministério Público da União ou dos Estados julgados há menos de um ano;

•• Inciso IV acrescentado pela Emenda Constitucional n. 45, de 8-12-2004.

V – elaborar relatório anual, propondo as providências que julgar necessárias sobre a situação do Ministério Público no País e as atividades do Conselho, o qual deve integrar a mensagem prevista no art. 84, XI.

•• Inciso V acrescentado pela Emenda Constitucional n. 45, de 8-12-2004.

§ 3.º O Conselho escolherá, em votação secreta, um Corregedor nacional, dentre os membros do Ministério Público que o integram, vedada a recondução, competindo-lhe, além das atribuições que lhe forem conferidas pela lei, as seguintes:

•• § 3.º, *caput*, acrescentado pela Emenda Constitucional n. 45, de 8-12-2004.

I – receber reclamações e denúncias, de qualquer interessado, relativas aos membros do Ministério Público e dos seus serviços auxiliares;

•• Inciso I acrescentado pela Emenda Constitucional n. 45, de 8-12-2004.

II – exercer funções executivas do Conselho, de inspeção e correição geral;

•• Inciso II acrescentado pela Emenda Constitucional n. 45, de 8-12-2004.

III – requisitar e designar membros do Ministério Público, delegando-lhes atribuições, e requisitar servidores de órgãos do Ministério Público.

•• Inciso III acrescentado pela Emenda Constitucional n. 45, de 8-12-2004.

§ 4.º O Presidente do Conselho Federal da Ordem dos Advogados do Brasil oficiará junto ao Conselho.

•• § 4.º acrescentado pela Emenda Constitucional n. 45, de 8-12-2004.

§ 5.º Leis da União e dos Estados criarão ouvidorias do Ministério Público, competentes para receber reclamações e denúncias de qualquer interessado contra membros ou órgãos do Ministério Público, inclusive contra seus serviços auxiliares, representando diretamente ao Conselho Nacional do Ministério Público.

•• § 5.º acrescentado pela Emenda Constitucional n. 45, de 8-12-2004.

Organização dos Poderes

Seção II
Da Advocacia Pública

•• Seção II com denominação determinada pela Emenda Constitucional n. 19, de 4-6-1998.

Art. 131. A Advocacia-Geral da União é a instituição que, diretamente ou através de órgão vinculado, representa a União, judicial e extrajudicialmente, cabendo-lhe, nos termos da lei complementar que dispuser sobre sua organização e funcionamento, as atividades de consultoria e assessoramento jurídico do Poder Executivo.

• A Portaria n. 13, de 24-6-2015, disciplina os procedimentos relativos à representação extrajudicial da União.

• A Portaria n. 1, de 28-8-2015, dispõe sobre a aplicação do Guia do Fluxo Consultivo para o cumprimento das atividades de Consultoria Jurídica (CONJUR-MS/CGU/AGU) no âmbito do Ministério da Saúde.

§ 1.º A Advocacia-Geral da União tem por chefe o Advogado-Geral da União, de livre nomeação pelo Presidente da República dentre cidadãos maiores de trinta e cinco anos, de notável saber jurídico e reputação ilibada.

§ 2.º O ingresso nas classes iniciais das carreiras da instituição de que trata este artigo far-se-á mediante concurso público de provas e títulos.

§ 3.º Na execução da dívida ativa de natureza tributária, a representação da União cabe à Procuradoria-Geral da Fazenda Nacional, observado o disposto em lei.

Art. 132. Os Procuradores dos Estados e do Distrito Federal, organizados em carreira, na qual o ingresso dependerá de concurso público de provas e títulos, com a participação da Ordem dos Advogados do Brasil em todas as suas fases, exercerão a representação judicial e a consultoria jurídica das respectivas unidades federadas.

•• *Caput* com redação determinada pela Emenda Constitucional n. 19, de 4-6-1998.

Parágrafo único. Aos procuradores referidos neste artigo é assegurada estabilidade após 3 (três) anos de efetivo exercício, mediante avaliação de desempenho perante os órgãos próprios, após relatório circunstanciado das corregedorias.

•• Parágrafo único acrescentado pela Emenda Constitucional n. 19, de 4-6-1998.

Seção III
Da Advocacia

•• Seção III com redação determinada pela Emenda Constitucional n. 80, de 4-6-2014.

Art. 133. O advogado é indispensável à administração da justiça, sendo inviolável por seus atos e manifestações no exercício da profissão, nos limites da lei.

•• A Lei n. 8.906, de 4-7-1994, estabelece o Estatuto da OAB.

Seção IV
Da Defensoria Pública

•• Seção IV acrescentada pela Emenda Constitucional n. 80, de 4-6-2014.

Art. 134. A Defensoria Pública é instituição permanente, essencial à função jurisdicional do Estado, incumbindo-lhe, como expressão e instrumento do regime democrático, fundamentalmente, a orientação jurídica, a promoção dos direitos humanos e a defesa, em todos os graus, judicial e extrajudicial, dos direitos individuais e coletivos, de forma integral e gratuita, aos necessitados, na forma do inciso LXXIV do art. 5.º desta Constituição Federal.

•• *Caput* com redação determinada pela Emenda Constitucional n. 80, de 4-6-2014.

• Defensoria Pública: Lei Complementar n. 80, de 12-1-1994.

• A Portaria n. 88, de 14-2-2014, dispõe sobre o Regimento Interno da Defensoria Pública-Geral da União.

§ 1.º Lei Complementar organizará a Defensoria Pública da União e do Distrito Federal e dos Territórios e prescreverá normas gerais para sua organização nos Estados, em cargos de carreira, providos, na classe inicial, mediante concurso público de provas e títulos, assegurada a seus integrantes a garantia da inamovibilidade e vedado o exercício da advocacia fora das atribuições institucionais.

•• Primitivo parágrafo único transformado em § 1.º pela Emenda Constitucional n. 45, de 8-12-2004.

§ 2.º Às Defensorias Públicas Estaduais são asseguradas autonomia funcional e administrativa e a iniciativa de sua proposta orçamentária dentro dos limites estabelecidos na lei de diretrizes orçamentárias e subordinação ao disposto no art. 99, § 2.º.

•• § 2.º acrescentado pela Emenda Constitucional n. 45, de 8-12-2004.

§ 3.º Aplica-se o disposto no § 2.º às Defensorias Públicas da União e do Distrito Federal.

•• § 3.º acrescentado pela Emenda Constitucional n. 74, de 6-8-2013.

§ 4.º São princípios institucionais da Defensoria Pública a unidade, a indivisibilidade e a independência funcional, aplicando-se também, no que couber, o disposto no art. 93 e no inciso II do art. 96 desta Constituição Federal.

•• § 4.º acrescentado pela Emenda Constitucional n. 80, de 4-6-2014.

Art. 135. Os servidores integrantes das carreiras disciplinadas nas Seções II e III deste Capítulo serão remunerados na forma do art. 39, § 4.º.

•• Artigo com redação determinada pela Emenda Constitucional n. 19, de 4-6-1998.

Título V
DA DEFESA DO ESTADO E DAS INSTITUIÇÕES DEMOCRÁTICAS

Capítulo I
DO ESTADO DE DEFESA E DO ESTADO DE SÍTIO

Seção I
Do Estado de Defesa

Art. 136. O Presidente da República pode, ouvidos o Conselho da República e o Conselho de Defesa Nacional, decretar estado de defesa para preservar ou prontamente restabelecer, em locais restritos e determinados, a ordem pública ou a paz social ameaçadas por grave e iminente instabilidade institucional ou atingidas por calamidades de grandes proporções na natureza.

• A Lei n. 8.041, de 5-6-1990, dispõe sobre a organização e o funcionamento do Conselho da República.

• A Lei n. 8.183, de 11-4-1991, dispõe sobre a organização do Conselho de Defesa Nacional. Regulamentada pelo Decreto n. 893, de 12-8-1993.

§ 1.º O decreto que instituir o estado de defesa determinará o tempo de sua duração, especificará as áreas a serem abrangidas e indicará, nos termos e limites da lei, as medidas coercitivas a vigorarem, dentre as seguintes:

I – restrições aos direitos de:

a) reunião, ainda que exercida no seio das associações;

b) sigilo de correspondência;

c) sigilo de comunicação telegráfica e telefônica;

II – ocupação e uso temporário de bens e serviços públicos, na hipótese de calamidade pública, respondendo a União pelos danos e custos decorrentes.

§ 2.º O tempo de duração do estado de defesa não será superior a trinta dias, podendo ser prorrogado uma vez, por igual período, se persistirem as razões que justificaram a sua decretação.

§ 3.º Na vigência do estado de defesa:

I – a prisão por crime contra o Estado, determinada pelo executor da medida, será por este comunicada imediatamente ao juiz competente, que a relaxará, se não for legal, facultado ao preso requerer exame de corpo de delito à autoridade policial;

II – a comunicação será acompanhada de declaração, pela autoridade, do estado físico e mental do detido no momento de sua autuação;

III – a prisão ou detenção de qualquer pessoa não poderá ser superior a dez dias, salvo quando autorizada pelo Poder Judiciário;

IV – é vedada a incomunicabilidade do preso.

§ 4.º Decretado o estado de defesa ou sua prorrogação, o Presidente da República, dentro de vinte e quatro horas, submeterá o ato com a respectiva justificação ao Congresso Nacional, que decidirá por maioria absoluta.

§ 5.º Se o Congresso Nacional estiver em recesso, será convocado, extraordinariamente, no prazo de cinco dias.

Defesa do Estado

§ 6.º O Congresso Nacional apreciará o decreto dentro de dez dias contados de seu recebimento, devendo continuar funcionando enquanto vigorar o estado de defesa.

§ 7.º Rejeitado o decreto, cessa imediatamente o estado de defesa.

Seção II
Do Estado de Sítio

Art. 137. O Presidente da República pode, ouvidos o Conselho da República e o Conselho de Defesa Nacional, solicitar ao Congresso Nacional autorização para decretar o estado de sítio nos casos de:

I – comoção grave de repercussão nacional ou ocorrência de fatos que comprovem a ineficácia de medida tomada durante o estado de defesa;

II – declaração de estado de guerra ou resposta a agressão armada estrangeira.

Parágrafo único. O Presidente da República, ao solicitar autorização para decretar o estado de sítio ou sua prorrogação, relatará os motivos determinantes do pedido, devendo o Congresso Nacional decidir por maioria absoluta.

Art. 138. O decreto do estado de sítio indicará sua duração, as normas necessárias a sua execução e as garantias constitucionais que ficarão suspensas, e, depois de publicado, o Presidente da República designará o executor das medidas específicas e as áreas abrangidas.

§ 1.º O estado de sítio, no caso do art. 137, I, não poderá ser decretado por mais de trinta dias, nem prorrogado, de cada vez, por prazo superior; no do inciso II, poderá ser decretado por todo o tempo que perdurar a guerra ou a agressão armada estrangeira.

§ 2.º Solicitada autorização para decretar o estado de sítio durante o recesso parlamentar, o Presidente do Senado Federal, de imediato, convocará extraordinariamente o Congresso Nacional para se reunir dentro de cinco dias, a fim de apreciar o ato.

§ 3.º O Congresso Nacional permanecerá em funcionamento até o término das medidas coercitivas.

Art. 139. Na vigência do estado de sítio decretado com fundamento no art. 137, I, só poderão ser tomadas contra as pessoas as seguintes medidas:

I – obrigação de permanência em localidade determinada;

II – detenção em edifício não destinado a acusados ou condenados por crimes comuns;

III – restrições relativas à inviolabilidade da correspondência, ao sigilo das comunicações, à prestação de informações e à liberdade de imprensa, radiodifusão e televisão, na forma da lei;

IV – suspensão da liberdade de reunião;

V – busca e apreensão em domicílio;

VI – intervenção nas empresas de serviços públicos;

VII – requisição de bens.

Parágrafo único. Não se inclui nas restrições do inciso III a difusão de pronunciamentos de parlamentares efetuados em suas Casas Legislativas, desde que liberada pela respectiva Mesa.

Seção III
Disposições Gerais

Art. 140. A Mesa do Congresso Nacional, ouvidos os líderes partidários, designará Comissão composta de cinco de seus membros para acompanhar e fiscalizar a execução das medidas referentes ao estado de defesa e ao estado de sítio.

Art. 141. Cessado o estado de defesa ou o estado de sítio, cessarão também seus efeitos, sem prejuízo da responsabilidade pelos ilícitos cometidos por seus executores ou agentes.

Parágrafo único. Logo que cesse o estado de defesa ou o estado de sítio, as medidas aplicadas em sua vigência serão relatadas pelo Presidente da República, em mensagem ao Congresso Nacional, com especificação e justificação das providências adotadas, com relação nominal dos atingidos, e indicação das restrições aplicadas.

Capítulo II
DAS FORÇAS ARMADAS

Art. 142. As Forças Armadas, constituídas pela Marinha, pelo Exército e pela Aeronáutica, são instituições nacionais permanentes e regulares, organizadas com base na hierarquia e na disciplina, sob a autoridade suprema do Presidente da República, e destinam-se à defesa da Pátria, à garantia dos poderes constitucionais e, por iniciativa de qualquer destes, da lei e da ordem.

§ 1.º Lei complementar estabelecerá as normas gerais a serem adotadas na organização, no preparo e no emprego das Forças Armadas.

- Organização, preparo e emprego das Forças Armadas: Lei Complementar n. 97, de 9-6-1999.

§ 2.º Não caberá *habeas corpus* em relação a punições disciplinares militares.

§ 3.º Os membros das Forças Armadas são denominados militares, aplicando-se-lhes, além das que vierem a ser fixadas em lei, as seguintes disposições:

•• § 3.º, *caput*, acrescentado pela Emenda Constitucional n. 18, de 5-2-1998.
- *Vide* art. 42, § 2.º, da CF.

I – as patentes, com prerrogativas, direitos e deveres a elas inerentes, são conferidas pelo Presidente da República e asseguradas em plenitude aos oficiais da ativa, da reserva ou reformados, sendo-lhes privativos os títulos e postos militares e, juntamente com os demais membros, o uso dos uniformes das Forças Armadas;

•• Inciso I acrescentado pela Emenda Constitucional n. 18, de 5-2-1998.

II – o militar em atividade que tomar posse em cargo ou emprego público civil permanente, ressalvada a hipótese prevista no art. 37, inciso XVI, alínea c, será transferido para a reserva, nos termos da lei;

•• Inciso II com redação determinada pela Emenda Constitucional n. 77, de 11-2-2014.

III – o militar da ativa que, de acordo com a lei, tomar posse em cargo, emprego ou função pública civil temporária, não eletiva, ainda que da administração indireta, ressalvada a hipótese prevista no art. 37, inciso XVI, alínea c, ficará agregado ao respectivo quadro e somente poderá, enquanto permanecer nessa situação, ser promovido por antiguidade, contando-se-lhe o tempo de serviço apenas para aquela promoção e transferência para a reserva, sendo depois de dois anos de afastamento, contínuos ou não, transferido para a reserva, nos termos da lei;

•• Inciso III com redação determinada pela Emenda Constitucional n. 77, de 11-2-2014.

IV – ao militar são proibidas a sindicalização e a greve;

•• Inciso IV acrescentado pela Emenda Constitucional n. 18, de 5-2-1998.

V – o militar, enquanto em serviço ativo, não pode estar filiado a partidos políticos;

•• Inciso V acrescentado pela Emenda Constitucional n. 18, de 5-2-1998.

VI – o oficial só perderá o posto e a patente se for julgado indigno do oficialato ou com ele incompatível, por decisão de tribunal militar de caráter permanente, em tempo de paz, ou de tribunal especial, em tempo de guerra;

•• Inciso VI acrescentado pela Emenda Constitucional n. 18, de 5-2-1998.

VII – o oficial condenado na justiça comum ou militar a pena privativa de liberdade superior a 2 (dois) anos, por sentença transitada em julgado, será submetido ao julgamento previsto no inciso anterior;

•• Inciso VII acrescentado pela Emenda Constitucional n. 18, de 5-2-1998.

VIII – aplica-se aos militares o disposto no art. 7.º, incisos VIII, XII, XVII, XVIII, XIX e XXV, e no art. 37, incisos XI, XIII, XIV e XV, bem como, na forma da lei e com prevalência da atividade militar, no art. 37, inciso XVI, alínea c;

Defesa do Estado

Arts. 142 a 144

•• Inciso VIII com redação determinada pela Emenda Constitucional n. 77, de 11-2-2014.

• Vide Súmula Vinculante 6 do STF.

IX – (*Revogado pela Emenda Constitucional n. 41, de 19-12-2003.*)

X – a lei disporá sobre o ingresso nas Forças Armadas, os limites de idade, a estabilidade e outras condições de transferência do militar para a inatividade, os direitos, os deveres, a remuneração, as prerrogativas e outras situações especiais dos militares, consideradas as peculiaridades de suas atividades, inclusive aquelas cumpridas por força de compromissos internacionais e de guerra.

•• Inciso X acrescentado pela Emenda Constitucional n. 18, de 5-2-1998.

• Vide art. 40, § 20, da CF.

Art. 143. O serviço militar é obrigatório nos termos da lei.

• Lei do Serviço Militar: Lei n. 4.375, de 17-8-1964, regulamentada pelo Decreto n. 57.654, de 20-1-1966.

§ 1.º Às Forças Armadas compete, na forma da lei, atribuir serviço alternativo aos que, em tempo de paz, após alistados, alegarem imperativo de consciência, entendendo-se como tal o decorrente de crença religiosa e de convicção filosófica ou política, para se eximirem de atividades de caráter essencialmente militar.

•• Regulamento: Lei n. 8.239, de 4-10-1991.

§ 2.º As mulheres e os eclesiásticos ficam isentos do serviço militar obrigatório em tempo de paz, sujeitos, porém, a outros encargos que a lei lhes atribuir.

•• Regulamento: Lei n. 8.239, de 4-10-1991.

Capítulo III
DA SEGURANÇA PÚBLICA

•• A Lei n. 11.530, de 24-10-2007, instituiu o Programa Nacional de Segurança Pública com Cidadania – PRONASCI.

Art. 144. A segurança pública, dever do Estado, direito e responsabilidade de todos, é exercida para a preservação da ordem pública e da incolumidade das pessoas e do patrimônio, através dos seguintes órgãos:

I – polícia federal;

II – polícia rodoviária federal;

III – polícia ferroviária federal;

IV – polícias civis;

• Conselho Nacional de Segurança Pública – CONASP: Decreto n. 7.413, de 30-12-2010.

V – polícias militares e corpos de bombeiros militares.

§ 1.º A polícia federal, instituída por lei como órgão permanente, organizado e mantido pela União e estruturado em carreira, destina-se a:

•• § 1.º, *caput*, com redação determinada pela Emenda Constitucional n. 19, de 4-6-1998.

I – apurar infrações penais contra a ordem política e social ou em detrimento de bens, serviços e interesses da União ou de suas entidades autárquicas e empresas públicas, assim como outras infrações cuja prática tenha repercussão interestadual ou internacional e exija repressão uniforme, segundo se dispuser em lei;

• A Lei n. 8.137, de 27-12-1990, define crimes contra a ordem tributária, econômica e contra as relações de consumo (contra formação de cartel dispõe o art. 4.º, I e II).

• A Lei n. 10.446, de 8-5-2002, dispõe sobre infrações penais de repercussão interestadual ou internacional que exigem repressão uniforme, para os fins do disposto neste inciso.

II – prevenir e reprimir o tráfico ilícito de entorpecentes e drogas afins, o contrabando e o descaminho, sem prejuízo da ação fazendária e de outros órgãos públicos nas respectivas áreas de competência;

• Contrabando e Descaminho: Decreto n. 2.730, de 10-8-1998.

III – exercer as funções de polícia marítima, aeroportuária e de fronteiras;

•• Inciso III com redação determinada pela Emenda Constitucional n. 19, de 4-6-1998.

IV – exercer, com exclusividade, as funções de polícia judiciária da União.

§ 2.º A polícia rodoviária federal, órgão permanente, organizado e mantido pela União e estruturado em carreira, destina-se, na forma

Arts. 144 e 145 — Tributação e Orçamento

da lei, ao patrulhamento ostensivo das rodovias federais.

•• § 2.º com redação determinada pela Emenda Constitucional n. 19, de 4-6-1998.

§ 3.º A polícia ferroviária federal, órgão permanente, organizado e mantido pela União e estruturado em carreira, destina-se, na forma da lei, ao patrulhamento ostensivo das ferrovias federais.

•• § 3.º com redação determinada pela Emenda Constitucional n. 19, de 4-6-1998.

§ 4.º Às polícias civis, dirigidas por delegados de polícia de carreira, incumbem, ressalvada a competência da União, as funções de polícia judiciária e a apuração de infrações penais, exceto as militares.

§ 5.º Às polícias militares cabem a polícia ostensiva e a preservação da ordem pública; aos corpos de bombeiros militares, além das atribuições definidas em lei, incumbe a execução de atividades de defesa civil.

§ 6.º As polícias militares e corpos de bombeiros militares, forças auxiliares e reserva do Exército, subordinam-se, juntamente com as polícias civis, aos Governadores dos Estados, do Distrito Federal e dos Territórios.

§ 7.º A lei disciplinará a organização e o funcionamento dos órgãos responsáveis pela segurança pública, de maneira a garantir a eficiência de suas atividades.

• Conselho Nacional de Segurança Pública – CONASP: Decreto n. 7.413, de 30-12-2010.

§ 8.º Os Municípios poderão constituir guardas municipais destinadas à proteção de seus bens, serviços e instalações, conforme dispuser a lei.

•• A Lei n. 13.022, de 8-8-2014, dispõe sobre o Estatuto Geral das Guardas Municipais.

§ 9.º A remuneração dos servidores policiais integrantes dos órgãos relacionados neste artigo será fixada na forma do § 4.º do art. 39.

•• § 9.º acrescentado pela Emenda Constitucional n. 19, de 4-6-1998.

§ 10. A segurança viária, exercida para a preservação da ordem pública e da incolumidade das pessoas e do seu patrimônio nas vias públicas:

•• § 10, *caput*, acrescentado pela Emenda Constitucional n. 82, de 16-7-2014.

I – compreende a educação, engenharia e fiscalização de trânsito, além de outras atividades previstas em lei, que assegurem ao cidadão o direito à mobilidade urbana eficiente; e

•• Inciso I acrescentado pela Emenda Constitucional n. 82, de 16-7-2014.

II – compete, no âmbito dos Estados, do Distrito Federal e dos Municípios, aos respectivos órgãos ou entidades executivos e seus agentes de trânsito, estruturados em Carreira, na forma da lei.

•• Inciso II acrescentado pela Emenda Constitucional n. 82, de 16-7-2014.

Título VI
DA TRIBUTAÇÃO E DO ORÇAMENTO

• CTN: Lei n. 5.172, de 25-10-1966.

Capítulo I
DO SISTEMA TRIBUTÁRIO NACIONAL

Seção I
Dos Princípios Gerais

Art. 145. A União, os Estados, o Distrito Federal e os Municípios poderão instituir os seguintes tributos:

I – impostos;

II – taxas, em razão do exercício do poder de polícia ou pela utilização, efetiva ou potencial, de serviços públicos específicos e divisíveis, prestados ao contribuinte ou postos a sua disposição;

• *Vide* Súmulas Vinculantes 19 e 41 do STF.

III – contribuição de melhoria, decorrente de obras públicas.

• O Decreto-lei n. 195, de 24-2-1967, dispõe sobre a cobrança da contribuição de melhoria.

Tributação e Orçamento

Arts. 145 a 148

§ 1.º Sempre que possível, os impostos terão caráter pessoal e serão graduados segundo a capacidade econômica do contribuinte, facultado à administração tributária, especialmente para conferir efetividade a esses objetivos, identificar, respeitados os direitos individuais e nos termos da lei, o patrimônio, os rendimentos e as atividades econômicas do contribuinte.

- A Lei n. 8.021, de 12-4-1990, dispõe sobre a identificação do contribuinte para fins fiscais.

§ 2.º As taxas não poderão ter base de cálculo própria de impostos.

- Vide Súmula Vinculante 29 do STF.

Art. 146. Cabe à lei complementar:

I – dispor sobre conflitos de competência, em matéria tributária, entre a União, os Estados, o Distrito Federal e os Municípios;

II – regular as limitações constitucionais ao poder de tributar;

III – estabelecer normas gerais em matéria de legislação tributária, especialmente sobre:

a) definição de tributos e de suas espécies, bem como, em relação aos impostos discriminados nesta Constituição, a dos respectivos fatos geradores, bases de cálculo e contribuintes;

b) obrigação, lançamento, crédito, prescrição e decadência tributários;

c) adequado tratamento tributário ao ato cooperativo praticado pelas sociedades cooperativas;

d) definição de tratamento diferenciado e favorecido para as microempresas e para as empresas de pequeno porte, inclusive regimes especiais ou simplificados no caso do imposto previsto no art. 155, II, das contribuições previstas no art. 195, I e §§ 12 e 13, e da contribuição a que se refere o art. 239.

- •• Alínea *d* acrescentada pela Emenda Constitucional n. 42, de 19-12-2003.
- A Lei Complementar n. 123, de 14-12-2006, instituiu o Regime Especial Unificado de Arrecadação de Tributos e Contribuições devidos pelas Microempresas e Empresas de Pequeno Porte – Simples Nacional.

- Vide art. 94 do ADCT.

Parágrafo único. A lei complementar de que trata o inciso III, *d*, também poderá instituir um regime único de arrecadação dos impostos e contribuições da União, dos Estados, do Distrito Federal e dos Municípios, observado que:

- •• Parágrafo único, *caput*, acrescentado pela Emenda Constitucional n. 42, de 19-12-2003.

I – será opcional para o contribuinte;

- •• Inciso I acrescentado pela Emenda Constitucional n. 42, de 19-12-2003.

II – poderão ser estabelecidas condições de enquadramento diferenciadas por Estado;

- •• Inciso II acrescentado pela Emenda Constitucional n. 42, de 19-12-2003.

III – o recolhimento será unificado e centralizado e a distribuição da parcela de recursos pertencentes aos respectivos entes federados será imediata, vedada qualquer retenção ou condicionamento;

- •• Inciso III acrescentado pela Emenda Constitucional n. 42, de 19-12-2003.

IV – a arrecadação, a fiscalização e a cobrança poderão ser compartilhadas pelos entes federados, adotado cadastro nacional único de contribuintes.

- •• Inciso IV acrescentado pela Emenda Constitucional n. 42, de 19-12-2003.

Art. 146-A. Lei complementar poderá estabelecer critérios especiais de tributação, com o objetivo de prevenir desequilíbrios da concorrência, sem prejuízo da competência de a União, por lei, estabelecer normas de igual objetivo.

- •• Artigo acrescentado pela Emenda Constitucional n. 42, de 19-12-2003.

Art. 147. Competem à União, em Território Federal, os impostos estaduais e, se o Território não for dividido em Municípios, cumulativamente, os impostos municipais; ao Distrito Federal cabem os impostos municipais.

Art. 148. A União, mediante lei complementar, poderá instituir empréstimos compulsórios:

Arts. 148 a 150

I – para atender a despesas extraordinárias, decorrentes de calamidade pública, de guerra externa ou sua iminência;

II – no caso de investimento público de caráter urgente e de relevante interesse nacional, observado o disposto no art. 150, III, b.

Parágrafo único. A aplicação dos recursos provenientes de empréstimo compulsório será vinculada à despesa que fundamentou sua instituição.

Art. 149. Compete exclusivamente à União instituir contribuições sociais, de intervenção no domínio econômico e de interesse das categorias profissionais ou econômicas, como instrumento de sua atuação nas respectivas áreas, observado o disposto nos arts. 146, III, e 150, I e III, e sem prejuízo do previsto no art. 195, § 6.º, relativamente às contribuições a que alude o dispositivo.

§ 1.º Os Estados, o Distrito Federal e os Municípios instituirão contribuição, cobrada de seus servidores, para o custeio, em benefício destes, do regime previdenciário de que trata o art. 40, cuja alíquota não será inferior à da contribuição dos servidores titulares de cargos efetivos da União.

•• § 1.º com redação determinada pela Emenda Constitucional n. 41, de 19-12-2003.

§ 2.º As contribuições sociais e de intervenção no domínio econômico de que trata o caput deste artigo:

•• § 2.º, caput, acrescentado pela Emenda Constitucional n. 33, de 11-12-2001.

I – não incidirão sobre as receitas decorrentes de exportação;

• Inciso I acrescentado pela Emenda Constitucional n. 33, de 11-12-2001.

II – incidirão também sobre a importação de produtos estrangeiros ou serviços;

•• Inciso II com redação determinada pela Emenda Constitucional n. 42, de 19-12-2003.

III – poderão ter alíquotas:

• Inciso III, caput, acrescentado pela Emenda Constitucional n. 33, de 11-12-2001.

a) ad valorem, tendo por base o faturamento, a receita bruta ou o valor da operação e, no caso de importação, o valor aduaneiro;

•• Alínea a acrescentada pela Emenda Constitucional n. 33, de 11-12-2001.

b) específica, tendo por base a unidade de medida adotada.

•• Alínea b acrescentada pela Emenda Constitucional n. 33, de 11-12-2001.

§ 3.º A pessoa natural destinatária das operações de importação poderá ser equiparada a pessoa jurídica, na forma da lei.

•• § 3.º acrescentado pela Emenda Constitucional n. 33, de 11-12-2001.

§ 4.º A lei definirá as hipóteses em que as contribuições incidirão uma única vez.

•• § 4.º acrescentado pela Emenda Constitucional n. 33, de 11-12-2001.

Art. 149-A. Os Municípios e o Distrito Federal poderão instituir contribuição, na forma das respectivas leis, para o custeio do serviço de iluminação pública, observado o disposto no art. 150, I e III.

•• Caput acrescentado pela Emenda Constitucional n. 39, de 19-12-2002.

Parágrafo único. É facultada a cobrança da contribuição a que se refere o caput, na fatura de consumo de energia elétrica.

•• Parágrafo único acrescentado pela Emenda Constitucional n. 39, de 19-12-2002.

Seção II
Das Limitações do Poder de Tributar

Art. 150. Sem prejuízo de outras garantias asseguradas ao contribuinte, é vedado à União, aos Estados, ao Distrito Federal e aos Municípios:

I – exigir ou aumentar tributo sem lei que o estabeleça;

• Vide arts. 153, § 1.º, 155, § 4.º, IV, c, e 177, § 4.º, I, b, da CF.

II – instituir tratamento desigual entre contribuintes que se encontrem em situação equivalente, proibida qualquer distinção em razão de ocupação profissional ou função por eles exer-

Tributação e Orçamento — Art. 150

cida, independentemente da denominação jurídica dos rendimentos, títulos ou direitos;

• *Vide* art. 153, § 2.º, da CF.

III – cobrar tributos:

a) em relação a fatos geradores ocorridos antes do início da vigência da lei que os houver instituído ou aumentado;

b) no mesmo exercício financeiro em que haja sido publicada a lei que os instituiu ou aumentou;

• *Vide* art. 150, § 1.º, da CF.

c) antes de decorridos noventa dias da data em que haja sido publicada a lei que os instituiu ou aumentou, observado o disposto na alínea b;

•• Alínea c acrescentada pela Emenda Constitucional n. 42, de 19-12-2003.

IV – utilizar tributo com efeito de confisco;

V – estabelecer limitações ao tráfego de pessoas ou bens, por meio de tributos interestaduais ou intermunicipais, ressalvada a cobrança de pedágio pela utilização de vias conservadas pelo Poder Público;

VI – instituir impostos sobre:

a) patrimônio, renda ou serviços, uns dos outros;

• *Vide* art. 150, § 3.º, da CF.

b) templos de qualquer culto;

c) patrimônio, renda ou serviços dos partidos políticos, inclusive suas fundações, das entidades sindicais dos trabalhadores, das instituições de educação e de assistência social, sem fins lucrativos, atendidos os requisitos da lei;

•• *Vide* Súmula Vinculante 52 do STF.

d) livros, jornais, periódicos e o papel destinado a sua impressão;

e) fonogramas e videofonogramas musicais produzidos no Brasil contendo obras musicais ou literomusicais de autores brasileiros e/ou obras em geral interpretadas por artistas brasileiros bem como os suportes materiais ou arquivos digitais que os contenham, salvo na etapa de replicação industrial de mídias ópticas de leitura a laser.

•• Alínea e acrescentada pela Emenda Constitucional n. 75, de 15-10-2013.

§ 1.º A vedação do inciso III, b, não se aplica aos tributos previstos nos arts. 148, I, 153, I, II, IV e V; e 154, II; e a vedação do inciso III, c, não se aplica aos tributos previstos nos arts. 148, I, 153, I, II, III e V; e 154, II, nem à fixação da base de cálculo dos impostos previstos nos arts. 155, III, e 156, I.

•• § 1.º com redação determinada pela Emenda Constitucional n. 42, de 19-12-2003.

§ 2.º A vedação do inciso VI, a, é extensiva às autarquias e às fundações instituídas e mantidas pelo Poder Público, no que se refere ao patrimônio, à renda e aos serviços, vinculados a suas finalidades essenciais ou às delas decorrentes.

§ 3.º As vedações do inciso VI, a, e do parágrafo anterior não se aplicam ao patrimônio, à renda e aos serviços, relacionados com exploração de atividades econômicas regidas pelas normas aplicáveis a empreendimentos privados, ou em que haja contraprestação ou pagamento de preços ou tarifas pelo usuário, nem exonera o promitente comprador da obrigação de pagar imposto relativamente ao bem imóvel.

§ 4.º As vedações expressas no inciso VI, alíneas b e c, compreendem somente o patrimônio, a renda e os serviços, relacionados com as finalidades essenciais das entidades nelas mencionadas.

§ 5.º A lei determinará medidas para que os consumidores sejam esclarecidos acerca dos impostos que incidam sobre mercadorias e serviços.

•• Regulamento: Lei n. 12.741, de 8-12-2012.

§ 6.º Qualquer subsídio ou isenção, redução de base de cálculo, concessão de crédito presumido, anistia ou remissão, relativos a impostos, taxas ou contribuições, só poderá ser concedido mediante lei específica, federal, estadual ou municipal, que regule exclusivamente as matérias acima enumeradas ou o correspondente tributo ou contribuição, sem prejuízo do disposto no art. 155, § 2.º, XII, g.

•• § 6.º com redação determinada pela Emenda Constitucional n. 3, de 17-3-1993.

Arts. 150 a 153

§ 7.º A lei poderá atribuir a sujeito passivo de obrigação tributária a condição de responsável pelo pagamento de imposto ou contribuição, cujo fato gerador deva ocorrer posteriormente, assegurada a imediata e preferencial restituição da quantia paga, caso não se realize o fato gerador presumido.

•• § 7.º acrescentado pela Emenda Constitucional n. 3, de 17-3-1993.

Art. 151. É vedado à União:

I – instituir tributo que não seja uniforme em todo o território nacional ou que implique distinção ou preferência em relação a Estado, ao Distrito Federal ou a Município, em detrimento de outro, admitida a concessão de incentivos fiscais destinados a promover o equilíbrio do desenvolvimento socioeconômico entre as diferentes regiões do País;

II – tributar a renda das obrigações da dívida pública dos Estados, do Distrito Federal e dos Municípios, bem como a remuneração e os proventos dos respectivos agentes públicos, em níveis superiores aos que fixar para suas obrigações e para seus agentes;

III – instituir isenções de tributos da competência dos Estados, do Distrito Federal ou dos Municípios.

Art. 152. É vedado aos Estados, ao Distrito Federal e aos Municípios estabelecer diferença tributária entre bens e serviços, de qualquer natureza, em razão de sua procedência ou destino.

Seção III
Dos Impostos da União

Art. 153. Compete à União instituir impostos sobre:

I – importação de produtos estrangeiros;

• Vide art. 62, § 2.º, da CF.

II – exportação, para o exterior, de produtos nacionais ou nacionalizados;

• Vide art. 62, § 2.º, da CF.

III – renda e proventos de qualquer natureza;

IV – produtos industrializados;

• Vide art. 62, § 2.º, da CF.

• O Decreto n. 7.212, de 15-6-2010, regulamenta a cobrança, fiscalização, arrecadação e administração do IPI.

V – operações de crédito, câmbio e seguro, ou relativas a títulos ou valores mobiliários;

• Vide art. 62, § 2.º, da CF.

• Vide Súmula Vinculante 32 do STF.

VI – propriedade territorial rural;

• Vide § 4.º deste artigo.

VII – grandes fortunas, nos termos de lei complementar.

§ 1.º É facultado ao Poder Executivo, atendidas as condições e os limites estabelecidos em lei, alterar as alíquotas dos impostos enumerados nos incisos I, II, IV e V.

§ 2.º O imposto previsto no inciso III:

I – será informado pelos critérios da generalidade, da universalidade e da progressividade, na forma da lei;

II – (Revogado pela Emenda Constitucional n. 20, de 15-12-1998.)

§ 3.º O imposto previsto no inciso IV:

I – será seletivo, em função da essencialidade do produto;

II – será não cumulativo, compensando-se o que for devido em cada operação com o montante cobrado nas anteriores;

III – não incidirá sobre produtos industrializados destinados ao exterior;

IV – terá reduzido seu impacto sobre a aquisição de bens de capital pelo contribuinte do imposto, na forma da lei.

•• Inciso IV acrescentado pela Emenda Constitucional n. 42, de 19-12-2003.

§ 4.º O imposto previsto no inciso VI do caput:

•• § 4.º, caput, com redação determinada pela Emenda Constitucional n. 42, de 19-12-2003.

I – será progressivo e terá suas alíquotas fixadas de forma a desestimular a manutenção de propriedades improdutivas;

Tributação e Orçamento

•• Inciso I acrescentado pela Emenda Constitucional n. 42, de 19-12-2003.

II – não incidirá sobre pequenas glebas rurais, definidas em lei, quando as explore o proprietário que não possua outro imóvel;

•• Inciso II acrescentado pela Emenda Constitucional n. 42, de 19-12-2003.

• Vide art. 146, II, da CF.

III – será fiscalizado e cobrado pelos Municípios que assim optarem, na forma da lei, desde que não implique redução do imposto ou qualquer outra forma de renúncia fiscal.

•• Inciso III acrescentado pela Emenda Constitucional n. 42, de 19-12-2003.

•• Inciso III regulamentado pela Lei n. 11.250, de 27-12-2005.

• Vide art. 158, II, da CF.

§ 5.º O ouro, quando definido em lei como ativo financeiro ou instrumento cambial, sujeita-se exclusivamente à incidência do imposto de que trata o inciso V do *caput* deste artigo, devido na operação de origem; a alíquota mínima será de um por cento, assegurada a transferência do montante da arrecadação nos seguintes termos:

I – trinta por cento para o Estado, o Distrito Federal ou o Território, conforme a origem;

II – setenta por cento para o Município de origem.

• Vide arts. 72, § 3.º, 74, § 2.º, 75 e 76, § 1.º, do ADCT.

Art. 154. A União poderá instituir:

I – mediante lei complementar, impostos não previstos no artigo anterior, desde que sejam não cumulativos e não tenham fato gerador ou base de cálculo próprios dos discriminados nesta Constituição;

• Vide arts. 74, § 2.º, e 75 do ADCT.

II – na iminência ou no caso de guerra externa, impostos extraordinários, compreendidos ou não em sua competência tributária, os quais serão suprimidos, gradativamente, cessadas as causas de sua criação.

• Vide art. 62, § 2.º, da CF.

Seção IV
Dos Impostos dos Estados e do Distrito Federal

Art. 155. Compete aos Estados e ao Distrito Federal instituir impostos sobre:

•• *Caput* com redação determinada pela Emenda Constitucional n. 3, de 17-3-1993.

I – transmissão *causa mortis* e doação, de quaisquer bens ou direitos;

•• Inciso I com redação determinada pela Emenda Constitucional n. 3, de 17-3-1993.

• Vide § 1.º deste artigo.

II – operações relativas à circulação de mercadorias e sobre prestações de serviços de transporte interestadual e intermunicipal e de comunicação, ainda que as operações e as prestações se iniciem no exterior;

•• Inciso II com redação determinada pela Emenda Constitucional n. 3, de 17-3-1993.

• Vide § 2.º deste artigo.

• Vide art. 60, § 2.º, do ADCT.

• Vide Súmula Vinculante 26 do STF.

III – propriedade de veículos automotores.

•• Inciso III com redação determinada pela Emenda Constitucional n. 3, de 17-3-1993.

• Vide § 6.º deste artigo.

§ 1.º O imposto previsto no inciso I:

•• § 1.º, *caput*, com redação determinada pela Emenda Constitucional n. 3, de 17-3-1993.

I – relativamente a bens imóveis e respectivos direitos, compete ao Estado da situação do bem, ou ao Distrito Federal;

II – relativamente a bens móveis, títulos e créditos, compete ao Estado onde se processar o inventário ou arrolamento, ou tiver domicílio o doador, ou ao Distrito Federal;

III – terá a competência para sua instituição regulada por lei complementar:

a) se o doador tiver domicílio ou residência no exterior;

b) se o *de cujus* possuía bens, era residente ou domiciliado ou teve o seu inventário processado no exterior;

IV – terá suas alíquotas máximas fixadas pelo Senado Federal.

§ 2.º O imposto previsto no inciso II atenderá ao seguinte:

•• § 2.º, *caput*, com redação determinada pela Emenda Constitucional n. 3, de 17-3-1993.

I – será não cumulativo, compensando-se o que for devido em cada operação relativa à circulação de mercadorias ou prestação de serviços com o montante cobrado nas anteriores pelo mesmo ou outro Estado ou pelo Distrito Federal;

II – a isenção ou não incidência, salvo determinação em contrário da legislação:

• *Vide* art. 155, § 2.º, X, *a*, da CF.

a) não implicará crédito para compensação com o montante devido nas operações ou prestações seguintes;

b) acarretará a anulação do crédito relativo às operações anteriores;

III – poderá ser seletivo, em função da essencialidade das mercadorias e dos serviços;

IV – resolução do Senado Federal, de iniciativa do Presidente da República ou de um terço dos Senadores, aprovada pela maioria absoluta de seus membros, estabelecerá as alíquotas aplicáveis às operações e prestações, interestaduais e de exportação;

V – é facultado ao Senado Federal:

a) estabelecer alíquotas mínimas nas operações internas, mediante resolução de iniciativa de um terço e aprovada pela maioria absoluta de seus membros;

b) fixar alíquotas máximas nas mesmas operações para resolver conflito específico que envolva interesse de Estados, mediante resolução de iniciativa da maioria absoluta e aprovada por dois terços de seus membros;

VI – salvo deliberação em contrário dos Estados e do Distrito Federal, nos termos do disposto no inciso XII, *g*, as alíquotas internas, nas operações relativas à circulação de mercadorias e nas prestações de serviços, não poderão ser inferiores às previstas para as operações interestaduais;

VII – nas operações e prestações que destinem bens e serviços a consumidor final, contribuinte ou não do imposto, localizado em outro Estado, adotar-se-á a alíquota interestadual e caberá ao Estado de localização do destinatário o imposto correspondente à diferença entre a alíquota interna do Estado destinatário e a alíquota interestadual;

•• Inciso VII, *caput*, com redação determinada pela Emenda Constitucional n. 87, de 16-4-2015, em vigor na data de sua publicação, produzindo efeitos no ano subsequente e após 90 (noventa) dias desta.

•• *Vide* art. 90 do ADCT.

a) e *b*) (*Revogadas pela Emenda Constitucional n. 87, de 16-4-2015, em vigor na data de sua publicação, produzindo efeitos no ano subsequente e após 90 (noventa) dias desta.*);

VIII – a responsabilidade pelo recolhimento do imposto correspondente à diferença entre a alíquota interna e a interestadual de que trata o inciso VII será atribuída:

•• Inciso VIII, *caput*, com redação determinada pela Emenda Constitucional n. 87, de 16-4-2015, em vigor na data de sua publicação, produzindo efeitos no ano subsequente e após 90 (noventa) dias desta.

a) ao destinatário, quando este for contribuinte do imposto;

•• Alínea *a* acrescentada pela Emenda Constitucional n. 87, de 16-4-2015, em vigor na data de sua publicação, produzindo efeitos no ano subsequente e após 90 (noventa) dias desta.

b) ao remetente, quando o destinatário não for contribuinte do imposto;

•• Alínea *b* acrescentada pela Emenda Constitucional n. 87, de 16-4-2015, em vigor na data de sua publicação, produzindo efeitos no ano subsequente e após 90 (noventa) dias desta.

IX – incidirá também:

a) sobre a entrada de bem ou mercadoria importados do exterior por pessoa física ou jurídica, ainda que não seja contribuinte habitual do imposto, qualquer que seja a sua finalidade, assim como sobre o serviço prestado no exterior, cabendo o imposto ao Estado onde estiver situado o domicílio ou o estabelecimento do destinatário da mercadoria, bem ou serviço;

Tributação e Orçamento

Art. 155

•• Alínea *a* com redação determinada pela Emenda Constitucional n. 33, de 11-12-2001.

• *Vide* Súmula Vinculante 48 do STF.

b) sobre o valor total da operação, quando mercadorias forem fornecidas com serviços não compreendidos na competência tributária dos Municípios;

X – não incidirá:

a) sobre operações que destinem mercadorias para o exterior, nem sobre serviços prestados a destinatários no exterior, assegurada a manutenção e o aproveitamento do montante do imposto cobrado nas operações e prestações anteriores;

•• Alínea *a* com redação determinada pela Emenda Constitucional n. 42, de 19-12-2003.

b) sobre operações que destinem a outros Estados petróleo, inclusive lubrificantes, combustíveis líquidos e gasosos dele derivados, e energia elétrica;

c) sobre o ouro, nas hipóteses definidas no art. 153, § 5.º;

d) nas prestações de serviço de comunicação nas modalidades de radiodifusão sonora e de sons e imagens de recepção livre e gratuita;

•• Alínea *d* acrescentada pela Emenda Constitucional n. 42, de 19-12-2003.

XI – não compreenderá, em sua base de cálculo, o montante do imposto sobre produtos industrializados, quando a operação, realizada entre contribuintes e relativa a produto destinado à industrialização ou à comercialização, configure fato gerador dos dois impostos;

XII – cabe à lei complementar:

• *Vide* art. 4.º da Emenda Constitucional n. 42, de 19-12-2003.

a) definir seus contribuintes;

b) dispor sobre substituição tributária;

c) disciplinar o regime de compensação do imposto;

d) fixar, para efeito de sua cobrança e definição do estabelecimento responsável, o local das operações relativas à circulação de mercadorias e das prestações de serviços;

e) excluir da incidência do imposto, nas exportações para o exterior, serviços e outros produtos além dos mencionados no inciso X, *a*;

f) prever casos de manutenção de crédito, relativamente à remessa para outro Estado e exportação para o exterior, de serviços e de mercadorias;

g) regular a forma como, mediante deliberação dos Estados e do Distrito Federal, isenções, incentivos e benefícios fiscais serão concedidos e revogados;

h) definir os combustíveis e lubrificantes sobre os quais o imposto incidirá uma única vez, qualquer que seja a sua finalidade, hipótese em que não se aplicará o disposto no inciso X, *b*;

•• Alínea *h* acrescentada pela Emenda Constitucional n. 33, de 11-12-2001.

• *Vide* § 4.º deste artigo.

i) fixar a base de cálculo, de modo que o montante do imposto a integre, também na importação do exterior de bem, mercadoria ou serviço.

•• Alínea *i* acrescentada pela Emenda Constitucional n. 33, de 11-12-2001.

§ 3.º À exceção dos impostos de que tratam o inciso II do *caput* deste artigo e o art. 153, I e II, nenhum outro imposto poderá incidir sobre operações relativas a energia elétrica, serviços de telecomunicações, derivados de petróleo, combustíveis e minerais do País.

•• § 3.º com redação determinada pela Emenda Constitucional n. 33, de 11-12-2001.

§ 4.º Na hipótese do inciso XII, *h*, observar-se-á o seguinte:

•• § 4.º, *caput*, acrescentado pela Emenda Constitucional n. 33, de 11-12-2001.

I – nas operações com os lubrificantes e combustíveis derivados de petróleo, o imposto caberá ao Estado onde ocorrer o consumo;

•• Inciso I acrescentado pela Emenda Constitucional n. 33, de 11-12-2001.

II – nas operações interestaduais, entre contribuintes, com gás natural e seus derivados, e lubrificantes e combustíveis não incluídos no inciso I deste parágrafo, o imposto será repartido entre os Estados de origem e de destino, mantendo-se

Arts. 155 e 156

a mesma proporcionalidade que ocorre nas operações com as demais mercadorias;

•• Inciso II acrescentado pela Emenda Constitucional n. 33, de 11-12-2001.

III – nas operações interestaduais com gás natural e seus derivados, e lubrificantes e combustíveis não incluídos no inciso I deste parágrafo, destinadas a não contribuinte, o imposto caberá ao Estado de origem;

•• Inciso III acrescentado pela Emenda Constitucional n. 33, de 11-12-2001.

IV – as alíquotas do imposto serão definidas mediante deliberação dos Estados e Distrito Federal, nos termos do § 2.º, XII, g, observando-se o seguinte:

•• Inciso IV, caput, acrescentado pela Emenda Constitucional n. 33, de 11-12-2001.

a) serão uniformes em todo o território nacional, podendo ser diferenciadas por produto;

•• Alínea a acrescentada pela Emenda Constitucional n. 33, de 11-12-2001.

b) poderão ser específicas, por unidade de medida adotada, ou ad valorem, incidindo sobre o valor da operação ou sobre o preço que o produto ou seu similar alcançaria em uma venda em condições de livre concorrência;

•• Alínea b acrescentada pela Emenda Constitucional n. 33, de 11-12-2001.

c) poderão ser reduzidas e restabelecidas, não se lhes aplicando o disposto no art. 150, III, b.

•• Alínea c acrescentada pela Emenda Constitucional n. 33, de 11-12-2001.

§ 5.º As regras necessárias à aplicação do disposto no § 4.º, inclusive as relativas à apuração e à destinação do imposto, serão estabelecidas mediante deliberação dos Estados e do Distrito Federal, nos termos do § 2.º, XII, g.

•• § 5.º acrescentado pela Emenda Constitucional n. 33, de 11-12-2001.

§ 6.º O imposto previsto no inciso III:

•• § 6.º, caput, acrescentado pela Emenda Constitucional n. 42, de 19-12-2003.

I – terá alíquotas mínimas fixadas pelo Senado Federal;

•• Inciso I acrescentado pela Emenda Constitucional n. 42, de 19-12-2003.

II – poderá ter alíquotas diferenciadas em função do tipo e utilização.

•• Inciso II acrescentado pela Emenda Constitucional n. 42, de 19-12-2003.

Seção V
Dos Impostos dos Municípios

Art. 156. Compete aos Municípios instituir impostos sobre:

I – propriedade predial e territorial urbana;

II – transmissão *inter vivos*, a qualquer título, por ato oneroso, de bens imóveis, por natureza ou acessão física, e de direitos reais sobre imóveis, exceto os de garantia, bem como cessão de direitos a sua aquisição;

III – serviços de qualquer natureza, não compreendidos no art. 155, II, definidos em lei complementar;

•• Inciso III com redação determinada pela Emenda Constitucional n. 3, de 17-3-1993.

• A Lei Complementar n. 116, de 31-7-2003, dispõe sobre o Imposto Sobre Serviços de Qualquer Natureza, de competência dos Municípios e do Distrito Federal.

IV – (*Revogado pela Emenda Constitucional n. 3, de 17-3-1993.*)

§ 1.º Sem prejuízo da progressividade no tempo a que se refere o art. 182, § 4.º, II, o imposto previsto no inciso I poderá:

•• § 1.º, caput, com redação determinada pela Emenda Constitucional n. 29, de 13-9-2000.

I – ser progressivo em razão do valor do imóvel; e

•• Inciso I acrescentado pela Emenda Constitucional n. 29, de 13-9-2000.

II – ter alíquotas diferentes de acordo com a localização e o uso do imóvel.

•• Inciso II acrescentado pela Emenda Constitucional n. 29, de 13-9-2000.

§ 2.º O imposto previsto no inciso II:

I – não incide sobre a transmissão de bens ou direitos incorporados ao patrimônio de pessoa jurídica em realização de capital, nem sobre a transmissão de bens ou direitos decorrentes de

Tributação e Orçamento

fusão, incorporação, cisão ou extinção de pessoa jurídica, salvo se, nesses casos, a atividade preponderante do adquirente for a compra e venda desses bens ou direitos, locação de bens imóveis ou arrendamento mercantil;

II – compete ao Município da situação do bem.

§ 3.º Em relação ao imposto previsto no inciso III do *caput* deste artigo, cabe à lei complementar:

•• § 3.º, *caput*, com redação determinada pela Emenda Constitucional n. 37, de 12-6-2002.

I – fixar as suas alíquotas máximas e mínimas;

•• Inciso I com redação determinada pela Emenda Constitucional n. 37, de 12-6-2002.

• *Vide* art. 88 do ADCT.

II – excluir da sua incidência exportações de serviços para o exterior;

•• Inciso II com redação determinada pela Emenda Constitucional n. 3, de 17-3-1993.

III – regular a forma e as condições como isenções, incentivos e benefícios fiscais serão concedidos e revogados.

•• Inciso III acrescentado pela Emenda Constitucional n. 37, de 12-6-2002.

• *Vide* art. 88 do ADCT.

§ 4.º (*Revogado pela Emenda Constitucional n. 3, de 17-3-1993.*)

Seção VI
Da Repartição das Receitas Tributárias

Art. 157. Pertencem aos Estados e ao Distrito Federal:

I – o produto da arrecadação do imposto da União sobre renda e proventos de qualquer natureza, incidente na fonte, sobre rendimentos pagos, a qualquer título, por eles, suas autarquias e pelas fundações que instituírem e mantiverem;

• Regulamento do imposto sobre a renda e proventos de qualquer natureza: Decreto n. 3.000, de 26-3-1999.

• *Vide* art. 76, § 1.º, do ADCT.

II – vinte por cento do produto da arrecadação do imposto que a União instituir no exercício da competência que lhe é atribuída pelo art. 154, I.

Art. 158. Pertencem aos Municípios:

I – o produto da arrecadação do imposto da União sobre renda e proventos de qualquer natureza, incidente na fonte, sobre rendimentos pagos, a qualquer título, por eles, suas autarquias e pelas fundações que instituírem e mantiverem;

• *Vide* art. 76, § 1.º, do ADCT.

II – cinquenta por cento do produto da arrecadação do imposto da União sobre a propriedade territorial rural, relativamente aos imóveis neles situados, cabendo a totalidade na hipótese da opção a que se refere o art. 153, § 4.º, III;

•• Inciso II com redação determinada pela Emenda Constitucional n. 42, de 19-12-2003.

•• O Decreto n. 7.827, de 16-10-2012, regulamenta os procedimentos de condicionamento e restabelecimento das transferências de recursos provenientes das receitas de que trata este inciso.

• *Vide* arts. 72, § 4.º, e 76, § 1.º, do ADCT.

III – cinquenta por cento do produto da arrecadação do imposto do Estado sobre a propriedade de veículos automotores licenciados em seus territórios;

IV – vinte e cinco por cento do produto da arrecadação do imposto do Estado sobre operações relativas à circulação de mercadorias e sobre prestações de serviços de transporte interestadual e intermunicipal e de comunicação.

• *Vide* arts. 60, § 2.º, e 82, § 1.º, do ADCT.

Parágrafo único. As parcelas de receita pertencentes aos Municípios, mencionadas no inciso IV, serão creditadas conforme os seguintes critérios:

I – três quartos, no mínimo, na proporção do valor adicionado nas operações relativas à circulação de mercadorias e nas prestações de serviços, realizadas em seus territórios;

II – até um quarto, de acordo com o que dispuser lei estadual ou, no caso dos Territórios, lei federal.

Art. 159. A União entregará:

• *Vide* arts. 72, §§ 2.º e 4.º, e 80, § 1.º, do ADCT.

I – do produto da arrecadação dos impostos sobre renda e proventos de qualquer natureza e sobre produtos industrializados, 49% (quarenta e nove por cento), na seguinte forma:

•• Inciso I, *caput*, com redação determinada pela Emenda Constitucional n. 84, de 2-12-2014.

•• *Vide* art. 2.º da Emenda Constitucional n. 55, de 20-9-2007.

• *Vide* art. 60, § 2.º, do ADCT.

• *Vide* art. 3.º da Emenda Constitucional n. 17, de 22-11-1997.

a) vinte e um inteiros e cinco décimos por cento ao Fundo de Participação dos Estados e do Distrito Federal;

•• O Decreto n. 7.827, de 16-10-2012, regulamenta os procedimentos de condicionamento e restabelecimento das transferências de recursos provenientes das receitas de que trata esta alínea.

• *Vide* art. 76, § 1.º, do ADCT.

b) vinte e dois inteiros e cinco décimos por cento ao Fundo de Participação dos Municípios;

•• O Decreto n. 7.827, de 16-10-2012, regulamenta os procedimentos de condicionamento e restabelecimento das transferências de recursos provenientes das receitas de que trata esta alínea.

• *Vide* art. 76, § 1.º, do ADCT.

c) três por cento, para aplicação em programas de financiamento ao setor produtivo das Regiões Norte, Nordeste e Centro-Oeste, através de suas instituições financeiras de caráter regional, de acordo com os planos regionais de desenvolvimento, ficando assegurada ao semiárido do Nordeste a metade dos recursos destinados à Região, na forma que a lei estabelecer;

•• Alínea *c* regulamentada pela Lei n. 7.827, de 27-9-1989.

d) um por cento ao Fundo de Participação dos Municípios, que será entregue no primeiro decêndio do mês de dezembro de cada ano;

•• Alínea *d* acrescentada pela Emenda Constitucional n. 55, de 20-9-2007.

•• *Vide* art. 2.º da Emenda Constitucional n. 55, de 20-9-2007.

e) 1% (um por cento) ao Fundo de Participação dos Municípios, que será entregue no primeiro decêndio do mês de julho de cada ano;

•• Alínea *e* acrescentada pela Emenda Constitucional n. 84, de 2-12-2014.

•• *Vide* art. 2.º da Emenda Constitucional n. 84, de 2-12-2014.

II – do produto da arrecadação do imposto sobre produtos industrializados, dez por cento aos Estados e ao Distrito Federal, proporcionalmente ao valor das respectivas exportações de produtos industrializados;

•• O Decreto n. 7.827, de 16-10-2012, regulamenta os procedimentos de condicionamento e restabelecimento das transferências de recursos provenientes das receitas de que trata este inciso.

• *Vide* arts. 60, § 2.º, e 76, § 1.º, do ADCT.

III – do produto da arrecadação da contribuição de intervenção no domínio econômico prevista no art. 177, § 4.º, 29% (vinte e nove por cento) para os Estados e o Distrito Federal, distribuídos na forma da lei, observada a destinação a que se refere o inciso II, c, do referido parágrafo.

•• Inciso III com redação determinada pela Emenda Constitucional n. 44, de 30-6-2004.

• *Vide* art. 93 do ADCT, que dispõe sobre a vigência deste inciso.

§ 1.º Para efeito de cálculo da entrega a ser efetuada de acordo com o previsto no inciso I, excluir-se-á a parcela da arrecadação do imposto de renda e proventos de qualquer natureza pertencente aos Estados, ao Distrito Federal e aos Municípios, nos termos do disposto nos arts. 157, I, e 158, I.

§ 2.º A nenhuma unidade federada poderá ser destinada parcela superior a vinte por cento do montante a que se refere o inciso II, devendo o eventual excedente ser distribuído entre os demais participantes, mantido, em relação a esses, o critério de partilha nele estabelecido.

§ 3.º Os Estados entregarão aos respectivos Municípios vinte e cinco por cento dos recursos que receberem nos termos do inciso II, observados os critérios estabelecidos no art. 158, parágrafo único, I e II.

§ 4.º Do montante de recursos de que trata o inciso III que cabe a cada Estado, vinte e cinco por cento serão destinados aos seus Municípios, na forma da lei a que se refere o mencionado inciso.

•• § 4.º acrescentado pela Emenda Constitucional n. 42, de 19-12-2003.

• *Vide* art. 93 do ADCT, que dispõe sobre a vigência deste parágrafo.

Tributação e Orçamento

Arts. 160 a 164

Art. 160. É vedada a retenção ou qualquer restrição à entrega e ao emprego dos recursos atribuídos, nesta seção, aos Estados, ao Distrito Federal e aos Municípios, neles compreendidos adicionais e acréscimos relativos a impostos.

- *Vide* art. 3.º da Emenda Constitucional n. 17, de 22-11-1997.

Parágrafo único. A vedação prevista neste artigo não impede a União e os Estados de condicionarem a entrega de recursos:

- • Parágrafo único, *caput*, com redação determinada pela Emenda Constitucional n. 29, de 13-9-2000.

I – ao pagamento de seus créditos, inclusive de suas autarquias;

- • Inciso I acrescentado pela Emenda Constitucional n. 29, de 13-9-2000.

II – ao cumprimento do disposto no art. 198, § 2.º, II e III.

- • Inciso II acrescentado pela Emenda Constitucional n. 29, de 13-9-2000.

Art. 161. Cabe à lei complementar:

I – definir valor adicionado para fins do disposto no art. 158, parágrafo único, I;

II – estabelecer normas sobre a entrega dos recursos de que trata o art. 159, especialmente sobre os critérios de rateio dos fundos previstos em seu inciso I, objetivando promover o equilíbrio socioeconômico entre Estados e entre Municípios;

III – dispor sobre o acompanhamento, pelos beneficiários, do cálculo das quotas e da liberação das participações previstas nos arts. 157, 158 e 159.

Parágrafo único. O Tribunal de Contas da União efetuará o cálculo das quotas referentes aos fundos de participação a que alude o inciso II.

Art. 162. A União, os Estados, o Distrito Federal e os Municípios divulgarão, até o último dia do mês subsequente ao da arrecadação, os montantes de cada um dos tributos arrecadados, os recursos recebidos, os valores de origem tributária entregues e a entregar e a expressão numérica dos critérios de rateio.

Parágrafo único. Os dados divulgados pela União serão discriminados por Estado e por Município; os dos Estados, por Município.

Capítulo II
DAS FINANÇAS PÚBLICAS

Seção I
Normas Gerais

Art. 163. Lei complementar disporá sobre:

- *Vide* art. 30 da Emenda Constitucional n. 19, de 4-6-1998.

I – finanças públicas;

II – dívida pública externa e interna, incluída a das autarquias, fundações e demais entidades controladas pelo Poder Público;

III – concessão de garantias pelas entidades públicas;

IV – emissão e resgate de títulos da dívida pública;

V – fiscalização financeira da administração pública direta e indireta;

- • Inciso V com redação determinada pela Emenda Constitucional n. 40, de 29-5-2003.

VI – operações de câmbio realizadas por órgãos e entidades da União, dos Estados, do Distrito Federal e dos Municípios;

VII – compatibilização das funções das instituições oficiais de crédito da União, resguardadas as características e condições operacionais plenas das voltadas ao desenvolvimento regional.

- *Vide* art. 30 da Emenda Constitucional n. 19, de 4-6-1998.

Art. 164. A competência da União para emitir moeda será exercida exclusivamente pelo Banco Central.

§ 1.º É vedado ao Banco Central conceder, direta ou indiretamente, empréstimos ao Tesouro Nacional e a qualquer órgão ou entidade que não seja instituição financeira.

§ 2.º O Banco Central poderá comprar e vender títulos de emissão do Tesouro Nacional, com o objetivo de regular a oferta de moeda ou a taxa de juros.

§ 3.º As disponibilidades de caixa da União serão depositadas no Banco Central; as dos Estados, do Distrito Federal, dos Municípios e dos órgãos ou entidades do Poder Público e das empresas por ele

Arts. 164 a 166

controladas, em instituições financeiras oficiais, ressalvados os casos previstos em lei.

Seção II
Dos Orçamentos

Art. 165. Leis de iniciativa do Poder Executivo estabelecerão:

I – o plano plurianual;

- A Lei n. 12.593, de 18-1-2012, instituiu o Plano Plurianual da União para o período de 2012 a 2015.

II – as diretrizes orçamentárias;

III – os orçamentos anuais.

§ 1.º A lei que instituir o plano plurianual estabelecerá, de forma regionalizada, as diretrizes, objetivos e metas da administração pública federal para as despesas de capital e outras delas decorrentes e para as relativas aos programas de duração continuada.

§ 2.º A lei de diretrizes orçamentárias compreenderá as metas e prioridades da administração pública federal, incluindo as despesas de capital para o exercício financeiro subsequente, orientará a elaboração da lei orçamentária anual, disporá sobre as alterações na legislação tributária e estabelecerá a política de aplicação das agências financeiras oficiais de fomento.

- A Lei n. 12.798, de 4-42013, estima a receita e fixa a despesa da União para o exercício de 2013.

§ 3.º O Poder Executivo publicará, até trinta dias após o encerramento de cada bimestre, relatório resumido da execução orçamentária.

§ 4.º Os planos e programas nacionais, regionais e setoriais previstos nesta Constituição serão elaborados em consonância com o plano plurianual e apreciados pelo Congresso Nacional.

§ 5.º A lei orçamentária anual compreenderá:

I – o orçamento fiscal referente aos Poderes da União, seus fundos, órgãos e entidades da administração direta e indireta, inclusive fundações instituídas e mantidas pelo Poder Público;

II – o orçamento de investimento das empresas em que a União, direta ou indiretamente, detenha a maioria do capital social com direito a voto;

III – o orçamento da seguridade social, abrangendo todas as entidades e órgãos a ela vinculados, da administração direta ou indireta, bem como os fundos e fundações instituídos e mantidos pelo Poder Público.

§ 6.º O projeto de lei orçamentária será acompanhado de demonstrativo regionalizado do efeito, sobre as receitas e despesas, decorrente de isenções, anistias, remissões, subsídios e benefícios de natureza financeira, tributária e creditícia.

§ 7.º Os orçamentos previstos no § 5.º, I e II, deste artigo, compatibilizados com o plano plurianual, terão entre suas funções a de reduzir desigualdades inter-regionais, segundo critério populacional.

- Vide art. 35 do ADCT.

§ 8.º A lei orçamentária anual não conterá dispositivo estranho à previsão da receita e à fixação da despesa, não se incluindo na proibição a autorização para abertura de créditos suplementares e contratação de operações de crédito, ainda que por antecipação de receita, nos termos da lei.

§ 9.º Cabe à lei complementar:

I – dispor sobre o exercício financeiro, a vigência, os prazos, a elaboração e a organização do plano plurianual, da lei de diretrizes orçamentárias e da lei orçamentária anual;

II – estabelecer normas de gestão financeira e patrimonial da administração direta e indireta, bem como condições para a instituição e funcionamento de fundos;

- Vide arts. 71, § 1.º, e 81, § 3.º, do ADCT.

III – dispor sobre critérios para a execução equitativa, além de procedimentos que serão adotados quando houver impedimentos legais e técnicos, cumprimento de restos a pagar e limitação das programações de caráter obrigatório, para a realização do disposto no § 11 do art. 166.

** Inciso III acrescentado pela Emenda Constitucional n. 86, de 17-3-2015, produzindo efeitos a partir da execução orçamentária do exercício de 2014.

Art. 166. Os projetos de lei relativos ao plano plurianual, às diretrizes orçamentárias, ao orçamento anual e aos créditos adicionais serão apreciados pelas duas Casas do Congresso Nacional, na forma do regimento comum.

§ 1.º Caberá a uma Comissão mista permanente de Senadores e Deputados:

• A Resolução do Congresso Nacional n. 1, de 22-12-2006, dispõe sobre a Comissão Mista Permanente a que se refere este parágrafo, que passa a denominar-se Comissão Mista de Planos, Orçamentos Públicos e Fiscalização – CMO.

I – examinar e emitir parecer sobre os projetos referidos neste artigo e sobre as contas apresentadas anualmente pelo Presidente da República;

II – examinar e emitir parecer sobre os planos e programas nacionais, regionais e setoriais previstos nesta Constituição e exercer o acompanhamento e a fiscalização orçamentária, sem prejuízo da atuação das demais comissões do Congresso Nacional e de suas Casas, criadas de acordo com o art. 58.

§ 2.º As emendas serão apresentadas na Comissão mista, que sobre elas emitirá parecer, e apreciadas, na forma regimental, pelo Plenário das duas Casas do Congresso Nacional.

§ 3.º As emendas ao projeto de lei do orçamento anual ou aos projetos que o modifiquem somente podem ser aprovadas caso:

I – sejam compatíveis com o plano plurianual e com a lei de diretrizes orçamentárias;

II – indiquem os recursos necessários, admitidos apenas os provenientes de anulação de despesa, excluídas as que incidam sobre:

a) dotações para pessoal e seus encargos;

b) serviço da dívida;

c) transferências tributárias constitucionais para Estados, Municípios e Distrito Federal; ou

III – sejam relacionadas:

a) com a correção de erros ou omissões; ou

b) com os dispositivos do texto do projeto de lei.

§ 4.º As emendas ao projeto de lei de diretrizes orçamentárias não poderão ser aprovadas quando incompatíveis com o plano plurianual.

§ 5.º O Presidente da República poderá enviar mensagem ao Congresso Nacional para propor modificação nos projetos a que se refere este artigo enquanto não iniciada a votação, na Comissão mista, da parte cuja alteração é proposta.

§ 6.º Os projetos de lei do plano plurianual, das diretrizes orçamentárias e do orçamento anual serão enviados pelo Presidente da República ao Congresso Nacional, nos termos da lei complementar a que se refere o art. 165, § 9.º.

§ 7.º Aplicam-se aos projetos mencionados neste artigo, no que não contrariar o disposto nesta seção, as demais normas relativas ao processo legislativo.

§ 8.º Os recursos que, em decorrência de veto, emenda ou rejeição do projeto de lei orçamentária anual, ficarem sem despesas correspondentes poderão ser utilizados, conforme o caso, mediante créditos especiais ou suplementares, com prévia e específica autorização legislativa.

§ 9.º As emendas individuais ao projeto de lei orçamentária serão aprovadas no limite de 1,2% (um inteiro e dois décimos por cento) da receita corrente líquida prevista no projeto encaminhado pelo Poder Executivo, sendo que a metade deste percentual será destinada a ações e serviços públicos de saúde.

•• § 9.º acrescentado pela Emenda Constitucional n. 86, de 17-3-2015, produzindo efeitos a partir da execução orçamentária do exercício de 2014.

§ 10. A execução do montante destinado a ações e serviços públicos de saúde previsto no § 9.º, inclusive custeio, será computada para fins do cumprimento do inciso I do § 2.º do art. 198, vedada a destinação para pagamento de pessoal ou encargos sociais.

•• § 10 acrescentado pela Emenda Constitucional n. 86, de 17-3-2015, produzindo efeitos a partir da execução orçamentária do exercício de 2014.

§ 11. É obrigatória a execução orçamentária e financeira das programações a que se refere o § 9.º deste artigo, em montante correspondente a 1,2% (um inteiro e dois décimos por cento) da receita corrente líquida realizada no exercício anterior, conforme os critérios para a execução equitativa da programação definidos na lei complementar prevista no § 9.º do art. 165.

Art. 166

•• § 11 acrescentado pela Emenda Constitucional n. 86, de 17-3-2015, produzindo efeitos a partir da execução orçamentária do exercício de 2014.

§ 12. As programações orçamentárias previstas no § 9.º deste artigo não serão de execução obrigatória nos casos dos impedimentos de ordem técnica.

•• § 12 acrescentado pela Emenda Constitucional n. 86, de 17-3-2015, produzindo efeitos a partir da execução orçamentária do exercício de 2014.

§ 13. Quando a transferência obrigatória da União, para a execução da programação prevista no § 11 deste artigo, for destinada a Estados, ao Distrito Federal e a Municípios, independerá da adimplência do ente federativo destinatário e não integrará a base de cálculo da receita corrente líquida para fins de aplicação dos limites de despesa de pessoal de que trata o caput do art. 169.

•• § 13 acrescentado pela Emenda Constitucional n. 86, de 17-3-2015, produzindo efeitos a partir da execução orçamentária do exercício de 2014.

§ 14. No caso de impedimento de ordem técnica, no empenho de despesa que integre a programação, na forma do § 11 deste artigo, serão adotadas as seguintes medidas:

•• § 14, caput, acrescentado pela Emenda Constitucional n. 86, de 17-3-2015, produzindo efeitos a partir da execução orçamentária do exercício de 2014.

I – até 120 (cento e vinte) dias após a publicação da lei orçamentária, o Poder Executivo, o Poder Legislativo, o Poder Judiciário, o Ministério Público e a Defensoria Pública enviarão ao Poder Legislativo as justificativas do impedimento;

•• Inciso I acrescentado pela Emenda Constitucional n. 86, de 17-3-2015, produzindo efeitos a partir da execução orçamentária do exercício de 2014.

II – até 30 (trinta) dias após o término do prazo previsto no inciso I, o Poder Legislativo indicará ao Poder Executivo o remanejamento da programação cujo impedimento seja insuperável;

•• Inciso II acrescentado pela Emenda Constitucional n. 86, de 17-3-2015, produzindo efeitos a partir da execução orçamentária do exercício de 2014.

III – até 30 de setembro ou até 30 (trinta) dias após o prazo previsto no inciso II, o Poder Exe-

cutivo encaminhará projeto de lei sobre o remanejamento da programação cujo impedimento seja insuperável;

•• Inciso III acrescentado pela Emenda Constitucional n. 86, de 17-3-2015, produzindo efeitos a partir da execução orçamentária do exercício de 2014.

IV – se, até 20 de novembro ou até 30 (trinta) dias após o término do prazo previsto no inciso III, o Congresso Nacional não deliberar sobre o projeto, o remanejamento será implementado por ato do Poder Executivo, nos termos previstos na lei orçamentária.

•• Inciso IV acrescentado pela Emenda Constitucional n. 86, de 17-3-2015, produzindo efeitos a partir da execução orçamentária do exercício de 2014.

§ 15. Após o prazo previsto no inciso IV do § 14, as programações orçamentárias previstas no § 11 não serão de execução obrigatória nos casos dos impedimentos justificados na notificação prevista no inciso I do § 14.

•• § 15 acrescentado pela Emenda Constitucional n. 86, de 17-3-2015, produzindo efeitos a partir da execução orçamentária do exercício de 2014.

§ 16. Os restos a pagar poderão ser considerados para fins de cumprimento da execução financeira prevista no § 11 deste artigo, até o limite de 0,6% (seis décimos por cento) da receita corrente líquida realizada no exercício anterior.

•• § 16 acrescentado pela Emenda Constitucional n. 86, de 17-3-2015, produzindo efeitos a partir da execução orçamentária do exercício de 2014.

§ 17. Se for verificado que a reestimativa da receita e da despesa poderá resultar no não cumprimento da meta de resultado fiscal estabelecida na lei de diretrizes orçamentárias, o montante previsto no § 11 deste artigo poderá ser reduzido em até a mesma proporção da limitação incidente sobre o conjunto das despesas discricionárias.

•• § 17 acrescentado pela Emenda Constitucional n. 86, de 17-3-2015, produzindo efeitos a partir da execução orçamentária do exercício de 2014.

§ 18. Considera-se equitativa a execução das programações de caráter obrigatório que aten-

Tributação e Orçamento

Arts. 166 e 167

da de forma igualitária e impessoal às emendas apresentadas, independentemente da autoria.

•• § 18 acrescentado pela Emenda Constitucional n. 86, de 17-3-2015, produzindo efeitos a partir da execução orçamentária do exercício de 2014.

Art. 167. São vedados:

I – o início de programas ou projetos não incluídos na lei orçamentária anual;

II – a realização de despesas ou a assunção de obrigações diretas que excedam os créditos orçamentários ou adicionais;

III – a realização de operações de créditos que excedam o montante das despesas de capital, ressalvadas as autorizadas mediante créditos suplementares ou especiais com finalidade precisa, aprovados pelo Poder Legislativo por maioria absoluta;

• Vide art. 37 do ADCT.

IV – a vinculação de receita de impostos a órgão, fundo ou despesa, ressalvadas a repartição do produto da arrecadação dos impostos a que se referem os arts. 158 e 159, a destinação de recursos para as ações e serviços públicos de saúde, para manutenção e desenvolvimento do ensino e para realização de atividades da administração tributária, como determinado, respectivamente, pelos arts. 198, § 2.º, 212 e 37, XXII, e a prestação de garantias às operações de crédito por antecipação de receita, previstas no art. 165, § 8.º, bem como o disposto no § 4.º deste artigo;

•• Inciso IV com redação determinada pela Emenda Constitucional n. 42, de 19-12-2003.

• Vide art. 80, § 1.º, do ADCT.

V – a abertura de crédito suplementar ou especial sem prévia autorização legislativa e sem indicação dos recursos correspondentes;

VI – a transposição, o remanejamento ou a transferência de recursos de uma categoria de programação para outra ou de um órgão para outro, sem prévia autorização legislativa;

VII – a concessão ou utilização de créditos ilimitados;

VIII – a utilização, sem autorização legislativa específica, de recursos dos orçamentos fiscal e da seguridade social para suprir necessidade ou cobrir déficit de empresas, fundações e fundos, inclusive dos mencionados no art. 165, § 5.º;

IX – a instituição de fundos de qualquer natureza, sem prévia autorização legislativa;

X – a transferência voluntária de recursos e a concessão de empréstimos, inclusive por antecipação de receita, pelos Governos Federal e Estaduais e suas instituições financeiras, para pagamento de despesas com pessoal ativo, inativo e pensionista, dos Estados, do Distrito Federal e dos Municípios;

•• Inciso X acrescentado pela Emenda Constitucional n. 19, de 4-6-1998.

XI – a utilização dos recursos provenientes das contribuições sociais de que trata o art. 195, I, a, e II, para a realização de despesas distintas do pagamento de benefícios do regime geral de previdência social de que trata o art. 201.

•• Inciso XI acrescentado pela Emenda Constitucional n. 20, de 15-12-1998.

§ 1.º Nenhum investimento cuja execução ultrapasse um exercício financeiro poderá ser iniciado sem prévia inclusão no plano plurianual, ou sem lei que autorize a inclusão, sob pena de crime de responsabilidade.

§ 2.º Os créditos especiais e extraordinários terão vigência no exercício financeiro em que forem autorizados, salvo se o ato de autorização for promulgado nos últimos quatro meses daquele exercício, caso em que, reabertos nos limites de seus saldos, serão incorporados ao orçamento do exercício financeiro subsequente.

§ 3.º A abertura de crédito extraordinário somente será admitida para atender a despesas imprevisíveis e urgentes, como as decorrentes de guerra, comoção interna ou calamidade pública, observado o disposto no art. 62.

§ 4.º É permitida a vinculação de receitas próprias geradas pelos impostos a que se referem os arts. 155 e 156, e dos recursos de que tratam os arts. 157, 158 e 159, I, *a* e *b*, e II, para a prestação de garantia ou contragarantia à União e para pagamento de débitos para com esta.

- • § 4.º acrescentado pela Emenda Constitucional n. 3, de 17-3-1993.

§ 5.º A transposição, o remanejamento ou a transferência de recursos de uma categoria de programação para outra poderão ser admitidos, no âmbito das atividades de ciência, tecnologia e inovação, com o objetivo de viabilizar os resultados de projetos restritos a essas funções, mediante ato do Poder Executivo, sem necessidade da prévia autorização legislativa prevista no inciso VI deste artigo.

- • § 5.º acrescentado pela Emenda Constitucional n. 85, de 26-2-2015.

Art. 168. Os recursos correspondentes às dotações orçamentárias, compreendidos os créditos suplementares e especiais, destinados aos órgãos dos Poderes Legislativo e Judiciário, do Ministério Público e da Defensoria Pública, ser-lhes-ão entregues até o dia 20 de cada mês, em duodécimos, na forma da lei complementar a que se refere o art. 165, § 9.º.

- • Artigo com redação determinada pela Emenda Constitucional n. 45, de 8-12-2004.

Art. 169. A despesa com pessoal ativo e inativo da União, dos Estados, do Distrito Federal e dos Municípios não poderá exceder os limites estabelecidos em lei complementar.

- • *Caput* com redação mantida pela Emenda Constitucional n. 19, de 4-6-1998.

§ 1.º A concessão de qualquer vantagem ou aumento de remuneração, a criação de cargos, empregos e funções ou alteração de estrutura de carreiras, bem como a admissão ou contratação de pessoal, a qualquer título, pelos órgãos e entidades da administração direta ou indireta, inclusive fundações instituídas e mantidas pelo Poder Público, só poderão ser feitas:

- • § 1.º, *caput*, com redação determinada pela Emenda Constitucional n. 19, de 4-6-1998.

I – se houver prévia dotação orçamentária suficiente para atender às projeções de despesa de pessoal e aos acréscimos dela decorrentes;

- • Inciso I com redação determinada pela Emenda Constitucional n. 19, de 4-6-1998.

II – se houver autorização específica na lei de diretrizes orçamentárias, ressalvadas as empresas públicas e as sociedades de economia mista.

- • Inciso II com redação determinada pela Emenda Constitucional n. 19, de 4-6-1998.

§ 2.º Decorrido o prazo estabelecido na lei complementar referida neste artigo para a adaptação aos parâmetros ali previstos, serão imediatamente suspensos todos os repasses de verbas federais ou estaduais aos Estados, ao Distrito Federal e aos Municípios que não observarem os referidos limites.

- • § 2.º acrescentado pela Emenda Constitucional n. 19, de 4-6-1998.

§ 3.º Para o cumprimento dos limites estabelecidos com base neste artigo, durante o prazo fixado na lei complementar referida no *caput*, a União, os Estados, o Distrito Federal e os Municípios adotarão as seguintes providências:

- • § 3.º, *caput*, acrescentado pela Emenda Constitucional n. 19, de 4-6-1998.

I – redução em pelo menos 20% (vinte por cento) das despesas com cargos em comissão e funções de confiança;

- • Inciso I acrescentado pela Emenda Constitucional n. 19, de 4-6-1998.

II – exoneração dos servidores não estáveis.

- • Inciso II acrescentado pela Emenda Constitucional n. 19, de 4-6-1998.
- • *Vide* art. 33 da Emenda Constitucional n. 19, de 4-6-1998.

§ 4.º Se as medidas adotadas com base no parágrafo anterior não forem suficientes para assegurar o cumprimento da determinação da lei complementar referida neste artigo, o servidor estável poderá perder o cargo, desde que ato normativo motivado de cada um dos Pode-

Ordem Econômica e Financeira

Arts. 169 a 172

res especifique a atividade funcional, o órgão ou unidade administrativa objeto da redução de pessoal.

- •• § 4.º acrescentado pela Emenda Constitucional n. 19, de 4-6-1998.
- Víde art. 198, § 6.º.

§ 5.º O servidor que perder o cargo na forma do parágrafo anterior fará jus a indenização correspondente a um mês de remuneração por ano de serviço.

- •• § 5.º acrescentado pela Emenda Constitucional n. 19, de 4-6-1998.

§ 6.º O cargo objeto da redução prevista nos parágrafos anteriores será considerado extinto, vedada a criação de cargo, emprego ou função com atribuições iguais ou assemelhadas pelo prazo de 4 (quatro) anos.

- •• § 6.º acrescentado pela Emenda Constitucional n. 19, de 4-6-1998.

§ 7.º Lei federal disporá sobre as normas gerais a serem obedecidas na efetivação do disposto no § 4.º.

- •• § 7.º acrescentado pela Emenda Constitucional n. 19, de 4-6-1998.
- Víde art. 247 da CF.

Título VII
DA ORDEM ECONÔMICA E FINANCEIRA

- Crimes contra a ordem tributária, econômica e contra as relações de consumo: Lei n. 8.137, de 27-12-1990.
- Crimes contra a ordem econômica: Lei n. 8.176, de 8-2-1991.
- Conselho Administrativo de Defesa Econômica – CADE: Lei n. 8.884, de 11-6-1994.

Capítulo I
DOS PRINCÍPIOS GERAIS DA ATIVIDADE ECONÔMICA

Art. 170. A ordem econômica, fundada na valorização do trabalho humano e na livre iniciativa, tem por fim assegurar a todos existência digna, conforme os ditames da justiça social, observados os seguintes princípios:

I – soberania nacional;

II – propriedade privada;

III – função social da propriedade;

IV – livre concorrência;

- Víde Súmula Vinculante 49 do STF.

V – defesa do consumidor;

- CDC: Lei n. 8.078, de 11-9-1990.
- Sistema Nacional de Defesa do Consumidor – SNDC: Decreto n. 2.181, de 20-3-1997.
- Víde Súmula Vinculante 49 do STF.

VI – defesa do meio ambiente, inclusive mediante tratamento diferenciado conforme o impacto ambiental dos produtos e serviços e de seus processos de elaboração e prestação;

- •• Inciso VI com redação determinada pela Emenda Constitucional n. 42, de 19-12-2003.
- Lei de Crimes Ambientais: Lei n. 9.605, de 12-2-1998.

VII – redução das desigualdades regionais e sociais;

VIII – busca do pleno emprego;

IX – tratamento favorecido para as empresas de pequeno porte constituídas sob as leis brasileiras e que tenham sua sede e administração no País.

- •• Inciso IX com redação determinada pela Emenda Constitucional n. 6, de 15-8-1995.
- A Lei Complementar n. 123, de 14-12-2006, instituiu o Estatuto Nacional da Microempresa e da Empresa de Pequeno Porte.

Parágrafo único. É assegurado a todos o livre exercício de qualquer atividade econômica, independentemente de autorização de órgãos públicos, salvo nos casos previstos em lei.

- Víde Súmula Vinculante 49 do STF.

Art. 171. (*Revogado pela Emenda Constitucional n. 6, de 15-8-1995.*)

Art. 172. A lei disciplinará, com base no interesse nacional, os investimentos de capital estrangeiro, incentivará os reinvestimentos e regulará a remessa de lucros.

Arts. 173 a 175 — Ordem Econômica e Financeira

Art. 173. Ressalvados os casos previstos nesta Constituição, a exploração direta de atividade econômica pelo Estado só será permitida quando necessária aos imperativos da segurança nacional ou a relevante interesse coletivo, conforme definidos em lei.

§ 1.º A lei estabelecerá o estatuto jurídico da empresa pública, da sociedade de economia mista e de suas subsidiárias que explorem atividade econômica de produção ou comercialização de bens ou de prestação de serviços, dispondo sobre:

- § 1.º, *caput*, com redação determinada pela Emenda Constitucional n. 19, de 4-6-1998.
- A Lei n. 13.303, de 30-6-2016, instituiu o Estatuto Jurídico das Empresas Públicas.

I – sua função social e formas de fiscalização pelo Estado e pela sociedade;

- Inciso I acrescentado pela Emenda Constitucional n. 19, de 4-6-1998.

II – a sujeição ao regime jurídico próprio das empresas privadas, inclusive quanto aos direitos e obrigações civis, comerciais, trabalhistas e tributários;

- Inciso II acrescentado pela Emenda Constitucional n. 19, de 4-6-1998.

III – licitação e contratação de obras, serviços, compras e alienações, observados os princípios da administração pública;

- Inciso III acrescentado pela Emenda Constitucional n. 19, de 4-6-1998.

IV – a constituição e o funcionamento dos conselhos de administração e fiscal, com a participação de acionistas minoritários;

- Inciso IV acrescentado pela Emenda Constitucional n. 19, de 4-6-1998.

V – os mandatos, a avaliação de desempenho e a responsabilidade dos administradores.

- Inciso V acrescentado pela Emenda Constitucional n. 19, de 4-6-1998.

§ 2.º As empresas públicas e as sociedades de economia mista não poderão gozar de privilégios fiscais não extensivos às do setor privado.

§ 3.º A lei regulamentará as relações da empresa pública com o Estado e a sociedade.

§ 4.º A lei reprimirá o abuso do poder econômico que vise à dominação dos mercados, à eliminação da concorrência e ao aumento arbitrário dos lucros.

- *Vide* Súmula Vinculante 49 do STF.
- Lei Antitruste e de infrações à ordem econômica: Lei 12.529, de 30-11-2011.

§ 5.º A lei, sem prejuízo da responsabilidade individual dos dirigentes da pessoa jurídica, estabelecerá a responsabilidade desta, sujeitando-a às punições compatíveis com sua natureza, nos atos praticados contra a ordem econômica e financeira e contra a economia popular.

- Intervenção no domínio econômico para assegurar a livre distribuição de produto necessário ao consumo do povo: Lei Delegada n. 4, de 26-9-1962.

Art. 174. Como agente normativo e regulador da atividade econômica, o Estado exercerá, na forma da lei, as funções de fiscalização, incentivo e planejamento, sendo este determinante para o setor público e indicativo para o setor privado.

§ 1.º A lei estabelecerá as diretrizes e bases do planejamento do desenvolvimento nacional equilibrado, o qual incorporará e compatibilizará os planos nacionais e regionais de desenvolvimento.

§ 2.º A lei apoiará e estimulará o cooperativismo e outras formas de associativismo.

§ 3.º O Estado favorecerá a organização da atividade garimpeira em cooperativas, levando em conta a proteção do meio ambiente e a promoção econômico-social dos garimpeiros.

- A Lei n. 11.685, de 2-6-2008, instituiu o Estatuto do Garimpeiro.

§ 4.º As cooperativas a que se refere o parágrafo anterior terão prioridade na autorização ou concessão para pesquisa e lavra dos recursos e jazidas de minerais garimpáveis, nas áreas onde estejam atuando, e naquelas fixadas de acordo com o art. 21, XXV, na forma da lei.

Art. 175. Incumbe ao Poder Público, na forma da lei, diretamente ou sob regime de

Ordem Econômica e Financeira

Arts. 175 a 177

concessão ou permissão, sempre através de licitação, a prestação de serviços públicos.

•• Regime de concessão e permissão da prestação de serviços públicos previsto neste artigo: Lei n. 8.987, de 13-2-1995.

Parágrafo único. A lei disporá sobre:

I – o regime das empresas concessionárias e permissionárias de serviços públicos, o caráter especial de seu contrato e de sua prorrogação, bem como as condições de caducidade, fiscalização e rescisão da concessão ou permissão;

II – os direitos dos usuários;

III – política tarifária;

IV – a obrigação de manter serviço adequado.

Art. 176. As jazidas, em lavra ou não, e demais recursos minerais e os potenciais de energia hidráulica constituem propriedade distinta da do solo, para efeito de exploração ou aproveitamento, e pertencem à União, garantida ao concessionário a propriedade do produto da lavra.

§ 1.º A pesquisa e a lavra de recursos minerais e o aproveitamento dos potenciais a que se refere o *caput* deste artigo somente poderão ser efetuados mediante autorização ou concessão da União, no interesse nacional, por brasileiros ou empresa constituída sob as leis brasileiras e que tenha sua sede e administração no País, na forma da lei, que estabelecerá as condições específicas quando essas atividades se desenvolverem em faixa de fronteira ou terras indígenas.

•• § 1.º com redação determinada pela Emenda Constitucional n. 6, de 15-8-1995.

§ 2.º É assegurada participação ao proprietário do solo nos resultados da lavra, na forma e no valor que dispuser a lei.

•• Regulamento: Lei n. 8.901, de 30-6-1994.

§ 3.º A autorização de pesquisa será sempre por prazo determinado, e as autorizações e concessões previstas neste artigo não poderão ser cedidas ou transferidas, total ou parcialmente, sem prévia anuência do poder concedente.

§ 4.º Não dependerá de autorização ou concessão o aproveitamento do potencial de energia renovável de capacidade reduzida.

Art. 177. Constituem monopólio da União:

I – a pesquisa e a lavra das jazidas de petróleo e gás natural e outros hidrocarbonetos fluidos;

• A Lei n. 11.909, de 4-3-2009, dispõe sobre as atividades relativas ao transporte natural de gás natural, de que trata este artigo.

II – a refinação do petróleo nacional ou estrangeiro;

• A Lei n. 9.478, de 6-8-1997, dispõe sobre a Política Energética Nacional, e as atividades relativas ao monopólio do petróleo, e institui o Conselho Nacional de Política Energética e a Agência Nacional do Petróleo.

III – a importação e exportação dos produtos e derivados básicos resultantes das atividades previstas nos incisos anteriores;

•• A Lei n. 11.909, de 4-3-2009, institui normas para a exploração das atividades econômicas de transporte de gás natural por meio de condutos e da importação e exportação de gás natural, de que tratam os incisos III e IV do *caput* deste artigo, bem como para a exploração das atividades de tratamento, processamento, estocagem, liquefação, regaseificação e comercialização de gás natural.

IV – o transporte marítimo do petróleo bruto de origem nacional ou de derivados básicos de petróleo produzidos no País, bem assim o transporte, por meio de conduto, de petróleo bruto, seus derivados e gás natural de qualquer origem;

•• *Vide* nota ao inciso anterior.

V – a pesquisa, a lavra, o enriquecimento, o reprocessamento, a industrialização e o comércio de minérios e minerais nucleares e seus derivados, com exceção dos radioisótopos cuja produção, comercialização e utilização poderão ser autorizadas sob regime de permissão, conforme as alíneas *b* e *c* do inciso XXIII do *caput* do art. 21 desta Constituição Federal.

•• Inciso V com redação determinada pela Emenda Constitucional n. 49, de 8-2-2006.

§ 1.º A União poderá contratar com empresas estatais ou privadas a realização das atividades previstas nos incisos I a IV deste artigo, observadas as condições estabelecidas em lei.

•• § 1.º com redação determinada pela Emenda Constitucional n. 9, de 9-11-1995.

§ 2.º A lei a que se refere o § 1.º disporá sobre:

Arts. 177 a 179 — Ordem Econômica e Financeira

•• § 2.º, *caput*, acrescentado pela Emenda Constitucional n. 9, de 9-11-1995.

I – a garantia do fornecimento dos derivados de petróleo em todo o território nacional;

•• Inciso I acrescentado pela Emenda Constitucional n. 9, de 9-11-1995.

II – as condições de contratação;

•• Inciso II acrescentado pela Emenda Constitucional n. 9, de 9-11-1995.

III – a estrutura e atribuições do órgão regulador do monopólio da União.

•• Inciso III acrescentado pela Emenda Constitucional n. 9, de 9-11-1995.

§ 3.º A lei disporá sobre o transporte e a utilização de materiais radioativos no território nacional.

•• Primitivo § 2.º renumerado por determinação da Emenda Constitucional n. 9, de 9-11-1995.

§ 4.º A lei que instituir contribuição de intervenção no domínio econômico relativa às atividades de importação ou comercialização de petróleo e seus derivados, gás natural e seus derivados e álcool combustível deverá atender aos seguintes requisitos:

•• § 4.º, *caput*, acrescentado pela Emenda Constitucional n. 33, de 11-12-2001.

•• A Lei n. 10.336, de 19-12-2001, instituiu a contribuição de Intervenção no Domínio Econômico incidente sobre a importação e a comercialização de petróleo e seus derivados, gás natural e seus derivados e álcool etílico combustível (CIDE) a que se refere este parágrafo.

I – a alíquota da contribuição poderá ser:

•• Inciso I, *caput*, acrescentado pela Emenda Constitucional n. 33, de 11-12-2001.

a) diferenciada por produto ou uso;

•• Alínea *a* acrescentada pela Emenda Constitucional n. 33, de 11-12-2001.

b) reduzida e restabelecida por ato do Poder Executivo, não se lhe aplicando o disposto no art. 150, III, *b*;

•• Alínea *b* acrescentada pela Emenda Constitucional n. 33, de 11-12-2001.

II – os recursos arrecadados serão destinados:

•• Inciso II, *caput*, acrescentado pela Emenda Constitucional n. 33, de 11-12-2001.

•• O STF na ADIn n. 2.925-8, de 19-12-2003, dá interpretação conforme a Constituição a este inciso, no sentido de que a abertura de crédito suplementar deve ser destinada às três finalidades enumeradas nas alíneas a seguir.

a) ao pagamento de subsídios a preços ou transporte de álcool combustível, gás natural e seus derivados e derivados de petróleo;

•• Alínea *a* acrescentada pela Emenda Constitucional n. 33, de 11-12-2001.

b) ao financiamento de projetos ambientais relacionados com a indústria do petróleo e do gás;

•• Alínea *b* acrescentada pela Emenda Constitucional n. 33, de 11-12-2001.

c) ao financiamento de programas de infraestrutura de transportes.

•• Alínea *c* acrescentada pela Emenda Constitucional n. 33, de 11-12-2001.

•• *Vide* art. 159, III, da CF.

Art. 178. A lei disporá sobre a ordenação dos transportes aéreo, aquático e terrestre, devendo, quanto à ordenação do transporte internacional, observar os acordos firmados pela União, atendido o princípio da reciprocidade.

•• *Caput* com redação determinada pela Emenda Constitucional n. 7, de 15-8-1995.

Parágrafo único. Na ordenação do transporte aquático, a lei estabelecerá as condições em que o transporte de mercadorias na cabotagem e a navegação interior poderão ser feitos por embarcações estrangeiras.

•• Parágrafo único com redação determinada pela Emenda Constitucional n. 7, de 15-8-1995.

Art. 179. A União, os Estados, o Distrito Federal e os Municípios dispensarão às microempresas e às empresas de pequeno porte, assim definidas em lei, tratamento jurídico diferenciado, visando a incentivá-las pela simplificação de suas obrigações administrativas, tributárias, previdenciárias e creditícias, ou pela eliminação ou redução destas por meio de lei.

• A Lei Complementar n. 123, de 14-12-2006, instituiu o Estatuto Nacional da Microempresa e da Empresa de Pequeno Porte.

Ordem Econômica e Financeira

Art. 180. A União, os Estados, o Distrito Federal e os Municípios promoverão e incentivarão o turismo como fator de desenvolvimento social e econômico.

- A Lei n. 11.771, de 17-9-2008, dispõe sobre a Política Nacional de Turismo, define as atribuições do Governo Federal no planejamento, desenvolvimento e estímulo ao setor turístico.

Art. 181. O atendimento de requisição de documento ou informação de natureza comercial, feita por autoridade administrativa ou judiciária estrangeira, a pessoa física ou jurídica residente ou domiciliada no País dependerá de autorização do Poder competente.

Capítulo II
DA POLÍTICA URBANA

Art. 182. A política de desenvolvimento urbano, executada pelo Poder Público municipal, conforme diretrizes gerais fixadas em lei, tem por objetivo ordenar o pleno desenvolvimento das funções sociais da cidade e garantir o bem-estar de seus habitantes.

- Regulamento: Lei n. 10.257, de 10-7-2001.

§ 1.º O plano diretor, aprovado pela Câmara Municipal, obrigatório para cidades com mais de vinte mil habitantes, é o instrumento básico da política de desenvolvimento e de expansão urbana.

§ 2.º A propriedade urbana cumpre sua função social quando atende às exigências fundamentais de ordenação da cidade expressas no plano diretor.

§ 3.º As desapropriações de imóveis urbanos serão feitas com prévia e justa indenização em dinheiro.

§ 4.º É facultado ao Poder Público municipal, mediante lei específica para área incluída no plano diretor, exigir, nos termos da lei federal, do proprietário do solo urbano não edificado, subutilizado ou não utilizado, que promova seu adequado aproveitamento, sob pena, sucessivamente, de:

I – parcelamento ou edificação compulsórios;

II – imposto sobre a propriedade predial e territorial urbana progressivo no tempo;

III – desapropriação com pagamento mediante títulos da dívida pública de emissão previamente aprovada pelo Senado Federal, com prazo de resgate de até dez anos, em parcelas anuais, iguais e sucessivas, assegurados o valor real da indenização e os juros legais.

Art. 183. Aquele que possuir como sua área urbana de até duzentos e cinquenta metros quadrados, por cinco anos, ininterruptamente e sem oposição, utilizando-a para sua moradia ou de sua família, adquirir-lhe-á o domínio, desde que não seja proprietário de outro imóvel urbano ou rural.

- Regulamento: Lei n. 10.257, de 10-7-2001.

§ 1.º O título de domínio e a concessão de uso serão conferidos ao homem ou à mulher, ou a ambos, independentemente do estado civil.

- A Medida Provisória n. 2.220, de 4-9-2001, dispõe sobre a concessão de uso especial, de que trata este parágrafo.

§ 2.º Esse direito não será reconhecido ao mesmo possuidor mais de uma vez.

§ 3.º Os imóveis públicos não serão adquiridos por usucapião.

Capítulo III
DA POLÍTICA AGRÍCOLA E FUNDIÁRIA E DA REFORMA AGRÁRIA

- Estatuto da Terra: Lei n. 4.504, de 30-11-1964.
- A Lei n. 8.629, de 25-2-1993, dispõe sobre a regulamentação dos dispositivos constitucionais relativos à reforma agrária prevista neste Capítulo.

Art. 184. Compete à União desapropriar por interesse social, para fins de reforma agrária, o imóvel rural que não esteja cumprindo sua função social, mediante prévia e justa indenização em títulos da dívida agrária, com cláusula de preservação do valor real, resgatáveis no prazo de até vinte anos, a partir do segundo ano de sua emissão, e cuja utilização será definida em lei.

§ 1.º As benfeitorias úteis e necessárias serão indenizadas em dinheiro.

§ 2.º O decreto que declarar o imóvel como de interesse social, para fins de reforma agrária, autoriza a União a propor a ação de desapropriação.

§ 3.º Cabe à lei complementar estabelecer procedimento contraditório especial, de rito sumário, para o processo judicial de desapropriação.

•• A Lei Complementar n. 76, de 6-7-1993, dispõe sobre o procedimento contraditório especial, de rito sumário, para o processo de desapropriação de imóvel rural, por interesse social, para fins de reforma agrária.

§ 4.º O orçamento fixará anualmente o volume total de títulos da dívida agrária, assim como o montante de recursos para atender ao programa de reforma agrária no exercício.

§ 5.º São isentas de impostos federais, estaduais e municipais as operações de transferência de imóveis desapropriados para fins de reforma agrária.

Art. 185. São insuscetíveis de desapropriação para fins de reforma agrária:

I – a pequena e média propriedade rural, assim definida em lei, desde que seu proprietário não possua outra;

II – a propriedade produtiva.

Parágrafo único. A lei garantirá tratamento especial à propriedade produtiva e fixará normas para o cumprimento dos requisitos relativos a sua função social.

Art. 186. A função social é cumprida quando a propriedade rural atende, simultaneamente, segundo critérios e graus de exigência estabelecidos em lei, aos seguintes requisitos:

I – aproveitamento racional e adequado;

II – utilização adequada dos recursos naturais disponíveis e preservação do meio ambiente;

III – observância das disposições que regulam as relações de trabalho;

IV – exploração que favoreça o bem-estar dos proprietários e dos trabalhadores.

Art. 187. A política agrícola será planejada e executada na forma da lei, com a participação efetiva do setor de produção, envolvendo produtores e trabalhadores rurais, bem como dos setores de comercialização, de armazenamento e de transportes, levando em conta, especialmente:

• A Lei n. 8.171, de 17-1-1991, dispõe sobre a Política Agrícola.

I – os instrumentos creditícios e fiscais;

II – os preços compatíveis com os custos de produção e a garantia de comercialização;

III – o incentivo à pesquisa e à tecnologia;

IV – a assistência técnica e extensão rural;

V – o seguro agrícola;

VI – o cooperativismo;

VII – a eletrificação rural e irrigação;

VIII – a habitação para o trabalhador rural.

§ 1.º Incluem-se no planejamento agrícola as atividades agroindustriais, agropecuárias, pesqueiras e florestais.

§ 2.º Serão compatibilizadas as ações de política agrícola e de reforma agrária.

Art. 188. A destinação de terras públicas e devolutas será compatibilizada com a política agrícola e com o plano nacional de reforma agrária.

§ 1.º A alienação ou a concessão, a qualquer título, de terras públicas com área superior a dois mil e quinhentos hectares a pessoa física ou jurídica, ainda que por interposta pessoa, dependerá de prévia aprovação do Congresso Nacional.

§ 2.º Excetuam-se do disposto no parágrafo anterior as alienações ou as concessões de terras públicas para fins de reforma agrária.

Art. 189. Os beneficiários da distribuição de imóveis rurais pela reforma agrária receberão títulos de domínio ou de concessão de uso, inegociáveis pelo prazo de dez anos.

Parágrafo único. O título de domínio e a concessão de uso serão conferidos ao homem ou à mulher, ou a ambos, independentemente

Ordem Social

do estado civil, nos termos e condições previstos em lei.

Art. 190. A lei regulará e limitará a aquisição ou o arrendamento de propriedade rural por pessoa física ou jurídica estrangeira e estabelecerá os casos que dependerão de autorização do Congresso Nacional.

Art. 191. Aquele que, não sendo proprietário de imóvel rural ou urbano, possua como seu, por cinco anos ininterruptos, sem oposição, área de terra, em zona rural, não superior a cinquenta hectares, tornando-a produtiva por seu trabalho ou de sua família, tendo nela sua moradia, adquirir-lhe-á a propriedade.

Parágrafo único. Os imóveis públicos não serão adquiridos por usucapião.

Capítulo IV
DO SISTEMA FINANCEIRO NACIONAL

- Dos crimes contra o sistema financeiro: Lei n. 7.492, de 16-6-1986.
- A Lei n. 9.613, de 3-3-1998, dispõe sobre os crimes de lavagem ou ocultação de bens, direitos e valores, a prevenção da utilização do sistema financeiro para os ilícitos previstos nesta Lei e cria o Conselho de Controle de Atividades Financeiras – COAF, cujo Estatuto foi aprovado pelo Decreto n. 2.799, de 8-10-1998.

Art. 192. O sistema financeiro nacional, estruturado de forma a promover o desenvolvimento equilibrado do País e a servir aos interesses da coletividade, em todas as partes que o compõem, abrangendo as cooperativas de crédito, será regulado por leis complementares que disporão, inclusive, sobre a participação do capital estrangeiro nas instituições que o integram.

•• *Caput* com redação determinada pela Emenda Constitucional n. 40, de 29-5-2003.

I a III – (*Revogados pela Emenda Constitucional n. 40, de 29-5-2003.*)

a) e *b*) (*Revogadas pela Emenda Constitucional n. 40, de 29-5-2003.*)

IV a VIII – (*Revogados pela Emenda Constitucional n. 40, de 29-5-2003.*)

§§ 1.º a 3.º (*Revogados pela Emenda Constitucional n. 40, de 29-5-2003.*)

Título VIII
DA ORDEM SOCIAL

Capítulo I
DISPOSIÇÃO GERAL

Art. 193. A ordem social tem como base o primado do trabalho, e como objetivo o bem-estar e a justiça sociais.

Capítulo II
DA SEGURIDADE SOCIAL

- Organização da seguridade social, Plano de Custeio: Lei n. 8.212, de 24-7-1991, regulamentada pelo Decreto n. 3.048, de 6-5-1999.

Seção I
Disposições Gerais

Art. 194. A seguridade social compreende um conjunto integrado de ações de iniciativa dos Poderes Públicos e da sociedade, destinadas a assegurar os direitos relativos à saúde, à previdência e à assistência social.

Parágrafo único. Compete ao Poder Público, nos termos da lei, organizar a seguridade social, com base nos seguintes objetivos:

I – universalidade da cobertura e do atendimento;

II – uniformidade e equivalência dos benefícios e serviços às populações urbanas e rurais;

III – seletividade e distributividade na prestação dos benefícios e serviços;

IV – irredutibilidade do valor dos benefícios;

V – equidade na forma de participação no custeio;

VI – diversidade da base de financiamento;

VII – caráter democrático e descentralizado da administração, mediante gestão quadripartite, com participação dos trabalhadores, dos

Arts. 194 e 195

empregadores, dos aposentados e do Governo nos órgãos colegiados.

•• Inciso VII com redação determinada pela Emenda Constitucional n. 20, de 15-12-1998.

Art. 195. A seguridade social será financiada por toda a sociedade, de forma direta e indireta, nos termos da lei, mediante recursos provenientes dos orçamentos da União, dos Estados, do Distrito Federal e dos Municípios, e das seguintes contribuições sociais:

• Vide art. 240 da CF.

I – do empregador, da empresa e da entidade a ela equiparada na forma da lei, incidentes sobre:

•• Inciso I, caput, com redação determinada pela Emenda Constitucional n. 20, de 15-12-1998.

a) a folha de salários e demais rendimentos do trabalho pagos ou creditados, a qualquer título, à pessoa física que lhe preste serviço, mesmo sem vínculo empregatício;

•• Alínea a acrescentada pela Emenda Constitucional n. 20, de 15-12-1998.
• Vide art. 114, VIII, da CF.

b) a receita ou o faturamento;

•• Alínea b acrescentada pela Emenda Constitucional n. 20, de 15-12-1998.

c) o lucro;

•• Alínea c acrescentada pela Emenda Constitucional n. 20, de 15-12-1998.

II – do trabalhador e dos demais segurados da previdência social, não incidindo contribuição sobre aposentadoria e pensão concedidas pelo regime geral de previdência social de que trata o art. 201;

•• Inciso II com redação determinada pela Emenda Constitucional n. 20, de 15-12-1998.

III – sobre a receita de concursos de prognósticos;

IV – do importador de bens ou serviços do exterior, ou de quem a lei a ele equiparar.

•• Inciso IV acrescentado pela Emenda Constitucional n. 42, de 19-12-2003.

Ordem Social

§ 1.º As receitas dos Estados, do Distrito Federal e dos Municípios destinadas à seguridade social constarão dos respectivos orçamentos, não integrando o orçamento da União.

§ 2.º A proposta de orçamento da seguridade social será elaborada de forma integrada pelos órgãos responsáveis pela saúde, previdência social e assistência social, tendo em vista as metas e prioridades estabelecidas na lei de diretrizes orçamentárias, assegurada a cada área a gestão de seus recursos.

§ 3.º A pessoa jurídica em débito com o sistema da seguridade social, como estabelecido em lei, não poderá contratar com o Poder Público nem dele receber benefícios ou incentivos fiscais ou creditícios.

§ 4.º A lei poderá instituir outras fontes destinadas a garantir a manutenção ou expansão da seguridade social, obedecido o disposto no art. 154, I.

• A Lei n. 9.876, de 26-11-1999, dispõe sobre a contribuição previdenciária do contribuinte individual e o cálculo do benefício.

§ 5.º Nenhum benefício ou serviço da seguridade social poderá ser criado, majorado ou estendido sem a correspondente fonte de custeio total.

§ 6.º As contribuições sociais de que trata este artigo só poderão ser exigidas após decorridos noventa dias da data da publicação da lei que as houver instituído ou modificado, não se lhes aplicando o disposto no art. 150, III, b.

• Vide arts. 74, § 4.º, e 75, § 1.º, do ADCT.
• Vide Súmula Vinculante 50 do STF.

§ 7.º São isentas de contribuição para a seguridade social as entidades beneficentes de assistência social que atendam às exigências estabelecidas em lei.

§ 8.º O produtor, o parceiro, o meeiro e o arrendatário rurais e o pescador artesanal, bem como os respectivos cônjuges, que exerçam suas atividades em regime de economia familiar, sem

Ordem Social

Arts. 195 a 198

empregados permanentes, contribuirão para a seguridade social mediante a aplicação de uma alíquota sobre o resultado da comercialização da produção e farão jus aos benefícios nos termos da lei.

•• § 8.º com redação determinada pela Emenda Constitucional n. 20, de 15-12-1998.

§ 9.º As contribuições sociais previstas no inciso I do *caput* deste artigo poderão ter alíquotas ou bases de cálculo diferenciadas, em razão da atividade econômica, da utilização intensiva de mão de obra, do porte da empresa ou da condição estrutural do mercado de trabalho.

•• § 9.º com redação determinada pela Emenda Constitucional n. 47, de 5-7-2005, em vigor na data de sua publicação, com efeitos retroativos à data de vigência da Emenda Constitucional n. 41, de 19-12-2003 (*DOU* de 31-12-2003).

§ 10. A lei definirá os critérios de transferência de recursos para o sistema único de saúde e ações de assistência social da União para os Estados, o Distrito Federal e os Municípios, e dos Estados para os Municípios, observada a respectiva contrapartida de recursos.

•• § 10 acrescentado pela Emenda Constitucional n. 20, de 15-12-1998.

§ 11. É vedada a concessão de remissão ou anistia das contribuições sociais de que tratam os incisos I, *a*, e II deste artigo, para débitos em montante superior ao fixado em lei complementar.

•• § 11 acrescentado pela Emenda Constitucional n. 20, de 15-12-1998.

§ 12. A lei definirá os setores de atividade econômica para os quais as contribuições incidentes na forma dos incisos I, *b*; e IV do *caput*, serão não cumulativas.

•• § 12 acrescentado pela Emenda Constitucional n. 42, de 19-12-2003.

§ 13. Aplica-se o disposto no § 12 inclusive na hipótese de substituição gradual, total ou parcial, da contribuição incidente na forma do inciso I, *a*, pela incidente sobre a receita ou o faturamento.

•• § 13 acrescentado pela Emenda Constitucional n. 42, de 19-12-2003.

Seção II
Da Saúde

• Promoção gratuita da saúde por meio de organizações da sociedade civil de interesse público: Lei n. 9.790, de 23-3-1999.

Art. 196. A saúde é direito de todos e dever do Estado, garantido mediante políticas sociais e econômicas que visem à redução do risco de doença e de outros agravos e ao acesso universal igualitário às ações e serviços para sua promoção, proteção e recuperação.

Art. 197. São de relevância pública as ações e serviços de saúde, cabendo ao Poder Público dispor, nos termos da lei, sobre sua regulamentação, fiscalização e controle, devendo sua execução ser feita diretamente ou através de terceiros e, também, por pessoa física ou jurídica de direito privado.

Art. 198. As ações e serviços públicos de saúde integram uma rede regionalizada e hierarquizada e constituem um sistema único, organizado de acordo com as seguintes diretrizes:

I – descentralização, com direção única em cada esfera de governo;

II – atendimento integral, com prioridade para as atividades preventivas, sem prejuízo dos serviços assistenciais;

III – participação da comunidade.

§ 1.º O sistema único de saúde será financiado, nos termos do art. 195, com recursos do orçamento da seguridade social, da União, dos Estados, do Distrito Federal e dos Municípios, além de outras fontes.

•• Primitivo parágrafo único renumerado pela Emenda Constitucional n. 29, de 13-9-2000.

§ 2.º A União, os Estados, o Distrito Federal e os Municípios aplicarão, anualmente, em ações e serviços públicos de saúde recursos mínimos derivados da aplicação de percentuais calculados sobre:

•• § 2.º, *caput*, acrescentado pela Emenda Constitucional n. 29, de 13-9-2000.

Arts. 198 e 199 — Ordem Social

I – no caso da União, a receita corrente líquida do respectivo exercício financeiro, não podendo ser inferior a 15% (quinze por cento);

•• Inciso I com redação determinada pela Emenda Constitucional n. 86, de 17-3-2015, produzindo efeitos a partir da execução orçamentária do exercício de 2014.

•• *Vide* arts. 2.º e 3.º da Emenda Constitucional n. 86, de 17-3-2015.

II – no caso dos Estados e do Distrito Federal, o produto da arrecadação dos impostos a que se refere o art. 155 e dos recursos de que tratam os arts. 157 e 159, I, a, e inciso II, deduzidas as parcelas que forem transferidas aos respectivos Municípios;

•• Inciso II acrescentado pela Emenda Constitucional n. 29, de 13-9-2000.

III – no caso dos Municípios e do Distrito Federal, o produto da arrecadação dos impostos a que se refere o art. 156 e dos recursos de que tratam os arts. 158 e 159, I, b e § 3.º.

•• Inciso III acrescentado pela Emenda Constitucional n. 29, de 13-9-2000.

§ 3.º Lei complementar, que será reavaliada pelo menos a cada cinco anos, estabelecerá:

•• § 3.º, *caput*, acrescentado pela Emenda Constitucional n. 29, de 13-9-2000.

•• § 3.º regulamentado pela Lei Complementar n. 141, de 13-1-2012.

I – os percentuais de que tratam os incisos II e III do § 2.º;

•• Inciso I com redação determinada pela Emenda Constitucional n. 86, de 17-3-2015, produzindo efeitos a partir da execução orçamentária do exercício de 2014.

II – os critérios de rateio dos recursos da União vinculados à saúde destinados aos Estados, ao Distrito Federal e aos Municípios, e dos Estados destinados a seus respectivos Municípios, objetivando a progressiva redução das disparidades regionais;

•• Inciso II acrescentado pela Emenda Constitucional n. 29, de 13-9-2000.

III – as normas de fiscalização, avaliação e controle das despesas com saúde nas esferas federal, estadual, distrital e municipal;

•• Inciso III acrescentado pela Emenda Constitucional n. 29, de 13-9-2000.

IV – (*Revogado pela Emenda Constitucional n. 86, de 17-3-2015, produzindo efeitos a partir da execução orçamentária do exercício de 2014.*)

§ 4.º Os gestores locais do sistema único de saúde poderão admitir agentes comunitários de saúde e agentes de combate às endemias por meio de processo seletivo público, de acordo com a natureza e complexidade de suas atribuições e requisitos específicos para sua atuação.

•• § 4.º acrescentado pela Emenda Constitucional n. 51, de 14-2-2006.

•• *Vide* art. 2.º, parágrafo único, da Emenda Constitucional n. 51, de 14-2-2006.

§ 5.º Lei federal disporá sobre o regime jurídico, o piso salarial profissional nacional, as diretrizes para os Planos de Carreira e a regulamentação das atividades de agente comunitário de saúde e agente de combate às endemias, competindo à União, nos termos da lei, prestar assistência financeira complementar aos Estados, ao Distrito Federal e aos Municípios, para o cumprimento do referido piso salarial.

•• § 5.º com redação determinada pela Emenda Constitucional n. 63, de 4-2-2010.

•• § 5.º regulamentado pela Lei n. 11.350, de 5-10-2006.

§ 6.º Além das hipóteses previstas no § 1.º do art. 41 e no § 4.º do art. 169 da Constituição Federal, o servidor que exerça funções equivalentes às de agente comunitário de saúde ou agente de combate às endemias poderá perder o cargo em caso de descumprimento dos requisitos específicos, fixados em lei, para o seu exercício.

•• § 6.º acrescentado pela Emenda Constitucional n. 51, de 14-2-2006.

Art. 199. A assistência à saúde é livre à iniciativa privada.

• Planos e seguros privados de assistência à saúde: Lei n. 9.656, de 3-6-1998.

§ 1.º As instituições privadas poderão participar de forma complementar do sistema único

Ordem Social

de saúde, segundo diretrizes deste, mediante contrato de direito público ou convênio, tendo preferência as entidades filantrópicas e as sem fins lucrativos.

§ 2.º É vedada a destinação de recursos públicos para auxílios ou subvenções às instituições privadas com fins lucrativos.

§ 3.º É vedada a participação direta ou indireta de empresas ou capitais estrangeiros na assistência à saúde no País, salvo nos casos previstos em lei.

§ 4.º A lei disporá sobre as condições e os requisitos que facilitem a remoção de órgãos, tecidos e substâncias humanas para fins de transplante, pesquisa e tratamento, bem como a coleta, processamento e transfusão de sangue e seus derivados, sendo vedado todo tipo de comercialização.

•• Regulamento: Lei n. 10.205, de 21-3-2001.
• Lei n. 9.434, de 4-2-1997, e Decreto n. 2.268, de 30-6-1997: Remoção de órgãos, tecidos e partes do corpo humano para transplante e tratamento.

Art. 200. Ao sistema único de saúde compete, além de outras atribuições, nos termos da lei:

• Sistema Único de Saúde – SUS: Leis n. 8.080, de 19-9-1990, e n. 8.142, de 28-12-1990.

I – controlar e fiscalizar procedimentos, produtos e substâncias de interesse para a saúde e participar da produção de medicamentos, equipamentos, imunobiológicos, hemoderivados e outros insumos;

II – executar as ações de vigilância sanitária e epidemiológica, bem como as de saúde do trabalhador;

III – ordenar a formação de recursos humanos na área de saúde;

IV – participar da formulação da política e da execução das ações de saneamento básico;

V – incrementar, em sua área de atuação, o desenvolvimento científico e tecnológico e a inovação;

•• Inciso V com redação determinada pela Emenda Constitucional n. 85, de 26-2-2015.

VI – fiscalizar e inspecionar alimentos, compreendido o controle de seu teor nutricional, bem como bebidas e águas para consumo humano;

VII – participar do controle e fiscalização da produção, transporte, guarda e utilização de substâncias e produtos psicoativos, tóxicos e radioativos;

VIII – colaborar na proteção do meio ambiente, nele compreendido o do trabalho.

Seção III
Da Previdência Social

• Planos de benefícios da previdência social: Lei n. 8.213, de 24-7-1991, regulamentada pelo Decreto n. 3.048, de 6-5-1999.

Art. 201. A previdência social será organizada sob a forma de regime geral, de caráter contributivo e de filiação obrigatória, observados critérios que preservem o equilíbrio financeiro e atuarial, e atenderá, nos termos da lei, a:

•• Caput com redação determinada pela Emenda Constitucional n. 20, de 15-12-1998.
• Vide art. 14 da Emenda Constitucional n. 20, de 15-12-1998.
• Vide art. 4.º, parágrafo único, da Emenda Constitucional n. 41, de 19-12-2003.

I – cobertura dos eventos de doença, invalidez, morte e idade avançada;

•• Inciso I com redação determinada pela Emenda Constitucional n. 20, de 15-12-1998.

II – proteção à maternidade, especialmente à gestante;

•• Inciso II com redação determinada pela Emenda Constitucional n. 20, de 15-12-1998.

III – proteção ao trabalhador em situação de desemprego involuntário;

•• Inciso III com redação determinada pela Emenda Constitucional n. 20, de 15-12-1998.
•• A Lei n. 7.998, de 11-1-1990, regulamenta o Programa do Seguro-Desemprego, o Abono Salarial, e instituiu o Fundo de Amparo ao Trabalhador.

IV – salário-família e auxílio-reclusão para os dependentes dos segurados de baixa renda;

• Inciso IV com redação determinada pela Emenda Constitucional n. 20, de 15-12-1998.

Art. 201 — Ordem Social

V – pensão por morte do segurado, homem ou mulher, ao cônjuge ou companheiro e dependentes, observado o disposto no § 2.º.

•• Inciso V com redação determinada pela Emenda Constitucional n. 20, de 15-12-1998.

§ 1.º É vedada a adoção de requisitos e critérios diferenciados para a concessão de aposentadoria aos beneficiários do regime geral de previdência social, ressalvados os casos de atividades exercidas sob condições especiais que prejudiquem a saúde ou a integridade física e quando se tratar de segurados portadores de deficiência, nos termos definidos em lei complementar.

•• § 1.º com redação determinada pela Emenda Constitucional n. 47, de 5-7-2005, em vigor na data de sua publicação, com efeitos retroativos à data de vigência da Emenda Constitucional n. 41, de 19-12-2003 (DOU de 31-12-2003).

•• § 1.º regulamentado pela Lei Complementar n. 142, de 8-5-2013, no tocante à aposentadoria da pessoa com deficiência segurada do Regime Geral de Previdência Social – RGPS.

• Vide art. 15 da Emenda Constitucional n. 20, de 15-12-1998.

§ 2.º Nenhum benefício que substitua o salário de contribuição ou o rendimento do trabalho do segurado terá valor mensal inferior ao salário mínimo.

•• § 2.º com redação determinada pela Emenda Constitucional n. 20, de 15-12-1998.

§ 3.º Todos os salários de contribuição considerados para o cálculo de benefício serão devidamente atualizados, na forma da lei.

•• § 3.º com redação determinada pela Emenda Constitucional n. 20, de 15-12-1998.

§ 4.º É assegurado o reajustamento dos benefícios para preservar-lhes, em caráter permanente, o valor real, conforme critérios definidos em lei.

•• § 4.º com redação determinada pela Emenda Constitucional n. 20, de 15-12-1998.

§ 5.º É vedada a filiação ao regime geral de previdência social, na qualidade de segurado facultativo, de pessoa participante de regime próprio de previdência.

•• § 5.º com redação determinada pela Emenda Constitucional n. 20, de 15-12-1998.

§ 6.º A gratificação natalina dos aposentados e pensionistas terá por base o valor dos proventos do mês de dezembro de cada ano.

•• § 6.º com redação determinada pela Emenda Constitucional n. 20, de 15-12-1998.

§ 7.º É assegurada aposentadoria no regime geral de previdência social, nos termos da lei, obedecidas as seguintes condições:

•• § 7.º, caput, com redação determinada pela Emenda Constitucional n. 20, de 15-12-1998.

I – 35 (trinta e cinco) anos de contribuição, se homem, e 30 (trinta) anos de contribuição, se mulher;

•• Inciso I acrescentado pela Emenda Constitucional n. 20, de 15-12-1998.

II – 65 (sessenta e cinco) anos de idade, se homem, e 60 (sessenta) anos de idade, se mulher, reduzido em 5 (cinco) anos o limite para os trabalhadores rurais de ambos os sexos e para os que exerçam suas atividades em regime de economia familiar, nestes incluídos o produtor rural, o garimpeiro e o pescador artesanal.

•• Inciso II acrescentado pela Emenda Constitucional n. 20, de 15-12-1998.

• A Lei n. 11.685, de 2-6-2008, instituiu o Estatuto do Garimpeiro.

§ 8.º Os requisitos a que se refere o inciso I do parágrafo anterior serão reduzidos em 5 (cinco) anos, para o professor que comprove exclusivamente tempo de efetivo exercício das funções de magistério na educação infantil e no ensino fundamental e médio.

•• § 8.º com redação determinada pela Emenda Constitucional n. 20, de 15-12-1998.

§ 9.º Para efeito de aposentadoria, é assegurada a contagem recíproca do tempo de contribuição na administração pública e na atividade privada, rural e urbana, hipótese em que os diversos regimes de previdência social se compensarão financeiramente, segundo critérios estabelecidos em lei.

Ordem Social

Arts. 201 e 202

•• § 9.º acrescentado pela Emenda Constitucional n. 20, de 15-12-1998.

• A Lei n. 9.796, de 5-5-1999, dispõe sobre a compensação financeira entre o Regime Geral de Previdência Social e os Regimes de Previdência dos Servidores da União, dos Estados, do Distrito Federal e dos Municípios nos casos de contagem recíproca de tempo de contribuição para efeito de aposentadoria.

§ 10. Lei disciplinará a cobertura do risco de acidente do trabalho, a ser atendida concorrentemente pelo regime geral de previdência social e pelo setor privado.

•• § 10 acrescentado pela Emenda Constitucional n. 20, de 15-12-1998.

§ 11. Os ganhos habituais do empregado, a qualquer título, serão incorporados ao salário para efeito de contribuição previdenciária e consequente repercussão em benefícios, nos casos e na forma da lei.

•• § 11 acrescentado pela Emenda Constitucional n. 20, de 15-12-1998.

§ 12. Lei disporá sobre sistema especial de inclusão previdenciária para atender a trabalhadores de baixa renda e àqueles sem renda própria que se dediquem exclusivamente ao trabalho doméstico no âmbito de sua residência, desde que pertencentes a famílias de baixa renda, garantindo-lhes acesso a benefícios de valor igual a um salário mínimo.

•• § 12 com redação determinada pela Emenda Constitucional n. 47, de 5-7-2005, em vigor na data de sua publicação, com efeitos retroativos à data de vigência da Emenda Constitucional n. 41, de 19-12-2003.

§ 13. O sistema especial de inclusão previdenciária de que trata o § 12 deste artigo terá alíquotas e carências inferiores às vigentes para os demais segurados do regime geral de previdência social.

•• § 13 acrescentado pela Emenda Constitucional n. 47, de 5-7-2005, em vigor na data de sua publicação, com efeitos retroativos à data de vigência da Emenda Constitucional n. 41, de 19-12-2003.

Art. 202. O regime de previdência privada, de caráter complementar e organizado de forma autônoma em relação ao regime geral de previdência social, será facultativo, baseado na constituição de reservas que garantam o benefício contratado, e regulado por lei complementar.

• *Caput* com redação determinada pela Emenda Constitucional n. 20, de 15-12-1998.

• *Vide* art. 7.º da Emenda Constitucional n. 20, de 15-12-1998.

• Regime de Previdência Complementar: Lei Complementar n. 109, de 29-5-2001.

§ 1.º A lei complementar de que trata este artigo assegurará ao participante de planos de benefícios de entidades de previdência privada o pleno acesso às informações relativas à gestão de seus respectivos planos.

•• § 1.º com redação determinada pela Emenda Constitucional n. 20, de 15-12-1998.

§ 2.º As contribuições do empregador, os benefícios e as condições contratuais previstas nos estatutos, regulamentos e planos de benefícios das entidades de previdência privada não integram o contrato de trabalho dos participantes, assim como, à exceção dos benefícios concedidos, não integram a remuneração dos participantes, nos termos da lei.

•• § 2.º com redação determinada pela Emenda Constitucional n. 20, de 15-12-1998.

§ 3.º É vedado o aporte de recursos a entidade de previdência privada pela União, Estados, Distrito Federal e Municípios, suas autarquias, fundações, empresas públicas, sociedades de economia mista e outras entidades públicas, salvo na qualidade de patrocinador, situação na qual, em hipótese alguma, sua contribuição normal poderá exceder a do segurado.

•• § 3.º acrescentado pela Emenda Constitucional n. 20, de 15-12-1998.

•• Regulamento: Lei Complementar n. 108, de 29-5-2001.

• *Vide* art. 5.º da Emenda Constitucional n. 20, de 15-12-1998.

§ 4.º Lei complementar disciplinará a relação entre a União, Estados, Distrito Federal ou Municípios, inclusive suas autarquias, fundações, sociedades de economia mista e empresas controladas direta ou indiretamente, en-

Arts. 202 a 204 — Ordem Social

quanto patrocinadoras de entidades fechadas de previdência privada, e suas respectivas entidades fechadas de previdência privada.

- § 4.º acrescentado pela Emenda Constitucional n. 20, de 15-12-1998.
- Regulamento: Lei Complementar n. 108, de 29-5-2001.
- Vide art. 40, § 14, da CF.

§ 5.º A lei complementar de que trata o parágrafo anterior aplicar-se-á, no que couber, às empresas privadas permissionárias ou concessionárias de prestação de serviços públicos, quando patrocinadoras de entidades fechadas de previdência privada.

- § 5.º acrescentado pela Emenda Constitucional n. 20, de 15-12-1998.
- Regulamento: Lei Complementar n. 108, de 29-5-2001.

§ 6.º A lei complementar a que se refere o § 4.º deste artigo estabelecerá os requisitos para a designação dos membros das diretorias das entidades fechadas de previdência privada e disciplinará a inserção dos participantes nos colegiados e instâncias de decisão em que seus interesses sejam objeto de discussão e deliberação.

- § 6.º acrescentado pela Emenda Constitucional n. 20, de 15-12-1998.
- Regulamento: Lei Complementar n. 108, de 29-5-2001.

Seção IV
Da Assistência Social

- A Lei n. 8.742, de 7-12-1993, dispõe sobre a organização da Assistência Social.

Art. 203. A assistência social será prestada a quem dela necessitar, independentemente de contribuição à seguridade social, e tem por objetivos:

I – a proteção à família, à maternidade, à infância, à adolescência e à velhice;

II – o amparo às crianças e adolescentes carentes;

III – a promoção da integração ao mercado de trabalho;

IV – a habilitação e reabilitação das pessoas portadoras de deficiência e a promoção de sua integração à vida comunitária;

V – a garantia de um salário mínimo de benefício mensal à pessoa portadora de deficiência e ao idoso que comprovem não possuir meios de prover à própria manutenção ou de tê-la provida por sua família, conforme dispuser a lei.

- Estatuto do Idoso: Lei n. 10.741, de 1.º-10-2003.

Art. 204. As ações governamentais na área da assistência social serão realizadas com recursos do orçamento da seguridade social, previstos no art. 195, além de outras fontes, e organizadas com base nas seguintes diretrizes:

I – descentralização político-administrativa, cabendo a coordenação e as normas gerais à esfera federal e a coordenação e a execução dos respectivos programas às esferas estadual e municipal, bem como a entidades beneficentes e de assistência social;

II – participação da população, por meio de organizações representativas, na formulação das políticas e no controle das ações em todos os níveis.

Parágrafo único. É facultado aos Estados e ao Distrito Federal vincular a programa de apoio à inclusão e promoção social até cinco décimos por cento de sua receita tributária líquida, vedada a aplicação desses recursos no pagamento de:

- Parágrafo único, caput, acrescentado pela Emenda Constitucional n. 42, de 19-12-2003.

I – despesas com pessoal e encargos sociais;

- Inciso I acrescentado pela Emenda Constitucional n. 42, de 19-12-2003.

II – serviço da dívida;

- Inciso II acrescentado pela Emenda Constitucional n. 42, de 19-12-2003.

III – qualquer outra despesa corrente não vinculada diretamente aos investimentos ou ações apoiados.

- Inciso III acrescentado pela Emenda Constitucional n. 42, de 19-12-2003.

Ordem Social

Capítulo III
DA EDUCAÇÃO, DA CULTURA E DO DESPORTO

Seção I
Da Educação

- •• Lei de Diretrizes e Bases da Educação Nacional: Lei n. 9.394, de 20-12-1996.
- • A Lei n. 11.274, de 6-2-2006, fixa a idade de 6 (seis) anos para o início do ensino fundamental obrigatório e altera para 9 (nove) anos seu período de duração.
- • Lei do Estágio: Lei n. 11.788, de 25-9-2008.

Art. 205. A educação, direito de todos e dever do Estado e da família, será promovida e incentivada com a colaboração da sociedade, visando ao pleno desenvolvimento da pessoa, seu preparo para o exercício da cidadania e sua qualificação para o trabalho.

Art. 206. O ensino será ministrado com base nos seguintes princípios:

I – igualdade de condições para o acesso e permanência na escola;

II – liberdade de aprender, ensinar, pesquisar e divulgar o pensamento, a arte e o saber;

III – pluralismo de ideias e de concepções pedagógicas, e coexistência de instituições públicas e privadas de ensino;

IV – gratuidade do ensino público em estabelecimentos oficiais;

V – valorização dos profissionais da educação escolar, garantidos, na forma da lei, planos de carreira, com ingresso exclusivamente por concurso público de provas e títulos, aos das redes públicas;

- •• Inciso V com redação determinada pela Emenda Constitucional n. 53, de 19-12-2006.

VI – gestão democrática do ensino público, na forma da lei;

VII – garantia de padrão de qualidade;

VIII – piso salarial profissional nacional para os profissionais da educação escolar pública, nos termos de lei federal.

- •• Inciso VIII acrescentado pela Emenda Constitucional n. 53, de 19-12-2006.

Parágrafo único. A lei disporá sobre as categorias de trabalhadores considerados profissionais da educação básica e sobre a fixação de prazo para a elaboração ou adequação de seus planos de carreira, no âmbito da União, dos Estados, do Distrito Federal e dos Municípios.

- •• Parágrafo único acrescentado pela Emenda Constitucional n. 53, de 19-12-2006.

Art. 207. As universidades gozam de autonomia didático-científica, administrativa e de gestão financeira e patrimonial, e obedecerão ao princípio de indissociabilidade entre ensino, pesquisa e extensão.

- • O Decreto n. 7.233, de 19-7-2010, dispõe sobre procedimentos orçamentários e financeiros relacionados à autonomia universitária, e dá outras providências.

§ 1.º É facultado às universidades admitir professores, técnicos e cientistas estrangeiros, na forma da lei.

- •• § 1.º acrescentado pela Emenda Constitucional n. 11, de 30-4-1996.

§ 2.º O disposto neste artigo aplica-se às instituições de pesquisa científica e tecnológica.

- •• § 2.º acrescentado pela Emenda Constitucional n. 11, de 30-4-1996.

Art. 208. O dever do Estado com a educação será efetivado mediante a garantia de:

I – educação básica obrigatória e gratuita dos 4 (quatro) aos 17 (dezessete) anos de idade, assegurada inclusive sua oferta gratuita para todos os que a ela não tiveram acesso na idade própria;

- •• Inciso I com redação determinada pela Emenda Constitucional n. 59, de 11-11-2009.
- • *Vide* art. 6.º da Emenda Constitucional n. 59, de 11-11-2009.

II – progressiva universalização do ensino médio gratuito;

- •• Inciso II com redação determinada pela Emenda Constitucional n. 14, de 12-9-1996.

III – atendimento educacional especializado aos portadores de deficiência, preferencialmente na rede regular de ensino;

- • O Decreto n. 7.611, de 17-11-2011, dispõe sobre a educação especial, o atendimento educacional especializado e dá outras providências.

IV – educação infantil, em creche e pré-escola, às crianças até 5 (cinco) anos de idade;

•• Inciso IV com redação determinada pela Emenda Constitucional n. 53, de 19-12-2006.

V – acesso aos níveis mais elevados do ensino, da pesquisa e da criação artística, segundo a capacidade de cada um;

VI – oferta de ensino noturno regular, adequado às condições do educando;

VII – atendimento ao educando, em todas as etapas da educação básica, por meio de programas suplementares de material didático-escolar, transporte, alimentação e assistência à saúde.

•• Inciso VII com redação determinada pela Emenda Constitucional n. 59, de 11-11-2009.

§ 1.º O acesso ao ensino obrigatório e gratuito é direito público subjetivo.

§ 2.º O não oferecimento do ensino obrigatório pelo Poder Público, ou sua oferta irregular, importa responsabilidade da autoridade competente.

§ 3.º Compete ao Poder Público recensear os educandos no ensino fundamental, fazer-lhes a chamada e zelar, junto aos pais ou responsáveis, pela frequência à escola.

Art. 209. O ensino é livre à iniciativa privada, atendidas as seguintes condições:

I – cumprimento das normas gerais da educação nacional;

II – autorização e avaliação de qualidade pelo Poder Público.

Art. 210. Serão fixados conteúdos mínimos para o ensino fundamental, de maneira a assegurar formação básica comum e respeito aos valores culturais e artísticos, nacionais e regionais.

§ 1.º O ensino religioso, de matrícula facultativa, constituirá disciplina dos horários normais das escolas públicas de ensino fundamental.

§ 2.º O ensino fundamental regular será ministrado em língua portuguesa, assegurada às comunidades indígenas também a utilização de suas línguas maternas e processos próprios de aprendizagem.

Art. 211. A União, os Estados, o Distrito Federal e os Municípios organizarão em regime de colaboração seus sistemas de ensino.

• Vide art. 60 e §§ do ADCT.

§ 1.º A União organizará o sistema federal de ensino e o dos Territórios, financiará as instituições de ensino públicas federais e exercerá, em matéria educacional, função redistributiva e supletiva, de forma a garantir equalização de oportunidades educacionais e padrão mínimo de qualidade do ensino mediante assistência técnica e financeira aos Estados, ao Distrito Federal e aos Municípios.

•• § 1.º com redação determinada pela Emenda Constitucional n. 14, de 12-9-1996.

§ 2.º Os Municípios atuarão prioritariamente no ensino fundamental e na educação infantil.

•• § 2.º com redação determinada pela Emenda Constitucional n. 14, de 12-9-1996.

§ 3.º Os Estados e o Distrito Federal atuarão prioritariamente no ensino fundamental e médio.

•• § 3.º acrescentado pela Emenda Constitucional n. 14, de 12-9-1996.

§ 4.º Na organização de seus sistemas de ensino, a União, os Estados, o Distrito Federal e os Municípios definirão formas de colaboração, de modo a assegurar a universalização do ensino obrigatório.

•• § 4.º com redação determinada pela Emenda Constitucional n. 59, de 11-11-2009.

§ 5.º A educação básica pública atenderá prioritariamente ao ensino regular.

•• § 5.º acrescentado pela Emenda Constitucional n. 53, de 19-12-2006.

Art. 212. A União aplicará, anualmente, nunca menos de dezoito, e os Estados, o Distrito Federal e os Municípios vinte e cinco por cento, no mínimo, da receita resultante de impostos, compreendida a proveniente de transferências, na manutenção e desenvolvimento do ensino.

• Vide arts. 60 e 72, §§ 2.º e 3.º, do ADCT.

§ 1.º A parcela da arrecadação de impostos transferida pela União aos Estados, ao Distrito Federal e aos Municípios, ou pelos Estados aos

Ordem Social

Arts. 212 a 214

respectivos Municípios, não é considerada, para efeito do cálculo previsto neste artigo, receita do governo que a transferir.

§ 2.º Para efeito do cumprimento do disposto no *caput* deste artigo, serão considerados os sistemas de ensino federal, estadual e municipal e os recursos aplicados na forma do art. 213.

§ 3.º A distribuição dos recursos públicos assegurará prioridade ao atendimento das necessidades do ensino obrigatório, no que se refere a universalização, garantia de padrão de qualidade e equidade, nos termos do plano nacional de educação.

•• § 3.º com redação determinada pela Emenda Constitucional n. 59, de 11-11-2009.

§ 4.º Os programas suplementares de alimentação e assistência à saúde previstos no art. 208, VII, serão financiados com recursos provenientes de contribuições sociais e outros recursos orçamentários.

§ 5.º A educação básica pública terá como fonte adicional de financiamento a contribuição social do salário-educação, recolhida pelas empresas na forma da lei.

•• § 5.º com redação determinada pela Emenda Constitucional n. 53, de 19-12-2006.
•• § 5.º regulamentado pelo Decreto n. 6.003, de 28-12-2006.
• *Vide* art. 76, § 2.º, do ADCT.
• A Lei n. 9.766, de 18-12-1998, regulamenta o salário-educação.

§ 6.º As cotas estaduais e municipais da arrecadação da contribuição social do salário-educação serão distribuídas proporcionalmente ao número de alunos matriculados na educação básica nas respectivas redes públicas de ensino.

•• § 6.º acrescentado pela Emenda Constitucional n. 53, de 19-12-2006.

Art. 213. Os recursos públicos serão destinados às escolas públicas, podendo ser dirigidos a escolas comunitárias, confessionais ou filantrópicas, definidas em lei, que:

• *Vide* art. 61 do ADCT.

I – comprovem finalidade não lucrativa e apliquem seus excedentes financeiros em educação;

II – assegurem a destinação de seu patrimônio a outra escola comunitária, filantrópica ou confessional, ou ao Poder Público, no caso de encerramento de suas atividades.

§ 1.º Os recursos de que trata este artigo poderão ser destinados a bolsas de estudo para o ensino fundamental e médio, na forma da lei, para os que demonstrarem insuficiência de recursos, quando houver falta de vagas e cursos regulares da rede pública na localidade da residência do educando, ficando o Poder Público obrigado a investir prioritariamente na expansão de sua rede na localidade.

§ 2.º As atividades de pesquisa, de extensão e de estímulo e fomento à inovação realizadas por universidades e/ou por instituições de educação profissional e tecnológica poderão receber apoio financeiro do Poder Público.

•• § 2.º com redação determinada pela Emenda Constitucional n. 85, de 26-2-2015.

Art. 214. A lei estabelecerá o plano nacional de educação, de duração decenal, com o objetivo de articular o sistema nacional de educação em regime de colaboração e definir diretrizes, objetivos, metas e estratégias de implementação para assegurar a manutenção e desenvolvimento do ensino em seus diversos níveis, etapas e modalidades por meio de ações integradas dos poderes públicos das diferentes esferas federativas que conduzam a:

•• *Caput* com redação determinada pela Emenda Constitucional n. 59, de 11-11-2009.

I – erradicação do analfabetismo;

II – universalização do atendimento escolar;

III – melhoria da qualidade do ensino;

IV – formação para o trabalho;

V – promoção humanística, científica e tecnológica do País;

VI – estabelecimento de meta de aplicação de recursos públicos em educação como proporção do produto interno bruto.

•• Inciso VI acrescentado pela Emenda Constitucional n. 59, de 11-11-2009.

Seção II
Da Cultura

- A Lei n. 8.313, de 23-12-1991, regulamentada pelo Decreto n. 5.761, de 27-4-2006, institui o Programa Nacional de Apoio à Cultura – PRONAC.
- A Lei n. 8.685, de 20-7-1993, cria mecanismo de fomento a atividade audiovisual.

Art. 215. O Estado garantirá a todos o pleno exercício dos direitos culturais e acesso às fontes da cultura nacional, e apoiará e incentivará a valorização e a difusão das manifestações culturais.

- A Lei n. 13.018, de 22-7-2014, institui a Política Nacional de Cultura Viva.

§ 1.º O Estado protegerá as manifestações das culturas populares, indígenas e afro-brasileiras, e das de outros grupos participantes do processo civilizatório nacional.

§ 2.º A lei disporá sobre a fixação de datas comemorativas de alta significação para os diferentes segmentos étnicos nacionais.

§ 3.º A lei estabelecerá o Plano Nacional de Cultura, de duração plurianual, visando ao desenvolvimento cultural do País e à integração das ações do poder público que conduzem à:

•• A Lei n. 12.343, de 2-12-2010, institui o Plano Nacional de Cultura – PNC; cria o Sistema Nacional de Informações e Indicadores Culturais – SNIIC e dá outras providências.

I – defesa e valorização do patrimônio cultural brasileiro;

II – produção, promoção e difusão de bens culturais;

III – formação de pessoal qualificado para a gestão da cultura em suas múltiplas dimensões;

IV – democratização do acesso aos bens de cultura;

V – valorização da diversidade étnica e regional.

•• § 3.º acrescentado pela Emenda Constitucional n. 48, de 10-8-2005.

Art. 216. Constituem patrimônio cultural brasileiro os bens de natureza material e imaterial, tomados individualmente ou em conjunto, portadores de referência à identidade, à ação, à memória dos diferentes grupos formadores da sociedade brasileira, nos quais se incluem:

- A Lei n. 12.840, de 9-7-2013, dispõe sobre a destinação dos bens de valor cultural, artístico ou histórico aos museus.

I – as formas de expressão;

II – os modos de criar, fazer e viver;

III – as criações científicas, artísticas e tecnológicas;

IV – as obras, objetos, documentos, edificações e demais espaços destinados às manifestações artístico-culturais;

V – os conjuntos urbanos e sítios de valor histórico, paisagístico, artístico, arqueológico, paleontológico, ecológico e científico.

§ 1.º O Poder Público, com a colaboração da comunidade, promoverá e protegerá o patrimônio cultural brasileiro, por meio de inventários, registros, vigilância, tombamento e desapropriação, e de outras formas de acautelamento e preservação.

§ 2.º Cabem à administração pública, na forma da lei, a gestão da documentação governamental e as providências para franquear sua consulta a quantos dela necessitem.

•• A Lei n. 12.527, de 18-11-2011, regulamentada pelo Decreto n. 7.724, de 16-5-2012, regula o acesso a informações previsto neste parágrafo.

•• O Decreto n. 8.777, de 11-5-2016, institui a Política de Dados Abertos do Poder Executivo federal.

§ 3.º A lei estabelecerá incentivos para a produção e o conhecimento de bens e valores culturais.

§ 4.º Os danos e ameaças ao patrimônio cultural serão punidos, na forma da lei.

§ 5.º Ficam tombados todos os documentos e os sítios detentores de reminiscências históricas dos antigos quilombos.

§ 6.º É facultado aos Estados e ao Distrito Federal vincular a fundo estadual de fomento à cultura até cinco décimos por cento de sua receita tributária líquida, para o financiamento de programas e projetos culturais, vedada a aplicação desses recursos no pagamento de:

Ordem Social

Arts. 216 e 216-A

•• § 6.º, *caput*, acrescentado pela Emenda Constitucional n. 42, de 19-12-2003.

I – despesas com pessoal e encargos sociais;

•• Inciso I acrescentado pela Emenda Constitucional n. 42, de 19-12-2003.

II – serviço da dívida;

•• Inciso II acrescentado pela Emenda Constitucional n. 42, de 19-12-2003.

III – qualquer outra despesa corrente não vinculada diretamente aos investimentos ou ações apoiados.

•• Inciso III acrescentado pela Emenda Constitucional n. 42, de 19-12-2003.

Art. 216-A. O Sistema Nacional de Cultura, organizado em regime de colaboração, de forma descentralizada e participativa, institui um processo de gestão e promoção conjunta de políticas públicas de cultura, democráticas e permanentes, pactuadas entre os entes da Federação e a sociedade, tendo por objetivo promover o desenvolvimento humano, social e econômico com pleno exercício dos direitos culturais.

•• *Caput* acrescentado pela Emenda Constitucional n. 71, de 29-11-2012.

§ 1.º O Sistema Nacional de Cultura fundamenta-se na política nacional de cultura e nas suas diretrizes, estabelecidas no Plano Nacional de Cultura, e rege-se pelos seguintes princípios:

•• § 1.º, *caput*, acrescentado pela Emenda Constitucional n. 71, de 29-11-2012.

I – diversidade das expressões culturais;

•• Inciso I acrescentado pela Emenda Constitucional n. 71, de 29-11-2012.

II – universalização do acesso aos bens e serviços culturais;

•• Inciso II acrescentado pela Emenda Constitucional n. 71, de 29-11-2012.

III – fomento à produção, difusão e circulação de conhecimento e bens culturais;

•• Inciso III acrescentado pela Emenda Constitucional n. 71, de 29-11-2012.

IV – cooperação entre os entes federados, os agentes públicos e privados atuantes na área cultural;

•• Inciso IV acrescentado pela Emenda Constitucional n. 71, de 29-11-2012.

V – integração e interação na execução das políticas, programas, projetos e ações desenvolvidas;

•• Inciso V acrescentado pela Emenda Constitucional n. 71, de 29-11-2012.

VI – complementaridade nos papéis dos agentes culturais;

•• Inciso VI acrescentado pela Emenda Constitucional n. 71, de 29-11-2012.

VII – transversalidade das políticas culturais;

•• Inciso VII acrescentado pela Emenda Constitucional n. 71, de 29-11-2012.

VIII – autonomia dos entes federados e das instituições da sociedade civil;

•• Inciso VIII acrescentado pela Emenda Constitucional n. 71, de 29-11-2012.

IX – transparência e compartilhamento das informações;

•• Inciso IX acrescentado pela Emenda Constitucional n. 71, de 29-11-2012.

X – democratização dos processos decisórios com participação e controle social;

•• Inciso X acrescentado pela Emenda Constitucional n. 71, de 29-11-2012.

XI – descentralização articulada e pactuada da gestão, dos recursos e das ações;

•• Inciso XI acrescentado pela Emenda Constitucional n. 71, de 29-11-2012.

XII – ampliação progressiva dos recursos contidos nos orçamentos públicos para a cultura.

•• Inciso XII acrescentado pela Emenda Constitucional n. 71, de 29-11-2012.

§ 2.º Constitui a estrutura do Sistema Nacional de Cultura, nas respectivas esferas da Federação:

•• § 2.º, *caput*, acrescentado pela Emenda Constitucional n. 71, de 29-11-2012.

I – órgãos gestores da cultura;

•• Inciso I acrescentado pela Emenda Constitucional n. 71, de 29-11-2012.

II – conselhos de política cultural;

•• Inciso II acrescentado pela Emenda Constitucional n. 71, de 29-11-2012.

III – conferências de cultura;

•• Inciso III acrescentado pela Emenda Constitucional n. 71, de 29-11-2012.

IV – comissões intergestores;

•• Inciso IV acrescentado pela Emenda Constitucional n. 71, de 29-11-2012.

V – planos de cultura;

•• Inciso V acrescentado pela Emenda Constitucional n. 71, de 29-11-2012.

VI – sistemas de financiamento à cultura;

•• Inciso VI acrescentado pela Emenda Constitucional n. 71, de 29-11-2012.

VII – sistemas de informações e indicadores culturais;

•• Inciso VII acrescentado pela Emenda Constitucional n. 71, de 29-11-2012.

VIII – programas de formação na área da cultura; e

•• Inciso VIII acrescentado pela Emenda Constitucional n. 71, de 29-11-2012.

IX – sistemas setoriais de cultura.

•• Inciso IX acrescentado pela Emenda Constitucional n. 71, de 29-11-2012.

§ 3.º Lei federal disporá sobre a regulamentação do Sistema Nacional de Cultura, bem como de sua articulação com os demais sistemas nacionais ou políticas setoriais de governo.

•• § 3.º acrescentado pela Emenda Constitucional n. 71, de 29-11-2012.

§ 4.º Os Estados, o Distrito Federal e os Municípios organizarão seus respectivos sistemas de cultura em leis próprias.

•• § 4.º acrescentado pela Emenda Constitucional n. 71, de 29-11-2012.

Seção III
Do Desporto

• A Lei n. 9.615, de 24-3-1998, institui normas gerais sobre desportos.

Art. 217. É dever do Estado fomentar práticas desportivas formais e não formais, como direito de cada um, observados:

I – a autonomia das entidades desportivas dirigentes e associações, quanto a sua organização e funcionamento;

II – a destinação de recursos públicos para a promoção prioritária do desporto educacional e, em casos específicos, para a do desporto de alto rendimento;

III – o tratamento diferenciado para o desporto profissional e o não profissional;

IV – a proteção e o incentivo às manifestações desportivas de criação nacional.

§ 1.º O Poder Judiciário só admitirá ações relativas à disciplina e às competições desportivas após esgotarem-se as instâncias da justiça desportiva, reguladas em lei.

§ 2.º A justiça desportiva terá o prazo máximo de sessenta dias, contados da instauração do processo, para proferir decisão final.

§ 3.º O Poder Público incentivará o lazer, como forma de promoção social.

Capítulo IV
DA CIÊNCIA, TECNOLOGIA E INOVAÇÃO

•• Capítulo IV com denominação determinada pela Emenda Constitucional n. 85, de 26-2-2015.

• Conselho Nacional de Ciência e Tecnologia: Lei n. 9.257, de 9-1-1996.

Art. 218. O Estado promoverá e incentivará o desenvolvimento científico, a pesquisa, a capacitação científica e tecnológica e a inovação.

•• *Caput* com redação determinada pela Emenda Constitucional n. 85, de 26-2-2015.

• A Lei n. 10.973, de 2-12-2004, estabelece medidas de incentivo à inovação e à pesquisa científica e tecnológica no ambiente produtivo, com vistas à capacitação e ao alcance da autonomia tecnológica e ao desenvolvimento industrial do país, nos termos deste capítulo. Regulamento: Decreto n. 5.563, de 11-10-2005.

§ 1.º A pesquisa científica básica e tecnológica receberá tratamento prioritário do Estado, tendo em vista o bem público e o progresso da ciência, tecnologia e inovação.

Ordem Social

•• § 1.º com redação determinada pela Emenda Constitucional n. 85, de 26-2-2015.

§ 2.º A pesquisa tecnológica voltar-se-á preponderantemente para a solução dos problemas brasileiros e para o desenvolvimento do sistema produtivo nacional e regional.

§ 3.º O Estado apoiará a formação de recursos humanos nas áreas de ciência, pesquisa, tecnologia e inovação, inclusive por meio do apoio às atividades de extensão tecnológica, e concederá aos que delas se ocupem meios e condições especiais de trabalho.

•• § 3.º com redação determinada pela Emenda Constitucional n. 85, de 26-2-2015.

§ 4.º A lei apoiará e estimulará as empresas que invistam em pesquisa, criação de tecnologia adequada ao País, formação e aperfeiçoamento de seus recursos humanos e que pratiquem sistemas de remuneração que assegurem ao empregado, desvinculada do salário, participação nos ganhos econômicos resultantes da produtividade de seu trabalho.

§ 5.º É facultado aos Estados e ao Distrito Federal vincular parcela de sua receita orçamentária a entidades públicas de fomento ao ensino e à pesquisa científica e tecnológica.

§ 6.º O Estado, na execução das atividades previstas no *caput*, estimulará a articulação entre entes, tanto públicos quanto privados, nas diversas esferas de governo.

•• § 6.º acrescentado pela Emenda Constitucional n. 85, de 26-2-2015.

§ 7.º O Estado promoverá e incentivará a atuação no exterior das instituições públicas de ciência, tecnologia e inovação, com vistas à execução das atividades previstas no *caput*.

•• § 7.º acrescentado pela Emenda Constitucional n. 85, de 26-2-2015.

Art. 219. O mercado interno integra o patrimônio nacional e será incentivado de modo a viabilizar o desenvolvimento cultural e socioeconômico, o bem-estar da população e a autonomia tecnológica do País, nos termos de lei federal.

Parágrafo único. O Estado estimulará a formação e o fortalecimento da inovação nas empresas, bem como nos demais entes, públicos ou privados, a constituição e a manutenção de parques e polos tecnológicos e de demais ambientes promotores da inovação, a atuação dos inventores independentes e a criação, absorção, difusão e transferência de tecnologia.

•• Parágrafo único acrescentado pela Emenda Constitucional n. 85, de 26-2-2015.

Art. 219-A. A União, os Estados, o Distrito Federal e os Municípios poderão firmar instrumentos de cooperação com órgãos e entidades públicos e com entidades privadas, inclusive para o compartilhamento de recursos humanos especializados e capacidade instalada, para a execução de projetos de pesquisa, de desenvolvimento científico e tecnológico e de inovação, mediante contrapartida financeira ou não financeira assumida pelo ente beneficiário, na forma da lei.

•• Artigo acrescentado pela Emenda Constitucional n. 85, de 26-2-2015.

Art. 219-B. O Sistema Nacional de Ciência, Tecnologia e Inovação (SNCTI) será organizado em regime de colaboração entre entes, tanto públicos quanto privados, com vistas a promover o desenvolvimento científico e tecnológico e a inovação.

•• *Caput* acrescentado pela Emenda Constitucional n. 85, de 26-2-2015.

§ 1.º Lei federal disporá sobre as normas gerais do SNCTI.

•• § 1.º acrescentado pela Emenda Constitucional n. 85, de 26-2-2015.

§ 2.º Os Estados, o Distrito Federal e os Municípios legislarão concorrentemente sobre suas peculiaridades.

•• § 2.º acrescentado pela Emenda Constitucional n. 85, de 26-2-2015.

Capítulo V
DA COMUNICAÇÃO SOCIAL

Art. 220. A manifestação do pensamento, a criação, a expressão e a informação, sob qual-

Arts. 220 a 222

quer forma, processo ou veículo não sofrerão qualquer restrição, observado o disposto nesta Constituição.

- Código Brasileiro de Telecomunicações: Lei n. 4.117, de 27-8-1962.
- Organização dos Serviços de Telecomunicações: Lei n. 9.472, de 16-7-1997.

§ 1.º Nenhuma lei conterá dispositivo que possa constituir embaraço à plena liberdade de informação jornalística em qualquer veículo de comunicação social, observado o disposto no art. 5.º, IV, V, X, XIII e XIV.

§ 2.º É vedada toda e qualquer censura de natureza política, ideológica e artística.

§ 3.º Compete à lei federal:

I – regular as diversões e espetáculos públicos, cabendo ao Poder Público informar sobre a natureza deles, as faixas etárias a que não se recomendem, locais e horários em que sua apresentação se mostre inadequada;

- A Lei n. 10.359, de 27-12-2001, dispõe sobre a obrigatoriedade de novos aparelhos de televisão conterem dispositivo que possibilite o bloqueio temporário de recepção de programação inadequada.
- A Portaria n. 368, de 11-2-2014, do Ministério da Justiça, trata da classificação indicativa de diversões públicas.

II – estabelecer os meios legais que garantam à pessoa e à família a possibilidade de se defenderem de programas ou programações de rádio e televisão que contrariem o disposto no art. 221, bem como da propaganda de produtos, práticas e serviços que possam ser nocivos à saúde e ao meio ambiente.

§ 4.º A propaganda comercial de tabaco, bebidas alcoólicas, agrotóxicos, medicamentos e terapias estará sujeita a restrições legais, nos termos do inciso II do parágrafo anterior, e conterá, sempre que necessário, advertência sobre os malefícios decorrentes de seu uso.

- A Lei n. 9.294, de 15-7-1996, regulamentada pelo Decreto n. 2.018, de 1.º-10-1996, dispõe sobre as restrições ao uso e à propaganda de produtos fumígenos, bebidas alcoólicas, medicamentos, terapias e defensivos agrícolas aqui referidos.
- A Lei n. 11.705, de 19-6-2008 (Lei Seca), altera a Lei n. 9.503, de 23-9-1997 (CTB), com a finalidade de estabelecer alcoolemia zero e de impor penalidades mais severas para o condutor que dirigir sob a influência de álcool, e a Lei n. 9.294, de 15-7-1996, para obrigar os estabelecimentos comerciais em que se vendem ou oferecem bebidas alcoólicas a estampar no recinto aviso de que constitui crime dirigir sob a influência de álcool.

§ 5.º Os meios de comunicação social não podem, direta ou indiretamente, ser objeto de monopólio ou oligopólio.

§ 6.º A publicação de veículo impresso de comunicação independe de licença de autoridade.

Art. 221. A produção e a programação das emissoras de rádio e televisão atenderão aos seguintes princípios:

I – preferência a finalidades educativas, artísticas, culturais e informativas;

II – promoção da cultura nacional e regional e estímulo à produção independente que objetive sua divulgação;

III – regionalização da produção cultural, artística e jornalística, conforme percentuais estabelecidos em lei;

IV – respeito aos valores éticos e sociais da pessoa e da família.

Art. 222. A propriedade de empresa jornalística e de radiodifusão sonora e de sons e imagens é privativa de brasileiros natos ou naturalizados há mais de 10 (dez) anos, ou de pessoas jurídicas constituídas sob as leis brasileiras e que tenham sede no País.

•• *Caput* com redação determinada pela Emenda Constitucional n. 36, de 28-5-2002.

§ 1.º Em qualquer caso, pelo menos 70% (setenta por cento) do capital total e do capital votante das empresas jornalísticas e de radiofusão sonora e de sons e imagens deverá pertencer, direta ou indiretamente, a brasileiros natos ou naturalizados há mais de 10 (dez) anos, que exercerão obrigatoriamente a gestão das atividades e estabelecerão o conteúdo da programação.

•• § 1.º com redação determinada pela Emenda Constitucional n. 36, de 28-5-2002.

§ 2.º A responsabilidade editorial e as atividades de seleção e direção da programação veiculada são privativas de brasileiros natos ou

Ordem Social

Arts. 222 a 225

naturalizados há mais de 10 (dez) anos, em qualquer meio de comunicação social.

•• § 2.º com redação determinada pela Emenda Constitucional n. 36, de 28-5-2002.

§ 3.º Os meios de comunicação social eletrônica, independentemente da tecnologia utilizada para a prestação do serviço, deverão observar os princípios enunciados no art. 221, na forma de lei específica, que também garantirá a prioridade de profissionais brasileiros na execução de produções nacionais.

•• § 3.º acrescentado pela Emenda Constitucional n. 36, de 28-5-2002.

§ 4.º Lei disciplinará a participação de capital estrangeiro nas empresas de que trata o § 1.º.

•• § 4.º acrescentado pela Emenda Constitucional n. 36, de 28-5-2002.

•• A Lei n. 10.610, de 20-12-2002, disciplina a participação de capital estrangeiro nas empresas jornalísticas e de radiodifusão sonora e de sons e imagens de que trata este parágrafo.

§ 5.º As alterações de controle societário das empresas de que trata o § 1.º serão comunicadas ao Congresso Nacional.

•• § 5.º acrescentado pela Emenda Constitucional n. 36, de 28-5-2002.

Art. 223. Compete ao Poder Executivo outorgar e renovar concessão, permissão e autorização para o serviço de radiodifusão sonora e de sons e imagens, observado o princípio da complementaridade dos sistemas privado, público e estatal.

• O Decreto n. 52.795, de 31-10-1963, aprova o Regulamento dos Serviços de Radiodifusão.

§ 1.º O Congresso Nacional apreciará o ato no prazo do art. 64, §§ 2.º e 4.º, a contar do recebimento da mensagem.

§ 2.º A não renovação da concessão ou permissão dependerá de aprovação de, no mínimo, dois quintos do Congresso Nacional, em votação nominal.

§ 3.º O ato de outorga ou renovação somente produzirá efeitos legais após deliberação do Congresso Nacional, na forma dos parágrafos anteriores.

§ 4.º O cancelamento da concessão ou permissão, antes de vencido o prazo, depende de decisão judicial.

§ 5.º O prazo da concessão ou permissão será de dez anos para as emissoras de rádio e de quinze para as de televisão.

Art. 224. Para os efeitos do disposto neste capítulo, o Congresso Nacional instituirá, como órgão auxiliar, o Conselho de Comunicação Social, na forma da lei.

•• A Lei n. 8.389, de 30-12-1991, institui o Conselho aqui referido.

Capítulo VI
DO MEIO AMBIENTE

• A Lei n. 7.735, de 22-2-1989, cria o Instituto Nacional do Meio Ambiente e dos Recursos Naturais Renováveis.

• A Lei n. 7.797, de 10-7-1989, cria o Fundo Nacional do Meio Ambiente.

• Agrotóxicos: Lei n. 7.802, de 11-7-1989, e seu regulamento: Decreto n. 4.074, de 4-1-2002.

• Lei de Crimes Ambientais: Lei n. 9.605, de 12-2-1998.

Art. 225. Todos têm direito ao meio ambiente ecologicamente equilibrado, bem de uso comum do povo e essencial à sadia qualidade de vida, impondo-se ao Poder Público e à coletividade o dever de defendê-lo e preservá-lo para as presentes e futuras gerações.

§ 1.º Para assegurar a efetividade desse direito, incumbe ao Poder Público:

I – preservar e restaurar os processos ecológicos essenciais e prover o manejo ecológico das espécies e ecossistemas;

•• Regulamento: Lei n. 9.985, de 18-7-2000.

II – preservar a diversidade e a integridade do patrimônio genético do País e fiscalizar as entidades dedicadas à pesquisa e manipulação de material genético;

•• Regulamento: Lei n. 9.985, de 18-7-2000, Lei n. 11.105, de 24-3-2005, e Lei n. 13.123, de 20-5-2015.

• O Decreto n. 5.705, de 16-2-2006, promulga o Protocolo de Cartagena sobre Biossegurança da Convenção sobre Diversidade Biológica.

III – definir, em todas as unidades da Federação, espaços territoriais e seus componentes a serem especialmente protegidos, sendo a alteração e a supressão permitidas somente através de lei, vedada qualquer utilização que comprometa a integridade dos atributos que justifiquem sua proteção;

•• Regulamento: Lei n. 9.985, de 18-7-2000.

IV – exigir, na forma da lei, para instalação de obra ou atividade potencialmente causadora de significativa degradação do meio ambiente, estudo prévio de impacto ambiental, a que se dará publicidade;

•• Regulamento: Lei n. 11.105, de 24-3-2005.

V – controlar a produção, a comercialização e o emprego de técnicas, métodos e substâncias que comportem risco para a vida, a qualidade de vida e o meio ambiente;

•• Regulamento: Lei n. 11.105, de 24-3-2005.

VI – promover a educação ambiental em todos os níveis de ensino e a conscientização pública para a preservação do meio ambiente;

VII – proteger a fauna e a flora, vedadas, na forma da lei, as práticas que coloquem em risco sua função ecológica, provoquem a extinção de espécies ou submetam os animais a crueldade.

•• Regulamento: Lei n. 9.985, de 18-7-2000, e Lei n. 11.794, de 8-10-2008.

§ 2.º Aquele que explorar recursos minerais fica obrigado a recuperar o meio ambiente degradado, de acordo com solução técnica exigida pelo órgão público competente, na forma da lei.

§ 3.º As condutas e atividades consideradas lesivas ao meio ambiente sujeitarão os infratores, pessoas físicas ou jurídicas, a sanções penais e administrativas, independentemente da obrigação de reparar os danos causados.

§ 4.º A Floresta Amazônica brasileira, a Mata Atlântica, a Serra do Mar, o Pantanal Mato-Grossense e a Zona Costeira são patrimônio nacional, e sua utilização far-se-á, na forma da lei, dentro de condições que assegurem a preservação do meio ambiente, inclusive quanto ao uso dos recursos naturais.

•• Regulamento: Lei n. 13.123, de 20-5-2015.

• A Lei n. 11.428, de 22-12-2006, dispõe sobre a utilização e proteção da vegetação nativa do Bioma Mata Atlântica.

• A Lei n. 11.952, de 25-6-2009, dispõe sobre a regularização fundiária das ocupações incidentes em terras situadas em áreas da União, no âmbito da Amazônia Legal.

§ 5.º São indisponíveis as terras devolutas ou arrecadadas pelos Estados, por ações discriminatórias, necessárias à proteção dos ecossistemas naturais.

• Terras devolutas: Decreto-lei n. 9.760, de 5-9-1946.

§ 6.º As usinas que operem com reator nuclear deverão ter sua localização definida em lei federal, sem o que não poderão ser instaladas.

Capítulo VII
DA FAMÍLIA, DA CRIANÇA, DO ADOLESCENTE, DO JOVEM E DO IDOSO

•• Capítulo VII com denominação determinada pela Emenda Constitucional n. 65, de 13-7-2010.

• ECA: Lei n. 8.069, de 13-7-1990.

• Estatuto do Idoso: Lei n. 10.741, de 1.º-10-2003.

Art. 226. A família, base da sociedade, tem especial proteção do Estado.

§ 1.º O casamento é civil e gratuita a celebração.

§ 2.º O casamento religioso tem efeito civil, nos termos da lei.

§ 3.º Para efeito da proteção do Estado, é reconhecida a união estável entre o homem e a mulher como entidade familiar, devendo a lei facilitar sua conversão em casamento.

•• § 3.º regulamentado pela Lei n. 9.278, de 10-5-1996.

•• O STF, em 5-5-2011, declarou procedente a ADIn n. 4.277 e a Arguição de Descumprimento de Preceito Fundamental n. 132, com eficácia *erga omnes* e efeito vinculante, conferindo interpretação conforme a CF ao art. 1.723 do CC, a fim de declarar a aplicabilidade de regime da união estável às uniões entre pessoas do mesmo sexo.

•• A Resolução n. 175, de 14-5-2013, do CNJ, determina que é vedada às autoridades competentes a recusa de habilitação,

Ordem Social

Arts. 226 e 227

celebração de casamento civil ou de conversão de união estável em casamento entre pessoas de mesmo sexo.

§ 4.º Entende-se, também, como entidade familiar a comunidade formada por qualquer dos pais e seus descendentes.

§ 5.º Os direitos e deveres referentes à sociedade conjugal são exercidos igualmente pelo homem e pela mulher.

§ 6.º O casamento civil pode ser dissolvido pelo divórcio.

•• § 6.º com redação determinada pela Emenda Constitucional n. 66, de 13-7-2010.

• Divórcio consensual, separação consensual e extinção consensual: art. 733 do CPC.

§ 7.º Fundado nos princípios da dignidade da pessoa humana e da paternidade responsável, o planejamento familiar é livre decisão do casal, competindo ao Estado propiciar recursos educacionais e científicos para o exercício desse direito, vedada qualquer forma coercitiva por parte de instituições oficiais ou privadas.

§ 8.º O Estado assegurará a assistência à família na pessoa de cada um dos que a integram, criando mecanismos para coibir a violência no âmbito de suas relações.

• Violência doméstica e familiar contra a mulher: Lei n. 11.340, de 7-8-2006.

Art. 227. É dever da família, da sociedade e do Estado assegurar à criança, ao adolescente e ao jovem, com absoluta prioridade, o direito à vida, à saúde, à alimentação, à educação, ao lazer, à profissionalização, à cultura, à dignidade, ao respeito, à liberdade e à convivência familiar e comunitária, além de colocá-los a salvo de toda forma de negligência, discriminação, exploração, violência, crueldade e opressão.

•• *Caput* com redação determinada pela Emenda Constitucional n. 65, de 13-7-2010.

§ 1.º O Estado promoverá programas de assistência integral à saúde da criança, do adolescente e do jovem, admitida a participação de entidades não governamentais, mediante políticas específicas e obedecendo aos seguintes preceitos:

•• § 1.º, *caput*, com redação determinada pela Emenda Constitucional n. 65, de 13-7-2010.

I – aplicação de percentual dos recursos públicos destinados à saúde na assistência materno-infantil;

II – criação de programas de prevenção e atendimento especializado para as pessoas portadoras de deficiência física, sensorial ou mental, bem como de integração social do adolescente e do jovem portador de deficiência, mediante o treinamento para o trabalho e a convivência, e a facilitação do acesso aos bens e serviços coletivos, com a eliminação de obstáculos arquitetônicos e de todas as formas de discriminação.

•• Inciso II com redação determinada pela Emenda Constitucional n. 65, de 13-7-2010.

• Direito à vida e à saúde no ECA: Lei n. 8.069, de 13-7-1990, arts. 7.º a 14.

• A Lei n. 7.853, de 24-10-1989, regulamentada pelo Decreto n. 3.298, de 20-12-1999, consolida as normas de proteção à pessoa portadora de deficiência.

• O Decreto n. 7.612, de 17-11-2011, instituiu o Plano Nacional dos Direitos da Pessoa com Deficiência – Plano Viver sem Limite.

• A Lei n. 13.146, de 6-7-2015, instituiu o Estatuto da Pessoa com Deficiência.

§ 2.º A lei disporá sobre normas de construção dos logradouros e dos edifícios de uso público e de fabricação de veículos de transporte coletivo, a fim de garantir acesso adequado às pessoas portadoras de deficiência.

§ 3.º O direito a proteção especial abrangerá os seguintes aspectos:

I – idade mínima de quatorze anos para admissão ao trabalho, observado o disposto no art. 7.º, XXXIII;

•• O art. 7º, XXXIII, da CF, foi alterado pela Emenda Constitucional n. 20, de 15-12-1998, e agora fixa em dezesseis anos a idade mínima para admissão ao trabalho.

II – garantia de direitos previdenciários e trabalhistas;

III – garantia de acesso do trabalhador adolescente e jovem à escola;

•• Inciso III com redação determinada pela Emenda Constitucional n. 65, de 13-7-2010.

Arts. 227 a 229 — Ordem Social

IV – garantia de pleno e formal conhecimento da atribuição de ato infracional, igualdade na relação processual e defesa técnica por profissional habilitado, segundo dispuser a legislação tutelar específica;

V – obediência aos princípios de brevidade, excepcionalidade e respeito à condição peculiar de pessoa em desenvolvimento, quando da aplicação de qualquer medida privativa da liberdade;

VI – estímulo do Poder Público, através de assistência jurídica, incentivos fiscais e subsídios, nos termos da lei, ao acolhimento, sob a forma de guarda, de criança ou adolescente órfão ou abandonado;

- ECA (Lei n. 8.069, de 13-7-1990): os arts. 33 a 35 tratam da guarda.

VII – programas de prevenção e atendimento especializado à criança, ao adolescente e ao jovem dependente de entorpecentes e drogas afins.

- •• Inciso VII com redação determinada pela Emenda Constitucional n. 65, de 13-7-2010.

§ 4.º A lei punirá severamente o abuso, a violência e a exploração sexual da criança e do adolescente.

- Crimes praticados contra as crianças: arts. 225 e segs. da Lei n. 8.069, de 13-7-1990.
- Crimes sexuais contra vulnerável: arts. 217-A a 218-B do CP.
- O Decreto n. 7.958, de 13-3-2013, estabelece diretrizes para o atendimento às vítimas de violência sexual pelos profissionais de segurança pública e da rede de atendimento do Sistema Único de Saúde.

§ 5.º A adoção será assistida pelo Poder Público, na forma da lei, que estabelecerá casos e condições de sua efetivação por parte de estrangeiros.

- •• Lei Nacional da Adoção: Lei n. 12.010, de 3-8-2009.
- Adoção: Lei n. 8.069, de 13-7-1990, arts. 39 a 52-D, e CC, arts. 1.618 e 1.619.
- Convenção relativa à proteção das crianças e à cooperação em matéria de adoção internacional, concluída em Haia, em 29-5-1993: Decreto n. 3.087, de 21-6-1999.

§ 6.º Os filhos, havidos ou não da relação do casamento, ou por adoção, terão os mesmos direitos e qualificações, proibidas quaisquer designações discriminatórias relativas à filiação.

- Lei n. 8.069, de 13-7-1990, art. 41: efeitos da adoção.
- Lei n. 8.560, de 29-12-1992: investigação de paternidade dos filhos havidos fora do casamento.
- Lei n. 10.317, de 6-12-2001: gratuidade do exame de DNA nos casos que especifica.
- A Lei n. 11.804, de 5-11-2008, disciplina o direito a alimentos gravídicos e a forma como ele será exercido.

§ 7.º No atendimento dos direitos da criança e do adolescente levar-se-á em consideração o disposto no art. 204.

§ 8.º A lei estabelecerá:

- •• § 8.º, caput, acrescentado pela Emenda Constitucional n. 65, de 13-7-2010.

I – o estatuto da juventude, destinado a regular os direitos dos jovens;

- •• Inciso I acrescentado pela Emenda Constitucional n. 65, de 13-7-2010.
- •• A Lei n. 12.852, de 5-8-2013, instituiu o Estatuto da Juventude.

II – o plano nacional de juventude, de duração decenal, visando à articulação das várias esferas do poder público para a execução de políticas públicas.

- •• Inciso II acrescentado pela Emenda Constitucional n. 65, de 13-7-2010.
- O Decreto n. 8.074, de 14-8-2013, instituiu o Comitê Interministerial da Política de Juventude.

Art. 228. São penalmente inimputáveis os menores de dezoito anos, sujeitos às normas da legislação especial.

- Disposição idêntica no art. 27 do CP e no art. 104 do ECA.
- Os arts. 101 e 112 da Lei n. 8.069, de 13-7-1990, dispõem sobre as medidas de proteção e medidas socioeducativas aplicáveis à criança e ao adolescente infratores, respectivamente.

Art. 229. Os pais têm o dever de assistir, criar e educar os filhos menores, e os filhos maiores têm o dever de ajudar e amparar os pais na velhice, carência ou enfermidade.

- Dever de sustento, guarda e educação dos filhos menores: art. 22 da Lei n. 8.069, de 13-7-1990.

Disposições Gerais

Art. 230. A família, a sociedade e o Estado têm o dever de amparar as pessoas idosas, assegurando sua participação na comunidade, defendendo sua dignidade e bem-estar e garantindo-lhes o direito à vida.

- Política Nacional do Idoso: Lei n. 8.842, de 4-1-1994, regulamentada pelo Decreto n. 1.948, de 3-7-1996.
- Prioridade na tramitação de procedimentos judiciais em que figure como parte ou interveniente pessoa com idade igual ou superior a 60 (sessenta) anos: art. 1.048 do CPC, e art. 71 da Lei n. 10.741, de 1.º-10-2003 (Estatuto do Idoso).

§ 1.º Os programas de amparo aos idosos serão executados preferencialmente em seus lares.

§ 2.º Aos maiores de sessenta e cinco anos é garantida a gratuidade dos transportes coletivos urbanos.

Capítulo VIII
DOS ÍNDIOS

Art. 231. São reconhecidos aos índios sua organização social, costumes, línguas, crenças e tradições, e os direitos originários sobre as terras que tradicionalmente ocupam, competindo à União demarcá-las, proteger e fazer respeitar todos os seus bens.

- Estatuto do Índio: Lei n. 6.001, de 19-12-1973.

§ 1.º São terras tradicionalmente ocupadas pelos índios as por eles habitadas em caráter permanente, as utilizadas para suas atividades produtivas, as imprescindíveis à preservação dos recursos ambientais necessários a seu bem-estar e as necessárias a sua reprodução física e cultural, segundo seus usos, costumes e tradições.

§ 2.º As terras tradicionalmente ocupadas pelos índios destinam-se a sua posse permanente, cabendo-lhes o usufruto exclusivo das riquezas do solo, dos rios e dos lagos nelas existentes.

§ 3.º O aproveitamento dos recursos hídricos, incluídos os potenciais energéticos, a pesquisa e a lavra das riquezas minerais em terras indígenas só podem ser efetivados com autorização do Congresso Nacional, ouvidas as comunidades afetadas, ficando-lhes assegurada participação nos resultados da lavra, na forma da lei.

§ 4.º As terras de que trata este artigo são inalienáveis e indisponíveis, e os direitos sobre elas, imprescritíveis.

§ 5.º É vedada a remoção dos grupos indígenas de suas terras, salvo, *ad referendum* do Congresso Nacional, em caso de catástrofe ou epidemia que ponha em risco sua população, ou no interesse da soberania do País, após deliberação do Congresso Nacional, garantido, em qualquer hipótese, o retorno imediato logo que cesse o risco.

§ 6.º São nulos e extintos, não produzindo efeitos jurídicos, os atos que tenham por objeto a ocupação, o domínio e a posse das terras a que se refere este artigo, ou a exploração das riquezas naturais do solo, dos rios e dos lagos nelas existentes, ressalvado relevante interesse público da União, segundo o que dispuser lei complementar, não gerando a nulidade e a extinção direito a indenização ou ações contra a União, salvo, na forma da lei, quanto às benfeitorias derivadas da ocupação de boa-fé.

§ 7.º Não se aplica às terras indígenas o disposto no art. 174, §§ 3.º e 4.º.

Art. 232. Os índios, suas comunidades e organizações são partes legítimas para ingressar em juízo em defesa de seus direitos e interesses, intervindo o Ministério Público em todos os atos do processo.

Título IX
DAS DISPOSIÇÕES CONSTITUCIONAIS GERAIS

Art. 233. (*Revogado pela Emenda Constitucional n. 28, de 25-5-2000.*)

Art. 234. É vedado à União, direta ou indiretamente, assumir, em decorrência da criação de Estado, encargos referentes a despesas com pessoal inativo e com encargos e amortizações da dívida interna ou externa da administração pública, inclusive da indireta.

- *Vide* art. 13, § 6.º, do ADCT.

Disposições Gerais

Art. 235. Nos dez primeiros anos da criação de Estado, serão observadas as seguintes normas básicas:

I – a Assembleia Legislativa será composta de dezessete Deputados se a população do Estado for inferior a seiscentos mil habitantes, e de vinte e quatro, se igual ou superior a esse número, até um milhão e quinhentos mil;

II – o Governo terá no máximo dez Secretarias;

III – o Tribunal de Contas terá três membros, nomeados, pelo Governador eleito, dentre brasileiros de comprovada idoneidade e notório saber;

IV – o Tribunal de Justiça terá sete Desembargadores;

V – os primeiros Desembargadores serão nomeados pelo Governador eleito, escolhidos da seguinte forma:

a) cinco dentre os magistrados com mais de trinta e cinco anos de idade, em exercício na área do novo Estado ou do Estado originário;

b) dois dentre promotores, nas mesmas condições, e advogados de comprovada idoneidade e saber jurídico, com dez anos, no mínimo, de exercício profissional, obedecido o procedimento fixado na Constituição;

VI – no caso de Estado proveniente de Território Federal, os cinco primeiros Desembargadores poderão ser escolhidos dentre juízes de direito de qualquer parte do País;

VII – em cada Comarca, o primeiro Juiz de Direito, o primeiro Promotor de Justiça e o primeiro Defensor Público serão nomeados pelo Governador eleito após concurso público de provas e títulos;

VIII – até a promulgação da Constituição Estadual, responderão pela Procuradoria-Geral, pela Advocacia-Geral e pela Defensoria-Geral do Estado advogados de notório saber, com trinta e cinco anos de idade, no mínimo, nomeados pelo Governador eleito e demissíveis *ad nutum*;

IX – se o novo Estado for resultado de transformação de Território Federal, a transferência de encargos financeiros da União para pagamento dos servidores optantes que pertenciam à Administração Federal ocorrerá da seguinte forma:

a) no sexto ano de instalação, o Estado assumirá vinte por cento dos encargos financeiros para fazer face ao pagamento dos servidores públicos, ficando ainda o restante sob a responsabilidade da União;

b) no sétimo ano, os encargos do Estado serão acrescidos de trinta por cento e, no oitavo, dos restantes cinquenta por cento;

X – as nomeações que se seguirem às primeiras, para os cargos mencionados neste artigo, serão disciplinadas na Constituição Estadual;

XI – as despesas orçamentárias com pessoal não poderão ultrapassar cinquenta por cento da receita do Estado.

Art. 236. Os serviços notariais e de registro são exercidos em caráter privado, por delegação do Poder Público.

• Regulamento: Lei n. 8.935, de 18-11-1994.
• *Vide* art. 32 do ADCT.

§ 1.º Lei regulará as atividades, disciplinará a responsabilidade civil e criminal dos notários, dos oficiais de registro e de seus prepostos, e definirá a fiscalização de seus atos pelo Poder Judiciário.

§ 2.º Lei federal estabelecerá normas gerais para fixação de emolumentos relativos aos atos praticados pelos serviços notariais e de registro.

•• Regulamento: Lei n. 10.169, de 29-12-2000.
•• A Lei n. 11.802, de 4-11-2008, dispõe sobre a obrigatoriedade da afixação de quadros contendo os valores atualizados das custas e emolumentos.

§ 3.º O ingresso na atividade notarial e de registro depende de concurso público de provas e títulos, não se permitindo que qualquer serventia fique vaga, sem abertura de concurso de provimento ou de remoção, por mais de seis meses.

Art. 237. A fiscalização e o controle sobre o comércio exterior, essenciais à defesa dos interesses fazendários nacionais, serão exercidos pelo Ministério da Fazenda.

Disposições Gerais

Art. 238. A lei ordenará a venda e revenda de combustíveis de petróleo, álcool carburante e outros combustíveis derivados de matérias-primas renováveis, respeitados os princípios desta Constituição.

Art. 239. A arrecadação decorrente das contribuições para o Programa de Integração Social, criado pela Lei Complementar n. 7, de 7 de setembro de 1970, e para o Programa de Formação do Patrimônio do Servidor Público, criado pela Lei Complementar n. 8, de 3 de dezembro de 1970, passa, a partir da promulgação desta Constituição, a financiar, nos termos que a lei dispuser, o programa do seguro-desemprego e o abono de que trata o § 3.º deste artigo.

•• A Lei n. 7.998, de 11-1-1990, regulamenta o Programa do Seguro-Desemprego, o Abono Salarial e institui o Fundo de Amparo ao Trabalhador – FAT.

• Vide art. 72, §§ 2.º e 3.º, do ADCT.

§ 1.º Dos recursos mencionados no *caput* deste artigo, pelo menos quarenta por cento serão destinados a financiar programas de desenvolvimento econômico, através do Banco Nacional de Desenvolvimento Econômico e Social, com critérios de remuneração que lhes preservem o valor.

§ 2.º Os patrimônios acumulados do Programa de Integração Social e do Programa de Formação do Patrimônio do Servidor Público são preservados, mantendo-se os critérios de saque nas situações previstas nas leis específicas, com exceção da retirada por motivo de casamento, ficando vedada a distribuição da arrecadação de que trata o *caput* deste artigo, para depósito nas contas individuais dos participantes.

§ 3.º Aos empregados que percebam de empregadores que contribuem para o Programa de Integração Social ou para o Programa de Formação do Patrimônio do Servidor Público até dois salários mínimos de remuneração mensal, é assegurado o pagamento de um salário mínimo anual, computado neste valor o rendimento das contas individuais, no caso daqueles que já participavam dos referidos programas, até a data da promulgação desta Constituição.

§ 4.º O financiamento do seguro-desemprego receberá uma contribuição adicional da empresa cujo índice de rotatividade da força de trabalho superar o índice médio da rotatividade do setor, na forma estabelecida por lei.

•• A Lei n. 7.998, de 11-1-1990, regula o Programa do Seguro-Desemprego, o Abono Salarial e institui o Fundo de Amparo ao Trabalhador – FAT.

Art. 240. Ficam ressalvadas do disposto no art. 195 as atuais contribuições compulsórias dos empregadores sobre a folha de salários, destinadas às entidades privadas de serviço social e de formação profissional vinculadas ao sistema sindical.

Art. 241. A União, os Estados, o Distrito Federal e os Municípios disciplinarão por meio de lei os consórcios públicos e os convênios de cooperação entre os entes federados, autorizando a gestão associada de serviços públicos, bem como a transferência total ou parcial de encargos, serviços, pessoal e bens essenciais à continuidade dos serviços transferidos.

•• Artigo com redação determinada pela Emenda Constitucional n. 19, de 4-6-1998.

•• Artigo regulamentado pela Lei n. 11.107, de 6-4-2005.

Art. 242. O princípio do art. 206, IV, não se aplica às instituições educacionais oficiais criadas por lei estadual ou municipal e existentes na data da promulgação desta Constituição, que não sejam total ou preponderantemente mantidas com recursos públicos.

§ 1.º O ensino da História do Brasil levará em conta as contribuições das diferentes culturas e etnias para a formação do povo brasileiro.

§ 2.º O Colégio Pedro II, localizado na cidade do Rio de Janeiro, será mantido na órbita federal.

Art. 243. As propriedades rurais e urbanas de qualquer região do País onde forem localizadas culturas ilegais de plantas psicotrópicas ou a exploração de trabalho escravo na forma da lei serão expropriadas e destinadas à reforma agrária e a programas de habitação popular, sem qualquer indenização ao proprietário e sem

Arts. 243 a 250 — Disposições Gerais

prejuízo de outras sanções previstas em lei, observado, no que couber, o disposto no art. 5.º.

** *Caput* com redação determinada pela Emenda Constitucional n. 81, de 5-6-2014.

• O Decreto n. 577, de 24-6-1992, dispõe sobre a expropriação das glebas, onde forem encontradas culturas ilegais de plantas psicotrópicas.

Parágrafo único. Todo e qualquer bem de valor econômico apreendido em decorrência do tráfico ilícito de entorpecentes e drogas afins e da exploração de trabalho escravo será confiscado e reverterá a fundo especial com destinação específica, na forma da lei.

** Parágrafo único com redação determinada pela Emenda Constitucional n. 81, de 5-6-2014.

Art. 244. A lei disporá sobre a adaptação dos logradouros, dos edifícios de uso público e dos veículos de transporte coletivo atualmente existentes a fim de garantir acesso adequado às pessoas portadoras de deficiência, conforme o disposto no art. 227, § 2.º.

Art. 245. A lei disporá sobre hipóteses e condições em que o Poder Público dará assistência aos herdeiros e dependentes carentes de pessoas vitimadas por crime doloso, sem prejuízo da responsabilidade civil do autor do ilícito.

Art. 246. É vedada a adoção de medida provisória na regulamentação de artigo da Constituição cuja redação tenha sido alterada por meio de emenda promulgada entre 1.º de janeiro de 1995 até a promulgação desta emenda, inclusive.

** Artigo com redação determinada pela Emenda Constitucional n. 32, de 11-9-2001.

Art. 247. As leis previstas no inciso III do § 1.º do art. 41 e no § 7.º do art. 169 estabelecerão critérios e garantias especiais para a perda do cargo pelo servidor público estável que, em decorrência das atribuições de seu cargo efetivo, desenvolva atividades exclusivas de Estado.

** *Caput* acrescentado pela Emenda Constitucional n. 19, de 4-6-1998.

Parágrafo único. Na hipótese de insuficiência de desempenho, a perda do cargo somente ocorrerá mediante processo administrativo em que lhe sejam assegurados o contraditório e a ampla defesa.

** Parágrafo único acrescentado pela Emenda Constitucional n. 19, de 4-6-1998.

Art. 248. Os benefícios pagos, a qualquer título, pelo órgão responsável pelo regime geral de previdência social, ainda que à conta do Tesouro Nacional, e os não sujeitos ao limite máximo de valor fixado para os benefícios concedidos por esse regime observarão os limites fixados no art. 37, XI.

** Artigo acrescentado pela Emenda Constitucional n. 20, de 15-12-1998.

Art. 249. Com o objetivo de assegurar recursos para o pagamento de proventos de aposentadoria e pensões concedidas aos respectivos servidores e seus dependentes, em adição aos recursos dos respectivos tesouros, a União, os Estados, o Distrito Federal e os Municípios poderão constituir fundos integrados por recursos provenientes de contribuições e por bens, direitos e ativos de qualquer natureza, mediante lei que disporá sobre a natureza e administração desses fundos.

** Artigo acrescentado pela Emenda Constitucional n. 20, de 15-12-1998.

Art. 250. Com o objetivo de assegurar recursos para o pagamento dos benefícios concedidos pelo regime geral de previdência social, em adição aos recursos de sua arrecadação, a União poderá constituir fundo integrado por bens, direitos e ativos de qualquer natureza, mediante lei que disporá sobre a natureza e administração desse fundo.

** Artigo acrescentado pela Emenda Constitucional n. 20, de 15-12-1998.

Ato das Disposições Constitucionais Transitórias

Art. 1.º O Presidente da República, o Presidente do Supremo Tribunal Federal e os membros do Congresso Nacional prestarão o compromisso de manter, defender e cumprir a Constituição, no ato e na data de sua promulgação.

Art. 2.º No dia 7 de setembro de 1993 o eleitorado definirá, através de plebiscito, a forma (república ou monarquia constitucional) e o sistema de governo (parlamentarismo ou presidencialismo) que devem vigorar no País.

- *Vide* Emenda Constitucional n. 2, de 25-8-1992.

§ 1.º Será assegurada gratuidade na livre divulgação dessas formas e sistemas, através dos meios de comunicação de massa cessionários de serviço público.

§ 2.º O Tribunal Superior Eleitoral, promulgada a Constituição, expedirá as normas regulamentadoras deste artigo.

Art. 3.º A revisão constitucional será realizada após cinco anos, contados da promulgação da Constituição, pelo voto da maioria absoluta dos membros do Congresso Nacional, em sessão unicameral.

Art. 4.º O mandato do atual Presidente da República terminará em 15 de março de 1990.

§ 1.º A primeira eleição para Presidente da República após a promulgação da Constituição será realizada no dia 15 de novembro de 1989, não se lhe aplicando o disposto no art. 16 da Constituição.

§ 2.º É assegurada a irredutibilidade da atual representação dos Estados e do Distrito Federal na Câmara dos Deputados.

§ 3.º Os mandatos dos Governadores e dos Vice-Governadores eleitos em 15 de novembro de 1986 terminarão em 15 de março de 1991.

§ 4.º Os mandatos dos atuais Prefeitos, Vice-Prefeitos e Vereadores terminarão no dia 1.º de janeiro de 1989, com a posse dos eleitos.

Art. 5.º Não se aplicam às eleições previstas para 15 de novembro de 1988 o disposto no art. 16 e as regras do art. 77 da Constituição.

§ 1.º Para as eleições de 15 de novembro de 1988 será exigido domicílio eleitoral na circunscrição pelo menos durante os quatro meses anteriores ao pleito, podendo os candidatos que preencham este requisito, atendidas as demais exigências da lei, ter seu registro efetivado pela Justiça Eleitoral após a promulgação da Constituição.

§ 2.º Na ausência de norma legal específica, caberá ao Tribunal Superior Eleitoral editar as normas necessárias à realização das eleições de 1988, respeitada a legislação vigente.

§ 3.º Os atuais parlamentares federais e estaduais eleitos Vice-Prefeitos, se convocados a exercer a função de Prefeito, não perderão o mandato parlamentar.

§ 4.º O número de vereadores por município será fixado, para a representação a ser eleita em 1988, pelo respectivo Tribunal Regional Eleitoral, respeitados os limites estipulados no art. 29, IV, da Constituição.

§ 5.º Para as eleições de 15 de novembro de 1988, ressalvados os que já exercem mandato eletivo, são inelegíveis para qualquer cargo, no território de jurisdição do titular, o cônjuge e os parentes por consanguinidade ou afinidade, até o segundo grau, ou por adoção, do Presidente da República, do Governador de Estado, do Governador do Distrito Federal e do Prefeito que tenham exercido mais da metade do mandato.

Arts. 6.º a 9.º – ADCT

Art. 6.º Nos seis meses posteriores à promulgação da Constituição, parlamentares federais, reunidos em número não inferior a trinta, poderão requerer ao Tribunal Superior Eleitoral o registro de novo partido político, juntando ao requerimento o manifesto, o estatuto e o programa devidamente assinados pelos requerentes.

§ 1.º O registro provisório, que será concedido de plano pelo Tribunal Superior Eleitoral, nos termos deste artigo, defere ao novo partido todos os direitos, deveres e prerrogativas dos atuais, entre eles o de participar, sob legenda própria, das eleições que vierem a ser realizadas nos doze meses seguintes a sua formação.

§ 2.º O novo partido perderá automaticamente seu registro provisório se, no prazo de vinte e quatro meses, contados de sua formação, não obtiver registro definitivo no Tribunal Superior Eleitoral, na forma que a lei dispuser.

Art. 7.º O Brasil propugnará pela formação de um tribunal internacional dos direitos humanos.

- O Decreto n. 4.388, de 25-9-2002, promulga o Estatuto de Roma do Tribunal Penal Internacional.

Art. 8.º É concedida anistia aos que, no período de 18 de setembro de 1946 até a data da promulgação da Constituição, foram atingidos, em decorrência de motivação exclusivamente política, por atos de exceção, institucionais ou complementares, aos que foram abrangidos pelo Decreto Legislativo n. 18, de 15 de dezembro de 1961, e aos atingidos pelo Decreto-lei n. 864, de 12 de setembro de 1969, asseguradas as promoções, na inatividade, ao cargo, emprego, posto ou graduação a que teriam direito se estivessem em serviço ativo, obedecidos os prazos de permanência em atividade previstos nas leis e regulamentos vigentes, respeitadas as características e peculiaridades das carreiras dos servidores públicos civis e militares e observados os respectivos regimes jurídicos.

•• Regulamento: Lei n. 10.559, de 13-11-2002.

§ 1.º O disposto neste artigo somente gerará efeitos financeiros a partir da promulgação da Constituição, vedada a remuneração de qualquer espécie em caráter retroativo.

§ 2.º Ficam assegurados os benefícios estabelecidos neste artigo aos trabalhadores do setor privado, dirigentes e representantes sindicais que, por motivos exclusivamente políticos, tenham sido punidos, demitidos ou compelidos ao afastamento das atividades remuneradas que exerciam, bem como aos que foram impedidos de exercer atividades profissionais em virtude de pressões ostensivas ou expedientes oficiais sigilosos.

§ 3.º Aos cidadãos que foram impedidos de exercer, na vida civil, atividade profissional específica, em decorrência das Portarias Reservadas do Ministério da Aeronáutica n. S-50-GM5, de 19 de junho de 1964, e n. S-285-GM5 será concedida reparação de natureza econômica, na forma que dispuser lei de iniciativa do Congresso Nacional e a entrar em vigor no prazo de doze meses a contar da promulgação da Constituição.

§ 4.º Aos que, por força de atos institucionais, tenham exercido gratuitamente mandato eletivo de vereador serão computados, para efeito de aposentadoria no serviço público e previdência social, os respectivos períodos.

§ 5.º A anistia concedida nos termos deste artigo aplica-se aos servidores públicos civis e aos empregados em todos os níveis de governo ou em suas fundações, empresas públicas ou empresas mistas sob controle estatal, exceto nos Ministérios militares, que tenham sido punidos ou demitidos por atividades profissionais interrompidas em virtude de decisão de seus trabalhadores, bem como em decorrência do Decreto-lei n. 1.632, de 4 de agosto de 1978, ou por motivos exclusivamente políticos, assegurada a readmissão dos que foram atingidos a partir de 1979, observado o disposto no § 1.º.

- A Lei n. 7.783, de 28-6-1989, revoga o Decreto-lei n. 1.632, de 4-8-1978.

Art. 9.º Os que, por motivos exclusivamente políticos, foram cassados ou tiveram seus

Disposições Transitórias

Arts. 9.º a 12 – ADCT

direitos políticos suspensos no período de 15 de julho a 31 de dezembro de 1969, por ato do então Presidente da República, poderão requerer ao Supremo Tribunal Federal o reconhecimento dos direitos e vantagens interrompidos pelos atos punitivos, desde que comprovem terem sido estes eivados de vício grave.

Parágrafo único. O Supremo Tribunal Federal proferirá a decisão no prazo de cento e vinte dias, a contar do pedido do interessado.

Art. 10. Até que seja promulgada a lei complementar a que se refere o art. 7.º, I, da Constituição:

I – fica limitada a proteção nele referida ao aumento, para quatro vezes, da porcentagem prevista no art. 6.º, *caput* e § 1.º, da Lei n. 5.107, de 13 de setembro de 1966;

•• Citada Lei foi revogada pela Lei n. 7.839, de 12-10-1989, e pela atual Lei de FGTS: Lei n. 8.036, de 11-5-1990.

II – fica vedada a dispensa arbitrária ou sem justa causa:

a) do empregado eleito para cargo de direção de comissões internas de prevenção de acidentes, desde o registro de sua candidatura até um ano após o final de seu mandato;

b) da empregada gestante, desde a confirmação da gravidez até cinco meses após o parto.

•• A Lei Complementar n. 146, de 25-6-2014, assegura o direito prescrito nesta alínea, nos casos em que ocorrer o falecimento da genitora, a quem detiver a guarda do seu filho.

§ 1.º Até que a lei venha a disciplinar o disposto no art. 7.º, XIX, da Constituição, o prazo da licença-paternidade a que se refere o inciso é de cinco dias.

•• A Lei n. 11.770, de 9-9-2008 (Programa Empresa Cidadã), alterada pela Lei n. 13.257, de 8-3-2016, prorroga por 15 (quinze) dias a duração da licença prevista neste § 1.º, mediante concessão de incentivo fiscal.

§ 2.º Até ulterior disposição legal, a cobrança das contribuições para o custeio das atividades dos sindicatos rurais será feita juntamente com a do imposto territorial rural, pelo mesmo órgão arrecadador.

§ 3.º Na primeira comprovação do cumprimento das obrigações trabalhistas pelo empregador rural, na forma do art. 233, após a promulgação da Constituição, será certificada perante a Justiça do Trabalho a regularidade do contrato e das atualizações das obrigações trabalhistas de todo o período.

•• O art. 233 da CF foi revogado pela Emenda Constitucional n. 28, de 25-5-2000.

Art. 11. Cada Assembleia Legislativa, com poderes constituintes, elaborará a Constituição do Estado, no prazo de um ano, contado da promulgação da Constituição Federal, obedecidos os princípios desta.

Parágrafo único. Promulgada a Constituição do Estado, caberá à Câmara Municipal, no prazo de seis meses, votar a Lei Orgânica respectiva, em dois turnos de discussão e votação, respeitado o disposto na Constituição Federal e na Constituição Estadual.

Art. 12. Será criada, dentro de noventa dias da promulgação da Constituição, Comissão de Estudos Territoriais, com dez membros indicados pelo Congresso Nacional e cinco pelo Poder Executivo, com a finalidade de apresentar estudos sobre o território nacional e anteprojetos relativos a novas unidades territoriais, notadamente na Amazônia Legal e em áreas pendentes de solução.

§ 1.º No prazo de um ano, a Comissão submeterá ao Congresso Nacional os resultados de seus estudos para, nos termos da Constituição, serem apreciados nos doze meses subsequentes, extinguindo-se logo após.

§ 2.º Os Estados e os Municípios deverão, no prazo de três anos, a contar da promulgação da Constituição, promover, mediante acordo ou arbitramento, a demarcação de suas linhas divisórias atualmente litigiosas, podendo para isso fazer alterações e compensações de área que atendam aos acidentes naturais, critérios históricos, conveniências administrativas e comodidade das populações limítrofes.

§ 3.º Havendo solicitação dos Estados e Municípios interessados, a União poderá encarregar-se dos trabalhos demarcatórios.

Arts. 12 a 14 – ADCT   Disposições Transitórias

§ 4.º Se, decorrido o prazo de três anos, a contar da promulgação da Constituição, os trabalhos demarcatórios não tiverem sido concluídos, caberá à União determinar os limites das áreas litigiosas.

§ 5.º Ficam reconhecidos e homologados os atuais limites do Estado do Acre com os Estados do Amazonas e de Rondônia, conforme levantamentos cartográficos e geodésicos realizados pela Comissão Tripartite integrada por representantes dos Estados e dos serviços técnico-especializados do Instituto Brasileiro de Geografia e Estatística.

Art. 13. É criado o Estado do Tocantins, pelo desmembramento da área descrita neste artigo, dando-se sua instalação no quadragésimo sexto dia após a eleição prevista no § 3.º, mas não antes de 1.º de janeiro de 1989.

§ 1.º O Estado do Tocantins integra a Região Norte e limita-se com o Estado de Goiás pelas divisas norte dos Municípios de São Miguel do Araguaia, Porangatu, Formoso, Minaçu, Cavalcante, Monte Alegre de Goiás e Campos Belos, conservando a leste, norte e oeste as divisas atuais de Goiás com os Estados da Bahia, Piauí, Maranhão, Pará e Mato Grosso.

§ 2.º O Poder Executivo designará uma das cidades do Estado para sua Capital provisória até a aprovação da sede definitiva do governo pela Assembleia Constituinte.

§ 3.º O Governador, o Vice-Governador, os Senadores, os Deputados Federais e os Deputados Estaduais serão eleitos, em um único turno, até setenta e cinco dias após a promulgação da Constituição, mas não antes de 15 de novembro de 1988, a critério do Tribunal Superior Eleitoral, obedecidas, entre outras, as seguintes normas:

I – o prazo de filiação partidária dos candidatos será encerrado setenta e cinco dias antes da data das eleições;

II – as datas das convenções regionais partidárias destinadas a deliberar sobre coligações e escolha de candidatos, de apresentação de requerimento de registro dos candidatos escolhidos e dos demais procedimentos legais serão fixadas, em calendário especial, pela Justiça Eleitoral;

III – são inelegíveis os ocupantes de cargos estaduais ou municipais que não se tenham deles afastado, em caráter definitivo, setenta e cinco dias antes da data das eleições previstas neste parágrafo;

IV – ficam mantidos os atuais diretórios regionais dos partidos políticos do Estado de Goiás, cabendo às comissões executivas nacionais designar comissões provisórias no Estado do Tocantins, nos termos e para os fins previstos na lei.

§ 4.º Os mandatos do Governador, do Vice-Governador, dos Deputados Federais e Estaduais eleitos na forma do parágrafo anterior extinguir-se-ão concomitantemente aos das demais unidades da Federação; o mandato do Senador eleito menos votado extinguir-se-á nessa mesma oportunidade, e os dos outros dois, juntamente com os dos Senadores eleitos em 1986 nos demais Estados.

§ 5.º A Assembleia Estadual Constituinte será instalada no quadragésimo sexto dia da eleição de seus integrantes, mas não antes de 1.º de janeiro de 1989, sob a presidência do Presidente do Tribunal Regional Eleitoral do Estado de Goiás, e dará posse, na mesma data, ao Governador e ao Vice-Governador eleitos.

§ 6.º Aplicam-se à criação e instalação do Estado do Tocantins, no que couber, as normas legais disciplinadoras da divisão do Estado de Mato Grosso, observado o disposto no art. 234 da Constituição.

§ 7.º Fica o Estado de Goiás liberado dos débitos e encargos decorrentes de empreendimentos no território do novo Estado, e autorizada a União, a seu critério, a assumir os referidos débitos.

Art. 14. Os Territórios Federais de Roraima e do Amapá são transformados em Estados Federados, mantidos seus atuais limites geográficos.

§ 1.º A instalação dos Estados dar-se-á com a posse dos governadores eleitos em 1990.

Disposições Transitórias

Arts. 14 a 20 – ADCT

§ 2.º Aplicam-se à transformação e instalação dos Estados de Roraima e Amapá as normas e critérios seguidos na criação do Estado de Rondônia, respeitado o disposto na Constituição e neste Ato.

§ 3.º O Presidente da República, até quarenta e cinco dias após a promulgação da Constituição, encaminhará à apreciação do Senado Federal os nomes dos governadores dos Estados de Roraima e do Amapá que exercerão o Poder Executivo até a instalação dos novos Estados com a posse dos governadores eleitos.

§ 4.º Enquanto não concretizada a transformação em Estados, nos termos deste artigo, os Territórios Federais de Roraima e do Amapá serão beneficiados pela transferência de recursos prevista nos arts. 159, I, a, da Constituição, e 34, § 2.º, II, deste Ato.

Art. 15. Fica extinto o Território Federal de Fernando de Noronha, sendo sua área reincorporada ao Estado de Pernambuco.

Art. 16. Até que se efetive o disposto no art. 32, § 2.º, da Constituição, caberá ao Presidente da República, com a aprovação do Senado Federal, indicar o Governador e o Vice-Governador do Distrito Federal.

§ 1.º A competência da Câmara Legislativa do Distrito Federal, até que se instale, será exercida pelo Senado Federal.

§ 2.º A fiscalização contábil, financeira, orçamentária, operacional e patrimonial do Distrito Federal, enquanto não for instalada a Câmara Legislativa, será exercida pelo Senado Federal, mediante controle externo, com o auxílio do Tribunal de Contas do Distrito Federal, observado o disposto no art. 72 da Constituição.

§ 3.º Incluem-se entre os bens do Distrito Federal aqueles que lhe vierem a ser atribuídos pela União na forma da lei.

Art. 17. Os vencimentos, a remuneração, as vantagens e os adicionais, bem como os proventos de aposentadoria que estejam sendo percebidos em desacordo com a Constituição serão imediatamente reduzidos aos limites dela decorrentes, não se admitindo, neste caso, invocação de direito adquirido ou percepção de excesso a qualquer título.

§ 1.º É assegurado o exercício cumulativo de dois cargos ou empregos privativos de médico que estejam sendo exercidos por médico militar na administração pública direta ou indireta.

§ 2.º É assegurado o exercício cumulativo de dois cargos ou empregos privativos de profissionais de saúde que estejam sendo exercidos na administração pública direta ou indireta.

- *Vide* art. 9.º da Emenda Constitucional n. 41, de 19-12-2003.

Art. 18. Ficam extintos os efeitos jurídicos de qualquer ato legislativo ou administrativo, lavrado a partir da instalação da Assembleia Nacional Constituinte, que tenha por objeto a concessão de estabilidade a servidor admitido sem concurso público, da administração direta ou indireta, inclusive das fundações instituídas e mantidas pelo Poder Público.

Art. 19. Os servidores públicos civis da União, dos Estados, do Distrito Federal e dos Municípios, da administração direta, autárquica e das fundações públicas, em exercício na data da promulgação da Constituição, há pelo menos cinco anos continuados, e que não tenham sido admitidos na forma regulada no art. 37, da Constituição, são considerados estáveis no serviço público.

§ 1.º O tempo de serviço dos servidores referidos neste artigo será contado como título quando se submeterem a concurso para fins de efetivação, na forma da lei.

§ 2.º O disposto neste artigo não se aplica aos ocupantes de cargos, funções e empregos de confiança ou em comissão, nem aos que a lei declare de livre exoneração, cujo tempo de serviço não será computado para os fins do *caput* deste artigo, exceto se se tratar de servidor.

§ 3.º O disposto neste artigo não se aplica aos professores de nível superior, nos termos da lei.

Art. 20. Dentro de cento e oitenta dias, proceder-se-á à revisão dos direitos dos servidores públicos inativos e pensionistas e à atualiza-

Arts. 20 a 26 – ADCT

ção dos proventos e pensões a eles devidos, a fim de ajustá-los ao disposto na Constituição.

Art. 21. Os juízes togados de investidura limitada no tempo, admitidos mediante concurso público de provas e títulos e que estejam em exercício na data da promulgação da Constituição, adquirem estabilidade, observado o estágio probatório, e passam a compor quadro em extinção, mantidas as competências, prerrogativas e restrições da legislação a que se achavam submetidos, salvo as inerentes à transitoriedade da investidura.

Parágrafo único. A aposentadoria dos juízes de que trata este artigo regular-se-á pelas normas fixadas para os demais juízes estaduais.

Art. 22. É assegurado aos defensores públicos investidos na função até a data de instalação da Assembleia Nacional Constituinte o direito de opção pela carreira, com a observância das garantias e vedações previstas no art. 134, parágrafo único, da Constituição.

•• *Vide* atualmente art. 134, § 1.º, da CF.

Art. 23. Até que se edite a regulamentação do art. 21, XVI, da Constituição, os atuais ocupantes do cargo de censor federal continuarão exercendo funções com este compatíveis, no Departamento de Polícia Federal, observadas as disposições constitucionais.

Parágrafo único. A lei referida disporá sobre o aproveitamento dos censores federais, nos termos deste artigo.

Art. 24. A União, os Estados, o Distrito Federal e os Municípios editarão leis que estabeleçam critérios para a compatibilização de seus quadros de pessoal ao disposto no art. 39 da Constituição e à reforma administrativa dela decorrente, no prazo de dezoito meses, contados da sua promulgação.

Art. 25. Ficam revogados, a partir de cento e oitenta dias da promulgação da Constituição, sujeito este prazo a prorrogação por lei, todos os dispositivos legais que atribuam ou deleguem a órgão do Poder Executivo competência assinalada pela Constituição ao Congresso Nacional, especialmente no que tange a:

I – ação normativa;

II – alocação ou transferência de recursos de qualquer espécie.

§ 1.º Os decretos-leis em tramitação no Congresso Nacional e por este não apreciados até a promulgação da Constituição terão seus efeitos regulados da seguinte forma:

I – se editados até 2 de setembro de 1988, serão apreciados pelo Congresso Nacional no prazo de até cento e oitenta dias a contar da promulgação da Constituição, não computado o recesso parlamentar;

II – decorrido o prazo definido no inciso anterior, e não havendo apreciação, os decretos-leis ali mencionados serão considerados rejeitados;

III – nas hipóteses definidas nos incisos I e II, terão plena validade os atos praticados na vigência dos respectivos decretos-leis, podendo o Congresso Nacional, se necessário, legislar sobre os efeitos deles remanescentes.

§ 2.º Os Decretos-Leis editados entre 3 de setembro de 1988 e a promulgação da Constituição serão convertidos, nesta data, em medidas provisórias, aplicando-se-lhes as regras estabelecidas no art. 62, parágrafo único.

•• O art. 62 da CF foi alterado pela Emenda Constitucional n. 32, de 11-9-2001, que modificou a tramitação das Medidas Provisórias.

Art. 26. No prazo de um ano a contar da promulgação da Constituição, o Congresso Nacional promoverá, através de Comissão mista, exame analítico e pericial dos atos e fatos geradores do endividamento externo brasileiro.

§ 1.º A Comissão terá a força legal de Comissão parlamentar de inquérito para os fins de requisição e convocação, e atuará com o auxílio do Tribunal de Contas da União.

§ 2.º Apurada irregularidade, o Congresso Nacional proporá ao Poder Executivo a declaração de nulidade do ato e encaminhará o processo ao Ministério Público Federal, que formalizará, no prazo de sessenta dias, a ação cabível.

Disposições Transitórias

Arts. 27 a 29 – ADCT

Art. 27. O Superior Tribunal de Justiça será instalado sob a Presidência do Supremo Tribunal Federal.

§ 1.º Até que se instale o Superior Tribunal de Justiça, o Supremo Tribunal Federal exercerá as atribuições e competências definidas na ordem constitucional precedente.

§ 2.º A composição inicial do Superior Tribunal de Justiça far-se-á:

I – pelo aproveitamento dos Ministros do Tribunal Federal de Recursos;

II – pela nomeação dos Ministros que sejam necessários para completar o número estabelecido na Constituição.

§ 3.º Para os efeitos do disposto na Constituição, os atuais Ministros do Tribunal Federal de Recursos serão considerados pertencentes à classe de que provieram, quando de sua nomeação.

§ 4.º Instalado o Tribunal, os Ministros aposentados do Tribunal Federal de Recursos tornar-se-ão, automaticamente, Ministros aposentados do Superior Tribunal de Justiça.

§ 5.º Os Ministros a que se refere o § 2.º, II, serão indicados em lista tríplice pelo Tribunal Federal de Recursos, observado o disposto no art. 104, parágrafo único, da Constituição.

§ 6.º Ficam criados cinco Tribunais Regionais Federais, a serem instalados no prazo de seis meses a contar da promulgação da Constituição, com a jurisdição e sede que lhes fixar o Tribunal Federal de Recursos, tendo em conta o número de processos e sua localização geográfica.

§ 7.º Até que se instalem os Tribunais Regionais Federais, o Tribunal Federal de Recursos exercerá a competência a eles atribuída em todo o território nacional, cabendo-lhe promover sua instalação e indicar os candidatos a todos os cargos da composição inicial, mediante lista tríplice, podendo desta constar juízes federais de qualquer região, observado o disposto no § 9.º.

§ 8.º É vedado, a partir da promulgação da Constituição, o provimento de vagas de Ministros do Tribunal Federal de Recursos.

§ 9.º Quando não houver juiz federal que conte o tempo mínimo previsto no art. 107, II, da Constituição, a promoção poderá contemplar juiz com menos de cinco anos no exercício do cargo.

§ 10. Compete à Justiça Federal julgar as ações nela propostas até a data da promulgação da Constituição, e aos Tribunais Regionais Federais bem como ao Superior Tribunal de Justiça julgar as ações rescisórias das decisões até então proferidas pela Justiça Federal, inclusive daquelas cuja matéria tenha passado à competência de outro ramo do Judiciário.

§ 11. São criados, ainda, os seguintes Tribunais Regionais Federais: o da 6.ª Região, com sede em Curitiba, Estado do Paraná, e jurisdição nos Estados do Paraná, Santa Catarina e Mato Grosso do Sul; o da 7.ª Região, com sede em Belo Horizonte, Estado de Minas Gerais, e jurisdição no Estado de Minas Gerais; o da 8.ª Região, com sede em Salvador, Estado da Bahia, e jurisdição nos Estados da Bahia e Sergipe; e o da 9.ª Região, com sede em Manaus, Estado do Amazonas, e jurisdição nos Estados do Amazonas, Acre, Rondônia e Roraima.

•• § 11 acrescentado pela Emenda Constitucional n. 73, de 6-6-2013.

Art. 28. Os juízes federais de que trata o art. 123, § 2.º, da Constituição de 1967, com a redação dada pela Emenda Constitucional n. 7, de 1977, ficam investidos na titularidade de varas na Seção Judiciária para a qual tenham sido nomeados ou designados; na inexistência de vagas, proceder-se-á ao desdobramento das varas existentes.

Parágrafo único. Para efeito de promoção por antiguidade, o tempo de serviço desses juízes será computado a partir do dia de sua posse.

Art. 29. Enquanto não aprovadas as leis complementares relativas ao Ministério Público e à Advocacia-Geral da União, o Ministério Público Federal, a Procuradoria-Geral da Fazenda Nacional, as Consultorias Jurídicas dos Ministérios, as Procuradorias e Departamentos

Arts. 29 a 34 – ADCT

Jurídicos de autarquias federais com representação própria e os membros das Procuradorias das Universidades fundacionais públicas continuarão a exercer suas atividades na área das respectivas atribuições.

- Lei Orgânica da AGU: Lei Complementar n. 73, de 10-2-1993.
- Organização, Atribuições e Estatuto do Ministério Público da União: Lei Complementar n. 75, de 20-5-1993.

§ 1.º O Presidente da República, no prazo de cento e vinte dias, encaminhará ao Congresso Nacional projeto de lei complementar dispondo sobre a organização e o funcionamento da Advocacia-Geral da União.

§ 2.º Aos atuais Procuradores da República, nos termos da lei complementar, será facultada a opção, de forma irretratável, entre as carreiras do Ministério Público Federal e da Advocacia-Geral da União.

§ 3.º Poderá optar pelo regime anterior, no que respeita às garantias e vantagens, o membro do Ministério Público admitido antes da promulgação da Constituição, observando-se, quanto às vedações, a situação jurídica na data desta.

§ 4.º Os atuais integrantes do quadro suplementar dos Ministérios Públicos do Trabalho e Militar que tenham adquirido estabilidade nessas funções passam a integrar o quadro da respectiva carreira.

§ 5.º Cabe à atual Procuradoria-Geral da Fazenda Nacional, diretamente ou por delegação, que pode ser ao Ministério Público Estadual, representar judicialmente a União nas causas de natureza fiscal, na área da respectiva competência, até a promulgação das leis complementares previstas neste artigo.

Art. 30. A legislação que criar a justiça de paz manterá os atuais juízes de paz até a posse dos novos titulares, assegurando-lhes os direitos e atribuições conferidos a estes, e designará o dia para a eleição prevista no art. 98, II, da Constituição.

Art. 31. Serão estatizadas as serventias do foro judicial, assim definidas em lei, respeitados os direitos dos atuais titulares.

Art. 32. O disposto no art. 236 não se aplica aos serviços notariais e de registro que já tenham sido oficializados pelo Poder Público, respeitando-se o direito de seus servidores.

Art. 33. Ressalvados os créditos de natureza alimentar, o valor dos precatórios judiciais pendentes de pagamento na data da promulgação da Constituição, incluído o remanescente de juros e correção monetária, poderá ser pago em moeda corrente, com atualização, em prestações anuais, iguais e sucessivas, no prazo máximo de oito anos, a partir de 1.º de julho de 1989, por decisão editada pelo Poder Executivo até cento e oitenta dias da promulgação da Constituição.

•• Vide art. 97, § 15, do ADCT.

Parágrafo único. Poderão as entidades devedoras, para o cumprimento do disposto neste artigo, emitir, em cada ano, no exato montante do dispêndio, títulos de dívida pública não computáveis para efeito do limite global de endividamento.

Art. 34. O sistema tributário nacional entrará em vigor a partir do primeiro dia do quinto mês seguinte ao da promulgação da Constituição, mantido, até então, o da Constituição de 1967, com a redação dada pela Emenda n. 1, de 1969, e pelas posteriores.

§ 1.º Entrarão em vigor com a promulgação da Constituição os arts. 148, 149, 150, 154, I, 156, III, e 159, I, c, revogadas as disposições em contrário da Constituição de 1967 e das Emendas que a modificaram, especialmente de seu art. 25, III.

§ 2.º O Fundo de Participação dos Estados e do Distrito Federal e o Fundo de Participação dos Municípios obedecerão às seguintes determinações:

I – a partir da promulgação da Constituição, os percentuais serão, respectivamente, de dezoito por cento e de vinte por cento, calculados sobre o produto da arrecadação dos impostos referidos no art. 153, III e IV, mantidos os atuais critérios de rateio até a entrada em vigor da lei complementar a que se refere o art. 161, II;

Disposições Transitórias

Art. 34 – ADCT

II – o percentual relativo ao Fundo de Participação dos Estados e do Distrito Federal será acrescido de um ponto percentual no exercício financeiro de 1989 e, a partir de 1990, inclusive, à razão de meio ponto por exercício, até 1992, inclusive, atingindo em 1993 o percentual estabelecido no art. 159, I, a;

III – o percentual relativo ao Fundo de Participação dos Municípios, a partir de 1989, inclusive, será elevado à razão de meio ponto percentual por exercício financeiro, até atingir o estabelecido no art. 159, I, b.

§ 3.º Promulgada a Constituição, a União, os Estados, o Distrito Federal e os Municípios poderão editar as leis necessárias à aplicação do sistema tributário nacional nela previsto.

§ 4.º As leis editadas nos termos do parágrafo anterior produzirão efeitos a partir da entrada em vigor do sistema tributário nacional previsto na Constituição.

§ 5.º Vigente o novo sistema tributário nacional, fica assegurada a aplicação da legislação anterior, no que não seja incompatível com ele e com a legislação referida nos §§ 3.º e 4.º.

§ 6.º Até 31 de dezembro de 1989, o disposto no art. 150, III, b, não se aplica aos impostos de que tratam os arts. 155, I, a e b, e 156, II e III, que podem ser cobrados trinta dias após a publicação da lei que os tenha instituído ou aumentado.

•• Com a alteração determinada pela Emenda Constitucional n. 3, de 17-3-1993, a referência ao art. 155, I, a e b, passou a ser ao art. 155, I e II, da CF.

§ 7.º Até que sejam fixadas em lei complementar, as alíquotas máximas do imposto municipal sobre vendas a varejo de combustíveis líquidos e gasosos não excederão a três por cento.

§ 8.º Se, no prazo de sessenta dias contados da promulgação da Constituição, não for editada a lei complementar necessária à instituição do imposto de que trata o art. 155, I, b, os Estados e o Distrito Federal, mediante convênio celebrado nos termos da Lei Complementar n. 24, de 7 de janeiro de 1975, fixarão normas para regular provisoriamente a matéria.

•• Com a alteração determinada pela Emenda Constitucional n. 3, de 17-3-1993, a referência ao art. 155, I, b, passou a ser ao art. 155, II, da CF.

• A Lei Complementar n. 24, de 7-1-1975, dispõe sobre os convênios para a concessão de isenções do imposto sobre operações relativas à circulação de mercadorias.

• A Lei Complementar n. 87, de 13-9-1996, dispõe sobre o Imposto dos Estados e do Distrito Federal, sobre operações relativas à circulação de mercadorias e sobre prestações de serviços de transporte interestadual e intermunicipal e de comunicação (Lei Kandir).

§ 9.º Até que lei complementar disponha sobre a matéria, as empresas distribuidoras de energia elétrica, na condição de contribuintes ou de substitutos tributários, serão as responsáveis, por ocasião da saída do produto de seus estabelecimentos, ainda que destinado a outra unidade da Federação, pelo pagamento do imposto sobre operações relativas à circulação de mercadorias incidente sobre energia elétrica, desde a produção ou importação até a última operação, calculado o imposto sobre o preço então praticado na operação final e assegurado seu recolhimento ao Estado ou ao Distrito Federal, conforme o local onde deva ocorrer essa operação.

§ 10. Enquanto não entrar em vigor a lei prevista no art. 159, I, c, cuja promulgação se fará até 31 de dezembro de 1989, é assegurada a aplicação dos recursos previstos naquele dispositivo da seguinte maneira:

I – seis décimos por cento na Região Norte, através do Banco da Amazônia S.A.;

II – um inteiro e oito décimos por cento na Região Nordeste, através do Banco do Nordeste do Brasil S.A.;

III – seis décimos por cento na Região Centro-Oeste, através do Banco do Brasil S.A.

§ 11. Fica criado, nos termos da lei, o Banco de Desenvolvimento do Centro-Oeste, para dar cumprimento, na referida região, ao que determinam os arts. 159, I, c, e 192, § 2.º, da Constituição.

•• O § 2.º do art. 192 foi revogado pela Emenda Constitucional n. 40, de 29-5-2003.

§ 12. A urgência prevista no art. 148, II, não prejudica a cobrança do empréstimo compulsório instituído, em benefício das Centrais Elétricas Brasileiras S.A. (Eletrobrás), pela Lei n. 4.156, de 28 de novembro de 1962, com as alterações posteriores.

Art. 35. O disposto no art. 165, § 7.º, será cumprido de forma progressiva, no prazo de até dez anos, distribuindo-se os recursos entre as regiões macroeconômicas em razão proporcional à população, a partir da situação verificada no biênio 1986-87.

§ 1.º Para aplicação dos critérios de que trata este artigo, excluem-se das despesas totais as relativas:

I – aos projetos considerados prioritários no plano plurianual;

II – à segurança e defesa nacional;

III – à manutenção dos órgãos federais no Distrito Federal;

IV – ao Congresso Nacional, ao Tribunal de Contas da União e ao Poder Judiciário;

V – ao serviço da dívida da administração direta e indireta da União, inclusive fundações instituídas e mantidas pelo Poder Público federal.

§ 2.º Até a entrada em vigor da lei complementar a que se refere o art. 165, § 9.º, I e II, serão obedecidas as seguintes normas:

I – o projeto do plano plurianual, para vigência até o final do primeiro exercício financeiro do mandato presidencial subsequente, será encaminhado até quatro meses antes do encerramento do primeiro exercício financeiro e devolvido para sanção até o encerramento da sessão legislativa;

II – o projeto de lei de diretrizes orçamentárias será encaminhado até oito meses e meio antes do encerramento do exercício financeiro e devolvido para sanção até o encerramento do primeiro período da sessão legislativa;

III – o projeto de lei orçamentária da União será encaminhado até quatro meses antes do encerramento do exercício financeiro e devolvido para sanção até o encerramento da sessão legislativa.

Art. 36. Os fundos existentes na data da promulgação da Constituição, excetuados os resultantes de isenções fiscais que passem a integrar patrimônio privado e os que interessem à defesa nacional, extinguir-se-ão, se não forem ratificados pelo Congresso Nacional no prazo de dois anos.

Art. 37. A adaptação ao que estabelece o art. 167, III, deverá processar-se no prazo de cinco anos, reduzindo-se o excesso à base de, pelo menos, um quinto por ano.

Art. 38. Até a promulgação da lei complementar referida no art. 169, a União, os Estados, o Distrito Federal e os Municípios não poderão despender com pessoal mais do que sessenta e cinco por cento do valor das respectivas receitas correntes.

Parágrafo único. A União, os Estados, o Distrito Federal e os Municípios, quando a respectiva despesa de pessoal exceder o limite previsto neste artigo, deverão retornar àquele limite, reduzindo o percentual excedente à razão de um quinto por ano.

Art. 39. Para efeito do cumprimento das disposições constitucionais que impliquem variações de despesas e receitas da União, após a promulgação da Constituição, o Poder Executivo deverá elaborar e o Poder Legislativo apreciar projeto de revisão da lei orçamentária referente ao exercício financeiro de 1989.

Parágrafo único. O Congresso Nacional deverá votar no prazo de doze meses a lei complementar prevista no art. 161, II.

Art. 40. É mantida a Zona Franca de Manaus, com suas características de área livre de comércio, de exportação e importação, e de incentivos fiscais, pelo prazo de vinte e cinco anos, a partir da promulgação da Constituição.

•• *Vide* arts. 92 e 92-A do ADCT, que prorrogam o prazo fixado neste artigo.

Parágrafo único. Somente por lei federal podem ser modificados os critérios que disciplinaram ou venham a disciplinar a aprovação dos projetos na Zona Franca de Manaus.

Art. 41. Os Poderes Executivos da União, dos Estados, do Distrito Federal e dos Municípios

Disposições Transitórias

Arts. 41 a 45 – ADCT

reavaliarão todos os incentivos fiscais de natureza setorial ora em vigor, propondo aos Poderes Legislativos respectivos as medidas cabíveis.

§ 1.º Considerar-se-ão revogados após dois anos, a partir da data da promulgação da Constituição, os incentivos que não forem confirmados por lei.

§ 2.º A revogação não prejudicará os direitos que já tiverem sido adquiridos, àquela data, em relação a incentivos concedidos sob condição e com prazo certo.

§ 3.º Os incentivos concedidos por convênio entre Estados, celebrados nos termos do art. 23, § 6.º, da Constituição de 1967, com a redação da Emenda n. 1, de 17 de outubro de 1969, também deverão ser reavaliados e reconfirmados nos prazos deste artigo.

Art. 42. Durante 40 (quarenta) anos, a União aplicará dos recursos destinados à irrigação:

•• *Caput com redação determinada pela Emenda Constitucional n. 89, de 15-9-2015.*

I – 20% (vinte por cento) na Região Centro-Oeste;

•• *Inciso I com redação determinada pela Emenda Constitucional n. 89, de 15-9-2015.*

II – 50% (cinquenta por cento) na Região Nordeste, preferencialmente no Semiárido.

•• *Inciso II com redação determinada pela Emenda Constitucional n. 89, de 15-9-2015.*

Parágrafo único. Dos percentuais previstos nos incisos I e II do *caput*, no mínimo 50% (cinquenta por cento) serão destinados a projetos de irrigação que beneficiem agricultores familiares que atendam aos requisitos previstos em legislação específica.

•• *Parágrafo único acrescentado pela Emenda Constitucional n. 89, de 15-9-2015.*

Art. 43. Na data da promulgação da lei que disciplinar a pesquisa e a lavra de recursos e jazidas minerais, ou no prazo de um ano, a contar da promulgação da Constituição, tornar-se-ão sem efeito as autorizações, concessões e demais títulos atributivos de direitos minerários, caso os trabalhos de pesquisa ou de lavra não hajam sido comprovadamente iniciados nos prazos legais ou estejam inativos.

•• Regulamento: Lei n. 7.886, de 20-11-1989.

Art. 44. As atuais empresas brasileiras titulares de autorização de pesquisa, concessão de lavra de recursos minerais e de aproveitamento dos potenciais de energia hidráulica em vigor terão quatro anos, a partir da promulgação da Constituição, para cumprir os requisitos do art. 176, § 1.º.

§ 1.º Ressalvadas as disposições de interesse nacional previstas no texto constitucional, as empresas brasileiras ficarão dispensadas do cumprimento do disposto no art. 176, § 1.º, desde que, no prazo de até quatro anos da data da promulgação da Constituição, tenham o produto de sua lavra e beneficiamento destinado a industrialização no território nacional, em seus próprios estabelecimentos ou em empresa industrial controladora ou controlada.

§ 2.º Ficarão também dispensadas do cumprimento do disposto no art. 176, § 1.º, as empresas brasileiras titulares de concessão de energia hidráulica para uso em seu processo de industrialização.

§ 3.º As empresas brasileiras referidas no § 1.º somente poderão ter autorizações de pesquisa e concessões de lavra ou potenciais de energia hidráulica, desde que a energia e o produto da lavra sejam utilizados nos respectivos processos industriais.

Art. 45. Ficam excluídas do monopólio estabelecido pelo art. 177, II, da Constituição as refinarias em funcionamento no País amparadas pelo art. 43 e nas condições do art. 45 da Lei n. 2.004, de 3 de outubro de 1953.

•• A Lei n. 2.004, de 3-10-1953, foi revogada pela Lei n. 9.478, de 6-8-1997.

Parágrafo único. Ficam ressalvados da vedação do art. 177, § 1.º, os contratos de risco feitos com a Petróleo Brasileiro S.A. (Petrobrás), para pesquisa de petróleo, que estejam em vigor na data da promulgação da Constituição.

Arts. 46 e 47 – ADCT

Art. 46. São sujeitos à correção monetária desde o vencimento, até seu efetivo pagamento, sem interrupção ou suspensão, os créditos junto a entidades submetidas aos regimes de intervenção ou liquidação extrajudicial, mesmo quando esses regimes sejam convertidos em falência.

Parágrafo único. O disposto neste artigo aplica-se também:

I – às operações realizadas posteriormente à decretação dos regimes referidos no *caput* deste artigo;

II – às operações de empréstimo, financiamento, refinanciamento, assistência financeira de liquidez, cessão ou sub-rogação de créditos ou cédulas hipotecárias, efetivação de garantia de depósitos do público ou de compra de obrigações passivas, inclusive as realizadas com recursos de fundos que tenham essas destinações;

III – aos créditos anteriores à promulgação da Constituição;

IV – aos créditos das entidades da administração pública anteriores à promulgação da Constituição, não liquidados até 1.º de janeiro de 1988.

Art. 47. Na liquidação dos débitos, inclusive suas renegociações e composições posteriores, ainda que ajuizados, decorrentes de quaisquer empréstimos concedidos por bancos e por instituições financeiras, não existirá correção monetária desde que o empréstimo tenha sido concedido:

I – aos micro e pequenos empresários ou seus estabelecimentos no período de 28 de fevereiro de 1986 a 28 de fevereiro de 1987;

II – aos míni, pequenos e médios produtores rurais no período de 28 de fevereiro de 1986 a 31 de dezembro de 1987, desde que relativos a crédito rural.

§ 1.º Consideram-se, para efeito deste artigo, microempresas as pessoas jurídicas e as firmas individuais com receitas anuais de até dez mil Obrigações do Tesouro Nacional, e pequenas empresas as pessoas jurídicas e as firmas individuais com receita anual de até vinte e cinco mil Obrigações do Tesouro Nacional.

§ 2.º A classificação de míni, pequeno e médio produtor rural será feita obedecendo-se às normas de crédito rural vigentes à época do contrato.

§ 3.º A isenção da correção monetária a que se refere este artigo só será concedida nos seguintes casos:

I – se a liquidação do débito inicial, acrescido de juros legais e taxas judiciais, vier a ser efetivada no prazo de noventa dias, a contar da data da promulgação da Constituição;

II – se a aplicação dos recursos não contrariar a finalidade do financiamento, cabendo o ônus da prova à instituição credora;

III – se não for demonstrado pela instituição credora que o mutuário dispõe de meios para o pagamento de seu débito, excluídos desta demonstração seu estabelecimento, a casa de moradia e os instrumentos de trabalho e produção;

IV – se o financiamento inicial não ultrapassar o limite de cinco mil Obrigações do Tesouro Nacional;

V – se o beneficiário não for proprietário de mais de cinco módulos rurais.

§ 4.º Os benefícios de que trata este artigo não se estendem aos débitos já quitados e aos devedores que sejam constituintes.

§ 5.º No caso de operações com prazos de vencimento posteriores à data-limite de liquidação da dívida, havendo interesse do mutuário, os bancos e as instituições financeiras promoverão, por instrumento próprio, alteração nas condições contratuais originais de forma a ajustá-las ao presente benefício.

§ 6.º A concessão do presente benefício por bancos comerciais privados em nenhuma hipótese acarretará ônus para o Poder Público, ainda que através de refinanciamento e repasse de recursos pelo banco central.

Disposições Transitórias

Arts. 47 a 53 – ADCT

§ 7.º No caso de repasse a agentes financeiros oficiais ou cooperativas de crédito, o ônus recairá sobre a fonte de recursos originária.

Art. 48. O Congresso Nacional, dentro de cento e vinte dias da promulgação da Constituição, elaborará código de defesa do consumidor.

•• A Lei n. 8.078, de 11-9-1990, dispõe sobre a proteção do consumidor (CDC).

Art. 49. A lei disporá sobre o instituto da enfiteuse em imóveis urbanos, sendo facultada aos foreiros, no caso de sua extinção, a remição dos aforamentos mediante aquisição do domínio direto, na conformidade do que dispuserem os respectivos contratos.

§ 1.º Quando não existir cláusula contratual, serão adotados os critérios e bases hoje vigentes na legislação especial dos imóveis da União.

§ 2.º Os direitos dos atuais ocupantes inscritos ficam assegurados pela aplicação de outra modalidade de contrato.

•• § 2.º regulamentado pela Lei n. 9.636, de 15-5-1998.

§ 3.º A enfiteuse continuará sendo aplicada aos terrenos de marinha e seus acrescidos, situados na faixa de segurança, a partir da orla marítima.

§ 4.º Remido o foro, o antigo titular do domínio direto deverá, no prazo de noventa dias, sob pena de responsabilidade, confiar à guarda do registro de imóveis competente toda a documentação a ele relativa.

Art. 50. Lei agrícola a ser promulgada no prazo de um ano disporá, nos termos da Constituição, sobre os objetivos e instrumentos de política agrícola, prioridades, planejamento de safras, comercialização, abastecimento interno, mercado externo e instituição de crédito fundiário.

Art. 51. Serão revistos pelo Congresso Nacional, através de Comissão mista, nos três anos a contar da data da promulgação da Constituição, todas as doações, vendas e concessões de terras públicas com área superior a três mil hectares, realizadas no período de 1.º de janeiro de 1962 a 31 de dezembro de 1987.

§ 1.º No tocante às vendas, a revisão será feita com base exclusivamente no critério de legalidade da operação.

§ 2.º No caso de concessões e doações, a revisão obedecerá aos critérios de legalidade e de conveniência do interesse público.

§ 3.º Nas hipóteses previstas nos parágrafos anteriores, comprovada a ilegalidade, ou havendo interesse público, as terras reverterão ao patrimônio da União, dos Estados, do Distrito Federal ou dos Municípios.

Art. 52. Até que sejam fixadas as condições do art. 192, são vedados:

•• *Caput* com redação determinada pela Emenda Constitucional n. 40, de 29-5-2003.

I – a instalação, no País, de novas agências de instituições financeiras domiciliadas no exterior;

II – o aumento do percentual de participação, no capital de instituições financeiras com sede no País, de pessoas físicas ou jurídicas residentes ou domiciliadas no exterior.

Parágrafo único. A vedação a que se refere este artigo não se aplica às autorizações resultantes de acordos internacionais, de reciprocidade, ou de interesse do Governo brasileiro.

Art. 53. Ao ex-combatente que tenha efetivamente participado de operações bélicas durante a Segunda Guerra Mundial, nos termos da Lei n. 5.315, de 12 de setembro de 1967, serão assegurados os seguintes direitos:

• A Lei n. 8.059, de 4-7-1990, dispõe sobre a pensão especial devida aos ex-combatentes da Segunda Guerra Mundial e a seus dependentes.

I – aproveitamento no serviço público, sem a exigência de concurso, com estabilidade;

II – pensão especial correspondente à deixada por segundo-tenente das Forças Armadas, que poderá ser requerida a qualquer tempo, sendo inacumulável com quaisquer rendimentos recebidos dos cofres públicos, exceto os benefícios previdenciários, ressalvado o direito de opção;

III – em caso de morte, pensão à viúva ou companheira ou dependente, de forma proporcional, de valor igual à do inciso anterior;

IV – assistência médica, hospitalar e educacional gratuita, extensiva aos dependentes;

V – aposentadoria com proventos integrais aos vinte e cinco anos de serviço efetivo, em qualquer regime jurídico;

VI – prioridade na aquisição da casa própria, para os que não a possuam ou para suas viúvas ou companheiras.

Parágrafo único. A concessão da pensão especial do inciso II substitui, para todos os efeitos legais, qualquer outra pensão já concedida ao ex-combatente.

Art. 54. Os seringueiros recrutados nos termos do Decreto-lei n. 5.813, de 14 de setembro de 1943, e amparados pelo Decreto-lei n. 9.882, de 16 de setembro de 1946, receberão, quando carentes, pensão mensal vitalícia no valor de dois salários mínimos.

§ 1.º O benefício é estendido aos seringueiros que, atendendo a apelo do Governo brasileiro, contribuíram para o esforço de guerra, trabalhando na produção de borracha, na Região Amazônica, durante a Segunda Guerra Mundial.

§ 2.º Os benefícios estabelecidos neste artigo são transferíveis aos dependentes reconhecidamente carentes.

§ 3.º A concessão do benefício far-se-á conforme lei a ser proposta pelo Poder Executivo dentro de cento e cinquenta dias da promulgação da Constituição.

- Concessão do benefício previsto neste artigo: Lei n. 7.986, de 28-12-1989.

Art. 54-A. Os seringueiros de que trata o art. 54 deste Ato das Disposições Constitucionais Transitórias receberão indenização, em parcela única, no valor de R$ 25.000,00 (vinte e cinco mil reais).

•• Artigo acrescentado pela Emenda Constitucional n. 78, de 14-5-2014.

Art. 55. Até que seja aprovada a lei de diretrizes orçamentárias, trinta por cento, no mínimo, do orçamento da seguridade social, excluído o seguro-desemprego, serão destinados ao setor de saúde.

Art. 56. Até que a lei disponha sobre o art. 195, I, a arrecadação decorrente de, no mínimo, cinco dos seis décimos percentuais correspondentes à alíquota da contribuição de que trata o Decreto-lei n. 1.940, de 25 de maio de 1982, alterada pelo Decreto-lei n. 2.049, de 1.º de agosto de 1983, pelo Decreto n. 91.236, de 8 de maio de 1985, e pela Lei n. 7.611, de 8 de julho de 1987, passa a integrar a receita da seguridade social, ressalvados, exclusivamente no exercício de 1988, os compromissos assumidos com programas e projetos em andamento.

Art. 57. Os débitos dos Estados e dos Municípios relativos às contribuições previdenciárias até 30 de junho de 1988 serão liquidados, com correção monetária em cento e vinte parcelas mensais, dispensados os juros e multas sobre eles incidentes, desde que os devedores requeiram o parcelamento e iniciem seu pagamento no prazo de cento e oitenta dias a contar da promulgação da Constituição.

§ 1.º O montante a ser pago em cada um dos dois primeiros anos não será inferior a cinco por cento do total do débito consolidado e atualizado, sendo o restante dividido em parcelas mensais de igual valor.

§ 2.º A liquidação poderá incluir pagamentos na forma de cessão de bens e prestação de serviços, nos termos da Lei n. 7.578, de 23 de dezembro de 1986.

§ 3.º Em garantia do cumprimento do parcelamento, os Estados e os Municípios consignarão, anualmente, nos respectivos orçamentos as dotações necessárias ao pagamento de seus débitos.

§ 4.º Descumprida qualquer das condições estabelecidas para concessão do parcelamento, o débito será considerado vencido em sua totalidade, sobre ele incidindo juros de mora; nesta

Disposições Transitórias

Arts. 57 a 60 – ADCT

hipótese, parcela dos recursos correspondentes aos Fundos de Participação, destinada aos Estados e Municípios devedores, será bloqueada e repassada à previdência social para pagamento de seus débitos.

Art. 58. Os benefícios de prestação continuada, mantidos pela previdência social na data da promulgação da Constituição, terão seus valores revistos, a fim de que seja restabelecido o poder aquisitivo, expresso em número de salários mínimos, que tinham na data de sua concessão, obedecendo-se a esse critério de atualização até a implantação do plano de custeio e benefícios referidos no artigo seguinte.

Parágrafo único. As prestações mensais dos benefícios atualizadas de acordo com este artigo serão devidas e pagas a partir do sétimo mês a contar da promulgação da Constituição.

Art. 59. Os projetos de lei relativos à organização da seguridade social e aos planos de custeio e de benefício serão apresentados no prazo máximo de seis meses da promulgação da Constituição ao Congresso Nacional, que terá seis meses para apreciá-los.

Parágrafo único. Aprovados pelo Congresso Nacional, os planos serão implantados progressivamente nos dezoito meses seguintes.

Art. 60. Até o 14.º (décimo quarto) ano a partir da promulgação desta Emenda Constitucional, os Estados, o Distrito Federal e os Municípios destinarão parte dos recursos a que se refere o *caput* do art. 212 da Constituição Federal à manutenção e desenvolvimento da educação básica e à remuneração condigna dos trabalhadores da educação, respeitadas as seguintes disposições:

•• *Caput* com redação determinada pela Emenda Constitucional n. 53, de 19-12-2006.

•• Artigo regulamentado pela Lei n. 11.494, de 20-6-2007.

•• *Vide* art. 3.º da Emenda Constitucional n. 53, de 19-12-2006.

I – a distribuição dos recursos e de responsabilidades entre o Distrito Federal, os Estados e seus Municípios é assegurada mediante a criação, no âmbito de cada Estado e do Distrito Federal, de um Fundo de Manutenção e Desenvolvimento da Educação Básica e de Valorização dos Profissionais da Educação – FUNDEB, de natureza contábil;

•• Inciso I acrescentado pela Emenda Constitucional n. 53, de 19-12-2006.

II – os Fundos referidos no inciso I do *caput* deste artigo serão constituídos por 20% (vinte por cento) dos recursos a que se referem os incisos I, II e III do art. 155; o inciso II do *caput* do art. 157; os incisos II, III e IV do *caput* do art. 158; e as alíneas *a* e *b* do inciso I e o inciso II do *caput* do art. 159, todos da Constituição Federal, e distribuídos entre cada Estado e seus Municípios, proporcionalmente ao número de alunos das diversas etapas e modalidades da educação básica presencial, matriculados nas respectivas redes, nos respectivos âmbitos de atuação prioritária estabelecidos nos §§ 2.º e 3.º do art. 211 da Constituição Federal;

•• Inciso II acrescentado pela Emenda Constitucional n. 53, de 19-12-2006.

III – observadas as garantias estabelecidas nos incisos I, II, III e IV do *caput* do art. 208 da Constituição Federal e as metas de universalização da educação básica estabelecidas no Plano Nacional de Educação, a lei disporá sobre:

•• Inciso III, *caput*, acrescentado pela Emenda Constitucional n. 53, de 19-12-2006.

a) a organização dos Fundos, a distribuição proporcional de seus recursos, as diferenças e as ponderações quanto ao valor anual por aluno entre etapas e modalidades da educação básica e tipos de estabelecimento de ensino;

•• Alínea *a* acrescentada pela Emenda Constitucional n. 53, de 19-12-2006.

b) a forma de cálculo do valor anual mínimo por aluno;

•• Alínea *b* acrescentada pela Emenda Constitucional n. 53, de 19-12-2006.

c) os percentuais máximos de apropriação dos recursos dos Fundos pelas diversas etapas e modalidades da educação básica, observados os arts. 208 e 214 da Constituição Federal, bem como as metas do Plano Nacional de Educação;

Art. 60 – ADCT

- Alínea c acrescentada pela Emenda Constitucional n. 53, de 19-12-2006.

d) a fiscalização e o controle dos Fundos;

- Alínea d acrescentada pela Emenda Constitucional n. 53, de 19-12-2006.

e) prazo para fixar, em lei específica, piso salarial profissional nacional para os profissionais do magistério público da educação básica;

- Alínea e acrescentada pela Emenda Constitucional n. 53, de 19-12-2006.
- Alínea e regulamentada pela Lei n. 11.738, de 16-7-2008, que fixa o valor deste piso salarial em R$ 950,00 (novecentos e cinquenta reais).

IV – os recursos recebidos à conta dos Fundos instituídos nos termos do inciso I do *caput* deste artigo serão aplicados pelos Estados e Municípios exclusivamente nos respectivos âmbitos de atuação prioritária, conforme estabelecido nos §§ 2.º e 3.º do art. 211 da Constituição Federal;

- Inciso IV acrescentado pela Emenda Constitucional n. 53, de 19-12-2006.

V – a União complementará os recursos dos Fundos a que se refere o inciso II do *caput* deste artigo sempre que, no Distrito Federal e em cada Estado, o valor por aluno não alcançar o mínimo definido nacionalmente, fixado em observância ao disposto no inciso VII do *caput* deste artigo, vedada a utilização dos recursos a que se refere o § 5.º do art. 212 da Constituição Federal;

- Inciso V acrescentado pela Emenda Constitucional n. 53, de 19-12-2006.

VI – até 10% (dez por cento) da complementação da União prevista no inciso V do *caput* deste artigo poderá ser distribuída para os Fundos por meio de programas direcionados para a melhoria da qualidade da educação, na forma da lei a que se refere o inciso III do *caput* deste artigo;

- Inciso VI acrescentado pela Emenda Constitucional n. 53, de 19-12-2006.

VII – a complementação da União de que trata o inciso V do *caput* deste artigo será de, no mínimo:

- Inciso VII, *caput*, acrescentado pela Emenda Constitucional n. 53, de 19-12-2006.

a) R$ 2.000.000.000,00 (dois bilhões de reais), no primeiro ano de vigência dos Fundos;

- Alínea a acrescentada pela Emenda Constitucional n. 53, de 19-12-2006.

b) R$ 3.000.000.000,00 (três bilhões de reais), no segundo ano de vigência dos Fundos;

- Alínea b acrescentada pela Emenda Constitucional n. 53, de 19-12-2006.

c) R$ 4.500.000.000,00 (quatro bilhões e quinhentos milhões de reais), no terceiro ano de vigência dos Fundos;

- Alínea c acrescentada pela Emenda Constitucional n. 53, de 19-12-2006.

d) 10% (dez por cento) do total dos recursos a que se refere o inciso II do *caput* deste artigo, a partir do quarto ano de vigência dos Fundos;

- Alínea d acrescentada pela Emenda Constitucional n. 53, de 19-12-2006.

VIII – a vinculação de recursos à manutenção e desenvolvimento do ensino estabelecida no art. 212 da Constituição Federal suportará, no máximo, 30% (trinta por cento) da complementação da União, considerando-se para os fins deste inciso os valores previstos no inciso VII do *caput* deste artigo;

- Inciso VIII acrescentado pela Emenda Constitucional n. 53, de 19-12-2006.

IX – os valores a que se referem as alíneas a, b, e c do inciso VII do *caput* deste artigo serão atualizados, anualmente, a partir da promulgação desta Emenda Constitucional, de forma a preservar, em caráter permanente, o valor real da complementação da União;

- Inciso IX acrescentado pela Emenda Constitucional n. 53, de 19-12-2006.

X – aplica-se à complementação da União o disposto no art. 160 da Constituição Federal;

- Inciso X acrescentado pela Emenda Constitucional n. 53, de 19-12-2006.

XI – o não cumprimento do disposto nos incisos V e VII do *caput* deste artigo importará crime de responsabilidade da autoridade competente;

Disposições Transitórias

Art. 60 – ADCT

•• Inciso XI acrescentado pela Emenda Constitucional n. 53, de 19-12-2006.

XII – proporção não inferior a 60% (sessenta por cento) de cada Fundo referido no inciso I do *caput* deste artigo será destinada ao pagamento dos profissionais do magistério da educação básica em efetivo exercício.

•• Inciso XII acrescentado pela Emenda Constitucional n. 53, de 19-12-2006.

§ 1.º A União, os Estados, o Distrito Federal e os Municípios deverão assegurar, no financiamento da educação básica, a melhoria da qualidade de ensino, de forma a garantir padrão mínimo definido nacionalmente.

•• § 1.º com redação determinada pela Emenda Constitucional n. 53, de 19-12-2006.

§ 2.º O valor por aluno do ensino fundamental, no Fundo de cada Estado e do Distrito Federal, não poderá ser inferior ao praticado no âmbito do Fundo de Manutenção e Desenvolvimento do Ensino Fundamental e de Valorização do Magistério – FUNDEF, no ano anterior à vigência desta Emenda Constitucional.

•• § 2.º com redação determinada pela Emenda Constitucional n. 53, de 19-12-2006.

§ 3.º O valor anual mínimo por aluno do ensino fundamental, no âmbito do Fundo de Manutenção e Desenvolvimento da Educação Básica e de Valorização dos Profissionais da Educação – FUNDEB, não poderá ser inferior ao valor mínimo fixado nacionalmente no ano anterior ao da vigência desta Emenda Constitucional.

•• § 3.º com redação determinada pela Emenda Constitucional n. 53, de 19-12-2006.

§ 4.º Para efeito de distribuição de recursos dos Fundos a que se refere o inciso I do *caput* deste artigo, levar-se-á em conta a totalidade das matrículas no ensino fundamental e considerar-se-á para a educação infantil, para o ensino médio e para a educação de jovens e adultos 1/3 (um terço) das matrículas no primeiro ano, 2/3 (dois terços) no segundo ano e sua totalidade a partir do terceiro ano.

•• § 4.º com redação determinada pela Emenda Constitucional n. 53, de 19-12-2006.

§ 5.º A porcentagem dos recursos de constituição dos Fundos, conforme o inciso II do *caput* deste artigo, será alcançada gradativamente nos primeiros 3 (três) anos de vigência dos Fundos, da seguinte forma:

•• § 5.º, *caput*, com redação determinada pela Emenda Constitucional n. 53, de 19-12-2006.

I – no caso dos impostos e transferências constantes do inciso II do *caput* do art. 155; do inciso IV do *caput* do art. 158; e das alíneas *a* e *b* do inciso I e do inciso II do *caput* do art. 159 da Constituição Federal:

•• Inciso I, *caput*, acrescentado pela Emenda Constitucional n. 53, de 19-12-2006.

a) 16,66% (dezesseis inteiros e sessenta e seis centésimos por cento), no primeiro ano;

•• Alínea *a* acrescentada pela Emenda Constitucional n. 53, de 19-12-2006.

b) 18,33% (dezoito inteiros e trinta e três centésimos por cento), no segundo ano;

•• Alínea *b* acrescentada pela Emenda Constitucional n. 53, de 19-12-2006.

c) 20% (vinte por cento), a partir do terceiro ano;

•• Alínea *c* acrescentada pela Emenda Constitucional n. 53, de 19-12-2006.

II – no caso dos impostos e transferências constantes dos incisos I e III do *caput* do art. 155; do inciso II do *caput* do art. 157; e dos incisos II e III do *caput* do art. 158 da Constituição Federal:

•• Inciso II, *caput*, acrescentado pela Emenda Constitucional n. 53, de 19-12-2006.

a) 6,66% (seis inteiros e sessenta e seis centésimos por cento), no primeiro ano;

•• Alínea *a* acrescentada pela Emenda Constitucional n. 53, de 19-12-2006.

b) 13,33% (treze inteiros e trinta e três centésimos por cento), no segundo ano;

•• Alínea *b* acrescentada pela Emenda Constitucional n. 53, de 19-12-2006.

Arts. 60 a 70 – ADCT

c) 20% (vinte por cento), a partir do terceiro ano.

•• Alínea c acrescentada pela Emenda Constitucional n. 53, de 19-12-2006.

§§ 6.º e 7.º (*Revogados pela Emenda Constitucional n. 53, de 19-12-2006.*)

Art. 61. As entidades educacionais a que se refere o art. 213, bem como as fundações de ensino e pesquisa cuja criação tenha sido autorizada por lei, que preencham os requisitos dos incisos I e II do referido artigo e que, nos últimos três anos, tenham recebido recursos públicos, poderão continuar a recebê-los, salvo disposição legal em contrário.

Art. 62. A lei criará o Serviço Nacional de Aprendizagem Rural (SENAR) nos moldes da legislação relativa ao Serviço Nacional de Aprendizagem Industrial (SENAI) e ao Serviço Nacional de Aprendizagem do Comércio (SENAC), sem prejuízo das atribuições dos órgãos públicos que atuam na área.

Art. 63. É criada uma Comissão composta de nove membros, sendo três do Poder Legislativo, três do Poder Judiciário e três do Poder Executivo, para promover as comemorações do centenário da Proclamação da República e da promulgação da primeira Constituição republicana do País, podendo, a seu critério, desdobrar-se em tantas subcomissões quantas forem necessárias.

Parágrafo único. No desenvolvimento de suas atribuições, a Comissão promoverá estudos, debates e avaliações sobre a evolução política, social, econômica e cultural do País, podendo articular-se com os governos estaduais e municipais e com instituições públicas e privadas que desejem participar dos eventos.

Art. 64. A Imprensa Nacional e demais gráficas da União, dos Estados, do Distrito Federal e dos Municípios, da administração direta ou indireta, inclusive fundações instituídas e mantidas pelo Poder Público, promoverão edição popular do texto integral da Constituição, que será posta à disposição das escolas e dos cartórios, dos sindicatos, dos quartéis, das igrejas e de outras instituições representativas da comunidade, gratuitamente, de modo que cada cidadão brasileiro possa receber do Estado um exemplar da Constituição do Brasil.

Art. 65. O Poder Legislativo regulamentará, no prazo de doze meses, o art. 220, § 4.º.

Art. 66. São mantidas as concessões de serviços públicos de telecomunicações atualmente em vigor, nos termos da lei.

Art. 67. A União concluirá a demarcação das terras indígenas no prazo de cinco anos a partir da promulgação da Constituição.

Art. 68. Aos remanescentes das comunidades dos quilombos que estejam ocupando suas terras é reconhecida a propriedade definitiva, devendo o Estado emitir-lhes os títulos respectivos.

•• O Decreto n. 4.887, de 20-11-2003, regulamenta o procedimento para identificação, reconhecimento, delimitação, demarcação e titulação das terras ocupadas por remanescentes das comunidades dos quilombos de que trata este artigo.

•• O STF, em 18-4-2012, julgou procedente a ADIn n. 3.239, para declarar a inconstitucionalidade do Decreto n. 4.887, de 20-11-2003, que tratava da regulamentação do procedimento para identificação, reconhecimento, delimitação, demarcação e titulação das terras ocupadas por remanescentes das comunidades dos quilombos.

• A Instrução Normativa n. 73, de 17-5-2012, do INCRA, estabelece critérios e procedimentos para a indenização de benfeitorias de boa-fé erigidos em terra pública visando a desintrusão em território quilombola.

Art. 69. Será permitido aos Estados manter consultorias jurídicas separadas de suas Procuradorias-Gerais ou Advocacias-Gerais, desde que, na data da promulgação da Constituição, tenham órgãos distintos para as respectivas funções.

Art. 70. Fica mantida a atual competência dos tribunais estaduais até que a mesma seja definida na Constituição do Estado, nos termos do art. 125, § 1.º, da Constituição.

Disposições Transitórias

Arts. 71 e 72 – ADCT

Art. 71. É instituído, nos exercícios financeiros de 1994 e 1995, bem assim nos períodos de 1.º de janeiro de 1996 a 30 de junho de 1997 e 1.º de julho de 1997 a 31 de dezembro de 1999, o Fundo Social de Emergência, com o objetivo de saneamento financeiro da Fazenda Pública Federal e de estabilização econômica, cujos recursos serão aplicados prioritariamente no custeio das ações dos sistemas de saúde e educação, incluindo a complementação de recursos de que trata o § 3.º do art. 60 do Ato das Disposições Constitucionais Transitórias, benefícios previdenciários e auxílios assistenciais de prestação continuada, inclusive liquidação de passivo previdenciário, e despesas orçamentárias associadas a programas de relevante interesse econômico e social.

•• *Caput* com redação determinada pela Emenda Constitucional n. 17, de 22-11-1997.

§ 1.º Ao Fundo criado por este artigo não se aplica o disposto na parte final do inciso II do § 9.º do art. 165 da Constituição.

•• § 1.º acrescentado pela Emenda Constitucional n. 10, de 4-3-1996.

§ 2.º O Fundo criado por este artigo passa a ser denominado Fundo de Estabilização Fiscal a partir do início do exercício financeiro de 1996.

•• § 2.º acrescentado pela Emenda Constitucional n. 10, de 4-3-1996.

§ 3.º O Poder Executivo publicará demonstrativo da execução orçamentária, de periodicidade bimestral, no qual se discriminarão as fontes e usos do Fundo criado por este artigo.

•• § 3.º acrescentado pela Emenda Constitucional n. 10, de 4-3-1996.

Art. 72. Integram o Fundo Social de Emergência:

•• *Caput* acrescentado pela Emenda Constitucional de Revisão n. 1, de 1.º-3-1994.

I – o produto da arrecadação do imposto sobre renda e proventos de qualquer natureza incidente na fonte sobre pagamentos efetuados, a qualquer título, pela União, inclusive suas autarquias e fundações;

•• Inciso I acrescentado pela Emenda Constitucional de Revisão n. 1, de 1.º-3-1994.

II – a parcela do produto da arrecadação do imposto sobre renda e proventos de qualquer natureza e do imposto sobre operações de crédito, câmbio e seguro, ou relativas a títulos e valores mobiliários, decorrente das alterações produzidas pela Lei n. 8.894, de 21 de junho de 1994, e pelas Leis n. 8.849 e 8.848, ambas de 28 de janeiro de 1994, e modificações posteriores;

•• Inciso II com redação determinada pela Emenda Constitucional n. 10, de 4-3-1996.

III – a parcela do produto da arrecadação resultante da elevação da alíquota da contribuição social sobre o lucro dos contribuintes a que se refere o § 1.º do art. 22 da Lei n. 8.212, de 24 de julho de 1991, a qual, nos exercícios financeiros de 1994 e 1995, bem assim no período de 1.º de janeiro de 1996 a 30 de junho de 1997, passa a ser de trinta por cento, sujeita a alteração por lei ordinária, mantidas as demais normas da Lei n. 7.689, de 15 de dezembro de 1988;

•• Inciso III com redação determinada pela Emenda Constitucional n. 10, de 4-3-1996.

IV – vinte por cento do produto da arrecadação de todos os impostos e contribuições da União, já instituídos ou a serem criados, excetuado o previsto nos incisos I, II e III, observado o disposto nos §§ 3.º e 4.º;

•• Inciso IV com redação determinada pela Emenda Constitucional n. 10, de 4-3-1996.

V – a parcela do produto da arrecadação da contribuição de que trata a Lei Complementar n. 7, de 7 de setembro de 1970, devida pelas pessoas jurídicas a que se refere o inciso III deste artigo, a qual será calculada, nos exercícios financeiros de 1994 e 1995, bem assim nos períodos de 1.º de janeiro de 1996 a 30 de junho de 1997 e de 1.º de julho de 1997 a 31 de dezembro de 1999, mediante aplicação da alíquota de setenta e cinco centésimos por cento, sujeita a alteração por lei ordinária posterior, sobre a receita bruta operacional, como defini-

Arts. 72 a 75 – ADCT

da na legislação do imposto sobre renda e proventos de qualquer natureza; e

- •• Inciso V com redação determinada pela Emenda Constitucional n. 17, de 22-11-1997.

VI – outras receitas previstas em lei específica.

- •• Inciso VI acrescentado pela Emenda Constitucional de Revisão n. 1, de 1.º-3-1994.

§ 1.º As alíquotas e a base de cálculo previstas nos incisos III e V aplicar-se-ão a partir do primeiro dia do mês seguinte aos noventa dias posteriores à promulgação desta Emenda.

- •• § 1.º acrescentado pela Emenda Constitucional de Revisão n. 1, de 1.º-3-1994.

§ 2.º As parcelas de que tratam os incisos I, II, III e V serão previamente deduzidas da base de cálculo de qualquer vinculação ou participação constitucional ou legal, não se lhes aplicando o disposto nos arts. 159, 212 e 239 da Constituição.

- •• § 2.º com redação determinada pela Emenda Constitucional n. 10, de 4-3-1996.

§ 3.º A parcela de que trata o inciso IV será previamente deduzida da base de cálculo das vinculações ou participações constitucionais previstas nos arts. 153, § 5.º, 157, II, 212 e 239 da Constituição.

- •• § 3.º com redação determinada pela Emenda Constitucional n. 10, de 4-3-1996.

§ 4.º O disposto no parágrafo anterior não se aplica aos recursos previstos nos arts. 158, II, e 159 da Constituição.

- •• § 4.º com redação determinada pela Emenda Constitucional n. 10, de 4-3-1996.

§ 5.º A parcela dos recursos provenientes do imposto sobre renda e proventos de qualquer natureza, destinada ao Fundo Social de Emergência, nos termos do inciso II deste artigo, não poderá exceder a cinco inteiros e seis décimos por cento do total do produto da sua arrecadação.

- •• § 5.º com redação determinada pela Emenda Constitucional n. 10, de 4-3-1996.

Art. 73. Na regulação do Fundo Social de Emergência não poderá ser utilizado o instrumento previsto no inciso V do art. 59 da Constituição.

- •• Artigo acrescentado pela Emenda Constitucional de Revisão n. 1, de 1.º-3-1994.
- • Vide art. 71 do ADCT.

Art. 74. A União poderá instituir contribuição provisória sobre movimentação ou transmissão de valores e de créditos e direitos de natureza financeira.

- •• Caput acrescentado pela Emenda Constitucional n. 12, de 15-8-1996.
- • Vide Emendas Constitucionais n. 21, de 18-3-1999, e n. 37, de 12-6-2002.

§ 1.º A alíquota da contribuição de que trata este artigo não excederá a vinte e cinco centésimos por cento, facultado ao Poder Executivo reduzi-la ou restabelecê-la, total ou parcialmente, nas condições e limites fixados em lei.

- •• § 1.º acrescentado pela Emenda Constitucional n. 12, de 15-8-1996.
- •• Alíquota alterada pela Emenda Constitucional n. 21, de 18-3-1999.

§ 2.º À contribuição de que trata este artigo não se aplica o disposto nos arts. 153, § 5.º, e 154, I, da Constituição.

- •• § 2.º acrescentado pela Emenda Constitucional n. 12, de 15-8-1996.

§ 3.º O produto da arrecadação da contribuição de que trata este artigo será destinado integralmente ao Fundo Nacional de Saúde, para financiamento das ações e serviços de saúde.

- •• § 3.º acrescentado pela Emenda Constitucional n. 12, de 15-8-1996.

§ 4.º A contribuição de que trata este artigo terá sua exigibilidade subordinada ao disposto no art. 195, § 6.º, da Constituição, e não poderá ser cobrada por prazo superior a dois anos.

- •• § 4.º acrescentado pela Emenda Constitucional n. 12, de 15-8-1996.
- • Vide arts. 75 e 84 do ADCT, que prorrogaram o prazo previsto neste parágrafo.

Art. 75. É prorrogada, por trinta e seis meses, a cobrança da contribuição provisória sobre

Disposições Transitórias

Arts. 75 a 76-A – ADCT

movimentação ou transmissão de valores e de créditos e direitos de natureza financeira de que trata o art. 74, instituída pela Lei n. 9.311, de 24 de outubro de 1996, modificada pela Lei n. 9.539, de 12 de dezembro de 1997, cuja vigência é também prorrogada por idêntico prazo.

•• *Caput* acrescentado pela Emenda Constitucional n. 21, de 18-3-1999.

•• *Vide* art. 84 do ADCT, que prorrogou o prazo previsto neste artigo até 31-12-2004.

• Fundo de Combate e Erradicação da Pobreza: *vide* art. 80, I, do ADCT.

§ 1.º Observado o disposto no § 6.º do art. 195 da Constituição Federal, a alíquota da contribuição será de trinta e oito centésimos por cento, nos primeiros doze meses, e de trinta centésimos, nos meses subsequentes, facultado ao Poder Executivo reduzi-la total ou parcialmente, nos limites aqui definidos.

•• § 1.º acrescentado pela Emenda Constitucional n. 21, de 18-3-1999.

§ 2.º O resultado do aumento da arrecadação, decorrente da alteração da alíquota, nos exercícios financeiros de 1999, 2000 e 2001, será destinado ao custeio da previdência social.

•• § 2.º acrescentado pela Emenda Constitucional n. 21, de 18-3-1999.

§ 3.º É a União autorizada a emitir títulos da dívida pública interna, cujos recursos serão destinados ao custeio da saúde e da previdência social, em montante equivalente ao produto da arrecadação da contribuição, prevista e não realizada em 1999.

•• § 3.º acrescentado pela Emenda Constitucional n. 21, de 18-3-1999.

•• O STF na ADIn n. 2.031-5, de 3-10-2002, declara a inconstitucionalidade deste parágrafo.

Art. 76. São desvinculados de órgão, fundo ou despesa, até 31 de dezembro de 2023, 30% (trinta por cento) da arrecadação da União relativa às contribuições sociais, sem prejuízo do pagamento das despesas do Regime Geral da Previdência Social, às contribuições de intervenção no domínio econômico e às taxas, já instituídas ou que vierem a ser criadas até a referida data.

•• *Caput* com redação determinada pela Emenda Constitucional n. 93, de 8-9-2016, produzindo efeitos a partir de 1.º-1-2016.

§ 1.º (*Revogado pela Emenda Constitucional n. 93, de 8-9-2016, produzindo efeitos a partir de 1.º-1-2016.*)

§ 2.º Excetua-se da desvinculação de que trata o *caput* a arrecadação da contribuição social do salário-educação a que se refere o § 5.º do art. 212 da Constituição Federal.

•• § 2.º com redação determinada pela Emenda Constitucional n. 68, de 21-12-2011.

§ 3.º (*Revogado pela Emenda Constitucional n. 93, de 8-9 -2016, produzindo efeitos a partir de 1.º-1-2016.*)

Art. 76-A. São desvinculados de órgão, fundo ou despesa, até 31 de dezembro de 2023, 30% (trinta por cento) das receitas dos Estados e do Distrito Federal relativas a impostos, taxas e multas, já instituídos ou que vierem a ser criados até a referida data, seus adicionais e respectivos acréscimos legais, e outras receitas correntes.

•• *Caput* acrescentado pela Emenda Constitucional n. 93, de 8-9-2016, produzindo efeitos a partir de 1.º-1-2016.

Parágrafo único. Excetuam-se da desvinculação de que trata o *caput*:

•• Parágrafo único, *caput*, acrescentado pela Emenda Constitucional n. 93, de 8-9-2016, produzindo efeitos a partir de 1.º-1-2016.

I – recursos destinados ao financiamento das ações e serviços públicos de saúde e à manutenção e desenvolvimento do ensino de que tratam, respectivamente, os incisos II e III do § 2.º do art. 198 e o art. 212 da Constituição Federal;

•• Inciso I acrescentado pela Emenda Constitucional n. 93, de 8-9-2016, produzindo efeitos a partir de 1.º-1-2016.

II – receitas que pertencem aos Municípios decorrentes de transferências previstas na Constituição Federal;

Arts. 76-A a 77 – ADCT

•• Inciso II acrescentado pela Emenda Constitucional n. 93, de 8-9-2016, produzindo efeitos a partir de 1.º-1-2016.

III – receitas de contribuições previdenciárias e de assistência à saúde dos servidores;

•• Inciso III acrescentado pela Emenda Constitucional n. 93, de 8-9-2016, produzindo efeitos a partir de 1.º-1-2016.

IV – demais transferências obrigatórias e voluntárias entre entes da Federação com destinação especificada em lei;

•• Inciso IV acrescentado pela Emenda Constitucional n. 93, de 8-9-2016, produzindo efeitos a partir de 1.º-1-2016.

V – fundos instituídos pelo Poder Judiciário, pelos Tribunais de Contas, pelo Ministério Público, pelas Defensorias Públicas e pelas Procuradorias-Gerais dos Estados e do Distrito Federal.

•• Inciso V acrescentado pela Emenda Constitucional n. 93, de 8-9-2016, produzindo efeitos a partir de 1.º-1-2016.

Art. 76-B. São desvinculados de órgão, fundo ou despesa, até 31 de dezembro de 2023, 30% (trinta por cento) das receitas dos Municípios relativas a impostos, taxas e multas, já instituídos ou que vierem a ser criados até a referida data, seus adicionais e respectivos acréscimos legais, e outras receitas correntes.

•• *Caput* acrescentado pela Emenda Constitucional n. 93, de 8-9-2016, produzindo efeitos a partir de 1.º-1-2016.

Parágrafo único. Excetuam-se da desvinculação de que trata o *caput*:

•• Parágrafo único, *caput*, acrescentado pela Emenda Constitucional n. 93, de 8-9-2016, produzindo efeitos a partir de 1.º-1-2016.

I – recursos destinados ao financiamento das ações e serviços públicos de saúde e à manutenção e desenvolvimento do ensino de que tratam, respectivamente, os incisos II e III do § 2.º do art. 198 e o art. 212 da Constituição Federal;

•• Inciso I acrescentado pela Emenda Constitucional n. 93, de 8-9-2016, produzindo efeitos a partir de 1.º-1-2016.

II – receitas de contribuições previdenciárias e de assistência à saúde dos servidores;

•• Inciso II acrescentado pela Emenda Constitucional n. 93, de 8-9-2016, produzindo efeitos a partir de 1.º-1-2016.

III – transferências obrigatórias e voluntárias entre entes da Federação com destinação especificada em lei;

•• Inciso III acrescentado pela Emenda Constitucional n. 93, de 8-9-2016, produzindo efeitos a partir de 1.º-1-2016.

IV – fundos instituídos pelo Tribunal de Contas do Município.

•• Inciso IV acrescentado pela Emenda Constitucional n. 93, de 8-9-2016, produzindo efeitos a partir de 1.º-1-2016.

Art. 77. Até o exercício financeiro de 2004, os recursos mínimos aplicados nas ações e serviços públicos de saúde serão equivalentes:

•• *Caput* acrescentado pela Emenda Constitucional n. 29, de 13-9-2000.

I – no caso da União:

•• Inciso I, *caput*, acrescentado pela Emenda Constitucional n. 29, de 13-9-2000.

a) no ano 2000, o montante empenhado em ações e serviços públicos de saúde no exercício financeiro de 1999 acrescido de, no mínimo, cinco por cento;

•• Alínea *a* acrescentada pela Emenda Constitucional n. 29, de 13-9-2000.

b) do ano 2001 ao ano 2004, o valor apurado no ano anterior, corrigido pela variação nominal do Produto Interno Bruto – PIB;

•• Alínea *b* acrescentada pela Emenda Constitucional n. 29, de 13-9-2000.

II – no caso dos Estados e do Distrito Federal, doze por cento do produto da arrecadação dos impostos a que se refere o art. 155 e dos recursos de que tratam os arts. 157 e 159, I, *a*, e inciso II, deduzidas as parcelas que forem transferidas aos respectivos Municípios; e

•• Inciso II acrescentado pela Emenda Constitucional n. 29, de 13-9-2000.

III – no caso dos Municípios e do Distrito Federal, quinze por cento do produto da arrecadação dos impostos a que se refere o art. 156 e dos recursos de que tratam os arts. 158 e 159, I, *b* e § 3.º.

•• Inciso III acrescentado pela Emenda Constitucional n. 29, de 13-9-2000.

Disposições Transitórias

Arts. 77 a 79 – ADCT

§ 1.º Os Estados, o Distrito Federal e os Municípios que apliquem percentuais inferiores aos fixados nos incisos II e III deverão elevá-los gradualmente, até o exercício financeiro de 2004, reduzida a diferença à razão de, pelo menos, um quinto por ano, sendo que, a partir de 2000, a aplicação será de pelo menos sete por cento.

•• § 1.º acrescentado pela Emenda Constitucional n. 29, de 13-9-2000.

§ 2.º Dos recursos da União apurados nos termos deste artigo, quinze por cento, no mínimo, serão aplicados nos Municípios, segundo o critério populacional, em ações e serviços básicos de saúde, na forma da lei.

•• § 2.º acrescentado pela Emenda Constitucional n. 29, de 13-9-2000.

§ 3.º Os recursos dos Estados, do Distrito Federal e dos Municípios destinados às ações e serviços públicos de saúde e os transferidos pela União para a mesma finalidade serão aplicados por meio de Fundo de Saúde que será acompanhado e fiscalizado por Conselho de Saúde, sem prejuízo do disposto no art. 74 da Constituição Federal.

•• § 3.º acrescentado pela Emenda Constitucional n. 29, de 13-9-2000.

§ 4.º Na ausência da lei complementar a que se refere o art. 198, § 3.º, a partir do exercício financeiro de 2005, aplicar-se-á à União, aos Estados, ao Distrito Federal e aos Municípios o disposto neste artigo.

•• § 4.º acrescentado pela Emenda Constitucional n. 29, de 13-9-2000.

Art. 78. Ressalvados os créditos definidos em lei como de pequeno valor, os de natureza alimentícia, os de que trata o art. 33 deste Ato das Disposições Constitucionais Transitórias e suas complementações e os que já tiverem os seus respectivos recursos liberados ou depositados em juízo, os precatórios pendentes na data de promulgação desta Emenda e os que decorram de ações iniciais ajuizadas até 31 de dezembro de 1999 serão liquidados pelo seu valor real, em moeda corrente, acrescido de juros legais, em prestações anuais, iguais e sucessivas, no prazo máximo de dez anos, permitida a cessão dos créditos.

•• *Caput* acrescentado pela Emenda Constitucional n. 30, de 13-9-2000.

•• O STF, nas ADIns n. 2.356 e 2.362, deferiu medida cautelar, em 25-11-2010, para suspender a eficácia do art. 2.º da Emenda Constitucional n. 30, de 13-9-2000, que introduziu este art. 78.

•• *Vide* art. 97, § 15, do ADCT.

§ 1.º É permitida a decomposição de parcelas, a critério do credor.

•• § 1.º acrescentado pela Emenda Constitucional n. 30, de 13-9-2000.

§ 2.º As prestações anuais a que se refere o *caput* deste artigo terão, se não liquidadas até o final do exercício a que se referem, poder liberatório do pagamento de tributos da entidade devedora.

•• § 2.º acrescentado pela Emenda Constitucional n. 30, de 13-9-2000.

•• *Vide* art. 6.º da Emenda Constitucional n. 62, de 9-12-2009.

§ 3.º O prazo referido no *caput* deste artigo fica reduzido para dois anos, nos casos de precatórios judiciais originários de desapropriação de imóvel residencial do credor, desde que comprovadamente único à época da imissão na posse.

•• § 3.º acrescentado pela Emenda Constitucional n. 30, de 13-9-2000.

§ 4.º O Presidente do Tribunal competente deverá, vencido o prazo ou em caso de omissão no orçamento, ou preterição ao direito de precedência, a requerimento do credor, requisitar ou determinar o sequestro de recursos financeiros da entidade executada, suficientes à satisfação da prestação.

•• § 4.º acrescentado pela Emenda Constitucional n. 30, de 13-9-2000.

Art. 79. É instituído, para vigorar até o ano de 2010, no âmbito do Poder Executivo Federal,

Arts. 79 a 81 – ADCT

o Fundo de Combate e Erradicação da Pobreza, a ser regulado por lei complementar com o objetivo de viabilizar a todos os brasileiros acesso a níveis dignos de subsistência, cujos recursos serão aplicados em ações suplementares de nutrição, habitação, educação, saúde, reforço de renda familiar e outros programas de relevante interesse social voltados para melhoria da qualidade de vida.

- *Caput* acrescentado pela Emenda Constitucional n. 31, de 14-12-2000.
- *Vide* Emenda Constitucional n. 67, de 22-12-2010, que prorroga por tempo indeterminado o prazo de vigência do Fundo de Combate e Erradicação da Pobreza.
- Artigo regulamentado pela Lei Complementar n. 111, de 6-7-2001.
- *Vide* art. 4.º da Emenda Constitucional n. 42, de 19-12-2003.

Parágrafo único. O Fundo previsto neste artigo terá Conselho Consultivo e de Acompanhamento que conte com a participação de representantes da sociedade civil, nos termos da lei.

- Parágrafo único acrescentado pela Emenda Constitucional n. 31, de 14-12-2000.

Art. 80. Compõem o Fundo de Combate e Erradicação da Pobreza:

- *Caput* acrescentado pela Emenda Constitucional n. 31, de 14-12-2000.
- Regulamento: Lei Complementar n. 111, de 6-7-2001.

I – a parcela do produto da arrecadação correspondente a um adicional de 0,08% (oito centésimos por cento), aplicável de 18 de junho de 2000 a 17 de junho de 2002, na alíquota da contribuição social de que trata o art. 75 do Ato das Disposições Constitucionais Transitórias;

- Inciso I acrescentado pela Emenda Constitucional n. 31, de 14-12-2000.
- *Vide* art. 84 do ADCT, que prorrogou o prazo previsto neste artigo até 31-12-2004.

II – a parcela do produto da arrecadação correspondente a um adicional de 5 (cinco) pontos percentuais na alíquota do Imposto sobre Produtos Industrializados – IPI, ou do imposto que vier a substituí-lo, incidente sobre produtos supérfluos e aplicável até a extinção do Fundo;

- Inciso II acrescentado pela Emenda Constitucional n. 31, de 14-12-2000.
- *Vide* art. 83 do ADCT.

III – o produto da arrecadação do imposto de que trata o art. 153, VII, da Constituição;

- Inciso III acrescentado pela Emenda Constitucional n. 31, de 14-12-2000.

IV – dotações orçamentárias;

- Inciso IV acrescentado pela Emenda Constitucional n. 31, de 14-12-2000.

V – doações, de qualquer natureza, de pessoas físicas ou jurídicas do País ou do exterior;

- Inciso V acrescentado pela Emenda Constitucional n. 31, de 14-12-2000.

VI – outras receitas, a serem definidas na regulamentação do referido Fundo.

- Inciso VI acrescentado pela Emenda Constitucional n. 31, de 14-12-2000.

§ 1.º Aos recursos integrantes do Fundo de que trata este artigo não se aplica o disposto nos arts. 159 e 167, IV, da Constituição, assim como qualquer desvinculação de recursos orçamentários.

- § 1.º acrescentado pela Emenda Constitucional n. 31, de 14-12-2000.

§ 2.º A arrecadação decorrente do disposto no inciso I deste artigo, no período compreendido entre 18 de junho de 2000 e o início da vigência da lei complementar a que se refere o art. 79, será integralmente repassada ao Fundo, preservado o seu valor real, em títulos públicos federais, progressivamente resgatáveis após 18 de junho de 2002, na forma da lei.

- § 2.º acrescentado pela Emenda Constitucional n. 31, de 14-12-2000.

Art. 81. É instituído Fundo constituído pelos recursos recebidos pela União em decorrência da desestatização de sociedades de economia mista ou empresas públicas por ela controladas, direta ou indiretamente, quando a operação envolver a alienação do respectivo controle acionário a pessoa ou entidade não integrante da Administração Pública, ou de participação

Disposições Transitórias

Arts. 81 a 84 – ADCT

societária remanescente após a alienação, cujos rendimentos, gerados a partir de 18 de junho de 2002, reverterão ao Fundo de Combate e Erradicação da Pobreza.

•• *Caput* acrescentado pela Emenda Constitucional n. 31, de 14-12-2000.

•• Artigo regulamentado pela Lei Complementar n. 111, de 6-7-2001.

§ 1.º Caso o montante anual previsto nos rendimentos transferidos ao Fundo de Combate e Erradicação da Pobreza, na forma deste artigo, não alcance o valor de quatro bilhões de reais, far-se-á complementação na forma do art. 80, IV, do Ato das Disposições Constitucionais Transitórias.

•• § 1.º acrescentado pela Emenda Constitucional n. 31, de 14-12-2000.

§ 2.º Sem prejuízo do disposto no § 1.º, o Poder Executivo poderá destinar ao Fundo a que se refere este artigo outras receitas decorrentes da alienação de bens da União.

•• § 2.º acrescentado pela Emenda Constitucional n. 31, de 14-12-2000.

§ 3.º A constituição do Fundo a que se refere o *caput*, a transferência de recursos ao Fundo de Combate e Erradicação da Pobreza e as demais disposições referentes ao § 1.º deste artigo serão disciplinadas em lei, não se aplicando o disposto no art. 165, § 9.º, II, da Constituição.

•• § 3.º acrescentado pela Emenda Constitucional n. 31, de 14-12-2000.

Art. 82. Os Estados, o Distrito Federal e os Municípios devem instituir Fundos de Combate à Pobreza, com os recursos de que trata este artigo e outros que vierem a destinar, devendo os referidos Fundos ser geridos por entidades que contem com a participação da sociedade civil.

•• *Caput* acrescentado pela Emenda Constitucional n. 31, de 14-12-2000.

§ 1.º Para o financiamento dos Fundos Estaduais e Distrital, poderá ser criado adicional de até dois pontos percentuais na alíquota do Imposto sobre Circulação de Mercadorias e Serviços – ICMS, sobre os produtos e serviços supérfluos e nas condições definidas na lei complementar de que trata o art. 155, § 2.º, XII, da Constituição, não se aplicando, sobre este percentual, o disposto no art. 158, IV, da Constituição.

•• § 1.º com redação determinada pela Emenda Constitucional n. 42, de 19-12-2003.

§ 2.º Para o financiamento dos Fundos Municipais, poderá ser criado adicional de até 0,5 (meio) ponto percentual na alíquota do Imposto sobre serviços ou do imposto que vier a substituí-lo, sobre serviços supérfluos.

•• § 2.º acrescentado pela Emenda Constitucional n. 31, de 14-12-2000.

Art. 83. Lei federal definirá os produtos e serviços supérfluos a que se referem os arts. 80, II, e 82, § 2.º.

•• Artigo com redação determinada pela Emenda Constitucional n. 42, de 19-12-2003.

Art. 84. A contribuição provisória sobre movimentação ou transmissão de valores e de créditos e direitos de natureza financeira, prevista nos arts. 74, 75 e 80, I, deste Ato das Disposições Constitucionais Transitórias, será cobrada até 31 de dezembro de 2004.

•• *Caput* acrescentado pela Emenda Constitucional n. 37, de 12-6-2002.

•• *Vide* art. 90 do ADCT, que prorroga o prazo previsto neste artigo até 31-12-2007.

§ 1.º Fica prorrogada, até a data referida no *caput* deste artigo, a vigência da Lei n. 9.311, de 24 de outubro de 1996, e suas alterações.

•• § 1.º acrescentado pela Emenda Constitucional n. 37, de 12-6-2002.

§ 2.º Do produto da arrecadação da contribuição social de que trata este artigo será destinada a parcela correspondente à alíquota de:

•• § 2.º, *caput*, acrescentado pela Emenda Constitucional n. 37, de 12-6-2002.

I – vinte centésimos por cento ao Fundo Nacional de Saúde, para financiamento das ações e serviços de saúde;

Arts. 84 e 85 – ADCT

•• Inciso I acrescentado pela Emenda Constitucional n. 37, de 12-6-2002.

II – dez centésimos por cento ao custeio da previdência social;

•• Inciso II acrescentado pela Emenda Constitucional n. 37, de 12-6-2002.

III – oito centésimos por cento ao Fundo de Combate e Erradicação da Pobreza, de que tratam os arts. 80 e 81 deste Ato das Disposições Constitucionais Transitórias.

•• Inciso III acrescentado pela Emenda Constitucional n. 37, de 12-6-2002.

§ 3.º A alíquota da contribuição de que trata este artigo será de:

•• § 3.º, *caput*, acrescentado pela Emenda Constitucional n. 37, de 12-6-2002.

I – trinta e oito centésimos por cento, nos exercícios financeiros de 2002 e 2003;

•• Inciso I acrescentado pela Emenda Constitucional n. 37, de 12-6-2002.

•• *Vide* art. 90, § 2.º, do ADCT, que mantém a alíquota de 0,38% até o exercício financeiro de 2007.

II – (*Revogado pela Emenda Constitucional n. 42, de 19-12-2003.*)

Art. 85. A contribuição a que se refere o art. 84 deste Ato das Disposições Constitucionais Transitórias não incidirá, a partir do 30.º (trigésimo) dia da data de publicação desta Emenda Constitucional, nos lançamentos:

•• *Caput* acrescentado pela Emenda Constitucional n. 37, de 12-6-2002.

I – em contas correntes de depósito especialmente abertas e exclusivamente utilizadas para operações de:

•• Inciso I, *caput*, acrescentado pela Emenda Constitucional n. 37, de 12-6-2002.

a) câmaras e prestadoras de serviços de compensação e de liquidação de que trata o parágrafo único do art. 2.º da Lei n. 10.214, de 27 de março de 2001;

•• Alínea *a* acrescentada pela Emenda Constitucional n. 37, de 12-6-2002.

b) companhias securitizadoras de que trata a Lei n. 9.514, de 20 de novembro de 1997;

•• Alínea *b* acrescentada pela Emenda Constitucional n. 37, de 12-6-2002.

c) sociedades anônimas que tenham por objeto exclusivo a aquisição de créditos oriundos de operações praticadas no mercado financeiro;

•• Alínea *c* acrescentada pela Emenda Constitucional n. 37, de 12-6-2002.

II – em contas correntes de depósito, relativos a:

•• Inciso II, *caput*, acrescentado pela Emenda Constitucional n. 37, de 12-6-2002.

a) operações de compra e venda de ações, realizadas em recintos ou sistemas de negociação de bolsas de valores e no mercado de balcão organizado;

•• Alínea *a* acrescentada pela Emenda Constitucional n. 37, de 12-6-2002.

b) contratos referenciados em ações ou índices de ações, em suas diversas modalidades, negociados em bolsas de valores, de mercadorias e de futuros;

•• Alínea *b* acrescentada pela Emenda Constitucional n. 37, de 12-6-2002.

III – em contas de investidores estrangeiros, relativos a entradas no País e a remessas para o exterior de recursos financeiros empregados, exclusivamente, em operações e contratos referidos no inciso II deste artigo.

•• Inciso III acrescentado pela Emenda Constitucional n. 37, de 12-6-2002.

§ 1.º O Poder Executivo disciplinará o disposto neste artigo no prazo de 30 (trinta) dias da data de publicação desta Emenda Constitucional.

•• § 1.º acrescentado pela Emenda Constitucional n. 37, de 12-6-2002.

§ 2.º O disposto no inciso I deste artigo aplica-se somente às operações relacionadas em ato do Poder Executivo, dentre aquelas que constituam o objeto social das referidas entidades.

Disposições Transitórias   Arts. 85 a 87 – ADCT

•• § 2.º acrescentado pela Emenda Constitucional n. 37, de 12-6-2002.

§ 3.º O disposto no inciso II deste artigo aplica-se somente a operações e contratos efetuados por intermédio de instituições financeiras, sociedades corretoras de títulos e valores mobiliários, sociedades distribuidoras de títulos e valores mobiliários e sociedades corretoras de mercadorias.

•• § 3.º acrescentado pela Emenda Constitucional n. 37, de 12-6-2002.

Art. 86. Serão pagos conforme disposto no art. 100 da Constituição Federal, não se lhes aplicando a regra de parcelamento estabelecida no *caput* do art. 78 deste Ato das Disposições Constitucionais Transitórias, os débitos da Fazenda Federal, Estadual, Distrital ou Municipal oriundos de sentenças transitadas em julgado, que preencham, cumulativamente, as seguintes condições:

•• *Caput* acrescentado pela Emenda Constitucional n. 37, de 12-6-2002.

I – ter sido objeto de emissão de precatórios judiciários;

•• Inciso I acrescentado pela Emenda Constitucional n. 37, de 12-6-2002.

II – ter sido definidos como de pequeno valor pela lei de que trata o § 3.º do art. 100 da Constituição Federal ou pelo art. 87 deste Ato das Disposições Constitucionais Transitórias;

•• Inciso II acrescentado pela Emenda Constitucional n. 37, de 12-6-2002.

III – estar, total ou parcialmente, pendentes de pagamento na data da publicação desta Emenda Constitucional.

•• Inciso III acrescentado pela Emenda Constitucional n. 37, de 12-6-2002.

§ 1.º Os débitos a que se refere o *caput* deste artigo, ou os respectivos saldos, serão pagos na ordem cronológica de apresentação dos respectivos precatórios, com precedência sobre os de maior valor.

•• § 1.º acrescentado pela Emenda Constitucional n. 37, de 12-6-2002.

§ 2.º Os débitos a que se refere o *caput* deste artigo, se ainda não tiverem sido objeto de pagamento parcial, nos termos do art. 78 deste Ato das Disposições Constitucionais Transitórias, poderão ser pagos em duas parcelas anuais, se assim dispuser a lei.

•• § 2.º acrescentado pela Emenda Constitucional n. 37, de 12-6-2002.

§ 3.º Observada a ordem cronológica de sua apresentação, os débitos de natureza alimentícia previstos neste artigo terão precedência para pagamento sobre todos os demais.

•• § 3.º acrescentado pela Emenda Constitucional n. 37, de 12-6-2002.

Art. 87. Para efeito do que dispõem o § 3.º do art. 100 da Constituição Federal e o art. 78 deste Ato das Disposições Constitucionais Transitórias serão considerados de pequeno valor, até que se dê a publicação oficial das respectivas leis definidoras pelos entes da Federação, observado o disposto no § 4.º do art. 100 da Constituição Federal, os débitos ou obrigações consignados em precatório judiciário, que tenham valor igual ou inferior a:

•• *Caput* acrescentado pela Emenda Constitucional n. 37, de 12-6-2002.

I – 40 (quarenta) salários mínimos, perante a Fazenda dos Estados e do Distrito Federal;

•• Inciso I acrescentado pela Emenda Constitucional n. 37, de 12-6-2002.

II – 30 (trinta) salários mínimos, perante a Fazenda dos Municípios.

•• Inciso II acrescentado pela Emenda Constitucional n. 37, de 12-6-2002.

Parágrafo único. Se o valor da execução ultrapassar o estabelecido neste artigo, o pagamento far-se-á, sempre, por meio de precatório, sendo facultada à parte exequente a renúncia ao crédito do valor excedente, para que possa optar pelo pagamento do saldo sem o precatório, da forma prevista no § 3.º do art. 100.

•• Parágrafo único acrescentado pela Emenda Constitucional n. 37, de 12-6-2002.

Arts. 88 a 91 – ADCT

Art. 88. Enquanto lei complementar não disciplinar o disposto nos incisos I e III do § 3.º do art. 156 da Constituição Federal, o imposto a que se refere o inciso III do *caput* do mesmo artigo:

•• *Caput* acrescentado pela Emenda Constitucional n. 37, de 12-6-2002.

I – terá alíquota mínima de dois por cento, exceto para os serviços a que se referem os itens 32, 33 e 34 da Lista de Serviços anexa ao Decreto-lei n. 406, de 31 de dezembro de 1968;

•• Inciso I acrescentado pela Emenda Constitucional n. 37, de 12-6-2002.

II – não será objeto de concessão de isenções, incentivos e benefícios fiscais, que resulte, direta ou indiretamente, na redução da alíquota mínima estabelecida no inciso I.

•• Inciso II acrescentado pela Emenda Constitucional n. 37, de 12-6-2002.

Art. 89. Os integrantes da carreira policial militar e os servidores municipais do ex-Território Federal de Rondônia que, comprovadamente, se encontravam no exercício regular de suas funções prestando serviço àquele ex-Território na data em que foi transformado em Estado, bem como os servidores e os policiais militares alcançados pelo disposto no art. 36 da Lei Complementar n. 41, de 22 de dezembro de 1981, e aqueles admitidos regularmente nos quadros do Estado de Rondônia até a data de posse do primeiro Governador eleito, em 15 de março de 1987, constituirão, mediante opção, quadro em extinção da administração federal, assegurados os direitos e as vantagens a eles inerentes, vedado o pagamento, a qualquer título, de diferenças remuneratórias.

•• *Caput* com redação determinada pela Emenda Constitucional n. 60, de 11-11-2009.

•• A inclusão em quadro de extinção, de que trata este artigo, deverá observar as disposições e normas estabelecidas nos arts. 86 a 102 da Lei n. 12.249, de 11-6-2010.

• A Lei Complementar n. 41, de 22-12-1981, criou o Estado de Rondônia.

§ 1.º Os membros da Polícia Militar continuarão prestando serviços ao Estado de Rondônia, na condição de cedidos, submetidos às corporações da Polícia Militar, observadas as atribuições de funções compatíveis com o grau hierárquico.

•• § 1.º acrescentado pela Emenda Constitucional n. 60, de 11-11-2009.

§ 2.º Os servidores a que se refere o *caput* continuarão prestando serviços ao Estado de Rondônia na condição de cedidos, até seu aproveitamento em órgão ou entidade da administração federal direta, autárquica ou fundacional.

•• § 2.º acrescentado pela Emenda Constitucional n. 60, de 11-11-2009.

Art. 90. O prazo previsto no *caput* do art. 84 deste Ato das Disposições Constitucionais Transitórias fica prorrogado até 31 de dezembro de 2007.

•• *Caput* acrescentado pela Emenda Constitucional n. 42, de 19-12-2003.

§ 1.º Fica prorrogada, até a data referida no *caput* deste artigo, a vigência da Lei n. 9.311, de 24 de outubro de 1996, e suas alterações.

•• § 1.º acrescentado pela Emenda Constitucional n. 42, de 19-12-2003.

§ 2.º Até a data referida no *caput* deste artigo, a alíquota da contribuição de que trata o art. 84 deste Ato das Disposições Constitucionais Transitórias será de trinta e oito centésimos por cento.

•• § 2.º acrescentado pela Emenda Constitucional n. 42, de 19-12-2003.

Art. 91. A União entregará aos Estados e ao Distrito Federal o montante definido em lei complementar, de acordo com critérios, prazos e condições nela determinados, podendo considerar as exportações para o exterior de produtos primários e semielaborados, a relação entre as exportações e as importações, os créditos decorrentes de aquisições destinadas ao ativo permanente e a efetiva manutenção e aproveitamento do crédito do imposto a que se refere o art. 155, § 2.º, X, *a*.

•• *Caput* acrescentado pela Emenda Constitucional n. 42, de 19-12-2003.

Disposições Transitórias

Arts. 91 a 97 – ADCT

§ 1.º Do montante de recursos que cabe a cada Estado, setenta e cinco por cento pertencem ao próprio Estado, e vinte e cinco por cento, aos seus Municípios, distribuídos segundo os critérios a que se refere o art. 158, parágrafo único, da Constituição.

•• § 1.º acrescentado pela Emenda Constitucional n. 42, de 19-12-2003.

§ 2.º A entrega de recursos prevista neste artigo perdurará, conforme definido em lei complementar, até que o imposto a que se refere o art. 155, II, tenha o produto de sua arrecadação destinado predominantemente, em proporção não inferior a oitenta por cento, ao Estado onde ocorrer o consumo das mercadorias, bens ou serviços.

•• § 2.º acrescentado pela Emenda Constitucional n. 42, de 19-12-2003.

§ 3.º Enquanto não for editada a lei complementar de que trata o *caput*, em substituição ao sistema de entrega de recursos nele previsto, permanecerá vigente o sistema de entrega de recursos previsto no art. 31 e Anexo da Lei Complementar n. 87, de 13 de setembro de 1996, com a redação dada pela Lei Complementar n. 115, de 26 de dezembro de 2002.

•• § 3.º acrescentado pela Emenda Constitucional n. 42, de 19-12-2003.

§ 4.º Os Estados e o Distrito Federal deverão apresentar à União, nos termos das instruções baixadas pelo Ministério da Fazenda, as informações relativas ao imposto de que trata o art. 155, II, declaradas pelos contribuintes que realizarem operações ou prestações com destino ao exterior.

•• § 4.º acrescentado pela Emenda Constitucional n. 42, de 19-12-2003.

Art. 92. São acrescidos dez anos ao prazo fixado no art. 40 deste Ato das Disposições Constitucionais Transitórias.

•• Artigo acrescentado pela Emenda Constitucional n. 42, de 19-12-2003.

•• *Vide* art. 92-A do ADCT.

Art. 92-A. São acrescidos 50 (cinquenta) anos ao prazo fixado pelo art. 92 deste Ato das Disposições Constitucionais Transitórias.

•• Artigo acrescentado pela Emenda Constitucional n. 83, de 5-8-2014.

Art. 93. A vigência do disposto no art. 159, III, e § 4.º, iniciará somente após a edição da lei de que trata o referido inciso III.

•• Artigo acrescentado pela Emenda Constitucional n. 42, de 19-12-2003.

Art. 94. Os regimes especiais de tributação para microempresas e empresas de pequeno porte próprios da União, dos Estados, do Distrito Federal e dos Municípios cessarão a partir da entrada em vigor do regime previsto no art. 146, III, *d*, da Constituição.

•• Artigo acrescentado pela Emenda Constitucional n. 42, de 19-12-2003.

• A Lei Complementar n. 123, de 14-12-2006, instituiu o Regime Especial Unificado de Arrecadação de Tributos e Contribuições devidos pelas Microempresas e Empresas de Pequeno Porte – Simples Nacional.

Art. 95. Os nascidos no estrangeiro entre 7 de junho de 1994 e a data da promulgação desta Emenda Constitucional, filhos de pai brasileiro ou mãe brasileira, poderão ser registrados em repartição diplomática ou consular brasileira competente ou em ofício de registro, se vierem a residir na República Federativa do Brasil.

•• Artigo acrescentado pela Emenda Constitucional n. 54, de 20-9-2007.

Art. 96. Ficam convalidados os atos de criação, fusão, incorporação e desmembramento de Municípios, cuja lei tenha sido publicada até 31 de dezembro de 2006, atendidos os requisitos estabelecidos na legislação do respectivo Estado à época de sua criação.

•• Artigo acrescentado pela Emenda Constitucional n. 57, de 18-12-2008.

Art. 97. Até que seja editada a lei complementar de que trata o § 15 do art. 100 da Constituição Federal, os Estados, o Distrito Federal e os Municípios que, na data de publicação

Art. 97 – ADCT

desta Emenda Constitucional, estejam em mora na quitação de precatórios vencidos, relativos às suas administrações direta e indireta, inclusive os emitidos durante o período de vigência do regime especial instituído por este artigo, farão esses pagamentos de acordo com as normas a seguir estabelecidas, sendo inaplicável o disposto no art. 100 desta Constituição Federal, exceto em seus §§ 2.º, 3.º, 9.º, 10, 11, 12, 13 e 14, e sem prejuízo dos acordos de juízos conciliatórios já formalizados na data de promulgação desta Emenda Constitucional.

•• *Caput acrescentado pela Emenda Constitucional n. 62, de 9-12-2009.*

•• *O STF, no julgamento da ADIn n. 4.357, de 25-9-2014, julgou procedente a ação para declarar a inconstitucionalidade deste artigo.*

•• *Vide art. 3.º da Emenda Constitucional n. 62, de 9-12-2009.*

• *A Resolução n. 115, de 29-6-2010, do CNJ, dispõe sobre a gestão de precatórios no âmbito do Poder Judiciário.*

§ 1.º Os Estados, o Distrito Federal e os Municípios sujeitos ao regime especial de que trata este artigo optarão, por meio de ato do Poder Executivo:

•• *§ 1.º, caput, acrescentado pela Emenda Constitucional n. 62, de 9-12-2009.*

I – pelo depósito em conta especial do valor referido pelo § 2.º deste artigo; ou

•• *Inciso I acrescentado pela Emenda Constitucional n. 62, de 9-12-2009.*

•• *Vide art. 4.º, I, da Emenda Constitucional n. 62, de 9-12-2009.*

II – pela adoção do regime especial pelo prazo de até 15 (quinze) anos, caso em que o percentual a ser depositado na conta especial a que se refere o § 2.º deste artigo corresponderá, anualmente, ao saldo total dos precatórios devidos, acrescido do índice oficial de remuneração básica da caderneta de poupança e de juros simples no mesmo percentual de juros incidentes sobre a caderneta de poupança para fins de compensação da mora, excluída a incidência de juros compensatórios, diminuído das amortizações e dividido pelo número de anos restantes no regime especial de pagamento.

•• *Inciso II acrescentado pela Emenda Constitucional n. 62, de 9-12-2009.*

•• *Vide art. 4.º, II, da Emenda Constitucional n. 62, de 9-12-2009.*

§ 2.º Para saldar os precatórios, vencidos e a vencer, pelo regime especial, os Estados, o Distrito Federal e os Municípios devedores depositarão mensalmente, em conta especial criada para tal fim, 1/12 (um doze avos) do valor calculado percentualmente sobre as respectivas receitas correntes líquidas, apuradas no segundo mês anterior ao mês de pagamento, sendo que esse percentual, calculado no momento de opção pelo regime e mantido fixo até o final do prazo a que se refere o § 14 deste artigo, será:

•• *§ 2.º, caput, acrescentado pela Emenda Constitucional n. 62, de 9-12-2009.*

I – para os Estados e para o Distrito Federal:

a) de, no mínimo, 1,5% (um inteiro e cinco décimos por cento), para os Estados das regiões Norte, Nordeste e Centro-Oeste, além do Distrito Federal, ou cujo estoque de precatórios pendentes das suas administrações direta e indireta corresponder a até 35% (trinta e cinco por cento) do total da receita corrente líquida;

b) de, no mínimo, 2% (dois por cento), para os Estados das regiões Sul e Sudeste, cujo estoque de precatórios pendentes das suas administrações direta e indireta corresponder a mais de 35% (trinta e cinco por cento) da receita corrente líquida;

•• *Inciso I acrescentado pela Emenda Constitucional n. 62, de 9-12-2009.*

II – para Municípios:

a) de, no mínimo, 1% (um por cento), para Municípios das regiões Norte, Nordeste e Centro-Oeste, ou cujo estoque de precatórios pendentes das suas administrações direta e indireta corresponder a até 35% (trinta e cinco por cento) da receita corrente líquida;

b) de, no mínimo, 1,5% (um inteiro e cinco décimos por cento), para Municípios das regiões Sul e Sudeste, cujo estoque de precatórios pendentes das suas administrações direta e in-

Disposições Transitórias

Art. 97 – ADCT

direta corresponder a mais de 35 % (trinta e cinco por cento) da receita corrente líquida.

•• Inciso II acrescentado pela Emenda Constitucional n. 62, de 9-12-2009.

§ 3.º Entende-se como receita corrente líquida, para os fins de que trata este artigo, o somatório das receitas tributárias, patrimoniais, industriais, agropecuárias, de contribuições e de serviços, transferências correntes e outras receitas correntes, incluindo as oriundas do § 1.º do art. 20 da Constituição Federal, verificado no período compreendido pelo mês de referência e os 11 (onze) meses anteriores, excluídas as duplicidades, e deduzidas:

•• § 3.º, *caput*, acrescentado pela Emenda Constitucional n. 62, de 9-12-2009.

I – nos Estados, as parcelas entregues aos Municípios por determinação constitucional;

•• Inciso I acrescentado pela Emenda Constitucional n. 62, de 9-12-2009.

II – nos Estados, no Distrito Federal e nos Municípios, a contribuição dos servidores para custeio do seu sistema de previdência e assistência social e as receitas provenientes da compensação financeira referida no § 9.º do art. 201 da Constituição Federal.

•• Inciso II acrescentado pela Emenda Constitucional n. 62, de 9-12-2009.

§ 4.º As contas especiais de que tratam os §§ 1.º e 2.º serão administradas pelo Tribunal de Justiça local, para pagamento de precatórios expedidos pelos tribunais.

•• § 4.º acrescentado pela Emenda Constitucional n. 62, de 9-12-2009.

§ 5.º Os recursos depositados nas contas especiais de que tratam os §§ 1.º e 2.º deste artigo não poderão retornar para Estados, Distrito Federal e Municípios devedores.

•• § 5.º acrescentado pela Emenda Constitucional n. 62, de 9-12-2009.

§ 6.º Pelo menos 50% (cinquenta por cento) dos recursos de que tratam os §§ 1.º e 2.º deste artigo serão utilizados para pagamento de precatórios em ordem cronológica de apresentação, respeitadas as preferências definidas no § 1.º, para os requisitórios do mesmo ano e no § 2.º do art. 100, para requisitórios de todos os anos.

•• § 6.º acrescentado pela Emenda Constitucional n. 62, de 9-12-2009.

§ 7.º Nos casos em que não se possa estabelecer a precedência cronológica entre 2 (dois) precatórios, pagar-se-á primeiramente o precatório de menor valor.

•• § 7.º acrescentado pela Emenda Constitucional n. 62, de 9-12-2009.

§ 8.º A aplicação dos recursos restantes dependerá de opção a ser exercida por Estados, Distrito Federal e Municípios devedores, por ato do Poder Executivo, obedecendo à seguinte forma, que poderá ser aplicada isoladamente ou simultaneamente:

•• § 8.º, *caput*, acrescentado pela Emenda Constitucional n. 62, de 9-12-2009.

I – destinados ao pagamento dos precatórios por meio do leilão;

•• Inciso I acrescentado pela Emenda Constitucional n. 62, de 9-12-2009.

II – destinados a pagamento a vista de precatórios não quitados na forma do § 6º e do inciso I, em ordem única e crescente de valor por precatório;

•• Inciso II acrescentado pela Emenda Constitucional n. 62, de 9-12-2009.

III – destinados a pagamento por acordo direto com os credores, na forma estabelecida por lei própria da entidade devedora, que poderá prever criação e forma de funcionamento de câmara de conciliação.

•• Inciso III acrescentado pela Emenda Constitucional n. 62, de 9-12-2009.

§ 9.º Os leilões de que trata o inciso I do § 8.º deste artigo:

•• § 9.º, *caput*, acrescentado pela Emenda Constitucional n. 62, de 9-12-2009.

I – serão realizados por meio de sistema eletrônico administrado por entidade autorizada

Art. 97 – ADCT

pela Comissão de Valores Mobiliários ou pelo Banco Central do Brasil;

•• Inciso I acrescentado pela Emenda Constitucional n. 62, de 9-12-2009.

II – admitirão a habilitação de precatórios, ou parcela de cada precatório indicada pelo seu detentor, em relação aos quais não esteja pendente, no âmbito do Poder Judiciário, recurso ou impugnação de qualquer natureza, permitida por iniciativa do Poder Executivo a compensação com débitos líquidos e certos, inscritos ou não em dívida ativa e constituídos contra devedor originário pela Fazenda Pública devedora até a data da expedição do precatório, ressalvados aqueles cuja exigibilidade esteja suspensa nos termos da legislação, ou que já tenham sido objeto de abatimento nos termos do § 9.º do art. 100 da Constituição Federal;

•• Inciso II acrescentado pela Emenda Constitucional n. 62, de 9-12-2009.

III – ocorrerão por meio de oferta pública a todos os credores habilitados pelo respectivo ente federativo devedor;

•• Inciso III acrescentado pela Emenda Constitucional n. 62, de 9-12-2009.

IV – considerarão automaticamente habilitado o credor que satisfaça o que consta no inciso II;

•• Inciso IV acrescentado pela Emenda Constitucional n. 62, de 9-12-2009.

V – serão realizados tantas vezes quanto necessário em função do valor disponível;

•• Inciso V acrescentado pela Emenda Constitucional n. 62, de 9-12-2009.

VI – a competição por parcela do valor total ocorrerá a critério do credor, com deságio sobre o valor desta;

•• Inciso VI acrescentado pela Emenda Constitucional n. 62, de 9-12-2009.

VII – ocorrerão na modalidade deságio, associado ao maior volume ofertado cumulado ou não com o maior percentual de deságio, pelo maior percentual de deságio, podendo ser fixado valor máximo por credor, ou por outro critério a ser definido em edital;

•• Inciso VII acrescentado pela Emenda Constitucional n. 62, de 9-12-2009.

VIII – o mecanismo de formação de preço constará nos editais publicados para cada leilão;

•• Inciso VIII acrescentado pela Emenda Constitucional n. 62, de 9-12-2009.

IX – a quitação parcial dos precatórios será homologada pelo respectivo Tribunal que o expediu.

•• Inciso IX acrescentado pela Emenda Constitucional n. 62, de 9-12-2009.

§ 10. No caso de não liberação tempestiva dos recursos de que tratam o inciso II do § 1.º e os §§ 2.º e 6.º deste artigo:

•• § 10, caput, acrescentado pela Emenda Constitucional n. 62, de 9-12-2009.

I – haverá o sequestro de quantia nas contas de Estados, Distrito Federal e Municípios devedores, por ordem do Presidente do Tribunal referido no § 4.º, até o limite do valor não liberado;

•• Inciso I acrescentado pela Emenda Constitucional n. 62, de 9-12-2009.

II – constituir-se-á, alternativamente, por ordem do Presidente do Tribunal requerido, em favor dos credores de precatórios, contra Estados, Distrito Federal e Municípios devedores, direito líquido e certo, autoaplicável e independentemente de regulamentação, à compensação automática com débitos líquidos lançados por esta contra aqueles, e, havendo saldo em favor do credor, o valor terá automaticamente poder liberatório do pagamento de tributos de Estados, Distrito Federal e Municípios devedores, até onde se compensarem;

•• Inciso II acrescentado pela Emenda Constitucional n. 62, de 9-12-2009.

III – o chefe do Poder Executivo responderá na forma da legislação de responsabilidade fiscal e de improbidade administrativa;

•• Inciso III acrescentado pela Emenda Constitucional n. 62, de 9-12-2009.

Disposições Transitórias

Art. 97 – ADCT

IV – enquanto perdurar a omissão, a entidade devedora:

a) não poderá contrair empréstimo externo ou interno;

b) ficará impedida de receber transferências voluntárias;

•• Inciso IV acrescentado pela Emenda Constitucional n. 62, de 9-12-2009.

V – a União reterá os repasses relativos ao Fundo de Participação dos Estados e do Distrito Federal e ao Fundo de Participação dos Municípios, e os depositará nas contas especiais referidas no § 1.º, devendo sua utilização obedecer ao que prescreve o § 5.º, ambos deste artigo.

•• Inciso V acrescentado pela Emenda Constitucional n. 62, de 9-12-2009.

§ 11. No caso de precatórios relativos a diversos credores, em litisconsórcio, admite-se o desmembramento do valor, realizado pelo Tribunal de origem do precatório, por credor, e, por este, a habilitação do valor total a que tem direito, não se aplicando, neste caso, a regra do § 3.º do art. 100 da Constituição Federal.

•• § 11 acrescentado pela Emenda Constitucional n. 62, de 9-12-2009.

§ 12. Se a lei a que se refere o § 4.º do art. 100 não estiver publicada em até 180 (cento e oitenta) dias, contados da data de publicação desta Emenda Constitucional, será considerado, para os fins referidos, em relação a Estados, Distrito Federal e Municípios devedores, omissos na regulamentação, o valor de:

•• § 12, caput, acrescentado pela Emenda Constitucional n. 62, de 9-12-2009.

I – 40 (quarenta) salários mínimos para Estados e para o Distrito Federal;

•• Inciso I acrescentado pela Emenda Constitucional n. 62, de 9-12-2009.

II – 30 (trinta) salários mínimos para Municípios.

•• Inciso II acrescentado pela Emenda Constitucional n. 62, de 9-12-2009.

§ 13. Enquanto Estados, Distrito Federal e Municípios devedores estiverem realizando pagamentos de precatórios pelo regime especial, não poderão sofrer sequestro de valores, exceto no caso de não liberação tempestiva dos recursos de que tratam o inciso II do § 1.º e o § 2.º deste artigo.

•• § 13 acrescentado pela Emenda Constitucional n. 62, de 9-12-2009.

§ 14. O regime especial de pagamento de precatório previsto no inciso I do § 1.º vigorará enquanto o valor dos precatórios devidos for superior ao valor dos recursos vinculados, nos termos do § 2.º, ambos deste artigo, ou pelo prazo fixo de até 15 (quinze) anos, no caso da opção prevista no inciso II do § 1.º.

•• § 14 acrescentado pela Emenda Constitucional n. 62, de 9-12-2009.

§ 15. Os precatórios parcelados na forma do art. 33 ou do art. 78 deste Ato das Disposições Constitucionais Transitórias e ainda pendentes de pagamento ingressarão no regime especial com o valor atualizado das parcelas não pagas relativas a cada precatório, bem como o saldo dos acordos judiciais e extrajudiciais.

•• § 15 acrescentado pela Emenda Constitucional n. 62, de 9-12-2009.

§ 16. A partir da promulgação desta Emenda Constitucional, a atualização de valores de requisitórios, até o efetivo pagamento, independentemente de sua natureza, será feita pelo índice oficial de remuneração básica da caderneta de poupança, e, para fins de compensação da mora, incidirão juros simples no mesmo percentual de juros incidentes sobre a caderneta de poupança, ficando excluída a incidência de juros compensatórios.

•• § 16 acrescentado pela Emenda Constitucional n. 62, de 9-12-2009.

§ 17. O valor que exceder o limite previsto no § 2.º do art. 100 da Constituição Federal será pago, durante a vigência do regime especial, na forma prevista nos §§ 6.º e 7.º ou nos incisos I, II e III do § 8.º deste artigo, devendo os valores dispendidos para o atendimento do disposto no § 2.º do art. 100 da Constituição Federal serem computados para efeito do § 6.º deste artigo.

Arts. 97 a 100 – ADCT

•• § 17 acrescentado pela Emenda Constitucional n. 62, de 9-12-2009.

§ 18. Durante a vigência do regime especial a que se refere este artigo, gozarão também da preferência a que se refere o § 6.º os titulares originais de precatórios que tenham completado 60 (sessenta) anos de idade até a data da promulgação desta Emenda Constitucional.

•• § 18 acrescentado pela Emenda Constitucional n. 62, de 9-12-2009.

Art. 98. O número de defensores públicos na unidade jurisdicional será proporcional à efetiva demanda pelo serviço da Defensoria Pública e à respectiva população.

•• *Caput* acrescentado pela Emenda Constitucional n. 80, de 4-6-2014.

§ 1.º No prazo de 8 (oito) anos, a União, os Estados e o Distrito Federal deverão contar com defensores públicos em todas as unidades jurisdicionais, observado o disposto no *caput* deste artigo.

•• § 1.º acrescentado pela Emenda Constitucional n. 80, de 4-6-2014.

§ 2.º Durante o decurso do prazo previsto no § 1.º deste artigo, a lotação dos defensores públicos ocorrerá, prioritariamente, atendendo as regiões com maiores índices de exclusão social e adensamento populacional.

•• § 2.º acrescentado pela Emenda Constitucional n. 80, de 4-6-2014.

Art. 99. Para efeito do disposto no inciso VII do § 2.º do art. 155, no caso de operações e prestações que destinem bens e serviços a consumidor final não contribuinte localizado em outro Estado, o imposto correspondente à diferença entre a alíquota interna e a interestadual será partilhado entre os Estados de origem e de destino, na seguinte proporção:

•• *Caput* acrescentado pela Emenda Constitucional n. 87, de 16-4-2015, em vigor na data de sua publicação, produzindo efeitos no ano subsequente e após 90 (noventa) dias desta.

I – para o ano de 2015: 20% (vinte por cento) para o Estado de destino e 80% (oitenta por cento) para o Estado de origem;

•• Inciso I acrescentado pela Emenda Constitucional n. 87, de 16-4-2015, em vigor na data de sua publicação, produzindo efeitos no ano subsequente e após 90 (noventa) dias desta.

II – para o ano de 2016: 40% (quarenta por cento) para o Estado de destino e 60% (sessenta por cento) para o Estado de origem;

•• Inciso II acrescentado pela Emenda Constitucional n. 87, de 16-4-2015, em vigor na data de sua publicação, produzindo efeitos no ano subsequente e após 90 (noventa) dias desta.

III – para o ano de 2017: 60% (sessenta por cento) para o Estado de destino e 40% (quarenta por cento) para o Estado de origem;

•• Inciso III acrescentado pela Emenda Constitucional n. 87, de 16-4-2015, em vigor na data de sua publicação, produzindo efeitos no ano subsequente e após 90 (noventa) dias desta.

IV – para o ano de 2018: 80% (oitenta por cento) para o Estado de destino e 20% (vinte por cento) para o Estado de origem;

•• Inciso IV acrescentado pela Emenda Constitucional n. 87, de 16-4-2015, em vigor na data de sua publicação, produzindo efeitos no ano subsequente e após 90 (noventa) dias desta.

V – a partir do ano de 2019: 100% (cem por cento) para o Estado de destino.

•• Inciso V acrescentado pela Emenda Constitucional n. 87, de 16-4-2015, em vigor na data de sua publicação, produzindo efeitos no ano subsequente e após 90 (noventa) dias desta.

Art. 100. Até que entre em vigor a lei complementar de que trata o inciso II do § 1.º do art. 40 da Constituição Federal, os Ministros do Supremo Tribunal Federal, dos Tribunais Superiores e do Tribunal de Contas da União aposentar-se-ão, compulsoriamente, aos 75 (setenta e cinco) anos de idade, nas condições do art. 52 da Constituição Federal.

•• Artigo acrescentado pela Emenda Constitucional n. 88, de 7-5-2015.

•• O STF, no julgamento da ADIn n. 5.316, em 21-5-2015, deferiu medida cautelar para suspender a aplicação da expressão "nas condições do art. 52 da Constituição Federal", constante deste artigo.

Brasília, 5 de outubro de 1988.

Ulysses Guimarães

Emendas Constitucionais

EMENDA CONSTITUCIONAL N. 2, DE 25 DE AGOSTO DE 1992 (*)

Dispõe sobre o plebiscito previsto no art. 2.º do Ato das Disposições Constitucionais Transitórias.

As Mesas da Câmara dos Deputados e do Senado Federal, nos termos do § 3.º do art. 60 da Constituição Federal, promulgam a seguinte Emenda ao texto constitucional:

Artigo único. O plebiscito de que trata o art. 2.º do Ato das Disposições Constitucionais Transitórias realizar-se-á no dia 21 de abril de 1993.

§ 1.º A forma e o sistema de governo definidos pelo plebiscito terão vigência em 1.º de janeiro de 1995.

§ 2.º A lei poderá dispor sobre a realização do plebiscito, inclusive sobre a gratuidade da livre divulgação das formas e sistemas de governo, através dos meios de comunicação de massa concessionários ou permissionários de serviço público, assegurada igualdade de tempo e paridade de horários.

§ 3.º A norma constante do parágrafo anterior não exclui a competência do Tribunal Superior Eleitoral para expedir instruções necessárias à realização da consulta plebiscitária.

Brasília, em 25 de agosto de 1992.

A Mesa da Câmara dos Deputados
Deputado IBSEN PINHEIRO
Presidente

A Mesa do Senado Federal
Senador MAURO BENEVIDES
Presidente

EMENDA CONSTITUCIONAL N. 3, DE 17 DE MARÇO DE 1993 (**)

Altera dispositivos da Constituição Federal.

As Mesas da Câmara dos Deputados e do Senado Federal, nos termos do § 3.º do art. 60 da Constituição Federal, promulgam a seguinte Emenda ao texto constitucional:

Art. 1.º Os dispositivos da Constituição Federal abaixo enumerados passam a vigorar com as seguintes alterações:

** Parte das alterações foram prejudicadas por Emendas Constitucionais posteriores: o art. 40, § 6.º, foi prejudicado pela Emenda Constitucional n. 20, de 15-12-1998; o art. 42, § 10, foi prejudicado pela Emenda Constitucional n. 18, de 5-2-1998; os arts. 102, § 2.º, e 103, § 4.º, foram prejudicados pela Emenda Constitucional n. 45, de 8-12-2004; o art. 155, § 3.º, foi prejudicado pela Emenda Constitucional n. 33, de 11-12-2001; o art. 156, § 3.º, *caput* e I, foi prejudicado pela Emenda Constitucional n. 37, de 12-6-2002; o art. 167, IV, foi prejudicado pela Emenda Constitucional n. 29, de 13-9-2000.

Art. 2.º A União poderá instituir, nos termos de lei complementar, com vigência até 31 de dezembro de 1994, imposto sobre movimentação ou transmissão de valores e de créditos e direitos de natureza financeira.

§ 1.º A alíquota do imposto de que trata este

(*) Publicada no *Diário Oficial da União* de 1.º-9-1992.

(**)Publicada no *Diário Oficial da União* de 18-3-1993.

Emenda Constitucional n. 17, de 22-11-1997

artigo não excederá a vinte e cinco centésimos por cento, facultado ao Poder Executivo reduzi-la ou restabelecê-la, total ou parcialmente, nas condições e limites fixados em lei.

§ 2.º Ao imposto de que trata este artigo não se aplica o art. 150, III, *b*, e VI, nem o disposto no § 5.º do art. 153 da Constituição.

§ 3.º O produto da arrecadação do imposto de que trata este artigo não se encontra sujeito a qualquer modalidade de repartição com outra entidade federada.

§ 4.º (*Revogado pela Emenda Constitucional de Revisão n. 1, de 1.º-3-1994.*)

Art. 3.º A eliminação do adicional ao imposto de renda, de competência dos Estados, decorrente desta Emenda Constitucional, somente produzirá efeitos a partir de 1.º de janeiro de 1996, reduzindo-se a correspondente alíquota, pelo menos, a dois e meio por cento no exercício financeiro de 1995.

Art. 4.º A eliminação do imposto sobre vendas a varejo de combustíveis líquidos e gasosos, de competência dos Municípios, decorrente desta Emenda Constitucional, somente produzirá efeitos a partir de 1.º de janeiro de 1996, reduzindo-se a correspondente alíquota, pelo menos, a um e meio por cento no exercício financeiro de 1995.

Art. 5.º Até 31 de dezembro de 1999, os Estados, o Distrito Federal e os Municípios somente poderão emitir títulos da dívida pública no montante necessário ao refinanciamento do principal devidamente atualizado de suas obrigações, representados por essa espécie de títulos, ressalvado o disposto no art. 33, parágrafo único, do Ato das Disposições Constitucionais Transitórias.

Art. 6.º Revogam-se o inciso IV e o § 4.º do art. 156 da Constituição Federal.

Brasília, em 17 de março de 1993.

A Mesa da Câmara dos Deputados
Deputado INOCÊNCIO OLIVEIRA
Presidente

A Mesa do Senado Federal
Senador HUMBERTO LUCENA
Presidente

EMENDA CONSTITUCIONAL N. 17, DE 22 DE NOVEMBRO DE 1997 (*)

Altera dispositivos dos arts. 71 e 72 do Ato das Disposições Constitucionais Transitórias, introduzidos pela Emenda Constitucional de Revisão n. 1, de 1994.

As Mesas da Câmara dos Deputados e do Senado Federal, nos termos do § 3.º do art. 60 da Constituição Federal, promulgam a seguinte Emenda ao texto constitucional:

Art. 1.º O *caput* do art. 71 do Ato das Disposições Constitucionais Transitórias passa a vigorar com a seguinte redação:

•• Alteração já processada no diploma modificado.

Art. 2.º O inciso V do art. 72 do Ato das Disposições Constitucionais Transitórias passa a vigorar com a seguinte redação:

•• Alteração já processada no diploma modificado.

Art. 3.º A União repassará aos Municípios, do produto da arrecadação do Imposto sobre a Renda e Proventos de Qualquer Natureza, tal como considerado na constituição dos fundos de que trata o art. 159, I, da Constituição, excluída a parcela referida no art. 72, I, do Ato das Disposições Constitucionais Transitórias, os seguintes percentuais:

I – um inteiro e cinquenta e seis centésimos por cento, no período de 1.º de julho de 1997 a 31 de dezembro de 1997;

(*) Publicada no *Diário Oficial da União* de 25-11-1997.

EMENDA CONSTITUCIONAL N. 19, DE 4 DE JUNHO DE 1998 (*)

Modifica o regime e dispõe sobre princípios e normas da Administração Pública, servidores e agentes políticos, controle de despesas e finanças públicas e custeio de atividades a cargo do Distrito Federal, e dá outras providências.

As Mesas da Câmara dos Deputados e do Senado Federal, nos termos do § 3.º do art. 60 da Constituição Federal, promulgam esta Emenda ao texto constitucional:

Art. 1.º Os incisos XIV e XXII do art. 21 e XXVII do art. 22 da Constituição Federal passam a vigorar com a seguinte redação:

•• Alterações já processadas no diploma modificado.

Art. 2.º O § 2.º do art. 27 e os incisos V e VI do art. 29 da Constituição Federal passam a vigorar com a seguinte redação, inserindo-se § 2.º no art. 28 e renumerando-se para § 1.º o atual parágrafo único.

•• Alteração no art. 29, VI, prejudicada pela Emenda Constitucional n. 25, de 14-2-2000.

Art. 3.º O *caput*, os incisos I, II, V, VII, X, XI, XIII, XIV, XV, XVI, XVII e XIX e o § 3.º do art. 37 da Constituição Federal passam a vigorar com a seguinte redação, acrescendo-se ao artigo os §§ 7.º a 9.º:

•• Alteração nos arts. 37, XI e XVI, c, prejudicada pelas Emendas Constitucionais n. 41, de 19-12-2003, e 34, de 13-12-2001, respectivamente.

Art. 4.º O *caput* do art. 38 da Constituição Federal passa a vigorar com a seguinte redação:

•• Alteração já processada no diploma modificado.

II – um inteiro e oitocentos e setenta e cinco milésimos por cento, no período de 1.º de janeiro de 1998 a 31 de dezembro de 1998;

III – dois inteiros e cinco décimos por cento, no período de 1.º de janeiro de 1999 a 31 de dezembro de 1999.

Parágrafo único. O repasse dos recursos de que trata este artigo obedecerá à mesma periodicidade e aos mesmos critérios de repartição e normas adotadas no Fundo de Participação dos Municípios, observado o disposto no art. 160 da Constituição.

Art. 4.º Os efeitos do disposto nos arts. 71 e 72 do Ato das Disposições Constitucionais Transitórias, com a redação dada pelos arts. 1.º e 2.º desta Emenda, são retroativos a 1.º de julho de 1997.

Parágrafo único. As parcelas de recursos destinados ao Fundo de Estabilização Fiscal e entregues na forma do art. 159, I, da Constituição, no período compreendido entre 1.º de julho de 1997 e a data de promulgação desta Emenda, serão deduzidas das cotas subsequentes, limitada a dedução a um décimo do valor total entregue em cada mês.

Art. 5.º Observado o disposto no artigo anterior, a União aplicará as disposições do art. 3.º desta Emenda retroativamente a 1.º de julho de 1997.

Art. 6.º Esta Emenda Constitucional entra em vigor na data de sua publicação.

Brasília, 22 de novembro de 1997.

Mesa da Câmara dos Deputados
Deputado MICHEL TEMER
Presidente

Mesa do Senado Federal
Senador ANTONIO CARLOS MAGALHÃES
Presidente

(*) Publicada no *Diário Oficial da União* de 5-6-1998.

Emenda Constitucional n. 19, de 4-6-1998

Art. 5.º O art. 39 da Constituição Federal passa a vigorar com a seguinte redação:

•• Alteração já processada no diploma modificado.

Art. 6.º O art. 41 da Constituição Federal passa a vigorar com a seguinte redação:

•• Alteração já processada no diploma modificado.

Art. 7.º O art. 48 da Constituição Federal passa a vigorar acrescido do seguinte inciso XV:

•• Alteração no art. 48, XV, prejudicada pela Emenda Constitucional n. 25, de 14-2-2000.

Art. 8.º Os incisos VII e VIII do art. 49 da Constituição Federal passam a vigorar com a seguinte redação:

•• Alterações já processadas no diploma modificado.

Art. 9.º O inciso IV do art. 51 da Constituição Federal passa a vigorar com a seguinte redação:

•• Alteração já processada no diploma modificado.

Art. 10. O inciso XIII do art. 52 da Constituição Federal passa a vigorar com a seguinte redação:

•• Alteração já processada no diploma modificado.

Art. 11. O § 7.º do art. 57 da Constituição Federal passa a vigorar com a seguinte redação:

•• Alteração prejudicada pela Emenda Constitucional n. 32, de 11-9-2001, que deu nova redação ao § 7.º do art. 57 da CF.

Art. 12. O parágrafo único do art. 70 da Constituição Federal passa a vigorar com a seguinte redação:

•• Alteração já processada no diploma modificado.

Art. 13. O inciso V do art. 93, o inciso III do art. 95 e a alínea *b* do inciso II do art. 96 da Constituição Federal passam a vigorar com a seguinte redação:

•• Alteração no art. 96, II, *b*, prejudicada pela Emenda Constitucional n. 41, de 19-12-2003.

Art. 14. O § 2.º do art. 127 da Constituição Federal passa a vigorar com a seguinte redação:

•• Alteração já processada no diploma modificado.

Art. 15. A alínea *c* do inciso I do § 5.º do art. 128 da Constituição Federal passa a vigorar com a seguinte redação:

•• Alteração já processada no diploma modificado.

Art. 16. A Seção II do Capítulo IV do Título IV da Constituição Federal passa a denominar-se "DA ADVOCACIA PÚBLICA".

Art. 17. O art. 132 da Constituição Federal passa a vigorar com a seguinte redação:

•• Alteração já processada no diploma modificado.

Art. 18. O art. 135 da Constituição Federal passa a vigorar com a seguinte redação:

•• Alteração já processada no diploma modificado.

Art. 19. O § 1.º e seu inciso III e os §§ 2.º e 3.º do art. 144 da Constituição Federal passam a vigorar com a seguinte redação, inserindo-se no artigo § 9.º:

•• Alterações já processadas no diploma modificado.

Art. 20. O *caput* do art. 167 da Constituição Federal passa a vigorar acrescido de inciso X, com a seguinte redação:

•• Alteração já processada no diploma modificado.

Art. 21. O art. 169 da Constituição Federal passa a vigorar com a seguinte redação:

•• Alteração já processada no diploma modificado.

Art. 22. O § 1.º do art. 173 da Constituição Federal passa a vigorar com a seguinte redação:

•• Alteração já processada no diploma modificado.

Art. 23. O inciso V do art. 206 da Constituição Federal passa a vigorar com a seguinte redação:

•• Alteração prejudicada pela Emenda Constitucional n. 53, de 19-12-2006, que deu nova redação ao inciso V do art. 206 da CF.

Art. 24. O art. 241 da Constituição Federal passa a vigorar com a seguinte redação:

•• Alteração já processada no diploma modificado.

Art. 25. Até a instituição do fundo a que se refere o inciso XIV do art. 21 da Constituição Federal, compete à União manter os atuais compromissos financeiros com a prestação de serviços públicos do Distrito Federal.

•• A Lei n. 10.633, de 27-12-2002, instituiu o Fundo Constitucional do Distrito Federal – FCDF, a que se refere o inciso XIV do art. 21 da CF.

Art. 26. No prazo de 2 (dois) anos da promulgação desta Emenda, as entidades da administração indireta terão seus estatutos revistos

Emenda Constitucional n. 19, de 4-6-1998

quanto à respectiva natureza jurídica, tendo em conta a finalidade e as competências efetivamente executadas.

Art. 27. O Congresso Nacional, dentro de 120 (cento e vinte) dias da promulgação desta Emenda, elaborará lei de defesa do usuário de serviços públicos.

Art. 28. É assegurado o prazo de 2 (dois) anos de efetivo exercício para aquisição da estabilidade aos atuais servidores em estágio probatório, sem prejuízo da avaliação a que se refere o § 4.º do art. 41 da Constituição Federal.

Art. 29. Os subsídios, vencimentos, remuneração, proventos da aposentadoria e pensões e quaisquer outras espécies remuneratórias adequar-se-ão, a partir da promulgação desta Emenda, aos limites decorrentes da Constituição Federal, não se admitindo a percepção de excesso a qualquer título.

Art. 30. O projeto de lei complementar a que se refere o art. 163 da Constituição Federal será apresentado pelo Poder Executivo ao Congresso Nacional no prazo máximo de 180 (cento e oitenta) dias da promulgação desta Emenda.

Art. 31. Os servidores públicos federais da administração direta e indireta, os servidores municipais e os integrantes da carreira policial militar dos ex-Territórios Federais do Amapá e de Roraima que comprovadamente encontravam-se no exercício regular de suas funções prestando serviços àqueles ex-Territórios na data em que foram transformados em Estados, os servidores e os policiais militares admitidos regularmente pelos governos dos Estados do Amapá e de Roraima no período entre a transformação e a efetiva instalação desses Estados em outubro de 1993 e, ainda, os servidores nesses Estados com vínculo funcional já reconhecido pela União integrarão, mediante opção, quadro em extinção da administração federal.

•• *Caput* com redação determinada pela Emenda Constitucional n. 79, de 27-5-2014.

§ 1.º O enquadramento referido no *caput* para os servidores ou para os policiais militares admitidos regularmente entre a transformação e a instalação dos Estados em outubro de 1993 deverá dar-se no cargo em que foram originariamente admitidos ou em cargo equivalente.

•• § 1.º com redação determinada pela Emenda Constitucional n. 79, de 27-5-2014.

§ 2.º Os integrantes da carreira policial militar a que se refere o *caput* continuarão prestando serviços aos respectivos Estados, na condição de cedidos, submetidos às disposições estatutárias a que estão sujeitas as corporações das respectivas Polícias Militares, observados as atribuições de função compatíveis com seu grau hierárquico e o direito às devidas promoções.

•• § 2.º com redação determinada pela Emenda Constitucional n. 79, de 27-5-2014.

§ 3.º Os servidores a que se refere o *caput* continuarão prestando serviços aos respectivos Estados e a seus Municípios, na condição de cedidos, até seu aproveitamento em órgão ou entidade da administração federal direta, autárquica ou fundacional.

•• § 3.º acrescentado pela Emenda Constitucional n. 79, de 27-5-2014.

Art. 32. A Constituição Federal passa a vigorar acrescida do seguinte artigo:

•• Alteração já processada no diploma modificado.

Art. 33. Consideram-se servidores não estáveis, para os fins do art. 169, § 3.º, II, da Constituição Federal aqueles admitidos na administração direta, autárquica e fundacional sem concurso público de provas ou de provas e títulos após o dia 5 de outubro de 1983.

Art. 34. Esta Emenda Constitucional entra em vigor na data de sua promulgação.

Brasília, 4 de junho de 1998.

Mesa da Câmara dos Deputados
Deputado MICHEL TEMER
Presidente

Mesa do Senado Federal
Senador ANTONIO CARLOS MAGALHÃES
Presidente

EMENDA CONSTITUCIONAL N. 20, DE 15 DE DEZEMBRO DE 1998 (*)

Modifica o sistema de previdência social, estabelece normas de transição e dá outras providências.

As Mesas da Câmara dos Deputados e do Senado Federal, nos termos do § 3.º do art. 60 da Constituição Federal, promulgam a seguinte Emenda ao texto constitucional:

Art. 1.º A Constituição Federal passa a vigorar com as seguintes alterações:

•• Parte das alterações foram prejudicadas por Emendas Constitucionais posteriores: arts. 40, *caput* e §§ 1.º, 3.º, 7.º, 8.º e 15, 42, § 2.º, 142, § 3.º, IX, prejudicados pela Emenda Constitucional n. 41, de 19-12-2003; arts. 40, § 4.º, 195, § 9.º, e 201, § 1.º, prejudicados pela Emenda Constitucional n. 47, de 5-7-2005; art. 100, § 3.º, prejudicado pelas Emendas Constitucionais n. 30, de 13-9-2000, e n. 62, de 9-12-2009; art. 114, § 3.º, prejudicado pela Emenda Constitucional n. 45, de 8-12-2004; art. 40, § 1.º, II, prejudicado pela Emenda Constitucional n. 88, de 7-5-2015.

Art. 2.º A Constituição Federal, nas Disposições Constitucionais Gerais, é acrescida dos seguintes artigos:

•• Alterações já processadas no diploma modificado.

Art. 3.º É assegurada a concessão de aposentadoria e pensão, a qualquer tempo, aos servidores públicos e aos segurados do regime geral de previdência social, bem como aos seus dependentes, que, até a data da publicação desta Emenda, tenham cumprido os requisitos para a obtenção destes benefícios, com base nos critérios da legislação então vigente.

§ 1.º O servidor de que trata este artigo, que tenha completado as exigências para aposentadoria integral e que opte por permanecer em atividade fará jus à isenção da contribuição previdenciária até completar as exigências para aposentadoria contidas no art. 40, § 1.º, III, *a*, da Constituição Federal.

§ 2.º Os proventos da aposentadoria a ser concedida aos servidores públicos referidos no *caput*, em termos integrais ou proporcionais ao tempo de serviço já exercido até a data de publicação desta Emenda, bem como as pensões de seus dependentes, serão calculados de acordo com a legislação em vigor à época em que foram atendidas as prescrições nela estabelecidas para a concessão destes benefícios ou nas condições da legislação vigente.

§ 3.º São mantidos todos os direitos e garantias assegurados nas disposições constitucionais vigentes à data de publicação desta Emenda aos servidores e militares, inativos e pensionistas, aos anistiados e aos ex-combatentes, assim como àqueles que já cumpriram, até aquela data, os requisitos para usufruírem tais direitos, observado o disposto no art. 37, XI, da Constituição Federal.

Art. 4.º Observado o disposto no art. 40, § 10, da Constituição Federal, o tempo de serviço considerado pela legislação vigente para efeito de aposentadoria, cumprido até que a lei discipline a matéria, será contado como tempo de contribuição.

•• *Vide* art. 2.º da Emenda Constitucional n. 41, de 19-12-2003.

Art. 5.º O disposto no art. 202, § 3.º, da Constituição Federal, quanto à exigência de paridade entre a contribuição da patrocinadora e a contribuição do segurado, terá vigência no prazo de 2 (dois) anos a partir da publicação desta Emenda, ou, caso ocorra antes, na data de publicação da lei complementar a que se refere o § 4.º do mesmo artigo.

•• A Lei Complementar n. 108, de 29-5-2001, dispõe sobre a relação entre a União, os Estados, o Distrito Federal e os Municípios, suas autarquias, fundações, sociedades de economia mista e outras entidades públicas e suas respectivas entidades fechadas de Previdência Complementar.

Art. 6.º As entidades fechadas de previdência privada patrocinadas por entidades públicas, inclusive empresas públicas e sociedades de economia mista, deverão rever, no prazo de 2 (dois) anos,

---
(*) Publicada no *Diário Oficial da União* de 16-12-1998.

Emenda Constitucional n. 20, de 15-12-1998

a contar da publicação desta Emenda, seus planos de benefícios e serviços, de modo a ajustá-los atuarialmente a seus ativos, sob pena de intervenção, sendo seus dirigentes e os de suas respectivas patrocinadoras responsáveis civil e criminalmente pelo descumprimento do disposto neste artigo.

Art. 7.º Os projetos das leis complementares previstos no art. 202 da Constituição Federal deverão ser apresentados ao Congresso Nacional no prazo máximo de 90 (noventa) dias após a publicação desta Emenda.

•• Previdência Complementar: Leis Complementares n. 108 e n. 109, ambas de 29-5-2001.

Art. 8.º (*Revogado pela Emenda Constitucional n. 41, de 19-12-2003.*)

Art. 9.º Observado o disposto no art. 4.º desta Emenda e ressalvado o direito de opção a aposentadoria pelas normas por ela estabelecidas para o regime geral de previdência social, é assegurado o direito à aposentadoria ao segurado que se tenha filiado ao regime geral de previdência social, até a data de publicação desta Emenda, quando, cumulativamente, atender aos seguintes requisitos:

I – contar com 53 (cinquenta e três) anos de idade, se homem, e 48 (quarenta e oito) anos de idade, se mulher; e

II – contar tempo de contribuição igual, no mínimo, à soma de:

a) 35 (trinta e cinco) anos, se homem, e 30 (trinta) anos, se mulher; e

b) um período adicional de contribuição equivalente a 20% (vinte por cento) do tempo que, na data da publicação desta Emenda, faltaria para atingir o limite de tempo constante da alínea anterior.

§ 1.º O segurado de que trata este artigo, desde que atendido o disposto no inciso I do *caput*, e observado o disposto no art. 4.º desta Emenda, pode aposentar-se com valores proporcionais ao tempo de contribuição, quando atendidas as seguintes condições:

I – contar tempo de contribuição igual, no mínimo, à soma de:

a) 30 (trinta) anos, se homem, e 25 (vinte e cinco) anos, se mulher; e

b) um período adicional de contribuição equivalente a 40% (quarenta por cento) do tempo que, na data da publicação desta Emenda, faltaria para atingir o limite de tempo constante da alínea anterior;

II – o valor da aposentadoria proporcional será equivalente a 70% (setenta por cento) do valor da aposentadoria a que se refere o *caput*, acrescido de 5% (cinco por cento) por ano de contribuição que supere a soma a que se refere o inciso anterior, até o limite de 100% (cem por cento).

§ 2.º O professor que, até a data da publicação desta Emenda, tenha exercido atividade de magistério e que opte por aposentar-se na forma do disposto no *caput*, terá o tempo de serviço exercido até a publicação desta Emenda contado com o acréscimo de 17% (dezessete por cento), se homem, e de 20% (vinte por cento), se mulher, desde que se aposente, exclusivamente, com tempo de efetivo exercício de atividade de magistério.

Art. 10. (*Revogado pela Emenda Constitucional n. 41, de 19-12-2003.*)

Art. 11. A vedação prevista no art. 37, § 10, da Constituição Federal, não se aplica aos membros de poder e aos inativos, servidores e militares, que, até a publicação desta Emenda, tenham ingressado novamente no serviço público por concurso público de provas ou de provas e títulos, e pelas demais formas previstas na Constituição Federal, sendo-lhes proibida a percepção de mais de uma aposentadoria pelo regime de previdência a que se refere o art. 40 da Constituição Federal, aplicando-se-lhes, em qualquer hipótese, o limite de que trata o § 11 deste mesmo artigo.

Art. 12. Até que produzam efeitos as leis que irão dispor sobre as contribuições de que trata o art. 195 da Constituição Federal, são exigíveis as estabelecidas em lei, destinadas ao custeio da seguridade social e dos diversos regimes previdenciários.

Emenda Constitucional n. 24, de 9-12-1999

Art. 13. Até que a lei discipline o acesso ao salário-família e auxílio-reclusão para os servidores, segurados e seus dependentes, esses benefícios serão concedidos apenas àqueles que tenham renda bruta mensal igual ou inferior a R$ 360,00 (trezentos e sessenta reais), que, até a publicação da lei, serão corrigidos pelos mesmos índices aplicados aos benefícios do regime geral de previdência social.

Art. 14. O limite máximo para o valor dos benefícios do regime geral de previdência social de que trata o art. 201 da Constituição Federal é fixado em R$ 1.200,00 (um mil e duzentos reais), devendo, a partir da data da publicação desta Emenda, ser reajustado de forma a preservar, em caráter permanente, seu valor real, atualizado pelos mesmos índices aplicados aos benefícios do regime geral de previdência social.

•• A ADIn n. 1.946-5, de 3-4-2003, deu a este artigo, sem redução de texto, interpretação conforme a CF, para excluir sua aplicação ao salário da licença à gestante a que se refere o art. 7.º, XVIII, da CF.

•• Os benefícios previdenciários são reajustados anualmente por meio de ato administrativo do Ministro de Estado da Previdência Social.

Art. 15. Até que a lei complementar a que se refere o art. 201, § 1.º, da Constituição Federal, seja publicada, permanece em vigor o disposto nos arts. 57 e 58 da Lei n. 8.213, de 24 de julho de 1991, na redação vigente à data da publicação desta Emenda.

Art. 16. Esta Emenda Constitucional entra em vigor na data de sua publicação.

Art. 17. Revoga-se o inciso II do § 2.º do art. 153 da Constituição Federal.

Brasília, 15 de dezembro de 1998.

Mesa da Câmara dos Deputados
Deputado MICHEL TEMER
Presidente

Mesa do Senado Federal
Senador ANTONIO CARLOS MAGALHÃES
Presidente

EMENDA CONSTITUCIONAL N. 24, DE 9 DE DEZEMBRO DE 1999 (*)

Altera dispositivos da Constituição Federal pertinentes à representação classista na Justiça do Trabalho.

As Mesas da Câmara dos Deputados e do Senado Federal, nos termos do § 3.º do art. 60 da Constituição Federal, promulgam a seguinte Emenda ao texto constitucional:

Art. 1.º Os arts. 111, 112, 113, 115 e 116 da Constituição Federal passam a vigorar com a seguinte redação:

•• Parte das alterações foram prejudicadas por Emendas Constitucionais posteriores: arts. 111, §§ 1.º e 2.º, 112 e 115, prejudicados pela Emenda Constitucional n. 45, de 8-12-2004.

Art. 2.º É assegurado o cumprimento dos mandatos dos atuais ministros classistas temporários do Tribunal Superior do Trabalho e dos atuais juízes classistas temporários dos Tribunais Regionais do Trabalho e das Juntas de Conciliação e Julgamento.

Art. 3.º Esta Emenda Constitucional entra em vigor na data de sua publicação.

Art. 4.º Revoga-se o art. 117 da Constituição Federal.

Brasília, em 9 de dezembro de 1999.

Mesa da Câmara dos Deputados
Deputado MICHEL TEMER
Presidente

Mesa do Senado Federal
Senador ANTONIO CARLOS MAGALHÃES
Presidente

(*) Publicada no *Diário Oficial da União* de 10-12-1999.

EMENDA CONSTITUCIONAL N. 32, DE 11 DE SETEMBRO DE 2001 (*)

Altera dispositivos dos arts. 48, 57, 61, 62, 64, 66, 84, 88 e 246 da Constituição Federal, e dá outras providências.

As Mesas da Câmara dos Deputados e do Senado Federal, nos termos do § 3.º do art. 60 da Constituição Federal, promulgam a seguinte Emenda ao texto constitucional:

Art. 1.º Os arts. 48, 57, 61, 62, 64, 66, 84, 88 e 246 da Constituição Federal passam a vigorar com as seguintes alterações:

•• Alteração no art. 57, § 7.º, prejudicada pela Emenda Constitucional n. 50, de 14-2-2006.

Art. 2.º As medidas provisórias editadas em data anterior à da publicação desta emenda continuam em vigor até que medida provisória ulterior as revogue explicitamente ou até deliberação definitiva do Congresso Nacional.

Art. 3.º Esta Emenda Constitucional entra em vigor na data de sua publicação.

Brasília, 11 de setembro de 2001.

Mesa da Câmara dos Deputados

Deputado AÉCIO NEVES

Presidente

Mesa do Senado Federal

Senador EDISON LOBÃO

Presidente, Interino

(*) Publicada no *Diário Oficial da União* de 12-9-2001.

EMENDA CONSTITUCIONAL N. 33, DE 11 DE DEZEMBRO DE 2001 (**)

Altera os arts. 149, 155 e 177 da Constituição Federal.

As Mesas da Câmara dos Deputados e do Senado Federal, nos termos do § 3.º do art. 60 da Constituição Federal, promulgam a seguinte Emenda ao texto constitucional:

Art. 1.º O art. 149 da Constituição Federal passa a vigorar acrescido dos seguintes parágrafos, renumerando-se o atual parágrafo único para § 1.º:

•• Alteração no art. 149, § 2.º, II, prejudicada pela Emenda Constitucional n. 42, de 19-12-2003.

Art. 2.º O art. 155 da Constituição Federal passa a vigorar com as seguintes alterações:

•• Alterações já processadas no diploma modificado.

Art. 3.º O art. 177 da Constituição Federal passa a vigorar acrescido do seguinte parágrafo:

•• Alteração já processada no diploma modificado.

Art. 4.º Enquanto não entrar em vigor a lei complementar de que trata o art. 155, § 2.º, XII, *h*, da Constituição Federal, os Estados e o Distrito Federal, mediante convênio celebrado nos termos do § 2.º, XII, *g*, do mesmo artigo, fixarão normas para regular provisoriamente a matéria.

Art. 5.º Esta Emenda Constitucional entra em vigor na data de sua promulgação.

Brasília, 11 de dezembro de 2001.

Mesa da Câmara dos Deputados

Deputado AÉCIO NEVES

Presidente

(**)Publicada no *Diário Oficial da União* de 12-12-2001.

Emenda Constitucional n. 41, de 19-12-2003

Mesa do Senado Federal
Senador RAMEZ TEBET
Presidente

EMENDA CONSTITUCIONAL N. 41, DE 19 DE DEZEMBRO DE 2003 (*)

Modifica os arts. 37, 40, 42, 48, 96, 149 e 201 da Constituição Federal, revoga o inciso IX do § 3.º do art. 142 da Constituição Federal e dispositivos da Emenda Constitucional n. 20, de 15 de dezembro de 1998, e dá outras providências.

As Mesas da Câmara dos Deputados e do Senado Federal, nos termos do § 3.º do art. 60 da Constituição Federal, promulgam a seguinte Emenda ao texto constitucional:

Art. 1.º A Constituição Federal passa a vigorar com as seguintes alterações:

•• Alteração no art. 201, § 12, prejudicada pela Emenda Constitucional n. 47, de 5-7-2005.

Art. 2.º Observado o disposto no art. 4.º da Emenda Constitucional n. 20, de 15 de dezembro de 1998, é assegurado o direito de opção pela aposentadoria voluntária com proventos calculados de acordo com o art. 40, §§ 3.º e 17, da Constituição Federal, àquele que tenha ingressado regularmente em cargo efetivo na Administração Pública direta, autárquica e fundacional, até a data de publicação daquela Emenda, quando o servidor, cumulativamente:

•• *Vide* art. 3.º da Emenda Constitucional n. 47, de 5-7-2005.

(*) Publicada no *Diário Oficial da União* de 31-12-2003. A Lei n. 10.887, de 18-6-2004, dispõe sobre a aplicação de disposições desta Emenda Constitucional.

I – tiver cinquenta e três anos de idade, se homem, e quarenta e oito anos de idade, se mulher;

II – tiver cinco anos de efetivo exercício no cargo em que se der a aposentadoria;

III – contar tempo de contribuição igual, no mínimo, à soma de:

a) trinta e cinco anos, se homem, e trinta anos, se mulher; e

b) um período adicional de contribuição equivalente a vinte por cento do tempo que, na data de publicação daquela Emenda, faltaria para atingir o limite de tempo constante da alínea *a* deste inciso.

§ 1.º O servidor de que trata este artigo que cumprir as exigências para aposentadoria na forma do *caput* terá os seus proventos de inatividade reduzidos para cada ano antecipado em relação aos limites de idade estabelecidos pelo art. 40, § 1.º, III, *a*, e § 5.º da Constituição Federal, na seguinte proporção:

I – três inteiros e cinco décimos por cento, para aquele que completar as exigências para aposentadoria na forma do *caput* até 31 de dezembro de 2005;

II – cinco por cento, para aquele que completar as exigências para aposentadoria na forma do *caput* a partir de 1.º de janeiro de 2006.

§ 2.º Aplica-se ao magistrado e ao membro do Ministério Público e de Tribunal de Contas o disposto neste artigo.

§ 3.º Na aplicação do disposto no § 2.º deste artigo, o magistrado ou o membro do Ministério Público ou de Tribunal de Contas, se homem, terá o tempo de serviço exercido até a data de publicação da Emenda Constitucional n. 20, de 15 de dezembro de 1998, contado com acréscimo de dezessete por cento, observado o disposto no § 1.º deste artigo.

§ 4.º O professor, servidor da União, dos Estados, do Distrito Federal e dos Municípios, incluídas suas autarquias e fundações, que, até a data de publicação da Emenda Constitucional

Emenda Constitucional n. 41, de 19-12-2003

n. 20, de 15 de dezembro de 1998, tenha ingressado, regularmente, em cargo efetivo de magistério e que opte por aposentar-se na forma do disposto no *caput*, terá o tempo de serviço exercido até a publicação daquela Emenda contado com o acréscimo de dezessete por cento, se homem, e de vinte por cento, se mulher, desde que se aposente, exclusivamente, com tempo de efetivo exercício nas funções de magistério, observado o disposto no § 1.º.

§ 5.º O servidor de que trata este artigo, que tenha completado as exigências para aposentadoria voluntária estabelecidas no *caput*, e que opte por permanecer em atividade, fará jus a um abono de permanência equivalente ao valor da sua contribuição previdenciária até completar as exigências para aposentadoria compulsória contidas no art. 40, § 1.º, II, da Constituição Federal.

•• O Ato Declaratório Interpretativo n. 24, de 4-10-2004, da Secretaria da Receita Federal, dispõe sobre o abono de permanência a que se refere este parágrafo.

§ 6.º Às aposentadorias concedidas de acordo com este artigo aplica-se o disposto no art. 40, § 8.º, da Constituição Federal.

Art. 3.º É assegurada a concessão, a qualquer tempo, de aposentadoria aos servidores públicos, bem como pensão aos seus dependentes, que, até a data de publicação desta Emenda, tenham cumprido todos os requisitos para obtenção desses benefícios, com base nos critérios da legislação então vigente.

§ 1.º O servidor de que trata este artigo que opte por permanecer em atividade tendo completado as exigências para aposentadoria voluntária e que conte com, no mínimo, vinte e cinco anos de contribuição, se mulher, ou trinta anos de contribuição, se homem, fará jus a um abono de permanência equivalente ao valor da sua contribuição previdenciária até completar as exigências para aposentadoria compulsória contidas no art. 40, § 1.º, II, da Constituição Federal.

•• O Ato Declaratório Interpretativo n. 24, de 4-10-2004, da Secretaria da Receita Federal, dispõe sobre o abono de permanência a que se refere este parágrafo.

§ 2.º Os proventos da aposentadoria a ser concedida aos servidores públicos referidos no *caput*, em termos integrais ou proporcionais ao tempo de contribuição já exercido até a data de publicação desta Emenda, bem como as pensões de seus dependentes, serão calculados de acordo com a legislação em vigor à época em que foram atendidos os requisitos nela estabelecidos para a concessão desses benefícios ou nas condições da legislação vigente.

Art. 4.º Os servidores inativos e os pensionistas da União, dos Estados, do Distrito Federal e dos Municípios, incluídas suas autarquias e fundações, em gozo de benefícios na data de publicação desta Emenda, bem como os alcançados pelo disposto no seu art. 3.º, contribuirão para o custeio do regime de que trata o art. 40 da Constituição Federal com percentual igual ao estabelecido para os servidores titulares de cargos efetivos.

Parágrafo único. A contribuição previdenciária a que se refere o *caput* incidirá apenas sobre a parcela dos proventos e das pensões que supere:

I – cinquenta por cento do limite máximo estabelecido para os benefícios do regime geral de previdência social de que trata o art. 201 da Constituição Federal, para os servidores inativos e os pensionistas dos Estados, do Distrito Federal e dos Municípios;

•• O STF, nas ADIns n. 3.105-8 e 3.128-7, de 18-8-2004, julgou inconstitucional a expressão "cinquenta por cento do" contida neste inciso pelo que se aplica então à hipótese do art. 4.º desta Emenda Constitucional o § 18 do art. 40 da Constituição.

II – sessenta por cento do limite máximo estabelecido para os benefícios do regime geral de previdência social de que trata o art. 201 da Constituição Federal, para os servidores inativos e os pensionistas da União.

•• O STF, nas ADIns n. 3.105-8 e 3.128-7, de 18-8-2004, julgou inconstitucional a expressão "sessenta por cento do" contida neste inciso pelo que se aplica então à hipótese do art. 4.º desta Emenda Constitucional o § 18 do art. 40 da Constituição.

Emenda Constitucional n. 41, de 19-12-2003

Art. 5.º O limite máximo para o valor dos benefícios do regime geral de previdência social de que trata o art. 201 da Constituição Federal é fixado em R$ 2.400,00 (dois mil e quatrocentos reais), devendo, a partir da data de publicação desta Emenda, ser reajustado de forma a preservar, em caráter permanente, seu valor real, atualizado pelos mesmos índices aplicados aos benefícios do regime geral de previdência social.

•• Os benefícios previdenciários são reajustados anualmente por meio de ato administrativo do Ministro de Estado da Previdência Social.

Art. 6.º Ressalvado o direito de opção à aposentadoria pelas normas estabelecidas pelo art. 40 da Constituição Federal ou pelas regras estabelecidas pelo art. 2.º desta Emenda, o servidor da União, dos Estados, do Distrito Federal e dos Municípios, incluídas suas autarquias e fundações, que tenha ingressado no serviço público até a data de publicação desta Emenda poderá aposentar-se com proventos integrais, que corresponderão à totalidade da remuneração do servidor no cargo efetivo em que se der a aposentadoria, na forma da lei, quando, observadas as reduções de idade e tempo de contribuição contidas no § 5.º do art. 40 da Constituição Federal, vier a preencher, cumulativamente, as seguintes condições:

•• *Vide* arts. 2.º e 3.º da Emenda Constitucional n. 47, de 5-7-2005.

I – sessenta anos de idade, se homem, e cinquenta e cinco anos de idade, se mulher;

II – trinta e cinco anos de contribuição, se homem, e trinta anos de contribuição, se mulher;

III – vinte anos de efetivo exercício no serviço público; e

IV – dez anos de carreira e cinco anos de efetivo exercício no cargo em que se der a aposentadoria.

Parágrafo único. (*Revogado pela Emenda Constitucional n. 47, de 5-7-2005, em vigor na data de sua publicação, com efeitos retroativos à data de vigência da Emenda Constitucional n. 41, de 19-12-2003.*)

Art. 6.º-A. O servidor da União, dos Estados, do Distrito Federal e dos Municípios, incluídas suas autarquias e fundações, que tenha ingressado no serviço público até a data de publicação desta Emenda Constitucional e que tenha se aposentado ou venha a se aposentar por invalidez permanente, com fundamento no inciso I do § 1.º do art. 40 da Constituição Federal, tem direito a proventos de aposentadoria calculados com base na remuneração do cargo efetivo em que se der a aposentadoria, na forma da lei, não sendo aplicáveis as disposições constantes dos §§ 3.º, 8.º e 17 do art. 40 da Constituição Federal.

•• *Caput* acrescentado pela Emenda Constitucional n. 70, de 29-3-2012.

Parágrafo único. Aplica-se ao valor dos proventos de aposentadorias concedidas com base no *caput* o disposto no art. 7.º desta Emenda Constitucional, observando-se igual critério de revisão às pensões derivadas dos proventos desses servidores.

•• Parágrafo único acrescentado pela Emenda Constitucional n. 70, de 29-3-2012.

Art. 7.º Observado o disposto no art. 37, XI, da Constituição Federal, os proventos de aposentadoria dos servidores públicos titulares de cargo efetivo e as pensões dos seus dependentes pagos pela União, Estados, Distrito Federal e Municípios, incluídas suas autarquias e fundações, em fruição na data de publicação desta Emenda, bem como os proventos de aposentadoria dos servidores e as pensões dos dependentes abrangidos pelo art. 3.º desta Emenda, serão revistos na mesma proporção e na mesma data, sempre que se modificar a remuneração dos servidores em atividade, sendo também estendidos aos aposentados e pensionistas quaisquer benefícios ou vantagens posteriormente concedidos aos servidores em atividade, inclusive quando decorrentes da transformação ou reclassificação do cargo ou função em que se deu a aposentadoria ou que serviu de referência para a concessão da pensão, na forma da lei.

•• *Vide* arts. 2.º e 3.º, parágrafo único, da Emenda Constitucional n. 47, de 5-7-2005.

Art. 8.º Até que seja fixado o valor do subsídio de que trata o art. 37, XI, da Constituição Federal, será considerado, para os fins do limite fixado naquele inciso, o valor da maior remuneração atribuída por lei na data de publicação desta Emenda a Ministro do Supremo Tribunal Federal, a título de vencimento, de representação mensal e da parcela recebida em razão de tempo de serviço, aplicando-se como limite, nos Municípios, o subsídio do Prefeito, e nos Estados e no Distrito Federal, o subsídio mensal do Governador no âmbito do Poder Executivo, o subsídio dos Deputados Estaduais e Distritais no âmbito do Poder Legislativo e o subsídio dos Desembargadores do Tribunal de Justiça, limitado a noventa inteiros e vinte e cinco centésimos por cento da maior remuneração mensal de Ministro do Supremo Tribunal Federal a que se refere este artigo, no âmbito do Poder Judiciário, aplicável este limite aos membros do Ministério Público, aos Procuradores e aos Defensores Públicos.

Art. 9.º Aplica-se o disposto no art. 17 do Ato das Disposições Constitucionais Transitórias aos vencimentos, remunerações e subsídios dos ocupantes de cargos, funções e empregos públicos da administração direta, autárquica e fundacional, dos membros de qualquer dos Poderes da União, dos Estados, do Distrito Federal e dos Municípios, dos detentores de mandato eletivo e dos demais agentes políticos e os proventos, pensões ou outra espécie remuneratória percebidos cumulativamente ou não, incluídas as vantagens pessoais ou de qualquer outra natureza.

Art. 10. Revogam-se o inciso IX do § 3.º do art. 142 da Constituição Federal, bem como os arts. 8.º e 10 da Emenda Constitucional n. 20, de 15 de dezembro de 1998.

Art. 11. Esta Emenda Constitucional entra em vigor na data de sua publicação.

Brasília, em 19 de dezembro de 2003.

Emenda Constitucional n. 42, de 19-12-2003

Mesa da Câmara dos Deputados
Deputado JOÃO PAULO CUNHA
Presidente

Mesa do Senado Federal
Senador JOSÉ SARNEY
Presidente

EMENDA CONSTITUCIONAL N. 42, DE 19 DE DEZEMBRO DE 2003 (*)

Altera o Sistema Tributário Nacional e dá outras providências.

As Mesas da Câmara dos Deputados e do Senado Federal, nos termos do § 3.º do art. 60 da Constituição Federal, promulgam a seguinte Emenda ao texto constitucional:

Art. 1.º Os artigos da Constituição a seguir enumerados passam a vigorar com as seguintes alterações:

•• Alteração no art. 159, III, prejudicada pela Emenda Constitucional n. 47, de 5-7-2005.

Art. 2.º Os artigos do Ato das Disposições Constitucionais Transitórias a seguir enumerados passam a vigorar com as seguintes alterações:

•• Alteração no art. 76 do ADCT prejudicada pela Emenda Constitucional n. 68, de 21-12-2011.

Art. 3.º O Ato das Disposições Constitucionais Transitórias passa a vigorar acrescido dos seguintes artigos:

•• Alterações já processadas no diploma modificado.

Art. 4.º Os adicionais criados pelos Estados e pelo Distrito Federal até a data da promulgação desta Emenda, naquilo em que estiverem em desacordo com o previsto nesta Emenda, na Emenda Constitucional n. 31, de 14 de dezem-

---

(*) Publicada no *Diário Oficial da União* de 31-12-2003.

Emenda Constitucional n. 45, de 8-12-2004

bro de 2000, ou na lei complementar de que trata o art. 155, § 2.º, XII, da Constituição, terão vigência, no máximo, até o prazo previsto no art. 79 do Ato das Disposições Constitucionais Transitórias.

•• Vide Emenda Constitucional n. 67, de 22-12-2010.

Art. 5.º O Poder Executivo, em até sessenta dias contados da data da promulgação desta Emenda, encaminhará ao Congresso Nacional projeto de lei, sob o regime de urgência constitucional, que disciplinará os benefícios fiscais para a capacitação do setor de tecnologia da informação, que vigerão até 2019 nas condições que estiverem em vigor no ato da aprovação desta Emenda.

Art. 6.º Fica revogado o inciso II do § 3.º do art. 84 do Ato das Disposições Constitucionais Transitórias.

Brasília, em 19 de dezembro de 2003.

Mesa da Câmara dos Deputados
Deputado JOÃO PAULO CUNHA
Presidente

Mesa do Senado Federal
Senador JOSÉ SARNEY
Presidente

EMENDA CONSTITUCIONAL N. 45, DE 8 DE DEZEMBRO DE 2004 (*)

Altera dispositivos dos arts. 5.º, 36, 52, 92, 93, 95, 98, 99, 102, 103, 104, 105, 107, 109, 111, 112, 114, 115, 125, 126, 127, 128, 129, 134 e 168 da Constituição Federal, e acrescenta os arts. 103-A, 103-B, 111-A e 130-A, e dá outras providências.

(*) Publicada no *Diário Oficial da União* de 31-12-2004.

As Mesas da Câmara dos Deputados e do Senado Federal, nos termos do § 3.º do art. 60 da Constituição Federal, promulgam a seguinte Emenda ao texto constitucional:

Art. 1.º Os arts. 5.º, 36, 52, 92, 93, 95, 98, 99, 102, 103, 104, 105, 107, 109, 111, 112, 114, 115, 125, 126, 127, 128, 129, 134 e 168 da Constituição Federal passam a vigorar com a seguinte redação:

•• Alterações já processadas no diploma modificado.

Art. 2.º A Constituição Federal passa a vigorar acrescida dos seguintes arts. 103-A, 103-B, 111-A e 130-A:

•• Alteração parcialmente prejudicada pela Emenda Constitucional n. 61, de 11-11-2009, que deu nova redação ao art. 103-B da CF.

Art. 3.º A lei criará o Fundo de Garantia das Execuções Trabalhistas, integrado pelas multas decorrentes de condenações trabalhistas e administrativas oriundas da fiscalização do trabalho, além de outras receitas.

Art. 4.º Ficam extintos os tribunais de Alçada, onde houver, passando os seus membros a integrar os Tribunais de Justiça dos respectivos Estados, respeitadas a antiguidade e classe de origem.

Parágrafo único. No prazo de cento e oitenta dias, contado da promulgação desta Emenda, os Tribunais de Justiça, por ato administrativo, promoverão a integração dos membros dos tribunais extintos em seus quadros, fixando-lhes a competência e remetendo, em igual prazo, ao Poder Legislativo, proposta de alteração da organização e da divisão judiciária correspondentes, assegurados os direitos dos inativos e pensionistas e o aproveitamento dos servidores no Poder Judiciário estadual.

Art. 5.º O Conselho Nacional de Justiça e o Conselho Nacional do Ministério Público serão instalados no prazo de cento e oitenta dias a contar da promulgação desta Emenda, devendo a indicação ou escolha de seus membros ser efetuada até trinta dias antes do termo final.

•• A Resolução n. 7, de 27-4-2005, do Senado Federal, estabelece normas para apreciação das indicações para composição do CNJ e do CNMP.

Emenda Constitucional n. 47, de 5-7-2005

- A Resolução n. 135, de 13-7-2011, do CNJ, dispõe sobre a uniformização de normas relativas ao procedimento administrativo disciplinar aplicável aos magistrados, acerca do rito e das penalidades.

§ 1.º Não efetuadas as indicações e escolha dos nomes para os Conselhos Nacional de Justiça e do Ministério Público dentro do prazo fixado no *caput* deste artigo, caberá, respectivamente, ao Supremo Tribunal Federal e ao Ministério Público da União realizá-las.

§ 2.º Até que entre em vigor o Estatuto da Magistratura, o Conselho Nacional de Justiça, mediante resolução, disciplinará seu funcionamento e definirá as atribuições do Ministro-Corregedor.

•• A Resolução n. 67, de 3-3-2009, aprova o Regimento Interno do CNJ.

Art. 6.º O Conselho Superior da Justiça do Trabalho será instalado no prazo de cento e oitenta dias, cabendo ao Tribunal Superior do Trabalho regulamentar seu funcionamento por resolução, enquanto não promulgada a lei a que se refere o art. 111-A, § 2.º, II.

•• A Resolução Administrativa n. 1.407, de 7-6-2010, do TST, aprova o Regimento Interno do Conselho Superior da Justiça do Trabalho.

Art. 7.º O Congresso Nacional instalará, imediatamente após a promulgação desta Emenda Constitucional, comissão especial mista, destinada a elaborar, em cento e oitenta dias, os projetos de lei necessários à regulamentação da matéria nela tratada, bem como promover alterações na legislação federal objetivando tornar mais amplo o acesso à Justiça e mais célere a prestação jurisdicional.

Art. 8.º As atuais súmulas do Supremo Tribunal Federal somente produzirão efeito vinculante após sua confirmação por dois terços de seus integrantes e publicação na imprensa oficial.

Art. 9.º São revogados o inciso IV do art. 36; a alínea *h* do inciso I do art. 102; o § 4.º do art. 103; e os §§ 1.º a 3.º do art. 111.

Art. 10. Esta Emenda Constitucional entra em vigor na data de sua publicação.

Brasília, em 8 de dezembro de 2004.

Mesa da Câmara dos Deputados
Deputado JOÃO PAULO CUNHA
Presidente

Mesa do Senado Federal
Senador JOSÉ SARNEY
Presidente

EMENDA CONSTITUCIONAL N. 47, DE 5 DE JULHO DE 2005 (*)

Altera os arts. 37, 40, 195 e 201 da Constituição Federal, para dispor sobre a previdência social, e dá outras providências.

As Mesas da Câmara dos Deputados e do Senado Federal, nos termos do § 3.º do art. 60 da Constituição Federal, promulgam a seguinte Emenda ao texto constitucional:

Art. 1.º Os arts. 37, 40, 195 e 201 da Constituição Federal passam a vigorar com a seguinte redação:

•• Alterações já processadas no diploma modificado.

Art. 2.º Aplica-se aos proventos de aposentadorias dos servidores públicos que se aposentarem na forma do *caput* do art. 6.º da Emenda Constitucional n. 41, de 2003, o disposto no art. 7.º da mesma Emenda.

Art. 3.º Ressalvado o direito de opção à aposentadoria pelas normas estabelecidas pelo art. 40 da Constituição Federal ou pelas regras estabelecidas pelos arts. 2.º e 6.º da Emenda Constitucional n. 41, de 2003, o servidor da União, dos Estados, do Distrito Federal e dos Municípios, incluídas suas autarquias e fundações, que tenha ingressado no serviço público até 16 de dezembro de 1998 poderá aposentar-

(*) Publicada no *Diário Oficial da União* de 6-7-2005.

-se com proventos integrais, desde que preencha, cumulativamente, as seguintes condições:

I – trinta e cinco anos de contribuição, se homem, e trinta anos de contribuição, se mulher;

II – vinte e cinco anos de efetivo exercício no serviço público, quinze anos de carreira e cinco anos no cargo em que se der a aposentadoria;

III – idade mínima resultante da redução, relativamente aos limites do art. 40, § 1.º, inciso III, alínea "a", da Constituição Federal, de um ano de idade para cada ano de contribuição que exceder a condição prevista no inciso I do *caput* deste artigo.

Parágrafo único. Aplica-se ao valor dos proventos de aposentadorias concedidas com base neste artigo o disposto no art. 7.º da Emenda Constitucional n. 41, de 2003, observando-se igual critério de revisão às pensões derivadas dos proventos de servidores falecidos que tenham se aposentado em conformidade com este artigo.

Art. 4.º Enquanto não editada a lei a que se refere o § 11 do art. 37 da Constituição Federal, não será computada, para efeito dos limites remuneratórios de que trata o inciso XI do *caput* do mesmo artigo, qualquer parcela de caráter indenizatório, assim definida pela legislação em vigor na data de publicação da Emenda Constitucional n. 41, de 2003.

Art. 5.º Revoga-se o parágrafo único do art. 6.º da Emenda Constitucional n. 41, de 19 de dezembro de 2003.

Art. 6.º Esta Emenda Constitucional entra em vigor na data de sua publicação, com efeitos retroativos à data de vigência da Emenda Constitucional n. 41, de 2003.

Brasília, em 5 de julho de 2005.

Mesa da Câmara dos Deputados
Deputado SEVERINO CAVALCANTI
Presidente

Mesa do Senado Federal
Senador RENAN CALHEIROS
Presidente

EMENDA CONSTITUCIONAL N. 51, DE 14 DE FEVEREIRO DE 2006 (*)

Acrescenta os §§ 4.º, 5.º e 6.º ao art. 198 da Constituição Federal.

As Mesas da Câmara dos Deputados e do Senado Federal, nos termos do art. 60 da Constituição Federal, promulgam a seguinte Emenda ao texto constitucional:

Art. 1.º O art. 198 da Constituição Federal passa a vigorar acrescido dos seguintes §§ 4.º, 5.º e 6.º:

•• Alteração já processada no diploma modificado.

•• Alteração no § 5.º prejudicada pela Emenda Constitucional n. 63, de 4-2-2010.

Art. 2.º Após a promulgação da presente Emenda Constitucional, os agentes comunitários de saúde e os agentes de combate às endemias somente poderão ser contratados diretamente pelos Estados, pelo Distrito Federal ou pelos Municípios na forma do § 4.º do art. 198 da Constituição Federal, observado o limite de gasto estabelecido na Lei Complementar de que trata o art. 169 da Constituição Federal.

• A Lei n. 11.350, de 5-10-2006, dispõe sobre as atividades de agente comunitário de saúde e de agente de combate às endemias.

Parágrafo único. Os profissionais que, na data de promulgação desta Emenda e a qualquer título, desempenharem as atividades de agente comunitário de saúde ou de agente de combate às endemias, na forma da lei, ficam dispensados de se submeter ao processo seletivo público a que se refere o § 4.º do art. 198 da Constituição Federal, desde que tenham sido contratados a partir de anterior processo de Seleção Pública efetuado por órgãos ou entes da administração

---

(*) Publicada no *Diário Oficial da União* de 15-2-2006.

direta ou indireta de Estado, Distrito Federal ou Município ou por outras instituições com a efetiva supervisão e autorização da administração direta dos entes da federação.

•• A Lei n. 11.350, de 5-10-2006, dispõe sobre o aproveitamento de pessoal amparado por este parágrafo único.

Art. 3.º Esta Emenda Constitucional entra em vigor na data da sua publicação.

Brasília, em 14 de fevereiro de 2006.

Mesa da Câmara dos Deputados
Deputado ALDO REBELO
Presidente

Mesa do Senado Federal
Senador RENAN CALHEIROS
Presidente

EMENDA CONSTITUCIONAL N. 53, DE 19 DE DEZEMBRO DE 2006 (*)

Dá nova redação aos arts. 7.º, 23, 30, 206, 208, 211 e 212 da Constituição Federal, e ao art. 60 do Ato das Disposições Constitucionais Transitórias.

As Mesas da Câmara dos Deputados e do Senado Federal, nos termos do § 3.º do art. 60 da Constituição Federal, promulgam a seguinte Emenda ao texto constitucional:

Art. 1.º A Constituição Federal passa a vigorar com as seguintes alterações:

•• Alterações já processadas no diploma modificado.

Art. 2.º O art. 60 do Ato das Disposições Constitucionais Transitórias passa a vigorar com a seguinte redação:

(*) Publicada no *Diário Oficial da União* de 20-12-2006.

Emenda Constitucional n. 55, de 20-9-2007

•• Alteração já processada no diploma modificado.

Art. 3.º Esta Emenda Constitucional entra em vigor na data de sua publicação, mantidos os efeitos do art. 60 do Ato das Disposições Constitucionais Transitórias, conforme estabelecido pela Emenda Constitucional n. 14, de 12 de setembro de 1996, até o início da vigência dos Fundos, nos termos desta Emenda Constitucional.

Brasília, em 19 de dezembro de 2006.

Mesa da Câmara dos Deputados
Deputado ALDO REBELO
Presidente

Mesa do Senado Federal
Senador RENAN CALHEIROS
Presidente

EMENDA CONSTITUCIONAL N. 55, DE 20 DE SETEMBRO DE 2007 (**)

Altera o art. 159 da Constituição Federal, aumentando a entrega de recursos pela União ao Fundo de Participação dos Municípios.

As Mesas da Câmara dos Deputados e do Senado Federal, nos termos do § 3.º do art. 60 da Constituição Federal, promulgam a seguinte Emenda ao texto constitucional:

Art. 1.º O art. 159 da Constituição Federal passa a vigorar com as seguintes alterações:

•• Alteração parcialmente prejudicada pela Emenda Constitucional n. 84, de 2-12-2014, que deu nova redação ao art. 153, I, *caput*.

Art. 2.º No exercício de 2007, as alterações do art. 159 da Constituição Federal previstas

(**)Publicada no *Diário Oficial da União* de 21-9-2007.

Emenda Constitucional n. 62, de 9-12-2009

nesta Emenda Constitucional somente se aplicam sobre a arrecadação dos impostos sobre renda e proventos de qualquer natureza e sobre produtos industrializados realizada a partir de 1.º de setembro de 2007.

Art. 3.º Esta Emenda Constitucional entra em vigor na data de sua publicação.

Mesa da Câmara dos Deputados
Deputado ARLINDO CHINAGLIA
Presidente

Mesa do Senado Federal
Senador RENAN CALHEIROS
Presidente

EMENDA CONSTITUCIONAL N. 62, DE 9 DE DEZEMBRO DE 2009 (*)

Altera o art. 100 da Constituição Federal e acrescenta o art. 97 ao Ato das Disposições Constitucionais Transitórias, instituindo regime especial de pagamento de precatórios pelos Estados, Distrito Federal e Municípios.

As Mesas da Câmara dos Deputados e do Senado Federal, nos termos do § 3.º do art. 60 da Constituição Federal, promulgam a seguinte Emenda ao texto constitucional:

Art. 1.º O art. 100 da Constituição Federal passa a vigorar com a seguinte redação:

•• Alteração já processada no diploma modificado.

Art. 2.º O Ato das Disposições Constitucionais Transitórias passa a vigorar acrescido do seguinte art. 97:

•• Alteração já processada no diploma modificado.

Art. 3.º A implantação do regime de pagamento criado pelo art. 97 do Ato das Disposições Constitucionais Transitórias deverá ocorrer no prazo de até 90 (noventa dias), contados da data da publicação desta Emenda Constitucional.

Art. 4.º A entidade federativa voltará a observar somente o disposto no art. 100 da Constituição Federal:

I – no caso de opção pelo sistema previsto no inciso I do § 1.º do art. 97 do Ato das Disposições Constitucionais Transitórias, quando o valor dos precatórios devidos for inferior ao dos recursos destinados ao seu pagamento;

II – no caso de opção pelo sistema previsto no inciso II do § 1.º do art. 97 do Ato das Disposições Constitucionais Transitórias, ao final do prazo.

Art. 5.º Ficam convalidadas todas as cessões de precatórios efetuadas antes da promulgação desta Emenda Constitucional, independentemente da concordância da entidade devedora.

Art. 6.º Ficam também convalidadas todas as compensações de precatórios com tributos vencidos até 31 de outubro de 2009 da entidade devedora, efetuadas na forma do disposto no § 2.º do art. 78 do ADCT, realizadas antes da promulgação desta Emenda Constitucional.

Art. 7.º Esta Emenda Constitucional entra em vigor na data de sua publicação.

Brasília, em 9 de dezembro de 2009.

Mesa da Câmara dos Deputados
Deputado MICHEL TEMER
Presidente

Mesa do Senado Federal
Senador MARCONI PERILLO
1.º Vice-Presidente, no exercício da Presidência

(*) Publicada no *Diário Oficial da União* de 10-12-2009.

EMENDA CONSTITUCIONAL N. 67, DE 22 DE DEZEMBRO DE 2010 (*)

Prorroga, por tempo indeterminado, o prazo de vigência do Fundo de Combate e Erradicação da Pobreza.

As Mesas da Câmara dos Deputados e do Senado Federal, nos termos do § 3.º do art. 60 da Constituição Federal, promulgam a seguinte Emenda ao texto constitucional:

Art. 1.º Prorrogam-se, por tempo indeterminado, o prazo de vigência do Fundo de Combate e Erradicação da Pobreza a que se refere o *caput* do art. 79 do Ato das Disposições Constitucionais Transitórias e, igualmente, o prazo de vigência da Lei Complementar n. 111, de 6 de julho de 2001, que "Dispõe sobre o Fundo de Combate e Erradicação da Pobreza, na forma prevista nos arts. 79, 80 e 81 do Ato das Disposições Constitucionais Transitórias".

Art. 2.º Esta Emenda Constitucional entra em vigor na data de sua publicação.

Brasília, em 22 de dezembro de 2010.

Mesa da Câmara dos Deputados
Deputado MARCO MAIA
Presidente

Mesa do Senado Federal
Senador JOSÉ SARNEY
Presidente

(*) Publicada no *Diário Oficial da União* de 23-12-2010.

EMENDA CONSTITUCIONAL N. 69, DE 29 DE MARÇO DE 2012 (**)

Altera os arts. 21, 22 e 48 da Constituição Federal, para transferir da União para o Distrito Federal as atribuições de organizar e manter a Defensoria Pública do Distrito Federal.

As Mesas da Câmara dos Deputados e do Senado Federal, nos termos do art. 60 da Constituição Federal, promulgam a seguinte Emenda ao texto constitucional:

Art. 1.º Os arts. 21, 22 e 48 da Constituição Federal passam a vigorar com a seguinte redação:

•• Alterações já processadas no diploma modificado.

Art. 2.º Sem prejuízo dos preceitos estabelecidos na Lei Orgânica do Distrito Federal, aplicam-se à Defensoria Pública do Distrito Federal os mesmos princípios e regras que, nos termos da Constituição Federal, regem as Defensorias Públicas dos Estados.

Art. 3.º O Congresso Nacional e a Câmara Legislativa do Distrito Federal, imediatamente após a promulgação desta Emenda Constitucional e de acordo com suas competências, instalarão comissões especiais destinadas a elaborar, em 60 (sessenta) dias, os projetos de lei necessários à adequação da legislação infraconstitucional à matéria nela tratada.

•• O Ato n. 15, de 29-3-2012, do Congresso Nacional, instituiu a Comissão Mista Especial prevista neste artigo.

Art. 4.º Esta Emenda Constitucional entra em vigor na data de sua publicação, produzindo efeitos quanto ao disposto no art. 1.º após

---

(**)Publicada no *Diário Oficial da União* de 30-3-2012.

decorridos 120 (cento e vinte) dias de sua publicação oficial.

Brasília, 29 de março de 2012.

Mesa da Câmara dos Deputados
Deputado MARCO MAIA
Presidente

Mesa do Senado Federal
Senador JOSÉ SARNEY
Presidente

EMENDA CONSTITUCIONAL N. 70, DE 29 DE MARÇO DE 2012 (*)

Acrescenta art. 6.º-A à Emenda Constitucional n. 41, de 2003, para estabelecer critérios para o cálculo e a correção dos proventos da aposentadoria por invalidez dos servidores públicos que ingressaram no serviço público até a data da publicação daquela Emenda Constitucional.

As Mesas da Câmara dos Deputados e do Senado Federal, nos termos do § 3.º do art. 60 da Constituição Federal, promulgam a seguinte Emenda ao texto constitucional:

Art. 1.º A Emenda Constitucional n. 41, de 19 de dezembro de 2003, passa a vigorar acrescida do seguinte art. 6.º-A:

•• Alteração já processada no diploma modificado.

Art. 2.º A União, os Estados, o Distrito Federal e os Municípios, assim como as respectivas autarquias e fundações, procederão, no prazo de 180 (cento e oitenta) dias da entrada em vigor desta Emenda Constitucional, à revisão das aposentadorias, e das pensões delas decorrentes, concedidas a partir de 1.º de janeiro de 2004, com base na redação dada ao § 1.º do art. 40 da Constituição Federal pela Emenda Constitucional n. 20, de 15 de dezembro de 1998, com efeitos financeiros a partir da data de promulgação desta Emenda Constitucional.

Art. 3.º Esta Emenda Constitucional entra em vigor na data de sua publicação.

Brasília, 29 de março de 2012.

Mesa da Câmara dos Deputados
Deputado MARCO MAIA
Presidente

Mesa do Senado Federal
Senador JOSÉ SARNEY
Presidente

EMENDA CONSTITUCIONAL N. 73, DE 6 DE JUNHO DE 2013 (**)

Cria os Tribunais Regionais Federais da 6.ª, 7.ª, 8.ª e 9.ª Regiões.

As Mesas da Câmara dos Deputados e do Senado Federal, nos termos do § 3.º do art. 60 da Constituição Federal, promulgam a seguinte Emenda ao texto constitucional:

Art. 1.º O art. 27 do Ato das Disposições Constitucionais Transitórias passa a vigorar acrescido do seguinte § 11:

•• Alteração já processada no diploma modificado.

Art. 2.º Os Tribunais Regionais Federais da 6.ª, 7.ª, 8.ª e 9.ª Regiões deverão ser instalados

---

(*) Publicada no *Diário Oficial da União* de 30-3-2012.

(**)Publicada no *Diário Oficial da União* de 7-6-2013.

no prazo de 6 (seis) meses, a contar da promulgação desta Emenda Constitucional.

Art. 3.º Esta Emenda Constitucional entra em vigor na data de sua publicação.

Brasília, em 6 de junho de 2013.

Mesa da Câmara dos Deputados
Deputado ANDRÉ VARGAS
1.º Vice-Presidente no exercício da Presidência

Mesa do Senado Federal
Senador ROMERO JUCÁ
2.º Vice-Presidente no exercício da Presidência

EMENDA CONSTITUCIONAL N. 78, DE 14 DE MAIO DE 2014 (*)

Acrescenta art. 54-A ao Ato das Disposições Constitucionais Transitórias, para dispor sobre indenização devida aos seringueiros de que trata o art. 54 desse Ato.

As Mesas da Câmara dos Deputados e do Senado Federal, nos termos do § 3.º do art. 60 da Constituição Federal, promulgam a seguinte Emenda ao texto constitucional:

Art. 1.º O Ato das Disposições Constitucionais Transitórias passa a vigorar acrescido do seguinte art. 54-A:

•• Alteração já processada no diploma modificado.

Art. 2.º A indenização de que trata o art. 54-A do Ato das Disposições Constitucionais Transitórias somente se estende aos dependentes dos seringueiros que, na data de entrada em vigor desta Emenda Constitucional, detenham a condição de dependentes na forma do § 2.º do art. 54 do Ato das Disposições Constitucionais Transitórias, devendo o valor de R$ 25.000,00 (vinte e cinco mil reais) ser rateado entre os pensionistas na proporção de sua cota-parte na pensão.

Art. 3.º Esta Emenda Constitucional entra em vigor no exercício financeiro seguinte ao de sua publicação.

Brasília, em 14 de maio de 2014.

Mesa da Câmara dos Deputados
Deputado HENRIQUE EDUARDO ALVES
Presidente

Mesa do Senado Federal
Senador RENAN CALHEIROS
Presidente

EMENDA CONSTITUCIONAL N. 79, DE 27 DE MAIO DE 2014 (**)

Altera o art. 31 da Emenda Constitucional n. 19, de 4 de junho de 1998, para prever a inclusão, em quadro em extinção da Administração Federal, de servidores e policiais

---

(*) Publicada no *Diário Oficial da União* de 15-5-2014.

(**) Publicada no *Diário Oficial da União* de 28-5-2014. A Lei n. 13.121, de 8-5-2015 (conversão da Medida Provisória n. 660, de 24-12-2014 – *DOU* de 24-11-2014 – Edição Extra, regulamentada pelo Decreto n. 8.365, de 24-11-2014), dispõe em seu art. 2.º, *caput* e § 1.º: "Art. 2.º O prazo para o exercício da opção de que trata a Emenda Constitucional n. 79, de 27 de maio de 2014, é de 180 (cento e oitenta) dias, contado da data de entrada em vigor da Medida Provisória n. 660, de 24 de novembro de 2014. § 1.º Os servidores e militares que já optaram pela inclusão em quadro em extinção da União, na forma do *caput* do art. 89 do Ato das Disposições Constitucionais Transitórias da Constituição Federal, ficam dispensados de apresentação de novo requerimento".

Emenda Constitucional n. 79, de 27-5-2014

militares admitidos pelos Estados do Amapá e de Roraima, na fase de instalação dessas unidades federadas, e dá outras providências.

As Mesas da Câmara dos Deputados e do Senado Federal, nos termos do § 3.º do art. 60 da Constituição Federal, promulgam a seguinte Emenda ao texto constitucional:

Art. 1.º O art. 31 da Emenda Constitucional n. 19, de 4 de junho de 1998, passa a vigorar com a seguinte redação:

•• Alteração já processada no diploma modificado.

Art. 2.º Para fins do enquadramento disposto no *caput* do art. 31 da Emenda Constitucional n. 19, de 4 de junho de 1998, e no *caput* do art. 89 do Ato das Disposições Constitucionais Transitórias, é reconhecido o vínculo funcional, com a União, dos servidores regularmente admitidos nos quadros dos Municípios integrantes dos ex-Territórios do Amapá, de Roraima e de Rondônia em efetivo exercício na data de transformação desses ex-Territórios em Estados.

Art. 3.º Os servidores dos ex-Territórios do Amapá, de Roraima e de Rondônia incorporados a quadro em extinção da União serão enquadrados em cargos de atribuições equivalentes ou assemelhadas, integrantes de planos de cargos e carreiras da União, no nível de progressão alcançado, assegurados os direitos, vantagens e padrões remuneratórios a eles inerentes.

Art. 4.º Cabe à União, no prazo máximo de 180 (cento e oitenta) dias, contado a partir da data de publicação desta Emenda Constitucional, regulamentar o enquadramento de servidores estabelecido no art. 31 da Emenda Constitucional n. 19, de 4 de junho de 1998, e no art. 89 do Ato das Disposições Constitucionais Transitórias.

Parágrafo único. No caso de a União não regulamentar o enquadramento previsto no *caput*, o optante tem direito ao pagamento retroativo das diferenças remuneratórias desde a data do encerramento do prazo para a regulamentação referida neste artigo.

Art. 5.º A opção para incorporação em quadro em extinção da União, conforme disposto no art. 31 da Emenda Constitucional n. 19, de 4 de junho de 1998, e no art. 89 do Ato das Disposições Constitucionais Transitórias, deverá ser formalizada pelos servidores e policiais militares interessados perante a administração, no prazo máximo de 180 (cento e oitenta) dias, contado a partir da regulamentação prevista no art. 4.º.

Art. 6.º Os servidores admitidos regularmente que comprovadamente se encontravam no exercício de funções policiais nas Secretarias de Segurança Pública dos ex-Territórios do Amapá, de Roraima e de Rondônia na data em que foram transformados em Estados serão enquadrados no quadro da Polícia Civil dos ex-Territórios, no prazo de 180 (cento e oitenta) dias, assegurados os direitos, vantagens e padrões remuneratórios a eles inerentes.

Art. 7.º Aos servidores admitidos regularmente pela União nas Carreiras do Grupo Tributação, Arrecadação e Fiscalização de que trata a Lei n. 6.550, de 5 de julho de 1978, cedidos aos Estados do Amapá, de Roraima e de Rondônia são assegurados os mesmos direitos remuneratórios auferidos pelos integrantes das Carreiras correspondentes do Grupo Tributação, Arrecadação e Fiscalização da União de que trata a Lei n. 5.645, de 10 de dezembro de 1970.

Art. 8.º Os proventos das aposentadorias, pensões, reformas e reservas remuneradas, originadas no período de outubro de 1988 a outubro de 1993, passam a ser mantidos pela União a partir da data de publicação desta Emenda Constitucional, vedado o pagamento, a qualquer título, de valores referentes a períodos anteriores à sua publicação.

Art. 9.º É vedado o pagamento, a qualquer título, em virtude das alterações promovidas por esta Emenda Constitucional, de remunerações, proventos, pensões ou indenizações referentes a períodos anteriores à data do

Emenda Constitucional n. 86, de 17-3-2015

enquadramento, salvo o disposto no parágrafo único do art. 4.º.

Art. 10. Esta Emenda Constitucional entra em vigor na data de sua publicação.

Brasília, em 27 de maio de 2014.

Mesa da Câmara dos Deputados
Deputado HENRIQUE EDUARDO ALVES
Presidente

Mesa do Senado Federal
Senador RENAN CALHEIROS
Presidente

EMENDA CONSTITUCIONAL N. 84, DE 2 DE DEZEMBRO DE 2014 (*)

Altera o art. 159 da Constituição Federal para aumentar a entrega de recursos pela União para o Fundo de Participação dos Municípios.

As Mesas da Câmara dos Deputados e do Senado Federal, nos termos do § 3.º do art. 60 da Constituição Federal, promulgam a seguinte Emenda ao texto constitucional:

Art. 1.º O art. 159 da Constituição Federal passa a vigorar com a seguinte redação:

•• Alterações já processadas no diploma modificado.

Art. 2.º Para os fins do disposto na alínea e do inciso I do *caput* do art. 159 da Constituição Federal, a União entregará ao Fundo de Participação dos Municípios o percentual de 0,5% (cinco décimos por cento) do produto da arrecadação dos impostos sobre renda e proventos de qualquer natureza e sobre produtos industrializados no primeiro exercício em que esta Emenda Constitucional gerar efeitos financeiros, acrescentando-se 0,5% (cinco décimos por cento) a cada exercício, até que se alcance o percentual de 1% (um por cento).

Art. 3.º Esta Emenda Constitucional entra em vigor na data de sua publicação, com efeitos financeiros a partir de 1.º de janeiro do exercício subsequente.

Brasília, em 2 de dezembro de 2014.

Mesa da Câmara dos Deputados
Deputado HENRIQUE EDUARDO ALVES
Presidente

Mesa do Senado Federal
Senador RENAN CALHEIROS
Presidente

EMENDA CONSTITUCIONAL N. 86, DE 17 DE MARÇO DE 2015 (**)

Altera os arts. 165, 166 e 198 da Constituição Federal, para tornar obrigatória a execução da programação orçamentária que especifica.

As Mesas da Câmara dos Deputados e do Senado Federal, nos termos do § 3.º do art. 60 da Constituição Federal, promulgam a seguinte Emenda ao texto constitucional:

Art. 1.º Os arts. 165, 166 e 198 da Constituição Federal passam a vigorar com as seguintes alterações:

•• Alterações já processadas no diploma modificado.

Art. 2.º O disposto no inciso I do § 2.º do art. 198 da Constituição Federal será cumprido progressivamente, garantidos, no mínimo:

(*) Publicada no *Diário Oficial da União* de 3-12-2014.

(**)Publicada no *Diário Oficial da União* de 18-3-2015.

I – 13,2% (treze inteiros e dois décimos por cento) da receita corrente líquida no primeiro exercício financeiro subsequente ao da promulgação desta Emenda Constitucional;

II – 13,7% (treze inteiros e sete décimos por cento) da receita corrente líquida no segundo exercício financeiro subsequente ao da promulgação desta Emenda Constitucional;

III – 14,1% (quatorze inteiros e um décimo por cento) da receita corrente líquida no terceiro exercício financeiro subsequente ao da promulgação desta Emenda Constitucional;

IV – 14,5% (quatorze inteiros e cinco décimos por cento) da receita corrente líquida no quarto exercício financeiro subsequente ao da promulgação desta Emenda Constitucional;

V – 15% (quinze por cento) da receita corrente líquida no quinto exercício financeiro subsequente ao da promulgação desta Emenda Constitucional.

Art. 3.º As despesas com ações e serviços públicos de saúde custeados com a parcela da União oriunda da participação no resultado ou da compensação financeira pela exploração de petróleo e gás natural, de que trata o § 1.º do art. 20 da Constituição Federal, serão computadas para fins de cumprimento do disposto no inciso I do § 2.º do art. 198 da Constituição Federal.

Art. 4.º Esta Emenda Constitucional entra em vigor na data de sua publicação e produzirá efeitos a partir da execução orçamentária do exercício de 2014.

Art. 5.º Fica revogado o inciso IV do § 3.º do art. 198 da Constituição Federal.

Brasília, em 17 de março de 2015.

Mesa da Câmara dos Deputados
Deputado EDUARDO CUNHA
Presidente

Mesa do Senado Federal
Senador RENAN CALHEIROS
Presidente

EMENDA CONSTITUCIONAL N. 91, DE 18 DE FEVEREIRO DE 2016 (*)

Altera a Constituição Federal para estabelecer a possibilidade, excepcional e em período determinado, de desfiliação partidária, sem prejuízo do mandato.

As Mesas da Câmara dos Deputados e do Senado Federal, nos termos do § 3.º do art. 60 da Constituição Federal, promulgam a seguinte Emenda ao texto constitucional:

Art. 1.º É facultado ao detentor de mandato eletivo desligar-se do partido pelo qual foi eleito nos trinta dias seguintes à promulgação desta Emenda Constitucional, sem prejuízo do mandato, não sendo essa desfiliação considerada para fins de distribuição dos recursos do Fundo Partidário e de acesso gratuito ao tempo de rádio e televisão.

• CE: Lei n. 4.737, de 15-7-1965.
• Lei dos Partidos Políticos: Lei n. 9.096, de 19-9-1995.

Art. 2.º Esta Emenda Constitucional entra em vigor na data de sua publicação.

Brasília, em 18 de fevereiro de 2016.

Mesa da Câmara dos Deputados

Deputado EDUARDO CUNHA
Presidente

Mesa do Senado Federal
Senador RENAN CALHEIROS
Presidente

(*) Publicada no *Diário Oficial da União* de 19-2-2016.

ÍNDICE ALFABÉTICO-REMISSIVO DA CONSTITUIÇÃO FEDERAL

ABASTECIMENTO ALIMENTAR
– art. 23, VIII

ABUSO DE PODER
– *habeas corpus*: art. 5.º, LXVIII
– mandado de segurança: art. 5.º, LXIX

ABUSO DO PODER ECONÔMICO
– repressão: art. 173, § 4.º

AÇÃO CIVIL PÚBLICA
– promoção pelo Ministério Público: art. 129, III

AÇÃO DECLARATÓRIA DE CONSTITUCIONALIDADE
– competência para propor: art. 103
– de lei ou ato normativo federal; decisões definitivas de mérito proferidas pelo Supremo Tribunal Federal; eficácia: art. 102, § 2.º
– de lei ou ato normativo federal; processo e julgamento: art. 102, I, *a*

AÇÃO DE *HABEAS CORPUS*
– gratuidade: art. 5.º, LXXVII

AÇÃO DE *HABEAS DATA*
– gratuidade: art. 5.º, LXXVII

AÇÃO DE IMPUGNAÇÃO DE MANDATO ELETIVO
– art. 14, §§ 10 e 11

AÇÃO DE INCONSTITUCIONALIDADE
– apreciação pelo Supremo Tribunal Federal: art. 103, § 3.º
– declaração: art. 103, § 2.º
– proposição: art. 103

AÇÃO DIRETA DE INCONSTITUCIONALIDADE
– de lei ou ato normativo federal ou estadual; processo e julgamento: art. 102, I, *a*

AÇÃO PENAL
– para os casos de improbidade administrativa: art. 37, § 4.º

AÇÃO PENAL PÚBLICA
– promoção pelo Ministério Público: art. 129, I

AÇÃO POPULAR
– proposição: art. 5.º, LXXIII

AÇÃO PRIVADA
– nos crimes de ação pública; caso: art. 5.º, LIX

AÇÃO PÚBLICA
– crimes de; admissão de ação privada: art. 5.º, LIX

AÇÃO RESCISÓRIA
– processo e julgamento: art. 102, I, *j*

AÇÃO TRABALHISTA
– art. 7.º, XXIX

ACESSO À CULTURA, À EDUCAÇÃO, À CIÊNCIA, À TECNOLOGIA, À PESQUISA E À INOVAÇÃO
– art. 23, V

ACESSO À INFORMAÇÃO
– art. 5.º, XIV

ACIDENTES DO TRABALHO
– seguro: art. 7.º, XXVIII

AÇÕES RESCISÓRIAS
– competência; processo e julgamento: art. 108, I, *b*
– processo e julgamento pelo Superior Tribunal de Justiça: art. 105, I, *e*

Índice Alfabético-Remissivo da CF

ACORDOS COLETIVOS DE TRABALHO
– reconhecimento: art. 7.º, XXVI

ADICIONAL
– atividade penosa, insalubre e perigosa: art. 7.º, XXIII

ADMINISTRAÇÃO PÚBLICA
– arts. 37 a 43

ADOÇÃO
– art. 227, § 5.º

ADOLESCENTE
– arts. 226 a 230

ADVOCACIA
– art. 133

ADVOCACIA PÚBLICA
– arts. 131 e 132

ADVOGADO-GERAL DA UNIÃO
– nomeação: art. 84, XVI
– processo e julgamento: art. 52, II

ADVOGADOS
– assistência ao preso: art. 5.º, LXIII
– atos e manifestações; inviolabilidade: art. 133
– na composição dos Tribunais Regionais Federais: art. 107, I

AEROPORTOS
– art. 21, XII, c

AGROPECUÁRIA
– art. 23, VIII

AGROTÓXICOS
– art. 220, § 4.º

ÁGUAS
– Estados: art. 26, I
– para consumo: art. 200, VI
– União: art. 22, IV

ÁLCOOL CARBURANTE
– venda e revenda: art. 238

ALIMENTAÇÃO
– direito social: art. 6.º

ALIMENTOS
– créditos; pagamento: art. 100
– inspeção: art. 200, VI
– prisão civil por dívida: art. 5.º, LXVII

ALISTAMENTO ELEITORAL
– art. 14, § 1.º

AMAMENTAÇÃO
– dos filhos, pelas presidiárias: art. 5.º, L

AMEAÇA DE DIREITO
– apreciação: art. 5.º, XXXV

AMPLA DEFESA
– art. 5.º, LV

ANALFABETOS
– alistamento e voto: art. 14, § 1.º, II, a
– inelegibilidade: art. 14, § 4.º

ANISTIA
– concessão de: art. 48, VIII

ANONIMATO
– vedado o: art. 5.º, IV

APOSENTADORIA
– art. 7.º, XXIV
– do professor e da professora: art. 201, § 8.º
– do servidor público: art. 40
– dos magistrados: art. 93, VI

APRENDIZ
– trabalho noturno: art. 7.º, XXXIII

ARGUIÇÃO DE DESCUMPRIMENTO DE PRECEITO FUNDAMENTAL
– apreciação pelo Supremo Tribunal Federal: art. 102, § 1.º

ASILO POLÍTICO
– art. 4.º, X

Índice Alfabético-Remissivo da CF

ASSEMBLEIAS LEGISLATIVAS
- competência: art. 27, § 3.º
- composição: art. 235, I

ASSISTÊNCIA FAMILIAR
- ao preso: art. 5.º, LXIII

ASSISTÊNCIA GRATUITA
- a filhos e dependentes: art. 7.º, XXV
- dever do Estado: art. 5.º, LXXIV

ASSISTÊNCIA JURÍDICA
- garantia do Estado: art. 5.º, LXXIV

ASSISTÊNCIA RELIGIOSA
- prestação: art. 5.º, VII

ASSISTÊNCIA SOCIAL
- ações governamentais; recursos: art. 204
- a todos: art. 203
- instituição pelos Estados, Distrito Federal e Municípios: art. 149, § 1.º

ASSOCIAÇÃO
- criação: art. 5.º, XVIII
- direito de denúncia: art. 74, § 2.º
- dissolução: art. 5.º, XIX
- liberdade de: art. 5.º, XVII
- obrigação: art. 5.º, XX
- representação de filiados: art. 5.º, XXI

ASSOCIAÇÃO PROFISSIONAL
- liberdade de: art. 8.º

ASSOCIAÇÃO SINDICAL
- liberdade de: art. 8.º

ATIVIDADE ARTÍSTICA
- liberdade: art. 5.º, IX

ATIVIDADE CIENTÍFICA
- liberdade: art. 5.º, IX

ATIVIDADE DE COMUNICAÇÃO
- liberdade: art. 5.º, IX

ATIVIDADE ECONÔMICA
- princípios gerais: arts. 170 a 181

ATIVIDADE GARIMPEIRA
- organização: art. 174, § 3.º

ATIVIDADE INTELECTUAL
- liberdade: art. 5.º, IX

ATIVIDADE NUCLEAR
- competência do Congresso Nacional: art. 49, XIV
- em território nacional: art. 21, XXIII
- monopólio da União: art. 177, V

ATO JURÍDICO PERFEITO
- proteção: art. 5.º, XXXVI

ATO NORMATIVO ESTADUAL
- ação direta de inconstitucionalidade; processo e julgamento: art. 102, I, a

ATO NORMATIVO FEDERAL
- ação declaratória de constitucionalidade; processo e julgamento: art. 102, I, a
- ação direta de inconstitucionalidade; processo e julgamento: art. 102, I, a

ATOS INTERNACIONAIS
- celebração; Presidente da República: art. 84, VIII
- competência do Congresso Nacional: art. 49, I

ATOS PROCESSUAIS
- publicidade: art. 5.º, LX

AUMENTO DE DESPESA
- inadmissibilidade: art. 63

AUTARQUIA
- criação: art. 37, XIX

AUTODETERMINAÇÃO DOS POVOS
- art. 4.º, III

AUTORES
- direitos sobre suas obras: art. 5.º, XXVII

AVISO PRÉVIO
- art. 7.º, XXI

Índice Alfabético-Remissivo da CF

BANCO CENTRAL
- compra e venda de títulos: art. 164, § 2.º
- concessão de empréstimos ao Tesouro Nacional: art. 164, § 1.º
- emissão de moeda: art. 164
- escolha do presidente: art. 52, III, *d*
- escolha dos diretores: art. 52, III, *d*
- nomeação de diretores: art. 84, XIV

BANDEIRA NACIONAL
- símbolo: art. 13, § 1.º

BANIMENTO
- art. 5.º, XLVII, *d*

BENS
- confiscáveis; hipóteses: art. 243, parágrafo único
- de estrangeiros no Brasil; sucessão: art. 5.º, XXXI
- indisponíveis; hipóteses: art. 37, § 4.º
- perda dos: art. 5.º, XLVI, *b*
- perdimento: art. 5.º, XLV
- privação: art. 5.º, LIV

BENS DA UNIÃO
- art. 20

BENS DOS ESTADOS
- art. 26

BRASILEIRO
- extradição: art. 5.º, LI
- nato: art. 12, I
- naturalizado: art. 12, II
- perda da nacionalidade: art. 12, § 4.º

BRASILEIROS NATOS
- cargos privativos: art. 12, § 3.º

BRASILEIROS NATOS E NATURALIZADOS
- distinção: art. 12, § 2.º

BRASÍLIA
- capital: art. 18, § 1.º

CALAMIDADE PÚBLICA
- empréstimo compulsório: art. 184, I
- estado de defesa: art. 136, § 1.º, II

CÂMARA DOS DEPUTADOS
- competência privativa: art. 51
- composição: art. 45
- convocação de ministros: art. 50, § 2.º
- deliberações: art. 47
- presidente da; cargo privativo de brasileiro nato: art. 12, § 3.º, II
- proposta pela mesa de ação declaratória de constitucionalidade: art. 103, III
- reunião conjunta com o Senado Federal: art. 57, § 3.º

CÂMARA LEGISLATIVA
- art. 32, § 3.º

CÂMARA MUNICIPAL
- competência; fixação de subsídios: art. 29, V
- competência legislativa: art. 30
- composição: art. 29, IV
- despesas; limites: art. 29-A
- fiscalização do Município: art. 31
- Lei Orgânica; aprovação: art. 29, *caput*
- vereadores; número: art. 29, IV

CÂMBIO
- operações de: art. 153, V
- política de: art. 22, VIII
- regulamentação: art. 163, VI

CAPITAL ESTRANGEIRO
- em empresa jornalística: art. 222, § 4.º
- investimentos de: art. 153, V

CAPITAL FEDERAL
- Brasília: art. 18, § 1.º

CARGOS PRIVATIVOS
- de brasileiros natos: art. 12, § 3.º

Índice Alfabético-Remissivo da CF

CARGOS PÚBLICOS
- acesso através de concurso: art. 37, II
- acumulação de: art. 37, XVI e XVII
- contratação por tempo determinado: art. 37, IX
- criação e remuneração; iniciativa legislativa: art. 61, § 1.º, II, a
- deficiente; reserva de: art. 37, VIII
- em comissão: art. 37, V
- estabilidade: art. 41
- funções de confiança: art. 37, V
- perda: art. 247
- provimento e extinção: art. 84, XXV
- remuneração; subsídios: art. 37, X e XI

CARREIRA DIPLOMÁTICA
- privativa do brasileiro nato: art. 12, § 3.º, V

CARTAS ROGATÓRIAS
- concessão; processo e julgamento: art. 105, I, i

CASA
- inviolabilidade: art. 5.º, XI

CASAMENTO
- celebração: art. 226, § 1.º
- civil; dissolução: art. 226, § 6.º
- reconhecimento da união estável: art. 226, § 3.º
- religioso: art. 226, § 2.º

CASSAÇÃO DE DIREITOS POLÍTICOS
- vedada: art. 15

CENSURA
- art. 5.º, IX
- impedimento à: art. 220, § 2.º

CERTIDÕES
- de repartição pública; obtenção: art. 5.º, XXXIV, b

CIDADANIA
- art. 1.º, II

- atos necessários ao exercício da; gratuidade: art. 5.º, LXXVI

CIÊNCIA, TECNOLOGIA E INOVAÇÃO
- arts. 218 a 219-B

COISA JULGADA
- proteção: art. 5.º, XXXVI

COLÉGIO PEDRO II
- manutenção: art. 242, § 2.º

COMBUSTÍVEIS
- de petróleo, álcool carburante e outros combustíveis; venda e revenda: art. 238

COMÉRCIO EXTERIOR
- fiscalização e controle: art. 237

COMISSÕES
- do Poder Legislativo: art. 58
- parlamentares de inquérito – CPI: art. 58, § 3.º

COMPENSAÇÃO DE HORÁRIOS
- art. 7.º, XIII

COMPETÊNCIA
- da União e dos Estados: art. 24, §§ 1.º a 4.º
- Vide verbetes por assunto

COMPETIÇÕES DESPORTIVAS
- recursos: art. 217, § 1.º

COMUNICAÇÃO
- arts. 220 a 224

COMUNICAÇÕES DE DADOS
- sigilo: art. 5.º, XII

COMUNICAÇÕES TELEFÔNICAS
- sigilo: art. 5.º, XII

COMUNICAÇÕES TELEGRÁFICAS
- sigilo: art. 5.º, XII

COMUNIDADE LATINO-AMERICANA DE NAÇÕES
- formação: art. 4.º, parágrafo único

Índice Alfabético-Remissivo da CF

CONCESSÃO
- de serviços de radiodifusão sonora e de sons e imagens: art. 223

CONCURSO PÚBLICO
- para acesso à administração pública: art. 37, II
- prazo de validade: art. 37, III

CONFLITOS DE ATRIBUIÇÕES
- processo e julgamento pelo Superior Tribunal de Justiça: art. 105, I, *g*

CONFLITOS DE COMPETÊNCIA
- processo e julgamento: art. 102, I, *o*
- processo e julgamento; competência dos Tribunais Regionais Federais: art. 108, I, e
- processo e julgamento pelo Superior Tribunal de Justiça: art. 105, I, *d*

CONFLITOS FUNDIÁRIOS
- art. 126

CONGRESSO NACIONAL
- arts. 44 a 47
- atribuições do: arts. 48 a 50
- competência exclusiva: art. 49
- convocação de plebiscito: art. 49, XV
- convocação extraordinária: art. 57, §§ 6.º e 7.º
- estado de defesa e estado de sítio; acompanhamento e fiscalização: art. 140
- matérias sobre as quais poderá dispor: art. 48
- presidência da mesa: art. 57, § 5.º
- reuniões: art. 57

CONSELHO DA REPÚBLICA
- arts. 89 e 90

CONSELHO DE COMUNICAÇÃO SOCIAL
- instituição: art. 224

CONSELHO DE DEFESA NACIONAL
- art. 91

CONSELHO DE JUSTIÇA FEDERAL
- onde funcionará: art. 105, parágrafo único, II

CONSELHO NACIONAL DE JUSTIÇA
- art. 103-B

CONSELHO NACIONAL DO MINISTÉRIO PÚBLICO
- art. 130-A

CONSELHOS
- de contas dos Municípios: art. 75
- ou órgãos de Contas Municipais; criação: art. 31, § 4.º

CONSÓRCIOS
- públicos: art. 241

CONSTITUIÇÃO
- emenda: art. 60
- emenda; quando não será objeto de deliberação: art. 60, § 4.º
- emenda rejeitada; reapresentação: art. 60, § 5.º
- promulgação da emenda: art. 60, § 3.º
- proposta de emenda; discussão: art. 60, § 2.º
- quando não poderá ser emendada: art. 60, § 1.º

CONSTITUIÇÃO ESTADUAL
- ainda não promulgada; responsabilidades: art. 235, VIII
- número de conselheiros no Tribunal de Contas: art. 75, parágrafo único

CONTRABANDO
- prevenir e reprimir o: art. 144, § 1.º, II

CONSUMIDOR
- defesa do: art. 5.º, XXXII

CONTRADITÓRIO
- art. 5.º, LV

Índice Alfabético-Remissivo da CF

CONTRIBUIÇÃO DE MELHORIA
- instituição: art. 145, III

CONTRIBUIÇÕES
- para custeio do serviço de iluminação pública: art. 149-A

CONTRIBUIÇÕES SOCIAIS
- instituição: art. 149

CONVENÇÕES COLETIVAS DE TRABALHO
- reconhecimento: art. 7.º, XXVI

CONVENÇÕES INTERNACIONAIS
- celebração; Presidente da República: art. 84, VIII
- competência do Congresso Nacional: art. 49, I

CONVÊNIOS
- de cooperação: art. 241

COOPERATIVAS
- criação: art. 5.º, XVIII
- pesquisa e lavra: art. 174, § 4.º

CORRESPONDÊNCIA
- sigilo: art. 5.º, XII

CRECHES
- assistência gratuita aos filhos e dependentes: art. 7.º, XXV

CRENÇA
- liberdade: art. 5.º, VI

CRENÇA RELIGIOSA
- direito de: art. 5.º, VIII

CRIAÇÃO DE ESTADOS
- normas básicas a serem observadas: art. 235
- o que é vedado à União: art. 234

CRIAÇÕES INDUSTRIAIS
- proteção: art. 5.º, XXIX

CRIANÇA
- arts. 226 a 230

CRIME
- inexistência de: art. 5.º, XXXIX
- retenção dolosa do salário: art. 7.º, X

CRIME DE RESPONSABILIDADE
- competência; Senado Federal; processo e julgamento: art. 52, I
- competência; Supremo Tribunal Federal; processo e julgamento: art. 102, I, c
- de Prefeitos; espécies: art. 29-A, § 2.º
- de Presidentes das Câmaras Municipais; espécies: art. 29-A, § 3.º
- do Presidente da República: art. 85
- Ministros de Estado; caso: art. 50, § 2.º
- processo e julgamento: art. 85, parágrafo único

CRIME INAFIANÇÁVEL
- Deputados e Senadores: art. 53, § 2.º

CRIME MILITAR
- prisão: art. 5.º, LXI

CRIMES DOLOSOS CONTRA A VIDA
- competência: art. 5.º, XXXVIII, d

CRIMES HEDIONDOS
- prática de: art. 5.º, XLIII

CRIMES POLÍTICOS
- em recurso ordinário; processo e julgamento: art. 102, II, b
- por estrangeiro: art. 5.º, LII
- processo e julgamento: art. 109, IV

CULTOS RELIGIOSOS
- livre exercício: art. 5.º, VI

CULTURA
- arts. 215 e 216

CUSTAS JUDICIAIS
- ação popular: art. 5.º, LXXIII

DANO À IMAGEM
- indenização: art. 5.º, V

Índice Alfabético-Remissivo da CF

DANO MATERIAL
- indenização: art. 5.º, V

DANO MORAL
- indenização: art. 5.º, V

DANOS
- reparação: art. 5.º, XLV
- responsabilidade: art. 37, § 6.º

DATAS COMEMORATIVAS
- art. 215, § 2.º

DÉCIMO TERCEIRO SALÁRIO
- arts. 7.º, VIII, e 201, § 6.º

DECORO
- parlamentar: art. 55, § 1.º

DEFENSORIA PÚBLICA
- arts. 134 e 135

DEFESA DO ESTADO E DAS INSTITUIÇÕES DEMOCRÁTICAS
- arts. 136 a 144

DEFICIENTES FÍSICOS
- adaptação de logradouros, edifícios e veículos para transporte coletivo: art. 244
- cargos e empregos públicos: art. 37, VIII
- garantia de um salário mínimo: art. 203, V
- logradouros públicos e edifícios: art. 227, § 2.º

DEPOSITÁRIO INFIEL
- prisão civil do: art. 5.º, LXVII

DEPUTADOS
- arts. 53 a 56

DEPUTADOS DISTRITAIS
- art. 32, § 3.º

DEPUTADOS E SENADORES
- arts. 53 a 56

DEPUTADOS ESTADUAIS
- art. 27

DEPUTADOS FEDERAIS
- quem pode eleger-se: art. 14, § 3.º, VI, c

DESAPROPRIAÇÃO
- de glebas com culturas ilegais: art. 243
- indenização de benfeitorias: art. 184, § 1.º
- isenção de impostos: art. 184, § 5.º
- não sujeição: art. 185
- pelo Município: art. 182, § 4.º, III
- por interesse social: art. 184
- procedimento: art. 5.º, XXIV
- processo judicial: art. 184, § 3.º

DESENVOLVIMENTO
- científico e tecnológico: arts. 218 a 219-B

DESPESA
- aumento de: art. 63
- limites; Câmara dos Vereadores: art. 29-A

DESPESA COM PESSOAL
- limite: art. 169, *caput* e § 1.º

DESPORTO
- art. 217

DEVERES INDIVIDUAIS E COLETIVOS
- art. 5.º

DIPLOMATA
- cargo privativo de brasileiro nato: art. 12, § 3.º, V

DIREITO DE GREVE
- art. 9.º
- exercício: art. 37, VII

DIREITO DE PETIÇÃO
- art. 5.º, XXXIV, *a*

DIREITO DE PROPRIEDADE
- garantia do: art. 5.º, XXII

DIREITO DE RESPOSTA
- art. 5.º, V

DIREITO(S)
- adquirido; proteção: art. 5.º, XXXVI

Índice Alfabético-Remissivo da CF

- informação aos presos de seus: art. 5.º, LXIII
- lesão ou ameaça de: art. 5.º, XXXV
- suspensão ou interdição: art. 5.º, XLVI, e

DIREITOS E GARANTIAS FUNDAMENTAIS
- arts. 5.º a 17
- direitos e deveres individuais e coletivos: art. 5.º
- direitos políticos: arts. 14 a 16
- direitos sociais: arts. 6.º a 11
- nacionalidade: arts. 12 e 13
- partidos políticos: art. 17

DIREITOS HUMANOS
- art. 4.º, II

DIREITOS POLÍTICOS
- arts. 14 a 16

DIREITOS SOCIAIS
- arts. 6.º a 11

DIRETRIZES E BASES DA EDUCAÇÃO NACIONAL
- art. 22, XXIV

DISCRIMINAÇÃO
- art. 3.º, IV
- punição pela lei: art. 5.º, XLI

DISPOSIÇÕES CONSTITUCIONAIS GERAIS
- arts. 234 a 250

DISPOSIÇÕES CONSTITUCIONAIS TRANSITÓRIAS
- arts. 1.º a 94

DISSÍDIOS COLETIVOS
- conciliação e julgamento: art. 114

DISSÍDIOS INDIVIDUAIS
- conciliação e julgamento: art. 114

DISTRITO FEDERAL
- art. 32

DÍVIDA MOBILIÁRIA
- dos Estados, do Distrito Federal e dos Municípios; limitação pelo Senado Federal: art. 52, IX

DÍVIDA PÚBLICA EXTERNA E INTERNA
- disposição sobre: art. 163, II

DÍVIDAS
- fixação pelo Senado Federal: art. 52, VI

DIVÓRCIO DIRETO
- art. 226, § 6.º

DOAÇÃO
- imposto sobre: art. 155, I

DOCUMENTOS PÚBLICOS
- fé: art. 19, II

DOMÉSTICO
- direitos do trabalhador: art. 7.º, parágrafo único

DOMICÍLIO
- eleitoral: art. 14, § 3.º, IV
- inviolabilidade: art. 5.º, XI

DOTAÇÕES ORÇAMENTÁRIAS
- entrega dos recursos; prazo: art. 168

DROGAS
- confisco de bens decorrentes de: art. 243, parágrafo único
- extradição: art. 5.º, LI
- tráfico ilícito: art. 5.º, XLIII

DURAÇÃO DO TRABALHO
- art. 7.º, XIII

EDUCAÇÃO
- arts. 205 a 214

EDUCAÇÃO AMBIENTAL
- promoção: art. 225, § 1.º, VI

ELEGIBILIDADE
- art. 14, § 3.º

Índice Alfabético-Remissivo da CF

ELEIÇÃO
- de Governador e Vice-Governador; realização: art. 28
- de Presidente e Vice-Presidente da República: art. 77, §§ 1.º a 5.º
- quem é elegível: art. 14, § 3.º
- voto direto e secreto: art. 14

EMENDAS À CONSTITUIÇÃO
- art. 60

EMPRESA JORNALÍSTICA
- art. 222

EMPRESAS CONCESSIONÁRIAS E PERMISSIONÁRIAS
- disposições sobre: art. 175, parágrafo único

EMPRESAS DE PEQUENO PORTE
- tratamento jurídico diferenciado: art. 179

EMPRESAS DE RADIODIFUSÃO
- art. 222

EMPRESAS ESTATAIS
- exploração: art. 21, XI
- orçamento de investimento: art. 165, § 5.º, II

EMPRESAS PÚBLICAS
- criação: art. 37, XIX
- privilégios fiscais: art. 173, § 2.º
- regime jurídico: art. 173, § 1.º
- relação com o Estado: art. 173, § 3.º

EMPRÉSTIMOS COMPULSÓRIOS
- instituição: art. 148

ENERGIA HIDRÁULICA
- propriedade: art. 176

ENSINO
- investimento da União no: art. 212, caput, §§ 1.º a 5.º
- liberdade à iniciativa privada: art. 209
- princípios: art. 206

ENSINO FUNDAMENTAL
- atuação dos Municípios: art. 212, § 2.º
- conteúdo: art. 210

ENSINO OBRIGATÓRIO
- acesso: art. 208, §§ 1.º e 2.º

ENSINO RELIGIOSO
- facultativo: art. 210, § 1.º

ENSINO SUPERIOR
- o que será observado: art. 207

ENTIDADE FAMILIAR
- art. 226, §§ 3.º e 4.º

ENTORPECENTES
- confisco de bens decorrentes de: art. 243, parágrafo único
- extradição: art. 5.º, LI
- tráfico ilícito: art. 5.º, XLIII

ERRO JUDICIÁRIO
- indenização pelo Estado: art. 5.º, LXXV

ESCOLA NACIONAL DE FORMAÇÃO E APERFEIÇOAMENTO DE MAGISTRADOS
- funções: art. 105, parágrafo único, I

ESCOLA NACIONAL DE FORMAÇÃO E APERFEIÇOAMENTO DE MAGISTRADOS DO TRABALHO
- funções: art. 111-A, § 2.º, I

ESTADO DE DEFESA
- art. 136
- cessação; efeitos: art. 141
- decretação: arts. 84, IX, e 136, §§ 1.º a 7.º
- decretação; decisão sobre o ato de: art. 136, §§ 4.º a 7.º
- duração: art. 136, §§ 1.º e 2.º
- fiscalização da execução: art. 140
- ocorrências na vigência: art. 136, § 3.º
- rejeição do decreto: art. 136, § 7.º

Índice Alfabético-Remissivo da CF

ESTADO DE SÍTIO
- arts. 137 a 139
- cessação; efeitos: art. 141, parágrafo único
- decretação: art. 84, IX
- fiscalização de execução: art. 140

ESTADOS
- bens dos: art. 26
- criação: art. 235
- dever de educação: art. 208
- fixação da dívida: art. 52, VI
- função de fiscalização, incentivo e planejamento; atividade econômica: art. 174
- imposto que pertence aos: art. 157
- impostos dos: art. 155
- incorporação com outros Estados: art. 18, § 3.º
- instituição de contribuições: art. 149, § 1.º
- instituição de impostos: art. 155
- intervenção federal: art. 34
- intervenção nos Municípios: art. 35
- Municípios e Distrito Federal; união indissolúvel: art. 1.º
- organização de suas Constituições: art. 25
- proventos de aposentadoria e pensões; constituição de fundos: art. 249
- representação; renovação: art. 46, § 2.º
- símbolos: art. 13, § 2.º
- Tribunais de Justiça: art. 125

ESTADOS FEDERADOS
- arts. 25 a 28

ESTATUTO DA JUVENTUDE
- estabelecimento do: art. 227, § 8.º, I

ESTATUTO DA MAGISTRATURA
- disposições sobre o: art. 93

ESTRANGEIROS
- alistamento eleitoral: art. 14, § 2.º
- crime político; extradição: art. 5.º, LII
- inviolabilidade de seus direitos: art. 5.º, *caput*
- naturalizados: art. 12, II, *b*
- sucessão de bens: art. 5.º, XXXI

EXTRADIÇÃO
- de brasileiro: art. 5.º, LI
- de estrangeiro por crime político: art. 5.º, LII
- processo e julgamento: art. 102, I, *g*

FAMÍLIA
- arts. 226 a 230

FAUNA
- proteção: art. 225, § 1.º, VII

FAZENDA ESTADUAL
- pagamento: art. 100

FAZENDA FEDERAL
- pagamento: art. 100

FAZENDA MUNICIPAL
- pagamento: art. 100

FÉRIAS REMUNERADAS
- art. 7.º, XVII

FIANÇA
- liberdade provisória: art. 5.º, LXVI

FILHOS
- direitos e qualificações: art. 227, § 6.º

FILIAÇÃO PARTIDÁRIA
- arts. 14, § 3.º, V, e 142, § 3.º, V

FINANÇAS PÚBLICAS
- arts. 163 a 169
- normas gerais: arts. 163 e 164
- orçamentos: arts. 165 a 169

FISCALIZAÇÃO
- contábil, financeira e orçamentária: arts. 70 a 75

FLAGRANTE DELITO
- prisão mediante: art. 5.º, LXI
- violabilidade da casa: art. 5.º, XI

Índice Alfabético-Remissivo da CF

FLORESTA AMAZÔNICA
– art. 225, § 4.º

FORÇAS ARMADAS
– arts. 142 e 143
– comando supremo: art. 84, XIII
– incorporação de Deputados e Senadores: art. 53, § 6.º
– oficial das; cargo privativo de brasileiro nato: art. 12, § 3.º, VI

FRONTEIRA
– faixa de: arts. 20, § 2.º, e 176, § 1.º

FUNÇÃO PÚBLICA
– perda: art. 37, § 4.º

FUNÇÃO SOCIAL
– da propriedade: art. 184

FUNÇÕES ESSENCIAIS À JUSTIÇA
– arts. 127 a 135

FUNDAÇÃO PÚBLICA
– criação: art. 37, XIX

FUNDO DE GARANTIA
– por tempo de serviço: art. 7.º, III

GÁS NATURAL
– monopólio da União: art. 177, I

GESTANTE
– licença: art. 7.º, XVIII

GOVERNADORES
– eleição: arts. 28, §§ 1.º e 2.º, e 32, § 2.º
– inelegibilidade: art. 14, § 7.º
– perda de mandato: art. 28, § 1.º
– quem pode eleger-se: art. 14, § 3.º, VI, *b*
– reeleição: art. 14, § 5.º

GOVERNADORES DE TERRITÓRIOS
– escolha pelo Senado Federal: art. 52, III, *c*
– nomeação: art. 84, XIV

GRATIFICAÇÃO NATALINA
– art. 7.º, VIII

– dos aposentados e pensionistas: art. 201, § 6.º

GREVE
– abusos: art. 9.º, § 2.º
– direito de: arts. 9.º e 37, VII
– proibição para o militar: art. 142, § 3.º, IV

GUARDAS MUNICIPAIS
– constituição: art. 144, § 8.º

GUERRA
– declaração: arts. 21, II, e 84, XIX
– requisições civis e militares: art. 22, III

HABEAS CORPUS
– concessão: art. 5.º, LXVIII
– em recurso ordinário; processo e julgamento: art. 102, II, *a*
– gratuidade das ações: art. 5.º, LXXVII
– julgamento pelo Superior Tribunal de Justiça: art. 105, II, *a*
– processo e julgamento: art. 102, I, *d* e *i*
– processo e julgamento; competência dos Tribunais Regionais Federais: art. 108, I, *d*
– processo e julgamento pelo Superior Tribunal de Justiça: art. 105, I, *c*
– punições disciplinares militares: art. 142, § 2.º

HABEAS DATA
– concessão: art. 5.º, LXXII
– em recurso ordinário; processo e julgamento: art. 102, II, *a*
– gratuidade da ação de: art. 5.º, LXXVII
– processo e julgamento: art. 102, I, *d*
– processo e julgamento; competência dos Tribunais Regionais Federais: art. 108, I, *c*
– processo e julgamento pelo Superior Tribunal de Justiça: art. 105, I, *b*

HIGIENE E SEGURANÇA DO TRABALHO
– art. 7.º, XXII

Índice Alfabético-Remissivo da CF

HERANÇA
– garantia do direito de: art. 5.º, XXX

HINO NACIONAL
– símbolo: art. 13, § 1.º

HONRA
– inviolabilidade: art. 5.º, X

HORA EXTRA
– remuneração: art. 7.º, XVI

HORÁRIO DE TRABALHO
– art. 7.º, XIII

IDENTIFICAÇÃO CRIMINAL
– submissão: art. 5.º, LVIII

IDOSO
– arts. 226 a 230

IGREJAS
– art. 19, I

IGUALDADE
– entre Estados: art. 4.º, V
– perante a lei: art. 5.º, *caput*

IMAGEM DAS PESSOAS
– inviolabilidade: art. 5.º, X

IMAGEM HUMANA
– reprodução: art. 5.º, XXVIII, *a*

IMPOSTOS
– anistia ou remissão: art. 150, § 6.º
– caráter: art. 145, § 1.º
– instituição: art. 145, I
– instituição mediante lei complementar: art. 154, I
– instituição pela União: art. 153
– pertencente a arrecadação ao Distrito Federal: art. 157
– pertencente a arrecadação aos Estados: art. 157
– pertencente a arrecadação aos Municípios: art. 158

IMPOSTOS DA UNIÃO
– arts. 153 e 154

IMPOSTOS DOS ESTADOS E DISTRITO FEDERAL
– art. 155

IMPOSTOS DOS MUNICÍPIOS
– art. 156

IMPOSTOS ESTADUAIS
– art. 155
– em Território Federal; competência: art. 147

IMPOSTOS EXTRAORDINÁRIOS
– instituição: art. 154, II

IMPROBIDADE ADMINISTRATIVA
– art. 37, § 4.º
– efeito: art. 15, V

IMUNIDADES
– de Deputados e Senadores: art. 53, § 8.º
– tributárias: art. 150, VI

INCENTIVO
– regional: art. 43, § 2.º

INCONSTITUCIONALIDADE
– de lei; declaração: art. 97
– de lei; julgamento: art. 102, I, *a*
– de lei; suspensão da declaração: art. 52, X

INDENIZAÇÃO
– por dano material ou moral: art. 5.º, X

INDENIZAÇÃO POR DANO MATERIAL, MORAL OU À IMAGEM
– art. 5.º, V

ÍNDIOS
– arts. 231 e 232

INDIVIDUALIZAÇÃO DA PENA
– art. 5.º, XLVI

INDULTO
– concessão: art. 84, XII

Índice Alfabético-Remissivo da CF

INELEGIBILIDADE
– casos de: art. 14, §§ 4.º, 6.º e 7.º

INFORMAÇÃO
– direito de todos: art. 5.º, XIV

INFORMÁTICA
– art. 22, IV

INOVAÇÃO
– arts. 218 a 219-B

INQUÉRITO POLICIAL
– instauração: art. 129, VIII

INSTITUIÇÕES FINANCEIRAS
– Congresso Nacional: art. 48, XV
– emissão de moedas: art. 164, § 3.º

INTEGRIDADE FÍSICA E MORAL
– do preso; respeitabilidade: art. 5.º, XLIX

INTERDIÇÃO DE DIREITOS
– art. 5.º, XLVI, e

INTERROGATÓRIO POLICIAL
– art. 5.º, LXIV

INTERVENÇÃO
– arts. 34 a 36

INTERVENÇÃO FEDERAL
– decretação: art. 84, X

INVESTIGAÇÃO CRIMINAL
– art. 5.º, XII

INVIOLABILIDADE
– de correspondência: art. 139, § 3.º
– dos direitos fundamentais: art. 5.º
– dos Vereadores: art. 29, VIII

IRREDUTIBILIDADE DE SALÁRIO
– art. 7.º, VI

JAZIDAS
– legislação sobre: art. 22, XII
– propriedade: art. 176

JAZIDAS DE GÁS NATURAL
– monopólio da União: art. 177, I

JAZIDAS DE MINERAIS
– prioridade das cooperativas: art. 174, § 4.º

JAZIDAS DE PETRÓLEO
– monopólio da União: art. 177, I

JORNADA DE TRABALHO
– em turnos: art. 7.º, XIV
– redução: art. 7.º, XIII

JORNAIS
– art. 150, VI, d

JOVEM
– arts. 226 a 230

JUIZADOS ESPECIAIS
– criação: art. 98, I

JUÍZES DA JUSTIÇA MILITAR
– processo e julgamento dos: art. 108, I, a

JUÍZES DOS ESTADOS
– arts. 125 e 126

JUÍZES DO TRABALHO
– arts. 111 a 116
– processo e julgamento dos: art. 108, I, a

JUÍZES ELEITORAIS
– arts. 118 a 121

JUÍZES FEDERAIS
– arts. 106 a 110
– competência para processar e julgar: art. 109
– na composição dos Tribunais Regionais Federais: art. 107, II
– processo e julgamento dos: art. 108, I, a

JUÍZES MILITARES
– arts. 122 a 124

JUÍZO DE EXCEÇÃO
– art. 5.º, XXXVII

Índice Alfabético-Remissivo da CF

JÚRI
- reconhecimento da instituição do: art. 5.º, XXXVIII

JUSTIÇA DE PAZ
- criação: art. 98, II

JUSTIÇA DESPORTIVA
- recursos: art. 217, §§ 1.º e 2.º

JUSTIÇA DO TRABALHO
- competência: art. 114

JUSTIÇA ELEITORAL
- composição: art. 119
- órgãos: art. 118

JUSTIÇA FEDERAL
- competência: arts. 108 e 109
- órgãos: art. 106, I e II

JUSTIÇA MILITAR
- competência: art. 124
- organização, funcionamento e competência: art. 124, parágrafo único
- órgãos: art. 122

JUSTIÇA MILITAR ESTADUAL
- criação: art. 125, § 3.º

LAZER
- direitos dos trabalhadores: art. 7.º, IV
- direitos sociais: art. 217, § 3.º
- para a criança, o adolescente e o jovem: art. 227

LEI DE DIRETRIZES ORÇAMENTÁRIAS
- instituição: art. 165, II e § 2.º

LEI ESTADUAL
- ação direta de inconstitucionalidade; processo e julgamento: art. 102, I, a

LEI FEDERAL
- ação declaratória de constitucionalidade; processo e julgamento: art. 102, I, a
- ação direta de inconstitucionalidade; processo e julgamento: art. 102, I, a

LEI PENAL
- retroatividade: art. 5.º, XL

LEIS
- arts. 61 a 69
- declaração de inconstitucionalidade: art. 97
- iniciativa: art. 61
- julgamento de inconstitucionalidade: art. 102, I, a

LEIS COMPLEMENTARES
- aprovação: art. 69

LEIS DELEGADAS
- elaboração: art. 68

LESÃO OU AMEAÇA A DIREITO
- apreciação: art. 5.º, XXXV

LIBERDADE
- privação da: art. 5.º, LIV
- privação ou restrição: art. 5.º, XLVI, a

LIBERDADE DE ASSOCIAÇÃO
- art. 5.º, XVII

LIBERDADE PROVISÓRIA
- admissão: art. 5.º, LXVI

LICENÇA À GESTANTE
- art. 7.º, XVIII

LICENÇA-PATERNIDADE
- art. 7.º, XIX

LICITAÇÃO
- exigência: art. 37, XXI e §§ 1.º e 2.º

LIMITAÇÃO DO PODER DE TRIBUTAR
- arts. 150 a 152

LÍNGUA OFICIAL
- art. 13

LOCOMOÇÃO
- liberdade de: art. 5.º, XV

Índice Alfabético-Remissivo da CF

MAGISTRADOS
- acesso a tribunais: art. 93, III
- aposentadoria: art. 93, VI
- escolha pelo Senado Federal: art. 52, III, *a*
- estatuto: art. 93, *caput*
- garantias: art. 95
- ingresso na carreira: art. 93, I
- nomeação: art. 84, XVI
- preparação e aperfeiçoamento: art. 93, IV
- promoção: art. 93, II
- remoção; disponibilidade e aposentadoria: art. 93, VIII
- residência: art. 93, VII
- subsídios: art. 93, V

MAGISTRATURA
- disposições do estatuto: art. 93

MANDADO DE INJUNÇÃO
- concessão: art. 5.º, LXXI
- em recurso ordinário; processo e julgamento: art. 102, II, *a*
- processo e julgamento: art. 102, I, *q*
- processo e julgamento pelo Superior Tribunal de Justiça: art. 105, I, *h*

MANDADO DE SEGURANÇA
- concessão: art. 5.º, LXIX
- em recurso ordinário; processo e julgamento: art. 102, II, *a*
- julgamento pelo Superior Tribunal de Justiça: art. 105, II, *b*
- processo e julgamento; competência dos Tribunais Regionais Federais: art. 108, I, *c*
- processo e julgamento pelo Superior Tribunal de Justiça: art. 105, I, *b*

MANDADO DE SEGURANÇA COLETIVO
- impetração: art. 5.º, LXX

MANDATO
- de Deputado e Senador; casos em que não perderão: art. 56
- dos Deputados e Senadores; perda: art. 55

MANDATO ELETIVO
- impugnação: art. 14, § 10
- tramitação da ação de impugnação: art. 14, § 11

MAR TERRITORIAL
- bens da União: art. 20, VI

MATA ATLÂNTICA
- art. 225, § 4.º

MATERIAL BÉLICO
- comércio; competência da União: art. 21, VI
- legislação; competência da União: art. 22, XXI

MATERNIDADE
- assistência social: art. 203, I
- direito social: art. 6.º
- na previdência social: art. 201, II

MEDIDAS PROVISÓRIAS
- adoção: arts. 62 e 246
- edição de: art. 84, XXVI

MEIO AMBIENTE
- art. 225
- ação popular: art. 5.º, LXXIII
- proteção: art. 200, VIII

MEIOS DE COMUNICAÇÃO SOCIAL
- monopólio ou oligopólio: art. 220, § 5.º

MICROEMPRESAS
- tratamento jurídico diferenciado: art. 179

MICRORREGIÕES
- art. 25, § 3.º

MILITAR(ES)
- dos Estados, do Distrito Federal e dos Territórios: art. 42 e §§ 1.º e 2.º

MINISTÉRIO PÚBLICO
- arts. 127 a 130-A

Índice Alfabético-Remissivo da CF

- Federal; na composição dos Tribunais Regionais Federais: art. 107, I
- União; processo e julgamento dos membros do: art. 108, I, a

MINISTÉRIO(S)
- criação, estruturação e atribuições: art. 88
- da Defesa; cargo privativo de brasileiro nato: art. 12, § 3.º, VII
- da Defesa; comando supremo; competência privativa do Presidente da República: art. 84, XIII
- da Defesa; do Conselho; integrantes: art. 91, I a VIII
- da Defesa; do Superior Tribunal de Justiça; processo e julgamento; competência: art. 105
- da Defesa; do Supremo Tribunal Federal; infrações penais comuns e crimes de responsabilidade; competência: art. 102, I, c
- da Defesa; processo e julgamento; competência privativa do Senado Federal: art. 52, I

MINISTROS
- convocação pela Câmara dos Deputados e pelo Senado Federal: art. 50

MINISTROS DE ESTADO
- arts. 87 e 88
- infrações penais comuns; julgamento: art. 102, I, c
- nomeação e exoneração: art. 84, I
- processo contra: art. 51, I
- processo e julgamento: art. 52, I

MINISTROS DO SUPREMO TRIBUNAL FEDERAL
- cargo privativo de brasileiro nato: art. 12, § 3.º, IV
- nomeação: art. 84, XIV
- processo e julgamento: art. 52, II

MINISTROS DO TRIBUNAL DE CONTAS
- da União; escolha pelo Senado Federal: art. 52, III, b
- nomeação: art. 84, XIV

MOEDA
- emissão: art. 164
- emissão; limites: art. 48, XIV

MONOPÓLIO DA UNIÃO
- art. 177

MORALIDADE ADMINISTRATIVA
- ação popular: art. 5.º, LXXIII

MULHERES
- serviço militar: art. 143, § 2.º

MUNICÍPIOS
- arts. 29 a 31
- constituição de Guarda Municipal: art. 144, § 8.º
- criação, incorporação, fusão e desmembramento: art. 18, § 4.º
- de territórios; intervenção: art. 35
- dívida mobiliária; limitação pelo Senado Federal: art. 52, IX
- Estados e Distrito Federal; união indissolúvel: art. 1.º
- fixação da dívida: art. 52, VI
- imposto dos: art. 156
- imposto que pertence aos: art. 158
- instituição de contribuição: art. 149, § 1.º
- instituição de impostos; competência: art. 156
- proventos de aposentadoria e pensões; constituição de fundos: art. 249
- símbolos: art. 13, § 2.º

NACIONALIDADE
- arts. 12 e 13
- legislação sobre: art. 22, XIII

NASCIMENTO
- gratuidade do registro civil: art. 5.º, LXXVI, a

NATURALIZAÇÃO
- cancelamento; efeito: art. 12, § 4.º, I
- legislação sobre: art. 22, XIII

ÓBITO
- gratuidade da certidão: art. 5.º, LXXVI, b

Índice Alfabético-Remissivo da CF

ORÇAMENTOS
- arts. 165 a 169

ORDEM DOS ADVOGADOS DO BRASIL
- art. 103, VII

ORDEM ECONÔMICA E FINANCEIRA
- arts. 170 a 192
- política agrícola e fundiária e reforma agrária: arts. 184 a 191
- política urbana: arts. 182 e 183
- princípios gerais da atividade econômica: arts. 170 a 181

ORDEM JUDICIAL
- violabilidade das comunicações telefônicas: art. 5.º, XII

ORDEM SOCIAL
- arts. 193 a 232

ORGANIZAÇÃO DO ESTADO
- arts. 18 a 43
- administração pública: arts. 37 a 43
- Distrito Federal e territórios: arts. 32 e 33
- Estados federados: arts. 25 a 28
- intervenção: arts. 34 a 36
- Municípios: arts. 29 a 31
- União: arts. 20 a 24

ORGANIZAÇÃO DOS PODERES
- arts. 44 a 135
- funções essenciais à justiça: arts. 127 a 135
- Poder Executivo: arts. 76 a 91
- Poder Judiciário: arts. 92 a 126
- Poder Legislativo: arts. 44 a 75

ORGANIZAÇÃO POLÍTICO-ADMINISTRATIVA
- arts. 18 e 19

ORGANIZAÇÃO SINDICAL
- art. 8.º

ORGANIZAÇÕES INTERNACIONAIS
- art. 21, I

PANTANAL MATO-GROSSENSE
- art. 225, § 4.º

PARTIDOS POLÍTICOS
- art. 17

PATRIMÔNIO CULTURAL BRASILEIRO
- art. 216

PENA DE MORTE
- art. 5.º, XLVII, *a*

PENA PERPÉTUA
- art. 5.º, XLVII, *b*

PENAS
- comutação: art. 84, XII
- cumprimento: art. 5.º, XLVIII
- exigência de cominação: art. 5.º, XXXIX
- individualização: art. 5.º, XLVI
- não passará da pessoa do condenado: art. 5.º, XLV

PENAS CRUÉIS
- art. 5.º, XLVII, *e*

PERDIMENTO DE BENS
- art. 5.º, XLV

PETRÓLEO
- exploração e participação: art. 20, § 1.º
- refinação; monopólio da União: art. 177, II
- venda e revenda: art. 238

PISO SALARIAL
- art. 7.º, V

PLANEJAMENTO FAMILIAR
- art. 226, § 7.º

PLANO NACIONAL DE CULTURA
- art. 215, § 3.º

PLANO NACIONAL DE EDUCAÇÃO
- art. 214

Índice Alfabético-Remissivo da CF

PLANO PLURIANUAL
– disposições sobre o: art. 165, § 9.º
– instituição: art. 165, I e § 1.º
– projetos de lei relativos a: art. 166
– remessa ao Congresso Nacional: art. 84, XXIII

PLANTAS PSICOTRÓPICAS
– expropriação de glebas com cultura de: art. 243

PLEBISCITO
– art. 14, I
– convocação pelo Congresso Nacional: art. 49, XV
– para criação, incorporação, fusão e desmembramento de municípios: art. 18, § 4.º
– para incorporação de Estados: art. 18, § 3.º

PODER DE TRIBUTAR
– limitação: arts. 150 a 152

PODER EXECUTIVO
– arts. 76 a 91
– atribuições do Presidente da República: art. 84
– Conselho da República: arts. 89 e 90
– Conselho da República e Conselho de Defesa Nacional: arts. 89 a 91
– Ministros de Estado: arts. 87 e 88
– Presidente e Vice-Presidente da República: arts. 76 a 83
– responsabilidade do Presidente da República: arts. 85 e 86

PODER JUDICIÁRIO
– arts. 92 a 126
– organização e manutenção; competência: art. 21, XIII
– Superior Tribunal de Justiça: arts. 104 e 105
– Supremo Tribunal Federal: arts. 101 a 103
– tribunais e juízes dos Estados: arts. 125 e 126
– tribunais e juízes do trabalho: arts. 111 a 116
– tribunais e juízes eleitorais: arts. 118 a 121
– tribunais e juízes militares: arts. 122 a 124
– tribunais regionais federais e juízes federais: arts. 106 a 110

PODER LEGISLATIVO
– arts. 44 a 75
– Câmara dos Deputados: art. 51
– Congresso Nacional: arts. 44 a 47
– deputados e senadores: arts. 53 a 56
– fiscalização contábil, financeira e orçamentária: arts. 70 a 75
– processo legislativo: arts. 59 a 69
– Senado Federal: art. 52

POLÍCIA FEDERAL
– destinação: art. 144, § 1.º

POLÍCIA FERROVIÁRIA
– federal; destinação: art. 144, § 3.º

POLÍCIA MILITAR
– dos Estados, do Distrito Federal e dos Territórios: art. 42
– incumbência: art. 144, §§ 5.º e 6.º

POLÍCIA RODOVIÁRIA
– federal; destinação: art. 144, § 2.º

POLÍCIAS CIVIS
– incumbência: art. 144, § 4.º

POLÍTICA AGRÍCOLA
– planejamento e execução: art. 187

POLÍTICA AGRÍCOLA E FUNDIÁRIA E REFORMA AGRÁRIA
– arts. 184 a 191

POLÍTICA DE DESENVOLVIMENTO URBANO
– art. 182

POLÍTICA URBANA
– arts. 182 e 183

PORTUGUÊS
– língua oficial: art. 13

Índice Alfabético-Remissivo da CF

PORTUGUESES
- naturalizados: art. 12, § 1.º

PRECATÓRIOS JUDICIAIS
- disposições: art. 100

PRECONCEITOS
- art. 3.º, IV

PREFEITO
- crime de responsabilidade; espécies: art. 29-A, § 2.º
- eleição: art. 29, I
- inelegibilidade: art. 14, § 7.º
- julgamento: art. 29, X
- perda do mandato: art. 29, XIV
- posse: art. 29, III
- prazo do mandato: art. 29, I
- quem pode eleger-se: art. 14, § 3.º, VI, c
- reeleição: art. 14, § 5.º
- subsídios: art. 29, V

PRESCRIÇÃO
- do direito de ação: art. 7.º, XXIX

PRESIDENTE DA CÂMARA DOS DEPUTADOS
- cargo privativo de brasileiro nato: art. 12, § 3.º, II

PRESIDENTE DA REPÚBLICA
- afastamento; cessação: art. 86, § 2.º
- atos estranhos ao exercício de suas funções: art. 86, § 4.º
- atribuições: art. 84
- ausência do País: art. 83
- cargo privativo de brasileiro nato: art. 12, § 3.º, I
- contas do; exame: art. 166, § 1.º, I
- crimes de responsabilidade: art. 85
- delegação de atribuições: art. 84, parágrafo único
- eleição: art. 77
- e Vice-Presidente: arts. 76 a 83
- exercício do Poder Executivo: art. 76
- impedimento: art. 80
- inelegibilidade: art. 14, § 7.º
- infrações penais comuns; julgamento: art. 102, I, b
- julgamento: art. 86
- morte do candidato: art. 77, § 4.º
- posse: art. 78
- prisão: art. 86, § 3.º
- processo contra: art. 51, I
- processo e julgamento: art. 52, I
- proposta de ação declaratória de constitucionalidade: art. 103, I
- quem pode eleger-se: art. 14, § 3.º, VI, a
- reeleição: art. 14, § 5.º
- responsabilidade: arts. 85 e 86
- substituição: art. 79
- suspensão das funções: art. 86, § 1.º
- tempo de mandato: art. 82
- vacância do cargo: art. 81

PRESIDENTE DO BANCO CENTRAL
- escolha: art. 52, III, d

PRESIDENTE DO SENADO FEDERAL
- cargo privativo de brasileiro nato: art. 12, § 3.º, III

PRESIDIÁRIAS
- permanência com os filhos: art. 5.º, L

PRESO
- assistência familiar e advogado: art. 5.º, LXIII
- identificação dos responsáveis por sua prisão e interrogatório: art. 5.º, LXIV
- informação de seus direitos: art. 5.º, LXIII
- respeito ao: art. 5.º, XLIX
- tempo superior à condenação; indenização: art. 5.º, LXXV

PREVIDÊNCIA COMPLEMENTAR
- art. 202

PREVIDÊNCIA PRIVADA
- competência para administração e fiscalização: art. 21, VIII

Índice Alfabético-Remissivo da CF

PREVIDÊNCIA SOCIAL
- a quem atenderão os planos de: art. 201
- benefícios; limites: art. 248
- contagem recíproca: art. 201, § 9.º
- correção dos salários de contribuição: art. 201, §§ 3.º e 4.º
- ganhos do empregado incorporados ao salário: art. 201, § 11
- gratificação natalina dos aposentados e pensionistas: art. 201, § 6.º
- instituição pelos Estados, Distrito Federal e Municípios: art. 149, § 1.º
- reajustamento de benefícios: art. 201, § 4.º
- recursos; fundos: arts. 249 e 250
- risco de acidente do trabalho; cobertura: art. 201, § 10
- servidor público: art. 38, V
- sistema especial de inclusão previdenciária para trabalhadores de baixa renda e sem renda própria: art. 201, §§ 12 e 13

PRINCÍPIO DO CONTRADITÓRIO
- art. 5.º, LV

PRINCÍPIOS FUNDAMENTAIS
- arts. 1.º a 4.º

PRISÃO
- comunicação da: art. 5.º, LXII
- de Deputados e Senadores: art. 53, § 2.º
- exigências para sua realização: art. 5.º, LXI

PRISÃO CIVIL POR DÍVIDA
- caso de: art. 5.º, LXVII

PRISÃO ILEGAL
- relaxamento: art. 5.º, LXV

PRISÃO PERPÉTUA
- art. 5.º, XLVII, *b*

PRIVAÇÃO DA LIBERDADE
- art. 5.º, LIV e XLVI, *a*

PRIVAÇÃO DOS BENS
- art. 5.º, LIV

PROCESSO E SENTENÇA
- por autoridade competente: art. 5.º, LIII

PROCESSO ELEITORAL
- art. 16

PROCESSO LEGISLATIVO
- arts. 59 a 69

PROCESSO LEGISLATIVO ESTADUAL
- iniciativa popular do processo: art. 27, § 4.º

PROCURADORES DO DISTRITO FEDERAL
- art. 132

PROCURADORES DOS ESTADOS
- art. 132

PROCURADOR-GERAL DA REPÚBLICA
- escolha: art. 52, III, *e*
- exoneração: art. 52, XI
- processo e julgamento: art. 52, II
- proposta de ação declaratória de constitucionalidade: art. 103, VI

PROCURADORIA-GERAL DA FAZENDA NACIONAL
- representação da União: art. 131, § 3.º

PROGRAMA DE FORMAÇÃO DO PATRIMÔNIO DO SERVIDOR PÚBLICO (PASEP)
- contribuições; destinação: art. 239

PROGRAMA DE INTEGRAÇÃO SOCIAL (PIS)
- contribuições; destinação: art. 239

PROJETOS DE LEI
- apreciação do veto: art. 66, §§ 4.º e 6.º
- aprovado; encaminhamento à sanção: art. 66
- aprovado; revisão: art. 65
- discussão e votação: art. 64
- emendas do Senado; apreciação: art. 64, § 3.º
- inconstitucionalidade: art. 66, § 1.º

Índice Alfabético-Remissivo da CF

- leis delegadas; elaboração: art. 68
- pedido de emergência: art. 64, §§ 1.º e 2.º
- prazo para sanção: art. 66, § 3.º
- rejeição; consequência: art. 67
- veto; manutenção: art. 66, § 7.º
- veto parcial: art. 66, § 2.º

PROJETOS DE LEIS MUNICIPAIS
- iniciativa popular: art. 29, XIII

PROPRIEDADE
- direito garantido: art. 5.º, XXII
- função social: art. 5.º, XXIII
- particular; caso de utilização por autoridade: art. 5.º, XXV
- pequena e rural; impenhorabilidade: art. 5.º, XXVI

PROPRIEDADE RURAL
- aquisição; limitação: art. 190
- desapropriação: arts. 184 e 185
- função social; cumprimento: art. 186
- impenhorabilidade: art. 5.º, XXVI
- imposto sobre: art. 153, VI

PROPRIEDADE URBANA
- função social: art. 182, § 2.º

PROVAS ILÍCITAS
- inadmissibilidade: art. 5.º, LVI

PUBLICIDADE DOS ATOS PROCESSUAIS
- art. 5.º, LX

QUINTO CONSTITUCIONAL
- art. 94

RACISMO
- prática; crime inafiançável e imprescritível: art. 5.º, XLII
- repúdio ao: art. 4.º, VIII

RECEITAS TRIBUTÁRIAS
- repartição: arts. 157 a 162

RECLAMAÇÃO
- processo e julgamento pelo Superior Tribunal de Justiça: art. 105, I, f
- processo e julgamento pelo Supremo Tribunal Federal: art. 102, I, l

RECURSO ESPECIAL
- art. 105, III

RECURSO EXTRAORDINÁRIO
- art. 102, III

RECURSO ORDINÁRIO
- arts. 102, II, e 105, II

REFERENDO
- art. 14, II

REFORMA AGRÁRIA
- desapropriação para fins de: art. 184
- o que não será desapropriado para fins de: art. 185

REGIÕES
- da administração pública: art. 43 e §§ 1.º a 3.º

REGISTRO CIVIL DE NASCIMENTO
- gratuidade: art. 5.º, LXXVI, a

RELAÇÕES INTERNACIONAIS
- regimento: art. 4.º
- representantes diplomáticos: art. 84, VII

REMUNERAÇÃO
- de servidores públicos; revisão: art. 37, X e XI

REPARAÇÃO DE DANO
- art. 5.º, XLV

REPARTIÇÃO DAS RECEITAS TRIBUTÁRIAS
- arts. 157 a 162

REPOUSO SEMANAL REMUNERADO
- art. 7.º, XV

Índice Alfabético-Remissivo da CF

REPÚBLICA FEDERATIVA DO BRASIL
– formação: art. 1.º
– objetivos fundamentais: art. 3.º
– relações internacionais; princípios: art. 4.º

REUNIÕES
– do Poder Legislativo: art. 57

REVISÕES CRIMINAIS
– competência; processo e julgamento pelos Tribunais Regionais Federais: art. 108, I, *b*
– processo e julgamento: art. 102, I, *j*
– processo e julgamento pelo Superior Tribunal de Justiça: art. 105, I, *e*

SALÁRIO DE CONTRIBUIÇÃO
– da previdência social; correção: art. 201, § 3.º

SALÁRIO-EDUCAÇÃO
– aplicação no ensino: art. 212, §§ 5.º e 6.º

SALÁRIO-FAMÍLIA
– art. 7.º, XII

SALÁRIO MÍNIMO
– art. 7.º, IV

SALÁRIO(S)
– diferença; proibição: art. 7.º, XXX
– garantia de: art. 7.º, VII
– irredutibilidade de: art. 7.º, VI
– retenção: art. 7.º, X

SALÁRIO VARIÁVEL
– garantia do salário mínimo: art. 7.º, VII

SANGUE
– transfusão; comércio: art. 199, § 4.º

SAÚDE
– ações e serviços de; relevância pública: art. 197
– ações e serviços públicos: art. 198
– assistência à: art. 199
– direito de todos: art. 196

SEGURANÇA NO TRABALHO
– art. 7.º, XXII

SEGURANÇA PÚBLICA
– órgãos: art. 144

SEGURANÇA VIÁRIA
– art. 144, § 10

SEGURIDADE SOCIAL
– arts. 194 a 204
– legislação sobre: art. 22, XXIII
– orçamento: art. 165, § 5.º, III

SEGURO
– contra acidentes do trabalho: art. 7.º, XXVIII

SEGURO-DESEMPREGO
– arts. 7.º, II, e 239, *caput* e § 4.º

SENADO FEDERAL
– competência privativa: art. 52
– composição: art. 46
– convocação de ministros: art. 50, § 2.º
– deliberações: art. 47
– Presidente; cargo privativo de brasileiro nato: art. 12, § 3.º, III
– proposta pela mesa de ação declaratória de constitucionalidade: art. 103, II
– reunião conjunta com a Câmara dos Deputados: art. 57, § 3.º

SENADORES
– art. 53 a 56
– pelo Distrito Federal: art. 46, § 1.º
– por Estado: art. 46, § 1.º
– quem pode eleger-se: art. 14, § 3.º, VI, *a*
– suplentes: art. 46, § 3.º

SENTENÇA PENAL CONDENATÓRIA
– situação do culpado: art. 5.º, LVII

SENTENÇAS ESTRANGEIRAS
– homologação; processo e julgamento: art. 105, I, *i*

Índice Alfabético-Remissivo da CF

SEPARAÇÃO DOS PODERES
– vedação: art. 60, § 4.º, III

SEPARAÇÃO JUDICIAL
– por mais de um ano; dissolução do casamento; divórcio: art. 226, § 6.º

SERRA DO MAR
– art. 225, § 4.º

SERVIÇO MILITAR
– eclesiástico: art. 143, § 2.º
– mulheres: art. 143, § 2.º
– obrigatoriedade: art. 143
– obrigatório; estrangeiros: art. 14, § 2.º

SERVIÇOS NOTARIAIS
– art. 236

SERVIÇOS PÚBLICOS
– prestação: art. 175
– reclamação: art. 37, § 3.º, I

SERVIDOR(ES) PÚBLICO(S)
– arts. 39 a 41

SESSÃO LEGISLATIVA
– anual: art. 57

SIGILO DA CORRESPONDÊNCIA
– inviolabilidade: art. 5.º, XII

SIGILO DAS VOTAÇÕES
– no tribunal do júri: art. 5.º, XXXVIII, b

SÍMBOLOS ESTADUAIS
– art. 13, § 2.º

SÍMBOLOS NACIONAIS
– art. 13, § 1.º

SINDICATO
– art. 8.º

SISTEMA FINANCEIRO NACIONAL
– art. 192

SISTEMA NACIONAL DE CULTURA
– art. 216-A

SISTEMA TRIBUTÁRIO NACIONAL
– arts. 145 a 162
– impostos da União: arts. 153 e 154
– impostos dos Estados e do Distrito Federal: art. 155
– impostos dos Municípios: art. 156
– limitação do poder de tributar: arts. 150 a 152
– repartição das receitas tributárias: arts. 157 a 162

SISTEMA ÚNICO DE SAÚDE
– competência do: art. 200
– financiamento: art. 198, § 1.º

SOBERANIA
– art. 1.º, I
– nacional; ordem econômica: art. 170, I

SOBERANIA POPULAR
– exercício: art. 14

SOCIEDADE DE ECONOMIA MISTA
– criação: art. 37, XIX
– estatuto jurídico: art. 173, § 1.º
– privilégios fiscais: art. 173, § 2.º

SOLO
– conservação do: art. 24, VI
– indígena: art. 231, § 2.º
– jazidas: art. 176
– urbano: arts. 30, VIII, e 182

SÚMULA VINCULANTE
– art. 103-A

SUPERIOR TRIBUNAL DE JUSTIÇA
– arts. 104 e 105
– nomeação de Ministros: arts. 84, XIV, e 104, parágrafo único

SUPERIOR TRIBUNAL MILITAR
– art. 123

Índice Alfabético-Remissivo da CF

SUPREMO TRIBUNAL FEDERAL
- arts. 101 a 103
- jurisdição: art. 92, parágrafo único
- Ministro do; cargo privativo de brasileiro nato: art. 12, § 3.º, IV
- nomeação de Ministros: arts. 84, XIV, e 101, parágrafo único
- processo e julgamento de seus Ministros: art. 52, II

TAXAS
- base de cálculo: art. 145, § 2.º
- instituição: art. 145, II

TECNOLOGIA
- arts. 218 a 219-B

TELECOMUNICAÇÕES
- competência da União: art. 22, IV
- concessões: art. 66
- Congresso Nacional; regulamentação: art. 48, XII

TELEVISÃO
- defesa da pessoa e da família quanto aos programas de: art. 220, § 3.º, II
- princípios que atenderão a produção e programação: art. 221

TERRAS DEVOLUTAS
- destinação: art. 188
- indisponibilidade: art. 225, § 5.º

TERRITÓRIOS
- art. 33
- defensoria pública dos; legislação sobre: art. 22, XVII
- escolha do Governador: art. 52, III, c
- federais; criação, transformação e reintegração: art. 18, § 2.º
- federais; jurisdição e atribuições cometidas aos juízes federais: art. 110, parágrafo único
- nomeação de Governadores dos: art. 84, XIV
- número de deputados que elegerá: art. 45, § 2.º
- símbolos: art. 13, § 2.º

TERRORISMO
- prática do: art. 5.º, XLIII
- repúdio ao: art. 4.º, VIII

TESOURO NACIONAL
- disposições: art. 164

TÍTULOS DA DÍVIDA AGRÁRIA
- disposições: art. 184

TÍTULOS DA DÍVIDA PÚBLICA
- emissão e resgate: art. 163, IV

TOMBAMENTO
- art. 216, § 5.º

TORTURA
- art. 5.º, III
- prática: art. 5.º, XLIII

TÓXICOS
- controle e fiscalização: art. 200, VII

TRABALHADOR DOMÉSTICO
- direitos: art. 7.º, parágrafo único

TRABALHADORES
- participação nos colegiados dos órgãos públicos: art. 10
- urbanos e rurais; direitos: art. 7.º

TRABALHADOR RURAL
- prescrição do direito de ação: art. 7.º, XXIX

TRABALHO FORÇADO
- art. 5.º, XLVII, c

TRABALHO NOTURNO
- proibição: art. 7.º, XXXIII
- remuneração: art. 7.º, IX

TRÁFICO ILÍCITO
- prática: art. 5.º, XLIII

Índice Alfabético-Remissivo da CF

TRANSPORTE AÉREO
- disposições sobre o: art. 178, *caput*

TRANSPORTE AQUÁTICO
- disposições sobre o: art. 178

TRANSPORTE GRATUITO
- a maiores de 65 anos: art. 230, § 2.º

TRANSPORTE INTERNACIONAL
- ordenação: art. 178, *caput*

TRANSPORTE MARÍTIMO DE PETRÓLEO BRUTO
- monopólio da União: art. 177, IV

TRANSPORTE TERRESTRE
- disposições sobre o: art. 178, *caput*

TRATADOS INTERNACIONAIS
- celebração; Presidente da República: art. 84, VIII
- competência do Congresso Nacional: art. 49, I
- e os direitos e garantias expressos na Constituição: art. 5.º, § 2.º

TRATAMENTO DEGRADANTE
- art. 5.º, III

TRATAMENTO DESUMANO
- art. 5.º, III

TRIBUNAIS
- competência privativa: art. 96
- conflitos de competência: arts. 102, I, e 105, I, *d*

TRIBUNAIS E JUÍZES DO TRABALHO
- arts. 111 a 116

TRIBUNAIS E JUÍZES DOS ESTADOS
- arts. 125 e 126

TRIBUNAIS E JUÍZES ELEITORAIS
- arts. 118 a 121

TRIBUNAIS E JUÍZES MILITARES
- arts. 122 a 124

TRIBUNAIS REGIONAIS FEDERAIS
- competência: art. 108
- composição: arts. 94 e 107
- juízes federais: arts. 106 a 110
- remoção ou permuta de juízes: art. 107, § 1.º

TRIBUNAIS SUPERIORES
- competência privativa: art. 96, II
- membros, infrações penais comuns, julgamento: art. 102, I, *c*
- nomeação: art. 84, XIV
- sede e jurisdição: art. 92, parágrafo único

TRIBUNAL DE CONTAS
- composição: art. 235, III
- da União; auditor; substituição de ministro: art. 73, § 4.º
- da União; cálculo de quotas referentes aos fundos de participação: art. 161, parágrafo único
- da União; composição e sede: art. 73
- da União; escolha de dois terços dos membros: art. 49, XIII
- da União; membros; infrações penais comuns; julgamento: art. 102, I, *c*
- da União; ministros; direitos: art. 73, § 3.º
- da União; ministros; escolha: art. 73, § 2.º
- da União; ministros; nomeação: art. 73, § 1.º
- da União; nomeação de ministros: art. 84, XV
- dos Estados, Distrito Federal e Municípios; normas aplicáveis ao: art. 75
- estadual; número de conselheiros: art. 75, parágrafo único

TRIBUNAL DE EXCEÇÃO
- art. 5.º, XXXVII

Índice Alfabético-Remissivo da CF

TRIBUNAL DE JUSTIÇA
- competência privativa: art. 96, II
- composição: art. 235, IV
- conflitos fundiários: art. 126
- nomeação dos Desembargadores: art. 235, V
- quinto constitucional: art. 94

TRIBUNAL PENAL INTERNACIONAL
- jurisdição no Brasil: art. 5.º, § 4.º

TRIBUNAL REGIONAL DO TRABALHO
- câmaras regionais: art. 115, § 2.º
- composição: art. 115, I e II
- justiça itinerante: art. 115, § 1.º

TRIBUNAL REGIONAL ELEITORAL
- arts. 120 e 121

TRIBUNAL SUPERIOR DO TRABALHO
- advogados e membros do Ministério Público: art. 111-A, I
- competência: art. 111-A, § 1.º
- composição: art. 111-A, *caput*

TRIBUNAL SUPERIOR ELEITORAL
- art. 119

TRIBUTAÇÃO E ORÇAMENTO
- arts. 145 a 169
- finanças públicas: arts. 163 a 169
- sistema tributário nacional: arts. 145 a 162

TRIBUTOS
- competência tributária: art. 145
- limitações ao poder de tributar: art. 150

UNIÃO
- arts. 20 a 24
- bens da: art. 20
- competência da: art. 21
- competência privativa: art. 22
- impostos da: arts. 153 e 154

UNIÃO ESTÁVEL
- art. 226

USUCAPIÃO
- área urbana: art. 183
- de imóvel rural ou urbano: art. 191
- imóveis públicos: arts. 183, § 3.º, e 191, parágrafo único

VEREADOR(ES)
- eleição: art. 29, I
- idade mínima para ser: art. 14, § 3.º, VI, *d*
- número: art. 29, IV
- posse: art. 29, III
- prazo de mandato: art. 29, I
- presidente da Câmara; crime de responsabilidade; espécies: art. 29-A, § 3.º
- servidor público: art. 38, III
- subsídio; limites: art. 29, VI

VETO
- conhecimento e deliberação pelo Senado Federal: art. 57, § 3.º, IV
- pelo Presidente da República: art. 84, V

VICE-GOVERNADOR
- eleição: arts. 28 e 32, § 2.º
- quem pode eleger-se: art. 14, § 3.º, VI, *b*
- subsídios: art. 28, § 2.º

VICE-PREFEITO
- eleição: art. 29, I e II
- posse: art. 29, III
- prazo de mandato: art. 29, I
- quem pode eleger-se: art. 14, § 3.º, VI, *c*
- subsídio: art. 29, V

VICE-PRESIDENTE DA REPÚBLICA
- ausência do País: art. 83
- cargo privativo de brasileiro nato: art. 12, § 3.º, I
- eleição: art. 77, *caput*, e § 1.º
- impedimento do: art. 80
- infrações penais comuns; julgamento: art. 102, I, *b*

Índice Alfabético-Remissivo da CF

- posse: art. 78
- processo contra: art. 51, I
- processo e julgamento: art. 52, I
- quem pode eleger-se: art. 14, § 3.º, VI, *a*
- substituição do Presidente: art. 79

- vacância do cargo: art. 81

VOTO
- direto e secreto: art. 14
- facultativo: art. 14, § 1.º, II
- obrigatoriedade: art. 14, § 1.º, I

ÍNDICE ALFABÉTICO-REMISSIVO DO ATO DAS DISPOSIÇÕES CONSTITUCIONAIS TRANSITÓRIAS

ADVOCACIA-GERAL DA UNIÃO
– art. 29

ADVOCACIAS-GERAIS
– permissão aos Estados; consultorias jurídicas separadas das suas: art. 69

AMAPÁ
– art. 14

AMAZÔNIA LEGAL
– comissão de estudos territoriais; novas unidades territoriais: art. 12

ANISTIA
– disposições: art. 8.º

APOSENTADORIA COMPULSÓRIA
– art. 100

ASSEMBLEIA LEGISLATIVA
– Constituição do Estado; elaboração; prazo: art. 11

CÂMARA DOS DEPUTADOS
– irredutibilidade da representação dos Estados e do Distrito Federal na: art. 4.º, § 2.º

CÂMARA LEGISLATIVA DO DISTRITO FEDERAL
– competência, até que se instale: art. 16, §§ 1.º e 2.º

CÂMARA MUNICIPAL
– Lei Orgânica; prazo: art. 11, parágrafo único

CASSADOS POLÍTICOS
– art. 9.º

CENSOR FEDERAL
– Departamento de Polícia Federal: art. 23

CÓDIGO DE DEFESA DO CONSUMIDOR
– elaboração; prazo: art. 48

COMISSÃO DE ESTUDOS TERRITORIAIS
– art. 12

COMISSÃO INTERNA DE PREVENÇÃO DE ACIDENTES
– empregado eleito para cargo de direção; vedada dispensa arbitrária ou sem justa causa: art. 10, II, a

COMISSÃO MISTA
– competência: art. 26

COMPETÊNCIA
– Justiça Federal: art. 27, § 10
– Superior Tribunal de Justiça: art. 27, § 10
– Supremo Tribunal Federal; até que se instale o Superior Tribunal de Justiça: art. 27, § 1.º
– Tribunais Estaduais; definição da Constituição Estadual: art. 70
– Tribunais Regionais Federais: art. 27, § 10

CONGRESSO NACIONAL
– doações, vendas e concessões de terras públicas; revisão através de Comissão Mista; prazo: art. 51
– exame analítico e pericial dos atos e fatos geradores do endividamento externo brasileiro: art. 26
– fundos existentes; extinção ou ratificação pelo: art. 36
– lei complementar prevista no art. 161, II; voto; prazo: art. 39, parágrafo único
– membros; compromisso; disposições constitucionais transitórias: art. 1.º

- revogação; dispositivos legais que atribuam ou deleguem a órgão do Poder Executivo competência assinalada pela Constituição ao: art. 25, I e II

CONSTITUIÇÃO DO ESTADO
- assembleia legislativa; elaboração; prazo: art. 11

CONSULTORIAS JURÍDICAS DOS MINISTÉRIOS
- atribuições enquanto não aprovadas as leis complementares relativas ao Ministério Público e à Advocacia-Geral da União: art. 29

CONSUMIDOR
- código de defesa; elaboração; prazo: art. 48

CONTRIBUIÇÃO PROVISÓRIA
- instituição: art. 74
- sobre movimentação ou transmissão de valores e de créditos e direitos de natureza financeira; não incidência: art. 85
- sobre movimentação ou transmissão de valores e de créditos e direitos de natureza financeira; prorrogação: arts. 75, 84 e 90

CONTRIBUIÇÕES SOCIAIS
- vigência imediata: art. 34, § 1.º

CORREÇÃO MONETÁRIA
- arts. 46 e 47

DECRETOS-LEIS
- art. 25

DEFENSORES PÚBLICOS
- direito de opção: art. 22
- lotação: art. 98

DEMARCAÇÃO DE TERRAS
- art. 12

DESPESAS E RECEITAS
- da União; projeto de revisão da lei orçamentária; exercício 1989: art. 39

DESVINCULAÇÃO DAS RECEITAS DA UNIÃO (DRU)
- disposições: arts. 76 a 76-B

DIREITOS
- servidores públicos inativos; revisão dos: art. 20

DIREITOS SOCIAIS
- disposições transitórias: art. 10

DISTRITO FEDERAL
- até a promulgação da lei complementar; despesa com pessoal; excesso do limite previsto: art. 38, parágrafo único
- até a promulgação da lei complementar; despesa com pessoal; porcentagem: art. 38
- bens: art. 16, § 3.º
- Câmara Legislativa: art. 16, § 1.º
- fiscalização contábil, financeira, orçamentária, operacional e patrimonial; competência, até que se instale a Câmara Legislativa: art. 16, § 2.º
- fundo de participação; determinações: art. 34, § 2.º
- indicação de governador e vice-governador: art. 16
- sistema tributário nacional; leis necessárias à aplicação: art. 34

ELEIÇÃO
- art. 5.º

ENFITEUSE
- art. 49

ENTIDADES EDUCACIONAIS
- recursos públicos: art. 61

ESTABILIDADE
- concedida a servidor admitido sem concurso público; extinção dos efeitos jurídicos: art. 18
- inaplicabilidade: art. 19, § 2.º
- juízes togados de investidura limitada: art. 21
- membros dos Ministérios Públicos do Trabalho e Militar: art. 29, § 4.º

Índice Alfabético-Remissivo do ADCT

- para servidores em exercício, há pelo menos cinco anos contínuos, e que não tenham sido admitidos na forma regulada pelo art. 37: art. 19
- professores de nível superior: art. 19, § 3.º

ESTADOS
- até a promulgação da lei complementar; despesa com pessoal: art. 38
- consultorias jurídicas separadas; permissão: art. 69
- débitos relativos às contribuições previdenciárias: art. 57

EX-COMBATENTE
- art. 53

FERNANDO DE NORONHA
- território federal; extinção: art. 15

FORMA DE GOVERNO
- plebiscito: art. 2.º

FUNDAÇÕES EDUCACIONAIS
- recursos públicos: art. 61

FUNDEB
- criação: art. 60, I

FUNDO DE COMBATE E ERRADICAÇÃO DA POBREZA
- composição: art. 80
- disposições gerais: art. 81
- instituição do: art. 79
- produtos supérfluos; definição; lei federal: art. 83
- sociedade civil; participação: art. 82

FUNDO DE ESTABILIZAÇÃO FISCAL
- disposições: arts. 71 a 73

FUNDO SOCIAL DE EMERGÊNCIA
- disposições: arts. 71 a 73

GESTANTE
- empregada; vedada dispensa arbitrária ou sem justa causa: art. 10, II, *b*

GOVERNADORES
- mandatos: art. 4.º, § 3.º

ICMS
- partilha entre Estados de origem e destino: art. 99

IMPOSTOS
- criação; vigência imediata: art. 34, § 1.º
- ICMS; partilha entre Estados de origem e destino: art. 99

IMPRENSA NACIONAL
- edição popular do texto integral da Constituição: art. 64

INCENTIVOS FISCAIS
- art. 41

INSTITUIÇÕES FINANCEIRAS
- aumento do percentual de participação no capital por pessoas físicas ou jurídicas, residentes ou domiciliadas no exterior; vedação: art. 52, II
- domiciliadas no exterior; instalação no País; novas agências; vedação: art. 52, I
- liquidação de débitos: art. 47
- vedação; inaplicabilidade: art. 52, parágrafo único

IRRIGAÇÃO
- aplicação dos recursos; prazo: art. 42

JUÍZES
- art. 21

JUÍZES FEDERAIS
- art. 28

JUSTIÇA DE PAZ
- legislação; requisitos: art. 30

JUSTIÇA FEDERAL
- competência: art. 27, § 10

LEI AGRÍCOLA
- disposições gerais: art. 50

Índice Alfabético-Remissivo do ADCT

LEI ORÇAMENTÁRIA
– revisão; exercício financeiro 1989: art. 39

LEI ORÇAMENTÁRIA ANUAL
– art. 35

LEI ORÇAMENTÁRIA DA UNIÃO
– projeto; prazo; encaminhamento: art. 35, § 2.º, III

LEI ORGÂNICA DOS MUNICÍPIOS
– promulgação: art. 11, parágrafo único

LICENÇA-PATERNIDADE
– prazo até que a lei discipline: art. 10, § 1.º

LIMITAÇÕES DO PODER DE TRIBUTAR
– art. 34

LIMITES TERRITORIAIS
– disposições: art. 12

MANDATO
– governadores e vice-governadores: art. 4.º, § 3.º
– prefeitos e vice-prefeitos: art. 4.º, § 4.º
– Presidente da República: art. 4.º
– vereadores: art. 4.º, § 4.º

MICROEMPRESA
– art. 47

MINISTÉRIO PÚBLICO FEDERAL
– art. 29

MINISTROS
– art. 27

MUNICÍPIOS
– até a promulgação da lei complementar; despesa com pessoal; excesso do limite previsto: art. 38, parágrafo único
– até a promulgação da lei complementar; despesa com pessoal; porcentagem: art. 38
– criação, fusão, incorporação e desmembramento: art. 96

– demarcação de suas linhas divisórias; áreas litigiosas: art. 12, § 2.º
– demarcação de terras; expirado o prazo; competência da União: art. 12, § 4.º
– demarcação de terras; linhas divisórias; solicitação à União: art. 12, § 3.º
– fundo de participação; determinações: art. 34, § 2.º
– sistema tributário nacional; aplicação da legislação anterior: art. 34, § 5.º
– sistema tributário nacional; leis necessárias à aplicação: art. 34, § 3.º
– sistema tributário nacional; leis necessárias à aplicação; efeitos; vigência: art. 34, § 4.º

OPERAÇÕES DE CRÉDITO
– adaptação; prazo: art. 37

PAGAMENTO
– forma; precatórios judiciais: art. 33

PARTIDO POLÍTICO
– registro provisório: art. 6.º

PLANO PLURIANUAL
– art. 35

PLANOS DE CUSTEIO E DE BENEFÍCIO
– art. 59

PLEBISCITO
– forma e sistema de governo: art. 2.º

POBREZA
– Fundo de Combate e Erradicação da: art. 79

PODER EXECUTIVO
– comissão de estudos territoriais; indicação: art. 12
– elaboração; projeto de revisão da lei orçamentária referente ao exercício financeiro de l989: art. 39
– reavaliação de incentivos fiscais de natureza setorial: art. 41

Índice Alfabético-Remissivo do ADCT

PODER LEGISLATIVO
- apreciação do projeto de revisão da lei orçamentária referente ao exercício financeiro de 1989: art. 39
- incentivos fiscais de natureza setorial; medidas cabíveis decorrentes de reavaliação: art. 41
- propaganda comercial específica; regulamentação; prazo: art. 65

POLÍCIA MILITAR
- servidores do ex-Território Federal de Rondônia; incorporação aos Quadros da União: art. 89

PRECATÓRIOS
- débitos de pequeno valor; o que são considerados: art. 87
- entidades devedoras; emissão de títulos da dívida pública: art. 33, parágrafo único
- pendentes; forma de pagamento: arts. 33, 78 e 86
- vencidos; forma de pagamento: art. 97

PREFEITOS
- mandatos: art. 4.º, § 4.º

PRESIDENTE DA REPÚBLICA
- compromisso; disposições constitucionais transitórias: art. 1.º
- Distrito Federal; indicação de governador e vice-governador: art. 16
- eleição: art. 4.º, § 1.º
- governadores dos Estados de Roraima e do Amapá; indicação: art. 14, § 3.º
- mandato: art. 4.º

PREVIDÊNCIA SOCIAL
- art. 58

PROCLAMAÇÃO DA REPÚBLICA
- centenário; comemorações; competência: art. 63

PROCURADORIA-GERAL DA FAZENDA NACIONAL
- art. 29

PROCURADORIAS-GERAIS
- permissão aos Estados; consultorias jurídicas separadas das suas: art. 69

PROPAGANDA COMERCIAL
- regulamentação: art. 65

QUILOMBOS
- remanescentes das comunidades; terras; propriedade definitiva: art. 68

RECURSOS MINERAIS
- arts. 43 e 44

REFINARIAS
- em funcionamento; excluídas do monopólio estabelecido pelo art. 177, II: art. 45

REMUNERAÇÃO
- percebida em desacordo com a Constituição; redução: art. 17

REVISÃO CONSTITUCIONAL
- realização: art. 3.º

RORAIMA
- art. 14

SAÚDE
- porcentagem do orçamento da seguridade social destinado ao setor da: art. 55
- recursos aplicáveis até 2004, divisão da União, Estados, Distrito Federal e Municípios: art. 77

SEGURIDADE SOCIAL
- arrecadação que passa a integrar a receita da: art. 56
- porcentagem do orçamento destinado ao setor de saúde: art. 55
- projeto de lei relativo à organização: art. 59

SERINGUEIROS
- arts. 54 e 54-A

SERVENTIAS
- foro judicial; estatização: art. 31

Índice Alfabético-Remissivo do ADCT

SERVIÇO NACIONAL DE APRENDIZAGEM RURAL – SENAR
– criação: art. 62

SERVIÇOS NOTARIAIS
– e de registro; oficializados; inaplicabilidade do art. 236: art. 32

SERVIDORES CIVIS DA UNIÃO
– art. 19

SERVIDORES DO DISTRITO FEDERAL
– art. 19

SERVIDORES ESTADUAIS
– art. 19

SERVIDORES MUNICIPAIS
– art. 19

SERVIDORES PÚBLICOS CIVIS
– leis que estabeleçam critérios para compatibilização dos quadros de pessoal; competência: art. 24

SERVIDORES PÚBLICOS INATIVOS
– revisão dos direitos: art. 20

SISTEMA DE GOVERNO
– plebiscito: art. 2.º

SISTEMA FINANCEIRO NACIONAL
– vedações até que sejam fixadas as condições a que se refere o art. 192: art. 52

SISTEMA TRIBUTÁRIO NACIONAL
– art. 34

SUPERIOR TRIBUNAL DE JUSTIÇA
– art. 27

SUPREMO TRIBUNAL FEDERAL
– atribuições e competências até que se instale o Superior Tribunal de Justiça: art. 27, § 1.º
– presidente; compromisso; disposições constitucionais transitórias: art. 1.º
– requerimento; cassados; reconhecimento dos direitos: art. 9.º

TELECOMUNICAÇÕES
– serviços públicos; concessões mantidas: art. 66

TOCANTINS
– art. 13

TRIBUNAIS ESTADUAIS
– competência mantida até que seja definida na Constituição Estadual: art. 70

TRIBUNAIS REGIONAIS FEDERAIS
– art. 27

TRIBUNAL FEDERAL DE RECURSOS
– art. 27

TRIBUNAL INTERNACIONAL DOS DIREITOS HUMANOS
– formação: art. 7.º

TRIBUNAL SUPERIOR ELEITORAL
– eleição; Estado de Tocantins; disposições: art. 13, § 3.º, I a IV
– eleições 1988; disposições gerais: art. 5.º
– novo partido político; registro provisório: art. 6.º, § 1.º
– novo partido político; registro provisório; perda: art. 6.º, § 2.º
– plebiscito; normas regulamentadoras: art. 2.º, § 2.º
– requerimento de registo de novo partido político; pedido: art. 6.º

TRIBUTOS
– Sistema Tributário Nacional: art. 34

UNIÃO
– até a promulgação da lei complementar; despesa com pessoal; excesso do limite previsto: art. 38, parágrafo único
– até a promulgação da lei complementar; despesa com pessoal; porcentagem: art. 38
– demarcação de terras; competência: art. 12, § 4.º

Índice Alfabético-Remissivo do ADCT

- demarcação de terras; Estado e Municípios; trabalhos demarcatórios: art. 12, § 3.º
- demarcação de terras indígenas; conclusão; prazo: art. 67
- Estado de Tocantins; encargos decorrentes de empreendimentos no Território do novo Estado; autorização para assumir débitos: art. 13, § 7.º
- sistema tributário nacional; aplicação da legislação anterior: art. 34, § 5.º
- sistema tributário nacional; leis necessárias à aplicação: art. 34, § 3.º
- sistema tributário nacional; leis necessárias à aplicação; efeitos; vigência: art. 34, § 4.º

VENCIMENTOS
- percebidos em desacordo com a Constituição; redução: art. 17

VEREADOR(ES)
- mandatos: art. 4.º, § 4.º
- por atos institucionais: art. 8.º, § 4.º

VICE-GOVERNADORES
- mandatos: art. 4.º, § 3.º

VICE-PREFEITOS
- mandatos: art. 4.º, § 4.º

ZONA FRANCA DE MANAUS
- disposições: art. 40
- prazo: arts. 40, 92 e 92-A

Adendo Especial

ÍNDICE SISTEMÁTICO
DO CÓDIGO DE PROCESSO CIVIL

(LEI N. 5.869, DE 11-1-1973)

Livro I
DO PROCESSO DE CONHECIMENTO

Título I
DA JURISDIÇÃO E DA AÇÃO

Capítulo I – Da jurisdição – arts. 1.º e 2.º	13
Capítulo II – Da ação – arts. 3.º a 6.º	13

Título II
DAS PARTES E DOS PROCURADORES

Capítulo I – Da capacidade processual – arts. 7.º a 13	13
Capítulo II – Dos deveres das partes e dos seus procuradores – arts. 14 a 35	15
Seção I – Dos deveres – arts. 14 e 15	15
Seção II – Da responsabilidade das partes por dano processual – arts. 16 a 18	16
Seção III – Das despesas e das multas – arts. 19 a 35	17
Capítulo III – Dos procuradores – arts. 36 a 40	19
Capítulo IV – Da substituição das partes e dos procuradores – arts. 41 a 45	20
Capítulo V – Do litisconsórcio e da assistência – arts. 46 a 55	20
Seção I – Do litisconsórcio – arts. 46 a 49	20
Seção II – Da assistência – arts. 50 a 55	21
Capítulo VI – Da intervenção de terceiros – arts. 56 a 80	22
Seção I – Da oposição – arts. 56 a 61	22
Seção II – Da nomeação à autoria – arts. 62 a 69	22
Seção III – Da denunciação da lide – arts. 70 a 76	23
Seção IV – Do chamamento ao processo – arts. 77 a 80	24

Título III
DO MINISTÉRIO PÚBLICO

Arts. 81 a 85	24

Índice Sistemático do CPC

Título IV
DOS ÓRGÃOS JUDICIÁRIOS E DOS AUXILIARES DA JUSTIÇA

Capítulo I – Da competência – arts. 86 e 87 25
Capítulo II – Da competência internacional – arts. 88 a 90 25
Capítulo III – Da competência interna – arts. 91 a 124 25
    Seção I – Da competência em razão do valor e da matéria – arts. 91 e 92 25
    Seção II – Da competência funcional – art. 93 26
    Seção III – Da competência territorial – arts. 94 a 101 26
    Seção IV – Das modificações da competência – arts. 102 a 111 27
    Seção V – Da declaração de incompetência – arts. 112 a 124 28
Capítulo IV – Do juiz – arts. 125 a 138 29
    Seção I – Dos poderes, dos deveres e da responsabilidade do juiz – arts. 125 a 133... 29
    Seção II – Dos impedimentos e da suspeição – arts. 134 a 138 30
Capítulo V – Dos auxiliares da justiça – arts. 139 a 153 32
    Seção I – Do serventuário e do oficial de justiça – arts. 140 a 144 32
    Seção II – Do perito – arts. 145 a 147 33
    Seção III – Do depositário e do administrador – arts. 148 a 150 33
    Seção IV – Do intérprete – arts. 151 a 153 34

Título V
DOS ATOS PROCESSUAIS

Capítulo I – Da forma dos atos processuais – arts. 154 a 171 34
    Seção I – Dos atos em geral – arts. 154 a 157 34
    Seção II – Dos atos da parte – arts. 158 a 161 35
    Seção III – Dos atos do juiz – arts. 162 a 165 35
    Seção IV – Dos atos do escrivão ou do chefe de secretaria – arts. 166 a 171.... 36
Capítulo II – Do tempo e do lugar dos atos processuais – arts. 172 a 176 37
    Seção I – Do tempo – arts. 172 a 175 37
    Seção II – Do lugar – art. 176 37
Capítulo III – Dos prazos – arts. 177 a 199 37
    Seção I – Das disposições gerais – arts. 177 a 192 37
    Seção II – Da verificação dos prazos e das penalidades – arts. 193 a 199 39
Capítulo IV – Das comunicações dos atos – arts. 200 a 242 40
    Seção I – Das disposições gerais – arts. 200 e 201 40
    Seção II – Das cartas – arts. 202 a 212 40
    Seção III – Das citações – arts. 213 a 233 41
    Seção IV – Das intimações – arts. 234 a 242 46
Capítulo V – Das nulidades – arts. 243 a 250 47
Capítulo VI – De outros atos processuais – arts. 251 a 261 48
    Seção I – Da distribuição e do registro – arts. 251 a 257 48
    Seção II – Do valor da causa – arts. 258 a 261 49

Título VI
DA FORMAÇÃO, DA SUSPENSÃO E DA EXTINÇÃO DO PROCESSO

Capítulo I – Da formação do processo – arts. 262 a 264 50
Capítulo II – Da suspensão do processo – arts. 265 e 266 50
Capítulo III – Da extinção do processo – arts. 267 a 269 51

Título VII
DO PROCESSO E DO PROCEDIMENTO

Capítulo I – Das disposições gerais – arts. 270 a 273 52
Capítulo II – Do procedimento ordinário – art. 274 53
Capítulo III – Do procedimento sumário – arts. 275 a 281 53

Título VIII
DO PROCEDIMENTO ORDINÁRIO

Capítulo I – Da petição inicial – arts. 282 a 296 55
   Seção I – Dos requisitos da petição inicial – arts. 282 a 285-B 55
   Seção II – Do pedido – arts. 286 a 294 56
   Seção III – Do indeferimento da petição inicial – arts. 295 e 296 57
Capítulo II – Da resposta do réu – arts. 297 a 318 58
   Seção I – Das disposições gerais – arts. 297 a 299 58
   Seção II – Da contestação – arts. 300 a 303 58
   Seção III – Das exceções – arts. 304 a 314 60
      Subseção I – *Da incompetência* – arts. 307 a 311 60
      Subseção II – *Do impedimento e da suspeição* – arts. 312 a 314 60
   Seção IV – Da reconvenção – arts. 315 a 318 61
Capítulo III – Da revelia – arts. 319 a 322 61
Capítulo IV – Das providências preliminares – arts. 323 a 328 61
   Seção I – Do efeito da revelia – art. 324 61
   Seção II – Da declaração incidente – art. 325 62
   Seção III – Dos fatos impeditivos, modificativos ou extintivos do pedido – art. 326 62
   Seção IV – Das alegações do réu – arts. 327 e 328 62
Capítulo V – Do julgamento conforme o estado do processo – arts. 329 a 331 62
   Seção I – Da extinção do processo – art. 329 62
   Seção II – Do julgamento antecipado da lide – art. 330 62
   Seção III – Da audiência preliminar – art. 331 62
Capítulo VI – Das provas – arts. 332 a 443 63
   Seção I – Das disposições gerais – arts. 332 a 341 63
   Seção II – Do depoimento pessoal – arts. 342 a 347 64

Seção III – Da confissão – arts. 348 a 354.. 65
Seção IV – Da exibição de documento ou coisa – arts. 355 a 363 65
Seção V – Da prova documental – arts. 364 a 399 67
    Subseção I – *Da força probante dos documentos* – arts. 364 a 389 67
    Subseção II – *Da arguição de falsidade* – arts. 390 a 395............................... 71
    Subseção III – *Da produção da prova documental* – arts. 396 a 399 71
Seção VI – Da prova testemunhal – arts. 400 a 419 72
    Subseção I – *Da admissibilidade e do valor da prova testemunhal* – arts. 400 a 406 . 72
    Subseção II – *Da produção da prova testemunhal* – arts. 407 a 419 73
Seção VII – Da prova pericial – arts. 420 a 439 76
Seção VIII – Da inspeção judicial – arts. 440 a 443 78
Capítulo VII – Da audiência – arts. 444 a 457 79
Seção I – Das disposições gerais – arts. 444 a 446.. 79
Seção II – Da conciliação – arts. 447 a 449.. 79
Seção III – Da instrução e julgamento – arts. 450 a 457.. 79
Capítulo VIII – Da sentença e da coisa julgada – arts. 458 a 475 81
Seção I – Dos requisitos e dos efeitos da sentença – arts. 458 a 466-C 81
Seção II – Da coisa julgada – arts. 467 a 475 83
Capítulo IX – Da liquidação de sentença – arts. 475-A a 475-H 84
Capítulo X – Do cumprimento da sentença – arts. 475-I a 475-R............................. 85

Título IX
DO PROCESSO NOS TRIBUNAIS

Capítulo I – Da uniformização da jurisprudência – arts. 476 a 479 89
Capítulo II – Da declaração de inconstitucionalidade – arts. 480 a 482 90
Capítulo III – Da homologação de sentença estrangeira – arts. 483 e 484 90
Capítulo IV – Da ação rescisória – arts. 485 a 495... 91

Título X
DOS RECURSOS

Capítulo I – Das disposições gerais – arts. 496 a 512 92
Capítulo II – Da apelação – arts. 513 a 521... 95
Capítulo III – Do agravo – arts. 522 a 529... 96
Capítulo IV – Dos embargos infringentes – arts. 530 a 534 99
Capítulo V – Dos embargos de declaração – arts. 535 a 538 99
Capítulo VI – Dos recursos para o Supremo Tribunal Federal e o Superior Tribunal de Justiça – arts. 539 a 546 100
Seção I – Dos recursos ordinários – arts. 539 e 540 100
Seção II – Do recurso extraordinário e do recurso especial – arts. 541 a 546 100
Capítulo VII – Da ordem dos processos no tribunal – arts. 547 a 565 105

Livro II
DO PROCESSO DE EXECUÇÃO

Título I
DA EXECUÇÃO EM GERAL

Capítulo I – Das partes – arts. 566 a 574 108
Capítulo II – Da competência – arts. 575 a 579... 109
Capítulo III – Dos requisitos necessários para realizar qualquer execução – arts. 580 a 590.. 109
    Seção I – Do inadimplemento do devedor – arts. 580 a 582 109
    Seção II – Do título executivo – arts. 583 a 590 110
Capítulo IV – Da responsabilidade patrimonial – arts. 591 a 597 111
Capítulo V – Das disposições gerais – arts. 598 a 602.. 112
Capítulo VI – Da liquidação da sentença – arts. 603 a 611 113

Título II
DAS DIVERSAS ESPÉCIES DE EXECUÇÃO

Capítulo I – Das disposições gerais – arts. 612 a 620 113
Capítulo II – Da execução para a entrega de coisa – arts. 621 a 631 114
    Seção I – Da entrega de coisa certa – arts. 621 a 628...................................... 114
    Seção II – Da entrega de coisa incerta – arts. 629 a 631 115
Capítulo III – Da execução das obrigações de fazer e de não fazer – arts. 632 a 645 116
    Seção I – Da obrigação de fazer – arts. 632 a 641.. 116
    Seção II – Da obrigação de não fazer – arts. 642 e 643 117
    Seção III – Das disposições comuns às seções precedentes – arts. 644 e 645..... 117
Capítulo IV – Da execução por quantia certa contra devedor solvente – arts. 646 a 731..... 117
    Seção I – Da penhora, da avaliação e da expropriação de bens – arts. 646 a 707...... 117
        Subseção I – *Das disposições gerais* – arts. 646 a 651 117
        Subseção II – *Da citação do devedor e da indicação de bens* – arts. 652 a 658.. 119
        Subseção III – *Da penhora e do depósito* – arts. 659 a 670 122
        Subseção IV – *Da penhora de créditos e de outros direitos patrimoniais* – arts. 671 a 676.. 124
        Subseção V – *Da penhora, do depósito e da administração de empresa e de outros estabelecimentos* – arts. 677 a 679 125
        Subseção VI – *Da avaliação* – arts. 680 a 685.. 126
        Subseção VI-A – *Da adjudicação* – arts. 685-A e 685-B 127
        Subseção VI-B – *Da alienação por iniciativa particular* – art. 685-C 128

Subseção VII – *Da alienação em hasta pública* – arts. 686 a 707...... 128
Seção II – Do pagamento ao credor – arts. 708 a 729 133
  Subseção I – *Das disposições gerais* – art. 708 133
  Subseção II – *Da entrega do dinheiro* – arts. 709 a 713...... 133
  Subseção III – *Da adjudicação de imóvel* – arts. 714 e 715 133
  Subseção IV – *Do usufruto de móvel ou imóvel* – arts. 716 a 729 134
Seção III – Da execução contra a Fazenda Pública – arts. 730 e 731 135
Capítulo V – Da execução de prestação alimentícia – arts. 732 a 735...... 135

Título III
DOS EMBARGOS DO DEVEDOR

Capítulo I – Das disposições gerais – arts. 736 a 740 135
Capítulo II – Dos embargos à execução contra a Fazenda Pública – arts. 741 a 743...... 137
Capítulo III – Dos embargos à execução – arts. 744 a 746 138
Capítulo IV – Dos embargos na execução por carta – art. 747...... 139

Título IV
DA EXECUÇÃO POR QUANTIA CERTA CONTRA DEVEDOR INSOLVENTE

Capítulo I – Da insolvência – arts. 748 a 753 139
Capítulo II – Da insolvência requerida pelo credor – arts. 754 a 758 140
Capítulo III – Da insolvência requerida pelo devedor ou pelo seu espólio – arts. 759 e 760 . 140
Capítulo IV – Da declaração judicial de insolvência – arts. 761 e 762 140
Capítulo V – Das atribuições do administrador – arts. 763 a 767...... 141
Capítulo VI – Da verificação e da classificação dos créditos – arts. 768 a 773 141
Capítulo VII – Do saldo devedor – arts. 774 a 776 142
Capítulo VIII – Da extinção das obrigações – arts. 777 a 782 142
Capítulo IX – Das disposições gerais – arts. 783 a 786-A...... 142

Título V
DA REMIÇÃO

Arts. 787 a 790...... 142

Título VI
DA SUSPENSÃO E DA EXTINÇÃO DO PROCESSO DE EXECUÇÃO

Capítulo I – Da suspensão – arts. 791 a 793 143
Capítulo II – Da extinção – arts. 794 e 795 143

Livro III
DO PROCESSO CAUTELAR

Título Único
DAS MEDIDAS CAUTELARES

Capítulo I – Das disposições gerais – arts. 796 a 812	144
Capítulo II – Dos procedimentos cautelares específicos – arts. 813 a 889	146
Seção I – Do arresto – arts. 813 a 821	146
Seção II – Do sequestro – arts. 822 a 825	146
Seção III – Da caução – arts. 826 a 838	147
Seção IV – Da busca e apreensão – arts. 839 a 843	148
Seção V – Da exibição – arts. 844 e 845	148
Seção VI – Da produção antecipada de provas – arts. 846 a 851	148
Seção VII – Dos alimentos provisionais – arts. 852 a 854	149
Seção VIII – Do arrolamento de bens – arts. 855 a 860	149
Seção IX – Da justificação – arts. 861 a 866	149
Seção X – Dos protestos, notificações e interpelações – arts. 867 a 873	150
Seção XI – Da homologação do penhor legal – arts. 874 a 876	150
Seção XII – Da posse em nome do nascituro – arts. 877 e 878	151
Seção XIII – Do atentado – arts. 879 a 881	151
Seção XIV – Do protesto e da apreensão de títulos – arts. 882 a 887	151
Seção XV – De outras medidas provisionais – arts. 888 e 889	152

Livro IV
DOS PROCEDIMENTOS ESPECIAIS

Título I
DOS PROCEDIMENTOS ESPECIAIS DE JURISDIÇÃO CONTENCIOSA

Capítulo I – Da ação de consignação em pagamento – arts. 890 a 900	153
Capítulo II – Da ação de depósito – arts. 901 a 906	154
Capítulo III – Da ação de anulação e substituição de títulos ao portador – arts. 907 a 913	155
Capítulo IV – Da ação de prestação de contas – arts. 914 a 919	156
Capítulo V – Das ações possessórias – arts. 920 a 933	156
Seção I – Das disposições gerais – arts. 920 a 925	157

Índice Sistemático do CPC

Seção II – Da manutenção e da reintegração de posse – arts. 926 a 931	157
Seção III – Do interdito proibitório – arts. 932 e 933	158
Capítulo VI – Da ação de nunciação de obra nova – arts. 934 a 940	158
Capítulo VII – Da ação de usucapião de terras particulares – arts. 941 a 945	159
Capítulo VIII – Da ação de divisão e da demarcação de terras particulares – arts. 946 a 981	159
Seção I – Das disposições gerais – arts. 946 a 949	159
Seção II – Da demarcação – arts. 950 a 966	160
Seção III – Da divisão – arts. 967 a 981	161
Capítulo IX – Do inventário e da partilha – arts. 982 a 1.045	164
Seção I – Das disposições gerais – arts. 982 a 986	164
Seção II – Da legitimidade para requerer o inventário – arts. 987 a 989	165
Seção III – Do inventariante e das primeiras declarações – arts. 990 a 998	165
Seção IV – Das citações e das impugnações – arts. 999 a 1.002	168
Seção V – Da avaliação e do cálculo do imposto – arts. 1.003 a 1.013	169
Seção VI – Das colações – arts. 1.014 a 1.016	170
Seção VII – Do pagamento das dívidas – arts. 1.017 a 1.021	171
Seção VIII – Da partilha – arts. 1.022 a 1.030	171
Seção IX – Do arrolamento – arts. 1.031 a 1.038	173
Seção X – Das disposições comuns às seções precedentes – arts. 1.039 a 1.045	175
Capítulo X – Dos embargos de terceiro – arts. 1.046 a 1.054	176
Capítulo XI – Da habilitação – arts. 1.055 a 1.062	177
Capítulo XII – Da restauração de autos – arts. 1.063 a 1.069	178
Capítulo XIII – Das vendas a crédito com reserva de domínio – arts. 1.070 e 1.071	179
Capítulo XIV – Do juízo arbitral – arts. 1.072 a 1.102	179
Capítulo XV – Da ação monitória – arts. 1.102-A a 1.102-C	179

Título II
DOS PROCEDIMENTOS ESPECIAIS DE JURISDIÇÃO VOLUNTÁRIA

Capítulo I – Das disposições gerais – arts. 1.103 a 1.112	180
Capítulo II – Das alienações judiciais – arts. 1.113 a 1.119	181
Capítulo III – Da separação consensual – arts. 1.120 a 1.124-A	181
Capítulo IV – Dos testamentos e codicilos – arts. 1.125 a 1.141	183
Seção I – Da abertura, do registro e do cumprimento – arts. 1.125 a 1.129	183
Seção II – Da confirmação do testamento particular – arts. 1.130 a 1.133	183
Seção III – Do testamento militar, marítimo, nuncupativo e do codicilo – art. 1.134	184
Seção IV – Da execução dos testamentos – arts. 1.135 a 1.141	184
Capítulo V – Da herança jacente – arts. 1.142 a 1.158	185
Capítulo VI – Dos bens dos ausentes – arts. 1.159 a 1.169	187
Capítulo VII – Das coisas vagas – arts. 1.170 a 1.176	188
Capítulo VIII – Da curatela dos interditos – arts. 1.177 a 1.186	188
Capítulo IX – Das disposições comuns à tutela e à curatela – arts. 1.187 a 1.198	189
Seção I – Da nomeação do tutor ou curador – arts. 1.187 a 1.193	190

Seção II – Da remoção e dispensa de tutor ou curador – arts. 1.194 a 1.198 190
Capítulo X – Da organização e da fiscalização das fundações – arts. 1.199 a 1.204 191
Capítulo XI – Da especialização da hipoteca legal – arts. 1.205 a 1.210 191

Livro V
DAS DISPOSIÇÕES FINAIS E TRANSITÓRIAS

Arts. 1.211 a 1.220 193

DISPOSIÇÕES MANTIDAS DO CÓDIGO DE 1939

Da dissolução e liquidação das sociedades	195
Dos protestos formados a bordo	197
Do dinheiro a risco	197
Da vistoria de fazendas avariadas	197
Da apreensão de embarcações	198
Da avaria a cargo do segurador	198
Das avarias	198
Dos salvados marítimos	199
Das arribadas forçadas	199

Livro V
DAS DISPOSIÇÕES FINAIS E TRANSITÓRIAS

Código de Processo Civil

LEI N. 5.869, DE 11 DE JANEIRO DE 1973 (*)

Institui o Código de Processo Civil.

O Presidente da República:

Faço saber que o Congresso Nacional decreta e eu sanciono a seguinte Lei:

Livro I
DO PROCESSO DE CONHECIMENTO

Título I
DA JURISDIÇÃO E DA AÇÃO

Capítulo I
DA JURISDIÇÃO

Art. 1.º A jurisdição civil, contenciosa e voluntária, é exercida pelos juízes, em todo o território nacional, conforme as disposições que este Código estabelece.

•• Dispositivo correspondente no CPC de 2015: art. 16.

Art. 2.º Nenhum juiz prestará a tutela jurisdicional senão quando a parte ou o interessado a requerer, nos casos e forma legais.

Capítulo II
DA AÇÃO

Art. 3.º Para propor ou contestar ação é necessário ter interesse e legitimidade.

•• Dispositivo correspondente no CPC de 2015: art. 17.

Art. 4.º O interesse do autor pode limitar-se à declaração:

(*) Publicada no *DOU*, de 17-1-1973.

•• Dispositivo correspondente no CPC de 2015: art. 19, *caput*.

I – da existência ou da inexistência de relação jurídica;

•• Dispositivo correspondente no CPC de 2015: art. 19, I.

II – da autenticidade ou falsidade de documento.

•• Dispositivo correspondente no CPC de 2015: art. 19, II.

Parágrafo único. É admissível a ação declaratória, ainda que tenha ocorrido a violação do direito.

•• Dispositivo correspondente no CPC de 2015: art. 20.

Art. 5.º Se, no curso do processo, se tornar litigiosa relação jurídica de cuja existência ou inexistência depender o julgamento da lide, qualquer das partes poderá requerer que o juiz a declare por sentença.

• Artigo com redação determinada pela Lei n. 5.925, de 1.º-10-1973.

Art. 6.º Ninguém poderá pleitear, em nome próprio, direito alheio, salvo quando autorizado por lei.

•• Dispositivo correspondente no CPC de 2015: art. 18.

Título II
DAS PARTES E DOS PROCURADORES

Capítulo I
DA CAPACIDADE PROCESSUAL

Art. 7.º Toda pessoa que se acha no exercício dos seus direitos tem capacidade para estar em juízo.

Arts. 7.º a 12

•• Dispositivo correspondente no CPC de 2015: art. 70.

Art. 8.º Os incapazes serão representados ou assistidos por seus pais, tutores ou curadores, na forma da lei civil.

•• Dispositivo correspondente no CPC de 2015: art. 71.

Art. 9.º O juiz dará curador especial:

•• Dispositivo correspondente no CPC de 2015: art. 72, *caput*.

I – ao incapaz, se não tiver representante legal, ou se os interesses deste colidirem com os daquele;

•• Dispositivo correspondente no CPC de 2015: art. 72, I.

II – ao réu preso, bem como ao revel citado por edital ou com hora certa.

•• Dispositivo correspondente no CPC de 2015: art. 72, II.

Parágrafo único. Nas comarcas onde houver representante judicial de incapazes ou de ausentes, a este competirá a função de curador especial.

•• Dispositivo correspondente no CPC de 2015: art. 72, parágrafo único.

Art. 10. O cônjuge somente necessitará do consentimento do outro para propor ações que versem sobre direitos reais imobiliários.

• *Caput* com redação determinada pela Lei n. 8.952, de 13-12-1994.

•• Dispositivo correspondente no CPC de 2015: art. 73, *caput*.

§ 1.º Ambos os cônjuges serão necessariamente citados para as ações:

• Antigo parágrafo único transformado em § 1.º pela Lei n. 8.952, de 13-12-1994.

•• Dispositivo correspondente no CPC de 2015: art. 73, § 1.º, *caput*.

I – que versem sobre direitos reais imobiliários;

•• Inciso I com redação determinada pela Lei n. 8.952, de 13-12-1994.

•• Dispositivo correspondente no CPC de 2015: art. 73, § 1.º, I.

II – resultantes de fatos que digam respeito a ambos os cônjuges ou de atos praticados por eles;

•• Inciso II com redação determinada pela Lei n. 5.925, de 1.º-10-1973.

•• Dispositivo correspondente no CPC de 2015: art. 73, § 1.º, II.

III – fundadas em dívidas contraídas pelo marido a bem da família, mas cuja execução tenha de recair sobre o produto do trabalho da mulher ou os seus bens reservados;

•• Inciso III com redação determinada pela Lei n. 5.925, de 1.º-10-1973.

•• Dispositivo correspondente no CPC de 2015: art. 73, § 1.º, III.

IV – que tenham por objeto o reconhecimento, a constituição ou a extinção de ônus sobre imóveis de um ou de ambos os cônjuges.

•• Inciso IV com redação determinada pela Lei n. 5.925, de 1.º-10-1973.

•• Dispositivo correspondente no CPC de 2015: art. 73, § 1.º, IV.

§ 2.º Nas ações possessórias, a participação do cônjuge do autor ou do réu somente é indispensável nos casos de composse ou de ato por ambos praticados.

• § 2.º acrescentado pela Lei n. 8.952, de 13-12-1994.

•• Dispositivo correspondente no CPC de 2015: art. 73, § 2.º.

Art. 11. A autorização do marido e a outorga da mulher podem suprir-se judicialmente, quando um cônjuge a recuse ao outro sem justo motivo, ou lhe seja impossível dá-la.

•• Dispositivo correspondente no CPC de 2015: art. 74, *caput*.

Parágrafo único. A falta, não suprida pelo juiz, da autorização ou da outorga, quando necessária, invalida o processo.

•• Dispositivo correspondente no CPC de 2015: art. 74, parágrafo único.

Art. 12. Serão representados em juízo, ativa e passivamente:

•• Dispositivo correspondente no CPC de 2015: art. 75, *caput*.

I – a União, os Estados, o Distrito Federal e os Territórios, por seus procuradores;

•• Dispositivo correspondente no CPC de 2015: art. 75, I e II.

II – o Município, por seu Prefeito ou procurador;

•• Dispositivo correspondente no CPC de 2015: art. 75, III.

III – a massa falida, pelo síndico;

•• Dispositivo correspondente no CPC de 2015: art. 75, V.

Processo de Conhecimento

Arts. 12 a 14

IV – a herança jacente ou vacante, por seu curador;

•• Dispositivo correspondente no CPC de 2015: art. 75, VI.

V – o espólio, pelo inventariante;

•• Dispositivo correspondente no CPC de 2015: art. 75, VII.

VI – as pessoas jurídicas, por quem os respectivos estatutos designarem, ou, não os designando, por seus diretores;

•• Dispositivo correspondente no CPC de 2015: art. 75, VIII.

VII – as sociedades sem personalidade jurídica, pela pessoa a quem couber a administração dos seus bens;

•• Dispositivo correspondente no CPC de 2015: art. 75, IX.

VIII – a pessoa jurídica estrangeira, pelo gerente, representante ou administrador de sua filial, agência ou sucursal aberta ou instalada no Brasil (art. 88, parágrafo único);

•• Dispositivo correspondente no CPC de 2015: art. 75, X.

IX – o condomínio, pelo administrador ou pelo síndico.

•• Dispositivo correspondente no CPC de 2015: art. 75, XI.

§ 1.º Quando o inventariante for dativo, todos os herdeiros e sucessores do falecido serão autores ou réus nas ações em que o espólio for parte.

•• Dispositivo correspondente no CPC de 2015: art. 75, § 1.º.

§ 2.º As sociedades sem personalidade jurídica, quando demandadas, não poderão opor a irregularidade de sua constituição.

•• Dispositivo correspondente no CPC de 2015: art. 75, § 2.º.

§ 3.º O gerente da filial ou agência presume-se autorizado, pela pessoa jurídica estrangeira, a receber citação inicial para o processo de conhecimento, de execução, cautelar e especial.

•• Dispositivo correspondente no CPC de 2015: art. 75, § 3.º.

Art. 13. Verificando a incapacidade processual ou a irregularidade da representação das partes, o juiz, suspendendo o processo, marcará prazo razoável para ser sanado o defeito.

Não sendo cumprido o despacho dentro do prazo, se a providência couber:

•• Dispositivo correspondente no CPC de 2015: art. 76, *caput*, e § 1.º, *caput*.

I – ao autor, o juiz decretará a nulidade do processo;

•• Dispositivo correspondente no CPC de 2015: art. 76, § 1.º, I.

II – ao réu, reputar-se-á revel;

•• Dispositivo correspondente no CPC de 2015: art. 76, § 1.º, II.

III – ao terceiro, será excluído do processo.

•• Dispositivo correspondente no CPC de 2015: art. 76, § 1.º, III.

Capítulo II
DOS DEVERES DAS PARTES E DOS SEUS PROCURADORES

Seção I
Dos Deveres

Art. 14. São deveres das partes e de todos aqueles que de qualquer forma participam do processo:

•• *Caput* com redação determinada pela Lei n. 10.358, de 27-12-2001.

•• Dispositivo correspondente no CPC de 2015: art. 77, *caput*.

I – expor os fatos em juízo conforme a verdade;

•• Dispositivo correspondente no CPC de 2015: art. 77, I.

II – proceder com lealdade e boa-fé;

III – não formular pretensões, nem alegar defesa, cientes de que são destituídas de fundamento;

•• Dispositivo correspondente no CPC de 2015: art. 77, II.

IV – não produzir provas, nem praticar atos inúteis ou desnecessários à declaração ou defesa do direito;

•• Dispositivo correspondente no CPC de 2015: art. 77, III.

V – cumprir com exatidão os provimentos mandamentais e não criar embaraços à efetivação de provimentos judiciais, de natureza antecipatória ou final.

•• Inciso V acrescentado pela Lei n. 10.358, de 27-12-2001.

•• Dispositivo correspondente no CPC de 2015: art. 77, IV.

Parágrafo único. Ressalvados os advogados que se sujeitam exclusivamente aos estatutos da

Arts. 14 a 18 — Processo de Conhecimento

OAB, a violação do disposto no inciso V deste artigo constitui ato atentatório ao exercício da jurisdição, podendo o juiz, sem prejuízo das sanções criminais, civis e processuais cabíveis, aplicar ao responsável multa em montante a ser fixado de acordo com a gravidade da conduta e não superior a 20% (vinte por cento) do valor da causa; não sendo paga no prazo estabelecido, contado do trânsito em julgado da decisão final da causa, a multa será inscrita sempre como dívida ativa da União ou do Estado.

- •• Parágrafo único acrescentado pela Lei n. 10.358, de 27-12-2001.
- •• O STF, na ADIn n. 2.652-6, de 8-5-2003, sem redução de texto, empresta à expressão "ressalvados os advogados que se sujeitam exclusivamente aos estatutos da OAB", contida neste parágrafo único, interpretação conforme a CF, de forma a abranger advogados do setor privado e do setor público.

Art. 15. É defeso às partes e seus advogados empregar expressões injuriosas nos escritos apresentados no processo, cabendo ao juiz, de ofício ou a requerimento do ofendido, mandar riscá-las.

- •• Dispositivo correspondente no CPC de 2015: art. 78, caput.

Parágrafo único. Quando as expressões injuriosas forem proferidas em defesa oral, o juiz advertirá o advogado que não as use, sob pena de lhe ser cassada a palavra.

- •• Dispositivo correspondente no CPC de 2015: art. 78, § 1.º.

Seção II
Da Responsabilidade das Partes por Dano Processual

Art. 16. Responde por perdas e danos aquele que pleitear de má-fé como autor, réu ou interveniente.

- •• Dispositivo correspondente no CPC de 2015: art. 79.

Art. 17. Reputa-se litigante de má-fé aquele que:

- •• Caput com redação determinada pela Lei n. 6.771, de 27-3-1980.
- •• Dispositivo correspondente no CPC de 2015: art. 80, caput.

I – deduzir pretensão ou defesa contra texto expresso de lei ou fato incontroverso;

- •• Inciso I com redação determinada pela Lei n. 6.771, de 27-3-1980.
- •• Dispositivo correspondente no CPC de 2015: art. 80, I.

II – alterar a verdade dos fatos;

- •• Inciso II com redação determinada pela Lei n. 6.771, de 27-3-1980.
- •• Dispositivo correspondente no CPC de 2015: art. 80, II.

III – usar do processo para conseguir objetivo ilegal;

- •• Inciso III com redação determinada pela Lei n. 6.771, de 27-3-1980.
- •• Dispositivo correspondente no CPC de 2015: art. 80, III.

IV – opuser resistência injustificada ao andamento do processo;

- •• Inciso IV com redação determinada pela Lei n. 6.771, de 27-3-1980.
- •• Dispositivo correspondente no CPC de 2015: art. 80, IV.

V – proceder de modo temerário em qualquer incidente ou ato do processo;

- •• Inciso V com redação determinada pela Lei n. 6.771, de 27-3-1980.
- •• Dispositivo correspondente no CPC de 2015: art. 80, V.

VI – provocar incidentes manifestamente infundados;

- •• Inciso VI com redação determinada pela Lei n. 6.771, de 27-3-1980.
- •• Dispositivo correspondente no CPC de 2015: art. 80, VI.

VII – interpuser recurso com intuito manifestamente protelatório.

- •• Inciso VII acrescentado pela Lei n. 9.668, de 23-6-1998.
- •• Dispositivo correspondente no CPC de 2015: art. 80, VII.

Art. 18. O juiz ou tribunal, de ofício ou a requerimento, condenará o litigante de má-fé a pagar multa não excedente a 1% (um por cento) sobre o valor da causa e a indenizar a parte contrária dos prejuízos que esta sofreu, mais os honorários advocatícios e todas as despesas que efetuou.

- •• Caput com redação determinada pela Lei n. 9.668, de 23-6-1998.
- •• Dispositivo correspondente no CPC de 2015: art. 81, caput.

Processo de Conhecimento

§ 1.º Quando forem dois ou mais os litigantes de má-fé, o juiz condenará cada um na proporção do seu respectivo interesse na causa, ou solidariamente aqueles que se coligaram para lesar a parte contrária.

•• Dispositivo correspondente no CPC de 2015: art. 81, § 1.º.

§ 2.º O valor da indenização será desde logo fixado pelo juiz, em quantia não superior a 20% (vinte por cento) sobre o valor da causa, ou liquidado por arbitramento.

•• § 2.º com redação determinada pela Lei n. 8.952, de 13-12-1994.

•• Dispositivo correspondente no CPC de 2015: art. 81, § 3.º.

Seção III
Das Despesas e das Multas

Art. 19. Salvo as disposições concernentes à justiça gratuita, cabe às partes prover as despesas dos atos que realizam ou requerem no processo, antecipando-lhes o pagamento desde o início até sentença final; e bem ainda, na execução, até a plena satisfação do direito declarado pela sentença.

•• Dispositivo correspondente no CPC de 2015: art. 82, caput.

§ 1.º O pagamento de que trata este artigo será feito por ocasião de cada ato processual.

§ 2.º Compete ao autor adiantar as despesas relativas a atos, cuja realização o juiz determinar de ofício ou a requerimento do Ministério Público.

•• Dispositivo correspondente no CPC de 2015: art. 82, § 1.º.

Art. 20. A sentença condenará o vencido a pagar ao vencedor as despesas que antecipou e os honorários advocatícios. Essa verba honorária será devida, também, nos casos em que o advogado funcionar em causa própria.

•• Caput com redação determinada pela Lei n. 6.355, de 8-9-1976.

•• Dispositivos correspondentes no CPC de 2015: arts. 82, § 2.º, e 85, caput.

§ 1.º O juiz, ao decidir qualquer incidente ou recurso, condenará nas despesas o vencido.

•• § 1.º com redação determinada pela Lei n. 5.925, de 1.º-10-1973.

§ 2.º As despesas abrangem não só as custas dos atos do processo, como também a indenização de viagem, diária de testemunha e remuneração do assistente técnico.

•• § 2.º com redação determinada pela Lei n. 5.925, de 1.º-10-1973.

•• Dispositivo correspondente no CPC de 2015: art. 84.

§ 3.º Os honorários serão fixados entre o mínimo de 10% (dez por cento) e o máximo de 20% (vinte por cento) sobre o valor da condenação, atendidos:

•• Dispositivo correspondente no CPC de 2015: art. 85, § 2.º, caput.

a) o grau de zelo do profissional;

•• Dispositivo correspondente no CPC de 2015: art. 85, § 2.º, I.

b) o lugar de prestação do serviço;

•• Dispositivo correspondente no CPC de 2015: art. 85, § 2.º, II.

c) a natureza e importância da causa, o trabalho realizado pelo advogado e o tempo exigido para o seu serviço.

•• § 3.º com redação determinada pela Lei n. 5.925, de 1.º-10-1973.

•• Dispositivo correspondente no CPC de 2015: art. 85, § 2.º, III.

§ 4.º Nas causas de pequeno valor, nas de valor inestimável, naquelas em que não houver condenação ou for vencida a Fazenda Pública, e nas execuções, embargadas ou não, os honorários serão fixados consoante apreciação equitativa do juiz, atendidas as normas das alíneas a, b e c do parágrafo anterior.

•• § 4.º com redação determinada pela Lei n. 8.952, de 13-12-1994.

•• Dispositivo correspondente no CPC de 2015: art. 85, § 8.º.

§ 5.º Nas ações de indenização por ato ilícito contra pessoa, o valor da condenação será a soma das prestações vencidas com o capital necessário a produzir a renda correspondente às prestações vincendas (art. 602), podendo estas ser pagas, também mensalmente, na forma do § 2.º do referido art. 602, inclusive em consignação na folha de pagamentos do devedor.

Arts. 20 a 33 — Processo de Conhecimento

•• § 5.º acrescentado pela Lei n. 6.745, de 5-12-1979.

•• Dispositivo correspondente no CPC de 2015: art. 85, § 9.º.

Art. 21. Se cada litigante for em parte vencedor e vencido, serão recíproca e proporcionalmente distribuídos e compensados entre eles os honorários e as despesas.

•• Dispositivo correspondente no CPC de 2015: art. 86, *caput*.

Parágrafo único. Se um litigante decair de parte mínima do pedido, o outro responderá, por inteiro, pelas despesas e honorários.

•• Dispositivo correspondente no CPC de 2015: art. 86, parágrafo único.

Art. 22. O réu que, por não arguir na sua resposta fato impeditivo, modificativo ou extintivo do direito do autor, dilatar o julgamento da lide, será condenado nas custas a partir do saneamento do processo e perderá, ainda que vencedor na causa, o direito a haver do vencido honorários advocatícios.

•• Artigo com redação determinada pela Lei n. 5.925, de 1.º-10-1973.

Art. 23. Concorrendo diversos autores ou diversos réus, os vencidos respondem pelas despesas e honorários em proporção.

•• Dispositivo correspondente no CPC de 2015: art. 87.

Art. 24. Nos procedimentos de jurisdição voluntária, as despesas serão adiantadas pelo requerente, mas rateadas entre os interessados.

•• Dispositivo correspondente no CPC de 2015: art. 88.

Art. 25. Nos juízos divisórios, não havendo litígio, os interessados pagarão as despesas proporcionalmente aos seus quinhões.

•• Dispositivo correspondente no CPC de 2015: art. 89.

Art. 26. Se o processo terminar por desistência ou reconhecimento do pedido, as despesas e os honorários serão pagos pela parte que desistiu ou reconheceu.

•• Dispositivo correspondente no CPC de 2015: art. 90, *caput*.

§ 1.º Sendo parcial a desistência ou o reconhecimento, a responsabilidade pelas despesas e honorários será proporcional à parte de que se desistiu ou que se reconheceu.

•• Dispositivo correspondente no CPC de 2015: art. 90, § 1.º.

§ 2.º Havendo transação e nada tendo as partes disposto quanto às despesas, estas serão divididas igualmente.

•• Dispositivo correspondente no CPC de 2015: art. 90, § 2.º.

Art. 27. As despesas dos atos processuais, efetuados a requerimento do Ministério Público ou da Fazenda Pública, serão pagas a final pelo vencido.

•• Dispositivo correspondente no CPC de 2015: art. 91.

Art. 28. Quando, a requerimento do réu, o juiz declarar extinto o processo sem julgar o mérito (art. 267, § 2.º), o autor não poderá intentar de novo a ação, sem pagar ou depositar em cartório as despesas e os honorários, em que foi condenado.

•• Dispositivo correspondente no CPC de 2015: art. 92.

Art. 29. As despesas dos atos, que forem adiados ou tiverem de repetir-se, ficarão a cargo da parte, do serventuário, do órgão do Ministério Público ou do juiz que, sem justo motivo, houver dado causa ao adiamento ou à repetição.

•• Dispositivo correspondente no CPC de 2015: art. 93.

Art. 30. Quem receber custas indevidas ou excessivas é obrigado a restituí-las, incorrendo em multa equivalente ao dobro de seu valor.

Art. 31. As despesas dos atos manifestamente protelatórios, impertinentes ou supérfluos serão pagas pela parte que os tiver promovido ou praticado, quando impugnados pela outra.

Art. 32. Se o assistido ficar vencido, o assistente será condenado nas custas em proporção à atividade que houver exercido no processo.

•• Dispositivo correspondente no CPC de 2015: art. 94.

Art. 33. Cada parte pagará a remuneração do assistente técnico que houver indicado; a do perito será paga pela parte que houver requerido o exame, ou pelo autor, quando requerido por ambas as partes ou determinado de ofício pelo juiz.

•• Dispositivo correspondente no CPC de 2015: art. 95, *caput*.

Processo de Conhecimento

Parágrafo único. O juiz poderá determinar que a parte responsável pelo pagamento dos honorários do perito deposite em juízo o valor correspondente a essa remuneração. O numerário, recolhido em depósito bancário à ordem do juízo e com correção monetária, será entregue ao perito após a apresentação do laudo, facultada a sua liberação parcial, quando necessária.

•• Parágrafo único acrescentado pela Lei n. 8.952, de 13-12-1994.

•• Dispositivo correspondente no CPC de 2015: art. 95, §§ 1.º e 2.º.

Art. 34. Aplicam-se à reconvenção, à oposição, à ação declaratória incidental e aos procedimentos de jurisdição voluntária, no que couber, as disposições constantes desta seção.

•• Artigo com redação determinada pela Lei n. 5.925, de 1.º-10-1973.

•• Dispositivo correspondente no CPC de 2015: art. 85, § 1.º.

Art. 35. As sanções impostas às partes em consequência de má-fé serão contadas como custas e reverterão em benefício da parte contrária; as impostas aos serventuários pertencerão ao Estado.

•• Dispositivo correspondente no CPC de 2015: art. 96.

Capítulo III
DOS PROCURADORES

Art. 36. A parte será representada em juízo por advogado legalmente habilitado. Ser-lhe-á lícito, no entanto, postular em causa própria, quando tiver habilitação legal ou, não a tendo, no caso de falta de advogado no lugar ou recusa ou impedimento dos que houver.

•• Dispositivo correspondente no CPC de 2015: art. 103.

§§ 1.º e 2.º (*Revogados pela Lei n. 9.649, de 27-5-1998.*)

Art. 37. Sem instrumento de mandato, o advogado não será admitido a procurar em juízo. Poderá, todavia, em nome da parte, intentar ação, a fim de evitar decadência ou prescrição, bem como intervir, no processo, para praticar atos reputados urgentes. Nestes casos, o advogado se obrigará, independentemente de caução, a exibir o instrumento de mandato no prazo de 15 (quinze) dias, prorrogável até outros 15 (quinze), por despacho do juiz.

•• Dispositivo correspondente no CPC de 2015: art. 104, *caput*.

Parágrafo único. Os atos, não ratificados no prazo, serão havidos por inexistentes, respondendo o advogado por despesas e perdas e danos.

•• Dispositivo correspondente no CPC de 2015: art. 104, § 2.º.

Art. 38. A procuração geral para o foro, conferida por instrumento público, ou particular assinado pela parte, habilita o advogado a praticar todos os atos do processo, salvo para receber citação inicial, confessar, reconhecer a procedência do pedido, transigir, desistir, renunciar ao direito sobre que se funda a ação, receber, dar quitação e firmar compromisso.

• *Caput* com redação determinada pela Lei n. 8.952, de 13-12-1994.

•• Dispositivo correspondente no CPC de 2015: art. 105, *caput*.

Parágrafo único. A procuração pode ser assinada digitalmente com base em certificado emitido por Autoridade Certificadora credenciada, na forma da lei específica.

•• Parágrafo único acrescentado pela Lei n. 11.419, de 19-12-2006.

•• Dispositivo correspondente no CPC de 2015: art. 105, § 1.º.

Art. 39. Compete ao advogado, ou à parte quando postular em causa própria:

•• Dispositivo correspondente no CPC de 2015: art. 106, *caput*.

I – declarar, na petição inicial ou na contestação, o endereço em que receberá intimação;

•• Dispositivo correspondente no CPC de 2015: art. 106, I.

II – comunicar ao escrivão do processo qualquer mudança de endereço.

•• Dispositivo correspondente no CPC de 2015: art. 106, II.

Parágrafo único. Se o advogado não cumprir o disposto no n. I deste artigo, o juiz, antes de determinar a citação do réu, mandará que se supra a omissão no prazo de 48 (quarenta e oito) horas, sob pena de indeferimento da petição; se infringir o previsto no n. II, reputar-se-ão válidas as intimações enviadas, em carta registrada, para o endereço constante dos autos.

Arts. 39 a 46 — Processo de Conhecimento

•• Dispositivo correspondente no CPC de 2015: art. 106, §§ 1.º e 2.º.

Art. 40. O advogado tem direito de:

•• Dispositivo correspondente no CPC de 2015: art. 107, *caput*.

I – examinar, em cartório de justiça e secretaria de tribunal, autos de qualquer processo, salvo o disposto no art. 155;

•• Dispositivo correspondente no CPC de 2015: art. 107, I.

II – requerer, como procurador, vista dos autos de qualquer processo pelo prazo de 5 (cinco) dias;

•• Dispositivo correspondente no CPC de 2015: art. 107, II.

III – retirar os autos do cartório ou secretaria, pelo prazo legal, sempre que lhe competir falar neles por determinação do juiz, nos casos previstos em lei.

•• Dispositivo correspondente no CPC de 2015: art. 107, III.

§ 1.º Ao receber os autos, o advogado assinará carga no livro competente.

•• Dispositivo correspondente no CPC de 2015: art. 107, § 1.º.

§ 2.º Sendo comum às partes o prazo, só em conjunto ou mediante prévio ajuste por petição nos autos, poderão os seus procuradores retirar os autos, ressalvada a obtenção de cópias para a qual cada procurador poderá retirá-los pelo prazo de 1 (uma) hora independentemente de ajuste.

•• § 2.º com redação determinada pela Lei n. 11.969, de 6-7-2009.

•• Dispositivo correspondente no CPC de 2015: art. 107, §§ 2.º e 3.º.

Capítulo IV
DA SUBSTITUIÇÃO DAS PARTES E DOS PROCURADORES

Art. 41. Só é permitida, no curso do processo, a substituição voluntária das partes nos casos expressos em lei.

•• Dispositivo correspondente no CPC de 2015: art. 108.

Art. 42. A alienação da coisa ou do direito litigioso, a título particular, por ato entre vivos, não altera a legitimidade das partes.

•• Dispositivo correspondente no CPC de 2015: art. 109, *caput*.

§ 1.º O adquirente ou o cessionário não poderá ingressar em juízo, substituindo o alienante, ou o cedente, sem que o consinta a parte contrária.

•• Dispositivo correspondente no CPC de 2015: art. 109, § 1.º.

§ 2.º O adquirente ou o cessionário poderá, no entanto, intervir no processo, assistindo o alienante ou o cedente.

•• Dispositivo correspondente no CPC de 2015: art. 109, § 2.º.

§ 3.º A sentença, proferida entre as partes originárias, estende os seus efeitos ao adquirente ou ao cessionário.

•• Dispositivo correspondente no CPC de 2015: art. 109, § 3.º.

Art. 43. Ocorrendo a morte de qualquer das partes, dar-se-á a substituição pelo seu espólio ou pelos seus sucessores, observado o disposto no art. 265.

•• Dispositivo correspondente no CPC de 2015: art. 110.

Art. 44. A parte, que revogar o mandato outorgado ao seu advogado, no mesmo ato constituirá outro que assuma o patrocínio da causa.

•• Dispositivo correspondente no CPC de 2015: art. 111.

Art. 45. O advogado poderá, a qualquer tempo, renunciar ao mandato, provando que cientificou o mandante a fim de que este nomeie substituto. Durante os 10 (dez) dias seguintes, o advogado continuará a representar o mandante, desde que necessário para lhe evitar prejuízo.

•• Artigo com redação determinada pela Lei n. 8.952, de 13-12-1994.

•• Dispositivo correspondente no CPC de 2015: art. 112, *caput* e § 1.º.

Capítulo V
DO LITISCONSÓRCIO E DA ASSISTÊNCIA

Seção I
Do Litisconsórcio

Art. 46. Duas ou mais pessoas podem litigar,

no mesmo processo, em conjunto, ativa ou passivamente, quando:

•• Dispositivo correspondente no CPC de 2015: art. 113, *caput*.

I – entre elas houver comunhão de direitos ou de obrigações relativamente à lide;

•• Dispositivo correspondente no CPC de 2015: art. 113, I.

II – os direitos ou as obrigações derivarem do mesmo fundamento de fato ou de direito;

III – entre as causas houver conexão pelo objeto ou pela causa de pedir;

•• Dispositivo correspondente no CPC de 2015: art. 113, II.

IV – ocorrer afinidade de questões por um ponto comum de fato ou de direito.

•• Dispositivo correspondente no CPC de 2015: art. 113, III.

Parágrafo único. O juiz poderá limitar o litisconsórcio facultativo quanto ao número de litigantes, quando este comprometer a rápida solução do litígio ou dificultar a defesa. O pedido de limitação interrompe o prazo para resposta, que recomeça da intimação da decisão.

•• Parágrafo único acrescentado pela Lei n. 8.952, de 13-12-1994.
•• Dispositivo correspondente no CPC de 2015: art. 113, §§ 1.º e 2.º.

Art. 47. Há litisconsórcio necessário, quando, por disposição de lei ou pela natureza da relação jurídica, o juiz tiver de decidir a lide de modo uniforme para todas as partes; caso em que a eficácia da sentença dependerá da citação de todos os litisconsortes no processo.

•• Dispositivo correspondente no CPC de 2015: art. 114.

Parágrafo único. O juiz ordenará ao autor que promova a citação de todos os litisconsortes necessários, dentro do prazo que assinar, sob pena de declarar extinto o processo.

•• Dispositivo correspondente no CPC de 2015: art. 115, parágrafo único.

Art. 48. Salvo disposição em contrário, os litisconsortes serão considerados, em suas relações com a parte adversa, como litigantes distintos; os atos e as omissões de um não prejudicarão nem beneficiarão os outros.

•• Dispositivo correspondente no CPC de 2015: art. 117.

Art. 49. Cada litisconsorte tem o direito de promover o andamento do processo e todos devem ser intimados dos respectivos atos.

•• Dispositivo correspondente no CPC de 2015: art. 118.

Seção II
Da Assistência

Art. 50. Pendendo uma causa entre duas ou mais pessoas, o terceiro, que tiver interesse jurídico em que a sentença seja favorável a uma delas, poderá intervir no processo para assisti-la.

•• Dispositivo correspondente no CPC de 2015: art. 119, *caput*.

Parágrafo único. A assistência tem lugar em qualquer dos tipos de procedimento e em todos os graus da jurisdição; mas o assistente recebe o processo no estado em que se encontra.

•• Dispositivo correspondente no CPC de 2015: art. 119, parágrafo único.

Art. 51. Não havendo impugnação dentro de 5 (cinco) dias, o pedido do assistente será deferido. Se qualquer das partes alegar, no entanto, que falece ao assistente interesse jurídico para intervir a bem do assistido, o juiz:

•• Dispositivo correspondente no CPC de 2015: art. 120.

I – determinará, sem suspensão do processo, o desentranhamento da petição e da impugnação, a fim de serem autuadas em apenso;

II – autorizará a produção de provas;

III – decidirá, dentro de 5 (cinco) dias, o incidente.

Art. 52. O assistente atuará como auxiliar da parte principal, exercerá os mesmos poderes e sujeitar-se-á aos mesmos ônus processuais que o assistido.

•• Dispositivo correspondente no CPC de 2015: art. 121, *caput*.

Parágrafo único. Sendo revel o assistido, o assistente será considerado seu gestor de negócios.

•• Dispositivo correspondente no CPC de 2015: art. 121, parágrafo único.

Art. 53. A assistência não obsta a que a parte principal reconheça a procedência do pedido, desista da ação ou transija sobre direitos controvertidos; casos em que, terminando o processo, cessa a intervenção do assistente.

•• Dispositivo correspondente no CPC de 2015: art. 122.

Art. 54. Considera-se litisconsorte da parte principal o assistente, toda vez que a sentença houver de influir na relação jurídica entre ele e o adversário do assistido.

•• Dispositivo correspondente no CPC de 2015: art. 124.

Parágrafo único. Aplica-se ao assistente litisconsorcial, quanto ao pedido de intervenção, sua impugnação e julgamento do incidente, o disposto no art. 51.

Art. 55. Transitada em julgado a sentença, na causa em que interveio o assistente, este não poderá, em processo posterior, discutir a justiça da decisão, salvo se alegar e provar que:

•• Dispositivo correspondente no CPC de 2015: art. 123, caput.

I – pelo estado em que recebera o processo, ou pelas declarações e atos do assistido, fora impedido de produzir provas suscetíveis de influir na sentença;

•• Dispositivo correspondente no CPC de 2015: art. 123, I.

II – desconhecia a existência de alegações ou de provas, de que o assistido, por dolo ou culpa, não se valeu.

•• Dispositivo correspondente no CPC de 2015: art. 123, II.

Capítulo VI
DA INTERVENÇÃO DE TERCEIROS

Seção I
Da Oposição

Art. 56. Quem pretender, no todo ou em parte, a coisa ou o direito sobre que controvertem autor e réu, poderá, até ser proferida a sentença, oferecer oposição contra ambos.

•• Dispositivo correspondente no CPC de 2015: art. 682.

Art. 57. O oponente deduzirá o seu pedido, observando os requisitos exigidos para a propositura da ação (arts. 282 e 283). Distribuída a oposição por dependência, serão os opostos citados, na pessoa dos seus respectivos advogados, para contestar o pedido no prazo comum de 15 (quinze) dias.

•• Dispositivo correspondente no CPC de 2015: art. 683.

Parágrafo único. Se o processo principal correr à revelia do réu, este será citado na forma estabelecida no Título V, Capítulo IV, Seção III, deste Livro.

Art. 58. Se um dos opostos reconhecer a procedência do pedido, contra o outro prosseguirá o oponente.

•• Dispositivo correspondente no CPC de 2015: art. 684.

Art. 59. A oposição, oferecida antes da audiência, será apensada aos autos principais e correrá simultaneamente com a ação, sendo ambas julgadas pela mesma sentença.

•• Dispositivo correspondente no CPC de 2015: art. 685, caput.

Art. 60. Oferecida depois de iniciada a audiência, seguirá a oposição o procedimento ordinário, sendo julgada sem prejuízo da causa principal. Poderá o juiz, todavia, sobrestar no andamento do processo, por prazo nunca superior a 90 (noventa) dias, a fim de julgá-la conjuntamente com a oposição.

•• Dispositivo correspondente no CPC de 2015: art. 685, parágrafo único.

Art. 61. Cabendo ao juiz decidir simultaneamente a ação e a oposição, desta conhecerá em primeiro lugar.

•• Dispositivo correspondente no CPC de 2015: art. 686.

Seção II
Da Nomeação à Autoria

Art. 62. Aquele que detiver a coisa em nome alheio, sendo-lhe demandada em nome próprio, deverá nomear à autoria o proprietário ou o possuidor.

Art. 63. Aplica-se também o disposto no artigo antecedente à ação de indenização, intentada pelo proprietário ou pelo titular de um direito sobre a coisa, toda vez que o responsável pelos prejuízos alegar que praticou o ato por ordem, ou em cumprimento de instruções de terceiro.

Processo de Conhecimento

Art. 64. Em ambos os casos, o réu requererá a nomeação no prazo para a defesa; o juiz, ao deferir o pedido, suspenderá o processo e mandará ouvir o autor no prazo de 5 (cinco) dias.

Art. 65. Aceitando o nomeado, ao autor incumbirá promover-lhe a citação; recusando-o, ficará sem efeito a nomeação.

Art. 66. Se o nomeado reconhecer a qualidade que lhe é atribuída, contra ele correrá o processo; se a negar, o processo continuará contra o nomeante.

Art. 67. Quando o autor recusar o nomeado, ou quando este negar a qualidade que lhe é atribuída, assinar-se-á ao nomeante novo prazo para contestar.

Art. 68. Presume-se aceita a nomeação se:

I – o autor nada requereu, no prazo em que, a seu respeito, lhe competia manifestar-se;

II – o nomeado não comparecer, ou, comparecendo, nada alegar.

Art. 69. Responderá por perdas e danos aquele a quem incumbia a nomeação:

I – deixando de nomear à autoria, quando lhe competir;

II – nomeando pessoa diversa daquela em cujo nome detém a coisa demandada.

Seção III
Da Denunciação da Lide

Art. 70. A denunciação da lide é obrigatória:

•• Dispositivo correspondente no CPC de 2015: art. 125, *caput*.

I – ao alienante, na ação em que terceiro reivindica a coisa, cujo domínio foi transferido à parte, a fim de que esta possa exercer o direito que da evicção lhe resulta;

•• Dispositivo correspondente no CPC de 2015: art. 125, I.

II – ao proprietário ou ao possuidor indireto quando, por força de obrigação ou direito, em casos como o do usufrutuário, do credor pignoratício, do locatário, o réu, citado em nome próprio, exerça a posse direta da coisa demandada;

III – àquele que estiver obrigado, pela lei ou pelo contrato, a indenizar, em ação regressiva, o prejuízo do que perder a demanda.

•• Dispositivo correspondente no CPC de 2015: art. 125, II.

Art. 71. A citação do denunciado será requerida, juntamente com a do réu, se o denunciante for o autor; e, no prazo para contestar, se o denunciante for o réu.

•• Dispositivo correspondente no CPC de 2015: art. 126.

Art. 72. Ordenada a citação, ficará suspenso o processo.

§ 1.º A citação do alienante, do proprietário, do possuidor indireto ou do responsável pela indenização far-se-á:

a) quando residir na mesma comarca, dentro de 10 (dez) dias;

b) quando residir em outra comarca, ou em lugar incerto, dentro de 30 (trinta) dias.

§ 2.º Não se procedendo à citação no prazo marcado, a ação prosseguirá unicamente em relação ao denunciante.

Art. 73. Para os fins do disposto no art. 70, o denunciado, por sua vez, intimará do litígio o alienante, o proprietário, o possuidor indireto ou o responsável pela indenização e, assim, sucessivamente, observando-se, quanto aos prazos, o disposto no artigo antecedente.

Art. 74. Feita a denunciação pelo autor, o denunciado, comparecendo, assumirá a posição de litisconsorte do denunciante e poderá aditar a petição inicial, procedendo-se em seguida à citação do réu.

•• Dispositivo correspondente no CPC de 2015: art. 127.

Art. 75. Feita a denunciação pelo réu:

•• Dispositivo correspondente no CPC de 2015: art. 128, *caput*.

I – se o denunciado a aceitar e contestar o pedido, o processo prosseguirá entre o autor, de um lado, e de outro, como litisconsortes, o denunciante e o denunciado;

•• Dispositivo correspondente no CPC de 2015: art. 128, I.

II – se o denunciado for revel, ou comparecer apenas para negar a qualidade que lhe foi atribuída, cumprirá ao denunciante prosseguir na defesa até final;

•• Dispositivo correspondente no CPC de 2015: art. 128, II.

III – se o denunciado confessar os fatos alegados pelo autor, poderá o denunciante prosseguir na defesa.

•• Dispositivo correspondente no CPC de 2015: art. 128, III.

Art. 76. A sentença, que julgar procedente a ação, declarará, conforme o caso, o direito do evicto, ou a responsabilidade por perdas e danos, valendo como título executivo.

•• Dispositivo correspondente no CPC de 2015: art. 129.

Seção IV
Do Chamamento ao Processo

Art. 77. É admissível o chamamento ao processo:

•• *Caput* com redação determinada pela Lei n. 5.925, de 1.º-10-1973.
•• Dispositivo correspondente no CPC de 2015: art. 130, *caput*.

I – do devedor, na ação em que o fiador for réu;

•• Inciso I com redação determinada pela Lei n. 5.925, de 1.º-10-1973.
•• Dispositivo correspondente no CPC de 2015: art. 130, I.

II – dos outros fiadores, quando para a ação for citado apenas um deles;

•• Inciso II com redação determinada pela Lei n. 5.925, de 1.º-10-1973.
•• Dispositivo correspondente no CPC de 2015: art. 130, II.

III – de todos os devedores solidários, quando o credor exigir de um ou de alguns deles, parcial ou totalmente, a dívida comum.

•• Inciso III com redação determinada pela Lei n. 5.925, de 1.º-10-1973.
•• Dispositivo correspondente no CPC de 2015: art. 130, III.

Art. 78. Para que o juiz declare, na mesma sentença, as responsabilidades dos obrigados, a que se refere o artigo antecedente, o réu requererá, no prazo para contestar, a citação do chamado.

•• Dispositivo correspondente no CPC de 2015: art. 131.

Art. 79. O juiz suspenderá o processo, mandando observar, quanto à citação e aos prazos, o disposto nos arts. 72 e 74.

Art. 80. A sentença, que julgar procedente a ação, condenando os devedores, valerá como título executivo, em favor do que satisfizer a dívida, para exigi-la, por inteiro, do devedor principal, ou de cada um dos codevedores a sua quota, na proporção que lhes tocar.

•• Dispositivo correspondente no CPC de 2015: art. 132.

Título III
DO MINISTÉRIO PÚBLICO

Art. 81. O Ministério Público exercerá o direito de ação nos casos previstos em lei, cabendo-lhe, no processo, os mesmos poderes e ônus que às partes.

•• Dispositivo correspondente no CPC de 2015: art. 177.

Art. 82. Compete ao Ministério Público intervir:

•• Dispositivo correspondente no CPC de 2015: art. 178, *caput*.

I – nas causas em que há interesses de incapazes;

•• Dispositivo correspondente no CPC de 2015: art. 178, II.

II – nas causas concernentes ao estado da pessoa, pátrio poder, tutela, curatela, interdição, casamento, declaração de ausência e disposições de última vontade;

III – nas ações que envolvam litígios coletivos pela posse da terra rural e nas demais causas em que há interesse público evidenciado pela natureza da lide ou qualidade da parte.

•• Inciso III com redação determinada pela Lei n. 9.415, de 23-12-1996.
•• Dispositivo correspondente no CPC de 2015: art. 178, III.

Art. 83. Intervindo como fiscal da lei, o Ministério Público:

•• Dispositivo correspondente no CPC de 2015: art. 179, *caput*.

I – terá vista dos autos depois das partes, sendo intimado de todos os atos do processo;

•• Dispositivo correspondente no CPC de 2015: art. 179, I.

Processo de Conhecimento

II – poderá juntar documentos e certidões, produzir prova em audiência e requerer medidas ou diligências necessárias ao descobrimento da verdade.

•• Dispositivo correspondente no CPC de 2015: art. 179, II.

Art. 84. Quando a lei considerar obrigatória a intervenção do Ministério Público, a parte promover-lhe-á a intimação sob pena de nulidade do processo.

Art. 85. O órgão do Ministério Público será civilmente responsável quando, no exercício de suas funções, proceder com dolo ou fraude.

•• Dispositivo correspondente no CPC de 2015: art. 181.

Título IV
DOS ÓRGÃOS JUDICIÁRIOS E DOS AUXILIARES DA JUSTIÇA

Capítulo I
DA COMPETÊNCIA

Art. 86. As causas cíveis serão processadas e decididas, ou simplesmente decididas, pelos órgãos jurisdicionais, nos limites de sua competência, ressalvada às partes a faculdade de instituírem juízo arbitral.

•• Dispositivo correspondente no CPC de 2015: art. 42.

Art. 87. Determina-se a competência no momento em que a ação é proposta. São irrelevantes as modificações do estado de fato ou de direito ocorridas posteriormente, salvo quando suprimirem o órgão judiciário ou alterarem a competência em razão da matéria ou da hierarquia.

•• Dispositivo correspondente no CPC de 2015: art. 43.

Capítulo II
DA COMPETÊNCIA INTERNACIONAL

Art. 88. É competente a autoridade judiciária brasileira quando:

•• Dispositivo correspondente no CPC de 2015: art. 21, *caput*.

I – o réu, qualquer que seja a sua nacionalidade, estiver domiciliado no Brasil;

•• Dispositivo correspondente no CPC de 2015: art. 21, I.

II – no Brasil tiver de ser cumprida a obrigação;

•• Dispositivo correspondente no CPC de 2015: art. 21, II.

III – a ação se originar de fato ocorrido ou de ato praticado no Brasil.

•• Dispositivo correspondente no CPC de 2015: art. 21, III.

Parágrafo único. Para o fim do disposto no n. I, reputa-se domiciliada no Brasil a pessoa jurídica estrangeira que aqui tiver agência, filial ou sucursal.

•• Dispositivo correspondente no CPC de 2015: art. 21, parágrafo único.

Art. 89. Compete à autoridade judiciária brasileira, com exclusão de qualquer outra:

•• Dispositivo correspondente no CPC de 2015: art. 23, *caput*.

I – conhecer de ações relativas a imóveis situados no Brasil;

•• Dispositivo correspondente no CPC de 2015: art. 23, I.

II – proceder a inventário e partilha de bens, situados no Brasil, ainda que o autor da herança seja estrangeiro e tenha residido fora do território nacional.

•• Dispositivo correspondente no CPC de 2015: art. 23, II.

Art. 90. A ação intentada perante tribunal estrangeiro não induz litispendência, nem obsta a que a autoridade judiciária brasileira conheça da mesma causa e das que lhe são conexas.

•• Dispositivo correspondente no CPC de 2015: art. 24.

Capítulo III
DA COMPETÊNCIA INTERNA

Seção I
Da Competência em Razão do Valor e da Matéria

Art. 91. Regem a competência em razão do valor e da matéria as normas de organização judiciária, ressalvados os casos expressos neste Código.

Arts. 91 a 99 — Processo de Conhecimento

•• Dispositivo correspondente no CPC de 2015: art. 44.

Art. 92. Compete, porém, exclusivamente ao juiz de direito processar e julgar:

I – o processo de insolvência;

II – as ações concernentes ao estado e à capacidade da pessoa.

Seção II
Da Competência Funcional

Art. 93. Regem a competência dos tribunais as normas da Constituição da República e de organização judiciária. A competência funcional dos juízes de primeiro grau é disciplinada neste Código.

Seção III
Da Competência Territorial

Art. 94. A ação fundada em direito pessoal e a ação fundada em direito real sobre bens móveis serão propostas, em regra, no foro do domicílio do réu.

•• Dispositivo correspondente no CPC de 2015: art. 46, *caput*.

§ 1.º Tendo mais de um domicílio, o réu será demandado no foro de qualquer deles.

•• Dispositivo correspondente no CPC de 2015: art. 46, § 1.º.

§ 2.º Sendo incerto ou desconhecido o domicílio do réu, ele será demandado onde for encontrado ou no foro do domicílio do autor.

•• Dispositivo correspondente no CPC de 2015: art. 46, § 2.º.

§ 3.º Quando o réu não tiver domicílio nem residência no Brasil, a ação será proposta no foro do domicílio do autor. Se este também residir fora do Brasil, a ação será proposta em qualquer foro.

•• Dispositivo correspondente no CPC de 2015: art. 46, § 3.º.

§ 4.º Havendo dois ou mais réus, com diferentes domicílios, serão demandados no foro de qualquer deles, à escolha do autor.

•• Dispositivo correspondente no CPC de 2015: art. 46, § 4.º.

Art. 95. Nas ações fundadas em direito real sobre imóveis é competente o foro da situação da coisa. Pode o autor, entretanto, optar pelo foro do domicílio ou de eleição, não recaindo o litígio sobre direito de propriedade, vizinhança, servidão, posse, divisão e demarcação de terras e nunciação de obra nova.

•• Dispositivos correspondentes no CPC de 2015: art. 47, *caput* e § 1.º.

Art. 96. O foro do domicílio do autor da herança, no Brasil, é o competente para o inventário, a partilha, a arrecadação, o cumprimento de disposições de última vontade e todas as ações em que o espólio for réu, ainda que o óbito tenha ocorrido no estrangeiro.

•• Dispositivo correspondente no CPC de 2015: art. 48, *caput*.

Parágrafo único. É, porém, competente o foro:

•• Dispositivo correspondente no CPC de 2015: art. 48, parágrafo único.

I – da situação dos bens, se o autor da herança não possuía domicílio certo;

II – do lugar em que ocorreu o óbito se o autor da herança não tinha domicílio certo e possuía bens em lugares diferentes.

Art. 97. As ações em que o ausente for réu correm no foro de seu último domicílio, que é também o competente para a arrecadação, o inventário, a partilha e o cumprimento de disposições testamentárias.

•• Dispositivo correspondente no CPC de 2015: art. 49.

Art. 98. A ação em que o incapaz for réu se processará no foro do domicílio de seu representante.

•• Dispositivo correspondente no CPC de 2015: art. 50.

Art. 99. O foro da Capital do Estado ou do Território é competente:

•• Dispositivo correspondente no CPC de 2015: art. 51.

I – para as causas em que a União for autora, ré ou interveniente;

•• Dispositivo correspondente no CPC de 2015: art. 51.

II – para as causas em que o Território for autor, réu ou interveniente.

Parágrafo único. Correndo o processo perante outro juiz, serão os autos remetidos ao juiz competente da Capital do Estado ou Terri-

Processo de Conhecimento

tório, tanto que neles intervenha uma das entidades mencionadas neste artigo.

Excetuam-se:

•• Dispositivo correspondente no CPC de 2015: art. 45, *caput*.

I – o processo de insolvência;

•• Dispositivo correspondente no CPC de 2015: art. 45, I.

II – os casos previstos em lei.

Art. 100. É competente o foro:

•• Dispositivo correspondente no CPC de 2015: art. 53, *caput*.

I – da residência da mulher, para a ação de separação dos cônjuges e a conversão desta em divórcio, e para a anulação de casamento;

•• Inciso I com redação determinada pela Lei n. 6.515, de 26-12-1977.
•• Dispositivo correspondente no CPC de 2015: art. 53, I.

II – do domicílio ou da residência do alimentando, para a ação em que se pedem alimentos;

•• Dispositivo correspondente no CPC de 2015: art. 53, II.

III – do domicílio do devedor, para a ação de anulação de títulos extraviados ou destruídos;

IV – do lugar:

•• Dispositivo correspondente no CPC de 2015: art. 53, III, *caput*.

a) onde está a sede, para a ação em que for ré a pessoa jurídica;

•• Dispositivo correspondente no CPC de 2015: art. 53, III, *a*.

b) onde se acha a agência ou sucursal, quanto às obrigações que ela contraiu;

•• Dispositivo correspondente no CPC de 2015: art. 53, III, *b*.

c) onde exerce a sua atividade principal, para a ação em que for ré a sociedade, que carece de personalidade jurídica;

•• Dispositivo correspondente no CPC de 2015: art. 53, III, *c*.

d) onde a obrigação deve ser satisfeita, para a ação em que se lhe exigir o cumprimento;

•• Dispositivo correspondente no CPC de 2015: art. 53, III, *d*.

V – do lugar do ato ou fato:

•• Dispositivo correspondente no CPC de 2015: art. 53, IV, *caput*.

a) para a ação de reparação do dano;

•• Dispositivo correspondente no CPC de 2015: art. 53, IV, *a*.

b) para a ação em que for réu o administrador ou gestor de negócios alheios.

•• Dispositivo correspondente no CPC de 2015: art. 53, IV, *b*.

Parágrafo único. Nas ações de reparação do dano sofrido em razão de delito ou acidente de veículos, será competente o foro do domicílio do autor ou do local do fato.

•• Dispositivo correspondente no CPC de 2015: art. 53, V.

Art. 101. (*Revogado pela Lei n. 9.307, de 23-9-1996.*)

Seção IV
Das Modificações da Competência

Art. 102. A competência, em razão do valor e do território, poderá modificar-se pela conexão ou continência, observado o disposto nos artigos seguintes.

•• Dispositivo correspondente no CPC de 2015: art. 54.

Art. 103. Reputam-se conexas duas ou mais ações, quando lhes for comum o objeto ou a causa de pedir.

•• Dispositivo correspondente no CPC de 2015: art. 55.

Art. 104. Dá-se a continência entre duas ou mais ações sempre que há identidade quanto às partes e à causa de pedir, mas o objeto de uma, por ser mais amplo, abrange o das outras.

•• Dispositivo correspondente no CPC de 2015: art. 56.

Art. 105. Havendo conexão ou continência, o juiz, de ofício ou a requerimento de qualquer das partes, pode ordenar a reunião de ações propostas em separado, a fim de que sejam decididas simultaneamente.

•• Dispositivo correspondente no CPC de 2015: art. 57.

Art. 106. Correndo em separado ações conexas perante juízes que têm a mesma competência territorial, considera-se prevento aquele que despachou em primeiro lugar.

•• Dispositivo correspondente no CPC de 2015: art. 58.

Art. 107. Se o imóvel se achar situado em mais de um Estado ou comarca, determinar-se-á o foro pela prevenção, estendendo-se a competência sobre a totalidade do imóvel.

•• Dispositivo correspondente no CPC de 2015: art. 60.

Art. 108. A ação acessória será proposta perante o juiz competente para a ação principal.

•• Dispositivo correspondente no CPC de 2015: art. 61.

Art. 109. O juiz da causa principal é também competente para a reconvenção, a ação declaratória incidente, as ações de garantia e outras que respeitam ao terceiro interveniente.

Art. 110. Se o conhecimento da lide depender necessariamente da verificação da existência de fato delituoso, pode o juiz mandar sobrestar no andamento do processo até que se pronuncie a justiça criminal.

•• Dispositivo correspondente no CPC de 2015: art. 315, *caput*.

Parágrafo único. Se a ação penal não for exercida dentro de 30 (trinta) dias, contados da intimação do despacho de sobrestamento, cessará o efeito deste, decidindo o juiz cível a questão prejudicial.

•• Dispositivo correspondente no CPC de 2015: art. 315, § 1.º.

Art. 111. A competência em razão da matéria e da hierarquia é inderrogável por convenção das partes; mas estas podem modificar a competência em razão do valor e do território, elegendo foro onde serão propostas as ações oriundas de direitos e obrigações.

•• Dispositivos correspondentes no CPC de 2015: arts. 62 e 63, *caput*.

§ 1.º O acordo, porém, só produz efeito, quando constar de contrato escrito e aludir expressamente a determinado negócio jurídico.

•• Dispositivo correspondente no CPC de 2015: art. 63, § 1.º.

§ 2.º O foro contratual obriga os herdeiros e sucessores das partes.

•• Dispositivo correspondente no CPC de 2015: art. 63, § 2.º.

Seção V
Da Declaração de Incompetência

Art. 112. Argui-se, por meio de exceção, a incompetência relativa.

•• Dispositivo correspondente no CPC de 2015: art. 64, *caput*.

Parágrafo único. A nulidade da cláusula de eleição de foro, em contrato de adesão, pode ser declarada de ofício pelo juiz, que declinará de competência para o juízo de domicílio do réu.

•• Parágrafo único acrescentado pela Lei n. 11.280, de 16-2-2006.

Art. 113. A incompetência absoluta deve ser declarada de ofício e pode ser alegada, em qualquer tempo e grau de jurisdição, independentemente de exceção.

•• Dispositivo correspondente no CPC de 2015: art. 64, § 1.º.

§ 1.º Não sendo, porém, deduzida no prazo da contestação, ou na primeira oportunidade em que lhe couber falar nos autos, a parte responderá integralmente pelas custas.

§ 2.º Declarada a incompetência absoluta, somente os atos decisórios serão nulos, remetendo-se os autos ao juiz competente.

•• Dispositivo correspondente no CPC de 2015: art. 64, § 2.º.

Art. 114. Prorrogar-se-á a competência se dela o juiz não declinar na forma do parágrafo único do art. 112 desta Lei ou o réu não opuser exceção declinatória nos casos e prazos legais.

•• Artigo com redação determinada pela Lei n. 11.280, de 16-2-2006.

•• Dispositivo correspondente no CPC de 2015: art. 65.

Art. 115. Há conflito de competência:

•• Dispositivo correspondente no CPC de 2015: art. 66, *caput*.

I – quando dois ou mais juízes se declaram competentes;

•• Dispositivo correspondente no CPC de 2015: art. 66, I.

II – quando dois ou mais juízes se consideram incompetentes;

•• Dispositivo correspondente no CPC de 2015: art. 66, II.

III – quando entre dois ou mais juízes surge controvérsia acerca da reunião ou separação de processos.

•• Dispositivo correspondente no CPC de 2015: art. 66, III.

Art. 116. O conflito pode ser suscitado por qualquer das partes, pelo Ministério Público ou pelo juiz.

•• Dispositivo correspondente no CPC de 2015: art. 951, *caput*.

Parágrafo único. O Ministério Público será ouvido em todos os conflitos de competência;

Processo de Conhecimento

Arts. 116 a 125

mas terá qualidade de parte naqueles que suscitar.

•• Dispositivo correspondente no CPC de 2015: art. 951, parágrafo único.

Art. 117. Não pode suscitar conflito a parte que, no processo, ofereceu exceção de incompetência.

•• Dispositivo correspondente no CPC de 2015: art. 952, *caput*.

Parágrafo único. O conflito de competência não obsta, porém, a que a parte, que o não suscitou, ofereça exceção declinatória do foro.

•• Dispositivo correspondente no CPC de 2015: art. 952, parágrafo único.

Art. 118. O conflito será suscitado ao presidente do tribunal:

•• Dispositivo correspondente no CPC de 2015: art. 953, *caput*.

I – pelo juiz, por ofício;

•• Dispositivo correspondente no CPC de 2015: art. 953, I.

II – pela parte e pelo Ministério Público, por petição.

•• Dispositivo correspondente no CPC de 2015: art. 953, II.

Parágrafo único. O ofício e a petição serão instruídos com os documentos necessários à prova do conflito.

•• Dispositivo correspondente no CPC de 2015: art. 953, parágrafo único.

Art. 119. Após a distribuição, o relator mandará ouvir os juízes em conflito, ou apenas o suscitado, se um deles for suscitante; dentro do prazo assinado pelo relator, caberá ao juiz ou juízes prestar as informações.

•• Dispositivo correspondente no CPC de 2015: art. 954.

Art. 120. Poderá o relator, de ofício, ou a requerimento de qualquer das partes, determinar, quando o conflito for positivo, seja sobrestado o processo, mas, neste caso, bem como no de conflito negativo, designará um dos juízes para resolver, em caráter provisório, as medidas urgentes.

•• Dispositivo correspondente no CPC de 2015: art. 955, *caput*.

Parágrafo único. Havendo jurisprudência dominante do tribunal sobre a questão suscitada, o relator poderá decidir de plano o conflito de competência, cabendo agravo, no prazo de 5 (cinco) dias, contado da intimação da decisão às partes, para o órgão recursal competente.

•• Parágrafo único acrescentado pela Lei n. 9.756, de 17-12-1998.

•• Dispositivo correspondente no CPC de 2015: art. 955, parágrafo único.

Art. 121. Decorrido o prazo, com informações ou sem elas, será ouvido, em 5 (cinco) dias, o Ministério Público; em seguida o relator apresentará o conflito em sessão de julgamento.

•• Dispositivo correspondente no CPC de 2015: art. 956.

Art. 122. Ao decidir o conflito, o tribunal declarará qual o juiz competente, pronunciando-se também sobre a validade dos atos do juiz incompetente.

•• Dispositivo correspondente no CPC de 2015: art. 957, *caput*.

Parágrafo único. Os autos do processo, em que se manifestou o conflito, serão remetidos ao juiz declarado competente.

•• Dispositivo correspondente no CPC de 2015: art. 957, parágrafo único.

Art. 123. No conflito entre turmas, seções, câmaras, Conselho Superior da Magistratura, juízes de segundo grau e desembargadores, observar-se-á o que dispuser a respeito do regimento interno do tribunal.

•• Dispositivo correspondente no CPC de 2015: art. 958.

Art. 124. Os regimentos internos dos tribunais regularão o processo e julgamento do conflito de atribuições entre autoridade judiciária e autoridade administrativa.

•• Dispositivo correspondente no CPC de 2015: art. 959.

Capítulo IV
DO JUIZ

Seção I
Dos Poderes, dos Deveres e da Responsabilidade do Juiz

Art. 125. O juiz dirigirá o processo conforme as disposições deste Código, competindo-lhe:

•• Dispositivo correspondente no CPC de 2015: art. 139, *caput*.

Arts. 125 a 134

I – assegurar às partes igualdade de tratamento;

•• Dispositivo correspondente no CPC de 2015: art. 139, I.

II – velar pela rápida solução do litígio;

•• Dispositivo correspondente no CPC de 2015: art. 139, II.

III – prevenir ou reprimir qualquer ato contrário à dignidade da Justiça;

•• Dispositivo correspondente no CPC de 2015: art. 139, III.

IV – tentar, a qualquer tempo, conciliar as partes.

•• Inciso IV acrescentado pela Lei n. 8.952, de 13-12-1994.
•• Dispositivo correspondente no CPC de 2015: art. 139, V.

Art. 126. O juiz não se exime de sentenciar ou despachar alegando lacuna ou obscuridade da lei. No julgamento da lide caber-lhe-á aplicar as normas legais; não as havendo, recorrerá à analogia, aos costumes e aos princípios gerais de direito.

•• Artigo com redação determinada pela Lei n. 5.925, de 1º-10-1973.
•• Dispositivo correspondente no CPC de 2015: art. 140, caput.

Art. 127. O juiz só decidirá por equidade nos casos previstos em lei.

•• Dispositivo correspondente no CPC de 2015: art. 140, parágrafo único.

Art. 128. O juiz decidirá a lide nos limites em que foi proposta, sendo-lhe defeso conhecer de questões, não suscitadas, a cujo respeito a lei exige a iniciativa da parte.

•• Dispositivo correspondente no CPC de 2015: art. 141.

Art. 129. Convencendo-se, pelas circunstâncias da causa, de que autor e réu se serviram do processo para praticar ato simulado ou conseguir fim proibido por lei, o juiz proferirá sentença que obste aos objetivos das partes.

•• Dispositivo correspondente no CPC de 2015: art. 142.

Art. 130. Caberá ao juiz, de ofício ou a requerimento da parte, determinar as provas necessárias à instrução do processo, indeferindo as diligências inúteis ou meramente protelatórias.

•• Dispositivo correspondente no CPC de 2015: art. 370.

Art. 131. O juiz apreciará livremente a prova, atendendo aos fatos e circunstâncias constantes dos autos, ainda que não alegados pelas partes; mas deverá indicar, na sentença, os motivos que lhe formaram o convencimento.

•• Artigo com redação determinada pela Lei n. 5.925, de 1º-10-1973.
•• Dispositivo correspondente no CPC de 2015: art. 371.

Art. 132. O juiz, titular ou substituto, que concluir a audiência julgará a lide, salvo se estiver convocado, licenciado, afastado por qualquer motivo, promovido ou aposentado, casos em que passará os autos ao seu sucessor.

•• Caput com redação determinada pela Lei n. 8.637, de 31-3-1993.

Parágrafo único. Em qualquer hipótese, o juiz que proferir a sentença, se entender necessário, poderá mandar repetir as provas já produzidas.

•• Parágrafo único acrescentado pela Lei n. 8.637, de 31-3-1993.

Art. 133. Responderá por perdas e danos o juiz, quando:

•• Dispositivo correspondente no CPC de 2015: art. 143, caput.

I – no exercício de suas funções, proceder com dolo ou fraude;

•• Dispositivo correspondente no CPC de 2015: art. 143, I.

II – recusar, omitir ou retardar, sem justo motivo, providência que deva ordenar de ofício, ou a requerimento da parte.

•• Dispositivo correspondente no CPC de 2015: art. 143, II.

Parágrafo único. Reputar-se-ão verificadas as hipóteses previstas no n. II só depois que a parte, por intermédio do escrivão, requerer ao juiz que determine a providência e este não lhe atender o pedido dentro de 10 (dez) dias.

•• Dispositivo correspondente no CPC de 2015: art. 143, parágrafo único.

Seção II
Dos Impedimentos e da Suspeição

Art. 134. É defeso ao juiz exercer as suas funções no processo contencioso ou voluntário:

•• Dispositivo correspondente no CPC de 2015: art. 144, caput.

Processo de Conhecimento

Arts. 134 a 138

I – de que for parte;

II – em que interveio como mandatário da parte, oficiou como perito, funcionou como órgão do Ministério Público, ou prestou depoimento como testemunha;

•• Dispositivo correspondente no CPC de 2015: art. 144, I.

III – que conheceu em primeiro grau de jurisdição, tendo-lhe proferido sentença ou decisão;

•• Dispositivo correspondente no CPC de 2015: art. 144, II.

IV – quando nele estiver postulando, como advogado da parte, o seu cônjuge ou qualquer parente seu, consanguíneo ou afim, em linha reta; ou na linha colateral até o segundo grau;

•• Dispositivo correspondente no CPC de 2015: art. 144, III.

V – quando cônjuge, parente, consanguíneo ou afim, de alguma das partes, em linha reta ou, na colateral, até o terceiro grau;

•• Dispositivo correspondente no CPC de 2015: art. 144, IV.

VI – quando for órgão de direção ou de administração de pessoa jurídica, parte na causa.

•• Dispositivo correspondente no CPC de 2015: art. 144, V.

Parágrafo único. No caso do n. IV, o impedimento só se verifica quando o advogado já estava exercendo o patrocínio da causa; é, porém, vedado ao advogado pleitear no processo, a fim de criar o impedimento do juiz.

•• Dispositivo correspondente no CPC de 2015: art. 144, § 1.º.

Art. 135. Reputa-se fundada a suspeição de parcialidade do juiz, quando:

•• Dispositivo correspondente no CPC de 2015: art. 145, caput.

I – amigo íntimo ou inimigo capital de qualquer das partes;

•• Dispositivo correspondente no CPC de 2015: art. 145, I.

II – alguma das partes for credora ou devedora do juiz, de seu cônjuge ou de parentes destes, em linha reta ou na colateral até o terceiro grau;

•• Dispositivo correspondente no CPC de 2015: art. 145, III.

III – herdeiro presuntivo, donatário ou empregador de alguma das partes;

•• Dispositivo correspondente no CPC de 2015: art. 144, VI.

IV – receber dádivas antes ou depois de iniciado o processo; aconselhar alguma das partes acerca do objeto da causa, ou subministrar meios para atender às despesas do litígio;

•• Dispositivo correspondente no CPC de 2015: art. 145, II.

V – interessado no julgamento da causa em favor de uma das partes.

•• Dispositivo correspondente no CPC de 2015: art. 145, IV.

Parágrafo único. Poderá ainda o juiz declarar-se suspeito por motivo íntimo.

•• Dispositivo correspondente no CPC de 2015: art. 145, § 1.º.

Art. 136. Quando dois ou mais juízes forem parentes, consanguíneos ou afins, em linha reta e no segundo grau na linha colateral, o primeiro, que conhecer da causa no tribunal, impede que o outro participe do julgamento; caso em que o segundo se escusará, remetendo o processo ao seu substituto legal.

•• Dispositivo correspondente no CPC de 2015: art. 147.

Art. 137. Aplicam-se os motivos de impedimento e suspeição aos juízes de todos os tribunais. O juiz que violar o dever de abstenção, ou não se declarar suspeito, poderá ser recusado por qualquer das partes (art. 304).

Art. 138. Aplicam-se também os motivos de impedimento e de suspeição:

•• Dispositivo correspondente no CPC de 2015: art. 148, caput.

I – ao órgão do Ministério Público, quando não for parte, e, sendo parte, nos casos previstos nos n. I a IV do art. 135;

•• Dispositivo correspondente no CPC de 2015: art. 148, I.

II – ao serventuário de justiça;

•• Dispositivo correspondente no CPC de 2015: art. 148, II.

III – ao perito;

•• Inciso III com redação determinada pela Lei n. 8.455, de 24-8-1992.

IV – ao intérprete.

§ 1.º A parte interessada deverá arguir o impedimento ou a suspeição, em petição fundamentada e devidamente instruída, na primeira oportunidade em que lhe couber falar nos autos; o juiz mandará processar o incidente em

Arts. 138 a 143

separado e sem suspensão da causa, ouvindo o arguido no prazo de 5 (cinco) dias, facultando a prova quando necessária e julgando o pedido.

•• Dispositivo correspondente no CPC de 2015: art. 148, §§ 1.º e 2.º.

§ 2.º Nos tribunais caberá ao relator processar e julgar o incidente.

•• Dispositivo correspondente no CPC de 2015: art. 148, § 3.º.

Capítulo V
DOS AUXILIARES DA JUSTIÇA

Art. 139. São auxiliares do juízo, além de outros, cujas atribuições são determinadas pelas normas de organização judiciária, o escrivão, o oficial de justiça, o perito, o depositário, o administrador e o intérprete.

•• Dispositivo correspondente no CPC de 2015: art. 149.

Seção I
Do Serventuário e do Oficial de Justiça

Art. 140. Em cada juízo haverá um ou mais ofícios de justiça, cujas atribuições são determinadas pelas normas de organização judiciária.

•• Dispositivo correspondente no CPC de 2015: art. 150.

Art. 141. Incumbe ao escrivão:

•• Dispositivo correspondente no CPC de 2015: art. 152, caput.

I – redigir, em forma legal, os ofícios, mandados, cartas precatórias e mais atos que pertencem ao seu ofício;

•• Dispositivo correspondente no CPC de 2015: art. 152, I.

II – executar as ordens judiciais, promovendo citações e intimações, bem como praticando todos os demais atos, que lhe forem atribuídos pelas normas de organização judiciária;

•• Dispositivo correspondente no CPC de 2015: art. 152, II.

III – comparecer às audiências, ou, não podendo fazê-lo, designar para substituí-lo escrevente juramentado, de preferência datilógrafo ou taquígrafo;

•• Dispositivo correspondente no CPC de 2015: art. 152, III.

IV – ter, sob sua guarda e responsabilidade, os autos, não permitindo que saiam de cartório, exceto:

•• Dispositivo correspondente no CPC de 2015: art. 152, IV, caput.

a) quando tenham de subir à conclusão do juiz;

•• Dispositivo correspondente no CPC de 2015: art. 152, IV, a.

b) com vista aos procuradores, ao Ministério Público ou à Fazenda Pública;

•• Dispositivo correspondente no CPC de 2015: art. 152, IV, b.

c) quando devam ser remetidos ao contador ou ao partidor;

•• Dispositivo correspondente no CPC de 2015: art. 152, IV, c.

d) quando, modificando-se a competência, forem transferidos a outro juízo;

•• Dispositivo correspondente no CPC de 2015: art. 152, IV, d.

V – dar, independentemente de despacho, certidão de qualquer ato ou termo do processo, observado o disposto no art. 155.

•• Dispositivo correspondente no CPC de 2015: art. 152, V.

Art. 142. No impedimento do escrivão, o juiz convocar-lhe-á o substituto, e, não o havendo, nomeará pessoa idônea para o ato.

•• Dispositivo correspondente no CPC de 2015: art. 152, § 2.º.

Art. 143. Incumbe ao oficial de justiça:

•• Dispositivo correspondente no CPC de 2015: art. 154, caput.

I – fazer pessoalmente as citações, prisões, penhoras, arrestos e mais diligências próprias do seu ofício, certificando no mandado o ocorrido, com menção de lugar, dia e hora. A diligência, sempre que possível, realizar-se-á na presença de duas testemunhas;

•• Dispositivo correspondente no CPC de 2015: art. 154, I.

II – executar as ordens do juiz a que estiver subordinado;

•• Dispositivo correspondente no CPC de 2015: art. 154, II.

III – entregar, em cartório, o mandado, logo depois de cumprido;

Processo de Conhecimento

Arts. 143 a 149

•• Dispositivo correspondente no CPC de 2015: art. 154, III.

IV – estar presente às audiências e coadjuvar o juiz na manutenção da ordem;

•• Dispositivo correspondente no CPC de 2015: art. 154, IV.

V – efetuar avaliações.

•• Inciso V acrescentado pela Lei n. 11.382, de 6-12-2006.
•• Dispositivo correspondente no CPC de 2015: art. 154, V.

Art. 144. O escrivão e o oficial de justiça são civilmente responsáveis:

•• Dispositivo correspondente no CPC de 2015: art. 155, *caput*.

I – quando, sem justo motivo, se recusarem a cumprir, dentro do prazo, os atos que lhes impõe a lei, ou os que o juiz, a que estão subordinados, lhes comete;

•• Dispositivo correspondente no CPC de 2015: art. 155, I.

II – quando praticarem ato nulo com dolo ou culpa.

•• Dispositivo correspondente no CPC de 2015: art. 155, II.

Seção II
Do Perito

Art. 145. Quando a prova do fato depender de conhecimento técnico ou científico, o juiz será assistido por perito, segundo o disposto no art. 421.

•• Dispositivo correspondente no CPC de 2015: art. 156, *caput*.

§ 1.º Os peritos serão escolhidos entre profissionais de nível universitário, devidamente inscritos no órgão de classe competente, respeitado o disposto no Capítulo VI, Seção VII, deste Código.

•• § 1.º acrescentado pela Lei n. 7.270, de 10-12-1984.
•• Dispositivo correspondente no CPC de 2015: art. 156, § 1.º.

§ 2.º Os peritos comprovarão sua especialidade na matéria sobre que deverão opinar, mediante certidão do órgão profissional em que estiverem inscritos.

•• § 2.º acrescentado pela Lei n. 7.270, de 10-12-1984.

§ 3.º Nas localidades onde não houver profissionais qualificados que preencham os requisitos dos parágrafos anteriores, a indicação dos peritos será de livre escolha do juiz.

•• § 3.º acrescentado pela Lei n. 7.270, de 10-12-1984.
•• Dispositivo correspondente no CPC de 2015: art. 156, § 5.º.

Art. 146. O perito tem o dever de cumprir o ofício, no prazo que lhe assina a lei, empregando toda a sua diligência; pode, todavia, escusar-se do encargo alegando motivo legítimo.

•• Dispositivo correspondente no CPC de 2015: art. 157, *caput*.

Parágrafo único. A escusa será apresentada dentro de 5 (cinco) dias, contados da intimação ou do impedimento superveniente, sob pena de se reputar renunciado o direito a alegá-la (art. 423).

•• Parágrafo único com redação determinada pela Lei n. 8.455, de 24-8-1992.
•• Dispositivo correspondente no CPC de 2015: art. 157, § 1.º.

Art. 147. O perito que, por dolo ou culpa, prestar informações inverídicas, responderá pelos prejuízos que causar à parte, ficará inabilitado, por 2 (dois) anos, a funcionar em outras perícias e incorrerá na sanção que a lei penal estabelecer.

•• Dispositivo correspondente no CPC de 2015: art. 158.

Seção III
Do Depositário e do Administrador

Art. 148. A guarda e conservação de bens penhorados, arrestados, sequestrados ou arrecadados serão confiadas a depositário ou a administrador, não dispondo a lei de outro modo.

•• Dispositivo correspondente no CPC de 2015: art. 159.

Art. 149. O depositário ou administrador perceberá, por seu trabalho, remuneração que o juiz fixará, atendendo à situação dos bens, ao tempo do serviço e às dificuldades de sua execução.

•• Dispositivo correspondente no CPC de 2015: art. 160, *caput*.

Parágrafo único. O juiz poderá nomear, por indicação do depositário ou do administrador, um ou mais prepostos.

•• Dispositivo correspondente no CPC de 2015: art. 160, parágrafo único.

Arts. 150 a 155

Art. 150. O depositário ou o administrador responde pelos prejuízos que, por dolo ou culpa, causar à parte, perdendo a remuneração que lhe foi arbitrada; mas tem o direito a haver o que legitimamente despendeu no exercício do encargo.

•• Dispositivo correspondente no CPC de 2015: art. 161, caput.

Seção IV
Do Intérprete

Art. 151. O juiz nomeará intérprete toda vez que o repute necessário para:

•• Dispositivo correspondente no CPC de 2015: art. 162, caput.

I – analisar documento de entendimento duvidoso, redigido em língua estrangeira;

•• Dispositivo correspondente no CPC de 2015: art. 162, I.

II – verter em português as declarações das partes e das testemunhas que não conhecerem o idioma nacional;

•• Dispositivo correspondente no CPC de 2015: art. 162, II.

III – traduzir a linguagem mímica dos surdos-mudos, que não puderem transmitir a sua vontade por escrito.

•• Dispositivo correspondente no CPC de 2015: art. 162, III.

Art. 152. Não pode ser intérprete quem:

•• Dispositivo correspondente no CPC de 2015: art. 163, caput.

I – não tiver a livre administração dos seus bens;

•• Dispositivo correspondente no CPC de 2015: art. 163, I.

II – for arrolado como testemunha ou serve como perito no processo;

•• Dispositivo correspondente no CPC de 2015: art. 163, II.

III – estiver inabilitado ao exercício da profissão por sentença penal condenatória, enquanto durar o seu efeito.

•• Dispositivo correspondente no CPC de 2015: art. 163, III.

Art. 153. O intérprete, oficial ou não, é obrigado a prestar o seu ofício, aplicando-se-lhe o disposto nos arts. 146 e 147.

•• Dispositivo correspondente no CPC de 2015: art. 164.

Processo de Conhecimento

TÍTULO V
DOS ATOS PROCESSUAIS

CAPÍTULO I
DA FORMA DOS ATOS PROCESSUAIS

Seção I
Dos Atos em Geral

Art. 154. Os atos e termos processuais não dependem de forma determinada senão quando a lei expressamente a exigir, reputando-se válidos os que, realizados de outro modo, lhe preencham a finalidade essencial.

•• Dispositivo correspondente no CPC de 2015: art. 188.

Parágrafo único. Os tribunais, no âmbito da respectiva jurisdição, poderão disciplinar a prática e a comunicação oficial dos atos processuais por meios eletrônicos, atendidos os requisitos de autenticidade, integridade, validade jurídica e interoperabilidade da Infraestrutura de Chaves Públicas Brasileira – ICP – Brasil.

•• Parágrafo único com redação determinada pela Lei n. 11.280, de 16-2-2006.

§ 2.º Todos os atos e termos do processo podem ser produzidos, transmitidos, armazenados e assinados por meio eletrônico, na forma da lei.

•• § 2.º acrescentado pela Lei n. 11.419, de 19-12-2006.

•• Mantivemos conforme publicação oficial. A Lei n. 11.419, de 19-12-2006, que acrescentou este § 2.º, não determinou a renumeração do parágrafo único deste artigo.

Art. 155. Os atos processuais são públicos. Correm, todavia, em segredo de justiça os processos:

•• Dispositivos correspondentes no CPC de 2015: arts. 11 e 189, caput.

I – em que o exigir o interesse público;

•• Dispositivo correspondente no CPC de 2015: art. 189, I.

II – que dizem respeito a casamento, filiação, separação dos cônjuges, conversão desta em divórcio, alimentos e guarda de menores.

Processo de Conhecimento

Arts. 155 a 162

•• Inciso II com redação determinada pela Lei n. 6.515, de 26-12-1977.

•• Dispositivo correspondente no CPC de 2015: art. 189, II.

Parágrafo único. O direito de consultar os autos e de pedir certidões de seus atos é restrito às partes e a seus procuradores. O terceiro, que demonstrar interesse jurídico, pode requerer ao juiz certidão do dispositivo da sentença, bem como de inventário e partilha resultante do desquite.

•• Dispositivo correspondente no CPC de 2015: art. 189, §§ 1.º e 2.º.

Art. 156. Em todos os atos e termos do processo é obrigatório o uso do vernáculo.

•• Dispositivo correspondente no CPC de 2015: art. 192, *caput*.

Art. 157. Só poderá ser junto aos autos documento redigido em língua estrangeira, quando acompanhado de versão em vernáculo, firmada por tradutor juramentado.

•• Dispositivo correspondente no CPC de 2015: art. 192, parágrafo único.

Seção II
Dos Atos da Parte

Art. 158. Os atos das partes, consistentes em declarações unilaterais ou bilaterais de vontade, produzem imediatamente a constituição, a modificação ou a extinção de direitos processuais.

•• Dispositivo correspondente no CPC de 2015: art. 200, *caput*.

Parágrafo único. A desistência da ação só produzirá efeito depois de homologada por sentença.

•• Dispositivo correspondente no CPC de 2015: art. 200, parágrafo único.

Art. 159. Salvo no Distrito Federal e nas Capitais dos Estados, todas as petições e documentos que instruírem o processo, não constantes de registro público, serão sempre acompanhados de cópia, datada e assinada por quem os oferecer.

§ 1.º Depois de conferir a cópia, o escrivão ou chefe da secretaria irá formando autos suplementares, dos quais constará a reprodução de todos os atos e termos do processo original.

§ 2.º Os autos suplementares só sairão de cartório para conclusão ao juiz, na falta dos autos originais.

Art. 160. Poderão as partes exigir recibo de petições, arrazoados, papéis e documentos que entregarem em cartório.

•• Dispositivo correspondente no CPC de 2015: art. 201.

Art. 161. É defeso lançar, nos autos, cotas marginais ou interlineares; o juiz mandará riscá-las, impondo a quem as escrever multa correspondente à metade do salário mínimo vigente na sede do juízo.

•• Dispositivo correspondente no CPC de 2015: art. 202.

Seção III
Dos Atos do Juiz

Art. 162. Os atos do juiz consistirão em sentenças, decisões interlocutórias e despachos.

•• Dispositivo correspondente no CPC de 2015: art. 203, *caput*.

§ 1.º Sentença é o ato do juiz que implica alguma das situações previstas nos arts. 267 e 269 desta Lei.

•• § 1.º com redação determinada pela Lei n. 11.232, de 22-12-2005.

•• Dispositivo correspondente no CPC de 2015: art. 203, § 1.º.

§ 2.º Decisão interlocutória é o ato pelo qual o juiz, no curso do processo, resolve questão incidente.

•• Dispositivo correspondente no CPC de 2015: art. 203, § 2.º.

§ 3.º São despachos todos os demais atos do juiz praticados no processo, de ofício ou a requerimento da parte, a cujo respeito a lei não estabelece outra forma.

•• Dispositivo correspondente no CPC de 2015: art. 203, § 3.º.

§ 4.º Os atos meramente ordinatórios, como a juntada e a vista obrigatória, independem de despacho, devendo ser praticados de ofício pelo servidor e revistos pelo juiz quando necessários.

•• § 4.º acrescentado pela Lei n. 8.952, de 13-12-1994.

•• Dispositivo correspondente no CPC de 2015: art. 203, § 4.º.

Arts. 163 a 171 — Processo de Conhecimento

Art. 163. Recebe a denominação de acórdão o julgamento proferido pelos tribunais.

•• Dispositivo correspondente no CPC de 2015: art. 204.

Art. 164. Os despachos, decisões, sentenças e acórdãos serão redigidos, datados e assinados pelos juízes. Quando forem proferidos, verbalmente, o taquígrafo ou o datilógrafo os registrará, submetendo-os aos juízes para revisão e assinatura.

•• Dispositivo correspondente no CPC de 2015: art. 205, *caput*.

Parágrafo único. A assinatura dos juízes, em todos os graus de jurisdição, pode ser feita eletronicamente, na forma da lei.

•• Parágrafo único acrescentado pela Lei n. 11.419, de 19-12-2006.

•• Dispositivo correspondente no CPC de 2015: art. 205, § 2.º.

Art. 165. As sentenças e acórdãos serão proferidos com observância do disposto no art. 458; as demais decisões serão fundamentadas, ainda que de modo conciso.

Seção IV
Dos Atos do Escrivão
ou do Chefe de Secretaria

Art. 166. Ao receber a petição inicial de qualquer processo, o escrivão a autuará, mencionando o juízo, a natureza do feito, o número de seu registro, os nomes das partes e a data do seu início; e procederá do mesmo modo quanto aos volumes que se forem formando.

•• Dispositivo correspondente no CPC de 2015: art. 206.

Art. 167. O escrivão numerará e rubricará todas as folhas dos autos, procedendo da mesma forma quanto aos suplementares.

•• Dispositivo correspondente no CPC de 2015: art. 207, *caput*.

Parágrafo único. Às partes, aos advogados, aos órgãos do Ministério Público, aos peritos e às testemunhas é facultado rubricar as folhas correspondentes aos atos em que intervieram.

•• Dispositivo correspondente no CPC de 2015: art. 207, parágrafo único.

Art. 168. Os termos de juntada, vista, conclusão e outros semelhantes constarão de notas datadas e rubricadas pelo escrivão.

•• Dispositivo correspondente no CPC de 2015: art. 208.

Art. 169. Os atos e termos do processo serão datilografados ou escritos com tinta escura e indelével, assinandoos as pessoas que neles intervieram. Quando estas não puderem ou não quiserem firmá-los, o escrivão certificará, nos autos, a ocorrência.

•• Dispositivo correspondente no CPC de 2015: art. 209, *caput*.

§ 1.º É vedado usar abreviaturas.

•• Primitivo parágrafo único renumerado pela Lei n. 11.419, de 19-12-2006.

§ 2.º Quando se tratar de processo total ou parcialmente eletrônico, os atos processuais praticados na presença do juiz poderão ser produzidos e armazenados de modo integralmente digital em arquivo eletrônico inviolável, na forma da lei, mediante registro em termo que será assinado digitalmente pelo juiz e pelo escrivão ou chefe de secretaria, bem como pelos advogados das partes.

•• § 2.º acrescentado pela Lei n. 11.419, de 19-12-2006.

•• Dispositivo correspondente no CPC de 2015: art. 209, § 1.º.

§ 3.º No caso do § 2.º deste artigo, eventuais contradições na transcrição deverão ser suscitadas oralmente no momento da realização do ato, sob pena de preclusão, devendo o juiz decidir de plano, registrando-se a alegação e a decisão no termo.

•• § 3.º acrescentado pela Lei n. 11.419, de 19-12-2006.

•• Dispositivo correspondente no CPC de 2015: art. 209, § 2.º.

Art. 170. É lícito o uso da taquigrafia, da estenotipia, ou de outro método idôneo, em qualquer juízo ou tribunal.

•• Artigo com redação determinada pela Lei n. 8.952, de 13-12-1994.

•• Dispositivo correspondente no CPC de 2015: art. 210.

Art. 171. Não se admitem, nos atos e termos, espaços em branco, bem como entrelinhas, emendas ou rasuras, salvo se aqueles forem inutilizados e estas expressamente ressalvadas.

•• Dispositivo correspondente no CPC de 2015: art. 211.

Capítulo II
DO TEMPO E DO LUGAR DOS ATOS PROCESSUAIS

Seção I
Do Tempo

Art. 172. Os atos processuais realizar-se-ão em dias úteis, das 6 (seis) às 20 (vinte) horas.

•• *Caput* com redação determinada pela Lei n. 8.952, de 13-12-1994.

•• Dispositivo correspondente no CPC de 2015: art. 212, *caput*.

§ 1.º Serão, todavia, concluídos depois das 20 (vinte) horas os atos iniciados antes, quando o adiamento prejudicar a diligência ou causar grave dano.

•• § 1.º com redação determinada pela Lei n. 8.952, de 13-12-1994.

•• Dispositivo correspondente no CPC de 2015: art. 212, § 1.º.

§ 2.º A citação e a penhora poderão, em casos excepcionais, e mediante autorização expressa do juiz, realizar-se em domingos e feriados, ou nos dias úteis, fora do horário estabelecido neste artigo, observado o disposto no art. 5.º, inciso XI, da Constituição Federal.

•• § 2.º com redação determinada pela Lei n. 8.952, de 13-12-1994.

•• Dispositivo correspondente no CPC de 2015: art. 212, § 2.º.

§ 3.º Quando o ato tiver que ser praticado em determinado prazo, por meio de petição, esta deverá ser apresentada no protocolo, dentro do horário de expediente, nos termos da lei de organização judiciária local.

•• § 3.º acrescentado pela Lei n. 8.952, de 13-12-1994.

•• Dispositivo correspondente no CPC de 2015: art. 212, § 3.º.

Art. 173. Durante as férias e nos feriados não se praticarão atos processuais. Excetuam-se:

•• Dispositivo correspondente no CPC de 2015: art. 214, *caput*.

I – a produção antecipada de provas (art. 846);

II – a citação, a fim de evitar o perecimento de direito; e bem assim o arresto, o sequestro, a penhora, a arrecadação, a busca e apreensão, o depósito, a prisão, a separação de corpos, a abertura de testamento, os embargos de terceiro, a nunciação de obra nova e outros atos análogos.

•• Dispositivo correspondente no CPC de 2015: art. 214, I.

Parágrafo único. O prazo para a resposta do réu só começará a correr no primeiro dia útil seguinte ao feriado ou às férias.

Art. 174. Processam-se durante as férias e não se suspendem pela superveniência delas:

•• Dispositivo correspondente no CPC de 2015: art. 215, *caput*.

I – os atos de jurisdição voluntária bem como os necessários à conservação de direitos, quando possam ser prejudicados pelo adiamento;

•• Dispositivo correspondente no CPC de 2015: art. 215, I.

II – as causas de alimentos provisionais, de dação ou remoção de tutores e curadores, bem como as mencionadas no art. 275;

•• Dispositivo correspondente no CPC de 2015: art. 215, II.

III – todas as causas que a lei federal determinar.

•• Dispositivo correspondente no CPC de 2015: art. 215, III.

Art. 175. São feriados, para efeito forense, os domingos e os dias declarados por lei.

•• Dispositivo correspondente no CPC de 2015: art. 216.

Seção II
Do Lugar

Art. 176. Os atos processuais realizam-se de ordinário na sede do juízo. Podem, todavia, efetuar-se em outro lugar, em razão de deferência, de interesse da justiça, ou de obstáculo arguido pelo interessado e acolhido pelo juiz.

•• Dispositivo correspondente no CPC de 2015: art. 217.

Capítulo III
DOS PRAZOS

Seção I
Das Disposições Gerais

Art. 177. Os atos processuais realizar-se-ão nos prazos prescritos em lei. Quando esta for

Arts. 177 a 186

omissa, o juiz determinará os prazos, tendo em conta a complexidade da causa.

•• Dispositivo correspondente no CPC de 2015: art. 218, *caput* e § 1.º.

Art. 178. O prazo, estabelecido pela lei ou pelo juiz, é contínuo, não se interrompendo nos feriados.

Art. 179. A superveniência de férias suspenderá o curso do prazo; o que lhe sobejar recomeçará a correr do primeiro dia útil seguinte ao termo das férias.

•• Dispositivo correspondente no CPC de 2015: art. 220, *caput*.

Art. 180. Suspende-se também o curso do prazo por obstáculo criado pela parte ou ocorrendo qualquer das hipóteses do art. 265, I e III; casos em que o prazo será restituído por tempo igual ao que faltava para a sua complementação.

•• Dispositivo correspondente no CPC de 2015: art. 221, *caput*.

Art. 181. Podem as partes, de comum acordo, reduzir ou prorrogar o prazo dilatório; a convenção, porém, só tem eficácia se, requerida antes do vencimento do prazo, se fundar em motivo legítimo.

§ 1.º O juiz fixará o dia do vencimento do prazo da prorrogação.

§ 2.º As custas acrescidas ficarão a cargo da parte em favor de quem foi concedida a prorrogação.

Art. 182. É defeso às partes, ainda que todas estejam de acordo, reduzir ou prorrogar os prazos peremptórios. O juiz poderá, nas comarcas onde for difícil o transporte, prorrogar quaisquer prazos, mas nunca por mais de 60 (sessenta) dias.

•• Dispositivo correspondente no CPC de 2015: art. 222, *caput*.

Parágrafo único. Em caso de calamidade pública, poderá ser excedido o limite previsto neste artigo para a prorrogação de prazos.

•• Dispositivo correspondente no CPC de 2015: art. 222, § 2.º.

Art. 183. Decorrido o prazo, extingue-se, independentemente de declaração judicial, o direito de praticar o ato, ficando salvo, porém, à parte provar que o não realizou por justa causa.

•• Dispositivo correspondente no CPC de 2015: art. 223, *caput*.

§ 1.º Reputa-se justa causa o evento imprevisto, alheio à vontade da parte, e que a impediu de praticar o ato por si ou por mandatário.

•• Dispositivo correspondente no CPC de 2015: art. 223, § 1.º.

§ 2.º Verificada a justa causa o juiz permitirá à parte a prática do ato no prazo que lhe assinar.

•• Dispositivo correspondente no CPC de 2015: art. 223, § 2.º.

Art. 184. Salvo disposição em contrário, computar-se-ão os prazos, excluindo o dia do começo e incluindo o do vencimento.

•• *Caput* com redação determinada pela Lei n. 5.925, de 1.º-10-1973.

•• Dispositivos correspondentes no CPC de 2015: arts. 224, *caput*, e 219.

§ 1.º Considera-se prorrogado o prazo até o primeiro dia útil se o vencimento cair em feriado ou em dia em que:

I – for determinado o fechamento do fórum;

II – o expediente forense for encerrado antes da hora normal.

•• § 1.º com redação determinada pela Lei n. 5.925, de 1.º-10-1973.

•• Dispositivo correspondente no CPC de 2015: art. 224, § 1.º.

§ 2.º Os prazos somente começam a correr do primeiro dia útil após a intimação (art. 240 e parágrafo único).

•• § 2.º com redação determinada pela Lei n. 8.079, de 13-9-1990.

•• Dispositivo correspondente no CPC de 2015: art. 224, § 3.º.

Art. 185. Não havendo preceito legal nem assinação pelo juiz, será de 5 (cinco) dias o prazo para a prática de ato processual a cargo da parte.

•• Dispositivo correspondente no CPC de 2015: art. 218, § 3.º.

Art. 186. A parte poderá renunciar ao prazo estabelecido exclusivamente em seu favor.

•• Dispositivo correspondente no CPC de 2015: art. 225.

Processo de Conhecimento

Art. 187. Em qualquer grau de jurisdição, havendo motivo justificado, pode o juiz exceder, por igual tempo, os prazos que este Código lhe assina.

•• Dispositivo correspondente no CPC de 2015: art. 227.

Art. 188. Computar-se-á em quádruplo o prazo para contestar e em dobro para recorrer quando a parte for a Fazenda Pública ou o Ministério Público.

•• Artigo com redação original restabelecida (ADIn n. 1.910-1 em liminar concedida aos 22-4-1999).

•• Dispositivo correspondente no CPC de 2015: art. 180.

Art. 189. O juiz proferirá:

•• Dispositivo correspondente no CPC de 2015: art. 226, caput.

I – os despachos de expediente, no prazo de 2 (dois) dias;

•• Dispositivo correspondente no CPC de 2015: art. 226, I.

II – as decisões, no prazo de 10 (dez) dias.

•• Dispositivo correspondente no CPC de 2015: art. 226, II.

Art. 190. Incumbirá ao serventuário remeter os autos conclusos no prazo de 24 (vinte e quatro) horas e executar os atos processuais no prazo de 48 (quarenta e oito) horas, contados:

•• Dispositivo correspondente no CPC de 2015: art. 228, caput.

I – da data em que houver concluído o ato processual anterior, se lhe foi imposto pela lei;

•• Dispositivo correspondente no CPC de 2015: art. 228, I.

II – da data em que tiver ciência da ordem, quando determinada pelo juiz.

•• Dispositivo correspondente no CPC de 2015: art. 228, II.

Parágrafo único. Ao receber os autos, certificará o serventuário o dia e a hora em que ficou ciente da ordem, referida no n. II.

•• Dispositivo correspondente no CPC de 2015: art. 228, § 1.º.

Art. 191. Quando os litisconsortes tiverem diferentes procuradores, ser-lhes-ão contados em dobro os prazos para contestar, para recorrer e, de modo geral, para falar nos autos.

•• Dispositivo correspondente no CPC de 2015: art. 229.

Art. 192. Quando a lei não marcar outro prazo, as intimações somente obrigarão a comparecimento depois de decorridas 24 (vinte e quatro) horas.

•• Dispositivo correspondente no CPC de 2015: art. 218, § 2.º.

Seção II
Da Verificação dos Prazos e das Penalidades

Art. 193. Compete ao juiz verificar se o serventuário excedeu, sem motivo legítimo, os prazos que este Código estabelece.

•• Dispositivo correspondente no CPC de 2015: art. 233, caput.

Art. 194. Apurada a falta, o juiz mandará instaurar procedimento administrativo, na forma da Lei de Organização Judiciária.

•• Dispositivo correspondente no CPC de 2015: art. 233, § 1.º.

Art. 195. O advogado deve restituir os autos no prazo legal. Não o fazendo, mandará o juiz, de ofício, riscar o que neles houver escrito e desentranhar as alegações e documentos que apresentar.

•• Dispositivo correspondente no CPC de 2015: art. 234, caput.

Art. 196. É lícito a qualquer interessado cobrar os autos ao advogado que exceder o prazo legal. Se, intimado, não os devolver dentro em 24 (vinte e quatro) horas, perderá o direito à vista fora de cartório e incorrerá em multa, correspondente à metade do salário mínimo vigente na sede do juízo.

•• Dispositivo correspondente no CPC de 2015: art. 234, § 1.º.

Parágrafo único. Apurada a falta, o juiz comunicará o fato à seção local da Ordem dos Advogados do Brasil, para o procedimento disciplinar e imposição da multa.

•• Dispositivo correspondente no CPC de 2015: art. 234, § 3.º.

Art. 197. Aplicam-se ao órgão do Ministério Público e ao representante da Fazenda Pública as disposições constantes dos arts. 195 e 196.

•• Dispositivo correspondente no CPC de 2015: art. 234, § 4.º.

Art. 198. Qualquer das partes ou o órgão do Ministério Público poderá representar ao presidente do Tribunal de Justiça contra o juiz que excedeu os prazos previstos em lei. Distribuída a representação ao órgão competente, instaurar-se-á procedimento para apuração da responsabilidade. O relator, conforme as circunstâncias, poderá avocar os autos em que ocorreu excesso de prazo, designando outro juiz para decidir a causa.

•• Dispositivo correspondente no CPC de 2015: art. 235.

Art. 199. A disposição do artigo anterior aplicar-se-á aos tribunais superiores na forma que dispuser o seu regimento interno.

Capítulo IV
DAS COMUNICAÇÕES DOS ATOS

Seção I
Das Disposições Gerais

Art. 200. Os atos processuais serão cumpridos por ordem judicial ou requisitados por carta, conforme hajam de realizar-se dentro ou fora dos limites territoriais da comarca.

•• Dispositivo correspondente no CPC de 2015: art. 236, *caput*.

Art. 201. Expedir-se-á carta de ordem se o juiz for subordinado ao tribunal de que ela emanar; carta rogatória, quando dirigida à autoridade judiciária estrangeira; e carta precatória nos demais casos.

•• Dispositivo correspondente no CPC de 2015: art. 237, *caput* e incisos I, II e III.

Seção II
Das Cartas

Art. 202. São requisitos essenciais da carta de ordem, da carta precatória e da carta rogatória:

•• Dispositivo correspondente no CPC de 2015: art. 260, *caput*.

I – a indicação dos juízes de origem e de cumprimento do ato;

•• Dispositivo correspondente no CPC de 2015: art. 260, I.

II – o inteiro teor da petição, do despacho judicial e do instrumento do mandato conferido ao advogado;

•• Dispositivo correspondente no CPC de 2015: art. 260, II.

III – a menção do ato processual, que lhe constitui o objeto;

•• Dispositivo correspondente no CPC de 2015: art. 260, III.

IV – o encerramento com a assinatura do juiz.

•• Dispositivo correspondente no CPC de 2015: art. 260, IV.

§ 1.º O juiz mandará trasladar, na carta, quaisquer outras peças, bem como instruí-la com mapa, desenho ou gráfico, sempre que estes documentos devam ser examinados, na diligência, pelas partes, peritos ou testemunhas.

•• Dispositivo correspondente no CPC de 2015: art. 260, § 1.º.

§ 2.º Quando o objeto da carta for exame pericial sobre documento, este será remetido em original, ficando nos autos reprodução fotográfica.

•• Dispositivo correspondente no CPC de 2015: art. 260, § 2.º.

§ 3.º A carta de ordem, carta precatória ou carta rogatória pode ser expedida por meio eletrônico, situação em que a assinatura do juiz deverá ser eletrônica, na forma da lei.

•• § 3.º acrescentado pela Lei n. 11.419, de 19-12-2006.

•• Dispositivo correspondente no CPC de 2015: art. 263.

Art. 203. Em todas as cartas declarará o juiz o prazo dentro do qual deverão ser cumpridas, atendendo à facilidade das comunicações e à natureza da diligência.

•• Dispositivo correspondente no CPC de 2015: art. 261.

Art. 204. A carta tem caráter itinerante; antes ou depois de lhe ser ordenado o cumprimento, poderá ser apresentada a juízo diverso do que dela consta, a fim de se praticar o ato.

•• Dispositivo correspondente no CPC de 2015: art. 262, *caput*.

Art. 205. Havendo urgência, transmitir-se-ão a carta de ordem e a carta precatória por telegrama, radiograma ou telefone.

•• Dispositivo correspondente no CPC de 2015: art. 263.

Art. 206. A carta de ordem e a carta precatória, por telegrama ou radiograma, conterão, em resumo substancial, os requisitos mencionados no art. 202, bem como a declaração, pela agência expedidora, de estar reconhecida a assinatura do juiz.

•• Dispositivo correspondente no CPC de 2015: art. 264.

Processo de Conhecimento

Art. 207. O secretário do tribunal ou o escrivão do juízo deprecante transmitirá, por telefone, a carta de ordem, ou a carta precatória ao juízo, em que houver de cumprir-se o ato, por intermédio do escrivão do primeiro ofício da primeira vara, se houver na comarca mais de um ofício ou de uma vara, observando, quanto aos requisitos, o disposto no artigo antecedente.

•• Dispositivo correspondente no CPC de 2015: art. 265, *caput*.

§ 1.º O escrivão, no mesmo dia ou no dia útil imediato, telefonará ao secretário do tribunal ou ao escrivão do juízo deprecante, lendo-lhe os termos da carta e solicitando-lhe que lha confirme.

•• Dispositivo correspondente no CPC de 2015: art. 265, § 1.º.

§ 2.º Sendo confirmada, o escrivão submeterá a carta a despacho.

•• Dispositivo correspondente no CPC de 2015: art. 265, § 2.º.

Art. 208. Executar-se-ão, de ofício, os atos requisitados por telegrama, radiograma ou telefone. A parte depositará, contudo, na secretaria do tribunal ou no cartório do juízo deprecante, a importância correspondente às despesas que serão feitas no juízo em que houver de praticar-se o ato.

•• Dispositivo correspondente no CPC de 2015: art. 266.

Art. 209. O juiz recusará cumprimento à carta precatória, devolvendo-a com despacho motivado:

•• Dispositivo correspondente no CPC de 2015: art. 267, *caput*.

I – quando não estiver revestida dos requisitos legais;

•• Dispositivo correspondente no CPC de 2015: art. 267, I.

II – quando carecer de competência em razão da matéria ou da hierarquia;

•• Dispositivo correspondente no CPC de 2015: art. 267, II.

III – quando tiver dúvida acerca de sua autenticidade.

•• Dispositivo correspondente no CPC de 2015: art. 267, III.

Art. 210. A carta rogatória obedecerá, quanto à sua admissibilidade e modo de seu cumprimento, ao disposto na convenção internacional; à falta desta, será remetida à autoridade judiciária estrangeira, por via diplomática, depois de traduzida para a língua do país em que há de praticar-se o ato.

Art. 211. A concessão de exequibilidade às cartas rogatórias das justiças estrangeiras obedecerá ao disposto no Regimento Interno do Supremo Tribunal Federal.

Art. 212. Cumprida a carta, será devolvida ao juízo de origem, no prazo de 10 (dez) dias, independentemente de traslado, pagas as custas pela parte.

•• Dispositivo correspondente no CPC de 2015: art. 268.

Seção III
Das Citações

Art. 213. Citação é o ato pelo qual se chama a juízo o réu ou o interessado a fim de se defender.

•• Artigo com redação determinada pela Lei n. 5.925, de 1.º-10-1973.

•• Dispositivo correspondente no CPC de 2015: art. 238.

Art. 214. Para a validade do processo é indispensável a citação inicial do réu.

•• *Caput* com redação determinada pela Lei n. 5.925, de 1.º-10-1973.

•• Dispositivo correspondente no CPC de 2015: art. 239, *caput*.

§ 1.º O comparecimento espontâneo do réu supre, entretanto, a falta de citação.

•• § 1.º com redação determinada pela Lei n. 5.925, de 1.º-10-1973.

•• Dispositivo correspondente no CPC de 2015: art. 239, § 1.º.

§ 2.º Comparecendo o réu apenas para arguir a nulidade e sendo esta decretada, considerar-se-á feita a citação na data em que ele ou seu advogado for intimado da decisão.

•• § 2.º com redação determinada pela Lei n. 5.925, de 1.º-10-1973.

Art. 215. Far-se-á a citação pessoalmente ao réu, ao seu representante legal ou ao procurador legalmente autorizado.

•• Dispositivo correspondente no CPC de 2015: art. 242, *caput*.

Arts. 215 a 219

§ 1.º Estando o réu ausente, a citação far-se-á na pessoa de seu mandatário, administrador, feitor ou gerente, quando a ação se originar de atos por eles praticados.

•• Dispositivo correspondente no CPC de 2015: art. 242, § 1.º.

§ 2.º O locador que se ausentar do Brasil sem cientificar o locatário de que deixou na localidade, onde estiver situado o imóvel, procurador com poderes para receber citação, será citado na pessoa do administrador do imóvel encarregado do recebimento dos aluguéis.

•• Dispositivo correspondente no CPC de 2015: art. 242, § 2.º.

Art. 216. A citação efetuar-se-á em qualquer lugar em que se encontre o réu.

•• Dispositivo correspondente no CPC de 2015: art. 243, caput.

Parágrafo único. O militar, em serviço ativo, será citado na unidade em que estiver servindo se não for conhecida a sua residência ou nela não for encontrado.

•• Dispositivo correspondente no CPC de 2015: art. 243, parágrafo único.

Art. 217. Não se fará, porém, a citação, salvo para evitar o perecimento do direito:

•• Dispositivo correspondente no CPC de 2015: art. 244, caput.

I – a quem estiver assistindo a qualquer ato de culto religioso;

•• Anterior inciso II renumerado pela Lei n. 8.952, de 13-12-1994.

•• Dispositivo correspondente no CPC de 2015: art. 244, I.

II – ao cônjuge ou a qualquer parente do morto, consanguíneo ou afim, em linha reta, ou na linha colateral em segundo grau, no dia do falecimento e nos 7 (sete) dias seguintes;

•• Anterior inciso III renumerado pela Lei n. 8.952, de 13-12-1994.

•• Dispositivo correspondente no CPC de 2015: art. 244, II.

III – aos noivos, nos 3 (três) primeiros dias de bodas;

•• Anterior inciso IV renumerado pela Lei n. 8.952, de 13-12-1994.

•• Dispositivo correspondente no CPC de 2015: art. 244, III.

IV – aos doentes, enquanto grave o seu estado.

•• Anterior inciso V renumerado pela Lei n. 8.952, de 13-12-1994.

•• Dispositivo correspondente no CPC de 2015: art. 244, IV.

Processo de Conhecimento

Art. 218. Também não se fará citação, quando se verificar que o réu é demente ou está impossibilitado de recebê-la.

•• Dispositivo correspondente no CPC de 2015: art. 245, caput.

§ 1.º O oficial de justiça passará certidão, descrevendo minuciosamente a ocorrência. O juiz nomeará um médico, a fim de examinar o citando. O laudo será apresentado em 5 (cinco) dias.

•• Dispositivo correspondente no CPC de 2015: art. 245, § 1.º.

§ 2.º Reconhecida a impossibilidade, o juiz dará ao citando um curador, observando, quanto à sua escolha, a preferência estabelecida na lei civil. A nomeação é restrita à causa.

•• Dispositivo correspondente no CPC de 2015: art. 245, § 4.º.

§ 3.º A citação será feita na pessoa do curador, a quem incumbirá a defesa do réu.

•• Dispositivo correspondente no CPC de 2015: art. 245, § 5.º.

Art. 219. A citação válida torna prevento o juízo, induz litispendência e faz litigiosa a coisa; e, ainda quando ordenada por juiz incompetente, constitui em mora o devedor e interrompe a prescrição.

• Caput com redação determinada pela Lei n. 5.925, de 1.º-10-1973.

•• Dispositivos correspondentes no CPC de 2015: arts. 59 e 240, caput.

§ 1.º A interrupção da prescrição retroagirá à data da propositura da ação.

• § 1.º com redação determinada pela Lei n. 8.952, de 13-12-1994.

•• Dispositivo correspondente no CPC de 2015: art. 240, § 1.º.

§ 2.º Incumbe à parte promover a citação do réu nos 10 (dez) dias subsequentes ao despacho que a ordenar, não ficando prejudicada pela demora imputável exclusivamente ao serviço judiciário.

• § 2.º com redação determinada pela Lei n. 8.952, de 13-12-1994.

•• Dispositivo correspondente no CPC de 2015: art. 240, § 2.º.

§ 3.º Não sendo citado o réu, o juiz prorrogará o prazo até o máximo de 90 (noventa) dias.

Processo de Conhecimento

Arts. 219 a 224

•• § 3.º com redação determinada pela Lei n. 8.952, de 13-12-1994.

§ 4.º Não se efetuando a citação nos prazos mencionados nos parágrafos antecedentes, haver-se-á por não interrompida a prescrição.

•• § 4.º com redação determinada pela Lei n. 5.925, de 1.º-10-1973.

§ 5.º O juiz pronunciará, de ofício, a prescrição.

•• § 5.º com redação determinada pela Lei n. 11.280, de 16-2-2006.

§ 6.º Passada em julgado a sentença, a que se refere o parágrafo anterior, o escrivão comunicará ao réu o resultado do julgamento.

•• § 6.º com redação determinada pela Lei n. 5.925, de 1.º-10-1973.

Art. 220. O disposto no artigo anterior aplica-se a todos os prazos extintivos previstos na lei.

•• Dispositivo correspondente no CPC de 2015: art. 240, § 4.º.

Art. 221. A citação far-se-á:

•• Dispositivo correspondente no CPC de 2015: art. 246, *caput*.

I – pelo correio;

•• Dispositivo correspondente no CPC de 2015: art. 246, I.

II – por oficial de justiça;

•• Dispositivo correspondente no CPC de 2015: art. 246, II.

III – por edital;

•• Dispositivo correspondente no CPC de 2015: art. 246, IV.

IV – por meio eletrônico, conforme regulado em lei própria.

•• Inciso IV acrescentado pela Lei n. 11.419, de 19-12-2006.

•• Dispositivo correspondente no CPC de 2015: art. 246, V.

Art. 222. A citação será feita pelo correio, para qualquer comarca do País, exceto:

•• *Caput* com redação determinada pela Lei n. 8.710, de 24-9-1993.

•• Dispositivo correspondente no CPC de 2015: art. 247, *caput*.

a) nas ações de estado;

•• Alínea *a* com redação determinada pela Lei n. 8.710, de 24-9-1993.

•• Dispositivo correspondente no CPC de 2015: art. 247, I.

b) quando for ré pessoa incapaz;

•• Alínea *b* com redação determinada pela Lei n. 8.710, de 24-9-1993.

•• Dispositivo correspondente no CPC de 2015: art. 247, II.

c) quando for ré pessoa de direito público;

•• Alínea *c* com redação determinada pela Lei n. 8.710, de 24-9-1993.

•• Dispositivo correspondente no CPC de 2015: art. 247, III.

d) nos processos de execução;

•• Alínea *d* com redação determinada pela Lei n. 8.710, de 24-9-1993.

e) quando o réu residir em local não atendido pela entrega domiciliar de correspondência;

•• Alínea *e* com redação determinada pela Lei n. 8.710, de 24-9-1993.

•• Dispositivo correspondente no CPC de 2015: art. 247, IV.

f) quando o autor a requerer de outra forma.

•• Alínea *f* com redação determinada pela Lei n. 8.710, de 24-9-1993.

•• Dispositivo correspondente no CPC de 2015: art. 247, V.

Art. 223. Deferida a citação pelo correio, o escrivão ou chefe da secretaria remeterá ao citando cópias da petição inicial e do despacho do juiz, expressamente consignada em seu inteiro teor a advertência a que se refere o art. 285, segunda parte, comunicando, ainda, o prazo para a resposta e o juízo e cartório, com o respectivo endereço.

•• *Caput* com redação determinada pela Lei n. 8.710, de 24-9-1993.

•• Dispositivo correspondente no CPC de 2015: art. 248, *caput*.

Parágrafo único. A carta será registrada para entrega ao citando, exigindolhe o carteiro, ao fazer a entrega, que assine o recibo. Sendo o réu pessoa jurídica, será válida a entrega a pessoa com poderes de gerência geral ou de administração.

•• Parágrafo único com redação determinada pela Lei n. 8.710, de 24-9-1993.

•• Dispositivo correspondente no CPC de 2015: art. 248, § 1.º.

Art. 224. Far-se-á a citação por meio de oficial de justiça nos casos ressalvados no art. 222, ou quando frustrada a citação pelo correio.

Arts. 224 a 228 — Processo de Conhecimento

•• Artigo com redação determinada pela Lei n. 8.710, de 24-9-1993.

•• Dispositivo correspondente no CPC de 2015: art. 249.

Art. 225. O mandado, que o oficial de justiça tiver de cumprir, deverá conter:

•• *Caput* com redação determinada pela Lei n. 5.925, de 1.º-10-1973.

•• Dispositivo correspondente no CPC de 2015: art. 250, *caput*.

I – os nomes do autor e do réu, bem como os respectivos domicílios ou residências;

•• Inciso I com redação determinada pela Lei n. 5.925, de 1.º-10-1973.

•• Dispositivo correspondente no CPC de 2015: art. 250, I.

II – o fim da citação, com todas as especificações constantes da petição inicial, bem como a advertência a que se refere o art. 285, segunda parte, se o litígio versar sobre direitos disponíveis;

•• Inciso II com redação determinada pela Lei n. 5.925, de 1.º-10-1973.

•• Dispositivo correspondente no CPC de 2015: art. 250, II.

III – a cominação, se houver;

•• Inciso III com redação determinada pela Lei n. 5.925, de 1.º-10-1973.

•• Dispositivo correspondente no CPC de 2015: art. 250, III.

IV – o dia, hora e lugar do comparecimento;

•• Inciso IV com redação determinada pela Lei n. 5.925, de 1.º-10-1973.

•• Dispositivo correspondente no CPC de 2015: art. 250, IV.

V – a cópia do despacho;

•• Inciso V com redação determinada pela Lei n. 5.925, de 1.º-10-1973.

•• Dispositivo correspondente no CPC de 2015: art. 250, V.

VI – o prazo para defesa;

•• Inciso VI com redação determinada pela Lei n. 5.925, de 1.º-10-1973.

VII – a assinatura do escrivão e a declaração de que o subscreve por ordem do juiz.

•• Inciso VII com redação determinada pela Lei n. 5.925, de 1.º-10-1973.

•• Dispositivo correspondente no CPC de 2015: art. 250, VI.

Parágrafo único. O mandado poderá ser em breve relatório, quando o autor entregar em cartório, com a petição inicial, tantas cópias desta quantos forem os réus; caso em que as cópias, depois de conferidas com o original, farão parte integrante do mandado.

•• Parágrafo único com redação determinada pela Lei n. 5.925, de 1.º-10-1973.

Art. 226. Incumbe ao oficial de justiça procurar o réu e, onde o encontrar, citá-lo:

•• Dispositivo correspondente no CPC de 2015: art. 251, *caput*.

I – lendo-lhe o mandado e entregando-lhe a contrafé;

•• Dispositivo correspondente no CPC de 2015: art. 251, I.

II – portando por fé se recebeu ou recusou a contrafé;

•• Dispositivo correspondente no CPC de 2015: art. 251, II.

III – obtendo a nota de ciente, ou certificando que o réu não a apôs no mandado.

•• Dispositivo correspondente no CPC de 2015: art. 251, III.

Art. 227. Quando, por três vezes, o oficial de justiça houver procurado o réu em seu domicílio ou residência, sem o encontrar, deverá, havendo suspeita de ocultação, intimar a qualquer pessoa da família, ou em sua falta a qualquer vizinho, que, no dia imediato, voltará, a fim de efetuar a citação, na hora que designar.

•• Dispositivo correspondente no CPC de 2015: art. 252, *caput*.

Art. 228. No dia e hora designados, o oficial de justiça, independentemente de novo despacho, comparecerá ao domicílio ou residência do citando, a fim de realizar a diligência.

•• Dispositivo correspondente no CPC de 2015: art. 253, *caput*.

§ 1.º Se o citando não estiver presente, o oficial de justiça procurará informar-se das razões da ausência, dando por feita a citação, ainda que o citando se tenha ocultado em outra comarca.

•• Dispositivo correspondente no CPC de 2015: art. 253, § 1.º.

§ 2.º Da certidão da ocorrência, o oficial de justiça deixará contrafé com pessoa da família ou com qualquer vizinho, conforme o caso, declarando-lhe o nome.

Processo de Conhecimento

Arts. 228 a 233

•• Dispositivo correspondente no CPC de 2015: art. 253, § 3.º.

Art. 229. Feita a citação com hora certa, o escrivão enviará ao réu carta, telegrama ou radiograma, dando-lhe de tudo ciência.

•• Dispositivo correspondente no CPC de 2015: art. 254.

Art. 230. Nas comarcas contíguas, de fácil comunicação, e nas que se situem na mesma região metropolitana, o oficial de justiça poderá efetuar citações ou intimações em qualquer delas.

•• Artigo com redação determinada pela Lei n. 8.710, de 24-9-1993.

•• Dispositivo correspondente no CPC de 2015: art. 255.

Art. 231. Far-se-á a citação por edital:

•• Dispositivo correspondente no CPC de 2015: art. 256, caput.

I – quando desconhecido ou incerto o réu;

•• Dispositivo correspondente no CPC de 2015: art. 256, I.

II – quando ignorado, incerto ou inacessível o lugar em que se encontrar;

•• Dispositivo correspondente no CPC de 2015: art. 256, II.

III – nos casos expressos em lei.

•• Dispositivo correspondente no CPC de 2015: art. 256, III.

§ 1.º Considera-se inacessível, para efeito de citação por edital, o país que recusar o cumprimento de carta rogatória.

•• Dispositivo correspondente no CPC de 2015: art. 256, § 1.º.

§ 2.º No caso de ser inacessível o lugar em que se encontrar o réu, a notícia de sua citação será divulgada também pelo rádio, se na comarca houver emissora de radiodifusão.

•• Dispositivo correspondente no CPC de 2015: art. 256, § 2.º.

Art. 232. São requisitos da citação por edital:

•• Caput com redação determinada pela Lei n. 5.925, de 1.º-10-1973.

•• Dispositivo correspondente no CPC de 2015: art. 257, caput.

I – a afirmação do autor, ou a certidão do oficial, quanto às circunstâncias previstas nos ns. I e II do artigo antecedente;

•• Inciso I com redação determinada pela Lei n. 5.925, de 1.º-10-1973.

•• Dispositivo correspondente no CPC de 2015: art. 257, I.

II – a afixação do edital, na sede do juízo, certificada pelo escrivão;

•• Inciso II com redação determinada pela Lei n. 5.925, de 1.º-10-1973.

III – a publicação do edital no prazo máximo de 15 (quinze) dias, uma vez no órgão oficial e pelo menos duas vezes em jornal local, onde houver;

•• Inciso III com redação determinada pela Lei n. 5.925, de 1.º-10-1973.

•• Dispositivo correspondente no CPC de 2015: art. 257, II.

IV – a determinação, pelo juiz, do prazo, que variará entre 20 (vinte) e 60 (sessenta) dias, correndo da data da primeira publicação;

•• Inciso IV com redação determinada pela Lei n. 5.925, de 1.º-10-1973.

•• Dispositivo correspondente no CPC de 2015: art. 257, III.

V – a advertência a que se refere o art. 285, segunda parte, se o litígio versar sobre direitos disponíveis.

•• Inciso V com redação determinada pela Lei n. 5.925, de 1.º-10-1973.

•• Dispositivo correspondente no CPC de 2015: art. 257, IV.

§ 1.º Juntar-se-á aos autos um exemplar de cada publicação, bem como do anúncio, de que trata o n. II deste artigo.

•• § 1.º com redação determinada pela Lei n. 7.359, de 10-9-1985.

§ 2.º A publicação do edital será feita apenas no órgão oficial quando a parte for beneficiária da Assistência Judiciária.

•• § 2.º acrescentado pela Lei n. 7.359, de 10-9-1985.

Art. 233. A parte que requerer a citação por edital, alegando dolosamente os requisitos do art. 231, I e II, incorrerá em multa de 5 (cinco) vezes o salário mínimo vigente na sede do juízo.

•• Dispositivo correspondente no CPC de 2015: art. 258, caput.

Parágrafo único. A multa reverterá em benefício do citando.

•• Dispositivo correspondente no CPC de 2015: art. 258, parágrafo único.

Seção IV
Das Intimações

Art. 234. Intimação é o ato pelo qual se dá ciência a alguém dos atos e termos do processo, para que faça ou deixe de fazer alguma coisa.

•• Dispositivo correspondente no CPC de 2015: art. 269, *caput*.

Art. 235. As intimações efetuam-se de ofício, em processos pendentes, salvo disposição em contrário.

•• Dispositivo correspondente no CPC de 2015: art. 271.

Art. 236. No Distrito Federal e nas Capitais dos Estados e dos Territórios, consideram-se feitas as intimações pela só publicação dos atos no órgão oficial.

•• Dispositivo correspondente no CPC de 2015: art. 272, *caput*.

§ 1.º É indispensável, sob pena de nulidade, que da publicação constem os nomes das partes e de seus advogados, suficientes para sua identificação.

•• Dispositivo correspondente no CPC de 2015: art. 272, § 2.º.

§ 2.º A intimação do Ministério Público, em qualquer caso, será feita pessoalmente.

Art. 237. Nas demais comarcas aplicar-se-á o disposto no artigo antecedente, se houver órgão de publicação dos atos oficiais; não o havendo, competirá ao escrivão intimar, de todos os atos do processo, os advogados das partes:

•• Dispositivo correspondente no CPC de 2015: art. 273, *caput*.

I – pessoalmente, tendo domicílio na sede do juízo;

•• Dispositivo correspondente no CPC de 2015: art. 273, I.

II – por carta registrada, com aviso de recebimento quando domiciliado fora do juízo.

•• Dispositivo correspondente no CPC de 2015: art. 273, II.

Parágrafo único. As intimações podem ser feitas de forma eletrônica, conforme regulado em lei própria.

•• Parágrafo único acrescentado pela Lei n. 11.419, de 19-12-2006.

•• Dispositivo correspondente no CPC de 2015: art. 270.

Art. 238. Não dispondo a lei de outro modo, as intimações serão feitas às partes, aos seus representantes legais e aos advogados pelo correio ou, se presentes em cartório, diretamente pelo escrivão ou chefe de secretaria.

•• *Caput* com redação determinada pela Lei n. 8.710, de 24-9-1993.

•• Dispositivo correspondente no CPC de 2015: art. 274, *caput*.

Parágrafo único. Presumem-se válidas as comunicações e intimações dirigidas ao endereço residencial ou profissional declinado na inicial, contestação ou embargos, cumprindo às partes atualizar o respectivo endereço sempre que houver modificação temporária ou definitiva.

•• Parágrafo único acrescentado pela Lei n. 11.382, de 6-12-2006.

•• Dispositivo correspondente no CPC de 2015: art. 274, parágrafo único.

Art. 239. Far-se-á a intimação por meio de oficial de justiça quando frustrada a realização pelo correio.

•• *Caput* com redação determinada pela Lei n. 8.710, de 24-9-1993.

•• Dispositivo correspondente no CPC de 2015: art. 275, *caput*.

Parágrafo único. A certidão de intimação deve conter:

•• Parágrafo único, *caput*, com redação determinada pela Lei n. 8.710, de 24-9-1993.

•• Dispositivo correspondente no CPC de 2015: art. 275, § 1.º, *caput*.

I – a indicação do lugar e a descrição da pessoa intimada, mencionando, quando possível, o número de sua carteira de identidade e o órgão que a expediu;

•• Dispositivo correspondente no CPC de 2015: art. 275, § 1.º, I.

II – a declaração de entrega da contrafé;

•• Dispositivo correspondente no CPC de 2015: art. 275, § 1.º, II.

III – a nota de ciente ou certidão de que o interessado não a após no mandado.

•• Inciso III com redação determinada pela Lei n. 8.952, de 13-12-1994.

•• Dispositivo correspondente no CPC de 2015: art. 275, § 1.º, III.

Processo de Conhecimento

Arts. 239 a 245

•• Mantivemos "interessado" conforme publicação oficial. Entendemos que o correto seria "intimado".

Art. 240. Salvo disposição em contrário, os prazos para as partes, para a Fazenda Pública e para o Ministério Público contar-se-ão da intimação.

•• Dispositivo correspondente no CPC de 2015: art. 230.

Parágrafo único. As intimações consideram-se realizadas no primeiro dia útil seguinte, se tiverem ocorrido em dia em que não tenha havido expediente forense.

•• Parágrafo único acrescentado pela Lei n. 8.079, de 13-9-1990.

Art. 241. Começa a correr o prazo:

•• Dispositivo correspondente no CPC de 2015: art. 231, *caput*.

I – quando a citação ou intimação for pelo correio, da data de juntada aos autos do aviso de recebimento;

•• Inciso I com redação determinada pela Lei n. 8.710, de 24-9-1993.

•• Dispositivo correspondente no CPC de 2015: art. 231, I.

II – quando a citação ou intimação for por oficial de justiça, da data de juntada aos autos do mandado cumprido;

•• Inciso II com redação determinada pela Lei n. 8.710, de 24-9-1993.

•• Dispositivo correspondente no CPC de 2015: art. 231, II.

III – quando houver vários réus, da data de juntada aos autos do último aviso de recebimento ou mandado citatório cumprido;

•• Inciso III com redação determinada pela Lei n. 8.710, de 24-9-1993.

•• Dispositivo correspondente no CPC de 2015: art. 231, § 1.º.

IV – quando o ato se realizar em cumprimento de carta de ordem, precatória ou rogatória, da data de sua juntada aos autos devidamente cumprida;

•• Inciso IV com redação determinada pela Lei n. 8.710, de 24-9-1993.

•• Dispositivo correspondente no CPC de 2015: art. 231, VI.

V – quando a citação for por edital, finda a dilação assinada pelo juiz.

•• Inciso V com redação determinada pela Lei n. 8.710, de 24-9-1993.

•• Dispositivo correspondente no CPC de 2015: art. 231, IV.

Art. 242. O prazo para a interposição de recurso conta-se da data, em que os advogados são intimados da decisão, da sentença ou do acórdão.

•• Dispositivo correspondente no CPC de 2015: art. 1.003, *caput*.

§ 1.º Reputam-se intimados na audiência, quando nesta é publicada a decisão ou a sentença.

•• Dispositivo correspondente no CPC de 2015: art. 1.003, § 1.º.

§ 2.º Havendo antecipação da audiência, o juiz, de ofício ou a requerimento da parte, mandará intimar pessoalmente os advogados para ciência da nova designação.

•• Anterior § 3.º renumerado pela Lei n. 8.952, de 13-12-1994.

•• Dispositivo correspondente no CPC de 2015: art. 363.

Capítulo V
DAS NULIDADES

Art. 243. Quando a lei prescrever determinada forma, sob pena de nulidade, a decretação desta não pode ser requerida pela parte que lhe deu causa.

•• Dispositivo correspondente no CPC de 2015: art. 276.

Art. 244. Quando a lei prescrever determinada forma, sem cominação de nulidade, o juiz considerará válido o ato se, realizado de outro modo, lhe alcançar a finalidade.

•• Dispositivo correspondente no CPC de 2015: art. 277.

Art. 245. A nulidade dos atos deve ser alegada na primeira oportunidade em que couber à parte falar nos autos, sob pena de preclusão.

•• Dispositivo correspondente no CPC de 2015: art. 278, *caput*.

Parágrafo único. Não se aplica esta disposição às nulidades que o juiz deva decretar de ofício, nem prevalece a preclusão, provando a parte legítimo impedimento.

•• Dispositivo correspondente no CPC de 2015: art. 278, parágrafo único.

Arts. 246 a 253 — Processo de Conhecimento

Art. 246. É nulo o processo, quando o Ministério Público não for intimado a acompanhar o feito em que deva intervir.

•• Dispositivo correspondente no CPC de 2015: art. 279, *caput*.

Parágrafo único. Se o processo tiver corrido, sem conhecimento do Ministério Público, o juiz o anulará a partir do momento em que o órgão devia ter sido intimado.

•• Dispositivo correspondente no CPC de 2015: art. 279, § 1.º.

Art. 247. As citações e as intimações serão nulas, quando feitas sem observância das prescrições legais.

•• Dispositivo correspondente no CPC de 2015: art. 280.

Art. 248. Anulado o ato, reputam-se de nenhum efeito todos os subsequentes, que dele dependam; todavia, a nulidade de uma parte do ato não prejudicará as outras, que dela sejam independentes.

•• Dispositivo correspondente no CPC de 2015: art. 281.

Art. 249. O juiz, ao pronunciar a nulidade, declarará que atos são atingidos, ordenando as providências necessárias, a fim de que sejam repetidos, ou retificados.

•• Dispositivo correspondente no CPC de 2015: art. 282, *caput*.

§ 1.º O ato não se repetirá nem se lhe suprirá a falta quando não prejudicar a parte.

•• Dispositivo correspondente no CPC de 2015: art. 282, § 1.º.

§ 2.º Quando puder decidir do mérito a favor da parte a quem aproveite a declaração da nulidade, o juiz não a pronunciará nem mandará repetir o ato, ou suprir-lhe a falta.

•• Dispositivo correspondente no CPC de 2015: art. 282, § 2.º.

Art. 250. O erro de forma do processo acarreta unicamente a anulação dos atos que não possam ser aproveitados, devendo praticar-se os que forem necessários, a fim de se observarem, quanto possível, as prescrições legais.

•• Dispositivo correspondente no CPC de 2015: art. 283, *caput*.

Parágrafo único. Dar-se-á o aproveitamento dos atos praticados, desde que não resulte prejuízo à defesa.

•• Dispositivo correspondente no CPC de 2015: art. 283, parágrafo único.

CAPÍTULO VI
DE OUTROS ATOS PROCESSUAIS

Seção I
Da Distribuição e do Registro

Art. 251. Todos os processos estão sujeitos a registro, devendo ser distribuídos onde houver mais de um juiz ou mais de um escrivão.

•• Dispositivo correspondente no CPC de 2015: art. 284.

Art. 252. Será alternada a distribuição entre juízes e escrivães, obedecendo a rigorosa igualdade.

•• Dispositivo correspondente no CPC de 2015: art. 285, *caput*.

Art. 253. Distribuir-se-ão por dependência as causas de qualquer natureza:

•• *Caput* com redação determinada pela Lei n. 10.358, de 27-12-2001.

•• Dispositivo correspondente no CPC de 2015: art. 286, *caput*.

I – quando se relacionarem, por conexão ou continência, com outra já ajuizada;

•• Inciso I acrescentado pela Lei n. 10.358, de 27-12-2001.

•• Dispositivo correspondente no CPC de 2015: art. 286, I.

II – quando, tendo sido extinto o processo, sem julgamento de mérito, for reiterado o pedido, ainda que em litisconsórcio com outros autores ou que sejam parcialmente alterados os réus da demanda;

•• Inciso II com redação determinada pela Lei n. 11.280, de 16-2-2006.

•• Dispositivo correspondente no CPC de 2015: art. 286, II.

III – quando houver ajuizamento de ações idênticas, ao juízo prevento.

•• Inciso III acrescentado pela Lei n. 11.280, de 16-2-2006.

•• Dispositivo correspondente no CPC de 2015: art. 286, III.

Parágrafo único. Havendo reconvenção ou intervenção de terceiro, o juiz, de ofício, man-

Processo de Conhecimento

Arts. 253 a 261

dará proceder à respectiva anotação pelo distribuidor.

•• Dispositivo correspondente no CPC de 2015: art. 286, parágrafo único.

Art. 254. É defeso distribuir a petição não acompanhada do instrumento do mandato, salvo:

•• Dispositivo correspondente no CPC de 2015: art. 287, *caput*.

I – se o requerente postular em causa própria;

II – se a procuração estiver junta aos autos principais;

III – no caso previsto no art. 37.

•• Dispositivo correspondente no CPC de 2015: art. 287, parágrafo único, I.

Art. 255. O juiz, de ofício ou a requerimento do interessado, corrigirá o erro ou a falta de distribuição, compensando-a.

•• Dispositivo correspondente no CPC de 2015: art. 288.

Art. 256. A distribuição poderá ser fiscalizada pela parte ou por seu procurador.

•• Dispositivo correspondente no CPC de 2015: art. 289.

Art. 257. Será cancelada a distribuição do feito que, em 30 (trinta) dias, não for preparado no cartório em que deu entrada.

•• Dispositivo correspondente no CPC de 2015: art. 290.

Seção II
Do Valor da Causa

Art. 258. A toda causa será atribuído um valor certo, ainda que não tenha conteúdo econômico imediato.

•• Dispositivo correspondente no CPC de 2015: art. 291.

Art. 259. O valor da causa constará sempre da petição inicial e será:

•• Dispositivo correspondente no CPC de 2015: art. 292, *caput*.

I – na ação de cobrança de dívida, a soma do principal, da pena e dos juros vencidos até a propositura da ação;

•• Dispositivo correspondente no CPC de 2015: art. 292, I.

II – havendo cumulação de pedidos, a quantia correspondente à soma dos valores de todos eles;

•• Dispositivo correspondente no CPC de 2015: art. 292, VI.

III – sendo alternativos os pedidos, o de maior valor;

•• Dispositivo correspondente no CPC de 2015: art. 292, VII.

IV – se houver também pedido subsidiário, o valor do pedido principal;

•• Dispositivo correspondente no CPC de 2015: art. 292, VIII.

V – quando o litígio tiver por objeto a existência, validade, cumprimento, modificação ou rescisão de negócio jurídico, o valor do contrato;

•• Dispositivo correspondente no CPC de 2015: art. 292, II.

VI – na ação de alimentos, a soma de 12 (doze) prestações mensais, pedidas pelo autor;

•• Dispositivo correspondente no CPC de 2015: art. 292, III.

VII – na ação de divisão, de demarcação e de reivindicação, a estimativa oficial para lançamento do imposto.

•• Dispositivo correspondente no CPC de 2015: art. 292, IV.

Art. 260. Quando se pedirem prestações vencidas e vincendas, tomar-seá em consideração o valor de umas e outras. O valor das prestações vincendas será igual a uma prestação anual, se a obrigação for por tempo indeterminado, ou por tempo superior a 1 (um) ano; se, por tempo inferior, será igual à soma das prestações.

•• Dispositivo correspondente no CPC de 2015: art. 292, § 1.º.

Art. 261. O réu poderá impugnar, no prazo da contestação, o valor atribuído à causa pelo autor. A impugnação será autuada em apenso, ouvindo-se o autor no prazo de 5 (cinco) dias. Em seguida o juiz, sem suspender o processo, servindo-se, quando necessário, do auxílio de perito, determinará, no prazo de 10 (dez) dias, o valor da causa.

Parágrafo único. Não havendo impugnação, presume-se aceito o valor atribuído à causa na petição inicial.

•• Dispositivo correspondente no CPC de 2015: art. 293.

TÍTULO VI
DA FORMAÇÃO, DA SUSPENSÃO E DA EXTINÇÃO DO PROCESSO

CAPÍTULO I
DA FORMAÇÃO DO PROCESSO

Art. 262. O processo civil começa por iniciativa da parte, mas se desenvolve por impulso oficial.

•• Dispositivo correspondente no CPC de 2015: art. 2.º.

Art. 263. Considera-se proposta a ação, tanto que a petição inicial seja despachada pelo juiz, ou simplesmente distribuída, onde houver mais de uma vara. A propositura da ação, todavia, só produz, quanto ao réu, os efeitos mencionados no art. 219 depois que for validamente citado.

•• Dispositivo correspondente no CPC de 2015: art. 312.

Art. 264. Feita a citação, é defeso ao autor modificar o pedido ou a causa de pedir, sem o consentimento do réu, mantendo-se as mesmas partes, salvo as substituições permitidas por lei.

•• *Caput* com redação determinada pela Lei n. 5.925, de 1.º-10-1973.

Parágrafo único. A alteração do pedido ou da causa de pedir em nenhuma hipótese será permitida após o saneamento do processo.

•• Parágrafo único com redação determinada pela Lei n. 5.925, de 1.º-10-1973.

CAPÍTULO II
DA SUSPENSÃO DO PROCESSO

Art. 265. Suspende-se o processo:

•• Dispositivo correspondente no CPC de 2015: art. 313, *caput*.

I – pela morte ou perda da capacidade processual de qualquer das partes, de seu representante legal ou de seu procurador;

•• Dispositivo correspondente no CPC de 2015: art. 313, I.

II – pela convenção das partes;

•• Dispositivo correspondente no CPC de 2015: art. 313, II.

III – quando for oposta exceção de incompetência do juízo, da câmara ou do tribunal, bem como de suspeição ou impedimento do juiz;

•• Dispositivo correspondente no CPC de 2015: art. 313, III.

IV – quando a sentença de mérito:

•• Dispositivo correspondente no CPC de 2015: art. 313, V, *caput*.

a) depender do julgamento de outra causa, ou da declaração da existência ou inexistência da relação jurídica, que constitua o objeto principal de outro processo pendente;

•• Dispositivo correspondente no CPC de 2015: art. 313, V, *a*.

b) não puder ser proferida senão depois de verificado determinado fato, ou de produzida certa prova, requisitada a outro juízo;

•• Dispositivo correspondente no CPC de 2015: art. 313, V, *b*.

c) tiver por pressuposto o julgamento de questão de estado, requerido como declaração incidente;

V – por motivo de força maior;

•• Dispositivo correspondente no CPC de 2015: art. 313, VI.

VI – nos demais casos, que este Código regula.

•• Dispositivo correspondente no CPC de 2015: art. 313, VIII.

§ 1.º No caso de morte ou perda da capacidade processual de qualquer das partes, ou de seu representante legal, provado o falecimento ou a incapacidade, o juiz suspenderá o processo, salvo se já tiver iniciado a audiência de instrução e julgamento; caso em que:

•• Dispositivo correspondente no CPC de 2015: art. 313, § 1.º.

a) o advogado continuará no processo até o encerramento da audiência;

b) o processo só se suspenderá a partir da publicação da sentença ou do acórdão.

§ 2.º No caso de morte do procurador de qualquer das partes, ainda que iniciada a audiência de instrução e julgamento, o juiz marcará, a fim de que a parte constitua novo mandatário, o prazo de 20 (vinte) dias, findo o qual extinguirá o processo sem julgamento do mérito, se o autor não nomear novo mandatário,

Processo de Conhecimento

ou mandará prosseguir no processo, à revelia do réu, tendo falecido o advogado deste.

•• Dispositivo correspondente no CPC de 2015: art. 313, § 3.º.

§ 3.º A suspensão do processo por convenção das partes, de que trata o n. II, nunca poderá exceder 6 (seis) meses; findo o prazo, o escrivão fará os autos conclusos ao juiz, que ordenará o prosseguimento do processo.

•• Dispositivo correspondente no CPC de 2015: art. 313, §§ 4.º e 5.º.

§ 4.º No caso do n. III, a exceção, em primeiro grau da jurisdição, será processada na forma do disposto neste Livro, Título VIII, Capítulo II, Seção III; e, no tribunal, consoante lhe estabelecer o regimento interno.

§ 5.º Nos casos enumerados nas letras *a, b* e *c* do n. IV, o período de suspensão nunca poderá exceder 1 (um) ano. Findo este prazo, o juiz mandará prosseguir no processo.

•• Dispositivo correspondente no CPC de 2015: art. 313, §§ 4.º e 5.º.

Art. 266. Durante a suspensão é defeso praticar qualquer ato processual; poderá o juiz, todavia, determinar a realização de atos urgentes, a fim de evitar dano irreparável.

•• Dispositivo correspondente no CPC de 2015: art. 314.

Capítulo III
DA EXTINÇÃO DO PROCESSO

Art. 267. Extingue-se o processo, sem resolução de mérito:

•• *Caput* com redação determinada pela Lei n. 11.232, de 22-12-2005.
•• Dispositivo correspondente no CPC de 2015: art. 485, *caput*.

I – quando o juiz indeferir a petição inicial;

•• Dispositivo correspondente no CPC de 2015: art. 485, I.

II – quando ficar parado durante mais de 1 (um) ano por negligência das partes;

•• Dispositivo correspondente no CPC de 2015: art. 485, II.

III – quando, por não promover os atos e diligências que lhe competir, o autor abandonar a causa por mais de 30 (trinta) dias;

•• Dispositivo correspondente no CPC de 2015: art. 485, III.

IV – quando se verificar a ausência de pressupostos de constituição e de desenvolvimento válido e regular do processo;

•• Dispositivo correspondente no CPC de 2015: art. 485, IV.

V – quando o juiz acolher a alegação de perempção, litispendência ou de coisa julgada;

•• Dispositivo correspondente no CPC de 2015: art. 485, V.

VI – quando não concorrer qualquer das condições da ação, como a possibilidade jurídica, a legitimidade das partes e o interesse processual;

•• Dispositivo correspondente no CPC de 2015: art. 485, VI.

VII – pela convenção de arbitragem;

•• Inciso VII com redação determinada pela Lei n. 9.307, de 23-9-1996.
•• Dispositivo correspondente no CPC de 2015: art. 485, VII.

VIII – quando o autor desistir da ação;

•• Dispositivo correspondente no CPC de 2015: art. 485, VIII.

IX – quando a ação for considerada intransmissível por disposição legal;

•• Dispositivo correspondente no CPC de 2015: art. 485, IX.

X – quando ocorrer confusão entre autor e réu;

XI – nos demais casos prescritos neste Código.

•• Dispositivo correspondente no CPC de 2015: art. 485, X.

§ 1.º O juiz ordenará, nos casos dos ns. II e III, o arquivamento dos autos, declarando a extinção do processo, se a parte, intimada pessoalmente, não suprir a falta em 48 (quarenta e oito) horas.

•• Dispositivo correspondente no CPC de 2015: art. 485, § 1.º.

§ 2.º No caso do parágrafo anterior, quanto ao n. II, as partes pagarão proporcionalmente as custas e, quanto ao n. III, o autor será condenado ao pagamento das despesas e honorários de advogado (art. 28).

•• Dispositivo correspondente no CPC de 2015: art. 485, § 2.º.

§ 3.º O juiz conhecerá de ofício, em qualquer tempo e grau de jurisdição, enquanto não proferida a sentença de mérito, da matéria

Arts. 267 a 273

constante dos ns. IV, V e VI; todavia, o réu que a não alegar, na primeira oportunidade em que lhe caiba falar nos autos, responderá pelas custas de retardamento.

•• Dispositivo correspondente no CPC de 2015: art. 485, § 3.º.

§ 4.º Depois de decorrido o prazo para a resposta, o autor não poderá, sem o consentimento do réu, desistir da ação.

•• Dispositivo correspondente no CPC de 2015: art. 485, § 4.º.

Art. 268. Salvo o disposto no art. 267, V, a extinção do processo não obsta a que o autor intente de novo a ação. A petição inicial, todavia, não será despachada sem a prova do pagamento ou do depósito das custas e dos honorários de advogado.

•• Dispositivo correspondente no CPC de 2015: art. 486, *caput* e § 2.º.

Parágrafo único. Se o autor der causa, por três vezes, à extinção do processo pelo fundamento previsto no n. III do artigo anterior, não poderá intentar nova ação contra o réu com o mesmo objeto, ficando-lhe ressalvada, entretanto, a possibilidade de alegar em defesa o seu direito.

•• Dispositivo correspondente no CPC de 2015: art. 486, § 3.º.

Art. 269. Haverá resolução de mérito:

•• *Caput* com redação determinada pela Lei n. 11.232, de 22-12-2005.
•• Dispositivo correspondente no CPC de 2015: art. 487, *caput*.

I – quando o juiz acolher ou rejeitar o pedido do autor;

•• Inciso I com redação determinada pela Lei n. 5.925, de 1.º-10-1973.
•• Dispositivo correspondente no CPC de 2015: art. 487, I.

II – quando o réu reconhecer a procedência do pedido;

•• Inciso II com redação determinada pela Lei n. 5.925, de 1.º-10-1973.
•• Dispositivo correspondente no CPC de 2015: art. 487, III, *a*.

III – quando as partes transigirem;

•• Inciso III com redação determinada pela Lei n. 5.925, de 1.º-10-1973.

•• Dispositivo correspondente no CPC de 2015: art. 487, III, *b*.

IV – quando o juiz pronunciar a decadência ou a prescrição;

•• Inciso IV com redação determinada pela Lei n. 5.925, de 1.º-10-1973.
•• Dispositivo correspondente no CPC de 2015: art. 487, II.

V – quando o autor renunciar ao direito sobre que se funda a ação.

•• Inciso V com redação determinada pela Lei n. 5.925, de 1.º-10-1973.
•• Dispositivo correspondente no CPC de 2015: art. 487, III, *c*.

TÍTULO VII
DO PROCESSO E DO PROCEDIMENTO

CAPÍTULO I
DAS DISPOSIÇÕES GERAIS

Art. 270. Este Código regula o processo de conhecimento (Livro I), de execução (Livro II), cautelar (Livro III) e os procedimentos especiais (Livro IV).

Art. 271. Aplica-se a todas as causas o procedimento comum, salvo disposição em contrário deste Código ou de lei especial.

•• Dispositivo correspondente no CPC de 2015: art. 318, *caput*.

Art. 272. O procedimento comum é ordinário ou sumário.

•• *Caput* com redação determinada pela Lei n. 8.952, de 13-12-1994.

Parágrafo único. O procedimento especial e o procedimento sumário regem-se pelas disposições que lhes são próprias, aplicando-se-lhes, subsidiariamente, as disposições gerais do procedimento ordinário.

•• Parágrafo único acrescentado pela Lei n. 8.952, de 13-12-1994.

Art. 273. O juiz poderá, a requerimento da parte, antecipar, total ou parcialmente, os efeitos da tutela pretendida no pedido inicial, desde que, existindo prova inequívoca, se convença da verossimilhança da alegação e:

Processo de Conhecimento

•• *Caput* com redação determinada pela Lei n. 8.952, de 13-12-1994.

I – haja fundado receio de dano irreparável ou de difícil reparação; ou

•• Inciso I com redação determinada pela Lei n. 8.952, de 13-12-1994.

•• Dispositivos correspondentes no CPC de 2015: arts. 294 e 300, *caput*.

II – fique caracterizado o abuso de direito de defesa ou o manifesto propósito protelatório do réu.

•• Inciso II com redação determinada pela Lei n. 8.952, de 13-12-1994.

•• Dispositivo correspondente no CPC de 2015: art. 311, I.

§ 1.º Na decisão que antecipar a tutela, o juiz indicará, de modo claro e preciso, as razões do seu convencimento.

•• § 1.º acrescentado pela Lei n. 8.952, de 13-12-1994.

•• Dispositivo correspondente no CPC de 2015: art. 298.

§ 2.º Não se concederá a antecipação da tutela quando houver perigo de irreversibilidade do provimento antecipado.

•• § 2.º acrescentado pela Lei n. 8.952, de 13-12-1994.

•• Dispositivo correspondente no CPC de 2015: art. 300, § 3.º.

§ 3.º A efetivação da tutela antecipada observará, no que couber e conforme sua natureza, as normas previstas nos arts. 588, 461, §§ 4.º e 5.º, e 461-A.

•• § 3.º com redação determinada pela Lei n. 10.444, de 7-5-2002.

•• Dispositivo correspondente no CPC de 2015: art. 519.

§ 4.º A tutela antecipada poderá ser revogada ou modificada a qualquer tempo, em decisão fundamentada.

•• § 4.º acrescentado pela Lei n. 8.952, de 13-12-1994.

•• Dispositivo correspondente no CPC de 2015: art. 296, *caput*.

§ 5.º Concedida ou não a antecipação da tutela, prosseguirá o processo até final julgamento.

•• § 5.º acrescentado pela Lei n. 8.952, de 13-12-1994.

§ 6.º A tutela antecipada também poderá ser concedida quando um ou mais dos pedidos cumulados, ou parcela deles, mostrar-se incontroverso.

•• § 6.º acrescentado pela Lei n. 10.444, de 7-5-2002.

§ 7.º Se o autor, a título de antecipação de tutela, requerer providência de natureza cautelar, poderá o juiz, quando presentes os respectivos pressupostos, deferir a medida cautelar em caráter incidental do processo ajuizado.

•• § 7.º acrescentado pela Lei n. 10.444, de 7-5-2002.

•• Dispositivo correspondente no CPC de 2015: art. 305, parágrafo único.

Capítulo II
DO PROCEDIMENTO ORDINÁRIO

Art. 274. O procedimento ordinário reger-se-á segundo as disposições dos Livros I e II deste Código.

Capítulo III
DO PROCEDIMENTO SUMÁRIO

Art. 275. Observar-se-á o procedimento sumário:

•• *Caput* com redação determinada pela Lei n. 9.245, de 26-12-1995.

I – nas causas cujo valor não exceda a 60 (sessenta) vezes o valor do salário mínimo;

•• Inciso I com redação determinada pela Lei n. 10.444, de 7-5-2002.

II – nas causas, qualquer que seja o valor:

•• Inciso II, *caput*, com redação determinada pela Lei n. 9.245, de 26-12-1995.

a) de arrendamento rural e de parceria agrícola;

•• Alínea *a* com redação determinada pela Lei n. 9.245, de 26-12-1995.

b) de cobrança ao condômino de quaisquer quantias devidas ao condomínio;

•• Alínea *b* com redação determinada pela Lei n. 9.245, de 26-12-1995.

c) de ressarcimento por danos em prédio urbano ou rústico;

•• Alínea c com redação determinada pela Lei n. 9.245, de 26-12-1995.

d) de ressarcimento por danos causados em acidente de veículo de via terrestre;

•• Alínea *d* com redação determinada pela Lei n. 9.245, de 26-12-1995.

e) de cobrança de seguro, relativamente aos danos causados em acidente de veículo, ressalvados os casos de processo de execução;

•• Alínea *e* com redação determinada pela Lei n. 9.245, de 26-12-1995.

f) de cobrança de honorários dos profissionais liberais, ressalvado o disposto em legislação especial;

•• Alínea *f* com redação determinada pela Lei n. 9.245, de 26-12-1995.

g) que versem sobre revogação de doação;

•• Alínea *g* com redação determinada pela Lei n. 12.122, de 15-12-2009.

h) nos demais casos previstos em lei.

•• Anterior alínea *g* renumerada pela Lei n. 12.122, de 15-12-2009.

Parágrafo único. Este procedimento não será observado nas ações relativas ao estado e à capacidade das pessoas.

•• Parágrafo único com redação determinada pela Lei n. 9.245, de 26-12-1995.

Art. 276. Na petição inicial, o autor apresentará o rol de testemunhas e, se requerer perícia, formulará quesitos, podendo indicar assistente técnico.

•• Artigo com redação determinada pela Lei n. 9.245, de 26-12-1995.

Art. 277. O juiz designará a audiência de conciliação a ser realizada no prazo de 30 (trinta) dias, citando-se o réu com a antecedência mínima de 10 (dez) dias e sob a advertência prevista no § 2.º deste artigo, determinando o comparecimento das partes. Sendo ré a Fazenda Pública, os prazos contar-se-ão em dobro.

•• *Caput* com redação determinada pela Lei n. 9.245, de 26-12-1995.

§ 1.º A conciliação será reduzida a termo e homologada por sentença, podendo o juiz ser auxiliado por conciliador.

•• § 1.º acrescentado pela Lei n. 9.245, de 26-12-1995.

§ 2.º Deixando injustificadamente o réu de comparecer à audiência, reputar-se-ão verdadeiros os fatos alegados na petição inicial (art. 319), salvo se o contrário resultar da prova dos autos, proferindo o juiz, desde logo, a sentença.

•• § 2.º acrescentado pela Lei n. 9.245, de 26-12-1995.

§ 3.º As partes comparecerão pessoalmente à audiência, podendo fazer-se representar por preposto com poderes para transigir.

•• § 3.º acrescentado pela Lei n. 9.245, de 26-12-1995.

§ 4.º O juiz, na audiência, decidirá de plano a impugnação ao valor da causa ou a controvérsia sobre a natureza da demanda, determinando, se for o caso, a conversão do procedimento sumário em ordinário.

•• § 4.º acrescentado pela Lei n. 9.245, de 26-12-1995.

§ 5.º A conversão também ocorrerá quando houver necessidade de prova técnica de maior complexidade.

•• § 5.º acrescentado pela Lei n. 9.245, de 26-12-1995.

Art. 278. Não obtida a conciliação, oferecerá o réu, na própria audiência, resposta escrita ou oral, acompanhada de documentos e rol de testemunhas e, se requerer perícia, formulará seus quesitos desde logo, podendo indicar assistente técnico.

•• *Caput* com redação determinada pela Lei n. 9.245, de 26-12-1995.

§ 1.º É lícito ao réu, na contestação, formular pedido em seu favor, desde que fundado nos mesmos fatos referidos na inicial.

•• § 1.º com redação determinada pela Lei n. 9.245, de 26-12-1995.

§ 2.º Havendo necessidade de produção de prova oral e não ocorrendo qualquer das hipóteses previstas nos arts. 329 e 330, I e II, será designada audiência de instrução e julgamento

Processo de Conhecimento

Arts. 278 a 285-A

para data próxima, não excedente de 30 (trinta) dias, salvo se houver determinação de perícia.

•• § 2.º com redação determinada pela Lei n. 9.245, de 26-12-1995.

Art. 279. Os atos probatórios realizados em audiência poderão ser documentados mediante taquigrafia, estenotipia ou outro método hábil de documentação, fazendo-se a respectiva transcrição se a determinar o juiz.

•• *Caput* com redação determinada pela Lei n. 9.245, de 26-12-1995.

Parágrafo único. Nas comarcas ou varas em que não for possível a taquigrafia, a estenotipia ou outro método de documentação, os depoimentos serão reduzidos a termo, do qual constará apenas o essencial.

•• Parágrafo único acrescentado pela Lei n. 9.245, de 26-12-1995.

Art. 280. No procedimento sumário não são admissíveis a ação declaratória incidental e a intervenção de terceiros, salvo a assistência, o recurso de terceiro prejudicado e a intervenção fundada em contrato de seguro.

•• Artigo com redação determinada pela Lei n. 10.444, de 7-5-2002.

Art. 281. Findos a instrução e os debates orais, o juiz proferirá sentença na própria audiência ou no prazo de 10 (dez) dias.

•• Artigo com redação determinada pela Lei n. 9.245, de 26-12-1995.

Título VIII
DO PROCEDIMENTO ORDINÁRIO

Capítulo I
DA PETIÇÃO INICIAL

Seção I
Dos Requisitos da Petição Inicial

Art. 282. A petição inicial indicará:

•• Dispositivo correspondente no CPC de 2015: art. 319, *caput*.

I – o juiz ou tribunal, a que é dirigida;

•• Dispositivo correspondente no CPC de 2015: art. 319, I.

II – os nomes, prenomes, estado civil, profissão, domicílio e residência do autor e do réu;

•• Dispositivo correspondente no CPC de 2015: art. 319, II.

III – o fato e os fundamentos jurídicos do pedido;

•• Dispositivo correspondente no CPC de 2015: art. 319, III.

IV – o pedido, com as suas especificações;

•• Dispositivo correspondente no CPC de 2015: art. 319, IV.

V – o valor da causa;

•• Dispositivo correspondente no CPC de 2015: art. 319, V.

VI – as provas com que o autor pretende demonstrar a verdade dos fatos alegados;

•• Dispositivo correspondente no CPC de 2015: art. 319, VI.

VII – o requerimento para a citação do réu.

•• *Vide* arts. 801, 936 e 967 do CPC.

Art. 283. A petição inicial será instruída com os documentos indispensáveis à propositura da ação.

•• Dispositivo correspondente no CPC de 2015: art. 320.

Art. 284. Verificando o juiz que a petição inicial não preenche os requisitos exigidos nos arts. 282 e 283, ou que apresenta defeitos e irregularidades capazes de dificultar o julgamento de mérito, determinará que o autor a emende, ou a complete, no prazo de 10 (dez) dias.

•• Dispositivo correspondente no CPC de 2015: art. 321, *caput*.

Parágrafo único. Se o autor não cumprir a diligência, o juiz indeferirá a petição inicial.

•• Dispositivo correspondente no CPC de 2015: art. 321, parágrafo único.

Art. 285. Estando em termos a petição inicial, o juiz a despachará, ordenando a citação do réu, para responder; do mandado constará que, não sendo contestada a ação, se presumirão aceitos pelo réu, como verdadeiros, os fatos articulados pelo autor.

•• Artigo com redação determinada pela Lei n. 5.925, de 1.º-10-1973.

•• Dispositivo correspondente no CPC de 2015: art. 334, *caput*.

Art. 285-A. Quando a matéria controvertida for unicamente de direito e no juízo já houver sido proferida sentença de total improcedência em outros casos idênticos, poderá ser dispensada a citação e proferida sentença, reproduzindo-se o teor da anteriormente prolatada.

•• *Caput* acrescentado pela Lei n. 11.277, de 7-2-2006.

•• Dispositivo correspondente no CPC de 2015: art. 332, *caput*.

§ 1.º Se o autor apelar, é facultado ao juiz decidir, no prazo de 5 (cinco) dias, não manter a sentença e determinar o prosseguimento da ação.

•• § 1.º acrescentado pela Lei n. 11.277, de 7-2-2006.

•• Dispositivo correspondente no CPC de 2015: art. 332, § 3.º.

§ 2.º Caso seja mantida a sentença, será ordenada a citação do réu para responder ao recurso.

•• § 2.º acrescentado pela Lei n. 11.277, de 7-2-2006.

•• Dispositivo correspondente no CPC de 2015: art. 332, § 4.º.

Art. 285-B. Nos litígios que tenham por objeto obrigações decorrentes de empréstimo, financiamento ou arrendamento mercantil, o autor deverá discriminar na petição inicial, dentre as obrigações contratuais, aquelas que pretende controverter, quantificando o valor incontroverso.

•• *Caput* acrescentado pela Lei n. 12.810, de 15-5-2013.

§ 1.º O valor incontroverso deverá continuar sendo pago no tempo e modo contratados.

•• § 1.º renumerado pela Lei n. 12.873, de 24-10-2013.

§ 2.º O devedor ou arrendatário não se exime da obrigação de pagamento dos tributos, multas e taxas incidentes sobre os bens vinculados e de outros encargos previstos em contrato, exceto se a obrigação de pagar não for de sua responsabilidade, conforme contrato, ou for objeto de suspensão em medida liminar, em medida cautelar ou antecipação dos efeitos da tutela.

•• § 2.º acrescentado pela Lei n. 12.873, de 24-10-2013.

Seção II
Do Pedido

Art. 286. O pedido deve ser certo ou determinado. É lícito, porém, formular pedido genérico:

•• *Caput* com redação determinada pela Lei n. 5.925, de 1.º-10-1973.

•• Dispositivo correspondente no CPC de 2015: art. 324, *caput*.

I – nas ações universais, se não puder o autor individuar na petição os bens demandados;

•• Inciso I com redação determinada pela Lei n. 5.925, de 1.º-10-1973.

•• Dispositivo correspondente no CPC de 2015: art. 324, § 1.º, I.

II – quando não for possível determinar, de modo definitivo, as consequências do ato ou do fato ilícito;

•• Inciso II com redação determinada pela Lei n. 5.925, de 1.º-10-1973.

•• Dispositivo correspondente no CPC de 2015: art. 324, § 1.º, II.

III – quando a determinação do valor da condenação depender de ato que deva ser praticado pelo réu.

•• Inciso III com redação determinada pela Lei n. 5.925, de 1.º-10-1973.

•• Dispositivo correspondente no CPC de 2015: art. 324, § 1.º, III.

Art. 287. Se o autor pedir que seja imposta ao réu a abstenção da prática de algum ato, tolerar alguma atividade, prestar ato ou entregar coisa, poderá requerer cominação de pena pecuniária para o caso de descumprimento da sentença ou da decisão antecipatória de tutela (arts. 461, § 4.º, e 461-A).

•• Artigo com redação determinada pela Lei n. 10.444, de 7-5-2002.

Art. 288. O pedido será alternativo, quando, pela natureza da obrigação, o devedor puder cumprir a prestação de mais de um modo.

•• Dispositivo correspondente no CPC de 2015: art. 325, *caput*.

Parágrafo único. Quando, pela lei ou pelo contrato, a escolha couber ao devedor, o juiz lhe assegurará o direito de cumprir a prestação de um ou de outro modo, ainda que o autor não tenha formulado pedido alternativo.

•• Dispositivo correspondente no CPC de 2015: art. 325, parágrafo único.

Processo de Conhecimento

Art. 289. É lícito formular mais de um pedido em ordem sucessiva, a fim de que o juiz conheça do posterior, em não podendo acolher o anterior.

•• Dispositivo correspondente no CPC de 2015: art. 326, *caput*.

Art. 290. Quando a obrigação consistir em prestações periódicas, considerar-se-ão elas incluídas no pedido, independentemente de declaração expressa do autor; se o devedor, no curso do processo, deixar de pagá-las ou de consigná-las, a sentença as incluirá na condenação, enquanto durar a obrigação.

•• Dispositivo correspondente no CPC de 2015: art. 323.

Art. 291. Na obrigação indivisível com pluralidade de credores, aquele que não participou do processo receberá a sua parte, deduzidas as despesas na proporção de seu crédito.

•• Dispositivo correspondente no CPC de 2015: art. 328.

Art. 292. É permitida a cumulação, num único processo, contra o mesmo réu, de vários pedidos, ainda que entre eles não haja conexão.

•• Dispositivo correspondente no CPC de 2015: art. 327, *caput*.

§ 1.º São requisitos de admissibilidade da cumulação:

•• Dispositivo correspondente no CPC de 2015: art. 327, § 1.º, *caput*.

I – que os pedidos sejam compatíveis entre si;

•• Dispositivo correspondente no CPC de 2015: art. 327, § 1.º, I.

II – que seja competente para conhecer deles o mesmo juízo;

•• Dispositivo correspondente no CPC de 2015: art. 327, § 1.º, II.

III – que seja adequado para todos os pedidos o tipo de procedimento.

•• Dispositivo correspondente no CPC de 2015: art. 327, § 1.º, III.

§ 2.º Quando, para cada pedido, corresponder tipo diverso de procedimento, admitir-se-á a cumulação, se o autor empregar o procedimento ordinário.

•• Dispositivo correspondente no CPC de 2015: art. 327, § 2.º.

Art. 293. Os pedidos são interpretados restritivamente, compreendendo-se, entretanto, no principal os juros legais.

•• Dispositivo correspondente no CPC de 2015: art. 322, § 1.º.

Art. 294. Antes da citação, o autor poderá aditar o pedido, correndo à sua conta as custas acrescidas em razão dessa iniciativa.

•• Artigo com redação determinada pela Lei n. 8.718, de 14-10-1993.

•• Dispositivo correspondente no CPC de 2015: art. 329, I.

Seção III
Do Indeferimento
da Petição Inicial

Art. 295. A petição inicial será indeferida:

•• *Caput* com redação determinada pela Lei n. 5.925, de 10-1973.

•• Dispositivo correspondente no CPC de 2015: art. 330, *caput*.

I – quando for inepta;

•• Inciso I com redação determinada pela Lei n. 5.925, de 1.º-10-1973.

•• Dispositivo correspondente no CPC de 2015: art. 330, I.

II – quando a parte for manifestamente ilegítima;

•• Inciso II com redação determinada pela Lei n. 5.925, de 1.º-10-1973.

•• Dispositivo correspondente no CPC de 2015: art. 330, II.

III – quando o autor carecer de interesse processual;

•• Inciso III com redação determinada pela Lei n. 5.925, de 1.º-10-1973.

•• Dispositivo correspondente no CPC de 2015: art. 330, III.

IV – quando o juiz verificar, desde logo, a decadência ou a prescrição (art. 219, § 5.º);

•• Inciso IV com redação determinada pela Lei n. 5.925, de 1.º-10-1973.

V – quando o tipo de procedimento, escolhido pelo autor, não corresponder à natureza da causa, ou ao valor da ação; caso em que só não será indeferida, se puder adaptar-se ao tipo de procedimento legal;

Arts. 295 a 301

•• Inciso V com redação determinada pela Lei n. 5.925, de 1.º-10-1973.

VI – quando não atendidas as prescrições dos arts. 39, parágrafo único, primeira parte, e 284.

•• Inciso VI com redação determinada pela Lei n. 5.925, de 1.º-10-1973.

•• Dispositivo correspondente no CPC de 2015: art. 330, IV.

Parágrafo único. Considera-se inepta a petição inicial quando:

•• Parágrafo único, *caput*, com redação determinada pela Lei n. 5.925, de 1.º-10-1973.

•• Dispositivo correspondente no CPC de 2015: art. 330, § 1.º, *caput*.

I – lhe faltar pedido ou causa de pedir;

•• Inciso I com redação determinada pela Lei n. 5.925, de 1.º-10-1973.

•• Dispositivo correspondente no CPC de 2015: art. 330, § 1.º, I.

II – da narração dos fatos não decorrer logicamente a conclusão;

•• Inciso II com redação determinada pela Lei n. 5.925, de 1.º-10-1973.

•• Dispositivo correspondente no CPC de 2015: art. 330, § 1.º, III.

III – o pedido for juridicamente impossível;

•• Inciso III com redação determinada pela Lei n. 5.925, de 1.º-10-1973.

IV – contiver pedidos incompatíveis entre si.

•• Inciso IV com redação determinada pela Lei n. 5.925, de 1.º-10-1973.

•• Dispositivo correspondente no CPC de 2015: art. 330, § 1.º, IV.

Art. 296. Indeferida a petição inicial, o autor poderá apelar, facultado ao juiz, no prazo de 48 (quarenta e oito) horas, reformar sua decisão.

•• *Caput* com redação determinada pela Lei n. 8.952, de 13-12-1994.

•• Dispositivo correspondente no CPC de 2015: art. 331, *caput*.

Parágrafo único. Não sendo reformada a decisão, os autos serão imediatamente encaminhados ao tribunal competente.

•• Parágrafo único com redação determinada pela Lei n. 8.952, de 13-12-1994.

•• Dispositivo correspondente no CPC de 2015: art. 331, § 1.º.

Processo de Conhecimento

Capítulo II
DA RESPOSTA DO RÉU

Seção I
Das Disposições Gerais

Art. 297. O réu poderá oferecer, no prazo de 15 (quinze) dias, em petição escrita, dirigida ao juiz da causa, contestação, exceção e reconvenção.

•• Dispositivo correspondente no CPC de 2015: art. 335, *caput*.

Art. 298. Quando forem citados para a ação vários réus, o prazo para responder ser-lhes-á comum, salvo o disposto no art. 191.

•• Dispositivo correspondente no CPC de 2015: art. 335, § 1.º.

Parágrafo único. Se o autor desistir da ação quanto a algum réu ainda não citado, o prazo para a resposta correrá da intimação do despacho que deferir a desistência.

•• Dispositivo correspondente no CPC de 2015: art. 335, § 2.º.

Art. 299. A contestação e a reconvenção serão oferecidas simultaneamente, em peças autônomas; a exceção será processada em apenso aos autos principais.

Seção II
Da Contestação

Art. 300. Compete ao réu alegar, na contestação, toda a matéria de defesa, expondo as razões de fato e de direito, com que impugna o pedido do autor e especificando as provas que pretende produzir.

•• Dispositivo correspondente no CPC de 2015: art. 336.

Art. 301. Compete-lhe, porém, antes de discutir o mérito, alegar:

•• *Caput* com redação determinada pela Lei n. 5.925, de 1.º-10-1973.

•• Dispositivo correspondente no CPC de 2015: art. 337, *caput*.

I – inexistência ou nulidade da citação;

•• Inciso I com redação determinada pela Lei n. 5.925, de 1.º-10-1973.

•• Dispositivo correspondente no CPC de 2015: art. 337, I.

II – incompetência absoluta;

Processo de Conhecimento

• Inciso II com redação determinada pela Lei n. 5.925, de 1.º-10-1973.
• Dispositivo correspondente no CPC de 2015: art. 337, II.

III – inépcia da petição inicial;

• Inciso III com redação determinada pela Lei n. 5.925, de 1.º-10-1973.
• Dispositivo correspondente no CPC de 2015: art. 337, IV.

IV – perempção;

• Inciso IV com redação determinada pela Lei n. 5.925, de 1.º-10-1973.
• Dispositivo correspondente no CPC de 2015: art. 337, V.

V – litispendência;

• Inciso V com redação determinada pela Lei n. 5.925, de 1.º-10-1973.
• Dispositivo correspondente no CPC de 2015: art. 337, VI.

VI – coisa julgada;

• Inciso VI com redação determinada pela Lei n. 5.925, de 1.º-10-1973.
• Dispositivo correspondente no CPC de 2015: art. 337, VII.

VII – conexão;

• Inciso VII com redação determinada pela Lei n. 5.925, de 1.º-10-1973.
• Dispositivo correspondente no CPC de 2015: art. 337, VIII.

VIII – incapacidade da parte, defeito de representação ou falta de autorização;

• Inciso VIII com redação determinada pela Lei n. 5.925, de 1.º-10-1973.
• Dispositivo correspondente no CPC de 2015: art. 337, IX.

IX – convenção de arbitragem;

• Inciso IX com redação determinada pela Lei n. 9.307, de 23-9-1996.

X – carência de ação;

• Inciso X com redação determinada pela Lei n. 5.925, de 1.º-10-1973.
• Dispositivo correspondente no CPC de 2015: art. 337, XI.

XI – falta de caução ou de outra prestação, que a lei exige como preliminar.

• Inciso XI acrescentado pela Lei n. 5.925, de 1.º-10-1973.
• Dispositivo correspondente no CPC de 2015: art. 337, XII.

§ 1.º Verifica-se a litispendência ou a coisa julgada, quando se reproduz ação anteriormente ajuizada.

• § 1.º com redação determinada pela Lei n. 5.925, de 1.º-10-1973.
• Dispositivo correspondente no CPC de 2015: art. 337, § 1.º.

§ 2.º Uma ação é idêntica à outra quando tem as mesmas partes, a mesma causa de pedir e o mesmo pedido.

• § 2.º com redação determinada pela Lei n. 5.925, de 1.º-10-1973.
• Dispositivo correspondente no CPC de 2015: art. 337, § 2.º.

§ 3.º Há litispendência, quando se repete ação, que está em curso; há coisa julgada, quando se repete ação que já foi decidida por sentença, de que não caiba recurso.

• § 3.º com redação determinada pela Lei n. 5.925, de 1.º-10-1973.
• Dispositivo correspondente no CPC de 2015: art. 337, § 3.º.

§ 4.º Com exceção do compromisso arbitral, o juiz conhecerá de ofício da matéria enumerada neste artigo.

• § 4.º com redação determinada pela Lei n. 5.925, de 1.º-10-1973.
• Dispositivo correspondente no CPC de 2015: art. 337, § 5.º.

Art. 302. Cabe também ao réu manifestar-se precisamente sobre os fatos narrados na petição inicial. Presumem-se verdadeiros os fatos não impugnados, salvo:

• Dispositivo correspondente no CPC de 2015: art. 341, *caput*.

I – se não for admissível, a seu respeito, a confissão;

• Dispositivo correspondente no CPC de 2015: art. 341, I.

II – se a petição inicial não estiver acompanhada do instrumento público que a lei considerar da substância do ato;

• Dispositivo correspondente no CPC de 2015: art. 341, II.

III – se estiverem em contradição com a defesa, considerada em seu conjunto.

• Dispositivo correspondente no CPC de 2015: art. 341, III.

Arts. 302 a 314

Parágrafo único. Esta regra, quanto ao ônus da impugnação especificada dos fatos, não se aplica ao advogado dativo, ao curador especial e ao órgão do Ministério Público.

•• Dispositivo correspondente no CPC de 2015: art. 341, parágrafo único.

Art. 303. Depois da contestação, só é lícito deduzir novas alegações quando:

•• Dispositivo correspondente no CPC de 2015: art. 342, *caput*.

I – relativas a direito superveniente;

•• Dispositivo correspondente no CPC de 2015: art. 342, I.

II – competir ao juiz conhecer delas de ofício;

•• Dispositivo correspondente no CPC de 2015: art. 342, II.

III – por expressa autorização legal, puderem ser formuladas em qualquer tempo e juízo.

•• Dispositivo correspondente no CPC de 2015: art. 342, III.

Seção III
Das Exceções

Art. 304. É lícito a qualquer das partes arguir, por meio de exceção, a incompetência (art. 112), o impedimento (art. 134) ou a suspeição (art. 135).

Art. 305. Este direito pode ser exercido em qualquer tempo, ou grau de jurisdição, cabendo à parte oferecer exceção, no prazo de 15 (quinze) dias, contado do fato que ocasionou a incompetência, o impedimento ou a suspeição.

Parágrafo único. Na exceção de incompetência (art. 112 desta Lei), a petição pode ser protocolizada no juízo de domicílio do réu, com requerimento de sua imediata remessa ao juízo que determinou a citação.

•• Parágrafo único acrescentado pela Lei n. 11.280, de 16-2-2006.

Art. 306. Recebida a exceção, o processo ficará suspenso (art. 265, III), até que seja definitivamente julgada.

Subseção I
Da incompetência

Art. 307. O excipiente arguirá a incompetência em petição fundamentada e devidamente instruída, indicando o juízo para o qual declina.

Processo de Conhecimento

Art. 308. Conclusos os autos, o juiz mandará processar a exceção, ouvindo o excepto dentro em 10 (dez) dias e decidindo em igual prazo.

Art. 309. Havendo necessidade de prova testemunhal, o juiz designará audiência de instrução, decidindo dentro de 10 (dez) dias.

•• Artigo com redação determinada pela Lei n. 5.925, de 1.º-10-1973.

Art. 310. O juiz indeferirá a petição inicial da exceção, quando manifestamente improcedente.

•• Artigo com redação determinada pela Lei n. 5.925, de 1.º-10-1973.

Art. 311. Julgada procedente a exceção, os autos serão remetidos ao juiz competente.

Subseção II
Do impedimento
e da suspeição

Art. 312. A parte oferecerá a exceção de impedimento ou de suspeição, especificando o motivo da recusa (arts. 134 e 135). A petição, dirigida ao juiz da causa, poderá ser instruída com documentos em que o excipiente fundar a alegação e conterá o rol de testemunhas.

•• Dispositivo correspondente no CPC de 2015: art. 146, *caput*.

Art. 313. Despachando a petição, o juiz, se reconhecer o impedimento ou a suspeição, ordenará a remessa dos autos ao seu substituto legal; em caso contrário, dentro de 10 (dez) dias, dará as suas razões, acompanhadas de documentos e de rol de testemunhas, se houver, ordenando a remessa dos autos ao tribunal.

•• Dispositivo correspondente no CPC de 2015: art. 146, § 1.º.

Art. 314. Verificando que a exceção não tem fundamento legal, o tribunal determinará o seu arquivamento; no caso contrário condenará o juiz nas custas, mandando remeter os autos ao seu substituto legal.

•• Dispositivo correspondente no CPC de 2015: art. 146, §§ 4.º e 5.º.

Processo de Conhecimento

Arts. 315 a 324

Seção IV
Da Reconvenção

Art. 315. O réu pode reconvir ao autor no mesmo processo, toda vez que a reconvenção seja conexa com a ação principal ou com o fundamento da defesa.

•• Dispositivo correspondente no CPC de 2015: art. 343, *caput*.

Parágrafo único. Não pode o réu, em seu próprio nome, reconvir ao autor, quando este demandar em nome de outrem.

•• Primitivo § 1.º transformado em parágrafo único pela Lei n. 9.245, de 26-12-1995.

•• Dispositivo correspondente no CPC de 2015: art. 343, § 5.º.

Art. 316. Oferecida a reconvenção, o autor reconvindo será intimado, na pessoa do seu procurador, para contestá-la no prazo de 15 (quinze) dias.

•• Dispositivo correspondente no CPC de 2015: art. 343, § 1.º.

Art. 317. A desistência da ação, ou a existência de qualquer causa que a extinga, não obsta ao prosseguimento da reconvenção.

•• Dispositivo correspondente no CPC de 2015: art. 343, § 2.º.

Art. 318. Julgar-se-ão na mesma sentença a ação e a reconvenção.

Capítulo III
DA REVELIA

Art. 319. Se o réu não contestar a ação, reputar-se-ão verdadeiros os fatos afirmados pelo autor.

•• Dispositivo correspondente no CPC de 2015: art. 344.

Art. 320. A revelia não induz, contudo, o efeito mencionado no artigo antecedente:

•• Dispositivo correspondente no CPC de 2015: art. 345, *caput*.

I – se, havendo pluralidade de réus, algum deles contestar a ação;

•• Dispositivo correspondente no CPC de 2015: art. 345, I.

II – se o litígio versar sobre direitos indisponíveis;

•• Dispositivo correspondente no CPC de 2015: art. 345, II.

III – se a petição inicial não estiver acompanhada do instrumento público, que a lei considere indispensável à prova do ato.

•• Dispositivo correspondente no CPC de 2015: art. 345, III.

Art. 321. Ainda que ocorra revelia, o autor não poderá alterar o pedido, ou a causa de pedir, nem demandar declaração incidente, salvo promovendo nova citação do réu, a quem será assegurado o direito de responder no prazo de 15 (quinze) dias.

Art. 322. Contra o revel que não tenha patrono nos autos, correrão os prazos independentemente de intimação, a partir da publicação de cada ato decisório.

•• *Caput* com redação determinada pela Lei n. 11.280, de 16-2-2006.

•• Dispositivo correspondente no CPC de 2015: art. 346, *caput*.

Parágrafo único. O revel poderá intervir no processo em qualquer fase, recebendo-o no estado em que se encontrar.

•• Parágrafo único acrescentado pela Lei n. 11.280, de 16-2-2006.

•• Dispositivo correspondente no CPC de 2015: art. 346, parágrafo único.

Capítulo IV
DAS PROVIDÊNCIAS PRELIMINARES

Art. 323. Findo o prazo para a resposta do réu, o escrivão fará a conclusão dos autos. O juiz, no prazo de 10 (dez) dias, determinará, conforme o caso, as providências preliminares, que constam das seções deste Capítulo.

•• Dispositivo correspondente no CPC de 2015: art. 347.

Seção I
Do Efeito da Revelia

Art. 324. Se o réu não contestar a ação, o juiz, verificando que não ocorreu o efeito da revelia, mandará que o autor especifique as provas que pretenda produzir na audiência.

•• Artigo com redação determinada pela Lei n. 5.925, de 1.º-10-1973.

•• Dispositivo correspondente no CPC de 2015: art. 348.

Seção II
Da Declaração Incidente

Art. 325. Contestando o réu o direito que constitui fundamento do pedido, o autor poderá requerer, no prazo de 10 (dez) dias, que sobre ele o juiz profira sentença incidente, se da declaração da existência ou da inexistência do direito depender, no todo ou em parte, o julgamento da lide (art. 5.º).

Seção III
Dos Fatos Impeditivos, Modificativos ou Extintivos do Pedido

Art. 326. Se o réu, reconhecendo o fato em que se fundou a ação, outro lhe opuser impeditivo, modificativo ou extintivo do direito do autor, este será ouvido no prazo de 10 (dez) dias, facultando-lhe o juiz a produção de prova documental.

•• Dispositivo correspondente no CPC de 2015: art. 350.

Seção IV
Das Alegações do Réu

Art. 327. Se o réu alegar qualquer das matérias enumeradas no art. 301, o juiz mandará ouvir o autor no prazo de 10 (dez) dias, permitindo-lhe a produção de prova documental. Verificando a existência de irregularidades ou de nulidades sanáveis, o juiz mandará supri-las, fixando à parte prazo nunca superior a 30 (trinta) dias.

•• Dispositivos correspondentes no CPC de 2015: arts. 351 e 352.

Art. 328. Cumpridas as providências preliminares, ou não havendo necessidade delas, o juiz proferirá julgamento conforme o estado do processo, observando o que dispõe o capítulo seguinte.

•• Dispositivo correspondente no CPC de 2015: art. 353.

Capítulo V
DO JULGAMENTO CONFORME O ESTADO DO PROCESSO

Seção I
Da Extinção do Processo

Art. 329. Ocorrendo qualquer das hipóteses previstas nos arts. 267 e 269, II a V, o juiz declarará extinto o processo.

•• Dispositivo correspondente no CPC de 2015: art. 354, *caput*.

Seção II
Do Julgamento Antecipado da Lide

Art. 330. O juiz conhecerá diretamente do pedido, proferindo sentença:

•• *Caput* com redação determinada pela Lei n. 5.925, de 1.º-10-1973.

•• Dispositivo correspondente no CPC de 2015: art. 355, *caput*.

I – quando a questão de mérito for unicamente de direito, ou, sendo de direito e de fato, não houver necessidade de produzir prova em audiência

•• Inciso I com redação determinada pela Lei n. 5.925, de 1.º-10-1973.

•• Dispositivo correspondente no CPC de 2015: art. 355, I.

II – quando ocorrer a revelia (art. 319).

•• Inciso II com redação determinada pela Lei n. 5.925, de 1.º-10-1973.

•• Dispositivo correspondente no CPC de 2015: art. 355, II.

Seção III
Da Audiência Preliminar

•• Seção III com denominação determinada pela Lei n. 10.444, de 7-5-2002.

Art. 331. Se não ocorrer qualquer das hipóteses previstas nas seções precedentes, e versar a causa sobre direitos que admitam transação, o juiz designará audiência preliminar, a realizar-se no prazo de 30 (trinta) dias, para a qual serão as partes intimadas a comparecer, podendo fazer-se representar por procurador ou preposto, com poderes para transigir.

Processo de Conhecimento

Arts. 331 a 336

•• *Caput* com redação determinada pela Lei n. 10.444, de 7-5-2002.

•• Dispositivo correspondente no CPC de 2015: art. 357, *caput*.

§ 1.º Obtida a conciliação, será reduzida a termo e homologada por sentença.

•• § 1.º acrescentado pela Lei n. 8.952, de 13-12-1994.

§ 2.º Se, por qualquer motivo, não for obtida a conciliação, o juiz fixará os pontos controvertidos, decidirá as questões processuais pendentes e determinará as provas a serem produzidas, designando audiência de instrução e julgamento, se necessário.

•• § 2.º acrescentado pela Lei n. 8.952, de 13-12-1994.

•• Dispositivo correspondente no CPC de 2015: art. 357, I e II.

§ 3.º Se o direito em litígio não admitir transação, ou se as circunstâncias da causa evidenciarem ser improvável sua obtenção, o juiz poderá, desde logo, sanear o processo e ordenar a produção da prova, nos termos do § 2.º.

•• § 3.º acrescentado pela Lei n. 10.444, de 7-5-2002.

CAPÍTULO VI
DAS PROVAS

Seção I
Das Disposições Gerais

Art. 332. Todos os meios legais, bem como os moralmente legítimos, ainda que não especificados neste Código, são hábeis para provar a verdade dos fatos, em que se funda a ação ou a defesa.

•• Dispositivo correspondente no CPC de 2015: art. 369.

Art. 333. O ônus da prova incumbe:

•• Dispositivo correspondente no CPC de 2015: art. 373, *caput*.

I – ao autor, quanto ao fato constitutivo do seu direito;

•• Dispositivo correspondente no CPC de 2015: art. 373, I.

II – ao réu, quanto à existência de fato impeditivo, modificativo ou extintivo do direito do autor.

•• Dispositivo correspondente no CPC de 2015: art. 373, II.

Parágrafo único. É nula a convenção que distribui de maneira diversa o ônus da prova quando:

•• Dispositivo correspondente no CPC de 2015: art. 373, § 3.º, *caput*.

I – recair sobre direito indisponível da parte;

•• Dispositivo correspondente no CPC de 2015: art. 373, § 3.º, I.

II – tornar excessivamente difícil a uma parte o exercício do direito.

•• Dispositivo correspondente no CPC de 2015: art. 373, § 3.º, II.

Art. 334. Não dependem de prova os fatos:

•• Dispositivo correspondente no CPC de 2015: art. 374, *caput*.

I – notórios;

•• Dispositivo correspondente no CPC de 2015: art. 374, I.

II – afirmados por uma parte e confessados pela parte contrária;

•• Dispositivo correspondente no CPC de 2015: art. 374, II.

III – admitidos, no processo, como incontroversos;

•• Dispositivo correspondente no CPC de 2015: art. 374, III.

IV – em cujo favor milita presunção legal de existência ou de veracidade.

•• Dispositivo correspondente no CPC de 2015: art. 374, IV.

Art. 335. Em falta de normas jurídicas particulares, o juiz aplicará as regras de experiência comum subministradas pela observação do que ordinariamente acontece e ainda as regras da experiência técnica, ressalvado, quanto a esta, o exame pericial.

•• Dispositivo correspondente no CPC de 2015: art. 375.

Art. 336. Salvo disposição especial em contrário, as provas devem ser produzidas em audiência.

•• Dispositivo correspondente no CPC de 2015: art. 449, *caput*.

Parágrafo único. Quando a parte, ou a testemunha, por enfermidade, ou por outro motivo relevante, estiver impossibilitada de comparecer à audiência, mas não de prestar depoimento, o juiz designará, conforme as circunstâncias, dia, hora e lugar para inquiri-la.

Arts. 336 a 346 — Processo de Conhecimento

•• Dispositivo correspondente no CPC de 2015: art. 449, parágrafo único.

Art. 337. A parte, que alegar direito municipal, estadual, estrangeiro ou consuetudinário, provar-lhe-á o teor e a vigência, se assim o determinar o juiz.

•• Dispositivo correspondente no CPC de 2015: art. 376.

Art. 338. A carta precatória e a carta rogatória suspenderão o processo, no caso previsto na alínea *b* do inciso IV do art. 265 desta Lei, quando, tendo sido requeridas antes da decisão de saneamento, a prova nelas solicitada apresentar-se imprescindível.

•• *Caput* com redação determinada pela Lei n. 11.280, de 16-2-2006.

•• Dispositivo correspondente no CPC de 2015: art. 377, *caput*.

Parágrafo único. A carta precatória e a carta rogatória, não devolvidas dentro do prazo ou concedidas sem efeito suspensivo, poderão ser juntas aos autos até o julgamento final.

•• Dispositivo correspondente no CPC de 2015: art. 377, parágrafo único.

Art. 339. Ninguém se exime do dever de colaborar com o Poder Judiciário para o descobrimento da verdade.

•• Dispositivo correspondente no CPC de 2015: art. 378.

Art. 340. Além dos deveres enumerados no art. 14, compete à parte:

•• Dispositivo correspondente no CPC de 2015: art. 379, *caput*.

I – comparecer em juízo, respondendo ao que lhe for interrogado;

•• Dispositivo correspondente no CPC de 2015: art. 379, I.

II – submeter-se à inspeção judicial, que for julgada necessária;

•• Dispositivo correspondente no CPC de 2015: art. 379, II.

III – praticar o ato que lhe for determinado.

•• Dispositivo correspondente no CPC de 2015: art. 379, III.

Art. 341. Compete ao terceiro, em relação a qualquer pleito:

I – informar ao juiz os fatos e as circunstâncias, de que tenha conhecimento;

II – exibir coisa ou documento, que esteja em seu poder.

•• Dispositivo correspondente no CPC de 2015: art. 380, *caput*, I e II.

Seção II
Do Depoimento Pessoal

Art. 342. O juiz pode, de ofício, em qualquer estado do processo, determinar o comparecimento pessoal das partes, a fim de interrogá-las sobre os fatos da causa.

Art. 343. Quando o juiz não o determinar de ofício, compete a cada parte requerer o depoimento pessoal da outra, a fim de interrogá-la na audiência de instrução e julgamento.

•• Dispositivo correspondente no CPC de 2015: art. 385, *caput*.

§ 1.º A parte será intimada pessoalmente, constando do mandado que se presumirão confessados os fatos contra ela alegados, caso não compareça ou, comparecendo, se recuse a depor.

•• Dispositivo correspondente no CPC de 2015: art. 385, § 1.º.

§ 2.º Se a parte intimada não comparecer, ou comparecendo, se recusar a depor, o juiz lhe aplicará a pena de confissão.

•• Dispositivo correspondente no CPC de 2015: art. 385, § 2.º.

Art. 344. A parte será interrogada na forma prescrita para a inquirição de testemunhas.

Parágrafo único. É defeso, a quem ainda não depôs, assistir ao interrogatório da outra parte.

•• Dispositivo correspondente no CPC de 2015: art. 385, § 2.º.

Art. 345. Quando a parte, sem motivo justificado, deixar de responder ao que lhe for perguntado, ou empregar evasivas, o juiz, apreciando as demais circunstâncias e elementos de prova, declarará, na sentença, se houve recusa de depor.

•• Dispositivo correspondente no CPC de 2015: art. 386.

Art. 346. A parte responderá pessoalmente sobre os fatos articulados, não podendo servir-se de escritos adrede preparados; o juiz lhe permitirá, todavia, a consulta a notas breves, desde que objetivem completar esclarecimentos.

Processo de Conhecimento

• Dispositivo correspondente no CPC de 2015: art. 387.

Art. 347. A parte não é obrigada a depor de fatos:

•• Dispositivo correspondente no CPC de 2015: art. 388, *caput*.

I – criminosos ou torpes, que lhe forem imputados;

•• Dispositivo correspondente no CPC de 2015: art. 388, I.

II – a cujo respeito, por estado ou profissão, deva guardar sigilo.

•• Dispositivo correspondente no CPC de 2015: art. 388, II.

Parágrafo único. Esta disposição não se aplica às ações de filiação, de desquite e de anulação de casamento.

•• Dispositivo correspondente no CPC de 2015: art. 388, parágrafo único.

Seção III
Da Confissão

Art. 348. Há confissão, quando a parte admite a verdade de um fato, contrário ao seu interesse e favorável ao adversário. A confissão é judicial ou extrajudicial.

•• Dispositivo correspondente no CPC de 2015: art. 389.

Art. 349. A confissão judicial pode ser espontânea ou provocada. Da confissão espontânea, tanto que requerida pela parte, se lavrará o respectivo termo nos autos; a confissão provocada constará do depoimento pessoal prestado pela parte.

•• Dispositivo correspondente no CPC de 2015: art. 390, *caput*.

Parágrafo único. A confissão espontânea pode ser feita pela própria parte, ou por mandatário com poderes especiais.

•• Dispositivo correspondente no CPC de 2015: art. 390, § 1.º.

Art. 350. A confissão judicial faz prova contra o confitente, não prejudicando, todavia, os litisconsortes.

•• Dispositivo correspondente no CPC de 2015: art. 391, *caput*.

Parágrafo único. Nas ações que versarem sobre bens imóveis ou direitos sobre imóveis alheios, a confissão de um cônjuge não valerá sem a do outro.

•• Dispositivo correspondente no CPC de 2015: art. 391, parágrafo único.

Art. 351. Não vale como confissão a admissão, em juízo, de fatos relativos a direitos indisponíveis.

•• Dispositivo correspondente no CPC de 2015: art. 392, *caput*.

Art. 352. A confissão, quando emanar de erro, dolo ou coação, pode ser revogada:

I – por ação anulatória, se pendente o processo em que foi feita;

II – por ação rescisória, depois de transitada em julgado a sentença, da qual constituir o único fundamento.

•• Dispositivo correspondente no CPC de 2015: art. 393, *caput*.

Parágrafo único. Cabe ao confitente o direito de propor a ação, nos casos de que trata este artigo; mas, uma vez iniciada, passa aos seus herdeiros.

•• Dispositivo correspondente no CPC de 2015: art. 393, parágrafo único.

Art. 353. A confissão extrajudicial, feita por escrito à parte ou a quem a represente, tem a mesma eficácia probatória da judicial; feita a terceiro, ou contida em testamento, será livremente apreciada pelo juiz.

Parágrafo único. Todavia, quando feita verbalmente, só terá eficácia nos casos em que a lei não exija prova literal.

•• Dispositivo correspondente no CPC de 2015: art. 394.

Art. 354. A confissão é, de regra, indivisível, não podendo a parte, que a quiser invocar como prova, aceitá-la no tópico que a beneficiar e rejeitá-la no que lhe for desfavorável. Cindir-se-á, todavia, quando o confitente lhe aduzir fatos novos, suscetíveis de constituir fundamento de defesa de direito material ou de reconvenção.

•• Dispositivo correspondente no CPC de 2015: art. 395.

Seção IV
Da Exibição de Documento ou Coisa

Art. 355. O juiz pode ordenar que a parte exiba documento ou coisa, que se ache em seu poder.

Arts. 355 a 363

•• Dispositivo correspondente no CPC de 2015: art. 396.

Art. 356. O pedido formulado pela parte conterá:

•• Dispositivo correspondente no CPC de 2015: art. 397, *caput*.

I – a individuação, tão completa quanto possível, do documento ou da coisa;

•• Dispositivo correspondente no CPC de 2015: art. 397, I.

II – a finalidade da prova, indicando os fatos que se relacionam com o documento ou a coisa;

•• Dispositivo correspondente no CPC de 2015: art. 397, II.

III – as circunstâncias em que se funda o requerente para afirmar que o documento ou a coisa existe e se acha em poder da parte contrária.

•• Dispositivo correspondente no CPC de 2015: art. 397, III.

Art. 357. O requerido dará a sua resposta nos 5 (cinco) dias subsequentes à sua intimação. Se afirmar que não possui o documento ou a coisa, o juiz permitirá que o requerente prove, por qualquer meio, que a declaração não corresponde à verdade.

•• Dispositivo correspondente no CPC de 2015: art. 398.

Art. 358. O juiz não admitirá a recusa:

•• Dispositivo correspondente no CPC de 2015: art. 399, *caput*.

I – se o requerido tiver obrigação legal de exibir;

•• Dispositivo correspondente no CPC de 2015: art. 399, I.

II – se o requerido aludiu ao documento ou à coisa, no processo, com o intuito de constituir prova;

•• Dispositivo correspondente no CPC de 2015: art. 399, II.

III – se o documento, por seu conteúdo, for comum às partes.

•• Dispositivo correspondente no CPC de 2015: art. 399, III.

Art. 359. Ao decidir o pedido, o juiz admitirá como verdadeiros os fatos que, por meio do documento ou da coisa, a parte pretendia provar:

•• Dispositivo correspondente no CPC de 2015: art. 400, *caput*.

I – se o requerido não efetuar a exibição, nem fizer qualquer declaração no prazo do art. 357;

•• Dispositivo correspondente no CPC de 2015: art. 400, I.

II – se a recusa for havida por ilegítima.

•• Dispositivo correspondente no CPC de 2015: art. 400, II.

Art. 360. Quando o documento ou a coisa estiver em poder de terceiro, o juiz mandará citá-lo para responder no prazo de 10 (dez) dias.

•• Dispositivo correspondente no CPC de 2015: art. 401.

Art. 361. Se o terceiro negar a obrigação de exibir, ou a posse do documento ou da coisa, o juiz designará audiência especial, tomando-lhe o depoimento, bem como o das partes e, se necessário, de testemunhas; em seguida proferirá a sentença.

•• Dispositivo correspondente no CPC de 2015: art. 402.

Art. 362. Se o terceiro, sem justo motivo, se recusar a efetuar a exibição, o juiz lhe ordenará que proceda ao respectivo depósito em cartório ou noutro lugar designado, no prazo de 5 (cinco) dias, impondo ao requerente que o embolse das despesas que tiver; se o terceiro descumprir a ordem, o juiz expedirá mandado de apreensão, requisitando, se necessário, força policial, tudo sem prejuízo da responsabilidade por crime de desobediência.

•• Dispositivo correspondente no CPC de 2015: art. 403.

Art. 363. A parte e o terceiro se escusam de exibir, em juízo, o documento ou a coisa:

•• *Caput* com redação determinada pela Lei n. 5.925, de 1.º-10-1973.

•• Dispositivo correspondente no CPC de 2015: art. 404, *caput*.

I – se concernente a negócios da própria vida da família;

•• Inciso I com redação determinada pela Lei n. 5.925, de 1.º-10-1973.

•• Dispositivo correspondente no CPC de 2015: art. 404, I.

II – se a sua apresentação puder violar dever de honra;

•• Inciso II com redação determinada pela Lei n. 5.925, de 1.º-10-1973.

•• Dispositivo correspondente no CPC de 2015: art. 404, II.

III – se a publicidade do documento redundar em desonra à parte ou ao terceiro, bem como

Processo de Conhecimento

Arts. 363 a 365

a seus parentes consanguíneos ou afins até o terceiro grau; ou lhes representar perigo de ação penal;

•• Inciso III com redação determinada pela Lei n. 5.925, de 1.º-10-1973.

•• Dispositivo correspondente no CPC de 2015: art. 404, III.

IV – se a exibição acarretar a divulgação de fatos, a cujo respeito, por estado ou profissão, devam guardar segredo;

•• Inciso IV com redação determinada pela Lei n. 5.925, de 1.º-10-1973.

•• Dispositivo correspondente no CPC de 2015: art. 404, IV.

V – se subsistirem outros motivos graves que, segundo o prudente arbítrio do juiz, justifiquem a recusa da exibição.

•• Inciso V com redação determinada pela Lei n. 5.925, de 1.º-10-1973.

•• Dispositivo correspondente no CPC de 2015: art. 404, V.

Parágrafo único. Se os motivos de que tratam os ns. I a V disserem respeito só a uma parte do conteúdo do documento, da outra se extrairá uma suma para ser apresentada em juízo.

•• Parágrafo único com redação determinada pela Lei n. 5.925, de 1.º-10-1973.

•• Dispositivo correspondente no CPC de 2015: art. 404, parágrafo único.

Seção V
Da Prova Documental

Subseção I
*Da força probante
dos documentos*

Art. 364. O documento público faz prova não só da sua formação, mas também dos fatos que o escrivão, o tabelião, ou o funcionário declarar que ocorreram em sua presença.

•• Dispositivo correspondente no CPC de 2015: art. 405.

Art. 365. Fazem a mesma prova que os originais:

•• Dispositivo correspondente no CPC de 2015: art. 425, *caput*.

I – as certidões textuais de qualquer peça dos autos, do protocolo das audiências, ou de outro livro a cargo do escrivão, sendo extraídas por ele ou sob sua vigilância e por ele subscritas;

•• Dispositivo correspondente no CPC de 2015: art. 425, I.

II – os traslados e as certidões extraídas por oficial público, de instrumentos ou documentos lançados em suas notas;

•• Dispositivo correspondente no CPC de 2015: art. 425, II.

III – as reproduções dos documentos públicos, desde que autenticadas por oficial público ou conferidas em cartório, com os respectivos originais;

•• Dispositivo correspondente no CPC de 2015: art. 425, III.

IV – as cópias reprográficas de peças do próprio processo judicial declaradas autênticas pelo próprio advogado sob sua responsabilidade pessoal, se não lhes for impugnada a autenticidade;

•• Inciso IV acrescentado pela Lei n. 11.382, de 6-12-2006.

•• Dispositivo correspondente no CPC de 2015: art. 425, IV.

V – os extratos digitais de bancos de dados, públicos e privados, desde que atestado pelo seu emitente, sob as penas da lei, que as informações conferem com o que consta na origem;

•• Inciso V acrescentado pela Lei n. 11.419, de 19-12-2006.

•• Dispositivo correspondente no CPC de 2015: art. 425, V.

VI – as reproduções digitalizadas de qualquer documento, público ou particular, quando juntados aos autos pelos órgãos da Justiça e seus auxiliares, pelo Ministério Público e seus auxiliares, pelas procuradorias, pelas repartições públicas em geral e por advogados públicos ou privados, ressalvada a alegação motivada e fundamentada de adulteração antes ou durante o processo de digitalização.

•• Inciso VI acrescentado pela Lei n. 11.419, de 19-12-2006.

•• Dispositivo correspondente no CPC de 2015: art. 425, VI

§ 1.º Os originais dos documentos digitalizados, mencionados no inciso VI do *caput* deste artigo, deverão ser preservados pelo seu detentor até o final do prazo para interposição de ação rescisória.

•• § 1.º acrescentado pela Lei n. 11.419, de 19-12-2006.
•• Dispositivo correspondente no CPC de 2015: art. 425, § 1.º.

§ 2.º Tratando-se de cópia digital de título executivo extrajudicial ou outro documento relevante à instrução do processo, o juiz poderá determinar o seu depósito em cartório ou secretaria.

•• § 2.º acrescentado pela Lei n. 11.419, de 19-12-2006.
•• Dispositivo correspondente no CPC de 2015: art. 425, § 2.º.

Art. 366. Quando a lei exigir, como da substância do ato, o instrumento público, nenhuma outra prova, por mais especial que seja, pode suprir-lhe a falta.

•• Dispositivo correspondente no CPC de 2015: art. 406.

Art. 367. O documento, feito por oficial público incompetente, ou sem a observância das formalidades legais, sendo subscrito pelas partes, tem a mesma eficácia probatória do documento particular.

•• Dispositivo correspondente no CPC de 2015: art. 407.

Art. 368. As declarações constantes do documento particular, escrito e assinado, ou somente assinado, presumem-se verdadeiras em relação ao signatário.

•• Dispositivo correspondente no CPC de 2015: art. 408, caput.

Parágrafo único. Quando, todavia, contiver declaração de ciência, relativa a determinado fato, o documento particular prova a declaração, mas não o fato declarado, competindo ao interessado em sua veracidade o ônus de provar o fato.

•• Dispositivo correspondente no CPC de 2015: art. 408, parágrafo único.

Art. 369. Reputa-se autêntico o documento, quando o tabelião reconhecer a firma do signatário, declarando que foi aposta em sua presença.

•• Dispositivo correspondente no CPC de 2015: art. 411, I e II.

Art. 370. A data do documento particular, quando a seu respeito surgir dúvida ou impugnação entre os litigantes, provar-se-á por todos os meios de direito. Mas, em relação a terceiros, considerar-se-á datado o documento particular:

•• Dispositivo correspondente no CPC de 2015: art. 409, caput e parágrafo único, caput.

I – no dia em que foi registrado;

•• Dispositivo correspondente no CPC de 2015: art. 409, parágrafo único, I.

II – desde a morte de algum dos signatários;

•• Dispositivo correspondente no CPC de 2015: art. 409, parágrafo único, II.

III – a partir da impossibilidade física, que sobreveio a qualquer dos signatários;

•• Dispositivo correspondente no CPC de 2015: art. 409, parágrafo único, III.

IV – da sua apresentação em repartição pública ou em juízo;

•• Dispositivo correspondente no CPC de 2015: art. 409, parágrafo único, IV.

V – do ato ou fato que estabeleça, de modo certo, a anterioridade da formação do documento.

•• Dispositivo correspondente no CPC de 2015: art. 409, parágrafo único, V.

Art. 371. Reputa-se autor do documento particular:

•• Dispositivo correspondente no CPC de 2015: art. 410, caput.

I – aquele que o fez e o assinou;

•• Dispositivo correspondente no CPC de 2015: art. 410, I.

II – aquele, por conta de quem foi feito, estando assinado;

•• Dispositivo correspondente no CPC de 2015: art. 410, II.

III – aquele que, mandando compô-lo, não o firmou, porque, conforme a experiência comum, não se costuma assinar, como livros comerciais e assentos domésticos.

•• Dispositivo correspondente no CPC de 2015: art. 410, III.

Art. 372. Compete à parte, contra quem foi produzido documento particular, alegar, no prazo estabelecido no art. 390, se lhe admite ou não a autenticidade da assinatura e a vera-

Processo de Conhecimento

Arts. 372 a 381

cidade do contexto; presumindo-se, com o silêncio, que o tem por verdadeiro.

Parágrafo único. Cessa, todavia, a eficácia da admissão expressa ou tácita, se o documento houver sido obtido por erro, dolo ou coação.

Art. 373. Ressalvado o disposto no parágrafo único do artigo anterior, o documento particular, de cuja autenticidade se não duvida, prova que o seu autor fez a declaração, que lhe é atribuída.

•• Dispositivo correspondente no CPC de 2015: art. 412, *caput*.

Parágrafo único. O documento particular, admitido expressa ou tacitamente, é indivisível, sendo defeso à parte, que pretende utilizar-se dele, aceitar os fatos que lhe são favoráveis e recusar os que são contrários ao seu interesse, salvo se provar que estes se não verificaram.

•• Dispositivo correspondente no CPC de 2015: art. 412, parágrafo único.

Art. 374. O telegrama, o radiograma ou qualquer outro meio de transmissão tem a mesma força probatória do documento particular, se o original constante da estação expedidora foi assinado pelo remetente.

•• Dispositivo correspondente no CPC de 2015: art. 413, *caput*.

Parágrafo único. A firma do remetente poderá ser reconhecida pelo tabelião, declarando-se essa circunstância no original depositado na estação expedidora.

•• Dispositivo correspondente no CPC de 2015: art. 413, parágrafo único.

Art. 375. O telegrama ou o radiograma presume-se conforme com o original, provando a data de sua expedição e do recebimento pelo destinatário.

•• Artigo com redação determinada pela Lei n. 5.925, de 1.º-10-1973.

•• Dispositivo correspondente no CPC de 2015: art. 414.

Art. 376. As cartas, bem como os registros domésticos, provam contra quem os escreveu quando:

•• Dispositivo correspondente no CPC de 2015: art. 415, *caput*.

I – enunciam o recebimento de um crédito;

•• Dispositivo correspondente no CPC de 2015: art. 415, I.

II – contêm anotação, que visa a suprir a falta de título em favor de quem é apontado como credor;

•• Dispositivo correspondente no CPC de 2015: art. 415, II.

III – expressam conhecimento de fatos para os quais não se exija determinada prova.

•• Dispositivo correspondente no CPC de 2015: art. 415, III.

Art. 377. A nota escrita pelo credor em qualquer parte de documento representativo de obrigação, ainda que não assinada, faz prova em benefício do devedor.

•• Dispositivo correspondente no CPC de 2015: art. 416, *caput*.

Parágrafo único. Aplica-se esta regra tanto para o documento, que o credor conservar em seu poder, como para aquele que se achar em poder do devedor.

•• Dispositivo correspondente no CPC de 2015: art. 416, parágrafo único.

Art. 378. Os livros comerciais provam contra o seu autor. É lícito ao comerciante, todavia, demonstrar, por todos os meios permitidos em direito, que os lançamentos não correspondem à verdade dos fatos.

•• Dispositivo correspondente no CPC de 2015: art. 417.

Art. 379. Os livros comerciais, que preencham os requisitos exigidos por lei, provam também a favor do seu autor no litígio entre comerciantes.

•• Dispositivo correspondente no CPC de 2015: art. 418.

Art. 380. A escrituração contábil é indivisível: se dos fatos que resultam dos lançamentos, uns são favoráveis ao interesse de seu autor e outros lhe são contrários, ambos serão considerados em conjunto como unidade.

•• Dispositivo correspondente no CPC de 2015: art. 419.

Art. 381. O juiz pode ordenar, a requerimento da parte, a exibição integral dos livros comerciais e dos documentos do arquivo:

•• Dispositivo correspondente no CPC de 2015: art. 420, *caput*.

Arts. 381 a 389

I – na liquidação de sociedade;

•• Dispositivo correspondente no CPC de 2015: art. 420, I.

II – na sucessão por morte de sócio;

•• Dispositivo correspondente no CPC de 2015: art. 420, II.

III – quando e como determinar a lei.

•• Dispositivo correspondente no CPC de 2015: art. 420, III.

Art. 382. O juiz pode, de ofício, ordenar à parte a exibição parcial dos livros e documentos, extraindo-se deles a suma que interessar ao litígio, bem como reproduções autenticadas.

•• Dispositivo correspondente no CPC de 2015: art. 421.

Art. 383. Qualquer reprodução mecânica, como a fotográfica, cinematográfica, fonográfica ou de outra espécie, faz prova dos fatos ou das coisas representadas, se aquele contra quem foi produzida lhe admitir a conformidade.

•• Dispositivo correspondente no CPC de 2015: art. 422, caput.

Parágrafo único. Impugnada a autenticidade da reprodução mecânica, o juiz ordenará a realização de exame pericial.

Art. 384. As reproduções fotográficas ou obtidas por outros processos de repetição, dos documentos particulares, valem como certidões, sempre que o escrivão portar por fé a sua conformidade com o original.

•• Dispositivo correspondente no CPC de 2015: art. 423.

Art. 385. A cópia de documento particular tem o mesmo valor probante que o original, cabendo ao escrivão, intimadas as partes, proceder à conferência e certificar a conformidade entre a cópia e o original.

•• Dispositivo correspondente no CPC de 2015: art. 424.

§ 1.º Quando se tratar de fotografia, esta terá de ser acompanhada do respectivo negativo.

§ 2.º Se a prova for uma fotografia publicada em jornal, exigir-se-ão o original e o negativo.

•• Dispositivo correspondente no CPC de 2015: art. 422, § 2.º.

Art. 386. O juiz apreciará livremente a fé que deva merecer o documento, quando em ponto substancial e sem ressalva contiver entrelinha, emenda, borrão ou cancelamento.

•• Dispositivo correspondente no CPC de 2015: art. 426.

Art. 387. Cessa a fé do documento, público ou particular, sendo-lhe declarada judicialmente a falsidade.

•• Dispositivo correspondente no CPC de 2015: art. 427, caput.

Parágrafo único. A falsidade consiste:

•• Dispositivo correspondente no CPC de 2015: art. 427, parágrafo único, caput.

I – em formar documento não verdadeiro;

•• Dispositivo correspondente no CPC de 2015: art. 427, parágrafo único, I.

II – em alterar documento verdadeiro.

•• Dispositivo correspondente no CPC de 2015: art. 427, parágrafo único, II.

Art. 388. Cessa a fé do documento particular quando:

•• Dispositivo correspondente no CPC de 2015: art. 428, caput.

I – lhe for contestada a assinatura e enquanto não se lhe comprovar a veracidade;

•• Dispositivo correspondente no CPC de 2015: art. 428, I.

II – assinado em branco, for abusivamente preenchido.

•• Dispositivo correspondente no CPC de 2015: art. 428, II.

Parágrafo único. Dar-se-á abuso quando aquele, que recebeu documento assinado, com texto não escrito no todo ou em parte, o formar ou o completar, por si ou por meio de outrem, violando o pacto feito com o signatário.

•• Dispositivo correspondente no CPC de 2015: art. 428, parágrafo único.

Art. 389. Incumbe o ônus da prova quando:

•• Dispositivo correspondente no CPC de 2015: art. 429, caput.

I – se tratar de falsidade de documento, à parte que a arguir;

•• Dispositivo correspondente no CPC de 2015: art. 429, I.

II – se tratar de contestação de assinatura, à parte que produziu o documento.

•• Dispositivo correspondente no CPC de 2015: art. 429, II.

Processo de Conhecimento

Subseção II
Da arguição de falsidade

Art. 390. O incidente de falsidade tem lugar em qualquer tempo e grau de jurisdição, incumbindo à parte, contra quem foi produzido o documento, suscitá-lo na contestação ou no prazo de 10 (dez) dias, contados da intimação da sua juntada aos autos.

•• Dispositivo correspondente no CPC de 2015: art. 430.

Art. 391. Quando o documento for oferecido antes de encerrada a instrução, a parte o arguirá de falso, em petição dirigida ao juiz da causa, expondo os motivos em que funda a sua pretensão e os meios com que provará o alegado.

•• Dispositivo correspondente no CPC de 2015: art. 431.

Art. 392. Intimada a parte, que produziu o documento, a responder no prazo de 10 (dez) dias, o juiz ordenará o exame pericial.

•• Dispositivo correspondente no CPC de 2015: art. 432, *caput*.

Parágrafo único. Não se procederá ao exame pericial, se a parte, que produziu o documento, concordar em retirá-lo e a parte contrária não se opuser ao desentranhamento.

•• Dispositivo correspondente no CPC de 2015: art. 432, parágrafo único.

Art. 393. Depois de encerrada a instrução, o incidente de falsidade correrá em apenso aos autos principais; no tribunal processar-se-á perante o relator, observando-se o disposto no artigo antecedente.

Art. 394. Logo que for suscitado o incidente de falsidade, o juiz suspenderá o processo principal.

Art. 395. A sentença, que resolver o incidente, declarará a falsidade ou autenticidade do documento.

•• Dispositivo correspondente no CPC de 2015: art. 433.

Subseção III
Da produção da prova documental

Art. 396. Compete à parte instruir a petição inicial (art. 283), ou a resposta (art. 297), com os documentos destinados a provar-lhe as alegações.

•• Dispositivo correspondente no CPC de 2015: art. 434, *caput*.

Art. 397. É lícito às partes, em qualquer tempo, juntar aos autos documentos novos, quando destinados a fazer prova de fatos ocorridos depois dos articulados, ou para contrapô-los aos que foram produzidos nos autos.

•• Dispositivo correspondente no CPC de 2015: art. 435, *caput*.

Art. 398. Sempre que uma das partes requerer a juntada de documento aos autos, o juiz ouvirá, a seu respeito, a outra, no prazo de 5 (cinco) dias.

•• Dispositivo correspondente no CPC de 2015: art. 437, § 1.º.

Art. 399. O juiz requisitará às repartições públicas em qualquer tempo ou grau de jurisdição:

•• Dispositivo correspondente no CPC de 2015: art. 438, *caput*.

I – as certidões necessárias à prova das alegações das partes;

•• Dispositivo correspondente no CPC de 2015: art. 438, I.

II – os procedimentos administrativos nas causas em que forem interessados a União, o Estado, o Município, ou as respectivas entidades da administração indireta.

•• Dispositivo correspondente no CPC de 2015: art. 438, II.

§ 1.º Recebidos os autos, o juiz mandará extrair, no prazo máximo e improrrogável de 30 (trinta) dias, certidões ou reproduções fotográficas das peças indicadas pelas partes ou de ofício; findo o prazo, devolverá os autos à repartição de origem.

•• Primitivo parágrafo único renumerado pela Lei n. 11.419, de 19-12-2006.

•• Dispositivo correspondente no CPC de 2015: art. 438, § 1.º.

§ 2.º As repartições públicas poderão fornecer todos os documentos em meio eletrônico conforme disposto em lei, certificando, pelo mesmo meio, que se trata de extrato fiel do que consta em seu banco de dados ou do documento digitalizado.

•• § 2.º acrescentado pela Lei n. 11.419, de 19-12-2006.

•• Dispositivo correspondente no CPC de 2015: art. 438, § 2.º.

Arts. 400 a 405

Seção VI
Da Prova Testemunhal

Subseção I
Da admissibilidade e do valor da prova testemunhal

Art. 400. A prova testemunhal é sempre admissível, não dispondo a lei de modo diverso. O juiz indeferirá a inquirição de testemunhas sobre fatos:

•• Dispositivos correspondentes no CPC de 2015: arts. 442 e 443, *caput*.

I – já provados por documento ou confissão da parte;

•• Dispositivo correspondente no CPC de 2015: art. 443, I.

II – que só por documento ou por exame pericial puderem ser provados.

•• Dispositivo correspondente no CPC de 2015: art. 443, II.

Art. 401. A prova exclusivamente testemunhal só se admite nos contratos cujo valor não exceda o décuplo do maior salário mínimo vigente no país, ao tempo em que foram celebrados.

Art. 402. Qualquer que seja o valor do contrato, é admissível a prova testemunhal, quando:

I – houver começo de prova por escrito, reputando-se tal o documento emanado da parte contra quem se pretende utilizar o documento como prova;

•• Dispositivo correspondente no CPC de 2015: art. 444.

II – o credor não pode ou não podia, moral ou materialmente, obter a prova escrita da obrigação, em casos como o de parentesco, depósito necessário ou hospedagem em hotel.

•• Dispositivo correspondente no CPC de 2015: art. 445.

Art. 403. As normas estabelecidas nos dois artigos antecedentes aplicam-se ao pagamento e à remissão da dívida.

Art. 404. É lícito à parte inocente provar com testemunhas:

•• Dispositivo correspondente no CPC de 2015: art. 446, *caput*.

I – nos contratos simulados, a divergência entre a vontade real e a vontade declarada;

•• Dispositivo correspondente no CPC de 2015: art. 446, I.

II – nos contratos em geral, os vícios do consentimento.

•• Dispositivo correspondente no CPC de 2015: art. 446, II.

Art. 405. Podem depor como testemunhas todas as pessoas, exceto as incapazes, impedidas ou suspeitas.

•• *Caput* com redação determinada pela Lei n. 5.925, de 1.º-10-1973.

•• Dispositivo correspondente no CPC de 2015: art. 447, *caput*.

§ 1.º São incapazes:

•• Dispositivo correspondente no CPC de 2015: art. 447, § 1.º, *caput*.

I – o interdito por demência;

•• Dispositivo correspondente no CPC de 2015: art. 447, § 1.º, I.

II – o que, acometido por enfermidade, ou debilidade mental, ao tempo em que ocorreram os fatos, não podia discerni-los; ou, ao tempo em que deve depor, não está habilitado a transmitir as percepções;

•• Dispositivo correspondente no CPC de 2015: art. 447, § 1.º, II.

III – o menor de 16 (dezesseis) anos;

•• Dispositivo correspondente no CPC de 2015: art. 447, § 1.º, III.

IV – o cego e o surdo, quando a ciência do fato depender dos sentidos que lhes faltam.

•• § 1.º com redação determinada pela Lei n. 5.925, de 1.º-10-1973.

•• Dispositivo correspondente no CPC de 2015: art. 447, § 1.º, IV.

§ 2.º São impedidos:

•• Dispositivo correspondente no CPC de 2015: art. 447, § 2.º, *caput*.

I – o cônjuge, bem como o ascendente e o descendente em qualquer grau, ou colateral, até o terceiro grau, de alguma das partes, por consanguinidade ou afinidade, salvo se o exigir o interesse público, ou, tratando-se de causa relativa ao estado da pessoa, não se puder obter de outro modo a prova, que o juiz repute necessária ao julgamento do mérito;

Processo de Conhecimento

Arts. 405 a 409

•• Dispositivo correspondente no CPC de 2015: art. 447, § 2.º, I.

II – o que é parte na causa;

•• Dispositivo correspondente no CPC de 2015: art. 447, § 2.º, II.

III – o que intervém em nome de uma parte, como o tutor na causa do menor, o representante legal da pessoa jurídica, o juiz, o advogado e outros, que assistam ou tenham assistido as partes.

•• § 2.º com redação determinada pela Lei n. 5.925, de 1.º-10-1973.

•• Dispositivo correspondente no CPC de 2015: art. 447, § 2.º, III.

§ 3.º São suspeitos:

•• Dispositivo correspondente no CPC de 2015: art. 447, § 3.º, *caput*.

I – o condenado por crime de falso testemunho, havendo transitado em julgado a sentença;

II – o que, por seus costumes, não for digno de fé;

III – o inimigo capital da parte, ou o seu amigo íntimo;

•• Dispositivo correspondente no CPC de 2015: art. 447, § 3.º, I.

IV – o que tiver interesse no litígio.

•• § 3.º com redação determinada pela Lei n. 5.925, de 1.º-10-1973.

•• Dispositivo correspondente no CPC de 2015: art. 447, § 3.º, II.

§ 4.º Sendo estritamente necessário, o juiz ouvirá testemunhas impedidas ou suspeitas; mas os seus depoimentos serão prestados independentemente de compromisso (art. 415) e o juiz lhes atribuirá o valor que possam merecer.

•• § 4.º com redação determinada pela Lei n. 5.925, de 1.º-10-1973.

•• Dispositivo correspondente no CPC de 2015: art. 447, §§ 4.º e 5.º.

Art. 406. A testemunha não é obrigada a depor de fatos:

•• Dispositivo correspondente no CPC de 2015: art. 448, *caput*.

I – que lhe acarretem grave dano, bem como ao seu cônjuge e aos seus parentes consanguíneos ou afins, em linha reta, ou na colateral em segundo grau;

•• Dispositivo correspondente no CPC de 2015: art. 448, I.

II – a cujo respeito, por estado ou profissão, deva guardar sigilo.

•• Dispositivo correspondente no CPC de 2015: art. 448, II.

Subseção II
Da produção da prova testemunhal

Art. 407. Incumbe às partes, no prazo que o juiz fixará ao designar a data da audiência, depositar em cartório o rol de testemunhas, precisando-lhes o nome, profissão, residência e o local de trabalho; omitindo-se o juiz, o rol será apresentado até 10 (dez) dias antes da audiência.

•• *Caput* com redação determinada pela Lei n. 10.358, de 27-12-2001.

•• Dispositivo correspondente no CPC de 2015: art. 450.

Parágrafo único. É lícito a cada parte oferecer, no máximo, dez testemunhas; quando qualquer das partes oferecer mais de três testemunhas para a prova de cada fato, o juiz poderá dispensar as restantes.

Art. 408. Depois de apresentado o rol, de que trata o artigo antecedente, a parte só pode substituir a testemunha:

•• Dispositivo correspondente no CPC de 2015: art. 451, *caput*.

I – que falecer;

•• Dispositivo correspondente no CPC de 2015: art. 451, I.

II – que, por enfermidade, não estiver em condições de depor;

•• Dispositivo correspondente no CPC de 2015: art. 451, II.

III – que, tendo mudado de residência, não for encontrada pelo oficial de justiça.

•• Dispositivo correspondente no CPC de 2015: art. 451, III.

Art. 409. Quando for arrolado como testemunha o juiz da causa, este:

•• Dispositivo correspondente no CPC de 2015: art. 452, *caput*.

I – declarar-se-á impedido, se tiver conhecimento de fatos, que possam influir na decisão;

caso em que será defeso à parte, que o incluiu no rol, desistir de seu depoimento;

•• Dispositivo correspondente no CPC de 2015: art. 452, I.

II – se nada souber, mandará excluir o seu nome.

•• Dispositivo correspondente no CPC de 2015: art. 452, II.

Art. 410. As testemunhas depõem, na audiência de instrução, perante o juiz da causa, exceto:

•• Dispositivo correspondente no CPC de 2015: art. 453, *caput*.

I – as que prestam depoimento antecipadamente;

•• Dispositivo correspondente no CPC de 2015: art. 453, I.

II – as que são inquiridas por carta;

•• Dispositivo correspondente no CPC de 2015: art. 453, II.

III – as que, por doença, ou outro motivo relevante, estão impossibilitadas de comparecer em juízo (art. 336, parágrafo único);

IV – as designadas no artigo seguinte.

Art. 411. São inquiridos em sua residência, ou onde exercem a sua função:

•• Dispositivo correspondente no CPC de 2015: art. 454, *caput*.

I – o Presidente e o Vice-Presidente da República;

•• Dispositivo correspondente no CPC de 2015: art. 454, I.

II – o presidente do Senado e o da Câmara dos Deputados;

III – os ministros de Estado;

•• Dispositivo correspondente no CPC de 2015: art. 454, II.

IV – os ministros do Supremo Tribunal Federal, do Superior Tribunal de Justiça, do Superior Tribunal Militar, do Tribunal Superior Eleitoral, do Tribunal Superior do Trabalho e do Tribunal de Contas da União;

•• Inciso IV com redação determinada pela Lei n. 11.382, de 6-12-2006.

•• Dispositivo correspondente no CPC de 2015: art. 454, III.

V – o procurador-geral da República;

•• Dispositivo correspondente no CPC de 2015: art. 454, IV.

VI – os senadores e deputados federais;

•• Dispositivo correspondente no CPC de 2015: art. 454, VI.

VII – os governadores dos Estados, dos Territórios e do Distrito Federal;

•• Dispositivo correspondente no CPC de 2015: art. 454, VII.

VIII – os deputados estaduais;

•• Dispositivo correspondente no CPC de 2015: art. 454, IX.

IX – os desembargadores dos Tribunais de Justiça, os juízes dos Tribunais de Alçada, os juízes dos Tribunais Regionais do Trabalho e dos Tribunais Regionais Eleitorais e os conselheiros dos Tribunais de Contas dos Estados e do Distrito Federal;

•• Dispositivo correspondente no CPC de 2015: art. 454, X.

X – o embaixador de país que, por lei ou tratado, concede idêntica prerrogativa ao agente diplomático do Brasil.

•• Dispositivo correspondente no CPC de 2015: art. 454, XII.

Parágrafo único. O juiz solicitará à autoridade que designe dia, hora e local a fim de ser inquirida, remetendo-lhe cópia da petição inicial ou da defesa oferecida pela parte, que arrolou como testemunha.

•• Dispositivo correspondente no CPC de 2015: art. 454, § 1.º.

Art. 412. A testemunha é intimada a comparecer à audiência, constando do mandado dia, hora e local, bem como os nomes das partes e a natureza da causa. Se a testemunha deixar de comparecer, sem motivo justificado, será conduzida, respondendo pelas despesas do adiamento.

•• *Caput* com redação determinada pela Lei n. 5.925, de 1.º-10-1973.

•• Dispositivo correspondente no CPC de 2015: art. 455, § 5.º.

§ 1.º A parte pode comprometer-se a levar à audiência a testemunha, independentemente de intimação; presumindo-se, caso não compareça, que desistiu de ouvi-la.

•• § 1.º com redação determinada pela Lei n. 5.925, de 1.º-10-1973.

•• Dispositivo correspondente no CPC de 2015: art. 455, § 2.º.

§ 2.º Quando figurar no rol de testemunhas funcionário público ou militar, o juiz o requisi-

Processo de Conhecimento

tará ao chefe da repartição ou ao comando do corpo em que servir.

•• § 2.º com redação determinada pela Lei n. 5.925, de 1.º-10-1973.

•• Dispositivo correspondente no CPC de 2015: art. 455, § 4.º, III.

§ 3.º A intimação poderá ser feita pelo correio, sob registro ou com entrega em mão própria, quando a testemunha tiver residência certa.

•• § 3.º acrescentado pela Lei n. 8.710, de 24-9-1993.

•• Dispositivo correspondente no CPC de 2015: art. 455, § 1.º.

Art. 413. O juiz inquirirá as testemunhas separada e sucessivamente; primeiro as do autor e depois as do réu, providenciando de modo que uma não ouça o depoimento das outras.

•• Dispositivo correspondente no CPC de 2015: art. 456, caput.

Art. 414. Antes de depor, a testemunha será qualificada, declarando o nome por inteiro, a profissão, a residência e o estado civil, bem como se tem relações de parentesco com a parte, ou interesse no objeto do processo.

•• Dispositivo correspondente no CPC de 2015: art. 457, caput.

§ 1.º É lícito à parte contraditar a testemunha, arguindo-lhe a incapacidade, o impedimento ou a suspeição. Se a testemunha negar os fatos que lhe são imputados, a parte poderá provar a contradita com documentos ou com testemunhas, até três, apresentadas no ato e inquiridas em separado. Sendo provados ou confessados os fatos, o juiz dispensará a testemunha, ou lhe tomará o depoimento, observando o disposto no art. 405, § 4.º.

•• Dispositivo correspondente no CPC de 2015: art. 457, §§ 1.º e 2.º.

§ 2.º A testemunha pode requerer ao juiz que a escuse de depor, alegando os motivos de que trata o art. 406; ouvidas as partes, o juiz decidirá de plano.

•• Dispositivo correspondente no CPC de 2015: art. 457, § 3.º.

Art. 415. Ao início da inquirição, a testemunha prestará o compromisso de dizer a verdade do que souber e lhe for perguntado.

•• Dispositivo correspondente no CPC de 2015: art. 458, caput.

Parágrafo único. O juiz advertirá à testemunha que incorre em sanção penal quem faz a afirmação falsa, cala ou oculta a verdade.

•• Dispositivo correspondente no CPC de 2015: art. 458, parágrafo único.

Art. 416. O juiz interrogará a testemunha sobre os fatos articulados, cabendo, primeiro, à parte, que a arrolou, e depois à parte contrária, formular perguntas tendentes a esclarecer ou completar o depoimento.

•• Dispositivo correspondente no CPC de 2015: art. 459, caput.

§ 1.º As partes devem tratar as testemunhas com urbanidade, não lhes fazendo perguntas ou considerações impertinentes, capciosas ou vexatórias.

•• Dispositivo correspondente no CPC de 2015: art. 459, § 2.º.

§ 2.º As perguntas que o juiz indeferir serão obrigatoriamente transcritas no termo, se a parte o requerer.

•• § 2.º com redação determinada pela Lei n. 7.005, de 28-6-1982.

•• Dispositivo correspondente no CPC de 2015: art. 459, § 3.º.

Art. 417. O depoimento, datilografado ou registrado por taquigrafia, estenotipia ou outro método idôneo de documentação, será assinado pelo juiz, pelo depoente e pelos procuradores, facultando-se às partes a sua gravação.

•• Caput com redação determinada pela Lei n. 8.952, de 13-12-1994.

•• Dispositivo correspondente no CPC de 2015: art. 460, caput e § 1.º.

§ 1.º O depoimento será passado para a versão datilográfica quando houver recurso da sentença ou noutros casos, quando o juiz o determinar, de ofício ou a requerimento da parte.

•• § 1.º acrescentado pela Lei n. 11.419, de 19-12-2006.

•• Dispositivo correspondente no CPC de 2015: art. 460, § 2.º.

§ 2.º Tratando-se de processo eletrônico, observar-se-á o disposto nos §§ 2.º e 3.º do art. 169 desta Lei.

Arts. 417 a 423

•• § 2.º acrescentado pela Lei n. 11.419, de 19-12-2006.

•• Dispositivo correspondente no CPC de 2015: art. 460, § 3.º.

Art. 418. O juiz pode ordenar, de ofício ou a requerimento da parte:

•• Dispositivo correspondente no CPC de 2015: art. 461, *caput*.

I – a inquirição de testemunhas referidas nas declarações da parte ou das testemunhas;

•• Dispositivo correspondente no CPC de 2015: art. 461, I.

II – a acareação de duas ou mais testemunhas ou de alguma delas com a parte, quando, sobre fato determinado, que possa influir na decisão da causa, divergirem as suas declarações.

•• Dispositivo correspondente no CPC de 2015: art. 461, II.

Art. 419. A testemunha pode requerer ao juiz o pagamento da despesa que efetuou para comparecimento à audiência, devendo a parte pagá-la logo que arbitrada, ou depositá-la em cartório dentro de 3 (três) dias.

•• Dispositivo correspondente no CPC de 2015: art. 462.

Parágrafo único. O depoimento prestado em juízo é considerado serviço público. A testemunha, quando sujeita ao regime da legislação trabalhista, não sofre, por comparecer à audiência, perda de salário nem desconto no tempo de serviço.

•• Dispositivo correspondente no CPC de 2015: art. 463.

Seção VII
Da Prova Pericial

Art. 420. A prova pericial consiste em exame, vistoria ou avaliação.

•• Dispositivo correspondente no CPC de 2015: art. 464, *caput*.

Parágrafo único. O juiz indeferirá a perícia quando:

•• Dispositivo correspondente no CPC de 2015: art. 464, § 1.º, *caput*.

I – a prova do fato não depender do conhecimento especial de técnico;

•• Dispositivo correspondente no CPC de 2015: art. 464, § 1.º, I.

II – for desnecessária em vista de outras provas produzidas;

•• Dispositivo correspondente no CPC de 2015: art. 464, § 1.º, II.

III – a verificação for impraticável.

•• Dispositivo correspondente no CPC de 2015: art. 464, § 1.º, III.

Art. 421. O juiz nomeará o perito, fixando de imediato o prazo para a entrega do laudo.

•• *Caput* com redação determinada pela Lei n. 8.455, de 24-8-1992.

•• Dispositivo correspondente no CPC de 2015: art. 465, *caput*.

§ 1.º Incumbe às partes, dentro em 5 (cinco) dias, contados da intimação do despacho de nomeação do perito:

•• Dispositivo correspondente no CPC de 2015: art. 465, § 1.º, *caput*.

I – indicar o assistente técnico;

•• Dispositivo correspondente no CPC de 2015: art. 465, § 1.º, I.

II – apresentar quesitos.

•• Dispositivo correspondente no CPC de 2015: art. 465, § 1.º, II.

§ 2.º Quando a natureza do fato o permitir, a perícia poderá consistir apenas na inquirição pelo juiz do perito e dos assistentes, por ocasião da audiência de instrução e julgamento a respeito das coisas que houverem informalmente examinado ou avaliado.

•• § 2.º com redação determinada pela Lei n. 8.455, de 24-8-1992.

Art. 422. O perito cumprirá escrupulosamente o encargo que lhe foi cometido, independentemente de termo de compromisso. Os assistentes técnicos são de confiança da parte, não sujeitos a impedimento ou suspeição.

•• Artigo com redação determinada pela Lei n. 8.455, de 24-8-1992.

•• Dispositivo correspondente no CPC de 2015: art. 466, *caput* e § 1.º.

Art. 423. O perito pode escusar-se (art. 146), ou ser recusado por impedimento ou suspeição (art. 138, III); ao aceitar a escusa ou julgar procedente a impugnação, o juiz nomeará novo perito.

•• Artigo com redação determinada pela Lei n. 8.455, de 24-8-1992.

Processo de Conhecimento

•• Dispositivo correspondente no CPC de 2015: art. 467.

Art. 424. O perito pode ser substituído quando:

•• *Caput* com redação determinada pela Lei n. 8.455, de 24-8-1992.

•• Dispositivo correspondente no CPC de 2015: art. 468, *caput*.

I – carecer de conhecimento técnico ou científico;

•• Dispositivo correspondente no CPC de 2015: art. 468, I.

II – sem motivo legítimo, deixar de cumprir o encargo no prazo que lhe foi assinado.

•• Inciso II com redação determinada pela Lei n. 8.455, de 24-8-1992.

•• Dispositivo correspondente no CPC de 2015: art. 468, II.

Parágrafo único. No caso previsto no inciso II, o juiz comunicará a ocorrência à corporação profissional respectiva, podendo, ainda, impor multa ao perito, fixada tendo em vista o valor da causa e o possível prejuízo decorrente do atraso no processo.

•• Parágrafo único com redação determinada pela Lei n. 8.455, de 24-8-1992.

•• Dispositivo correspondente no CPC de 2015: art. 468, § 1.º.

Art. 425. Poderão as partes apresentar, durante a diligência, quesitos suplementares. Da juntada dos quesitos aos autos dará o escrivão ciência à parte contrária.

•• Dispositivo correspondente no CPC de 2015: art. 469.

Art. 426. Compete ao juiz:

•• Dispositivo correspondente no CPC de 2015: art. 470, *caput*.

I – indeferir quesitos impertinentes;

•• Dispositivo correspondente no CPC de 2015: art. 470, I.

II – formular os que entender necessários ao esclarecimento da causa.

•• Dispositivo correspondente no CPC de 2015: art. 470, II.

Art. 427. O juiz poderá dispensar prova pericial quando as partes, na inicial e na contestação, apresentarem sobre as questões de fato pareceres técnicos ou documentos elucidativos que considerar suficientes.

•• Artigo com redação determinada pela Lei n. 8.455, de 24-8-1992.

•• Dispositivo correspondente no CPC de 2015: art. 472.

Art. 428. Quando a prova tiver de realizar-se por carta, poderá proceder-se à nomeação de perito e indicação de assistentes técnicos no juízo, ao qual se requisitará a perícia.

•• Dispositivo correspondente no CPC de 2015: art. 465, § 6.º.

Art. 429. Para o desempenho de sua função, podem o perito e os assistentes técnicos utilizar-se de todos os meios necessários, ouvindo testemunhas, obtendo informações, solicitando documentos que estejam em poder de parte ou em repartições públicas, bem como instruir o laudo com plantas, desenhos, fotografias e outras quaisquer peças.

•• Dispositivo correspondente no CPC de 2015: art. 473, § 3.º.

Arts. 430 e 431. (*Revogados pela Lei n. 8.455, de 24-8-1992.*)

Art. 431-A. As partes terão ciência da data e local designados pelo juiz ou indicados pelo perito para ter início a produção da prova.

•• Artigo acrescentado pela Lei n. 10.358, de 27-12-2001.

•• Dispositivo correspondente no CPC de 2015: art. 474.

Art. 431-B. Tratando-se de perícia complexa, que abranja mais de uma área de conhecimento especializado, o juiz poderá nomear mais de um perito e a parte indicar mais de um assistente técnico.

•• Artigo acrescentado pela Lei n. 10.358, de 27-12-2001.

•• Dispositivo correspondente no CPC de 2015: art. 475.

Art. 432. Se o perito, por motivo justificado, não puder apresentar o laudo dentro do prazo, o juiz conceder-lhe-á, por uma vez, prorrogação, segundo o seu prudente arbítrio.

•• Dispositivo correspondente no CPC de 2015: art. 476.

Parágrafo único. (*Revogado pela Lei n. 8.455, de 24-8-1992.*)

Art. 433. O perito apresentará o laudo em cartório, no prazo fixado pelo juiz, pelo menos 20 (vinte) dias, antes da audiência de instrução e julgamento.

•• *Caput* com redação determinada pela Lei n. 8.455, de 24-8-1992.

Arts. 433 a 442

•• Dispositivo correspondente no CPC de 2015: art. 477, *caput*.

Parágrafo único. Os assistentes técnicos oferecerão seus pareceres no prazo comum de 10 (dez) dias, após intimadas as partes da apresentação do laudo.

•• Parágrafo único com redação determinada pela Lei n. 10.358, de 27-12-2001.

•• Dispositivo correspondente no CPC de 2015: art. 477, § 1.º.

Art. 434. Quando o exame tiver por objeto a autenticidade ou a falsidade de documento, ou for de natureza médico-legal, o perito será escolhido, de preferência, entre os técnicos dos estabelecimentos oficiais especializados. O juiz autorizará a remessa dos autos, bem como do material sujeito a exame, ao diretor do estabelecimento.

•• *Caput* com redação determinada pela Lei n. 8.952, de 13-12-1994.

•• Dispositivo correspondente no CPC de 2015: art. 478, *caput*.

Parágrafo único. Quando o exame tiver por objeto a autenticidade da letra e firma, o perito poderá requisitar, para efeito de comparação, documentos existentes em repartições públicas; na falta destes, poderá requerer ao juiz que a pessoa, a quem se atribuir a autoria do documento, lance em folha de papel, por cópia, ou sob ditado, dizeres diferentes, para fins de comparação.

•• Dispositivo correspondente no CPC de 2015: art. 478, § 3.º.

Art. 435. A parte, que desejar esclarecimento do perito e do assistente técnico, requererá ao juiz que mande intimá-lo a comparecer à audiência, formulando desde logo as perguntas, sob forma de quesitos.

•• Dispositivo correspondente no CPC de 2015: art. 477, § 3.º.

Parágrafo único. O perito e o assistente técnico só estarão obrigados a prestar os esclarecimentos a que se refere este artigo, quando intimados 5 (cinco) dias antes da audiência.

•• Dispositivo correspondente no CPC de 2015: art. 477, § 4.º.

Art. 436. O juiz não está adstrito ao laudo pericial, podendo formar a sua convicção com outros elementos ou fatos provados nos autos.

•• Dispositivo correspondente no CPC de 2015: art. 479.

Art. 437. O juiz poderá determinar, de ofício ou a requerimento da parte, a realização de nova perícia, quando a matéria não lhe parecer suficientemente esclarecida.

•• Dispositivo correspondente no CPC de 2015: art. 480, *caput*.

Art. 438. A segunda perícia tem por objeto os mesmos fatos sobre que recaiu a primeira e destina-se a corrigir eventual omissão ou inexatidão dos resultados a que esta conduziu.

•• Dispositivo correspondente no CPC de 2015: art. 480, § 1.º.

Art. 439. A segunda perícia rege-se pelas disposições estabelecidas para a primeira.

•• Dispositivo correspondente no CPC de 2015: art. 480, § 2.º.

Parágrafo único. A segunda perícia não substitui a primeira, cabendo ao juiz apreciar livremente o valor de uma e outra.

•• Dispositivo correspondente no CPC de 2015: art. 480, § 3.º.

Seção VIII
Da Inspeção Judicial

Art. 440. O juiz, de ofício ou a requerimento da parte, pode, em qualquer fase do processo, inspecionar pessoas ou coisas, a fim de se esclarecer sobre fato, que interesse à decisão da causa.

•• Dispositivo correspondente no CPC de 2015: art. 481.

Art. 441. Ao realizar a inspeção direta, o juiz poderá ser assistido de um ou mais peritos.

•• Dispositivo correspondente no CPC de 2015: art. 482.

Art. 442. O juiz irá ao local, onde se encontre a pessoa ou coisa, quando:

•• Dispositivo correspondente no CPC de 2015: art. 483, *caput*.

I – julgar necessário para a melhor verificação ou interpretação dos fatos que deva observar;

•• Dispositivo correspondente no CPC de 2015: art. 483, I.

II – a coisa não puder ser apresentada em juízo, sem consideráveis despesas ou graves dificuldades;

•• Dispositivo correspondente no CPC de 2015: art. 483, II.

III – determinar a reconstituição dos fatos.

Processo de Conhecimento

•• Dispositivo correspondente no CPC de 2015: art. 483, III.

Parágrafo único. As partes têm sempre direito a assistir à inspeção, prestando esclarecimentos e fazendo observações que reputem de interesse para a causa.

•• Dispositivo correspondente no CPC de 2015: art. 483, parágrafo único.

Art. 443. Concluída a diligência, o juiz mandará lavrar auto circunstanciado, mencionando nele tudo quanto for útil ao julgamento da causa.

•• *Caput* com redação determinada pela Lei n. 5.925, de 1.º-10-1973.

•• Dispositivo correspondente no CPC de 2015: art. 484, *caput*.

Parágrafo único. O auto poderá ser instruído com desenho, gráfico ou fotografia.

•• Parágrafo único com redação determinada pela Lei n. 5.925, de 1.º-10-1973.

•• Dispositivo correspondente no CPC de 2015: art. 484, parágrafo único.

Capítulo VII
DA AUDIÊNCIA

Seção I
Das Disposições Gerais

Art. 444. A audiência será pública; nos casos de que trata o art. 155, realizar-se-á a portas fechadas.

•• Dispositivo correspondente no CPC de 2015: art. 368.

Art. 445. O juiz exerce o poder de polícia, competindo-lhe:

•• Dispositivo correspondente no CPC de 2015: art. 360, *caput*.

I – manter a ordem e o decoro na audiência;

•• Dispositivo correspondente no CPC de 2015: art. 360, I.

II – ordenar que se retirem da sala da audiência os que se comportarem inconvenientemente;

•• Dispositivo correspondente no CPC de 2015: art. 360, II.

III – requisitar, quando necessário, a força policial.

•• Dispositivo correspondente no CPC de 2015: art. 360, III.

Art. 446. Compete ao juiz em especial:

I – dirigir os trabalhos da audiência;

II – proceder direta e pessoalmente à colheita das provas;

III – exortar os advogados e o órgão do Ministério Público a que discutam a causa com elevação e urbanidade.

Parágrafo único. Enquanto depuserem as partes, o perito, os assistentes técnicos e as testemunhas, os advogados não podem intervir ou apartear, sem licença do juiz.

Seção II
Da Conciliação

Art. 447. Quando o litígio versar sobre direitos patrimoniais de caráter privado, o juiz, de ofício, determinará o comparecimento das partes ao início da audiência de instrução e julgamento.

Parágrafo único. Em causas relativas à família, terá lugar igualmente a conciliação, nos casos e para os fins em que a lei consente a transação.

Art. 448. Antes de iniciar a instrução, o juiz tentará conciliar as partes. Chegando a acordo, o juiz mandará tomá-lo por termo.

•• Dispositivo correspondente no CPC de 2015: art. 359.

Art. 449. O termo de conciliação, assinado pelas partes e homologado pelo juiz, terá valor de sentença.

Seção III
Da Instrução e Julgamento

Art. 450. No dia e hora designados, o juiz declarará aberta a audiência, mandando apregoar as partes e os seus respectivos advogados.

•• Dispositivo correspondente no CPC de 2015: art. 358.

Art. 451. Ao iniciar a instrução, o juiz, ouvidas as partes, fixará os pontos controvertidos sobre que incidirá a prova.

Art. 452. As provas serão produzidas na audiência nesta ordem:

•• Dispositivo correspondente no CPC de 2015: art. 361, *caput*.

Arts. 452 a 457

I – o perito e os assistentes técnicos responderão aos quesitos de esclarecimentos, requeridos no prazo e na forma do art. 435;

•• Dispositivo correspondente no CPC de 2015: art. 361, I.

II – o juiz tomará os depoimentos pessoais, primeiro do autor e depois do réu;

•• Dispositivo correspondente no CPC de 2015: art. 361, II.

III – finalmente, serão inquiridas as testemunhas arroladas pelo autor e pelo réu.

•• Dispositivo correspondente no CPC de 2015: art. 361, III.

Art. 453. A audiência poderá ser adiada:

•• Dispositivo correspondente no CPC de 2015: art. 362, caput.

I – por convenção das partes, caso em que só será admissível uma vez;

•• Dispositivo correspondente no CPC de 2015: art. 362, I.

II – se não puderem comparecer, por motivo justificado, o perito, as partes, as testemunhas ou os advogados.

•• Dispositivo correspondente no CPC de 2015: art. 362, II.

§ 1.º Incumbe ao advogado provar o impedimento até a abertura da audiência; não o fazendo, o juiz procederá à instrução.

•• Dispositivo correspondente no CPC de 2015: art. 362, § 1.º.

§ 2.º Pode ser dispensada pelo juiz a produção das provas requeridas pela parte cujo advogado não compareceu à audiência.

•• Dispositivo correspondente no CPC de 2015: art. 362, § 2.º.

§ 3.º Quem der causa ao adiamento responderá pelas despesas acrescidas.

•• Dispositivo correspondente no CPC de 2015: art. 362, § 3.º.

Art. 454. Finda a instrução, o juiz dará a palavra ao advogado do autor e ao do réu, bem como ao órgão do Ministério Público, sucessivamente, pelo prazo de 20 (vinte) minutos para cada um, prorrogável por 10 (dez), a critério do juiz.

•• Dispositivo correspondente no CPC de 2015: art. 364, caput.

§ 1.º Havendo litisconsorte ou terceiro, o prazo, que formará com o da prorrogação um só todo, dividir-se-á entre os do mesmo grupo, se não convencionarem de modo diverso.

•• Dispositivo correspondente no CPC de 2015: art. 364, § 1.º.

§ 2.º No caso previsto no art. 56, o oponente sustentará as suas razões em primeiro lugar, seguindo-se-lhe os opostos, cada qual pelo prazo de 20 (vinte) minutos.

§ 3.º Quando a causa apresentar questões complexas de fato ou de direito, o debate oral poderá ser substituído por memoriais, caso em que o juiz designará dia e hora para o seu oferecimento.

•• Dispositivo correspondente no CPC de 2015: art. 364, § 2.º.

Art. 455. A audiência é una e contínua. Não sendo possível concluir, num só dia, a instrução, o debate e o julgamento, o juiz marcará o seu prosseguimento para dia próximo.

•• Dispositivo correspondente no CPC de 2015: art. 365.

Art. 456. Encerrado o debate ou oferecidos os memoriais, o juiz proferirá a sentença desde logo ou no prazo de 10 (dez) dias.

•• Artigo com redação determinada pela Lei n. 5.925, de 1.º-10-1973.

•• Dispositivo correspondente no CPC de 2015: art. 366.

Art. 457. O escrivão lavrará, sob ditado do juiz, termo que conterá, em resumo, o ocorrido na audiência, bem como, por extenso, os despachos e a sentença, se esta for proferida no ato.

•• Dispositivo correspondente no CPC de 2015: art. 367, caput.

§ 1.º Quando o termo for datilografado, o juiz lhe rubricará as folhas, ordenando que sejam encadernadas em volume próprio.

•• Dispositivo correspondente no CPC de 2015: art. 367, § 1.º.

§ 2.º Subscreverão o termo o juiz, os advogados, o órgão do Ministério Público e o escrivão.

•• Dispositivo correspondente no CPC de 2015: art. 367, § 2.º.

§ 3.º O escrivão trasladará para os autos cópia autêntica do termo de audiência.

•• Dispositivo correspondente no CPC de 2015: art. 367, § 3.º.

§ 4.º Tratando-se de processo eletrônico, observar-se-á o disposto nos §§ 2.º e 3.º do art. 169 desta Lei.

Processo de Conhecimento

•• § 4.º acrescentado pela Lei n. 11.419, de 19-12-2006.

•• Dispositivo correspondente no CPC de 2015: art. 367, § 4.º.

Capítulo VIII
DA SENTENÇA
E DA COISA JULGADA

Seção I
Dos Requisitos e dos Efeitos
da Sentença

Art. 458. São requisitos essenciais da sentença:

•• Dispositivo correspondente no CPC de 2015: art. 489, *caput*.

I – o relatório, que conterá os nomes das partes, a suma do pedido e da resposta do réu, bem como o registro das principais ocorrências havidas no andamento do processo;

•• Dispositivo correspondente no CPC de 2015: art. 489, I.

II – os fundamentos, em que o juiz analisará as questões de fato e de direito;

•• Dispositivo correspondente no CPC de 2015: art. 489, II.

III – o dispositivo, em que o juiz resolverá as questões, que as partes lhe submeterem.

•• Dispositivo correspondente no CPC de 2015: art. 489, III.

Art. 459. O juiz proferirá a sentença, acolhendo ou rejeitando, no todo ou em parte, o pedido formulado pelo autor. Nos casos de extinção do processo sem julgamento do mérito, o juiz decidirá em forma concisa.

•• Dispositivo correspondente no CPC de 2015: art. 490.

Parágrafo único. Quando o autor tiver formulado pedido certo, é vedado ao juiz proferir sentença ilíquida.

Art. 460. É defeso ao juiz proferir sentença, a favor do autor, de natureza diversa da pedida, bem como condenar o réu em quantidade superior ou em objeto diverso do que lhe foi demandado.

•• Dispositivo correspondente no CPC de 2015: art. 492, *caput*.

Parágrafo único. A sentença deve ser certa, ainda quando decida relação jurídica condicional.

•• Parágrafo único acrescentado pela Lei n. 8.952, de 13-12-1994.

•• Dispositivo correspondente no CPC de 2015: art. 492, parágrafo único.

Art. 461. Na ação que tenha por objeto o cumprimento de obrigação de fazer ou não fazer, o juiz concederá a tutela específica da obrigação ou, se procedente o pedido, determinará providências que assegurem o resultado prático equivalente ao do adimplemento.

•• *Caput* com redação determinada pela Lei n. 8.952, de 13-12-1994.

•• Dispositivos correspondentes no CPC de 2015: arts. 497, *caput*, e 536, *caput*.

§ 1.º A obrigação somente se converterá em perdas e danos se o autor o requerer ou se impossível a tutela específica ou a obtenção do resultado prático correspondente.

•• § 1.º acrescentado pela Lei n. 8.952, de 13-12-1994.

•• Dispositivo correspondente no CPC de 2015: art. 499.

§ 2.º A indenização por perdas e danos dar-se-á sem prejuízo da multa (art. 287).

•• § 2.º acrescentado pela Lei n. 8.952, de 13-12-1994.

•• Dispositivo correspondente no CPC de 2015: art. 500.

§ 3.º Sendo relevante o fundamento da demanda e havendo justificado receio de ineficácia do provimento final, é lícito ao juiz conceder a tutela liminarmente ou mediante justificação prévia, citado o réu. A medida liminar poderá ser revogada ou modificada, a qualquer tempo, em decisão fundamentada.

•• § 3.º acrescentado pela Lei n. 8.952, de 13-12-1994.

§ 4.º O juiz poderá, na hipótese do parágrafo anterior ou na sentença, impor multa diária ao réu, independentemente de pedido do autor, se for suficiente ou compatível com a obrigação, fixando-lhe prazo razoável para o cumprimento do preceito.

•• § 4.º acrescentado pela Lei n. 8.952, de 13-12-1994.

•• Dispositivo correspondente no CPC de 2015: art. 537, *caput*.

§ 5.º Para a efetivação da tutela específica ou a obtenção do resultado prático equivalente, poderá o juiz, de ofício ou a requerimento, determinar as medidas necessárias, tais como a

Arts. 461 a 466-A

imposição de multa por tempo de atraso, busca e apreensão, remoção de pessoas e coisas, desfazimento de obras e impedimento de atividade nociva, se necessário com requisição de força policial.

•• § 5.º com redação determinada pela Lei n. 10.444, de 7-5-2002.
•• Dispositivo correspondente no CPC de 2015: art. 536, § 1.º.

§ 6.º O juiz poderá, de ofício, modificar o valor ou a periodicidade da multa, caso verifique que se tornou insuficiente ou excessiva.

•• § 6.º acrescentado pela Lei n. 10.444, de 7-5-2002.
•• Dispositivo correspondente no CPC de 2015: art. 537, § 1.º, caput, e I.

Art. 461-A. Na ação que tenha por objeto a entrega de coisa, o juiz, ao conceder a tutela específica, fixará o prazo para o cumprimento da obrigação.

•• Caput acrescentado pela Lei n. 10.444, de 7-5-2002.
•• Dispositivo correspondente no CPC de 2015: art. 498, caput.

§ 1.º Tratando-se de entrega de coisa determinada pelo gênero e quantidade, o credor a individualizará na petição inicial, se lhe couber a escolha; cabendo ao devedor escolher, este a entregará individualizada, no prazo fixado pelo juiz.

•• § 1.º acrescentado pela Lei n. 10.444, de 7-5-2002.
•• Dispositivo correspondente no CPC de 2015: art. 498, parágrafo único.

§ 2.º Não cumprida a obrigação no prazo estabelecido, expedir-se-á em favor do credor mandado de busca e apreensão ou de imissão na posse, conforme se tratar de coisa móvel ou imóvel.

•• § 2.º acrescentado pela Lei n. 10.444, de 7-5-2002.
•• Dispositivo correspondente no CPC de 2015: art. 538, caput.

§ 3.º Aplica-se à ação prevista neste artigo o disposto nos §§ 1.º a 6.º do art. 461.

•• § 3.º acrescentado pela Lei n. 10.444, de 7-5-2002.

Art. 462. Se, depois da propositura da ação, algum fato constitutivo, modificativo ou extintivo do direito influir no julgamento da lide,

Processo de Conhecimento

caberá ao juiz tomá-lo em consideração, de ofício ou a requerimento da parte, no momento de proferir a sentença.

•• Artigo com redação determinada pela Lei n. 5.925, de 1.º-10-1973.
•• Dispositivo correspondente no CPC de 2015: art. 493, caput.

Art. 463. Publicada a sentença, o juiz só poderá alterá-la:

•• Caput com redação determinada pela Lei n. 11.232, de 22-12-2005.
•• Dispositivo correspondente no CPC de 2015: art. 494, caput.

I – para lhe corrigir, de ofício ou a requerimento da parte, inexatidões materiais, ou lhe retificar erros de cálculo;

•• Dispositivo correspondente no CPC de 2015: art. 494, I.

II – por meio de embargos de declaração.

•• Dispositivo correspondente no CPC de 2015: art. 494, II.

Arts. 464 e 465. (*Revogados pela Lei n. 8.950, de 13-12-1994.*)

Art. 466. A sentença que condenar o réu no pagamento de uma prestação, consistente em dinheiro ou em coisa, valerá como título constitutivo de hipoteca judiciária, cuja inscrição será ordenada pelo juiz na forma prescrita na Lei de Registros Públicos.

•• Dispositivo correspondente no CPC de 2015: art. 495, caput.

Parágrafo único. A sentença condenatória produz a hipoteca judiciária:

•• Dispositivo correspondente no CPC de 2015: art. 495, § 1.º, caput.

I – embora a condenação seja genérica;

•• Dispositivo correspondente no CPC de 2015: art. 495, § 1.º, I.

II – pendente arresto de bens do devedor;

•• Dispositivo correspondente no CPC de 2015: art. 495, § 1.º, II.

III – ainda quando o credor possa promover a execução provisória da sentença.

•• Dispositivo correspondente no CPC de 2015: art. 495, § 1.º, II.

Art. 466-A. Condenado o devedor a emitir declaração de vontade, a sentença, uma vez

Processo de Conhecimento

Arts. 466-A a 475

transitada em julgado, produzirá todos os efeitos da declaração não emitida.

•• Artigo acrescentado pela Lei n. 11.232, de 22-12-2005.

•• Dispositivo correspondente no CPC de 2015: art. 501.

Art. 466-B. Se aquele que se comprometeu a concluir um contrato não cumprir a obrigação, a outra parte, sendo isso possível e não excluído pelo título, poderá obter uma sentença que produza o mesmo efeito do contrato a ser firmado.

•• Artigo acrescentado pela Lei n. 11.232, de 22-12-2005.

Art. 466-C. Tratando-se de contrato que tenha por objeto a transferência da propriedade de coisa determinada, ou de outro direito, a ação não será acolhida se a parte que a intentou não cumprir a sua prestação, nem a oferecer, nos casos e formas legais, salvo se ainda não exigível.

•• Artigo acrescentado pela Lei n. 11.232, de 22-12-2005.

Seção II
Da Coisa Julgada

Art. 467. Denomina-se coisa julgada material a eficácia, que torna imutável e indiscutível a sentença, não mais sujeita a recurso ordinário ou extraordinário.

•• Dispositivo correspondente no CPC de 2015: art. 502.

Art. 468. A sentença, que julgar total ou parcialmente a lide, tem força de lei nos limites da lide e das questões decididas.

•• Dispositivo correspondente no CPC de 2015: art. 503, *caput*.

Art. 469. Não fazem coisa julgada:

•• Dispositivo correspondente no CPC de 2015: art. 504, *caput*.

I – os motivos, ainda que importantes para determinar o alcance da parte dispositiva da sentença;

•• Dispositivo correspondente no CPC de 2015: art. 504, I.

II – a verdade dos fatos, estabelecida como fundamento da sentença;

•• Dispositivo correspondente no CPC de 2015: art. 504, II.

III – a apreciação da questão prejudicial, decidida incidentemente no processo.

Art. 470. Faz, todavia, coisa julgada a resolução da questão prejudicial, se a parte o requerer (arts. 5.º e 325), o juiz for competente em razão da matéria e constituir pressuposto necessário para o julgamento da lide.

Art. 471. Nenhum juiz decidirá novamente as questões já decididas, relativas à mesma lide, salvo:

•• Dispositivo correspondente no CPC de 2015: art. 505, *caput*.

I – se, tratando-se de relação jurídica continuativa, sobreveio modificação no estado de fato ou de direito; caso em que poderá a parte pedir a revisão do que foi estatuído na sentença;

•• Dispositivo correspondente no CPC de 2015: art. 505, I.

II – nos demais casos prescritos em lei.

•• Dispositivo correspondente no CPC de 2015: art. 505, II.

Art. 472. A sentença faz coisa julgada às partes entre as quais é dada, não beneficiando, nem prejudicando terceiros. Nas causas relativas ao estado de pessoa, se houverem sido citados no processo, em litisconsórcio necessário, todos os interessados, a sentença produz coisa julgada em relação a terceiros.

•• Dispositivo correspondente no CPC de 2015: art. 506.

Art. 473. É defeso à parte discutir, no curso do processo, as questões já decididas, a cujo respeito se operou a preclusão.

•• Dispositivo correspondente no CPC de 2015: art. 507.

Art. 474. Passada em julgado a sentença de mérito, reputar-se-ão deduzidas e repelidas todas as alegações e defesas, que a parte poderia opor assim ao acolhimento como à rejeição do pedido.

•• Dispositivo correspondente no CPC de 2015: art. 508.

Art. 475. Está sujeita ao duplo grau de jurisdição, não produzindo efeito senão depois de confirmada pelo tribunal, a sentença:

•• *Caput* com redação determinada pela Lei n. 10.352, de 26-12-2001.

•• Dispositivo correspondente no CPC de 2015: art. 496, *caput*.

Arts. 475 a 475-B

I – proferida contra a União, o Estado, o Distrito Federal, o Município, e as respectivas autarquias e fundações de direito público;

•• Inciso I com redação determinada pela Lei n. 10.352, de 26-12-2001.
•• Dispositivo correspondente no CPC de 2015: art. 496, I.

II – que julgar procedentes, no todo ou em parte, os embargos à execução de dívida ativa da Fazenda Pública (art. 585, VI).

•• Inciso II com redação determinada pela Lei n. 10.352, de 26-12-2001.
•• Dispositivo correspondente no CPC de 2015: art. 496, II.

§ 1.º Nos casos previstos neste artigo, o juiz ordenará a remessa dos autos ao tribunal, haja ou não apelação; não o fazendo, deverá o presidente do tribunal avocá-los.

•• § 1.º acrescentado pela Lei n. 10.352, de 26-12-2001.
•• Dispositivo correspondente no CPC de 2015: art. 496, § 1.º.

§ 2.º Não se aplica o disposto neste artigo sempre que a condenação, ou o direito controvertido, for de valor certo não excedente a 60 (sessenta) salários mínimos, bem como no caso de procedência dos embargos do devedor na execução de dívida ativa do mesmo valor.

•• § 2.º acrescentado pela Lei n. 10.352, de 26-12-2001.
•• Dispositivo correspondente no CPC de 2015: art. 496, § 3.º.

§ 3.º Também não se aplica o disposto neste artigo quando a sentença estiver fundada em jurisprudência do plenário do Supremo Tribunal Federal ou em súmula deste Tribunal ou do tribunal superior competente.

•• § 3.º acrescentado pela Lei n. 10.352, de 26-12-2001.
•• Dispositivo correspondente no CPC de 2015: art. 496, § 4.º.

Capítulo IX
DA LIQUIDAÇÃO DE SENTENÇA

•• Capítulo acrescentado pela Lei n. 11.232, de 22-12-2005.

Art. 475-A. Quando a sentença não determinar o valor devido, procede-se à sua liquidação.

•• *Caput* acrescentado pela Lei n. 11.232, de 22-12-2005.
•• Dispositivo correspondente no CPC de 2015: art. 509, *caput*.

§ 1.º Do requerimento de liquidação de sentença será a parte intimada, na pessoa de seu advogado.

•• § 1.º acrescentado pela Lei n. 11.232, de 22-12-2005.

§ 2.º A liquidação poderá ser requerida na pendência de recurso, processando-se em autos apartados, no juízo de origem, cumprindo ao liquidante instruir o pedido com cópias das peças processuais pertinentes.

•• § 2.º acrescentado pela Lei n. 11.232, de 22-12-2005.
•• Dispositivo correspondente no CPC de 2015: art. 512.

§ 3.º Nos processos sob procedimento comum sumário, referidos no art. 275, inciso II, alíneas *d* e *e* desta Lei, é defesa a sentença ilíquida, cumprindo ao juiz, se for o caso, fixar de plano, a seu prudente critério, o valor devido.

•• § 3.º acrescentado pela Lei n. 11.232, de 22-12-2005.

Art. 475-B. Quando a determinação do valor da condenação depender apenas de cálculo aritmético, o credor requererá o cumprimento da sentença, na forma do art. 475-J desta Lei, instruindo o pedido com a memória discriminada e atualizada do cálculo.

•• *Caput* acrescentado pela Lei n. 11.232, de 22-12-2005.
•• Dispositivos correspondentes no CPC de 2015: arts. 509, § 2.º, e 524, *caput*.

§ 1.º Quando a elaboração da memória do cálculo depender de dados existentes em poder do devedor ou de terceiro, o juiz, a requerimento do credor, poderá requisitá-los, fixando prazo de até trinta dias para o cumprimento da diligência.

•• § 1.º acrescentado pela Lei n. 11.232, de 22-12-2005.
•• Dispositivo correspondente no CPC de 2015: art. 524, §§ 3.º e 4.º.

§ 2.º Se os dados não forem, injustificadamente, apresentados pelo devedor, reputar-se-ão corretos os cálculos apresentados pelo credor, e, se não o forem pelo terceiro, configurar-se-á a situação prevista no art. 362.

Processo de Conhecimento

Arts. 475-B a 475-J

•• § 2.º acrescentado pela Lei n. 11.232, de 22-12-2005.

•• Dispositivo correspondente no CPC de 2015: art. 524, § 5.º.

§ 3.º Poderá o juiz valer-se do contador do juízo, quando a memória apresentada pelo credor aparentemente exceder os limites da decisão exequenda e, ainda, nos casos de assistência judiciária.

•• § 3.º acrescentado pela Lei n. 11.232, de 22-12-2005.

•• Dispositivo correspondente no CPC de 2015: art. 524, § 1.º.

§ 4.º Se o credor não concordar com os cálculos feitos nos termos do § 3.º deste artigo, far-se-á a execução pelo valor originariamente pretendido, mas a penhora terá por base o valor encontrado pelo contador.

•• § 4.º acrescentado pela Lei n. 11.232, de 22-12-2005.

•• Dispositivo correspondente no CPC de 2015: art. 524, § 1.º.

Art. 475-C. Far-se-á a liquidação por arbitramento quando:

•• *Caput* acrescentado pela Lei n. 11.232, de 22-12-2005.

•• Dispositivo correspondente no CPC de 2015: art. 509, I.

I – determinado pela sentença ou convencionado pelas partes;

•• Inciso I acrescentado pela Lei n. 11.232, de 22-12-2005.

•• Dispositivo correspondente no CPC de 2015: art. 509, I.

II – o exigir a natureza do objeto da liquidação.

•• Inciso II acrescentado pela Lei n. 11.232, de 22-12-2005.

•• Dispositivo correspondente no CPC de 2015: art. 509, I.

Art. 475-D. Requerida a liquidação por arbitramento, o juiz nomeará o perito e fixará o prazo para a entrega do laudo.

•• *Caput* acrescentado pela Lei n. 11.232, de 22-12-2005.

•• Dispositivo correspondente no CPC de 2015: art. 510.

Parágrafo único. Apresentado o laudo, sobre o qual poderão as partes manifestar-se no prazo de dez dias, o juiz proferirá decisão ou designará, se necessário, audiência.

•• Parágrafo único acrescentado pela Lei n. 11.232, de 22-12-2005.

Art. 475-E. Far-se-á a liquidação por artigos, quando, para determinar o valor da condenação, houver necessidade de alegar e provar fato novo.

•• Artigo acrescentado pela Lei n. 11.232, de 22-12-2005.

•• Dispositivo correspondente no CPC de 2015: art. 509, II.

Art. 475-F. Na liquidação por artigos, observar-se-á, no que couber, o procedimento comum (art. 272).

•• Artigo acrescentado pela Lei n. 11.232, de 22-12-2005.

Art. 475-G. É defeso, na liquidação, discutir de novo a lide ou modificar a sentença que a julgou.

•• Artigo acrescentado pela Lei n. 11.232, de 22-12-2005.

•• Dispositivo correspondente no CPC de 2015: art. 509, § 4.º.

Art. 475-H. Da decisão de liquidação caberá agravo de instrumento.

•• Artigo acrescentado pela Lei n. 11.232, de 22-12-2005.

Capítulo X
DO CUMPRIMENTO
DA SENTENÇA

•• Capítulo acrescentado pela Lei n. 11.232, de 22-12-2005.

Art. 475-I. O cumprimento da sentença far-se-á conforme os arts. 461 e 461-A desta Lei ou, tratando-se de obrigação por quantia certa, por execução, nos termos dos demais artigos deste Capítulo.

•• *Caput* acrescentado pela Lei n. 11.232, de 22-12-2005.

•• Dispositivo correspondente no CPC de 2015: art. 513, *caput*.

§ 1.º É definitiva a execução da sentença transitada em julgado e provisória quando se tratar de sentença impugnada mediante recurso ao qual não foi atribuído efeito suspensivo.

•• § 1.º acrescentado pela Lei n. 11.232, de 22-12-2005.

§ 2.º Quando na sentença houver uma parte líquida e outra ilíquida, ao credor é lícito promover simultaneamente a execução daquela e, em autos apartados, a liquidação desta.

•• § 2.º acrescentado pela Lei n. 11.232, de 22-12-2005.

•• Dispositivo correspondente no CPC de 2015: art. 509, § 1.º.

Art. 475-J. Caso o devedor, condenado ao pagamento de quantia certa ou já fixada em liquidação, não o efetue no prazo de quinze dias, o montante da condenação será acrescido

Arts. 475-J e 475-L

de multa no percentual de dez por cento e, a requerimento do credor e observado o disposto no art. 614, inciso II, desta Lei, expedir-se-á mandado de penhora e avaliação.

•• *Caput* acrescentado pela Lei n. 11.232, de 22-12-2005.
•• Dispositivo correspondente no CPC de 2015: art. 523, §§ 1.º e 3.º.

§ 1.º Do auto de penhora e de avaliação será de imediato intimado o executado, na pessoa de seu advogado (arts. 236 e 237), ou, na falta deste, o seu representante legal, ou pessoalmente, por mandado ou pelo correio, podendo oferecer impugnação, querendo, no prazo de quinze dias.

•• § 1.º acrescentado pela Lei n. 11.232, de 22-12-2005.

§ 2.º Caso o oficial de justiça não possa proceder à avaliação, por depender de conhecimentos especializados, o juiz, de imediato, nomeará avaliador, assinando-lhe breve prazo para a entrega do laudo.

•• § 2.º acrescentado pela Lei n. 11.232, de 22-12-2005.

§ 3.º O exequente poderá, em seu requerimento, indicar desde logo os bens a serem penhorados.

•• § 3.º acrescentado pela Lei n. 11.232, de 22-12-2005.
•• Dispositivo correspondente no CPC de 2015: art. 524, VII.

§ 4.º Efetuado o pagamento parcial no prazo previsto no *caput* deste artigo, a multa de dez por cento incidirá sobre o restante.

•• § 4.º acrescentado pela Lei n. 11.232, de 22-12-2005.
•• Dispositivo correspondente no CPC de 2015: art. 523, § 2.º.

§ 5.º Não sendo requerida a execução no prazo de seis meses, o juiz mandará arquivar os autos, sem prejuízo de seu desarquivamento a pedido da parte.

•• § 5.º acrescentado pela Lei n. 11.232, de 22-12-2005.

Art. 475-L. A impugnação somente poderá versar sobre:

•• *Caput* acrescentado pela Lei n. 11.232, de 22-12-2005.
•• Dispositivo correspondente no CPC de 2015: art. 525, § 1.º, *caput*.

Processo de Conhecimento

I – falta ou nulidade da citação, se o processo correu à revelia;

•• Inciso I acrescentado pela Lei n. 11.232, de 22-12-2005.
•• Dispositivo correspondente no CPC de 2015: art. 525, § 1.º, I.

II – inexigibilidade do título;

•• Inciso II acrescentado pela Lei n. 11.232, de 22-12-2005.
•• Dispositivo correspondente no CPC de 2015: art. 525, § 1.º, III.

III – penhora incorreta ou avaliação errônea;

•• Inciso III acrescentado pela Lei n. 11.232, de 22-12-2005.
•• Dispositivo correspondente no CPC de 2015: art. 525, § 1.º, IV.

IV – ilegitimidade das partes;

•• Inciso IV acrescentado pela Lei n. 11.232, de 22-12-2005.
•• Dispositivo correspondente no CPC de 2015: art. 525, § 1.º, II.

V – excesso de execução;

•• Inciso V acrescentado pela Lei n. 11.232, de 22-12-2005.
•• Dispositivo correspondente no CPC de 2015: art. 525, § 1.º, V.

VI – qualquer causa impeditiva, modificativa ou extintiva da obrigação, como pagamento, novação, compensação, transação ou prescrição, desde que superveniente à sentença.

•• Inciso VI acrescentado pela Lei n. 11.232, de 22-12-2005.
•• Dispositivo correspondente no CPC de 2015: art. 525, § 1.º, VII.

§ 1.º Para efeito do disposto no inciso II do *caput* deste artigo, considera-se também inexigível o título judicial fundado em lei ou ato normativo declarados inconstitucionais pelo Supremo Tribunal Federal, ou fundado em aplicação ou interpretação da lei ou ato normativo tidas pelo Supremo Tribunal Federal como incompatíveis com a Constituição Federal.

•• § 1.º acrescentado pela Lei n. 11.232, de 22-12-2005.
•• Dispositivo correspondente no CPC de 2015: art. 525, § 12.

§ 2.º Quando o executado alegar que o exequente, em excesso de execução, pleiteia quantia superior à resultante da sentença, cumprir-lhe-á declarar de imediato o valor que entende correto, sob pena de rejeição liminar dessa impugnação.

Processo de Conhecimento

Arts. 475-L a 475-O

•• § 2.º acrescentado pela Lei n. 11.232, de 22-12-2005.

•• Dispositivo correspondente no CPC de 2015: art. 525, §§ 4.º e 5.º.

Art. 475-M. A impugnação não terá efeito suspensivo, podendo o juiz atribuir-lhe tal efeito desde que relevantes seus fundamentos e o prosseguimento da execução seja manifestamente suscetível de causar ao executado grave dano de difícil ou incerta reparação.

•• *Caput* acrescentado pela Lei n. 11.232, de 22-12-2005.

•• Dispositivo correspondente no CPC de 2015: art. 525, § 6.º.

§ 1.º Ainda que atribuído efeito suspensivo à impugnação, é lícito ao exequente requerer o prosseguimento da execução, oferecendo e prestando caução suficiente e idônea, arbitrada pelo juiz e prestada nos próprios autos.

•• § 1.º acrescentado pela Lei n. 11.232, de 22-12-2005.

•• Dispositivo correspondente no CPC de 2015: art. 525, § 10.

§ 2.º Deferido efeito suspensivo, a impugnação será instruída e decidida nos próprios autos e, caso contrário, em autos apartados.

•• § 2.º acrescentado pela Lei n. 11.232, de 22-12-2005.

§ 3.º A decisão que resolver a impugnação é recorrível mediante agravo de instrumento, salvo quando importar extinção da execução, caso em que caberá apelação.

•• § 3.º acrescentado pela Lei n. 11.232, de 22-12-2005.

Art. 475-N. São títulos executivos judiciais:

•• *Caput* acrescentado pela Lei n. 11.232, de 22-12-2005.

•• Dispositivo correspondente no CPC de 2015: art. 515, *caput*.

I – a sentença proferida no processo civil que reconheça a existência de obrigação de fazer, não fazer, entregar coisa ou pagar quantia;

•• Inciso I acrescentado pela Lei n. 11.232, de 22-12-2005.

•• Dispositivo correspondente no CPC de 2015: art. 515, I.

II – a sentença penal condenatória transitada em julgado;

•• Inciso II acrescentado pela Lei n. 11.232, de 22-12-2005.

•• Dispositivo correspondente no CPC de 2015: art. 515, VI.

III – a sentença homologatória de conciliação ou de transação, ainda que inclua matéria não posta em juízo;

•• Inciso III acrescentado pela Lei n. 11.232, de 22-12-2005.

•• Dispositivo correspondente no CPC de 2015: art. 515, II.

IV – a sentença arbitral;

•• Inciso IV acrescentado pela Lei n. 11.232, de 22-12-2005.

•• Dispositivo correspondente no CPC de 2015: art. 515, VII.

V – o acordo extrajudicial, de qualquer natureza, homologado judicialmente;

•• Inciso V acrescentado pela Lei n. 11.232, de 22-12-2005.

•• Dispositivo correspondente no CPC de 2015: art. 515, III.

VI – a sentença estrangeira, homologada pelo Superior Tribunal de Justiça;

•• Inciso VI acrescentado pela Lei n. 11.232, de 22-12-2005.

•• Dispositivo correspondente no CPC de 2015: art. 515, VIII.

VII – o formal e a certidão de partilha, exclusivamente em relação ao inventariante, aos herdeiros e aos sucessores a título singular ou universal.

•• Inciso VII acrescentado pela Lei n. 11.232, de 22-12-2005.

•• Dispositivo correspondente no CPC de 2015: art. 515, IV.

Parágrafo único. Nos casos dos incisos II, IV e VI, o mandado inicial (art. 475-J) incluirá a ordem de citação do devedor, no juízo cível, para liquidação ou execução, conforme o caso.

•• Parágrafo único acrescentado pela Lei n. 11.232, de 22-12-2005.

•• Dispositivo correspondente no CPC de 2015: art. 515, § 1.º.

Art. 475-O. A execução provisória da sentença far-se-á, no que couber, do mesmo modo que a definitiva, observadas as seguintes normas:

•• *Caput* acrescentado pela Lei n. 11.232, de 22-12-2005.

•• Dispositivo correspondente no CPC de 2015: art. 520, *caput*.

I – corre por iniciativa, conta e responsabilidade do exequente, que se obriga, se a sentença for reformada, a reparar os danos que o executado haja sofrido;

•• Inciso I acrescentado pela Lei n. 11.232, de 22-12-2005.

•• Dispositivo correspondente no CPC de 2015: art. 520, I.

II – fica sem efeito, sobrevindo acórdão que modifique ou anule a sentença objeto da execução, restituindo-se as partes ao estado anterior

Arts. 475-O e 475-P

e liquidados eventuais prejuízos nos mesmos autos, por arbitramento;

•• Inciso II acrescentado pela Lei n. 11.232, de 22-12-2005.
•• Dispositivo correspondente no CPC de 2015: art. 520, II.

III – o levantamento de depósito em dinheiro e a prática de atos que importem alienação de propriedade ou dos quais possa resultar grave dano ao executado dependem de caução suficiente e idônea, arbitrada de plano pelo juiz e prestada nos próprios autos.

•• Inciso III acrescentado pela Lei n. 11.232, de 22-12-2005.
•• Dispositivo correspondente no CPC de 2015: art. 520, IV.

§ 1.º No caso do inciso II do *caput* deste artigo, se a sentença provisória for modificada ou anulada apenas em parte, somente nesta ficará sem efeito a execução.

•• § 1.º acrescentado pela Lei n. 11.232, de 22-12-2005.
•• Dispositivo correspondente no CPC de 2015: art. 520, III.

§ 2.º A caução a que se refere o inciso III do *caput* deste artigo poderá ser dispensada:

•• § 2.º, *caput*, acrescentado pela Lei n. 11.232, de 22-12-2005.
•• Dispositivo correspondente no CPC de 2015: art. 521, *caput*.

I – quando, nos casos de crédito de natureza alimentar ou decorrente de ato ilícito, até o limite de sessenta vezes o valor do salário mínimo, o exequente demonstrar situação de necessidade;

•• Inciso I acrescentado pela Lei n. 11.232, de 22-12-2005.
•• Dispositivo correspondente no CPC de 2015: art. 521, I e II.

II – nos casos de execução provisória em que penda agravo perante o Supremo Tribunal Federal ou o Superior Tribunal de Justiça (art. 544), salvo quando da dispensa possa manifestamente resultar risco de grave dano, de difícil ou incerta reparação.

•• Inciso II com redação determinada pela Lei n. 12.322, de 9-9-2010.
•• Dispositivo correspondente no CPC de 2015: art. 521, III.

§ 3.º Ao requerer a execução provisória, o exequente instruirá a petição com cópias autenticadas das seguintes peças do processo, podendo o advogado declarar a autenticidade, sob sua responsabilidade pessoal:

Processo de Conhecimento

•• § 3.º, *caput*, com redação determinada pela Lei n. 12.322, de 9-9-2010.
•• Dispositivo correspondente no CPC de 2015: art. 522, parágrafo único, *caput*.

I – sentença ou acórdão exequendo;

•• Inciso I acrescentado pela Lei n. 11.232, de 22-12-2005.
•• Dispositivo correspondente no CPC de 2015: art. 522, parágrafo único, I.

II – certidão de interposição do recurso não dotado de efeito suspensivo;

•• Inciso II acrescentado pela Lei n. 11.232, de 22-12-2005.
•• Dispositivo correspondente no CPC de 2015: art. 522, parágrafo único, II.

III – procurações outorgadas pelas partes;

•• Inciso III acrescentado pela Lei n. 11.232, de 22-12-2005.
•• Dispositivo correspondente no CPC de 2015: art. 522, parágrafo único, III.

IV – decisão de habilitação, se for o caso;

•• Inciso IV acrescentado pela Lei n. 11.232, de 22-12-2005.
•• Dispositivo correspondente no CPC de 2015: art. 522, parágrafo único, IV.

V – facultativamente, outras peças processuais que o exequente considere necessárias.

•• Inciso V acrescentado pela Lei n. 11.232, de 22-12-2005.
•• Dispositivo correspondente no CPC de 2015: art. 522, parágrafo único, V.

Art. 475-P. O cumprimento da sentença efetuar-se-á perante:

•• *Caput* acrescentado pela Lei n. 11.232, de 22-12-2005.
•• Dispositivo correspondente no CPC de 2015: art. 516, *caput*.

I – os tribunais, nas causas de sua competência originária;

•• Inciso I acrescentado pela Lei n. 11.232, de 22-12-2005.
•• Dispositivo correspondente no CPC de 2015: art. 516, I.

II – o juízo que processou a causa no primeiro grau de jurisdição;

•• Inciso II acrescentado pela Lei n. 11.232, de 22-12-2005.
•• Dispositivo correspondente no CPC de 2015: art. 516, II.

III – o juízo cível competente, quando se tratar de sentença penal condenatória, de sentença arbitral ou de sentença estrangeira.

Processo de Conhecimento

- Dispositivo correspondente no CPC de 2015: art. 516, III.

Parágrafo único. No caso do inciso II do *caput* deste artigo, o exequente poderá optar pelo juízo do local onde se encontram bens sujeitos à expropriação ou pelo do atual domicílio do executado, casos em que a remessa dos autos do processo será solicitada ao juízo de origem.

- Parágrafo único acrescentado pela Lei n. 11.232, de 22-12-2005.
- Dispositivo correspondente no CPC de 2015: art. 516, parágrafo único.

Art. 475-Q. Quando a indenização por ato ilícito incluir prestação de alimentos, o juiz, quanto a esta parte, poderá ordenar ao devedor constituição de capital, cuja renda assegure o pagamento do valor mensal da pensão.

- *Caput* acrescentado pela Lei n. 11.232, de 22-12-2005.
- Dispositivo correspondente no CPC de 2015: art. 533, *caput*.

§ 1.º Este capital, representado por imóveis, títulos da dívida pública ou aplicações financeiras em banco oficial, será inalienável e impenhorável enquanto durar a obrigação do devedor.

- § 1.º acrescentado pela Lei n. 11.232, de 22-12-2005.
- Dispositivo correspondente no CPC de 2015: art. 533, § 1.º.

§ 2.º O juiz poderá substituir a constituição do capital pela inclusão do beneficiário da prestação em folha de pagamento de entidade de direito público ou de empresa de direito privado de notória capacidade econômica, ou, a requerimento do devedor, por fiança bancária ou garantia real, em valor a ser arbitrado de imediato pelo juiz.

- § 2.º acrescentado pela Lei n. 11.232, de 22-12-2005.
- Dispositivo correspondente no CPC de 2015: art. 533, § 2.º.

§ 3.º Se sobrevier modificação nas condições econômicas, poderá a parte requerer, conforme as circunstâncias, redução ou aumento da prestação.

- § 3.º acrescentado pela Lei n. 11.232, de 22-12-2005.
- Dispositivo correspondente no CPC de 2015: art. 533, § 3.º.

§ 4.º Os alimentos podem ser fixados tomando por base o salário mínimo.

- § 4.º acrescentado pela Lei n. 11.232, de 22-12-2005.
- Dispositivo correspondente no CPC de 2015: art. 533, § 4.º.

§ 5.º Cessada a obrigação de prestar alimentos, o juiz mandará liberar o capital, cessar o desconto em folha ou cancelar as garantias prestadas.

- § 5.º acrescentado pela Lei n. 11.232, de 22-12-2005.
- Dispositivo correspondente no CPC de 2015: art. 533, § 5.º.

Art. 475-R. Aplicam-se subsidiariamente ao cumprimento da sentença, no que couber, as normas que regem o processo de execução de título extrajudicial.

- Artigo acrescentado pela Lei n. 11.232, de 22-12-2005.

TÍTULO IX
DO PROCESSO NOS TRIBUNAIS

CAPÍTULO I
DA UNIFORMIZAÇÃO DA JURISPRUDÊNCIA

Art. 476. Compete a qualquer juiz, ao dar o voto na turma, câmara, ou grupo de câmaras, solicitar o pronunciamento prévio do tribunal acerca da interpretação do direito quando:

I – verificar que, a seu respeito, ocorre divergência;

II – no julgamento recorrido a interpretação for diversa da que lhe haja dado outra turma, câmara, grupo de câmaras ou câmaras cíveis reunidas.

Parágrafo único. A parte poderá, ao arrazoar o recurso ou em petição avulsa, requerer, fundamentadamente, que o julgamento obedeça ao disposto neste artigo.

Art. 477. Reconhecida a divergência, será lavrado o acórdão, indo os autos ao presidente do tribunal para designar a sessão de julgamento. A secretaria distribuirá a todos os juízes cópia do acórdão.

Arts. 478 a 484

Art. 478. O tribunal, reconhecendo a divergência, dará a interpretação a ser observada, cabendo a cada juiz emitir o seu voto em exposição fundamentada.

Parágrafo único. Em qualquer caso, será ouvido o chefe do Ministério Público que funciona perante o tribunal.

Art. 479. O julgamento, tomado pelo voto da maioria absoluta dos membros que integram o tribunal, será objeto de súmula e constituirá precedente na uniformização da jurisprudência.

Parágrafo único. Os regimentos internos disporão sobre a publicação no órgão oficial das súmulas de jurisprudência predominante.

Capítulo II
DA DECLARAÇÃO DE INCONSTITUCIONALIDADE

Art. 480. Arguida a inconstitucionalidade de lei ou de ato normativo do poder público, o relator, ouvido o Ministério Público, submeterá a questão à turma ou câmara, a que tocar o conhecimento do processo.

•• Dispositivo correspondente no CPC de 2015: art. 948.

Art. 481. Se a alegação for rejeitada, prosseguirá o julgamento; se for acolhida, será lavrado o acórdão, a fim de ser submetida a questão ao tribunal pleno.

•• Dispositivo correspondente no CPC de 2015: art. 949, caput.

Parágrafo único. Os órgãos fracionários dos tribunais não submeterão ao plenário, ou ao órgão especial, a arguição de inconstitucionalidade, quando já houver pronunciamento destes ou do plenário do Supremo Tribunal Federal sobre a questão.

•• Parágrafo único acrescentado pela Lei n. 9.756, de 17-12-1998.

•• Dispositivo correspondente no CPC de 2015: art. 949, parágrafo único.

Art. 482. Remetida a cópia do acórdão a todos os juízes, o presidente do tribunal designará a sessão de julgamento.

•• Dispositivo correspondente no CPC de 2015: art. 950, caput.

§ 1.º O Ministério Público e as pessoas jurídicas de direito público responsáveis pela edição do ato questionado, se assim o requererem, poderão manifestar-se no incidente de inconstitucionalidade, observados os prazos e condições fixados no Regimento Interno do Tribunal.

•• § 1.º acrescentado pela Lei n. 9.868, de 10-11-1999.

•• Dispositivo correspondente no CPC de 2015: art. 950, § 1.º.

§ 2.º Os titulares do direito de propositura referidos no art. 103 da Constituição poderão manifestar-se, por escrito, sobre a questão constitucional objeto de apreciação pelo órgão especial ou pelo Pleno do Tribunal, no prazo fixado em Regimento, sendo-lhes assegurado o direito de apresentar memoriais ou de pedir a juntada de documentos.

•• § 2.º acrescentado pela Lei n. 9.868, de 10-11-1999.

•• Dispositivo correspondente no CPC de 2015: art. 950, § 2.º.

§ 3.º O relator, considerando a relevância da matéria e a representatividade dos postulantes, poderá admitir, por despacho irrecorrível, a manifestação de outros órgãos ou entidades.

•• § 3.º acrescentado pela Lei n. 9.868, de 10-11-1999.

•• Dispositivo correspondente no CPC de 2015: art. 950, § 3.º.

Capítulo III
DA HOMOLOGAÇÃO DE SENTENÇA ESTRANGEIRA

Art. 483. A sentença proferida por tribunal estrangeiro não terá eficácia no Brasil senão depois de homologada pelo Supremo Tribunal Federal.

•• Dispositivo correspondente no CPC de 2015: art. 961, caput.

•• Com o advento da Emenda Constitucional n. 45, de 8-12-2004, que alterou o art. 105, I, i, da CF, a competência para homologar sentenças estrangeiras passou a ser do STJ.

Parágrafo único. A homologação obedecerá ao que dispuser o Regimento Interno do Supremo Tribunal Federal.

•• Dispositivo correspondente no CPC de 2015: art. 960, § 2.º.

Art. 484. A execução far-se-á por carta de sentença extraída dos autos da homologação e

Processo de Conhecimento

obedecerá às regras estabelecidas para a execução da sentença nacional da mesma natureza.

•• Dispositivo correspondente no CPC de 2015: art. 965, *caput*.

CAPÍTULO IV
DA AÇÃO RESCISÓRIA

Art. 485. A sentença de mérito, transitada em julgado, pode ser rescindida quando:

•• Dispositivo correspondente no CPC de 2015: art. 966, *caput*.

I – se verificar que foi dada por prevaricação, concussão ou corrupção do juiz;

•• Dispositivo correspondente no CPC de 2015: art. 966, I.

II – proferida por juiz impedido ou absolutamente incompetente;

•• Dispositivo correspondente no CPC de 2015: art. 966, II.

III – resultar de dolo da parte vencedora em detrimento da parte vencida, ou de colusão entre as partes, a fim de fraudar a lei;

•• Dispositivo correspondente no CPC de 2015: art. 966, III.

IV – ofender a coisa julgada;

•• Dispositivo correspondente no CPC de 2015: art. 966, IV.

V – violar literal disposição de lei;

•• Dispositivo correspondente no CPC de 2015: art. 966, V.

VI – se fundar em prova, cuja falsidade tenha sido apurada em processo criminal ou seja provada na própria ação rescisória;

•• Dispositivo correspondente no CPC de 2015: art. 966, VI.

VII – depois da sentença, o autor obtiver documento novo, cuja existência ignorava, ou de que não pôde fazer uso, capaz, por si só, de lhe assegurar pronunciamento favorável;

•• Dispositivo correspondente no CPC de 2015: art. 966, VII.

VIII – houver fundamento para invalidar confissão, desistência ou transação, em que se baseou a sentença;

IX – fundada em erro de fato, resultante de atos ou de documentos da causa.

•• Artigo com redação original restabelecida (ADIn n. 1.910-1 em liminar concedida aos 22-4-1999).

•• Dispositivo correspondente no CPC de 2015: art. 966, VIII.

§ 1.º Há erro, quando a sentença admitir um fato inexistente, ou quando considerar inexistente um fato efetivamente ocorrido.

•• Dispositivo correspondente no CPC de 2015: art. 966, § 1.º.

§ 2.º É indispensável, num como noutro caso, que não tenha havido controvérsia, nem pronunciamento judicial sobre o fato.

•• Dispositivo correspondente no CPC de 2015: art. 966, § 1.º.

Art. 486. Os atos judiciais, que não dependem de sentença, ou em que esta for meramente homologatória, podem ser rescindidos, como os atos jurídicos em geral, nos termos da lei civil.

•• Dispositivo correspondente no CPC de 2015: art. 966, § 4.º.

Art. 487. Tem legitimidade para propor a ação:

•• Dispositivo correspondente no CPC de 2015: art. 967, *caput*.

I – quem foi parte no processo ou o seu sucessor a título universal ou singular;

•• Dispositivo correspondente no CPC de 2015: art. 967, I.

II – o terceiro juridicamente interessado;

•• Dispositivo correspondente no CPC de 2015: art. 967, II.

III – o Ministério Público:

•• Dispositivo correspondente no CPC de 2015: art. 967, III, *caput*.

a) se não foi ouvido no processo, em que lhe era obrigatória a intervenção;

•• Dispositivo correspondente no CPC de 2015: art. 967, III, *a*.

b) quando a sentença é o efeito de colusão das partes, a fim de fraudar a lei.

•• Dispositivo correspondente no CPC de 2015: art. 967, III, *b*.

Art. 488. A petição inicial será elaborada com observância dos requisitos essenciais do art. 282, devendo o autor:

•• Dispositivo correspondente no CPC de 2015: art. 968, *caput*.

I – cumular ao pedido de rescisão, se for o caso, o de novo julgamento da causa;

•• Dispositivo correspondente no CPC de 2015: art. 968, I.

II – depositar a importância de 5% (cinco por cento) sobre o valor da causa, a título de multa,

Arts. 488 a 496 — Processo de Conhecimento

caso a ação seja, por unanimidade de votos, declarada inadmissível, ou improcedente.

•• Dispositivo correspondente no CPC de 2015: art. 968, II.

Parágrafo único. Não se aplica o disposto no n. II à União, ao Estado, ao Município e ao Ministério Público.

•• Dispositivo correspondente no CPC de 2015: art. 968, § 1.º.

Art. 489. O ajuizamento da ação rescisória não impede o cumprimento da sentença ou acórdão rescindendo, ressalvada a concessão, caso imprescindíveis e sob os pressupostos previstos em lei, de medidas de natureza cautelar ou antecipatória de tutela.

•• Artigo com redação determinada pela Lei n. 11.280, de 16-2-2006.

•• Dispositivo correspondente no CPC de 2015: art. 969.

Art. 490. Será indeferida a petição inicial:

•• Dispositivo correspondente no CPC de 2015: art. 968, § 3.º.

I – nos casos previstos no art. 295;

•• Dispositivo correspondente no CPC de 2015: art. 968, § 3.º.

II – quando não efetuado o depósito, exigido pelo art. 488, II.

•• Dispositivo correspondente no CPC de 2015: art. 968, § 3.º.

Art. 491. O relator mandará citar o réu, assinando-lhe prazo nunca inferior a 15 (quinze) dias nem superior a 30 (trinta) para responder aos termos da ação. Findo o prazo com ou sem resposta, observar-se-á no que couber o disposto no Livro I, Título VIII, Capítulos IV e V.

•• Dispositivo correspondente no CPC de 2015: art. 970.

Art. 492. Se os fatos alegados pelas partes dependerem de prova, o relator delegará a competência ao juiz de direito da comarca onde deva ser produzida, fixando prazo de 45 (quarenta e cinco) a 90 (noventa) dias para a devolução dos autos.

•• Dispositivo correspondente no CPC de 2015: art. 972.

Art. 493. Concluída a instrução, será aberta vista, sucessivamente, ao autor e ao réu, pelo prazo de 10 (dez) dias, para razões finais. Em seguida, os autos subirão ao relator, procedendo-se ao julgamento:

•• Dispositivo correspondente no CPC de 2015: art. 973.

I – no Supremo Tribunal Federal e no Superior Tribunal de Justiça, na forma dos seus regimentos internos;

•• Inciso I com redação determinada pela Lei n. 11.382, de 6-12-2006.

II – nos Estados, conforme dispuser a norma de Organização Judiciária.

Art. 494. Julgando procedente a ação, o tribunal rescindirá a sentença, proferirá, se for o caso, novo julgamento e determinará a restituição do depósito; declarando inadmissível ou improcedente a ação, a importância do depósito reverterá a favor do réu, sem prejuízo do disposto no art. 20.

•• Dispositivo correspondente no CPC de 2015: art. 974.

Art. 495. O direito de propor ação rescisória se extingue em 2 (dois) anos, contados do trânsito em julgado da decisão.

•• Dispositivo correspondente no CPC de 2015: art. 975, caput.

Título X
DOS RECURSOS

Capítulo I
DAS DISPOSIÇÕES GERAIS

Art. 496. São cabíveis os seguintes recursos:

•• Caput com redação determinada pela Lei n. 8.038, de 28-5-1990.

•• Dispositivo correspondente no CPC de 2015: art. 994, caput.

I – apelação;

•• Inciso I com redação determinada pela Lei n. 8.038, de 28-5-1990.

•• Dispositivo correspondente no CPC de 2015: art. 994, I.

II – agravo;

•• Inciso II com redação determinada pela Lei n. 8.950, de 13-12-1994.

•• Dispositivo correspondente no CPC de 2015: art. 994, II e III.

III – embargos infringentes;

Processo de Conhecimento

Arts. 496 a 500

- • Inciso III com redação determinada pela Lei n. 8.038, de 28-5-1990.

IV – embargos de declaração;

- • Inciso IV com redação determinada pela Lei n. 8.038, de 28-5-1990.
- • Dispositivo correspondente no CPC de 2015: art. 994, IV.

V – recurso ordinário;

- • Inciso V com redação determinada pela Lei n. 8.038, de 28-5-1990.
- • Dispositivo correspondente no CPC de 2015: art. 994, V.

VI – recurso especial;

- • Inciso VI com redação determinada pela Lei n. 8.038, de 28-5-1990.
- • Dispositivo correspondente no CPC de 2015: art. 994, VI.

VII – recurso extraordinário;

- • Inciso VII com redação determinada pela Lei n. 8.038, de 28-5-1990.
- • Dispositivo correspondente no CPC de 2015: art. 994, VII.

VIII – embargos de divergência em recurso especial e em recurso extraordinário.

- • Inciso VIII acrescentado pela Lei n. 8.950, de 13-12-1994.
- • Dispositivo correspondente no CPC de 2015: art. 994, IX.

Art. 497. O recurso extraordinário e o recurso especial não impedem a execução da sentença; a interposição do agravo de instrumento não obsta o andamento do processo, ressalvado o disposto no art. 558 desta Lei.

- • Artigo com redação determinada pela Lei n. 8.038, de 28-5-1990.
- • Dispositivo correspondente no CPC de 2015: art. 995, *caput*.

Art. 498. Quando o dispositivo do acórdão contiver julgamento por maioria de votos e julgamento unânime, e forem interpostos embargos infringentes, o prazo para recurso extraordinário ou recurso especial, relativamente ao julgamento unânime, ficará sobrestado até a intimação da decisão nos embargos.

- • *Caput* com redação determinada pela Lei n. 10.352, de 26-12-2001.

Parágrafo único. Quando não forem interpostos embargos infringentes, o prazo relativo à parte unânime da decisão terá como dia de início aquele em que transitar em julgado a decisão por maioria de votos.

- • Parágrafo único acrescentado pela Lei n. 10.352, de 26-12-2001.

Art. 499. O recurso pode ser interposto pela parte vencida, pelo terceiro prejudicado e pelo Ministério Público.

- • Dispositivo correspondente no CPC de 2015: art. 996, *caput*.

§ 1.º Cumpre ao terceiro demonstrar o nexo de interdependência entre o seu interesse de intervir e a relação jurídica submetida à apreciação judicial.

- • Dispositivo correspondente no CPC de 2015: art. 996, parágrafo único.

§ 2.º O Ministério Público tem legitimidade para recorrer assim no processo em que é parte, como naqueles em que oficiou como fiscal da lei.

Art. 500. Cada parte interporá o recurso, independentemente, no prazo e observadas as exigências legais. Sendo, porém, vencidos autor e réu, ao recurso interposto por qualquer deles poderá aderir a outra parte. O recurso adesivo fica subordinado ao recurso principal e se rege pelas disposições seguintes:

- • *Caput* com redação determinada pela Lei n. 5.925, de 1.º-10-1973.
- • Dispositivo correspondente no CPC de 2015: art. 997, *caput*, e §§ 1.º e 2.º, *caput*.

I – será interposto perante a autoridade competente para admitir o recurso principal, no prazo de que a parte dispõe para responder;

- • Inciso I com redação determinada pela Lei n. 8.950, de 13-12-1994.
- • Dispositivo correspondente no CPC de 2015: art. 997, § 2.º, I.

II – será admissível na apelação, nos embargos infringentes, no recurso extraordinário e no recurso especial;

- • Inciso II com redação determinada pela Lei n. 8.038, de 28-5-1990.
- • Dispositivo correspondente no CPC de 2015: art. 997, § 2.º, II.

Arts. 500 a 509 — Processo de Conhecimento

III – não será conhecido, se houver desistência do recurso principal, ou se for ele declarado inadmissível ou deserto.

•• Inciso III com redação determinada pela Lei n. 5.925, de 1.º-10-1973.

•• Dispositivo correspondente no CPC de 2015: art. 997, § 2.º, III.

Parágrafo único. Ao recurso adesivo se aplicam as mesmas regras do recurso independente, quanto às condições de admissibilidade, preparo e julgamento no tribunal superior.

•• Parágrafo único com redação determinada pela Lei n. 5.925, de 1.º-10-1973.

Art. 501. O recorrente poderá, a qualquer tempo, sem a anuência do recorrido ou dos litisconsortes, desistir do recurso.

•• Dispositivo correspondente no CPC de 2015: art. 998, caput.

Art. 502. A renúncia ao direito de recorrer independe da aceitação da outra parte.

•• Dispositivo correspondente no CPC de 2015: art. 999.

Art. 503. A parte, que aceitar expressa ou tacitamente a sentença ou a decisão, não poderá recorrer.

•• Dispositivo correspondente no CPC de 2015: art. 1.000, caput.

Parágrafo único. Considera-se aceitação tácita a prática, sem reserva alguma, de um ato incompatível com a vontade de recorrer.

•• Dispositivo correspondente no CPC de 2015: art. 1.000, parágrafo único.

Art. 504. Dos despachos não cabe recurso.

•• Artigo com redação determinada pela Lei n. 11.276, de 7-2-2006.

•• Dispositivo correspondente no CPC de 2015: art. 1.001.

Art. 505. A sentença pode ser impugnada no todo ou em parte.

•• Dispositivo correspondente no CPC de 2015: art. 1.002.

Art. 506. O prazo para a interposição do recurso, aplicável em todos os casos o disposto no art. 184 e seus parágrafos, contar-se-á da data:

•• Dispositivo correspondente no CPC de 2015: art. 1.003, caput.

I – da leitura da sentença em audiência;

•• Dispositivo correspondente no CPC de 2015: art. 1.003, caput.

II – da intimação às partes, quando a sentença não for proferida em audiência;

•• Dispositivo correspondente no CPC de 2015: art. 1.003, caput.

III – da publicação do dispositivo do acórdão no órgão oficial.

•• Inciso III com redação determinada pela Lei n. 11.276, de 7-2-2006.

•• Dispositivo correspondente no CPC de 2015: art. 1.003, caput.

Parágrafo único. No prazo para a interposição do recurso, a petição será protocolada em cartório ou segundo a norma de organização judiciária, ressalvado o disposto no § 2.º do art. 525 desta Lei.

•• Parágrafo único com redação determinada pela Lei n. 11.276, de 7-2-2006.

•• Dispositivo correspondente no CPC de 2015: art. 1.003, § 3.º.

Art. 507. Se, durante o prazo para a interposição do recurso, sobrevier o falecimento da parte ou de seu advogado, ou ocorrer motivo de força maior, que suspenda o curso do processo, será tal prazo restituído em proveito da parte, do herdeiro ou do sucessor, contra quem começará a correr novamente depois da intimação.

•• Dispositivo correspondente no CPC de 2015: art. 1.004.

Art. 508. Na apelação, nos embargos infringentes, no recurso ordinário, no recurso especial, no recurso extraordinário e nos embargos de divergência, o prazo para interpor e para responder é de 15 (quinze) dias.

•• Caput com redação determinada pela Lei n. 8.950, de 13-12-1994.

•• Dispositivo correspondente no CPC de 2015: art. 1.003, § 5.º.

Parágrafo único. (*Revogado pela Lei n. 6.314, de 16-12-1975.*)

Art. 509. O recurso interposto por um dos litisconsortes a todos aproveita, salvo se distintos ou opostos os seus interesses.

•• Dispositivo correspondente no CPC de 2015: art. 1.005, caput.

Parágrafo único. Havendo solidariedade passiva, o recurso interposto por um devedor

Processo de Conhecimento

aproveitará aos outros, quando as defesas opostas ao credor lhes forem comuns.

•• Dispositivo correspondente no CPC de 2015: art. 1.005, parágrafo único.

Art. 510. Transitado em julgado o acórdão, o escrivão, ou secretário, independentemente de despacho, providenciará a baixa dos autos ao juízo de origem, no prazo de 5 (cinco) dias.

•• Dispositivo correspondente no CPC de 2015: art. 1.006.

Art. 511. No ato de interposição do recurso, o recorrente comprovará, quando exigido pela legislação pertinente, o respectivo preparo, inclusive porte de remessa e de retorno, sob pena de deserção.

•• *Caput* com redação determinada pela Lei n. 9.756, de 17-12-1998.
•• Dispositivo correspondente no CPC de 2015: art. 1.007, *caput*.

§ 1.º São dispensados de preparo os recursos interpostos pelo Ministério Público, pela União, pelos Estados e Municípios e respectivas autarquias, e pelos que gozam de isenção legal.

•• Primitivo parágrafo único transformado em § 1.º pela Lei n. 9.756, de 17-12-1998.
•• Dispositivo correspondente no CPC de 2015: art. 1.007, § 1.º.

§ 2.º A insuficiência no valor do preparo implicará deserção, se o recorrente, intimado, não vier a supri-lo no prazo de 5 (cinco) dias.

•• § 2.º acrescentado pela Lei n. 9.756, de 17-12-1998.
•• Dispositivo correspondente no CPC de 2015: art. 1.007, § 2.º.

Art. 512. O julgamento proferido pelo tribunal substituirá a sentença ou a decisão recorrida no que tiver sido objeto de recurso.

•• Dispositivo correspondente no CPC de 2015: art. 1.008.

Capítulo II
DA APELAÇÃO

Art. 513. Da sentença caberá apelação (arts. 267 e 269).

•• Dispositivo correspondente no CPC de 2015: art. 1.009, *caput*.

Art. 514. A apelação, interposta por petição dirigida ao juiz, conterá:

•• Dispositivo correspondente no CPC de 2015: art. 1.010, *caput*.

I – os nomes e a qualificação das partes;

•• Dispositivo correspondente no CPC de 2015: art. 1.010, I.

II – os fundamentos de fato e de direito;

•• Dispositivo correspondente no CPC de 2015: art. 1.010, II.

III – o pedido de nova decisão.

•• Dispositivo correspondente no CPC de 2015: art. 1.010, IV.

Parágrafo único. (*Revogado pela Lei n. 8.950, de 13-12-1994.*)

Art. 515. A apelação devolverá ao tribunal o conhecimento da matéria impugnada.

•• Dispositivo correspondente no CPC de 2015: art. 1.013, *caput*.

§ 1.º Serão, porém, objeto de apreciação e julgamento pelo tribunal todas as questões suscitadas e discutidas no processo, ainda que a sentença não as tenha julgado por inteiro.

•• Dispositivo correspondente no CPC de 2015: art. 1.013, § 1.º.

§ 2.º Quando o pedido ou a defesa tiver mais de um fundamento e o juiz acolher apenas um deles, a apelação devolverá ao tribunal o conhecimento dos demais.

•• Dispositivo correspondente no CPC de 2015: art. 1.013, § 2.º.

§ 3.º Nos casos de extinção do processo sem julgamento do mérito (art. 267), o tribunal pode julgar desde logo a lide, se a causa versar questão exclusivamente de direito e estiver em condições de imediato julgamento.

•• § 3.º acrescentado pela Lei n. 10.352, de 26-12-2001.
•• Dispositivo correspondente no CPC de 2015: art. 1.013, § 3.º, *caput* e I.

§ 4.º Constatando a ocorrência de nulidade sanável, o tribunal poderá determinar a realização ou renovação do ato processual, intimadas as partes; cumprida a diligência, sempre que possível prosseguirá o julgamento da apelação.

•• § 4.º acrescentado pela Lei n. 11.276, de 7-2-2006.

Art. 516. Ficam também submetidas ao tribunal as questões anteriores à sentença, ainda não decididas.

•• Artigo com redação determinada pela Lei n. 8.950, de 13-12-1994.

Art. 517. As questões de fato, não propostas no juízo inferior, poderão ser suscitadas na apelação, se a parte provar que deixou de fazê--lo por motivo de força maior.

•• Dispositivo correspondente no CPC de 2015: art. 1.014.

Art. 518. Interposta a apelação, o juiz, declarando os efeitos em que a recebe, mandará dar vista ao apelado para responder.

•• *Caput* com redação determinada pela Lei n. 8.950, de 13-12-1994.

•• Dispositivo correspondente no CPC de 2015: art. 1.010, § 1.º.

§ 1.º O juiz não receberá o recurso de apelação quando a sentença estiver em conformidade com súmula do Superior Tribunal de Justiça ou do Supremo Tribunal Federal.

•• § 1.º acrescentado pela Lei n. 11.276, de 7-2-2006.

§ 2.º Apresentada a resposta, é facultado ao juiz, em cinco dias, o reexame dos pressupostos de admissibilidade do recurso.

•• § 2.º acrescentado pela Lei n. 11.276, de 7-2-2006.

•• Dispositivo correspondente no CPC de 2015: art. 1.010, § 3.º.

Art. 519. Provando o apelante justo impedimento, o juiz relevará a pena de deserção, fixando-lhe prazo para efetuar o preparo.

•• *Caput* com redação determinada pela Lei n. 8.950, de 13-12-1994.

•• Dispositivo correspondente no CPC de 2015: art. 1.010, § 6.º.

Parágrafo único. A decisão referida neste artigo será irrecorrível, cabendo ao tribunal apreciar-lhe a legitimidade.

•• Parágrafo único com redação determinada pela Lei n. 8.950, de 13-12-1994.

•• Dispositivo correspondente no CPC de 2015: art. 1.010, § 6.º.

Art. 520. A apelação será recebida em seu efeito devolutivo e suspensivo. Será, no entanto, recebida só no efeito devolutivo, quando interposta de sentença que:

•• *Caput* com redação determinada pela Lei n. 5.925, de 1.º-10-1973.

•• Dispositivo correspondente no CPC de 2015: art. 1.012, *caput*, e § 1.º, *caput*.

I – homologar a divisão ou a demarcação;

•• Inciso I com redação determinada pela Lei n. 5.925, de 1.º-10-1973.

•• Dispositivo correspondente no CPC de 2015: art. 1.012, § 1.º, I.

II – condenar à prestação de alimentos;

•• Inciso II com redação determinada pela Lei n. 5.925, de 1.º-10-1973.

•• Dispositivo correspondente no CPC de 2015: art. 1.012, § 1.º, II.

III – (*Revogado pela Lei n. 11.232, de 22-12-2005.*)

IV – decidir o processo cautelar;

•• Inciso IV com redação determinada pela Lei n. 5.925, de 1.º-10-1973.

V – rejeitar liminarmente embargos à execução ou julgá-los improcedentes;

•• Inciso V com redação determinada pela Lei n. 8.950, de 13-12-1994.

•• Dispositivo correspondente no CPC de 2015: art. 1.012, § 1.º, III.

VI – julgar procedente o pedido de instituição de arbitragem;

•• Inciso VI acrescentado pela Lei n. 9.307, de 23-9-1996.

•• Dispositivo correspondente no CPC de 2015: art. 1.012, § 1.º, IV.

VII – confirmar a antecipação dos efeitos da tutela.

•• Inciso VII acrescentado pela Lei n. 10.352, de 26-12-2001.

•• Dispositivo correspondente no CPC de 2015: art. 1.012, § 1.º, V.

Art. 521. Recebida a apelação em ambos os efeitos, o juiz não poderá inovar no processo; recebida só no efeito devolutivo, o apelado poderá promover, desde logo, a execução provisória da sentença, extraindo a respectiva carta.

•• Dispositivo correspondente no CPC de 2015: art. 1.012, § 2.º.

Capítulo III
DO AGRAVO

•• Denominação com redação determinada pela Lei n. 9.139, de 30-11-1995.

Art. 522. Das decisões interlocutórias caberá agravo, no prazo de 10 (dez) dias, na forma

Processo de Conhecimento

Arts. 522 a 525

retida, salvo quando se tratar de decisão suscetível de causar à parte lesão grave e de difícil reparação, bem como nos casos de inadmissão da apelação e nos relativos aos efeitos em que a apelação é recebida, quando será admitida a sua interposição por instrumento.

•• *Caput* com redação determinada pela Lei n. 11.187, de 19-10-2005.

•• Dispositivo correspondente no CPC de 2015: art. 1.015, *caput* e incisos I ao XIII.

Parágrafo único. O agravo retido independe de preparo.

•• Parágrafo único com redação determinada pela Lei n. 9.139, de 30-11-1995.

Art. 523. Na modalidade de agravo retido o agravante requererá que o Tribunal dele conheça, preliminarmente, por ocasião do julgamento da apelação.

•• *Caput* com redação determinada pela Lei n. 9.139, de 30-11-1995.

§ 1.º Não se conhecerá do agravo se a parte não requerer expressamente, nas razões ou na resposta da apelação, sua apreciação pelo Tribunal.

•• § 1.º com redação determinada pela Lei n. 9.139, de 30-11-1995.

§ 2.º Interposto o agravo, e ouvido o agravado no prazo de 10 (dez) dias, o juiz poderá reformar sua decisão.

•• § 2.º com redação determinada pela Lei n. 10.352, de 26-12-2001.

§ 3.º Das decisões interlocutórias proferidas na audiência de instrução e julgamento caberá agravo na forma retida, devendo ser interposto oral e imediatamente, bem como constar do respectivo termo (art. 457), nele expostas sucintamente as razões do agravante.

•• § 3.º com redação determinada pela Lei n. 11.187, de 19-10-2005.

§ 4.º (*Revogado pela Lei n. 11.187, de 19-10-2005.*)

Art. 524. O agravo de instrumento será dirigido diretamente ao tribunal competente, através de petição com os seguintes requisitos:

•• *Caput* com redação determinada pela Lei n. 9.139, de 30-11-1995.

•• Dispositivo correspondente no CPC de 2015: art. 1.016, *caput.*

I – a exposição do fato e do direito;

•• Inciso I com redação determinada pela Lei n. 9.139, de 30-11-1995.

•• Dispositivo correspondente no CPC de 2015: art. 1.016, II.

II – as razões do pedido de reforma da decisão;

•• Inciso II com redação determinada pela Lei n. 9.139, de 30-11-1995.

•• Dispositivo correspondente no CPC de 2015: art. 1.016, III.

III – o nome e o endereço completo dos advogados, constantes do processo.

•• Inciso III com redação determinada pela Lei n. 9.139, de 30-11-1995.

•• Dispositivo correspondente no CPC de 2015: art. 1.016, IV.

Art. 525. A petição de agravo de instrumento será instruída:

•• *Caput* com redação determinada pela Lei n. 9.139, de 30-11-1995.

•• Dispositivo correspondente no CPC de 2015: art. 1.017, *caput.*

I – obrigatoriamente, com cópias da decisão agravada, da certidão da respectiva intimação e das procurações outorgadas aos advogados do agravante e do agravado;

•• Inciso I com redação determinada pela Lei n. 9.139, de 30-11-1995.

•• Dispositivo correspondente no CPC de 2015: art. 1.017, I.

II – facultativamente, com outras peças que o agravante entender úteis.

•• Inciso II com redação determinada pela Lei n. 9.139, de 30-11-1995.

•• Dispositivo correspondente no CPC de 2015: art. 1.017, III.

§ 1.º Acompanhará a petição o comprovante do pagamento das respectivas custas e do porte de retorno, quando devidos, conforme tabela que será publicada pelos tribunais.

•• § 1.º com redação determinada pela Lei n. 9.139, de 30-11-1995.

•• Dispositivo correspondente no CPC de 2015: art. 1.017, § 1.º.

Arts. 525 a 528

§ 2.º No prazo do recurso, a petição será protocolada no tribunal, ou postada no correio sob registro com aviso de recebimento, ou, ainda, interposta por outra forma prevista na lei local.

•• § 2.º com redação determinada pela Lei n. 9.139, de 30-11-1995.

Art. 526. O agravante, no prazo de 3 (três) dias, requererá juntada, aos autos do processo, de cópia da petição do agravo de instrumento e do comprovante de sua interposição, assim como a relação dos documentos que instruíram o recurso.

•• *Caput* com redação determinada pela Lei n. 9.139, de 30-11-1995.

•• Dispositivo correspondente no CPC de 2015: art. 1.018, *caput*.

Parágrafo único. O não cumprimento do disposto neste artigo, desde que arguido e provado pelo agravado, importa inadmissibilidade do agravo.

•• Parágrafo único acrescentado pela Lei n. 10.352, de 26-12-2001.

•• Dispositivo correspondente no CPC de 2015: art. 1.018, § 3.º.

Art. 527. Recebido o agravo de instrumento no tribunal, e distribuído *incontinenti*, o relator:

•• *Caput* com redação determinada pela Lei n. 10.352, de 26-12-2001.

•• Dispositivo correspondente no CPC de 2015: art. 1.019, *caput*.

I – negar-lhe-á seguimento, liminarmente, nos casos do art. 557;

•• Inciso I com redação determinada pela Lei n. 10.352, de 26-12-2001.

II – converterá o agravo de instrumento em agravo retido, salvo quando se tratar de decisão suscetível de causar à parte lesão grave e de difícil reparação, bem como nos casos de inadmissão da apelação e nos relativos aos efeitos em que a apelação é recebida, mandando remeter os autos ao juiz da causa;

•• Inciso II com redação determinada pela Lei n. 11.187, de 19-10-2005.

III – poderá atribuir efeito suspensivo ao recurso (art. 558), ou deferir, em antecipação de tutela, total ou parcialmente, a pretensão recursal, comunicando ao juiz sua decisão;

•• Inciso III com redação determinada pela Lei n. 10.352, de 26-12-2001.

•• Dispositivo correspondente no CPC de 2015: art. 1.019, I.

IV – poderá requisitar informações ao juiz da causa, que as prestará no prazo de 10 (dez) dias;

•• Inciso IV com redação determinada pela Lei n. 10.352, de 26-12-2001.

V – mandará intimar o agravado, na mesma oportunidade, por ofício dirigido ao seu advogado, sob registro e com aviso de recebimento, para que responda no prazo de 10 (dez) dias (art. 525, § 2.º), facultando-lhe juntar a documentação que entender conveniente, sendo que, nas comarcas sede de tribunal e naquelas em que o expediente forense for divulgado no *Diário Oficial*, a intimação far-se-á mediante publicação no órgão oficial;

•• Inciso V com redação determinada pela Lei n. 11.187, de 19-10-2005.

•• Dispositivo correspondente no CPC de 2015: art. 1.019, II.

VI – ultimadas as providências referidas nos incisos III a V do *caput* deste artigo, mandará ouvir o Ministério Público, se for o caso, para que se pronuncie no prazo de 10 (dez) dias.

•• Inciso VI com redação determinada pela Lei n. 11.187, de 19-10-2005.

•• Dispositivo correspondente no CPC de 2015: art. 1.019, III.

Parágrafo único. A decisão liminar, proferida nos casos dos incisos II e III do *caput* deste artigo, somente é passível de reforma no momento do julgamento do agravo, salvo se o próprio relator a reconsiderar.

•• Parágrafo único com redação determinada pela Lei n. 11.187, de 19-10-2005.

Art. 528. Em prazo não superior a 30 (trinta) dias da intimação do agravado, o relator pedirá dia para julgamento.

•• Artigo com redação determinada pela Lei n. 9.139, de 30-11-1995.

•• Dispositivo correspondente no CPC de 2015: art. 1.020.

Processo de Conhecimento

Art. 529. Se o juiz comunicar que reformou inteiramente a decisão, o relator considerará prejudicado o agravo.

•• Artigo com redação determinada pela Lei n. 9.139, de 30-11-1995.

•• Dispositivo correspondente no CPC de 2015: art. 1.018, § 1.º.

Capítulo IV
DOS EMBARGOS INFRINGENTES

Art. 530. Cabem embargos infringentes quando o acórdão não unânime houver reformado, em grau de apelação, a sentença de mérito, ou houver julgado procedente ação rescisória. Se o desacordo for parcial, os embargos serão restritos à matéria objeto da divergência.

•• Artigo com redação determinada pela Lei n. 10.352, de 26-12-2001.

Art. 531. Interpostos os embargos, abrir-se-á vista ao recorrido para contrarrazões; após, o relator do acórdão embargado apreciará a admissibilidade do recurso.

•• *Caput* com redação determinada pela Lei n. 10.352, de 26-12-2001.

Parágrafo único. (*Revogado pela Lei n. 8.950, de 13-12-1994.*)

Art. 532. Da decisão que não admitir os embargos caberá agravo, em 5 (cinco) dias, para o órgão competente para o julgamento do recurso.

•• Artigo com redação determinada pela Lei n. 8.950, de 13-12-1994.

Art. 533. Admitidos os embargos, serão processados e julgados conforme dispuser o regimento do tribunal.

•• Artigo com redação determinada pela Lei n. 10.352, de 26-12-2001.

Art. 534. Caso a norma regimental determine a escolha de novo relator, esta recairá, se possível, em juiz que não haja participado do julgamento anterior.

•• Artigo com redação determinada pela Lei n. 10.352, de 26-12-2001.

Capítulo V
DOS EMBARGOS DE DECLARAÇÃO

Art. 535. Cabem embargos de declaração quando:

•• *Caput* com redação determinada pela Lei n. 8.950, de 13-12-1994.

•• Dispositivo correspondente no CPC de 2015: art. 1.022, *caput*.

I – houver, na sentença ou no acórdão, obscuridade ou contradição;

•• Inciso I com redação determinada pela Lei n. 8.950, de 13-12-1994.

•• Dispositivo correspondente no CPC de 2015: art. 1.022, I.

II – for omitido ponto sobre o qual devia pronunciar-se o juiz ou tribunal.

•• Inciso II com redação determinada pela Lei n. 8.950, de 13-12-1994.

•• Dispositivo correspondente no CPC de 2015: art. 1.022, II.

Art. 536. Os embargos serão opostos, no prazo de 5 (cinco) dias, em petição dirigida ao juiz ou relator, com indicação do ponto obscuro, contraditório ou omisso, não estando sujeitos a preparo.

•• Artigo com redação determinada pela Lei n. 8.950, de 13-12-1994.

•• Dispositivo correspondente no CPC de 2015: art. 1.023, *caput*.

Art. 537. O juiz julgará os embargos em 5 (cinco) dias; nos tribunais, o relator apresentará os embargos em mesa na sessão subsequente, proferindo voto.

•• Artigo com redação determinada pela Lei n. 8.950, de 13-12-1994.

•• Dispositivo correspondente no CPC de 2015: art. 1.024, *caput* e § 1.º.

Art. 538. Os embargos de declaração interrompem o prazo para a interposição de outros recursos, por qualquer das partes.

•• *Caput* com redação determinada pela Lei n. 8.950, de 13-12-1994.

•• Dispositivo correspondente no CPC de 2015: art. 1.026, *caput*.

Parágrafo único. Quando manifestamente protelatórios os embargos, o juiz ou o tribunal, declarando que o são, condenará o embargante a pagar ao embargado multa não excedente de 1% (um por cento) sobre o valor da causa. Na reiteração de embargos protelatórios, a multa é elevada a até 10% (dez por cento), ficando condicionada a interposição de qualquer outro recurso ao depósito do valor respectivo.

•• Parágrafo único com redação determinada pela Lei n. 8.950, de 13-12-1994.

•• Dispositivo correspondente no CPC de 2015: art. 1.026, § 2.º.

Capítulo VI
DOS RECURSOS PARA O SUPREMO TRIBUNAL FEDERAL E O SUPERIOR TRIBUNAL DE JUSTIÇA

•• Capítulo com denominação determinada pela Lei n. 8.950, de 13-12-1994.

Seção I
Dos Recursos Ordinários

•• Seção com denominação determinada pela Lei n. 8.950, de 13-12-1994.

Art. 539. Serão julgados em recurso ordinário:

•• *Caput* com redação determinada pela Lei n. 8.950, de 13-12-1994.

•• Dispositivo correspondente no CPC de 2015: art. 1.027, *caput*.

I – pelo Supremo Tribunal Federal, os mandados de segurança, os *habeas data* e os mandados de injunção decididos em única instância pelos Tribunais Superiores, quando denegatória a decisão;

•• Inciso I com redação determinada pela Lei n. 8.950, de 13-12-1994.

•• Dispositivo correspondente no CPC de 2015: art. 1.027, I.

II – pelo Superior Tribunal de Justiça:

•• Dispositivo correspondente no CPC de 2015: art. 1.027, II, *caput*.

a) os mandados de segurança decididos em única instância pelos Tribunais Regionais Federais ou pelos Tribunais dos Estados e do Distrito Federal e Territórios, quando denegatória a decisão;

•• Dispositivo correspondente no CPC de 2015: art. 1.027, II, *a*.

b) as causas em que forem partes, de um lado, Estado estrangeiro ou organismo internacional e, do outro, Município ou pessoa residente ou domiciliada no País.

•• Inciso II com redação determinada pela Lei n. 8.950, de 13-12-1994.

Parágrafo único. Nas causas referidas no inciso II, alínea *b*, caberá agravo das decisões interlocutórias.

•• Parágrafo único acrescentado pela Lei n. 8.950, de 13-12-1994.

•• Dispositivo correspondente no CPC de 2015: art. 1.027, § 1.º.

Art. 540. Aos recursos mencionados no artigo anterior aplica-se, quanto aos requisitos de admissibilidade e ao procedimento no juízo de origem, o disposto nos Capítulos II e III deste Título, observando-se, no Supremo Tribunal Federal e no Superior Tribunal de Justiça, o disposto nos seus regimentos internos.

•• Artigo com redação determinada pela Lei n. 8.950, de 13-12-1994.

•• Dispositivo correspondente no CPC de 2015: art. 1.028, *caput* e § 1.º.

Seção II
Do Recurso Extraordinário e do Recurso Especial

•• Seção com denominação determinada pela Lei n. 8.950, de 13-12-1994. Revigorados os arts. 541 a 546 pelo art. 2.º da mesma Lei.

Art. 541. O recurso extraordinário e o recurso especial, nos casos previstos na Constituição Federal, serão interpostos perante o presidente ou o vicepresidente do tribunal recorrido, em petições distintas, que conterão:

•• *Caput* com redação determinada pela Lei n. 8.950, de 13-12-1994.

•• Dispositivo correspondente no CPC de 2015: art. 1.029, *caput*.

I – a exposição do fato e do direito;

•• Inciso I com redação determinada pela Lei n. 8.950, de 13-12-1994.

Processo de Conhecimento

Arts. 541 a 543-A

•• Dispositivo correspondente no CPC de 2015: art. 1.029, I.

II – a demonstração do cabimento do recurso interposto;

•• Inciso II com redação determinada pela Lei n. 8.950, de 13-12-1994.

•• Dispositivo correspondente no CPC de 2015: art. 1.029, II.

III – as razões do pedido de reforma da decisão recorrida.

•• Inciso III com redação determinada pela Lei n. 8.950, de 13-12-1994.

•• Dispositivo correspondente no CPC de 2015: art. 1.029, III.

Parágrafo único. Quando o recurso fundar-se em dissídio jurisprudencial, o recorrente fará a prova da divergência mediante certidão, cópia autenticada ou pela citação do repositório de jurisprudência, oficial ou credenciado, inclusive em mídia eletrônica, em que tiver sido publicada a decisão divergente, ou ainda pela reprodução de julgado disponível na Internet, com indicação da respectiva fonte, mencionando, em qualquer caso, as circunstâncias que identifiquem ou assemelhem os casos confrontados.

•• Parágrafo único com redação determinada pela Lei n. 11.341, de 7-8-2006.

•• Dispositivo correspondente no CPC de 2015: art. 1.029, *caput* e § 1.º.

Art. 542. Recebida a petição pela secretaria do tribunal, será intimado o recorrido, abrindo-se-lhe vista, para apresentar contrarrazões.

•• *Caput* com redação determinada pela Lei n. 10.352, de 26-12-2001.

•• Dispositivo correspondente no CPC de 2015: art. 1.030, *caput*.

§ 1.º Findo esse prazo, serão os autos conclusos para admissão ou não do recurso, no prazo de 15 (quinze) dias, em decisão fundamentada.

•• § 1.º com redação determinada pela Lei n. 8.950, de 13-12-1994.

•• Dispositivo correspondente no CPC de 2015: art. 1.030, parágrafo único.

§ 2.º Os recursos extraordinário e especial serão recebidos no efeito devolutivo.

•• § 2.º com redação determinada pela Lei n. 8.950, de 13-12-1994.

§ 3.º O recurso extraordinário, ou o recurso especial, quando interpostos contra decisão interlocutória em processo de conhecimento, cautelar, ou embargos à execução ficará retido nos autos e somente será processado se o reiterar a parte, no prazo para a interposição do recurso contra a decisão final, ou para as contrarrazões.

•• § 3.º acrescentado pela Lei n. 9.756, de 17-12-1998.

Art. 543. Admitidos ambos os recursos, os autos serão remetidos ao Superior Tribunal de Justiça.

•• *Caput* com redação determinada pela Lei n. 8.950, de 13-12-1994.

•• Dispositivo correspondente no CPC de 2015: art. 1.031, *caput*.

§ 1.º Concluído o julgamento do recurso especial, serão os autos remetidos ao Supremo Tribunal Federal, para apreciação do recurso extraordinário, se este não estiver prejudicado.

•• § 1.º com redação determinada pela Lei n. 8.950, de 13-12-1994.

•• Dispositivo correspondente no CPC de 2015: art. 1.031, § 1.º.

§ 2.º Na hipótese de o relator do recurso especial considerar que o recurso extraordinário é prejudicial àquele, em decisão irrecorrível sobrestará o seu julgamento e remeterá os autos ao Supremo Tribunal Federal, para o julgamento do recurso extraordinário.

•• § 2.º com redação determinada pela Lei n. 8.950, de 13-12-1994.

•• Dispositivo correspondente no CPC de 2015: art. 1.031, § 2.º.

§ 3.º No caso do parágrafo anterior, se o relator do recurso extraordinário, em decisão irrecorrível, não o considerar prejudicial, devolverá os autos ao Superior Tribunal de Justiça, para o julgamento do recurso especial.

•• § 3.º com redação determinada pela Lei n. 8.950, de 13-12-1994.

•• Dispositivo correspondente no CPC de 2015: art. 1.031, § 3.º.

Art. 543-A. O Supremo Tribunal Federal, em decisão irrecorrível, não conhecerá do recurso

Arts. 543-A e 543-B

extraordinário, quando a questão constitucional nele versada não oferecer repercussão geral, nos termos deste artigo.

- •• *Caput* acrescentado pela Lei n. 11.418, de 19-12-2006.
- •• Dispositivo correspondente no CPC de 2015: art. 1.035, *caput*.

§ 1.º Para efeito da repercussão geral, será considerada a existência, ou não, de questões relevantes do ponto de vista econômico, político, social ou jurídico, que ultrapassem os interesses subjetivos da causa.

- •• § 1.º acrescentado pela Lei n. 11.418, de 19-12-2006.
- •• Dispositivo correspondente no CPC de 2015: art. 1.035, § 1.º.

§ 2.º O recorrente deverá demonstrar, em preliminar do recurso, para apreciação exclusiva do Supremo Tribunal Federal, a existência da repercussão geral.

- •• § 2.º acrescentado pela Lei n. 11.418, de 19-12-2006.
- •• Dispositivo correspondente no CPC de 2015: art. 1.035, § 2.º.

§ 3.º Haverá repercussão geral sempre que o recurso impugnar decisão contrária a súmula ou jurisprudência dominante do Tribunal.

- •• § 3.º acrescentado pela Lei n. 11.418, de 19-12-2006.
- •• Dispositivo correspondente no CPC de 2015: art. 1.035, § 3.º, *caput*, e I.

§ 4.º Se a Turma decidir pela existência da repercussão geral por, no mínimo, 4 (quatro) votos, ficará dispensada a remessa do recurso ao Plenário.

- •• § 4.º acrescentado pela Lei n. 11.418, de 19-12-2006.

§ 5.º Negada a existência da repercussão geral, a decisão valerá para todos os recursos sobre matéria idêntica, que serão indeferidos liminarmente, salvo revisão da tese, tudo nos termos do Regimento Interno do Supremo Tribunal Federal.

- •• § 5.º acrescentado pela Lei n. 11.418, de 19-12-2006.
- •• Dispositivo correspondente no CPC de 2015: art. 1.035, § 8.º.

§ 6.º O Relator poderá admitir, na análise da repercussão geral, a manifestação de terceiros, subscrita por procurador habilitado, nos termos do Regimento Interno do Supremo Tribunal Federal.

- •• § 6.º acrescentado pela Lei n. 11.418, de 19-12-2006.
- •• Dispositivo correspondente no CPC de 2015: art. 1.035, § 4.º.

§ 7.º A Súmula da decisão sobre a repercussão geral constará de ata, que será publicada no *Diário Oficial* e valerá como acórdão.

- •• § 7.º acrescentado pela Lei n. 11.418, de 19-12-2006.
- •• Dispositivo correspondente no CPC de 2015: art. 1.035, § 11.

Art. 543-B. Quando houver multiplicidade de recursos com fundamento em idêntica controvérsia, a análise da repercussão geral será processada nos termos do Regimento Interno do Supremo Tribunal Federal, observado o disposto neste artigo.

- •• *Caput* acrescentado pela Lei n. 11.418, de 19-12-2006.
- •• Dispositivo correspondente no CPC de 2015: art. 1.036, *caput*.

§ 1.º Caberá ao Tribunal de origem selecionar um ou mais recursos representativos da controvérsia e encaminhálos ao Supremo Tribunal Federal, sobrestando os demais até o pronunciamento definitivo da Corte.

- •• § 1.º acrescentado pela Lei n. 11.418, de 19-12-2006.
- •• Dispositivo correspondente no CPC de 2015: art. 1.036, § 1.º.

§ 2.º Negada a existência de repercussão geral, os recursos sobrestados considerar-se-ão automaticamente não admitidos.

- •• § 2.º acrescentado pela Lei n. 11.418, de 19-12-2006.
- •• Dispositivos correspondentes no CPC de 2015: arts. 1.035, § 8.º, e 1.039, *caput*.

§ 3.º Julgado o mérito do recurso extraordinário, os recursos sobrestados serão apreciados pelos Tribunais, Turmas de Uniformização ou Turmas Recursais, que poderão declará-los prejudicados ou retratar-se.

- •• § 3.º acrescentado pela Lei n. 11.418, de 19-12-2006.
- •• Dispositivo correspondente no CPC de 2015: art. 1.039, *caput*.

§ 4.º Mantida a decisão e admitido o recurso, poderá o Supremo Tribunal Federal, nos termos do Regimento Interno, cassar ou reformar, limi-

Processo de Conhecimento

Arts. 543-B e 543-C

narmente, o acórdão contrário à orientação firmada.

•• § 4.º acrescentado pela Lei n. 11.418, de 19-12-2006.

§ 5.º O Regimento Interno do Supremo Tribunal Federal disporá sobre as atribuições dos Ministros, das Turmas e de outros órgãos, na análise da repercussão geral.

•• § 5.º acrescentado pela Lei n. 11.418, de 19-12-2006.

Art. 543-C. Quando houver multiplicidade de recursos com fundamento em idêntica questão de direito, o recurso especial será processado nos termos deste artigo.

•• *Caput* acrescentado pela Lei n. 11.672, de 8-5-2008.

•• Dispositivo correspondente no CPC de 2015: art. 1.036, *caput*.

§ 1.º Caberá ao presidente do tribunal de origem admitir um ou mais recursos representativos da controvérsia, os quais serão encaminhados ao Superior Tribunal de Justiça, ficando suspensos os demais recursos especiais até o pronunciamento definitivo do Superior Tribunal de Justiça.

•• § 1.º acrescentado pela Lei n. 11.672, de 8-5-2008.

•• Dispositivo correspondente no CPC de 2015: art. 1.036, § 1.º.

§ 2.º Não adotada a providência descrita no § 1.º deste artigo, o relator no Superior Tribunal de Justiça, ao identificar que sobre a controvérsia já existe jurisprudência dominante ou que a matéria já está afeta ao colegiado, poderá determinar a suspensão, nos tribunais de segunda instância, dos recursos nos quais a controvérsia esteja estabelecida.

•• § 2.º acrescentado pela Lei n. 11.672, de 8-5-2008.

§ 3.º O relator poderá solicitar informações, a serem prestadas no prazo de quinze dias, aos tribunais federais ou estaduais a respeito da controvérsia.

•• § 3.º acrescentado pela Lei n. 11.672, de 8-5-2008.

•• Dispositivo correspondente no CPC de 2015: art. 1.038, *caput* e III.

§ 4.º O relator, conforme dispuser o regimento interno do Superior Tribunal de Justiça e considerando a relevância da matéria, poderá admitir manifestação de pessoas, órgãos ou entidades com interesse na controvérsia.

•• § 4.º acrescentado pela Lei n. 11.672, de 8-5-2008.

•• Dispositivo correspondente no CPC de 2015: art. 1.038, *caput* e I.

§ 5.º Recebidas as informações e, se for o caso, após cumprido o disposto no § 4.º deste artigo, terá vista o Ministério Público pelo prazo de quinze dias.

•• § 5.º acrescentado pela Lei n. 11.672, de 8-5-2008.

•• Dispositivo correspondente no CPC de 2015: art. 1.038, *caput* e III.

§ 6.º Transcorrido o prazo para o Ministério Público e remetida cópia do relatório aos demais Ministros, o processo será incluído em pauta na seção ou na Corte Especial, devendo ser julgado com preferência sobre os demais feitos, ressalvados os que envolvam réu preso e os pedidos de *habeas corpus*.

•• § 6.º acrescentado pela Lei n. 11.672, de 8-5-2008.

•• Dispositivo correspondente no CPC de 2015: art. 1.038, § 2.º.

§ 7.º Publicado o acórdão do Superior Tribunal de Justiça, os recursos especiais sobrestados na origem:

•• § 7.º, *caput*, acrescentado pela Lei n. 11.672, de 8-5-2008.

•• Dispositivo correspondente no CPC de 2015: art. 1.040, *caput*.

I – terão seguimento denegado na hipótese de o acórdão recorrido coincidir com a orientação do Superior Tribunal de Justiça; ou

•• Inciso I acrescentado pela Lei n. 11.672, de 8-5-2008.

•• Dispositivo correspondente no CPC de 2015: art. 1.040, I.

II – serão novamente examinados pelo tribunal de origem na hipótese de o acórdão recorrido divergir da orientação do Superior Tribunal de Justiça.

•• Inciso II acrescentado pela Lei n. 11.672, de 8-5-2008.

•• Dispositivo correspondente no CPC de 2015: art. 1.040, II.

§ 8.º Na hipótese prevista no inciso II do § 7.º deste artigo, mantida a decisão divergente pelo tribunal de origem, farse-á o exame de admissibilidade do recurso especial.

•• § 8.º acrescentado pela Lei n. 11.672, de 8-5-2008.

•• Dispositivo correspondente no CPC de 2015: art. 1.041, *caput*.

§ 9.º O Superior Tribunal de Justiça e os tribunais de segunda instância regulamentarão, no âmbito de suas competências, os procedimentos relativos ao processamento e julgamento do recurso especial nos casos previstos neste artigo.

•• § 9.º acrescentado pela Lei n. 11.672, de 8-5-2008.

Art. 544. Não admitido o recurso extraordinário ou o recurso especial, caberá agravo nos próprios autos, no prazo de 10 (dez) dias.

•• *Caput* com redação determinada pela Lei n. 12.322, de 9-9-2010.

•• Dispositivo correspondente no CPC de 2015: art. 1.042, *caput*, e I a III.

§ 1.º O agravante deverá interpor um agravo para cada recurso não admitido.

•• § 1.º com redação determinada pela Lei n. 12.322, de 9-9-2010.

•• Dispositivo correspondente no CPC de 2015: art. 1.042, § 6.º.

§ 2.º A petição de agravo será dirigida à presidência do tribunal de origem, não dependendo do pagamento de custas e despesas postais. O agravado será intimado, de imediato, para no prazo de 10 (dez) dias oferecer resposta, podendo instruí-la com cópias das peças que entender conveniente. Em seguida, subirá o agravo ao tribunal superior, onde será processado na forma regimental.

•• § 2.º com redação determinada pela Lei n. 10.352, de 26-12-2001.

•• Dispositivo correspondente no CPC de 2015: art. 1.042, § 2.º.

§ 3.º O agravado será intimado, de imediato, para no prazo de 10 (dez) dias oferecer resposta. Em seguida, os autos serão remetidos à superior instância, observando-se o disposto no art. 543 deste Código e, no que couber, na Lei n. 11.672, de 8 de maio de 2008.

•• § 3.º com redação determinada pela Lei n. 12.322, de 9-9-2010.

•• Dispositivo correspondente no CPC de 2015: art. 1.042, §§ 3.º e 4.º.

§ 4.º No Supremo Tribunal Federal e no Superior Tribunal de Justiça, o julgamento do agravo obedecerá ao disposto no respectivo regimento interno, podendo o relator:

•• § 4.º, *caput*, com redação determinada pela Lei n. 12.322, de 9-9-2010.

I – não conhecer do agravo manifestamente inadmissível ou que não tenha atacado especificamente os fundamentos da decisão agravada;

•• Inciso I acrescentado pela Lei n. 12.322, de 9-9-2010.

II – conhecer do agravo para:

•• Inciso II, *caput*, acrescentado pela Lei n. 12.322, de 9-9-2010.

a) negar-lhe provimento, se correta a decisão que não admitiu o recurso;

•• Alínea *a* acrescentada pela Lei n. 12.322, de 9-9-2010.

b) negar seguimento ao recurso manifestamente inadmissível, prejudicado ou em confronto com súmula ou jurisprudência dominante no tribunal;

•• Alínea *b* acrescentada pela Lei n. 12.322, de 9-9-2010.

c) dar provimento ao recurso, se o acórdão recorrido estiver em confronto com súmula ou jurisprudência dominante no tribunal.

•• Alínea *c* acrescentada pela Lei n. 12.322, de 9-9-2010.

Art. 545. Da decisão do relator que não conhecer do agravo, negar-lhe provimento ou decidir, desde logo, o recurso não admitido na origem, caberá agravo, no prazo de 5 (cinco) dias, ao órgão competente, observado o disposto nos §§ 1.º e 2.º do art. 557.

•• Artigo com redação determinada pela Lei n. 12.322, de 9-9-2010.

•• Dispositivo correspondente no CPC de 2015: art. 1.021, *caput*.

Art. 546. É embargável a decisão da turma que:

•• *Caput* com redação determinada pela Lei n. 8.950, de 13-12-1994.

•• Dispositivo correspondente no CPC de 2015: art. 1.043, *caput*.

I – em recurso especial, divergir do julgamento de outra turma, da seção ou do órgão especial;

•• Inciso I com redação determinada pela Lei n. 8.950, de 13-12-1994.

Processo de Conhecimento

Arts. 546 a 553

•• Dispositivo correspondente no CPC de 2015: art. 1.043, I a IV.

II – em recurso extraordinário, divergir do julgamento da outra turma ou do plenário.

•• Inciso II com redação determinada pela Lei n. 8.950, de 13-12-1994.

•• Dispositivo correspondente no CPC de 2015: art. 1.043, I a IV.

Parágrafo único. Observar-se-á, no recurso de embargos, o procedimento estabelecido no regimento interno.

•• Parágrafo único com redação determinada pela Lei n. 8.950, de 13-12-1994.

•• Dispositivo correspondente no CPC de 2015: art. 1.044, caput.

Capítulo VII
DA ORDEM DOS PROCESSOS NO TRIBUNAL

Art. 547. Os autos remetidos ao tribunal serão registrados no protocolo no dia de sua entrada, cabendo à secretaria verificar-lhes a numeração das folhas e ordená-los para distribuição.

•• Dispositivo correspondente no CPC de 2015: art. 929, caput.

Parágrafo único. Os serviços de protocolo poderão, a critério do tribunal, ser descentralizados, mediante delegação a ofícios de justiça de primeiro grau.

•• Parágrafo único acrescentado pela Lei n. 10.352, de 26-12-2001.

•• Dispositivo correspondente no CPC de 2015: art. 929, parágrafo único.

Art. 548. Far-se-á a distribuição de acordo com o regimento interno do tribunal, observando-se os princípios da publicidade, da alternatividade e do sorteio.

•• Dispositivo correspondente no CPC de 2015: art. 930, caput.

Art. 549. Distribuídos, os autos subirão, no prazo de 48 (quarenta e oito) horas, à conclusão do relator, que, depois de estudá-los, os restituirá à secretaria com o seu "visto".

•• Dispositivo correspondente no CPC de 2015: art. 931.

Parágrafo único. O relator fará nos autos uma exposição dos pontos controvertidos sobre que versar o recurso.

Art. 550. Os recursos interpostos nas causas de procedimento sumário deverão ser julgados no tribunal, dentro de 40 (quarenta) dias.

•• Corrigido de acordo com o art. 3.º da Lei n. 9.245, de 26-12-1995.

Art. 551. Tratando-se de apelação, de embargos infringentes e de ação rescisória, os autos serão conclusos ao revisor.

§ 1.º Será revisor o juiz que se seguir ao relator na ordem descendente de antiguidade.

§ 2.º O revisor aporá nos autos o seu "visto", cabendo-lhe pedir dia para julgamento.

§ 3.º Nos recursos interpostos nas causas de procedimentos sumários, de despejo e nos casos de indeferimento liminar da petição inicial, não haverá revisor.

•• § 3.º com redação determinada pela Lei n. 8.950, de 13-12-1994.

Art. 552. Os autos serão, em seguida, apresentados ao presidente, que designará dia para julgamento, mandando publicar a pauta no órgão oficial.

•• Dispositivo correspondente no CPC de 2015: art. 934.

§ 1.º Entre a data da publicação da pauta e a sessão de julgamento mediará, pelo menos, o espaço de 48 (quarenta e oito) horas.

•• Dispositivo correspondente no CPC de 2015: art. 935, caput.

§ 2.º Afixar-se-á a pauta na entrada da sala em que se realizar a sessão de julgamento.

•• Dispositivo correspondente no CPC de 2015: art. 935, 2.º.

§ 3.º Salvo caso de força maior, participará do julgamento do recurso o juiz que houver lançado o "visto" nos autos.

Art. 553. Nos embargos infringentes e na ação rescisória, devolvidos os autos pelo relator, a secretaria do tribunal expedirá cópias autenticadas do relatório e as distribuirá entre os juízes que compuserem o tribunal competente para o julgamento.

Arts. 553 a 557

•• Dispositivo correspondente no CPC de 2015: art. 971, *caput*.

Art. 554. Na sessão de julgamento, depois de feita a exposição da causa pelo relator, o presidente, se o recurso não for de embargos declaratórios ou de agravo de instrumento, dará a palavra, sucessivamente, ao recorrente e ao recorrido, pelo prazo improrrogável de 15 (quinze) minutos para cada um, a fim de sustentarem as razões do recurso.

•• Dispositivo correspondente no CPC de 2015: art. 937, I a IX.

Art. 555. No julgamento de apelação ou de agravo, a decisão será tomada, na câmara ou turma, pelo voto de 3 (três) juízes.

•• *Caput* com redação determinada pela Lei n. 10.352, de 26-12-2001.

•• Dispositivo correspondente no CPC de 2015: art. 941, § 2.º.

§ 1.º Ocorrendo relevante questão de direito, que faça conveniente prevenir ou compor divergência entre câmaras ou turmas do tribunal, poderá o relator propor seja o recurso julgado pelo órgão colegiado que o regimento indicar; reconhecendo o interesse público na assunção de competência, esse órgão colegiado julgará o recurso.

•• § 1.º acrescentado pela Lei n. 10.352, de 26-12-2001.

•• Dispositivo correspondente no CPC de 2015: art. 947, § 1.º.

§ 2.º Não se considerando habilitado a proferir imediatamente seu voto, a qualquer juiz é facultado pedir vista do processo, devendo devolvê-lo no prazo de 10 (dez) dias, contados da data em que o recebeu; o julgamento prosseguirá na 1.ª (primeira) sessão ordinária subsequente à devolução, dispensada nova publicação em pauta.

•• § 2.º com redação determinada pela Lei n. 11.280, de 16-2-2006.

•• Dispositivo correspondente no CPC de 2015: art. 940, *caput*.

§ 3.º No caso do § 2.º deste artigo, não devolvidos os autos no prazo, nem solicitada expressamente sua prorrogação pelo juiz, o presidente do órgão julgador requisitará o processo e reabrirá o julgamento na sessão ordinária subsequente, com publicação em pauta.

•• § 3.º acrescentado pela Lei n. 11.280, de 16-2-2006.

•• Dispositivo correspondente no CPC de 2015: art. 940, § 1.º.

Art. 556. Proferidos os votos, o presidente anunciará o resultado do julgamento, designando para redigir o acórdão o relator, ou, se este for vencido, o autor do primeiro voto vencedor.

•• Dispositivo correspondente no CPC de 2015: art. 941, *caput*.

Parágrafo único. Os votos, acórdãos e demais atos processuais podem ser registrados em arquivo eletrônico inviolável e assinados eletronicamente, na forma da lei, devendo ser impressos para juntada aos autos do processo quando este não for eletrônico.

•• Parágrafo único acrescentado pela Lei n. 11.419, de 19-12-2006.

•• Dispositivo correspondente no CPC de 2015: art. 943, *caput*.

Art. 557. O relator negará seguimento a recurso manifestamente inadmissível, improcedente, prejudicado ou em confronto com súmula ou com jurisprudência dominante do respectivo tribunal, do Supremo Tribunal Federal, ou de Tribunal Superior.

•• *Caput* com redação determinada pela Lei n. 9.756, de 17-12-1998.

•• Dispositivo correspondente no CPC de 2015: art. 932, III.

§ 1.º-A. Se a decisão recorrida estiver em manifesto confronto com súmula ou com jurisprudência dominante do Supremo Tribunal Federal, ou do Tribunal Superior, o relator poderá dar provimento ao recurso.

•• § 1.º-A acrescentado pela Lei n. 9.756, de 17-12-1998.

•• Dispositivo correspondente no CPC de 2015: art. 932, V, *a*.

§ 1.º Da decisão caberá agravo, no prazo de 5 (cinco) dias, ao órgão competente para o julgamento do recurso, e, se não houver retratação, o relator apresentará o processo em mesa, proferindo voto; provido o agravo, o recurso terá seguimento.

•• § 1.º acrescentado pela Lei n. 9.756, de 17-12-1998.

•• Dispositivo correspondente no CPC de 2015: art. 1.021, § 2.º.

§ 2.º Quando manifestamente inadmissível ou infundado o agravo, o tribunal condenará o agravante a pagar ao agravado multa entre 1%

Processo de Conhecimento

Arts. 557 a 565

(um por cento) e 10% (dez por cento) do valor corrigido da causa, ficando a interposição de qualquer outro recurso condicionada ao depósito do respectivo valor.

•• § 2.º acrescentado pela Lei n. 9.756, de 17-12-1998.
•• Dispositivo correspondente no CPC de 2015: art. 1.021, § 4.º.

Art. 558. O relator poderá, a requerimento do agravante, nos casos de prisão civil, adjudicação, remição de bens, levantamento de dinheiro sem caução idônea e em outros casos dos quais possa resultar lesão grave e de difícil reparação, sendo relevante a fundamentação, suspender o cumprimento da decisão até o pronunciamento definitivo da turma ou câmara.

•• *Caput* com redação determinada pela Lei n. 9.139, de 30-11-1995.
•• Dispositivo correspondente no CPC de 2015: art. 1.012, § 4.º.

Parágrafo único. Aplicar-se-á o disposto neste artigo às hipóteses do art. 520.

•• Parágrafo único com redação determinada pela Lei n. 9.139, de 30-11-1995.
•• Dispositivo correspondente no CPC de 2015: art. 1.012, § 4.º.

Art. 559. A apelação não será incluída em pauta antes do agravo de instrumento interposto no mesmo processo.

•• Dispositivo correspondente no CPC de 2015: art. 946, *caput*.

Parágrafo único. Se ambos os recursos houverem de ser julgados na mesma sessão, terá precedência o agravo.

•• Dispositivo correspondente no CPC de 2015: art. 946, parágrafo único.

Art. 560. Qualquer questão preliminar suscitada no julgamento será decidida antes do mérito, deste não se conhecendo se incompatível com a decisão daquela.

•• *Caput* com redação determinada pela Lei n. 5.925, de 1.º-10-1973.

•• Dispositivo correspondente no CPC de 2015: art. 938, *caput*.

Parágrafo único. Versando a preliminar sobre nulidade suprível, o tribunal, havendo necessidade, converterá o julgamento em diligência, ordenando a remessa dos autos ao juiz, a fim de ser sanado o vício.

•• Parágrafo único com redação determinada pela Lei n. 5.925, de 1.º-10-1973.
•• Dispositivo correspondente no CPC de 2015: art. 938, § 1.º.

Art. 561. Rejeitada a preliminar, ou se com ela for compatível a apreciação do mérito, seguir-se-ão a discussão e julgamento da matéria principal, pronunciando-se sobre esta os juízes vencidos na preliminar.

•• Dispositivo correspondente no CPC de 2015: art. 939.

Art. 562. Preferirá aos demais o recurso cujo julgamento tenha sido iniciado.

•• Dispositivo correspondente no CPC de 2015: art. 936, II.

Art. 563. Todo acórdão conterá ementa.

•• Artigo com redação determinada pela Lei n. 8.950, de 13-12-1994.
•• Dispositivo correspondente no CPC de 2015: art. 943, § 1.º.

Art. 564. Lavrado o acórdão, serão as suas conclusões publicadas no órgão oficial dentro de 10 (dez) dias.

•• Dispositivo correspondente no CPC de 2015: art. 943, § 2.º.

Art. 565. Desejando proferir sustentação oral, poderão os advogados requerer que na sessão imediata seja o feito julgado em primeiro lugar, sem prejuízo das preferências legais.

•• Dispositivo correspondente no CPC de 2015: art. 937, § 2.º.

Parágrafo único. Se tiverem subscrito o requerimento os advogados de todos os interessados, a preferência será concedida para a própria sessão.

Livro II
DO PROCESSO DE EXECUÇÃO

Título I
DA EXECUÇÃO EM GERAL

Capítulo I
DAS PARTES

Art. 566. Podem promover a execução forçada:

I – o credor a quem a lei confere título executivo;

•• Dispositivo correspondente no CPC de 2015: art. 778, caput.

II – o Ministério Público, nos casos prescritos em lei.

•• Dispositivo correspondente no CPC de 2015: art. 778, § 1.º.

Art. 567. Podem também promover a execução, ou nela prosseguir:

I – o espólio, os herdeiros ou os sucessores do credor, sempre que, por morte deste, lhes for transmitido o direito resultante do título executivo;

•• Dispositivo correspondente no CPC de 2015: art. 778, § 1.º, II.

II – o cessionário, quando o direito resultante do título executivo lhe foi transferido por ato entre vivos;

•• Dispositivo correspondente no CPC de 2015: art. 778, § 1.º, III.

III – o sub-rogado, nos casos de sub-rogação legal ou convencional.

•• Dispositivo correspondente no CPC de 2015: art. 778, § 1.º, IV.

Art. 568. São sujeitos passivos na execução:

•• Dispositivo correspondente no CPC de 2015: art. 779, caput.

I – o devedor, reconhecido como tal no título executivo;

•• Dispositivo correspondente no CPC de 2015: art. 779, I.

II – o espólio, os herdeiros ou os sucessores do devedor;

•• Dispositivo correspondente no CPC de 2015: art. 779, II.

III – o novo devedor, que assumiu, com o consentimento do credor, a obrigação resultante do título executivo;

•• Dispositivo correspondente no CPC de 2015: art. 779, III.

IV – o fiador judicial;

•• Dispositivo correspondente no CPC de 2015: art. 779, IV.

V – o responsável tributário, assim definido na legislação própria.

•• Dispositivo correspondente no CPC de 2015: art. 779, VI.

•• Artigo com redação determinada pela Lei n. 5.925, de 1.º-10-1973.

Art. 569. O credor tem a faculdade de desistir de toda a execução ou de apenas algumas medidas executivas.

•• Dispositivo correspondente no CPC de 2015: art. 775, caput.

Parágrafo único. Na desistência da execução, observar-se-á o seguinte:

•• Dispositivo correspondente no CPC de 2015: art. 775, parágrafo único, caput.

a) serão extintos os embargos que versarem apenas sobre questões processuais, pagando o credor as custas e os honorários advocatícios;

•• Dispositivo correspondente no CPC de 2015: art. 775, parágrafo único, I.

b) nos demais casos, a extinção dependerá da concordância do embargante.

•• Parágrafo único acrescentado pela Lei n. 8.953, de 13-12-1994.

•• Dispositivo correspondente no CPC de 2015: art. 775, parágrafo único, II.

Art. 570. (*Revogado pela Lei n. 11.232, de 22-12-2005.*)

Art. 571. Nas obrigações alternativas, quando a escolha couber ao devedor, este será citado para exercer a opção e realizar a prestação dentro em 10 (dez) dias, se outro prazo não lhe foi determinado em lei, no contrato, ou na sentença.

•• Dispositivo correspondente no CPC de 2015: art. 800, caput.

Processo de Execução

§ 1.º Devolver-se-á ao credor a opção, se o devedor não a exercitou no prazo marcado.

•• Dispositivo correspondente no CPC de 2015: art. 800, § 1.º.

§ 2.º Se a escolha couber ao credor, este a indicará na petição inicial da execução.

•• Dispositivo correspondente no CPC de 2015: art. 800, § 2.º.

Art. 572. Quando o juiz decidir relação jurídica sujeita a condição ou termo, o credor não poderá executar a sentença sem provar que se realizou a condição ou que ocorreu o termo.

•• Dispositivo correspondente no CPC de 2015: art. 514.

Art. 573. É lícito ao credor, sendo o mesmo o devedor, cumular várias execuções, ainda que fundadas em títulos diferentes, desde que para todas elas seja competente o juiz e idêntica a forma do processo.

•• Dispositivo correspondente no CPC de 2015: art. 780.

Art. 574. O credor ressarcirá ao devedor os danos que este sofreu, quando a sentença, passada em julgado, declarar inexistente, no todo ou em parte, a obrigação, que deu lugar à execução.

•• Dispositivo correspondente no CPC de 2015: art. 776.

Capítulo II
DA COMPETÊNCIA

Art. 575. A execução, fundada em título judicial, processar-se-á perante:

I – os tribunais superiores, nas causas de sua competência originária;

II – o juízo que decidiu a causa no primeiro grau de jurisdição;

III – (*Revogado pela Lei n. 10.358, de 27-12-2001*);

IV – o juízo cível competente, quando o título executivo for sentença penal condenatória ou sentença arbitral.

•• Inciso IV com redação determinada pela Lei n. 10.358, de 27-12-2001.

Art. 576. A execução, fundada em título extrajudicial, será processada perante o juízo competente, na conformidade do disposto no Livro I, Título IV, Capítulos II e III.

•• Dispositivo correspondente no CPC de 2015: art. 781.

Art. 577. Não dispondo a lei de modo diverso, o juiz determinará os atos executivos e os oficiais de justiça os cumprirão.

•• Dispositivo correspondente no CPC de 2015: art. 782, *caput*.

Art. 578. A execução fiscal (art. 585, VI) será proposta no foro do domicílio do réu; se não o tiver, no de sua residência ou no do lugar onde for encontrado.

Parágrafo único. Na execução fiscal, a Fazenda Pública poderá escolher o foro de qualquer um dos devedores, quando houver mais de um, ou o foro de qualquer dos domicílios do réu; a ação poderá ainda ser proposta no foro do lugar em que se praticou o ato ou ocorreu o fato que deu origem à dívida, embora nele não mais resida o réu, ou, ainda, no foro da situação dos bens, quando a dívida deles se originar.

Art. 579. Sempre que, para efetivar a execução, for necessário o emprego da força policial, o juiz a requisitará.

•• Dispositivo correspondente no CPC de 2015: art. 782, § 2.º.

Capítulo III
DOS REQUISITOS NECESSÁRIOS PARA REALIZAR QUALQUER EXECUÇÃO

Seção I
Do Inadimplemento do Devedor

Art. 580. A execução pode ser instaurada caso o devedor não satisfaça a obrigação certa, líquida e exigível, consubstanciada em título executivo.

•• *Caput* com redação determinada pela Lei n. 11.382, de 6-12-2006.

•• Dispositivo correspondente no CPC de 2015: art. 786, *caput*.

Parágrafo único. (*Revogado pela Lei n. 11.382, de 6-12-2006.*)

Art. 581. O credor não poderá iniciar a execução, ou nela prosseguir, se o devedor cumprir a obrigação; mas poderá recusar o recebimento da prestação, estabelecida no título executivo, se ela não corresponder ao direito ou à obrigação; caso em que requererá ao juiz a execução, ressalvado ao devedor o direito de embargá-la.

•• Dispositivo correspondente no CPC de 2015: art. 788.

Art. 582. Em todos os casos em que é defeso a um contraente, antes de cumprida a sua obrigação, exigir o implemento da do outro, não se procederá à execução, se o devedor se propõe satisfazer a prestação, com meios considerados idôneos pelo juiz, mediante a execução da contraprestação pelo credor, e este, sem justo motivo, recusar a oferta.

•• Dispositivo correspondente no CPC de 2015: art. 787, caput.

Parágrafo único. O devedor poderá, entretanto, exonerar-se da obrigação, depositando em juízo a prestação ou a coisa; caso em que o juiz suspenderá a execução, não permitindo que o credor a receba, sem cumprir a contra-prestação, que lhe tocar.

•• Dispositivo correspondente no CPC de 2015: art. 787, parágrafo único.

Seção II
Do Título Executivo

Art. 583. (*Revogado pela Lei n. 11.382, de 6-12-2006.*)

Art. 584. (*Revogado pela Lei n. 11.232, de 22-12-2005.*)

Art. 585. São títulos executivos extrajudiciais:

•• Caput com redação determinada pela Lei n. 5.925, de 1.º-10-1973.

•• Dispositivo correspondente no CPC de 2015: art. 784, caput.

I – a letra de câmbio, a nota promissória, a duplicata, a debênture e o cheque;

•• Inciso I com redação determinada pela Lei n. 8.953, de 13-12-1994.

•• Dispositivo correspondente no CPC de 2015: art. 784, I.

II – a escritura pública ou outro documento público assinado pelo devedor; o documento particular assinado pelo devedor e por duas testemunhas; o instrumento de transação referendado pelo Ministério Público, pela Defensoria Pública ou pelos advogados dos transatores;

•• Inciso II com redação determinada pela Lei n. 8.953, de 13-12-1994.

•• Dispositivo correspondente no CPC de 2015: art. 784, II a IV.

III – os contratos garantidos por hipoteca, penhor, anticrese e caução, bem como os de seguro de vida;

•• Inciso III com redação determinada pela Lei n. 11.382, de 6-12-2006.

•• Dispositivo correspondente no CPC de 2015: art. 784, V e VI.

IV – o crédito decorrente de foro e laudêmio;

•• Inciso IV com redação determinada pela Lei n. 11.382, de 6-12-2006.

•• Dispositivo correspondente no CPC de 2015: art. 784, VII.

V – o crédito, documentalmente comprovado, decorrente de aluguel de imóvel, bem como de encargos acessórios, tais como taxas e despesas de condomínio;

•• Inciso V com redação determinada pela Lei n. 11.382, de 6-12-2006.

•• Dispositivo correspondente no CPC de 2015: art. 784, VIII.

VI – o crédito de serventuário de justiça, de perito, de intérprete, ou de tradutor, quando as custas, emolumentos ou honorários forem aprovados por decisão judicial;

•• Inciso VI com redação determinada pela Lei n. 11.382, de 6-12-2006.

•• Dispositivo correspondente no CPC de 2015: art. 784, IX.

VII – a certidão de dívida ativa da Fazenda Pública da União, dos Estados, do Distrito Federal, dos Territórios e dos Municípios, correspondente aos créditos inscritos na forma da lei;

•• Inciso VII com redação determinada pela Lei n. 11.382, de 6-12-2006.

•• Dispositivo correspondente no CPC de 2015: art. 784, IX.

VIII – todos os demais títulos a que, por disposição expressa, a lei atribuir força executiva.

•• Inciso VIII acrescentado pela Lei n. 11.382, de 6-12-2006.

•• Dispositivo correspondente no CPC de 2015: art. 784, XII.

Processo de Execução — Arts. 585 a 595

§ 1.º A propositura de qualquer ação relativa ao débito constante do título executivo não inibe o credor de promover-lhe a execução.

•• § 1.º com redação determinada pela Lei n. 8.953, de 13-12-1994.
•• Dispositivo correspondente no CPC de 2015: art. 784, § 1.º.

§ 2.º Não dependem de homologação pelo Supremo Tribunal Federal, para serem executados, os títulos executivos extrajudiciais, oriundos de país estrangeiro. O título, para ter eficácia executiva, há de satisfazer aos requisitos de formação exigidos pela lei do lugar de sua celebração e indicar o Brasil como o lugar de cumprimento da obrigação.

•• § 2.º com redação determinada pela Lei n. 5.925, de 1.º-10-1973.
•• Dispositivo correspondente no CPC de 2015: art. 784, §§ 2.º e 3.º.

Art. 586. A execução para cobrança de crédito fundar-se-á sempre em título de obrigação certa, líquida e exigível.

•• *Caput* com redação determinada pela Lei n. 11.382, de 6-12-2006.
•• Dispositivo correspondente no CPC de 2015: art. 783.

§§ 1.º e 2.º (*Revogados pela Lei n. 11.382, de 6-12-2006.*)

Art. 587. É definitiva a execução fundada em título extrajudicial; é provisória enquanto pendente apelação da sentença de improcedência dos embargos do executado, quando recebidos com efeito suspensivo (art. 739).

•• Artigo com redação determinada pela Lei n. 11.382, de 6-12-2006.

Arts. 588 a 590. (*Revogados pela Lei n. 11.232, de 22-12-2005.*)

Capítulo IV
DA RESPONSABILIDADE PATRIMONIAL

Art. 591. O devedor responde, para o cumprimento de suas obrigações, com todos os seus bens presentes e futuros, salvo as restrições estabelecidas em lei.

•• Dispositivo correspondente no CPC de 2015: art. 789.

Art. 592. Ficam sujeitos à execução os bens:

•• Dispositivo correspondente no CPC de 2015: art. 790, *caput*.

I – do sucessor a título singular, tratando-se de execução fundada em direito real ou obrigação reipersecutória;

•• Inciso I com redação determinada pela Lei n. 11.382, de 6-12-2006.
•• Dispositivo correspondente no CPC de 2015: art. 790, I.

II – do sócio, nos termos da lei;

•• Dispositivo correspondente no CPC de 2015: art. 790, II.

III – do devedor, quando em poder de terceiros;

•• Dispositivo correspondente no CPC de 2015: art. 790, III.

IV – do cônjuge, nos casos em que os seus bens próprios, reservados ou de sua meação respondem pela dívida;

•• Dispositivo correspondente no CPC de 2015: art. 790, IV.

V – alienados ou gravados com ônus real em fraude de execução.

•• Dispositivo correspondente no CPC de 2015: art. 790, V.

Art. 593. Considera-se em fraude de execução a alienação ou oneração de bens:

•• Dispositivo correspondente no CPC de 2015: art. 792, *caput*.

I – quando sobre eles pender ação fundada em direito real;

•• Dispositivo correspondente no CPC de 2015: art. 792, I.

II – quando, ao tempo da alienação ou oneração, corria contra o devedor demanda capaz de reduzi-lo à insolvência;

•• Dispositivo correspondente no CPC de 2015: art. 792, IV.

III – nos demais casos expressos em lei.

•• Dispositivo correspondente no CPC de 2015: art. 792, V.

Art. 594. O credor, que estiver, por direito de retenção, na posse de coisa pertencente ao devedor, não poderá promover a execução sobre outros bens senão depois de excutida a coisa que se achar em seu poder.

•• Dispositivo correspondente no CPC de 2015: art. 793.

Art. 595. O fiador, quando executado, poderá nomear à penhora bens livres e desembargados do devedor. Os bens do fiador ficarão, porém, sujeitos à execução, se os do devedor forem insuficientes à satisfação do direito do credor.

•• Dispositivo correspondente no CPC de 2015: art. 794, *caput* e § 1.º.

Parágrafo único. O fiador, que pagar a dívida, poderá executar o afiançado nos autos do mesmo processo.

•• Dispositivo correspondente no CPC de 2015: art. 794, § 2.º.

Art. 596. Os bens particulares dos sócios não respondem pelas dívidas da sociedade senão nos casos previstos em lei; o sócio, demandado pelo pagamento da dívida, tem direito a exigir que sejam primeiro excutidos os bens da sociedade.

•• Dispositivo correspondente no CPC de 2015: art. 795, *caput* e § 1.º.

§ 1.º Cumpre ao sócio, que alegar o benefício deste artigo, nomear bens da sociedade, sitos na mesma comarca, livres e desembargados, quantos bastem para pagar o débito.

•• Dispositivo correspondente no CPC de 2015: art. 795, § 2.º.

§ 2.º Aplica-se aos casos deste artigo o disposto no parágrafo único do artigo anterior.

•• Dispositivo correspondente no CPC de 2015: art. 795, § 3.º.

Art. 597. O espólio responde pelas dívidas do falecido; mas, feita a partilha, cada herdeiro responde por elas na proporção da parte que na herança lhe coube.

•• Dispositivo correspondente no CPC de 2015: art. 796.

Capítulo V
DAS DISPOSIÇÕES GERAIS

Art. 598. Aplicam-se subsidiariamente à execução as disposições que regem o processo de conhecimento.

•• Dispositivo correspondente no CPC de 2015: art. 771, parágrafo único.

Art. 599. O juiz pode, em qualquer momento do processo:

•• Dispositivo correspondente no CPC de 2015: art. 772, *caput*.

I – ordenar o comparecimento das partes;

•• Dispositivo correspondente no CPC de 2015: art. 772, I.

II – advertir ao devedor que o seu procedimento constitui ato atentatório à dignidade da justiça.

•• Artigo com redação determinada pela Lei n. 5.925, de 1.º-10-1973.

•• Dispositivo correspondente no CPC de 2015: art. 772, II.

Art. 600. Considera-se atentatório à dignidade da Justiça o ato do executado que:

•• *Caput* com redação determinada pela Lei n. 11.382, de 6-12-2006.

•• Dispositivo correspondente no CPC de 2015: art. 774, *caput*.

I – frauda a execução;

•• Inciso I com redação determinada pela Lei n. 5.925, de 1.º-10-1973.

•• Dispositivo correspondente no CPC de 2015: art. 774, I.

II – se opõe maliciosamente à execução, empregando ardis e meios artificiosos;

•• Inciso II com redação determinada pela Lei n. 5.925, de 1.º-10-1973.

•• Dispositivo correspondente no CPC de 2015: art. 774, II.

III – resiste injustificadamente às ordens judiciais;

•• Inciso III com redação determinada pela Lei n. 5.925, de 1.º-10-1973.

•• Dispositivo correspondente no CPC de 2015: art. 774, IV.

IV – intimado, não indica ao juiz, em cinco dias, quais são e onde se encontram os bens sujeitos à penhora e seus respectivos valores.

•• Inciso IV com redação determinada pela Lei n. 11.382, de 6-12-2006.

•• Dispositivo correspondente no CPC de 2015: art. 774, V.

Art. 601. Nos casos previstos no artigo anterior, o devedor incidirá em multa fixada pelo juiz, em montante não superior a 20% (vinte por cento) do valor atualizado do débito em execução, sem prejuízo de outras sanções de natureza processual ou material, multa essa que reverterá em proveito do credor, exigível na própria execução.

Processo de Execução

•• *Caput* com redação determinada pela Lei n. 8.953, de 13-12-1994.

•• Dispositivo correspondente no CPC de 2015: art. 774, parágrafo único.

Parágrafo único. O juiz relevará a pena, se o devedor se comprometer a não mais praticar qualquer dos atos definidos no artigo antecedente e der fiador idôneo, que responda ao credor pela dívida principal, juros, despesas e honorários advocatícios.

•• Parágrafo único com redação determinada pela Lei n. 5.925, de 1.º-10-1973.

Art. 602. (*Revogado pela Lei n. 11.232, de 22-12-2005.*)

Capítulo VI
DA LIQUIDAÇÃO DA SENTENÇA

Arts. 603 a 611. (*Revogados pela Lei n. 11.232, de 22-12-2005.*)

Título II
DAS DIVERSAS ESPÉCIES DE EXECUÇÃO

Capítulo I
DAS DISPOSIÇÕES GERAIS

Art. 612. Ressalvado o caso de insolvência do devedor, em que tem lugar o concurso universal (art. 751, III), realiza-se a execução no interesse do credor, que adquire, pela penhora, o direito de preferência sobre os bens penhorados.

•• Dispositivo correspondente no CPC de 2015: art. 797, *caput*.

Art. 613. Recaindo mais de uma penhora sobre os mesmos bens, cada credor conservará o seu título de preferência.

•• Dispositivo correspondente no CPC de 2015: art. 797, parágrafo único.

Art. 614. Cumpre ao credor, ao requerer a execução, pedir a citação do devedor e instruir a petição inicial:

•• Dispositivo correspondente no CPC de 2015: art. 798, *caput*, e inciso I, *caput*.

I – com o título executivo extrajudicial;

•• Inciso I com redação determinada pela Lei n. 11.382, de 6-12-2006.

•• Dispositivo correspondente no CPC de 2015: art. 798, I, *a*.

II – com o demonstrativo do débito atualizado até a data da propositura da ação, quando se tratar de execução por quantia certa;

•• Inciso II com redação determinada pela Lei n. 8.953, de 13-12-1994.

•• Dispositivo correspondente no CPC de 2015: art. 798, I, *b*.

III – com a prova de que se verificou a condição, ou ocorreu o termo (art. 572).

•• Inciso III acrescentado pela Lei n. 8.953, de 13-12-1994.

•• Dispositivo correspondente no CPC de 2015: art. 798, I, *c*.

Art. 615. Cumpre ainda ao credor:

•• Dispositivo correspondente no CPC de 2015: art. 799, *caput*.

I – indicar a espécie de execução que prefere, quando por mais de um modo pode ser efetuada;

•• Dispositivo correspondente no CPC de 2015: art. 798, II, *caput*, e *a*.

II – requerer a intimação do credor pignoratício, hipotecário, ou anticrético, ou usufrutuário, quando a penhora recair sobre bens gravados por penhor, hipoteca, anticrese ou usufruto;

•• Dispositivo correspondente no CPC de 2015: art. 799, I.

III – pleitear medidas acautelatórias urgentes;

•• Dispositivo correspondente no CPC de 2015: art. 799, VIII.

IV – provar que adimpliu a contraprestação, que lhe corresponde, ou que lhe assegura o cumprimento, se o executado não for obrigado a satisfazer a sua prestação senão mediante a contraprestação do credor.

•• Dispositivo correspondente no CPC de 2015: art. 798, I, *d*.

Art. 615-A. O exequente poderá, no ato da distribuição, obter certidão comprobatória do ajuizamento da execução, com identificação das partes e valor da causa, para fins de averbação no registro de imóveis, registro de veículos ou registro de outros bens sujeitos à penhora ou arresto.

Arts. 615-A a 621

•• *Caput* acrescentado pela Lei n. 11.382, de 6-12-2006.

•• Dispositivo correspondente no CPC de 2015: art. 828, *caput*.

§ 1.º O exequente deverá comunicar ao juízo as averbações efetivadas, no prazo de 10 (dez) dias de sua concretização.

•• § 1.º acrescentado pela Lei n. 11.382, de 6-12-2006.

•• Dispositivo correspondente no CPC de 2015: art. 828, § 1.º.

§ 2.º Formalizada penhora sobre bens suficientes para cobrir o valor da dívida, será determinado o cancelamento das averbações de que trata este artigo relativas àqueles que não tenham sido penhorados.

•• § 2.º acrescentado pela Lei n. 11.382, de 6-12-2006.

•• Dispositivo correspondente no CPC de 2015: art. 828, §§ 2.º e 3.º.

§ 3.º Presume-se em fraude à execução a alienação ou oneração de bens efetuada após a averbação (art. 593).

•• § 3.º acrescentado pela Lei n. 11.382, de 6-12-2006.

•• Dispositivo correspondente no CPC de 2015: art. 828, § 4.º.

§ 4.º O exequente que promover averbação manifestamente indevida indenizará a parte contrária, nos termos do § 2.º do art. 18 desta Lei, processando-se o incidente em autos apartados.

•• § 4.º acrescentado pela Lei n. 11.382, de 6-12-2006.

•• Dispositivo correspondente no CPC de 2015: art. 828, § 5.º.

§ 5.º Os tribunais poderão expedir instruções sobre o cumprimento deste artigo.

•• § 5.º acrescentado pela Lei n. 11.382, de 6-12-2006.

Art. 616. Verificando o juiz que a petição inicial está incompleta, ou não se acha acompanhada dos documentos indispensáveis à propositura da execução, determinará que o credor a corrija, no prazo de 10 (dez) dias, sob pena de ser indeferida.

•• Dispositivo correspondente no CPC de 2015: art. 801.

Art. 617. A propositura da execução, deferida pelo juiz, interrompe a prescrição, mas a citação do devedor deve ser feita com observância do disposto no art. 219.

Processo de Execução

•• Dispositivo correspondente no CPC de 2015: art. 802, *caput*.

Art. 618. É nula a execução:

•• Dispositivo correspondente no CPC de 2015: art. 803, *caput*.

I – se o título executivo extrajudicial não corresponder a obrigação certa, líquida e exigível (art. 586);

•• Inciso I com redação determinada pela Lei n. 11.382, de 6-12-2006.

•• Dispositivo correspondente no CPC de 2015: art. 803, I.

II – se o devedor não for regularmente citado;

•• Dispositivo correspondente no CPC de 2015: art. 803, II.

III – se instaurada antes de se verificar a condição ou de ocorrido o termo, nos casos do art. 572.

•• Dispositivo correspondente no CPC de 2015: art. 803, III.

Art. 619. A alienação de bem aforado ou gravado por penhor, hipoteca, anticrese ou usufruto será ineficaz em relação ao senhorio direto, ou ao credor pignoratício, hipotecário, anticrético, ou usufrutuário, que não houver sido intimado.

•• Dispositivo correspondente no CPC de 2015: art. 804, *caput*.

Art. 620. Quando por vários meios o credor puder promover a execução, o juiz mandará que se faça pelo modo menos gravoso para o devedor.

•• Dispositivo correspondente no CPC de 2015: art. 805, *caput*.

Capítulo II
DA EXECUÇÃO PARA A ENTREGA DE COISA

Seção I
Da Entrega de Coisa Certa

Art. 621. O devedor de obrigação de entrega de coisa certa, constante de título executivo extrajudicial, será citado para, dentro de 10 (dez) dias, satisfazer a obrigação ou, seguro o juízo (art. 737, II), apresentar embargos.

•• *Caput* com redação determinada pela Lei n. 10.444, de 7-5-2002.

Processo de Execução

•• Dispositivo correspondente no CPC de 2015: art. 806, *caput*.

Parágrafo único. O juiz, ao despachar a inicial, poderá fixar multa por dia de atraso no cumprimento da obrigação, ficando o respectivo valor sujeito a alteração, caso se revele insuficiente ou excessivo.

•• Parágrafo único acrescentado pela Lei n. 10.444, de 7-5-2002.

•• Dispositivo correspondente no CPC de 2015: art. 806, § 1.º.

Art. 622. O devedor poderá depositar a coisa, em vez de entregá-la, quando quiser opor embargos.

•• Artigo com redação determinada pela Lei n. 5.925, de 1.º-10-1973.

Art. 623. Depositada a coisa, o exequente não poderá levantá-la antes do julgamento dos embargos.

•• Artigo com redação determinada pela Lei n. 8.953, de 13-12-1994.

Art. 624. Se o executado entregar a coisa, lavrar-se-á o respectivo termo e dar-se-á por finda a execução, salvo se esta tiver de prosseguir para o pagamento de frutos ou ressarcimento de prejuízos.

•• Artigo com redação determinada pela Lei n. 10.444, de 7-5-2002.

•• Dispositivo correspondente no CPC de 2015: art. 807.

Art. 625. Não sendo a coisa entregue ou depositada, nem admitidos embargos suspensivos da execução, expedir-se-á, em favor do credor, mandado de imissão na posse ou de busca e apreensão, conforme se tratar de imóvel ou de móvel.

•• Artigo com redação determinada pela Lei n. 5.925, de 1.º-10-1973.

Art. 626. Alienada a coisa quando já litigiosa, expedir-se-á mandado contra o terceiro adquirente, que somente será ouvido depois de depositá-la.

•• Dispositivo correspondente no CPC de 2015: art. 808.

Art. 627. O credor tem direito a receber, além de perdas e danos, o valor da coisa, quando esta não lhe for entregue, se deteriorou, não for encontrada ou não for reclamada do poder de terceiro adquirente.

•• Dispositivo correspondente no CPC de 2015: art. 809, *caput*.

§ 1.º Não constando do título o valor da coisa, ou sendo impossível a sua avaliação, o exequente far-lhe-á a estimativa, sujeitando-se ao arbitramento judicial.

•• § 1.º com redação determinada pela Lei n. 10.444, de 7-5-2002.

•• Dispositivo correspondente no CPC de 2015: art. 809, § 1.º.

§ 2.º Serão apurados em liquidação o valor da coisa e os prejuízos.

•• § 2.º com redação determinada pela Lei n. 10.444, de 7-5-2002.

•• Dispositivo correspondente no CPC de 2015: art. 809, § 2.º.

Art. 628. Havendo benfeitorias indenizáveis feitas na coisa pelo devedor ou por terceiros, de cujo poder ela houver sido tirada, a liquidação prévia é obrigatória. Se houver saldo em favor do devedor, o credor o depositará ao requerer a entrega da coisa; se houver saldo em favor do credor, este poderá cobrá-lo nos autos do mesmo processo.

•• Dispositivo correspondente no CPC de 2015: art. 810.

Seção II
Da Entrega de Coisa Incerta

Art. 629. Quando a execução recair sobre coisas determinadas pelo gênero e quantidade, o devedor será citado para entregá-las individualizadas, se lhe couber a escolha; mas se essa couber ao credor, este a indicará na petição inicial.

•• Dispositivo correspondente no CPC de 2015: art. 811.

Art. 630. Qualquer das partes poderá, em 48 (quarenta e oito) horas, impugnar a escolha feita pela outra, e o juiz decidirá de plano, ou, se necessário, ouvindo perito de sua nomeação.

•• Dispositivo correspondente no CPC de 2015: art. 812.

Art. 631. Aplicar-se-á à execução para entrega de coisa incerta o estatuído na seção anterior.

•• Dispositivo correspondente no CPC de 2015: art. 813.

Capítulo III
DA EXECUÇÃO DAS OBRIGAÇÕES DE FAZER E DE NÃO FAZER

Seção I
Da Obrigação de Fazer

Art. 632. Quando o objeto da execução for obrigação de fazer, o devedor será citado para satisfazê-la no prazo que o juiz lhe assinar, se outro não estiver determinado no título executivo.

•• Artigo com redação determinada pela Lei n. 8.953, de 13-12-1994.
•• Dispositivo correspondente no CPC de 2015: art. 815.

Art. 633. Se, no prazo fixado, o devedor não satisfizer a obrigação, é lícito ao credor, nos próprios autos do processo, requerer que ela seja executada à custa do devedor, ou haver perdas e danos; caso em que ela se converte em indenização.

•• Dispositivo correspondente no CPC de 2015: art. 816, *caput*.

Parágrafo único. O valor das perdas e danos será apurado em liquidação, seguindo-se a execução para cobrança de quantia certa.

•• Dispositivo correspondente no CPC de 2015: art. 816, parágrafo único.

Art. 634. Se o fato puder ser prestado por terceiro, é lícito ao juiz, a requerimento do exequente, decidir que aquele o realize à custa do executado.

•• *Caput* com redação determinada pela Lei n. 11.382, de 6-12-2006.
•• Dispositivo correspondente no CPC de 2015: art. 817, *caput*.

Parágrafo único. O exequente adiantará as quantias previstas na proposta que, ouvidas as partes, o juiz houver aprovado.

•• Parágrafo único com redação determinada pela Lei n. 11.382, de 6-12-2006.
•• Dispositivo correspondente no CPC de 2015: art. 817, parágrafo único.

Art. 635. Prestado o fato, o juiz ouvirá as partes no prazo de 10 (dez) dias; não havendo impugnação, dará por cumprida a obrigação; em caso contrário, decidirá a impugnação.

•• Dispositivo correspondente no CPC de 2015: art. 818.

Art. 636. Se o contratante não prestar o fato no prazo, ou se o praticar de modo incompleto ou defeituoso, poderá o credor requerer ao juiz, no prazo de 10 (dez) dias, que o autorize a concluí-lo, ou a repará-lo, por conta do contratante.

•• Dispositivo correspondente no CPC de 2015: art. 819, *caput*.

Parágrafo único. Ouvido o contratante no prazo de 5 (cinco) dias, o juiz mandará avaliar o custo das despesas necessárias e condenará o contratante a pagá-lo.

•• Dispositivo correspondente no CPC de 2015: art. 819, parágrafo único.

Art. 637. Se o credor quiser executar, ou mandar executar, sob sua direção e vigilância, as obras e trabalhos necessários à prestação do fato, terá preferência, em igualdade de condições de oferta, ao terceiro.

•• Dispositivo correspondente no CPC de 2015: art. 820, *caput*.

Parágrafo único. O direito de preferência será exercido no prazo de 5 (cinco) dias, contados da apresentação da proposta pelo terceiro (art. 634, parágrafo único).

•• Parágrafo único com redação determinada pela Lei n. 11.382, de 6-12-2006.
•• Dispositivo correspondente no CPC de 2015: art. 820, parágrafo único.

Art. 638. Nas obrigações de fazer, quando for convencionado que o devedor a faça pessoalmente, o credor poderá requerer ao juiz que lhe assine prazo para cumpri-la.

•• Dispositivo correspondente no CPC de 2015: art. 821, *caput*.

Parágrafo único. Havendo recusa ou mora do devedor, a obrigação pessoal do devedor converter-se-á em perdas e danos, aplicando-se outrossim o disposto no art. 633.

•• Dispositivo correspondente no CPC de 2015: art. 821, parágrafo único.

Arts. 639 a 641. (*Revogados pela Lei n. 11.232, de 22-12-2005.*)

Processo de Execução

Seção II
Da Obrigação de Não Fazer

Art. 642. Se o devedor praticou o ato, a cuja abstenção estava obrigado pela lei ou pelo contrato, o credor requererá ao juiz que lhe assine prazo para desfazê-lo.

•• Dispositivo correspondente no CPC de 2015: art. 822.

Art. 643. Havendo recusa ou mora do devedor, o credor requererá ao juiz que mande desfazer o ato à sua custa, respondendo o devedor por perdas e danos.

•• Dispositivo correspondente no CPC de 2015: art. 823, *caput*.

Parágrafo único. Não sendo possível desfazer-se o ato, a obrigação resolve-se em perdas e danos.

•• Dispositivo correspondente no CPC de 2015: art. 823, parágrafo único.

Seção III
Das Disposições Comuns às Seções Precedentes

Art. 644. A sentença relativa a obrigação de fazer ou não fazer cumpre-se de acordo com o art. 461, observando-se, subsidiariamente, o disposto neste Capítulo.

•• Artigo com redação determinada pela Lei n. 10.444, de 7-5-2002.

Art. 645. Na execução de obrigação de fazer ou não fazer, fundada em título extrajudicial, o juiz, ao despachar a inicial, fixará multa por dia de atraso no cumprimento da obrigação e a data a partir da qual será devida.

•• *Caput* com redação determinada pela Lei n. 8.953, de 13-12-1994.

•• Dispositivo correspondente no CPC de 2015: art. 814, *caput*.

Parágrafo único. Se o valor da multa estiver previsto no título, o juiz poderá reduzi-lo se excessivo.

•• Parágrafo único acrescentado pela Lei n. 8.953, de 13-12-1994.

•• Dispositivo correspondente no CPC de 2015: art. 814, parágrafo único.

Capítulo IV
DA EXECUÇÃO POR QUANTIA CERTA CONTRA DEVEDOR SOLVENTE

Seção I
Da Penhora, da Avaliação e da Expropriação de Bens

•• Seção I com denominação determinada pela Lei n. 11.382, de 6-12-2006.

Subseção I
Das disposições gerais

Art. 646. A execução por quantia certa tem por objeto expropriar bens do devedor, a fim de satisfazer o direito do credor (art. 591).

•• Dispositivo correspondente no CPC de 2015: art. 824.

Art. 647. A expropriação consiste:

•• Dispositivo correspondente no CPC de 2015: art. 825, *caput*.

I – na adjudicação em favor do exequente ou das pessoas indicadas no § 2.º do art. 685-A desta Lei;

•• Inciso I com redação determinada pela Lei n. 11.382, de 6-12-2006.

•• Dispositivo correspondente no CPC de 2015: art. 825, I.

II – na alienação por iniciativa particular;

•• Inciso II com redação determinada pela Lei n. 11.382, de 6-12-2006.

•• Dispositivos correspondentes no CPC de 2015: arts. 825, II, e 879, I.

III – na alienação em hasta pública;

•• Inciso III com redação determinada pela Lei n. 11.382, de 6-12-2006.

•• Dispositivos correspondentes no CPC de 2015: arts. 825, II, e 879, II.

IV – no usufruto de bem móvel ou imóvel.

•• Inciso IV acrescentado pela Lei n. 11.382, de 6-12-2006.

•• Dispositivo correspondente no CPC de 2015: art. 825, III.

Art. 648. Não estão sujeitos à execução os bens que a lei considera impenhoráveis ou inalienáveis.

•• Dispositivo correspondente no CPC de 2015: art. 832.

Arts. 649 e 650

Art. 649. São absolutamente impenhoráveis:

•• Dispositivo correspondente no CPC de 2015: art. 833, *caput*.

I – os bens inalienáveis e os declarados, por ato voluntário, não sujeitos à execução;

•• Dispositivo correspondente no CPC de 2015: art. 833, I.

II – os móveis, pertences e utilidades domésticas que guarneçam a residência do executado, salvo os de elevado valor ou que ultrapassem as necessidades comuns correspondentes a um médio padrão de vida;

•• Inciso II com redação determinada pela Lei n. 11.382, de 6-12-2006.

•• Dispositivo correspondente no CPC de 2015: art. 833, II.

III – os vestuários, bem como os pertences de uso pessoal do executado, salvo se de elevado valor;

•• Inciso III com redação determinada pela Lei n. 11.382, de 6-12-2006.

•• Dispositivo correspondente no CPC de 2015: art. 833, III.

IV – os vencimentos, subsídios, soldos, salários, remunerações, proventos de aposentadoria, pensões, pecúlios e montepios; as quantias recebidas por liberalidade de terceiro e destinadas ao sustento do devedor e sua família, os ganhos de trabalhador autônomo e os honorários de profissional liberal, observado o disposto no § 3.º deste artigo;

•• Inciso IV com redação determinada pela Lei n. 11.382, de 6-12-2006.

•• Dispositivo correspondente no CPC de 2015: art. 833, IV.

V – os livros, as máquinas, as ferramentas, os utensílios, os instrumentos ou outros bens móveis necessários ou úteis ao exercício de qualquer profissão;

•• Inciso V com redação determinada pela Lei n. 11.382, de 6-12-2006.

•• Dispositivo correspondente no CPC de 2015: art. 833, V.

VI – o seguro de vida;

•• Inciso VI com redação determinada pela Lei n. 11.382, de 6-12-2006.

•• Dispositivo correspondente no CPC de 2015: art. 833, VI.

VII – os materiais necessários para obras em andamento, salvo se essas forem penhoradas;

•• Inciso VII com redação determinada pela Lei n. 11.382, de 6-12-2006.

•• Dispositivo correspondente no CPC de 2015: art. 833, VII.

VIII – a pequena propriedade rural, assim definida em lei, desde que trabalhada pela família;

•• Inciso VIII com redação determinada pela Lei n. 11.382, de 6-12-2006.

•• Dispositivo correspondente no CPC de 2015: art. 833, VIII.

IX – os recursos públicos recebidos por instituições privadas para aplicação compulsória em educação, saúde ou assistência social;

•• Inciso IX com redação determinada pela Lei n. 11.382, de 6-12-2006.

•• Dispositivo correspondente no CPC de 2015: art. 833, IX.

X – até o limite de 40 (quarenta) salários mínimos, a quantia depositada em caderneta de poupança;

•• Inciso X com redação determinada pela Lei n. 11.382, de 6-12-2006.

•• Dispositivo correspondente no CPC de 2015: art. 833, X.

XI – os recursos públicos do fundo partidário recebidos, nos termos da lei, por partido político.

•• Inciso XI acrescentado pela Lei n. 11.694, de 12-6-2008.

•• Dispositivo correspondente no CPC de 2015: art. 833, XI.

§ 1.º A impenhorabilidade não é oponível à cobrança do crédito concedido para a aquisição do próprio bem.

•• § 1.º acrescentado pela Lei n. 11.382, de 6-12-2006.

•• Dispositivo correspondente no CPC de 2015: art. 833, § 1.º.

§ 2.º O disposto no inciso IV do *caput* deste artigo não se aplica no caso de penhora para pagamento de prestação alimentícia.

•• § 2.º acrescentado pela Lei n. 11.382, de 6-12-2006.

•• Dispositivo correspondente no CPC de 2015: art. 833, § 2.º.

§ 3.º (*Vetado*.)

•• § 3.º acrescentado pela Lei n. 11.382, de 6-12-2006.

Art. 650. Podem ser penhorados, à falta de outros bens, os frutos e rendimentos dos bens

Processo de Execução

inalienáveis, salvo se destinados à satisfação de prestação alimentícia.

- *Caput* com redação determinada pela Lei n. 11.382, de 6-12-2006.
- Dispositivo correspondente no CPC de 2015: art. 834.

Parágrafo único. (*Vetado.*)

- Parágrafo único acrescentado pela Lei n. 11.382, de 6-12-2006.

Art. 651. Antes de adjudicados ou alienados os bens, pode o executado, a todo tempo, remir a execução, pagando ou consignando a importância atualizada da dívida, mais juros, custas e honorários advocatícios.

- Artigo com redação determinada pela Lei n. 11.382, de 6-12-2006.
- Dispositivo correspondente no CPC de 2015: art. 826.

Subseção II
Da citação do devedor e da indicação de bens

- Subseção II com denominação determinada pela Lei n. 11.382, de 6-12-2006.

Art. 652. O executado será citado para, no prazo de 3 (três) dias, efetuar o pagamento da dívida.

- *Caput* com redação determinada pela Lei n. 11.382, de 6-12-2006.
- Dispositivo correspondente no CPC de 2015: art. 829, *caput*.

§ 1.º Não efetuado o pagamento, munido da segunda via do mandado, o oficial de justiça procederá de imediato à penhora de bens e a sua avaliação, lavrando-se o respectivo auto e de tais atos intimando, na mesma oportunidade, o executado.

- § 1.º com redação determinada pela Lei n. 11.382, de 6-12-2006.
- Dispositivo correspondente no CPC de 2015: art. 829, § 1.º.

§ 2.º O credor poderá, na inicial da execução, indicar bens a serem penhorados (art. 655).

- § 2.º com redação determinada pela Lei n. 11.382, de 6-12-2006.

§ 3.º O juiz poderá, de ofício ou a requerimento do exequente, determinar, a qualquer tempo, a intimação do executado para indicar bens passíveis de penhora.

- § 3.º acrescentado pela Lei n. 11.382, de 6-12-2006.
- Dispositivo correspondente no CPC de 2015: art. 829, § 2.º.

§ 4.º A intimação do executado far-se-á na pessoa de seu advogado; não o tendo, será intimado pessoalmente.

- § 4.º acrescentado pela Lei n. 11.382, de 6-12-2006.
- Dispositivo correspondente no CPC de 2015: art. 841, § 1.º.

§ 5.º Se não localizar o executado para intimá-lo da penhora, o oficial certificará detalhadamente as diligências realizadas, caso em que o juiz poderá dispensar a intimação ou determinará novas diligências.

- § 5.º acrescentado pela Lei n. 11.382, de 6-12-2006.

Art. 652-A. Ao despachar a inicial, o juiz fixará, de plano, os honorários de advogado a serem pagos pelo executado (art. 20, § 4.º).

- *Caput* acrescentado pela Lei n. 11.382, de 6-12-2006.
- Dispositivo correspondente no CPC de 2015: art. 827, *caput*.

Parágrafo único. No caso de integral pagamento no prazo de 3 (três) dias, a verba honorária será reduzida pela metade.

- Parágrafo único acrescentado pela Lei n. 11.382, de 6-12-2006.
- Dispositivo correspondente no CPC de 2015: art. 827, § 1.º.

Art. 653. O oficial de justiça, não encontrando o devedor, arrestar-lhe-á tantos bens quantos bastem para garantir a execução.

- Dispositivo correspondente no CPC de 2015: art. 830, *caput*.

Parágrafo único. Nos 10 (dez) dias seguintes à efetivação do arresto, o oficial de justiça procurará o devedor três vezes em dias distintos; não o encontrando, certificará o ocorrido.

- Dispositivo correspondente no CPC de 2015: art. 830, § 1.º.

Art. 654. Compete ao credor, dentro de 10 (dez) dias, contados da data em que foi intimado do arresto a que se refere o parágrafo único do artigo anterior, requerer a citação por edital do devedor. Findo o prazo do edital, terá o devedor o prazo a que se refere o art. 652, convertendo-se o arresto em penhora em caso de não pagamento.

Arts. 654 a 655-A — Processo de Execução

•• Dispositivo correspondente no CPC de 2015: art. 830, §§ 2.º e 3.º.

Art. 655. A penhora observará, preferencialmente, a seguinte ordem:

•• *Caput* com redação determinada pela Lei n. 11.382, de 6-12-2006.

•• Dispositivo correspondente no CPC de 2015: art. 835, *caput*.

I – dinheiro, em espécie ou em depósito ou aplicação em instituição financeira;

•• Inciso I com redação determinada pela Lei n. 11.382, de 6-12-2006.

•• Dispositivo correspondente no CPC de 2015: art. 835, I.

II – veículos de via terrestre;

•• Inciso II com redação determinada pela Lei n. 11.382, de 6-12-2006.

•• Dispositivo correspondente no CPC de 2015: art. 835, IV.

III – bens móveis em geral;

•• Inciso III com redação determinada pela Lei n. 11.382, de 6-12-2006.

•• Dispositivo correspondente no CPC de 2015: art. 835, VI.

IV – bens imóveis;

•• Inciso IV com redação determinada pela Lei n. 11.382, de 6-12-2006.

•• Dispositivo correspondente no CPC de 2015: art. 835, V.

V – navios e aeronaves;

•• Inciso V com redação determinada pela Lei n. 11.382, de 6-12-2006.

•• Dispositivo correspondente no CPC de 2015: art. 835, VIII.

VI – ações e quotas de sociedades empresárias;

•• Inciso VI com redação determinada pela Lei n. 11.382, de 6-12-2006.

•• Dispositivo correspondente no CPC de 2015: art. 835, IX.

VII – percentual do faturamento de empresa devedora;

•• Inciso VII com redação determinada pela Lei n. 11.382, de 6-12-2006.

•• Dispositivo correspondente no CPC de 2015: art. 835, X.

VIII – pedras e metais preciosos;

•• Inciso VIII com redação determinada pela Lei n. 11.382, de 6-12-2006.

•• Dispositivo correspondente no CPC de 2015: art. 835, XI.

IX – títulos da dívida pública da União, Estados e Distrito Federal, com cotação em mercado;

•• Inciso IX com redação determinada pela Lei n. 11.382, de 6-12-2006.

•• Dispositivo correspondente no CPC de 2015: art. 835, II.

X – títulos e valores mobiliários com cotação em mercado;

•• Inciso X com redação determinada pela Lei n. 11.382, de 6-12-2006.

•• Dispositivo correspondente no CPC de 2015: art. 835, III.

XI – outros direitos.

•• Inciso XI acrescentado pela Lei n. 11.382, de 6-12-2006.

•• Dispositivo correspondente no CPC de 2015: art. 835, XIII.

§ 1.º Na execução de crédito com garantia hipotecária, pignoratícia ou anticrética, a penhora recairá, preferencialmente, sobre a coisa dada em garantia; se a coisa pertencer a terceiro garantidor, será também esse intimado da penhora.

•• § 1.º com redação determinada pela Lei n. 11.382, de 6-12-2006.

•• Dispositivo correspondente no CPC de 2015: art. 835, § 3.º.

§ 2.º Recaindo a penhora em bens imóveis, será intimado também o cônjuge do executado.

•• § 2.º com redação determinada pela Lei n. 11.382, de 6-12-2006.

•• Dispositivo correspondente no CPC de 2015: art. 842.

Art. 655-A. Para possibilitar a penhora de dinheiro em depósito ou aplicação financeira, o juiz, a requerimento do exequente, requisitará à autoridade supervisora do sistema bancário, preferencialmente por meio eletrônico, informações sobre a existência de ativos em nome do executado, podendo no mesmo ato determinar sua indisponibilidade, até o valor indicado na execução.

•• *Caput* acrescentado pela Lei n. 11.382, de 6-12-2006.

•• Dispositivo correspondente no CPC de 2015: art. 854, *caput*.

§ 1.º As informações limitar-se-ão à existência ou não de depósito ou aplicação até o valor indicado na execução.

Processo de Execução

Arts. 655-A a 656

- § 1.º acrescentado pela Lei n. 11.382, de 6-12-2006.

§ 2.º Compete ao executado comprovar que as quantias depositadas em conta corrente referem-se à hipótese do inciso IV do *caput* do art. 649 desta Lei ou que estão revestidas de outra forma de impenhorabilidade.

- § 2.º acrescentado pela Lei n. 11.382, de 6-12-2006.
- Dispositivo correspondente no CPC de 2015: art. 854, § 3.º, *caput*, e I.

§ 3.º Na penhora de percentual do faturamento da empresa executada, será nomeado depositário, com a atribuição de submeter à aprovação judicial a forma de efetivação da constrição, bem como de prestar contas mensalmente, entregando ao exequente as quantias recebidas, a fim de serem imputadas no pagamento da dívida.

- § 3.º acrescentado pela Lei n. 11.382, de 6-12-2006.
- Dispositivo correspondente no CPC de 2015: art. 866, § 2.º.

§ 4.º Quando se tratar de execução contra partido político, o juiz, a requerimento do exequente, requisitará à autoridade supervisora do sistema bancário, nos termos do que estabelece o *caput* deste artigo, informações sobre a existência de ativos tão somente em nome do órgão partidário que tenha contraído a dívida executada ou que tenha dado causa a violação de direito ou ao dano, ao qual cabe exclusivamente a responsabilidade pelos atos praticados, de acordo com o disposto no art. 15-A da Lei n. 9.096, de 19 de setembro de 1995.

- § 4.º acrescentado pela Lei n. 11.694, de 12-6-2008.
- Dispositivo correspondente no CPC de 2015: art. 854, § 9.º.

Art. 655-B. Tratando-se de penhora em bem indivisível, a meação do cônjuge alheio à execução recairá sobre o produto da alienação do bem.

- Artigo acrescentado pela Lei n. 11.382, de 6-12-2006.
- Dispositivo correspondente no CPC de 2015: art. 843, *caput*.

Art. 656. A parte poderá requerer a substituição da penhora:

- *Caput* com redação determinada pela Lei n. 11.382, de 6-12-2006.
- Dispositivo correspondente no CPC de 2015: art. 848, *caput*.

I – se não obedecer à ordem legal;

- Inciso I com redação mantida pela Lei n. 11.382, de 6-12-2006.
- Dispositivo correspondente no CPC de 2015: art. 848, I.

II – se não incidir sobre os bens designados em lei, contrato ou ato judicial para o pagamento;

- Inciso II com redação determinada pela Lei n. 11.382, de 6-12-2006.
- Dispositivo correspondente no CPC de 2015: art. 848, II.

III – se, havendo bens no foro da execução, outros houverem sido penhorados;

- Inciso III com redação determinada pela Lei n. 11.382, de 6-12-2006.
- Dispositivo correspondente no CPC de 2015: art. 848, III.

IV – se, havendo bens livres, a penhora houver recaído sobre bens já penhorados ou objeto de gravame;

- Inciso IV com redação determinada pela Lei n. 11.382, de 6-12-2006.
- Dispositivo correspondente no CPC de 2015: art. 848, IV.

V – se incidir sobre bens de baixa liquidez;

- Inciso V com redação determinada pela Lei n. 11.382, de 6-12-2006.
- Dispositivo correspondente no CPC de 2015: art. 848, V.

VI – se fracassar a tentativa de alienação judicial do bem; ou

- Inciso VI com redação determinada pela Lei n. 11.382, de 6-12-2006.
- Dispositivo correspondente no CPC de 2015: art. 848, VI.

VII – se o devedor não indicar o valor dos bens ou omitir qualquer das indicações a que se referem os incisos I a IV do parágrafo único do art. 668 desta Lei.

- Inciso VII acrescentado pela Lei n. 11.382, de 6-12-2006.
- Dispositivo correspondente no CPC de 2015: art. 848, VII.

§ 1.º É dever do executado (art. 600), no prazo fixado pelo juiz, indicar onde se encontram os bens sujeitos à execução, exibir a prova de sua propriedade e, se for o caso, certidão negativa de ônus, bem como abster-se de qualquer atitude que dificulte ou embarace a realização da penhora (art. 14, parágrafo único).

•• § 1.º com redação determinada pela Lei n. 11.382, de 6-12-2006.

•• Dispositivo correspondente no CPC de 2015: art. 847, § 2.º.

§ 2.º A penhora pode ser substituída por fiança bancária ou seguro garantia judicial, em valor não inferior ao do débito constante da inicial, mais 30% (trinta por cento).

•• § 2.º acrescentado pela Lei n. 11.382, de 6-12-2006.

•• Dispositivo correspondente no CPC de 2015: art. 848, parágrafo único.

§ 3.º O executado somente poderá oferecer bem imóvel em substituição caso o requeira com a expressa anuência do cônjuge.

•• § 3.º acrescentado pela Lei n. 11.382, de 6-12-2006.

•• Dispositivo correspondente no CPC de 2015: art. 847, § 3.º.

Art. 657. Ouvida em 3 (três) dias a parte contrária, se os bens inicialmente penhorados (art. 652) forem substituídos por outros, lavrar-se-á o respectivo termo.

•• *Caput* com redação determinada pela Lei n. 11.382, de 6-12-2006.

•• Dispositivo correspondente no CPC de 2015: art. 849.

Parágrafo único. O juiz decidirá de plano quaisquer questões suscitadas.

•• Parágrafo único com redação determinada pela Lei n. 11.382, de 6-12-2006.

Art. 658. Se o devedor não tiver bens no foro da causa, far-se-á a execução por carta, penhorando-se, avaliando-se e alienando-se os bens no foro da situação (art. 747).

•• Dispositivo correspondente no CPC de 2015: art. 845, § 2.º.

Subseção III
Da penhora e do depósito

Art. 659. A penhora deverá incidir em tantos bens quantos bastem para o pagamento do principal atualizado, juros, custas e honorários advocatícios.

•• *Caput* com redação determinada pela Lei n. 11.382, de 6-12-2006.

•• Dispositivo correspondente no CPC de 2015: art. 831.

§ 1.º Efetuar-se-á a penhora onde quer que se encontrem os bens, ainda que sob a posse, detenção ou guarda de terceiros.

•• § 1.º com redação determinada pela Lei n. 11.382, de 6-12-2006.

•• Dispositivo correspondente no CPC de 2015: art. 845, *caput*.

§ 2.º Não se levará a efeito a penhora, quando evidente que o produto da execução dos bens encontrados será totalmente absorvido pelo pagamento das custas da execução.

•• Dispositivo correspondente no CPC de 2015: art. 836, *caput*.

§ 3.º No caso do parágrafo anterior e bem assim quando não encontrar quaisquer bens penhoráveis, o oficial descreverá na certidão os que guarnecem a residência ou o estabelecimento do devedor.

§ 4.º A penhora de bens imóveis realizar-se-á mediante auto ou termo de penhora, cabendo ao exequente, sem prejuízo da imediata intimação do executado (art. 652, § 4.º), providenciar, para presunção absoluta de conhecimento por terceiros, a respectiva averbação no ofício imobiliário, mediante a apresentação de certidão de inteiro teor do ato, independentemente de mandado judicial.

•• § 4.º com redação determinada pela Lei n. 11.382, de 6-12-2006.

•• Dispositivo correspondente no CPC de 2015: art. 844.

§ 5.º Nos casos do § 4.º, quando apresentada certidão da respectiva matrícula, a penhora de imóveis, independentemente de onde se localizem, será realizada por termo nos autos, do qual será intimado o executado, pessoalmente ou na pessoa de seu advogado, e por este ato constituído depositário.

•• § 5.º acrescentado pela Lei n. 10.444, de 7-5-2002.

•• Dispositivo correspondente no CPC de 2015: art. 845, § 1.º.

§ 6.º Obedecidas as normas de segurança que forem instituídas, sob critérios uniformes, pelos Tribunais, a penhora de numerário e as averbações de penhoras de bens imóveis e móveis podem ser realizadas por meios eletrônicos.

Processo de Execução

Arts. 659 a 666

•• § 6.º acrescentado pela Lei n. 11.382, de 6-12-2006.
•• Dispositivo correspondente no CPC de 2015: art. 837.

Art. 660. Se o devedor fechar as portas da casa, a fim de obstar a penhora dos bens, o oficial de justiça comunicará o fato ao juiz, solicitando-lhe ordem de arrombamento.

•• Dispositivo correspondente no CPC de 2015: art. 846, *caput*.

Art. 661. Deferido o pedido mencionado no artigo antecedente, dois oficiais de justiça cumprirão o mandado, arrombando portas, móveis e gavetas, onde presumirem que se achem os bens, e lavrando de tudo auto circunstanciado, que será assinado por duas testemunhas, presentes à diligência.

•• Dispositivo correspondente no CPC de 2015: art. 846, § 1.º.

Art. 662. Sempre que necessário, o juiz requisitará força policial, a fim de auxiliar os oficiais de justiça na penhora dos bens e na prisão de quem resistir à ordem.

•• Dispositivo correspondente no CPC de 2015: art. 846, § 2.º.

Art. 663. Os oficiais de justiça lavrarão em duplicata o auto de resistência, entregando uma via ao escrivão do processo para ser junta aos autos e a outra à autoridade policial, a quem entregarão o preso.

•• Dispositivo correspondente no CPC de 2015: art. 846, § 3.º.

Parágrafo único. Do auto de resistência constará o rol de testemunhas, com a sua qualificação.

•• Dispositivo correspondente no CPC de 2015: art. 846, § 4.º.

Art. 664. Considerar-se-á feita a penhora mediante a apreensão e o depósito dos bens, lavrando-se um só auto se as diligências forem concluídas no mesmo dia.

•• Dispositivo correspondente no CPC de 2015: art. 839, *caput*.

Parágrafo único. Havendo mais de uma penhora, lavrar-se-á para cada qual um auto.

•• Dispositivo correspondente no CPC de 2015: art. 839, parágrafo único.

Art. 665. O auto de penhora conterá:

•• Dispositivo correspondente no CPC de 2015: art. 838, *caput*.

I – a indicação do dia, mês, ano e lugar em que foi feita;

•• Dispositivo correspondente no CPC de 2015: art. 838, I.

II – os nomes do credor e do devedor;

•• Dispositivo correspondente no CPC de 2015: art. 838, II.

III – a descrição dos bens penhorados, com os seus característicos;

•• Dispositivo correspondente no CPC de 2015: art. 838, III.

IV – a nomeação do depositário dos bens.

•• Dispositivo correspondente no CPC de 2015: art. 838, IV.

Art. 666. Os bens penhorados serão preferencialmente depositados:

•• *Caput* com redação determinada pela Lei n. 11.382, de 6-12-2006.

•• Dispositivo correspondente no CPC de 2015: art. 840, *caput*.

I – no Banco do Brasil, na Caixa Econômica Federal, ou em um banco, de que o Estado-Membro da União possua mais de metade do capital social integralizado; ou, em falta de tais estabelecimentos de crédito, ou agências suas no lugar, em qualquer estabelecimento de crédito, designado pelo juiz, as quantias em dinheiro, as pedras e os metais preciosos, bem como os papéis de crédito;

•• Dispositivo correspondente no CPC de 2015: art. 840, I.

II – em poder do depositário judicial, os móveis e os imóveis urbanos;

•• Dispositivo correspondente no CPC de 2015: art. 840, II.

III – em mãos de depositário particular, os demais bens.

•• Inciso III com redação determinada pela Lei n. 11.382, de 6-12-2006.

•• Dispositivo correspondente no CPC de 2015: art. 840, II.

§ 1.º Com a expressa anuência do exequente ou nos casos de difícil remoção, os bens poderão ser depositados em poder do executado.

•• § 1.º acrescentado pela Lei n. 11.382, de 6-12-2006.

•• Dispositivo correspondente no CPC de 2015: art. 840, § 2.º.

§ 2.º As joias, pedras e objetos preciosos deverão ser depositados com registro do valor estimado de resgate.

•• § 2.º acrescentado pela Lei n. 11.382, de 6-12-2006.
•• Dispositivo correspondente no CPC de 2015: art. 840, § 3.º.

§ 3.º A prisão de depositário judicial infiel será decretada no próprio processo, independentemente de ação de depósito.

•• § 3.º acrescentado pela Lei n. 11.382, de 6-12-2006.

Art. 667. Não se procede à segunda penhora, salvo se:

•• Dispositivo correspondente no CPC de 2015: art. 851, *caput*.

I – a primeira for anulada;

•• Dispositivo correspondente no CPC de 2015: art. 851, I.

II – executados os bens, o produto da alienação não bastar para o pagamento do credor;

•• Dispositivo correspondente no CPC de 2015: art. 851, II.

III – o credor desistir da primeira penhora, por serem litigiosos os bens, ou por estarem penhorados, arrestados ou onerados.

•• Dispositivo correspondente no CPC de 2015: art. 851, III.

Art. 668. O executado pode, no prazo de 10 (dez) dias após intimado da penhora, requerer a substituição do bem penhorado, desde que comprove cabalmente que a substituição não trará prejuízo algum ao exequente e será menos onerosa para ele devedor (art. 17, incisos IV e VI, e art. 620).

•• *Caput* com redação determinada pela Lei n. 11.382, de 6-12-2006.
•• Dispositivo correspondente no CPC de 2015: art. 847, *caput*.

Parágrafo único. Na hipótese prevista neste artigo, ao executado incumbe:

•• Parágrafo único, *caput*, acrescentado pela Lei n. 11.382, de 6-12-2006.
•• Dispositivo correspondente no CPC de 2015: art. 847, § 1.º, *caput*.

I – quanto aos bens imóveis, indicar as respectivas matrículas e registros, situá-los e mencionar as divisas e confrontações;

•• Inciso I acrescentado pela Lei n. 11.382, de 6-12-2006.
•• Dispositivo correspondente no CPC de 2015: art. 847, § 1.º, I.

II – quanto aos móveis, particularizar o estado e o lugar em que se encontram;

•• Inciso II acrescentado pela Lei n. 11.382, de 6-12-2006.
•• Dispositivo correspondente no CPC de 2015: art. 847, § 1.º, II.

III – quanto aos semoventes, especificá-los, indicando o número de cabeças e o imóvel em que se encontram;

•• Inciso III acrescentado pela Lei n. 11.382, de 6-12-2006.
•• Dispositivo correspondente no CPC de 2015: art. 847, § 1.º, III.

IV – quanto aos créditos, identificar o devedor e qualificá-lo, descrevendo a origem da dívida, o título que a representa e a data do vencimento; e

•• Inciso IV acrescentado pela Lei n. 11.382, de 6-12-2006.
•• Dispositivo correspondente no CPC de 2015: art. 847, § 1.º, IV.

V – atribuir valor aos bens indicados à penhora.

•• Inciso V acrescentado pela Lei n. 11.382, de 6-12-2006.
•• Dispositivo correspondente no CPC de 2015: art. 847, § 1.º, V.

Art. 669. (*Revogado pela Lei n. 11.382, de 6-12-2006.*)

Art. 670. O juiz autorizará a alienação antecipada dos bens penhorados quando:

•• Dispositivo correspondente no CPC de 2015: art. 852, *caput*.

I – sujeitos a deterioração ou depreciação;

•• Dispositivo correspondente no CPC de 2015: art. 852, I.

II – houver manifesta vantagem.

•• Dispositivo correspondente no CPC de 2015: art. 852, II.

Parágrafo único. Quando uma das partes requerer a alienação antecipada dos bens penhorados, o juiz ouvirá sempre a outra antes de decidir.

•• Dispositivo correspondente no CPC de 2015: art. 853, *caput*.

Subseção IV
*Da penhora de créditos
e de outros direitos patrimoniais*

Art. 671. Quando a penhora recair em crédito do devedor, o oficial de justiça o penhorará. Enquanto não ocorrer a hipótese prevista no artigo seguinte, considerar-se-á feita a penhora pela intimação:

Processo de Execução

•• Dispositivo correspondente no CPC de 2015: art. 855, *caput*.

I – ao terceiro devedor para que não pague ao seu credor;

•• Dispositivo correspondente no CPC de 2015: art. 855, I.

II – ao credor do terceiro para que não pratique ato de disposição do crédito.

•• Artigo com redação determinada pela Lei n. 5.925, de 1.º-10-1973.
•• Dispositivo correspondente no CPC de 2015: art. 855, II.

Art. 672. A penhora de crédito, representada por letra de câmbio, nota promissória, duplicata, cheque ou outros títulos, far-se-á pela apreensão do documento, esteja ou não em poder do devedor.

•• Dispositivo correspondente no CPC de 2015: art. 856, *caput*.

§ 1.º Se o título não for apreendido, mas o terceiro confessar a dívida, será havido como depositário da importância.

•• Dispositivo correspondente no CPC de 2015: art. 856, § 1.º.

§ 2.º O terceiro só se exonerará da obrigação, depositando em juízo a importância da dívida.

•• Dispositivo correspondente no CPC de 2015: art. 856, § 2.º.

§ 3.º Se o terceiro negar o débito em conluio com o devedor, a quitação, que este lhe der, considerar-se-á em fraude de execução.

•• Dispositivo correspondente no CPC de 2015: art. 856, § 3.º.

§ 4.º A requerimento do credor, o juiz determinará o comparecimento, em audiência especialmente designada, do devedor e do terceiro, a fim de lhes tomar os depoimentos.

•• Dispositivo correspondente no CPC de 2015: art. 856, § 4.º.

Art. 673. Feita a penhora em direito e ação do devedor, e não tendo este oferecido embargos, ou sendo estes rejeitados, o credor fica sub-rogado nos direitos do devedor até a concorrência do seu crédito.

•• Dispositivo correspondente no CPC de 2015: art. 857, *caput*.

§ 1.º O credor pode preferir, em vez da sub-rogação, a alienação judicial do direito penhorado, caso em que declarará a sua vontade no prazo de 10 (dez) dias contados da realização da penhora.

•• Dispositivo correspondente no CPC de 2015: art. 857, § 1.º.

§ 2.º A sub-rogação não impede ao sub-rogado, se não receber o crédito do devedor, de prosseguir na execução, nos mesmos autos, penhorando outros bens do devedor.

•• Dispositivo correspondente no CPC de 2015: art. 857, § 2.º.

Art. 674. Quando o direito estiver sendo pleiteado em juízo, averbar-se-á no rosto dos autos a penhora, que recair nele e na ação que lhe corresponder, a fim de se efetivar nos bens, que forem adjudicados ou vierem a caber ao devedor.

•• Dispositivo correspondente no CPC de 2015: art. 860.

Art. 675. Quando a penhora recair sobre dívidas de dinheiro a juros, de direito a rendas, ou de prestações periódicas, o credor poderá levantar os juros, os rendimentos ou as prestações à medida que forem sendo depositadas, abatendo-se do crédito as importâncias recebidas, conforme as regras da imputação em pagamento.

•• Dispositivo correspondente no CPC de 2015: art. 858.

Art. 676. Recaindo a penhora sobre direito, que tenha por objeto prestação ou restituição de coisa determinada, o devedor será intimado para, no vencimento, depositá-la, correndo sobre ela a execução.

•• Dispositivo correspondente no CPC de 2015: art. 859.

Subseção V
Da penhora, do depósito e da administração de empresa e de outros estabelecimentos

Art. 677. Quando a penhora recair em estabelecimento comercial, industrial ou agrícola, bem como em semoventes, plantações ou edifício em construção, o juiz nomeará um depositário, determinando-lhe que apresente em 10 (dez) dias a forma de administração.

•• Dispositivo correspondente no CPC de 2015: art. 862, *caput*.

§ 1.º Ouvidas as partes, o juiz decidirá.

•• Dispositivo correspondente no CPC de 2015: art. 862, § 1.º.

Arts. 677 a 683

§ 2.º É lícito, porém, às partes ajustarem a forma de administração, escolhendo o depositário; caso em que o juiz homologará por despacho a indicação.

•• Dispositivo correspondente no CPC de 2015: art. 862, § 2.º.

Art. 678. A penhora de empresa, que funcione mediante concessão ou autorização, far-se-á, conforme o valor do crédito, sobre a renda, sobre determinados bens, ou sobre todo o patrimônio, nomeando o juiz como depositário, de preferência, um dos seus diretores.

•• Dispositivo correspondente no CPC de 2015: art. 863, caput.

Parágrafo único. Quando a penhora recair sobre a renda, ou sobre determinados bens, o depositário apresentará a forma de administração e o esquema de pagamento observando-se, quanto ao mais, o disposto nos arts. 716 a 720; recaindo, porém, sobre todo o patrimônio, prosseguirá a execução os seus ulteriores termos, ouvindo-se, antes da arrematação ou da adjudicação, o poder público, que houver outorgado a concessão.

•• Dispositivo correspondente no CPC de 2015: art. 863, §§ 1.º e 2.º.

Art. 679. A penhora sobre navio ou aeronave não obsta a que continue navegando ou operando até a alienação; mas o juiz, ao conceder a autorização para navegar ou operar, não permitirá que saia do porto ou aeroporto antes que o devedor faça o seguro usual contra riscos.

•• Dispositivo correspondente no CPC de 2015: art. 864.

Subseção VI
Da avaliação

Art. 680. A avaliação será feita pelo oficial de justiça (art. 652), ressalvada a aceitação do valor estimado pelo executado (art. 668, parágrafo único, inciso V); caso sejam necessários conhecimentos especializados, o juiz nomeará avaliador, fixando-lhe prazo não superior a 10 (dez) dias para entrega do laudo.

•• Artigo com redação determinada pela Lei n. 11.382, de 6-12-2006.

Processo de Execução

•• Dispositivo correspondente no CPC de 2015: art. 870.

Art. 681. O laudo da avaliação integrará o auto de penhora ou, em caso de perícia (art. 680), será apresentado no prazo fixado pelo juiz, devendo conter:

•• *Caput* com redação determinada pela Lei n. 11.382, de 6-12-2006.

•• Dispositivo correspondente no CPC de 2015: art. 872, caput.

I – a descrição dos bens, com os seus características, e a indicação do estado em que se encontram;

•• Dispositivo correspondente no CPC de 2015: art. 872, I.

II – o valor dos bens.

•• Dispositivo correspondente no CPC de 2015: art. 872, II.

Parágrafo único. Quando o imóvel for suscetível de cômoda divisão, o avaliador, tendo em conta o crédito reclamado, o avaliará em partes, sugerindo os possíveis desmembramentos.

•• Parágrafo único com redação determinada pela Lei n. 11.382, de 6-12-2006.

•• Dispositivo correspondente no CPC de 2015: art. 872, § 1.º.

Art. 682. O valor dos títulos da dívida pública, das ações das sociedades e dos títulos de crédito negociáveis em bolsa será o da cotação oficial do dia, provada por certidão ou publicação no órgão oficial.

•• Dispositivo correspondente no CPC de 2015: art. 871, III.

Art. 683. É admitida nova avaliação quando:

•• *Caput* com redação determinada pela Lei n. 11.382, de 6-12-2006.

•• Dispositivo correspondente no CPC de 2015: art. 873, caput.

I – qualquer das partes arguir, fundamentadamente, a ocorrência de erro na avaliação ou dolo do avaliador;

•• Inciso I com redação determinada pela Lei n. 11.382, de 6-12-2006.

•• Dispositivo correspondente no CPC de 2015: art. 873, I.

II – se verificar, posteriormente à avaliação, que houve majoração ou diminuição no valor do bem; ou

Processo de Execução

Arts. 683 a 685-B

•• Inciso II com redação determinada pela Lei n. 11.382, de 6-12-2006.

•• Dispositivo correspondente no CPC de 2015: art. 873, II.

III – houver fundada dúvida sobre o valor atribuído ao bem (art. 668, parágrafo único, inciso V).

•• Inciso III com redação determinada pela Lei n. 11.382, de 6-12-2006.

•• Dispositivo correspondente no CPC de 2015: art. 873, III.

Art. 684. Não se procederá à avaliação se:

•• Dispositivo correspondente no CPC de 2015: art. 871, *caput*.

I – o exequente aceitar a estimativa feita pelo executado (art. 668, parágrafo único, inciso V);

•• Inciso I com redação determinada pela Lei n. 11.382, de 6-12-2006.

•• Dispositivo correspondente no CPC de 2015: art. 871, I.

II – se tratar de títulos ou de mercadorias, que tenham cotação em bolsa, comprovada por certidão ou publicação oficial;

•• Dispositivo correspondente no CPC de 2015: art. 871, II.

III – (*Revogado pela Lei n. 11.382, de 6-12-2006.*)

Art. 685. Após a avaliação, poderá mandar o juiz, a requerimento do interessado e ouvida a parte contrária:

•• Dispositivo correspondente no CPC de 2015: art. 874, *caput*.

I – reduzir a penhora aos bens suficientes, ou transferi-la para outros, que bastem à execução, se o valor dos penhorados for consideravelmente superior ao crédito do exequente e acessórios;

•• Dispositivo correspondente no CPC de 2015: art. 874, I.

II – ampliar a penhora, ou transferi-la para outros bens mais valiosos, se o valor dos penhorados for inferior ao referido crédito.

•• Dispositivo correspondente no CPC de 2015: art. 874, II.

Parágrafo único. Uma vez cumpridas essas providências, o juiz dará início aos atos de expropriação de bens.

•• Parágrafo único com redação determinada pela Lei n. 11.382, de 6-12-2006.

•• Dispositivo correspondente no CPC de 2015: art. 875.

Subseção VI-A
Da adjudicação

•• Subseção VI-A acrescentada pela Lei n. 11.382, de 6-12-2006.

Art. 685-A. É lícito ao exequente, oferecendo preço não inferior ao da avaliação, requerer lhe sejam adjudicados os bens penhorados.

•• *Caput* acrescentado pela Lei n. 11.382, de 6-12-2006.

•• Dispositivo correspondente no CPC de 2015: art. 876, *caput*.

§ 1.º Se o valor do crédito for inferior ao dos bens, o adjudicante depositará de imediato a diferença, ficando esta à disposição do executado; se superior, a execução prosseguirá pelo saldo remanescente.

•• § 1.º acrescentado pela Lei n. 11.382, de 6-12-2006.

•• Dispositivo correspondente no CPC de 2015: art. 876, § 4.º.

§ 2.º Idêntico direito pode ser exercido pelo credor com garantia real, pelos credores concorrentes que hajam penhorado o mesmo bem, pelo cônjuge, pelos descendentes ou ascendentes do executado.

•• § 2.º acrescentado pela Lei n. 11.382, de 6-12-2006.

•• Dispositivo correspondente no CPC de 2015: art. 876, § 5.º.

§ 3.º Havendo mais de um pretendente, proceder-se-á entre eles à licitação; em igualdade de oferta, terá preferência o cônjuge, descendente ou ascendente, nessa ordem.

•• § 3.º acrescentado pela Lei n. 11.382, de 6-12-2006.

•• Dispositivo correspondente no CPC de 2015: art. 876, § 6.º.

§ 4.º No caso de penhora de quota, procedida por exequente alheio à sociedade, esta será intimada, assegurando preferência aos sócios.

•• § 4.º acrescentado pela Lei n. 11.382, de 6-12-2006.

•• Dispositivo correspondente no CPC de 2015: art. 876, § 7.º.

§ 5.º Decididas eventuais questões, o juiz mandará lavrar o auto de adjudicação.

•• § 5.º acrescentado pela Lei n. 11.382, de 6-12-2006.

•• Dispositivo correspondente no CPC de 2015: art. 877, *caput*.

Art. 685-B. A adjudicação considera-se perfeita e acabada com a lavratura e assinatura do auto pelo juiz, pelo adjudicante, pelo escrivão

Arts. 685-B a 686

e, se for presente, pelo executado, expedindo-se a respectiva carta, se bem imóvel, ou mandado de entrega ao adjudicante, se bem móvel.

•• *Caput* acrescentado pela Lei n. 11.382, de 6-12-2006.
•• Dispositivo correspondente no CPC de 2015: art. 877, § 1.º.

Parágrafo único. A carta de adjudicação conterá a descrição do imóvel, com remissão a sua matrícula e registros, a cópia do auto de adjudicação e a prova de quitação do imposto de transmissão.

•• Parágrafo único acrescentado pela Lei n. 11.382, de 6-12-2006.
•• Dispositivo correspondente no CPC de 2015: art. 877, § 2.º.

Subseção VI-B
Da alienação por iniciativa particular

•• Subseção VI-B acrescentada pela Lei n. 11.382, de 6-12-2006.

Art. 685-C. Não realizada a adjudicação dos bens penhorados, o exequente poderá requerer sejam eles alienados por sua própria iniciativa ou por intermédio de corretor credenciado perante a autoridade judiciária.

•• *Caput* acrescentado pela Lei n. 11.382, de 6-12-2006.
•• Dispositivo correspondente no CPC de 2015: art. 880, *caput*.

§ 1.º O juiz fixará o prazo em que a alienação deve ser efetivada, a forma de publicidade, o preço mínimo (art. 680), as condições de pagamento e as garantias, bem como, se for o caso, a comissão de corretagem.

•• § 1.º acrescentado pela Lei n. 11.382, de 6-12-2006.
•• Dispositivo correspondente no CPC de 2015: art. 880, § 1.º.

§ 2.º A alienação será formalizada por termo nos autos, assinado pelo juiz, pelo exequente, pelo adquirente e, se for presente, pelo executado, expedindo-se carta de alienação do imóvel para o devido registro imobiliário, ou, se bem móvel, mandado de entrega ao adquirente.

•• § 2.º acrescentado pela Lei n. 11.382, de 6-12-2006.
•• Dispositivo correspondente no CPC de 2015: art. 880, § 2.º.

§ 3.º Os Tribunais poderão expedir provimentos detalhando o procedimento da alienação prevista neste artigo, inclusive com o concurso de meios eletrônicos, e dispondo sobre o credenciamento dos corretores, os quais deverão estar em exercício profissional por não menos de 5 (cinco) anos.

•• § 3.º acrescentado pela Lei n. 11.382, de 6-12-2006.
•• Dispositivo correspondente no CPC de 2015: art. 880, § 3.º.

Subseção VII
Da alienação em hasta pública

•• Subseção VII com denominação determinada pela Lei n. 11.382, de 6-12-2006.

Art. 686. Não requerida a adjudicação e não realizada a alienação particular do bem penhorado, será expedido o edital de hasta pública, que conterá:

•• *Caput* com redação determinada pela Lei n. 11.382, de 6-12-2006.
•• Dispositivos correspondentes no CPC de 2015: arts. 881, *caput*, e 886, *caput*.

I – a descrição do bem penhorado, com suas características e, tratando-se de imóvel, a situação e divisas, com remissão à matrícula e aos registros;

•• Inciso I com redação determinada pela Lei n. 11.382, de 6-12-2006.
•• Dispositivo correspondente no CPC de 2015: art. 886, I.

II – o valor do bem;

•• Dispositivo correspondente no CPC de 2015: art. 886, II.

III – o lugar onde estiverem os móveis, veículos e semoventes; e, sendo direito e ação, os autos do processo, em que foram penhorados;

•• Dispositivo correspondente no CPC de 2015: art. 886, III.

IV – o dia e a hora de realização da praça, se bem imóvel, ou o local, dia e hora de realização do leilão, se bem móvel;

•• Inciso IV com redação determinada pela Lei n. 11.382, de 6-12-2006.
•• Dispositivo correspondente no CPC de 2015: art. 886, IV.

V – menção da existência de ônus, recurso ou causa pendente sobre os bens a serem arrematados;

Processo de Execução

Arts. 686 a 688

- •• Inciso V com redação determinada pela Lei n. 8.953, de 13-12-1994.
- •• Dispositivo correspondente no CPC de 2015: art. 886, VI.

VI – a comunicação de que, se o bem não alcançar lanço superior à importância da avaliação, seguir-se-á, em dia e hora que forem desde logo designados entre os 10 (dez) e os 20 (vinte) dias seguintes, a sua alienação pelo maior lanço (art. 692).

- •• Inciso VI com redação determinada pela Lei n. 8.953, de 13-12-1994.

§ 1.º No caso do art. 684, II, constará do edital o valor da última cotação anterior à expedição deste.

- •• § 1.º com redação determinada pela Lei n. 5.925, de 1.º-10-1973.
- •• Dispositivo correspondente no CPC de 2015: art. 886, parágrafo único.

§ 2.º A praça realizar-se-á no átrio do edifício do Fórum; o leilão, onde estiverem os bens, ou no lugar designado pelo juiz.

- •• § 2.º com redação determinada pela Lei n. 5.925, de 1.º-10-1973.

§ 3.º Quando o valor dos bens penhorados não exceder 60 (sessenta) vezes o valor do salário mínimo vigente na data da avaliação, será dispensada a publicação de editais; nesse caso, o preço da arrematação não será inferior ao da avaliação.

- •• § 3.º com redação determinada pela Lei n. 11.382, de 6-12-2006.

Art. 687. O edital será afixado no local do costume e publicado, em resumo, com antecedência mínima de 5 (cinco) dias, pelo menos uma vez em jornal de ampla circulação local.

- •• *Caput* com redação determinada pela Lei n. 8.953, de 13-12-1994.
- •• Dispositivo correspondente no CPC de 2015: art. 887, §§ 1.º e 3.º.

§ 1.º A publicação do edital será feita no órgão oficial, quando o credor for beneficiário da justiça gratuita.

- •• § 1.º com redação determinada pela Lei n. 8.953, de 13-12-1994.

§ 2.º Atendendo ao valor dos bens e às condições da comarca, o juiz poderá alterar a forma e a frequência da publicidade na imprensa, mandar divulgar avisos em emissora local e adotar outras providências tendentes a mais ampla publicidade da alienação, inclusive recorrendo a meios eletrônicos de divulgação.

- •• § 2.º com redação determinada pela Lei n. 11.382, de 6-12-2006.
- •• Dispositivo correspondente no CPC de 2015: art. 887, § 4.º.

§ 3.º Os editais de praça serão divulgados pela imprensa preferencialmente na seção ou local reservado à publicidade de negócios imobiliários.

- •• § 3.º com redação determinada pela Lei n. 8.953, de 13-12-1994.
- •• Dispositivo correspondente no CPC de 2015: art. 887, § 5.º.

§ 4.º O juiz poderá determinar a reunião de publicações em listas referentes a mais de uma execução.

- •• § 4.º acrescentado pela Lei n. 8.953, de 13-12-1994.
- •• Dispositivo correspondente no CPC de 2015: art. 887, § 6.º.

§ 5.º O executado terá ciência do dia, hora e local da alienação judicial por intermédio de seu advogado ou, se não tiver procurador constituído nos autos, por meio de mandado, carta registrada, edital ou outro meio idôneo.

- •• § 5.º com redação determinada pela Lei n. 11.382, de 6-12-2006.
- •• Dispositivo correspondente no CPC de 2015: art. 889, *caput* e I.

Art. 688. Não se realizando, por motivo justo, a praça ou o leilão, o juiz mandará publicar pela imprensa local e no órgão oficial a transferência.

- •• Dispositivo correspondente no CPC de 2015: art. 888, *caput*.

Parágrafo único. O escrivão, o porteiro ou o leiloeiro, que culposamente der causa à transferência, responde pelas despesas da nova publicação, podendo o juiz aplicar-lhe a pena de suspensão por 5 (cinco) a 30 (trinta) dias.

Arts. 688 a 690-A

•• Dispositivo correspondente no CPC de 2015: art. 888, parágrafo único.

Art. 689. Sobrevindo a noite, prosseguirá a praça ou o leilão no dia útil imediato, à mesma hora em que teve início, independentemente de novo edital.

•• Dispositivo correspondente no CPC de 2015: art. 900.

Art. 689-A. O procedimento previsto nos arts. 686 a 689 poderá ser substituído, a requerimento do exequente, por alienação realizada por meio da rede mundial de computadores, com uso de páginas virtuais criadas pelos Tribunais ou por entidades públicas ou privadas em convênio com eles firmado.

•• Caput acrescentado pela Lei n. 11.382, de 6-12-2006.

Parágrafo único. O Conselho da Justiça Federal e os Tribunais de Justiça, no âmbito das suas respectivas competências, regulamentarão esta modalidade de alienação, atendendo aos requisitos de ampla publicidade, autenticidade e segurança, com observância das regras estabelecidas na legislação sobre certificação digital.

•• Parágrafo único acrescentado pela Lei n. 11.382, de 6-12-2006.

Art. 690. A arrematação far-se-á mediante o pagamento imediato do preço pelo arrematante, ou no prazo de até 15 (quinze) dias, mediante caução.

•• Caput com redação determinada pela Lei n. 11.382, de 6-12-2006.

§ 1.º Tratando-se de bem imóvel, quem estiver interessado em adquiri-lo em prestações poderá apresentar por escrito sua proposta, nunca inferior à avaliação, com oferta de pelo menos 30% (trinta por cento) à vista, sendo o restante garantido por hipoteca sobre o próprio imóvel.

•• § 1.º com redação determinada pela Lei n. 11.382, de 6-12-2006.

•• Dispositivo correspondente no CPC de 2015: art. 895, caput e incisos I e II.

§ 2.º As propostas para aquisição em prestações, que serão juntadas aos autos, indicarão o prazo, a modalidade e as condições de pagamento do saldo.

•• § 2.º com redação determinada pela Lei n. 11.382, de 6-12-2006.

•• Dispositivo correspondente no CPC de 2015: art. 895, § 2.º.

§ 3.º O juiz decidirá por ocasião da praça, dando o bem por arrematado pelo apresentante do melhor lanço ou proposta mais conveniente.

•• § 3.º acrescentado pela Lei n. 11.382, de 6-12-2006.

§ 4.º No caso de arrematação a prazo, os pagamentos feitos pelo arrematante pertencerão ao exequente até o limite de seu crédito, e os subsequentes ao executado.

•• § 4.º acrescentado pela Lei n. 11.382, de 6-12-2006.

•• Dispositivo correspondente no CPC de 2015: art. 895, § 9.º.

Art. 690-A. É admitido a lançar todo aquele que estiver na livre administração de seus bens, com exceção:

•• Caput acrescentado pela Lei n. 11.382, de 6-12-2006.

•• Dispositivo correspondente no CPC de 2015: art. 890, caput.

I – dos tutores, curadores, testamenteiros, administradores, síndicos ou liquidantes, quanto aos bens confiados a sua guarda e responsabilidade;

•• Inciso I acrescentado pela Lei n. 11.382, de 6-12-2006.

•• Dispositivo correspondente no CPC de 2015: art. 890, I.

II – dos mandatários, quanto aos bens de cuja administração ou alienação estejam encarregados;

•• Inciso II acrescentado pela Lei n. 11.382, de 6-12-2006.

•• Dispositivo correspondente no CPC de 2015: art. 890, II.

III – do juiz, membro do Ministério Público e da Defensoria Pública, escrivão e demais servidores e auxiliares da Justiça.

•• Inciso III acrescentado pela Lei n. 11.382, de 6-12-2006.

•• Dispositivo correspondente no CPC de 2015: art. 890, III.

Parágrafo único. O exequente, se vier a arrematar os bens, não estará obrigado a exibir o preço; mas, se o valor dos bens exceder o seu crédito, depositará, dentro de 3 (três) dias, a diferença, sob pena de ser tornada sem efeito a arrematação e, neste caso, os bens serão

Processo de Execução

Arts. 690-A a 696

levados a nova praça ou leilão à custa do exequente.

•• Parágrafo único acrescentado pela Lei n. 11.382, de 6-12-2006.
•• Dispositivo correspondente no CPC de 2015: art. 890, § 1.º.

Art. 691. Se a praça ou o leilão for de diversos bens e houver mais de um lançador, será preferido aquele que se propuser a arrematá-los englobadamente, oferecendo para os que não tiverem licitante preço igual ao da avaliação e para os demais o de maior lanço.

•• Dispositivo correspondente no CPC de 2015: art. 893.

Art. 692. Não será aceito lanço que, em segunda praça ou leilão, ofereça preço vil.

•• Caput com redação determinada pela Lei n. 8.953, de 13-12-1994.
•• Dispositivo correspondente no CPC de 2015: art. 891, caput.

Parágrafo único. Será suspensa a arrematação logo que o produto da alienação dos bens bastar para o pagamento do credor.

•• Parágrafo único acrescentado pela Lei n. 8.953, de 13-12-1994.
•• Dispositivo correspondente no CPC de 2015: art. 899.

Art. 693. A arrematação constará de auto que será lavrado de imediato, nele mencionadas as condições pelas quais foi alienado o bem.

•• Caput com redação determinada pela Lei n. 11.382, de 6-12-2006.
•• Dispositivo correspondente no CPC de 2015: art. 901, caput.

Parágrafo único. A ordem de entrega do bem móvel ou a carta de arrematação do bem imóvel será expedida depois de efetuado o depósito ou prestadas as garantias pelo arrematante.

•• Parágrafo único acrescentado pela Lei n. 11.382, de 6-12-2006.
•• Dispositivo correspondente no CPC de 2015: art. 901, § 1.º.

Art. 694. Assinado o auto pelo juiz, pelo arrematante e pelo serventuário da justiça ou leiloeiro, a arrematação considerar-se-á perfeita, acabada e irretratável, ainda que venham a ser julgados procedentes os embargos do executado.

•• Caput com redação determinada pela Lei n. 11.382, de 6-12-2006.
•• Dispositivo correspondente no CPC de 2015: art. 903, caput.

§ 1.º A arrematação poderá, no entanto, ser tornada sem efeito:

•• Dispositivo correspondente no CPC de 2015: art. 903, § 1.º, caput.

I – por vício de nulidade;

•• Dispositivo correspondente no CPC de 2015: art. 903, § 1.º, I.

II – se não for pago o preço ou se não for prestada a caução;

•• Dispositivo correspondente no CPC de 2015: art. 903, § 1.º, III.

III – quando o arrematante provar, nos 5 (cinco) dias seguintes, a existência de ônus real ou de gravame (art. 686, inciso V) não mencionado no edital;

IV – a requerimento do arrematante, na hipótese de embargos à arrematação (art. 746, §§ 1.º e 2.º);

V – quando realizada por preço vil (art. 692);

VI – nos casos previstos neste Código (art. 698).

•• § 1.º com redação determinada pela Lei n. 11.382, de 6-12-2006.

§ 2.º No caso de procedência dos embargos, o executado terá direito a haver do exequente o valor por este recebido como produto da arrematação; caso inferior ao valor do bem, haverá do exequente também a diferença.

•• § 2.º acrescentado pela Lei n. 11.382, de 6-12-2006.

Art. 695. Se o arrematante ou seu fiador não pagar o preço no prazo estabelecido, o juiz impor-lhe-á, em favor do exequente, a perda da caução, voltando os bens a nova praça ou leilão, dos quais não serão admitidos a participar o arrematante e o fiador remissos.

•• Caput com redação determinada pela Lei n. 11.382, de 6-12-2006.
•• Dispositivo correspondente no CPC de 2015: art. 897.

§§ 1.º a 3.º (*Revogados pela Lei n. 11.382, de 6-12-2006.*)

Art. 696. O fiador do arrematante, que pagar o valor do lanço e a multa, poderá requerer que a arrematação lhe seja transferida.

•• Dispositivo correspondente no CPC de 2015: art. 898.

Arts. 697 a 705 — Processo de Execução

Art. 697. (*Revogado pela Lei n. 11.382, de 6-12-2006.*)

Art. 698. Não se efetuará a adjudicação ou alienação de bem do executado sem que da execução seja cientificado, por qualquer modo idôneo e com pelo menos 10 (dez) dias de antecedência, o senhorio direto, o credor com garantia real ou com penhora anteriormente averbada, que não seja de qualquer modo parte na execução.

•• Artigo com redação determinada pela Lei n. 11.382, de 6-12-2006.

•• Dispositivo correspondente no CPC de 2015: art. 889, *caput* e V.

Arts. 699 e 700. (*Revogados pela Lei n. 11.382, de 6-12-2006.*)

Art. 701. Quando o imóvel de incapaz não alcançar em praça pelo menos 80% (oitenta por cento) do valor da avaliação, o juiz o confiará à guarda e administração de depositário idôneo, adiando a alienação por prazo não superior a 1 (um) ano.

•• Dispositivo correspondente no CPC de 2015: art. 896, *caput*.

§ 1.º Se, durante o adiamento, algum pretendente assegurar, mediante caução idônea, o preço da avaliação, o juiz ordenará a alienação em praça.

•• Dispositivo correspondente no CPC de 2015: art. 896, § 1.º.

§ 2.º Se o pretendente à arrematação se arrepender, o juiz lhe imporá a multa de 20% (vinte por cento) sobre o valor da avaliação, em benefício do incapaz, valendo a decisão como título executivo.

•• Dispositivo correspondente no CPC de 2015: art. 896, § 2.º.

§ 3.º Sem prejuízo do disposto nos dois parágrafos antecedentes, o juiz poderá autorizar a locação do imóvel no prazo do adiamento.

•• Dispositivo correspondente no CPC de 2015: art. 896, § 3.º.

§ 4.º Findo o prazo do adiamento, o imóvel será alienado, na forma prevista no art. 686, VI.

•• Dispositivo correspondente no CPC de 2015: art. 896, § 4.º.

Art. 702. Quando o imóvel admitir cômoda divisão, o juiz, a requerimento do devedor, ordenará a alienação judicial de parte dele, desde que suficiente para pagar o credor.

•• Dispositivo correspondente no CPC de 2015: art. 894, *caput*.

Parágrafo único. Não havendo lançador, far-se-á a alienação do imóvel em sua integridade.

•• Dispositivo correspondente no CPC de 2015: art. 894, § 1.º.

Art. 703. A carta de arrematação conterá:

•• Dispositivo correspondente no CPC de 2015: art. 901, § 2.º.

I – a descrição do imóvel, com remissão à sua matrícula e registros;

•• Inciso I com redação determinada pela Lei n. 11.382, de 6-12-2006.

•• Dispositivo correspondente no CPC de 2015: art. 901, § 2.º.

II – a cópia do auto de arrematação; e

•• Inciso II com redação determinada pela Lei n. 11.382, de 6-12-2006.

•• Dispositivo correspondente no CPC de 2015: art. 901, § 2.º.

III – a prova de quitação do imposto de transmissão.

•• Inciso III com redação determinada pela Lei n. 11.382, de 6-12-2006.

•• Dispositivo correspondente no CPC de 2015: art. 901, § 2.º.

IV – (*Revogado pela Lei n. 11.382, de 6-12-2006.*)

Art. 704. Ressalvados os casos de alienação de bens imóveis e aqueles de atribuição de corretores da Bolsa de Valores, todos os demais bens serão alienados em leilão público.

•• Artigo com redação determinada pela Lei n. 11.382, de 6-12-2006.

•• Dispositivo correspondente no CPC de 2015: art. 881, § 2.º.

Art. 705. Cumpre ao leiloeiro:

•• Dispositivo correspondente no CPC de 2015: art. 884, *caput*.

I – publicar o edital, anunciando a alienação;

•• Dispositivo correspondente no CPC de 2015: art. 884, I.

II – realizar o leilão onde se encontrem os bens, ou no lugar designado pelo juiz;

•• Dispositivo correspondente no CPC de 2015: art. 884, II.

III – expor aos pretendentes os bens ou as amostras das mercadorias;

Processo de Execução

•• Dispositivo correspondente no CPC de 2015: art. 884, III.

IV – receber do arrematante a comissão estabelecida em lei ou arbitrada pelo juiz;

V – receber e depositar, dentro em 24 (vinte e quatro) horas, à ordem do juiz, o produto da alienação;

•• Dispositivo correspondente no CPC de 2015: art. 884, IV.

VI – prestar contas nas 48 (quarenta e oito) horas subsequentes ao depósito.

•• Dispositivo correspondente no CPC de 2015: art. 884, V.

Art. 706. O leiloeiro público será indicado pelo exequente.

•• Artigo com redação determinada pela Lei n. 11.382, de 6-12-2006.

•• Dispositivo correspondente no CPC de 2015: art. 883.

Art. 707. Efetuado o leilão, lavrar-se-á o auto, que poderá abranger bens penhorados em mais de uma execução, expedindo-se, se necessário, ordem judicial de entrega ao arrematante.

•• Artigo com redação determinada pela Lei n. 11.382, de 6-12-2006.

Seção II
Do Pagamento ao Credor

Subseção I
Das disposições gerais

Art. 708. O pagamento ao credor far-se-á:

•• Dispositivo correspondente no CPC de 2015: art. 904, *caput*.

I – pela entrega do dinheiro;

•• Dispositivo correspondente no CPC de 2015: art. 904, I.

II – pela adjudicação dos bens penhorados;

•• Dispositivo correspondente no CPC de 2015: art. 904, II.

III – pelo usufruto de bem imóvel ou de empresa.

Subseção II
Da entrega do dinheiro

Art. 709. O juiz autorizará que o credor levante, até a satisfação integral de seu crédito, o dinheiro depositado para segurar o juízo ou o produto dos bens alienados quando:

•• Dispositivo correspondente no CPC de 2015: art. 905, *caput*.

I – a execução for movida só a benefício do credor singular, a quem, por força da penhora, cabe o direito de preferência sobre os bens penhorados e alienados;

•• Dispositivo correspondente no CPC de 2015: art. 905, I.

II – não houver sobre os bens alienados qualquer outro privilégio ou preferência, instituído anteriormente à penhora.

•• Dispositivo correspondente no CPC de 2015: art. 905, II.

Parágrafo único. Ao receber o mandado de levantamento, o credor dará ao devedor, por termo nos autos, quitação da quantia paga.

•• Dispositivo correspondente no CPC de 2015: art. 906, *caput*.

Art. 710. Estando o credor pago do principal, juros, custas e honorários, a importância que sobejar será restituída ao devedor.

•• Dispositivo correspondente no CPC de 2015: art. 907.

Art. 711. Concorrendo vários credores, o dinheiro ser-lhes-á distribuído e entregue consoante a ordem das respectivas prelações; não havendo título legal à preferência, receberá em primeiro lugar o credor que promoveu a execução, cabendo aos demais concorrentes direito sobre a importância restante, observada a anterioridade de cada penhora.

•• Dispositivo correspondente no CPC de 2015: art. 908.

Art. 712. Os credores formularão as suas pretensões, requerendo as provas que irão produzir em audiência; mas a disputa entre eles versará unicamente sobre o direito de preferência e a anterioridade da penhora.

•• Dispositivo correspondente no CPC de 2015: art. 909.

Art. 713. Findo o debate, o juiz decidirá.

•• Artigo com redação determinada pela Lei n. 11.382, de 6-12-2006.

Subseção III
Da adjudicação de imóvel

•• Subseção III revogada pela Lei n. 11.382, de 6-12-2006.

Arts. 714 e 715. (*Revogados pela Lei n. 11.382, de 6-12-2006.*)

Subseção IV
*Do usufruto de móvel
ou imóvel*

•• Subseção IV com denominação determinada pela Lei n. 11.382, de 6-12-2006.

Art. 716. O juiz pode conceder ao exequente o usufruto de móvel ou imóvel, quando o reputar menos gravoso ao executado e eficiente para o recebimento do crédito.

•• Artigo com redação determinada pela Lei n. 11.382, de 6-12-2006.

•• Dispositivo correspondente no CPC de 2015: art. 867.

Art. 717. Decretado o usufruto, perde o executado o gozo do móvel ou imóvel, até que o exequente seja pago do principal, juros, custas e honorários advocatícios.

•• Artigo com redação determinada pela Lei n. 11.382, de 6-12-2006.

•• Dispositivo correspondente no CPC de 2015: art. 868, *caput*.

Art. 718. O usufruto tem eficácia, assim em relação ao executado como a terceiros, a partir da publicação da decisão que o conceda.

•• Artigo com redação determinada pela Lei n. 11.382, de 6-12-2006.

•• Dispositivo correspondente no CPC de 2015: art. 868, § 1.º.

Art. 719. Na sentença, o juiz nomeará administrador que será investido de todos os poderes que concernem ao usufrutuário.

•• Dispositivo correspondente no CPC de 2015: art. 869, *caput*.

Parágrafo único. Pode ser administrador:

I – o credor, consentindo o devedor;

II – o devedor, consentindo o credor.

Art. 720. Quando o usufruto recair sobre o quinhão do condômino na copropriedade, o administrador exercerá os direitos que cabiam ao executado.

•• Artigo com redação determinada pela Lei n. 11.382, de 6-12-2006.

Art. 721. É lícito ao credor, antes da realização da praça, requerer-lhe seja atribuído, em pagamento do crédito, o usufruto do imóvel penhorado.

Art. 722. Ouvido o executado, o juiz nomeará perito para avaliar os frutos e rendimentos do bem e calcular o tempo necessário para o pagamento da dívida.

•• *Caput* com redação determinada pela Lei n. 11.382, de 6-12-2006.

I e II – (*Revogados pela Lei n. 11.382, de 6-12-2006.*)

§ 1.º Após a manifestação das partes sobre o laudo, proferirá o juiz decisão; caso deferido o usufruto de imóvel, ordenará a expedição de carta para averbação no respectivo registro.

•• § 1.º com redação determinada pela Lei n. 11.382, de 6-12-2006.

§ 2.º Constarão da carta a identificação do imóvel e cópias do laudo e da decisão.

•• § 2.º com redação determinada pela Lei n. 11.382, de 6-12-2006.

§ 3.º (*Revogado pela Lei n. 11.382, de 6-12-2006.*)

Art. 723. Se o imóvel estiver arrendado, o inquilino pagará o aluguel diretamente ao usufrutuário, salvo se houver administrador.

•• Dispositivo correspondente no CPC de 2015: art. 869, § 3.º.

Art. 724. O exequente usufrutuário poderá celebrar locação do móvel ou imóvel, ouvido o executado.

•• *Caput* com redação determinada pela Lei n. 11.382, de 6-12-2006.

•• Dispositivo correspondente no CPC de 2015: art. 869, § 4.º.

Parágrafo único. Havendo discordância, o juiz decidirá a melhor forma de exercício do usufruto.

•• Parágrafo único acrescentado pela Lei n. 11.382, de 6-12-2006.

•• Dispositivo correspondente no CPC de 2015: art. 869, § 2.º.

Arts. 725 a 729. (*Revogados pela Lei n. 11.382, de 6-12-2006.*)

Processo de Execução

Seção III
Da Execução contra a Fazenda Pública

Art. 730. Na execução por quantia certa contra a Fazenda Pública, citarse-á a devedora para opor embargos em 10 (dez) dias; se esta não os opuser, no prazo legal, observar-se-ão as seguintes regras:

•• Dispositivo correspondente no CPC de 2015: art. 910, *caput*.

•• O art. 1.º-B da Lei n. 9.494, de 10-9-1997, acrescentado pela Medida Provisória n. 2.180-35, de 24-8-2001, aumentou o prazo de que trata este artigo para 30 (trinta) dias.

I – o juiz requisitará o pagamento por intermédio do presidente do tribunal competente;

II – far-se-á o pagamento na ordem de apresentação do precatório e à conta do respectivo crédito.

•• Dispositivo correspondente no CPC de 2015: art. 910, § 1.º.

Art. 731. Se o credor for preterido no seu direito de preferência, o presidente do tribunal, que expediu a ordem, poderá, depois de ouvido o chefe do Ministério Público, ordenar o sequestro da quantia necessária para satisfazer o débito.

Capítulo V
DA EXECUÇÃO DE PRESTAÇÃO ALIMENTÍCIA

Art. 732. A execução de sentença, que condena ao pagamento de prestação alimentícia, far-se-á conforme o disposto no Capítulo IV deste Título.

Parágrafo único. Recaindo a penhora em dinheiro, o oferecimento de embargos não obsta a que o exequente levante mensalmente a importância da prestação.

•• Dispositivos correspondentes no CPC de 2015: arts. 528, § 8.º, e 913.

Art. 733. Na execução de sentença ou de decisão, que fixa os alimentos provisionais, o juiz mandará citar o devedor para, em 3 (três) dias, efetuar o pagamento, provar que o fez ou justificar a impossibilidade de efetuá-lo.

•• Dispositivos correspondentes no CPC de 2015: arts. 528, *caput*, e 911, *caput*.

§ 1.º Se o devedor não pagar, nem se escusar, o juiz decretar-lhe-á a prisão pelo prazo de 1 (um) a 3 (três) meses.

•• Dispositivo correspondente no CPC de 2015: art. 528, § 3.º.

§ 2.º O cumprimento da pena não exime o devedor do pagamento das prestações vencidas e vincendas.

•• § 2.º com redação determinada pela Lei n. 6.515, de 26-12-1977.

•• Dispositivo correspondente no CPC de 2015: art. 528, § 5.º.

§ 3.º Paga a prestação alimentícia, o juiz suspenderá o cumprimento da ordem de prisão.

•• Dispositivo correspondente no CPC de 2015: art. 528, § 6.º.

Art. 734. Quando o devedor for funcionário público, militar, diretor ou gerente de empresa, bem como empregado sujeito à legislação do trabalho, o juiz mandará descontar em folha de pagamento a importância da prestação alimentícia.

•• Dispositivos correspondentes no CPC de 2015: arts. 529, *caput*, e 912, *caput*.

Parágrafo único. A comunicação será feita à autoridade, à empresa ou ao empregador por ofício, de que constarão os nomes do credor, do devedor, a importância da prestação e o tempo de sua duração.

•• Dispositivos correspondentes no CPC de 2015: arts. 529, §§ 1.º e 2.º, e 912, § 2.º.

Art. 735. Se o devedor não pagar os alimentos provisionais a que foi condenado, pode o credor promover a execução da sentença, observando-se o procedimento estabelecido no Capítulo IV deste Título.

Título III
DOS EMBARGOS DO DEVEDOR

Capítulo I
DAS DISPOSIÇÕES GERAIS

Art. 736. O executado, independentemente

Arts. 736 a 739-A

de penhora, depósito ou caução, poderá opor-se à execução por meio de embargos.

- •• Caput com redação determinada pela Lei n. 11.382, de 6-12-2006.
- •• Dispositivo correspondente no CPC de 2015: art. 914, caput.

Parágrafo único. Os embargos à execução serão distribuídos por dependência, autuados em apartado e instruídos com cópias das peças processuais relevantes, que poderão ser declaradas autênticas pelo advogado, sob sua responsabilidade pessoal.

- •• Parágrafo único com redação determinada pela Lei n. 12.322, de 9-9-2010.
- •• Dispositivo correspondente no CPC de 2015: art. 914, § 1.º.

Art. 737. *(Revogado pela Lei n. 11.382, de 6-12-2006.)*

Art. 738. Os embargos serão oferecidos no prazo de 15 (quinze) dias, contados da data da juntada aos autos do mandado de citação.

- •• Caput com redação determinada pela Lei n. 11.382, de 6-12-2006.
- •• Dispositivo correspondente no CPC de 2015: art. 915, caput.

I a IV – *(Revogados pela Lei n. 11.382, de 6-12-2006.)*

§ 1.º Quando houver mais de um executado, o prazo para cada um deles embargar conta-se a partir da juntada do respectivo mandado citatório, salvo tratando-se de cônjuges.

- •• § 1.º acrescentado pela Lei n. 11.382, de 6-12-2006.
- •• Dispositivo correspondente no CPC de 2015: art. 915, § 1.º.

§ 2.º Nas execuções por carta precatória, a citação do executado será imediatamente comunicada pelo juiz deprecado ao juiz deprecante, inclusive por meios eletrônicos, contando-se o prazo para embargos a partir da juntada aos autos de tal comunicação.

- •• § 2.º acrescentado pela Lei n. 11.382, de 6-12-2006.
- •• Dispositivo correspondente no CPC de 2015: art. 915, § 2.º.

§ 3.º Aos embargos do executado não se aplica o disposto no art. 191 desta Lei.

- •• § 3.º acrescentado pela Lei n. 11.382, de 6-12-2006.

Processo de Execução

Art. 739. O juiz rejeitará liminarmente os embargos:

- •• Dispositivo correspondente no CPC de 2015: art. 918, caput.

I – quando intempestivos;

- •• Inciso I com redação determinada pela Lei n. 11.382, de 6-12-2006.
- •• Dispositivo correspondente no CPC de 2015: art. 918, I.

II – quando inepta a petição (art. 295); ou

- •• Inciso II com redação determinada pela Lei n. 11.382, de 6-12-2006.
- •• Dispositivo correspondente no CPC de 2015: art. 918, II.

III – quando manifestamente protelatórios.

- •• Inciso III com redação determinada pela Lei n. 11.382, de 6-12-2006.
- •• Dispositivo correspondente no CPC de 2015: art. 918, III.

§§ 1.º a 3.º *(Revogados pela Lei n. 11.382, de 6-12-2006.)*

Art. 739-A. Os embargos do executado não terão efeito suspensivo.

- •• Caput acrescentado pela Lei n. 11.382, de 6-12-2006.
- •• Dispositivo correspondente no CPC de 2015: art. 919, caput.

§ 1.º O juiz poderá, a requerimento do embargante, atribuir efeito suspensivo aos embargos quando, sendo relevantes seus fundamentos, o prosseguimento da execução manifestamente possa causar ao executado grave dano de difícil ou incerta reparação, e desde que a execução já esteja garantida por penhora, depósito ou caução suficientes.

- •• § 1.º acrescentado pela Lei n. 11.382, de 6-12-2006.
- •• Dispositivo correspondente no CPC de 2015: art. 919, § 1.º.

§ 2.º A decisão relativa aos efeitos dos embargos poderá, a requerimento da parte, ser modificada ou revogada a qualquer tempo, em decisão fundamentada, cessando as circunstâncias que a motivaram.

- •• § 2.º acrescentado pela Lei n. 11.382, de 6-12-2006.
- •• Dispositivo correspondente no CPC de 2015: art. 919, § 2.º.

§ 3.º Quando o efeito suspensivo atribuído aos embargos disser respeito apenas a parte do objeto da execução, essa prosseguirá quanto à parte restante.

Processo de Execução

Arts. 739-A a 741

•• § 3.º acrescentado pela Lei n. 11.382, de 6-12-2006.

•• Dispositivo correspondente no CPC de 2015: art. 919, § 3.º.

§ 4.º A concessão de efeito suspensivo aos embargos oferecidos por um dos executados não suspenderá a execução contra os que não embargaram, quando o respectivo fundamento disser respeito exclusivamente ao embargante.

•• § 4.º acrescentado pela Lei n. 11.382, de 6-12-2006.

•• Dispositivo correspondente no CPC de 2015: art. 919, § 4.º.

§ 5.º Quando o excesso de execução for fundamento dos embargos, o embargante deverá declarar na petição inicial o valor que entende correto, apresentando memória do cálculo, sob pena de rejeição liminar dos embargos ou de não conhecimento desse fundamento.

•• § 5.º acrescentado pela Lei n. 11.382, de 6-12-2006.

•• Dispositivo correspondente no CPC de 2015: art. 917, §§ 3.º e 4.º.

§ 6.º A concessão de efeito suspensivo não impedirá a efetivação dos atos de penhora e de avaliação dos bens.

•• § 6.º acrescentado pela Lei n. 11.382, de 6-12-2006.

•• Dispositivo correspondente no CPC de 2015: art. 919, § 5.º.

Art. 739-B. A cobrança de multa ou de indenizações decorrentes de litigância de má-fé (arts. 17 e 18) será promovida no próprio processo de execução, em autos apensos, operando-se por compensação ou por execução.

•• Artigo acrescentado pela Lei n. 11.382, de 6-12-2006.

Art. 740. Recebidos os embargos, será o exequente ouvido no prazo de 15 (quinze) dias; a seguir, o juiz julgará imediatamente o pedido (art. 330) ou designará audiência de conciliação, instrução e julgamento, proferindo sentença no prazo de 10 (dez) dias.

•• *Caput* com redação determinada pela Lei n. 11.382, de 6-12-2006.

•• Dispositivo correspondente no CPC de 2015: art. 920.

Parágrafo único. No caso de embargos manifestamente protelatórios, o juiz imporá, em favor do exequente, multa ao embargante em valor não superior a 20% (vinte por cento) do valor em execução.

•• Parágrafo único com redação determinada pela Lei n. 11.382, de 6-12-2006.

Capítulo II
DOS EMBARGOS À EXECUÇÃO CONTRA A FAZENDA PÚBLICA

•• Capítulo II com denominação determinada pela Lei n. 11.232, de 22-12-2005.

Art. 741. Na execução contra a Fazenda Pública, os embargos só poderão versar sobre:

•• *Caput* com redação determinada pela Lei n. 11.232, de 22-12-2005.

•• Dispositivo correspondente no CPC de 2015: art. 535, *caput*.

I – falta ou nulidade da citação, se o processo correu à revelia;

•• Inciso I com redação determinada pela Lei n. 11.232, de 22-12-2005.

•• Dispositivo correspondente no CPC de 2015: art. 535, I.

II – inexigibilidade do título;

•• Dispositivo correspondente no CPC de 2015: art. 535, III.

III – ilegitimidade das partes;

•• Dispositivo correspondente no CPC de 2015: art. 535, II.

IV – cumulação indevida de execuções;

•• Dispositivo correspondente no CPC de 2015: art. 535, IV.

V – excesso de execução;

•• Inciso V com redação determinada pela Lei n. 11.232, de 22-12-2005.

•• Dispositivo correspondente no CPC de 2015: art. 535, IV.

VI – qualquer causa impeditiva, modificativa ou extintiva da obrigação, como pagamento, novação, compensação, transação ou prescrição, desde que superveniente à sentença;

•• Inciso VI com redação determinada pela Lei n. 11.232, de 22-12-2005.

•• Dispositivo correspondente no CPC de 2015: art. 535, VI.

VII – incompetência do juízo da execução, bem como suspeição ou impedimento do juiz.

•• Dispositivo correspondente no CPC de 2015: art. 535, V.

Arts. 741 a 745 — Processo de Execução

Parágrafo único. Para efeito do disposto no inciso II do *caput* deste artigo, considera-se também inexigível o título judicial fundado em lei ou ato normativo declarados inconstitucionais pelo Supremo Tribunal Federal, ou fundado em aplicação ou interpretação da lei ou ato normativo tidas pelo Supremo Tribunal Federal como incompatíveis com a Constituição Federal.

•• Parágrafo único com redação determinada pela Lei n. 11.232, de 22-12-2005.

•• Dispositivo correspondente no CPC de 2015: art. 535, § 5.º.

Art. 742. Será oferecida, juntamente com os embargos, a exceção de incompetência do juízo, bem como a de suspeição ou de impedimento do juiz.

Art. 743. Há excesso de execução:

•• Dispositivo correspondente no CPC de 2015: art. 917, § 2.º, *caput*.

I – quando o credor pleiteia quantia superior à do título;

•• Dispositivo correspondente no CPC de 2015: art. 917, § 2.º, I.

II – quando recai sobre coisa diversa daquela declarada no título;

•• Dispositivo correspondente no CPC de 2015: art. 917, § 2.º, II.

III – quando se processa de modo diferente do que foi determinado na sentença;

•• Dispositivo correspondente no CPC de 2015: art. 917, § 2.º, III.

IV – quando o credor, sem cumprir a prestação que lhe corresponde, exige o adimplemento da do devedor (art. 582);

•• Dispositivo correspondente no CPC de 2015: art. 917, § 2.º, IV.

V – se o credor não provar que a condição se realizou.

•• Dispositivo correspondente no CPC de 2015: art. 917, § 2.º, V.

Capítulo III
DOS EMBARGOS À EXECUÇÃO

•• Capítulo III com denominação determinada pela Lei n. 11.382, de 6-12-2006.

Art. 744. (*Revogado pela Lei n. 11.382, de 6-12-2006.*)

Art. 745. Nos embargos, poderá o executado alegar:

•• *Caput* com redação determinada pela Lei n. 11.382, de 6-12-2006.

•• Dispositivo correspondente no CPC de 2015: art. 917, *caput*.

I – nulidade da execução, por não ser executivo o título apresentado;

•• Inciso I acrescentado pela Lei n. 11.382, de 6-12-2006.

•• Dispositivo correspondente no CPC de 2015: art. 917, I.

II – penhora incorreta ou avaliação errônea;

•• Inciso II acrescentado pela Lei n. 11.382, de 6-12-2006.

•• Dispositivo correspondente no CPC de 2015: art. 917, II.

III – excesso de execução, ou cumulação indevida de execuções;

•• Inciso III acrescentado pela Lei n. 11.382, de 6-12-2006.

•• Dispositivo correspondente no CPC de 2015: art. 917, III.

IV – retenção por benfeitorias necessárias ou úteis, nos casos de título para entrega de coisa certa (art. 621);

•• Inciso IV acrescentado pela Lei n. 11.382, de 6-12-2006.

•• Dispositivo correspondente no CPC de 2015: art. 917, IV.

V – qualquer matéria que lhe seria lícito deduzir como defesa em processo de conhecimento.

•• Inciso V acrescentado pela Lei n. 11.382, de 6-12-2006.

•• Dispositivo correspondente no CPC de 2015: art. 917, VI.

§ 1.º Nos embargos de retenção por benfeitorias, poderá o exequente requerer a compensação de seu valor com o dos frutos ou danos considerados devidos pelo executado, cumprindo ao juiz, para a apuração dos respectivos valores, nomear perito, fixando-lhe breve prazo para entrega do laudo.

•• § 1.º acrescentado pela Lei n. 11.382, de 6-12-2006.

•• Dispositivo correspondente no CPC de 2015: art. 917, §§ 3.º e 4.º.

§ 2.º O exequente poderá, a qualquer tempo, ser imitido na posse da coisa, prestando caução ou depositando o valor devido pelas benfeitorias ou resultante da compensação.

Processo de Execução

Arts. 745 a 749

•• § 2.º acrescentado pela Lei n. 11.382, de 6-12-2006.

•• Dispositivo correspondente no CPC de 2015: art. 917, § 6.º.

Art. 745-A. No prazo para embargos, reconhecendo o crédito do exequente e comprovando o depósito de 30% (trinta por cento) do valor em execução, inclusive custas e honorários de advogado, poderá o executado requerer seja admitido a pagar o restante em até 6 (seis) parcelas mensais, acrescidas de correção monetária e juros de 1% (um por cento) ao mês.

•• *Caput* acrescentado pela Lei n. 11.382, de 6-12-2006.

•• Dispositivo correspondente no CPC de 2015: art. 916, *caput*.

§ 1.º Sendo a proposta deferida pelo juiz, o exequente levantará a quantia depositada e serão suspensos os atos executivos; caso indeferida, seguir-se-ão os atos executivos, mantido o depósito.

•• § 1.º acrescentado pela Lei n. 11.382, de 6-12-2006.

•• Dispositivo correspondente no CPC de 2015: art. 916, §§ 3.º e 4.º.

§ 2.º O não pagamento de qualquer das prestações implicará, de pleno direito, o vencimento das subsequentes e o prosseguimento do processo, com o imediato início dos atos executivos, imposta ao executado multa de 10% (dez por cento) sobre o valor das prestações não pagas e vedada a oposição de embargos.

•• § 2.º acrescentado pela Lei n. 11.382, de 6-12-2006.

•• Dispositivo correspondente no CPC de 2015: art. 916, § 5.º.

Art. 746. É lícito ao executado, no prazo de 5 (cinco) dias, contados da adjudicação, alienação ou arrematação, oferecer embargos fundados em nulidade da execução, ou em causa extintiva da obrigação, desde que superveniente à penhora, aplicando-se, no que couber, o disposto neste Capítulo.

•• *Caput* com redação determinada pela Lei n. 11.382, de 6-12-2006.

§ 1.º Oferecidos embargos, poderá o adquirente desistir da aquisição.

•• § 1.º com redação determinada pela Lei n. 11.382, de 6-12-2006.

§ 2.º No caso do § 1.º deste artigo, o juiz deferirá de plano o requerimento, com a imediata liberação do depósito feito pelo adquirente (art. 694, § 1.º, inciso IV).

•• § 2.º acrescentado pela Lei n. 11.382, de 6-12-2006.

§ 3.º Caso os embargos sejam declarados manifestamente protelatórios, o juiz imporá multa ao embargante, não superior a 20% (vinte por cento) do valor da execução, em favor de quem desistiu da aquisição.

•• § 3.º acrescentado pela Lei n. 11.382, de 6-12-2006.

Capítulo IV
DOS EMBARGOS NA EXECUÇÃO POR CARTA

•• Primitivo Capítulo V renumerado pela Lei n. 11.382, de 6-12-2006.

Art. 747. Na execução por carta, os embargos serão oferecidos no juízo deprecante ou no juízo deprecado, mas a competência para julgá-los é do juízo deprecante, salvo se versarem unicamente vícios ou defeitos da penhora, avaliação ou alienação dos bens.

•• Artigo com redação determinada pela Lei n. 8.953, de 13-12-1994.

•• Dispositivo correspondente no CPC de 2015: art. 914, § 2.º.

Título IV
DA EXECUÇÃO POR QUANTIA CERTA CONTRA DEVEDOR INSOLVENTE

Capítulo I
DA INSOLVÊNCIA

Art. 748. Dá-se a insolvência toda vez que as dívidas excederem à importância dos bens do devedor.

Art. 749. Se o devedor for casado e o outro cônjuge, assumindo a responsabilidade por dívidas, não possuir bens próprios que bastem ao pagamento de todos os credores, poderá ser

Arts. 749 a 762

declarada, nos autos do mesmo processo, a insolvência de ambos.

Art. 750. Presume-se a insolvência quando:

I – o devedor não possuir outros bens livres e desembaraçados para nomear à penhora;

II – forem arrestados bens do devedor, com fundamento no art. 813, I, II e III.

Art. 751. A declaração de insolvência do devedor produz:

I – o vencimento antecipado das suas dívidas;

II – a arrecadação de todos os seus bens suscetíveis de penhora, quer os atuais, quer os adquiridos no curso do processo;

III – a execução por concurso universal dos seus credores.

Art. 752. Declarada a insolvência, o devedor perde o direito de administrar os seus bens e de dispor deles, até a liquidação total da massa.

Art. 753. A declaração de insolvência pode ser requerida:

I – por qualquer credor quirografário;

II – pelo devedor;

III – pelo inventariante do espólio do devedor.

Capítulo II
DA INSOLVÊNCIA REQUERIDA PELO CREDOR

Art. 754. O credor requererá a declaração de insolvência do devedor, instruindo o pedido com título executivo judicial ou extrajudicial (art. 586).

Art. 755. O devedor será citado para, no prazo de 10 (dez) dias, opor embargos; se os não oferecer, o juiz proferirá, em 10 (dez) dias, a sentença.

Art. 756. Nos embargos pode o devedor alegar:

I – que não paga por ocorrer alguma das causas enumeradas nos arts. 741, 742 e 745, conforme o pedido de insolvência se funde em título judicial ou extrajudicial;

II – que o seu ativo é superior ao passivo.

Art. 757. O devedor ilidirá o pedido de insolvência se, no prazo para opor embargos, depositar a importância do crédito, para lhe discutir a legitimidade ou o valor.

Art. 758. Não havendo provas a produzir, o juiz dará a sentença em 10 (dez) dias; havendo-as, designará audiência de instrução e julgamento.

Capítulo III
DA INSOLVÊNCIA REQUERIDA PELO DEVEDOR OU PELO SEU ESPÓLIO

Art. 759. É lícito ao devedor ou ao seu espólio, a todo tempo, requerer a declaração de insolvência.

Art. 760. A petição, dirigida ao juiz da comarca em que o devedor tem o seu domicílio, conterá:

I – a relação nominal de todos os credores, com a indicação do domicílio de cada um, bem como da importância e da natureza dos respectivos créditos;

II – a individuação de todos os bens, com a estimativa do valor de cada um;

III – o relatório do estado patrimonial, com a exposição das causas que determinaram a insolvência.

Capítulo IV
DA DECLARAÇÃO JUDICIAL DE INSOLVÊNCIA

Art. 761. Na sentença, que declarar a insolvência, o juiz:

I – nomeará, dentre os maiores credores, um administrador da massa;

II – mandará expedir edital, convocando os credores para que apresentem, no prazo de 20 (vinte) dias, a declaração do crédito, acompanhada do respectivo título.

Art. 762. Ao juízo da insolvência concorrerão todos os credores do devedor comum.

§ 1.º As execuções movidas por credores individuais serão remetidas ao juízo da insolvência.

Processo de Execução

§ 2.º Havendo, em alguma execução, dia designado para a praça ou o leilão, far-se-á a arrematação, entrando para a massa o produto dos bens.

Capítulo V
DAS ATRIBUIÇÕES DO ADMINISTRADOR

Art. 763. A massa dos bens do devedor insolvente ficará sob a custódia e responsabilidade de um administrador, que exercerá as suas atribuições, sob a direção e superintendência do juiz.

Art. 764. Nomeado o administrador, o escrivão o intimará a assinar, dentro de 24 (vinte e quatro) horas, termo de compromisso de desempenhar bem e fielmente o cargo.

Art. 765. Ao assinar o termo, o administrador entregará a declaração de crédito, acompanhada do título executivo. Não o tendo em seu poder, juntá-lo-á no prazo fixado pelo art. 761, II.

Art. 766. Cumpre ao administrador:

I – arrecadar todos os bens do devedor, onde quer que estejam, requerendo para esse fim as medidas judiciais necessárias;

II – representar a massa, ativa e passivamente, contratando advogado, cujos honorários serão previamente ajustados e submetidos à aprovação judicial;

III – praticar todos os atos conservatórios de direitos e de ações, bem como promover a cobrança das dívidas ativas;

IV – alienar em praça ou em leilão, com autorização judicial, os bens da massa.

Art. 767. O administrador terá direito a uma remuneração, que o juiz arbitrará, atendendo à sua diligência, ao trabalho, à responsabilidade da função e à importância da massa.

Capítulo VI
DA VERIFICAÇÃO E DA CLASSIFICAÇÃO DOS CRÉDITOS

Art. 768. Findo o prazo, a que se refere o n. II do art. 761, o escrivão, dentro de 5 (cinco) dias, ordenará todas as declarações, autuando cada uma com o seu respectivo título. Em seguida intimará, por edital, todos os credores para, no prazo de 20 (vinte) dias, que lhes é comum, alegarem as suas preferências, bem como a nulidade, simulação, fraude, ou falsidade de dívidas e contratos.

Parágrafo único. No prazo, a que se refere este artigo, o devedor poderá impugnar quaisquer créditos.

Art. 769. Não havendo impugnações, o escrivão remeterá os autos ao contador, que organizará o quadro geral dos credores, observando, quanto à classificação dos créditos e dos títulos legais de preferência, o que dispõe a lei civil.

Parágrafo único. Se concorrerem aos bens apenas credores quirografários, o contador organizará o quadro, relacionando-os em ordem alfabética.

Art. 770. Se, quando for organizado o quadro geral dos credores, os bens da massa já tiverem sido alienados, o contador indicará a percentagem, que caberá a cada credor no rateio.

Art. 771. Ouvidos todos os interessados, no prazo de 10 (dez) dias, sobre o quadro geral dos credores, o juiz proferirá sentença.

Art. 772. Havendo impugnação pelo credor ou pelo devedor, o juiz deferirá, quando necessário, a produção de provas e em seguida proferirá sentença.

§ 1.º Se for necessária prova oral, o juiz designará audiência de instrução e julgamento.

§ 2.º Transitada em julgado a sentença, observar-se-á o que dispõem os três artigos antecedentes.

Art. 773. Se os bens não foram alienados antes da organização do quadro geral, o juiz determinará a alienação em praça ou em leilão, destinando-se o produto ao pagamento dos credores.

Capítulo VII
DO SALDO DEVEDOR

Art. 774. Liquidada a massa sem que tenha sido efetuado o pagamento integral a todos os credores, o devedor insolvente continua obrigado pelo saldo.

Art. 775. Pelo pagamento dos saldos respondem os bens penhoráveis que o devedor adquirir, até que se lhe declare a extinção das obrigações.

Art. 776. Os bens do devedor poderão ser arrecadados nos autos do mesmo processo, a requerimento de qualquer credor incluído no quadro geral, a que se refere o art. 769, procedendo-se à sua alienação e à distribuição do respectivo produto aos credores, na proporção dos seus saldos.

Capítulo VIII
DA EXTINÇÃO DAS OBRIGAÇÕES

Art. 777. A prescrição das obrigações, interrompida com a instauração do concurso universal de credores, recomeça a correr no dia em que passar em julgado a sentença que encerrar o processo de insolvência.

Art. 778. Consideram-se extintas todas as obrigações do devedor, decorrido o prazo de 5 (cinco) anos, contados da data do encerramento do processo de insolvência.

Art. 779. É lícito ao devedor requerer ao juízo da insolvência a extinção das obrigações; o juiz mandará publicar edital, com o prazo de 30 (trinta) dias, no órgão oficial e em outro jornal de grande circulação.

Art. 780. No prazo estabelecido no artigo antecedente, qualquer credor poderá opor-se ao pedido, alegando que:

I – não transcorreram 5 (cinco) anos da data do encerramento da insolvência;

II – o devedor adquiriu bens, sujeitos à arrecadação (art. 776).

Art. 781. Ouvido o devedor no prazo de 10 (dez) dias, o juiz proferirá sentença; havendo provas a produzir, o juiz designará audiência de instrução e julgamento.

Art. 782. A sentença, que declarar extintas as obrigações, será publicada por edital, ficando o devedor habilitado a praticar todos os atos da vida civil.

Capítulo IX
DAS DISPOSIÇÕES GERAIS

Art. 783. O devedor insolvente poderá, depois da aprovação do quadro a que se refere o art. 769, acordar com os seus credores, propondo-lhes a forma de pagamento. Ouvidos os credores, se não houver oposição, o juiz aprovará a proposta por sentença.

Art. 784. Ao credor retardatário é assegurado o direito de disputar, por ação direta, antes do rateio final, a prelação ou a cota proporcional ao seu crédito.

Art. 785. O devedor, que caiu em estado de insolvência sem culpa sua, pode requerer ao juiz, se a massa o comportar, que lhe arbitre uma pensão, até a alienação dos bens. Ouvidos os credores, o juiz decidirá.

Art. 786. As disposições deste Título aplicam-se às sociedades civis, qualquer que seja a sua forma.

Art. 786-A. Os editais referidos neste Título também serão publicados, quando for o caso, nos órgãos oficiais dos Estados em que o devedor tenha filiais ou representantes.

•• Artigo acrescentado pela Lei n. 9.462, de 19-6-1997.

Título V
DA REMIÇÃO

•• Título V revogado pela Lei n. 11.382, de 6-12-2006.

Arts. 787 a 790. (*Revogados pela Lei n. 11.382, de 6-12-2006.*)

Processo de Execução

Título VI
DA SUSPENSÃO E DA EXTINÇÃO DO PROCESSO DE EXECUÇÃO

Capítulo I
DA SUSPENSÃO

Art. 791. Suspende-se a execução:

•• Dispositivo correspondente no CPC de 2015: art. 921, *caput*.

I – no todo ou em parte, quando recebidos com efeito suspensivo os embargos à execução (art. 739-A);

•• Inciso I com redação determinada pela Lei n. 11.382, de 6-12-2006.

•• Dispositivo correspondente no CPC de 2015: art. 921, I.

II – nas hipóteses previstas no art. 265, I a III;

•• Dispositivo correspondente no CPC de 2015: art. 921, II.

III – quando o devedor não possuir bens penhoráveis.

•• Dispositivo correspondente no CPC de 2015: art. 921, III.

Art. 792. Convindo as partes, o juiz declarará suspensa a execução durante o prazo concedido pelo credor, para que o devedor cumpra voluntariamente a obrigação.

•• Dispositivo correspondente no CPC de 2015: art. 922, *caput*.

Parágrafo único. Findo o prazo sem cumprimento da obrigação, o processo retomará o seu curso.

•• Parágrafo único acrescentado pela Lei n. 8.953, de 13-12-1994.

•• Dispositivo correspondente no CPC de 2015: art. 922, parágrafo único.

Art. 793. Suspensa a execução, é defeso praticar quaisquer atos processuais. O juiz poderá, entretanto, ordenar providências cautelares urgentes.

•• Artigo com redação determinada pela Lei n. 5.925, de 1.º-10-1973.

•• Dispositivo correspondente no CPC de 2015: art. 923.

Capítulo II
DA EXTINÇÃO

Art. 794. Extingue-se a execução quando:

•• Dispositivo correspondente no CPC de 2015: art. 924, *caput*.

I – o devedor satisfaz a obrigação;

•• Dispositivo correspondente no CPC de 2015: art. 924, II.

II – o devedor obtém, por transação ou por qualquer outro meio, a remissão total da dívida;

•• Dispositivo correspondente no CPC de 2015: art. 924, III.

III – o credor renunciar ao crédito.

•• Dispositivo correspondente no CPC de 2015: art. 924, IV.

Art. 795. A extinção só produz efeito quando declarada por sentença.

•• Dispositivo correspondente no CPC de 2015: art. 925.

Livro III
DO PROCESSO CAUTELAR

Título Único
DAS MEDIDAS CAUTELARES

Capítulo I
DAS DISPOSIÇÕES GERAIS

Art. 796. O procedimento cautelar pode ser instaurado antes ou no curso do processo principal e deste é sempre dependente.

•• Dispositivo correspondente no CPC de 2015: art. 294.

Art. 797. Só em casos excepcionais, expressamente autorizados por lei, determinará o juiz medidas cautelares sem a audiência das partes.

Art. 798. Além dos procedimentos cautelares específicos, que este Código regula no Capítulo II deste Livro, poderá o juiz determinar as medidas provisórias que julgar adequadas, quando houver fundado receio de que uma parte, antes do julgamento da lide, cause ao direito da outra lesão grave e de difícil reparação.

•• Dispositivo correspondente no CPC de 2015: art. 297, caput.

Art. 799. No caso do artigo anterior, poderá o juiz, para evitar o dano, autorizar ou vedar a prática de determinados atos, ordenar a guarda judicial de pessoas e depósito de bens e impor a prestação de caução.

Art. 800. As medidas cautelares serão requeridas ao juiz da causa; e, quando preparatórias, ao juiz competente para conhecer da ação principal.

•• Dispositivo correspondente no CPC de 2015: art. 299, caput.

Parágrafo único. Interposto o recurso, a medida cautelar será requerida diretamente ao tribunal.

•• Parágrafo único com redação determinada pela Lei n. 8.952, de 13-12-1994.

•• Dispositivo correspondente no CPC de 2015: art. 299, parágrafo único.

Art. 801. O requerente pleiteará a medida cautelar em petição escrita, que indicará:

•• Dispositivo correspondente no CPC de 2015: art. 305, caput.

I – a autoridade judiciária, a que for dirigida;

II – o nome, o estado civil, a profissão e a residência do requerente e do requerido;

III – a lide e seu fundamento;

IV – a exposição sumária do direito ameaçado e o receio da lesão;

V – as provas que serão produzidas.

Parágrafo único. Não se exigirá o requisito do n. III senão quando a medida cautelar for requerida em procedimento preparatório.

Art. 802. O requerido será citado, qualquer que seja o procedimento cautelar, para, no prazo de 5 (cinco) dias, contestar o pedido, indicando as provas que pretende produzir.

•• Dispositivo correspondente no CPC de 2015: art. 306.

Parágrafo único. Conta-se o prazo, da juntada aos autos do mandado:

I – de citação devidamente cumprido;

II – da execução da medida cautelar, quando concedida liminarmente ou após justificação prévia.

Art. 803. Não sendo contestado o pedido, presumir-se-ão aceitos pelo requerido, como verdadeiros, os fatos alegados pelo requerente (arts. 285 e 319); caso em que o juiz decidirá dentro em 5 (cinco) dias.

•• Caput com redação determinada pela Lei n. 5.925, de 1.º-10-1973.

•• Dispositivo correspondente no CPC de 2015: art. 307, caput.

Parágrafo único. Se o requerido contestar no prazo legal, o juiz designará audiência de instrução e julgamento, havendo prova a ser nela produzida.

•• Parágrafo único com redação determinada pela Lei n. 5.925, de 1.º-10-1973.

•• Dispositivo correspondente no CPC de 2015: art. 307, parágrafo único.

Processo Cautelar

Art. 804. É lícito ao juiz conceder liminarmente ou após justificação prévia a medida cautelar, sem ouvir o réu, quando verificar que este, sendo citado, poderá torná-la ineficaz; caso em que poderá determinar que o requerente preste caução real ou fidejussória de ressarcir os danos que o requerido possa vir a sofrer.

•• Artigo com redação determinada pela Lei n. 5.925, de 1.º-10-1973.

•• Dispositivo correspondente no CPC de 2015: art. 300, §§ 1.º e 2.º.

Art. 805. A medida cautelar poderá ser substituída, de ofício ou a requerimento de qualquer das partes, pela prestação de caução ou outra garantia menos gravosa para o requerido, sempre que adequada e suficiente para evitar a lesão ou repará-la integralmente.

•• Artigo com redação determinada pela Lei n. 8.952, de 13-12-1994.

•• Dispositivo correspondente no CPC de 2015: art. 297, parágrafo único.

Art. 806. Cabe à parte propor a ação, no prazo de 30 (trinta) dias, contados da data da efetivação da medida cautelar, quando esta for concedida em procedimento preparatório.

•• Dispositivo correspondente no CPC de 2015: art. 308, *caput*.

Art. 807. As medidas cautelares conservam a sua eficácia no prazo do artigo antecedente e na pendência do processo principal; mas podem, a qualquer tempo, ser revogadas ou modificadas.

Parágrafo único. Salvo decisão judicial em contrário, a medida cautelar conservará a eficácia durante o período de suspensão do processo.

Art. 808. Cessa a eficácia da medida cautelar:

•• Dispositivo correspondente no CPC de 2015: art. 309, *caput*.

I – se a parte não intentar a ação no prazo estabelecido no art. 806;

•• Dispositivo correspondente no CPC de 2015: art. 309, I.

II – se não for executada dentro de 30 (trinta) dias;

•• Dispositivo correspondente no CPC de 2015: art. 309, II.

III – se o juiz declarar extinto o processo principal, com ou sem julgamento do mérito.

•• Dispositivo correspondente no CPC de 2015: art. 309, III.

Parágrafo único. Se por qualquer motivo cessar a medida, é defeso à parte repetir o pedido, salvo por novo fundamento.

•• Dispositivo correspondente no CPC de 2015: art. 309, parágrafo único.

Art. 809. Os autos do procedimento cautelar serão apensados aos do processo principal.

Art. 810. O indeferimento da medida não obsta a que a parte intente a ação, nem influi no julgamento desta, salvo se o juiz, no procedimento cautelar, acolher a alegação de decadência ou de prescrição do direito do autor.

•• Dispositivo correspondente no CPC de 2015: art. 310.

Art. 811. Sem prejuízo do disposto no art. 16, o requerente do procedimento cautelar responde ao requerido pelo prejuízo que lhe causar a execução da medida:

•• Dispositivo correspondente no CPC de 2015: art. 302, *caput*.

I – se a sentença no processo principal lhe for desfavorável;

•• Dispositivo correspondente no CPC de 2015: art. 302, I.

II – se, obtida liminarmente a medida no caso do art. 804 deste Código, não promover a citação do requerido dentro em 5 (cinco) dias;

•• Dispositivo correspondente no CPC de 2015: art. 302, II.

III – se ocorrer a cessação da eficácia da medida, em qualquer dos casos previstos no art. 808, deste Código;

•• Dispositivo correspondente no CPC de 2015: art. 302, III.

IV – se o juiz acolher, no procedimento cautelar, a alegação de decadência ou de prescrição do direito do autor (art. 810).

•• Dispositivo correspondente no CPC de 2015: art. 302, IV.

Parágrafo único. A indenização será liquidada nos autos do procedimento cautelar.

•• Dispositivo correspondente no CPC de 2015: art. 302, parágrafo único.

Art. 812. Aos procedimentos cautelares específicos, regulados no Capítulo seguinte, aplicam-se as disposições gerais deste Capítulo.

CAPÍTULO II
DOS PROCEDIMENTOS CAUTELARES ESPECÍFICOS

Seção I
Do Arresto

Art. 813. O arresto tem lugar:

I – quando o devedor sem domicílio certo intenta ausentar-se ou alienar os bens que possui, ou deixa de pagar a obrigação no prazo estipulado;

II – quando o devedor, que tem domicílio:

a) se ausenta ou tenta ausentar-se furtivamente;

b) caindo em insolvência, aliena ou tenta alienar bens que possui; contrai ou tenta contrair dívidas extraordinárias; põe ou tenta pôr os seus bens em nome de terceiros; ou comete outro qualquer artifício fraudulento, a fim de frustrar a execução ou lesar credores;

III – quando o devedor, que possui bens de raiz, intenta aliená-los, hipotecá-los ou dá-los em anticrese, sem ficar com algum ou alguns, livres e desembargados, equivalentes às dívidas;

IV – nos demais casos expressos em lei.

Art. 814. Para a concessão do arresto é essencial:

I – prova literal da dívida líquida e certa;

II – prova documental ou justificação de algum dos casos mencionados no artigo antecedente.

•• Caput e incisos com redação determinada pela Lei n. 5.925, de 1.º-10-1973.

Parágrafo único. Equipara-se à prova literal da dívida líquida e certa, para efeito de concessão de arresto, a sentença, líquida ou ilíquida, pendente de recurso, condenando o devedor ao pagamento de dinheiro ou de prestação que em dinheiro possa converter-se.

•• Parágrafo único com redação determinada pela Lei n. 10.444, de 7-5-2002.

Art. 815. A justificação prévia, quando ao juiz parecer indispensável, far-se-á em segredo e de plano, reduzindo-se a termo o depoimento das testemunhas.

Art. 816. O juiz concederá o arresto independentemente de justificação prévia:

I – quando for requerido pela União, Estado ou Município, nos casos previstos em lei;

II – se o credor prestar caução (art. 804).

Art. 817. Ressalvado o disposto no art. 810, a sentença proferida no arresto não faz coisa julgada na ação principal.

Art. 818. Julgada procedente a ação principal, o arresto se resolve em penhora.

Art. 819. Ficará suspensa a execução do arresto se o devedor:

I – tanto que intimado, pagar ou depositar em juízo a importância da dívida, mais os honorários de advogado que o juiz arbitrar, e custas;

II – der fiador idôneo, ou prestar caução para garantir a dívida, honorários do advogado do requerente e custas.

Art. 820. Cessa o arresto:

I – pelo pagamento;

II – pela novação;

III – pela transação.

Art. 821. Aplicam-se ao arresto as disposições referentes à penhora, não alteradas na presente Seção.

Seção II
Do Sequestro

Art. 822. O juiz, a requerimento da parte, pode decretar o sequestro:

I – de bens móveis, semoventes ou imóveis, quando lhes for disputada a propriedade ou a posse, havendo fundado receio de rixas ou danificações;

II – dos frutos e rendimentos do imóvel reivindicando, se o réu, depois de condenado por sentença ainda sujeita a recurso, os dissipar;

III – dos bens do casal, nas ações de desquite e de anulação de casamento, se o cônjuge os estiver dilapidando;

Processo Cautelar

IV – nos demais casos expressos em lei.

Art. 823. Aplica-se ao sequestro, no que couber, o que este Código estatui acerca do arresto.

Art. 824. Incumbe ao juiz nomear o depositário dos bens sequestrados. A escolha poderá, todavia, recair:

I – em pessoa indicada, de comum acordo, pelas partes;

II – em uma das partes, desde que ofereça maiores garantias e preste caução idônea.

Art. 825. A entrega dos bens ao depositário far-se-á logo depois que este assinar o compromisso.

Parágrafo único. Se houver resistência, o depositário solicitará ao juiz a requisição de força policial.

Seção III
Da Caução

Art. 826. A caução pode ser real ou fidejussória.

Art. 827. Quando a lei não determinar a espécie de caução, esta poderá ser prestada mediante depósito em dinheiro, papéis de crédito, títulos da União ou dos Estados, pedras e metais preciosos, hipoteca, penhor e fiança.

Art. 828. A caução pode ser prestada pelo interessado ou por terceiro.

Art. 829. Aquele que for obrigado a dar caução requererá a citação da pessoa a favor de quem tiver de ser prestada, indicando na petição inicial:

I – o valor a caucionar;

II – o modo pelo qual a caução vai ser prestada;

III – a estimativa dos bens;

IV – a prova da suficiência da caução ou da idoneidade do fiador.

Art. 830. Aquele em cujo favor há de ser dada a caução requererá a citação do obrigado para que a preste, sob pena de incorrer na sanção que a lei ou o contrato cominar para a falta.

Art. 831. O requerido será citado para, no prazo de 5 (cinco) dias, aceitar a caução (art. 829), prestá-la (art. 830), ou contestar o pedido.

Art. 832. O juiz proferirá imediatamente a sentença:

I – se o requerido não contestar;

II – se a caução oferecida ou prestada for aceita;

III – se a matéria for somente de direito ou, sendo de direito e de fato, já não houver necessidade de outra prova.

Art. 833. Contestado o pedido, o juiz designará audiência de instrução e julgamento, salvo o disposto no n. III do artigo anterior.

Art. 834. Julgando procedente o pedido, o juiz determinará a caução e assinará o prazo em que deve ser prestada, cumprindo-se as diligências que forem determinadas.

Parágrafo único. Se o requerido não cumprir a sentença no prazo estabelecido, o juiz declarará:

I – no caso do art. 829, não prestada a caução;

II – no caso do art. 830, efetivada a sanção que cominou.

Art. 835. O autor, nacional ou estrangeiro, que residir fora do Brasil ou dele se ausentar na pendência da demanda, prestará, nas ações que intentar, caução suficiente às custas e honorários de advogado da parte contrária, se não tiver no Brasil bens imóveis que lhes assegurem o pagamento.

•• Dispositivo correspondente no CPC de 2015: art. 83, *caput*.

Art. 836. Não se exigirá, porém, a caução, de que trata o artigo antecedente:

I – na execução fundada em título extrajudicial;

II – na reconvenção.

Art. 837. Verificando-se no curso do processo que se desfalcou a garantia, poderá o interessado exigir reforço da caução. Na petição inicial, o requerente justificará o pedido, indicando a depreciação do bem dado em garantia e a importância do reforço que pretende obter.

Art. 838. Julgando procedente o pedido, o juiz assinará prazo para que o obrigado reforce a caução. Não sendo cumprida a sentença, cessarão os efeitos da caução prestada, presumindo-se que o autor tenha desistido da ação ou o recorrente desistido do recurso.

Seção IV
Da Busca e Apreensão

Art. 839. O juiz pode decretar a busca e apreensão de pessoas ou de coisas.

Art. 840. Na petição inicial exporá o requerente as razões justificativas da medida e da ciência de estar a pessoa ou a coisa no lugar designado.

Art. 841. A justificação prévia far-se-á em segredo de justiça, se for indispensável. Provado quanto baste o alegado, expedir-se-á o mandado que conterá:

I – a indicação da casa ou do lugar em que deve efetuar-se a diligência;

II – a descrição da pessoa ou da coisa procurada e o destino a lhe dar;

III – a assinatura do juiz, de quem emanar a ordem.

Art. 842. O mandado será cumprido por dois oficiais de justiça, um dos quais o lerá ao morador, intimando-o a abrir as portas.

§ 1.º Não atendidos, os oficiais de justiça arrombarão as portas externas, bem como as internas e quaisquer móveis onde presumam que esteja oculta a pessoa ou a coisa procurada.

§ 2.º Os oficiais de justiça far-se-ão acompanhar de duas testemunhas.

§ 3.º Tratando-se de direito autoral ou direito conexo do artista, intérprete ou executante, produtores de fonogramas e organismos de radiodifusão, o juiz designará, para acompanharem os oficiais de justiça, dois peritos aos quais incumbirá confirmar a ocorrência da violação antes de ser efetivada a apreensão.

Art. 843. Finda a diligência, lavrarão os oficiais de justiça auto circunstanciado, assinando-o com as testemunhas.

Seção V
Da Exibição

Art. 844. Tem lugar, como procedimento preparatório, a exibição judicial:

I – de coisa móvel em poder de outrem e que o requerente repute sua ou tenha interesse em conhecer;

II – de documento próprio ou comum, em poder de cointeressado, sócio, condômino, credor ou devedor; ou em poder de terceiro que o tenha em sua guarda, como inventariante, testamenteiro, depositário ou administrador de bens alheios;

III – da escrituração comercial por inteiro, balanços e documentos de arquivo, nos casos expressos em lei.

Art. 845. Observar-se-á, quanto ao procedimento, no que couber, o disposto nos arts. 355 a 363, e 381 e 382.

Seção VI
Da Produção Antecipada de Provas

Art. 846. A produção antecipada da prova pode consistir em interrogatório da parte, inquirição de testemunhas e exame pericial.

Art. 847. Far-se-á o interrogatório da parte ou a inquirição das testemunhas antes da propositura da ação, ou na pendência desta, mas antes da audiência de instrução:

I – se tiver de ausentar-se;

II – se, por motivo de idade ou de moléstia grave, houver justo receio de que ao tempo da prova já não exista, ou esteja impossibilitada de depor.

Art. 848. O requerente justificará sumariamente a necessidade da antecipação e mencionará com precisão os fatos sobre que há de recair a prova.

Parágrafo único. Tratando-se de inquirição de testemunha, serão intimados os interessados a comparecer à audiência em que prestará o depoimento.

Art. 849. Havendo fundado receio de que venha a tornar-se impossível ou muito difícil a

Processo Cautelar

verificação de certos fatos na pendência da ação, é admissível o exame pericial.

Art. 850. A prova pericial realizar-se-á conforme o disposto nos arts. 420 a 439.

Art. 851. Tomado o depoimento ou feito exame pericial, os autos permanecerão em cartório, sendo lícito aos interessados solicitar as certidões que quiserem.

•• Dispositivo correspondente no CPC de 2015: art. 383, *caput*.

Seção VII
Dos Alimentos Provisionais

Art. 852. É lícito pedir alimentos provisionais:

I – nas ações de desquite e de anulação de casamento, desde que estejam separados os cônjuges;

II – nas ações de alimentos, desde o despacho da petição inicial;

III – nos demais casos expressos em lei.

Parágrafo único. No caso previsto no n. I deste artigo, a prestação alimentícia devida ao requerente abrange, além do que necessitar para sustento, habitação e vestuário, as despesas para custear a demanda.

Art. 853. Ainda que a causa principal penda de julgamento no tribunal, processar-se-á no primeiro grau de jurisdição o pedido de alimentos provisionais.

Art. 854. Na petição inicial, exporá o requerente as suas necessidades e as possibilidades do alimentante.

Parágrafo único. O requerente poderá pedir que o juiz, ao despachar a petição inicial e sem audiência do requerido, lhe arbitre desde logo uma mensalidade para mantença.

Seção VIII
Do Arrolamento de Bens

Art. 855. Procede-se ao arrolamento sempre que há fundado receio de extravio ou de dissipação de bens.

Art. 856. Pode requerer o arrolamento todo aquele que tem interesse na conservação dos bens.

§ 1.º O interesse do requerente pode resultar de direito já constituído ou que deva ser declarado em ação própria.

§ 2.º Aos credores só é permitido requerer arrolamento nos casos em que tenha lugar a arrecadação de herança.

Art. 857. Na petição inicial exporá o requerente:

I – o seu direito aos bens;

II – os fatos em que funda o receio de extravio ou de dissipação dos bens.

Art. 858. Produzidas as provas em justificação prévia, o juiz, convencendo-se de que o interesse do requerente corre sério risco, deferirá a medida, nomeando depositário dos bens.

Parágrafo único. O possuidor ou detentor dos bens será ouvido se a audiência não comprometer a finalidade da medida.

Art. 859. O depositário lavrará auto, descrevendo minuciosamente todos os bens e registrando quaisquer ocorrências que tenham interesse para sua conservação.

Art. 860. Não sendo possível efetuar desde logo o arrolamento ou concluí-lo no dia em que foi iniciado, aporse-ão selos nas portas da casa ou nos móveis em que estejam os bens, continuando-se a diligência no dia que for designado.

Seção IX
Da Justificação

Art. 861. Quem pretender justificar a existência de algum fato ou relação jurídica, seja para simples documento e sem caráter contencioso, seja para servir de prova em processo regular, exporá, em petição circunstanciada, a sua intenção.

Art. 862. Salvo nos casos expressos em lei, é essencial a citação dos interessados.

Parágrafo único. Se o interessado não puder ser citado pessoalmente, intervirá no processo o Ministério Público.

Art. 863. A justificação consistirá na inquirição de testemunhas sobre os fatos alegados, sendo facultado ao requerente juntar documentos.

Art. 864. Ao interessado é lícito contraditar as testemunhas, reinquiri-las e manifestar-se sobre os documentos, dos quais terá vista em cartório por 24 (vinte e quatro) horas.

Art. 865. No processo de justificação não se admite defesa nem recurso.

Art. 866. A justificação será afinal julgada por sentença e os autos serão entregues ao requerente independentemente de traslado, decorridas 48 (quarenta e oito) horas da decisão.

Parágrafo único. O juiz não se pronunciará sobre o mérito da prova, limitando-se a verificar se foram observadas as formalidades legais.

Seção X
Dos Protestos, Notificações
e Interpelações

Art. 867. Todo aquele que desejar prevenir responsabilidade, prover a conservação e ressalva de seus direitos ou manifestar qualquer intenção de modo formal, poderá fazer por escrito o seu protesto, em petição dirigida ao juiz, e requerer que do mesmo se intime a quem de direito.

•• Dispositivo correspondente no CPC de 2015: art. 726, *caput*.

Art. 868. Na petição o requerente exporá os fatos e os fundamentos do protesto.

Art. 869. O juiz indeferirá o pedido, quando o requerente não houver demonstrado legítimo interesse e o protesto, dando causa a dúvidas e incertezas, possa impedir a formação de contrato ou a realização de negócio lícito.

Art. 870. Far-se-á a intimação por editais:

I – se o protesto for para conhecimento do público em geral, nos casos previstos em lei, ou quando a publicidade seja essencial para que o protesto, notificação ou interpelação atinja seus fins;

II – se o citando for desconhecido, incerto ou estiver em lugar ignorado ou de difícil acesso;

III – se a demora da intimação pessoal puder prejudicar os efeitos da interpelação ou do protesto.

Parágrafo único. Quando se tratar de protesto contra a alienação de bens, pode o juiz ouvir, em 3 (três) dias, aquele contra quem foi dirigido, desde que lhe pareça haver no pedido ato emulativo, tentativa de extorsão, ou qualquer outro fim ilícito, decidindo em seguida sobre o pedido de publicação de editais.

Art. 871. O protesto ou interpelação não admite defesa nem contraprotesto nos autos; mas o requerido pode contraprotestar em processo distinto.

Art. 872. Feita a intimação, ordenará o juiz que, pagas as custas, e decorridas 48 (quarenta e oito) horas, sejam os autos entregues à parte independentemente de traslado.

•• Dispositivo correspondente no CPC de 2015: art. 729.

Art. 873. Nos casos previstos em lei processar-se-á a notificação ou interpelação na conformidade dos artigos antecedentes.

Seção XI
Da Homologação do Penhor Legal

Art. 874. Tomado o penhor legal nos casos previstos em lei, requererá o credor, ato contínuo, a homologação. Na petição inicial, instruída com a conta pormenorizada das despesas, a tabela dos preços e a relação dos objetos retidos, pedirá a citação do devedor para, em 24 (vinte e quatro) horas, pagar ou alegar defesa.

•• Dispositivo correspondente no CPC de 2015: art. 703, *caput* e § 1.º.

Parágrafo único. Estando suficientemente provado o pedido nos termos deste artigo, o juiz poderá homologar de plano o penhor legal.

Art. 875. A defesa só pode consistir em:

•• Dispositivo correspondente no CPC de 2015: art. 704, *caput*.

I – nulidade do processo;

•• Dispositivo correspondente no CPC de 2015: art. 704, I.

II – extinção da obrigação;

•• Dispositivo correspondente no CPC de 2015: art. 704, II.

III – não estar a dívida compreendida entre as previstas em lei ou não estarem os bens sujeitos a penhor legal.

•• Dispositivo correspondente no CPC de 2015: art. 704, III.

Processo Cautelar

Art. 876. Em seguida, o juiz decidirá; homologando o penhor, serão os autos entregues ao requerente 48 (quarenta e oito) horas depois, independentemente de traslado, salvo se, dentro desse prazo, a parte houver pedido certidão; não sendo homologado, o objeto será entregue ao réu, ressalvado ao autor o direito de cobrar a conta por ação ordinária.

•• Dispositivo correspondente no CPC de 2015: art. 706, *caput* e § 1.º.

Seção XII
Da Posse em Nome do Nascituro

Art. 877. A mulher que, para garantia dos direitos do filho nascituro, quiser provar seu estado de gravidez, requererá ao juiz que, ouvido o órgão do Ministério Público, mande examiná-la por um médico de sua nomeação.

§ 1.º O requerimento será instruído com a certidão de óbito da pessoa, de quem o nascituro é sucessor.

§ 2.º Será dispensado o exame se os herdeiros do falecido aceitarem a declaração da requerente.

§ 3.º Em caso algum a falta do exame prejudicará os direitos do nascituro.

Art. 878. Apresentado o laudo que reconheça a gravidez, o juiz, por sentença, declarará a requerente investida na posse dos direitos que assistam ao nascituro.

Parágrafo único. Se à requerente não couber o exercício do pátrio poder, o juiz nomeará curador ao nascituro.

Seção XIII
Do Atentado

Art. 879. Comete atentado a parte que no curso do processo:

I – viola penhora, arresto, sequestro ou imissão na posse;

II – prossegue em obra embargada;

III – pratica outra qualquer inovação ilegal no estado de fato.

Art. 880. A petição inicial será autuada em separado, observando-se, quanto ao procedimento, o disposto nos arts. 802 e 803.

Parágrafo único. A ação de atentado será processada e julgada pelo juiz que conheceu originariamente da causa principal, ainda que esta se encontre no tribunal.

Art. 881. A sentença, que julgar procedente a ação, ordenará o restabelecimento do estado anterior, a suspensão da causa principal e a proibição de o réu falar nos autos até a purgação do atentado.

Parágrafo único. A sentença poderá condenar o réu a ressarcir à parte lesada as perdas e danos que sofreu em consequência do atentado.

Seção XIV
Do Protesto e da Apreensão de Títulos

Art. 882. O protesto de títulos e contas judicialmente verificadas far-se-á nos casos e com observância da lei especial.

Art. 883. O oficial intimará do protesto o devedor, por carta registrada ou entregando-lhe em mãos o aviso.

Parágrafo único. Far-se-á, todavia, por edital, a intimação:

I – se o devedor não for encontrado na comarca;

II – quando se tratar de pessoa desconhecida ou incerta.

Art. 884. Se o oficial opuser dúvidas ou dificuldades à tomada do protesto ou à entrega do respectivo instrumento, poderá a parte reclamar ao juiz. Ouvido o oficial, o juiz proferirá sentença, que será transcrita no instrumento.

Art. 885. O juiz poderá ordenar a apreensão de título não restituído ou sonegado pelo emitente, sacado ou aceitante; mas só decretará a prisão de quem o recebeu para firmar aceite ou efetuar pagamento, se o portador provar, com justificação ou por documento, a entrega do título e a recusa da devolução.

Parágrafo único. O juiz mandará processar de plano o pedido, ouvirá depoimentos se for necessário e, estando provada a alegação, ordenará a prisão.

Art. 886. Cessará a prisão:

I – se o devedor restituir o título, ou pagar o seu valor e as despesas feitas, ou o exibir para ser levado a depósito;

II – quando o requerente desistir;

III – não sendo iniciada a ação penal dentro do prazo da lei;

IV – não sendo proferido o julgado dentro de 90 (noventa) dias da data da execução do mandado.

Art. 887. Havendo contestação do crédito, o depósito das importâncias referido no artigo precedente não será levantado antes de passada em julgado a sentença.

Seção XV
De Outras Medidas Provisionais

Art. 888. O juiz poderá ordenar ou autorizar, na pendência da ação principal ou antes de sua propositura:

I – obras de conservação em coisa litigiosa ou judicialmente apreendida;

II – a entrega de bens de uso pessoal do cônjuge e dos filhos;

III – a posse provisória dos filhos, nos casos de separação judicial ou anulação de casamento;

IV – o afastamento do menor autorizado a contrair casamento contra a vontade dos pais;

V – o depósito de menores ou incapazes castigados imoderadamente por seus pais, tutores ou curadores, ou por eles induzidos à prática de atos contrários à lei ou à moral;

VI – o afastamento temporário de um dos cônjuges da morada do casal;

VII – a guarda e a educação dos filhos, regulado o direito de visita que, no interesse da criança ou do adolescente, pode, a critério do juiz, ser extensivo a cada um dos avós;

•• Inciso VII com redação determinada pela Lei n. 12.398, de 28-3-2011.

VIII – a interdição ou a demolição de prédio para resguardar a saúde, a segurança ou outro interesse público.

Art. 889. Na aplicação das medidas enumeradas no artigo antecedente observar-se-á o procedimento estabelecido nos arts. 801 a 803.

Parágrafo único. Em caso de urgência, o juiz poderá autorizar ou ordenar as medidas, sem audiência do requerido.

Livro IV
DOS PROCEDIMENTOS ESPECIAIS

Título I
DOS PROCEDIMENTOS ESPECIAIS DE JURISDIÇÃO CONTENCIOSA

Capítulo I
DA AÇÃO DE CONSIGNAÇÃO EM PAGAMENTO

Art. 890. Nos casos previstos em lei, poderá o devedor ou terceiro requerer, com efeito de pagamento, a consignação da quantia ou da coisa devida.

•• Dispositivo correspondente no CPC de 2015: art. 539, *caput*.

§ 1.º Tratando-se de obrigação em dinheiro, poderá o devedor ou terceiro optar pelo depósito da quantia devida, em estabelecimento bancário oficial, onde houver, situado no lugar do pagamento, em conta com correção monetária, cientificando-se o credor por carta com aviso de recepção, assinado o prazo de 10 (dez) dias para a manifestação de recusa.

•• § 1.º acrescentado pela Lei n. 8.951, de 13-12-1994.

•• Dispositivo correspondente no CPC de 2015: art. 539, § 1.º.

§ 2.º Decorrido o prazo referido no parágrafo anterior, sem a manifestação de recusa, reputar-se-á o devedor liberado da obrigação, ficando à disposição do credor a quantia depositada.

•• § 2.º acrescentado pela Lei n. 8.951, de 13-12-1994.

•• Dispositivo correspondente no CPC de 2015: art. 539, § 2.º.

§ 3.º Ocorrendo a recusa, manifestada por escrito ao estabelecimento bancário, o devedor ou terceiro poderá propor, dentro de 30 (trinta) dias, a ação de consignação, instruindo a inicial com a prova do depósito e da recusa.

•• § 3.º acrescentado pela Lei n. 8.951, de 13-12-1994.

•• Dispositivo correspondente no CPC de 2015: art. 539, § 3.º.

§ 4.º Não proposta a ação no prazo do parágrafo anterior, ficará sem efeito o depósito, podendo levantá-lo o depositante.

•• § 4.º acrescentado pela Lei n. 8.951, de 13-12-1994.

•• Dispositivo correspondente no CPC de 2015: art. 539, § 4.º.

Art. 891. Requerer-se-á a consignação no lugar do pagamento, cessando para o devedor, tanto que se efetue o depósito, os juros e os riscos, salvo se for julgada improcedente.

•• Dispositivo correspondente no CPC de 2015: art. 540.

Parágrafo único. Quando a coisa devida for corpo que deva ser entregue no lugar em que está, poderá o devedor requerer a consignação no foro em que ela se encontra.

Art. 892. Tratando-se de prestações periódicas, uma vez consignada a primeira, pode o devedor continuar a consignar, no mesmo processo e sem mais formalidades, as que se forem vencendo, desde que os depósitos sejam efetuados até 5 (cinco) dias, contados da data do vencimento.

•• Dispositivo correspondente no CPC de 2015: art. 541.

Art. 893. O autor, na petição inicial, requererá:

•• *Caput* com redação determinada pela Lei n. 8.951, de 13-12-1994.

•• Dispositivo correspondente no CPC de 2015: art. 542, *caput*.

I – o depósito da quantia ou da coisa devida, a ser efetivado no prazo de 5 (cinco) dias contados do deferimento, ressalvada a hipótese do § 3.º do art. 890;

•• Inciso I com redação determinada pela Lei n. 8.951, de 13-12-1994.

•• Dispositivo correspondente no CPC de 2015: art. 542, I.

II – a citação do réu para levantar o depósito ou oferecer resposta.

•• Inciso II com redação determinada pela Lei n. 8.951, de 13-12-1994.

•• Dispositivo correspondente no CPC de 2015: art. 542, II.

Art. 894. Se o objeto da prestação for coisa indeterminada e a escolha couber ao credor, será este citado para exercer o direito dentro de

Arts. 894 a 901

5 (cinco) dias, se outro prazo não constar de lei ou do contrato, ou para aceitar que o devedor o faça, devendo o juiz, ao despachar a petição inicial, fixar lugar, dia e hora em que se fará a entrega, sob pena de depósito.

•• Dispositivo correspondente no CPC de 2015: art. 543.

Art. 895. Se ocorrer dúvida sobre quem deva legitimamente receber o pagamento, o autor requererá o depósito e a citação dos que o disputam para provarem o seu direito.

•• Dispositivo correspondente no CPC de 2015: art. 547.

Art. 896. Na contestação, o réu poderá alegar que:

•• *Caput* com redação determinada pela Lei n. 8.951, de 13-12-1994.

•• Dispositivo correspondente no CPC de 2015: art. 544, *caput*.

I – não houve recusa ou mora em receber a quantia ou coisa devida;

•• Dispositivo correspondente no CPC de 2015: art. 544, I.

II – foi justa a recusa;

•• Dispositivo correspondente no CPC de 2015: art. 544, II.

III – o depósito não se efetuou no prazo ou no lugar do pagamento;

•• Dispositivo correspondente no CPC de 2015: art. 544, III.

IV – o depósito não é integral.

•• Dispositivo correspondente no CPC de 2015: art. 544, IV.

Parágrafo único. No caso do inciso IV, a alegação será admissível se o réu indicar o montante que entende devido.

•• Parágrafo único acrescentado pela Lei n. 8.951, de 13-12-1994.

•• Dispositivo correspondente no CPC de 2015: art. 544, parágrafo único.

Art. 897. Não oferecida a contestação, e ocorrentes os efeitos da revelia, o juiz julgará procedente o pedido, declarará extinta a obrigação e condenará o réu nas custas e honorários advocatícios.

•• *Caput* com redação determinada pela Lei n. 8.951, de 13-12-1994.

•• Dispositivo correspondente no CPC de 2015: art. 546, *caput*.

Parágrafo único. Proceder-se-á do mesmo modo se o credor receber e der quitação.

•• Dispositivo correspondente no CPC de 2015: art. 546, parágrafo único.

Art. 898. Quando a consignação se fundar em dúvida sobre quem deva legitimamente receber, não comparecendo nenhum pretendente, converter-se-á o depósito em arrecadação de bens de ausentes; comparecendo apenas um, o juiz decidirá de plano; comparecendo mais de um, o juiz declarará efetuado o depósito e extinta a obrigação, continuando o processo a correr unicamente entre os credores; caso em que se observará o procedimento ordinário.

•• Dispositivo correspondente no CPC de 2015: art. 548.

Art. 899. Quando na contestação o réu alegar que o depósito não é integral, é lícito ao autor completá-lo, dentro em 10 (dez) dias, salvo se corresponder a prestação, cujo inadimplemento acarrete a rescisão do contrato.

•• Dispositivo correspondente no CPC de 2015: art. 545, *caput*.

§ 1.º Alegada a insuficiência do depósito, poderá o réu levantar, desde logo, a quantia ou a coisa depositada, com a consequente liberação parcial do autor, prosseguindo o processo quanto à parcela controvertida.

•• § 1.º acrescentado pela Lei n. 8.951, de 13-12-1994.

•• Dispositivo correspondente no CPC de 2015: art. 545, § 1.º.

§ 2.º A sentença que concluir pela insuficiência do depósito determinará, sempre que possível, o montante devido, e, neste caso, valerá como título executivo, facultado ao credor promover-lhe a execução nos mesmos autos.

•• § 2.º acrescentado pela Lei n. 8.951, de 13-12-1994.

•• Dispositivo correspondente no CPC de 2015: art. 545, § 2.º.

Art. 900. Aplica-se o procedimento estabelecido neste Capítulo, no que couber, ao resgate do aforamento.

•• Artigo com redação determinada pela Lei n. 5.925, de 1.º-10-1973.

•• Dispositivo correspondente no CPC de 2015: art. 549.

Capítulo II
DA AÇÃO DE DEPÓSITO

Art. 901. Esta ação tem por fim exigir a restituição da coisa depositada.

Procedimentos Especiais

•• Artigo com redação determinada pela Lei n. 5.925, de 1.º-10-1973.

Art. 902. Na petição inicial instruída com a prova literal do depósito e a estimativa do valor da coisa, se não constar do contrato, o autor pedirá a citação do réu para, no prazo de 5 (cinco) dias:

•• *Caput* com redação determinada pela Lei n. 5.925, de 1.º-10-1973.

I – entregar a coisa, depositá-la em juízo ou consignar-lhe o equivalente em dinheiro;

•• Inciso I com redação determinada pela Lei n. 5.925, de 1.º-10-1973.

II – contestar a ação.

•• Inciso II com redação determinada pela Lei n. 5.925, de 1.º-10-1973.

§ 1.º No pedido poderá constar, ainda, a cominação da pena de prisão até 1 (um) ano, que o juiz decretará na forma do art. 904, parágrafo único.

•• § 1.º com redação determinada pela Lei n. 5.925, de 1.º-10-1973.

§ 2.º O réu poderá alegar, além da nulidade ou falsidade do título e da extinção das obrigações, as defesas previstas na lei civil.

•• § 2.º com redação determinada pela Lei n. 5.925, de 1.º-10-1973.

Art. 903. Se o réu contestar a ação, observar-se-á o procedimento ordinário.

Art. 904. Julgada procedente a ação, ordenará o juiz a expedição de mandado para a entrega, em 24 (vinte e quatro) horas, da coisa ou do equivalente em dinheiro.

Parágrafo único. Não sendo cumprido o mandado, o juiz decretará a prisão do depositário infiel.

Art. 905. Sem prejuízo do depósito ou da prisão do réu, é lícito ao autor promover a busca e apreensão da coisa. Se esta for encontrada ou entregue voluntariamente pelo réu, cessará a prisão e será devolvido o equivalente em dinheiro.

Art. 906. Quando não receber a coisa ou o equivalente em dinheiro, poderá o autor prosseguir nos próprios autos para haver o que lhe for reconhecido na sentença, observando-se o procedimento da execução por quantia certa.

Capítulo III
DA AÇÃO DE ANULAÇÃO E SUBSTITUIÇÃO DE TÍTULOS AO PORTADOR

Art. 907. Aquele que tiver perdido título ao portador ou dele houver sido injustamente desapossado poderá:

I – reivindicá-lo da pessoa que o detiver;

II – requerer-lhe a anulação e substituição por outro.

Art. 908. No caso do n. II do artigo antecedente, exporá o autor, na petição inicial, a quantidade, espécie, valor nominal do título e atributos que o individualizem, a época e o lugar em que o adquiriu, as circunstâncias em que o perdeu e quando recebeu os últimos juros e dividendos, requerendo:

I – a citação do detentor e, por edital, de terceiros interessados para contestarem o pedido;

II – a intimação do devedor, para que deposite em juízo o capital, bem como juros ou dividendos vencidos ou vincendos;

III – a intimação da Bolsa de Valores, para conhecimento de seus membros, a fim de que estes não negociem os títulos.

Art. 909. Justificado quanto baste o alegado, ordenará o juiz a citação do réu e o cumprimento das providências enumeradas nos ns. II e III do artigo anterior.

Parágrafo único. A citação abrangerá também terceiros interessados, para responderem à ação.

Art. 910. Só se admitirá a contestação quando acompanhada do título reclamado.

Parágrafo único. Recebida a contestação do réu, observar-se-á o procedimento ordinário.

Art. 911. Julgada procedente a ação, o juiz declarará caduco o título reclamado e ordenará ao devedor que lavre outro em substituição, dentro do prazo que a sentença lhe assinar.

Art. 912. Ocorrendo destruição parcial, o portador, exibindo o que restar do título, pedirá a citação do devedor para em 10 (dez) dias substituí-lo ou contestar a ação.

Parágrafo único. Não havendo contestação, o juiz proferirá desde logo a sentença; em caso contrário, observar-se-á o procedimento ordinário.

Art. 913. Comprado o título em bolsa ou leilão público, o dono que pretender a restituição é obrigado a indenizar ao adquirente o preço que este pagou, ressalvado o direito de reavê-lo do vendedor.

Capítulo IV
DA AÇÃO DE PRESTAÇÃO DE CONTAS

Art. 914. A ação de prestação de contas competirá a quem tiver:

I – o direito de exigi-las;

II – a obrigação de prestá-las.

Art. 915. Aquele que pretender exigir a prestação de contas requererá a citação do réu para, no prazo de 5 (cinco) dias, as apresentar ou contestar a ação.

•• Dispositivo correspondente no CPC de 2015: art. 550, *caput*.

§ 1.º Prestadas as contas, terá o autor 5 (cinco) dias para dizer sobre elas; havendo necessidade de produzir provas, o juiz designará audiência de instrução e julgamento; em caso contrário, proferirá desde logo a sentença.

•• Dispositivo correspondente no CPC de 2015: art. 550, § 2.º.

§ 2.º Se o réu não contestar a ação ou não negar a obrigação de prestar contas, observar-se-á o disposto no art. 330; a sentença, que julgar procedente a ação, condenará o réu a prestar as contas no prazo de 48 (quarenta e oito) horas, sob pena de não lhe ser lícito impugnar as que o autor apresentar.

•• Dispositivo correspondente no CPC de 2015: art. 550, § 5.º.

§ 3.º Se o réu apresentar as contas dentro do prazo estabelecido no parágrafo anterior, seguir-se-á o procedimento do § 1.º deste artigo; em caso contrário, apresentá-las-á o autor dentro em 10 (dez) dias, sendo as contas julgadas segundo o prudente arbítrio do juiz, que poderá determinar, se necessário, a realização do exame pericial contábil.

•• Dispositivo correspondente no CPC de 2015: art. 550, § 6.º.

Art. 916. Aquele que estiver obrigado a prestar contas requererá a citação do réu para, no prazo de 5 (cinco) dias, aceitá-las ou contestar a ação.

§ 1.º Se o réu não contestar a ação ou se declarar que aceita as contas oferecidas, serão estas julgadas dentro de 10 (dez) dias.

§ 2.º Se o réu contestar a ação ou impugnar as contas e houver necessidade de produzir provas, o juiz designará audiência de instrução e julgamento.

Art. 917. As contas, assim do autor como do réu, serão apresentadas em forma mercantil, especificando-se as receitas e a aplicação das despesas, bem como o respectivo saldo; e serão instruídas com os documentos justificativos.

•• Dispositivo correspondente no CPC de 2015: art. 551, *caput*.

Art. 918. O saldo credor declarado na sentença poderá ser cobrado em execução forçada.

•• Dispositivo correspondente no CPC de 2015: art. 552.

Art. 919. As contas do inventariante, do tutor, do curador, do depositário e de outro qualquer administrador serão prestadas em apenso aos autos do processo em que tiver sido nomeado. Sendo condenado a pagar o saldo e não o fazendo no prazo legal, o juiz poderá destituí-lo, sequestrar os bens sob sua guarda e glosar o prêmio ou gratificação a que teria direito.

•• Dispositivo correspondente no CPC de 2015: art. 553.

Capítulo V
DAS AÇÕES POSSESSÓRIAS

Procedimentos Especiais

Seção I
Das Disposições Gerais

Art. 920. A propositura de uma ação possessória em vez de outra não obstará a que o juiz conheça do pedido e outorgue a proteção legal correspondente àquela, cujos requisitos estejam provados.

•• Dispositivo correspondente no CPC de 2015: art. 554, *caput*.

Art. 921. É lícito ao autor cumular ao pedido possessório o de:

•• Dispositivo correspondente no CPC de 2015: art. 555, *caput*.

I – condenação em perdas e danos;

•• Dispositivo correspondente no CPC de 2015: art. 555, I.

II – cominação de pena para caso de nova turbação ou esbulho;

•• Dispositivo correspondente no CPC de 2015: art. 555, parágrafo único, *caput* e I.

III – desfazimento de construção ou plantação feita em detrimento de sua posse.

Art. 922. É lícito ao réu, na contestação, alegando que foi o ofendido em sua posse, demandar a proteção possessória e a indenização pelos prejuízos resultantes da turbação ou do esbulho cometido pelo autor.

•• Dispositivo correspondente no CPC de 2015: art. 556.

Art. 923. Na pendência do processo possessório, é defeso, assim ao autor como ao réu, intentar a ação de reconhecimento do domínio.

•• Artigo com redação determinada pela Lei n. 6.820, de 16-9-1980.

•• Dispositivo correspondente no CPC de 2015: art. 557, *caput*.

Art. 924. Regem o procedimento de manutenção e de reintegração de posse as normas da seção seguinte, quando intentado dentro de ano e dia da turbação ou do esbulho; passado esse prazo, será ordinário, não perdendo, contudo, o caráter possessório.

•• Dispositivo correspondente no CPC de 2015: art. 558.

Art. 925. Se o réu provar, em qualquer tempo, que o autor provisoriamente mantido ou reintegrado na posse carece de idoneidade financeira para, no caso de decair da ação, responder por perdas e danos, o juiz assinar-lhe-á o prazo de 5 (cinco) dias para requerer caução sob pena de ser depositada a coisa litigiosa.

•• Dispositivo correspondente no CPC de 2015: art. 559.

Seção II
Da Manutenção e da Reintegração de Posse

Art. 926. O possuidor tem direito a ser mantido na posse em caso de turbação e reintegrado no de esbulho.

•• Dispositivo correspondente no CPC de 2015: art. 560.

Art. 927. Incumbe ao autor provar:

•• Dispositivo correspondente no CPC de 2015: art. 561, *caput*.

I – a sua posse;

•• Dispositivo correspondente no CPC de 2015: art. 561, I.

II – a turbação ou o esbulho praticado pelo réu;

•• Dispositivo correspondente no CPC de 2015: art. 561, II.

III – a data da turbação ou do esbulho;

•• Dispositivo correspondente no CPC de 2015: art. 561, III.

IV – a continuação da posse, embora turbada, na ação de manutenção; a perda da posse, na ação de reintegração.

•• Dispositivo correspondente no CPC de 2015: art. 561, IV.

Art. 928. Estando a petição inicial devidamente instruída, o juiz deferirá, sem ouvir o réu, a expedição do mandado liminar de manutenção ou de reintegração; no caso contrário, determinará que o autor justifique previamente o alegado, citando-se o réu para comparecer à audiência que for designada.

•• Dispositivo correspondente no CPC de 2015: art. 562, *caput*.

Parágrafo único. Contra as pessoas jurídicas de direito público não será deferida a manutenção ou a reintegração liminar sem prévia audiência dos respectivos representantes judiciais.

•• Dispositivo correspondente no CPC de 2015: art. 562, parágrafo único.

Art. 929. Julgada procedente a justificação, o juiz fará logo expedir mandado de manutenção ou de reintegração.

•• Dispositivo correspondente no CPC de 2015: art. 563.

Art. 930. Concedido ou não o mandado liminar de manutenção ou de reintegração, o autor promoverá, nos 5 (cinco) dias subsequentes, a citação do réu para contestar a ação.

•• Dispositivo correspondente no CPC de 2015: art. 564, *caput*.

Parágrafo único. Quando for ordenada a justificação prévia (art. 928), o prazo para contestar contar-se-á da intimação do despacho que deferir ou não a medida liminar.

•• Dispositivo correspondente no CPC de 2015: art. 564, parágrafo único.

Art. 931. Aplica-se, quanto ao mais, o procedimento ordinário.

•• Dispositivo correspondente no CPC de 2015: art. 566.

Seção III
Do Interdito Proibitório

Art. 932. O possuidor direto ou indireto, que tenha justo receio de ser molestado na posse, poderá impetrar ao juiz que o segure da turbação ou esbulho iminente, mediante mandado proibitório, em que se comine ao réu determinada pena pecuniária, caso transgrida o preceito.

•• Dispositivo correspondente no CPC de 2015: art. 567.

Art. 933. Aplica-se ao interdito proibitório o disposto na seção anterior.

•• Dispositivo correspondente no CPC de 2015: art. 568.

Capítulo VI
DA AÇÃO DE NUNCIAÇÃO DE OBRA NOVA

Art. 934. Compete esta ação:

I – ao proprietário ou possuidor, a fim de impedir que a edificação de obra nova em imóvel vizinho lhe prejudique o prédio, suas servidões ou fins a que é destinado;

II – ao condômino, para impedir que o coproprietário execute alguma obra com prejuízo ou alteração da coisa comum;

III – ao Município, a fim de impedir que o particular construa em contravenção da lei, do regulamento ou de postura.

Art. 935. Ao prejudicado também é lícito, se o caso for urgente, fazer o embargo extrajudicial, notificando verbalmente, perante duas testemunhas, o proprietário ou, em sua falta, o construtor, para não continuar a obra.

Parágrafo único. Dentro de 3 (três) dias requererá o nunciante a ratificação em juízo, sob pena de cessar o efeito do embargo.

Art. 936. Na petição inicial, elaborada com observância dos requisitos do art. 282, requererá o nunciante:

I – o embargo para que fique suspensa a obra e se mande afinal reconstituir, modificar ou demolir o que estiver feito em seu detrimento;

II – a cominação de pena para o caso de inobservância do preceito;

III – a condenação em perdas e danos.

Parágrafo único. Tratando-se de demolição, colheita, corte de madeiras, extração de minérios e obras semelhantes, pode incluir-se o pedido de apreensão e depósito dos materiais e produtos já retirados.

Art. 937. É lícito ao juiz conceder o embargo liminarmente ou após justificação prévia.

Art. 938. Deferido o embargo, o oficial de justiça, encarregado de seu cumprimento, lavrará auto circunstanciado, descrevendo o estado em que se encontra a obra; e, ato contínuo, intimará o construtor e os operários a que não continuem a obra sob pena de desobediência e citará o proprietário a contestar em 5 (cinco) dias a ação.

Art. 939. Aplica-se a esta ação o disposto no art. 803.

Art. 940. O nunciado poderá, a qualquer tempo e em qualquer grau de jurisdição, requerer o prosseguimento da obra, desde que preste caução e demonstre prejuízo resultante da suspensão dela.

§ 1.º A caução será prestada no juízo de origem, embora a causa se encontre no tribunal.

§ 2.º Em nenhuma hipótese terá lugar o prosseguimento, tratando-se de obra nova le-

Procedimentos Especiais

vantada contra determinação de regulamentos administrativos.

Capítulo VII
DA AÇÃO DE USUCAPIÃO DE TERRAS PARTICULARES

Art. 941. Compete a ação de usucapião ao possuidor para que se lhe declare, nos termos da lei, o domínio do imóvel ou a servidão predial.

Art. 942. O autor, expondo na petição inicial o fundamento do pedido e juntando planta do imóvel, requererá a citação daquele em cujo nome estiver registrado o imóvel usucapiendo, bem como dos confinantes e, por edital, dos réus em lugar incerto e dos eventuais interessados, observado quanto ao prazo o disposto no inciso IV do art. 232.

•• Artigo com redação determinada pela Lei n. 8.951, de 13-12-1994.

Art. 943. Serão intimados por via postal, para que manifestem interesse na causa, os representantes da Fazenda Pública da União, dos Estados, do Distrito Federal, dos Territórios e dos Municípios.

•• Artigo com redação determinada pela Lei n. 8.951, de 13-12-1994.

Art. 944. Intervirá obrigatoriamente em todos os atos do processo o Ministério Público.

Art. 945. A sentença, que julgar procedente a ação, será transcrita, mediante mandado, no registro de imóveis, satisfeitas as obrigações fiscais.

Capítulo VIII
DA AÇÃO DE DIVISÃO E DA DEMARCAÇÃO DE TERRAS PARTICULARES

Seção I
Das Disposições Gerais

Art. 946. Cabe:

•• Dispositivo correspondente no CPC de 2015: art. 569, *caput*.

I – a ação de demarcação ao proprietário para obrigar o seu confinante a estremar os respectivos prédios, fixandose novos limites entre eles ou aviventando-se os já apagados;

•• Dispositivo correspondente no CPC de 2015: art. 569, I.

II – a ação de divisão, ao condômino para obrigar os demais consortes, a partilhar a coisa comum.

•• Dispositivo correspondente no CPC de 2015: art. 569, II.

Art. 947. É lícita a cumulação destas ações; caso em que deverá processar-se primeiramente a demarcação total ou parcial da coisa comum, citandose os confinantes e partilhantes.

•• Dispositivo correspondente no CPC de 2015: art. 570.

Art. 948. Fixados os marcos da linha de demarcação, os confinantes considerar-se-ão terceiros quanto ao processo divisório; fica-lhes, porém, ressalvado o direito de vindicarem os terrenos de que se julguem despojados por invasão das linhas limítrofes constitutivas do perímetro ou a reclamarem uma indenização pecuniária correspondente ao seu valor.

•• Dispositivo correspondente no CPC de 2015: art. 572, *caput*.

Art. 949. Serão citados para a ação todos os condôminos, se ainda não transitou em julgado a sentença homologatória da divisão; e todos os quinhoeiros dos terrenos vindicados, se proposta posteriormente.

• *Caput* com redação determinada pela Lei n. 5.925, de 1.º-10-1973.

•• Dispositivo correspondente no CPC de 2015: art. 572, § 1.º.

Parágrafo único. Neste último caso, a sentença que julga procedente a ação, condenando a restituir os terrenos ou a pagar a indenização, valerá como título executivo em favor dos quinhoeiros para haverem dos outros condôminos, que forem parte na divisão, ou de seus sucessores por título universal, na proporção que lhes tocar, a composição pecuniária do desfalque sofrido.

•• Parágrafo único com redação determinada pela Lei n. 5.925, de 1.º-10-1973.

•• Dispositivo correspondente no CPC de 2015: art. 572, § 2.º.

Seção II
Da Demarcação

Art. 950. Na petição inicial, instruída com os títulos da propriedade, designar-se-á o imóvel pela situação e denominação, descrever-se-ão os limites por constituir, aviventar ou renovar e nomear-se-ão todos os confinantes da linha demarcanda.

•• Dispositivo correspondente no CPC de 2015: art. 574.

Art. 951. O autor pode requerer a demarcação com queixa de esbulho ou turbação, formulando também o pedido de restituição do terreno invadido com os rendimentos que deu, ou a indenização dos danos pela usurpação verificada.

Art. 952. Qualquer condômino é parte legítima para promover a demarcação do imóvel comum, citando-se os demais como litisconsortes.

•• Dispositivo correspondente no CPC de 2015: art. 575.

Art. 953. Os réus que residirem na comarca serão citados pessoalmente; os demais, por edital.

•• Dispositivo correspondente no CPC de 2015: art. 576.

Art. 954. Feitas as citações, terão os réus o prazo comum de 20 (vinte) dias para contestar.

•• Dispositivo correspondente no CPC de 2015: art. 577.

Art. 955. Havendo contestação, observar-se-á o procedimento ordinário; não havendo, aplica-se o disposto no art. 330, II.

•• Dispositivo correspondente no CPC de 2015: art. 578.

Art. 956. Em qualquer dos casos do artigo anterior, o juiz, antes de proferir a sentença definitiva, nomeará dois arbitradores e um agrimensor para levantarem o traçado da linha demarcanda.

•• Dispositivo correspondente no CPC de 2015: art. 579.

Art. 957. Concluídos os estudos, apresentarão os arbitradores minucioso laudo sobre o traçado da linha demarcanda, tendo em conta os títulos, marcos, rumos, a fama da vizinhança, as informações de antigos moradores do lugar e outros elementos que coligirem.

•• Dispositivo correspondente no CPC de 2015: art. 580.

Parágrafo único. Ao laudo, anexará o agrimensor a planta da região e o memorial das operações de campo, os quais serão juntos aos autos, podendo as partes, no prazo comum de 10 (dez) dias, alegar o que julgarem conveniente.

Art. 958. A sentença, que julgar procedente a ação, determinará o traçado da linha demarcanda.

•• Dispositivo correspondente no CPC de 2015: art. 581, *caput*.

Art. 959. Tanto que passe em julgado a sentença, o agrimensor efetuará a demarcação, colocando os marcos necessários. Todas as operações serão consignadas em planta e memorial descritivo com as referências convenientes para a identificação, em qualquer tempo, dos pontos assinalados.

•• Dispositivo correspondente no CPC de 2015: art. 582.

Art. 960. Nos trabalhos de campo observar-se-ão as seguintes regras:

I – a declinação magnética da agulha será determinada na estação inicial;

II – empregar-se-ão os instrumentos aconselhados pela técnica;

III – quando se utilizarem fitas metálicas ou correntes, as medidas serão tomadas horizontalmente, em lances determinados pelo declive, de 20 (vinte) metros no máximo;

IV – as estações serão marcadas por pequenas estacas, fortemente cravadas, colocando-se ao lado estacas maiores, numeradas;

V – quando as estações não tiverem afastamento superior a 50 (cinquenta) metros, as visadas serão feitas sobre balizas com o diâmetro máximo de 12 (doze) milímetros;

VI – tomar-se-ão por aneroides ou por cotas obtidas mediante levantamento taqueométrico as altitudes dos pontos mais acidentados.

Art. 961. A planta será orientada segundo o meridiano do marco primordial, determinada a declinação magnética e conterá:

I – as altitudes relativas de cada estação do instrumento e a conformação altimétrica ou orográfica aproximativa dos terrenos;

Procedimentos Especiais

II – as construções existentes, com indicação dos seus fins, bem como os marcos, valos, cercas, muros divisórios e outros quaisquer vestígios que possam servir ou tenham servido de base à demarcação;

III – as águas principais, determinando-se, quando possível, os volumes, de modo que se lhes possa calcular o valor mecânico;

IV – a indicação, por cores convencionais, das culturas existentes, pastos, campos, matas, capoeiras e divisas do imóvel.

Parágrafo único. As escalas das plantas podem variar entre os limites de 1 (um) para 500 (quinhentos) a 1 (um) para 5.000 (cinco mil) conforme a extensão das propriedades rurais, sendo admissível a 1 (um), para 10.000 (dez mil) nas propriedades de mais de 5 (cinco) quilômetros quadrados.

Art. 962. Acompanharão as plantas as cadernetas de operações de campo e o memorial descritivo, que conterá:

•• Dispositivo correspondente no CPC de 2015: art. 583, *caput*.

I – o ponto de partida, os rumos seguidos e a aviventação dos antigos com os respectivos cálculos;

•• Dispositivo correspondente no CPC de 2015: art. 583, I.

II – os acidentes encontrados, as cercas, valos, marcos antigos, córregos, rios, lagoas e outros;

•• Dispositivo correspondente no CPC de 2015: art. 583, II.

III – a indicação minuciosa dos novos marcos cravados, das culturas existentes e sua produção anual;

•• Dispositivo correspondente no CPC de 2015: art. 583, III.

IV – a composição geológica dos terrenos, bem como a qualidade e extensão dos campos, matas e capoeiras;

•• Dispositivo correspondente no CPC de 2015: art. 583, IV.

V – as vias de comunicação;

•• Dispositivo correspondente no CPC de 2015: art. 583, V.

VI – as distâncias à estação da estrada de ferro, ao porto de embarque e ao mercado mais próximo;

•• Dispositivo correspondente no CPC de 2015: art. 583, VI.

VII – a indicação de tudo o mais que for útil para o levantamento da linha ou para a identificação da linha já levantada.

•• Dispositivo correspondente no CPC de 2015: art. 583, VII.

Art. 963. É obrigatória a colocação de marcos assim na estação inicial – marco primordial –, como nos vértices dos ângulos, salvo se algum destes últimos pontos for assinalado por acidentes naturais de difícil remoção ou destruição.

•• Dispositivo correspondente no CPC de 2015: art. 584.

Art. 964. A linha será percorrida pelos arbitradores, que examinarão os marcos e rumos, consignando em relatório escrito a exatidão do memorial e planta apresentados pelo agrimensor ou as divergências porventura encontradas.

•• Dispositivo correspondente no CPC de 2015: art. 585.

Art. 965. Junto aos autos o relatório dos arbitradores, determinará o juiz que as partes se manifestem sobre ele no prazo comum de 10 (dez) dias. Em seguida, executadas as correções e retificações que ao juiz pareçam necessárias, lavrar-se-á o auto de demarcação em que os limites demarcandos serão minuciosamente descritos de acordo com o memorial e a planta.

•• Dispositivo correspondente no CPC de 2015: art. 586.

Art. 966. Assinado o auto pelo juiz, arbitradores e agrimensor, será proferida a sentença homologatória da demarcação.

•• Dispositivo correspondente no CPC de 2015: art. 587.

Seção III
Da Divisão

Art. 967. A petição inicial, elaborada com observância dos requisitos do art. 282 e instruída com os títulos de domínio do promovente, conterá:

•• Dispositivo correspondente no CPC de 2015: art. 588, *caput*.

I – a indicação da origem da comunhão e a denominação, situação, limites e característicos do imóvel;

•• Dispositivo correspondente no CPC de 2015: art. 588, I.

Arts. 967 a 975 — Procedimentos Especiais

II – o nome, o estado civil, a profissão e a residência de todos os condôminos, especificando-se os estabelecidos no imóvel com benfeitorias e culturas;

•• Dispositivo correspondente no CPC de 2015: art. 588, II.

III – as benfeitorias comuns.

•• Dispositivo correspondente no CPC de 2015: art. 588, III.

Art. 968. Feitas as citações como preceitua o art. 953, prosseguir-se-á na forma dos arts. 954 e 955.

•• Dispositivo correspondente no CPC de 2015: art. 589.

Art. 969. Prestado o compromisso pelos arbitradores e agrimensor, terão início, pela medição do imóvel, as operações de divisão.

•• Dispositivo correspondente no CPC de 2015: art. 590, caput.

Art. 970. Todos os condôminos serão intimados a apresentar, dentro em 10 (dez) dias, os seus títulos, se ainda não o tiverem feito; e a formular os seus pedidos sobre a constituição dos quinhões.

•• Dispositivo correspondente no CPC de 2015: art. 591.

Art. 971. O juiz ouvirá as partes no prazo comum de 10 (dez) dias.

•• Dispositivo correspondente no CPC de 2015: art. 592, caput.

Parágrafo único. Não havendo impugnação, o juiz determinará a divisão geodésica do imóvel; se houver, proferirá, no prazo de 10 (dez) dias, decisão sobre os pedidos e os títulos que devam ser atendidos na formação dos quinhões.

•• Dispositivo correspondente no CPC de 2015: art. 592, §§ 1.º e 2.º.

Art. 972. A medição será efetuada na forma dos arts. 960 a 963.

Art. 973. Se qualquer linha do perímetro atingir benfeitorias permanentes dos confinantes, feitas há mais de 1 (um) ano, serão elas respeitadas, bem como os terrenos onde estiverem, os quais não se computarão na área dividenda.

•• Dispositivo correspondente no CPC de 2015: art. 593.

Parágrafo único. Consideram-se benfeitorias, para os efeitos deste artigo, as edificações, muros, cercas, culturas e pastos fechados, não abandonados há mais de 2 (dois) anos.

Art. 974. É lícito aos confinantes do imóvel dividendo demandar a restituição dos terrenos que lhes tenham sido usurpados.

•• Caput com redação determinada pela Lei n. 5.925, de 1.º-10-1973.

•• Dispositivo correspondente no CPC de 2015: art. 594, caput.

§ 1.º Serão citados para a ação todos os condôminos, se ainda não transitou em julgado a sentença homologatória da divisão; e todos os quinhoeiros dos terrenos vindicados, se proposta posteriormente.

•• § 1.º com redação determinada pela Lei n. 5.925, de 1.º-10-1973.

•• Dispositivo correspondente no CPC de 2015: art. 594, § 1.º.

§ 2.º Neste último caso terão os quinhoeiros o direito, pela mesma sentença que os obrigar à restituição, a haver dos outros condôminos do processo divisório, ou de seus sucessores a título universal, a composição pecuniária proporcional ao desfalque sofrido.

•• § 2.º com redação determinada pela Lei n. 5.925, de 1.º-10-1973.

•• Dispositivo correspondente no CPC de 2015: art. 594, § 2.º.

Art. 975. Concluídos os trabalhos de campo, levantará o agrimensor a planta do imóvel e organizará o memorial descritivo das operações, observado o disposto nos arts. 961 a 963.

§ 1.º A planta assinalará também:

I – as povoações e vias de comunicação existentes no imóvel;

II – as construções e benfeitorias, com a indicação dos seus fins, proprietários e ocupantes;

III – as águas principais que banham o imóvel;

IV – a composição geológica, qualidade e vestimenta dos terrenos, bem como o valor destes e das culturas.

§ 2.º O memorial descritivo indicará mais:

I – a composição geológica, a qualidade e o valor dos terrenos, bem como a cultura e o destino a que melhor possam adaptar-se;

Procedimentos Especiais

II – as águas que banham o imóvel, determinando-lhes, tanto quanto possível, o volume, de modo que se lhes possa calcular o valor mecânico;

III – a qualidade e a extensão aproximada de campos e matas;

IV – as indústrias exploradas e as suscetíveis de exploração;

V – as construções, benfeitorias e culturas existentes, mencionando-se os respectivos proprietários e ocupantes;

VI – as vias de comunicação estabelecidas e as que devam ser abertas;

VII – a distância aproximada à estação de transporte de mais fácil acesso;

VIII – quaisquer outras informações que possam concorrer para facilitar a partilha.

Art. 976. Durante os trabalhos de campo procederão os arbitradores ao exame, classificação e avaliação das terras, culturas, edifícios e outras benfeitorias, entregando o laudo ao agrimensor.

Art. 977. O agrimensor avaliará o imóvel no seu todo, se os arbitradores reconhecerem que a homogeneidade das terras não determina variedade de preços; ou o classificará em áreas, se houver diversidade de valores.

Art. 978. Em seguida os arbitradores e o agrimensor proporão, em laudo fundamentado, a forma da divisão, devendo consultar, quanto possível, a comodidade das partes, respeitar, para adjudicação a cada condômino, a preferência dos terrenos contíguos às suas residências e benfeitorias e evitar o retalhamento dos quinhões em glebas separadas.

•• Dispositivo correspondente no CPC de 2015: art. 595.

§ 1.º O cálculo será precedido do histórico das diversas transmissões efetuadas a partir do ato ou fato gerador da comunhão, atualizando-se os valores primitivos.

§ 2.º Seguir-se-ão, em títulos distintos, as contas de cada condômino, mencionadas todas as aquisições e alterações em ordem cronológica bem como as respectivas datas e as folhas dos autos onde se encontrem os documentos correspondentes.

§ 3.º O plano de divisão será também consignado em um esquema gráfico.

Art. 979. Ouvidas as partes, no prazo comum de 10 (dez) dias, sobre o cálculo e o plano da divisão, deliberará o juiz a partilha. Em cumprimento desta decisão, procederá o agrimensor, assistido pelos arbitradores, à demarcação dos quinhões, observando, além do disposto nos arts. 963 e 964, as seguintes regras:

•• Dispositivo correspondente no CPC de 2015: art. 596, *caput*, e parágrafo único, *caput*.

I – as benfeitorias comuns, que não comportarem divisão cômoda, serão adjudicadas a um dos condôminos mediante compensação;

•• Dispositivo correspondente no CPC de 2015: art. 596, parágrafo único, I.

II – instituir-se-ão as servidões, que forem indispensáveis, em favor de uns quinhões sobre os outros, incluindo o respectivo valor no orçamento para que, não se tratando de servidões naturais, seja compensado o condômino aquinhoado com o prédio serviente;

•• Dispositivo correspondente no CPC de 2015: art. 596, parágrafo único, II.

III – as benfeitorias particulares dos condôminos, que excederem a área a que têm direito, serão adjudicadas ao quinhoeiro vizinho mediante reposição;

•• Dispositivo correspondente no CPC de 2015: art. 596, parágrafo único, III.

IV – se outra coisa não acordarem as partes, as compensações e reposições serão feitas em dinheiro.

•• Dispositivo correspondente no CPC de 2015: art. 596, parágrafo único, IV.

Art. 980. Terminados os trabalhos e desenhados na planta os quinhões e as servidões aparentes, organizará o agrimensor o memorial descritivo. Em seguida, cumprido o disposto no art. 965, o escrivão lavrará o auto de divisão, seguido de uma folha de pagamento para cada condômino. Assinado o auto pelo juiz, agrimensor e arbitradores, será proferida sentença homologatória da divisão.

* *Caput* com redação determinada pela Lei n. 5.925, de 1.º-10-1973.
** Dispositivo correspondente no CPC de 2015: art. 597, *caput* e §§ 1.º e 2.º.

§ 1.º O auto conterá:

** Dispositivo correspondente no CPC de 2015: art. 597, § 3.º, *caput*.

I – a confinação e a extensão superficial do imóvel;

** Dispositivo correspondente no CPC de 2015: art. 597, § 3.º, I.

II – a classificação das terras com o cálculo das áreas de cada consorte e a respectiva avaliação, ou a avaliação do imóvel na sua integridade, quando a homogeneidade das terras não determinar diversidade de valores;

** Dispositivo correspondente no CPC de 2015: art. 597, § 3.º, II.

III – o valor e a quantidade geométrica que couber a cada condômino, declarando-se as reduções e compensações resultantes da diversidade de valores das glebas componentes de cada quinhão.

* § 1.º com redação determinada pela Lei n. 5.925, de 1.º-10-1973.
** Dispositivo correspondente no CPC de 2015: art. 597, § 3.º, III.

§ 2.º Cada folha de pagamento conterá:

** Dispositivo correspondente no CPC de 2015: art. 597, § 4.º, *caput*.

I – a descrição das linhas divisórias do quinhão, mencionadas as confinantes;

** Dispositivo correspondente no CPC de 2015: art. 597, § 4.º, I.

II – a relação das benfeitorias e culturas do próprio quinhoeiro e das que lhe foram adjudicadas por serem comuns ou mediante compensação;

** Dispositivo correspondente no CPC de 2015: art. 597, § 4.º, II.

III – a declaração das servidões instituídas, especificados os lugares, a extensão e modo de exercício.

** § 2.º com redação determinada pela Lei n. 5.925, de 1.º-10-1973.
** Dispositivo correspondente no CPC de 2015: art. 597, § 4.º, III.

Art. 981. Aplica-se às divisões o disposto nos arts. 952 a 955.

** Artigo com redação determinada pela Lei n. 5.925, de 1.º-10-1973.
** Dispositivo correspondente no CPC de 2015: art. 598.

Capítulo IX
DO INVENTÁRIO E DA PARTILHA

Seção I
Das Disposições Gerais

Art. 982. Havendo testamento ou interessado incapaz, proceder-se-á ao inventário judicial; se todos forem capazes e concordes, poderá fazer-se o inventário e a partilha por escritura pública, a qual constituirá título hábil para o registro imobiliário.

** *Caput* com redação determinada pela Lei n. 11.441, de 4-1-2007.
** Dispositivo correspondente no CPC de 2015: art. 610, *caput* e § 1.º.

§ 1.º O tabelião somente lavrará a escritura pública se todas as partes interessadas estiverem assistidas por advogado comum ou advogados de cada uma delas ou por defensor público, cuja qualificação e assinatura constarão do ato notarial.

** § 1.º acrescentado pela Lei n. 11.965, de 3-7-2009.
** Dispositivo correspondente no CPC de 2015: art. 610, § 2.º.

§ 2.º A escritura e demais atos notariais serão gratuitos àqueles que se declararem pobres sob as penas da lei.

* § 2.º acrescentado pela Lei n. 11.965, de 3-7-2009.

Art. 983. O processo de inventário e partilha deve ser aberto dentro de 60 (sessenta) dias a contar da abertura da sucessão, ultimando-se nos 12 (doze) meses subsequentes, podendo o juiz prorrogar tais prazos, de ofício ou a requerimento de parte.

Procedimentos Especiais

•• *Caput* com redação determinada pela Lei n. 11.441, de 4-1-2007.

•• Dispositivo correspondente no CPC de 2015: art. 611.

Parágrafo único. (*Revogado pela Lei n. 11.441, de 4-1-2007.*)

Art. 984. O juiz decidirá todas as questões de direito e também as questões de fato, quando este se achar provado por documento, só remetendo para os meios ordinários as que demandarem alta indagação ou dependerem de outras provas.

•• Dispositivo correspondente no CPC de 2015: art. 612.

Art. 985. Até que o inventariante preste o compromisso (art. 990, parágrafo único), continuará o espólio na posse do administrador provisório.

•• Dispositivo correspondente no CPC de 2015: art. 613.

Art. 986. O administrador provisório representa ativa e passivamente o espólio, é obrigado a trazer ao acervo os frutos que desde a abertura da sucessão percebeu, tem direito ao reembolso das despesas necessárias e úteis que fez e responde pelo dano a que, por dolo ou culpa, der causa.

•• Dispositivo correspondente no CPC de 2015: art. 614.

Seção II
Da Legitimidade para Requerer o Inventário

Art. 987. A quem estiver na posse e administração do espólio incumbe, no prazo estabelecido no art. 983, requerer o inventário e a partilha.

•• Dispositivo correspondente no CPC de 2015: art. 615, *caput*.

Parágrafo único. O requerimento será instruído com a certidão de óbito do autor da herança.

•• Dispositivo correspondente no CPC de 2015: art. 615, parágrafo único.

Art. 988. Tem, contudo, legitimidade concorrente:

•• Dispositivo correspondente no CPC de 2015: art. 616, *caput*.

I – o cônjuge supérstite;

•• Dispositivo correspondente no CPC de 2015: art. 616, I.

II – o herdeiro;

•• Dispositivo correspondente no CPC de 2015: art. 616, II.

III – o legatário;

•• Dispositivo correspondente no CPC de 2015: art. 616, III.

IV – o testamenteiro;

•• Dispositivo correspondente no CPC de 2015: art. 616, IV.

V – o cessionário do herdeiro ou do legatário;

•• Dispositivo correspondente no CPC de 2015: art. 616, V.

VI – o credor do herdeiro, do legatário ou do autor da herança;

•• Dispositivo correspondente no CPC de 2015: art. 616, VI.

VII – o síndico da falência do herdeiro, do legatário, do autor da herança ou do cônjuge supérstite;

•• Dispositivo correspondente no CPC de 2015: art. 616, IX.

VIII – o Ministério Público, havendo herdeiros incapazes;

•• Dispositivo correspondente no CPC de 2015: art. 616, VII.

IX – a Fazenda Pública, quando tiver interesse.

•• Dispositivo correspondente no CPC de 2015: art. 616, VIII.

Art. 989. O juiz determinará, de ofício, que se inicie o inventário, se nenhuma das pessoas mencionadas nos artigos antecedentes o requerer no prazo legal.

Seção III
Do Inventariante e das Primeiras Declarações

Art. 990. O juiz nomeará inventariante:

•• Dispositivo correspondente no CPC de 2015: art. 617, *caput*.

I – o cônjuge ou companheiro sobrevivente, desde que estivesse convivendo com o outro ao tempo da morte deste;

•• Inciso I com redação determinada pela Lei n. 12.195, de 14-1-2010.

•• Dispositivo correspondente no CPC de 2015: art. 617, I.

II – o herdeiro que se achar na posse e administração do espólio, se não houver cônjuge ou companheiro sobrevivente ou estes não puderem ser nomeados;

Arts. 990 a 993 — Procedimentos Especiais

•• Inciso II com redação determinada pela Lei n. 12.195, de 14-1-2010.

•• Dispositivo correspondente no CPC de 2015: art. 617, II.

III – qualquer herdeiro, nenhum estando na posse e administração do espólio;

•• Dispositivo correspondente no CPC de 2015: art. 617, III.

IV – o testamenteiro, se lhe foi confiada a administração do espólio ou toda a herança estiver distribuída em legados;

•• Dispositivo correspondente no CPC de 2015: art. 617, V.

V – o inventariante judicial, se houver;

•• Dispositivo correspondente no CPC de 2015: art. 617, VII.

VI – pessoa estranha idônea, onde não houver inventariante judicial.

•• Dispositivo correspondente no CPC de 2015: art. 617, VIII.

Parágrafo único. O inventariante, intimado da nomeação, prestará, dentro de 5 (cinco) dias, o compromisso de bem e fielmente desempenhar o cargo.

•• Dispositivo correspondente no CPC de 2015: art. 617, parágrafo único.

Art. 991. Incumbe ao inventariante:

•• Dispositivo correspondente no CPC de 2015: art. 618, *caput*.

I – representar o espólio ativa e passivamente, em juízo ou fora dele, observando-se, quanto ao dativo, o disposto no art. 12, § 1.º;

•• Dispositivo correspondente no CPC de 2015: art. 618, I.

II – administrar o espólio, velando-lhe os bens com a mesma diligência como se seus fossem;

•• Dispositivo correspondente no CPC de 2015: art. 618, II.

III – prestar as primeiras e últimas declarações pessoalmente ou por procurador com poderes especiais;

•• Dispositivo correspondente no CPC de 2015: art. 618, III.

IV – exibir em cartório, a qualquer tempo, para exame das partes, os documentos relativos ao espólio;

•• Dispositivo correspondente no CPC de 2015: art. 618, IV.

V – juntar aos autos certidão do testamento, se houver;

•• Dispositivo correspondente no CPC de 2015: art. 618, V.

VI – trazer à colação os bens recebidos pelo herdeiro ausente, renunciante ou excluído;

•• Dispositivo correspondente no CPC de 2015: art. 618, VI.

VII – prestar contas de sua gestão ao deixar o cargo ou sempre que o juiz lhe determinar;

•• Dispositivo correspondente no CPC de 2015: art. 618, VII.

VIII – requerer a declaração de insolvência (art. 748).

•• Dispositivo correspondente no CPC de 2015: art. 618, VIII.

Art. 992. Incumbe ainda ao inventariante, ouvidos os interessados e com autorização do juiz:

•• Dispositivo correspondente no CPC de 2015: art. 619, *caput*.

I – alienar bens de qualquer espécie;

•• Dispositivo correspondente no CPC de 2015: art. 619, I.

II – transigir em juízo ou fora dele;

•• Dispositivo correspondente no CPC de 2015: art. 619, II.

III – pagar dívidas do espólio;

•• Dispositivo correspondente no CPC de 2015: art. 619, III.

IV – fazer as despesas necessárias com a conservação e o melhoramento dos bens do espólio.

•• Dispositivo correspondente no CPC de 2015: art. 619, IV.

Art. 993. Dentro de 20 (vinte) dias, contados da data em que prestou o compromisso, fará o inventariante as primeiras declarações, das quais se lavrará termo circunstanciado. No termo, assinado pelo juiz, escrivão e inventariante, serão exarados:

•• *Caput* com redação determinada pela Lei n. 5.925, de 1.º-10-1973.

•• Dispositivo correspondente no CPC de 2015: art. 620, *caput*.

I – o nome, estado, idade e domicílio do autor da herança, dia e lugar em que faleceu e bem ainda se deixou testamento;

•• Inciso I com redação determinada pela Lei n. 5.925, de 1.º-10-1973.

•• Dispositivo correspondente no CPC de 2015: art. 620, I.

II – o nome, estado, idade e residência dos herdeiros e, havendo cônjuge supérstite, o regime de bens do casamento;

Procedimentos Especiais

•• Inciso II com redação determinada pela Lei n. 5.925, de 1.º-10-1973.

•• Dispositivo correspondente no CPC de 2015: art. 620, II.

III – a qualidade dos herdeiros e o grau de seu parentesco com o inventariado;

•• Inciso III com redação determinada pela Lei n. 5.925, de 1.º-10-1973.

•• Dispositivo correspondente no CPC de 2015: art. 620, III.

IV – a relação completa e individuada de todos os bens do espólio e dos alheios que nele forem encontrados, descrevendo-se:

•• Inciso IV, *caput*, com redação determinada pela Lei n. 5.925, de 1.º-10-1973.

•• Dispositivo correspondente no CPC de 2015: art. 620, IV, *caput*.

a) os imóveis, com as suas especificações, nomeadamente local em que se encontram, extensão da área, limites, confrontações, benfeitorias, origem dos títulos, números das transcrições aquisitivas e ônus que os gravam;

•• Alínea *a* com redação determinada pela Lei n. 5.925, de 1.º-10-1973.

•• Dispositivo correspondente no CPC de 2015: art. 620, IV, *a*.

b) os móveis, com os sinais característicos;

•• Alínea *b* com redação determinada pela Lei n. 5.925, de 1.º-10-1973.

•• Dispositivo correspondente no CPC de 2015: art. 620, IV, *b*.

c) os semoventes, seu número, espécies, marcas e sinais distintivos;

•• Alínea *c* com redação determinada pela Lei n. 5.925, de 1.º-10-1973.

•• Dispositivo correspondente no CPC de 2015: art. 620, IV, *c*.

d) o dinheiro, as joias, os objetos de ouro e prata, e as pedras preciosas, declarando-se-lhes especificadamente a qualidade, o peso e a importância;

•• Alínea *d* com redação determinada pela Lei n. 5.925, de 1.º-10-1973.

•• Dispositivo correspondente no CPC de 2015: art. 620, IV, *d*.

e) os títulos da dívida pública, bem como as ações, cotas e títulos de sociedade, mencionando-se-lhes o número, o valor e a data;

•• Alínea *e* com redação determinada pela Lei n. 5.925, de 1.º-10-1973.

•• Dispositivo correspondente no CPC de 2015: art. 620, IV, *e*.

f) as dívidas ativas e passivas, indicando-se-lhes as datas, títulos, origem da obrigação, bem como os nomes dos credores e dos devedores;

•• Alínea *f* com redação determinada pela Lei n. 5.925, de 1.º-10-1973.

•• Dispositivo correspondente no CPC de 2015: art. 620, IV, *f*.

g) direitos e ações;

•• Alínea *g* com redação determinada pela Lei n. 5.925, de 1.º-10-1973.

•• Dispositivo correspondente no CPC de 2015: art. 620, IV, *g*.

h) o valor corrente de cada um dos bens do espólio.

•• Alínea *h* com redação determinada pela Lei n. 5.925, de 1.º-10-1973.

•• Dispositivo correspondente no CPC de 2015: art. 620, IV, *h*.

Parágrafo único. O juiz determinará que se proceda:

•• Dispositivo correspondente no CPC de 2015: art. 620, § 1.º, *caput*.

I – ao balanço do estabelecimento, se o autor da herança era comerciante em nome individual;

•• Dispositivo correspondente no CPC de 2015: art. 620, § 1.º, I.

II – a apuração de haveres, se o autor da herança era sócio de sociedade que não anônima.

•• Parágrafo único com redação determinada pela Lei n. 5.925, de 1.º-10-1973.

•• Dispositivo correspondente no CPC de 2015: art. 620, § 1.º, II.

Art. 994. Só se pode arguir de sonegação ao inventariante depois de encerrada a descrição dos bens, com a declaração, por ele feita, de não existirem outros por inventariar.

•• Dispositivo correspondente no CPC de 2015: art. 621.

Art. 995. O inventariante será removido:

•• Dispositivo correspondente no CPC de 2015: art. 622, *caput*.

I – se não prestar, no prazo legal, as primeiras e as últimas declarações;

•• Dispositivo correspondente no CPC de 2015: art. 622, I.

Arts. 995 a 1.000 — Procedimentos Especiais

II – se não der ao inventário andamento regular, suscitando dúvidas infundadas ou praticando atos meramente protelatórios;

•• Dispositivo correspondente no CPC de 2015: art. 622, II.

III – se, por culpa sua, se deteriorarem, forem dilapidados ou sofrerem dano bens do espólio;

•• Dispositivo correspondente no CPC de 2015: art. 622, III.

IV – se não defender o espólio nas ações em que for citado, deixar de cobrar dívidas ativas ou não promover as medidas necessárias para evitar o perecimento de direitos;

•• Dispositivo correspondente no CPC de 2015: art. 622, IV.

V – se não prestar contas ou as que prestar não forem julgadas boas;

•• Dispositivo correspondente no CPC de 2015: art. 622, V.

VI – se sonegar, ocultar ou desviar bens do espólio.

•• Dispositivo correspondente no CPC de 2015: art. 622, VI.

Art. 996. Requerida a remoção com fundamento em qualquer dos números do artigo antecedente, será intimado o inventariante para, no prazo de 5 (cinco) dias, defender-se e produzir provas.

•• Dispositivo correspondente no CPC de 2015: art. 623, caput.

Parágrafo único. O incidente da remoção correrá em apenso aos autos do inventário.

•• Dispositivo correspondente no CPC de 2015: art. 623, parágrafo único.

Art. 997. Decorrido o prazo com a defesa do inventariante ou sem ela, o juiz decidirá. Se remover o inventariante, nomeará outro, observada a ordem estabelecida no art. 990.

•• Dispositivo correspondente no CPC de 2015: art. 624.

Art. 998. O inventariante removido entregará imediatamente ao substituto os bens do espólio; deixando de fazê-lo, será compelido mediante mandado de busca e apreensão, ou de imissão na posse, conforme se tratar de bem móvel ou imóvel.

•• Dispositivo correspondente no CPC de 2015: art. 625.

Seção IV
Das Citações e das Impugnações

Art. 999. Feitas as primeiras declarações, o juiz mandará citar, para os termos do inventário e partilha, o cônjuge, os herdeiros, os legatários, a Fazenda Pública, o Ministério Público, se houver herdeiro incapaz ou ausente, e o testamenteiro, se o finado deixou testamento.

•• Caput com redação determinada pela Lei n. 5.925, de 1.º-10-1973.

•• Dispositivo correspondente no CPC de 2015: art. 626, caput.

§ 1.º Citar-se-ão, conforme o disposto nos arts. 224 a 230, somente as pessoas domiciliadas na comarca por onde corre o inventário ou que aí foram encontradas; e por edital, com o prazo de 20 (vinte) a 60 (sessenta) dias, todas as demais, residentes, assim no Brasil como no estrangeiro.

•• § 1.º com redação determinada pela Lei n. 5.925, de 1.º-10-1973.

•• Dispositivo correspondente no CPC de 2015: art. 626, § 1.º.

§ 2.º Das primeiras declarações extrair-se-ão tantas cópias quantas forem as partes.

•• § 2.º com redação determinada pela Lei n. 5.925, de 1.º-10-1973.

•• Dispositivo correspondente no CPC de 2015: art. 626, § 2.º.

§ 3.º O oficial de justiça, ao proceder à citação, entregará um exemplar a cada parte.

•• § 3.º com redação determinada pela Lei n. 5.925, de 1.º-10-1973.

•• Dispositivo correspondente no CPC de 2015: art. 626, § 3.º.

§ 4.º Incumbe ao escrivão remeter cópias à Fazenda Pública, ao Ministério Público, ao testamenteiro se houver, e ao advogado, se a parte já estiver representada nos autos.

•• § 4.º com redação determinada pela Lei n. 5.925, de 1.º-10-1973.

•• Dispositivo correspondente no CPC de 2015: art. 626, § 4.º.

Art. 1.000. Concluídas as citações, abrir-se-á vista às partes, em cartório e pelo prazo comum de 10 (dez) dias, para dizerem sobre as primeiras declarações. Cabe à parte:

Procedimentos Especiais

•• Dispositivo correspondente no CPC de 2015: art. 627, *caput*.

I – arguir erros e omissões;

•• Dispositivo correspondente no CPC de 2015: art. 627, I.

II – reclamar contra a nomeação do inventariante;

•• Dispositivo correspondente no CPC de 2015: art. 627, II.

III – contestar a qualidade de quem foi incluído no título de herdeiro.

•• Dispositivo correspondente no CPC de 2015: art. 627, III.

Parágrafo único. Julgando procedente a impugnação referida no n. I, o juiz mandará retificar as primeiras declarações. Se acolher o pedido, de que trata o n. II, nomeará outro inventariante, observada a preferência legal. Verificando que a disputa sobre a qualidade de herdeiro, a que alude o n. III, constitui matéria de alta indagação, remeterá a parte para os meios ordinários e sobrestará, até o julgamento da ação, na entrega do quinhão que na partilha couber ao herdeiro admitido.

•• Dispositivo correspondente no CPC de 2015: art. 627, §§ 1.º a 3.º.

Art. 1.001. Aquele que se julgar preterido poderá demandar a sua admissão no inventário, requerendo-o antes da partilha. Ouvidas as partes no prazo de 10 (dez) dias, o juiz decidirá. Se não acolher o pedido, remeterá o requerente para os meios ordinários, mandando reservar, em poder do inventariante, o quinhão do herdeiro excluído até que se decida o litígio.

•• Dispositivo correspondente no CPC de 2015: art. 628.

Art. 1.002. A Fazenda Pública, no prazo de 20 (vinte) dias, após a vista de que trata o art. 1.000, informará ao juízo, de acordo com os dados que constam de seu cadastro imobiliário, o valor dos bens de raiz descritos nas primeiras declarações.

•• Artigo com redação determinada pela Lei n. 5.925, de 1.º-10-1973.

•• Dispositivo correspondente no CPC de 2015: art. 629.

Seção V
Da Avaliação e do Cálculo do Imposto

Art. 1.003. Findo o prazo do art. 1.000, sem impugnação ou decidida a que houver sido oposta, o juiz nomeará um perito para avaliar os bens do espólio, se não houver na comarca avaliador judicial.

•• Dispositivo correspondente no CPC de 2015: art. 630, *caput*.

Parágrafo único. No caso previsto no art. 993, parágrafo único, o juiz nomeará um contador para levantar o balanço ou apurar os haveres.

•• Dispositivo correspondente no CPC de 2015: art. 630, parágrafo único.

Art. 1.004. Ao avaliar os bens do espólio, observará o perito, no que for aplicável, o disposto nos arts. 681 a 683.

•• Dispositivo correspondente no CPC de 2015: art. 631.

Art. 1.005. O herdeiro que requerer, durante a avaliação, a presença do juiz e do escrivão, pagará as despesas da diligência.

Art. 1.006. Não se expedirá carta precatória para a avaliação de bens situados fora da comarca por onde corre o inventário, se eles forem de pequeno valor ou perfeitamente conhecidos do perito nomeado.

•• Dispositivo correspondente no CPC de 2015: art. 632.

Art. 1.007. Sendo capazes todas as partes, não se procederá à avaliação, se a Fazenda Pública, intimada na forma do art. 237, I, concordar expressamente com o valor atribuído, nas primeiras declarações, aos bens do espólio.

•• Artigo com redação determinada pela Lei n. 5.925, de 1.º-10-1973.

•• Dispositivo correspondente no CPC de 2015: art. 633.

Art. 1.008. Se os herdeiros concordarem com o valor dos bens declarados pela Fazenda Pública, a avaliação cingir-se-á aos demais.

•• Artigo com redação determinada pela Lei n. 5.925, de 1.º-10-1973.

•• Dispositivo correspondente no CPC de 2015: art. 634.

Arts. 1.009 a 1.016 — Procedimentos Especiais

Art. 1.009. Entregue o laudo de avaliação, o juiz mandará que sobre ele se manifestem as partes no prazo de 10 (dez) dias, que correrá em cartório.

•• Dispositivo correspondente no CPC de 2015: art. 635, caput.

§ 1.º Versando a impugnação sobre o valor dado pelo perito, o juiz a decidirá de plano, à vista do que constar dos autos.

•• Dispositivo correspondente no CPC de 2015: art. 635, § 1.º.

§ 2.º Julgando procedente a impugnação, determinará o juiz que o perito retifique a avaliação, observando os fundamentos da decisão.

•• Dispositivo correspondente no CPC de 2015: art. 635, § 2.º.

Art. 1.010. O juiz mandará repetir a avaliação:

I – quando viciada por erro ou dolo do perito;

II – quando se verificar, posteriormente à avaliação, que os bens apresentam defeito que lhes diminui o valor.

Art. 1.011. Aceito o laudo ou resolvidas as impugnações suscitadas a seu respeito lavrar-se-á em seguida o termo de últimas declarações, no qual o inventariante poderá emendar, aditar ou completar as primeiras.

•• Dispositivo correspondente no CPC de 2015: art. 636.

Art. 1.012. Ouvidas as partes sobre as últimas declarações no prazo comum de 10 (dez) dias, proceder-se-á ao cálculo do imposto.

•• Dispositivo correspondente no CPC de 2015: art. 637.

Art. 1.013. Feito o cálculo, sobre ele serão ouvidas todas as partes no prazo comum de 5 (cinco) dias, que correrá em cartório e, em seguida, a Fazenda Pública.

•• Dispositivo correspondente no CPC de 2015: art. 638, caput.

§ 1.º Se houver impugnação julgada procedente, ordenará o juiz novamente a remessa dos autos ao contador, determinando as alterações que devam ser feitas no cálculo.

•• Dispositivo correspondente no CPC de 2015: art. 638, § 1.º.

§ 2.º Cumprido o despacho, o juiz julgará o cálculo do imposto.

•• Dispositivo correspondente no CPC de 2015: art. 638, § 2.º.

Seção VI
Das Colações

Art. 1.014. No prazo estabelecido no art. 1.000, o herdeiro obrigado à colação conferirá por termo nos autos os bens que recebeu ou, se já os não possuir, trar-lhes-á o valor.

•• Dispositivo correspondente no CPC de 2015: art. 639, caput.

Parágrafo único. Os bens que devem ser conferidos na partilha, assim como as acessões e benfeitorias que o donatário fez, calcular-se-ão pelo valor que tiverem ao tempo da abertura da sucessão.

•• Dispositivo correspondente no CPC de 2015: art. 639, parágrafo único.

Art. 1.015. O herdeiro que renunciou à herança ou o que dela foi excluído não se exime, pelo fato da renúncia ou da exclusão, de conferir, para o efeito de repor a parte inoficiosa, as liberalidades que houve do doador.

•• Dispositivo correspondente no CPC de 2015: art. 640, caput.

§ 1.º É lícito ao donatário escolher, dos bens doados, tantos quantos bastem para perfazer a legítima e a metade disponível, entrando na partilha o excedente para ser dividido entre os demais herdeiros.

•• Dispositivo correspondente no CPC de 2015: art. 640, § 1.º.

§ 2.º Se a parte inoficiosa da doação recair sobre bem imóvel, que não comporte divisão cômoda, o juiz determinará que sobre ela se proceda entre os herdeiros à licitação; o donatário poderá concorrer na licitação e, em igualdade de condições, preferirá aos herdeiros.

•• Dispositivo correspondente no CPC de 2015: art. 640, §§ 2.º e 3.º.

Art. 1.016. Se o herdeiro negar o recebimento dos bens ou a obrigação de os conferir, o juiz, ouvidas as partes no prazo comum de 5 (cinco) dias, decidirá à vista das alegações e provas produzidas.

•• Dispositivo correspondente no CPC de 2015: art. 641, caput.

§ 1.º Declarada improcedente a oposição, se o herdeiro, no prazo improrrogável de 5 (cinco) dias, não proceder à conferência, o juiz manda-

Procedimentos Especiais

rá sequestrarlhe, para serem inventariados e partilhados, os bens sujeitos à colação, ou imputar ao seu quinhão hereditário o valor deles, se já os não possuir.

•• Dispositivo correspondente no CPC de 2015: art. 641, § 1.º.

§ 2.º Se a matéria for de alta indagação, o juiz remeterá as partes para os meios ordinários, não podendo o herdeiro receber o seu quinhão hereditário, enquanto pender a demanda, sem prestar caução correspondente ao valor dos bens sobre que versar a conferência.

•• Dispositivo correspondente no CPC de 2015: art. 641, § 2.º.

Seção VII
Do Pagamento das Dívidas

Art. 1.017. Antes da partilha, poderão os credores do espólio requerer ao juízo do inventário o pagamento das dívidas vencidas e exigíveis.

•• Dispositivo correspondente no CPC de 2015: art. 642, *caput*.

§ 1.º A petição, acompanhada de prova literal da dívida, será distribuída por dependência e autuada em apenso aos autos do processo de inventário.

•• Dispositivo correspondente no CPC de 2015: art. 642, § 1.º.

§ 2.º Concordando as partes com o pedido, o juiz, ao declarar habilitado o credor, mandará que se faça a separação de dinheiro ou, em sua falta, de bens suficientes para o seu pagamento.

•• Dispositivo correspondente no CPC de 2015: art. 642, § 2.º.

§ 3.º Separados os bens, tantos quantos forem necessários para o pagamento dos credores habilitados, o juiz mandará aliená-los em praça ou leilão, observadas, no que forem aplicáveis, as regras do Livro II, Título II, Capítulo IV, Seção I, Subseção VII e Seção II, Subseções I e II.

•• Dispositivo correspondente no CPC de 2015: art. 642, § 3.º.

§ 4.º Se o credor requerer que, em vez de dinheiro, lhe sejam adjudicados, para o seu pagamento, os bens já reservados, o juiz deferir-lhe-á o pedido, concordando todas as partes.

•• Dispositivo correspondente no CPC de 2015: art. 642, § 4.º.

Art. 1.018. Não havendo concordância de todas as partes sobre o pedido de pagamento feito pelo credor, será ele remetido para os meios ordinários.

•• Dispositivo correspondente no CPC de 2015: art. 643, *caput*.

Parágrafo único. O juiz mandará, porém, reservar em poder do inventariante bens suficientes para pagar o credor, quando a dívida constar de documento que comprove suficientemente a obrigação e a impugnação não se fundar em quitação.

•• Dispositivo correspondente no CPC de 2015: art. 643, parágrafo único.

Art. 1.019. O credor de dívida líquida e certa, ainda não vencida, pode requerer habilitação no inventário. Concordando as partes com o pedido, o juiz, ao julgar habilitado o crédito, mandará que se faça separação de bens para o futuro pagamento.

•• Dispositivo correspondente no CPC de 2015: art. 644.

Art. 1.020. O legatário é parte legítima para manifestar-se sobre as dívidas do espólio:

•• Dispositivo correspondente no CPC de 2015: art. 645, *caput*.

I – quando toda a herança for dividida em legados;

•• Dispositivo correspondente no CPC de 2015: art. 645, I.

II – quando o reconhecimento das dívidas importar redução dos legados.

•• Dispositivo correspondente no CPC de 2015: art. 645, II.

Art. 1.021. Sem prejuízo do disposto no art. 674, é lícito aos herdeiros, ao separarem bens para o pagamento de dívidas, autorizar que o inventariante os nomeie à penhora no processo em que o espólio for executado.

•• Dispositivo correspondente no CPC de 2015: art. 646.

Seção VIII
Da Partilha

Art. 1.022. Cumprido o disposto no art. 1.017, § 3.º, o juiz facultará às partes que, no prazo comum de 10 (dez) dias, formulem o pedido de quinhão; em seguida proferirá, no prazo de 10 (dez) dias, o despacho de delibera-

Arts. 1.022 a 1.028 — Procedimentos Especiais

ção da partilha, resolvendo os pedidos das partes e designando os bens que devam constituir quinhão de cada herdeiro e legatário.

•• Dispositivo correspondente no CPC de 2015: art. 647, *caput*.

Art. 1.023. O partidor organizará o esboço da partilha de acordo com a decisão, observando nos pagamentos a seguinte ordem:

•• Dispositivo correspondente no CPC de 2015: art. 651, *caput*.

I – dívidas atendidas;

•• Dispositivo correspondente no CPC de 2015: art. 651, I.

II – meação do cônjuge;

•• Dispositivo correspondente no CPC de 2015: art. 651, II.

III – meação disponível;

•• Dispositivo correspondente no CPC de 2015: art. 651, III.

IV – quinhões hereditários, a começar pelo coerdeiro mais velho.

•• Dispositivo correspondente no CPC de 2015: art. 651, IV.

Art. 1.024. Feito o esboço, dirão sobre ele as partes no prazo comum de 5 (cinco) dias. Resolvidas as reclamações, será a partilha lançada nos autos.

•• Dispositivo correspondente no CPC de 2015: art. 652.

Art. 1.025. A partilha constará:

•• Dispositivo correspondente no CPC de 2015: art. 653, *caput*.

I – de um auto de orçamento, que mencionará:

•• Dispositivo correspondente no CPC de 2015: art. 653, I, *caput*.

a) os nomes do autor da herança, do inventariante, do cônjuge supérstite, dos herdeiros, dos legatários e dos credores admitidos;

•• Dispositivo correspondente no CPC de 2015: art. 653, I, *a*.

b) o ativo, o passivo e o líquido partível, com as necessárias especificações;

•• Dispositivo correspondente no CPC de 2015: art. 653, I, *b*.

c) o valor de cada quinhão;

•• Dispositivo correspondente no CPC de 2015: art. 653, I, *c*.

II – de uma folha de pagamento para cada parte, declarando a quota a pagarlhe, a razão do pagamento, a relação dos bens que lhe compõem o quinhão, as características que os individualizam e os ônus que os gravam.

•• Dispositivo correspondente no CPC de 2015: art. 653, II.

Parágrafo único. O auto e cada uma das folhas serão assinados pelo juiz e pelo escrivão.

•• Dispositivo correspondente no CPC de 2015: art. 653, parágrafo único.

Art. 1.026. Pago o imposto de transmissão a título de morte, e junta aos autos certidão ou informação negativa de dívida para com a Fazenda Pública, o juiz julgará por sentença a partilha.

•• Dispositivo correspondente no CPC de 2015: art. 654, *caput*.

Art. 1.027. Passada em julgado a sentença mencionada no artigo antecedente, receberá o herdeiro os bens que lhe tocarem e um formal de partilha, do qual constarão as seguintes peças:

•• Dispositivo correspondente no CPC de 2015: art. 655, *caput*.

I – termo de inventariante e título de herdeiros;

•• Dispositivo correspondente no CPC de 2015: art. 655, I.

II – avaliação dos bens que constituíram o quinhão do herdeiro;

•• Dispositivo correspondente no CPC de 2015: art. 655, II.

III – pagamento do quinhão hereditário;

•• Dispositivo correspondente no CPC de 2015: art. 655, III.

IV – quitação dos impostos;

•• Dispositivo correspondente no CPC de 2015: art. 655, IV.

V – sentença.

•• Dispositivo correspondente no CPC de 2015: art. 655, V.

Parágrafo único. O formal de partilha poderá ser substituído por certidão do pagamento do quinhão hereditário, quando este não exceder 5 (cinco) vezes o salário mínimo vigente na sede do juízo; caso em que se transcreverá nela a sentença de partilha transitada em julgado.

•• Dispositivo correspondente no CPC de 2015: art. 655, parágrafo único.

Art. 1.028. A partilha, ainda depois de passar em julgado a sentença (art. 1.026), pode ser emendada nos mesmos autos do inventário, convindo todas as partes, quando tenha havido erro de fato na descrição dos bens; o juiz, de ofício ou a requerimento da parte, poderá, a

Procedimentos Especiais

qualquer tempo, corrigir-lhe as inexatidões materiais.

•• Dispositivo correspondente no CPC de 2015: art. 656.

Art. 1.029. A partilha amigável, lavrada em instrumento público, reduzida a termo nos autos do inventário ou constante de escrito particular homologado pelo juiz, pode ser anulada, por dolo, coação, erro essencial ou intervenção de incapaz.

•• *Caput* com redação determinada pela Lei n. 5.925, de 1.º-10-1973.

•• Dispositivo correspondente no CPC de 2015: art. 657, *caput.*

Parágrafo único. O direito de propor ação anulatória de partilha amigável prescreve em 1 (um) ano, contado este prazo:

•• Dispositivo correspondente no CPC de 2015: art. 657, parágrafo único, *caput.*

I – no caso de coação, do dia em que ela cessou;

•• Dispositivo correspondente no CPC de 2015: art. 657, parágrafo único, I.

II – no de erro ou dolo, do dia em que se realizou o ato;

•• Dispositivo correspondente no CPC de 2015: art. 657, parágrafo único, II.

III – quanto ao incapaz, do dia em que cessar a incapacidade.

•• Parágrafo único com redação determinada pela Lei n. 5.925, de 1.º-10-1973.

•• Dispositivo correspondente no CPC de 2015: art. 657, parágrafo único, III.

Art. 1.030. É rescindível a partilha julgada por sentença:

•• Dispositivo correspondente no CPC de 2015: art. 658, *caput.*

I – nos casos mencionados no artigo antecedente;

•• Dispositivo correspondente no CPC de 2015: art. 658, I.

II – se feita com preterição de formalidades legais;

•• Dispositivo correspondente no CPC de 2015: art. 658, II.

III – se preteriu herdeiro ou incluiu quem não o seja.

•• Dispositivo correspondente no CPC de 2015: art. 658, III.

Seção IX
Do Arrolamento

Art. 1.031. A partilha amigável, celebrada entre partes capazes, nos termos do art. 2.015 da Lei n. 10.406, de 10 de janeiro de 2002 – Código Civil, será homologada de plano pelo juiz, mediante a prova da quitação dos tributos relativos aos bens do espólio e às suas rendas, com observância dos arts. 1.032 a 1.035 desta Lei.

•• *Caput* com redação determinada pela Lei n. 11.441, de 4-1-2007.

•• Dispositivo correspondente no CPC de 2015: art. 659, *caput.*

§ 1.º O disposto neste artigo aplica-se, também, ao pedido de adjudicação, quando houver herdeiro único.

•• § 1.º com redação determinada pela Lei n. 9.280, de 30-5-1996.

•• Dispositivo correspondente no CPC de 2015: art. 659, § 1.º.

§ 2.º Transitada em julgado a sentença de homologação de partilha ou adjudicação, respectivo formal, bem como os alvarás referentes aos bens por ele abrangidos, só serão expedidos e entregues às partes após a comprovação, verificada pela Fazenda Pública, do pagamento de todos os tributos.

•• § 2.º acrescentado pela Lei n. 9.280, de 30-5-1996.

•• Dispositivo correspondente no CPC de 2015: art. 659, § 2.º.

Art. 1.032. Na petição de inventário, que se processará na forma de arrolamento sumário, independentemente da lavratura de termos de qualquer espécie, os herdeiros:

•• Dispositivo correspondente no CPC de 2015: art. 660, *caput.*

I – requererão ao juiz a nomeação do inventariante que designarem;

•• Dispositivo correspondente no CPC de 2015: art. 660, I.

II – declararão os títulos dos herdeiros e os bens do espólio, observado o disposto no art. 993 desta Lei;

•• Dispositivo correspondente no CPC de 2015: art. 660, II.

Arts. 1.032 a 1.036 — Procedimentos Especiais

III – atribuirão o valor dos bens do espólio, para fins de partilha.

•• Artigo com redação determinada pela Lei n. 7.019, de 31-8-1982.
•• Dispositivo correspondente no CPC de 2015: art. 660, III.

Art. 1.033. Ressalvada a hipótese prevista no parágrafo único do art. 1.035 desta Lei, não se procederá a avaliação dos bens do espólio para qualquer finalidade.

•• Artigo com redação determinada pela Lei n. 7.019, de 31-8-1982.
•• Dispositivo correspondente no CPC de 2015: art. 661.

Art. 1.034. No arrolamento, não serão conhecidas ou apreciadas questões relativas ao lançamento, ao pagamento ou à quitação de taxas judiciárias e de tributos incidentes sobre a transmissão da propriedade dos bens do espólio.

•• *Caput* com redação determinada pela Lei n. 7.019, de 31-8-1982.
•• Dispositivo correspondente no CPC de 2015: art. 662, *caput*.

§ 1.º A taxa judiciária, se devida, será calculada com base no valor atribuído pelos herdeiros, cabendo ao fisco, se apurar em processo administrativo valor diverso do estimado, exigir a eventual diferença pelos meios adequados ao lançamento de créditos tributários em geral.

•• § 1.º com redação determinada pela Lei n. 7.019, de 31-8-1982.
•• Dispositivo correspondente no CPC de 2015: art. 662, § 1.º.

§ 2.º O imposto de transmissão será objeto de lançamento administrativo, conforme dispuser a legislação tributária, não ficando as autoridades fazendárias adstritas aos valores dos bens do espólio atribuídos pelos herdeiros.

•• § 2.º com redação determinada pela Lei n. 7.019, de 31-8-1982.
•• Dispositivo correspondente no CPC de 2015: art. 662, § 2.º.

Art. 1.035. A existência de credores do espólio não impedirá a homologação da partilha ou da adjudicação, se forem reservados bens suficientes para o pagamento da dívida.

•• *Caput* com redação determinada pela Lei n. 7.019, de 31-8-1982.
•• Dispositivo correspondente no CPC de 2015: art. 663, *caput*.

Parágrafo único. A reserva de bens será realizada pelo valor estimado pelas partes, salvo se o credor, regularmente notificado, impugnar a estimativa, caso em que se promoverá a avaliação dos bens a serem reservados.

•• Parágrafo único com redação determinada pela Lei n. 7.019, de 31-8-1982.
•• Dispositivo correspondente no CPC de 2015: art. 663, parágrafo único.

Art. 1.036. Quando o valor dos bens do espólio for igual ou inferior a 2.000 (duas mil) Obrigações do Tesouro Nacional – OTN, o inventário processar-se-á na forma de arrolamento, cabendo ao inventariante nomeado, independentemente da assinatura de termo de compromisso, apresentar, com suas declarações, a atribuição do valor dos bens do espólio e o plano da partilha.

•• *Caput* com redação determinada pela Lei n. 7.019, de 31-8-1982.
•• Dispositivo correspondente no CPC de 2015: art. 664, *caput*.

§ 1.º Se qualquer das partes ou o Ministério Público impugnar a estimativa, o juiz nomeará um avaliador que oferecerá laudo em 10 (dez) dias.

•• § 1.º com redação determinada pela Lei n. 7.019, de 31-8-1982.
•• Dispositivo correspondente no CPC de 2015: art. 664, § 1.º.

§ 2.º Apresentado o laudo, o juiz, em audiência que designar, deliberará sobre a partilha, decidindo de plano todas as reclamações e mandando pagar as dívidas não impugnadas.

•• § 2.º com redação determinada pela Lei n. 7.019, de 31-8-1982.
•• Dispositivo correspondente no CPC de 2015: art. 664, § 2.º.

§ 3.º Lavrar-se-á de tudo um só termo, assinado pelo juiz e pelas partes presentes.

•• § 3.º com redação determinada pela Lei n. 7.019, de 31-8-1982.
•• Dispositivo correspondente no CPC de 2015: art. 664, § 3.º.

§ 4.º Aplicam-se a esta espécie de arrolamento, no que couberem, as disposições do art. 1.034 e seus parágrafos, relativamente ao lançamento, ao pagamento e à quitação da taxa judiciária e do imposto sobre a transmissão da propriedade dos bens do espólio.

Procedimentos Especiais

•• § 4.º com redação determinada pela Lei n. 7.019, de 31-8-1982.

•• Dispositivo correspondente no CPC de 2015: art. 664, § 4.º.

§ 5.º Provada a quitação dos tributos relativos aos bens do espólio e às suas rendas, o juiz julgará a partilha.

•• § 5.º com redação determinada pela Lei n. 7.019, de 31-8-1982.

•• Dispositivo correspondente no CPC de 2015: art. 664, § 5.º.

Art. 1.037. Independerá de inventário ou arrolamento o pagamento dos valores previstos na Lei n. 6.858, de 24 de novembro de 1980.

•• Artigo com redação determinada pela Lei n. 7.019, de 31-8-1982.

•• Dispositivo correspondente no CPC de 2015: art. 666.

Art. 1.038. Aplicam-se subsidiariamente a esta Seção as disposições das seções antecedentes, bem como as da seção subsequente.

•• Artigo com redação determinada pela Lei n. 7.019, de 31-8-1982.

•• Dispositivo correspondente no CPC de 2015: art. 667.

Seção X
Das Disposições Comuns às Seções Precedentes

Art. 1.039. Cessa a eficácia das medidas cautelares previstas nas várias seções deste Capítulo:

•• Dispositivo correspondente no CPC de 2015: art. 668, caput.

I – se a ação não for proposta em 30 (trinta) dias, contados da data em que da decisão foi intimado o impugnante (art. 1.000, parágrafo único), o herdeiro excluído (art. 1.001) ou o credor não admitido (art. 1.018);

•• Dispositivo correspondente no CPC de 2015: art. 668, I.

II – se o juiz declarar extinto o processo de inventário com ou sem julgamento do mérito.

•• Dispositivo correspondente no CPC de 2015: art. 668, II.

Art. 1.040. Ficam sujeitos à sobrepartilha os bens:

•• Dispositivo correspondente no CPC de 2015: art. 669, caput.

I – sonegados;

•• Dispositivo correspondente no CPC de 2015: art. 669, I.

II – da herança que se descobrirem depois da partilha;

•• Dispositivo correspondente no CPC de 2015: art. 669, II.

III – litigiosos, assim como os de liquidação difícil ou morosa;

•• Dispositivo correspondente no CPC de 2015: art. 669, III.

IV – situados em lugar remoto da sede do juízo onde se processa o inventário.

•• Dispositivo correspondente no CPC de 2015: art. 669, IV.

Parágrafo único. Os bens mencionados nos n. III e IV deste artigo serão reservados à sobrepartilha sob a guarda e administração do mesmo ou de diverso inventariante, a aprazimento da maioria dos herdeiros.

•• Dispositivo correspondente no CPC de 2015: art. 669, parágrafo único.

Art. 1.041. Observar-se-á na sobrepartilha dos bens o processo de inventário e partilha.

•• Dispositivo correspondente no CPC de 2015: art. 670, caput.

Parágrafo único. A sobrepartilha correrá nos autos do inventário do autor da herança.

•• Dispositivo correspondente no CPC de 2015: art. 670, parágrafo único.

Art. 1.042. O juiz dará curador especial:

•• Dispositivo correspondente no CPC de 2015: art. 671, caput.

I – ao ausente, se o não tiver;

•• Dispositivo correspondente no CPC de 2015: art. 671, I.

II – ao incapaz, se concorrer na partilha com o seu representante.

•• Dispositivo correspondente no CPC de 2015: art. 671, II.

Art. 1.043. Falecendo o cônjuge meeiro supérstite antes da partilha dos bens do premorto, as duas heranças serão cumulativamente inventariadas e partilhadas, se os herdeiros de ambos forem os mesmos.

§ 1.º Haverá um só inventariante para os dois inventários.

§ 2.º O segundo inventário será distribuído por dependência, processando-se em apenso ao primeiro.

Art. 1.044. Ocorrendo a morte de algum herdeiro na pendência do inventário em que foi admitido e não possuindo outros bens além do seu quinhão na herança, poderá este ser partilhado juntamente com os bens do monte.

Art. 1.045. Nos casos previstos nos dois artigos antecedentes prevalecerão as primeiras declarações, assim como o laudo de avaliação, salvo se se alterou o valor dos bens.

•• Dispositivo correspondente no CPC de 2015: art. 673.

Parágrafo único. No inventário a que se proceder por morte do cônjuge herdeiro supérstite, é lícito, independentemente de sobrepartilha, descrever e partilhar bens omitidos no inventário do cônjuge premorto.

Capítulo X
DOS EMBARGOS DE TERCEIRO

Art. 1.046. Quem, não sendo parte no processo, sofrer turbação ou esbulho na posse de seus bens por ato de apreensão judicial, em casos como o de penhora, depósito, arresto, sequestro, alienação judicial, arrecadação, arrolamento, inventário, partilha, poderá requerer lhe sejam mantidos ou restituídos por meio de embargos.

•• Dispositivo correspondente no CPC de 2015: art. 674, caput.

§ 1.º Os embargos podem ser de terceiro senhor e possuidor, ou apenas possuidor.

•• Dispositivo correspondente no CPC de 2015: art. 674, § 1.º.

§ 2.º Equipara-se a terceiro a parte que, posto figure no processo, defende bens que, pelo título de sua aquisição ou pela qualidade em que os possuir, não podem ser atingidos pela apreensão judicial.

§ 3.º Considera-se também terceiro o cônjuge quando defende a posse de bens dotais, próprios, reservados ou de sua meação.

•• Dispositivo correspondente no CPC de 2015: art. 674, § 2.º, I.

Art. 1.047. Admitem-se ainda embargos de terceiro:

I – para a defesa da posse, quando, nas ações de divisão ou de demarcação, for o imóvel sujeito a atos materiais, preparatórios ou definitivos, da partilha ou da fixação de rumos;

II – para o credor com garantia real obstar alienação judicial do objeto da hipoteca, penhor ou anticrese.

•• Dispositivo correspondente no CPC de 2015: art. 674, § 2.º, IV.

Art. 1.048. Os embargos podem ser opostos a qualquer tempo no processo de conhecimento enquanto não transitada em julgado a sentença, e, no processo de execução, até 5 (cinco) dias depois da arrematação, adjudicação ou remição, mas sempre antes da assinatura da respectiva carta.

•• Dispositivo correspondente no CPC de 2015: art. 675, caput.

Art. 1.049. Os embargos serão distribuídos por dependência e correrão em autos distintos perante o mesmo juiz que ordenou a apreensão.

•• Dispositivo correspondente no CPC de 2015: art. 676, caput.

Art. 1.050. O embargante, em petição elaborada com observância do disposto no art. 282, fará a prova sumária de sua posse e a qualidade de terceiro, oferecendo documentos e rol de testemunhas.

•• Dispositivo correspondente no CPC de 2015: art. 677, caput.

§ 1.º É facultada a prova da posse em audiência preliminar designada pelo juiz.

•• Dispositivo correspondente no CPC de 2015: art. 677, § 1.º.

§ 2.º O possuidor direto pode alegar, com a sua posse, domínio alheio.

•• Dispositivo correspondente no CPC de 2015: art. 677, § 2.º.

§ 3.º A citação será pessoal, se o embargado não tiver procurador constituído nos autos da ação principal.

•• § 3.º acrescentado pela Lei n. 12.125, de 16-12-2009.

•• Dispositivo correspondente no CPC de 2015: art. 677, § 3.º.

Art. 1.051. Julgando suficientemente provada a posse, o juiz deferirá liminarmente os embargos e ordenará a expedição de mandado de manutenção ou de restituição em favor do embargante, que só receberá os bens depois de prestar caução de os devolver com seus rendi-

Procedimentos Especiais

mentos, caso sejam afinal declarados improcedentes.

•• Dispositivo correspondente no CPC de 2015: art. 678.

Art. 1.052. Quando os embargos versarem sobre todos os bens, determinará o juiz a suspensão do curso do processo principal; versando sobre alguns deles, prosseguirá o processo principal somente quanto aos bens não embargados.

Art. 1.053. Os embargos poderão ser contestados no prazo de 10 (dez) dias, findo o qual proceder-se-á de acordo com o disposto no art. 803.

•• Dispositivo correspondente no CPC de 2015: art. 679.

Art. 1.054. Contra os embargos do credor com garantia real, somente poderá o embargado alegar que:

•• Dispositivo correspondente no CPC de 2015: art. 680, caput.

I – o devedor comum é insolvente;

•• Dispositivo correspondente no CPC de 2015: art. 680, I.

II – o título é nulo ou não obriga a terceiro;

•• Dispositivo correspondente no CPC de 2015: art. 680, II.

III – outra é a coisa dada em garantia.

•• Dispositivo correspondente no CPC de 2015: art. 680, III.

Capítulo XI
DA HABILITAÇÃO

Art. 1.055. A habilitação tem lugar quando, por falecimento de qualquer das partes, os interessados houverem de suceder-lhe no processo.

•• Dispositivo correspondente no CPC de 2015: art. 687.

Art. 1.056. A habilitação pode ser requerida:

•• Dispositivo correspondente no CPC de 2015: art. 688, caput.

I – pela parte, em relação aos sucessores do falecido;

•• Dispositivo correspondente no CPC de 2015: art. 688, I.

II – pelos sucessores do falecido, em relação à parte.

•• Dispositivo correspondente no CPC de 2015: art. 688, II.

Art. 1.057. Recebida a petição inicial, ordenará o juiz a citação dos requeridos para contestar a ação no prazo de 5 (cinco) dias.

•• Dispositivo correspondente no CPC de 2015: art. 690, caput.

Parágrafo único. A citação será pessoal, se a parte não tiver procurador constituído na causa.

•• Dispositivo correspondente no CPC de 2015: art. 690, parágrafo único.

Art. 1.058. Findo o prazo da contestação, observar-se-á o disposto nos arts. 802 e 803.

Art. 1.059. Achando-se a causa no tribunal, a habilitação processar-se-á perante o relator e será julgada conforme o disposto no regimento interno.

Art. 1.060. Proceder-se-á à habilitação nos autos da causa principal e independentemente de sentença quando:

•• Dispositivo correspondente no CPC de 2015: art. 689.

I – promovida pelo cônjuge e herdeiros necessários, desde que provem por documento o óbito do falecido e a sua qualidade;

II – em outra causa, sentença passada em julgado houver atribuído ao habilitando a qualidade de herdeiro ou sucessor;

III – o herdeiro for incluído sem qualquer oposição no inventário;

IV – estiver declarada a ausência ou determinada a arrecadação da herança jacente;

V – oferecidos os artigos de habilitação, a parte reconhecer a procedência do pedido e não houver oposição de terceiros.

Art. 1.061. Falecendo o alienante ou o cedente, poderá o adquirente ou o cessionário prosseguir na causa, juntando aos autos o respectivo título e provando a sua identidade.

•• Artigo com redação determinada pela Lei n. 5.925, de 1.º-10-1973.

Art. 1.062. Passada em julgado a sentença de habilitação, ou admitida a habilitação nos casos em que independer de sentença, a causa principal retomará o seu curso.

•• Dispositivo correspondente no CPC de 2015: art. 692.

CAPÍTULO XII
DA RESTAURAÇÃO DE AUTOS

Art. 1.063. Verificado o desaparecimento dos autos, pode qualquer das partes promover-lhes a restauração.

•• Dispositivo correspondente no CPC de 2015: art. 712, caput.

Parágrafo único. Havendo autos suplementares, nestes prosseguirá o processo.

•• Dispositivo correspondente no CPC de 2015: art. 712, parágrafo único.

Art. 1.064. Na petição inicial declarará a parte o estado da causa ao tempo do desaparecimento dos autos, oferecendo:

•• Dispositivo correspondente no CPC de 2015: art. 713, caput.

I – certidões dos atos constantes do protocolo de audiências do cartório por onde haja corrido o processo;

•• Dispositivo correspondente no CPC de 2015: art. 713, I.

II – cópia dos requerimentos que dirigiu ao juiz;

•• Dispositivo correspondente no CPC de 2015: art. 713, II.

III – quaisquer outros documentos que facilitem a restauração.

•• Dispositivo correspondente no CPC de 2015: art. 713, III.

Art. 1.065. A parte contrária será citada para contestar o pedido no prazo de 5 (cinco) dias, cabendo-lhe exibir as cópias, contrafés e mais reproduções dos atos e documentos que estiverem em seu poder.

•• Dispositivo correspondente no CPC de 2015: art. 714, caput.

§ 1.º Se a parte concordar com a restauração, lavrar-se-á o respectivo auto que, assinado pelas partes e homologado pelo juiz, suprirá o processo desaparecido.

•• Dispositivo correspondente no CPC de 2015: art. 714, § 1.º.

§ 2.º Se a parte não contestar ou se a concordância for parcial, observar-se-á o disposto no art. 803.

•• Dispositivo correspondente no CPC de 2015: art. 714, § 2.º.

Art. 1.066. Se o desaparecimento dos autos tiver ocorrido depois da produção das provas em audiência, o juiz mandará repeti-las.

•• Dispositivo correspondente no CPC de 2015: art. 715, caput.

§ 1.º Serão reinquiridas as mesmas testemunhas; mas se estas tiverem falecido ou se acharem impossibilitadas de depor e não houver meio de comprovar de outra forma o depoimento, poderão ser substituídas.

•• Dispositivo correspondente no CPC de 2015: art. 715, § 1.º.

§ 2.º Não havendo certidão ou cópia do laudo, far-se-á nova perícia, sempre que for possível e de preferência pelo mesmo perito.

•• Dispositivo correspondente no CPC de 2015: art. 715, § 2.º.

§ 3.º Não havendo certidão de documentos, estes serão reconstituídos mediante cópias e, na falta, pelos meios ordinários de prova.

•• Dispositivo correspondente no CPC de 2015: art. 715, § 3.º.

§ 4.º Os serventuários e auxiliares da justiça não podem eximir-se de depor como testemunhas a respeito de atos que tenham praticado ou assistido.

•• Dispositivo correspondente no CPC de 2015: art. 715, § 4.º.

§ 5.º Se o juiz houver proferido sentença da qual possua cópia, esta será junta aos autos e terá a mesma autoridade da original.

•• Dispositivo correspondente no CPC de 2015: art. 715, § 5.º.

Art. 1.067. Julgada a restauração, seguirá o processo os seus termos.

•• Dispositivo correspondente no CPC de 2015: art. 716, caput.

§ 1.º Aparecendo os autos originais, nestes se prosseguirá sendo-lhes apensados os autos da restauração.

•• Dispositivo correspondente no CPC de 2015: art. 716, parágrafo único.

§ 2.º Os autos suplementares serão restituídos ao cartório, deles se extraindo certidões de todos os atos e termos a fim de completar os autos originais.

Art. 1.068. Se o desaparecimento dos autos tiver ocorrido no tribunal, a ação será distribuída, sempre que possível, ao relator do processo.

Procedimentos Especiais

•• Dispositivo correspondente no CPC de 2015: art. 717, *caput.*

§ 1.º A restauração far-se-á no juízo de origem quanto aos atos que neste se tenham realizado.

•• Dispositivo correspondente no CPC de 2015: art. 717, § 1.º.

§ 2.º Remetidos os autos ao tribunal, aí se completará a restauração e se procederá ao julgamento.

•• Dispositivo correspondente no CPC de 2015: art. 717, § 2.º.

Art. 1.069. Quem houver dado causa ao desaparecimento dos autos responderá pelas custas da restauração e honorários de advogado, sem prejuízo da responsabilidade civil ou penal em que incorrer.

•• Dispositivo correspondente no CPC de 2015: art. 718

Capítulo XIII
DAS VENDAS A CRÉDITO COM RESERVA DE DOMÍNIO

Art. 1.070. Nas vendas a crédito com reserva de domínio, quando as prestações estiverem representadas por título executivo, o credor poderá cobrá-las, observando-se o disposto no Livro II, Título II, Capítulo IV.

§ 1.º Efetuada a penhora da coisa vendida, é lícito a qualquer das partes, no curso do processo, requerer-lhe a alienação judicial em leilão.

§ 2.º O produto do leilão será depositado, sub-rogando-se nele a penhora.

Art. 1.071. Ocorrendo mora do comprador, provada com o protesto do título, o vendedor poderá requerer, liminarmente e sem audiência do comprador, a apreensão e depósito da coisa vendida.

§ 1.º Ao deferir o pedido, nomeará o juiz perito, que procederá à vistoria da coisa e arbitramento do seu valor, descrevendo-lhe o estado e individuando-a com todos os característicos.

§ 2.º Feito o depósito, será citado o comprador para, dentro em 5 (cinco) dias, contestar a ação. Neste prazo poderá o comprador, que houver pago mais de 40% (quarenta por cento) do preço, requerer ao juiz que lhe conceda 30 (trinta) dias para reaver a coisa, liquidando as prestações vencidas, juros, honorários e custas.

§ 3.º Se o réu não contestar, deixar de pedir a concessão do prazo ou não efetuar o pagamento referido no parágrafo anterior, poderá o autor, mediante a apresentação dos títulos vencidos e vincendos, requerer a reintegração imediata na posse da coisa depositada; caso em que, descontada do valor arbitrado a importância da dívida acrescida das despesas judiciais e extrajudiciais, o autor restituirá ao réu o saldo, depositando-o em pagamento.

§ 4.º Se a ação for contestada, observar-se-á o procedimento ordinário, sem prejuízo da reintegração liminar.

Capítulo XIV
DO JUÍZO ARBITRAL

Arts. 1.072 a 1.102. (*Revogados pela Lei n. 9.307, de 23-9-1996.*)

Capítulo XV
DA AÇÃO MONITÓRIA

•• Capítulo acrescentado pela Lei n. 9.079, de 14-7-1995.

Art. 1.102-A. A ação monitória compete a quem pretender, com base em prova escrita sem eficácia de título executivo, pagamento de soma em dinheiro, entrega de coisa fungível ou de determinado bem móvel.

•• Artigo acrescentado pela Lei n. 9.079, de 14-7-1995.
•• Dispositivo correspondente no CPC de 2015: art. 700, *caput* e incisos I e II.

Art. 1.102-B. Estando a petição inicial devidamente instruída, o juiz deferirá de plano a expedição do mandado de pagamento ou de entrega da coisa no prazo de 15 (quinze) dias.

•• Artigo acrescentado pela Lei n. 9.079, de 14-7-1995.
•• Dispositivo correspondente no CPC de 2015: art. 701, *caput.*

Art. 1.102-C. No prazo previsto no art. 1.102-B, poderá o réu oferecer embargos, que suspenderão a eficácia do mandado inicial. Se os embargos não forem opostos, constituir-se-á, de pleno direito, o título executivo judicial, convertendo-se o mandado inicial em mandado executivo e prosseguindo-se na forma do Livro I, Título VIII, Capítulo X, desta Lei.

** *Caput* com redação determinada pela Lei n. 11.232, de 22-12-2005.

§ 1.º Cumprindo o réu o mandado, ficará isento de custas e honorários advocatícios.

** § 1.º acrescentado pela Lei n. 9.079, de 14-7-1995.

** Dispositivo correspondente no CPC de 2015: art. 701, § 1.º.

§ 2.º Os embargos independem de prévia segurança do juízo e serão processados nos próprios autos, pelo procedimento ordinário.

** § 2.º acrescentado pela Lei n. 9.079, de 14-7-1995.

** Dispositivo correspondente no CPC de 2015: art. 702, *caput*.

§ 3.º Rejeitados os embargos, constituir-se-á, de pleno direito, o título executivo judicial, intimando-se o devedor e prosseguindo-se na forma prevista no Livro I, Título VIII, Capítulo X, desta Lei.

** § 3.º com redação determinada pela Lei n. 11.232, de 22-12-2005.

TÍTULO II
DOS PROCEDIMENTOS ESPECIAIS DE JURISDIÇÃO VOLUNTÁRIA

CAPÍTULO I
DAS DISPOSIÇÕES GERAIS

Art. 1.103. Quando este Código não estabelecer procedimento especial, regem a jurisdição voluntária as disposições constantes deste Capítulo.

** Dispositivo correspondente no CPC de 2015: art. 719.

Art. 1.104. O procedimento terá início por provocação do interessado ou do Ministério Público, cabendo-lhes formular o pedido em requerimento dirigido ao juiz, devidamente instruído com os documentos necessários e com a indicação da providência judicial.

** Dispositivo correspondente no CPC de 2015: art. 720.

Art. 1.105. Serão citados, sob pena de nulidade, todos os interessados, bem como o Ministério Público.

** Dispositivo correspondente no CPC de 2015: art. 721.

Art. 1.106. O prazo para responder é de 10 (dez) dias.

Art. 1.107. Os interessados podem produzir as provas destinadas a demonstrar as suas alegações; mas ao juiz é lícito investigar livremente os fatos e ordenar de ofício a realização de quaisquer provas.

Art. 1.108. A Fazenda Pública será sempre ouvida nos casos em que tiver interesse.

** Dispositivo correspondente no CPC de 2015: art. 722.

Art. 1.109. O juiz decidirá o pedido no prazo de 10 (dez) dias; não é, porém, obrigado a observar critério de legalidade estrita, podendo adotar em cada caso a solução que reputar mais conveniente ou oportuna.

** Dispositivo correspondente no CPC de 2015: art. 723.

Art. 1.110. Da sentença caberá apelação.

** Dispositivo correspondente no CPC de 2015: art. 724.

Art. 1.111. A sentença poderá ser modificada, sem prejuízo dos efeitos já produzidos, se ocorrerem circunstâncias supervenientes.

Art. 1.112. Processar-se-á na forma estabelecida neste Capítulo o pedido de:

** Dispositivo correspondente no CPC de 2015: art. 725, *caput*.

I – emancipação;

** Dispositivo correspondente no CPC de 2015: art. 725, I.

II – sub-rogação;

** Dispositivo correspondente no CPC de 2015: art. 725, II.

III – alienação, arrendamento ou oneração de bens dotais, de menores, de órfãos e de interditos;

** Dispositivo correspondente no CPC de 2015: art. 725, III.

IV – alienação, locação e administração da coisa comum;

** Dispositivo correspondente no CPC de 2015: art. 725, IV.

V – alienação de quinhão em coisa comum;

** Dispositivo correspondente no CPC de 2015: art. 725, V.

Procedimentos Especiais

VI – extinção de usufruto e de fideicomisso.

•• Dispositivo correspondente no CPC de 2015: art. 725, VI.

Capítulo II
DAS ALIENAÇÕES JUDICIAIS

Art. 1.113. Nos casos expressos em lei e sempre que os bens depositados judicialmente forem de fácil deterioração, estiverem avariados ou exigirem grandes despesas para a sua guarda, o juiz, de ofício ou a requerimento do depositário ou de qualquer das partes, mandará aliená-los em leilão.

•• Dispositivo correspondente no CPC de 2015: art. 730.

§ 1.º Poderá o juiz autorizar, da mesma forma, a alienação de semoventes e outros bens de guarda dispendiosa; mas não o fará se alguma das partes se obrigar a satisfazer ou garantir as despesas de conservação.

§ 2.º Quando uma das partes requerer a alienação judicial, o juiz ouvirá sempre a outra antes de decidir.

§ 3.º Far-se-á a alienação independentemente de leilão, se todos os interessados forem capazes e nisso convierem expressamente.

Art. 1.114. Os bens serão avaliados por um perito nomeado pelo juiz quando:

I – não o hajam sido anteriormente;

II – tenham sofrido alteração em seu valor.

Art. 1.115. A alienação será feita pelo maior lanço oferecido, ainda que seja inferior ao valor da avaliação.

Art. 1.116. Efetuada a alienação e deduzidas as despesas, depositar-se-á o preço, ficando nele sub-rogados os ônus ou responsabilidades a que estiverem sujeitos os bens.

•• *Caput* com redação determinada pela Lei n. 5.925, de 1.º-10-1973.

Parágrafo único. Não sendo caso de se levantar o depósito antes de 30 (trinta) dias, inclusive na ação ou na execução, o juiz determinará a aplicação do produto da alienação ou do depósito, em obrigações ou títulos da dívida pública da União ou dos Estados.

•• Parágrafo único com redação determinada pela Lei n. 5.925, de 1.º-10-1973.

Art. 1.117. Também serão alienados em leilão, procedendo-se como nos artigos antecedentes:

I – o imóvel que, na partilha, não couber no quinhão de um só herdeiro ou não admitir divisão cômoda, salvo se adjudicado a um ou mais herdeiros acordes;

II – a coisa comum indivisível ou que, pela divisão, se tornar imprópria ao seu destino, verificada previamente a existência de desacordo quanto à adjudicação a um dos condôminos;

III – os bens móveis e imóveis de órfãos nos casos em que a lei o permite e mediante autorização do juiz.

Art. 1.118. Na alienação judicial de coisa comum, será preferido:

I – em condições iguais, o condômino ao estranho;

II – entre os condôminos, o que tiver benfeitorias de maior valor;

III – o condômino proprietário de quinhão maior, se não houver benfeitorias.

Art. 1.119. Verificada a alienação de coisa comum sem observância das preferências legais, o condômino prejudicado poderá requerer, antes da assinatura da carta, o depósito do preço e adjudicação da coisa.

Parágrafo único. Serão citados o adquirente e os demais condôminos para dizerem de seu direito, observando-se, quanto ao procedimento, o disposto no art. 803.

Capítulo III
DA SEPARAÇÃO CONSENSUAL

Art. 1.120. A separação consensual será requerida em petição assinada por ambos os cônjuges.

•• Dispositivo correspondente no CPC de 2015: art. 731, *caput*.

§ 1.º Se os cônjuges não puderem ou não souberem escrever, é lícito que outrem assine a petição a rogo deles.

Arts. 1.120 a 1.124-A — Procedimentos Especiais

§ 2.º As assinaturas, quando não lançadas na presença do juiz, serão reconhecidas por tabelião.

Art. 1.121. A petição, instruída com a certidão de casamento e o contrato antenupcial se houver, conterá:

I – a descrição dos bens do casal e a respectiva partilha;

•• Dispositivo correspondente no CPC de 2015: art. 731, I.

II – o acordo relativo à guarda dos filhos menores e ao regime de visitas;

•• Inciso II com redação determinada pela Lei n. 11.112, de 13-5-2005.

•• Dispositivo correspondente no CPC de 2015: art. 731, III.

III – o valor da contribuição para criar e educar os filhos;

•• Dispositivo correspondente no CPC de 2015: art. 731, IV.

IV – a pensão alimentícia do marido à mulher, se esta não possuir bens suficientes para se manter.

•• Dispositivo correspondente no CPC de 2015: art. 731, II.

§ 1.º Se os cônjuges não acordarem sobre a partilha dos bens, far-se-á esta, depois de homologada a separação consensual, na forma estabelecida neste Livro, Título I, Capítulo IX.

•• Primitivo parágrafo único renumerado pela Lei n. 11.112, de 13-5-2005.

•• Dispositivo correspondente no CPC de 2015: art. 731, parágrafo único.

§ 2.º Entende-se por regime de visitas a forma pela qual os cônjuges ajustarão a permanência dos filhos em companhia daquele que não ficar com a sua guarda, compreendendo encontros periódicos regularmente estabelecidos, repartição das férias escolares e dias festivos.

•• § 2.º acrescentado pela Lei n. 11.112, de 13-5-2005.

Art. 1.122. Apresentada a petição ao juiz, este verificará se ela preenche os requisitos exigidos nos dois artigos antecedentes; em seguida, ouvirá os cônjuges sobre os motivos da separação consensual, esclarecendo-lhes as consequências da manifestação de vontade.

§ 1.º Convencendo-se o juiz de que ambos, livremente e sem hesitações, desejam a separação consensual, mandará reduzir a termo as declarações e, depois de ouvir o Ministério Público no prazo de 5 (cinco) dias, a homologará; em caso contrário, marcar-lhes-á dia e hora, com 15 (quinze) a 30 (trinta) dias de intervalo, para que voltem, a fim de ratificar o pedido de separação consensual.

§ 2.º Se qualquer dos cônjuges não comparecer à audiência designada ou não ratificar o pedido, o juiz mandará autuar a petição e documentos e arquivar o processo.

Art. 1.123. É lícito às partes, a qualquer tempo, no curso da separação judicial, lhe requererem a conversão em separação consensual; caso em que será observado o disposto no art. 1.121 e primeira parte do § 1.º do artigo antecedente.

Art. 1.124. Homologada a separação consensual, averbar-se-á a sentença no registro civil e, havendo bens imóveis, na circunscrição onde se acham registrados.

Art. 1.124-A. A separação consensual e o divórcio consensual, não havendo filhos menores ou incapazes do casal e observados os requisitos legais quanto aos prazos, poderão ser realizados por escritura pública, da qual constarão as disposições relativas à descrição e à partilha dos bens comuns e à pensão alimentícia e, ainda, ao acordo quanto à retomada pelo cônjuge de seu nome de solteiro ou à manutenção do nome adotado quando se deu o casamento.

•• *Caput* acrescentado pela Lei n. 11.441, de 4-1-2007.

•• Dispositivo correspondente no CPC de 2015: art. 733, *caput*.

§ 1.º A escritura não depende de homologação judicial e constitui título hábil para o registro civil e o registro de imóveis.

•• § 1.º acrescentado pela Lei n. 11.441, de 4-1-2007.

•• Dispositivo correspondente no CPC de 2015: art. 733, § 1.º.

§ 2.º O tabelião somente lavrará a escritura se os contratantes estiverem assistidos por advogado comum ou advogados de cada um

Procedimentos Especiais

Arts. 1.124-A a 1.130

deles ou por defensor público, cuja qualificação e assinatura constarão do ato notarial.

•• § 2.º com redação determinada pela Lei n. 11.965, de 3-7-2009.

•• Dispositivo correspondente no CPC de 2015: art. 733, § 2.º.

§ 3.º A escritura e demais atos notariais serão gratuitos àqueles que se declararem pobres sob as penas da lei.

•• § 3.º acrescentado pela Lei n. 11.441, de 4-1-2007.

Capítulo IV
DOS TESTAMENTOS E CODICILOS

Seção I
Da Abertura, do Registro e do Cumprimento

Art. 1.125. Ao receber testamento cerrado, o juiz, após verificar se está intacto, o abrirá e mandará que o escrivão o leia em presença de quem o entregou.

•• Dispositivo correspondente no CPC de 2015: art. 735, caput.

Parágrafo único. Lavrar-se-á em seguida o ato de abertura que, rubricado pelo juiz e assinado pelo apresentante, mencionará:

•• Dispositivo correspondente no CPC de 2015: art. 735, § 1.º.

I – a data e o lugar em que o testamento foi aberto;

II – o nome do apresentante e como houve ele o testamento;

III – a data e o lugar do falecimento do testador;

IV – qualquer circunstância digna de nota, encontrada no invólucro ou no interior do testamento.

Art. 1.126. Conclusos os autos, o juiz, ouvido o órgão do Ministério Público, mandará registrar, arquivar e cumprir o testamento, se lhe não achar vício externo, que o torne suspeito de nulidade ou falsidade.

•• Dispositivo correspondente no CPC de 2015: art. 735, § 2.º.

Parágrafo único. O testamento será registrado e arquivado no cartório a que tocar, dele remetendo o escrivão uma cópia, no prazo de 8 (oito) dias, à repartição fiscal.

Art. 1.127. Feito o registro, o escrivão intimará o testamenteiro nomeado a assinar, no prazo de 5 (cinco) dias, o termo da testamentaria; se não houver testamenteiro nomeado, estiver ele ausente ou não aceitar o encargo, o escrivão certificará a ocorrência e fará os autos conclusos; caso em que o juiz nomeará testamenteiro dativo, observando-se a preferência legal.

•• Dispositivo correspondente no CPC de 2015: art. 735, §§ 3.º e 4.º.

Parágrafo único. Assinado o termo de aceitação da testamentaria, o escrivão extrairá cópia autêntica do testamento para ser juntada aos autos de inventário ou de arrecadação da herança.

Art. 1.128. Quando o testamento for público, qualquer interessado, exibindo-lhe o traslado ou certidão, poderá requerer ao juiz que ordene o seu cumprimento.

•• Dispositivo correspondente no CPC de 2015: art. 736.

Parágrafo único. O juiz mandará processá-lo conforme o disposto nos arts. 1.125 e 1.126.

Art. 1.129. O juiz, de ofício ou a requerimento de qualquer interessado, ordenará ao detentor de testamento que o exiba em juízo para os fins legais, se ele, após a morte do testador, não se tiver antecipado em fazê-lo.

•• Caput com redação determinada pela Lei n. 5.925, de 1.º-10-1973.

Parágrafo único. Não sendo cumprida a ordem, proceder-se-á à busca e apreensão do testamento, de conformidade com o disposto nos arts. 839 a 843.

•• Parágrafo único com redação determinada pela Lei n. 5.925, de 1.º-10-1973.

Seção II
Da Confirmação do Testamento Particular

Art. 1.130. O herdeiro, o legatário ou o testamenteiro poderá requerer, depois da morte do testador, a publicação em juízo do testamento particular, inquirindo-se as testemunhas que lhe ouviram a leitura e, depois disso, o assinaram.

•• Dispositivo correspondente no CPC de 2015: art. 737, caput.

Parágrafo único. A petição será instruída com a cédula do testamento particular.

Art. 1.131. Serão intimados para a inquirição:

I – aqueles a quem caberia a sucessão legítima;

II – o testamenteiro, os herdeiros e os legatários que não tiverem requerido a publicação;

III – o Ministério Público.

Parágrafo único. As pessoas, que não forem encontradas na comarca, serão intimadas por edital.

Art. 1.132. Inquiridas as testemunhas, poderão os interessados, no prazo comum de 5 (cinco) dias, manifestarse sobre o testamento.

Art. 1.133. Se pelo menos três testemunhas contestes reconhecerem que é autêntico o testamento, o juiz, ouvido o órgão do Ministério Público, o confirmará, observando-se quanto ao mais o disposto nos arts. 1.126 e 1.127.

Seção III
Do Testamento Militar, Marítimo, Nuncupativo e do Codicilo

Art. 1.134. As disposições da seção precedente aplicam-se:

I – ao testamento marítimo;

II – ao testamento militar;

III – ao testamento nuncupativo;

IV – ao codicilo.

Seção IV
Da Execução dos Testamentos

Art. 1.135. O testamenteiro deverá cumprir as disposições testamentárias no prazo legal, se outro não tiver sido assinado pelo testador e prestar contas, no juízo do inventário, do que recebeu e despendeu.

Parágrafo único. Será ineficaz a disposição testamentária que eximir o testamenteiro da obrigação de prestar contas.

Art. 1.136. Se dentro de 3 (três) meses, contados do registro do testamento, não estiver inscrita a hipoteca legal da mulher casada, do menor e do interdito instituídos herdeiros ou legatários, o testamenteiro requerer-lhe-á a inscrição, sem a qual não se haverão por cumpridas as disposições do testamento.

Art. 1.137. Incumbe ao testamenteiro:

I – cumprir as obrigações do testamento;

II – propugnar a validade do testamento;

III – defender a posse dos bens da herança;

IV – requerer ao juiz que lhe conceda os meios necessários para cumprir as disposições testamentárias.

Art. 1.138. O testamenteiro tem direito a um prêmio que, se o testador não o houver fixado, o juiz arbitrará, levando em conta o valor da herança e o trabalho de execução do testamento.

§ 1.º O prêmio, que não excederá 5% (cinco por cento), será calculado sobre a herança líquida e deduzido somente da metade disponível quando houver herdeiros necessários, e de todo o acervo líquido nos demais casos.

§ 2.º Sendo o testamenteiro casado, sob o regime de comunhão de bens, com herdeiro ou legatário do testador, não terá direito ao prêmio; ser-lhe-á lícito, porém, preferir o prêmio à herança ou legado.

Art. 1.139. Não se efetuará o pagamento do prêmio mediante adjudicação de bens do espólio, salvo se o testamenteiro for meeiro.

Art. 1.140. O testamenteiro será removido e perderá o prêmio se:

I – lhe forem glosadas as despesas por ilegais ou em discordância com o testamento;

II – não cumprir as disposições testamentárias.

Art. 1.141. O testamenteiro, que quiser demitir-se do encargo, poderá requerer ao juiz a escusa, alegando causa legítima. Ouvidos os interessados e o órgão do Ministério Público, o juiz decidirá.

Procedimentos Especiais

Capítulo V
DA HERANÇA JACENTE

Art. 1.142. Nos casos em que a lei civil considere jacente a herança, o juiz, em cuja comarca tiver domicílio o falecido, procederá sem perda de tempo à arrecadação de todos os seus bens.

•• Dispositivo correspondente no CPC de 2015: art. 738.

Art. 1.143. A herança jacente ficará sob a guarda, conservação e administração de um curador até a respectiva entrega ao sucessor legalmente habilitado, ou até a declaração de vacância; caso em que será incorporada ao domínio da União, do Estado ou do Distrito Federal.

•• Dispositivo correspondente no CPC de 2015: art. 739, caput.

Art. 1.144. Incumbe ao curador:

•• Dispositivo correspondente no CPC de 2015: art. 739, § 1.º, caput.

I – representar a herança em juízo ou fora dele, com assistência do órgão do Ministério Público;

•• Dispositivo correspondente no CPC de 2015: art. 739, § 1.º, I.

II – ter em boa guarda e conservação os bens arrecadados e promover a arrecadação de outros porventura existentes;

•• Dispositivo correspondente no CPC de 2015: art. 739, § 1.º, II.

III – executar as medidas conservatórias dos direitos da herança;

•• Dispositivo correspondente no CPC de 2015: art. 739, § 1.º, III.

IV – apresentar mensalmente ao juiz um balancete da receita e da despesa;

•• Dispositivo correspondente no CPC de 2015: art. 739, § 1.º, IV.

V – prestar contas a final de sua gestão.

•• Dispositivo correspondente no CPC de 2015: art. 739, § 1.º, V.

Parágrafo único. Aplica-se ao curador o disposto nos arts. 148 a 150.

•• Dispositivo correspondente no CPC de 2015: art. 739, § 2.º.

Art. 1.145. Comparecendo à residência do morto, acompanhado do escrivão e do curador, o juiz mandará arrolar os bens e descrevê-los em auto circunstanciado.

•• Dispositivo correspondente no CPC de 2015: art. 740, caput.

§ 1.º Não estando ainda nomeado o curador, o juiz designará um depositário e lhe entregará os bens, mediante simples termo nos autos, depois de compromissado.

•• Dispositivo correspondente no CPC de 2015: art. 740, § 2.º.

§ 2.º O órgão do Ministério Público e o representante da Fazenda Pública serão intimados a assistir à arrecadação, que se realizará, porém, estejam presentes ou não.

Art. 1.146. Quando a arrecadação não terminar no mesmo dia, o juiz procederá à aposição de selos, que serão levantados à medida que se efetuar o arrolamento, mencionando-se o estado em que foram encontrados os bens.

Art. 1.147. O juiz examinará reservadamente os papéis, cartas missivas e os livros domésticos; verificando que não apresentam interesse, mandará empacotá-los e lacrá-los para serem assim entregues aos sucessores do falecido, ou queimados quando os bens forem declarados vacantes.

•• Dispositivo correspondente no CPC de 2015: art. 740, § 4.º.

Art. 1.148. Não podendo comparecer imediatamente por motivo justo ou por estarem os bens em lugar muito distante, o juiz requisitará à autoridade policial que proceda à arrecadação e ao arrolamento dos bens.

Parágrafo único. Duas testemunhas assistirão às diligências e, havendo necessidade de apor selos, estes só poderão ser abertos pelo juiz.

•• Dispositivo correspondente no CPC de 2015: art. 740, § 1.º.

Art. 1.149. Se constar ao juiz a existência de bens em outra comarca, mandará expedir carta precatória a fim de serem arrecadados.

•• Dispositivo correspondente no CPC de 2015: art. 740, § 5.º.

Art. 1.150. Durante a arrecadação o juiz inquirirá os moradores da casa e da vizinhança sobre a qualificação do falecido, o paradeiro de seus sucessores e a existência de outros bens, lavrando-se de tudo um auto de inquirição e informação.

** Dispositivo correspondente no CPC de 2015: art. 740, § 3.º.

Art. 1.151. Não se fará a arrecadação ou suspender-se-á esta quando iniciada, se se apresentar para reclamar os bens o cônjuge, herdeiro ou testamenteiro notoriamente reconhecido e não houver oposição motivada do curador, de qualquer interessado, do órgão do Ministério Público ou do representante da Fazenda Pública.

** Dispositivo correspondente no CPC de 2015: art. 740, § 6.º.

Art. 1.152. Ultimada a arrecadação, o juiz mandará expedir edital, que será estampado três vezes, com intervalo de 30 (trinta) dias para cada um, no órgão oficial e na imprensa da comarca, para que venham a habilitarse os sucessores do finado no prazo de 6 (seis) meses contados da primeira publicação.

** Dispositivo correspondente no CPC de 2015: art. 741, caput.

§ 1.º Verificada a existência de sucessor ou testamenteiro em lugar certo, far-se-á a sua citação, sem prejuízo do edital.

** Dispositivo correspondente no CPC de 2015: art. 741, § 1.º.

§ 2.º Quando o finado for estrangeiro, será também comunicado o fato à autoridade consular.

** Dispositivo correspondente no CPC de 2015: art. 741, § 2.º.

Art. 1.153. Julgada a habilitação do herdeiro, reconhecida a qualidade do testamenteiro ou provada a identidade do cônjuge, a arrecadação converter-se-á em inventário.

** Dispositivo correspondente no CPC de 2015: art. 741, § 3.º.

Art. 1.154. Os credores da herança poderão habilitar-se como nos inventários ou propor a ação de cobrança.

** Dispositivo correspondente no CPC de 2015: art. 741, § 4.º.

Art. 1.155. O juiz poderá autorizar a alienação:

** Dispositivo correspondente no CPC de 2015: art. 742, caput.

I – de bens móveis, se forem de conservação difícil ou dispendiosa;

** Dispositivo correspondente no CPC de 2015: art. 742, I.

II – de semoventes, quando não empregados na exploração de alguma indústria;

** Dispositivo correspondente no CPC de 2015: art. 742, II.

III – de títulos e papéis de crédito, havendo fundado receio de depreciação;

** Dispositivo correspondente no CPC de 2015: art. 742, III.

IV – de ações de sociedade quando, reclamada a integralização, não dispuser a herança de dinheiro para o pagamento;

** Dispositivo correspondente no CPC de 2015: art. 742, IV.

V – de bens imóveis:

** Dispositivo correspondente no CPC de 2015: art. 742, V, caput.

a) se ameaçarem ruína, não convindo a reparação;

** Dispositivo correspondente no CPC de 2015: art. 742, V, a.

b) se estiverem hipotecados e vencer-se a dívida, não havendo dinheiro para o pagamento.

** Dispositivo correspondente no CPC de 2015: art. 742, V, b.

Parágrafo único. Não se procederá, entretanto, à venda se a Fazenda Pública ou o habilitando adiantar a importância para as despesas.

** Dispositivo correspondente no CPC de 2015: art. 742, § 1.º.

Art. 1.156. Os bens com valor de afeição, como retratos, objetos de uso pessoal, livros e obras de arte, só serão alienados depois de declarada a vacância da herança.

** Dispositivo correspondente no CPC de 2015: art. 742, § 2.º.

Art. 1.157. Passado 1 (um) ano da primeira publicação do edital (art. 1.152) e não havendo herdeiro habilitado nem habilitação pendente, será a herança declarada vacante.

** Dispositivo correspondente no CPC de 2015: art. 743, caput.

Parágrafo único. Pendendo habilitação, a vacância será declarada pela mesma sentença que a julgar improcedente. Sendo diversas as habilitações, aguardar-se-á o julgamento da última.

** Dispositivo correspondente no CPC de 2015: art. 743, § 1.º.

Art. 1.158. Transitada em julgado a sentença que declarou a vacância, o cônjuge, os herdeiros

Procedimentos Especiais

e os credores só poderão reclamar o seu direito por ação direta.

•• Dispositivo correspondente no CPC de 2015: art. 743, § 2.º.

Capítulo VI
DOS BENS DOS AUSENTES

Art. 1.159. Desaparecendo alguém do seu domicílio sem deixar representante a quem caiba administrar-lhe os bens, ou deixando mandatário que não queira ou não possa continuar a exercer o mandato, declarar-se-á a sua ausência.

•• Dispositivo correspondente no CPC de 2015: art. 744.

Art. 1.160. O juiz mandará arrecadar os bens do ausente e nomear-lhe-á curador na forma estabelecida no Capítulo antecedente.

•• Dispositivo correspondente no CPC de 2015: art. 744.

Art. 1.161. Feita a arrecadação, o juiz mandará publicar editais durante 1 (um) ano, reproduzidos de dois em dois meses, anunciando a arrecadação e chamando o ausente a entrar na posse de seus bens.

•• Dispositivo correspondente no CPC de 2015: art. 745, caput.

Art. 1.162. Cessa a curadoria:

I – pelo comparecimento do ausente, do seu procurador ou de quem o represente;

II – pela certeza da morte do ausente;

III – pela sucessão provisória.

Art. 1.163. Passado 1 (um) ano da publicação do primeiro edital sem que se saiba do ausente e não tendo comparecido seu procurador ou representante, poderão os interessados requerer que se abra provisoriamente a sucessão.

•• Dispositivo correspondente no CPC de 2015: art. 745, § 1.º.

§ 1.º Consideram-se para este efeito interessados:

I – o cônjuge não separado judicialmente;

II – os herdeiros presumidos legítimos e os testamentários;

III – os que tiverem sobre os bens do ausente direito subordinado à condição de morte;

IV – os credores de obrigações vencidas e não pagas.

§ 2.º Findo o prazo deste artigo e não havendo absolutamente interessados na sucessão provisória, cumpre ao órgão do Ministério Público requerê-la.

Art. 1.164. O interessado, ao requerer a abertura da sucessão provisória, pedirá a citação pessoal dos herdeiros presentes e do curador e, por editais, a dos ausentes para oferecerem artigos de habilitação.

•• Dispositivo correspondente no CPC de 2015: art. 745, § 2.º.

Parágrafo único. A habilitação dos herdeiros obedecerá ao processo do art. 1.057.

Art. 1.165. A sentença que determinar a abertura da sucessão provisória só produzirá efeito 6 (seis) meses depois de publicada pela imprensa; mas, logo que passe em julgado, se procederá à abertura do testamento, se houver, e ao inventário e partilha dos bens, como se o ausente fosse falecido.

Parágrafo único. Se dentro em 30 (trinta) dias não comparecer interessado ou herdeiro, que requeira o inventário, a herança será considerada jacente.

Art. 1.166. Cumpre aos herdeiros, imitidos na posse dos bens do ausente, prestar caução de os restituir.

Art. 1.167. A sucessão provisória cessará pelo comparecimento do ausente e converter-se-á em definitiva:

•• Dispositivo correspondente no CPC de 2015: art. 745, § 3.º.

I – quando houver certeza da morte do ausente;

II – 10 (dez) anos depois de passada em julgado a sentença de abertura da sucessão provisória;

III – quando o ausente contar 80 (oitenta) anos de idade e houverem decorrido 5 (cinco) anos das últimas notícias suas.

Art. 1.168. Regressando o ausente nos 10 (dez) anos seguintes à abertura da sucessão definitiva ou algum dos seus descendentes ou ascendentes, aquele ou estes só poderão requerer ao juiz a entrega dos bens existentes no estado em que se acharem, ou sub-rogados em seu lugar ou o preço que os herdeiros e demais interessados houverem recebido pelos alienados depois daquele tempo.

•• Dispositivo correspondente no CPC de 2015: art. 745, § 4.º.

Art. 1.169. Serão citados para lhe contestarem o pedido os sucessores provisórios ou definitivos, o órgão do Ministério Público e o representante da Fazenda Pública.

Parágrafo único. Havendo contestação, seguir-se-á o procedimento ordinário.

Capítulo VII
DAS COISAS VAGAS

Art. 1.170. Aquele que achar coisa alheia perdida, não lhe conhecendo o dono ou legítimo possuidor, a entregará à autoridade judiciária ou policial, que a arrecadará, mandando lavrar o respectivo auto, dele constando a sua descrição e as declarações do inventor.

•• Dispositivo correspondente no CPC de 2015: art. 746, caput.

Parágrafo único. A coisa, com o auto, será logo remetida ao juiz competente, quando a entrega tiver sido feita à autoridade policial ou a outro juiz.

•• Dispositivo correspondente no CPC de 2015: art. 746, § 1.º.

Art. 1.171. Depositada a coisa, o juiz mandará publicar edital, por duas vezes, no órgão oficial, com intervalo de 10 (dez) dias, para que o dono ou legítimo possuidor a reclame.

•• Dispositivo correspondente no CPC de 2015: art. 746, § 2.º.

§ 1.º O edital conterá a descrição da coisa e as circunstâncias em que foi encontrada.

§ 2.º Tratando-se de coisa de pequeno valor, o edital será apenas afixado no átrio do edifício do *forum*.

•• Dispositivo correspondente no CPC de 2015: art. 746, § 2.º.

Art. 1.172. Comparecendo o dono ou o legítimo possuidor dentro do prazo do edital e provando o seu direito, o juiz, ouvido o órgão do Ministério Público e o representante da Fazenda Pública, mandará entregar-lhe a coisa.

Art. 1.173. Se não for reclamada, será a coisa avaliada e alienada em hasta pública e, deduzidas do preço as despesas e a recompensa do inventor, o saldo pertencerá, na forma da lei, à União, ao Estado ou ao Distrito Federal.

Art. 1.174. Se o dono preferir abandonar a coisa, poderá o inventor requerer que lhe seja adjudicada.

Art. 1.175. O procedimento estabelecido neste Capítulo aplica-se aos objetos deixados nos hotéis, oficinas e outros estabelecimentos, não sendo reclamados dentro de 1 (um) mês.

Art. 1.176. Havendo fundada suspeita de que a coisa foi criminosamente subtraída, a autoridade policial converterá a arrecadação em inquérito; caso em que competirá ao juiz criminal mandar entregar a coisa a quem provar que é o dono ou legítimo possuidor.

Capítulo VIII
DA CURATELA DOS INTERDITOS

Art. 1.177. A interdição pode ser promovida:

•• Dispositivo correspondente no CPC de 2015: art. 747, caput.

I – pelo pai, mãe ou tutor;

•• Dispositivo correspondente no CPC de 2015: art. 747, II.

II – pelo cônjuge ou algum parente próximo;

•• Dispositivo correspondente no CPC de 2015: art. 747, I.

III – pelo órgão do Ministério Público.

•• Dispositivo correspondente no CPC de 2015: art. 747, IV.

Art. 1.178. O órgão do Ministério Público só requererá a interdição:

•• Dispositivo correspondente no CPC de 2015: art. 748, caput.

I – no caso de anomalia psíquica;

II – se não existir ou não promover a interdição alguma das pessoas designadas no artigo antecedente, ns. I e II;

•• Dispositivo correspondente no CPC de 2015: art. 748, I.

III – se, existindo, forem menores ou incapazes.

Procedimentos Especiais

•• Dispositivo correspondente no CPC de 2015: art. 748, II.

Art. 1.179. Quando a interdição for requerida pelo órgão do Ministério Público, o juiz nomeará ao interditando curador à lide (art. 9.º).

Art. 1.180. Na petição inicial, o interessado provará a sua legitimidade, especificará os fatos que revelam a anomalia psíquica e assinalará a incapacidade do interditando para reger a sua pessoa e administrar os seus bens.

•• Dispositivo correspondente no CPC de 2015: art. 749, *caput*.

Art. 1.181. O interditando será citado para, em dia designado, comparecer perante o juiz, que o examinará, interrogando-o minuciosamente acerca de sua vida, negócios, bens e do mais que lhe parecer necessário para ajuizar do seu estado mental, reduzidas a auto as perguntas e respostas.

•• Dispositivo correspondente no CPC de 2015: art. 751, *caput*.

Art. 1.182. Dentro do prazo de 5 (cinco) dias contados da audiência de interrogatório, poderá o interditando impugnar o pedido.

•• Dispositivo correspondente no CPC de 2015: art. 752, *caput*.

§ 1.º Representará o interditando nos autos do procedimento o órgão do Ministério Público ou, quando for este o requerente, o curador à lide.

•• Dispositivo correspondente no CPC de 2015: art. 752, § 1.º.

§ 2.º Poderá o interditando constituir advogado para defender-se.

•• Dispositivo correspondente no CPC de 2015: art. 752, § 2.º.

§ 3.º Qualquer parente sucessível poderá constituir-lhe advogado com os poderes judiciais que teria se nomeado pelo interditando, respondendo pelos honorários.

•• Dispositivo correspondente no CPC de 2015: art. 752, § 3.º.

Art. 1.183. Decorrido o prazo a que se refere o artigo antecedente, o juiz nomeará perito para proceder ao exame do interditando. Apresentado o laudo, o juiz designará audiência de instrução e julgamento.

•• Dispositivo correspondente no CPC de 2015: art. 753, *caput*.

Parágrafo único. Decretando a interdição, o juiz nomeará curador ao interdito.

•• Dispositivo correspondente no CPC de 2015: art. 755, *caput* e I.

Art. 1.184. A sentença de interdição produz efeito desde logo, embora sujeita a apelação. Será inscrita no Registro de Pessoas Naturais e publicada pela imprensa local e pelo órgão oficial por três vezes, com intervalo de 10 (dez) dias, constando do edital os nomes do interdito e do curador, a causa da interdição e os limites da curatela.

•• Dispositivo correspondente no CPC de 2015: art. 755, § 3.º.

Art. 1.185. Obedecerá às disposições dos artigos antecedentes, no que for aplicável, a interdição do pródigo, a do surdo-mudo sem educação que o habilite a enunciar precisamente a sua vontade e a dos viciados pelo uso de substâncias entorpecentes quando acometidos de perturbações mentais.

Art. 1.186. Levantar-se-á a interdição, cessando a causa que a determinou.

•• Dispositivo correspondente no CPC de 2015: art. 756, *caput*.

§ 1.º O pedido de levantamento poderá ser feito pelo interditado e será apensado aos autos da interdição. O juiz nomeará perito para proceder ao exame de sanidade no interditado e após a apresentação do laudo designará audiência de instrução e julgamento.

•• Dispositivo correspondente no CPC de 2015: art. 756, § 1.º.

§ 2.º Acolhido o pedido, o juiz decretará o levantamento da interdição e mandará publicar a sentença, após o trânsito em julgado, pela imprensa local e órgão oficial por três vezes, com intervalo de 10 (dez) dias, seguindo-se a averbação no Registro de Pessoas Naturais.

•• Dispositivo correspondente no CPC de 2015: art. 756, § 3.º.

CAPÍTULO IX
DAS DISPOSIÇÕES COMUNS
À TUTELA E À CURATELA

Seção I
Da Nomeação do Tutor ou Curador

Art. 1.187. O tutor ou curador será intimado a prestar compromisso no prazo de 5 (cinco) dias contados:

•• Dispositivo correspondente no CPC de 2015: art. 759, *caput*.

I – da nomeação feita na conformidade da lei civil;

•• Dispositivo correspondente no CPC de 2015: art. 759, I.

II – da intimação do despacho que mandar cumprir o testamento ou o instrumento público que o houver instituído.

•• Dispositivo correspondente no CPC de 2015: art. 759, II.

Art. 1.188. Prestado o compromisso por termo em livro próprio rubricado pelo juiz, o tutor ou curador, antes de entrar em exercício, requererá, dentro em 10 (dez) dias, a especialização em hipoteca legal de imóveis necessários para acautelar os bens que serão confiados à sua administração.

•• Dispositivo correspondente no CPC de 2015: art. 759, §§ 1.º e 2.º.

Parágrafo único. Incumbe ao órgão do Ministério Público promover a especialização de hipoteca legal, se o tutor ou curador não a tiver requerido no prazo assinado neste artigo.

Art. 1.189. Enquanto não for julgada a especialização, incumbirá ao órgão do Ministério Público reger a pessoa do incapaz e administrar-lhe os bens.

Art. 1.190. Se o tutor ou curador for de reconhecida idoneidade, poderá o juiz admitir que entre em exercício, prestando depois a garantia, ou dispensando-a desde logo.

Art. 1.191. Ressalvado o disposto no artigo antecedente, a nomeação ficará sem efeito se o tutor ou curador não puder garantir a sua gestão.

Art. 1.192. O tutor ou curador poderá eximir-se do encargo, apresentando escusa ao juiz no prazo de 5 (cinco) dias. Contar-se-á o prazo:

•• Dispositivo correspondente no CPC de 2015: art. 760, *caput*.

I – antes de aceitar o encargo, da intimação para prestar compromisso;

•• Dispositivo correspondente no CPC de 2015: art. 760, I.

II – depois de entrar em exercício, do dia em que sobrevier o motivo da escusa.

•• Dispositivo correspondente no CPC de 2015: art. 760, II.

Parágrafo único. Não sendo requerida a escusa no prazo estabelecido neste artigo, reputar-se-á renunciado o direito de alegá-la.

•• Dispositivo correspondente no CPC de 2015: art. 760, § 1.º.

Art. 1.193. O juiz decidirá de plano o pedido de escusa. Se não a admitir, exercerá o nomeado a tutela ou curatela enquanto não for dispensado por sentença transitada em julgado.

•• Dispositivo correspondente no CPC de 2015: art. 760, § 2.º.

Seção II
Da Remoção e Dispensa de Tutor ou Curador

Art. 1.194. Incumbe ao órgão do Ministério Público, ou a quem tenha legítimo interesse, requerer, nos casos previstos na lei civil, a remoção do tutor ou curador.

•• Dispositivo correspondente no CPC de 2015: art. 761, *caput*.

Art. 1.195. O tutor ou curador será citado para contestar a arguição no prazo de 5 (cinco) dias.

•• Dispositivo correspondente no CPC de 2015: art. 761, parágrafo único.

Art. 1.196. Findo o prazo, observar-se-á o disposto no art. 803.

•• Dispositivo correspondente no CPC de 2015: art. 761, parágrafo único.

Art. 1.197. Em caso de extrema gravidade, poderá o juiz suspender do exercício de suas funções o tutor ou curador, nomeando-lhe interinamente substituto.

•• Dispositivo correspondente no CPC de 2015: art. 762.

Art. 1.198. Cessando as funções do tutor ou curador pelo decurso do prazo em que era obrigado a servir, ser-lhe-á lícito requerer a exoneração do encargo; não o fazendo dentro dos 10 (dez) dias seguintes à expiração do termo,

Procedimentos Especiais

entender-se-á reconduzido, salvo se o juiz o dispensar.

•• Dispositivo correspondente no CPC de 2015: art. 763, *caput* e § 1.º.

CAPÍTULO X
DA ORGANIZAÇÃO E DA FISCALIZAÇÃO DAS FUNDAÇÕES

Art. 1.199. O instituidor, ao criar a fundação, elaborará o seu estatuto ou designará quem o faça.

Art. 1.200. O interessado submeterá o estatuto ao órgão do Ministério Público, que verificará se foram observadas as bases da fundação e se os bens são suficientes ao fim a que ela se destina.

Art. 1.201. Autuado o pedido, o órgão do Ministério Público, no prazo de 15 (quinze) dias, aprovará o estatuto, indicará as modificações que entender necessárias ou lhe denegará a aprovação.

§ 1.º Nos dois últimos casos, pode o interessado, em petição motivada, requerer ao juiz o suprimento da aprovação.

§ 2.º O juiz, antes de suprir a aprovação, poderá mandar fazer no estatuto modificações a fim de adaptá-lo ao objetivo do instituidor.

•• Dispositivo correspondente no CPC de 2015: art. 764, § 2.º.

Art. 1.202. Incumbirá ao órgão do Ministério Público elaborar o estatuto e submetê-lo à aprovação do juiz:

I – quando o instituidor não o fizer nem nomear quem o faça;

II – quando a pessoa encarregada não cumprir o encargo no prazo assinado pelo instituidor ou, não havendo prazo, dentro em 6 (seis) meses.

Art. 1.203. A alteração do estatuto ficará sujeita à aprovação do órgão do Ministério Público. Sendo-lhe denegada, observar-se-á o disposto no art. 1.201, §§ 1.º e 2.º.

Parágrafo único. Quando a reforma não houver sido deliberada por votação unânime, os administradores, ao submeterem ao órgão do Ministério Público o estatuto, pedirão que se dê ciência à minoria vencida para impugná-la no prazo de 10 (dez) dias.

Art. 1.204. Qualquer interessado ou o órgão do Ministério Público promoverá a extinção da fundação quando:

•• Dispositivo correspondente no CPC de 2015: art. 765, *caput*.

I – se tornar ilícito o seu objeto;

•• Dispositivo correspondente no CPC de 2015: art. 765, I.

II – for impossível a sua manutenção;

•• Dispositivo correspondente no CPC de 2015: art. 765, II.

III – se vencer o prazo de sua existência.

•• Dispositivo correspondente no CPC de 2015: art. 765, III.

CAPÍTULO XI
DA ESPECIALIZAÇÃO DA HIPOTECA LEGAL

Art. 1.205. O pedido para especialização de hipoteca legal declarará a estimativa da responsabilidade e será instruído com a prova do domínio dos bens, livres de ônus, dados em garantia.

Art. 1.206. O arbitramento do valor da responsabilidade e a avaliação dos bens far-se-á por perito nomeado pelo juiz.

§ 1.º O valor da responsabilidade será calculado de acordo com a importância dos bens e dos saldos prováveis dos rendimentos que devem ficar em poder dos tutores e curadores durante a administração, não se computando, porém, o preço do imóvel.

§ 2.º Será dispensado o arbitramento do valor da responsabilidade nas hipotecas legais em favor:

I – da mulher casada, para garantia do dote, caso em que o valor será o da estimação, constante da escritura antenupcial;

II – da Fazenda Pública, nas cauções prestadas pelos responsáveis, caso em que será o valor caucionado.

§ 3.º Dispensa-se a avaliação, quando estiverem mencionados na escritura os bens do marido, que devam garantir o dote.

Art. 1.207. Sobre o laudo manifestar-se-ão os interessados no prazo comum de 5 (cinco) dias. Em seguida, o juiz homologará ou corrigirá o arbitramento e a avaliação; e, achando livres e suficientes os bens designados, julgará por sentença a especialização, mandando que se proceda à inscrição da hipoteca.

Parágrafo único. Da sentença constarão expressamente o valor da hipoteca e os bens do responsável, com a especificação do nome, situação e característicos.

Art. 1.208. Sendo insuficientes os bens oferecidos para a hipoteca legal em favor do menor, de interdito ou de mulher casada e não havendo reforço mediante caução real ou fidejussória, ordenará o juiz a avaliação de outros bens; tendo-os, proceder-se-á como nos artigos antecedentes; não os tendo, será julgada improcedente a especialização.

Art. 1.209. Nos demais casos de especialização, prevalece a hipoteca legal dos bens oferecidos, ainda que inferiores ao valor da responsabilidade, ficando salvo aos interessados completar a garantia pelos meios regulares.

Art. 1.210. Não dependerá de intervenção judicial a especialização de hipoteca legal sempre que o interessado, capaz de contratar, a convencionar, por escritura pública, com o responsável.

Livro V
DAS DISPOSIÇÕES FINAIS E TRANSITÓRIAS

Art. 1.211. Este Código regerá o processo civil em todo o território brasileiro. Ao entrar em vigor, suas disposições aplicar-se-ão desde logo aos processos pendentes.

•• Dispositivos correspondentes no CPC de 2015: arts. 14 e 1.046, *caput*.

Art. 1.211-A. Os procedimentos judiciais em que figure como parte ou interessado pessoa com idade igual ou superior a 60 (sessenta) anos, ou portadora de doença grave, terão prioridade de tramitação em todas as instâncias.

•• *Caput* com redação determinada pela Lei n. 12.008, de 29-7-2009.
•• Dispositivo correspondente no CPC de 2015: art. 1.048, *caput* e I.

Parágrafo único. (Vetado.)

•• Parágrafo único acrescentado pela Lei n. 12.008, de 29-7-2009.

Art. 1.211-B. A pessoa interessada na obtenção do benefício, juntando prova de sua condição, deverá requerê-lo à autoridade judiciária competente para decidir o feito, que determinará ao cartório do juízo as providências a serem cumpridas.

•• *Caput* com redação determinada pela Lei n. 12.008, de 29-7-2009.
•• Dispositivo correspondente no CPC de 2015: art. 1.048, § 1.º.

§ 1.º Deferida a prioridade, os autos receberão identificação própria que evidencie o regime de tramitação prioritária.

•• § 1.º acrescentado pela Lei n. 12.008, de 29-7-2009.
•• Dispositivo correspondente no CPC de 2015: art. 1.048, § 2.º.

§ 2.º (Vetado.)

•• § 2.º acrescentado pela Lei n. 12.008, de 29-7-2009.

§ 3.º (Vetado.)

•• § 3.º acrescentado pela Lei n. 12.008, de 29-7-2009.

Art. 1.211-C. Concedida a prioridade, essa não cessará com a morte do beneficiado, estendendo-se em favor do cônjuge supérstite, companheiro ou companheira, em união estável.

•• Artigo com redação determinada pela Lei n. 12.008, de 29-7-2009.
•• Dispositivo correspondente no CPC de 2015: art. 1.048, § 3.º.

Art. 1.212. A cobrança da dívida ativa da União incumbe aos seus procuradores e, quando a ação for proposta em foro diferente do Distrito Federal ou das Capitais dos Estados ou Territórios, também aos membros do Ministério Público Estadual e dos Territórios, dentro dos limites territoriais fixados pela organização judiciária local.

Parágrafo único. As petições, arrazoados ou atos processuais praticados pelos representantes da União perante as justiças dos Estados, do Distrito Federal e dos Territórios, não estão sujeitos a selos, emolumentos, taxas ou contribuições de qualquer natureza.

Art. 1.213. As cartas precatórias, citatórias, probatórias, executórias e cautelares, expedidas pela Justiça Federal, poderão ser cumpridas nas comarcas do interior pela Justiça Estadual.

Art. 1.214. Adaptar-se-ão às disposições deste Código as resoluções sobre organização judiciária e os regimentos internos dos tribunais.

Art. 1.215. Os autos poderão ser eliminados por incineração, destruição mecânica ou por outro meio adequado, findo o prazo de 5 (cinco) anos, contado da data do arquivamento, publicando-se previamente no órgão oficial e em jornal local, onde houver, aviso aos interessados, com o prazo de 30 (trinta) dias.

•• *Caput* com redação determinada pela Lei n. 5.925, de 1.º-10-1973.

§ 1.º É lícito, porém, às partes e interessados requerer, às suas expensas, o desentranhamento dos documentos que juntaram aos autos, ou a microfilmagem total ou parcial do feito.

•• § 1.º com redação determinada pela Lei n. 5.925, de 1.º-10-1973.

Arts. 1.215 a 1.220 — Disposições Finais

§ 2.º Se, a juízo da autoridade competente, houver, nos autos, documentos de valor histórico, serão eles recolhidos ao Arquivo Público.

•• § 2.º com redação determinada pela Lei n. 5.925, de 1.º-10-1973.

Art. 1.216. O órgão oficial da União e os dos Estados publicarão gratuitamente, no dia seguinte ao da entrega dos originais, os despachos, intimações, atas das sessões dos tribunais e notas de expediente dos cartórios.

Art. 1.217. Ficam mantidos os recursos dos processos regulados em leis especiais e as disposições que lhes regem o procedimento constantes do Decreto-lei n. 1.608, de 18 de setembro de 1939, até que seja publicada a lei que os adaptará ao sistema deste Código.

Art. 1.218. Continuam em vigor até serem incorporados nas leis especiais os procedimentos regulados pelo Decreto-lei n. 1.608, de 18 de setembro de 1939, concernentes:

I – ao loteamento e venda de imóveis a prestações (arts. 345 a 349);

II – ao despejo (arts. 350 a 353);

III – à renovação de contrato de locação de imóveis destinados a fins comerciais (arts. 354 a 365);

IV – ao Registro Torrens (arts. 457 a 464);

V – às averbações ou retificações do registro civil (arts. 595 a 599);

VI – ao bem de família (arts. 647 a 651);

VII – à dissolução e liquidação das sociedades (arts. 655 a 674);

VIII – aos protestos formados a bordo (arts. 725 a 729);

IX – à habilitação para casamento (arts. 742 a 745);

X – ao dinheiro a risco (arts. 754 e 755);

XI – à vistoria de fazendas avariadas (art. 756);

XII – à apreensão de embarcações (arts. 757 a 761);

XIII – à avaria a cargo do segurador (arts. 762 a 764);

XIV – às avarias (arts. 765 a 768);

XV – (*Revogado pela Lei n. 7.542, de 26-9-1986.*);

XVI – às arribadas forçadas (arts. 772 a 775).

Art. 1.219. Em todos os casos em que houver recolhimento de importância em dinheiro, esta será depositada em nome da parte ou do interessado, em conta especial movimentada por ordem do juiz.

•• Artigo acrescentado pela Lei n. 5.925, de 1.º-10-1973.

•• Dispositivo correspondente no CPC de 2015: art. 1.058.

Art. 1.220. Este Código entrará em vigor no dia 1.º de janeiro de 1974, revogadas as disposições em contrário.

•• Primitivo art. 1.219, renumerado pela Lei n. 5.925, de 1.º-10-1973.

•• Dispositivo correspondente no CPC de 2015: art. 1.045.

Brasília, 11 de janeiro de 1973; 152.º da Independência e 85.º da República.

EMÍLIO G. MÉDICI

Disposições mantidas do Código de 1939 (*)

DA DISSOLUÇÃO E LIQUIDAÇÃO DAS SOCIEDADES

Art. 655. A dissolução da sociedade civil, ou mercantil, nos casos previstos em lei ou no contrato social, poderá ser declarada, a requerimento de qualquer interessado, para o fim de ser promovida a liquidação judicial.

Art. 656. A petição inicial será instruída com o contrato social ou com os estatutos.

§ 1.º Nos casos de dissolução de pleno direito, o juiz ouvirá os interessados no prazo de 48 (quarenta e oito) horas e decidirá.

§ 2.º Nos casos de dissolução contenciosa, apresentada a petição e ouvidos os interessados no prazo de 5 (cinco) dias, o juiz proferirá imediatamente a sentença, se julgar provadas as alegações do requerente.

Se a prova não for suficiente, o juiz designará audiência para instrução e julgamento, e procederá de conformidade com o disposto nos arts. 267 a 272.

Art. 657. Se o juiz declarar, ou decretar, a dissolução, na mesma sentença nomeará liquidante a pessoa a quem pelo contrato, pelos estatutos, ou pela lei, competir tal função.

§ 1.º Se a lei, o contrato e os estatutos nada dispuserem a respeito, o liquidante será escolhido pelos interessados, por meio de votos entregues em cartório.

A decisão tomar-se-á por maioria, computada pelo capital dos sócios que votarem e, nas sociedades de capital variável, naquelas em que houver divergência, sobre o capital de cada sócio nas de fins não econômicos, pelo número de sócios votantes, tendo os sucessores apenas um voto.

§ 2.º Se forem somente dois os sócios e divergirem, a escolha do liquidante será feita pelo juiz entre pessoas estranhas à sociedade.

§ 3.º Em qualquer caso, porém, poderão os interessados, se concordes, indicar, em petição, o liquidante.

Art. 658. Nomeado, o liquidante assinará, dentro de 48 (quarenta e oito) horas, o respectivo termo; não comparecendo, ou recusando a nomeação, o juiz nomeará o imediato em votos ou terceiro estranho, se por aquele também recusada a nomeação.

Art. 659. Se houver fundado receio de rixa, crime, ou extravio, ou danificação de bens sociais, o juiz poderá, a requerimento do interessado, decretar o sequestro daqueles bens e nomear depositário idôneo para administrá-los, até nomeação do liquidante.

Art. 660. O liquidante deverá:

I – levantar o inventário dos bens e fazer o balanço da sociedade, nos 15 (quinze) dias seguintes à nomeação, prazo que o juiz poderá prorrogar por motivo justo;

II – promover a cobrança das dívidas ativas e pagar as passivas, certas e exigíveis, reclamando dos sócios, na proporção de suas quotas na sociedade, os fundos necessários, quando insuficientes os da caixa;

III – vender, com autorização do juiz, os bens de fácil deterioração ou de guarda dispendiosa, e os indispensáveis para os encargos da liquidação, quando se recusarem os sócios a suprir os fundos necessários;

(*) Decreto-lei n. 1.608, de 18-9-1939.

IV – praticar os atos necessários para assegurar os direitos da sociedade, e representá-la ativa e passivamente nas ações que interessarem a liquidação, podendo contratar advogados e empregados com autorização do juiz e ouvidos os sócios;

V – apresentar, mensalmente, ou sempre que o juiz o determinar, balancete da liquidação;

VI – propor a forma da divisão, ou partilha, ou do pagamento dos sócios, quando ultimada a liquidação, apresentando o relatório dos atos e operações que houver praticado;

VII – prestar contas de sua gestão, quando terminados os trabalhos, ou destituído das funções.

Art. 661. Os liquidantes serão destituídos pelo juiz, ex officio, ou a requerimento de qualquer interessado, se faltarem ao cumprimento do dever, ou retardarem injustificadamente o andamento do processo, ou procederem com dolo ou má-fé, ou tiverem interesse contrário ao da liquidação.

Art. 662. As reclamações contra a nomeação do liquidante e os pedidos de sua destituição serão processados e julgados na forma do Título XXVIII deste Livro.

Art. 663. Feito o inventário e levantado o balanço, os interessados serão ouvidos no prazo comum de 5 (cinco) dias, e o juiz decidirá as reclamações, se as comportar a natureza do processo, ou, em caso contrário, remeterá os reclamantes para as vias ordinárias.

Art. 664. Apresentado o plano de partilha, sobre ele dirão os interessados, em prazo comum de 5 (cinco) dias, que correrá em cartório; e o liquidante, em seguida, dirá, em igual prazo, sobre as reclamações.

Art. 665. Vencidos os prazos do artigo antecedente e conclusos os autos, o juiz aprovará, ou não, o plano de partilha, homologando-a, por sentença, ou mandando proceder ao respectivo cálculo, depois de decidir as dúvidas e reclamações.

Art. 666. Se a impugnação formulada pelos interessados exigir prova, o juiz designará dia e hora para a audiência de instrução e julgamento.

Art. 667. Ao liquidante estranho o juiz arbitrará a comissão de 1% (um por cento) a 5% (cinco por cento) sobre o ativo líquido, atendendo à importância do acervo social e ao trabalho da liquidação.

Art. 668. Se a morte ou a retirada de qualquer dos sócios não causar a dissolução da sociedade, serão apurados exclusivamente os seus haveres fazendo-se o pagamento pelo modo estabelecido no contrato social, ou pelo convencionado, ou, ainda, pelo determinado na sentença.

•• Artigo com redação determinada pelo Decreto-lei n. 4.565, de 11-8-1942.

Art. 669. A liquidação de firma individual far-se-á no juízo onde for requerido o inventário.

Art. 670. A sociedade civil com personalidade jurídica, que promover atividade ilícita ou imoral, será dissolvida por ação direta, mediante denúncia de qualquer do povo, ou do órgão do Ministério Público.

Art. 671. A divisão e a partilha dos bens sociais serão feitas de acordo com os princípios que regem a partilha dos bens da herança.

Parágrafo único. Os bens que aparecerem depois de julgada a partilha serão sobrepartilhados pelo mesmo processo estabelecido para a partilha dos bens da herança.

Art. 672. Não sendo mercantil a sociedade, as importâncias em dinheiro pertencentes à liquidação serão recolhidas ao Banco do Brasil, ou, se não houver agências desse Banco, a outro estabelecimento bancário acreditado, de onde só por alvará do juiz poderão ser retiradas.

Art. 673. Não havendo contrato ou instrumento de constituição de sociedade, que regule os direitos e obrigações dos sócios, a dissolução judicial será requerida pela forma do processo ordinário e a liquidação far-se-á

Disposições do CPC/39

pelo modo estabelecido para a liquidação das sentenças.

Art. 674. A dissolução das sociedades anônimas far-se-á na forma do processo ordinário.

Se não for contestado, o juiz mandará que se proceda à liquidação, na forma estabelecida para a liquidação das sociedades civis ou mercantis.

DOS PROTESTOS FORMADOS A BORDO

Art. 725. O protesto ou processo testemunhável formado a bordo declarará os motivos da determinação do capitão, conterá relatório circunstanciado do sinistro e referirá, em resumo, a derrota até o ponto do mesmo sinistro, declarando a altura em que ocorreu.

Art. 726 O protesto ou processo testemunhável será escrito pelo piloto, datado e assinado pelo capitão, pelos maiores da tripulação, imediato, chefe de máquina, médico, pilotos, mestres, e por igual número de passageiros, com a indicação dos respectivos domicílios.

Parágrafo único. Lavrar-se-á no diário de navegação ata, que precederá o protesto e conterá a determinação motivada do capitão.

Art. 727. Dentro das 24 (vinte e quatro) horas úteis da entrada do navio no porto, o capitão se apresentará ao juiz, fazendo-lhe entrega do protesto ou processo testemunhável, formado a bordo, e do diário de navegação.

O juiz não admitirá a ratificação, se a ata não constar do diário.

•• Dispositivo correspondente no CPC de 2015: art. 766.

Art. 728. Feita a notificação dos interessados, o juiz, nomeando curador aos ausentes, procederá na forma do art. 685.

•• Dispositivo correspondente no CPC de 2015: art. 769.

Art. 729. Finda a inquirição e conclusos os autos, o juiz, por sentença, ratificará o protesto, mandando dar instrumento à parte.

•• Dispositivo correspondente no CPC de 2015: art. 770.

DO DINHEIRO A RISCO

Art. 754. Para que o capitão, à falta de outros meios, possa tomar dinheiro a risco sobre o casco e pertenças do navio e remanescentes dos fretes, ou vender mercadorias da carga, é indispensável:

I – que prove o pagamento das soldadas;

II – que prove absoluta falta de fundos em seu poder, pertencentes à embarcação;

III – que não se ache presente o proprietário da embarcação, ou mandatário ou consignatário, nem qualquer interessado na carga, ou que, presente qualquer deles, prove o capitão haver-lhe, sem resultado, pedido providências;

IV – que seja a deliberação tomada de acordo com os oficiais, lavrando-se, no diário de navegação, termo de que conste a necessidade da medida.

Art. 755. A justificação desses requisitos far-se-á perante o juiz de direito do porto onde se tomar o dinheiro a risco ou se venderem as mercadorias, e será julgada procedente para produzir os efeitos de direito.

DA VISTORIA DE FAZENDAS AVARIADAS

Art. 756. Salvo prova em contrário, o recebimento de bagagem ou mercadorias, sem protesto do destinatário, constituirá presunção de que foram entregues em bom estado e em conformidade com o documento de transporte.

§ 1.º Em caso de avaria, o destinatário deverá protestar junto ao transportador dentro em 3 (três) dias do recebimento da bagagem, e em 5 (cinco) da data do recebimento da mercadoria.

§ 2.º A reclamação, por motivo de atraso, far-se-á dentro de 15 (quinze) dias, contados daquele em que a bagagem ou mercadoria tiver sido posta à disposição do destinatário.

§ 3.º O protesto, nos casos acima, far-se-á mediante ressalva no próprio documento de transporte, ou em separado.

§ 4.º Salvo o caso de fraude, do transportador, contra ele não se admitirá ação, se não houver protesto nos prazos deste artigo.

DA APREENSÃO DE EMBARCAÇÕES

Art. 757. Provando-se que navio registrado como nacional obteve o registro sub-repticiamente ou que perdeu, há mais de 6 (seis) meses, as condições para continuar considerado nacional, a autoridade fiscal competente do lugar, em que se houver realizado o registro ou do lugar onde se verificar a infração dos preceitos legais, apreenderá o navio, pondo-o imediatamente à disposição do juiz de direito da comarca.

Art. 758. Enquanto o juiz não nomear depositário, exercerá tal função a autoridade a quem competia o registro, a qual procederá ao arrolamento e inventário do que existir a bordo, mediante termo assinado pelo capitão, ou pelo mestre, se o quiser assinar.

Art. 759. As mercadorias encontradas a bordo serão, para todos os efeitos, havidas como contrabando.

Parágrafo único. Serão da competência das autoridades fiscais a apreensão do contrabando e o processo administrativo, inclusive a aplicação de multas.

Art. 760. O juiz julgará por sentença a apreensão e mandará proceder à venda, em hasta pública, da coisa apreendida.

Art. 761. Efetuada a venda e deduzidas as despesas, inclusive a percentagem do depositário, arbitrada pelo juiz, depositar-se-á o saldo para ser levantado por quem de direito.

DA AVARIA A CARGO DO SEGURADOR

Art. 762. Para que o dano sofrido pelo navio ou por sua carga se considere avaria, a cargo do segurador, dois peritos arbitradores declararão, após os exames necessários:

I – a causa do dano;

II – a parte da carga avariada, como indicação de marcas, números ou volumes;

III – o valor dos objetos avariados e o custo provável do conserto ou restauração, se se tratar do navio ou de suas pertenças.

§ 1.º As diligências, vistorias e exames se processarão com a presença dos interessados, por ordem do juiz de direito da comarca, que, na ausência das partes, nomeará, *ex officio*, pessoa idônea que as represente.

§ 2.º As diligências, vistorias e exames relativos ao casco do navio e suas pertenças serão realizados antes de iniciado o conserto.

Art. 763. Os efeitos avariados serão vendidos em leilão público a quem mais der, e pagos no ato da arrematação. Quando o navio tiver de ser vendido, o juiz determinará a venda, em separado, do casco e de cada pertença, se lhe parecer conveniente.

Art. 764. A estimação do preço para o cálculo da avaria será feita em conformidade com o disposto na lei comercial.

DAS AVARIAS

Art. 765. O capitão, antes de abrir as escotilhas do navio, poderá exigir dos consignatários da carga que caucionem o pagamento da avaria, a que suas respectivas mercadorias foram obrigadas no rateio da contribuição comum.

Recusando-se os consignatários a prestar a caução, o capitão poderá requerer depósito judicial dos efeitos obrigados à contribuição, ficando o preço da venda sub-rogado para com ele efetuar-se o pagamento da avaria comum, logo que se proceda ao rateio.

Art. 766. Nos prazos de 60 (sessenta) dias, se se tratar de embarcações residentes no Brasil, e de 120 (cento e vinte), se de residentes no estrangeiro, contados do dia em que tiver sido requerida a caução de que trata o artigo antecedente, o armador fornecerá os documentos necessários ao ajustador para regular

Disposições do CPC/39 — Arts. 766 a 775

a avaria, sob pena de ficar sujeito aos juros da mora.

O ajustador terá o prazo de 1 (um) ano, contado da data da entrega dos documentos, para apresentar o regulamento da avaria, sob pena de desconto de 10% (dez por cento) dos honorários, por mês de retardamento, aplicada pelo juiz, *ex officio*, e cobrável em selos, quando conclusos os autos para o despacho de homologação.

Art. 767. Oferecido o regulamento da avaria, dele terão vista os interessados em cartório, por 20 (vinte) dias. Não havendo impugnação, o regulamento será homologado; em caso contrário, terá o ajustador o prazo de 10 (dez) dias para contrariá-la, subindo o processo, em seguida, ao juiz.

Art. 768. A sentença que homologar a repartição das avarias comuns mandará indenizar cada um dos contribuintes, tendo força de definitiva e sendo exequível desde logo, ainda que dela se recorra.

DOS SALVADOS MARÍTIMOS

Arts. 769 a 771. (*Revogados pela Lei n. 7.542, de 26-9-1986.*)

DAS ARRIBADAS FORÇADAS

Art. 772. Nos portos não alfandegados ou não habilitados competirá ao juiz autorizar a descarga do navio arribado que necessitar de conserto.

O juiz que autorizar a descarga comunicará logo o ocorrido à alfândega ou mesa de rendas mais próxima, a fim de que providencie de acordo com as leis alfandegárias.

Art. 773. As providências do artigo precedente serão também autorizadas nos seguintes casos:

I – quando, abandonado o navio arribado, ou havido por inavegável, o capitão requererá depósito da carga ou baldeação desta para outro navio;

II – quando a descarga for necessária para aliviar navio encalhado em baixio ou banco, em águas jurisdicionais.

Art. 774. Nas hipóteses dos artigos anteriores, se necessária a venda de mercadorias da carga do navio arribado, para pagamento de despesas com seu conserto, ou com a descarga, ou com o depósito e reembarque das mercadorias, ou seu aparelhamento para navegação, ou outras despesas semelhantes, o capitão, ou o consignatário, requererá ao juiz, nos casos em que este for competente, autorização para a venda.

§ 1.º A venda não será autorizada sem caução para garantia do pagamento dos impostos devidos.

§ 2.º O juiz que autorizar a venda comunicará logo o fato à alfândega ou mesa de rendas mais próxima e ao Ministério da Fazenda.

§ 3.º Igualmente se procederá no caso de ser requerida venda de mercadorias avariadas não suscetíveis de beneficiamento.

Art. 775. A decisão das dúvidas e contestações sobre a entrega das mercadorias, ou do seu produto, competirá privativamente ao juiz de direito, ainda que se trate de embarcações estrangeiras, quando não houver, na localidade, agente consular do país com o qual o Brasil tenha celebrado tratado ou convenção.

Parágrafo único. Ouvido, no prazo de 5 (cinco) dias, o órgão do Ministério Público, ou o procurador da República, se o houver na comarca, o juiz decidirá no mesmo prazo, à vista da promoção e das alegações e provas produzidas pelos interessados.